白耀天 ◎ 著

壮族社会文化发展史

上 册

THE HISTORY OF SOCIAL
AND CULTURAL DEVELOPMENT
OF ZHUANG NATIONALITY

中国社会科学出版社

图书在版编目(CIP)数据

壮族社会文化发展史：全二册/白耀天著．—北京：中国社会科学出版社，2019.6

ISBN 978-7-5203-1974-4

Ⅰ.①壮… Ⅱ.①白… Ⅲ.①壮族-民族历史-研究-中国②壮族-民族文化-研究-中国 Ⅳ.①K281.8

中国版本图书馆CIP数据核字(2018)第015725号

出 版 人	赵剑英
责任编辑	任　明
责任校对	朱妍洁
责任印制	李寡寡

出　　版	中国社会科学出版社
社　　址	北京鼓楼西大街甲158号
邮　　编	100720
网　　址	http://www.csspw.cn
发 行 部	010-84083685
门 市 部	010-84029450
经　　销	新华书店及其他书店
印刷装订	北京君升印刷有限公司
版　　次	2019年6月第1版
印　　次	2019年6月第1次印刷
开　　本	787×1092 1/16
印　　张	87.5
插　　页	2
字　　数	2128千字
定　　价	580.00元（全二册）

凡购买中国社会科学出版社图书，如有质量问题请与本社营销中心联系调换
电话：010-84083683
版权所有　侵权必究

总 目 录

叙言 ·· (1)

卷上　越人社会文化发展

第一章　早期越人语言和文化 ······································· (15)
第二章　原始母权制时代越人语言和文化 ························ (51)
第三章　部落社会：壮傣群体越人语言和文化 ··················· (88)

卷下　壮族及其先人社会文化发展

第一篇　**环境·社会·人口** ·· (233)

第一章　岭南自然生态环境及其变化 ···························· (233)
第二章　壮族及其先人的历史发展 ································ (253)
第三章　壮群体越人及其后人的人口状况 ······················· (459)

第二篇　**社会经济文化** ·· (514)

第一章　农业经济文化发展 ·· (514)
第二章　禽畜养殖 ·· (569)
第三章　渔猎 ··· (591)
第四章　冶铸与陶瓷 ·· (616)
第五章　商业文化 ·· (646)

第三篇　**衣、食、住、行文化** ·································· (663)

第一章　服饰演化 ·· (663)
第二章　饮食文化 ·· (732)
第三章　居住文化 ·· (804)
第四章　交通往来文化 ·· (868)

第四篇　人生旅途文化 (971)

第一章　孕育抚养 (971)
第二章　定姓取名 (992)
第三章　教育传承 (1003)
第四章　成年·社交 (1030)
第五章　婚姻 (1043)
第六章　寿庆 (1073)
第七章　丧葬 (1079)

第五篇　壮族及其先人社会组织形态 (1107)

第一章　家庭、家庭结构形态 (1107)
第二章　社会组织形态 (1140)

第六篇　体育歌舞文化 (1151)

第一章　体育娱乐 (1151)
第二章　歌舞文化 (1169)

第七篇　医药保健文化 (1233)

第一章　致病观念 (1233)
第二章　治疗方式 (1242)
第三章　卫生习俗 (1260)

第八篇　信仰文化 (1268)

第一章　原始宗教信仰 (1269)
第二章　道、佛"共趋于巫家" (1326)

第九篇　节日文化 (1349)

第一章　原生节庆 (1349)
第二章　外来节庆 (1376)

参考文献 (1380)

后记 (1384)

上册目录

叙言 ·· (1)

卷上 越人社会文化发展

第一章 早期越人语言和文化 ·· (15)
  第一节 早期越人 ·· (15)
  第二节 早期越人的语言 ·· (17)
  第三节 早期越人的文化 ·· (26)
    一 熟练了人工生 fei²（火），以 ba:n³（村子）聚群，进入形成思维和氏族公社时代 ·· (26)
    二 砸 ɣin¹（石头），造 kva:k⁷（锄形器），以 mai⁴som¹（尖木）掘 man²（薯），驯化 fi:ŋ³（小米），以 doŋ³（簸箕）除杂，出现了原始农耕 ······ (28)
    三 认知了 nok⁸（鸟），驯了 kai⁵（鸡），fak⁸（孵）蛋繁殖，养了 ma¹（狗），开始了原始家禽家畜养殖 ·· (29)
    四 kam⁶ba¹（摸鱼）do:ŋ¹ba¹（腌鱼），知道贮存保鲜食物 ·················· (30)
    五 取棉于 bui³（灌木木棉），ʔau⁵（沤）kan¹（苎麻）织布，既 jo:m⁴（染）又 ȵip⁸（缝），色彩灿然，越 vin³（裙子）成装 ···························· (31)
    六 了晓 sip⁷（蜈蚣）、nan²（虱子）等害人毒虫，知道 fi:ŋ³（痱子）、vu:k⁸（呕吐）、hum²（痒）等病症，知以 jia¹（药）jia¹（治病），并认知 nam⁴（水）可去污除垢，dak⁸（洗衣）、ʔa:p⁷（洗澡）用词，形成了原始的保健文化 ·· (37)
    七 fan¹（梦）一词，显露了早期越人社情人心 ································ (38)
    八 早期越人 ha:p⁷（挑）一词，锁定了其后人的行为活动方式 ············ (39)
  第四节 语涌新词，文化歧异：黎群体越人从壮侗群体越人分化独自发展 ···· (41)
    一 酸、甜具词与酸、甜未分 ·· (41)
    二 男断发文身与男女蓄发文身 ·· (41)
    三 干栏式住房与船形茅屋 ··· (44)
    四 谓稻不同，秧苗词语迥异 ·· (47)

第二章 原始母权制时代越人语言和文化 ··· (51)
  第一节 壮傣、侗水二群体越人进入原始母权制社会 ································ (51)

第二节　原始母权制时代越人的语言 …………………………………………(53)
第三节　原始母权制时代越人文化 ………………………………………………(59)
　　一　氏族由女性首领掌控，实行族外群婚制 ……………………………(59)
　　二　形成了雏形习惯法，创立了初步的道德观念 ………………………(60)
　　三　万物有灵观念形成，物神观念逐渐演化成原始的观念信仰 ………(62)
　　四　栏房文化 ………………………………………………………………(63)
　　五　形成了糯米文化的原始形态 …………………………………………(69)
第四节　女子主家还是男子主家：壮傣、侗水二群体越人分化 ………………(73)
　　一　"鬼妻不可以同居处" …………………………………………………(74)
　　二　篱笆围园子，买卖出现 ………………………………………………(76)
　　三　"大伯子"一词，揭示了谁的社会发展了，谁还停滞于原地 ……(77)
　　四　男子入水作业：剪发文身 ……………………………………………(79)
　　五　水为生命之源，扁舟竞渡祀水神 ……………………………………(81)
　　六　"萨岁"（sa^4si^5）崇拜与崇奉"陶祖""石祖" …………………(86)

第三章　部落社会：壮傣群体越人语言和文化 ………………………………(88)
第一节　壮傣群体越人及其后人自称源流 ………………………………………(88)
　　一　上古壮傣群体越人的自我称谓 ………………………………………(88)
　　二　壮群体越人及其后人自我称谓 ………………………………………(91)
　　三　傣群体越人及其后人的自我称谓 ……………………………………(92)
第二节　译读《越人歌》，知悉壮傣群体越人早进入父权制时代 ……………(95)
第三节　壮傣群体越人进入原始父权制社会的特殊性：原始母权制没充分
　　　　发育，父权制过早成熟 ……………………………………………(110)
　　一　"地上舅公大" ………………………………………………………(112)
　　二　倚歌择配 ……………………………………………………………(113)
　　三　孕始落家 ……………………………………………………………(114)
　　四　"生雏抱产翁" ………………………………………………………(115)
第四节　岭南、岭北壮傣群体越人一体性追溯 ………………………………(116)
　　一　语言一体性追溯 ……………………………………………………(116)
　　二　文化一体性追溯 ……………………………………………………(127)
第五节　壮傣群体越人的语言 …………………………………………………(131)
　　一　生态环境词语 ………………………………………………………(132)
　　二　人相互间称谓词语 …………………………………………………(136)
　　三　人体器官词语 ………………………………………………………(138)
　　四　居家、劳动、用具词语 ……………………………………………(140)
　　五　动作性词语 …………………………………………………………(141)
　　六　事物性状性词语 ……………………………………………………(146)
　　七　方位、时间、数量及代替性词语 …………………………………(147)
第六节　壮傣群体越人的文化 …………………………………………………(150)

一　意识文化 …… (150)
　　二　行为文化 …… (163)
　　三　物质文化 …… (173)
第七节　壮、傣二群体越人分化 …… (182)
　　一　南越国时期：壮、傣二群体越人分化 …… (183)
　　二　分化后的傣群体越人及其后人发展 …… (190)
第八节　斥泛泰论的无端及泰为哀牢"九隆后人"质疑 …… (200)
　　一　斥泛泰论的无端 …… (200)
　　二　泰为哀牢"九隆后人"质疑 …… (222)

卷下　壮族及其先人社会文化发展

第一篇　环境·社会·人口 …… (233)

第一章　岭南自然生态环境及其变化 …… (233)
第一节　岭南自然生态环境 …… (233)
　　一　气温·雨水·山川·森林·洞场 …… (233)
　　二　人在树间行，猿上驿楼啼 …… (239)
　　三　傍山而居，依冲而种 …… (242)
第二节　岭南自然生态环境变迁 …… (244)
　　一　虎当官路斗，妇孺自呹喝 …… (244)
　　二　登途畏虎迹，突濑逢鳄怒 …… (246)
　　三　森林连片倒，大象无庇灭踪迹 …… (249)

第二章　壮族及其先人的历史发展 …… (253)
第一节　汉及其后汉族文人笔下对壮族及其先人的称谓 …… (253)
　　一　西瓯 …… (253)
　　二　瓯骆 …… (253)
　　三　骆、越骆、骆越 …… (256)
　　四　乌浒 …… (260)
　　五　俚、"獠" …… (264)
　　六　撞 …… (295)
　　七　郎人 …… (298)
　　八　布侬 …… (316)
　　九　沙人 …… (326)
　　十　土佬 …… (332)
第二节　壮群体越人及其后人趋同汉族历史情结 …… (336)
　　一　依汉定姓：壮群体越人基奠慕汉、仰汉、趋汉心理定式 …… (336)
　　二　汉族文化：壮群体越人及其后人趋同于汉族的"造化小儿" …… (357)

第三节　壮族及其先人社会演进 …………………………………………（396）
　　　　一　汉迄唐宋壮群体越人及其后人社会 …………………………（396）
　　　　二　岭南中东部封建地主制经济发展，岭南西部封建领主制经济凝固化 ……（424）
第三章　壮群体越人及其后人的人口状况 ………………………………（459）
　　第一节　元前壮群体越人及其后人的人口状况 …………………………（459）
　　　　一　汉人口 …………………………………………………………（462）
　　　　二　魏、晋、南北朝及隋朝人口 …………………………………（473）
　　　　三　唐、宋人口 ……………………………………………………（478）
　　第二节　元至民国壮族人口状况 …………………………………………（488）
　　　　一　元代户口 ………………………………………………………（488）
　　　　二　明代户口 ………………………………………………………（492）
　　　　三　清代、民国户口 ………………………………………………（496）

第二篇　社会经济文化 ………………………………………………………（514）

第一章　农业经济文化发展 …………………………………………………（514）
　　第一节　稻作 ………………………………………………………………（514）
　　　　一　水旱兼作，栽培旱稻 …………………………………………（514）
　　　　二　粳稻引进，凝脂馨香 …………………………………………（517）
　　　　三　踏犁拓荒，堪称能耐 …………………………………………（518）
　　　　四　引进籼稻品种 …………………………………………………（519）
　　　　五　适时筛选，更新换代，稻品多样，八宝米一枝独秀 ………（522）
　　　　六　逃进深山，辟造梯田，另开天地 ……………………………（525）
　　第二节　杂粮种植 …………………………………………………………（526）
　　　　一　薯类作物 ………………………………………………………（527）
　　　　二　芋 ………………………………………………………………（528）
　　　　三　粟 ………………………………………………………………（528）
　　　　四　麦类 ……………………………………………………………（529）
　　　　五　玉米 ……………………………………………………………（530）
　　第三节　经济作物种植 ……………………………………………………（530）
　　　　一　甘蔗 ……………………………………………………………（530）
　　　　二　棉花 ……………………………………………………………（533）
　　　　三　苎麻 ……………………………………………………………（540）
　　　　四　茶叶 ……………………………………………………………（543）
　　　　五　烟草 ……………………………………………………………（544）
　　第四节　园艺作物种植 ……………………………………………………（545）
　　　　一　荔枝 ……………………………………………………………（545）
　　　　二　龙眼 ……………………………………………………………（546）
　　　　三　柑橘 ……………………………………………………………（546）

四　芭蕉 …………………………………………………………………… (547)
　　五　踏梯摘茄子，薙菜和畦卖 ………………………………………… (548)
 第五节　耕作习俗 …………………………………………………………… (549)
　　一　耕作时序：观禽兽之产识春秋之气，占（薯）芋之熟纪天文之岁 …… (550)
　　二　祭祀田神 ……………………………………………………………… (553)
　　三　春祈秋报 ……………………………………………………………… (555)
　　四　驱魔禳灾 ……………………………………………………………… (559)
　　五　求雨祈晴 ……………………………………………………………… (560)
　　六　头人开秧迎春忙 ……………………………………………………… (565)
　　七　禁忌 …………………………………………………………………… (566)
第二章　禽畜养殖 ……………………………………………………………… (569)
 第一节　家畜的驯化养殖 …………………………………………………… (569)
　　一　狗 ……………………………………………………………………… (569)
　　二　猪 ……………………………………………………………………… (570)
　　三　羊 ……………………………………………………………………… (573)
　　四　牛 ……………………………………………………………………… (575)
　　五　马 ……………………………………………………………………… (577)
 第二节　家禽的驯化养殖 …………………………………………………… (581)
　　一　鸡 ……………………………………………………………………… (581)
　　二　鸭 ……………………………………………………………………… (582)
　　三　鹅 ……………………………………………………………………… (583)
 第三节　养殖观念和习俗 …………………………………………………… (584)
　　一　以狗为尚 ……………………………………………………………… (584)
　　二　以牛为富 ……………………………………………………………… (585)
　　三　人畜共居，漫天放养 ………………………………………………… (587)
　　四　牛魂节 ………………………………………………………………… (588)
　　五　"请六畜" ……………………………………………………………… (589)
　　六　禁忌 …………………………………………………………………… (590)
第三章　渔猎 …………………………………………………………………… (591)
 第一节　渔业捕捞 …………………………………………………………… (591)
　　一　淡水鱼类的捕捞和养殖 ……………………………………………… (591)
　　二　海产珍珠的采集 ……………………………………………………… (598)
　　三　渔业风俗 ……………………………………………………………… (608)
 第二节　狩猎 ………………………………………………………………… (611)
　　一　狩猎 …………………………………………………………………… (611)
　　二　狩猎风俗 ……………………………………………………………… (614)
第四章　冶铸与陶瓷 …………………………………………………………… (616)
 第一节　社会运转所需金属开采和冶铸 …………………………………… (616)

一　青铜钺 …………………………………………………………………（616）
　　二　铜鼓 ……………………………………………………………………（617）
　　三　黄金生产 ………………………………………………………………（629）
　　四　铁器用具 ………………………………………………………………（630）
　　五　通货的铸造 ……………………………………………………………（632）
　第二节　陶瓷手工业 ……………………………………………………………（634）
　　一　陶业 ……………………………………………………………………（634）
　　二　瓷业 ……………………………………………………………………（641）
第五章　商业文化 ……………………………………………………………………（646）
　第一节　商虚发展 ………………………………………………………………（646）
　　一　岭南对岭北的粮食补给 ………………………………………………（651）
　　二　岭南对岭北的耕牛补给 ………………………………………………（651）
　　三　岭南对南宋政权的战马补给 …………………………………………（652）
　第二节　商者短途众远道寡 ……………………………………………………（653）
　　一　唯求自给，淡薄浮利 …………………………………………………（653）
　　二　黄嵩安、黄奕勋父子破桎梏，现新天 ………………………………（660）

叙　言

一

壮族的称名"壮"，源于元朝对该群体的称名"撞"而来。

壮傣群体越人谓山间平地为"ɕoːŋ⁶"，他们住在ɕoːŋ⁶中生活，历史上各个时代的汉译者以汉字近音译写，指称他们为"骆"、为"陆梁"、为"俚"、为"獠"等。"陆梁"二字合音近乎"ɕoːŋ⁶"音，① 骆、俚、獠，古都属来母字，音相近。比如，俚同聊及其同音字僚，《汉书》卷37《季布传赞》的"其画无俚之至耳"句，"无俚"即"无聊"的假借，说明古代俚、聊二字音同，可以通假。晋朝郭义恭《广志》说"獠""音老"②，老、骆二字，古属来母字，音相近；骆、雒、雄三字则互相通假，音同。于是，春秋时吴王夫差的大夫王孙骆，又写作王孙雒③或王孙雄④；"骆田"⑤，也写作"雒田"⑥或"雄田"⑦。《文子·符言》载"雄"与"双"等字叶韵，⑧ 读近双字音，也就是近ɕoːŋ⁶之音。也就是说，骆、俚、獠等字古读相近，都近"双"字音，其称由汉字近音译写壮傣群体越人谓山间平地为"ɕoːŋ⁶"而来。

今广东省罗定市古称"双头洞"，南朝梁于此立"双州"，唐朝又改置"泷州"。泷，不读"卢东切"而读"间江切"，这是南宋叶梦得《乙卯避暑录》所强调的。⑨ 这既说明壮傣群体越人谓山间平地为"ɕoːŋ⁶"，又说明历史上汉族译者谓壮傣群体越人及其后人为"骆"、为"陆梁"、为"俚"、为"獠"，都是缘于汉译者以汉字近音译写其人居于"ɕoːŋ⁶"中而来。

---

① 唐朝张守节《史记》卷6《秦始皇本纪》正义说，"陆梁"之称的由来盖由于其人"性强梁（强暴、勇武），故曰陆梁"。以人的性格特征定其民族的名称，不合理，因为一族之中固有强梁的人，更多却是良善。
② （宋）李昉等：《太平御览》356《兜鍪》引。
③ 《国语》卷19《吴语》。
④ （战国）吕不韦：《吕氏春秋·当染》；（汉）司马迁：《史记》卷41《越世家》。
⑤ 《史记》卷113《南越列传》集解引《广州记》。
⑥ （南北朝）郦道元：《水经·叶榆河注》引。
⑦ （宋）李昉等：《太平广记》卷482《交阯》引南朝宋沈怀远《南越志》。
⑧ （战国）文子：《文子·符言》："老子曰：一言不可穷也，二言天下宗也，三言诸侯雄也，四言天下双也。"
⑨ （明）陶宗仪：《说郛》卷8。

到了南宋后期，广西经略安抚使李曾伯谓居于宜州山间平地的丁壮为"撞丁",[①]"撞"就是"ɕoːŋ⁶"的汉近音译写字。元朝，"撞"一称泛化，逐渐成为居住于今广西及湘南的民族群体的称谓;[②] 在贵州，则近音异译作"仲"。[③] 后来明、清统治者蔑视少数民族，视同禽兽，改写作"獞"。獞，宋朝丁度《集韵》:"徒东切，音童，犬名。"这就大失了"撞"的音声了。民国期间，一些学者表示不平，以"僮""㣊"取代，但是僮音同，为童仆之称，视一个民族为"童仆民族"，辱人至极，何其荒谬! 㣊，南朝梁顾野王《玉篇》:"昌容切，音冲，行貌。"其字音固近乎"ɕoːŋ⁶"，可倡其字者仅少数人，也难成气候。1956年，周恩来总理提议以"壮"为称，音近乎"ɕoːŋ⁶"，于是有了"壮族"的名称。

以其人居于ɕoːŋ⁶中生活，便称其人为"撞"或近音异译写为"仲"，都是他称，不是其人的自称。正如贵州布依族认为"仲"是他称，不认同，便以他们自称"pu⁴ʔjai⁴"作族称,[④] 汉字近音译写为"布依族"一样，壮族也有其自称，即"布依""布越""布越伊""布雅伊""布锐""布吕"等。傣族也同样，元朝至明初，还统统以"白衣"自称。由于他们的自称如此，因此史载又称他们为"纡"[⑤] "雩"[⑥] "瓯"[⑦] "乌浒"[⑧] "白衣"[⑨] 等，或者自称和他称结合起来，称为"瓯骆"[⑩] "猗撞"[⑪] "金齿百夷"等。[⑫]

壮人，是上古越人的后人。壮族历史，源远流长。时光流逝，壮族及其先人在汉族文化的摄力圈内发展，吸纳整饬，与时俱进，一泻而下，是个具有自己民族语言以及自己民族文化的民族，并不是如同某些外国学者凿壁虚拟、无端造作的壮族本无其族，是中国人根据自己的政治需要"制造"出来的民族。

二

上古越人虽无文字却有其语言。往日有论者曾说越人所操的语言是黏着语，其实越人的语言不是黏着语。

公元前528年榜枻越人在今湖北长江江陵段给鄂君子晳拥楫而歌的《越人歌》，西汉刘向辑录前人记载作《说苑》一书，该书卷11《善说》不仅记载了《越人歌》的译文，

[①] （宋）李曾伯:《帅广条陈五事奏》,《可斋杂稿》卷17。
[②] 《元史》卷162《刘国杰传》;卷192《林兴祖传》。
[③] 《元史》卷63《新忝葛蛮安抚司·栖求等处仲家蛮》。
[④] 《布依族简史》，贵州人民出版社1985年版，第12页。
[⑤] 《竹书纪年》,《太平御览》卷305《征伐下》引。
[⑥] 《中山王鼎铭文》,《文物》1979年第1期。
[⑦] 《史记》卷113《南越列传》。
[⑧] 《后汉书》卷8《孝灵帝纪》。乌浒，疑是越人自称"ʔjoi⁴"，汉译者听差，认为是"ʔ—joi⁴"，从而有乌浒之名。
[⑨] 《新唐书》卷222中《南蛮传》。
[⑩] 《史记》卷113《南越列传》。
[⑪] （宋）李曾伯:《可斋杂稿》卷17。
[⑫] （元）李京:《云南志略·诸夷风俗》。

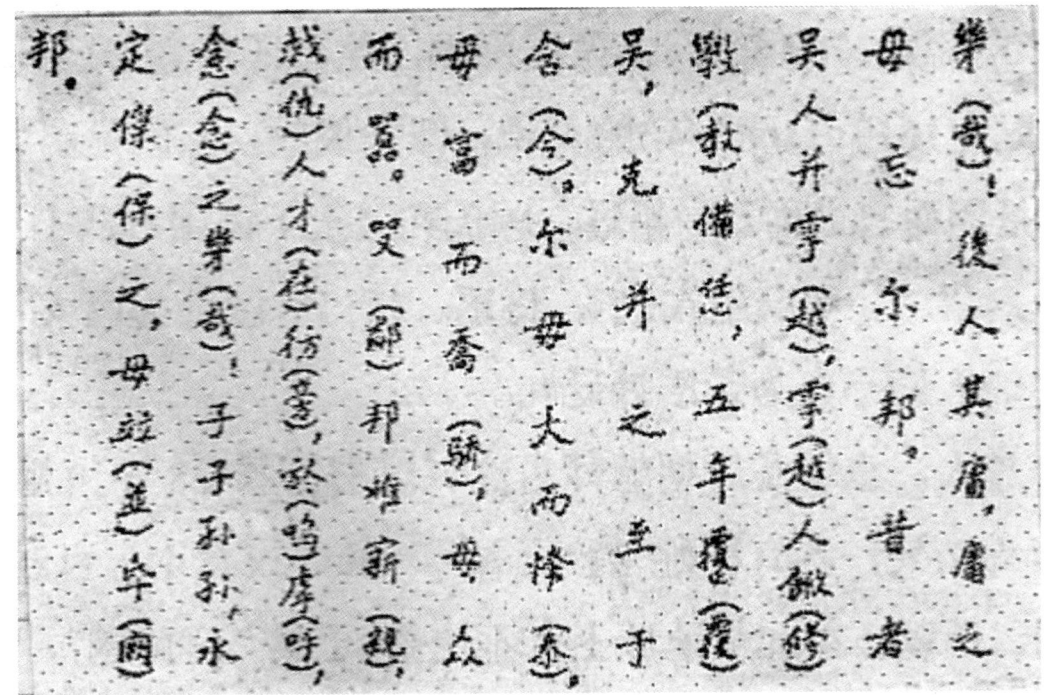

中山王鼎铭文

而且记载了以汉字近音译写《越人歌》的越语音声。从《越人歌》的汉近音译写越语音声及其译文看，越语与汉语一样都以单音节词根为基础，并非什么黏着语。

《越人歌》展示了上古越人的语言。歌是在今湖北长江江陵段上唱的。榜枻越人唱了歌，鄂王子皙"不知越歌"即听不懂，急召人来翻译，不一会儿便请来了译者。这何其怪异，长江江陵段是在楚国的腹地，远离位于长江下游的越国，怎会一下子就能够找来了越、汉两语谙熟的翻译？显然，当时楚国的长江中游地区分布着众多的越人。

其实，当时的楚国又何止于长江中游地区分布着众多的越人！楚成王元年（前671年），楚成王"初即位（开始做楚王），布德施惠（布施恩惠），结旧好于诸侯，使人献天子（指东周周惠王）。天子赐①胙②，曰：'镇尔（安定你国内）南方夷越之乱，无侵中国（不要入侵中原）。'于是，楚地千里（楚国拓地千里之广）"。③ 这明示着楚国长江中游南北分布着众多的越人。至战国楚悼王时以吴起为相国，变法图强，楚于是"南平百越"，④ 同样道出了楚国的南方即今湖南省是越人分布的地区。

唐朝著名词人温庭筠《河渎神三》词"铜鼓赛神来，满庭幡盖徘徊。水村江浦过风雷，楚山如画烟开"，⑤ 描述的也是今湖南越后人"铜鼓赛江神"的习俗。

---

① 赐，古代指帝王或长辈送给臣下或晚辈的礼物。
② 胙，古代祭祀用过的酒肉等祭品。
③ 《史记》卷40《楚世家》。
④ 《史记》卷65《吴起列传》。
⑤ （五代）赵崇祚编：《花间集》。

今湖南人谓山间平地为"冲","冲"在汉语里没有"山间平地"的含义,怎么仅湖南一地谓山间平地为"冲"？冲读近乎壮傣群体越人谓山间平地为ço：ŋ⁹之音,疑即是当日壮傣群体越人语的遗存。

《越人歌》同样映现了越人的阶段性文化发展。

歌中以近音汉字"枻"（ɣu²）名"船",以"泽"（po⁶）称"大人",以"昭"（tsau³）谓"王子"。此三词唯壮傣群体越人语有之,同一语族语言的黎群体越人语和侗水群体越人语则无之,道出了壮傣群体越人社会发展已经具有ɣu²（船）、po⁶（父、大人）、tsau²（头人、官、王子、王）等词语,说明《越人歌》唱者榜枻越人属壮傣群体越人,《越人歌》是壮傣群体越人的山歌。

本书的撰写,一是阐述越人语言和文化的历史阶段性发展,二是展示越人的后人之一的壮族的社会文化在汉族文化的摄力圈内如何发展。

三

从《春秋左传》哀公七年（前488年）记载吴人"断发文身"以来,《庄子》《墨子》《韩非子》《战国策》《淮南子》《韩诗外传》《说苑》等书无不记载着越人"断发文身"。这是越人让人放眼就可以知道的一个非常突出而区别于其他民族群体的头饰和身饰特征。明摆着,特征易认,越人易识。所以,当西汉无法打通往身毒（今印度）道路的时候,"蜀贾奸出物者"却畅通无阻地从蜀地运货奔走于身毒及位于身毒东北距"嶲昆明""西可千余里"的"乘象国""滇越"。① 这"滇越"就是"蜀贾奸出物者"就其人的头饰、身饰特征认知其人为越人给起的。滇越,就是从滇迁徙而来的越人。"滇越",东汉时称为"磐越"。"磐越",就是傣群体越人的自称"白衣"的近音译写。"磐越"的后人,就是前个世纪已经语同俗同于印度人的阿萨姆邦阿含人。

断发文身,在已经脱离了赵佗南越国后的傣群体越人及其后人中一直传承下来。明代,不论是李思聪《百夷传》记载的"百夷""官民皆髡首黥足。有不髡者,则酋长杀之；不黥足者,众皆嗤之,曰妇人也,非百夷种也",还是刘文征天启《滇志》卷30《属夷》记载的木邦、老挝、八百大甸都是"男子皆衣白,文身髡发","妇人则白衣桶裙",说明一脉承传,几千年不改,道出了傣群体越人的后人以及于南越国时期被迫改"文身断发"为"文身椎髻"的壮群体越人的后人源之有自,非越人的后人莫属。

傣群体越人的后人传承先人"断发文身"的习俗不变,越的后人除壮傣群体越人的后人外,还有侗水群体越人后人、黎群体越人后人,他们也是唯男子"断发文身",女则无之吗？也许有人会说,是呀,明朝顾岕《海槎余录》不是记载"黎俗男女周岁即文其身,自云不然则上世祖宗不认其为子孙也"。然而黎群体越人的后人固然文身,却是男女皆文身,而且长发依然,或披头散发或挽髻于顶,不是"断发文身"。何况,其文身与壮傣群体越人文身动机也完全不一样。这说明越虽同为越,越人却与越人不完全相同,其间有社会发展阶段的差别。这犹如壮傣、侗水二群体越人的后人谓房子为ɣa：n²、为ja：n²,属同源词,黎群体越人的后人却谓房子为ploŋ³一样,语异词异,相去甚远。

---

① 《史记》卷123《大宛列传》。

同是越人，却因在越人社会发展的不同阶段上各自分化了，其所具有的语言和文化也显出了差别。后来的越与早期的越，其语言、文化是不完全相同的。

四

人＝动物＋文化。没有文化，人就与动物无异；人要成为人，就必须在适应、改造客观环境中创造文化，丰富语言。这个客观环境，既有自然的，也有社会的。文化，是人类在一个特定的客观环境里为了寻求生存、延续，为了寻求自身的发展逐步创造出来的。这个特定的客观环境决定文化的类型和文化的样式。

越人文化产生于我国东南水乡，形成于他们走过的历史发展道路，可说是因水而构架，因史而成形，本是渊博，自成体系，与汉族文化属不同类型的文化。

"断发文身"是壮傣群体越人文化的具象。它起源于他们的入水作业以及他们中模仿巫术的出现。那个时候，江河浩瀚，水中有可食的水生植物和动物，人们入水捕鱼和采集，并资水以航行，可水里却潜伏着伤人甚至让人生命消失的蛟龙（湾鳄），于是他们祭起模仿巫术的法宝，断发文身以像鳞虫，乱蛟龙的视角，错其认知，避其危害。① 当时，壮傣群体越人男女性别分工，男主战事、渔猎，女主田工、樵苏，唯男子入水作业，于是唯男子"断发文身"，女子则仍然天生天成洁肤挽髻活动于世间。

《说苑》卷12《奉使》载："诸发曰：彼越亦天子之封也，不得冀、兖之州，乃处海垂之际，屏外藩以为居，而蛟龙又与我争焉，是以剪发文身、烂然成章以像龙子者，将避水神也。"《说苑》的记载将水中一具体生物蛟龙无限扩大成水神了。壮傣群体越人以水神为崇奉主神，求告报赛，定期祭祀，歌舞娱神，以扁舟竞渡为祭祀的礼俗。成于战国的广西左江流域崖壁画，就是他们祭祀水神的画面。蛟龙潜于水中，唯伤人害人，壮傣群体越人会贤愚不分，善恶不明，把恶无善处的蛟龙当作水神崇拜吗？而且蛟龙只是居于水中的一种具体的生物，岂能是水神！

壮傣群体越人"剪发文身、烂然成章以像龙子者，将避水神也"，是非混淆，也应是明其是非的时候了。

"断发文身"，是壮傣群体越人文化的一个具象，古代人们凭着"断发文身"此一文化具象以认知壮傣群体越人。

五

壮傣群体越人文化是宽容、开放、择善而从的文化。南越国时期壮、傣二群体越人分化后，他们的"断发"触犯了南越国主中原汉人赵佗的道德底线，受赵佗统治的壮群体越人被迫改"断发"为"魋结"。从此，他们虽然文身依旧，头却以"椎髻"为饰，诚如唐朝柳州刺史柳宗元说的"共来百越文身地"，②"椎髻老人难借问"。③ 而傣群体越人

---

① 《史记》卷31《吴太伯世家》裴骃《集解》引应劭说："常在水中，故断其发文其身以像龙子，故不见伤害也。"

② 《登柳州城楼寄漳汀封连四州》，《柳河东集》卷42。

③ 《南省转牒欲具江国图令尽通风俗故事》，《柳河东集》卷42。

及其后人因南迁西徙于中南半岛、印度半岛东北部及中南半岛与云贵高原南端交邻地区，摆脱了赵佗的统治，不受赵佗的驱策，一仍其旧，断发文身不改，直至明朝仍是如此。不过，与时俱进，壮群体越人及其后人在汉族文化的摄力圈内不断弃旧图新，宋朝及其后，虽然岭南地区粤省桂东等地的居民仍不同程度地残存着女子婚不落夫家、①男逸女劳、"夫在室中哺子"、②买水浴尸、信巫祀鬼等壮傣群体越人的文化具象，可是已经逐渐趋同于汉族变化，诚如《古今图书集成·方舆汇编·职方典》卷1357《高州府风俗考》所载："茂名在汉晋之时尚仍蛮俗，自隋、唐以后渐袭华风，休明（美好清明）之化，沦洽（和乐）于兹，椎髻变为冠裳，侏离（难辨语）化为弦诵（汉语书声），才贤辈出，科甲（举人进士）蝉联，彬彬然埒于中土。"

傣群体越人及其后人也是如此。在不同的民族文化摄力圈内有不同的变化。比如，印度半岛东北部滇越国后人阿含人处于印度文化的摄力圈内，经过几百年的影响、涵化，已经语同俗同于印度人，完全趋印变化了。

云南景东府，原为南诏银生府治地，为昔扑、和泥所居，南诏后期"金齿白蛮"北徙占领该地，南诏不得不迁府治于威楚（今云南省楚雄市）。从此，"金齿白蛮"落根于此。中统三年（1262年）元朝出兵征服，至元十二年（1275年）以其地设置开南州，③承认了"金齿白蛮"的居住和发展权。至顺二年（1331年）二月甲戌，"云南景东甸阿只弄遣使罕旺来朝，献驯象，乞升甸为景东军民府，阿只弄知府事，罕旺为千户，常赋外，岁增输金五千两，银七百两。许之"。④洪武十五年（1382年）罕旺之子俄陶降明，十七年（1384年）仍为景东府土官知府。⑤翌年，麓川平缅宣慰使思伦发反明，率10余万兵进攻景东府。俄陶率2万余兵抗击，不敌率部属千余家退避大理府的白崖川。明太祖朱元璋深为其忠心感动，即派员赏赐抚慰。洪武三十年（1397年）俄陶死，其子袭职，朱元璋又赐姓为陶，称陶干。自此，景东傣族土官知府便以陶姓相传。陶姓土官知府忠于明王朝，不仅请求在景东府设卫驻屯汉族戍兵，⑥在傣族中发展汉文教育，⑦而且积极应调，以其"战象夷兵"屡立战功。明朝景东府额调征兵2000人，可其土官自告忠勤，2000人之外，又"自效千余，饷士之费未尝仰给公家"。⑧思伦发入侵，景东府常备军是20000多人，若二丁抽一，男丁当有40000人，加上老幼妇孺，景东傣族该有80000人左右。在汉族文化的影响下，傣族人也乐于依从汉文化："民多僰夷，性本驯朴，田地皆种秋（糯稻），今则悉为禾稻。人亦习经书，土俗民风日改月化（旧志）。士简（坦率）民恬（安静），风和俗厚。男女悉知辛勤，士类敦礼教。"⑨"士类"，就是知识阶层。他们

---

① 胡朴安：《中华全国风俗志》下编卷7。
② （清）屈大均：《广东新语》卷8《长乐兴宁妇女》。
③ 《元史》卷61《地理志》。
④ 《元史》卷35《文宗纪》。
⑤ 《土官底簿·景东府知府》。
⑥ 《明实录·太祖实录》卷225。
⑦ 《明实录·神宗实录》卷302。
⑧ 《明史》卷313《云南土司传·景东》。
⑨ 雍正《云南通志》卷8。

读汉文，说汉话，习举业，遵于儒道说教，在景东傣族中起着举足轻重的作用。在汉族文化的主导下，景东的傣族语变俗变，便趋同于汉族了。现在景东县还有2000傣族人，未详是原来景东府傣族所遗还是后来从外地迁入。

分布于中南半岛中北部及与云贵高原南端毗连地区的傣群体越人及其后人与操孟高棉语言诸族相邻而居，在佛教文化的摄力圈内生活，谋求发展。他们以我为主，不仅借取了操孟高棉语言诸族的一些词语，接纳其一些文化以弥补自己的不足，而且皈依佛教，以巴利文词语丰富自己的语言，以佛教文化的优长作依托，并且在古吉蔑文（高棉文）或孟文的基础上创制了自己的文字，跟上时代前进的步伐。

六

壮傣群体越人有其语无其文，没记载，汉文记载者多是搜异猎奇，偶尔及之，记载也不多。本书引证的资料，除了有数的汉文记载及考古学资料外，主要是语言学材料。

人类通过语言创造文化，文化通过语言才能存在而流传于社会中，因此语言贮存文化。民族群体的语言世代相传，通过其世代传承的语言，可以知悉该民族群体往日的文化。特别是越人社会发展分为早、中、晚三个阶段，通过语言比较，可以获知越人社会发展每个阶段的文化。所以，语言的比较是获知越人社会发展每个阶段文化的主要手段。

比如，越人社会发展的早期阶段，不论是今壮傣群体越人的后人还是侗水及黎群体越人的后人，其语里都有个同源词语，这就是 $doŋ^3$（或 $dɔŋ^3$ 或 $duŋ^3$ 或 $lɔŋ^3$）。$doŋ^3$，就是簸箕。簸箕用竹篾或藤条等编织而成，形成像畚箕而较大的器具，用来扬净谷物。由 $doŋ^3$ 而联及今壮傣语、侗水语及黎语中属同源词的 $fi:ŋ^3$（或 $faŋ^3$ 或 $haŋ^1$ 或 $pja:ŋ^3$ 或 $fe:ŋ^3$，小米），可知在早期越人阶段已经有谷物即小米的驯化、栽培，收成后扬净以收藏、食用。

在越人社会发展的中期阶段，今壮傣语的 hau^4 与侗水语的 $qəu^4$，是谓稻之词，属同源词。育秧种稻，秧，壮语谓 kja^3，布依语谓 $tça^3$，临高语谓 la^3，傣、泰、佬语以及侗水语谓 ka^3，也是同源词。今黎语稻谓 $mu:n^3$，秧谓 fan^1，而 fan^1 本是早期越人谓种子之词，黎语以种子之词用作秧苗之词，说明操其语者并不知道育秧在驯化普通野生稻过程中的关键作用。

结合考古学资料，可以知道壮傣、侗水二群体越人在距今六七千年前已经驯化了普通野生稻为人工栽培稻，开始原始的稻作农业。

距今约4000年前，壮傣群体越人有了石祖、陶祖崇拜，壮傣、侗水二群体越人分化各自发展，越人社会发展进入晚期阶段。此时壮傣语里出现了鬼（$hi^2haŋ^1$）一词。鬼，侗水语谓 tui^3，是个借汉语词，没有自己的民族语。壮傣语 $hi^2haŋ^1$（鬼）有词，说明操其语者灵魂观念形成。人死，鬼魂不灭，于是他们凡遇丧事，邻里群集，饮酒敲鼓娱尸，剔肉埋骨，送鬼远去，既无祭扫及家鬼崇拜，也形成了以红送葬及"鬼妻不可以同居处"的意识、观念、习俗。

越人社会发展三个阶段文化的发掘，甚得益于越人语言发展的可分阶段性。这应该感谢语言贮存文化所给予的启发。

七

汉藏语系壮侗语族原含壮傣、侗水、黎三个语支语言，近年来语言学界又将仡佬语归入，壮侗语族便含有四个语支语言了。

细加点数，仡佬语与壮傣、侗水、黎三语支语言其相近的词语有天谓 fa^{55}，近乎黎、壮傣语的 fa^3；有吃谓 ha^{55}，近乎侗水语支所含毛南语的 na^4、黎语的 la^2；有肉谓 nau^{55}，近乎壮傣语的 no^6；有眼谓 to^{13}，近乎壮傣语、侗水语、黎语的 ta^1 或 da^1 或 $tsha^1$；有酒谓 $piau^{55}$，与壮傣语的 lau^3、侗水语的 $khwa: u^3$、黎语的 $\eta a: u^5$，以及尿谓 $tsau^{31}$，与壮傣语的 ηou^6、侗水语的 ηeu^5、黎语的 dou^2 属同源词语，其他词则差之遥遥。而仡佬语谓年为 pi^{33}，似与壮傣语谓年为 pi^1 相同，但是侗水语年谓 $\textrm{ɲin}^2$，二者不相同。壮傣语谓年为 pi^1，明是壮傣、侗水二群体越人分化以后始具此一词语。仡佬族分布于贵州，与布依族相邻而居，其 pi^{33} 显是个借壮傣语之词。

仡佬语支语言与壮傣、侗水、黎三语支语言相近不多，同源词更是依稀可见，在壮侗语族语言中该语支语言当是与壮傣、侗水、黎三语支所含各族语分化出去最早的民族群体语言。分化当于哪个时域，无从考究。

操仡佬语支语言的民族群体分化出去了，操壮傣、侗水、黎三语支语言的民族群体，就是汉文记载常见的越人。

越人的语言发展分为三个阶段，而这三个阶段正与越人社会发展的三个阶段相适应。由于有考古学资料可与语言相印证，可以约略知道越人社会发展三个阶段的相对时域。

越人社会发展的三个阶段犹如蛇蜕，随着社会发展，越人群体出现了两次分化，先形成了黎群体与壮侗群体，后又形成了侗水群体与壮傣群体。黎、侗水、壮傣三个群体都属越人，可越是越，各越的含蕴却不完全相同。由于不同，因此以今追昔，定其称为壮傣、侗水、黎三群体越人。

历史发展，社会前进，除了已经俗变语变趋同于其他民族外，昔日黎群体越人的后人就是今我国海南省的黎族，昔日侗水群体越人的后人就是今我国的侗、仡佬、水、毛南诸族，昔日壮傣群体越人南越国时又分化为壮、傣二群体越人，今我国壮族、布依族、操临高语者以及越南北部的侬族、岱侬族等就是壮群体越人的后人；我国的傣族、越南西北部的黑泰、白泰、老挝的佬族、泰国的泰族、佬族，以及缅甸东北部的掸族，就是傣群体越人的后人。车轮滚滚，历史悠悠，一脉传承，树仍历历，草犹萋萋，可说是先人有为，后人赫赫。

八

南宋乾道九年（1173 年），广南东路人口 911042 人，广南西路不计羁縻州有 1334734 人，① 今桂西羁縻州当时约有 60 万人，诸数累加，当时岭南人口不到 300 万人之数。到了元代，岭南人口增至 400 万人左右，由此可知，历史上岭南地旷人稀。

地旷人稀，耕地选择的自由度大，容易取得肥沃而且灌溉便利的地方作为农田。南宋周去非说："深广旷土弥望，田家所耕，百之一耳。必水泉冬夏常注之地，然后为田，苟

---

① 《宋会要辑稿·食货六九之七七》。

肤寸高昂，共弃而不顾。"① 此种情况，至清朝前期仍然存在。比如，雍正二年（1724年）署广西巡抚韩良辅在奏言中就指出，"广西土旷人稀，多弃地"。"民朴愚，但取滨江及山水自然之利。"② 土地肥美，水旱无忧，尽得自然之利，收获自然丰厚，以致一耕而"尝足支二三年"的。③

由于此种客观存在，历史上壮群体越人及其后人的衣食问题就容易得到解决。时至明末清初，记载仍称："地方可以自给"；④ "地饶鱼稻，故鲜桂玉（生活费用）之忧"；⑤ "治生易足而少聚"，"谷蔬绨布，衣食常足"，"无屯积，不忧饥寒"；"不忧冻馁，颇勤农务"，⑥ "虽鲜厚积，亦无繁费，故途罕乞人"；⑦ "凶荒无乞丐"等。⑧

明朝袁帙诗称："邕管真堪赋，江南恐不如。橘奴金弹密，荔子水精虚。海错羞方物，山蕉入野蔬。无论宝玉贱，鱼米自居宜。"⑨ 壮群体越人的未曾趋同汉族变化的后人，也就是壮族和布依族，治生易足，其社会风气淳朴敦厚，恬退无竞，真诚相待，亲邻相助，少尔虞我诈之行。他们居陋室，恬淡安贫，保其自尊，"惟知耕种，能守王法"；⑩ "富无千金，贫无乞丐，不苟偷，重廉耻，鄙轻薄"；⑪"贫则佣工，不为乞丐，不作苟偷"；⑫ "不习浮靡，不为谩游，不事奇玩，衣服、饮食咸从俭朴，贫不雇工，饥不乞丐"。⑬ 他们葆其天真，享受自然，享受人生，安乐自在，生意盎然，传承传统，歌唱为乐，"岁春男女相聚，讴歌昼夜，略无嫌禁"。⑭ 一些中原汉族官员生于忧患，日为尔虞我诈所困，进入壮族地区，犹如进入理想中的"桃源世界"：镇安府"岁有三秋，狱无一犯。每月收牒一二纸，胥吏（官府中小吏）晨来听役，午即归耕。县中无乞丐、倡优、盗贼，亦不知有樗（chū）蒲（赌博）、海菜、绸缎等物。养廉（薪资外按职务另给的银钱）八百金，而每岁薪、米、鸡、豚，皆父老儿童背负以供。月下秧歌四起，方知桃源风景，尚在人间！"这是清朝袁枚《随园诗话补遗》卷3记载的。

清朝乾隆年间曾出任镇安府太守的赵翼《粤滇杂记》说："此中民风比江浙诸省直有三四千年之别，余甚乐之，愿终身不迁。"赵翼此话，不是赞扬壮族社会的后进，而是颂其民风的朴实、淳厚，心诚相见，互相帮衬，没有欺诈行为。联系到唐朝诗人李商隐

---

① （宋）周去非：《岭外代答》卷3《惰农》。
② 《清史稿》卷299《韩良辅传》。
③ 刘文征：天启《滇志》卷4《旅途志》。
④ 《古今图书集成·方舆汇编·职方典》卷1349《肇庆府风俗考》。
⑤ 《古今图书集成·方舆汇编·职方典》卷1357《高州府风俗考》。
⑥ 《古今图书集成·方舆汇编·职方典》卷1402《桂林府风俗考》。
⑦ 《古今图书集成·方舆汇编·职方典》卷1438《浔州府风俗考》。
⑧ 《古今图书集成·方舆汇编·职方典》卷1426《平乐府风俗考》。
⑨ 《自柳至平乐书所见五首》其二，（清）汪森《粤西诗载》卷11。
⑩ 《古今图书集成·方舆汇编·职方典》卷1448《太平府风俗考》。
⑪ 《古今图书集成·方舆汇编·职方典》卷1402《桂林府风俗考·灵川县》。
⑫ 《古今图书集成·方舆汇编·职方典》卷1402《桂林府风俗考·义宁县》。
⑬ 《古今图书集成·方舆汇编·职方典》卷1402《桂林府风俗考·隆安县》。
⑭ 《古今图书集成·方舆汇编·职方典》卷1450《镇安风俗考》。

《昭州》诗"虎当官道斗,猿上驿楼啼"的句子以及南宋蔡绦《铁围山丛谈》所说的虎不犯人、听见妇人小孩吆喝就夹着尾巴走开的生态和谐和物丰价贱的状况,壮群体越人及其后人的历史值得求索,值得记载,值得颂扬。

九

《论语·八佾》载:"子曰:夏礼吾能言之,杞不足征也;殷礼吾能言之,宋不足征也。文献不足故也。"这里,孔老夫子告诉我们一个真理,即杞宋无征,不能说史。

现在的壮族、布依族,历来者都是居住在我国大西南偏僻山区,明、清以前,汉族文人很少涉足其地,更少有人深入其中了解他们的社会生活,记载他们的情感追求和喜怒哀乐。而他们言而无文,没有自己的文字记载,这就难以捉摸了解清楚他们在明、清以前的社会状况了。不过令人于莽莽漠漠、深杳不测中却看到了两团亮光,毋庸"据冥翳而哀鸣"。

此两团亮光,一是迄于宋代,不论是广南东路还是广南西路,其居民的社会生活是一体的,不分彼此。"广州刺史但经城门一过,便得三千万。"① 汉族文人少来广西,却多拥于广东,自然少不了关于广东越人及其后人社会生活的记载。这些记载虽不是完整无缺、环环相扣,却可以从中窥见宋朝及其前壮族先人的社会生活状况。二是壮族、傣族虽非居于一地,却是同源而异流。傣族远居于西南边疆,受汉文化影响较少,恪守传统,恪守传承先人的意识、观念、习俗和行为。元朝以来,随着边疆的开发,文人关于傣族的记载就比较多了。傣族社会文化的见诸记载,与汉文关于壮族社会文化的零碎记载比照,可以约略知悉壮傣群体越人时代的基本社会文化面貌。

比如,唐朝尉迟枢《南楚新闻》记载了"越""獠"的"产翁制",说明那个时代在岭南不管是"越人"还是"獠"人都盛行着产翁制习俗。② 以后此一习俗在汉族文化的改造整合下便逐渐销声匿迹了,唯见程大璋民国《桂平县志》卷59《艺文志》载林有席《咏壮》诗有"饷婿炊糜饭,生雏抱产翁"句,道出产翁制习俗在明、清的壮族中已属残存。然而,元朝及其后,文人关于傣族习俗的记载,都一无异词地说他们盛行着产翁制:妇女"尽力农事,勤苦不辍。及产,方得少暇。既产,即抱子浴于江,归付其父,动作如故"③。壮、傣习俗比照,显示了壮、傣二族在没有分化独立发展的壮傣群体越人时代就已经在其社会中盛行产翁制习俗,分化各自独立发展以后,其传人恪守传统,迄于明末清初仍然没有全部革掉此一旧有风习。

十

前人的记载是值得珍惜的,特别是关于壮族及其先人的记载不多,尤属珍贵,不能因我们无法理解,不能忍受,便一言以否之。比如,《太平寰宇记》卷167引唐朝梁载言《十道志》说容州(先治今北流市后迁治今容县)"夷多夏少,鼻饮跣足",有人以现代

---

① 《南齐书》卷32《王琨传》。
② 《太平广记》卷483《獠妇》引。
③ (元)李京:《云南志略·诸夷风俗》。

人的思维及人体的承受度否认历史上壮族先人"鼻饮"的存在，认为这是汉族文人无中生有，存心进行侮辱，一语便给否了。然而，从西汉到南宋，关于壮族先人的"鼻饮"，记载者非一人。他们时代不一，身份不同，方域相异，境遇也不一般，怎么都众口一词加以肯定？今人不惯，古人并非不可能，我们不能以今人的习尚来解释和忖度古人的爱好。后来，由于发现今日越南和老挝的康族还习于"鼻饮"，人们方才停息了关于壮族先人历史上曾经存在"鼻饮"习俗的否定议论。

当然，历史是多面的，人也是多面的，记载者也有专于不顾事实"猎奇志怪"的人物。比如，关于"飞头獠"的记载即属此类。

西晋张华《博物志》载："南方有落头民，其头能以耳为翼，将晓还复旧体。吴时往往得此人也。"这是得之传闻。秦时吕不韦《吕氏春秋》"穿井得一人"寓言，已经喻示了道听途说会把事情弄得面目全非。吴与晋属不同时代，张华不审察其事的真实，是否有悖于机理，贸然地将传闻进行记载，这是他失于疏漏。唐朝段成式《酉阳杂俎》将"飞头"定于"岭南溪洞中"，取名为"飞头獠子"。① 这完全是故为穿凿，故为附会，故为侮辱。自此而下，猎奇者，志怪者，记载"飞头獠"屡屡，没有断绝。明朝万历中，邝露《赤雅》不仅重复"飞头"的虚假，而且说他在今陆川县石抱山洞中亲眼看见以耳作翼飞来飞去的两个头，坐实"飞头獠"的存在。这可谓捏是生非，无端诬人，陷人以罪，完全悖逆了人体机制，违反了生物一体原理。

"捃摭（jùn zhí，摘取）之来，征引（引证）所出，糟粕多在，油素（精华）可寻。"② 弃糟粕，存油素，这就需要考古质疑，详加考证，特别是像壮族这样的少数民族，尤需如此。所以，征引古书及疏通互证，屡见于本书的行文中。

本书多前人之所未发，所言虽未敢以信及豚鱼自诩，但言必有据，非瞽者观场之谈。书中征引，都作页下脚注，明其出处，目的在于传信。

而且，书中关于越人及其后人的语词，都是以国际音标标示，目的是便于人们的普遍认知。

十一

已故的著名历史地理学家谭其骧先生说："觉得文章千古事，没有独到的见解，不能发前人之所未发，何必出书？"③ 这是笔者在撰写本书过程中视作铭配的。

但是，囿于一人之见，也不能免于谬误，幸祈斧正。

"芭蕉心尽展新枝，新卷新心暗已随。愿学新心养新德，长随新叶起新知。"这是清人张子厚的《咏芭蕉》诗。④ 人生是个课堂，课是上不完的。笔者虽已耄耋，仍愿借此诗表达自己的心愿。

---

① 《太平广记》卷484《飞头獠》引。
② （宋）杨亿：《景德传灯录序》。
③ 施宣圆：《谭其骧在中风之后》，《文汇报》1992年12月10日。
④ （清）钱大昕：《十驾斋养新录序》。

卷上

越人社会文化发展

远古时代，越人作为一个人类群体已经活跃于古代我国东南地区。

经过旧石器时代漫长的岁月，迄于旧石器时代晚期至新石器时代前期，越人已经发明了火，驯养了鸡、鸭、猪、狗等家禽家畜，种植了薯、芋、小米等作物，以茅草、柱子、板状物筑室居住，形成了村落，进入了朦胧思维和氏族公社时代。他们或搓或削，或簸去小米的皮壳和杂物，然后淘洗干净，以火烧制热气腾腾，有了扬去食物中皮壳杂物的簸箕。此非虚言，有迄今他们各支系后人使用的同源词语明确地道出了此中原情。

第一章

早期越人语言和文化

根据语言学界的区分，原操今壮侗语族（即侗台语族）语言的民族分壮傣、侗水、黎三个语支。后来，将仡佬语纳入壮侗语族语言作为其中的一个语支语言，壮侗语族就含有仡佬、黎、侗水、壮傣四个语支。

操仡佬语的仡佬族，主要分布在我国贵州省安顺、平坝、大方、普定、织金、水城、黔西、镇宁、遵义、清镇等县市，人口53000人（1982年）。据倪大白《侗台语概论》载："关于仡佬语的支系问题，过去由于缺乏资料，情况不明。近年来，根据社会科学院民族研究所的调查分析，认为仡佬语的语音系统接近苗语，但比较词汇和语法结构，则应属侗台语族。贵州民族研究所经过多年调查，综合了许多点的材料，对此有不同的看法。"[①] 因此，即便仡佬语纳入壮侗语族中作为该语族中的一个语支语言，其与壮侗语族中的黎、侗水、壮傣三语支语言的共同点也是比较少的，可视为该语支语言与壮侗语族中的黎、侗水、壮傣三个语支语言分化独自发展很早，具有的同源词语就相对较少。

因此，越人早期的语言和文化，就在壮侗语族的黎、侗水和壮傣三个语支还没有分化各自发展以前中寻求。

第一节 早期越人

早期越人如何界定？

从语言的同源关系和相异性来界定。

黎、侗水、壮傣三个语支语言同属于壮侗语族，自然少不了同源性词语。

黎语的 $gwou^3$（头）、tsa^1（眼）、$ɬi:n^3$（舌头）、ha^1（腿）、non^1（皮肤）、fei^1（火）、$ho:n^1$（烟）、nam^3（水）、$no:k^9$（鸟）、bou^2（螃蟹）、$ɬa^1$（鱼）、$ziŋ^1$（蚂蟥）、man^1（薯）、$bu:i^3$（棉花）、fan^1（种子）、don^3（簸箕）、$ri:n^3$（裙子）、$ȵop^7$（缝）、$ʔa:p^7$（洗澡）等160多个基本词语，与侗水、壮傣二语支语言的相应词语都是同源性词语。

但是，黎语与侗水、壮傣二语支语言的词语也有不同。这就是后来我国南方人生活须臾不可或离的房子和稻子的词语。

[①] 倪大白：《侗台语概论》，中央民族学院出版社1990年版，第196页。

房子，黎语谓 ploŋ³，侗水、壮傣二语支语言谓 ɣaː n² (jaː n²)；稻子，黎语谓 muː n³，侗水、壮傣二语支语言谓 hau⁴ (qəu⁴或 ʔau⁴)，显然，黎语关于房子、稻子的称谓与侗水、壮傣二语支语言关于房子、稻子的称谓是迥异的，不是共时而生，没有同源关系。它们的出现，是在黎群体越人与侗水、壮傣二群体越人分化各自发展以后。

房子，壮语北部方言谓 ɣaː n²，布依语谓 zaː n²，临高语谓 lan²，壮语南部方言谓 ɬəː n²，傣、泰、掸语谓 həː n²，佬语谓 huː ən²，侗语谓 jaː n²，仫佬语谓 hɣaː n²，水、毛南语谓 ɣaː n¹，属同源词。ɣaː n²，汉近音译写作"栏"。

干栏式房子，先见于古为越人活动地区的今浙江省余姚河姆渡新石器时代文化遗址，距今约六七千年前。[①] 古越人形成了干栏式住房，后人因而传承，以干栏为住房建筑形制。所以，在吴兴钱山漾、[②] 杭州水田畈、[③] 江西清江营盘里遗址、[④] 福建崇安汉城高胡坪宫殿遗址、[⑤] 广东高要县的茅岗遗址等都有干栏式住房建筑出土。[⑥] 秦、汉及其后，岭北众多地方的越人在汉族文化的主导整合下逐渐趋同于汉族，干栏式住房建筑多已随风而去，没了踪迹，但是在湖南长沙东汉墓还出土随葬的干栏式陶屋。[⑦] 至于岭南，广东、广西的汉墓其随葬的干栏式陶屋其数尤多。隋、唐时代，岭南是"俚獠"天下，所以《隋书》卷31《地理志》说他们"巢居崖处"。"巢居"所指，就是干栏式住房。相沿而下，操壮傣语支语言的壮、布依、傣、泰、佬、掸等民族及操侗水语支语言的侗、仫佬、水、毛南等民族，干栏式住房一直是他们传统的住房建筑形制。

壮傣、侗水二群体越人谓住房为"ɣaː n²"，与黎群体越人谓房子为"plo ŋ³"相异，说明古越人在六七千年前干栏式住房形成之前黎群体越人已经从越人群中分化出去独自发展了，因此他们没有"干栏"的概念，没有形成"干栏"的词语，住房也不是干栏式的形制。

浙江余姚河姆渡新石器时代文化遗址既有干栏式建筑住房，又发现了大量稻谷遗迹，说明在六七千年前的越人中稻作农业已经相当发展。而古越人认知野生稻、将普通野生稻驯化成人工栽培稻的探索，早在旧石器时代晚期已经开步。

广东省英德市云岭西石山牛栏洞遗址出土了"原始人工栽培稻硅质体，经湖南省文物考古研究所测定，早在 12000 年前英德原始居民已经开始种植水稻"。[⑧] 此后，湖南省都庞岭下道县寿雁镇白石寨村一处旧石器时代文化向新石器时代文化过渡的全新世早期洞穴玉蟾岩文化遗址出土了锄形器等石器生产工具和十分原始的陶片，还出土了包括普通野

[①] 浙江省文管会：《河姆渡遗址第一期发掘报告》，《考古学报》1978 年第 1 期。
[②] 浙江省文管会：《吴兴钱山漾遗址第一、二次发掘报告》，《考古学报》1960 年第 2 期。
[③] 浙江省文管会：《杭州水田畈遗址发掘报告》，《考古学报》1960 年第 2 期。
[④] 江西省文管会：《江西清江营盘里遗址发掘报告》，《考古》1962 年第 4 期。
[⑤] 林蔚文等：《古代东南越人建筑业述略》，《中南民族学院学报》1985 年第 4 期。
[⑥] 广东省博物馆：《广东高要县茅岗水上木构建筑遗迹》，《文物》1983 年第 1 期。
[⑦] 高至喜：《谈谈湖南出土的东汉建筑模型》，《考古》1959 年第 11 期。
[⑧] 《中国水稻史推前万多年》，《羊城晚报》1999 年 12 月 13 日。

生稻和古栽培稻类型的谷壳遗存,估计其年代距今约10000年。① 无疑,广东省英德市牛栏洞遗址出土的"原始人工栽培稻硅质体"以及湖南省道县玉蟾岩遗址出土的包括普通野生稻和古栽培稻类型的谷壳遗存,是古越人从旧石器时代晚期至旧、新石器时代更迭之际驯化普通野生稻为人工栽培稻探索和实践过程的物质遗存,道明了古越人是世界上最早的稻作民族之一。

完成将普通野生稻驯化成人工栽培稻是个漫长的过程,但是既有其始必有其毕功之时。越人中壮傣、侗水二群体越人谓稻为 khau^4,谓秧为 kja^3(或 ka^3),黎群体越人谓稻为 mu:n^2,谓秧为 fan^1,显然 khau^4 与 mu:n^2 不是同源语词,而黎语谓秧为 fan^1,也与壮傣语和侗水语谓秧为 kja^3 相异。

fan^1,在越人语里本是种子之谓,比如今壮傣语中的壮语南部方言谓 fan^2,布依语谓 hɔn^2,临高语谓 Vɔn^2,德宏傣语谓 fan^2;今侗水语中的侗语谓 pan^1,水语谓 wan^1;黎语谓 fan^1。这些词语都是同源词,说明越语谓种子为 fan^1 或 fan^2。后来随着社会发展,壮傣、侗水二群体越人将普通野生稻驯化成人工栽培稻,认知了水稻的传代方式主要是种茎保存,所以种植水稻之前必先育秧,即在播种前用温水或冷水将水稻种子浸泡一定时间,晾干让其冒芽,然后撒到秧田里育秧。一个月后秧苗长成将之移栽在整好的水田里,始成稻禾。这时水稻秧苗已与水稻种子异样,不可同日而语了。因此,壮傣、侗水二群体越人谓之为 kja^3 或 ka^3。kja^3、ka^3 二词,实为一词的音变,比如壮语北部方言谓之为 kja^3,壮语南部方言、傣、泰、佬语以及侗水语都谓之为 ka^3。黎语虽谓稻子为 mu:n^3,但却有如唐代郑熏错认颜标为颜真卿之后一样,将种子和秧苗混同为一,既谓种子为 fan^1,又谓秧苗为 fan^1,显是概念不清、语义不明,挟持兼用。

"田夫抛秧田妇接,小儿拔秧大儿插。"② 黎语不别种子与秧苗,混一同词,说明黎群体越人在越人还没有完成驯化普通野生稻为人工栽培之前就已经分化出去独自发展了。其时间是在旧石器时代晚期至新石器时代前期。

这个时域及其前,就是我们所说的越人早期阶段。

第二节　早期越人的语言

早期越人的语言,就是黎群体越人还没从越人群中分化出去独自发展以前的越人语言。

早期越语,也就是壮侗语族的早期语言。早期壮侗语族,是一种以声母、韵母、声调组合的音节作为语言结构的语言,有其语法规则和词汇。时流音变,但有其规律可循;语法结构框架既已粗定,基本不变;词汇则随着社会发展而丰富增多。语以词达,没词无法交流,词汇是早期越语主要的组成成分。因此,见词可以见语。比如,《越绝书》卷8《记地传》载:"朱余者,越盐官也。越人谓盐为余。"我们便可从越人"谓官为朱""谓

---

① 袁家荣:《玉蟾岩获水稻起源重要新物证》,《中国文物报》1996年3月3日;黎石生:《道县玉蟾岩古稻出土记》,《中国文物报》1999年9月5日。

② (宋)杨万里:《插秧歌》。

盐为余"二词及谓盐官为"朱余"的语序中略知越语一二。如此，追寻早期越语的语词，就十分必要了。

要追寻早期越语的词语，就是以今壮侗语族中壮傣、侗水、黎三语支所含各族语言为基础，寻觅、筛选、考知其同源词。

时有古今，今壮侗语族壮傣、侗水、黎三语支所含各族语言历数千年的分化演变，有的音异了，有的甚至由于与异民族间的文化交流异化了，出现了乖戾。不过，诸语既然曾是同于一源而滋息，众语罗陈，经过筛选、甄别，仍有蛛丝马迹可以寻觅、考知一些原为一词变化而来的词语。比如，黎语谓天为 fa^3，虽今壮语北部方言、布依语以及侗水语支所含的侗语、水语、仫佬语、毛南语谓天或为 $bɯn^1$ 或为 $mən^1$ 或为？$bən^1$ 或为 $bən^1$，但这些语词是借古代楚语，今壮傣语支所含的壮语南部方言、临高语及傣群体越人的后人傣、泰、佬、掸等族语均谓天为 fa^3 或 fa^4。今同一语族中属不同语支的不同民族或群体语言关于"天"一词经几千年演化后仍然保持近音甚至同音，显然"fa"是该语族语言谓"天"的原音，也就是该语族的"fa^3""fa^4"属同源关系。因此，谓天为 fa 就是早期越语的语词。

又如，汉语腌鱼的"腌"，黎语谓 $mo:ŋ^1$，虽然侗水语支所含各族语变异了，但是壮语谓 $do:ŋ^1$，布依语谓 $doŋ^1$，临高语谓 $jaŋ^3$，西双版纳傣语谓 $boŋ^1$，德宏傣语谓 $moŋ^6$，壮傣语支所含各族其语都与黎语近音，说明黎语的 $mo:ŋ^1$ 与壮傣语支所含各族语的 $doŋ^1$ 等属同源词。

腌鱼，就是以别的可以防腐的物品浸渍鱼类，使其在放置一定时日后不腐烂、不变质，保证食用。用什么腌，几千年前的原始方法，当以盐主家。但是，关于盐一词的越语称谓，其后人语多音变，难以追寻了。比如，黎语谓盐为 $ŋa:u^3$，壮傣语支所含的临高语也谓盐为 $ŋau^3$，可是壮傣语支所含的壮语北部方言、壮语南部方言、布依语、傣语、泰语、佬语、掸语以及侗水语支所含侗、水、仫佬、毛南等族语却谓盐为 kju^1 为 $kɯ^1$ 为 $kuə^1$ 为 $kɣ^1$ 为 $kə^6$ 为 ko^1 为 kwa^1 等，以类分，kju^1 与 $ŋau^3$ 二音相异，有如径庭，相互间无音声演化规律可循。盐是早期越人认知的物品，形成了概念，出现了词语，并在生活中以之作为防腐剂使用，kju^1 还是 $ŋau^3$ 为早期的越语词。

《越绝书》卷8《记地传》载："朱余者，越盐官也。越人谓盐为余。""越人谓盐为余"的"余"字，是汉近音译写字。余，《唐韵》谓以诸切，《集韵》《韵会》谓羊诸切，《正韵》谓云俱切，然而这些音并未尽包了余字的古代读音。唐朝韩愈《骖骥》诗句称："嘶鸣当大路，志气若有余。骐骥生绝域，自矜无匹俦。"[①] 俦读直由切，即 chóu，余与俦叶韵，当读俦的近音，所以《康熙字典》说余"叶夷周切，音由"。余音由，为韩愈所揭示，令人眼目生辉。他是历史上唐宋八大家之首的文学大家，不会自我作秀无端地捏生余字的音读，当是依习而行，照旧音用字。余古也音"由"，恰与今黎语、临高语谓盐为 $ŋa:u^3$ 为 $ŋau^3$ 相近，显然 $ŋau^3$ 当为早期越语谓盐一语的遗音。而海南岛之外的大陆越人，不论是壮傣，还是侗水语支所含各族则借楚语为词，谓盐为 kju^1 或其近音。

知悉了壮侗语族中壮傣、侗水、黎三语支的同源词，就可以顺理成章地洞晓越人早期

---

① 《全唐诗》卷337。

的语言粗略，这是无可怀疑的。今以黎语词居首，后列以同音或近音的壮傣、侗水二语支所含各民族或群体的语词，以知其为同源。

天 fa³（临高语 fa³，壮语南部方言、傣语、泰语、佬语、掸语 fa⁴）

日 van¹（壮语北部方言、布依语 ŋon²，临高语、壮语南部方言、①傣语、泰语、佬语、掸语 van²，侗语 man¹，仫佬语 fan¹，水语 wan¹，毛南语 van¹）

月亮 ŋa：n¹（北壮 dɯ：n¹，布依语 di：n¹，西双版纳傣语 dɤn¹，德宏傣语 lən⁶，②佬语 dɯ：ən¹，侗语 ŋa：n¹，仫佬、毛南语 njen²，水语 nja：n²）

星星 ra：u¹（壮、布依、西傣、泰、佬语 da：u¹，德傣 la：u⁶）

闪（闪电）zip⁷（南壮 fa⁴mep⁷，布依语 ʔjap⁷，临高语 liap⁷，西傣 lɛp⁸，德傣 mɛp⁸，泰语 lɛp⁷，侗语 la：p⁹，水语 ʔda：p⁷）

雨 fun¹（北壮 fɯn¹，布依语、临高语、西傣语 fun¹，德傣、泰、佬语 fon¹，侗语 pjən¹，仫佬语 kwən¹，水语 wan¹，毛南语 fin¹）

火 fei¹（北壮 fai²，布依语 fi²，临高语 vəi²，南壮、傣、泰、佬、掸语 fai²，侗语 pui¹，仫佬语 fi¹，水语 wi¹，毛南语 vi¹）

（火）烟 ho：n¹（北壮 hon²，布依语 hon²，临高语 kuan²，南壮 van²，傣语 xon²，泰语 khwan²，佬语 khvan²，侗水语 kwan²）

石头 tshi：n¹（北壮 ɣin¹，布依语 zin¹，临高语 din²，南壮、傣、佬、泰语 hin¹，侗语 ȶin¹，水语 tin²）

水 nam³（北壮 ɣam⁴，布依语 zam⁴，临高、南壮、西傣、泰、佬语 nam⁴，德傣、掸语 lam⁴，侗语 nam⁴，水语 nam³）

盐 ŋa：u³（临高语 ŋau³，越人谓盐为余，余音由）

草木灰 tsɯ²tau³（壮傣语 tau⁶）

村子 fa：n¹（壮、布依、西傣、泰、佬语 ba：n³，德傣、掸语 ma：n³，水语 ʔba：n³）

傻子 ŋo：ŋ²（壮语 ŋoŋ⁵，临高语 ŋoŋ³，仫佬、毛南语 ŋa：ŋ⁵）

哑巴 ŋom¹（壮语 ŋom⁴，布依语 ŋam⁴）

儿子 łɯ：k⁷（壮、布依语 luk⁸，傣、泰、佬、掸语 luk⁸，侗水诸族语 la：k⁸）

女儿 łɯ：k⁷pɯ¹khau²（北壮 luk⁸sa：u¹，德傣、南壮、佬语 luk⁸sa：u¹）

弟弟 gu：ŋ¹（北壮、布依语 nu：ŋ⁴，西傣 noŋ⁴，德傣 loŋ⁴，泰、佬语 nɔ：ŋ⁴，南壮 no：ŋ⁴，侗语 no：ŋ⁴，仫佬、毛南语 nuŋ⁴）

子孙 phai³tha：n¹（壮、布依语 luk⁸lan¹，临高 lək⁸lan¹，西傣 luk⁸lan¹，德傣 luk⁸la：n¹，侗语 la：k¹⁰khwa：n¹，仫佬语 la：k⁸khɣa：n¹，水语 lak⁹qha：n¹）

头 gwou³（北壮 kjau³，布依语 tɕau³，临高语 hau³，侗语 ka：u³）

眼睛 tsha¹（北壮、布依、西傣、佬、泰、侗语 ta¹，临高、水语 da¹，南壮 ha¹，德傣、掸语 ta⁶，仫佬语 mja¹，毛南语 nda¹）

胡子 pɯ：m³（壮、布依语 mum⁵，临高语 mum⁴）

---

① 以下壮语北部方言简称北壮，壮语南部方言简称南壮。

② 以下西双版纳傣语简称西傣、德宏傣语简称德傣。

下巴 heːŋ¹（壮、布依语 haːŋ²，临高语 ŋaŋ²，傣语 kaŋ²，泰、佬语 khaːŋ²，侗语 laːŋ²，水语 ʁaːŋ¹）

腿 ha¹（北壮、布依、仫佬语 ka¹，临高语 va²，傣语 xa¹，泰语 kha⁵，南壮、佬、掸语 kha¹，侗语 pa¹，毛南语 pja¹）

膝盖 gwou³rou¹（临高语 hau³kau⁴，南壮 hu¹khau⁵，傣语 ho¹χau⁵，泰语 khau²，佬语 huːə¹khau⁵，侗语 kuŋ³kwau⁵）

皱纹 ɲet⁷ɲiːu³（壮、布依、仫佬语 ȵau⁵，临高语 ȵeu³，西傣 heu⁵，侗语 ȵiu³）

皮肤 noŋ¹（壮、布依、临高、西傣、泰语 naŋ，德傣 laŋ¹）

痱子 pɯːp⁷feŋ³（壮语 fat⁷fiːŋ³，布依语 pit⁷vɯːŋ³，临高语 tsut⁸vaŋ⁴）

血 ɬaːt⁷（北壮、泰、佬语 lɯət⁸，南壮 ləːt⁸，布依语 liːt⁸，西傣、掸语 lɤt⁸，德傣 lət⁸，侗语 phaːt⁹，水语 phaːt⁷）

脑髓 ɬuːk⁷（北壮、布依语 ʔuk⁷，南壮 ʔuk⁷ʔek⁷，西傣 ʔɛk⁷，德傣 ʔok⁹ʔek⁹）

骨头 vɯːk⁷（北壮 doːk⁷，南壮、西傣 duk⁷，德傣 luk⁷，佬语 duːk⁷，侗语 laːk⁹，水语 ʔdaːk⁷）

牙齿 tan¹（北壮、布依语 fan²，侗语 pjan¹，仫佬语 fan¹）

舌头 ɬiːn³（壮傣语支所含各族及群体语 lin⁴）

肠子 raːi³（北壮、布依、傣、泰、佬语 sai³，南壮 ɬai³，掸语 shai³，侗语 saːi³，水语 haːi⁴）

屎 haːi³（北壮 hai⁴，临高语 kai⁴，南壮、泰、佬语 khi³，傣 xi³）

尿 dou²（北壮 ȵou⁶，布依语 ȵu⁶，南壮 neu⁶，傣语 jeu⁶，佬语 ȵieu⁶，泰语 jiau³，临高语 lɔu¹，侗语 ȵeu⁵，水语 ʔniu⁵）

屁 thuːt⁷（北壮 ɣot⁷，布依语 zat⁷，临高语 dut⁷，傣语 tot⁷，侗、水语 tət⁷）

肩膀 va²（壮、布依、西傣、泰、佬语 ba⁵，德傣、掸语 ma⁵，侗语 sa¹，水、仫佬、毛南语 ha¹）

牛 tui³（临高语 ʈai³，侗语 kwe²，水语 kui²，壮、布依语 vaːi²，西傣 xvaːi²，德傣 xaːi²，泰、佬语 khvaːi²，黎、侗语显系借汉语夔牛之称）

毛 hun¹（北壮、布依语 pɯn¹，临高语 vun²，西傣 xun¹，德傣 xon¹，南壮、泰、佬语 khon⁵，侗语 pjən¹，水语 tsən¹）

猪 pou¹（北壮 mou¹，临高语 mo¹，南壮、傣、泰、佬、掸语 mu¹，侗语 ŋu⁵，毛南语 mu⁵）

狗 ma¹（壮傣语支所含各族及群体语 ma¹，侗语 ŋwa¹，毛南语 ma¹）

猫 miːu²（壮、临高语 meu²，布依语 mjɛu⁵，傣、泰、佬、掸语 mɛu²，侗、水语 meu⁴）

鸡 khai¹（壮、布依、傣、泰、佬语 kai⁵，临高语 kai¹，侗、水语 qaːi⁵）

鸭 ʔep⁸（水语 ʔep⁷，仫佬语 ʔjaːp⁷，毛南语 ʔɛp⁷）

熊 mui¹（北壮 mɯi¹，布依语 mɯːi¹，临高语 mo¹hui²，南壮、傣、泰、佬、掸语 mi¹，侗语 me¹，水语 ʔmje¹，毛南语 moi¹）

水獭 teːk⁷（壮 naːk³，临高语 nak⁸，佬语 naːk⁸）

老鼠 tiu^1（北壮 nou^1，布依语 va：u^3，临高语 mai^{4}nu^1，南壮、西傣、泰、佬、掸语 nu^1，德傣 lu^1，侗语 no^3，毛南语 nɔ^3）

鸟 no：k^9（北壮 ɣok^8，布依语 zɔk^3，南壮、临高、西傣、泰语 nok^8，佬语 nɔk^8，德傣 lok^8，侗语 mok^8，水语 nɔk^8）

螃蟹 bou^2（北壮、布依语 pau^1，南壮、傣、泰、佬语 pu^1）

鱼 ɬa^1（壮、布依语 pja^1，临高语 ba^1，傣、泰、佬语 pa^1，侗语 pa^1）

虾 re：ŋ^1（北壮 kuŋ^5，临高语 luaŋ^2，西傣、南壮、泰、佬语 kuŋ^3，侗语 ȶoŋ^6）

跳蚤 po：t^6（壮傣语支所含各民族语 mat^7，侗语 ŋwat^7，水语 mat^7）

虱子 than^1（北壮、布依、仫佬、水语 nan^2，临高语 don^2，侗、毛南语 nan^1）

头虱 fou^1，tshou^1（北壮 ɣau^1，布依语 zau^1，南壮、傣、泰、佬语 hau^1，侗语 ta：u^1）

蚊子 ɲu：ŋ^1（北壮、布依、临高、佬语 ɲuŋ^2，傣、泰语 juŋ^2，侗语 mjuŋ^4）

蜈蚣 ri：p^7（北壮、布依语 sip^7，临高语 lip^8，南壮、佬语 khip^7，西傣 xɛp，侗语 khəp^7，水语 kep^7）

蚂蟥 ziŋ^1（北壮、泰语 pliŋ^1，南壮、布依、西傣、掸语 piŋ^1，德傣 piŋ^6，佬语 pi：ŋ^1，侗语 mjiŋ^2，仫佬语 miŋ^2，水语 mbiŋ^1）①

蚂蚁 puȶ^7（壮、傣、佬语 mot^8，布依、泰语 mɔt^8，掸语 mot^5，侗、水、毛南语 mət^8，仫佬语 mɣət^8）

白蚁 plu：k^7（壮语 pjuk^7，布依语 ɕuk^7，傣语 pok^9，泰语 phuak^4，侗语 tuk^9，水、仫佬语 pa：k^8）

树 tshai^1（北壮、布依语 fai^4，南壮、傣、佬、水、仫佬、毛南语 mai^4，泰语 ma：i^4，掸语 mai^5，侗语 məi^4）

叶 beɯ^1（北壮、布依语 baɯ^1，德傣 maɯ^6）

枫树 gau^1（北壮 ɣau^1，布依语 zau^1，侗语 ja：u^1，仫佬语 hɣəu^1）

竹笋 nɯŋ^1（壮语 ɣa：ŋ^1，布依语 zaŋ^2，临高语 naŋ^2，侗、仫佬语 na：ŋ^2，水、毛南语 na：ŋ^1）

苎麻 kha：n^1（临高 kan^1，西傣 pan^5，德傣 pa：n^{5}ma：n^3，侗语 qa：n^1，水语 ba：n^1）

种子 fan^1（临高语 vɔn^2，布依语 hɔn^1，德傣 fan^2，侗语 pan^1，水语 wan^1）

小米 fe：ŋ^3（壮语 fi：ŋ^3，布依语 vɯ：ŋ^3，临高语 faŋ^3，西傣 haŋ^3，德傣 ha：ŋ^1，侗水语 pja：ŋ^3）

棉花 bu：i^3（壮语邕宁南部方言、临高语 bui^3，德傣 kui^6）

姜 khɯ：ŋ^1（北壮 kjɯ：ŋ^1，布依语 hiŋ^1，临高语 kiaŋ^1，南壮 khiŋ^1，傣语 xiŋ^1，佬语 khi：ŋ^1，泰语 khiŋ^5，侗语 ɕiŋ^1，水语 siŋ^1）

薯 man^1（临高语 fan^1，壮傣语支所含各族及侗水语支所含各族语 man^2）

芋 ge：k^7（北壮 pi：k^7，南壮 phɔ：k^7，临高语 sak^7，西傣 phɣk^9，德傣 phək^9，泰语 phiak^2，佬语 phɯ：ək^7，侗语 ja：k^9，水、仫佬语 ʔɣa：k^7，毛南语 la：k^{8}ʔi：k^7）

---

① 壮语山蚂蟥、傣语旱蚂蟥谓 tak^8。

茅草 hja¹（北壮、布依语 ha²，南壮 ka²，傣语 xa²，泰、佬语 kha²，掸语 kha⁴，侗语 ȶa¹，水语 ja¹）

酒 ŋa：u²（壮、布依、傣、泰、佬语 lau³，侗语 khwa：u³，水语 qha：u³）

药 za¹（北壮 ʔjɯ¹，布依语 ʔie¹，临高语 jia¹，南壮、西傣、佬语 ja¹，德傣 ja⁶，仫佬语 kɤa²，水语 ha²，毛南语 za²）

裙子 ri：n³（北壮 vin³，布依语 hin³，南壮 kven²，傣、泰、佬语 sin³，水语 ɕin³）

板 be：n²（壮、布依语 pen³，临高语 ben³，傣语 pɛn³，佬语 pɛ：n⁴，侗语 phjin⁵，水语 ʔmen⁵）

柱子 ŋwou²（壮傣语支所含各族语 sau¹，水语 la：u¹，毛南语 xa：u¹）

穗儿 tse：ŋ¹（北壮 rɯ：ŋ²，南壮 ɬu：ŋ²，布依语 zɯ：ŋ¹，傣语 hoŋ²，泰语 ruaŋ²，佬语 huəŋ²，掸语 hoŋ⁶，侗语 mjeŋ²，水语 bja：ŋ¹）

雨伞 ta：n²（临高语 tan³，侗语 sa：n⁵·，仫佬语 ta：n⁵，水语 sa：n⁶，毛南语 sa：n⁵）

锄头 kwa：k⁷（北壮 kva：k⁷，南壮 ku：k⁷，临高语 kuak⁷，佬语 tɕok⁷，水语 qak⁷，毛南语 la：k⁸）

簸箕 doŋ³（北壮、泰语 doŋ³，佬语 doŋ⁴，南壮、西傣 duŋ³，布依、毛南语 dɔŋ⁴，临高语 luŋ³，德傣、侗语 loŋ³，水语 ʔdoŋ³）

今天 hwan¹nei²（北壮 ŋon²nei⁴，布依语 ŋon²ne⁴，临高语 vən²nɔi⁴，南壮 van²nai³，泰、佬语 van²ni⁴，侗语 man¹na：i⁶，水语 wan¹na：i⁶）

咱们 gau¹（北壮 ɣau²，布依语 zau²，临高 dəu²，南壮 lau²，傣、佬语 hau²，侗语 ta：u¹，仫佬语 hɤa：u¹，水语 da：u¹，毛南语 nda：u¹）

这 nei²（壮语 nei⁴，布依语 ne⁴、ni⁴，临高语 nɔi⁴，西傣 ni⁴，德傣 lai⁴，侗、水语 na：i⁶）

抱（小孩）ʔom³（壮、傣语 ʔum³，佬语 ʔum⁴，侗语 ʔum⁸，水语 ʔŋəm³）

逼（交出来）ʔe：p⁷（布依语 nap⁷，德傣 ja：p⁸，侗语 ʔep⁹，水语 nap⁸）

闭（口）thop⁷（壮、布依语 nap⁷，临高语 hɔp⁸，西傣 hǎp⁷，德傣 ʔup⁷，水语 ŋap⁸，仫佬语 ȵap⁸）

拆 le：k⁷（北壮 ɕek⁷，临高语 sek⁷，仫佬语 tshɛ：k⁷，水语 pja：k⁸）

掉（下来）thok⁷（壮傣、侗水语支所含各族语除仫佬语为 pɤø¹ 外，不是谓 tok⁷ 或 tɔk⁷ 就是谓 dok⁷ 或 tok⁹）

剁（肉）tak⁷（壮傣语支除临高语谓 duak⁸ 外，其他各族语均谓 fak⁸；侗语 ȶak⁷，仫佬语 ŋwak⁸，水语 mak⁷，毛南语 ȵak⁷）

跺（脚）tom²（北壮、布依语 ɕam⁵，临高语 sam³，侗语 ȶam⁴，仫佬语 cəm⁴，水语 tjam⁶，毛南语 nja：m⁵）

发抖 ȵan¹（壮、泰语 san²，布依、德傣、佬语 san⁵，临高语 nan³，西傣 sɛn⁵，侗语 sa：n⁵·，仫佬语 ta：n²，水语 ɕan⁶，毛南语 zan²）

飞 beŋ¹（壮、布依、西傣、泰、佬语 bin¹，临高语 vin¹，德傣 men⁶，掸语 min¹，侗语 pən³，仫佬语 fən³，水语 win³，毛南语 vin³）

孵（小鸡）pho：k⁷［虽然壮傣语支临高、傣语谓孵为ʔum³或ŋam²，侗水语支所含各族语也谓pjam¹或pyam¹，但是壮、布依、佬语谓fak⁸，泰语也谓fak⁴，不能否认壮傣语支各族语谓孵为fak⁸（fak⁴）与黎语pho：k⁷一词为同源词］

盖（被或压土）plom²（北壮kom⁵，布依语hɔm⁵，南壮kam⁵，德傣hom⁵，泰语khom²，水语kəm⁵）

（鸡）啼hjo：n¹（北壮、布依语han¹，临高语van¹，南壮、泰、佬语khan¹，西傣xǎn¹，德傣xɔn¹，侗语jan¹，水语tan²，仫佬、毛南语can¹）

挖kut⁷（北壮、布依语kut⁸，临高语ʔuat⁷，泰、佬语khut⁷，西傣xut⁷，德傣xot⁸，水语qok⁷）

勒（紧）rat⁷（北壮、临高、德傣hat⁸，布依语tɕɔt⁷，南壮、泰语rat⁸，侗语jat⁸，水语ɣat⁷）

摞（起来）go：p⁷（北壮、布依语tap⁸，临高语hep⁸，佬语thap⁸，侗语khap¹⁴）

（火）灭（了）zap⁷（壮、布依、泰、佬语dap⁷，临高语jap⁷，仫佬语lap⁷，水语ʔdap⁷，毛南语dap⁸）

摸（鱼）gom³（北壮kam⁶，布依语tɕum⁶，临高语kam²，南壮、泰、佬语kam¹，西傣ŋum²，德傣ŋom²，侗语ljam²）

呕吐ʔe：k⁷（北壮ɤu：k⁸，布依语ʔɔk⁸，临高语duak⁸，南壮ɬa：k⁸，西傣hak⁸，德傣、佬语ha：k⁸，仫佬语hɣøk⁷，毛南语ndok⁷）

爬（山）tsan³（壮、布依语pin¹，西傣kan²，德傣xɯn³，泰语pi：n¹）

（手）捧（起来）khop⁷（壮语ko：p⁷，布依语kop⁷，临高语kup⁷，西傣、德傣kop⁹，泰语kɔ：i⁷，侗语qhup⁹'，仫佬语ŋəp⁷，毛南语ŋgop⁷）

披（衣）loŋ³（北壮kjo：ŋ⁴）

翘（尾巴）tso：ŋ²（北壮di：ŋ⁵，布依语taŋ³，水语zaŋ⁴）

去hei¹（壮傣语支所含各族或群体语除德傣谓ka⁵外，其他都谓pai¹，侗水语支各族则谓pa：i¹）

缝ȵop⁷（北壮、布依语ȵip⁸，临高语ȵop⁸，南壮jip⁸'，西傣jep⁷，德傣jɛp⁸，泰语jep⁵，佬语ȵip⁷，仫佬语kɯp⁷，水语tip⁷）

捡tip⁷（壮语kip⁷，布依语tɕip⁷，西傣、泰、掸语kep⁷，德傣kep⁶，佬语kop⁷，侗语ȶəp⁷，水、仫佬、毛南语tsəp⁷）

夹thi：p⁷（北壮、布依语ka：p⁸，临高语kep⁸，德傣hip⁷，侗语ŋep⁹，水语qap⁷）

染（布）tsom³（北壮、布依语ȵum⁴，南壮jo：m⁴，傣jom⁴，泰、佬语ȵɔ：m⁴，侗、仫佬、毛南语jam³，水语ʔjam³）

睡觉tso：n¹（北壮、布依语nin²，临高语lap⁷son¹，南壮no：n²，西傣non²，德傣no：n¹，泰语nɔn¹，佬语nɔ：n²，掸语nɔn⁴，仫佬语nyn²，毛南语nu：n²）

梦ɬu：t⁷fan¹（北壮fa：ŋ²hɯn²，南壮phan¹，临高语vɔn²，西傣fǎn²，德傣fan¹，佬语kha：m²fan¹，泰语faŋ²，侗语pjan¹，水语wjan¹，毛南语tsi⁶vjen¹）

（两人）抬（一石）tsha：m¹（北壮ɣa：m¹，布依语zwa：m¹，临高、西傣ham¹，德傣、南壮、泰、佬语ha：m¹）

掏（出来）ɬuːk⁷（北壮 ʔvak⁷，布依语 ʔjɔk⁷，西傣 tsok⁷，德傣 tsok⁹，水语 ʔduk⁷，毛南语 duk⁷）

挑（担）tshaːp⁷（北壮 ɣaːp⁷，布依语 zaːp⁷，临高语 hap⁷，南壮、泰、佬语 haːp⁷，西傣 hap⁹，德傣 haːp⁹，掸语 haːp²，仫佬语 kɣaːp¹，水、毛南语 taːp⁹）

偷 zok⁷（北壮 çak⁸，布依语 zak⁸，临高语 lɔk⁸，南壮、傣、佬、仫佬语 lak⁸，泰语 lak⁴，掸语 lak⁵，侗语 ljak⁹，水、毛南语 ljak⁷）

吐（痰）phi²（北壮 pli⁵，布依语 pi⁵，仫佬语 phy¹）

弯（腰）hom²（北壮 kom²，临高语 ʔum²，傣语、侗语 kom³，毛南语 tsam³）

（用尖刀）剜 gwat⁷（壮语 kvet⁷，布依语 kwaːt⁷，临高语 ʔuat⁷，西傣 xot⁷，侗语 kwet¹⁰，毛南语 ʔwaːt⁷）

忘记 lɯːm²（北壮、布依语 lum²，南壮 ɬum²，傣语 lɯm²，佬语 lɯːm²，侗水语 laːm²）

洗（衣）toːk⁷（北壮、布依、傣、佬语 sak⁸，南壮 ɬak⁸，临高语 dak⁸，泰语 sak⁴，掸语 shak⁸，侗语 sak⁷，仫佬语 suk⁷，水语 lak⁷，毛南语 zak⁷）

洗（澡）ʔaːp⁷（南壮 ʔaːp³，布依、佬、水语 ʔaːp⁷，西傣 ʔap⁹，泰语 ʔaːp²，德傣、侗语 ʔaːp⁹，毛南语 zaːp⁸）

笑 raːu¹（北壮 ɣiu¹，布依语 zeu¹，临高语 liau¹）

拿（来）tshiːu³（北壮、布依语 ʔau¹，西傣 ʔău¹，德傣 ʔau⁶，侗、水语 ʔaːu¹，仫佬、毛南语 tsau⁴）

捏（手）faŋ³（北壮、布依语 pan³，临高语 tsan⁴，西傣 pǎn³，仫佬语 man³）

拧（紧）nau¹（北壮 niu³，临高语 neu³，西傣 liu¹，仫佬语 niu³，毛南语 liːu³）

弄（坏了）vuːk⁷（北壮 kuːk⁸，布依语 tɯk⁸，临高语 huk⁷）

腌（鱼）moːŋ¹（北壮 doːŋ¹，布依语 doŋ¹，临高语 jaŋ⁸，西傣 doŋ¹，德傣 moŋ⁶）

痒 khom¹（北壮、布依语 hum²，临高语 kum²，西傣 xum²，德傣 xom²，侗语 tɕhəm¹ʻ）

摇（头）ŋou³（北壮 ŋaːu²，临高语 ŋuɛ²）

站 tsuːn¹（北壮 dɯn¹，布依语 dun¹，临高语 ȵun⁴，南壮 jin¹，西傣 tsɛn⁵，佬语 jɯːn¹ʻ，侗语 jun¹，水语 ʔjon¹，毛南语 tsən²）

遇见 khoːp⁷（北壮 ɣop⁸，布依语 hop⁸，西傣 pop⁸，南壮 ɬup⁸，佬语 phop⁸，侗语 sup⁸）

涨（大水）loŋ¹（北壮 ɣoŋ²，临高语 tsiaŋ³，西傣 nɔŋ²，德傣 lɔŋ²，侗语 ɕeŋ⁵）

折断（树枝）tshoːk⁷（北壮 ʔeu³ yak⁷，临高语 ʔak⁷，西傣 kăk⁷，德傣 hak⁷，水语 tak⁷）

治（病）za¹（北壮 ʔjɯ¹，布依语 ʔie¹，临高语 jia¹，南壮、西傣 ja¹，德傣 ja⁶，毛南语 za¹）

转（身）han³（壮语 pan⁵，布依语 ɕiːn⁵，临高语 tsuan⁴，泰语 pan²，佬语 piːn⁵，侗语 ɕon⁵，水语 ʔban⁵）

坐（下）tsoŋ³（壮、布依语 noŋ⁶，西傣 năŋ⁶，德傣 laŋ⁶，泰、佬语 haŋ²）

做（事情）vuːk⁷（北壮 kuːk⁸，临高语 huk⁷）

大 loŋ¹（北壮 luŋ¹，傣语 loŋ¹）

远 lai¹（北壮 kjai¹，南壮 kvai¹，布依语 tɕai¹，临高语 lɔi¹，西傣 kǎi¹，德傣 kai⁶，泰语 klai²，佬语 kai¹ʻ，侗语 ka：i¹，水语 qa：i¹）

近 plaɯ³（壮语 kjaɯ³，布依语 tɕaɯ³，德傣、掸语 kaɯ³）

宽 be：ŋ¹（壮、布依语 kva：ŋ⁵ la：ŋ⁶，西傣 kvaŋ³，德傣 ka：ŋ³，侗语 khwa：ŋ³，水语 fa：ŋ³）

窄 bi：p⁷（壮语 kap⁸，临高语 ʔep⁸，德傣 hip⁷，佬语 khɛ：p⁸，仫佬 ɕa：p⁷，水语 ʁep⁷）

厚 na¹（壮、布依、临高、西傣、掸、佬、侗、仫佬、毛南语 na¹，泰语 na⁵，水语 ʔna¹）

深 ɫo：k⁷（北壮、布依、临高语 lak⁸，南壮 dak⁷，西傣 lɤk⁸，德傣、佬语 lək⁸，泰语 lik⁴）

浅 thɯn³（临高语 dən³，南壮、德傣 tən³，西傣 tɯn³，佬语 tɯ：n⁴，侗语 lin⁵，仫佬语 min⁵）

多 ɫo：i¹（壮、布依、德傣、佬语 la：i¹，西傣 lai¹，泰语 la：i⁵）

尖 tsɯm¹（北壮 som¹，布依语 sɔm¹，临高语 tsiam，南壮 ɫi：m³，傣语 lɛm¹，泰语 siam³，毛南语 sam¹）

黑 dam³（壮、泰、佬语 dam¹，临高、掸语 lam¹，西傣 dăm¹，德傣 lam⁶，侗语 nam¹，水语 ʔnam¹）

白 kha：u¹（北壮、布依语 ha：u¹，南壮、佬语 kha：u¹，西傣 xau¹，泰语 kha：u⁵）

红 de：ŋ³（北壮、布依语 diŋ¹，临高语 liŋ¹，南壮 deŋ¹，西傣、泰语 dɛŋ¹，德傣 lɛŋ⁶，佬语 dɛ：ŋ¹ʻ）

黄 ze：ŋ¹（北壮 li：ŋ¹，南壮 lə：ŋ¹，临高语 laŋ¹，西傣 lɤŋ¹，德傣 ləŋ¹，佬语 lɯ：əŋ¹）

绿 khi：u¹（北壮 heu¹，南壮 kheu¹，临高语 heu¹，傣语 xeu¹，泰语 khiau⁵，佬语 khi：əu¹，仫佬语 həu¹）

重 khɯn¹（侗语 tɕhan¹ʻ，仫佬语 ɕan¹，水、毛南语 zan¹）

轻 khaɯ¹（壮、布依、泰、佬语 bau¹，西傣 bău¹，德傣 mau⁶）

早 ka：u³（北壮、布依语 ɕau⁴，南壮 tɕau⁴，临高语 tsau³，西傣 tsău⁴，德傣 tsau⁴，佬语 sau⁴）

生 vi：p⁷（壮、布依、西傣、泰、佬语 dip⁷，临高、德傣 lip⁷，水语 ʔdjəp⁷，毛南语 dip⁸）

旧 khau²（壮傣语支所含各族及群体语 kau⁵，侗、水语 qa：u⁵，毛南语 ka：u⁵）

苦 ho：m¹（北壮、布依语 ham¹，临高语 kam²，南壮 khum¹，西傣 xum¹，德傣 xom¹，泰语 khom⁵，掸语 khom¹，佬语 khom¹ʻ，侗语 qam²，水语 qam¹，仫佬、毛南语 kam¹）

勤快 ʔun³（北壮、布依语 kan⁴，临高语 kɔn⁴，佬语 man⁵，仫佬语 ɕan²）

眨（眼）tsɯ² ȵap⁷（壮、布依语 ʔjap⁷，临高语 ŋiap⁷，傣语 phɛp⁸，侗语 jap⁷，水语 ʔjap⁷）

关（门）tshop⁷（壮、布依语 hap⁷，临高语 hɔp⁷，傣语 hap⁷，水、毛南语 ŋap⁸）

聋子 ɬo：k⁷（壮、布依语 nuk⁷，德傣 lok⁹，泰语 nuak²，佬语 nu：ək⁷，侗、仫佬语 lak⁷，水语 ʔdak⁷，毛南语 dak⁸）

晴天 fa³tshi：ŋ²（北壮 ɣe：ŋ⁶，布依语 zeŋ⁴，临高语 fa³daŋ⁴，侗语 kha：ŋ¹ʻ，水、仫佬、毛南语 liŋ³）

以上共 165 个词，可以认知它们是壮侗语族中壮傣、侗水和黎三语支语言的同源词，也就是早期越人的基本词语。但是，这只是粗略言之，因为越人这三个语支语言中既有 na¹（厚）一词，厚、薄相关，相互对应，有厚一词，自有薄一词相映衬，可现在的薄一词，壮傣及侗水语支所含各族语谓 ba：ŋ¹ 或其近音，可黎语却谓 geɯ¹，完全与此不同。这是音变滑轨还是在民族文化交流中接受了他族语言作为自己的语言，就不详其情了。所以，在捡出的 165 个同源词之外，在今壮侗语族壮傣、侗水、黎三语支所含各族及群体语中还当有不少属于同源词。不过，在已经知悉壮侗语族壮傣、侗水、黎三语支所含各族语的同源词中，不仅可以明白早期越人的语言粗略，而且可以考知早期越人的文化。

第三节　早期越人的文化

语言是个人存在的，是人们表达意思、交流思想和情感的工具。没有语言，人们无由形成并促进群体性的社会。

同样，语言是思维的外在形式，没有语言就不会形成思维。语言是以物质材料（声音、墨迹）为形式，以意识观念为内容的。人通过语言创造文化，文化成果沉淀在语言中从而得以保存和流传。语言是文化的根本存在形式。

语言是一种独特的文化现象，其有各种文化现象的特点，但又不可能轻易地归属于哪种文化现象。没有语言就没有思维没有意识，可语言又不是意识文化；语言由声音、墨迹等物质组成的符号系统，类同于物质文化又不是物质文化；语言是以言语活动的形态存在着，似属行为活动文化，却不属于行为文化；既兼有意识文化又兼有物质文化、行为文化的品性风格，却不能归入哪一种文化的特殊文化现象。

不过，语言既是一种独特的文化现象，人们凭之创造文化，凭之贮存文化和流传文化。虽然越人有其言而无其文，长期存在于口头传说社会中，但是我们在知悉越人早期的语言以后便可以凭之追寻越人早期的文化。

一　熟练了人工生 fei²（火），以 ba：n³（村子）聚群，进入形成思维和氏族公社时代

火，对年幼的人类来说，是个功德无量的圣物。

没有发现和发明火的时候，人们"未有火化，食草木之实、鸟兽之肉，饮其血，茹其毛"，① 脱不开茹毛饮血的动物状态。发现了火并知道了摩擦以取火，使火长存人间、闪亮人间，为人们所习用，似使人类手臂伸长，力量倍增，第一次统治了一定的自然，并

---

① 《礼记·礼运》。

因此而使人完全脱离动物界，诚如恩格斯所说，火具有解放人类的伟大意义。

掌握了取火用火，对幼年时代的人类来说，似乎握住了根魔棍，既可以给人带来温暖，大大增强了御寒能力，又可以用火抵御强敌，增强处境的安全系数；既可以熟食，扩大食物来源，孕育并发展人类的烹饪文化，又有助于食物在肌体内的消化，促进人类体质和智力的发展，优化人类自己。

上古越人熟习了钻木以取火的方法，万余年来其后人绍承先遗，钻木取火不绝；黎群体越人及其后人更以钻木取火作为一种传统的技艺，一代代地传承下来。1982年，中国百越史学会在海南岛通什召开讨论会。会议期间，通什的黎族同胞热情地给与会者演示了钻木取火的方法。他们用一块硬木做基枕，在上面凿个圆洞，洞里放一些干燥、搓烂带绒易燃的草木叶如艾叶等做火媒。取火时，两人对坐，各自脚踏基枕，将一根大小略与基枕洞穴相近的圆木棍插入洞内，然后两人轮流反复地自上而下双手搓转圆木棍。过了一段时间，搓者口吹火媒，如火媒出现亮点，标志火已经产生，停止工作；如未见亮点，则继续不停顿地搓转圆木棍，直到出现亮点为止。钻木取火，古法万年传于现世，令人瞠目结舌，惊叹不已。

ba：n³或fa：n¹（村子）一词在早期越语中的存在，说明那时候的越人已经形成了社会。越人社会的形成和存在，激发了越人语言的发生和发展。

当然，幼年时期的人类开始也住在山洞里。人住在山洞里，既可防日晒雨淋，又可防备野兽的袭击。因此，距今八九千年前广西桂林新石器时代早期甑皮岩遗址其出土遗物说明当时的越人住在山洞里。在今壮傣和侗水二语支所含各族语里，山洞一词或谓ka：m³，或谓ka：m¹，或谓tham³，或谓qa：m¹，音相近，属同源词。山洞一词，黎语却谓tshu：ŋ³hwou³，完全不同，可能早期越人分布地区无山洞可以栖身，没有山洞的认知，所以山洞一词黎语与壮傣、侗水二语支所含各族及群体语没有同源关系。

虽然栖身现成的山洞固然简便省事，但是早期越人其居地周围没有山洞供便，也没奈其何。我国东南沿海丘陵地区，山坡旷原，落索荒凉，只要撑起sau¹或la：u¹（柱子），上覆ha²或hja¹（茅草），挡起pen³或be：n²（板子），栖身之处就成形了。此类简陋的茅房，入住其中，也可以收到挡晒遮雨的功效。因此，柱子、茅草、板子三词，在今黎与壮傣、侗水三语支所含各族及群体语都是同源词。

茅房累累，众多参错，便形成了ba：n³（村子）。你的、我的，众多村子聚合，形成了早期越人社会。结伙附群，利益交结，核心不移，这就是早期越人语的lau²或gau¹（咱们）一词蕴藉的真实含义。

在社会中，早期越人特别注重luɯk⁸lan¹或phai³tha：n¹（子孙）的孳息繁衍，以承续前人之业，因而后人有此同源词。然而，今壮傣语支所含各族及群体语父谓po⁶、母谓me⁶，侗水语支所含各族语父谓pu⁴、母谓ni⁴，黎语则父母不分都谓za¹，说明今壮侗语族所含的壮傣、侗水、黎三个语支语言谓父谓母各不相同，不存在同源词语。他们男女性行为还是顺其自然，处于混沌未分的状态。

语言是幼年时期的人类有了原始的社会组织以后才发生和发展的。人们没有形成原始的社会，是不会有语言的发生和发展的，因为孤单的人类家族是不能够造成氏族和部落的语言或方言的，特别是清晰的（分音节的）语话的发生和发展，更是不可想象的。

形成了社会，有了语言，便形成思维。此后，人类通过语言形成思维，思维又促成语言的发展。这样，语言创造文化，保证了文化的群体性，促进了文化的群体性，并协调了文化的联系和作用，从而进一步巩固和发展了人类社会。因此，社会、语言、思维三者相次依托而生，而后又互为动因，相互促进，相互发展，带来了人类社会的文明。

二　砸 ɣin¹（石头），造 kva：k⁷（锄形器），以 mai⁴ som¹（尖木）掘 man²（薯），驯化 fi：ŋ³（小米），以 doŋ³（簸箕）除杂，出现了原始农耕

动物富有生命，为了存在、延续，饮食、居住、性、自卫等，是动物的本能。人类源于动物演变而来，禀受动物的本能。但是，人类与动物不同，其不同就在天赋与人类的躯体加上文化。所以，人类＝动物＋文化。

人类一形成，文化也随之产生了。最早的文化现象，就是作为人类肉体的延伸和助力而出现的工具。木棒和打砸出来的各种石器等，都是最初人类的手的延伸和助力工具。

早期的越人认知了 ɣin¹（石头），并将其随意打砸，形成尖锐或可刮而锋利等形状的石器。这就是他们最早为寻找食物和预防野兽侵害的原始工具。

经过多少代的努力和经验积累，早期的越人由随意打砸石头捡取适合其用的石器作工具，后来有意识地将石头打砸成可用的石器工具。比如，他们语中的锄形器，就是专用来挖掘其样子像后来锄头的锄形器。与此同时，他们也以削尖木头以作挖掘工具。这就是早期越人制造和使用的石器和木器工具。

man²（薯）一词，至今在壮傣、侗水、黎三语支所含各族语虽历万余年的历史演变，其音声仍然表现出惊人的一致，无疑这是早期越人养身之物，视之爽神，食之果腹，恩深惠重，根于心间，难于忘怀。不详那个时候，越人是否已经将野生薯驯化成了人工栽培物？

薯，也就是南方人所称的甘薯。南朝陈祈畅《异物志》载："甘薯似芋，亦有巨魁，剥去皮，肌肉正白如肪。南方人专食之以当米谷，蒸、炙皆香美。宾客酒食亦设施，有如果实也。"① 从后人记载南方人的珍薯重薯，以之与米谷并重，并以之礼宴宾客，可知其在早期越人的饮食中所占的比重很大，或者那时候他们已经驯化野生甘薯成为人工栽培的物种。

fi：ŋ³（小米），壮傣、侗水、黎三语支所含各族语音谓相近，无疑在早期越人语中已有其词。早期越人时期已经将野生小米驯化成了人工栽培小米，因为"或簸或揉"（以手搓之，以簸箕扬去其中的谷皮及其他杂物）的簸箕，② 今壮傣、侗水和黎三语支所含各族语不论是国内的壮、布依、傣、水、毛南等族还是分布于中南半岛的泰国、老挝、缅甸的泰、佬、掸等族，其音谓都与黎语的 doŋ³ 相同或相近，毫无疑义这是早期越人的语言。那时候，越人粮食作物唯 man²（薯）与 fi：ŋ³（小米），薯生就块状，水洗就干净，无须 doŋ³（簸箕）上下颠簸扬去杂物，它是为扬净小米设置的，难道小米不是早期越人已经人工栽培了的粮食作物！

---

① 《太平御览》卷974《甘薯》引。
② 《诗经·大雅·生民》。

将野生小米驯化成人工栽培小米,闪现出了越人早期原始农耕的曙光。原始农耕的出现,稳定了早期越人的食物来源。

三 认知了 nok^8(鸟),驯了 kai^5(鸡),fak^8(孵)蛋繁殖,养了 ma^1(狗),开始了原始家禽家畜养殖

我国东南丘陵,气候温热。风吹林涛来千里,人语鸟声自一丘。早期越人耳濡目染,久已悉知高翔低飞的鸟类,产生了 nok^8(鸟)的词语。低飞捕捉,鸟也曾饱人肚腹。雉鸡善走不能久飞,多成了越人口中的美味。同时,捉得多,养得顺,雉鸡也是早期越人最早驯化成为家禽的鸟类。这就是早期越人语里的 kai^5(鸡)。雉鸡成 kai^5(鸡),开启了早期越人驯化野生禽畜的先河。

对于雉鸡驯化成为家禽,早期越人钟之有情,了解其繁殖过程,有了 fak^8(孵化)一词。聚蛋 fak^8 幼,滋生繁衍,一窝接一窝,成了家禽之秀。

ma^1(狗),也是早期越人最早驯化成为家畜的野生动物。在今壮侗语族壮傣、侗水、黎三语支所含各族或群体语中,不论是居于国内的,或者分布于中南半岛上的泰国、老挝、缅甸等国的泰、佬、掸等族,甚至远居于印度东北阿萨姆邦且其语已经消失唯据字典可以追查的阿含语都谓狗为 ma^1,可知谓狗为 ma^1 是早期越人的词语,说明在旧石器时代晚期至新石器时代前期黎群体越人没有从越人群中分化出去独立发展之前,早期越人已经驯化狗为家畜,并成为他们身边灵慧、善解人意的护身、狩猎、守家的忠实伙伴和助手。

距今八九千年前,广西桂林甑皮岩新石器时代早期遗址出土了象、水牛、漓江鹿、豪猪、獾、貉、狐、鼠、竹鼠以及麂、梅花鹿、水鹿、猴、苏门羚和几种食肉类动物的骨骼,其中没有狗的遗骨,于是李有恒、韩德芬《广西桂林甑皮岩遗址动物群》中言道:"本遗址无狗的材料。狗是最初驯化成功的家畜之一。在华北一些新石器时代遗址,狗的材料很普遍。甑皮岩遗址无狗,一方面可能表示当时驯养野生狗的技能还较低;而另一方面,更主要的原因可能是,古代洞穴的居民,对狗的需要并不十分强烈。"[①] 作者之意,就是告诉人们八九千年前广西桂林甑皮岩新石器时代早期的洞穴居人越人生活中对狗的需要还没有提到日程上来,还没有成熟的驯养野生狗的技能,还不能将野生狗驯养成家畜。不过,作者却忘记了综合诸多材料,单就一点便做出判断,似显得武断。

一是忘记了甑皮岩遗址没有狗骨遗存,并不能断定当时的洞穴居人越人还没有驯化狗为家畜,因为狗不是拿来吃的,不会有狗的骨头与人吃食掉弃之的象骨、牛骨、猪骨、鹿骨等动物的骨头堆杂在一起。该山洞住人所食兽类遗骨中没有狗骨,并不提供当时他们没有驯化狗为家畜的依据。

二是忘记了这些洞穴居人越人是新入住于山洞的。因此,山洞一词,黎群体越人及其后人谓 $tshu:\eta^3 hwou^3$,与壮傣、侗水二语支所含各族语谓 $ka:m^3$ 迥然相异,不是共时产生的词语。这说明黎群体越人从越人群中分化出去独自发展,越人尚未以山洞为居,只是以柱子顶着茅草围上板子作住房,而此一时期早期越人语已经存在 ma^1(狗)一词,并且

---

① 《古脊椎动物与古人类》第 16 卷第 4 期,1978 年 10 月。

根深蒂固，任由历史风雨的洗礼其后人仍少变谓狗为 ma^1 的音声，不能说在壮傣、侗水、黎三语支没有分化的时候的早期越人没有驯养野生狗为家畜。

早期越人及其后人谓狗为 ma^1，壮傣语支所含各族或群体语是如此，侗水语支所含各族语是如此，黎语也是如此，注定早期越人语中有了 ma^1（狗）一词，并成为他们相互交流的词语之一，无疑那时他们已经驯养 ma^1（狗）为家畜。

驯养了 kai^5（鸡），以蛋孵化发展家禽养殖，而且驯养了 ma^1（狗）为家畜，成了早期越人灵慧、忠诚、得力的伙伴和助手。虽说鸭子，壮傣语所含各族或群体谓 pit^7，侗水语支所含的侗语谓 pet^7，而仫佬、水、毛南语却与黎语相近谓 $ʔep^7$ 或 $ʔep^8$，难说 pit^7 与 $ʔep^7$ 为同源词，但 pit^7 是仿大鸭的叫声定词，而 $ʔep^7$ 则是仿小鸭的叫声定词，都是取像鸭子的叫声，说其为同源词也未尝不可。而且鸭的词语，黎语与侗水语属同源词，不能说早期越人没有驯养鸭。鸡、狗的驯养成功，说明早期越人已经开始了原始家禽家畜养殖。

四 kam^6ba^1（摸鱼）$do:ŋ^1ba^1$（腌鱼），知道贮存保鲜食物

鹰翱长空，鱼遨江河。陆兽水鱼，鱼是早期越人认知的可食天然食物之一。古代，我国江南水乡，是富产鱼类的地方。靖康元年（1126年），蔡绦从中原来到岭南，一惊叹岭南老虎犹如一只狗，欲偷住家的羊、猪，"或妇人、小儿呼噪逐之"，就夹着尾巴走开了，不伤人、不食人；二惊叹物价的低贱；三惊叹鱼类的众多。他说，广西"博白有远村曰绿舍，皆高山大水，人迹罕及，斗米一二钱，盖山险不可出。有小江号龙潜，鱼大动六七尺，痴不识人"。① 痴，即傻；傻乎乎地不识人，说明未受惊扰。由此可知岭南各地江河鱼类的众多和富庶。因此可以追溯几千年前江南江河鱼类的众多，"见人驯扰，不必网钓，举手可得"。②

越人身居水乡，水中技艺堪称一绝。《太平御览》卷919《鹜》引《越地传》载："越人习竞渡，有轻薄少年各尚其勇为鹜没之戏，有至水底，然后鱼跃而出。"由此可见一般。越人水中技艺称绝，在水中 kam^6（摸、捉）ba^1（鱼）自是他们的拿手好戏。他们"能在水中潜行，行数十里；能水底持刀刺捕取鱼"；③ 他们"善捕鱼，能在水中与波俱起，口啮、手捉皆巨鱼"。④ 这些汉文记载者虽是对越人的后人在江河中捕鱼捉鱼的高超技艺的叙写，但传承有自，也反映了远古越人在江河中捕鱼的不凡技艺。

鱼捉得多了，一时也吃不完，搁在那里只能眼巴巴地望着它们变质变腐，怎么办？$do:ŋ^1ba^1$（腌鱼）一词揭示了早期越人已经知道将捉来的鲜鱼防腐保鲜的技术。腌鱼，不仅可以让鲜鱼防腐保鲜，而且在其浸泡的防腐物品中 $ɲa:u^3$（盐）、lau^3（酒），拌上拍碎的 $hiŋ^1$（姜）末，则保质期较长，且喷鲜香，在早期越人中也是一道馋人的食品。

先人开河，后人沿之。早期越人知道了以盐、酒和以姜末腌渍鲜鱼，使其保质喷香，流传下来，壮傣、侗水、黎三语支所含各族和群体都有发扬光大的。比如，侗族腌制的生

---

① （宋）蔡绦：《铁围山丛谈》，《说库》，浙江古籍出版社1986年版。
② （明）朱孟震：《西南夷风土记》。
③ 《永昌郡传》，《太平御览》卷796《獠》引。
④ 张无咎：雍正《临安府志》卷7。

鱼，既鲜嫩、脆，又酸、甜、辣俱全，见之闻之，直勾人馋虫。

五　取棉于 bui³（灌木木棉），ʔau⁵（沤）kan¹（苎麻）织布，既 jo：m⁴（染）又 n̩ip⁸（缝），色彩灿然，越 vin³（裙子）成装

虽然《太平御览》卷820《布》引南朝宋沈怀远《南越志》载"桂州丰水县有古终藤，俚人以为布"，但是岭南产古终藤又何止丰水县！《太平御览》同卷引晋南北朝裴渊《广州记》载"蛮夷不蚕，采木棉以为絮。皮员当竹、剥古终藤绩以为布"，即说明古终藤在岭南地区的广布，俚人以古终藤之棉织以为布的普遍性。

西汉武帝末年，儋耳（治今海南省儋州市）、珠崖（治今海南省海口市琼山区）二郡太守横征暴敛，既肆意征调"广幅布"，① 又贪其长发，"缚妇女割头取发"，② 弄得民怨沸腾，"数岁一反"，始元五年（前82年）、初元三年（前46年）不得不先后撤销此二郡的建置。汉代此二郡的居民主要就是被贾捐之称为"父子同川而浴，相习以鼻饮"的今属壮侗语族壮傣语支临高语的"骆越"。③ 往日人们不省醒，老是将"骆越"混同于黎族，然而黎族或存在"父子同川而浴"，"相习以鼻饮"的习俗却没有。所以西汉官吏征调的"广幅布"当属儋耳、珠崖二郡的今海南省操临高语的临高人其先人织就的纺织品。

汉代，与儋耳、珠崖二郡的"广幅布"相媲美的是永昌郡哀牢（治今德宏傣族景颇族自治州盈江县）、博南（治今云南省永平县西南花桥）二县的哀牢人的"洁白""幅广五尺"的"桐华布"。④ "广幅布"与"桐华布"，都是棉纺织品。它们东、西彰显，说明汉代在我国东南、西南以及印度半岛、中南半岛上都盛长着可织广幅布的灌木木棉。此灌木木棉就是"古贝"。"古贝者，树名也。其华（花）成时如鹅毳（cuì，细毛），抽其绪（丝头），纺之以作布。布与纻布不殊，亦染成五色，织为斑布。"⑤ 此"斑布"，就是三国时代吴国丹阳太守万震《南州异物志》就已经记载的"以丝布、古贝木所作"，"染之五色，织以为布，弱软厚致上毳毛"的"五色班布"。⑥

"斑布"，不仅中南半岛上的林邑等国人能织，早在汉代，杨孚《异物志》就说乌浒人"能织斑布，可以为帷幔"。⑦ 乌浒，就是壮族历史上的先称。他们在汉代时就织斑布，说明那时岭南广产古贝木即灌木木棉。

由于上古越人的后人分布于古贝木生长区域内，因此自汉迄于魏、晋、南北朝、隋、唐、宋朝，古贝的纺织一直兴盛不衰。唐朝，"桂布白似雪，吴绵软如云。布重绵且厚，为裘有余温。朝拥坐至暮，夜覆眠达晨。谁知严冬月，肢体暖如春"⑧ 桂布就是棉纺布，

---

① 《后汉书》卷116《南蛮传》。

② 《林邑国记》，《太平御览》卷373《发》引。

③ 《汉书》卷64下《贾捐之传》。

④ （晋）华峤：《后汉书》，《太平御览》卷820《布》引；《华阳国志》卷4《南中志》。

⑤ 《南史》卷78《林邑国传》。

⑥ 《太平御览》卷820《布》引。

⑦ 《太平御览》卷786《乌浒》引。

⑧ （唐）白居易：《新制布裘》，《白氏长庆集》卷1。

其保暖优势，引逗得唐文宗（827—840年在位）也穿起"桂管布"来了。①而那个时候，广州地区也是"白叠家家织，红蕉处处栽"，②一片繁荣景象。元丰元年（1078年）宋朝广州经略使陈绎的独生子陈彦辅仗着父势，"役使广州军人织造木棉生活"而被人告发被惩处，③由此可以窥见岭南棉布生活销路之广，获利之丰厚。

李时珍《本草纲目》卷36《木棉》载"木棉有二种，似木者名古贝，似草名古终"。特别指出沈怀远《南越志》记载的"古终藤"即"似草之木棉也。此种出南番，宋末始入江南，今则遍及江北与中原矣"。显然，他未弄清木棉有乔木木棉与灌木木棉的分别，而灌木木棉又与元代从西域传入内地的草本棉花混成一种了。

裴渊《广州记》载"蛮夷不蚕，采木棉为絮"，④无疑此仅能为絮的木棉花是乔木木棉，而可"绩为布"的古终藤则属灌木木棉，即古贝。灌木木棉如同乔木木棉，广布于原为越人及其后人分布的闽、广地区。

宋朝方勺《泊宅编》卷3载：

> 闽、广种木棉，树高如柞，结实大如椽而色青，秋深开露，白棉茸茸然。以铁梃赶净（棉籽），小竹弓弹令纷起，然后纺织为布，名曰古贝。蛮人织布，上作细字小花卉，即古所谓白叠。

此"深秋开露"的木棉，就不是和煦春日在光秃秃枝干上花开满树，朱红朵朵，大如酒杯，远望胜似灿烂红云的乔木木棉了。于是明朝中叶福建提学副使王世懋明确地说道：

> 昔闻长老言，广人种棉花，高六七尺，有四五年不易者。余初未之信，过泉州至同安龙溪间，扶摇道旁，状若榛荆，近而视之，即棉花也。时方清秋，老干已著黄花矣，然不可呼为木棉。木棉花者，高树丹（红）花若荼，吐实蓬蓬，吴中所谓攀枝花也。⑤

固然王氏说多年生的灌木木棉"不可呼为木棉"，言之武断，然而却可从中见他对往日人们老是将灌木木棉与乔木木棉混同起来的愤愤。

昔日闽、广越的后人"衣成木上棉"，可是自元代一年生草本棉花传入中原并广泛种植以后，灌木木棉的栽种日见衰落，已经没有宋朝《遁斋闲览》记载"闽、岭以南多木棉，土人竞植之，有数千株者"的盛况了。⑥

---

① 《太平广记》卷165《廉俭》引《芝田录》。
② （唐）王建：《送郑权尚书之广州》，《王建诗集》卷5，中华书局1959年版。
③ （宋）王明清：《补辑熙丰日历》。
④ 《太平御览》卷820《布》引。
⑤ 《闽部疏》，（清）汪灏等《广群芳谱》卷12《木棉花》引。
⑥ （清）汪灏等：《广群芳谱》卷12《木棉花》引。

灌木木棉无论植株、产量以及所含纤维质量都远逊于一年生草本棉花。历元、明、清、民国迄于 20 世纪 50 年代，灌木木棉基本被淘汰，在闽、广地区民间几成了庭院的植株。20 世纪 70 年代"文化大革命"大割"资本主义尾巴"，在广西家户留存的零星的灌木木棉已荡然无存。今可见记载的唯 1978 年云南博物馆徐康宁先生到云南佤族聚居的西盟县翁戛科考来寨岩朗的家中见他庭院里还有 3 株多年生灌木木棉。"茎成粗藤状，盛开黄白花，挂着绿油油的棉桃。""一般十来年不需要换种，而可长期采摘棉花。"只是其棉纤维比一年生的草棉粗，织成布也没草棉暖和，不过很牢固。①

　　古代，我国东南、云贵高原南部如同中南半岛、印度半岛一样，盛长着灌木木棉，为越人及分布于其间的各民族住人织作衣物的原料。棉花，黎语谓 bu：i³，壮傣语支临高语谓 bui³ 或 fai³，壮语邕宁南部方言也谓 bui³，德宏傣谓 kui⁶，布依语谓 va：i⁵，壮语南部方言、佬语谓 pha：i³，西双版纳傣语谓 fai³。棉，虽侗水语支的侗语谓 mjin²，仫佬语谓 mjen²，是个借汉语词，可水语谓 fa：i⁵，毛南语谓 wa：i⁵，音与壮语、布依语、西双版纳傣语、佬语等相同或相近。bui³ 音变为 kui⁶ 为 fa：i⁵ 等，符合壮侗语族语言音变对应规律，说明它们属同源词。也就是说，早期越人语谓棉为 bui³，汉语近音译写为"贝"。

　　说起"贝"，不由想起汉朝以前的著作《尚书》。《尚书·夏书·禹贡》中的"淮、海惟扬州……岛夷卉服。厥篚织贝，厥包桔柚，锡贡。沿于江、海，达于淮、泗"中的"织贝"，蔡沈《尚书集传》说："织贝，锦名。""贝"既可指代锦，于是"贝锦"一词便成为上古汉语的现成语。比如，《诗经·小雅·巷伯》中"萋兮斐兮（文采盛然），成是贝锦（完成此美艳的贝锦）"句，就是如此。

　　依照《尚书·禹贡》的记载，贝锦产于盛产柑橘、柚子，居住着"卉服""岛夷"的扬州。扬州所在，由该记载的首句"淮、海惟扬州"及尾句的扬州"沿着江、海，达于淮（河）泗（水）"，可知《禹贡》记载的扬州包括有今江、浙、皖、赣、闽、广等地。《史记》卷 113《南越列传》称"秦时已并天下，略定扬越，置桂林、南海、象郡"，岭南的越人呼为"扬越"，道明了岭南越人与岭北越人一样用同一称谓。

　　"岛夷"的岛，古与鸟通假。这就是《集韵》说的岛"古通鸟"。因此，《史记》卷 2《夏本纪》和《汉书》卷 28 上《地理志》"岛夷"都写作"鸟夷"。鸟夷，就是自古以来中原人对边远少数民族群体的蔑称。有论者字字紧扣，不放过"岛"字，认为"岛夷"当是指今中国台湾或海南岛上居住的少数民族群体。然而，他们忘记了《尚书》是汉朝以前的著作，上古之时虞舜尚且"饭糗茹草"（吃干粮以野菜充饥），② 何论百姓！那时的中原人不习水性，既无舟楫又没有硕大帆船可以扬波远航，他们可有人知道隔海与大陆相望的台湾和海南岛！地方不明，他们怎会形成"岛夷"就是台湾或海南岛上居住的少数民族群体的概念并形成词语？《史记》作者是西汉武帝时人，《汉书》作者班固是东汉前期人，他们都将"岛夷"写作"鸟夷"，说明当时此二词的概念和读音都相同而不异。"岛夷"即"鸟夷"，指分布于荆州、扬州穿着草织衣服而异于中原人的不开化的少数民族群体，也就是以棉、麻等植物作制衣原料的越人。

---

① 陈炳应主编：《中国少数民族科学技术史丛书·纺织卷》，广西科学技术出版社 1996 年版，第 110 页。
② 《孟子·尽心下》。

以棉编织贝,这是"卉服"的早期越人所擅长的。那时候,他们不仅有 bui³(棉)这样的语词,而且有了 dam¹(黑)、ha：u¹(白)、diŋ¹(红)、laŋ¹(黄)、heu¹(绿)等色彩的概念和词语,因此他们擅长色彩鲜丽的斑布这样的棉贝的纺织。

早期越人创制棉"贝",其后人不忘先人之功,传而承之,不仅壮族有壮锦,布依族有布依锦,傣(泰)族有傣(泰)锦,侗族有侗锦,黎族也有黎锦。诸锦呈彩,各显其丽,诉说着早期越人已经熟练以灌木木棉花制"贝"(锦),诉说着壮侗语族所含各族的以棉织造的"贝"(锦)源远流长,耀人眼目。

苎麻,也是早期越人的衣着原料之一。

苎麻,壮语北部方言谓 da：i³,布依语谓 da：i⁴,可是,壮傣语支所含的临高语谓 kan¹,壮语南部方言、佬语、泰语谓 pa：n⁵,西双版纳傣语谓 pan⁵,德宏傣语、掸语谓 pa：n⁵ma：n³;侗水语支所含的侗语谓 qa：n¹,仫佬语谓 ŋa：n¹,水语谓 ʁa：n¹,毛南语谓 ŋga：n¹;黎语谓 kha：n¹。除壮语北部方言和布依语关于苎麻的称谓未详其所承外,壮侗语族所含各族和群体语都是同源词语,说明早期越人已经有了苎麻的词语,并且知道了加工苎麻制成衣料。

早期越人怎样将苎麻加工择取其纤维编织衣物?他们的语言里有 ʔau⁵(沤)一词。沤,就是将割下的成熟的苎麻浸泡在水里,让其青皮沤烂,然后抽取其纤维,洗净晾干再进行编织。

与时俱进,越人苎麻纤维的编织技艺也日见进步。东汉永昌郡(治今云南省保山市)哀牢人的"桐华布"引起汉文记载者的瞩目,苎麻织品也灼灼于人们眼前,因为"阑干细布,织成文章如绫锦"。① 常璩《华阳国志》卷4《南中志》载:"阑干,獠言纻也,织成文如绫锦。"此处的"獠",就是傣群体越人。后人说"哀牢"却及于"獠",并以其语表出他们对纻的称谓,是由于东汉时永昌郡辖地广阔,居民众多,除哀牢、博南二县主体居民为哀牢人外,据《华阳国志》卷4《南中志》载,该郡居民还有闽濮、鸠獠、骠越、裸濮、身毒之民,其中的"鸠獠"就是"獠"人。可能因他们人数较多,而且其纻麻织品尤为突出,特以其语标出。纻,今德宏傣语谓 pa：n⁵ma：n³,音仍近乎以汉字近音译写的"阑干"。

汉代,"獠"人将纻"织成文如绫锦",既可见其纻麻织造水平的非同凡响,又可见他们的纻织品一如绫锦的柔软美观。成文的纻麻织品一如绫锦与斑布色彩绚丽的棉织品相互媲美,可说是灿若朝霞,流光溢彩。

早期越人既开了将苎麻加工成衣料的先河,后人循行,未坠先人的遗志。永昌"獠"人的纻织品成文一如绫锦,可为先人增光。《东观汉记》载汉明帝(58—75年在位)见陆闳"常穿越布单衣",喜欢得犹如虫子挠心,特命令吴郡(治今江苏省苏州市)进贡越布,并成为定例。② 此越布就是越人织造的苎麻布。得到一国之主的欣赏和服用,可见在当时其质量的上乘。又"藉细布,一号郁林布,比蜀黄润。古称'筒中黄润',一端

---

① 《后汉书》卷116《西南夷传》。
② 《太平御览》卷820《布》引。

（匹）数金。《淮南子》云'弱缔细布也'，《汉书》云'白越'，即此布也"。① 而广西左右江的"獠"人择苎麻洁白细薄而纤维长的织为"练子"，酷暑穿起练子制成的衣衫，"轻凉离汗"。"有花纹者为花练，一端长四丈余，而重止数十钱，卷而入之小竹筒，尚有余地。以染真红，尤易著色。厥（其）价不廉，一端十余缗也。"② 这些都是历史上越人的后人光大先人种苎用苎的成品。

"苎麻本南方之物，木棉亦西域所产，近岁以来，苎麻艺于河南，木棉种于陕右，滋茂繁盛，与本土无异，二方之民深荷其利。遂即已试之效，令所在种之。"③ 苎麻种植北传中原，可说是越人对我国经济、文化发展的一个贡献。

灌木木棉可织制色彩绚丽的斑布，苎麻也可制花练，因此早期越人衣着有料，越裙也就出现了。裙子，壮语北部方言谓 vin^3，布依语谓 hin^3，傣、泰、佬、掸语谓 sin^3，侗语谓 $w\partial n^3$，水语谓 ςin^3，黎语谓 $ri\colon n^3$，诸语词音近，都是源于一词发展而来，可见早期越人已经有 vin^3（裙子）的概念和词语。

早期越语有传承，早期越裙形制又怎样？这似难索隐追寻。不过，今黎语有 kun^1（汉裙）和 $ri\colon n^3$（黎裙）之分，$ri\colon n^3$（黎裙）俗称桶裙，短直如筒，因以名之。今泰国泰语谓现在流行的裙子为 $kra^2 pro\colon \eta^1$，其传承于先人的裙子谓 sin^3，即"桶裙"。此称与今黎语的 $ri\colon n^3$ 即"黎筒"相同。千里神会，同为越后人却已是异国异族的人谓传统裙子同一形态近乎一音，透露了越的先人其裙名 $ri\colon n^3$（sin^3），其形短筒状，形近今黎族妇女所穿的色彩绚丽的短桶裙。

黎女桶裙

本来早期越人有斑布、有纻布，可是其布一词，由于年代悠远，早期越人的后人分居

---

① （宋）乐史：《太平寰宇记》卷166《贵州》。
② （宋）周去非：《岭外代答》卷6《练子》。
③ （元）司农司：《农桑辑要》卷2《论苎麻木棉》。

各地，一是各自的音声有变化，二是各自与所接触和交流的民族群体有异，音声变化太大，许多彼此迥异，其相互间是否存在同源词，已难追寻。

布，壮语北部方言、布依语谓 $paŋ^2$，壮语南部方言谓 $pha:i^3$，西双版纳傣语土布谓 $fai^3hăm^2$、机织布谓 pik^8，德宏傣语谓 man^2，泰、佬语谓 pha^3，侗语谓 ja^1，水语谓 $ʔja^1$，唯壮傣语支所含的临高语谓 $hɔp^8$ 与黎语谓 dop^7 音近，二者疑属同源词。可是说操壮傣语支临高话的群体与黎族同居于海南岛上，人群接触、文化交流，是否会产生某些词语的趋同现象，因无其他佐证，就难详 $hɔp^8$ 或 dop^7 是不是早期越人谓布的近音词。

不过，早期越人衫不定型，没有穿裤子确是可以肯定的。《汉书》卷 28 下载：儋耳、珠崖"民皆服布如单被，穿中央为贯头"。《永昌郡传》载："鸠民（獠人）咸以三尺布角割作两襡，不复加缄缕（针线）之功（手续）也。广头着前，狭头覆后，不盖其形，与裸无异。"① 这就是说，越的后人穿贯头衣，而这贯头衣并不是长长而下将身子罩住，而是仅仅遮蔽其上半身而已。女子则有护胸的衣物："敞其襟织碎花抹胸以障两乳。"② 下身则穿上桶裙。上衣下裙，不论男女都是如此。

黎男子桶裙

黎族的服饰，历史上少见记载。明朝嘉靖元年（1522 年）至六年（1527 年）在黎族地区做官的顾岕，其《海槎余录》载黎族"身穿花厚布衣，露腿赤足，戴漆帽，旁赘尺许雉毛二茎，披领颔间"，③ 由此自然不晓当时黎族的衣裙款式。"身穿花厚布衣，露腿"，似是穿着花而且厚的上衣短裙（或短裤），但是衣裙（衣裤）是怎样的款式，还是令人迷糊，不清不楚。20 世纪 50 年代，中南民族学院对海南岛保亭县第三区"大鬃"黎（杞黎）进行社会调查时拍摄的男子服装，④ 可知其时杞黎的男子服饰如同女子一样，是上短衣下短桶裙。这是早期越人服饰的传承。

先人服饰，后人传承，作为早期越人之一的壮族也不异其样。明朝初年吏部主事林弼出使安南，途经广西龙州，见当地风土人情大异于中原，感慨万千，写了《龙州十首》，其四句称："峒丁峒妇皆高髻，白布裁衫青布裙。客至柴门共深揖，一时男女竟难分。"⑤ 明朝初年壮族男女衣装一式，上衣下裙，形象地活现了早期越人不论男女都是上短衣下桶裙的款式，并形成传统传于后人。后人传承不误，迄于明朝仍多未见改易，有的民族群体至 20 世纪 50 年代还在传承。

---

① 《太平御览》卷 791《朱提》引。
② 《古今图书集成·方舆汇编·职方典》卷 1410《柳州府风俗考》。
③ （清）王文濡：《说库》，浙江古籍出版社 1986 年版。
④ 中南民族学院黎族社会调查编辑组：《海南岛黎族社会调查》（上卷），广西民族出版社 1992 年版，封二照片。
⑤ （清）汪森：《粤西诗载》卷 23。

六　了晓 sip⁷（蜈蚣）、nan²（虱子）等害人毒虫，知道 fiːŋ³（痱子）、vuːk⁸（呕吐）、hum²（痒）等病症，知以 jia¹（药）jia¹（治病），并认知 nam⁴（水）可去污除垢，dak⁸（洗衣）、ʔaːp⁷（洗澡）用词，形成了原始的保健文化

生老病死，这是生物不可逆转的自然规律。但是，人类生之后死之前，从婴儿张口求乳经活蹦少年到血气方刚到壮大老成再到行将就木，长长几十年，中多波折，或积污积秽，疏理不顺；或气候不适，顿生疾患；或肌体损伤，内转障碍；或衣食不周，营养失调；或偶触毒虫，身心不安；或遭遇强暴，气息奄奄；等等。就个人而言，要闯过人生的这道道坎儿，既要充实食粮，强身自卫，又要居住洁净，讲究自身保健。

在早期越人语中，除了鸡、狗等家禽家畜的词语之外，也有 nou¹（老鼠）、mat⁷（跳蚤）、nan²（虱子）、ɣau¹（头虱）、ȵuŋ²（蚊子）、piŋ¹（蚂蟥）、sip⁷（蜈蚣）、mui¹（熊）等侵害人的动物名称。这是他们长期受到侵害而认知，并告诫后代子孙谨防受其毒害的。

同时，春去暑来，秋逝冬临，寒暑更迭，多让人身体有所不适，于是身生 fiːŋ³（痱子），皮肤发 hum²（痒），偶生 vuːk⁸（呕吐），这些都是疾疫的症状。对这些疾病，早期越人已经初步知道了以 jia¹（药物）jia¹（治病）。虽然药物与治疗还处模糊朦胧状态，未能分开，但是他们已经懂得身子不适有病，应以药物治疗。这是原始的保健核心。有了这个核心，就可以通过药物治疗，缓解或除去病痛带来的痛苦，保证身体的康健。

在我国东南丘陵地区，外带海内带河。江河滔滔，一泻千里，也有小河小溪，流水潺潺。水中生长鱼、虾、螃蟹，是幼年时期人类的食粮之一。捕鱼于江，捞虾于河，水是早期越人认知和熟悉的。因此，他们有 nam³（水）的词语，并深刻脑中。他们的后人，不论是居于国内的壮、布依、临高、傣、侗、水、仫佬、毛南等族或群体，还是分布于中南半岛上的泰、佬、掸和印度东北阿萨姆邦的阿含等民族或群体，除了个别音声略见变化外，千百年来都保持着 nam³ 此一音声，可说是刻骨铭心，感恩戴德，牢记不忘。

nam²（水），除了盛产可食的鱼虾、可资航行外，还可除污去垢，经洗涤后保人保物的清洁干净。因此，脏衣入水，经搓洗之后，晾干便可恢复其清洁干净。搓洗衣裙，越人早期便有其词，谓 dak⁸。临水而居，自然跃入河中搓洗身子，于是早期越人语也有洗澡一词，谓 ʔaːp⁷。

ʔaːp⁷（洗澡）一词，在早期越人的后人中，除北壮谓 ta³ɕam⁴、南壮谓 ɬaːu²da ŋ¹、临高语谓 tuk⁷外，其他不论壮傣语支所含的布依、傣、泰、佬、掸各族语还是侗水语支所含的侗、水、仫佬、毛南各族语，一同于黎语谓 ʔaːp⁷。这是人存语存。不详壮族语和临高语因何而异。不过，壮语和临高语的异化无动于早期越人语谓洗澡为 ʔaːp⁷，因为就壮傣语支所含各族或群体语而言，壮语和临高语不能涵盖整个壮傣语支所含的各族或群体语。

洗衣、洗澡成了日常用语，药物也开始用于治疗人疾，说明早期越人已经有了原始的保健文化萌生。

七　fan¹（梦）一词，显露了早期越人社情人心

越人"神"一词是借汉语词，其鬼一词在早期越人中还未出现。比如，鬼，北壮、布依语谓 fa：ŋ²，临高语谓 hi²haŋ¹，南壮、傣、佬谓 phi¹，侗语谓 ȵui³，仫佬语谓 la：i⁴，水语谓 ma：ŋ¹ 或 ȵui³，毛南语谓 ma：ŋ¹ɕeŋ⁶，黎语谓 tiŋ³ 或 vo：t⁷，显然壮傣、侗水和黎三语支所含各族或群体语关于鬼一词没有同源词，而侗、水二族语的 ȵui³（鬼）还是个借汉语词。这说明早期越人还没有形成鬼的观念，因此其语中没有鬼一词。

早期越人没有鬼的观念和词语，却出现了梦的概念和词语。

梦，北壮谓 fa：ŋ²hɯn²，布依语谓 pa⁴hɯn²，临高语谓 vɔn²，南壮谓 phan¹，西傣谓 fǎn¹，德傣、佬语谓 fan¹，泰语谓 faŋ²，侗语谓 pjan¹，仫佬语谓 mɔŋ⁶，水语谓 wjan¹，毛南语谓 tsi⁶vjen¹，黎语谓 ɬu：t⁷fan¹。其中，北壮的 fa：ŋ²hɯn² 就是深更半夜浮现的鬼影。这是个会意词。而仫佬语 mɔŋ⁶ 一词，则是个借汉语词。显然，fan¹ 是壮傣、侗水和黎三语支所含各族或群体语的同源词，是早期越人语。

梦是睡眠时局部大脑皮层还没有停止活动而引起的脑中的表象活动。俗话说："日有所思，夜有所梦。"梦常映现一些时日以来甚至好多年前曾经焦虑、忧思或感念过的事情。唐宋八大家之一的欧阳修《宿云梦馆》诗"北雁来时岁欲昏，私书归梦杳难分"句，是诗人坐"朋党"罪从京城开封流放外任时途经云梦（今湖北省云梦县）夜住驿馆时叨念妻子的心声。"私书"，指梦寐以求的妻子的来信。接了信，晚上便做个梦，梦见与妻子相见、相别，难分难舍。"杳难分"，真实地映示了诗人梦醒后似梦非梦、虚实难分的神情。

《墨子·经上》："梦，卧而以为然也。"这是人的共识。小的如离别忧伤、知友欢聚、子女恋别、家人恶吵、遭逢横祸、仕途升迁，大的似家族、群体、家国兴衰，无不历历映现于梦中。

好梦让人思恋向往，噩梦让人惊出一身冷汗，增添无形的心理压力。因此，固然"五更千里梦，残月一城鸡。适往言犹在，浮生理自齐"，[①] 给人以温暖以希望，然而唐朝文学大家韩愈陪杜侍御游湘西两寺独宿就做了个噩梦："犹疑在波涛，怵惕（恐惧）梦成魇（呻吟、惊叫）。"[②]

人存梦随，人与梦有解不开的缘分。因此，在往昔滔滔的历史长河里，帝王设占梦之官，民有占梦之行。占梦，就是圆梦，也就是根据梦中所见附会预测人事的吉凶。于是，古往今来便有众多俗语流传。比如，梦刀、梦尸得官，梦松荣登三公，梦熊生男，梦日、梦月贵子临盆，梦兰指妇女怀孕，梦龄为祝人长寿之辞，梦花文思猛进，梦笔生花、才情横溢，等等。历代诗人也不甘寂寞，写梦、借梦作诗的诗人不胜其数。南宋著名诗人陆游遗诗 9300 首，其中就有记梦诗 99 首。

汉人如此，早期越人也是梦纠人事，人世与梦境不分。他们唯梦是寻，唯梦是猜，将梦与人生的际遇结合起来。比如，梦中见熊气势汹汹冲人狂奔而来，龇牙咧嘴，人也心虚冒汗发 san²（抖），一惊而醒。他满身臭汗，愣在床上，唯恐异日又会有什么不测之虞。

[①]（宋）梅尧臣：《梦后寄欧阳永叔》。

[②]《全唐诗》卷 337。

梦可测世间人事，这是早期越人的后人心之所趋、意之所向。比如20世纪50年代，黎族"梦见牙齿脱落会招祸，家人会生病致死"；"梦见牛斗，会生殴斗"；"梦见自身流血，将会财丁两旺"；"梦见自家房屋倒塌，全家病死，须宰牛杀猪请道公做鬼"；"梦见家鸭飞出村外，村中将遭火灾"；"梦见下雨，村中将发生瘟疫"；等等。①

因此，早期越人语有 fan¹（梦）一词，其后人也铭记前人之言，传承不误，可见从 fan¹（梦）一词也可以略见他们的社情人心。

八　早期越人 ha：p⁷（挑）一词，锁定了其后人的行为活动方式

西汉刘安《淮南子》卷9《主术训》载："汤（商成汤）、武（周武王），圣主也，而不能与越人乘舟而浮江湖。伊尹，贤相也，而不能与胡人骑。"这说的是人类依靠最密切的生存条件、生存环境维持生存和创造文化，也就是说客观自然环境制约着人类的文化方式。所以，"胡人便于马，越人便于舟"，②中原汉人则以车驰骋原野，因此古代我国的俗语便是胡人马驮，越人舟运，中原车载，形容我国古代不同地区的民族群体因处于不同的自然环境中其运行运载的方式也不同。

"如秦者立而至，有车也；谪越者坐而至，有舟也。秦、越，远途者，静立安坐而至者，因其械也。"③车、舟是机械、是器具，借助于人们创制的器具就能够安稳无虞地安全快速到达远途的目的地，也可载着重物运达远途的目的地。然而，早期越人时代是否有了这些器具以作水上运输、作水上远途航行？

水上运输或作远途航行的器具，最初是用木或竹子扎成的筏子，后是舟船。

竹或木扎成的筏子，壮语、德宏傣语、泰语、佬语、掸语谓 pe²，临高语谓 be²，西双版纳傣语谓 pɛ²，而侗水语支所含各族语侗语谓 ba：i²məi⁴，仫佬语谓 pa：i²，水语遗失了或是没了其词，毛南语谓 ba：ŋ²，黎语则谓 bai¹。显然，对于筏子，壮傣语支所含各族或群体语与侗水语支所含的侗语、仫佬语及黎语音谓不同，黎语谓 bai¹ 及侗语的谓 ba：i²məi⁴ 与仫佬语的谓 pa：i² 属同源词语，疑早期越人语谓筏子为 bai¹，壮傣语谓筏子为 pe² 则是其音变。这犹如鸭子，侗水语支所含各族语除侗语谓 pət⁷ 外，仫佬语、水语、毛南语或谓 ʔep⁷，与黎语谓 ʔep⁸ 或谓 ʔe：p⁸，属同源词，为早期越人语谓鸭子之音，壮傣语支所含各族或群体语或谓 pit⁷ 或谓 pet⁹ 及侗语谓 pət⁷ 等均属其音变一样。

船，北壮谓 ɣu²，南壮谓 lɯ²，布依语谓 zuə²，临高语谓 lua²，西双版纳傣语谓 hɤ²，德宏傣语谓 hə²，泰语谓 via²，佬语谓 hɯ：ə² 等，无疑壮傣语支所含各族或群体语谓船之音与公元前528年汉江上撑船越人唱的《越人歌》"昌枑泽兮"句中的"枑"，以及《越绝书》卷4《吴内传》记载的"治须虑者，越人谓船为须虑"的"虑"音相近，"枑""虑"当为壮傣语谓船为"ɣu²""lɯ²"等的近音译写字。而侗水语支所含各族侗语谓 lo¹、仫佬语谓 søn²、水语谓 tshon⁴、毛南语谓 zon²，黎语支的黎语谓 va¹nom³ 则既音不同，

---

① 中南民族学院黎族社会调查编辑组：《海南岛黎族社会调查》（上卷），广西民族出版社1992年版，第176—178页。

② 《淮南子》卷11《齐俗训》。

③ （战国）吕不韦：《吕氏春秋·慎大览·贵因》。

又各不相近，说明早期越人时代甚至壮傣、侗水二群体越人没有分化各自发展的时代即中期越人时代，还不存在舟船这样的水上运载器具。

有了木扎或竹扎的筏子，却未出现舟船这样的水上运载器具，早期越人陆行搬运物件，除了 ham¹（抬）之外主要是以 ba⁵（肩膀）hap⁷（挑）。ham¹（抬），是两人或两人以上合力搬运物件，hap⁷（挑）则是以一人之力，借助于木棒或竹棍，将物件分别均匀地挂于木棒（或竹棍）的两头，以肩膀作着力支点搬运物件。一人使力，肩起物件进行搬运，既省力又方便，从而形成习惯，众所公行，形成了以 ba⁵（肩膀）hap⁷（挑）的概念，出现了 hap⁷ 的词语。词语流行，锁定了早期越人搬运物件的行为活动方式，并在他们中形成了传统。传统传承，几千年来也锁定了其后人的行为活动方式。所以，历史上不论是壮傣群体越人及其后人壮、布依、临高、傣、泰、佬、掸等族或群体，还是侗水群体越人及其后人侗、水、仫佬、毛南等族以及黎群体越人及其后人黎族，都无一例外地以 ba⁵（肩膀）hap⁷（挑）搬运物品。只是早期越人时代，以什么 hap⁷（挑）的工具尚未定型，因此没有扁担此一概念、此一词语。

壮族肩挑

傣族肩挑

黎族肩挑

傣妇肩挑倩影

扁担，壮、布依语谓 ha:n²，临高语谓 van²，西双版纳傣语谓 kan²，德宏傣语谓 ka:n²，泰、佬语谓 kha:n²，侗语谓 la:n²，水、毛南语谓 qha:n¹，黎语谓 tsha:i¹fi:k⁷，说明扁担的音谓，黎语与壮傣、侗水二语支所含各族或群体语相去甚远，不存在同源关系。而壮傣、侗水二语支所含各族或群体语除仫佬语谓 lɔ⁵ 相异外，其他关于扁担一词的音谓都接近，显然是由一词发展变化而来，属同源词。这道出了早期越人时代还没有以竹或木制的扁而长的压在肩上挑东西的工具 han² 一词的出现。

第四节 语涌新词，文化歧异：黎群体越人从壮侗群体越人分化独自发展

时间顺流，社会发展，黎群体越人从由壮傣、侗水和黎三群体越人组合的早期越人中分化出来，无由知悉其动因，也无从判明其具体时段。现在可以追索的只是从黎群体越人及其后人所具有的语言、文化与壮傣、侗水二群体越人及其后人的语言、文化的出现相异，大致判定其分化的时段。

一 酸、甜具词与酸、甜未分

酸、甜、苦、辣、咸，是食物中主要的五味。早期越人已经品出食物中的苦味，名为 ham²。与 ham²（苦）相对的是甜味。甜是像糖和蜂蜜那样的味儿。在一定条件下，甜可转化为酸。酸是壮傣和侗水二群体越人及其后人特为珍视的食味之一，擅制酸菜、酸鱼、酸肉等酸性食品以佐餐。因此，他们语中甜既有其词，酸也具有其词。比如，甜，壮、布依语谓 va：n¹，临高语谓 ʔen²，西双版纳傣语谓 van¹，德宏傣语、佬语谓 va：n¹，泰语谓 wa：n⁵，侗语谓 kwa：n¹'，仫佬语谓 fja：n¹，水、毛南语谓 fa：n¹；酸，北壮、德宏傣、泰、佬语谓 som³，布依语谓 sɔm³，西双版纳傣语谓 sum³，南壮谓 ɫum³，侗语谓 səm³，仫佬语谓 khyəm³，水语谓 xəm³，毛南语谓 səm³。甜谓 va：n¹，酸谓 som³，二词在壮傣、侗水二语支所含各族或群体语中虽略有音变，却都是同源词，然而黎语甜谓 de：ŋ¹，酸谓 fa³，可知黎语酸、甜二词与壮傣、侗水二语支所含各族或群体语的酸、甜二词不是同源词，不是共时而生的词语。此种情况说明，当黎群体越人与壮傣、侗水二群体越人分化的时候，早期越人没有甜、酸知觉，没有甜、酸概念，没有甜、酸词语。

酸、甜概念的形成和词语的产生，可能与壮傣、侗水二群体越人成功驯化普通野生稻成为人工栽培稻，并成功培育糯稻，以糯米作为主食大有因缘。一方面，糯食不易消化吸收；另一方面，糯饭易于发酵成甜，继而成酸，酸可以帮助消化，促进糯饭在胃中的消化吸收过程。因此，在他们中甜、酸的感知被发现，甜、酸概念形成，产生了甜、酸的词语。而黎群体越人没有驯稻的历程，没有以糯米作主食而出现的困扰，没有制甜制酸的强烈需求，从而迟迟甜、酸未明，味觉朦胧，没有甜和酸的词语。

甜、酸虽属味觉，小不起眼，却反映出了人类在文化发展过程中一个大的文化创造。这就是普通野生稻的驯化为人工栽培稻，以及壮傣、侗水二群体越人糯米文化的形成。

二 男断发文身与男女蓄发文身

战国《荀子·劝学》载："干越，夷貉之子生而同声，长而异俗，教使之然也。"干是吴国，干越就是吴、越二国。为什么吴国又称为"干"？原来吴、干本各为一个部落国，正如《管子·小问》说的"昔者吴、干战"，吴灭了"干"，并有其地其民，便也称

"干"，比如"吴城邗（吴建邗为都城），沟通江、淮"。① 干、邗二字古代为通假字，互用。干的居民属越人，因此战国时秦相吕不韦《吕氏春秋·贵直论·知化》载："夫吴之与越也，接土邻境，壤交（通）属，习俗同，言语通。"

越人"断发文身"，首见于《左传》哀公七年（前488年）的记载，说吴国仲雍"断发文身"，继见于《春秋穀梁传》哀公十三年（前482年）记载的"吴，夷狄之国也，祝发文身"。祝发也就是断发。此后，《庄子·逍遥游》载"越人断发文身"，《墨子·公孟》说"昔者越王勾践剪发文身以治其国"，《战国策·赵策二》也载"被发文身，错臂左衽，瓯越之民也"。被发，是头发剪短以后散披头上，无由作髻，因此被发也就是断发、剪发、祝发之类。

春秋、战国、秦、汉时代，越人"断发文身"是当时人的共识。不过，除去"断发"，文身并非当时越人所独行。《后汉书》卷116《西南夷传》载哀牢人自认为龙之后，"种人皆刻画其身象龙文"。哀牢人原住于今云南省大理市永平县西南及今德宏傣族景颇族自治州盈江县一带，永平十二年（69年）东汉以其居住地设置哀牢（治今云南省盈江县）、博南（治今云南省永平县西南花桥）二县，属永昌郡，后来他们退居缅甸及缅泰边境地区，是今克伦人的先人。

不论世界上的民族，唯论中国，春秋以来见载有文身习俗的，除越人、哀牢人外，唐朝的"绣脚蛮"（今傣族）、"绣面蛮"（今布朗族）都习行文身。20世纪50年代仍流行文身的还有台湾的高山族、海南岛的黎族，以及云南的傣族、德昂族、布朗族和基诺族等。文身的民族多了，但是各民族其文身的动因和文身的功能并不一样。

道光《云南通志》卷186载"绷子"（今德昂族）"披发文身，头缠红布"，这就大异于春秋、战国以来越人的"断发文身"了。"文身"与"断发"相配组合，这才是春秋、战国以来越人的习俗。

明朝嘉靖初年（1522年），王济《君子堂日询手镜》说在横州（今广西壮族自治区横县）城中遇见"一文身老妇"。据她说："海南诸州黎俗，生男女三日，必倩善文绘者于头、面、肩、颈、手、腕、膝、腹、背周身画成诸花及八宝等件，后以细针数枚挑刺出血，搽以青靛，候三四日涤去，则花宛然；断续处，再刺以补之，至死不漫（漫灭消失）。"听后，王济感慨地说："百粤文身之地，即此是矣！"他此一感慨，如同找到了春秋、战国以来文献历历记载的有关越人文身习俗的真凭实据，兴奋不已。这活现了千百年来人们对越人文身习俗认知的一个笼统糊涂观念。好像只要是越人的后人身上画花刻纹，便是当年"百粤"人的文身习俗传承，却不管越人既称"百粤"，各有种姓，分属于不同的民族群体，其文身习俗缘起的时代、动机、实施对象相殊相异，不是千篇一律，不存差别。

明朝嘉靖十九年（1540年）成书的顾岕《海槎余录》载："黎俗男女周岁即文其身，自云不然则上世祖宗不认其为子孙也。"② 记载虽然简略，却既可以知道黎族其文身动机是认祖追祖、以文连祖，又可以清楚其文身的受施者男女不另，都文身；既明白其文身与

---

① 《左传》哀公九年（前486年）。
② （清）王文濡：《说库》，浙江古籍出版社1986年版。

"断发"脱节、没相配而行，又了然其文身的时段始于孩提时期。

虽然黎族文身缘起的时代不清楚，但是壮傣群体越人唯有村鬼、族鬼的崇拜，没有家鬼（历代先人）的崇拜，在汉族文化的影响下，晋、南北朝以后，其后人始渐兴祖先崇拜。不过，由于接受汉族文化影响的力度因地区而异，迄于明末清初，《古今图书集成·方舆汇编·职方典》卷1415《庆远府风俗考》仍然说庆远府（治今广西壮族自治区宜州市）的壮人"不祀先祖，病不服药，惟祈鬼神，每岁收获毕则跳鬼酬赛"。傣族也是如此。比如，明朝洪武末（1398年）钱古训的《百夷传》及李思聪的《百夷传》均明确地说"百夷"（今傣族先称）"其俗不祀先奉佛，亦无僧道"，或"民家无祀先奉佛者"。这说明早期越人没有祖先崇拜，黎群体越人与壮傣、侗水二群体越人分化以后独自发展仍然没有祖先崇拜。其祖先崇拜也就是以文身追祖、连祖，当是隋、唐及其后，历代中央王朝对海南岛黎族地区文化渗透力度加强以后方才产生。这明示黎族文身产生的年代与春秋时越人的"断发文身"相距悠悠遥遥，不能相提并论。

春秋的时候越人"断发文身"的缘由，西汉初韩婴《韩诗外传》和西汉后期刘向《说苑》都有相类的记载。《说苑》卷12《奉使》载，越国使者诸发出使梁国，梁国的官员嫌其礼薄，以其断发不冠进行刁难。诸发在指斥其无礼中也道出了越人断发文身的原情，说越人"处海垂之际（居住近海地区），屏（退避）外藩（外部列封的齐、楚等藩国）以为居，而蛟龙又与我争焉，是以剪发文身，烂然成章（花纹）以像龙子者，将避水神也"。这就是说，越人住居依河靠海的我国江南水乡，入水捕鱼捉虾，水上行舟，与水休戚相关，然而水中却潜伏着伤人吃人的蛟龙，一不小心，命就没了。所谓的"蛟龙"，就是古代既适应于海水又适应于淡水的湾鳄，即马来鳄。壮傣语谓"tu²ŋak⁷"（图厄）。① 越人入水作业，深遭其害。为了在水中少遭或不遭湾鳄之害，越人以其原始思维，"断发文身，烂然成章以像龙子者"，主旨就是求疑似蛟龙之形，扮其同类，乱其视觉，错其认知，避其侵害。这也就是东汉时应劭说的"常在水中，故断其发文其身以像龙子，故不见伤害也"②。此昭彰了春秋、战国以来壮傣群体越人"断发文身"的由来，其动机就是避害，与黎族以文身追祖连祖的动机大相径庭。

春秋以来"断发文身"的壮傣群体越人只是男子入水作业，女子不涉其事，因此断发文身者唯男子，无预于女子。此与古代黎族不分男女皆在文身之列，而且女长发男也长发结髻于额前，是不同的。时流习易，后来黎族男子不文身了，只有女子照行，认为妇女不文身"死后祖宗不认，使死者成为无家可归的'鬼甫'（鬼妇）"③。因此，"妇女文身是崇拜祖先的标志"④。然而，男子是一家之主，作为家主的男人不文身，死后又怎能追祖连祖？显然，黎族男子在历史上也是文身的，只是后来不文了。

---

① 时至明初，广西太平府崇善县（今崇左市）左江中仍见"蛟螭"于归龙村江段为害，土官黄英衍招思明府（治今宁明县）土官黄忽都除害，结果太平府的归龙村给思明府黄氏土官占据了200多年（甘东阳：万历《太平府志》卷1）。

② （唐）颜师古注：《汉书》卷28下《地理志》引。

③ 王国全：《黎族风情》，广东民族研究所1985年版，第49页。

④ 同上书，第52页。

《淮南子》卷1《原道训》载:"九疑(在今湖南省宁远县南)之南,陆事寡而水事众,于是民人被发文身以像鳞虫。"此一记载挑明了壮傣群体越人一如春秋以来"断发文身"的越人。他们传承其先人"断发文身"的传统,后来壮、傣二群体越人分化了,壮群体越人由于南越国王赵佗的强逼,虽然文身照旧,可是断发却改为蓄发椎髻了,而傣群体越人脱离了南越国的管辖,依然断发文身,迄于明代仍是如此:"百夷"(傣族先称)"官民皆髡首黥足。有不髡者则酋长杀之;不黥足者,众皆嗤之曰:'妇人也,非百夷种也!'妇人则绾独髻于脑后,以白布裹之。"①

20世纪前半叶,傣族中没髡发之习了,可流行的"文身是男子汉,不刺墨不算男子汉";"有花纹是男人,无花纹是女人"等俗语,则是春秋、战国以来越人断发文身观念的变异了。不过,由此可以知道壮傣群体越人及其后人与春秋、战国时代"断发文身"越人的传承关系。

三 干栏式住房与船形茅屋

《海槎余录》载:"凡深黎村,男女众多,必伐长木两头,搭屋各数间,上覆以茅,中剖竹下横,上直平铺如楼板,其下则虚焉,登陟必用梯,其俗呼为栏房。遇晚,村中幼男女尽驱而上,听其自相谐偶。若婚姻,仍用讲求,不以此也。"多亏了在儋州(今海南省儋州市)做了6年知州的顾岕,记载了黎族的"隆闺"风俗,然而他却一时昏乎将黎族的"隆闺"误作语属壮傣语支的临高人的"栏房"。

称房子为"栏"即 lan²,是壮傣、侗水二群体越人及其后人固有的词语,而黎群体越人及其后人则谓房子为 ploŋ³,汉音译写作"隆"。"隆闺"是历史上黎族青少年男女"结识情人的地方,也是定情的小房屋。内不设做饭的火灶,专用于男女青年睡觉、对歌、玩乐器。黎族的男子和女子,从十四五岁起就不跟父母同住。男的自己上山备料盖'隆闺',女的由父母帮助建造'隆闺'。'隆闺'都建在父母居住的屋旁,从正面或侧面开一道门。'隆闺'有大小男女之分,小的住一两个人,大的住三五个人以上。男女青年找情人,是通过'夜游'方式进行,多是在太阳下山吃过晚饭以后,男子穿戴整齐,扛枪挂刀,带着口弓和鼻箫,徒步到远峒别村女子的'隆闺'里,通过对歌或吹奏乐曲来结识情人。若女方同意男方同床过夜,翌日鸡叫两三遍的时刻,男子才告别情人回去"②。

误黎群体越人及其后人住房谓 ploŋ³(隆)为壮傣、侗水二群体越人及其后人住房谓 lan²(栏),历史上此类错误并非仅此一例。宋朝前期乐史《太平寰宇记》卷169《儋州风俗》记载的"俗呼山岭为黎,人居其间号曰生黎",即是此类错误。

土山或山岭,壮语谓 do:i¹,临高语谓 tia⁴,西双版纳傣语谓 dɔi¹,德宏傣语谓 lɔi⁶,泰语谓 do:i¹,黎语谓 hwou³ 或 ho³,侗水语谓 ljiŋ⁴ 或 jiŋ⁵ pja¹,则是借汉语词。此中,语谓山岭近乎"黎"音的唯壮傣群体越人及其后人的称谓,怎么能说黎族的"黎"起于其族人谓山岭近"黎"之音?黎语谓山岭为 kwou³ 或 ho³,与"黎"一音差着天远,靠不上边。这说明历史上所谓"俗呼山岭为黎,人居其间号曰生黎",又是将壮傣群体越人及其

---

① 李思聪:《百夷传》。
② 王国全:《黎族风情》,广东民族研究所1985年版,第66页。

后人之语误称黎人之语了。

历史上自西汉贾捐之说珠崖、儋耳二郡"骆越之人父子同川而浴，相习以鼻饮，与禽兽无异，本不足置郡县也"，[①] 古往今来不少人便认为黎族先人为"骆越"，盛行"父子同川而浴，相习以鼻饮"，迄于现代仍是如此。比如，有论者认为："《禹贡》古扬州的'岛夷'，指的是南海岛上着卉服之夷，即今海南岛上的黎族先世。正如宋代哲宗时（1086—1100年）随侍其父（苏轼）谪居海南岛的苏过描述的那样：'苏子居岛夷（指海南岛——引者）……其民卉服鼻饮，语言不通……'[②] 这是《禹贡》所记古扬州'岛夷卉服'句最好的注释。"[③] 自西汉贾捐之说"骆越"的人"相习以鼻饮"以后，屡屡见于记载。比如，东汉杨孚《异物志》记载的乌浒，[④] 南北朝《广州记》记载的晋兴郡（今南宁市及左右江中下游地区），[⑤]《永昌郡传》记载的"永昌獠"，[⑥] 魏收《魏书》卷101《獠传》记载的"獠"人，至唐则有梁载言《十道志》记载的"容州夷"，[⑦] 南宋有范成大《桂海虞衡志·志器》的"南人习鼻饮"的记载。同时期在广西做官的周去非，在其《岭外代答》卷10《鼻饮》还记载了"邕州溪峒及钦州村落"的"鼻饮之法"。元朝以后，在汉族文化的影响下，随着时间的流逝，壮族的鼻饮方才逐渐消失，不复存在，犹如雍正《广西通志》卷32《风俗》说的："川浴山沤，手搏鼻饮，出苍梧旧纪，今虽僻远村落，久知以陋习为耻，彬彬日变矣！"这样的"相习以鼻饮"，历史上广见于关涉壮傣群体越人及其后人习俗的记载中，说黎族及其先人"鼻饮"的习俗，可曾见于什么书的记载？人不行其俗，却强套予其俗，岂非无聊？因此，贾捐之指称其为"骆越"，道其"父子同川而浴，相习以鼻饮"的，不是指黎族，而是指自古主居于珠崖、儋耳二郡的今操壮傣语支临高语的临高人。由于"生黎"指黎族，往日的人们便称操临高语的人为"熟黎"。[⑧] 黎虽有生、熟之分，被谓为"熟黎"的操临高语的临高人却不同于操黎语支语言的属"生黎"的黎族，不能凡系越人的后人便不问各自的底蕴、差异，囫囵吞枣地将不相属的民族群体混为一堆。

壮傣、侗水二群体越人及其后人谓房子为 lan^2（栏），黎群体越人及其后人谓房子为 $ploŋ^3$（隆），说明早期越人时代还没有关于房子的词语。lan^2（栏）、$ploŋ^3$（隆）各成为壮傣、侗水二群体越人或黎群体越人的词语，是黎群体越人与壮傣、侗水二群体越人分化以后方才各自具有的词语。我们无从追索黎群体越人历史上何时出现 $ploŋ^3$（隆）一词，却可以从考古学资料中约略知道越人干栏住房建筑的出现是在距今六七千年前的浙江余姚

---

① 《汉书》卷64下《贾捐之传》。
② 原注：苏过：《斜川集》卷6《志隐》。
③ 容观琼：《释"岛夷卉服，厥篚织贝"》，《文化人类学与南方少数民族》，广西人民出版社1990年版，第173页。
④ （宋）乐史：《太平寰宇记》卷166《贵州》引。
⑤ 《太平御览》卷786《乌浒》引。
⑥ 《太平御览》卷849《食下》引。
⑦ （宋）乐史：《太平寰宇记》卷167《容州风俗》引。
⑧ 周去非《岭外代答》卷2《海外黎蛮》载："海南有黎母山，内为生黎，去州县远，不供赋役，外为熟黎，耕省地，代赋役。"

河姆渡新石器时代遗址,[①] 以及吴兴钱山漾遗址、[②] 杭州水田畈遗址、[③] 广东高要茅岗遗址。[④]

干栏简称为栏,即壮傣、侗水二群体越人及其后人所具的词语 lan²。东汉及其后汉族文人观其形、睹其状,或音译"干栏",[⑤] 或谓为"高栏",[⑥] 或称作"巢居",[⑦] 或叫"栈",[⑧] 或译称"麻栏"等[⑨],反正"架岩凿壁作巢居",[⑩] "万户层楼树色新",[⑪] 这些都是他们的认知。"lan²"(栏)即是"干栏(楼居)""高栏""麻栏",是"构木为巢",则干栏是上下两层建筑的住房,下悬空,中铺板住人,上覆以顶盖。此种干栏建筑形式的陶屋,在两汉的江西、福建、湖南、岭南的越人墓葬中常见出土,说明越人未变,其干栏式住房建筑形态照旧。此后,不论壮傣还是侗水群体越人的后人,都传承着此一干栏式的住房建筑。

海南岛上没有发现旧石器时代的遗物,只留有新石器时代的遗物。据1954年在海南黎族地区进行调查的中南民族学院调查组报告,他们共收集到87件新石器时代的遗物,大多是带肩石斧、石凿、穿孔石、纺轮等。[⑫] 这些显示着越式特征的新石器时代的石器工具,说明黎群体越人与壮傣、侗水二群体越人分化后就逐渐落居于海南岛发展了。

黎群体越人于早期越人中分化出来在海南岛发展,有了住房的称名 ploŋ³。ploŋ³,就是黎群体越人及其后人传统的住房建筑船形茅房。

船形茅房内有的间隔成一个个寝房,有的则没有。"地面有一边是用藤条编成离地尺许的地板,也有少数室内全用藤条编成整块的地板,仅留灶坑位置,睡床也在地板上架设。"这可能是隔开潮湿的地面。顶则以屋脊为界分两边下至地面各苫着厚厚的茅草。[⑬] 黎群体越人及其后人谓为 ploŋ³ 的船形茅房,显然与壮傣、侗水二群体越人及其后人"结茅筑垣,架板成楼,上栖人下蓄兽,谓之麻栏,亦称栏房",[⑭] 完全不相同,道明了干栏式住房,是壮傣、侗水二群体越人与黎群体越人分化独自发展以后方才出现的住房建筑形式,其历史时段当是在六七千年前。

[①] 浙江文管会:《河姆渡遗址第一期发掘报告》,《考古学报》1960年第2期。
[②] 浙江文管会:《吴兴钱山漾遗址第一、二期发掘报告》,《考古学报》1960年第2期。
[③] 浙江文管会:《杭州水田畈遗址发掘报告》,《考古学报》1960年第2期。
[④] 广东省博物馆:《广东高要茅岗水上木构建筑遗址》,《文物》1983年第1期。
[⑤] (南北朝)魏收:《魏书》卷101《獠传》。
[⑥] (唐)刘之推:《郡国志》,《太平御览》卷172《窦州》引。
[⑦] 《隋书》卷31《地理志》;(宋)乐史:《太平寰宇记》卷165《郁林州》。
[⑧] (宋)乐史:《太平寰宇记》卷161《贺州风俗》;卷169《雷州风俗》。
[⑨] (宋)范成大:《桂海虞衡志》,《文献通考》卷330引。
[⑩] (明)林弼:《龙州十首》其七,(清)汪森《粤西诗载》卷23。
[⑪] (明)解缙:《龙州三首》其一,(清)汪森《粤西诗载》卷23。
[⑫] 中南民族学院黎族社会调查编辑组:《海南岛黎族社会调查》(上卷),广西民族出版社1992年版,第6—8页。
[⑬] 同上书,第299页。
[⑭] (清)钱元昌:《粤西诸蛮图记》,雍正《广西通志》卷92。

黎族船形茅房　　　　　　　　　　　壮族干栏

四　谓稻不同，秧苗词语迥异

即使摒弃 20 世纪后期由中山大学、广东省考古所、广东博物馆及英德市文化局等单位组成的考古发掘队在广东省英德市云岭狮石山牛栏洞发现的"原始人工栽培稻硅质体，经湖南省文物考古研究所测定，早在 1.2 万年前英德的原始居民已开始种植水稻"不论，[①] 1995 年 10 月下旬湖南省文物考古所在五岭之一的都庞岭下道县寿雁镇白石寨村发掘了一处旧石器时代文化向新石器时代文化过渡的全新世早期洞穴玉蟾岩文化遗址，出土了锄形器等石器生产工具和十分原始的陶片，还出土了包括普通野生稻和古栽培类型的谷壳遗存，估计其年代距今约 1 万年。[②] 道县所在于远古时代包括在越人的分布区域内，说明在旧、新石器时代文化更迭之际越人在驯化野生鸡、鸭、猪、狗为家禽、家畜以及驯化野生薯、芋、小米为人工栽培食粮的基础上，既认知野生稻可为人类食粮，又认知了野生稻中的多年生普通野生稻的可塑性特征，谙熟了不断改变其生长条件，可以驯化其为一年生的人工栽培稻，于是迈入了驯化普通野生稻为人工栽培稻的漫漫历程。

湖南道县玉蟾岩新石器时代早期文化遗址已现越人驯化普通野生稻为人工栽培稻的端倪，到了距今六七千年前的浙江余姚河姆渡新石器时代文化遗址，其出土的稻谷、谷壳和稻草堆积，"有 400 平方米之广，其厚度从 10—20 厘米到 30—40 厘米不等，最厚处达 70—80 厘米"，可知原始的稻作农业在越人中已经相当发展。

河姆渡遗址发现的稻谷、谷壳和稻草堆积，是"谷物腐朽和长期自然下沉的结果，原先的厚度当在 1 米以上。假定平均厚度只有 1 米，其中平均四分之一为稻谷和谷壳，换成稻谷当在 120 吨以上。这是何等惊人的数字！说明当时稻作农业已有相当的规模"。[③]

越人以稻米为食，专心于稻的种植，自然有稻的概念和词语。稻，北壮、布依语谓 hau⁴，南壮、泰、佬语谓 khau³，临高语谓 ŋau⁴，西双版纳语谓 xǎu³，德宏傣语谓 xau³，

---

　①　《中国水稻史推前万多年》，《羊城晚报》1999 年 12 月 13 日。
　②　袁家荣：《玉蟾岩获水稻起源新证》，《中国文物报》1996 年 3 月 3 日；黎石生：《道县玉蟾岩古稻出土记》，《中国文物报》1999 年 9 月 5 日。
　③　严文明：《中国稻作农业的起源》，《农业考古》1982 年第 1 期。

侗语谓 qəu⁴，水语谓 ʔau⁴。这些词语音相近，是同源于一词发展而来。然而，黎语谓稻为 mu：n³，显然不是与壮傣、侗水二语支所含各族或群体语谓稻为 hau⁴ 共时而生的词语。

稻的词语不同，与稻相关的词语"秧"也不同。秧，壮傣、侗水二群体越人及其后人或谓 kja³ 或谓 la³ 或谓 ka³，这些都是源于一词的词语，而黎群体越人及其后人谓 fan¹，则完全不同。fan¹ 是早期越人谓"种子"之词，黎群体越人及其后人借早期越人谓种子的词语为秧苗的词语，一者，说明他们是在壮傣、侗水二群体越人驯化普通野生稻为人工栽培稻之前就已经从越人群中分化出去独自发展了；二者，说明他们未经历过驯化普通野稻为人工栽培稻的过程，不清楚壮傣、侗水二群体越人驯化普通野生稻为人工栽培稻的艰难辛酸和漫漫的历程。

"多年生普通野生稻的传代方式主要是种茎保存。"① 壮傣、侗水二群体越人采用移栽多年生普通野生稻植株种茎的方式来保存其种性，并逐渐改变其生长条件，缩短其生长期限，增强其果实的发芽率，驯化成一年生栽培稻。从驯化普通野生稻开始，越人移栽成习，于是在普通野生稻驯化为人工栽培稻的过程中，以种子发芽培育新一代稻子时，浸种、撒种、育秧、拔秧、移栽便成为必须经历的习惯性行为。这样，稻种从发芽播到秧田里至长成可以移栽此段时间的稻苗称为 ka³（秧）的概念便形成了，并以 ka³ 一词以表之。对于 ka³（秧）一词，黎群体越人及其后人没有其语，只是袭取早期越人谓种子为 fan¹ 作为秧的词语，将稻秧等同于种子，这可是不明驯化普通野生稻为人工栽培稻过程的漫长和艰辛，不明秧苗概念形成的由来，以及 ka³（秧）成词的缘由。

壮傣、侗水二群体越人驯化了普通野生稻为人工栽培稻，又将 ka³（秧）定称，提升了我国的物质文化，丰富了汉语的词语。

战国秦国相国吕不韦《吕氏春秋·孝行览·本味》载："饭之美者，玄山之禾，不周之粟，阳山之穄，南海之秬。"南海，汉朝高诱注为"南方之海"，也就是古代我国东南沿海越人活动地区。据《周礼·职方氏》载，这是扬州地域，"其谷宜稻"，不产秬。秬是黑黍，产于我国的黄土高原，犹如《诗经·大雅·生民》说的："诞降佳种，唯秬唯秠。"显然，"南海之秬"句当为"南海之耗"之讹。因此，《康熙字典》耗部耗字引《吕氏春秋》说："饭之美者，玄山之禾，南海之耗。"耗，《韵会》《正韵》音"卢到切，好去声"，拟其音为 hau⁴。此音正是或近乎壮傣、侗水二群体越人谓稻之音。

商、周时代，壮傣群体越人培育的"耗"已经列为值得称扬、令人满意的饭食，随着时日的推进，米饭在我国社会生活中声誉日隆。《三柳轩杂识》说："五谷为贵，古人各以其类配之。如以杀鸡配为黍，谓野人之餐也；以啜菽配饮水，谓贫者之孝也；以蔬食配菜羹，谓贬降之食也；惟食稻则对衣锦，又祭祀以饭为嘉蔬，公享大夫则以为吉喜：是五谷以稻为贵也。"② 由此可以约略清楚在我国古代社会生活中米饭的品位。

上古，由于我国北方不种植水稻，因此汉语中有稻一词，却无 ka³（秧）一语。东汉许慎《说文解字》关于秧一词作"禾若秧穰"解。宋朝陈彭年撰《广韵》释"秧穰"作"禾稠"，旧题宋朝丁度撰《集韵》既将"秧穰"解为"禾下叶多"，又说"蒔（移栽）

---

① 刘志一：《关于野生稻向栽培稻进化过程中驯化方式的思考》，《农业考古》2000 年第 1 期。
② （清）汪灏等：《广群芳谱》卷 8 引。

谓之秧",昭示了虽然唐朝中期高适与杜甫的诗中已有"插秧"一词,① 但是时至宋朝,中原人对秧的含义还缺乏真实的认知。明朝张自烈《正字通》载"苗始生尚稚分科(棵)植之非,秧即栽禾也",反映了此一情况。

在壮傣、侗水二群体越人眼里,种稻需要种子,可种子必先浸泡令其破壳冒出芽儿,然后播到整好的秧田里育秧。待个把月后秧苗长有尺来长,再将秧苗拔起来,洗去根上泥土移栽到稻田里,这就是插秧。因此,在壮傣语支所含各族或群体语里,fan^2(稻种)、ma^1fan^2(浸种)、va:n^5fan^2(撒种、播种)、na^2ka^3(秧田)、hau^4ka^3(稻秧)、lok^7ka^3(拔秧)、kam^1ka^3(秧把)、ha:p^7ka^3(挑秧)、fet^8ka^3(抛秧)、pak^7ka^3(插秧)或 dam^1na^2(种田)等,其词语流水而下,没有短缺一个环节。汉语"秧"的含义由秧穰到"禾稠"或"禾下叶多",与壮傣、侗水二群体越人语的 ka^3(秧)是 na^2ka^3(秧田)里的禾苗完全不相干。后来,汉族袭取壮傣、侗水二语 ka^3(秧)的意蕴作为汉语"秧"一词的含义,并根据秧是要移栽方可长成稻禾此一特质,又将凡可移栽的初生草木谓为秧,如菜秧、树秧等。至明末清初又泛指某些初生的动物,比如清朝前期成书的《古今图书集成・禽虫典》卷137鱼部引《豫章漫抄》载:"今人家池塘所蓄鱼,其种皆出九河,谓之鱼苗,或曰鱼秧。"

清朝段玉裁《说文解字注》载:"秧、穰迭韵字,《集韵》曰:'秧,禾下叶多也。'今谓稻之初生者曰秧,凡草木之幼可移栽者皆曰秧,此今古义别。"此点出了汉语"秧"一词的新义袭取于壮傣、侗水语 ka^3(秧)的意蕴,又根据秧可以移栽此一特质作了引申,有菜秧、树秧、鱼秧、猪秧等词。不过,在壮傣、侗水语里,秧就是发芽的稻种播到秧田里育秧,待秧可以移栽,便拔起洗净分棵插到稻田里,稻田里的禾苗只能称为稻禾,不能再称作秧苗了。所以,所谓 ka^3(秧),就是 na^2ka^3(秧田)里的禾苗。汉语袭取了 ka^3其义,又作引申,这在壮傣、侗水语里是不能作这样那样引申的。

壮傣、侗水二群体越人驯化普通野生稻为人工栽培稻后,主业稻作,主食稻米,饱腹维命,一仰于稻,于是稻谓 hau^4,稻谷谓 hau^4,稻谷脱去糠壳后成米谓 hau^4,米煮成饭谓 hau^4,粮食也谓 hau^4,可说是稻、稻谷、米、饭、粮食统以 hau^4一词名之,反映了他们这些语词的古老形态。黎群体越人及其后人则不一样了,比如他们将稻谓 $mu:n^3$,米谓 gei^1或 rap^7,饭谓 tha^2,粮食谓 $khan^1la^2$,各异其词,显出它们的后生性。

吃饭的"吃"一词,北壮、布依语谓 $kɯn^1$,临高语谓 $kɔn^1$,南壮、傣、泰、佬、掸语谓 kin^1,侗语谓 ţa:n^1,仫佬语谓 $tsa:n^1$,水语谓 $tsjen^1$,诸词音相近,属于源同一词发展而来。黎群体越人及其后人以"黎"名之,这是汉族的称谓,属他称,黎族人则自称"赛"或"杞"。赛人吃饭谓 $ʔdat^3tou^4$(德透),汉族于是又将赛人称为"德透黎";杞人(包括杞、侾、润、美孚4支系)谓 la^2tha^2(拉塔)。② 这道出了黎族内部关于"吃饭"一词,各支系各为其词,互不关联,属于不同来源。联系到黎语谓"秧"为 fan^1(种子),不明何谓秧,秧与 fan^1(种子)有什么不同,可知黎群体越人及其后人的稻作

---

① 高适:《广陵别郑处士》:"溪水堪垂钓,江田耐插秧。"杜甫:《行官张望补稻畦水归》:"插秧适云已,引溜加溉灌。"

② 王国全:《黎族风情》,广东省民族研究所1985年版,第2—7页。

远距于壮傣、侗水二群体越人驯化普通野生稻为栽培稻之后。

距今六七千年前的浙江余姚河姆渡文化遗址出土了干栏,也出土了大片的稻谷、稻壳、稻草沉积层,说明其时越人的干栏式住房建筑已经定型,稻作农业已经相当发展。这两种文化成就,表明壮傣、侗水二群体越人是开创干栏式住房建筑的民族群体,是世界历史上最早的稻作民族群体之一,黎群体越人不预其中。普通野生稻的驯化是长期的,艰难困苦的,反反复复的,曲折异常的,非一朝一夕之功可以成就,说明在旧石器时代晚期至新石器时代前期在越人驯化普通野生稻还未见头绪的时候,黎群体越人已经从越人群中分化出去自我发展了。

第二章

原始母权制时代越人语言和文化

　　黎群体越人从壮傣、侗水二群体越人群中分化出去独自发展以后，壮傣、侗水二群体越人为了生存，适应环境，刻苦自励，顽强拼搏，曲曲折折，反反复复，总结经验，经历了多少代人形成了干栏式住房建筑。

　　住房定式，炊煮经常，油污漂溅，食渣乱扔，而且穿棉、麻等衣物，这些都是喜暗的蜚蠊即蟑螂嗜食的食物。它们咬坏衣裳，污染食物，传播伤寒、霍乱等疾病，成了壮傣、侗水二群体越人认知的害人虫类。蟑螂，壮、布依、佬语谓 sa：p^7，临高、水语谓 lap^7，德傣、掸语谓 sa：p^9，侗语谓 kwa：p^9，仫佬语谓 ʔɣəp^7，毛南语谓 da：p^8，这些都是音近源同于一词发展而来的词语。唯西双版纳傣语谓蟑螂为 tak^{7}tsoŋ^1 相异，不知依什么而成词，不过西傣语对蟑螂之谓无碍于壮傣、侗水二语支所含各族或群体语中关于蟑螂一词的同源，即对蟑螂的同一认知。黎语蟑螂谓 pɯ^{1}rom^3，明显与壮傣、侗水语迥异，不是共时而生的词语。

　　此一时期，壮傣、侗水二群体越人驯化了普通野生稻为人工栽培稻，培育了糯米为主食，开创了糯米文化，是越人史上的一个文化灿烂时期。

第一节　壮傣、侗水二群体越人进入原始母权制社会

　　黎群体越人还没有从壮、侗群体分化出去的时候，早期越人虽然已经聚集成村，进入原始氏族公社时代，可是他们一无家庭的概念和词语，二没父、母、叔、伯、伯母、叔母的概念和词语，三缺外公、外婆、舅父母的概念和词语，说明他们以氏族为群团，仍然一如动物那样，男女异性间的交配，不拘于亲属、辈分和年龄层次，随意而兴，孕而生育。也就是说，他们还处于血缘群婚阶段。

　　黎语或原来父谓 za^1，母也谓 za^1，虽然现在黎语父亲谓 "p'a^{3}za^1" 或 "p'a^3"，母亲谓 "pai^{3}za^1" 或 "pai^3"，但是 "p'a^3" 和 "pai^3" 原来都只是个性别冠词，并没有实词的意义。比如，父亲谓 p'a^{3}za^1，哥哥谓 p'a^{3}ɬau^3，男性老人谓 p'a^{3}a：u^{1}za^1，主人谓 p'a^{3}veŋ^1，官谓 p'a^{3}mun^1，烧炭人谓 p'a^{3}baŋ^{1}ɬau^2 等。母亲谓 "pai^{3}za^1" 也是一样。黎语女人或女子谓 pai^{3}k'au^2，也谓 pɯ^{1}k'au^2，"k'au^2" 显然是指女性，pai^3 或 pɯ^1 只是个性别冠词而已。

　　za^1，则不论男女，男人或女人的老人，黎语都谓 "a：u^{1}za^1"，a：u^1 义为老，za^1 拟

为原来是指"父母一辈"。所以，在古代的黎语里，当初可能父与母不别，一同视为"za¹"，后来随着时代发展，方才在"za¹"之上分别冠以"p'a³"或"pai³"作为谓父谓母之词，有了区别。

黎语原先谓父谓母的词的同一没有区别，折射出了当初黎群体越人从壮侗群体越人中分化出来独自发展的时候，早期越人还不具有父亲和母亲的概念和词语。没有关于父、母二者的概念和词语，自然当时的越人在氏族内的婚配是动物式的血缘群婚。

黎群体越人从壮侗群体越人中分化出去独自发展，其时间是在旧石器时代晚期至新石器时代前期，距今约1万年。

黎群体越人分化出去独自发展以后，壮侗群体越人中的壮傣、侗水二群体越人虽还没有具父亲这样的概念和词语，但却有了 ta¹（外公）、luŋ²（舅父）、pa³（舅母）这样的概念和词语，说明他们中已经有了主家氏族和岳家氏族之分，其男女婚姻状况已经从血缘群婚进入族外群婚阶段。

族外群婚阶段，知其母而不知其父。壮傣群体越人所含各族语母谓 me⁶，侗水群体越人所含各族语谓母之词应当同于壮傣语谓母之词，因为那个时候他们同属于一个群体，然而侗水语母却谓 nəi⁴ 或 ni⁴，显然不同。为什么？原来《广雅》有"楚人呼母曰嬭"的记载。嬭，《广韵》读"奴礼切"，此音读近 ni⁴ 一音，显然侗水语袭了楚人谓母为嬭之音，从而改变了他们谓母之词，而壮傣群体越人则一仍其旧，谓母为 me⁶。

子女知母又知父，则其社会已经从原始母权制社会脱颖而出进入原始父权制社会，相应的男女婚姻也结束了原始母权制社会的族外群婚。壮傣群体越人谓父为"po⁶"，侗水群体越人则谓为"pu⁴"。po⁶ 和 pu⁴，不是同源词语，道出了壮傣、侗水二群体越人关于父亲的词语不是共时而生。

《列子·汤问》记载壮傣群体越人夫死妻为"鬼妻"，"鬼妻"即寡妇。寡妇，壮傣语谓 me⁶ma：i⁵，侗水群体越人所含各族语呢，侗语谓 nəi⁴ljiŋ⁶，仫佬语谓 pwa²kun³，水语谓 ni⁴kwən³，毛南语谓 ti²po²ma：i⁵。侗水群体越人各族语关于"寡妇"一词音谓不同，不是同源词语。这种情况，一说明侗水群体越人分化为侗、仫佬、水、毛南各族以后，各唱各调，各族才各根据自己的社会需要各具有寡妇此一词语；二说明壮傣群体越人从原始母权制社会脱颖而出进入原始父权制社会以后，侗水群体越人还长期滞留于原始母权制社会族外群婚阶段。那时候既无固定的夫妻，一个男人死了，妻也可另与其他男人结欢，不会成为寡妇，因此，侗水群体越人还没有分化成侗、仫佬、水、毛南等族的时候，没有寡妇一词。

侗水群体越人谓父为 pu⁴，其音近乎汉语的"甫"。古汉语固然有"父"之字，但也以"甫"代父。孔子字仲尼，古称孔子为"尼甫"或"尼父"，说明二字相通假。所以到如今，尊称别人的父亲为"尊甫"，即由此而来。这说明，侗水群体越人因长期处于原始母权制社会，久久不能走出来。走了出来，没有"父亲"之词，便借汉语谓父为"甫"之词作自己群体谓父亲的词语。

壮傣、侗水二群体越人有主家氏族和岳家氏族之分，却没有产生"父亲"一词，说明该群体处于原始母权制阶段，实行族外群婚制。

第二节 原始母权制时代越人的语言

越人中的壮傣、侗水二群体越人与黎群体越人分化独自发展以后，壮傣、侗水二群体越人跨出早期越人社会发展阶段进入原始母系氏族社会时期。

在早期越人时代，在氏族群体内部男女交媾还有如动物，随男女情意发展顺应而行，处于蒙昧、混沌未开的状态中。他们无"人"之词，无男女之别，唯"子孙"有语，壮傣、侗水、黎三群体越人不论男女均谓 luɯk^{8}la：n^1（或 la：k^{8}qha：n^{1}或 phai^{3}tha：n^1），以及年纪较自己小的无分男女均谓 nu：ŋ^4（或 noŋ^{4}或 gu：ŋ^1）。后来，虽然随着时流社会发展，壮傣群体越人及其后人在 nu：ŋ^{4}之后男的加 sa：i^1（男），女的加 sa：u^1（女），或在 nu：ŋ^{4}之上加性别的特称冠词成 tak^{8}nu：ŋ^4（弟弟）或 ta^{6}nu：ŋ^4（妹妹），但是在壮傣、侗水、黎三群体先人越人及其后人中 nu：ŋ^4（或 noŋ^{4}或 gu：ŋ^1）一称一直沿用至今。

原始母系氏族社会阶段，年长而处事公平、德高望重的妇女成了氏族的首领，掌控着氏族的事务。她们出于道德和优生等方面的考虑，禁止同一氏族内部男女发生交媾关系，实行族外群婚制。这就是此一氏族内部一群年龄段相仿的男子嫁往另一氏族，与另一氏族年龄段相仿的一群女子缔结婚姻关系。这样，此一氏族同一年龄段的女子是外氏族嫁来的同一年龄段的男子共同的妻子，而外氏族嫁来的同一年龄段的男子便是此一氏族同一年龄段的女子的共同丈夫。

此一时期，壮傣、侗水二群体越人其语虽有"人"的同源词却没有男人与女人、男小伙与姑娘区分的同源词语。人，北壮谓 vun^2，布依、临高语谓 hun^2，南壮、德傣谓 kon^2，西傣谓 kun^2，泰、佬、掸语谓 khon^2，侗语谓 ȵən^2，仫佬语谓 sən^2，水、毛南语谓 zən^1，显然壮傣语的 vun^2 与侗水语的 ȵən^2 是源同于一词发展而来。男人、女人，壮傣语谓 sa：i^1、谓 me^6，男小伙、姑娘，壮傣语谓 ba：u^5、谓 sa：u^1，侗水语对此 4 词，不仅所含各族语与壮傣语相应的词语不同，连同一语支所含各族语也多有不同。比如，男人侗语谓 la：k^{10}pa：n^1，仫佬语谓 ti^{6}kɔŋ^1，水语谓 ba：n^1，毛南语谓 ʔai^{1}mba：n^1；女人侗语谓 tu^{2}sa^4，仫佬语谓 ti^{2}pwa^2，水语谓 ni^{4}ʔbja：k^7；男小伙侗语谓 la：k^{10}ha：n^5，仫佬语谓 hau^{5}sɛ：ŋ^1，水语谓 la：k^{8}qhoŋ^5，毛南语谓 la：k^{8}mba：n^{1}或 la：k^{8}tsɔ^2；姑娘侗语谓 lja：k^{10}mjek^9，仫佬语谓 la：k^{8}ʔja：k^7，水语谓 la：k^{8}ʔbja：k^7，毛南语谓 la：k^{8}bi：k^8。

不过，不论壮傣语和侗水语谓男人与女人，谓男小伙与姑娘等词语多么不同，但他们谓外祖父之词却是相同的。外祖父，壮、布依、傣语谓 ta^1，临高语谓 da^4，侗、毛南语谓 ta^1。虽然外祖母一词壮傣、侗水二群体越人的后人已多变化，各不相同了，但同谓外祖父为 ta^1，则说明那个时代他们对族认亲，有了外祖父一词，其婚姻已不是族内群婚而是族外群婚了。

同时，舅父、舅母之词也出现了。舅父，壮傣语谓 luŋ^2（或 loŋ^2），侗水语也谓 luŋ^2（或 ljoŋ^6）；舅母，壮傣语、侗水语均谓 pa^3，没走音。自家与舅家相对分立，有语相称，而壮傣、侗水二群体越人相互间却无父或母的同源词，益证了壮傣、侗水二群体越人的原始母系氏族社会实行的是族外群婚制。

父母之称虽没有同源词语，可儿女出生了，孙儿女见世了，儿女、孙儿女固然不别男女笼统称之，此二词壮傣、侗水二群体越人却有着同源词语。儿女，壮傣语谓 $luuk^8$（或 luk^8），侗水语谓 $la:k^8$；孙儿女，壮傣语谓 $la:n^1$，侗水语支所含侗语谓 $khwa:n^1$ '，仫佬语谓 $khɣa:n^1$，水语谓 $qha:n^1$，毛南语谓 $cha:n^1$，无疑二词是各自源同于一词发展而来。

可能早期越人原住于我国古代东南沿海丘陵地区，接触面窄，没见过山洞或岩洞，因此没有山洞（或岩洞）一词。黎群体越人从越人群中分化出去独自发展以后，壮傣、侗水二群体越人寻食觅粮，见到了山洞（岩洞），并认好其挡风遮雨蔽阳防兽的功能，住进山洞（岩洞），以山洞（岩洞）为栖身之所。比如，发现的旧、新石器时代交迭之际的湖南道县寿雁镇白石寨村玉蟾岩稻谷遗址以及八九千年前的桂林甑皮岩遗址，就是如此。山洞（或岩洞）的认知以及部分人以其作为栖身之所，于是壮傣语和侗水语有 $ka:m^3$（或 $tham^3$ 或 $qa:m^1$）此一同源词语。

山洞栖身，对原始人类来说有多种好处，可山洞也是兽类栖身之所，以山洞为居并不见得安全，而且我国东南是多雨潮湿地区，住山洞固然可以在一定程度上防风防雨防晒，但防潮防湿却很难谈得上。壮傣、侗水二群体越人不知经过多少代的探索和经验积累，走出山洞，仿于鸟类的建巢造房为居，形成了、构建了下悬空上苫茅中铺板住人的干栏式住房建筑形制。

干栏式住房，不论是壮傣还是侗水群体越人都谓为 $ɣa:n^2$（或 $ja:n^2$），其汉近音译写作"栏"。现在，房子南壮谓 $ɬə:n^2$，西傣谓 $hɣn^2$，德傣谓 $hən^2$，佬语谓 $huɯ:ən^2$ 等，汉近音译写作"恨"，不过它却是 $ɣa:n^2$ 的合理音变。

壮傣、侗水二群体先人越人的 $ɣa:n^2$，得惠于鸟的启示，是仿鸟巢而来，因此他们的房子最初在房顶上左右两角都竖上鸟的形象，而且称为"鸟巢式的房子"，这就是壮傣语的" $naŋ^2ɣa:n^2$ "的译义。" $haŋ^2ɣa:n^2$ "，其音读近音译写则为"干栏"，这也就是见于南北朝时魏收《魏书·獠传》中的记载。①

有了" $ɣa:n^2$ "（房子），壮傣语、侗水语相应地出现了 $pa:k^7tou^1$（或 $pa:k^9to^1$，门口）、$sa:p^7$（或 $la:p^7$，蟑螂）、pat^7（或 $sət^7$，扫帚）。$kji:ŋ^2$（或 $kweŋ^2$，三脚架）、$kjiu^5$（或 $tjau^5$，篮子）、siu^5（凿子）、mit^8（刀）、$ta:m^1mit^8$（刀把）、fak^7mit^8（或 wak^7mit^8，刀鞘）、$ha:n^2$（或 $la:n^2$，扁担）、$çi:m^1$（或 lim^4，楔子）、$ça:k^8$（$la:k^7$，绳子）、$kjam^5$（或 $xəm^3$，兰靛草）、$ma:k^7ʔit^7$（或 $la:k^8ʔjit^7$，葡萄）、kau^1（或 $ta:u^1$，藤）、mot^8（或 $mət^8$，蚂蚁）、ba^3（或 ma^3，蛾子、蝴蝶）、$duɯ:n^1$（san^4，蚯蚓）等相同或同源的词语。而且有多种用途的桐子，壮傣、侗水二语支语言也有了同源词，谓 jou^2 或 qau^5 等。

新石器时代的壮傣、侗水二群体越人继续以射猎补充肉食。他们对一些猎物有了共同的认知、共同的称谓，出现了共同的词语。比如，谓猎物为 jan^1（或 $ȵan^1$，野兽），以及谓斑鸠为 $ɣau^1$（或 kau^2），谓豪猪为 $çen^5$（或 $ʔbin^3$），谓穿山甲为 lin^6（或 $lən^6$），谓猫头鹰为 ku^3（或 qau^1）等。

壮傣、侗水二群体越人自认知多年生普通野生稻的果实可以饱腹、可作食粮以后，出

---

① 《太平御览》卷 796《獠》引。

于求生的本能，出于对充裕食粮的向往，对可操于手中的食粮来源的渴求，苦苦寻觅，探赜索隐，要将多年生普通野生稻驯化成一年栽的人工栽培稻。经过数千年时光的流逝，经过了不知多少代身仆其中，不知走了多少弯路，又有了多少反复经验点滴积累，他们铺就了多年生普通野生稻驯化之路。从可见的距今10000年前的湖南省道县寿雁镇白石寨村玉蟾岩遗址出土的包括普通野生稻和栽培稻类型的谷壳遗存，可知他们在苦苦地探寻；至距今六七千年左右的浙江余姚河姆渡新石器时代文化遗址出土的大片稻谷、谷壳和稻草沉积遗存，说明他们已经完成了驯化普通野生稻的工作。这道出了壮傣、侗水二群体越人是世界上最早驯化普通野生稻为人工栽培稻的民族群体之一。

由于普通野生稻的完成驯化工作，壮傣语和侗水语围绕稻子就有众多的同源词语。比如，围绕稻子生长的环境就有着风谓 γum^2（或 $l\partial m^2$），石山谓 pja^1（或 pla^1），地谓 tai^6（或 dai^5），尘土谓 fon^6（或 $tsjon^2$），水田谓 na^2（或 ja^5），土或泥巴谓 $na:m^6$，湖谓 van^2（或 $\textrm{ʁa}:\textrm{ŋ}^1$），池塘谓 tam^2（或 tam^1），水沟谓 $mi:\textrm{ŋ}^1$（或 $mjin^1$）等。

又如，犁谓 $\textrm{çai}^1$（或 $kwai^1$），南壮、傣、泰、佬等族或群体语演变为送气的 $thai^1$。那时，是否已将野牛驯化为家畜，因壮傣语和侗水语对水牛的称谓似有差异，如壮傣语谓水牛 $va:i^2$，侗水语或谓 kwe^2 或谓 wi^2 或谓 kui^2 或谓 kwi^2，很难说 $va:i^2$ 与 kwe^2 是由源同一词发展而来。称谓相异，壮侗群体越人时代水牛尚未被驯化，或者是可以肯定的。水牛既未成耕畜，只能以人力拉犁进行稻作。拉犁，壮傣语谓 $\textrm{ɣa}:k^8$ 或 la^6，侗水语谓 $\textrm{ʔda}:k^7$ 或 la^1，无疑二词是源于一词发展而来。

种稻先浸种，待冒芽后撒入秧田，在秧田里的禾苗谓 kja^3（或 ka^3）。拔秧移栽稻田，此时的禾苗称 hau^4（或 $q\partial u^4$）。禾苗长大抽穗了，收割了，禾秆即稻草，谓 $fuu:\textrm{ŋ}^2$（或 $pa:\textrm{ŋ}^1$）。稻禾旺势生长，杂在稻禾中的稗子也旺势生长，而且长势如风，必须及时除去，否则会严重影响稻谷的收成。稗子，壮傣语谓 $va\textrm{ŋ}^1$，侗水语谓 $fa\textrm{ŋ}^1$，二词是个同源词。同时，害稻的昆虫还有蝗虫，壮傣、侗水二群体越人也认知了其为庄稼的虫害，于是有了同源词语，谓 tak^7 或 $\textrm{ʨak}^7$。

水稻驯化，其果实让人饱腹，壮傣、侗水二群体越人于是倾力于稻，唯稻是种，唯稻是食，稻成了他们心目中唯一的天，即依存或依靠。所以，在他们语里不管水稻、稻谷、白米、米饭甚至粮食5词都以谓稻为 hau^4（或 $q\partial u^4$）一词称之。

吃饭，壮傣语谓 $kuun^1hau^4$（或 kin^1khau^3），侗水语谓 $\textrm{ʨa}:n^1q\partial u^4$（或 $tsen^1\textrm{ʔ}au^4$），谓饭为 hau^4 为 $q\partial u^4$ 是同源词，谓吃为 $kuun^1$（或 kin^1）为 $\textrm{ʨa}:n^1$（或 $tsien^1$）也是有着同源关系的词语。

食重五味，不厌五味杂陈。早期越人唯有苦、咸二味，越人社会发展到中期阶段已经是五味俱全。酸、甜二味前已说过，至于辣一味，无论是北壮、布依语还是侗水语，不是谓 $ma:n^6$ 就是谓 $lja:n^6$。临高语虽谓 kon^2，出现音差，却与北壮、布依语的 $ma:n^6$ 同源于一词发展变化而来。只是南壮及傣、泰、佬、掸等语演变为 $phit^7$ 或 $phet^7$，则是异化了。

吃饭穿衣，这是人生的基本要求。织布的"织"，壮傣语和侗水语已有其词。壮傣语支所含各族或群体语除临高语谓 sik^7 和德宏傣语谓 to^2 外，壮、布依、西双版纳傣语、泰、佬、掸语皆谓 tam^3，侗水语支所含各族语也均谓 tam^3，无疑这是越人社会发展中期阶段凝成而传承下来的词语，只是临高语和德宏傣语异化而已。织布机，北壮谓

ço：ŋ²ɣo：k⁷，临高语谓 siaŋ⁴dək⁸，是个同源词。南壮、傣、泰、佬、掸等族语取其第二个音即 ɣo：k⁷或 dək⁸音变为 thuk⁷或 huk⁷，侗水语支所含各族语除仫佬语保原壮侗语之音谓 tuŋ²kɣa：k⁷外，其他族语则取其第一个音为称，比如侗语音变谓 suŋ²，水语音变谓 çəŋ²或 huŋ²，毛南语音变谓 zuŋ²。这些词都是源于一语的流变，说明壮傣、侗水二群体越人没有分化的时代已有织布机之词。Vin³（裙子）传承于早期越人时代，上衣一语，由于各族或群体语已多演化，壮傣语和侗水语是否有同源词语无从追溯了。唯"穿"一词，除南壮及傣、泰、佬、掸等族或群体语变音为 nuŋ⁶外，北壮、布依语及侗水语支所含各族语均谓 tan³，不能不说此词是传承于上古壮侗语而来。

糯米煮成饭，壮侗群体先人越人不是将米放入锅等容器内烧煮，而是头天晚上将糯米浸泡，翌晨捞起滤干，放入木制的蒸笼用蒸汽蒸熟。蒸饭，壮傣语除临高语为借汉语词 sui¹（煮）外，不论国内国外的同一语支的民族其语均谓 naŋ³或 nɯŋ³，而侗水语支所含各族语则皆为借汉语词，不是谓 sa：u³（烧）就是谓 tsiŋ¹（蒸）。蒸饭器具，壮、布依语谓 çeŋ⁴，与汉族古代炊具甑近音。这显然是个汉借越语词，因为新石器时代壮侗群体越人已经用甑蒸饭，中原汉人未见有其事。

煮肉的"煮"，除傣及国外的泰、佬等族语音变为 tun³或 tom³外，北壮、布依、临高语谓 vu：ŋ²或 huŋ²，侗水语支所含各族语则谓 tuŋ¹，显然 vu：ŋ²与 tuŋ¹是同源词。同时，生肉煮后熟了，熟，北壮谓 çuk⁸，南壮谓 ɬuk⁸，傣、佬语谓 suk⁷，泰语谓 suk⁸，侗语谓 çok⁸，仫佬语谓 sɔk⁸，水语谓 sok⁸，毛南语谓 zɔk⁸，也都是源于一词发展而来的词语。

在社会生活中，娱乐敲鼓以助兴，临敌敲鼓发警报、发号施令统一行动，鼓在壮侗群体越人的社会生活中日显其不可或缺，因此鼓在他们中出现了，其称谓也形成了。鼓，壮、布依语谓 kjo：ŋ¹，傣语谓 kɔŋ¹，泰语谓 klɔŋ¹，水语谓 ljuŋ¹，无疑这些关于鼓的词语，壮傣语和侗水语是源同于一词发展而来。

壮侗群体越人在驯化普通野生稻以后，随群体众人口味嗜好，培育了糯稻，以糯米饭作为群体的日常主食。糯稻，北壮、布依语已演变为 hau⁴çit⁸或 hau⁴çut⁸，水语也已演变为 ʔau⁴da：i⁴，但是，南壮却谓 khau⁴nu⁶，临高语谓 ŋau⁴nau¹，西双版纳傣语声母 n 在德宏傣一律变 l，比如 na²（水田）变成 la²，na³（脸）变成 la³，同样西双版纳傣语谓糯稻为 xǎu³no¹，德宏傣语也变成 xau³lo¹。与此音近的是侗语谓 qəu⁴ɬo³，仫佬语谓 hu³cø³。这些词语都是同源性词语。这说明虽经历了几千年历史风雨的荡涤，壮傣、侗水二群体的后人也沿着历史的阶梯各自攀爬，分散于各地，经受着各地不同民族文化的冲击，可他们中还有不少民族或群体仍然保留着原初谓糯稻的音声。nu⁶、nau¹、no¹、lo¹等词的汉近音译写，即近乎"糯"音。

壮傣、侗水二群体越人及其后人收割糯稻，不是从稻禾根上用镰刀一割了之。明朝正德间（1506—1521 年）柳州府通判桑悦《记壮俗诗六首》其三有句称壮族"摘穗或将手当镰"，[①] 清朝雍正四年（1726 年）刊行的《古今图书集成·方舆汇编·职方典》卷1433《梧州府风俗考·容州》也载："收获，群妇女而出，率以手掐掇（摘取）其穗而弃其管，以便束敛。"难道壮群体越人的后人收割稻禾时是"以手当镰"，"以手掐掇其穗"？显然

---

① （清）汪森：《粤西诗载》卷 16。

第二章　原始母权制时代越人语言和文化　　57

不是。这是桑悦及《古今图书集成》的记载者远观其表的认定而不了解详情求其实，谁能以手当镰连续作业？谁会在紧张的收成时节做小孩式的玩意儿不求功效？"工欲善其事，必先利其器"①，壮侗群体越人及其后人唯糯稻是种，唯糯饭为主食，传统的收割方法是手执手镰割取糯稻禾最后一个节骨以上的稻穗，撕去禾衣束成把，然后挑回来晒在干栏的栈台上。

手镰

ma:n²hau⁴剪禾稻

晒禾把

新石器时代的手镰用蚌壳做成。广西壮族自治区柳州市大龙潭鲤鱼嘴贝丘遗址有穿孔蚌刀出土。蚌刀是"利用蚌壳厚重的部分作柄，相对的一边或一侧作刀"。并"在柄部两侧各凿一个凹口，可作绑绳之用"。② 在南宁地区的贝丘遗址中也出土带孔蚌刀。"一般身长 13.5 厘米、宽 7.9 厘米、厚 1.1 厘米。"③ 这些带孔蚌刀，可能就是当时的手镰。青铜器和铁器工具出现以后，壮侗群体越人又将金属制成锯齿形锋利的刀片镶嵌在一椭圆形薄木片平直的一方，然后将椭圆形薄木片固定在一长约 3 寸的小竹管上，形成手镰。有的则仍如以前的蚌刀，穿孔带绳使用。

蚌刀

带绳手镰

带把手镰

手镰，北壮、布依语谓 hep⁷ 或 lep⁷，侗语谓 tip⁹，南壮及傣、泰、佬语谓 thep⁷，说明壮傣语和侗水语手镰一词源同一语，数千年传承迄于 20 世纪 50 年代其音仍然相近，道出

---

① 《论语·卫灵公篇》。
② 柳州市博物馆：《柳州市大龙潭鲤鱼嘴新石器时代贝丘遗址》，《考古》1983 年第 9 期。
③ 广西文物队等：《广西南宁地区新石器贝丘遗址》，《考古》1975 年第 5 期。

了壮侗群体越人及其后人历史上以糯米为主食,连专作的收割工具也世代传承,不变其样。

壮傣群体越人谓糯稻为 nu^6 为 no^1,音近乎汉语的糯字音,可汉语原来没有糯字。东汉永和十二年(356年),许慎撰成《说文解字》。该书是我国第一部系统的分析字形和考究字原的字书,也是世界上最古的字书之一。书中载:"沛国谓稻曰稬。"沛国,是东汉时改沛郡置,治所在相县(今安徽省淮北濉溪县)。沛国辖21城,有251393人,南靠淮河及其上源水。据《史记》卷114《东越列传》载,汉武帝曾分别于建元三年(前138年)和元封元年(前110年)后将东瓯、东越二国越人徙处于"江淮间"。自西汉至东汉《说文解字》成书,200多年过去了,北迁的越人不改昔日传统,仍唯 no^1(糯)为主食,依然以种 no^1(糯)为稻作,于是便有了许慎在《说文解字》中关于"沛国谓稻曰稬"的记载。

那时,汉语并不是没有水稻一词。比如,《诗经·周颂·丰年》一诗便有"丰年多黍多稌"的句子。"稌",稻也。南宋朱熹《诗集传》:稌,"音杜"。《说文解字》怎又说东汉的"沛国谓稻曰稬"?很明显,《说文解字》此一记载,既道出了当时的沛国人唯 no^1(糯)是种,种稻就是种 no^1(糯),又说明当时的中原汉人没 no^1(糯)一字,姑以近音的"稬"来作代。

稬的音读,《唐韵》读若"奴乱切";《集韵》读若"奴卧切";《广韵》《集韵》又读若"乃管切"。一字三音,以何为是?《唐韵》是唐朝天宝十载(751年)孙愐在仪凤二年(677年)长孙纳言加注并订正讹误的基础上重订隋朝陆法言《切韵》时改称的。《切韵》或《唐韵》认为稬读若"奴乱切",反映的是唐朝及其前稬字的音读。于是民间图省,便呼稬米或后生的同音的糯米为"乱米"。

对于俗以"乱米"指称糯米,北魏著名的农学家贾思勰大觉感谓,说"糯(奴乱切)米","俗云'乱米',非也!"但是他又无法改变糯读若"奴乱切"的音声,于是弃糯一字改为秫,说:"有秫稻。秫稻一名糯(奴乱切)米,俗云'乱米',非也!有九洛秫、雉目秫、大黄秫、棠秫、马牙秫、长江秫、惠成秫、黄般秫、方满秫、虎皮秫、荟奈秫:皆米也。"①

秫,读若术,虽是一种食粮的名称,但它属稷类作物。《说文解字》:秫,"稷之黏者"。稷,就是高粱。秫为"稷之黏者",也就是黏高粱。黏高粱,富于黏性,可以酿酒。秫此一特质与糯米相同,于是当时的中原人便以秫来指称糯米。比如,南朝梁萧统《陶渊明传》载:"公田悉令种秫,曰:吾常得醉于酒,足矣!"

陶渊明是东晋今江西省九江市人,他在家乡做了官,当然可以命令部属在官府公田里种植能酿酒的糯稻。以秫指称糯稻,迄于明朝仍然不改,比如郑颙景泰《云南图经志书》卷4载景东府(治今云南省景东县)的傣族人"其田皆种秫",即是这样。不过,秫毕竟不是糯,秫旱作,糯为水中长,将二者混同为一,混淆了植物种属。由此可知,糯稻原非中原所种植、所习知、所惯称,它是壮侗群体越人专门培育以为主食的稻类品种,其后人名为 nu^6 为 no^1,以汉文近音译写,自然多见波折,而迟迟未得其真谛。

---

① (北魏)贾思勰:《齐民要术》卷2《水稻》。

越人社会发展进入中期发展阶段，人们的活动范围广了，视野宽阔了，接触的其他民族群体也多了，思想较为活跃了，意识、观念也如同爬梯而上显得高了，创造的文化也较多和进步了，因此他们的语言词汇也随时而增不断丰富了，此便于人们的思想和情感交流，便于生活的丰富多彩，便于新意识、新观念的形成，便于社会的发展。比如，早期越人阶段人的感觉、食物的五味仅有苦、咸两种，进入中期阶段，则是 som^3（酸）、$va：n^1$（甜）、ham^2（苦）、$ma：n^6$（辣）、$daŋ^5$（咸）五味俱全。又如，hau^4（水稻）的驯化成功，hau^4nu^6（或 $xǎu^3no^1$，糯米）的培育成为主食，稻、糯稻、秧、秧田、禾苗、稻草、稻穗以及稻作的原始配套设施水田、水渠、犁、手镰、干栏、栈台等众多词语的涌现，既显示了越人社会的进步，意识思维的提高，又促进了越人群中的思想和情感交流，丰富了人们的社会生活。

第三节　原始母权制时代越人文化

壮侗群体越人此一社会发展阶段其文化发展，在早期越人的基础上成果颇见丰硕。其主要表现是制止了早期阶段"动物的个人主义"，形成了雏形的习惯法，创立了初步的道德观念；氏族以女性首领掌控，实行族外群婚制；人死埋葬，出现祭礼，形成原始宗教的象征，使人开始进入虚幻的世界；构建了干栏式住房建筑，居室优化，烧煮落实；驯化了多年生普通野生稻为一年生的人工栽培稻，培育了糯稻，日常以糯米为主食，初步形成了壮侗群体越人的糯米文化。

一　氏族由女性首领掌控，实行族外群婚制

壮侗群体越人走出早期越人社会以后，迈入了原始母权制氏族社会，氏族以女子当家，女子首领掌控着氏族。

从现在可追溯的壮傣语支语言和侗水语支语言可以知道，二语支语言既有 ta^1（外祖父）的共同语，又有 $luŋ^2$（舅父）和 pa^3（舅母）的相同词语，虽然外祖母一词由于时流而异化各不相同，难寻其原来的词语了，但是语言反映社会存在的事实，壮傣、侗水二语支语言 ta^1（外祖父）、$luŋ^2$（舅父）、pa^3（舅母）三者的相同，足证此三词是壮傣、侗水二群体越人的语言，是滋生于、流行于二群体越人未分化时代的语言。它们标示了当时壮侗群体越人社会的氏族有主家氏族和舅家氏族之分，道出了壮侗群体越人社会已经从原始群进入原始母系氏族社会，实行男嫁女娶族外群婚制。

群婚制，子女因不知其父却知其母，壮傣语支语言和侗水语支语言谓父之词相异自在情理之中，可谓母之词却也不同就违于常理了。比如，壮傣语谓母亲为 me^6，而侗水语谓母亲却为 ni^4，me^6、ni^4 不存在同源关系，壮傣语的 me^6 也不可能转化为侗水语的 ni^4，不详二词本该相同却因什么相异？不可能是壮傣、侗水二群体越人分化以后方才各自产生 me^6 或 ni^4 这样的词语。

三国时魏国的张揖撰《广雅》谓嬭，"母也，楚人呼母曰嬭"。嬭，《集韵》："奴礼切。"拟其音为 ni，近乎侗水语支语言谓母之音。疑壮傣语与侗水语谓母之语原同一词，后随着时去社会发展，侗水群体越人又居地近乎楚人分布区，与楚人接触频繁，交流增

多，逐渐被楚人感染而化去原来谓母之词，跟随楚人谓母为 ni，从而出现壮傣语谓母为 me^6 而侗水语谓母为 ni^4 的差异。因为原始母权制社会实行族外群婚制，子女虽不省其父为谁人，没父亲一词，却应当知道其母而有母亲的称谓。那时候，壮傣、侗水二群体越人远没分化，其谓母之词笃定同一。后来出现差异，原因就是壮傣、侗水二群体越人分化以后侗水群体越人受西周时立国的楚人的感化，借楚人谓母为 ni 为自己民族群体谓母之词的结果。

原始母权制社会以女性主家，女性首领掌控着氏族，将近一层次的男子外嫁别的氏族，作为另一氏族近一层次的女子的共同丈夫；而本氏族近一层次的女子则是别一氏族嫁来的近一层次的男子的共同的妻子。壮傣、侗水二群体越人实行族外婚制，既避免了血亲的父女、母子间或兄妹间尴尬的性关系，也为越人的优生提供了天地，为越人的优化发展奠定了基础。

原始母权制社会，氏族以女子主家，女首领掌控着氏族。男子是外氏族嫁来的，其所生的子女及男子劳动得来的财富均归女首领掌控的女子氏族，男子死后还是要归返其所在的氏族的。这点明了男子虽外嫁却归属于原来的氏族；女子也一样，终身属于娘家所在的氏族。清朝雍正《广西通志》卷92《诸蛮》载："撞人好杀，一语不相能辄挺刃而斗。斗或伤其一，由此世代为仇。然伤男子，仇只二姓，若伤其妇，而妇之父母、叔伯、兄弟皆怨家矣。"这是当年壮侗群体越人时代原始母权制还没有得到充分发育壮傣群体越人原始父权制就过早成熟且越出原始母权制社会跨入原始父权制社会所带来的后遗症。虽然原始父权制社会改了原始母权制社会男嫁女娶的规例，实行女嫁男娶，但是男子属于男子所在氏族，女子虽嫁入男家，她却还是她娘家的成员。因此，二姓相斗，伤男子仅是二姓间的仇怨，若伤及女子，她所属的娘家人便介入来要讨公道，成了二姓对一姓之仇了。这是原始母权制社会意识观念在壮族父权制社会中的残存。

壮族谚云："天上雷公大，地上舅公大。""舅公大"此种原始母权制意识观念在父权制社会迟迟不消退，长期残存下来。不仅壮族如此，20 世纪 50 年代以前在那些已经趋汉变化了的壮傣群体越人的后人仍可隐约见其眉目。比如，民国广东《东莞县志·礼仪民俗》载："死丧之戚，生人至痛。乃有一种恶俗，为外亲者每遇姑姐妹女子之丧，牵率多人，名为哭丧，实肆咆哮。或由平日之不相得，外家习闻浸润之言，积嫌生怨，遂欲于其人之死一泄以为快。虽使白首安枕，亦为冤抑非命之言以诬死者。"女子死，娘家人闹丧，也可见在已经趋汉变化了的壮傣群体越人后人的父权制社会中，女子虽嫁男家，而其安危仍属娘家人所热切关注的。

二　形成了雏形习惯法，创立了初步的道德观念

在人类历史上，表现人类进步的根本标志，是人类改造、适应自然的能力。但是，没有人类内部群体的协调、团结一致、形成信念，便不能对客观自然界进行目的明确、行动坚决的实践活动。

壮傣、侗水二群体越人时代，改造、适应客观自然的实践能力，最能体现人类进步的，一是干栏式住房建筑形制的构建，二是将普通野生稻驯化成人工栽培稻，三是培育糯稻成为日常生活的主食。这三个对自然界物体的改造、适应实践活动的成功，宣告了他们

进入原始母系氏族社会以后，社会已经形成了习惯法的雏形，创建了初步的社会道德。

比如，在早期越人时代，同一氏族内部的男女发生交媾关系被认为合乎常理的，那么进入壮傣、侗水二群体越人时代实行族外婚制，族内的男女发生性关系则被认为是不道德的，而且被强力命令取缔，如果明知故犯，轻则被赶出氏族之外，重则被处死。林莽茫茫，荒草萋萋，人是靠群体而活命的，被驱赶出氏族之外，孤零凄楚，无依无靠，也无异于被处死。此种处置发落以及意识观念的形成，就是社会产生习惯法雏形和初步的社会道德。

实行族外婚制，此一氏族近一年龄层次的男子外嫁另一氏族，成为那一氏族的近一年龄层次的女子的共同丈夫。反过来也一样，彼一氏族的近一年龄层次的男子嫁来此氏族，成为此一氏族近一年龄层次女子的共同丈夫。可男子们尽丈夫的责任，白天辛勤劳作，努力创造财富，到头来妻们所生的子女属于女性的氏族；劳动赢得的财富除了本身吃食之外的剩余也归于女性氏族，完全与他们无关；死了还得抬回自己出生的氏族埋葬。他们可说是裸身来裸身去，做出了最大的牺牲。牺牲男子群以成就女子群，这就是原始母权制社会众所公认、普遍认可的道德。

原始母系氏族社会时期，社会舆论维护这些初步建立起来的道德，维护众所认同的习惯行为，才使得壮侗群体越人的男子背荷重任、负屈含冤、赴汤蹈火、死而不辞，实现了干栏式住房的创建，完成了普通野生稻的驯化。

越人居于水乡，不论是壮傣语、侗水语，还是黎语，都有 nam^3（水）、sak^8（洗）衣、$ʔa:p^7$（洗）澡的共同词语。凭水以盥洗，早期越人阶段已经形成原始的洗浴文化。进入中期阶段，不论是壮傣还是侗水群体越人，一天劳累之后，无分男女都以入水浴洗为快乐事，于是他们中出现了男女同浴于江的事实。这就是《汉书》卷27下之上《天文志》记载的越人"男女同川"而浴。"男女同川而浴"是否即如《汉书》的作者班固说"淫风所生"呢？他这臆意想而胡言。岭南"妇女四月即入水浴，至九月方止。不避客舟，男女时亦相杂，古所谓男女同浴于川也"。"浴时或触其私，不忌；唯触其乳，则怒相击杀，以为此乃妇道所分，故极重之。"① 傣族也是如此："男女皆裸浴于河。妇人谨护两乳，谓此非父母所生，乃天地所赐，不宜人见也。"② 有如此的禁戒和忌讳，怎会男女同浴于江便发生淫乱现象！壮傣群体越人及其后人自壮侗群体越人时代起便男女同浴于江，观念成樊篱，男女没有相犯出现，因而相沿而下达数千年之久。

明朝郭子章《黔记》载，侗人"溽暑，男女常浴于溪"。民国广西《三江县志·风俗》也载："侗族女子热天好为冷水浴。每黄昏之候、工作之余，辄群至溪边，卸衣裙，跃溪中，欢声满谷上下游。虽有男子，不相侵犯，殆亦视同娱乐之一种。"这说明男女同川而浴，各得其乐，互不侵犯，是壮傣、侗水二群体越人几千年世代传承的优良传统，也是他们未分化时代形成的社会公德。此一公德为人们自觉遵守，保证了社会生活秩序的正常运行。

---

① （清）吴震方：（康熙）《岭南杂记》卷上。
② （清）陈宗海：（光绪）《腾越厅志》卷15。

三　万物有灵观念形成，物神观念逐渐演化成原始的观念信仰

越人社会进入中期阶段，居于我国东南水乡，与水为邻，与水打交道，捞取水生动物如贝壳等为食，靠水驯化普通野生稻，资水以培育糯稻为主食，凭水盥洗，认为水中存在神灵，护佑着越人。水对人有恩，人也以水的神灵为敬。水后来在壮傣群体越人时代超自然化被奉为崇拜的主神，特举行水上竞渡以为隆重祭祀水神的礼仪，有"鸡骨占年拜水神"以传世且不说了，侗族许多地方仍保存有每年岁首必敬献水神的习俗。有的地方岁首头次下河或到井里汲水，要先在河边或井边点上香炷、烧上香纸拜祭水神。在贵州省榕江县车江一带的侗族，春初合寨妇女还各备酒菜来井边祭敬，围井哆耶（众人边歌边舞），歌颂水井给人们带来幸福，祝水井终年不竭，四季清凉。① 不过，侗族的水有神灵，还没有形成同具体的水明确区分开来的神灵观念，尚处于物神崇拜阶段。

水中藏有神灵，人体也蕴藏着神灵。人体蕴藏的神灵左右着人活着时的强壮安泰，人死了神灵要离开原来寄托的躯体，称为"鬼"。死者活着的时候曾经是活着的人的同伴、亲人，可是人死了其鬼却可能对还活着的人有怨有恨，要伺机报复，伤害活着的人。所以，壮傣、侗水二群体越人时代对人死后的鬼便要预作种种措施，限制其逸出僵化的尸体，防其作祟于人。

1973年广西文物队和桂林市文管会对桂林甑皮岩新石器时代遗址进行试掘，出土了18具人体骨骸，原来这是新石器时代的墓葬地。其葬式多为屈肢蹲葬，还有侧身屈肢葬和二次葬。所谓二次葬，就是人死后第一次葬待肉消筋失然后捡骨重葬。桂林甑皮岩遗址中的二次葬是一个五六岁四肢已被折断的小孩骸骨以及一个侧身屈肢的中年女性人骨。② 广西桂林甑皮岩遗址是新石器时代早期文化遗址，那时候越人是否存在有目的二次葬姑且勿论，小孩的四肢已被折断，或疑为其母的中年女子也是侧身屈肢葬，说明此葬式在当时越人眼中已起到了如同前述的屈肢蹲葬和侧肢屈肢葬的作用。

同一类型的葬式，在同属新石器时代早期文化遗址的广西柳州市大龙潭鲤鱼嘴贝丘遗址及广西壮族自治区邕宁顶蛳山贝丘遗址都有发现。柳州市大龙潭鲤鱼嘴贝丘遗址有仰身屈肢葬，还有俯身屈肢葬；③ 邕宁顶蛳山贝丘遗址除仰身屈肢葬和俯身屈肢葬外，还有蹲踞葬、侧身屈肢葬和众多的肢解葬等。④ 这些葬式说明了壮傣、侗水二群体越人在早期越人已有 fan¹（梦）一词的基础上思维和感觉又滋生了人死灵魂不灭的观念，认为人死了，其灵魂仍然存在。他们害怕死人的灵魂，恐其为害于活着的人，因此在人死后便将其尸体四肢屈曲捆绑起来或肢解，使鬼无从逸出然后入葬。这是那个时代壮傣、侗水二群体越人人死灵魂犹在的活现。

屈肢紧缚死尸可以禁锢其鬼此一观念，在壮群体越人及其后人中一直传承下来。20世纪40年代，在广西武鸣县宁武有一侬姓人家生有两个女子，大女已嫁村上人，二女也

---

① 《侗族简史》，贵州民族出版社1985年版，第152—153页。
② 广西文物队、桂林市文管会：《广西桂林甑皮岩洞穴遗址试掘》，《考古》1976年第3期。
③ 柳州博物馆、广西文物队：《柳州市大龙潭鲤鱼嘴新石器时代贝丘遗址》，《考古》1983年第9期。
④ 傅宪国等：《广西邕宁县顶蛳山遗址的发掘》，《考古》1998年第11期。

与村上一小伙热恋。对于二女的行为，父母坚决反对。可二女却非此小伙不嫁，闹僵了，女子跳井，酿成了悲剧。女子死了，村上人认为是非正常死亡，其鬼最为凶恶，报复之心最盛，因恐惧而惶惶不安，从而迫得死者之家在埋葬死者时不得不请来道公，并将女尸屈肢用竹篾捆起方才埋葬，目的就是不让其鬼逸出而祸害于人。

生离死别，刻骨铭心，于是活着的人或时不时梦见已经死去的旧人。在壮傣、侗水二群体越人时代，人们由梦而滋生人死而灵魂不灭的观念。由人的灵魂不灭观念而泛化于众自然物，不论是有生命的稻等还是无生命的石头等皆有不灭魂灵。这就是物神观念。物神观念逐渐演化，形成了人类的观念信仰。观念信仰的进一步演化，便是人类的超自然的原始的宗教观念了。

四　栏房文化

干栏式住房的形成和构建成为住房，是壮傣、侗水二群体越人在对自然适应、改造过程中的一次成功的实践。

形成、构建干栏式住房之前，越人社会发展进入中期阶段，壮傣、侗水二群体越人曾经栖身于山洞或岩洞。今壮傣语和侗水语均谓山洞或岩洞为 ka：m³ 或 qa：m¹，而黎语却谓山洞或岩洞为 tshu：ŋ³kwou³，显然二者没有同源关系，不是共时而生的词语。这说明在早期越人阶段，其语还没有岩洞或山洞一词，也没有栖身于山洞或岩洞，以山洞或岩洞为寄身之所。

旧、新石器时代交替之际的湖南省道县玉蟾岩文化遗址以及属于新石器时代早期的广西桂林甑皮岩文化遗址的出土说明越人社会发展进入中期阶段之初，越人开始以山洞或岩洞栖身。流传于傣族的古歌谣《关门歌》载有其先人以山洞为居的篇章：

山洞在野外，
山洞在森林。
野外有大蛇，
林中有虎豹。
孩子们，快进去！
老人们，快进去！

搬来干树枝，
拉来绿树叶，
抬来大石头，
挡风又防冷，
野兽进不来，
我们才安全。

关门了，关门了！
秋！秋！秋！

栖身山洞或岩洞，固然可以防晒、防雨、防寒、防兽等，但是洞既潮湿，烧煮起来柴焰草烟呛人，也难令人安生。而且一石堵住洞口，无风可通，也不宜于天气闷热的我国东南的水多地区。干栏式住房形成构建了，就解除了这些困扰人的碍难。

干栏式住房建筑式样的出现，与我国古代东南地区的气候、环境、建筑材料有着直接的关系。气候炎热，雨量充沛，地上潮湿，毒蛇猛兽众多，干栏住房，居室离地，竹木构建，通风性好，人居其上，畜居其下，防晒防雨防潮防兽，风来四方，舒适安全，不愧是壮傣、侗水二群体越人对自然适应、改造过程中一次成功的实践。

壮傣、侗水二群体越人及其后人谓房子为 $\gamma a:n^2$，或为 lan^2，或为 $ja:n^2$，三者音相近，属同源词。南壮及傣、泰、佬、掸等族或群体语谓 $hən^2$ 或 $hɯ:ən^2$ 等近音词，符合于壮傣语的音变规律。

$\gamma a:n^2$（房子）的建成，便于火种的保存，便于烧煮。人类掌握取火的方法以后，火成了人类手中的宝物，须臾不离，虽然取火有法，可是总不能要用时便来一番钻木取火，所以 $\gamma a:n^2$（房子）建成之后，壮傣、侗水二群体越人便在房中设置一个存着火种的地方，上面支起三脚架以便烧煮。

烧煮饭菜的三脚架，北壮谓 $kji:ŋ^2$，布依语谓 $tɕi:ŋ^2$，南壮谓 $ki:ŋ^2$，西双版纳傣语谓 $xeŋ^2$，德宏傣语谓 $keŋ^2$，泰语谓 $kiaŋ^2$。此词虽侗语已异化为 $ʈha:k^{9\cdot}$，毛南语也失传了，却无碍于壮傣、侗水二语支语言当初谓三脚架有其同源词，说明壮傣、侗水二群体越人分化前已经有了架物烧煮的三脚架，而且备受尊崇，视为贵重之物，不让猫、狗跨越，也不准人跨过，不准脚蹬，不准用尖锐利器捅火，不准泼污近脏等。傣族的三脚架，每脚都有含义。他们流传的《新房落成歌》称：

大家又运土上去做火塘，
架好三角架，
一角是红宝石，
一角是金宝石，
一角是使人吉祥的宝石。①

他们认为三宝石齐备，可保干栏主人一家的平安。由此可见在壮傣群体越人中仍残存着对三脚架的尊崇。

三脚架所在，随着社会发展变成了厨房。厨房，今不论壮傣语还是侗水语，不是谓 $pa:k^7ɕa:u^5$、bak^7tsau^3、xo^2sau^5，就是谓 $qen^1sa:u^5$、$\gamma a:n^1he^4ʔau^4$，但是 $ɕa:u^5$ 还是 $sa:u^5$ 等都是汉语"灶"（zao）的借词。$pa:k^7ɕa:u^5$，就是砌灶烧煮的地方，便是厨房。厨房，壮语、布依语除谓 $pa:k^7ɕa:u^5$ 外，也谓 lam^6fai^2 或 $kham^1fai^2$。fai^2 是火，lam^6 或 $kham^1$ 是隐藏、覆盖，lam^6fai^2 或 $kham^1fai^2$，就是覆盖以保存火种的地方。lam^6fai^2、$kham^1fai^2$ 或可说就是壮傣语原初的词语，后来壮语、布依语原样以之作为厨房的称谓。由此可知，当初干栏式房子构建时特设保存火种的地方，上搁置三脚架以便烧煮。

---

① 胡绍华：《傣族风俗志》，中央民族大学出版社1995年版，第70页。

浙江余姚河姆渡新石器时代文化遗址，出土了距今六七千年的颇为壮观的干栏建筑群。"这种建筑形式是以桩木为基础，其上架设大、小梁（龙骨）承托地板，构成架空的建筑基座，再于其上立柱加梁，构成高于地面的干栏式房屋。"①

在河姆渡遗址第一次发掘时，发现了13排排列有序的桩木，从它们的不同走向分析，至少有3栋以上的建筑。其中第8、10、12、13四排桩木方向一致，相互平行，而且8与10、10与12排间距离相等，可以认为是同一座建筑。从保存较长的第10排桩木计算，长度在23米以上；8—12排间距为7米左右；12—13排间距为1.3米。据此，这建筑应是有长廊的长屋。在河姆渡遗址第二次发掘时，发现16排排列有序的桩木，其中有4排与上述4排可能相连接，这样这座干栏式房屋可长达百米以上。经专家研究，估计屋内分间，宽为2.5米左右，那么这座长屋至少有40个以上的房间，以每间住4人计算，则可住160人。这群居住在同一座房屋中的一二百人极可能就是一个具有共同血缘的氏族。②一个氏族成员同居于一座长房中，是原始母权制社会实行族外群婚制的产物。浙江余姚河姆渡新石器时代文化遗址的发现，说明距今六七千年前的越人也就是壮傣、侗水二群体越人正处于原始母权制社会族外群婚制阶段。

西晋张华《博物志》卷3载："南越巢居，北朔穴居，避寒暑也。"南越的"巢居"，意为越人下悬空、中铺板住人、上苫茅的 ɣa：n² （房子）如同鸟巢一般，因称他们为巢居。

壮傣、侗水二群体越人的住房，下悬空，中铺板住人，上苫茅覆盖，其建筑形制自发现于距今六七千年的浙江余姚河姆渡新石器时代文化遗址以后，其后人传承下来，至距今四五千年左右的吴兴钱山漾、杭州水田畈新石器时代末期文化遗址均有发现。③ 同样，在广东省高要也出土了水木构建筑。④ 自那以来，壮傣、侗水二群体越人及其后人一直传承着先人创制的此一住房建筑形制。

住房建筑形制传承不变，壮傣语、侗水语谓其为 ɣa：n² 为 ja：n² 照样传承不变，可干栏式住房见于记载自东汉始，历代记载者观其形睹其状，除三国沈莹《临海水土志》记载今浙江瑞安市的"安家之民""架立屋舍于栈格上似楼居"，⑤ 以及《南齐书》卷14《州郡志上》说广州"虽民（指汉族）户不多，俚獠猥杂，皆楼居山险"称"楼居"外，其他统谓为"巢"。比如，东汉杨孚《异物志》的乌浒"巢居鼻饮"，⑥《宋书》卷92《良吏徐豁传》的"俚民巢居鸟语"，以及《太平寰宇记》卷161贺州（今广西壮族自治区贺州市）"俗多构木为巢，以避瘴气"等。

指称人家的住房为"巢"，类似鄙薄的言辞，然而壮傣群体越人的后人即东汉及其后

---

① 《浙江河姆渡遗址第2期发掘的主要收获》，《文物》1980年第2期。
② 吴汝祚：《宁绍地区史前时期的文化》，《浙江学刊》1994年第6期。
③ 浙江文管会：《吴兴钱山漾第一、二次发掘报告》，《考古学报》1960年第2期；浙江文管会：《杭州水田畈遗址发掘报告》，《考古学报》1960年第2期。
④ 广东省博物馆：《广东高要县茅岗水上木构建筑遗址》，《文物》1983年第1期。
⑤ 《太平御览》卷780《叙东夷》引。
⑥ （宋）乐史：《太平寰宇记》卷166《贵州》引。

始由自称"瓯"及他称"骆"演称的乌浒及俚、"獠"却不以忤,因为他们即以"巢"指称其居处。比如,今壮族相亲相近的人询问对方的住家,常说:"ɣoŋ²(巢)jou⁵(在)ki²lau²(哪里)?"而当初,他们的先人也认为他们的住房的构建,灵感来自鸟巢,因此他们视鸟为师,感恩于鸟,称自己的住房为"巢式房子"。

《太平御览》卷172《窦州》引唐朝刘之推《郡国志》载:"窦州(治今广东省信宜市)悉以高栏为居,号曰干兰。"干兰,为干栏的同音异译写字。干栏一称,已见于500多年前南北朝北齐魏收《魏书》的《獠传》。《魏书》的《獠传》后虽散佚,可《太平御览》卷796《獠》引有该书的文字:"獠""依树积木以居其上,名曰干栏。干栏大小,随其家口之数"。

干栏,意即巢式房子。巢,即鸟巢。巢,北壮谓 ɣo:ŋ²,布依语谓 zoŋ²,南壮谓 saŋ²,西双版纳傣语谓 hǎŋ²,德宏傣语谓 haŋ²,泰语谓 chɔ:ŋ²。干栏,疑即 saŋ²lan² 的汉近音译写字,义为巢式房子。

巢,侗语谓 tən⁶,水语谓 xən¹,与壮傣语完全相异,说明下悬空、中铺板住人、上苫茅的干栏住房在壮傣、侗水二群体越人时代唯谓 lan²(房子),并未有 saŋ²lan²(干栏)之称。距今4000年左右,壮傣、侗水二群体越人分化各自发展了,壮傣群体越人方有 saŋ²lan²(干栏)的称谓。因此,凡屋顶竖鸟形象遗物的唯见于距今4000年左右的良渚文化及其后。

距今4000年左右的良渚新石器时代末期文化遗址出土后流落于美国的疑置于屋顶上中间及左右两端的三只玉鸟饰,① 如同云南临沧傣族崖画画面上房顶左右两端竖着鸟的形象一般。

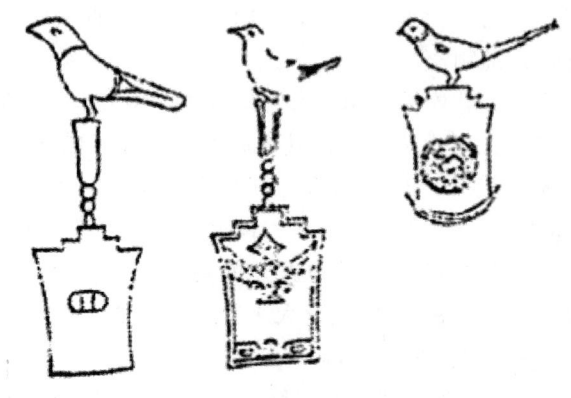

良渚文化鸟饰

云南沧源崖画干栏顶鸟饰,因该崖画比较突出的是一些表演杂技的画面,有两三人叠立者,有似舞流星者,有似顶长杆上又立一人者,有向上抛丸之状者,等等。② 这无疑是

---

① [日]林巳奈夫:《关于良渚文化玉器的若干问题》,《南京博物院集刊》1984年第7期。
② 林声:《云南沧源崖画》,《文物》1966年第2期;林声:《沧源崖画调查续记》,《文物》1983年第2期。

永宁元年（120年）掸国王雍由调派遣使者上东汉京都洛阳，"朝贺献乐及幻人，能变化、吐火、自支解、易牛马头，又善跳丸，数乃至千"。① 这些幻人虽不是掸国的，却是掸国引进的"海西人"。今云南省沧源县地接缅甸的掸邦，此沧源崖画或为傣群体越人所画，以画追溯他们所构建的干栏式房子的产生、形成的源流及他们屋顶竖鸟形象、崇拜鸟的缘由。

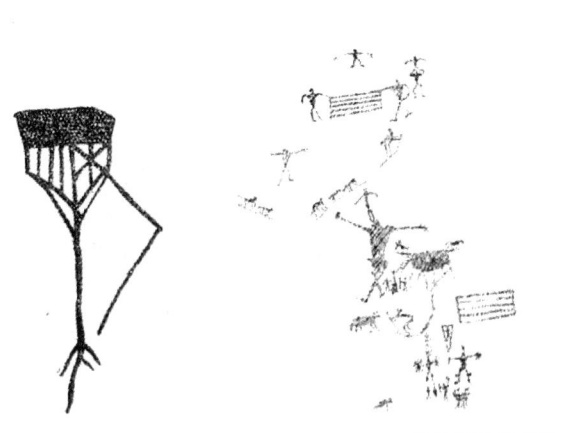 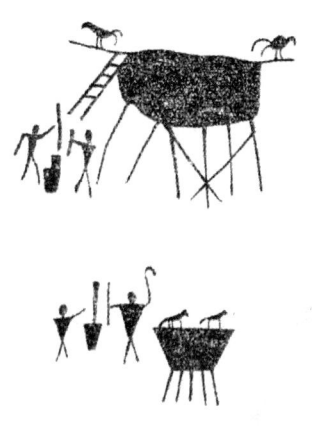

沧源崖画树屋、鸟屋

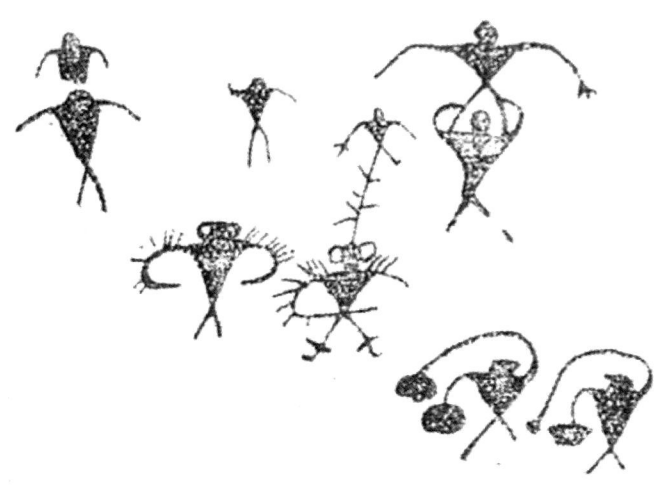

沧源崖画杂技画面

云南文山壮族苗族自治州出土的"开化铜鼓"，属石寨山型铜鼓，形成于战国流行于战国及西汉前期。那时候，云南文山地区既无苗族也无彝族，唯居住着壮傣群体越人，"开化铜鼓"的主人当是壮、傣的先人。比如，该地区出土的广南铜鼓，其鼓腰纹饰有椎

---

① 《后汉书》卷116《西南夷传》。

牛图像。牛绑在木桩上,未杀之前站在牛前头的巫者先作法说牛该杀,站在牛后执斧的人方才挥斧砍牛。① 此图活现了壮群体越人"南海人"杀牛"皆缚牛于大木,执刀以数其罪",责备完"挥刀折之"的场景。② "开化铜鼓"鼓面上的纹饰有干栏二座,屋顶均竖立着鸟的塑像,③ 同样表明这是战国至西汉前期壮傣群体越人心趋所向的产物。

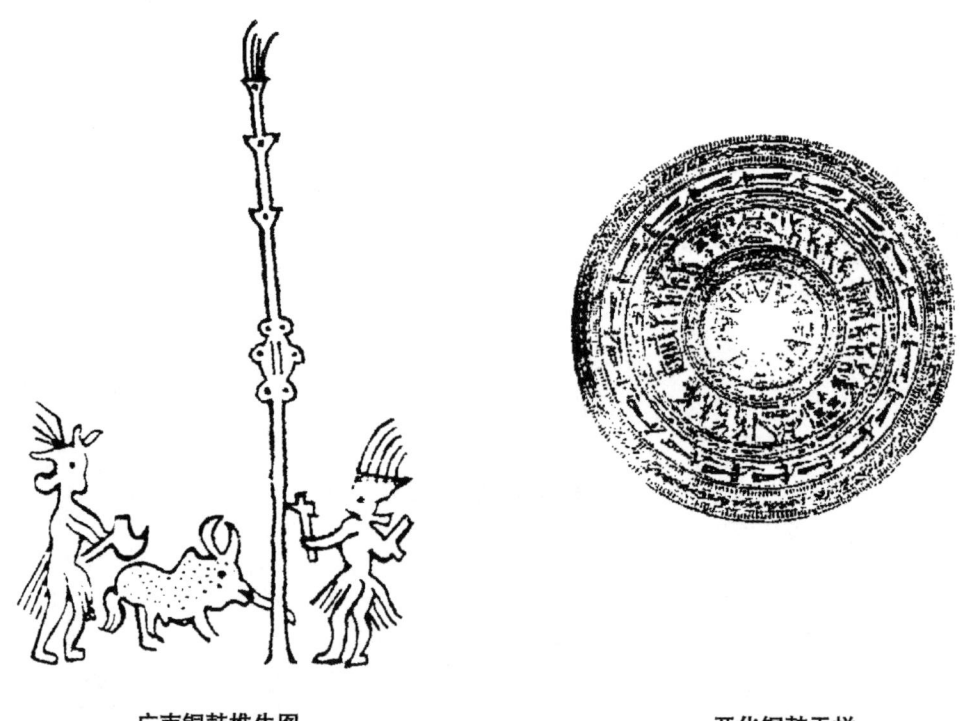

广南铜鼓椎牛图　　　　　　　开化铜鼓干栏

1982 年,浙江考古工作者在浙江绍兴市发掘一座战国墓,即绍兴 306 号墓,出土了一座铜屋模型。该铜屋之上立柱顶端巍然独立着一只类鸠的鸟形象。④

鸠形鸟是越人崇奉的对象。西晋张华《博物志》卷 9 载:"越地深山有鸟如鸠,青色,名曰冶鸟……越人谓此鸟为越祝之祖。"鸠(jiu)疑为鸩(zhen)之讹,如鸠的鸟即鸩鸟。鸩鸟即古代能够破石吃蛇的鸟。南宋周去非《岭外代答》卷 9《鸩》载:"邕州溪峒深山有鸩鸟,形如鸦而差大,黑身红目,音如羯鼓,唯食毒蛇。鸩禹步遇蛇,其声邦邦然,蛇入石穴,鸩于穴外禹步有顷,石碎吞之。"又同书卷 10《南法》载:"尝闻巫觋以禹步咒诀,鞭笞鬼神,破庙殒灶。余尝察之,南方果有源流。盖南方之生物也,自然禀禁忌之性。在物且然,况于人乎! 邕州溪峒,有禽曰灵鹊,善禹步以去

---

① 《云南省博物馆铜鼓图录》第十三图,云南人民出版社 1959 年版。
② 《南海异事》,《太平广记》卷 483《南海人》引。
③ 文山壮族苗族自治州文化局:《文山铜鼓》,云南人民出版社 2004 年版,第 77 页。
④ 《绍兴 306 号战国墓发掘简报》,《文物》1984 年第 1 期。

306号墓出土铜屋

窒塞，又有鸩鸟亦善禹步以破石……以是观之，南人之有法，气类实然。今巫者画符，必为鸩顶之形，亦可见其源矣。"禹步，就是夏禹爬涉山川治水劳顿，足跛，走路有如瘸子，巫们在请神治鬼时便仿效禹走路的样子，于是称为"禹步"。越祝，就是代人告神求福的巫觋。"鸩为越祝之祖"，就是巫觋请神治鬼走的禹步就是从鸩鸟那里学来的，因称鸩鸟"为越祝之祖"。

越人的巫觋以鸩鸟为其学法招神治鬼之祖，盖缘于壮傣群体越人感恩于鸟赋灵感，构建了干栏式住房。他们不仅在屋顶上竖立鸟的塑像，而且因雁等鸟类在稻田里吃鱼食虫，附会它们在稻田里"春拔草根，秋除其秽"，① 视鸟为稻田里卫士。因此，在勾践越国既有"鸟田"之说，又有鸟书见于越王的剑铭上，崇鸟无以复加了。这是壮傣群体越人的观念信仰转化为原始宗教观念的必然结果。日月推移，壮傣群体越人崇蛙兴起，又奉水神为主神，而且稻作发展，鸟鹊饕谷，与人夺粮，崇鸟淡化，屋顶上不再竖立鸟的塑像。不过，壮傣群体越人的巫觋以灵鹊、鸩鸟的禹步为人招神治鬼、禳灾祈福逐渐神秘化，让人唯惊其"法力"的无穷，悉听他们愚弄了。

五　形成了糯米文化的原始形态

北宋王安石《论邕州溪峒：责用州峒之酋》载，广西左右江的"峒民"，"生事苟

---

① 《十三州志》。

简"，"团饭掬（ju，双手捧水）水，终食餍饱（吃完就算吃饱了）"。① 所谓"团饭"，就是"抟饭"，即把散碎的饭粒聚成团。儒家经典之一的《礼记·曲礼上》以"毋（不）抟饭"作为汉族日常生活起居的基本礼节之一，可壮侗群体越人及其后人是不同于汉族的民族群体，他们不受汉族礼节的制约，以"抟饭"为日常吃食的方式。松散的饭粒而能捏成一团，非极具黏性的糯米不可。所以，王安石说的广西左右江壮群体越人的后人"团饭掬水"而食，就是指明他们以糯米为主食。又郑颙景泰《云南图经志书》卷4载景东府（治今云南景东县）"其民多百夷（傣族的先称），其田皆种秋（糯）而早收，以其穗悬于横木之上，日舂造饭，以竹器盛之，举家围坐，捻成团而食。食毕，则饮水数口而已"。这说明傣群体越人的后人也是唯糯米是种，以糯米为主食。以糯米为主食作为传统习俗在一些地区的傣群体越人的后人中久久未见冻解、更易。迄于20世纪60年代"文化大革命"中，"革命者们"要"革糯米命"，云南西双版纳的傣族心存疙瘩，愤愤地说："不准我们吃糯米，就是不承认我们是傣族！"②

虽然侗水语支所含各族，史未见有关于他们以糯米为主食的记载，但是在侗族民间，迄于现今他们还认为糯米饭抗饿，可以打包上山冷食，因此都有喜食糯米饭的习俗，"是侗家的主食品"，并"把糯米视为珍贵礼品"，凡遇喜事或节日往还，送上一二斗（5斤为一斗）糯米；客来蒸上糯米款待，以示尊敬，客走送上一包糯米饭表达心意。青年男女，还将糯米饭当作爱情的象征。③ 糯米在侗族中有如此显著的品位，可能也是他们的先人以糯米为主食绪余凝结而成的感情倾向。

北迁江淮的东瓯和东越的越人传承着壮傣群体越人以糯米为主食的传统，唯糯稻是种，于是在他们中糯稻是稻，稻也就是糯稻，将糯稻此单一品种与禾本科稻属混同为一。这本属谬误，可东汉永和十二年（356年）许慎撰《说文解字》不明所以，照实地记载了"沛国谓稻曰稬"。稬，就是糯。当时汉语尚无糯一字，取稬代糯，以致民间俗称糯米为"乱米"。④ "乱米"的由来，实源于"稬"一字古代如同《唐韵》说的读若"奴乱切"。

壮傣、侗水二群体越人成功培育了糯稻，实现了他们嗜于糯米的食性，喜不自胜，兴致勃勃地在糯稻即将成熟临近收割时举行尝新活动，以示庆贺。尝新的"新"，北壮、布依、临高语音变为 mo⁵ 或 nau⁴，南壮、傣、泰、佬、掸等语照旧如同侗语谓 məi⁵ 及水、仫佬、毛南语谓 mai⁵ 一样谓 maɯ⁵ 或 mai⁵。尝新，壮傣语谓 kin¹khau¹maɯ⁵，侗语谓 ȶa:n¹qəu⁴məi⁵。ȶa:n¹qəu⁴məi⁵ 的汉近音译写就是至今还在侗族中流行的"占苟帽"一词。今人不知"占苟帽"一词的含义，认为是"吃扁米"。占，即侗语 ȶa:n¹ 的近音译写，义为尝为吃；qəu⁴，为侗语稻或稻米的称谓，近音译写作苟；帽是什么意思？明眼人一眼就可以看出它是侗语 məi⁵' 的近音译写字。所以，侗语的"占苟帽"如同壮傣语的

---

① 《王临川集》卷89，四库全书本。
② 王文光：《西双版纳傣族糯米文化及其变迁》，载杜玉亭主编《传统与发展》，中国社会科学出版社1990年版，第391页。
③ 阿培：《侗家糯喷喷香》，《侗乡风情录》，四川民族出版社1983年版，第51—53页。
④ （北魏）贾思勰：《齐民要术》卷2《水稻》。

"kin¹khau³maɯ⁵"或"kin¹khau³mai⁵",其含义就是"尝新"。时去遥远,邈不可追,人们便忘了"帽"(maɯ⁵或məi⁵')的含义,将 kin¹khau³maɯ⁵ 或 ʨa：n¹qəu⁴məi⁵' 理解成"吃扁米"了。

关于吃扁米,壮傣、侗水群体越人的后人都有其传说。比如,操壮语南部方言的今云南省广南县壮族称,久久以前有一年大旱,不能及时种上稻子,到了次年八月还未能收割。此时,有个馋嘴婆婆嚷着要吃糯米饭。灾荒年月,顾得上顿没下顿,谁家还有糯米!土司家囤有糯米,但借升赔斗谁吃得起?老婆婆的儿媳妇只好到"劳役田"里割取一些稍欠成熟的糯谷,煮熟后晒干舂捣脱壳,孝敬婆婆。老婆婆吃了觉得口感很好,一看米粒扁扁,冒青绿色,既香又柔软,实在诱人。口福不能独享,婆婆请邻居来品尝,众口赞扬不绝。此后,每年尝新节,他们都做扁米吃扁米。①

云南花腰傣也有类似的传说。据称,古代傣人岩宰耕种土司的水田,有一年先旱灾后虫灾,收成大减,可土司仍按原定的八成收租,弄得岩宰无粮果腹。无奈之下,他又进行播种,多种了一季稻。岩宰挖野菜、摘野果以充饥,等待着二季稻的成熟。当二季稻已灌浆有八九成熟时,岩宰饿得顶不住了,将一些稻子割回家煮了捞起来晒干,又放入臼中冲捣,扬去谷壳,只见米粒扁扁的,颜色青翠青翠的,透出诱人的芳香,吃起来柔软香甜,大解眼馋。他将这救饥办法告知乡亲们。大家吃后都惊奇扁米的香软可口。后来土司听说了也尝试着做,吃后赞不绝口。这样,扁米在花腰傣中享誉日隆。②

侗族的扁米传说,与壮、傣二族的传说相异。传说古代有个姑娘,为了逃脱"姑表还亲,女回舅门"的习俗,与情人龙奔背井离乡,远走他乡。他们走呀走,来到雷公山脚下,饿得不行了,歇息下来,捡柴烧火取暖。由于疲劳过度,不一会儿,男的便呼呼入睡了。眼瞅着情人清瘦的面庞,姑娘想着如何弄来点吃的。她近望远眺,眼前一亮,发现远处有一块青绿显黄的稻田,高兴得不得了,马上跑去扯回几把稻禾,一串一串地往火里烘烤。烤后,姑娘用手掌搓去谷壳,露出青绿的稻粒。从天黑搓到天亮,竹篓里装了近半的没了皮壳的青绿色稻粒。情人醒来,见姑娘搓谷破裂了手心,心疼不已,马上从身上的衣衫撕下一方布条,将姑娘的伤手包扎起来。他们情笃意深,依偎在一起,就着泉水津津有味地咀嚼着姑娘一夜辛苦备就的稍带苦味的稻粒。有情男女开了头,吃扁米就成了侗族年轻人社交活动的内容。这就是侗族的"占苟帽"。侗族"占苟帽",还有"嘎苟帽",即吃扁米歌:

  丰收时节要唱丰收歌,
  今年的扁米实在多。
  扁米清甜胜过猕猴桃,
  扁米喷香溢满榕江河。
  扁米是妹亲手做啊,
  裹着蜜糖,渗着细语,牵着情丝,

---

① 韦世平:《壮家扁米》,转引自范宏贵《同根异枝的壮傣族群》,广西民族出版社 2013 年版,第 194—195 页。
② 范宏贵:《同根异枝的壮傣族群》,广西民族出版社 2013 年版,第 194 页。

涌进了阿哥的心窝窝。①

以上三个关于吃扁米的传说，除云南省广南县壮族的传说有根有源，与"尝新"沾上边外，花腰傣的传说除扁米的来源清楚外，却是因事攀附另行演义。侗族的"占苟帽"，米扁无由而生，烧焦的无名稻粒与未完全成熟的糯米舂扁挂不上钩，不清楚、不明白先人遗下的"占苟帽"一语的含义，根据社情时情捕风捉影着意塑造，背离"尝新"本义太远。而且，这三个传说都是后人根据先人遗下的"kin¹khau³maɯ⁵"或"ta：n¹qəu⁴mei⁵'"一词，或攀附或离旨就事遥想编造的。壮族和花腰傣的传说其发生的背景是元朝土司制确立以后，侗族的传说则是在人们已经反感并采取行为抵制历传的"姑舅表婚"习俗的明、清二代。这说明，壮、傣、侗三族关于吃扁米的传说其产生远距于四五千年前壮傣、侗水二群体越人出现"尝新"的时代。

壮族尝新有先喂狗人后吃的习俗。这是据壮族有传说称，狗上天偷稻种，尾巴沾上稻粒，躲过了天庭官员的稽查带回人间，从此人间才有稻子的种植。这是后人不知先人驯化普通野生稻的长期和艰辛谣诼出来的传说。人的感念于狗，可能是狗护卫稻田，不让鸟兽随处掠食践踏庄稼，保证了稻田的收成，于是有此习俗。

壮侗群体越人成功培育糯米为主食，在糯稻将要成熟谷粒未泛黄时举行"尝新"以纪念。他们割取稻穗回来脱粒，放入锅中煮熟，然后捞起晒干或放入镬中文火炒到谷粒呈深黄色，倒入碓臼舂捣，扬去谷壳。此时，糯米青翠青翠的，扁平光滑，晶莹可爱，吃起来柔韧软和，清香可口，越嚼越有味。裸吃细嚼有其风味，调入糖、蜜等再吃又具另一番情趣，不愧是一味让人眼馋的食品。这是在原始状态下壮侗群体越人烹饪技术的一朵花。后人传承，几千年不衰。20世纪及其前，广西西南及云南文山壮族苗族自治州，香扁糯米是壮家一年一度的风味小吃，而泰国、越南等国的泰族更将晒干或烤干的扁米在市场上出售，或将扁米制成糖糕，外层是扁米，馅是绿豆。② 秋高时节，糯穗勾头，青未退，黄未泛，吃香扁糯米，在壮、傣、侗等族的慕春男女中也是他们社交活动的一项重要内容。男买糖、女舂米，又唱又笑，忙得不亦乐乎，心仪的情人也交上了。

每届稻谷金黄的秋收时节，壮侗群体越人及其后人的妇女们便奔向田间，刈取稻禾最后一个骨节以上的稻穗，撕去禾衣，束成把挑回来搁在干栏栈台上或挂在横竿上晾晒。这在他们中已经成了一种习惯性行为。拿什么刈取稻穗？他们不是蠢笨的如同明朝柳州府通判桑悦说的"摘穗或将手当镰"，③ 或明末清初人说的容州（今广西壮族自治区容县）"收获群妇女而出，率以手挦掇（采摘）其穗而弃其管，以便束敛"，④ 而是手握灵便的手镰刈稻。对手镰的称谓，壮傣语谓 lep⁷或 thep⁷，侗语谓 tep⁷，音相近，属同源词。收割糯稻，以特制灵巧合手的手镰刈取，而且数千年相沿而下不改其初衷，无疑是壮侗群体越人糯米文化的一个组成部分。

---

① 辰光：《占苟帽》，《侗乡风情录》，四川民族出版社1983年版，第48—50页。
② 范宏贵：《同根异枝的壮傣族群》，广西民族出版社2013年版，第196页。
③ 《壮俗诗六首》其三，（清）汪森《粤西诗载》卷16。
④ 《古今图书集成·方舆汇编·职方典》卷1433《梧州府风俗考》。

以糯米饭为主食，糯米黏性强，能抟饭而食，既耐饿又简单易行，而且糯米饭搁上半天，不结块硬化，仍然保其柔软，便于携带出外作业或离家远出冷食，所以在壮侗群体越人及其后人几千年一直沿用不替。

"地近瘴烟人好酒。"① 在早期越人时代，酒已经在越人中产生、盛行。那时候，越人制酒的原料当为薯等作物，进入越人社会发展中期阶段的后期，由于糯米已经成为人们的主食，糯米也成了酿酒的原料，酒成了壮侗群体越人的共性饮料。

由于"千家无酒禁"，② 酿酒在壮侗群体越人及其后人地区自古无捐无税，家家酿酒，人人饮酒，无酒不成欢，来客"以家酿进"表示敬意，③ 又在市场上养就了一批专趁公认的"滴淋"（尝酒）以占尽便宜肆其酒福的闲散之徒。

"缥醪一爵举，瘴雾四时消。"④ 壮侗群体越人及其后人居于烟瘴地区，很重视酒的医疗保健作用。比如明朝汪颖《食物本草》载："暹罗（今泰国）酒以烧酒复烧二次，入珍宝异香。其坛每个以檀香十数斤烧烟熏令如漆，然后入酒蜡封，埋土中二三年，绝去烧气，取出用之。曾有人携至舶，能饮三四杯即醉，价值数倍也。有积病，饮一二杯即愈，且杀蛊。予亲见二人饮此，打下活虫长二寸许，谓之鱼蛊云。"⑤

以糯米为主食，糯米耐饿，却也意味着不易消化，容易形成食积。在日常生活实践中，壮侗群体越人逐渐认识到糯米不仅可以酿酒，也可以利用糯米包含的乳酸酿醋烹调酸性食品。酸、北壮、德宏傣语、泰、佬、掸语谓 som^3，南壮谓 $\textit{l}um^3$，布依语谓 $sɔm^3$，西双版纳傣语谓 sum^3，侗语谓 $səm^3$'，仫佬语谓 $khyəm^3$，水语谓 $xəm^3$，毛南语谓 $səm^3$，音相近，语同源，说明壮侗群体越人时代已经知道以糯米饭制酸，有了酸的词语，会烹调酸性食品。酸食伴同不易消化的糯米饭进食，一可帮助消化；二可消暑降温，是他们饮食结构中合理而理想的搭配。习俗传承，千百年来，无论是壮傣还是侗水群体越人的后人都以酸性制品著称于世。这是伴随着以糯米为主食而产生的糯米文化，闪烁着他们的共性特征。

第四节　女子主家还是男子主家：壮傣、侗水二群体越人分化

壮傣、侗水二群体越人在原始母系氏族社会时期创造了灿烂的文化，开启了史上别具一格的干栏式住房建筑，成为世界上最早的驯化普通野生稻为人工栽培稻、创造了糯米文化的民族群体之一。

经验积累，生产发展，社会也要前进。过去，男子离开母族依存于妻方氏族，听从于女性族长的吆喝，甘于默默无闻地劳作，甘于默默无闻地创造财富，甘于默默无闻地为女性氏族奔波劳碌，却一无所有，子女既不属于他们，他们死后也没有资格埋葬于他们为之

---

① （宋）陶弼：《桂林书事》，（清）汪森《粤西诗载》卷13。
② （宋）梅挚：《昭潭十爱》其九，（清）汪森《粤西诗载》卷10。
③ （清）金虞：《壮家村诗·序》，嘉庆《广西通志》卷278《横州壮》。
④ （宋）梅挚：《昭潭十爱》其九，（清）汪森《粤西诗载》卷10。
⑤ （明）李时珍：《本草纲目》卷25《烧酒》引。

奔劳的氏族的土地上。时日流驶，心中的郁闷无以发泄；社会的不公平待遇激起他们要有所作为，要赢得自己应当具有的合理的社会角色。壮侗群体越人中主流的壮傣群体越人抓住契机，冲破原始母系氏族社会的牢笼跃入原始父权制社会，其时间，当是在壮傣群体越人中出现"石祖"或"陶祖"崇拜的距今4000年左右的新石器时代晚期，即相当于我国历史上的夏禹时期。

壮傣群体越人跨入原始父权制社会，而侗水群体越人则仍踽踽徘徊于原始母权制社会阶段。昭示二者之间社会发展阶段的不同，是随着社会的发展壮傣群体越人增添了新的词语，有了适宜社会发展的新文化，而侗水群体越人则不同具此类词语和文化。

一 "鬼妻不可以同居处"

《列子·汤问》载："越之东，有辄沐之国。其长子生，则鲜而食之，谓之宜弟；其大父死，负其大母而弃之，曰鬼妻不可以同居处。"同样的记载也见于《墨子·节葬下》，只是"辄沐之国"作"輆沐之国"，《墨子》后于《列子》，当以《列子》的"辄沐之国"为是。所谓"辄沐之国"的"国"不是什么真正的国家，只是一个部落国。该部落国具体应在什么地方，难以详明。不过，诚如臣瓒说的上古越人广布于"自交趾至会稽七八千里"的古代我国东南沿海地区，①《列子》载"越之东，有辄沐之国"，则辄沐国属越人部落国，在"自交趾至会稽七八千里"的东部地区。《墨子·鲁问》载："鲁阳文君语子墨子曰：'楚之南有啖人之国桥（通矫，即矫诬，违反常理），其国之长子生，则鲜而食之，谓之宜弟。美则遗其君，君喜则赏其父。岂不恶俗哉！'""啖人国"在"楚之南"，就是今湖南及岭南地区，具体了该部落国的位置。"鲜食首子"此一习俗的形成，缘于他们越出原始母权制社会婚姻实行不落夫家婚制，女子所生的第一胎是她与丈夫之外的情人交好的结果，并非丈夫的血缘。该女子与情人往还怀孕将要生产始落居夫家，长居夫家。首子吃了，为女子与丈夫后来所生的子女开了路，于是有"宜弟"之称。此种习俗在壮傣群体越人中上启夏、商，下及东汉。《后汉书》卷116《南蛮传》载交趾"其西有啖人国，生首子解而食之，谓之宜弟。味旨则以遗其君；君喜则以赏其父。取妻美，则让其兄。今乌浒人是也"，反映的就是这样的历史存在。

列子，名御寇，郑国人。西汉刘向《七录》认为他与郑穆公（前627—前606年在位）同时，则列子是春秋（前770—前476年）中期人。可是，唐朝成玄英《庄子疏》、柳宗元《辩列子》说楚悼王四年（前398年）"楚围郑，郑杀其相驷子阳。子阳正与列子同时"，② 则列子又是战国（前475—前221年）前期人了。不过，列子是春秋、战国时期重要的思想家则是可以肯定的。《庄子》中22次提到列子，分见于《逍遥游》《应帝王》《至乐》《达生》《田子方》《列御寇》诸篇。《庄子》作者为庄周，约生于公元前369年，卒约在公元前286年，诚如《汉书》卷30《艺文志》说的列子"先于庄子，庄子称（赞扬）之"。《列子》记载春秋、战国时期壮傣群体越人中"长子生则鲜而食之"风俗的存在和流行，则其俗形成已经久远。这揭示了他们的社会发展早已步入原始父权制

---

① 《汉书》卷28下《地理志》李贤注引。
② 《柳河东集》卷4。

社会阶段，父不仅知其子，而且妻生非其子的首子则"鲜而食之"。

至于《列子》关于越人"其大父死，则负其大母而弃之，曰鬼妻不可以同居处"的记载，"大父"是祖父，"大母"是祖母，此"大"字疑衍，因为"其"当指儿子不是孙子。孙子与祖父母隔着一层，孙子长大了，祖父母是否还在，说不清楚；而且料理父母死丧乃是儿子的义务，不当由孙辈来承担。所以，父死，母为鬼妻，负其母而弃之，是儿子应做的事，不该是孙子所当为。西晋张华《博物志》卷5引《墨子·节葬下》的记载没"大"字，只作"父"作"母"，当是纠了前人记载的错误。

夫死妻为鬼妻，壮傣群体越人的后人传承先人的观念和习俗，恪守不渝，迟迟不见更易。比如，清朝初年屈大均《广东新语》卷24《蛊》载："西粤（广西）土州，其妇人寡者曰鬼妻，土人弗娶也。"罗伦康熙《永昌府志》卷24载，傣族妇人"夫死则弃之，无娶者，曰鬼妻"。又汤大宾乾隆《开化府志》卷9也载，"摆夷妇人""夫死名为鬼妻，无复可嫁"。

夫死妻为"鬼妻"，说明春秋、战国及其前在壮傣群体越人中，一夫一妻制家庭已经是社会的基本单位，原始父权制社会已经确立。在他们的意识观念里唯鬼是怕，死了丈夫的妇人曾与死去的丈夫相依为命，被认为与鬼息息相通，因谓寡妇为"鬼妻"（mai⁴hi²haŋ¹）。① 寡妇，即所谓鬼妻，从春秋前迄于清朝乾隆年间（1736—1795年）几千年在壮傣群体越人及其后人中，其命运是非常悲惨的，前是"负而弃之"，后是无人理睬，避而远之，视为另类。

寡妇，壮、布依、临高、傣、泰、佬、掸语谓 me⁶ma：i⁵（或 mai⁴mai³）。侗水语支所含各族语除毛南族与壮族杂居，借取壮语 ma：i⁵为词，谓寡妇为 ti²po²ma：i⁵外，侗语谓 nəi⁴ljiŋ⁶，仫佬语谓 pwa²kun³，水语谓 ni⁴kwən³或 ʔai¹kwən³，既各不相同，又与壮傣语迥异，说明寡妇一词不仅是在壮傣、侗水二群体分化以后方才出现，而且是侗水群体越人分化为侗、水、仫佬、毛南等族以后始各具有此一词语。

在壮侗群体越人原始母权制发展阶段，女性首领掌控氏族，男女成员共同劳动、共同分配，男嫁女娶，实行族外群婚，即彼一氏族的近龄男子是此一氏族近龄女子的共同丈夫，此一氏族的近龄女子是彼一氏族近龄男子的共同妻子。男无定妻，妻无定夫，众夫中一夫死了，妻并不沦为寡妇。后来社会发展了，对偶婚出现，在女子氏族中男女在一定时间内结成配偶，即女子在众夫中以一夫为主夫，夫也在众妻中以一妻为主妻，形成对偶家庭。但是，氏族财产由女性首领掌控，对偶家庭没有经济基础，夫妻关系不巩固，夫或妻各自都有随时脱离再结合的自由，夫死妻也不会寡。所以，壮傣群体越人的"夫死妻为鬼妻"，是他们跨入原始父权制社会后始具的词语和文化，侗水群体越人没具寡妇一词，昭示他们还停滞于原始母权制社会阶段。

壮傣群体越人跨入原始父权制社会，一夫一妻制家庭是组成社会的基本单位。此时，儿女辈既知其母（me⁶或 mɛ⁶）也知其父（po⁶），父辈中年大于父的伯父（luŋ²）、伯母

---

① 鬼，北壮、布依语谓 fa：ŋ²，临高语谓 hi²haŋ¹，南壮、傣、泰、佬、掸语谓 phi¹。疑壮傣语鬼一词原同于临高语谓 hi²haŋ¹，后来语言变化，北壮、布依语取其第二个音 haŋ¹发展成 fa：ŋ²，南壮、傣、泰、佬、掸等族或群体语则取其第一个音 hi²发展成 phi¹。

（pa³），年小于父的叔父（ʔaːu¹），分得一清二楚，而且他们的后人虽然分化了，有的居于国内，有的则居于国外，却都执着这些词语作为相互间的称谓，少变其音，可知这些词语是传自他们先人的基本词语。由这些词可以知道当初形成这些词语的时候他们跳出往日的群婚状态，形成了父母子女组合的单个家庭。

壮傣语的上述词语，侗水语则与之相异，不具同源关系，而且侗水语支所含各族语多各自成语，各显不同。比如，谓母为nəi⁴或ni⁴，谓父为pu⁴，毛南语则谓tɛ²，明是个借汉语词。又如，伯父，侗语谓pu⁴maːk⁸，仫佬语谓pa⁵，水语谓pu⁴laːu⁴，毛南语谓tia¹或ta⁵；伯母，侗语谓nai⁴maːk⁹，仫佬语谓mu⁴，水语谓ni⁴laːu⁴，毛南语谓ma³或ni⁴；叔父，侗语谓ʔo⁵，仫佬语谓so⁵，水语谓pu⁴ti³，毛南语谓ʔɔ¹。侗水语支所含各族语谓伯父、伯母和叔父诸词的不相同，说明侗水群体越人后人分化为侗、仫佬、水、毛南等族以后各族始各自形成相关的概念，凝就相关的词语。当初在壮傣、侗水二群体越人分化各自发展的时候，他们还是父、伯父和叔父处于混混沌沌的状态中，也就是说还处于原始母权制社会族外群婚的状态中。毛南语谓伯母为ma³或ni⁴，ni⁴是侗水语谓母亲的词语，ma³则是汉语妈（ma）的借词。伯母与母亲混同道出了伯父、伯母和叔父三词在侗水语支所含各族语中的后生性，活现了侗水群体越人在与壮傣群体越人分化以后仍然在一个较长的时期内停滞于原始母权制社会族外群婚阶段，迟迟没有腾身而起摆脱出来。

二　篱笆围园子，买卖出现

壮傣群体越人摆脱原始母权制社会跨入原始父权制社会以后，一夫一妻制家庭成了氏族社会的基本细胞。夫妻并肩合力养育子女，除了耕耘从氏族部落计口给田分配的"祖业口分田"外，也开辟园子扎上篱笆种植属于自家的作物，作为自家私有的财产。

园子，壮、傣、泰、佬、掸语谓suːn¹或son¹，临高语谓vən³，侗语谓jaːn¹'，水语谓çaːn¹，仫佬、毛南语谓fjen¹，黎语谓viːn²。这些词语可说是有同源关系的词语。不过，在早期越人时代，人们取食以采集和狩猎为主，原始农业出现了，耕地还没有固定地域，撒种长物有收成即可视为耕地，园子的概念无由形成，园子一词也无从出现。黎语的viːn²（园子）一词或借自同居于海南岛的临高语vən³（园子）而来。越人进入社会发展的中期阶段，驯化野生稻成功，承载着稻子的水田出现，在住房近边的旱地上种植作物，或这就是园子，从而出现园子的词语。只是中期阶段的越人还是处于原始母权制社会，氏族成员共同劳动，平均分配，共同享受，园子里种植的作物收获还是属于氏族公有，无须划界即划定范围标其所属。园子扎起篱笆，明确园子大小范围，是原始父权制确立出现家庭私有财产以后方才出现。

篱笆一词，现代壮傣语支所含各族语音随时变，已经少存往日的音声。比如，篱笆，北壮谓leːt⁸，属北部壮语的田阳壮语却谓faːk⁸，龙州壮语谓ɬuːk⁸，佬语谓huːə⁴，唯布依语谓va²，西双版纳傣语谓ho⁴，德宏傣语谓fa¹；但是，往日的壮傣语基本如同布依语和德宏傣语va²或fa¹。比如，1985年中央民族学院出版社出版、中央民族学院少数民族语言研究所第五研究室编的《壮侗语族语言汇集》即载篱笆，壮语谓fa²，布依、西双版纳及德宏傣语谓fa¹。fa¹当是壮傣群体越人传承先人谓篱笆之词，犹如种子虽北壮谓hau⁴çe⁸，西双版纳傣语也异其词，谓xǎu³tsɤ⁴，但德宏傣语谓fan²，与布依语谓hɔn¹、临高语谓 vɔn²、侗水语支所含各族语谓 pan¹ 或 van¹、黎语谓 fan¹ 音相近，属同源词，德宏傣语的 fan² 自是早期越人种子一词传承下来的词语。篱笆，侗语谓 ja:k¹⁰，仫佬语谓 wəi⁶jøn⁷，水语谓 ɣap⁷ 或 pa:n²，毛南语谓 pi:n⁵，与壮傣语不仅完全相异，而且该语支所含各族语也不相同，明是侗水群体越人分化成侗、水、仫佬、毛南等族以后各自始有此概念，有此词语。

篱笆一词，虽小不起眼，但扎起篱笆的园子与不扎篱笆的园子却可判定该园子所有权的公有还是私有。壮傣群体越人有篱笆一词，在园子周边扎起篱笆，限定了园子的范围，规定了其所有权，且得到社会的认可。他们各家各户就可以在园子里种上各种家庭所需的作物，成为他们家的私有产业，归属于他们家所有。

园子有大有小，种植的作物收入多寡不同，再加上各个家庭人口的多与少不同，劳动的强与弱参差，各家就显出财富的占有不均衡，氏族成员之间出现了贫富等差，久之社会成员间出现了贫富的分化。

同时，由于各家户生产成果品类有异，人口多寡不同，在消费时往往出现此有余彼不足，相互间焦急于去有余补不足。于是，社会成员间产生了买卖行为。

买，北壮谓 ɕaɯ⁴，南壮谓 ɬɯ⁴，布依语谓 ɕɯ⁴，傣、泰、佬、掸语谓 sɯ⁴；卖，北壮、布依语谓 ka:i¹，西双版纳傣语谓 xai¹，德宏傣语谓 xa:i¹，南壮、泰、佬、掸语谓 kha:i¹。买、卖二词，侗水语与壮傣语不同。买，侗语谓 ʨəi³，仫佬语谓 hɣai³，水语谓 djai³，毛南语谓 ndjai³；卖，侗语谓 pe¹，仫佬语谓 cɛ¹，水语谓 qe¹ 或 pe¹，毛南语谓 pie¹。买、卖二词，壮傣语与侗水语不同，不是同源音变而不同，而是各有来源，没有共时的同源关系。这说明，当壮傣群体越人具有买、卖二词时，侗水群体越人还处于实行公有制的原始母权制社会，没有也不可能有买、卖行为出现。而且其买谓 hɣai³ 或 djai³，与壮傣语的卖谓 kha:i¹ 音近，是不是借壮傣语词，还得深究；卖，侗水语谓 pe¹，疑是个借汉语词。因为《集韵》卖一字读若"莫驾反，音祃"。祃，《周礼·春官》作貉，《唐韵》《韵会》读若"莫白切，音陌"。陌，唐、宋二代又借作"百"，如《新五代史》卷 30《王章传》记载的"缗钱出入皆以八十为陌，（王）章减其出者陌三"。北宋沈括《梦溪笔谈》也说："今之数钱，百钱谓之陌，借陌字用之。"因此，《洪武正韵》说，陌，"亦作佰"。侗水语卖谓 pe¹，或者即是汉语卖字读若"莫驾切，音陌"，陌后音变为"佰"而来。

三 "大伯子"一词，揭示了谁的社会发展了，谁还停滞于原地

大伯子，就是丈夫的哥哥。这是妻子从儿女的立场上对丈夫哥哥的称谓。大伯子一词，现代哪个民族哪一种语言没有其词，只是壮傣、侗水二群体越人是同源而异流的民族群体，他们源同，于是有着一定数量相同的语言和文化；后来他们分化了，异流了，从大伯子一词各具不同的音声及含义里，却可以略知他们分化于什么年代，分化后谁个前进了，谁个还停滞于原来的社会发展阶段。

大伯子，侗语谓 pu⁴ma:k⁹，仫佬语谓 la:k⁸pa⁵lo⁴，水语谓 la:k⁸pu⁴la:u⁴，毛南语谓 va:i⁴。侗语的 pu⁴，是侗水语谓父亲之词，ma:k⁹ 侗语为大，pu²ma:k⁹ 即大父，但水、仫佬、毛南语大不谓 ma:k⁹，此显是个后生词语。仫佬语的 la:k⁸，侗水语义是儿

子，pa^5是伯父，lo^4是大，则 la：$k^8pa^5lo^4$其义就是大伯父儿子；水语的 la：k^8如同仫佬语是儿子，pu^4是父亲，la：u^4是借汉语词"老"，义为大，则 la：k^8pu^4la：u^4其义就是大父儿子；毛南语的 va：i^4则是兄，因为毛南语兄弟谓 va：$i^4nuŋ^4$，$nuŋ^4$是弟，va：i^4便是兄了。侗语的 pu^4ma：k^9是个后生词语，姑且勿论，仫佬语和水语将大伯父或大父（pa^5lo^4或 pu^4la：u^4）与谓儿子（la：k^8）的词语组成大伯子一词，似有违于情理。不过如同汉语一样，儿既指儿子又可指儿郎。比如，《太平广记》卷487载唐朝蒋防《霍小玉传》中鲍十一娘说，小玉"昨遣某（我）求一好儿郎，格调（风度、仪态）相称（相配）者"。所以，仫佬、水语的 la：k^8即儿郎，指的是婚配对象，后来社会发展了，跳出了群婚制，加上 pa^5lo^4或pu^4la：u^4，成了 la：$k^8pa^5lo^4$或 la：k^8pu^4la：u^4，只是 la：k^8仍然为大伯子一词的一个组成部分，说明他们在思想意识上并未完全摆脱往日将大伯子当作婚配的儿郎。毛南语弟媳谓大伯子为 va：i^4（兄），似不伦不类，可也透露出该词语产生于原始母权制实行族外群婚的社会中，男子近龄一群从外氏族嫁来，成为该氏族近龄一群女子的共同丈夫，夫中年长者妻谓其为兄，也是理所当然的。

大伯子一词，壮傣语与侗水语不同。壮语谓 $koŋ^1luŋ^2$，布依语谓 $pɛ^2$，临高语谓 $be^{?8}ŋɔ^3$，西双版纳傣语谓 $po^6loŋ^1$，德宏傣语谓 pi^6tsau^3。壮语、布依语"祖父"本谓 pou^5，宋、元以后在汉文化影响下许多地方弃 pou^5取同汉语"公"（$koŋ^1$）。壮语以 $koŋ^1$（公）与 $luŋ^2$（伯父）结合成词作大伯子的称谓，是对大伯子的尊称，译成汉语就是"伯公"。布依语 $pɛ^2$，是个借汉语词。临高语的 $be^{?8}ŋɔ^3$就是大伯，是个借汉与本群体语相结合的词语。西双版纳傣语的 $po^6loŋ^1$，意为"大父"。德宏傣语 pi^6tsau^3，pi^6在壮傣语里其义为兄长，$tsau^3$的含义是什么？疑此 $tsau^3$即由北壮、布依语谓头为 $tɕau^3$略变而来。今傣、泰、掸语谓主人、官员、王、王子为 $tsau^3$，可佬语仍谓主人为 $tɕau^3$，可以清楚 $tɕau^3$与 $tsau^3$本为一词而略生音变。$tsau^3$本义为头，后演变为主人、官、王、王子诸义。德宏傣语大伯子谓 pi^6tsau^3，其义即是"主爷"。因为丈夫的兄弟中，主爷为大，诸弟听其主裁，所以作此称谓。

壮傣、侗水二群体越人分化各自发展以后，各自都有一个共同的词语，这就是蔬菜。蔬菜，壮傣语谓 $plak^7$（或 $phak^7$），侗水语谓 ma^1（或 $ʔma^1$）。这就是说，当壮傣群体越人还未分化为壮、傣二群体越人，侗水群体也未分化为侗、仫佬、水、毛南诸族的时候，壮傣群体越人和侗水群体越人已经各自形成了关于蔬菜一词的共同语。可是，关于"大伯子"一词，壮傣语有其相近的词语，侗水语支所含各族语各异其词，说明在侗水群体越人没有分化为侗、仫佬、水、毛南诸族以前并不存在"大伯子"一词。那时候，他们只是如同毛南语一样，谓为 va：i^4（或 ʑa：i^4或 fa：i^4：兄）；后来诸族分化了，各族按照他们各自对"大伯子"的理解以及他们各自面对的社会现实以定"大伯子"一词的称谓。

大伯子，侗语谓 pu^4ma：k^9（大父），仫佬语谓 la：$k^8pa^5lo^4$（大伯父的儿子），水语谓 la：k^8pu^4la：u^4（大父的儿子）。侗语的大伯子一词尚不合常理，可仫佬语和水语的大伯子一词即越出常规，大伯子与自己丈夫的父亲就不是同为一个人，大伯子与丈夫本是一父所生却成了堂兄弟关系了。

一词而衍生出不同的含义，说出了侗水语原无所谓大伯子一词，毛南语以 va：i^4谓大伯子，道出了原情。

此种情况，揭示了当壮傣群体越人从原始母权制社会脱颖而出进入原始父权制社会有了"大伯子"一词，侗水群体越人还停滞于原始母权制社会族外群婚阶段，没"大伯子"一词，一例称为兄（或 ta：i⁴或 fa：i⁴或 va：i⁴）。

四　男子入水作业：剪发文身

"越人断发文身。"[①]"昔者越王勾践剪发文身以治其国，其国治（安定太平）。"[②]"九疑（山在今湖南宁远县南）之南陆事寡而水事众，于是民人被发文身以像鳞虫。"[③] 这些记载说明秦汉及其前剪发文身是越人男子一个明显的头饰和身饰特征，也是辨别越人的一个明显的根据。

汉以下，五岭以北的越人在汉族文化的影响下，断发文身的习俗渐行消失，壮傣群体越人在五岭以南的遗存部分，由于秦将赵佗实行割据，建立南越国，后又向西及向南进行扩张，迫使岭南的壮傣群体越人分化，继续留居岭南和云贵高原东侧的为壮群体越人，由岭南南迁中南半岛及云贵高原南部边缘地区的为傣群体越人。他们在中南半岛及与云贵高原的边缘地区由东往西迁徙，远的到达印度半岛东北部阿萨姆河流域。

南越国王赵佗，河北真定县（今正定县）人，是汉人，自小熏陶于汉族文化的氛围中。"身体发肤受之父母，不敢毁伤，孝之始也"，[④] 成了他立身的基本理念。因此，他为了赢得人心，俗同于越，却不容忍壮群体越人违"孝"的断发，命令治下的越人废止断发实行"魋结"。[⑤] 壮群体越人在赵佗的强力压逼之下不得不放弃祖传的断发习俗实行"魋结"，而已经从岭南南走西去的傣群体越人与赵佗的南越国没丝毫关系，照旧"断发文身"。前人不改，后人遵循，延至明代仍然如此。比如，洪武（1368—1398年）末李思聪《百夷传》载"百夷"（傣族先称）"官民皆髡（剃）首跣足。有不髡者，则酋长杀之"。所以，亏容甸长官司（治今云南省红河县下亏容）同知壮族诗人李璧《亏容江》诗说："亏容江上是天涯，断发文身几许（多少）家。"这就是傣群体越人及其后人传承于壮傣群体越人的习俗。

文身断发起于湾鳄横行江河湖海，越人为了避祸，自我作秀，对湾鳄形体进行模仿，文身断发以像鳞虫，目的就是乱其视角，错其认知以逃过一劫。他们既不祭拜，也不求告，是一种准宗教现象，是一种法术行为。法术行为为众所认可，成为习惯，便形成习俗。断发文身的习俗，成了传统习俗，在壮傣群体越人及其后人中源远流长，屡屡见之于汉文记载中。

《侗族简史》说："《玉屏县志》载明末清初曹新吉途经玉屏时所写的《入黔有述》诗中叙有'文身笑白鹇'之句。榕江县车江，天柱县高酿，锦屏县大同，新晃县李树等地，男人死后，须浴尸剃发，将剃下之发藏于死者肩膀同葬，反映了骆越'文身断发以

---

① 《庄子·逍遥游》。
② 《墨子·公孟》。
③ 《淮南子·原道训》。
④ 《东观汉记》，《艺文类聚》卷 17 引。
⑤ 《史记》卷 97《陆贾列传》。

避龙'之俗,在文献及侗族丧葬仍可见到。"[1]

《侗族简史》撰者似没有明白壮傣群体越人"断发文身"的真实情况就发表言论,多见乖舛。

第一,汉文记载没见史上侗族有"断发文身"的记载。能够肯定史上汉文记载及于侗族先人事迹的见于南宋。陆游《老学庵笔记》卷4载:"辰、沅、靖州蛮有仡伶,有仡僚,有仡榄,有仡偻,有山瑶,俗亦土著。"其中的"仡伶",当是陆游对侗族先人的称谓。陆游说其人的风俗,"农隙时,至一二百人为曹(群),手相握而歌,数人吹笙在前导之"。这显然是指侗族的芦笙歌舞。该记载还及于耕作、吃食、运载、婚嫁等习俗。宋代"辰、沅、靖州蛮"人有多族,俗各自异,不过吹笙导歌导舞却是侗族流传至今不易的歌舞样式。如果当时的侗族流行春秋战国秦汉屡书不绝的可以明显认知其为越人后人的"断发文身"习俗,陆游岂有不标出之理!

又宋朝洪迈《渠阳蛮俗》载:"姑表之昏,他人取之,必贿男(舅)家,否则争,甚则仇杀。"[2] 北宋元丰六年(1083年)在今湖南省靖县渠河东岸设渠阳县。元祐二年(1087年)改为渠阳军,次年废军为寨。渠阳所在,当是侗族先人的家乡。《渠阳蛮俗》记载侗族婚姻的"姑表舅婚"详情,却不及于可以标识其人系属的"断发文身"一语,也可以说明历史上侗族没有"断发文身"的习俗。

壮傣群体越人断发文身将头发或剃下或剪下后不再将之视作身上之物,不珍惜,弃之有如敝屣,岂可将剃下的头发"藏于死者肩膀同葬"!男子死后净尸剃发,这是民国时期流行的习俗,与古越人的"断发文身"无关。

第二,曹新吉的《入黔有述》诗,题作"入黔","黔"不仅仅是指玉屏一县的侗族。在明末清初的贵州省,除了侗族,还有众多的苗族及其先人为壮傣群体越人的布依族等族。特别是今贵阳市,元朝是程番长官司,明朝才改为贵阳府。当时居住在贵阳府及其东的贵定、都匀,大多是布依族。明末清初,贵州省的中心地区是贵阳府,曹新吉《入黔有述》诗中的"文身笑白鹇",不当具指"文身"的人就是居住在区区一地的玉屏县的侗族,何况当时玉屏县不见得不杂居着布依族!

今布依族,古代是壮群体越人后人之一。在南越国时期受胁于赵佗之威,壮群体越人文身虽依旧照行,断发却变成了椎髻。唐代,柳宗元《登柳州城楼寄漳、汀、连、封四州》诗句说其后人"文身",[3] 而《南省转牒欲具江国图令尽通风俗故事》诗却说他们是"椎髻老人难借问,黄茅深峒敢留连"。[4] 这就是说自南越国及其后,壮群体越人及其后人已经不是断发文身而是椎髻文身了。此种情况一直延续到明代。明朝正德年间(1506—1521年)柳州府通判桑悦《记壮俗六首》其三句称"衣襟刺绣作文身",[5] 说的就是此事。如此,怎么能跨越时空说侗族民国年间"男人死后,须浴尸剃

---

[1] 《侗族简史》,贵州民族出版社1985年版,第11页。
[2] 转引自《侗族简史》,贵州民族出版社1985年版,第148页。
[3] 《柳河东集》卷42《古今诗》。
[4] 同上。
[5] (清)汪森:《粤西诗载》卷16。

发，将剃下之发藏于肩膀同葬，反映骆越'文身断发以避龙'之俗，在文献及侗族丧葬中仍可见到"!

第三，汉文记载以"骆越"指称壮傣群体越人，与侗族无涉，而且记载也无"骆越'文身断发以避龙'之俗"的记载。

以"骆"指称壮傣群体越人，首见于战国时秦相国吕不韦《吕氏春秋·孝行览·本味》，继见于《史记》卷113《南越列传》的"瓯骆"及《汉书》卷64下《贾捐之传》的"骆越之人父子同川而浴，相习以鼻饮"，后见于《后汉书》卷48《臧宫传》的中庐（治今湖北省南漳县东北）"骆越"。骆意指什么？骆是壮傣群体越人谓山间平地为"ço:ŋ⁶"的汉近音译写字。"骆越"就是住在"ço:ŋ⁶"中的越人，是个他称词。

壮傣群体越人住在ço:ŋ⁶中，汉文记载者近音译写称他们为"骆"越。秦朝举兵征讨岭南越人，称其人为"陆梁"。⑤ "陆梁"二字的合音也就是ço:ŋ⁶的近音译写字。元朝译称壮群体越人的后人，在广西的称"撞"，⑥在贵州的称为"仲"，⑦也都是ço:ŋ⁶的近音译写字。

壮傣群体越人的ço:ŋ⁶，东汉及其后又近音译写作"俚"作"獠"，南北朝及其后汉译者又将之意译作洞。比如，北宋恩州（治今广东省阳江市）"土地多风少旱，耕种多在洞中"；①明代归顺州（今广西壮族自治区靖西县）石山"拔地突起，山环若城，中有平畴者曰硐，路出其中。出入之所，皆有石隘。良田美地，一年耕获常足支二三年"。② 此洞，就是往日的ço:ŋ⁶。于是，山中平地或平原，北壮谓toŋ⁶，南壮谓tuŋ⁶的意译，西双版纳傣语谓tuŋ⁶mɤŋ²，德宏傣语谓toŋ⁶mən²，泰语谓thuŋ³，佬语谓thoŋ⁵。而侗水语的平坝，侗语谓pja:n⁵，仫佬语谓ta⁵fjen⁵，水语谓ta⁵pjen²，毛南语谓ta⁵vjen⁵，拉不上与"骆"越的关系。《侗族简史》说侗族的先人是骆越，有"文身断发以避龙之俗"，太没来由了。

五 水为生命之源，扁舟竞渡祀水神

西汉后期刘向《说苑》卷12《奉使》载越国出使梁国的使者诸发说，越国"处海垂之际，屏外藩以为居，而蛟龙又与我争焉，是以剪发文身，烂然成章以像龙子者，将避水神也"。

"蛟龙"就是古代既适应于海水又适应于淡水遍产于我国东南沿海各江河的湾鳄。湾鳄是食肉动物，张口伤人吃人，越人入水作业，一不小心，可能就被湾鳄伤残或葬身鳄腹，对人有害无益。越人剪发文身以像龙子，目的就是乱其视角，错其认知，幸或逃过一劫，怎么能够将没一惠予人却专一害人的鳄鱼当作水神崇拜！

蛟龙是实具形体的动物，水神却是以水为体的超自然的神灵；蛟龙唯有害人，通过祭告水神却可让人趋吉避凶，享其安乐：二者是不同的。比刘向早100多年的韩婴其《韩诗外传》载勾践使者廉稽出使楚国时说："夫越亦周室之列封也，不得处于大国，而处于江海之陂（堤岸），与鼋鼍鱼鳖为伍，文身剪发而后处焉。"这就点明了越人"文身剪发"不是什么"将避水神"而是避凶恶的鱼鳄之害。何况，当时越人凭水资生，入水作业是

---

① （宋）乐史：《太平寰宇记》卷158。

② （明）刘文征：天启《滇志》卷4《旅途志·粤西路考》。

经常事，哪里能够"避水神"！所以，刘向《说苑》关于越人"文身剪发"是为了"将避水神"的记载，似乎欠妥。

壮傣群体越人以水为亲，以水为靠，感谢求告，不避水神。他们具体的情况怎样，因无记载，不详其情，不过其后人"多依水居"，① "卜居近水，以便耕作"，② "近水为居"，③ "民多于水边构楼以居，间晨至夕，频浴于水中"，④ 说明了此种情况。

在壮傣群体越人的意识观念里，认为水生万物，是生物之源，是人的衣食父母，人依凭于水往来航行，依凭于水洗涤，依凭于水耕作取得收成，没有水就没有人的一切，就没有世上的一切。当然，人一有逆于水，对水神不敬，水的神灵就会怒不可遏，以洪水降灾于人，冲毁一切，让人屋倒产无，令天下一无所有。水的神灵能给人一切，也会让人失去一切，威力无穷。有了这样的认识，壮傣群体越人于是对水神求告感谢，奉水神为崇拜的主神。

记载阙遗，壮傣群体越人如何崇奉水神，难以详明了。不过，从其后人对水神的依顺、敬仰以及把水神作为主宰人生的一切看待，却可以略知其先人对水神崇奉的一二。

西晋张华《博物志》卷2载，"獠子""妇女妊娠，七月而产。临水生儿，便置水中，浮则收养之，沉便弃之"。《蜀郡记》也载："獠子任（妊）七月生，生时必临水。儿出便投水中，浮则取养之，沉乃弃之。"⑤

十月怀胎，哪里能够怀胎七个月就临产？即使有怀胎七个月就临产的早产儿，也不能个个都是早产儿！"妊七月生"，显然是七月份产儿，不是怀孕七个月就生产。为什么在七月份生产？因为一要临水而生，二要入水里试儿，不是热天难以办到。临水而生，入水试儿，在壮傣群体越人的意识观念里，水是生命之源，生产要受水神的监察，儿女能否养活，也要水神甄别能否。

先人观念习俗，后人传承。到了现代，虽然时去俗易，但是"家里仔，水捞来"的俗语在壮傣群体越人的后人壮族中仍然多有遗存。"今天，桂西地区的一些壮人，经常说自己的孩子是挑水时在水里捡到的。"⑥

不仅壮族遗有往日先人的观念习俗，即使已经趋汉变化了的浙江和广东昔日壮傣群体越人的后人中其先人的观念也多有残存。比如，《宋史》卷288《孙沔传》记载了杭州人许明即是其父"祷水仙大王庙"而生的。广东有水仙金华夫人祠，人们没有子女，热于祈子金华，谣云："祈子金华，多得白花（男孩）。三年两朵，离离成果。"⑦ 而人死了，买水浴尸，告于水神其人阳间已绝，水洗让其人魂灵洁净远去。历史上不仅壮族有此习

---

① （清）罗章凤：光绪《罗平州乡土志》卷5。
② 道光《云南通志》卷184。
③ （清）张嘉颖：康熙《楚雄府志》卷1。
④ （明）郑颙：景泰《云南图经志书》卷4。
⑤ 《太平御览》卷360《孕》。
⑥ 丘振声：《壮族图腾考》，广西教育出版社1996年版，第388页。
⑦ （清）屈大均：《广东新语》卷6《金华夫人》。

俗，广东有此习俗，①浙江越人的后人在 20 世纪 50 年代以前照样残存此一习俗。②

"鸡骨占年拜水神"，③此一诗句揭示了壮傣群体越人的后人崇奉的主神就是水神。"卜居近水，以便耕作"，是就近求得水神的护佑；"鸡骨占年拜水神"，是求水神预告可能的年成情况。从壮傣群体越人的历史看，人的生命源于水，人的健旺与否定于水，稻作农业是壮傣群体越人及其后人的主要产业，其丰歉与否，关系着部落或家庭、社会的安定，照样决于水。在壮傣群体越人的生活中，水神岂不是他们崇奉的主神！

拜水神，除了祭告感谢外，还有什么？

广西左江流域崖壁画，是壮傣群体越人及其后人祭祀水神的场景。其中除了首领、巫师杀牲祭祀，有众多的歌舞的男女人众，阳具昂然，女腹隆起，狗、鸟、铜鼓毕陈，还有众多扁舟竞渡的画面。

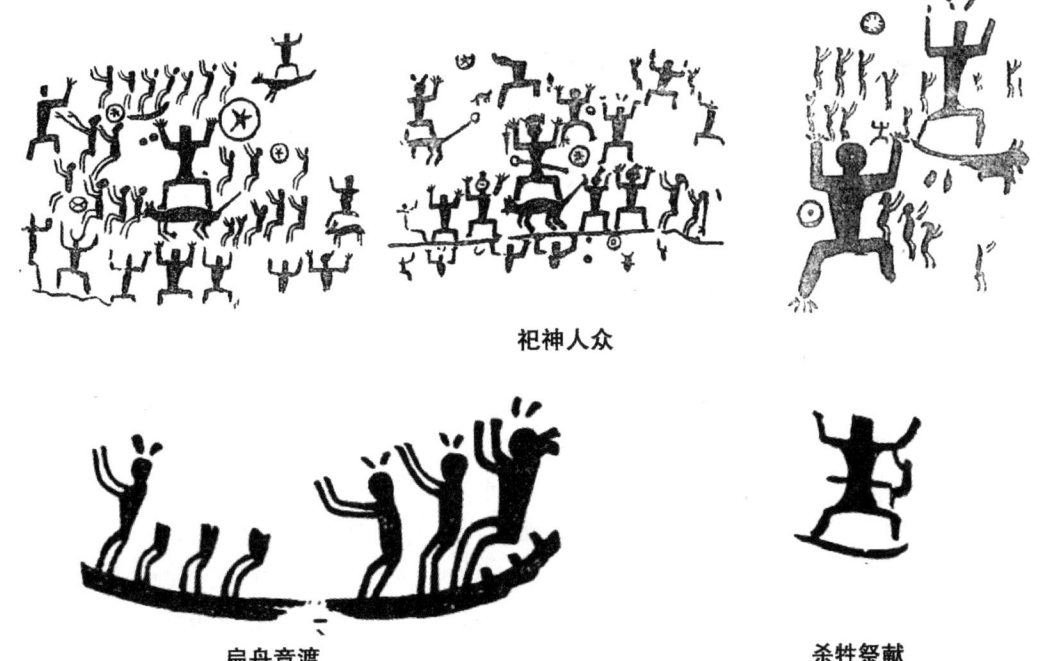

祀神人众

扁舟竞渡　　　　　　　　　　　　　杀牲祭献

广西左江流域崖壁画可能形成于不同的时期，但其早期可能成于战国时期。因为宁明县花山主要图像，男光头女椎髻或长辫，这是赵佗南越国之前壮傣群体越人男剪发头饰具型，明显与汉族头发长留布包戴冠不同，也与南越国及其后壮傣群体越人的椎髻不同。

鼓声咚咚众舞起，扁舟竞渡求平夷。世间诸事唯望岁，祝传神醉下福禧。祭祀水神，歌舞娱水神，扁舟竞渡也是拜祭水神的礼仪之一。所以，闻一多先生说："端午本是吴越

---

① 同治《番禺县志·礼仪民俗》。
② 浙江省富阳市董仁清先生告知。
③ 《柳河东集》卷 42《古今诗》。

民族图腾祭的节日,而赛龙舟便是这祭仪中半宗教、半社会性的娱乐节目。"①

壮傣群体越人以扁舟竞渡拜祭水神的礼仪,早在他们中盛行。浙江省鄞县(今宁波市)甲村郏家埭出土了一件风字形铜钺,装饰华丽,在与钺形相似的边框线内,上方有两条相向的夔龙,下部以边框底线表示狭长的轻舟,上坐头戴高耸羽冠的4人,面向前方,双手划桨。②

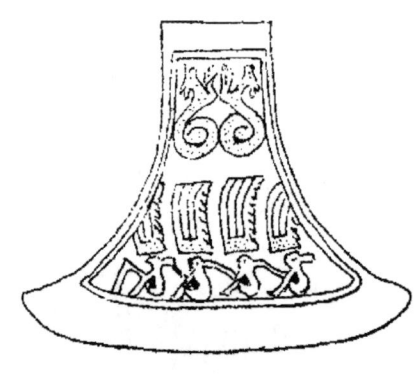

鄞县铜钺

这显然是扁舟飞渡的形绘图像。《国语》卷20《越语上》载,勾践之地,"东至于鄞",说明"鄞县"在史上越国境内,说明春秋时代及其前,越人已经有了扁舟竞渡的行为。

《太平御览》卷919《鹜》引《越地传》载:"越人为竞渡,有轻薄(不老成)少年各尚其勇为鹜没之戏,有至水底,然后鱼跃而出。"越人久行竞渡,青少年们娴熟了鹜(野鸭)戏水的本领,一闪而入水底,一跃而出水面,沉浮自如,如鱼得水。

《太平御览》卷47的稷山、麻山、鸡豕山均引有《越绝书》的记载。《越绝书》为西汉袁康所撰,今传本第8卷有《记地传》一卷,可同一书所引,《越绝书》与《越地传》各自为书,《越地传》自与《越绝书》不同,不当为《越绝书》中的《记地传》。《越地传》自我成书,记载越人的事迹,当是西汉或西汉以前人的述作。《越地传》载"越人为竞渡",是春秋战国及其前越人就存在的习俗。它是越人随同祀水神而形成的。

南朝梁宗懔《荆楚岁时记》载:"五月五日竞渡,俗为屈原投汨罗日伤其死所,并命舟楫以拯之。"隋朝杜公瞻注引《越地传》说,竞渡"起于越王勾践,不可详矣"。杜公瞻在这里打了个疑问,引了《越地传》,既说明《越地传》古有其书,又提出了俗传的竞渡起于人们纪念屈原之死的可疑性。因为勾践卒于周定王四年(前465年),屈原是楚顷襄王二十一年(前278年)死的,二人死时前后相距近200年,岂可将200年前已经在越国盛行的扁舟竞渡曳往后拉,说其起源于近200年后为拯救屈原投汨罗江

---

① 《端午节的历史教育》,《闻一多全集·神话与诗》,生活·读书·新知三联书店1982年版。
② 曹锦炎、周生望:《浙江鄞县出土春秋时代铜器》,《考古》1984年第8期。

一事上！唐朝韩鄂在《岁华纪丽》卷2《端午》条下说，竞渡"救屈原以为俗，因勾践而成风"。竞渡成风已在屈原之死前200年，习俗因应附会用来纪念屈原的投汨罗河而死，是可以理解的，但竞渡的习俗不是如同《荆楚岁时记》说的源于拯救屈原之死。

《世说新语·捷悟篇》南朝梁刘孝标注引《会稽典录》载，浙江上虞人曹娥其父为巫祝，"能抚节安歌，婆娑（盘旋舞动）乐神。汉安二年（143年）五月五日于县江迎伍君神，溯江而上，为水所淹，不得其尸。娥年十四，沿江号哭，昼夜不绝声，七日遂投江而死"。东汉度尚为曹娥的事感动，给其立碑，这就是《曹娥碑》。碑立于元嘉元年（151年），① 距曹娥之死仅8年，曹娥之事当为不虚。这就是说，那个时候浙江的越人后人除了以扁舟竞渡祭祀水神外，也用来祭祀自己崇仰的"伍君神"（即伍子胥的神灵）。后来，人们以扁舟竞渡来纪念才华横溢、高风亮节的屈原之死也不为怪了。

不过，就记载所及，魏晋前龙舟竞渡并没有与纪念屈原殉难挂钩起来。比如，东汉后期人应劭的《风俗通义》载："五月五日以五彩丝系臂者，辟（排除）兵及鬼，令人不病瘟……亦因屈原，（五彩丝）一名长命缕，一句辟兵缯，一名五色丝，一名朱索，又有条达等织，以相赠遗。"② 其中，没有以竞渡拯救屈原之说，道出了东汉后期人们还没有将竞渡附丽于屈原之死上。

虽然后来扁舟竞渡娱人的成分盖于祀神，但是壮傣群体越人的后人一年之中还是如同往日祭祀水神，求告于年头，年尾酬赛。所以，不管人们怎样在五月五日以龙舟竞渡来纪念屈原的死难，他们在历史上还是我行我素，在年头年尾来进行龙舟竞渡。比如，《旧唐书》卷146《杜亚传》载："江南风俗，春中有竞渡之戏，方舟并进，以急趋疾进者为胜。"宋末文天祥说，竞渡"在南方，有在元夕（农历正月十五日）举行"。③ 在桂林，明代"素节龙舟竞，冥搜鼠穴熏"。④ 唐初王绩诗称"忽见黄花吐，方知素节回"，素节就是秋天的节日。"素节龙舟竞"是什么意思？原来壮群体越人及其后人虽奉正朔，依准于历代王朝的历法，但民间还多以自己认知和习惯来行事。北宋乐史《太平寰宇记》卷163载南仪州（今广西壮族自治区岑溪县）"俗不知岁，唯用八月酉日为腊，长幼相慰贺以为年"。延至明朝，广西桂林一方仍然是"秋日登途菊朵新，忙中岁月客中身。归来蛮鼓村村发，道迂湘南岁底春"，⑤ 以秋天为年底。此种情况，宋、元及其后在往日的壮傣群体越人地区各地方才陆续改变，与全国同步以五月五日进行竞渡，而傣族则依然在其民族节日泼水节才进行龙舟竞渡。

壮傣群体越人扁舟竞渡祀水神，水神信仰在其后人已经淡薄。广东越人的后人"祈子（水仙）金华，多得白花"，以后"越人祈子，必于花王父母"，⑥ 广西等地的壮人也一同于广东越人的后人，崇奉"花王""圣母""花婆"为生育之神，然而娱人的龙舟竞

---

① 《后汉书》卷114《孝女曹娥传》。
② 《太平御览》卷31《五月五日》引。
③ 《文丞相全集·指南后录·元夕诗》。
④ （明）曹学佺：《桂林风谣十首》其一，（清）汪森《粤西诗载》卷12。
⑤ （明）谢少南：《永福道中》，（清）汪森《粤西诗载》卷24。
⑥ （清）屈大均：《广东新语》卷6《花王父母》。

渡却遗于后人，成为今日的一个娱乐性的竞赛项目。据万历《太平府志》卷2载，偏僻的太平府（今广西崇左市）端午节府境各州县"竞龙舟"。山区如上林县，江河浅狭，流水有限，可张邵振康熙《上林县志》载五月五日那里的壮族群众也举行"泛龙舟"取乐。

侗水群体越人及其后人没有竞渡以祀水神的习俗。他们在新年伊始首次下河或到井里汲水，插香烛、焚化纸钱于河边井边，有时甚至带酒菜到井边"祭敬"，围井哆耶（歌舞），祝愿水井长涌，四季清凉，① 可那只是物神崇拜，没有将水超自然化形成神，形成统一的认知，奉水神为主神，将水神视为主宰世间的神灵。

对水作物神崇拜还是作超自然神崇拜，判定了壮傣群体越人与侗水群体越人的意识观念境界。物神崇拜把被崇拜之物看成本身就是活的，尚未形成同具象物体明确区分开来的神灵观念。这是原始母权制社会存在的普遍现象，而将水神超自然化，奉为主神，认为它主宰世间，作扁舟竞渡为祭祀水神的规定礼仪，则说明壮傣群体越人已经由原始母权制社会腾身而起进入了原始父权制社会。

六 "萨岁"（sa⁴si⁵）崇拜与崇奉"陶祖""石祖"

侗族有一位至高无上的尊神叫"萨岁"（sa⁴si⁵）。Sa⁴（萨）是侗语"祖母"的称谓。这位 sa⁴si⁵（萨岁）又称为"萨麻""萨柄""萨堂"，是贵州黎平、榕江、从江、广西龙胜、三江，湖南通道等县侗族供奉的最高神祇，"认为她的神威最大，能主宰一切，保境安民，使六畜兴旺，村寨平安"。20世纪50年代以前在上述地区的侗族村村设有她的神坛，侗语或称"然萨"（祖母屋）或称"堂萨"（祖母堂）或称"堂间萨"（祖母殿），汉语谓之"圣母祠"或"宁威祠"等。其址有在室内的，也有在室外的。"然萨"由一世袭或由卜测产生的"登萨"（den²sa⁴，祖母之主）管理。"非敬祭之日，不得入内。有的地区每逢正月初，合寨举行敬祭活动。届时'登萨'将特制盛服置于坛前，每户一男一女携带茶（酒）、肉、菜肴、香纸、蜡烛前往祭祀，祭毕即于'神坛'周围合席共餐。"同时，鸣锣或吹芦笙，"多耶"歌颂祖母的功德，愿她保佑村民等。"若与他村械斗或抵御外敌以及集会活动，也要先集中于坛前'记茶萨'（tɕi¹ɕe²sa⁴，喝祖母茶），求其庇护而再行动。"②

"萨岁"（sa⁴si⁵）做主担当，侗族信仰中的神灵也都与"萨"（sa⁴，祖母）有关，如坐守山坳的"萨对"，守桥头的"萨高乔"，守床头的"萨高降"，偷魂盗魄的"萨两"，传播天花的"萨多"，制酒曲的"萨宾"等。不仅如此，甚至连雷公也称为"萨八"（雷婆）。

侗族如此，水族也是以女性为尊。

"男女二字，水族最通俗顺口叫 bja：n⁷mban¹，bja：n⁷译意少女，mban¹译意是男，其义为女男。神仙叫 ni⁴sjen¹，ni⁴是母亲，sjen¹是仙；鬼神叫 ni⁴maŋ¹，ni⁴是母，maŋ¹是神，神仙和神都是用母称呼。水族供祖先时，是在堂屋中柱地方临时设席位。这是没有经常设的席位，但对于母系祖先，则在堂屋的里面一角设一固定席位，老年妇女吃饭前必先

---

① 《侗族简史》，贵州民族出版社1985年版，第152—153页。

② 同上书，第153—154页。

在那席位上供一碗饭。那席位水话叫 çi³tən³，çi³译意是席，tən³意为里面，即里面席位的意思。供的神叫作 ni⁴haŋ⁴，ni⁴意为母，haŋ⁴意为养，即生母的意思。可见水族历来传说，对母系是很尊重的。"①

汉语习惯性的词语"男女"，水族习惯性的称谓则为"女男"，何尊何卑、何主何从于此可见；神仙、鬼神水语也都以母亲一词冠首，说明仙呀神呀的命名离不开母亲，唯女性是瞻；家里厅堂上男性先人的供祭席无常设，女性先人则固定供祭地方，每饭必供，何其虔诚，家中尊卑由此也可了然。

在侗水群体越人的后人中，侗族以祖母为崇拜的最高最尊的神灵，水族则以母系高于父系之上，既可知壮傣群体越人与侗水群体越人分化各自发展的时候，侗水群体越人还处于原始母权制社会中，又可从侗族的 sa⁴si⁵（萨岁，祖母神）和水族的 ni⁴haŋ⁴（妮行，先母神）的不同命名和祭祀方式上知道他们的后人是在又分化为侗、水二族以后方才各自有此神名，知道他们分化以后原始母权制社会还延续一个较长的历史时段。

侗、水二族如此，壮傣群体越人则不同了。前面我们历述了夫死妻为鬼妻，一夫一妻制家庭已成为他们社会的组成单位，篱笆扎起有了家庭的私有园地，买、卖公行，社会成员间出现了贫富分化，而且由物神崇拜进入超自然神崇拜，以扁舟竞渡作祭祀水神的特定礼仪，同时他们崇奉的生殖之神已非女性而是男性。

20世纪六七十年代，在南宁市坛楼新石器时代晚期文化遗址出土了一具砂岩凿磨而成，残长 6.6 厘米、径 5.1 厘米的"石祖"。② 1978 年在广西钦州市那丽镇独料新石器时代晚期遗址也出土了一件已残的以手捏制的长 4 厘米、直径 3 厘米的"陶祖"。③ 广东增城金兰寺新石器时代晚期文化层中同样出土了一件粗砂红陶制成的"陶祖"。经碳十四测定，该层出土的贝壳年代距今 4035±95 年，树轮校正为公元前 2495±150 年。④ 钦州独料文化遗址经中国社会科学院考古研究所实验室碳十四测定距今 4145±120 年，树轮校正值为距今 4585±160 年。这就是说、距今 4000 年左右壮傣群体越人中已存在"石祖""陶祖"崇拜。这是原始父权制社会男子得到尊崇的一个说明。这说明壮傣群体越人约在距今 4000 年前已与侗水群体越人分化进入原始父权制社会。其时间约合我国历史上的夏禹时期。

---

① 潘一志编著：《水族社会历史资料编》，贵州三都水族自治县民族文史研究组编印，1981 年，第 427 页。
② 广西文物考古训练班、广西文物队：《广西南部地区的新石器时代晚期文化遗存》，《文物》1978 年第 9 期。
③ 广西文物队、钦州县文化馆：《广西钦州独料新石器时代遗址》，《考古》1982 年第 1 期。
④ 莫稚：《广东考古调查发掘的新收获》，《考古》1961 年第 2 期。

第三章

部落社会：壮傣群体越人语言和文化

阿拉伯人曾长期处于部落社会。7世纪，穆罕默德创立了伊斯兰教，传扬一神教后，为众所信仰，他们方才逐渐走向统一的哈里发国家。有如阿拉伯人，壮傣群体越人自从摆脱原始母权制确立原始父权制以后，部落林立，山川阻隔，各自为政，虽然各部落都崇奉水神，但是万物有灵的自然神崇拜未除，水神也只能伴随着诸自然神崇拜相伴而行。

依靠对水神的信仰，可以使壮傣群体越人凝聚成一个文化整体，可是他们所处的我国古代沿海地区，山陵遍布，山中平地的 ço：ŋ⁶ 累累存在，各部落首领"固恃险阻，各称酋豪"，① 依然处于部落社会的状态中。后来在汉族文化的影响下，五岭以北众多的部落走上了趋汉变化之路，岭南的各部落则依然故我，未置身于汉族文化熏陶的氛围中，仍然是越语照旧说，越俗依旧行，社会依然是部落社会。

第一节　壮傣群体越人及其后人自称源流

壮傣群体越人及其后人的自称，历数千年不变，音近"于"，拟其音可为"ʔjoi⁴"或"ʔjai⁴"。

一　上古壮傣群体越人的自我称谓

越语不同于汉语。公元前528年载着楚君子皙游江的榜枻越人拥楫而歌，楚君子皙听不懂，不得不请来翻译将越歌词译成汉语，由此可以清楚越语是区别于汉语的另一民族群体的语言。语不同，习相异，自然不能以汉语的音读来译释越语。关于壮傣群体越人自称近"于"之音，往日的汉族学者多不厌其烦地以汉语的音读来译释其语，这有如隔靴搔痒，徒劳无功。比如，《春秋公羊传·定公五年》载："于越入吴。于越者何？越者何？于越者，未能以其名通也；越者，能以其名通。"这就是习惯称勾践的越国为越，说到"于越"便糊涂摸不着边了。其实，壮傣群体越人自称近"于"之音，历来如此。当初汉人记称他们即以其人的自称称其人的。因为汉语"越"字，古同"於"字。《尚书·高宗肜日》"越有雊雉"，《传》："越，於也。"同样，《诗经·陈风·东门之枌》"越以鬷迈"，朱熹《诗集传》："越，于。"这说明上古的"越"与"于"通假，音相近或相同。

---

① ［新罗］崔致远：《补安南录异图记》，《桂苑笔耕录》卷16，四库丛刊本。

至三国时仍然如此。陈琳《玛瑙勒赋》的"瑰姿玮质，纷葩艳逸。英华内照，景流外越"，越与逸叶韵，读若鱼橘切，近乎音。

近"於"或"于"之音，是壮傣群体越人的自称词。唐朝虞世南辑《北堂书钞》卷114《征伐篇》注引"穆王伐大越"，《（竹书）纪年》说："周穆王四十七年伐纡。大起九师，东至于九江，比（并列）鼋（大鳖）以为梁。"[①] 纡音读同于，说明西周的时候就以其人的自称谓其为"纡"了。

1977年今河北省平山县出土了"中山王鼎"。中山王鼎是战国时中山国中山王的宝鼎。该国于公元前295年灭于越国。中山王鼎铭文称：

> 昔者吴人并雩，雩人修教备恁，五年覆吴，克并之至于今。[②]

中山王鼎铭文

吴、"雩"，就是我国历史上先后为春秋五霸之一的吴国和越国。这说明时至战国，当时人仍指称越国为"雩"。雩，《正韵》载，雩同零，音于。

《竹书纪年》以"纡"指称越国，至战国后期，中山王鼎铭文仍以"雩"指称越人，道明从西周迄于战国以近"于"之音称道越人，一脉相承而下，不因书载以"越"称道而变称。

同时，越人自称近"于"音，仍可从《史记》的记载中得到印证。《史记》卷40《楚世家》称，楚国"熊渠甚得江汉民和，乃兴兵伐庸、扬粤，至于鄂"。唐朝司马贞

---

① 《太平御览》卷305《征伐下》引。
② 《文物》1979年第1期。

《索隐》说："有本作扬雩，音吁，地名也。谯周作扬越。"扬粤也称"扬雩"，"雩""零"同一音，说明越人自称近"于"音。

清末民初大学者王国维说，"粤乃小篆因雩之误"。① 这就是说，因对雩字小篆的误认，由"雩"衍生出"粤"一字。因此，粤字当初也读同雩、零之音。在《史记》一书里，凡越人皆写作"越"，唯此处作"扬粤"或"扬雩"，说明司马迁认为当时"粤"读同"零"，也就是"雩"读同"于"音。粤后衍读如越音的"王伐切"，二字便通用了。东汉班固撰《汉书》，以粤代越，将《史记》的越人统改为粤人。不过，不论是粤还是越，即读"王伐切"，《尔雅·释诂》又说粤、越二字与"於"相通，说明"於""于"古通用，无疑古代越读近"于"音。

越人自称近"于"音，秦以前都是如此。战国时候赵武灵王决心改穿胡服，对其叔说："夫剪发文身，错臂左衽，瓯越之民也；黑齿雕题，却冠秫绌，大吴之国也。故礼服莫同，其便一也。"②"区，区越也，犹言于越。欧越、瓯越皆同，不必定读为讴。"③"剪发文身"，是秦及其前上古越人典型的发饰及体饰特征，称其为"瓯越之民"，足证当时流行的说法是按其自称谓越人为"于"人，只不过加上世人认可的越字成为"于越"而已。

壮傣群体越人不论五岭南北，自称都近"于"音。所以，秦始皇兵伐岭南，即遭到了"西呕"人的抗击。④ "西呕"是相对于江浙的"东瓯"而言的。"呕"等同"于"，也就是岭南越人的自称也近"于"音。

"东瓯"是西汉孝惠三年（前192年）"举高帝时越功"封越人闽君摇为东海王的"俗称"，《史记》卷114《东越列传》有记载，其国治今浙江温州市。《徽州府志·风俗》："俗参瓯骆。宋吕和叔云：歙地杂瓯语，号称难治。"⑤ 吕和叔就是北宋的吕大钧，字和叔，《宋史》卷340有传，附于其兄吕大防传中。这说明延至北宋时还称残存于今安徽歙县的越人语为瓯语，以"瓯"称壮傣群体越人及其后人，不论南北都是如此，"瓯骆"，则是越人自称"瓯"与他称"骆"的合称。

不过，由于壮傣群体越人有其语而无其文，在历史的前进中，在汉文及汉文化的影响下，五岭以北的各越人部落陆续走上了趋汉变化之路，唯五岭以南的壮傣群体越人不变其语言、文化，没有走上趋汉变化之路。

秦朝是个短命王朝。秦始皇三十三年（前214年）秦朝平定岭南越人，在岭南设置桂林、象郡、南海三郡，没过几年，公元前206年就被西汉取代了。西汉初年，秦将赵佗割据岭南，称南越武帝。此时，岭南壮傣群体越人分化为壮群体越人和傣群体越人。此后，壮、傣二群体越人及其后人一仍其旧，以近"于"之音自称。

---

① 转引自商承祚《中山王鼎、壶铭刍议》，《古文字研究》第七辑，中华书局1982年版。
② 《史记》卷43《赵世家》。
③ （清）朱骏声：《说文通训定声》，中华书局1984年版，第366页。
④ （汉）刘安：《淮南子》卷18《人间训》。
⑤ 转引自周振鹤、游汝杰《方言与中国文化》，上海人民出版社1986年版，第48页。

二 壮群体越人及其后人自我称谓

赵佗割据岭南，建立南越国，西汉使者陆贾面对他说，"今王众不过数十万，皆蛮夷"[1]，此"蛮夷"，主要是指壮群体越人。

赵佗对陆贾解释他割据岭南建国称帝的原因，说："蛮夷中间，其东闽越千人众号称王，其西瓯骆、裸国亦称王。"[2] "瓯骆"如前，是壮傣群体越人自称"瓯"（于）与他称"骆"的合称。

东汉，岭南越人有"乌浒"之称。这就是《后汉书》卷116《南蛮传》记载的建宁三年（170年）郁林太守谷永"以恩信招降乌浒十余万内属"。乌浒实际上是岭南越人的自称，汉人听他们自述，将"ʔjoi⁴"理解成"ʔ—joi⁴"即"乌浒"的结果。

壮傣群体越人的他称"骆"缘"ço：ŋ⁶"而来。ço：ŋ⁶是壮傣语谓山中平地之称，他们住在 ço：ŋ⁶ 中，因称他们为骆或骆越，读若双。《史记》卷129《货殖列传》载，"衡山、九江、江南、豫章、长沙，是南楚也……与闽中、干越杂俗"。至今，壮傣语谓山中平地为 ço：ŋ⁶ 之音仍滞留于昔日南楚一些地方人们的口语里，汉译写作"冲"。

晋人郭义恭《广志》说："獠，音老。"[3] 古代，老、骆、里、赖、聊、獠等，都是来母字，音相同或相近，或可以通假："其画无俚之至也。"[4] "无俚"即"无聊"，也就是俚音于聊及獠，相通。所以，《梁书》卷32《兰钦传》称广州陈文彻兄弟为"俚帅"，《陈书》卷9《欧阳頠传》又说他们是"夷獠"。同样，《隋书》卷68《何稠传》称钦州刺史宁长真为"越人"，《新唐书》卷95《高俭传》说他是"俚帅"，同书卷222下《南平獠传》又称他们家世代为"南平獠渠帅"。

时流日驶，俚、獠音异，远离于 ço：ŋ⁶ 的音声了，汉译者又将 ço：ŋ⁶ 意译作洞。洞不是洞穴，比如恩州（治今广东省阳江市）"土地多风少旱，耕种多在洞中"[5]。司马光说，广西左右江结洞，"洞中有良田甚广，饶粳、糯及鱼，四面阻绝，惟一道可入"[6]，此"洞"指的自然是山间平地。到了南宋后期李曾伯觉得以洞译 ço：ŋ⁶ 太不贴切，于是将 ço：ŋ⁶ 近音译写作"撞"，说宜州"有土丁、民丁、保丁、义丁、义效、撞丁共九千余人，其㹣撞一项可用"[7]。"撞丁"，就是 ço：ŋ⁶ 里的丁壮；"㹣撞"如同"瓯骆"一样，是自称与他称相结合的称谓。只是此"撞"仅是一地的称谓，还未涉及民族群体的名称。

元朝，"撞"的指称不限于宜州一地了，开始泛化，指称广西等地的壮群体越人。[8] 同时，在贵州统治者也以 ço：ŋ⁶ 的近音译写字"仲"指称居住在那里的壮群体越人的后

---

[1]《史记》卷97《陆贾列传》。
[2]《史记》卷113《南越列传》。
[3]《太平御览》卷356《兜鍪》引。
[4]《汉书》卷37《季布传赞》。
[5]（宋）乐史：《太平寰宇记》158《恩州风俗》。
[6]《涑水纪闻》卷13。
[7]《帅广条陈五事奏》,《可斋杂稿》卷17。
[8]《元史》卷162《刘国杰传》；卷192《林兴祖传》。

人。① 然而，不论是"撞"还是"仲"，都是 ço：ŋ⁶ 的汉近音译写字，犹如史上的骆、俚、獠等都是他称词，其人的自称仍然如同其先人为近"于"之音。贵州的布依族认为史上称其族为"仲家"，是他称不是自称，于是取其自称"po⁴ʔjoi⁴"或"po⁴ʔjai⁴"，定名为"布依族"。② 壮族，则以他称的"撞"为族名了。

布依族以其自称的"布依"为族名，壮族的自称何尝又不是如此！广西的都安、上林、柳江、柳城、来宾、宜州、凌云、田阳、田东、西林、那坡、隆林、河池、南丹、龙胜、三江、乐业等县，云南的广南、文山、富宁、邱北、蒙自、泸西、罗平、师宗、禄劝、勐腊、会泽、宣威等县，以及贵州的从江县的壮族，都自称或"布依"或"布越"或"布越伊"或"布吕"等，这些自称词都近乎"布依"。③ 云南的沙人，其"沙"也是他称，其自称则为"布雅依"。④

三　傣群体越人及其后人的自我称谓

西汉前期，秦将东桓县（今河北省正定县）人赵佗割据岭南建立南越国。他为赢得人心，实行俗同于越，但是他的道德底线是"身体发肤受之父母，不敢毁伤，孝之始也"⑤，于是改壮群体越人传承于先人而来的"断发"为"魋结"。这就是赵佗"魋结箕倨"接见汉高祖的使者陆贾。⑥ 由于赵佗向西"击并桂林、象郡"，⑦ 后又南下"攻破安阳王，令二使者典主交趾、九真二郡"，⑧ 迫使傣群体越人南走西徙于中南半岛的中西部及与云贵高原南部相邻的边缘地区。他们脱却了赵佗的统治，不受赵佗的约束，照旧传承着先人的习俗，"断发文身"不变。

傣群体越人在中南半岛上西走，有的远达印度半岛东北部的拉马普特拉河流域。他们的自称没见有人记载，唯"蜀奸出物者"至印度半岛的东北部，见居于其地的人一如越人"断发文身"，于是称其人为"滇越"。⑨ 滇（dian）之称，后来也被于中南半岛上的傣群体越人身上，或变音为"掸"（dan），或变音为"暹"（xian）。掸，东汉时中南半岛上有掸国，有人也写作近音的檀国，暹则为今泰国泰族历史上的称谓；但是，这些称谓都是他称，其自称谓什么，仍然没有见于记载。

东汉时，《后汉书》卷118《西域传》载印度半岛东北部有"磐起国"。"磐起国"当为"磐越国"之讹，因为南宋郑樵《通志》卷196《西戎下·天竺》之文抄自《后汉书》却作"磐越国"，可知今传本《后汉书》关于天竺（今印度）的"磐起国"为"磐越国"之讹。

---

① 《元史》卷63《地理志·新添葛蛮安抚司》。
② 《布依族简史》，贵州人民出版社1984年版，第12页。
③ 范宏贵等：《壮族历史与文化》，广西民族出版社1997年版，第3—6页。
④ 杨宗亮：《壮族文化史》，云南民族出版社1999年版，第19页。
⑤ 《东观汉记》，《艺文类聚》卷17引。
⑥ 《史记》卷97《陆贾列传》。
⑦ 《史记》卷113《赵佗南越列传》。
⑧ 《史记》卷113《赵佗南越列传》司马贞《索隐》引《广州记》。
⑨ 《史记》卷123《大宛列传》。

第三章 部落社会：壮傣群体越人语言和文化

磐越，《魏略》，①《南史》卷78《中天竺国》作"盤越"，《梁书》卷54《中天竺国》作"槃越"。磐、盘、槃，音同字异，为同一国之称的异写。盘越，即傣群体越人及其后人自称"白衣"的近音异译写字。

傣群体越人南走中南半岛及与云贵高原交接的边缘地区后，东汉及其后其人曾被汉文记载者称为"里"为"獠"。比如，"建武十二年（36年）九真（治今越南清化）徼外蛮里张游率种人慕化内属，封为归汉里君"；②《永昌郡传》载永昌郡（治今云南保山市）有"獠民"，③"有阑干细布。阑干，獠言纻也"。④唐代新罗人崔致远《补安南录异图记》也说，安南之西"有山横亘千里而遥，邃穴深岩，为獠窟宅"。⑤只是记载者谓傣群体越人的后人为"俚"为"獠"，犹如对壮群体越人的后人称为"俚"为"獠"一样都是因为当时的"俚""獠"音同近乎 ço:ŋ⁶而称之，是他称词不是自称词。

《新唐书》卷222中《南蛮传》载，大中年间（847—860年）今越南西北的傣群体越人的后人不堪于唐朝安南经略使李琢的"苛墨自私"，起而组织"白衣没命军"助南诏攻取安南都护府。自号"白衣没命军"的"白衣"从哪里来？不外是其人的自我称谓。傣群体越人及其后人的自我称谓，于此始现。

宋朝，在今越南西北、老挝及云南东南有个"白衣九道"。这就是南宋广西经略安抚使范成大《桂海虞衡志》记载的"南江之外稍有名称者，罗殿、自杞以国名，罗孔、特磨、白衣九道等以道名。此皆成聚落，地皆近南诏"。⑥元丰二年（1079年）三月广西经略安抚司言："延众镇右千牛卫将军张智常诱致九道白衣富雅州李聚明等归附。"⑦延众镇就是元丰七年（1084年）五月丁卯宋朝改为富州的延众镇，⑧其地在今云南省东南富宁县。地近云南富宁县的白衣九道当在今越南西北及其以西以南的今老挝等地。"白衣九道"又称为"九道白衣"，说明"白衣九道"是"白衣"人的部落联盟组织名称。

与范成大同时为官于广西的周去非其《岭外代答》卷2《安南国》载，安南国"西有陆路通白衣蛮"。"白衣蛮"就是泛指自称"白衣"的分布于今越南以西的中南半岛中西部及与云贵高原南部交错地区的傣群体越人的后人。

元代，记载傣群体越人后人"白衣"的自称已经普遍化。比如，至元十五年（1278年）四月丁丑，"云南行省招降临安白衣、和泥，分地城寨一百九所"。⑨临安路治今云南通海县，此"白衣"指散居于滇东南各地的今傣族。至元二十五年（1288年）四月癸丑，云南省右丞爱鲁上言："自发中庆（今昆明市），经罗罗（今彝族地区）、白衣入交

---

① 《三国志》卷30《乌丸等传》裴松之注引。
② 《后汉书》卷116《南蛮传》。
③ 《太平御览》卷796《獠》引。
④ 《华阳国志》卷4《南中志》。
⑤ 《桂苑笔耕录》卷16。
⑥ （元）马端临：《文献通考》卷328《充州》引。
⑦ （宋）李焘：《续资治通鉴长编》卷297。
⑧ （宋）李焘：《续资治通鉴长编》卷345。
⑨ 《元史》卷10《世祖纪七》。

趾，往返三十八战。"① 此"白衣"在元代彝族分布地区之南进入交趾之前，其分布区域适同于宋朝"白衣九道"地区。大德二年（1298年），"车里（今西双版纳傣族自治州）白衣八里日等杀掠普腾、江尾二甸"；延祐三年（1316年），车里罕旺"遣白衣阿爱诈为己子出官"②。延祐元年（1314年）九月四日，八百媳妇（治今泰国北清迈）首领"浑乞滥手书白夷字奏章，献二章，献二象，令部曲浑乞漏⋯⋯随（元）使者赴阙"③。"白夷字"即"白衣字"。这些记载道明了怒江以东地区，泰泐（小泰）都以"白衣"自称，因以此名之。

不仅如此，而且历被指称"金齿"的怒江以西的泰那（大泰）也称为"白衣"。比如，泰定二年（1325年）木邦路（治今缅甸腊戍东北新维）土官八庙等"领白衣军破倒八潢砦"；"蒙光路（治今缅甸密支那西南孟洪）土官觫罕弟三澜在西天界（今印度东北）蓝寨守边"。至大三年（1310年）报说："达达（蒙古）军马杀西天王而立，其孙夺其堡寨，所乘马甚高大，蹲伏乃可鞯鞍。问此疆之外其主者谁？西天王对：'白衣所居，归属大元为民，出赋久矣。'遂出大箭三、金段一，使致信于白衣曰：'我得之地我为主，在尔之地尔自主之，无相侵夺。'今来使，以其箭与金段授三澜母揽陶。"④ 又如，至元二十二年（1285年）十一月缅王遣"其盐井大官阿必立相至太公城（今缅甸北伊洛瓦底江东岸达冈）欲来纳款，为孟乃甸白衣头目觫塞阻道，不得行"；⑤ 大德五年（1301年）正月元军破缅甸石寨山，"又召白衣催粮军二千助围其城南"。⑥

元朝，主流是以其自谓的"白衣"称谓傣群体越人后人，但此称似也不足以示现当朝统治者鄙视其人的心意，因此也可见以近音的"白夷"取代"白衣"的事例。比如，至元二十四年（1287年）八月乙丑元世祖决定征缅，就诏令"召能通白夷金齿道路者"。⑦ 而李京《云南志略·诸夷风俗》，同样以"金齿百夷"立题进行叙写。至于《元史》卷61《地理志》所载，则基本代以"白夷"之称。"白衣"，"白夷""百夷"，都是近音异译写字。"金齿"则是唐代以来取称于怒江以西该族人特殊的齿饰，属他称。

明朝洪武（1368—1398年）后期出使"缅甸及百夷"的钱古训、李思聪归来后以所撰的《百夷传》进奏。后钱、李二人各在原《百夷传》的基础上删削增补，于是《百夷传》有钱、李二本传后。二书文字虽略有不同，其趣旨却不异。比如，钱古训本《百夷传》载百夷"其首皆髡，脑皆黥。不髡者杀之，不黥者众叱之，比之妇人"。李思聪《百夷传》则为：

"官民皆髡黥足。有不髡者，则酋长杀之；不黥足者，众皆嗤之，曰妇人也，非百夷

---

① 《元史》卷10《世祖纪七》。
② 《招捕总录·云南·车里》。
③ 《招捕总录·云南·八百媳妇》。
④ 《招捕总录·云南·大理金齿》。
⑤ 《元史》卷210《缅传》。
⑥ （元）《经世大典·征缅录》。
⑦ 《元史》卷14《世祖本纪十一》。

种也!"李思聪《百夷传》记载的就比较清楚明白了。不黥足便"非百夷种也",道出了明朝前期傣群体越人后人传承先人"断发文身"的习俗文化不变,自称不变,仍以"白衣"自称,其自称"泰"当是此后始行出现。

"泰"从何而来?泰从他们先人自称"白衣"的"衣"音变而来。

前面说过,"白衣"的"衣"拟读为"ʔjoi⁴"或"ʔjai⁴"。"ʔj"声母,壮语北部方言除却广西柳江、右江各县没有,云南广南、邱北二县壮语有ʔv没ʔj外,壮语北部方言各县及布依语都有。傣语、壮语南部方言,自然也没有"ʔj"此一声母,不过,傣语、壮语南部方言却有与其相对应的送气声母"ph"或"th"。比如,把刀"抽"出来,壮语北部方言谓"ʔjo：t⁷",壮语南部方言和傣语则谓"thot⁹";问,布依语、壮语北部方言谓"ɕa：m¹",傣语、壮语南部方言谓"tha：m¹";犁,布依语、壮语北部方言谓"ɕai¹",傣语、壮语南部方言谓"thai¹";等待,布依语、壮语北部方言谓ɕa³,傣语、壮语南部方言谓tha³。又如,眨(眼),壮语北部方言、布依语谓"ʔjap⁷",傣语、壮语南部方言谓"phɛp⁸";蔬菜,壮语北部方言谓"pjak⁷",傣语、壮语南部方言谓"phak⁷"等;ɕ、ʔj与ph、th是不送气和送气声母的对应变化。同样,上古越人自称近"雩"音,后来在壮语北部方言和布依语演变为"ʔjai⁴"或"ʔjoi⁴",傣群体越人的后人承前人的自称也相应地音变为"thai⁴"一词。"thai⁴",近音译写就是"泰"。

至于"泰""傣"有别,读"thai⁴"读"dai²"相异,则是后来傣语各地或清浊互变的结果。

上述是关于壮傣群体越人及其后人自称近"于"之音源流的陈述。陈述表明数千年来,壮傣群体越人有近"于"之音的自称,后人传承,不变其先人的初衷。他们不论迁徙何方,居于何处,一直以近"于"之音自称,虽然后来由于音变,近"于"之音的自称在傣群体越人的后人那里成了"thai⁴"一音,但那是符合于壮傣语的音变规律变化的,无反于壮傣语的音变规律。

自称起于先人,传承于后人。数千年来,壮傣群体越人及其后人今壮族、布依族、傣族及黑泰、白泰、佬族、泰族、掸族等都称之,传之不变,道出了自称近"于"之音的上古越人与今壮傣语支所含各族或群体的先人同属于一个民族群体。

第二节 译读《越人歌》,知悉壮傣群体越人早进入父权制时代

公元前473年越王勾践灭吴称霸前55年,公元前528年越人操舟者给鄂君子皙所唱的歌,是一曲即兴之歌,就歌词的思想意义说,是微不足道的。操舟越人逢场作戏,极尽阿谀逢迎、邀功取宠的能事,只是刘向《说苑》在记载该歌译义的同时,还记录了用汉字近音译写了该歌词的越人语音。这可非同一般,不可小觑了。因为越人作为一个古代的民族群体,或聚或散,分布于长江中下游及其以南地区,其历史的音响大都随着时光的流逝而消失,而记载该歌词的汉近音译写字却可贵地告知人们越人的歌体及词语音声,价赛珍宝。

《越人歌》价赛珍宝,因其歌迄未有人译读,所以已故的四川大学蒙文通生前不无遗憾地说:"近世学者莫不以此(指《越人歌》)歌词为不同于汉语之少数民族语言,且未

能译读。"① 这可说是前人的叹息与感伤。

好在后人不负前人之望。韦庆隐先生《试论百越民族语言》译读了《越人歌》。② 文中韦先生将近音译写的汉字用构拟的上古音标出，然后根据现代壮语方言或同语族语言的其他民族语的近似读音构拟古壮语即上古越语的近音词或词素，将二者进行对比，并参照词序组合，得出《越人歌》与壮语十分接近的结论。这是惊世之作，既破解了上古越人与今壮人渊源于一的情结，又让人初步了解上古越语与今壮语的前承后续关系。

不过，在译读《越人歌》时，韦先生似失平允，表现出一种急躁情绪，没有校勘《说苑》原文，便仓促进行译读，不免谬误，失了平妥。比如，歌中"昌桓泽予"句，"桓"本为"柜"之讹，却持"桓"为解，于是有了凑合而强词夺理之嫌。"柜"，《广韵》音"胡误切"，《集韵》《韵会》《正韵》"胡故切，音护"。近音译写"柜"字，其"胡误切"一音正近乎壮傣语支所含各族或群体语谓"船"为 γu^2 为 $l\mrm{u}^2$ 之音。而"桓"，《唐韵》等读若"胡官切，音丸"，其音与壮傣语支所含各族及群体语谓"船"之音差之遥远。韦先生既误"柜"为"桓"，于是构拟桓的上古音读 γag 的去声，凑合着壮傣语甚至侗水语支的水语强解"桓"的古音为上古越语船的古音。如此的牵强草略，完全无助于《越人歌》的译读。

所以，以误冒正，构拟误字的上古音，参以今壮语方言以求译读，负了古人心。这是第一。

第二，韦先生的译读，忽略了当时楚人的记音是用汉字近音译写，无须死死咬住近音译写的汉字其音声，去构拟近音译写的汉字的上古音读。因为古今汉字或一字多音或多字同音及近音，译读时只要求其同音或近音且能文从字顺就行。比如，"昌桓泽予"句中的"泽"字即是如此。

泽，《唐韵》读若"丈伯切"，似近乎春秋时代的古音。《诗经·周颂·载芟》"载芟载柞，其耕泽泽"句，宋朝朱熹《诗集传》说："柞，侧百反，叶疾各反；泽，音释，叶徒洛反。""徒洛反"，音近乎"丈伯切"。《史记》卷 27《天官书》载："格泽星者，如炎火之状。"

唐朝司马贞《索隐》说："格泽，一音鹤铎。"铎，《唐韵》读若"侍各切"，声近乎"丈伯切"和"徒洛反"，因此，古代泽、释、铎三字可以通假，如同《韵会》说的"释或作泽"。屈原《楚辞·九章·哀郢》"凌阳侯之泛滥兮，忽翱翔之焉薄；心絓结而不解兮，思蹇产而不释"句，释与薄叶韵，也就是泽与薄叶韵，音相近。宋朝吴棫《韵补》说释"叶施灼切，音烁"。这是楚国的音声，说明当时泽或释的音读近乎壮傣语谓父亲、谓长辈为 "po^6" 一词。如此，则无须去构拟"泽"的上古音为 "d'ak"，并在"试拟上古壮语及词义"项中申明 "$dək$，位人（尊称的男量词）"。

量词还分"尊称""贱称"或"一般称"，以及"尊称的男量词"怎么又会转换成名词性的"大人"一词，姑置勿论，上古汉语已经有用"特"（te）表示公牛、公马的习惯用语，比如《周礼·夏官·校人》"凡马，特居四之一"（三牝一牡），即是如此。壮语、

---

① 蒙文通：《越史丛考》，人民出版社 1983 年版，第 12 页。
② 百越民族史研究会编：《百越民族史论集》，中国社会科学出版社 1982 年版，第 289—305 页。

布依语公畜（ma¹tak⁸，公狗；va：i²tak⁸，公牛）以及青少年男子特称冠词（tak⁸nu：ŋ⁴，弟弟）和量词（so：ŋ¹tak⁸nu：ŋ⁴，两个弟弟）是个借汉语词，是西汉及其后方才在壮语和布依语流行的汉语借词。此时，后于春秋时期已300多年。春秋时代，壮语、布依语可曾有 tak⁸ 一词！

宋朝范正敏《遁斋闲览·夷言无正音》载："欧公（欧阳修）云契丹'阿保机'，李琪集中赐契丹诏乃为'何保机'。后有人自虏中归云，虏中实呼为'阿保谨'，以为传闻之误。余尝思之，盖夷言无正音，用华语译不能无讹误。如汉'身毒国'，亦号'狷笃'，其后改为'乾笃'，又曰'乾竺'矣。译者但取其语音与中国相近者言之，故随时更变而莫定也。"① 这说明不是"夷言无正音"，而是音译者没有完全"知音"。

古今汉字，或一字多音，或多字同音及近音，译者偶尔接触异域异族语言，听了其音，便以近音汉字录记其音，而不是长期生活于该群体中，知根知底，谙熟其语的音值，有如唐朝玄奘在印度居住了17年，潜研佛经，熟知印度自称其国为"印度"的音值，于是他在《大唐西域记》明确指出："详夫天竺之称，异议纠纷，旧云身毒，或曰贤豆，今从正音，宜云印度！"

所以，古人对异域异族语言的汉近音译写字，不能死咬于近音译写汉字的一个音读，因为未得其"正音"，犹如印度，身毒、狷笃、乾笃、乾竺、天竺、贤豆等都是其近音译写的汉字，能够专心致力于身毒或乾笃、天竺等字而各自构拟其上古音以求"印度"之音吗？

第三，壮侗语族今所含各族或群体语有些有了变异，有些却依然故我相传而下，综以考虑，或可知上古越语有关词语的音声。因此，不能不审视那些族语发生变异的前因后果，以明白哪些是从上古传承而下的原越语词。

谓盐为"余"，这是上古越人语。

盐，今黎语谓 ȵa：u³，壮傣语支所含的临高语谓 ȵau³，二者只是元音长短有别，是个同源词语。除临高语外，壮傣、侗水二语支所含各族语，盐北壮谓 kju¹，南壮谓 kɯ¹，布依语谓 kuə¹，西傣谓 kɤ¹，德傣谓 kə⁶，泰语谓 klwa¹，佬语谓 kɯ：ə¹ˊ，侗、毛南语谓 ko¹，仫佬语谓 cwa¹，水语谓 kwa¹。这些谓盐词语都是声母 k 或 kw 等之后加元音，音近乎汉语苦（ku），疑为借汉语词鹽之音而来。

古汉语苦又读"果五切，音古"，即 gu，粗劣的意思。比如，《周礼·冬官·考工记》"辨其苦良"句，苦就是粗劣的意思。于是，苦又借作鹽。鹽本义为盐池，这就是《左传》成公六年（前585年）记载的"必居郇瑕氏之地（在今山西省西南临猗县一带），地沃而近鹽"以及《集韵》说的"鹽，攻乎切，古平声。陈、楚人谓盐池为鹽"。后来，中原汉族以鹽转称未经炼制的颗盐。比如，《史记》卷129《货殖列传》记载的"猗顿用盬鹽起（兴家）"，鹽就是没有炼制的颗盐。看来，因居地的相近、相接、相杂，相互交流，所以除居于海南岛的操临高语的以外，壮傣、侗水二语支所含各族语谓盐之词是个借汉语词，是由鹽一音变化而来。

"越人谓盐为余"，余是越人谓盐的近音译写汉字。余，古来音读除《广韵》的以诸

---

① （明）陶宗仪：《说郛》卷32。

切、《集韵》等的羊诸切外,《庄子·让王篇》"其绪余以为国家",徐邈注"绪余,残也;绪音奢,余音邪";《古诗》"新人能织缣,旧人工织素。织缣日一匹,织素五丈余",[①]余、素叶韵,读若羊遇切,音裕;韩愈《驽骥》诗"嘶鸣当大路,志气若有余。骐骥生绝域,自矜无匹俦",[②]以余叶俦,读若夷周切,音由。遴选古代余字诸音,当以音由为是,因为由正近乎黎语及临高语谓盐之音"ŋau³",由此可以清楚越人谓盐为余,其音就是ŋau³。韦先生既作了余的"上古韵部和拟构"为"diag",又征引了壮语各方言及泰语和水语构拟了壮语的"古音与词义"为"kdwag",却因为依傍于已经是借汉语词的除了临高语外的壮傣、侗水语支所含的各族语及其方言,犹如隔靴搔痒,抓不到点上。

古代蛰居于海南岛上的壮傣群体越人后人临高人和黎群体越人及其后人在大陆壮傣群体越人及其后人和侗水群体越人及其后人在盐一词借汉语词之时则依然故我,操着早期越人传承下来的谓盐为"ŋau³"(或ŋa:u³)的近乎汉字"余"的音声。这才是上古越人谓盐的音声。

第四,构拟有关字的上古之音,必须忠实于原文,不可以意为之,失了古人以近音译写字记录相关越语词的古音。

船,壮傣语支所含各族或群体语都有其词,而且是源于一词发展而来,无疑是上古越语的语词。可是,侗水语支所含各族语及黎语关于船一词却与壮傣语支所含各族或群体语不同。比如,侗语谓lo¹,仫佬语谓søn²,水语谓tshon⁴或sjon²,毛南语谓zon²,黎语谓va¹nom³,说明船一词不仅黎语与侗水语支所含各族语不同,而且侗水语支所含各族语也互有差异,道出了壮傣群体越人"船"概念的形成、词语的出现,是在壮傣群体越人与侗水群体越人分化各自发展以后。韦先生略了此层关系,说到上古越语船一词,便拉水语谓船为lwa¹来比附构拟"上古壮语和词义",实属欠妥。

水语船谓tshon⁴或sjon²,小船又谓ʔda¹,不详怎又来lwa¹一词?即使侗水语中侗语船谓lo¹是语言的异变,那么船仫佬语谓søn²,水语谓tshon⁴或sjon²,毛南语谓zon²,由源于一词变化而来,也与壮傣语支所含各族或群体语谓为ɣu²为lɯ²为hɯ:ə²等不是同源词语。壮傣语的ɣu²与侗水语的sjon²,各有来源,不是共时而生,是壮傣、侗水二群体越人分化各自发展以后方在各自群体中出现的词语。

韦先生在《越人歌》中错以"桓"为"栢",强释"桓"为越语谓"船"的汉近音译写字,在译读《越绝书》卷3《吴内传》"治须虑者,越人谓船为须虑"时,又将"须虑"合为一词,此实在欠妥。

"须",古读除《广韵》的"锡俞切"和《集韵》《韵会》的"询趋切,音需"外,还有《集韵》的"逋还切,音斑"。比如,儒家经典之一的《礼记·玉藻》"大夫以鱼须文竹"句,东汉郑玄注:"崔云:用文竹与鱼班也。隐义云:以鱼须饰文竹之边。须音班。"

须读若斑,除此之外,《山海经·海内东经》载"郁水出象郡,而西(东)南注南海,入须陵东南","须陵"即岭南东部的番禺。须读若斑,陵读若隆。比如,《诗经·小雅·正月》以陵与雄叶韵,音相近。又东汉胡广《侍中箴》的"国有学校,侯有泮宫。

---

① 《太平御览》卷814《素》引。

各有攸教，德用不陵"，陵与宫叶韵，读若力中切，音隆。因此，"须陵"二字其古音就是"班隆"或"班容"或其他近音字。这也就是清朝初年广东学者屈大均说的"番禺旧读翻容"。① "翻容"是个越语地名，即黎语的"fa：n¹loŋ¹"或壮语的"ba：n³luŋ¹"，其义就是"大村子"。

慮，不论是读若《广韵》的"力居切"，还是明朝张自烈《正字通》的"卢谷切，音录"，都近乎南壮方言谓船为 $lɯ^2$ 或北壮方言谓船为 $ɣu^2$。慮，是越语谓船一音的近音译写字。既然"慮"已是越语谓船的近音译写字，怎么又加个读若"班"的"须"字，组成"须慮"，而不是如同《越人歌》一样以"枻"记音？原来，随着语言的发展，壮傣群体越人其语言形成了一个习惯用法，即为了区别人或物类和区别同音词，常在人或物类之前加个单位冠词。比如，称人为"pu^4vun^2"；称牛为"$tu^2va：i^2$"，称鸡为"tu^2kai^5"；称树为"ko^1fai^4"；称蛋的"$ʔan^1kjai^5$"，称房子为"$ʔan^1ɣa：n^2$"，称船为"$ʔan^1yu^2$"等。pu^4、tu^2、ko^1、$ʔan^1$等就是壮傣语人或物类的单位冠词。人或物类的单位冠词与名词结合在一起，就是表明这是人或某种物类，起标识名词的作用。如果名词之后加"一"，它们就成了单位词。比如，"$tu^2va：i^2deu^1$"就是"一头牛"，"$ʔan^1yu^2deu^1$"就是"一只船"；加"二"及其以上的数字，则放在单位词（量词）的前面。比如，"$so：ŋ^1tu^2va：i^2$"即"两头牛"，"$sa：m^1ʔan^1yu^2$"即"三只船"等。因此，"$ʔan^1yu^2$"就是船。"$ʔan^1$"音近乎汉记音字"班"一音，"须慮"就是上古越语也就是壮傣语"$ʔan^1yu^2$"或"$ʔan^1lɯ^2$"的近音译写字，并不是"须""慮"二字拼读成上古越语"船"之音。

傣群体越人与壮群体越人分化独自发展以后，其后人此类语言习惯用法略见变化，可是壮群体越人及其后人一仍其旧。上古越语谓船为"须慮"，也就是今壮语谓船为"$ʔan^1yu^2$"或"$ʔan^1lɯ^2$"的近音译写字，道明了上古越语与今壮傣语的传承关系。

第五，《越人歌》是汉文记载的音声与译语俱全的唯一流传下来的上古越人经典式山歌。全歌32个近音记音汉字，如韦先生译读，其中有译（大人）、州（王府）、州（王子）、昭（王子）及译文中与"君"对称的记音字共6个记音字，连同两个"秦"及一个"惿"的近音译写字属歌者卑称的"小人"，则人的称谓有9个字，占全歌32个近音汉译写字1/3弱，剩下的23个记音字越操舟者如何抒发心怀？在如此短短的山歌中，面着对方，尊称、自称这样多，岂没个度？口唱起来岂不是"浅山嶙嶙，乱石矗矗"，疙哩疙瘩，语不畅、意不扬？

第六，《越人歌》是现唱现记音现翻译的抒怀山歌，其汉译文体现了原歌应有的意蕴。译读时不当抛开译文，随意敷演，走歪了道。比如，韦先生在译读《越人歌》时对译文中"山有木兮木有枝"一句，没找出原歌中相对于译文的记音字，说"缺记音"三字了之，没个交代，就令人傻眼了。"山有木兮木有枝"一句粗看起来似与山歌意蕴没多大关系，来之突兀，然而看似简单却不简单，在歌中此一句子来之顺理成章，不能等闲视之。因为此句说的"树木"，就是越人心目中崇拜的树木之神托身之所，是越人休戚即喜乐或忧虑、祸患或福泽所主的神灵。在《越人歌》中只有"神灵看着"，下句的"心悦君

---

① （清）屈大均：《广东新语》卷3《三山》。

兮"方才有可信度，值得信赖。

越人以木为神灵所在所托，因此也以木为崇拜的神灵。

《太平御览》卷406《叙交友》引晋朝周处《风土记》载："越俗性率朴（坦率淳朴），意亲好合，便脱头上巾、解腰间五尺刀以与之为交拜，亲跪妻定交。有礼俗，皆当于山间大树下封土为坛，祭以白犬一、丹鸡一、鸡子三，名曰木下鸡犬五。其坛地，人畏不敢犯也。祝曰：卿虽乘车我戴笠，后日相逢下车揖；我虽步行卿乘马，后日相逢卿当下。"这是越人崇奉树神，即使结友盟誓，也以树神作证，也对树神盟誓，以树神监证。

崇奉树神，是上古壮傣群体越人及其后人的信仰。《古今图书集成·方舆汇编·职方典》卷1415《庆远府风俗考》载："凡山中六七老树交荫之地，谓之天神庙，土人不斋洁不敢入是。"他们常将树神作为保村护庄的神灵，因此在壮族地区的村子不问东、西、南、北都有一方依傍着一片"神林"。清朝中期以后在汉族文化的影响下，人们观念改变各村神林逐渐消失。在20世纪50年代以前，桂西及滇东南的壮族山村还多保有"神林"，只是1958年"大跃进"，大炼钢铁超英时大量地砍树炼"钢"，方才渐趋湮灭，所剩已经无多。不过，观念根深蒂固，迄今滇东南的壮族许多村子还于农历三月第一个龙日举行祭龙活动。"祭龙"就是祭祀村神"龙树"，也就是荫覆数亩的榕树或其他枝叶繁茂、高大挺拔、生机盎然的位于村头而被视为树神的大树。①

傣族也是如此。他们村寨的寨头边都种有"神树"或"龙树"作为村寨的"寨神"。②

"山有木兮木有枝"，译者当作一个句子译出，不该以"缺记音"敷衍了事。此一句子既和盘托出越人及其传人的信仰，又为下句做了铺垫，在风趣之中显其郑重庄严，应该根据译文在《越人歌》的记音字中将其落实，不可忽忽了之。

以上几点疑问，说明韦先生对《越人歌》的译读，似欠完善，还多有重新审视之处。

《越人歌》是操舟越人即兴的尊贵、慕贵、恋贵、引贵关注的抒怀山歌，歌唱起来应是音声清扬流畅，爽朗质朴，轻松愉快，节奏感强，句子长短参差而语气舒缓。译读《越人歌》应掌握此一基调。这是第一。第二，《越人歌》的译文千年流传，可说是基本做到了翻译的基本要求：信、雅、达。所以，译读《越人歌》应以汉译文句的旨趣为进退落实记音越语汉字的含义，不节外生枝，否则就背离了汉译文的意蕴。第三，记越语音汉字是近音译写字，操壮侗语族语言所含各族及群体是上古越人的传人，虽语随时、随地、随民族群体而变，但语有传承，变中有不变，只要他们各民族或群体语中有与《越人歌》记音汉字读音相近的词语，即可参照其语作综合考虑适当取舍，且译读后文从字顺没有背离汉译文句意思的，即可认为译读句稳字妥。

对于上古《越人歌》的译读，自韦庆稳先生发文后，我曾于1985年发了《〈榜枻越人歌〉的译读及其有关问题》一文，③也尝试对该歌略作译读。可是，由于该文是我在与

---

① 刘德荣等：《新编文山风土志》，云南人民出版社2000年版，第91—92页。
② 胡绍华：《傣族风俗志》，中央民族大学出版社1995年版，第87页。
③ 《广西民族研究》1985年第1期。

学术界断绝了 20 多年后于云南西双版纳傣族自治州经历了一些事忽生断想匆忙写就的，因此许多事没能比较成熟地考虑，也没对韦先生的译读作深层次的探究，加上自己对音韵学的生疏，也免不了存在众多谬误。比如，对《越人歌》中记音的"昌枑泽予"一句的译读即是如此。

记越音汉字"昌"，当时我认定其近音字是壮语的"ca：ŋ⁶"，即撑船的"撑"，这是错误的。因为一壮语没"c"此一声母；二壮语"撑"是个借汉语词，不该是上古越语音声。越人语的划水、划筏、划船的动词"划"，壮语谓 va：t⁸ 或 ça：u⁶，其中 va：t⁸，连同布依语的 va：t⁸，傣语的 fai² 或 va：i³ 以及侗水语支所含各族语谓 wa：i² 或 wa：t⁸ 等都是借汉语词，只有壮语的 ça：u⁶ 始为传承的越语词，所以布依语又谓 ka：u¹，临高语谓 tsau²，黎语谓 tshe：u²，显然 ça：u⁶、ka：u¹、tsau²、tshe：u² 是同源词，是上古越人语传承又略有了变化。壮语 ça：u⁶，是近乎汉记音字"昌"古读"尺良切"的音声。

另外，"泽"一字的音声，如上述古读近"薄"之音也就是音近壮傣语的"po⁶"，是壮傣语谓父亲及谓父老的尊称。过去，我将"泽"作"ta⁶"（河）解读，显然谬误。壮傣语原谓河为"me⁶ɣam⁴"（水的母亲），迄今西双版纳傣语、泰语、佬语仍称河为 mɛ⁵nam⁴。后来，德宏傣语觉得不妥，改为"xe²lam⁴"（水条），而临高语大河谓"hɔ²"，小河谓"to³"，壮、布依语则改称为"ta⁶"。临高语大河谓"hɔ²"，是个借汉语词，小河谓"to³"如同壮、布依语谓河为"ta⁶"，是汉代汉语谓河的支流为"沱"的同音或近音借词。

因此，近音译写越语音的"昌枑泽予"句，其近音译写字当为壮语的"（有幸）给大人（撑舟）划船"。

又如，"随河湖"句，韦庆隐先生译读随字如同云南邱北壮语的 səɯ¹ 或 tsaɯ¹，广西来宾壮语的 tsai¹ho²，泰语的 tsai¹，是正确的，因为此正与汉译文的"心悦"相吻合。

汉语"心之官则思"，[①] 壮傣群体越人则以喉为思考器官，有"ho²nam³"一词。ho²nam³，就是用喉咙来想事情、考虑问题。因此，清朝乾隆间李调元辑的《粤风》收有吴代原辑的《狼歌》有一首称："吞同厘伶俐，约友二何行。扶买扶扶过寻，何行也不失。"译成汉语就是："见到同年俊秀伶俐，惹得情妹钟情爱慕。你慕我爱来往游玩，惹人忌恨也不拆开。"其中两个"何行"，可能是吴代听混了，辨不清。第二句"何行"，当是"ho²han²"，汉直译为"喉头痒痒"，壮语是"爱慕"之词；第四句"何行"，该是"ho²ham²"，汉直译为"喉头发苦"，壮语为"妒忌""怨恨"之词。"ho²han²""ho²ham²"，唯韵尾 n 和 m 的不同，汉记音者听不惯辨不明故有此误。

上古越人以喉为思考器官，虽然傣群体越人的后人后来发展异化了，壮群体越人的后人布依族也异化了，但壮族仍以思考为 nam³，操由上古越语发展而来的汉语方言粤语的壮群体越人异化了的后人也照样传承着先人谓思考为 nam³。他们遇事一时拿不准主意常说："唔 nam³nam³ 先。" nam³，传承着上古越人的词语；句式也是传承着上古越人的习惯语："kou¹（我）nam³nam³ko：n⁵（先）。"

壮语 ho² 又称为 tsaɯ¹ho² 或 tsaɯ¹。tsaɯ¹ 意为"心思"或"心趋"即心的趋向。《越

[①] 《孟子·告子上》。

人歌》的基调是慕贵、恋贵，越操舟人偶尔遇上贵人，贵人且坐于他撑划的船中，自然乐涌心中，喜不自胜，笑逐颜开，所以"随"此一记音字，汉译为"心悦"，深得越语"随"的趣旨。

《越人歌》是首短小的抒怀山歌，以近音汉字记音 32 个字，如何断句，却是个难题。好在古人在记音的同时又作了翻译，记音字与译文相互对照，或可得其大半。

"今夕何夕兮搴舟中流，今日何日兮得与王子同舟"二句是原歌记音字"滥兮抃草滥予，昌枑泽予"二句的译文。《越人歌》只有"今夕何夕"这个意思，"今日何日兮"是译者为加重其语气而添加上去的。因此，越语此二句的意思是"今夕何夕""搴舟中流"，"与王子同舟"。

滥，《唐韵》《集韵》《韵会》《正韵》："卢瞰切，音览。"古属来母淡韵字，拟音为 lam，音近乎壮语、布依语晚上谓 ham^6，西双版纳傣语谓 xăm^6，德宏傣语谓 xam^6，泰语谓 kham^3，佬语谓 kham^5，侗语谓 ȵam^5，水、毛南语谓 ʔȵam^5。显然，滥是壮傣、侗水二语支所含各族语谓晚上为 ham^6 的近音译写字。晚上，黎语谓 pɯ^{1}tshop^7，与壮傣语和侗水语的 ham^6 或 ȵam^5 不是同源词，说明黎群体越人从壮傣、侗水二群体越人群中分化出去之前，早期越人还未具 ham^6（晚上）一词。

兮，古属匣母脂韵字，拟音为 nei，音近乎壮语谓今、这为 nei^4，黎语谓今、这为 nei^2，也近乎布依语谓今、这为 ni^4 或 ne^4，或西傣、泰、佬谓今、这为 ni^4，以及德宏傣语谓今、这为 lai^4，侗水语支所含各族语今、这谓 na：i^6。布依、傣、泰、佬及侗水语支所含各族语的 ni^4、ni^4、lai^4 或 na：i^6 都是与壮语、黎语的 nei^4 或 nei^2 同源于一词发展变化而来，只是壮、黎语基本没变化，同于或近乎《越人歌》的近音译写字"兮"一音。

"抃草滥"三字当是与译文"何夕"相对应。"滥"如前是壮语晚上谓 ham^6 的汉近音译写字，"何"自是"抃草"二记音越语的含义。抃，《唐韵》："皮变切，音卞。"抃古通于弁，拟音为 pan^2。草，段玉裁《说文解字注》"仓老切"，拟音为 cao^3。pan^{2}cao^3 近乎壮语谓"怎么"为 pan^{2}laɯ^2 之音，其义也相吻合。

予，段玉裁《说文解字注》："余吕切。"拟音为 lu^4。这是个句尾语气助词，无义，起延缓语气的作用。

"昌枑泽予"句，前面说过，昌音近乎壮语划船的划即 ça：u^6 一音；枑音近乎壮语船谓 ɣu^2 一音；泽音近薄即壮傣语谓父亲谓大人为 po^6 一音。予，同样是句尾语助词，音近乎 lu^4。如此《越人歌》汉近音译写字头二句"滥兮抃草滥予，昌枑泽予"，是上古越人语也就是壮傣语支中壮语 "ham^{6}nei^{4}pan^{2}laɯ^{2}ham^{6}lu^4，ça：u^{6}ɣu^{2}po^{6}lu^4" 的近音译写，其义为"今晚是怎么个夜晚啊，（有幸）给大人撑船划舟？"

其中，头句的今晚一词，上古越人及其后人壮语谓"滥兮"即 ham^{6}nei^4，体现了越语时间修饰性词语 nei^4 放在被修饰性词语即中心词 ham^6 之后，是越语的语法特点。第二句省略了谓语 haɯ^3（给）之后其所带的两个宾语即直接宾语"大人"和间接宾语"划船"，间接宾语 ça：u^{6}ɣu^2 置于前、直接宾语 po^6 置于后，也是越语的语法规则。今古同辙，说明上古越语与今壮语的传承关系。

越语近音记音汉字"昌州州𨎝州焉乎秦胥胥缦予乎昭"，相对于汉译文"蒙羞被好兮不訾诟耻，心几顽兮得知王子"二句，拟断为"昌州州𨎝州焉乎，秦胥胥缦予乎昭！"

昌，《广韵》："尺良切。"音近乎壮语高兴一词之音。高兴，壮语北部方言谓 ʔa：ŋ⁵，南部方言谓 ɕo：ŋ¹。州，《唐韵》《正韵》："职流切。"《集韵》《韵会》："之由切，音周。"州、州二音，近乎壮语描写高兴状态的"ŋvum¹ŋvum¹"。壮语描写高兴状态的词语丰富，比如，ɕo：ŋ¹ʔɯt⁷ʔɯt⁷、ɕo：ŋ¹va：u⁵va：u⁵、ɕo：ŋ¹fɯŋ⁵fɯŋ⁵、ɕo：ŋ¹ŋvum¹ŋvum¹等，ɕo：ŋ¹ŋvum¹ŋvum¹即是其之一。僸，《集韵》："口敢切。"其音近乎壮语谓羞为 ȵan⁵一音。州，歌词中衬字，音近 jou¹。焉，《礼记·三年问篇》的"焉使倍之"及"焉使弗及"，《荀子·礼论篇》"焉"均作"案"，说明上古"焉""案"二字通用。案，《唐韵》："乌肝切。"其音近乎壮语谓"喜欢"为 haŋ³。乎，句尾语气助词，音近 lo²。

秦，《说文》："榛，从木秦声。"于是《集韵》说榛，"慈邻切，音秦。"《左传》庄公二十四年"女赘不过榛栗枣修，以告虔也"句，唐朝孔颖达《正义》："榛声近虔，取其虔于事也。"晋朝杜预《春秋左传集解》："虔，音乾。"乾，其音近乎壮语留恋、贪恋谓 kjen¹一音。胥，段玉裁《说文解字注》引刘昌宗语"音苏"。胥、苏二字古通用，因此江苏省苏州市的姑苏山也称为姑胥山。胥，《正韵》："山徂切。"胥胥二字连用，是壮语 kjen¹（留恋、贪恋）的状态词，读作 ju²ju²。

缦，宋朝吴棫《韵补》："民坚切，音眠。"音近乎北壮、布依语谓第二人称代词你为 mɯŋ²。① 予（lu⁴）、乎（lo²），皆句中语气助词。昭，《唐韵》："止遥切。"此音近乎傣、泰、佬、掸语谓首领、主人、官家、王、王子为 tsau³。比如，明朝洪武末钱思训《百夷传》记载的"百夷"（今傣族先称）"其下称思伦发（明麓川平缅宣慰）曰昭，犹中国称君主也"。昭是上古越人谓首领、主人、官家、王及王子之称，后来随着历史的发展，壮、布依二族已经变称，唯广西天等县 20 世纪 50 年代还遗有"那昭"（官田）一称，道明壮族原也曾谓首领、主人、官家和王为昭。同时，古今汉语存在一字多音或诸字同音及近音的现象，因而壮傣语谓首领、主人、官家、王、王子一词，汉语既近音译写作昭，又近音译写作朱、多、刀、思等字。②

这样，近音记录《越人歌》的汉字"昌州州僸州焉乎，秦胥胥缦予乎昭"二句，是上古越人也就是今壮傣语支中壮语"ɕo：ŋ¹ŋvum¹ŋvum¹ȵan⁵jou¹haŋ³lo²，kjen¹ju²ju²mɯŋ²lu⁴lo²tsau³！"其译文为"高兴得令人眼馋啰又羞又喜噜，多么贪恋着您啊王子！"

依据汉译文"山有木兮木有枝，心悦君兮君不知"二句，《越人歌》的近音译写剩下的记音字当断为二句："澶秦踰渗惿，随河湖？"

澶，《唐韵》："市连切。"音近乎壮语方位词 kɯn²（上面）。秦，上面说其音同"乾"，音近乎壮语 kjen¹（贪恋），可在此处以秦近乎 kjen¹（贪恋）不合，当另选他词。与秦音近的当属壮语 kem⁶（山坳）。方位词 kɯn²（上面）与名词 kem⁶（山坳）组合，方

---

① 第二人称代词单数你，随着社会发展，壮语南部方言、傣、泰、佬、掸语已以 mɯŋ²为不敬之词。你，侗水语谓 ȵa²，黎语谓 meɯ¹，与壮、布依语的 mɯŋ²不是同源一词发展而来。

② 《诗经·鲁颂·閟宫》"享以骍牺，是飨是宜，降福既多"句，朱熹《诗集传》谓牺，虚宜、虚何二反；宜，牛奇、牛何二反；多，章移、当何二反，说明多读多音，为越人谓之词（如闽越多军、夜郎王多同、獠人首领多胡桑），又可读近刀音、思音，又可读近州音，州又近朱音，因此越人谓官为朱。而《明史》卷 314《云南土司传》载麓川平缅宣慰司土官先称思可法、思伦发，后称刀歪孟、多士宁、多思顺等。

位词放在名词之前,这是上古越语也就是壮傣语不同于汉语的语法特点。$kɯn^2 kem^6$,意即山上。踰,《集韵》《韵会》:"容朱切,音俞。"音近乎壮语 $ŋe^1$(树枝)。渗,《唐韵》《集韵》《韵会》《正韵》:"所禁切。"音近乎壮语 $ɣim^1$(满)一词,惿,《集韵》:"田黎切,音提。"孙星衍《晏子春秋音义》卷上:"废、提为韵。"这说明提字古读也近乎废。废一音,近乎北壮、布依语树木谓"fai^4"之音。

随,上面说过是壮语 $tsaɯ^1$ 的记音字。汉"心之官则思",越人则异是以喉为思考器官,$tsaɯ^1$ 本指喉所处的部位,引作"思趋",译成汉语就是"心悦"。河,苗夔《歌麻古韵考》卷1载河"古读若怀"。陈第《屈宋古音义》卷2载怀"古音回"。《集韵》《韵会》《正韵》载回,"胡隈切,音洄",即 hei 一音。此音近乎北壮的 pei^4,义为兄、兄长,兄弟就是 $pei^4 nu:ŋ^4$。哥、兄长一词,虽今北壮多借汉语词谓 ko^1,但仍有称哥称兄为 pei^4 一词,南壮、布依、傣、泰等语则衍为 pi^4 或 phi^3。哥,侗水语支所含各族语或谓 $ta:i^4$ 或谓 $fa:i^4$,明显是与壮傣语同源于一词发展而来,黎语兄谓 $ɲo:ŋ^2$ 或 $pha^3 ɬau^3$,则与壮傣语和侗水语相异。湖,《唐韵》音"户吴切",近乎北壮谓知道为 $ɣo^4$ 一音。北壮谓知道为 $ɣo^4$,布依语谓 zo^4,南壮、傣、泰、佬、掸等语谓 hu^4 及侗水语谓 wo^4 都是同源于一词音变而来,唯黎语谓 $khu:ŋ^1$ 则与此相异,不是同源词。

如此,参照汉译文"山有木兮木有枝,心悦君兮君不知",汉记越音字"澶秦踰渗惿,随河湖",上古越语也就是今壮语应是"$kɯn^2 kem^6 ŋe^1 ɣim^1 fai^4, tsaɯ^1 pei^4 ɣo^4$",直译为"山坳上枝杈交结长满树木,心悦兄长知道"。由于一者越人崇拜树神,二者结句是反问句,所以其意当是:"山上树神看着呢,心悦君啊君可知?"

同时,上古越人的理念不论贫富贵贱都可平等结交,比如越人的结交歌"卿虽乘车我戴笠,后日相逢下车揖;我虽步行卿乘马,后日相逢卿当下",[1] 就是如此。所以,操舟越人觉能为楚王子划船撑舟,得心快意,兴奋非凡。此是他千载难逢,希冀能与楚王子结拜定交,以树神为证表其心意,并反问"我心您知否",并将"大人""王子"一称降为平交的"兄长"。这是意在言外了,可却也是他的一番心愿。

现将《越人歌》古记音越语汉字、相近今壮语词及译义与古译文对照,以见其歌较为完整的音义和传承关系。

[记音汉字] 滥兮抃草滥予?　　　　　　　　　　[古译文]
　　　　　　昌枑泽予!
[越语词] $ham^6 nei^4 pan^2 laɯ^2 ham^6 lu^4$?
　　　　　$ɕa:u^6 ɣu^2 po^6 lu^4$!
[越语义] 今晚是怎么个夜晚啊?　　　　　　　　今夕何夕兮搴舟中流,
　　　　　(有幸)给大人撑船划舟!　　　　　　今日何日兮与王子同舟!
[记音汉字] 昌州州𩜌州焉乎,
　　　　　　秦胥胥缦予乎昭!
[越语词] $ɕoŋ^1 ŋvum^1 ŋvum^1 n̠an^5 jou^1 haŋ^3 lo^3$,
　　　　　$Kjen^1 ju^2 ju^2 mɯŋ^2 lu^4 lo^2 tsau^3$!

---

[1] 《太平御览》卷406《叙交友》引《风土记》。

[越语义] 高兴得令人眼馋啊又羞又喜噜， 蒙羞被好兮不訾诟耻，
多么贪恋着您啊王子！ 心儿顽而不绝兮得知王子！
[记音汉字] 澶秦踰渗惿，
随河湖？
[越语词] kɯn²kem⁶ŋe¹ɣim¹fai⁴,
tsaɯ¹pei⁴ɣo⁴?
[越语义] 山坳上枝杈交结长满树木， 山有木兮木有枝，
心悦君啊君可知？ 心悦君兮君不知

《越人歌》6句，开头二句以疑问始，结尾二句以反问结，中间二句感叹抒情，短小精悍，珠联璧合，婉转优美，流畅明快，合身合体，民风又呈，浑如天成。且叙事富于条理，就景设譬，以人之妒衬己之喜，感情波浪层层递进，对象的称谓也由"大人"而"王子"而"兄长"，一层亲近一层，显示了歌者构思的巧妙和想象力的丰富。而歌是"会钟鼓之音毕，榜枻越人拥楫而歌"，为即兴之作，诚为难能可贵。设若歌者所属的民族群体没有歌唱的风气，也不具歌唱的素质，甚难想象歌者俄而之间能唱出这样的歌。所以，我们说歌者不愧为古代越人优秀的歌手，越人不愧为深有歌唱素养而擅长歌唱的民族群体。

《越人歌》32个近音汉记音字，除5个句中语气助词外，其他27个记音字，"兮"（nei⁴，今、这）、"昌"（ça：u⁶，划）、"惿"（fai⁴，树）3个近音记音字为早期越人也就是壮傣、侗水、黎三群体越人还没有分化的时候具有的词语；"滥"（ham⁶，晚上）、"河"（pei⁴，兄长）、"湖"（ɣo⁴，知道）3个近音记音字为黎群体越人分化出去独立发展以后壮傣、侗水二群体越人共同拥有的有着同源关系的词语；此外则全为壮傣群体越人随着时日流逝、社会发展而拥有的词语。

比如，"澶秦踰渗惿"句的记音字"渗"，音近乎壮语的 ɣim¹，汉译义为"满"，即充盈、充满、充溢。此词，早期越人时期已具其词，黎语谓 thi：k⁷，侗水语支所含侗语谓 kik⁹，仫佬语谓 pik⁷，水、毛南语谓 tik⁷，甚至壮傣语支所含的临高语也谓 dik⁷，显然这些词语都是源于一词发展而来的词语。可是，除临高语外，壮傣语支所含各族语，北壮谓 ɣim¹，布依语谓 zim¹，南壮、西双版纳傣语谓 tim¹，德宏傣语、泰、佬、掸语谓 tem¹，无疑这是随着社会的前进，壮傣语与侗水、黎二语支语言发生的语言变异，属壮傣语支语言的临高语因僻处海南岛上未见波及而保其原态。这说明了上古越人的《越人歌》属于壮傣群体越人此一支系越人的山歌。"ɣu²"（船）"po⁶"（大人）、"tsau³"（王子）三词唯壮傣群体越人其语有之，更有力地说明了此一点。

"合抱之木，生于毫末"，① 是生物成长的必然趋势；民族群体合久必分，也是社会发展的必然结果。与时俱进社会发展，黎群体越人在越人尚未形成干栏式住房和还没驯化普通野生稻为人工栽培稻的时代分化出去独自发展了。而当部分越人走出氏族形成部落，男子充任部落首领，部落成员崇拜"陶祖""石祖"，男女 mi²ya：n²（有家庭，即结婚），fa¹（篱笆）扎起，su：n¹（园子）滋蔓，存在了家庭私有财产，买卖产生，社会成员间

---

① 《老子·德经》。

贫富分化、贵贱等别出现的时代，壮傣群体越人又与侗水群体越人分化独自发展了。因此，壮傣群体越人有了父亲、父辈、首领谓"po⁶"的习称，有了"译吁宋"（po⁶ʔjoi⁴ ŋɔ², 大于首领即大越首领），① 同时也有了汉语近音译写的官、王子等词语。就《越人歌》中的词语而言，侗水群体越人既未形成"栢"（ɣu²，船）之词，也没有形成"泽"（po⁶，大人）、"昭"（王子）等词语。

不过，壮傣群体越人关于官、王、王子、首领的称谓，由于汉语一字多音或多字同音及近音，不同时代不同的人其近音的译写字也多不同。比如，《越人歌》谓王子为昭；《越绝书》卷8《记地传》说越人谓官为朱；《史记》卷114《东越列传》载有"东越将多军"归汉后封无锡侯，卷116《西南夷列传》载有"夜郎侯多同"，《新唐书》卷222下《南平獠传》载有"显庆三年（658年）罗窦（今广东省信宜县）生獠酋领多胡桑率众内附"等。多字，上古既读若"章移反"又读若"当何反"。② 而《易林》又以近昭音的州与庐叶韵，读若朱，苏辙《巫山庙》诗以多与醪叶韵，读若刀，而且广东"东莞之南头谓刀曰多"，③ 所以壮傣群体越人及其后人谓主人、谓首领、谓官、谓王、谓王子之词，汉近音译写字既写作昭、多等字，又写作思、刀等字。比如，广西梧州思良江宋代又谓之多盐水，其因就是江中多威猛害人的鳄鱼，故多以示其为"王者"。④

同时，由于壮傣群体越人部落形成，首领由男子充任，可时至秦代，他们的社会发展仍然停滞于原始社会末期军事民主制阶段，犹如公元前3世纪后期秦兵征讨岭南越人，西呕部落首领"译吁宋"战死，"而越人皆入丛薄中与禽兽处，莫肯为秦虏，相置桀骏以为将而夜袭秦人，大破之，杀尉屠睢，伏尸流血数十万"。⑤ 此后，他们虽然跨出原始社会进入阶级社会的门槛，部落首领世袭，"酋长死，非其子孙自立者，众共击之"，⑥ 但是各部落"固恃险阻，各称酋豪"，⑦ 还是部落林立，各自为政，相互攻击，维持着部落社会状态。这样，在壮傣群体越人的观念中，主人、首领、官、王、王子等概念一直混作一堆，处于朦胧之中，久久没有升华。比如，明朝洪武末年钱古训《百夷传》载：

> 至正戊子（八年，1348年）麓川土官思可发数侵扰各路。元帅搭失把都讨之，不克，思可发益并吞各路而遣其子满散以输情款。虽奉正朔，纳职贡，而服用、制度拟（摹拟）于王者。

> 思可发死，子昭并法立。八年，传其子台扁。逾年，从父（叔父）昭肖发杀而自立。期年，盗杀昭肖发，众立其弟思瓦发。

> 国朝洪武辛酉（十四年，1381年）平云南，明年思瓦发寇金齿。是冬，思瓦发

---

① 西呕首领"译吁宋"见《淮南子》卷18《人间训》；译读见白耀天《壮族土官族谱集成》，广西民族出版社1998年版，第12—13页。

② 《诗经·鲁颂·閟宫》"享以骍牺，是飨是宜，降福既多"句，朱熹《诗集传》音注。

③ （清）屈大均：《广东新语》卷11《土言》。

④ （宋）乐史：《太平寰宇记》卷154《梧州》。

⑤ （汉）刘安：《淮南子》卷18《人间训》。

⑥ （元）李京：《云南志略·诸夷风俗》。

⑦ [新罗]崔致远：《补安南录异图记》，《桂苑笔耕集》卷16。

略于者阑南甸，其属达鲁方等辄立满散之子思仑发而杀思瓦发于外，即遣使贡白象、犀、马方物于朝。廷议不忍以化外，乃命福建左参政王纯率云南部校郭均美等谕以向背利害，约以每岁贡献之率而遂内附，于是授思仑发为麓川平缅军民宣慰。

丙寅（洪武十九年，1386年）复寇景东。明年，部属刀思朗犯定边（云南南涧县）。天子命西平侯沐英总兵败之，获刀思朗，夷人惧服。上以远人不加约束，故官称制度皆从其俗。

其下称思仑发曰昭，犹中国君主也……其属则置叨孟，以总统政事兼领军民；昭录，领万人；昭纲，领千人；昭伯，领百人；领伍（疑逸一"什"字）者为昭哈斯；领一什者为昭准：皆属叨孟。又有昭录令，遇有调遣，亦与叨孟统军以行……

麓川平缅宣慰思仑发之后，据《明史》卷314《云南土司传二》载，永乐中为思行发；十一年思任发立；宣德后为思机发、思卜发、思禄、思命发、刀歪孟、刀外闷、多士宁、多思顺等。这就是关于主人、首领、官、王、王子等的称谓，傣群体越人的后人承上古越人之称，汉近音译写或为思，或为昭，或为叨，或为刀，或为多，或为早，或为招，等等不一。

壮傣群体越人除岭南一支外，还有另一支即位于今苏、皖、浙、赣、闽、湘等省的越人。他们先后建立了吴、越二国，也就是战国《中山王鼎铭》记载的"吴、雩"二国。公元前585年，吴首领寿梦称王；公元前473年，越国灭吴国。吴、越二国先后得到东周王朝的藩封，成为割据一方的诸侯国，后来又先后强兵北上，会盟齐、晋等诸侯，颐指中原，先后称雄，各为春秋五霸之一。

吴、越二国的主体国民虽为越人，但是二国既已为藩国，国的行政机构、官属的设置、宫廷建筑的形式及其称谓等，自然取同于中原齐、晋等国，所以其谓王谓王子为昭、谓官为朱便开始更改，取同于中原各诸侯国的称谓。因为既要称霸中原，就不得不习同于中原各诸侯国，官称同于中原各诸侯国。国与国交往，要行官样文书，可越人有语无文，不得不借用于汉字。开始，吴、越二国王家，在汉文的基础上别搞"鸟书"，表明自己不完全相同于中原各诸侯国：

吴王戈是吴王僚为太子时用戈。1961年在山西省万荣县后土庙附近贾家崖出土，山西省博物馆藏，错金鸟书6字。①

越王鸠浅剑为青铜剑，1962年12月在湖北江陵望山一号墓出土。剑全长55.6厘米，身长47.2厘米，把长4.8厘米，剑格宽5厘米。剑身两面满是黑色的富于越人工艺纹饰特色的菱形几何图案，剑格正面用蓝色琉璃、背面用绿松石镶嵌成美丽的花纹，剑身近格处铸有两行八字鸟篆铭文："越王鸠浅（勾践）自作用剑。"剑发现时插在黑漆木鞘内。剑深埋地下2400多年，出土时一无锈迹，仍剑光闪闪，寒气逼人，其利可以断发，不愧为越国当时镇国之宝，我国古代兵器史上技夺天工的奇葩。②

者旨于赐，即越王者旨于赐，也就是《史记》卷41《越世家》记载的勾践之子鼫

---

① 张颌：《万荣出土错金鸟书戈铭文考释》，《文物》1962年第4、5期。
② 湖北省文物队：《湖北江陵三座墓出土大批重要文物》，《文物》1966年第5期。

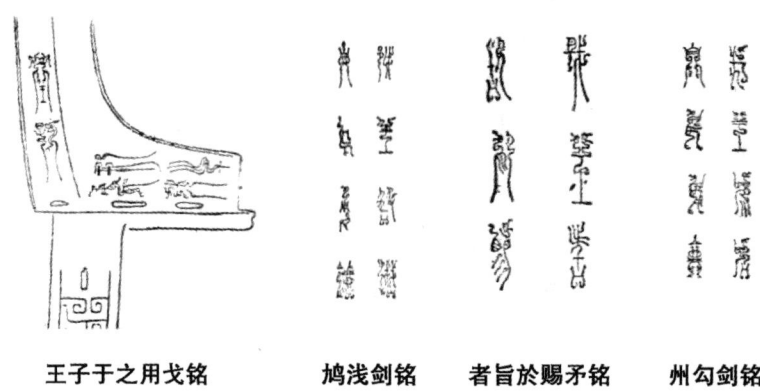

王子于之用戈铭　　鸠浅剑铭　　者旨於赐矛铭　　州勾剑铭

与。该矛为日本细川护立所藏。矛上铭文除"者"字外，其他5字皆鸟书。[1]

州勾，为越王不寿的儿子，《竹书纪年》写作"朱句"，即王翁，勾践的曾孙。州勾剑铭文鸟书8字："越王州勾自作用剑。"该剑1973年3月在湖北江陵藤店一号墓出土。[2]

除了吴、越王自用的剑、矛、戈上有鸟书铭文外，还在钟等器物上铸有"鸟书"。比如，"越王者旨于赐钟"其铭文52字，错金，作鸟书者约10字。[3] 兹据容庚的摹本、释文如下：

吴、越二国鸟书在王家器物铭文上的出现，也影响了周围诸国。比如，楚王孙渔、宋公栾、蔡侯产等；可是他们只是个别人的仿效。吴、越二国特别是越国，自越王勾践至其曾孙州勾（朱句）仍在广泛使用鸟书并铸于他们使用的剑、矛、戈上。

吴、越二国王家的鸟书，是一种以篆书为基础的鸟形美术字，它的出现在吴、越王家是一种时兴，并未妨碍吴、越二国对汉文的使用。比如，勾践听到范蠡等有益的建议，常"以丹书帛，置之枕中，以为邦宝"[4]。使用汉文作为交际工具，汉文及汉文传递的观念和信息就像一个酶体存在于越人之中，促其趋汉变化。

公元前473年越灭吴后强兵北上，"观兵中国，号称五霸"[5]。越的国都先从今浙江迁至琅琊（今山东诸城市），后来待不下了又南迁于吴。这是越人弃己就汉的经历。所以，越王及其臣民不断在汉化的道路上行走。雄伟的汉式宫廷建筑取代了世代相传的干栏式住房建筑；昭、朱、多等朦胧的官称也为汉族的王、侯、伯、子、男等诸侯称谓具体化了；而越人本无祖先崇拜之举，勾践称霸之后迁都琅琊，便要移其先父允常之墓于新都大加营缮等。这些都体现了他改越人旧习而以汉俗为标杆。因此，勾践临死时对其子说："吾自禹之后，承元常（允常）之德，蒙天灵之祐、神祇之福，从穷越之地，籍楚之前锋，以

---

[1] 容庚：《鸟书考》，《中山大学学报》1964年第1期。
[2] 荆州地区博物馆：《湖北江陵藤店一号墓发掘简报》，《文物》1973年第9期。
[3] 容庚：《鸟书考》，《中山大学学报》1964年第1期。
[4] 《越绝书》卷13《越绝外传枕中》。
[5] 《史记》卷69《货殖列传》。

隹（惟）正月王
春吉日丁（此二行在钲上）
亥，戉（越）王
者旨於
赐罨（择）其（厥）（此三行在鼓左）
吉金，自
乍（作）禾（和）□
□，以乐（此三行在背面鼓右）
□□，□而
宾客。日以（此二行在钲上）
鼓之，夙
莫（暮）不贰。
□余子（此三行在鼓左）
孙，万枼（世）
亡彊，用
之勿相。（此三行在正面鼓右）

摧吴王之干戈，跨江涉淮，从晋、齐之地，功德巍巍，自致于斯，其可不诚乎？"① 越、汉异习异语，二者不同，《越人歌》已经昭示，勾践却认为他是夏禹之后，则心理已经以依汉为尚，其语也已经逐渐汉化了。

　　勾践称霸中原后，其子孙历鼫与、不寿、州勾、王翳、莽安、无颛、无疆，公元前333年楚威王杀无疆灭了越国，历时140年。越国灭，越人还在，所以《史记》卷41《越王勾践世家》说："越以此散，诸族子争立，或为王，或为君，滨于江海上，朝服于楚。"

　　"六王毕，四海一。"秦统一中原六国后兴兵平定越人。车同轨，字同文，统一度、量、衡，对越人实行强力同化政策。秦始皇三十七年（前210年）始皇本人出巡来到会稽（今浙江省绍兴市）"宣省习俗"，规定"有子而嫁，倍（背）死不贞；防止内外，禁止淫泆，男女洁诚。夫为寄豭，杀之无罪。男秉义程，妻为逃嫁，子不得母，咸化廉清，大治濯俗"，并勒石垂训。②

　　西汉建立。再度强化对江浙等地越人的同化政策。他们先是于建元三年（前138年）将今浙江东部的"东瓯""举国徙中国"，"处江淮间"，后又于元封元年（前110年）将"闽越""其民徙江淮间，东越遂虚"③。

　　实际上，今江、浙、皖、赣、闽等地的越人并没有完全北徙，东越地也不是完全没越人了。西汉历东汉至三国，300多年过去了，今浙、皖、赣、闽等诸地的"山越"仍是吴

---

①《吴越春秋》卷10《勾践伐吴外传》。
②《史记》卷6《秦始皇本纪》。
③《史记》卷114《东越列传》。

国的心腹大患。孙吴政权曾经花了大力气方才将他们化为顺民,这在陈寿《三国志·吴志》中有着明白的记载。不过,那个时候的"山越"虽名"越",越语在他们中已渐消失,大部改操汉语了。

以上情况说明,春秋及其后,壮傣群体越人各部落由于所处的地区不同,交往的民族群体殊异,社会发展不一,一些部落建立了国家,密切了与中原各诸侯国的关系,再加上不甘落后,延揽汉族名人,力竞鳌头,北上中原,称雄诸侯,并通过使用汉文此一媒介,加速社会发展,开始并逐渐加大趋汉变化的过程。而五岭上下的壮傣群体越人,各部落因孤处于五岭南北及云贵高原东侧,相晤也越人,交拜也越人,交游也越人,交际也越人,交易也越人,交欢也越人,交恶也越人,纵横交错皆越人,因此壮傣群体越人传承的语言、文化在他们中基本纯真而一,少有异化现象。

如果弃春秋及其后已经逐渐趋汉变化的今江、浙、皖、赣、闽、鄂、湘等省的壮傣群体越人于不计,则壮傣群体越人自与侗水群体越人分化以后,越人的社会历史发展便进入了壮傣群体越人部落社会。

译读《越人歌》,知道五岭南北的越人,主属壮傣群体越人,知道壮傣群体越人的社会发展早在《越人歌》出现之前已经进入了原始父权制社会,因为距今4000年前后,他们已经崇拜石祖和陶祖。

第三节　壮傣群体越人进入原始父权制社会的特殊性: 原始母权制没充分发育,父权制过早成熟

壮傣群体越人"其长子生,则鲜而食之,谓之宜弟;其大父死,负其大母而弃之,曰鬼妻不可以同居处"[①]。这道出了他们已经摆脱了原始母权制社会的束缚,原始父权制社会已经确立。而侗水群体越人则仍以"祖母"为主宰一切的神灵,拜之唯恐不及。水族也是如此,以女人居于男人之上,称男女为"女男",崇拜的神灵则以 ni^4(母)冠首命名。而且,诸男之中,大于父的伯父,小于父的叔父,至今没有共同的词语,说明在壮傣群体越人走出原始母权制社会进入原始父权制社会的时候,他们还徘徊于原始母权制社会族外群婚制阶段。

壮傣、侗水二群体越人分袂各自发展的时候,社会生产力水平还十分低下。比如,现在人们每食不可须臾或缺的蔬菜,那时的壮傣语和侗水语就无其词。

蔬菜,北壮语谓 $pjak^7$,布依语谓 $pi:k^7$,临高语谓 sak^7,南壮谓 $phjak^7$,西傣谓 $phăk^7$,德傣、泰、佬语谓 $phak^7$,侗水语支的侗、仫佬语谓 ma^1,水、毛南语谓 $?ma^1$。很显然,关于蔬菜的称谓壮傣语不同于侗水语,二者不是共时而生有着同源关系的词语,是壮傣、侗水二群体越人分化以后方才各自产生的词语。

连蔬菜的词语都没有产生,说明壮傣、侗水二群体越人虽然已经驯化普通野生稻,培育了糯米为主食,形成了初期的糯米文化,但是社会生产力还十分低下,原始母权制社会还有宽阔的发展空间。处于如此的社会状态,壮傣群体越人却能腾身而起摆脱原始母权制

---

① 《列子·汤问》。

的束缚进入原始父权制社会，明显不是社会生产力发展，原始母权制社会得到充分发育瓜熟蒂落的结果。是什么社会机制、社会机缘使得壮傣群体越人具有腾出原始母权制社会的能耐进入原始父权制社会？

这要从壮傣群体越人居住的自然环境以及在此自然环境影响下形成的人的脾性特征进行考察，方能寻得其中的锁钥。

壮傣群体越人居住在我国古代江南丘陵地区，山川阻深，岭树重遮，ço：ŋ⁶ço：ŋ⁶自成一天，郁热气闷，蚊蚋成堆，毒虫肆虐，瘴疠时发，时气相激，久而染之，人形成了气急、性躁、轻悍、①记仇、②勇于献身、③好相攻击的性格特征。

西汉太尉田蚡说"越人相攻击，固其常"，④道出了壮傣群体越人社会中各部落相互攻击，乃是经常而普遍存在的事实。

结怨、报怨、纷争、交战，犹如狩猎，既需体力、智慧，又需没日没夜地与对方周旋。在氏族部落中，女性成员既要主持家务、参加劳动，又要怀孕生育、护理孩子，只能将参与战斗、保卫氏族安全的责任撂予男性成员，由男性成员负起承担纷争、交战、保卫氏族部落安全的责任。这是壮傣群体越人性别间的一种自然分工。壮傣群体越人氏族部落间的结怨报怨，相互攻击，血族复仇没完没了，将男性成员推上矛盾、战争舞台的第一线，成就了男性成员的职业。

氏族部落间矛盾的激化，摩擦的增多，战争的频繁，不仅需要男子挺身前行执戈相搏，而且需要有坚毅、勇敢、智慧、果断而办事为众认同的男子首领拿主意、做决策，率众前行。从而作为氏族、作为部落军事首领的男子逐渐成为氏族部落妇孺的依托，成为社区的中心，成为氏族部落的灵魂。这样，随着壮傣群体越人社会的发展，男子在社会上的角色地位益形重要、益形突出、益形位居中枢，在氏族部落中既逐渐与女性首领并驾齐驱，又因拥有军事实力而权力逐渐胜于女性首领，成为氏族部落成员的依托、信赖、仰慕、崇拜对象。于是，他操起了氏族部落首领的权力，操控着氏族部落的成员，主宰着氏族部落的事务，从而促使壮傣群体越人父权制在壮侗群体越人原始母权制社会中脱颖而出，进入原始父权制社会。

在壮傣群体越人社会中，长期的枕戈待旦，成就了男子的职业，没有战事，男子便无所事事；女子除了家务活，还要从事田间劳动、樵苏、趁墟负贩等劳动，这样在原来的男女性别分工一贯而下，顺而成章地形成了男逸女劳的习俗。《旧唐书》卷197《南平獠传》记载的"俗皆妇人执役"，活现了此一习俗；北宋乐史《太平寰宇记》卷159载循州（治今广东惠州市）"妇人为市，男子坐家"，活现了此一习俗；南宋周去非《岭外代答》卷10《十妻》记载的"城郭墟市负贩逐利，率妇女也"。"为之夫者，终日抱子而游，无

---

① （南北朝）刘渊林：《文选·吴都赋注》引汉杨孚《异物志》。
② 《古今图书集成·方舆汇编·职方典》卷1426《平乐府风俗考》载：壮人"本类相仇，纤介不已，虽屡世必复斗"。
③ 勾践烧火于廷前，焚舟鼓而进之，伏火而死者不可胜数（王充：《论衡·率性篇》；《墨子·兼爱下》）。又三国万震《南州异物志》载，俚人弟勇于为兄服毒索债（《太平御览》卷785《俚》引）。
④ 《史记》卷114《东越列传》。

子则袖手安居",活现了此一习俗;元朝初年《马可·波罗行纪》记载的"金齿"(今傣族先称)"其俗男子尽武士,除战争、游猎、养鸟之外不作他事,一切工作皆由妇女为之",也活现了此一习俗;[①] 伽尼(F. Garnier)《越南半岛探路记》记载"老挝人甚懒,如其家不甚富,不能蓄奴婢者则命其妇女作诸事,不但理家务,且为舂米、耕田、操舟等事,男子仅为渔猎而已",照样活现了此一习俗。[②]

由于壮傣群体越人的原始父权制是在社会生产力还十分低下、母权制还没有充分发育的时候父权制过早地成熟了,而不是在社会生产力发展、母权制充分发育推动着原始父权制的萌芽、发育,从而瓜熟蒂落、水到渠成最后取代原始母权制,所以壮傣群体越人原始父权制确立之后母权制势力还十分强大,而父权制由于先天不足处处显示出其相对的软弱。

在如此形势之下,壮傣群体越人社会除沿袭原先的男女性别职业分工外,也沿袭了原来女子及其所生子女例归女子所属氏族的思想、意识、观念。这种意识观念在原始父权制社会中表现为舅权制的意识观念。此外,男子还不得不对女子做出让步,实行倚歌择配,女子可以独立之身自主决定婚配对象;成婚后女子享有不落夫家,以自由之身自主地与丈夫之外的可意男子交往待怀孕后始落夫家的权利;并实行"生雏抱产翁",即父亲坐褥制,以改变原始母权制时代子女归属女子氏族的惯例,妻子产后,丈夫即令妻子离开产床,自己上床育儿,从婴儿时起培养父子亲情,夺取母亲对子女的控驭权力。

一 "地上舅公大"

壮族有句俗语,说"天上雷公大,地上舅公大"。舅公大,指的是舅公对外甥家中有关婚丧纠纷、分家、继承等主要事务的处置拥有权威性的权力。这是原始母权制在父权制社会中的残余。

在壮傣群体越人原始父权制社会中,舅父的权力如何之大,因没记载,难详其情,唯从"地上舅公大"此一俗语的流传中略知其大概。至清朝及民国年间,壮族外甥的婚嫁、分家、纠纷、丧葬等一切重大事务,都要请舅父到场才能敲定。比如,"父母过世时,孝主须派一个年纪较长的族兄去报知舅家。他们认为这是一种应有的礼节。报丧的目的是使舅家知道'姑爷'死的时间、原因和打丧的消息。去报丧时不需备带礼品,报丧后舅父不一定来,但来的居多数。如果是母亲死的,须待舅父来验尸才能入殓封棺。这是看死者是否受迫害而死"[③]。

舅父们关心他们家嫁出去的姑姐妹的命运。所以,雍正《广西通志》卷92载:壮人"一语不相能,辄挺而斗。斗或伤其一,由此世世为仇;然伤男子仇只二姓,若伤其妇,而妇之父母叔伯兄弟皆怨家矣"。

即使是已经趋汉变化了壮群体越人的后人中原始舅权制残余也还不少。比如,民国年间,广东省香山县(今中山市)、东莞县(今东莞市)等地"为外亲者每遇姑姐妹之

---

① [意] 马可·波罗:《马可·波罗行纪》,冯承钧译,中华书局1957年版,第473页。
② [意] 马可·波罗:《马可·波罗行纪》注四引,冯承钧译,中华书局1957年版,第477页。
③ 《广西壮族社会历史调查》第七册,广西民族出版社1987年版,第230—231页。

丧"，"蜂拥而来""捡伤"，闹得不亦乐乎，① 就是此类情况。

傣群体越人的后人宋、元、明都先后信奉了佛教，他们社会中舅权制的残留情况没见记载，难知其情。但他们的男女婚配，多如往日，看来其舅权制在他们社会中多见残存。

二 倚歌择配

《诗经·卫风·氓》："匪我愆期（不是我约期失信），子无良媒（乃是因你没派好的媒人来联系）。"这明示自西周以来中原汉族婚姻往来依靠媒人来介绍、联系、通话，不是联婚男女在柳荫花丛中私相授受而成。

壮傣群体越人及其后人与中原汉人不一样，他们没有媒人居中周旋，男女婚姻以独立之身，通过山歌来物色、自主选择配偶。"倚歌择配"，就是仗恃山歌来物色、选择合心的配偶，男可娶女，女也可娶男。

壮傣群体越人善于歌唱，公元前 528 年越操舟者在汉江上即以《越人歌》赢得鄂君子皙的赞赏而留誉于后，说明他们在原始父权制确立之际给女子承诺实行倚歌择配，于是人人竞逐学会学好山歌，山歌成了社会崇尚的对象。人不会唱山歌，就会被晾在社会的边缘上。因此，在壮傣群体越人及其后人社会，会歌、尚歌成了社会风气。交往以歌，会客以歌，说事以歌，抒情以歌，整个社会弥漫着令人心驰欲跃的歌声。壮傣群体越人及其后人男女倚歌择配有其深厚的社会基础。

记载壮群体越人后人聚会作歌的是北宋前期乐史《太平寰宇记》，而记载月下聚会作歌的是北宋后期贬知昭州（治今平乐县）的邹浩。他的《仙宫庙》诗道："千仞巘岩一径通，可扪天处是仙宫。婵娟并席谁家子？缥缈吹衣万窍风。初月淡笼眉拂拂，晚云低绕鬓松松。邦人不复知端的，但说常能助岁功。"②靓女与慕春男子在山上月下聚会作歌，作者试问州里的人举行会歌的原因，他们也不知底细，只说这样做常常能够助得一年的好收成。

青年男女聚会作歌"常能助岁功"，如同近 700 年后清朝初年太平府（治今崇左市）壮族"三月男女唱歌，互相答和，以兆丰年"③，以及民国年间龙州县"各地赛歌为戏，名曰歌墟"，"传此墟一禁，即年谷不登，人畜瘟疫云"一样。④ 青年男女聚会作歌，可以助岁功，可以兆丰年，可以既促年成又可以避瘟疫，何乐而不为！这就是壮傣群体越人凝就和传承给后人的理念。这是现实行为和祭神礼仪结合，神圣不可侵犯，因此聚会作歌数千年在壮族及其先人中长盛不衰。

壮傣群体越人后人慕春男女聚会作歌，倚歌择配，最先见于记载的也是宋朝王象之《舆地纪胜》卷 15《宾州》。记载说，宾州（今宾阳县）"罗奉岭去城七里，春秋二社士女毕集。男女未婚嫁者以歌诗相应和，自择配偶，各以所执扇帕相博（交换），谓之博扇。归白父母，即与成礼"。男女以歌寻觅对偶，钟情了，告知父母即可成婚，既没父母

---

① 民国《东莞县志·风俗》。
② （清）汪森：《粤西诗载》卷 13。
③ 《古今图书集成·方舆汇编·职方典》卷 1448《太平府风俗考》。
④ 叶茂荃：民国《龙州县志·岁时民俗》。

之命,也无媒妁之言,自主了断,成其好事,完全不受他人干扰。这说明壮傣群体越人及其后人男女倚歌择配历经二三千年没有变其味,原汁原味传承着。

"桑柘影斜春社散,家家扶得醉人归。"① 春秋二社是汉族传统祭祀土地神的日子,壮群体越人的后人虽然不是集资祭神然后饱餐而是践行聚会作歌遴选情侣以助年成的礼仪,但是春秋二社的时间观念在他们中落根,说明汉族的观念与行为已传入他们中并部分地接受了。明、清以来,壮族青年男女聚会作歌虽仍旨在倚歌择配,但男女以歌钟情约为夫妇之后"乃倩媒,以苏木染槟榔定之",② 说明在他们的社会中媒人已经形成,并逐渐在男女婚姻中产生其重要作用,从而逐渐淡化男女倚歌择配的原味。

傣群体越人及其后人因受汉文化影响较少,倚歌择配照旧,至明末清初方才在男女婚姻中出现媒人,起其中介作用,可是不论男婚女嫁还是女婚男嫁,还是以男女双方的意愿为准。③

三　孕始落家

孕始落家婚制,又称不落夫家婚制,粤语称"唔落家"。

壮傣群体越人及其后人不落夫家婚制前不见有记载,首见记载于北宋乐史《太平寰宇记》卷165《郁林州风俗》。该记载说"古党洞(在今玉林市西北)夷人索妇,必令媒人引女家自送。相见后复即放女归家,任其野合,胎后方还,前生之子例非己胤(血亲后代)"。其中虽在汉文化的影响下出现了媒人,但其人仍属点缀性人物,在青年男女的婚姻缔结中还没起什么作用。

壮傣群体越人在原始母权制时代例行群婚制、夫从妻居,到了父权制时代,既实行一夫一妻制,又一反原来的夫从妻居制变为妻从夫居制,于是女子凭恃母权制势力还十分强大,迫令男子接受一个缓冲的过渡期,即女子婚后不落夫家,于此不落夫家期间可以另择一个可意人结合,直到与其交往有孕始落居夫家,成百年好合。这诚如清朝诸匡鼎《瑶壮传》记载的:"女至夫家合卺(jǐn,成婚),丈夫用拳击女背者三,女乃用扁担即(去)汲水至瓮中,旋返回母家,不与丈夫相见,另招男子曰野郎与父母同居。觉有妊,乃密告其夫作栏,遂弃野郎而归夫家焉。故野郎也曰苦郎。当其与野郎共室也,本夫至乃以奸论;及其于归夫家也,野郎至亦以奸论。"④

不落夫家婚制,固然略略弥补了女子原来居于自家氏族和实行群婚的失落,但是男子也不笨,便在不落家到落家间设了道坎儿,即与野郎交往能怀孕的落家,不能的没资格落家。这可说是男子对女子的试婚。所以,社会上便有"女子有老而不嫁者,前一婚姻听断适笺",⑤ 老女不是不嫁,而是嫁了与丈夫之外的情人交往没能孕子,失了落家的资格。"听断适笺",就是夫妻关系断决取消。

---

① (唐)王驾:《社日》,《千家诗》,上海古籍出版社2012年版,第21页。
② (清)屈大均:《广东新语》卷12《粤歌》。
③ 胡绍华:《傣族风俗志》,中央民族大学出版社1995年版,第136—160页。
④ (清)王锡祺:《小方壶斋舆地丛钞》第八帙。
⑤ 《古今图书集成·方舆汇编·职方典》卷1415《庆远府风俗考》。

为了缩短婚后女子不落夫家的时间，壮群体越人后人的上层人物实行"入寮制"。男女结婚先在女家5里外搭众多茅寮，男女主人各率奴婢入住半年然后婚女长落夫家。在此期间，男主尽显威风让女属恐惧。由此可见在壮群体越人后人上层婚姻由夫从妻居制转为妻从夫居制何其艰难和严酷。这在元朝马端临《文献通考》卷330《西原蛮》引南宋范成大《桂海虞衡志》中有记载。① 而平民百姓则实行抢婚制。唐朝《投荒杂录》、② 孟琯《南海异事》都有关于此事的记载。③ 迄于清末民初，不论是趋汉变化了的还是没趋汉变化的壮群体越人的后人，不少社群还有此一习俗残存。比如，光绪广东《吴川县志·礼俗民俗》即记载该地有寅夜"抢亲"的习俗，当地秀才李茂才还有《国香》一诗进行嘲讽。

随时而进，特别是在汉文化的主导下，不落夫家婚制的具体内容也不断更革变化。比如宋、元及其前，已婚女子在不落夫家期间另与丈夫之外的情人亲密交往，孕后始落夫家，明、清以来，许多地方、许多社群则改掉了此一传统习俗，女子婚后仅与丈夫发生亲密关系，只是逢年过节及农忙必须住夫家外，平时则是"相约嫁郎休久住，恐防儿女早成群"。④ 所以有些地方女子结婚即返母家，后男家又来接去住一二晚，多至五六晚。如此屡屡，名为"走媳妇路"，女子直至生子之后，方安于夫室，永住夫家。⑤ 傣族也有此种情况。⑥

清末民初，除广西西部一些壮族地区仍多行不落夫家婚制外，在番禺、顺德及其近邻的新会、中山、南海、广州等要冲发达地区，"乡中女子习染归宁不返之风，回軟（即回鸾，三朝）即返母家"。"自是除过年过节外，必在母家之日为多，必俟有子，始肯落家。""故为翁姑者托词姑病，接妇回家；留两三日，妇又托词送嫁，仍返母家。谚云：'婆家多病痛，新妇多嫁送'。"⑦ 他们称此种不落夫家婚制为"唔落家"。番禺等地乡间残存的不落夫家婚制虽已不是原型，变化多了，但此种婚制不是无缘突兀而来，而是传承有自，随着时间的推进不断有所变化而已。

四 "生雏抱产翁"

"饷婿炊糜饭，生雏抱产翁"，是清朝林有席《咏诸蛮风土诗》12首中《咏壮》诗的

---

① 元朝在广西西部实行土司制，土官家实行长子继承制，已经完全是女子婚后落居夫家。比如，永乐中泗城州（今凌云县）土官岑瑄无男有女岑定，她无权承袭土官，无奈以其弟子岑豹过继。他死时豹7岁，未及龄（15岁）不能袭职，只好由岑瑄之妻卢氏借职。宣德七年（1432年）岑豹及龄，卢氏只好退出官府。又加上隆州知州岑琼死后，无子无亲，只好由其母陈氏替职。陈氏死后，无人承袭，便由田州土官的子侄来任知州。一些汉族的作者无聊，见书就抄，比如明朝嘉靖田汝成《炎徼纪闻》卷4和万历间的邝露《赤雅》就是不知实际胡抄范成大的记述，并乱作发挥，既失了原书趣旨，又让人误会时至明代壮族土官中还存"入寮"婚制。
② 《太平广记》卷264《南荒人娶妇》引。
③ 《太平广记》卷483《缚妇民》引。
④ 民国《桂平县志》卷31《艺文志》引温葆和《桂平竹枝词》。
⑤ 民国《宜北县志·礼仪民俗》。
⑥ 胡绍华：《傣族风俗志》，中央民族大学出版社1995年版，第164—165页。
⑦ 胡朴安：《中华全国风俗志》下编卷7。

句子，说的壮族及其先人历史上曾经流行过的"产翁制"习俗。清朝初年广东著名学者屈大均《广东新语》卷8《长乐兴宁妇女》记载的增城县绥福都残存的"妇不耕锄即采葛，其夫在室中哺子而已"，说的也是在已经趋汉变化了的壮群体越人的后人中残存的"产翁制"习俗。产翁制也叫"男子坐褥制"，一般是女子生育后三天，便澡身下地干活，伺候丈夫，丈夫则态如产妇，上床哺育婴儿。

马可·波罗说，金齿（今傣族先称）"妇女产子，洗后裹以襁褓，产妇立起工作，产妇之夫则卧床四十日。卧床期间，受亲友贺。其行为如此者，据云：妻任大劳，夫当代其受苦也"。① 这记述了元代傣族先人的产翁制习俗，同时道出了当时当地人昧于习俗产生的原因。妻既"任大劳"，却又叫她生产后没几天就"立起工作"，有这样"代其受苦"的吗？显然，这不是理由。产翁制习俗产生于远在壮傣群体越人原始父权制社会确立之时。那时候，他们的父权制社会虽然确立了，但是母权制势力还十分强大，舅权势力未减，还抓住外甥不肯放开，做父亲的要夺取母亲对子女的控驭权，采取迫令母亲放弃产后育儿权利，由自己抚育。襁褓是包裹婴儿的被褥，从襁褓中的婴儿亲昵起，父子之情自然容易贴近、和顺、融洽，容易培养起父子之情。这种夺子思维方式和行为方式，久而形成习俗。后人不知，就只好乱行揣测了。

关于壮傣群体越人的产翁制习俗，没见记载。唐代，其后人"俚獠"流行产翁制习俗在尉迟枢的《南楚新闻》中有记载，分"獠"人和"越人"两码进行叙述。② 壮傣群体越人分化为壮、傣二群体越人是在西汉前期南越国的时候。壮、傣族中在唐代在元代都各见有传承产翁制习俗，说明在壮傣群体越人没有分化的先秦时期及其以前已经流行此一习俗。

第四节 岭南、岭北壮傣群体越人一体性追溯

壮傣群体越人与侗水群体越人分化各自发展以后，迈出原始母权制社会进入了原始父权制社会。当时，五岭以南和五岭以北都广布着众多的越人，这些越人是否如同岭南的众多越人一样大都属于壮傣群体越人？从公元前528年在楚国汉江上榜枻越人拥楫而歌的《越人歌》可以今壮傣语译读此一点上观察，或者可以认定秦、汉及其前岭南、岭北的主体越人是同一的，都是同属于壮傣群体越人。

一 语言一体性追溯

越人有自己的民族语言。前面我们历述了越人语言发展的早期和中期阶段，其语言发展的晚期阶段则是壮傣群体越人的语言了。今汉藏语系壮侗语族壮傣语支的语言可以译读公元前528年出现的《越人歌》，则说明岭南、岭北越人的语言基本属于今汉藏语系壮侗语族壮傣语支的语言。

---

① ［意］马可·波罗：《马可·波罗行纪》，冯承钧译，中华书局1957年版，第473页。
② 《太平广记》卷483《獠妇》引。

1. "朱余者，越盐官也"：操壮傣语支语言越人是有着语言基础又不断升级的民族群体

《越绝书》卷 8《记地传》："越人谓盐曰余。""余"，古又读近"由"音，这就是今壮傣语支所含的临高语盐谓 ȵau³ 以及黎语谓 ȵa：u³。

早期越人时代，越人已经知道以盐作主料腌鱼以保鲜食余的鱼类。鱼有其词（pla¹ 或 ɬa¹），腌有其词（do：ŋ¹ 或 mo：ŋ¹），盐也自有其词。虽然随着民族间文化交流的频繁，除壮傣语支所含临高语外壮傣语支所含各族及侗水语支所含各族语改借汉语谓盐池或颗盐为鹽（gu）作为自己民族盐一词的词语，但是壮傣语支所含临高人和黎族僻居海南岛，隔海与大陆相望，不受居于大陆的壮傣和侗水二语支所含诸族借汉语词的波及和影响，自我传承着早期越人关于盐的词语。他们谓盐为 ȵau³ 与《越绝书》卷 8 记载的"越人谓盐曰余"音声吻合，可知谓盐 ȵau³ 是早期越人的词语，壮傣语支所含临高语和黎语自我传承不失。这说明早期越人语是同一的语言，越人往后语言的发展就是在此同一的语言基础上发展起来的。

《说文》载："沛国谓稻曰稬。""稬"，就是汉语后来定称而异写的"糯"。糯是壮傣、侗水二群体越人在驯化普通野生稻之后着意培育以为主食的糯。

壮傣、侗水二语支所含各族或群体语谓糯之词虽有变化，但壮傣语支的临高语谓 nau¹，南部壮语谓 nu¹，西双版纳傣语谓 no¹，相同或相近乎"糯"字音。由于当时汉语还没有"糯"一字，因此《说文》以同音的"稬"相代。

秦始皇时已经"刻石"迁"大越民"于"乌程、余杭、黟、歙、芜湖、石城县以南"①，西汉时又迁"东瓯""东越"二国之民于"江淮间"。② 由于越人的扩散以及受越人影响的东汉沛国汉人也如同越人一样以糯米为主食，唯糯是种，于是便弄乱了稻与糯的区别，直将糯当作稻了。此种错乱，此种混淆，道出了汉语的稬一音来自壮傣语谓糯米为 no¹ 之音。

稬，《唐韵》："奴乱切。"孙愐的《唐韵》取音于隋朝陆法言的《切韵》，《切韵》之音当是汉、魏、晋、南北朝之音。后来民间有了俗写的糯字，因其仍读若"奴乱反"，群众便径称糯米为"乱米"。这很使北魏的农学家贾思勰生气，说："俗云'乱米'，非也！"但他又无法改变糯的读音，干脆弃稬、糯二字，将"糯"改为"秫"。然而秫却是黏高粱，它与糯米，一是旱作，二是水长，各为异类，怎可以秫称糯？以不相干的秫代糯，明显是古代汉族名家要摆脱糯来源于蛮夷之语的印识。

水稻中的一种糯米，其称谓来自越语。越语有 no¹（糯）一词，是越语随着越人社会的发展、改造和适应自然实践能力的增强而增添的新词语。它的出现和使用，显示了越语发展的阶梯性特征。

"朱余者，越盐官也。"③ 表明随着越人社会的发展，越语发展又登上一个新的阶梯，出现了谓官为"朱"的词语，即有了社会管理者的称谓。"朱"与公元前 528 年《越人

---

① 《越绝书》卷 2《吴地传》。
② 《史记》卷 114《东越列传》。
③ 《越绝书》卷 8《记地传》。

歌》谓王子为"昭"遥相呼应，说明在越人的社会发展中社会成员间已经有了称呼社会管理者的词语。岭北越人谓官为"朱"，谓王子为"昭"，一如岭南壮傣群体越人使用的词语，道出了春秋、战国及其前不论是岭南还是岭北的主体越人其语言是一致的，他们都是壮傣群体越人。

越人语由"谓盐曰余"到"谓稻曰稄"到"谓官曰朱"，形象了越人语和越人社会发展的三个阶段。这既显示出越语的同一基础，又道出了越语的不同发展阶段。而岭北、岭南越人语言的一致，表明了他们一色的本质特征。

2. 岭南、岭北集市谓"墟"，赶集曰"趁墟"

岭南、岭北壮傣群体越人谓集市为"墟"，谓赶集曰"趁墟"，既体现了其语言的特点，又体现出其社会发展的特点，更突出了岭南、岭北壮傣群体越人的同一性。

南朝宋沈怀远《南越志》载："越之市名为墟，多在村场，先期招集各商或歌舞以来之。荆南、岭表皆然。"① 沈氏的记载除点出了岭南、岭北越人谓市为"墟"，初期开墟的地方，墟的分布范围外，又隐约告知了越墟之成与歌舞相关。

为什么越"墟"之成与歌舞相关呢？这是因为壮傣群体越人原始父权制是在原始母权制还没有充分发育的时候就过早成熟了，因此当原始父权制确立以后原始母权制势力还十分强大。于此之下男子不得不对女子做出应有的让步，让男女婚配置于一个平台上，以独立之身平等相待，实行倚歌择配。这样，每当春暖花开、风和日丽时节，或节庆欢聚，便"男女盛服"，"聚会作歌"。② 这就是清朝诸匡鼎《瑶壮传》记载的壮"女及笄（成年），于春时三五为伴，于山椒水湄歌唱为乐，少男群歌和之竟日，视女歌意所答而一人留，彼此相赠"，或订下终身。③

壮傣群体越人慕春男女聚会作歌，倚歌择配，不是单男独女各自赴会，而是男一伙女一群，相互邀约，一同竞奔歌场的。在会歌之前，来者都是男一堆女一堆，男群女伙相互对歌，是不允许孤独者作散兵游勇闯入歌场逗能的。

壮傣群体越人慕春男女聚会作歌，男一群女一伙，相互邀约，竞奔歌场，群相对歌。歌来歌往，认知心上人。歌传情意，歌示意向，有情人双双离群而去，潜入草丛林下，互通款曲，相吐衷肠，私相授受，或约再会，或订终身。在慕春男女倚歌择配中，"群"是肇始，"群"是桥梁，"群"是媒介，以"群"生发，"群"来奠基，没"群"慕春男女难以相识相知，没"群"慕春男女难以倚歌择配，没"群"慕春男女就难克其所愿。因此，壮傣群体越人特别重视"群"的作用，歌场以"群"相称，其意就是可以结群对歌认识心上人的地方，谓为"hɔu²"，近音译写为"墟"（或虚）。怎么知道？清朝初年刘献廷《广阳杂记》卷2载，越人的"墟"不读作 xu，"岭南谓之务"。"务"（wu）也是个近音译写字，当是临高语谓集市为"həu¹"的近音译写。而在临高语里，元音"ə""ɔ"是可以互相转换的。比如"去"一词，操临高语临高县方言谓"bɔi¹"，操临高语澄迈县方言则谓"bəi¹"。以此观之，临高语里"hɔu²"（群）和"həu¹"（集市）实为一词的

---

① （清）李调元：《南越笔记》卷1《赶墟》。
② （宋）乐史：《太平寰宇记》卷163《窦州风俗》。
③ （清）王锡祺：《小方壶斋舆地丛钞》第八帙。

音变。

"追伙随群"竞奔歌场的"追随",今北壮谓 ɣum³,临高语谓 hum³,为同源词。所以,"追伙随群"去赶歌场,就是"hum³hɔu²",近音译写就是"趁墟"。

歌场是慕春男女群相对歌的地方,俗语称为"歌墟"。歌墟人群凑集,慕春男女竞歌觅爱,歌声悠扬,群情鼎沸,以男女结识、相知、寻觅情侣为主题。可除竞歌男女之外,看热闹的、出主意的、关心子女动向的,人头攒动,人山人海,营商者见有利可图,是他们销货赢利的大好良机,于是也肩货担物纷纷来到歌墟周围。这就是歌墟之日,"各处男女服饰整洁,及商贾者、赌博者千百成群聚集于山坡旷野之地"。①

男一群女一伙,相互邀约,奔赴歌场,群相对歌,竞歌招爱,因歌成墟,这是壮傣群体越人慕春男女聚会作歌,倚歌择配活动的早期阶段。竞歌招爱,以歌集人,因歌来货,歌货相因,各得其便,各赢其利,这是壮傣群体越人慕春男女聚会作歌,倚歌择配活动发展的中期阶段。歌墟与商墟脱离,商墟有了固定的场所,固定的趁墟日子,则是随着社会发展的结果。显然,南朝宋沈怀远《南越志》记载的荆南、岭表要成墟,"先期召集各商或歌舞以来之",是处于壮傣群体越人聚会作歌、倚歌择配活动发展的中期阶段。

"墟"读若"务",即壮傣语谓"集市"为"hɔu¹"的近音译写。岭南两广,是壮傣群体越人及其后人的分布区,谓集市为"墟"或"虚",这是理所当然的。所以,唐朝诗人许浑《岁暮自广江至新兴往复中题峡山寺四首》其四句称:"海虚争翡翠,溪逻斗芙蓉。"自注说:"南方呼市为虚,呼戍为逻。新州(治今广东新兴县)有翡翠虚、芙蓉逻。"②

1931 年商务印书馆出版的臧励龢等编的《中国古今地名大辞典》记载,至民国年间湖南茶陵、攸县、酃县、零陵、宁远、江华等县仍残存着众多带"墟"的地名。宋朝及其前就更多了。比如,唐朝柳宗元《童区寄传》记载童区寄被人劫持装入袋里,拿到郴州西"逾四十里之虚所卖之";南宋洪迈《夷坚支志·癸》卷 4 载江西省永吉县人张以乾道元年(1165 年)八月往潭州(今湖南省长沙市)省亲,"至醴陵(今醴陵市)界,投宿村墟客店"。郴州市在今湘东南,醴陵则近乎长沙市了,说明唐、宋时候越"墟"在今湖南有众多的残存。

其实,何止"荆南、岭表""越之市名为墟"!上古曾是壮傣群体越人分布过的地方,虽然历史上中原屡经战乱,大量汉人南迁,在汉族文化的强力影响下,江、浙、皖、赣、闽等地的越人都已趋汉变化,但是就记载还有蛛丝马迹可寻。

南宋大诗人陆游《剑南诗稿》卷 1《溪行》诗称:"冒雨牵何急,争风力不余。逢人问墟市,计日买薪蔬。"在诗稿中,此诗前是《度浮桥至南台》一诗,后是《自来福州诗酒殆废……》一诗,表明《溪行》一诗写于作者游历福州的时候,因为"南台"即南台山,在今福州市。此诗坐实了当时的福州市仍然谓集市为"墟"。

今福建省福州市及其以南的莆田市、以西三明市、以北宁德市和南平市等所属地,"墟"早已尘消影灭,可是在闽南的一些地区,"墟"却经住了历史风雨的冲洗,至民国

---

① 曾瓶山:民国《同正县志·风俗》。

② 《全唐诗》卷 537。

年间仍然伴着地名同在。以《中国地名大辞典》统计,安溪县、同安县、龙岩县、武平县、长汀县、龙溪县、南靖县、海靖县、漳浦县、平和县都残存着"墟"的地名。

据《中国地名大辞典》记载,迄于民国年间,江西省自北而南各地带"墟"的地名存者众多。剑霞墟、横溪墟的见存于江西省的政治中心南昌市,道出了该省墟名残存的不少。因此,南昌市南的清江、高安、丰城、上高、临川、南丰、东乡、金溪、乐安、遂州、泰和、新干、吉安、峡江、赣、于都、兴国、宁都、石城、瑞金、会昌、崇义、信丰、安远、上犹、南康等县都或多或少地残存着"墟"的地名。

今江西北部的景德镇、上饶和九江市等地于民国年间已经不见"墟"的遗迹存在。这是历史发展的结果,是汉文化取代越文化的必然。比如,鄱阳湖南的进贤县,在县北16里傍七里冈形成集市,称七里墟,后改为"七里墟镇",既叠床架屋,又往汉族习惯认可的方向改了原来的称谓。宋朝的时候,江西北部居民还是多谓集市为"墟"的。

道潜《参寥子集》卷1《归宗道中》诗称:

逶迤转谷口,悠悠见前村。
农夫争道来,哈哈更笑喧。
数辰竞一虚,邸店如云屯。
或携布与楮,或驱鸡与豚。
纵横箕帚材,琐细难具论。

参寥子是北宋释僧道潜的别号,曾因苏轼遭贬受牵连,和尚也当不成了,到宋徽宗时始重新落发为僧。"归宗"即归宗寺,在庐山金轮峰下,宋代是佛教禅宗的大道场。当年道潜在赴归宗寺道上所见农民争道走"墟"及"虚"场盛况,是在今江西省九江市境内。

又南宋洪迈《夷坚三志·壬》卷9载:

余干古步有墟市,数百家,为商旅往来通道。屠者甚众,王生尽其利数世。每将杀一豕（猪）,必先注水沃灌,使充若肥,因可剩获利。

余干,即今江西省上饶市的余干县。

这些记载说明时至宋朝,今江西北部的居民仍然坚认交易集市为"墟",不是空穴来风。

江苏、安徽、浙江,地连中原,秦始皇早就下令对其居民"咸化廉清,大治濯俗",实行强力同化政策。① 此后,一者汉朝将浙江的东瓯和东越国越人迁往江淮间;二者三国时吴国加大力度治理"山越",加速了"山越"的趋汉变化;三者中央屡经战乱,大量中原汉人南迁,汉族文化影响力度强化,迄于宋朝,今苏、皖、浙等地中原来人与本地土著越人已经融为一体。越人已经趋汉变化,作为壮傣群体越人的固有词语"墟"自然不复存在了。不过,往昔越人的"墟"已与特定的地名粘连胶合在一起,不会短时间内就可

---

① 《史记》卷6《秦始皇本纪》。

以剥离消失，显出其固有的惰性，顽固地盘桓在人们的脑子里。

《元丰九域志》卷 5《泰州》载：

> 泰兴县（今江苏泰兴市），（泰）州（治今泰州市）东南七十三里，四乡，柴虚、永丰二镇，有大江。

《元丰九域志》是北宋元丰三年（1080 年）成书的一部地理总志，主编王存。王存是今江苏丹阳市人，与泰兴县隔着长江南北相望，耳闻目睹，不会失实。只是柴虚已稍生变化，即已如江西省进贤县七里墟镇那样的格式，成了"柴虚镇"。不过，恰恰如此，才能让我们追索起来找到一些蛛丝马迹。

不单今江西、江苏历史上的七里墟、柴虚变成"七里墟镇"及"柴虚镇"，《旧五代史》卷 79 记载的宿州（今安徽宿州市）"桐墟"，金人南侵占领其地后也以汉语习惯的名地格式改为"桐墟镇"。① 尽管如此，南宋时今安徽省不少地方依然以"墟"为集市的名称。比如，陆游《入蜀记》卷 3 载：

> 二十一日，过繁昌县……晚泊荻港。……荻港，盖繁昌小墟市也。

宋朝的繁昌县就是今安徽的芜湖市繁昌县。荻港犹在，可已不是当年的"小墟市"规模，荻港墟已为荻港镇取代。又《夷坚支志·癸》卷 9 载："池州东流县村墟，尝有少年数辈，相聚于酒店赌博。"池州东流县即今安徽省池州市东至县。此说明宋朝的时候今安徽的壮傣群体越人以"墟"指称贸易集市，分布地广，数量也不在少数。

浙江为壮傣群体越人集中之地，后来虽然有部分被迫北迁，三国时吴国又强力实行同化，加上中原汉人南迁也多，越"墟"遗迹几无可寻。不过，《夷坚志·丙》卷 5 载：

> 永嘉（今温州市）徐秉钓县丞有女曰十七娘，慧解过人，将笄而死。母冯氏悼念不能释，忽梦女坐庭中玩博具，记其已死，呼谓之曰："自汝死后，我无顷刻不念汝，汝何在此？"女曰："不须见忆，儿已复生为男矣！"取骰子与母曰："此叶子格也，盖我受生处，他日至黄土山前米铺之邻访我，彼家亦且做官人。"言讫而觉，以语徐。徐所在安溪村，不知黄土山为何地。或曰："乃南郭外一虚市，去城才五里。"即往寻迹，正得一米肆。

由此可知，到了南宋今浙江一省还有谓集市为"墟"残存。

壮傣群体越人谓集市为"墟"（虚），岭南、岭北一同如此。他们谓赶集为"趁墟"，也是如此。

据记载，壮傣群体越人谓赶集曰"趁墟"，首见于唐朝柳宗元《柳州峒氓》诗的"青

---

① 《金史》卷 25《地理志·宿州》。

箬盐归峒客，绿荷包饭趁墟人"句，① 继见于宋朝廉州《图经》记载的廉州（今广西壮族自治区北海市）"俗以亥日聚市，黎、疍壮稚以荷叶包饭而往，谓之趁墟"。② 北宋钱易《南部新书·辛集》载"端州（治今广东高要市）已（以）南，三日一市，谓之趁墟"，这无疑是弄错了，"趁墟"是个动宾词组，"市"是个名词，怎可同日而语？

南宋著名诗人吴郡（治今江苏省苏州市）范成大于乾道八年（1172年）到岭南，出任广南西路经略安抚使。在此之前，他于绍兴二十四年（1154年）举进士入仕林后，历任徽州（治今安徽省歙县）吏部员外郎、知处州（治今浙江省丽水市），乾道六年（1170年）出使金国，慷慨不屈，保持了民族尊严，返来后始到广西任职。所以，他在此前所写的诗均不及于岭南的事情。比如，《晓出古城山》诗的"墟市稍来集，筠笼转山忙"句，③ 是在古城山所见而咏风嘲月的。古城山，一名万岁山、万安山，又称古城岩，在今安徽南部休宁县东。马当山在江西省彭泽县东北长江南岸，也不是在岭南所作，不涉于岭南人事。至于《豫章南浦亭泊舟》诗的"趁墟犹市井，收潦（积水干了）再耕桑"句④抒写的是豫章（今江西南昌市）。而在《夔州竹枝词九首》其四的"夔妇趁墟城里来，十十五五市南街。行人莫笑女粗丑，儿郎自与买银钗"，⑤ 说的是四川夔州（治今重庆市奉节县）的事，他照样用壮傣群体越人的词语"趁墟"一词。范氏在做官广西前后的诗中屡屡使用"墟"及"趁墟"二词，可知当时江、浙、皖、赣等地，"墟"没完全消失，"趁墟"一词仍在使用，否则"墟""趁墟"二词对这些地方的人不熟悉，他必如《食罢书字》一诗的"扣腹蛮茶快，扶头老酒中"句"蛮茶""老酒"一样作注说明："蛮茶出修仁（今广西荔浦县西），大治头风；老酒，数年酒，南人珍之。"⑥

壮傣群体越人"hɔu²"（墟或虚）的形成，因其历史发展的特殊性而显出其特点。谓集市为"hɔu²"（墟或虚），谓赶集为"hum³hɔu²"（趁墟），后hɔu²虽音变为həu¹（务），却是一词的合理音变，不更其义。"hɔu²"（墟或虚）及"hum³hɔu²"（趁墟）二词是壮傣群体越人的常用词语，从可见的记载中在岭北还有残迹可以追寻，知道五岭南北用此二词语的壮傣群体越人同为一个民族群体。

3. 山中平地谓"泷"，岭北、岭南越人不异，骆、俚、"獠"、撞、仲等称谓随历史的发展因之相继而生

前面说过，壮傣群体越人谓山间平地为"泷"，读若"间江反"，近乎"双"一音。见于宋朝叶梦得《乙卯避暑录》记载的浙江桐庐严陵七里泷。这是壮傣群体越人谓山间平地为"ɕoːŋ⁶"的近音译写字。

---

① 《柳河东集》卷43《古今诗》。
② 《大明一统志》卷82《廉州风俗》引。廉州《图经》见引于（宋）王象之《舆地纪胜》卷120《廉州·景物下》，当为宋人著述。
③ 《石湖居士诗集》卷6。
④ 《石湖居士诗集》卷15。
⑤ 《石湖居士诗集》卷16。
⑥ 《石湖居士诗集》卷14。

今江汉以南，上古是壮傣群体越人的分布区。公元前 528 年榜枻越人对鄂君子晳拥楫而歌，子晳不懂，立马召来翻译将《越人歌》译成汉语，说明江汉及其南分布着众多的越人。至宋朝初年，乐史《太平寰宇记》在述说岳州、衡州、郴州风俗时引《湖南风土记》载："长沙下湿，丈夫多夭折。俗信鬼，好淫祀，茅庐为室，颇杂越风。"虽然社会的变化、历史的发展，越人都已经趋汉变化，但是诚如晋、南北朝至隋、唐，四川"獠"人众多，他们后来汉化了，却残留着他们原来语言的痕迹一样。比如，南宋范成大《吴船录》上载："发嘉州……仅行二十里，至王波渡宿。蜀中尊老者为波，祖及外祖父皆曰波。又有所谓天波、日波、月波、雷波者，皆尊之称。此王波，盖王老或王翁也。""波"是壮傣语 po⁶ 的近音译写字，义本为父，后扩而大之，也是对父老、长辈、大人的尊称。湖南曾有越人分布，也有壮傣语关于地体名称的存留，迄于现在那里的人仍然称山间平地为"冲"，如韶山冲等。"冲"为壮傣语"ço：ŋ⁶"的近音译写字。这是壮傣群体越人语言名地的残存。由此可以清楚，上古岭北、岭南的壮傣群体越人同谓山间平地为"ço：ŋ⁶"。

壮傣群体越人因住在山间平地的 ço：ŋ⁶ 中，西汉及其前，记载者近音译写称他们为"骆"，东汉其后，岭南"骆"一称变称为其近音的"俚"或"獠"。

历史发展，汉语语音变化，"俚""獠"之音相差越来越大，已难识它们原来近乎 ço：ŋ⁶ 之音。于是，壮群体越人"俚""獠"之称渐渐以意译为"洞"称。比如，结洞"洞中有良田甚广，饶粳、糯及鱼，四面阻绝，惟一道可入"。① 但"洞"既与 ço：ŋ⁶ 不近音，又容易让人理解为洞穴，南宋末广西经略安抚使李曾伯便以"撞"近音译写壮傣语 ço：ŋ⁶ 一音。② 到了元朝，"撞"成了壮群体越人在广西后人的称谓，③ 也就是今天的壮族；在贵州的壮群体越人的后人则称为近 ço：ŋ⁶ 的"仲"。④

壮傣群体越人谓山间平地为 ço：ŋ⁶，岭北、岭南都是这样。历史上，ço：ŋ⁶ 的近音译写先后为骆，为俚，为"獠"，为洞，为撞，最后"撞"成为其在广西、云南等地的后人的族名。

4. 船为车，楫为马，ɣu²（船）行便利，"步"地名遍布古代我国东南

《越绝书》卷 3《吴内传》记载了一组近音译写的越人语词，今试进行译读。

（1）"越人谓人，铩也。"

张宗祥校注《越绝书》说："人字，疑为大字之伪。"⑤ 今查壮侗语族所含各族语，大谓 loŋ¹，唯侗语谓 ma：k⁹，似也不近"铩"字之音。至于谓人为铩，壮侗语族所含各族或群体语，也没见对应的相近之音。因此，此词语无从译读。

（2）"方舟航买仪尘者，越人往如江也。"

方，明朝杨慎《转注古音略》卷 2"音航"。《诗经·大雅·公刘》："何以舟之？维

---

① （宋）司马光：《涑水纪闻》卷 13。
② 《帅广条陈五事奏》，《可斋杂稿》卷 17。
③ 《元史》卷 162《刘国杰传》；卷 192《林兴祖传》。
④ 《元史》卷 63《地理志·新添葛蛮安抚司》。
⑤ 《越绝书》，商务印书馆 1956 年版。

玉及瑶，鞞琫容刀。""舟"与"刀"叶韵，朱熹《诗集传》："舟，叶之遥反。"方舟二字，汉语古读为"航召"，音近乎壮傣语支临高语谓"我们"为"hau²lo⁴"。

航，扬雄《方言》卷9："舟，自关而西谓之船；自关而东，或谓之舟或谓之航。"晋郭璞注：航，读作"行伍"的"伍"。伍，《唐韵》《韵会》："疑古切。"此音正近乎地处潼关之东的壮傣群体越人谓"船"为"ɣu²"之音。

买，《唐韵》《正韵》："莫蟹切。"《集韵》《韵会》："母蟹切，音荚。"音近乎壮语、布依语的 pja：i⁸，即行走。

仪，杨慎《转注古音略》卷2载："仪，音俄。洪适《隶释》云：'《周官·注》仪、义二字，古皆音俄。'《诗》以'实惟我仪'叶'在彼中河'；《太元》以'各遵其仪'叶'不偏不颇'。"仪古音俄，与今壮傣语支所含各族或群体语"知道"谓 ɣo⁴（北壮）或 zo⁴（布依）或 hu⁴（临高、傣、佬）或 ru⁴（泰）其音相近。

尘，《楚辞·渔父》："安能以皓皓之白，而蒙世俗之尘埃乎？""尘埃"，《史记》卷84《屈原贾生列传》作"温蠖"。杨慎《古音附录》载："温蠖，即尘埃也。尘音近温，埃转声为蠖，与白自相叶矣。"温，《唐韵》："乌魂切。"其音近乎壮傣语支临高语谓"飞"为"vin¹"一词。飞，壮、布依、西双版纳傣语、泰、佬语都谓 bin¹，唯德宏傣语谓 men⁶，可不管这些词音声有异，却都是源同于一词变化而来。

准此，上古越语"方舟航买仪尘"，其音读该为"hau²lo⁴pja：i³ɣo⁴vin¹"，其义就是"我们的船行走如飞"。此与原汉文释义"越人往如江"（越人坐船行驶起来有如滔滔江水迅猛而前）所强调的船行驶速度相吻合。

（3）"亟怒纷纷者，怒貌也。"

亟，《唐韵》："纪力切。"其音近乎壮傣语 ken⁵一词。ken⁵，义为恨。

怒，如同《诗经·小雅·巧言》的"君子如怒"及《诗经·大雅·桑柔》的"逢天僤怒"句，怒读上声，如朱熹《诗集传》说的二"怒"字或读"奴五反"或读"暖五反"，音近乎北壮、布依语谓喉咙为"ho²"。

纷纷，即今北壮、布依语形容恨程度的状态词"fen³fen³"。

"怒"与"纷纷"间疑失落一词，即恨气从喉间冲撞而上的"上"（hɯn²）一词。

这样，"亟怒纷纷"一语，其壮傣语即是"ken⁵ho²hɯn²fen³fen³"。这就是上古越人的"怒貌"，即怨恨的样子。

汉人以心为思考器官，这就是孟子说的"心之官则思"，越人怨恨却是从喉间冲撞而上，他们是以喉为思考器官，由此可以清楚。无怪乎今壮语甚至已经趋汉变化了的今操粤语的人，仍传承着"nam³"（思考）一词。

（4）"怒至士击高文者，跃勇士也。"

此句，无从译读。

（5）"习之于夷，夷海也。"

今壮、布依、临高语及侗水语支除侗语外所含各族语，海一词已经都是借汉语词，谓 hai³或 ha：i³，傣群体越人与壮群体越人分化后从岭南南走西迁，海一词其后人已另有其词，比如西双版纳傣语谓 să¹mut⁷，德宏傣语谓 lam⁴pa：k⁹la：i⁵，泰语谓 tha¹le¹，佬语谓 tha⁸ʔle²，唯侗语海一词谓 həi³'，近乎"夷"之音，疑侗语的 həi³一词，是越人社会发展进入中期阶段以后出现的词语。海，黎语谓 la：ŋ³，与 həi³'不是同源词。

（6）"宿之于莱，莱野也。"

莱，《广韵》："落代切，音赖。"莱一音近乎"野外"，北壮谓 yo：k⁸，临高语谓 ʔuk⁷，南壮谓 no：k⁸，西双版纳傣语谓 nok⁸，德宏傣语谓 lok⁸，泰、佬语谓 nɔ：k⁸，侗语谓 nuk⁹，仫佬、水、毛南语谓 ʔnuk⁷。该词当是越人社会发展到中期阶段以后出现的词语。野外，黎语谓 zɯ：n¹，与 yo：k⁸ 不是同源词语。

（7）"致之于单。单者堵也。"

"单"义为堵。堵除墙的含义外，也有阻塞、阻挡的含义。今泰语谓"堵截"为 tɔn：³，音近乎"单"，疑"单"即 tɔ：n³ 的近音译写。

（8）"治须虑者，越人谓船为须虑。"

对此，前文已作译读。"须"读若班，为壮、布依语物类冠词 ʔan¹ 的近音译写字。虑，除《唐韵》等读若"良据切"外，《楚辞·九章·悲回风》"惟佳人之独怀兮，折芳椒以自处；曾歔欷之嗟嗟兮，独隐伏而思虑"的句子，虑与处叶韵，《康熙字典》说"叶郎古切，音鲁"。鲁，音近乎北壮谓船为 ɣu² 之音。在壮语里，冠上物类冠词谓"ʔan¹ ɣu²"是船，不冠上物类冠词谓"ɣu²"也是船。如同《越绝书》的"越人谓船为须虑"，《越人歌》却以近音的"枻"译写越人的"船"一样。这道出了今壮语与春秋、战国时代岭北越语谓船的同一。

与此同时，在壮傣群体越人分布区的我国东南，古代曾广泛遗留着与"步"结合的地名。比如，北魏郦道元《水经注》卷 39《赣水》载："赣水北去，际西北历'度支步'，是晋度支校尉立府处，步即水渚也。赣水又径郡北'津步'，步有故守贾萌庙。萌与安侯张普争地，为普所害，即日灵见津渚，故民为立庙焉。水之西岸有磐石，谓之'石头津步'之处也……赣水又东北径'王步'。步侧有城，云是齐奋为齐王，镇此城之，今谓之'王步'，盖齐王之渚步也。"这说明南北朝的时候，今江西的赣水沿流就有度支步、津步、石头津步、王步等。另外，南宋洪迈《夷坚三志·壬》卷 9 也载"余干古步有墟市，数百家，为商旅往来通道"，说明江西各地未见于记载的"步"的地名还很多。

又《述异记》卷下载："上虞县（今浙江上虞县）有石驼步。水际谓之步。瓜步（在今江苏省六合县东南）在吴中。吴人卖瓜于江畔，用以名焉。吴江中（今太湖周围）又有鱼步、龟步；湘中（今湖南）有灵妃步。昉按：吴楚间谓浦为步，语之讹耳。"

"步"在汉语里，其语义，一是行走，步行；二是"不积跬步，无以至千里"，即跨出一足，再跨出一足为步；三是"易迹更步"，也就是步伐、步骤；四是跟随，所谓的"步人后尘""步韵"就是这个意思；五是"推步"，古人推算历法称为推步；六是长度单位，旧时营造尺以五尺为步；七是进度、境也，如进步、地步等。"王步"的"步"，"古步"的"步"，"瓜步"的"步"等，与汉语"步"的意义无关。

"步"是什么意思？北宋吴处厚《青箱杂记》卷 3 载："韩退之（韩愈）《罗池庙碑》言：'步有新船。'或以步为涉，讹也。盖岭南以水津为步，言步所及。故有罾步，即渔者施罾者；有船步，即人渡船处。然今亦谓之步，故扬州有瓜步，洪州（今南昌市）有观步，闽中（福建）谓水涯为溪步。"吴处厚纠正了唐、宋人对韩愈《罗池庙碑》"步有新船"句中的"步"为"涉"的误识，揭示了"岭南谓水津为步"的真实，同时道出了与"步"结合的地名不仅存在于岭南,岭北的今江苏、江西、福建等地也分布着"步"的地名。汉语渡口谓"津",怎么又称为"步",吴处厚等汉人就不知所以然了,于是望文生义,随意诠释,求解积结,说什么以"步"名地,就是因为"步之所及",岂不荒唐!这就如同他在《青箱杂记》卷3正确记载的"岭南谓村市为虚"之后,又望文生义说"盖市之所在,有人则满无人则虚。而岭南村市,满时少,虚时多,谓之为虚,不亦宜乎"。谓集市为墟,是越人的语言。怎能以汉语来理解其含义!

唐朝柳宗元《永州铁炉步志》载:"江之浒,凡舟可縻(系住)而上下者曰步。永州(今湖南永州市)北郭有步曰铁炉步。"① 这道出了"步"的真实含义。"步"的原来含义是舟筏停泊的地方,后来众船汇集,也成了渡口。这就是壮傣群体越人语言"步"的含义。韩愈《正义大夫尚书左丞孔公(戣)墓志铭》有"蕃舶之至泊步,有下碇之税"句,② 这"泊步"就是停泊船只的地方。而他的《罗池庙碑》说柳州"宅有新屋,步有新船"③,以"宅"与"步"相对成文,真实道出了"步"就是舟筏汇集的渡口。

岭南如同岭北,壮傣群体越人以自己的语言定"步"为舟筏停泊渡口,因此古代的"步"地名当广泛分布于岭南各地。时去迹消,如同今安徽蚌埠市,原名蚌步,后改为蚌步集,再改为蚌埠集,1914年改为蚌埠市,全消了"步"的痕迹一样,今在岭南可追寻的唯见晋步、船步、泊步、广东高要的禄步、④ 广西宜州的浪步、⑤ 灵山县的水步、⑥ 钦州的神步、⑦ 以及留存至今的贺州市八步、武宣县的鱼步、马步、塘步等。

唐、宋二代,属"獠"人分布区的元江中下游有步头、⑧ 古勇步、⑨ 红河流域有下步、锦田步、⑩ 桄榔县(在今越南凉山省境)有花步等。⑪

壮傣群体越人"步"一名源什么而来?显然是源于他们谓筏为 be^2 而来。当初,舟船无几,竹筏、木筏众多,汇集江浒,成了渡口,人们便称筏停泊的渡口为 be^2。筏,壮语谓 pe^2,临高语谓 be^2,傣语谓 $p\varepsilon^2$,泰、佬语谓 $ph\varepsilon^2$,都是源于一词变化而来。be^2 与汉语的"步",古都属重唇音,音相近,而壮傣群体越人有语无文,记载者便以"步"代 be^2,于是有"步"之名。

侗水语支所含的侗、仫佬语筏谓 $pa:i^2$,黎语谓 pai^1,说明早期越语时代已经有了筏的词语。pai^1 与壮傣语的 be^2 属同源词,只是当壮傣语变音为 be^2 以后即显出其区别,因此"步"一称无涉于侗水语及黎语。

---

① 《柳河东集》卷28。
② 《全唐文》卷563。
③ 《全唐文》卷561。
④ (明)应槚:《苍梧总督军门志》卷8。
⑤ (宋)王象之:《舆地纪胜》卷122《宜州》。
⑥ (唐)李吉甫:《元和郡县志》卷38。
⑦ 《新唐书》卷8《穆宗纪》。
⑧ 《南诏德化碑》。
⑨ (唐)樊绰:《蛮书》卷1。
⑩ 《蛮书》卷1;《新唐书》卷167《王式传》。
⑪ (宋)范成大:《桂海虞衡志》,《文献通考》卷330《西原蛮》引。

古代，我国东南各地存在着众多"步"的地名，这是以壮傣群体越人语言名地的残存，岭南、岭北不异其样，说明岭南、岭北壮傣群体越人的同一。

二 文化一体性追溯

岭南、岭北壮傣群体越人的一体性，除语言可追溯外，文化一体性的追溯也是重要的一个方面。因为只有完成了文化一体性的追溯，才能清楚岭南、岭北壮傣群体越人属于同一个文化整体。

1. 水神信仰：岭南、岭北壮傣群体越人凝聚成一个文化整体

新石器时代，社会已经发展到原始母权制社会的壮侗群体越人以贝蚌鱼虾为食，而贝蚌鱼虾产于水中，认知了水能生物养人。同时，他们驯化普通野生稻，凭水育秧长稻，水对人恩惠多多，因此水成了越人崇拜的对象。不过，他们的崇拜只是物神崇拜，犹如 20 世纪 50 年代以前贵州榕江县车江一带，逢年春初，合寨的侗族妇女带着酒菜上井祭敬，围井"哆耶"，祝水井终年长流，四季清凉。① 进入壮傣群体越人时代，原始父权制确立，水神与具体的水区别开来超自然化，水神成了壮傣群体越人崇奉的主神。何以见得？

成于战国早期的广西左江崖壁画，是壮傣群体越人祭祀水神的画面。在画面中，头人、巫师、男女老少齐舞蹈，甚至身怀六甲的孕妇也临场祈求，铜鼓、狗、刀等用上了，扁舟竞渡也是祭祀场中不可忽略的角色。他们既以歌舞娱神，又敲击铜鼓以乐神；既杀生以祭神，又进行扁舟竞渡以祀神，场面壮阔，气氛热烈，显出他们对水神的虔诚求告。

扁舟竞渡以祀神，这是壮傣群体越人祭祀水神的一个礼仪。

出土春秋铜钺

《越地传》载："越人为竞渡，有轻薄少年各尚其勇为鹜没之戏，有至少底，然后鱼跃而出。"② "越人为竞渡"而使少年们娴于水性，说明竞渡习俗在越人中已经流行很久。南朝梁宗懔《荆楚岁时记》介绍五月五日竞渡，隋朝杜公瞻注引《越地传》载竞渡"起

---

① 《侗族简史》，贵州民族出版社 1985 年版，第 152—153 页。

② 《太平御览》卷 919《鹜》引。

于勾践，不可详矣"，说明《越地传》确实记载了越人竞渡习俗起于勾践。然而，越王勾践即位于公元前499年，卒于公元前465年。公元前475年春秋结束战国开始，这就是说勾践是春秋后期战国初期人，在他之前出土的春秋时期越人青铜钺上就雕有越人扁舟竞渡的形象，[①] 说明越人竞渡不是起于勾践典主越国的时候，而是在他之前扁舟竞渡在越人中已经形成习俗。壮傣群体越人崇奉水神为主神，扁舟竞渡是祭祀水神的礼仪之一，是紧与水神祭祀结合在一起的。这道出了壮傣群体越人中水神信仰产生之初，扁舟竞渡就存在了；后来年年祭祀水神，扁舟竞渡在他们中就形成了习俗，一代代地传承下来。前面说过，唐代江南和宋、元广东龙舟竞渡在一年之初开展，西双版纳傣族也是在农历清明节后10天左右的泼水节举行，而广西桂林又是"素节龙舟竞"，这就是壮傣群体越人春祈秋报的习俗传承。

"鸡骨占年拜水神"，唐朝柳宗元《柳州峒氓》的诗句指的是广西壮傣群体越人后人的拜水神。白居易《送客春游岭南二十韵》和许浑《送客南归有怀》诗的"铜鼓赛江神"，指的是岭南和广东壮傣群体越人后人的拜水神。温庭筠《河渎神三》词的"铜鼓赛神来，满庭幡盖徘徊。水村江浦过风雷，楚山如画烟开"，"水村江浦"明示所赛的神是江神；"楚山如画烟开"，说的就是今湖南。于鹄《江南曲》诗的"还愿女伴赛江神"句，告诉于人的也是江南已经趋汉变化了的壮傣群体越人后人所奉的神灵仍是水神。

"水神"为什么又叫"江神"？这是由于壮傣群体越人谓"江河"为"$me^6 nam^4$"即"水的母亲"。壮、布依、临高语在西汉或其后已经借汉语谓江河的支流为"沱"作自己"江河"一词的词语，谓为"ta^6"，但是迄今西双版纳傣语、泰语、佬语仍然旧语传承，依然谓"江河"为"$me^6 nam^4$"，德宏傣语改为"$xe^2 lam^4$"，意为"水条"，可掸语却谓"$nam^4 me^6$"，照样是"水的母亲"，只是语序颠了个个儿。谓"水神"为"江神"，显然是往日壮傣语谓江河为"$me^6 nam^4$"的习惯称谓传承下来所致。广西左江崖壁画下面就是汹涌奔流的左江中上游，其画面展现的祭祀场面就是祭祀"江神"。

在壮傣群体越人的意识观念里，水神是主神，虽不能创造宇宙万物，主宰一切，却能主宰人生，能产生世间与人生存关系密切的一切。比如，水多水少，由水神主宰；农作物好坏，决定于水神；人的子女因缘及其生长，也由水神左右；等等。因此，天旱祈求水神，洪水泛滥祈求水神，鸡骨占年拜水神，男女对歌求年成，无子无女求水神，人死了也要告知水神，买水浴尸让其魂灵洁净爽利远去。

唐朝中后期，著名诗人于鹄《江南曲》说江南"还愿女伴赛江神"，赛就是报赛江神的赐福，说明那时候江南的壮傣群体越人的后人已经趋汉变化了，却还凝滞于先人传承下来的习俗，遇事唯江神是祈，事了了也就是灾难过去或事求如愿便来报赛，也就是诗句中说的"还愿"。由此可见，水神信仰在他们中何其执着。

北宋，杭州许姓男子婚后多年不见生育，"祷于'水仙大王庙'，生许明，故幼名大王儿"，[②] 说明昔日越地的后人千几百年过去了仍然观念依旧，崇奉水神为赐子的神灵。

---

① 曹锦炎、周生望：《浙江鄞县出土春秋时代铜器》，《考古》1984年第8期。
② 《宋史》卷288《孙沔传》。

此犹如广东越的后人"祈子金华,多得白花"。① "金华",就是水仙,即水神。

壮傣群体越人及其后人崇奉水神为主神,祈于水神而有子女之缘;孕了子女,"临水生儿";"儿出便投水中,浮则取养之,沉乃弃之";② 此后儿女频浴于江,在水神的监护下长大壮老。死了还要告知水神其阳寿已终,买水浴尸让其灵魂洁净爽利远去。

"惠州(今广东惠州市)人死未殓,亲人至江浒望水号哭,投钱于水汲而归浴以殓。此亦蛮风也。"③ 所谓的"蛮风",就是"越风"。人死买水浴尸,在壮傣群体越人后人中此似是个死结,数千年传承而没有随着社会的发展而改弦更张。比如,民国年间《清远县志·风俗》载"粤俗亲死,子孙结队出户至滨河所,投钱水中,跪取盆水为死者浣濯,谓之买水,非是则群以为不孝"。不仅广东如此,据董仁清先生告知,他家在浙江富阳市,祖父、父亲逝世时也还是沿袭旧俗"买水浴尸"的。而且这也不是一家独行,邻居乡亲也都如此。此种信仰,道出了昔日岭南、岭北的越人,也就是壮傣群体越人是同一的。

民国年间,广东台山地区流行的《买水歌》称:"瓦盆一个捧在手,为娘(爹)买水双泪流。买水回来供娘(爹)洗,洗净双目上天游!"④ 歌词生动地道出了壮傣群体越人亲死恸哭水滨买水浴尸,一是告知水神,其人阳寿已终;二是以水神赐予的水洗擦尸身,可让死者洁身明目爽利地登遐远去。

2. 倚歌择配,"女儿酒"醇

壮傣群体越人原始父权制早熟,确立之后原始母权制势力还十分强大,在议定婚姻时男子不得不做出让步,允诺怀春男女以平等独立之身倚歌择配;婚后,女子可落居夫家,也可自居其家招婿上门;而女子落居夫家之前可以与丈夫之外的情人自由交往,待怀孕之后始落居夫家。因此,其男女间的性关系是相对自由的。

至民国年间在壮族的歌墟上,"女则携篮持伞,或四五人,或六七人不等,有一老妇为之媒介,蹲作一堆;男则游行掀看,有合意或旧好者则唱歌挑之。彼此互答,若相悦意,女投槟榔而男赠糕以定情;日夕乃双双携手而归,即夫家见之亦不以为怪,以为不如此则不丰年"。⑤ 这也如同清朝乾隆年间镇安府太守赵翼《粤滇杂记》的记载:"春月趁墟唱歌,男女各坐一边,其歌皆男女相悦之词。其不合者,亦有歌拒之,如你爱我我不爱你之类;若两相悦,则歌毕辄携手就酒棚并坐而饮,彼此各赠物以定情,订期再会,甚有酒后即潜入山洞相昵者,其视野田草露之事不过如内地人看戏赌博之类,非异事也。"⑥

昔日浙、赣等地越人情况如何,没有记载,难详其情。不过,就秦始皇三十七年(前210年)登会稽(在今浙江省绍兴市)望南海所勒的刻石看,"有子而嫁";"夫为寄

---

① (清)屈大均:《广东新语》卷6《金华夫人》。
② 《蜀郡记》,《太平御览》卷360《孕》引。另外,(晋)张华《博物志》卷2也有这样的记载。
③ (清)吴震方:康熙《岭南杂记》卷上。
④ 《岭南文化百科全书》,中国大百科全书出版社2006年版,第613页。
⑤ 曾瓶山:民国《同正县志·礼俗》。
⑥ (清)王锡祺:《小方壶斋舆地丛钞》第七帙。

豭（公猪），杀之无罪"；"妻为逃嫁，子不得母"等文字，① 可知当时浙赣等地越人的男女关系及婚姻状况，似与中原汉族不甚相同。

迄于宋朝，庄季裕《鸡肋篇》载："两浙妇人皆事服饰、口腹，而耻为营生，故小民之家不能供其费者，皆纵其私通，谓之贴夫，公然出入，不以为怪。如近寺居人，其所贴皆僧人也，多至四五焉。"② 明朝陶宗仪《南村辍耕录》卷28《白县尹诗》也载："嘉兴（今浙江省嘉兴市）白县尹得代，见僧皆有少艾宠，戏题一绝于壁：红红白白好花枝，尽被山僧折取归。只有野薇颜色浅，也来勾惹道人衣。"由此可见，今浙赣等地越人的后人其男女婚配之后，性关系还是比较自由的。这是往昔越人即壮傣群体越人习俗的传承。

壮傣群体越人从原始母权制社会后期由于男子专职于保卫氏族部落的安全，家务、农事、樵苏、趁墟贸易全落在女子身上。原始父权制确立以后，在壮傣群体越人社会中形成了"男逸女劳"的习俗。男逸女劳，男子日常生活所需全仰于女子；女子一举一动，关乎家庭的兴衰，关乎社会的安危。诚如壮族谚语所说："家衰只缘女子弱，妻贤何愁家不富。"因此社会珍惜女子，"生女多曰珠娘"，③ 显其宝贵。家中有子有女，"男子出赘"，有女却招婿上门，婿"更姓以从女"。④ 由此可以清楚，在壮傣群体越人社会中曾经存在有女水流、女子珍贵的意识、观念和事实。这种意识观念突出表现在他们中"女儿酒"的存在上。

壮傣群体越人的"女儿酒"，见于记载的首先是西晋广州刺史嵇含《南方草木状》：

> 南人有女数岁，即大酿酒。既漉（过滤），俟冬陂池（池塘）竭时置酒罂中，密固其上，瘞（埋）陂中，至春潴（积）满亦不复发矣。女将嫁，乃发陂取酒以供贺客，谓之女酒，其味绝美。

有关岭南壮傣群体越人后人"女酒"的记载，唐朝见于《投荒杂录》，文字与《南方草木状》相类，只是"味绝美"后加"居常不可致也"一句。⑤ 宋朝则见于庄季裕《鸡肋篇》卷下："广南富家生女，即蓄酒藏之田中，至嫁方取饮，名曰女酒。"可见此酒从上古迄于宋朝3000多年不见绝承。

浙、赣等地越人的"女儿酒"则不见记载，直到清朝梁绍壬《两般秋雨庵随笔》卷2《品酒》始见记载："浙江绍兴旧俗，生女后即酿酒埋藏起来，女儿出嫁时取出请客，名为'女儿酒'。""旧俗"说明"女儿酒"源之已久，久到什么时候，就是同岭南的壮傣群体越人一样，可以追溯到他们迈入原始父权制社会的早期。因为后来父权制强化，女子在社会中的地位每况愈下，不会再无端地有专在宣扬"女儿酒"的酿造、收藏、嫁时取出招待贺客之举。

---

① 《史记》卷6《秦始皇本纪》。
② 《说郛》卷6。
③ （清）屈大均：《广东新语》卷15《珠》。
④ （清）汪森：《粤西丛载》卷18引《梧州府志》。
⑤ 《太平广记》卷233《南方酒》引。

风吹草偃，谁也不能超越历史。壮傣群体越人进入原始父权制社会的历史特殊性，决定了其社会中男女性关系的相对自由，产生了生女孩酿女儿酒及其收藏、取用的习俗。岭南、岭北越人的后人此二习俗传承有自，同出一辙，明示其同一性。

3. "鬼妻不可以同居处"：岭南、岭北壮傣群体越人意识、观念、习俗没有殊异

自《列子·汤问》载"越之东有辄沐之国""鬼妻不可以同居处"以后，岭南壮傣群体越人及其后人迄于清朝年间仍传承这一意识观念和习俗。前面在论述时，我们曾引证清初屈大均《广东新语》卷24《蛊》及罗伦康熙《永昌府志》卷24、汤大宾乾隆《开化府志》卷9的记载加以说明。岭北的壮傣群体越人是否存在此一习俗？从列子记载"辄沐之国"在"越之东"，这"越之东"不当单指岭南，岭北的越人也当包括在其中，存在这样的习俗。

《越绝书》卷8《记地传》载："独妇山者，勾践将伐吴，徙寡妇致独山上，以为死士得专一也。去县四十里。后说之者，盖勾践所以游军士也。"张宗祥先生校注《越绝书》说："嘉泰（1201—1204年）《会稽志》：独阜山，在县北三十五里。《旧经》云：'山自蜀飞来，带儿妇二十余人，善织美锦，自言家在西蜀。'《十道志》云：'勾践以寡妇居此，令军士游焉。一名独妇山。'宗祥案：'蜀阜当是独妇之伪，而《旧经》又造为飞来之说以实之。'"①《十道志》是唐朝梁载言的地理著作。

北宋乐史《太平寰宇记》卷96载："独妇山，勾践将伐吴，置妇女山上以邀军士。"看来乐史的认知远逊于梁载言。寡妇不同于一般妇女，犹如少女不同于妇人一样。就壮傣群体越人而言，寡妇就是"鬼妻"，是被社会打入另册的，人见人寒，众所不齿的。临战的时候，勾践特地将已弃如敝屣的"鬼妻"集中在独妇山上，让立志奋勇战斗而敢于赴死的"死士"们在临战前娱怀取乐。所谓死士，就是舍得一死的战士；"示得专一"，就是明示既与"鬼妻"相接触，就无惧于一去不复返，表达他们视死如归，决一死战的战斗情怀。

以寡妇娱乐决死战场的"死士"，显示了越王勾践以及越国群众视寡妇为"鬼妻"，"鬼妻不可以同居处"的理念。这何异于岭南壮傣群体越人所抱的理念！

除以上诸种文化事象一致外，断发文身是壮傣群体越人自古耀眼于世人的头饰身饰特征，同时以喉为思考器官，崇奉树木神灵、以鸠鸟"为越祝之祖"等的同一，上文都已述说，说明自西周以来岭南、岭北的越人其文化事象是一致的。文化同一，无非是道明其民族群体的同一不二。

第五节 壮傣群体越人的语言

壮傣群体越人原始父权制确立以后，进入部落社会。由于山川阻隔，部落林立，各自为政。社会的发展，除了五岭以北的壮傣群体越人在中原汉族文化的强力影响下，或迟或早，或快或慢地走上了趋汉变化之路，而岭南的壮傣群体越人则依然故我，保持着其原来的语言和文化，直至他们分化为壮、傣二群体越人，傣群体越人南下中南半岛并在中南半

---

① 商务印书馆1956年版。

岛上由东往西迁徙，其变化还是比较少的。

唐代，今越南西北及其西等地的"獠"人"或被发镂身，或穿胸凿齿"。"其中尤异者，卧使头飞，饮于鼻受。豹皮裹体，龟壳蔽形。捣木絮以为裘（獠子多衣木皮，熟捣有如纤绩），编竹苦而作翅。生养则夫妻代患，长成则父子争雄。纵时有传译可通，亦俗无桑麻之业，唯织杂彩狭布，多披短襟交衫。或有不缝而衣，不粒而食。死丧无服，嫁娶不媒。战有排刀，病无药饵。固恃险阻，自称酋豪。"① 其中，除"卧使头飞"为误传成实、无端造作外，所说的倚歌择配，嫁娶不媒，被发文身，凿齿鼻饮；织棉麻为衣，短衫长裙；丈夫坐褥，死丧无服；病无药饵，信巫祀鬼等，都是壮傣群体越人传承下来的习俗，好像是历史静止了一样，没有变化。

乾隆三十三年（1768年）奉命随征缅甸的镇安府太守赵翼随身带了一个镇安人做随从。据赵翼说，这个随从在云南边境与傣族交谈颇随心意，其语"相通者竟十之六七"。②
镇安（治今广西壮族自治区德保县）人操的语言属壮语南部方言，有一套送气声母与傣、泰等语相同，所以其语与傣、泰等语相同的词语比较多。比如，犁，北壮、布依语谓 çai¹，南壮及傣、泰、佬、掸等语谓 thai¹；手，北壮、布依语谓 fɯŋ²，南壮及傣、泰、佬、掸语谓 mɯ² 等。这样，壮语北部方言和布依语由于音变关系以及借汉语词较多等，与傣、泰、佬、掸等语相通的词语相对地就略少一些。

今以北壮语领头，就其相通或同源词语列述于下，以示壮傣作为壮侗语族中一个语支语言的亲缘关系。

一 生态环境词语

天 bɯn¹（临高 fa³，南壮、傣、泰、佬、掸 fa⁴）③

太阳 taŋ¹ŋon²（临高 da¹vən²，南壮、傣、泰、佬、掸 van²）

阳光 dit⁷（临高语 lit⁷，南壮 de：t⁵，西傣 dɛt⁹，泰、佬 dɛ：t²）

月亮 dɯ：n¹（西傣 fai¹，德傣 lən⁶，泰 dɯan¹，佬 dɯ：ən¹）

星星 da：u¹dai⁵（西傣 dau¹，德傣 la：u⁶，泰 daw¹，佬 da：u¹'）

云 fɯ³（临高 ba⁴，西傣 fa³，德傣 mɔk⁹，佬 fɯ：ɔ³ 或 me：k⁹）

雷 pla³（西傣 fa⁴hɔŋ⁴，德傣 fa⁴，佬 fa⁴hɔ：ŋ⁴）

风 ɣum²（南壮、西傣 lum²，德傣、泰、佬 lom²）

雨 fɯn¹（南壮 phən¹，临高、西傣 fun¹，德傣、泰、佬 fon¹，掸 phon¹）

雾 mo：k⁷（西傣 mɔk⁹，泰、佬 mɔ：k⁷）

露水 ɣa：i²（西傣 mɤi²，德傣 la：i²）

火 fei²（临高 vəi²，南壮、傣、泰、佬 fai²，掸 phai²）

烟 hon²（南壮 van²，傣 xɔn²，泰 khwan²，佬 khvan²）

---

① ［新罗］崔致远：《补安南录异图记》，《桂苑笔耕集》卷 16。
② （清）赵翼：《粤滇杂记》，（清）王锡祺《小方壶斋舆地丛钞》第七帙。
③ 早期越语谓天为 fa³，今临高语和黎语谓 fa³，北壮、布依语谓 bɯn¹，侗、仫佬语谓 mən¹，水语谓 ʔbən¹，毛南语谓 bən²，此借于古汉语天读若"铁因反"之音，北壮、布依语因音变关系与侗水语有差异。

第三章 部落社会：壮傣群体越人语言和文化

石头 ɣin¹（临高 din¹，南壮、傣、泰、佬、掸 hin¹）
土山、岭 dɔːi¹（傣 lɔi⁶，泰 dɔːi¹）
山洞 kaːm³（南壮 ɬu²ŋaːm²，傣、泰、佬 tham³）
沟 miːŋ¹（南壮 məːŋ¹，临高 maŋ¹，傣 bɔŋ⁶，泰 mɯaŋ⁵，佬 mɯːəŋ¹）
井 bo⁵（西傣 bɔ⁵，德傣 mo⁵，泰 bo²，佬 bɔ⁵）
水坝 faːi¹（德傣 faːi¹，西傣、泰、佬 fai¹）
水田 na²（临高 nia²，西傣、泰、佬、掸 na²）
旱地 ɣei⁶（南壮 ɬai⁶，傣 hai⁶，泰 rai³，佬 hai⁵）
湖 vaŋ²（傣 lɔŋ¹）
尘土 fon⁵（西傣 fun⁵，德傣 mun⁶lin⁶，泰 fun²）
铁 fa²（临高 het⁷，南壮 lik⁷，傣、泰、佬、掸 lek⁷）
金 kim¹（临高 kim¹，傣 xam¹，泰、佬 kham²）
银 ŋan²（临高 ŋɔn²，西傣 ŋɯn²，德傣、泰、佬、掸 ŋən²）
盐 kju¹（临高 ȵau³，南壮 kɯ¹，西傣 kɤ¹，德傣 kə⁶，泰 klɯa¹，佬 kɯːə¹'）
树 fai⁴（临高 dun³，南壮、傣、泰、佬、掸 mai⁴）
森林 doŋ¹（傣、泰、佬等同）
树枝 ŋa¹（南壮 ŋa⁶，西傣 kiŋ⁵，德傣 xa⁶mai⁴，泰 ŋa³）
树梢 pjaːi¹（南壮 pjaːi¹或 jot⁶，西傣 pai¹mǎi⁴，德傣 paːi¹mai⁴，泰 plaːi¹或 jɔːt³）
树根 kon⁵fai⁴或 ɣaːk⁸（南壮 lak⁸，西傣 hak⁸，德傣 haːk⁸，泰 rak³或 laːk²）
叶 baɯ¹（西傣 bǎi¹，德傣 maɯ⁶，泰 bai¹）
花 dɔːk⁸（南壮 bjɔːk⁸或 dɔːk⁸，西傣 dɔk⁹mai⁴，德傣 mɔk⁹ja³，泰、佬 dɔːk⁷）
果子 maːk⁷（傣、泰、佬等同）
藤 kau¹（临高 jau¹，南壮 khau¹，西傣 xɤ²vai¹，德傣 xə²，泰 khaw⁵）
荆棘 ʔoːn¹（南壮 naːm¹，西傣 nǎm¹，德傣 laːm¹，泰 naːm⁵）
阳桃（五敛子）maːk⁷fiːŋ²（南壮 maːk⁷fɯːŋ²，泰 ma¹fiaŋ¹）
李子 maːk⁷man³（西傣 mak⁹mǎn⁴，德傣 maːik⁹man⁴）
葡萄 maːk⁷ʔit⁷（傣、泰、佬等同）
芭蕉 kjoːi³（傣 koi³，泰 kluai³）
芭蕉叶 toːŋ¹kjoːi³（泰 toːŋ¹kluai³）
甘蔗 ʔoːi³（傣 ʔɔi³，泰 ʔoːi³，佬 ʔɔːi⁴）
浮萍 ne¹（泰 nɛ⁵）
稗子 hau⁴vaŋ¹（临高 vɔŋ¹，西傣 vǎŋ¹，德傣 vaŋ¹）
兰靛草 kjam⁵（临高 tsam³，傣 hɔm³）
草 ȵɯ³（南壮、西傣、泰、佬 ja³，德傣 ja³jək⁹）
茅草 ha²（南壮 ȵa²ha²，西傣 xa²，德傣 ja³xa²，泰 kha¹）
芒草 ʔeːm¹（傣、泰、佬 ʔɛːm¹）
蘑菇 ɣat⁷（临高 hit⁸，南壮 vit⁸juː¹或 het⁷，西傣 het⁷，泰、佬 het²，德傣 hep⁹）
冬瓜 fak⁸（南壮、傣、泰 fak⁸，佬 maːk⁷toːn⁵）

茄子 kɯ² （南壮 khɯ¹，西傣 xɤ¹sɔ³，德傣 xə¹，泰 khɯa⁵，佬 khɯːə¹）
芝麻 ɣa²（南壮、西傣、泰、佬 ŋa²，德傣 ŋa²lo⁵）
棉花 faːi⁵（临高 bui³或 fai³，南壮 phaːi³，西傣 fai³，泰 faːi³，佬 phaːi³或 faːi³）
苎麻 daːi³（临高 kan¹，南壮 paːn⁵，西傣 kɔ¹pan⁵，佬 ton⁴paːn⁵）
水牛 vaːi²（西傣 xvai²，德傣 xaːi²，泰 khwaːi¹。佬 khvaːi²）
马 ma⁴（傣、泰、佬等同）
羊 jiəŋ²（南壮 be³，西傣 bɛ³，德傣 me³，泰、佬 bɛ⁴）
狗 ma¹（傣、泰、佬等同）
猪 mou¹（临高 mo¹，南壮、傣、泰、佬 mu¹）
猫 meːu²（傣、泰、佬 mɛu²）
猴子 ma⁴laɯ²（南壮、布依、傣、泰、佬 liŋ²）
熊 mɯi¹（南壮、傣、泰、佬 mi¹）
穿山甲 lin⁶（临高 hin⁴，南壮 lən⁶，傣、泰、佬、掸 lin⁶）
水獭 naːk⁸（布依 na⁶，临高 nak⁸，佬 naːk⁸）
豪猪 ɕen⁶（临高、南壮、西傣 min³，德傣、泰、佬 men³）
野猪 mou¹tuːn⁶（南壮 mu¹kjaːu⁶，西傣 mu¹thɤn⁵，德傣 mu¹thən⁵）
鼠 mou¹（临高、南壮、西傣、泰、佬 nu¹，德傣 lu¹）
獠 faːn²（南壮 faːn⁴，泰 faːn¹）
狼 jan¹ma¹（布依 ma¹nai²，西傣 ma¹nǎi²，德傣 ma¹lai²）
鸟 ɣok⁸（南壮 nuk⁸，布依 zɔk⁸，临高、西傣、泰、掸 nok⁸，佬 nɔk⁸）
巢 ɣoːŋ²（南壮 ɬaŋ²，布依 zoŋ²，西傣 hǎŋ，德傣、佬、掸 haŋ²，泰 raŋ¹）
翅膀 fɯːt⁸（南壮 pik⁸，临高 bik⁷，西傣 pik⁹，德傣 pik⁷，泰、佬 piːk⁷）
毛 pɯn¹（南壮 khun¹，西傣 xun¹，德傣 xon¹，佬 khon¹）
牛角 kau¹（南壮 koːk⁷，临高 vau²，西傣 xǎu¹，德傣 xau¹，泰 khaw¹，佬 khau¹）
爪 ɕaːu³（南壮 lip⁸，临高 tsiau³，傣、泰、佬 lep⁸）
冠 ɣou³（南壮 hoːn¹，傣 hɔn¹，泰 ŋoːn¹，佬 hɔːn¹）
尾巴 ɣiəŋ¹（南壮、德傣、泰、佬、掸 haːŋ¹，西傣 haŋ¹）
蛋 kjai⁵（南壮 khjai⁵，西傣 xǎi⁵，德傣 xai⁵，泰、佬、掸 khai⁵）
壳 pluk⁷（南壮 pɯːk⁷，西傣 pɤk⁹，德傣 kɔk⁷，泰 pluak⁷）
鸡 kai⁵（临高 kai¹，西傣 kǎi⁵，其他同壮）
鸭 pit⁷（临高 bit⁷，傣、泰、佬、掸 pet⁷）
鹅 haːn⁵（临高 fun⁵，西傣 han¹，德傣、泰、佬 haːn⁵）
阉鸡 kai⁵toːn¹（布依 kai⁵ton¹，临高 kai¹don¹，西傣 kǎi¹dɔn¹，德傣 kai⁵phu³tɔn⁶，泰、佬、掸 kai⁵toːn¹）
鸡胗 taɯ¹kai⁵（西傣 tǎi¹kǎi⁵，德傣、泰、佬、掸 taɯ⁶kai⁵）
猫头鹰 ɣok⁸paːk⁷men²或 ɣok⁸ku³（南壮 nok⁸thu³neːu²，西傣 nok⁸kǎu⁴mɛu²，德傣 kau⁴，泰 nok⁸khau⁸mɛw¹）
斑鸠 ɣok⁸ɣau¹（南壮 nuk⁸ku¹，西傣 nok⁸tu³，德傣 lok⁸tu³，泰 nok⁸kau⁵，佬 nok⁸khau¹）

乌鸦 ɣok⁸ka¹（西傣 ka¹，德傣 ka²lam⁶，泰 ʔi¹ka¹，佬 ka¹）

麻雀 ɣok⁸lai³（临高 nok⁸lɔi¹，南壮 nuk⁸tɕoː k⁷，西傣 nok⁸tsɔk⁹，德傣 lok⁸tsɔk⁹，泰 kra²cok¹，佬 nok⁸tɕoː k⁷）

蛇 ŋɯ²（南壮、傣、泰、佬、掸 ŋu²）

蟒 nuːm¹（临高 n̠əm²，西傣 ŋu²lɤm¹，德傣 lɯm¹或 ləm¹）

青蛙（大）kop¹（南壮 kup⁷，西傣、泰、佬 kop⁷）

蝌蚪 tuk⁷ɣuk⁸（西傣 ʔi¹hok⁸，德傣 pa⁶hok⁸）

螃蟹 pau¹（南壮、西傣、泰、佬 pu¹，德傣 pu⁶）

虾 kuŋ⁵（南壮、西傣、泰、佬 kuŋ³，德傣 koŋ³）

鱼 pla¹（临高 ba¹，西傣、佬、掸 pa¹，德傣 pa⁶，泰 pla¹）

鳃 taːp⁷ŋuːp⁸（西傣 ŋap⁸）

虫（飞类）neŋ²（南壮 meːŋ²，临高 miŋ²，傣 mɛŋ²，泰、佬 mɛːŋ²）

虫（爬类）noːn¹（傣、泰、佬 no⁵）

跳蚤 mat⁷（傣、泰、佬等同）

虱子 nan²（南壮、傣 min²，佬 men²）

头虱 ɣau¹（南壮、德傣、佬 hau¹，泰 haw⁵）

苍蝇 neŋ²n̠an¹（南壮 meːŋ²fan²，傣 mɛŋ²mun²，佬 mɛŋ²van²）

蚊子 n̠uŋ²（布依 neŋ²n̠uŋ²，临高、佬 n̠uŋ²，南壮、傣 juŋ²）

蜘蛛 tu²kjaːu¹（南壮 khjaːu³khjaːu¹，西傣 xuŋ³kau¹，德傣 moŋ³kaːu⁶，佬 mɛŋ²mum²）

蜈蚣 sip⁷daːŋ³（南壮 tɕi³khip⁷，西傣 tak⁷xɛp⁹，泰 ta¹khaːp²，佬 tɕi⁵khep⁷）

蚯蚓 tu²dɯːn¹（南壮 dəːm¹，西傣 dɤn¹，德傣 ti¹tən⁶，泰 sai³dɯan¹，佬 sai³dɯːən¹）

蚂蚁 mot⁸（傣、泰、佬等同）

蛀虫 tu²moːt⁸（傣 mot⁸）

白蚁 pluk⁷（临高 buk⁷，南壮 pjuk⁷，傣 pok⁹，泰 pluak⁷）

马蜂 to⁵（泰 tɔ⁵，佬 mɛːŋ²tɔ⁵）

蜜蜂 ɣɯi¹（南壮 meːŋ²thəːŋ¹，西傣、泰 phɯŋ³，佬 mɛːŋ²ʔɯɯŋ⁴）

水蚂蟥 pliŋ¹（临高 biŋ¹，南壮、傣 piŋ¹，泰 pliŋ¹，佬 piːŋ¹）

山蚂蟥 taːk⁸（西傣 tak⁸，德傣 taːk⁸）

蝗虫 tak⁷（西傣 tăk⁷tɛn¹，德傣 ti¹tian⁶，泰 tak⁷ka¹tɛːn¹，佬 tak⁷tɛːn¹）

蟑螂 saːp⁷（南壮 ɬaːp⁷，西傣 tak⁷tsoŋ¹，德傣 mɛŋ²saːp⁹，泰 ma¹lɛːŋ¹saːp⁵）

螳螂 tak⁷ma⁴（南壮 kaːm⁶ma⁴，西傣 kak⁷ma⁴，佬 mɛːŋ²ma⁴）

薯 man²（西傣 măn²，傣、泰、佬等同）

小米 hau⁴fiːŋ³（布依 hau⁴vɯːŋ³，临高 faŋ³，傣 xau³haːŋ¹ma¹）

粮食 hau⁴（南壮 khau³，西傣 mak⁹xǎu³met⁸năm⁴，德傣 xau³lam⁴，泰 khaːw³，佬 khau³）

稻子 hau⁴（南壮 khau³，西傣 xǎu⁴，德傣 xau⁴，泰 khaːw³，佬 khau³）

稻谷 hau⁴（南壮 khau³，西傣 xǎu³，德傣 xau³，泰 khaːw³，佬 khau³）

米 hau⁴（南壮 khau³，西傣 xǎu³，德傣 xau³，泰 kha：w³，佬 khau³）

饭 hau⁴（南壮 khau³，西傣 xǎu³met⁸，德傣 xau⁴lɯŋ³，泰 kha：w³，佬 khau³）

糯 hau⁴ɕit⁸（临高 ŋau⁴nau¹，南壮 khau³nu¹，西傣 xǎu³no¹，德傣 xau³lo¹，泰 kha：w³niaw⁵）

种子 hau⁴ɕe⁶（布依 hɔn¹，临高 mak⁸vɔn²，南壮、德傣、掸 fan²）

秧 kja³（傣 ka³，泰 kla³）

稻草 fɯ：ŋ²（临高 muŋ⁴，西傣 fɤŋ²，德傣 fəŋ²，泰 fa：ŋ¹）

粗糠 ɣep⁸（南壮 kep⁷，傣 kɛp⁹，佬 pɯ：ək⁷）

细糠 ɣam²（南壮 ɫam²，西傣 hǎm²，德傣、佬 ham²，泰 ram¹）

芋头 pi：k⁷（南壮 phɔ：k⁷，西傣 ho¹phɤk⁹，德傣 ho¹phək⁹，泰 phiak⁷，佬 phɯ：ək⁷）

蔬菜 pjak⁷（南壮 phjak⁷，西傣 phǎk⁷，德傣、泰 phak⁷，佬 phak⁷或 phak⁷ka：t⁷）

芥菜 plak⁷ka：t⁷（南壮 phjak⁷ka：t⁷，傣、泰、佬 phak⁷ka：t⁷）

蕹菜 plak⁷buŋ³（南壮 phjak⁷buŋ³，临高 sak⁷buŋ³，泰、佬 phak⁷buŋ³）

苋菜 plak⁷ɣo：m¹（南壮 phjak⁷hum¹，西傣 phǎk⁷hum¹，德傣 phak⁷hom²，泰、佬 phak⁷hom¹）

姜 hiŋ¹（南壮 khiŋ¹，傣 xiŋ¹，泰 khiŋ¹，佬 khi：ŋ¹）

辣椒 lɯk⁸ma：n⁶（南壮 ma：k⁷phit⁷，西傣 mak⁹phik⁸，德傣 ma：k⁹phet⁹，泰 phet⁸，佬 ma：k⁷phet⁷）

二　人相互间称谓词语

人 vun²（南壮 kən²，西傣 kun²，德傣 kon²，泰、佬、掸 khon²）

男人 pou⁴sa：i⁴（南壮 phu⁵tsa：i²或 ti⁶po⁶，西傣 hun²tsai²，德傣 pu¹tsa：i²，泰 cha：i¹，佬 phu⁵sa：i²，掸 phu¹sa：i²）

女人 me⁶bɯk⁷（南壮 ti⁶me⁶或 me⁶ji：ŋ²，西傣 mɛ⁶ji：ŋ²，德傣 me⁶ji：ŋ²，泰 ji：ŋ²，佬 phu³n̠iŋ²，掸 phu³jiŋ²）

祖父 pau⁵（西傣 pŏ⁴pu⁵，德傣 loŋ¹，泰 pu²，佬 pu⁵）

祖母 ja⁶（南壮 na：ŋ²或 ja⁶，西傣 mɛ⁶ja⁶，德傣 ja⁶，泰 ja³，佬 n̠a⁵）

外祖父 ta¹（临高 da⁴，西傣 pŏ⁶thǎu³，德傣 loŋ¹la：i²，泰 ta¹，佬 tɔ⁵thau³）

外祖母 me⁶ta：i⁵（西傣 mɛ⁶thǎu³，德傣 ja⁶la：i²，泰 ja³或 ja：i¹，佬 mɛ⁵thau⁵）

父 po⁶（西傣 pŏ⁶，德傣 ʔu³或 po⁶po⁶，泰 phɔ³，佬 pɔ⁵）

母 me⁶（西傣 mɛ⁶，德傣 me⁶，泰 mɛ³，佬 mɛ⁵，掸 leŋ¹met⁶）

伯父 luŋ²（西傣 pŏ⁶loŋ¹，德傣、佬 luŋ²，泰 luŋ¹）

伯母 pa³（临高 ba³，西傣 mɛ⁶loŋ¹，德傣、泰、佬 pa³）

叔父 ʔa：u¹（南壮 ʔa：u⁵，西傣 ʔau¹，德傣 ʔa：u⁶，泰 ʔa¹，佬 ʔa：u¹）

大伯子 koŋ¹luŋ²（西傣 pŏ⁶loŋ¹，德傣 pi⁶tsau³）

岳父 po⁶ta¹（西傣 pŏ⁶ta¹，德傣 pu⁵la：i²，泰 phɔ³ta¹，佬 phɔ⁵thau³）

岳母 me⁶ta：i⁵（西傣 mɛ⁶na¹，德傣 ja⁶la：i²，泰 me¹ja：i¹，佬 mɛ⁵thau³）

姑母（父姐）pa³（西傣 mɛ⁶loŋ¹，德傣 me⁶ʔa⁶，泰、佬 pa⁴）

姑父（父姐夫）po⁶luŋ²（西傣 pɔŋ¹，德傣 ʔa⁶xoi¹，泰、佬 luŋ²）

姑母（父妹）ku⁶（西傣 mɛ⁶ʔa¹，德 me⁶ʔa⁶，泰 na⁴，佬 ʔa¹）

姑父（父妹夫）po⁶na⁴（德傣 ʔa⁶xoi¹，佬 ʔa：u¹）

舅父（母兄）po⁶luŋ²（西傣 pɔ⁶loŋ¹，德傣 ma：u⁵xun¹，泰、佬 luŋ²）

舅母（母兄妻）me⁶pa³（西傣 mɛ⁶loŋ¹，德傣 me⁶la⁴，佬 pa⁴）

舅父（母弟）po⁶na⁴（南壮 khau⁴，德傣 ʔu³ma：u⁵，佬 na⁴ba：u⁵）

舅母（母弟妻）me⁶na⁴（南壮 kham⁴，德傣 la⁴xam²，泰 na⁴，佬 na⁴phai⁴）

姨父（母姐夫）po⁶luŋ²（西傣 pɔ⁶loŋ¹，德傣 po⁶la⁴，佬 luŋ²）

姨母（母姐）me⁶pa³（西傣 mɛ⁶loŋ¹，德傣 la⁴la：ŋ²，泰 na⁴，佬 pa⁴）

姨夫（母妹夫）po⁶na⁴（德傣 po⁶la⁴，佬 ʔa：u¹）

姨母（母妹）me⁶na⁴（南壮 kham⁴，西傣 ʔi¹na⁴，德傣 la⁴sa：u¹，泰 na⁴，佬 na⁴sa：u¹）

兄 pei⁴（西傣 pi⁶tsai²，德傣 pi⁶tsa：i²，泰 phi³cha：i¹，佬 ʔa：i⁴）

弟 nu：ŋ⁴（南壮 no：ŋ⁴bau⁵，西傣 nɔŋ⁴tsai²，德傣 lɔŋ⁴tsa：i²，泰 nɔ：ŋ⁴cha：i¹，佬 nɔ：ŋ⁴sa：i²）

姐 pei⁴（西傣 pi⁶jiŋ²，德傣 pi⁶sa：u¹，泰 phi³sa：w⁵，佬 ʔɯ：əi⁴）

妹 ta⁶nu：ŋ⁴［南壮 me⁶ʔa¹（兄称）、me⁶na⁶（姐称），西傣 nɔŋ⁴jiŋ²，德傣 lɔŋ⁴sa：u¹，泰 nɔ：ŋ⁴sa：w⁵，佬 nɔ：ŋ⁴sa：u¹］

嫂子 pei⁴sa：u³（南壮 ɬa：u³，西傣 pi⁶pǎi⁴，德傣 pi⁶lo²，佬 ʔɯ：əi⁴phai⁴）

丈夫 kva：n¹（南壮 po⁶，傣 pho¹，泰 phua⁵，佬 phu：ə¹或 sa¹mi²）

妻子 me⁶ja⁶（南壮 me⁶，傣 me²，泰 mia¹，佬 mi：ə²或 phan²）

儿子 lɯk⁸sa：i¹（南壮 luk⁸ba：u⁵，西傣 luk⁸tsai²，德傣 luk⁸，泰 lu：k⁸cha：i¹，佬 lu：k⁸sa：i²）

女儿 lɯk⁸sa：u¹（南壮 luk⁸ɬa：u¹，西傣 luk⁸jiŋ²，德傣 luk⁸sa：u¹，泰 lu：k⁸jiŋ¹，佬 lu：k⁸sa：u¹）

女婿 lɯk⁸kɯi²（南壮 luk⁸khəi²，西傣 luk⁸xɣi¹，德傣 la：k¹⁰sa：u⁴，泰 lu：k⁸khɔ：i⁵，佬 lu：k⁸khə：i¹）

儿媳 lɯk⁸paɯ⁴（南壮 me⁶lu²，西傣 luk⁸pai⁴，德傣 luk⁸paɯ⁴，泰 sa：¹phai⁴，佬 lu：k⁸phai⁴）

侄儿 la：n¹（南壮 la：n¹ba：u⁵，西傣 lan¹tsai²，德傣 la：n¹tsa：i²，泰 la：n¹cha：i²，佬 la：n¹sa：i²）

侄女 la：n¹（南壮 la：n¹ɬa：u¹，西傣 lan¹jiŋ²，德傣 la：n¹sa：u¹，泰 la：n¹sa：u¹，w²，佬 la：n¹sa：u¹）

外甥 va：i⁶se：ŋ¹（南壮 la：n¹no：k⁸，西傣 lan¹nɔk⁸，德傣 la：n¹lɔk⁸，泰、佬 la：n¹no：k⁸）

孙子 lɯk⁸la：n¹（南壮 la：n¹ba：u⁵，西傣 lan¹tsai²，德傣 la：n¹，泰 la：n¹cha：i²，佬 la：n¹sa：i²）

孙女 ta⁶la：n¹（南壮 la：n¹ɬa：u¹，西傣 lan¹jiŋ²，德傣 la：n¹sa：u¹，泰、佬

la：n¹sa：u¹）

小伙子 luɯk⁸sa：i¹（布依 pu⁴ço², 南壮 luk⁸ba：u⁵, 西傣 bau⁵, 德傣 pu¹ma：u⁵, 泰 ba：w², 佬 ba：u⁵）

姑娘 luɯk⁸sa：u¹（南壮 phu³ɬau¹, 西傣 sau¹, 德傣 pu¹sa：u¹, 泰 sa：w⁵, 佬 sa：u¹或 ȵiŋ²num⁵）

老头子 pou⁴la：u⁴（南壮 kən²ke⁵, 西傣 kun²thau³, 德傣 pu⁵thau³, 泰 phɔ³thau³, 佬 phu³thau³）

老太婆 ja⁶ke⁵（南壮 me⁶ke⁵, 西傣 mɛ⁶thau³, 德傣 ja⁶thau³, 泰、佬 ja：i¹kɛ²）

寡妇 me⁶ma：i⁵（临高 mai⁴mai³, 西傣 mɛ⁶mai³, 德傣、泰 me⁶ma：i³, 佬 mɛ⁶ma：i³）

鳏夫 po⁶ma：i⁵（西傣 po⁶mai³, 德傣 ma：u⁵thau³, 泰 phɔ³ma：i³）

主人 pou⁴çaɯ³（傣、泰 tsau³, 佬 tçau⁴）

客人 pou⁴ke：k⁷（西傣 xɛk⁹, 德傣 pi⁶lɔŋ⁴, 泰、佬 khɛ：k⁷）

官 ha：k⁷（南壮 kva：n¹, 傣 xun¹, 佬 na：i²或 tçau⁴na：i²或 khun¹）

头人 vun²tau²（布依 po⁶ba：n⁴, 西傣 po⁶ban³, 德傣 pu⁵ke⁵）

瞎子 pou⁴ta¹fa：ŋ²（南壮 po⁶bo：t⁷, 西傣 kun²ta¹bot⁹, 德傣 kon²ta⁶mot⁹, 佬 khon²ta¹bɔ：t⁷）

聋子 pou⁴ɣɯ²nuk⁷（南壮 po⁶nuk⁷, 西傣 kon²hu¹mot⁹, 德傣 kon²hu¹lok⁹, 佬 khon²hu¹nu：ək⁷）

麻子 na³ɣa：i²（西傣 na²lǎi⁶, 德傣 kon²la³la：i²）

三 人体器官词语

头 kjau³（布依 tçau³, 临高 hau³, 南壮 hu¹, 傣 ho¹, 泰 hua⁵, 掸 huo¹）

头发 plom¹（布依 pjɔm¹, 南壮 phjon¹, 西傣 phum¹ho¹, 德傣 xon¹ho¹, 泰 phom⁵, 掸 hun¹ho¹）

额头 na³pja：k⁷（布依 na³pja⁵, 南壮 na³phja：k⁷, 西傣 na³phak⁹, 德傣 ho¹la³pha：k⁹, 泰 na³pha：k⁷）

眉毛 pɯn¹ta¹（南壮 khun¹tçau², 西傣 xun¹ta¹, 德傣 xon¹ta¹, 泰 khon⁵khiu⁴, 佬 khi：u²）

眼睛 ta¹（临高 da¹, 南壮 ha¹, 西傣 ta¹, 德傣 ta⁶, 泰 ta：¹, 佬 ta¹'）

眼泪 ɣam⁴ta¹（西傣 năm⁴ta¹, 德傣 lam⁴ta¹, 泰 na：m⁴ta¹, 佬 nam⁴ta¹'）

鼻子 daŋ¹（南壮 ma：k⁷daŋ¹, 西傣 dǎŋ¹, 德傣 laŋ⁶, 泰 daŋ¹, 佬 daŋ¹', 掸 khu²naŋ¹）

鼻涕 muk⁸（傣 xi³muk⁸, 泰 mu：k³, 佬 khi³mu：k⁸）

耳朵 ɣɯ²（南壮 pi⁵hu¹, 西傣 bin³hu¹, 德傣、掸 hu¹, 泰 hu：⁵, 佬 bai¹hu¹）

嘴 pa：k⁷（西傣 sop⁷或 pak⁹, 德傣 sop⁹或 pa：k⁹, 泰 pa：k⁷, 佬 pa：k⁷或 sop⁷）

脸 na³（德傣 la³, 西傣、泰、佬、掸 na³）

下巴 ha：ŋ²（西傣 kaŋ², 德傣 ka：ŋ², 泰 kha：ŋ²）

颊 ke：m³（傣、泰、佬 kɛm³）

脖子 ho² （南壮 ko²，西傣 xɔ²，德傣 xo²，泰、佬 khɔ²）

喉咙 ɕo：ŋ⁶ho²（南壮 ɬu²ko²，西傣 koŋ¹xɔ²，德傣 qo²，佬 khɔ²hɔːi¹）

牙齿 ke：u³（南壮 kheu³，傣 xeu³，泰 khiaw³，佬 khɛːu³）

舌头 lin⁴（傣、泰、掸 lin⁴，佬 liːn⁴）

肩膀 ba⁵（西傣 ba⁵或 ho¹ba⁵，德傣 ho¹ma⁵，泰 ba⁵，佬 ba⁵或 ba⁵lai⁵）

胳膊 ken¹（南壮 pi⁵mɯ²，西傣 xɛn¹，德傣 ho¹xɛn¹，泰、佬 khɛːn¹）

手 fɯŋ²（临高 mɔ²，南壮、傣、泰、佬、掸 mɯ²）

手指 lɯk⁸fɯŋ²（南壮 niːu⁴mɯ²，西傣 niu⁴mɯ²，德傣 leu⁴mɯ²，泰 niw⁴mɯ²，佬 niːu⁴mɯ²）

指甲 kjip⁷fɯŋ²（南壮 lip⁸mɯ²，西傣 lep⁸mɯ²，德傣 kaːp⁹leu⁴mɯ²，泰 niw⁴mɯ²，佬 lep⁸mɯ²）

手掌 fa¹fɯŋ²（南壮 pha¹mɯ²，西傣、泰、佬 fa⁵mɯ²，德傣 ʔoŋ³mɯ²）

手背 laŋ¹fɯŋ²（南壮 laŋ¹mɯ²，西傣 lăŋ¹mɯ²，德傣、泰、佬 laŋ¹mɯ²）

胸脯 ʔak⁷（南壮 na³ʔak⁷，西傣 na³ʔɤk⁷，德傣 ho¹ʔok⁹，泰 ʔok⁷，佬 ʔək⁷）

乳房 ɕi³或 naːu⁵（南壮 num²，西傣 tău³num²，德傣 ʔu¹或 ʔu¹tau³，泰 nom¹，佬 nom²或 tau⁴nom²）

肚子（腹）tuŋ⁴（南壮 muk⁷，傣 tɔŋ⁴，泰 thɔːŋ⁴，佬 thɔːŋ⁴或 puːm¹）

腿 ka¹（南壮、泰、佬 kha¹，傣 xa¹）

小腿 ka¹keŋ⁶，（南壮 keːŋ⁶，西傣 bi¹nɔŋ⁶，德傣 pi¹pɔm，泰、佬 khɛːŋ³）

脚 tin¹（南壮、掸 kha¹，西傣 tin¹，德傣 tin⁶，泰、佬 tiːn¹）

膝盖 kjau³ho⁵（南壮 hu¹khau⁵，西傣 ho¹xău⁵，德傣 ho¹xau⁵，泰 khaw²，佬 huːə¹khau⁵）

皮肤 naŋ¹（西傣 năŋ¹，德傣 laŋ¹，泰、掸 naŋ¹，佬 phiu¹或 phiu¹phan¹）

骨头 doːk⁷（南壮、西傣 duk⁷，德傣 luk⁷，泰 kraːdu：k⁷，佬 kaʔ⁷duːk⁷）

筋 ȵin²（南壮 jin²，西傣 ʔin¹，德傣、佬 ʔen¹，泰 jin⁵ʔen¹）

血 lɯət⁸（南壮 ləːt⁸，西傣 lɤt⁸，德傣 ləːt⁸，泰 liat⁸，佬 ɯːət⁸或 lo²hit⁷）

肉 no⁶（南壮 nɯ⁴，西傣 nɤ⁴，德傣 lə⁴，泰 nɯə⁴，佬 siːn²）

肠子 sai³（南壮 ɬai³，西傣 săi³，德傣、泰、佬 sai³）

肝 tap⁷（西傣 tăp⁷，德傣、泰、佬、掸 tap⁷）

肺 pɯt⁷（南壮 pət⁷，傣 pɔt⁹，泰、佬 poːt⁷）

胆 bei¹（南壮、泰 di¹，西傣、佬 bi¹，德傣 li⁶）

膀胱 ɣoːŋ²ȵou⁶（南壮 tom²neu⁵，西傣 hoŋ²jeu⁶，德傣 pɔŋ²bi¹，佬 ka⁷phɔ⁸或 ȵiːəu¹）

奶 ɕi³（布依 zam⁴mɛ⁴，南壮 num²，西傣 năm⁴num²，德傣 lom²，泰 naːm⁴nom¹，佬 nom²）

睾丸 maːk⁷ɣam¹（西傣 mak⁹hăm¹，德傣 maːk⁹ham¹，泰 khai²ham¹）

阴茎 vi²（南壮 vai²，西傣 xvăi²，德傣 xɔi²，泰 khuai¹）

女阴 ɕet⁸（南壮 hi⁴，傣 hi¹，泰 hi⁵）

屎 hai⁴（南壮 khi³，傣 xi³，泰、佬 khi³）
尿 ȵou⁶（南壮 neu⁶，傣 jeu⁶，泰 jiaːw³，佬 ȵiːəu⁵）

四　居家、劳动、用具词语

房子 ɣaːn²（南壮 ɫən²，西傣 hɤn²，德傣 hən²，泰 rɯan¹，佬 hɯːən²）
木板 pen³（傣 pɛn³，泰 peːn³，佬 pɛːn⁴）
村子 baːn³（西傣 ban³，德傣 maːn³，泰 baːn³，佬 baːn⁴）
柱子 sau¹（西傣 sǎu¹，德傣 sau¹，佬 sau¹）
门 tou¹（西傣 pak⁹tu¹，德傣 la³tu⁶，泰 pla¹tu¹，佬 pa⁷tu¹）
扫帚 saːu⁵pat⁷（西傣 ju²pǎt⁷，德傣 ju²pat⁷，佬 mai⁴ju¹kvaːt⁷）
柴 fɯn²（西傣 fɤŋ²，德傣 fun²，泰、佬 fɯːn²）
火灰 tau⁶（西傣 fǎu⁵fǎi²，德傣 tau⁶，泰 thaw³，佬 thau⁵）
三脚架 kjiːŋ²（西傣 xeŋ²，德傣 keŋ²，泰、佬 kiaŋ¹）
梯子 lai¹（南壮 dai¹，西傣 kɤn¹，德傣 tsaːt⁸，泰 ban¹dai¹，佬 khan³dai¹）
背带 da¹（临高 ba³lak⁸，西傣 pha³tse⁵，德傣 pha³la⁶）
扇子 pei²（临高 fɔi²，南壮、傣、泰、佬 vi²）
针 ɕim¹（南壮 khim¹，西傣 xim¹，德傣 sem¹或 xem¹，泰、佬 khem¹）
线 mai¹（西傣 mǎi¹kɯi¹，德傣 mai¹，泰 daːi³，佬 sen¹）
雨伞 liːŋ³（南壮 ləːŋ³，傣 tsoŋ³）
斗笠 kjop⁷（南壮 kip⁷，傣 kup⁷，佬 ʔɔːp⁷）
剪刀 keu²（临高 keu¹，南壮 maːk⁸keu²，西傣 mɛ⁶sɛm²，德傣 kim²，泰 klɛːw²，佬 mit⁸tat⁷）
竹竿 saːu⁴（西傣 hau²，德傣 mai⁴saːu³）
船 ɣu²（南壮 lɯ²，西傣 hɤ²，德傣 hə²，泰 rɯa¹，佬 hɯːə²）
筏 pe²（临高 be²，西傣、佬 pɛ²，德傣、掸 pe²，泰 phɛ¹）
凿了 siu⁵（傣 siu⁵）
钳子 kim²（傣 kim²）
粽子 faŋ⁴（南壮 khau⁴tum³，西傣 xǎu³tum³，德傣 xau³xɛm¹，佬 khau³tom⁴）
衣 pu⁶（南壮 ɫɯ³，西傣 sɤ³，德傣 sə³，泰 sɯa³，佬 sɯːə³）
衣袖 keːn¹pu⁶（南壮 khen¹ɫɯ³，西傣 xɛn¹sɤ³，德傣 xɛn¹sə³，佬 khɛːn¹sɯːə³）
裙子 vin³（布依 hin³，傣、泰、佬、掸 sin³）
梳子 ɣoi¹（南壮 vi¹，西傣 vi¹ho¹，德傣、泰、佬、掸 vi¹）
被子 teːn²（南壮 fa²，西傣 pha³hum³，德傣、泰、佬 hom⁵）
枕头 sɯi²（南壮 moːn²，傣 mɔn¹ho¹，佬 mɔːn¹）
酒 lau³（傣、泰、佬、掸 lau³）
刀 mit⁸（傣、泰、佬、掸 mit⁸）
园子 suːn¹（傣 son¹）
篱笆 fa²（傣 fa¹）

盖 fa¹（南壮 pha¹，傣、佬 fa¹）

砧板 hiŋ¹（南壮 khi：ŋ¹，傣 hiŋ¹，泰 khiaŋ⁵）

犁 ɕai¹（南壮、傣、泰、佬、掸 thai¹）

牛轭 ʔek⁷va：i²（傣、泰、佬、掸 ʔek⁷）

扁担 ha：n²（南壮 ka：n²，西傣 mǎi⁴kan²，德傣 ka：n²ma：p⁹，泰 kha：n¹，佬 mai⁴kha：n²）

绳子 ɕa：k⁸（南壮 tɕə：k⁸，傣 tsɤk⁸，佬 sɯ：ək⁸）

肥料 pɯn⁶（南壮 khun⁵，傣、佬 fun⁵）

手镰 hep⁷（南壮、傣、泰 thep⁷）

臼 ɣum¹（临高 hok⁸，傣 xok⁸）

杵 sa：k⁷（临高 hak⁷，西傣、德傣 sa：k⁹xok⁸，泰 sa：k⁷）

筛子 ɣaŋ¹（临高 lɔŋ²，南壮 khjaŋ¹，傣 xɯŋ¹，泰 sɯ：ŋ⁵，佬 khə：ŋ¹）

簸箕 doŋ³（南壮、西傣 duŋ³，德傣 loŋ³，泰 doŋ³，佬 ka⁷doŋ⁴）

织布机 ɣo：k⁷（南壮、德傣 huk⁷，西傣 huk⁹，泰 tam⁵hu：k⁵，佬 ki⁵tam⁵hu：k⁷）

梭子 so¹ɣo：k⁷（布依 tau⁵，西傣 soi¹，德傣 tau⁵）

粮囤 buŋ¹（南壮 buŋ¹，泰 kra¹buŋ¹）

捕鱼笼 ɕa：m³（南壮 tɕam¹，泰 som²）

竹筒饭 hau⁴la：m¹（南壮 khau³la：m¹，泰 khau³la：m⁵）

酸菜 plak⁷som³（布依 pi：k⁷doŋ¹，西傣 phǎk⁷sum³，德傣 phak⁷som³，泰 phak⁷dɔ：ŋ¹）

力气 ɣeŋ²（南壮 ɬeŋ²，傣 hɛŋ²，佬 hɛ：ŋ²）

影子 ɣum⁶ŋau²（布依、德傣 ŋau²，西傣 ŋǎu²）

梦 fa：ŋ²hɯn²（南壮 phau¹，西傣 fǎn¹，德傣 fan¹，佬 khva：m²fan¹）

鬼 fa：ŋ²（临高 hi²haŋ¹，南壮、傣、泰、佬、掸 phi¹）

五　动作性词语

（给婴儿）把（尿）si⁵（临高 si²，德傣 si¹）

剥（牛皮）po：k⁷（德傣 pok⁹，佬 tha¹lɔ：k⁷，泰 po：k⁷）

抱（小孩）ʔum³（傣、泰 ʔum³，佬 ʔum⁴）

闭（口）hap⁷（西傣 hǎp⁷，德傣 hup⁷）

编（篮子）sa：n¹（德傣 san¹）

变 pi：n⁵（西傣 pen⁵，德傣 pɛn⁵）

补 fo：ŋ¹（傣 fuŋ²）

插 pak⁷（西傣 pǎk⁷，德傣 pak⁷，泰、佬 pak⁷）

插（秧）dam¹（西傣 puk⁹，德傣 som³）

（蛇）缠（树）keu³（德傣 keu³，泰 kiau³）

尝（味道）ɕim²（傣 tsim²，泰 chim¹）

沉 ɕam¹（西傣 tsum¹，德傣 tsəm⁶，佬 tɕom¹）

（做）成（了）pan²（西傣 pin¹，德傣、泰 pen¹，佬 pi：ən⁵）

穿 tan³（南壮、西傣 nuŋ⁶，德傣 luŋ⁶，泰 nuŋ³，佬 nuŋ⁵）
吃 kɯn¹（南壮、西傣、泰、佬 kin¹，德傣 kin⁶）
舂（米）tam¹（西傣 tăm¹，德傣 tam⁶，泰、佬 tam¹）
抽（出来）ʔjo：t⁷（西傣 thɔt⁹，德傣 thot⁹）
出产 ʔo：k⁷（傣 ʔɔk⁹，泰、佬 ʔo：k⁷）
出嫁 ha⁵（傣 xa⁵，佬 ʔau¹phu：ə¹）
锄（草）kva：k⁷（西傣 tsak⁸，德傣 tsa：k⁸）
搓（绳子）lan²（西傣 făn³，德傣 fan³）
答应 ha：n¹（南壮 ta：p⁷，西傣 xan¹tɔp⁹，德傣 xa：n¹，佬 tɔ：p⁷）
打 tup⁸（南壮 ko：n⁴，西傣 bup⁷）
打（伞）ka：ŋ¹（西傣 kaŋ¹，德傣 kaŋ³）
打闪 pla³ja：p⁷（南壮 fa⁴mep⁸，西傣 fa⁴mă⁶lɛp⁸，德傣 fa⁴mɛp⁸，佬 fa⁴mɛ：p⁸或 lɛ：p⁸）
待（一会儿）ça³（傣 tha³）
（墙）倒 tom⁵（南壮 tum⁵，德傣 lom⁴，佬 lom⁴loŋ²）
倒（水）po：k⁷（傣 thɔk⁹）
得到 dai³taŋ²（西傣 dăi³，德傣 lai³，佬 dai⁴）
等（人）ça³（南壮、傣、泰、佬 tha³）
低（头）kom²（西傣 kum³，德傣 kom³，泰 ka：m³）
点（头）ŋak⁷（西傣 ŋɔk⁷，德傣 ŋɔk⁷tə⁴）
掉（下）tok⁷（西傣 tok⁷，德傣 tok⁹）
跌倒 lam⁴（德傣 lom⁴，泰、佬 lom⁴）
叠（被）top⁸（傣 top⁸，泰 ci：p²）
（蚊）叮 hap⁸（西傣 xop⁹，德傣 ka：p⁸）
懂（事）ɣo⁴（临高、傣、佬 hu⁴，南壮 ɬu⁴，泰 ru⁴）
扔 vut⁷（西傣 tɛt⁸，德傣 vut⁸）
堵（漏）ʔot⁷（西傣 ʔɤt⁹，德傣 ʔət⁹）
（线）断 ka：t⁷（西傣 xat⁹，德傣 xa：t⁹，佬 kha：t⁷）
（棍）断 ɣak⁷（西傣 hăk⁷，德傣 hak⁷）
堆（草）to：ŋ¹（西傣 kɔŋ¹，德傣 kɔŋ⁶）
蹲 naŋ⁶juŋ¹（南壮 naŋ⁶joŋ⁷，西傣 naŋ⁴jăŋ¹，德傣 laŋ⁴jaŋ¹，泰 naŋ⁴jaŋ¹jɔ：ŋ¹）
剁（肉）fak⁸（西傣 făk⁸，德傣、泰、佬 fak⁸）
发抖 san²（西傣 sɛn⁵săi¹，德傣、泰、佬 san⁵）
翻 plon³（傣 pin³，泰 puan²）
防（野猪）he¹（西傣 hɛ⁴，德傣 he⁴）
放（牛）pjo：i⁷或 la：ŋ⁶（傣 leŋ⁴，泰 plo：i¹）
飞 bin¹（临高 vin¹，西傣、泰、佬 bin¹，德傣 men⁸）
缝 ɲip⁸（南壮 jip⁸，西傣 jip⁷，德傣 jɛp⁸，泰 jep⁴，佬 ɲip⁷）
盖（层土）kom⁵（西傣 kom⁵，德傣 kom⁶，泰 hom³）

盖（被）kom⁵（德傣 hom⁵，泰 khum⁴）
给 haɯ³（南壮、西傣 hɯ³，德傣 haɯ³，泰、佬 ha：i³）
（孩子）跟（妈）nem¹（傣 tsɔm²）
犁（田）çai¹（南壮、傣、泰、佬 thai¹）
箍 kjo：k⁷（傣 pɔk⁹）
挂 ven³ 或 hoi³（西傣 xvɛn¹，德傣 xɛn¹，泰、佬 hɔ：i³）
关（门）hap⁷（西傣 hăp⁷，德傣、泰、佬 hap⁷）
关（牛）kjaŋ¹（西傣 xǎŋ¹，德傣 xaǎ¹，泰、佬 khaŋ⁵）
含 ʔɔm⁵（西傣 ʔum¹，德傣 ʔom⁶，泰、佬 ʔom¹）
（眼）花 ɣa：i²（西傣 lai²，德傣 la：i²，泰、佬 kha：i²）
回来 ma¹（傣 pɔk⁸ma²，泰 ma¹，佬 ma²）
夹（菜）kip⁷（傣 kip⁸，泰、佬 kip⁷）
捡 kip⁷（西傣 kep⁷，德傣 kep⁹，泰、佬 kep⁷）
剪 tat⁷（西傣 tɛt⁷，泰、佬 tat⁷）
浇（水）vu：t⁸（西傣 lot⁷，德傣 hot⁹，佬 hot⁸）
嚼 ȵa：i³ 或 ȵam³（南壮 keu⁴，傣 keu⁴，泰 khiaw⁴，佬 ȵam³）
搅 kja：u⁴（西傣 kău¹，德傣 kɛu²，泰 khon¹）
（老虎）吼 ɣo：ŋ⁴（傣 lɔŋ⁴）
（鸡）啼 han¹（南壮 khan¹，西傣 xǎn¹，德傣 x¹nɔ，泰⁵khan）
（鸟）鸣 hoŋ²（傣 hɔŋ⁴）
（狗）吠 ɣau⁵（南壮、德傣、佬 hau⁵，西傣 hǎu⁵，泰 haw⁵）
（你扔我）接 çi：p⁷（西傣 kăp⁸，德傣 hap⁸）
解（衣扣）ke³（西傣 kɛ³，德傣 ke³，泰 kɛ³，佬 kɛ⁴）
进 hau³（南壮、佬 khau³，西傣 xǎu³，德傣 xau³，泰 khaw³）
出 ʔo：k⁷（傣 ʔɔk⁹，泰、佬 ʔɔ：k⁷）
掘 ʔva：t⁷（西傣 xut⁷，德傣 xot⁸，佬 khut⁷）
咳嗽 ʔai¹（西傣 ʔǎi¹，德傣 ʔai⁶，泰 ʔai⁵，佬 ʔai¹'）
啃 hen⁴ 或 kat⁷（西傣 ŋɛn³，德傣 xɔt⁸，佬 khop⁷）
哭 tai³（南壮、德傣、佬 hai³，西傣 hăt⁸，泰 rɔ：ŋ⁴hai³）
捆（柴）hat⁸（西傣 măt⁸，德傣、佬 mat⁸）
拉（犁）ɣa：k⁸（西傣 lak⁸，德傣、佬、泰 la：k⁸）
来 tau³（南壮、傣、泰、佬 ma²）
烂 nau⁶（傣 lau⁶，泰、佬 nau⁵）
勒（死）hat⁸（西傣 kɛt⁸，德傣 hat⁸）
量（布）ta：k⁸（傣 tɛk，佬 thɛ：k⁸）
晾（衣）ɣa：k⁷ 或 la：ŋ⁶（西傣 tăk⁹，德傣 jaŋ⁶）
裂（开）tek⁸（南壮 phek⁷，傣 tɛk⁹，泰、佬 tɛ：k⁷）
流（水）lai¹（傣 lai¹，泰 lai⁵）

搂（怀里）ko:t⁷（傣 kɒt⁹，泰、佬 ko:t⁷）
（房）漏 ɣo⁶（南壮 ɬu⁶，傣 ho⁶，佬 hu:ə⁵）
落（下）tok⁷（傣 tok⁷，佬 tok⁷）
骂 da⁵（西傣、泰、佬 da⁵，德傣 la⁵）
买 ɕaɯ⁴（南壮 ɬɯ，傣、泰、佬 sɯ⁴）
卖 ka:i¹（南壮、泰、佬 kha:i¹，西傣 xai¹，德傣 xa:i¹）
冒（烟）ʔo:k⁷（傣 ʔɒk⁹，泰、佬 ʔɔ:k⁷）
没有 bou³mi²（西傣 bău⁵mi²，德傣 jaŋ⁶mi²）
（火）灭（了）mot⁷（西傣 vɒt⁸，德傣 mɒt⁹）
熄（灯）dap⁷（泰、佬 dap⁷）
明白 ɣo¹（南壮 ɬu⁴或 lu⁴，傣 hu⁴，泰 ru⁴或 hu⁴）
摸 lum⁶（南壮 lu:p²，泰 lu:p³）
捉 kap⁸（西傣 jăp⁸，泰 cop⁸，佬 tɕap⁷）
摸（鱼）kam⁶（西傣 ŋum²，德傣 ŋom²）
拿（来）ʔau¹（西傣 ʔău¹，德傣 ʔau⁶，泰、佬 ʔau¹）
（晒）蔫 ɣeu⁵（德傣 heu⁵）
呕吐 vu:k⁸（西傣 hăk⁸，德傣、佬 ha:k⁸，泰 ʔauk⁸）
（虫）爬 ɣa:i²（南壮 la:i²，泰、佬 tai⁵）
跑（步）pu:t⁷（南壮 len⁶或 kit⁸，傣 lɛn⁶，泰、佬 lɛ:n⁵）
喷（水）plo⁵（南壮、傣 phu⁵，泰 phon³）
掬 ko:p⁷（傣 kɒp⁹，泰、佬 kɔ:p⁷）
漂 fau²（傣、泰、佬 fu²）
爬行 kja:n²（西傣 kăn²，德傣 ka:n²，泰 khla:n¹）
洒（水）fat⁷（西傣 hot⁷，德傣 hot⁷）
（竹）破（了）ɕek⁸（西傣 tɛk⁹，德傣 fɛt⁹）
娶（妻）ʔau¹（西傣 ʔău¹，德傣、泰、佬 ʔau¹）
去 pai¹（西傣 păi¹或 ka⁵，德傣 ka⁵，泰、佬 pai¹）
染（布）jo:m⁴（傣 jɒm⁴，泰 jɔ:m⁴，佬 ɲɔ:m⁴）
绕（弯儿）ŋeu⁴（西傣 ʔeu³，德傣 ve⁶）
热（一下）da:t⁷（临高 lun³，傣 ʔun⁵）
撒（种子）va:n⁵（西傣 văn⁵，德傣、佬 va:n⁵，泰 wa:n²）
扫（地）pat⁷（西傣 păt⁷，德傣 pat⁷，泰 pwa:t⁷pat⁷，佬 pat⁷kva:t⁷）
筛（米）ɣaŋ¹（傣 xɯŋ¹）
晒（衣）ta:k⁷（西傣 tak⁹，德傣 ta:k⁹，泰 ta:k⁷，佬 pha:k⁷）
骗 to:n¹（傣 tɒn¹，泰、佬 tɔ:n¹）
上（楼）hɯn³（南壮 khən³，傣 xɯn³，泰、佬 khɯn³）
梳（头）ɣo:i¹（南壮、傣、泰、佬、掸 vi¹）
竖（起）taŋ³（西傣 tăŋ³，德傣、泰、佬 taŋ³）

第三章 部落社会：壮傣群体越人语言和文化 145

下（来）ɣoŋ²（西傣luŋ²，德傣、泰、佬loŋ²）
睡nin²（南壮no：n²，西傣nɔn²，德傣lɔn²，泰、佬nɔ：n²）
撕sik⁷（傣sik⁷，泰chi：k⁷，佬tɕi：k⁷）
死ta：i¹（西傣tai¹，德傣、泰、佬ta：i¹）
送soŋ⁵（西傣suŋ⁵，德傣、泰、佬soŋ⁵）
抬ɣa：m¹（西傣ham¹，德傣、泰、佬ha：m¹）
淌（眼泪）lai¹（西傣jɔi⁴，德傣、泰、佬lai¹）
掏ʔvak⁷（西傣tsok⁷，德傣tsɔk⁹，泰khwak⁷）
提（篮）ɣiu³（西傣tiu⁵，德傣heu³）
舔ɣi²（南壮li²，傣le²，泰lia¹，佬li：ə²）
挑ɣa：p⁷（西傣hap⁹，德傣ha：p⁹，泰、佬ha：p⁷）
偷ɕak⁸（西傣lăk⁸，德傣、泰、佬lak⁸）
吞dɯn³（西傣lɯn²，德傣ʔɯn⁶，泰klɯ：n¹，佬kɯ：n¹）
拖ɣa：k⁸（西傣lak⁸，德傣、泰、佬la：k⁸）
脱（鞋）tu：t⁷（西傣thɔt⁹，德傣thot⁹，泰thɔ：t⁷，佬thɔ：k⁷）
挖（地）ʔva：t⁷（西傣xut⁷，德傣kon⁵，泰、佬khut⁷）
弯（腰）kom²（西傣kot⁸，德傣kom³）
忘记lum²（傣lɯm²，泰、佬lɯ：m²）
煨（薯、芋）ʔom⁵或mok⁷（西傣tum³，德傣mok⁹）
围（敌）hum⁴（西傣vɛt⁸，德傣lɔm⁴）
闻（嗅）dam¹（西傣dum¹，德傣lom⁶）
问ɕa：m¹（南壮、德傣、泰、佬tha：m¹，西傣tham）
握（手）kam¹（西傣kăm¹，德傣、泰、佬kam¹）
洗（碗）ri：ŋ¹（南壮la：ŋ⁶，西傣laŋ⁴，德傣、泰、佬la：ŋ⁴）
洗（衣）sak⁸（西傣săk⁸，德傣、泰、佬sak⁸）
洗澡ta³ɕam⁴（布依ʔa：p⁷，西傣ʔap⁹，德傣、泰、佬ʔa：p⁷）
瞎mot⁷（西傣bɔt⁹，德傣mɔt⁹，南壮bo：t⁷，佬bɔ：t⁷）
陷（下去）lom¹（西傣lum⁵，德傣、泰、佬lom⁵）
咬hap⁸（南壮khup⁷，西傣xop⁷，德傣ka：p⁹，泰khop⁹，佬kat⁷）
眨（眼）ʔjap⁷（傣phɛp⁸，佬、泰lɛ：p⁸）
摘（花）bit⁷（西傣det⁷，德傣pit⁷，泰、佬plot⁷）
站dɯn¹（西傣tsɛn⁵，德傣tsuk⁷，南壮jin¹，泰、佬jɯ：n¹）
张（口）ʔa³（傣ʔa³，泰ʔa：³）
折（断）ʔeu³ɣak⁷（西傣hăk⁷，德傣hak⁷）
转（动）pan⁵（西傣păn⁵，德傣pan⁵，泰、佬pan²）
坐naŋ⁶（西傣năŋ⁶，德傣laŋ⁶，泰naŋ³，佬naŋ⁵）
靠（着树）ʔiŋ¹（佬ʔiŋ¹）
吹po⁵（南壮、德傣、泰、佬pau⁵，西傣pău⁵）

住 jou⁵（南壮、傣、泰、佬 ju⁵）
织（布）tam³（西傣 tăm³，德傣 to²，佬 tam⁵hu：k⁵）
淋（雨）ɤu：t⁸（南壮 la：t²或 ru：t¹，西傣 jam⁶，德傣 hot⁸或 jam²，泰 ɤuat³）
舀（水）tak⁷（南壮、佬 tak⁷）
剁（肉）fak⁸（西傣 făk⁸，德傣、泰、佬 fak⁸）
耘（田）da：i²（泰 va：i²）
杀 ka³（西傣 xa³，德傣 fan²，泰、佬 kha³）
蒸（饭）naŋ³（西傣 naŋ²或 nɯŋ³，德傣 lɯŋ³，泰、佬 nɯŋ³）
想（思考）nam³（西傣 xǎi⁶，德傣 xai³，泰 nɯam⁵，佬 khit⁴）①

六　事物性状性词语

大 huŋ¹（南壮 lu：ŋ¹或 ka：i³，傣 loŋ¹，佬 ȵai⁵）
小 ʔi⁵（南壮 ɬai⁵，西傣 nɔi⁴，德傣 lɔi⁴，佬 nɔ：i⁴）
粗 bɯk⁷（西傣 lɯk⁷，德傣 mu³，佬 ȵa：i⁵）
细 ʔi⁵（西傣 lɛp⁸，德傣 ʔɔn⁵，佬 nɔ：i⁴）
高 sa：ŋ¹（南壮 ɬuŋ¹，傣 suŋ¹，泰 su：ŋ⁵，佬 su：ŋ¹）
低 tam⁵（西傣 tɛm⁵，德傣 tam⁵，泰 tam⁴，佬 tam⁵）
长 ɤai²（南壮 ɬi²，西傣 jau²，德傣 ja：u²，泰 ja：w¹，佬 ȵa：u²）
短 tin³（西傣 sɛn³，德傣 lɔt⁷，泰 san³）
远 kjai¹（西傣 kǎi¹，德傣 kai⁶，泰 klai¹，佬 kai¹）
近 kjaɯ³（西傣 kǎi³，德傣 kaɯ³，泰 klai³，佬 kai¹）
宽 kva：ŋ⁵（西傣 kvaŋ³，德傣 ka：ŋ³，泰 kwa：ŋ³，佬 kva：ŋ⁴）
窄 kap⁸（西傣 tsɔm⁴，德傣 hip⁷，泰 khap⁷，佬 khɛ：p⁸）
厚 na¹（西傣、泰、佬 na¹，德傣 la¹）
薄 ba：ŋ¹（西傣 baŋ¹，德傣 ma：ŋ⁶，泰、佬 ba：ŋ¹）
深 kak⁸（南壮 dak⁷，西傣 lɤk⁸，德傣、佬 lək⁸，泰 lɯk⁸）
浅 feu⁶（西傣 tɯn³，德傣 tən³，泰 tɯn³，佬 tɯ：n³）
多 la：i¹（西傣 lai¹，德傣、佬 la：i¹，泰 la：i⁵）
少 no：i⁴（西傣 nɔi⁴，德傣 ʔe⁵，佬 nɔ：i⁴）
圆 luən²（南壮 mən²，西傣 mun²，德傣、佬 mon²，泰 mon¹）
尖 som¹（傣 lɛm¹，泰 lɛ：m⁵，佬 sop⁷）
横 va：ŋ¹（南壮、佬 khva：ŋ¹，傣 pat⁸xa：ŋ¹）

---

① 早期越人已有 ham²（苦）的概念和词语。如何感知，他们初步认为喉可感知。进入越人社会发展的中期阶段，酸、甜、苦、辣、咸五味俱全，他们越发确信了喉的灵敏感知。待到壮傣群体越人发展阶段，氏族部落间矛盾激增，与敌搏斗"扼亢拊背"，使他们进一步认知了喉是人体的要害器官，同时又看到自己崇拜的青蛙喉部总是在不断地颤动着，于是重于直觉感知的壮傣群体越人便以喉为思考器官。nam³ 即因喉为思考器官而来，现唯部分壮语及粤语谓思考为 nam³ 了。

弯 ʔut⁷（傣 kot⁸，佬 koŋ⁵）
轻 beu³（西傣 bău¹，德傣 mau⁶，泰 baw¹，佬 bau¹）
重 nak⁷（西傣 năk⁷，德傣 lak⁷，泰、佬 nak⁷）
硬 keŋ¹（南壮 kheŋ¹，傣 xɛŋ¹，泰 khɛːŋ⁵，佬 khɛːŋ¹）
软 ʔun⁵（南壮 ʔoːn⁵，傣 ʔon³，泰 ʔoːn²，佬 ʔɔːn⁵）
旱 ɣeŋ⁴（南壮 leŋ⁴ hɛːŋ³，泰 hɛːŋ¹，佬 lɛːŋ⁴）
红 diŋ¹（南壮 deŋ¹，西傣 dɛŋ¹，德傣 hɛŋ⁶，泰、佬 dɛːŋ¹）
黄 hen³（南壮 ləːŋ¹，西傣 dɤŋ¹，德傣 ləŋ¹，佬 lɯːəŋ¹）
白 haːu¹（南壮 khaːu¹，西傣 xau¹，德傣 phək⁹，泰 khaːw⁵，佬 khaːu¹）
黑 dam¹（西傣 dăm¹，德傣 lam⁶，泰、佬 dam¹）
绿 heu¹（南壮 kheu¹，傣 xeu¹，泰 khiaw⁵，佬 khiːəu¹）
花（纹）ɣaːi²（西傣 lai²，德傣 laːi²，佬 laːi²）
满 ɣim¹（南壮 tim¹，佬 tem¹）
老 ke⁵（西傣 thău³，德傣 ke⁵，泰、佬 kɛ⁵）
嫩（菜）ʔoi⁵（南壮 ʔoːn⁵，傣 ʔɔn³，佬 ʔɔːn⁵）
好 dei¹（南壮 dai¹，西傣、泰、佬 di¹，德傣 li⁶）
快 vaːi⁵（佬 vai²）
湿 tum²（西傣 pe¹，德傣 jam²，佬 sum⁵）
新 mo⁵（南壮 maɯ⁵，西傣 măi⁵，德傣 maɯ⁵，泰 maːi⁵，佬 mai⁵）
旧 kau⁵（西傣 kău⁵，德傣、佬 kau⁵，泰 kaw⁴）
生（肉）dip⁷（西傣、佬 dip⁷，德傣 lip⁷）
熟 ɕuk⁸（傣、佬 suk⁷）
钝 ŋom⁴（南壮 lu⁵，佬 bɔ⁵ khom²）
早 ɕau⁴（南壮 tɕau⁴，西傣 tsău⁴，德傣 tsau⁴，佬 sau⁴）
迟 kvaːi²（傣 laː³，佬 svaːi¹）
贵 peŋ²（西傣 pɛŋ²，德傣 ka⁶，佬 phɛːŋ²）
酸 som³（南壮 ɬum³，西傣 sum³，德傣、泰、佬 som³）
甜 vaːn¹（西傣 van³，德傣、泰、佬 vaːn¹）
苦 ham²（南壮 khum¹，西傣 xum¹，德傣 xom¹，泰 khom⁵，佬 khom¹）
辣 maːn⁶（南壮 phit⁷，西傣、泰、佬 phet⁷，德傣 phet⁹）
香 hoːm¹（傣 hɔm¹，佬 hɔːm¹）
饱 ʔim⁵（傣、佬 ʔim⁵）
醉 fi²（南壮、德傣、佬 mau²，西傣 măau²，泰 maw¹）
痛 ket⁷（南壮 tɕip⁷，佬 tɕep⁷ 或 puːət⁷）
富 mi²（西傣 hăŋ⁶，德傣 mi²，佬 haŋ⁵ mi²）

七 方位、时间、数量及代替性词语

前 paːi⁶ na³（南壮 paŋ⁴ na³，西傣 pai² na³，德傣 paː³ la³，泰 na³，佬 na¹ 或 hɯːəŋ⁴ na³）

后 pa:i⁶laŋ¹（南壮 paŋ⁴laŋ¹，西傣 pai²lăŋ¹，德傣 pa³laŋ¹，泰 laŋ¹，佬 laŋ¹ 或 tha:ŋ²laŋ¹）

左 pa:i⁶sɯi⁴（南壮 bə:ŋ³ɬa:i⁴，西傣 pai²sai⁴，德傣 pa³sa:i⁴，泰 sa:i⁴，佬 sa:i⁴ 或 bɯ:əŋ²sa:i⁴）

右 pai⁶kva²（南壮 bə:ŋ³ɬa¹，西傣 pai²xva¹，德傣 pa³xa¹，泰 khwa⁵，佬 khva¹ 或 pɯ:əŋ⁴khva¹）

里 pa:i⁶daɯ¹（南壮 than³daɯ¹，西傣 pai²năi²，德傣 pa³laɯ²，泰、佬 nai²）

外 pa:i⁶ɣo:k⁸（南壮 than³no:k⁸，西傣 pai²nɔk⁸，德傣 pa³lɔk⁸，泰 no:k³，佬 nɔ:k⁸）

上面 pa:i⁶kɯn²（南壮 than³nɯ¹，西傣 pai²nɤ¹，德傣 pa³lə¹，佬 thəŋ² 或 bon¹）

下面 pa:i⁶la³（南壮 than³taɯ¹，西傣 pai²năi²，德傣 pa³taɯ³，佬 lum⁵kɔ:ŋ⁴ 或 tai⁴）

中间 ɕuŋ⁵kja:ŋ¹（南壮 kja:ŋ¹，西傣 kaŋ¹，德傣 tan²ka:ŋ⁶，泰 kla:ŋ¹）

房前 na³ɣa:n²（西傣 pai²na³hɤn²，德傣 pai²la³hən²）

树木里 daɯ¹doŋ¹（西傣 năi²duŋ¹măi⁴，德傣 laɯ²loŋ⁶mai⁴）

对面 to:i⁵na³（西傣 to⁵na³，德傣 to⁵la³）

年（岁）pi¹（德傣 pi⁶，西傣、泰、佬、掸 pi¹）

今年 pi¹nei⁴（南壮 pi¹nai³，西傣 pi¹ni⁶，德傣 pi⁶lai⁴，泰、佬 pi¹ni⁴）

明年 pi¹mo⁵（南壮、西傣、泰、佬 pi¹na³，德傣 pi⁶la³）

去年 pi¹kva⁵（西傣 pi¹kai¹ 或 lɛu⁴，德傣 pi⁶ka:i⁶，泰 pi¹kja:i¹，佬 pi¹ka:i¹ 或 pi¹lɛ:u⁴）

前年 pi¹kja:i¹（西傣 pi¹ʔɔn¹，德傣 pi⁶ʔɔn⁶，泰、佬 pi¹kɔ:n²）

后年 pi¹ɣaɯ²（南壮、泰 pi¹laŋ¹，西傣 pi¹năi²，德傣 pi⁶lɯn²，佬 pi¹nai²）

现在 sei²nei⁴（南壮 ba:t²nei³，西傣 băt⁷deu⁵，德傣 ja:m²xai⁴，泰 bat²ni⁴，佬 di:əu¹ni⁴）

从前 ka⁴ko:n⁵（西傣 mɤ⁶kɔn⁵，德傣 mə⁶ʔɔn⁶ta:ŋ²，泰、佬 tɛ⁵kɔ:n⁵）

今后 pai²nei⁴（南壮 pjuk⁸lɯ²，西傣 văn²na³ma²，德傣 mə⁶ti¹ma²，佬 pha:i²na³ 或 ʔa⁷na²khot⁸）

月（月份）dɯ:n¹（南壮 bə:n¹，西傣 dɤn¹，德傣 lən⁶，泰 dɯan¹，佬 dɯ:ən¹）

日（一天）ŋon²（南壮 van²，西傣 văn²，德傣 mə⁶，泰 wan¹，佬 mɯ² 或 van²）

今天 ŋon²nei⁴（南壮 van²nai³，西傣 văn²ni⁶，德傣 mə⁶hai⁴，泰 wan¹ni⁴，佬 mɯ⁴ni⁴ 或 van²ni⁴）

昨天 ŋon²lɯ:n²（南壮 van²va²，西傣 văn²va²，德傣 mə⁶va²，泰 wan¹va²，佬 mɯ⁴va:n²）

明天 ŋon²ɕo:k⁸（南壮 van²pjuk⁸，西傣 văn²phuk⁸，德傣 mə⁶phuk⁸，泰 wan¹na³，佬 mɯ⁴ʔɯ:n⁵）

白天 kja:ŋ¹ŋon²（南壮 taŋ²van²，泰 kla:ŋ¹wan¹，佬 ka:ŋ¹ven²）

夜里 kja:ŋ¹hɯn²（南壮 kja:ŋ¹kən¹，西傣 da³lɔm⁴，德傣 kaŋ¹xɯ:n²，泰 kla:ŋ¹khɯn¹，佬 ka:ŋ¹khɯ:n² 或 tɔ:n¹kham³）

个（人）pou⁴（南壮 ʔuŋ¹，西傣 kɔ⁴，德傣 ko⁴，泰、佬 phu³）

个（碗）ʔan¹（西傣 noi¹，德傣 hoi⁵，泰、佬 ʔan¹）
棵（树）ko¹（西傣 kɔ¹，德傣 ton³，泰、佬 ton⁴）
只（鸡）tu²（西傣 to¹，德傣 tə⁶，泰 tua¹，佬 to¹或 tu：ə¹）
张（纸）baɯ¹（西傣 bin³，德傣 ma：ŋ⁶，泰 bei¹，佬 bai¹）
把（米）ham¹（南壮、德傣、泰、佬 kam¹，西傣 kǎm¹）
根（棍）tiu²（南壮 teu²，西傣 ʔǎn¹，德傣 lon²，佬 diu⁴）
粒（米）nat⁸（西傣、佬 met⁸，德傣 mɛt⁸）
双（鞋）kou⁶（南壮、傣 ku⁶，泰 khu³，佬 khu⁵）
揸（拇指、食指间距）hup⁸（南壮 tɕa：p⁷，佬 khɯ：p⁸）
趟（次）pai²（佬 thɯ：ə⁵）
次（次数）ba：t⁷（傣 pɔk⁸，佬 ba：t⁷）
（一）堆 kɔ：ŋ¹（西傣 kɔŋ¹，德傣 kɔŋ⁶，泰 kɔ：ŋ¹）
我 kou［南壮 kau¹（对晚辈说）、ŋo⁶（对平辈说），西傣 to¹xa¹或 ku¹或 xɔi³，德傣 kau⁶，泰 ku¹khaw⁵，佬 khɔ：i³或 hau²ku¹或 kha³pha⁸tɕau⁴］
我们 tou¹（南壮 huŋ¹lau²或 lau²，西傣 tu¹xa³，德傣 tu⁶，佬 phu：ək⁸hau²）
咱们 ɣau²（南壮 huŋ¹lau²，西傣 hǎu²，德傣 hau²，泰 raw¹，佬 phu：ək⁸hau²或 hau²）
你 mɯŋ²［南壮 ni⁶（对平辈说）、naɯ²（对晚辈说），西傣 to¹tsǎu³，德傣 naɯ²，泰 mɯŋ¹，佬 tɕau⁴或 mɯŋ²tha：n⁵］

公元前 528 年榜枻越人在大江上给鄂君子皙放喉唱着山歌的时候，壮傣群体越人的语言已经发展到一个新的阶段：放喉足以行歌，交流已经无碍。上面列述的词语只是壮傣语的主要词语，并非全部。而且，由于数千年已经过去，壮傣语支所含各族由于散居各地，与不同的民族杂居，命运各异，同时后来又各皈依于不同的宗教，其所操语言本身的音变以及受其他民族语言的影响，相互间词语的不同处就比较多了。不过，异是异，其根本的能标示其为壮傣语支语言的语音、词汇和语法还未变。比如，壮傣群体越人历来是个稻作民族群体，其稻作及粮食加工词语牛、犁、轭、绳子、水田、沟渠、稻种、浸种、撒种、秧田、拔秧、担秧、抛秧、插秧、灌水、耘田、稻禾、结穗、手镰、剪穗、稻草、挑稻、晒谷、石臼、杵、舂米、簸箕、筛子、谷壳、糠、米、三脚架、蒸笼、蒸饭以及谷仓等，一一俱全，不见其缺。

当然，一词往往多音，同语支各族你要这我要那，因此也出现差异。比如，挂一词，壮语可说 ven³，也可说 hoi³，傣语认 ven³，以 xɛn¹为词，泰、佬语却认 hoi³，以 hɔ：i³为词；嚼，壮语可说 ȵam³也可说 keu⁴，傣语以 keu⁴为词，佬语则以 ȵam³为词。又如，原来词语本属多音词，分化以后，各族就其语便，各取其一，于是变成不同的词语。鬼一词，即是如此。临高语鬼谓 hi²haŋ¹，在发展中，北壮、布依语取其 haŋ¹一音作鬼的词语，而南壮、傣、泰、佬、掸等则取其 hi²一音为鬼的词语，从而鬼一词，北壮、布依语的 fa：ŋ²便与南壮、傣、泰、佬、掸等族语的 phi¹相异了。这就是原初壮傣语的大概情况。至于各族由于社会发展以及与不同的民族交流，接受新的词语就更多了，这里不拟多作论述。

第六节　壮傣群体越人的文化

　　壮傣群体越人文化，可见于记载的唯"断发文身""轼怒蛙"以求勇、"鬼妻不可以同居处""夜舂日炊不食隔粮"等寥寥数种，然而自壮、傣二群体越人分化各居以后，其后人虽与不同的民族杂居，随着历史的发展各自进行不同的文化交流，而且各自又皈依于不同的宗教，教有异，语不同，各自有变异，但由于其先人的文化形成历史悠久，他们世代传承几千年，凝之有如铁铸，根深蒂固，不易摇动，而后行信仰的宗教，也容忍着在民间长期存在的传统习俗文化，这样新存在的宗教信仰便与传承下来习俗文化共同存在于壮、傣二群体越人的后人中，出现"二元"信仰。

　　壮、傣二群体越人自西汉前期的南越国时代即已分化各自发展，可他们的后人各自受新存旧，从遗存而可见于记载的关于他们相同、相似的传承文化中，则可以概见壮傣群体越人时代的文化状况。

　　壮傣群体越人文化，依韩民青先生见解分意识文化、行为文化、物质文化进行叙述。

一　意识文化

　　意识是感觉、思维等各种心理过程的总和。意识文化，是意识因素占主导地位的文化。在壮傣群体越人时代，其主要表现在信仰方面。

1. 奉水神为崇拜主神

　　上古壮傣群体越人即以水神为崇拜的主神。"鸡骨占年拜水神""铜鼓赛江神""还愿女伴赛江神"等唐人诗句，揭示了壮傣群体越人的后人一仍其旧传承着先人的文化，以水神作主神供奉。水多水少求告水神，无子无女求告水神。临水而生，入水试儿，浴水长大，洗水壮老，买水浴尸，孩子病了照样告求水神。云南西双版纳傣族孩子病了，以为是水神照拂欠周，要祭水神，求告水神，[①] 活现了往昔壮傣群体越人奉水神为主神的形迹；而扁舟竞渡一仍其旧，也未曾断了昔日壮傣群体越人祭祀水神的遗响。因上文已作详述，兹不复赘。

2. 青蛙崇拜

　　壮傣群体越人是个稻作民族群体。稻作，一靠适宜的水量。这就是常说的"风调雨顺"，因为水多水少，都影响着年成。二怕虫。虫多害稼，作物失收，生计没有保障。青蛙既是陆居动物，又是水栖动物，与人为伴，居于水田之中，伏于稻根之间。青蛙，除咽咽声外就是一张阔嘴，虽无凶狠硕大的外表和利器，但是，第一，它钟天地之灵气，声唤为雷雨的先兆，即俗谚所说的"青蛙咽咽叫，大雨要来到"；第二，以稻禾虫害为食，成为稻田卫士；第三，繁殖力强，家庭兴旺，种类众多。这是壮傣群体越人感佩、钦服、垂慕而引为榜样倍加崇敬的。所以，春秋时代"越王勾践谋报吴，欲人之勇，路逢怒蛙而轼（礼敬）之。比及数年，民无长幼，临敌

---

　　① 胡绍华：《傣族风俗志》，中央民族大学出版社1995年版，第185页。

虽汤火不避"。① 勾践"轼怒蛙"以求勇士，表达了他对青蛙的求告。而在上古时代人口不繁的情况下，壮傣群体越人对蛙族的兴旺更是钦慕不已，其铸造的铜鼓上特铸累蹲蛙，也就是蛙类的交配图像，正表达了他们对蛙类繁殖能力的钦佩和景仰心态，寄托他们心中的向往。

自此而降，在往昔壮傣群体越人分布区，其后人无不以青蛙为神灵之物，上破疑案，②下对不敬者进行惩罚，③所以他们"俗事青蛙神最虔"。④

傣族民间流行的文身谚语称："青蛙的腿都是花的，哥哥的腿不花就不是好汉。"⑤ 这是以蛙为样说事，隐现了昔日傣群体越人对蛙的崇敬。

唐朝尉迟枢《南楚新闻》载："百越人好食蛤蟆，凡有宴会，斯为上味。"⑥ 于是，明代"桂人有为御使者，或谓之曰：'公所居之台，当曰蛙台'。盖讥其食蛙也。御史曰：'此月中灵物，用以奉养，不胜黑面郎（指猪）哉！'"⑦ 奉青蛙为"月中灵物"，食之没一丝一毫的愧疚，可说是甘脆养口，嗜之若饴。为什么会这样？宋朝彭乘《墨客挥犀》卷6载："浙人喜食蛙，沈文通在钱塘（今杭州市）日，切禁之，自是池沼之蛙遂不复生。文通去，州人食蛙如故，而蛙亦盛。人因天生是物，将以资人也，食蛙益甚。"这也许是一种遁词。不过，除有害于人或社会间有什么认同而不能逾越的禁忌外，一方生物资养着一方人，却也不失其理。

食蛙无罪，吃蛙有理，而且吃蛙可以秉承蛙的灵性，所以壮傣群体越人及其后人在崇拜青蛙的同时，也以青蛙为食品上味，大吃其蛙了。

3. 水田崇拜

壮傣群体越人是个稻作民族群体，水稻的收成是赖以生活、生存的基本条件。人们一年辛苦劳作，"不愿千金剂，唯祈百谷丰"。⑧ 田不承水，说不上年成；水旱水涝，也说不上年成；田多害虫，更说不上好年成。在他们的观念里，驱旱魔，赶涝鬼，撵虫怪，只要水田的神灵能体恤人之所需、人之所望，其力量是能办到的，从而将水田拟人化，超自然化，对之崇拜，求告和感谢。这就是壮傣群体越人对水田的崇拜。

三国万震《南州异物志》载：乌浒"春月方祭田。尤好出索人，贪得之以祭田神也"。⑨ 迄于唐朝，刘之推《郡国志》仍载藤州（今广西壮族自治区藤县）"方于农时，猎人以祀田神"。⑩ 唐朝以后，壮群体越人的后人以"六月六日"为田公田母节进行祭祀，

---

① 《尹文子·大道上》；《韩非子》卷9《内储说上》。
② （明）陶宗仪：《南村辍耕录》卷16《蛙狱》。
③ （清）东轩主人：《述异记》。
④ （清）蒲松龄：《聊斋志异·青蛙神》。
⑤ 胡绍华：《傣族风俗志》，中央民族大学出版社1995年版，第47页。
⑥ 《太平广记》卷483《芋羹》引。
⑦ （明）魏浚：《西事珥》卷6《蛙台抱芋羹》。
⑧ （宋）李曾伯：《淳祐庚戌，因劝农来白龙洞得四十字》，（清）汪森《粤西诗载》卷10。
⑨ 《太平御览》卷786《乌浒》引。
⑩ （宋）乐史：《太平寰宇记》卷158《藤州》引。

不论是壮族、① 布依族,② 还是已经趋汉变化了的广东等地的后人都是如此。③

傣族作为壮傣群体越人的后人也不异其样。他们谓"祭田神"为"祭水田鬼",每年要举行两次。第一次在插秧前,在田间临时搭一个窝棚,供上四对蜡条、几片槟榔叶和一团糯米饭。祭后,便可以犁田、撒秧、插秧。第二次在收割时节。收割开始,先将割下的第一把稻谷供在窝棚内,并供上糯米饭、鸡蛋、鱼各一及一壶酒。收割完毕,将供品拿回家放在谷仓里三天,祭祀方告结束。④

4. 谷神崇拜

傣族有"喊谷魂""祭谷神"的习俗,每年都要对谷神举行庄重的供祭,进行求告和感谢。比如,云南德宏地区的傣族对"谷神"供祭时,由上年纪的老人诵读的《祭谷神词》称:"哦嘎沙,哦嘎沙,我双手举竹碟,我低头顶供品,要献给人类的依存者,献给伟大的谷神。谷神啊,你创造了幸福的种子,糯米和饭米。我每天清晨都要向你跪拜,你的恩情胜过顶天柱,世界万物得到关照,人类生灵有了依靠。因为有了你,我们才有了吃的;因为有了你,我们才有供品。请记上,我们每天的虔诚祈祷;请记上,我们的真心拜祭。"⑤ "谷神啊,你创造了幸福的种子","人类生灵有了依靠","我们才有吃的",是肺腑之言,心声的直白,质朴无华而情真意切。同时,傣族中流传的古代歌谣也赞颂谷神说:"你是主,你是王,生命靠着你,人类靠着你。"⑥ 这同样是心声形成的歌谣,洋溢着古今傣族人民对谷神感恩的情怀。

壮群体越人及其后人的意识、观念和习俗,一如傣群体越人的后人傣族,以稻谷为贵,以稻谷为尊,崇拜谷神。从壮群体越人及其后人一如傣群体越人及其后人刘穗存秆的收割方式、不撒粪施肥的卫生式种稻以及晨春日炊不食隔宿粮的习俗,可知壮群体越人及其后人中存在对谷神的崇拜。在儒家文化的主导下,随着历史的发展,在岭南壮群体越人的后人中关于谷神崇拜由东往西逐渐形销迹匿,唯"崇左、扶绥在农历三、四、六月三次祭祀稻神。三月下种时用糍粑在田头拜祭,四月插秧前杀一只鸡祭拜,六月时祭'孕稻'以求丰收。而云南省文山县则在'秧门'和'关秧门'时要祭谷神,供品有鸡、鸭、酒、香烛、纸钱等"。⑦

5. 以喉思维

前面说过,在早期越人时代越人已经有了 ham² (苦) 此一词语。ham² 如何感知,他们认为因喉而知觉。这奠下了越人以喉为感知器官的根子。社会发展到中期阶段以后,酸、甜等味儿相继感知成词,益加深了他们对喉为感知器官的认知。进入壮傣群体越人部落时代,氏族部落间的争斗,"扼亢拊背"使他们知道了亢(喉)是人体的要害部位,而

---

① (清)张邵振:康熙《上林县志》。
② 汎河:《布依族风俗志》,中央民族学院出版社1987年版,第81—82页。
③ 康熙《曲江县志》;民国《仁化县志》。
④ 胡绍华:《傣族风俗志》,中央民族大学出版社1995年版,第179页。
⑤ 同上书,第117页。
⑥ 同上书,第177页。
⑦ 覃圣敏主编:《壮傣民族传统文化比较研究》,广西人民出版社2003年版,第1988页。

且看到自己崇拜的青蛙一张阔嘴不停息地颤动着有如思考的样子，于是他们便认定了喉为人的思维器官。公元前528年的《越人歌》以"随"此一越语记音字表达汉语"心悦"一词，说明越、汉二民族群体思维器官的不同。"随"，是壮傣语"tsaɯ¹"的近音译写字。"tsaɯ¹"，也称为"tsaɯ¹ho²"，现在壮族说某人"tsaɯ¹ho²ɣai²（长）"或"tsaɯ¹ho²tin³（短）"，就是说该人"心地宽广"，容得下事，或"心地狭窄"，容不下事。这道出了壮族虔诚地传承着其先人以喉为思维器官的认知。他们中有"ho²nam³"一词，也简为"nam³"，其汉译义就是想或思考。

壮傣群体越人以喉为思维器官，想或思考一词，定声为"nam³"。由于本身有语无文，汉文记载者又没顾及于此，史上便没人提及了。至清朝初年吴代辑录"狼歌"，其中一首有"吞同厘伶俐，约友二何行"的句子，①"何行"，是壮语"ho²han²"的近音译写字，直译为"喉头痒痒"，义为"爱慕"。此两句"狼歌"译成汉语就是"见到同年好而乖巧，惹得情妹喉头痒痒，爱慕不已"。这说明自上古迄于明、清乃至现在，壮群体越人的后人壮族传承先人以喉为思维器官、以"nam³"为思考一词，一直传承而下，未变先人的初衷。操粤语的壮傣群体越人的后人虽然趋汉变化了，却一仍以其先人以喉为思维器官，以"nam³"为想为思考一词。傣群体越人的后人由于西汉前期即南迁于中南半岛及云贵高原的南部边缘地区，日月流逝，加上异族文化的影响，已经失了先人的传承。比如，想或思考一词，西双版纳傣语谓 kɯt⁸，佬语谓 khit⁸即是如此；但德宏傣语则谓 xaɯ³ tsaɯ⁶，泰语谓 nam³，仍保其先人语，各显不同了。

6. 以白志喜以红表哀

汉族传统丧服的颜色是白色，因称死丧事为白事；而男女缔婚披红挂彩，结大红喜字、贴红色喜联、挂鲜红灯笼表示喜庆。然而，壮傣群体越人因认知不同却反其道而行之，以白色表示喜庆，以红色表示哀丧。

壮傣群体越人为什么会有这样的认知，因时去遥远，记载阙如，已经无从追寻。

《宋会要辑稿·刑法三之六八》载，政和七年（1117年）七月十七日宋徽宗诏："广东之民多用白头巾，习夷风，有伤风化，令州县禁止。"戴白巾怎么就是"习夷风，有伤风化"，惹得身为皇帝的宋徽宗也忍不住拍案而起下令严禁呢？此中隐约可见"俚獠"相沿而下戴白头巾不符于儒家礼制，碍着宋王朝达到"以夏变夷"，即用儒家文化来更革作为宋朝重要财政来源的广东其居民壮群体越人后人传统文化的目的。

广西居民戴白头巾可以相沿而下，广东是宋朝财税重区，是下力改造整合的对象，居民仍然戴着白头巾不改，分明是抗拒"以夏变夷"政策的执行，便不能容忍了，于是宋徽宗有此道诏令。那么，戴白头巾犯了什么忌讳？

南宋周去非《岭外代答》卷7《白巾鼓乐》载："南人难得乌纱，率用白纱为巾，道路弥望（充满视野）白巾也，遽讶（惊讶诧异）曰：南瘴（瘴疠）疾（急速）杀人，殆（差不多）比屋（家家）制服（穿丧服）者欤！"由来岭南的北方汉人所见及他们的惊讶和联想，可知他们站在自己民族文化立场上将"俚獠"戴白头巾与死丧视同于一了。这是与壮傣群体越人后人的认知是完全不同的。所以周去非同时又说道："南人死亡，邻里

---

① （清）李调元：《粤风》。

集其家,鼓乐穷昼夜,而制服(穿丧服)者反于白巾上缀少红线以表之。尝闻昔人有诗云:'箫鼓不分忧乐事,衣冠难辨吉凶人。'是也。"平日戴白头巾,临丧时在白巾上缀红线以表之,这活现了壮傣群体越人的后人传承先人的文化其理念与汉族的传统理念相反,不是以红志喜以白表哀,而是以白志喜以红表哀,直来直去地顶撞儒家的文化理念,宋徽宗怎不怒从胆边生下令严禁!

壮傣群体越人此一认知,一直在其后人传承着。虽然随着历代王朝不断加大"以夏变夷"的力度,但是在地处偏僻、汉文化影响力弱的壮傣群体越人的后人中,仍不同程度地传承先人的认知。比如,云南傣族"丧衣绯(红色),架木置尸其上,吊者各散红布缎一方";① "孝子用箬叶帽上束红色白棉花条戴之";② 广西钦州"贴浪之民舅姑初丧,子妇金帛盛饰,鼓乐歌唱以虞尸";③ 云南沙人"丧不穿孝服,着红衣";④ 云南镇雄州"沙兔"(仲家)死,"子戴白布一幅,媳必易锦绣衣,乃以为孝"。⑤ "金帛盛饰"和"锦绣衣",少不了以红色为主色调。孝子已经化同于汉族以白布戴孝,媳妇还得遵循老例穿上锦绣衣送丧,可见其认知传承的不易于更改。

7. 没有姓氏观念

姓氏对一些民族群体来说,是社会发展到一定阶段的产物。壮傣群体越人虽勾践时已是我国春秋五霸之一,但他们却没有姓氏。从勾践之父允常算起,历勾践、鼫郢、不寿、朱句、王翳、诸咎、无颛至无疆越国为楚所灭,这些王姓什么谁知道,所以徐旭生先生说,越国越人"尚无姓氏"。⑥

在汉族文化的影响下,汉代的越人开始具有姓氏。比如,故瓯骆左将黄同,⑦ 南越国相三王的吕嘉等。⑧ 但是其发展不平衡,明朝后期轮戍梧州都督府的归顺(今广西壮族自治区靖西县)、都康(治今天等县都康)二州的土司兵"有姓者少,无姓有名者多"。⑨ 而傣群体越人的后人由于或受汉文化影响力弱或逸于汉文化影响力之外,具有姓氏就比较晚了。沈德潜《万历野获编》卷30《夷姓》载,云南傣族没有姓氏,首领请求官府给定个姓,当时镇守云南的黔宁王沐氏说:"汝辈无他,惟怕刀剁耳!"后"即以三字作三姓,不知果否?今夷姓刀者最多,姓帕者唯孟艮御夷府土官一家,其剁姓则未之见也"。这纯属侮辱性的戏谑,不过也道出了明代傣族传承着先人的认知还没有姓氏。今云南傣族多刀姓,刀是缘于其原称主人、首领、王等为"tsau^3"而来。泰国的泰族,是至拉玛六世(1910—1925年)时始具姓氏的。这些情况,反映了壮傣群体越人时代没有姓氏观念。

---

① (清)范承勋:康熙《云南通志》卷27。
② (清)王崧:道光《云南通志》卷183。
③ (明)林希元:嘉靖《钦州志》卷1。
④ (清)张无咎:雍正《临安府志》卷7。
⑤ 道光《云南通志》卷183引《镇雄州志》。
⑥ 《中国古代传说时代》(增订本),文物出版社1985年版,第64页。
⑦ 《汉书》卷95《闽粤传》。
⑧ 《汉书》卷95《南越传》。
⑨ (清)顾炎武:《天下郡国利病书》卷105《目兵》。

站在汉文化"同姓不婚"的立场上，历代汉族文人对壮群体越人的后人婚姻便横加指责，说什么"举洞纯一姓者，婚姻自若"；① "男女自小合婚，不避同姓"等。② 这完全是一种误解，好像迄于清朝初年，壮族还实行近亲血缘婚。

宋朝乐史《太平寰宇记》卷166《贵州风俗》载，贵州（今广西壮族自治区贵港市）"有俚人皆为乌浒，诸夷同一姓"，"居止接近，葬同一坟，谓之合骨，非有戚属，大墓至百余棺。凡合骨者则去婚（不婚），异穴则聘（聘娶）女"。这道出了壮傣群体越人及其后人区别婚姻往来的原则：合骨者的亲属不能发生婚姻关系，不合骨者即"异穴"者的亲属则可以发生婚姻关系。其中记载者显然误笔，即合骨者"非有戚属"。戚属，就是血缘相近的亲属，合骨者非有戚属，那根据什么合骨？这个合骨，显然是血缘相近的家庭墓葬。这就说明在同一个地方，壮傣群体越人及其后人区别婚姻关系是"合骨"与"不合骨"，也就是同姓不同宗者可以婚聘，同姓同宗者不能发生婚姻关系。

8. 父依子名

壮傣群体越人父依子名的习俗，汉文记载者没及于其事，他们分化各自发展以后其后人此一文化习俗却累累见于记载。前人无其事，后人或有之，不过，不论壮傣群体越人后人还是傣群体越人后人都保有此一习俗，却可以说明此一文化习俗是传自于共同的先人，道出了壮傣群体越人时代已经形成了此一习俗，凝就了此一文化样式。

发现壮群体越人后人有此一习俗的是北宋元丰年间（1078—1085年）大理寺丞（管刑狱副使）吴处厚。"岭南风俗，相呼不以行第，唯以各人所生男女小名呼其父母。"③ 这就是壮群体越人的后人以少为大，唯少者有名，成年人则随其在家庭中的角色地位不同而变名。这种情况，正德间（1506—1521年）广西柳州府通判《记壮俗六首》其六概括为"朝甫先加老唤公"。④

"朝"是壮语谓未成年男子为"ha：u⁶"的近音译写字。"ha：u⁶"（朝）有名，比如取名韦朝义，此时其父须改名为"韦甫义"，甫是"po⁶"（父亲）的近音译写字。其祖父呢，也要改名为"韦保义"或"韦公义"。"保"是壮语谓祖父为"pau⁵"的近音译写字，"公"则是借汉语词。这说明，父依子名，壮族人一生就有三个名字。

傣群体越人的后人关于人的命名原则，一同于壮族。道光《云南通志》卷183引《恩乐县志》所说的傣族人"如生长男名喇叶，遂呼父为爸叶，呼母为咩叶"，就是父依子名。后来傣族皈依了佛教，人生下来有了乳名之后要入寺为僧，有和尚名，不过除少数坚持为僧外，大多要还俗娶妻生子。生了子女，做父母的还是依从旧俗，以子女之名为名，分别冠上"po⁶"（父）或"mɛ⁶"（母）等称。⑤ 这就是"百树之根，皆出一门"。壮族和傣族的父依子名的命名原则，都源于壮傣群体越人而来。

---

① （元）马端临：《文献通考》卷330《西原蛮》引《桂海虞衡志》。
② 《古今图书集成·方舆汇编·职方典》卷1421《思恩府风俗考》。
③ （宋）吴处厚：《青箱杂记》卷3。
④ （清）汪森：《粤西诗载》卷16。
⑤ 胡绍华：《傣族风俗志》，中央民族大学出版社1995年版，第135页。

9. 寨贵树神

"不愿千金剂,惟祈百谷丰。"① 这是壮傣群体越人进入农耕社会以后关注的焦点所在。雨多雨少,是否风调雨顺,牵动着壮傣群体越人的心。雷塘,"能兴云气作雷雨,邑人因依塘立庙,祷之辄应"。② 龙母"墓之南有山,天将雨,云气必先群山而出。树木阴翳,有数百年古木,人不敢伐,以夫人有神灵其间"。③ 壮傣群体越人目睹其事,认知其事,何况林木丰茂之处地上潮湿,溪水长流,潺潺不息,善能蓄水,保住水源。这就让他们滋生了雨水因树木而来,神异因树木而就的意识、观念,将树木、树林人格化、超自然化,形成了对之崇拜、求告、感谢的习俗。

壮傣群体越人崇拜树林、崇拜大树,见于记载的是西晋周处《风土记》,说越人"有礼俗,皆于山间大树下封土为坛"。"其坛地,人畏不敢犯也。"④ 迄于明末清初,壮族承先人的意识、观念仍是如此:"凡山中六七老树交荫之地,谓之天神庙,土人不斋洁不敢入。"⑤

树木、树林为神,既可求告以保风调雨顺,又可以保护一方的平安。清朝及其前,壮族村寨边上都保有一片树木,称为神林,定期祭祀,求神保护村寨的平安。后来神林消失,壮人又以一覆盖数亩、枝叶婆娑如榕树等大树竖立村头作为村子的保护神。

屹立村头的大树成了村子的守护神,每年村里的群众在农历二月或三月都要集资杀鸡宰猪进行祭祀。云南东南部壮族的祭祀,还分大祭和小祭,小祭杀鸡杀猪,大祭则要宰牛。⑥

据范承勋康熙《云南通志》卷 27 记载,清朝及其前,傣族"每村置树以为神"。此神,就是保护村寨平安的神灵。

就此观察,壮傣群体越人以树木、树林为神,"寨贵树神",确也是他们传之于后人的文化习俗。

10. 男根崇拜

壮傣群体越人社会发展进入部落社会以后,男子主宰着社会,男根崇拜成了他们的信仰之一。约 4000 年前的广东增城县金兰寺、广西钦州市那料和邕宁那楼新石器时代晚期遗址中都有陶祖或石祖出土,前面已经揭示。此种男根崇拜,在今泰国泰族的村落和市集上还多见有具形展示。⑦ 此类展示,已经不单纯是什么生殖崇拜,已是"护村鬼柱",或如今广西壮族自治区来宾市有一壮族山村土地庙里的神灵就是一个石祖,这个石祖就是护村的神灵。

11. 家无"先鬼"崇拜,族有族鬼崇拜

壮傣群体越人唯鬼是怕,犹如 1300 多年后周去非说的:"家鬼者,言祖考也,钦人最

---

① (宋)李曾伯:《淳祐庚戌因劝农来白龙洞得四十字》,(清)汪森《粤西诗载》卷 10。
② 《古今图书集成·方舆汇编·职方典》卷 1410《柳州府祠庙考》。
③ (清)屈大均:《广东新语》卷 6《龙母》。
④ 《太平御览》卷 406《叙交友》引。
⑤ 《古今图书集成·方舆汇编·职方典》卷 1415《庆远府风俗考》。
⑥ 刘德荣等:《新编文山风俗志》,云南人民出版社 2000 年版,第 91 页。
⑦ 白耀天:《泰国婚姻、丧葬和宗教信仰考察》,《广西民族研究》1993 年第 1 期。

畏之。"① 因此，人死了，他们便"聚，搏击钲鼓作戏，叫噪逐其厉"。② 谨慎恭敬埋葬之后甚至连其妻子也背出野外而"弃之"，"曰鬼妻不可以同居处"。③ 自然，他们家中没设神龛对先鬼崇拜。

壮群体越人的后人是南北朝及其后在汉族文化的影响下才由东往西逐渐有"先鬼"崇拜之举。南宋时，广西钦州一地，城中的人已经在家里中堂设置祖先享堂进行祭祀，可乡村的祖先鬼还不能在家中得到享荐，只能在屋旁的"家鬼巷"享受祭献。④ 钦州其北偏西的上林县，"祀先不设主"，⑤ 主就是牌位。云南省广南县"编竹笼若鱼罾，累累数十置（干栏）西南隅以祀鬼"。⑥ 虽然放置鱼罾标明祀鬼的地方，但是如同上林的壮族"祀先不设主"则是泛泛了。至于庆远府（今广西壮族自治区河池市）的壮族，则至明末清初仍然是"不祀先祖，病不服药惟祀鬼神"，⑦ 这就显示出了壮群体越人的后人在汉文化影响下，其"先鬼"崇拜由无到有的发展历程。

明朝洪武末李思聪《百夷传》记载傣族人死聚众闹丧娱尸"数日而后葬"，"后绝无祭扫之礼也。""又有死三日之后命女巫刹生祭送，谓遣之远去，不使复还家也。"所以，他们中"民家无祀先奉佛者"。

壮傣群体越人的后人经历了1500多年的社会发展以后还没完全具有祖先崇拜，可知其先人壮傣群体越人时代不存在"先鬼"崇拜。

不过，不存在"先鬼崇拜"，村上却有族鬼崇拜。

在壮群体越人及其后人中，由于汉族文化的影响，族鬼崇拜往往与土地神崇拜混淆起来了。比如，下雷土司（在今广西壮族自治区大新县下雷）的"土地公，又称福德祠，几乎每村在村头都盖有土地公和土地婆小庙。人们认为，他们是本地最早的居民，死后为神，是村民的祖宗。土地公的坐骑是老虎，若无他的护佑，就会起来吃牛伤人，民不安生"。⑧ 其实，这不是土地公和土地婆，而是村子的祖宗鬼，也就是族鬼，人们以"福德"名其词，就是盼其赐福、有德于村民。

"傣语称家族神为'丢拉哈滚'，是同一血缘关系家族成员的共同祖先，供奉在本家族最老的家庭或该家族共同建筑的'披斗乃'的小茅草屋里，由本家族的若干个家庭共同祭祀。祭祀时全家族成员聚集在家族神供奉处，由家族长主持祭祀活动。"⑨

泰国，"东北部每个村庄都有祖宗鬼祠"。"祖宗鬼祠大都在村子的中央或旁边，周围是树木。"一般在6月开始种田前，每个村庄都要举行祭祀祖宗鬼的仪式。平时，族中有

---

① 《岭外代答》卷10《家鬼》。
② 梧州《旧经》，《永乐大典》卷3339梧字引。
③ 《列子·汤问》。
④ 《岭外代答》卷10《家鬼》。
⑤ （明）郭棐：万历《宾州志》卷2《风俗》。
⑥ （明）刘文征：天启《滇志》卷4《旅途志》。
⑦ 《古今图书集成·方舆汇编·职方典》卷1415《庆远府风俗考》。
⑧ 《广西壮族社会历史调查》第四册，广西民族出版社1987年版，第182页。
⑨ 胡绍华：《傣族风俗志》，中央民族大学出版社1995年版，第180页。

人远行或婚姻,都要向祖宗鬼祷告。①

壮群体越人的后人和傣群体越人的后人分化后居非一地,甚少来往,声息不通,却都不约而同有着"族鬼"崇拜,道出了他们这是传承于他们共同的先人壮傣群体越人的习俗。

12. 育不厌女

西晋嵇含《南方草木状》载:"水葱花,叶皆如鹿葱花。色有红、白、紫三种,出始兴(今广东韶关市),妇人怀孕佩其花生男者即此花,非鹿葱花也。交、广人佩之极有验,然其土多男不厌女,故不常佩也。""多男不厌女子",当是那个时候交、广地区壮群体越人后人社会的真实情况。

育不厌女,春秋时在越国表现得尤为突出。越王勾践卧薪尝胆谋报亡国之恨时令行全国:"生丈夫,二壶酒,一犬;生女子,二壶酒,一豚(猪)。"② 这说明壮傣群体越人时代,不论是生男孩还是生女孩,都一视同仁,没有孰轻孰重、厚此薄彼之分。

当时,壮傣群体越人社会虽然进入原始父权制阶段,但是社会的性别分工是男主战女负劳工,男逸女劳,家务、田工、樵苏、负贩趁墟都归女子操劳,社会的运转离不开女子。而且,婚姻上男可娶女,女也可娶男,有的家庭有男有女,甚至卑男厚女,嫁出男子,让女子招婿上门:"男多出赘,称曰嫁,而有其妇翁之产;女招婿称曰娶,而以己产与之。"③ 这一记载虽发生于明代壮群体越人后人社会,可在婚姻规制上如没先人的先导,而且相沿而下,怎会有后人开倒车行为!

13. 不重处女

中原汉族讲究"贞女",提倡"贞女",宣扬"贞女",然而壮傣群体越人却反其道而行之,不重于处女。

壮傣群体越人社会发展在原始父权制确立以后,母权制势力还十分强大。原始父权制拗不过强大的母权制势力,在一夫一妻制的前提下,男子在婚姻上不得不对女子做出让步,容忍女子以独立之身倚歌择配;男女成婚后女子有不落夫家的过渡期,允许女子在不落夫家期间可以与丈夫之外的有情男子交往,待怀孕之后始落居夫家;可以男娶女嫁,也可以女娶男嫁。这样,"贞女不更二夫",④"从一而终"的"贞女"就不存在了。

女既可以自由倚歌择配,自然不讲究什么"贞女"。《太平寰宇记》卷163载南仪州(今广西壮族自治区岑溪市)"初,每月中旬,年少女儿盛服吹笙,相召明月下以相调弄,号夜泊以为娱。二更后匹耦两两相携,随处相合,至晓则散"。清朝乾隆时镇安府(治今广西壮族自治区德保县)知府赵翼《粤滇杂记》同样记载,说该地壮族"每春月趁墟唱歌,男女各坐一边,其歌皆男女相悦之词。其不合者,亦有歌拒之,如你爱我我不爱你之类。若两相悦,则歌毕辄携手就酒棚并坐而饮,彼此各赠物以定情,订期再会。甚有酒后

---

① 白耀天:《泰国婚姻、丧葬和宗教信仰考察》,《广西民族研究》1993年第1期。
② 《国语·越语上》。
③ 《梧州府志》,(清)汪森《粤西丛载》卷18引。
④ 《史记》卷82《田单传》。

即潜入洞中相昵者,其视田野草露之事,不过如内地人看戏、赌博之类,非异事也"。①

元朝李京《云南志略·诸夷风俗》称:"金齿百夷"(今傣族先称)嫁娶"不重处女"。"未嫁而死,所通之男人持一幡相送,幡至百者为绝美。父母哭曰:女爱者众,何期夭(早死)耶!"此种意识、观念,一同于壮族。

北宋乐史《太平寰宇记》卷165《郁林州风俗》载该州"夜泊以纵淫"。"古党洞夷人索妇必令媒人引女家自送,相见后即放女归家,任其野合,胎后方还。前生之子,例非己胤。"这是先人习俗的传承。无疑,女子落居夫家前放马,落居夫家后与丈夫养儿护家,是壮傣群体越人时代女子性生活的状况。

14. 妇乳为天地所赐

西汉的时候,据《汉书》卷27中之下《五行志》载,"南越盛暑,男女同川泽,淫风所生"。父子同川而浴,男女同川而浴,便可以乌烟瘴气地随意而为,岂无公认的潜规则规范?

壮傣群体越人还没有分化各自发展的时候,已经以水洗涤污垢、干净身体。所以,一天辛劳之后入江河洗浴成了他们的习惯。一江上下,父子同川而浴,男女同川而浴,习闻习见,比比皆是。而且,他们千百年传承,不见稍减。比如,"多近水结草楼居之,男女皆浴于江河"。②可是,千百年来他们在水中并不是没有规矩,可以随意胡来。

吴震方《岭南杂记》卷上载:"自肇(庆)至梧(州),路届粤西,即有蛮彝之习。妇人四月即入水浴,至九月方止,不避客舟,男女时亦相杂,古所谓男女同浴于川也。……浴时或触其私,不忌,唯触其乳,则怒相击杀,以为此乃妇道所分,故极重之。"无独有偶,云南陇川以西的"大伯夷"(傣族的一个支系)"喜居近水,男女皆裸浴于河。妇人谨护两乳,谓此非父母所生,乃天地所赐,不宜人见也"。③ "此乃妇道所分","此非父母所生,乃天地所赐",语虽异但实则一。乳房突兀,乃妇人独具,因此妇人特别器重,轻易不让人侵犯。清朝粤东桂西的壮群体越人后人与远在滇西南的傣群体越人后人女子对待乳房声息相通,感情共鸣,可说是"心有灵犀一点通",岂不是传自于壮傣群体越人的认知而来!

15. 收魂和续魂

早期越人时代越人已经有了 fan¹(梦)一词。梦中,人飞天走地,离开形体而去,所以后来随着社会的发展越人便将生物的形体与魂灵二元化,认为形体是魂灵寄托的躯体,魂灵是形体生命的所在:魂在生物健壮,魂弱或走失生物病弱或死亡。于是,壮傣群体越人特别重视生物特别是人的收魂、续魂仪式。"牛魂节",就是为牛续魂的节日。人呢,远行或魂被妖魔鬼怪迷住或贪恋异地花柳,归来时要收魂;人病了要续魂;贵客来到,也要给他们举行续魂仪式,愿他们身体康健、诸事顺畅。此种认知传承下来,他们的后人便传承不误。

南宋广西经略安抚使范成大《桂海虞衡志》载,壮群体越人的后人"人远出而归者,

---

① (清)王锡祺:《小方壶斋舆地丛钞》第七帙。
② (清)李煦龄:道光《普洱府志》卷18。
③ (清)陈宗海:光绪《腾越厅志稿》卷15。

止于三十里外，家遣巫提竹篮迓（迎接），脱妇人贴身衣贮之篮以前导还家，言为行人收魂归也"。① 这是为远行者归来收魂。泰国的泰族也是如此。②

人病了，或是魂弱了或魂被鬼迷惑走失，便"信巫。有巫召巫子夜舞之，谓之'赎魂'"。③ 永安县（今广东省紫金县）"俗信巫，有疾病即将自己庚甲（生辰八字）就巫论之。巫曰：'此乃某神某鬼为祟。'轻则用酒食禳送门外，是曰'设鬼'；重则挂神于屋，巫作女人妆扮，鸣锣吹角而舞，有续魂、破胎、行罡、显阳、暖花、唱鸡歌诸术，是曰'做觋'"。④ 傣群体越人的后人也是如此。1992年11月我们在泰国东北部考察，拉加信府克茫县侬昌乡侬肯昌村的长老就在村"议事亭"面对着"护村鬼柱"神龛为我们做了一个"续魂"仪式，为我们祝福，愿我们在泰国诸事如意。⑤

16. 以狗为尚

狗，是早期越人已经驯养的家畜，因此 ma¹（狗）一词，不论壮傣语、侗水语还是黎语，都同一不异。

狗，嗅觉敏锐，机警，灵慧，依主护主，善解人意，狩猎、伴行、看门、守家，不可或缺。而且人与狗相辅相成，相得益彰，还了一个神清气爽的世界。因此，壮傣群体越人及其后人重狗、惜狗、珍狗，离不开狗。

与此同时，对狗的机警、敏捷、灵慧、善解人意等品格，壮傣群体越人钦慕惊叹，念念在兹，驰想杀狗祭先或可以超度亡灵，引导先人鬼魂脱尘远去；杀狗祀鬼，或可以邀福免灾；杀狗为食，或可以获得狗的聪明、坚韧、勇敢等品性。于是，他们大养其狗，以备各种需用。

此种意识、观念传承下来，为后人所信奉。三国沈莹《临海水土志》载，"安家之民悉于深山架立屋舍于栈格上，似楼状"。"父母死，杀犬祭之，作四方函以盛尸，饮酒歌舞毕，乃悬着高山岩石之间。"⑥ 所谓"安家之民"，就是当时居住在今浙江省东南瑞安市的壮傣群体越人的后人。他们住干栏，父母死杀犬以祭，群聚呼噪狂饮，歌舞娱尸，并因地势之便实行悬棺葬，让鬼魂远去。住干栏，父母死作热处理，群聚饮酒叫噪，歌舞达旦以娱尸等，是壮傣群体越人文化的元素。"父母死，杀犬以祭之"，自然也是壮傣群体越人文化的元素之一。

唐朝"岭南风俗"，"家有人病，先杀鸡、鹅以祀之，将为修福；若不差（chai，病愈），即刺杀猪、狗以祈之；不差，即次杀太牢（牛）以祷之；更不差，即是命也，不复更祈"。⑦

明、清二代，傣族"种（槟榔）时如中国（中原）农桑，葩时（开花时节）杀犬洒

---

① 《文献通考》卷330《西原蛮》引。
② 覃圣敏主编：《壮傣传统文化比较研究》，广西人民出版社2003年版，第2083页。
③ 民国《长乐县志·信仰民俗》。长乐县，今广东省五华县。
④ 道光《永安三志·信仰民俗》。
⑤ 白耀天：《泰国婚姻、丧葬和宗教信仰考察》，《广西民族研究》1993年第1期。
⑥ 《太平御览》卷780《叙东夷》引。
⑦ 张鷟：《朝野佥载》卷288《岭南淫祀》引。

血沃之"。① "无犬不祭。"② 云南壮族"甘犬嗜鼠",③ "以犬为珍味,不得犬不敢以祭"。④ 广西壮族的市场上"犬肉多于豕",⑤ 流行有"好吃不过夏至狗"的俗语。贵州布依族其俗语则为"贵客到,狗狼嗥"。狗狼嗥不是狗吠人的音声,而是狗被逮杀待客垂死的叫嚎。⑥

前人认知、定格,后人传承。壮傣群体越人以狗为尚的认知形成了习俗,在其后人中流传了几千年。

17. 信巫祀鬼

20 世纪 50 年代及其前,壮傣群体越人的后人一个显著的特点是病不服药,唯信巫祀鬼。

兴宁县(今广东省兴宁市)"病少服药,信巫觋,鸣锣吹角,咒鬼令他适,名曰跳茅山"。⑦ "俗尚巫信鬼。凡有病,或使妪持衣燎火而招于门,或延道家逐鬼,角声呜呜然,至宵达旦。"⑧ "病少求医,多事巫祷。"⑨ "妇女祀鬼事神,疾病不迎医,惟降箕取药,或托命巫觋符咒祈禳。"⑩ "染寒暑疾,延巫师跳鬼,鸣锣辄达旦,烹庖宰鲜,亲朋杂坐而大嚼,必醉饱而始罢,曰'做平安'。谚有云'十医不如一巫',谓巫可以疗病,而医药无灵,故巫师常醉饱,而医人常馁腹。"⑪ "凡遇发生疾病,举家忧愁,不求医调治,迷向鬼神祈祷。小病则以米卜卦,问是何神作祟;大病则延法童诅咒,问其生死何如,立即备办牲畜、酒饭,请鬼师诚心禳祷。"⑫ "疾病少用医药,俗多尚鬼,惯倩巫师作法,名曰'调鬼',伤牲费财。病幸获瘥,则崇信愈坚,以故乡中道师甚夥,而安定、古窨二团为尤甚。此固积习相沿,牢不可破之俗也。"⑬

对分布于中南半岛及云贵高原南部边缘地区的"金齿百夷",《马可·波罗行纪》详细记载了他们病不服药、信巫祀鬼的详细情况。⑭ 继此相沿而下,傣族人虽然信奉了佛教,却依然一如往昔。镇沅府"郡中多百夷,有病不用医药,惟信巫祀鬼,以祈福而已"。⑮ 镇康州"病不服药,专祭鬼"。⑯ 景东直隶厅"病不服药,多疑信鬼,延伯母祭

---

① (清)范承勋:康熙《云南通志》卷 27。
② (清)王崧:道光《云南通志》卷 183。
③ (清)范承勋:康熙《云南通志》卷 27。
④ (明)郑颙:景泰《云南图经志书》卷 3。
⑤ (清)赵翼:《镇安土风》。
⑥ 韦廉州:《布依族苗族风土志稿》,贵州省出版局服务公司印 1981 年版,第 13 页。
⑦ 民国《兴宁县志·信仰民俗》。
⑧ 嘉庆《新安县志·信仰民俗》。
⑨ 光绪《花县志·信仰民俗》。
⑩ 雍正《惠来县志·信仰民俗》。
⑪ 道光《廉州府志·信仰民俗》。
⑫ 民国《宜北县志·信仰民俗》。
⑬ 光绪《迁江县志·信仰民俗》。
⑭ [意]马可·波罗:《马可·波罗行纪》,冯承钧译,中华书局 1957 年版,第 474—475 页。
⑮ (明)郑颙:景泰《云南图经志书》卷 3。
⑯ (明)刘文征:天启《滇志》卷 30。

物，用土语禳送叫命，渐愈"。①

壮傣群体越人的后人"病不服药、信巫祀鬼"，如同光绪《迁江县志》撰者说的"此固积习相沿，牢不可破之俗也"。明、清、民国时期这样，唐、宋也是这样。张鹭《朝野佥载》、② 柳宗元《柳州复大云寺记》、③ 崔致远《补安南录异图记》、④ 《宋史》卷493《蛮夷传一》都有记载。雍熙二年（985年）闰九月二十四日宋太宗下诏说"岭峤之外"存在"杀人以祭鬼、疾病不求医药及僧置妻孥等事"，要求岭南各州县官员"多方化导"，⑤ 更突出了此事的真实存在。此其源头则在于壮傣群体越人。

《列子·说符》载："楚人鬼而越人祀。"吕不韦《吕氏春秋·异宝》也载："荆人畏鬼，而越人信祀。"同样，刘安《淮南子》卷18《人间训》载："荆人鬼，越人祀。"荆人就是楚人，越人则是指壮傣群体越人。记载此事的三个人，以春秋、战国时代的列子为最早，说得最明白的却是战国后期的吕不韦。"越人信祀"，祀是迷信鬼神、祭祷鬼神除去灾难。这点明了在壮傣群体越人时代已经形成病不服药、信巫祀鬼的文化要素，其后人因而传承了2000多年。

18. 黑齿雕题

《战国策·赵策二》："被发文身，错臂左衽，瓯越之民也；黑齿雕题，鳀冠秫缝，大吴之国也。"《史记》卷43《赵世家》记载与此略同，唯"被发"作"剪发"，"鳀冠秫缝"作"却冠秫绌"。此相异，是古文的近音假借，无碍大义。"黑齿"，裴骃《史记集解》引刘逵曰："以草染之，用（以）白作黑。"这就是说，吴人以草染齿，使牙齿变黑。

这里虽然吴、越分别述说，但是"吴之与越也，接土邻境，壤交通属，习俗同，语言通"。⑥ 越国名臣范蠡也说："吴、越二邦，同气共俗，地户之位，非吴则越。"⑦ 吴、越二国同在一个方域上，语同俗同，越人"断发文身"，吴人也"断发文身"；⑧ 吴人"黑齿雕题"，越人自然也是"黑齿雕题"，也就是说壮傣群体越人时代的文化习俗是"黑齿雕题"。

此一文化习俗传承下来，而且绵延而下，迄于清朝、民国还多有存在。

宋朝梧州《旧经》载，梧州是"古蛮夷之国，雕题之俗"。⑨ 此处说了"雕题"却不及于"黑齿"，"黑齿"是否存在？

傅恒乾隆《皇清职贡图》记载广西岑溪县和贵县的"狼人"妇女"喜以茜草染齿使红以示丽"，同时明末清初归顺州（今广西壮族自治区靖西市）的女子"必染涅（染黑）

---

① （清）吴兰孙：乾隆《景东直隶厅志》卷35。
② 《太平广记》卷288《岭南淫祀》引。
③ 《柳河东集》卷28。
④ 《桂苑笔耕集》卷16。
⑤ 《宋会要辑稿·刑二之三》。
⑥ 《吕氏春秋·贵直论·知化》。
⑦ 《越绝书》卷7。
⑧ 《春秋左传·哀公七年》。
⑨ 《永乐大典》卷3339梧字引。

其齿以示富厚",① 道出了历史上壮群体越人的后人曾经一直传承先人"黑齿雕题"的文化习俗。

傣群体越人的后人对先人的"黑齿雕题"照样传承不误。唐朝南诏国时代盛于其南的"金齿""银齿""漆齿",② 其人就是傣群体越人的后人。"金齿""银齿"贵族化,"漆齿"却在民间流行。"其在越州者,男妇俱短衣长裳,茜齿文身"③ "染齿令齿红","多以草药溅齿如墨"。④ "大伯夷男薙发文身,妇人跣足染齿。"⑤ 迄于20世纪后半期,傣族"姑娘到一定年龄即开始染齿"。"染齿多用锅底灰或中草药为原料。"⑥ 至于"雕题",傣群体越人的后人更是历传不衰。"男女皆刺花样眉目间以为饰。老挝、车里亦如之,车里额上增刺一旗。"⑦ 男"雕题",女"染齿","男女皆刺花样眉目间"的"女"字当为衍字。

先人开启,后人传承绵绵不衰,益证了壮傣群体越人时代盛行着"黑齿雕题"习俗。

二 行为文化

行为是受思想支配而表现出来的活动,但是个别人的行为不端并不成为群体的文化。这个思想、这个观念,必须是群体中众所认同的社会活动方式及社会规范的原动或驱动因素。

1. 倚歌择配,聚会"浪俏"

2. 不落夫家,孕始为妇

3. 可从妻居

上文已说,由于壮傣群体越人社会发展原始父权制早熟,父权制社会确立之后原始母权制势力还十分强大,在婚姻问题上男子不得不忍痛做出让步,允诺未婚男女各以独立之身不受任何干扰地聚会作歌,倚歌择配;结婚之后女子不落夫家,在此期间女子可以自由地与丈夫之外的可意男子交往,待怀孕后始落居夫家;同时在一夫一妻制的前提下,女子也招婿上门组成家庭。

这样,壮傣群体越人社会就形成了后人难以理解的历史事象和历史心理。

第一,男女婚姻没如中原汉族那样有媒人居间介绍、联络、奔忙。宋代壮群体越人的后人虽产生了媒人,如郁林州(治今广西壮族自治区玉林市石南镇)"古党洞夷人索妇必令媒人引女家自送"⑧,可媒人在男婚女嫁中并没有起到决定作用,唯点缀而已。稍西的宾州(治今宾阳县)罗奉岭上,春秋二社"士女毕集。男女未婚嫁者以歌诗相应和,自

---

① 《古今图书集成·方舆汇编·职方典》卷1452《泗城府风俗考》。
② (唐)樊绰:《蛮书》卷4《名类》。
③ (清)范承勋:康熙《云南通志》卷27。
④ 道光《云南通志》卷183。
⑤ (清)陈宗海:光绪《腾越厅志稿》卷15。
⑥ 胡绍华:《傣族风俗考》,中央民族大学出版社1995年版,第51页。
⑦ (清)罗伦:康熙《永昌府志》卷24。
⑧ (宋)乐史:《太平寰宇记》卷165。

择配偶，各以所执扇、帕相博（交换），谓之博扇。归白父母，即与成礼"，① 则仍然没有媒人在男女婚姻中居间周旋。媒人此一层次人物，在壮群体越人的后人中是汉族文化影响而产生；也随着社会的发展在岭南由东往西在男女的婚姻中渐次起着其重大作用。

第二，首子解而食之。"古党洞夷人索妇，必令媒人引女家自送，相见后复即放女归家，任其野合，胎后方还。前生之子，例非己胤（yin，后代）。"② 女子怀孕落居夫家所生的首子既然不是自己的血脉，于是丈夫也就不客气："长子生，则鲜而食之，谓之'宜弟'。"③ "宜弟"就是适宜于弟妹们的出生成长。壮傣群体越人此一文化习俗一直延至东汉，后因觉得过于残忍，始将首子留存下来，权作父系家庭的一个成员。

第三，婚女不落夫家待与丈夫之外的可意情人交往怀孕始落夫家，给其丈夫有了借口：孕始落家，不孕就没资格落家。于是，男女婚姻间便拦上了一道坎，使婚姻的早期阶段成了试婚站。不少女子迈不过这道坎，便无缘落居夫家了。比如，《古今图书集成·方舆汇编·职方典》卷 1415《庆远府风俗考》载"女子有老而不嫁者，前一婚姻听断适筊"，说的就是这种情况。

第四，婚女不落夫家，可与除丈夫之外的情人自由交往，养就了壮傣群体越人及其后人对女子宽容而偏了道的精神胜利心理。向达在校注明朝巩珍《西洋番国志·暹罗国》载暹罗人"若其妻与中国男子情好，则喜曰：'我妻有美，能悦中国人。'即待以酒饭，或与同坐寝不为怪"一事时，注说："然今柬埔寨、泰国一带并无此俗，盖亦俗语不实，流为丹青者耳。"④ 这是以自己的文化心理去忖度他国他族的文化心理以及时去俗革而以今度古的不当认知。乾隆三十一年（1766 年）出任镇安府知府赵翼《粤滇杂记》载壮人趁歌墟，"当墟场唱歌时诸妇杂坐。凡游客素不相识者皆可与之嘲弄，甚而相偎抱，亦所不禁。并有夫妇同在墟场，夫见其妻为所调笑，不嗔反而喜者，谓妻美能使人悦也。否则，或归而相诟焉"。⑤ 这就是历史，个人作为历史大背景中的一员，谁又能超越历史形成的道德和心理。

4. 男逸女劳

5. 丈夫坐褥

6. 无子无女求告水神

7. 临水而生，入水试儿

8. 买水浴尸

上述 5 种壮傣群体越人固持的文化习俗，上文已先后作了论述，不作重复。

9. 耕地实行部落公有制

南宋范成大《桂海虞衡志·志蛮》载，广西左右江羁縻州洞，"其田计口给民，不得典卖，惟自己开荒者由己，谓之祖业口分田"。这清楚地道出了迄于南宋，广西左右江羁

---

① （宋）王象之：《舆地纪胜》卷 115《宾州》。
② （宋）乐史：《太平寰宇记》卷 165《郁林州》。
③ 《列子·汤问》。
④ 中华书局 1961 年版，第 13 页。
⑤ （清）王锡祺：《小方壶斋舆地丛钞》第七帙。

縻州洞的壮群体越人的后人社会还保持着耕地所有权归于部落公有，实行部落耕地公有制，"计口给民"，定期分配，不得买卖典押，死亡或迁徙则如数交还部落。

迄于20世纪50年代，傣族的众多村落还保有"na^2ban^3"（寨公田），由村寨共同管理、使用，并定有分配制度。"na^2ban^3"（寨公田）分配给村民作为份地耕种，不能过户，不能买卖、典当、转让，因为"田是大家的，你不种别人可以种"；死亡或迁徙须交还村上，外来户也可以领种"寨公田"。[①]

壮傣群体越人的后人都曾传承着部落土地公有制的原则，不言而喻壮傣群体越人时代部落土地实行公有制。

10. 部民俯首系颈惟首领是从

《庄子·让王》载："越人三世弑其君，王子搜患之，逃乎丹穴，而越国无君。求王子搜不得，从之丹穴。王子搜不肯出，越人熏之以艾，乘以王舆。王子搜援绥登车，仰天而呼曰：'君乎，君乎，独不舍我乎！'王子搜非恶为君也，恶为君之患也。"为国君即部落酋长而没有安全保证，说明越人对部落酋长并不怎么信服，甘为其臣属，那时候越人的部落酋长还没有明确的世袭制。可到了吴王夫差和越王勾践的时代，部落酋长即君王已经享有绝对的权威，在汉族文化的影响下，不仅部落酋长世袭制，而且欲向奴隶制发展了。

战国尸佼《尸子》卷上载："夫吴、越之国，以臣妾为殉，中国闻而非之。""以臣妾殉葬"，露出了吴、越二国欲向奴隶制发展的意向。因受到中原众诸侯国的严正责难和强力干预，不能如愿，但其君王的权威却是众意难犯了。

南支的壮傣群体越人却与越国不完全相同。虽然公元前528年的《越人歌》谓王子为"昭"，但是"昭"既指"王""王子"，也指"主人"指"官"。所以，"昭"由壮傣语"$tçau^3$"（头）得名之后，近音译写又写作"朱"作"多"作"刀"等，一直没有明确的界域，不如越王勾践接受了汉语"王""大夫"等有明确的定义域。

秦统一中原各诸侯国后，出兵征服岭南壮傣群体越人。秦兵凿灵渠通粮道，"杀西呕君译吁宋，而越人皆入丛薄中与禽兽处，莫肯为秦虏，相置杰骏以为将而夜攻秦人，大破之，杀尉屠睢，伏尸流血数十万"。[②] "相置"就是相互推举安置，"相置杰骏以为将"，说明将领来自众人的推荐。这说明当时岭南壮傣群体越人社会还处于原始父权制社会后期军事民主制阶段。后来在汉族文化的影响下，部落酋长走上了世袭制。比如，南越国时期的瓯骆首领桂林监居翁、西瓯王等。

山川阻隔，部落各据一方，首领们"固恃险阻，各称酋豪"，[③] 就是唐代壮傣群体越人后人各部落互相对峙的情况。

"酋长死，非其子孙自立者，众共击之。"[④] 这道明了壮傣群体越人后人部落酋长的世袭制。

部落酋长世袭，首领权威日隆，部民俯首系颈惟首领是从。广西邕州左右江"生杀

---

① 江应樑：《傣族史》，四川民族出版社1983年版，第458—459页。
② 《淮南子》卷18《人间训》。
③ [新罗] 崔致远：《补安南录异图记》，《桂苑笔耕集》卷16。
④ （元）李京：《云南志略·金齿百夷风俗》。

予夺尽出其酋。钦州峒丁虽不如邕管之已甚，所以奉其酋者亦类此……峒丁日各以职供水陆之产，为之力作终岁而不得一饱，为之效死战争，而复加科敛。一有微过，遣所亲军斩之上流，而自于下流阅其尸也。日曛，酋醉酣，杖剑散步，峒丁避不及者手刃焉。类以此为服人之威，何其酷也"。①

类似这种情况，就是壮傣群体越人部落酋长世袭制以后，首领对部民的驾驭凌虐。

11. "父子各居，兄弟异室"

"父子各居，兄弟异室。"此记载见于《古今图书集成·方舆汇编·职方典》卷 1421《思恩府风俗考·西林县》。此一情况也见于已经趋汉变化了的壮群体越人居住的广东四会县的记载，称为"兄弟异居，父子割户"。②

这一社会情况的存在，明末清初仍广见于不论是已经趋汉变化还是未趋汉变化的壮群体越人的后人中。比如，广东肇庆府"娶妇后多异爨"；③ 壮族"子娶则别栏以居"。④ 这样的习俗，不是后人创新，而是沿袭于壮傣群体越人而来。

为什么会这样？

一是壮傣群体越人社会发展原始父权制早熟，原始父权制确立之后母权制势力还十分强大，子女为母亲所生多依原来的习惯视为属于母亲所属的氏族。后来男子虽希望通过实行丈夫坐褥的产翁制夺取对子女的绝对权力以改变此种状况，但背景难以遽变，效果欠佳，"父子无亲，姑媳两别"的情况一直严重存在。⑤ 所以，唐代新罗人崔致远《补安南录异图记》说今越南西北及老挝、泰国境内的"獠"人"生养则夫妻代患，长成则父子争雄"。⑥

二是他们所居干栏建筑材料易得，构架简易，容易构建成形却居住面积有限，居住不了多少人。子大娶妇必须另行构建干栏居住，以让他伸开拳脚，创立新的天地。

三是习俗规定。子大结婚了，媳妇在不落夫家期间与除丈夫之外的有情人来往，怀孕必须落居夫家新行构建的干栏待产，丈夫必须在亲友的帮助下构建新的干栏以待欲产之妇。

12. 略有仇隙，相互戕贼

壮傣群体越人的原始父权制早熟得益于各氏族部落间的矛盾、争斗，把男子推上保卫氏族部落战斗的第一线。原始父权制社会确立以后，男女性别分工依然，男逸女劳依然，部落间的相互觊觎、相互斗争依然。南北朝裴渊《广州记》载"俚獠""风俗好杀，多构仇怨"，⑦ 是其社情的反映。

唐代新罗人崔致远《补安南录异图记》说"獠"人"固恃险阻，各称酋豪。远自汉

---

① （宋）周去非：《岭外代答》卷 3《峒丁》。
② 《古今图书集成·方舆汇编·职方典》卷 1349《肇庆府风俗考》。
③ 同上。
④ （清）钱元昌：《粤西诸蛮图记》，雍正《广西通志》卷 92 引。
⑤ 《古今图书集成·方舆汇编·职方典》卷 1415《庆远府风俗考》。
⑥ 《桂苑笔耕集》卷 16。
⑦ 《太平御览》卷 785《俚》引。

朝，迄于隋季"，确非夸张。① 建元三年（前138年）西汉太尉田蚡对汉武帝说"越人相攻击，固其常"以来，② 至唐代仍然是"岭外豪帅屡相攻击"。③

元代，"金齿百夷""杂霸无统纪，略有仇隙，互相戕贼。遇破敌，斩首置于楼下，军校毕集，结束甚武，髻插雉尾，手执兵戈，绕俘馘而舞，仍杀鸡祭之，使巫祝之曰：'尔酋长、人民速来归我！'祭毕，论功名，明赏罚，饮酒作乐而罢。（若其徒叛之者，则）④ 攻城破栅，不杀其主，全家逐去；不然，囚之至死"。⑤ 这就是先人的习俗沿袭到元代仍不见衰微而更张。战争频繁，人民残伤，财产损耗，这多多少少影响了壮傣群体越人后人社会的健康发展。

13. 戴笠挑担

"百夷""妇人出外，戴藤漆大笠，状类团牌而顶光"。⑥笠是竹篾或藤条等编成的圆形宽边的遮阳挡雨的帽子。壮傣群体越人的后人为了增强其抗阳御雨的功能，其形制就比较大。男劳女工，出外多是顶戴大笠。大笠，汉语称为斗笠。

斗笠，北壮、布依语谓 $kjop^7$，南壮谓 kip^7，傣语谓 kup^7，佬语谓 $ʔɔːp^7$等，都是源于一词而生音变。侗水语和黎语关于斗笠的称谓，则与壮傣语不同。比如，斗笠侗语谓 $təm^1$，仫佬语谓 $mɔ^6kyŋ^1$，水、毛南语谓 tim^1，黎语则谓 $ɬeːŋ^3$。斗笠一词的相异，说明壮傣群体越人是与侗水群体越人分化以后方才产生此一实用器物，有了此一词语。$kjop^7$（斗笠）在壮傣群体越人及其后人中传承了三四千年，虽其构件及形体细节多有变化，但框架依旧，形体不变，遮阳挡雨不可或无。

早期越人已具有"挑"此一概念，并且有其词语。挑，壮傣语谓 $haːp^7$，侗水语谓 $taːp^7$，黎语谓 $tshaːp^7$，显是源同于一词的词语。越人社会发展到中期阶段以后，"扁担"，壮傣语谓 $haːn^2$，侗水语谓 $phaːn^1$，二者也是同源词语。这清楚地道出了此时的壮傣、侗水二群体越人已经有了挑担的工具"$haːn^2$"（扁担）。从那以后，壮傣、侗水二群体越人一直以 $haːn^2$（扁担）运载重物，已经有了六七千年的历史。

记载说傣族"其妇善挑担"，⑦ 其实壮傣、侗水二群体越人的后人有谁不善于挑担！

由于挑担在壮傣、侗水二群体越人及其后人中主认、传承，他们不论是居于平旷地区，还是居于崇山峻岭中，几千年来都是一条 $haːn^2$（扁担）置肩头，两头挂着两萝头，挑着重物去悠悠，走山走水不用愁。

戴笠挑担，是壮傣群体越人开创的阳下雨中搬运物品的行为方式，传承下来，其后人一直不变其先人的初衷。

14. 耕不施肥，刈穗悬竿

壮傣群体越人认为谷魂洁净，所以他们耕不施肥，认为这样谷子才不会被粪便沾污，

---

① 《桂苑笔耕集》卷16。
② 《史记》卷114《东越列传》。
③ 《旧唐书》卷60《宗室河间王孝恭传附瑰传》。
④ 原文缺此几字，意似难以连贯，今以（明）郑颙景泰《云南图经志书》卷4记载补之。
⑤ （元）李京：《云南志略·诸夷风俗》。
⑥ （明）郑颙：景泰《云南图经志书》卷6。
⑦ （清）王崧：道光《云南通志》卷183。

才能确保谷子的纯净，以之祭祀诸神才不会亵渎神灵。于是，他们耕不施肥。20世纪50年代以前，西双版纳的傣族耕不施肥是很有名的。壮群体越人的后人历史上也曾经是如此。比如，明末清初广西容县"春分方犁田，夏月方种田，少用粪，土罕种早稻"。①

他们耕不施肥，并不怎么严重影响稻子的生长和收成。因为第一，他们收获只刈取稻禾最顶端一个骨节以上的部分，稻禾最后一个骨节以下的部分则弃而不顾，让其在日晒雨淋中沤烂成肥。第二，他们实行牛群浪放。牛们在收割后的稻田里吃草吃禾秆，同时边吃边拉，吃饱了又在稻田回嚼，也为稻田积了肥。第三，即使地肥不足，收成欠佳，历史上地广人稀，容易找到可意的耕地易地耕种。这就是壮傣群体越人及其后人耕不施肥却有好收成的原因所在。比如，明朝归顺州（今广西壮族自治区靖西市）的田洞"一年耕获尝足支二三年"。②

稻熟收获，壮傣群体越人是以 thep⁷（手镰）刈取稻禾最后一个骨节以上的部位连稻穗一起，撕去禾衣，束成把，挑回来晾晒在干栏的竹竿上。这就是明末清初广西容县"收获"时，"群妇女而出，率以手掐掇其穗而弃其管，以便束敛"。③ 也就是郑颙景泰《云南图经志书》卷3记载傣族收获时"止刈其穗，以长竿悬之"。壮、傣二群体越人的后人残存此一行为方式无疑是他们的先人传承下来的。

15. 晨舂日炊，不食隔宿粮

壮傣群体越人崇信谷魂。谷魂是稻谷的精灵，稻谷离开了谷魂，就没了灵性，就会变质腐烂。他们为保住稻谷的灵性，让稻谷保住新鲜，就尽量缩短稻谷变成白米的时间，于是产生了"晨舂日炊""不食隔宿粮"的习俗。

此一习俗，形成久远。《永乐大典》卷2260载宋范成大《鄱阳湖》诗就有句说鄱阳湖周遭"月落村舂急"。明代，云南元江军民府傣族"逐日取（稻）穗舂之以为米，炊以自给"。④ 景东府傣族"日舂造饭，以竹器盛之"。⑤ "八番之蛮（布依族的先称）每临炊始舂稻，谓不得宿舂，宿舂则头痛。"⑥ 广西思恩府壮人"家无积粮，晨兴杵声，喧里巷，止足一日之需"。⑦ 时至民国，云南广南县的壮族仍是如此："每日夜半鸡鸣时，农妇即起床舂米，不明而止，比户皆然。碓声隆隆，扰人清梦，而所舂者只足本日之食。次日复然，甚少间断。"⑧ 这可说是壮傣群体越人开创的晨舂日炊、不食隔宿粮的习俗，后人传承，缕缕而下，几千年过去了，仍然不同程度地洋溢着先人昔日的神韵。

16. 闹丧驱鬼，葬不复顾

民国《乐昌县志·信仰民俗》载，人死"出葬之日大会宾客，请德劭年高者点主题旌，祭轴、挽联，目为之炫。笙箫前导，道路哄传，故昔人咏俗诗云：箫鼓不知哀乐事，

---

① 《古今图书集成·方舆汇编·职方典》卷1433《梧州府风俗考》。
② （明）刘文征：天启《滇志》卷4《旅途志·粤西路考》。
③ 《古今图书集成·方舆汇编·职方典》卷1433《梧州府风俗考》。
④ （明）郑颙：景泰《云南图经志书》卷3。
⑤ （明）郑颙：景泰《云南图经志书》卷4。
⑥ （清）陆次云：《峒溪纤志》，（清）王锡祺《小方壶斋舆地丛钞》第八帙。
⑦ 《古今图书集成·方舆汇编·职方典》卷1420《思恩府风俗考》。
⑧ 民国《广南县志稿》第五册。

衣冠难辨吉凶人"。

"箫鼓不分哀乐事，衣冠难辨吉凶人"，不详是何代何人所作的诗句，首见引于南宋周去非《岭外代答》卷7《白巾鼓乐》。周去非旨在说明壮傣群体越人的后人以红表哀以白志喜；人死了"邻里集其家，鼓乐穷昼夜"，把丧事办成喜事似的，以致人哀乐混淆，忧乐难分。

丧事大操大办，鼓乐喧天，罄产办丧，① 在岭南是桩沿之已久的风俗。"丧家尚仪文，事浮屠，昼悬幡彩，夜列灯炬，花爆烟火，鼓乐优伶（演戏），谓之'乐忧'，而含殓之祀多所不知。此风之陋者也。"② "有吊唁者必盛筵款饮，谓之'食炊饭'。送葬辄至数百人，澄海尤甚。葬所鼓乐优觞（演戏狂饮），通宵聚乐，谓之'闹夜'，至旦复设酒肴。丧家力不给，则亲朋代设。凡遇父母丧，无不罄囊鬻产，仿效成风。"③ 怎么形成的呢？

或唐或其前人修的梧州《旧经》载，梧州"古蛮夷之国，雕题之俗，婚用牛，丧则聚，搏击钲鼓作戏，叫噪逐其厉（厉鬼）。及掩之中野（旷野），至亲不复送"。④ 梧州《旧经》点出了壮傣群体越人的后人有人死了必闹丧，闹丧的目的就是"逐其厉"，即让死者的鬼魂远去，不要再逗留家中。

这是传承于其先人而来的。

《列子·汤问》载："楚之南有炎人之国，其亲戚（父母兄弟等）死，剐其肉而弃之，然后埋其骨，乃成为孝子。"剐其肉而取其骨埋葬，透出了壮傣群体越人的理念，认为人死后其骨殖是死人鬼魂存身之所，犹如汉语说的"下无怨骨，上无怨人"；但是他们只是祝愿死者的鬼魂远去，对于其鬼魂是否回居其遗骸，却是理也不理了，所以埋了其骨，便不顾。这诚如傣族对待死者一样："父母亡，不用僧道，祭则用妇人祝于尸前，诸亲戚、邻人各持酒物于丧家，取少年百数人饮酒作乐，歌舞达旦，谓之娱尸。妇人群聚击碓杵为戏，数日而后葬……其人平生所用器皿、盔甲、戈盾之类，坏之以悬于墓侧而自去，后绝无祭扫之礼也。又有死三日之后命女巫刹生祭送，谓遣之远去，不使复还家也。"⑤

由于壮傣群体的后人传承先人的理念，认为骨殖是死人鬼魂存身之所，唐、宋以后他们实行"火葬"，将死人的骨殖烧了，认为死鬼已无存身之所，只好远去，便不再重视死者骨灰的存在了。程大璋民国《桂平县志》说因"火葬"，"以故平坟暴尸者十室而九"。贵州罗甸县布依族聚居的高栏，群众挖地发现一处火葬墓群，没什么标识，垒堆在一起的骨灰罐竟达七八百个之多，⑥ 说明的就是这种情况。

17. "鬼妻不可以同居处"

春秋、战国时期《列子·汤问》载"越之东有辄沐之国"，"其大父死，负其大母而

---

① （宋）乐史：《太平寰宇记》卷161《高州风俗》。

② 康熙《西宁县志·信仰民俗》。西宁县即今广东郁南县。

③ 乾隆《潮州府志·信仰民俗》。

④ 《永乐大典》卷2339梧字引。梧州《旧经》见引于南宋王象之《舆地纪胜》卷108《梧州·景物》。王象之记载的梧州事，引文既有《梧州图经》又有《梧州旧经》，则梧州《旧经》当为宋以前人的述作。

⑤ （明）李思聪：洪武《百夷传》。

⑥ 《布依族简史》，贵州人民出版社1985年版，第167页。

弃之，曰鬼妻不可以同居处"。前面说过，"大父""大母"的"大"字疑衍。"轵沐之国"既在"越之东"，当是壮傣群体越人中的一个部落国。其"鬼妻"理念一直在壮傣群体越人的后人中延续着，益证了"轵沐"此部落国属壮傣群体越人中的一个部落。

"鬼妻不可以同居处"的意识、观念、习俗，在汉族文化的影响下，在壮群体越人中由东往西逐渐淡化、消失。比如，南朝高州"俚獠"冼氏夫人在丈夫死后掌政，成为一方的领袖。同时，南宋周去非《岭外代答》卷10《家鬼》也载，钦州城中的民居已于中厅设置家鬼（祖考）神龛。"新妇升厅，一拜家鬼之后，竟不敢至厅，云傥至则家鬼必击杀之。惟其主妇无夫者，乃得至厅。"这就是说，主妇在夫死后，不仅不被赶出家门，受人鄙视，而且得到了家鬼的认可，堂而皇之地做了一家之主。

由于壮傣群体越人的"鬼妻不可以同居处"，所以，有人论述越人的习俗，认为《三国志》卷53《薛综传》记载的"交趾糜泠、九真都庞二县皆兄死弟妻其嫂，世以此为俗"，就是越人的习俗，明显是谬误的。这是张公帽误戴李公头，漠视了壮傣群体越人固有的意识、观念和习俗。

王文观民国《凤山县志·礼仪民俗》载："客人尚有一种特殊陋习，兄死，弟僭兄嫂；弟死，则兄占弟媳，名曰'转房'（俗称藤断藤接）。但须双方同意，乃能行之。本地人绝无此举。"不过，清末民国，一些居住在偏僻山弄里的壮族，独村独户，女性源缺，便效客人的办法，不守先人成法，也有"转房"的现象。比如，广西壮族自治区天峨县白定乡便有"兄娶弟妇，小叔填房"的事实存在。①

即便如此，在壮傣群体越人时代，"鬼妻"却属人们畏惧的一类，是"不可以同居处"的。

18. 断发文身

断发文身，是春秋、战国时代汉文记载关于壮傣群体越人习俗最为突出的，几乎可以说是标识、指认他们的一个头饰、身饰特征。

前面说过，断发文身不是他们因崇拜水神而起，而是为规避"蛟龙"（湾鳄）之害实行模仿巫术所致。

《淮南子》卷1《原道训》载："九疑（在今湖南宁远县南）之南，陆事寡而水事众，于是民人被发文身以像鳞虫。"《淮南子》为西汉淮南王刘安所撰，其记载说明西汉前期岭南的壮傣群体越人仍然是断发文身不改。不过，由于这触犯了南越国主中原人赵佗的道德红线，在壮、傣二群体越人分化后壮群体越人被迫改"断发"为"魋结"即椎髻，②而傣群体越人迁徙中南半岛，离开了南越国的地域，不受赵佗驾驭，照旧行先人的习俗，"断发文身"不改。比如，近1500年后的明朝洪武末李思聪《百夷传》载"百夷""官民皆髡首跣足。有不髡者，则酋长杀之；不跣足者，众皆嗤之，曰：妇人也，非百夷种类也！"

19. 鼻饮呷酒

鼻饮，是以本作呼吸用的鼻子担当吮吸器官以饮酒吸水等可食液体。这对当代人来说

---

① 《广西壮族社会历史调查》第一册，广西民族出版社1984年版，第20页。
② 《史记》卷97《陆贾列传》。（宋）乐史：《太平寰宇记》卷163《窦州风俗》记作"椎髻"。

似近神话，疑不可信，但是鼻饮却曾是历史上壮傣群体越人及其后人"獠"人的一种乐而行之的饮食方式。

关于壮傣群体越人的鼻饮，首见于记载的是西汉贾捐之说的"骆越之人，父子同川而浴，相习以鼻饮"。① 贾捐之说这话是在初元年间（前48—前44年），距壮傣群体越人分化的南越国前期仅100多年，岂能在100多年间就能在壮群体越人中令分布于各地又为山川阻隔互为对峙的各部落通通认同从而形成鼻饮习俗？而且，东汉及其后如同壮群体越人后人因与"骆"近音而异称为"俚獠"的傣群体越人后人"獠"人也是善于"鼻饮"的。比如，南北朝人撰的《永昌郡传》载永昌郡（治今云南省保山市）"獠民"，"其人以口嚼食，并以鼻饮水"。② 唐朝新罗人崔致远《补安南录异图记》也载今越南西北及其西的云贵高原南部、老挝和泰国等地的"獠"人照样是"饮于鼻受"。③ 这道明了壮傣群体越人时代已经形成了"鼻饮"习俗。

壮群体越人后人其鼻饮习俗历汉经魏、晋、南北朝、隋、唐至宋朝一直盛行不衰。南宋范成大《桂海虞衡志·志器》载："南人习鼻饮，有陶器如杯碗，旁植一小管若瓶嘴，以鼻就管吸酒浆，暑月以饮水。云：水自鼻入咽，快不可言。邕州人亦如此。"宋以后不见记载了，或这一习俗已渐趋衰落、消退。

傣群体越人后人的鼻饮习俗不详延续多长，唯现在居于越南西北沱江流域非傣群体越人后人的康族中一些上了年纪的老人还以鼻饮水，不明是不是取法于"獠"人的习俗？

除鼻饮之外，壮傣群体越人还有咂酒习俗。

东汉郭宪《洞冥记》卷3载，有"升渠鸭"，"不食五谷，惟咂叶上垂露，因名垂露鸭"。咂，读za，就是饮的意思。所以，东汉末应劭《风俗通》说"入口为咂"。

壮傣群体越人的咂酒习俗，汉文记载者没人提及，唯其后人不乏咂酒的行为。乾隆《开化府志》卷9载：

> 夷俗以杂粮酿酒。凡宴宾客，先设架，置酒坛于上，贮以凉水，插竿于内。客至，主人先咂，以示先尝之意，客次之。咂时盛水候，咂毕而注于坛。视水之盈缩以验所饮之多寡，不及，则请再行。
>
> 寒月置火于坛下，取其热也。

云南开化府（治今文山县）壮族饮酒方式咂酒，南宋周去非《岭外代答》卷10《打甏》已经记载，称为"打甏"。云南傣族也是这样的饮酒方式：

> 俗尚咂酒。俗以米麦酿酒，既熟，凡宴待宾、亲之贵重者，具果馔，设架于庭，置酒樽其上，泡之于水，务令樽满为度。少顷，置中通三竹筒于内，必探其底，乃与客为揖，让礼而请咂之。别以盂酌水候客，既咂而注于樽。视水之盈缩以验所咂之多

---

① 《汉书》卷64下《贾捐之传》。
② 《太平御览》卷796《獠》引；卷849《食下》引同。
③ 《桂苑笔耕录》卷16。

寡，若水溢而樽不能容，则复劝咂之。以此，为爱敬之重者。

遇寒月则置火于樽下，欲其热也。虽富贵之家，亦用之。①

文化习俗相异缘于分化以后的各自发展；文化习俗的相同，就是因为当初没有分化的时候就已经存在。壮、傣二群体越人的后人都不约而同地传承着咂酒的饮酒方式，道出了壮傣群体越人时代的饮酒方式就是咂酒。

20. 日嚼槟榔，礼聘、待客槟榔为先

"被发文身"为"瓯越之民"；"黑齿雕题"为"大吴之国"。这是战国时撰的《战国策·赵策二》的记载。吴、越二国"接土邻境，壤交通属，习俗同，语言通"，②本属一个民族群体，所以越人"被发文身"，吴人也"被发文身"；③吴人"黑齿雕题"，越人自也"黑齿雕题"。这在前头已经说过。断发文身是男人的事，妇人有染齿习俗，齿黑自在情理之中，男子的牙齿怎么会黑？这是因为他们日嚼槟榔的结果。

关于槟榔的生态及嚼槟榔的方法和作用，首先见载于东汉杨孚《异物志》：

槟榔若笋竹生竿，种之精硬，引茎直上，末五六尺间，洪洪肿起，若瘣（hui，瘣种无枝干）木焉。因折裂出若黍穗，无花而为实，大如桃李。又生棘针重累其下，以御卫其实。剖其上皮，空其肤，熟而贯之，硬如干枣。以扶留藤、古贲灰（牡蛎灰）并食，下气及宿食，消谷饮，设以为口实。④

杨孚之后，记载壮群体越人后人日嚼槟榔、贵槟榔、重槟榔的是西晋嵇含《南方草木状》：

（槟榔）以扶留藤、古贲灰并食则滑美，下气消谷。出林邑。彼人以为贵，结婚、会客必先进。若邂逅不设，用相嫌恨。⑤

壮群体越人的后人传承先人嚼槟榔以适应气候，避瘴、消谷食下气，求康健。然而嚼槟榔固可以"避瘴、下气、消食"，但是"食久，顷刻不可无之，无则口舌无味，气乃秽浊"。⑥因此他们形成了日嚼槟榔，珍槟榔，重槟榔的意识、观念、习俗："宾至不设茶，但呼槟榔。于聘物，尤所重。士夫、生儒衣冠俨然，谒见上官、长者，亦不辍咀嚼；舆台（扛轿）、皂隶（贱役）、囚徒、厮养（为人打工的）、伺候于官府之前者，皆然。"⑦

---

① （明）郑颙：景泰《云南图经志书》卷1。
② 《吕氏春秋·知化》。
③ 《春秋左传·哀公七年》。
④ 《太平御览》卷971《槟榔》引。
⑤ 《说郛》卷86。
⑥ 《岭外代答》卷6《食槟榔》。
⑦ （明）王济：《君子堂日询手镜》。

广西的已趋汉变化或未趋汉变化的壮群体越人后人是如此,广东的已经趋汉变化的壮群体越人后人也是如此:"男女四时常啖槟榔,伴以蒌叶、白灰,渍其汁于唇如丹。东坡诗云'红潮登颊醉槟榔',是也。凡婚嫁、延宾所在必用,宁少茶食,必不可少槟榔。"①

历史上,岭南壮群体越人的后人以槟榔为贵、以槟榔为重,迎客、礼聘必不可少。平日,"不以贫富、长幼、男女,自朝至暮,宁不食饭,惟嗜槟榔"。②傣群体越人的后人也是如此。比如,南北朝《九真蛮獠俗》的"九真蛮獠欲婚,先以槟榔子一函诣女,女食即婚";③元朝的"槟榔、蛤灰、伏留叶奉宾客";④明朝"男女暮以蒌叶、蛤灰纳其(槟榔)中而食之,谓可以化食御瘴。凡遇亲友及往来宾客,辄奉啖之,以礼之敬"。⑤至20世纪50年代,"嚼槟榔"仍"是各地傣族最为普遍的爱好"。⑥

1992年年末,我们在泰国东北部考察,当访问拉加信府拉加信市属板康村一位67岁大娘时,她一边跟我们交谈,一边不断地从槟榔盒里拿出槟榔裹上灰、蒌叶放进嘴里咀嚼。据村上人说,她这是老了,没改掉老辈子传承下来的习俗。⑦

壮傣群体越人在南越国时期分化为壮、傣二群体越人,他们的后人分居各地,互不来往,却都嗜嚼槟榔,迎宾、礼聘都以槟榔为先,说明他们此一文化习俗源于其共同的先人而来。由此可以清楚其先人的"黑齿"的成因。

三 物质文化

世界的本质是物质性的,但是只有人类在适应、改造自然物质世界中创造出来的物质性东西才能称为物质文化。比如,自然物质世界中的岩洞,虽可以给人防晒、防风、防雨等,但岩洞非属人力、人智所创造,所以岩洞不属于人的物质文化,只有竖上柱子,架起檩木,顶盖茅草,中铺横板以居住的干栏式住房,才是人的物质文化。

1. 杵臼欢歌

断木为杵,凿木为臼。臼和杵,是壮傣群体越人稻米的加工工具。

刀子和凿子,是越人社会发展进入中期阶段出现的劳动工具。因此,壮傣语、侗水语都谓凿子为 siu^5,谓刀子为 mit^8,而黎语却谓凿子为 ban^2,谓刀子为 ka^3,明显不是同源词语。这可能是他们创建干栏式住房时因实用所需,形成的劳动工具。断木为杵,削成棒槌状的舂捣工具;臼则是削、凿成凹状以贮粮待舂捣的木制容器。不过,越人社会发展的中期阶段杵、臼似还未成形,壮傣语和侗水语并未出现杵和臼的同源词语。

壮傣语支所含各族语杵谓 $sa:k^7$,侗语谓 $pa:n^3$,仫佬语谓 $ka:n^3$,水语谓 toi^5 或 mai^4ha^2,毛南语谓 mai^4za^2。侗水语支所含各族语关于杵的称谓固然与壮傣语关于杵的称

---

① 《古今图书集成·方舆汇编·职方典》卷1349《肇庆府风俗考》。
② 《岭外代答》卷6《食槟榔》。
③ 《太平御览》卷971《槟榔》引。
④ (元)李京:《云南志略·诸夷风俗》。
⑤ (明)郑颙:景泰《云南图经志书》卷3。
⑥ 胡绍华:《傣族风俗志》,中央民族大学出版社1995年版,第57—58页。
⑦ 白耀天:《泰国婚姻、丧葬和宗教信仰考察》,《广西民族研究》1993年第1期。

谓迥异，不是同源词，道出他们关于杵的词语不是同时形成的。

臼，北壮武鸣县壮语谓 ɣum¹、布依语谓 zum¹toi⁶，似与侗、仫佬语臼谓 kəm¹、水语谓 tsəm²kəm¹、毛南语谓 cim¹ 是同源语，然而布依语谓臼为 zum¹toi⁶，此 toi⁶ 却是借汉语"碓"一词，同时武鸣县壮语不仅是"碓"还是"臼"都谓"an¹ɣum¹"，示明了北壮武鸣等地壮语、布依语谓臼为 ɣum¹ 或 zum¹ 以及侗水语的 kəm¹ 是汉族的"toi⁶"（碓）传入他们中以后方才形成的词语。壮傣语支所含各族或群体语除布依语和武鸣等地北壮语外，北壮来宾壮语臼谓为 kjok⁷，南壮谓 ɬa：k⁷，临高语谓 hok⁷，傣语谓 xok⁸，泰语谓 khlok⁷，佬语谓 khok⁷，这些词都是同源词，今虽略生音变，却不离其宗，所以其音都相近。这揭示了壮傣语原谓臼为 kjok⁷，而不是 ɣum¹。

壮傣群体越人创制了杵和臼以舂捣稻谷，解决了稻谷加工的问题，其后人也演绎了种种戏耍，使生活充满乐趣。

"广南有舂堂，以浑木邻为槽。一槽两边约十杵，男女间立以舂稻粮。敲磕槽舷，皆有边拍。槽声若鼓，闻于数里，虽思妇之巧弄秋砧，不能比其浏亮也。"① 南宋周去非《岭外代答》卷4《舂堂》也载："静江（今广西壮族自治区桂林市）民间获禾，取禾心一茎藁，连穗收之，谓之清冷禾。屋角为大木槽，将食时取禾舂于槽中，其声如僧寺之木鱼，女伴以意运杵成音韵，名曰舂堂。每旦及日昃，则舂堂之声四闻可听。"

历史上，壮傣群体越人后人青年男女借舂堂为媒介，巧运杵声，既可戏乐，又可成就他们谈情说爱、找到意中人的大事。后来，舂捣稻谷不用杵、臼了，但是臼仍不失其用，比如做糍粑，不论是壮族还是傣族，都不忘杵、臼的功能。

2. 犁和铁犁

犁，在越人社会发展的中期阶段随着成功驯化普通野生稻逐渐成型，因此，壮傣语的 çai¹ 和侗水语的 kwai¹ 属同源词，但是犁由纯天然木构件变成木制而套上铁嘴成为铁犁，则是进入壮傣群体越人时代方才出现。

春秋吴、越二国时代，青铜剑很出名。1962年湖北江陵出土的"越王勾践剑"深埋地下2400年仍一新如旧，寒光闪闪，利可断发，② 然而未见有铁制工具。《越绝书》卷11《记宝剑》载吴国干将、越国欧冶子二铸剑名手曾合铸"铁剑三枚"，是传说还是实有其事，难以详明。不过，战国时《韩非子》和《吕氏春秋》都记载了铁制的工具。《史记》卷129《货殖列传》载"邯郸郭纵以铁冶成业"，同时出现了铁市，说明西汉时代铁制工具已盛。相应的壮傣语也有了铁一词。今北壮、临高语铁一词已是借汉语词，布依语谓铁为 fa²，南壮铁谓 lik⁷，傣、泰、佬、掸等语谓 lek⁷。lik⁷ 与 lek⁷ 是同源词语。lik⁷ 与 fa² 不是同源词，布依语因何谓铁为 fa²，不详。不过，南壮与傣、泰等族语都谓铁为 lik⁷（lek⁷），说明西汉前期壮傣群体越人未分化的时候已经具备了铁的词语，有了铁制农具特别是铁犁在稻作中使用。

北壮、布依语没送气声母，谓犁为 çai¹，南壮及傣、泰、佬、掸等族语有送气声母，因此相应变成了 thai¹，铁犁就是 lek⁷thai¹。

---

① （唐）刘恂：《岭表录异》卷上《舂堂》。
② 《湖北江陵三座楚墓出土大批重要文物》，《文物》1966年第5期。

公元前 2 世纪，壮傣群体越人分化，傣群体越人带着先进的铁制犁具进入中南半岛，对该地区的稻作农业无疑会起着促进作用。

3. 干栏为居

越人社会发展进入中期阶段，越人适应、改造客观自然环境的一个重大成果是创建了用以避湿热的下悬空上苫茅、中铺板住人的房子，称为 ɣaːn² 或 jaːn²。

北壮、布依、临高语的 ɣaːn²（或 zaːn² 或 lan²），由于南壮音变为 ɫən²，西傣也音变为 hɣn²，德傣音变为 hən²，佬语音变为 hɯːən²，泰语音变为 rɯan² 等，音虽略异，但却都是同源词语。由此可知，在壮傣、侗水二群体越人及其后人中，ɣaːn² 建筑形制的形成、词语的出现，历史悠久，至少距今有 4000 年以上。

不过，ɣaːn² 称为"干栏"，却是越人社会发展进入壮傣群体越人时代以后。

壮族朋友间询问对方家在哪儿有句口头语："saŋ²（巢）ʔjou⁵（在）mɯn⁵laɯ¹（哪里）?" saŋ² 义为巢，也就是鸟窝。为什么以"巢"代家？原来壮傣群体越人后来反省其房子形制是受惠于鸟在树上筑巢的启发，因此他们东汉时绘制的云南沧源崖画上详绘了其房子由鸟巢演变而来的过程，并在房顶的左右两侧各竖上鸟的塑像以表其对鸟的深沉谢意，自称其房子为 saŋ²laːn²（巢式房子）。南北朝北齐魏收编撰《魏书·獠传》，将"saŋ²laːn²"近音译写作"干栏"。自此，下悬空上苫茅中铺板住人的住房建筑形制便以"干栏"为称，流传开来，迄今不改。

4. 扁舟竞渡

前面说过，壮傣群体越人因祀奉水神为主神，以扁舟竞渡为祭祀水神的礼仪之一。虽然后来竞渡移嫁于屈原之死上，然而到了明代，今广西桂林的壮傣群体越人后人还是"素节龙舟竞",[①] 以秋后举行龙舟竞渡酬赛水神，不改先人的文化习俗。

5. 短衣桶裙，裙而不裤

早期越人已有"裙"一词。此裙，是指桶裙。比如，泰语、佬语的桶裙，即传承于早期越语谓 sin³，现代裙子泰语谓 kra²proːŋ¹，佬语谓 ka²⁷pɔːŋ⁵。犹如壮语的 vin³lai² 以及傣语的 sin³lai² 一词，所指的就是花桶裙。

壮傣群体越人时期除了岭北的逐渐趋汉变化外，岭南的一如既往，男女一式，上短衣下桶裙。上短衣，没扣子，唯用一条带子往腰间一扎，将上衣和下裙全扎牢了。

带子，壮傣语谓 sai¹ 或 saːi¹，侗语谓 se¹，仫佬语谓 taːi⁴，水语谓 laːk⁷。关于带子的称谓，侗水语既与壮傣语不同，他们之间各族语也不同，没同源关系，而且像仫佬语谓 taːi⁴ 显然是汉语带的借词。这揭示了壮傣群体越人与侗水群体越人的衣装样式是不完全相同的。

壮傣群体越人上短衣下桶裙的衣装样式，其后人除男子外，女子的服饰视时空为虚无，几千年传承而下，时至明末清初一仍如此。比如，景泰《云南图经志书》卷 6 载"百夷"妇人"衣白衣，窄袖短衫，黑布桶裙"；范承勋康熙《云南通志》卷 27 载傣族妇人"窄袖白布衫，皂布桶裙"；罗伦康熙《永昌府志》卷 24 载永昌府（治今云南省保山市）傣族妇女"白布窄袖短衫，黑布桶裙，不施铅粉"。壮族妇女着装也是如此："女衣

[①]（明）曹学佺：《桂林风谣十首》其一，（清）汪森《粤西诗载》卷 12。

短，不掩脐，下曳长裙，每不相续，露肌肤一围如肉带焉"；①"花土獠""妇女花绣短褐，系桶裙"。②壮、傣二群体越人分化后，其后人各居一地，互不往来，何以一同上短衣下桶裙，显然是其先人即是如此的衣装样式。

下穿桶裙，是壮傣群体越人后人传承先人的文化习俗，"裙而不裤"也是他们传承于先人的文化习俗。比如，壮族"有裙无裤"。③傣族"桶裙无裤"；④"女勤而好洁，裙而不裤"。⑤这些都是他们传承于先人的文化习俗。赵翼《粤滇杂记》载，布依族已经有人读书应试中举，但他们的妇女还是旧习未改，只穿裙子不穿短裤。他们中有一个人中了举做了官吏，在任所写信给他的妻子，请她随任做夫人，并告诉她来时请改掉往日的习惯穿上短裤。他妻子认为改旧习行新规，太难为人了，决定不随夫做夫人。这样，因识见不同，夫妻情浓意蜜，却两地分居。⑥

6. 糯米主食，崇尚五色

在越人社会发展的中期阶段，他们培育了糯米为主食，既有了吃扁米尝新的习俗，这就是壮傣语的 kin¹khau⁴mai⁵ 或侗语的 ʨa：n¹qəu⁴məi⁵'（占苟帽），又有酸、酒佐餐帮助消化的食品。进入壮傣群体越人时代，他们一如往昔以糯米为主食，唯糯稻是种，以致东汉时候许慎作《说文解字》说"沛国谓稻曰糯"。

宋朝王安石说广西左右江的洞民"生理苟简"，"团饭掬水，终食餍饱"。⑦饭能"团"起来，吃了再双手捧着水喝上几口，此饭不是糯米饭是什么？这道出了宋代广西左右江的壮傣群体越人后人还是传承先人的习俗以糯米为主食。明代，云南元江府及景东府的傣族"其田皆种秫（糯稻）"，收割后"以其穗悬于横木之上"。"日舂（即逐日取穗舂以为米）造饭，以竹器盛之，举家围坐，捻成团而食之，食毕饮水数口而已。"⑧这也是傣族以糯米为主食，"团饭掬水"而食，是他们的吃食方式。迄于20世纪60年代，云南西双版纳的傣族仍然是以糯米为主食。

先人嗜好，后人千百年后还在传承，可说古训是式，墨守成规，不求进取，犹如"量力守故辙，岂不寒与饥"？无疑，这对本身的社会发展多少是有影响的。

以糯米为主食，还有一道著名食品，这就是五色糯米饭，因该食品以黑为主色调，也被称为乌饭。

五色糯米饭，就是先以具黑、紫、红、黄等颜色的自然生态植物的浸渍液加热后各自浸泡糯米，然后将此染就的各种颜色的糯米及无色的糯米蒸熟，形成黑、紫、红、黄、白等颜色的糯米饭。

五色糯米饭，形之早，在壮傣群体越人时代就已经形成，并珍之重之，是祭神祀鬼的

---

① 《古今图书集成·方舆汇编·职方典》卷1421《思恩府风俗考》。
② （清）李熙龄：道光《普洱府志》卷18。
③ 张自明：民国《马关县志》卷2。
④ （清）王崧：道光《云南通志》卷183。
⑤ 民国《马关县志》卷20。
⑥ （清）王锡祺：《小方壶斋舆地丛钞》第七帙。
⑦ 《论邕州事宜》，《王临川集》卷89。
⑧ （明）郑颙：景泰《云南图经志书》卷3、卷4。

主要食品之一。明、清二代，不论是壮族、布依族、傣族还是已经趋汉变化了的后人，都传承不误。比如，"西宁（今广东省郁南县）之俗，岁三月，以青枫、乌桕嫩叶浸之信宿，以其胶液和糯蒸为饭，色黑而香"；"南雄（今广东省南雄市）以寒食前后妇女相约上丘垅，以乌糯饭置牲口祭墓"。① 三月三、四月八、六月六，壮族以五色糯米饭为祭神食品之一；布依族除了逢年过节以五色糯米饭为祭神食品外，贵客来到，常以五色糯米饭作待客的厚礼；② 傣族，"以糯米蒸熟，染成五色饭供斋"。③

五色糯米饭的来源，在壮、布依、傣等民族中，在同一民族的不同地区间，其传说都不一样。这是后人因事而起，因情而发，穿凿出来的，都不可信。壮傣群体越人在纺织上锦绣斑斓，传到后来，壮族壮锦，五色灿然；布依族织锦，"斑斓夺目"；④ 傣族也"以五色土锦充贡"。⑤ 这说明，不论是壮族、布依族还是傣族，都是以斑斓为尚、以五色为重，或者其多彩的糯米饭，即是借鉴于他们斑斓的锦织品而来。

壮傣群体越人习于闹丧驱鬼，殷切希望殁后先人的鬼魂远去，并无祭扫先人坟墓的习俗。以乌饭祀鬼，祀的是什么鬼？

在广西壮族自治区宾阳县操汉语平话方言的居民中流行一句俗语："四月八，糯米饭黑 ma：t^{10}ma：t^{10}。" "ma：t^{10}ma：t^{10}"，借自壮语，义为晶亮滋润。农历四月八日，怎又来个糯米饭黑亮滋润呢？

民国《宜北县志·岁时民俗》载，宜北县（治今广西环江东北宜伦镇）"四月八日为乌饭节。家家采取枫叶捣烂酝酿一二日，以之染米，尽变乌色，蒸熟以供家神，并备猪仔祭三界公爷，以望禾苗丰熟。家家户户，遍插枫枝于门。此系地方习惯使然，殊莫明其究竟"。宜北县，是《宋史》卷495记载的"抚水州蛮"所在。所谓的"抚水州蛮"，就是壮群体越人后人在抚水州地区的称谓。大中祥符九年（1016年），北宋改抚水州为安化州，沿袭至元朝始废置。光绪三十二年（1906年）又在其地设置安化厅，1912年改为安化县，过后二年又改置宜北县。由此可信，宜北县人谓四月八日为乌饭节，沿自先人而来，历史悠久，难怪该县志的撰修者覃玉成说"此乃地方习惯使然，殊莫明其究竟"。不过，"三界公"崇拜是在明朝始于梧州地区出现，当与四月八日为乌饭节的产生无缘。

宜北县以农历四月八日为乌饭节，宾阳县"四月八，糯米饭黑 ma：t^{10}ma：t^{10}"，又缘何而来？

民国《乐昌县志·岁时民俗》载"四月八日，谓之牛王生日，家煮乌饭、乌蛋以祭，以祈丰年"，道出了壮群体越人的后人谓四月八日为乌饭节，是因农历四月八日为"牛王生日"而来。

"牛王生日"，又称为"牛王节""牛魂节"及"牛王诞"等。比如，广东高要县

---

① （清）屈大均：《广东新语》卷14《诸饭》。
② 汛河：《布依族风俗志》，中央民族学院出版社1987年版，第40页。
③ （清）李熙龄：道光《普洱府志》卷18；张问德：《顺宁县志初稿》。
④ 《布依族风俗志》，中央民族学院出版社1987年版，第72页。
⑤ （明）刘文征：天启《滇志》卷30《土司官氏》。

"四月八日,采香藤之叶杂糖、米舂粉作糕糍,祀牛王及田神";① 高明县"四月八日,农家祀牛王神";② 广西壮族自治区容县四月八日,"或于村墟古树下叠石以祀,谓之牛社。是日呼为牛王诞";③ 荔浦县"四月八日,俗称牛王诞,乡村畜牛家多造黑饭,以祀牛神";④ 来宾县四月八日"惟必作五色饭,多有盛以小曲薄(俗名簸箕)供案上献先人,老幼分食之,乡间并以饲牛。相传是日为'牛魔王生日',家家是日多不使牛";⑤ 宾阳县"四月初八日,炊黑米饭食,俗以食之可以辟疫。按:黑米饭以枫叶汁渍糯米炊之,或用红、蓝等树叶,其饭红、黄、蓝、黑、白各色俱备,色既可爱,气尤香馥,用要酿酒尤佳。是日,农家并以此饲牛。盖农事方殷,为牛加料以增其力,是亦农家习俗中之别饶风味者"。⑥

农历四月八日牛王诞,犹如民国《来宾县志》撰者说的"惟必作五色饭"。因此,原初的农历四月八日既称"牛王诞",又称"乌饭节"。壮傣群体越人为什么在这一天特制乌饭祀牛神饲牛只?

在壮傣群体越人时代,他们在适应、改造客观自然环境中有一个值得称道、令他们骄傲的成果,这就是驯化了野生牛成为家养牛,由人饲养,任人役使。

水牛,壮、布依语谓 va:i^2,西傣谓 xvai^2,德傣谓 xa:i^2,泰语谓 khwa:i^2,佬语谓 khva:i^2。这些谓水牛之词,属同源词语。水牛,侗、毛南语谓 kwi^2,仫佬语谓 wi^2 或 hwi^2,水语谓 kui^2。侗水语支所含各族语谓水牛之词与壮傣语支所含各族语谓水牛之词没有同源关系,明示壮傣群体越人是与侗水群体越人分化以后方才驯化野生水牛为家养牛的。侗水语的 kwi^2 或 kui^2 一词,可能是借汉语夔牛的夔而来。夔牛,是蜀地山中的大牛。壮傣语支所含的临高语水牛谓 təi^3,显然是借黎语水牛谓 tui^3 一词。

水牛的驯化、任人役使,对壮傣群体越人的稻作农业作用巨大,水牛赢得了人们的敬重:

　　牛呀牛,到了春天你发愁。
　　又要犁田下谷种,又要犁坡种山芋。⑦
　　世人听我讲原由,畜中最苦是耕牛。
　　自在山口吃百草,种了五谷主人收。⑧

这些虽是壮傣群体越人后人的歌谣,却也映现了其先人对水牛的敬重和愧疚。此种愧疚心理相应产生就是回报心理。对牛的回报,一是敬献牛神,祈牛延年益寿;二是为牛赎

---

① 民国《高要县志·岁时民俗》。
② 《古今图书集成·方舆汇编·职方考》卷 1349《肇庆府风俗考》。
③ 光绪《容县志·岁时民俗》。
④ 民国《荔浦县志·岁时民俗》。
⑤ 民国《来宾县志·岁时民俗》。
⑥ 朱昌奎等:民国《宾阳县志·岁时民俗》。
⑦ 民国《平乐县志·歌谣》。
⑧ 《广西民间文学作品精选·扶绥卷》,广西民族出版社 1997 年版,第 285 页。

魂，体健强壮；三是让牛暂休解劳，吃好的，恢复体力。由于水牛是黑色居多，于是他们便炊乌饭，以黑透晶亮的乌饭敬献牛王神，喂饲牛只，以兑现心愿。当然，后来乌饭也演成五色糯米饭。

随着历史的发展以及与外族文化的交流，许多壮傣群体的后人谈忘了先人的作为，东西依附，四月八日炊乌饭以祀牛神和饲牛的宗旨大变其味了。比如，民国《全县志·岁时民俗》载："四月八日，以杨桐叶捣汁染糯米蒸之，色如靛，云避蚊蚋。"又如，民国《武宣县志·岁时民俗》载："四月八日为浴佛节，取枫叶插门，捣枫叶汁渍米炊乌饭。"傣族也因为皈依了佛教，以五色饭赴佛寺供斋。

壮傣群体越人时代没有形成年历。"山中野老不记年，只看山花为岁历。"[①]但是，自秦始皇三十三年（前214年）一统岭南，"十月岁首"，他们唯遵秦历，"四月八，牛王诞"，可能就是那个时候定下来的。

7. 阉割禽畜，驯性育肥

壮傣群体越人虽然奉水神为崇拜的主神，无子无女祷告于水神，但是他们已经知晓雄雌交配可以有新的生命诞生，认知了摘除或破坏动物的卵巢或睾丸，动物的生殖功能就消失，副性器官及副性征显著反常，性情变得温驯，便于使役和育肥。因此，他们便对公牛、猪、公狗、公鸡等进行阉割手术。在那个时代，这可是个锐眼的认知和顶尖的技术。

阉，壮语谓 $tɔːn^1$，布依语谓 ton^1，临高语谓 $dɔn^1$，傣语谓 ton^1，泰语谓 ton^1，佬语谓 $tɔːn^1$。无疑，这些词语是源同于一词而略生的音变。侗水语支所含各族语，侗语谓 jim^1，水、仫佬、毛南语谓 $ʔjem^1$，是个借汉语词。这道明了壮傣群体越人是与侗水群体越人分化独自发展以后始有的认知和摸索出来的措施以及相应产生的词语。

8. 髯蛇上肴，竹鼠为珍

西汉淮南王刘安《淮南子》卷7《精神训》："越人得髯蛇以为上肴，中国得而弃之无用。"此既显示了壮傣群体越人的饮食习俗，又区分了他们与中原汉族文化习俗的不同。

髯蛇，就是蚺蛇，也就是蟒蛇。蟒蛇皮可蒙鼓，胆可和药，肉可饱腹，一身无弃物，样样都是宝。上古自然界人稀物盛，草茂林深，蟒蛇粗硕力大。壮傣群体越人摸透了它的习性和爱好，瞬间便将之擒杀。捉得蟒蛇，群聚会餐，欢欢乐乐，他们自然以蟒蛇为菜肴中的上品。

壮傣群体越人吃蟒蛇肉，也吃其他蛇类及蛙、鼠和竹蛆等昆虫。中原汉族面对此类情况，自然大不了然，心生障碍，犹如宋朝周去非说的：

> 深广及溪峒人不问鸟兽蛇虫，无不食之。其间异味，有好有丑。山有鳖名蛰竹，有鼠名留，鸲鹆之足，腊而煮之；鲟鱼之唇，活而脔之，谓之鱼魂。此其至珍者也。至于遇蛇必捕，不问短长；遇鼠必执，不别大小。蝙蝠之可恶，蛤蚧之可畏，蝗虫之微生，悉取而燎食之；蜂房之毒，麻虫之秽，悉炒而食之；蝗虫之卵，天虾之翼，悉

[①] （明）王一岳：《上林吏隐歌》，（清）汪森《粤西诗载》卷9。

鲊而食之。此与甘带嗜荐何异哉！①

这种心理障碍的产生，无疑是来自文化的不同类型。周去非站在自己所属文化的立场上对不同类型的越文化评头品足，道其优劣，但他却不知道一只蚕蛹的营养价值相当于三个鸡蛋。依天然而颐养，取自然以助我，岂不是天公作美！

壮人"甘犬嗜鼠"，②"冥搜鼠穴薰"；③ 傣人"掘及虾蟆以待宾客"，"或取蜂槽而食之"。④ 但是，他们珍贵的乃是竹鼠。

竹鼠，清初广东学者屈大均说，竹鼠，"穴地食竹根，毛松，肉肥美亦松，肉一二脔可盈盘。色紫，味如甜笋，血鲜饮之益人"。⑤ 竹鼠生在竹林中，伏在竹根下，既狡猾，又蹿得快，转眼无影；既要谙熟其所掘的地道，又要拦截它可能逃窜的方向，捕捉确实不易。

明代王济到横州（今广西壮族自治区横县），途中有人进献竹鼠，状若松鼠，大如兔，重二三斤。初遇不识其珍贵，不接受。后来居之日久，深知竹鼠肉味肥美，食后思之再三，始知"岭南所珍"并非虚假，感慨地说："杭湖（今浙江）诸山亦或有之，但人未知其美！"⑥

至今，云南西双版纳傣族也有一道烤竹鼠的名菜，誉满滇南。由此可知，壮傣群体越人未分化的时候已经以竹鼠为佐餐的珍品，源远流长。

9. 蕹菜和芥菜

蕹菜，壮语谓 plak⁷buŋ³，布依语谓 pi：k⁷bɔŋ⁵，临高语谓 sak⁷buŋ³，西傣语谓 phak⁷buŋ³，泰、佬谓 phak⁷buŋ³。这些谓蕹菜的词语都是同源词语。越人社会发展的中期阶段连蔬菜的词语都未出现，可知蕹菜是壮傣群体越人时代方才培育出来作为食用的蔬菜。

蕹菜"生岭南"，是"南方之奇蔬也"。⑦

芥菜，也是壮傣群体越人首先驯化栽培的食用蔬菜。因此，他们的后人谓芥菜为 plak⁷ka：t⁷，基本相同。

菜谓 plak⁷，芥菜谓 plak⁷ka：t⁷。这是壮傣语支语言基本一致、界域明确的词语，可西双版纳傣语又以"phǎk⁷kat⁹"谓白菜，德宏傣语也以"phak⁷ka：t⁷"谓青菜，壮语南部方言、泰、佬语同样以"phak⁷ka：t⁷"为词根谓白菜为"phak⁷ka：t⁷kha：u¹"。⑧ 西双版纳傣语也一样，以"phǎk⁷kat⁹"为词根，谓青菜为"phǎk⁷kat⁹xeu¹"。⑨ 在壮傣语支所含各族或群体语里怎会出现此种类似词语界域不清的现象？

---

① 《岭外代答》卷 6《异味》。
② （清）范承勋：康熙《云南通志》卷 27。
③ （明）曹学佺：《桂林风谣十首》其一，（清）汪森《粤西诗载》卷 12。
④ 康熙《云南通志》卷 27。
⑤ （清）屈大均：《广东新语》卷 21《竹鼠》。
⑥ 《君子堂日询手镜》。
⑦ （清）汪灏等：《广群芳谱》卷 15。
⑧ kha：u¹，意为白色。
⑨ xeu¹，意为青绿色。

这是由于在壮傣群体越人中"ka:t⁷"（芥菜）驯化栽培最早，与"phak⁷"（菜）结合最早，在日常生活中予人恩惠卓著，让人铭刻心中，便以之为根辨别其他类菜。而他们中有些民族或群体其居地没有其他品种的菜，一旦遇之，于是以自己熟知的"phak⁷ka:t⁷"盖称其他种类菜。

在越人社会发展的中期阶段，酸、甜、苦、辣、咸五味俱全，可只有酸一词，与酸带连的食品有什么，还未见有词。进入壮傣群体越人时代，出现了"plak⁷som³"或"phăk⁷sum³"一词。plak⁷som³或phăk⁷sum³，就是酸菜。酸菜首先以什么菜来做？

《岭南异物志》载："南土芥高者五六尺，子如鸡卵。广州人以巨芥为咸菹，埋地中有三十年者贵，尚亲宾以相饷遗。"① 这虽是唐朝人的记载，话语也有些夸张，但芥菜在壮傣群体越人时代却是可以腌制酸菜的极佳原料。前面说过，他们主食糯米，糯米饭富于油脂，不易消化，加之气候炎热、潮湿，以酸佐食，一可以促进消化，吸收营养；二可以消暑解热；三可以食不寡味，刺激食欲。所以，他们心挂于酸，餐餐少不了。芥菜驯化成栽培菜后，既可以配制可口的酸菜，又可以腌制名贵的酸菜，芥菜在他们的心中烙下牢固的印象，抹不掉，忘不了，有时不免以"芥菜"混作菜的总称，有时并以之代称其他难以遇见的青菜品种。

芥菜，是腌制酸菜的好原料，迄今壮族"爱以芥菜浸制酸菜"。② 时间过去几千年了，壮傣群体越人驯化栽培的芥菜用以腌制酸菜，在其后人的日常生活中仍具有强大的生命力。

10. 柊叶保鲜，食粽贺喜

西晋嵇含《南方草木状》载："冬叶，姜叶也，苞苴物，交、广皆用之。南方地热，物易腐败，惟冬叶藏之，乃可持久。"

柊叶，北壮和布依语谓"loŋ²faŋ⁴"，用它来包粽子，可以保鲜。"loŋ²"包上浸泡好的糯米以及佐料，用禾秆草扎实，放在锅里煮熟了，晾起，挂在通风处，一个月左右照样原汁原味，不会变质腐败。这得益于柊叶的防腐保鲜功能。

粽子，北壮、布依语谓 hau⁴faŋ⁴，南壮谓 khau⁴tum³，西傣谓 xǎu³tum³，德傣谓 sau³xɛm¹，泰、佬语谓 khau³tom⁴。北壮、布依语的 faŋ⁴ 与南壮、西傣、德傣、泰、佬的 tum³ 或 tom⁴ 何以相差如此之大，不详其因。不过，南壮、傣、泰、佬语等谓粽子之词却属同源词。由此可知，在壮傣群体越人时代，粽子已经是他们生活中的一道食品，为他们所食用。

西晋周处《风土记》载："俗以菰叶裹黍米，以淳浓灰汁煮之，会烂熟，于五月五日及夏至啖之。一名粽，一名角黍。"③ 又《续齐谐记》载：

> 屈原以五月五日投汨罗而死，楚人哀之，每至此日，取竹筒贮米投水以祭之。汉建武中（公元25—56年），长沙区回白日忽见士人自称三闾大夫谓回曰："君

---

① 《太平御览》卷980《芥》引。
② 《隆林各族自治县民族志》，广西人民出版社1989年版，第196页。
③ 《太平御览》卷851《粽》引。

常见祭，甚诚，但常年所遗俱为蛟龙所窃，今君惠可以练树叶塞其上，以彩丝缠缚之，此二物蛟龙所惮也。回谨依旨。今世人五日作粽并带练叶及五彩丝，皆汨罗之遗风。"①

中原汉族的粽子东汉建武以后始见出现，壮傣群体越人粽子的出现则远较他们为早，而且其粽内包的糯米及其佐料不是黍米，是枕头状的不是三角形的。明朝李时珍说："古人以菰芦叶裹黍米煮成，尖角，如棕榈叶心之形，故曰粽，曰角黍，近世多用糯米矣。"② 这就点出了壮傣粽与中原汉人粽的区别。

壮傣群体越人的后人以粽子为重，粽子越做越大。《古今图书集成·方舆汇编·职方典》卷1452《泗城府风俗考》载，归顺州（今广西壮族自治区靖西县）的壮人"每遇节庆，用叶裹米为粽，献上馈邻。其粽之大，至有裹数十斤（米），中藏全猪及鸡、鸭者"。

以上或是通过文献记载的习俗或语言等文化现象追溯而得的壮傣群体越人的近50种文化。这是估略而计之，并非一览无余。文化赋人以灵性，文化是民族群体进步发展的标志。

可以追溯而得的近50种壮傣群体越人文化，是原始型的，可惜由于他们自进入父系部落社会以后其后人各部落诚如新罗人崔致远说的："固恃险阻，各称酋豪"，处于相对封闭的状态，内部仍似一潭死水，唯先人是式，恪遵不易。往日先人开创的文化事业几千年延续，固然可以略见先人的伟业，但也不能不说是一种历史的悲哀。

第七节　壮、傣二群体越人分化

壮傣群体越人自距今4000年左右与侗水群体越人分化独自发展进入原始父权制部落社会以后，在原来越语的基础上发展了自己的语言，在适应、改造客观自然中发展了自己的文化。

春秋后期战国前期，壮傣群体越人吴、越二部落先后崛起相继称霸中原以后，引导五岭以北的壮傣群体越人逐渐走上了趋汉变化之路。五岭以南的壮傣群体越人虽依然故我，但秦始皇二十九年（前218年）秦朝出兵征讨，他们接受了秦王朝的统治。可秦王朝却是个短命王朝，公元前214年在岭南设置三郡，没过7年，公元前207年就灭亡了。其派驻南海郡的将领赵佗乘机封关绝道，"击并桂林、象郡，自立为南越武王"。西汉高后死后，他又"以兵威边，财物赂遗闽越、西瓯骆"。③ 继后他又挥兵南下"攻破安阳王，令二使典主交趾、九真二郡"。④ 除了连续的军事行动引起社会不安外，赵佗又迫使壮傣群体越人改千年传承的"断发"为"魋结"，令他们极度反感，弃家南走西迁，从而使壮傣群体越人一分为二群体越人。

---

① 《太平御览》卷851《粽》引。
② 《本草纲目》卷25《粽》。
③ 《史记》卷113《南越列传》。
④ 《史记》卷113《南越列传》司马贞索隐引《广州记》。

一　南越国时期：壮、傣二群体越人分化

赵佗作为秦王朝派驻南海郡的官员，趁着秦王朝的灭亡，利用岭南远离中原、五岭横北孤处南端的大好地理形势，封关绝道，割据岭南。他为了扩大地盘，不断挑起战火，向西击并桂林、象郡二郡，又以兵威边，向西南攻灭位于中南半岛东北部的安阳王，又强令壮傣群体越人改祖传的"断发"为"魋结"，迫使居于岭南西部的部分壮傣群体越人向中南半岛的中西部迁徙逃亡，使壮傣群体越人居地相异，一裂为二：仍留居于岭南及邻接地区的为壮群体越人，南走西迁中南半岛中西部及与云贵高原南端接邻地区的则为傣群体越人。这就是壮、傣二群体越人同源而异流的端由。

壮、傣二群体越人分化于南越国时期（前206—前110年）。赵佗再三向西、向西南用兵导致兵燹频仍，以及强令他们改易祖传主体习俗文化，迫令人慌不择路迁徙逃亡。众多事由可以印证壮、傣二群体越人分化于南越时期。

1. 十月岁首，壮傣群体越人恪遵秦历

中原汉族是"观天文以察时变"，壮傣群体越人则是"察地物以知时变"。因此，他们"观禽兽之产识春秋之气，占薯芋之熟纪天文之岁"；[①]"俗不知岁，惟用八月酉日为腊，长幼相慰贺以为年"。[②]"占薯芋之熟纪天文之岁"是极其原始的，脱离了天体的运行规律，是不科学的。地域不同，气候变化有别，薯芋的成熟时间并不一样，比如谷熟时有的是八月，有的是九月，因此有的地方以酉日为年，有的地方则以戌日为年，[③]随意性大，无法形成统一的岁历。没有岁历，所以当时他们被秦军征服便接受了以十月为岁首、闰在岁末后九月的秦历。

汉武帝元初元年（前114年）改秦历为"太初历"，一年有十二个月二十四个节气，可是壮傣群体越人及其后人仍以秦为准奉行以十月为岁首的秦历。比如，临安府（治今云南省建水县）傣族"以六月属蛇日为节，十月属蛇日为年"；[④]贵州"八番子"（布依族）"以十月望日（十五日）为岁首"；[⑤]普洱府（治今云南普洱县）"白土獠"（今壮族）以"十月朔日（初一日）为岁首"；[⑥]广西一些边远地区的壮族，"以孟冬（十月）朔日（初一日）为岁首"。[⑦]

以上这些明、清或民国年间壮傣群体越人的后人遵奉"以十月为岁首"的秦历虽属残迹了，但经近2000年历史风雨的冲刷仍见残迹，可见当初他们是何其虔诚地遵奉着秦历。由此可见，当年他们抗秦失败了，服了秦朝，接受了秦王朝的统治，秦在他们心中也就落下了根，很难抹去。泰族居于泰国，时隔2000年，至今他们指称中国仍以"秦"

[①] （宋）乐史：《太平寰宇记》卷169《儋州风俗》。
[②] （宋）乐史：《太平寰宇记》卷163《南仪州风俗》。
[③] （宋）乐史：《太平寰宇记》卷163《窦州风俗》。
[④] （清）王崧：道光《云南通志》卷183。
[⑤] （明）田汝成：《炎徼纪闻》卷4。
[⑥] （清）李熙龄：道光《普洱府志》卷18。
[⑦] 刘锡蕃：《岭表纪蛮》，商务印书馆民国1934年版，第24页。

称。秦王朝在中国历史上是个短命王朝，在岭南设置南海等三郡以后，苟延残喘不过维持了8年。中国历史自秦王朝以后，不论是汉朝还是唐朝，经济发展，国力伸张，王朝持续的时间都在200年以上，可是泰国的泰族唯以"秦"称中国，唯以"秦"认中国，不知中国有"汉"有"唐"，可知当初短命王朝秦朝在壮傣群体越人心中烙下了多么深的印记，以致2000年后其后人仍念念不忘。就此可以清楚，秦朝时壮傣群体越人仍为其臣民，他们裂分为二，当在秦朝以后。

2. 傣群体越人于汉武帝即位前已立足于印度半岛东北，"蜀贾奸出物者"谓其为"滇越"

建元中（前140—前135年）张骞应募出使月氏，路经匈奴被扣住，羁留了10多年，后逃出至大宛、大夏等国，前后13年始行返来。他在大夏见了邛竹、蜀布，据其人说这是从身毒国买来的。他认为："大夏去汉万二千里，居汉西南，今身毒又居大夏东南数千里，有蜀物，此其去蜀不远矣。"汉武帝于是想通过"西南夷"寻找通往身毒国之道，但是都行不通，找不到通往身毒国之路。官家行不通，"蜀贾奸出物者"却畅通无阻，不仅到了身毒国，而且到了身毒国东北的"滇越"。① 显然，"滇越"之名是"蜀贾奸出物者"给起的。他们为什么以"滇越"称其人？原因就是越人"断发文身"，头饰、身饰特征自古显扬，特征易抓，越人易认，于是以"滇国来的越人"即"滇越"名之。

后来，我国到达印度的道路畅通，《后汉书》卷118《天竺国传》载"身毒其东至磐越国"，没见了"滇越"之名，"滇越"显为"磐起国"取代了。"磐起国"当为"磐越国"之讹。宋朝郑樵《通志》卷196《西戎下》记载"天竺"之文全抄自《后汉书》却写作"磐越国"可以为证。"磐越国"，三国鱼豢《魏略·西戎传》作"盘越国"。② 磐、盘为同音字，可互通假，"磐越"也就是"盘越"，是被西汉"蜀贾奸出物者"名为"滇越"的其人自称词。因为"盘"即"白"的近音译写字；"越"，也就是"衣"或"于"的近音译写字，比如东汉末陈琳《玛瑙勒赋》即以"越"与"逸"叶韵，读鱼橘切，近"衣"之音。③ "白衣"是唐、宋、元朝时代傣群体越人其后人的自称词，④ "盘越"疑即"白衣"的近音译写。

盘越国，沙畹（Edaouard Chavannes）《魏略·西戎传笺注》认为在阿萨姆与上缅甸之间。⑤ 盘越国唐代称"迦摩缕波国"（kamarupa）。⑥ 唐代的迦摩缕波国其传人即今印度阿萨姆邦的阿含人，也就是傣群体越人的后人。

张骞于建元二年（前139年）和元狩四年（前119年）先后两次奉汉武帝之命出使

---

① 《史记》卷123《大宛列传》。
② 《三国志》卷30《乌丸传》裴松之注引。
③ 《玛瑙勒赋》："瑰姿伟质，粉葩艳逸；英华内照，景流外越。"
④ 《新唐书》卷222中《南蛮传》的"白衣没命军"，宋周去非《岭外代答》卷2《安南国》的"白衣蛮"，《招捕总录·云南大理金齿》的"白衣"。
⑤ 冯承钧译：《西域南海史地考证译丛》第七编引，中华书局1958年版。
⑥ （唐）玄奘：《大唐西域记》卷10。

西域。关于滇越国的情况,他是在西域时听闻的。由此可以清楚,在汉武帝即位(前140年)之前,傣群体越人已经在今印度阿萨邦等地立足。此事说明西汉前期壮、傣二群体越人已经分化。

3. 傣历以天干地支纪年,读作"母子"。汉语将天干读作"母",地支读作"子",唯存在于秦与西汉

唐贞观十三年(639年),由于傣族社会经济文化的发展,以及民族间文化的交流,傣族的主体社区有了本民族的历法,称为"萨哈拉乍",俗称"祖葛历"或"小历"。但是,由于傣族人的分布是大集中小分散,傣历产生了,并不是所有的傣族人都信奉傣历,比如王崧道光《云南志钞》卷183引《临安府志》载,临安府(治今云南省建水县)的傣族即以"十月属蛇日为年,至期搭棚以敬天祭祖"。而且,傣历是阴阳历,平年12个月,354天,闰年384天或385天。月视月亮的盈亏而定,大月30天,小月29天,实行单月大、双月小的规则;十九年七闰,闰月都在九月,30天。这似乎又留下因袭其前奉行的"闰在岁末后九月"的以十月为岁首的秦历的尾巴。

早在殷商时期,中原古人就用干支来纪日,后来又用来纪年、纪月。以干支表示时间演变顺序的方法,是中原汉族先人历法的一项发明和创造。傣历同样取法于中原汉族的以干支纪年、纪日,所纪年代与汉历完全相同。比如,傣族《泐史》记载第一代"召片领"叭真入主猛泐(今西双版纳)的时间是傣历五四二年庚子,庚子年即南宋孝宗淳熙七年(1180年)。傣语对天干地支的音读与古代汉语干支的音读多半相同。傣历中,天干称"母",地支称"子"。在汉族历史上,只有西汉及其前曾以"母""子"称干支,东汉以后再没有这样的称谓了。① 傣族一度接受秦历,接受以"母""子"称干支的说法,并世代传承下来,以至于汉语失了其称而傣语仍照称不误。此一传承,道出了壮傣群体越人中壮、傣二群体的分离是在西汉前期。

4. 粳米于西汉前期传入岭南,壮族、傣族对粳米的音谓不同

1976年广西贵县罗泊湾汉墓一号墓出土的木简上书有"客秙米一石"五字。② 秙,就是籼,也就是汉人扬雄《方言》所说的"江南呼秔(粳)为籼"的籼。客,《说文解字》释作"寄",也就是外来的意思。贵县罗泊湾汉墓,是西汉前期墓葬。也就是说,西汉前期,粳米才由江南传入岭南。粳米,壮语谓 hau⁴ su:n¹ 或 hau⁴ si:n¹,西双版纳傣语谓 xau³ʔan¹,德宏傣语谓 xau³ʔa:n⁶,明显不同。这就界定了壮傣群体越人分化为壮、傣二群体越人是在西汉前期赵佗的南越国时期。

5. 壮、傣二群体越人对上古越人的"断发文身"习俗,有不同的承传

"断发文身"是壮傣群体越人的习俗。这在春秋、战国时人的诸如《墨子》《庄子》《韩非子》等书中都不乏记载。在成于春秋、战国时代的广西左江流域崖壁画中,也可以见到女子椎髻,其形如椎;男子断发,唯饰以羽毛等物。这说明男子断发,乃是壮傣群体越人汉以前传统的头饰。

但是,汉初赵佗割据岭南,变俗和辑百越以支撑其政权。所以,他接见汉朝使者陆贾

---

① 张公瑾、陈久金:《傣历中的干支及其与汉历的关系》,《中央民族学院学报》1977年第4期。
② 广西博物馆:《广西贵县罗泊湾汉墓》,文物出版社1988年版,第85页。

时"魋结箕踞"①。"魋结",据师古《汉书》卷43《陆贾传》注,即"椎髻"。所谓椎髻,就是"一撮之髻,其形如椎"。

怎么会这样?原来中原汉人的理念是"身体发肤,受之父母,不敢毁伤",因为这是"孝之始也"。② 因此,中原历代王朝,便将髡(剃去头发)作为一种刑罚。秦前汉后,汉人男子都是全发全蓄,或以冠压发,或以巾帻包头后戴上帽子。赵佗是中原汉人,要自异其帜俗同于越,既不能断发悖于他自小形成的理念,又不能取同于汉人的头饰,于是,他以越人女子的发式作男子的发式,实行"魋结"。自此迄于明代,"椎髻"成了壮族先人中男子世代传承的发式,并成为壮族及其先人的代称:"椎髻老人难借问"③;"桂林地险通椎髻"④;"椎髻蛮堪骇,侏离语孰传"⑤。

然而,傣群体越人自南越国时南走西迁以后,其发式仍承传着越人断发的传统,迄于明初仍是如此:"官民皆髡首黥足,有不髡者,则酋长杀之"⑥;刘文征天启《滇志》卷30载,木邦"男子衣白,文身髡发"。

同为壮傣群体越人的传人,壮群体越人因是南越国赵佗的臣民,绝了断发习俗的承传,而傣群体越人,因不受赵佗的鞭策,依然故我,彰明了壮傣群体越人分化为傣、壮两群体是在南越国时期。

6. 傣系诸民族没有"特"此一汉语借词

壮、傣二系民族群体谓小伙子为"ba：u⁵"(或bau⁵或ma：u⁵),谓姑娘为"sa：u¹"(或sau¹),可是,壮族、布依族又谓小伙子为"tak⁸",谓姑娘为"ta⁶"。"ta⁶"是后起的。比如南宋周去非《岭外代答》卷10《蚺蛇》载壮群体越人的后人捕捉蟒蛇,"环而讴歌,呼之曰妖妖(徒架反),谓姐也。蛇闻歌即俯首"。此"妖",就是"ta⁶"的近音译写字。"ta⁶"本是谓姐之称,后来泛化,指称姑娘。"tak⁸"显然是个借汉语词,即"特"(tè)的音译。

"tak⁸"与"ta⁶",在壮、布依语中用得很是广泛。若问人家子女,对方常说"ɣa：n²(家)mi²(有)tak⁸(男孩)deu¹(一)so：ŋ¹(二)ta⁶(女孩)"或"ɣa：n²(家)mi²(有)sa：m¹(三)tak⁸(男孩)so：ŋ¹(二)ta⁶(女孩)"。若家里有几个男孩,顺序谓"tak⁸ la：u⁴"(大儿)、"tak⁸ ŋei⁶"(二儿)、"tak⁸ sa：m¹"(三儿);哥哥谓"tak⁸ ko¹",弟弟谓"tak⁸ nu：ŋ⁴",侄儿或孙儿谓"tak⁸ la：n¹"。历史上,壮族也有人以"特"为名的。比如,《清实录·高宗实录》卷941乾隆三十八年(1773年)八月二十三日有"陆特添";同书卷1095载乾隆四十四年(1779年)十一月十六日有"韦特奢"等。

同时,"特"此一借词在壮族和布依族中也用于畜类。比如,公狗谓"ma¹ tak⁸",公

---

① 《史记》卷97《陆贾列传》。
② (唐)欧阳询:《艺文类聚》卷17引《东观汉记》。
③ (唐)柳宗元:《南省转牒欲具江国图令尽通风俗故事》,《柳河东集》卷42。
④ (宋)梅圣俞:《送广西提刑潘比部伯恭》,(清)汪森《粤西诗载》卷13。
⑤ (明)钱薇:《大黄江口》,(清)汪森《粤西诗载》卷12。
⑥ (明)李思聪:《百夷传》,(明)郑颙景泰《云南图经志书》卷10。

猫谓 "meu² kak⁸"，公猪谓 "mou¹ tak⁸"，公羊谓 "ji：ŋ² tak⁸"，公马谓 "ma⁴ tak⁸"，公黄牛谓 "çɯ² tak⁸"，公水牛谓 "va：i² tak⁸" 等。

此一情况说明，壮族、布依族将汉语"特"借取过来以后，用于人也用于畜，比之于汉语"特"的适用对象还泛。

壮族、布依族此一现象，在傣系诸民族傣、泰、佬、掸等族中却没有出现。为什么？其因就是汉语以"特"来标识雄性牛马的时候，傣群体越人已经与壮群体越人分化另行发展，没再借汉语"特"来标记小伙及雄性家畜并组成词语了。

汉语以"特"标识雄性牛、马，起于何时？

《诗经·魏风·伐檀》的"胡瞻尔庭有悬特兮"句，"特"指三岁的兽类；《诗经·鄘风·柏舟》的"髧彼两髦，实维我特"句及同书《小雅·我行其野》的"不思旧姻，求尔新特"句，"特"义为配偶；《诗经·秦风·黄鸟》的"维此奄息，百夫之特"句，"特"义为特出、杰出；《诗经·小雅·正月》的"瞻彼阪田，有菀其特"句，"特"为特生，也就是专一地生长；《诗经·鲁颂·閟宫》的"白牡骍刚，牺尊将将"句，"白牡"指白色的公牛，"骍刚"指红色的公牛。唐朝孔颖达疏："白牡谓白特，骍刚谓赤特也。"显然，孔颖达是以后来人的观念去注释西周、东周时代的"牡"。众所周知，随着时间的变动，语言的含义往往被赋予新的意义。"特"指雄性牛、马是西汉及其后始具的，我国及其前"特"并没有此一含义。《诗经》产生的时代，雄性牛马仅以"牡"而不以"特"称，比如《诗经·鲁颂·駉》反复吟咏的"駉駉牡马，在坰之野"，以及同书《邶风·匏有苦叶》的"雉鸣求其牡"和《小雅·信南山》的"祭以清酒，从以骍牡"，即是如此。

《诗经》是我国的诗歌总集，收有西周初年至春秋中叶的民歌和朝庙乐章305篇，分为风、小雅、大雅、颂四种。在那个时代，牝牡相对，因此《诗经·邶风·匏有苦叶》"济盈不濡轨，雉鸣求其牡"，《毛诗传》谓"飞曰雌雄，走曰牝牡"，南宋朱熹《诗集传》说野鸡鸣叫寻求公性走兽，这就犹如驾车渡过河水弥漫的河道不沾湿车轴一样，不合事理，犯礼相求。

"特"在汉语里作为公性牛、马的专有名词，是西汉方才出现。《周礼·夏官、校人》载："凡马，特居四之一。"东汉郑玄注引郑司农的话说："四之一者，三牝一牡。"《周礼》原名《周官》，也称为《周官经》，西汉末列为经而属于礼，故有《周礼》之名，分天官、地官、春官、夏官、秋官、冬官六官。《周礼》与周时制多不合，今文家以为王莽时（9—23年）刘歆伪作。《周礼》出现于西汉，说明汉语以公性牛、马为"特"，出现于西汉，在此之前出现诸书如《诗经》《春秋》《左传》《国语》《孟子》《荀子》《庄子》及秦时吕不韦的《吕氏春秋》等，都没有以"特"指称公性牛、马的。

东汉和帝永元十二年（100年），许慎撰成《说文解字》，书中释"特"称"牛父也"。"牛父"，南朝梁顾野王《玉篇》说即"牡牛也"。这说明，汉语谓公性走兽为"特"，出现和流行于西汉及其后。

壮傣群体越人分化为壮群体越人和傣群体越人，是在西汉前期南越国的时候。由于傣群体越人南走西去，自然没有接触汉语以"特"指称公畜此一词语。因此，在其语言中没有借取"特"此一汉语词。此一事儿，映示了傣群体越人在西汉前期已经从壮傣群体越人中分化出来南走西去。

7. 壮、傣二民族群体各族谓"河"歧异

壮群体越人的后人壮族、布依族谓"河"为"ta^6",傣群体越人的后人中国德宏傣族谓"$xe^2\ lam^4$",中国西双版纳傣族、泰国泰族、老挝佬族等则谓"$m\varepsilon^6\ nam^4$",完全不同。

江河奔腾,浩浩荡荡。壮傣群体越人以水为生命之源,习惯于近水择地,沿水而居,其水当不仅是潺潺溪流,自有澎湃的江河。他们临物赋名,少不了"江河"的概念,形成"江河"的词语。然而,他们各自的传人,其谓"江河"的词语却各自不同。对"江河"此一自然客体,难道壮傣群体越人在没有分化成为壮、傣二群体越人的时候,对"江河"还没有认知,从而形成概念,存在共同的词语?显然,这是不可能的。

"ta^6"是个单音词,"$xe^2\ lam^4$"(水条)与"$m\varepsilon^6\ nam^4$"(水的母亲)是个偏正结构的复合词。就语言形态而言,西双版纳傣族、泰族等的"$m\varepsilon^6\ nam^4$"显然是古老的语言形态。无疑,当初壮傣群体越人其关于"江河"的认知、形成的概念、组成的词语就是"$m\varepsilon^6\ nam^4$",即"水的母亲"。社会前进,德宏傣族觉得先人"$m\varepsilon^6\ nam^4$"的认知有偏差,于是以"$xe^2\ lam^4$"(水条)代之;壮群体越人及其后人则以"ta^6"代之。ta^6是个借汉语词,源于汉语的"沱"而来。今广西壮族自治区百色市的驮娘江及崇左市靠左江边的驮卢镇的驮,其音为"$tu6$",即汉字"沱"之音。

与壮傣语支同语支语言的临高语,其关于江河的语词,大河谓"$h\mathfrak{o}^2$",小河谓"to^3",显然"$h\mathfrak{o}^2$"借于汉语的"河","to^3"借于汉语的"沱"。壮语、布依语则不分大河、小河,仅借汉语一"沱"字作自己民族谓"江河"的语词。

沱在汉文记载里,首见于《诗经·国风·召南》:

江有汜,之子归,不我以;不我以,其后也悔。
江有渚,之子归,不我与;不我与,其后也处(杵)。
江有沱,之子归,不我过;不我过,其啸也歌。

这是一首男子遭遗弃后怨激之诗。男女交往,女子被遗弃,往往自叹命苦;男子遭遗弃,却大声道说女子的暗昧不明,错择依傍,徒自引来日后的悲伤。

诗中的"其后也悔"(后悔)、"其后也处"(痛苦)、"其啸也歌"(悲歌),情感触角的梯度一级高于一级。而诗依以起兴的是江流的汜、渚和沱。汜是从江水分流而复归于本流的分流;渚是横于江河中阻遏江流的洲渚;沱是诸流汇入主流的处所。在这里,沱并不具有后来的"江水支流通名"的含义。所以,西汉间《尔雅·释水》谓"水自江出为沱,汉为潜"。《诗·地理考》引蔡氏曰:"南郡枝江县有沱水,其流入江而非出于江也。"

西汉成书的《尚书·禹贡》载:"岷山导江,东别为沱。"此后,沱逐渐成为江河支流的通名。这就是说,壮群体越人借汉语"沱"作江河的名称,是在西汉及其后。因此,当西汉前期即南越国时代傣群体越人从壮傣群体越人分化出去自我发展的时候,沱作为汉语江河支流的名称还没有传入壮傣群体越人中,他们仍然因袭先人的概念和词语,谓江河为"mɛ⁶ nam⁴"（水的母亲），并且传承下来。待壮群体越人改借汉语"沱"取代"mɛ⁶ nam⁴"作江河之称，已是壮、傣二群体越人分化各自发展了。

8. 水牛同词，黄牛各异，明示南越国时期傣群体越人已从壮傣群体越人中分化出去

水牛产于我国南方，是壮傣群体越人驯养的牲畜。因此，其后人对水牛的称谓基本相同。比如，壮语、布依语谓 va：i²，西双版纳傣语谓 xvai²，德宏傣语谓 xa：i²，泰语谓 khwa：i²，佬语谓 khva：i²等，音相近，源同一。

然而对于黄牛，情况就不一样了。比如，壮语既谓 çɯ²也谓 mo²，mo²是取像其吼声；布依语谓 çie²；西双版纳傣语谓 ho²；德宏傣语谓 ŋo²；泰语谓 wua¹，佬语谓 ŋu：ə²；等等，不一而足。语词的相异，说明对于黄牛，壮傣群体越人时代还没有认知，更没有形成统一的概念，从而出现一个相同的词语。

唐朝开元（713—741年）中，陈藏器《本草拾遗》载："南人以水牛为牛，北人以黄牛、乌牛为牛。"[①] 黄牛适应于寒冷不耐水，原生在我国北方；水牛惧冷喜水，为我国南方特别是地属亚热带的岭南地区的役备。黄牛输入岭南，有记载可查的是真定（治今河北省正定县）人赵佗割据岭南建南越国时期。

《史记》卷113《南越列传》载："高后听谗言，别异蛮夷，隔绝器物。"《汉书》卷95《南粤传》载："高后自临用事，近细士，信谗臣，别异蛮夷，出令曰：'毋予蛮夷外粤金铁田器；马、牛、羊即予，予牡毋予牝。'"岭南不乏水牛，此从北方汉朝输入南越国的牛唯是黄牛。

赵佗来自北方。北地的传统习俗，是以黄牛祭祀先祖神灵。所以，他说："老夫处僻，马、牛、羊齿已长，自以祭祀不修（不能整治）。"[②] 受赵佗以黄牛祭祀的影响，时至明代，钦州人仍然承其遗风："数富以牛牝，孳息有水牛、黄牛。水牛以耕，黄牛杀以祠鬼。"[③]

由于赵佗不忘其祖传的习俗，开始引北方出产的黄牛进入岭南。然而，这却不能在壮傣群体越人中引起对黄牛共同的认知，形成一致的概念，出现共同的语词，说明此时壮傣群体越人已经分化，傣群体越人已经离南越国而去。

壮傣群体越人跨入父系氏族社会以后，在房前屋后，扎起篱笆，围成园子，经营起自家的产业；稻作以铁犁耕翻，然后随时而进撒种插秧，耘田除草，手镰收割；社会成员间出现了货物交换，形成了买卖行为。这个时期，他们的经济、文化都有一定的发展。公元前214年，秦王朝统一岭南，他们接受了秦的治理，接受了其颁布的历法。秦灭汉兴，赵佗在岭南"击并桂林、象郡，自立为南越武王"，并进讨在今越南北部的"安阳国"，迫使部分壮傣群体越人南走西迁。

此后，南走西迁的壮傣群体越人与东留的壮傣群体越人隔山隔水，很少来往，于是壮傣群体越人形成了壮群体越人和傣群体越人两个群体的越人。

---

① 李时珍：《本草纲目》卷50《牛》引。
② 《汉书》卷95《南粤传》。
③ （明）林希元：嘉靖《钦州志》卷1《风俗》。

二　分化后的傣群体越人及其后人发展

（一）西汉及其后傣群体越人分布区

南越国时期，也就是西汉前期（前 206—前 111 年），傣群体越人从壮傣群体越人中分化南走西去。诚如前面所论述，这是可以考知的。

越南民族委员会民族研究室《越南少数民族》一书在介绍泰族时说，泰族"大约在公元前四世纪由两条主要路线迁移到越南北部：第一条沿红河河谷越过云南到了越南北方的西北部，即现今的奠边府为中心（现今泰人地区）的莱州地区生根立业；第二条经广东、广西进入谅山、高平，到越南北方的东北部（现今的岱人地区）生根立业"。[1] 这样立论，似是信手拈来，虽说出了心中主见，却没有进行论证，没有事实支撑，难以取信。同时，时地错位，群体混淆，策力不明，以致同欲异知，转换了论题。

第一，居民在同一地区内流动，不同于民族迁徙。

今越南的东北及西北部，古代都是在岭南范围内，是岭南越人分布区。分布区内即使发生同一民族的人口流动，与民族的向外域的迁徙并不等同。

第二，民族群体相异，不能懵懂混谈。

越南的岱族，分布于今越南东北部的谅山、高平等省境，该族系属于壮群体越人的后人，并不是傣群体越人的后人，怎能壮、傣二系民族群体不分，混二为一，以彼指此，混淆视听？

第三，壮傣群体发迹于岭南，与云南无涉。

壮傣群体越人在没有分化以前原居于岭南，未涉于云贵高原的今中国云南省中西部，怎会在公元前 4 世纪泰族的先人就"沿红河河谷越过云南到越南北方的西北部"了？公元前 4 世纪，勾践及其子孙在今中国江浙一带的越国还存在。公元前 334 年，楚灭越，苏秦的"合纵"及张仪的"连横"角力方才兴起，此时距秦的统一韩、赵、魏、燕、齐、楚中原六国的公元前 221 年约 100 年。今傣群体越人的后人泰国泰族称中国为"秦"，不屑于强"汉"盛"唐"，说明泰族的先人曾与秦朝打过交道，印象深刻，于是以"秦"指称中国。公元前 4 世纪，秦偏居今陕、甘地区，与中原六国逐鹿正酣，远没能统一中原六国，没有可能跨越楚国进入岭南与壮傣群体越人接触。显然，公元前 4 世纪，壮傣群体越人没有分化，也不存在傣群体越人离开岭南进入云贵高原的今云南省，更没有从今云南中西部沿红河河谷向南扩散。

第四，迁徙动力不明。

公元前 4 世纪，在中国的历史上是中原战国争雄时期，但岭南越人没此你死我活的剧烈争斗，是什么力量促使泰、岱等族的先人离开原居地南迁今越南的西北部和东北部？

看来，往日人们并没有研究过壮傣群体越人的分化，没有探讨过傣群体越人从岭南迁徙出去的问题。面对这一问题，往往是信手拈来，阐说主见。比如，老挝富米·冯维希在《老挝和老挝人民反对美帝国新殖民主义的胜利斗争》第 147 页说：

---

[1] 河内出版社 1959 年版。

大约在（公元）六、七世纪间，在华南各省的一些泰族人驶船沿着红河、马江进入越南；沿着乌江、湄公河进入老挝；沿着萨尔温江、伊洛瓦底江进入缅甸和泰国。在老挝的泰族人叫泰老，在缅甸的叫泰雅，在泰国（旧名暹罗）叫泰暹。①

其中，有个地理概念必须弄清楚，这就是"华南"。"华南"，在中国指的是广东、广西二省区，不涉于云南省。富米·冯维希语中的红河、马江、乌江、湄公河、萨尔温江、伊洛瓦底江等江河的上源都在中国的云南省，这就超越"华南各省"的范畴了。

"六、七世纪"，也就是我国历史上南朝至唐朝前期。在此，姑置西汉的"滇越"和东汉的"掸国"不论，且说西晋陈寿的《三国志》。该书卷41《霍峻传》附《霍弋传》载："永昌郡夷獠恃险不宾，数为寇害，乃以（霍）弋为永昌太守，率偏军讨之，遂斩其豪帅，破坏邑落，郡界宁静。"永昌郡，东汉永平十二年（69年）置，治今云南省保山市。"獠"，指傣群体越人的后人。这说明三国蜀汉时，今云南省西南一带有傣群体越人的后人"獠"人的分布，而且其势力举足轻重，一不安分便影响了永昌郡社会的安宁。所以，魏、晋时人撰的《永昌郡传》略述了"永昌郡獠人"比较特异的习俗。②

三国时代，"永昌郡獠"并不是孤立的。东汉的时候，"永昌徼外"即有"掸国"。③徼外，就是永昌郡边界之外的今缅甸北部地区。又东晋袁宏《后汉纪》载，"安帝元初（114—120年），日南徼外檀国献幻人"。"自交州塞外，檀国诸蛮夷相通也。又有一道与益州塞外通。"檀国，即掸国的近音异写。日南郡，西汉置，治今越南广治省，公元2世纪区连建国，号林邑，就是后来的占城国。"日南徼外"，指今中南半岛中西部。交州，东汉包有今中国广东、广西及越南的中北部，"交州塞外"指的也是中南半岛的中西部及今中国云南省的南部。鉴于此，可以清楚东汉的掸国位于今中南半岛的中西部。

又，《后汉书》卷116《南蛮传》载，东汉建武十二年（36年），"九真徼外蛮里张游率种人内属，封为归汉里君"；永初元年（107年），"九真徼外夜郎蛮夷举土内属，开境千八百四十里"。"蛮里"即俚人，犹如"獠"人，指壮傣群体越人的后人。"夜郎蛮夷"，以地称人。"夜郎自大"，自汉以后名传千古。④夜郎国、夜郎县，本在今中国的贵州省，可是古人也以其指称语同习似、同源于一的民族群体。"夜郎蛮夷"，指的自然也是壮傣群体越人。西汉、东汉的九真郡，治今越南清化省。该郡本分布着壮傣群体越人的后人"獠"人，比如《九真蛮獠俗》称"九真獠欲婚，先以槟榔子一函诣女，女食即婚"⑤。九真徼外，就是今老挝的中北部及泰国西北部地区。九真徼外西向毗连的就是今泰国中北部、缅甸中北部及中国云南省南部、西南部。由此或可知悉西汉及其后，今中国云南省南部、西南部及中南半岛中北部乃至印度半岛东北今印度阿萨姆邦等地，是傣群体越人及其后人分布的地区。

---

① 人民出版社1974年版。
② 《太平御览》卷796《獠》引。
③ 《后汉书》卷5《安帝纪》。
④ 《汉书》卷95《西南夷传》。
⑤ 《太平御览》卷971《槟榔》引。

（二）滇越国

西汉时滇越国位于"昆明之属""其西可千余里"的印度半岛东北部。这是西汉往身毒之路还没打通时曾运货至其地的"蜀贾奸出物者"给起的名称，其居民是今印度阿萨姆邦阿含人的先人。本书前面已多次复加论述，在此无须赘述。

（三）掸国

掸国，见载于《后汉书》卷4《和帝纪》。据该书记载，永元九年（97年）"春正月，永昌徼外蛮夷及掸国重译奉贡"。永昌府（治今云南保山市）徼外的掸国，其地就在今中南半岛的西北部。

因"滇越"位于今印度半岛的东北境，古代天竺人以"滇"的近音译称其人为"shan"（掸）。后来扩而大之，交州以西中南半岛上的同一族人也被以"shan"（掸）命名。东汉以后，掸国瓦解了，"掸"之名仍未湮没，缅甸人谓居其境的傣群体越人的后人为"shan"（掸），居于今泰国的同一族人则近其音名其国为"syam"（暹）。

掸国于永元九年（97年）"重译奉贡"东汉王朝，则其立国当在此之前了，唯不详其在此前有多长，确系何年。当时，在中南半岛上立国不多，掸国也是众多部落的组合，所以袁宏《后汉纪》记载"安帝元初（114—119年）中，日南徼外檀国献幻人"之后说："自交州塞外，檀国诸蛮相通也。"这说明掸国是由众多的部落组合而成，而雍由调则是掸国诸组成部落中的大长罢了。

掸国见载于东汉，也唯见于东汉，此后即不复见关于该国的记载了。

《南齐书》卷58《扶南传》载，"吴、晋，时"，位于今柬埔寨的扶南国兴起，"晋、宋世通职贡"。三国时，吴国曾派遣郎中康泰出使扶南国，返来后撰有《扶南土俗记》传世。这说明中南半岛上除了公元2世纪的林邑，扶南国也崛起了。由于组成掸国的各部落内斗不已，不能联合一体，瓦解了，无力抗拒扶南国的扩张，各自臣属于扶南及继后兴起的骠国。

（四）汉后傣群体越人后人的分化沉浮

傣群体越人从岭南南走西迁后，广布于中南半岛及印度半岛的东北角，各自发展。由于所处的自然环境和政治环境的不同，接触的民族和文化的相异，除了居于印度阿萨姆的外，中南半岛上的傣群体越人的后人以怒江（下游称萨尔温江）为界，形成了两个大的方言区。这就是大泰方言区和小泰方言区。① 大泰方言包括中国德宏傣语和缅甸掸语，小泰方言包括中国西双版纳傣语、泰语、佬语及越南泰语。二者略有差别，比如江河，大泰方言谓 $xe^4 lam^4$，小泰方言谓 $m\varepsilon^6 nam^4$；镜子，大泰方言谓 $tsam^6$，小泰方言谓 $v\varepsilon n^6$；池塘，大泰方言谓 $tha\colon \eta^1 lam^4$，小泰方言谓 $no\eta^1$，等等。不过，两个方言同源词占75%，不同的词仅占1/4，二者可以通话。

随着历史的发展，汉朝以后傣群体越人后人的分合沉浮、国家兴替略况，分两个方言区分别叙述。

1. 小泰地区诸国更迭

公元1世纪以后，中南半岛中南部一些民族群体先后兴起，占据地盘，建立国家。比

---

① 方国瑜：《元代云南行省傣族史料编年》，云南人民出版社1958年版，第14页。

如，在今柬埔寨地方，出现了一个扶南国；公元 2 世纪，区连起兵反对东汉，建立了林邑国。掸国衰落以后，中南半岛西部伊洛瓦底江中下游又有骠国崛起。在此前后，在今泰国中北部也出现了傣群体越人的后人建立的参半国。

(1) 参半国

《隋书》卷 82《真腊传》载，真腊，南方人谓为吉蔑国，本为扶南属国，后取而代之。虽然传文记载真腊"南接车渠国，西有朱江国"，但是又载"其国与参半、朱江二国和亲，数与林邑、陀桓二国战争"。朱江，就是骠国。这在《新唐书》卷 222 下《骠国传》里说得很清楚，只是该书将"朱江"书为"朱波"罢了。真腊与参半、骠国二国和亲，说明在中南半岛上参半其国在真腊之西、骠国之东。

《新唐书》卷 222 下《扶南传》载，扶南国"武德、贞观时再入朝，又献白头人二。白头者，直扶南西，人皆素首，肤里如脂，居山穴，四面峭绝，人莫得至，与参半国接"。"贞观（627—649 年）初"，真腊"并扶南有其地"，则扶南贡献白头人的白头国，当在今泰国的中南部，与其相接的参半国，其地当在今泰国的北部。

《新唐书》卷 222 下《真腊传》载，真腊取代扶南国以后，"世与参半、骠通好，与环王、乾陀洹数相攻"。景龙（707—710 年）以后，真腊分为水、陆二真腊。水真腊在今柬埔寨南部，陆真腊居今柬埔寨北部。陆真腊又称文单国，"文单西北属国曰参半"。这就落实了参半其国在今泰国的北部地区。

《新唐书》卷 222 下《扶南传》载，武德、贞观时向唐王朝贡献白头人二，说白头国"与参半国相接"。扶南立国于公元 1 世纪，其时是否存在了参半国，不详。《梁书》卷 54《扶南传》载，范蔓为扶南国王，"勇健有权略，复以兵威攻伐旁国，咸服属之"。这些扶南旁国，参半国是否名列其中，同样难详。真腊虽历为扶南属国，但在唐朝贞观（627—649 年）初取代扶南以前，据《隋书》卷 82《真腊传》载，大业十三年（617 年），真腊曾独立地遣使朝于中国隋朝。使者在陈情时说："其国与参半、朱江和亲。"朱江，就是坐落于今缅甸的骠国。骠国，在晋南北朝郭义恭《广志》中已经出现，[①] 真腊使者却以"朱江"称之，说明"朱江"是骠国的原称或真腊人对骠国的称谓。这里，参半与朱江并列，说明 6 世纪甚至更早一些，参半作为傣群体越人后人之一的国家已经在中南半岛中北部形成。

贞观（627—649 年）初年，真腊取代扶南，中南半岛中东部的傣群体越人各部互相攻伐，内斗不已，不知联合共抗真腊，参半其国未能与真腊抗衡，又成了其附属国。神龙（705—707 年）以后，真腊分裂为水、陆二真腊，参半仍摆脱不了附属国的地位，成了陆真腊的附属国。由于附属时多，独立时少，所以在中国的史书里，不论是《隋书》还是旧、新《唐书》都没有参半国的地位：真腊国"南接车渠国，西有朱江国"[②]；真腊"东距车渠，西属骠"[③]；骠国"东陆真腊，西接东天竺，西南有堕和罗"[④]。

---

① 《太平御览》卷 956《桐》引。
② 《隋书》卷 82《真腊传》。
③ 《新唐书》卷 222 下《真腊传》。
④ 《新唐书》卷 222 下《骠国传》。

不过，参半国虽多处于附属国的地位，但其处境也不纯然是被奴役之国。比如，参半国之南的白头国役属于扶南，扶南朝贡中国唐王朝，便将其国二人作为"特异的方物"贡献王朝中央，① 而参半国却可与独立的朱江（骠国）享有同等的地位，与宗主国真腊发生婚姻往来，得到姻亲国的待遇。入唐以后，真腊仍是"世与参半、骠通好"。"世通好"，就是"世结姻亲"，成为"通家"世好。于此，可见参半国虽臣属于真腊，却处于半独立状态，真腊没有奴视之。而据元朝周达观《真腊风土记》的记载，真腊人"不事蚕桑，妇人亦不晓针线缝补之事，仅能织木绵布而已"。"近来暹人来居，却以蚕桑为业。桑种、蚕种、绵自暹中来……暹人却以丝自织皂绫衣著，暹妇却（还）能缝补。土人打布损破，皆倩其补之。"倩读 qìng，意为请求或央求。倩一字，表明了参半的后人暹人在真腊社会中享有独立的人格。

（2）女王国

唐朝开元（713—741年）以后，中国西南南诏崛起，向南向西南拓张，傣群体越人的后人成了南诏矛头指向的目标。

《蛮书》卷4《名类》载，贞元十年（794年），南诏"异牟寻攻其（指茫蛮部落）族类"，然后南下，将二万人伐女王国，"被女王药箭射之，十不存一"，迫使南诏不得不退兵。"女王国去蛮界镇南节度三十余日程。其国去骥州一十日程，往往与骥州百姓交易。"② 南诏镇南节度治今中国云南景东县，骥州治今越南义安省荣市，女王国距骥州仅为距镇南节度的三分之一，说明其国略近今越南义安省荣市。

又唐朝崔致远《桂苑笔耕集》卷16《补安南录异图记》载，安南都护府城（在今越南河内市）"陆之西北，则接女国、乌蛮路"。"在曲靖州（今云南省曲靖市）、弥鹿川（今云南省泸西县）、升麻川（今云南省寻甸回族彝族自治县）、南至步头（在今云南省红河县），谓之东爨。""东爨，乌蛮也。"③ 这就是"乌蛮路"。这样，明示了"女国"或"女王国"在今泰国的北部。

江应樑《傣族史》载："据说暹罗北部有个'哈里奔猜国'（南奔）。《蛮书》及《元史》都称之为'女王国'，是孟族建的小国。"① 这就有点欠妥了：其一，史必须据实而书，不能以"据说""听说"等词似有似无敷衍了事；其二，《蛮书》有"女王国"的记载，《元史》有"八百媳妇国"却无"女王国"的记载，怎能笼统言之？

前文说了，女王国在南诏二万强兵面前以药箭大败其军，使其"十不存一"，显示了药箭的威力。药箭是壮傣群体越人行之久远而具威力的武器，史上没见有中南半岛上居留诸族有药箭以抵御强敌的记载。何况，孟族主要分布在缅甸伊洛瓦底江下游地区，6世纪时创制了孟文字母，历史上曾建得楞国（白古国），后为骠国所灭。泰国的孟人是从缅甸迁入的，仅几万人，大部分住在曼谷周围，何曾北上在今泰国北部建立"女王国"！

傣群体越人社会虽已是父权制社会，但一者母系势力还十分强大，二者男子成群出征，战死数也不少，王家女子掌权并非少见。

---

① 《新唐书》卷222下《扶南传》。

② 《蛮书》卷10。

③ 《傣族史》，四川民族出版社1983年版，第344页。

(3) 白衣九道

《补安南录异图记》载，安南都护府"邻诸蕃二十一区，管生獠二十一辈"。所谓的邻，当指今越南西北及老挝东北部的部分地方。这就是《蛮书》卷4《名类》记载的"崇魔蛮"①"桃花人"等"獠"人。"二十一辈""生獠"，受尽了安南都护的欺凌、盘剥，怀忿转投南诏，并组织"白衣没命军"助南诏攻取唐朝的安南都护府。到了宋朝，二十一辈"生獠"形成了"白衣九道"。这就是范成大《桂海虞衡志》说的"南江之外，稍有名称者，罗殿、自杞以国名，罗孔、特磨、白衣九道等以道名。此皆成聚落，地皆近南诏"。②

周去非《岭外代答》卷2《安南国》载，安南国"西有陆路通白衣蛮"，指出了白衣九道的方位。李焘《续资治通鉴长编》卷297载元丰二年（1079年）三月广西经略司言："延众镇右千牛卫将军张智常诱致九道白衣富雅州李聚明等内附。"延众镇就是元丰七年（1084年）五月丁卯宋朝改为富州的延众镇，③其地在今云南省东南的富宁县。地近今中国云南省富宁县为今越南的西北地区，当是白衣九道所在。而且，越人本无姓氏，历史上受汉族文化影响以后始依汉定姓，逐渐有了姓氏。白衣九道富雅州的首领有了姓氏，说明其或为唐朝樊绰《蛮书》卷4《名类》记载的桃花人"绾洞大首领李由独"的后人，富雅州在今越南的西北。

(4) 窊里国、三泊国、兰麻国

《岭外代答》卷2《真腊国》载，真腊"其旁有窊里国、西棚国、三泊国、麻兰国、登流眉国、第辣挞国，真腊为之都会"。同属南宋的赵汝适《诸蕃志·真腊》也基本列有这些国名，明示"皆其属国也"。杨博文《诸蕃志校释》说："三泺，《岭外代答》作三泊，疑即《隋书·真腊传》之参半，地当在今老挝（laos）境内"④；"西棚，当在今柬埔寨西北之斯楞（sreng）河域，以河名国也"⑤；登流眉国，即《宋史》误倒为"丹眉流"之国，其地在今泰国马来半岛上的"洛坤"⑥。此中，除三泺（三泊）即参半，本在今泰国中北部，杨氏定其地在今老挝境内为误识外，基本可无异议，唯"窊里国"杨氏认为"地当在今马来半岛之丹老（今图作墨吉Mergui，古作Mrit）是也"⑦，似属欠妥。

首先，视觉混乱，文无章法。周去非所列真腊属国，由近而远，自北而南，假若窊里其地在今缅甸马来半岛上的丹老，将其列在头里，先远而后及于近处的西棚、三泊诸国，然后又由近处及于远处的登流眉国，显出视觉错乱，纪事无章。如此，恐怕大违于周氏的本意。

其次，纪程唯由近及远，没自远而近的惯例。《岭外代答》卷2《蒲甘国传》载：

---

① 《太平御览》卷789引作《棠魔蛮》。
② （元）马端临：《文献通考》卷328《充州》引。
③ （宋）李焘：《续资治通鉴长编》卷345。
④ 《诸蕃志校释》，中华书局1996年版，第26页。
⑤ 同上书，第27页。
⑥ 同上书，第29页。
⑦ 同上书，第25—27页。

"蒲甘国，自大理国五程至其国，自窊里国六十程至之。"蒲甘国都于今缅甸敏建（Myingyan）县内伊洛瓦底江右岸的蒲甘，以都城之名为国名。"自大理国五程至其国"，方国瑜疑"五程"的"五"后当佚"十"字，① 这是对的。唐朝贾耽《皇华四达记》载："自羊苴咩城（今云南省大理市）西至永昌故郡三百里。又西渡怒江至诸葛亮城（今云南保山市高黎贡山东坡）二百里。又南至乐城二百里。又入骠国境，经万公八部落至悉利城七百里。又经突旻城至骠国千里。"② 以每程50里计，③ 大理国至蒲甘国2000多里的路途，50程恰如其数。周去非标识到达蒲甘国的路程，其起点一是大理国，二是窊里国，自然二者都是近乎他自己立足的宋朝之境，窊里国不会远在今缅甸马来半岛上的丹老，不要因丹老古名"Mrit"，便弃周去非纪事的原则和章法于不顾，因一地之音的偶尔相近而将窊里国定于远离宋朝的在古代说起来渺渺茫茫的马来半岛上的丹老。

联系到元朝初年在今中国云南省西双版纳傣族自治州及老挝西北、泰国北部出现的大、小"车里"（或"彻里"）这样的部落名称，④ 宋朝南部的窊里国位于今老挝、泰国北部及中国云南西双版纳傣族自治州一带，其可能性是很大的。

《明史》卷315《云南土司传》载："老挝，俗呼'挝家'，古不通中国。""挝"（wō），与窊里的"窊"（wā）音相近。汉语近音译写自有偏差，如"印度"，古汉语既译作"天竺"，又译作"身毒""狷毒""贤豆"等一样。而且，壮语的元音a或o，在老语常音变为o或a。比如，含，壮语谓ka:m²，老语谓ʔom¹；跌（倒）壮语谓lam⁴，老语谓lom⁴；窝（鸟窝），壮语谓yo:ŋ²，老语谓haŋ²；锄头，壮语谓kva:k⁷，老语谓tɕok⁷等。何况，壮傣语中也有单元音韵母a的词，在一些土语中念o。比如，壮傣语中的a在中国云南文山壮语的土语即念o，na²（田）念no²，pa¹（鱼）念po¹。同时，"挝"在汉语里本读zhuā，说不定当初的译者即以老挝的自称以音近者译作"挝"（zhuā），以后方才定读为wō。因此，"挝""窊"二字或系源自壮傣语的同一个词，因疑元、明时期老挝的"挝家"，即"窊里国"的传人。

方国瑜认为，"麻兰或为兰麻之误倒，则其地即景迈，为景迈别名lam—Bhum的对音"；"第辣挞疑即堕罗底，即《诸蕃志》所举地名之罗斛，在湄南河下游"。⑤ 此说或离事实不远。罗斛，唐时写作堕罗钵底国，⑥ 是孟人建立的国家。

《宋史》卷489《真腊国传》载，真腊"属邑有真里富，在西南隅"。杨博文《诸蕃志校释》第26页案称："真里富通认为当在今尖竹汶（chan Taburi），今图作庄他武里。"庄他武里就是在今泰国东南靠近柬埔寨的地方。真里富的存在及在今柬埔寨西北的真腊属国西棚国的存在，说明唐、宋时代真腊虽为一方霸主，但北边和西边邻近诸国仅为其属国而已，其境土基本局限于今柬埔寨境内。

---

① 《元代云南行省傣族史料编年》，云南人民出版社1958年版，第13页。
② 《新唐书》卷43下《地理志》引。
③ 《唐六典》卷3："度支郎掌水陆道里之路。凡陆行之程，马日七十里，步行及驴五十里。"
④ 《招捕总录》；《元史》卷61《地理志》。
⑤ 《元代云南行省傣族史料编年》，云南人民出版社1958年版，第13页。
⑥ 《旧唐书》卷197《真腊国传》。

（5）暹国和暹罗国

唐代，在今泰国、老挝境内，存在略为强大而历史悠久的小泰部落国家，一是参半，二是女国。到了宋朝，除了在今越南西北、老挝东北以及中国云南省的东南形成部落联盟式的"白衣九道"外，又有了窊里、三泊（三泺）、兰麻三个部落国家。窊里，后来分裂瓦解成为"挝""车里"二部落国家；兰麻，是在唐代女国的基础上发展而成的部落国家，也称为兰那，元代中国史书称为"八百媳妇国"；三泊或三泺（pō，同泊），是参半的近音异译写字，其对音则为"syam"。"syam"就是"暹"。速古台（素可泰）后来取代了参半，仍是以"暹"称。《宋史》卷418《陈宜中传》载，南宋德祐二年（1276年）丞相陈宜中等拥宋端宗为帝。"宜中欲奉王走占城，乃先如占城谕意。度事不可为，遂不返……至元十九年（1282年），（元）大军伐占城，宜中走暹，后没于暹"，说的就是此一情况。

《元史》卷20《成宗纪》载，大德三年（1299年）春正月癸未朔，"暹蕃、没剌由、罗斛诸国各以方物来贡，赐暹蕃世子虎符"。五月丙申，"海南速古台、速龙探、奔奚里诸蕃以虎、象及杪木舟来献"。"速古台"，就是暹国。"没来由"，《元史》卷11《世祖纪》至元十七年（1280年）十二月戊寅作"木剌由"，《元史》卷210《暹传》作"麻里予儿"，《元史》卷131《亦黑迷失传》作"木由来"，疑此系"木来由"的误译。"没来由""木剌由""木来由"或"麻里予儿"，都是"Malaya"即"马来亚"的近音异译写字。元朝，速古台（素可泰）仍称暹国。虽然罗斛、木来由二国在大德三年（1299年）以后完全断了与中国元朝的联系，或者已为素可泰王国所灭，但是素可泰仍然以暹称。

《元史》卷18《成宗纪》载，至元三十一年（1294年）六月庚寅，"敢木丁遣使来贡"。此年七月申戌，元世祖"诏：招谕暹国王敢木丁来朝，或有故（事）则令其子弟及陪臣人质"。《元史》记载的敢木丁，泰国史称坤·兰摩敢亨，这是个文武双全、特能作战的国王。他灭了罗斛、木剌由，统一了湄南河中下游，把国土延及马来半岛，并抗击真腊，使该国无所作为。《真腊风土记·村落》载："因屡与暹人交兵，遂至皆成旷地。"旷地，就是村落破败、田园荒芜。这是周达观于元贞二年（1296年）七月至大德元年（1297年）六月居留真腊期间见闻的景象。

兰摩敢亨死后，其子孙不振，素可泰王朝势力衰落，今泰国南部的泰族乌通王国也就是阿瑜陀耶王国继起。鉴于该王国兴于原罗斛国地，也称为罗斛国。据元朝汪大渊《岛夷志略·暹国》载："至正己丑（九年，1349年），暹国降于罗斛。"因后"罗斛"为泰人建立的国家，仍尊泰人"暹"之称，国号因名"暹罗斛"。洪武十年（1377年），中国明朝给暹罗斛王赐印，"文曰：暹罗国王之印"。"自是，其国遵朝命始称暹罗。"

周达观《真腊风土记》其"总叙"及"服饰"二节有真腊"西南距暹罗半月程""其国中虽自织布，暹罗及占城皆有来者"的字眼，有论者便以为"暹罗"一名起于中国元朝初年，显然有讹。在该书的"语言""蚕桑""村落""军马"4节中7处语及"暹"，均作"暹人""暹妇""暹中"，没作"暹罗"。《元史》凡涉及该国事，也唯作"暹"不作暹罗。元朝后期至正（1341—1368年）年间汪大渊的《岛夷志略》专节叙写"暹国"事，照样不作"暹罗"，说明元代无暹罗之称，《真腊风土记》"总叙"及"服饰"中的"暹罗"乃是明初的传抄者所误改。

(6) 暹罗一统，老挝立国及中国云南车里宣慰使司

宋末元初，今泰国、老挝及中国云南南部，形成了阿瑜陀耶王朝及八百媳妇、金龙（车里）、老挝等部落国家。这些国家，既互相争斗，又要各自为战，抵御外部势力的入侵，终究能力有限，给外部的扩张势力提供了可乘之机。

元朝，在金龙国和八百媳妇国设置了彻里宣慰使司和八百大甸等处宣慰使司，任命其首领世袭宣慰使，归属于云南行省。继后，明朝除继续在车里、八百大甸设置军民宣慰使司外，还在老挝设置老挝军民宣慰使司，以其首领世袭宣慰使，归属于云南布政使司。

嘉靖（1522—1566年）中，缅甸莽瑞体"计灭得楞之兄弟，遂雄据之"，建立洞吾王朝。继后，"东破缆掌（老挝），西取土哑（暹罗），攻景迈（八百媳妇），服车里，囚思个（孟养宣慰司土官），陷罕拔（木邦宣慰司土官），号召三宣（陇川、南甸、干崖三宣抚司），为西南雄长，伪称金缕白象召法补元莽哒喇弄"，称雄一方。[①]

清朝乾隆十七年（1752年），缅甸木梳王朝取代洞吾王朝，对外照样肆意用兵，乾隆三十三年（1768年）攻陷阿瑜陀耶王朝的都城。

都城陷落，激起暹罗人的反缅怒潮。阿瑜陀耶王朝财政大臣昭披耶却克里的养子、华裔披耶达信率军抗缅，击却缅军，建立吞武里王朝，统一了泰国北部的八百大甸。1782年，曼谷王朝取代吞武里王朝。

清朝，老挝称南掌国。18世纪及其后，南掌国夹在暹罗和越南之间，势小力弱，很多时候或臣属于暹罗或臣属于越南，1893年沦为法国的保护国。

唯有车里宣慰使司，自元朝设置彻里军民宣慰使司后，虽中原朝代更替，却一直是中国云南省的一个有机的组成区域。

2. 大泰诸部落沉浮

中南半岛西北部大泰地区，自掸国式微，骠国崛起，傣群体越人后人部落林立，互斗逞强，不能团结一致，不少部落成了骠国的附属。

骠国何时崛起，汉文史书没有记载，难详。《唐会要》卷99《骠国》载："魏、晋间有著《西南异方志》及《南中八郡志》者云：永昌，古哀牢国也，传闻永昌西南三千里有骠国，君臣长幼有序，然无见史传者。"《西南异方志》，不详谁人所撰，遗佚已久。南中原有永昌、云南、建宁、兴古、牂柯、越巂、朱提七郡，太安二年（303年），西晋"又分建宁以西七县别立为益州郡"，这就是"南中八郡"。继后，永嘉二年（308年），"改益州郡曰晋宁，分牂柯立平夷、夜郎二郡"，南中则不止八郡而是九郡了。至咸康八年（342年），"以越巂还属益州，省永昌郡"，南中便只有七郡了。[②] 所以，《南中八郡志》当为西晋太安二年（303年）至永嘉二年（308年）间人所撰。这说明公元4世纪骠国已经屹立于中南半岛西部今缅甸中南部。晋人郭义恭《广志》有关于骠国物产的记载，[③] 或可与参照。

唐朝中期，骠国北进，役属众多大泰部落。《新唐书》卷222下《骠国传》载，骠国

---

① （明）刘文征：天启《滇志·云南备录》卷4《缅甸军民宣慰使司》。
② 《晋书》卷15《地理志》。
③ 《太平御览》卷3259、卷956、卷981、卷982引。

"东陆真腊，西接天竺，西南堕和罗，南属海，北南诏"。"属国十八"，"城镇九"，"部落二百九十八，以名见者三十二，曰万公，曰充惹，曰罗君潜……" 18属国和9城镇中，是否有属于大泰的，无从知晓，而298部落中，则多有大泰的部落。比如，哈威《缅国史》第一章认为，"万公"是掸语"鼓渡头"（Takawng）的近音译写，此或不假。"宅有新屋，步有新船。"① "岭南以水津为步。"② "步"，读近乎"木"。万，《广韵》读"莫北切"，宋朝有复姓"万俟"，即读作"木其"（mòqí）。傣群体越人承先人之语，汉语近音译写作"万"（mò）。鼓傣语谓"kɔŋ¹"，汉语近音译写作"公"。傣语的"鼓渡口"，汉语近音译写本作"步公"，异写成了"万公"。《新唐书》卷43下《地理志》引贾耽《皇华四达记》载安南天竺道，其中"永昌故郡西渡怒江至诸葛亮城二百里，又南至乐城二百里，又入骠国境，经万公等八部落至悉利城七百里"。这说明唐代臣属于骠国的"万公"等部落为大泰人的部落。

开元（713—741年）中，南诏崛起，设永昌、开南二节度使，东伐真腊，西讨骠国，骠国不保，其北部的大泰诸部落臣属于南诏。这就是唐朝樊绰《蛮书》卷4《名类》记载的"黑齿蛮、金齿蛮、银齿蛮、绣脚蛮、绣面蛮，并在永昌、开南，杂种类也……悉属安西城，皆为南诏总（统领）之，攻战亦召（呼唤）之"。从此，大泰诸部落便臣属于南诏及其后的大理国。他们各部断断齮齕，无法形成统一的部落联盟。

11世纪，缅甸蒲甘王朝雄起。虽然，大泰各部落没有完全处于臣属的地位。《经世大典·征缅录》载至元二十二年（1285年）十一月，"缅王遣其盐井大官阿必立相至太公城，欲来纳款，为孟乃甸白衣头目觖塞阻道不得行"，说明此一情况。但是，也有一些大泰部落首领参与到蒲甘王朝的管理层中。比如，属于大泰的阿散哥也、阿剌者僧吉蓝、僧哥速三兄弟即进入蒲甘王朝管理层中，成为蒲甘王那罗梯诃波帝的得力大臣。后来，元朝进攻缅甸、东部八百媳妇国也怀着拓疆的欲望跃跃欲试，蒲甘王朝危急，阿散哥也三兄弟乘时而起，"废前缅王"，立新王。大德三年（1299年），阿散哥也三兄弟又"杀缅王并二子"，"诛不附己者"，掌握了蒲甘王朝的大权。③

蒲甘王朝覆亡以后，元朝在今缅甸北部设置了蒙光路、蒙莱路、云远路、木邦路、木乃路及孟艮府、孟爱府等府路。这些府路，都是以大泰诸部的聚落设置的。在今缅甸的中南部，当时也分裂成众多的部落，其主要有阿瓦、洞吾、古剌、底马撒等部落或部落联盟。其中的阿瓦，元朝设置了缅甸宣慰司。可以说，自此缅甸各部落或部落联盟，基本臣属于中国元、明二王朝。

明朝嘉靖（1522—1566年）中，缅甸宣慰使司宣慰使莽纪岁庶子莽瑞体兴起洞吾，统一缅甸各部，建立洞吾王朝，积极向外拓张。之后，木梳王朝取代洞吾王朝，继续执行其对外拓张政策，大泰诸部如孟艮、孟养、孟密、木邦、木乃等均臣属于洞吾及其后的木梳王朝，唯云南行省永昌（治今云南省保山市）、顺宁（治今云南省凤庆县）二府所属的盏达、陇川、猛卯、芒市、遮放、孟定、孟连、耿马等部所在仍为中国不可分割的一

---

① （唐）韩愈：《柳州罗池庙碑》，《全唐文》卷561。
② （宋）吴处厚：《青箱杂记》卷3。
③ 《经世大典·征缅录》。

部分。

第八节　斥泛泰论的无端及泰为哀牢"九隆后人"质疑

一　斥泛泰论的无端

16世纪以后，西班牙、葡萄牙、荷兰、英国、法国殖民主义者航行于世界各地，来到东方，凭借他们的实力，积极寻找、拓占殖民地。

传教士拓荒，众多学者随之纷至沓来。

当时，中印半岛及南中国是传教士及学者们瞩目之地；分布于中印半岛及南中国的壮、傣二群体越人的后人各族由于语言同一渊源，而且接近，成了他们研究的热门课题。他们发论文，出专著，闹得不亦乐乎。

其中，既有英国人、法国人、德国人、美国传教士，也有日本学者，更有跟随其后的泰国、越南等国的研究人员。

1885年，特·德·拉古伯里出版以"掸族发源地"为题给阿·罗·柯奎翁《在掸族间》一书作序言及1887年出版的《中国人到中国之前的中国语言》一书，既说中国人的祖先是在公元前23世纪从西亚途经中亚迁入中国本土，又说泰国"泰族原居于四川、陕西山谷间，与来自北方之民族渗混，复与蒙·吉蔑语族杂居，遂成泰族"，后来分布于长江流域和珠江流域。① 此说冲天而起，后起者纷纷附从，影响着众多的研究者。

1909年，英国人戴维斯《云南——连接印度和扬子江的链环》一书出版。他说：

> 自伊拉（洛）瓦底江上游（即缅甸与西藏交界地）南下至暹罗边境，又自阿萨密（姆）（印度境）向东延至东京，广袤凡600里，其语言无不相通。溯自南诏亡600年后，泰族南迁散居于上述地区，而未尝有政治与商务上之联系，虽各该地之泰族，未尝不保全其固有之语言。
>
> ……
>
> 广西与广东两省人民，无论族系与语言，皆为泰族之苗裔。②

这里，戴维斯既将中国的壮族归于泰族，示其泛泰论，也道出泰族原居于四川、陕西山谷间，后来他们之所以南迁，散居于西自印度阿萨姆邦东到东京（今越南北部），盖因汉族拓张，"南诏亡"被迫南迁。

在泰国传教20多年，也曾到中国广西壮族自治区邕宁县考察，以谙练泰族历史自诩的美国传教士杜德，1923年出版了《泰族——中国人的兄长》一书，说泰族起源于中国西北边陲阿尔泰山，后迁入四川，分布于中国南方，再迁入中印半岛。他引传教士菲立民的话说：

---

① 转引自范宏贵《同根生的民族》，光明日报出版社2000年版，第22页。
② 《暹罗民族学研究译丛》，商务印书馆1946年版，第43—44页。

为泰族盘踞地之中国西南部领土，若广西、贵州、海南岛及广东一部分，又云南东部与西部，均有多量的，为各该省人民重要之成员。①

杜德此语，不仅将壮族、布依族视为泰族，而且将海南岛的与壮、泰二族视为生存根本的水稻没有共同语的黎族也归之于泰族。至于部分泰族为什么从南中国迁入中印半岛，其因仍然是因为汉族势力拓张，南诏国灭亡。

1926年，英国人吴迪出版《暹罗史》，重复并发挥了杜德的论断。

20世纪五六十年代以前，西方的传教士、军官、学者以及东方的学者来到中印半岛交错杂沓。他们对壮、泰二族源流的议论也是健笔意纵横，尽其所识。然而，总其大略，他们的旨意大都认为泰族源于中国，以泛泰为论，将中国的壮、布依，甚至将黎族也归并于泰族。泰族之所以从中国南方迁于中印半岛，完全是由于汉族势力拓张，南诏国灭亡之所导致。

西方传教士等的泛泰论在历史上既然曾经成为关于泰族源流的主流观点，自然也为泰国学者所接受。享有"暹罗历史之父"殊荣的泰国丹隆亲王共丕耶达玛銮拉查奴帕，1925年出版《暹罗古代史》一书，其中载道：

据历史所传，泰族初发源于中国之南方，如云南、贵州、广东、广西四省，以前皆为独立国家。泰人散处各地，中国人称之曰番。至于泰人放弃故土，迁徙缅甸及佬、蛮等地之原因，实由汉族之开拓领土。②

此一观点，延续发酵，至第二次世界大战期间，由于日本帝国主义分子的蓄意挑动，在銮披汶执政时期成为一种政治欲求。此种欲求，集中表现在泰国銮披汶政府艺术厅厅长銮威集·瓦达干为一首历史歌曲谱写的歌词里：

我们的民族称为泰族，
自古就是伟大的民族。
我们以前居住的故乡，
位于亚细亚洲的中央。
当中国人向南侵略时，
泰国家园受尽掠夺。
驱赶之势如烈火蔓延，
泰族的故土遭沦陷。
家乡被占泰族向南迁，
建立新邦南诏幅员广。
中国人尾随再南侵，

---

① 《暹罗民族学研究译丛》，商务印书馆1946年版，第50页。
② 共丕耶达玛銮拉查奴帕：《暹罗古代史》，王又申译，商务印书馆1935年版，第12页。

历时不久南诏终于亡。
泰族无法继续再生存，
分离失散各自奔一方。
东北泰人移居湄公河，
大泰成群逃往萨尔温，
小泰继续推进往南方，
生息繁衍在荣、难、宾、汪以及昭披耶五大河流，
建成中部泰人的家园。①

除写歌词之外，銮威集·瓦达干还发表演说，列举泰国周边国家中与泰族有共同族源的人口数字，号召有泰族族源的人民共同为泰国而努力。② 如此捏造历史并将国家的分界线与民族及语言的分界线等同起来，以谋求其不合法的政治欲求，显然是非常荒谬的。

壮傣群体越人是一个民族群体，属于春秋战国的"百粤"，居于中国东南，后来岭北的趋汉变化，岭南的分化为壮、泰二群体先人越人，各自择地发展，与川、陕无缘，也与中国唐代出现的南诏无关。

泰族与南诏国关系，论者不问云南大理地区的考古资料是否与泰族考古资料属同一文化类型，不问南诏王实行父子连名制是否与泰族传统的命名制相似，也不问当时及其后泰族是向南迁徙还是往北流动，便一叶知秋贸然地以一个"诏"字结论"南诏是泰人建立的国家"，过于武断了。对南诏国是不是泰人所建此一问题，自20世纪40年代以来，方国瑜等众多中国学者已根据考古及文献记载作了切实的论证，云南社会科学院的杜玉亭、陈吕范又在《历史研究》1978年第2期上发表了《忽必烈平大理国是否引起泰族大量南迁》的论文，关于南诏国为泰人建立此一论题，或可基本告结。唯南诏"蛮谓王为诏"，③ 泰人也称君王"曰昭"，④ 似还引发一些人的存疑，断不了泰人与唐代中国南诏国的关联。比如，泰国著名学者披耶阿努曼拉查东《泰国的风俗》第二章说："南诏的'南'是中文'南方'的意思，而'诏'则是泰文，意即'王'。"⑤ 在此，有必要对南"诏"与泰"昭"作一考察。

建南诏者是氐羌传人"乌蛮""白蛮"，泰掸人属于百越的传人。氐羌、百越，本异族系，上古又各自源于中国的西北、东南，氐马越舟，文化异型。随着历史的发展，二者后来虽同会于中国的西南一隅，文化上互有影响，但是南"诏"泰"昭"，却各有其来源和发展历程，非隋唐时互为因袭。这是应以明辨的，免生混淆，出现误解。

---

① ［泰］素集·翁贴：《泰人不是从何处来的》，《东南亚》1998年第2期。
② 梁德与：《暹罗改泰与中国》，新建设出版社1940年版，第18页。
③ 《旧唐书》卷197《南诏蛮传》。
④ （明）钱古训：《百夷传》。
⑤ 段立生译：《泰国当代文化名人——披耶阿努曼拉查东的生平及其著作》，中山大学出版社1987年版，第210页。

（一）氏"诏"与越"昭"

1. 南"诏"承自氐人语

南诏"谓王为诏"，这是新旧《唐书》本传明白记载着的。虽然后来的南诏国王又称"骠信"，9世纪末南诏王隆舜更自称为"法"，可这是南诏扩大了交往，袭自缅甸、泰掸语而来，南诏族人的本底语仍是"谓王为诏"。

南诏，初立国于今云南省大理白族自治州境内。此地，汉时居人为"昆明"属部，汉武帝经营西南，于其处设置了叶榆县，县归属益州郡。东汉永平二年（59年），汉军"历博南山，涉澜仓水"，立永昌郡（治今云南省保山市），割叶榆县属之。建兴三年（315年），蜀于今大理凤仪坝设云南郡，叶榆县又归隶云南郡。

光熙元年（306年），西晋宁州刺史李毅死后，宁州（辖今滇及川西南和黔西等地）大姓称雄，爨氏家族渐次统有宁州。而当时中原战乱，分合不定，洱海地区几与中原隔绝，以致晋人臣瓒注《汉书》时将汉代的昆明池（今洱海）误作魏晋时的昆明池（今滇池），北魏的郦道元注《水经》又将叶榆泽（今洱海）误认为"故滇池"。

唐武德七年（624年），韦仁寿将兵500人进入洱海地区，设置了七州十五县，任命各部归顺首领为州守县令。① 此后20多年，因他们叛服不常，阻断了唐与印度间道路的畅通，太宗命左武侯将军梁建方率巴兵从越巂（治今四川省西昌市）南下，先征服滇西北的"松外诸蛮"，然后进兵西洱河，"西洱河蛮"各部归服，② 保证了道路的畅通。

"西洱河蛮，亦曰河蛮。"③ "有数十百部落，大者五六百户，小者二三百户，无大君长；有数十姓，以杨、李、赵、董为名家，各据山川，不相役属。自云其先本汉人。有城郭村邑，弓矢铤矛；语言虽小舛，大略与中夏同；有文字，颇解阴阳历数"，"而以十二月为岁首"。④ 这是唐初梁建方深入今洱海地区后见到"洱河蛮"的社会情况。虽其人"自云其先本汉人"，但其人的文化自与中原文化不同，而被当时的中原人目为"蛮"。

《南诏德化碑》说："二河既宅，五诏已平；南国止戈，北朝分政。"《通典》卷187作者注说"洱，音贰"。"二河"即"洱河蛮"。洱河蛮与五诏并列，说明南诏在其统一洱海地区的初期，洱河蛮遍布于洱海地区，曾是其劲敌。

关于"洱河蛮"的族属，唐人樊绰《蛮书》卷5说："渠敛，本河东州也……大族有王、杨、李、赵四姓，皆白蛮也。云是沮蒲州人，迁徙至此，因以名州焉。""渠敛赵"即隋将史万岁进击"南宁夷"昆州刺史爨玩时所说的"入蜻蛉川（今云南省大姚县），经弄栋（今云南省姚安县），次小勃弄（今云南省祥云县）、大勃弄（今弥渡县），度西二河，入渠滥川"中的"渠滥川"，⑤ 其地为今云南省大理市凤仪坝，唐为河东州。"沮蒲州"，史无其名，向达先生《蛮书校注》改作"蒲州"，认为"沮字必系衍文"，⑥ 恐是

---

① 《新唐书》卷197《韦仁寿传》。
② 《新唐书》卷222上《南诏传》。
③ 同上。
④ 《通典》卷187。
⑤ 《隋书》卷53《史万岁传》。
⑥ 向达：《蛮书校注》，中华书局1962年版，第123页。

误认。

第一，初唐的河东州为韦仁寿进军洱海地区其地酋豪求附后而置的七州之一，其州守自为该地酋领。

据圣历元年（698年）《河东刺史王仁求碑》述王氏家世，言其"为安宁郡人也。其胄出于太原，因迁播而在焉十有余世"。① 王氏是河东州大姓，迁入云南已经十几代，如一代以25年计，也近300年了。可是，蒲州的设置是在北周明帝二年（558年），下距圣历元年不到150年，河东州的首领怎能说其先由蒲州迁徙而来？

第二，渠敛赵的居民不是距隋朝50多年前才由蒲州迁徙而来。

隋大业（605—617年）中，史万岁进入洱海地区，到了渠敛赵，"行千里，连破三十余部"。《隋书》卷53《史万岁传》称此行为讨伐"南宁夷"，则渠敛赵的居民非距此之前50多年才由蒲州迁徙而来是非常清楚的。

第三，唐朝洱海周边居民属"濮氏"。

河东州近在洱海边上。洱海本是个内陆湖，唐时为什么称为"洱河"？《后汉书》卷116《南蛮传》载："邛都夷者，武帝所开，以为邛都县。无几而地陷为污泽，因名为邛池，南人以为邛河。"李贤注引李膺《益州记》说该地一夜之间"方四十里与城一时俱陷为湖，土人谓之为陷河"。古之陷河即今四川省西昌市东南的邛海。"土人"即"邛都夷人"，汉时称为邛濮。"土人谓之陷河"，即是说其人"谓湖为河"。今洱海唐为"洱河"，也是因洱海之人称"湖"为"河"的缘故。谓"湖"为"河"之语一致，说明唐洱河人也与"邛都夷"一样同为"濮氏人"。如此，自不能说渠敛赵的人是从蒲州来的中原人。

第四，"渠敛赵"人"皆白蛮"。

"西爨，白蛮也。"② "西爨，自云本安邑人，七世祖晋南宁太守，中国乱遂王蛮中。"③ 安邑，即今山西省夏县西北之禹王城。该地唐时虽与蒲州同属河东郡，但与《王仁求碑》述王氏"胄出太原"自相迥异，因为太原郡在晋中，安邑、蒲州在晋南，相距甚远。而且"晋南宁太守"亦自不经，因为泰始七年（271年）晋在南中地区置宁州不是南宁州。宁州经历了晋南北朝近300年，至北周时改名南宁州，晋时今云南之区怎来了个"南宁太守"？

因此，唐朝前期，不论是洱海地区还是滇池地区的"西爨白蛮"，其自云是从河东州或安邑或太原迁来，都不外是酋豪们在接受汉文化后于魏晋以来"九品中正制"的影响下形成的攀附心理的产物。

由于这种心态的作用，南北朝的爨氏既说他们是"楚令尹子文之后"，也说"蝉蜕河东，逍遥中原"；④ 唐时他们既"皆云系庄蹻之余种"，⑤ 也说"胄出太原""本安邑人"，恰如今日的白族既说他们是诸葛亮的后人，也说他们的先祖"来自南京应天府石板桥柳

---

① 向达：《蛮书校注》，中华书局1962年版，第123页。
② 同上书，第82页。
③ 《新唐书》卷222下《两爨蛮传》。
④ 《通典》卷187。
⑤ 《爨龙颜碑》，《滇南文略》。

树湾33号门碑"一样,除了反映历史上有部分中原人迁居滇省融合于该民族之中以及该民族整体性的国家内凝心态以外,大都是些语无伦次的斑驳的"与中原遥遥华胄共相附丽"之词,①不足为凭。洱海地区包括渠敛赵在内的白蛮,他们与"邛都夷"一样都属氐濮族系,并非隋唐时始迁自山西的蒲州,而是早已世居其地了。

"沮蒲"的沮,即是沮县。县为西汉时置,治所在今陕西略阳县东,属武都郡。这是氐人祖居之地,直至魏晋时期仍是氐人活动之区。比如《魏书》卷95即有"略阳氐吕光"之传,《晋书》卷112《苻洪载记》也说苻洪原为"略阳氐",其祖迁至临渭(今甘肃省秦安县),因又谓"临渭氐"。所以,《南齐书》卷59《河南氐羌传》载:"氐杨氏与苻氏,同出略阳。"

《魏书》卷101《氐传》说:"氐自秦汉以来世居岐陇以南、汉川以西,自立酋豪。汉武帝遣中郎将郭昌、卫广灭之,以其地为武都郡,自汧渭抵巴蜀,种类实繁,或谓之白氐或谓之故氐。各有侯王,受中国封拜。""故",古音在鱼部,与白、莫、百、博所在的铎部为邻韵,所以《诗经》的《采薇》《云汉》诸篇及《楚辞·怀沙》等都以"故"与"莫""幕"等协韵,音读相近,因而"白氐"又称"故氐"。

《晋书》卷112《苻洪载记》说苻洪"略阳临渭氐人也。其先盖有扈之苗裔,世为西戎酋长。始,其家池中蒲生,长五丈五节如竹形,时人咸谓蒲家,因以为氏焉"。"蒲",古读重唇音,音近白,亦近僰或濮。这说明"略阳氐"称"白氐""故氐""蒲氏"或"濮氏""僰氏"等,均是以姓氏、民族连称。王叔武先生说:"滇国的基本群众是'僰人',史称'滇僰',与'邛僰'同族。'僰'是自称,汉人归之氐类,称为'氐僰'。"②这是很有见地的。

晋常璩《华阳国志》卷3《蜀志》载临邛县(今四川省邛崃市)"有濮水从布濮来,江有火井"。布濮水即今四川省邛崃南河之上源,其水源出今四川省名山县北之石碑冈。汉魏时,"汶山曰夷,南中曰昆明,汉嘉、越巂曰巂,蜀曰邛",③史因称临邛濮人为"邛濮"。《史记·司马相如传》引司马氏《谕巴蜀檄》说的"西僰之长"即指此。《史记·西南夷传》说汉时蜀郡西部"蛮夷""皆氐类也",道明了此种情况。20世纪50年代初,今云南省禄劝县彝族甘彝支系的人,仍自称为"濮"。因为这是近音译写字,所以又异写"果部"。④

唐时,洱海地区的"白蛮"自云"沮蒲人",意为"来自沮县的蒲人",既标明了民族的属系,也显其来处。这是他们一种潜意识的流露,不似他们中的上层人物,为跻身"四姓"子弟群里,⑤攀龙附凤,附丽于遥遥华族,以标榜自己的郡望族势,说出那种既是"楚令尹子文之后"也是"蝉蜕河东,逍遥中原"的子矛子盾的话来。或樊绰不解

---

① (清)王崇简:《谈助·连谱恶习》。
② 《白族的来源》,《白族简史》,云南人民出版社1988年版,第32页。
③ 《华阳国志·蜀志》。
④ 缪鸾和:《禄劝县民族调查》,云南大学1965年编印。
⑤ 南北朝时按郡望族势分为四等贵族:尚书领护以上为甲姓,九卿为乙姓,散骑常侍、大中大夫为丙姓,吏部正员郎为丁姓。只有这样的四姓子才有资格相应地为官作吏,不列入"四姓"的不能为官作吏。

"沮蒲人"之意，失却考究，在"蒲"后加以"州"字，成了"沮蒲州人"，但中国历史上哪有"沮蒲"这样的州县名称？

《新唐书》卷222下《两爨蛮传》有"自曲州、靖州、西南昆州、曲轭、晋宁、喻献，距（至）龙和城，通谓西爨白蛮；自弥鹿、升麻二川南至步头，谓之东爨乌蛮"这样的界分，好像东爨乌蛮与西爨白蛮绝然而分，好像西爨白蛮居地以今云南滇池为中心，以西仅至今云南省禄丰县而止，其实这只是就其聚居大抵言之。

《南齐书》卷15《州郡志》说"宁州，镇建宁郡，本益州南中"。"诸爨氏强族恃远擅命。"这是笼统言之，并未分别东爨西爨。《蛮书》卷4说南诏"以兵围胁西爨，徙二十余万户于永昌城，乌蛮以言语不通，多散林谷，故得不徙"，"后徙居西爨故地"。这是说二者是杂居一地的，只是一居平川一居林谷而已。开皇五年（585年）爨玩输诚，隋文帝特置昆州（治今云南昆明南马街），授其为刺史，统领今云南昆明以西地区；十七年（597年），因其不服节制而派史万岁率师进入滇西，至洱海地区，爨玩及其属下三十余部降。这说明今迤西包括洱海地区在内，均属西爨白蛮范围，非仅昆明以西至龙和城（在今禄丰县）而止。

元李京《云南志略·诸夷风俗》说："白人有姓氏……故中庆（治今云南省昆明市）、威楚（治今云南省楚雄）、大理（治今云南省大理）、永昌（治今云南省保山），皆僰人，今转为白人矣"；"然今目白人为白爨，罗罗为黑爨"。白人即今仍聚居在洱海地区的白族，罗罗即今云南省境内无县无之的彝族。古代青、乌、黑三字通用，皆为黑义，黑爨即唐之乌蛮，李京的话既将今白、彝二族的同源关系说清楚，也将今白族名称的历史演变脉络说得很明白：僰→白爨→白。

《蛮书》卷5说"渠敛赵"（今云南省大理州凤仪坝）白蛮大姓为王、杨、李、赵；《通典》卷187说"西洱河蛮""有数十姓，以杨、李、赵、董为名家"，说明李京所说的"白人有姓氏"不是自元代才开始。唐元和十一年（816年），南诏王劝龙晟"淫肆不道，上下怨疾"，弄栋节度使王嵯颠顺民情杀之，立其弟劝利为王。至今，王氏仍为白族中的大姓。"劝利德（感恩）嵯颠，赐姓蒙氏，封大容。蛮谓兄为容。"① 白族语言在汉语的影响下，虽然古今变化很大，但如今白语仍谓"大哥"为"大容"。唐时南诏政权曾征服缅甸，于是缅人借"大容"一词以称白族；甚至扩而大之，元明以后，汉族进入缅甸，缅人也以之称呼汉人。李京《云南志略·诸夷风俗》说白人称青年男子为"妙子"，今云南德宏的傣族先是指称白族后称汉人为"meu^2xe^5"，即是因此而来。

由此可知，源于"僰氏"的白族先民，唐时是南诏政权主要的组成部分之一。

南诏国的另一主要组成部分是"乌蛮"。

《蛮书》卷3说"六诏并（是）乌蛮"；同书卷4说咸通三年（862年）入侵交趾的"蛮将杨秉忠、大羌杨阿触、杨酋盛悉是乌蛮"，就是这种情况的说明。

---

① 《新唐书》卷222中《南诏传下》。

"西爨，白蛮也，东爨乌蛮也。"① 爨，本是南中少数民族诸姓之一，② 晋南北朝时期，爨氏横张，压服群雄，成为南中独霸一方的大姓，于是族以姓显，演成了族称，即所谓的"两爨蛮""蜀爨蛮""僰爨""白爨""黑爨"之类是也。但是，爨地分东西，爨人分黑白，只是由于其人的文化发展程度不一而逐渐形成为不同的民族群体罢了，并非其本异源。

比如，8世纪50年代初，南诏王阁罗凤遣昆川城使杨牟利以兵围胁西爨徙20余万于永昌城（今云南省保山市），乌蛮以语言不通，"多散林谷，故不得徙"③，"语言音白蛮最正"④。"西爨白蛮死后，三日内埋葬，依汉法为墓，稍富室广栽杉松；蒙诏及诸乌蛮不墓葬，凡死后三日焚尸，其余灰烬掩以土壤，唯收两耳"等，⑤ 说明乌蛮白蛮之分，并不完全界以地域，主要是以所居的地段，所从事的职业，汉化程度的不同来划分的。

"僰氏""爨氏"道明了他们都是由原居于今陕、甘、川诸省交壤地带汉武都郡的氐人发展而来的。《蛮书》卷4说"蜻蛉蛮亦白蛮苗裔也"，"衣服语言，与蒙舍（属乌蛮）略同"。又元时云南人"目白人为白爨，罗罗为黑爨"，⑥ 足证唐时乌蛮、白蛮是同源而异流的关系。

明白了立基于今云南省大理白族自治州境内的南诏的主体民族为氐系的乌蛮、白蛮都是源于古代氐人以后，即可讨论南诏"谓王为诏"的缘由了。

南诏"谓王为诏"，传承于古代氐人谓王为诏。

《晋书》卷112《苻洪载记》载："苻洪，字广世，略阳临渭氐人也。"苻洪为"略阳氐"，其孙即为苻坚。《晋书》卷114《苻坚载记下》言："苻坚时，有童谣曰：河水清复清，苻诏死新城。"桓胤说："北虏以苻坚为苻诏。"⑦ 苻坚以东晋升平元年（357年）杀其伯父苻生夺前秦王位，称"大秦天王"，而其国人则称其为"苻诏"，氐语谓"王"为"诏"，于此可明。苻坚为"略阳临渭蒲氏"人，白蛮亦为"沮（略阳）蒲人"，则其谓王为诏，事在必然，因为这是他们的祖传语言。

"谓王为诏"，是氐人的祖传语言，在东晋孝武太元元年（376年）凉州牧、护羌校尉张骏割据凉州称王及东晋安帝元兴二年（404年）桓玄篡位称帝中可以获得佐证。

第一，罗布淖尔北所出《前凉西域长吏李柏书稿》言："诏家见遣口，慰劳诸国。月二日来到顿头。"⑧ 李柏为前凉王张骏部属，时任西域长史。张骏受命镇守凉州（治今甘肃省武威县），永和元年（345年）称"假凉王"（史谓前凉）⑨。李柏称前凉王张骏为

---

① 《蛮书》卷4。
② 《华阳国志》卷4《南中志》载诸葛亮征服南中后，"移南中劲卒青羌万余家于蜀，分其羸弱配大姓焦、雍、雷、爨、董、孟、毛、李为部曲"。爨为诸大姓中之一。
③ 《蛮书》卷4。
④ 《蛮书》卷8。
⑤ 同上。
⑥ （元）李京：《云南志略·诸夷风俗》。
⑦ 《晋书》卷86《张轨传》附《张骏传》。
⑧ 王国维：《观堂集林》卷17。
⑨ 《晋书》卷86《张骏传》。

"诏家",是亦"谓王为诏"。张骏虽系汉人,但他所据以立国的凉州是氐人之地,治下之民多为氐人,所以,张骏属下武兴郡(治今甘肃省武威县西北)太守辛岩说:"我握众数万,藉氐羌之锐。"① 张骏遵从当地土著的习俗,自称为"诏",诚如汉时赵佗在越地立南越国,变俗"魋结箕踞",自称"蛮夷大长老"一样。

第二,《晋书》卷 99《桓玄传》:"左右称(桓)玄为桓诏。桓胤谏曰:'诏者施于词命,不以为通称也。汉之主,皆无此言,唯闻北虏以苻坚为苻诏耳。愿陛下稽古帝王则,令万世可法。'玄曰:'此事已行,今宣敕罢之,更为不祥。必其宜革,必待事平也'。"桓玄即桓温之子。桓温前与苻雄(苻坚之父)周旋,熟悉略阳氐人情况;后率兵灭蜀中曾寄籍于略阳临渭氐人地区因被目为"蜀氐"的李氏成汉政权,② 既掠氐人文物,又取氐人政权中贤人如常璩、谯献之举为左右参佐,③ 自不免受了氐人的影响。其子桓玄的称"诏",固然承其父的传教和左右影响,也是桓玄篡东晋之位后的有意为之。他称帝后,为取得朝野寒门的支持,破了魏晋以来的门阀制度,朝中大臣"多用轻资"(郡望不足或资浅贤人);④ 他袭氐人以"诏"自命,也是想破晋的传统,以明异帜,争取蜀中氐人或西北氐人的支持。

另外,我们还可以从生于、长于今陕甘地区的秦始皇特钟情于"诏"字的垄断,间接地知悉氐人"谓王为诏"。

《独断》载:"诏,犹诰也。三代无其文,秦汉有也。"⑤ 段玉裁《说文解字注》:"秦造诏字,惟天子独称之。"朱骏声《说文通训定声》:"此字(指诏字)《说文》不录,徐铉补入","从言召声,诰也。按:上告下之义,古用诰,秦复造诏字以当之"。但是,这不意味着秦始皇以前无其字。比如《离骚》"诏西皇使涉予",《庄子·盗跖》"必能诏其子",《吕氏春秋·审分》"哆其教诏""问而不诏"等,这些书的作者都生在秦始皇之前,他们使用这些"诏"字的意义不是"下告上"之辞,便是"告诉""教导""教诫",没如秦始皇二十六年(前 221 年)规定帝令为"诏"、⑥"诸公王称教"以后,⑦"诏"专为帝王一人独用了。犹如"朕,我也。古者尊卑共之,贵贱不嫌",⑧ 至秦始皇二十六年规定"天子自称朕"后便成皇帝一人垄断一般。

秦始皇何以对"诏"发生兴趣,以之作为帝王发号施令显其天下独我之辞呢?此不能不考虑到秦人的情况。

关于秦民族的来源,历来有二说:一是蒙文通先生的西戎说;⑨ 二是源于山东而后向

---

① 《晋书》卷 86《张骏传》。
② 《华阳国志》卷 9《李特雄期寿势志》。
③ 《资治通鉴》卷 97。
④ 《晋书》卷 99《桓玄传》。
⑤ 《文选·册魏公九锡文·注》引。
⑥ 《史记·秦始皇本纪》。
⑦ 《文选·傅亮为宋公修张良庙教题·注》。
⑧ 《独断》卷上。
⑨ 《秦之社会》,《史学季刊》第 1 卷第 1 期。

西发展定居于甘陇诸省说。① 二说虽东西分驰，但有一点却是共同的，即秦始皇的先祖崛起于甘陇地区，② 长期混同于氐人，③ 自然习氐人之语，谙氐人之礼。比如，秦人以山间谷地为"川"，或即袭氐人之语。唐代今云南有关"川"的地名，在唐朝樊绰《蛮书》中举目可见，诸如匜川、九赕川、神川、剑川、野共川、矣川、蒙舍川、昆川、勃弄川、弄栋川、姚州川、蜻蛉川、欠舍川、量水川、升麻川、曲轭川、郎婆川、罗眉川、清字川、桑川、览川、弄视川等不胜枚举，这与云南诸地久为"氐僰""氐爨"人所居不无关系。这"川"不是河川的"川"而是川原的"川"，如"大勃弄川"（今云南省弥渡县）"东西二十余里，南北百余里"。④

秦始皇生于氐人区，长于氐人地，初王于氐人域，或就是承其语，袭其称，登帝位后专"诏"字作为"帝令"独擅之词，以明其文化传统。

综以观之，氐人谓王谓首领为"诏"，由来远了，只是因为其在历史上不能一展其威，一树其帜，故而没而不闻。东晋时，晋室退缩东南一隅，于是北方成了氐羌、鲜卑、羯、匈奴等族鹰击长空，万类霜天竞自由的空间，于是有了前秦的"苻诏"，前凉的"张诏"；而桓玄亦与北氐试比高低，以汉质袭其称名"桓诏"。唐代云南的"乌蛮""白蛮"，建了南国诏，"谓王为诏"，这是他们祖语的再现，因为他们与苻坚一样，同源于"沮（略阳）蒲（氐）"氐人。

2. 越"昭"溯源

1987年中山大学出版社出版了段立生译的泰国著名学者披耶阿努曼拉查东《泰国传统文化与习俗》一书。书中，对泰国的传统文化多有深刻的阐述。可是，该书的第一章却有这么一段令人迷离的论述：

> 我认为还没有人能确切知道讲泰语的民族祖先最早定居的地方。有人推测，他们最早的家乡是在中国的西部大片土地上的一切地方。自那以后，他们就被认为作长江南部的"蛮人"而出现在中国的记载上。至于说中国人记载的"蛮人"就是泰族的祖先，这还只是一种猜测。但是在我们未确切弄清公元七世纪中国称之为"南诏"王国的证据之前，我们还不能抛弃这个猜测。"南诏"这个名字是两个字复合词，"南"即中国南部，"诏"是一个泰字，即"贵族"或现在在泰人、老挝和掸人中通用的"亲王"的意思。

总的来说，作者作学术研究时，持据而论，态度是客观的，但也不失其意向。

在中国上古遗留下来的文献里，"蛮"一词是个泛指词，不指实于某一族体。从上古的"荆蛮""闽蛮""越蛮""交趾蛮""戎蛮""武陵蛮"到唐宋的"洱河蛮""乌蛮""西原蛮""西赵蛮""溆州蛮""抚水蛮"等，"蛮"字的涵盖是泛泛的，按现代比较科

---

① 黄文弼：《秦为东方民族考》，《史学杂志》创刊号。
② 王国维：《秦都邑考》："秦之祖先，起自戎狄。"（《观堂集体》卷12）
③ 《后汉书·南蛮传》：秦"惠王以巴氏为蛮夷君长，世尚秦女"。
④ 《蛮书》卷5。

学的分类，这里边既有属于氐羌系的戎蛮、乌蛮、洱河蛮，属于百越系的闽蛮、越蛮、西原蛮、抚水蛮，属于苗瑶系的荆蛮、武陵蛮、溆州蛮，也有涵盖部分孟高棉人的交趾蛮，不能在中国古籍上见了"蛮"字，便不加区别地直认其为泰族的祖先。

据遗存的金文得知，大抵周时，"蛮"一称是泛指"宗周"以外族体，如《周虢季子白盘铭》"用政蛮方""于洛之阳"，① 指的是位居今陕西的周族东边的众多族体；《梁伯戈铭》的"抑鬼方蛮"，指的是今陕西周族"之西而包其东北的部族"。②

就文献记载而言，《论语·卫灵公篇》中"言中信，行笃敬，虽蛮貊之邦行矣"的"蛮貊"是泛指中原的四周部族。公元前302年，赵武灵王提出"胡服骑射"的新举措，其叔公子成反驳说，"臣闻中国者"，"蛮夷之义也。今王舍此而服远方之服，变古之教，逆人心而悖学者离中国"③。此中的"蛮夷"既泛指与中原相对的远方部族，也具指北方的匈奴。《虞书》中的"蛮夷滑夏"，"夏"含大义，以华夏族为大，"蛮"自有相对的小义，所以此处之"蛮"，也是泛指当时华夏之外周边的小而文化异形相对后进的众多部族。他人势小，我众广大，则他人为"蛮夷"，我为"华夏"。

楚王熊渠曾自称"我为蛮夷"，《诗经·采芑》在夸耀周宣王的武功时，曾直斥楚人"蠢尔荆蛮，大邦是仇"；可是前611年，楚人却称随同庸人攻打楚国的诸小部族为"群蛮"④。庸当时是在楚的北方，"诸蛮"也自是其周围的各个部落。

由此或知，上古"蛮"不是固定指称"南方"的诸小部族。

至于汉时成书的《礼记·王制》说"南方曰蛮，雕题交趾"，将"蛮"定指南方的少数民族，疑是汉代以其时行的观念羼入，不足以代上古人的观念。

鉴于此，凡见中国史籍上有"蛮"字即认为是泰族的祖先，是欠考虑的。

顾盼南诏的"诏"字，认为是个泰字，进而推断唐代曾立国于中国西南的南诏国是泰人所建，则既显得论者有点如同诗人那种"一叶知秋"的敏感而浪漫的气质，也搭错了船儿。

虽然，就中国古代的中原汉人来说，人们音译不同民族的语言，仅取其音相近的汉字标识而已，并未拘泥于字形本身的同一。犹如印度，古代汉文书载既译作"身毒"，也写作"狷毒""乾笃""乾竺"及"天竺"等。⑤ 但是，氐人"谓王为诏"与越人及其后人泰人谓王、王子、官员为"昭"，却明摆着各不相同。

比如，氐人苻坚称王称"苻诏"，前凉张骏称王袭氐人谓"诏"，东晋桓玄篡位称帝也仿氐人号"桓诏"，降至唐代氐人的后人"乌蛮""白蛮"在今云南建立南诏国仍然是"以王为诏"。在氐人语言中，此"诏"音一贯而下没有走音，汉人书载近音译写这个词的字也不变其形，不异其样。而越人及其后人泰人的谓王、谓王子、谓主人，汉人的近音译写则作"昭"。

---

① 容庚：《金文编》卷3。
② 王国维：《观堂集林》卷13。
③ 《战国策·赵策》。
④ 《左传》文公十六年版。
⑤ （宋）范正敏：《遁斋闲览·夷言无正音》。

据西汉刘向《说苑》卷11《善说》记载，公元前528年撑船越人给泛舟于新波之中的楚国鄂君子晳随兴唱了一首山歌，这就是遗存至今最早的越人的《越人歌》。该书以近音汉字记录了《越人歌》的原音，并附有当时人的汉文音译。歌中有句"秦胥胥缦予乎昭"，所附汉文译义为"心儿顽而不绝兮得知王子"，由此可以清楚古越人谓"王子"为"昭"。距此近2000年过去了，古越人的后人泰人谓王、谓王子、谓官员，汉译者对该词的近音译写依然不变其样，照样写作"昭"。这就是中国历史上明朝洪武（1368—1398年）末年李思聪《百夷传》记载的"其下称（麓川平缅宣慰司）宣慰曰昭，犹中国主人也；其官属叨孟、昭录、昭纲之类"，总率有差（管辖人数多寡不同）。昭孟总统政事兼领军民，多者数十万人，少者不下数万；昭录亦万余人，赏罚皆任其意；昭纲千人；昭百百人；昭哈斯五十人；昭准十余人：皆昭孟所属也。①

当然，由于越人及其各地的后人方言的变化，又由于时异汉文译者的不同，在历史的行进中，汉译者近音译写越人及其后人谓官家、谓王子、谓王的汉字也多相异，或写作"朱"，②或写作"多"，③或写作"倒老"二字的合音，④或写作"刀"，⑤或写作"刁"，⑥或写作"陶"，⑦或写作"那"，⑧或写作"思"等。⑨但是，自古以来汉文近音译者没有将越人及其后人谓官家、谓王子、谓王译写作"诏"的，盖"诏""昭"二字虽都音"zhao"，但"诏"读去声，"昭"却读阴平声，汉语以声调辨音定词，去声与阴平声的相异，道出了氐"诏"与越"昭"的不同。

氐"诏"与越"昭"相异，不能见"zhao"之音相同而不究读去声还是读阴平声的不同，误将氐人与越人混同起来，直嚷我国历史上氐人所建的"南诏""大理"为越的后人泰人所建。

（二）南诏的"父子连名"与泰人的"父依子名"迥然相异

隋、唐之际，属于氐人的"乌蛮"（今彝族）、"白蛮"（今白族）控制着洱海地区。当时洱海地区北部有"松外蛮"，东部有"东西洱河蛮""云南国诏"，南部有"渠敛赵"（渠滥川），西部有"河蛮"（河赕）。另外，山区还有从事畜牧业的"昆弥"（昆明）人。7世纪，洱海地区"乌蛮"首领形成了"六诏"，即蒙巂诏（今巍山县北）、越析诏（今

---

① （明）郑颙：景泰《云南图经志书》卷10。
② 《越绝书》卷8《记地传》。
③ 《汉书》卷95《西南夷两粤传》；《新唐书》卷222下《南平獠传》。
④ 《隋书》卷31《地理志》。
⑤ 《土官底簿》。
⑥ 同上。
⑦ 同上。
⑧ 《土官底簿》：元江军民府土官知府那直。那，古读又与多叶韵，读音相近，比如《左传·宣公二年》："牛则有皮，犀兕尚多，弃甲则那。"
⑨ 《明史》卷314《云南土司传》：麓川平缅宣慰司土官思机发、思任发等。思，古读同"多"，比如《诗经·鲁颂·閟宫》"享以骍牺，是飨是宜，降福既多"，南宋朱熹《诗集传》："牺，虚宜、虚何二反；宜，牛奇、牛何二反；多，章移、当何二反。"这说明古代"多"读二音，或读资音或读多的本音。所以，《太平寰宇记》卷164载梧州苍梧县"思良江"又名"多盐水"。

宾川宾居)、浪穹诏（今洱源）、遵赕诏（今邓川）、施浪诏（今洱源）、蒙舍诏（今巍山南）六诏。这个时候，吐蕃强盛，南下入侵西洱河地区北部。唐朝为了抵御吐蕃势力南下，扶植靠拢于唐的蒙舍诏，并于开元二十六年（738年）封其诏皮罗阁为"云南王"，赐名"蒙归义"。皮罗阁东征西讨，统一了云南，建立了南诏国。

南诏国新兴，其势力不仅纵情于云南一地，也四向拓张，向南将势力延伸至中印半岛各地，比如边海的弥诺国、弥臣国、骠国、夜半国、崑仑国、水真腊、陆真腊，并进占安南都护府等，唯"女国"或"女王国"即后来的八百媳妇国，"蛮贼曾将二万伐其国，被女王药箭射之，十不存一，蛮贼乃回"。①

除女国外，傣群体越人后人的"黑齿蛮""金齿蛮""茫蛮"以及唐朝安南都护府西北的自称"白衣"的"獠"人大都附从于南诏。南诏势力在云贵高原及中南半岛，可说是曾显赫于一时。

南诏国主属"乌蛮"，姓蒙，虽然开元二十六年（738年）唐玄宗封南诏国主皮罗阁为"云南王"，并赐名"归义"，但是皮罗阁一家却自依照"乌蛮"历来惯行的命名方式，实行父子连名制。比如，皮罗阁的曾祖父名细奴逻，祖父名逻盛，父名盛罗皮，己名皮罗阁，子名阁罗凤，孙名凤伽异，曾孙名异牟寻，玄孙名寻阁劝，来孙名劝龙晟等：父子连名，一系而下。② 迄于建国前，作为"乌蛮"后人的四川凉山彝族古侯家仍然是如此：古侯→古侯海子→海子黑得→黑得木瓦……③

"乌蛮""白蛮"同为渊源于"氐"族群，"乌蛮"实行父子连名制，"白蛮"也不例外。比如，大理国时期，统矢府（治今云南姚安县）世守"白蛮"高氏的源流依次是：高受护→高护隆→高隆政→高政均→高均明……④

不唯如此，即便是外来者因久居于他们之中，活动于他们之中，习同其俗，也改变原态而实行父子连名制。

白和原是唐朝大诗人白居易堂弟白敏中的后人。白敏中曾位居宰相，为汉人，家居今山西省太原市，《旧唐书》卷166有传。不详其后人白和原怎又流落岭南并随同侬智高起兵反宋，皇祐五年（1053年）侬智高兵败逃入大理，白和原随同而去。由于医术高明，他及其后人世为大理国"医长"。元朝大德三年（1299年）其后人白长善逝世，赵俊升撰了《故大师白氏墓碑并序》。

碑文分正背两面。正面文字历叙先祖白和原的渊源、如何流落大理及在大理的际遇。背面文字则是叙写白和原的后人白长善的行迹、特长、声誉及撰写碑文的缘由。碑阴文字载："太生兴，兴生智，智生长。""长"就是墓主"故大师"白长善本人。他的父亲名智，但却不是"白智"，据碑的正面文字是为"白兴智"，"兴"又是其祖父之名，映现了白长善的祖父曾接受"乌蛮""白蛮"的父子连名制。⑤ 这是一方水土养着一方人，文

---

① 《蛮书》卷10《南蛮界外接连诸蕃夷国名》。
② （唐）樊绰：《蛮书》卷3《六诏》。
③ 陈永龄主编：《民族词典》，上海辞书出版社1987年版，第156页。
④ 《姚郡世守高氏源流总派图》，《滇录》卷8。
⑤ 王云、方龄贵：《大理五华楼新发现宋元碑刻选录》。

化移人，也不得不入乡随俗，成了他们中的一员。

傣群体越人后人属于上古分布于我国东南的越人的后人。越人，上古没有姓氏，所以，徐旭生先生说上古越人"尚无姓氏"。①进入汉朝以后，在汉族文化的影响下，各地的越人方才逐渐有了姓氏。比如，闽粤王无诸及东海王摇其后人姓驺氏，故瓯骆左将黄同，以及在南越国先后相三王的越人首领吕嘉等。②但是，越人的具有姓氏，发展也不平衡，比如西汉时的东粤将军多军、夜郎侯多同，乃至唐朝岭南东部"罗窦生獠首领多胡桑"，③"多"是汉人关于越人谓首领的近音译写字。而壮群体越人的后人，其一般老百姓直至明朝后期还没有完全具有姓氏，比如顾炎武《天下郡国利病书》卷105《目兵》说轮戍梧州的归顺（今广西壮族自治区靖西县）、都康（今广西壮族自治区天等县都康）的目兵"有姓名者少"。

壮群体越人的后人如此，傣群体越人由于在西汉前期即已从岭南南迁西走，受汉族文化影响较少或完全脱出汉族文化影响的范围之外，或者其社会发展尚未意识到具有姓氏的必要，所以他们社会中无姓状态存续时间是相当长的。比如，泰国至拉玛六世（1910—1925年在位）方才立姓氏条例，在全国推行父姓制度。④而傣族，迄于20世纪50年代建国前姓氏在平民百姓中也还不是人人具有，家家禀受。

至于壮傣群体越人的命名，也与南诏国"乌蛮""白蛮"父子连名的命名制完全不同。他们以少为大，唯少者有名，成年人则随其在家庭中扮演的角色不同而变名。这就是宋朝吴处厚《青箱杂记》卷3记载的"岭南风俗，相呼不以行第（行辈次第），唯以各人所生男女小名呼其父母"。他说："元丰中（1078—1085年）余任大理丞（掌管刑狱官员），断宾州（今广西宾阳县）奏案，有民韦超，男名首，即呼韦超作'父首'；韦邀男名满，即呼韦邀作'父满'；韦全女名插娘，即呼韦全作'父插'；韦庶女名睡娘，即呼庶作'父睡'，妻作'姊睡'。"这就是说，壮群体越人及其后人一个人的名字没有固定，人的一生除少年时代具名外，成年以后随其在家庭中为父为母或为爷为奶而随少者之名而变名。因此壮群体越人及其后人一生便有三个名。这就是明朝正德（1506—1521年）柳州府通判桑悦《记壮俗六首》其六句说的"朝甫先加老唤公"。⑤

"朝"，是壮语谓未成年男子为"ha：u⁶"的近音译写字；"甫"是"po⁶"的近音译写字，其义为父亲；"公"则是个借汉语词，即祖父，壮语祖父谓"pau⁵"，近音译写则为"保"或"抱"，如《清实录·高宗实录》卷766和《清实录·仁宗实录》卷22记载的杨抱好、王抱羊及韦保蓬等。"朝甫先加老唤公"，其意就是说，一个人少年时代名叫"韦朝贵"，韦朝贵成年结婚生子名韦朝义，他得改名为"韦甫义"；如果韦甫义做了爷爷，其孙名韦朝龙，他就得改名为"韦公龙"或"韦保龙"。

壮群体越人后人的命名模式，一直未变，所以光绪年间（1875—1908年）罗凤章云

---

① 《中国古代的传说时代》（修订本），文物出版社1985年版，第64页。
② 《汉书》卷95《闽粤王传》《南粤传》。
③ 《汉书》卷95《闽粤王传》《西南夷传》；《新唐书》卷222下《南平獠传》。
④ 中山大学东南亚史研究所：《泰国史》，广东人民出版社1987年版，第199—200页。
⑤ （清）汪森：《粤西诗载》卷16。

南《罗平州乡土志》卷5说沙人（壮族一个支系）"幼名矣某，壮名布某，老名光某"。矣读同依，指少年；布读同甫，义为父；光，即借汉语词"公"的音变。

傣群体越人的后人也是如此。道光《云南通志》卷183引《恩乐县志》载，恩乐县"多姓刀，又以儿女名字作姓氏者。夷人呼父为爸，呼母为咩，如生长男名喇艾，遂呼父曰爸艾，呼母为咩艾；生长女则名喇叶，遂呼父为爸叶，呼母为咩叶"。清朝道光间的恩乐县，是雍正五年（1727年）以者乐甸长官司改置的，治所在今云南镇沅县东北恩乐。者乐长官司，明永乐元年（1403年）设置。"土官刀氏，洪武末内附，世领司事。其地山险瘴多，介于镇沅、元江、景东之间。日事攻战，铠甲犀利，兵寡而劲，诸夷咸惮之。今其酋乃刀安。"① 这说明者乐长官司内附较晚，其民"白衣"习俗未变。虽然《恩乐县志》所说的父母"以儿女名字作姓氏者"不对，同时至清道光时该县"白衣"已改"po⁶"为汉语词之"父"，但是谓母为"咩"（me⁶），仍然传承壮傣之语不变，则其人为父为母依长男或长女改名，仍然可见壮、傣二群体越人后人传承于先人的变名模式。他们后来皈依佛教，人生下来有了乳名之后要入寺为僧，又要还俗娶妻生子，生子后还是要依从于长子或长女名，如同恩乐县的傣族一样，上加"po⁶"（父）或"me⁶"（母）改名的。②

"南诏"首领西南雄起，主建南诏国，并依其族人的文化传统，父父祖祖、子子孙孙实行父子连名制，此与傣群体越人后人的少年有名，成年有子则依子名而变名的命名模式，岂止是风马牛不相及，简直是冰火两重天，文化截然不同。设若死者有灵，南诏国主阁罗凤听到"泛泰论者"如此的叫嚷议论，将他及其父祖子孙归于泰族，令他及其先人后人无根，岂不怒发冲冠！

（三）唐滇腹地为乌、白"蛮"所居，什么汉族拓张泰族被迫南迁全没巴鼻

泛泰论者振振有词地主观认为南诏谓王为诏，这是泰语，于是断定南诏国为泰族建立的国家，后来中国人向西南侵略，南诏国灭亡，泰族被迫南迁。这是一种向壁虚拟的无稽之谈。

傣群体越人后人和壮群体越人后人，都是壮傣群体越人的后人，主要分布于我国岭南地区和云贵高原东侧，西汉初赵佗割据岭南建立南越国，凭着军力拓张领土，击并桂林、象郡，灭了位今越南北部的安阳王国，迫得部分壮傣群体越人南走西迁，分居异地，致使壮傣群体越人分化为壮、泰二群体先人越人。从岭南南走西迁的傣群体越人，散布于中印半岛中北部和云贵高原的南端，有一支甚至远走于印度半岛东北部布拉马普特拉河流域，这就是"磐越"。

据南朝宋裴松之注《三国志》卷43《张嶷传》引《益部耆旧传》载，三国时蜀将张嶷曾将输诚的"牂柯、兴古獠"2000人北迁今陕西汉中。而此时巴氏北移，巴地空虚，③

---

① （明）刘文征：天启《滇志》卷30《土司官氏》。
② 胡绍华：《傣族风俗志》，中央民族大学出版社1995年版，第135页。
③ 《华阳国志》卷2《汉中志》载：曹操以"巴夷王"为三巴太守，留张郃等守汉中，"迁其民于关（陕西关中）陇（甘肃陇东）"。

越的后人便从今湖北西迁汉中、巴蜀,① 此后南边岭南和牂柯郡的"獠"人也北上巴蜀。② 于是,东晋时汉中、巴蜀便成了"獠"人活动的区域。

南北朝、隋、唐以后,虽然"獠"人汉化,但是巴蜀地方还多有"獠"人的遗迹。南宋范成大《吴船录》卷上载:"发嘉州(治今四川省乐山市)……仅行二十里,至王波渡宿。蜀中称尊者为波,祖及外祖皆曰波。又有所谓天波、日波、月波、雷波者,皆尊之之称。此王波,盖王老或王翁也。""波",就是壮傣语谓父谓父辈或谓尊称为"po⁶"的近音译写字。今布依语、壮语北部方言谓"村头人"、首领为"po⁶ba:n⁴(村)"或"po⁶ke⁵(老)"。至建国前,傣族社会"波郎"的"波"和壮族社会中残存的"都老制"称"头人"为"都给"(po⁶ke⁵)的"都"即"po⁶"的近音译写字。

这种情况,说明"獠"人不是"原居于四川、陕西山谷间",然后南下云南建南诏国,而是从东往西、由南而北进入汉中、巴蜀。他们在汉中、巴蜀住留,成为当地居民,直至被汉族文化涵煦而化同于汉族。

泛泰论者一味地执着"南诏谓王为诏",诏是泰语,南诏于是属傣群体越人后人所建的国家。后来中国人南侵,灭了南诏国,泰族的家园被占夺,他们无以容身,被迫南迁。这无异又是违背历史的谣诼之言。

《史记》卷115《西南夷列传》载,夜郎、滇、邛都"其外西自同师(今滇西龙陵县)以东,北至叶榆(治今滇西大理市)"这几千里地方,都是"巂昆明"的地方,并无越人居留的痕迹,说明西汉前期傣群体越人从岭南西走南去,散落于中印半岛的中北部,其北也只及于云贵高原南端的一些地方,并未进入云贵高原的腹心地区。

东汉永平十二年(69年),由于"哀牢王柳貌遣子弟率种人内属","显宗(汉明帝)以其地置哀牢、博南二县,割益州郡西部都尉所领六县(即不韦、嶲唐、比苏、叶榆、雅龙、云南六县)合为永昌郡,始通博南山,度兰仓水"。③哀牢县治,治今云南省盈江县境,博南县,治今云南省永平县西南花桥。这说明了东汉及其前,今云南省永平县西南经腾冲至今德宏傣族景颇族自治州境内盈江县一带,是历史上哀牢王辖区,其主体居民是哀牢人,与傣族无涉。

历史发展到唐代,南诏国建立,樊绰《蛮书》卷2《山川江源》载:

> 大雪山在永昌(治今滇西保山市)西北。从腾充过宝山城(在滇西盈江县北),又过金宝城(在今缅甸克钦邦密支那),以北大赕,周回(周围)百余里,悉野蛮,无君长也。地有瘴气,河赕人至彼中瘴者十有八九。阁罗凤尝使领军将于大赕中筑城管制野蛮,不周岁,死者过半,遂罢弃,不复往来。

---

① 今湖北古有夒越,多有越人分布。公元前528年越人操舟者在汉江上唱《越人歌》便能马上招来越人进行翻译。(《说苑》卷11)后汉武帝讨平南越国,将越人首领居翁等封侯于今河南南阳等地,他们都带着部属前去。(《史记》卷20)所以,东汉建武十一年(35年)臧宫"将军至中卢(治今湖北南漳县东北),屯骆越"。(《后汉书》卷18)又《水经注·沔水》载:"沔水又东径西乐城(在今陕西勉县东南)北。城在山上……道通益州,山多群獠,诸葛亮筑以防遏",说明三国初已有众多"獠"人居于汉中。从哪里来,可能就是从今湖北迁入。

② 《太平御览》卷168《巴州》引《四夷县道记》;《水经注·漾水》。

阁罗凤所筑之城，就是《蛮书》卷6《云南城镇》记载的摩零都督城。该城属丽水节度，地在今缅甸克钦邦伊洛瓦底江东岸江心坡南，"凡管金齿、漆齿、绣脚、绣面、雕题、僧耆等十余部落"。其中的"金齿、漆齿、绣脚"，无疑是指傣群体越人的后人。这是以齿饰和文身名其人，其人在南诏摩零都督城辖下诸地，在今缅甸克钦邦地界。

《蛮书》卷6《云南城镇》载，永昌节度（在今保山市）辖下越赕（今滇西腾冲）朴子（今佤族）之外，"又杂种有金齿、漆齿、银齿、绣脚"等，其地在今云南德宏傣族景颇族自治州境内。又该书同卷载，藤湾城（疑在今滇西腾冲）"至押西城（即今滇西盈江县），又南至首外川，又西至茫部落"。茫部落，就是同书卷4《名类》记载的"漆齿""楼居"的"茫蛮部落"。显然，这"茫部落"是在今云南省德宏傣族景颇族自治州境外今缅甸的国土上了。

《蛮书》卷6《云南城镇》载："开南城（在今云南省景东县）在龙尾城（今滇西大理市下关）南十一日程，管柳追和都督城（在今云南省镇源县境），又威远城（在今云南省景谷县）、秦逸城（在今云南普洱市北）、利润城（在今云南省西双版纳傣族自治州勐腊县北）。内有盐井一百来所，茫乃道并黑齿等类十部落皆属焉。"这说明，唐代不论是异称为"黑齿""金齿""银齿""绣脚"还是"茫部落"的傣群体越人的后人，其主要分布在中印半岛的中北部，居于云贵高原南端的西段，现可考知的只是分布在今云南省德宏傣族景颇族自治州境内以及西双版纳傣族自治州等地。其情其况，恰如《蛮书》卷4《名类》记载的"黑齿蛮、金齿蛮、银齿蛮、绣脚蛮、绣面蛮，并在永昌、开南，杂类种也……悉属安西城（在今缅甸克钦邦孟珙），皆为南诏总之，攻战亦招之"。

这是云贵高原南端的西段。其东段更是一清二楚，没有乱人视角。

《蛮书》卷6《云南城镇》载："通海城（在今云南通海县境）十四日程至步头。从步头船行沿江三十五日出南蛮。"又《蛮书》卷4《名类》载，"西爨，白蛮也；东爨，乌蛮也"。"在曲靖州、弥鹿州、升麻川，南至步头，谓之东爨，风俗名爨也。"这揭示了唐代云南东部除去东南的"獠子部"即今文山壮族苗族自治州外，是乌蛮分布的区域，其西南则止于步头。

《蛮书》卷1《云南界内途程》载：

> 从安南上水至峰州两日，至登州两日，至忠诚州三日，至多利州两日，至奇富州两日，至甘棠州两日，至下步三日，至黎武贲栅四日，至贾勇步五日。以上二十五日程，并是水路。

云贵高原有一江滔滔而下，上游称礼社江，中游称元江，下游流入今越南，称红河。此江此河，一泻而下，是唐代从云南进入安南都护府主要的便捷水道。《新唐书》卷43下《地理志》引唐贞元宰相贾耽《皇华四达记》记载的安南都督府经峰州、忠城州、多利州、丹棠州至古勇步的水道，即《蛮书》记载的此一水道。古勇步即贾勇步，因为贾字古有二音，即读 jiǎ 又读 gǔ。至于"忠诚州"写成"忠城州"，"甘棠州"写成"丹棠州"，则是音同音近而字异，无疑是指同一个地方。方国瑜先生说贾勇步在今云南省个旧市南蛮耗（蔓耗），步头则在今云南省元江县，这是可以认可的。

步头，在唐代是一个略见旺热的地方。《南诏德化碑》两提其地，什么"于是威慑步头"，什么"步头已成内境，建都镇塞（寨）银生于墨觜之乡"，可见其地在当时对南诏的举足轻重。步头是元江下安南都护府的始发站，到达目的地需时"三十五日"，比从贾勇步到安南都护府的"二十五日程"多十日程，这正是步头到贾勇步的水程。

"宅有新屋，步有新船。"① "江之浒（江边），凡舟可縻（系住）而上下者曰步。"② 步，是渡口或舟船停泊处。这是越人的语言，所以凡古代曾是越人分布的地方，大都遗有"步"的地名，比如上虞县（在今浙江省）有石驰步，吴中有瓜步，湘有灵妃步，江西有度支步，福建有溪步等。北宋吴处厚《青箱杂记》卷3于是揭示"岭南谓水津为步"。元江、红河流域的步头、贾勇步、下步等名，无疑是傣群体越人后人居于其地而以其语名其地。在今越南境内，唐、宋二朝，又何止有"下步"一名，宋代在越后人的分布区仍残留有步的地名，比如红河沿岸林西州的"锦田步"、③ 凉州桄榔县的"花步"等。④ 步头疑为水道的始发渡口，诚如北宋蛰居苏州（今江苏省苏州市）的苏舜钦《寄王几道同年》诗："步头浴凫暖出没，石侧老松寒交加。"⑤ 以越人语"步"名地见于元江及红河流域，说明唐代元江及红河中上游为越的傣群体越人后人居留之地。

不过，考虑到《蛮书》关于"乌蛮"分布"南至步头"的记载，则可以明白元江的北岸及其以北为"东爨乌蛮"的分布区域，傣群体越人后人则分布于元江以南地区，犹如《南诏德化碑》记载的"步头已成内境，建都镇塞（寨）银生于墨觜之乡"一样。⑥

唐朝后期新罗崔致远《补安南录异图记》载，交趾"陆之西北，则接女国、乌蛮之路。曾无亭堠（记里程的标志），莫审（确实）途程，跂履者（步行者）计日指期，沉浮者（走水路的）占风定信（预测风向而粗定日期）"。⑦ 女国即女王国。在南诏20000人对女王国的征讨中，"被女王药箭射之，十不存一。蛮贼乃回"，保住了自己的独立。"女王国去蛮界镇南节度（今云南景东）三十余日程。其国去骥州（治今越南荣市）一十日程，往往与骥州百姓交易。"⑧ 这说明，女王国与骥州的间隔远近乎与南诏之间的距离。验证于崔致远说的交趾"陆之西北接女国、乌蛮之路"，则唐后期女王国其地当在今泰国和老挝北部，其势力甚至伸张到元江流域南岸。

女王国用毒箭败南诏。制造和使用诸种虫蛇毒药，在壮群体越人及其后人和傣群体越

---

① （唐）韩愈：《柳州罗池庙碑》。

② （唐）柳宗元：《永州铁炉步志》，《柳河东集》卷28。

③ 《宋会要辑稿·蕃夷四之三〇》。

④ 《文献通考》卷330《交趾》引范成大《桂海虞衡志》。

⑤ 《苏学士文集》卷5。

⑥ "墨觜之乡"，指泰群体先人越人后人的地方。因为历史上泰群体先人越人如同壮群体越人后人，传承着壮傣群体先人越人"日唊槟榔"的习俗。日唊槟榔，必然齿黑唇红，因称为"黑觜"。

⑦ 《桂苑笔耕集》卷16，四部丛刊本。

⑧ 《蛮书》卷10《南蛮界外接连诸蕃夷国》。

人及其后人的历史上是很有名的。"常以虫毒害人"①,"畜蛊饵毒"②,"有仇隙,用药毒人"③,就是这样的记载。

两汉三国时期,乌浒人"削竹为矢,以铜为镞,长八寸,以射急疾,不凡用也。有毒药以傅金,入则挞皮,视未见疮,顾盼之间肌肉便皆坏烂,须臾而死。寻问此药,云取虫诸有毒螫者合着管中暴之,既烂,因取其汁煎之。如射肉,在其内地则裂,外则不复裂也"。④传承下来,宋朝周去非《岭外代答》卷6《药箭》载:"溪峒弩箭皆有药,惟南丹为最酷。南丹地产毒虺,其种不一,人乃合集酝酿以成药。以之傅矢,藏之竹筒,矢镞皆重缩。是矢也度中而后发。苟中,血缕必死。"直至明朝,壮人传承先人的技法,其箭毒还很有名:"善傅毒药弩矢,中人无不立毙,四姓(蓝、胡、侯、槃)瑶亦惮之。"⑤无疑,女王国人使南诏二万侵入兵"十不存一"的药箭,也是得之于傣群体越人后人家传的技法。

"纷纷塞外乌蛮贼,驱尽江头濯锦娘。"(纺织女工)这是唐朝徐疑《蛮入西川后》一诗的句子,所谓"蛮"就是南诏,唐代"乌蛮"居于今云南的腹心地区,执掌着南诏的国政,居于其边沿地区的"漆齿""金齿""茫蛮"或"女王国"等傣群体越人后人,不是被其征服,"为南诏总之,攻战亦召之",⑥就是与南诏强势对峙,相顾相持,互为戒备。

至于说什么"汉族之开拓领土","南诏灭亡",泰族被迫放弃故土,从云南腹心地区南迁中南半岛,更是没巴没鼻的事儿。就历史的发展而言,原居于中南半岛中北部的泰族只有北迁,没有大规模南迁的。此事,杜玉亭、陈吕范已有专文论述,⑦在此不作细论了,唯举南诏银生节度所在的开南、威远二州为例。

《元史》卷61《地理志》载,"开南州,州在路西南,其川分十二甸,昔朴、和泥二蛮所居也"。"蒙氏(南诏)兴,立银生府。后为金齿白蛮所陷,移府治于威楚(今楚雄),开南遂为生蛮所据。""威远州,州在开南州西南,其川有六,昔朴、和泥二蛮所居。至蒙氏兴,开威楚为郡,而州境始通。其后,金齿白夷蛮酋阿只步等夺其地。中统三年(1262年)征之,悉降;至元十二年(1275年)立开南州及威远州,隶威楚路。"

"昔朴、和泥",就是今云南的彝族、哈尼族。"金齿白蛮"当为"金齿白衣蛮"或"金齿白夷蛮"之讹。因为元朝傣群体越人后人称"金齿白衣"或其近音字"金齿白夷",比如威远州即称作"金齿白夷蛮"。《元史》卷35《文宗纪四》载,至顺二年(1331年)二月甲戌,"云南景东甸蛮官阿只弄遣子罕旺来朝,献驯象,乞升甸为景东军民府,阿只弄知府事,罕旺为千户,常赋(应纳的赋税)外,岁增输金五千两,银七百

---

① 道光《云南通志》卷154。
② (清)范承勋:康熙《云南通志》卷27。
③ 道光《云南通志》卷153。
④ 《太平御览》卷756《乌浒》引《南州异物志》。
⑤ 《明史》卷317《广西土司传一》。
⑥ 《蛮书》卷4《名类》。
⑦ 《忽必烈平大理是否引起泰族大量南迁》,《历史研究》1978年第2期。

两。许之（同意他这一请求）"。这样，北迁的阿只弄以其对中央王朝的诚驯以及额外多献金银成了景东军民府知府，在云南腹心地区站稳了脚跟，这可说是泰族向云南腹心地区北迁的开端。此后，不少泰族陆续北迁进入云南腹地，成为历代中国中央王朝属下的官民。这道出了不是南诏灭泰族被迫南迁，而是南诏灭，趁云南腹地势力不振，泰族凭着自己的"日事攻战，铠甲犀利。兵寡而劲，诸夷威惮之"，① 大开了北迁之举。

（四）"勐""川"相异，明示南诏属泰族无稽

八百里秦川，既包括陕西，也囊括陇南。秦国崛起于此地，氐人老家也在此地。氐人的老家略阳，西汉时名为"略阳道"（今甘肃秦安县），东汉始改为略阳县。秦、氐同起于关陇地区，同为戎狄，婚姻往来，语不同，习相近。所以秦人谓平野、平地为川，自然氐人也接受过来作为自己名地之语。往日，在陕甘地区举目可见带"川"的地名，同样作为氐人后人的"乌蛮""白蛮"，其所在的川滇地区，隋、唐也是举目皆见带"川"的地名。以唐代樊绰《蛮书》的记载为例，会川、弄栋川、昆川、宾川、蜻蛉川、晋宁川、会同川、谕官川、琵琶川、螳螂川、大婆川、量水川、江川、小勃弄川、大勃弄川、渠滥川、麓川、龙江川、共笼川、弄视川、野共川、矣川、蒙舍川等等。可说是唐代云南各地，何地无"川"地名。陇"川"历历见云南，道出了氐人的前承后续关系。

虽然后来吐蕃兵力涉足或有吐蕃人（后来的藏族）移居的金沙江南北，澜沧江、怒江、伊洛瓦底江上游的东西两岸，以及洱海附近，南诏借取藏语词"than"改"川谓之赕"，② 但是唐代川西滇省密集的带"川"地名，却可见南诏国人属"氐"的本质。

氐、越族群，一源西北，一产东南，相去遥遥，喜怒哀乐，复不相涉，作为平地之称，氐川越泷，自然各有其词，迥然相异。

越人谓山间平地或川谷平原为 ço：ŋ⁶，近音译写作泷（shuang），宋朝叶梦得《乙卯避暑录》已揭示了此一要旨，③ 今广东罗定江在南北朝、隋、唐时因流经双头洞又称为泷水，证实了越人谓山间平地为 ço：ŋ⁶，汉近音译写作泷（shuang）或双。南朝梁时在今广东省罗定县既设泷州又置双州，就是如此而来的。

由于壮傣群体越人及其后人住在称为"ço：ŋ⁶"的山间平地中，历史上各朝代的汉译者以汉字近音译写，既称他们为"骆越""陆梁"（二字合音近 ço：ŋ⁶），又称他们为"俚"为"獠"。

在我国东南丘陵地区，越人称山间平地或川谷平原为 ço：ŋ⁶，身处 ço：ŋ⁶ 中，坦荡宽敞，耕作自如；ço：ŋ⁶ 外远看，则四山合拢，犹如山中一个洞穴。于是，汉译者们便意译以"洞"称其地，比如"俚洞"④"獠洞"⑤"衡湘五十余洞"⑥"邕州三十六洞"

---

① （明）刘文征：天启《滇志》卷30《者乐甸长官司》。
② 向达：《蛮书校注》卷8，中华书局1962年版，第217—218页。
③ 《说郛》卷8。
④ 《陈书》卷12《胡颖传》。
⑤ 《新唐书》卷110《冯盎传》。
⑥ 《陈书》卷9《欧阳頠传》。

等。① 依字取义，洞为洞穴，实则为 ço：ŋ⁶ 的变称。《太平寰宇记》卷 158 载恩州（治今广东恩平县）"土地多风少旱，耕种多在洞中"，明示"洞"不是洞穴而是 ço：ŋ⁶，即山间平地或川谷平原。所以，宋朝司马光说在左右江结洞，"洞中有良田甚广，饶（富产）粳、糯及鱼，惟一道可入"。② 刘文征天启《滇志》卷 4《旅途志》也明确地记载归顺州（今广西靖西县）"山环若城，中有平畴（田亩）曰硐（洞）。路出其中，皆有石隘，良田美地，一年耕获，尝足支二三年"。

壮群体越人后人传承着其先人谓山间平地为 ço：ŋ⁶ 一语，住在 ço：ŋ⁶ 中。随着历史发展到元朝，汉译者又指称壮群体越人的后人为"撞"或为"仲"。③ 其实，不论是"撞"还是"仲"，都是越人语言 ço：ŋ⁶ 的汉近音译写字，以之称人，都是他称。20 世纪 50 年代，我国进行民族识别，确定民族名称，广西壮群体越人后人依历称惯例，定为僮族（后改为同音的壮族），云南东南部的"布依""布沙""土佬"也归入壮族中；贵州的壮群体越人后人要依史书历称为"仲家"定名，他们却不认可，指出这是个他称，应以他们自称的"pu⁴jai⁴"定族名，于是定称为"布依族"。

以上说明，壮傣群体越人传承着上古越人谓山间平地或川谷平原为"ço：ŋ⁶"此一词语。日逝月流，壮群体越人的后人和傣群体越人的后人照样传承不误，只是由于各地各群体产生音声变化，出现互差而已。比如，布依族和操壮语北部方言的壮族依同往昔谓"ço：ŋ⁶"不变，而傣群体越人的后人和操壮语南部方言的壮族则将不送气声母"ç"变为送气声母"th"，音变为"thoŋ⁶"或"thuŋ⁶"。这就如同布依语和操壮语北部方言的壮族谓犁为"çai¹"，傣群体越人后人和操壮语南部方言的壮族则变为"thai¹"一样，根未变，只是音声有异。

由于居地的变化，一望无际、浩瀚无边的平原旷野展现在移居于中南半岛的傣群体越人及其后人面前，比如元代位今泰国西北部的八百媳妇"平川数千里，辖部广远"，④ 就是如此。这就与我国东南丘陵地区的山间平地大不相同了。因此，随着历史的发展，在傣群体越人及其后人语里，"平原"一词里便在"thoŋ⁶"（或"thuŋ⁶"）之后添上"mɤŋ²"或 məŋ² 后又引申为地方和行政区划名称。

mɤŋ² 一词，在傣群体越人语里于唐朝以前已经存在。《蛮书》卷 4《名类》载：

> 茫蛮部落，并是开南杂种也。茫是其君之号，蛮呼茫诏。从永昌城南，先过唐封，以至凤蓝苴，以次茫天连。以次茫吐薅。又有大赕、茫昌、茫盛恐、茫鲊、茫施，皆其类也。楼居，无城郭。或漆齿。皆衣青布袴，藤篾缠腰，红缯布缠髻，出其余垂后为饰。妇人披五色娑罗笼。
>
> 孔雀巢人家树上，象大如水牛。土俗养象以耕田，仍烧其粪。

---

① 《舆地纪胜》卷 106《邕州》。
② 《涑水纪闻》卷 13。
③ 《元史》卷 192《林兴祖传》；《元史》卷 63《地理志·新添葛蛮安抚司》。
④ （明）刘文征：天启《滇志》卷 4《属夷》。

漆齿，以干栏为居，孔雀与人为邻，养象耕田，示明"茫蛮部落"乃是指称傣群体越人的后人。他们传承上古越人谓王谓王子谓官谓首领为"tsau³"（昭），显然，"茫是其君之号"属误记了。氐"诏"越"昭"，音相近译字不同，以氐"诏"取代越"昭"也是误写了。而且，"蛮呼茫诏"之后是"茫天连""茫吐薅""茫昌""茫盛恐""茫鲜""茫施"等一连串以茫为起首的地名，说明"茫"是个地方名称，不"是其君之号"。

方国瑜先生觉得《蛮书》"茫是其君之号""此语不可解"。"疑'君'为'居'字形近而误。"① 这符合文义，符合傣群体越人后人的社会存在。

"茫"是傣群体越人后人语词"mɤŋ²"（məŋ²）的近音译写字。"mɤŋ²"（məŋ²），元、明又近音译写作"孟"，清及其后则又近音译写作"勐"。比如，孟乃甸、② 孟爱府（治今缅甸掸邦景栋东北孟开）、孟隆路（治今缅甸掸邦景栋东燕孟伦）、孟养府（治今缅甸克钦邦孟养）、孟杰路（治今泰国清迈东北）、孟绢路（在今泰国清迈以南）、③ 孟缅甸、孟梳甸（甸在今云南省景东县）、④ 勐腊、勐遮等。

mɤŋ²（məŋ²）一词，怎样由指平原指地方引申为地区和行政区划的名称，泰国著名学者披耶阿努曼拉查东在《泰人过去的生活》一书中作了索引。他说，泰国人，如同其他的壮傣语支所含各族或群体语一样谓村子为"版"（ban³）。"版"是居民的集居点。位于平原上，位于平原的临河地区。"勐"本为平原为地方的称谓，可人无灭虎心，岂无防虎意？所以在集居点居住的人为防不测，往往预作防范，在"村子周围挖了沟堑，或筑了城墙，防备敌人进攻，这样的村子就叫'勐'"。

有无预防敌人进犯的设施，这就是"版"（ban³）和"勐"（mɤŋ²）的区别。不过，由于"版"和"勐"都是在平原上居民集群居住点，词义十分相近，所以一般口语就把这两个词结合起来，称为"版勐"（ban³ mɤŋ²）。"版勐的含义很广，不仅指'版'，指'勐'，指国家，还指天国、人间和地狱。"于是，勐既指平原地方，也"作为国家的一个行政单位"保存下来了。⑤

南诏国主是"乌蛮"。其主体国民是"乌蛮"和"白蛮"。他们是氐的后人，称平原为川，因此"川"的地名遍布于云南地区。而傣群体越人后人则谓平原谓地方为"mɤŋ²"（məŋ²），近音译写作"茫"，见于缅甸北部及云南南部的边缘地区，怎能说南诏国属于泰族？

傣群体越人后人谓平原谓地方为 mɤŋ²（məŋ²）译者近音译写先作茫，后作孟，再后又作勐，而"乌蛮""白蛮"谓平原为川，承自古代氐人而来，一直未变。"川""勐"二者均谓平原，可谓之者族系不同，音声相异。此有如谚语说的"生成的相，晒成的酱"，定性了的，无法改变，说满地皆"川"的南诏国属谓平原为"勐"的泰族所建，岂

---

① 《元代云南行省傣族史料编年》，云南人民出版社1958年版，第38—39页。
② 《元史》卷210《缅传》。
③ 《元史》卷61《地理志》。
④ 《明史》卷313《云南土司传一》。
⑤ 段立生译：《泰国当代文化名人——披耶阿努曼拉查东的生平及其著作》，中山大学出版社1987年版，第263—270页。

非梦吃!

本来历史上傣群体越人后人传承先人建干栏以为居,与南诏国"凡人家所居,皆依傍四山,上栋(栋梁)下宇(空间),与汉人悉同",① 完全不是同一类型的住房建筑形式。而且有如谚语说的"人是铁,饭是钢,一天不吃饿得慌",饭是人少不了、缺不得的。南诏国人"饭谓为喻",② 壮傣群体越人以来即谓饭为"耗"(khau⁴),几千年传承不变。"饭"是各民族基本习用词语,南诏国与泰族一谓饭为"喻"(yu),一谓饭为"khau⁴",迥然相异,不能有眼无珠,直以泰族的"khau⁴"等同于南诏国的"喻"(yu)。

过去有论者不察氏"诏"与越"昭"的区别,认为"诏"是泰语,"睑"或"赕"也是泰语,甚至《南诏德化碑》碑阴上罗列的"军将"一词也认为袭自泰语,这就是显得不地道了。军将,军中的主将,《周礼·夏官》已有说明。南北朝时,柔然立军法,"千人为军,军置将一人;百人为幢,幢置帅一人"。③ 军将、幢帅,这是柔然人的军法,依于汉语,明示军将就是一军的主将。《旧唐书》卷100《裴潾传》附《裴宽传》载,裴宽"遇有(裴)敦复下军将程藏曜、郎将曹鉴",说明唐朝也有"军将"一称,不是如同越人谓盐官为"朱(官)余(盐)"那样,④ 将修饰语后置。"军将"怎与"朱余"相同?以之来证实南诏国为泰族所建,岂不是瞎张罗!

二 泰为哀牢"九隆后人"质疑

傣群体越人后人与哀牢"九隆传说"拉上关系,一是老挝其地有"哀牢"之称;二是老挝有类同于哀牢先人的"九隆传说"。名实俱符,谁能否认老挝人不是哀牢九隆的后人!九隆的后人老挝人是傣群体越人后人中的一员,兄弟同源,自然傣群体越人后人也是哀牢九隆的后人。

《明史》卷315《云南土司传三》载,"老挝,俗呼挝家,古不通中国。成祖即位(永乐元年,1403年),老挝土官刀线歹贡方物,始置老挝军民宣慰使司"。成化十七年(1481年),"安南黎灏率兵九万,开山为三道,进兵哀牢老挝境,杀宣慰刀板雅及其子二人"。这明示着老挝地方的"哀牢"可与古代的"哀牢"有着传承关系,有着共同的祖先。

同时,老挝民间传说挝家有一女子生了9个儿子。当她怀第9个儿子之前,入江捕鱼触木有感而孕生了第9个儿子。传说称:

> 很久以前,在今天中国的四川边界,紧靠群山的湄公河谷,住着许多人,其中有一个妇女,她生有九个儿子。在她怀第九子之前,据说有一次去湄公河边打鱼。在打

---

① 《蛮书》卷8《蛮夷风俗》。

② 同上。

③ 《魏书》卷103《蠕蠕传》。

④ 《越绝书》卷8《记地传》:"朱余者,越盐官也,越人谓盐曰余。"朱,古读近州音,比如汉人《易林》"鹊鸠徙巢,西至平州。遭逢雷电,霹我茸庐",其中的庐读若间,州与之相叶,读朱。州即昭,为越语谓官谓王子的近音译写,《越人歌》中已见记载。

鱼的过程中，漂来一根粗糙的树干触着她的腿，从那以后她就怀上了第九子。当第九子长到一定年龄时，他母亲带着他到河边打鱼。正在她打鱼的时候，一条蛇（naga）游了过来，问她："我的儿子在哪儿？"慌乱之中，她只喊了"九隆"，便撇下儿子逃走了。蛇于是就舐了他的背。后当九个儿子都长大并成了家之后，第九子成为他们之中最聪明的一个，成了当然的领袖。后来这个女人所生的九个儿子就成了老挝人的始祖，并因此而称为哀牢，意为老挝兄弟。①

这就是老挝类同于哀牢沙壹触木而孕的"九隆传说"。

类同就是类似，不是相同，所以《吕氏春秋·有始览·应同》说："成齐（备列）类同皆有合（各皆有相应的匹配结果），故尧为善而众善至，桀为非而众非来。"

（一）二"九隆传说"本质非属同一类型

老挝的"九隆传说"与哀牢的"九隆传说"，都是关于民族群体本源的传说，如果一定寻求其相同，触木而孕，有了先人，就是唯一的共同点。然而，既然是一个民族群体的始祖，其产生当有地域、时域、端源、语言、婚姻、文化习俗的因素。以此观照，哀牢"九隆传说"诸要素齐备，而老挝"九隆传说"无端无源，地域不明，时间混乱，语言模糊，婚姻不具，习俗无着，断胳膊少腿，脑袋也不见，显是有心人攀附比肩，于虚空中穿凿出来的。

为明究竟，先看一看《后汉书》卷116《西南夷传》关于哀牢"九隆传说"的记载：

> 哀牢夷者，其先有妇人名沙壹，② 居于牢山，尝捕鱼水中，触沈木若有感，因怀妊，十月产子男十人。后沈木化为龙出水上，沙壹忽闻龙语曰："若为我生子，今悉何在？"九子见龙惊走，独小子不能去，背龙而坐，龙因舐之。其母鸟语，谓背为九，谓坐为隆，因名子曰九隆。及后长大，诸兄以九隆能为父所舐而黠（机敏聪慧），遂共推以为王。后牢山下有一夫一妇，复生十女子，九隆兄弟皆取以为妻。后渐相滋长，种人皆刻画其身象龙文，衣着尾。
>
> 九隆死，世世相继。

关于哀牢"九隆传说"的记载，除见于《后汉书》，又见于东晋常璩《华阳国志》卷4。而且东汉应劭《风俗通义》和杨终《哀牢传》也记载其事，虽然《哀牢传》久佚，《风俗通义》也多散失，但是唐朝章怀太子李贤注《后汉书·西南夷传》都注明二书载有其传说，更引了《哀牢传》一节文字。当时人载当时事，"九隆"固系传说，"九隆"后人所建的哀牢国在东汉时代却是真实存在，是不能否定的。

物以类聚，人以群分。世上有人，为什么会分为种种民族群体，盖因始祖相异，民族群体不同。民族群体始祖如何而来，这就是民族群体起源传说的本质。

远古时代，人未省"男女构精，万物化生"的道理，他们认为一个民族群体的出现，

---

① 景振国主编：《中国古籍中有关老挝资料汇编》，河南人民出版社1985年版，第342页。
② 沙壹，《华阳国志》卷4《南中志》作沙壶。

肇起于其始祖。超群出众、独具神异、能建功业、光华人生的始祖，都是天神授意，或食物受孕或触物有感孕而生人。比如天命玄鸟遗下卵蛋，简狄吞了就孕生了契，成为商朝的始祖。这就是《诗经·商颂·玄鸟》的"天命玄鸟，降而生商"一句说的。哀牢"九隆传说"谓妇人沙壹在水中捕鱼触木而孕，一胎生下九隆10兄弟，就是此一类传说。

观照老挝的"九隆传说"，与哀牢的"九隆传说"就大相径庭了。

哀牢"九隆传说"沙壹在水中触木感孕，一胎生下10个儿子，老挝"九隆传说"不知母名，此女生有9个儿子，此9个儿子既不是一胎所生，前8个儿子不详是跟谁或什么物品交媾而生，只有第9个儿子是"触木"怀孕而生。此女的这9个儿子是"老挝的始祖"，岂不是鱼龙混杂变味走调了！岂不是跟哀牢沙壹受天之命触木孕生10个儿子的"九隆传说"本质上完全不同！

受天之命触木有感而孕生出孩儿，这是远古时代蒙昧状态下人们的意念。老挝先人女子已经跟人生了8个孩儿，这触木孕生的第9个儿子即"九隆"就属夤缘攀附有意添加，不是原始人类蒙昧状态下产生的传说了。

（二）二传说产生的时域尽殊、地域悉异

"九隆"的后人建了"哀牢国"，这就是李贤注《后汉书·西南夷传》引东汉杨终《哀牢传》记载的"九隆代代相传，名号不可得，而数至禁高，乃可记知。禁高死，子吸代；吸死，子建非代；建非死，子哀牢代；哀牢死，子桑藕代；桑藕死，子柳承代；柳承死；子柳貌代；柳貌死，子扈栗代"。显然，"九隆"后人称"哀牢国"，是在建非之子哀牢担当王位的时候。可能哀牢治政有方，国力鼎盛，声名显著，于是以他的名字定作该国人的称谓。相沿而下，于国称"哀牢国"，于人称"哀牢人"。

由于"哀牢国"或"哀牢人"处于西汉、东汉的西南边疆，没姓没氏，社会发展又略为滞后，有魄力的首领殁后，便呼啦散架，小首领们各依山川形势坐地为王，未能合成一体，诚如《后汉书》卷116《西南夷传》记载的一样："乃分置小王，往往邑居，散在溪谷。"由于"绝域荒外，山川阻深，生人以来，未尝交通中国"。这"中国"，就是指中国腹地的历代中央王朝。杨终《哀牢传》记载的哀牢国八大王名，如以每代25年计，8代当是200年。而《哀牢传》记载八大王前还有"九隆代代相传，名字不可得，而数至禁高，乃可记知"一句，说明哀牢"九隆传说"当始于春秋、战国或其前了。

哀牢国盛于东汉初年。《后汉书》卷116《西南夷传》载，建武二十三年（47年），哀牢王贤栗发兵乘筏攻打邻近的"鹿多"人。这个贤栗与杨终《哀牢传》记载的哀牢王柳貌之子扈栗关系如何，不详；鹿多，李贤注说"其种见在"。这"鹿多"人，就是《元史》卷61《地理志》记载的元朝丽江路军民府辖下的兰州（今云南省兰坪县）"唐为卢鹿蛮部"。这就是说，东汉的"鹿多"，就是唐朝的"卢鹿"人。

贤栗攻打鹿多人，却天时不利，"震雷疾雨，南风飘起，水为逆流，翻涌二百余里"，筏没溺死几千人；再战，又被鹿多人"杀其六王"。埋了死的六王，晚上又被老虎拖出吃了。际此境况，贤栗反思："我曹入边塞，自古有之，今攻鹿多，就被天诛，中国其有圣帝乎！"慕贤心倾，建武二十七年（51年）贤栗率部众到越嶲郡（治今四川省西昌县东南）太守郑鸿处投诚，求内附。汉光武帝刘秀封贤栗为"君长"。自此，贤栗岁岁朝贡，

诚心内附。又过了18年，永平十二年（69年）哀牢王柳狼派其子率族人内附讨封。① 他们中称"邑王"的77人，口有553711之众，于是，汉明帝以其地设置哀牢（治今滇西盈江县）、博南（治今滇西永平县西南）二县，并罢益州西部部尉，将其所属的不韦（治今滇西保山市东北鸡村）、嶲唐（治今滇西云龙县西）、比苏（治今滇西云龙县境）、叶榆（治今滇西大理市）、邪龙（治今滇西巍山）、云南（治今滇西祥云县东南云南驿）六县与此二县设置永昌郡。②

郡县设置，道路畅通，改变了汉武帝以来欲通身毒（今印度）而"闭于嶲昆明"的状况。山高谷深，林茫茫，水汹汹，被派往身毒而在路途艰难跋涉的"行者"如坠苦海，怨恨嗟叹唱道："汉德广，开不宾（不臣服的），度博南，越兰津。度兰津，为他人。"③博南，指博南山，在今滇西永平县西南；兰津，就是今澜沧江。这昭示了哀牢王统辖的哀牢、博南二县，就是在今云南永平县西南，包括今云南腾冲、德宏傣族景颇族自治州及缅甸北部的克钦邦等地。据《华阳国志》卷4《南中志》的记载，此一方域，不单有哀牢人，还有闽濮、鸠獠、僄越、裸濮、身毒之民，但以哀牢人为主。

哀牢地区设县以后又过7年，建初元年（76年），哀牢王类牢与守令忿争，杀守令率众反叛，攻夺嶲唐城，兵破博南县。汉章帝发兵征讨。次年春，邪龙县昆明夷首领卤承等率众于博南大败类牢，并将其斩杀，传首于京都洛阳。因此功劳，东汉封卤承为"破虏傍邑侯"。从此，哀牢人就衰落下来了。④

哀牢人的"九隆传说"产生于邈而不可及的远古时代，兴于西汉，显于世人眼目的是在东汉建武二十三年（47年）至建初元年（76年）近30年间。由于他们反汉而衰落，此后其人音息旷不达，唯见怒江滔滔往南流。直至唐朝中期以后因他们"为南诏所总（统领），攻战亦点（征点）之"，哀牢后人始复以"穿鼻蛮部落"见载于《蛮书》卷4《名类》中："穿鼻蛮部落以径尺金环穿鼻中隔，下垂过颐（脸颊）。若是君长，即以丝绳系其环，使人牵起乃行。其次者，以花头金钉两枚从鼻两边穿，令透出鼻孔中。""穿鼻儋耳"，是哀牢人特异的身饰特征，《后汉书·西南夷传》中已有记载。

哀牢"九隆传说"及其后人如此，老挝的"九隆传说"则时空混乱，显得不伦不类，叫人看不懂。

第一，产生的地域不明，难得跟哀牢"九隆传说"产生的地域重合。

哀牢"九隆传说"产生于今云南省永平县西南牢山下的澜沧江边，老挝的"九隆传说"却产生于"今天中国的四川省边界，紧靠群山的湄公河谷（即澜沧江）"，虽然一水通上下，但是"四川省边界、紧靠群山的湄公河谷（即澜沧江）"岂可与已经流入今云南西部永平县西南牢山下的澜沧江河段同日而语？牢山一点定出了澜沧江的水域，与"四川省边界，紧靠群山的湄公河谷（即澜沧江）"的茫茫漠漠、无可捉摸的水域，虽同是澜沧江而水域各异。何况，澜沧江从今中国云南西双版纳傣族自治州流入缅甸、老挝以

---

① 《后汉书》作柳貌，与哀牢前王重名，疑讹，今依《华阳国志》卷4《南中志》改正。
② 《后汉书》卷2《明帝纪》。
③ 《后汉书》卷116《西南夷传》。
④ 同上。

后始称湄公河，河的上游、下游分属不同的名称，不能以河下游的名称定河上游的名称。因此，"四川省边界紧靠群山的湄公河谷"可说是个模糊不明，所指的水域当为何处就难以恰当地说明了，与哀牢"九隆传说"产生的牢山下澜沧江边难以重合，不是一个地方。

第二，老挝"九隆传说"产生的时域不清晰，远离于哀牢"九隆传说"产生的时域，悖于情逆于理。

哀牢"九隆传说"产生于西汉哀牢八王之前遥不可追的远古时代。那时的人类还处于蒙昧之中，尚未省知"男女构精，万物化生"的底蕴，于是有"天命玄鸟，降而生商"的意识观念，出现诸如在水中触木受孕生人的事象。可老挝的"九隆传说"却不是如此。该传说称："很久以前，在今天中国的四川省边界，紧靠群山的湄公河谷（即澜沧江）"，"住着许多人"，其中有一个妇女已经跟人生了8个儿子，在河边打鱼时又触木而孕生了第9个儿子。这就奇了怪了，此女跟人交往有了8个儿子，还不明白"男女构精，万物化生"的底蕴，还会存在在水中触木而孕生子的意识、观念和事实？

中国的四川省，缘于10世纪60年代至13世纪70年代存在的宋朝设置的成都府路、潼川府路、利州路和夔州路等川陕四路。元朝以川陕四路设置四川等处行中书省，① 于是有"四川"一名。明朝将四川等处行中书省改为四川等处承宣布政使司；② 入清，顺治二年（1645年）置四川省，历史上始有"四川省"一名。③ 这就揭示了老挝的"九隆传说"产生于我国的清朝时期，其时间或是清朝前期。这就是无事生非了。

不说"男女构精，万物化生"的底蕴，就是家禽家畜雄雌交合而孕生雏畜的机理，春秋战国或其前的壮傣群体越人时代就已经了然于胸。壮傣语里有个词谓"to：n^1"，汉语义就是阉。阉就是阉割或去势，就是将鸡、猪、牛等家禽家畜的卵巢或睾丸破坏或摘除，使其丧失生殖功能，按照主人的意愿进行养殖。壮傣群体越人未分化各自发展时即已有如此的认知和行为，岂有时至17世纪的清朝前期还存有"在水中触木受孕生人"的原始认知！

（三）二传说主体语类相别

有人必有语。哀牢"九隆传说"记述妇人沙壹在水中捕鱼，因触木而孕生下10个儿子。后来沙壹带着孩子们重在河边捕鱼，当年的沈木化为龙，问沙壹："你给我生的孩儿，今都在哪儿？"10个孩子中9个较大的见了龙都吓得跑了，唯最小的那个跑不了，便坐在龙背上，龙慈爱地用舌尖舔着孩儿。沙壹操着不可晓的"鸟语"，"谓背为九，谓坐为隆"，因称她的孩子们为"九隆"。

最小的那个孩儿能坐在龙背上，得到父龙用舌头舔拭，最宠尊，最聪敏，后来九兄弟便推他们这个最小的弟弟为王。"谓背为九，谓坐为隆"，于是这个故事传说就称为"九隆传说"。时日推移，九隆王代代传承，其后人有王名哀牢，国称哀牢，国人称哀牢，传说故事也称为"哀牢九隆传说"。

哀牢人"谓背为九，谓坐为隆"，这是他们的语言。老挝的"九隆传说"没有标出其

---

① 《元史》卷60《地理志》。
② 《明史》卷43《地理志》。
③ 《清史稿》卷69《地理志》。

语"谓背为九,谓坐为隆",只说已经生了8个儿子的妇人在打鱼时触着"粗糙的树干"受孕生了第9个儿子。过了些年,孩子略大了,母子二人重在河边打鱼,早年那根让她受孕生下儿子的"粗糙树干"变成了条蛇(naga)来询问儿子的所在。她慌乱中无端地喊了一声"九隆"便逃走了。于是这个故事传说便成了"九隆传说"。后来,不仅那个妇女触着树干受孕而生的第9个儿子成了首领,连她以前不是触着树干而生的前8个儿子都成了"老挝人的始祖,并因此而称为哀牢,意为老挝兄弟"。

两相比较,透露出了老挝的"九隆传说"本无其事,是后生的,是附会而生的,攀缘之点,就是老挝在中国历史上明朝时曾称"哀牢"。哀牢有"九隆传说",老挝的哀牢也当有"九隆传说"。因老挝的"九隆传说"属附丽而来,便无其根:"谓背为九,谓坐为隆"。

老挝的主体居民属傣群体越人的后人,也就是他们中的小泰,其语谓"背"为"laŋ⁶",谓"坐"为"naŋ⁶"。二词语一同于壮语和布依语,说明自赵佗割据岭南建南越国时期壮傣群体越人分化各自发展以后,虽经近2000年的历史发展、外族文化影响以及本身的语音变化却未见稍异,唯怒江(下游称伊洛瓦底江)以西的大泰语(即今云南的德宏傣语和缅甸的掸语)"坐"的声母"n"变成了"l"。为了免混同于"背部"的"laŋ⁶",他们口语加了"be⁶"一音,在他们那里"背部"于是成了"be⁶laŋ⁶"一词。

音随时变,随地变,随群体不同而略见变化,这是同一民族群体语音变化的常态,但必须有规律可循。壮语、布依语及小泰语的"n"声母,在大泰语里变成"l",这是有规律可循的。比如,水谓nam⁴,大泰语则变为lam⁴;皮肤谓naŋ¹,大泰语则变为laŋ¹;脓谓no:ŋ¹,大泰语则变为loŋ¹等。n变音为l,说明同一族群的不同群体间同一词语随着时异语音略生变化,但其本未变,还可以追溯变与未变为同一来源关系的词语。

由此可以清楚,哀牢人的语言与壮傣语各属于不同的语言类型。不能认为老挝历史上曾有"哀牢"之称,便可摒除语言障碍,硬生生地附丽于哀牢"九隆传说"来个老挝"九隆传说",幻影成形自我感觉哀牢的"九隆"是"老挝人的始祖"。

一改剪发为"雕髻",一剪发依故而行,说明自南越国时期壮群体越人和傣群体越人分化各自发展以后,傣群体越人从岭南西走南去,分布于中南半岛的中北部直至印度半岛的东北部布拉马普特拉河流域,这可说是他们立足的根基,新址的主人。东汉建武十二年(36年)"九真徼外蛮里张游率种人慕化内属,封为归汉里君"。① 九真郡治今越南清化省清化,九真徼外当是今老挝的北部地区。这是记载壮傣群体越人变称为"俚"为"獠"之始,能说两汉之际在今老挝的地面上没傣群体越人及其后人居住!

又过了71年,永初元年(107年)"九真徼外夜郎蛮夷举土内属,开境千八百四十里"。② 这"夜郎蛮夷"当是因俗同语同于云贵高原上的"夜郎"(今布依族人)而得名。云贵高原上的"夜郎",就是三国时的"牂柯獠"。所以,今老挝境内的"夜郎蛮夷"进入魏晋及其后也自然被称为"獠"人。唐代新罗人崔致远随安南都护高骈履职到达今中印半岛,撰了《补安南录异图记》,说安南都护府除管辖峰、骥、演、爱等12个正州和羁

---

① 《后汉书》卷116《南蛮传》。

② 同上。

縻 58 州外,"有山横亘千里而遥,邃（深远）穴深岩,为獠窟宅,蛮蛋之众六种星居。邻诸蕃二十一区管生獠二十一辈（类）"。① 此山就是长山山脉,山的东侧是今越南,西侧就是今老挝的境土。这说明不仅今老挝境内为"獠"等民族居住,而且今越南西北峰州以上也是"獠"的家乡。

"獠","音老"。《太平御览》卷 356《兜鍪》引晋朝郭义恭《广志》已经点明,说明"獠"也可写作"老"或"佬"。老人属傣群体越人的后人,元朝及其前,他们自称"白衣",这就是唐代协助南诏攻打安南都护府的"白衣没命军"及宋朝在今越南西北部和老挝北部存在一个"白衣九道"或"九道白衣"的由来。②

在壮傣语里,"白"是"pu^4"的近音译写字,是人的特称冠词,"衣"才是其自称的近音译写字。所以,布依族实际自称是"jai^4"或"joi^4","pu^4"即"布"只是其语自称的特称冠词。

明代,今老挝傣群体越人后人曾称"哀牢"。汉语"哀",古又读作"于希切,音衣",见《康熙字典》。比如,《诗经·小雅鹿鸣之什·采薇》"行道迟迟,载渴载饥。我心伤悲,莫知我哀",③ 以及《诗经·小雅小旻之什·四月》"山有蕨薇,隰有杞椶。君子作歌,维以告哀"。④"哀"与"饥""椶"叶韵,即读"于希切"。所以,明代老挝曾出现过"哀牢"一称,实际就是"衣老"或"衣佬"的汉语近音异译写字,非同于东汉、西汉及其前的"哀牢"。

"衣"是老挝傣群越人后人的自称,"佬"或"老"是他称,"衣佬"是自称与他称的联合称词,犹如壮群体越人及其后人汉代既称"瓯骆"宋代又称"猗撞"一样,"瓯""猗"是他们的自称词,"骆"和"撞"则是他称词。所以,老挝明代出现的"哀牢"是"衣佬"的汉语近音异译写字,不同于东汉、西汉及其前存在的"哀牢"。时不同空也横断,不要因明代老挝的"哀牢"与 1000 多年前两汉时代今云南西部边地的"哀牢"字面相同而横生夤缘攀附之念,也来个不伦不类的"九隆传说"故事。

（四）二传说主体习俗殊异

哀牢人有其语言,属傣群体越人的老挝也有其语言,二者类型不同,传递出哀牢人与傣群体越人后人的老挝人属于不同的民族群体。

语言是文化存在的根本形式。文化通过语言才能存在,才能流传于社会中,才能实现文化的群体性。哀牢人与老挝人的相异性,导致了其文化的相异性特征。

在人类意识观念幼稚的时代,哀牢人临河而居,捕鱼维生,幻觉在水中"触木"受孕生了其先人,后来认知此木乃是龙所变,他们于是成了龙的传人。为了念祖,他们"刻画其身象龙文,衣着尾","穿鼻儋耳,其渠帅自谓王者耳皆下肩三寸,庶人则至肩而

---

① 《桂苑笔耕集》卷 16,四库丛刊本。
② （宋）范成大:《桂海虞衡志》,《文献通考》卷 328 引;（宋）李焘:《续资治通鉴长编》卷 297。
③ 意即:"思家心切,如饥如渴,分外觉得路走得太慢。我内心的伤悲,是没有人能够知道的。"
④ 山上有蕨有薇,低地有枸杞有椶树。草木犹有托身之处,而我竟然流落四方,无安身之所。因此作歌,用来吐诉我的悲伤。

已"。① 这就是他们的习俗文化。虽然东汉建初二年（77年）因其王类牢反汉，被"昆明夷"首领卤承斩首，部落星散，哀牢衰落。星散的哀牢人散居于今滇西、中南半岛西北部及印度半岛东北的丛林溪谷中，一代一代地传承着先人的习俗文化。

唐代，南诏国称雄云南，他们臣服于南诏，听从南诏的征召，被称为"穿鼻蛮"，樊绰将他们记载在《蛮书》卷4《名类》中。

范宏贵先生说，古哀牢人的传人就是今缅甸的克伦人。在现在缅甸掸邦和泰国米宋春府（mi hon xuan）交界的勐迈格镇，还不时见到穿鼻的克伦人。② 这可说是前有记载，今仍见在。哀牢人虽不强势，可经历了几千年历史风雨的洗礼，仍然绵绵延延，蔓蔓日茂。

傣群体越人及其后人的先人上古越人也是临水而居，入水作业，食水产物维生。而那个时候，我国东南沿海广布着既适于海水又适于淡水的湾鳄，即马来鳄。湾鳄食人害人，上古越人少不了遭受其害。他们称湾鳄为"$tu^2 \eta ak^7$"，汉文书作蛟龙。入水为避蛟龙的侵害，他们剪发文身，仿似其类，乱其视角，错其认知，避受其害。这是被迫的。傣群体越人及其后人，传承着上古越人"剪发文身"此一习俗文化。这与哀牢人认龙为先人，奉龙为图腾，自愿仿之，其文身是自愿的不同。

至于哀牢人"穿鼻戴环"或以"花头金钉穿透鼻孔"为饰，壮、傣群体越人及其后人却是以"鼻饮"见称于史。穿鼻戴环塞住鼻道，鼻饮则需鼻道通畅，哀牢人与壮傣群体越人及其后人其习俗文化自属不同类型。因此，樊绰《蛮书》卷4《名类》在"穿鼻蛮"之外，凡属傣群体越人后人的"黑齿蛮、金齿蛮、银齿蛮""茫蛮部落"和"崇魔蛮"（桃花人）等则另立条目进行记载，不与"穿鼻"的哀牢后人相混。由此可知，傣群体越人及其后人与哀牢是不同的，老挝的"九隆传说"与哀牢"九隆传说"本质也是不同的。

---

① 《后汉书》卷116《西南夷传》。
② 《同根异枝的壮傣族群》，广西民族出版社2013年版，第126—131页。

卷下

壮族及其先人社会
文化发展

第一篇　环境·社会·人口

第一章

岭南自然生态环境及其变化

秦朝灭亡，西汉建立，原来戍守岭南的秦朝戍将赵佗割据岭南建南越国，向西击并桂林、象郡二郡，向南破安阳王国，又强令壮傣群体越人改易祖传的标识——其人文化特征的"断发"为"魋结"，迫得原居住于岭南的壮傣群体越人分化，傣群体越人离岭南南去西走，于是岭南成了壮群体越人存身之所，岭南的自然生态环境成了壮群体越人历史和文化发展的依托。

第一节　岭南自然生态环境

一　气温·雨水·山川·森林·洞场

南岭山脉横贯于北，将岭南与中原断开，自是"岭南岭北异风烟"，[①] 岭南地方"鸡犬桑麻自一天"。[②]

岭南，北回归线横贯东西，属于亚热带季风气候区。"惊风乱飐芙蓉水，密雨斜侵薜荔墙。岭树重遮千里目，江流曲似九回肠。"[③] "瘴江南去入云烟，望尽黄茅是海边。山腹雨晴添象迹，潭心日暖长蛟涎。射工巧伺游人影，飓风偏惊旅客船。"[④] 这是唐朝"文起八代之衰"的唐宋八大家之一的柳宗元所作的岭南地区风雨、气候、山川、地形、生物大概形势的描绘。

---

① （宋）邹浩：《寄葛长源》，（清）汪森《粤西诗载》卷13。
② （明）林弼：《龙州十首》其十，（清）汪森《粤西诗载》卷23。
③ （唐）柳宗元：《登柳州城楼寄漳汀封连四州》，《柳河东集》卷42。
④ （唐）柳宗元：《岭南江行》，《柳河东集》卷42。

"五岭皆炎热，宜人独桂林。梅花万里外，雪片一冬深。"① 唐朝大诗人杜甫的名句吟诵千古，腊冬时节桂林虽略见其雪，但是"桂林无落叶，梅岭自花开"，② 这却是与中原显出不同的。

"南国无霜霰，连年对物华。青林暗换叶，红蕊欲开花。"③ "地暖无秋色，江晴有暮晖。"④ 可是，岭南气候春半也如秋。"南方地气暖，冬树多不脱叶。而榕树至二月新枝欲长时，其叶一二日尽下，满庭飘舞。柳州诗（指柳宗元的《柳州二月榕叶落尽偶题》一诗）'宦情羁思共凄凄，春半如秋意转迷。山城雨过百花尽，榕叶满庭莺乱啼'，盖纪实也。"⑤ 这就是"山石不出云，岩空树根贴。未知秋去时，春风下黄叶"。⑥

岭南古代居民越人传人之一的壮族、布依族，其语只有冷（nit⁷）、热（da：t⁷）之分，暖和（Ôau³）与凉快（çam⁴）的感觉，没有气温的具体计量。古代流行的"雨下便寒晴便热，不论春夏与秋冬"的谚语，⑦ 传神了岭南气候和气温变化的特点。南宋周去非《岭外代答》卷4《广右风气》具体描述了古代广西钦州的气温变化情况。他说："钦（州）阴雨则寒气渐渐袭人，晴则温气勃勃蒸人。阴湿晦冥，一日数变，复顷刻明快，又复阴合。冬月久晴，不离葛衣、纨扇；夏月苦雨，急需袭被重裘。大抵早温昼热，晚凉夜寒，一日而四时之气备。九月梅花盛开，腊月已食青梅；初春百卉荫密，枫、槐、柳、榆四时常春。"因此，从中原来到岭南做官的人，都不期而然地感喟："独怜寒暖候，不与故乡同！"⑧

"北风旋顽阴，风急便成雨。月无三日晴，蜗牛上庑台。"⑨ 古代，岭南雨是有名的。"所恨冥冥雨，梅天不肯明。"⑩ "一雨五日余，南秋三伏（一年中最炎热的时候）凉。"⑪ 因此，有人就将成雨的乌黑云团安个有意识的主宰者，专门游戏人间，称为"玄豹"。比如，唐朝人柳宗元《雨中赠仙人贾山人》一诗即说："寒江夜雨声潺潺，晓云遮尽仙人山。遥知玄豹在深处，下笑羁绊泥涂间。"⑫

古代，岭南一年中所下的雨量多且时间长。《古今图书集成·方舆汇编·职方典》卷1415《庆远府风俗考·河池州》引清朝初年退职返家的黎胤所撰的《河池州志》说："余尝有句云'一春三月雨，十日九阴天'：是多雨潦也。"

---

① （唐）杜甫：《寄杨五桂州谭》，（清）汪森《粤西诗载》卷10。
② （唐）刘长卿：《送裴二十七端公使岭南》，（清）汪森《粤西诗载》卷10。
③ （唐）孟浩然：《题梧州陈司马山斋》，（清）汪森《粤西诗载》卷10。
④ （唐）李商隐：《桂林路中作》，（清）汪森《粤西诗载》卷10。
⑤ （明）魏浚：《西事珥》卷2《春半如秋》。
⑥ （明）徐问：《广西风土四首》其二，（清）汪森《粤西诗载》卷21。
⑦ （宋）周去非：《岭外代答》卷4《广右风气》。
⑧ （明）鲁铎：《上林道中》，（清）汪森《粤西诗载》卷11。
⑨ （明）徐问：《广西风土四首》其一，（清）汪森《粤西诗载》卷21。
⑩ （宋）陈傅良：《送于怀忠教授象州》，（清）汪森《粤西诗载》卷10。
⑪ （宋）张栻：《望后一日，与客自水乡登湘南，月色甚佳。翌日，用乡字的韵简试之》，（清）汪森《粤西诗载》卷2。
⑫ 《柳河东集》卷42《古今诗》。

岭南久雨之后放晴有个显著的特点，就是烈日将出先重雾。明朝人魏浚说："南中多雨，诘旦（明天）将霁（jì，放晴），必有晚照倒射。而是晨（此天早上）重雾四塞，日出反迟。唐人有云：'重雾报晴天。'又云：'积阴春暗渡，将霁雾先昏。'二诗皆可补杂占（诸种预测）之阙（缺漏）。"①

　　又冬干时节，岭南腊月却无端多雨，大与中原相异。魏浚说："予《腊日山行》诗有'趁归旅客惊年暮，罢市居人苦雨多'之句，燕中（今河北省）友人见之谓非实境，盖未睹南方物候故也。西中（今广西）腊月之雨尤甚，不独蜀之有漏天也。"②

　　"风雨急来"，③"飓风惊客"。④飓风就是夏秋之间的大风。飓风一来，暴雨猛作，风雨交加，拔木偃树，吹倒房屋，河水泛滥，冲决堤坝，淹没田野，淹没村庄，使群众人死畜失，一贫如洗，造成极大的伤害。

　　"十日十夜雨不休，龙城水欲女墙流。东市撑船过西市，不知撞破几烟楼。"⑤面对不时的水、旱灾害，历史上壮群体越人及其后人无能为力，只能叩求于天，诉愿于神，祈求于天神的帮助。遗留至今的广西左江崖壁画，就是古代壮傣群体越人对水神祝祭的画卷。岭南各地修建的雷神庙以及唐、宋以后兴起的龙母庙，既是壮群体越人及其后人祈雨祝祭的场所，也是祈晴叩祝的神灵。

　　唐代，靠于郁江（今邕江）边的邕州，居民都集中在北岸。每年夏秋间，雨季来临，山洪暴发，郁江泛滥，城区淹没，百姓受灾受难，官家也无立足之地。景云间（710—711年），邕州司马吕仁高在郁江南岸开挖沟渠，将洪水分流。自此，消除了郁江水患，居民开始散居于郁江南北两岸。吕仁高掘河分流，为壮族先人行了一善举，功载史册，为后人所感念。⑥

　　"越岭千重合，蛮溪十里斜。"⑦"岭势频开合，猿声乍有无。"⑧"绝壁三千丈，荒烟八九家。"⑨岭南是个丘陵地区，西承云贵高原，延续着云贵高原的山脉，同时五岭又横亘于北，形成了山体一排排，岭坡串岭坡，形成川谷繁复、山断壑开的地形框架结构。因此，人行其中，既有"山路与云连""攒峰乱刺天"的印象，⑩也有"山路奇还险，肩舆阻复通。有时疑坠井，忽地欲凌空。襟袖云中气，旌旗树里风"的感觉。⑪

　　岭南山与山间，溪河流淌，河谷纵横。这些河流，既属珠江水系和长江水系的，也有流入越南属红河水系的。壮语称江河为 ta^6，谓山谷为 $lu:k^8$。而山，除了土山之外，还

---

① （明）魏浚：《西事珥》卷2《晴候》。
② （明）魏浚：《西事珥》卷2《腊月多雨》。
③ （明）徐问：《广西风土四首》其一，（清）汪森《粤西诗载》卷21。
④ （唐）柳宗元：《岭南江行》，《柳河东集》卷42。
⑤ （明）桑悦：《柳州大水》，（清）汪森《粤西诗载》卷23。
⑥ （宋）乐史：《太平寰宇记》卷166《邕州》。
⑦ （唐）宋之问：《过蛮洞》，（清）汪森《粤西诗载》卷10。
⑧ （宋）陶弼：《永平道中》，（清）汪森《粤西诗载》卷10。
⑨ （元）陈孚：《度三花岭》，（清）汪森《粤西诗载》卷10。
⑩ （元）傅若金：《桂林》，（清）汪森《粤西诗载》卷10。
⑪ （明）鲁锋：《上林道中》，（清）汪森《粤西诗载》卷11。

有石灰岩形成的岩溶山体，即喀斯特地貌。宋朝人戴复古《观静江山水呈陈鲁叟漕使》其一说的"山好石露骨，洞多岩复虚。峥嵘势相敌，温厚气无余"，① 就是这样的山体。壮语中，石山谓 pja¹，土山称 do：i¹。

"岭树重遮千里目，江流曲似九回肠。"② "越岭千重合，蛮溪十里斜。""竹迷樵子路，萍匝钓人家。""林暗交枫叶，园香覆橘花。"③ "千树夹道直，一水抱村流。清绝小丛林，绕舍竹修修。"④ "云开远景看林木，风带微香度野花。山不断青连碧汉，水微拖绿护田家。"⑤ 前人这些诗句都表明，古代岭南各地都覆盖着苍郁茂密的树木修竹。而原有的树林，由于壮傣群体越人对大木视若神灵，唯是恭敬维护，无所谓砍伐破坏行为。因此，满山树林，沿溪修竹，处处郁郁葱葱，自古至于明代，仍然是"岭树重遮千里目""山不断青连碧汉"的景象。

壮语、布依语谓树林为 doŋ¹ 或 dɔŋ¹，壮族中的侬支系及侬姓群体中的"侬"或者就是源此而来。

古代，壮群体越人所住的地方，汉译者又将 ço：ŋ⁶ 意译为"洞"。洞，也写作"峒"或"硐"。

以洞称越人所住的地方，就现在所见的史书记载，当始于记载南北朝时事的《陈书》。那时候的人，将越人所住的地方泛称为"洞"⑥ 或"山洞"⑦ "俚洞"⑧ "獠洞"⑨，以及具体指称的"黄洞"等。⑩ 这些"洞"或"山洞"是指洞穴还是什么，不清楚；而"黄洞"是不是指以黄姓为首领或居民为黄姓群体居住之处，也不清楚。一些不明实情者说："洞，山穴也。"他们说，柳宗元所以作《柳州峒氓》诗，"盖柳州之民，多有居岩洞间者"。⑪ 不过，就《陈书》卷 9《欧阳頠传》所说的"时湘（治今湖南长沙市）、衡（治今广东英德西洛洸）之界五十余洞不宾，敕令衡州刺史韦粲讨之"看，"洞"似不是山穴，而是指山间平地。

《隋书》卷 68《何稠传》载：

> 开皇末（600 年），桂州俚李光仕聚众为乱，诏（何）稠召募讨之。师次衡岭，遣使者谕其渠帅，洞主莫崇解兵降款。桂州长史王文同锁（莫）崇以诣稠所。稠诈宣言曰："州县不能绥养，致边民扰叛，非崇之罪也。"乃命释之，引崇共坐，并从者四人

---

① （清）汪森：《粤西诗载》卷 10。
② （唐）柳宗元：《登柳州城楼寄漳汀封连四州》，《柳河东集》卷 42。
③ （唐）宋之问：《过蛮洞》，（清）汪森《粤西诗载》卷 10。
④ （宋）孙觌：《硇岩寺》，（清）汪森《粤西诗载》卷 3。
⑤ （明）陈崇德：《夏日登宾州南楼》，（清）汪森《粤西诗载》卷 16。
⑥ 《陈书》卷 9《欧阳頠传》。
⑦ 《陈书》卷 12《徐度传》。
⑧ 《陈书》卷 12《胡颖传》《沈恪传》；卷 21《萧引传》。
⑨ 《陈书》卷 1《高祖纪上》。
⑩ 《陈书》卷 11《淳于量传》；卷 26《孙瑒传》。
⑪ 商务印书馆 1958 年刊行的《柳河东集》卷 42《南省转牒欲具江国图令尽通风俗故事》诗注。

为设酒食而遣之。崇大悦，归洞不设备。稠至五更，掩入其洞，悉发俚兵以临余贼。

显然，洞主莫崇不是一个山穴的主权者，洞是一个方域的称谓。韩愈《黄家贼事宜状》载，"黄家贼""其贼并是夷僚，亦无城廓可居，依山傍险，自称洞主。衣服、语言，都不似（汉）人。寻常亦各营生，急则屯聚相保"。① 此道出了唐代黄姓壮族先人的"洞主"是一个方域的首领，不是什么"洞穴"的首领。柳宗元写《柳州峒氓》一诗，所指的就是柳州此一方域居民的语言、习俗，并不是因为柳州人住在岩洞里而题作"柳州峒氓"。唐朝诗人宋之问有《过蛮洞》一诗，诗文称"越岭千重合，蛮溪十里斜。竹迷樵子路，萍匝钓人家。林暗交枫叶，园香覆橘花"，② 说明洞中溪流潺潺，竹子茂密，树木葱郁，浮萍绕着居家，人家园中笼罩着橘花的芳香，所谓的"蛮洞"不是什么洞穴而是"越岭千重合"中的一个地方。

北宋乐史《太平寰宇记》卷167《容州土产》引唐朝陆羽《茶经》说："容州（治今广西壮族自治区容县）黄家洞有竹茶，叶如嫩竹。土人作饮，甚甘美。"又卷158《恩州风俗》说恩州（治今广东省阳江市）"人以采甲香为业。土地多风少旱，耕种多在洞中"。"洞"中生长竹茶，而且人耕种多在其中，此"洞"岂能是"山穴""洞穴""岩洞"？记载道出了汉族文人笔下的"洞"是一方的地域。明朝嘉靖（1522—1566年）进士王问《郁林州》诗"旧属苍梧郡，今通南海军。峒中风转恶，岭外气全分。怪蟒呼人性，阴蛟吐瘴云。夷歌起樵牧，几度隔墟闻"，③ 其"峒中风转恶"句的"峒"，指的是郁林州此一方域。

北宋皇祐年间（1049—1054年），邕州不第进士石鉴进言于广西经略安抚使余靖，说：

> 向者，从（侬）智高东下，皆广源州蛮及中国亡命者，不过数千人，其余皆驱掠二广之民也。今智高据邕州，财力富强，必诱胁诸蛮，再图进取。若使智高尽得三十六洞之兵，其为中国患，未可知也。④

此"三十六洞"，就是南宋王象之《舆地纪胜》卷106《邕州风俗形势》"三十六洞印"条说的："先时，两江州洞各执山獠古铜印。治平四年（1067年）准朝廷给赐铜印，左江十八面，右江十八面。今所谓'三十六洞印'者，此也。继此，续降印识，固不止三十六也。"这些洞，是怎么一种情况？司马光《涑水纪闻》卷13记载了其中的结洞，说邕州三十六洞的酋长中，"惟结洞酋长黄守陵最强，（侬）智高深与相结。洞中有良田甚广，饶粳、糯及鱼，四面阻绝，唯一道可入"。这就基本描绘出了壮族及其先人所居的"洞"的轮廓："越岭千重合"，四面阻绝，唯一道可入，中有广阔的平地，溪水长流，居

---

① 《全唐文》卷549。
② （清）汪森：《粤西诗载》卷10。
③ （清）汪森：《粤西诗载》卷12。
④ （宋）司马光：《涑水纪闻》卷13。

民辛勤劳作，盛于鱼米之产。

又明朝刘文征天启《滇志》卷4《旅途志·粤西路考》载：

> 安德（今广西靖西县西安德镇）东历打滥箐。草丛乱生，木多桂竹、多棕，有山呼鸟鸣林中，谷响相答。自此多山，拔地突起。山环若城，中有平畴（平整的田亩）者曰硐，路出其中。出入之所，皆有石隘。良田美地，一年耕获，尝足支二三年。伐竹构居，绩绵为布。居民有老死不逾硐，如避秦人者。

"山环若城，中有平畴者曰硐"，这就是壮族及其先人关于"硐"一概念的内涵。所以，山间豁开的谷地平原，中有溪流滋润、可耕可种的地方，就是洞。也就是唐朝宋之问《过蛮洞》诗所说的"越岭千重合"中，有"蛮溪十里斜"，有"竹迷樵子路""林暗交枫叶""萍匝钓人家""园香覆橘花"的地方。①

"洞""四面阻绝，惟一道可入"，或"出入之所，皆有石隘"，洞主即洞首领以洞为据守之地，势力强大了也占领、控驭众多的洞，成为一方的霸主。北宋皇祐四年（1052年）侬智高给结洞首领黄守陵的信说：

> 吾向者长驱至广州，所向皆捷，所以还复邕州者，欲抚存汝诸洞耳。中国名将如张忠、蒋偕辈，皆望风授首。步兵易与，不足忧；所未知者，骑兵耳。
>
> 今闻狄青以骑兵来，吾当试与之战。若其克捷，吾则长驱以取荆湖江南，以邕州授汝；不捷，则吾寓汝洞中，休息士卒，从特磨洞借马，教习骑战，俟其可用，更图后举，必无敌矣。②

宋时，有"特磨道"的存在，却不见称为"特磨洞"的，而侬智高称"特磨道"为"特磨洞"，说明随着历史的发展，在壮族及其先人的观念里，"洞"既可指一个洞，也可指众多的洞合为一体的一个方域。

"山间谷地"或"狭谷平原"虽写作"洞"，但越语却不读作 dòng，而是谓为 ço：ŋ⁶，音近乎"双"。

19世纪50年代初，太平天国革命首义于广西壮族自治区桂平县北部紫荆山区金田村。金田村所在，四面环山，中为一开阔平川，是典型的山间谷地。居住在里面的壮人称该地为"金田 ço：ŋ⁶"。湖南人李汝昭《镜山野史》记载太平天国革命首义一事时，不袭时人之语，称"金田村"为"金田窻"。③ 窻，《集韵》说"昌容切，音冲"。这是近"双"的汉近音译写字，也是今壮族谓山中谷地或河谷平原为"ço：ŋ⁶"的近音译写字。以"窻"近音译写壮语"ço：ŋ⁶"，形声俱全，不蹈前人的"陇"或"洞"，既作了深入调查，又动了一番脑子，弥足珍贵。

---

① （清）汪森：《粤西诗载》卷10。
② （宋）司马光：《涑水纪闻》卷13。
③ 《太平天国》（资料集）第三册，神州国光社1954年版，第4页。

二　人在树间行，猿上驿楼啼

人类作为动物群中的一个成员，涵盖于自然生态环境的生物圈中。在自然生态环境的可容度内，由于人是生物圈里的最高发展，有语言，能思维，会制造生产工具，积极地调适自然生态环境，改造自然生态环境，创造调适于地区性自然生态环境的文化，从而增美自然生态环境，使自然生态环境更趋利于地区性人类群体发展的合理平衡，形成和谐融融的自然生态环境。古代，岭南的自然生态环境，就是这样一种自然生态环境。

　　峰攒入云树，崖喷落江泉。
　　巨石潜山怪，深篁隐洞仙。
　　鸟游溪寂寂，猿啸岭娟娟。①

　　奇峰岌前转，茂树隈中积。
　　猿鸟自相呼，风泉气相激。②

　　地暖无秋色，江晴有暮晖。
　　空余蝉嘒嘒，犹向客依依。
　　村小犬相护，沙平僧独归。
　　欲成西北望，又见鹧鸪飞。③

　　危桥属幽径，缭绕穿疏林。
　　迸箨分苦节，轻筠抱虚心。
　　俯瞰涓涓流，仰听啸啸吟。
　　差池下烟日，嘲哳鸣山禽。
　　谅无要津用，栖息有余阴。④

　　泛舟依岛泊，投馆听猿鸣。
　　石发缘溪蔓，林衣拂地轻。
　　云峰刻不似，苔壁画难成。
　　露挹千花气，泉和万籁声。
　　攀幽红处歇，跻险绿中行。⑤

---

① （唐）宋之问：《下桂江龙目滩》，（清）汪森《粤西诗载》卷20。
② （唐）张九龄：《巡按自漓江南行》，（清）汪森《粤西诗载》卷2。
③ （唐）李商隐：《桂林路中作》，（清）汪森《粤西诗载》卷10。
④ （唐）柳宗元：《苦竹桥》，《柳河东集》卷43。
⑤ （唐）宋之问：《发藤州》，（清）汪森《粤西诗载》卷20。

山腹雨晴添象迹，潭心日暖长蛟涎。
射工巧伺游人影，飓母偏惊旅客船。①

桂水春犹早，昭州日正西。
虎当官路斗，猿上驿楼啼。②

桂州西南又千里，滩水斗石麻兰高。
阴森野葛交蔽日，悬蛇结虺如蒲萄。③

绝壁三千丈，荒烟八九家。
黄茅青草瘴，黑质白章蛇。
橄榄高悬子，芭蕉倒吐花。④

路入春山春日长，穿林渡水意徜徉。
溪环石笋横舟小，风落林花扑面香。

竹屋茅檐三四家，土风渐觉异中华。
碧榕枝弱还生柱，红荔春深已著花。⑤

青枫夹道鹧鸪啼，古郡荒凉接岛夷。
……
光风冉冉吹香草，烟雨濛濛湿荔枝。⑥

桄榔叶暗临江圃，茉莉香来酿酒家。
月雾空蒙萤照水，霜风萧瑟鹭眠沙。⑦

无名异果自成树，没字残碑半是苔。
木杪山鸡知旦昼，江心仙鸟欠楼台。⑧

左江南下一千里，中有交州坠鸢水。

---

① （唐）柳宗元：《岭南江行》，《柳河东集》卷 42。
② （唐）李商隐：《昭州》，（清）汪森《粤西诗载》卷 10。
③ （唐）柳宗元：《寄韦珩》，《柳河东集》卷 42。
④ （元）陈孚：《度三花岭》，（清）汪森《粤西诗载》卷 10。
⑤ （宋）李纲：《象州道中二首》，（清）汪森《粤西诗载》卷 13。
⑥ （宋）李纲：《次贵州》，（清）汪森《粤西诗载》卷 13。
⑦ （宋）章岘：《次李昇之夜游漓江韵》，（清）汪森《粤西诗载》卷 13。
⑧ （元）刘志行：《藤江》，（清）汪森《粤西诗载》卷 14。

右江西绕特磨来，鳄鱼夜吼声如雷。
两江合流抱邕管，莫（暮）冬气候三春暖。
家家榕树青不凋，桃李乱开野花满。
蝮蛇挂屋晚风急，热雾如汤溅衣湿。①

连峰入河池，险路瑶人村。
乔木尽参天，白日为之昏。
上有高石崖，下有清水源。
萧萧篁竹丛，落日闻猿哀。②

蚺蛇晴挂树，射蜮昼含沙。
屋覆湘君竹，山红蜀帝花。③

这些诗句，是历代汉族文人对古代岭南自然生态环境的描绘，虽杂着个人情感，但文依其事，诗据所见，并非无形衍生。飓风啸号，滩水冲浪；青林夹道，野葛交蔽；榕树生柱，桄榔擎天；小桥流水，竹子婆娑；花香涨野，幽村碧树；鸢飞于天，鱼翔浅底；象遨丛林，虎斗官道；鳄吼水中，猿啼驿楼；蚺蛇挂树，萤光映水；自然显姿，各呈其态。看似惊人，却也丰富多彩，和谐平衡。

越岭千重合，蛮溪十里斜。
竹迷樵子路，萍匝钓人家。
林暗交枫叶，园香覆橘花。④

千松夹道直，一水抱村流。
清绝小丛林，绕舍竹修修。⑤

路入容南境，风烟自一方。
上空云冉冉，春动水茫茫。
紫府丹砂秘，幽村碧树芳。
萧然有佳致，作（啥）个是炎荒？⑥

---

① （元）陈孚：《邕州》，（清）汪森《粤西诗载》卷6。
② （明）蓝智：《河池险路》，（清）汪森《粤西诗载》卷4。
③ （明）袁袠：《自柳至平乐书所见五首》其四，（清）汪森《粤西诗载》卷11。
④ （唐）宋之问：《过蛮洞》，（清）汪森《粤西诗载》卷10。
⑤ （宋）孙觌：《硠岩寺》，（清）汪森《粤西诗载》卷3。
⑥ （宋）李纲：《容南道中》，（清）汪森《粤西诗载》卷10。

一川晴日春融融，小舟如叶随春风。
微波摇人影不定，但见隔岸秋花红。
观澜老子喜忘归，会心妙处难得知。
何人江上唤船急，惊起白鹭翩翩飞？①

观风五管已多年，每到南宁眼豁然。
绿竹万家依近郭，桑麻十里接平川。
匙翻玉粒长腰米，脍切银丝缩项鳊。
景物于斯亦佳处，甲科何患少登贤？②

云开远景看林木，风带微香度野花。
山不断青连碧汉，水微拖绿护田家。③

龙州溪洞极南边，鸡犬桑麻自一天。
流水桃花今有路，何须更觅武陵山？④

自然生态增美，是由于其间有了居民，有了居民的文化创造。"萍匦钓人家"，"园香覆橘花"；"千松夹道直"，"绕舍竹修修"；"小舟如叶随春风"，"微波摇人影不定"；"何人江上唤船急，惊起白鹭翩翩飞"；"绿竹万家依近郭，桑麻十里接平川"；"风带微香度野花"，"水微拖绿护田家"。人入景中，人景交融，有了人而自然景色增辉，更加妍丽，更加情采芬芳，更加宽裕富饶："匙翻玉粒长腰米，脍切银丝缩项鳊"。

"流水桃花今有路，何须更觅武陵山"句，武陵山即武陵源，也就是陶渊明式的桃花源。云南人刘文征天启《滇志》卷4《旅途志·粤西路考》说，归顺州（今广西壮族自治区靖西县）"安德东历打滥箐，草棘丛生，木多桂竹、多棕，有山呼鸟鸣林中，谷响相应。自此多石山，拔地突起。山环若城，有平畴者曰峒。路出其中，出入之所皆有石隘。良田美地，一年耕获，尝足支二三年。伐竹构居，织绵为布。居民有老死不逾峒，如避秦人者"。"居民有老死不逾峒，如避秦人者"，就是指居于洞中的壮族居民类似于桃花源里的居民。古代，壮族及其先人以洞为居，辛勤劳作，自给自足，哪里又少了汉族古人向往的桃花源式的类型？

三 傍山而居，依冲而种

古代越人，分布于我国东南丘陵地区。那时，这些丘陵地区山水回环，溪谷阻深，岭树重遮，形成一个个广袤不一的山间谷地或河川平原。这些山间谷地或河川平原相互间

---

① （元）刘志行：《东渡春澜》，（清）汪森《粤西诗载》卷6。
② （明）周孟中：《登春野亭》，（清）汪森《粤西诗载》卷16。
③ （明）陈崇德：《夏日登宾州南楼》，（清）汪森《粤西诗载》卷16。
④ （明）林弼：《龙州十首》其十，（清）汪森《粤西诗载》卷23。

隔，自成单位，正如郭嵩焘说的，江南越人，"自秦时通谓之百越，皆有岭间之"。① 由于古来如此，所以，以岭互相间隔自成单位的山间谷地或河川平原，不论是江浙的越人还是岭南的越人，都谓之为"泷"（音双）。迄于清咸丰年间（1851—1861 年）湘人李汝昭《镜山野史》仍称太平天国革命的首义地今广西桂平县紫荆山区的"金田洞"为"金田窜"。②"窜"即为"泷"（音双）的近音异译写字，也就是今壮语谓山间谷地或河川平原为"ço：ŋ⁶"的近音异译写字。

广西谚称："高山瑶，矮山苗，壮、侗住山槽（洞场）。"云南省文山壮族苗族自治州也流行说："壮族居水头，汉族住街头，苗瑶占山头。"在汉、苗、瑶等族还没有入居于岭南地区的时候，越人寻水而居，沿水而居，并成为习惯行为。因为"鸡骨占年拜水神"，③ 他们视水为生命之源，生活之源，人生的一切活动都围绕着水来展开，诸如求水而孕，④ 临水而生，入水试儿，⑤ 澡水出月，⑥ 浴水长大，⑦ 买水浴身而葬，⑧ 等等，即是如此。

进入农耕文化阶段以后，壮傣、侗水二群体越人尤其需要寻水而居，沿水而居，因为有收无收在于水，水是农耕的命脉。同时，他们发现了水与林的关系：有林有水，林密水旺。因此，他们在"鸡骨占年拜水神"的同时，也奉祀树神，以大树作祭祀的对象："凡山中六七老树交荫之地，谓之天神庙，土人不斋洁不敢入是。"⑨

古代，岭南地区森林密布，高温多雨，泉水叮咚，溪水长流。"越岭千重合，蛮溪十里斜。竹迷樵子路，萍匝钓人家。林暗交枫叶，园香覆橘花。"⑩ "蛮溪雨过叶皆流，落日猩猩啼树头。高竹乱藤茅屋小，不知村落属何州？"⑪ "诛茅临水曲，编竹住溪头。歌舞春城暮，烟花自一州。"⑫ "近水刺桐知驿舍，倚山毛竹即人家。"⑬ 前人这些诗句，道出了壮族及其先人依山傍水以立村的择居原则，既讲究溪水长流，又讲究林木的依托。

汉初粳米传入岭南，⑭ 籼米也是后至宋朝初年方从交趾传入岭南地区，自古以来壮族及其先人唯种糯稻，以糯米为主食的。"旱不求水，涝不疏决"，有深厚的"na：n⁶ poŋ²"（烂泥），是糯稻种植的基本要求。因此，他们一定在"水泉冬夏常注之地，然后为田；

---

① （清）王先谦：《汉书·严助传集解》引。
② 《太平天国》（资料集）第三册，神州国光社 1954 年版，第 4 页。
③ （唐）柳宗元：《柳州峒氓》，《柳河东集》卷 42。
④ 《宋史》卷 288《孙沔传》载杭州许明，"明父祷水仙大王庙，生明"。
⑤ （晋）张华：《博物志》卷 2。迄于 20 世纪 40—50 年代，广东、广西人家生孩子，俗话说是"到河里捞回来的"。
⑥ （清）汪森：《粤西丛载》卷 18 引《南楚新闻》。
⑦ 《汉书》卷 64《贾捐之传》。
⑧ （宋）周去非：《岭外代答》卷 6《买水沽水》。
⑨ 《古今图书集成·方舆汇编·职方典》卷 1415《庆远府风俗考》。
⑩ （唐）宋之问：《过蛮洞》，（清）汪森《粤西诗载》卷 10。
⑪ （明）陈赟：《蛮中》，（清）汪森《粤西诗载》卷 24。
⑫ （明）徐荣：《苍梧即事十二首》其六，（清）汪森《粤西诗载》卷 21。
⑬ （明）林弼：《龙州十首》其六，（清）汪森《粤西诗载》卷 23。
⑭ 广西博物馆：《广西贵县罗泊湾汉墓》，文物出版社 1988 年版，第 85 页。

苟肤寸高仰，共弃而不顾"。①

古代，"岭南大半尚鸿荒，城壁空坚草木长"。②"四只鱼船扣板门，几家茅屋长儿孙。天寒水浅江成路，地僻人稀郭赛村。"③ 这样，"诸郡山川广莫（广大空旷），生齿不繁"，④ 既给壮族及其先人提供了广阔的择居空间，也提供了耕作选择的广阔空间。

南宋周去非《岭外代答》卷3《惰农》载："深广旷土弥望，田家所耕，百之一尔。必水泉冬夏常注之地，然后为田；苟肤寸高仰，共弃而不顾。"此种土地利用状况，一直延续下来。除粤西、桂东地区外，在桂西和云南东南部地区，迄于明朝万历年间（1573—1620年）仍是如此。"右江（柳州、庆远、思恩）三府则纯乎夷，仅城市所居者民（汉人）耳。环城以外悉皆瑶壮所居，皆依山傍谷，山衡（边）有田可种则田之；坦途大陆纵沃，咸荒弃而不顾。""平原旷野，一望数十里不种颗粒。壮人所种，止山衡水田，十之一二耳。""瑶壮之性，幸其好恋险阻，傍山而居，倚冲（山间平地）而种，长江大路，咸弃与人，故民夷得分土而居。若其稍乐平旷，则广右无民（汉人）久矣。"⑤

清朝雍正二年（1724年），署广西巡抚韩良辅奏说："广西土旷人稀，多弃地。""民朴愚，但取滨江及山川自然之利，不知陂渠塘堰可资蓄泄。"⑥ 从中，可以隐约见到壮族"傍山而居，依冲而种"的状况还没有根本性的改变。

第二节　岭南自然生态环境变迁

一方水土养一方人。所谓"水土"，就是自然生态环境，包括大气圈、水圈、岩石圈、土壤圈、生物圈等。人作为生物圈中的一员，凭借自然生态环境一代代地存续和发展，又凭借自然生态环境的施予进行文化创造，推进人类社会，沿着发展的阶梯一步步地攀登，让物质的和精神的生活质量不断提升，丰富而多彩。

人处于自然生态环境之中，自然生态环境给人的存在以依托，给人的进步以依托，给人的创造以依托。但是，物极必反，自然生态环境也有困乏、失衡时。当自然生态环境中的人口可容度大大超标时，必然对自然生态环境采取掠夺的手段，导致过度开发，使自然生态环境总体失去平衡，失去和谐。从此，涵养水源、促进自然界水分循环、调节气候、保持水土、保护野生动植物资源的一大片一大片森林消失，出现气候变异，雨量减少，物种灭绝，灾害频发。这样，人类就自喝其自酿的苦酒了。

一　虎当官路斗，妇孺自吆喝

古代岭南自然生态，包罗万象。鹿走平野，象迈林中；虎啸丘陵，鳄吼江河；鹰击长

---

① （宋）周去非：《岭外代答》卷3《惰农》。
② （宋）陈藻：《过桂平》，（清）汪森《粤西诗载》卷22。
③ （宋）陈藻：《冬日融州绝句》，（清）汪森《粤西诗载》卷22。
④ （宋）周去非：《岭外代答》卷3《效用》。
⑤ （明）王士性：《广志绎》卷5。
⑥ 赵尔巽：《清史稿》卷299《韩良辅传》。

空，蚺挂树间；万类暑天从其便，各得其自由呈态，难以举一而千从。

南越"绥定县多吴公，其大者能以气吸蜥蜴"。① 蜈蚣"长数丈，能噉牛"。②"大吴公出徐闻县界，取其皮可以冠鼓。"③ 古代岭南多蜈蚣，其大者长数丈，能吸蜥蜴、噉牛，也能制蛇。晋朝葛洪《抱朴子》载："南人入山，皆以竹管盛活吴公。吴公知有蛇之地便动作于管中，如此则草中便有蛇也。吴公见蛇，能以气禁之，蛇即死。"④ 但是，谁又曾想到，硕大的蜈蚣，竟也为小小的托胎虫所制："峤岭多蜈公，动长二三丈，蛰人求死不得，然独畏托胎虫，多延于井中墙壁上。蜈蚣虽大，偶从下过，托胎虫必自落于地，蜈蚣为局缩不得行。托胎虫乃徐徐围绕周匝，蜈蚣愈其缩，然后登其首，陷脑而食之。以故人遭蜈蚣害，必取托胎虫涎，辄生捣涂焉，痛立止。"⑤

蜈蚣的事例，说明自然生态中，存在一物降一物，一物制约着一物的事例。它们相互联系，相互影响，相互制约，相反相成，互为依存，保持着生态的平衡，保持着生态的统一、和谐。

"博白（今广西壮族自治区博白县）有远村，号录舍，皆高山大水，人迹罕至。斗米一二钱，盖山险不可出。有小江曰龙潜，鱼大者动长六七尺，痴不识人。"⑥ 米贱鱼多，道出了地方的富庶。小江中"鱼大六七尺，痴不识人"，"痴"一字传神了当地可食生物的众多，生态的平衡。联系到司马光《涑水纪闻》卷13记载的左右江流域结洞，"洞中有良田甚广，饶粳、糯及鱼。四面阻绝，惟一道可入"，可知当时物产的富足，百姓生活的宽裕，自然生态的均衡和谐。

>桂水春犹旱，昭州日正西。
>虎当官路斗，猿上驿楼啼。⑦

这是对昭州景物的白描式抒写。昭州，治今广西壮族自治区平乐县。老虎敢于在官路上嬉戏斗耍，猿猴竟上驿楼顶上喧嚣招其同类，道出了昭州的荒凉，人气不旺，衬出了唐宋时"岭南大半尚鸿荒，城壁空坚草木长"的景况。⑧ 但是，官路之上自也不乏行人的踪迹，驿楼之下自也有人在活动，老虎敢于在官路上嬉斗，猿猴也斗然跳上驿舍之顶喧噪，可见人虎和平相处，猿猴也喜逐人居，犹如唐人李义山《桂林路中作》一诗说的"空余蝉嘒嘒，犹向客依依"一样，⑨ 人与自然界各类生物各自依依，相处融融。

虎在中原人眼里，是个凶暴的嗜人食肉动物。唐朝诗人张籍写了一首《猛虎行》诗，

---

① 《太平御览》卷946《蜘蛆》引沈怀远《南越志》。
② （唐）刘恂：《岭表录异》卷下《蜈蚣》引《南越志》。
③ 《太平御览》卷946《蜘蛆》引刘欣期《交州记》。
④ 《太平御览》卷946《蜘蛆》引《抱朴子》。
⑤ （宋）蔡绦：《铁围山丛谈》。
⑥ 同上。
⑦ （唐）李商隐：《昭州》，（清）汪森《粤西诗载》卷10。
⑧ （宋）陈藻：《过桂平》，（清）汪森《粤西诗载》卷22。
⑨ （清）汪森：《粤西诗载》卷10。

以虎来喻指鱼肉百姓的特权者。《水浒传》写李逵回家接母，途中饥饿劳乏，将其母放置在石凳上出去寻食，回来时他母亲已经给老虎吃了个一干二净。然而在当时的广西，情况却不是如此，蔡绦说：

> 广右俗淳物贱。始吾以靖康丙午（元年，1126年）来博白，时虎未伤人，独村落间窃羊豕。或妇人、小儿呼噪逐之，必委置而走。
>
> 有客尝过墟井（村子），系马民舍篱下，虎来瞰（紧紧盯着）篱。客惧，民曰："此何足畏？"从篱旁一叱，而虎已去。村人视虎犹犬然。
>
> 十年之后，流寓者日众，风声日变，百物涌贵，而虎浸（渐渐）伤人，今则啗人，与内地弗殊。风俗浇（薄）厚，亦及禽兽耶？①

蔡绦的话，揭示了南宋初年及其前，岭南食肉虎与人无碍，最多不过是捡个便宜，偷吃人家豢养的猪、羊等家畜，对人存在畏惧心理，即使是声威不足的妇人、小孩大声呵斥，便害怕地放下猪、羊等扭头逃走了。这是为什么？就是因为自然生态平衡，自然界众多的肉类生物足足供虎饱腹，无须咧嘴咬牙与人搏斗过招。而人呢，由于地饶物丰，鱼类兽类众多，无须猎食老虎，没有与老虎发生直面的利害冲突。因此，老虎从不眦裂横胆对人，似乎感到人能饲养六畜本事大，对人生存畏惧；人呢，视虎如同大狗，无意与它发生直面冲突，利用它畏惧人的心理，将它叱走了事。

南宋前期，江、浙、湖、湘等地，斗米七八百文，甚至涨至一千二百文钱。② 而"广西斗米五十钱，谷贱莫甚矣"。③ 为什么当时广西的米价与江、浙等地的米价相差这么大？一是金兵南下，占领黄河以北广大地区，北方人大量逃避长江以南，江南人口陡增；二是广西如周去非所说："夫其贱非诚多谷也，正以生齿不蕃，食谷不多耳。"④ "生齿不蕃"，道出了当时岭南人口的增殖在自然生态环境的可容度内，从而保证了自然生态环境的平衡和谐。

"村人视虎如犬"，如同晴雨表，标识着岭南自然生态环境的丰富而多彩，标识着岭南自然生态环境的均衡、和谐。

二 登途畏虎迹，突濑逢鳄怒

蔡绦于靖康元年（1126年）来到广西，最大的感触是物贱俗淳，老虎像条狗一样与人和平共处。但是10年之后，他重来广西又有不同的感触，这就是"风声日变，百物涌贵"，老虎也开始伤人并吃人了。为什么会这样？主要是金兵南下，北宋灭亡，南宋政权龟缩于长江以南，而大量的长江以北逃难者颠沛流离入居于广西，以致人口瞬时暴涨，自然生态环境原有的均衡、和谐遭到了破坏，食品可危而互需剧增，人与虎发生了利害矛

---

① （宋）蔡绦：《铁围山丛谈》，《说库》，浙江古籍出版社1986年版。
② 黄桂：《潮州金城稻考》，《农业考古》1999年第1期。
③ （宋）周去非：《岭外代答》卷4《常平》。
④ 《岭外代答》卷4《常平》。

盾，出现了直面冲突。

这个过程是渐进的，不是一下子的突变。而且北方人入居岭南，是先东后西、先北后南的。南宋陈藻的《题融州城楼》诗称："城中昨夜亡羊豕，闻得谁家虎入篱。"① 宋代融州治今广西壮族自治区融安县，说明南宋中后期在今桂西北，老虎还没有与人发生直面冲突，还只是一如往昔乘黑偷偷进入居民家窃取羊、猪等家畜而已。

南宋淳熙二年（1175年）曾任广西经略安抚使的范成大撰成记载广西风土人情的《桂海虞衡志》，书中的《志兽》一节并没有记及老虎，说明就整个广西来说，当时人、虎基本上还是和平共处，没有成为突出问题而引起注意。由此往上溯，汉杨孚的《异物志》、南北朝沈怀远的《南越志》、唐朝刘恂的《岭表录异》、段公路的《北户录》，都是专门记载岭南风土人情的，也没有记录岭南的老虎。岭南老虎称为华南虎，与北方的东北虎并名，当时岭南不可能没有老虎。唐朝李商隐的《昭州》诗"虎当官路斗，猿上驿楼啼"句，② 道出了岭南不是没有老虎，而是老虎与居民和平共处，人与虎，各不相涉，没有成为社会危害，因而略之不载。

范成大之后，曾"试尉桂林分教宁越"（今钦州、防城等地）的周去非，淳熙五年（1178年）写成的《岭外代答》卷9《虎》载：

> 虎，广中州县多有之；而市（城镇）有虎，钦州（治今广西钦州市）之常也。城外水壕，往往虎穴其间，时出为人害；村落则昼夜群行，不以为异。
>
> 余始至钦，已见城北门众逐虎，颇讶之。未几，白事（交代告诉）提学司（管教育的机构），投宿宁越驿亭中，悉是虎迹。予怪而问焉，答曰：吾与妻子卧壁下，老虎掉尾击吾壁，以鼻臭人气，垂涎下云。比（等到）还钦时，雨潦（涝）坏城，虎入城负大豕无虚夕（没有哪一夜断过），因玩狎（习惯而忽视）不复惊。
>
> 忽有虎入安远县（今广西钦州市区）衙，坐戒石（刻着官府铭言的戒碑）前，守宿吏卒（值班官吏士卒）不以为意，直相与椰揄（戏弄）之。少焉（不一会儿），缓步陟（登）厅，吏卒始散，乃知虎也。

文中虽有老虎"时出为人害"，以及守亭人夫妻夜卧亭壁之下，虎来以尾击亭壁，臭闻人气垂涎欲滴等字，但从村落间老虎"昼夜群行不以为异"；众人轰赶老虎的情景；宁越驿亭周围虎迹斑斑，却没谁被吃了；钦州城坏，老虎没哪一个夜晚不入城中偷走居民家的大猪，作者因多闻其事不再感到惊慌；老虎进入安远县衙门，值勤官吏士卒与它逗弄玩耍，老虎既不怒吼也不张口咬人；可知南宋时钦州的老虎数量虽多，不伤人也不食人。当然，作者前面有老虎"时出为人害"的话，不过此"害"是什么程度的"害"，没有明示，联系作者笔下的种种表现，此"害"或者只是老虎入晚来偷人的猪、羊，造成居民的困扰而已。

虽然如此，岭南老虎还是吃人了。清朝乾隆三十一年（1766年）出任广西镇安府

---

① （清）汪森：《粤西诗载》卷14。
② （清）汪森：《粤西诗载》卷10。

（治今德保县）知府的赵翼说，镇安多虎患，"人为之所食者，夜方甘寝，忽腹痛欲出便。其俗屋后皆菜园，甫（才）出门至园，而虎已衔去矣"。①

在广西，虎伤人，虎吃人，从南宋开始，随着居民数量的剧增，自然生态环境发展的失衡，情况益形严重了。"登途畏虎迹，突濑逢鳄怒"，② 明朝人的诗句，反映了人们的心理恐惧。

虎纵迹于山岭之间，鳄则横行于江河之中。岭南的鳄，据文焕然、吴祝贤二先生研究，就是古代广布于我国华南地区及中南半岛等地既能适应海水又能适应于淡水生态环境的热带爬行动物马来鳄，即人们常说的"湾鳄"。③

马来鳄，如同老虎也是食肉动物。它横行江河，给古代越人多大的危害，文献无记载，难以详知。不过，汉人刘安《淮南子》卷1《原道训》载："九疑之南，陆事寡而水事众，于是民人被发文身以像鳞虫。"此水中的"鳞虫"，无疑就是鳄鱼。鳄鱼横行江河，壮群体越人男子入水作业，为了免受其害，采取模仿式巫术，被发文身"以像鳞虫"。

"南海有鳄鱼。"④《梁书》卷54《林邑国传》载，"鳄大者长二丈余，状如鼍（tuó，扬子鳄），有四足，喙长六七尺，两边有齿，利如刀剑，常食鱼，遇到獐鹿及人，亦噉之。苍梧（今梧州市）以南及外国皆有之"。这明示了古代马来鳄的分布区域以及鳄鱼的危害。

唐朝元和十四年（819年），韩愈上书反对唐宪宗迎取佛骨，被贬为潮州（今广东省潮州市）刺史。他到州后，询问吏民疾苦，大家反映说州中水潭，鳄鱼成群，尽食民家牲畜。韩愈于是命令判官烹烧一猪一羊，并作《祭鳄鱼文》，祭奠鳄鱼，祈请鳄鱼转移他方。结果，潮州的鳄鱼另移居地，鳄患从此消失。⑤ 其实，潮州鳄害止息一时，并没有消除。北宋咸平年间（998—1003年），陈尧佐为潮州通判。那时，居民张氏16岁的儿子与他妈妈在江边洗衫，江中鳄鱼振尾一扫，将张氏的儿子卷入江中吃了。陈尧佐听说了，气恨难消，命令手下两个官吏网捕鳄鱼，当众将鳄鱼砍了，并作了一篇《戮鳄文》。从此，潮州的鳄害方才止息。⑥

历史上，岭南鳄鱼之患，除见于上述记载外，还见于北宋乐史《太平寰宇记》卷164《梧州》记载的"恒在山涧伺鹿，亦能噉人，故谷汲者往往遇害焉"，以及南宋王象之《舆地纪胜》卷121《郁林州》记载南流江中的"鳄鱼，状如鼍，齿如锯，食人"。

元朝陈孚《邕州》诗称："右江西绕特磨来，鳄鱼夜吼声如雷。"⑦ 这是在岭南最后见到的有关马来鳄的记载。虽然明朝潘恩《昭州道中二首》其二句说"猿挂苍梧晓，鼍

---

① （清）赵翼：《粤滇杂记》，（清）王锡祺《小方壶斋舆地丛钞》第七帙。
② （明）王偁：《宿乌蛮滩》，（清）汪森《粤西诗载》卷4。
③ 《历史时期中国马来鳄分布的变迁及其原因的初步研究》，《华东师范大学学报》（自然科学版）1980年第2期。
④ （晋）张华：《博物志》，《太平御览》卷938《鳄》引。
⑤ 《旧唐书》卷160《韩愈传》。
⑥ 《宋史》卷284《陈尧佐传》。
⑦ （清）汪森：《粤西诗载》卷6。

鸣白日寒",① 清朝陆祚蕃《粤西偶记》也有"忽雷形似鳄鱼，尾有巨钩，能击人而食",② 可鼍（tuó）是扬子鳄，俗名猪婆龙，不是马来鳄，"忽雷"也仅仅是"形似鳄鱼"而已，并不能"夜吼声如雷"。

虎啸鳄吼，撼人心肺，令人胆寒。然而，由于地域住民人口数量的陡增，森林的大片被砍伐，江河流量的减少，以及人们的滥捕，到了明朝以后，虽然"山昏过虎群",③ 老虎仍然长啸于岭南丘陵之间，马来鳄却已在岭南江河之中销声匿迹了。

马来鳄在岭南江河的消失，犹如南宋以后岭南老虎由温驯如狗变成兽性大发，伤人吃人，是岭南自然生态环境发展失衡、恶化的结果。

三　森林连片倒，大象无庇灭踪迹

岭南是丘陵地区，有土必生蕨，有山必滋木，即使岭南多属喀斯特地貌，但在嶙峋山石之中，树木照样扎根于石缝中，长得郁郁葱葱。所以，古代在岭南，"山色洗眼青，遥见紫翠重"④。"千里耸翠碧，众水横练素。"⑤ "岭树重遮千里目，江流曲似九回肠。"⑥ "竹迷樵子路","林暗交枫叶"⑦。"青林掩苍霭"⑧，"山不断青连碧汉"⑨。"乔木尽参天，白日为之昏。"⑩ "山从云际起，人在树间行。"⑪

森林涵养水源，促进自然界水循环，调节气候，保持水土，保护野生动、植物资源。壮傣群体先人越人懂得森林对涵养水源、调节气候的作用，在崇奉水神的同时，也崇奉树神、森林之神。《太平御览》卷406《叙交友》引晋朝周处《风土记》载，越人"有礼俗，皆当于山间大树下封土为坛，祭以白犬一、丹鸡一、鸡子三，名曰：木下鸡犬五。其坛地，人畏不敢犯也"。《古今图书集成·方舆汇编·职方典》卷1415《庆远府风俗考·河池州》引清朝初年州人黎胤《河池州志》载："凡山中六七老树交阴之地，谓之天神庙，土人不斋洁不敢入是"（这个地方）。时至今日，云南省文山壮族苗族自治州的壮族人还有"树母"和"寨神"崇拜。"寨神"，所祭祀的就是树神。云南傣族"树寨的寨头边种有'神树'或'龙树'，作为村寨的寨神。'神树'多为巨大的榕树"。"这种神树即使老死，也不能砍伐。""神树上不能坐人，不能拴马，更不能在神树附近大小便，否则会得罪'神树'，将会给村寨带来灾祸。"⑫

---

① （清）汪森：《粤西诗载》卷11。
② （清）王锡祺：《小方壶斋舆地丛钞》第七帙。
③ （明）潘恩：《晚立怀友》，（清）汪森《粤西诗载》卷11。
④ （宋）孙觌：《虞氏隐居》，（清）汪森《粤西诗载》卷3。
⑤ （宋）陈岘：《全州观风楼》，（清）汪森《粤西诗载》卷3。
⑥ （唐）柳宗元：《登柳州城楼寄漳汀封连四州》，《柳河东集》卷42。
⑦ （唐）宋之问：《过蛮洞》，（清）汪森《粤西诗载》卷10。
⑧ （元）陈孚：《宾州》，（清）汪森《粤西诗载》卷3。
⑨ （明）陈崇德：《夏日登宾州南楼》，（清）汪森《粤西诗载》卷16。
⑩ （明）蓝智：《河池县险路》，（清）汪森《粤西诗载》卷16。
⑪ （明）刘嵩：《渡绣水取道赴高州》，（清）汪森《粤西诗载》卷11。
⑫ 胡绍华：《傣族风俗志》，中央民族大学出版社1995年版，第89—90页。

由于壮族及其先人崇奉大树和树林，敬畏大树和树林，不敢践踏，也不敢轻易砍伐。历史上，壮族及其先人的村子后面都匝着一片密实实、黑漆漆的树林，称为"龙林"，每年三月三日进行祭祀，祈求一年风调雨顺，村泰民安。因此，壮族及其先人的村子，不是"竹迷樵子路，萍匝钓人家。林暗交枫叶，园香覆橘花"①，就是"千峰夹道直，一水抱村流。清绝小丛林，绕舍竹修修"②；不是"藤阴鸣蛤蚧，山气暗桄榔"③，就是"树封村落僻，草构驿亭妍"④。"山色洗眼青，遥见紫翠重"的壮村景色，难言其美，无怪乎明朝正德年间（1506—1521年）柳州府通判桑悦《记壮俗诗六首》其四句称壮族"村村竹木占山乡"⑤。

林木葱茏，树下枯枝败叶厚厚积贮，加上高温多雨，阴霾重重，水呈茶色，蚊蚋成堆，造成了"苍梧云裹夕，青草瘴中生"；⑥"水毒人多病，烟昏马易惊"；⑦"郁蒸草气龙蛇舞，昏黑空山鬼鸟啼。十八人中存者六，孰为霄汉孰为泥"？⑧所以，虽然岭南自秦朝即已归于中华一统版图，但是1300多年过去了，到宋朝陶弼任官于广西时仍然说："前朝声教地，自是北人愁。"⑨原因就是北方人难以调适岭南的气候环境，调适于岭南水土："岭南外区，瘴疠薰蒸，北方戍人，往者九死一生。"⑩陶弼在《寄荔浦林术明府》诗中即说"十八人中存者六，孰为霄汉孰为泥"，他自己也在元丰元年（1078年）十一月瘴死于广南西路顺州安抚都监任上。⑪自然，北方的官员、士卒，谁也不愿落居广西，广西成了历代王朝贬官迁吏流放之地，流亡士卒蛰居之所。

"金人犯顺，衣冠南迁。"⑫中原人南迁落居广西，迫不得已。他们的成群结队到来，不仅使地域住民人口陡增，需要毁林开荒，辟田造地，除去他们认为造成瘴疠原因的茂密苍郁的森林，而且其不尊树不重林的思想意识也影响、浸淫、浸润土著的壮群体越人的后人，在汉、壮杂居区，毁林开荒、砍伐树林以谋财似乎渐渐成为一种社会性的行为。明朝万历（1573—1620年）初年来广西为官的王士性说："广右山，俱无人管辖。临江山，官府召商伐之；村内山，商旅募人伐之；皆任其自取。"⑬时日更替，一片片的原始森林被砍伐，岭南几千年积贮下来的原始森林就逐渐被毁坏殆尽了。

森林一大片一大片地被砍伐，这可苦了托庇于森林的岭南大象。

---

① （唐）宋之问：《过蛮洞》，（清）汪森《粤西诗载》卷10。
② （宋）孙觌：《硇岩寺》，（清）汪森《粤西诗载》卷3。
③ （明）李敏：《送项子忠明府之苍梧》，（清）汪森《粤西诗载》卷12。
④ （明）汪必东：《驻荒田》，（清）汪森《粤西诗载》卷11。
⑤ （清）汪森：《粤西诗载》卷16。
⑥ （唐）刘长卿：《送独孤判官赴岭南》，（清）汪森《粤西诗载》卷10。
⑦ （元）陈孚：《柳州道中》，（清）汪森《粤西诗载》卷10。
⑧ （宋）陶弼：《寄荔浦林术明府》，（清）汪森《粤西诗载》卷13。
⑨ （宋）陶弼：《寄桂帅赵待制》，（清）汪森《粤西诗载》卷10。
⑩ （宋）狄青：《论御南蛮奏》，（清）汪森《粤西文载》卷4。
⑪ （宋）李焘：《续资治通鉴长编》卷291。
⑫ （宋）栖霞子：《赠南溪郭显》，（清）汪森《粤西诗载》卷1。
⑬ （明）王士性：《广志绎》卷5。

古代，岭南原始森林密布，最大的食草动物大象纵横迈步其中。姑不说东汉王充《论衡》"舜葬于苍梧，象为之耕"此类后人追述遥远前人故迹的遥远事情，且说唐朝元和十四年（819年）病死在任上今墓仍在柳州的柳州刺史柳宗元，其《岭南江行》诗称："瘴江南去入云烟，望尽黄茅是海边。山腹雨晴添象迹，潭心日暖长蛟涎。"① 这是不是没有事实依据而心所驰骛恣意抒写呢？

唐朝刘恂《岭表录异》卷5《食象鼻》载："广之属潮、循州，多野象。"唐代，潮州治海阳县（今广东省潮安县），辖海阳、潮阳（治今广东省潮阳市西北）、程乡（治今广东省梅州市）3县。循州治归善县（治今广东省惠州市东北），辖归善、博罗（今广东省博罗县）、河源（今广东省河源市）、海丰（今广东省海丰县）、兴宁（治广东省兴宁市）、雷乡（今广东省龙川县）6县。二州之地约当今广东惠州、梅州、汕头、潮州、揭阳、汕尾、河源等市，即今广东省的东南部地区。又南宋周去非《岭外代答》卷9《象》载：象，"钦州境内亦有之"。这些事实验证了柳宗元不是悬虚无端惹事书写。所以北宋前期，王禹偁《送融州任巽户曹撰越王爱姬墓志得罪》诗道："身落蛮方人共惜，罪因文学自为荣。吏供版籍多鱼税，民种山田见象耕。"② 岭南有象，广西有象，这是唐、宋时人的认识，也是唐、宋时的事实存在。

唐、宋而下，迄于明朝，大象依然活动于岭南。洪武十九年（1386年）八月丙戌，明太祖朱元璋命令"营阳侯杨通、靖宁侯叶升捕象于广西十万大山"。③ 十一月己卯，又"遣行人往广西思明府，访其山象往来水草处。凡旁近山溪与蛮洞相接处，悉具图以闻"。④ 同时在思明府以戍军设置驯象卫，专门捕捉野象及训练事宜。之后，明太祖朱元璋又诏令"思明、太平、田州、龙州诸土官领兵会驯象卫官军，往钦、廉、藤、篙、澳等山捕象，豢养驯狎"。⑤ 或者由于象源不多，或捕捉的量已足数，洪武二十一年（1388年），明太祖将驯象卫官兵从思明府（今广西壮族自治区宁明县）迁到南宁府横州（今横县）屯种。⑥ 二十六年（1393年）三月，驯象卫将驯化的一批象进贡。⑦ 从此，驯象卫便徒有其名而无其实了。也就是从此以后，岭南的象也不见于记载了。

岭南的象不见于记载，意味着它已经绝迹或将要绝迹。岭南象的绝迹，大关岭南森林一大片一大片地毁灭。森林是大象的栖息地，也是取食的地方，更是气候的调节器。森林的毁灭，大象就失去了托庇的处所。当然，岭南大象的绝迹，也与人们的滥捕大有关系。大象的牙很珍贵，秦始皇出兵征服岭南越人，除要建立大一统的王朝之外，另一个原因就是"利越之犀角、象齿、翡翠、珠玑"。⑧ 象牙，王家需要进贡，商人需要贩卖、走私，这无形中就要大量捕杀大象。另外，岭南人还有一个特殊的嗜好，就是喜欢吃象鼻。这也

---

① 《柳河东集》卷42。
② （清）汪森：《粤西诗载》卷13。
③ 《明实录·太祖实录》卷179。
④ 同上。
⑤ 《明实录·太祖实录》卷226。
⑥ 《明实录·太祖实录》卷192。
⑦ 《明实录·太祖实录》卷226。
⑧ 《淮南子》卷18《人间训》。

促成了居民对大象的滥捕。

唐刘恂《岭表录异》卷上《食象鼻》载:"潮、循人或捕得象,争食其鼻,云肥脆,尤堪作炙(作烤肉尤其好)。"宋周去非《岭外代答》卷9《象》也载:"人杀一象,众饱其肉,惟鼻肉最烂美。而纳诸糟(放在酒糟里),邱片腐之,食物之一隽(肥美)也。"既然众人认为象鼻是一种难得的美味食品,人"争食",自然人便争着猎象,造成无节制的滥捕行为。象孕期一年多,生育不旺,如此哪堪人们的滥捕?加上森林的日益毁灭,没成人们滥捕牺牲品的,也就南退进入中南半岛的丛林中去了。

明代中后期,大象在岭南的最终绝迹,揭示了此时岭南自然生态环境发展进一步失衡,进一步恶化。

第二章

壮族及其先人的历史发展

第一节 汉及其后汉族文人笔下对壮族及其先人的称谓

西汉及其后，汉族文人的记载对壮族及其先人的称谓，可谓多矣。

一 西呕

西呕之名见于战国秦初，见载于西汉淮南王刘安的《淮南子》卷18《人间训》。

约在秦始皇二十九年（前218年），秦兵五路大军攻取闽越和岭南越人。其中的"守九疑之塞"一军，进入岭南就遭到了西呕人坚决抗击。此一路军，"三年不解甲弛弩"，粮食也供应不上。监禄凿灵渠通粮道，以与西呕人搏杀。秦军吃饱了，喝足了，一战而"杀西呕君译吁宋"。但是，西呕部落并没有因此而屈服，而投降。他们隐入山地丛林，与禽兽为伍，重新推选强有力首领，整顿队伍，利用熟悉的地形地物，采取游击战术，趁着夜黑袭击秦兵，终于砍杀了秦兵统帅尉屠睢，将秦兵打得落花流水，军魂尽失，一蹶不振。秦始皇不得不增派援兵，重新布置其攻取岭南的战略，东、西、北三面合击西呕部落，最后征服了岭南越人，并于秦始皇三十三年（前214年）在岭南设置了桂林、象郡、南海三郡。

清朝朱骏声说："区，区越也，犹言于越。瓯越、欧越皆同，不必定为讴。"[1] 这说明"西呕"就是"西于"。词中的"西"表示所在方位，"于"是越人的自称。因此，汉初有"西于王"之称。元鼎五年（公元前112年）汉武帝征讨南越国，"故瓯骆左将"黄同"斩西于王"降汉获封下郦侯。[2]

1984年，广西文物队在今广西合浦县爆竹厂汉墓中出土一只陶制醺壶，上书有"西于"二字。"西于"即是"西呕"，考古学资料证实了历史记载的真实性。

二 瓯骆

"瓯骆"，是西汉前期人对岭南越人即壮傣群体越人的称谓。"瓯骆"二字紧紧连在一

---

[1] 《说文通训定声》，中华书局1984年版，第366页。
[2] 《史记》卷20《建元以来侯者年表》。

起，没有分为"瓯"和"骆"。

司马迁《史记》卷 113《南越列传》载，赵佗"以兵威边，财物赂遗，（东）闽越、西瓯骆役属焉，东西万余里，乃乘黄屋左纛，称制（自称皇帝）与中国（西汉）侔（相等）"。孝文帝前元二年（公元前 178 年）派陆贾出使南越，[①]"令尉佗去黄屋、称制，令比诸侯"。陆贾至南越，赵佗"甚恐，为书谢（道歉）"，说：

  蛮夷长老夫臣佗，前日高后隔异南越，窃疑长沙王谗臣。又遥闻高后尽诛佗宗族，掘烧先人，以故自弃，犯长沙边境。且南方卑湿，蛮夷中间，其东，闽越千人众号称王；其西，瓯骆、裸国亦称王。老臣妄窃帝号，聊以自娱，岂敢以闻天王哉！[②]

赵佗向陆贾的文字道歉，陈述他之所以"乘黄屋左纛"，南面称帝的三大原因。其中，西边的"瓯骆"与东边的"闽越"相对成文，"瓯骆"作为一个族体名称没有分开。而在此之前，高后死后赵佗"以兵威边、财物赂遗"，东边的"闽越"，西边的"瓯骆""役属焉"，"瓯骆"也是一体。

元鼎六年（公元前 111 年），汉武帝兵灭南越国，南越"桂林监居翁谕瓯骆属汉"，"瓯骆"也没分开。至于《史记》卷 20《建元以来侯者年表》所载的"瓯骆左将"黄同"斩西于王"降汉，封为下鄜侯，更进一步点出了"瓯骆"是一个整体。

藏广西博物馆

虽然，东汉班固《汉书》卷 95《南粤传》将当时人西汉司马迁《史记》卷 113《南

---

  ① 《史记》卷 10《孝文本纪》载汉文帝后元六年（前 158 年）"南越王尉佗自立为武帝，然上召贵尉佗兄弟，以德报之，佗遂去帝称臣"。然而这是追述，不是当年发生的事。所以，班固《汉书》卷 4《孝文纪》将此一句子当作孝文帝的赞词评语。《史记》卷 113《南越列传》载汉文帝选拔出使南越国的使者，丞相陈平推选陆贾。但是，《史记》卷 10《孝文本纪》载"前元二年（前 178 年）十月丞相平卒"，可知陆贾经陈平推荐出使南越，不当晚于汉文帝前元二年（前 178 年）。

  ② 《史记》卷 113《南越列传》。

越列传》记载的"蛮夷中间,其东,闽越千人众号称王;其西,瓯骆、裸国亦称王"变成"蛮夷中,西有西瓯,其众半嬴,南面称王;东有闽粤,其众数千人,亦称王;西北有长沙,其半蛮夷亦称王"。但是,却大走其样了。其中的关键就是将《史记》的92个字的《道歉书》变成410个字的敷陈奏怀的《上汉文帝书》。

第一,书谢对象改易。书谢的对象由陆贾代表的西汉王朝一方变成了"蛮夷大长老夫臣佗昧死再拜上书皇帝陛下"的奏言。

第二,内容变得不伦不类。以书陈情,却一件件地历数文帝的先人吕后的过错,并不实地炫耀自己"身定百邑之地,东西南北数千万里,带甲百有余万",完全失却了臣下上书皇帝的应具态度。

第三,颠倒时空,将无关的事置于书中,显得无大无小,知识虚无。如书信中所谓的"蛮夷中,西有西瓯,其众半嬴,南面称王;东有闽粤,其众数千人,亦称王;西北有长沙,其半蛮夷,亦称王"。越人吴芮是因"从百粤之兵,以佐诸侯,诛暴秦",依刘邦败项羽,有大功,汉高祖刘邦于高祖五年(公元前202年)册封其为"长沙王"的,在《汉书》卷1《高帝纪》中记载得很清楚。此事距陆贾二次出使南越的汉文帝前元二年(前178年)已经有24年,不是吕后时期赵佗称帝时发生的事,赵佗怎么可以此事来为自己称帝辩解呢?而且,吴芮是由汉高祖册封,并不是他自封,将吴芮视为非入典册的"蛮王"自封,不是亵渎汉文帝的先人汉高祖吗?另外,"南面为帝",王为人臣,王上有帝,西瓯怎么可以"南面称王"?

第四,信誓旦旦,言不由衷。书信中说:"老夫身定百邑之地,东西南北数千万里,带甲百万有余,然北面而臣事汉,何也?不敢背先人之故。老夫处粤四十九年,于今抱孙焉,然夙兴夜寐,寝不安席,食不甘味,目不视靡曼之色,耳不听钟鼓之音者,以不得事汉也。今陛下幸哀怜,复故号,通使汉如故,老夫死骨不腐,改号不敢为帝矣!"秦灭,赵佗即遵原南海尉任嚣之嘱,绝断通往岭北的关道,诛秦长吏,击并桂林、象郡割据称王,哪里说得上什么心中有汉,一心要"北面而臣事汉"?后见孤处岭南,无力抗拒汉朝的力量,不得不臣服于汉高祖,然而不是什么真心"事汉",与汉高祖的老婆吕后意见相左,马上翻脸,自称起南越武帝来。至于发誓说什么"老夫死骨不腐,改号不敢为帝矣",然而"其居国窃如故号名",[①] 野心尚在,只待一旦有机遇来临,不免又要以帝号张扬于天下。

从以上四点可以清楚,《汉书》将《史记》92个字的赵佗"谢书"敷陈成410字的赵佗"上文帝书"说得不尽可信,其中将《史记》的"其西瓯骆、裸国"化成"西有西瓯"也不可信。西汉前期只见"瓯骆"之称,没有"西瓯"之说。至于"西于王",则是承秦朝的"西呕"而来。

"瓯",就是越人自称近音译字,也是壮族先人的自称,声近"于"音。

"瓯骆"一称乃是"居住在 ço:ŋ[6] 中自称为于的人"。

此一称谓,既点出了越人的自称,又映现了其住地环境,比较形象而全面,所以史书记载用之也比较久。由两汉历魏、晋、南北朝、隋、唐迄于宋朝,仍见使用。比如,唐朝

---

① 《史记》卷113《南越列传》。

权德舆《容州刺史戴公（叔伦）墓志铭并序》载：

> 维贞元五年（789年）夏四月，容州刺史、经略使、侍御史、谯县男戴公至部之三日，以疾受代，回车瓯骆。六月甲申，次于清远峡（今广东清远县东北飞来峡）而葬，春秋五十八。①

又安徽省《徽州府志·风俗》引宋朝吕和叔说，在今浙、皖交界地区，当时仍然是"俗参瓯骆"。

三 骆、越骆、骆越

前面说过，"骆"（雒、雠）古读同"泷"、同"双"，为越人素来居住又谓为"窜"即 ço: ŋ⁶ 的山间平地或川谷平原近音译写字。于是，汉文记载又称其为"骆"或"越骆"，秦以后又变称为"瓯骆"或"骆越"。

"骆"或"越骆"见载于战国时代吕不韦的《吕氏春秋》卷14《义赏篇》和《本味篇》。"越骆"，在"骆"前冠以"越"，是古代中原人对"骆"人的一种称谓方式。此种称谓方式自战国时《吕氏春秋》经南北朝郦道元《水经注》，②到元朝大德七年（1303年）成书的孛兰肹等修《元一统志》，③虽然西汉中后期人们通称为"骆越"，可"越骆"作为对岭南越人的一种称谓在元朝还见记载。

在"越骆"一称出现的同时，与其相类的似乎还有一个"越裳"的称谓。这就是范晔《后汉书》卷86《南蛮传》记载的"越裳国"：

> 交趾之南有越裳国。周公居摄六年，制礼作乐，天下和平，越裳以三象重译而献白雉，曰："道路悠远，山川阻深，音使不通，故重译而朝。"

又唐朝姚思廉《梁书》卷54《海南诸国传》载：

> 林邑国者，本汉日南郡象林县，古越裳之界也。

林邑国就是公元9世纪以后的占婆国，也称占城，建于2世纪，亡于17世纪末，其地在今越南中南部。

公元前11世纪后期，周武王死后，其子周成王年尚幼稚，周武王之弟周公旦辅政代职，也就是所谓的"居摄"。周公旦在居摄期间，东征打败了另两个弟弟管叔和蔡叔的图

---

① 《全唐文》卷502。
② 王国维：《水经注校》，上海人民出版社1984年版，第1135页。王氏是近现代学术大师，他校《水经注·温水》不从俗本为"骆越"而作"越骆"，是其慧识所在。
③ 《元一统志》载："宾州（治今广西壮族自治区宾阳县）西接建武（今南宁市），北拒庆远（治今宜州市），钦、象、横、贵皆其境。在越骆为都会。"（《明一统志》卷83引）

谋夺权，迁都雒邑（今河南省洛阳市），制定礼乐，贵贱有序，各安其位，天下安乐太平。

"子曰：甚矣，吾衰也！久矣，吾不复梦周公！"①孔子钦佩仰慕周公，以不能梦见周公作年老气衰的标识。因此，后来人便以梦见周公比喻夜梦，或省作周公。唐朝卢全《玉川子诗集》卷2《走笔谢孟谏议寄新茶》诗"日高丈五睡正浓，军将扣门惊周公"句，"周公"正是指梦。

高山景行，心常慕焉。对周公的业绩，中原后人仰慕，远在边远地隔万里的"越裳国"也欣然仰慕。他们当时就"以三象重译"千里迢迢地赶到雒邑进献白雉。然而，迄于1000多年后的东汉地当"越裳国"的九真郡，其流行风俗仍"以射猎为业，不知牛耕"；"无嫁娶礼法，各因淫好，无适对匹，不识父子之性，夫妇之道"的群婚状况。②这说明在交趾之南林邑国之北九真郡其地的越裳国，其社会基础与西周不在一个档次上，识见自然不会一致，怎么会耸然而来了兴致仰慕于高下等差、贵贱定位的周公礼乐呢？而且，西周初年既无"汉日南郡象林县"也没有所谓的林邑国，又怎么知道"越裳氏"或"越裳国"其地是在"交趾之南"、林邑国之北了？此其一。

其二，"越裳氏"闻周公制礼作乐，治国有规矩可循，重译以献白雉，其事下距南北朝范晔著《后汉书》已近1400年。其间战国、西汉，好事者多多，他们多托古而述作，如史上有越裳氏慕周公制作礼乐而重译赶到西周献白雉一事，他们岂有不纷沓而来张扬其事？战国众书不见记载，唯西汉时伏胜的弟子们辑集其师的言论形成的《尚书大传》有记载。据清朝陈寿祺重校辑五卷本《尚书大传》卷5载："越裳氏以三象重九译贡献。"或者范晔的记载就是根据这一句话敷衍而成的。西周初年下距西汉也有了近千年时间，前不见记载，千年之后有人追述，不详资料来源，似是无端之言，能有几分可信度？何况，《尚书大传》一语带过，范晔又根据什么将"越裳氏"变成"越裳国"，并指明其国在"交趾之南"？

其三，《尚书大传》和《韩非子》称帝尧之地，南至交趾。此交趾当是指岭南，不是指汉的交趾郡，即今越南的北部。因此，"交趾之南有越裳国"，不是在汉交趾郡的南部，而是在岭南的南部。今广东省西南茂名市，"古西瓯骆越地"，唐朝在其地设置潘州茂名县。五代"梁开平元年（907年）改为越裳县，后唐同光初（923年）始复旧"名。③"茂名县"在五代时一度改为"越裳县"，可能是因其居民的称谓而定称。而茂名县恰在岭南之南，也就是古"交趾之南"。当然，三国时吴国分九真郡为九真、九德二郡，九德郡设置越裳县。沈约《宋书》卷38《州郡志》载：九德郡越裳县，"《何志》：吴立。《太康地志》无"。这个九德郡越裳县，是三国时吴国君臣依傍于添油加醋的传说按图索骥而在新立的九德郡设置的，目的是宣扬其功盖于西周的周公旦。

"越裳"一称，无疑是越人的称谓。"裳"古同"常"，为阳部韵字。阳部韵字可与东部韵字协韵。《韩非子》卷1《主道篇》的"去智而有明，去贤而有功，去勇而有强，

---

① 《论语·述而篇》。
② 《后汉书》卷76《任延传》。
③ （宋）乐史：《太平寰宇记》卷161《高州》。

群臣守职百官有常",其中的明、强、常在阳部韵,而功却在东部韵,说明在阳部韵的裳可与东部韵的功协韵,也就如同"越骆"的称谓一样,不是在"越骆"之外又有了一个"越裳"的群体。

不知为什么,到了东汉班固的手里,总企图分"瓯骆"为"西瓯"和"骆越"两个群体。比如,当时人西汉司马迁《史记》卷30《平准书》载"汉连兵三岁,诛羌、灭南越,番禺以西至蜀南者置初郡十七",班固《汉书》卷24下《食货志》抄《史记》之文却又将"南越"改为"两粤"。此"两粤"是哪"两粤",文意模糊,不明所指。好在《汉书》卷75《夏侯胜传》中,班固指明所谓的"两粤":

宣帝初即位(前73年),欲褒先帝,诏丞相、御史曰:"朕以眇(miǎo,低微)身,蒙遗德,承圣业,奉宗庙,夙夜惟念孝武皇帝躬仁谊,厉威武,北征匈奴,单于远道;南平氐羌、昆明、瓯骆两越;东定秽、貊、朝鲜:廓地斥境,立郡县,百蛮率服,款塞自至(自己来投诚款附),珍贵陈于宗庙……"

所谓"瓯骆两越",其实是一越。"瓯"是越人的自称,"骆"是越人住地之谓,自称与居地之谓联结以称越人,是为"瓯骆"。所以,唐朝师古注《汉书》便说:"瓯、骆,皆越称号。"师古的意思就是"瓯"和"骆"都是越人的称谓,本为一体,不当分为"瓯""骆"两越。

不过,分就分了,这就是当时人们的意识理念。比如,汉元帝初元元年(前48年)贾捐之说:"骆越之人父子同川而浴,相习以鼻饮,与禽兽无异。"男女同川而浴,相习以鼻饮,这是壮傣群体越人传承的传统习俗。所以,时至唐、宋甚至明、清,不论是壮群体还是傣群体越人的后人仍然遗有父子男女同川而浴、盛行鼻饮的习俗。[①]

此后,指称岭南越人为"骆越"便盛行起来了。

东汉初,交趾郡征侧、征贰姐妹起兵反汉,攻没交趾郡,九真、日南、合浦"蛮夷"应之。建武十八年(公元42年),汉光武帝派遣伏波将军马援率军征讨,平定了征侧之乱。马援在征讨过程中,"所过辄为郡县,治城郭;穿渠灌溉,以利其民;条奏越律与汉律驳者十余事,与越人申明旧制以约束之。自后,骆越奉行马将军故事"。[②] 这说明,从岭南大陆到海南岛、到交趾、九真等郡,西汉中晚期到东汉,当时的人都视此一区域的越人为"骆越"。

但是,交趾的"骆越"似与其他地方的"骆越"不可同日而语。原因就是交趾"骆越"的得名与其他地区"骆越"的得名,完全不是同一码事。

[①] 《永昌郡传》载,永昌(治今云南保山县)"獠民""其人以口嚼食,并以鼻饮水"(《太平御览》卷769《獠》引)。宋《岭外代答》卷10《鼻饮》载:"邕州溪洞及钦州村落,俗多鼻饮。"陈宗海光绪云南《腾越厅志稿》卷15载:"大伯夷"(今傣族)"居喜近水,男女皆袒浴于河,妇人谨护两乳,谓此非父母所生,乃天地所赐,不宜人见也"。清朝吴震方《岭南杂记》卷上载:"自豫至梧,地界粤西,即有蛮夷之习。""妇人四月入水浴,至九月方止。不避客舟,男女时亦相杂……浴时或触其私,不忌,唯触其乳,则怒相击杀,以为此乃妇道所分,故极重之。"

[②] 《后汉书》卷24《马援传》。

从前面的论述中，我们知道"骆越"的得名，缘于越人住在"ço：ŋ⁶"中，"骆"为越语"ço：ŋ⁶"的近音译字，"骆越"就是居住在ço：ŋ⁶中的越人。而交趾的"骆越"呢，其得名，诚如《广州记》所称：

交趾有骆田，仰潮水上下，人食其田，名为骆侯。诸县自名为骆将，铜印绶，即今之令。①

《交州外域记》说：

交趾昔未有郡县之时，土地有雒田，其田从潮水上下，民垦食其田，因名为雒民。设雒王、雒侯主诸郡县，县多为雒将。雒将铜印青绶。②

又沈怀远《南越志》载：

交趾之地颇为膏腴，徙民（汉民）居之，始知播植。厥土惟黑壤，厥气惟雄。故今称其田为雄田，其民为雄民。有君长，亦曰雄王。有辅佐焉，亦曰雄侯，分其地为雄将。③

骆、雒、雄三字古读相近，可以通假，故三书各用其字。交趾"骆民"因耕"仰潮水上下"的骆田而得名，然而"仰潮水上下"的"骆田"层叠而起，属于"山谷"之地。虽然今壮语谓"山谷"为"lu：k⁸"，音近乎"骆"，但是与越语谓山间谷地或河谷平原的"ço：ŋ⁶"不是同一概念，不能将交趾的"骆越"与其他地方的"骆越"相提并论，视同一体。"骆越"之称不因交趾郡的"骆田"而来，与交趾的"骆越"也无关系，因为在人们知晓交趾骆田之前，不仅早在战国时代已见"骆越"之称，东汉初也有了"中庐骆越"之谓。

建武十一年（公元35年），臧宫协助征南将军岑彭进讨割据川蜀的公孙述时，"将兵至中庐，屯骆越"。④ 李贤注说："中庐，县名，属南郡（治今湖北省江陵县），故城在今襄州襄阳县南。盖越人徙于此，因以为名。"所谓的"越人徙于此"，就是汉武帝灭南越国以后，分封投诚和有功的越人首领为侯，比如"喻瓯骆兵四十余万降"的居翁为湘成侯、杀西于王降的"瓯骆左将"黄同为下郦侯、捉住南越国相吕嘉的越郎孙都为临蔡侯，以及越将毕取为瞭侯、南越揭阳令定为安道侯、故南海守弃子嘉为涉都侯等。⑤ 这些侯的封地都集中在南阳郡（治今河南省南阳市）的地域内。他们北上为侯，必然率其所部进

---

① 《史记》卷113《南越列传索隐》引。
② （南北朝）郦道元：《水经·叶榆河注》引。
③ 《太平广记》卷482《交趾》引。
④ 《后汉书》卷18《臧宫传》。
⑤ 《史记》卷20《建元以来侯者年表》。

入封地。随着时间的演进以及侯爵的被削,这些越人居地必有变动。他们南下进入湖北襄阳地区,所以,北宋乐史《太平寰宇记》卷145《襄州》引唐人《郡国志》说:"襄阳本汉中庐县地,汉初徙骆越之人居之。"

东汉初"中庐骆越"的出现说明:其一,骆越和西瓯本为一体,即"瓯骆"。比如,杀西于王的"瓯骆左将"黄同、"谕瓯骆四十余万"降汉居翁,他们都是原"瓯骆"的首领,只是后来省了越人的自称"瓯"而仅以越人谓居地之名称谓越人而已。其二,不仅岭南西南部的越人可称为"骆越",岭南东部的越人也称为"骆越"。比如,瞭侯毕取、安道侯定、临蔡侯孙都、涉都侯嘉等都是岭南东部的越人首领,所率到封地的越人也是岭南东部的越人,后来也称为"骆越"。但五代张昭远等人写《旧唐书》卷41《地理志》说贵州(治今广西壮族自治区贵港市)古为"西瓯、骆越"所居;宋乐史《太平寰宇记》卷61《高州》也说茂名县(今广东省茂名市)"古西瓯、骆越所居",因而五代梁时曾一度将该县改名为"越裳县"。瓯骆合称,显示"瓯骆"自称与他称合为一体。至于《旧唐书》卷41《地理志》单标党州(在今广西玉林市北部)"古西瓯所居",然而《太平寰宇记》卷165《郁林州》记载"废党州风俗"时说:"古党洞夷人索妇,必令媒人引,女家自送,相见后即复放女归家,任其野合,胎后方还。前生之子,例非己胤。"这是关于历史上壮族先人婚姻不落夫家婚制的可以检见的最早记载,能说壮族只为"骆越"的后裔而不是"西瓯"的胤嗣?其三,"骆越"的"骆"缘于越人谓山间谷地或川谷平原为"ço：ŋ⁶"之音,交趾郡的"骆田",与越人的"ço：ŋ⁶"相异,并不是"骆越"之称缘起于交趾郡的"骆田"。

四 乌浒

东汉中期以后,西瓯既已销声,骆越也形匿迹。当时操笔的汉族文人、官员对于岭南越人无以名之,便"蛮夷"视之,以地名人,称为"苍梧、郁林、合浦蛮夷"。[①] 东汉后期,汉灵帝建宁三年(公元170年),由于郁林太守谷永深入于越人之中,知悉内情,了解他们自称为"乌浒",于是"以恩信招降乌浒人十余万内属,皆受冠带,开置七县"。[②] 从此,"乌浒"之称便雀然而起,成了当时岭南越人的一个为人理解和公认的称谓。比如,汉灵帝光和元年(178年),合浦、交趾郡的越人起兵反汉,《后汉书》卷8《孝灵帝记》便称为"合浦、交趾乌浒蛮叛"。

关于乌浒的记载,初见于东汉后期,魏晋也略见之,唐宋仍未断称。其实,乌浒就是西汉"瓯骆"传人的异名。《旧唐书》卷41《地理志》载:

> (贵州)郁平县(治今广西壮族自治区贵港市),汉为广郁县地,属郁林郡。古西瓯、骆越所居,后汉谷永为郡太守,降乌浒十万,开七县,即此也。
>
> 乌浒之俗,男女同川而浴;生首子食之,云宜弟;娶妻美,让兄;相习以鼻饮。秦平天下,始招慰之,置桂林郡,汉改郁林。郡在广州西南,安南府之北,邕州

[①] 《后汉书》卷5《孝安帝纪》。
[②] 《后汉书》卷86《南蛮传》。

所管郡县是也。

对于乌浒人的文化习俗，东汉杨孚《异物志》载：

乌浒，南蛮之别名也。巢居，鼻饮，射翠取毛、割蚌求珠为业。无亲戚重宝货，卖子以接衣食。若有宾客，易子而烹之。①

乌浒取翠羽、采珠为产，又能织斑布，可以为帷幔。

族类同姓有为人所杀。则（于）居处伺（候）杀主。不问是与非，遇人便杀，以为肉食也。②

又三国吴国丹阳太守万震《南州异物志》载：

交、广之界，民曰乌浒。东界在广州之南，交州之北。恒出道间伺候二州行旅，有单迥辈者（单身远行的人）辄出击之。利得人食之，不贪其财货也。

地有棘竹厚十余寸，破以作弓，长四尽余，名狐弩；削竹为矢，以铜为镞（镞），长八寸，以射急疾，不凡用也（寻常不用）。

地有毒药，以傅矢金，入则挞（迅速进入）皮（肤），视未见疮（创口），顾盼（回视）之间，肌肉便皆坏烂，须臾（片刻）而死。寻问此药，云："取虫诸有毒螫（毒害）者，合着管中曝（晒）之。既烂，因取其汁，日煎之。如射肉，在其内地则裂，外则不复裂也"。

乌浒人便以肉为肴俎（切成大块在俎里蒸煮），又取其髑髅（头骨）破之以饮酒也。

其伺候行人，小有失辈（掉队），出射之。若人无救者，便止以火燔燎食之；若人有伴相救，不容得食，力不能尽相担去者，但断取手足以去。尤以人手足掌（手掌）跖（脚板）为珍异（珍贵而奇异的食品），以饴（通"贻"，赠送）长老。

出得人归家，合聚邻里，悬死人中当（堂），四面向坐，击铜鼓、歌舞、饮酒，稍就割食之。

奉（春）月方田（开始种田），尤好出索人，贪得之以祭田神也。③

晋南北朝裴渊《广州记》也载：

晋兴（治今广西壮族自治区南宁市）有乌浒人，以鼻饮水，口中进噉如故。④

---

① （宋）乐史：《太平寰宇记》卷166《贵州》引。
② 《太平御览》卷786《乌浒》引。
③ 同上。
④ 同上。

时至唐朝宋初，乐史《太平寰宇记》卷162《桂州》引唐朝刘之推《郡国志》载：

> 阳朔县有夷人名乌浒，在深山洞内。能织文布，以射翠取羽、割蚌取珠为业。

同书卷166《贵州风俗》载：

> 多何、滕、黄、陆等姓，以水田为业，不重蚕桑；生以唱歌为乐，死以木鼓助丧。

> 又郡连山数百里，有俚人皆为乌浒。诸夷率同一姓，男女同川而浴；生首子即食之，云宜弟。居止接近，葬同一坟，谓之合骨，非有戚属，大墓至百余棺。凡合骨者则去婚，异穴则聘女。既嫁，便缺去前一齿。

露滴千家静，年流一叶催。社会的发展，民族文化的交流，乌浒群体的风俗文化也多有改移。由于汉人的移居，汉族文化的影响，川谷平原的乌浒人得风气之先，逐渐改变了其原先野蛮的原始习俗，出现了地区性的移易变化。比如，北宋新州（治今广东省新兴县）"俗以鸡骨占吉凶。《汉书》云'越巫以鸡卜'，此也。衣服即都落、古贝、蕉布。豪渠之家，丧祭则鸣铜鼓，召众则鸣春堂。巧作木垒、藤帽、五色藤箱席"，① 不再提及"猎人以食"此类话题了。又如，《太平寰宇记》卷167《容州风俗》引唐梁戴言《十道志》说容州（领今广西壮族自治区北流、容县、陆川三县），"夷多夏（汉人）少，鼻饮、跣足，好吹葫芦笙，击铜鼓，习射弓弩，无蚕桑，缉蕉、葛以为布，不习文学，呼市为墟，五日一集，人性则悍，重死轻生"，也已去了食人、猎人以祭田神的习俗。同样，宋初高州（治今广东省高州市东北）也是如此："其俗，生时布衣不充，死则尽财殡送。父子别业，兄弟异财。无故带刀，持矛执剑。相侵则鸣春堂集子弟，和则杀牛。市则二日一合。"随着习俗文化的移易，住在川谷平原地区的乌浒开化较早，已变称俚为"獠"，而唐末宋初，一些仍称为乌浒的群体，则是居于丛山之中恪守于旧习的壮群体越人后人群体了。

可能"乌浒"是壮群体越人后人自谓的近音译写字，因此唐代便将"乌浒"写作近音的"乌武"二字。比如，《新唐书》卷222下《南平獠传》载："又有乌武獠，地多瘴毒，中者不能饮药，故自凿齿。"

另外，有人又因不同的群体间某些风俗的类同而将"乌浒"一称泛化。比如，盛弘之《荆州记》载："舞溪（今沅水）獠、浒之类，其县人但羁縻而已。溪山阻深，非人迹所履。又无阳（今湖南省芷江县）乌浒万家，皆咬蛇鼠之肉，能鼻饮。"② 此"乌浒"位于今湖南西南部，无疑是指今侗族。侗族的先人与壮族的先人虽然同源，却早已随着壮侗群体越人的分化而分化。后来壮傣群体越人又分化为壮、傣两个群体，壮族的先人与侗族的先人各自发展，已经历有年所，非同一个族体了。

---

① （宋）乐史：《太平寰宇记》卷163。
② （唐）李吉甫：《元和郡县志》卷30《叙州》。

《太平寰宇记》卷 116《横州风俗》说，横州（今广西壮族自治区横县）"三梁故县，乌浒所巢"。卷 167《容州》也说，"废禺州"（治今广西北流市东南），"其州有三梁乌浒之民"。"三梁故县，乌浒所巢。俗云'三梁乌浒'，即此地了。毒雾恒昏，上饶瘴气。"显然，"三梁故县"不是一个具指的县份，而是个泛称。因此"三梁故县"也可以称为"三梁乌浒"。

为什么"乌浒所巢"为"三梁故县"？

《太平寰宇记》卷 162《桂州》载桂州阳朔县有"竹皇祠"，并引唐朝刘之推《郡国志》载："竹王者，女子浣衣水次，有三节竹缠足间，推之不去，中有声，破之得一男儿，养之，有材武，遂雄诸夷地。今宁州（治今云南省曲靖市）、始兴（治今广东省韶关市）三狼乌浒，即竹王之遗裔，故有竹王三郎祠于此地。"无疑，"三狼""三郎""三梁"是同一群体的近音异译写字。所以，不论是"三狼乌浒"还是"三梁乌浒"都源于"竹王三郎"。

"竹王三郎"源于西汉的夜郎国。《后汉书》卷 86《西南夷传》载：

> 夜郎者，初有女子浣于遁水，有三节大竹流入足间，闻其中有号声，剖竹视之，得一男儿，归而养之。及长，有才武，自立为夜郎侯，以竹为姓。
>
> 武帝元鼎六年（公元前 111 年）平南夷为牂柯郡，夜郎侯迎降。天予赐其印绶，后遂杀之。夷獠咸以竹王非血气所生，甚重之，求为立后。牂柯太守吴霸以闻。天子乃封其三子为侯，死配食其父。今夜郎县有竹王三郎神是也。

遁水即豚水，今北盘江。这是壮傣群体越人分化为壮、傣两个群体后壮群体的一个支系今贵州布依族先人兴起之地。夜郎"竹王三郎神"传说，也是整个壮群体越人的传说。清朝初年，广东学者屈大均《广东新语》卷 4《赌妇潭》载：

> 赌妇潭，在龙门蓼溪水口。相传有二童男女戏赌，各持竹一边，从上流掷下，云两竹相合，即为夫妇。至下流观之，竹果相合如生，遂成夫妇，故名潭曰赌妇，潭上竹林名媒竹。予有谣云：两边生竹合无痕，生竹能成夫妇恩。潭上至今媒竹美，枝枝慈孝更多孙。
>
> 又博罗有合竹洲，其事亦相类。

在壮群体越人中产生竹子与人类祖源有关的传说，也许是古代壮群体越人依竹而居，依竹而生产而生活，关系极为密切的结果：

> 岭南人当有愧于竹。食者竹笋，庇者竹瓦，载者竹筏，爨者竹薪，衣者竹皮，书者竹纸，履者竹鞋，真可谓一日不可无此君也！[①]

[①] （清）汪森：《粤西丛载》卷 21《竹》引张七译《梧浔杂佩》。

竹美竹亲，于是在壮群体越人中产生了"竹王三郎神"的传说，建起了"竹王三郎祠"以祭祀奉献。"竹王三郎神"的子民自称"ʔjoi⁴"，不仅今布依族如此，今部分壮族仍是如此。这是承越人自称的"雩"而来。

"ʔjoi⁴"，汉人读起来觉得拗口不顺，于是将先喉塞音"ʔ"译成"乌"，而将"joi⁴"译写为"浒"。犹如北壮自称"pu⁴ʔjai⁴"，汉人记载者近音译写为"pu⁴ʔja—i⁴"，即"布雅伊"一样。这样，壮群体越人的自称"ʔjoi⁴"在汉族文人的笔下便成了"ʔ—joi⁴"即"乌浒"，并且流传了800多年。

五 俚、"獠"

"里"一称，出现于东汉初年，后衍变为"俚"。"獠"则后见于三国。里、"獠"二者，既是壮族在历史上的称谓，又不完全是壮族在历史上的称谓。

（一）"里""獠"缘起

东汉初年，受汉光武帝刘秀引见的任延出为九真郡太守。他在九真郡太守任内，教民铸作田器，垦辟荒地，喻知婚姻礼法，赈济贫困，甚得当地"骆越之民"的爱戴。[①] 在汉文里，"骆越"的"骆"与"里"都是来母字，上古同音，操笔者不经意就将"骆越"写成"蛮里"了。比如，"建武十二年（公元36年），九真徼外蛮里张游率种人慕化内属，封为归汉里君"，是如此；建武十六年（公元40年），交趾郡骆将之女征侧、征贰姐妹受不了太守苏定以汉法约束，愤而起兵反汉。"于是，九真、日南、合浦蛮里皆反应之"，[②] 也是如此。

李贤注《后汉书》说："里，蛮别号，今呼为俚人。"所谓的"蛮"，就是"骆越"。"骆越"又可称谓"蛮里"，说明"骆""里"同属来母，上古为同音字，可以通假，犹如《汉乐府诗·江南可采莲》一诗的"江南可采莲，莲叶何田田"句一样。"田田"本是"陈陈"，即陈陈相因，莲叶一层盖着一层，青翠茂密可人。此中，"陈"假借为"田"，就是因为"陈"属澄母，"田"属定母，上古是同音字，可以通假，相互通用。

"獠"作为民族群体的称名，似乎出现于西汉。《后汉书》卷86《西南夷传》载夜郎竹王，即有"夷獠"之称。"夷獠"为汉族操笔者的称谓，因此加上"蛮夷"的"夷"字以标识，而"獠"则以"犬"字以贬低。在西汉武帝的时候，"獠"人即为夜郎王的被杀鸣不平，建起"竹王三郎祠"以崇奉。晋朝人常璩《华阳国志》卷4《南中志》载夜郎县"有竹王三郎祠，甚是灵响也"。看来范晔《后汉书》所载此事非虚。不过，就此可以清楚，只是后来人见了此"竹王三郎祠"方才借助传说衬托背景以补述前事，不是事发的时候当时人有着记载。这样的记载，总免不了有"肤郭"之嫌。

范晔（398—445年）《后汉书》成于南朝宋时，以后人追述前事，虽然有东汉官修的《东观汉记》、三国谢承《后汉书》、薛莹《后汉书》、晋司马彪《续汉书》等作资料来源，但毕竟免不了以后来流行的认知、理念加于前朝。因为西汉特别是汉武帝在位的时候哪里有了"獠"的称谓？夜郎哪里有什么"竹王三郎祠"？此事汉武帝时为史官的司马

---

① 《后汉书》卷76《循吏任延传》。
② 《后汉书》卷116《西南夷传》。

迁有《史记》可以为证，东汉班固《汉书》的记载也可作佐证。因此，不论是范晔《后汉书》所说的汉武帝杀夜郎王，"夷獠""求为立后"，还是常璩《华阳国志》记载此事时说的"夷濮阻城""求立后嗣"，都带着他们所处的时代的印记，不能因此而认为"獠"称的出现是在西汉时候。

"獠"见于记载，是三国时代曾任吴国丹阳郡（治今南京市）太守的万震《南州异物志》载："獠民，亦谓文身国，刻其胸作华（花）以为饰。"① 丹阳的"南州"，自是指岭南地区。另外，《三国志》卷41《霍弋传》载"永昌郡（治今云南省保山市东北）夷獠恃险不宾，数为寇害"。南朝宋时裴松之注《三国志》卷43《张嶷传》也引《益都耆旧传》说："牂柯（治今贵州省凯里西北）、兴古（治今云南省岘山县）獠种反。（马）忠令（张）嶷领诸营往讨。嶷内（纳）招降，得二千人，悉传诣（全部迁徙到）汉中。"这些记载说明从岭南经云贵高原东部到西南部的住民，三国时已称为"獠"。他们不是傣群体就是壮群体越人的后人。

晋人郭义恭《广志》载："獠（音老）在牂柯（治今贵州省凯里西北）、兴古（治今云南省岘山县）、郁林（治今广西壮族自治区贵港市）、交趾（治今越南河内市）、苍梧（治今广西壮族自治区梧州市），皆以朱漆为兜鍪。"② 这不仅明示了晋代"獠"人的大概分布和他们作战时所戴的头盔，而且指出"獠"读为"老"。"獠"、老、骆、里，都属来母，上古为同音字，可以互相通假，因此，骆可以为里、为"獠"、为老所假，里及"獠"、老也可以互相置替。比如，《后汉书》卷86《南蛮传》载东汉建武十二年（公元36年）"九真徼外蛮里张游率种人慕化内属"。"徼外"，就是边界以外的地方。东汉在今越南中北部地区，由北而南设置了交趾、九真、日南三郡，九真郡南为日南郡，东靠海，西自然是今老挝。今天老挝人民民主共和国的主体居民是佬族，是壮傣群体越人的后人，虽然东汉初他们被称为"蛮里"，唐代是"獠子部"的一部分，后来又是"佬族"。这说明，历史上就族称而言，里、"獠"、佬是曾经通假的。

又如，唐玄宗天宝十四年（755年）安禄山之乱，岭南子弟北上勤王，隶于山南节度使鲁炅，然而鲁炅却是个糊涂蛋，优柔寡断，当战不战，结果被安禄山的部将武令珣乘风纵火，士卒无处可走，全军覆没。③ 消息传回岭南，众怒难平，"岭南溪洞夷獠"梁崇牵等率众攻占容州经略使城，使得前后的容州刺史、容管经略使陈仁秀、李抗、侯令仪、耿慎惑、元结、长孙全绪等无法进入容州，只能寄治于藤州（今藤县）或梧州。大历五年（770年）王翃任容州刺史、容管经略使，方才将容州"獠"人的反唐起兵镇压下去。④ 可到宋初乐史《太平寰宇记》卷167记载容州的人却是"俚人"了："白山石，色洁白，四面悬绝，上有飞泉瀑布，下有勾芒木可以为布，俚人砍之，新条更生，取皮织以为布"；"不逻饶山，山多韶果，味如荔枝，俚人谓之不逻饶"等。这也是"獠""俚"可以互相替换的例子。俚人的"不逻饶"，就是今壮语的"bou³ ɤo⁴ jiu¹"，即不知道的意思。

---

① 《太平御览》卷371《胸》引。
② 《太平御览》卷356《兜鍪》引。
③ 《新唐书》卷147《鲁炅传》。
④ 《旧唐书》卷157《王翃传》。

中原人初临其山，见山上韶果累累，味道鲜美如同荔枝，便问此山是什么山？俚人说"bou³ɣo⁴ jiu¹"（不知道），他们不知所云，便顺着俚人回答的音声，将该山称作"bou³ɣo⁴ jiu¹"（不逻饶）了。

由"不逻饶"此词的上下贯通，可以略知唐、北宋之际容州"俚獠"与今壮族间的渊源关系。同时，由"不逻饶山"此一名称，也可以知道北宋及其前，移居于容州的中原汉人不多，所以唐朝梁戴言《十道志》说容州"夷多夏少"。

（二）俚与"獠""俚獠"与乌浒的关系

作为民族群体的称谓，见于汉文记载，"里"是东汉初年，"乌浒"见于东汉后期，"獠"则见于三国时期。三者都是壮傣群体越人及其后人的衍称，可其分布的地域既相同也不相同。相同，就是三者都结连于岭南地区；不同则是"獠"的分布地域更为宽广，广布于岭南、云贵高原南北，后又迁入川入陕，中庐等地的"骆越"也向西迁入汉中，形成了新的庞大的川蜀、汉中"獠"人群体。

三者歧称，相互间关系如何？

1. 俚与"獠"的关系

前面说过，俚、"獠"，都是从上古的骆越演变而来。骆越，上古广布于今两广及中南半岛的北部。因源同、分布区重合，于是俚有时可称为"獠"，"獠"有时可称为俚，相互交融，结于一体，历史上二者既可以连称，结合在一起，又可以互相置替，难分彼此。比如，晋南北朝时裴渊《广州记》载：

俚獠贵铜鼓，唯高大为贵。面阔丈余，方以为奇。

初成，悬于庭，克晨（约定次晨）置酒招致同类。来者盈门。其中，豪富子女以金银为大叉，执以叩鼓，竟（完了），留遗主人，名为铜鼓钗。

风俗好杀，多构仇怨。欲相攻击，鸣此鼓集众，到者如云。有是鼓者，极为豪强。[①]

这是从贵铜鼓、制铜鼓、贺鼓主、铜鼓钗、用铜鼓以及有鼓者的社会地位等文化习俗来叙写俚、"獠"本为一体，因而二者不分彼此，文化习俗相同，可以连在一起而称为"俚獠"。

俚、"獠"二字同属来母，二民族群体同在一个地域，民族文化相同，自可以互相置替，交相互称。前述今老挝人民民主共和国历史上俚、"獠"、佬前承后衍是如此，广西容州在唐、宋时的"獠"变俚也是如此。即使对着同一个历史人物，在同一个人的笔下也是于此指称为"俚"，于彼则又指称为"獠"。比如，姚思廉的《梁书》卷32《兰钦传》载仁威将军兰钦"经广州，因破俚帅陈文彻兄弟，并擒之"，因功而进号平南将军，封曲江县公。也是姚思廉撰的《陈书》卷9《欧阳颉传》却说兰钦"南征夷獠，擒陈文彻，所获不可胜计"。

为什么会这样？就是因为俚、"獠"二字古与骆越的"骆"都属来母，音同。《汉

[①] 《太平御览》卷785《俚》引。

书》卷37《季布传赞》"其画无俚之至也"句，颜师古注引晋灼说："扬雄《方言》曰'俚，聊也'；许慎曰'赖也'。此为其计画无所聊赖（依托）。"俚、聊、赖，古皆一声之转。"獠"与聊同音。同时，俚、"獠"原来的文化习俗相同。因此，在历史发展的前期，俚、"獠"二者可以相互取代，相互混称。

2. 俚、"獠"与乌浒的关系

俚、"獠"、乌浒作为民族群体的族称，几乎是存在于同一时段里，即东汉、三国、南北朝、隋、唐以及北宋前期。乌浒一称来自越人的自称"ʔjoi⁴"的分读译写，俚、"獠"则来自越人谓所居之地"ɕoːŋ⁶"的译写。他们三者之间的关系是不言而喻的，都是古壮傣群体越人的后人，同住于一方地域之内。因此，三者可以互称，同指一个民族群体。

唐代，以"西原蛮"指称岭南西部即今广西壮群体越人的后裔。当时，此一方域分为桂管、容管、邕管三个都督府，统辖于广州都督府，也就是岭南节度使。由于各管的"经略使多不得人，德既不能绥怀，威又不能制临，侵欺掳缚，以致怨恨"。① 既有乾元元年（758年）武承裴、韦敬简等聚众起兵反唐，② 又有天宝十四年（755年）"安史之乱"后容州西原蛮首领梁崇牵忿然而起反唐；③ 既有大历十二年（777年）"西原贼帅"潘长安率众起事，④ 又有贞元十年（794年）"黄洞蛮"首领黄少卿的怒而揭竿。⑤ 这些反唐起兵，烽火连绵，几年、十几年不息。对于所谓的"西原蛮"，《旧唐书》卷157《王翃传》既称为"溪洞夷獠"，韩愈《黄家贼事宜状》也说他们"并是夷獠"；⑥ 李翱《徐申行状》既称贞元十七年（801年）邕州刺史徐申"诘俚盗，除其暴"，"大首领黄氏率其属纳质供赋"，⑦ 柳宗元《唐故邕管经略招讨等使、朝散大夫、持节都督邕州诸军事守邕州刺史兼御史中丞、赐紫金鱼袋李公墓铭并序》也说李佃"陟（升）刺泉州（泉州刺史），会（恰逢）乌浒夷刺杀郡吏，殴缚农民，诏以公都督邕州兼御史中丞，赐紫金鱼袋，为经略招讨使"。⑧ 所谓的"乌浒夷刺杀郡吏"，就是指贞元十年（794年）"黄洞首领黄少卿"攻打邕州的时候。这就是说，"西原蛮"是"俚"，是"獠"，也是"乌浒"，三者异称而实为一体。

北宋初乐史《太平寰宇记》卷166《贵州风俗》载，贵州（治今广西壮族自治区贵港市）"郡连山数百里，有俚皆为乌浒"。此恰好点出了"乌浒"与"俚"与"獠"的亲缘关系。

唐代，誉为唐宋八大家之一的著名文人柳宗元，在柳州《与萧翰林俛书》说：

---

① （唐）韩愈：《黄家贼事宜状》，《全唐文》卷549。
② （唐）杨谭：《兵部奏桂州破西原贼露布》，《全唐文》卷377。
③ 《旧唐书》卷157《王翃传》。
④ （唐）韩云卿：《平蛮颂》，《全唐文》卷441。
⑤ 《新唐书》卷222下《西原蛮传》。
⑥ 《全唐文》卷549。
⑦ 《全唐文》卷639。
⑧ 《柳河东集》卷10《志》。

楚、越之间，声音特异。鸠舌啅譟，今听之怡然不怪，已与为类矣。家生小童，皆自然哓哓（自然地以其语来与人争辩交谈），昼夜满耳；闻北人言，则啼呼走匿，虽病夫（柳宗元自喻）亦怛然骇之。出门见适州闾市井者（赴州府走村趁墟的人），其十有八九（是说此种话的人）。①

这就是当时俚、"獠"、乌浒的语言。虽不明其具体，却可略知楚、越之间居民语言的一体性以及其与中原居民语言的迥异。

(三) 俚、"獠"的发展变化

"里"见于史载，是东汉建武十二年（36年）"九真徼外蛮里"张游率种人慕化内属。既然张游自称其部人为里，东汉王朝也以其部人的称谓封张游为"归汉里君"。以后，合浦、交趾、九真等郡的居民与张游的"里"人风俗相近相同，也被称为"里"。

"獠"出现于三国。与"里"不同，"獠"不是"徼外"人"慕化内属"，而是居住在永昌、兴古、牂柯等疆域之内郡县的"种人"，敢于抗拒王命，起兵造反，因此便被目为不知王法的兽类，译写其种人的自称而带上"犬"旁，定称为"獠"。

"里"称后来的发展，是左从"人"字旁，成了"俚"。而"獠"则依然如故。带着"犬"旁不改。这是在中国历史上作为民族群体的称谓，从三国，历南北朝、隋、唐、五代、宋、元而进入充斥严重民族歧视的明、清时代的唯一民族群体的书写形式。虽然南北朝盛弘之《荆州记》及唐朝柳宗元将"乌浒"改作"乌浒"，但是唐朝刘之推《郡国志》以及北宋前期乐史《太平寰宇记》并没有如此。何况，"乌浒"一名延至北宋前期以后即已不见于记载了。

历史上，"里"作为民族群体的称谓转写作"俚"，或始于万震《南州异物志》，①明示了在万震撰写《南州异物志》的时候，"里"已经写作"俚"了。

《南州异物志》成书在什么时候？

《隋书》卷33《经籍志》记载《南州异物志》的作者是三国"吴丹阳太守"万震，可是该书所载的俚人分布区域，苍梧、郁林、合浦、高凉四郡是吴国时存在的地方政区，唯独宁浦郡当时不存在，而吴国设置的却是"合浦北部都尉"。

陈寿《三国志》没有《地理志》，南朝沈约（441—513年）《宋书》卷38《州郡志》载：

(宁浦郡)《晋太康地志》：武帝太康七年（286年）改合浦属国都尉立。《广州记》：汉建安二十三年（218年），吴分郁林立，治平山县。《吴录》：孙休永安三年（266年）分合浦立为合浦北部尉，领平山、兴道、宁浦三县。又云：晋分平山为始定，宁浦为涧阳。未详孰是。

沈约记录了当时所见的有关宁浦郡和合浦北部都尉设置的记载，未作决断，说"未详孰是"，抛了一个谜题与后人。实际上，他自己也揭示了谜底。比如，宁浦郡所属的兴

---

① 《太平御览》卷785《俚》引。

道县，原称连道县。他说："兴道县，武帝太康元年（280年）以合浦北部管之连道县立。"这就是说，今广西横县所在的晋朝宁浦郡，在吴国时是"合浦北部都尉"，不是宁浦郡。所以，《晋书》卷15《地理志》虽说宁浦"吴置"，可其在广州的总叙中却说："永安六年，复分交州置广州，分合浦立合浦北部，以都尉领之。"这无疑是说吴国景帝孙休于永安六年（263年）分合浦郡立合浦北部都尉。

清朝谢钟英《三国疆域表》、洪亮吉《补三国疆域志》都否定三国有宁浦郡的设置而肯定吴国在今横县设置了合浦北部都尉。《补三国疆域志》载：

> 《广州记》：汉建安二十三年（218年）吴分郁林立宁浦郡。晋地理志本之。今考《吴录》景帝永安三年（260年）分合浦立合浦北部都尉，领平山、兴道、宁浦三县，晋《太康地志》亦言武帝太康七年（286年）始改合浦属国都尉立宁浦郡。又通检诸地志，吴时所置郡皆无宁浦，明郡系太康中所置，吴时只有合浦北部都尉也。《广州记》及晋地理志皆不足据。①

这道明了吴国分合浦郡设置合浦北部都尉，西晋太康七年（286年）方才改置宁浦郡。万震或在三国的时候出任吴国丹郡太守，可是他撰写《南州异物志》的时候，已经是西晋太康七年（286年）合浦北部都尉改为宁浦郡以后了。如此，则可以框定，"里"变为"俚"是在西晋前期。

虽然万震《南州异物志》只说合浦郡有俚人，排除合浦郡以南诸郡分布有俚人，但是西晋前期张华《博物志》卷9却说"交州夷曰俚子"。西晋交州，除辖合浦郡外，还辖有今越南中北部地区，《博物志》的记载说明西晋时俚在交州普遍存在。同时，隋朝开皇二年（602年）交州"俚帅"李佛子举兵反隋，隋文帝杨坚命刘方率军南征。刘方以兵威作后盾，"谕以祸福，李佛子方才投诚"②。此种情况说明，不是交州无俚，而是那时记载者的着眼点不同，从而对其人的称谓出现差异罢了。犹如《隋书》卷55《侯莫陈颖传》载：

> 时朝廷以岭南刺史、县令多贪鄙，蛮夷怨叛，妙简请吏以镇抚之。于是，征颖入朝。及进见，上（指隋文帝杨坚）与颖言及平生以为欢笑。数日，进位大将军，拜桂州总管十七州诸军事，赐物而遣之。及到官，大崇恩信，民夷悦服，溪洞生越多来归附。

"溪洞生越"，生、熟相对，有"生越"必有"熟越"。"熟越"就是那些上了王朝户籍，遵照王朝政令、纳赋税、应征役的越人。这是追本溯源，将岭南人统括之为"越"，不复分什么俚、"獠"、乌浒之类了，他们中只有"生越"和"熟越"之分。

与此相类的，《隋书》卷56《令狐熙传》载："上（指隋文帝）以岭南夷越数为反

---

① 《二十五史补编》第三册，中华书局1956年版，第3156页。
② 《隋书》卷53《刘方传》。

乱"，以令狐熙为桂州总管十七州诸军事。"熙至郡，大弘恩信。其溪洞渠帅更相谓曰：'前时总管皆以兵相胁，今者乃以手教相谕，我辈其可违乎？'于是相率归附。"然而，那个时候既然已经有"俚"有"獠"为称，对同一群体的人不免又出现俚、"獠"之称。比如，《隋书》卷56《令狐熙传》又称"交州俚人李佛子"。卷62《裴肃传》也说永平郡（治今广西壮族自治区藤县）丞裴肃"甚得民夷心"，死后，"夷獠思之，为立庙于障江之浦"。

不过，俚毕竟是俚，"獠"毕竟是"獠"，虽然他们都是壮群体越人的后人，初期亦可取代，也可混称，但在后来的发展过程中已经有了分化。

从万震《南州异物志》及南朝宋始兴郡（治今广东曲江区）太守徐豁元嘉二年（426年）上书陈奏三事中可知，俚人传承着上古越人的文化习俗，巢居、鼻饮、贵铜鼓；贪宝货财物，不爱骨肉，以子易财，夫鬻妇，兄卖弟；血亲复仇，多结怨家；利用债权，舍命敲诈；往往别村，各有长帅，形成对立、分散的群体。但是，他们已经是官府编户之民，纳粮应征，成了中央王朝的臣民。这就是晋、南北朝以来俚人的社会状况、社会心态和文化习俗。

此种社会心态和文化习俗传承下来，从《南海异事》的记载可知迄于唐代仍见如此。

俚人的社会发展，受到南下的汉族文化影响较大。虽然宋太宗于雍熙二年（985年）闰九月乙未诏令广南官员要注意劝导改变"邕、容、桂、广诸州的婚姻丧葬、衣服制度，并杀人以祭鬼、疾病不求医药及僧置妻孥"等流行习俗，[①] 但是，因秦以后，汉人南下只立足于岭南中、东、北部俚人地区，因此自见有关俚人的记载，俚人中已经不见存在"食人"的习俗。

而"獠"因分布地区广阔，而且多是偏僻丛山地区和荒外之地，受到汉族文化影响不多，或者根本没有受汉文化的影响，社会进步迟缓，不少群体仍然延续着"吃人"的习俗。南北朝时《魏书》载：

（獠）散居山谷，略无氏族之别。依树积木以居其上，名曰干栏。干栏大小，随其家口之数。

往往推一长者为王，父死则子继，若中国之党族也。獠王各有鼓、角一双，使其子弟自吹击之。好相杀害，多仇怨，不敢远行，生同禽兽。

至于忿怒，父子不相避，唯手有兵刃者先杀之。若杀其父，走避于外，求得一狗以谢其母然后敢归。母得狗谢，不复嫌恨。若报怨相攻击，必杀而食之。平常劫掠，贵取猪狗而已。亲戚比邻，指授相卖。亡（失）儿女，哭止便不复追思。[②]

也是南北朝人写的《永昌郡传》载：

獠民喜食人，以为至珍美，不自食其种类也，怨仇乃相害食耳。[③]

---

① 《宋会要辑稿·刑法二之三》。
② 《太平御览》卷796《獠》引。
③ 同上。

又《南齐书》卷41《张融传》载：

> （张融出为封溪令）广越嶂险，獠贼执融，将杀食之。融神色不动，方作《洛生咏》。贼异之而不害也，浮海至交州。

"獠"中部分群体的食人习俗，可能延至北宋前期。乐史《太平寰宇记》卷167《钦州风俗》载："又有獠子，巢居海曲，每岁一移。椎髻凿齿，赤裈短褐，专欲吃人，得一人头，即得多妇。"

东汉、魏、晋、南北朝以来，"獠"延续着上古越人的食人习俗，俚则断了上古越人习俗的传承。《太平寰宇记》卷158《藤州》引唐朝刘之推《郡国志》说：

> 孤夷，兽名也。有两牙长二寸，食人，性重人掌蠥。得人即悬之室内，当面铺坐，击铜鼓，歌舞饮酒，稍割而啖之。方于农时，猎人以祀田神。

所谓的"孤夷，兽名也"，实际是人。"得人即悬之室内"，"兽"何来的"住室"？"兽"又怎会"方于农时猎人以祀田神"？食人的人显出其兽性。人的兽性张扬，于是为"兽"。这道出了"獠"凝聚于一个民族群体，长时期成为历史上一个民族群体称名的书写形式的根底所在。

刘之推《郡国志》关于"孤夷"的此节文字，与《太平御览》卷786《乌浒》所引的万震《南州异物志》记载乌浒人的吃人习俗，内容一致，模式相同，只是文字叙述略有差异罢了。吃人，以同类饱腹，为前进到一定阶段的人类所不齿。这就是南北朝盛弘之《荆州记》以及唐朝柳宗元都欲贬"乌浒"作"乌浒"的所在。

远古人类，社会生产力或有或无，蒙昧未化，以同类为饱腹之物。汉以后，"獠"与乌浒仍是如此，不禁为其迟迟未行开化而胆寒，为其社会发展迟缓而惋惜。缩于丛山之中，处于偏远之地，没有呼吸到外头社会的新鲜空气，没有能够进行必要的社会交流，故步自封，难能自我蜕化，一甩往日的陋习，一断往日的蛮风，从而变得略见文明，这不能不说是历史的遗憾，历史的悲哀！

（四）俚、"獠"活跃及消失

东汉建武（公元25—55年）中前期，"里"见于记载，唯是东汉"九真徼外"以及交趾、合浦和九真、日南四郡。万震《南州异物志》又说俚人仅存在于广州之南的"苍梧、郁林、合浦、宁浦、高凉五郡中央"，这似乎将俚人的分布地域说得太过狭窄了。

秦朝之前，岭南纯是越人的分布区。秦始皇三十三年（公元前214年），秦征服岭南越人，在岭南设置桂林、象郡、南海三郡，只是设点驻兵，以尉镇守，掠取岭南珍宝，并没有设置郡守对岭南广漠地区的越人进行直接统治，越人依然在其首领的治理下以其故俗活动，以其故俗生活。秦灭，南海郡龙川令赵佗遵从死去的南海尉任器的嘱咐，聚兵切断中原通南海郡的关道，"稍以法诛秦所置长吏，以其党为假守"。接着又"击并桂林、象郡，自立为南越武王"，割据岭南。虽然如此，赵佗处于漠漠纷然的越人中，不得不"和集百越"，依从于越人的习俗，自号"蛮夷大长老"，让越人参政主军以支撑其政权。所以，南越国中，越人吕嘉连相三王，越人毕取可以为将，都稽可以为郎，弃可为南海守，定可以揭阳令，居翁可为桂林监，"西于"可以自我称王。① 元鼎六年（前111年）汉武帝灭南越国，在南越国辖区内设置的南海、苍梧、郁林、象郡、合浦、零陵、交趾、九真、日南等九郡，② 都是"初郡"，"以其故俗治，无赋税"。③ 也就是说，在岭南越人分布区，仍是实行其越人自治。

历代王朝在岭南实行越人自治的政策，自秦、汉、三国、南北朝、隋而至唐初，绳趋尺步，一仍如此。比如，《旧唐书》卷67《李靖传》载武德五年（622年）李靖"度岭至桂州，遣人分道招抚，其大首领冯盎、李光度、宁长真等皆遣子弟来谒。靖承制授其首领官爵，凡所怀辑九十六州，户六十余万"。又同书卷89《王方庆传》载：

  （广州）管内诸州首领，旧多贪纵，百姓有诣（到）府称冤者，官府以先受首领参饷（贿赂），未尝鞫问（审讯）。方庆（武则天时出任广州都督）乃集止府僚（都督府中官吏），绝其交往，首领纵暴，悉绳之（按法度治理他们）。由是，境内肃清。当时议者以为有唐以来，治广州者无出方庆之右。

此说明唐代前期近100年间，广州都督府管内原越人仍然由其世袭首领直接统辖着、治理着。这些首领凌居法外，恣纵放荡，骄奢淫逸，鱼肉部民。此类越人，就是晋、南北朝以后见于记载的俚、"獠"。所以《隋书》卷31《地理志》记载揭示了隋代岭南的人除了中原移民外，不是俚就是"獠"。俚、"獠"虽分为二，可居住一地，风俗相同，均是质直尚信，尽力农事，唯富为雄，巢居鼻饮，盛行产翁，男逸女劳，刻木为契，父子别业，兄弟各居，贵铜鼓，有鼓者为都老。到了元代，人们又将都老音译作"太獠"。比如，《元史》卷162《刘国杰传》载，至元二十五年（1288年）"十一月，（刘国杰）破萧太獠于陈古水，斩数百人，进平怀集（今广东怀集县）诸寨贼。二十六年（1289年）春东入肇庆（今广东省肇庆市），攻闾太獠于清远，还攻萧太獠于怀集，擒之，复攻走严太獠。四月攻曾太獠于金林，又破走之……七月次贺州（今广西贺州市）……乃移军道州（今湖南省道县）。广东盗陈太獠寇道州，国杰讨擒之"。

中央王朝势力的拓展，汉族文化在岭南地区广泛而深入的传播，引起了俚、"獠"的分化，也引起了异文化间的碰撞、冲突，东汉建武十六年（公元40年），交趾太守苏定违反了"以其故俗治"的"初郡"旧规，以汉法强加于"初郡"，激怒了征侧、征贰姐妹，起兵反抗。随之，"九真、日南、合浦蛮里皆应之"，爆起了岭南声势浩大的反东汉王朝的斗争。④

文化的碰撞，固然会引起大小不等的冲突，但是，自秦以来中原人形成了岭南是个"聚宝盆"的理念，跃跃夺取，尤激起更多的冲突。秦始皇征讨岭南越人，当然主在扩大

---

① 《史记》卷20《建元以来侯者年表》；卷113《南越列传》。
② 《史记》卷113《南越列传》。
③ 《史记》卷30《平准书》。
④ 《后汉书》卷116《南蛮传》。

版图，可也不能否认他馋眼于岭南的犀角、象牙、珠玑等宝物。①《汉书》卷 28 下《地理志》说："粤地，处近海，多犀、象、毒冒、珠玑、银、铜、果、布之凑，中国往商贾者多取富焉"，证实了人们的猜想。因此，中央王朝的官员大都认为，去到岭南做官都有机会大大地捞上一把。东汉伏波将军马援率兵征讨交趾，凌波冒瘴，九死一生，甚得益于薏苡的调养，返回时带了一车子粒大饱满的薏苡，准备作种子在中原种植。朝中权贵盯着此一车子，以为是一车岭南珍宝，都眼巴巴地等着马援能给他们都送上一份。谁知事与愿违，哪一个心里不结上一个疙瘩。待到马援失宠，他们纷纷上书栽赃，弄得马援死后无人哀悼，落个几无葬身之地的下场。② 薏苡尚有明珠之谤，在这样的官场背景下，来岭南做官的中原人谁不蝇营狗苟要大捞上一把？而在帝王的心目中，也认为岭南的官职是个肥缺。所以，宋孝武帝说，"张融（南朝著名文学家）殊贫，当序以佳禄"。于是，便放他出任交州武平郡封溪令。③

《南齐书》卷 32《王琨传》载：

> 南土沃实，在任者常致巨富。世云："广州刺史但（只）城门一过，便得三千万也。"
>
> （王）琨（任内）无所取纳，表献禄俸之半。州镇旧有鼓吹，又启（奏）输还（朝廷）。及罢任，武帝（483—493 年在位）知其清，问还资（带回来的资产）多少？琨曰："臣买宅百三十万，余物称之。"

王琨在广州刺史任上只要一半的俸禄，几年下来，罢职返京，除去买房子 130 万两银子之外，还剩下约值 130 万两银子的资产，谁说当时岭南的官不是肥缺？

为官一任，敛财为能。能到岭南为官的人，其敛财是不择手段的。中原人好假发，④ 朱崖郡（治今广东省徐闻县东南）"可十万家，女多姣好，长发美鬓"。⑤ "汉时太守贪残，缚妇女割头取发，由是叛乱不复宾服。"⑥ 最后，西汉王朝不得不放弃在今海南省设置的珠崖、儋耳二郡。⑦ 而三国时吴国的九真郡太守朱符，带上亲友，控制州郡大权，"侵虐百姓，强赋于民，黄鱼一枚收稻一斛"。⑧ 东晋隆安（397—401 年），刁逵为广州刺史，其弟刁畅为始兴（治今广东省韶关市）相，兄弟狼狈，"不拘名行，以货殖为务"，破脸敛财，家"有田万顷（一顷 100 亩），奴婢数千人，余资称是"。⑨ 进入南北朝，官员们敛财更是张狂，除了肥己之外，还以之资助南朝的财政或作为造反的资财。比如，陈朝

---

① 《淮南子》卷 18《人间训》。
② 《后汉书》卷 54《马援传》。
③ 《南齐书》卷 41《张融传》。
④ 《三国志》卷 53《薛综传》。
⑤ 《太平御览》卷 69《洲》引王隐《晋书》。
⑥ 《太平御览》卷 373《发》引《林邑国记》。
⑦ 《汉书》卷 64《贾捐之传》。
⑧ 《三国志》卷 53《薛综传》。
⑨ 《晋书》卷 69《刁逵传》。

时广州刺史欧阳颁"弟盛为交州刺史,次弟邃为衡州(治今广东省英德市西北浛洸)刺史,合门显贵,名振南土。又多致铜鼓、生口,献奉珍异,前后委积,颇有助于军国焉"。① 又如,孔默任广州刺史,以贪污纳贿掠夺大量的财富。其子孔熙就利用此"岭南遗财"诱引《后汉书》的作者范晔,又以"六十万钱"纠合"有家兵部曲"的广州人周灵甫引兵响应准备造反。好在谋泄孔熙等被送上断头台,才免了一场大祸。②

《南齐书》卷14《州郡志上》载:

> (广州)虽民户不多,而俚、獠猥(众)杂,皆楼居山险,不肯宾服。西南两江(指西江和南江),川源深远,别置督护,专征讨之。捲握之资(到手的资财),富兼十世。

广州,当时领有南海(治今广州市)、东官(治今广东省惠东县西北)、义安(治今广东省潮安县东北)、新宁(治今广东省新兴县东北)、苍梧(治今广西壮族自治区梧州市)、高凉(治今广东恩平市东北)、永平(治今广西藤县)、晋康(治今广东省德庆县东)、新会(治今广东省新会县东北)、广熙(治今广东省罗定市南)、宋康(治今广东省阳江市西)、宋隆(治今广东省高要市东南)、海昌(治今广东省高州市东北)、绥建(治今广西壮族自治区贵港市)、桂林(治今广西壮族自治区柳州市东南)、宁浦(治今广西壮族自治区横县)、晋兴(治今广西壮族自治区南宁市)、齐乐(治今广东省连山)、齐康(治今广东省徐闻县南)、齐建(治今阙)、齐熙(治今广西壮族自治区融安县)等23郡,其地包有今广东、广西的大部分地方。人生在世,潜伏贪欲之心。在广州管下郡县为官,专征"俚獠",可获"富兼十世"的资财,谁不跃跃欲试?所以,南朝时期为官于岭南的人没几个不以征"俚獠"为能,以便掠取"俚獠"首领的财产。

宋泰始三年(467年)羊希为广州刺史,"以沛郡刘思道行晋康郡(治今广东德庆县东)太守,领军伐俚"。刘思道不服羊希节制,又率军攻破广州城杀羊希。其时,"龙骧将军陈伯绍率军伐俚,还击思道",方才平息了刘思道的叛乱。③

当时,今广东雷州半岛及其以北东西地方,名为越州,"夷獠丛集,寇盗不宾,略无编户"。泰始七年(471年),西江督护陈伯绍分其地置百梁(治今合浦县东北)、陇苏(治今广西壮族自治区合浦县北)、永宁(治今广东省电白县东北)、富昌(今地无考)、南流(治今广西壮族自治区玉林市)六郡。元徽二年(474年),陈伯绍出任越州刺史。"刺史常事戎马,唯以贬伐为务",作为"威服俚獠"的手段。④ 这里虽说越州"夷獠丛集",但又说陈伯绍出任越州刺史以后"威服俚獠",无疑越州的居民是"獠"中有俚,俚中有"獠"。而且,《南齐书》卷14《州郡志》所列的越州属郡中还有"吴春俚郡"(治今广东省吴川市),岂能说其时越州尽是"夷獠丛集"之地?陈伯绍在越州,"常事戎

---

① 《陈书》卷9《欧阳颁传》。
② 《宋书》卷69《范晔传》。
③ 《宋书》卷54《羊希传》。
④ 《南齐书》卷14《州郡志上》。

马，唯以贬伐为务"，固然是迫使"无编户"的"俚獠"为编户之民，更重要的是越州地逼南海，自古富产珠玑，同时那时候群象还在越州的丛林中出没。

《南史》卷51《萧劢传》载，梁时萧劢为广州刺史，"俚人不宾，多为海暴。劢征计所获生口、宝物，军赏之外，悉送还台（朝廷）……自劢在州，岁中数献，军国所需，相继不绝。武帝叹曰：'朝廷便是更有广州！'"萧劢不断征讨俚人，所获"生口、宝物"一年数献，竟能使梁朝廷"军国所需，相继不绝"，其数额又何其庞鸿不可估约！

梁武帝大同年间（535—546年），卢安兴为广州南江督护，拉了杜天合、杜僧明兄弟和周文育，"频征俚獠"。① 他们既获财又升了官，官运、财运亨通，于是人们相竟为样。胡颖"出番禺，征讨俚洞"。② 荀裴父卒丧期未满，就急匆匆地"起家为郁林（治今广西壮族自治区贵港市）太守，征俚獠"。③ 沈恪跟着广州刺史萧映，"常领兵讨伐俚洞"。④ 徐度随始兴内史萧介到始兴郡（治今广东省韶关市）以后，"将士卒征诸山洞"⑤。衡州（治今广东省英德市西北浛洸）平南府司马孙玚，也因"破黄洞蛮贼有功，除东莞太守，行广州刺史"。⑥ "山洞""黄洞蛮"，也就是"俚洞"，是"俚獠"。《陈书》卷36《始兴王叔陵传》载：太建四年（572年），始兴王陈叔陵都督湘（治今湖南省长沙市）、衡（治今广东省英德市西北浛洸）、桂（治今广西壮族自治区桂林市）、武（治今湖南省常德市）四州诸军事。"诸州镇（太守）闻其至，皆震恐股慄。叔陵日益横暴，征伐夷獠，所得皆入己，丝毫不以赏赐。"这说明衡州、桂州所领之地，是"夷獠"或"俚獠"之地。

南朝陈的开国皇帝陈霸先在岭南任西江督护，积累武功、资财，结集爪牙，培植势力，然后借平定侯景之乱北上，进入京城，557年代梁为帝。他深知岭南"俚獠"地区的重要。所以，当他知道广州刺史马靖"每年深入俚洞"，积蓄资财，士马强盛，立即引起了他的注意、猜忌，并迅速以宗室陈方庆为广州刺史，袭杀马靖，以免后患。⑦

两晋南北朝时期，历代王朝派赴岭南的官员此般热衷于征讨"俚獠"，虽主要夺财富、扩兵力，壮大自己，夯实王朝，但也显示了自秦汉以来历代王朝积极推行开发岭南的政策，加大汉族文化的渗透，提高了土著文明的程度，加速了土著居民社会的前进步伐，从而凸显了"俚獠"诸首领的身影。

历代王朝，对岭南土著越人及其后人"俚獠""治从其俗"，⑧ "承制署其首领为州县官"，⑨ "承制授其（首领）官爵"。⑩ 俚、"獠"首领得天之厚赐，历代世袭居位摄财，势

---

① 《陈书》卷8《杜僧明传》；《周文育传》。
② 《陈书》卷12《胡颖传》。
③ 《梁书》卷47《荀匠传》。
④ 《陈书》卷12《沈恪传》。
⑤ 《陈书》卷12《徐度传》。
⑥ 《陈书》卷25《孙玚传》。
⑦ 《陈书》卷21《萧引传》。
⑧ 《史记》卷30《平准书》；《隋书》卷65《权武传》。
⑨ 《隋书》卷68《何稠传》。
⑩ 《旧唐书》卷67《李靖传》。

力膨胀，于是凸显了自己的社会角色地位。然而，他们之间"俗好杀，多构仇怨"。① 他们据洞自雄，既不能和好相处，联合一体，拧成一股绳，形成庞大的地方势力，又不能矮下身来俯从于王朝中央，编户为民，所以历史的结局只会是充当贪婪而蓄有野心的历代王朝派充岭南的官员们的射猎对象。

东晋以后，岭南"俚獠"首领渐见活跃于历史舞台上。他们或与王朝抗争，或依从于王朝中央，见于史载的，多称为"俚帅"。

1. 陈檀的归附被杀

南朝宋孝武帝大明（457—464年）初，广州管下合浦郡（治今广西壮族自治区合浦县东北）"俚獠"大帅陈檀归附，宋拜为龙骧将军、高兴郡（治今广东省化州市）太守。大明四年（460年），陈檀欲通过王朝的力量降服土著中的异己首领，上书宋武帝，请求官军征讨未曾归顺宋王朝的"俚獠"部落首领。宋朝廷本欲打开通往朱崖郡（治今广东省徐闻县南）的道路，于是趁陈檀乞请的机会，派遣前朱提太守费沈、龙骧将军武期率军南征。但是，远来师疲，更不熟悉岭岗交错、林木密布的地形，师出既不能收服未附的"俚獠"首领，也不能打通朱崖之道。费沈为掩饰其失败，竟将陈檀杀了。②

本来"俚獠"首领对宋王室就抱着观望的态度，陈檀归附而被杀，自然增加了对萧氏王朝的不信任，从而加剧了岭南局势的动荡。

2. 俚帅陈文彻被俘而忠于萧氏王朝

陈文彻是"西江俚帅"，梁大同中（535—546年）"出寇高要"（治今广东省肇庆市）。兰钦为衡州刺史，"南征夷獠，擒陈文彻，所获不可胜计，献大铜鼓，累代所无"。③文彻被擒降附于广州刺史萧励。梁王朝为了安抚，让文彻迁地为南陵郡（治今安徽省贵池区西南）太守。④ 太清二年（548年）侯景之乱，陈文彻率兵勤王，与猛将军李孝钦屯于丹阳郡（治今江苏省南京市），尽忠于梁萧氏王朝。⑤

3. 侯安都随陈霸先左右，群臣威名"无出其右"

侯安都，始兴郡曲江县（治今广东韶关）人，"世为郡著姓"。《梁书》卷13《范云传》载，齐明帝萧鸾时范云出任始兴内史，说该"郡多豪滑大姓。二千石（太守）有不善者，谋共杀害，不则逐去"。侯安都一家，自也是始兴郡中的"豪滑大姓"之一。这是土著人接受了汉文化之后形成的大姓。因此，侯安都自小受到良好的汉文化教育。他"工隶书，能鼓琴，涉猎书传，为五言诗亦颇清靡（高逸华丽），兼善骑射，为邑里豪雄"（才智出众，强劲有力的人物）。犹如明朝弘治七年（1494年）承袭思恩府（治今广西壮族自治区马山县乔利）土官知府的壮族岑濬"涉书史，知吟咏，懂领兵"一样。⑥

梁始兴内史萧子范爱其才，招为郡主簿。前高州刺史兰裕兴兵夺始兴，陈霸先率兵败

---

① 《隋书》卷31《地理志》。
② 《宋书》卷97《蛮夷传》。
③ 《陈书》卷9《欧阳頠传》。
④ 《南史》卷51《萧励传》。
⑤ 《梁书》卷56《侯景传》。
⑥ （明）应檟：《苍梧总督军门志》卷10。

兰裕，出任始兴内史，侯安都召集家乡俚人子弟3000人随军北上。他一路上，"攻蔡路养，破李迁仕，克平侯景，并力战有功"。梁元帝封其"猛烈将军、通直散骑常侍、富川县子，邑三百户"。557年，陈霸先逼梁敬帝禅让，称帝，建立陈。侯安都奉命东征西讨，稳定局势。陈霸先故，侯安都等奉陈蒨为帝，位居司空，以功晋爵清远郡公，食邑四千户。"自是威名甚重，群臣无出其右。"后又"以功加侍中、征北大将军，增邑并前五千户"。因自恃功高骄横，大违法度，并凌辱皇帝，天嘉三年（562年），文帝陈蒨借宴收捕侯安都，并赐死。死时，年仅44岁。[①]

侯安都带着家乡子弟追随陈霸先北上江东，沥血奋战，多立战功，后为陈的建立、陈的延续又多有业绩，居位司空，食邑五千户，可说是荣华显达，开了岭南人居于王朝中央爵位高端之先。然而，侯安都虽在中华原野大展才武，功高业伟，但毕竟出于岭南溪洞，胸怀狭窄，器量不弘，视己而自伟，好像陈家帝位非我不成，骄纵无忌，竟至凌辱帝王，岂有不败之理。《淮南子》卷17《说林训》道"有荣华者，必有憔悴"，表达的就是这个意思。

4. 欧阳頠见风使舵，岭南坐大

欧阳頠经营于梁，发达于陈，终以其子欧阳纥怀异而破家。

欧阳頠的籍贯，《陈书》卷9《欧阳頠传》说他是"长沙临湘人，为郡豪族"。但是，《陈书》卷21《萧引传》却说"始兴人欧阳頠"。萧引长期跟随欧阳頠，且欧阳頠死后仍依于其子欧阳纥，不会不清楚欧阳頠的出身。所以，陈寅恪先生在《〈司马睿〉江东民族条释及其推论》中说："岂长沙之欧阳一族，本自始兴迁来，其目頠为始兴者，乃以原籍之耶？"从而，推论其家原为始兴俚人之首领。[②] 江总《广州刺史欧阳頠墓志》称欧阳頠先人"先居渤海""中原丧乱，避地南徙"。[③] 渤海郡，汉置，治今河北省沧州市，地及于今山东省，属于冀州。这是汉族源起之地，汉族文化发达之区。南方越人本无姓氏，越将毕取，越郎都稽，南海守弃、子嘉，桂林监居翁等都是如此。[④] 越人首领陆续接受汉族文化以后，吹族定姓，其"脱蛮"的办法，就是夤缘攀附于汉族缘起之地、汉族文化发达之区的名姓名族。比如，钦州宁氏，明是"倔强山洞"，[⑤] 其后人却说其先为"冀州临淄人"。而属唐代早期碑刻迄今仍竖立于原处的广西上林县澄泰乡的《六合坚固大宅颂碑》，其碑主韦敬办无疑是古越人后裔今壮族先人，但他在碑中既标榜他是"岭南大首领鹣州都云县令"，又说他韦家本在京兆（今陕西省西安市），后来"流派南邑"，[⑥] 方落籍于无虞县（今广西壮族自治区上林县），情况也是如此。攀龙而荣，脱蛮而耀。历史上岭南壮群体越人及其后人在汉族文化的影响下，从无姓走向有姓，最后夤缘显达，这是岭南壮群体越人及其后人接受汉族文化以后"脱蛮"的一个规律。所以，《广州刺史欧阳頠墓

---

① 《陈书》卷8《侯安都传》。
② 中央研究院：《历史语言研究所集刊》第11本，民国三十二年版。
③ 《艺文类聚》卷50《刺史》引。
④ 《史记》卷20《建元以来侯者年表》，卷113《南越列传》。
⑤ 《隋书》卷68《何稠传》。
⑥ 白耀天：《〈六合坚固大宅颂碑〉、〈智城碑〉通译》，《广西民族研究》2005年第4期。

志》说的欧阳頠的籍贯，可以置之高阁，不当作准。

　　唐代在皇宫的太监中，来自岭南俚人的有两个人显达，这就是杨思勖和高力士。他们自小被人当作牲口拐卖、阉割送入宫中做太监。杨思勖后来发迹，被封为骠骑大将军兼左骁骑大将军虢国公。张说《颍川郡太夫人陈氏碑》既说杨思勖之母"为雷州（治今广东省雷州市）大首领陈元之女，罗州（治今广东省化州市）大首领杨历之妻"，又说"陈公舜后，杨侯周裔。去国何人，南迁几世。酃渌（碧泉降于）嶂表，珠崖海际"，①可说是阿谀逢迎，马屁拍到屁眼上了。张说是唐代著名的文学家，官拜集贤院学士、尚书左丞相，爵封燕国公，因其善于文辞，朝廷重要文献多出其手，与苏颋（封许国公）齐名，时称"燕许大手笔"，连他也无端地将岭南俚人出身的一个飞黄腾达太监其母一系说是出于"虞舜"，其父一系源出周文王的周族，可见在魏、晋、南北朝的九品中正选官制度阴魂的笼罩下，虽然到了唐朝，人们夤缘攀附，唯名人是瞻、唯名族是望的连谱恶习还很盛行。江总之说即属此类。

　　欧阳頠一家是始兴郡（治今广东省韶关市）土豪，所以，他对衡州（治今广东省英德市西北浛洸）、始兴一带的情况，不论是山水环境还是人情关系都至精至熟。他很早就常随同梁左将军兰钦深入山洞征讨"俚獠"的反叛。兰钦任衡州刺史，他出任清远太守。兰钦南征，他与之同行。"擒陈文彻所获不可胜计，献大铜鼓，历代所元，頠预（参与）其功。"兰钦征交趾，他又同行，升临贺（治今贺州市东南贺街）内史。此时，兰钦给政敌害死了，而"湘、衡之界五十余洞不宾"（不归顺）。衡州刺史韦粲委任欧阳頠为都督，专事征讨。事结，韦粲上书梁武帝，对欧阳頠赞许备至。帝"降诏褒赏，仍加超武将军，征讨广、衡二州山贼"。

　　太清二年（548年）侯景乱起，韦粲率兵北上勤王，以欧阳頠监衡州。京城被侯景攻陷，梁武帝也饿死了，岭南各股势力活跃起来，竞相吞拼，欲霸岭南一方天地。兰钦的弟弟高州刺史兰裕兵占始兴，又以为欧阳頠与其兄兰钦旧有交情，派人劝说他入伙，然而遭到拒绝，于是集兵向他进攻。恰在此时，陈霸先率军北上征讨侯景路过始兴，欧阳頠深与相结，投靠于他。两军夹击，打败了兰裕。趁时，陈霸先将欧阳頠调任始兴内史。陈霸先北上途中，打败途中先后拦截的蔡路养、李迁仕，都得到了欧阳頠的强力支援。侯景乱平，梁元帝以始兴郡为东衡州，任命欧阳頠为东衡州刺史。

　　时广州刺史萧勃，兵强位重。梁元帝很不放心，派王琳代为广州刺史。但萧勃不买账，率兵从广州赶往始兴拦截王琳。在始兴的欧阳頠"别据一城，不往谒勃，闭门高垒，亦不拒战"，见风使舵，态度暧昧。承圣四年（555年），西魏南下江陵（今湖北荆州），梁军溃败，元帝被杀，梁朝廷处于风雨飘摇之中。欧阳頠见萧勃势大，便投身于萧勃麾下。萧勃北上欲独揽朝政，欧阳頠为其前军都督，一路直进，屯于豫章郡（治今江西省南昌市）苦竹滩。不意被陈霸先的部将周文育偷袭，兵溃他也被俘了。人送总部，陈霸先不仅不为难，将他放了，而且好言相慰，盛情款待，将岭南一地托付给他。为什么会这样？原来陈霸先昔日在岭南与他有交情，深深了解他，认为"萧勃死后，岭南忧乱，頠有声南土"，非他不能治理岭南。那时候，陈霸先已经独揽梁的朝政，于是封他持节，通

---

① 《全唐文》卷226，中华书局1983年版。

直散骑常侍、都督衡州诸军事、安南将军、衡州刺史、始兴县侯。

欧阳頠没有回到岭南,其子欧阳纥已经平定始兴;待他重新踏上岭南的土地,各股势力都仰承于他,不再相斗,于是他进入广州,"尽有越地"。此时,已经是陈霸先称帝立陈之后的永定二年(558年)了。他奉陈霸先为皇上,进贡唯诚唯谨;陈霸先也诚心以岭南相托,封他都督广(治今广州市)、交(治今越南河内市)、越(治今广西壮族自治区合浦县)、成(治今广东省封开县东南贺江口)、定(治今广西壮族自治区贵港市)、明(治今越南河静省河静以南)、新(治今广东省新兴县)、高(治今广东省阳江县西)、合(治今广东省雷州市)、罗(治今广东省化州市)、爱(治今越南清化省清化北马江南岸)、建(治今广东省郁南县东南连滩)、德(治今越南义安省荣市)、宜(今所在无考)、黄(治今广西壮族自治区东兴东南)、利(治今越南河静省西北)、安(治今广西壮族自治区钦州市东北)、石(治今广西壮族自治区藤县东北浔江南、北流江东岸)、双(治今广东省罗定市南)十九州诸军事,镇南将军,平越中郎将,广州刺史;三年(559年),又增都督衡州诸军事。此年,陈霸先死,陈蒨即位,又进号征南将军,改封阳山郡公,食邑一千五百户,给鼓吹一部。而这个时候,欧阳頠的大弟欧阳盛为交州刺史、次弟欧阳邃为衡州刺史,"合门显贵,名振南土"。①

天嘉四年(563年),欧阳頠死,其子欧阳纥继袭父爵,领广州刺史。

欧阳纥正届而立之年,不知天高地厚,力排众议,怀异谋反,自送上断头台。其子欧阳询"以年幼免",② 寄陈尚书令江总收养,貌丑而心慧,后来成为唐代著名的书法家,并与裴矩、陈叔达纂《艺文类聚》传世。纥孙欧阳通则为夏官尚书,因有迕于武则天,被杀。③

东晋灭,南朝宋、齐、梁、陈更代,"郡邑岩穴之长,村屯邬壁之豪,资剽掠以致强,恣陵侮而为大"。④ "郡邑岩穴之长,村屯"邬壁之豪,指的是地方土豪,少数民族的首领。在魏、晋、南北朝九品中正制之下,他们是被禁锢在社会底层。"侯景之乱",三吴士族势衰,寒族并起,给他们以锻炼成长、施展才华的机会,从而登上社会的高层,演绎着历史的新篇章。在岭南,侯安都是如此,陈文彻是如此,欧阳頠一家是如此,众多当时活跃于历史舞台上的俚、"獠"首领也是如此。

《陈书》卷9《欧阳頠传》载:

> 初,交州刺史袁昙缓密以金五百寄頠,令以百金还合浦太守龚蒍,四百两付儿智矩。余人弗知也。頠寻(不久)为萧勃所破,赀财并尽,唯所寄金独在,昙缓亦寻卒。至是,頠并依信还之,时人莫不叹服。其重然诺(许诺)如此。

"重然诺",这是俚、"獠"人的品性。《隋书》卷31《地理志》载,五岭以南,"其

---

① 《陈书》卷9《欧阳頠传》。
② 《陈书》卷9《欧阳纥传》。
③ 《旧唐书》卷159上《欧阳询传》。
④ 《陈书》卷35《传论》。

俚人则质直尚信""言誓则至死不改""诸獠皆然"。开皇末（600年），钦州刺史宁猛力与何稠约"八九月诣（到）京师相见"。十月猛力病故，隋文帝杨坚对何稠埋怨说："汝前不将猛力来，今竟死矣！"何稠答道："猛力共臣为约，假令身死，当遣其子入侍。越人性直，其子必来。"果然，何稠所言不差。原来宁猛力临终之时，告诫其子宁长真说："我与大使为约，不可失信于国士。汝葬我讫，即宜上路。"宁长真葬罢父亲，即率随从上路入京了。① 由此可见，书载的俚人"质直尚信"，诚非戏言。欧阳颁的"重然诺"，说明他是个俚人的裔孙，血管里流淌着俚人的血液。②

5. 宁猛力，自诩"貌有贵相"

《北史》卷67《令狐熙传》载：

> 时有宁猛力者，与陈后主同日生，自言"貌有贵相"，在陈时已据南海。平陈后，文帝（杨坚）因而抚之，即拜安州刺史。然骄倨，恃其险阻，未常（尝）参谒。（令狐）熙手书谕之，申以交友之分；其母有瘵，熙复遗以药。猛力感之，诣府请谒，不敢为非。
>
> 熙以县多同名，于中奏改安州为钦州。

陈后主即南朝陈的最后一个皇帝陈叔宝。他在位七年（583—589年），即降于隋。宁猛力因与陈叔宝同一天降生，即自言"貌有贵相"，可知他有一定的势力以后，便有非分之想。《令狐熙传》中说的宁猛力"骄倨恃险，未尝参谒"，就是他存有"夜郎自大"心态的表现。虽然他受到了令狐熙的感化，出洞上府拜谒当时的桂州总管令狐熙；但是，不经一番较量，他心里总认为自己是老大，雄豪自许。所以，开皇中（581—600年）他"倔强山洞，欲图为逆"。到了开皇末（600年）"桂州俚李光仕聚众为乱"，何稠以迅雷不及掩耳之势将之平定了，他反躬自问，方才"惶惧"，一身冷汗，马上扶病上路，"帅众迎军""请身入朝"，显示出急切而诚心纳款归附的神情。③

宁猛力"请身入朝"，何稠因他病重，希望他好了再入朝谒见皇上，并相约"八九月间"在京城相见。谁知他一病不起，临终时告诫其子宁长真，说将他殡葬完毕，即当上京谒见皇上。宁长真果真不负其父所托，隋文帝封他为鸿胪卿、钦州刺史。④ 大业初（605年）隋炀帝一改其父的关于地方政区实行"州、县"建制复为"郡、县"建制，宁长真为宁越郡太守。武德五年（622年），唐将李靖率兵渡岭，宁长真与冯盎、李光度等降于唐，唐升宁越郡为钦州都督府，以宁长真为都督。贞观元年（627年）罢都督府，宁长真复为钦州刺史。⑤ 在此之前，宁氏已将其势力扩展至钦州以东的越州（治今广西壮族自治区合浦县），由宁长真的堂弟宁暄为越州刺史，贞观八年（634年）越州改为廉州，

---

① 《北史》卷90《何稠传》。《隋书》卷68《何稠传》同。
② 《北史》卷67《令狐熙传》。《隋书》卷56《令狐熙传》同。
③ 《隋书》卷68《何稠传》。
④ 《隋书》卷68《何稠传》；《旧唐书》卷59《丘和传》。
⑤ 《旧唐书》卷41《地理志》。

由宁暄之子宁纯继为刺史,而其族人宁道明则为南越州刺史。①

宁氏族人因为是钦州当地的"俚獠",所以除宁道明因为造反被州人所杀绝承外,其余二支宁氏都能父子传承,世袭为州刺史。但是武则天之后他们却遭到了一劫。这就是武则天废唐中宗,降为庐陵王,其岳父韦玄贞流放到钦州死了。岳母崔氏"为钦州首领宁承兄弟所杀"。韦玄贞的四个儿子韦洵、韦浩、韦洞、韦泚,"亦死于容州",唯两个女儿,"逃窜获免,间行归长安"。神龙元年(705年)唐中宗复位,"遣使迎玄贞及崔氏灵柩归京师,又遣广州都督周仁轨率兵讨斩宁承兄弟,以其首祭于崔氏"。② 从此,宁氏就失去在钦州唯我独尊的权力了。

然而,由于宁氏自宁猛力走出山洞,归于中央王朝成为朝廷命官以后,全盘接受汉族文化,宁氏家族也不缺其可登大雅之堂的人才。比如,唐代就有宁原悌和宁龄先先后中进士,做大官于唐王朝。宁原悌中进士后,唐睿宗时官太子洗马,先任议谏大夫,武则天先天元年(712年)由谏议大夫为岭南道宣劳使。他敢说敢言,文才不错,有《论时政疏五篇》见存于清朝钦定《全唐文》卷278中。宁龄先,广德二年(764年)出任镇南副都护,也有《合浦珠还状》一文见存于《全唐文》卷438。人去文存,披览其文,既可知其人的心识,也可知其时社会脉搏的跳动。

唐朝二宁的金榜题名,文传后人,官居高层,转变了广西宁氏族人猎官的方式。在他们的熏陶下,科举时代宁氏子弟以试场见分晓,崭露头角,代不乏人。南宋周去非说钦州"诸宁今为大姓,每科举尝有荐名者",③ 即是就此事而言的。

《宋书》卷8《明帝纪》载,南朝宋泰始七年(471年)二月戊戌,"置百梁、陇苏、永宁、安昌、富昌、南流郡,又分广、交三郡合九郡,置越州"。但是,越州设置后三年,元徽二年(474年)宋方才委派陈伯绍为越州刺史,可见当时越州的荒芜、冷落、寂寥,不好治理。

越州所辖的九郡,除泰始七年(471年)新置的百梁、陇苏、永宁、安昌、富昌、南流六郡外,分广州所辖的郡是高凉郡(治今广东省阳江市西),④ 分交州所辖是宋寿(治今广西壮族自治区钦州市)、宁海(治今广西东兴市)二郡。《南齐书》卷14《州郡志上》载,越州"夷獠丛居,隐伏岩障,寇盗不宾,略无编户"。"元徽二年(474年)以陈伯绍为刺史始立州镇,穿山为城门,威服俚獠。土有瘴气杀人,汉世,交州刺史每暑月辄避处高,今交土调和,越瘴独甚。刺史常事戎马,唯以战伐为务。"这说明越州除刺史由王朝中央委派外,其属下各郡的长官则是由该地土著首领充任。这符合当时岭南"州县生梗,长吏多不得之官,寄政于总管府"的政治状况。⑤ 当时,宋寿郡的"俚獠"首领是宁氏。"时有宁猛力者,与陈后主(陈帝陈叔宝)同日生,自言貌有贵相。在陈日已据

---

① 《新唐书》卷222下《南平獠传》。
② 《旧唐文》卷183《外戚韦温传》。
③ 《岭外代答》卷10《宁谏议》。
④ 《南齐书》卷18《祥瑞志》:永明二年(485年)越州南高凉俚人海中网鱼,获铜兽一头,铭曰:"作宝鼎,齐臣万年子孙承宝。"
⑤ 《隋书》卷56《令狐熙传》。

有南海，高祖（隋文帝杨坚）因而抚之，即拜安州刺史。然骄倨，恃其阻险，未尝参谒。"① 这就是《隋书》卷68《何稠传》所说的"猛力倔强山洞，欲图为逆"。"倔强山洞"而"无编户"，道出了宁猛力是土著"俚獠"人的首领。

道光六年（1826年），在今钦州市久隆石狗坪发现了隋炀帝大业五年（609年）《宁越郡钦江县正义大夫之碑》石质碑刻一方（碑今存广东博物馆）；民国九年（1920年）又在钦州市平吉乡平心村村后山出土了唐朝《刺史宁道务墓志铭》陶质碑刻一方（今存广西博物馆）。二碑，一是隋碑，碑主是宁猛力之子、宁长真之弟宁赞；二是唐碑，墓主是宁猛力的曾孙宁道务。《宁越郡钦江县正义大夫之碑》载："公讳赞，字翔威，冀州临淄人也。"《刺史宁道务墓志铭》载：

> 府君讳道务，字帷清，临淄人也。于宁氏族，肇自口太公。挺天然之奇，作稀世之宝，故能虎熊叶卜，龙豹成韬，克宁东土，立口口口，口国于齐壤，列封于宁城。祗台德先，因而命氏。代纂洪口，史不绝官，可谓源渊流长，根深叶茂。

这就明白地揭示了岭南钦州宁氏不是土著"俚獠"，其先是来自"冀州临淄"的著姓名族，渊源有自，"史不绝官"，并非等闲之辈。然而，细辨二碑之文，却不难发现碑载的钦州宁氏祖籍及先人的官称是虚拟的。这犹如清朝王崇简在《谈助·连谱恶习》指出的社会积习："凡舆抬皂隶，苟家业千金者，无不与遥遥华胄共相附丽。""更若远方来宦，一值同姓，鲜不同宗，以致东西南北之人而水木本源千里神合。"

第一，不明祖籍究竟，却又胡编乱造。

临淄，治今山东省淄博市东北临淄北。西周至战国，齐国都建都于此，秦置为县。汉朝以前，临淄商业发达，为编织、冶铁手工业中心。《战国策·齐策一》描绘了当时临淄的繁华景况："临淄之途，车毂击，人肩摩，连衽（衣襟）成帷（围幕。在旁曰围，在上曰幕），举袂（衣袖）成幕，挥汗成雨。"冀州为古九州之一，但是不论是秦以前还是西汉设置的"十三刺史部"，冀州所辖都不及于今山东的临淄。《尚书·禹贡》载："海（渤海）、岱（泰山）惟青州。"临淄是青州所辖之地，怎么将不相干的二者连挂起来，说岭南钦州宁氏祖籍在"冀州临淄"呢？当然，冀州似也曾与今山东发生过一点关系。那就是南北朝时冀州落入北魏之手，冀州逃民南走。南朝宋元嘉九年（432年）曾于济南郡（治今济南市）冀州逃民聚居的地方侨置冀州。可是，济南郡不久便沦于北魏，侨置的冀州无存，而且是"侨置"，即寄居于济南郡设置，并非是原来的冀州，不能辖有临淄。"冀州临淄"不伦不类地名的出现，显示出了钦州宁氏族人本系钦州土著"俚獠"，在接受汉文化以后为了"脱蛮"，不明究竟，便胡行乱挂，从而闹出了"冀州临淄"这样的笑话。

第二，摭拾官名，强相附合，与史载大相径庭，失了实情。

祖宁逮，"梁武皇帝除定州刺史，总督九州诸军事；陈宣武皇帝，又除授安州刺史"。② 定州即南定州，治今广西壮族自治区贵港市。南定州属"俚獠"之地，南朝宋、

---

① 《隋书》卷56《令狐熙传》。
② 《宁越郡钦江县正义大夫之碑》，杨豪《岭南宁氏家族源流新证》引，《考古》1989年第3期。

齐、梁、陈，地非重要，其州刺史怎么可以总督诸州军事？那时除了衡州和广州刺史之外，岭南诸州的刺史，有谁曾冠以都督九州诸军事的官衔？

父猛力，"文皇帝除使持节开府仪同三司安州诸军事、安州刺史、宋寿县开国侯"。① "曾祖猛力，隋仪同三司，交州刺史。"② 然而，《隋书》卷 56《令狐熙传》载，"时有宁猛力者，与陈后主同日生，自言貌有贵相。在陈日，已据南海，平陈后，高祖因而抚之，即拜安州刺史。然骄倨，恃其阻险，未尝参谒。（令狐）熙手书谕之，申以交友之分。其母有疾，熙复遗以药物。猛力感之，诣府请谒，不敢为非。熙以州县多同名者，于是奏改安州为钦州"。以《隋书》卷 68《何稠传》载"猛力倔强山洞，欲图为逆"，可眼见隋将何稠转眼间便败了聚众为乱的"桂州俚李光仕"，"象州逆帅杜条辽、罗州逆帅庞靖等相继降款"，这才感到害怕，不得不带病帅众迎候何稠之军，以表示其归顺之意。因其病笃，何稠"遂放其还州"，与他约定上京谒见皇上的日子。谁知他此一病就不起了。他一生除了先安州后钦州刺史之外，何曾再得到隋文帝授他一官半职？

"兄长真"，"帝授上仪同三司钦州刺史"，"寻进上开府仪同三司、钦江县开国公，食邑一千户"，"又为行军总管"，"仞转上大将军，其年改光禄大夫宁越太守"。"开皇十四年（594 年），帝以公衣冠（世族）子胤（子嗣），远来入朝，既秉诚心，宜升戎秩，授大都督。"③ "祖长真，隋光禄大夫鸿胪卿，皇朝（指唐朝）钦州都督上柱国开国公。"④ 宁长真在父亲宁猛力死后遵父"不可失信于国士"的嘱咐，上京朝觐天子。当时，隋文帝杨坚确实也赐封其为"鸿胪卿"。这在《旧唐书》卷 59《丘和传》中有记载。鸿胪卿，秩正四品，与属下州的钦州刺史官秩相同，都是正四品，无所谓升降，但是，所谓的"上仪同三司""上开府仪同三司""行军总管""光禄大夫""上大将军""大都督""上柱国"等官职官爵，都是钦州宁氏族人摭集当时的官爵名称以及可以示现自我为大心理而自选的官名作为桂冠一顶一顶地往宁长真的头上硬按上去了。比如，《隋书》卷 27《百官志》载，"开府仪同三司"是从一品官秩，"仪同三司"次一级，为正二品，无所谓"上仪同三司""上开府仪同三司"。"大将军"秩同"大司马""三师"，为正一品秩，却没个"上大将军"。而宁长真任钦州都督是在唐武德年间（618—626 年），贞观元年（627 年）就罢了，对于他，隋朝又何曾有什么"大都督"之封？光禄大夫，原为掌议论之官，唐、宋以后做官阶之号，从二品。"上柱国"，北周增置上柱国大将军，唐、宋以上柱国为武官勋级中的最高级，秩正二品，柱国次之。⑤ 宁长真一个世袭四品州官其官秩怎么会陡然成为二品的官员？

当然，谱记先人，说好的，删去不好，比如宁猛力"倔强山洞，欲图为逆"，将此事删去，是为"亲者讳"，但也不能无端地纵情拔高，将没有的事尽贴上去，脱离实际，弄得人非其人，不是也辱没先人吗？

---

① 《宁越郡钦江县正义大夫之碑》，杨豪《岭南宁氏家族源流新证》引，《考古》1989 年第 3 期。
② 《刺史宁道务墓志铭》，杨豪《岭南宁氏家族源流新证》引，《考古》1989 年第 3 期。
③ 《宁越郡钦江县正义大夫之碑》，杨豪《岭南宁氏家族源流新证》引，《考古》1989 年第 3 期。
④ 《刺史宁道务墓志铭》，杨豪《岭南宁氏家族源流新证》引，《考古》1989 年第 3 期。
⑤ 《旧唐书》卷 42《职官志》。

《新唐书》卷43下《羁縻州》载："唐兴，初未暇于四夷，自太宗平突厥，西北诸蕃及蛮夷内属，即其部落列置州县，其大者为都督府，以其首领为都督、刺史、皆得世袭。"从宁猛力到宁长真，从宁长真到宁据，从宁据到宁道务，父终子袭，一家传承，先后或为安州刺史、钦州刺史，或为钦州都督府都督，或为钦州刺史，可以知道在隋、唐王朝的视角里，钦州宁氏是土著"俚獠"，不是中原来客。

6. 冼氏心依中央，协调地方

《隋书》卷80《列女谯国夫人传》载：

> 谯国夫人者，高凉（治今广东省阳江县西）冼氏之女也。世为南越首领，跨据山洞，部落十余万家。夫人幼贤明，多筹略，在父母家，抚循部众，能行军用师，压服诸越。每劝亲族为善，由是信义结于本乡。越人之俗，好相攻击，夫人兄南梁州刺史挺，恃其富强，侵掠傍郡，岭表苦之。夫人多所规谏，由是怨隙止息，海南、儋耳归附者千余洞。

此段记载，奠定了一定的根基，既道出了谯国夫人的出身、归属、自幼聪慧、多谋略、善用兵、能打仗、识大体、求和谐，也道出了她所属群体的习俗、居住环境以及家属活动的区域。"世为南越首领"，俗"好相攻击""恃富为雄"，而且"跨据山洞""兄南梁州刺史"，① 这些描述"谯国夫人"归属群体渊源、习俗、居住环境及地域的字句，都是说明南朝、隋代的"谯国夫人"为岭南的土著"俚獠"人。

《隋书》卷80《列女谯国夫人传》说"谯国夫人者，高凉冼氏之女也"的"冼氏"，应为"冼氏"。唐林宝《元和姓纂》卷7载："冼音线，南海人，见《姓苑》。"张澍《姓氏寻源》卷28《姓》载："高梁冼氏即姚姓，疑其非蛮酋之姓。姚，商诸侯。"这透露出一些文化沙文者的心态，即历史上凡有成就者，非汉族莫属。冼玉清《冼夫人非姓冼》专门就冼夫人的姓作了考证，指出冼夫人姓冼而不姓洗。② 《隋书》所以误以"冼"作"洗"，就是中原没有这一姓氏，见"冼"音读近"洗"，字形近"洗"，便以"洗"拟之，以"洗"书之，以致岭南越人"冼"姓在史载中讹了1000多年。

"冼氏女"，身幼贤明，长大善用兵，会打仗，识大体，求和谐，深得"俚獠"首领的拥戴，所以"海南、儋耳归附者千余洞"。但是，"冼氏女"成为"冼夫人"却是个关键。《隋书》卷80《列女谯国夫人传》载：

> 梁大同初（535年），罗州（治今广东省化州县）刺史冯融闻夫人有志行，为其子高凉太守（冯）宝娉为妻。
> 融本北燕苗裔。初，冯弘之投高丽也，遣融大父（祖父冯）业以百人浮海归宋，

---

① 南朝在岭南没"南梁州"的设置，疑系土著头人自我为大，自名其州，此犹如唐朝前期广西上林县的土著头人韦敬办自名其住地为鹅州，相隔不过10里的韦敬辨则名其住地为廖州一样（见《六合坚固大宅颂碑》和《智城碑》）。此"南梁州"当在高凉郡境内。

② 《羊城晚报》1962年8月6日。

因留于新会。自业及融，三世为守牧，他乡羁旅，号令不行。至是，夫人诫约本宗，使从民礼。每共宝参决辞讼，首领有犯法者，虽是亲族，无所舍纵。自此，政令有序，人莫敢违。

冯宝与冼氏的结合虽为政治式的婚姻，是有条件的，如冼氏"共宝参决辞讼"即是，但却将汉族文化与"俚獠"文化有机地结合起来，使外来的汉族官吏与土著"俚獠"亲和起来，既使百姓易于"从礼"，也就是易于指导"俚獠"百姓接受王朝中央规定的礼乐制度，又便于冼氏"诫约本宗，使从民礼"。这样，既可以使原来"隐伏岩障""略无编户"，唯首领是从的"俚獠"首领和群众成为王家的编户之民，又成为遵从王朝中央礼乐制度的百姓，从而加速了土著"俚獠"趋同于汉族文化的过程。

"俚獠"首领之女冼氏敢越藩篱嫁与外来官家冯宝撑起一片天，又由于慧眼识人，所以，太清二年（548年）侯景之乱，她就识知了小小的始兴监陈霸先其无量的前程。太宝元年（550年）陈霸先率师北上勤王，高州（治今广东省阳江市西）刺史李迁仕即派其主帅杜平虏赶往大皋口（今江西省吉安南）拦截陈霸先，自己则在高州"铸兵聚众"，派人招高凉太守冯宝到他那里去。冯宝欲往，"夫人止之，曰：'刺史无故不合招太守，必欲诈君共为反耳。'宝曰：'何以知之？'夫人曰：'刺史被召援台，乃称有疾，铸兵聚众，而后唤君，（其意不是很明白吗？）今者若往，必留质。追君兵众，此意可见，愿且无行，以观其势。'数日，迁仕果反，遣主帅杜平虏率兵入赣石。宝知之，遽告，夫人曰：'平虏，骁将也，领兵入赣石，即与官军相拒，势未得还。迁仕在州，无能为也。若君自往，必有战斗。宜遣使诈之，卑词厚礼，云身未敢出，欲遣妇往参。彼闻之喜，必无防虑。于是我将千余人，步担杂物，唱言输赕（输送贡赋），得至栅下，贼必可图。'宝从之。迁仕果大喜，觇（探见）夫人众皆担物，不设备，夫人击之，大捷。迁仕遂走，保于宁都（今江西省宁都县）。夫人总兵与长城侯陈霸先会于赣石（治今江西省万安县），还谓宝曰：'陈都督大可畏，极得众心。我观此人必能平贼，君宜厚资（资助）之'"。从此一系列事故及其结果，可以清楚冼氏夫人的聪慧，既料事于未萌，又能恰当处之，以全胜而结。

冯宝死，岭南纷乱，冼氏夫人扶子掌政，怀集周围州郡"俚獠"首领，一方安定，百姓免遭离乱之苦。永定元年（557年）十月，陈霸先称帝建陈。次年，儿子冯仆年仅九岁，冼氏夫人就派遣他率领诸"俚獠"首领赴京都台城朝觐陈武帝。陈霸先大为感动，即令冯仆为阳春郡太守。

天嘉四年（563年），广州刺史欧阳頠死，其子欧阳纥袭为广州刺史，自以为力可慑服群首称霸岭南。太建二年（570年）他召冯仆到高安，"诱以为乱"。冯仆不能脱身，派人告知其母。夫人说："我为忠贞（对王朝中央忠诚而坚定不移的人），不能惜（爱惜）汝辄负（背负）国家。"冼氏夫人不因爱子沦为人质，褎然举首（识见超人），大义凛然，话儿铿锵，落地有声。一个俚人女子，有如此的见识和节操，千古历史，能有几人！

冼夫人一方面发兵拒守州郡边境，防止欧阳纥进兵攻打；另一方面率领"俚獠"首领去迎接奉命南下讨伐的车骑将军章昭达。内外夹攻，欧阳纥孤立无援，很快兵溃被擒。陈宣帝为了奖励冼夫人，冯仆封信都侯，加平越中郎将，转石龙（治今广东省茂名西）太守，特派使臣持节封夫人为中郎将，石龙太夫人，并赍赐安车、鼓吹、旌节，"其卤簿

(外出的仪仗队）一如刺史之仪"。

至德中（583—586年），冯仆死了。开皇九年（589年），陈后主降于隋。岭南未有所属，诸雄并起，互相兼并，割地拒隋。冼夫人旁近数州的首领便推举她为首，"号为圣母，保境安民"，以待时局的明朗。

开皇九年（589年），隋朝柱国韦洸奉命率师南下安抚岭南，被陈豫章太守徐璒拒于南康（治今江西省南康市）。晋王杨广（后即隋炀帝）派人将陈后主的劝降书，并以她昔日进贡给陈的犀杖、兵符作信物送与冼夫人，劝她归降。夫人接到陈后主的书信及信物，知陈已亡，"集首领数千，尽日恸哭"，悼念陈亡。但是，她知道岭南归于一统是大事，抹掉眼泪，马上派其孙冯暄（冯魂？）率师北上迎接韦洸。韦洸得此援助，击斩徐璒，进兵广州。陈东衡州刺史王勇屯兵岭上，欲作抵抗，见冼夫人已经归附于隋朝，不得不率众投降，岭南随之归于隋朝的一统天下。隋文帝加冯暄（冯魂？）为仪同三司，册冼夫人为宋康郡夫人。

冼氏夫人心依王朝中央，心归一统，可分布于珠江三角洲的另一"俚獠"首领王仲宣却做赵佗之梦，欲恃强割据岭南。开皇十年（590年）番禺"俚帅王仲宣"举兵反隋，各地首领响应，围韦洸于广州，并遣其部将周师举北进屯于衡岭。① "夫人遣孙（冯）暄帅师救洸。暄与逆党陈佛智相友善，故迟留不进。夫人知之，大怒，遣使执暄，系于州狱。又遣孙（冯）盎出讨佛智，战克，斩之。"此时，韦洸出战，中流矢死，由副将慕容三藏代其职。而巡抚岭南大使裴矩和大将军鹿愿也兵败周师举，驱军南下。冯盎率军与鹿愿军会合，与慕容三藏一起，迅速击败王仲宣，平定了其叛乱。

王仲宣的失败，结束了珠江三角洲地区"俚獠"首领割据的局面。素怀心依王朝中央，归于一统，以求和谐的冼氏夫人非常高兴。她虽然年迈，却"被甲（戴盔被甲），乘介马（披上铁甲的马），张锦伞（鲜艳华美的大伞），领彀（张满弓弩）骑"，亲自卫护奉皇上之命而来的巡抚岭南大使裴矩巡视安抚各州。此时，岭南各州县的"俚獠"首领，比如苍梧（治今广西壮族自治区梧州市）首领陈坦、冈州（治今广东省新会县北）冯岑翁、梁化（治今广东省惠东县西北梁化）邓马头、藤州（治今广西壮族自治区藤县）李光略、罗州（治今广东省化州市）庞靖等都来参谒大使。裴矩"还令其统部落"。岭南的局势，于是安定下来。

裴矩将冼夫人的事迹上奏，隋文帝大为惊讶，想不到一个"蛮妇"竟有如此高的识见，如此宽的胸怀，如此隆的威望。于是，他下令授冼氏夫人的孙子冯盎为高州刺史，还免罪放出另一孙子冯暄，授罗州刺史。同时，追赠冼夫人的丈夫冯宝为广州总管、谯国公，册封冼夫人为谯国夫人，以冼夫人原来的食邑宋康邑转授给其儿子冯仆的姜妇冼氏，还设置谯国夫人官署，署长史（掌兵马，五品）以下官员，给印章，指挥六州部落的兵马，若有紧急而关键的事要办，可以不经上奏自行调动解决。并降诏书，勉励说：

    夫人情在奉国（效劳国家），深识正理，遂令孙盎斩获佛智，竟破群贼，甚有大功，今赐夫人物五千段。（冯）暄不进诣（因为进击而获罪咎），诚合罪责，以夫人

---

① 《北史》卷38《裴矩传》。

立此诚效（真实的榜样），故特原免（不追究）。

夫人宜训导子孙，敦崇礼教，遵奉朝化，以副朕心。①

俚人"质直尚信",② 俚人女子谯国夫人特别重视王朝中央的赐予。她将隋文帝皇后所赐的首饰及宴服一袭盛于金盒，与隋文帝及梁、陈二朝的赐物各藏于一库。每年族中聚会，她命人将这些赐物陈列于厅堂上以开导、训勉子孙：

汝等宜尽赤心向天子，我事三代主，惟用一好心。今赐物具存，此忠孝之报也，愿汝皆思念之。

人唯王朝中央是崇，心唯归于一统，无疑会在意识上泯灭民族间的界限，紧密"俚獠"首领与汉族统治者间的结合，加速"俚獠"趋汉走向。

归于一统，协调地方，走向和谐，还要维护桑梓的利益。仁寿元年（601年），广州因犯了新立太子杨广名讳，改为番州。番州总管赵讷到任之后，贪残纳贿，虐待百姓，"诸俚獠多有亡叛"。谯国夫人派"遣长史张融上封事，③ 论安抚之宜，并言讷罪状，不可以招怀远人"。隋文帝派人追究赵讷的罪状，并获得了他贪贿的赃物。谯国夫人奉着诏书，自称朝廷使者，巡视十多个州，宣讲皇上和平安定的旨意，劝谕抚慰各地的"俚獠"同胞。她足履之处，"俚獠"逃亡的返回原籍，反叛的也都归顺，重现和平的局面。隋文帝听到此一情况，赞叹有加，赐夫人临振县汤沐邑（收取赋税的私邑）一千五百户，赠其已故的儿子冯仆为崖州（治今海南省儋州市西北）总管、平原郡公。

仁寿二年（602年），谯国夫人寿终，享年80岁。④ 隋文帝深表哀痛，赐一千段布匹办丧，谥她为诚敬夫人。⑤

谯国夫人以耄耋之躯，奉王命而春意奋扬，跋山涉水，风尘仆仆，不辞辛劳，辗转于溪洞之间，躬行十余州，亘古未有。她的一生，忧思于地方的弭兵，分劳于民族间的隔阂，可说是为协调地方、促进和谐而圆寂，为国家上下合拍的一统而献身。

冯盎遵从太祖母谯国夫人的嘱咐，仍以归于一统、安定地方为己任。仁寿初（601年），潮（治今广东省潮安县）、成（治今广东省封开县东南贺江口）等五州"獠"反，冯盎平之使地方安定。武德三年（620年），广、新（治今广东省新兴县）高法澄、冼珤彻杀害隋官，排挤北来官员，冯盎破之。不久，冼珤彻兄子冼智臣又聚兵于新州，自为渠帅。冯盎又发兵征讨，活擒冼珤彻、冼智臣叔侄等，安定了隋末岭南东部的局势。

此时，隋炀帝已被宇文化及所杀，群龙无首，天下纷乱，萧铣、林士弘也分别割据今湖南、江西一带。有人见此形势，又萌起赵佗之梦，劝冯盎自称"南越王"，割岭南自立。冯

---

① 《隋书》卷80《谯国夫人传》。
② 《隋书》卷31《地理志》。
③ 古代臣下上书奏事，防有泄露，用袋封缄，称为封事。
④ 黄君平、余天炽：《冼夫人生卒年代考》，《岭南文史》1984年第1期。
⑤ 以上冼夫人第一节，除标出处外，均见于《隋书》卷80《谯国夫人传》。

盎说："吾居南越，于兹五代，本州牧伯，唯我一门；子女玉帛，我之有也。人生富贵，如我殆难，常恐弗克负荷，以坠先业。本州衣锦便足，余复何求？越王之号，非所闻也！"

武德五年（622年），唐将李靖率兵渡岭，^①岭南"俚獠"大首领冯盎、李光度、宁长真等归顺唐朝。唐高祖李渊以冯盎辖地分为高（治今广东省阳江市西）、罗（治今广东省化州市）、春（治今广东省阳春市）、白（治今广西壮族自治区博白县）、崖（治今海南省海口市琼山区）、儋（治今海南省儋州市）、振（治今海南省三亚市吉阳区）、琼（治今海南省海口市琼山区东南）等八州。^②仍授冯盎为上柱国、高罗总管，封吴国公，不久又改为越国公；授其子冯智戴为春州刺史，冯智彧为东合州（治今广东省雷州市）刺史。后来，唐又将冯盎的"越国公"爵封更改为"耿国公"，显扬他"耿耿此心不易灰"。贞观五年（631年），冯盎进京朝觐，唐太宗非常高兴，"赐宴甚厚"。

贞观十四年（640年），罗窦（治今广东省信宜市西南镇隆）诸"洞獠"叛。唐朝以广州都督党仁弘为窦州道行军总管击之，诏令冯盎率部落二万为先锋。冯盎率军进剿，以七箭威破数万"獠兵"，甚得唐太宗的赏识。18年后，显庆三年（685年）罗窦"生獠"首领多胡桑率众内附。所谓"生獠"，就是没有编入政府户籍的"獠"人。

贞观二十年（646年），冯盎卒。此后，冯氏子弟们逐渐忘却谯国夫人的训诲。他们家拥巨资，在地方势力熏天，私欲也逐渐膨胀了。《新唐书》卷110《冯子猷传》载：

（冯）盎族人子猷，以豪侠闻。贞观中（627—649年）入朝，载金一舸（小船）自随。高宗时（650—683年），遣御史许瓘视其赀（财产）。瓘至洞，子猷不出迎，后率子弟数十人击铜鼓，蒙排执瓘而奏其罪。帝驰遣御史杨璟验讯。璟至，卑辞以结之，委罪于瓘。子猷喜，遗金二百两，银五百两，璟不受。子猷曰："君不取此，且留不得归。"受之，还奏其状，帝命纳焉。

上京朝觐，带上一船黄金，张扬阔气，摆其富有，可说世所罕见。以富为雄，显出俚人的性格特征；以富为傲，则表现在凌辱奉诏而来的王朝中央的官员。这不能不说是违背了谯国夫人的训诲。而贞观六年（632年），冯暄与谈殿、宁道明等据南越州反；^③大历四年（769年），冯崇道与桂州叛将朱济怀异，残破十余州，^④则完全是视谯国夫人的训诲于不顾了。

忘了谯国夫人的训诲，扔了谯国夫人的训诲，俚人冯氏于地方上的政治势力，在唐代

---

① 《旧唐书》卷109《冯盎传》载："武德四年（621年），盎以南越之众降。"疑误。《旧唐书》卷67《李靖传》载，武德五年（622年），李靖率兵渡岭进入桂州后，冯盎始降，冯盎哪能在武德四年先降了？《旧唐书》卷1《高祖纪》说武德五年七月丁亥"冯盎以南越之地来降，岭表悉定"，当以五年为是。

② 《旧唐书》卷109《新唐书》卷110《冯盎传》所记的"八州"中都有"林州"，但武德五年（622年）所置的林州，次年即改为绣州，治今广西桂平市南，其地隔着容州，与冯盎辖地不相连，疑林州不属冯盎辖区。八州中，所缺的当为武德五年与儋、崖同置的琼州。《旧唐书》卷109《冯盎传》所载的"八州"除儋州误为林州外，还缺高、振二州。

③ 《新唐书》卷222下《南平獠传》。

④ 《新唐书》卷131《宗室宰相李勉传》。

也就江河日下，一年不如一年了。

7. 钟士雄唯母左右

钟士雄，临贺郡（治今广西壮族自治区贺州市贺街）人，南朝陈时为"岭南酋领"，"为伏波将军"。① 所谓"岭南酋领"，也就是俚帅。因此，宋初乐史《太平寰宇记》卷161《贺州风俗》既说贺州的人源于越，又称为俚人，俗行鸡卜，所居"构木为巢""节会则鸣铜鼓""好吹葫芦笙""削筋竹为箭"。

据《隋书》卷80《列女钟士雄母传》载，陈主害怕钟士雄"反复"，不受节制，就将他的母亲蒋氏为质，放在京城，让他心有牵挂，不敢另怀异心，做出伤陈的不轨行为。直到开皇九年（589年）隋文帝令其子晋王杨广率兵南下，灭陈，晋王杨广想以"恩义"招徕钟士雄归附，方才将蒋氏放回临贺。

那时候天下还没有完全一统，岭南各地拥有一定势力的酋豪都想乘乱一试身手。临贺郡的虞子茂、钟文华等也起兵攻打郡城，并派人邀请钟士雄入伙。士雄跃跃欲试，兴奋地想率众响应。蒋氏知道这个动向后，对钟士雄说：

> 我前在扬都，备尝辛苦。今逢圣化，母子聚集，没身不能上报，焉得为逆哉！汝若禽兽其心，背德忘义者，我当自杀于汝前。

钟士雄听了母亲的酸苦之言，知恩图报，消了逆隋的思绪，不从叛逆，保了一家的平安，保存了其势力的存在。

隋文帝知道了钟士雄母亲的事迹后很是赞赏，下诏册封她为"安乐县君"。

8. 桂州俚帅李光仕、李世贤先后反隋

开皇十年（590年），隋在灭陈后进兵岭南。"县令多贪鄙，蛮夷怨叛"。② 而桂州总管也"皆以兵相胁"，③ 因此开皇十七年（597年）二月和七月，桂州先后爆发了俚帅李光仕和李世贤的叛乱。

隋文帝派王世积为桂州行军总管征讨李光仕。李光仕实行"敌进我退，敌退我进"的战术。王世积见李光仕及其兵将无影无踪了，也就认为"讨平"了。回师上奏，皇帝高兴，王世积"进位上柱国"（正二品），又获"二千段"的赐物。④ 而虞庆则讨平李世贤之乱，是以"位居宰相，爵乃上公"的身份出任桂州道行军总管的。领军之际，他以其妻弟赵什柱为随府长史。而赵什柱则与其爱妾有奸，于是想趁机去掉这个碍眼的姐夫。未行之时，他暗地散布"庆则不欲此行"使闻于皇帝的耳朵。及平定了李世贤之乱，虞庆则派赵什柱先进京报捷。谁知赵什柱却将其姐夫回师至潭州（治今湖南省长沙市）临桂镇时见其山川险要说的"此诚险固，加以足粮，若守得其人，攻不可拔"，诬为欲谋反之证。皇帝不察，便将虞庆则杀了，遂了至奸小人赵什柱之愿。

---

① 《隋书》卷80《列女钟士雄母传》。
② 《隋书》卷55《侯莫陈颖传》。
③ 《隋书》卷56《令狐熙传》。
④ 《隋书》卷40《王世积传》。

王世积升了官，李光仕却没损分毫。开皇末（600年），"桂州俚李光仕"复聚众为乱。隋文帝命何稠为行军总管率军征讨。"师次衡岭，遣使者谕其渠帅，洞主莫崇解兵降款。桂州长史王文同锁（莫）崇以诣（何）稠所。稠诈宣言曰：'州县不能绥养，致边民扰叛。非崇之罪也。'乃命释之，引崇共坐，并从者四人，为设置酒食而遣之。（莫）崇大悦，归洞不设备。（何）稠于五更，掩入其洞，悉发俚兵以临余贼。象州逆帅杜条辽、罗州逆帅庞靖等相继降款。分遣建州（治今广东省郁南县东南连滩）开府梁昵讨叛夷罗寿、罗州（治今广东省化州市）刺史冯暄，讨贼帅李大檀，并平之，传首军门。"①

以上所列的八家"俚帅"，既是就其势力、影响较大的而列，也略略兼顾于地域而序，自然失漏较多。比如，大业九年（613年）率四万众攻陷苍梧郡的梁慧尚；大业十二年（616年）七月得到"岭南溪洞多应之"而作乱的"高凉太守冼珤彻"；②隋初"广州俚帅"王仲宣及陈佛智；苍梧首领陈坦；冈州冯岑翁；梁化邓马头；藤州李光略；罗州庞靖；③象州杜条辽；建州罗寿；罗州李大檀；④据循（治今广东省惠州市东北）、潮的"俚酋杨世略"；⑤白州庞孝泰；⑥昆州（今广西壮族自治区柳州市）刺史沈逊；融州刺史欧阳世普；象州刺史秦元览；昌州（治今广西壮族自治区博白县西）刺史庞孝恭；⑦程藏耀；⑧泷州（治今广东省罗定市南）首领陈行范、何游鲁、冯璘；⑨泷州开阳（治今广东省罗定市东南）首领陈龙树、陈集原父子；⑩番禺"贼帅"冯崇道等，⑪见于史载的南北朝、隋、唐时期的岭南首领，谁不是"俚帅"？甚至唐朝有名的宦官杨思勖和高力士，也都是出于罗州石城（治今广东省廉江市东北）及潘州（治今广东省高州市）的俚人。⑫

就冯宝而言，他是南流的北燕王家后裔，是汉人，但他自和俚人女子冼氏结褵之后，所生子女融着俚人的血系，而且他们的婚姻是政治婚姻，有着其先决条件。此条件，除就《隋书》卷80《列女谯国夫人传》可见的冼氏"共宝参决辞讼"外，还可以从《旧唐书》卷109《冯盎传》所载的"冯盎，高州良德人也"一语知道，冯氏婚姻行的是当时俚人男就女居式的男嫁女娶婚制。因为冯融的祖父冯业泛海归南朝宋后，定居于新会，后来冯融任罗州刺史、冯宝在高凉郡任太守，其地都不在高州良德县，为什么冯宝、冼夫人之孙冯盎为高州良德县人？就是因为冼氏夫人是良德县雷洞人。所以，流传于今广东茂名市的关于冼氏夫人生平的俚歌中，其辞有"生身爹娘茂名地，落血地头雷洞乡。十八女子未

---

① 《隋书》卷68《何稠传》。
② 《隋书》卷4《炀帝纪下》。
③ 《隋书》卷80《列女谯国夫人传》。
④ 《隋书》卷68《何稠传》。
⑤ 《新唐书》卷1《高祖纪》。
⑥ 《旧唐书》卷82《许敬宗传》。
⑦ 《新唐书》卷222下《南平獠传》。
⑧ 《旧唐书》卷100《裴宽传》。
⑨ 《旧唐书》卷184《宦官杨思勖传》。
⑩ 《旧唐书》卷188《孝友陈集原传》。
⑪ 《旧唐书》卷131《李勉传》。
⑫ 《旧唐书》卷184《宦官杨思勖传》《宦官高力士传》。

定夺，青云女子敬爹娘。后来女子生长大，配合冯公回本乡"。"落血地头雷洞乡"指的是冼氏夫人的出生地："配合冯公回本乡"，指的是冼氏夫人婚后回住娘家。单个汉族成员入居于俚人之乡良德，由不得不入乡随俗，由不得不俚人化。所以，隋、唐的人便目冯盎为"蛮夷"。比如，《旧唐书》卷1《高祖纪》载，唐高祖置酒未央宫，"命突厥颉利可汗起舞，又遣南越酋长冯智戴咏诗，既而笑曰：胡、越一家，自古未有之也"。又如，《旧唐书》卷109《冯盎传》载，隋文帝"敕左仆射杨素与盎论贼形势，素曰：不意蛮夷中有此人，大可奇也"。

俚在岭南是普遍存在的，因此，晋初万震《南州异物志》描述的俚人分布区域是"在广州之南，苍梧、郁林、合浦、宁浦、高凉五郡中央，地方数千里"，不能尽括俚人的分布。始兴、衡州有俚，潮、循有俚，桂州有俚，交州也有俚，又何止是"在广州之南"的"苍梧、郁林、合浦、宁浦、高凉五郡中央"？战国末叶岭南尽是越人之地，汉末三国，在中原汉族的影响下"骆越"进化变称"俚""獠"，"俚"群体略为先进，"獠"群体略为后进，但是二群体毕竟都源自越人，当初除不再以同类饱腹或沿袭旧越人以同类饱腹以标示其"先进"或"后进"外，语言、习俗基本相同。所以，俚、"獠"二者或分开或连称或互为置替。俚帅陈文彻变"夷獠"陈文彻是如此，俚帅宁长真变"南平獠"渠首是如此，罗窦俚变"罗窦獠"是如此，循、潮"俚酋"，北宋初乐史《太平寰宇记》卷159《循州风俗》载循州"人多蛮獠，妇人为市，男子坐家"，也是如此。

大中年间（847—860年），唐宣宗《禁岭南货卖男女敕》称："如闻岭外诸州居人，与夷獠同俗。火耕水耨，昼乏暮饥，迫于征税，则货卖男女。"① 不是"岭外诸州居人，与夷獠同俗"，而是"岭外诸州居人，本为夷獠"。唐宣宗诏敕这么写，反映了人们认为当时的岭南诸州居民本同于中原汉族，只是他们居近"夷獠"，受着"夷獠"熏染，俗同于"夷獠"，存在"火耕水耨"的行为，形成"昼乏暮饥"的状况，出现"货卖男女"的习俗。这是本末倒置的认知。原先越人"父子各居，兄弟异室"，这是他们社会发展的特殊性决定的。习俗传承，因此隋、唐时岭南人仍然是"鬻男女如粪壤，父子两不戚戚"。②

显然，唐宣宗的诏敕是以"夷獠"来概括岭南越人的传人的。自那以后，俚作为岭南一个民族群体的称谓已逐渐不那么显彰，或为"獠"称所取代，或视同于汉人。其中的原因，一是许多地方的俚人在主、客观的条件下，加速了趋同于汉族的过程。比如，《太平寰宇记》卷157记载广州所属"废冈州（治今广东省新会县北）又有勾缘藤，南人织以为布"，就不再以"俚人"来述说隋代冈州的俚人首领冯岑翁的子孙了。二是"獠"人在汉族文化的影响下，随着社会的发展，已经完全挣脱了以同类饱腹的思想牢笼，已经视其为可鄙的习俗、野蛮的行为。因此，那些传承并保存原先越人习俗较多的俚人便以"夷獠"或"蛮獠"称之了。比如，《新唐书》卷1《高祖纪》记载的隋末、唐初雄踞于循（治今广东省惠州市东北）、潮（治今广东省潮安县）的"俚酋杨世略"，北宋初年乐史《太平寰宇记》卷159《循州风俗》则记载杨世略及其俚人部卒的子孙为"蛮獠，妇人为市，男子坐家"。"妇人为市，男子坐家"是古代岭南壮傣群体越人社会发展所出现

---

① 《全唐文》卷81，中华书局1983年版。
② （宋）李昉等：《太平广记》卷483《南海人》引《南海异事》。

的社会风俗特征之一。古代,以"妇人为市,男子坐家"为代表的"男逸女劳"习俗曾风行于岭南。

岭南东部的"俚獠"存在"男逸女劳"的习俗,自然也曾风行过"产翁制"的习俗。越人产翁制见载于唐朝的《南楚新闻》,说明唐代俚人还传承着此一习俗。

北宋初年,乐史《太平寰宇记》卷59、卷161、卷162、卷164、卷166、卷167、卷169等还记载韶州(治今广东省韶关市)、贺州(治今广西壮族自治区贺州市贺街)、桂州(治今广西壮族自治区桂林市)、康州(治今广东省德庆县)、梧州(治今广西壮族自治区梧州市)、邕州(治今广西壮族自治区南宁市)、贵州(治今广西壮族自治区贵港市)、容州(治今广西壮族自治区容县)、钦州(治今广西壮族自治区钦州市)、雷州(治今广东省雷州市)、儋州(治今海南省儋州市西北旧儋县)的基本居民为俚人,但是,此后即很少见载这些地区的俚人情况了。这可能是随着时代的前进,社会的发展,他们的习俗文化已逐渐趋同于汉族而忽略了其作为异族的存在。比如,北宋初乐史《太平寰宇记》卷167《化州风俗》指称该州居民为"夷",说"夷俗悉是椎髻左衽"。而南宋王象之《舆地纪胜》卷116《化州风俗形势》引《化州图经》却说:"其俗信鬼好淫祠,今化之为俗,士民被礼逊之教,出入颇衣冠相尚,虽贱隶亦襟衽,无复文身断发之旧。"

同时,俚、"獠"本同源于越,语言、习俗基本相同,在汉族文化的影响下,随着社会的发展,"獠"断了以同类饱腹习俗的传承,也就如同于俚了。因此,许多记载便以俚归同于"獠",从而见"獠"而不见俚。"獠"一称,带着"犬"字旁,恰好符合一些汉族文人兼官员的蔑视少数民族的心理习惯,所以他们热而用之,弃"俚"而不顾了。比如,容州所辖本是俚人分布区域,可《旧唐书》卷157(《新唐书》卷143《王翃传》)却避"俚"而将该地因山南节度使鲁炅无能在与安禄山部将武令珣的战斗中葬送岭南子弟起兵反唐的郡民称为"溪洞夷獠乘此相恐为乱"。

南宋周去非《岭外代答》卷3《五民》载广西钦州"五民",其三即为"俚人"。他说:"此种自蛮洞出居,专事妖怪,若禽兽然,语音尤不可晓。"此一类人似是专门从事问鬼祈神、进行占卜行业的人群,称他们为"俚人",与作为民族群体称谓的"俚人"不可同日而语。金铁雍正《广西通志》卷92《诸蛮》有"狸"一种,但其叙述文字除抄录历史上有关俚人习俗的记载外,既无新意、无固定的分布区域,又将"俚"着意写作"狸"以示贬称,让人莫名其妙,可视为凭空立论,无端伪造出来的一个少数民族群体的名称,不是到了清朝前期社会上还实际存在"俚"这样一个民族群体。

《隋书》卷31《地理志》载,"自岭已南二十余郡"有俚有"獠"。今广西龙江流域以及左、右江流域地域则游离于隋朝的疆域之外。此一区域,应该是纯"獠"的活动区。那时候,此一地区万山莽莽,江河滔滔,草木蓁蓁,居民依着先人传承下来的习俗自我存续,没有版籍,没有接触到汉文化或受之影响甚少,蒙昧未开,因此"俗谓之山獠"。①

北宋皇祐四年(1052年),邕管右江道羁縻广源州知州侬智高起兵反宋。邕州知州萧注说:"侬智高父本山獠,袭杀广源州酋豪而据之。"② 皇祐四年(1052年)五月十九日,

---

① (宋)范成大:《桂海虞衡志·志蛮》。

② (宋)司马光:《涑水纪闻》卷13。

侬智高劝被俘的康州（治今广东省德庆县）知州赵师旦归附时，赵师旦也骂侬智高为"饿獠"，[①] 无疑侬智高为"獠"人，是铁板钉钉的。宋神宗时，曾巩为史馆修撰，作"自备讨论"的"注记"《隆平集》。该书卷20《妖寇》除诬说侬智高非侬存福之子外，又说侬智高之母"阿侬凶悍有谋，嗜小儿肉，间以具庖食"。后成的《宋会要》改为"阿侬天资惨毒，嗜小儿肉，每食必杀小儿。智高攻城邑，皆其谋也"。[②]《隆平集》起其端，《宋会要》增其频率，缩短其时间距离，由"间（或）以具庖食"变为"每食必杀小儿"。一日三餐，每餐必杀小儿。阿侬活了60多岁，杀了多少孩子以充其腹？此后，南宋李焘《续资治通鉴长编》卷175、元朝脱脱《宋史》卷495《广源州蛮传》等陈陈相因，相互传承，可成铁案了。南宋末元朝初年马端临《文献通考》卷330《西原蛮》本钞《续资治通鉴长编》之文，此事却删而弃之，令人不能不起疑其事之有无。

狄青、孙沔、余靖是奉命镇压侬智高起兵的三将。同时代的滕元发有《孙威敏征南录》一卷，专门记叙孙沔征讨侬智高的前后经过，其中只字未提阿侬"嗜食小儿肉"一事。余靖有《武溪集》传世。他是文人，狄青征战所需文字，都是他操办。对面执仗，相互厮杀，不是你死就是我亡，余靖骂起侬智高可没个分寸，什么"贼""蛮寇""蛮贼""寇党""狂寇""群凶""狂蛮""元恶"呀，什么"蠢尔溪蛮，生自凶族""蠢尔广源之部族""蠢尔凶族"呀，什么"悖傲""猖狂""井蛙自尊""母同恶而增酷"呀，等等，[③] 无所不用其极，可为什么就没有"嗜食小儿""兽类"这样的字眼？余靖如此，同时代的司马光《涑水纪闻》、沈括《梦溪笔谈》记叙有关侬智高的事，同样没有一语道及阿侬"食小儿"。可信者为当时人，当时与侬智高对面执仗的人。"知己知彼，百战不殆"，还有谁比狄青、孙沔、余靖更了解侬智高及其母亲？由此可以清楚，所谓阿侬嗜小儿肉一事，是后来曾巩为了说明阿母没点母性而穿凿出来的。

乾道末淳熙初（1172—1174年）南宋四大诗人之一的范成大任广南西路经略安抚使，其于淳熙二年（1175年）完成的详记广西风物土宜的《桂海虞衡志》，记述羁縻地方的人分为"羁縻州洞"和"獠"两种。"羁縻州洞"的居民固已断了以同类饱腹习俗的传承，"獠"也已不见存在"食人"的习俗：

獠，依山林而居，无酋长、版籍，蛮之荒忽无常者也。以射生食动为活，虫豸能蠕动者皆取食。无年甲姓名，一村中推有事力者曰郎火，余但称火。

岁首，以土杯十二贮水，随辰位（即从子至亥十二时辰）布列，郎火祷焉，乃集众往观。若寅有水而卯涸，则知正月雨，二月旱。自以为不差。

诸蕃岁卖马于官，道其境必要取（强取）货及盐、牛，否则梗马路。官亦以盐、彩和谢之。

其稍稍渐有名称曰上下者，则入蛮类。旧传獠有飞头、凿齿、鼻饮、白衫、花

---

① （宋）李焘：《续资治通鉴长编》卷172。
② 《宋会要辑稿·蕃夷五之六一》。
③ 见《武溪集》的《太平蛮碑》《乞解职行服状》《进（平蛮记）表》《免户部侍郎状》《贺生擒侬智高母表》《贺曲赦表》等。

面、赤裩之属二十一种，今右江西南一带甚多，殆百余种。唐房千里《异物志》言：獠妇生子即出，夫惫卧如乳妇，不谨则病，其妻乃无苦。①

这是继南北朝魏收单立一传记载"獠"人之后记载南宋时"獠"人基本情况的文字，可说是比较经典的。与范成大先后任官于广西的周去非，其《岭外代答》卷 10《獠俗》一字不漏地转抄以为自己的述作。随着王朝中央势力的深度渗入，随着汉族文化的重度影响，明、清时，"獠"人特别是"山獠"的社会已大有变化，早断了以同类饱腹的传承，早没了剥人头面以祀鬼的陋习，但是一些官员或文人仍抓住"獠"此一议题，以《魏书》卷 101《獠传》和范成大的记载为主，东抄西拼，凑成记述"獠"的文字。在明有田汝成《炎徼纪闻》、魏浚《西事珥》、邝露《赤雅》等，在清则有金鉷雍正《广西通志》卷 92《诸蛮》。比如，雍正《广西通志》卷 92《诸蛮·獠》载：

> 獠无姓氏，以长幼次等呼之。丈夫呼阿暮、阿段；妇人皆称阿等、阿拿等。依树积木而居，好相杀害。尝伏道中伺行旅，客无徒耦，过辄出击。杀而悬其尸庭中，召邻里欢歌饮酒，稍就割食之。其俗畏鬼神，所杀之人美须髯者，剥其面肤笼于竹，及燥，号曰鬼，鼓舞祀祷，以求福利。
>
> 又山獠，今在左江溪洞之外，以射生为活，虫豸动者皆可食，无版籍部勒，或曰獠，燎也。好夜猎，集炬以照，故每村推有勇力者曰郎火，余俱称火，盖犹燎之义也。

此文第一段是杂糅魏收《魏书》卷 101《獠传》、万震《南州异物志》关于乌浒的记载以及唐刘之推《郡国志》关于"孤夷"的记载②而成。

第二段，则是抄自范成大《桂海虞衡志》关于"獠"的记载，并据主观判断乱行诠释，弄得牛头不对马嘴。

这些人也够可以的，捧着喇叭乱吹乐章，将往事移作今事，将有影无形者说成现摆着的，好像他们握笔之时煞有其事，误传了信息，贻害了后人。

雍正《广西通志》说："又山獠，今在左江溪洞之外。"这是范成大关于"獠"在"今右江西南一带甚多"的误写。清代，"在左江溪峒之外"就是越南境了，其地的"山獠"关你甚事？"右"写作"左"，天壤之别，可说是"涂抹诗书如老鸦"了。"右江西南一带"，当时指今广西德保、那坡、靖西等县及云南文山壮族苗族自治州。今广西德保、那坡二县明及其后为镇安府，靖西县为归顺直隶州，明、清二朝哪一本书记载还说这些地方的居民为"獠"人或"山獠"？至于云南文山地区，其居民除少部分称为"土獠"以外，大都称为侬人或沙人，而"土獠"、侬、沙，今都是壮族的土佬、侬、沙的支系。此种情况，说明时光流逝，社会前进，风俗也已易旧行新，明、清之壮已非昔之宋"獠"、隋唐等"獠"可比。时去俗已改，称也易，怎能一成不变以旧貌绘新颜！

---

① （元）马端临：《文献通考》卷 330《西原蛮》引。
② （宋）乐史：《太平寰宇记》卷 158《滕州》引。

当然，由于壮族是由历史上的"獠"人发展变化而来，有些人以旧称新，偶尔也谓壮族为"獠"。比如，清朝乾隆年间（1736—1795年）袁枚《子不语》卷21《产公》的记载。

袁枚关于太平府"獠"人产翁制习俗的表述似曾相识，原来他是袭取唐朝《南楚新闻》记载越人、"獠妇"的产翁习俗文字略以变化而来的。他可能是因为清代太平府壮人仍有产翁习俗传承而称其为"獠"人。如果说，历史上谓岭南人为"獠"，见于记载唯此为晚了。

六 撞

清朝人毕沅《续资治通鉴》卷110载南宋绍兴二年（1132年）岳飞率军攻打退守贺州（治今广西壮族自治区贺州市贺街）的曹成军时，参战的除"前军统制"张宪外，还有"撞军统制王经"。此"撞军"是何来历，没有别的资证，难得其详。

南宋淳祐九年（1249年），李曾伯首度来广西，知静江府（治今广西壮族自治区桂林市）、广西经略安抚使兼广西转运使。此时，蒙古兵灭了云南的大理国，对广西日在窥伺，南宋惶惶，形势十分危急。如何巩固邻着云贵的边防广西，李曾伯经调查后，上奏称：

> 近自淳祐八年（1248年），经司（广西经略安抚司）常行下团结两江诸州洞丁壮。①右江则黄梦应具到名帐共计一万九百六十二人，左江则廖一飞具到名帐共计二万二千六百人，其本州民丁在外。如宜、融两州，则淳祐五年（1245年）亦有团结旧籍。在宜州则有土丁、民丁、保丁、义丁、义效、撞丁九千余人，其猗撞一项可用；在融州则有土丁、峒丁、大款丁、保丁九千余人，其款丁一项可用。②

"撞"，即越人及其后裔谓山间平地或川谷平原为"ço：ŋ⁶"的汉近音译写字。上文说过，越人"ço：ŋ⁶"，历史上除译作"陆梁""泷""骆"或者"窑"，自然也可以近音译写作"撞"。"撞丁"，即住在"ço：ŋ⁶"中的丁壮。而"其猗撞一项可用"的"猗撞"，即西汉称越人为"瓯骆"在中近古的另一近音译写。越人自称"ʔjoi⁴"，历史上近音译写作雩、零、吁、于、呕、瓯、乌浒或白衣，猗音yī，与衣同音，自然也可以近音译写作"猗"。

不过，如果南宋初年作为岳家军一部分的"撞军统制王经"所率的"撞军"是来自广西，那也只是指其士兵是来自"撞"（ço：ŋ⁶）地或被称为"撞"的人群，示明其军队的人员组合，"撞"并不是民族群体的称谓。因为"撞"既只是告示"军""丁"的来源，所指也仅是宜州一地，其他众多地方的同属一个民族群体的人群，仍然涵盖于或俚或

---

① （宋）司马光：《资治通鉴》大历十二年，"差点土人，春夏归农，秋冬追集，给身糖酱菜者，谓之团结"。也就是聚集、团结、训练。

② 《可斋杂稿》卷17《帅广条陈五事奏》。

"獠"或溪洞蛮夷中,有的甚至沦为"猺"称。① "撞"还没有成为特定的民族群体的称谓。

历史进入元朝,虽然岭南越人后裔仍被认作"洞蛮""溪洞诸夷",②甚至被误指为"猺",③但是,"撞"作为特定群体的称谓,涵盖面越来越大,包容的人群越来越多,开始成为一个特定民族的载体。比如,大德二年(1298年)湖广等处行枢密院副使刘国杰败上思州(治今广西壮族自治区上思县)知州黄圣许(黄胜许)的反叛后,"尽取贼巢地为屯田,募庆远(治今宜州市)撞人耕之,以为两江蔽障"。④ 至正八年(1348年)特旨迁林兴祖为"道州路(治今湖南道县)总管。行至城外,撞贼已迫其后,相去仅二十里"。⑤ 又如,至正十一年(1351年),"广西庆远府有异禽双飞,见于述昆乡(在今宜州市西南),飞鸟千百随之,盖凤凰云。其一飞去,其一留止者,为撞人射死,首长尺许,毛羽五色"。⑥ 这些记载说明,"撞"作为民族的载体,已经突出宜州,扩及柳州、静江二路,甚至到了湘南的道州路等地。

孤陋寡闻,为人所讥;趋于先进,人心所同。在汉族文化的长期和重度影响下,壮群体越人后人也从迷离而疾走如风,脑转儒家之教,口吟历代汉族文人之诗,仰慕追随于汉族文化。南宋时期俚人已基本趋同于汉族;有元一代,川谷平原地区的"獠"人,也基本趋同于汉族了。说是"基本",就是主体文化已经趋同,却还拖着昔日越人意识和习俗的尾巴,久久不能完全消逝。比如,男逸女劳、喜嚼槟榔、女婚不落夫家的蜕变形式等。清朝初年,广东学者屈大均《广东新语》卷9《唐氏乡约》记载明初南海县平步唐豫为了根除唐姓氏族中仍流行的昔日越人以少为大、不重父严,丧则喜乐助哀、大办饮宴的观念习俗,以遵从汉族礼乐制度,特立《唐氏乡约》。从此可以知道,明时岭南俚人虽然已经在主体上趋同于汉族,却仍拖着昔日越人意识和习俗的尾巴。

岭南由东往西,川原谷地的俚人、"獠"人已基本趋同于汉族,唯偏远荒僻的丛山地区的"獠"人以及桂中、桂西特别是土官治下诸地汉族文化渗入力度较少的地区,仍以"ɕo:ŋ⁶"称人,这就形成了"撞"此一民族群体。

《明史》卷317《广西土司传序》载:

> 广西猺、獞居多,盘万岭之中,当三江之险,六十三山(在今岑溪县)倚为巢穴,三十六源踞其腹心。其散布于桂林、柳州、庆远、平乐诸郡县者,所在蔓衍,而

---

① 如《宋史》卷332《陆诜传》称侬智高为"侬瑶";《宋史》卷495《抚水州蛮传》载广西钤辖沙世坚称宜州安化亦为"瑶人"等。
② 《元史》卷134《斡罗思密传》:至元二十三年(1286年)斡罗思密移镇广西,洞蛮罗天佑作乱,招谕降之。《元史》卷155《史格传》:元初,"溪洞诸夷皆降云南"。此溪洞诸夷就是指特磨道(治今云南省广南县)农士贵,知安平州(治今广西壮族自治区大新县雷平镇)李维屏,知来安州(治今广西壮族自治区那坡县)岑从毅。
③ 《元史》卷30《泰定帝记》:泰定三年(1326年)二月,"广西全茗州(在今广西壮族自治区大新县西北全茗)土官许文杰率诸瑶以叛,寇茗盈州(在今广西壮族自治区大新县北茗盈),杀知州李德卿等"。
④ 《元史》卷162《刘国杰传》。
⑤ 《元史》卷192《林兴祖传》。
⑥ 《元史》卷51《五行志》。

田州、泗城之属尤称强悍。种类滋繁,莫可枚举。

明代王朝中央浓重了汉族沙文思想,一方面以汉族文化为主体文化改造异族文化;另一方面别异蛮夷,非我族类,其名的书写盖行犬化,以表歧视。因此,元朝的"獞",到明朝洪武以后就例成了"獐"。"獞""獐"别异,《集韵》载"獐,徒东切,音重,犬名",《唐韵》则言獞"直降切"。"獞""獐"二字,形相异,音不同,却也是近音字。近音译写,译写的字本无所谓,但直以"犬名"视人,可见统治者看待异族的别样嘴脸。"獞"作为族名,由何而来,汉族文人、官员不知根源,于是据字而演义,胡说一气:"獐,獞也。粤之顽民,性喜攻击冲突,曰獐。"① 这是给人定了名,又望文生义,诬人以罪。

"獞",如同秦的"陆梁",汉的"骆",晋南北朝以来的"泷""双""俚""僚"及意译"洞"等,是不同时代的汉人对越人谓山间谷地或川谷平原为"ço：ŋ⁶"的近音译写或意译写字。"獞"其义,就是指"居住在ço：ŋ⁶里的人"。这是个他称,其自称则为近"于"之音。不过,"獞"虽属他称,因名之早,被称为"獞"的人习而惯之,久而化之,他们中一些地方的人也以"獞"自称了。

清朝初年,广东人屈大均《广东新语》卷7《猺人》载:

> 大均尝至粤西(广西),宿獞人高栏之中,颇知獞习俗。其人名曰"獞牯佬",与猺不同。

"獞牯佬",本音译自壮语的"ço：ŋ⁶ tu¹ lau²"。"ço：ŋ⁶"是壮人的他称词;"tu¹ lau²",其壮语义即汉语的"咱们"。壮家远客来到,说话之间,漏出了壮语,主人分外高兴,不自觉便破口而出:"ço：ŋ⁶ tu¹ lau²!"于是,主客便以壮语攀谈起来,情意倍感亲切。"ço：ŋ⁶ tu¹ lau²",看似简单,却自认同类,饱含深情。汉人不知,因音译而称其为"獞牯佬",显其蔑视之意,殊不知,即此"ço：ŋ⁶ tu¹ lau²",刚好体现了壮人的民族意识、民族的认同感。

"獞"缘于古代的"陆梁""泷""骆""僚"而来,后来"骆"消"僚"失,"獞"称便趁时而起,成为还未变俗完全趋同于汉族的居住于岭南地区的壮群体越人后人的称谓。元"獞"在明朝犬化,清朝继之。民国容县徐松石先生著《粤江流域人民史》力挺而革,以"㘇"代"獞"。㘇,《玉篇》读作"昌容切,音冲",为"獞"的近音字。㘇固然与清朝李汝昭《镜山野史》谓广西桂平县金田村为"金田窜"的"窜"字音同,②但其汉义却是脚后跟,似不雅。1949年以后,改㘇为僮,固然"人"化了,可在汉文史上,僮为徒红切,与"ço：ŋ⁶"不为近音字,且僮的汉语义为"僮仆",也失了对一个民族最起码的尊重。因此,1965年10月12日经国务院批准,改僮为"壮",音既近"ço：ŋ⁶",汉语义也是健壮、强壮、茁壮,为褒义词,免了读音与理解的歧见。

---

① 雍正《广西通志》卷92《诸蛮·獞》。
② 《太平天国》(资料集)第三册,神州国光社1954年版,第4页。

雍正《广西通志》引钱元昌在《粤西诸蛮图记》中有"土人"种属,"土人"系属于什么民族群体或自成一族?

在广西历史上,首见以"土人"为称的是南宋周去非《岭外代答》卷3《五民》。该书记载:"钦(州)民有五种,一曰土人,自昔骆越种类也。居于村落,容貌鄙野,以唇舌杂为音声,殊不可晓,谓之蒌语。"此"土人"是昔骆越人的后裔,点明了其系属,之所以称其为"土人",无外是指他们是世居于本地的人,即"土著",与后来入居的"客籍"相对。周去非之所以称昔骆越的后人为土人,是因为五代及其后有先后落籍于钦州的"北人"和"射耕"的福建人。很明显,"土人"之称,不是指民族群体而言,犹如同属于汉族的"北人"和来自福建的"射耕人"一样,只是一个社区的群团,不是什么民族系属的分类。

"土人"在汉语里是指土著、本地人,不论是唐朝韩愈《论变盐法事宜状》中的"浮案奸猾者转富,土著守业者日贫",还是南宋陈造《到房陵交代》诗中的"教儿莫惮依山住,阔领裁衣尽土人",都是如此。南宋绍兴二年(1132年)十一月二十七日"应荆湖、广南、川陕等路头首土人,内有子孙依例合承袭职名差遣及主管年满人合得恩赐之类,并仰逐路帅司疾速取合,诣定保明闻奏",① 以及绍兴二十七年(1157年)六月十一日权发遣邕州田经言:"自来于(左右江)溪洞置五寨镇,弹压洞民。"五寨的职官中,知寨"最为亲民要职。近来多是土人及待阙官时暂权摄",② 其中的"土人"也是指该地的土著人。

千百年来,在今广西宾阳、上林等地的人有讲"客话""壮话"之分。"客话",就是流行于宾阳、上林、迁江等县的汉语平话方言。有"客"必有"土","土话"就是壮话。所以,一些壮族地区有"客"有"土",为了区别起见,土著者便自称为"土人"。这在广西壮族地区甚为普遍,"土"与"客"对称,称"土"以显示其人世代为土著,不能因此笃定其为"土族",犹如"村"与"墟市""城镇"相对,一些住在村上的壮人便自称"布板"($pou^1 ba:n^3$)、"布曼"($pou^4 ma:n^3$)或"根板"($vun^2 ba:n^2$)。"板"或"曼"是壮语"村子""$ba:n^3$"或"$ma:n^3$"的音译写字,"pou^4"(布)则是表人的冠词,与名词"$ba:n^3$"或"$ma:n^3$"(村子)搭配组成"村人"。"vun^2"是"人","$vun^2 ba:n^3$",音译写字为"根板",汉语义则为"村上人"。我们当然不能因此而定他们为"布板族"。

七 郎人

(一)郎人缘起与衍化

壮在历史上称为"郎",源自南宋范成大《桂海虞衡志》关于"獠"的记载:"无年甲姓名,一村中推有事力者曰郎火,余但称火。"③

---

① 《宋会要辑稿·蕃夷五之一〇二》。
② 《宋会要辑稿·方域一九之二五》。
③ (元)马端临:《文献通考》卷328《獠》引。

"火"是壮语、布依语"ço²"的汉文近音译写字,① 是指未成年人的语词。明正德年间（1506—1521年）官广西柳州府通判桑悦《记壮俗六首》诗,② 其六句称："姓同处处是华宗,③ 朝甫先加老唤公④。"说明"獠"人承壮傣群体越人之俗，以少者为贵，只有少者有名，父、祖都要围绕着少者的名字转称。比如，有人未成年时取名"韦朝贵"；长大结婚生子，子名"韦朝义"，韦朝贵得变名为"韦甫义"；儿子长大结婚生子，孙子取名"韦朝龙"，儿子韦朝义得改名为"韦甫龙"，他也得改名为"韦公龙"或是"韦抱龙"或"韦保龙"（公是汉语借词，抱或保是壮语谓祖父为"pau⁵"的译音字）。这就是桑悦诗句"朝甫先加老唤公"所揭示的内涵。未成年人，壮语谓"pou⁴ ço²"，"ço²"也作为形容年少、不懂事的词语："mɯŋ² ço² ne⁶！"（你还嫩着呢！）由于习俗重少轻老，只有未成年人才有资格拥有名字，因此在壮语里，名也谓为"ço²"。

俚、"獠""俗好相杀，多构仇怨"；⑤ "獞人""狡性报怨，动即集众操戈"。⑥ 因此，村落与村落、社区与社区间，非常重视青少年的习武训练。南宋周去非《岭外代答》卷3《田子甲》载，"邕州溪峒之民，无不习战，刀弩枪牌，用之颇精。峒民事仇杀，是以人人习于战斗"。"尝有官员自依峒借人夫至钦（州），所从数人，道间麋兴于前，能合而取之；鸢飞于天，能仰而落之。一夕，逆旅（旅店）劫盗，人有惧色，唯峒人整暇以待（从容不迫地等待盗贼的到来），盗不敢前。""麋兴于前，能合而取之；鸢飞于天，能仰而落之。"艺高人胆大，所以夜临盗贼而不惧。峒人练成如此高超的武功，非一日之劳，必须自小进行训练。"郎火"，就是在村子里负责组织、管理、训练未成年人，因此也就成为村子的头头。

"郎火"的"郎"从何而来？

历史上，壮傣群体越人放牛在外害怕牛走失，又害怕牛去吃去糟蹋人家的作物，在无人看管的情况下往往放长牛鼻绳，并将之贯穿于一根长竹竿中，然后钉上桩子，让牛围着桩子随意吃草或吃饱了卧下回嚼。这样，牛既不会走失，又不会牛腿绞缠牛绳，能够安闲地吃饱或休息。此种放牛法，壮傣群体越人称之为"le ŋ⁴va：i²"。"va：i²"是水牛，"le ŋ⁴"是系住、约束住的意思。人们管束那些撒欢不懂事的未成年孩子，用上"le ŋ⁴"这个词，出现了"le ŋ⁴ço²"此一词组，汉音译写为"郎火"，汉译义为"村头人"。

随着历史的发展，壮族社会的首领人物将"郎"嵌入名中，以标识其特殊的身份。比如，南宋时富州（在今云南省富宁县）侬内州首领侬郎宏；⑦ 元朝，安宁州（治今云南省富宁县）知州沈郎先，⑧ 罗佐州（在今云南省富宁县东北）官农郎生，花角蛮等寨酋长

---

① 火，古代也读作"虎和切"。如《庄子·外物篇》"利害相摩，生火实多；众人焚和，月固不胜火"，即读"虎和切"。元朝《韵会·小补》谓"今人谓兔歧唇曰火（读虎和切），盖古音也"。
② （清）汪森：《粤西诗载》卷16。
③ 作者自注："称同姓者是华宗。"
④ 作者自注："初名朝某，长名甫某，老名公某。"
⑤ 《隋书》卷31《地理志》。
⑥ 《古今图书集成·方舆汇编·职方典》卷1421《思恩府风俗考》。
⑦ 《宋会要辑稿·兵二二之二三》。
⑧ （明）刘文征：天启《滇志》卷30《土司官志》。

韦郎达，郎达婿哥雅寨火头郎满及其弟郎状，撒都寨火头郎图及郎甚，韦郎达弟韦郎动，韦郎动子韦郎应，把事不弄砦火头郎勤，① 元广南西路宣抚司（治今云南省广南县）宣抚使侬郎恐；② 明初广南府土官同知侬郎金，③ 其子广南府土官同知侬郎举。④ 同是明朝初年，来安府（治今广西壮族自治区凌云县）土官知府岑汉忠⑤之子岑郎广，⑥ 忠州（治今广西壮族自治区扶绥县南旧城）官族黄郎道，⑦ 宾州（今广西壮族自治区宾阳县）首领黄郎观，⑧ 以及明成祖时佶伦州（在今广西壮族自治区天等县东）土官冯郎黄（后改冯武辉）、冯郎高，⑨ 湖润寨（今广西壮族自治区靖西县湖润镇）土官巡检岑郎利等。⑩

壮族社会土司制，是以原始氏族村社为基础的。原来村社的"郎火"，有的发展成了土官，有的成为土目，更多的仍是土官治下基层村社的头人。清末民初，在壮族社会中仍残存着"郎首"此一村头人的名称；⑪ 而在傣族社会土司制中，则形成了"波郎"此一官阶。⑫

广西左右江溪洞及红水河流域溪洞地区，属"獠"人区域，村子里少不了"le ŋ⁴ ço²"（郎火）。在"郎火"的管束之下，青少年自小受到训练。在村落里，"儿能骑犬，引弓射雉兔、掘鼠，少长习甲骑，应募为狼兵"，⑬ "强武"可用。"溪洞之酋，以为兵卫，谓之田子甲。官欲用其一民，不可得也。"⑭ 这些兵，由于是在村"郎火"的调教下成长起来的，因此称为"郎兵"。

元朝，改羁縻制为土司制。明朝规定大小土司，必须"谨守疆土，修职贡，供征调"。⑮ "供征调"，就是听随王朝中央召唤出兵征讨或戍守地方。土司应征的兵，明末清初顾炎武《天下郡国利病书》卷105《广西》说："以其出自土司，故曰土兵；以其有头目司管之，故曰目兵；又以其多狼人，亦曰狼兵。" "土兵" "目兵"可以理解，但是因土司兵"多狼人"又称为"狼兵"，却令人懵然了。土司治下，此"狼人"前不见于记载，又从哪里冒出来了？显然，"狼人"不是与土官不同的另为一种的民族群体的人。"狼兵"，实际是土司辖区内最基层政区组织村子一级的"郎火"训练出来的"郎兵"。"诸

---

① （元）无名氏：《招捕总录》。
② （清）王崧：道光《云南志钞》卷7。
③ 《明实录·太祖实录》卷150。
④ 《土官底簿·广南府同知》。
⑤ 《明实录·太祖实录》卷43。
⑥ （明）苏浚：《土司志·向武州》，（清）汪森《粤西文载》卷12。
⑦ 《土官底簿·太平府罗阳县知县》。
⑧ 《明实录·太祖实录》卷50。
⑨ 《土官底簿·佶伦州知州》。
⑩ 《明实录·太宗实录》卷164。
⑪ 《广西壮族社会历史调查》第四册，广西民族出版社1987年版，第171页。
⑫ 江应樑：《傣族史》，四川民族出版社1984年版，第430页。
⑬ （清）金鉷：雍正《广西通志》卷92《诸蛮·狼》。
⑭ 《岭外代答》卷3《峒丁戍边》。
⑮ 《明史》卷76《职官志》。

土司兵曰狼兵",① 说的就是这个道理。一些人不知便无端地认为广西诸州洞土司区内部另有一种"狼人"。这是对壮族历史的一种误解，也是明王朝统治者"人而狼之"，以人为狼的恶果。

（二）"帐前竖子金刀薄，阃外将军宝髻斜"

明王朝既是集权中央、高度一统的王朝，也是王者昏昏、贪诈横行，官员竞相贪贿以充私囊的时代。随着暴政的施展，民族歧视和压迫政策的推衍，南方各地不断涌起群众的揭竿起义，为生存而斗争。在此种情势下，广西西部各土司积极应调。一者，表明自己忠于王朝中央，以保住自己的冠冕、世职。二者，有利可图。"兵人日米一升，计价月可一钱，俱为土官所得。"而土官用以应调的兵都是土官的农奴，"自斋行粮"。三者，便于作弊肥己。每次应征，土官"献名倍役数"，多报应征人员，"以规粮给"，从王朝当政者那里多捞出征钱粮。②"中国（指明王朝）之喜用狼兵者，不独以其勇也。汉兵行有安家行粮，而土兵只给行粮，省费一倍。每兵一日，仅白金一分二厘耳。"③ 所以，明王朝"每遇警，辄征召""精劲"的"土司兵"，"大者数千计，小者百计"。④

关于"狼兵"的记载，首见于《明实录·英宗实录》卷294天顺二年（1458年）八月丙子："贵州总兵等官南和侯方瑛等又移文广西，起调泗城等州狼兵"。此后，由于"狼兵"武艺精湛，战绩辉煌，其名愈响。"粤右狼兵鸷悍，天下称最。然多非真狼，真狼必土官亲行部署，才出。"⑤

"真狼"与"非真狼"，都是土司属下的兵。只是所谓"真狼"，即土官的亲兵，也就是《岭外代答》卷3《峒丁戍边》所说的训练有素、"强武可用"的"峒丁"。"溪峒之酋以为兵卫，谓之田子甲。官欲用其一民，不可得也。"所谓"非真狼"，就是一般的战斗力较差的"狼兵"。明人《百粤风土记》说："诸土司兵曰狼兵，皆骁勇善战，而内甲尤劲，非土官亲帅之，则内甲不出。"⑥ "内甲"，就是土官的亲兵。有"内"必有"外"，"外甲"就是一般的土兵，照样是土官属下的"狼兵"。"土府州县百姓，皆狼民"，⑦ 表达的就是此层意思。

"狼兵"为土司兵，站在明王朝统治者一边，应调出征，而其对立面则为非土官治理区为生存而斗争的"猺"与"獞"。这就是嘉靖二十五年（1546年）六月丁亥广西巡按御史冯彬上奏说的"广西之患，莫甚于猺獞"。⑧ 不在土司辖区的"猺""獞"都为生存而斗争，因称为"猺獞"，其实"猺"与"獞"是不同的民族群体，而"獞"与"狼"却同属于一个民族群体。

隆庆四年（1570年）二月癸丑，南京太仆寺少卿殷从俭奏说，"广西毒民惟獞，而獞

---

① 《百粤风土记》，（清）汪森《粤西丛载》卷24引。
② （清）汪森：《粤西丛载》卷24引《见闻杂记》。
③ （清）汪森：《粤西丛载》卷24引《百粤风土记》。
④ 同上。
⑤ 《峤南琐记》，（清）汪森《粤西丛载》卷24引。
⑥ 《百粤风土记》，（清）汪森《粤西丛载》卷24引。
⑦ （明）王士性：《桂海志续》，（清）汪森《粤西丛载》卷18引。
⑧ 《明实录·世宗实录》卷312。

畏服者惟狼兵"，当在"獞人"所居之地设置土司。"土司既立，县治仍旧，则今日之獞寇，即他日之狼兵，纳粮听调，与编民无异。"① 这就说明"狼""獞"本为同一个民族群体，因为属于土司治理还是属于流官治理不同，从而对待王朝的立场、态度产生分歧，便分为"狼人"与"獞人"。这也就是明代今广西贵港人沈希仪说的"狼兵隶土官，猺獞隶流官"。②

"旧制：'征调狼兵，所经过处，不许入城！'盖其性贪淫，离家远出，罕御（很少吃上）酒肉，不获纵货色（财色）之欲，贪怨怀恨，惟劫于（受逼于）其主之威而已。在有司善遇（款待）之，不则剽掠之性一动，不可复制矣。"③ 明王朝只顾自己的利益，胁迫土官，让"狼兵""穷年（长年）在外，月饷无几"。奴隶般的驱使，违反物理人情，不免使他们心怀怨恨，从而"所过剽掠，不可禁止"。其典型的例子，是正德二年（1507年）总督两广军务陈金调田州土官岑猛率"狼兵"镇压江西"华林洞"人的反明斗争。"华林洞人"被镇压了，但"路人谣云：华林贼，来亦得；土兵来，死不测"。④

军不一，征讨的对象不同，各支"狼兵"的纪律也不可同日而语。"嘉靖甲寅（三十三年，1554年），倭寇吴中（今江苏南部），广西女土官瓦氏率万人来援，泊胥关月余，驭众有法度，约所部不犯民间一粒。军门（总督）下檄（下达晓谕文书），辄亲视居民亭诉。部夷夺酒脯（肉）者，立捕杀之，食尚在咽下。"⑤ "瓦氏，土司岑彭（应为岑猛）妻也。以妇人将兵，颇有纪律，秋毫无犯。"⑥

瓦氏夫人一家迭遭变故，夫死，子亡，孙子也死于海南战场，重孙岑太寿年仅五岁，岑太禄尚在怀抱之中。⑦ 嘉靖三十三年（1554年）督府下令让田州土官率领"狼兵"奔赴江浙抗击倭寇的侵扰。时瓦氏夫人年近花甲，为了伸张民族大义，洗刷其夫岑猛被诬谋反而被杀的不实之词，毅然决然背负着年幼的两个重孙率领田州四千一百"狼兵"北上抗倭。

嘉靖三十四年（1555年）正月，瓦氏夫人千里迢迢来到江浙，一心抗倭，解民倒悬，却遭冷遇。在丹阳（今江苏省丹阳县），"丹阳尹避而不出，居民复闭户不纳"。⑧ 疲惫的瓦氏夫人兵将无栖息之处，唯有艰难徒步而去。在苏州，苏州知府林懋举以"祖宗旧制"不许入城，只在城外枫桥设帐接待头目。以"寇强民弱，非借狼兵不可"奏请征调瓦氏的浙福总督张经急了，⑨ 从嘉兴赶来劝解："瓦氏率部万里远来，藉以靖难，当以诚待之。若防闲若寇，焉得其心也！"⑩ 林懋举这才打开城门，让"狼兵"进驻城区。

---

① 《明实录·穆宗实录》卷42。
② 《明史》卷211《沈希仪传》。
③ 《岭南琐记》，（清）汪森《粤西丛载》卷24《土兵》引。
④ 《百粤风土记》，（清）汪森《粤西丛载》卷24《土兵》及《戍兵》引。
⑤ （明）董斯张：《吹景集》，（清）汪森《粤西丛载》卷24《土官瓦氏》引。
⑥ （明）采九德：《倭变事略》卷3。
⑦ 《明实录·世宗实录》卷404。
⑧ （明）郑若曾：《江南经略》卷8下《调狼兵记》。
⑨ 同上。
⑩ 同上。

据明代谢杰《虔台倭纂》卷下和《吴江县志·倭患事略》载，"苏州知府林懋举以狼兵至，兵威大振，贼退守王江泾。明日，进至平旺"，围倭贼于盛墩，诸兵合击。"狼兵首殪其渠魁一人，贼气沮，捐资于狼兵求脱。（狼兵）弗听。（其地）东西阻水，官兵南北夹击之，斩首级一百余级；战至杨家桥，又斩首二百余级。远近称快，更盛墩之名为胜墩。"① 这是见于记载的瓦氏夫人所部与倭寇的第一次较量。旗开得胜，一扫了往日抗倭战场见败不见胜的令人伤心的阴霾，确实鼓舞人心，无怪官民将战斗的地区盛墩易名为"胜墩"永作纪念。胜墩之战，可说是打开了抗倭斗争的新局面。

明朝官兵畏倭如虎，对远来抗倭的瓦氏夫人却作壁上观，不一以手援。张鼐《吴淞甲乙倭变志》记述漕泾一战时，"群倭围瓦氏数重，杀其家丁数人及头目钟富。瓦氏披发舞刀，往来冲突阵中，所乘马尾鬃，为倭拔几尽，浴血夺关而出，马上大呼曰：'好将官！好将官！'尽愤。当日，诸将拥甲不前援也"。②

而瓦氏夫人，一个年近花甲的老妪，却急人所难，不顾个人安危，跃马舞刀，破重围，解救危急中的明朝将官。嘉靖三十四年（1555年）四月二十一日，"贼分一支二三千人南来金山，白（泫）都司率兵迎击，白被围数重。瓦氏奋身独援，纵马冲击。破重围，白乃得脱"。③

强将手下无弱兵。对侵我国土、扰我百姓的倭寇，瓦氏夫人所率将士，无不浴血奋战。嘉靖三十四年（1555年）四月十一日，"倭由嘉善进犯嘉兴，爇发双溪桥。适狼兵至郡。郡侯令赍饷犒兵，狼兵即出击。一兵甫弱冠（20岁），独身冲锋，连杀七贼；兵众乘胜追击，斩获数十，贼自皆披靡弃舟走"。④

瓦氏夫人在江浙转战数月，后因张经被诬入狱，愤而返回故里。数月间戎马倥偬打了近十次恶仗，其中尤以配合征倭各军在王江泾歼倭3000余人，取得王江泾大捷，大煞了倭寇的妖焰，破了倭寇不可胜的神话。董斯张《吹景集》说，田州土官瓦氏"败倭于王江泾，时人语云：花瓦家，能杀倭"。为什么称瓦氏为"花瓦"，不详。或者"瓦"音在古壮语为复辅音词"nwa"，江浙人听起来仿佛是"na—wa"，于是误"瓦"一音为"花瓦"二音。"家"，"犹人，有尊敬之意"。⑤ "能"，即"胜任""善于"。此句民谣，其意就是"花瓦所部，擅于打败倭寇"。结合当时郑若曾《江南经略》卷3上所载的"狼兵""每与贼战，贼辄披靡"的情况，当时江浙人民对瓦氏夫人及其所部的传颂并不为过。

广大人民群众喜爱瓦氏，传颂瓦氏，积极支援瓦氏。一些面对现实的正直的文人学士

---

① 《吴江县志》将胜墩之战的时间定为嘉靖三十四年（1555年）正月二十六日，当为二月二十六日之讹，因为正月二十六日"狼兵"还没到达苏州。又该书说这次战斗"彭荩臣为先锋"也不妥，原因是四月二十日湖南保靖宣慰司土官彭荩臣和永顺宣慰司土官明辅所率土兵始达江浙，不可能参加这一战役。（明）胡宗宪《筹海图编》卷6《直隶倭变记》仅说"狼兵首殪其渠魁一人，贼气沮，斩获三百余级"，未及保靖、永顺土兵可以为证。另，战斗的时间，《筹海图编》说是"嘉靖三十四年初"，虽笼统却未说死。

② （明）采九德：《倭变事略》。

③ 同上。

④ 同上。

⑤ 周一良：《三国志札记》，《文史》第九辑，中华书局1980年版。

回到久违的桑梓，看到被倭寇残破后的家乡，看到父老乡亲按照"狼兵"的生活习俗，不辞辛劳窜草丛，捉蛇捕狗慰劳"狼兵"的情景，不免感慨系之，以诗言志，抒写当时的景象。比如，大学士、上海县人朱察卿的《江南感事诗》① 即为此类作品：

> 江南千里暗妖氛，野哭家家不可闻。
> 落日群孤窥白骨，荒林万马卧黄云。
> 将军不下征夷令，使客空传祭海文。
> 试问九重霄轩处，殿头香气正氤氲。
> 万里迢遥征戍士，虎符星发路何赊。
> 帐前竖子金刀薄，阃外将军宝髻斜。
> 田父诛茅因缚犬，乞儿眠草为捉蛇。
> 军储不惜人间供，愿斩鲸鲵净海沙。

这是一首七言排律。头4句抒写了倭寇大肆杀掠之后江南白骨累累，田园荒芜的凄凉景象。第5句至第8句叙写当政者的荒淫无耻，不顾人民死活；他们无力御倭，却将灭倭的希望寄托在虚无缥缈的海神上，派特使赵文华专程到松江来报祭海神。一个"空"字传神地点出了当政者在倭寇劫掠面前的昏庸和束手无策。第9句至第12句，抒写了瓦氏夫人接到征调命令，披星戴月连夜出发，千里迢迢赶到江浙，鞍马未歇又投入与倭寇的斗争中。她戎马倥偬，全心投入，连妇人极为珍惜的头髻也顾不上梳理；她所部的少年壮士，气吞万里如虎，屡挫倭寇的凶势，捷报频传，振奋人心。"赊"，意为遥远。"竖子"，指少年壮士。瓦氏远征，所率"狼兵"，既系青壮之士，又多血气方刚的青少年，所以记载中多见有他们与倭寇搏击的场面，如"瓦侄恃勇独哨""杀六贼而人马俱毙"；"一兵甫弱冠，独奋身冲锋，连杀六贼"等。"金刀薄"，战刀锋利，形容战斗力强。"阃外将军"，指在外面指挥作战的将领。"宝髻斜"，宝是珍爱；髻是头髻；斜是不规整，零乱。俗话说："姐儿过大街，头髻见世界。"在男女都留全发的明代，妇女结髻的样式及其饰物，显示一个女性的工巧和地位。此处极言瓦氏夫人的戎马倥偬，全身投入。第13句、第14句是一联。"田父""乞儿"相对出现，"诛茅""眠草"相对成文，活生生地表现出了下层百姓对瓦氏夫人在江浙抗击倭寇的支持。"乞儿"何求，上无片瓦，下无寸地，唯有命一条，竟也静眠草丛等待蛇虺的出现而捕之，再形象不过地说明了瓦氏所部在江浙下层人民群众心目中的地位。结尾2句是平叙句，道出了人民的心愿：人民群众并不介意于为瓦氏"狼兵"捕蛇捉狗作为军备物资带来的麻烦，一心只愿他们能早日杀尽倭寇，换来江南海疆的太平。这是广大人民群众的期望，对瓦氏及"狼兵"也是鞭策。谁知，"柳未成荫夕照多"，在那指鹿为马、证龙成蛇的时代，瓦氏和"狼兵"再豁上命，也"难补人生缺陷天"。最后是瓦氏泪洒江南，赍志而殁，江南人民的热望也成了空望。

---

① 万历《上海县志》。

又吴殳《双刀歌》①云：

> 岛夷缘海作三窟，十万官军皆露骨。
> 石柱瓦氏女将军，几千战士援吴越。
> 纪律可比戚重熙，勇气虚江同奋发。
> 女将亲战挥双刀，成团雪片初圆月。
> 麾下健儿二十四，雁翎五十各翕忽。
> 岛夷杀尽江海清，南纪至今推战伐。
> ……

　　这是一首古体诗。诗第 1 句中的"岛夷"指倭寇。"三窟"，即俗语所称的"狡兔三窟"，比喻倭寇的狡猾。张经说"贼狡且众"，即是这个意思。第 2 句极言明朝官军的无能，他们人虽众，但势不大。这一句概括而形象地表现了在瓦氏"狼兵"到达江浙之前"三四倭奴挺刃而至，官军数百相顾披靡"的场景。第 3 句、第 4 句说瓦氏所率几千"狼兵"千里迢迢而来，改变了江浙抗击倭寇战场见败不见胜的局面，起了中流砥柱的作用，因誉瓦氏为"石柱女将"。第 5 句讲"狼兵"纪律的严明；第 6 句形容"狼兵"旺盛的斗志；第 7 句、第 8 句抒写瓦氏夫人高超的武艺；第 9 句赞瓦氏的部将；第 10 句誉瓦氏布阵的精妙。此诗是吴殳在明朝崇祯年间写的，"南纪至今推战伐"，说明六七十年过去了，江南人民仍未忘记瓦氏夫人及"狼兵"在江浙抗击倭寇斗争中所起的作用。"战伐"，即作战功劳。

　　对瓦氏夫人的颂扬，除民谣、诗歌以外，应该提到的是徐渭的杂剧《雌木兰》。② 徐渭，字文长，号"天池山人"，浙江山阴（今绍兴市）人，明朝著名的文学家、戏剧家和书画家。他知兵法多奇谋，抗击倭寇期间充胡宗宪的幕客，对胡宗宪的抗倭军事多所策划。胡宗宪下狱后，他因悲伤恐惧一度发狂。他歌颂抗击倭寇，同情反严嵩的斗争；支持张居正的一条鞭法，反对儒家传统的观念。以《狂鼓史》《玉禅师》《雌木兰》《女状元》四个杂剧组合而成的《四声猿》，体现了他这一思想。比如，《狂鼓史》（又名《渔阳三弄》）写三国时的祢衡在阴间里再次击鼓痛骂曹操一事，实际上这是旧瓶装新酒，1300 多年前的曹操就是现实中"窃权纵欲，事无巨细，罔不自专；有人违迕，必中以祸"；"文武大臣之赠谥，其迟速予夺，一视略之厚薄"的奸相严嵩。骂曹操就是骂严嵩，不过是作者借祢衡之口骂之而已。而《雌木兰》一剧，虽倚北朝乐府诗《木兰辞》以为声，但剧中的"花木兰"也是以抗击倭寇的英雄瓦氏夫人为原型进行塑造，表达作者歌颂抗倭斗争及反儒求取男女平等这一趣旨的。

1.《雌木兰》剧作的灵感来自瓦氏夫人提师千里奔赴江浙抗击倭寇

　　文学家、剧作家进行艺术创作，需有灵感的触动，心血的来潮。没有灵感的触动，就会觉得诸事平平，无法赋常物以灵性、血肉和活的躯体。《徐文长文集》中《白母传》一

---

① 《手臂录》卷 4。
② 此下文字参取徐志华《瓦氏夫人与花木兰》，《广西民族研究》1995 年第 3 期。

文说:"假令母与翊之妻不为妇人,在今日得提数万之人以与闽越、东夷之寇相从事,其所谓敏给而奇者,不知何如也。余于斯重有感焉。"徐渭此文写于江浙抗击倭寇的前期阶段。他这种"重重的感触"不是凭空而来的,应是面对现实而触发的。那时候,瓦氏夫人提师数千到江浙与倭寇搏击。她"披发舞刀,往来突阵","纵马冲击,破重围",既表现了女性在抗倭中大无畏的气概,又受到了种种歧视和诬陷。这就是上述感触的现实基础。徐渭在创作《四声猿》后说过:"要知猿叫肠堪断,除是侬身自作猿。"这说明他在艺术创作时讲究的是参与亲临其境的体验;没有参与和亲身的体验,就无法知觉"猿叫肠堪断"的真谛。"木兰"为北朝(386—581年)乐府诗《木兰辞》中的"胡人"女子,徐渭作为南朝汉人的后裔,对诗中表现的"胡人抗敌"已经陌生,而其事又远在1000多年前,更难有什么切身的体验。何况,"木兰"是个虚构的艺术形象,历史上并无其人,对这样传说中的人物,不会引起徐渭的什么感触,更不会引发出他的什么灵感和创作上的冲动。无疑,能够引发徐渭灵感和创作冲动的是当时他面对的与他站在同一条战线上的提师千里勇歼倭寇又受到不公平待遇的瓦氏夫人。

2. 杂剧《雌木兰》虽基本上沿袭了乐府原诗的情节结构,但也作了符合瓦氏夫人身世的增删,体现了徐渭的创作意图和题旨

(1) 主人翁由原诗的"木兰"成了"花木兰",即由原不具姓氏到具了姓氏

南北朝以来,好事者多以《木兰辞》中的主人翁木兰无姓为憾,多方考证,或谓姓魏,或谓姓朱、姓木,等等不一;一些地方也牵强附会地建祠立庙,将"魏木兰""朱木兰""木兰"等敬作一方祥神,似乎有其人。其实,木兰其人其事是民间故事因影附会塑造出来的艺术典型,史或有其事,并无"木兰"其人。① 再者,原诗既属北朝乐府,又诗称"可汗大点兵",则"木兰"当属南北朝"胡"女。"胡"人入住中原,受着汉文化整合以后才定的汉式姓氏,"木兰"为与世无争的北方少数民族民家妇女,明显尚未具有姓氏。徐渭在《雌木兰》中,摒弃历史上所有关于木兰姓氏的种种考定,单让木兰姓"花",是由他敬仰,使他"重有感焉"的抗倭女英雄瓦氏夫人决定的。瓦氏夫人,江浙百姓昵称她为"花瓦",徐渭摘取其头一字"花"为"木兰"之姓,所指既明,又非实指,符合艺术创作源于生活高于生活的原则。

(2) 主人翁由诗的"日当户织"的普通民家女成了南方世袭土官家的小姐

《木兰辞》一开章就是"唧唧复唧唧,木兰当户织",点明她是个寻常百姓家的姑娘,自小在传统的"男耕女织"的氛围中长大;诗接着铺陈了木兰东市买马、西市买鞍、南市买辔、北市买鞭,极言其家一无武备,非世职业武之家。而杂剧《雌木兰》的主人翁出场自报家门时说"妾身姓花名木兰","俺父好武能文,旧时也做一个有名的千夫长",

---

① 据查继佐《罪帷录》卷28《男装》载:明初,"明玉珍据蜀",四川宝宁县人韩氏女年十七,家人死的死,散的散,无所依归,女扮男装混在人群里进入明玉珍的部队。"从军七年,人不知也。道邂逅其叔父,乃赎之以归。一时同伍者惊异。后嫁成都之尹氏。""林兴妻苏氏,广东香山人。兴系卫指挥使。正统中(1436—1449年),寇黄萧养骤攻广城。城中兵寡,兴率兵外御,苏乃呼军妇盔甲如男子。贼夜上城,苏手刃下之。贼退,城完(好不破)。粤人谓之女子军。"这说明女子男装从军、守城,史上有其事,"木兰"或就是从此类型的人物中概括抽象塑造出来的典型人物。

"况且俺小时候""就随俺的爷也读过书,学过武艺"。这就将杂剧《雌木兰》中的"花木兰"与乐府诗《木兰辞》中的"木兰"区别开来了:二人的家世不同,地位不同,自小所受的教育不同。在那靠着个人武功决定对仗输赢的冷兵器时代,一个普通民家织女,没有什么武术功底,从军12年能够破群而出成为功封尚书郎的将帅,此中的浪漫色彩是很浓的,是寄托了历史上人民群众的希望值于其中的。"花木兰"出身武职世家,自小学文习武,这始将花木兰最后功封尚书郎奠在坚实的基础上。"千夫长"一官名,《尚书·牧誓》已见其制。汉人孔安国疏传《尚书》认为"千夫长帅二千五百人",取整数,所以称为"千夫长";宋人蔡沈《书集传》说"千夫长,统千人之帅"。明朝武职中,卫下设有"千户",无"千夫长"之制;唯南方少数民族的土官中才设置"有蛮夷官、苗民官、千夫长、副千长等官"。① "千夫长"秩参"千户",五品衔。瓦氏夫人其父岑璋虽不是千夫长,但他为归顺州土官,秩从五品,与千夫长官阶相当。文学艺术主题的提炼,情节的结构以及人物的塑造是高于生活的。在此我们无意搞什么对号入座,可它既源于生活,作者创作的冲动也来源于生活,我们就可以追溯其创作的源媒。徐渭既然以《木兰辞》结构杂剧《雌木兰》的情节,何以又将原是寻常百姓家的纺织姑娘一改而为出身南方世袭土官家、自小受到良好文武教育的官宦小姐?徐渭这一改动,使《雌》剧中的"花木兰"大异于原诗中的"木兰",而与瓦氏夫人的家世、身份相符。结合上述的情况,没理由不认为《雌》剧中的"花木兰"是以瓦氏夫人为原型的。

3. 与《木兰辞》比较,杂剧《雌木兰》多了个统领指挥花木兰的元帅"辛平"

剧中,辛平是个深谋远虑,善用将才的统帅。他在战斗中,重用花木兰破阵杀敌,且不没其功,一力保荐她的贤能忠心。历史上没个叫"辛平"的将帅,属徐渭虚构出来的;可是这个虚构不是无中生有的面壁虚构,而是现实生活的概括,是从现实社会生活中概括出来的艺术典型,有着浓厚的现实基础。"辛平",就其含义而言,即是"辛辛苦苦抗击倭寇"。这个人物的塑造给《雌》剧平添了浓浓的时代生活的气息。结合徐渭的生活经历以及瓦氏夫人的际遇,这个"辛平"无疑是先任浙江巡按后任浙福总督胡宗宪的化身。胡宗宪在抗击倭寇的斗争中是尽其责的。他先以毒酒鸩杀数百名倭寇,在石圹湾反败为胜,为王江泾之战的胜利奠定了基础;后又率"狼兵"、土兵以及浙兵、乡兵参加了王江泾合歼倭寇的战斗。他任浙福总督期间,多方调查倭寇的情况,诱杀了通倭的王直、徐海、陈东等人,给倭寇以沉重的打击。同时,他与瓦氏夫人及"狼兵"在抗击倭寇中配合作战得很好,充分肯定瓦氏夫人及"狼兵"在抗倭中的地位和作用。与当时的士大夫们相反,他在所撰的《筹海图编》中称赞"狼兵"是"十出而九胜""可死而不可败"的英武之师,② 并从招募的兵中,"择其最骁勇者,各照狼兵、土兵法编为队伍,结为营阵,象其良甲,演其技艺,习其劲捷,随其动止饮食"。③ 所以,即使胡宗宪结交赵文华以固其位,求其迁,却不可否认他在抗击倭寇中的功绩。不过,朝政腐败,官员结党营私,相互倾轧,终了胡宗宪还是逃脱不

---

① 《明史》卷76《职官志》。《明史》卷313《大理土司传》:"洪武十七年以土酋阿撒为太和府千夫长,李朱为副千夫长。"

② (明)胡宗宪:《筹海图编》卷11《客兵附录》。

③ 同上。

了被逮瘐死狱中的结局。胡宗宪被逮,对徐渭刺激很大,他曾一度发狂。这说明了他们2人间的关系非泛泛可比。隆庆元年(1567年),徐渭因发狂误杀其后妻系狱论死;由于友人张元忭等力救,万历元年(1573年)获释。杂剧《雌木兰》,是徐渭出狱后撰写的。那时,胡宗宪仍含冤九泉,未得昭雪,徐渭很是愤愤。《雌》居煞尾句"世上事多少糊涂,院本打雌雄不辨",含蓄地道出了他这种愤愤,针砭了朝廷忠奸不分,赏罚不明的糊涂,从而衬映了他倚《木兰辞》以为声编写《雌》剧的目的所在。"辛平"既为胡宗宪的化身,进一步说明了"花木兰"的原型取自瓦氏夫人。

4. 以"花木兰"接受官爵结束,改变了原诗"木兰不用尚书郎,愿借明驼千里足,送儿还故乡"的情节

徐渭这一改动,耐人寻味。原诗主人翁"木兰"征战12年后的理想归宿是"著我旧时裳"。这种归宿,体现了中国农民传统的"几亩地,一头牛,老婆孩子热炕头"的价值意识以及"忠孝不能两全""女子无才便是德"的伦理观念,也体现了农民传统的"什么瓜长什么苗,什么葫芦长什么瓢"的宿命哲学。徐渭在《雌》剧中摒弃了儒家传统的说教,在剧的结尾来个喜剧性的"种豆得豆,种瓜得瓜,长了芝麻要开花"的圆满结局,不但让"花木兰"接受了尚书郎的官爵,而且让元帅"辛平"得到了封侯世袭的殊荣。徐渭这个改动,包含两层意思:一是"花木兰"们不应继续按照传统规定的那样生活,终生围着织机、锅台转,整日在父母、丈夫、儿女中间泡,应该开拓更大的生活空间,走出家门,建功立业,做官视事,实现自己的价值。这一思想,与《四声猿》中另一杂剧《女状元》的旨趣一致。它们表现了作者反对儒家"男尊女卑"的传统,主张男女平等的思想。二是让剧中"花木兰"和"辛平"的理想结局与现实社会生活中瓦氏夫人和胡宗宪的悲剧性形成强烈的反差,促人省醒。

杂剧《雌木兰》撰成后,由于反映了社会现实,针砭了时弊,以其深邃的思想内容和艺术魅力,不胫而走,各地纷纷上演,广泛传播,在全国产生了重大影响。万历年间,陈继儒《太平清话》说:"近代杂剧惟天池徐渭、辰玉王衡。天池有《花木兰》及《祢衡骂曹操》最为擅场"(叫坐,令人倾倒)。这反映了《雌》剧在当时的社会轰动情况。万历六年(1578年),"首辅"徐阶下台,沉冤多年的胡宗宪一案得到了平反,杭州又建起了纪念胡宗宪的祠庙。这可说是艺术魔力产生的社会效应。《雌木兰》杂剧公演→胡宗宪沉冤昭雪,这种连锁式的社会效应,也证明了《雌》剧中"花木兰"的原型为瓦氏夫人。

《狂鼓史》《玉禅师》《雌木兰》《女状元》四个杂剧,徐渭将之合起来了,总其名为《四声猿》。该集明版跋文称:"猿啸之哀,即三声已足堕泪,[①] 而况益以四声耶?其托意可知已!"托什么意?自然是作者对世事的见解、主张和价值观,即他的反对权臣弄权,主张政治清明;反对儒家传统观念,提倡男女平等;反对面敌屈膝,歌颂抗击倭寇的英雄。杂剧《雌木兰》可说是徐渭寓三意于一剧,既体现了他反对权臣弄权,主张男女平等的思想,又歌颂了抗击倭寇的英雄,表现出了他炽热的爱国主义情怀。所以,读杂剧《雌木兰》"不特玩其词,更当辨其声"(明顾若群语)。但是,古往今来,"花木兰"女

[①] 南朝乐府诗《巴蜀渔歌》:"巴蜀三峡巫峡长,猿啼三声泪沾裳。""三声堕泪"句当取意于此。

扮男装代父从军通过徐渭杂剧《雌木兰》广泛传播，家喻户晓，又有谁知道《雌》剧中的"花木兰"是徐渭颂扬现实社会生活中率师千里抗倭的女英雄"花瓦氏"，而不是北朝乐府诗中的代父从军的女英雄"木兰"！

前人有言："士有既去而遗爱存焉，非有大功德于民者，勿克也。""花瓦家，能杀倭"民谣的传颂，"南纪至今推战伐"诗句的流播，《雌木兰》的鉴形，"岑头目钟富等的破格入祠太湖名宦"，历历累累，都在道说着瓦氏夫人的"遗爱"铭刻人心，久久难忘。可是，瓦氏夫人待在江浙不足半年，除王江泾之役外，所打的都是零星小仗，没什么可称得上赫赫的战功，江浙人民为什么会这样热情地抬举她？就是因为当江浙人民遭受倭寇劫杀，官军又畏倭如虎，望风逃窜，他们呼天抢地无所依靠的时候，瓦氏夫人不顾年迈，携着年幼的重孙，率领"狼兵"跋山涉水，不远千里赶在应调诸路兵马之前来到他们中间，严明军纪，亲自策马冲阵，挥刀斩倭，誓不与贼俱生，发扬了大无畏的爱国主义精神，屡挫倭寇汹汹之势，给他们带来了希望，使他们在彷徨之中有了依靠。雪中送炭，显示了瓦氏夫人心系江浙受难的人民，显示了瓦氏夫人的中流砥柱作用，① 江浙人民怎不念着她的功劳和恩德？

瓦氏夫人在江浙未及半年，除给倭寇直接打击外，还将壮族文化传播到江浙一带，丰富了祖国文化的宝库。

第一，"岑氏兵法"在抗倭战场开花，抗倭名将戚继光恃以破倭的"鸳鸯阵"师法于"岑氏兵法"。

嘉靖三十二年（1553年）三月，倭寇入侵江浙沿海地区。在众多的官军防御面前，他们为什么所至能如入无人之境？其原因，一方面是明朝的官军拿着一杆枪，借着官势，勒财索贿，为将为兵全无一点忧患意识，"兵无武艺，队无阵法"，武备废弛，丧失了战斗力。另一方面是倭寇处心积虑，有备而来。他们针对明朝官兵的情况练成了"蝴蝶阵"战术："我走则（倭）众拢，群起而攻之，追之如拥蜂然。我若胜则彼奔去；我争割首则（倭）合围之。或于战时分兵绕击（我）左右，先制胁后击尾；或诱我而四追兵至其营，但见其财宝不见贼众，承我取宝而袭杀之。"② 这种"蝴蝶阵"战术，分合兼施，攻防结合，穿插迂回，虚虚实实，组合战斗，变幻莫测，既发挥了小团体的战斗作用，又形成整体性的退则壁垒攻则泰山压顶。它造成的战斗力，对付明朝官军绰绰有余。明朝官军遭遇其阵，没有不折戟沉沙，兵残将损的；久而久之，明兵的魂魄也给倭寇慑去了，形成了倭寇"若鬼神、雷电、虎豹"一样不可战胜的神话。③ 嘉靖三十三年（1554年）五月，张经就任浙福总督主持抗倭事宜后，改变了前主其事者王豫、李天宠的做法，奏调"狼兵"，认为"寇强民弱，非借狼兵不可"。④ 为什么？因为一者"狼兵"自小受到良好的

---

① （明）王世贞《鸣凤记·驿里相逢》："走！你小人势利，但知锦上添花；我中流砥柱，偏喜雪中送炭。"这说明"雪中送炭"涵盖着中流砥柱。

② 《太仓州志》卷15《海防议》。

③ （明）胡宗宪：《筹海图编》卷9《大捷考》。

④ （明）郑若曾：《江南经略》卷8下《调狼兵记》。

军事训练,儿时"骑犬,引弓射雉兔","少长习军骑,应募为狼兵",① 个人武功底子好。自小习武,这是古代壮家及其先人的传统。宋代周去非在《岭外代答》卷3《田子甲》已见记载。壮人武术,世代相传,到明代已经形成了自己的套路和风格。二者广西"狼兵"有自己独特的行兵布阵法,独特的战术原则,军纪严明,分分合合,奋勇而前,协同作战,"可死而不可败",群体作战能力极强,"骜悍天下称最"。②"狼兵"个人精湛的武功与独特的战阵相结合,足可克制倭寇的"蝴蝶阵"战术。果不其然,"狼兵"一到江浙,鞍马未顿,就取得了苏州"盛墩大捷",斩倭300多人。这是自倭寇入侵江浙以来所没有的战绩,喜得群众将其地易名为"胜墩"以志纪念。此后,"狼兵"屡屡"以少击众""十出九胜",③ 也说明了"狼兵"的阵法战术足可破倭寇的"蝴蝶阵"。所以当时郑若曾的《江南经略》卷8下《调狼兵记》在记述"岑氏兵法"的精要之后,特别指出:"狼兵此法,完全可以作为将校治兵的重要方法,决不能认为那是蛮夷的见识便不屑一顾,不向人家学习了!"④ 浙江巡按胡宗宪对"狼兵"的战术、军纪更是佩服得五体投地,称誉它是"狼兵"能"以少击众,十出而九胜"的保证。胡宗宪虽系进士出身,饱读儒家经典,但他没有孔老夫子那份"蛮夷猾夏"的恐惧,为了强己灭倭,择善而从,而且做得很彻底,从招募的兵中"择其最骁勇者,各照狼兵、土兵法编为队伍,结为营阵,象其良甲,演其技艺,习其劲捷,随其动止饮食"。⑤ 嘉靖三十五年(1556年)二月,胡宗宪就任浙福总督主持东南抗倭事宜以后,无可置疑,他会令所属各部照此办理的。

魏源《圣武记》卷14说:"戚继光不募练金华、义乌之兵,教以阵法、击刺、战船、火器,则不能入闽平倭。"戚继光平倭,"则全恃鸳鸯阵"。长短兵器配合作战,用弓箭、火器掩护,确是克倭制胜的有效战术。

戚继光也是与瓦氏夫人同一年即嘉靖三十四年(1555年)从山东都司调任浙江都指挥佥事充参将,分守宁、绍、台三州的,作为部属,他不能违拗胡宗宪的指令;所可贵的是戚继光有胆智,能够以"岑氏兵法"等为基础,结合江浙水乡的地形特点,参合己意,发展提高,形成新的战之有效的战术"鸳鸯阵"。

《明史》卷212《戚继光传》说:"继光为将,号令严,赏罚信,士无敢不用命。"由此不能不令人想起"狼兵"严明的军纪。而戚继光自嘉靖三十四年(1555年)至四十年(1561年)龙山等"九战皆捷,俘馘一千有奇",中间6年并没有多少出色的表现,其间有两次还因"无功"曾遭给事中罗嘉宾等参劾。他不能像瓦氏夫人一样军阵训练有素,一到江浙便能击倭奏功,而是到江浙以后在总督胡宗宪的督令之下师法于"岑氏兵法"等,招募重组,用了好几年时间方才训练成功一支"士无敢不用命"的"戚家军",从而逐渐收到克倭制胜的战果的。"士无敢不用命",恰与"岑氏兵法"等"狼兵"的"兵可死而不可败"是同一意义的不同的表述法。

---

① 嘉庆《广西通志》卷279《诸蛮传》。
② (明)魏浚:《峤南琐记》卷下。
③ (明)胡宗宪:《筹海图编》卷11《客兵附录》。
④ 原文为:"狼兵此法,可以为用兵者之要诀,不可谓为夷见而不之师也。"
⑤ (明)胡宗宪:《筹海图编》卷11《募客兵》。

《明史》卷212《戚继光传》说"继光至浙，见卫、所军不习战，而金华、义乌俗称剽悍，请召募二千人教以击刺法，长短兵迭用，由是戚继光一军独精"。此中抹去了胡宗宪有督令作用及其练习法与"岑氏兵法"等的师承关系。这显然是不对的，因为事情明摆着，戚继光原为山东登州卫指挥佥事，后升山东都指挥佥事，受命"备倭山东"多年，何以在山东没能建立起一支以"鸳鸯阵"为基础战术的战斗力极强的"戚家军"而在浙江能够呢？无疑，这是与胡宗宪督令属部"择最骁勇者各照狼兵、土兵法编为队伍，结为营阵，象其良甲、演其技艺，习其劲捷，随其进止饮食"大有关系的。如此，怎能否认戚继光的"鸳鸯阵"不是师承于"岑氏兵法"等"狼兵、土兵法"？

第二，瓦氏夫人收徒传艺，将"瓦氏双刀法"传诸江浙，使它成为中华武林百花园中一朵奇葩。

瓦氏夫人自小习武，武艺超群。她善使双刀，舞动起来不见人影，只见"成团雪片"如"初圆月"。她赴江浙抗击倭寇时，虽"年逾六十"，仍驰骋沙场，斩杀倭寇；即使误中倭寇诡计，陷于不利，也能杀出一条血路，转危为安。所以，在倭寇对瓦氏夫人恨之入骨的同时，也引来众多武林人士，拜她为师习武。据明末清初江苏娄江县武术大师吴殳《手臂录》所载，其师项元池从师瓦氏夫人："刀法女将手授之"，师承了瓦氏夫人的双刀绝技。

崇祯乙亥年（八年，1635年）春，吴殳偶在湖上遇见项元池。那时项氏已经须髯苍苍，却仍"伟岸大超常人"。吴殳拜他为师；项氏给他述说瓦氏夫人的英雄事迹，讲授"双刀秘传"。经师指拨习练之后，吴殳觉得"朔风（北风）六月生双臂"，感受到了瓦氏双刀绝技功力的深厚和精妙。于是，他写了《双刀歌》，颂扬瓦氏夫人的抗倭业绩，尊她为"石柱女将"；又写了《短降长说》专门综述瓦氏双刀的特点及其临战应用，称为"瓦氏双刀降枪法"。从此，"瓦氏双刀"在江浙一带得到广泛的传播，成为中华武术流派之一。1989年6月18日《中国体育报》发表马明达《瓦氏夫人》一文，介绍"瓦氏双刀法"在浙江流传的情况。由此可知，瓦氏夫人在中国历史上不仅以"能杀倭"饮誉当时，而且是个著名的武师，以其武林绝技益于后人。

第三，将"三七"带到江浙，传入中原，丰富了我国的医药宝库。

三七，"主治止血、散血、定痛、金刃箭伤，跌仆杖疮血出不止者"，[1] 是壮族人民传统使用和培植的伤科要药。明安徽歙县人叶权（1522—1578年）《贤博编》载：

广西东兰、那地、南丹三州蛮洞中，山谷之间出一种金疮药，名三七。状如土白术，味甘如人参而厚，草木生者。唯重伤血处，量疮附之，一二宿即痂脱如故；又可治吐血等诸病。广西靖江王府中传有服法。

蛮尝被调发中国诛剿他寇，人持数两，多者数斤，防刀箭伤；归时以其余售中国人（中原人），重价购得之。其赝者名水七，味薄恶不类人参。本草、方书俱不载，一神效药也。[2]

---

[1] （明）李时珍：《本草纲目》卷12。

[2] 《明史资料丛刊》第一辑，江苏人民出版社1986年版。

这是关于壮人使用三七治疗外伤及传入中原的时间和途径的最早记载。稍后的是成书于万历六年（1578年）而印行于万历十八年（1590年）的《本草纲目》。

叶权指出中原人知有三七为"金疮要药"并以之入方，是从南丹、那地、东兰三州的应调"狼兵"中获得的。《本草纲目》载："此药（指三七）近时始出，南人军中用为金疮要药，云有奇功。"李时珍此话虽说得隐约，却也说明三七是由军人自南方带到北方的。

"此药近时始出"的"近时"，指的是什么时间？如果以《本草纲目》成书的时间为准推定，则指万历六年（1578年）之前几年；可是，李时珍撰写《本草纲目》花了27年时间，这就是说在嘉靖三十一年（1552年）的时候李时珍就开始写作《本草纲目》了，如此则这"近时"可能又是指16世纪50年代或60年代了。在这个时段里，广西"狼兵"被调发"诛剿他寇"而为浙、皖等地人所知的，无疑是指嘉靖三十四年（1555年）田州、归顺、南丹、那地、东兰5州"狼兵"的远调江浙抗击倭寇。因为一者，见于史书记载的广西"狼兵"远调江浙"诛剿他寇"的唯有此抗击倭寇之行；二者，唯在此一时段里南丹、田州等州"狼兵"方将三七的药用价值公诸世人。

壮族使用和培植三七始于何时，未获其详。嘉靖十年（1531年）刊行的林富《广西通志》不见有关三七的记载，万历二十七年（1599年）夏刊行的苏浚《重修广西通志》卷42《物产》载："三七，南丹、田州出，而田州尤妙。"又汪森《粤西丛载》卷21引万历《庆远府志》说：

> 三七，南丹虽产，盖少而味劣，不似田州产多而更佳。其味似人参，每茎上七叶，下三叶，故名三七；重拟良金，一名金不换，一名血见愁，专治血症。

嘉靖、万历年间南丹、田州均产三七，而田州所产无论是数量还是质量都远在南丹之上，所以世称为"田三七"。叶权《贤博编》说三七为"广西东兰、那地、南丹三州蛮洞中山谷之间出"，未知其为野生还是人工培植。乾隆三十年（1765年）赵学敏《本草纲目拾遗》说"人参补气第一、三七补血第一。三七出右江土司边境，土人入山采根暴干。""又有一种出田州土司，如佛手形，名佛手三七。云此种系野生，入药更胜"，说明明清时期桂西所产的三七既有人工培植，又有野生品种。清乾隆年间田州山野仍存药效胜于人工培植的三七野生药源，则此物在田州自古有之，只是历为土官所秘藏，不予外泄，世人无从知道而已。嘉靖三十四年（1555年），田州、归顺、东兰、那地、南丹五州"狼兵"共6900多人应调奔赴江浙抗击倭寇，瓦氏夫人所部田州"狼兵"为4200多人，占总数的3/5。在江浙，瓦氏夫人胸怀坦荡，诚心在抗击倭寇中做出自己的贡献。她除率"狼兵"与倭寇做殊死搏斗外，还毫不保留地将"瓦氏双刀"秘法传授当地的有志青年，自然也会将田州特有的"金疮要药"传诸其人，因为药随艺传，这是武林常例。后来张经被冤，瓦氏夫人突遭霜打心情郁闷难舒，中道返乡，事起仓促，路费不敷，其部属或又以身带所余田七售予他人，三七作为"金疮要药"于是在更多的人群中传播开来。鉴于古往今来未见有关于东兰、那地二州出产三七的记载，而南丹所产三七"味劣"，难起"神效"作用，叶权《贤博编》所说的"神效"药三七来自东兰、那地、南丹三州所产，当属于传闻之误。明嘉靖年间的三七唯田州所产为"一种神效药",中原人使用验证的"神效"药三七来自田州,是由瓦氏夫人及其所率的4000田州兵带到江浙,传入中原而广为人知的。三七的传入中原,扩大了壮族、汉族间的文化交流,丰富了我国的医药宝库,增强了我国各族人民治病疗伤的物质力量。这不能不说是瓦氏夫人江浙抗击倭寇之行的又一贡献。

明朝官兵欺凌同胞,镇压少数民族,杀人如切瓜,显得很有能耐,可是一面对外来的倭寇,便心惊胆破,两腿哆嗦了。江浙兵、山东兵"见三四倭奴挺刃而至","数百相顾披靡","屡败"① 不说了,就是那曾谋杀瓦氏夫人的丈夫岑猛、攻破田州杀死其子岑邦彦的沈希仪,也未见得顶用。沈希仪在镇压两广、贵州等地的少数民族时锋芒毕露,史称他"机警有胆,勇、智、计过绝于人","临敌应变出奇,人莫测",因此他由奉议卫指挥使(驻今广西壮族自治区贵港市)连升广西都指挥使、都督同知、贵州总兵官。"倭寇海上",官兵无挡,朝廷以为他很有两下子,调他"督川、广兵"与瓦氏夫人同时到达江浙。可是,这位"勇、智、计过绝于人"的官军将领在倭寇面前全失了招数,没什么可嘉的表现,最后因久"无功""为周如斗劾罢"。② 疾风劲草,由此可以清楚瓦氏夫人虽在江浙未及半年却给江浙人民留下深刻印象、颂声四起的缘由所在。然而,瓦氏夫人毕竟不能酬其"誓不与贼俱生"的所愿。

当初,并未显示多少佳态的俞大猷和戚继光,在抗击倭寇斗争的后期,他们都是主将,为赢得抗击倭寇斗争的最后胜利立下了不朽的功勋。设若瓦氏夫人所遇略佳,不为官场黑云窒息,无疑她能在抗击倭寇的斗争中为国为民建立更多的业绩,从而加速倭寇的败灭。距瓦氏夫人60多年后,天启元年(1621年)出任广西布政使的福建人谢肇淛说:

> 高凉冼氏,以一蛮女而能拊循部落,统驭三军,怀辑百越,奠安黎獠,身蒙异数,庙食千年,其才智功勋,有马援、韦臬所不敢望者;娘子军夫人③城视之,当退十舍;而征侧、赵妪辈,无论矣。国朝土官妻瓦氏者,勇鸷善战。嘉靖末年倭患,尝调其兵入援浙直。戎装跨介驷,舞戟如飞,倭奴畏之。使其得人驾驭,亦一名将也!④

"俚獠"史上,冼氏与瓦氏前后辉映。冼氏夫人心归一统,追求和谐,协调地方,德惠百姓,高山景行,千古仰慕。瓦氏夫人虽局促于一州,事多磨难,没有冼氏夫人的精警与眼力,没有冼氏夫人的气魄与胸怀,但在国家利益受到侵犯、人民遭难之时,却以一个花甲老妪愤然而起,千里奔驰,横刀立马,拓开了抗倭胜利的战局,给遭难的人民带来希望。谢氏的话,既是对瓦氏夫人抗倭功绩的肯定,也是对她的历史命运的无可奈何的深深

---

① 《明通鉴》卷60。
② 《明史》卷211《沈希仪传》。
③ 娘子军夫人指唐高祖第三女平阳公主,嫁柴绍。唐高祖举兵反隋,她起兵响应,与其夫分置幕府,率军自随,军中称"娘子军"。
④ 《五杂俎》卷8《人部四》。

（三）"狼人"的扩散与消失

明王朝规定各地土司的义务之一，是"供征调"。壮族地区诸土司应征调的土兵，都是由村一级的"郎火"组织、训练出来的，因称为"郎兵"。明王朝一统中央集权，"非我族类"皆行"犬"化，出现了"诸土司兵曰狼兵"的结论。[①] 然而，"狼人言语，与壮人言语略同"，"狼、獞同类"。[②] 程大璋民国九年（1920年）《桂平县志》卷31记载"獞人放浪"习俗时说："袁旧志云：三四十年前，犹有所谓浪场者。每岁正月，于村之庙宇附近地段空阔之处，男女聚会，攒族成堆，歌唱互答，或以环钏、巾帨、槟榔之物相馈，谓之认同年。""袁旧志"，就是袁湛业于清朝道光年间（1821—1850年）所修的《桂平县志》。"放浪"是民国以前"俚獠"乃至獞人惯行的婚恋习俗。"狼之俗，幼即习歌，男女皆倚歌自配。女及笄，纵之山野，少年从者且数十。以次而歌，视女歌意所答，而一人留，彼此相遗。""壮歌与狼（歌）颇相类，可长可短。"[③] 又董斯张《吹景集》载，瓦氏夫人所率的赴江浙抗倭的"狼兵"，"头裹方素，无他色者。或问，瓦云：身是孟获裔孙，感武侯（诸葛亮）七赦恩，诫子孙世世戴缟（白色头巾），以识不忘耳"。[④] "头裹方素，无他色者"，就是都头扎白巾。"狼兵"头戴白巾，与小说家罗贯中《三国演义》描绘塑型的诸葛武侯"七擒七纵孟获"无关。头扎白巾，是越人乃至"俚獠"、"獞"人的传统习俗，自古已然。中原汉人以红志喜、以白表哀，壮群体越人则反而行之，以白志喜、以红表哀。所以，岭南人古代都习惯以白巾扎头。[⑤] 为官广西的周去非大为不解，说道："南人难得乌纱，率用白纻为巾。道路弥望，白巾也。北人见之，遽讶曰（惶恐惊奇地喊起来）：'南瘴疾杀人，殆比屋制服者欤！'（岭南瘴疠怎么如此厉害，弄的家家死人、人人戴孝呢！）又南人死亡，邻里集其家，鼓吹穷昼夜，而制服反于白巾上缀少红线以表之。尝闻昔人有诗云：箫鼓不分忧乐事，衣冠难辨吉凶人。是也。"壮群体越人及其后人意识观念和价值取向不同于汉族，自然受到排斥和取代：政和七年（1117年）七月十七日，宋徽宗"诏：广东民间多用白头巾，习夷风，有伤教化，令州县禁止"。[⑥] 广东民间"多用白头巾"，不是"习夷风"，而是他们本就属"夷"，只是在汉族文化的重度影响下，随着时间的演进、历史的发展，在文化的主体上已经趋同于汉族，但他们的一些惯行的"俚獠"习俗文化没有尽褪而已。这说明脱胎于"俚獠"的"狼""獞"，其语言、习俗文化相同，"狼、獞同类"，归同于一个民族群体。

但是，自明朝景泰、天顺（1457—1464年）及其后，从"獠"从"獞"中怎么又突兀地暴出个"狼"来？汉族的文人、官员也觉蹊跷。有的说："其人性良善，故名狼。"[⑦]

[①] 《百粤风土记》，（清）汪森《粤西丛载》卷24《土兵》引。
[②] 程大璋：民国《桂平县志》卷31。
[③] （清）屈大均：《广东新语》卷12《粤歌》。
[④] （清）汪森：《粤西丛载》卷24《土官瓦氏》引。
[⑤] （宋）乐史：《太平寰宇记》卷166《邕州风俗》、卷167《钦州风俗》；《永乐大典》卷2339梧字引《藤县旧志》；《宋会要辑稿·刑法二之六八》。
[⑥] 《宋会要辑稿·刑法二之六八》。
[⑦] 程大璋：民国《桂平县志》卷31引《袁旧志》。

狼凶狠嗜血,其性何曾良善?有人说,他们"往往饕餮(tāotiè,贪婪)血食,腥秽狼藉(错杂散乱),居室中,卧惟席草,是名狼也"。① 行军于外,顾了一时顾不了长远,席草坐卧,剩骨随手而扔,居处杂乱,人怎又称为"狼"了?这是不清楚土官的土兵是来自"郎火"训练出来的"郎兵"被"犬"化而成的,于是人们望文生义,胡缠乱扯,不足为训。嘉靖十年(1531年)前后,广西参将贵县(今贵港市)人沈希仪获知其中的机要,上奏说:"狼兵亦猺獞耳。猺獞所在为贼,而狼兵死不敢为非。非狼兵顺而猺獞逆也,狼兵隶土官,猺獞隶流官,土官令严足以制狼兵,流官势轻不能制猺獞。"② 于是,隆庆四年(1570年)二月癸丑便有南京太仆寺少卿殷从俭提出在广西广建土司,使"獞寇成为狼兵"以弭患的奏议。③ 因此,到了万历(1573—1620年)前期,才有《百粤风土记》关于"诸土司兵曰狼兵"④及王士性《桂海志续》关于"土府州县百姓皆狼民"⑤的结论。但是,他们无论如何是不会清楚此"狼"从何而来。

嘉靖二十五年(1546年)六月丁亥,明朝兵部对当时广西民族人口比例做了个估计,说"广西岭徼荒服,大率一省,狼人半之,猺獞三之,居民(指汉族居民)二之"。⑥ 可是,此却是一笔糊涂账。"猺乃荆蛮,獞则旧越人也。"⑦ 由于"荆蛮"与"越人"不分,所以,沈希仪认为"韦扶谏者,马平猺魁也"。金鉷雍正《广西通志》卷93《蛮疆分隶》也说"果化土州(治今平果县果化镇)土猺架木为屋曰栏房";忠州(治今扶绥县南旧城)"多猺,男女趁墟,不知礼义";"向武土州(治今天等县向都镇)猺人稻田无几";"东兰州(今东兰、凤山二县)辖四峎十三哨,多苗猺";"兴隆土司(治今马山县兴隆)猺苗杂居";"宁明州(在今宁明县西部)新设流官,民皆土猺,男子初婚,别栏另爨,俗多朴鄙"等,将"獞"误作"猺"了。

"郎"(狼)只是"獞"(獞)此一民族群体中发展略略滞后的一个组成部分,本不能另为一个单独的民族群体,但在明代由于他们经常被征调以及分派他们带着家属长期异地戍守堡隘等地方,往往在环境变化之后,境异时去俗变。比如,他们远离本乡,与汉族接触较多,眼界略宽,反躬自问,便觉原住的干栏既不便也不卫生,于是弃干栏而不住,诚如钱元昌《粤西诸蛮图记》说的,"狼人列屋排门,人畜分左右,不喜登楼"。⑧ "熟狼"则"居瓦屋,种稻田,尝出市山货,与民(汉族)无异"。⑨ 而长期带着家眷屯驻于各地的"狼兵",其习俗因来自地区不同,承传的旧越人习俗有异,也各自成为一个社区的群体。比如,屯驻于广西上林县十三堡的"狼兵",清初"男妇文身跣足,衣斑斓,布

---

① (清)金鉷:雍正《广西通志》卷92《诸蛮·狼》。
② 《明史》卷211《沈希仪传》。
③ 《明实录·穆宗实录》卷42。
④ (清)汪森:《粤西丛载》卷24《土兵》引。
⑤ (清)汪森:《粤西丛载》卷18《蛮习》引。
⑥ 《明实录·世宗实录》卷312。
⑦ (清)顾炎武:《天下郡国利病书》卷103《广东七》。
⑧ (清)金鉷:雍正《广西通志》卷92《诸蛮》引。
⑨ (清)金鉷:雍正《广西通志》卷92《诸蛮·狼》。

褐，有户口版籍，较之猺獞稍为淳良"。① 广西岑溪县"狼人"，"男椎髻，绩麻为衣，以耕渔为生；妇垂髻，耳环，与民人（汉族）相同，喜以茜草染齿使红以示丽，贫者时戴笠携筐挑野蔬以佐食。善鸡卜，与獞差异，视骨理之明暗以定吉凶"。贵县"狼人"，"世以耕获为生，亦有粗知汉字者。男戴笠、著履，时携巾扇闲游；女青衣绣裳，系红、绿彩色带，亦喜以茜草染齿。婚聘以馈肉为礼，男女迎送则歌声互答，以相欢悦"。②

明代，"狼兵""狼人"作为一种军事组织，被当局者小集中大分散地驻屯于粤西桂东各地。在周围社团的影响和时间的洗礼之后，特别是汉族文化教育在"狼人"中扎根，"狼人"社团中士子的形成以及他们竞上意识的发育，拓开了"狼人"趋同汉族的口子。"今日之狼，居处、饮食与齐民同，且有读书考试游泮者。"③ "狼目嗜欲朴野，鄙俚无足论已（矣）。乃近有试童生试者，亦顽风丕变（大变）之渐。"④ 博白县"狼人善用铜炮，健守石梯、界牌诸隘，设狼目总之，皆佃田输租，与民无异"。⑤ 入清以后，"狼"的军事功能逐渐淡化，至清末民初，"狼人"也就逐渐被化于当地的居民中。"与民无异"，就是此种趋同现象的概括。而"诸土司兵曰狼兵""土府州县百姓皆狼民"，也随着历史进入清朝以后"土司兵"被征调的减少、"狼"军事性质的淡化以及改土归流的大刀阔斧进行，清朝中期以后，已不复有"狼兵"之称，记载也不再称"土府州县百姓皆狼民"了。

八 布侬

壮族分"布侬""布依"和"土僚"三个大的支系。"布依"为北壮，"布侬"为南壮，"土僚"自称"傣门"或"傣德"，为居于今云南东南部的另一壮族支系。

唐、宋时期，"侬"，不仅意味着一个姓氏群体，而且标示着"獠"系族群中的一个支系；其往后的发展，在今日中国壮族布依、布侬、土僚三个支系中就是"布侬"支系的人群。

"獠"人侬氏，最早见于记载的，是唐朝元和（806—820年）后期李翱的《徐申行状》所说的"西原蛮"首领"黄氏、周氏、韦氏、侬氏"。⑥ 而首领姓名的出现，则是乾符（874—879年）间员州（在广西壮族自治区崇左市中部）首领侬金勒、侬金澄、侬仲武以及屯洞（在广西崇左市西部）首领侬金意。⑦ 比起"瓯骆左将"黄同归附汉武帝来，壮群体越人后人中侬氏的见于记载，晚了近千年。这与他们居地的偏僻、社会发展的缓慢以及受汉文化的影响较晚大有关系。

（一）"侬"的缘起

开元二十三年（735年）或其前后，中书令张九龄代唐玄宗草拟的《敕安南首领爨仁

---

① 《古今图书集成·方舆汇编·职方典》卷1410《柳州府风俗考·上林县》。
② （清）傅恒：乾隆《皇清职贡图》卷4。
③ 程大璋：民国《桂平县志》卷31。科举时代，经州县考试录职为生员（秀才）而入学的，称为游泮。泮即泮宫，即古代学宫。
④ 《古今图书集成·方舆汇编·职方典》卷1357《高州府风俗考》。
⑤ （清）金铁：雍正《广西通志》卷92《诸蛮·狼》。
⑥ 《全唐文》卷639。
⑦ 《新唐书》卷222下《西原蛮传》。

哲书》载：

> 敕安南首领归州刺史爨仁哲、潘州刺史潘明威、獠子首领阿迪、和蛮大鬼主孟谷误，姚州首领左威卫将军爨彦征、将军昆州刺史爨嗣绍、黎州刺史爨曾，戎州首领右监门卫大将军南宁刺史爨归王、南宁州司马威州刺史都大鬼主爨崇道、升麻县令孟耽：
>
> 卿等虽在僻远，各有部落，俱属国家，并识王化。比者，时有背叛，似是生硬，及其审察，亦有事由：或都督不平，处置有失；或朋仇相嫌，经营有损。既无控告，自不安宁，兵戈相防，亦不足深怪也。然则，既渐风化，亦当颇革蛮俗。有须陈情，何不奏闻？蕃中事宜，可具言也。今故令掖庭令安道训往彼宣问，并令口具，有隐便可一一奏闻。
>
> 秋中已凉，卿及百姓并平安好！
> 遗书，指不多及。①

此一"敕书"，道明了南诏王阁罗凤在未统一"六诏"和"爨"部以前的今云南东部的形势。当时，今云南省东部诸"爨"分立，内争不已。唐朝趁此机会，由安南都护府（治今越南河内市）、姚州都督府（治今云南省姚安县）、戎州都督（治今四川省宜宾市）分别招属，使其一裂为三，各附一个都督府，以增大其内部的离心力及对唐王朝的依附力。

那个时候，今滇东南附属于安南都护府的归州首领爨仁哲、潘州首领潘明威、和蛮大鬼主孟谷误，都是氐羌系属，唯有"獠子"首领阿迪所部属于壮群体越人的后人。

归州所在，史无明载，当在今云南省屏边县境；潘州，后改为龙武州，约在今云南省蒙自县左近；和蛮就是现在的哈尼族，其居当在今云南省红河哈尼族彝族自治州境内。②唐人樊绰《蛮书》卷4说东爨"南至步头"，情况恰恰与此相吻合。③如此，则"獠子"首领阿迪所部当在今云南省文山壮族苗族自治州诸县境内。因为龙武州在今云南省蒙自县左近，属爨部潘明威的领地；其南为今云南省红河地区，是"和蛮"首领孟谷误的领地；再往西在今云南元江一带的步头也是爨部的势力范围。当时的安南都护府属不能超过步头以西，"獠子首领阿迪"所部只能落在今云南省文山壮族苗族自治州境内及其以东以南的今广西西南部和越南的西北部。

《新唐书》卷43下《羁縻州》引唐贾耽《皇华四达记》载："安南经交趾太平百余里至峰州；又经南田百余里至思楼县，乃水行四十里至忠诚州；又二百里，至多利州；又三百里，至朱贵州；又四百里，至甘棠州：皆生獠也。"又《新唐书》卷167《王式传》载，大中十二年（858年）六月，南诏入侵安南，至距府治（今越南河内市）半日程途

---

① （唐）张九龄：《曲江集》卷12。
② 方国瑜：《中国西南历史地理考释》，第四编，《南诏通安南道》，中华书局1987年版。
③ 步头在今云南省元江哈尼族彝族傣族自治县，《中国西南历史地理考释》，第四编，《步头之位置》，中华书局1987年版。

的锦田步时，安南都护王式派遣"译员开谕"南诏将领，要他们以信誉为重，和好为上，立即退兵。南诏将领诡辩说："我自缚反獠，非为寇也！"此话固属遁词，可也反映了当时安南都护府属西北地区都是"獠"人分布的地区。所以《旧唐书》卷 19 上《懿宗纪》和卷 182《高骈传》载"大中（847—859 年）末，安南都护李琢贪暴，侵刻獠民"，"人多怨叛，遂结蛮军（指南诏军）合势攻安南"。

如此，则张九龄《敕安南首领归州刺史爨仁哲书》所称的"獠子首领阿迪"，恰恰印证了《魏书》卷 101《獠传》记载的"獠者"，"种类甚多，散居山谷，略无氏族之别，又无名字，所生男女，惟以长幼次第呼之，其丈夫称阿谟、阿段，妇人阿夷、阿等之类"。今云南东南部唐以后就是特磨道侬氏所在，今广西西南及其相邻的越南西北部地区，亦多为侬氏"獠"人所居地。此一地区的"獠子首领"称"阿迪"，说明唐朝开元（713—741 年）前后，侬氏"獠"人尚无姓氏之称。

开成三年（838 年），安南都护府都护马植奏："当管羁縻州首领，或居巢穴自固，或为南蛮（指南诏）所诱，不可招谕，事有可虞。"马植这个奏言，说的是自南诏立国之后，地处唐朝与南诏边邻地区的"獠"人首领常常根据自己的利益而持首鼠之态，踯躅于唐朝与南诏之间。比如，马植任安南都护府都护期间，自己清廉，又"约之以诚信，晓之以逆顺"，得到了"獠"人首领们的谅解、信任，开成三年（838 年）九月，原来依附于南诏的"羁縻州刺史首领麻光耀等"，先后到安南都护府拜谒马植，"并纳南蛮（指南诏）所（赐）文牒、衣服"，[①] 表示臣服于唐朝。

又唐朝樊绰《蛮书》，卷 4，《名类》载：

> 咸通三年（862 年）三月二十一日，（南诏围攻安南都护府）仅五六千人，（在）安南城西角下营，蛮贼杨思缙委罗伏州扶邪县令麻光高部领之。

麻光高与麻光耀的出现，前后相距二十多年，不详其是否为亲兄弟或族中兄弟关系，但他们都是唐安南都护府属下位于今越南西北的羁縻州县首领，都是"獠"人。这说明自开元（713—741 年）以后至元和（806—820 年）年间，经过六七十年的发展，如同元和中"西原蛮"已出现"侬氏"一样，在唐朝安南都护府属西北的"獠"人中也出现了称为"麻"的姓氏。

在"獠"人中，麻、侬二姓，关系是密切的。吹族定姓，他们可能取同于一种心灵的崇拜物，即因崇拜树神而名姓。

在今云南文山壮族苗族自治州仍流有这样的俗语："壮族居水头，汉族住街头，苗瑶占山头。"壮傣群体越人及其后人沿水而居，靠水为生，认水为万物之源，于是人求生于水，临水而生，产妇澡身江河以表出月，人死则到江河买水浴身再入葬。因此，水是壮族传统文化价值选择的主导观念，由此而形成的壮族传统文化是亚型的水文化。[②] 它既与纯然的水文化如疍家文化有区别，又不同于黄河流域的平原文化。

[①] 《旧唐书》卷 176《马植传》；《册府元龟》卷 977《外臣部》。
[②] 白耀天：《壮族传统文化本源论》，《广西大学学报》（社会科学版）1992 年第 4 期。

平原文化创造了土地耕种，同时创造了与之相适应的观念如土地崇拜、风水和望族等。近代壮族中也有土地庙，但那是汉族文化迁入后的崇拜移位。

壮族原是崇拜林木之神的，水因林而能汩汩流淌，林是水神的化身。往昔，在壮人聚居的村子后面都有一片树林（现在桂西和滇东南的许多壮族村寨仍是如此）。壮人认为，那是树林之神居留之所，不能砍，无事也不能去那里面走动，妇女和外来客更不能靠近其边边，否则就会招来祸殃。

这种意识观念是根深蒂固的，因此，有些村落在汉族文化迁入后建立了土地庙，其内质仍是树神崇拜。比如，广西壮族自治区平果县旧城圩尾局爽村，其村头的土地庙赫然地供着的就是"古离大木神之神位"。显然，在"獠"人的心目中，树神、树木之神是崇高的、神圣的。他们相互间常以村居的树神作为村子的标识，如"板古离""板古龙""板古楝"等。"板"是壮傣语谓"村子"为"ban³"或"ma：n³"的近音译写字；"古离"即小叶榕树，"古龙""古楝"分别是大叶榕树、苦楝树。

壮傣群体越人及其后人原无姓氏，他们拥有的姓氏，是外来文化迁入的结果。因此，他们的姓氏，就显示出一个显著的特点，这就是壮傣群体越人后人各民族之间不均衡性，地区间的不均衡性及各民族内部各阶层间的不均衡性。比如，壮群体越人在汉武帝时就出现了黄姓，可泰国东北部的泰人在泰王拉玛六世（1910—1925年）以前还没有姓；明代，壮族已普具姓氏，可傣族在20世纪50年代以前仍只是首领人物始具姓氏；汉代，壮群体越人首领中的一些人已经有了姓氏，可近1700年后明万历（1573—1620年）年间奉调戍守梧州的归顺州（今广西壮族自治区靖西县）和都康州（治今广西壮族自治区天等县都康）的壮族土兵大多仍是"有名无姓"。① 自汉族文化迁入岭南地区以后，许多地区的壮群体越人及其后人便以汉族现有的姓氏为姓氏，而另外一些越人则与世界上许多民族一样，以图腾、以崇拜物、以首领之称、以居地之名等为姓氏。

今中国桂西南、滇东南以及越南西北部此三角地带，因地处偏僻，交通阻塞，汉文化迁入较晚，人们具有姓氏也相对较晚。当这些地区的"獠"人觉得有必要具写姓氏做标识时，他们多以其崇拜的对象木神、树木之神作为姓氏。

在壮傣语中，有"鬼"一词而没"神"一语，因此木鬼、树林之鬼，其具体的表征就是树木、树林。壮傣语谓树或木为"mai⁴"，谓树林、森林为"doŋ¹"，以汉近音字译写就是"麻"和"侬"。

木本擎天，众木成林，鬼寄于树，左右祸福。一木一鬼，众木也一鬼。"doŋ¹""mai⁴"本为一体，起姓之初，可以替代，可以置换。所以，宋熙宁（1068—1077年）年间恩情州知州"麻泰益"，有时又称作"侬善美"。②

大和（827—835年）以后，黄氏首领沉寂下来了。此时，侬氏开始在历史舞台上出现。他们的出现，一是缘于其首领与黄氏首领发生利害上的矛盾；二是缘于唐朝后期势力中落南诏势力上涨，占领了安南后曾于咸通二年（861年）、五年（864年）先后两次兵进邕州。侬氏所在作为唐朝与南诏的边邻地区，他们常表现出随势而摆，踯躅于唐与南诏

---

① （明）顾炎武：《天下郡国利病书》卷105《目兵》。
② （宋）李焘：《续资治通鉴长编》卷259。

之间。所以,《新唐书》卷 222 下《西原蛮传》所载的大和中（827—835 年）黄氏沉寂下来,"其后侬洞最强,常借南诏为助"并不确切。

上元元年（760 年）,杨谭《兵部奏桂州破西原贼露布》载:"大贼帅武承裴、敬简等二人,（因）余众窜伏无地,周章失图,解甲辕门,面缚请罪。臣便脱其桎梏,仍加宴赏,兼赉匹帛,散于营农,各分疆界,使其斥堠,递相辖控。"① 这道明"西原蛮"各首领都是互有其地,"各有疆界"的。唐朝也是因其原住,明确各自的疆界,从而达到相互监督、层层控制的目的。

从《蛮书》《旧唐书》《新唐书》《桂海虞衡志》等现存的材料上看,唐代,今云南东南部、广西西部以及越南的北部、西北部多为"僚"人侬氏、麻氏群体居住之区,其左江流域则深入员州（在今广西壮族自治区崇左市中部）、屯洞（在今崇左市西部）、恩城州（治今大新县恩城）、波州（宋改为安平州,治今大新县雷平镇）、龙英洞（在今天等县西南部）、龙州（在今龙州县中北部）等地。晚唐乾符（874—879 年）年间,员州首领侬金勒、侬金澄、侬仲武及屯洞首领侬金意因与太州（宋改为江州,在今崇左市南）首领黄伯蕴、黄伯善在瀼水（今左江）打了一仗,结果侬金勒等吃了亏,大败而还。侬金勒立志报复,因邕州节度辛谠"遣人持牛酒、音乐解和,并遗其母衣服",感动了侬金勒,员州首领侬金勒与太州首领黄伯蕴的斗争方才平息。② 这是侬氏首领首见于记载的,怎能说是"侬洞最强"呢?

侬氏族人的居地与南诏为邻,是南诏扩张的对象,因此"僚子首领阿迪"的后人可能即归附于南诏。这固然与南诏的实力有关,也与唐朝的地方官员的贪暴有关。比如,前面说过的开成三年（838 年）由于安南都护王式持事公平,为人清廉,"羁縻刺史首领麻光耀"即反附唐朝一边。所以,《西原蛮传》所谓的侬洞首领"结南诏为助",并非是恰当之语。侬洞首领不是结南诏为助,而是南诏结侬洞首领为助。比如,《蛮书》卷 4 载咸通三年（862 年）三月,南诏将领杨思缙即委令"罗伏州扶邪县令麻光高"领五六千人攻安南都护府的西门。由于南诏有求侬洞首领,所以他们与南诏的关系还比较好。乾符四年（877 年）,邕管节度辛谠为了消除西南边患,通使往来,与南诏构和,不得不利用员州首领侬金勒的关系,派遣邕州节度从事徐云虔出使南诏以结友好。③

处于唐朝与南诏之间的麻、侬二姓首领,归属于唐又结好于南诏,踯躅于唐与南诏之间,一直延续至五代。宋朝初年,位于今中国广西靖西、那坡二县,大新县下雷及今越南高平省的统率广源、武勒、南源、西农、万涯、覆和、温、弄八州及八耽、古拂二洞的"僚"人首领侬民富,在归附宋朝时,即交缴五代时割据岭南的南汉政权的委任书,头上又冠着"坦绰"这样的官衔,说明他原先既为南汉属官又受封于南诏之后的大理国,因为"坦绰"是大理国的官称。太平兴国二年（977 年）,宋朝授予侬民富金紫禄大夫、检

---

① 《全唐文》卷 377。
② 《新唐书》卷 222 下《西原蛮传》。
③ 同上。

校司空兼与御史大夫、上柱国。[①] 从此，广源州等十州洞即结束了与大理国的瓜葛，成为邕管属下羁縻州；[②] 但也不可否认，这些州首领与大理国的友好往来关系。

侬智高祖籍傥犹州，生于傥犹州，其地就在傍近乎广源州属下温州（治温闷洞，即今广西壮族自治区靖西县湖润镇）的北边今广西壮族自治区靖西县武平乡，[③] 而且与广源州十州洞首领同为侬姓。后来，侬民富的子孙式微，侬智高的父亲侬存福趁机占夺广源州，统领广源州等十州洞[④]而求附于宋朝。[⑤] 天圣八年（1030年）前后，广西转运使章频"罢遣"侬存福，"不受其地"。[⑥] 侬存福无国可依，交趾李朝乘机掳杀侬存福，占夺广源州。[⑦] 庆历八年（1048年），作为侬存福之子的侬智高以广源州起兵反抗交趾李朝对广源州的侵略并复父之仇，三番五次地求附于宋。[⑧] 宋仁宗既北逼于强敌辽、夏，又南慑于得罪交趾，坚拒侬智高的求附。皇祐四年（1052年）侬智高走武力求附之路起兵反宋。皇祐五年（1053年）侬智高起兵反宋失败，走特磨，投大理，原广源州所属十州洞侬姓除原为温州的雷、火、频、婆、贡、计、诚、温闷诸洞及古拂洞仍为侬姓人侬宗旦、侬智会所领有而归属于宋朝外，[⑨] 其他各州洞都已沦陷于交趾李朝了。

（二）"侬"的分支

先是侬民富后是侬智高父子所领的广源州10州洞，是五代及北宋中前期侬氏的一大群落，他们与七源州（治今越南谅山省七溪）、思琅州（治今越南高平省重庆县）的侬氏不同，与龙州、员州（在今崇左市中部）等左江流域各州洞侬氏不同，也与特磨道的侬氏不同。

南宋范成大《桂海虞衡志·志蛮》载，"羁縻州洞，隶邕州左右江者为多。旧有四道侬氏，谓安平、武勒、思琅、七源州皆侬姓；又有四道黄氏，谓安德、归乐、露城、田州四州皆黄姓"。"自唐以来内附，分析其种落，大者为州，小者为县，又小者为洞。"这虽只是概指，不过从中可以知道，南宋以前，右江流域各地几为诸黄姓首领盘踞，左江流域则是黄姓、侬姓对峙，势均力敌，庶几各得半壁江山。据蔡迎恩万历《太平府志》卷3载，左江道除思明府、上思州、江州、忠州、怀恩州、左州、思同州、永康州、武黎县、罗阳县、结洞等为黄洞地外，其余的养利、太平、安平、龙英、恩城、万承、都结、茗盈、全茗、上下冻州、崇善、陀陵县以及龙州等都是侬洞地。

"智高乱后，侬姓善良，许从国姓（宋朝皇帝姓赵，赵姓因称为'国姓'），今多姓

---

① 《宋会要辑稿·蕃夷五之七三》；（宋）乐史：《太平寰宇记》卷166《邕州》；（宋）李焘：《续资治通鉴长编》卷18；《宋史》卷4《太宗纪》。
② （宋）曾公亮：《武经总要》前集卷20；（宋）乐史：《太平寰宇记》卷166《邕州》。
③ 白耀天：《侬智高：历史的幸运儿与弃儿》，民族出版社2006年版，第61页。
④ （宋）司马光：《涑水纪闻》卷13载石鉴劝说结同首领黄守陵与侬智高绝交语。
⑤ （宋）沈括：《梦溪笔谈》卷25。
⑥ 同上。
⑦ （宋）司马光：《涑水纪闻》卷13。
⑧ （宋）滕甫：《孙威敏征南录》。
⑨ 《宋会要辑稿·蕃夷五之六五—六七》。

赵氏",①指的就是左江流域各州县洞的侬姓首领。当然,也有不愿改从"国姓"的,比如都结州(治今隆安县西都结)土官"农得安",就声言其为"侬智高之后"。②不过,"农"已相别于"侬",说明为避免不必要的政治性牵连,"侬"已改为"农"。

另外,据明朝中前期录自官档记载的《土官底簿·崇善县知县》记载,崇善县(在今崇左市中部)土官赵暹不法,宣德三年(1428年)"全家抄札"(抄没)。没有了土官,崇善县的"目老黄昶等告保前土官农污孙男农广贤"承袭土官。虽然目老们此一提议没有得到皇帝的恩准,崇善县改为流官县,却也说明元朝后期,崇善县土官族仍姓"农"没改为"赵"姓。元、明二代的崇善县,就是唐、宋二朝的羁縻员州。③唐朝乾符年间(874—879年)员州首领是侬金勒、侬金澄、侬仲武等人。元明土官制继唐宋羁縻制,首领都是父传子承,世袭为州县官的。元明崇善县,在可追溯的赵元佐、赵福贤、赵暹或"前土官农污"及其孙子农广贤,都是侬金勒、侬金澄、侬仲武等人的后人。在侬智高起兵反宋失败后,他们有的改"侬"为"赵"了,有的却依然袭承祖姓,但为免政治上的牵连,便将"侬"改为"农"。

在广源州侬氏存在的同时,特磨道侬氏已经活动于今云南广南县等地。后来,侬智高起兵反抗交趾李朝对广源州的占领,其母阿侬即嫁与特磨道主侬夏诚之弟侬夏卿,拉近相互间的距离,结成一种政治性的婚姻关系。④由此可以知道,广源州"侬"与特磨道之"侬"在同一时段里各自存在,既不同宗,也不能互相取代。而且,在北宋前期,二者一属宋朝,一属大理国,是归属于相异的两个国家的不同的两个侬姓群体。

余靖《贺生擒侬智高母表》称:皇祐五年(1053年)"十月二十四日于大理国特磨道,生擒到蛮贼侬智高母、伪称太后阿侬"。这就是说,那时的特磨道臣属于大理国,不隶属宋朝。司马光《涑水纪闻》卷13说特磨道首领侬夏诚称"布燮"。"布燮"是大理国的职官名称。特磨道首领蒙大理国的官衔,也说明其时侬夏诚是臣属于大理国的。正因为如此,当时的广西经略使余靖和邕州知州萧注到特磨道擒捉阿侬,不是派宋朝的官军而是以与侬智高结仇的邕州"未第进士"石鉴等人率左右江溪洞丁壮去的。嘉祐七年(1062年)十二月,特磨道首领侬平、侬亮、侬夏卿归附宋朝,朝廷授予他们"忠武将军"的官衔,照旧领有其地。⑤从此,特磨道成为宋朝广南西路经略安抚司属下邕州左右江羁縻地方。这是特磨道隶属关系的重大变化。

特磨道隶属于广南西路,持续了两百多年。元至元十二年(1275年)二月,"宋福州团练使知特磨道事农士贵率知那寡州农天或,知阿吉州农昌成、知上林州农道贤等州县三十有七,户十万,诣云南行中书省请降"。⑥同年十一月,知来安州岑从毅、知安平州李

---

① (宋)范成大:《桂海虞衡志·志蛮》。
② 《明实录·宪宗实录》卷31。
③ 白耀天:《宋代在今广西西部设置羁縻州、县、洞考》,《广西民族研究》1998年第1期。
④ (宋)司马光:《涑水纪闻》卷13。
⑤ 《宋会要辑稿·蕃夷五之六五》。
⑥ 《元史》卷8《世祖纪》。

维屏也到云南请降。① 云南行中书省平章政事赛典赤·赡思丁于特磨道设置了"广南西路宣抚司",于师宗、弥勒二部设置了"广西路",② 大有将原宋朝的广南西路尽行划属云南行中书省之势。至元十三年(1276年)年底,当湖广行省的阿里海牙、史格等元朝将领率兵攻下静江府(今桂林市)时,抬望眼,半个广西已归属云南行省。他们看看不行,马上派人去劝谕那些原隶宋广南西路却降于云南行省的溪洞首领。至元十四年(1277年)四月,农士贵、岑从毅、李维屏"以所属州县溪洞百四十七,户二十五万六千来附"。③ 农士贵等一走就带走了几十万人口,云南行省平章赛典赤·赡思丁来气了,"争之"。④ 经元世祖忽必烈的裁决,特磨道划拨云南行省,其他地方则依宋时旧属,隶属湖广行省广西道宣慰司。

(三)云南"侬"非"侬智高之遗种"

明天顺五年(1461年)成书的《大明一统志》卷86载:

> 广南府,宋时名特磨道,侬智高之裔居之。元至元间立广南西道安抚司,领路城等五州;后来安路夺其路城、上林、罗佐三州,惟领安宁及富州。本朝洪武中置广南府,领州一:富州。

此中,有两点需加辨明的,这就是特磨道与广源州,宋时其首领虽均为侬姓,关系密切,但并不是同一政区同一支系。

五代时,广源州侬氏处于宋的边界地区,脚踏两只船,既臣服于南汉又受封于大理,蒙大理国的官衔"坦绰",⑤ 太平兴国二年(977年)首领侬民富率所属八州二洞归附宋朝后,隶属广南西路邕管;而特磨道侬氏首领自唐后期迄于宋嘉祐七年(1062年)十二月,都是臣属于云南的南诏或大理国的。

历史上一些人不辨广源州侬氏与特磨道侬氏的区别,总喜欢扯藤连树,一股脑儿地砍下来。启其端者,当推宋嘉祐七年(1062年)的广西经略安抚使吴及。那年十二月,特磨道首领侬平等人归附,他上奏时误称他们是"广源州蛮"。⑥ 入明以后,此种无端的连扯更衍而成为"特磨道侬氏=侬智高后裔",甚至有过之而无不及,不论方志还是正史如《明史》等,无不说广南甚至云南各地的侬人都是侬智高的后裔。其实,侬智高做广源州首领时,侬夏诚已经以"布燮"自我雄长于特磨道。皇祐、治平年中,侬智高父子兄弟遭斩,而特磨道的首领侬夏诚、侬平依然相继雄长于特磨道,怎能如范承勋说的侬人,是

---

① 《元史》卷8《世祖纪》。
② 关于"广南西路宣抚司"设置时间,一些记载不明其于何时,笼统地说"元至元间置";另一些记载认定为"元至元十三年"。据《元史》卷125《赛典赤传》载,至元十三年(1276年)正月十一日云南行中书省平章已经"以改定云南诸路名号来上",或可认定广南西路宣抚司设置于至元十二年(1275年)。
③ 《元史》卷9《世祖纪》。
④ 《元史》卷55《史格传》。
⑤ 《宋会要辑稿·蕃夷五之七三》。
⑥ 《宋会要辑稿·蕃夷五之五六》。

因"其长为侬智高之裔部"而"号为侬"呢?①

侬夏诚的特磨道侬姓自为特磨道侬姓,侬智高的广源州侬姓自为广源州侬姓,二者不能混淆也不能相互取代。广源州自侬智高起兵反宋东去又西走特磨投大理后,余下的侬姓或陷于交趾李朝,②或固守于雷、火、频、婆、计、诚、贡及古拂洞,后成为顺安州或归化州的侬氏首领。③侬夏诚故去,其子侬平、侬亮及叔侬夏卿于嘉祐七年(1062年)归附宋朝,成为邕管羁縻地方。④而延众寨(在今云南省富宁县境),宋也于元丰七年(1084年)五月丁卯改为富州。⑤

唐、宋的羁縻地方以及元、明的土司地方,州县洞首领都是父子传承,世代沿袭。这是唐、宋、元、明诸王朝的政策。特磨道在宋嘉祐七年(1062年)以前其侬氏首领自我雄长,嘉祐七年以后是宋朝的羁縻地方,元、明二朝也是土司地方,无疑,其首领都是父子世袭的,都是侬夏诚的子孙,不会是旁系子弟可以充任的,除非另有强力者暗地侵吞而瞒过封建王朝中央。比如,古甑洞(治今广西壮族自治区龙州县北部逐卜)首领原为侬姓,后改为赵。嘉定初(1208年),安平州(治今广西壮族自治区大新县雷平镇)首领李密"侵邻洞,劫掠编民,并取古甑洞,以其幼子变姓名为赵怀德,知(古甑)洞事"。嘉定三年(1210年),知静江府兼广南西路经略安抚使章勘悉知李密骗局,马上将其子从古甑洞驱赶出去,以原古甑洞赵姓首领的近亲一人知洞事。⑥又如,唐代因受不了容管经略使严公素的排挤、诬陷,邕州刺史李元宗"引兵一百持印章侬少度",从而我们知道唐朝长庆二年(822年)羁縻罗阳县主为黄少度。⑦罗阳县在今广西壮族自治区扶绥县北部罗阳河中下游,其县不大,仅仅是现在扶绥县中东乡的一部分,可就是这样一个县,自唐长庆二年(822年)迄于清朝光绪三十三年(1907年)土官黄均政被撤,都是黄少度的子子孙孙世代传承,掌着罗阳县的大政。先为羁縻地方后为土司地方的特磨道,其侬夏诚的子孙世袭,世为特磨道长官,自然也一样。

历史上,寥落边徼地,野花寂寞红,封建文人、官员平日少予注目,唯有什么重大事故牵连,或边疆的少数民族活不下去了,对封建王朝诉诸不满,起兵反抗,文人、官员们的笔端才及于他们。皇祐中(1049—1054年)因广源州侬智高起兵反宋涉及了特磨道,于是出现了侬夏诚及其弟侬夏卿,是如此;嘉祐七年(1062年),侬平、侬亮与其叔侬夏卿举特磨道脱离大理归附于宋,是如此;宝祐中(1253—1258年)蒙古人占领了云南,广西帅守李曾伯要知道云南蒙古人的动向,命令特磨道主农士贵派人去侦察,⑧是如此;

---

① 康熙《云南通志》卷27。
② 如熙宁九年(1076年)宋朝准备对交趾李朝进行自卫还击之时,即有陷于交趾的"水源洞主侬贺""部能洞蛮主侬境""地弄县蛮主侬华""领马洞蛮主侬琳""贾县蛮主农夏安""清水知县侬凛""马柳上下段知县侬舒、侬缩",先后内附于宋。[(宋)李焘:《续资治通鉴长编》卷276]
③ 《宋会要辑稿·蕃夷五之五五—五七》。
④ 《宋会要辑稿·蕃夷五之五五》。
⑤ (宋)李焘:《续资治通鉴长编》卷345。
⑥ 《宋史》卷495《抚水州蛮传》。
⑦ 《新唐书》卷222下《西原蛮传》。
⑧ (宋)李曾伯:《可斋杂稿续稿后》卷5《贴黄》;卷9《奏边事及催调军马》。

至元二十四年（1287年）农士富以特磨道民丁三千随云南右丞爱鲁"征维摩蛮者哦"，①也是如此。因此，特磨道首领虽然父子沿袭，或兄终弟及，因记载断续，无法将他们世系链条完整起来。不过，宋末元初特磨道主农士贵、农士富及属下的那寡州知州农天或、阿吉州知州农昌成、上林州知州农道贤等，②也曾因当时存在的侬姓因"侬智高事件"带来的政治性的负面影响，从俗去"人"旁，将"侬"改写作"农"。此事道出了一个事实，即特磨道侬氏并非"侬智高之裔"。

宋末元初，农士贵、农士富先后为特磨道首领。汉语"富贵"一词是先"富"后"贵"，不"富"难以为"贵"，疑农士富为农士贵之兄。可因农士富系妾生为庶子，虽为兄却不能袭其父职；农士贵虽为弟却是正妻所生，为嫡子袭了父职。农士贵死后无嗣，嫡系无人，方才由庶出的长兄农士富主事特磨道。

据《招捕总录·云南》记载，大德元年（1297年）十二月云南省花角蛮首领是韦郎达，据农士富上言，当初安宁州（在今云南省富宁县境）土官沈法昔就是招引这个韦郎达及唐兴州（治今广西壮族自治区百色市北塘兴）黄梦祥"围士富所居，杀掠、夺虎符、执其子信以去"的。大元一统天下，相信沈法昔要继续做他的安宁州土官，不能不将农士富的儿子放出来。

农士富"子信"，不详是叫"农郎信"还是"农信"。农士富死后，自然由他接茬，承袭广南西道宣抚司宣抚使。《明实录·太祖实录》卷150载，洪武十五年明一统云南后，十一月"革故元广南西路宣抚司置广南府，以土酋侬郎金为同知"。由此可知，自大德元年（1297年）至洪武十五年（1382年），历时85年，广南西道宣抚司土官由农士富历其子农郎信（农信）、其孙侬郎恐、其曾孙侬不花至玄孙侬郎金，共5人，平均每人在位不过17年，在合理的范围内。父子传承，脉络清楚，特磨道侬氏怎么又是"侬智高之裔"？侬智高死于大理，其母其弟其二子被斩杀于北宋京城开封，③侬智高又有什么血裔留后了！

元朝中后期，袭职的侬郎恐族姓意识和民族意识觉醒，重改"农"为"侬"，但他为了不使元朝的统治者起疑心，以蒙古语给两个儿子取名，一为侬不花，一为侬祯祐，表明他对元朝的不二之心。侬郎恐死，长子侬不花袭。不花死，子侬郎金袭。洪武十九年（1386年）侬郎金死，无嗣，由其叔侬祯祐替袭。④

天顺五年（1461年）成书的《大明一统志》卷86说："广南府，宋时名特磨道，侬智高之裔居之。"此于史无考，距侬智高事件400多年后的人突发此语，纯属杜撰历史。郑颙景泰《云南图经志书》卷3载侬人，"世传以为侬智高之后"，则是据传闻而书。这是特磨道侬姓人自元朝中后期姓氏意识和民族意识觉醒以后所兴起的传说，不足为凭。至于李熙龄道光《普洱府志》卷18说"侬人，广南侬智高遗种，散居八里十之五六"，这也是据"侬"而兴思而联想而乱挂，好像不挂上"反贼侬智高"就难以贱侬人其种；又

---

① 《招捕总录·云南》。
② 《元史》卷8《世祖纪五》。
③ 白耀天：《侬智高：历史的幸运儿与弃儿》，民族出版社2006年版，第225—234页。
④ 白耀天：《壮族土官族谱集成》，广西民族出版社1998年版，第377—380页。

好像侬智高身具魔力，撒上一把沙子，荒村一何盛，市井纷漠漠，其子孙便遍满云南东南半壁江山了！此无疑是不学无术而又心怀叵测者的胡言乱语。

当然，在民间传说中，也有群众自认为是侬智高之后的。但是，这只是一种仰英雄、慕英雄的心理表露，是民族归属认同的一种外现，却不是史实。

壮族布侬支系不单指姓"侬"、姓"农"、姓"赵"的壮族人，也指其他姓氏的壮族人。就笔者所在广西壮族自治区上林县来说，过去凡住在山林地区的壮族，他们自称为"布侬"，其他地区的人也称他们为"布侬"。金鉷雍正《广西通志》卷92《诸蛮·侬》说："侬，自称侬，而不好田作，贩薪籴谷。"就是此类情况。从所操的语言上来说，"布侬"是指操壮语南部方言的壮族人。范承勋康熙《云南通志》卷27载："侬人，其称在广南，习俗大略与僰彝（今傣族）同。"不仅"习俗略与僰彝同"，其所操的语言也近乎傣语。

今广西壮族自治区靖西县，壮族人口占90%以上。靖西壮族的语言，属壮语南部方言。1990年，泰国艺术大学的学者深入靖西县偏僻山落走访老人，说着说着，他们竟甩开翻译先生相互对起话来，令在场的同行大为惊诧。① 其实这也没有什么可怪异的，早在乾隆三十四年（1769年）前后曾任镇安府（治今广西壮族自治区德保县）知府的赵翼即说过："镇安、太平（治今广西壮族自治区崇左市）等府""其语言本异也，然自粤西（广西）至滇之西南徼外，大略相通。余在滇南各土司地，令随行之镇安人以乡语与僰（今傣族）人问答，相通者竟十之六七"。② 反映的就是此一情况。

九　沙人

沙人，自称"布侬""布越侬"；他称"沙人""钟家""仲家""土族"等。"散处于广南（治今云南省广南县）、广西（治今云南省泸西县）、曲靖（治今云南省曲靖县）、临安（治今云南省建水县）、开化（治今云南省文山县）等五府。"③ 此外元江府（治今云南省元江县）、普洱府（治今云南省普洱县），也有沙人散居。

（一）沙人缘起

张自明民国云南《马关县志》卷2载：

沙人本侬人之变种，明末其酋长沙定洲骁悍雄杰，率属叛乱，其部谓之沙人。衣装另剪为格式，以示区别。此沙人之由来也。

一说该族多居河滨，男妇老幼每于沙滩上乘凉，初生小儿以之卧沙上，则无疾易养，故称为沙人耳。

查其语言风俗，与侬人无异，不同之处惟裙不加折。以情判之，则前之说较为近似。

---

① 白耀天：《切勿以假乱真，伪造历史愚弄后人："南宋义士张天宗"辩》，《广西民族研究》1996年第2期。
② （清）赵翼：《粤滇杂记》，（清）王锡祺《小方壶斋舆地丛钞》第七帙。
③ （清）傅恒：乾隆《皇清职贡图》卷7《广南等府沙人》。

张氏否定了卧沙乘凉之说，却认定沙人之名缘起于明朝崇祯年间（1628—1644年）的沙定洲，显然也不足取。因为郑颙景泰（1450—1456年）《云南图经志书》卷3已经指出广西府（治今云南省泸西县）"有曰沙蛮者，戴竹箬笠，坐鼓墩，掘鼠而食之"，又怎么晚到沙定洲"率属反叛"始有沙人之称？

《元混一方舆胜览·云南等处行中书省·金齿百夷诸部》载诸部中有"钟家部"，说"绣面蛮也"。"钟家"就是"撞家"或"仲家"的近音译写。宋乐史《太平寰宇记》卷166记载邕州左右江"羁縻卓牌州"，"其州百姓悉是雕题凿齿，画面文身"，与"钟家"谓为"绣面蛮"，其习俗是相一致的。"撞"虽始于宋末，但流行于元，与元代出现的云南"钟家部"的"钟"及贵州"栖求等处仲家蛮"的"仲"，[①]都是对壮群体越人后裔的同一群体的称谓的近音异译写字。

《元混一方舆胜览》关于云南的记载，"金齿百夷"有两处，一为"金齿百夷诸路"，在滇西南；一为"金齿百夷诸部"，在滇南。"金齿百夷诸部"，包含哈迷部、王弄山、矣尼迦部、沙资部、纳楼部、铁锁甸、花角蛮、大甸（七十城门甸，方二百里，澜沧江经其处入交趾）、刀刀王部、大笼刀蒙甸、钟家部、点灯部、明椒坝、南关甸、彻里路。在《元史》卷61《地理志》中云南仅有临安广西元江等处宣慰司兼管军万户府及彻里军民总管府，没有具体记载这些部甸。

咸淳三年（1267年）九月，南宋"邕州总统谭渊、李旺、周胜""由特磨行大理界"，率兵突袭蒙古占领下的建水州（今云南省建水县），取得了"禽其知州阿㪷以下三百余人，获马二百余，焚谷米、器甲、庐舍"等战果。[②]钟家部的首领沙奴在此一次宋军远程偷袭云南蒙古人的战役中可能给了不少帮助，建了功勋，宋王朝赏给他金印，提高他的社会地位和社会声望。

宋亡元兴，"广南酋沙奴素强悍，宋时尝赐以金印。云南悉平，独此梗化"，对元朝的一统局面是个潜在的威胁。大德（1297—1307年）后期，云南行省右丞忽辛遣使以礼敦促他上省城晋见。一统之下，沙奴不能选择，只好硬着头皮随着忽辛所派的使者晋省谒见。沙奴来了，"忽辛以礼待之，留数月不遣。酋请还"。忽辛此下不含糊了，说："汝欲还，可纳印来！"沙奴见自己已成困兽，"不得已，赍印以纳。忽辛置酒宴劳，讽令偕印入觐"。到了这个地步，沙奴只好遵命带着宋朝颁给的金印赴京觐见。元成宗见远方"夷人"万里输诚纳印，"大悦"。[③]沙奴将金印交出去了，元朝地方官员放心了，皇帝也高兴了，但沙奴无印无权，难以保有原来的控驭力，势也衰落下来了。不过，钟家部因首领沙奴而显扬，人们自然而然地便以首领的姓氏代族，以"沙"代称钟家部。从此，钟家部之名隐没，"沙人"之名行于世了。至于越人原无姓氏，钟家部的首领怎么以"沙"为姓，就不得其详了。不过，他们虽被称为"沙人"，却自称"布越伊"，不忘其源。

（二）沙人雄起

元亡明兴，明朝在原王弄山部设王弄山长官司，在拾资千户（原沙资部）设长官司

---

① 《元史》卷63《地理志》
② 《宋史》卷46《度宗纪》。
③ 《元史》卷125《忽辛传》。

以卫边，因"地近交趾，改名安南"，① 称安南长官司；其土官分别为彝族的阿颖、哈尼族的那由。此二长官司地居偏远，是个多民族杂居区，诚如天启《滇志》卷30《土司官氏》所说，"其地层峦幽阻，鲁部河（今南溪河）自司境流至礼社江（今红河），② 入于交趾，盖夷夏之要冲云。所部侬人、罗罗、姆鸡、濮拉、沙人、阿城，凡七种"。正德八年（1513年），安南长官司土官那代出兵帮助蒙自土舍禄祥争袭，官被革，长官司也废置了。③ 明朝后期，王弄山长官司土官阿颖的后人势不能振，所属沙人部落首领沙伏诚之子沙源率部兵听调有功，万历三十八年（1610年）当事者委以王弄山副长官事；四十三年（1615年），擒交南伪胜智侯，生获阮元美等，因以安南司地界之，令阻截交趾；天启二年（1622年），奉调征剿，给印掌管。④ 这样，临安府王弄山、安南二长官司遂并为壮族土官沙氏所长。

据《明实录·熹宗实录》卷22、卷55、卷75以及天启《滇志·土司官氏》、道光《云南志钞·土司志》等载，沙伏诚于万历中死后，其子沙源继领其部。沙源"饶有将才，数从征调有功"。万历三十五年（1607年）以后，交趾勾结云南边境不法土官屡屡举兵侵扰，为患甚大。万历三十八年（1610年），沙源以部兵随征，因功由部落首领升授王弄山长官司副长官；万历四十三年（1615年），兼管安南长官司；天启二年（1622年）十月，受命"掌安南旧印，世袭长官司长官"。继后，沙源屡屡听调随征东川、水西、马龙山等处，兵劲功多，全云南称首功，累加至宣抚使，时号沙兵。蒙自土目何启龙据新现，多不法，沙源"以计灭之，并其地"。那时候，临安府属诸土司"尽败亡，唯沙氏独强"。天启五年（1625年），"四川乌撒土酋安效良""作乱，入寇云南。源奉命征之；遇贼于嵩明，大破其众。嵩明人立祠祀之"。这次征讨，沙源所部所向披靡，劳绩最著。云南巡抚闵洪学在其六月十三日的奏题中说：沙源"一忠自矢，百战无前，西南诸土司中之杰出者，应升长官司为安南宣抚司（安抚使秩从四品），铸给印信，子孙世袭；源仍加宣慰使（秩从三品）职衔以示特优"。天启三年（1623年），明朝中央批复同意升安南长官司为"安南宣抚司"。从此，沙源的儿子就以安南宣抚使（从四品）而不是安南长官司长官（正六品秩）传袭了。这或者就是封建时代所谓的"一朝树功，荫后光宗"。

据《明史》卷331《云南土司传》和道光《云南志钞·土司志》载，沙源有子3人，长沙定海，次沙定汉，季沙定洲；沙源死，由沙定海袭替。不过，此时由于阿迷州（治今云南省开远市）土官普名声的妻子万氏的拦入，又将安南宣抚司土官的袭替抛出正常运转轨道之外了。

万氏，"本江西寄籍女（妓女），淫而姣"。阿迷州土官普名声上省城，见而喜之，纳为妾，宠幸有加，生子名服远。天启五年（1625年）六月，普名声因战功，朝廷准其子普祚"袭阿迷州土知州世职"。万氏妒火中烧，先后计杀了普名声嫡妻龙氏及其子普祚。崇祯五年（1632年）普名声因"谋反"死后，万氏耐不得寂寞，想起了安南司沙氏3兄

---

① （清）王崧：道光《云南志钞·土司志》。
② 此句原文为"鲁部河自礼社江流至司境，入于交趾"，讹，据实正之。
③ 《明史》卷313《云南土司传》。
④ 天启《滇志》卷30《土司官氏》。

弟，因为过去沙源与普名声并以从征著名，素相往来，彼此相知。万氏以拈阄的形式选定沙定洲为夫而鸠杀其2兄，说这是"天定"。沙定洲"美姿质"，刚过二十，与万氏之子服远同年同月生。来了这个新爹，服远气不打一处来，一次趁着醉酒拔刀要杀沙定洲，幸得万氏以身相护幸免于死。沙定洲兼有安南、阿迷之众，并以此为开端逐渐吞蚀邻近诸土州，辖区"自元江南连交趾，东抵广南，北至广西，绵亘数千里，称兵二十万"。

崇祯末年（1643年），明镇守总兵黔国公沐天波调沙定洲征讨元谋县土知县吾必奎的叛变。沙定洲迁延其行，待他兵到昆明，吾必奎已兵败身死。沐天波认为沙定洲率大军来了可壮军威，让他驻扎在昆明城外，给予优厚的赏赐。此时，饶希之、余锡朋等有心人，隔三岔五地来串门子，夸说黔王府的富丽堂皇，以激起沙定洲的欲望。果不其然，没过多久，沙定洲心头的富贵梦给幻成形了。他"阴结都司阮韵嘉、张国用、袁士宏诸人为内应"，准备攻占黔国府，取代沐天波，坐镇云南，圆他的富贵梦。内外部署停当后，一天上午，沙定洲一身戎装，带着亲随入城登府，声言向总兵官辞行。这一天是沐天波父亲的忌日，他以"家讳日不视事"拒绝接见。这下正中了沙定洲的下怀。他强以兵事不宜拖延，率众鼓噪而入，焚劫其府。沐天波知道大事不妙，马上钻进暗道逃跑。当时，宁州土官禄永命、石屏土官龙在田等率军平吾必奎刚返省城，于是率众与沙军展开巷战。见此情景，随从官周鼎规劝总兵官留在省城组织官军、土兵反击。没料到此时的沐天波已是"满眼皆贼"，认为谁都是奔着他来的，周鼎这话定是贼人所使，将他杀了，一溜烟地西往楚雄方向跑。他的母亲陈氏、妻子焦氏看看无望，跑到城北的尼姑庵里自焚了结。后来沐天波走死缅甸，结束了自沐英以来沐氏一家在云南250多年的统治。土官禄永命、龙在田等看不是事，也匆匆地率部返里。沙定洲没用多少时辰就控住了省城局势，入住黔国府视事。在往后的日子里，沙定洲笼住了云南巡抚吴兆元，让他题奏请求朝廷准许沙定洲取代沐天波出镇云南；请来闲居在家的大学士王锡衮筹办贡院，行文州府通告乡试，鼓起省城无事的升平气氛。

消息传到阿迷州，万氏大吃一惊："吾家当为此贼败矣！"她迅速赶赴省城准备强制沙定洲向朝廷自首。她赶到昆明，见到城中晨钟暮鼓，一片升平景象；沙定洲出入，大轿坐中，前有仪仗开道，后有军卫簇拥，大旗映天，威风八面，其架势、排场不亚于王侯，不觉呆了。一个妓女出身的她，哪里见过这种气派！沙定洲喜气洋洋，她也颠入其中了。夫妻2人，每天乘着8人抬的大轿，拿着名帖，与巡抚、巡按诸大员往来，出席大小宴会，不觉而欣欣然自得起来。这样一晃又过了两年多。清顺治三年（1646年），沙定洲听说沐天波潜伏在楚雄城内，于是率部追赶；待赶到楚雄，沐天波已逃往永昌（治今云南省保山市）。他见楚雄城墙坚固，明金沧副使杨畏知又坐镇城中，难以攻破，便率部西向。不久，其部将王朔和李日芳相继攻克大理（治今云南省大理市）、蒙化（治今云南省巍山）2府；后回师克宁州（治今云南省华宁县），打死土官禄永命，进围石屏（治今云南省石屏县）土官龙在田，巩固其迤东的地盘。此后，沙定洲又分兵72营攻打明朝在云南势力的堡垒楚雄。他"环城掘浸，为久困计"。

清顺治四年（1647年）二月，张献忠残部孙可望、李定国在清军的驱赶下入据云南。孙、李不能容沙定洲的力量存在，沙定洲匆匆撤楚雄城下之军抵抗。"草泥关"一战，沙定洲大败，不得不退守迤东。孙、李所部败了沙定洲，"入省城，据官署，法禁苛切，较沙贼尤甚"。此后，李定国进攻临安（治今云南省建水县），沙定洲部将李阿楚"拒战甚力"。李定国久攻不下，挖地道以炸药轰城，城才陷了。这次临安府城陷落，李定国实行屠城政策，"杀城中官民于城外白场，凡七万八千余人，斩获不与焉"。临安距阿迷近在咫尺，李定国本可乘胜奔袭"阿迷取定洲"，无奈此时他与孙可望发生了矛盾，不得不撤兵返回省城。孙、李虎咬，孙占上风，孙可望杖责限令李定国平定迤东。顺治六年（1649年），李定国趁沙定洲部将汤嘉宾邀其夫妇入营宴会之机，率兵围营。沙定洲率部顽强抵抗，坚持了近3个月；因水源断绝，不得不率部出降。李定国"械送定洲及妻万氏数百人返省城，剥其皮市中，杀其党数百人"。《明史》卷197《张献忠传》载，张献忠杀人如麻，"将卒以杀人多少叙功"，"创剥皮法"，手段至为残忍。师授徒承，此或亦其遗绪欤？

由于居地僻远，囿于识见，沙定洲起兵据云南，在很大程度上是由明朝云南地方当局的大小官员策划和筹措的。沙定洲并不反明，这从他进驻黔国府后即要云南巡抚吴兆元奏题由他来代替沐天波镇守云南一事中可以清楚。沙定洲起兵后所求的不过是推翻那盘剥了云南人民200多年的沐氏家族，取代那毫无才能又作威作福的沐天波。他不容于沐氏家族及其残余势力，这是可以理解的；但是，张献忠余部孙可望、李定国入滇之后反客为主，不容以沙定洲为首云南少数民族力量，非置之于死地而后快。这种褊狭的集团之见、功利之争、蛮夏之界何其乃甚？有人认为孙可望、李定国取云南，剿杀以沙氏为首的云南少数民族势力，是为了求得一个安静的反清复明基地，这似有强词夺理之嫌。

鲁迅先生说，明朝皇帝都是"无赖儿郎"，这不为过。明神宗在位48年，亲政38年，其中有25年躲在深宫里不见外人面，不理朝政。这样的王朝，有什么值得保的？新兴的清朝取代腐败没落的明王朝，这是势之必然，无可非议的。如果因为清朝的高层人物是少数民族，一向坚持以自己的文化为正统文化的汉族官民一时接纳不了，这可以理解；而清朝统治者以其文化凌驾于汉族文化之上，实行"留头不留发，留发不留头"的强暴性的文化取代政策，因而引起暴力反抗，这也可以理解的。但是，如果认为"以夷变夏"不正常，"以夏变夷"为天经地义，则又是文化上的沙文主义，不足取了。何况被誉为反清主将的孙可望，不是为了个人权力而与李定国闹得不亦乐乎吗？不是为了个人私利而屈膝于自己力主灭之的清朝吗？孙可望们得志则暴取天下，不得志则卑猥地屈于他人膝下，并不是什么抗清志士，只是个蝇营狗苟的暴而猥的人物罢了，不能因为他曾沾过"农民起义"和"抗清"的边儿就肯定了他屠杀云南少数民族人民的合理性。

沙定洲推翻了沐氏家族在云南200多年的统治，掌握一省大政近6年时间，不仅得到了明朝地方官吏的支持，也得到了广大各族人民的支持，否则云南壮族无几，广南府的壮族又不予其中，单凭他率领的安南宣抚司和阿迷州万氏的兵力，能够支撑他控驭大半个云南五六年时间？因此，我们不能简单地完全否定了其存在的合理性。

临安府王弄山、安南司沙氏土官从明万历四十三年（1615年）至清顺治六年（1649年），仅存在了30多年时间，但其在云南历史上、中国历史上却产生了不少影响（积极的或负面的）。

在壮群体越人及其后裔的历史上，南北朝陈朝的侯安都、南北朝及隋朝的冼氏夫人、北宋的侬智高、南宋的李棫、明朝的瓦氏夫人以及明、清之际的沙氏父子诸人，可说是在各自的历史时空里闪耀过一时，他们都曾以自己的努力为缔造一统的多民族国家做出了自己的贡献，为壮群体越人及其后人那漠漠的历史添写了可称光彩的一页。中国历史不当埋没其人。

　　自公元前214年秦始皇几万兵跨越五岭，破除了岭南越人众多部落的据山据水散漫自立归于一统以后，由于山水的闭塞，汉文化的强力迁入，不论是侯安都、冼夫人、侬智高、李棫、瓦氏夫人，还是明末清初安南司沙氏父子，都已经失却独立的民族心理意识；他们的荣辱得失，完全依存于中央封建王朝的势盛势衰。他们中或有人曾有过人生的光辉，实现过自己人生的某种价值，显示过自己的历史存在，但只能在封建中央王朝势衰之时打打历史的"擦边球"才能实现。他们的历史性存在，带着很大的历史偶然性。所以，在壮群体越人及其后人，也就是壮族及其先人历史上没有线性光辉的人物，只有偶尔闪现的朦胧的历史光球。

（三）沙人散居滇东滇南各地

　　道光《云南通志》卷184引《弥勒州志》载："种家，亦作仲家，即沙人也。"沙人自称"布侬""布越依"，所操语言属壮语北部方言。

　　刘文征天启《滇志》卷4《旅途志·粤西路考》载，广南府"宝月关公署南经可王寨至西洋江五亭（10里为一亭），有崇山峙江岸。江之浅者可揭而涉，为广南、富州界。广南之夷曰侬人，富之夷曰沙人。气类相同，而沙视侬为劲"。无疑，富州（今云南省富宁县）是沙人原来的主居地之一。沙人又分白沙人和黑沙人两种。王崧道光《云南志钞》卷184引《广南府志》载，"黑沙人，散处溪河"；"白沙人，散处四乡……衣服尚白色"，说的就是此一情况。

　　清代，广西府（治今云南省泸西县）师宗州（今云南师宗县和邱北县大部分），也是沙人主居地之一。康熙《师宗州志》卷3载："师宗昔称羁縻州……沙人居其七，倮罗居其二，汉人只一耳。"师宗州沙人集居的地方，称"上七槽，下六槽"，共十三槽。清朝雍正七年（1729年）汉阳人夏冶源有《入槽杂咏》诗10首。其中六首道：

　　　　酋长居然大可汗，腰悬劲弩跨雕鞍。
　　　　睢眦出入无人境，水寨团口虎踞盘。

　　　　片椽风雨巢居氏，酋长依稀大可汗。
　　　　豕栅牛宫同马厩，一楼高下作营盘。

　　　　本非仙子好楼居，高厂檐牙四角虚。
　　　　壁立家徒何所有？鸡栖豚栅喜同庐。

　　　　日午炎蒸早晚寒，蒙浓山雾湿衣单。
　　　　年年岁岁帕缠首，却会科头（光头）拜大官。

　　　　蛮女偷闲点素妆，顶盘高髻耳联珰。
　　　　短衣细袖翩跹舞，白折腰裙拖地长。

一双赤脚走荒烟,骏马腾骧未许先。
汲水樵苏高下捷,往来疑是驾云仙。[1]

这些诗句,映现了清代沙人的社会发展和生活习俗。

曲靖府罗平州(今云南省罗平县)地近黔、桂,是沙人分布区。罗凤章光绪《罗平州乡土志》卷5载:"沙人多依水居。服色尚黑,女紧衣,以挑花黑布包头,腰围桶裙,跣足不袴。多种粘秫(糯米),纺织。丧祭渐用汉族礼,惟成童即婚娶。既婚之夕,女伴随,多男女不同室,次日即回女家;值农忙,亦来婿家相助,仍自回去,必待长娠生子方归。"

《元混一方舆胜览·云南·金齿百夷诸部》载有"钟家部"。宋末钟家部首领沙奴立功,宋度宗赏以金印,该部即以"沙"称。这是以首领姓氏而名族。明朝后期,沙氏首领掌有安南宣抚司(治今云南省蒙自县东老寨)及阿迷州(治今云南省开远市)。清朝前期,其地分属临安、开化二府。二府自是沙人本营之一。

元江县现在虽然已经没有了沙人,但康熙《元江府志》卷2载:"沙人,习俗多同侬人,慓劲过之。惟元江境内止在惠远、定南二里。"

又李熙龄道光《普洱府志》卷18载:"沙人,思茅(今云南省普洱县)有之。习俗多类广西(州,今云南省泸西县)侬人。性情强猛,遇事争先。言语、服色与摆夷(今傣族)同。居多近水,喜食酒及腥辣等物。男子常佩镖弩,妇女亦纺织,以耕种、渔猎为业。"思茅有沙人,辖于普洱府的他郎厅(今云南省墨江县)也分布着沙人。道光《他郎厅志》载"沙人,性强悍……居多近水",即是如此。清代沙人甚而散居至普洱府的边境猛龙地区(今云南省西双版纳傣族自治州勐海县猛龙)。《清实录·高宗实录》卷762载,乾隆三十一年(1766年)六月大学士云贵总督杨应琚奏称:

乾隆二十八年(1763年)……又有猛龙沙人头目叭护猛呈称:"我所管地方约二千余里,并所管沙人暨共七十余寨,计一千余户,概请内附。"……叭护猛等原籍内地广南夷民,流落外夷居住,现闻大兵攻克整欠,慕化来归。边外夷人种类甚多,一种之中,又有数种,惟沙人止系一种,幅员广阔,若准归附,可与整欠、孟艮犄角相倚,直与南掌、老挝接境。且沙人武勇,边方得此,尤资防范。

此种情况,说明清代沙人在滇东滇南等地分布之广。

十 土佬

土佬,自称"傣门"或"傣德"。侬人、沙人称他们为"傣"或"布傣",汉族则称他们为"土佬"。"土佬"也就是"土獠"。

"土獠"见于记载始于元朝。李京《云南志略·诸夷风俗·土獠蛮》载:

---

[1] 转引自杨宗亮《壮族文化史》,云南民族出版社1999年版,第218—219、309页。

土獠蛮，叙州（治今四川省宜宾市）南、乌蒙（治今云南省昭通市）北皆是。

男子及十四、五，则左右击去两齿，然后婚娶。猪、羊同室而居。无匕筯（匙勺筷子），手抟（tuán，捏成团）饭而食。足蹈高跷，上下山坂如奔鹿。妇人跣足、高髻，桦皮为冠，耳坠大双环，衣黑布，项戴锁牌以为饰。出入林麓，望之宛如猿猱。人死，则以棺木盛之，置于千仞颠崖之上，以先坠者为吉。

山田薄少，刀耕火种。所收稻谷，悬于竹棚之下，日旋捣而食。常以采荔枝、贩茶为业。

十四五岁凿齿，以表成年；干栏居住，上人下畜，猪羊同室；以糯米为主粮，没摄食器具如筯箸等，以手团饭而食；收获以手镰剪取最后一节禾秆连穗束成把，悬于竹棚之下；不食隔宿粮，晨舂日炊等，是古代壮傣群体越人传承的习俗。这些习俗在"土獠"中承传，说明"土獠"是古代壮傣群体越人的传人。

三国西晋，曾有众多的牂柯郡（治今贵州省凯里市西北）、兴古郡（治今云南省岘山县）及岭南"獠"人进入汉中及川蜀地区。① 元代叙州南乌蒙北的"土獠"，无疑是三国西晋时期从牂柯、兴古及岭南地区进入川蜀及汉中地区的众多"獠"人的遗裔。

明代，"土獠"出现在滇东南地区。比如，郑颙景泰《云南图经志书》卷3载，师宗州（今云南师宗县）"州之夷民曰土獠者，以犬为珍味，不得犬不敢以祭"。以犬为珍味，以犬祭先，这是古越人特有的风俗传承。② 滇东南的"土獠"是土著还是从哪里迁徙而来？

刘文征天启《滇志》卷30载："土獠，其属本在蜀、黔、西粤之交，流入滇，亦处处有之。"然而，他所列举的石屏、嶍峨、路南、新兴等地都是在滇东南或接近滇东南的地方，整个云南又何曾"亦处处有之"？

刘文征之后，范承勋康熙《云南通志》卷27也是如此记载，一字不差，明显是抄《滇志》的记载而来。

李京《云南志略·诸夷风俗》说"土獠"是在"叙州南乌蒙北"，他们什么时候南迁了？是什么原因促使他们南迁？南迁之后为什么滇北、滇中、滇西无其人？难道他们从蜀叙州之南迁徙先入贵州后入广西再迁入云南？此种议论，似属猜测，令人不觉疑窦丛生。我们认为，明清时期滇东南的"土獠"与元代四川叙州之南云南乌蒙以北的"土獠"，名称虽同，实不是同一支系的"獠"人后裔。

傅恒乾隆《皇清职贡图》卷7《临安等府土獠妇》称：

土獠，一名土老，亦名山子。相传为鸠獠种，亦滇中乌蛮之一。从蜀、黔、粤西

---

① 《三国志》卷43《张嶷传》裴松之注引《益州耆旧传》载张嶷平定牂柯、兴古"獠种"反后，"招降得二千人，悉传诣汉中"。（晋）张华《博物志》卷2载："荆州极西界至蜀诸山夷，名曰獠子。"《太平御览》卷168《州郡志·巴州》引唐朝贾耽《四夷县道记》载："李特孙寿时，有群獠十余万从南越入蜀汉间，散居山谷。"

② 《临海水土志》载，安家民"父母死亡，杀大祭之。"（《太平御览》卷780《叙东夷》引）清朝乾隆镇安府（治今广西壮族自治区德保县）知府赵翼《镇安土风》诗有"犬肉多于豕"句，自注说："墟场卖犬以千百计。"

之交流入滇境，散居临安（治今云南省建水县）、澄江（治今云南省澄江县）、广西（治今云南省泸西县）、广南（治今云南省广南县）、开化（治今云南省文山县）、昭通（治今云南省昭通市）等府，与齐民杂居。

男子首裹青帨，著麻布衣，常负竹笼盛酒食入市贸易。妇女高髻红巾，缝花布方幅于短褐，其治生最勤。生子置水中，浮则养之，沉则弃之。今俗亦渐革矣。鼓噪而祭，谓之迓（迎）福。其土宜杂粮，输租赋。

此段文字，叙事矛盾，谬误累累。

第一，明、清二朝的"土獠"，"卜居近水，以便耕作"，① "喜种水田"，② 怎么又称其为全属山居的"山子"？

第二，"鸠民"见于晋南北朝的《永昌郡传》，说兴古郡（治今云南岘山县）九县"皆鸠民，言语嗜欲与人不同"。③ 而晋人郭义恭《广志》又说兴古郡的居民为"獠（音老）"人。④ 所谓兴古"鸠獠"，即由此而来。明清二代滇东南的土老为上古"鸠獠种"，就是说他们自古就是滇东南的土著，怎么又说他们是"从蜀、黔、粤西之交流入滇境"？

第三，不论是古代的"鸠獠"还是明清的"土獠"，都是壮傣群体越人的后人，与属氐羌系后人的滇中"乌蛮"是不同的民族群体，怎么能说"鸠獠"或"土獠"为"滇中乌蛮之一"呢？

第四，王崧道光《云南志钞》卷184引《广南府志》《开化府志》载，"白土獠""重农力稼，卜居近水，以便耕作。十月朔为岁首，习汉语。开化旧无此种，多自阿迷（治今云南开远市）、蒙自（今云南蒙自县）流入"。阿迷州、蒙自县，明、清属临安府。由此或可以知道，明代临安府是"土獠"的集居之地。后来，"土獠"从临安府散居于周邻的澄江、广西、广南、开化等府，可以理解，也见于云南省志和府州县方志的记载，但昭通远在滇北，也分布有"土獠"，情不可谕，理不可通，也没见于任何一书的记载，这是作者信手拈笔而来，实无其事。

第五，假设明清二代滇东南的"土獠"是由元朝居于四川叙州南部琪县、兴文等县迁徙而来，元代四川叙州之南的"土獠"盛于悬棺葬，流入滇东南的"土獠"不见有悬棺葬习俗的记载。或者是时去俗易，人去习移，但是，清朝乾隆时何曾见滇东南的"土獠"有"生子置水中，浮则养之，沉则弃之"的记载？古代"越獠"人"临水生儿，便置水中，浮则收养之，沉则弃之"，见于西晋张华（232—300年）《博物志》卷2的记载。1500多年过去了，时空变化，历史发展，"越獠"人此一习俗，早已成为历史的陈迹。如果说，滇东南偏远，"獠"的后人中残留着此一生儿养儿习俗，可猎奇文人众多，怎不见于他们的记载？明清时代，云南一省几乎代有省志，滇东南各府州县明清二代也不乏志书，怎也不见关于"土獠"此一生儿养儿习俗的记载？《皇清职贡图》关于临安等府

---

① 道光《云南通志》卷184引《广南府志》《开化府志》。
② 道光《云南通志》卷184引《开化府志》。
③ 《太平御览》卷791《朱提》引。
④ 《太平御览》卷356《兜鍪》引。

"土獠"生儿养儿习俗的记载，无异于见"獠"而想当然，将古"獠"人生儿养儿的习俗硬栽在已经不传承此一习俗的明清滇东南的"土獠"身上！由此也可以略知，《皇清职贡图》关于"土獠"人的记载也多有不真实之处。

汤大宾乾隆《开化府志》卷9载，"土獠"有三种，一是"白土獠"，二是"花土獠"，三是"黑土獠"。他们分别自称为"tai² ha：u¹"（傣考）、"tai² la：i²"（傣来）、"tai²dam¹"（傣丹）。由此三个自称都以"tai²"（傣）举头后缀以三种颜色的壮语词可知，"土獠"比较起壮族另外的布依、布依两个支系来，与傣族较为接近。这是他们长期居住于傣与壮二民族群体过渡区间的缘故。此益证明了他们为滇东南本地的土著。犹如张自明民国《马关县志》卷2所说，"土佬乃滇南原有之种族也"，不是由蜀、黔、西粤（广西）之交流入滇的。

张自明民国《马关县志》卷2载，"土佬""妻以子名加'老不'二字呼其夫。如子名小云，则呼其夫为'老不云'，名南则呼为'老不南'。土佬人命名或缘此耶？"此话精彩，说到点上了。壮语谓"咱们""我们"为"ɣau²"或"pɔ²lau²"或"dau² lau²"。壮族中，陌生人相见，当发觉对方也是讲壮话的壮人时，高兴之余都说"vun²lau² kei²"（原来是我们人呢）或"ço ŋ⁶ dau² lau² kei²"（原来是我们壮人呢）。"ço ŋ⁶ dau² lau²"，汉人近音译写作"壮牯佬"。明清之际汉人称壮族为"壮牯佬"，[①] 就是因此而来的。广西的客家语谓"什么"为"ma² ke²"，近音译写为"麻介"。由于此词在客家人的言谈中使用的频率很高，广西的壮族和不是客家人的汉族便称他们为"麻介人"，客家话为"麻介话"。这是取其人的特殊音谓及使用频率高的词而定称的。广西钦州市平吉乡的壮人语谓"咱们"为"hau² lau²"，与周围乡村壮语的音谓略有不同，显得特殊，附近乡镇的汉族或壮族便近音称他们为"旱流人"，也是如此。"土佬""妻以子名加'老不'呼其夫"，如儿子名小云，妻便称其夫为"老不云"，儿子名南则呼其夫为"老不南"。"老"是"lau²"（咱们）的汉近音译写字；"不"是"po⁶"（父亲）的汉近音译写字。"老不云"，就是"我们儿子小云的父亲"。"土佬"一称，可能就是因为其人经常使用"dau² lau²"（我们或咱们）此一词语而得名。"dau² lau²"的汉近音译写字即为"土佬""土老"或"土獠"。

张无咎雍正《临安府志》卷7载："土獠，以十月为岁首……能习汉语，治生最勤，五更即赴山取柴，白昼耕种，人多富足，渐知读书，间有游泮者。"张自明民国《马关县志》卷2除载土佬"女勤男惰，服色尚青黑，分花白二种"外，还较为详细地记载了"土佬之装式"：

> 大领短衣，裙而不裤，皆青色。裙幅左镶以宽二寸之白布一条，右幅腿边亦镶白布一条，将右裙角提向左腰束之，则正面成白色人字形。发挽椎于顶，裹青布帕，复以青布一幅楷迭成条，宽约二寸，一端由髻上拖于背，长尺余，一端绕额而束之。此白土佬也，亦称为搭头土佬。

> 胸前背上，各有补服一方，五彩斑灿；自领以下，密缀银泡，并系响铃。裙宽衣窄，行走如风铃声，铮𨱍可听。此花土佬也，亦称平头土佬。

---

① （清）屈大均：《广东新语》卷7《猺人》。

除白土佬、花土佬之外，还有黑土佬。王崧道光《云南志钞》卷184引《开化府志》载："黑土獠喜种水田。男穿青衣裾（衫）；女上穿短衣，用五色碎布簇四方锦于前后，与补相似，下穿桶裙。婚丧亦同花土獠，送葬女婿吹胡笙跳舞尸前。"

民国《新编麻栗坡特别区地志资料》载，"土獠人，系本地土著，多住热带地"。"搭头土獠，其类女人服长裙，衣小黑色，头篡扭于顶上，以巾裹其发夹下，种田而食。""尖头土獠，其性质礼教与土獠相似，只以女头上以包尖为美故名。""平头土獠，与两类大多相同，惟女人头篡是平的，亦因之故名。"① 以妇女头发包扎形状而分，土佬有三个群体。白土佬是搭头土佬，花土佬是平头土佬，尖头土佬自然是黑土佬。除以十月为岁首；卜居近水；女勤男惰，女子勤于耕作；自正月至二月击铜鼓跳舞为乐，谓之过小年外，尖头土佬和平头土佬二群体风俗相同，而与搭头土佬小有不同。一是平头土佬和尖头土佬女子上衣前后补块是四方形的，而搭头土佬却是长条形的；二是平头土佬和尖头土佬"送葬，女婿吹胡笙跳舞尸前"，搭头土佬殡葬时却无此一细节。

平头土佬妇女

尖头土佬妇女

搭头土佬妇女

第二节 壮群体越人及其后人趋同汉族历史情结

秦以前，岭南是越人的天下。南越国时期，壮傣群体越人分化为壮群体越人和傣群体越人，岭南的主体居民仍然是壮群体越人。此后，在汉族文化的影响下，壮群体越人的后人逐渐走上了趋同于汉族之路。迄于明末清初，粤及桂东地区的壮群体越人的后人完成了趋同于汉族的过程；桂中、桂西及黔、滇东南的壮群体越人的后人也在汉族文化的影响下俗略变而语未变形成了壮族、布依族。

一 依汉定姓：壮群体越人基奠慕汉、仰汉、趋汉心理定式

上古越人没有姓氏，试看春秋时期立国的越国，其先后诸王的名讳称允常、勾践、鼫与、不寿、翁、翳、之侯、无疆等即可知道。所以，徐旭生先生说，春秋战国时，越国的越人尚无姓氏。② 当然，人们也可以有越国越人姓姒姓芈的论辩，但那是战国及其后汉族

---

① 转引自杨宗亮《壮族文化史》，云南民族出版社1999年版，第23页。
② 《中国古代的原始时代》（增订本），文物出版社1985年版，第64页。

学者们的议论，不足为奇。因为人们认为，越王勾践既然立国称王，欲霸中原，没有夏人的姓氏怎么行呢！

岭南壮傣群体越人原初也没有姓氏，南越国时期壮傣群体越人分化为壮群体和傣群体二越人群体以后，照样没有姓氏。

南越国时期，赵佗和集百越，俗叛越人，争取壮傣群体越人首领们的支持，让他们在赵家政权中任职。越人首领接受汉族文化的熏陶，也多厕身于赵家王朝中。比如，相三王的越人首领即定姓为吕，取名嘉。元鼎六年（前111年）以军降汉的南越国将领姓毕，名取；杀西于王降汉的瓯骆左将也定姓为黄，取名同。但是，《史记》卷113《南越列传》载"越郎都稽得（吕）嘉"降汉，"封临蔡侯"，《史记》卷20《建元以来侯者年表》却说"临蔡侯孙都，元封元年以故南越郎闻汉兵破番禺，为伏波得南越相吕嘉功侯"。显然，临蔡侯本人在南越国时为"越郎都稽"，元封元年（前110年）因助汉伏波将军路博德捉得南越国相吕嘉后汉封其为临蔡侯时才定姓为"孙"、取名"都"。他在南越国时称谓"都稽"，并不是姓"都"名"稽"，而是壮群体越人谓"$po^6 ke^5$"的近音译写字。"$po^6 ke^5$"在越语里是"首领""头人"的意思。比如秦朝军队征讨岭南越人时所杀的越人首领"西瓯君译吁宋"。① 译古读同败，为越语谓父辈、首领为"po^6"的近音译写字；② 吁为越人的自称词"$ʔjoi^4$"的近音译写字；宋为越语谓大为"$loŋ^1$"的近音译写字。③ "译吁宋"，越语本读"$po^6 ʔjoi^4 loŋ^1$"，其意就是"大越首领"，并不是什么姓名。

《史记》卷20《建元以来侯者年表》载："湘成侯居翁，以南越桂林监闻汉兵破番禺谕瓯骆四十余万降侯。"《史记》司马贞《索隐》："监，官也。居，姓；翁，字。"《汉书》卷95《两粤传》师古注引服虔也说："桂林部监也，姓居名翁。""居翁"，实际是越语"$ke^5 loŋ^1$"的近音译写字，不是什么姓居名翁。当然，其后人可能因此而以"居"为姓。明朝魏浚《西事珥》卷8《姓氏之异》说粤右（今广西）"多异姓者"。其中柳州府就有别驾"居鼎"，认为这是"鲜所经见者"。至于见于《史记》卷20《建元以来侯者年表》记载的受封为安道侯的原南越国揭阳令定、南越国南海守"异"及汉封为涉都侯的弃子"嘉"，也都是没有姓氏的。虽然《汉书》卷95《两粤传》载"粤揭阳令史定降汉，为安道侯"，则"定"的姓"史"是元鼎六年降汉以后的事了。

从以上情况可以清楚，壮傣群体越人在秦朝势力进入岭南的时候还没有存在姓氏。秦朝统治岭南以后，汉族文化显示了其无可堪比的先进性，壮群体越人在实际社会生活中感知、体认了汉族文化的先进性，从而产生了慕汉、仰汉、从汉的心理趋向。此后，在汉族文化的影响下，壮群体越人的上层人物逐渐接纳汉族文化，依汉定姓，由东往西，先后出现了吕、毕、黄、孙、史等姓氏。当然，此中没有均衡，许多人还处于犹豫之中，举措未定。不过，在汉族文化的摄力圈内，不管先后，依汉定姓，却在壮群体越人中形成了一股

---

① 《淮南子》卷18《人间训》。

② 译古与择通假，因此汉代修《尧庙碑》句称"各相土译居"。又《尚书·吕刑》有"无有择言在身"之句，《孝经》有"口无择言，身无择行"之语，此三个"择"实为"败"字，说明在上古汉语里，译、择读同"败"，所以《唐韵》说，择"丈伯切"，其读近越语的"po^6"。

③ 大，壮语谓"$noŋ^1$"，也谓$nuŋ^1$，临高语谓$nɔ^3$，傣语谓$loŋ^1$。

不可阻遏的潮流。

壮群体越人有其通用的语言、风俗习惯、信仰对象和行为规范，成员间产生、加强和巩固了认同感和自尊，相互间存在友谊、互助和爱等温馨交往，存在相互影响和相互意识。但是，自从汉族文化移入并逐渐为壮群体越人接纳后，壮群体越人板块逐渐断裂、分化，各随其好自由发展，失却了认同感，失却了维护整体自尊的机制，以趋同汉族为主流，相互影响，相互意识，进入了一个新的时代。此新时代，聚其焦体现于各群体依汉定姓以后，各自夤缘攀附，与汉族同姓联结，自称其为中原汉族名人的后裔，否认其为越人的血系。

明朝魏濬《西事珥》卷8《姓氏之异》说广西有不少"姓谱所鲜载者"的姓氏，如忻、宾、督、经、土、陀、闭、权、昔、朗、居、绪、栢、葵、登、脱、养、坦、油、顿、植、家、婆、羽、既、沙、少、尧、农、苌、裔、粟、典、零、能、钮、亦、银、卖、原、磨、利、俸、修、兰、敬、鄱、党、央、间、英、禹、雍等。这些稀见姓氏除平乐的俸氏等属瑶族外，大都是土著壮群体越人及其后人自定的姓氏，其人数不为太多，而多数的壮群体越人及其后人都是袭取中原汉族的姓氏作为自己的姓氏，从而有个攀附的阶梯。

在前面关于俚人的历史人物中，我们曾就"俚獠"首领欧阳頠和宁长真等人的族谱作了辩证。挂中原，靠汉族，这是壮群体越人及其后人撰造族谱的通例。连几岁或十几岁就被人从岭南贩入中原阉割送进皇宫当太监而后显迹的杨思勖，唐朝张说的《颖川郡太夫人陈氏碑》也张言其母为"雷州大首领陈元之女，罗州大首领杨历之妻"，说陈、罗二姓是"陈公舜后，杨侯周裔。去国何人，南迁几世，鄽渌嶂表，珠崖海际"。①

延康元年（220年），吕岱为交州刺史，"高凉贼帅钱博乞降。岱因承制，以博为高凉西部都尉"。② 赤乌十一年（248年），"高凉渠帅黄吴等支党三千余家皆出降"。③ 三国时吴国治理下的高凉郡住民属于什么民族群体？吴丹阳太守万震《南州异物志》载："广州南有贼曰俚。此贼在广州之南，苍梧、郁林、合浦、宁浦、高凉五郡中央，地方数千里，往往别村，各有长帅，无君主，恃在山险，不用王，自古及今，弥历年纪。"④ 这就说明，高凉郡的居民自古而下为壮群体越人，三国时又称为俚人。

《南齐书》卷14《州郡志上》载："广州，镇南海。滨河海隅，委输交部，虽民户不多，而俚獠猥杂，皆楼居山险，不肯宾服。西南二江，川源深远，别置督护，专征讨之，卷握之资，富兼十世。"三国时的高凉郡恰在南朝宋、齐二代的征讨区域内。"江左（指南朝政权）以其辽远，蕃戚未有居者。"自然，西江督护征讨区域之内，其住民都是"俚獠"人。

又《隋书》卷80《谯国夫人传》载："谯国夫人者，高凉冼氏之女也。世为南越首领，跨据山洞，部落十余万家。夫人幼贤明，多筹略，在父母家，抚循部众，能行军用

---

① 《全唐文》卷227。
② 《三国志》卷60《吕岱传》。
③ 《三国志》卷61《陆胤传》。
④ 《太平御览》卷785《俚》引。

师，压服诸越。每劝亲族为善，由是信义结于本乡。"这说明，冼氏夫人所生所长的是在高凉郡的冼氏家族。该家族世代传承，历为南越首领，也就是"俚獠"首领。其冼氏虽前不见于南朝宋与齐的记载，但其吹族定姓已在南北朝之前了。冼氏"世为南越首领"，道出了冼氏的族属；其所在的高凉郡，历代为越人及其后人"俚獠"人所居，也说明冼氏族人是高凉郡土著的住民，属于壮群体越人的后裔。

隋朝高凉郡辖九县，高凉（治今广东阳江市）、连江（治今广东电白县电城东镇）、电白（治今广东高州市东北）、杜原（治今广东阳江市西）、海安（治今广东恩平市北）、阳春（今广东阳春市）、石龙（治今广东化州市）、吴川（治今广东吴川市）、茂名（治今广东高州市）等，唐朝以高凉郡置高州，宋初不改。乐史《太平寰宇记》卷161《高州风俗》载："其俗生时布衣不充，死则尽财殡送。父子别业，兄弟异财。无故带刀，持矛执剑。相侵则鸣春堂集子弟，和则杀牛。"此等风俗，如同清朝初年《古今图书集成·方舆汇编·职方典》所载的壮族风俗。无可置疑，唐、宋时代高州住民虽接纳了汉族文化正在变化中，但仍未改其为壮群体越人后人群体中一员的实质。

然而，冼氏后人却矢口否认其先为壮群体越人或其后人"俚獠"。民国二十七年（1938年）刊印的《岭南冼氏专刊》载：

> 据族谱所载，冼氏之先，盖出于沈子国，亦周之苗裔。在秦居真定郡，即直隶正定府。有名汭者以义侠闻，为仇家所持，因秦法严，改姓冼。始皇三十三年，遣赵佗率谪卒五十万戍五岭。汭与佗同里，且有旧，往投其帐下，至岭南，遂家焉。是为冼姓入粤之始。汭子孟程，官南海水军副都总。孙好谋，亦擢拜龙骧大将军。①

《岭南冼氏专刊》所据的此份族谱，是清朝雍正以后始修的。因为雍正元年（1723年）清朝才将真定府改名正定府，此前无所谓正定府。② 始皇三十三年（前214年）距雍正近2000年，以远距前人的后人而溯前人事，既无书载为证，又无根据可考，雌黄（议论）尽出其人唇吻，朱紫（真假高下）任其信口月旦（抒写品评），哪里能信得过？所以，春秋列国有个沈国，鲁定公四年（前506年）为蔡国所灭，见载于《春秋》，其地在今河南西部汝南县东。修谱者为了凑上真定县的赵佗，便毫无道理地让他从今河南汝南县远远地跑去河北正定县去落籍。而秦代又何曾有个真定县，更不说真定郡了！真定县秦朝称东垣县，汉高祖十一年（前196年）始改为真定县。县为东垣，又哪里能来个"真定郡"？何况，秦代赵佗在南海郡只是个小的龙川令，秦始皇怎会于始皇三十三年"遣赵佗率谪卒五十万戍五岭"？至于"冼汭""子孟程官南海水军副都总，孙好谋亦擢拜龙骧大将军，也都是随意杜撰出来的。汉朝水军有楼船将军、横海将军、伏波将军、戈船将军等，没有"水军副都总"的官名。南北朝周改都督诸军事为总管，历史上才有总管一称。宋朝有马步军都总管，以节度使充任，副总管则由观察等充任，也没有"副都总"的官

---

① 转引自于城《对冼夫人的历史评价》，《岭南文史》1984年第1期。
② 《清史稿》卷54《地理志》。

名。陆军汉有骠骑将军，晋有龙骧将军，历史上却没见有什么"龙骠大将军"。① 南越国的武官，见于记载的有"越郎都稽"②"越将毕取""越桂林监居翁""瓯骆左将黄同"，③也没见到"水军副都总""龙骠大将军"之名。可见，这是冼氏修谱人虚构的官名。修谱人本意旨在炫耀自己祖先的出身非凡，声言冼氏先人来自中原汉家名族，不是一般人家，更非岭南土著越人，谁知舞起文来却弄巧成拙，为蛇画足，让人啼笑皆非。

弄虚作假，似也空间宽阔，由人造作。《岭南冼氏》专刊所引《冼氏族谱》如此说，《西樵冼氏族谱·序言》却又说：

> 考我冼氏，世居华亭。自凯公仕晋为大夫，有功封于冼，因以为氏。厥后分迁南粤，世为武帅骁领。凯之子讳劲，号文刚，晋安帝征为椽，即出参广州。值海寇卢循作反……④

华亭，又称华亭谷，在今上海市松江区西，三国时吴国封陆逊为华亭侯。春秋时代，晋国位于今山西、河北一带，似与"世居华亭"的"凯公"无涉，他怎么仕晋为大夫又因功封于冼？中原无冼，因此李延寿《北史》卷 91《列女谯国夫人洗氏传》及魏征等《隋书》卷 80《列女谯国夫人传》均误"冼"为"洗"。至于"凯公仕晋为大夫，有功封于冼，因以为氏"，其子"冼劲"却被晋安帝"征为椽"（文字书记官之类）而来到广州，适"值海寇卢循作反"。而卢循、徐道覆在岭南起兵反晋是在东晋安帝义熙六年（410 年），此上距韩、赵、魏三家分晋灭晋的春秋末期至少有 800 年。父"凯公"子"冼劲"二代延续 800 年时间，岂非天方夜谭？这是略通"者""也"的修谱先生把中国历史上的晋国与晋朝误而为一出现的笑话，是远距前人的后人无据偏要杜撰前人事迹的必然。

明、清时代，不知晋国与晋朝尚有区别的《西樵冼氏族谱》修谱人杜撰了凯公之子冼劲在晋安帝时来到广州适逢卢循起兵作乱，于是造作了冼劲协助广州刺史吴隐之坚守广州被俘不屈而死的壮烈事迹以光门庭。然而，他却忽略了此时的冼氏早已在高凉郡形成势力，跨踞山洞，蓄势待发。冼劲其人，《晋书》既无传，在与卢循一事关联的《晋书》卷 90《良吏吴隐之传》中也没见涉及，从何而来？《西樵冼氏族谱》既造作了其人其事，清朝人修的《广州志》于是立传收录其人作为地方人物。这是史上假人假事横空而出，虚拟成为史实，以致正误颠倒，以假驳正了。

壮群体越人在汉族文化的影响下，既然依汉族定姓，形成了慕汉、仰汉、趋同于汉的心态，作为一个群体，相互影响，相互意识，谁不道其先人为中原来人，谁不说其家来自汉族名家望族？欧阳氏是如此，宁氏是如此，曾历世为"俚獠"的冼氏是如此，唐代今广西上林县壮族韦氏家族的先人也是如此。

---

① （元）马端临：《文献通考》卷 59《职官》。
② 《史记》卷 113《南越列传》。
③ 《史记》卷 20《建元以来侯者年表》。
④ 转引自于诚《对冼夫人的历史评价》，《岭南文史》1984 年第 1 期。

誉为岭南唐朝第一碑的成于唐高宗永淳元年（681年）的《澄州无虞县澄泰都万里六合坚固大宅颂碑》，制碑人是"岭南大首领、鹣州都云县令、骑都尉、四品子韦敬办"。其东相距约十里的覃排乡爱长村，还有一块大周万岁通天二年（697年）四月七日由"检校无虞县令韦敬一制"的《廖州大首领、左玉钤卫金谷府长上左果毅都尉、员外置上骑都尉、检校廖州刺史韦敬辨智城碑》。二碑成碑时间相隔16年，碑主一是韦敬办，二是韦敬辨，他们是不是兄弟，无从悬测。二韦各自占据一方地域，自我托大，各为首领，都各自为碑自颂其居地山川的险要，城池的坚固，景色的秀丽，人文的蔚盛，情谊的敦厚，地位的稳实，大有历史上土财主们炫耀屋宇、家财、田产和子女的味儿。唯其书写文字，《六合坚固大宅颂碑》杂有借汉字以标写壮群体越人语言的土俗字，《智城碑》则使用了武则天自创的天、日、月、星等字。二碑中，《六合坚固大宅颂碑》还抒写了澄州无虞县韦氏的来源：

> 维我宗兆，昔居京兆，流派南邑，上望无阶，列牧诸邦。
> ……
> 皇皇前祖，睦睦后昆。上祢京兆，奕叶高门。流派南地，盖众无论。遍满诸邑，宗庙嘉存。
> ……

此点出了澄州（今广西上林县）无虞县（辖今上林县三里、白墟二镇及澄泰和宾阳县邹墟二乡）韦家本居于京兆（今陕西西安市），后来"流派南邑"方才落籍于澄州无虞县。这是夤缘攀附于当时的京兆的名门望族韦家。

第一，制碑人自称"岭南大首领"，可以认定韦敬办为澄州无虞县土著的壮群体越人后人首领。

当然，秦朝灭后真定汉人赵佗为了实现其割据岭南，稳固政权，收买越人，除了争取越人首领支持外，也变俗从越，"弃冠带""魋结箕踞"，[①] 对汉朝使者陆贾自称"蛮夷大长老夫臣佗"，[②] 但那是他在越人中立国，越人众多，自己人少，凭越人以与汉朝抗衡，不得已而为之的。韦敬办率领自己的子弟、部属立足于自己的地盘上，何须变俗从人？所以，韦敬办自诩其身份，声称他是"岭南大首领"，并堂而皇之地标刻在石碑上，活现了他当时势雄意足，自视甚高，僻居一隅而夜郎自大的心态。

第二，唐因隋制，韦敬办等据地名州，不是土著是什么？

隋代，岭南地区虽然大部已经设置了郡县，但是令行禁止，握着地方实力大权的仍然是当地的土著首领。武德四年（621年），李靖率领唐朝军队越五岭南下桂州（今桂林市），岭南大首领冯盎、李光度、宁长真率部归顺，李靖"承制授其官爵"。"凡所怀辑九十六州，户六十余万"，[③] 岭南地区就完全属于唐朝了。"承制"，就是受了唐高祖李渊的

[①] 《汉书》卷43《陆贾传》。
[②] 《史记》卷113《南越列传》。
[③] 《旧唐书》卷67《李靖传》。

命令。"承制授其官爵",也就是唐朝为政,仍一如隋朝之旧,不改变岭南原来的首领们在其各自领地内的角色地位。

《旧唐书》卷158《郑从谠传》称:唐咸通年间(860—874年),时值"庞勋之乱",郑从谠在岭南节度使任上,看到"北兵寡弱,夷獠棻然"的形势,便因地、因势制宜以应对:"择其土豪,授之右职,御侮捍贼,皆得其效。虽郡邑屡陷,而交、广晏然。"棻,就是众多而乱;"择其土豪"的"其",指的就是被称为"夷獠"群体的壮群体越人的后人;"右职",即是重要的职务。大乱之际,郑从谠任命"夷獠""土豪""右职",发挥其作用,"交、广"地区便"晏然",说明交、广地区也就是岭南地区"夷獠""土豪"的普遍存在以及他们拥有的势力和在维持地方秩序上的作用。县有县土豪,乡有乡土豪,他们坐地为大,划地为疆,据地称雄,自称州首县渠。

《六合坚固大宅颂碑》和《智城碑》的文字透露出韦氏家人兄弟阋墙,互相雄长,一个据于无虞县的清泰乡,自命岭南大首领、鹚州都云县令;一个令行无虞县智城洞(白墟镇),自命廖州大首领廖州刺史。从此一角度观察,韦敬办、韦敬辨二人无疑是韦家分别踞于无虞县所属范围的地方土著渠首。

第三,韦家宗庙附近发现铜鼓群埋,道出韦家先人为土著"俚獠"首领。

《六合坚固大宅颂碑》称韦家"流派南邑,盖众无论。遍满诸邑,宗庙嘉存"。韦家宗庙在哪里?

康熙乙酉年(四十四年,1705年)上林县知县张邵振撰成《上林县志》,其卷下《古迹》载:"罗墟高祖庙,每逢闰年二月初十日,远近男女盛其牲牢(猪、牛、羊)酒醴入庙赛神,畅饮歌咏,动以千万计。"又同卷《名臣》载:"韦公庙,唐武德间人,持节压服生蛮,开扩化外,诏领澄州刺史;后隐居于智城峒,与诸子皆封使。庙食,即高祖庙是也。灵爽,至今显赫焉。"罗墟,就是现在上林县三里镇的双罗。清朝康熙年间称为上林县上无虞乡罗墟。今双罗墟附近的云聪村的后坡上仍残有座高祖庙(即韦公庙)。罗墟高祖庙奉祀的就是唐武德间(618—626年)"持节压服生蛮"有功"诏领澄州刺史"的那个人。那个人是谁,张邵振未具其名,可南宋宝庆三年(1227年)成书的王象之《舆地纪胜》卷115《宾州》和开刻于嘉熙三年(1239年)的祝穆《方舆胜览》卷43《宾州》都指称此人是韦厥。张邵振叙事的词语、文句基本与《舆地纪胜》和《方舆胜览》所载相同,只是不具该人的名字,疑他此节文字即抄自上述二书,只是略了其人之名而已。此罗墟高祖庙,人们代接代千年供奉,香火鼎盛,疑即碑文记载的"宗庙"。

清末以来,高祖庙(即韦公庙)周邻陆续发现了多面铜鼓。1992年,在庙前约二里远的田垌上又一窝挖出了四面铜鼓(现藏上林县文管所)。其中,三面一如其他地方发现的铜鼓一样鼓面均铸着蹲蛙,有一面则别出心裁,面上除铸蛙之外还杂铸一只推着粪丸的蜣螂(即俗称的屎壳郎)。在壮族中传说蛙是雷神的女儿、雷神的使者,因此铜鼓上盛铸蹲蛙,但"蜣螂之知,在于转丸",将只会推滚粪丸的蜣螂铸在神圣的铜鼓上,意味着什么?

原来,在上林、大新等地的壮族传说:古代人少蛇兽多,人又不断受毒蛇侵害,不得安生,更一天天少了。玉皇大帝焦急,派蜣螂大将下到人间传旨:"人死脱皮,蛇死烂尸。"(人死了,只要脱掉一层皮,就可活转来;蛇一死,尸体随即烂掉。)蜣螂奉着玉帝的圣旨来到凡间,喝着人们热情招待的美酒,醉醺醺地就传开玉帝的谕旨:"人死烂尸,蛇死脱皮。"错传玉帝旨意,那还了得!玉帝将他贬下凡界,为凡间清理粪便。① 虽然蜈蟆遭此万劫不复的惩处,但壮族先人还是认为他曾经是天神的使者,与天神还是息息相通的,万万漠视不得。在原始拜物教盛行的朝代,壮群体越人后人将蜈蟆与青蛙同铸在铜鼓上,在敲鼓祭祀祈求天神时,蜈蟆或可补天神使者青蛙陈述的遗漏。据专家考证,铜鼓上铸着蹲蛙出现于汉代。铜鼓面上杂铸蜈蟆当也是比较早的铜鼓,其出现至迟当也在魏、晋时期。历史进入南北朝、隋代,在"俚獠"人中,铜鼓成了权力的象征,有鼓者号为"都老""众推服之"。② 此时,铜鼓已经逐渐失去拜物教的意义,从而蜈蟆的配角地位也就失去,被遗忘了。

汉魏时期,距韦敬办竖《六合坚固大宅颂碑》至少已有 400 年。③ 韦氏高祖庙附近一窝出土四面古老铜鼓,宣告了今上林县三里镇双罗村云聪屯的高祖庙,不是祭祀南宋王象之《舆地纪胜》卷 115《宾州·人物》所载的唐朝武德七年(624 年)来到澄州"压服生蛮,开拓化外"的"韦厥",而是祭祀土著韦氏的先人。

"俚獠贵铜鼓。"韦氏的先人珍贵铜鼓,宝藏铜鼓,恰好说明他们是本地土著的"俚獠"首领,不是什么"流派南邑"的京兆韦家!

第四,碑中"畲桑滋耽,耕农尽力"一语,和盘托出制碑人韦敬办是土著壮族先人。

在汉族文化的影响下,壮群体越人及其后裔使用汉语、汉字,可是在习用中,一些词语又无法以适当的汉语现成字来表达,于是或用近音汉字来标识越语音,或用汉字的偏旁结构来新造一些字以标示越语词。如"房子塌下",以"栏冞"表示;"合不合",以"啱无啱"来表示等。在壮群体越人语中,"tam^2"(池塘)用得多,一些地方用近音的"潭"字表示,另一些地方则用"氹"来表示;"na^2"(水田)日常农活离不开,用得更多,有用"那"、用"嗰"来表示的,也有用"畲"来表示的。比如,清朝廉州府合浦的"畲星村",④ 南宁府横州的"畲浪洞村""畲八塘""畲逢""畲桑"等。⑤

韦敬办的《六合坚固大宅颂碑》,其"畲桑滋耽,耕农尽力"一语,"畲"是以意拼合汉字偏旁而成的壮群体越人语"na^2"字。不过,这里的"畲桑",不是上述横州的"畲桑"。横州"畲桑"是壮语"$na^2\ sa:ŋ^1$"(高田)的音译写字,这里的"畲桑"是"稻田、桑地"。"滋耽"是上林县壮语"$\varsigma i^2\ dam^1$"(相连)的近音译写。"畲桑滋耽,耕农尽力",就是稻田和桑地相接相连,务农者相竞尽力耕营。以俗语入文显于碑中,既显示了碑文的制作者韦敬办的破格之笔,也和盘托出了韦敬办的母语。他不是壮族的先人还会是谁!

唐代,京兆韦家人才辈出,群星灿烂,以新、旧《唐书》计,辟有专传的数十人,可说当时天下人才出韦家,天下韦家集京兆。壮族先人韦敬办的攀附,在民族歧视、民族

---

① 《广西民间文学作品精选·大新县卷》,广西民族出版社 1996 年版,第 95—96 页。
② 《隋书》卷 31《地理志》。
③ 《太平御览》卷 785《俚》引裴渊《广州记》。
④ (清)张人骏:《广东舆地全图》,广州石经堂承印,光绪二十三年(1897 年)。
⑤ (清)张联桂:《广西全省舆图》,上海香山黄楼霞石印,光绪二十四年(1898 年)。

压迫时代既是必然的，在已依汉定姓从而形成慕汉、仰汉、趋同于汉心态的壮群体越人及其后人也是自然的。

"越人相攻击，固其常。"① "越人之俗，好相攻击。"② "俚獠""俗好相杀，多构仇怨。"③ 此种传统性的习俗长时期传承已经使壮群体越人及其后裔群体性归属处于脆弱状态，而且他们各自居于山间平原的洞中，尽力农事，④ 各分支群体谁都力量有限，不能振奋而起强力统一各洞，形成一个统一的政治局面，形成统一的经济市场，更加使得此种归属的脆弱状态益形弱化。在汉族文化的影响下，他们各氏族、部落先后依汉定姓，形成了慕汉、仰汉、趋汉的心理定式，唯汉是认，唯汉是崇，挂中原，靠汉族，贪缘攀附，群体间各氏族各部落相互影响，相互意识，便不知自己是谁人了。因此，他们编谱溯祖，大都是否认其"蛮夷"先人，唯中原汉族名人名官是认。这就是壮群体越人及其后裔自有汉姓以后所形成的意识观念、价值取向和思潮。此种思潮所及，没谁能阻遏得住。到了明、清时期形成的壮族诸姓谱系，为了说明其家族南来有个堂而皇之的理由，为了给自己家庭有个高的起点，其先人大都不是随宋朝狄青南下征讨与自己同一群体的侬智高，就是宋以后南来征讨反叛者而为官落籍于广西的。对此，拙作《广西土官族谱集成》一书已分别梳理作了剖析。⑤ 这样，壮群体的民族意识、民族认同和民族尊严庶几荡然无存了。壮族作为一个民族群体剩下的唯有各地参差不齐存在的昔日越人习俗文化以及传承于昔日越人语言的壮语了。而壮语，由于往日山川阻隔，各土官势不相能，洞洞自立，自我托大，互少来往，各地音变相异，音调有别，相互间很难互语，有时还是借助于桂、柳西南官话或粤语等汉语方言才能顺利地沟通交流。比如，广西上林县壮语"村村声不同，乡乡音有别。蛮、侬硬软语，⑥ 似是异方人"。而与上林县有座大明山隔开的武鸣县，其语则音调大异，二县的人便不能顺利沟通了。

罗阳县在今广西扶绥县东北部罗阳河中下游，其地约等于今中东乡几个行政村那么大。县虽然小，唐代为羁縻县，元及元后为土司县，却一直延续下来至清朝晚期。羁縻州县首领至土司知州知县，按照历朝的治理政策，都是原首领父子相沿，自我承袭，不因改朝换代而变化。唐朝，见于《新唐书》卷222下《西原蛮传》记载，罗阳羁縻县首领是"黄洞蛮"首领之一的黄少度。元和初（806年），他曾伙同另一"黄洞蛮"首领黄昌瓘出兵攻陷宾（今宾阳县）、峦（在今横县西）二州。长庆二年（822年），邕州刺史李元

---

① 《史记》卷114《闽越列传》。
② 《隋书》卷80《列女谯国夫人传》。
③ 《隋书》卷31《地理志》。
④ 唐、宋时代，恩州（治今广东阳江市）"耕种多在洞中"。[（宋）乐史：《太平寰宇记》卷158] 到了清末，比如广东从化县还有汻木洞、陈峒、官峒、上禾峒等22峒；曲江县有上下平洞、峡洞、门洞、鹤冲洞等9洞；乐昌县有白石洞、文书洞、杉木洞、思田洞等12洞［（清）张人骏：光绪《广东舆地全图》］。桂东苍梧县有井洞、水尾洞、黄洞冲、胖洞等10洞；岑溪县有蛇洞、太平洞、良人洞、西洞等5洞；郁林州有峒中肚村、石峒、金鸡峒、上陵峒等6峒［（清）张联桂：光绪《广西全省舆图》］。
⑤ 广西民族出版社1998年版。
⑥ 上林县壮人谓大丰镇以下的南部壮人为"布壮"，澄泰乡以上的东北部壮人为"布侬"，镇墟以及马山县的壮人为"布蛮"。

宗曾因受不了容管经略使严公素的诬陷，私自"引兵一百持印章依黄少度避难"。此后而下迄于清朝光绪三十三年（1907年）罗阳土官知县黄均政被革，罗阳县改土归流拼入同正县，① 可以说，在长庆以后唐、宋、元、明、清的一千一百多年中，罗阳县世为黄少度的子孙所控制。

然而，民国十年（1921年）由罗阳县土官族所修的《罗阳黄氏袭官世系》② 却说：

> 始祖黄东堂，原籍山东省青州益都县人，于宋朝皇祐四年从狄武襄公征侬智高有功，授土逍岭峒，世代永袭峒职。自明朝洪武元年征交趾有功，改县为罗阳土县，颁发印札，世授土知县职。历代相传，年远族繁，不及细载。

此段文字，不说其他，只说罗阳县土官黄氏从宋皇祐四年（1052年）"始祖黄东堂"由老家山东省青州府益都县随狄青南征侬智高继而任职于罗阳县地域起，经黄大治、黄嘉绩、黄秉公、黄允亨、黄道昌、黄光裕、黄诚信、黄宣武，到见于明朝《土官底簿·太平府罗阳县知县》记载的于宣德五年（1430年）正月奉旨袭职的"十世祖黄广通"，有377年的间距，9人平均每人任职42年，此可能吗？而且罗阳县早见于唐代，历宋、元仍见于建置，怎么会迟至明朝"洪武元年征交趾有功"罗阳方才成为县的建置，黄氏方才成为世袭土官知县？显然，此份《罗阳黄氏袭官世系》是为了凑合皇祐年间狄青率兵南征侬智高而背叛先人，否认其"黄洞蛮"祖宗黄少度而胡言乱语的。

思明州，唐、宋二代为羁縻州，元升为路，明改为府。其州、府首领都是壮族及其先人黄氏世代沿袭。永乐六年至八年（1408—1410年），由于土官知府黄广成的"流涕而跪"请求，流放于交趾的著名文人解缙为其父亲原思明府土官知府黄忽都撰了《知思明府黄公神道碑》：

> 黄氏系绪陆终之封于黄，今湖广黄州故国也。春秋时与会盟，尊周室，后并于楚，子孙益显且蕃。思明著族，宋仁宗时狄武襄奏补成忠郎，充路分官，镇遏境土，遂以得民，葬思明周南岸之离山。相传卜吉，连世有官。至训武君，二男：长游元都，累官奉政大夫，同汉阳路；次袭知思明州，元世祖命镇南王脱骧讨交趾，为向导供给，从王入朝。世祖说（悦）之，手抚其背，亲酌，赐之衣服金帛，授勋虎符龙虎上将军、广西两江道都元帅，仍思明路军民总管。娶南宁宣化莫氏大姓。③

此文将思明府土官黄氏上攀于中原汉族传说中帝喾的子孙陆终，说陆终"封于黄，今湖广黄州"，因以"黄"为姓；下搭于宋朝狄青，说其先随狄青南征侬智高，"奏补成忠郎"，镇守思明，落籍该地，世代为官。显然，黄广成不了解历史，不明背景，也不知

---

① 雷在汉：《罗阳土官后裔黄均政之墓碑》，《广西少数民族地区碑文、契约资料集》，广西民族出版社1987年版，第151页。
② 民国《同正县志》卷1收有此谱系。
③ （清）汪森：《粤西文载》卷73。

思明黄氏的往日的世次。解缙受人之托，也稀里糊涂以兑其愿。

第一，宋羁縻政策不准外人进驻羁縻地方并为官。唐、宋以后，不论是羁縻州县还是土司州县，其长官都是父子传承，世代沿袭，外人不得占夺和取代。这是成法。宋真宗于大中祥符二年（1009年）诏说："朕常戒边臣，无得侵扰"羁縻州县。"外夷若自杀伤，有本土之法。苟以国法绳之，则必致生事。羁縻之道。正在于此。"① 他阐述的就是这个原则。

第二，狄青不留一兵一卒于广西。狄青在《御南蛮奏》中说："其地（指岭南）炎燠卑湿，瘴疠特甚。中原士卒，不服水土，不待戈矛之及，矢石之交，自相疾疫而死，虽有百万之众，亦无所施也。"② 为避开岭南瘴疠爆发的季节，狄青选择在岭南天气清凉、没有瘴疠的冬末春初进入广西，希望速战速决，尽快率师北返。所以，他皇祐四年（1052年）十一月率师入湖南，十二月到桂州，翌年正月甲辰（初三日）入宾州，己未（十八日）在归仁铺开战打败侬智高，二月丙子（初五日）随即"班师"北返，离开广西。③ 狄青还京师，孙沔"留邕计事。以旧戍兵三岁一易，瘴死者十常七八，乃令本道择善地番休，留邕止一岁，故人人乐戍"。④ 同时，由于在镇压侬智高起兵的过程中士卒将校紧张、艰苦、劳累，战事完毕，皇祐五年（1053年）闰七月，宋仁宗诏：

> 广南西路戍兵及二年而未得贷者，并罢归；其钤辖司所遣士兵，岁一代之。自侬智高之乱驻泊禁军及桂州等处雄略、忠敢、澄海军凡三万四百四十一人分戍诸州至是罢还戍兵，而令土兵屯戍。⑤

这就是狄青"班师"北返，不留手下将校士卒于广西，宋仁宗也点着人头一个不剩地撤走于镇压侬智高起兵期间在广西作战过的宋朝将校士卒，另行派兵轮戍，又怎么会留下因镇压侬智高有功的军校进驻于各羁縻州县呢？

第三，思明府土官黄广成对思明的黄氏先人两眼抹黑，随己之所需恣意编造。

既然思明府土官黄氏标榜其先人于宋仁宗时为狄青"奏补成忠郎"，镇守思明，怎会不知道这个镇守思明州的先人是谁？而且，宋时封成忠郎的是南宋绍熙（1190—1194年）、庆元（1195—1200年）间的"横山寨招马官"田州知州黄世明，他因"招诱尽力，累赏日厚，并升二秩"，⑥ 与隶"太平寨"的思明州没关系。

黄训武的两个儿子都官于元代，他当是宋朝后期人。可是，黄训武不见于史载。据《可斋杂稿续稿后》卷5《贴黄》载，南宋宝祐五年（1257年）十二月至景定元年（1260年）五月，李曾伯二度为广西帅守，曾令羁縻思明州首领黄炳等探报蒙古兵在云南

---

① 《宋会要辑稿·蕃夷五之四三》。
② （清）汪森：《粤西文载》卷4。
③ （宋）余靖：《宋故狄令公墓铭并序》，《武溪集》卷19。
④ （宋）滕甫：《孙威敏征南录》。
⑤ 《宋会要辑稿·兵五之四》。
⑥ （宋）楼钥：《成忠郎邕州横山寨招马官黄世明转两官》，（清）汪森《粤西文载》卷2。

的动向，说明南宋后期思明州知州是黄炳不是什么"黄训武"。又《元史》卷17《世祖纪》载：至元二十九年（1292年）闰六月，"左江总管黄坚言：其管内黄胜许聚众二万据忠州，乞调军万人、土兵三千人，命刘国杰讨之。臣愿调军民万人以从"。所谓"左江总管黄坚"就是"思明路总管"，因为至元二十三年（1286年）设置思明路后，辖上思州，黄胜许即是上思州知州。① 黄炳为官于宋末，黄坚任职在元初，或可以认定二人是父子的前承后续关系。《知思明府黄公神道碑》载宋、元"世革之际"的思明黄氏先人，"黄武训"认错了，他的两个儿子也不知道是什么名字，所以只能虚着而给他们这两个无名鬼冠上一大堆的官衔，说明思明府土官知府黄广成并不知道116年前的至元二十九年（1292年）及其前的先人是谁。

明永乐年间，黄广成不懂，清代他的子孙们却乖巧多了，不仅知道开始"镇遏"思明州的"太始祖"是"黄善璋"，② 而且将黄广成所说的"湖广黄州"原籍改为"山东省青州府益都县"。③ 这就显示了思明府黄氏土官谱的后生性、附会性和随意性。原籍尚可以因时而更，前人不能知的先人后来者可以毫不犹豫地给端出来，此类族谱还有什么可以征信的呢？

元、明二朝流行一句谚语，称"播州田、杨，广西岑、黄"。播州宣慰司治今贵州省遵义市，田、杨二姓是土家族、苗族的首领，岑、黄二姓是广西壮族的首领。壮族黄姓人造谱挂中原，依汉姓，因镇压"獠"人侬智高其先人而南入居广西，岑氏何尝又不是！

壮族岑氏，原可能居于自唐朝以来就已经存在的七源州（治今越南凉山省西北七溪）。在熙宁宋朝对交趾李朝实行自卫还击战中于熙宁七年（1076年）七月向宋输诚的七源州首领岑庆宾。④ 当元丰二年（1079年）宋废顺州都监司、放弃所属的顺州、思琅、苏茂、门、谅五州之地，迁当地居民二万户入内地时，⑤ 他及他的家族为防后患自属内迁之列。

北宋大观二年（1108年）太师蔡京等言："宽乐州、安砂州、谱州、四州、七源州县先次纳土归明。"⑥ 四州即泗城州，七源州显然不是《新唐书》卷43下《羁縻州》《宋会要辑稿·蕃夷五之二七》《太平寰宇记》卷166、《元丰九域志》卷10、（宋）李焘《续资治通鉴长编》卷260等记载的七源州。《新唐书》等书记载的七源州是在今中越边界越南一侧，所以，《明实录·宣德实录》卷109记载宣德九年（1434年）三月"七源州土官阮公庭"率其家属及部下"避难来归，愿于广西龙州（今龙州县）及太平府上下冻州（在今龙州县西南）居住"。南宋周去非《岭外代答》卷3《通道外夷》及吴儆《邕州化外诸国土俗记》⑦ 记载有邕州横山寨（今田东县平马镇）到自杞国（治今贵州兴义县）

---

① 《元史》卷19《成宗本纪》。
② （清）谢启昆：嘉庆《广西通志》卷60。
③ 民国《思乐县志》卷7《黄大俊传》。
④ （宋）李焘：《续资治通鉴长编》卷277。
⑤ 《宋史》卷341《孙固传》。
⑥ 《宋会要辑稿·蕃夷五之九三》。
⑦ （清）汪森：《粤西文载》卷36。

的路线图:"自横山一程至古天县,一程至归乐州,一程至唐兴州(今百色市北塘兴),一程至往殿州(今百色汪甸),一程至七源州,一程至泗城州。"无疑,此七源州是在今广西田林县东和凌云县,泗城州则在今乐业县。此七源州是后有的,可能其地的居民是由南七源州迁来,以旧住地名新居地名,一示来源,二示不忘本,如同东晋时江南存在的"侨郡"一样。

七源、泗城二州,东界首领为罗氏的那州、地州、文州,韦氏兰州,[①] 黄氏兼州;[②] 西界黄氏潞城州,[③] 侬氏上林州;[④] 南界黄氏唐兴州和田州。[⑤] 岑氏进住七源、泗城等州以后,沉潜了近30年时间,归明于北宋后又不闻声息100多年才冒出了个岑汝弼。据《粤西文载》卷63《范克信传》载,嘉定间(1208—1224年),由于"羁縻州岑汝弼者与别种黄璨争招马之利","于唐兴、路城等处为寇",拦路劫掠过往商人财物,使大理等国卖马商人不敢前来横山寨。岑汝弼之后,是李曾伯为帅广西时令羁縻七源州首领岑遐公[⑥]及岑从进[⑦]派人前去打探蒙古军在云南的动态。岑汝弼与岑遐公相隔20年左右,可视为父子关系;而岑遐公与岑从进前后踵接,当是子承父职。岑从进之外,见于记载的还有一个岑从毅。岑从毅当是岑从进的胞弟。[⑧] 景定三年(1262年),他乘蒙古人从云南入广西北上广西社会秩序大乱之际率部属南下夺取侬氏的归化州(今广西那坡县)。岑从毅为了使其攘夺合法化,于当年十月向宋王朝进贡,声言愿"纳土输赋,献丁壮,为王臣"。宋理宗接受了,"诏改归化州为来安州,从毅进秩修武郎,知州事,令世袭"。[⑨] 进入元朝,岑从毅的来安州改为镇安州,至元二十五年(1288年)又升为镇安路。[⑩] 明改路为府,岑从毅的子孙岑添保东占冻州(今德保县),[⑪]以后其子孙又占领归顺州(今靖西县),[⑫]岑从毅成了德靖岑氏支系的先祖。

---

① 《宋史》卷348《王祖道传》。
② 《招捕总录》。
③ (宋)范成大:《桂海虞衡志·志蛮》。
④ 《元史》卷8《世祖纪五》。
⑤ 《招捕总录》。
⑥ (宋)李曾伯:《可斋杂稿续稿后》卷9《回奏庚递宣谕》。
⑦ 《可斋杂稿续稿后》卷9《奏边事及催调军马》。
⑧ 第一,从进、从毅都排"从"字辈,犹如岑从进之子为岑雄、岑聪一样。第二,同个年龄段。南宋宝祐六年(1258年)岑遐公还在,翌年(1259年)岑从进袭职,景定三年(1262年)岑从毅南下归化州,说明他们成年都是同个时候。第三,岑从毅夺归化州,宋理宗诏改归化州为来安州,并任命他为世袭知州。这本来是来安州及岑从毅的事,可是岑从进的七源、泗城等州也蒙了"来安"之名。及元朝建立,二岑归附,领地同升为路,岑从进的领地安享着"来安路"之名,岑从毅不得不将本归他所有的"来安"之名改为镇安路。这表现了封建社会嫡长子继承制,即使岑从毅另辟天地,因为他们未割断关系,他的所获仍归父、归于兄。因此,岑从进、岑从毅为兄弟关系,而且岑从进居长。
⑨ 《宋史》卷45《理宗纪》。
⑩ 《元史》卷15《世祖纪》;《元史》卷17《世祖纪》。
⑪ 《明史》卷45《地理志·镇安府》;(明)应槚:《苍梧总督军门志》卷4《镇安府》。
⑫ (明)应槚:《苍梧总督军门志》卷4《归顺州》。

第一篇　环境・社会・人口　　　　　　　　　　　　　　　　　　　　　　　　　　　　349

　　岑从进的儿子元来安路总管岑雄，[①] 孙子来安路总管、怀远大将军遥授沿边溪洞军民安抚使佩虎符岑世兴[②]，大力扩张自己的领土，夺侬氏上林州、[③] 罗佐州，[④] 占黄氏路城、唐兴、兼州，攻黄氏田州路等。[⑤] 岑世兴有两个儿子，长岑恕木罕，[⑥] 次铁木儿[⑦]。岑世兴死，恕木罕袭职；[⑧] 铁木儿先其父而死，其子岑伯颜愤愤于其伯父顺利承袭祖职，自己仅获一个"安抚总管"的虚衔，[⑨] 乘元末之乱率众南下攻夺黄氏田州路，并于明朝军队没有打进广西之时带着次子岑永泰跑到长沙向湖广行中书省平章杨璟投诚，[⑩] 将其原以蒙古语起的名字岑伯颜改为"岑坚"，[⑪] 从而得到了明太祖朱元璋的赏识，不仅授其为田州府土官知府，而且将黄氏的思恩州授予其次子岑永泰，世为知州。[⑫] 原元朝的田州路土官总管黄志威无奈，只好退缩于奉议州（在今田阳县右江南）。[⑬] 这样，岑从进一系岑氏分为来安、田州二支。[⑭] 田州府岑伯颜一系岑氏，后来由于思恩州土官知州岑瑛"杀贼有功，特升田州府知府，仍掌州事"。一府而有两个知府，不能相容，岑瑛很快与另一"知府岑绍交恶"，正统四年（1439年）十月思恩州升为府，[⑮] 又分为两个支系。这就是自南宋迄于明朝岑氏分衍的四个支系：

　　广西右江壮族岑氏分衍支系始于南宋后期，终于明朝弘治年间，历时170多年。然而，不论是明天启年间（1621—1627年）于泗城州治所今凌云县城五指山脚崖刻的《岑氏宗支世系》《古今图书集成・方舆汇编・职方典》卷1452《泗城府部・艺文一》所载的明朝王守仁《泗城土府世系考》、民国初年修的《田州岑氏源流谱》，还是光绪年间（1875—1908年）岑毓英总督云贵后主持编纂的《西林岑氏族谱》，都将广西右江岑氏分为四个支系，归于元代岑世兴生的四个儿子，分官于泗城、田州、思恩、镇安四府。比

---

①　《元史》卷21《成宗本纪》。
②　《元史》卷29《泰定帝本纪》。
③　同上。
④　《招捕总录》。
⑤　同上。
⑥　《土官底簿・泗城州知州》。
⑦　《元史》卷29《泰定帝本纪》。
⑧　《土官底簿・泗城州知州》。
⑨　（明）高岱：《鸿猷录》卷15。
⑩　《明实录・太祖实录》卷32"洪武元年七月己巳"。
⑪　《土官底簿・田州府知府》。
⑫　《土官底簿・思恩军民府知府》。岑永泰死，无后，由其三弟岑永昌袭职。
⑬　《明实录・太祖实录》卷87"洪武七年二月己亥"。
⑭　岑恕木罕长子岑汉忠袭父职，为来安路土官总管，次子岑善忠为泗城州知州。洪武二年（1369年）六月，明授岑汉忠为来安府知府，善忠仍为泗城州知州（《明实录・太祖实录》卷43）。洪武五年（1372年）岑汉忠死，其子岑郎广袭。岑伯颜见机会来了，"捏词排陷。大军收捕"岑郎广。总兵官江夏侯周德兴兑了岑伯颜之愿，"将来安府与田州府知府岑坚兼守御事"。洪武七年（1374年），来安府省入田州府，岑伯颜的"田州府知府兼来安守御事"不过两年时间。而岑汉忠之弟善忠在此时也占领了来安府所在的凌云县及上林、西隆二地，原来安府并入田州府的土地也没多少（《土官底簿・泗城州知州》，苏浚《土司志・向武州》）。
⑮　《明实录・英宗实录》卷60。

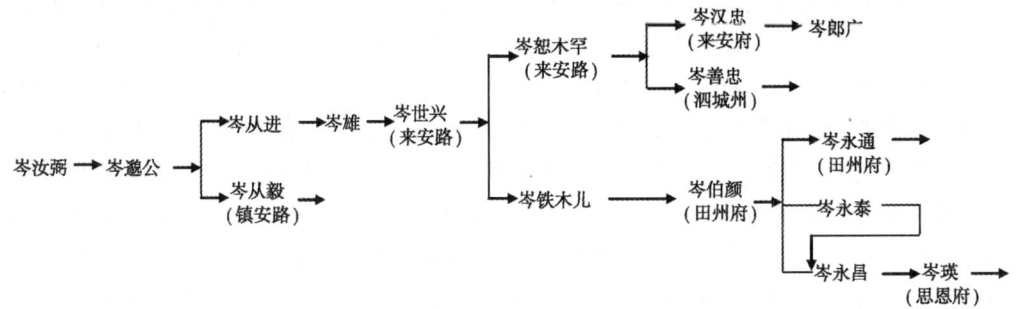

如，成于明朝后期的泗城石刻《岑氏宗支世系》载：

　　岑恕木罕，长房，分古磡（今凌云县城），是为古磡始祖。时居龙州伯颜入京说讪，削前衔，降任，改封东道宣慰使司宣抚使，又敕封武德大将军。
　　岑帖木儿，次房，分理田州路，是为田州始祖。
　　岑阿刺兰，三房，袭父职桥利（今马山县乔利乡），是为思恩始祖。
　　岑不花也先。
　　岑阿刺辛，五房，分理东州路，是为镇安始祖。

《田州岑氏源流谱》也是如此，只是以我为大，颠倒其兄弟间的伯、仲、叔、季次序而已：

　　世兴公生五世祖：长曰帖木儿，次曰阿刺兰，三曰恕木罕，四曰阿刺辛，五曰不花七。延祐六年（1319年），循例以帖木儿公袭父职，官拜来安、田州二路总管，加明威将军，仍兼军民安抚使，佩双珠虎符，统辖十六州九县。当此之时，举弟恕木罕分管泗城，弟阿刺辛出继镇安，弟阿刺兰分管思恩，弟不花七分管奉议，皆得传袭焉。

《田州岑氏源流谱》的颠倒兄弟序次，道出谱为我用的功利原则，显示了其谱的实用性、随意性和不真实性。《元史》卷26《仁宗本纪》载，延祐六年（1319年）七月"来安路总管岑世兴叛，据唐兴州"，说明他没死，哪里又轮到岑帖木儿袭职了，那样不是抢班夺权吗？明朝洪武五年（1372年），田州知府岑伯颜因诬告来安府知府岑郎广始能兼来安府守御事，怎可不顾事实将此事放在元朝提前53年错扣在岑帖木儿头上？又据《元史》卷30《泰定帝本纪》载，泰定三年（1326年）五月丁卯，"岑世兴及镇安路岑修文合山獠角蛮六万余人为寇"，怎会到了岑世兴有个叫"阿刺辛"的儿子到了镇安路，镇安路才有岑氏衍发？岑世兴于元朝延祐间（1314—1320年）袭其父岑雄来安路总管之职，至正间（1341—1368年）终职，只有岑恕木罕和岑铁木儿两个儿子，见于《元史》和《土官底簿》，没有五个儿子。

《古今图书集成》收载的王守仁《泗城土府世系考》，一仍如此。但是，所谓的王守仁《泗城土府世系考》，是泗城州岑氏族人伪托的。他们是趁康熙间（1662—1722年）王朝中央收集地方文书之机，蒙混掺杂送上去而被收录于丛书中的。王守仁（1472—1528年），嘉靖六年（1527年）六月总督两广军务，[①] 翌年死。此时泗城是州不是府建置。泗城州成为泗城府，是在清朝顺治十五年（1658年）即王守仁死后130年土官知州岑继禄随清军征讨南明政权有功升赏的。[②] 泗城岑氏族人假托王守仁为文，一是他是大学者、曾提督两广军务，声名显赫；二是他为浙江余姚人。有了名人之文，文又载于王朝纂辑的丛书中，就可以使其岑氏土官为汉舞阴侯岑彭之后、原籍浙江绍兴府余姚县的说法成为典籍有载，原籍名人认可了。这是右江壮族岑氏挂中原、依汉族，否认自己先人的一种手段，遗憾千虑一失，露出了尾巴。

明朝前期，广西右江岑氏土官造谱并没有挂中原、依汉族，认名人。弘治十三年（1500年）总督两广军务兼理广西巡抚刘大夏见到泗城州《岑氏谱系》。谱载："始祖木纳罕于元至正年间（1341—1368年）与田州知府之祖伯颜一时受官。"[③] 木纳罕就是恕木罕之讹。既以恕木罕为"始祖"，即说明泗城州岑氏土官由恕木罕发端。追近不追远，可以相信这是明朝前期新的泗城州土官报袭时所交的岑氏宗支图本。在此之前，壮族没有文字，不重谱系，家谱不修，人过时迁，历代先人无从追溯，一旦被迫修谱交代世次，只好直认距时不为太远尚可以追忆的岑恕木罕为始祖，表现出了他们的淳朴。

随着时间的推移，汉文教育的开展，民族间交流的频繁，官场的历练，岑氏土官觉得以元末明初人为始祖，源不远，流不长，难以在人前张眼，于是夤缘攀附，拉上史书记载的同姓人东汉舞阴侯岑彭，将他认作自己岑姓的先人。成化五年（1469年）的思恩府《崇真观碑记》，[④] 篆额的是"中训大夫田州府知府兼来安守御事舞阴岑镛"，立石的是"中慎大夫思恩军民府知府舞阴岑𨩐"。"舞阴"，当是自岑彭受封的"舞阴侯"而来。本来此处应书籍贯，比如南宋撰《新编方舆胜览》的祝穆，字和父，建安人，其署名即为"建安祝穆和父"。岑彭原籍是南阳棘阳（今河南南阳市），籍贯应写"南阳"或"棘阳"，可由于他们初入道，欲附斯文又不知蹊径，便从岑彭的官爵"舞阴侯"中剥取"舞阴"二字来装潢，弄得不伦不类。

泗城州土官知州岑豹之子岑接自弘治五年（1492年）其长兄岑应被恩城州土官岑钦杀死接管泗城州，到弘治十八年（1505年）14年过去了，一直没有得到明王朝的恩准承袭"土官知州"，只能称"署州事舍人"。此年三月十九日，为了给岑接承袭土官知州张本，泗城土官族人岑九仙上奏说：泗城州土官岑氏"自始祖岑彭以来世袭土官，至岑豹子知州岑应罹恩城州知州岑钦之祸，子孙灭亡殆尽。其弟岑接，众推护印，累著劳勋，乞令袭职，卑掌夷众"。东汉舞阴侯岑彭，子孙历仕东汉王朝，泗城岑氏谓"自始祖岑彭以来世袭土官"，显然是无据之言。时任兵部尚书的刘大夏当即批驳："岑九仙妄援汉岑彭

[①] 《明实录·世宗实录》卷76。
[②] 《清史稿》卷516《广西土司传》。
[③] 《明实录·孝宗实录》卷222"弘治十八年三月甲辰"。
[④] 碑在今广西平果县旧城墟前田垌。广西民族出版社1998年出版的白耀天《壮族土官族谱集成》一书第21页注录存有该碑记文字。

世次，尘渎圣听。"明孝宗"命押（岑九仙）回镇巡官处收查发落"。①

岑九仙被收查发落是他的事，岑氏挂中原、依汉族、否"蛮夷"先人照旧进行。林富嘉靖《广西通志》卷52载泗城州"土官知州岑姓，旧为溪洞蛮夷酋长，家叶自谓汉征南将军舞阴侯岑彭之后"。田州"土官岑姓，自叙汉征南将军岑彭之后，元以来有岑翔、岑瑛、岑雄、岑世兴、岑也先、岑伯颜者继为田州及来安二路总管"。岑氏"旧为溪洞蛮夷酋长"却"自谓"或"自叙"为"汉征南将军舞阴侯岑彭之后"，就是否认自己的"溪洞蛮夷"先人而皈依汉族。田州土官所谓的"元以来有岑翔、岑瑛、岑雄、岑世兴、岑也先、岑伯颜者继为田州及来安二路总管"。岑雄见载于《元史》卷21《成宗本纪》，岑世兴见载于《元史》卷26《仁宗本纪》，卷29、卷30《泰定帝本纪》，时域是大德迄致和年间（1297—1328年）此30多年。同时，岑雄之父岑从进、祖岑邈公以及岑世兴的次子岑铁木儿也都见载于南宋广西帅守李曾伯的《可斋杂稿续稿后》卷9及《元史》卷29《泰定帝本纪》，岑氏族人却将他们扔出九霄云外，杜撰什么岑翔、岑瑛以及岑也先来充作先人。数典故为忘祖，塑几个傀儡来拜作先人，也太无谓，显出他们的无知与懦弱。

至于"田州府知府兼来安守御事"，仅仅发生于明朝洪武五年至七年间岑伯颜一人身上，与他人无关，这里既将之错于元朝，又不当地放诸元代岑氏诸土官头上，虚张声势，大为扩散，似是一人一时的华衮，可被于一家上代父祖以及子孙一样，无边无沿，太出奇了。何况，岑雄、岑世兴自为来安路总管，又何曾做了田州路总管？此种无据延伸，虚光一团，反弄得其人虚光晃晃，大有不实的感觉。

广西右江岑氏既抓定了东汉舞阴侯岑彭为始祖，又反省了泗城州官族岑九仙"自始祖岑彭以来世袭土官"的谬误，眼瞅着浙江余姚人王守仁曾提督两广军务，和平解决了"思田之乱"，于是萌生广西右江岑氏原籍浙江余姚、随狄青南征侬智高而落籍广西的理念。天启间（1621—1627年）泗城州土官知州岑兆禧石刻《岑氏宗支世系》首开其例：

> 岑仲淑，派自余姚，善于医道，立武功于宋高宗朝，授麒麟武卫怀远将军。随狄襄公征侬志高，克邕州城，破邕州，志高奔广南。襄公还朝，仲淑公善后，驻镇邕州，建元帅府，督桂林、象郡三江诸州兵马以御志高，始通市马于水西，大伙合兵扫荡西南夷梗，有牂柯。布露上京，封粤国公。

这可是有高起点，可以门庭光耀了。然而宋高宗不是宋仁宗，二者相距70多年，宋高宗时的岑仲淑怎可以没出生就能魂随70多年前的狄青南征侬智高了？侬智高失败西逃，滕甫《孙威敏征南录》载"狄先还京师，公（指孙沔）留邕计事"。《宋史》卷320《余靖传》也载："及诸将班师，独留（余）靖广西。"怎么会有"襄公还朝，仲淑公善后，驻镇邕州建元帅府以御志高"？"水西"是宋罗殿国后人在明代的称谓，宋无"水西"之名。所谓岑仲淑"始通市马于水西"，则将南宋于横山寨购买特磨道、自杞、罗殿贩来的大理战马一事放到明代来了。南宋时，羁縻州首领岑汝弼和黄璨还在唐兴、路城一带

---

① 《明实录·孝宗实录》卷222"弘治十八年三月甲辰"。

"争招马之利"、阻梗宋与西南诸国的马匹交易呢,① 岑姓怎可"通市马"来！至于"大伙合兵扫荡西南夷梗,有牂柯",在宋朝更没其事。宋朝坚执宋太祖"划大渡河为界,此外非吾有也"的对待西南夷的政策,与大理、罗殿等西南诸国分疆为治,各不相扰,哪里有什么"西南夷为梗"?② 此事当是指明朝天启二年（1622年）二月,贵州水西土同知安邦彦连同黔西、滇东北等处土司反明,占毕节、破安顺、围贵阳,广西巡抚何士晋奉命派遣泗城州土官岑云汉、田州土官岑懋仁等组织的援黔平叛。③ 这是无中生有,错乱时空,胡搅史事。事之不存,人将焉在！按理"襄公还朝,仲淑公善后,驻镇邕州",岑仲淑在当时的广西可是狄青之下万人之上了,但是余靖在侬智高一事结束后在桂州撰了《大宋平蛮碑》,又刻了《平蛮三将题名碑》,列述了当时狄青、孙沔、余靖三将随征将佐,没有岑仲淑其名,可知其人是岑氏族人杜撰出来的。

岑氏土官明确了原籍,明确了落籍广西的因由,但在《岑氏宗支世系》中,岑仲淑以后的世次是：岑自亭、岑翔、岑英、岑雄。岑雄是元朝大德间（1297—1307年）的来安路总管,《元史》卷21《成宗本纪》有记载。这样一来,从岑仲淑随狄青南征的宋皇祐四年（1052年）至大德元年（1297年）足距245年,岑氏先人仅有四代,平均代距60年,离事实也太远了。综此可知,岑仲淑是虚构的人物,其事本无。

既挂了中原汉族名宦,认了始祖,定了原籍,又堂而皇之地南来征讨叛蛮有功,在广西世为大官,可叶于高门,无愧于后人了,谁知这些都是穿凿之言,空穴来风。

因为是空的,便会游移。汪森《粤西丛载》卷24《土官瓦氏》引明朝董斯张《吹景集》载,嘉靖甲寅（三十三年,1554年）瓦氏夫人率兵到江浙抗倭,"泊胥关月余。驭众有法度,约所部不犯民间一粒"。"其出,军帖分五色,以别行伍。头裹方素,无他色者。或问,瓦云：身是孟获裔孙,感武侯七赦恩,诫子孙世世戴缟（白色）,以识不忘耳。"戴白头巾是唐、宋以来壮族及其先人传承的习俗。所以,《太平寰宇记》卷166《邕州风俗》载"今乡村皆戴白头巾"；藤县"乡民多以白布为巾"；④"广东之民"也是如此,"多用白头巾",以致宋徽宗于政和七年（1117年）七月十七日特发诏令,认为这是"夷风,有伤风化","令州县禁止"。⑤ 明末清初,"狼人"仍然传承此一习俗,诚如金铱雍正《广西通志》卷92《狼》所载："狼男女俱挽髻,前锐后广,覆以白布。"显然,田州瓦氏夫人手下"狼兵"头戴白头巾与诸葛亮七赦孟获毫无关系,何况诸葛亮对孟获的七擒七纵史无其事,完全是小说家罗贯中塑造出来的。不过,瓦氏夫人是归顺州岑氏土官岑璋女,嫁与田州岑猛为妻,她说"身是孟获裔孙",道出了时至明嘉靖年间,岑氏先人是"中原来人"还是"西南夷",并未完全定论,只是后来主中原论者得势而已耳。

史书明见记载,但壮族及其先人修谱系论世次却不管史书的记载,根据自己的理念,

---

① （清）汪森：《粤西文载》卷63《范克信传》。
② 《宋史》卷353《宇文常传》。
③ 《明实录·熹宗实录》卷29。
④ 《永乐大典》卷2339梧字引《藤县旧志》。
⑤ 《宋会要辑稿·刑法二之六八》。

自编自撰，不单广西右江岑氏为然，广西南丹州莫氏土官族等也是如此。

自宋开宝七年（974年）南丹州"酋帅莫洪薵奉表内附"授为南丹州刺史以后，历莫洪浩、莫淮勍、莫淮刬、莫世渐、莫世忍、莫公帐、莫公佽、莫公晟、莫延丰、莫延沈、莫延廪、莫延甚、莫延荫，到嘉定五年（1212年）莫延荫之子莫光熙袭任南丹州刺史，这都是在《宋史》卷494《南丹州蛮传》书写清楚的。淳祐九年（1249年）至宝祐二年（1254年）任广西帅守的李曾伯《可斋杂稿续稿后》卷7《条具边事奏》载南丹州官莫异德及其子莫大发。迨至元十四年（1277年）"南丹州牧莫大秀"奉表内附，① 可以认知莫大秀为莫大发之弟。莫大秀之后相继为莫国麟、② 莫忠赦、莫镇南③，直至明朝洪武二年（1369年）的莫天护。④ 这说明由宋初至明朝初年，南丹州历任刺史或土官父子承袭或兄终弟及，相沿而下没有缺环，一清二楚。然而，清朝的莫氏土官族人修撰族谱，却不认这个账。例如，《钜鹿宗支南丹知州官谱》载：

> 南丹州官始祖籍于山东省青州府益都县白米街人氏。自宋太祖开宝（968—976年）至雍熙（984—987年）年间随征平枝图古蛮溪峒霸广州乱，敕征广西等处溪峒蛮。杀贼有功，宋神宗时封为南丹知州。知州正堂官：莫伟勋。

嘉庆三年（1798年），南丹州退休土官莫遐昌自撰墓志载：

> 始祖讳伟勋，本系山东青州府益都县人氏，于元丰（1078—1085年）年间奉命征剿南丹溪洞猺蛮有功，即以军功授为世袭刺史。⑤

一个莫伟勋，原籍是山东青州府益都县，你说是开宝年间（968—976年）因奉命征"蛮"来到南丹，他说是元丰年间（1078—1085年）因奉命征"猺"来到南丹，前后相差100多年，谁可信，谁不实，书载无凭，全由你的他的上下两片唇一吧嗒，也是够可以的。为什么关于先人的书载明摆在那里却又偏去空口另行编撰？原来都是为了挂上中原，依上汉族，不全将纯系"蛮夷"的先人扔了，怎可脱却"蛮"衣"夷"气？不认蛮夷先人，所要挂的中原汉族又是虚的，靠不上，南丹莫氏土官到底属于哪一个民族群体，岂不是让人忍泪难以言衷吗？

明朝正德间（1506—1521年）任柳州府通判的桑悦《记壮俗六首》，其六句称："姓同处处是华宗。"自注云："称同姓者为华宗。"⑥ 这道出了时至明朝中后期在壮族中已经形成了同姓者都是"华宗"的观念。此观念的形成，扭转了壮族的思想意识和价值取向，

---

① 《元史》卷128《阿里海牙传》。
② 《元史》卷16《世祖纪》。
③ （清）汪森：《粤西丛载》卷25《历代驭蛮》引《学海》。
④ 《明实录·太祖实录》卷38"洪武二年春正月二十七日"。
⑤ 《南丹土官莫遐昌墓志碑》，《广西少数民族地区石刻碑文集》，广西人民出版社1982年版，第173页。
⑥ （清）汪森：《粤西诗载》卷16。

铸就了壮族无姓不是由中原而来的理念。试翻广西人民出版社 1982 年出版的《广西少数民族地区石刻碑文集》所载的有关明末和清朝桂西土官或土目的碑文，不论是土官如恩城州土官知州赵氏、安平州土官李氏、万承州土官许氏、南丹州土官莫氏等，还是土目如万承州土目李氏、张氏、冯氏、赵氏、黄氏，南丹州哨目莫氏等，无不宣称其先人来自中原。而"铜山西崩洛钟相应"，广西往日最大的历史事件就是侬智高的起兵反宋，因此南来者无不是随狄青讨伐侬智高就是征讨"蛮猺"作乱。

当然，在侬智高起兵反宋期间，广西经略安抚使余靖"募侬、黄诸姓酋长，皆縻以职，使听节制"。① 田州知州黄光倩之母"阿侬"因"料籍丁壮"随石鉴进特磨道（今云南广南县）去围捕侬智高之母"阿侬"，"劳勤显著"，得到宋仁宗的褒奖，封为"宣化郡君"。② 这些帮助宋朝孤立、封锁、围攻侬智高的广西左右江羁縻州"侬、黄诸姓首领"的后人都是左右江元、明、清时期的大小土官、土目，说他们不是土著首领岂不可怪？宋代，中原汉人军校随狄青而来也随狄青而去，其他戍兵在皇祐五年（1053 年）闰七月也点着人头轮番更戍，在广西还能剩谁？何况，宋朝皇帝一再命令，羁縻之道在于土人自治，不准汉人军校随意进入左右江羁縻州洞，元、明、清时期广西左右江地区的大小土官、土目，能是北来宋朝军校的后人吗？

侬智高起兵反宋失败后，站在宋朝立场上的左右江侬姓，得到了宋仁宗的青睐，赐以国姓。比如，龙州、古甑洞（在今龙州县北）、耸洞（今大新县桃城镇）、龙英洞（在今天等县西南）、恩城（在今大新县恩城）、员州（今崇左市中部）等侬姓首领都改了赵姓。而另一部分侬姓，慑于政治压力，去"人"旁改为"农"，如都结州（治今隆安县西都结）土官农氏等。

都结州土官农建业（字以西）乾隆十一年（1746 年）对崇善县（治今崇左市太平镇）欧咏永说，我先人本"鲁人"。缘宋仁宗皇祐四年随狄青武襄公征侬"智高有功，世授此都结，分治为州"。③ 乾隆十一年（1746 年）六月十五日欧咏永作序的《都结州农氏宗支图序》载：

> 世袭始祖农威烈公。（威烈）生武高，（武高）生庆赓，（庆赓）生郎寿，（郎寿）生知德，（知德）生永昌、永隆，（永隆）生德安……

农德安见载于《明实录·宪宗实录》卷 31 成化二年（1466 年）六月辛酉，只是写成"农得安"，或是同音而异写。《土官底簿·都结州知州》载：

> 农应广，前朝（指元朝）任知州，病故，男农武高洪武三年（1370 年）实授知州；故，长男农威斌署州，未实授，洪武二十九年（1396 年）四月被佶伦州土官冯万杰谋杀，绝嗣。农威烈系亲弟，永乐元年（1403 年）二月奉圣旨："著他袭。还去要布

---

① （宋）李焘：《续资治通鉴长编》卷 173。
② （宋）胡宿：《文恭集》卷 19《右江田州知州黄光倩母阿侬可封宣化郡君制》。
③ 乾隆《都结州农氏宗支图序》。

政司官保结来。钦此。"故,长男农永昌袭职,为无本府官吏保结,行取去。后农永昌未实授。故,弟农永隆承袭。宣德八年(1433年)二月奉圣旨:"准他袭。还问布政司要委官保结。钦此。"故,男得安景泰四年(1454年)正月奏准,就彼冠带。

《土官底簿》是明代好事者抄自朝廷存档案牍的本子。明朝中前期以前云、贵、广西、湖广、四川、广东等省诸土司的报袭姓名、因袭过程皆有存录,是比较可靠的原始资料。都结州农氏土官自元朝而来,因此农氏土官报袭时道明了元代最后一个土官是"农应广"。农应广死了,由其长子"农武高"于明洪武三年(1370年)报袭。农武高死,由其长子"农威斌"代理州事,还没获准实授土官知州就被佶伦州土官冯万杰杀了,因无后,兄终弟及由其弟"农威烈"承袭土官知州。农威烈死,先由其长子"农永昌"袭职,却因没有太平府知府的保结,材料不全,一时也没有获得实授知州就死了,又因无后,只好由其弟"农永隆"承袭。农永隆死,子"农得安"于景泰四年(1454年)奏袭。可不详是什么原因,他未能获准实授,只能穿着州官服饰管州事。距明朝洪武三年(1370年)有376年的清朝乾隆十一年(1746年)都结州土官农建业就对自己明朝初年的先人忘了,世次也弄混了,子做父来父做子,并无端地踢开农武高之父农应广,无端地杜撰世无其人的农庆赓、农郎寿、农知德三人来做自己的先人,把本是农武高次子的农威烈奉做始祖,然后去挂中原攀汉族,说什么农威烈于宋皇祐四年(1052年)随狄青南征侬智高而落籍于都结州,不是活见鬼吗?

在壮族历史上,侬氏的出现较黄氏晚了近千年。此与他们居地的僻远、社会发展的缓慢以及受汉族文化的影响较晚大有关系。①晚是晚了,但他们既依汉族定了姓,也免不了与壮族及其先人的其他姓氏有着共同的心态,抱着相同的愿望和追求。农氏土官对300多年前的先人已如雾里看花,稀里糊涂,终隔一层,却又赶时尚,驱着先人去勾挂相隔近700年前狄青南征侬智高,怎不令人齿冷!农氏土官赶潮,其他农氏族人们也不甘落后。当他们知道明代淳安县(今浙江淳安县)有个县令叫农献,靖州(治今湖南靖县)学政是个名儒叫农志科,便不管其为何时何方人士,以拉上为快。比如,邕宁《农氏族谱》标示其五代祖图,并说"我远祖侬献,在唐朝时代祖籍于湖南省长沙府茶阜县,屡任仕职"。"其子侬儒,字全福,又蒙皇上深恩,人民爱戴,也袭父职,历任西源、陈州、广源州等州官。"而德保县城关镇农奎甫家存族谱也载:"吾祖于癸原籍浙江绍兴府城北街,于乾隆七年(1742年)迁入镇安府城。"为了查实其事,农奎甫还于1979年跑到浙江绍兴市,"找到了祖坟"。"时城北街农姓有三百多户,都是汉族。当地用8亩地建农氏祠堂和侬智高铜像。祠内陈列着农氏在各个历史时期抗击外敌用过的兵器及部分文物。"广西药检所农牧岗先生存疑,信询浙江绍兴市志办。2008年3月12日,该志办李能成处长电告:"一,绍兴市有城北桥没城北街;二,市里零星有几个农姓人,是外嫁来的,没三百多户;三,没有农氏祠堂,更没有什么侬智高铜像。"铁板钉钉,不是什么模棱两可,农奎甫氏"亲履故地"的调查结果竟也如此,令人莫名其妙。

20世纪80年代政治的宽松、社会的宽容,"壮族中许多姓氏的人不知哪里来的劲儿,

---

① 白耀天:《侬智高:历史的幸运儿与弃儿》,民族出版社2006年版,第33页。

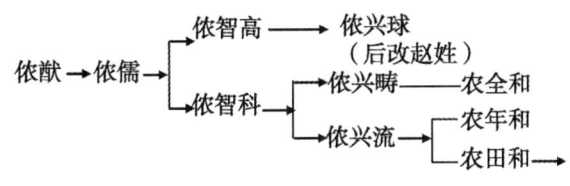

侬氏远祖五代图

不断派人上山东、下浙江、奔江西,到中原各地去寻根问祖,声言'五百年前共一家,何况九百余年乎',千方百计地与中原汉族的姓氏网起十八竿打不着的宗亲关系"。① 此种冲动,此种热情,此种心态,是侬汉定姓的必然结果。此种结果,导致了壮群体越人后人的群体性的心理倾斜。此种倾斜,为壮群体越人后人的趋同于汉族奠下了基础。

二 汉族文化:壮群体越人及其后人趋同于汉族的"造化小儿"

"造化小儿",古代指掌管命运的神灵,这里用作比喻创造、化育的神奇力量。

壮傣群体越人及其后人,并不是一个封闭自守的民族群体。她在与汉族的接触中,仰慕于汉族文化,不断地接纳汉族文化,推进了自己的社会发展。在汉族文化的强力影响下,随着俗变语变以及意识、价值取向的转化,他们中有不少人在社会的行进中,也就趋同或逐渐趋同于汉族了。

壮傣群体越人在距今 4000 年左右跨入父亲氏族社会以后,② 就积极与周邻的民族群体进行经济、文化交流,博采众长,丰富和发展自己的群体文化,推进自己的社会进步。比如,吸纳商周以及楚国的青铜制造技术,取法于滇文化的铜鼓等。③ 即使壮傣群体越人分化为壮群体和傣群体二群体越人以后,铜鼓也仍然是他们及其后人传承的传统文化之一。比如,"俚獠贵铜鼓";④ "豪渠之家,丧祭则鸣铜鼓,召众则鸣春堂";⑤ "丧祭,如亲故,以击铜鼓为号,闻声亲戚毕至"。⑥

梧州《旧经》载,广西梧州,"古蛮夷之国,雕题之俗。婚用牛,丧则聚搏击钙鼓作戏,叫噪逐其厉。及掩之中野,至亲不复送。言语、好尚略同中国矣"。⑦ 梧州《旧经》,

---

① 白耀天:《壮族土官族谱集成》,广西民族出版社 1998 年版,第 4 页。
② 在广东增城县金兰寺新石器时代晚期文化层出土距今 4000 年前的陶祖(莫稚:《广东考古调查发掘的新收获》,《考古》1961 年第 2 期),在广西钦州独料和邕宁坛楼新石器时代晚期文化遗址也出土距今 4000 年前的陶祖、石祖(广西文物队、钦州县文化馆:《广西钦州独料新石器时代遗址》,《考古》1982 年第 1 期;广西文物训练班等:《广西南方地区新石器时代文化遗存》,《文物》1978 年第 9 期)。
③ 广西文物队、南宁市文管会、武鸣县文管所:《广西武鸣马头安等秧战国墓群发掘简报》,《文物》1988 年第 12 期;广西博物馆:《广西恭城县出土的青铜器》,《考古》1973 年第 1 期;广西文物队:《平乐银山岭战国墓》,《考古学报》1978 年第 2 期;广西文物队:《广西田东发现战国墓葬》,《考古》1979 年第 6 期;广西文物队:《广西宾阳县发现战国墓葬》,《考古》1983 年第 2 期。
④ (晋)裴渊:《广州记》,《太平御览》卷 785《俚》引。
⑤ (宋)乐史:《太平寰宇记》卷 163《新州风俗》。
⑥ 道光《云南通志》卷 183 引《思乐县志》。思乐县,治今云南镇沅县东北思乐。
⑦ 《永乐大典》卷 2339《梧州府》引。

见引于南宋王象之《舆地纪胜》卷108《梧州·景物》，知该书为宋或宋以前人的著述。那时候，梧州居民虽然仍传承着许多古越人的文化习俗，但是"言语、好尚略同中国矣"，则说明其人已经逐渐趋同于汉族了。《古今图书集成·方舆汇编·职方典》卷1426《平乐府风俗考·永安州》载，明末清初，永安州（今广西蒙山县）"地僻山高，猺獞占十之七，民仅有三"。"环峒皆猺。""獞性近乎猺。错处村落，多系愚狡。生子概习巫、道，惟务农业，不操末作。彼此交易，率以禾米。团会，或共茹腥。死丧概从火化。居则架木营巢，葺茅编竹，赛歌击毯，尤其遗俗。"清朝雍正十一年（1733年）金𨱔《广西通志》卷93《蛮疆分隶》也载，"永安州民居三，猺獞居七。猺居深峒中，不供税役"。"獞则与民杂处，男女唱歌，婚聘用槟榔，病则屠牛祭鬼。"200多年过去，迄于20世纪四五十年代，蒙山县壮族原来的习俗文化已经消失殆尽，其人也完全趋同于汉族了。同样，在汉族文化的影响下，云南景东府（治今景东县）的傣族也是如此，前已说过。

壮傣群体越人及其后人在汉族文化的强力影响下，随着汉文学校的设立和推广，形成了"士"的知识阶层。此一"士"的知识阶层，学汉文，习书史，说汉话，讲儒道，竞举业，行汉礼，易风俗。他们在社区或群体中犹如"户枢"，起着转变语言、习俗、意识、观念以及价值取向的作用。这就是"学校声教，渐迁其俗"；[①] 就是"渐习书史，民风地宜，日致而化"；[②] 也就是"每闻长老言，壮女嫁与儒童、秀才，则婚夕即成夫妇，无归宁不返之事"（即不再沿袭壮族传统的婚夕即返娘家婚后不落夫家的旧规）。[③] 在"士"的表率、说教和推动下，社区或群体的人潜移默化，自然似之，从而促成壮傣群体越人及其后人的不少社区或群体行汉礼，说汉话，趋同于汉族或逐渐趋同于汉族。

（一）由东往西，汉族文化逐逐浸润与适度阻滞

在岭南壮群体越人及其后人中，汉族文化是由东往西、由北而南逐渐渗入的。

秦始皇分三路兵攻讨岭南，几经曲折，几经艰难，征服了越人，设置了桂林、象郡、南海三郡。记载未明当时三郡的首长是谁，可从后来见载的南海守先是越人"弃"、后是其子"嘉"，桂林监是越人"居翁"，[④] 可知当时郡的长官是当地的越人首领。唯是"东南一尉"的南海尉，是秦王朝任命的北来汉人任嚣。任嚣死，由龙川令汉人赵佗自任。后来赵佗据岭南建南越国，仍是以越人首领为南海、桂林、象郡三郡郡守。

秦、汉二朝，虽然"颇徙中国罪人杂居其间，稍使学书，粗知言语；使驿往来，观见礼化"，[⑤] 然而不仅这些南迁的汉人为数不多，而且中央任命的官员除广州刺史等外，广州辖下的众多郡县大多仍操于当地越人首领之中。汉末三国，苍梧郡广信人士燮一家，士燮为交趾郡太守，弟士壹为合浦郡太守，次弟士䵋先为徐闻县令后为九真郡太守，四弟士武领海南太守。"燮兄弟并为列郡，雄长一州，偏在万里，威尊无上。""当时贵重，

---

① （明）李元阳：万历《云南通志》卷44。
② 《古今图书集成·方舆汇编·职方典》卷1490《景东府风俗考》。
③ 程大璋：民国《桂平县志》卷31。
④ 《史记》卷20《建元以来侯者年表》。
⑤ 《三国志》卷53《薛综传》。

震服百蛮，尉他（赵佗）不足逾也。"①

《晋书》卷26《食货志》载太元三年（378年）东晋孝武帝"诏"说："钱，国之重宝，小人贪利，销坏无已，监司当以为意。广州夷人宝贵铜鼓，而州境素不产铜，闻官私贾人（商人）皆于此下贪比轮（晋钱，大者谓比轮）钱斤两差重（略重）以入广州，货与夷人，铸败作鼓。其重为禁制，得者科罪。"广州作为当时辖属今两广地区的大府，以之与"夷人"有机契合在一起，道明了晋代岭南居民以"夷人"即壮群体越人后人为众。

又《晋书》卷57《陶璜传》载在岭南为官的陶璜上书说：

> 广州南岸，周旋六千余里，不宾服者乃五万余户，及桂林（郡治今广西柳州市东南）不羁（不受管束）之辈复当万户。至于服从官役，才五千余家。

"广州南岸"，当指那时的南海、高凉、宁浦、晋兴及交州所属的合浦诸郡。这些地方虽在大框架上设郡置县，名义上属于晋朝的统治，实际上权力却掌握在地方大小首领手中。广州南岸是如此，广州以北何尝不是如此？《梁书》卷13《范云传》载，范云为"始兴（治今广东韶关市）内史。郡多豪猾大姓，二千石（刺史）有不善者，谋共杀害，不则逐去之"，即道明其事。

南北朝时期南北对立，南朝的宋、齐、梁、陈一者辖地有限，二者"广州包带山海，珍异所出，一箧之宝，可资数世"，②对岭南地区着力经营。所以，广州"虽民户不多，而俚獠猥杂，皆楼居山险，不肯宾服。西南二江，川源深远，别置督护，专征讨之"。而"合浦北界""夷獠丛居，隐伏岩障，寇盗不宾，略无编户。宋泰始中（465—471年），西江督护陈伯绍猎北地，见二青牛惊走入草，使人逐之不得，乃志其处，云：'此地当有奇祥！'启立越州"。"元徽二年（474年）始立州镇，穿山为城门，威服俚獠。"③这就是说，到了南朝的时候，方才设置越州，有了永宁（治今广东电白县东北）、百梁（治今广西合浦县东北）、安昌（治今广西合浦县北）、南流（治今广西玉林市）、北流（治今广西北流市）、定川（治今广西玉林市西南）、龙苏（治今广西浦北县）、马门（治今广西博白县）、封山（治今广西灵山县）等郡的设置。

《南齐书》卷14《州郡志上》载广州包带山海，珍异所出，"卷握之资，富兼十世"。《南齐书》卷32《王琨传》也载："南土沃实，在任者常致巨富。世云：广州刺史但经城门一过，便得三千万也。"南北朝时期岭南地区的富饶，既可从上面的引述知其大概，也可从《陈书》卷9《欧阳頠传》所载的欧阳頠积极征讨"俚獠"，"多致铜鼓、生口，献奉珍品，前后委积，颇有助于军国焉"得到印证。《新唐书》卷110《冯盎传》载：

> （冯）盎族人子猷，以豪侠闻。贞观中（627—649年）入朝，载金一舸（小船）自随。

---

① 《三国志》卷49《士燮传》。
② 《晋书》卷90《吴隐之传》。
③ 《南齐书》卷14《州郡志》。

高宗时（650—684年在位）遣御史许瓘视其赀（资产）。瓘至洞（良德洞，在今广东高州县），子猷不出迎。后，率子弟数十人击铜鼓，蒙排执瓘而奏其罪。帝驰遣御史杨璟验讯。璟至卑辞以结（巴结）之，委罪于瓘。子猷喜，遗金二百两、银五百两。璟不受，子猷曰："君不取此且留，不得归！"

璟受之，还奏其状。帝命纳焉。

这是进入唐朝以后岭南"俚獠"豪右恣情奢汰，挥金如土，恃财捉弄朝廷命官，加罪朝廷命官，为难朝廷命官，有时竟连皇帝也只能苦笑而置之，奈何不得的写实。由此，也可以观照南北朝时期广州地区的富饶。

南朝梁、陈二代，由于统治者的刻意攻讨"俚獠"，谋取财富以中军需，为官者也借征伐"俚獠"以中饱私囊。累征"俚獠"，从而也激起"俚獠"群体首领的自我捍卫，自我扩张。太清二年（548年）"侯景之乱"，冲击、瓦解了三国以来的九品中正制，南朝的官场角逐者开始吸纳深受汉族文化影响的岭南"俚獠"首领势力作为夺权谋利的资本。于是，岭南中东部地区的"俚獠"首领纷然而起，跃跃欲试。有的被迫无奈自我联结起兵抗争，如俚帅陈文彻兄弟等；① 有的则带着自己的亲属部众找着自己依托的对象或逾岭北上或据地维持以作声援，如高州刺史李迁仕之依蔡路养，侯安都、欧阳頠、冼夫人之附陈霸先。侯安都、欧阳頠率部随陈霸先北上逐鹿建陈，冼夫人则为陈霸先安守岭南。② 这样，梁、陈二代，岭南的地方政区建置就出现了广州、衡州（治今广东英德市）、东衡州（治今广东韶关市）、高州（治今广东阳江市西）、成州（治今广东封开市）、泷州（治今广东罗定市南）、建州（治今广东郁南县东南连滩）、罗州（治今广东化州市）、越州（治今广西合浦县）、南合州（治今广东徐闻县）、贺州（治今广西贺州市贺街）、桂州（治今广西临桂县）、南定州（治今广西贵港市）、安州（治今广西钦州市）等州级建置。③

南朝的地方政区建置，本以州管郡，郡辖县，但是高州、成州、泷州、建州、罗州、越州、南合州、安州等州却垒挤在不大的方域内，各自所辖的地区并不大，有的州所辖的郡不及今一县，县或者仅为今一二个乡镇的规模，无怪范文澜先生说："在一个村落里就建立起州或郡县。"④ 这是当地的"俚獠"首领活跃崛起，显示力量，中央也不得不承认所致。而桂州和南定州所属则为今大半个广西，辖下的圹埌之野，"俚獠"首领仍然默默无闻。

隋朝，岭南地区仍是"俚獠"人的天下。所以，《隋书》卷31《地理志》说，"俚獠""其人性并轻悍，易生逆节，椎结跣踞，乃其旧风"。"俗好相杀，多构仇怨"；贵铜鼓，以铜鼓为权力的象征，集众的凭借。陈、隋之际，"俚獠"首领冼夫人团结苍梧（治今广西梧州市）首领陈坦，冈州（治今广东新会县）、梁化（治今广东惠东县西北梁化）

---

① 《陈书》卷9《欧阳頠传》；《隋书》卷78《艺术·耿询传》。
② 《陈书》卷1《高祖纪上》；《陈书》卷8《杜僧明传》《侯安都传》；卷9《欧阳頠传》；《北史》卷91《列女谯国夫人洗氏传》。
③ 《梁书》卷2、卷3《武帝纪》；《隋书》卷31《地理志》。
④ 《中国通史》第二册，人民出版社1978年版，第476页。

邓马头，藤州（治今广西藤县）李光略，罗州（治今广东化州市）庞靖等"俚獠"首领归于一统大业，力平欧阳纥、王仲宣等俚帅首领的先后为乱，安定地方。① 而在今广西范围内，隋朝初年虽新立了藤州、象州（治今柳州市）、融州（治今融安县）三州，但是隋炀帝即位后，藤州降为郡，象、融二州则省废了，今广西左右江地区及柳州以西地区仍是漠漠一片，没有政区建置，隋王朝似力有不足而委弃其地。

隋末唐初，岭南中东部的局势，"冯盎据高（治今广东阳江市西）、罗（治今广东化州市），号总管；邓文进据广州；俚帅杨世略据循（治今广东惠州市东北）、潮（治今广东潮安县）"；"宁长真据郁林（治今广西贵港市贵城镇）；其别号诸盗，往往屯聚山泽"。② 武德五年（622年），李靖率领唐朝军队"度岭至桂州，遣人分道招抚。其大首领冯盎、李光度、宁长真等皆遣子弟来谒。（李）靖承制授其官爵"。岭南地区归于唐朝一统。③

这些"俚獠"首领素为历代中央王朝的地方官员，长期受着汉族文化的浸润。他们依于王朝中央而荣，依于王朝中央而贵，热盼于王朝中央的授官赐爵。汉族文化蕴含的意识、观念及价值取向等已经逐渐成了他们生活中的主导倾向。比如，唐高宗时，礼部尚书许敬宗即"嫁女与蛮酋冯盎之子"；唐征高丽，白州（治今广西博白县）"蛮酋"庞孝泰也"率兵从征高丽"；④ "安史之乱"（755—763年），岭南子弟闻讯即北上"勤王"。⑤ 至德中（756—758年），羁縻睦州、武阳、珠兰、金溪、黄橙等一百余洞推武承裴、韦敬简为首起兵反唐。唐朝"遣中使魏朝璨宣慰。凡诸首领皆赐敕书（皇帝的诏书），再三晓谕，许其官爵"。岭南诸首领，"承平以来久绝朝命，自蒙提奖，感激殊私，勤力同心，倾家竭产，训免子弟，策励甲兵，介胄自出于私门，粮储不损于公廪"。"大首领梧州长史镇南副都护摄、柳州司马西原游奕使张维南率劝首领，统兹军政，万夫齐进，一举无遗"，帮助唐朝官军镇压武承裴等的反唐斗争。⑥

然而，由于他们都是就地世袭为官，其所属群体仍传承着壮群体越人的传统文化，与汉族还保持着族体文化上的差距或相异。比如，迄于北宋末年，不论是今广西还是今广东的居民，都还传承着古越人以白志喜、以红表哀的意识，以致"鼓乐不分哀乐事，衣冠难辨吉凶人"。他们素常都扎着白头巾，被赵宋王朝认为是"夷风，有伤风化。令州县禁止"。⑦ 文化上的相差乃至相异，处置不慎自然会不时引起汉、越两种文化的冲突。所以，武德六年（623年）南越州（治今广西合浦县）刺史宁道明与高州（治今广东阳江市西）首领冯暄据南越州叛；⑧ 贞观七年（633年），龚州（治今广西平南县）"东西洞獠叛"；贞观十四年（640年）三月，"罗（治今广东化州市）、窦（治今广东信宜市西南镇隆

---

① 《隋书》卷80《列女谯国夫人传》。
② 《新唐书》卷1《高祖纪》。
③ 《旧唐书》卷67《李靖传》。
④ 《旧唐书》卷82《许敬宗传》。
⑤ 《旧唐书》卷114《鲁炅传》。
⑥ （唐）杨谭：《兵部奏桂州破西原贼露布》，《全唐文》卷377。
⑦ 《宋会要辑稿·刑法二之六八》。
⑧ 《新唐书》卷222下《南平獠传》。

二州獠叛";① 永徽二年（651年）十一月，"窦、义（治今广西岑溪市）州蛮寇边";② 龙朔三年（663年）一月，"柳州蛮叛";③ 开元十四年（726年），"邕州獠首领梁大海，周光等据横、宾等州叛";④ 十六年（728年），"泷州（治今广东罗定市南）獠首领陈行范，广州首领冯仁智、何游鲁"叛，"陷四十余城""割据岭表"等。⑤

安史之乱，岭南子弟北上勤王，隶于南阳节度使鲁炅，屯于叶县（今河南叶县），筑栅挖壕固守。贼将武令珣、毕思琛来攻，众欲出战，鲁炅不许。贼于西边顺风烧烟，军校受不住了，破栅跳壕而出，贼箭如雨，致使全军覆没。⑥ 消息反馈岭南，岭南首领觉得被出卖了，起兵反唐。至德元年（756年），"岭南溪獠首领梁崇牵陷容州";⑦ 至德中（756—758年），睦州、武阳、珠兰、金溪、黄橙等一百余洞推武承裴、韦敬简等为首起兵反唐;⑧ 大历四年（769年），"番禺贼冯崇道、桂州叛将朱济时等负险为乱，残十余州";⑨ 十二年（777年），"西原蛮"潘长安聚众20万反唐等。⑩

唐代中前期，鉴于岭南壮群体越人的后人其"土酋"势力强大，除大州刺史如广州都督、桂州都督等为王朝中央直接委官外，其他州县则多是"土酋"任之。因此，冯氏为高、罗都督，宁长真为钦州都督，宁道明为南越州刺史，沈逊为昆州（后改为柳州）刺史，欧阳世普为融州刺史，秦元览为象州刺史，庞孝恭为昌州（治今广西博白县西）刺史，⑪ 庞孝泰为白州（治今博白县）刺史，⑫ 李光度为藤州刺史，⑬ 周庆立为昭州刺史等。⑭ 刺史之下，"俚獠土酋"任州吏县令的其数更为众多。武后时（684—705年）王綝出任广州都督，发现"部中首领沓墨（贪赃枉法），民诣府诉"，府曹官员与首领们内外勾结并不追究的情况。⑮ 桂州所"部二十余州，自参军（州官）至县令，无虑三百员，吏部所补才十一，余皆观察使商才补职"。所谓根据当地人的才干"商才补职"，实际就是看首领谁有钱，谁出的钱多谁就有机会。所以，元和中（806—820年）韩佽出任桂州观察使，下车伊始，就有乡中"豪猾厚进贿使者，求为县令"的事儿。⑯

《新唐书》卷110《冯盎传附冯子猷传》载高州首领冯子猷戏弄朝廷命官，唐高宗也

---

① 《新唐书》卷2《太宗纪》。
② 《新唐书》卷3《高宗纪》。
③ 同上。
④ 《旧唐书》卷8《玄宗纪》。
⑤ 《旧唐书》卷8《玄宗纪》；《旧唐书》卷184《杨思勖传》。
⑥ 《旧唐书》卷114《鲁炅传》。
⑦ 《新唐书》卷6《肃宗纪》。
⑧ （唐）杨谭：《兵部奏桂州破西原贼露布》，《全唐文》卷377。
⑨ 《新唐书》卷6《代宗纪》；《新唐书》卷131《宗室宰相李勉传》。
⑩ （唐）韩云卿：《平蛮颂并序》，《全唐文》卷441。
⑪ 《新唐书》卷222下《南平獠传》。
⑫ 《旧唐书》卷82《许敬宗传》。
⑬ 《旧唐书》卷59《李袭志传》。
⑭ 《新唐书》卷120《薛季昶传》。
⑮ 《新唐书》卷116《王綝传》。
⑯ 《新唐书》卷118《韩思复传附韩佽传》。

无可奈何。也就是这个冯子猷,在垂拱三年(687年)交州首领李嗣仙党与丁建、李思慎围攻安南府的时候,他"幸灾乐祸,欲因危立功,遂按兵纵敌,使其为害滋甚"。① 如此的众多"俚獠"土酋为官,自行一套,势必严重阻碍唐王朝政令的推行,严重危害唐王朝的封建集权统治。对此,唐王朝耿耿于怀,不断地采取相应的措施。除发展教育,大力输入汉族文化,改变其意识,改变其风俗,② 改变其住房形式,③ 禁止与"土人"的"婚娶相通",④ 借机大肆杀伐"俚獠"首领外,⑤ 不断地采取相应措施,如废其世袭,断了昆州沈逊、象州秦元览、融州欧阳世普、藤州李光度、南越州宁氏、白州庞氏等的父子承传,以及将其异地任职以釜底抽薪,将世代为岭南首领的泷州(治今广东罗定市)陈氏家族陈龙树易为钦州刺史,⑥ 岭南首领之子程藏耀则调入军中任军将,⑦ 钦州刺史宁琚其子宁道务初为爱州牧,继为新州刺史,后又调任封州刺史,⑧ 从而不惜时机地限制、削弱、取代首领们的权力。

　　唐王朝的举措,引起"俚獠"首领们的嫌疑、反感、离心和抗争。这些抗争的表现形式,就是唐代不时爆发首领们的举兵反唐。不过,在唐王朝的一统之下,土酋们的称兵,往往是催化土酋势力的削弱,导引汉族封建文化深深植进而成为全面涵化、整合土著文化的强性酶体。唐朝前期,宁道明的举兵反唐,导致了宁氏对南越州的控驭权的丧失。开元十六年(728年),泷州首领陈行范,广州首领冯仁智、何游鲁举兵反唐,连下四十余城,声势浩大,半个岭南几乎在他们掌握之中,唐在岭南的官僚机构几乎停止运转。唐玄宗无奈,派太监杨思勖率兵征讨。杨思勖是岭南"俚獠"子弟,小时被拐卖阉割后送入宫中。此人长于臂力,心态已变,凶恶残忍,活剥人皮,生掏人心,笑啖人肉,杀人如麻,"将士以下,莫敢仰视,故所至立功"。⑨ 当年十二月,陈、冯等告败,部众被杀者六万余人。从此,今广东和桂东的"俚獠"首领元气丧失,一蹶不振,为以后唐朝在此一地区推行流官制度扫除了障碍。

　　《旧唐书》卷41《地理志》的记载,一以江南西道曾经存在过的牢州(治今贵州凤冈县)当作岭南道的牢州(治今广西玉林市南),将江南西道牢州的"本巴、蜀徼外蛮夷地,汉牂柯郡地"不当地套在岭南道牢州头上;二错把粤州(治今广西宜州市)、芝州(治今广西忻城县)归于安南都护府所属;三将流官正州与羁縻州混而为一,没有羁縻州建置的记载。《新唐书》是宋朝欧阳修、宋祁在五代后晋刘昫《旧唐书》基础上编纂成书的,其卷43《地理志》除沿《旧唐书》卷41《地理志》上述一、二点的谬误外,虽有了岭南道诸羁縻州县的记载,却将桂州都督府所隶环州的属县归于邕州都督府所隶羁縻稂州

---

① 《旧唐书》卷190上《刘延祐传》。
② 《新唐书》卷152《李绛传》;《新唐书》卷158《韦皋传附韦正贯传》。
③ 《旧唐书》卷96《宋璟传》。
④ 《旧唐书》卷177《卢钧传》。
⑤ 《旧唐书》卷122《路嗣恭传》:"俚洞之宿恶者皆族诛之。"
⑥ 《旧唐书》卷188《陈集原传》。
⑦ 《旧唐书》卷100《裴宽传》。
⑧ 《宁道务墓志》。
⑨ 《旧唐书》卷184《杨思勖传》。

的属县。同时，由于《地理志》的谬误，导致了《新唐书》卷 222 下《南平獠传》的谬误。《旧唐书》卷 197《南平獠传》本将隶于渝州（治今重庆市）的"南平獠"，定位为"东与智州（治今贵州凤冈县）、南与渝州、西与涪州（治今四川涪陵县）接，部落四千余户"。《新唐书》卷 222 下《南平獠传》却以唐朝江南西道曾经存在过后并入夷州的"智州"，视同岭南道曾经存在过后改为牢州的"智州"（治今广西玉林市南），从而将岭南"俚獠"首领之一的钦州宁氏误作"世为南平渠帅"，把岭南道的"獠"人统统包在"隶于渝州"的"南平僚"中，不再是什么"户四千余"了。而此误认，其端源则来自《旧唐书》卷 41《地理志》错将岭南道的"智州"认作江南西道的"智州"，把位于今广西玉林市南的牢州赋为"本巴、蜀徼外蛮夷地，汉牂柯郡地"。

旧、新《唐书》，是根据唐朝人遗留的记载编纂的。从五代、宋人的旧、新《唐书》关于今广西政区建置记载的谬误中，反映出唐朝人对今广西特别是今桂西地区的政区建置的陌生和不熟悉。此种陌生和不熟悉，又可能是由于隋朝委弃今广西西部诸地产生的。武德五年（622 年）李靖率领唐朝军队进入桂州，"俚獠"大首领冯盎、宁长真、李光度遣子弟来谒，宣告了岭南归于唐朝一统。而此时，今广西西部诸地的壮群体越人后人仍逍遥于唐朝一统的范围之外。贞观十二年（638 年），清平公李弘节在岭南西部南征北讨，先后开拓"夷獠"之地设置瀼州（在今广西上思县）、笼州（在今广西龙州县）、古州（在今都安、巴马等地）、环州（在今环江西）四州。严州（治今广西来宾市）是在乾封二年（667 年）设置的。开元中（713—741 年），又先后设置了田州（治今田东县）、粤州（治今宜州市）、芝州（在今忻城县）三州。而邕州所属的宣化、武缘、晋兴、如和、朗宁、思笼、封陵七县，其中的思笼（在今隆安县）、封陵（在今邕宁区东北）也是乾元（758—760 年）以后开拓"夷獠"设置的。此种情况说明，唐朝前期，柳州、邕州一线以西的广西地区少有政区建置。

在粤州和芝州之东，柳州马平县（今柳江县）的西南，仪凤二年（677 年）"嵯峨镇""土户首领洛光䒕等上表乞置州额，赐额为思顺州"；"廊仓峒"首领陆元积也奏请为州，"其年赐额为归化"。[1] 此二州是羁縻州，说明唐朝前期，朝廷已经在今广西西部设置羁縻州县，而这些羁縻州县都是当地的首领自行奏请设置的，唐朝军政人员并没有亲履其地实地勘察，所以各羁縻州县其规模就大小不一，小的羁縻州县就如同范文澜先生所说："在一个村落里就建立起州或郡县。"[2]

羁縻制，是唐、宋二代在边疆少数民族中实行的治理政策："树其酋长，使自镇抚，始终蛮夷遇之。"[3] 宋真宗在大中祥符的一次"诏令"中道出了羁縻制的实质："朕常戒边臣，无得侵扰（羁縻州县）。外夷若自杀伤，有本土之法。苟以国法绳之，则必致生事。羁縻之道，正在于此。"[4] 在此种情势之下，虽然羁縻州县首领"旧染声教"，[5] "俱

---

[1] （宋）王象之：《舆地纪胜》卷 112《柳州》。
[2] 《中国通史》第二册，人民出版社 1978 年版，第 476 页。
[3] 《宋史》卷 493《西南溪峒诸蛮上》。
[4] 《宋会要辑稿·蕃夷五之四三》。
[5] （唐）杨谭：《兵部奏桂州破西原贼露布》，《全唐文》卷 377。

属国家，并识王化"，① 但是由于羁縻州县首领"皆得世袭，虽贡赋版籍，多不上户部"，② 仍因故俗而治，此就在一定程度上阻扼了汉族文化在羁縻州县中深入而扩大传播，阻扼了汉族文化在羁縻州县社群中浪放地浸淫衍溢，维系了羁縻州县壮群体越人后人社会原有传统文化的绵绵传承。

  风吹蛮雨滴芭蕉，杵舀敲残夜寂寞。
  习得孤灯床榻畔，思明州里过元宵。

  手捧槟榔染蛤灰，峒中妇女趁墟来。
  蓬头赤脚无铅粉，只有风吹锦带开。

  鹿酒香浓犬麂肥，黄茅冈上纸钱飞。
  一声鼓绝长铳立，又是蛮巫祭鬼归。③

  峒丁峒妇皆高髻，白布裁衫青布裙。
  客至柴门共深揖，一时男女竟谁分？

  近水刺桐知驿舍，依山毛竹即人家。
  趁墟妇女沽甜酒，候客溪童进辣茶。

  架岩凿壁作巢居，隐约晴云碧树赊。
  水枧枝枝横槛似，禾囷个个小亭如。④

  波罗密树满城闉，铜鼓声喧夜赛神。
  黄帽葛衣墟市客，青衣锦带冶游人。⑤

  唐、宋羁縻制之后，继之是元、明、清的土司制。土司制仍是土官世袭，仍是因其故俗而治，所以今广西西部以及与之毗连的今云南东南部的原实行土司制的地方，虽屡遭历史风雨的无情侵袭、干扰，却能够略略完整地传承着壮群体越人的传统文化，保持壮群体越人的语言。从而，此一方域成为今日壮族聚居之地。

（二）汉文学校：转运语言、意识、价值观念的瑶圃

  瑶圃，旧指神仙居住的美丽地方，仙力无穷，受之或可变原貌。瑶圃就是喻指有着玄

---

① （唐）张九龄：《敕安南首领爨仁哲书》，《曲江集》卷12。
② 《新唐书》卷43下《地理志·羁縻州》。
③ （元）陈孚：《思明州》，（清）汪森《粤西诗载》卷22。
④ （明）林弼：《龙州》，（清）汪森《粤西诗载》卷23。
⑤ （明）解缙：《龙州》，（清）汪森《粤西诗载》卷23。

妙仙力的美丽园地。

"平乐春陵地接近，岭南岭北异风烟。"① 壮群体越人与中原汉族是两个不同文化的民族群体，其标志性的不同点，是壮群体越人以喉为思维器官，而汉族则认为"心之官则思"。越、汉二者文化不同，却有个平台可以起着媒介的作用，使二者相互交流、相互沟通而达到相互认知、相互接近，直到交融而趋同。这个起着媒介作用的平台就是汉文学校，就是汉文学校在壮群体越人及其后人社会中的普遍开设。

学校教育是民族群体传授知识、促进社会进步的平台。民族群体要兴旺、要发达、要发展、要进步，不能少了学校教育。然而，壮群体越人及其后人有其言而无其文，开设学校，势必要借取于汉族文字。所以，历史上壮群体越人及其后人社会开设的学校就是汉文学校。入学者，学汉文，习汉语，读书史，通儒道，并日修月养从而成为壮群体越人及其后人社会的中坚，成为推动壮群体越人及其后人历史前进的中坚力量。

壮群体越人及其后人既有言而无文，而言又因山川阻隔，秦以后在历代王朝的一统之下，加上"越人相攻击固其常"②、"俚獠""俗好相杀多构仇怨"③、"岭外豪帅屡相攻击"，④ 没有形成一体的政治、经济局面，首领自横，州洞林立。而长期的独自存在，导致了壮群体越人及其后人语虽同却音自变，州峒相邻语犹可勉强相通，相隔稍远，则难以顺利地相互沟通、相互交流。这就是明朝徐棻与林弼所咏的"诛茅临水曲，编竹住溪流。歌舞春城暮，烟花自一州"；⑤ "龙州溪洞极南边，鸡犬桑麻自一天"。⑥ 自然，在一统的历代王朝之下，汉语、汉文成为岭南各地区壮群体越人及其后人相互沟通、相互交流、相互表达情感的唯一工具。所以，在壮群体越人及其后人中"能通官语惟村老"。⑦ "通官语"就是熟习汉语、会说汉话。"村老"为本社区上与官府打交道，下与周邻社区或群体作周旋，因此"村老"必须通"官语"。

秦始皇派遣大兵攻打岭南，越人首领死了，"相置桀骏以为将"，⑧ 说明其时他们的社会发展还处于原始社会末期军事民主制阶段。那时候，越人与岭北中原人的交易，不详是直面讨价还价，还是如同 20 世纪 50 年代以前云南一些少数民族那样，把所售货物放在冲要处，然后躲入草丛，任由买者留下等价物将货物拿走。

秦兵打败了越人，在岭南设置象郡、桂林、南海三郡以后，在南海郡设尉驻军控制，无疑此时汉族文化直接进入了岭南地区。秦灭，赵佗割五岭据岭南建南越国，为争得越人的支持，变俗从越，鼓励汉、越通婚，越人首领吕嘉相南越国三王，许多越人首领也进入南越国的民政、军政机构中任职，可知汉文、汉语已经在相当程度上广播于越人至少是越人的上层中了。这些越人首领逐渐熟悉、使用汉语、汉文，把它作为记录、交流、保存案

---

① （宋）邹浩：《寄葛长源》，（清）汪森《粤西诗载》卷 13。
② 《史记》卷 114《东越列传》引田蚡语。
③ 《隋书》卷 31《地理志》。
④ 《旧唐书》卷 60《宗室河间王孝恭附瓌传》。
⑤ 《梧州即事十二首》其六，（清）汪森《粤西诗载》卷 21。
⑥ 《龙州十首》其十，（清）汪森《粤西诗载》卷 23。
⑦ （明）桑悦：《记壮俗六首》其四，（清）汪森《粤西诗载》卷 16。
⑧ 《淮南子》卷 18《人间训》。

牍的工具，作为相互沟通、交流思想和表达情感的手段。可能也就是从此时开始，在越语的基础上并不断向汉语靠拢，逐渐形成别具特色的汉语粤语方言。

汉代，岭南诸郡为"初郡"，"因其故俗而治"，汉文官学难以在岭南地区插足。比如，东汉初年，卫飒出任桂阳郡（治今湖南彬县）太守，鉴于"郡与交州接境，颇染其俗，不知礼则"，下车便"设庠序之教，设婚姻之礼"。① 但是，同一时期，任延和锡光先后出任九真郡和交趾郡太守，"教导民夷，渐以礼义"，却不见他们设什么"庠序之教"。② 虽然如此，却不能阻止汉文私人学校在岭南广大地区的存在。西汉末东汉前期，苍梧（治今广西梧州市）人陈钦、陈元父子，学问名倾当时。虽然陈钦是长大后负笈北上中原，师从黎阳（治今河南浚县东北）贾护学习《左氏春秋》的，③ 可是他无疑是在家乡的私学中破蒙获知而走上求知之路的。从此既可以知道两汉岭南汉文私学的存在，也可知壮群体越人先进分子对汉族文化的钦羡和渴求。

兴办私学教授子弟，在苍梧豪富家庭似成了传统。东汉末三国，苍梧士氏家族也涌现了两代人。士氏不是岭南土著，却在岭南发萌。王莽时，士氏从鲁国汶阳（治今山东宁阳县东北）逃难来到苍梧。在苍梧传了六世到士赐，东汉桓帝时出任日南郡太守。士赐长子士燮，少年游学京师洛阳，师从颍川（治今河南禹县）刘子奇学《左氏春秋》。"学问优博"，三国后出任交趾郡太守，弟士壹任合浦郡太守，士䵋为九真郡太守，士武为南海郡太守。④ 因此，邱翔《苍梧郡赋》说："吴之六士，一门并为二千石；汉之三陈，奕世盛以文学。"⑤

由于汉文私学存在于岭南，同时魏、晋以降，岭南大都已非初郡，各州郡官学也见开设。比如，交州人杜慧度"颇好庄、老，禁断淫祀，崇修学校"。⑥ 这样，"俚獠"中逐渐出现了众多的人才，正如明末清初广东著名学者屈大均说的"自汉晋以来，扶舆（自下而上）清淑（清新美好）之化始毓（孕育）而生人才"。⑦

南朝时，始兴（治今广东韶关市）"郡多豪猾大姓"。⑧ 梁、陈时，"世为郡著姓"的始兴曲江人侯安都，"工隶书，能鼓琴，涉猎书传，为五言诗，亦颇精靡，兼善骑射，为邑里雄豪"。梁武帝太清二年（548年）"侯景之乱"，他招募三千人随陈霸先北上，败侯景，陈霸先建陈，官拜司空、大将军。⑨ 岭南"俚獠"首领能够出任南朝的司空、大将军，是因为"侯景之乱"以后，魏、晋以来盛行的九品中正制逐渐废止的结果。九品中正制的废止，给岭南"俚獠"社会上层人物侧身中央王朝各级官员以寄望，调动了他们学汉文、习汉语、读汉文书史的积极性。

---

① 《后汉书》卷106《卫飒传》。
② 《后汉书》卷106《任延传》。
③ 《后汉书》卷66《陈元传》。
④ 《三国志》卷49《士燮传》。
⑤ （宋）王象之：《舆地纪胜》卷108《梧州·人物》。
⑥ 《宋书》卷92《良吏杜慧度传》。
⑦ （清）屈大均：《广东新语》卷9《状元》。
⑧ 《梁书》卷13《范云传》。
⑨ 《陈书》卷8《侯安都传》。

"侯景之乱",岭南"俚僚"首领入朝为大官,宣告了魏、晋以来九品中正制此一择官任官制度的破产。继之而来,隋朝废止九品中正制,实行科举制,在全国各州县广泛设置学校。这就给岭南"俚僚"子弟敞开了通过科举考试侧身仕林的大门。由学而通文,由通文而明儒道,由明儒道而预科举,由预科举而侧身仕林,岭南"俚僚"子弟此种心态,此种心理欲求,也正是历代王朝统治者对岭南"俚僚""与礼施教"的契机,"用夏变夷"的捷径。这就是所谓的"怪兹山水区,而乏弦诵声。兴起在教化,抚循(抚慰、促进)亮(通谅,实实在在)由人"。① "斯文秉炉冶,鼓铸西南方。会令百越地,化为五父乡"。② "五父",地名,在今山东曲阜县东南,是儒家开山祖孔子的家乡。所以,"五父乡"就是儒家的起始地,文教发达的地方。因此,出任岭南的官员,大多也都以"好为宣王化(朝廷的教化),从容展壮猷(宏大抱负)"互相鼓励劝勉。③

"天远三湘外,霜含八桂秋。贪渔(贪图渔利)嗟薄俗,表率在名流(榜样)。"④

《新唐书》卷110《冯盎传》载:

> 智戴,知名,勇而有谋,能抚众,得士死力,酋帅乐属之。尝随父(冯盎)至洛阳,统本部锐兵宿卫。炀帝弑,引其下逃归。时盗贼多,岭峤路绝,智戴转战而前,至高凉,俚帅胁为谋主。会(冯)盎至,智戴得与盎俱去。
>
> (唐)后入朝,帝劳赐加等,授卫尉少卿。闻其善兵,指云问曰:"下有贼,可击乎?"对曰:"云状如树,方辰在金,金利木柔,击之胜!"帝奇其对,累迁左武卫将军。卒,赠洪州都督。

从"俚僚"子弟冯智戴与唐帝的对答中,可知他已经深得汉族文化的三味,明白汉族文化的底蕴。

对汉族文化的精通与运用,既可通过几代人的蕴崇积聚来达成,也可在名师的教导下来达成。比如,澄州(今广西上林县)韦敬办的《六合坚固大宅颂碑》,字如北魏碑体,苍劲有力,朴素大方,文却掺入依汉字结构而成的壮语音字或假借于汉字的壮语音字,如"䂞桑滋耽"一句,"䂞"读如"na²",壮语是"水田"的意思;"滋耽"读如"çi² tan¹",壮语义是"相互连接"。此句的意思即是:"稻田和桑地相互连接。"这说明,韦敬办撰碑文于永淳元年(682年)十二月时,虽然通了汉文汉语,运用起来却尚有词难达意的地方,不得已而以壮语词插塞其中。距此约有10里之遥的智城洞(在今广西上林县覃排乡爱长村),万岁通天二年(697年)四月韦敬一也撰了一碑《智城碑》。该碑虽历千多年风雨,文字仍基本完好。字体清新秀丽,结构完整,笔锋劲遒,体现了欧体的流韵。碑文洋洋缅缅,文通字顺,华藻雅词,已无《六合坚固大宅颂碑》的不足。清朝著名学者陈寿祺见了《智城碑》的拓本,喜不自胜,赞道:"敬一文词尔雅,讵独与并韶之

---

① (明)钱薇:《永福感怀》,(清)汪森《粤西诗载》卷5。
② (明)鲁铎:《送姚英之提学广西》,(清)汪森《粤西诗载》卷4。
③ (明)金幼孜:《赠郁林州判》,(清)汪森《粤西诗载》卷11。
④ (明)杨士奇:《送胡元节广西宪使》,(清)汪森《粤西诗载》卷11。

辞藻、韦白云之淹通并耀于南徼与？抑以济四杰、十八学士之伦，奚多让焉！"① 永淳元年与万岁通天二年相距不过十多年，说明壮群体越人及其后人子弟汉学授之明师，其进步也可说是大为神速的。

又法海《六祖法海坛经·自序品第一》载唐高宗龙朔元年（661年）佛教禅宗六祖惠能拜见五祖弘忍时的逸事：

> 祖问曰："汝何方人？欲求何物？"惠能曰："弟子岭南新州（治今广东新兴县）百姓，远来礼（以礼拜见）师，惟求作佛，不求余物。"祖曰："汝是岭南人，又是葛獠，若为（如何）堪（能够、胜任）作佛！"惠能曰："人虽有南北，佛性本无南北；葛獠身与和尚不同，佛性有何差别！"

五祖弘忍以后，佛教禅宗分为南、北两派。惠能以孟子性善论改造佛教禅宗，强调"无念为宗""顿悟成佛"，开创了南宗。后来北宗衰落，南宗成为禅宗正宗，立足中国，远传于朝鲜、日本，可说惠能于佛学、于儒学深得其理，学问博大精深，融会贯通，在改造佛教禅宗、推动佛教禅宗的本土化及增强禅宗的生命力中卓有贡献。"俚獠"子弟惠能说的"人虽有南北，佛性本无南北；葛獠身与和尚不同，佛性有何差别"，并刻苦努力成为佛教禅宗南派的奠基人，成为"俚獠"子弟的榜样，树起了他们的信心，促发他们学汉文、习汉语、通书史、攀高枝的追求。

张九龄，曲江县（在今广东韶关市）人，长安二年（702年）进士，开元二十二年（734年）任中书令，为开元时著名宰相，既是名相，在政治上有重大建树，文章也为时所推崇，有《曲江集》20卷遗世，其弟张九皋、张九章也先后出任岭南刺史。② 自南朝以来称雄于今广西南部钦、廉一带的"俚獠"首领宁氏家族，唐朝中期也相继出现两个进士。一个是唐睿宗（710—712年在位）时任太子洗马，先天元年（712年）由谏议大夫升岭南道宣劳使的宁原悌；另一个是广德二年（764年）出任镇南副都护的宁龄先。他们不仅名响当时，还有著述遗于后世。清人董浩等编的《全唐文》卷278和卷438各收有他们二人的文章。

风气渐浓，土壤渐沃，唐朝大中间（847—859年）封州开建县（在今广东封开县）莫宣卿更以状元登第，③ 成为岭南"俚獠"子弟在科举考试中出现的第一个状元。继之，南汉时浔州平南县梁嵩也状元及第，官至翰林学士，因奏"获蠲（juān，免除）一郡之丁赋"，备受家乡人的爱戴，死后尊为"白马神"，建有"白马庙"虔诚祀之。④

宋朝，岭南一共出了三个状元。一是静江府（今广西桂林市）王世则。"太平兴国八年（983年）以安州贯中进士第一，端拱中（988—989年）为右正言。淳化中（990—

---

① 《唐韦敬辨〈智城碑〉考》，《左海全集》10种16册卷3。
② 《新唐书》卷126《张九龄传》。
③ （宋）王象之：《舆地纪胜》卷94《封州·人物》。
④ 《舆地纪胜》卷110《浔州·人物》。

994年）以言储贰（太子）得罪，知象州。"① 二是宜州（治今广西宜州市）冯京。"庆历六年（1046年）为龙头首选解省试，俱第一，故曰三元。"但是，他不是从广南西路考出去的，而是随父寓居于武昌，也就是"解试寓鄂渚"（世称鄂州为鄂渚，今武汉市武昌）。冯京后来官居参知政事，位同宰相。② 三是惠州（今广东惠州市）张宋卿，"绍兴丁丑（二十七年，1157年）以《春秋》为天下第一"。③

在科举考试中，连中"三元"，才魁天下，古今传为佳话，可惜宜州人冯京只能借助于鄂渚的师资、设施才能完成他的人生辉煌。这说明就地域而论，北宋前期岭南西部并没有具备造就"三元"的师资、教学设施以及其他应具条件。此后，除羁縻地区外，岭南中东部逐渐形成了通过科举考试以求名求官争荣耀的风气。韶州（治今广东韶关市）"王陶，官至度支郎中。夫人朱氏贤淑，教子，与诸妇约曰：'今岁科举，汝等夫有能预乡荐者，免执厨爨。'诸妇各勉其夫。是年，五子应举，中者三人。今乡人教子，以王郎中为法"。④ 这就是风气，这就是土壤，这就是认同，这就是由价值取向认同而形成的竞争意识、观念和心态。在此种盎然风气之下，于是不断出现了兄弟联袂、父子祖孙相继登科的事儿。比如，南雄州（治今广东南雄市）的邓戒、邓辟兄弟，嘉祐中（1056—1063年）联名登第，当时人有"尤喜联名唤弟兄"之句以称颂。顾希甫及其子裦，自皇祐（1049—1054年）至元丰（1078—1085年）间，父子相继登科。李邵以嘉祐（1056—1063年）及第，子李琰元丰中（1078—1085年）继之。⑤ 萧雄、兄雅、弟维淮三人进士，"起自白屋（用茅草覆盖的屋子），连掇高第"。"邓勘，天圣五年（1027年）第，子堂登皇祐二年（1050年）第，孙弼亮登元祐三年（1088年）第，三世登科，有声南士。"⑥ 唐元和十年（815年），"文起八代之衰"的柳宗元被贬为柳州刺史，"江岭间为进士者，不远数千里皆随宗元师法。凡经其门，必为名士；著述之盛，名动于时"。⑦ 柳宗元的教学活动，奠定了柳州的文教发展基础。景祐元年（1034年），甘翔"登张唐卿榜，官至朝散大夫，为岭右擢第之始"。继之，皇祐五年（1053年）张亚卿又登进士第，开了岭右的新风。⑧

虽然，"休嗟城邑住天荒，已得仙枝耀故乡。从此方舆载人物，海边邹鲁是潮阳"，⑨赞颂的是广南东路的文教兴盛，可进入南宋以后，由于统治者广施教育以及中原汉人在"靖康之变"中多进入岭南落籍，广南西路除羁縻州县外风气也多有变化。比如，静江府（治今桂林市）"俗比华风，化同内地"；⑩ 昭州（治今平乐县）"决科入仕，每每不乏。

---

① 《舆地纪胜》卷103《静江府·人物》。
② 《舆地纪胜》卷122《宜州·人物》。
③ 《舆地纪胜》卷99《惠州·人物》。
④ 《舆地纪胜》卷90《韶州·人物》。
⑤ 《舆地纪胜》卷93《南雄州·人物》。
⑥ 《舆地纪胜》卷90《韶州·人物》。
⑦ 《旧唐书》卷160《柳宗元传》。
⑧ 《舆地纪胜》卷112《柳州·人物》。
⑨ （宋）陈文惠：《送王生及第归潮阳》，《舆地纪胜》卷100《潮州·诗》引。
⑩ （唐）萧昕：《送桂州刺史序》，《舆地纪胜》卷103《静江府·风俗》引。

朝廷兴崇学校，而中上舍者三人贡，辟雍（入太学）者二人"；① 梧州"乐音节闲美，有京洛遗风"；② "浔（治今广西桂平县）虽为古荒服，沃壤颇多，山水奇秀，民淳讼简，人多业儒"，③ "民之从化，岂间然哉"；④ 贵州（今广西贵港市）"自谷永、陆公纪（陆绩）出守是邦，始迪（启迪、开导）以诗书、礼乐之化"，⑤ "有唐盛时，更置州县，风俗一变，车书混同，迄今衣冠文物之盛，盖彬彬（文雅）矣"；⑥ 柳州"大观中（1107—1110年），士之弦诵（入学读书）者至二百人，为岭南诸州之最"；⑦ "贺之为州，士知为学，民知力田，虽溪洞蛮瑶亦皆委顺，服役而无剽敚（tuō，强取）之患，风清气淑，与中州等"；⑧ 容州"介桂、广间，盖粤徼也。渡江（指'靖康之变'，宋王室渡江南迁杭州）以来北客避地留家者众，俗化一变，今衣冠并同中州"；⑨ "郁林风土比诸郡为盛，良才秀民为学者多"，⑩ 化州"其俗信鬼好淫祠，今化之，为俗士民被礼逊之教，出入颇衣冠相尚，虽贱隶服亦襟衽，无复文身断发之旧"。⑪

"衣冠（士绅服饰）并同中州"，"无复文身断发之旧"，"迄今衣冠、文物（礼乐典章）之盛（旺盛），盖（崇尚）彬彬（文雅）矣"，岭南壮群体越人后人地区出现此种情况，固然原因多种，但主要是由于"男务耕耘女务织，弦歌巷里多儒冠"；⑫ "稼穑田中半，弦歌巷什三"。⑬ "弦歌"所指，就是学校通过汉文教学灌输儒家礼乐教化。学校的礼乐教化，造就了一批又一批学汉文、讲汉话、习书史、通汉礼、穿汉服、唯儒家典章礼乐是依的应试科举的群体，也造就了一拨又一拨众多的识汉字，懂汉语，习书史，会汉家礼教，以汉族的意识、观念、价值取向为取舍的群体。这个群体，就是壮群体越人及其后人中"士"的知识阶层。此一"士"的知识阶层在壮群体越人及其后人中发酵，随着时间的演进，便将粤省和桂东地区的壮群体越人的后人变异趋同于汉族了。这就是明朝嘉靖广西提学使唐胄所说的"嗟唐吉安丞，欢笑入夷落。清歌与籥吹，夷俗为变革"。⑭

元朝，广西考取进士的仅9人。这些人全都集中在今桂东地区，比如天历三年（1330年）及第的甘文卿、封履孙是容县人，至正二年（1342年）、八年（1348年）及第的陈光荐、陈光裕是全州人，至正十四年（1354年）及第的陈复苏是郁林州人，登第年次无

---

① （宋）邹浩：《得志轩记》，《舆地纪胜》卷107《昭州·风俗》引。
② 《舆地纪胜》卷108《梧州风俗》引《苍梧志》。
③ 《舆地纪胜》卷110《浔州风俗》引《浔江志·风俗门》。
④ 《舆地纪胜》卷110《浔州风俗》引《浔江志·庆历建学记》。
⑤ 《舆地纪胜》卷111《贵州风俗》引贵州《图经·风俗门》。
⑥ 《舆地纪胜》卷111《贵州风俗》引《怀泽志》。
⑦ 《舆地纪胜》卷112《柳州风俗》引汪藻《重修学记》。
⑧ 《舆地纪胜》卷123《贺州风俗》引贺州《图经》。
⑨ 《舆地纪胜》卷104《容州风俗》引《容州志·风俗门》。
⑩ 《舆地纪胜》卷121《郁林风俗》引郁林《图经·风俗门》。
⑪ 《舆地纪胜》卷116《化州风俗》引化州《图经》。
⑫ （明）王倩：《风俗谣》，（清）汪森《粤西诗载》卷7。
⑬ （明）汪必东：《过平南》，（清）汪森《粤西诗载》卷11。
⑭ 《劝古田诸生归学诗》，（清）汪森《粤西诗载》卷5。

考的毛商之是富川人，熊天瑞是岑溪县人，李康佐是平乐人，今桂中、桂西地区全无一人。进入明朝，明太祖朱元璋提出"治国以教化为本，教化以学校为本"的治理策略，在全国各地大力兴办学校，推行儒学教育。这就是"圣朝尚文治，建学崇师儒。四方乐熙皞（光明、舒畅、吉祥），声教达边隅"。① 在明王朝的倡导之下，广东南海县伦文叙、林大钦先后荣举状元。伦文叙登弘治状元后，他的三个儿子，伦以训榜眼，以谅解元进士，以诜进士，世誉伦氏父子"四元双进士"，"海内登名之盛，无出其右"。② 广西较广东虽略逊一筹，没有广东文物的蔚盛，人才的跃跃欲出，但是桂林吕调阳嘉靖二十九年（1550年）榜眼（殿试一甲第二名），除翰林院编修。隆庆六年（1572年），升礼部尚书兼文渊阁大学士，寻加太子太保、吏部尚书，进少傅、建极殿大学士，"性行端谨，学问纯明，讲讳多启沃（开诚忠告）之功，密勿（勤劳谨慎）有经济（治国）之助"。③ 全州蒋昇、蒋冕兄弟先后进士，分别官至尚书，有"兄弟尚书"的佳话。④ 明代的科举考试中，今广西举进士的239人，举人5098人，共5337人。各府进士、举人如表：

项目\府名	桂林	梧州	平乐	浔州	廉州	柳州	南宁	太平	庆远	思恩	合计
进士	108	32	16	7	15	34	11	1	12	3	239
举人	2442	713	249	249	98	556	455	74	99	163	5098
合计	2550	745	265	256	113	590	466	75	111	166	5337

从上表所列数字，可知桂东的桂林、梧州、平乐、浔州、廉州5府，进士数178人，占广西进士数的74.5%；举人数3751人，占广西举人数的73.58%。桂中的柳州、南宁2府，进士仅45人，举人1011人；桂西太平、庆远、思恩3府，进士也只16人，举人336人。其中，偏僻的庆远府宜山县风气的形成，自是宋朝冯京就外借读连中三元启迪后人，以及宋朝著名诗人黄庭坚贬居提倡，府学设置、书院兴办，形成风气，形成传统所致。比如，宜山县人冯俊，天顺四年（1460年）进士，官至巡抚四川都察院右副都御史，法治马湖土官知府安鳌的"虐毒其民"，"奏设流官，以抚其民，蜀人快之"。"子良辅，亦进士，历官广东布政司参议。"⑤ 思恩府的进士、举人则多缘于改流后于万历五年（1577年）割南宁府武缘县为其所属。⑥ 此外，桂西的镇安、思明2土司府及泗城、田州、归顺、向武、江州、龙州等9土司直隶州却寥廓漠漠，没一个由科举而成名者。这说明时至明代，桂西的学校还没有普遍设立，汉文教育还没有普遍开展，既无养举人出进士的气候和土壤，也少锐志求进的人才。比如，庆远府的河池、忻城、思恩三县明朝前期都属流官

---

① （明）杨荣：《送金宪陈廷嘉之广西提调学校》，（清）汪森《粤西诗载》卷4。
② （清）屈大均：《广东新语》卷9《五里四会元》。
③ 《明实录·神宗实录》卷97"崇祯八年三月乙己"。
④ 《明实录·世宗实录》卷59"嘉靖五年十月壬戌"。
⑤ 《明实录·孝宗实录》卷115"弘治九年七月庚戌"。
⑥ 《明实录·神宗实录》卷68。

县，奉明太祖朱元璋诏令兴办学校，派遣儒学教授，但"儒学训导到官岁余，邑中皆蛮獠，有司招其子弟入学，卒无至者"。① "徒存学官，无所施教"，不得不于洪武中革去河池县学，于宣德元年（1426年）革去思恩县学和忻城县学。②

革去河池、思恩和忻城县学，并不意味着明王朝放弃在壮族地区兴办学校，以儒家的礼、义、廉、耻及尊居亲上来化导壮族，改变壮族原有习俗、语言、意识及价值取向的初衷，只是办学条件尚未具备暂缓罢了。比如，成化十八年（1482年）及其后即复设了河池县学和思恩县学。③

"蛮俗无王化，当为化行人。"④ "王化"，就是历代帝王家竭力倡导的儒家文化。要用"王化"来化导壮族百姓，整肃风俗，使其同于汉家，主要通过兴办学校。在学校中，教授壮族的子弟学汉文，习汉语，读书史，进行儒家教育，是转化其习俗、语言、意识，以达到"用夏变夷"的主要途径。⑤ 永乐六年（1408年）十二月辛丑，广西按察司佥事杨廉奏说："田州等府土人，罔知礼法，请依左江太平府立学校，教育其子弟，俾（使）讲读经书。"⑥ 明太宗也同意了，然而在土司府中条件未就，正统十二年（1447年）思恩府始设儒学，⑦ 田州则又迟至成化十七年（1481年）。⑧ 因为府为土司府，土官属下的农奴被剥夺了受教育的权利，能接受教育的只有官家的子弟及自由民的子弟。但是，官家子弟，衣食无忧，优哉游哉，不肯用功，才疏学浅，满足于浅斟低唱，难成气候；自由民子弟却因财力有限，屈从于命运，只能浅尝辄止，满足于略识知了。这些略识知了的壮家子弟，无缘举业，无入仕之望，唯在社区中给人念经作法，借助于汉字记壮音或以汉字的结构来拼读壮音以传写巫道经书。这就如同《古今图书集成·方舆汇编·职方典》卷1426《平乐府风俗考·永安州》所载的永安州（今广西蒙山县）壮人"错处村落""生子概习巫道"一样。这些巫道的信仰传颂者，也不失朝廷兴学的宗旨。他们将儒家礼、义、廉、耻，尊居亲上，孝敬父母等内容传写于巫道经书中，念祷诵读，将汉文化以及佛道传播于壮族中，使汉族的礼乐、伦理观念及佛家的善恶因果业报逐渐成为壮族的意识观念。迄今收集到的壮族巫道经书，大多就是此类作品。

"茂名，在汉、晋之时尚仍蛮俗。自隋、唐以后渐袭华风，休明（美好清明）之化沦洽（汇集）于兹（此地），椎髻变为冠裳，侏僑（语音难辨）化为弦诵（书声），才贤辈出，科甲蝉联，彬彬（文雅）然埒（相当）于中原。"⑨ 这是明末清初广东高州府（治今茂名市）的衣冠文物状况。"椎髻变为冠裳，侏僑化为弦诵，才贤辈出，科甲蝉联，彬彬

---

① 《明实录·太宗实录》卷36。
② 《明实录·宣宗实录》卷21。
③ 《明实录·宪宗实录》卷235；《明实录·神宗实录》卷480。
④ （宋）戴复古：《送来宾宰》，（清）汪森《粤西诗载》卷3。
⑤ 《明实录·神宗实录》卷25 "万历二年五月癸未"。
⑥ 《明实录·太宗实录》卷86。
⑦ 《明实录·英宗实录》卷150。
⑧ 《明实录·宪宗实录》卷221。
⑨ 《古今图书集成·方舆汇编·职方典》卷1357《高州府风俗考》。

然垺于中原",说明"贪渔(贪图渔利)嗟薄俗(哀叹风俗不好),表率在名流"。①

广西也一样。贺县"壮人散处乡村,衣服饮食与齐民(中原汉人)无异,惟妇女服饰稍别(今皆一色矣)。其语音历世不改,人鲜能辨,然皆习官话,与汉人相通。敦诗说礼,所在皆有;身列胶庠者,后先相望;由明经孝廉入籍者,且相接踵。其余耕读相安,皆知教子弟读书识字,几不辨其为壮矣。至于妇女,从未有负载入城市者,即各乡墟集亦罕见。其与广众杂迹,此更他处所不及者"。② 昭平县"招贤、宁化、文化三里……亩尽耕耘,家多弦诵,文登贤书者有焉,武登甲榜者有焉。后人观感兴奋,英才辈出,文考且蒸蒸日上"。王姜里"民少壮多,男耕而食,女织而衣,殊俗也。迨黄世禄、黄钟游庠序后,文风渐起,相继释褐(脱下平民衣服穿上官服)。岁荐有人,乡荐有人,仕宦有人,地以人灵,时因事起,知非偶然"。③

此种情况,道明了明、清、民国时期在粤省和桂东地区的壮群体越人的后人中形成了秀才、举人、进士等"士"的知识阶层。此一"士"知识阶层知汉文,习汉语,饱读儒家经典,以儒家的礼、义、廉、耻及忠君尊上为行为准则。在他们的推动下,壮群体越人的后人不断俗变语变,逐渐趋同于汉族。

(三)众多汉人落籍:推动粤省及桂东壮群体越人及其后人完成趋同汉族转化

"刻木为信,不习文字,不喜构讼,崇巫祀鬼,迁徙无常。设流之后,学校既开,习俗渐改,汉人稍寄居焉。土田多美,稼穑易丰,野有质朴之风,户鲜嚣凌之习。"④ 此段文字,既显示了汉文学校的开设对壮族传统习俗改变的能耐,也道出了汉族入迁以后能就近取譬、推己及人,从而推动壮族移风易俗的不可估量作用。"容介桂、广间,盖粤徼也。渡江以来北客避地留家者众,俗化一变,今衣冠礼度并同中州。"⑤ 化州宋初"悉是椎髻左衽",自"闽人奋空拳过岭者"落居后,"无复文身断发之旧"。⑥ 此则是以例展示汉人迁入留居后对促发、推动壮群体越人及其后人传统习俗的改变。

秦朝以兵征服岭南,设置桂林、象郡、南海三部并在南海郡设尉统兵戍守,已经有了规模性的中原汉人进入岭南居住。此支军队有多少人,不见记载,难详其数。不过,秦时南海尉使人上书求女三万,可知当时驻南越的秦兵,也不过是二万之数。此二万人左右后来长期居住在岭南东部,与部分壮群体越人融合,他们的语言后来形成了汉语粤语方言。此一语言是在壮群体越人语言的基础上不断靠拢于汉语而成型的。它除了残存着许多越人语言的语音、词汇及语法结构外,还固留着区别汉人、越人分属于不同语言类型、不同文化特征的以"喉"为思维器官的"nam³"(想、思考)一越语词。

《汉书》卷28下《地理志》载,粤地"处近海,多犀、象、毒冒、珠玑、银、铜、果、布之凑,中国(中原)往商贾者多取富焉。番禺,其一都会也"。同时,当时中原汉

---

① (明)杨士奇:《送胡元节广西宪使》,(清)汪森《粤西诗载》卷11。
② 玉昆山:民国《信都县志》卷2。
③ 吴寿崧:民国《昭平县志》卷7。
④ 雍正《云南通志》卷8《开化府风俗》。
⑤ (宋)王象之:《舆地纪胜》卷104《容州风俗》引《容州志·风俗门》。
⑥ 《舆地纪胜》卷116《化州风俗形势》。

族人中也流传着一句谚语,说"欲拔贫,诣徐闻",① 说明那时候中原汉人进入岭南经商的人不少。但是,他们到岭南经商,只是匆匆过客,熙来攘往,并不落居于岭南。晋南北朝时期,任官于岭南特别是广州的,"常致巨富。世云:广州刺史但经城门一过,便得三千万也"。② 财富虽是诱人的蛋糕,然而官员们也是捞上一把就走人。其原因,就是那时候的岭南气候特异,虽为沃土,却不宜于中原汉人落籍居住。

"南中气候,隆冬盛暑与中州不相远,但晴则暖雨则寒。龚茂良诗云:晴云当午僧挥扇,晓候生寒人着绵。此是岭南春气候,日中常有四时天。"③ "南人有言曰:雨下便寒晴便热,不论春夏与秋冬。此语尽南方之风气矣。""阴雨则寒气渐渐袭人,晴则温气勃勃蒸人,阴湿晦冥,一日数变,顷刻明快,又复阴合。冬月久晴,不离葛衣纨扇;夏月苦雨,急需袭被重裘。大抵早温昼热,晚凉夜寒,一日而四时之气备。九月梅花盛开,腊月已食青梅,初春百卉荫密,枫槐柳榆四季常青。"④ 这样的气候,迥异于中原。而且岭南地旷人稀,林木葱郁,青草茂长郁积,雨水、热浪冲击蒸腾,尤为不利于人体。加上"岭表山川,盘郁结聚,不易疏泄,故多岚雾作瘴,人感之多病"。⑤ "瘴者,山岚水毒与草莽沴(lì,不和谐)气郁蒸薰之所为也。"⑥ 于是,有"五岭之南号为瘴乡"之称;"高、窦、雷、化,俗有说'著也怕'之谚";⑦ 诗有"过岭行多少,潮州瘴满川"之句;⑧ 语有"广东以新州为大法场,英州为小法场",广西昭州"士夫指以为大法场","横、邕、钦、贵,其瘴殆与昭等,独不知小法场之名在何州"?⑨ 这里的"法场",就是指因瘴而病死的人,犹如杀人的刑场。此"法场"有大小之分,以瘴重瘴轻为原则。宋朝邕州知州湖南人陶弼《登邕州春野亭寄桂帅潘伯恭学士》诗叹"郁蒸草气龙蛇舞,昏黑空山鬼鸟啼。十八人中存者六,孰为宵汉孰为泥",⑩ 即是就中原人来到岭南因瘴殒命而言的。迄于20世纪初,横县、武鸣、宾阳、上林等地仍流传着"稻田黄,睡满床"的谚语。"稻田黄"指秋天;"睡满床",是因"打摆子"(疟疾)流行。以如此的气候条件如此高的死亡率,在中原假如不碰上什么危如累卵的恐怖,又有谁不怵惕而甘心于在谈起令人色变的岭南烟瘴之地落籍为民?

《隋书》卷31《地理志》有关于岭南居民"俚獠"人及其习俗的记载,说明时至隋朝,岭南的居民仍然纯然一色,为壮群体越人的后人"俚獠"人。即便是秦朝时随任嚣落籍岭南的中原汉人,因俗皈越人虽操尚待完善的汉语粤方言,也被视为"俚獠"人。

唐初,李靖率兵逾岭进入桂州,"遣人分道招抚,其大首领冯盎、李光度、宁长真等

---

① (唐)李吉甫:《元和郡县志》卷37。
② 《南齐书》卷32《王琨传》。
③ (宋)王象之:《舆地纪胜》卷96《肇庆府风俗形势》。
④ (宋)周去非:《岭外代答》卷4《广右风气》。
⑤ (唐)刘恂:《岭表录异》卷上《瘴》。
⑥ (宋)范成大:《桂海虞衡志·杂志》。
⑦ (宋)王象之:《舆地纪胜》卷117《高州风俗形势》。
⑧ 《舆地纪胜》卷100《潮州诗》引唐朝贾浪仙《寄韩湘》诗。
⑨ 《岭外代答》卷4《瘴地》。
⑩ (清)汪森:《粤西诗载》卷13。

皆遣子弟来谒。靖承制授其官爵，凡所怀辑九十六州，户六十余万"。① 隋朝岭南 19 郡 152 县，361436 户，怎么经隋末大乱，李靖进兵岭南就可以"怀辑九十六州"，而且"户六十余万"，陡增了近半的人户？原来问题就出于李靖率兵来到岭南，遣使分道招抚，各地"俚獠"大小首领遣子弟来拜谒归顺，自报州名、人口，李靖"承制（秉承皇帝的旨意）授其官爵"。

岭南自汉以后是壮群体越人的天下，迄于隋朝没有大的改变。隋末大乱，岭南俚帅想胁迫高州冯盎之子冯智戴为"谋主"。② 唐初，见于记载的岭南"俚獠"首领除冯盎、李光度、宁长真之外，还有广州的邓文进、循潮二州俚酋杨世略、③ 廉州宁纯、南越州宁道明、昆州沈逊、融州欧阳世普、象州秦元览、昌州庞孝恭、罗窦二州獠首多胡桑④，昭州周庆立、⑤ 白州庞孝泰、⑥ 以及岭南首领程藏、⑦ 陈集原等。⑧ 此外，从关于广州"管内诸州首领旧多贪纵，百姓有诣府称冤者"，官府因受首领们的人情，多压下不问；⑨ 中宗时，议"禁岭南首领家畜兵器"；⑩ 开元初宦官杨思勖出兵安南在岭南"鸠集首领子弟兵马十余万"；⑪ 以及岭南节度使郑从谠在南诏入侵，庞勋又乱，"北兵寡弱，夷獠棼然"的形势下，"乃择其（指俚獠）土豪，授之右职，御侮捍城，皆得其效，虽郡邑屡陷，而交、广晏然"等记载，⑫ 可知岭南各地大小首领的普遍存在。所以，唐朝刘禹锡诗称"象筵照日会词客，铜鼓临轩舞海夷。百越酋豪称故吏，十州风景助新诗"。⑬

今广西上林县澄泰乡洋渡村见存的"岭南大首领、鹣州都云县令骑都尉四品子韦敬办"永淳元年（682 年）十二月十五日制的《澄州无虞县澄泰乡都万里六合坚固大宅颂碑》以及今在上林县覃排乡爱长村"检校无虞县令韦敬一"于大周万岁通天二年（697 年）四月七日制的《廖州大首领、左玉钤卫金谷府长上左果毅都尉、员外置上骑都尉、检校廖州刺史韦敬辨智城碑》，二碑制作的时间相距十多年，二碑所在地点都傍着同一山脉相距十多里，同属澄州无虞县，同是韦家子弟，却一个自称"岭南大首领、鹣州都云县令"，另一个自诩"廖州大首领""检校廖州刺史"，两两防备，自豪其能，自雄其地，自炫其居，活现了唐代岭南"俚獠"首领相互构仇，自名其州的情景。

岭南"俚獠"大小首领相互间各不相能，据地自雄，你自报州名人户，我自报州名

---

① 《旧唐书》卷 67《李靖传》。
② 《新唐书》卷 110《冯盎传》。
③ 《新唐书》卷 1《高祖纪》。
④ 《新唐书》卷 222 下《南平獠传》。
⑤ 《旧唐书》卷 185 下《薛季昶传》。
⑥ 《旧唐书》卷 82《许敬宗传》。
⑦ 《旧唐书》卷 100《裴宽传》。
⑧ 《旧唐书》卷 188《孝友陈集原传》。
⑨ 《旧唐书》卷 89《王方庆传》。
⑩ 《旧唐书》卷 100《郑维忠传》。
⑪ 《旧唐书》卷 184《宦官杨思勖》。
⑫ 《旧唐书》卷 158《郑从谠传》。
⑬ （宋）王象之：《舆地纪胜》卷 89《广州诗》引。

人户以求功赏，获取官爵，其州及人户就比隋朝大大增多了。

唐代，着力经营岭南，"多委旧德重臣抚其地，文通经史，武便弓弩"。比如，睿宗时有名宰相宋璟任广州都督，"率人版筑，教人陶瓦""家撤茅茨"，改造岭南人传统的住房建筑形式。① 随着汉文学校的开办，教育的发展，一些州县已经有人进士及第，逐渐形成"士"的知识阶层，"婚嫁礼仪，颇同中州"。② 但是，就整体而言，壮群体越人传统的文化，习未改俗还存。比如，循州"织竹为布，人多蛮獠。妇人为市，男子坐家"。③ 高州"其俗生时布衣不充，死则尽财殡送。父子别业，兄弟异财。无故带刀，持矛执剑，相侵则鸣春堂集子弟，和则杀牛"。④ 窦州、昭州"谷熟时，里闬同取戌日为腊，男女盛服，椎髻徒跣，聚会作歌。悉以高栏为居，号曰干栏"。⑤ 贺州"俗多构木为巢，以避瘴气。豪富多鸣金鼎食，所居谓之栅。会则鸣铜鼓，大者广一丈，小者三四尺，好吹匏笙"。⑥ 新州"俗以鸡骨占吉凶"。"衣服即都落、古贝、蕉布。豪渠之家丧祭则鸣铜鼓，召众则鸣春堂。"⑦ 南仪州（今广西岑溪市）"俗不知岁，唯用八月酉日为腊，长幼相慰贺以为年。初每月中旬，年少女儿盛服吹笙相召明月下以相调弄，号曰夜泊以为娱。二更后匹耦两两相携，随处相合，至晓则散。男儿以白布为头巾，女儿以布为衫"。⑧ 容州"夷多夏少，鼻饮跣足，好吹葫芦笙，击铜鼓"。"人性轻悍，重死轻生。"⑨ "古党洞夷人索妇必令媒人引女家自送，相见后复即放女归家任其野合，胎后方还。前生之子，例非己胤。以乌色相间为裙，用绯点缀裳下或腰领处为冶艳。男椎髻，女散发，徒跣吹笙，巢居夜泊。"⑩ 文化不同，族体相异，因此，元和十四年（819年）大文学家韩愈被贬为潮州刺史，他就认为是"居蛮夷之地，与魑魅为群"。⑪

"千载蛮风尚有存，此来闻见不堪论。猪膏泽发湘南妇，牛渤涂门岭右村。"⑫ 此虽是咏叹宋代广西的风俗，但是此一风俗在唐代何尝不是整个岭南地区流行的风俗！唐朝孟琯《南海异事》既载"南海男子女人皆缜（zhěn，黑发）发"，"以彘（zhǐ，猪）膏其发"，又载"鸂男女如粪壤，父子两不戚戚"（没点亲情），以及男逸女劳，连杀牛也推妇人来做，称为"屠娘屠婆"和流行抢婚，称为"缚妇民"。⑬ 《南楚新闻》既载越人的"产翁

---

① （唐）张说：《广州都督宋公遗爱碑》，《全唐文》卷226。
② （宋）乐史：《太平寰宇记》卷157《广州风俗》。
③ （宋）乐史：《太平寰宇记》卷159《循州风俗》。
④ （宋）乐史：《太平寰宇记》卷161《高州风俗》。
⑤ （宋）乐史：《太平寰宇记》卷163《窦州、昭州风俗》。
⑥ （宋）乐史：《太平寰宇记》卷161《贺州风俗》。
⑦ （宋）乐史：《太平寰宇记》卷163《新州风俗》。
⑧ （宋）乐史：《太平寰宇记》卷163《南仪州风俗》。
⑨ （宋）乐史：《太平寰宇记》卷167《容州风俗》引《十道志》。
⑩ （宋）乐史：《太平寰宇记》卷165《郁林州风俗》。
⑪ 《潮州刺史谢上表》，《全唐文》卷584。
⑫ （宋）陈藻：《客中书事》，（清）汪森《粤西诗载》卷14。
⑬ 《太平广记》卷483引。

制",又载"百越人好食虾蟆",尤喜"抱芋羹"。① 《投荒录》既载"岭南无问贫富之家","女求婚于男",又载岭南僧"喜拥妇食肉",娶妻生子。② 刘恂《岭表录异》既载"南道之酋豪多选鹅之细毛夹以布帛,絮而为被",又载岭南人以槟榔与"不萎叶兼之瓦屋子灰(蚌蛤灰)竞相嚼之"。③ 唐段成式《朝野佥载》说"俚獠"的著名食品称"蜜唧",④"唐宋八大家"之一的苏东坡在惠州期间写的《闻正辅表兄将至以诗迎之》中也有"朝盘见蜜唧,夜枕闻鵂鶹"之句。同时,唐朝柳宗元《柳州峒氓》诗也有句说:"鹅毛御腊缝山罽,鸡骨占年拜水神。愁向公庭问重译,欲投章甫(帽子)作文身。"这些习俗,都是壮群体越人的传统习俗,说明唐代岭南"俚獠"人一以承之而不改。

当然,壮群体越人及其后人"俚獠"人渐被历代王朝声教数百千年之久,在汉族文化的影响下岂无变化?唐朝张说道,岭南"虽有文身凿齿,被发儋耳,衣卉麵木,巢山馆水,种落异俗而化齐,言语不通而心喻矣",⑤ 这就是变化。贞元十九年(803年)韩愈被贬连州阳山县令,其《送区册序》称,阳山"陆有丘陵之险,虎豹之虞;水有江流悍急,横波之石,舟上下失势破碎沦溺者,往往有之。县郭无居民,官无丞尉,夹江荒茅篁竹之间,小吏十余家,皆鸟语夷面。始至言语不相通,画地为字,然后可告以出租赋、奉期约"。⑥ 虽"鸟语夷面",却能以汉文与汉族官员互相沟通,这也是变化。

不过,由于此种变化不大,似是"惠州风土隔世埃,使我南望长徘徊"。⑦ 加上岭南青草瘴连天,唐代中原汉人还不是以岭南为安居之地,深以"遂编蛮服"为惧。⑧ 咸通六年(865年),南诏兵寇邕州,徐州节度使孟球招募2000人赴援,分800人戍守桂州。九年(868年)规定的三年戍守期满,当局却"以军帑匮乏,难以发兵",要他们继续留在桂州戍守一年。戍兵们知道,火了,杀死为头将领王仲甫,推粮料判官庞勋为首,从桂州上湖南,过江西,进淮南,打回徐州去。⑨ 此次戍兵竟敢杀死统兵将领,冒着造反的罪名打回老家去,反映了戍兵身居岭南而对家乡的心仪,道出了唐代中原汉人对居住于岭南地区的烦躁、不安和厌恶的心绪。

唐末中原大乱,五代更替,十国纷争,形势更为恶化。此时,刘隐割据岭南,显出相对的安定与平静。刘隐"又好贤士",多方招致。"中朝人士以岭外最远,可以避地,多游焉。唐世名臣谪死南方者往往有子孙,或当时仕宦遭乱不得还者,皆客岭表。王定保、倪曙、刘濬、李衡、周杰、杨洞潜、赵光胤之徒,隐皆招礼之。"⑩ 由于"中朝人士以岭外最远,可以避地,多游焉",所以此时的中原百姓也同此认识,为避开纷乱的中原局

---

① 《太平广记》卷483引。
② 《太平御览》卷971《槟榔》引。
③ 《太平广记》卷483引。
④ 《苏东坡全集》,中国书店出版社1986年版,第505页。
⑤ 《广州都督、岭南按察、五府经略使宋公遗爱碑颂》,《全唐文》卷226。
⑥ (宋)王象之:《舆地纪胜》卷92《连州风俗形势》引。
⑦ 《杨无为集·丰湖歌》,《舆地纪胜》卷99《惠州罗浮山诗》引。
⑧ 《旧唐书》卷77《柳亨传》。
⑨ 《旧唐书》卷177《崔彦曾传》。
⑩ 《新五代史》卷65《南汉世家》。

势，被迫大量地徙居岭南。南宋周去非《岭外代答》卷3《五民》记载钦州居民有五种人，除"土人""俚人""蜑人"为土著外，"射耕人，本福建人，射地而耕也，子孙尽闽音"；"北人，语言平易而杂以南音，本西北流民，自五代之乱占籍于钦者"。钦州在岭南的西南，位于容州北流县鬼门关之南。乐史《太平寰宇记》卷167称"由此关其南尤多瘴疠，去者罕得生还。谚曰：鬼门关，十人去九不还。唐宰相李德裕贬崖州日，因赋诗云：一去一万里，千去千不还。崖州在何处，生度鬼门关"。传说的烟瘴重灾区钦州也有西北汉族流民占籍，既可印证五代时岭南社会人口的变动情况，也说明中原汉人对岭南所谓的烟瘴有了一个新的认定。

南宋王象之《舆地纪胜》卷102《梅州风俗形势》引梅州《图经》载：

> 郡土旷民惰，而业农者鲜，悉藉汀、赣侨寓者耕焉。故人不患无田，而田每以工力不给（丰裕）废（丢荒）。

> 郡俗信巫尚鬼，舍医即（就）神，劝以药石伐（治）病，则慢不之信（傲慢地不信有其事）。

此两段话，既说明了梅州原住民的风土人情，又说出了宋代有众多的汀（福建）、赣（江西）人侨寓于梅州。可以说，到了宋朝，岭南除了羁縻地方外，各州的居民既有土著的主户，也有迁入的客户。今据元丰三年（1080年）王存《元丰九域志》卷9的记载，将广南东、西二路各州的主户、客户情况列表如下，道明其各占的比率。

《元丰九域志》是在大中祥符六年（1013年）修订的《九域图》基础上重修的，王存主编，元丰三年（1080年）成书，因无图改为《九域志》，元丰八年（1085年）刊印，因称为《元丰九域志》。书中户口一项分明主客户数，往往为诸地志所未详，为研究宋代社会人口动态提供了可贵的资料。

庆历六年（1046年）循州判官林谞循州《大厅记》载："循户四万，岁出租米仅十万，硕于番禺，都会中最为富饶。"[①] 表中循州主客共47192户，约与《大厅记》所载的"循户四万"相近。庆历六年（1046年）与元丰三年（1080年）相距34年，随着时间的演进、本地人口的增殖以及外地人口的迁入，其所多几千户，自是可以理解的范围内，《元丰九域志》卷9所载基本上似未走样。

宋朝元丰初年，今广东人户573871户，户以5人计，总人口约2869355人。其中，除康州（治今广东德庆县）没客户外，客户已占了40.56%。而今广西，除羁縻州县外，宋元丰初年人户为253427户，户以5人计，总人口约1267135人，客户占20.9%。以此相比，广东客户多了19.66%。在此形势下，就总体而论，在中原来客的影响下，广东地区壮群体越人及其后人文化习俗的变化自然较桂东地区壮群体越人及其后人的变化要大要快。

[①] （宋）王象之：《舆地纪胜》卷91《循州风俗形势》引。

今广东来时各州户数

州名\项目	广州	韶州	循州	潮州	连州	封州	端州	新州	南恩州	康州	梅州	南雄州	英州	惠州	化州	高州	雷州	合计
主户	64796	53501	25634	56912	30438	1726	11269	8480	5748	8979	5824	18686	6690	23365	6018	8737	4272	341075
客户	78465	3937	21558	17770	6504	1013	13834	5167	21466		6548	1653	1329	37756	3255	3029	9512	232796
合计	143261	57438	47192	74682	36942	2739	25103	13647	27214	8979	12372	20339	8019	61121	9273	11766	13784	573871
客户占百分比(%)	54.7	6.85	45.7	23.8	17.6	36.9	55.1	37.7	78.8		53	8	16.5	61.7	35.1	25.7	69	40.56

今广西来时各州户数

州名\项目	桂州	贺州	容州	邕州	象州	融州	昭州	梧州	藤州	龚州	浔州	贵州	柳州	宜州	宾州	横州	白州	钦州	郁林州	廉州	合计
主户	56791	33938	10229	4870	5435	2813	15760	3914	5070	4553	2229	6690	7294	11550	4612	3172	3727	10295	3542	6601	200417
客户	9553	6296	3547	418	3283	28455	90	1821	1312	3486	3912	1329	1436	4273	3008	279	862	257	2003	891	53010
合计	66344	40234	13776	5288	8718	5658	15850	5735	6382	8039	6141	8019	8730	15823	7620	3451	4589	10552	5545	7492	253427
客户占百分比(%)	14.4	15.6	25.7	7.9	37.6	50.3	0.56	31.8	19.2	43.3	63.7	16.5	16.4	27	39.4	8	18.7	2.4	36.1	11.9	20.9

今海南来时州军户数

州名\项目	琼州	昌化军	万安军	朱崖军	合计
主户	8433	745	120	340	9638
客户	530	90	97	11	728
合计	8963	835	217	351	10366
客户占百分比(%)	5.9	10.8	44.7	3.1	7

韶州（治今广东韶关市）"初夷越无男女之别"。天圣八年（1030年），王益出任知州，"公一切穷治。未几，男女之行别于途"。[①] 此虽然是强调汉族官员在移风易俗方面的作用，但旧越人习俗的存承与否，也与汉人迁居落籍者的多寡大有关系。虽说元丰三年（1080年）距天圣八年（1030年）晚了50年，但元丰初年韶州客户在州的户数中仅占6.85%，也说明天圣时（1023—1032年）中原汉族人口落籍于韶州不多，影响力有限，从而韶州社会仍传承着原越人"无男女之别"的习俗。

女主内，男主外；女子生儿育女，男子耕稼走市；男有男行，女有女行，男女授受不亲，这就是中原汉族的"男女之别"。但是，壮群体越人的传统则是男逸女劳，樵苏耕稼、负贩趁墟，甚至官家差役、驿递走卒、佣工帮厨，皆以女子代男子为之；女子怀胎十月生下孩子，满三日即澡身溪河，由丈夫"坐月"上床护理孩子，自己则炊爨樵苏、营田趁墟，护理坐床的丈夫；婚恋时期男女纷纭杂沓，集群歌唱，挑选对象，相互赠答，私相授受，以致男女混杂于途，逗趣嬉戏于路，这就是汉族官员眼中的"夷越无男女之别"。对于韶州居民此种习俗传承，王益出任知州便"一切穷治"，也就是大张旗鼓地严行禁止、厉行惩治，从而"未几，男女之行别于途"。实际上，这是个表面现象，因为传承了千多年甚至数千年的"男女无别"的传统习俗不是那么容易退出历史舞台，瞬间消失的。不过，它既慑于压力，趋于隐蔽，不能宣之于外，随着时日的演进，社会的发展以及汉族落籍者的增多，也就渐渐淡化，了无痕迹了。

南恩州辖阳江、阳春二县，共有27214户，客户占78.8%，比率很高，但客户多是"侨居"的"瓯闽之人"。[②] 这些"瓯闽"（浙江、福建）人自唐以来就盯着南恩州"兼山海之利，富于渔盐"，[③] 又"当海南五部泛海路"，"颇有贾人循海而至"，[④] "从而侨居于南恩州的。所以，虽然"四方言瘴疠者，以春为称首"，[⑤] 但是他们都是从事商贾，纯为牟利而来，多集群式地居住在沿海地区。而南恩州"东南水凑大海才百余里，环山绕林，襟岩带洞"，[⑥] 当地的土著"俚獠"则"耕种多在洞中"。[⑦] 这说明，南恩州东南浙江、福建来客虽多，与土人却各居其地，各操其业，主客户间很少发生直面的接触，相互影响较少，土著"俚獠"的风俗并没有太大的改变，他们的传统习俗照旧传承。

壮群体越人及其后人喜唱歌、善唱歌，以歌代言，以歌抒情，以歌择配，以歌酬神，以歌驱鬼逐疠。歌给人以欢乐，歌增添了生活的情趣，在壮群体越人及其后人的生活中，无日无歌，无人不会唱歌。按照人类思维的逻辑发展，木匠有祖师，唱歌也自有歌仙。壮群体越人及其后人的歌仙，就是刘三妹。

---

① 《舆地纪胜》卷90《韶州官吏》。
② （宋）丁琏：《建学记》，《舆地纪胜》卷98《南恩州风俗形势》引。
③ 《舆地纪胜》卷98《南恩州风俗形势》引《恩平志·风俗门》。
④ 《舆地纪胜》卷98《南恩州风俗形势》引唐人《投荒录》
⑤ 《舆地纪胜》卷98《南恩州风俗形势》引《春州记》。阳春县，唐及宋朝前期为春州，熙宁六年（1073年）废州，以其地隶南恩州。
⑥ 《舆地纪胜》卷98《南恩州风俗形势》引《春州记》。
⑦ （宋）乐史：《太平寰宇记》卷158《恩州风俗》。

宋代，阳春县有座"三妹山"，传说"春州人""刘三妹坐于岩石之上，因名"。①"坐于岩石之上"，就是指传说中的智慧化身、脱口成歌"歌仙"刘三妹坐在岩石上对歌化石升天而去。记载说刘三妹是春州人，春州是阳春县唐朝至北宋熙宁五年（1072年）的称名，阳春人依山形而赋以传说中的人物，则是发生于唐朝或北宋前期了。

本来作为"歌祖"或"歌仙"的刘三妹，在人们的传说中只是凝聚泛指，实在又虚化，并非某个地方的人。后来流传于各地的刘三妹传说，大都依草附木，认定刘三妹就是特定地方的人。见于记载的，《舆地纪胜》认为她是广东春州人；明朝人张尔翮《刘三妹歌仙传》认为她是广西桂平人；②清朝王士禛《池北偶谈》卷16《粤风续九》和闵叙《粤述》说她是广西贵县人；屈大均《广东新语》卷8《刘三妹》则说刘三妹是新兴县人。不过，明、清诸人根据传说的记载，都说刘三妹是岭南人"始造歌之人，生于唐中宗年间"，"淹通经史，善为歌"。"尝与白鹤乡一少年登山而歌"，最后"俱化为石"仙去。③

"始造歌之人"却生于唐中宗年间（705—710年），当是明、清时传说后生的附会，这就如同说什么"夷越"之女刘三妹"年十二淹通经史"一样虚妄不可信。壮群体越人自古以歌为言，以歌为乐，怎么会晚至唐中宗时代方才出现刘三妹这样的"歌仙"或"歌祖"？至于"朗陵白鹤乡一少年秀才"④或"白鹤乡一少年"⑤或"朗宁白鹤书生"⑥或"邕州白鹤秀才"⑦中的"白鹤"，似有传说可据，只是传说中来与刘三妹会歌的少年既不是"朗宁白鹤乡"人，也不是"邕州白鹤秀才"，更不是"朗陵白鹤乡"人。朗宁郡是唐宋时代邕州的郡名，朗陵县则治于今河南省确山县，不在岭南区域内了。同时，各人所据的传说，"白鹤"一名究竟是地名还是人名也混淆不清，令人不知哪一种说法是真实的。由于刘三妹的传说在岭南地区的广泛性，所以"白鹤"之名就广泛地存在于宋及其前的岭南地区。比如，就南宋王象之《舆地纪胜》记载所见，惠州有"白鹤峰"，英德府、封州、高州、廉州、梧州、昭州有"白鹤观"，⑧肇庆府的"白鹤观"，宋至道中（995—997年）始改名为"至道观"。"观"是道教的庙宇，"白鹤观"就是崇祀白鹤仙人。因此，《舆地纪胜》卷107《昭州景物》记载白鹤观"有石圣母像与侍童三躯像"。原来"白鹤"就是"白鹤圣母"。刘三妹化石仙去以后，道家人就称她为"白鹤圣母"。

宋代，刘三妹还是阳春人崇奉的歌仙，迄于民国，《阳江县志》仍记载说"村落各建小棚，延巫女歌舞其上，名曰跳禾楼。（《庄志》）俗传跳禾楼即效仿刘三姐故事，闻神为牧牛女得道者"，说明当时中原汉族落籍于南恩州而且比率很高，可是由于主客各自集群而居，隔地而住，各务其业，高比率的客户对原土著的壮群体越人及其后人传统习俗的

---

① 《舆地纪胜》卷98《南恩州景物下》。
② 《古今图书集成·方舆汇编·职方典》卷1440《浔州府艺文部二》。
③ （清）屈大均：《广东新语》卷8《刘三妹》。
④ 张尔翮：《刘三妹歌仙传》，《古今图书集成·方舆汇编·职方典》卷1440。
⑤ （清）屈大均：《广东新语》卷8《刘三妹》。
⑥ （清）闵叙：《粤述》。
⑦ （清）王士禛：《池北偶谈》卷16《粤风续九》。
⑧ 广西宾州也有白鹤观，在州城东20里［（明）郭棐：万历《宾州志》卷14《杂志》］。

传承影响并不很大。清朝光绪二十三年（1897年）两广总督张人骏主编的《广东舆地全图》载，阳江厅（今广东阳江县）还遗存那龙河、那龙村汛、那关水、那羊、那笃村墟、那里村、那榜村、那仁村、那栋、那令、那碉塘、那檐村、那陈堡、那澄水、那梁村、那棉河、那埠村17个以"那"起首的地名，阳春县也遗有那乌汛、那乌堡、那障、那吾、那旦汛、那旦塘、那里贵、那黄山汛、那井村、那雄、那哨、那梭12个以"那"起首的地名。"那"在壮傣群体越人及其后人语里是"na²"（水田）的音译写字；以"那"冠首给地方称名，是壮傣群及其后人地名的特点之一。此一类地名在今广东阳江、阳春二县的众多遗存，说明该地的壮群体越人的后裔在明清时期方才逐渐趋同于汉族。

元丰初年，落籍于邕州的中原来客418户，占邕州总户数的7.9%。由于宋朝落籍邕州的汉人不多，集群而居，处于众多的壮族先人包容之下，虽然保存了所操的语言，现今称为汉语平话方言，但是习俗却随化于壮族先人。迄于20世纪五六十年代，南宁市心墟一带操汉语平话方言的汉族人仍然流行着男女婚前性交往自由、婚后不落夫家的习俗。这样的习俗，本是壮群体越人的传统习俗，历史发展到了近现代，南宁市及其周围的壮族已经旧俗革除，不复存在，但是宋时落籍邕州的中原汉族群体将壮族的习俗转承过来了，随着时日的推移，竟也恬然不怪。他们中上下熟习，大小知晓，没人省悟，时至20世纪中后期依然传承着。这也是历史上民族间习俗转承的一桩可纪的事情。

《永乐大典》卷8507宁字引《元一统志》说："邕人语言，颇类襄汉。自武襄狄青平侬智高，去后留兵千五百镇守，至今邕人皆其种类也。"这是无视史实，自我作秀。狄青在皇祐五年（1053年）正月丁巳在邕州败侬智高后，为避开那令人谈起色变的瘴疠，即于该年"二月丙子班师"，没留个部属在广西。① 他征南时的部属杨文广及和斌，先后出任宜州和邕州知州，他们二人都是二进广西的。② 狄青走后，孙沔"留邕计事"。他"以旧戍兵三岁一易，瘴死者十常七八，乃令本道择善地番休，留邕者止一岁，故人人乐戍"。③ 同时，宋仁宗于皇祐五年（1053年）闰七月"诏：广南西路戍兵及二年未得贷（更换）者，并罢归；其钤辖司所遣士兵，岁一代之。自侬智高之乱，驻泊禁军及桂州等处雄略、忠敢、澄海军凡三万四千四百四十一人分戍诸州，至是罢还戍兵，而令土兵屯戍。"④ 这样，明白地告示了狄青班师时其所部没人留下镇守邕州；孙沔主政广西，戍守邕州的兵实行一年一更换，没谁能长驻于邕州；而在狄青班师离开广西半年后宋仁宗的诏令则明确地规定在镇压侬智高期间的戍兵"并罢归"，又何曾让狄青"留兵千五百"长期镇守邕州？

鉴于宋朝入迁落籍邕州的北方来客不多，邕州管辖区内壮族先人的文化习俗仍是主导的文化习俗，所以到明朝嘉靖（1522—1566年）中后期，曾以广西按察司佥事督广西学政的谢少南感慨道：

---

① （宋）余靖：《宋故狄令公墓铭》，《武溪集》卷19。
② 《宋史》卷272《杨文广传》；《宋史》卷350《和斌传》。
③ （宋）滕甫：《孙威敏征南录》。
④ 《宋会要辑稿·兵五之四》。

邕州紫燕秋无社，蛮驿秾花冬有时。
异域冠裳仍俗好，中原礼乐忝吾师。①

诗中"秋无社"与"冬有时"相对连举，说明那时候邕州的壮族还没有"社"的观念，更没有为屋树下立社公（土地神），春秋二社对社公进行祭祀及事后会餐，出现"桑柘影斜春社散，家家扶得醉人归"的景象。然而，元丰初年北来汉人落籍有 3008 户占一州总户数 39.4% 的宾州，宋代就有了春、秋二社的观念："罗奉岭去城七里，春、秋二社，士女毕集。男女未婚嫁者以诗歌相应和，自择配偶，各以所执扇、帕相博（换取，赠送），谓之博扇。归白父母，即与成礼。"②《舆地纪胜》记载的内容虽然是壮族先人男女青年赶歌墟，以歌择配的事儿，没有汉族春、秋二社的实际内容，但是歌墟既选在春、秋二社所在之日举行，不能不说是汉族文化已渗入其中。

南宋王象之《舆地纪胜》卷 115《宾州风俗形势》载："宾去天远，中州名公巨儒罕有至者"，平民百姓却来了。这些落籍宾州的中原汉人，不是孤芳自赏，看不起"蛮夷"，一味保守，既入乡随俗，接纳壮族先人的习俗文化，又显示自己传统文化的特点，将汉族的意识、观念融入壮族先人的习俗文化中。比如前面提到的宾州罗奉岭春、秋二社以歌择配的记载是如此，吴处厚《青箱杂记》卷 3 所载的"岭南风俗，相呼不以行第（排行次序），惟以各人所生男女小名呼其父母。元丰中，余（我）任大理丞（掌管刑狱副官）断宾州奏案，有民韦超，男名首，即呼韦超作父首；韦遨，男名满，即呼韦遨作父满；韦全女名插娘，即呼韦全作父插；韦庶女名睡娘，即呼庶作父睡，妻作妗睡"，也是如此。"父睡"，即是"睡的父亲"；"妗睡"，为"睡的妈"。称"妈"为"妗"，这是宾州"客话"的一个特殊词语，读作"thəm¹"。

"妗睡"一语，透露了宾州"客话"在宋代已经形成。不过，也露示了其语有两点屈从于壮族先人的语言：第一，壮族先人重少轻老的命名原则。"朝甫先加老唤公"，③ 壮族先人小孩一生下来，名"朝某"；结婚生子了，名没有了，以子之名前加"甫"（父）或"me⁶"（母）为名；有了孙子，则在孙子之名前加"pau⁵"（祖父）或公以为名。第二，借取了壮族先人语言中修饰语放在中心语之后此一词法特点。

宾阳"客话"，是相对于土著的壮族先人的语言而言的。而相对于明、清时代从福建、广东入迁落籍于宾州的操汉语方言的"新民语"（闽语）以及一些驻屯军后代所操的汉语桂柳方言来说，宾州"客话"又是落籍已久，自形成自发展的本土话，因此又称为"本地话"。"本地话"介于平话和白话（粤方言）之间，又吸取了一些壮语词汇充实自己的语言。音熟易学，自成一州的汉语方言，在清朝并扩及宾州所属的上林、迁江二县的一些地方，成为宾州及上林、迁江二县各族人相互沟通、相互交流的语言，因又称为"宾州话"。

中原来客落籍宾州，除带来了汉族的意识、观念，也带来了新的生产技术。宋朝郑刚

---

① 《南宁道中》，（清）汪森《粤西诗载》卷 17。
② 《舆地纪胜》卷 115《宾州风俗形势》。
③ （明）桑悦：《记壮俗六首》其六，（清）汪森《粤西诗载》卷 16。

中的《客惠宾州竹簟，甚佳，取退之〈郑群赠簟〉诗读之数过，成古风云》可以为证：

  卷送风漪光八赤，竹新渐作琉璃色。
  世人贵耳便贱目，那知不抵蕲州笛？
  年来愧汗常浃肤，夏日自嫌污枕席。
  有时追诵法曹（指韩愈）句，怅恨宗人不多得。
  山斋置榻容一身，君惠清凉到心骨。
  门前客至莫见嗔，老子解衣喧鼻息。①

  卧簟宾竹冷，簟无名声却实用。诗将宾州竹簟的浅黄、透亮、润泽、清凉推崇备至，抒发了诗作者感奋、自得、满足、抓紧时机尽情享受的心情及不可多得的遗憾。
  不过，由于落籍宾州的北来汉人融入壮族社会了，习同于壮族先人的文化习俗，"有礼会，击鼓吹葫芦笙以为乐"；②"宾人计口筑室如巢居，屋壁以木为筐竹织，不加涂墍"；③"巢居崖处，尽力农事"；④"工鲜设色，民杂素冠，虚市所集，黑白相半"，"箫鼓不分忧乐事，衣冠难辨吉凶人"；⑤"官曹惟识簿书字，民俗不知金鼓声"。⑥因此，"新青上孤垒，远黑落诸蛮"，⑦被中原来的官员视为"蛮夷"：

  宾州大如斗，青林掩苍蔼。
  乱石熊豹蹲，累累潄江濑。
  野妪碧裙襦，聚墟拥野外。
  青蒻罗米盐，飘飘双绣带。
  日晚投古驿，酸风不可奈。
  绿竹乱生枝，离披影如盖。
  瘴雨飞为尘，鸲鹆声哕哕。⑧

  "民俗不知金鼓声"，灾难却来了。天灾人祸，百姓陷于苦难；兵荒马乱，尤给群众带来伤害；二难交作，生命逆兵灾，孤寂无助，呼天天不应，叫地地不灵，凋残零落，日见其少。所以，元朝傅若金《宾州》诗说："树残兵后楮，草发烧余青。西寇迷仙雾，南人候使星（中央王朝派来的使者）。民居日稀少，惟见短长亭。"⑨为了保住人口正常增

---

① （清）汪森：《粤西诗载》卷6。
② （宋）乐史：《太平寰宇记》卷158《宾州风俗》。
③ 《舆地纪胜》卷115《宾州风俗形势》引《范太史言行录》。
④ 《舆地纪胜》卷115《宾州风俗形势》引《图经》。
⑤ 同上。
⑥ （宋）陶弼：《宾州阅武堂》，（清）汪森《粤西诗载》卷13。
⑦ 《舆地纪胜》卷115《宾州诗》引。
⑧ （元）陈孚：《宾州》，（清）汪森《粤西诗载》卷3。
⑨ （清）汪森：《粤西诗载》卷10。

长,宾州人求天叩地,树社崇奉,除春、秋二社祭祀外,又以每年正月十一日为"灯酒节",规定年中家里新添男丁,都须出羊荐猪,祭拜社公。那一晚,鞭炮齐鸣,舞龙叩求,聚社欢宴。习俗传承,形成了今天盛于宾州的"炮龙节"。

"灯酒节"的确立及其推广于上林、迁江二县的许多地方,说明落籍于宾州的汉人已经挣脱了土著壮族习俗文化的羁绊,进而以汉族文化来潜移默化人数众多的宾州壮族,使其趋同于汉族。这就如同明代汪必东《驻宾州》诗说的"民风今不陋,王泽故长流"。①

今上林县巷贤镇,明代称巷贤峒。郭棐万历《宾州志》卷2《山川志》载:"巷贤峒,在(上林)县南三十五里,村居稠密。"清代,巷贤峒属感化乡;清末,独为巷贤乡,辖万加、巷贤、思陇三团;民初,巷贤乡分为尚仁、尚义、尚礼、思陇四乡。据故老传称,民国元年(1912年)前后,每年三月思陇人还在闹歌墟。民国二十六年(1937年)广西省政府将思陇乡划辖于宾阳县后,② 思陇人所操的语言逐渐由壮语改为宾阳"客话"了。因他们说起话来,老是拖着壮语尾音"ηa^2",人们便戏称他们为"ηa^2思陇"。同样,邹墟原属上林县下无虞乡,民国后改为邹墟乡,民国三十年(1941年)划辖宾阳县后,③ 该地的壮族在原来文化习俗与"客人"同一的基础上也改操宾阳"客话",趋同于汉族了。

在上林县的白墟、覃排二乡镇,由于宾州"客人"不断入迁落籍,与壮族错杂而居,二族不仅文化习俗同一,也形成了与宾州"客话"在音调、语词略有不同的白墟客话方言。而上林县巷贤、明亮、大丰三乡镇,在20世纪50年代以前,壮族由于与入迁落籍的宾州"客人"错杂而居,集市贸易,婚姻往来,不仅文化习俗一同于宾州"客人",而且在宾州"客话"的影响下,已经能够以壮语来诵读汉文诗书。这就说明该三乡镇的壮人其语言的语法结构已经发生变化而逐渐趋同于宾州"客话"。

"圣泽二百余年于兹,夷风悉化,狼人与汉人无异,几不知有狼人矣。"④ 俗异语变,这是壮群体越人及其后人趋同于汉族之路。壮群体越人及其后人与汉族文化不同,一是习俗迥异,二是各自所操的语言不同。在趋同汉族的变化过程中,各地壮群体越人及其后人所行的路并不完全一样。不过,有一点却是相同的,这就是将壮群体越人传统习俗的基础分化瓦解,促其意识观念变化,使其传统习俗绝了传承。宋代初年,韶州的"夷越无男女之别",包容了壮群体越人"男逸女劳"、女子耕作趁墟以及男女聚墟、以歌择配、联歌欢洽私相授受、丈夫坐褥等传统习俗,既是其诸多传统习俗的基础,也体现了其群体深层次的价值意识和价值取向。天圣八年(1030年),王益出任韶州知州,对韶州居民的"无男女之别"进行"穷治",⑤ 就是要捣毁壮群体越人传统习俗的基础,绝其传承,塞以汉族儒家文化的礼、义、廉、耻及尊居亲上,力促其俗其语的完全变化。

同样,宋徽宗于政和七年(1117年)七月十七日"诏:广东之民多用白头巾,习夷

---

① (清)汪森:《粤西诗载》卷11。
② 广西省政府统计处:《广西年鉴》第三回,民国三十七年。
③ 同上。
④ (清)徐作梅:光绪《北流县志》卷9。
⑤ 《舆地纪胜》卷90《韶州官吏》。

风，有伤风化，令州县禁止"，① 也是用行政命令来杜绝广东居民对壮群体越人传统服饰的传承。

屈大均《广东新语》卷9《唐氏乡约》记载明朝初年广东南海唐豫制定的乡约。该乡约着力点是改变遗留于当时唐氏家族中四点违背儒家礼教的旧存在。此四点就是指壮群体越人传统的以少为大、老人围着子女转的意识观念，以及"生时布衣不充，死则尽财殡送"，②"丧则聚众搏击钲鼓作戏，叫嚣逐其厉，及掩之中野，至亲不复送"的习俗传承。③《唐氏乡约》中的禁约，揭示明朝初年广东南海县唐氏家族虽然"言语好尚，略同中国矣"，却还拖着体现壮群体越人传统意识、观念、习俗传承的硕大尾巴。

由于入迁落籍岭南各地的北方来客多集中于交通便利的城镇及其附近，所以壮群体越人及其后人的趋同于汉族，通常是先城镇而后乡村，先东而后西。《古今图书集成·方舆汇编·职方典》卷1349《肇庆府风俗考》载：

> 衣冠文物，多近会城。乡村男女多椎髻跣足，著木履以避湿气。习尚简朴，器用无华。鱼米蔬果，足以自给。病少服药，好事巫祝，名曰设鬼。贫民与富家斗力，不能胜，常服胡蔓草致死以诬之。……里傩每岁冬月盛为法事，谓之禳灾，又谓之保境，作一小船，鼓吹沿门经过，送之江率，三岁一举。……聘礼俱用槟榔、牲果。……娶妇之后，多异爨……

这是明末清初的记载。那时候，肇庆府乡村的人虽然已经改操汉语粤方言，但仍然传承着壮群体越人传统的习俗，如椎髻跣足；"病少服药，好事巫祝"；重死轻生，一不遂意辄"服胡蔓草致死以诬人"；驱鬼禳灾以保境，婚用槟榔为聘；子娶妇即异爨等。此种情况说明，入迁落籍于肇庆府的中原汉人影响尚欠力度，难以完全阻遏和改变广大乡村壮群体越人的后人对其先人传统习俗的传承。

清朝康熙间（1662—1722年）吴震方《岭南杂记》卷上记载的"自肇（庆）至梧（州）"，"男女同浴于川"，女唯重其乳的意识观念、习俗，同样在陈宗海光绪《腾越厅志稿》卷15记载的"大伯夷"（德宏傣族先称）中见到。云南腾越厅"大伯夷""男子剪发文身，妇人跣足染齿，布裹其首，居喜近水"。"男逸女劳，纺织负担不辍"，④ 俨然壮傣群体越人原有传统习俗的传承者。肇梧一路的居民在清初虽语已改操汉语粤方言，主导意识、主导习俗也已趋同于汉族，但仍与云南腾越厅泷川以西的"大伯夷"一样传承着壮傣群体越人"男女同川而浴"此一习俗、此一认知，道出了他们的渊源，道出了汉族文化的融合力尚有不足。

"百粤文身俗，华风近若何？"⑤ 唐朝人《十道志》载容州"夷多夏少，鼻饮跣足，

---

① 《宋会要辑稿·刑法二之六八》。
② （宋）乐史：《太平寰宇记》卷161《高州风俗》。
③ 《永乐大典》卷2339梧字引梧州《旧经》。
④ （清）陈宗海：光绪《腾越厅志稿》卷15。
⑤ （明）袁帙：《送人谪全湘》，（清）汪森《粤西诗载》卷11。

好吹葫芦笙，击铜鼓，习射弓弩；无蚕桑，缉蕉、葛以为布；不习文学；呼市为墟，五日一集；人性刚悍，重死轻生"。① 到了南宋，《容州志·风俗门》载："容介桂、广间，盖南徼也。渡江以来，北客避地留家者众，俗化一变。今衣冠、礼度并同中州。"② 唐朝北宋时期，容州的风俗与南宋时大相迥异，其根本原因就是1126年"靖康之变"北宋灭亡后，大量的中原汉人避乱南下落籍于容州的多，于是风俗大变，即所谓的"衣冠、礼度并同中州"。然而，这只是从主导方面说的，所以《容州志》不无遗憾地说："独可恨者，乡落小民病不事医。"③ 其实，容县土著居民对壮群体越人的传统习俗传承又何止此一件！清初，《古今图书集成·方舆汇编·职方典》卷1433《梧州府风俗考·容县》载："春分方犁田，夏日方种。少用粪，罕种早稻。收获，群妇女而出，率以手掐掇（qiā duō，指甲切断拾取）其穗而弃其管，以便束敛。""摘穗或将手当镰。"④ 这就是壮傣群体越人自古形成的种植、收割、储藏方式的传承。

"路入东瓯境，犹登万里船。衣冠无故识，邪许（yé hǔ，劳动时合力呼喊的象声词）总夷俦（蛮夷一类的人）。"⑤ "椎髻语言殊不白，花枝浓淡自含丹。欲知同轨称王会，随处夷歌汉网宽。"⑥ "椎髻蛮堪骇，侏僱语孰传？"⑦ "一身南去入苍梧，听得蛮音处处殊。"⑧ 这些都是明朝人的诗句，触景道情，于是钱薇感慨地说："万里风霜粤徼边"，"语音举目浑无解"。⑨ 当时，即使是像两广督府所在的梧州这样开通的地方，不仅"听得蛮音处处殊"，而且"梧州土民⑩惟知力穑，罔事艺作，俗尚师巫。市多妇女，椎髻跣足，梟谷卖薪。婚聘多用槟榔，男女不行醮礼（婚礼），兄弟反称姐妹，叔侄每唤公孙。男多出赘，称曰嫁，而有其父翁之产；女招婿称曰娶，而以己产与之。甚至男更姓以从女，或于男姓复加女姓，永不归宗。女既受聘，改而他适（嫁），亦恬不为意。性顽而轻生，凡逋（逃）粮避差，与睚眦（yāi zì，小怨小忿）小怨，即投山服毒"。⑪ 其近邻的藤县也是如此：

> 是州僻在边隅，风俗大概与中州异。
> 自古昔民少向学，而礼俗亦颇淳朴，然而拙于生理（不善于谋生之道）。妇女亦

---

① （宋）乐史：《太平寰宇记》卷167《容州风俗》引。
② 《舆地纪胜》卷104《容州风俗形势》引。
③ 《永乐大典》卷2339梧字引。
④ （清）汪森：《粤西诗载》卷16。
⑤ （明）钱薇：《牂柯江》，（清）汪森《粤西诗载》卷12。
⑥ （明）钱薇：《铜鼓滩》，（清）汪森《粤西诗载》卷17。
⑦ （明）钱薇：《大黄江口》，（清）汪森《粤西诗载》卷12。
⑧ （明）徐勃：《送人之苍梧》，（清）汪森《粤西诗载》卷19。
⑨ （明）钱薇：《右江舟中二首》其一，（清）汪森《粤西诗载》卷24。明代右江指黔江、柳江。
⑩ （清）汪森：《粤西丛载》卷18《蛮习》原引作"士民"，疑讹。"士民"古为读书人的称谓，此处所列习俗为土著居民习俗，疑作"土民"为是。《古今图书集成·方舆汇编·职方典》卷1433《梧州府风俗考》引《梧州府志》作"土民"，因正之。
⑪ （清）汪森：《粤西丛载》卷18《蛮习》引万历《梧州府志》。

皆种田，不种蚕桑，无问寒暑，俱著蕉、苎为衣。旱则祷天祈雨，无救旱桔槔（提水工具）之类，故岁时少丰。贫则甘于冻馁，而耻为盗。病则惟祀鬼神，不用医药，或以针刺舌出血，或服草药；弗治则听天命。盖因山川瘴毒所致也。

地无场治，刳竹为瓦、编竹为壁而居之。有丧，以鼓乐、饮酒食肉为礼。乡民多以白布为巾，故谚曰：鼓乐不分哀乐事，衣冠难辨吉凶人。

无霜雪，寒暑不常，苦雨疾风，或日至焉。

大概如旧志所云。自入版图以来，风俗亦少变矣。①

郁林州虽然"郁、白方言似"，② 形成了粤语郁白方言，但是其俗仍然与中原汉族存在相当大的差距：

郁林州僻在海隅，炎陬（zōu，角落）之地。冬无霜雪，寒暑不常。其地土下湿而多瘴疠，人民不事蚕桑，性资轻悍。婚则相歌为娶，死则击鼓助哀。病不服药，惟好事鬼神。其俗大远于中州矣。③

明朝嘉靖（1522—1566年）后期官广东按察司佥事王问《郁林州》诗道郁林州"旧属苍梧郡，今通南海军（广州）。峒中风转恶，岭外气全分。怪蟒呼人性，阴蛟吐瘴云。夷歌起樵牧（打柴放牧的人们），几度隔墟闻"。④ "岭外""峒中""怪蟒""瘴云""夷歌""墟闻"，点出了明代郁林州地理、气候、风俗、人情特色，说出了那时候变化中郁林州壮群体越人后人的居住环境和风土人情，确实仍远离于中州。

壮族传承其先人的传统，以洞（山间平地）为居，缘水而住，至今，云南文山壮族苗族自治州仍然流传"壮族居水头，汉族住街头，苗瑶占山头"的俗语。万历二十五年（1597年）王士性《广志绎》卷5载，广西"平原旷野，一望数十里不种颗粒。壮人所种止山衡水田，十之一二耳"。据此，明人曾伟芳建言：

粤西非滨河州郡、巨浸难医者，比至往往沃壤丰草，祇（只）病（毛病）人稀（缺点就在乎人少），华瑶主客不相敌。

有雄才大略英主一出，尽徙江淮民实此；不然，发内帑（国库）一二百万，招集流移安插；又不然，割湖南衡（治今湖南衡阳市）、永（治今湖南零陵县）、宝（宝庆府，治今湖南邵阳市）三郡以属粤西，令自本省民，所多所鲜（占多占少），随便迁移，永作世业。生聚既多，物力既完，此重彼轻，瑶壮自退，反为我用。

天而不忍遗此一方乎？昔既有人创开之，乌乎，知后无复重拓料理之者！⑤

---

① （明）金文冲：洪武《古藤郡志》，《永乐大典》卷2339梧字引。
② （明）袁岐：《自柳至平乐书所见五首》其四，（清）汪森《粤西诗载》卷11。
③ 洪武《郁林志》，《永乐大典》卷2339梧字引。
④ （清）汪森：《粤西诗载》卷12。
⑤ （清）汪森：《粤西丛载》卷17引。

同时，壮族及其先人的意识观念是人远行则魂易失，人远行归来有停于30里外先请觋公巫婆行"收魂仪式"后方归家之举。① 他们行商者少，"间有行商，亦不远涉"。② "赋性朴实而谋浅，治生易足而少聚。富无千金，贫无乞丐，不健讼，不苟偷，重廉耻，鄙轻薄，惟事耕渔，不乐工商。"③ 即使后来以奔走四方，以从事商贾出名的宾州人，明末清初也仍然是"俗朴拙不谙商贩，家无积蓄，衣惟苎布，居无大室，疾病不服药惟事鬼神"。④ 抱布贸丝，贸有余而易不足，没盐酱醋、日用百货，社会生活中无商不行。外省人于是纷纷乘虚而来，在广西各地进行贸易活动。"山色连苍汉，江流绕郡城。往来横渡口，强半广州音。"⑤ 吕文峰万历《荔浦县志》也说，荔浦县"坊郭城厢，民戍杂居，商贾皆东粤、三楚（西楚、东楚、南楚，即今黄淮至湖南一带）之民，岁终则归，来春又聚。本邑人民，但知耕植，不识贸迁"。⑥ 这些商人熙来攘往，皆为利来，"岁终则归，来春又聚"，并没有落籍于广西。

万历年间（1573—1620年）王士性《广志绎》卷5载："广右异于中州，而柳（州）、庆（远）、思（恩）三府又独异。盖通省如桂（林）、梧（州）、浔（州）、南宁等处，皆民夷杂居，如错棋然。民村则民居民种，壮村则壮居壮种，州邑乡村所治犹半民也。右江三府则纯乎夷，仅城市所居者民耳，环城以外悉皆瑶壮所居。"所谓"城市"，不是商业市镇，而是官府、戍军首脑所在的地方。比如，前面提到的荔浦县"坊郭城镇，民戍杂居"的"戍"，就是戍军。又如横州城，洪武二十二年（1389年）以后是驯象卫的驻地，"城中军卫所居，多江浙人"。"城中居者""多戍籍"。⑦

广西城镇为官府及戍军所驻之地，汉族文化对壮族自然不断地扩大其影响力，起到改变壮族传统文化的作用。嘉靖元年（1522年）王济《君子堂日询手镜》载横州（今横县）壮族的婚娶习俗时称："土俗婚嫁有期。女家于近村请能歌男妇一二十人或三四十人，至期同男舁（yú，抬）轿至。众集女门，女登轿，夹而歌之，互相应答，欢笑而行，声闻数里，望及男家室庐，各皆散去。男家携酒肉，道饲之。此附郭之俗，虽衣冠家不废，惟城中军卫所居，多江浙人，故不染此俗。若僻远村落，则新妇徒行，歌者如附郭，其俗尤不可观。"又说："每岁元旦或次日，里中少年裂布为帕，挟往村落，觅处女少妇相恋答歌。允者，男子以布帕投女，女解所衣汗衫授男，谓之抛帛。至十三日，男子衣其衫而往，父母欣然迎款（殷勤招待），男左女右，班坐一室，各与所期，互相答歌。邻亲老稚，毕集观之。人家多女者，各期一男，是日皆至。至十六日，乃罢归。归时，女以前帕巧刺文绣还男子；男子亦以汗衫归之女。妇之父并夫，有别往赴期者。一州皆然（都是这样），虽千指之家（特富贵的人家）亦有此，惟城中有附郭，无此俗。"王济将明代

---

① 《文献通考》卷330《西原蛮》引范成大《桂海虞衡志》。
② 雍正《广西通志》卷32《太平府风俗》。
③ 《古今图书集成·方舆汇编·职方典》卷1402《桂林府风俗考·灵川县》。
④ 《古今图书集成·方舆汇编·职方典》卷1410《柳州府风俗考·宾州》。
⑤ （明）徐棻：《梧州即事十二首》其一，（清）汪森《粤西诗载》卷21。
⑥ 《古今图书集成·方舆汇编·职方典》卷1426《平乐府风俗考·荔浦县》引。
⑦ （明）王济：《君子堂日询手镜》。

正德（1506—1521年）至嘉靖初（1522年）横州人的婚恋、婚娶情况分为城中、附郭（城外乡村）和偏远村落三个区落。城中所住为官员、戍军，一行汉族礼教；偏远乡村则行壮族的传统习俗；附郭则介于二者之间。附郭居民本为壮族，其传统的婚姻习俗之所以发生趋向于汉族习俗方面变化，是因为在汉族文化的主导下，直接受着城中汉族居民潜移默化的结果。

金鉷雍正《广西通志》卷32《苍梧县风俗》载，苍梧县"音乐间美，有京洛遗风。城外商贾辏集，类多粤东人。里民为其渐染，渐尚纷华（繁华富丽）。市中货物，盛于他邑邻封，日用所需，皆取资焉。山讴（歌唱）、手搏（饭）、鼻饮（水）事，出苍梧旧纪，今虽僻远乡落，久知以陋习为耻，彬彬（文雅有礼）日变（一天天变化）矣"。同书卷93《蛮疆分隶》也载，柳州府"马平（今柳江县）则附郭，而柳城即柳州故治也。唐柳宗元曰：岭南夷落，于柳若弃壤（对于柳州来说犹如抛弃的土地，无人理睬），谪者先之（贬谪者先被考虑流放的地方）。夫风俗与化移易，乌知（哪里知道）今大异于古所云，而惜乎子厚（柳宗元字子厚）之不及见也"。

在汉族文化的主导下，在落籍汉族居民的潜移默化后，广西主体居民的壮群体越人传统文化的变化，正是历代在广西任职的负责任的汉族官员所梦寐以求、倍具信心、相互勉励、不断努力的。"由来教蜀有文翁，吏事（官事）经生（治经）本自同。会见僰僮（少数民族儿童）迎法驾（帝王车驾），谁云象郡（边荒之地）隔皇风。"① 此诗表达的是在一统之下，官员们对"夷风变夏"的必然，不可阻挡的认知及其十足的信心。"异域冠裳仍俗好，中原礼乐忝（有愧于）吾师"，② 抒发的是官员们以儒家文化转变壮群体越人传统习俗的强烈责任心。"野阔莺啼树，山多佩犊（刀）民。戍歌愁听汝，荒服几时新。"③ 诗又托出了官员们促广西壮群体越人传统习俗趋汉变化的急迫心情。

然而，嘉靖二十五年（1546年）六月，明王朝兵部奏称："广西岭徼荒服，大率一省，狼人半之，瑶、壮三之，居民（汉人）二之。以区区二分之民，介蛮夷之中，事难猝举。"④ "狼人"即为壮人，而瑶壮混同，自宋已然。比如，《宋史》卷332《陆诜传》将侬智高称为"侬瑶"；《元史》卷30《泰定帝纪》将泰定三年（1326年）二月壬午全茗州（在今大新县全茗乡）壮族土官许文杰称为"瑶"，说他"率瑶以叛"；《明史》卷257《张鹤鸣传》称"仲贼（今布依族）乃粤西瑶种，流入黔中"等。"瑶、壮三之"，或其中瑶一壮二。如此，当时广西人口，壮族约占70%。弘治四年（1491年），广西编户459614，口1676274，壮族人口约为117万多人。

在广西，壮人多，汉人少，又不是集群居住的汉人，在时间的演进中无形中就出现壮化现象。同时，"稻田黄，睡满床"的自然地理因素也无形中造成减员，并阻止了新移民潮的出现。这就是宋元丰时客户仅占广西人户的20.9%，明嘉靖间"居民二之"的原因。嘉靖四年（1525年）八月至八年（1529年）十月充任广西左参议的汪必东诗称"路过阳

---

① （明）黄姬水：《送沈仲文金宪广西二首》其二，（清）汪森《粤西诗载》卷24。
② （明）谢少南：《南宁道中》，（清）汪森《粤西诗载》卷17。
③ （明）黄佐：《兴安道中》，（清）汪森《粤西诗载》卷11。
④ 《明实录·世宗实录》卷312。

朔县,避瘴日轮高。万石攒如笋,群峰拔不毛。问民多土著,移习半酋豪。"① 而在"民三壮七"的永福县,② 嘉靖时谢少南《永福道中》诗说:"秋日登途菊朵新,忙中岁月客中身。归来蛮鼓村村发,道迓(说是迎接)湘南岁底春。"③ 菊笑秋阳,鼓声频频,赛鬼酬神,送旧迎新,永福县壮人以秋成为年,是壮群体越人"谷熟时里闬同取戌日为腊"的传统习俗的传承。④ 它既说明壮族日居生活千年蹈袭,传统习俗墨守不变,也说明迁居落籍的中原汉人为数不多,居于劣势,即便是在汉族文化的主导下,他们对壮族习俗的改变其影响力也是相当有限的。

清朝前期,情况没有太大的变化。雍正二年(1724年),署理广西巡抚韩良辅奏称:

> 广西土旷人稀,多弃地。其故有六:山溪险峻,瑶壮杂处,田距村远,谷熟虑盗割。一也。民朴愚,但取滨江及山水自然之利,不知陂(池)、渠、塘、堰(坝)可资蓄泄。二也。不得高卑宜植粮种。三也。不知耕耨。四也。所出祇(只)米谷,纳赋必用银,且徭随粮起,恐遗后累。五也。良懦垦熟,豪猾势占。六也。宜选大员督率守令,度地居民,立茅舍,贷牛、种,兴陂、渠、塘、堰,严冒占之禁,宽催科之期,使民知有利无害,皆奋兴从事,边徼可成乐土。⑤

此一时期,阳朔县"壮多民少";⑥ 永福县"民三壮七,实录也";永宁州(治今永福县西北寿城)"僻在山谷,有狼、壮二种";⑦ 荔浦县"按县治三百村,壮、瑶得十之九焉";⑧ 修仁县(治今荔浦县西南修仁镇)"四乡民、壮杂处";⑨ 昭平县"诸乡民、壮杂处";⑩ 永安州(今蒙山县)"民居三,瑶、壮居七";⑪ 贺县(今贺州市)"壮初亦溪峒野氓,就编户者谓之熟,性较驯,远者谓之生,慓悍难制";⑫ 苍梧县"北陀东岸、西岸,则皆壮人也":⑬ 可说广西东部地区何处无壮,何处壮不占着很大的优势。诚如明朝万历二十五年(1597年)王士性《广志绎》卷5所载,除柳州、庆远、思恩、太平、镇安、南宁等桂西诸府外,桂东的桂林、梧州、浔州等府,"皆民夷杂居,如错棋然。民村则民居民种,壮村则壮居壮种,州邑乡村所治犹半民也"。即使在转变中的地方,比如富

---

① 《过阳朔》,(清)汪森《粤西诗载》卷11。
② (清)汪森:《粤西丛载》卷24引《永福县志》。
③ (清)汪森:《粤西诗载》卷24。
④ (宋)乐史:《太平寰宇记》卷163《窦州风俗》。
⑤ 《清史稿》卷299《韩良辅传》。
⑥ 《古今图书集成·方舆汇编·职方典》卷1402《桂林府风俗考·阳朔县》。
⑦ 雍正《广西通志》卷93。
⑧ 同上。
⑨ 雍正《广西通志》卷32。
⑩ 雍正《广西通志》卷93。
⑪ 同上。
⑫ 同上。
⑬ 同上。

川县，金鉷雍正《广西通志》卷 32 载："汉、瑶杂处，俗尚朴陋，重巫鬼，习鸡卜，性悍而狡，一羊一牛，辄结讼不休。官吏求之太急，即避于深山大麓，自昔称难治焉。男女答歌相配合，穷民之妇日汲水鬻钱以养其夫。"其中虽没提及壮人，但富川县人的"重巫鬼""习鸡卜""争讼不休""轻生避差""以歌择配""男逸女劳"，哪一样不是壮族的传统习俗传承！

又如，今已没有多少壮族的贵州省荔波县，清前期辖于庆远府，"顺治初（1644 年）知县胡启睿赴任。离县城仅十五里，诸苗不容，信宿鸣鼓纠党，并其仆隶尽屠杀之。后官畏不敢入，皆侨寓府城，遥领县事而已。康熙八年（1669 年），典吏余子位竟抵其任。苗皆诧异，云：'蒙夜结勒刀？蒙刀过客麻？利料，利料！'译其意盖云：'汝从何处来？汝来作何事？好笑，好笑也！'子位善抚诸苗，在职三年卒，无梗（顽梗不化）者。自是，遂知向化"。① "苗"说的"$muŋ^2$（你）$ʔi^1$（自）$kwə^2 law^2$（哪里）tau^3（来）？$muŋ^2$（你）tau^3（来）ku^6（做）$ka:i^5 ma^2$（什么）？$dei^1 liu^1$（好笑），$dei^1 liu^1$！"这是壮语不是苗语，所谓的"苗"实为壮。这说明，清朝前期荔波县的主体居民为壮族。后来，这些壮族"遂知向化"，也就是在汉族的潜移默化下趋同于汉族，只剩下边远山区的壮族仍为壮族，只是其人数已经寥寥无几。

廉州府自洪武二年（1369 年）六月戊子划辖广东以后，② 其原住民的趋汉变化一同于桂东各地。钦州知州林希元嘉靖《钦州志》卷 1《风俗》所载的钦州风俗，基本上仍然是壮族的传统习俗。他在按语中说："余（我）至郡，条其巨者十二事，请当路榜刻以禁，又立田人以教民耕织，建军民药局以疗疾病，建学择师立规条作训言以教民间子弟，使知礼义，要于革故鼎新，移风易俗，使圣朝（明朝）教化洽（遍）于边方，以补先王之所未及也。作郡三年，民虽稍知向方，其俗犹未能尽改于旧昔。"至清朝初年，《古今图书集成·方舆汇编·职方典》卷 1364《廉州府风俗》载：

    俗淳朴，衣无华彩。虽妇女亦负担贸易，以为活计。地旷力勤，民无积蓄。耕者播种以后，一听于天，耕、粪、桔槔不事焉。丰则侈；歉则贷，贷则息倍于本。男女遇有寒热疾病作而诒鬼。轻生逞忿，服毒自经（上吊），其故俗也。

    近来声教渐臻（符合）文物（儒家的礼乐典章制度）。岁时闻有书声，亲朋结契，交情颇重，骎骎乎（与时俱进接近乎）中土之风焉。

"骎骎乎中土之风焉"，说得轻巧，移风易俗，传统习俗的改变，传统意识、观念以及价值取向的更新，却需要时间。所以，林希元说："今予（我）未能变钦之陋，亦予德之弗类焉耳。""后之君子继元而守者，皆能相承不废，至于百年，钦之俗其殆（恐怕）庶（庶几，差不多）乎！"③ 光绪二十三年（1897 年）两广总督张人骏主持编绘的《广东

---

① 雍正《广西通志》卷 93《蛮疆分隶·荔波县》。
② 《明实录·太祖实录》卷 43。
③ （明）林希元：嘉靖《钦州志》卷 1《风俗》。

舆地全图》，①除以"六""古""塘（潭、谭）""多""北（百、博）""思""罗""板""叫（教）"等起首的壮语地名外，还有多达234个以"那"（水田）起首的地名以及"罾星村""罾洞""罾晓"等11个以"罾"（那）起首的壮语地名遍布于廉州府所属的钦州及合浦、灵山、防城县各地。这些不同人变而变的富于壮语地名特色的地名的存留，揭示了其使用者的趋汉变化是在清朝中后期以后方才完成的。

据有关方面估算，清朝乾隆年间（1736—1795年）每年约有10万人由外省移入广西。②这是一个不少的数目，说明此后外省汉族移民落籍广西的迅速和众多。从而嘉庆十七年（1812年），广西（不包括廉州府）人口总数由万历六年（1578年）的1186179人，③猛增至867万多人。④这些汉族入居者，大都是居住于广西的东部地区。清朝中后期以后，广西东部地区汉族人口数量大大超过了壮族人口，潜移默化，壮族逐渐趋同于汉族。

壮族传统习俗的趋汉变化，意味着壮族传统意识、观念以及深层次的价值取向的趋汉转变。程大璋民国《桂平县志》卷31载："《袁旧志》（指袁湛业道光《桂平县志》）云：三四十年前，有所谓浪场者。每岁正月于村之庙宇附近地段空阔之处，男女聚会，攒簇成堆，歌唱互答，以环、钏、巾帨、槟榔之物相遗，谓之认同年。"歌场定情之后，进入谈婚论嫁。壮族传统习俗是"相约嫁娘休久住，恐防儿女早成群"，实行女子婚后不落夫家制。然而，在汉族文化的浸润下，"每闻长老言，壮女嫁与儒童秀才，则婚夕即成夫妇，无归宁（回娘家）不返之事。近数十年来，诸族互通婚姻，陋习已除，无论于归（嫁与）谁氏，皆即夕修伉俪（夫妻）之仪矣"。这就是壮族传统习俗的改变。

壮族传统习俗的趋同于汉族，并不意味着壮族已经趋同于汉族。因为"风俗虽已由质趋文，而家常语言犹存"。他们"对客籍则作广东粤语，与其俦类（伴侣，同辈）则啁嘲，皆壮语也"。⑤祖语未改，说明人也没有变。

壮群体越人有其语而无其文，汉语、汉文成为各地壮群体越人及其后人与中原汉族沟通、交流的工具。南越国时期，赵佗虽然皈依越人习俗，使用的却是汉文，留存至今的南越国王印，可以资证。自然，南越国内部汉、越间的交流使用的也是汉文、汉语。因此，学汉文、习汉语，是壮群体越人及其后人的一个传统。韩愈《送区册序》载他贞元十九年（803年）被流放做连州阳山令时，与阳山县"鸟语夷面"的壮群体越人的后人交流是在地上划汉文，⑥说明当时阳山县的人虽不会说汉语却认识汉文。也是那个时候，柳宗元在柳州任刺史，"出门见适州间市井者，其十有八九"是壮族的先人。虽说柳宗元的"家生小童，皆自然晓晓"，娴熟于壮族先人的语言，可是他毕竟只能熟其音而不能说其

---

① 广州石经堂承印，光绪二十三年。
② 袁少芬：《论广西汉族的发展与汉民族研究问题》，《广西民族学院学报》1987年第4期。
③ 《明史》卷45《地理志》。
④ 黄贤林、莫同：《中国人口》，中国财政经济出版社1989年版，第47页。
⑤ 程大璋：民国《桂平县志》卷31。
⑥ 《舆地纪胜》卷92《连州风俗形势》引。

语，与壮族先人交流也只能以汉语作媒介。① 所以，"能通官话惟壮老"。② 随着时间的推移，汉语、汉文成了壮族男子当习的语言文字。刘文征天启《滇志》卷4《旅途志·粤西路考》载，归顺州（今广西靖西县）"居民有老死不逾硐如避秦人者，见车马络绎，闻华人言，皆聚观惊咤。男子能华言，巾帢、短衣、皮履，妇女椎髻、跣足、长裙"，说的就是此一类情况。玉昆山民国《信都县志》卷2载壮人"语音历世不改，人鲜能辨，然皆习官话，与汉人相通"，道的也是此一类情况。此一类情况，在广西是普遍存在的。比如，壮族大学者郑献甫纂的同治《象州志》说："壮与疍家久习华风，渐更夷俗，其衣装则已改矣，其语言则已通矣。"民国《来宾县志》上篇也说，来宾"县境语音虽分土、客、侬、闽、粤五种……平日来往交通，苟非不出户庭，即妇孺亦皆能通官语"。

由于汉人落籍的多，壮人习用汉语的机会增多，家常壮语便逐渐被弃置、淡忘，从而被淘汰，其语言也完全趋同于汉语了。比如，太平天国首义地广西桂平县金田村，由于其地居民为壮人，壮人以"峒"（山谷平原）为居，所以湖南人李汝昭《镜山野史》便将"金田峒"写作"金田窜"。③ "金田窜"的居民韦昌辉，参加太平天国起义后是为北王。他和他的家庭及邻居都是壮人，既说壮语也能说官语。后来，由于周围汉族落籍者的影响，壮语在人们的言谈中被弃置、被淡忘，官语成了日常用语，金田窜的壮族也就趋同于汉族了。④

民国元年（1912年）前后，广西各地县城还没有形成商业性的市镇。"县城居民鲜少，商贾集于城外，半属楚、粤之人。"⑤ 不过，自明、清以后，这些楚、粤商人各展其能，深入广西壮族地区进行贸易活动。一般来说，桂北、桂西北是楚商活跃地区，而靠近粤省的贺县、梧州、岑溪、容县、玉林、廉州以及桂西南地区则是粤商的活跃地区，因而，广西也形成了两大汉语方言流行区：桂北、桂西北是汉语桂柳方言流行区，其他则是汉语粤方言流行区。在各自的流行区内，汉语桂柳方言或汉语粤方言成了不论是汉族与壮族间，还是各地不同方言的壮族间相互沟通、交流的工具。

清朝人陆祚蕃《粤西偶记》载，在广西，"陆行竟百里无人烟，出入于茂草丛篁中"。光绪三十二年（1906年）九月初十日广西巡抚林绍年见广西土旷人稀，荒地众多，上《变通章程招商垦荒折》，"请仿外洋商垦之法，招商垦荒，任令商人择地，报官勘丈，给照定限升科"。⑥ 林绍年上此一奏折后，于10天后便被开缺了。不过，度支部和工商部却对此提出了应对措施，认为内地各省人满为患，而广西边宇地空，应照"湖广填川"之法，"广招客民开垦，以为兴利固圉之谋"。⑦ "内省填桂"实施，广西人口的民族结构发生了大的变化，清末民初，汉族人口已占广西人口的半数。至20世纪40年代，据正中书

---

① （唐）柳宗元：《与萧翰林俛书》，《柳河东集》卷30。
② （明）桑悦：《记壮俗六首》其四，（清）汪森《粤西诗载》卷16。
③ 《太平天国》（资料集）第三册，神州国光社1954年版，第4页。
④ 饶任坤、陈仁华编：《太平天国在广西调查资料全编》，广西人民出版社1989年版，第84—91页。
⑤ 民国《昭平县志》卷7。
⑥ 《清实录·德宗实录》卷564。
⑦ 《东方杂志》第4卷第4期，第65页。

局 1946 年出版的陈正祥《广西地理》记载，广西汉族人口"约占全省人口的百分之六十"。

落籍于广西的汉族，主要集中于广西各地城镇和桂东地区。随着落籍的汉族人口占据绝大的优势，桂东各地的壮族就差不多完全语变俗移，大部分趋同于汉族了。

第三节　壮族及其先人社会演进

壮傣群体越人经过漫长的原始母系氏族社会时期。中原夏朝前后，他们中出现了男性生殖器的石祖、陶祖崇拜，进入原始父权部落社会。秦以后，在汉族文化的影响下，壮群体越人各地并不同程度地分化，有的地区形成了封建制，而许多地方则长期滞留于家长奴隶制阶段。唐、宋时期，封建地主制地区扩大，但是仍然是封建制与家长奴隶制并存。至元朝时期，壮族土司地区完全形成了封建领主制，迄于清朝后期始向封建地主制转变，而其他壮族地区则在唐宋之后完全封建地主制化了。

一　汉迄唐宋壮群体越人及其后人社会

战国秦初，壮傣群体越人社会进入了"不能相君长，以财力雄强"[①] 的"豪强"[②] 统治时代，也就是唐代新罗崔致远《补安南录异图记》说的"固恃险阻，各称酋豪"的部落时代。

秦亡汉立，赵佗割据岭南，仍然沿袭秦朝象郡、桂林、南海三郡建置，后又兵进今越南中北部，建立交趾、九真二郡。[③] 由于赵佗"击并桂林、象郡"，[④] 又兵进今越南中北部，变"断发"为"椎结"，迫使岭南不乐于南越国统治的傣群体越人南走西去，壮傣群体越人分为东西二支。

壮群体越人与傣群体越人虽然分化各自发展，但是，他们仍然遵循着其先人因母权制没有充分发育，父权制过早成熟所形成的婚姻不重处女，允许女子婚前自由性交往；姑舅表优先婚；舅舅权力大；男嫁女娶，夫从妻居；女子婚后不落夫家；抢婚；产翁制；以及男逸女劳、鬼妻不可与其居等习俗。这些习俗，造成了壮傣群体越人习惯法和道德的创立，成了不论是壮傣群体越人还是傣群体越人内部人人必须遵行的公认原则和认同的道德标准。这些公认原则和认同的道德标准，在历史的进程中壮傣群体越人及其后人一直传承下来，成了他们社会结构的一个组成部分。此种社会结构，阻止了壮群体及傣群体越人在原始社会解体后径行进入发达的奴隶社会，其社会存在的奴隶一直是不发达的家长制奴隶，没有降低到"会说话工具"的地位。

完成社会的转变，在人类历史的初期阶段，推动社会发展的是人类最卑鄙的动机和情欲。但是，此种动机和情欲，并不能超越于作为其社会基础的社会结构。比如，产翁制是

---

① 《宋史》卷 495《抚水州蛮传》。
② 《太平御览》卷 785《俚》引斐渊《广州记》。
③ （南北朝）郦道元：《水经·叶榆河注》引《交州外域记》；《史记》卷 113《南越列传索隐》。
④ 《史记》卷 113《南越列传》。

壮傣群体越人为了在母权制势力十分强大的形势下培养父子亲情、夺取对儿女所有权所做的努力。然而，父鞠子有心，子于父不念，父子情薄的状况迄于千百年后在其后人中仍然不能显出多大的改观，收到太大的效果。汉代，乌浒"重宝货，卖子以接衣食"。① 三国，俚人"土俗不爱骨肉而贪宝货及牛犊，若见贾人有财物、水牛者，便以其子易之"。② 南北朝时，"獠"人"亡儿女，哭止便不复追思"。"至于忿怒，父子不相避，唯手有兵刃者先杀之。若杀其父。走避于外，求得一狗以谢其母，然后敢归。母得狗谢，不复嫌恨。"③ 迄于唐代，《南海异事》仍载："南海贫民妻方孕，则诣富室，指腹以卖之，俗谓之指腹卖。……鬻男女如粪壤，父子两不戚戚。"④ "戚戚"，就是相亲爱。"父子两不戚戚"，是说父子没一点相亲的情感。由于"父子两不戚戚"，所以《隋书》卷31《地理志》载五岭以南二十余郡的"俚獠""父子别业，父贫，乃有质身于子"的社会存在。父亲贫穷过不下去了"质身"于儿子，可说是类同于卖身的奴婢。但是，对于此类奴婢，即使父子情薄，儿子对父亲也是不能视同"会说话工具"的奴隶那样生杀予夺全操于自己手中的。父亲质身为奴抵挡了他的所欠，还是可以返身为民，不是奴婢更不是奴隶了。

而且，南宋范成大《桂海虞衡志·志蛮》载，广西左右江诸羁縻州洞，"其田计口给民，不得典卖，惟开荒者由己，谓之祖业口分田"。这说明时至南宋，羁縻州洞首领管下还保有农村公社耕地公有制，定期按照各个家庭人口的变动情况进行调配。这些耕地，因为属于农村公社公有，私人耕种，不得私自典卖。农村公社耕地虽然由羁縻州洞首领掌管、进行分配，但不改其公有的性质。农村公社耕地公有制，"计口给民"，这是自古传承下来的，不是宋朝一代突然出现的。虽然首领世袭了，但是他们仍不能不承袭古来的习惯做法，认同群体内耕地公有的性质，不定期或定期地根据群体内各个家庭的人口变动状况将公有耕地"计口给民"。这些与羁縻州洞首领同属一个群体，又有公有耕地的收入可为最低生活保证的洞民，其不会沦为首领的"会说话工具"的奴隶，却是可以肯定的。除非个别家庭突临变故，生活不下去了，定期质身为奴或者有之。但是，壮族先人氏族或部落自古传承着男为武士女做田工、男逸女劳的习俗，若男子质身为奴，就损害了羁縻州洞首领的兵员数额及战斗力量。按照古来壮族先人群体内成员间有困难大家帮的认同，包括羁縻州洞首领在内群体各成员也不会眼睁着自己的伙伴沦于"会说话工具"行列的。

南宋范成大《桂海虞衡志·志蛮》又载，邕州左右江羁縻州洞首领"既各服属其民，又以攻剽山獠及博买、嫁娶所得生口，男女相配，给田使耕，教以武技，世世隶属，谓之家奴，亦曰家丁。民户强壮可教劝者，谓之田子、田丁，亦曰马前牌，总谓之洞丁"。⑤ 此一段话，说明了羁縻州洞首领通过俘掠、博买、嫁娶得来的"生口"，遵从壮族先人的传统习俗，男女相配，给以土地，男子习武伎，为首领"家奴"或"家丁"以护主；女主田作，保证"家丁"生活所需的供给。虽然他们的生、杀、予、夺全操之于首领之手，

---

① （宋）乐史：《太平寰宇记》卷166《贵州》引杨孚《异物志》。
② 《太平御览》卷785《俚》引万震《南州异物志》。
③ 《太平御览》卷796《獠》引魏收《魏书》。
④ 《太平广记》卷483《南海人》引。
⑤ （明）陶宗仪：《说郛》卷50。

所生子女也世代隶属于首领一家，但他们毕竟有着自己的家庭，有着可耕以维命的土地，有着其数虽说可怜却实属于己的家庭财产，并且纳入首领的"家"中成为"家奴"，与纯系"会说话工具"的奴隶自不可同日而语。同时，说明"家奴"或"家丁"与"民户强壮可教劝者"组成的"马前牌"不同。"民户强壮可教劝者"谓之"马前牌"，也"谓之田子、田丁"，疑误。因为与范成大同一时期为官于广西的周去非其《岭外代答》卷3《田子甲》载："邕州溪峒之民无不习战，刀、弩、枪、牌，用之颇精。峒民事仇杀，是以人人习于战斗，谓之田子甲，言耕其田而为之甲士也。"而距范成大为官广西的乾道九年（1173年）近百年前的北宋王安石《论邕州事宜》也称，酋首"其选择管内丁壮事艺精壮之人，与免诸般科率（额定赋税）、工役，则谓之田子甲，又谓之马前牌"。① 同时，宋末元初马端临《文献通考》卷330《西原蛮》引"石湖范氏《桂海虞衡志》"也称："强壮可教勒者，谓之田子甲，亦谓之马前牌。"显然，陶宗仪及明朝陆楫《古今说海》、吴琯《古今逸史》及清朝鲍廷博《知不足斋丛书》等类书所载《桂海虞衡志·志蛮》的"民户强壮可教劝者，谓之田子、田丁"，疑为"谓之田子甲"之讹。

《文献通考》卷330《西原蛮》引《桂海虞衡志》载：

> （左右江羁縻州峒首领）既各服属其民，又以攻剽山獠及博买、嫁娶所得生口，男女相配，给田使耕，教以武伎，世世隶属，谓之家奴，亦曰家丁。强壮可教勒者，谓之田子甲，亦曰马前牌，皆青布巾，跣足，总谓之峒丁。旧一州多不过五六百人，今有以千计者。

《说郛》本《桂海虞衡志·志蛮》明写"生口"为"家奴"，"民户强壮可教劝者谓之田子甲"，一者为首领的"生口"而为"家奴"，一为首领"民户"而为"田子甲"，二者来源不同、身份不同、地位不同，怎可将"家奴"与"田子甲""生口"与"民户"混同起来合而为一了？王安石《论邕州事宜》载：

> 其酋首之家，最得力者，惟家奴及田子甲也。有因攻打山獠，以半布博买，有因嫁娶所得生口，以男女相配，给田与耕，专习武艺，世为贱隶，谓之家奴。其选择管内丁壮事艺精强之人，与免诸般科率、工役，则谓之田子甲，又谓之马前牌。大州峒有五百人，其次不下二三百人，皆其自卫之亲兵也。②

就文笔而言，王安石之文是范成大记载的来源。在王安石笔下，"家奴"与"田子甲"分得很清楚。在"谓之家奴"与"事艺精强之人"间略了首领"其选择管内丁壮"几个字，"家奴"变成了"田子甲"。这显然是马端临抄漏了，从而形成谬误。"田子甲"，来源于与羁縻州峒首领同属于一个群体的成员。他们享受着从群体公有地中"计口授田"的权利，也有着贡赋交税和武装为兵保卫群体的义务。这是自古已然的，只不过

---

① 《王临川集》卷89。
② 同上。

因"事艺精强"而被选充"田子甲"的人,成了首领"自卫之亲兵",给其免除规定应交的赋税和应服的工役而已。

这些峒民,王安石说:"性气愚弱,而生事苟简,无怀土之思,冬被鹅毛、衣棉为裘,夏缉蕉、竹、麻苎以为衣;团饭掬水,终食餍饱(吃饱饭就满足了);屋不置灶,不穿井,不蓄粮。其养生、丧死之具,悉穴土以藏,谓之地穴。高险崖岩之上,各安巢穴,一有寇至,举家以登,矢石所不能及,谓之山寨。"①

唐朝韩愈《黄家贼事宜状》载:

> 其贼(指邕州左右江溪洞黄姓群体)并是夷獠,亦无城郭可居,依山傍险,自称洞主。衣服、语言,都不似(汉)人。寻常亦各营生,急则屯聚相保。②

韩愈和王安石虽分居唐朝和宋朝,但在文学上都是唐宋八大家之一。他们对邕州左右江诸溪洞壮族先人的生活方式和社会情态的描述,可说基本相同,只是二人各自的着眼点有别,因而各自的记载详略有异,侧重点不同罢了。由此可知,唐宋时代邕州左右江诸羁縻州洞壮族先人其生活方式和社会情态,自古传承,历来如此。犹如他们以糯米为主食,"团饭掬水"的饮食方式,自壮傣群体越人传承下来迄于明朝还没有变化一样;也犹如女子婚后不落夫家以及产翁制自古传承迄于明清仍一如其古态一样。

韩愈"寻常亦各营生,急则屯聚相保"一语,既粗略描述了唐代邕州左右江溪洞壮族先人生活和耕战状况,也透露出了他们中除首领及一些上层人物外,家中蓄奴无有或不多,奴隶并不在生产上起什么很大的作用。而酋首之家的蓄奴,既让他们有家室,又分给土地,让他们女的耕作养家,男的教以武伎,用作家丁。酋领身边的家丁,类似警卫,生、杀、予、夺虽操之酋领之手,但并未完全沦为"会说话工具"的奴隶境地。

壮族先人平民百姓婚姻有女子不落夫家的习俗,洞官等上层人物则于女家附近搭寮举行"入寮"仪式。届时,女家"婢妾百余,婿僮仆至数百",各自鼓乐拥主入寮。"成礼之夕,两家各盛兵为备,小有言则兵刃相接。成婚后,婿常袖刃,妻之婢妾迕意即手杀之。自入寮能多杀婢,则妻党畏之;否则谓之懦。半年而后归夫家。"③ 从此一记载看,估计大的洞官家其家奴数或可达千人左右。在入寮期间,婿可随意砍杀女方的婢妾,显然,奴婢们的生、杀、予、夺,完全操之洞官子弟之手。周去非《岭外代答》卷3《峒丁》载:

> 邕州左右江提举峒丁,与夫经略司买马干官兼提举,皆此职也。熙宁中,系籍峒丁四万余人,今其籍不可考矣。官名提举,实不得管一丁,而生、杀、予、夺,尽出其酋。

---

① 《王临川集》卷89《论邕州事宜》。
② 《全唐文》卷549。《新唐书》卷222下《西原蛮传》引此段话却讹成了"黄贼皆洞獠,无城郭,依山险各治生业,急则屯聚畏死"。
③ 《文献通考》卷330《西原蛮》引《桂海虞衡志》。

> 钦州峒丁，虽不如邕管之已甚，所以奉其酋亦类此。……峒丁日各以职供水陆之产，为之力作终岁而不得一饱，为之效死战争而复加科敛，一有微过，遣所亲军斩之上流，而自于下流阅其尸也。日曛（xūn，暮），酋醉酣（酒醉），仗剑散步，峒丁避不及者手刃焉。
>
> 类以此为服人之威，何其酷也。

峒酋黄昏醉酒，仗剑遇人便杀，显其不可一世的渴求，示其唯我是大的欲望，或有其事。然而，峒丁"生杀予夺，尽出其酋"，岂不是将峒丁尽降为峒酋的家奴了？峒丁及其家属与峒酋同属一个群体，既有群体的公有耕地，又有群体性的传统习惯法及公认的道德标准作约束，峒酋岂能将峒丁全降为家奴？如果这样，谁还是他的基本群众？谁还为他当兵卖命？"田子甲"难道是由家奴组成？很明显，周去非这是观其象而误其质，不分青红皂白，一竹竿打死一船人，没有分清谁是谁，便爽然地概而言之了。家奴的生死予夺操之峒酋之手，但是，峒酋对峒丁却不可随意砍杀。这是应该弄清楚的，因为既名为峒丁便不是峒酋的家奴。

唐代，可见壮族先人生活状况的记载，还有留传至今的广西上林县的两块唐碑。今将其译成现代文，[①] 节录如下：

    1.《六合坚固大宅颂碑》：
    我韦氏远祖，过去居住在京兆，（后来）繁衍发展分支来到了南方。（现在）高望（已经）失去凭借，（姑且）分治于众杂的边地城邑。促封不止，（于是）依次广立众人为县令。（这样一来，我就）不能不预作准备（以防意外）。
    自我承袭职位以来，获得的可说是赶上了潮流。开放集市，拓宽境界，置设州名，占取村屯，如同神灵奉着高山险地为我立着州界。这就是今天祭祀神灵的缘由。
    至最近兴建的此座六合坚固大宅，目的是让子孙万代有个安居的处所。（于此，）通晓文理，风物会更加勃勃而妍丽；用心武功，则悬崖险峻可以尽除。这是个一夫当关，万夫莫开的地方。至于开境千里，也无须烦费我的一矢之劳。（宅中，）百姓甚众，粮储丰裕，纵然有上十年欠收，还是（能够）让人饱餐不致缺食而面黄肌瘦，脸现菜色。沟渠纵横，灌溉便利，即使不能及时耕耘，仍然可以收获食物；树木葱郁，树种繁多，不乏终南山的树类。芳池流波，德泽流布，难道不能保住宅主的福安吗？
    ……
    2.《智城碑》：
    韦使君生性通晓武略，才精文理枢要，见祸福于未萌，审安危于无形。往日因为祸起萧墙，庭树分离而云翳笼罩，两年执着刀枪，互相仇杀一年有余。他于是在此险要的深奥处创建州所，按功绩排上位次布告于众，砥厉平直，以衡量公正。
    （州府所在）四面石壁全胜过刀凿斧刻；陡峭难登的山崖高耸千寻，犹如人工砍

[①] 白耀天：《〈六合坚固大宅颂〉、〈智城碑〉通译》，《广西民族研究》2005年第4期。

削出来一般，整齐而安全。前面居高临下是肥沃的良田，种植的凤粟与蝉稻，香流馥散，溢满了上上下下、四周角落；后近伟岸的大山，青绿色的雾霭与青翠的山气相互交融，景色更为迷人；（不远处则）澄江东去，流水滔滔，不时绽开锦绣般艳丽的浪花；众林之足在西边交汇，密密实实，长条似地结成围幕般的屏障；其旁连着不大的尖峭高山，（远远望去）每每有同环城堆土山，斜对着孤独伶仃的小尖山，稳实的类同城门。（这样）内山外水，可以扼住入犯暴徒的咽喉；山间流水为门户，滚烫之水为城池，则又成屏挡为非作歹者的钥匙。（设若）将一道道门户一同关闭起来，便可没有了因过分使用巡夜预警者带来的忧虑了。（如果外头）又斜行一道沟渠，那就可以永远杜绝穿墙逾壁者带来的祸害。因此，（我们这里人们安居乐业），仇恨的踪迹消失殆尽，（大家）都怀归众的□□则□□□，表白抵御外敌的心志。加上（相互间）恩义超过鲁、卫那样的兄弟亲情，情意融洽如同金兰结义，昆季的情义实在胜于手足的相依情分。（此）难道不是凭借着名山的悉心护祐，托福于仙山的宏大神威吗！

（今后，我们要）消除危险的迹象于安全门外，净化灾变之路于得力的措施之中！

《六合坚固大宅颂碑》和《智城碑》，分别赞颂六合坚固大宅和智城所在山陵的险峻，河道的纵横，城池的坚固，景色的秀丽，土地的肥沃，生物的迅长，收获的易得，人情的和谐。从现在的地势看，大宅与智城面对的都是开阔的山谷平原，可知不论是六合坚固大宅还是智城，都是封建庄园式的建构，没有什么奴隶与奴隶主的对抗，有的只是家奴对庄主的恭顺，以及庄民对庄主的随从。

二碑所在相距不过10里。据碑文说他们韦氏家人却祸起萧墙，兄弟间筑城筑宅，各执刀枪，互相仇杀。这映现出了壮族先人"风俗好杀，多构仇怨"。[1]《隋书》卷31《地理志》载，俚獠"欲相攻"，则鸣铜鼓以集众。今其"高祖庙"（或称韦公庙），清末以来，该庙周邻陆续出土了多面铜鼓。1992年，在庙前1000多米的地里又一窝出土了4面铜鼓（现藏于上林县文管所）。此事不由人想起《隋书》卷31《地理志》所载的岭南"俚獠""有鼓者号为都老，群情推服"的社会情态。

自西汉太尉田蚡的"越人相攻击，固其常"，[2] 经晋南北朝"俚獠""风俗好杀，多构仇怨"，[3] 隋朝"俚獠""好相杀害，多构仇怨"，[4] 唐代"岭外豪帅屡相攻击"[5] 到宋朝"峒民事仇杀，是以习于战斗"，[6] 昭示了一个讯息，这就是"多构仇怨""事仇杀"成为了壮群体越人及其后人的一种平常心态，一种心理欲求，一种传统习俗。

---

[1] 《太平御览》卷785《俚》引裴渊《广州记》。
[2] 《史记》卷114《东越列传》。
[3] 《太平御览》卷785《俚》引斐渊《广州记》。
[4] 《隋书》卷31《地理志》。
[5] 《旧唐书》卷60《宗室河间王孝恭传附瑰传》。
[6] 《岭外代答》卷3《田子甲》。

自称"岭南大首领""廖州大首领"的澄州无虞县韦家兄弟陷于"萧墙起衅，庭树睽阴，蓄刃兼年，推锋盈纪"，① 而各自构筑坚固的城宅，证实了此一习俗的存在。

此一习俗的形成和传承，在壮傣群体越人原始社会时期，使社会生产力还十分低下、母权制还没有充分发育的时候，父权制就过早成熟了，从而使其原始社会逐渐濒临瓦解的边缘。秦兵征服岭南，设置象郡、桂林、南海三郡以治理，促成了壮傣群体越人社会首领的世袭制，促成了其原始社会的瓦解，唯富为雄，在各个小群体或各社区的成员间出现了严重的贫富分化。但是，由于"不能相君长、以财富雄强"②"多构仇怨""事仇杀"在各群体或社区间的不变传承，首领为保证其群众基础，保证其兵源，保证其团队的战斗力，仍然不废群体土地的公有制，仍然延续着传承的习惯法以及人们认同的道德标准。加上岭南地处亚热带，古代森林密布，茂草丛生，作物易长，蛇兽成群，地广人稀，居民食物易足，首领管下的成员不会出现完全破产、沦于"会说话工具"的奴隶现象。在壮族先人修撰的《六合坚固大宅颂碑》和《智城碑》中，我们看到物庶民足的景象，因此，北宋乐史《太平寰宇记》卷162《桂州风俗》载，桂州"饮食还给，不忧冻饿，亦无千金之家"。600多年后，云南人刘文征天启《滇志》卷4《旅途志·粤西路考》记载归顺州（今广西靖西县）"多石山，拔地突起，山环若城，中有平畴者曰硐。路出其中，出入之所，皆有石隘。良田美地，一年耕获，尝足支二三年"。由刘文征的描述，可以约知壮族地区的富庶，在古代地广人稀、土地远远没有超过承载能力的情况下，居民是易于谋食的。

"俚獠贵铜鼓，唯高大为贵，面阔丈余，方以为奇。"③ 南北朝梁时，欧阳頠随都督衡、桂二州诸军事、衡州（治今广东英德市西北浛洸）刺史兰钦"南征夷獠"，在广州破俚帅陈文彻兄弟，"所获不可胜计，献大铜鼓，累代所无"。④ 铜鼓是自壮傣群体越人以来人们心中的灵物。一鼓铸成，都要举行叩鼓仪式，示鼓的功能。

晋、南北朝时期，铜鼓"初成，悬于庭，尅晨置酒，招致同类，来者盈门。其中，豪富子女以金银为大钗，执以叩鼓，竟（完了）留遗主人，名为铜鼓钗。风俗好杀，多构仇怨，欲相攻击，鸣此鼓集众，到者如云。有鼓者，极为豪强"。⑤

隋朝、唐朝前期，"俚獠""并铸铜为大鼓。初成，悬于庭中，置酒以招同类。来者有豪富子女，则以金银为大钗，执以叩鼓，竟乃留遗主人，名为铜鼓钗。俗好相杀，多构仇怨，欲相攻则鸣此鼓，到者如云。有鼓者号为都老，群情推服"。⑥

宋朝"抚水州（治今广西环江东北小环江西岸）蛮"，"其俗铸铜为大鼓。初成悬庭中，置酒以招同类；争以金、银为大钗叩鼓，去则以钗遗主人。相攻击，鸣鼓以集众。号

---

① （唐）韦敬一：《智城碑》。
② 《宋史》卷495《抚水州蛮传》。
③ 《太平御览》卷785《俚》引斐渊《广州记》。
④ 《陈书》卷9《欧阳頠传》。
⑤ 《太平御览》卷785《俚》引斐渊《广州记》。
⑥ 《隋书》卷31《地理志》。

有鼓者为都老，众推服之"。①

铜鼓是首领召众主动攻击或抵御来敌的器具，拥有此鼓即为"都老"，也就是财粗势大的首领。鼓铸完毕，举行叩鼓仪式，此时与首领同一群体或相邻相好群体的人都纷纷前来参加祝贺。这就是所谓的"同类"。裴渊《广州记》的记载说明来参加仪式的人贫、富都有，因此特标"其中"豪富子女以金、银为大钗执以击鼓。来贺的人虽然贫富有差，拥金拥银不同，但是盈门来者都是"同类"，也就是身份都相同，并无为"主"为"奴"之分。由此可知，有财力能铸鼓、拥有鼓的人，成了他此一群体的渠首，他击鼓可以召众，让众人去为实现他的目的而舍命拼搏。裴渊说这样的人"极为豪强"，没说出此类人的身份，在群体中的角色地位，这是他记载的粗略。隋朝继南北朝而来，《隋书》卷31《地理志》载"有鼓者号为都老，群情推服"。这也是"俚獠以富为雄"的思维惯性的一种具体表现。"都老"二字的合音，就是公元前528年《越人歌》中越人谓首领、谓官员、谓王子为"昭"的汉近音译写字。"有鼓者号为都老"，明确了有鼓者的身份，在群体中的角色地位。

壮群体越人及其后人称首领为"都老"，一直传承下来。比如，20世纪50年代广西上思县三科村仍存"都老制"。"都老"又称为"都给"。②"都给"即"po⁶ ke⁵"的近音译写字。"ke⁵"，直译为"上年纪"，实为"德高望重"。此"ke⁵"，就是《史记》卷113《南越列传》记载的率众降汉的南越国越郎"都稽"（po⁶ ke⁵）的"稽"（ke⁵）和桂林监"居翁"（ke⁵huŋ¹）的"居"（ke⁵）。huŋ¹，壮语是大的意思。隋、唐、宋朝，"都老"之称不变，其管下的百姓也不是"会说话工具"的奴隶。这些百姓，一如既往，男为武士，其配偶则做家务、做田工、负贩入市以维持一家的生活。犹如元代《马可·波罗行纪》第119章《金齿州》记载"金齿"（今傣族先称之一）"其俗，男子尽武士，除战争、游猎、养鸟之外，不作他事，一切工作皆由妇女为之，辅以战争所获的俘奴而已"一样。③

"男逸女劳"，这是壮傣群体越人及其后人传承的传统习俗。家有"俘奴"，仍以主家的妻女为劳动的主要承担者，"俘奴"只是"辅助"而已。北宋王安石《论邕州事宜》载，壮族先人羁縻州洞首领不论是攻打较为后进的"山獠"俘获来的，还是"以半布博买"来的，抑或是嫁娶陪送来的，大都是"以男女相配，给田与耕，专习武艺，世为贱隶，谓之家奴"。④ 此"家奴"，应包括男女：男为兵，是首领的亲兵之一；女做田工，操劳家务，趁墟走市，以保证男家奴的衣食用度。如此，男家奴做首领的"亲兵"，女家奴有自己的家室，更可以为自己的家室衣食操劳奔忙，虽然他们"世为贱隶"，生杀予夺均操于首领之手，但既名为"家奴"，又做首领的贴身"家丁"或卫士，他们是包括在首领家庭之内的，其劳动只是作为女性主人劳动的"辅助"，在整个家庭生产中不占主要地位。很明显，此种奴隶还没有完全降低到"会说话工具"的地位；他们与"会说话工具"的奴隶显然不同。

---

① 《宋史》卷495《抚水州蛮传》。
② 《广西壮族社会历史调查》第三册，广西民族出版社1985年版，第125—129页。
③ ［意］马可·波罗：《马可·波罗行纪》，冯承钧译，中华书局1957年版，第473页。
④ 《王临川集》卷89。

梁大同（535—546年）初，冯宝结褵于高凉郡（治今广东阳江市西）俚帅女冼氏以后，势力日振。在冼夫人的主持下，冯氏心向中原王朝，历陈历隋，稳定了岭南局势。冼氏保境安民，号称"圣母"。① 所以，《旧唐书》卷109《冯盎传》称冼氏夫人其孙冯盎，"高州良德人也，累代为本部大首领"。唐初，"罗窦（在今广东信宜市西南）诸洞獠叛"，冯盎"率部落二万为诸军先锋"征讨，很快结束了军事行动。因此，唐高祖、唐太宗倚冯盎一家为岭南柱石，"赏赐不可胜数。盎奴婢万余人，所居地方二千里，勤于簿领（记载的文簿），诘摘（审揭）奸状，甚得其情"。

冯盎精明，又有这么厚实的根基，这么大的势力，唐初，有人劝他说："自隋季崩离，海内骚动，今唐虽应运而风教未浃（融洽），南越一隅未有所定。公克平五岭二十余州，岂与赵佗九郡相比！今请上南越王之号！"冯盎听后说道："吾居南越于兹五代，本州牧伯，惟我一门；子女、玉帛，吾有之也。人生富贵如我殆难，常恐弗克负荷以坠先业。本州衣锦便足，余何复求？越王之号，非所闻也（不是我所应该听闻的事啊）！"②

在冯盎的答语中，"子女、玉帛，吾有之也"一句，其中的"子女"是指他家拥有的"奴婢万余人"。"子女"与"玉帛"同列，固然说明"子女"的卑贱性、买卖及可处置性；但是，既以奴婢为"子女"，则又说明冯家的奴婢是包容于父权制家庭成员中的，是作为"子女"一样看待的。冯盎是俚人的部落首领，由于传统习俗的制约，由于本身存在的需要，他要保持自己强大的兵力以应付面临的局势。比如，在镇压"罗窦诸洞獠"的反唐时，他就"率领部落二万为诸军先锋"。所以，他的"一万余"奴婢，自然有几千人是充任武士，其他几千人大部则作为武士的配偶，分与田地支养武士，并非用于他家的劳动以获取利润。由此可以清楚，冯盎家的奴婢，只是家长式的奴隶，没有降低到"会说话工具"的地位。

《隋书》卷24《食货志》载："岭南酋帅，因生口、翡翠、明珠、犀、象之饶雄于乡曲（乡里）者，朝廷多因（依据其财产的多寡）而署（封给官差）之，以收其利（好处）。历宋、齐、梁、陈，皆因（沿袭）不改。其军国所需杂物，随土所出，临时折课市取，乃无恒法定令。列州郡县，制其土所出，以为征赋。"唐初一仍隋制，首领归诚款附，都"承制授其官爵"。那时，李靖率兵进入岭南，以附者自称定州，一举"怀辑九十六州，户六十余万"。③

这些首领，遍布于岭南各地。据各书的零星记载可见的，广州首领邓文进，潮、循俚帅杨世略，④ 广、新二州首领高法澄、冼宝彻，高州总管冯盎，春州刺史冯智戴，东合州刺史冯智彧，⑤ 高州首领冯子猷，⑥ 白州首领庞孝泰，⑦ 钦州都督宁猛力，廉州刺史宁纯，

---

① 《隋书》卷80《列女谯国夫人传》。
② 《旧唐书》卷109《冯盎传》。
③ 《旧唐书》卷67《李靖传》。
④ 《新唐书》卷1《高祖纪》。
⑤ 《新唐书》卷110《冯盎传》。
⑥ 《旧唐书》卷67《徐敬业传》。
⑦ 《旧唐书》卷82《许敬宗传》。

南越州刺史宁道明，昆州（柳州）刺史沈逊，融州刺史欧阳世普，象州刺史秦元览，高州首领冯暄、谈殿，昌州（治今广西博白县西）刺史庞孝恭，罗窦首领多胡桑，[1] 藤州首领李光度，[2] 昭州首领周庆立，[3] 泷州开阳县首领陈集原，[4] 始安首领欧阳倩，[5] 容州首领梁崇牵、覃问，[6] 番禺首领冯崇道，[7] 恩州刺史陈承亲，[8] 韶州首领邓祐，[9] 邕州首领梁大海、泷州首领陈行范、何游鲁、冯璘，[10] 黄洞首领黄乾耀、黄少卿、黄少高、黄承庆、黄少度、黄昌瓘，太州首领黄伯蕴，屯洞首领侬金意，员州首领侬金勒，[11] 西原首领潘长安，[12] 武承裴、韦敬简、廖殿、莫淳、相文、莫浔、梁泰、罗成、莫涛、方子弹、甘令晖、罗承韦、张九解、宋原，[13] 还有未详何地的岭南首领之子程藏曜等。[14]

这些首领有大有小，大的境土跨州连县，比如高州总管冯盎，即辖有高、罗、春、白、崖、儋、林、振八州；小的所辖不及一乡之大，如罗阳县的黄少度，仅有今广西扶绥县中东乡罗阳河中下游地区。他们"家有鹤漆（矛），户有犀渠（盾）"，[15] 握有常备性的武装。他们"多贪纵。百姓有诣府称冤者，府官以先受首领参饷（贿赂），未尝鞫问"。[16] 他们"渐被声教数百年之久"，"蓄积丰足，所以好名而不甚嗜利，可以赏功，难以威胜"。[17] 因此，他们热衷于"厚其资"贿赂官府"以求邑宰"。[18] 郑从谠任广州刺史、岭南节度使时，"北兵寡弱，夷獠芬然，乃择其土豪，授之右职（重要的职位），御侮捍城，皆得其效。虽郡邑屡陷，而交、广晏然（平静）"。[19] 由此可知壮群体先人"俚獠"首领们的实力和心向。遗存至今的广西上林县两块唐碑《六合坚固大宅颂碑》和《智城碑》，其文具体道出了在方圆约10公里内韦氏兄弟各自名州名县，自诩为"大首领"，筑城修宅，矜伐对峙，形象地说明了岭南节度使徐申说的"远俗以攻劫相矜"的势态。[20]

---

[1] 《新唐书》卷222下《南平獠传》。

[2] 《旧唐书》卷67《李靖传》。

[3] 《旧唐书》卷185下《薛季昶传》。

[4] 《旧唐书》卷188《陈集原传》。

[5] 《旧唐书》卷185下《裴怀古传》。

[6] 《旧唐书》卷157《王翃传》。

[7] 《旧唐书》卷131《李勉传》。

[8] 《太平广记》卷267《陈承新》引《朝野佥载》。

[9] 《太平广记》卷165《邓祐》引《朝野佥载》。

[10] 《旧唐书》卷184《宦官杨思勖传》。

[11] 《新唐书》卷222下《西原蛮传》。

[12] （唐）韩云卿：《平蛮颂并序》，《全唐文》卷441。

[13] （唐）杨谭：《兵部奏桂州破西原贼露布》，《全唐文》卷377。

[14] 《旧唐书》卷100《裴宽传》。

[15] 《旧唐书》卷100《郑维忠传》。

[16] 《旧唐书》卷89《王方庆传》。

[17] （宋）王安石：《论邕州事宜》，《王临川集》卷89。

[18] 《旧唐书》卷101《韩休传》。

[19] 《旧唐书》卷158《郑从谠传》。

[20] 《新唐书》卷143《徐申传》。

拥兵自重，拥兵攻伐，传统习俗千古传承，道出了"兵"在"俚僚"首领们的心中何其重要。他们为了使兵员保持旺盛的战斗力，并且效忠于自己，既将原始社会解体时农村公社的土地公有制以及习惯法延续下来，使群体成员都有土地耕种，有着衣食之源，恭谨地遵守旧的习惯行为；又实行等级制，树起自己的权威，维护自己的利益。其首领"有知州、权州、监州、知县、知洞，其次有同发遣、权发遣之属……每村团又推一人为长，谓之主户；余民皆称提陀，犹言百姓也。……其田计口给民，不得典卖，惟自开荒者由己，谓之祖业口分田。知州别得养印田，犹圭田也。权州以下无印记者，得荫免田"，《文献通考》卷 330 引的范成大《桂海虞衡志·志蛮》此一段记载，活脱出了当时的壮族先人社会实情。

南宋乾道戊子（四年，1168 年）刻的在今广西靖西县旧州墟西布胲村后苍崖山神仙洞的《贡洞清神景记》，书写的是"权发遣贡洞公事黄充"，撰文为"权知贡洞事充提举隘栅沿边管界巡检张刚"，碑刻为"前权知贡洞事兼提举沿边五隘道路巡检充提干招马官张元武"。① 此碑文证实了范成大《桂海虞衡志》所载的不虚。羁縻州洞基层村团的"主户"既为"提陀"民主推选，自然只是村团的头人。而州洞的首领们既有"养印田"或"荫免田"的优惠，又掌握着公有田的分配权力，"计口给民"，民自然仰承于他们，贡赋纳税给他们，给他们提供劳役。王安石说，充任首领"田子甲"的洞民，"与免诸般（各种）科率（定额摊派）、工役"。② 显然，这些"提陀"是附属于公有土地上的，明为群体效力，实际却是被"主户"驱使奴役着的。

因此，壮群体越人原始社会解体以后，农村公社时期的耕地公有制延续下来，旧的习惯法包括"多构仇怨""事仇杀"的习俗也传承下来了。在"重贿轻死，唯富为雄"的意识理念浸渍下③进入了豪强统治的时代。豪强，就是财大势雄的氏族或部落首领，也就是"都老"。"都老"本是为大家办事民主推选的头人，但是随着社会的发展，大的都老已经由财大气粗能铸大铜鼓的人自然而然地担任了。这些拥有铜鼓的人，晋南北朝的裴渊《广州记》说他们"极为豪强"，《隋书》卷 31《地理志》说他们"号为都老"。此"都老"，已与原始社会时期的"都老"有质的区分，已经是"豪强"的封建领主。他们握有群体公有耕地的分配权，成了群体利益的体现者。他们既打着群体的旗号役使着群体成员，又役使或剽掠或博买或嫁娶得来的"生口"，生、杀、予、夺操之手中，使其变成自己的"家奴"。可以说，附着于群体公有土地上的洞民，却需给"主户"缴纳定额的摊派、服一定的工役，并随时听从"主户"的呼唤充当武士走上战场，保卫"群体"的利益。这就是唐朝韩愈《黄家贼事宜状》所说的洞民"寻常亦各营生，急则屯聚相保"。④ "提陀"纳赋、服役于"首领"，这是壮群体越人及其后人社会的主体结构，而由于"家奴"存在体现出来的家长奴隶制，只是社会的附属结构。所以，壮群体越人及其后人在秦汉迄于唐宋时期，其社会是"豪强"，也就是封建化了的"都老"统治的时代。

---

① 白耀天：《古勿洞、勿阳洞、勿恶洞、贡洞及归化州、来安州所在考》，《广西民族研究》1996 年第 1 期。
② 《论邕州事宜》，《王临川集》卷 89。
③ 《隋书》卷 31《地理志》。
④ 《全唐文》卷 549。

壮傣群体越人从原始母权制社会进入父权制社会以后，父系家庭单家独户，有了用篱笆扎起的园子，种上作物，种上菜蔬，种上果树，出现了土地私有制，出现了财产的私有，出现了买和卖，虽然还保存着农村公社的耕地公有制度，定期按照各个家庭人口的变化进行调配，但是，由于各个家庭劳动力多寡不同，勤懒差次，乖巧与笨拙异态，节俭与恣纵参差，所面临的自然和人为灾祸境况悬殊等，群体内部各个家庭的财富积累或资财消耗，同宇而异体，群体内各家庭间出现了贫富分化。此种分化，奠定了壮傣群体越人在原始父权制解体以后进入奴隶制或农奴制社会的基础。然而，一者，壮群体越人原始父权制社会的瓦解、氏族或部落首领的世袭从而进入阶级社会，是秦王朝统一岭南设置三郡促成的。所以，壮傣群体越人进入阶级社会，就在中央王朝的郡县制调控之下，坠于中央王朝所一力实施的封建制的网络中，不能自然兴发。二者，壮群体越人居地自然地理环境是丘陵地区，山川阻隔，岭树重遮，洞洞自立，群体不大，而风土相传，习俗所系，"不能相君长，以财力雄强""多构仇怨""事仇杀"，难以规模性地用奴隶来进行生产劳动，首领唯有以所属群体的成员附着于公有耕地上，使其相习为兵，从而培育了封建农奴制的土壤。这样就决定了壮群体越人及其后人在秦兵平定岭南，设置象郡、桂林、南海三郡治理以后，社会的主流趋向只能朝着封建农奴制的方向发展和结构。

一些书载认为，"战国末期，壮族的原始公社解体以后，进入人类社会的第一个剥削制度——奴隶占有制。这个制度从开始到唐代最后崩溃，大约经过了一千多年的历史"。①"唐王朝为废止岭南奴隶制曾在中唐半个多世纪屡诏释放奴隶的现象，就是古代越人社会曾经存在过奴隶制的最有力的证明。"此是原始社会、奴隶制社会、封建制社会、资本主义社会及社会主义社会"五种社会制度依次更替论"在壮族及其先人历史研究中的应用。历史上，壮群体越人及其后人社会的发展奴隶制经历了从战国末期迄于唐朝一千多年，似乎太令人吃惊了。有人说："大体说来，（岭南）东部唐初基本上仍属奴隶社会，及至唐朝中叶以后基本上完成了封建化的进程；西部仍属奴隶制甚至原始末期社会。"此却令人叫憷了。张九龄是广东韶州（今广东韶关市）人，生于咸亨五年（674年），武后长安二年（702年）举进士，开元二十一年（733年）任中书侍郎同中书门下平章，次年迁中书令。他预见安禄山将为祸，提议将他杀了，根除祸患，是唐朝著名的宰相。这都是天宝十四年（755年）以前，即唐朝中前期发生的事。这就令人迷惑了，一个出身奴隶制社会中的人，其意识、观念、价值取向竟能跨越浸润于他生长的不同的社会制度而能为官于封建的中央王朝并成为著名的宰相？

今广东韶关市出名人物，也不是自张九龄开始。南朝梁时，据《陈书》卷8《侯安都传》载，"侯安都，始兴曲江（今广东韶关市）人，也为郡著姓"。父任职于州郡。"安都工隶书，能鼓琴，涉猎书传，为五言诗亦颇清靡（清新华丽），兼善骑射，为邑里雄豪，梁始兴内史萧子范辟（征召）为主簿。"梁太清三年（549年）侯景叛乱，侯安都"招集兵甲至三千人"，随陈霸先北上平侯景之乱。永定元年（557年），陈霸先称帝建陈，侯安都为开国功臣之一，后又屡立战功，官至司空、侍中征北大将军，晋爵清远郡公，封邑五千户，"威名甚重，群臣无出其右"。难道侯安都也是以奴隶主而能为南朝陈

---

① 《壮族简史》编写组：《壮族简史》，广西人民出版社1980年版，第28—29页。

封建王朝的重臣？侯安都世代为始兴郡"著姓"，文武全才，受汉族的封建文化浸渍已经很深了，不能说他是奴隶主。

南朝时始兴郡"郡多豪猾大姓，二千石（刺史）有不善者，谋共杀之，不则逐去之"。① 侯安都一家"世为郡著姓"，就是南朝时期始兴郡的"豪猾大姓"之一。这些"豪猾大姓"，就是裴渊《广州记》中所说的"极为豪强"的拥有铜鼓的人。②《隋书》卷31《地理志》载，有铜鼓者"号为都老，群情推服"。南朝梁时，欧阳頠随梁大将兰钦"南征俚獠"，在广州败擒俚帅陈文彻兄弟，"获大铜鼓，累代所无"。③ 此后，陈文彻降梁，出任南陵（治今安徽贵池）太守。太清二年（548年）侯景叛乱围攻梁武帝所在的建康（今南京市）台城，陈文彻曾率其所部亲兵救援台城。④ 侯安都、陈文彻等，他们都是壮群体越人的后人。他们虽然深受汉族文化的影响，但是仍然不同程度地传承着壮群体越人的传统习俗。因此，迄于宋朝，雍熙二年（985年）闰九月二十四日，宋真宗下诏令说："岭峤之外"，"饮食男女之仪，婚姻丧葬之制，不循教义，不知礼法"。"应（即时）邕、容、桂、广诸州婚姻丧葬、衣服制度，并杀人以祭鬼、病不习医药及僧置妻孥等事，并委本郡长吏多方化导，渐以治之。"⑤ 天圣八年（1030年）出任韶州知州的王益，见到韶州"夷越无男女之别"，大异于中原汉族，便严厉禁革。⑥ 至北宋后期，政和七年（1117年）七月十七日，宋徽宗看不过眼，下诏："广东之民多用白头巾，习夷风，有伤风化，令州县禁之。"⑦ 以白示喜，以红志哀，这是越文化与汉文化不同之处。北宋末年，广东的居民仍然坚持传承其先人越人的习俗，不肯变通，皇帝不得不下诏令以禁之，可见壮群体越人其传统习俗、传统意识观念在广东越人的后人中积淀的深厚。由此可知，侯安都、陈文彻等"豪猾大姓"，是壮群体越人的后人，是"豪强"的"都老"，是封建主，不是奴隶主。他们以农村公社的公有耕地计口分配给部民，让他们附着其上，为自己执戈打仗，成为自己的私人武装，然后率军拥主，从而有了他们的一份天地。

南朝陈帝陈霸先，起家岭南，侯景之乱率军北上，多得益于岭南"酋豪"的力量，称帝建陈之后，很担心在岭南的他们不服于自己，又发了一封《与岭南豪酋书》⑧ 告示岭南各地豪酋：

> 今者王猷（道）帝载（则），化被无垠（潜移默化扩及无边无际），浮海穷山，罔（没有）不咸（和畅）格（感通）。君之才具，信美登朝（美德诚信上闻于朝廷）；如恋本乡，不能游宦（在外做官）门中，子弟望遣来仪（才能特出的），当为申闻。

---

① 《梁书》卷13《范云传》。
② 《太平御览》卷785《俚》引。
③ 《梁书》卷32《兰钦传》；《陈书》卷9《欧阳頠传》。
④ 《梁书》卷56《侯景传》。
⑤ 《宋会要辑稿·刑法二之三》。
⑥ （宋）王象之：《舆地纪胜》卷90《韶州官吏》。
⑦ 《宋会要辑稿·刑法二之六八》。
⑧ （宋）李昉等：《文苑英华》卷682《边防上》。

患难与共，功成忧心。陈霸先称帝后，想叫岭南的豪酋送子弟入京做官，以安抚人心，实际是做人质防其祸患。这也显示出封建帝王与岭南"俚獠"首领之间并无差异，道出了岭南"俚獠"首领不是异于封建帝王的奴隶主。

三国时代，苍梧广信（今广西梧州市）士燮一家，兄弟并任岭南各郡太守，雄长岭南。"当时贵重，震服百蛮，尉佗不足逾也。"虽然他一家，其先本是鲁国汶阳（治今山东宁阳县北），但自王莽之乱避地苍梧，至其父士赐已经六世，可称是岭南人了。士燮游学京师，从颍川刘子奇学《左氏春秋》，察孝廉（选拔官吏科目），举茂才（才华优秀者），为官于中央及川蜀等地，后来任交趾郡太守，① 说明他浸淫于汉族文化之中，奔竞于中原封建王家利益之位，他及他的兄弟怎会是奴隶主的代言人呢？士燮之前，西汉末东汉初，陈钦、陈元父子，是道地的苍梧土著人氏，北上中原，进入京师，学习、研究《左氏春秋》，先后成为誉隆一时的名家。他们奏请王莽及汉光武帝"修文武之圣典，袭祖宗之遗德，劳心下士，屈节待贤"，② 这也是为巩固封建王朝而出谋献策的。他们后来都休职回归故里，不能说他们是有着封建制思想意识的奴隶主。

东汉三国之际，苍梧郡士燮其父士赐生前曾任日南郡太守，说明士燮一家已是岭南的世家大族。士燮死后，吴国孙权要除去士家在岭南的世袭统治，分"合浦以北为广州，吕岱为刺史；交趾以南为交州，以戴良为刺史，又遣陈时代燮为交趾太守"。士燮的儿子士徽被撇在一边，不服，"发宗兵拒（戴）良"。③

"宗兵"见于三国，或称为"宗部"，或称为"宗伍"。比如，《三国志》卷49《太史慈传》裴松之注引《江表传》载："鄱阳（治今江西波阳县东北）民帅别立宗部，阻兵守界"；"海昏（治今江西永修县西北艾城）有上缭壁，有五六千家相聚结作宗伍，惟输租布于郡耳，发召一人遂不可得"。"宗部"或"宗伍"，其首领除如上称为"民帅"外，也称为"宗帅"④"渠帅"⑤ 或"太帅"。⑥"宗伍""宗帅"，实缘于"宗"。所以，《三国志》卷60《贺齐传》称：建安十六年（211年），"吴郡（治今江苏苏州市）余杭民郎稚，合宗起贼复数千人。贺齐出讨之，即复破稚，《表》言：分余杭为临水县"。裴松之注引《吴录》说，临水县，"晋改为临安"。晋临安县，治今浙江临安市西北。"合宗"，就是联合各"宗"。因此，"宗"属下的群众称为"宗民"。这就是《三国志》卷46《孙策传》所载的"时豫章（治今江西南昌市）、上缭（在今江西修水县东南）宗民万余家在江东"。就《三国志》记载所见，这些与"宗"有关系的人都是称为"越"或"山越"或"山贼"的古越人的后人，并非如元朝胡三省注《资治通鉴》卷70"黄武七年"所说的"自汉末之乱，南方之人率宗党相聚为兵以自卫"。因为越人固然是南方人，但是并非当时所有的南方人都是上古越人的后裔。比如，吴主孙权一家及其众臣子太史

---

① 《三国志》卷49《士燮传》。
② 《后汉书》卷66《陈元传》。
③ 《三国志》卷49《士燮传》。
④ （晋）陈寿：《三国志》卷51《宗室孙辅传》裴松之注引《江表传》。
⑤ 《三国志》卷57《虞翻传》裴松之注引《吴书》。
⑥ 《三国志》卷60《周鲂传》。

慈、周瑜、鲁肃、张昭、陆逊、吕岱等都不是越人的后人。而且,"宗党"一词,指的是"乡里同一宗族的人",并不是指"同一乡里的人",即"乡党"。①

上古越人其三国时的后人,可见于记载的,其分布在丹阳郡(治今江苏南京市),地跨今江苏、安徽二省;② 新都郡(治今浙江淳安县西北),地辖今浙江、安徽二省境;③ 庐江郡(治今安徽六安);④ 会稽郡(治今浙江绍兴市),郡辖今浙江中南部;⑤ 临海郡(治今浙江临海县);⑥ 建安郡(治今福建建瓯市南);⑦ 吴兴郡(治今浙江吴兴县南),郡辖今江苏南部和浙江北部;⑧ 吴郡(治今江苏苏州市);⑨ 东安郡(治今浙江富春县);⑩ 东阳郡(治今浙江金华市);⑪ 豫章郡(治今江西南昌市);⑫ 鄱阳郡(治今江西鄱阳县东北);⑬ 庐陵郡(治今江西吉安市);⑭ 长沙郡(治今湖南长沙市);⑮ 零陵郡(治今广西全州县西南);⑯ 苍梧郡(治今广西梧州市),郡在今广东西广西东。⑰ 三国时代,见有越人活动记载的此16郡,分布于今安徽省、江苏、浙江、福建、江西、湖南、广东、广西等省区。在秦朝及其前,现在这些省区是古代越人居住和活动的地方。

越人或山越的"宗",无疑是借取于汉语关于"宗族"的"宗",但其含义又与汉语"宗"所指"同族人"不同,而是指同一地方众多不同宗族、不同姓氏的人,是以地缘为纽带而不是以血缘为纽带的人群,可以说是指同一部落或部落联盟的组织。这些部落或部落联盟的首领虽然已经世袭,但其基层组织却仍然保留着原始社会末期农村公社耕地公有制、实行计口授田的原则。世袭首领在中央王朝任命的郡县长官治理之下,已经承担起给中央王朝缴纳的"租布"等义务,然而他们对于其属下的"宗民",却视为一个整体,统属于他们管辖率领,中央王朝的郡县官员欲"发召一人,遂不可得"。⑱ 此犹如岭南越人

---

① 《汉书》卷62《司马迁传》:"仆以口语,遭遇此祸(指遭宫刑),重为乡党戮笑,侮辱先人。"此"乡里",是以地缘关系而言,"宗党"则具指有血缘关系的人群。
② 《三国志》卷47《孙权传》、卷55《黄盖传》、卷64《诸葛恪传》。
③ 《三国志》卷55《蒋钦传》、卷60《贺齐传》。
④ 《三国志》卷14《刘晔传》。
⑤ 《三国志》卷54《周瑜传》、卷58《陆逊传》。
⑥ 《太平御览》卷780《叙东夷》引《临海水土志》。
⑦ 《三国志》卷60《贺齐传》。
⑧ 《三国志》卷46《孙策传》裴松之注引《吴录》及《江表传》、卷48《孙浩传》、卷56《朱治传》、卷60《贺齐传》。
⑨ 《三国志》卷60《全琮传》。
⑩ 《三国志》卷46《孙策传》、卷47《孙权传》、卷58《陆逊传》。
⑪ 《三国志》卷55《陈表传》。
⑫ 《三国志》卷14《刘晔传》、卷46《孙策传》。
⑬ 《三国志》卷47《孙权传》、卷55《程普传》、卷55《董袭传》、卷58《陆逊传》。
⑭ 《三国志》卷47《孙权传》、卷60《吕岱传》。
⑮ 《三国志》卷52《张昭传》。
⑯ 《三国志》卷61《陆凯传》。
⑰ 《三国志》卷38《许靖传》。
⑱ 《三国志》卷49《太史慈传》裴松之注引《江表传》。

其后人壮族先人一样:"羁縻州峒之民谓之峒丁,强武可用。溪峒之酋,以为兵卫,谓之田子甲。官欲用其一民,不可得也。"①

此种封闭性的社会结构,使得首领们能够自领其地,自长其民。他们自划土地、人民,各自为别,矜恃自大,互不统属。《三国志》卷64《诸葛恪传》载,山越"宗民""好武习战,高尚气力"。这是上古越人习俗的传承,也是"自汉初定已来七十二年,吴越人相攻击者不可胜数"所导致。② 宋朝,"邕州溪峒之民,无不习战,刀、弩、枪、牌,用之颇精。峒民事仇杀,是以人习于战斗",③ 示现了岭南越人其后人壮族先人传承古越人习俗的势态。

三国时代,今江苏、浙江、福建、江西等地,是吴越腹心地区,立根所在,为了稳固根本,保证社稷的平稳,居住在这一带的山越自然成了吴氏政权着意征讨平定的对象;为了赋税财源,为了扩充兵源,增强战斗力量,吴国也必须打破山越封闭的社会结构,变更其封闭的状态。岭南越人,虽然吕岱斩士燮的子弟,变其士燮一家世袭统治岭南的局面,但是因为岭南远距吴越的统治中心,无暇以顾,无力以达,壮群体越人后人的部落首领们仍然一如既往,故习传承,拥众自重,自我逍遥。所以,贞观十四年(640年)"罗窦诸洞獠"首领举众反唐,高罗首领冯盎就能够秉承唐太宗的旨意"率部落二万为诸军先锋"。④ 此"部落"二字,点出了壮群体越人及其后人拥众的性质。原来原始父权制社会时,部落的军事首领还是民主推选的时候,部落的部伍由部落的成年男子成员组成,进入阶级社会以后,世袭首领便顺理成章地将部落成年男子组成的部伍,也就是三国时见于记载的"宗兵"掌握在自己手中,使其明为部落服役暗为首领个人的目的效劳了。

世袭的部落首领为了保持"宗兵"的正常来源,一如往日地保留延续农村公社时期田地公有制的性质,以及其治下基层的行政组织,"率由旧章"地行使职权。而为了维护自己的权益,显示自己的权威,首领又强迫享有公有地分配权利的部落成员承担缴纳定额赋税和服一定工役的义务。这就是北宋时期王安石《论邕州事宜》所说的部民对首领尽"诸般科率、工役"的义务。如果部民"事艺精强"从而能够成为首领"自卫之亲兵"的"田子甲",首领则可以给他和他的家庭"与免诸般科率、工役"。⑤ 这样,世袭部落首领治下的基层行政机构照旧运转:"一村中推有事力者曰郎火,余但称火"。⑥ 此虽说是宋朝"在右江溪洞之外,依山林而居,无酋长版籍"的"俗谓之山獠"的"獠",但其既为"獠",是壮群体越人的后人,由后人的传承习俗可见其前人的习俗,"山獠"传承的习俗就是壮群体越人的传统习俗。因为其"无酋长版籍",比较后进,只有基层组织即村中的"郎火",所以常被羁縻州洞首领们"剽掠"以为"家奴"。

"有事力者",就是在村中办事公平,处事合乎群心,而且武艺精强。"郎",是壮傣

---

① (宋)周去非:《岭南代答》卷3《峒丁戍边》。
② 《汉书》卷64上《严助传》。
③ 《岭外代答》卷3《田子甲》。
④ 《旧唐书》卷109《冯盎传》。
⑤ 《王临川集》卷89。
⑥ (宋)周去非:《岭外代答》卷10《獠俗》。

语"leŋ⁴"的汉近音译写字,词由系绳放牛的"系"而来。"火",是壮语、布依语"ço²"的汉音译写字,意为"未成年人"或"小伙子"。"郎火",即是"组织、训练未成年的人"。在壮族及其先人的历史上,由于氏族、部落的首领许多是由"郎火"发展成的,所以见于记载的,宋、元、明三朝壮族及其先人的首领就遗有将"郎"字嵌入名中以表身份的做法。明代,广西壮族土官属下的兵称为"狼兵"。"狼兵",就是由土官治下的基层组织村落"郎火"训练出来的丁壮。

从"郎火"到"狼兵",自"狼兵"反观"郎火",显现了自原始父权制社会迄于明代,壮群体越人"一村中惟有事力者曰郎火,余但称火"的社会基屋组织结构并无改变,一直存在。为什么?就是壮族及其先人的社会需要。这就是壮群体越人及其后人"多构仇怨""事仇杀"形成习俗并不易地传承。当然,在岭南东部由于记载阙如,唯见唐代高州大首领冯盎"率部落二万"的记载,但在岭南西部,由于朝廷需用峒丁戍边,不仅北宋有王安石对邕州左右江峒丁的论述,南宋也有范成大和周去非略为详细的记载。由此可见峒丁的训练有素,武功高强的本领,以及久经战阵、临战镇定的心理素质。他们耕作首领分配给的公田而为首领作战斗人员,也就是"部落兵",不能说他们是属于首领私人的奴隶。

从唐朝人韦敬办的《六合坚固大宅颂碑》及韦敬一的《智城碑》,我们除隐约看到"岭外酋帅屡相攻"之外,①唯见城坚宅固,物庶年丰,首领和治下部民怡然和乐气象的抒写,反映了"俚獠"首领治下的部民,"寻常(平时)亦各营生,急则屯聚相保"的社会现实。②

"郡城南下接通津,异服殊音不可亲。青箬裹盐归洞客,绿荷包饭趁墟人。鹅毛御腊缝山罽,鸡骨占年拜水神。愁向公庭问重译,欲投章甫(帽子)作文身。"③ 在柳州刺史柳宗元的笔下,唐代柳州居民与汉族语言异,风俗殊,但他们趁墟贸易,按照习俗穿衣吃饭,进行祭祀等日常活动,没有"会说话工具"式的奴隶影子。在柳宗元治下的柳州,"民业有经,公无负租,流逋(逃亡者)四归,乐生兴事,宅有新屋,步(渡口)有新船,池园洁修,猪牛鸭鸡肥大蕃息;子严父诏(告诫),妇顺夫指(指向);嫁娶葬送,各有条法;出相弟长(悌长,顺从兄长),入相慈孝(相亲相爱,孝顺长辈)"。④ 为了颂扬好友柳宗元的治迹,韩愈的叙述虽有溢美之嫌,但也活现了当时柳州壮族先人社会的封建特征;体现在历代中央王朝封建郡县制调控之下,即使是由于壮群体越人及其后人风俗文化特殊,"不可尽以中国教法绳治",⑤ 实行"初郡制"及后来的"羁縻制",让首领仍"以其故俗治",但也不允许其返古而发展,逆着封建制而行奴隶制。

《旧唐书》卷160《柳宗元传》载:"柳州土俗,以男女质(抵押)钱,过期(不还)则没入钱主。宗元革其乡法,其已没者,仍出私钱赎之,归其父母。"这是在评述壮族先

---

① 《旧唐书》卷60《宗室河间王孝恭传附瑰传》。
② (唐)韩愈:《黄家贼事宜状》,《全唐文》卷549。
③ (唐)柳宗元:《柳州峒氓》,《柳河东集》卷42。
④ (唐)韩愈:《罗池庙碑》,《全唐文》卷561。
⑤ (宋)范成大:《桂海虞衡志·志蛮》。

人社会奴隶制时被人们炒作得沸沸扬扬。但是,以男女质钱,在中国古代史上何代没有?封建帝王也是允许存在的。比如,大中年间(847—860年)唐宣宗《禁岭南货卖男女敕》即明言:"如有贫穷不能存济者,欲以男女佣雇与人,贵分口食,任其行止,当立年限为约,不得将出外界。"①

至于柳宗元脍炙人口的《童区寄传》,② 是根据"桂部从事杜周士"提供的材料撰写的。其事发生的地点是在岭南之北的郴州(治今湖南郴州市),又怎么能够以它来论证岭南地区的掠奴卖奴事实?

南朝时期,宋、齐、梁、陈封王封公封侯,许多人封于岭南,以岭南州郡为其食邑。比如,宋永初元年(420年),始安公封荔浦县侯,食邑五百户;③ 元嘉六年(429年)封刘义宾为兴安县侯,食邑五百户;④ 大明五年(461年)封刘真为始安王,食邑二千户;⑤ 大明七年(463年)封刘子产为临贺王,食邑二千户。⑥ 齐永明七年(489年)立王子萧子岳为临贺王,⑦ 还有始安王萧遥光,⑧ 始兴王萧鉴。⑨ 梁中大通四年(532年)封萧正德为临贺王;⑩ 承圣元年(552年)封萧方略为始安王。⑪ 陈至德元年(583年)封陈叔敖为临贺王;⑫ 封陈深为始安王等。⑬ 王、侯在封地都有相应的"食邑"。此"食邑"即是取其赋税而食,也就是定为"食邑"的户,"赋税全入封家"。此表明指为封地的州郡,其居民直接受着封建王朝的剥削了。

又《隋书》卷24《食货志》载:

> 大抵自侯景之乱,国用常褊(biǎn,紧缺)。京官文武,月别唯得廪食(只供给食粮),多遥带(遥远地兼着)一郡县官而取其禄秩(旧时官吏的俸禄)。杨、徐等大州,比令仆班;宁、桂(治今广西桂林市)等小州,比参军班;丹杨、吴郡、会稽等郡,同太子詹事、尚书班;高凉(治今广东阳江县西)、晋康郡(治今广东德庆县)等小郡,三班而已。

"班",就是班秩,即官位的品级。朝中官员,最高18班,小的仅1班,官高班多,

---

① 《全唐文》卷81。
② 《柳河东集》卷17。
③ 《宋书》卷3《武帝纪下》。
④ 《宋书》卷51《宗室刘义宾传》。
⑤ 《宋书》卷80《始安王真传》。
⑥ 《宋书》卷6《孝武帝纪》。
⑦ 《南齐书》卷3《武帝纪》。
⑧ 《南齐书》卷7《东昏侯纪》。
⑨ 《南齐书》卷40《武帝子庐陵王子卿传》。
⑩ 《梁书》卷3《武帝纪下》。
⑪ 《梁书》卷5《元帝纪》。
⑫ 《陈书》卷28《高宗子临贺王叔敖传》。
⑬ 《陈书》卷6《后主传》。

官小班少，比如宰相、三公、大将军、大司马等一品大员为18班，"南北武库、车府等令"（仓库保管员）为1班。① 国库空虚，在京城的官员只能供应口粮，俸禄（工资）则由他们遥领兼职的地方州、郡或县税赋支付。大官兼大州富州长官，小官兼小县穷县长官。这样，在中央王朝一统之下，岭南各州郡县居民自然也成为封建王朝治下的农民了。因此，见于实物资料的，南朝时期岭南各地区已经出现了土地买卖：

〔宋泰始六年（470年）十一月九日〕……欧阳景熙，今归蒿里（死人里）。亡人以钱万万九千九百文买冢地，东至青龙，南至朱雀，西至白虎，北至玄武，上至黄天，下至黄泉，四域之内，尽属死人，即日毕了。时王侨、赤松子、李定、张故分券为明，如律令！②

齐永明五年（487年）太岁十二月壬子朔九日庚辛，湘州始安郡始安县都唐里民秦增孟，薄命终归豪（蒿）里。今买得本郡县乡里福乐坑口口，纵横五亩地，立冢一丘，雇钱万万九千九百文。四域之内，生根之（物），尽属死人，即日毕了。时证知李定度、张坚国，以钱半百，分券为明，如律令！③

太岁己亥十二月四月，齐熙郡潭中县都乡治下里覃华薄命，没归蒿里。今买宅在本郡骑店里，纵广五亩，立冢一丘自葬，雇钱万万九千九百九十九文。（四）或（域）之内，生根之物，尽属死人，即日毕了。时任李定广、张坚固，以钱半百，分券为明，如律（令）！④

此三块滑石买地券，前二券出现于湘州始安郡始安县（治今广西桂林市）的墓葬中，后一券出土于广州齐熙郡的墓葬中。齐熙郡见载于《南齐书》卷14《地理志》，治今广西融安县，无领县。齐熙郡的滑石买地券明写"齐熙郡潭中县"，疑齐熙郡地原属桂林郡的潭中县，为具体明确所在的郡、县、乡、里，于是复原县名。齐立齐熙郡，齐却没有己亥年，疑己亥为南朝梁天监十八年（519年）。

三块滑石买地券，写明死的阴宅所在。阴宅标明界限，限界之内所有生根之物尽属死者所有，突出了不仅生人有私有观念，死人也如生人，同样有私有观念。虽然如前一块买地券标明的界限，"东至青龙，南至朱雀，西至白虎，北至玄武"，青龙、朱雀（朱鸟）、白虎、玄武为汉族古神话中的四方之神，但这是概指，目的是表明有神灵护佑。而王侨和赤松子则是传说中的人物，后成为道教推崇的仙人。由此可知，滑石买地券之所以形成，既与壮族先人社会中存在土地买卖现象相关，也与道教的传入分不开。道教源于巫术，产生之初是封建社会下层群众的宗教，因此易为壮族先人所接受所信仰。

南朝滑石买地券在始安县的存在，特别是偏僻的齐熙郡的存在，表明了在壮族先人的意识观念里，人不论生与死，都有自己安身立命的土地房产，他人不能侵犯，而且可以通

---

① 《隋书》卷26《百官志》。
② 张益桂、张家璠：《桂林史话》，上海人民出版社1979年版，第27页。
③ 黄增庆、周安民：《桂林发现南朝墓》，《考古》1964年第6期。
④ 广西文物队：《广西壮族自治区融安县南朝墓》，《考古》1983年第9期。

过买卖的方式来扩大自己的土地房产的数量和规模。见于宋代的记载，壮族先人除公配耕种的田地不能典卖外，自家开荒的却可以自由处置。[①] 这就给社会上流行土地买卖奠下了基础。如此的社会，如此的社会成员，不能是奴隶社会所可能存在的。

论述壮群体越人及其后人社会从战国至唐朝停滞于奴隶制社会的论者，两眼盯着唐代岭南地区奴婢买卖的盛况，特别是高罗总管冯盎家有"奴婢万余人"此一事实。但是，这些论者忘记了冯盎称其家的奴婢为"子女"；忘记了壮群体越人及其后人"父子两不戚戚"的传统意识、观念和习俗；忘记了壮群体越人及其后人"世相攻伐"的传统；[②] 忘记了在壮群体越人及其后人中"男逸女劳"长期传承，社会劳动的主要承载者是包括自由民以及奴婢的女性群体；忘记了中原封建社会中盛行着奴婢买卖制度。

（一）壮群体越人及其后人的奴婢是主人家庭中的"子女"，不是"会说话工具"式的奴隶

《旧唐书》卷109《冯盎传》载，冯盎"奴婢万余人，所居地方二千里，勤于簿领，诘摘奸状，甚得其情"。"簿领"是笔录的文簿，联系下一句"诘摘（查办审问）奸状，甚得其情"，知道冯盎日里忙于办理府州大事，没有优哉度日，尽过着骄奢淫逸的生活。同时，冯盎又说："本州牧伯，唯我一门；子女玉帛，吾有也！""子女"与"玉帛"合为一等，视同可以买卖和处置的物品，但又呼为"子女"，包括在其家庭成员之内，则说明当时奴婢其地位与充当"会说话工具"的奴隶不完全相同。何况，壮傣群体越人传承下来的习俗是男逸女劳，女性群体承载着家务及生产劳动、趁墟走市的重务，男子只是作为武士存在，即使是奴婢中的男性也不另样。所以，王安石《论邕州事宜》载，邕州左右江羁縻州洞酋首之家"有因攻打山獠，以半布博买，有因嫁娶所得生口，以男女相配，给田与耕，专习武艺，世为贱隶，谓之家奴"。男家奴"专习武艺"，自然是酋首的武士，不从事劳动生产。犹如傣群体越人及其后人之一的"金齿"（傣族先称之一）一样："其俗男子尽武士，除战争、游猎、养鸟之外，不作他事。一切工作皆由妇女为之，辅以战争所获之俘奴而已。"[③] 以此推论，冯盎的"万余"奴婢，其中的一半女性家奴，分别配与另一半男性家奴，在其所组成的家庭中负责家务、生产、交易，保证男家奴即其丈夫的日常生活所需，而其丈夫则专习武艺，为冯家无偿效力。很明显，冯盎家的"万余"奴婢在其家庭生产中并不占主要地位。此类奴婢，虽世为贱隶，生、杀、予、夺全操之冯盎之手，但她们有自己的家庭，有一定量的可自己支配的家庭私有财产，只能算是家长奴隶制下的奴隶，而不是"会说话工具"的奴隶。

（二）父卖子，亲戚比邻，指授相卖，这是壮群体越人及其后人"父子情薄"所必然，也是封建王朝需求所必然

壮傣群体越人在社会生产力还十分低下，母权制没有充分发育的时候父权制就过早地成熟了。因此，父权制确立之时，母权制势力还十分强大。男子为了从女子那里夺取对子女的所有权，实行了产翁制。此一制度的实施，除了男子从强大的母权制势力之下夺取子

---

① （宋）范成大：《桂海虞衡志·志蛮》。
② 《陈书》卷23《沈君高传》。
③ ［意］马可·波罗：《马可·波罗行纪》，冯承钧译，中华书局1957年版，第47页。

女的所有权外，也是为了密切父亲与子女的亲情。然而，几经努力，到了唐代，历史过去几千年，"父子两不戚戚"依然严重存在。此种"父子两不戚戚"，其具体表现，先是首子生解而食之；继后是易子而食，或以子兑换宝货、水牛；至唐代则是"指腹以卖"或"贷子而卖"。

首见于文字记载的是《墨子》卷13《鲁问》关于"楚之南有啖人国"，其"长子生，则鲜而食之"；秦汉及其后，则又是"若有宾客，易子而烹（pēng，烧煮）之"。① 进入东汉、三国，人不能吃或少吃了，但还是"重宝货，卖子以接衣食"。② 三国晋初万震《南州异物志》也载，俚人"土俗不爱骨肉而贪宝货及牛犊，若见贾人有财物、水牛者，便以其子易之"。③ 南朝以来，岭南中原来官，多以征讨"俚洞"为功，除掠夺财宝之外，也以掳掠"生口"为能。比如，南朝陈时，广州刺史欧阳頠"多致铜鼓、生口，献奉珍异，前后委积，颇有助于军国焉"。④ 掠夺、买卖"生口"，输入中原，可以致富，也激起了"唯富为雄"的岭南"俚獠"酋帅们的引领冀盼。到了隋朝，"岭南酋帅，因生口、翡翠、明珠、犀、象之饶雄于乡曲者，朝廷多因而署之（给他们官做）"。⑤ 隋王朝承认了岭南"俚獠"酋帅们因掠夺"生口"而致富的事实，进入唐朝，此风吹得更为狂妄悖理。《南海异事》载"父子两不戚戚"，卖子，掠人去卖，前有古俗，后有舆情，人们觉得卖子，掠人去卖，于理无亏，于心无愧。⑥ 此正如古语说的："夫人之情，众贵之则自居于贵，众贱之则自居于贱。"

唐初，冯盎身为高罗总管，有"奴婢万余人"，曾几何时，其曾孙高力士却被人卖了，阉了，送入宫廷为太监。高力士虽先意承志，善于阿谀逢迎，声名显赫，权倾一时，却也属于另类人物。"俚獠"的传统习俗，竟也如此无情地捉弄"俚獠"的上层人物冯盎一家啊！

岭南被掠卖的男女孩童，多输往中原，许多男孩被阉了送往宫中充当太监。所以，《新唐书》卷207《宦者吐突承璀传》称："是时，诸道岁进阉儿，号'私白'，闽、岭最多，后皆任事。"

中原来岭南做官的汉族官员，也热衷于买卖"生口"。他们不是留着自家役使，或囤积生口以居奇，转卖以求财宝，就是上奉皇家，馈赠朝中权贵，打点关系，顺利内迁，调返中原。比如，宝历二年（826年）出任广州刺史、充岭南节度使的胡证，"善蓄积，务华侈，厚自奉养，童奴数百，于京城修行里起第（大住宅），连瓦间巷。岭表（岭南）奇货，道途不绝，京邑推为富家"。⑦ 又如，房启出任桂管观察使，唐宪宗派太监为使者专送诏书，他就"献使者南口十五"。⑧ 而"南口"正是京师权贵所需要的，所以"帅广南

---

① （宋）乐史：《太平寰宇记》卷166《贵州》引《异物志》。

② 同上。

③ 《太平御览》卷785《俚》引。

④ 《陈书》卷9《欧阳頠传》。

⑤ 《隋书》卷24《食货志》。

⑥ 《太平广记》卷483《南海人》引。

⑦ 《旧唐书》卷163《胡证传》。

⑧ 《新唐书》卷139《房启传》。

者，京师权要多托买南人为奴婢"。① 京师权贵要"南口"，宫廷也要"岁进阉儿"，所需量就很大。

大历十四年（779年）五月辛酉唐代宗死，同月癸亥唐德宗即位。他年轻气盛，力革旧弊，于次月即闰五月辛巳认为"岁贡奴婢，使其离父母之乡，绝骨肉之恋，非仁也"，②于是诏"罢邕府岁贡奴婢"。③ 此似行了一大善事，然而并不能阻遏以"南口"馈赠及买卖的趋势。距此34年后，因桂州观察使房启送给传递诏书的太监"南口十五"，唐宪宗"怒，杀宦人，贬（房）启虔州（治今江西赣州市）长吏"，元和八年（813年）九月乙丑，"始诏（岭南）五管、福建、黔中道，不得以（生）口馈遗、博易（买卖），罢腊口等使"。④ "腊口使"，就是"接受生口的使者"。⑤ 大历十四年（779年）"罢邕府岁贡奴婢"之后还存"腊口使"34年之久，说明唐王朝是有其言而无其行。又过34年，大中元年（847年）唐宣宗即位后，又下《禁岭南货卖男女敕》严行禁止。⑥

然而，唐朝皇帝的诏令有如天上雷声，哗剥作响，没见雨点一样，少有实迹。其原因，一是有大利可图："邕州管下官吏受贿，停留贩卖生口之人，诱略良口卖入深溪洞。左江一带七元（源，治今越南谅山省西北七溪）等州，窃近交趾，诸夷国所产生金、杂香、朱砂等物繁多，易博买。平民一入蛮洞，非惟用为奴婢，又且杀以祭鬼。其贩卖交易，每名致有得生金五七两者。以是良民横死，实可怜恻。"⑦ 二是有着广阔的市场，社会需求量大。当时，除了权贵、富家需要众多的奴婢外，就《宋会要辑稿·刑法》所载，宋朝，不论是北宋还是南宋，今川、陕、广南、福建、荆湖、江浙、江淮各地都流行着杀人以祭鬼的风俗。⑧ 宋朝彭乘《墨客挥犀》卷2载，"湖南之俗，好事妖神，杀人以祭鬼。凡得儒生（知识分子）为上，祀僧（和尚）次之，余人为下"。有一儒生夜晚被骗误入一村落大户，后因识破逃脱了富家设下的陷阱，报告县府。"县遣吏卒捕之，尽得奸状，前后被杀者数十人。"一个小小的村落为祭鬼前后就杀了"数十人"之多，大半个中国，村落知多少，又该有多少无辜怨魂落在祭鬼坛上！

北宋初，乐史《太平寰宇记》卷157《广州风俗》载，岭南人"俘掠无忌，古今是同"。为什么会出现此种情况？唐朝柳宗元《童区寄传》一文说得很清楚：

> 越人少恩，生男女，必货市之。自毁龄（换牙）以上，父兄鬻卖，以觊（jì，希冀）其利；不足，则取他室，束缚钳梏之。至有须髯者（老人），力不能胜，皆屈为

---

① 《旧唐书》卷154《孔戣传》。
② 《册府元龟》卷42《仁慈》。
③ 《旧唐书》卷15《德宗纪》。
④ 《新唐书》卷139《房启传》。
⑤ 《风俗通·祀典》载："腊者，猎也，言田猎取兽以祭祀其先祖也。或曰：腊，接也，新故交接，故大祭以报功也。"疑腊当接解。
⑥ 《全唐文》卷81。
⑦ 《宋会要辑稿·刑法二之一五五》。
⑧ 《宋会要辑稿》《刑法二之六》《刑法二之二五》《刑法二之一二二》《刑法二之一二六》《刑法二之一二九——三〇》《刑法二之一三一》《刑法二之一五二》《刑法二之一五六》《蕃夷五之七四》。

童。当道相贼杀以为俗,幸得长大,则缚取么弱者。汉官因以为己利,苟得童,恣所为不问。①

一是壮群体越人及其后人传统习俗如此;二是历史上在岭南做官的汉族官员因利而放任自流,以致柳宗元出任柳州刺史,出现"到官数宿贼满野,缚壮杀老啼且号"的令人揪心的惨状。②

这些被掠卖的奴婢,除部分供本地豪富之家役使外,如前面所说,主要的,一是输往中原豪富之家,输往宫廷,输往祭祀鬼坛;二是南输交趾。南宋隆兴二年(1164年)正月九日,江淮都督府准备差遣李椿奏说:"静江府兴安、阳朔、荔浦、修仁、永福县,昭州恭城、平乐县,贺州富川、临贺、桂岭县,道州永明、江华县,全州灌阳,多有聚集往南之民,并以贩茶、盐为名,结集逃卒,剽掠作过。盖广东必由贺州,广西必由贵、象二州江口,每经历津渡,人纳百钱,如诱掠妇女,人纳千钱。今措置,令本州于逐处团结保伍,籍其姓名,每冬点集,不许出入,仍于切要渡口严加禁止。"③ 此又是来岭南掳掠人口的,大部是岭北不法之徒。他们掠得"生口",由广东上贺州往中原贩卖,广西俘掠得的则由水运下广东,然后再上贺州。如此,怎么可以岭南有了"生口"的买卖,有了"生口"的俘掠,便直认那时候壮族先人的社会处于奴隶制社会阶段?

(三)壮群体越人及其后人依洞立足,矜恃自大,世相攻伐,州小洞窄,容不得首领拥有众多的奴隶,从而使奴隶劳动在整个家庭生产中占主要地位

在岭南,"洞"成了人们居住、活动的地方。所以《隋书》卷80《列女谯国夫人传》说:"越人之俗,好相攻击。(冼)夫人兄南梁州刺史(冼)挺恃其富强,侵掠傍郡,岭表苦之。夫人多所规谏,由是怨隙止息,海南儋耳归附者千余洞。"洞中居民的首领称为"洞主"。这就是唐朝韩愈《黄家贼事宜状》所说的"其贼并是夷獠,亦无城郭可居,依山傍险,自称洞主"。④

洞既有大有小,洞主的势力、威望也参差不齐。比如,冼夫人其兄冼挺由于得到冼夫人的帮助,以德服人,归附的有千余洞之多,而黄少度的罗阳洞,仅有今广西扶绥县北部中东乡的罗阳河中下游地区。唐元和十一年(816年),黄少度与另一洞主黄昌瑾联合反唐,先后攻下宾(今宾阳县)、峦(治今横县峦城镇)、钦(今钦州市)、横(今横县)、岩(在今贵港市与横县间)。黄少度就是羁縻罗阳县县令。⑤ 黄少度与他的子孙以小小的罗阳县倔强,自唐朝元和以后世代延续,迄于清朝光绪三十三年(1907年)最后一个土官知县黄均政被革,⑥ 改土归流,黄氏为罗阳洞主一千多年。又如,今广西扶绥县,南有忠州,中有武黎县,西北有思同州、陀陵县,东北有罗阳县,北有永康县,共二州四县。

---

① 《柳河东集》卷17。
② 《寄韦珩》,《柳河东集》卷42。
③ 《宋会要辑稿·方域一三之一〇》。
④ 《全唐文》卷549。
⑤ 《新唐书》卷222下《西原蛮传》。
⑥ 雷在汉:《罗阳烈士黄均政墓碑》(碑存扶绥县中东乡罗阳东哨)。

所以，范文澜先生说，岭南的首领们"在一个村落里就建立起州或郡县"。① 这样的小州小洞，首领又能够蓄存多少奴隶来进行生产劳动？

唐宋及其前，岭南地区州洞林立，各不相能。遗留至今的广西上林县壮族先人两块唐碑，即韦敬办的《六合坚固大宅颂碑》和韦敬一的《智城碑》。韦敬办在澄州无虞县澄泰乡都万里修起六合坚固大宅，凭宅自雄，自命"岭南大首领""都云县令"；韦敬一笔下的韦敬办于"智城洞"（今上林白墟、覃排二乡镇）筑起智城，据城自诩"廖州大首领""检校廖州刺史"。二韦瞪着斗鸡眼相对，互不相让，使后人活灵灵地看到了历史上"俚獠世相攻伐"②"岭南豪帅屡相攻击"③ 的情景。"事仇杀，人人习于战斗"，④ 自然突出男子的武士作用。因此，壮傣群体越人及其后人，不论是小洞首领，还是豪强渠帅，个个都拥有自己的武装。比如，"广州人周灵甫有家兵部曲"，⑤ 冯盎出兵即率"部落二万"等。⑥ 岭南大小首领们为了自己的武装力量，据王安石说，即便是通过俘掠、博买、嫁娶所得"生口"，也要让他们男女相配，组成家庭，世为贱隶，男奴专习武艺，无偿地为主家做武士；女奴则负责田工，赡养其为主家做武士的丈夫。如果说，男奴做武士无偿地为主人效命，这是首领占夺了家奴的劳动，说得过去，但如果认为家奴们无偿为首领效命可以决定壮群体越人及其后人的社会性质，岂非戏言！

（四）在壮群体越人及其后人中，"男逸女劳"作为传统习俗长期传承，生产劳动的主要承载者是包括自由民及"生口"在内的女性群体，女耕男战，"生口"的女性除了养活为主家充当武士的丈夫外，未能给主家提供多少剩余劳动价值

中原汉族士大夫中流行一句谚语："耕当问奴，织当访婢。"⑦ 中原汉族的谚语，不适用于壮傣群体及其后人，因为在他们中，在原始社会父权制确立之时就形成了自然的性别分工：男做武士，女经营家务、田间劳动以及趁墟贸易，形成了"男逸女劳"的习俗。此一习俗传承下来，不论是壮群体越人及其后人还是傣群体越人及其后人都遵行不误，成为一种传统习俗。

北宋初，乐史《太平寰宇记》卷159《循州风俗》载，循州（治今广东龙川县）"人多蛮獠，妇人为市，男子坐家"。在稀少的汉文记载中，此透示了壮傣群体越人及其后人传承的传统习俗。男子坐家，妇人何止仅仅是趁墟走市，负责贸易而已！她们光赤着一双天足，做家务，做田工，哪一样不是她们十指梳爬，一手操作："城郭虚市，负贩逐利，率妇人也。""为之夫者，终日抱子而游，无子则袖手安居。"⑧ 傣群体先人越人及其后人也是如此。元初，金齿（今傣族称之一）"其俗，男子尽武士，除战争、游猎、养鸟之

---

① 《中国通史》第二册，人民出版社1978年版，第476页。
② 《陈书》卷23《沈君高传》。
③ 《旧唐书》卷60《宗室河间王孝恭传附瑰传》。
④ 《岭外代答》卷3《田子甲》。
⑤ 《宋书》卷69《范晔传》。
⑥ 《旧唐书》卷109《冯盎传》。
⑦ 《宋书》卷77《沈庆之传》。
⑧ （宋）周去非：《岭外代答》卷10《十妻》。

外，不作他事，一切工作皆由妇女为之，辅以战争所获之俘奴而已"。① 伽尼（F. Garnier）《越南半岛探路记》也载："老挝人甚懒，如家不甚富，不能蓄奴婢者，则命其妇女作诸事，不但理家务，且为舂米、耕田、操舟等事；男子仅为渔猎而已。"②

北宋王安石《论邕州事宜》载，壮族先人"其酋首之家，最得力者，惟家奴及田子甲也。有因攻打山獠，以半布博买，有因嫁娶所得生口，以男女相配，给田与耕，专习武艺，世为贱隶，谓之家奴"。③ 为什么将所得的"生口""以男女相配，给田与耕，专习武艺，世为贱隶"呢？这就是因为受到"男逸女劳"传统习俗的制约，男为武士，女做田工，无从违背。如果以男奴为武士，不给他建立家庭，生活无着，衣食何来，谁来养他？男奴女奴相配，建立家庭，给田与耕，女务田工，生活有着落，他作为武士，无后顾之忧，就能尽忠于主家，为主家卖命。如此，男奴为武士，女奴作田工，夫妇作为一个相互依托的生活链，共为主家服役。他们的服役在首领家庭生产中不能占主要的地位，自然也不能根据他们的劳动来决定壮群体越人及其后人的社会性质为奴隶制社会。

（五）历代封建王朝都盛行着掠奴买奴蓄奴，非仅是岭南存在掠奴卖奴蓄奴的现象。如同不能以存在掠奴买奴蓄奴而笃定中原自秦汉迄于唐宋为奴隶制社会一样，也不以因岭南有掠奴卖奴蓄奴而认定此一时期壮群体越人及其后人的社会发展处于奴隶制阶段

在阶级社会里，统治阶级是以牺牲被统治阶级的利益来满足其优裕而奢侈生活的。因此，被统治阶级为牛为马在下，统治阶级骄奢淫逸于上，奴婢的存在是必然的。只是其社会发展是属于哪一种社会阶段，要看其中起决定作用的是哪一种类型的生产关系。

中国历史上的秦朝，已经是封建制社会。《汉书》卷99《王莽传中》载，秦无道，"制奴婢之市，与牛马同兰"。师古注说："兰，谓之遮，兰之若牛马兰圈也。"这就是说，秦朝，"奸虐之人，因缘为利，至略人妻子"④ 在集市上设奴婢市场，将奴婢与牛马同栏作一处，让买主挑选购买。

市有奴婢市场，私家自然蓄有奴婢众多。当时的相国吕不韦家有"家僮万人"，秦始皇母亲的宠幸嫪毐（lào ǎi）也有"家僮数千人"，⑤ 说明了此种情况。

"汉兴，接秦之敝，诸侯并起，民失作业而大饥馑，凡米石五千，人相食，死者过半。（汉）高祖（刘邦）乃令民卖子，就食于蜀汉。"⑥ 此后，经济恢复、发展，富者愈富，穷者愈穷，众多的穷者又不免成为富家的奴婢。比如，西汉时，蜀卓氏"富至童八百，田池、射猎之乐，拟（类似）于人君（皇帝）"。⑦ 张安世"身衣弋绨（黑色厚缯），夫人自纺织，家童七百人，皆有手技（专长的技术）作事"。⑧

此后，虽王朝更替，仍是富者拥有财富，拥有奴婢，其数在十、百、千人不等。北魏

---

① ［意］马可·波罗：《马可·波罗行纪》，冯承钧译，中华书局1957年版，第473页。
② 同上书，第477页引。
③ 《王临川集》卷89。
④ 《汉书》卷99《王莽传中》。
⑤ 《史记》卷85《吕不韦传》。
⑥ 《汉书》卷24上《食货志》。
⑦ 《汉书》卷91《货殖传·蜀卓氏传》。
⑧ 《汉书》卷59《张汤传附张安世传》。

陈留侯李崇，"为尚书令，仪同三司，亦富倾天下，僮仆千人"，^① 可说明一般。

南北朝时，北朝、南朝争夺汉中及川蜀的控驭权，更以居于其地的"獠"人作为掠夺的对象。《北史》卷95《獠传》载，"梁（治今陕西汉中市）、益（治今四川成都市）二州岁伐獠以裨润（增添利益），公私颇藉为利"。至北周时，"每岁命随近州镇出兵讨之，获其生口，以充贱隶，谓之压獠焉。后有南旅（南朝来的商旅）往来者，亦资以为货（贩卖的货物）。公卿（朝廷的高级官员）达于人庶（百姓）之家，有獠口者多矣"。达官贵人掠"獠口"，富裕家庭买"獠口"，平民百姓之家也蓄"獠口"，南北朝时，中原汉族人家蓄奴之家可说众多，普及面广。至隋朝，一仍如此。隋文帝杨坚的第四子杨秀，因逆被监禁，还有"獠婢"二人供其驱使。^②

隋王朝不仅大量地俘掠"獠口"，而且以奴婢赏赐功臣。比如，周法尚平定了陈定州（治今广西贵港市）刺史吕子廓的反叛，"赐奴婢五十口"。数年后，平桂州李光仕的反叛，又"赐奴婢百五十口"。^③ 开皇九年（589年），慕容三藏击溃"岭南酋长王仲宣"对广州的围困，保卫了广州，隋文帝"赐奴婢百口"给慕容三藏以资奖励。^④

唐、宋时期，掠奴、买奴、蓄奴，不仅是岭南、川、陕、福建以及中原各地都严重存在。韩愈《唐正议大夫尚书左丞孔公墓志铭》及《柳子厚墓志铭》二文，赞颂了孔戣和柳宗元在岭南解放奴婢的义举，^⑤ 其《应所在典贴良人男女等状》一文也载：

> 准律（依据律令）不许典贴（抵押）良人男女作奴婢驱使。臣往任袁州（治今江西宜春市）刺史日，检责州界内得七百三十一人，并是良人男女，准律计佣折直，一时放免。原其本末，或因水旱不熟，或因公私债负，遂相典贴（抵押），渐以成风。名目虽殊，奴婢不别。鞭策役使，至死乃休。既乖（违背）律文，实亏（毁坏）政理。

> 袁州至小，尚有七百余人，天下诸州，其数固当不少。今因大庆，伏乞令有司重举旧章，一皆放免。仍勒（勒令）长吏严加检责，如有隐漏，必重科惩（按法律条文重加惩罚）。^⑥

韩愈举小小的袁州为例，揭示"天下诸州，其数固当不少"，可见唐代各地因债务等原因而以身抵押为奴婢形势的严重。及至宋朝，因杀人以祭妖神风俗的流行，俘掠贩卖人口益形恶劣。宋仁宗康定元年（1040年）十月四日，知万州（治今四川万州市）马元颖奏言："乞下川、陕、广南、福建、荆湖、江淮，禁民畜蛇毒蛊药、杀人祭妖神。"^⑦ 可见

---

① 《太平广记》卷165引北魏杨衒之《洛阳伽蓝记》。
② 《隋书》卷45《庶人秀传》。
③ 《隋书》卷65《周法尚传》。
④ 《隋书》卷65《慕容三藏传》。
⑤ 《全唐文》卷563。
⑥ 《全唐文》卷549。
⑦ 《宋会要辑稿·刑法二之二五》。

热衷此俗者在全国各地都普遍存在。自此而下，迄于南宋，其风越吹越烈。绍兴二十三年（1153年）七月二十一日，将作监主簿孙祖寿奏言：

> 圣王之制，祭祀非忠劳于国、功德及民者，不与祀典。闻近者禁止淫祠不为不至，而愚民无知，至于杀人以祭巫鬼，笃信不疑。湖广之风，自昔为甚，近岁此风又寖行于他路。往往私遣其徒，越境千里，营致生人，以贩奴婢为名。及至岁闰，屠杀益繁，虽异姓至亲，亦不遑恤（稍加体恤）。今浙江又有杀人而祭海神者，四川又有杀以祭盐井者。守令不严禁之，生人实被其害。[①]

又嘉泰元年（1201年）九月十九日，臣僚奏言：

> 臣昨试郡吴兴（治今浙江湖州市东），首问狱囚，自当年正月至月终，境由（内）已杀四十九人，而邻里掩盖不以闻者不预焉（不在此一数字中）。臣甚骇之，力询其故，皆淫祠有以启（挑起）之。
>
> 所谓淫祠者，始因愚民无知，以谓杀人而死，可得为神，其家父子兄弟与夫乡党邻里又惮（害怕）闻官之扰，相与从臾（鼓动），使之自经（自缢），于是立庙以祠，称之为神。故后凡欲杀人者，三五为群，酾酒割牲，谓之起伤。起伤之庙，盖偏（遍）于四境之内矣。生不正典刑，死乃得立庙，递相仿效，皆以杀人为喜。岂清明之境，近畿（近京城）之地，所宜有哉！
>
> 臣近祷雨祠山，访之道途，颇言广德（治今安徽广德县）愚民杀人之风渐入吴兴，寖寖（渐渐）不已，其害将有不可胜言者！[②]

为了掳掠人祭，往往"越境千里，营致生人，以贩卖奴婢为名"。"以贩卖奴婢为名"而使"越境千里"去掳掠人祭合法化，说明南宋时，各地掠奴卖奴、贩卖奴婢的公开化、合法化，非仅止岭南一地！

与此同时，犯官家属被没为官奴的，其数量也极为庞大。据《汉书》卷72《贡禹传》载，汉元帝（前48—前33年在位）的时候，"诸官奴婢十万余人"。历代相沿而下，罪人相续，被没为官奴的其数也众多。《新唐书》卷113《柳泽传附柳奭传》载：

> 许崇敬等构（虚造）（柳）奭通宫掖（暗通宫廷），谋行鸩毒，与褚遂良朋党，罪大逆。遣使杀之，没其家期（家属中祖父母、伯叔父母、伯、叔、父、兄弟、姐妹、妻子、侄孙等）以上亲，并疏岭表。奭房（柳奭一房）隶桂州为奴婢。

"奭房隶桂州为奴婢"，也就是官奴婢。这就是《唐会要》卷41所说的"反逆缘坐人（负连带关系的人）应没官者（没入官家的人），年十六以上，并配岭南远恶州为城奴"

[①]《宋会要辑稿·礼二〇之一四》。
[②]《宋会要辑稿·刑法二之一三一》。

的"城奴"。"城奴"为官府服役，与岭南、与壮族先人无关。犹如"西原乱，前后经略使征讨反者，获其人，皆没为官奴婢，配作坊重役"一样，①也与岭南、与壮族先人社会无关。一些论者竟根据唐王朝在岭南的官奴来论证壮族社会的奴隶制，似失其所据。

有些论者，为了论证壮族先人社会的奴隶制性质，移花接木，将本不是壮族先人的材料硬套于壮族先人身上，或改头换面，篡改材料，套合自己的观点。

比如，《太平广记》卷269《韦公干》引唐人《投荒杂录》载：琼山郡（治今海南省海口市琼山区）的"郡守韦公干者，贪而且酷，掠良家子为臧获（奴婢），如驱犬豕。有女奴四百人，执业者大半。有织花縑文纱者，有伸角为器者，有镕锻金银者，有攻珍木为什具者。其家如市，日考月课，唯恐不程（达不到进度）"。这似乎符合奴隶制社会的社会面貌，然而这却不是壮群体越人及其后人社会存在的事实，因为韦公干其人是中原汉人，是唐王朝派充岭南的流官。他先为爱州（治今越南清化省清化）刺史，后调任琼山郡太守。他在琼山大肆掠夺后，砍伐琼山郡的珍贵木材，把金锭、银锭混入木头中，装载"二大舟"，渡海北返。将到广州，"二舟俱覆，不知几万万也"。于是，《投荒杂录》的作者评论说："公干不道，残人以得货，竭夷獠之膏血以自厚，徒秽其名，曾不得少有其利。阴祸阴匿，苟脱人诛，将（又）鬼得诛也。"

又比如，《朝野佥载》写道："安南都护邓祐，韶州人，家巨富，奴婢千人，庄田绵亘。"有奴千人，并拥有"庄田绵亘"，此千人奴隶不是在宽广的"庄田"上耕作做什么？这可是典型的奴隶制社会的生产方式啊！可是，此却是千年后的论者自我作秀，随意修理千年前古人记载所得的效果。所引此文见载于《太平广记》卷165《吝啬》引唐朝张鷟《朝野佥载》。该文说："安南都护邓祐，韶州（今广东韶关市）人。家巨富，奴婢千人，恒（一般）课（根据自己的食性）口腹自供，未曾设客。孙子将一鸭私用，祐以擅破家资，鞭二十。"邓祐家巨富，唯让自己享尽口腹自乐，别人没份，即便是他的孙子私自宰一只鸭吃了，也要打上20鞭子，够抠够狠的。此中，又哪里有什么"庄田绵亘"这些字眼？这是以己意横诬前人。如此做学问，距离实际又何止千万里之遥！

宋朝，周湛提点广南东路刑狱，发现"江、湖民略良人，鬻岭外为奴婢"。"设方略搜捕，又听其自陈，得男女二千六百人，给饮食还其家。"② 这些被从江、湖掠来卖给岭南的人，其实是被转卖到交趾去的，因为那里人头价高，奸徒们众骛所驰。所以，宋高宗绍兴二年（1132年）臣僚言："邕、钦、廉三州与交趾海道相连，无赖之徒掠卖人口贩入其国贸易金、香，以小平钱为约。"③ 近30年后，绍兴三十年（1160年）十二月六日，臣僚仍奏："邕州管下官吏受贿，停留贩生口之人，诱略良口卖入深溪洞。左江一带七元（七源州，治今越南谅山省七溪）等州窃近交趾，诸夷国所产生金、杂香、朱砂等物繁多，易博买。平民一入溪洞，非惟用为奴婢，又且杀以祭鬼。其贩卖交易，每名致有得生金五七两者。以是，良民横死，实可怜恻。乞申严法禁。"④ 纸上文章，禁革未力，内地

---

① 《旧唐书》卷112《李复传》。
② 《宋史》卷300《周湛传》。
③ （元）马端临：《文献通考》卷20《市籴考一》。
④ 《宋会要辑稿·刑法二之一五五》。

奸民花样翻新，掳掠良民贩入交趾图利之事没见稍停。15 年后，淳熙二年（1175 年）广西经略安抚使范成大《桂海虞衡志》仍载："南州客旅诱人作婢仆、担夫，至州洞则缚而卖之，一人取黄金二两；州洞转卖入交趾，取黄金三两。岁不下数百千人，有艺能者金倍之，知文书者又倍。"① 年有数百千人内地良民被掠被卖入交趾，奸民们其心何其狠毒！几百年下来，又有多少人惨死于交趾人的皮鞭之下，惨死于交趾人的祭鬼坛上！这说明，唐、宋二朝，掠奴、卖奴在岭南是个热区，但被掠被卖的人也多是北来南去，并不居留于岭南今两广地区，两广大都是"张公吃酒李公醉"，代人受过而已。如此，怎可根据宋朝时期岭南两广地区存在掠奴卖奴现象而笃定其社会处于奴隶制社会发展阶段？

二　岭南中东部封建地主制经济发展，岭南西部封建领主制经济凝固化

先秦以前，岭南其居民都是壮傣群体越人。由于他们社会发展的特殊性，母权制没有充分发育，父权制就过早地产生了。从而出现了母权制势力十分强大，父权制相对软弱的特征，社会形成了封建农奴制与家长奴隶制并存而封建农奴制远胜于家长奴隶制的社会结构。南越国及其后，在历代中央王朝郡县制的调控下，岭南中东部壮群体越人及其后人社会封建制地主经济发展，而对岭南西部的壮群体越人的后人，历代王朝的郡县制调控力比较薄弱，在隋朝的时候甚至逸脱于王朝中央郡县制的控驭力之外。待唐、宋王朝陆续恢复对该地区的控驭，却不得不继续实行首领世袭、以其故俗治的羁縻制，维持其封建农奴制与家长奴隶制并存的社会结构。及至元朝，在羁縻制的基础上改为土司制，便将封建领主制经济凝固下来了。

（一）岭南中东部封建制地主经济发展

北宋前期乐史《太平寰宇记》卷 157《广州风俗》载，"大抵南方遐阻，人强吏懦，豪富兼并，役属贫弱，俘掠不忌，古今是同"。"故萧（子显）《齐志》（《南齐书》卷 14《地理志》）云：凭恃险远，隐伏岩障，恣行寇盗，略无编户。爰（yuán，但）自前代及于唐朝，多委旧德重臣抚宁其地，文通经史，武便弓弩，婚嫁礼仪，颇同中夏（中原汉族）。"唐代，治理岭南的能官廉官，有迹可循，治迹显著的，是王晙、宋璟、李复、马揔、柳宗元、韦丹等人。他们的特点，一视财货为身外物，不贪；二尽己所能，改变任官当地的越人传统习俗，改善生产条件，推动社会发展，恩惠及民，深为群众所深深怀念。

比如，景龙末（710 年），王晙为桂州都督，"桂州旧有屯兵，常运衡、永等州粮以饷之。晙始改筑罗郭（在城墙外加建突出的小城圈），奏罢屯兵及罢运。又堰（拦河筑坝）江水，开屯田数千顷（百亩为一顷），百姓赖之"②。"广州旧俗，皆以竹茅为屋，屡有火灾。"广州都督、五府经略使宋璟"教人烧瓦，改造店肆，自是无复延烧之患。人皆怀惠，立颂以纪其政"③。李复初为容州刺史，"先时西原叛乱，前后经略使征讨反者，获其人皆没为官奴婢，配作坊重役，（李）复乃令访其亲属，悉归还之。在容三岁，南人安悦"，从而迁广州刺史、岭南节度观察使。时安南经略使高正平、张应相继病死之际；经

---

① 《文献通考》卷 330《交趾》引。
② 《旧唐书》卷 93《王晙传》。
③ 《旧唐书》卷 96《宋璟传》。

略府"参佐偏裨李元度、胡怀义"乘机阻止外兵进入,"黩乱州县,奸脏狼籍"。李复"诱怀义杖杀之,奏元度流于荒裔",恢复了地方的清平。同时,他"又劝导百姓,令变茅屋为瓦舍"等。① 元和四年(809年),马揔充岭南都护、本管经略使,"在南海累年(多年),清廉不挠(屈服改变),夷獠便之"②。柳宗元解放奴婢,扶植民生,积极推进柳州地区的汉族文化教育。《旧唐书》卷160有其传,韩愈《罗池庙碑》叙其功,颂其德,自不必说了。韦丹,在任容州刺史期间,"教民耕织,止惰游,兴学校,民贫自鬻者赎归之,禁吏不得为隶;始城州,周十三里,屯田二十四所,教种茶、麦",开了容州社会的新风气。③

但是,此一类官员为数不多。所以,《旧唐书》卷98《卢奂传》说:"自开元(713—741年)以来四十年,广府节度清白者有四,谓宋璟、裴冑先、李朝隐及(卢)奂。"关心社会进步、关心群众疾苦的清官能官少了,贪官酷官其数众多,社会就遭殃,群众就大受其苦了。比如,岭南节度使郑权,"以家人数多,俸入不足,求为(岭南)镇守"。凭得所结太监从中捣鬼,遂了所愿,做了广州刺史、岭南节度使。"南海多珍货",郑权除大把大把地揽入私囊外,又多积聚,以报答曾助成其愿的太监。④ 又如徐浩,本来以"文雅"著称,自出任岭南节度使后,"典选部"(掌管选任官员的权力),以官兑金,"多积资财"。而其宠妾侯莫陈氏也从中上下其手,"颇干政事,为时论所贬"。⑤ 这些贪官们,要尽手段,为达到揽财目的,何事不尽其极!比如,他们见土著首领冯季康、何如瑛有资可取,有产可夺,便诬其反叛,"虐用其刑",致二人暴死,从而引起了二首领部民的反叛。⑥

中原来的汉官巧取豪夺,所以壮群体越人及其后人便将他们视同进入岭南占地占财的外来客人,称他们为hak⁷(临高语)、ha:k⁷(壮语、布依语),而不称他们为"tça:u³"。⑦ hak⁷或ha:k⁷,即汉语"客人"的壮语音译,由此可见壮群体越人及其后人对外来官员们的鄙视。这就如同韩愈《黄家贼事宜状》指出的,"比缘邕管经略使多不得人,德既不能绥怀,威又不能临制,侵欺掳缚,以致怨恨"⑧。

郁江浩荡贯东西,中间多少行人泪。回首往事,日月居诸,历史长河,青山累累遮不住,毕竟东流去!

《隋书》卷24《食货志》载:"诸蛮陬俚洞,沾沐王化者,各随轻重,收其赕物。""赕物",就是贡纳的财物。所谓"王化",就是君王的德化;"沾沐王化者"指编入帝王家户籍成了编户之民。他们按丁缴纳赋税给帝王家,如同南朝宋时"中宿县(治今广东

---

① 《旧唐书》卷112《李复传》。
② 《旧唐书》卷157《马揔传》。
③ 《新唐书》卷197《循吏韦丹传》。
④ 《旧唐书》卷162《郑权传》。
⑤ 《旧唐书》卷137《徐浩传》。
⑥ (唐)常衮:《宣慰岭南制》,《全唐文》卷414。
⑦ 越语称王子官员为"州",见汉朝刘向《说苑》卷11《善说》。傣语称官为tsau³,20世纪50年代以前今天等县仍留有"na²tça:u³",即"那召",义为官田。
⑧ 《全唐文》卷549。

清远县西北河洞堡）俚民计丁课银"一样。①

但是，唐朝前期及其以前，中央王朝在岭南更为普遍的征收税赋的办法，诚如《隋书》卷24《食货志》所说："岭南酋帅，因生口、翡翠、明珠、犀、象之饶雄于乡曲者，朝廷多因而署之（让他们署理州县官），以收其利。历宋、齐、梁、陈，皆因而不改。其军国所需杂物，随土所出，临时折课市取，乃无恒定法令。列州郡县，制其任土所出，以为征赋。"这就是说，各土著首领先按王朝中央的需求缴纳赋税，然后再向其治下的百姓需索。此说明首领们虽向王朝中央缴纳赋税，但其治下百姓与王朝中央并无关系。他们只是首领之民，他们与王朝中央的关系是由首领与王朝中央的关系体现出来。

又《唐大诏令集》卷86载："邕、容、桂、广等道管内刺史，每州皆管三县，人户不少，其间选用（官吏），尤要得人。访闻本道观察使所奏，监州官多是本土富豪百姓兼杂色人，例皆署为本道军职，或作试衔，便奏司马权知军事，既不谙熟文法，又皆纵恣侵欺，多取良家以为奴婢，遂使豪酋构怨，溪洞不安。"这也指明首领治下的百姓归首领所属，当那些充当监州官的"富豪百姓兼杂色人"利用职权之便"取良家为奴婢"，便侵犯了首领的利益，结上仇怨，互相攻伐，造成社会不安。

宋朝乐史《太平寰宇记》卷164《康州沿革》载："皇朝开宝五年（972年）平广南，仍废康州（治今广东德庆县）诸县入端溪县，隶端州（治今广东高要县）。寻（不久）复旧，从部民请也。"州县管下的百姓，本称为"州民"或"县民"，但这里却以"部民"称之，此"部民"当是"部落之民"，也就是首领属下的百姓。

> 象筵照日会词客，铜鼓临轩舞海夷。
> 百越酋豪称故吏，十州风景助新诗。②

随着唐朝在岭南中东部地区郡县制统治力量的加强，随着冯氏、冼氏、庞氏等土著大姓首领势力的消退，随着封建地主经济的发展，州县长官已经基本为朝廷命官，土著首领已经退居为朝廷命官的佐杂人员。比如，《旧唐书》卷101《韩伋传》载，韩伋出任桂州观察使。"桂管二十余郡，州掾（州府属官的通称）而下至邑长三百员，由吏部而补者十一。"韩伋到桂州莅任，州吏便"以常所为官者数百人引谒"，请他依次任命他们的官职。这数百人都是地方上有钱有势的人。他们既蓄兵器，拥有武装，③又"多贪纵"，欺压土著居民，④热衷于从朝廷那里获得一官半职。这是长期归属朝廷，并识王化的结果。此一官半职，既可使他们觉得身被荣光，获得心理满足，又可使他们名正言顺地跃居于土著居民之上，作威作福。

唐肃宗（756—762年在位）时，杨谭任广州都督，恰逢"西原"武承裴、韦敬简等起兵反唐，他就是利用土著首领们此种心理，用"赐敕书""许以官爵""诱以厚赏"，

---

① 《宋书》卷92《良吏徐豁传》。
② （宋）王象之：《舆地纪胜》卷89《广州诗上》引刘禹锡诗。
③ 《旧唐书》卷100《郑惟忠传》。
④ 《旧唐书》卷9《王方庆传》。

来使岭南的土著首领"感激殊私,勤力同心,倾家竭产,训勉子弟,策励甲兵。介胄（盔甲）自出于私门,粮储不损于官廪（官仓）","不顾危亡,志怀忠勇",去镇压武承裴他们的起兵反唐的。这些土著首领,有大首领梧州长史、镇南副都护摄、柳州司马、西原游奕使张维南,经略副使、朝议郎行贺州长史穆成构,防御副使、朝议郎梧州长史任早,梧州刺史、本州防御使李杭,先锋总管、梧州长史秦匡朝,四界游奕使、广州番禺府折冲谭崇慰,以及西原环、古等州首领方子弹、甘令晖、罗承韦、张九解、宋原等。[①]

这些遍布于岭南各地的大小土著首领,不仅隐瞒户口,而且包揽交税输赋,包揽词讼,以从中逐利。唐朝武德七年（624年）定均田赋,实行租、庸、调法:"丁岁输粟二石,谓之租;丁随乡所出,岁输绢、绫、绝各二丈,布加五分之一,绵二两,输布者麻三斤,谓之调;用人之力,岁二十日,闰加二日,不役者,日为绢三尺,谓之庸。有事而加役二十五日者,免调;三十日,租、调皆免。通正役并不过五十日。若岭南诸州则税米,上户一石二斗,次户八斗,下户六斗,夷獠之户,皆从半输。"[②] 这是个轻赋措施,但是在岭南各地,不论是从中原迁入的汉族民户,原是"俚獠"后来趋汉变化了的民户,还是"夷獠"民户,大都没有从中享受好处。因此,迄于宋真宗咸平六年（1003年）,广西转运使冯班上言:"廉（治今广西合浦县）、横（今广西横县）、宾（今广西宾阳县）、白州（今广西博白县）,民田虽垦,未尝输送。"为什么这些地当冲要的州其民田虽然垦殖耕种却"未尝"输纳赋税呢?就是因为当地的大小首领们卡着盖着,自己坐享其利。而当冯班准备"命官检括,令尽出常租"时,宋真宗却说:"遐（远）方之人,宜省徭赋,亟命（急命）停罢",认为不要做此徒劳无功、容易引起纷乱的事儿。[③]

清朝毕沅《续资治通鉴》卷7开宝五年（972年）二月载:"先是,岭南民有逋赋（逃税）者,或县吏代输,或于兼并之家假贷（借贷）,则纳其妻子以为质（抵押）。"县吏即"县掾"（县令的属官）,大都是由土著的首领、富豪出任的。"兼并之家",也是当地富于资产的人家,也就是《太平广记》卷483引唐朝《南海异事》说的"南海贫民妻方孕则诣富室,指腹以卖之'的'富室"。他们贪欲横流,日夜在谋划着兼并他人的资产以蓄积自家的财富,成为富雄一方的家庭。

《宋会要辑稿·刑法二之二二》载宋仁宗景祐四年（1037年）四月四日诏以及《宋史》卷303《魏瓘传》记载因贫穷受债务拖累而陷入以身抵押补偿的奴婢。这些奴婢有"契约"束住。在"契约"生效期间,她们不能有摆脱债主的约束而有着自身转移他就的自由;可她们是一群契约性的以工补偿奴,类同于近现代的雇工性质。其中的一个"佣"字,道出了她们的以工补偿所欠的性质。补偿完毕,身子就获得了自由。

为什么以工补偿的都是女性?这是因为壮傣群体越人"男逸女劳"习俗定型以后,传承下来,男子除做武士、狩猎、抱小孩外,家务、田工、趁墟等一切劳动都由妇女操劳。此诚如明朝嘉靖元年（1522年）王济《君子堂日询手镜》记载的。

历史上,中原汉族妇女"锁在深宫人未识",而且男人崇尚女性缠脚,以"三寸金

---

① （唐）杨谭:《兵部奏桂州破西原贼露布》,《全唐文》卷377。
② 《文献通考》卷2《田赋二》。
③ 《文献通考》卷4《田赋四》。

莲"为美,剥夺她们自立自强的能力,递增她们不竞不争、柔弱依于趋向,王济等站在如此的立场上,持以这样的审美眼光,自然看不惯岭南妇女抛头露面,光着脚板,手提肩担,奔波劳碌以维持一家生计的场景。所以,他既用了"诚可鄙",又用了"尤为可笑",以凸显他的鄙视。

王朝中央任命的岭南汉族人员不懂得自壮傣群体越人形成而传承下来的传统习俗,而流居于岭南的中原来的三教九流人物却勘透了壮群体越人及其后人的性格特征。

壮群体越人及其后人,在存在首领制的时期,都是由首领与官府打交道,官府与首领管下的百姓没有直面接触,租税也是由首领先行缴纳,然后百姓再筹办交给首领。而"南土沃实,在任者常致巨富。世云:广州刺史,但经城门一过,便得三千万也"。① 来岭南做官的中原官员,又多贪欲无厌,规求无度。他们与贪纵的"管内诸州首领"内外勾结,"百姓有诣府称冤者",都不了了之。② 所以随着岁月的流逝,在壮群体越人的后人中,渐渐形成了"畏见官司"③"畏见官府词讼"④ 的心理趋向。明、清二代,"宁食粥稀,莫见官司"⑤"宁食粥稀,不见官司",⑥ 此类谚语,在壮族人中广泛流传,成了许多壮族人行事的准则。

明朝万历间(1573—1620年)王士性《广志绎》卷5载:

> 壮人虽以征抚附籍,而不能自至官输粮,则寄托于在邑之民(在城里居住的汉人)。壮借民为业主,民借壮为田丁,若中州诡寄者然,每年止收其租以代输之官,以半余入于己。故民无一亩自耕之田,皆壮种也。民既不敢居壮之村,则自不敢耕壮之田。即或一二贵富豪右买壮田者,止买其券而另入租耳,亦不知其田在何处也。

壮人"不能自至官输粮",实际上是壮人不愿入城直面如狼似虎的州县官员,交上粮税。这反映了他们的畏官怕官心理,也反映了他们的烦官、鄙官心态。一些在城里居住的中原来的汉人,本就是"削尖脑袋求富贵,没些巴鼻(根据)便奸邪",看着机会来了,主动入乡串村,敲磕着两片不烂唇皮,好说歹说,要代壮民向官府缴纳田粮,以便收取比所纳田粮还多出一倍的粮食作酬金,滋润自己。他们本只是代壮人将田粮交给官府而已,并不是什么"业主",说不上"壮借民为业主";而壮人既不是如同中原富庶人家将自己的田地伪报在别人名下以逃避田赋、差役的"诡寄者",也不是"民借壮为田丁"。田是壮人的,壮人自耕自种,自种自收,与汉人毫无关系,汉人只是代壮人向官府缴纳田粮而已,不存在什么"业主"与"田丁"的关系。然而,壮人朴质憨厚,老实待人,不觉察无赖汉人的诡计,时日既久,便无端地由"业主"变成"田丁"了:

---

① 《南齐书》卷32《王琨传》。
② 《旧唐书》卷89《王方庆传》。
③ 郑湘涛:民国《平南县志》。
④ (清)羊复礼:光绪《镇安府志》。
⑤ 潘宝疆:民国《钟山县志》。
⑥ 李树扬:民国《昭平县志》卷7。

诸蛮性虽犷悍，然不敢亲见官府，其粮辄请汉民之猾者代之输，而倍偿其数，谓代输者为田主，而代输者反谓有田者为田丁，传及子孙，忘其原始，汉民就索租于诸蛮。诸蛮曰："我田也，尔安得租！"代输者即执州县粮单为据，曰："我田也，尔安抗租！"于是讼不解，官亦不能辨为谁氏之田，大都左袒（偏护）汉民而抑诸蛮。[①]

"诸蛮"就是壮族。由于壮人的憨直，汉人的奸猾，汉族官员的偏袒，壮人本是业主反成了佃户。这就是广大壮人沦为汉族无赖者佃户的过程。

此种过程，随着南迁汉人深入两广地区，在历史上不断地重演着。清朝后期，永淳（今横县）人写的《抗租记》比较详细地记载了此种转变以及无赖汉人凭借着官家的偏袒取得业主权后专横跋扈、为非歹的情景："永淳地方，原有本地旧住人（壮人）及外来客人（汉人）两种。""大抵旧住人性多淳朴，有太古遗风，平日既不交官接府，又少出门交游，见闻既狭，知识亦陋。质言之，愚而已矣。故当乾隆、嘉庆之前，客人勘透了旧住人的病根，遂诡计骗惑，每年代包纳粮，借得些须滋润。旧住人得他代纳，免使自己出入衙门，亦深以为便，虽稍繁费，亦所不惜。其后，客人妙想天开，诡骗旧住人，每年纳谷若干，其粮户则入客户，永远代纳，名旧住人为佃户，彼为业主。""业主"和"佃户"关系一经确立，汉人"业主"便肆意地对壮族"佃户"盘剥和欺凌了。佃户除缴纳额定的租谷外，交租时，狠心的汉人业主不仅大斗入，而且"踢斗淋尖"，要多刮几斤。"谷若不够，便穿房入室，倾取谷种以盈其数。"业主带着爪牙下村收租，佃户要杀鸡宰鸭款待，否则就借故他事，把佃农痛打一顿。他们离村的一餐饭更为丰盛。"奉他醉饱后，还要将粽叶裹糯米饭一包，中置鸡腿一对或鸭胸肉一块，送将过去，作为孝敬田主少爷的礼物，名曰'送星鸡米'。"不仅如此，业主下乡收租时，"见妇女稍有姿色者，或以势逼，或以利诱，务遂其兽欲乃已。其仆隶亦相效尤"。[②]

这是岭南中东部地区封建制地主经济发展的简略情况，岭南西部则又是另一番情景。

（二）岭南西部封建领主制经济凝固化

《隋书》卷31《地理志》载："自岭已南二十余郡，大率土地下湿，皆多瘴疠，人尤夭折。"此二十余郡，除交趾、九真、日南、比景、海阳、林邑6郡在今越南民主共和国领土上外，桂阳（治今湖南郴县）、零陵（治今湖南零陵县）、熙平（治今广东连州市）3郡，辖属地跨越五岭南北，唯南海（治今广州市）、龙川（治今广东惠州市惠阳区）、义安（治今广东潮安县东北）、高凉（治今广东阳江市西）、信安（治今广东高要市）、永熙（治今广东罗定市南）、苍梧（治今广东封开县）、始安（治今广西桂林市）、永平（治今广西藤县东北）、郁林（治今广西贵港市）、合浦（治今广西合浦县）、宁越（治今广西钦州市）、珠崖（治今海南省海口市琼山区）13郡在今两广及海南省境内。而今广西的始安郡其西的义熙（治今融安县）、龙城（今柳城县）、马平（今柳江县）三县，郁林郡其西的领方（治今宾阳县）、宣化（治今南宁市）二县以西则不见有什么政区建置。此种情况说明今南宁市、宾阳县、柳江县、柳城县及融安等县市一线以西的今广西西部地

---

① （清）黄天河：《金壶墨浪》卷5。
② 《太平天国革命时期广西农民起义资料》下册，中华书局1978年版，第328—329页。

区，隋朝势力没有达到，也就是隋朝失控的空白区，因此，此一地区没见政区建置。

唐朝建立，武德五年（622年）李靖率兵度岭至桂州，岭南大首领冯盎、李光度、宁长真等归降。李靖"承制（秉承皇帝旨意）授其官爵"。于是，大小首领纷纷归顺，"凡所怀辑者九十六州，户六十余万"。① 此"九十六州"，到底都是哪些州？除见于记载冯盎的高州、罗州、春州、崖州、白州、儋州、林州、振州，② 李光度的藤州，宁长真的钦州，③ 邓祐的韶州，④ 陈承亲的恩州（治今广东恩平市北），⑤ 杨世略的循州（治今广东惠州市惠阳区）、潮州，⑥ 宁纯的廉州，宁道明的南越州（治今广西浦北县），沈逊的昆州（后改为柳州），欧阳世普的融州，秦元览的象州，庞孝恭的昌州（治今博白县西），⑦ 庞孝泰的白州，⑧ 周庆立的昭州（治今广西平乐县）等外，⑨ 难以悉知。不过，在原隋朝失控区内所建的粤州（治今广西宜山县，后改宜州）、芝州（在今广西忻城县），自也是当地首领归附后所建的州级建置。

《新唐书》卷43下《羁縻州》载：

> 唐兴，初未暇于四夷，自太宗平突厥，西北诸蕃及蛮夷稍稍内属，即（就）其部落列置州县。其大者为都督府，以其首领为都督、刺史，皆得世袭。虽贡赋版籍，多不上户部，然声教所暨，皆边州都督、都护所领，著于令式。

此一记载，挑明了唐朝设置羁縻州的区域、设置的时间界定和"诸蕃及蛮夷"内属方式。具体说，唐朝设置羁縻州的区域，一般是在隋朝势力没有达到的地方；设置时间的界定是在唐太宗贞观十四年（640年）灭了高昌国设置安西都护府以后；内属方式，则是土著首领自行求附。

比如，粤州和芝州，位于隋朝势力没有达到的区域内，但因其设置的时间是唐朝武德五年（622年），不是在贞观十四年（640年）以后，所以该二州属于正州不是羁縻州。贞观十二年（638年），清平公李弘节"开生蛮"设置的瀼州（在今上思县西部）、古州（在今都安等地）、环州（在今环江东部）三州，其所在虽在隋朝失控区域内，但因其设置的时间是在贞观十四年（640年）之前，同时是"开生蛮"而不是"生蛮"首领自愿内属，因此三州不是羁縻州。

另外，严州（今来宾市）虽是在乾封元年（666年）设置，由于不是在隋朝势力未达之区，自然也不是羁縻州。

---

① 《旧唐书》卷67《李靖传》。
② 《新唐书》卷110《冯盎传》。
③ 《旧唐书》卷67《李靖传》。
④ 《太平广记》卷165《邓祐》引《朝野佥载》。
⑤ 《太平广记》卷267《陈承亲》引《朝野佥载》。
⑥ 《新唐书》卷1《高祖纪》。
⑦ 《新唐书》卷222下《南平獠传》。
⑧ 《旧唐书》卷82《许敬宗传》。
⑨ 《旧唐书》卷185下《良吏薛昶传》。

思顺州（在今柳江县西南）的设置则又不同。"思顺州，本名嵯峨镇。唐仪凤二年（677年），土户首领洛光婓等上奏，乞置州额，其年赐额为思顺州。"归化州（在今柳州江县西北古州）的设置也是如此："归化州，本名廊仓峒。唐仪凤二年（677年）陆元积奏请为州，其年赐额为归化州。"① 思顺州和归化州是土著首领请求内属，二州之地既在隋朝势力未及之区，其设置时间又在贞观十四年（640年）之后，毫无疑义，此二州属于羁縻州。②

开元中（713—741年），唐朝"开蛮峒"置田州，其地既在隋朝势力没有达到的区域，设置时间又在贞观十四年（640年）之后，却被定为正州，违背了唐朝的常理，所以贞元二十一年（805年）便废了，此后复置田州，不再是正州而是羁縻州。③

永隆二年（681年），唐朝析龚州、蒙州、象州三州之地设置思唐州（治今平南县西北寺堂）。开元十四年（736年），见其难于治理，将思唐州降为羁縻州。然而该州所在既位于隋朝控制的区域内，又没有土著首领自愿要求内属，于是唐德宗建中元年（780年）又重新改为正州。④

首领内附，朝廷赐以州名，即所谓的"赐州额"。由于这些州首领正如韩愈所说"无城廓可居，依山傍险，自称峒主"，⑤ 所以北宋乐史《太平寰宇记》卷166载，邕州都督府所管的左右江地区诸羁縻州"并是羁縻卓牌州"。"卓"是直立，"卓牌州"，就是无城廓，单竖一个州名牌子的州。

唐代，桂州都督府所辖的羁縻州有纡州、归思、思顺、归化、蕃州、温泉、述昆、格州8州；邕州都督府所在辖有桹州、归顺、思刚、侯州、归城、伦州、石西、思恩、思同、思明、万形、万承、上思、淡州、思琅、波州、员州、功饶、万德、左州、思城、蔼州、归乐、青州、得州、七源26州；安南都护府辖有平原、龙州、思陵、禄州、西平、金龙、安德7州；江南道黔州都督府辖有福州、峨州、琳州、鸾州、那州、延州、抚水州7州；总岭南西部约有48个羁縻州。⑥

这些首领"稍稍内属"而"即其部落列置州县"的羁縻州，首领世袭，以其故俗为治，"虽贡赋版籍，多不上户部"，而分隶于桂州、邕州都督府以及安南都护府和江南道黔州都督府。唐王朝中央对待这些羁縻州首领，诚如韩愈所说："容贷羁縻，比之禽兽，来则悍御，去则不追。"⑦ 如此看来，唐朝并未将羁縻州的首领及其属民，真正视作其封域里的臣民：只是你愿意内属，就跟你联络，保持维系，维持着一种若即若离又不即不离、无缚无脱的关系。比如，南丹州在广西是个著名的羁縻州，其地北是唐江南道黔州都督府辖下的福、延、鸾等州，东边是抚水州，南边是那州，然而这个州在唐代却没有内

---

① （宋）王象之：《舆地纪胜》卷112《柳州沿革》。
② 《新唐书》卷43下《羁縻州》。
③ 《新唐书》卷43上《地理志》。
④ 同上。
⑤ 《黄家贼事宜状》，《全唐文》卷549。
⑥ 《新唐书》卷43下《羁縻州》。
⑦ 《黄家贼事宜状》，《全唐文》卷549。

属，直到宋朝开宝七年（974年），其首领莫洪薑方才遣陈绍规作使节奉表求内附，南丹州方才列为宋朝宜州溪峒司管下的羁縻州。①

宋朝建立，传承唐朝的羁縻制度。"朝廷禽兽畜之，务在羁縻，不深治也。"②但就岭南西部而言，宋朝却加强了对诸羁縻州的管束治理。比如，在宜州设置宜州溪峒司管理宜州地区的羁縻州，而于左、右二江地区则分别设置横山、古万、迁隆、太平、永平五寨管束诸羁縻州。诸寨设"知寨、主簿，掌诸洞烟户民丁，以官兵尽护之"。寨隶于提举，提举隶于邕管。诸寨扎在诸羁縻州中间，犹如"树栅困兽"，也如设就牢笼，逼人就范。熙宁九年（1076年）交趾进犯广西攻陷邕州后，宋朝进一步加强对左右江羁縻州洞的管理，加强对邕州管下溪洞丁壮的战术训练，以巩固保卫边防。大观元年（1107年），广南西路经略使王祖道更异想天开，擒杀南丹州刺史莫公佞，将南丹州改为正州。但是，超时而行，不顾实际而革，引来了更大的麻烦，宣和四年（1122年）宋王朝不得不重建羁縻南丹州，让原首领莫氏子孙重掌南丹州的权力。

然而即使如此，宋朝当局对邕管左右江地区的羁縻州县洞究竟有多少，具体都是哪些州县洞，仍是迷雾一团。比如，南宋王象之《舆地纪胜》卷106《邕州风俗形势·三十六洞印》说："先时两江州洞各执山獠古铜印，治平四年（1067年）准朝廷给赐铜印，左江十八面，右江十八面，今所谓三十六洞者，此也。继此续降印识，固不止三十六也。"而同书同卷《邕州沿革·溪洞州县》则载："太平寨，至州八程，领寨二十，内十四州系熟洞，六州系归明洞。永平寨，至州十程，领州洞八，皆系熟地溪洞。迁隆镇，至州四程，领州洞县九，内五州县系熟地，四县洞系归明。横山寨，至州十程，每岁市马于此，领洞县六十有二，内十六县洞系熟洞，内二十三州县系熟洞，内七州洞系嘉祐六年（1061年）归明，内六州县于治平四年（1067年）归明，内五州于熙宁元年（1068年）归明，内五洞相继归明。"合计王象之关于邕管左右江羁縻州县洞的记载，五寨所领有99个之多。此99个羁縻州县洞具体是哪些，他没有列出，不清楚。元丰三年（1088年）成书的王存《元丰九域志》卷10《羁縻州》所列，也只有43州5县。而《宋史》卷90《地理志》载，邕管所属左右江羁縻州44州，羁縻县5县，羁縻洞11洞，总共也不过60个州县洞，比《舆地纪胜》所载就少39个之多。这说明，宋朝对广南西路邕管羁縻地方并未了然于胸。

宋灭元起，元朝改羁縻制为土司制。土司制是在羁縻制的基础上发展起来的。如同羁縻州首领世袭一样，土官也是父子传承，世代为土官；如同羁縻首领"以其故俗治"一样，土官也是以其故俗而治。

明朝查继佐《罪惟录》卷45《讽谕诸臣列传》载，嘉靖元年（1522年）龙州土官知州赵相死了，其弟赵楷欲夺其权，阴谋杀了赵相的长子赵燧，代掌了州政。后来，州人找回了赵相那被人劫掠在外十多年的次子赵宝，拥其承袭父职。赵楷死鸭撑硬颈不认赵宝为赵相之子，提督两广军务的林富调他上督府说理，规劝再三，赵楷就是油盐不进。最后，林富问道："你让赵宝做土官，我叫他给你一大笔钱作为补偿还不行，怎么非要做这土官

---

① 《宋史》卷494《南丹州蛮传》。
② 《宁史》卷495《抚水州蛮传》。

不可?"赵楷见总督把话说尽了,也就亮出底牌:

> 吾闻之:千金之子必重垣,三家之市必复户,不为病也。我土官杂袭彝风,脱略(不受……约束)王法,征兵不待符檄之会,虑囚(决狱)不烦律例之谳(审定),盼睐(斜眼望上一眼)则茅屋生辉,挥霍(一掷千金)而壮士失色。不官,何以得之!

土官在自己的辖区内胡作非为,不受王法约束,自己提调兵马,口含天宪,由着自己的爱好感受可以决定谁生谁死,谁荣谁辱,一掷千金,纵情地享受生活。赵楷此一番话,现身说法,成了土官"以故俗治"的千古绝唱。

但是,土官制毕竟与羁縻制不同。

第一,羁縻制对羁縻州首领及其属民"以禽兽视之",土司制却人化,视为"吾民"。这是完全不同的视角,不同的价值意识,不同的理念。

"羁縻"成为制度之前,"羁縻"一词在中国历史上早已应用于少数民族身上。《史记》卷117《司马相如列传》载:"盖闻天子之于夷狄也,其义羁縻勿绝而已。"唐朝司马贞《索隐》说:"案羁,马络头也;縻,牛绁(zhèn,穿鼻绳子)也。《汉官仪》云:马云羁,牛云縻,言制四夷如牛马之受羁縻也。"以"四夷"为"禽兽",视如牛马,"姑羁縻之而已",此种意识,此种理念,自西汉迄于宋朝,一贯而下,未曾改变。东汉永和元年(136年)尚书令虞诩说:"自古圣王不臣异俗,非德不能及,威不能加,知其兽心贪婪,难率(遵循)以礼,是故羁縻而绥抚之,附则受而不逆,叛则弃而不追。"[1]三国薛综也说,岭南越人,"可谓虫豸,有靦面目耳。然而土广人众,阻险毒害,易以为乱,难以从治。县官羁縻,示令威服"。[2] 这些话与唐朝韩愈在《黄家贼事宜状》说的"容贷羁縻,比之禽兽,来则捍御,去则不追",以及《宋史》卷495《抚水州蛮传》说的"朝廷禽兽畜之,务在羁縻,不深治也",都是一个意思,即将"四夷"视为"禽兽","羁縻"待之。

当然,唐、宋的羁縻制与此前历代王朝对"四夷"的"羁縻"也不完全相同。这就是一个"无赋税",[3] 一个有"贡赋";[4] 一个不直接任命首领为州县长官,一个直接任命,并给予朱记文帖;[5] 一个"俾全性命,羁縻驱逐,勿使侵扰而已",[6] 一个"籍其民为壮丁","制如官军",发挥其"藩篱内郡,障防外蛮"的功能;[7] 一个听之任之,不参与处理其内部事务,一个则受理其州民间首领不能判决的官司以及首领相互间的诉讼。[8]

---

[1] 《后汉书》卷116《南蛮传》。
[2] 《三国志》卷53《薛综传》。
[3] 《史记》卷30《平准书》。
[4] 《新唐书》卷43下《羁縻州》。
[5] 《文献通考》卷330《西原蛮》引《桂海虞衡志》。
[6] 《册府元龟》卷956《外臣部》。
[7] 《桂海虞衡志》,《文献通考》卷330《西原蛮》引。
[8] 同上。

宋及其前，历代王朝都视"四夷"为"禽兽"，务在"羁縻"，可到了元朝，情况就不同了。《元史》卷63《地理志》载至元二十八年（1291年）元世祖忽必烈在给播州（治今贵州遵义市）安抚司土官安抚使杨赛因不花的"诏谕"中说："阅籍户数，乃有司当知之事，诸郡皆然。""自今以往，咸（都）奠（安置）厥（其）居，流移失所者，招谕复业。有司常加存恤，毋致烦扰，重困吾民。""重困吾民"一语，说明元朝统治者已经一反此前历代王朝统治者传统理念、价值取向，将"四夷"视作"吾民"。这是对中国历史上历代王朝传统观念的革命，是一个了不起的革命，即使以后朝代更迭仍有反复，但毕竟少数民族已经为国家的最高统治者确认为民，不再当作野兽看待，在国家政治生活中不再有着如同"野兽"般的待遇了。

第二，整齐政区，土司地区的政区建制与全国各地接轨、同步。

元朝的地方政区建置，改宋朝的"路—州—县制"为"行中书省—路（府、州、司）—县（州）制"。壮族土司地区当时分属湖广行省和云南行省，设有田州、来安、镇安、太平、思明五路及龙州军民万户府和庆远南丹溪洞等处、广南西路二安（宣）抚司。

鉴于诸土司路（府、司）所辖州县，《元史》卷61及卷63《地理志》阙遗，明朝黄佐《广西历代州郡府县沿革表》也仅列其数没具其名，[①] 兹据诸书所载，将各土司路（府、司）所属略作考实。

田州路（治今广西田阳县田州镇，土官总管黄氏）领州十县三：田州，下隆州，侯州，怀德州，奉议州，向武州，都康州，恩城州，果化州，归德州；上林县，阳县，富劳县。

来安路（治今广西凌云县，土官总管岑氏）领州十六县一寨二：七源州，泗城州，利州，路城州，训州，往殿州，唐兴州，归乐州，归仁州，龙川州，罗博州，侯州，罗佐州，顺龙州，鹈州，上隆州；程县；安隆寨，上林寨。

镇安路（治今广西那坡县城厢镇，土官总管岑氏）领州四洞七寨一：镇安州，冻州，归顺州，安德州；渌洞，频洞，任洞，上雷洞，下雷洞，上映洞，下映洞；湖润寨。

太平路（治今广西大新县雷平镇，土官总管原为李氏后为黄氏[②]）领州十七县四洞五：思同州，左州，都结州，结安州，佶伦州，镇远州，龙英州，上怀恩州，下怀恩州，全茗州，茗盈州，万承州，养利州，上恩城州，下恩城州，太平州，安平州；罗阳县，永康县，陀陵县，崇善县；玉龙洞，水口洞，吴洞，上龙耸洞，下龙耸洞。

思明路（治今广西宁明县，土官总管黄氏）领州十一县三洞一：上思明州，下思明州，上石西州，下石西州，思陵州，迁隆州，上思州，忠州，江州，禄州，西平州；武黎县，华阳县，罗白县；凭详洞。

龙州军民万户府（治今广西龙州县，土官万户赵氏）领州三洞五：龙州，上冻州，下冻州；蹲洞，武能洞，武德洞，罗徊洞，古甑洞。

庆远南丹溪洞等处安抚司（治今广西宜州市，土官安抚使莫氏）除领宜山、天河、

---

① （清）汪森：《粤西文载》卷10。
② 蔡迎恩万历《太平府志》卷1《沿革》载，元朝"至正十九年（1359年），上思州酋黄英衍作逆，夺路印，迁路治于驮卢"。明初为太平府土官知府。

河池、思恩、忻城五个正县外，还领土司州十二团四：南丹州，那州，地州，文州，芝山州，合凤州，东兰州，西兰州，忠州，安习州，天州，三旺州；安化上团，安化中团，安化下团，茅难团。

广南西路宣抚司（治今云南广南县，土官宣抚使侬氏）领州五：那寡州，峨州，阿吉州，安宁州，富州。

另外，在今广西南丹县北部，元朝还设有永州、福州、鸾州、延州四长官司，隶于湖广行省思州宣慰使司（治今贵州岑巩县，土官宣慰使为土家族田氏）。

以上五路一府二司辖78州、11县、17洞、3寨、4团，共114个州县洞寨团，再加思州宣慰使司所辖的4长官司，也仅是118之数，与《元史》卷17《世祖纪》所载的至元二十五年（1288年）湖广行中书省奏报的左右江"置四总管府"（即田州、来安、镇安和太平四路）统州县洞百六十，还差着老远。由此可证实范文澜先生说的边地"俚獠"，"在一个村落里就设起州或郡县，刺史、太守、县令及僚属，都用非汉族的本地土豪"。① 比如，全茗、茗盈二州，在今广西大新县北部，占地也不过是今一两个行政村那么大的范围。而东、西二兰州，就在今广西东兰县境，明朝合东、西二兰州，文州，芝山州，合凤州，安习州6州为兰州，其地也只有今东兰、凤山二县那么大。又比如，广南西路宣抚司所属的峨州、安宁州、富州，以及来安路所属的罗佐州，合起来也仅是今云南富宁一县之地。此种现象说明，土司地区路府属下的县洞的存在并非定数，弱肉强食，或依强图存，常处于移动之中。或因省而合，或因并而省，经常发生，不能咬于一时的记载，而认其为不变之数。不过，壮族土司地区不管州县洞怎样变动，都已经是辖属于五路一府二司，从大的方面说，已经整齐建置，与全国各地接轨、同步了。

第三，阅籍溪洞，土司地区有了户籍统计。

《元史》卷58《地理志》载："唐所谓羁縻州，往往在是，今皆赋役之。"赋役，就必须清查户口，户登簿籍。所以，元世祖说："阅籍户数，乃有司当知之事，诸郡皆然。"② 据《元史》卷63《地理志》的记载，庆远南丹溪洞等处军民安抚司户二万六千五百三十七，口五万二百五十三；思明路户四千二百二十九，口一万八千五百一十；太平路户五千三百一十九，口二万二千一百八十六；田州路户二千九百九十一，口一万八千九百零一。虽说此中所载不全，缺了来安、镇安二路，龙州军民万户府及广南西路宣抚司的材料，而且所列的数字也可能与实际存在着距离，却是土司地区见于史册的首次户籍记录，其意义是深远的。

第四，信任土官，土官有了官品爵号，功升罪罚，一如流官。

元朝对土司地区居民的主体观念变了，因此，不仅能理解土官，而且信任土官，大胆地使用土官。比如，当时全国各地交互移民屯田，以达到相互监督的目的。湖广行省也想如法炮制，"发湖湘富民万户屯田广西，以图交趾"，却遭到了朝廷的反对，最后让南丹州土官莫国麟"募南丹州五千户屯田"，在宜山"度地立为五屯，统以屯长，给牛、种、农具与之"。朝廷认为："此土著之民，诚为便之，内足以实空地，外足以制交趾之寇，

---

① 范文澜：《中国通史》第二册，人民出版社1978年版，第476页。
② 《元史》卷63《地理志》。

可不烦士卒而馈饷有余。"① 此中两个"足"字，充分表达了元朝对土官的惬意和信赖之情。因此，大德元年（1297年），元朝设置庆远南丹溪洞等处军民安抚司，以从五品的南丹州土官知州莫国麟为正三品的安抚司安抚使，并让他管辖宜山、天河、河池、思恩、忻城五个正县的流官，开了以土官辖流官的历史先例。

元朝的律令规定："诸左右两江所部土官，辄兴兵仇杀者，坐以叛逆之罪；其有妄相告言者，以其罪罪之；有司受财妄听者，以枉法论。其土官有能爱抚军民，境内宁谧者，三年一次，保勘升官；其有勋劳及应升赏，承袭文字到帅府，辄非理疏驳，故为难阻者，罪之。"② 显然，此则律令是在朝廷对壮族土官公平对待、信之任之的基础上制定的。有鉴于此，所以元代壮族土司地区辖属于行省以下的路（府、司）一级的长官都是壮族土官，路（府、司）以下的州、县、洞壮族土官也都没有直接受辖于流官的，倒是流官受辖于壮族的土官。这与宋朝的"树栅困兽"形成了鲜明的对照。

土官管理土司地区，有功者赏，莫国麟是其例。思明路土官总管黄武宗，也曾以功自从三品的路总管擢为从二品的广西两江道宣慰司都元帅。③

或者就是元朝对土官信之任之，不为歧视，土官们沐浴"皇恩浩荡"，钟情于元朝统治者，纷纷以蒙古语取名。比如，播州军民安抚使杨汉英改名为杨赛因不花。而在壮族土官中，也先后出现了黄忽都（思明路）、李赛都（太平路）、赵帖坚（龙州府）、岑恕木罕、岑铁木儿、岑伯颜（来安路）、依不花、依贞祐（广南西路宣抚司）等。

第五，羁縻制与土司制的土地所有制迥然不同。

羁縻制时代，土地属于农村公社所有，首领只是居于其位，负责分配而已。所以，南宋范成大《桂海虞衡志·志蛮》载，羁縻地方，"有知州、监州、知县、知洞，其次有同发遣、权发遣之属，谓之主户；余民皆称提陀，犹言百姓也。其田计口给民，不得典卖，惟自开荒者由己，谓之祖业口分田。知州别得养印田，犹圭田也。权州以下无印记者，得荫免田"。这说明土地是公有的，首领权力只是负责或监督公田的分配而已。他们自己，除了"养印田"或"荫免田"外，也不能过多地占有公田。

到了土司制时代，就完全不同了，在"民田"的范围内即使仍保存着土地公有制，但实际上都归于土官一家私人所有，这就是所谓的"尺寸之土，悉属官基"。④ 所以，土官辖区之内，没有一物不属土官所有。流经安平州（治今广西大新县安平）的黑水河，景阳、科桥、七腊等村地段，水深鱼多，便被李氏土官封禁，不准捕鱼。年节或逢上喜庆，土官方才派人去网捕。那乙屯前的打马河，也因鱼多而被封禁。清末排浪屯有个农民砍柴路过，因天热下河洗澡，便被诬为偷鱼罚了一百二十吊钱。⑤ 水中生的是如此，山上长的也是如此。荒山野岭结集的蜜蜂，发现了不能自己摘了，要报告土官。土官派人贴上

---

① 《元史》卷136《哈喇哈孙传》。
② 《元史》卷103《刑法制二》。
③ （明）苏浚：《左江土司制》引《旧通志》，（清）汪森《粤西文载》卷12。
④ （清）王言纪：道光《白山司志》卷17《诏令》。
⑤ 《广西壮族社会历史调查》第四册，广西民族出版社1987年版，第33页。

标签，待到农历八月十五日，由土官派当地的头人让人摘了送给土官。①

土司制在壮族唐、宋羁縻地方的确立，固然使唐、宋时代的羁縻地方成了一统王朝的不可分割的一部分，给壮族的大小土官带来了极大的利益，却也使壮族土司地区的封建领主制凝固下来了。

此种凝固，给土官对治下之民的为非作歹提供了依据，让千万土官治下之民坠入痛苦的深渊中。明朝王士性《广志绎》卷4载：

> 土民既纳国税，又加纳本州的赋税；既起调戍广西，又本州时与邻封战争杀戮。又土官有庆贺、有罪赎，皆摊土民赔之，稍不如意即杀而没其家；又刑罚不以理法，但随意而行。故土民之苦，视流民百倍，多有逃出流官州县为兵者。

此概括了土官治下土民的艰辛与痛苦，点出了土民除肩负两担，既担王朝中央的赋税又担土官的赋税，既应王朝中央的戍守又应募参与土官与邻近土官的杀戮这样双重身份所应负担的赋税和劳役外，还受着土官种种贪婪而非理性的强掠、凌辱和酷烈的处置。"空仓雀，常苦饥；土官民，受煎熬"，这又非流官治下百姓所能想象、所能承受得了的！

清朝乾隆时赵翼《粤滇杂记》载：

> 凡土官之于土民，其主仆之分最严。自祖宗千百年以来，官常为主，民常为仆，故其视土官，休戚（福与祸，喜乐与忧虑）相关（交互牵连），直如发乎天性而无可解免者。
>
> 粤西田州土官岑宜栋，即岑猛之后，其虐使土民非常法。所有土民虽读书，不许应试，恐其出仕（出去做官）而脱籍（脱离土官的隶属关系）也。田州（治今田阳县田州镇）与镇安之奉议州（在今田阳县右江南），一江相对，每奉议州试日，田民闻炮声，但遥望叹息而已。
>
> 生女有姿色，本官辄唤入；不听嫁（不发话听从嫁人），不敢字（嫁）人也。
>
> 有事控于本官，本官或判不公，负冤者，惟私向老土官墓上痛哭，虽有流官辖土司，不敢上诉也。②

"土司法极严酷，鞭笞杀戮，其人死而不肯有二心，所谓怯于私斗，勇于公战也。"③所谓土民"怯于私斗，勇于公战"，只是个表面现象，实际上土官与土民的关系，诚如赵翼指出的，"休戚相关，直如发乎天性而无可解免者"。土民宁愿在土官的大斗盘剥下饿死，在土官的皮鞭抽打下屈死，也不愿脱离对土官的俯从依附关系，即使土官不画地为牢，土民也是不敢脱籍的。

"换我心，为你心，始知相忆深。"然而土官唯按照自己的心态，按照在自己管区内

---

① 《广西壮族社会历史调查》第四册，广西民族出版社1987年版，第268页。
② （清）王锡祺：《小方壶斋舆地丛钞》第七帙。
③ （明）魏浚：《峤南琐记》。

凌驾于一切之上的习惯行为而行，对土民唯有呼喝叱咤，并不理解、体验土民的心声，也不愿意理解、体验土民的心声。所以，受屈的土民们唯有自诉于己，自认倒霉。于是，他们"惟私向老土官墓上痛哭"，诉说自己的委屈，怨恨自己生不逢时。哭完，便自怨自艾，忍气吞声，听从命运的摆布，忍受着摊在身上的灾难，强忍吞下摊在身上的苦果。

《隋书》卷31《地理志》记载，岭南二十余郡"俚獠"，"皆重贿轻生，惟富为雄，巢居崖处，尽力农事，刻木为契，言誓则至死不改"。他们"贵铜鼓"。"有鼓者，号为都老，群情推服。"羁縻制时代的"俚獠"，大洞小洞首领，与其属下百姓，互为依存，为保卫自己所属群体的存在而患难与共，同负责任。这就是唐朝韩愈说的"西原蛮""并是夷獠，亦无城郭可居，依山傍险，自称洞主。衣服、语言，都不似（汉）人。寻常亦各自营生，急则屯聚相保"。① 元代，羁縻制变成了土司制，虽然土官成了一州一县的主宰，不仅"尺寸之土，悉属官基"，而且土官口含天宪，一切都以土官的意志为准则，使得土司制社会陷于凝固而充满血腥的氛围中。比如，明朝万历三十九年（1611年），庆远府管下的永定长官司土官韦萌发看着土民做事不合他心意，一怒之下挥刀便将两个土民的耳朵割了。② 但是，羁縻制时代部落民所耕土地仍然耕着，作为"民田"存在，不纳官租，唯服兵役和对封建王朝承担差发，这样土官与属下土民间共保群体存在意识还维系着，土民"质直尚信"的性气特征还存在着，这就是土官与土民间"休戚相关，直如发乎天性而无可解免者"的原因。

康熙二十五年（1686年）《万承土州土官家族头目等分占官田碑》载：

> 自分封以来，州务另著有则，惟州田著之有四：曰民田，曰坊民田，曰目田，曰官田。历来官田□分给兄弟子侄以至族人、立甲头目四番番人，其余归入衙中所需。□族人有告□□□田归□□□□报□孙者，则官又查田另给。此由来已久之定例也。③

此碑记载了土司州县耕地分为四类，即民田、坊民田、目田和官田。

民田，就是羁縻州时代部落民所有的田地，也就是乾隆四十九年（1784年）十月三日立的《太平土州五哨新旧蠲免条例碑记》所载的"五哨军户，原系民间本户粮田，动则为兵，静则为农。凡遇上司经临，奉调兵丁三百名，接送过界。若无往来，则各归与农业"。④ "民间本户粮田"，就是从羁縻制时代承传下来的部落户的民田。耕作民田的人，唯给土官服兵役和对封建王朝承担差发。诚如嘉庆十五年（1810年）《太平土州规定五哨军民不供夫役碑》载的"本州自宋莅任斯土以来，历代相沿，分为五哨九甲，哨民应兵，甲民应夫，不容紊乱。举凡上宪官差暨本州与衙内书办差役，往来出入，从无使军民为

---

① 《黄家贼事宜状》，《全唐文》卷549。
② （明）岳和声：《后骖鸾录》。
③ 《广西少数民族地区石刻碑文集》，广西人民出版社1982年版，第12页。
④ 同上书，第32页。

夫，军粮之民并无挑抬送之例。此先祖太老爷之良法善政者也"。①

什么"先祖太老爷之良法善政者也"，这是不得已而为之的。如果进入土司时代土官便没收当初部民的田地为官有，谁还给他当兵？谁还愿为他舍命搏杀？

"坊"，指作坊。"坊民田"，就是负责铸造兵器、农具及其他器具的人耕作的田地。

王安石《论邕州事宜》载，羁縻州洞"所用器械，有桶子甲、长枪、手标、扁刀、遏铲牌、山弩、竹箭、桄榔木箭"等。"箭羽以木叶而不施镞，涂之毒药，勿问远近，临用时渍以姜汁发其药力。两江俱有毒药，而出吴洞者为最紧（猛）也。田、冻、忠、江等州产铁，冻州安平州产漆，惟得鱼胶，以生牛皮烂蒸细捣以制造兵器，亦甚牢固。冻州所产扁刀，诸蛮尤贵之，以斩牛多寡定其价值，连斩五牛而芒刃不钝者，其价值亦五牛也。又作蛾眉小刀，男女老少皆佩之，以防中毒箭，则用此刀挖去肌肉，得不死也。"②此种传统传承下来，土司州县也特别注重于兵器的专业铸造。

从"坊民"一称看，可知他们与种"民田"的人群一样，都是羁縻州时代的部落成员，在土司州县中，同为一个等级的人。

此一等级的人，归于哨目管理，除应土官的征集为兵外，还承担着封建王朝的"差发"。③但因差发须经哨目转手土官，随着日月的演进，弊端于是丛生，负担也日见其重了。比如，明朝王士性《广志绎》卷5载："调土兵，人给行粮，俱为土官所得，兵自斋粮以往；且献名（报调兵名册）倍役之数（成倍地超过实际奉调人员），以规（规求，贪求）粮给。"由于有好处可得，土官就喜欢经常奉调出征或出外戍守。然而这样一来，哨民经年在外，流动各地，浴血搏战，就苦不堪言了。

同时，哨民还受到种种限制。比如，不能与哨目通婚；娶亲时，不能扛脚牌和开旗伞；老人去世，不能放三响地炮，只可以放二炮；不能和哨目同桌吃饭；骑马时，见哨目迎面而来，必须下马回避；马鞍坐垫，不能全用红色，必须镶上黑边；虽能参加科举考试，但中试后不能鸣锣放炮游街示庆；等等。④

"目田"的拥有者，是土目。这是土司州县仅次于土官及其官族的第二个等级。土目不是官族，而是羁縻制时代首领属下的小洞首领。这些首领沿袭下来，成了土官治下的土目。土目世代沿袭，其属下则是耕作民田应兵役的土民。土官奉调或举兵行事，土目即调集辖属的土民应召。因此，土官的兵也称为目兵。

土目或称哨目。他们不是土官的族人。比如，南丹州土官莫氏，其北呔哨目莫文锦，虽也姓莫，却不是莫氏土官的族人。⑤ 六寨哨莫姓哨目也是如此。⑥

土官还有亲兵，率领土官亲兵的头目称内目。比如，雍正四年（1726年）二月二十

---

① 《广西少数民族地区石刻碑文集》，广西人民出版社1982年版，第42页。

② 《王临川集》卷89。

③ 傅维麟《明书》卷82《食货志》载："洪武中，命鲁国公李景隆行西番……以茶五十万斤得马三千五百有奇。……重臣定茶法，彼其纳马，不曰易茶，而曰差发，如田有赋，身有庸，有职贡无可逃。"因此，"差发"就是封建王朝对少数民族征赋调役的特有名词。

④ 《广西壮族社会历史调查》第二册，广西民族出版社1985年版，第46页。

⑤ 《南丹土州北呔哨目莫文锦墓碑》，《广西少数民族地区石刻碑文集》，广西人民出版社1982年版，第181页。

⑥ 《南丹县六寨哨莫姓哨目族谱碑》，《广西少数民族地区石刻碑文集》，广西人民出版社1982年版，第183页。

三日《南丹土州蠲免内目韦权立各项供应牌照碑》、①雍正九年（1731年）七月初三日《南丹土州给内目韦太权功牌碑》，②即是授予二内目的各种权益。这些权益是很大的。就韦太权而言，据碑载，他"原充本官内目，兹念从征有功，安居乐业，耕山涉种，田亩任由开垦。为此准给功牌，后来遵照可凭。此系勇力有功，立其牌契为证，外姓人等不得强占抢夺"。

土目除率领属下耕种民田的土民应征外，临到土官应袭，要出部分银两为新土官上下打点，为其顺利袭职铺路。除此之外，征收属下土民的赋税，处理属下土民的纠纷，维持哨内的安定，其子弟可以参加文武科举考试，诚如一个小地方的小土官。不过，一者，他们官不上品级，没有封建王朝的任命；二者，在土官和官族眼里，土目毕竟与他们不是同一个等级，是他们属奴，绝对不能与他们发生婚姻关系。

土官辖区内除民田、坊民田和目田外，都属土官所有，这就是所谓的"尺寸之土，悉属官基"。"官田"的存在，就是其具体的表现之一。

清朝康熙二十五年（1686年）时竖的太平府《万承土州官家族头目等分占官田碑》明确指出："历来官田□分给兄弟侄以至族人、立甲头目四番番人，其余归入衙中所需。"③所以，官田的处置，一是分给土官家族的兄弟子侄及族人；二是分给立有甲头目的四番番人，作为使役田；三是作为土官的庄田。

官田是土官辖区内第一等级土官及其官族所掌有的田地。土官是官族等级的首脑，称为"宗主"，握有最大的族权，裁决官族内部的大事，并利用族权笼络官族成员，供其使用，以维护其在其辖区内的统治和权益。因此，官族都可分润于土官，视其长次亲疏而有区别。比如，康熙二十五（1686年）《万承土州官家族头目等分占官田碑》所列，土官"二弟嘉□食田壹万抱（一抱约10斤）；三弟嘉福，四弟嘉禄，每人各分四千抱"。又如，乾隆四十年（1775年）承袭南丹土官知州莫汝明，其弟莫汝贤分出去时，得到位于南丹州月里拉相村稻田三百挑（一挑约100市斤），④年收入30000市斤左右的稻谷。

南丹州历代莫氏土官的兄弟，散居于南丹州各地，都各自拥有"庄田"。这些散居于南丹州各地的历代土官兄弟，何时分出，各居何处，无文献记载，不明所以。"据老辈传说，有'八袭'之称。所谓'八袭'，即是八个支系的意思，故俗有莫一、莫二、莫三、莫四、莫五、莫六、莫七、莫八各分一处说法。"据南丹州最后一个土官承袭人莫浦的笔述，其八支是："雍里村一支，罗富哨一支，拉里村一支，拉教村一支，塘前村一支，六寨拉者村一支（以上各支，不知何时分出），六寨龙马庄一支（康熙十三年袭职的土官莫与瀓，其兄弟莫与巍分出居住），月里拉相村一支（乾隆四十年袭职的土官莫汝明，其兄弟莫汝贤分出居住）。"⑤

据嘉庆十五年（1810年）《太平土州规定五哨军民不供夫役碑》记载，"哨民应兵，

---

① 《广西少数民族地区石刻碑文集》，广西人民出版社1982年版，第165页。
② 同上书，第166页。
③ 同上书，第12页。
④ 《广西壮族社会历史调查》第二册，广西民族出版社1985年版，第8页。
⑤ 同上。

甲民应夫",这是历来定例。① 所以,"立甲头目四番番人"所耕的田就是"番田",也就是夫役田。"番田"属土官官田的一部分,耕作番田,即要给土官服夫役。因此,"立甲头目四番番人",是土司制地方第四个等级的人群。

吃饭上厕,取水烧茶,抬轿打伞,看猫赶鸟,打猎取趣,土官举手投足,夫役众多。"应伕则有伕田,应工则有工食田。若禁卒田、仵作田、吹手田、鼓手田、画匠田、裱匠田、柴薪田、马草田、花楼田、金线田,以至管沟、管厕,凡百执役,无不有田。"② 据20世纪50年代调查,南丹州莫氏土官的夫役田则有"狗弯田"(负责跑腿田)、"四脚马田"(抬轿田)、"草皮田"(清理春祭祭坛田)、"买办田"(采购田)、"火药田""吹鼓手田""马草田""点灯挑水田""梳妆田""打更田""奶妈田""厨房田"等。③ 而安平州(治今广西大新县安平)李氏土官,其番田(夫役田)则有"挑水田""坟田""马草田""抬轿田""赶鸟田""柴田""石匠田""洗衣田""竹器田""煮粽田""看猫田""烧茶田""扫楼田""抬旗田""运粮田""解匠田"(砍树劈柴田)、"幕布田"(女眷送葬,用幕布围起,不让人看见)等。④

土司地方的夫役田,大都是以所承担的劳役名称命名的。耕者大都是羁縻制时代首领的家奴。他们一如往日服役于羁縻首领那样服役于土官,然而他们的身份却由家长奴隶制的家奴,成为以劳役抵租的农奴。

官田大部分则为土官庄田。这是土官财粮收入的主要来源之一。据20世纪50年代调查,安平州李氏土官有11处庄田,共4500多亩。⑤ 耕种庄田的农户与土官对半分成,其地位一如耕种"番田"的农户,在土官辖区内同属一个等级。

此一等级,婚娶时不能扛旗、坐轿或吹乐打鼓;老人逝世不能打地炮;穿不能用纯白或有领子的衣服,更不能以绸缎为衣料或头饰;不能和哨民同桌吃饭;在路上见土目等要往低处让路;在官员面前不能坐高凳;不能参加科举考试;不能与哨民通婚等。⑥ 同治年间(1862—1874年)袭职的安平州李超绪土官,还规定此一等级的人若有事见官,要口含木叶跪下磕头,等到土官开口才能起立卸去口中木叶。⑦

不过,在此一等级的庄户中,也有特例。这就是庄田的管理人——"那管"。"那管"原称"备马"。

"备马"是壮语"$pi^1 ma^1$"的近音译写字,意为"一年的狗",可见其地位的低贱。"备马"来自种植庄田的庄丁群中,负责组织庄丁制造水车,疏通沟渠,催收租谷粮款,征派夫役和贡纳事务,成为土官在各庄田的代理人。

"备马",原先任期为一年,因此称为"一年的狗",后来因任者忠实得力,获得土官

---

① 《广西少数民族地区石刻碑文集》,广西人民出版社1982年版,第42页。
② 民国《凌乐县志》第四编。
③ 《广西壮族社会历史调查》第二册,广西民族出版社1985年版,第4—5页。
④ 同上书,第35—36页。
⑤ 同上书,第37页。
⑥ 同上书,第46页。
⑦ 《广西壮族社会历史调查》第四册,广西民族出版社1987年版,第230页。

的赏识，可以连任，有的连任几年甚至几十年，后来有的竟父子连任。比如，忠于土官的瓦灶官庄"那管"陈美纪，连续当了三代。任了那管，除了负责耕种自己那份庄田外，还可以领种可收1500斤至2500斤的田亩，不用交租谷。"备马"后来演化为"那管"，得益甚多，所以那管对土官尽量巴结，多方讨好。这些人也尽量利用职权，对其他庄丁敲诈勒索，克斤扣两，谋取利益，扩充田亩，富裕起来。不过，不管怎么富裕，那管也不能挣脱他们所属的等级。比如，安平州下和屯农克敏一家四代充当备马，每月土官拜庙敬香时，都得前去扛旗，充当仪仗队。①

土官和官族备使的家奴，是土司地方底层的等级。家奴没有自己的家庭经济，靠主人的施舍过活，祸福完全操控在土官及官族手中。南丹州拉相村陈志元的父亲是官族莫巨业用钱买来的，长大后将婢女配给他为妻，在莫家为奴。每逢莫巨业家有人死，便将陈氏夫妻捆起来，用钉或刀砍破其肌肤，让其流血，以之洒在墓穴四周，认为这样使死去的官族人在地下仍有人在服役。②

土司地方人分五等，一是土官及其官族；二是土目；三是哨民；四是种夫役田及庄田的农奴；五是家奴。这种严格的等级制度和隶属关系，是沿羁縻制时代羁縻地方阶层间的关系而来。目民虽然破产了，他有其人身自由，可以迁徙他方，另谋生路；土官庄宅的农奴，即使偶因命运的不同摆布，富裕起来了，仍然不能挣脱土官或官族的束缚，改变其所属的等级。

朱元璋推翻元朝后，鉴于前朝之政，继续推行土官制度。洪武元年（1368年）七月明兵进入广西，十一月初九日，他派遣"照磨蓝以权赍诏往谕广西左右两江溪洞官民"，大大称赞岑、黄二姓土官历历"审时知机"以保名位，希望他们"克慎乃心，益懋厥职，宣布朕意，以安居民"。③ 翌年春初，又同意了湖广行省奏题的让归降的原庆远南丹溪洞等处安抚使莫天护出任庆远南丹军民安抚使同知，以使"蛮情易服，守兵可减"。④ 显然，当时朱元璋是从朝廷与土官的需求互动及壮族土司地区的人文环境两方面来考虑壮族土官继续存在的理由的。但是，朱元璋毕竟不是忽必烈。忽必烈是蒙古人，是少数民族，他及他的先人历尽了汉族傲慢的鄙视，所以能理解并略为平等地对待壮族的首领人物。朱元璋是个道地的汉族，文化的隔膜，传统的熏陶，使他不能不慎于"夷夏"的大防，诚如明人于谦指出的，壮族官员黄竑、岑瑛"虽愿竭臣节，捍御地方，调所部土人协助官军剿贼寇"；"但黄竑、岑瑛俱系蛮夷，积威有素，假其兵力，虽可成功，其本心未易测度"。⑤ 这就暴露出明朝君臣"非我族类，其心必异"的心里底牌了。

朱元璋为开国君主，包举宇内，功绩盖世，还在乎区区几个土官！他任命莫天护为安抚使同知仅一年，借故将他撤了；⑥ 晚年又将南丹、奉议、向武三州土官杀了，将其地改

---

① 《广西壮族社会历史调查》第四册，广西民族出版社1987年版，第38—39页。
② 《广西壮族社会历史调查》第二册，广西民族出版社1985年版，第47页。
③ 《明实录·太祖实录》卷36。
④ 《明实录·太祖实录》卷68。
⑤ 《议王翱总督军务疏》，（清）汪森《粤西文载》卷5。
⑥ 《明实录·太祖实录》卷50。

土归流,设卫屯军,[①] 借以造就一个改流的声势。谁知没过几年,由于土人不服,时有反抗;其地高山穷谷,瘴疠特甚,"军不乐居"[②],不得不将二卫迁出,一个迁往宾州上林县,一个迁往贵县,[③] 而让原南丹、奉议、向武三州改流归土,给莫、黄二姓土官的后人重新出任土官。[④] 面对壮族地区特殊的自然环境和人文环境,朝廷在自己力量尚不足恃的情况下,是不能凭主观愿望说改流就改流的。

这个教训是深刻的,所以朱元璋之后明朝历代帝王在壮族地区工作的重点不是做改土归流的设计,而是筹划如何利用土官所求,增其制,驯其性,将他们羁縻住,让他们忠顺不二地为朝廷奔走效命,发挥其鹰犬的作用,维持一方的平静。为了达到这一目的,明朝对土官采取了一系列的管理和监控举措:

第一,众设军卫,屯兵驻守,武力监临。

洪武元年(1368年),明朝既已在土司周边地区设置桂林左右二卫和雷州卫指挥使司,[⑤] 洪武三年(1370年)又在南宁、柳州立卫,"置兵以镇之,庶几(也许可以使)苗獠有所惮(畏惧)而不敢窃发于其间"(暗地里在其所在州县发动反叛),"诸蛮知有兵而不敢为乱"。[⑥] 洪武二十八年(1395年)杀了南丹州土官知州莫金和奉议、向武州土官知州黄世铁、黄嗣隆后,复"开设奉议、南丹、浔州、庆远四军民指挥使司,向武、河池、怀集、贺县四守御千户所",[⑦] 以加强对土司地区甚至当时广西地区的武力监临。

第二,更革元朝土官治流官、土官州不直辖流官的制度。

比如,罢莫氏的庆远南丹溪洞等处安抚使同知,结束土官管辖流官的历史[⑧];将太平府改流,让太平府原属土司州均辖于流官知府;[⑨] 将忠州、下雷、果化、归德等土司州归隶南宁流官知府,[⑩] 将属思明府的思明州改辖太平流官知府,又将思陵、凭祥、江州、泗城、龙州、安降长官司、上林长官司及奉议等土司地方直隶于广西布政使司等。[⑪]

第三,变元朝"土官有罪,罚而不废"的宽容性规定,[⑫] 常借故革去土官,改土官制为流官制,改变土司地方的分布格局,以适合于朝廷的意愿。

朱元璋视土司制是在一定历史条件下形成的治理少数民族的一种权宜性的制度,大大有碍于封建中央集权制,不除无以加强封建中央集权制。于是,他寻找机会,挑剔弊端,借机革去土官,变土司制为流官制。比如,上思州知州黄英衍趁元末之乱夺了太平路土官

---

① (明)应槚:《苍梧总督军门志》卷17《讨罪一》。
② (明)应槚:《苍梧总督军门志》卷7《兵防三》。
③ 同上。
④ 《土军底簿·南丹州知州》;《土官底簿·奉议州知州》。
⑤ 《明实录·太祖实录》卷35。
⑥ 《明实录·太祖实录》卷50。
⑦ (明)应槚:《苍梧总督军门志》卷17《讨罪一》。
⑧ 《明实录·太祖实录》卷50。
⑨ (明)应槚:《苍梧总督军门志》卷4《太平府》。
⑩ (明)应槚:《苍梧总督军门志》卷4《广西布政司》。
⑪ 同上。
⑫ 《元史》卷103《刑法志二》。

总管李以忠的太平路土官总管印，自称太平路土官总管，迁路治于今崇左市的驮卢。洪武元年（1368年）在明军还未进入广西之际，他到潭州（今湖南长沙市）明朝湖广行省平章杨璟处输款归附，获得了朱元璋的赏识，任命为太平府土官知府。[①] 可是，不久明王朝查明了其底细后，便将他的土官知府革去，流放到泰州（今江苏泰州市），同时任命流官为太平府知府。[②] 洪武五年（1372年），朱元璋又听从田州土官知府岑伯颜的诬陷，兵讨来安府已故土官知府岑汉忠的儿子岑郎广，并于七年（1374年）将来安府废了。洪武二十八年（1395年），明王朝以南丹州土官知州莫金，奉议州、向武州土官知州黄世铁反叛，杀了二人，将南丹州、奉议州、向武州改土归流，立南丹卫、奉议卫，实行军事管制。[③] 这样，明王朝就直接控制了广西西北和左右江中游的要害地区。朱元璋之后，当地居民既不合作，明朝官军也不服水土，不乐居其地，南丹卫、奉议卫不得不分别于永乐三年（1405年）、正统十一年（1446年）迁至宾州上林县及贵县，[④] 恢复南丹、奉议、向武三州的土司制。[⑤] 可是，经此一打击，南丹及奉议、向武三州的莫氏土官、黄氏土官已难复昔日的旺势了。

与此同时，明朝官军于洪武十五年（1382年）一统云南，元广南西路宣抚司宣抚使侬郎金（正三品）归附，降任广南府土官同知（正五品），以流官任知府。[⑥] 十九年（1386年）侬郎金死，无嗣，以叔父侬贞祐替职。[⑦] 洪武二十八年（1395年）冬，云南都指挥同知王俊率官军至广南筑城建卫，侬贞祐疑惧，发兵阻挠，军败被擒，流放辽东，客死他乡。[⑧] 而他的儿子侬郎举直到永乐二十二年（1424年）十二月初九日方才获准袭职，却又降了一级，任"广南府通判"（正六品）。[⑨]

此后，明王朝一方面在土司州县丛集地区及江河交通便利地方不断地有选择地借故对一些土司州县实行改土归流。比如，正统三年（1438年），崇善县（今崇左市中部）改流，[⑩] 成化三年（1467年），上隆州（治今巴马燕洞）改流；[⑪] 十三年（1477年），左州（在今崇左市北部）改流；[⑫] 翌年（1478年），养利州（治今大新县桃源镇）、永康县（治今扶绥县北部旧州）改流；[⑬] 十五年（1479年），上石西州（在今凭祥市北部）改

---

① 《明实录·太祖实录》卷43。
② （明）应槚：《苍梧总督军门志》卷4《太平府》。
③ （明）应槚：《苍梧总督军门志》卷17《讨罪一》。
④ （明）应槚：《苍梧总督军门志》卷7《兵防三》。
⑤ 《土官底簿·南丹州知州》；《土官底簿·奉议州知州》。
⑥ 《明实录·太祖实录》卷150。
⑦ 《土官底簿·广南府同知》。
⑧ 《明实录·太祖实录》卷242；《土官底簿·广南府同知》。
⑨ 《土官底簿·广南府同知》。
⑩ 《土官底簿·崇善县知县》。
⑪ 《土官底簿·田州府上隆州》。
⑫ 《土官底簿·左州同知》。
⑬ 《明实录·宪宗实录》卷184。

流；① 弘治十七年（1504年），上思州（今上思县）改流；② 翌年（1505年），恩城州（治今平果县海城）改流；③ 嘉靖六年（1527年），奉议州（在今田阳县右江南）改流；④ 万历二十八年（1600年），思同州（治今扶绥县西北思同）改流等。⑤

另一方面，实行枪打出头鸟、众建寡力的策略。明朝先后于弘治十八年（1505年）及嘉靖五年（1526年）调集各省大军围攻思恩府土官知府岑浚和田州府同知岑猛，将他们二人杀了，改土司府为流官府，并以思恩府辖地分置兴隆、白山、定罗、安定、古零、旧城、那马、下旺、都阳9个以原土目为土官巡检的巡检司；以田州府辖地分置凌时、岩马甲、大田子甲、万洞甲、杨院、思郎、累彩、怕河、武龙、拱甲、床甲、娄凤、下隆、县甲、篆甲、砦桑、怕牙、思幼、侯周19个以原土目为土官巡检的巡检司以及一个田州，由岑猛之子岑邦相为土官吏目。⑥ 这样，诚如当时提督两广军务的王守仁所说，"分设土巡检，以散各夷之党"。"其官职、土地，各得以传诸子孙，则人人知自爱惜而不敢轻犯法；其袭授予夺，皆必经由知府，则人人知所依附而不敢辄携二（叛离）。势分难合，息朋奸济虐之谋；地小易制，绝恃众跋扈之患。如此，则土官既无羽翼牙爪之助，而不敢纵肆于为恶；土目各有土地人民之保，而不敢党比（结党）以为乱。此今日巡检之设，所以异于昔日之土目而为久安长治之策也。"⑦

枪打出头鸟，让出头的椽子先烂掉，遏制了土官势力的膨胀；众建寡力，使土官的势力易于控驭；而破碎土司版块，控制水路交通的要冲地带，则使土官们昂首是流官，无从连成一气，不敢恣意而为。明朝这样做，既"顺了夷情"，抚平了当时一些土属壮人因没有土官而引起的心理失衡，又削弱了土官的势力；既能示警于土官，令他们不敢效尤而诚惶诚恐地尽心王事，又能使诸存留土官各为其利而相互监督，强化了土司间的离心力。

第四，实行文、武土官分别由王朝中央的吏部验封司、兵部武选司掌管。

文职土官包括土官知府（正四品）、土官知州（正五品）、土官知县（正七品）、巡检司正副土官巡检（俱从九品），其袭替、升调、功赏、革退等项由吏部验封司掌行；⑧ 武职土官包括宣慰使（从三品）、宣抚使（从四品）、安抚使（从五品）、长官司长官（正六品），其袭替、升调、功赏、革退等项由兵部武选司掌行。⑨ 所以，从吏部验封司档册录出而成的《土官底簿》中没有安隆长官司（治今广西隆林各族自治县旧州）、上林长官司（治今广西田林县定安）、八寨长官司（治今云南马关县西八寨）等的记载。可是，明代的文职土官和武职土官区分也不那么严格。文职土官主在管民，却也拥有自己的武装；武职土官主在管兵，其兵却附着于土地上，实际也是在管民，只是当初因所处的形势

---

① 《明实录·宪宗实录》卷186。
② 《明实录·孝宗实录》卷219。
③ 《明实录·孝宗实录》卷60；《土官底簿·思城州知州》。
④ 《明实录·世宗实录》卷73。
⑤ 《明实录·神宗实录》卷348。
⑥ 《土官底簿·嘉靖七年添设（土官）三十员》。
⑦ （明）王守仁：《议处思恩田州事宜》，（明）应槚《苍梧总督军门志》卷24《奏议二》。
⑧ 《明史》卷75《职官四》。
⑨ 《明史》卷72《职官一》。

有异，重在主军还是重在主民不同，归列相殊而已。比如，元朝云南广南西路宣抚司，明代改为广南府，即是如此。又比如，壮族沙氏土官所管的地方因在边防，立安南长官司（治今云南蒙自县东），后来长官司土官沙伏城的儿子沙源奉调征剿有功，天启七年（1627年）安南长官司升为安南安抚司，以沙源为安抚使，于是列为武职土官。① 而文职土官思恩州土官知州岑瑛有谋略，善治兵，忠于朝廷，听调随征屡立奇功，正统四年（1439年），思恩州升为思恩府；② 十一年（1446年），思恩府升为思恩军民府；③ 景泰六年（1455年），岑瑛晋升广西布政使司右参议（从三品）；④ 天顺三年（1459），升广西都指挥同知（从二品）；⑤ 成化元年（1465年），升广西都指挥使（正二品）。⑥ 这是时文时武，文武一身，难说岑瑛该是文职土官还是武职土官。

"彼受爵命，必知所感慕，而同类咸尊敬之。"⑦ 土官的袭替、功赏、革退等，都掌握于王朝中央的吏部验封司或兵部武选司，使土官的荣辱皆系于朝廷，土官不能不小心谨慎，遵循着朝廷的旨意而行。

第五，严格土官的袭替程序。

老土官死了，新土官要承袭，要取得皇帝的同意批准。因此，新土官报袭，必须具呈承袭人的宗支图本、本州府土目、民人的具保以及周邻土官等人的结状。经过所在省的布政使司、按察使司、都指挥使司三司的勘报，呈上朝廷。在中央，又经过吏部或兵部复议，然后呈上皇帝。皇帝核准，"朱批"（红笔批示）同意了，方能承袭。比如，田州府知府岑坚（即岑伯颜）有4个儿子：岑永通；岑永泰；岑永昌；岑永宁。从《土官底簿》记载的岑坚的子孙们的承袭情况中，或可见一斑：

……

洪武二十六年（1393年），岑坚故（死），（岑永通）钦准（皇帝批准）承袭。患病，长男岑祥备方物（土产）、马匹赴京朝觐（晋见皇上），告替（报告接替土官职）。永乐三年（1405年）十二月奉圣旨（皇帝命令）："准他替（接替）。钦此。"

（岑祥）为事（犯事），在监（监狱中）病故。正妻李氏无子，本府奏："庶（小老婆生的子女为庶）长男岑徽年三岁，告系本官（为）岑永宁借取（代职）。永乐十七年（1419年）四月奉太宗皇帝圣旨："不准。只著他（指岑祥）儿子做。钦此。"行令岑徽管事。被岑永宁毒死。

（广西布政使司）奏："提（取）庶次男岑绍，年一十一岁，不曾前来，令暂署府事，候（等）十五（岁）以上起送（京城）除授（官职）。"洪熙元年（1425年）

---

① （明）刘文征：天启《滇志》卷30《土司官氏》。
② 《明实录·英宗实录》卷60。
③ 《明实录·英宗实录》卷147。
④ 《明实录·英宗实录》卷259。
⑤ 《明实录·英宗实录》卷305。
⑥ 《明实录·宪宗实录》卷13。
⑦ （明）胡世宁：《两江事宜》，（明）应槚《苍梧总督军门志》卷29《集议》。

闰七月奉圣旨："他们既体勘（亲自调查）明白，著岑绍做田州府知府。钦此。"……①

岑永昌，原系思恩州在城籍，系本府（思恩州为田州府属州，因称田州府为本府）土官知府岑坚第三男。

前元（即元朝）有兄岑永泰随父岑坚同诣（到）军前纳款，洪武二年（1369年）颁降思恩州印信（印、关防、钤记等），与兄岑永泰任知州。

（岑永泰）故，无儿男，岑永昌系亲弟，告袭，除（授）故兄知州职事。

永乐四年（1406年），（岑永昌）患病，次男岑献告替。七年（1409年）奉令旨："准他做知州，便与冠带。钦此。"

（岑献）故，绝。（永乐）十八年（1420年）弟岑瑛袭职。……②

明朝前期，土官袭职，任你万里之遥，也必须奔赴京城朝觐才能授职。这就是《明史》卷310《土司传》说的土官"袭替，必奉朝命，虽在万里外，皆赴阙（宫阙，皇帝所在的地方）受职"。天顺末（1464年）不怎么强调赴京觐见授职，因此在《土官底簿》所载的"朱批"中常有"就彼冠带袭职"的字眼。嘉靖七年（1528年）以后又实行土官袭替的"四段（土官男→冠带土官→署理土官→实授土官）转官制"："凡土官病故，其应袭儿男查勘无碍，止令以官男（孙）名色就彼袭替，权（暂代）管地方；俟其著有功劳，然后授以冠带；又俟其有功劳再著（昭著），然后授以署职（试充官职）；又俟其有功劳屡（多次）著（昭著），然后实授本职。"③ "四段转官制"，以积功多寡定下了袭替土官能否转官，这就逼着袭替土官唯朝廷是瞻，唯朝廷而奔走，唯朝廷而效命，强化他们听命于朝廷，尽职于朝廷，忠诚于朝廷的观念。

第六，土官衙门实行"佐以流官吏目"的掺沙制度。

土官府、州、县，"正官皆以土人为之，而佐贰幕职参用流官"。④ 流官出任土官衙门的"佐贰幕职"，其任务，一是监督土官治理政事；二是监察土官承袭事项；三是新旧土官交替土官空阙之际，代掌土官衙门诸事；四是主办粮赋的征纳；五是管理土司地方的文教。由于土官衙门"佐贰幕职参用流官"，就弱化土司府、州、县对朝廷的离心力，强化了土司府、州、县对朝廷的附着力，不敢行违背朝廷的事儿。所以，曾任太平府知府的胡世宁说：由于土司地方实行"佐以流官吏目"，"故今百余年间有屯聚侵隙者而所以为州县害者，皆是不属土官管束之人错杂县间者"。⑤

第七，实行"三年一贡制"。

明朝胡世宁《土官》载："洪武元年（1368年）夏，平章杨璟、参政朱亮祖等既取

---

① 《土官底簿·田州府知府》。
② 《土官底簿·思恩军民府知府》。
③ （明）应槚：《苍梧总督军门志》卷22《事例》。
④ （明）胡世宁：《两江事宜》，（明）应槚《苍梧总督军门志》卷29《集议》。
⑤ 同上。

广西，左右两江土官皆遣使赍印章纳土归款，请以户口、税粮悉登版籍。每三岁，愿遣子弟奉方物入贡，由是朝廷嘉其忠诚。"① 以后，土官"三年一贡"成了制度，违限进行惩罚。比如，《明实录·英宗实录》卷125载，正统十年（1445年）正月甲午，吏部奏："广西思明府忠州（在今扶绥县南）等衙门官族头目舍人黄贤等一十五人，俱以朝觐失期后至，当置之法。"所说的就是此一情况。

明朝实行土官"三年一贡"、违限惩罚制，制度惯行，潜形意识，铸成心态，使诸土官一代代地蹈常袭故，惴惴地不敢忘乎帝王家。

明朝此一系列举措，功效显著，既使土官们失了张皇之资，唯剩保本之力，控住了土官的势力，又给土官们留下一孔之光，让他们通过迎合朝廷的需求去追逐这股光束以确保其身家延续其统治，从而强化了他们对朝廷的忠顺不二，驯了其性。到了这个地步，壮族土官的存在，虽不全然符合加强封建中央集权制的要求，却利多于弊。所以有明一代，除了改流一些非改流不可的府、州外，大都没动；不仅不动，反而大量增设土官。其中，除在弘治三年（1490年）九月至五年（1492年）六月一度将广西永安州（今蒙山县）改为永安长官司外，② 弘治六年（1493年）在宜山县（今宜州市）南部和西南增设永定、永顺二长官司，③ 弘治九年（1496年）将忻城县改流归土，④ 又将天河县（在今罗城仫佬族自治县西南）增设永安长官司。⑤ 此外，还在广西各地大量设置土官巡检司或土官副巡检司。据应槚于嘉靖三十二年（1553年）成书的《苍梧总督军门志》卷8《兵防五》载，当时各地所设的土巡检司或土副巡检司，桂林府有都乐墟土副巡检司等5处，平乐府有昭平寨土巡检司、边蓬寨土副巡检司等18处，梧州府有白石寨土副巡检司等8处，浔州府有大宣乡土副巡检司等9处，南宁府有渠乐寨土副巡检司等15处，柳州府有都传镇土副巡检司等37处，庆远府有大曹镇土副巡检司等18处，共107处，其数量之多远远超过当时在元土官区所设的土官数。据此，或可知《明史》卷317《广西土司传》说"广西全省唯苍梧一道无土司"，明显是不经考而致误。⑥

壮族土官既已驯了性，虽或也拥有精兵，但"其地微小""非藉中国（指朝廷）威令，无以自存"。⑦ 如此，则壮族土官已与朝廷贴得很紧，听着朝廷的吆喝，成了朝廷的走卒。

"明时因元之旧，多设土司以资镇压。"⑧ 清朝建立，一仍明朝的土司制度，同时沿袭削弱土官势力的方针，采取了一系列的措施：

第一，加大"抑土尊流"的力度。

这方面的表现，一是凡土司府、州、县、巡检司，均冠"土"字。比如，《清史稿》

---

① （明）胡世宁：《土官》，（明）应槚《苍梧总督军门志》卷29《集议》。
② 《明实录·孝宗实录》卷42；《明实录·孝宗实录》卷64。
③ 《明实录·孝宗实录》卷75。
④ 《明实录·孝宗实录》卷118。
⑤ 《明实录·孝宗实录》卷117。
⑥ 其实，除土副巡检外，明时梧州府属藤县西北还设有五屯千户所，土官为庆远人覃福及其孙辈。
⑦ 《百粤风土记》，（清）汪森《粤西丛载》卷24引。
⑧ 《清史稿》卷516《广西土司传》。

卷73《地理志》即说思明府，明代"直隶布政司，顺治初为土府"。雍正十年（1732年）土官知府黄观珠被革，府改流设州，由其弟黄观连任土官知州，其州即称为"土思州"。①二是凡明代直隶于布政使司的土司州，如田州、归顺州、都康州、向武州、江州、凭祥州、龙州等均被降格，分隶于属府。这样，土府、土州、土县、土巡检司即位于同级的流官府、州、县、巡检司之下。所以，即使是清朝顺治十五年（1658年）升置的泗城军民府，也隶于思恩军民府。三是明确规定土官参见流官知府的礼节："土官来府城，禀而后入，入则跪行。见知府行一跪三叩礼，不给坐，不待茶，有话跪禀。""如土官与流官同见，则土州县居流州县之下，土杂职居流杂职之下。"②

第二，削大为小，继续改流。

顺治、康熙年间，桂西成了清朝与反清朝的势力（南明政权及吴三桂的势力）对峙、拉锯争夺的地区。泗城州土官知州岑继禄坚定地站在清朝一边，迎导清军进入滇黔，败灭反清势力，很得清朝皇帝的赏识，顺治十五年（1658年），泗城由州升府，后又升为泗城军民府。③不过未及三代，到雍正四年（1726年）其孙岑映宸袭职，④次年便被云贵总督鄂尔泰参奏革职，府也被改流了。⑤

不没其功，肯定土官的劳绩，泗城州升为泗城府，在壮族土官中，这是个特例。清朝初年，清政府在康熙二年（1663年）、五年（1666年）、二十七年（1688年）、六十年（1721年）先后将无后镇安府岑氏土官、安隆长官司岑氏土官、上林长官司岑氏土官、⑥陀陵县黄氏土官、⑦思明州黄氏土官改流了。⑧

雍正初年，云贵总督鄂尔泰痛陈土司的弊端、暴政，力主改土归流。雍正六年（1728年），他任云贵广西总督后，壮族地区更掀起了一个改土归流的浪潮。雍正三年（1725年），龙州析为上、下龙二巡检司；⑨五年（1727年），泗城府改土归流；⑩七年（1729年），东兰土州东院内六哨改流，设东兰州流官知州，留下东院外六哨设东兰土州同，仍以原土官韦氏子孙承袭，⑪同时废下龙土巡检司，设龙州同知；⑫八年（1730年），土富州改流；⑬十年（1732年），归顺州改流，⑭思明土府改流置土思州，仍由黄氏土官

---

① 《清史稿》卷73《地理志》。
② （清）羊复礼：光绪《镇安府志》卷6。
③ （清）李宗昉：《黔记》卷4。
④ 《清实录·世宗实录》卷40。
⑤ 《清实录·世宗实录》卷60。
⑥ 《清史稿》卷73《地理志》。
⑦ 《清实录·圣祖实录》卷137。
⑧ 《清实录·圣祖实录》卷292。
⑨ 《清实录·世宗实录》卷31。
⑩ 《清实录·世宗实录》卷54。
⑪ 《清实录·世宗实录》卷86。
⑫ 《清史稿》卷73《地理志》。
⑬ 《清史稿》卷514《云南土司传》。
⑭ 《清实录·世宗实录》卷115。

世袭;① 十一年（1733年），恩城州（治今广西大新县恩城）改流，划入崇善县（在今崇左市中部）。②

雍正之后，改土归流的土司州县巡检司不多了。清朝除在雍正七年（1729年）割土田州百色城头置百色流官厅外，③ 乾隆七年（1742年）以赏功奖劳为由，劈田州为二，割为土田州和阳万土州判，让田州土官官族岑洁出任阳万土州判。④ 乾隆十二年（1747年），湖润寨土巡检司（治今靖西县湖润）改流;⑤ 三十一年（1766年），小镇安土司（今那坡县）改流。⑥ 同治九年（1870年），因那马巡司土官无后将其改流设那马厅。⑦ 光绪元年（1875年），因官族争袭纷乱，土田州改流设恩隆县（今田东县）；五年（1879年）阳万土州判改流置恩阳州判（在今田阳县西南德保西）。⑧ 清末宣统二年（1910年），因李氏土官参与孙中山先生的同盟会活动，凭祥土州改流置凭祥厅。⑨

第三，实行流官承审、弹压土州县制。

《清实录·高宗实录》卷777载乾隆三十二年（1767年）正月二十九日广西巡抚宋邦绥议奏：

> 布政使淑宝奏称：广西四十七土司，例以巡道总理、知府兼辖。除庆远府之永定（在今宜州市南）长官司及思恩府属九土巡检（在今马山、都安及平果三县）因职微地狭，未经设有流官。又镇安府（治今德保县）属之小镇安（在今那坡县）现已改土归流外，余俱分驻佐杂弹压。其命、盗重案，均归州县厅员承审，而失察疏防，仅将道、府佐杂议处，致承审各员以案件无关考成（考核官员的政绩），常怀观望。而近年土官懈玩，率委土目经理，其逗习唆讼，扰累土民。……请嗣后各土司地方，均归承审州县厅员就近兼辖，遇有参奏事件，照例题参……

在广西土司地方，清代除沿袭明朝在土司府州县"佐以流官吏目"外，还实行流官州县承审制。谢启昆嘉庆《广西通志》卷177即具体详载了各流官州县就近承审的土司州县及巡检司："宜山县（今宜州市）承审忻城土县，永定、永顺二土司命、盗事件；天河县（治今罗城仫佬族自治县西南天河）承审永顺副长官司命、盗事件；河池州承审南丹土州命、盗事件；东兰州承审那地（治今南丹县那地）、东兰（土州同，在今凤山县）二土司命、盗事件；武缘县（今武鸣县）承审白山、兴隆、那马（三者在今马山县）、旧城（治今平果县旧城）、安定（治今都安瑶族自治县县城）、古零（治今马山县古零）六

---

① 《清史稿》卷73《地理志》。
② 《清实录·世宗实录》卷134。
③ 《清实录·世宗实录》卷80。
④ 《清实录·高宗实录》卷168。
⑤ 《清实录·高宗实录》卷301。
⑥ 《清实录·高宗实录》卷767。
⑦ 《清史稿》卷73《地理志》。
⑧ 同上。
⑨ 同上。

土司命、盗事件；百色同知（即百色厅）承审田州、阳万、上林（治今田东县西林）、定罗（在今马山县西）、下旺（在今平果县）、都阳（在今都安瑶族自治县西南）六土司命、盗事件；新宁州（在今扶绥县中部）承审土忠州（在今扶绥县南部）命、盗事件；隆安县承审果化（治今平果县果化镇）、归德（在今平果县东南）二土司命、盗事件；上思州承审迁隆峒土司（治今宁明县东迁隆）命、盗事件；崇善县（在今崇左市中部）承审土江州（在今崇左市南）命、盗事件；左州（在今崇左市北左州）承审太平（治今大新县雷平镇）、安平（治今大新县安平）二土州，罗白土县（治今崇左市东南罗白）命、盗事件；养利州（治今大新县桃城镇）承审万承（治今大新县龙门）、龙英（治今天等县龙茗镇）、全茗（治今大新县北金茗）、茗盈（在今大新县灵煞及其以南）四土州命、盗事件；永康州（治今扶绥县北中东）承审结安、结伦、镇远（三州在今天等县西北）、都结（治今隆安县西北都结）、罗阳（在今扶绥县东北罗阳河中下游）五土司命、盗事件；宁明州承审思州（治今宁明海渊）、下石（治今凭祥市夏石）、凭祥、思陵（治今宁明县西南思陵）四土司命、盗事件；龙州同知（即龙州厅）承审上龙（治今龙州县上龙）、上下冻（治今龙州县下冻）二土司命、盗事件；奉议州（治今田阳县右江南）承审都康土州（治今天等县都康）命、盗事件；天保县承审向武土州（治今天等县西北向都）命、盗事件；归顺州（今靖西县）承审上映（治今天等县西上映）、下雷（治今大新县西下雷）二土司命、盗事件。"

"承审"，就是接受司法审判。在重大的命、盗案件上，不仅土民要受流官的司法审判，而且土官也要受到流官的司法审判。这是大异于往日的。

"土官土皇帝，屙屁成定例。"在实行流官承审之前，土司地方的司法审判都是随着土官个人的意志定是非，随意而为。所以，乾隆年间镇安知府赵翼说：土官"其虐使土民非常法"。① 在那种情况下，土民谁忤逆了土官，谁惹了土官生气，谁给土官看着不顺眼，谁就会倒霉运。万历三十九年（1611年），两个土民惹了永定长官司土官韦萌发生气，当场割去他们的耳朵，② 就是如此。在土官个人意志的决定下，罚款、坐牢、吊打、踩杠、坐冷板凳、火烫、饿死、斩首、放入猪笼、扔入江中淹死等不一而足。有的被砍头了，"其被杀者之族尚当敛银以奉土司，六十四两、四十两不等，名曰'砧刀银'。种种腌削，无可告诉"。③

土官所设的牢房，也没一点人道可言。民国《雷平县志》载道：

> 土官时代，人民犯罪则拘入牢。有黑牢、亮牢之分：黑牢腥臭异常，拘之数月必死；亮牢微见光亮，臭气较少。牢卒守犯积弊极深，有收押、洗手、看守、灯油、探监、松闸、解镣、除铐等费。尚所索不遂，虽罪较轻，亦受笞刑之苦。

清朝乾隆（1736—1795年）以后实行流官州县就近承审土州县巡检，就剥夺了土官

---

① （清）赵翼：《粤滇杂记》，（清）王锡祺《小方壶斋舆地丛钞》第七帙。
② （明）岳和声：《后骖鸾录》，（清）汪森《粤西丛载》卷4。
③ （明）魏濬：《峤南琐记》卷下。

对重大案件的审判权,而且将土官本人放置审判台上。当然,由于壮族素传"宁食粥稀,不见官司"的谚语,开始土民对流官的"承审厅"还觉高深莫测,不轻易接近,可是随着识见的渐开,流官州县的"承审厅"也渐渐成了土司地方开始觉醒的土民诉冤的地方,伸张正义的处所。比如,光绪二十九年(1903 年),安平州土官李德普强逼 13 岁的农氏民女陪宿,其父闻讯,提着火枪撑火站在门外,决心跟土官拼命。李德普大惊失色,不得不放出民女。接着,民女的父亲又上龙州厅控告土官的恶行,取得胜诉,土官被责罚钱。又如,李德普对其治内西北化农户屡起反抗,怀恨在心,思谋报复。光绪三十一年(1905 年),土官派其弟李德智带人以收取团粮经费为名,到西北化大势敛财。结果引起公愤,群众将李德智抓起来,送往龙州厅交官公断。走到半路,却给土官拦住,说由他来查明惩办。然而没过几天,土官却以李德智"逃跑"为名吊销此案。群众怒不可遏,选代表到龙州厅上诉,并将村民武装起来,以防土官报复。不久,堪墟街上失火,烧房伤命,土官借机反诬百姓纵火。至此,西北化的群众已与土官势不两立。龙州厅派员亲临现场调查,弄明真相,将土官的种种罪恶以"诈财害民,民贼当诛"为状,层层上告。清政府害怕酿成大患,将土官李德普押往左州审讯,课以三千二百两银子的重罚,并革其职,派汉员弹压官掌安平土州权力。①

弹压官,就是清朝后期土官病故、被革后,继袭土官或年幼或顽劣不堪出任土官一职,而以汉族流官入驻土司州县掌权,处理州县大事,称为"汉员弹压"。广西巡抚张鸣岐光绪三十三年(1907 年)九月二十四日奏《酌拟造就土官办法并请变通承袭旧例奏折》称,当时广西 43 个土司中,除果化、太平、龙英、结伦、都结、思陵、上映、永顺、都阳、旧城 10 个"土司在任实缺"外,"其已病故而未请承袭者,如忠州土州、南丹土州、万承土州、茗盈土州、全茗土州、结安土州、镇远土州、江州土州、下石西土州、上下冻土州、下雷土州、那地土州、罗白土县、永定长官土司、永顺副土司、迁隆峒土官、古零土巡检、定罗土巡检、安定土巡检、下旺土巡检,凡二十缺(旧指官位),均停止请袭。其已请袭而因案(查考)撤任者,如归德土州知州黄庭玉、向武土州知州黄承业、都康土州知州冯成翼、安平土州知州李德普、凭祥土州知州李树培、思州土州知州黄笃培、东兰凤山土州州同韦述勋、上林土县知县黄永祯、忻城土县知县莫绳武、罗阳土县知县黄均政、上龙土司巡检赵德教、白山土司巡检王政立、兴隆土司巡检韦国器,凡十三员,均不准回任,一律暂由汉员弹压"。② 因事革职的 13 名土官不准回任,土州县改由汉员弹压,而"停止请袭"的 20 个土州县巡检,大都也是派遣汉员弹压入土司地方主事。由此可以清楚,土司制于清朝末年已经日薄西山,气息奄奄,人命危浅,朝不虑夕了!

第四,畅通"用夏变夷"之路。

"粤西学臣敕内,独有教习壮童一款,令州县立社(学社)置傅(教师),岁以所成(所培养的童生情况)以闻。""用夏变夷,此为上策。"③ "苟(如果)欲安民,莫先于厚

---

① 《广西壮族社会历史调查》第四册,广西民族出版社 1987 年版,第 64—65 页。
② 唐兆民:《关于土官的两份材料》,《广西民族研究参考资料》第二辑,1982 年,第 56—58 页。
③ (明)魏浚:《诸夷慕学》,(清)汪森《粤西文载》卷 61。

风俗；欲厚风俗，莫先重于学校。欲求治平之策，而不先教化，是犹涉江河亡（无）舟楫（船只），况欲用夏变夷者乎！"①

土司制是继唐、宋羁縻制而来。唐、宋二代为什么实行羁縻制，就是因为那里的居民，"其人物犷悍，风俗荒怪，不可尽以中国（中原）教法绳治（法度标准来治理），姑羁縻之而已"。②

"半部《论语》治下天"，抱着儒家学说以治国的封建王朝既然以兴办学校、发展教育作为在土司地方"用夏变夷"的上策，无不勉力为之。诚如明朝大学士丘浚《太平府儒学记》所说：

> 成化丙申（十二年，1476年），番禺何侯楚英来知府事，慨然（慷慨地）以用夏变夷为意，凡可以为一郡之人，变化其习，莫安（安置）其居，无所不用其心。大要欲其民风土俗，一旦与中土等（中原相类），使生其地者忘其身为夷，变其心之为夷。③

"狼目嗜欲习尚朴野，鄙俚无足论已（矣）。乃近有应童生试者，亦顽风丕变（大变）之渐。"④ 在土司州县实行汉文教育，学习儒家礼乐经典，可以起到逐渐改变壮族人的意识、观念和价值取向的作用。因此，永乐六年（1408年）十二日辛丑广西按察司佥事杨廉奏说："田州等府土人，罔知礼法，请依左江太平府立学校，教育其子弟，俾讲读经书。俟有成才，依例选贡。"⑤ 不过，由于土司州县在土官严酷的压榨之下生活维艰，而且风习不同、语言不通，也难以顺利推行。永乐二年（1404年）十一月丙寅，"广西忻城县儒学训导到官岁余，邑中皆蛮獠，有司（官吏）招其子弟入学，卒（全）无至者。训导自念虚糜（费）廪禄（粮食薪水），无益于国，诣阙（京城）白（告诉）其事"。⑥ 其所反映的，就是这样的情况。但是，封建王朝既然以兴办学校、发展教育为通畅"用夏变夷"之路，自然不愿放弃。他们坚信，"学而优则仕"，"彼固未终以蛮夷自甘，不欲一进中国之贵者？"⑦

到了清朝，朝廷除在各土州县普遍设置社学、州县学以外，为了树立榜样，诱引土司地方壮家子弟"学而优则仕"的欲望，雍正九年（1731年）四月二十六日下令招引"外省及本省别府之人"情愿入籍于土州县者，"准其编入烟户，入籍考试，仍呈明学政注册。入学中举之后，照奉天（今东北三省）定例，不许搬回原籍"。⑧ 此项举措延续多年，

---

① （明）黎澄：嘉靖《重修（崇善县）学宫记》，万历《太平府志》卷2。
② （宋）范成大：《桂海虞衡志·志蛮》。
③ （明）蔡迎恩：万历《太平府志》卷2《文艺》。
④ 《古今图书集成·方舆汇编·职方典》卷1357《高州府风俗考》。
⑤ 《明实录·太宗实录》卷86。
⑥ 《明实录·太宗实录》卷36。
⑦ （明）黎澄：《重修学宫记》，万历《太平府志》卷2。
⑧ 《清实录·世宗实录》卷105。

直到乾隆三年（1738年）始废止。①

由于清朝出力推动土司地方的文教事业发展，各土司地方也逐渐出现了廪生、增生、贡生、拔贡甚至举人、进士等科举人才。当然，一者，科举及第的人终究属于凤毛麟角；二者，"土民虽读书"，土官"不许应试，恐其出仕（出去当官）而脱籍（脱离属于土官的户籍）"，众多的读书人还是无缘于官道。不过，这些应科举考试落第者以及读了书识了字的土民，对于在土州县普及汉文化，传播儒家的道德伦理，改变壮族的传统习俗和心理素质，还是起着无可估量的作用的。

土州县百姓掌握了汉文，有了文化，心智渐开，意识觉醒，对土官的虐使残暴以及胡作非为，渐渐忍无可忍。乾隆九年（1744年），忠州（在今扶绥县南）土官黄鉴"滥征苛派，土民纷纷控告"。② 万承州（治今大新县龙门）土官许荣统治时，土民联名告发，写道："天见许荣日月不明，地见许荣草木不生，官见许荣兄弟相亲，人见许荣九死一生。"这些话活现了土官的草菅人命，残酷无度，天地不容。而一些入学中举的壮族知识分子对土官毫无人性的残暴也极为愤慨，站出来为土民申冤。比如，同治初年（1862年），万承州秀才许廷连、黄生勤联合万承州九甲群众联名控告土官，告上龙州，又告到省府桂林，声言："民宁为汉区之狗，不愿为土州之民！"③

"民宁为汉区之狗，不愿为土州之民"，犹如中原汉族人民自古流传的"宁为太平狗，不作乱世民"谚语，落地铿锵，告示了土州县人民对土司制度的痛心疾首、厌恶如仇，表达了土州县人民要摆脱土官统治的心声和强力诉求。

经过明朝对土官势力的强力打击，并实行众建寡力，明末清初，壮族土司地方的土官势力已经日见衰落。乾隆《镇安府志》卷5载："我朝揆文奋武（经文掌武），威惠远播。左右两江各镇以大帅，诸要害地皆设偏裨（将佐）防守，营堡相望……且为设汛④以卫之。故诸土司奉法惟谨，保世毋替。"此道出了清朝已经不如明代那样"唯狼兵是调"，用土司兵来征讨和戍守地方了。朝廷对土司兵的不信任和废置，而且在土司地区驻兵以戍守，如同土官司法权的沦失一样，显示出土司势力的衰落。而土官势力的完全衰落，则具体而集中地表现在封建领主制经济的崩溃，土地买卖的盛行，封建地主制经济的发展。

在下雷州许氏土官官族中流行有一句谚语："三代为官（族），五代为民。"这就是说，在许氏官族中，与现任土官隔了五代以后，许氏族人就失去了官族的特权以及土官的关顾，他们就与一般的自耕农相同了。土官官族内部的分化，由此可见一斑。从现存的房产、田地的契约中，早在乾隆（1736—1795年）时期，已有破落的官族成员出卖了土官分予的土地，沦为贫民。⑤

土地买卖、土地兼并，在官族中进行，也在土州县的农民中盛行，而土州县的农奴之间转让耕作权的也渐为增多。一些努力勤奋、巧于经营、善于理财的农奴积累资财，购买

---

① 《清实录·高宗实录》卷63。
② 《清实录·高宗实录》卷225。
③ 《广西壮族社会历史调查》第四册，广西民族出版社1987年版，第121—122页。
④ 清朝千总、把总、外委统率绿营兵驻防点，称为汛。
⑤ 《广西壮族社会历史调查》第四册，广西民族出版社1987年版，第172页。

土地，雇人耕种，或租田与人对半分租，成为在土州县举足轻重的新兴的封建制地主阶级。

安平州赵品富，原为李氏土官家奴，因机警伶俐，代土官办事，深得土官器重，后来充任土官总管。土官李德普报袭时，在官族中引起纷争，他从中斡旋，让李德普顺利获得承袭。从此，赵品富在安平州中举足轻重。后来他买了130多头牛，交予各村农民代养。接着，他又放高利贷，聚钱买了80多亩水田，由农民代耕，或佃给农民对半收租。总计，赵品富年土地收入18000斤稻谷，熬酒销售和养猪收入10000斤稻谷，加上高利贷等收入，年合计收入28000多斤稻谷，成了一个握有厚资的地主。①

壮人"不务蓄积，衣食惟时给。数富以牛牝（pìn，母牛）。孳息有水牛、黄牛，水牛以耕，黄牛杀以祠鬼。虽上户，鲜（xiǎn，少）十金之积，遇有供输，辄问贷于贾人、军家，利上加利，不知纪极。有一金，不二年，取十数金者。民习为常，恬不为怪。贾人、军家常积资以待其乏。外至匠作（做木铁等匠作的人），不二年皆舍本业而放债。"②此种情况，照样存在于壮族土司州县。据下雷土州《粤东会馆碑》载，清朝嘉庆年间（1796—1820年）改"羊城书院"为"粤东会馆"，资金不足，便将"会本钱一百七、八十千，并书院所存蒸尝五六十千，放贷生息。经五六年完满，犹有羡余，估计有钱数百千矣"。③ 高利贷的存在和盛行，加速了土州县贫富的分化，促发了土地兼并的加剧。

一些富户以及外来的客商，常以高利贷作为增殖财富的主要手段。南丹土州卢松，原是莫氏土官的二爷，退职家居后以手中的资产作为资金贷给农民，十数年间便买下了500亩水田，将他家周围的水田几乎全囊括于他手中。又如，替人看管水碾的陈光美，后稍有积蓄便放高利贷，后来成为一个拥有众多田地、现款和200头耕牛的财主。④ 而平安街上周明记，是个汉族小商贩，一条扁担一对筐，挑着火柴、熟烟等串村吆喝。一年后稍有积蓄，他改行熬酒、养猪、放高利贷，本利翻番，买进18亩水田，雇人耕种。后来，他又雇了3个长工种田、熬酒、养猪、卖布等。那时，他光是卖酒，一个墟日就卖了500多斤。短短的10年间，周明记就由一个单挑的小贩一跃而成坐商、地主和高利贷者，拥有众多的资财。⑤ 这样，在土州县的地面上就不断涌现拥有众多田产的新兴地主。这些新兴地主雇长工、雇短工以耕作他们的田地，或者佃给农民以收对半租。自然，在这样的局面下土司制度的封建领主制的基础也就逐渐地崩塌了。

明、清王朝官场黑暗，朝廷官员常以土官作为敲诈的对象。天顺三年（1459年），南海人吴让就任庆远府知府。一上任，"所辖（南丹、东兰、那地）三州皆土官，各馈白金三百两为贽（进见礼）"。吴让全部退还不接受，南丹知州莫必胜⑥以为他嫌少，又添加

---

① 《广西壮族社会历史调查》第四册，广西民族出版社1987年版，第61页。
② （明）林希元：嘉靖《钦州志》卷1《风俗》。
③ 《广西壮族社会历史调查》第四册，广西民族出版社1987年版，第173页。
④ 《广西壮族社会历史调查》第二册，广西民族出版社1985年版，第15页。
⑤ 《广西壮族社会历史调查》第四册，广西民族出版社1987年版，第7页。
⑥ 原文为"莫必善"，疑讹。据《土官底簿·南丹州知州》载，南丹知州莫祯死，长子莫必升于景泰四年（1453年）袭职。死后无嗣，由其弟必胜于天顺三年（1459年）袭职。

了一倍。吴让照样退还，并附上四句诗："贪泉酌爽吾何敢，暮夜怀金岂不知？寄语南丹贤太守，原封回赠莫相疑。"吴让是个廉官，但就任仅一年，便猝然而卒。① 又岳和声《后骖鸾录》载，万历四十年（1612年）三月十九日岳和声到庆远府任知府。四月初二日，南丹等州"以腆（tiǎn，丰厚）金来贺，且曰：循（依照）往例也！"虽然岳和声如同吴让，都将此见面礼退还了，② 但是土官与流官相见送上众多的礼金却是个"定例"，这不能不说流官是以见面礼、节礼、寿礼以及各种规费作为敲诈土官的手段。至于土官的承袭或争袭，上上下下的使费，更是大小流官们捞金发财的大好时机。

弘治十八年（1505年），田州府改流，知府岑猛被降为福建平海所千户。正德三年（1508年）岑猛"赂太监刘瑾"。刘瑾"矫诏（诈称皇帝命令）以猛为田州府同知"。此"赂"能买动朝中掌权的太监，又不知要花上多少金银？岑猛从此自激自励，心中以"复冀军功序迁知府为重"。所以，他不敢得罪官府的官员，甚至两广"督府旗校（下级军官）至田州者，猛率厚赂结欢"。得了好处，称誉岑猛的人也众多。正德七年（1512年）岑猛奉命征讨江西"华林贼"，序功给他封了一个"指挥同知"。指挥同知是从三品的军职，比正四品的田州府知府还高一品，而朝廷宁给他指挥同知，却不授予他田州府知府。得官不是心中所希望的，他一来气，破罐破碎，不再去贿赂那些大小流官们，而且利用手中的重兵对周围各土官施行报复。于是，从大官到小官，众口汹汹，都对岑猛诽谤诋毁，甚至无限拔高说他意"蓄不轨"（反叛）。嘉靖四年（1525年）新任提督两广兵部右侍郎盛应期"持此愵（恐吓威胁）猛，冀（希望）墨（贪）其货（货物）"。岑猛不吃他这一套，反而讥讽了他一顿。盛应期欲贪不得，恨恨难消，立马上奏，说岑猛早晚必反，要求发兵征讨。③ 这就是公开的勒索了。

官来官去，送礼不断，土官为官没有俸禄，辖地不大，土民有限，又有多少资财来满足大小流官们不断地勒逼需索！所以，田州土官岑宜栋于乾隆十一年（1746年）袭职，为了求袭的上下使费，即陷入困境，不得不向归顺州（今靖西县）流官知州路声闻及商民借了"六千余两"银子的高利贷。④ 许多土官无法筹措资金，只得典卖田地。《大清会典事例》卷589载，乾隆四十三年（1778年）乾隆皇帝针对"广西庆远等五府属土司""典卖官田"诏令：

> 惟严禁各土司嗣后不许私相典卖（官田）。如有违禁不遵者，立即追价入官，田还原主，并将承买之人比照盗卖官田律，田一亩笞五十，每五亩加一等，罪止杖八十，徒（服劳役）二年。其违例典卖之土司，议以降一级留任；若该土司有倚势仰勒情事，即将勒卖之土司降一级调用。

官田是土官存在的基础，也是封建领主制存在的基础。乾隆皇帝虽然下令严禁土官典

---

① （清）汪森：《粤西文载》卷64《吴让传》。
② （清）汪森：《粤西丛载》卷4引。
③ （明）田汝成：《炎徼纪闻》卷1《岑猛》。
④ 《清实录·高宗实录》卷343、卷362。

卖官田，但是土官势衰力弱，抵挡不住对浩大开支的需求，典卖官田照样或明或暗地进行。所以，清宣宗于道光三年（1823年）十二月初八日诏谕军机大臣时无可奈何地说：粤西"庆远等府""土官往往典卖田产，久未撤归，遂致土官日贫，土民日刁"。① "土官日贫，土民日刁"，形象地说出了随着社会的发展，壮族土司制作为一种社会机制的存在气数已尽，一种新的社会机制即封建地主制已经成为社会的主宰力量。

民国政府取代了清朝专制统治，便大刀阔斧进行改土归流。民国四年（1915年）八月，白山、古零、兴隆三土司改流置隆山县，都阳、安定二土司改流置都安县，果化、归德二土州及旧城土司改流置果德县，定罗土司改流并入那马厅置那马县。五年（1916年）九月，佶伦、都结、镇安、结安四土州改流置镇结县，茗盈、全茗、龙英三土州改流置龙茗县，思陵、思州二土州改流置思乐县，土忠州改流置绥渌县，土江州及其所属的罗白土县改流并入崇善县。② 六年（1917年）二月，向武、都康、上映三土州改流置向都县。③ 七年（1918年），上林土县、下旺土司改流置思林县。④ 八年（1919年），南丹土州改流置南丹县，东兰土州判改流置凤山县。⑤ 十六年（1927年）十一月，那地土州改流并入河池县；⑥ 十二月，万承土州改流并入养利县，⑦ 迁隆峒土司改流并入上思县，上下冻土州改流并入龙州县，罗阳土县改流并入同正县，永顺、永定二长官司改流并入宜山县，永顺副司改流并入天河县，下石西土州改流并入凭祥县。⑧ 十七年（1928年），忻城土县改流置忻城县；下雷、太平、安平三土州改流置雷平县；上龙土司改流与金龙合并置上金县。⑨ 至此，广西壮族土司地方改土归流工作始行告竣。而云南广南土同知至民国二十五年（1936年）云南省政府主席龙云还在批准侬鼎和承袭。不过，该土同知，只能管辖其原辖属的旗丁七八百人及侬氏土官族人。据云南省民政厅称，"惟该土司对旗丁、土族有生活关系，对于边防有捍卫能力"，所以呈报省府主席龙云，准予侬鼎和承袭。⑩

自元朝迄于民国的六个多世纪中，壮族的土官们借着朝廷给他们"以其故俗治"的特权，封陵杜险，互为雷池，依洞称雄，在他们各自的小天地里封闭而治，奴视洞民，自我托大。这样封闭来封闭去，托大来托大去，土官们全成了井蛙一伙。井蛙们蹲居井沿，鹰视井内，唯见其数有限的洞民一群，于是对洞民纵情恣意，敲骨吸髓，竭泽而渔，稍不宽贷。雍正二年（1724年）五月清世宗在其"上谕"中指出："各处土官鲜知法纪，每于所属土民多端科派，较之有司征收正供不啻倍蓰（数倍），甚至取其马牛，夺其子女，

---

① 《清实录·宣宗实录》卷62。
② 黄嘉谟：《民国时期广西的行政区划》，《广西文献》第七期，台北，1980年版。
③ 广西省民政厅编：《广西各县概况》，1933年。
④ 广西统计局：《广西年鉴》第一回，1933年。
⑤ 广西民政厅编：《广西全省分县地图》，1934年。
⑥ 广西区档案馆：《广西省政府档案》卷149。
⑦ 吴永浞：《近六十年全国郡县增建志要》。
⑧ 黄嘉谟：《民国时期广西的行政区划》，《广西文献》第七期，台北，1980年版。
⑨ 广西省民政厅编：《广西民政月刊》1928年第1卷。
⑩ 白耀天：《壮族土官族谱集成》，广西民族出版社1998年版，第397—399页。

生杀任情。土民受其鱼肉，敢怒不敢言。"① 刘彬《永昌土司论》也说："彼之官世官也，彼之民世民也，田产、子女惟其所欲，苦乐安危惟其所主，草菅人命若儿戏然，莫敢有咨嗟叹息于其侧者。以其世官世民，不得于父，必得于子于孙，且倍蓰（数倍），故死则死耳，无敢与较者。嗟此夷民，何辜而罹此惨耶？"②

壮族土官恣纵其性，食光花光，壮族土司地区古今一态，都没什么文化设施的营建，唯垒起堆堆石头或"伐巨木横菁中以绝往来"③ 求得自固而已。由于历代中央王朝对壮族地区坚持"以其故俗治"，而壮族的土官们也乐于在主人家的鼻牵之下因"故俗"各自建立自家的小天下，这就将壮族土司地区基本抛出了中国主体历史运转轨道之外，让其在中国主体历史进程门槛外各自孤立地蹒跚而行。于是，壮族地区瓜分豆剖，州洞林立，洞首夜郎，兄弟阋墙，互少胶结，原来各部共同传承于古越人的文化，有的变异了，有的萎缩了，而新的整体性的民族文化的主体框架无法建构起来，致使壮族文化呈群落性的文化，壮族历史成了群落性的历史。

改土归流的基本完成，土司制的芟夷，终结了壮族中一人一姓专制于一个小地块的历史，广大壮族农民摆脱了对土官的人身依附关系，上升为自由农民，提高了他们的生产积极性，促进了壮族土司地方的社会发展。同时，土州县封闭割据状态的终结，顺利开放了各地区间的交流，也扩大了与汉族间的交流，特别是原土州县地区汉文教育的发展，壮族知识分子阶层的出现，壮族旧习俗的冰融，心态的变化，竞上意识的形成，无疑大大促发了壮族社会的发展。

---

① 《清实录·世宗实录》卷20。
② 《皇朝经世文编补》卷86。
③ （明）刘文征：天启《滇志》卷30《土司官氏·广南》。

第三章

壮群体越人及其后人的人口状况

元朝以前，诸史对于壮群体越人及其后人的人口状况虽有记载，但诚如西晋广州刺史陶璜说的"广州南岸周旋六千余里，不宾属者乃五万余户，及桂林不羁之辈复当万户，至于服从官役才五千余家"，① 说明当时人口登记阙遗众多。南北朝时，《南齐书》卷14《州郡志》载"越州（治今广西合浦县），镇临漳郡，本合浦北界也。夷獠丛居，隐伏岩障，寇盗不宾，略无编户"，也是如此。隋朝，力有不逮，今桂西大部分地方仍没有设置州郡。唐、宋二朝虽已力拓今桂西，但设置的都是羁縻州，王朝中央对其州洞户口状况仍是两眼一抹黑。唯有元朝，改羁縻制为土司制，土司路（府、司）州县户口方才进入王家的户籍。虽然所见记载仍有阙遗，但是毕竟全国一统，各地户籍大抵已经了然。因此，关于壮群体越人及其后人的人口变化状况，以元朝为界点，分为两节叙述。

第一节　元前壮群体越人及其后人的人口状况

《史记》卷97《陆贾列传》载西汉使者陆贾对南越王赵佗说，"今王众不过数十万，皆蛮夷"。此"蛮夷"就是指壮群体越人。此后，随着历史发展，迄于唐代，著名诗人白居易《送客春游岭南二十韵》称：

> 红旗围卉服，柴绶裹文身。
> 面苦桄榔制，浆酸橄榄新。
> 牙樯迎海舶，铜鼓赛江神。
> 不浆贪泉暖，无霜毒草春。
> 云烟蟒蛇气，刀剑鳄鱼鳞。
> 路足羁栖客，官多谪逐臣。②

"卉服""文身""桄榔面""铜鼓赛江神"等，是咏叹岭南东部的居民还是岭南西部的居民，无从辨明。不过，稍后的许浑曾游宿于岭南东部，其《游樵山新兴寺宿石屏村

---

① 《晋书》卷57《陶璜传》。
② 《全唐诗》卷440。

谢叟家》诗句称："家家扣铜鼓，欲赛鲁将军。"① 据作者自注说："村有鲁肃庙。"无疑，新州（治今广东新兴县）石屏村家家敲起铜鼓，将要酬赛的"鲁将军"就是鲁肃。同时，他的《送客南归有怀》诗也有"瓦尊迎海客，铜鼓赛江神"之句。② 这就如同柳宗元《柳州峒氓》诗所咏的"鸡骨占年拜水神"一样。③ 另外，张说《广州都督岭南按察五府经略使宋公（璟）遗爱碑颂》称广州所属"种落异俗""语言不通"，既"文身凿齿，被发儋耳"，又"衣卉面木，巢山馆水"。

而《南海录事》《南楚新闻》《朝野佥事》等书也记载越俗既行"缚妇"为婚、生儿实行"丈夫坐褥制""鬻男女如粪壤"，又"男逸女劳"，杀牛"多女人"，"好食蛤蟆""好为蜜唧"等，④ 说明在岭南不论是东部还是西部的居民，其风俗文化都是相近或相同的，因为他们都是壮群体越人的传人。

五代张光宪《菩萨蛮》词句称："木棉花映丛祠小，越禽声里春光晓，铜鼓与蛮歌，南人祈赛多。"⑤ 以嘹亮的"蛮歌"、咚咚地敲击铜鼓祈赛鬼神，犹如明朝解缙《龙州三首》其二说龙州（今广西龙州县）"波罗蜜树满城阘，铜鼓声喧夜赛神"一样，⑥ 难说五代时岭南东部的居民与岭南西部的居民在习俗文化上有着多大的区分。

自古以来，随着北来汉族入居人口的增多，随着官员们贯彻"以夏变夷"政策力度的加大，以及汉族文化教育日渐植根于岭南，岭南知识分子阶层的形成与扩大，都使岭南非羁縻地方的土著居民发生不同程度的趋汉变化。

南雄州（治今广东南雄市）本"地当冲险，俗杂夷夏"。宋太宗时查陶知南雄州，下力改变土著人的传统习俗，"风俗为之一变"。⑦ 韶州（治今广东韶关市）也一样，"夷越无男女之别"，天圣八年（1030年）王益出任韶州知州后，出力"穷治"土著人此一传统习俗，也收到"男女之行别于途"的效果。⑧ 而据唐人梁载言《十道志》记载，容州（今广西容县）"夷多夏少，鼻饮，跣足，好吹葫芦笙、击铜鼓"。⑨ 可到了南宋王象之《舆地纪胜》卷104《容州风俗形势》已经说："容介桂、广间，盖粤徼也。（靖康之变）渡江以来，北客避地留家者众，俗化一变，今衣冠礼度并同中州。"同时，《舆地纪胜》卷116《化州风俗形势》也引化州《图经》说："其俗信鬼，好淫祠。今化之为俗，土民被礼逊之教，出入颇衣冠相尚，虽贱隶服亦襟衽，无复断发文身之旧。"

然而，壮群体越人的传统习俗，深层次地蕴含着他们的意识、观念、价值取向，传承下来，根深蒂固，其变异、其根除，也不是一蹴而就，短时间内所能完成的。比如，唐代

---

① 《全唐诗》卷528。
② 《全唐诗》卷530。
③ 《柳河东集》卷42《古今诗》。
④ 《太平广记》卷483引。
⑤ 俞平伯：《唐宋词选释》，人民文学出版社1979年版，第47页。
⑥ （清）汪森：《粤西诗载》卷23。
⑦ （宋）王象之：《舆地纪胜》卷93《南雄州·官吏》。
⑧ 《舆地纪胜》卷90《韶州·官吏》。
⑨ （宋）乐史：《太平寰宇记》卷167《容州风俗》引。

佛教禅宗六祖慧能俗家姓卢，① 是新州（治今广东新兴县）"葛獠"，② 创派传道于岭南，可岭南人却以巫为主，将佛教的一些仪式包容进来，既似巫又似佛。那些明标着僧侣的人，"喜拥妇食肉"。人"或有疾，以纸为圆钱，置佛于房，或请僧设食。翌日，宰羊、豕以啖之，目曰除斋"。③ 佛忌杀生，僧有"十戒"，岭南人为僧者却杀生拥妇，完全背佛道而行。又如，元祐八年（1093年），苏轼被贬惠州（治今广东惠州市）。他在贬所听说表兄来到，写了一首诗迎接，句称："朝盘见蜜唧，夜枕闻鹈鹕。几欲烹郁屈，固尝（曾经）馈钩辀（鹧鸪）。舌音渐獠变，面汗尝（品尝）骍羞（红色食品）。"④ "蜜唧"，是"獠"人的著名食品。"舌音渐獠变"，说明惠州其地"獠"人的众多，诚如宋初乐史《太平寰宇记》卷159记载惠州其北相邻的循州（治今广东龙川县）风俗说的"织竹为布，人多蛮獠；妇人为市，男子坐家"一样。

雍熙二年（985年）闰九月二十四日，宋太宗曾下诏对"邕、容、桂、广诸州婚嫁、丧葬、衣服制度，并杀人以祭鬼、疾病不求医药及僧置妻孥等事，并委本属长吏多方化导，渐以治之，无宜峻法，以致烦扰"。⑤ 疏导以转移观念，而后将其风俗改易合于礼制，皇帝的命令固然合于事理，但是天高皇帝远，官吏们居官岭南已经觉得类似被贬斥、被流放："北戍逢君岁建寅（正月），岂知今作落南人？瘴来客病邻山鬼，舶去乡书托海神！"⑥ 当时，又会有多少人能够居位思谋去认真化导而移俗？所以，元朝脱脱等修《宋史》卷90《地理志》仍说广南东西路"民婚嫁、丧葬、衣服多不合礼，尚淫祀，杀人祭鬼"。

男女倚歌而配，婚日女家自送，婚不落家；⑦ "有丧以鼓乐、饮酒、食肉为礼"，⑧ 群"聚搏击钲鼓作戏，叫噪逐其厉，及掩之中野，至亲不复送"；⑨ 而以白志喜、以红表哀的衣饰更令人迷惑，致使中原汉人感叹"鼓乐不分忧乐事，衣冠难辨吉凶人"！⑩ 于是，政和七年（1117年）七月十七日，宋徽宗又下诏，令州县长官禁止广东居民头戴的"有伤教化"的"白头巾"。⑪ 由此可以清楚，宋代虽然宋王朝对岭南非羁縻地方加大了"以夏变夷"的力度，可是除"客户"之外，岭南的"主户"仍然是壮群体越人的没有完全趋同于汉人的后人。

---

① 《舆地纪胜》卷97《新州·仙释》。
② （唐）法海：《六祖法宝坛经·自序品第一》。
③ 《投荒杂录》，《太平广记》卷483引。
④ 《闻正辅表兄将至以诗迎之》，《苏东坡全集·后集》卷5，中国书店出版社1986年版。
⑤ 《宋会要辑稿·刑法二之三》。
⑥ （宋）刘克庄：《武冈叶使君寄诗至桂林次韵二首》其二，（清）汪森《粤西诗载》卷14。
⑦ （宋）邹浩：《仙宫庙》，（清）汪森《粤西诗载》卷13；（宋）乐史：《太平寰宇记》卷165《党州风俗》；胡朴安：《中华全国风俗志》下编卷7；雍正《惠来县志》。
⑧ 《永乐大典》卷2339梧字引《藤县旧志》。
⑨ 《永乐大典》卷2339梧字引梧州《旧经》。
⑩ 《岭外代答》卷7《白巾鼓乐》；《永乐大典》卷2339梧字引《藤县旧志》。
⑪ 《宋会要辑稿·刑法二之六八》。

一 汉人口

壮傣群体越人分化为壮群体越人及傣群体越人，是在南越国时期。也就是说，当秦兵讨伐岭南越人的时候，壮傣群体越人尚未分化。

那时候，据《淮南子》卷18《人间训》记载，秦始皇"发卒五十万为五军"征讨闽越和岭南越人。其中的"处番禺之都"、① "守九疑之塞"及"塞镡城（治今湖南靖县）之岭"三军是攻讨岭南越人的。50万人分5路。各路兵员多少，没有说明。如果一路以10万人计，秦兵就有30万人分向岭南的中、东、西地区进讨。或者东、西两路没遇到越人规模性的抗击，进展较为顺利，而在中路却遭遇了越人的猛烈抗击。"三年不解甲弛弩，使监禄无以转饷。又以卒凿渠而通粮道，以与越人战，杀西呕君译吁宋。而越人皆入丛薄中与禽兽处莫肯为秦虏，相置桀骏以为将，而夜攻秦人，大破之，杀尉屠睢，伏尸流血数十万。"无疑，此处的人数是大大地冒水了。

前面说过，秦五路大军征讨长江的南越人，对付岭南越人不过三路，每路不会有10万之众。何况率领征讨西呕的"守九疑之塞"一军，其统帅为尉屠睢，是个郡尉，哪能率领10万的军队？再者，任嚣向秦始皇上书，"求女无夫家者三万人，以为士卒衣补，秦始皇可其万五千人"。② 报求多所冒头，任嚣所率之兵不过二万左右。此二万秦兵，置于莽莽越人中，几乎忽略不计。所以，赵佗割据岭南称帝后，西汉使者陆贾对他明白指出："今王众不过数十万，皆蛮夷！"③

即使如《淮南子》所载，秦兵一路的兵员也不过10万之数，经过"三年不解甲弛弩"的消耗战，以致"监禄无以转饷"，粮尽人乏，加上山川形势不明，气候不适，死亡减耗，已经远远不及几万之众了，哪里来的"伏尸流血数十万"？此诚如唐朝韩愈《黄家贼事宜状》指出的："比者所发诸道南讨兵马，例诸不谙山川，不伏水土。远乡羁旅，疾疫杀伤，臣自南来见说江西所发兵共四百人，未曾一战，其所存者数不满百；岳鄂所发都三百人，其所存者四分才一。"④ 所以，曾率师南征侬智高的宋朝名将狄青感慨地说：岭南"炎燠卑湿，瘴疠特甚。中原士卒，不服水土，不待戈矛之及，矢石之交，自相疾疫而死。虽有百万之兵，亦无所施"。⑤

西呕人首领译吁宋战死了，另行民主推选首领与秦军战斗。他们隐入丛林，利用熟悉的地形地物，采取游击战术，"夜攻秦人"，才能大破秦兵，杀尉屠睢。由此可以相信，西呕人从战者也不过是几千人之数。因为西呕人回旋于丛林中，夜间出其不意出击，大败秦兵，既需要严密的组织，又需要灵活地运动战斗人员，能允许西呕人有10万或几万之众投入战斗吗？西呕，就是西瓯，是对壮傣群体越人自称"于"的近音异译。

---

① "处番禺之都"的"处"，不是"在""居于"，而是"控制""扼制"的意思。比如，《晋书》卷26《食货志》"人间巧伪滋多，虽处以严刑而不能禁也"。"都"是越语"tu¹"（门、门户）的近音译写。
② 《史记》卷118《淮南衡山列传》。
③ 《史记》卷97《陆贾传》。
④ 《全唐文》卷549。
⑤ 《论御南蛮奏》，（清）汪森《粤西文载》卷4。

因此，有论者认为据《淮南子》卷18《人间训》记载，"西瓯人与秦军大战，'杀尉屠睢，伏尸流血数十万'，可见西瓯的人数相当多。秦军50万分5路进入岭南，史书没有记载这5路的兵力各路若干，如按平分兵力计算，秦军当以10万对付西瓯人。这5路大军中，其他4路大军进展顺利，唯独进入（今）广西桂林附近的一支军队战斗激烈，投入的兵力自然要多一些。因此，这一路秦军估计在10万人以上是不会过高的。那么西瓯人投入的兵力，若以1对1来计算，西瓯的军力也应有10多万人。此外，还有妇孺老人，以一个西瓯兵有4—5个家属计，西瓯人当有50万—60万人"。显然不足为据。

《史记》卷20《建元以来侯者年表》载："湘成侯居翁，以南越桂林监闻汉兵破番禺，谕瓯骆兵四十余万降侯。"南越国桂林监居翁晓谕"瓯骆兵"40余万降，从而汉武帝封他为湘成侯。40万"兵"，若以二丁抽一为兵计算，则男子有80万人，加上妇孺老人则加倍，那么汉武帝元鼎六年（前111年），桂林郡管下的瓯骆人有160万之众。这似乎不切实际。

同一件事，《汉书》卷17《景武昭宣元成功臣表》载："湘成侯居翁以南越桂林监闻汉兵破番禺，谕瓯骆民四十余万降。"同时，《汉书》卷95《南粤传》也载："粤桂林监居翁谕瓯骆四十余万口降，为湘成侯。""瓯骆民四十余万"与"瓯骆四十万口"是同一个意思的不同表达方式，都是说桂林郡的瓯骆人口是40余万。这个数字参照于《汉书》卷28《地理志》记载的岭南人口数量，比较客观、实际。疑司马迁或其后传抄《史记》者将"民"讹成"兵"了。

南越国时，岭南三郡中的桂林郡有口40余万，另外两个郡南海郡和象郡又该有多少？如果南海郡的人口略比桂林郡多一些，而象郡地处偏西，群山丛聚，其人口又比桂林郡少一些，三郡平均40万左右，则那个时候岭南壮群体越人有120万人上下。

元鼎六年（前111年）汉武帝讨平南越国，一统岭南，在原南越国的郡县基础上设置了南海、苍梧、郁林、象郡、零陵、合浦、交趾、九真、日南9郡。同时，开拓"西南夷"，设置牂柯、益州、越巂、武都、沈黎、汶山6郡。元封元年（前110年），汉兵又南下海南岛，设置珠崖、儋耳2郡。这就是司马迁《史记》卷30《平准书》记载的"汉连兵三岁，诛羌、灭南越，番禺以西至蜀南者置初郡十七，且以其故俗治，毋赋税"。唐朝裴骃《史记集解》引晋灼所说的17郡，除去象郡插入犍为郡，这就违背了司马迁规定的"汉连兵三岁"的时限了。因为据《史记》卷116《西南夷列传》，犍为郡是在建元六年（前135年）设置的，距元鼎五年（前112年）至元封元年（前110年）的"汉连兵三岁"早了23年。所以，《汉书》卷28上《地理志》明确记载犍为郡是汉"武帝建元六年（前135年）开"。

班固《汉书》卷95《南粤传》错误地如同将秦朝设立的象郡放置于南越国时代始行设置的交趾、九真二郡以南的地方一样，说："南粤已立，遂以其地为儋耳、珠崖、南海、苍梧、郁林、合浦、交趾、九真、日南九郡。"汉武帝讨平南越国是在元鼎六年（前111年），儋耳、珠崖二郡是在元封元年（前110年）汉兵开拓海南岛后设置的。海南岛原不属南越国辖属范围，怎可以错时错地把汉朝在海南岛上设立的这么两个郡充作以南越国"其地"设置的"九郡"之内？《汉书》以汉在海南岛设置的二郡充作"九郡"之数，既忽略了零陵郡是割原南越国属地设置，又否定了当时象郡的存在。

汉武帝讨平南越国后，为防后来又有效尤者以五岭为天险为屏障割岭南之地以称霸，除在岭南东部大庾岭和骑田岭下割出桂阳（治今广东连州市）、阳山（治今广东阳山县）、曲江（治今广东韶关市）、含洭（治今广东英德市西北浛洸）、浈阳（治今广东英德市东）、阴山（治今广东阳山县东）6县纳入治于今湖南郴州市的桂阳郡外，特将都庞、越城二岭之南的零陵、洮阳、始安三县割出来，其地相当于今广西桂林市及全州、灌阳、兴安、灵川、永福、资源、阳朔等县，合岭北从桂阳等郡分出来的泉陵（治今湖南零陵县）、营道（治今湖南宁远县东）、营浦（治今湖南道县东）、冷道（治今湖南宁远县东南）、都梁（治今湖南武冈市东北）、夫夷（治今湖南郡阳县西）、钟武（治今湖南衡阳县西）等县设置零陵郡，郡治于零陵县，即今广西全州县西南。这样，五岭之险全归于岭北诸郡，岭南诸郡全失却了五岭的天然屏障，无险可守了。零陵郡是汉武帝平定南越国的当年与南海、苍梧、郁林等郡一同设置的，而其设置又是个属于战略性的措施，岂可忽略了它的设置不计？

象郡，是秦朝在岭南设置的三郡之一。汉初，汉高祖五年（前202年）曾下诏"以长沙、豫章、象郡、桂林、南海立番君芮为长沙王"。① 唐朝颜师古注《汉书》卷1《高帝纪》引臣瓒说："《茂陵书》：象郡治临尘，去长安万七千五百里。"《茂陵书》是出自汉武帝陵墓的文书。临尘位于今崇左市、宁明县等地。临尘距长安"万七千五百里"的"万"字疑衍。在没有发明活字印刷术以前，书靠传写而流布，传抄时或因字形相近而讹，或多出或减损原有的字数。这就是《抱朴子·遐览》所载的"谚曰：书三写，鱼成鲁，虚成虎"。

西汉中前期，象郡的存在是肯定的。《汉书》卷7《昭帝纪》载，元凤五年（前76年）秋，"罢象郡，分属郁林、牂柯"。其中象郡的定周（治今广西宜州市）、增食（治今广西隆安县境）、临尘（治今崇左市）三县归于郁林郡，其余则划归牂柯郡。所以，《汉书》卷28下《地理志》载，郁林郡增食县"驩水首受牂柯东界，入朱涯水"。驩水就是源于今靖西县东南，流经大新、崇左二县市注入左江的黑水河。"驩水受牂柯东界"，说明今广西靖西、那坡、德保、百色、凌云、东兰、南丹等县及其以西划入了牂柯郡。

《汉书》的帝王本纪记载有着档册可据，不是作者可随意编撰的。《汉书·昭帝纪》的记载，正确无误地道明了象郡在汉昭帝元凤五年（前76年）秋之前仍然存在。清初齐召南《汉书考证》为了否定汉代象郡的存在，说《汉书》卷7《昭帝纪》"此文可疑。可秦置象郡，后属南越；汉破南越，即故象郡置日南郡。以《地理志》证之，此时无象郡名，且日南郡固始终未罢也"。② 这是以《汉书·地理志》证《汉书·昭帝纪》的谬误。然而，他在评述《汉书》卷28下《地理志》关于"武威郡""武帝太初四年开"时却说："《武纪》（指《武帝纪》）：元狩二年（前121年）匈奴昆邪王杀休屠王，并将其众来降，置五属国以处之，以其地为武威、酒泉郡。岂迟至太初四年（前101年）乎？《志》与《纪》自相矛盾，自当以《纪》为实！"③ 齐召南既认为"《志》与《纪》自相

---

① 《汉书》卷1《高帝纪》。
② （清）王先谦：《汉书补注》引。
③ 同上。

矛盾，自当以《纪》为实"，怎么又以《汉书》卷 28 下《地理志》的记载来否定《汉书》卷 7《昭帝纪》关于"罢象郡"记载的真实？这不是自捆嘴巴吗！

秦始皇三军定岭南，设置桂林、象郡、南海三郡。南越国继之，又拓疆交趾，设置交趾、九真二郡，共 5 郡。汉武帝讨平南越，除割南海郡的桂阳、阳山、曲江、含洭、浈阳、阴山 6 县纳入桂阳郡，割桂林郡的零陵、洮阳、始安 3 县与从桂阳等郡割出的 7 县组建零陵郡外，分南海、桂林郡地设置苍梧郡；分南海、桂林、象郡 3 郡地置合浦郡，并改桂林郡为郁林郡；又拓九真郡之南置日南郡。元封六年（前 105 年），汉兵开拓海南岛设置珠崖、儋耳二郡。可西汉初元元年（前 48 年）及其前象郡、珠崖、儋耳三郡已罢，于是，《汉书》卷 28 下《地理志》所列岭南诸郡便没有了此三郡。

西汉在岭南设立郡县，虽属初郡，却有了初步的户口统计。据《汉书》卷 28 下《地理志》"京兆尹"（治今陕西西安市）人口以"元始二年"（公元 2 年）为准。唐朝颜师古注《汉书》："汉之户口，当以元始时最为殷盛，故《志》举之以为数也。后皆类此。"据《汉书》卷 28《地理志》记载，壮群体越人在西汉王朝元始二年（公元 2 年）其户口数约略如下：

郡名	辖县	户数	口数	户平均口数
南海郡	番禺、博罗、中宿、龙川、四会、揭扬	19613	94253	4.8
郁林郡	布山、安广、阿林、中留、广郁、桂林、潭中、临尘、定周、增食、领方、雍鸡	12415	71162	5.7
苍梧郡	广信、谢沐、高要、封阳、临贺、端溪、冯乘、富川、荔浦、猛陵	24379	146160	5.9
合浦郡	徐闻、高凉、合浦、临允、朱卢	15398	78980	5.1
合计		71805	390555	5.4

南海、郁林、苍梧、合浦 4 郡的居民约合 390555 人，其中的绝大多数为壮群体越人，可以无疑。

湖南省汉墓出土的印信中，有颗"广信令印"。① 《汉书》卷 19 上《百官公卿表》载，县"万户以上为令，秩千石至六百石；减万户为长，秩五百石至三百石"。广信县（治今广西梧州市）的长官为"令"，说明西汉时广信县的户籍在万户以上。西汉时，苍梧郡辖 10 县，仅广信一县即有万户以上，其他 9 县仅万户之数？

又《后汉书》卷 116《南蛮西南夷传》载，建宁三年（170 年）"郁林郡太守谷永以恩信招降乌浒人十万余内附，开置七县"。这说明时至近 170 年后的东汉灵帝，郁林郡尚

汉广信令印

---

① 周世荣：《湖南古代越濮文化初探》，《广西民族研究》1986 年第 3 期。

有 10 多万住民没有编入户籍，170 年前的西汉王朝后期，其未编入户籍的住民口或者为数更多。

因此，《汉书》卷 28 下《地理志》关于南海、郁林、苍梧、合浦 4 郡共 71805 户，390555 人，似是实在人户，明明白白，然细加审察，却又不是当时的实在人口数。

郡名	辖县	户数	口数
零陵郡	零陵、洮阳、始安、夫夷、营道、营浦、都梁、冷道、泉陵、钟武	21092	139378
桂阳郡	桂阳、阳山、曲江、含洭、浈阳、阴山、郴县、临武、便县、南平、耒阳	28119	156488
牂柯郡	故且兰、平夷、镡封、漏卧、句町等 17 县	24219	153360
交趾郡	安定、苟漏、曲易、北带、稽徐、西于、龙编等 10 县	92440	746237

以上 4 郡也是壮族群体越人分布的地区之一。

零陵郡中的零陵、洮阳、始安三县属岭南地区，泉陵（治今湖南零陵）、营道（治今湖南宁远县东）、营浦（治今湖南道县东）、冷道（治今湖南宁远县东西）、都梁（治今湖南武冈市东北）、夫夷（治今湖南邵阳县西）、钟武（治今湖南衡阳县西）等县，有的在苍梧山（九疑山）之南，有的在苍梧山之北，汉代都是壮群体越人分布的地方。到了唐朝，《新唐书》卷 197《韦宙传》仍称永州（即汉泉陵县）的住民为"俚民"，卷 186《邓处讷传》称道州（今道县，即汉营浦县）的人为"峒獠"。因此，古越人特殊的词语如谓渡口或泊船处为"步"、谓"集市"为"墟"等，都曾存在于此一区域。如唐代永州的"铁炉步"。① 南北朝沈怀远《南越志》载："越之市名为墟，多在村场，先期招集各商或歌舞以来之。荆南、岭表皆然。"② "荆南"，就是今湖南省的南部。至今此一地区仍残留"井头墟""楚江墟""柏家墟""梅花墟""寿雁墟""新墟""回龙墟""涛墟""大墟""小墟"等。所以，西汉时，零陵郡 10 县的 21092 户 139378 人中，至少有三分之二即 14000 户 90000 人为壮群体越人。

桂阳郡 11 县，除桂阳、阳山、曲江、含洭、浈阳、阴山 6 县原属南越国南海郡外，郴县（治今湖南郴州市）、临武（治今湖南临武县东）、便县（治今湖南永兴县）、南平（治今湖南蓝山县东）、耒阳（治今湖南耒阳县东）等县，都在今湖南省的东南部。此一地区如同零陵郡，其居民汉代也多是壮群体越人。《后汉书》卷 106《循吏卫飒传》载，建武二年（公元 26 年），卫飒出任桂阳郡太守。"郡与交州接境，颇染其俗，不知礼则。飒下车，修庠序之教（修建学校，实行汉文教育），设婚姻之礼。期年间，邦俗从化。"风俗植根于人的意识、观念和价值取向，一年间怎么就可以完全更革？所以，和帝（89—105 年在位）时许荆任桂阳郡太守。"郡滨南州，风俗脆薄，不识礼义。荆为设丧

---

① （唐）柳宗元：《永州铁炉步志》，《柳河东集》卷 29。
② （清）李调元：《南越笔记》卷 1《赶墟》引。

纪、婚姻制度，使知礼禁。"① 说明的是此一情况。

汉武帝时，越人勇之说："越俗有火灾，复起屋，必以大，用胜服之。"② 20 世纪 80 年代，湖南考古工作者发掘湖南省资兴县所属的东汉墓时，M285 墓出土的陶屋屋壁上刻有"大""又大"字样。③ 此墓为越人墓，墓中的出土遗物印证了汉代越人勇之所说的越人习俗。资兴县汉代为郴县地。该地东汉墓出土遗物，反映了当地居民的系属。

因此，西汉元始二年（公元 2 年）桂阳郡 11 县的 28119 户 156488 人中，至少有三分之一即 18744 户 104326 人为壮群体越人。

牂柯郡所辖 17 县，除故且兰（治今贵州黄平县西南）、鳖县（治今贵州遵义市）、平夷（治今贵州毕节）、毋单（治今云南宜良县）、谈稿（治今云南陆凉县）5 县外，镡封（治今云南文山西北）、漏卧（治今云南罗平县）、同并（治今云南弥勒县）、谈指（在今贵州六枝特区等地）、毋敛（治今贵州独山）、夜郎（治今贵州关岭）、宛温（治今云南岘山县北）、都梦（治今云南文山县）、进桑（治今云南屏边）、句町（在今广西百色市境及云南广南、富宁等地）等 12 县，在西汉氐羌系族人尚未东进的情况下，都是壮群体越人的分布区域。

《汉书》卷 28 上《地理志》记载牂柯郡有户 24219，口 153360，对照史书记载，似也令人存疑。因为在牂柯郡辖区，汉代曾存在 4 个部落方国：夜郎国、句町王国、漏卧侯国及且兰国。④《史记》卷 116《西南夷列传》载唐蒙上书汉武帝说："窃闻夜郎所有精兵，可得十余万。浮船牂柯江，出其不意，此制越之一奇也。"又《汉书》卷 95《西南夷传》也说汉武帝遣驰义侯"发南夷兵"讨南越，"且兰君恐远行旁国虏其老弱，乃与其众反"。待南越国灭，"中郎将郭昌、卫广引兵还，行诛隔滇道者且兰，斩首数万"。这就挑明了夜郎有精兵没"十余万"也有几万人；且兰君被杀，同时有数万部属死于汉兵刀下，且兰至少有大几万的百姓。二者相加，当有近 10 万之众，何以整个牂柯郡仅有 15 万多人。

疑归疑，仍当以见于《汉书》卷 28 上《地理志》记载的为实，因为它是王朝中央统一掌握的全国各郡的户口数字，既权威又无可取代。

在牂柯郡存在的人户中，当有三分之二即 16146 户 102240 人属壮群体越人。

交趾郡所辖安定、苟漏、曲易、北带、稽徐、西于、龙编等 10 县，都位于红河下游及其以南地区，基本上不是壮群体越人的分布区。唐代在今越南的北部和西北部设置众多的羁縻州，这才是"獠"人的分布区。《三国志》卷 53《薛综传》载，"少依族人避地交州"的沛郡竹邑（治今安徽宿县西北）人薛综上书吴王孙权说："交趾麋冷、九真都庞二县，皆兄死弟妻其嫂，世以为俗，长吏悉听，不能禁制。日南男女裸体，不以为羞。"壮傣群体越人还没有分化的时候，《墨子》卷 6《节葬下》已经记载他们有了"鬼妻不可与居"的习俗。在他们分化以后，此一习俗一直在壮群体越人和傣群体越人的后人中传承

---

① 《后汉书》卷 106《循吏许荆传》。
② 《史记》卷 28《封禅书》。
③ 湖南博物馆：《湖南资兴东汉墓》，《考古学报》1984 年第 1 期。
④ 《汉书》卷 95《西南夷传》。

下来，迄于清朝乾隆仍然有其残留。显然，交趾、九真二郡盛行的"兄死弟妻其嫂"以及日南郡的"男女裸体"现象，不是壮傣群体越人及其后人应有的习俗。如此，《汉书》卷28下《地理志》记载的交趾、九真、日南3郡的户口与壮群体越人关系不大，可以略而不计。

《后汉书》卷116《南蛮西南夷传》载，建武十六年（公元40年）"交趾女子征侧及其妹征贰反，攻郡。征侧者，麊冷县骆将之女也，嫁为朱䳒人诗索妻，甚雄勇。交趾太守苏定以法绳之，侧忿，故反"。征侧为交趾郡麊冷县骆将之女，于是人们便走入了一个认识的误区，直把"骆将"之女征侧认作"骆越"之女。实际上，交趾"骆民"并非"骆越"，不要因名有一字相同而不问其实质。

《交州外域记》载，"交趾未有郡县之时，土地有雒田，其田随潮水上下，民垦食其田，因名为雒民，设雒王、雒侯，主诸郡县。县多为雒将，雒将铜印青授。后蜀王子将兵三万来讨雒王、雒侯，服诸雒将，蜀王子因称安阳王"。之后，南越王赵佗打败安阳王，"越遂服诸雒将"。① 其中，并没有指明交趾郡的"雒民"为"越"人或"骆越"人或"瓯骆"人，倒说"诸雒将"服于"越"的统治。

赵佗兼并了中南半岛的土地设置了交趾、九真2郡，2郡成了南越国的国土，于是囊括于"越"内。可是，东汉建武十六年（40年）征侧起兵反汉，《后汉书》卷1《光武帝纪》只说"交趾女子征侧反，略有城邑"。十八年（公元42年）"遣伏波将军马援率楼船将军段志等击交趾贼征侧等"，并没有说"雒将"之女征侧属"越人"。不过，《后汉书》卷116《南蛮西南夷传》既说征侧是"交趾女子"，又点明了她是"骆将之女也"，于是交趾之地为"越"地，"骆"也与人们已有的"骆越"观念结合起来，形成了交趾是"越"，交趾"骆人"也是"骆越"：

> （马）援（在交趾）所过辄为郡县，治城郭，穿渠灌溉以利其民，条奏越律与汉律驳者十余事，与越人申明旧制以约束之。自后，骆越奉行马将军故事。

马援以"交趾"为"越"，以"骆民"为"骆越"，这是因主覆盖，因地延伸，概念泛化，由此便逐渐成为定称。东晋徐广《汉书音义》说"骆，越也"，② 以及南朝宋沈怀远《南越志》将南越王赵佗攻打的"安阳王"称为"南越民"，③ 坚固了此一定称。

到了唐代，司马贞《史记》卷113《南越尉佗列传索隐》说："姚氏案《广州记》云：交趾有骆田，仰潮水上下，人食其田，名为骆侯。诸县自名为骆将，铜印青绶，即今之令。后，蜀王子将兵讨骆侯，自称为安阳王，治封溪县。后，南越王尉佗攻破安阳王，令二使典主交趾、九真二郡，即瓯骆也。"这就不仅将"骆越"一称被于交趾"骆侯"之民，而且将"瓯骆"与交趾"骆侯"之民等同起来了。

"瓯骆"或"骆越"不仅在"鬼妻不可与居"的价值取向及其形成的习俗上，与交

---

① （南北朝）郦道元：《水经·叶榆河注》引。
② （南北朝）裴骃：《史记》卷113《南越列传集解》引。
③ 《太平广记》卷482《南越志》引。

趾"骆民"的"兄死弟妻其嫂"的价值取向及其形成的习俗相异,而且"瓯骆"或"骆越"的"骆"一称的来源与交趾的"骆民"的"骆"来源也不同。

过去一些论者在论述"骆越"的来源时,常以交趾的"骆田"来做论据。这是唯视其字之同为"骆",而不求越的"骆"与交趾的"骆"概念的迥异,从而作不搭界的无谓论证。"越骆"在秦朝吕不韦《吕氏春秋》中已见记载。西汉贾捐之论述的海南岛"骆越"是在初元年间(前48—前44年),而臧宫于东汉建武十一年(公元35年)所屯的"骆越"是今湖北襄阳地区。这些"骆越"的"骆"出现时空不一,而且不是在"仰潮水上下"的滨海地区,怎么可以将交趾"骆田"来说明"骆越"得名的缘由呢?

徐松石先生对交趾"骆田"又有不同的理解。他认为,壮语谓"鸟"为 lok^8 或 nok^8,其汉音译写为"骆","骆田"就是"鸟田"。"鸟田和骆田这两个名称只是一个音的异译。《广州记》'交趾有骆田,仰潮水上下。人食其田,名曰骆侯(laut 或 laoet,有时译作卢余)'。《水经注》引《交州外域记》说,'交趾昔未有郡县之时,土地有雒田,其田从潮水上下。民垦食其田,因名为雒民'。古人曲解,以为骆田(或雒田)乃指田地,其实乃指民族。当日居民浮家泛宅,所以有随潮水上下之句。倘若是指田地,哪里能会随着潮水而上下呢?当日著述者附加注释,指为田地,真是画蛇而添足了。"①

显然,徐先生是认定《广州记》的记载为正式的著述,而以《交州外域记》为"曲解"人意的"附加注释"了。此似乎欠妥。

第一,沿海或近海沿河两岸,潮涨潮落,是自然现象。潮来拥肥泥沃土,潮落暴出沃壤,附近居民耕垦种植,怎么又不可以说是"其田随潮水上下"或"仰潮水上下"而耕作呢?

第二,《水经注》引的《交州外域记》记载较不明何人所著的《广州记》记载妥帖。《广州记》有裴渊《广州记》、顾微《广州记》、刘澄之《广州记》等,唐朝司马贞《史记索隐》所引的《广州记》不知是什么人的《广州记》,怎么可以将它为主而斥南北朝郦道元《水经·叶榆河注》所引的《交州外域记》为"著述者附加注释"?而且,司马贞《史记》卷113《南越列传索隐》所引的《广州记》称:"交趾有骆田,仰潮水上下。人食其田,名为骆侯。诸县自名为骆将,铜印青绶,即今之令。""骆侯""骆将"自是官名,"骆侯"自不是一个群体的名称,而是群体中的官称。"人食其田,名为骆侯",疑是"人食其田,名为骆民"之讹。以《史记索隐》引述的《广州记》对照郦道元引述《交州外域记》记载的"交趾昔未有郡县之时,土地有雒田,其田从潮水上下,民垦食其田,因名为雒民。设雒王、雒将主诸郡县,县多为雒将,雒将铜印青绶",就可以清楚《广州记》作者或传抄者在传抄过程中失落了什么,到底谁家的著述为正确而完整。怎么可以因不知是谁人的《广州记》记载之讹,从而因"人食其田,谓之骆侯"的"骆侯"正符合于自己设想的壮语谓"鸟"为"laut"或"laoet"或"卢余",便强行注入,以之为主而否认其他?

第三,越人与食"骆田"人异习不同,不能以越人的"鸟田"解释另一人类群体的"骆田"。《三国志》卷53《薛综传》载薛综上书吴王孙权说:"汉武帝诛吕嘉,开九郡,

---

① 《百粤雄风岭南铜鼓》,《徐松石民族学文集》,广西师范大学出版社2005年版,第770页。

设交趾刺史以镇监之。山川长远，习俗不齐，言语同异，重译乃通。"壮群体越人与交趾人习不同俗相异，自然也是"言语同异，重译乃通"。如此，怎可以将越人的"鸟田"强解于交趾的"骆田"，说交趾的"骆田"就是"鸟田"，就是"民族"，不是指"水田"？

因事有拉连，于是在此花了笔墨作了这些看似无关实际大有关系的述说。

这样，西汉元始二年（公元2年）合南海、苍梧、郁林、合浦、桂阳、零陵、牂柯7郡，壮群体越人约有120695户，口687121。

另外，始元五年（前82年），初元三年（前46年）先后罢废的儋耳（治今海南省儋州市西北南滩）、珠崖（治今海南省海口市琼山区）2郡，其人口《汉书》卷28下《地理志》已经没有记载。不过，《汉书》卷64《贾捐之传》说2郡"广袤可千里，合十六县，户二万三千余"。此"二万三千余"户，有10万多人，如果其中有二分之一即50000人为今临高人的先人，则西汉后期壮群体越人约有737121人。

这一数字，较汉武帝时代约估的120万略少，其中原因可能是许多地方的住民没有编入户籍。

其中，还有万来或二三万北来的中原汉人。这部分人，就是戍守岭南的秦兵。赵佗割据岭南，习从越俗，他们自然也遵从其主，俗同越，语从越，既取同于越人的生活方式，也取同于越人的"喉之为官则思"的思维特点，以越语"ho² nam³"的"nam³"作为"考虑""思考""思谋"的基本词语。当然，他们语难全变，于是在越语的基础上掺入汉语的词汇，形成既类越语又略异越语的语言。此一语言，后来不断向汉语的语法、词汇靠拢，又保持着越语的音声，形成了广州的"白话"。

东汉，岭南各郡的人口增多了。据西晋贾彪《续汉书》的《郡国志》记载，除了郁林郡阙遗户籍外，自西汉元始二年（公元2年）至东汉顺帝永和五年（公元140年）经过了近140年的发展，南海郡的居民由原来的94253人增至250282人，多了156029人；苍梧郡由原来的146160人增至466975人，多了320815人；合浦郡由原来的78980人增至86617人，多了7637人。而郁林郡西汉时的71162人即使不增不减，东汉灵帝"建宁三年（170年）郁林太守谷永以恩信招降乌浒人十余万人内属，皆授冠带，开置七县"，[①]合起来也有了近20万人。如此，岭南南海、郁林、苍梧、合浦4郡的人口已达100多万人。

《后汉书》卷32《郡国志》载零陵郡领13城，户212284，口1001578；桂阳郡领11城，户135029，口501403人。2郡的户口数字，似不尽符于当时的实际。

第一，被目为"烟瘴之地、蛮夷之邦"郡县，东汉时不当拥有如此众多的人口。

长沙汉苏将军"苏郢"墓中出土有"洮阳长印""逃阳令印"二方印鉴。[②] "洮阳""逃阳"以及1957年安徽寿县出土的《鄂君子节》其"入湘……庚邺阳"、1972年长沙市出土的马王堆汉墓《地形图》中的"桃阳"，都是"洮阳"的同音异写或近形而讹。洮阳县长官由"长"转为"令"，说明洮阳县人口东汉已见增长，成为拥有万户的大县。然而，以此即认为洮阳县所属的零陵郡已经拥有100万人口，桂阳郡也有了50万的住民，

---

① 《后汉书》卷116《南蛮西南夷传》。
② 周世荣：《湖南古代越濮文化初探》，《广西民族研究》1986年第3期。

却似有不实之嫌。因为当时荆州所属的各郡，除南阳郡（治今河南南阳市）辖 37 县有 2439618 人，长沙郡（治今湖南长沙市）辖 13 县有 1059372 人，南郡（治今湖北江陵县）辖 17 县有 747604 人外，其他如江夏郡（治今湖北新县西）辖 11 县、武陵郡（治今湖南溆浦县南）辖 12 县，都只有 20 多万人口，而地处"烟瘴之地、蛮夷之邦"的零陵郡竟会有百万之众，桂阳郡也挤入拥有 50 万人口大郡的行列，岂能不引人生疑！

逃阳令印

第二，东汉时不仅桂阳郡的居民多越人，而且零陵郡至唐代仍是"蛮荒"之地，贬斥官员之所。

唐朝人《湖南风土记》说："长沙下湿，丈夫多夭折。俗信鬼，好淫祀，第芦为室，颇杂越风。"① 唐朝人既以"俗信鬼，好淫祀，第（只以）芦为室"视为"越风"，自然在东汉的时候，长沙郡以南更被视为"越地"了。所以，《后汉书》卷 106《循吏卫飒传》及《许荆传》都说桂阳郡居民的习俗如同岭南越俗，婚姻、丧葬不同于中原的礼制。同时，考古学资料也说明其地的居民也如同越人"有火灾，复起屋，必以大，用胜服之"这样的心理素质和价值取向。② 零陵郡也没异样。虽然西晋太康中（280—289 年）晋武帝灭了吴国割始安县立始安郡归属于广州，唐改零陵郡为永州，治今湖南零陵，但是唐朝贞元二十一年（805 年）著名文学家柳宗元被贬斥，首先就是流放到永州的。他在永州 10 年，既说"永州于楚为最南，状与越相类"，③ 又说"此州（指永州）地极三湘，俗参百越，左衽居椎髻之半"。④ 因此，《新唐书》卷 197《韦宙传》便称永州的居民为"俚民"。如此的"蛮夷"之地、烟瘴之区，东汉时期居民不会远多于中原各郡，会有逾 50 万之聚，达 100 万之众。

"左衽居椎髻之半"，道出了唐朝时壮群体越人的后人居于永州居民之半。东汉永和五年（140 年）即使有众多中原汉人入居于零陵、桂阳二郡，在二郡的居民中壮群体越人也当占有一半。假若东汉时桂阳、零陵二郡的人口各以 25 万计，则二郡的壮群体越人其数也在 25 万上下。

牂柯郡东汉辖 16 县，户 31523，口 267253。西汉牂柯郡辖 17 县，东汉都梦县（治今云南文山县）废置，余 16 县，其人口则多了 113893 人。当中，户均人口为 8.5 人，似又有些不对头了。自古壮群体越人是实行以夫妻为主的核心家庭制，子女长大成婚即分屋异爨，迄于明末清初仍传承着这样的习俗。比如，肇庆府（治今广东肇庆市）居民"娶妇之后多异爨"，"兄弟异居，父子割户"；⑤ 思恩府（治今广西武鸣县府城）西林县居民

---

① 《太平御览》卷 171《州郡部·潭州》引。
② 《史记》卷 28《封禅书》；湖南博物馆：《湖南资兴东汉墓》，《考古学报》1984 年第 1 期。
③ 《与李翰林建书》，《柳河东集》卷 30。
④ 《代韦永州谢上表》，《柳河东集》卷 38。
⑤ 《古今图书集成·方舆汇编·职方典》卷 1349《肇庆府风俗考》。

"父子各居，兄弟异室"。① 在这种情势下，社会上不可能存在户均 8.5 人的大家庭。当然，壮群体越人如同僚群体越人一样，古代实行多妻制，可是，由于他们所居的竹屋茅茨干栏不大，容人有限，妻子再多，也不会拥居一栏，成为一个众多人口的户头。所以，南宋周去非《岭外代答》卷 10《十妻》说，虽钦州的"小民皆一夫而数妻"，但"群妇各结茅散处，任夫往来，曾不之较"，多妻制并未成为壮群体越人社会产生户均人口众多家庭的温床。

如此，永和五年（140 年）牂柯郡的 267253 人，仅能指认其中的一半即 133626 人为壮群体越人，比西汉元始二年（2 年）的 102240 人多了 31386 人。

这样，合南海、郁林、苍梧、合浦、零陵、桂阳、牂柯 7 郡，永和五年（140 年）壮群体越人的人口约有 1383626 人。加上虽其罢废仍然存在的珠崖、儋耳二郡的临高先人的 5 万人，则东汉后期壮群体越人当有 143 万以上。

西汉后期，皇帝昏庸，王莽改制，吏治腐败、贪官、恶官横行，群雄并起，战乱纷呈。人们为了求得安宁，开始南迁。不过，岭南既是瘴乡，又是"蛮邦"，南迁的士绅借岭南为客寓之地，中原太平，大多还是打包返回旧日乡里的。比如，王莽改制，胡刚挂冠亡命交趾，其子胡贡任交趾都尉，其孙胡广则举家重返中原老家了。② 而士燮其六世祖本鲁国汶阳（今山东泰安市）人，王莽时举家南迁，落居于苍梧（今广西梧州市）。传到士赐时，家业渐兴，出任日南郡太守。士赐子士燮游学京师，父亲死后，"举茂才（秀才，后避东汉汉光武帝刘秀讳改茂才），除巫令，迁交趾刺史"。后来，他又拉动其兄弟士壹、士䵋、士武进入仕途，分别出任合浦、九真、南海太守，掌控岭南大郡的权力。③ 士家原籍虽在鲁国汶阳，但籍落苍梧六七代，已成为岭南次生土著，试看他于建安二年（197年）上书恳请将交趾刺史部改为交州，即可知其为土著人的心态：

伏见十二州皆称曰州，而独交趾为交趾刺史，何天恩之不平乎？若普天下可为十二州者，独不可为十三州？④

中原士绅逃难岭南而落籍岭南者少，独士燮一家为可贵。但是，平民之家逃难岭南不返或被迫落籍岭南的就多得多了。三国时，薛综上书说，自汉武帝灭南越设置九郡以后，"颇徙中国罪人杂居其间，稍使学书，粗知言语，使驿往来，观见礼化"。⑤ 这些移居岭南的中原人，对于岭南地区的总人数来说毕竟居于少数。客贵入乡随俗，所以东汉时代这些入居岭南的中原人在让越人得以沐浴中原文化的同时，最终也趋同于越人，成为壮群体越人的一员。

---

① 《古今图书集成·方舆汇编·职方典》卷 1421《思恩府风俗考》。
② 《后汉书》卷 74《胡广传》。
③ 《三国志》卷 49《士燮传》。
④ （晋）苗恭：《交广记》，《艺文类聚》卷 631 引。
⑤ 《三国志》卷 53《薛综传》。

二　魏、晋、南北朝及隋朝人口

三国，由于《三国志》没有《地理志》，没有当时户口的记载，无从知道其人口状况。不过，中原军阀混战，村落荒墟，人口严重减耗，"千里无鸡鸣，生民百遗一"，①"出门无所见，白骨蔽平原"，②"君不见长城下，死人骸骨相撑柱"，③ 却是可以肯定的。当时，岭南为吴、蜀二国争夺的地区，最终大部为吴国所有。然而，那时来岭南做刺史的都是自带部曲而来，④ 即使如苍梧士燮为交趾郡太守，也是带着自己的"宗兵"去任职的。⑤ 壮群体越人在三国时代被称为零陵、苍梧、郁林、合浦"夷越"或"高凉宿贼"，并没有完全成为吴、蜀二国互相殴杀的炮灰。⑥ 而且，当时岭南局势还比较平静。"苍梧、南海，岁有暴风瘴气之害。风则折木，飞沙转石；气则雾郁，飞鸟不经。自（陆）胤至州，风气绝息，商旅平行，民无疾疫，田稼丰稔。"⑦ 社会并没有出现如同中原"白骨蔽平原"的凄惨情状，人口自然也没见大的减耗。

东汉，已经出现了"里""僚"之称。由于来源相同，习俗相近，语言相通，人们便以"里""僚"泛称壮傣群体越人的后人。

三国两晋"僚"人大量入蜀，这是魏、晋二代影响着岭南壮群体越人的后人"俚僚"人口增长的一个重要因素。另一个重要因素是东晋义熙六年（410年）卢循、徐道覆在岭南的起兵反晋。裴渊《广州记》载："卢循袭广州，风火夜发，奔逸者数千而已。（卢）循除烧骨，数得髑髅（死人头骨）三万余，于江南洲上作大坑葬之，今名为共冢。"⑧ 一战而烧死三万余，在地广人稀的古代岭南，可说是损失巨大，影响深远。

太康中（280—289 年），西晋以荆州始安（治今广西桂林市）、始兴（治今广东韶关市）、临贺（治今广西贺州市贺街）3 郡划属广州。《晋书》卷15《地理志》载，广州统南海、临贺、始安、始兴、苍梧、郁林、桂林、高凉、高兴、宁浦 10 郡，户 43140。交州合浦郡户 2000。荆州零陵郡户 25100，桂阳郡户 11300，以三分之一属壮群体先人的后人计，有 12133 户。另外，《晋书》卷 14《地理志》载，宁州兴古郡户 6200，以三分之二属壮群体越人的后人"俚僚"计，有 4133 户；益州牂柯郡户 1200，以二分之一属壮群体越人的后人"俚僚"计，有 600 户。晋代，壮群体越人的后人"俚僚"约有 62006 户。如以西汉时南海郡户均 4.8 人计，则约有 297628 人。

此一人口数字，比西汉的 737121 人、东汉的 1383626 人，大大减少了。此减少，除上面所说的两个原因外，又一原因是众多人口没有编入户籍。《晋书》卷 57《陶璜传》载，西晋统一吴国后，交州刺史陶璜上书说："广州南岸，周旋六千余里，不宾属者乃五

---

① （汉）曹操：《蒿里行》。
② （汉）王粲：《七哀》。
③ （汉）陈琳：《饮马长城窟行》。
④ 《三国志》卷 48《三嗣主传》；卷 57《陆绩传》。
⑤ 《三国志》卷 49《士燮传》。
⑥ 《三国志》卷 38《许靖传》；卷 53《薛综传》；卷 60《吕岱传》。
⑦ 《三国志》卷 61《陆胤传》。
⑧ 《太平御览》卷 374《髑髅》引。

万余户,及桂林不羁之辈(不受约束的人)复当万户,至于服从官役,才五千余家。"所谓"广州南岸",指的是今粤西桂东的高凉(治今广东恩平市北)、高兴(治今广东阳江县西)、宁浦(治今广西横县)等郡。据《晋书》卷15《地理志》记载,高凉郡户2000,高兴郡户1220,宁浦郡户1220,加上桂林郡(治今柳州市东南)户2000,共6440户。户籍是官府征取赋役的依据,吴国亡后陶璜奏疏所说的高凉、高兴、宁浦、桂林4郡"服官役者才五千余家",与《晋书》记载的这几个郡的户数相去不远,所差显然是其间记载的时间不同罢了。"广州之南""不宾服者"及"桂林不羁之辈"约60000户,没有列入晋王朝的户籍,若按户均人口4.8人计,则有288000人。此几郡是如此,南海、苍梧、郁林、临贺、始安、始兴、合浦诸郡呢,未入编户的也当不在少数。《南齐书》卷14《州郡志》载:"越州,镇临漳郡,本合浦北界也。夷獠丛居,隐伏岩障,寇盗不宾,略无编户。"南朝宋泰始七年(471年)距西晋太康元年(280年)已有190年,情况尚且如此,可见西晋元康元年(291年)的时候,壮群体越人的后人"俚獠"脱籍的众多。因此,两晋之际,除去入迁巴、蜀、汉中不计外,壮群体越人的后人"俚獠"虽受着前面两个因素的作用,其人口数也当在80万上下。

西晋结束了魏、蜀、吴三国的分立,统一的政治局面仅维持了20多年,"八王之乱",司马皇族陷入争权的混战中,北方少数民族趁机挺进中原,这就是历史上所谓的"五胡乱华"。公元318年,司马睿在江东称帝,偏安于东南一隅,是为东晋。东晋虽困于江南半壁,却也不思振作,政治腐败,人欲横流,先后有王敦、苏峻、孙恩、桓玄等起事,兵燹频仍,百姓深陷于战祸中。当时的江州(治今湖北黄梅县西南)"以一隅之地,当逆顺之冲。自桓玄以来,驱蹙(驱逐践踏)残败,乃至男不被养,女无匹对,逃亡去就,不避幽深"。①

"永嘉(307—313年)世,天下荒,余广州、皆平康。"② 在西晋末年中原动乱人民遭殃的时候,岭南的安定,给受难中的中原汉人一线光亮,于是有不少人便不顾气候不适、地属"蛮邦"、人情不洽,铤而走险越五岭而南,成为岭南的居民。然而,这些人毕竟不多。因为一来外来与土著间由于人情的不洽、文化的冲突而产生矛盾,互不相融。比如,南朝宋泰始(465—471年)初,"交州土人李长仁为乱,悉诛北来流寓,无或免者"。③ 二来,先入居岭南者已经逐渐趋同于当地土人,对后入迁者产生抵触情绪,形成排斥心理。所以,东晋义熙(405—418年)末,东海(治今江苏常熟县北)人徐道期流寓广州,为"侨旧所凌侮"。④ "侨旧",就是先徐道期流居于岭南的中原汉人。

由于从中原入居岭南者其数有限,他们入乡随俗,也多趋同于土著人。因此,在晋王朝统治者的眼里,岭南还是壮群体越人的后人"俚獠"人的天下。咸和、咸康年间(326—342年),"时东土多赋役,百姓乃从海道入广州。广州刺史邓岳大开鼓铸,诸夷因

---

① 《晋书》卷85《刘毅传》。
② 广州市西村出土西晋墓砖文,《广州市文物志》,岭南美术出版社1990年版,第121页。
③ 《宋书》卷94《徐爱传》。
④ 《宋书》卷50《刘康祖传》。

此知造兵器",①是如此。太元三年（378年），晋孝帝下诏声言"广州夷人宝贵铜鼓，而州境素不出铜，闻官私贾人（商人）皆于此下贪比轮（东晋钱币，大者谓比轮）斤两差重（略重），以入广州，货与夷人，铸败作鼓（把铜钱熔了铸造铜鼓）",②也是如此。

南朝梁沈约《宋书》卷38《州郡志》虽有户口记载，但既说广州领17郡，却又列了18郡；而宁浦（治今横县）、晋兴（治今南宁市）、海昌（治今广东高州市东北）三郡又阙遗了户数、口数。同时，郁林郡（治今广西贵港市）领17县，户1121，口5727。该郡领的17县的长官都是"令"，可是平均下来每县仅有336人，岂不是大大违反了《宋书》卷40《百官志下》关于县长官"大者为令，小者为长"的规定了吗？显然，《宋书》记载的关于岭南的人口数据难以尽信。

魏、晋，南越"獠"北上巴、蜀、汉中；南朝，南越"俚獠"则北上江东，参与江东的权力逐鹿。

宋、齐、梁三朝派驻岭南的官员，以官居岭南为肥缺（官位）。"南土沃实，在任者常致巨富。世云：广州刺史便（只）经城门一过，便得三千万也。"③ 广州"西南二江，川源深远，别置督护，专征讨之，卷握之资，富兼十世"。④ 与"高逸"（超世俗的隐逸之士）臧荣绪并行隐居当时并称"二隐"的关康之，"宋太始中（465—471年）征（征聘为）通直郎，不就"。但是，"晚以母老家贫，求为岭南小县"，捞上一把。⑤ 可见为官岭南而捞一把，是多少南朝历朝为官者的企望啊！因此，南朝历朝为官岭南的大都是以贪为务。他们或以"郡常有高凉生口及海舶每岁数至"通商贸易，上下其手，"以半价就市，又买而即卖""捞""数倍"之利；⑥ 或攻打"俚洞""獠酋"，公开夺财以充腰包。⑦

"虽在僻远，各有部落，俱属国家，并识王化。"⑧ 岭南归属秦及秦以后历代中央王朝已近800年，壮群体越人及其后人"俚獠"受汉族文化濡染、熏陶也已近800年，林林总总，也大有人才。天监中（502—519年），王僧孺出任南海太守，特出了一个告示，称《至南海郡求士教》⑨，以笼络岭南"俚獠"人才：

此境三闽奥壤（深处），百粤旧都，汉开吴别（汉开设交趾刺史部，吴分割为广州、交州），分星画部，风序（气度）泱泱（宏大），衣簪（官吏与世家大族）斯盛（则兴隆盛大）。其川岳所产，岂值明珠、大贝、桂蠹、翠羽而已哉（哪里只是以明珠……翠羽等值得回顾而已呢）？孝实人经（人的经脉），则有罗威、唐颂；学为业

---

① 《晋书》卷73《庾翼传》。
② 《晋书》卷26《食货志》。
③ 《南齐书》卷32《王琨传》。
④ 《南齐书》卷14《州郡志》。
⑤ 《南齐书》卷54《高逸臧荣绪传》。
⑥ 《梁书》卷33《王僧孺传》。
⑦ 《陈书》卷9《欧阳頠传》。
⑧ （唐）张九龄：《敕安南首领爨仁哲书》，《曲江集》卷12。
⑨ 教，是古代文体的一种，如同"告示""文告""通告"。

本（事业的根本），又闻陈元、士燮。至于高尚独往（志节高尚，不随流俗沈浮的人），相望于圻（qí）岩（相望于山岩之上）；怀仁抱义，继踪于前史（相继出现于前史）。①

王僧孺见前人与时人为官岭南，唯财是贪，唯宝是求，大为感叹："昔人为蜀部长史，终身无蜀物，吾欲遗子孙者，不在越装。"他任职南海郡太守，以求贤才为任，视人才高于宝货奇物，弃珍奇异产有如敝屣，"并无所取"。然而，王僧孺有独识却难为力，不能改变污浊的官场风气。他在岭南只待了一年便被调回京师。虽然南海郡中百姓 600 人亲上朝廷挽留，却不能得到皇帝的允可。②

"高尚独往，相望于圻岩；怀仁抱义，继踪于前史。"这是王僧孺对岭南人文逐渐蔚盛、社会发展的评价。陈霸先及一些野心勃勃的官员们，也洞明此一发展趋势。在南朝偏安于东南一隅的情况下，他们收敛锋芒，隐藏踪迹，立根岭南，联络"俚獠"首领，蓄积财富，发展势力，伺势率军北上夺取南朝政权。

太清二年（548 年）"侯景之乱"起，往日"九品中正制"培养起来的官僚势力一无能耐，"群凶竞起，郡邑岩穴之长，村屯坞壁之豪，资剽掠以致强，恣陵侮而为大"。③ 此"岩穴""村屯"的豪酋，不是传统的"三吴士族"，而是东南土人，即被压迫于下的阶层、民族。过去，他们居于社会的底层，不能与闻南朝大政，"侯景之乱"，社会翻了个个儿，给他们提供了一个机会。他们搅动了社会，参与、干预了南朝的社会大政。同样，岭南的"俚獠"首领也率军北逾五岭，参与、干预了南朝的社会大政。

梁大同间（535—545 年），左卫将军兰钦及其部将欧阳頠镇压并捉了俚帅陈文彻兄弟。④ 陈氏兄弟归顺梁广州刺史萧励，⑤ 官至南陵（治今安徽贵池西南）太守。太清二年（548 年）侯景乱后，他率军驰援台城（在今江苏南京市），⑥ 其军自是岭南"俚獠"子弟。陈文彻不复返岭南，所部自然也留居于江东地区。

高州（治今广东阳江市西）是广州刺史萧励上疏要求设置的，以西江督护孙固为刺史。孙固离任，俚人首领李迁仕为刺史。所以，徐陵为陈霸先加九锡的策文中说："迁仕凶愿（凶狠而邪恶），屯据大皋（治今江西吉安市），乞活类马腾之军，流民多杜弢之众。"⑦ 东汉末马腾起家于氐、羌，所部为氐、羌兵，李迁仕所率自是"俚獠"之众。"侯景之乱"，李迁仕率军北上勤王。后来，他与广州刺史萧勃相勾结，阻挠陈霸先北上。"南康（治今江西赣州市西南）土豪"蔡路养扼守在大庾岭要道，⑧ 作为阻军的第一道防线。大宝元年（550 年）被陈霸先突破。第二道防线则是李迁仕。他驻兵于大皋口（治今

---

① 《艺文类聚》卷 53《治政·荐举》引。
② 《梁书》卷 33《王僧孺传》。
③ 《陈书》卷 35《传论》。
④ 《梁书》卷 32《兰钦传》。
⑤ 《南史》卷 31《萧励传》。
⑥ 《梁书》卷 56《侯景传》。
⑦ 《陈书》卷 1《高祖纪上》。
⑧ （宋）司马光：《资治通鉴》卷 162。

江西吉安市）。陈霸先经过艰难的搏斗，始于大宝二年（551年）二月在南康擒住李迁仕，其众编入陈霸先所部。

南朝陈帝陈霸先，"其本甚微"，[①] 以中直兵参军随广州刺史萧映进入岭南。从此，他联合"俚獠"首领，深结人缘，发展势力。这就是太平二年（557年）徐陵在陈霸先加九锡策中说的"番禺连率，本自诸夷，言得其朋，是怀同恶。公仗此忠诚，乘机剿定，执沛令而衅鼓，平新野而据鞍"。[②] 其中，以始兴曲江（治今广东韶关市）土豪侯安都率3000子弟兵为著名。陈霸先率军北上勤王，侯安都"攻蔡路养，破李迁仕，克平侯景，并力战有功"。后助陈霸先立陈称帝；陈霸先死后，又拥陈蒨为陈文帝，"自是威名甚重，群臣无出其右"（没有能胜过他的）。后来，侯安都被杀，其所率部众也就流落于江东地区了。[③]

东西两"獠"北迁，一是或被迫或盲流，二是欲参与、干预南朝大政；但是，二者的结局都是不由自主地趋同于汉族。这是社会以汉族文化为主体文化的必然结果。

开皇十年（590年），隋朝统一岭南，地方实行"州县"建置。大业三年（607年），隋炀帝一反其父所行，地方政区废"州县"建置，恢复"郡县"建置。据《隋书》卷31《地理志》记载，隋朝在今广东、广西及海南省共设置了14郡：

郡名	治地	领县	户数	郡名	治地	领县	户数
南海郡	今广州市	15	37482	始安郡	今桂林市	15	54517
龙川郡	今广东惠州市惠阳区	5	6420	永平郡	今广西藤县	11	34049
义安郡	今广东潮安县	5	2066	郁林郡	今广西贵港市	12	59200
高凉郡	今广东阳江市	9	9917	合浦郡	今广西合浦县	11	28609
信安郡	今广东高要市	7	17787	宁越郡	今广西钦州市	6	12670
永熙郡	今广东罗定市	6	14319	珠崖郡	今海南海口市琼山区	10	19500
苍梧郡	今广东封开县	4	4578	熙平郡	今广东连山县	9	10625
合计		51	92569	合计		74	219170

岭南14郡领125县，合计有户311739，如果按汉代南海郡户均口4.8人计，则有1496347人。此近150万人，从《隋书》卷31《地理志》的记载中，可信其全为壮群体越人的后人"俚獠"。

另外，零陵郡领县5，其中的湘源县（治今广西全州县西）是隋朝灭南朝陈后以洮阳、灌阳、小零陵（汉零陵县）合并设置的，冯乘县则治于今广西富川瑶族自治县东北。其郡有户6845，当有二分之一即3422户属壮群体越人的后人"俚獠"，因为即使到了唐

[①] 《南史》卷9《陈武帝纪》。
[②] 《陈书》卷1《高祖纪上》。
[③] 《陈书》卷8《侯安都传》。

代，人们仍称永州（治今湖南零陵县）的居民为"俚民"。① 3422 户，以户均 4.8 人计，有 16425 人。二项合计，可知隋朝设置郡县地区壮群体越人的后人"俚獠"约有 1512772 人。而隋朝力有不逮，没有设置郡县的今广西左右江地区、龙水地区（即汉代郁林郡定周县境今广西河池市），以及原牂柯、兴古等郡即今贵州、云南东南地区的壮群体越人的"俚獠"人数则不在此内。

三　唐、宋人口

（一）唐代人口

唐代，岭南"俚獠"虽"俱属国家，并识王化"，但地在"僻远，各有部落"，习俗传承，各地首领众多林立。据记载所见，高州有冯盎、冯子猷，广州有高法澄，新州有冼宝彻、冼智臣，循、潮二州有俚帅杨世略，韶州有邓祐，恩州有陈承亲，泷州有陈集原，罗、窦二州有多胡桑，藤州有李光度，昭州有周庆立，钦州有宁长真，白州有庞孝泰，昌州有庞孝恭，南越州有宁道明，昆州有沈逊，融州有欧阳世普，象州有秦元览等。即使如澄州的无虞县，据碑载，在相距不到 10 里的澄太和智城洞（今上林县白墟），也各有韦敬办、韦敬辨据地为雄。他们或自诩为"岭南大首领""都云县令"，或自诩为"廖州大首领""廖州刺史"，干戈相向，相互戒备。

武德五年（622 年），李靖率领唐朝军队自北跨岭进入桂州，"遣人分道招抚"，"俚獠"诸首领归顺。李靖"承制（根据皇帝的命令）授其官爵。凡所怀辑九十六州，户六十余万"。② 隋代，今两广地区不过 14 郡，李靖所怀辑的竟有 96 州之多，无疑是如同《旧唐书》卷 38《地理志》所说的"自隋季丧乱，群盗初附，权置州郡，倍于开皇、大业间"。96 州而有"六十余万"户，疑为综合各地"俚獠"首领自报的人户数量。如以户均人口 4.8 人计，60 多万户当有 2880000 人口。这个数字，比隋朝的 150 多万多了近一倍。此一数字的增多，并不表示唐朝初年岭南人口的迅速增长，因为它不仅包括了同在岭南的交州众多州县的人口，而且暴露了此前各地"俚獠"隐瞒下来的即未入籍的户口的众多。

《旧唐书》卷 41《地理志》关于岭南诸州户口统计有两个数字，一是"旧"，二是"天宝后"。"天宝后"当是"天宝元年"，即公元 742 年，因为《新唐书》卷 43 上《地理志》所载常出现"天宝元年领户"的字样，当是同出于一个年份的记载。而所谓的"旧"，当是指《旧唐书》卷 38《地理志》所载的"十三年定簿"的贞观十三年（639 年）。贞观十三年（639 年）关于岭南诸州人户的记载，可能多有失实。比如，藤州户 9236，口 10372，户均人口仅 1.2 人。"俚獠"女子婚后不落夫家，怀孕欲产方才落居夫家，所以立户之初即有 3 人，即使他们不太爱骨肉，如《太平广记》卷 483 引唐朝人《南海异事》所载的贫家常到富室"指腹卖子"，然而夫妻转轴始成家，一家一户至少也有 2 人，怎么会一州户均人口只有 1.2 人？类似此种情况的还有象州、柳州、融州、贵州、钦州、富州等。桂、梧二州户均人口也是 1.7 人，不足 2 人。而龚州（治今平南县）

---

① 《新唐书》卷 197《韦宙传》。
② 《旧唐书》卷 67《李靖传》。

有户 13821，口 11138，户均人口仅 0.8 人，那就更难成户了。

《新唐书》卷 43 上《地理志》所载的天宝元年（742 年）岭南各州户口虽出现如康州（治今广东德庆县）、罗州（治今广东廉江市）二州户均人口不足 2 人的情况，但其例仅此而已，疑或其记载略近乎事实。而且，各州户数除环州外，都一一具写，不如《旧唐书》所载贞观十三年（639 年）人户那样缺口众多。

据《新唐书》卷 43 上《地理志》载，今两广地区各州天宝元年（742 年）户口如下：

州名	户数	口数	户均	州名	户数	口数	户均
广州	42235	221500	5.2	融州	1232		
韶州	31000	168948	5.4	邕州	2893	7302	2.5
循州	9525			贵州	3026	9300	3
潮州	4420	26745	6	党州	1149	7404	6.4
冈州	5650			横州	1978	8342	4.2
贺州	4552	20570	4.5	田州	4168		
端州	9500	21120	2.2	严州	1859	7051	3.8
新州	9500			山州	1320		
康州	10510	17219	1.6	峦州	770	3803	4.9
封州	3900	11827	3	罗州	5460	8041	2
泷州	3627	9439	2.6	顺州	509		
连州	32210	143523	4.4	潘州	4300	8967	2
恩州	9000			容州	4970	17085	3.4
春州	11218			辩州	4858	16209	3.3
高州	12400			白州	2574	9498	3.7
藤州	3980			牢州	1641	11756	7.1
义州	1110	7303	6.5	钦州	2700	10146	3.7
窦州	1019	7339	7.2	禺州	3180		
勤州	682	1933	2.8	瀼州	1666		
桂州	17500	71018	4	岩州	1110		
昭州	4918	12691	2.6	古州	285		
富州	1460	8586	5.9	宜州	1220	3230	2.6
梧州	5000			芝州	1200	5300	4.4
蒙州	1059	5933	5.6	陆州	494	2674	5.4
龚州	9000	21000	2.3	笼州	3667		

续表

州名	户数	口数	户均	州名	户数	口数	户均
浔州	2500	6836	2.7	环州			
郁林州	1918	9699	5	廉州	3032	13029	4.3
平琴州	1170			雷州	4320	20572	4.8
宾州	1976	8580	4.3	崖州	819		
澄州	1368	8580	6.2	琼州	649		
绣州	9773			振州	819		
象州	5500	10890	2	儋州	3309		
思唐州	141			万安州	2997		
柳州	2232	11550	5.1				
合计	271553	832829		合计	74174	169709	

表中注明户口的州共有户345727，1002538人，户均人口2.9人；仅注明户数而没具人口数的有循州、冈州、新州、恩州、春州、高州、藤州、梧州、平琴州、绣州、思唐州、融州、田州、山州、顺州、禹州、瀼州、岩州、古州、笼州、崖州、琼州、振州、儋州、万安州25州，合计户103087，如以户均人口2.9人计，则有298952人，与前项合计共1301490人。

然而，壮群体越人的后人传承其先人的习俗，"兄弟异居，父子割户"，[①] 女子婚后不落夫家，怀孕及于生产丈夫方才建房立户落居夫家，[②] 所以他们立户之初即有3人，怎么会是岭南一道户均人口仅有2.9人？显然此一数字，与实际存在颇多距离。

永州领零陵、祁阳、湘源、灌阳4县，天宝元年（742年）有户27494，口176168，户均6.4人；道州领弘道、延唐、江华、永明、大历5县，有户22551，口139063，户均6.1人，比岭南各州以户均人口2.9人则多得多了。这是其一。其二，除《新唐书》卷197《韦宙传》载永州的居民为"俚民"外，同书卷186《邓处讷传》也说道州的居民有"獠"。如果二州人口以三分之一即105077人属"俚獠"人，则天宝元年（742年）的"俚獠"入于户籍的约140万人。而今贵州、云南东南及桂西左右江、桂西北大部分地区的未入皇家户籍的"獠"人还不在其内。

（二）宋代户口

岭南虽称富于物产，富于珍奇宝货，但地属蛮乡瘴地。中原汉人往往是谈瘴色变，见蛮胆怯，往来于岭南求富的人，多是过客，少有驻足的人。即使有人不得已而留居于岭南的，也不得不入乡随俗，逐渐趋同于当地土著壮群体越人及其后人，如同《隋书》卷31《地理志》所载的一样，今两广地区，隋代仍然是壮群体越人的后人"俚獠"的天下。到

[①] 《古今图书集成·方舆汇编·职方典》卷1349《肇庆府风俗考》；同书卷1421《思恩府风俗考》。
[②] （宋）乐史：《太平寰宇记》卷165《郁林州风俗》；胡朴安：《中华全国风俗志》下篇卷7。

了唐代，情况没有多大变化，岭南仍然是中央王朝官员获罪贬放之地。中原人来岭南做官的、驻戍的，无不翘首指日望归，越期则呼啸强力奔返故乡。① 当然，在壮群体越人语言基础上形成并不断向汉语靠拢的粤语，像溶溶江水，既优又渥，渗透、浸渍于壮群体越人的后人"俚獠"中，但是到了唐代甚至宋代，壮群体越人传承下来的文化习俗，仍然不变地在他们中间传承着，宋代也一仍如此。政和七年（1117 年）七月十七日宋徽宗下令要广东州县官员禁止广东人继续传承壮群体越人戴白头巾的习俗，就是要改变他们从壮群体越人传承下来的以白志喜以红表哀的观念，更异其"箫鼓不分忧乐事，衣寇难辨吉凶人"的世态。②

宋朝 300 多年，是岭南社会主体和社会文化变化的转换时期，也就是中原汉人南下丛居于岭南从而大量出现"客户"的时期。

一州户口有主户、客户之分，在乐史于太平兴国年间（976—984 年）撰就的《太平寰宇记》已经出现，只是由于那时材料未备，各州的主户、客户区分并未详尽，记载比较粗疏或阙略而已。比如，潮州、封州、高州、宾州、白州、钦州等主客不分；南仪州（今岑溪市）、容州、太平军（廉州）、琼州等只列"丁"不列"户"，说这些州"供丁不供户"；而广州则只列主户，说"客未有数"等。到元丰三年（1080 年）王存的《元丰九域志》，材料就比较完备了。不过，从《太平寰宇记》的记载也可以知道，岭南各州主、客户的比例在不断地变化着。比如，太平兴国年间恩州（治今广东阳江市）的客户是 146 户，到了元丰三年则增至 21466 户，比主户还多，占全州户数的 78.8%；昭州（治今广西平乐县）太平兴国年间有客户 1340 户，到了元丰三年客户则只有 90 户；端州（治今广东肇庆市）太平兴国年间仅有客户 620 户，元丰三年则增至 13834 户了。

文献记载中岭南"客户"的存在，表明了中原汉族南迁入籍于岭南，成为岭南地区的居民。它的存在，对于岭南地区人口、民族的变化，对于岭南政治、经济、文化的发展以及"俚獠"民族与汉族间交流、互动、互化，有着深远的意义。

现将《元丰九域志》卷 6、卷 9 记载的岭南及附近地区各州主户、客户情况列表如下：

1. 荆湖南路

州名	主户	客户	合计	客户占（%）
道州	23036	13646	36682	37.2
永州	58625	28576	87201	32.7
全州	29648	4737	34385	13.7
合计	11309	46959	158268	29.6

---

① 《旧唐书》卷 117《崔彦曾传》。
② 《宋会要辑稿·刑法二之六八》。

2. 广南东路

州名	主户	客户	合计	客户占（%）
广州	64796	78465	143261	54.7
韶州	53501	13937	67438	6.85
循州	25634	21558	47192	45.6
潮州	56912	17770	74682	23.7
连州	30438	6504	36942	17.6
封州	1726	1013	2739	36.9
端州	11269	13834	25103	55.1
新州	8480	5167	13647	37.8
康州	8979		8979	
南恩州	5748	21466	27214	78.8
梅州	5824	6548	12372	52.9
南雄州	18686	1653	20339	8.1
英州	6690	1329	8019	16.5
惠州	23365	37756	61121	61.7
合计	322048	217000	539048	40.2

3. 广南西路

州名	主户	客户	合计	客户占（%）
桂州	56791	9553	66344	14.3
容州	10229	3547	13776	25.7
邕州	4870	418	5288	7.9
象州	5435	3283	8718	37.6
贺州	33938	6267	40205	15.5
融州	2813	2845	5658	50.2
昭州	15760	90	15850	0.56
梧州	3914	1821	5735	31.7
藤州	5070	1312	6382	20.5
龚州	4553	3486	8039	43.3
浔州	2229	3912	6141	63.7
贵州	4022	3438	7460	46

续表

州名	主户	客户	合计	客户占（%）
柳州	7294	1436	8730	16.4
宜州	11550	4273	15823	27
宾州	4612	3008	7620	39.4
横州	3172	279	3451	0.87
化州	6018	3255	9273	35.1
高州	8737	3029	11766	25.7
雷州	4272	9512	13784	69
白州	3729	862	4591	18.7
钦州	10295	257	10552	2.4
郁林州	3542	2003	5545	39.7
廉州	6601	891	7492	11.8
琼州	8433	530	8963	5.9
昌化军	745	90	835	10.7
万安军	120	97	217	44.7
朱崖军	340	11	351	3.1
合计	229084	69505	298589	23.2

明朝袁帙《送人谪全湘》诗句说："百粤文身俗，华风近若何？沅湘秋雁少，岭峤夜猿多。"① 显然，时至明朝，人们还是将邻近岭南的永州、道州等视同粤人之地。

如上表所示，今两广正州及其附近的永州、道州，主户有562441户，客户有333464户，总户数为895905户。如果以西汉南海郡户均人口4.8人计，则主户也就是壮群体越人的后人"俚獠"有2699716人，客户也就是入籍丛居于岭南各州的中原汉人有1600627人，合计人口总数为4300343人，客户占总户数的37.2%。

以广南东路而言，客户已占总户数的40.2%。有的州如康州（治今广东德庆县）虽没有中原汉人落籍，但南恩州（治今广东阳江市）的客户却占该州总户数的78.8%。不过，入籍岭南的中原汉族虽多，大多却已入乡随俗，习同于壮群体越人传承下来的习俗。比如，壮群体越人嗜食槟榔，传承下来，不仅主户的人嗜食槟榔，客户的人也嗜食槟榔。所以，清初屈大均《广东新语》卷16《槟榔盒》说："广人喜食槟榔，富者以金银、贫者以锡为小盒，雕嵌人物花卉，务极精丽。"又如，儒家礼教规定"父在，子虽老犹立"，但壮群体越人却以少为大，传承下来，不仅主户传承，客户也一无例外，至明朝初年，南

---

① （清）汪森：《粤西诗载》卷11。

海一带仍然是父在侧,"子必据尊席而坐"。① 这既体现了壮群体传承下来的意识习俗的穿透力,也体现了一方水土养一方人的和顺涵煦。

广南西路各正州的客户比广南东路少,仅占总户数的 23.2%。其中,昭州(治今广西平乐县)的客户仅占该州总户数的 0.56%,因此宋代邹浩贬居昭州时撰《仙宫庙》一诗,就抒写了昭州壮族先人男女在仙宫庙上赶歌墟的场景。② 而宾州客户占该州总户数的 39.4%,算是多了,但据宋人吴处厚《青箱杂记》卷 3 载:"岭南风俗,相呼不以行第,唯以各人所生男女小名呼其父母。元丰中(1078—1085 年),余任大理丞(司法部次官),断宾州奏案。有民韦超,男名首,即呼作'父首';韦遨,男名满,即呼韦遨作'父满';韦全女名插娘,即呼韦全作'父插';韦庶女名睡娘,即呼韦庶作'父睡',妻作'娬睡'。"父、娬,都是汉语词,也是今宾阳县汉族所操的汉语平话方言的词语。这些由中原而来入籍于宾州的汉族如同入籍于邕州讲汉语平话方言的南宁市心墟汉族至 20 世纪下半叶仍将壮族先人的不落夫家婚制当作自己群体的习俗一样,入乡随俗,接受了壮群体越人传承下来的意识、观念和习俗,以少为大,唯少者有名,父、祖都以他们的名字而变名。这就是吴处厚所说的"岭南风俗,相呼不以行第,唯以各人所生男女小名呼其父母"。

南宋王象之《舆地纪胜》卷 90《韶州人物》载:"王陶,官至度支朗中,夫人朱氏贤淑,教子与诸妇约曰:'今岁科举,汝等夫有能预乡荐者,免执厨爨。'诸妇各勉其夫,是年五子应举,中选者三人。今乡人教子,以王郎中为法。"由于汉族文化的影响、熏陶,从南朝陈时的侯安都等人开始,到唐朝张九龄等出将入相,迨于宋朝,更由于与南迁的中原汉族同居一地,有了零距离的接触,在壮群体越人的后人中已经打造了一个竞读书,走科举之路以入仕的氛围,逐渐形成了一个以汉文为基础,用汉族儒家礼制作为行为准绳的知识阶层。此一知识阶层习汉文,说汉语,道汉礼,以汉族的儒家礼制为衡定是非的标准,如同明朝初年制定的《唐氏乡约》所载的一样:南海"婚礼旧俗,先一夕宴其子,子必据尊席而坐","非礼也。今后止许开筵聚亲,子不得据尊席而坐,为父宜依醮礼(礼节)命之(命之他遵守),庶(幸得)不违古人之意"。"《礼》云:父在,子虽老犹立。今后为子者不许坐,违者叱(大声呵斥)以辱之。"③ 于封建中央王朝的调控下,以此一知识阶层转动起来,壮群体越人的后人社会中汉族文化的影响力越来越大,越来越深入人心,越来越覆盖无遗,从而奠定了今粤省及桂东地区壮群体越人的后人趋汉变化的基础。而中原政治变故,汉族不断逃难南来入籍于岭南地区,直面接触,更是推动此种趋汉变化的强大力量。

唐灭,五代十国纷争,不少中原汉族就逃难南来进入岭南,落籍于岭南。比如,钦州的"北人","语言平易而杂以南音,本西北流民,自五代之乱而占籍于钦者也"。而"福建人,射地而耕",流徙于钦州,"子孙尽闽音",又自成一系。④ 公元 1126 年,"靖康之变",北宋灭亡,黄河以北陷于金兵铁蹄之下,中原汉族又掀起一波南迁浪潮,进入并落

---

① (清)屈大均:《广东新语》卷 9《唐氏乡约》。
② (清)汪森:《粤西诗载》卷 13。
③ (清)屈大均:《广东新语》卷 9《唐氏乡约》。
④ (宋)周去非:《岭外代答》卷 3《五民》。

籍于岭南的，其数之多，犹如南宋初年蔡绦到广南西路后其《铁国山丛谈》记载的，迫使岭南生态失衡，老虎改其原来似狗不咬人、伤人、食人的品性，逐渐成为咬人、吃人的恶兽。众多中原汉人入迁落籍岭南，必然会在不同地区、不同程度地影响、改变壮群体越人的后人们的语言、文化、习俗，并使之逐渐趋同于汉族。所以，南宋王象之《舆地纪胜》卷104《容州风俗》说："容（州）介桂、广间，盖粤徼也。渡江（指南宋南迁杭州）以来，北客避地留家者众，俗化一变，今衣冠并同中州。"

在《宋会要辑稿》第161册《食货六九之七一——七七》记载绍兴三十二年（1162年）及其后12年广南东、西二路户口数，今列表如下：

年份	路别	户数	口数	户均人口
绍兴三十二年（1162年）	广南东路	513711	784074	1.52
	广南西路	488655	1341573	2.75
隆兴元年（1163年）	广南东路	181706	267391	1.47
	广南西路	490762	1317202	2.68
二年（1164年）	广南东路	182092	268430	1.47
	广南西路	488073	1295665	2.62
乾道元年（1165年）	广南东路	537524	799811	1.48
	广南西路	488149	1336098	2.73
二年（1166年）	广南东路	539637	804097	1.49
	广南西路	490493	126913	2.6
三年（1167年）	广南东路	539637	804097	1.49
	广南西路	490954	1322962	2.69
四年（1168年）	广南东路	535883	1324734	2.47
	广南西路	499404	1298474	2.6
五年（1169年）	广南东路	544884	858172	1.57
	广南西路	510729	1338409	2.62
六年（1170年）	广南东路	545144	859013	1.57
	广南西路	497321	1322611	2.65
七年（1171年）	广南东路	546716	860390	1.57
	广南西路	498139	1328163	2.66
八年（1172年）	广南东路	556913	911441	1.63
	广南西路	505883	1334734	2.63
九年（1173年）	广南东路	526913	911042	1.73
	广南西路	505883	1334734	2.63

就表所示，《宋会要辑稿·食货六九之七一——七七》所列的户口数，可能与实在户口数存在着较大的距离。

第一，广南东路乾道三年（1167年）户539637，口804097，可是次年乾道四年（1168年）户还少于上年3754户，口却比上年多520637人，而到乾道五年（1169年）户比上年增加9001户，人口却减少466562人。这不是前错就是后错。

第二，广南东路除隆兴元年（1163年）、二年（1164年）户数远比广南西路少外，其他年份都较广南西路为多，其人口除乾道四年（1168年）比广南西路略多外，其他年份怎都远较广南西路为少。

第三，户均人口除乾道四年（1168年）为2.47人外，其他年份广南东路都不足2人。户以夫妻转轴，妻孕将行生产丈夫方才建屋立户，户均人口岂能不足2人？《永乐大典》卷8507宁字引《南宁府志》载邕州"宋朝户一万四千九百三十三户，丁六万二千九十口"。这可能是南宋后期邕州的户口数。其中的"丁"，自然不包括妇孺。就"丁"而论，当时邕州的户均人口已经有4.15人。而且宋后为元，元朝，广东道除缺英德州户口数外，户366708，人口2061998，① 户均人口5.62人；广西道除来安（治今凌云县）、镇安（治今那坡县）二路缺口数字外，户368772，口1864976，② 户均人口5.05人。宋与元为前后相续的两个王朝，其户均人口数，一个不足2人或不足3人，一个却在5人以上，相差何其太远？

唐朝在今桂西地区建立了众多羁縻州；桂西以西的今贵州则有"东谢蛮""西谢蛮""南谢蛮"等部落；云南东南部及越南西北部则有"獠子部"等部落联盟。这些羁縻州及部落、部落联盟都没有户口记载，不知其人口状况如何。宋朝，羁縻州照旧存在，"东谢""西谢"等部落衰败，形成了新的部落或部落联盟，出现了龙氏、方氏、张氏、石氏、罗氏、程氏等为首领的"西南蕃"，"獠子部"也解体成"广源州蛮""白衣九道""特磨道"等部落。虽然"西南蕃""特磨道""广源州蛮"等没有人口记载，但是宋朝特别是北宋中后期以后，亟须训练左右江溪洞丁壮以巩固国门，也记载了左右江溪洞丁壮的数量。

王安石《论邕州事宜：责用州洞之酋》载：

> 两江溪洞，非独为邕管之藩篱，实二广所恃以安也。然而，两江州峒无城壁，不足以守御；道路散漫，不足以控扼，其可胜之势者，生齿三十万众而已。③

王安石关于左右江地区"生齿三十万众"，只是个约略的估计。元丰二年（1079年）广西经略司奏："根据团结到邕州、钦州洞丁成一百七十五指挥，内先籍定武艺，上等一

---

① 《元史》卷62《地理志》。
② 《元史》卷63《地理志》。
③ 《王临川集》卷89。

万六千六百七人，总三等①凡十余万人。"②"十余万人"，加上妇孺老幼，自然不止"三十万众"。

宣和八年（1126年），臣寮上言：

> 邕州左右两江沿边溪洞五十余处，自治平（1064—1067年）籍其土丁六万余人，至熙丰间（1068—1085年）再籍，其数已及十万。迨今四十余年，生齿之盛，其少壮可用者尚未增入簿籍，逃亡老弱不堪用者又未蠲免（除去）姓名，乞别选素谙溪洞、能使远人信畏之吏专令措置（使他专门料理），重排簿书，庶几（也许可以）丁数得实。③

宋徽宗阅后，"令蔡怿条划处理"。进入南宋，王朝中央，"又逐选（逐一遴选）差官员、使臣一十员，按左右江阃境图，视州洞大小，随地理远近，分定差官抄点见在人数，检准（比照）元丰法，应（即）两江洞丁，除十五以上，二十以下，别立名籍拘管，权免教阅（训练检阅）外，自二十岁以上，六十岁以下，并须尽数供通（服役供职）。其丁壮仍分三等"。抄点结果，左右江地区丁壮，"总计一十九万六千九百七十人，比之熙丰旧数，计增收十万余人"。④ 196970丁，加上妇孺，那时候的左右江地区自当有居民50万人上下。

元丰六年（1083年）正月二十日，经制宜州溪洞的谢麟奏说，"罗世念并逐洞头领种族四千八百人"，"并生界思广洞酋长具到。人烟，千四百二十七，口六千二百六十三"。⑤ 实际上，罗世念也是思广洞人。思广洞是个宽阔的地域，洞中有洞，所以宋神宗阅了谢麟的奏言后，便下诏令封赠"思广五十二洞首领罗世念为内殿承制"。⑥ 其地在今广西河池市西、南丹县南及凤山、天峨二县境。

又大观二年（1108年）九月一日，"蔡京等言：据黔南等路奏，安化上三州一镇，山河土地尽献朝廷。上州周围三千五百余里，户一万，人六万五千，永为良民。又思广洞蒙光明等献纳土地，周围计一千五百里，户八百，人九千余。又落安知洞程大法等献地，周围二千五百里，户八千，人四万五千余。又都丹团黄光明献纳土地，周围二千余里，户七千余，人四万余。以上计五万一千一百余户，二十六万二千余人，幅员二万九千余里，各款塞听命，已相度列置州县。"⑦ 安化州原称抚水州，在今广西环江毛南族自治县北部和

---

① 宋将溪洞丁壮分为三等："内曾战功或武艺才能出众者为上等；人材趫捷，习熟武艺为中等；余为下等。""上等人以备缓急，选募出战，与免诸般差役及科配；中等以备把托隘栅，防守溪洞，互相照应，警遏盗贼及镇寨代戍，与免伕役；下等人依自来条例，轮流差使，遇调出战，即负器甲辎重。其中等人遇教阅按试，如武艺升进，即便升等。"（《邕州志·峒丁》，《永乐大典》卷8507宁字引）

② 《永乐大典》卷8507宁字引《邕州志》。

③ 同上。

④ 《永乐大典》卷8507宁字引《邕州志·峒丁》。

⑤ 《宋会要辑稿·蕃夷五之八八》。

⑥ 同上。

⑦ 《宋会要辑稿·蕃夷五之九三》。《宋史》卷348《张庄传》关于"幅员二万九千余里"作"幅员九千余里"。

东部,后分为上、中、下三州,一镇是北遐镇,在今罗城仫佬族自治县西北;落安知洞首领为程大法,属"西南蕃",即今布依族的先人,在今贵州省;黄光明的都丹团,当也是属"西南蕃",在今贵州省。如此,安化上三州一镇户10000、口65000,蒙光明思广洞户800、口9000余,合计户10800、口74000,户均人口数6.85人。此一数字加上宜州溪洞司管下的莫氏南丹州、韦氏兰州、罗文诚地州、罗更晏文州、罗更从那州①等羁縻州也当有10万人上下。

由上可知,宋代广南西路所属羁縻州洞,其人口粗略估计约有60万人。此一数字还没有包括今贵州及云南东南部的壮群体越人的后人。

综上所述,除不明今贵州及云南东南部壮群体越人的后人"獠"人数量外,宋代广南东、西二路及其邻近地区壮群体越人的后人,其数量可以追溯的约有3299716人。当然,其中虽有此前历代迁居落籍于岭南的中原汉族及其后人,但他们散居各地,其人数远比壮群体越人或其后人"俚獠"为少,不得不入乡随俗,取同于壮群体越人传承下来的意识、观念、习俗。这样就不能不认为他们已趋同于壮群体越人及其后人"俚獠"。宋代,中原汉人大量南迁,各州居民有主户、客户之分,就只能将主户视为壮群体越人的后人"俚獠"了。

第二节 元至民国壮族人口状况

一 元代户口

《元史》卷58《地理志》载:"云南、湖广之边,唐所谓羁縻之州往往在是,今皆赋役之,比于内地。""比于内地",即有了户籍记载。因此,《元史》卷61、卷62、卷63《地理志》除少量阙遗外,有壮群体越人传人存在的云南、江西、湖广三行省都记载了元文宗至顺元年(1330年)存在的户口数。兹列表如下:

1. 广东道

州路	户数	口数	户均人数
广州路	170216	1021296	6
韶州路	19584	176256	9
惠州路	19803	99015	5
南雄路	10792	53960	5
潮州路	63650	445550	7
德庆路	12705	32997	2.59
肇庆路	33338	55429	1.66

---

① 《宋史》卷348《王祖道传》。

续表

州路	户数	口数	户均人数
英德州			
梅　州	2478	14865	5.99
南恩州	19373	96865	5
封　州	2077	10742	5.17
新　州	11316	67896	6
桂阳州	6356	25655	4
连　州	4154	7142	1.72
循　州	1658	8290	5
合　计	377500	2115958	5.6

2. 广西两江道

州路	户数	口数	户均人数
静江路	210852	1352678	6.4
南宁路	10542	24520	2.3
梧州路	5200	10910	2.09
浔州路	9248	30089	3.25
柳州路	19143	30694	1.6
庆远司	26537	50253	1.89
平乐府	7067	33820	4.78
郁林州	9053	51528	5.69
容州路	2999	7854	2.61
象州路	19558	92126	4.71
宾州路	6148	38879	6.32
横州路	4098	31476	7.68
融州路	21393	39334	1.83
藤州	4295	11218	2.61
贺州	8676	39235	4.52
贵州	8891	20811	2.34
思路	4229	18510	4.37
太平路	5319	22186	4.17

续表

州路	户数	口数	户均人数
田州路	2991	16910	5.65
来安路			
镇安路			
合计	386239	1923031	4.98

3. 海南海北道

军路	户数	口数	户均人数
雷州路	89535	125310	1.39
化州路	19749	52317	2.64
高州路	14675	43493	2.94
钦州路	13559	61393	4.52
廉州路	5998	11686	1.94
乾宁军（治今琼海口市）	75837	128184	1.69
南宁军（治今儋州市）	9627	23652	2.45
万安军（治今万宁市）	5341	8686	1.62
吉阳军（治今三亚市）	1439	5735	3.98
合计	235760	460456	1.95

4. 湖南道

全州路户 41645，口 240519，户均口数 5.77 人。

以上是《元史》卷 62、卷 63《地理志》记载的关于今两广及海南省的户口数字，除阙遗英德州（今广东英德市）、来安路（治今广西凌云县）、镇安路（治今广西那坡县）一州二路及黎母山地区外，其他路、府、州、军都有记载，只是这些记载，似与实际存在有着一定的距离。比如，肇庆路（治今广东高要市）、连州（治今广东连州市）、柳州路、庆远南丹溪洞等处军民安抚司（治今广西宜州市）、融州路（治今广西融安县）以及海南海北道其户平均人口不足 2 人。此种情况，在存在家庭的社会中是不多见的。同时，"广西元帅府请募南丹五千户屯田，事上行省（湖广行省平章政事）。哈喇哈逊曰：'此土著之民，诚为便之，内足以实空地，外足以制交趾之寇，可不烦士卒而馈饷有余。'即命度地立为五屯，统以屯长，给牛、种、农具与之"。① 南丹州在庆远南丹溪洞等处安抚司辖区内，南丹一州一下子就能够抽出 5000 户调往他处屯田，那么南丹州其户数至少也在

---

① 《元史》卷 136《哈喇哈逊传》。

10000户以上。而庆远南丹司元代的总户数不过26537户，除去南丹州，安抚司当时还领有宜山、河池、思恩、天河、忻城五个正县及除南丹州外还有地州、文州、兰州、那州等土司州，这些州县岂能仅仅有居民10000多户？然而王朝中央按丁纳粮，据丁派役，这些户口数字却也有一定的依据，不可等闲视之。

《隋书》卷31《地理志》载："俚人呼其尊者为'倒老'，言讹，故又称为'都老'。""倒老"，元朝近音译写异为"太獠"。比如，《元史》卷162《刘国杰传》所载的邓太獠、刘太獠、萧太獠、阎太獠、严太獠、曾太獠等，在元代都是广东地面上的头面人物。可是，到了明末清初屈大均《广东新语》卷11《土语》却说，"大奴曰大獠，岭北人曰外江獠"。"广州谓平人曰佬，亦曰獠，贱称也。""大獠"一词由元朝及其前的"尊"到明、清时的"贱"，这是词义的异化，既体现出了粤语词语意义的变化，也说明了在元朝的时候粤语还传承着隋唐时代"俚獠"对"太獠""尊位"的认知，从而道出那时候广东部分居民的"俚獠"观念没变，仍可称为壮群体越人的传人。而且，《元史》卷195《忠义朵里不花传》载，朵里不花"趋广东，驻师揭阳，降土寇金元祐，招复循、梅、惠三州之寇，承制官其酋长，俾治贼以给兵食"。谓揭阳、循、梅、惠之"寇"为"土寇"，称其首领为酋长，"承制"授其官职以安抚，可知他们是不同于中原汉族的土著民族群体。这说明，元朝的时候，广东道至少还有三分之一即70万左右的壮群体越人的后人还没有完全趋同于汉族。

湖广行省广西两江道、海南海北道以及属于湖南道的全州路，既可由《元史》卷149《元臣传》关于至元二十八年（1291）关于"溪洞施、容等州蛮獠作乱"的记载，又可从林乔楠万历《梧州府志》载的梧州"土民惟知力穑，罔事艺作。俗尚师、巫；市多妇女，椎髻跣足，枲谷卖薪；婚聘多用槟榔，男女不行醮礼；兄弟反称姐妹，叔侄每唤公孙；男多出赘称曰嫁而有妇翁之产，女招婿称曰娶，而以已产与之，甚至男更姓以从女，或于男姓复加女姓永不归宗。女既受聘，改而他适，亦恬不为怪。性顽悍而轻生，凡遁粮避差与睚眦小怨，即投山服毒"① 知悉；既可由南宋《容州志》说的"独可恨乡落小民疾病不事医药"，② 又可从明万历王士性《广志绎》卷4称廉州的居民为"黎、疍"获知；既可由明初《郁林志》说的"郁林州僻在海隅炎陬之地，冬无霜雪，寒暑不常，其地土下湿而多瘴疠，人民不事蚕桑，性资轻悍，婚则相歌为娶，死则击鼓助哀，病不服药，好事鬼神，其俗大远于中土矣"，③ 又可从《古今图书集成·方舆汇编·职方典》卷1433《梧州府风俗考》载容县"收获，群妇女而出，率以手掐掇其穗而弃其管，以便束敛"略知：元代湖广行省广西两江道、海南海北道及湖南道所属的全州路共有2624006人，其中有三分之二即170万人上下为壮群体越人的传人。这个数字基本近乎嘉靖二十五年（1546年）六月明朝兵部所作的"大率（广西）一省，狼人半之，猺獞三之，居民二之"的估算。④

---

① 《古今图书集成·方舆汇编·职方典》卷1433《梧州府风俗考》及（清）汪森《粤西丛载》卷18引。
② 《永乐大典》卷2339梧字引。
③ 同上。
④ 《明实录·世宗实录》卷312。

元无名氏《招捕总录》载，至元"十六年（1279年）三月，西南八蕃等国卧龙蕃主龙昌宁、大龙蕃主龙延三、小龙蕃主龙延万、武盛军蕃主程延随、遏蛮军蕃主龙罗笃、太平蕃主石延异、永盛军蕃主洪延畅、静海军卢蕃主卢延陵皆来降，其部曲有龙文貌、龙章珍、黄延显、卢文锦、龙延细、龙四海、龙助法、龙才零、龙文求等。朝廷立八蕃宣慰使司"。这就是《元史》卷63《地理志》所载的，"至元十六年，宣慰使塔海以西南蕃罗氏等国已归附者具来上，洞寨凡千六百二十有六，户凡十万一千一百六十八；西南五蕃千一百八十六寨，户八万九千四百；西南蕃三百一十五寨，大龙蕃三百六十寨"。"八蕃"就是壮群体越人的传人元代在今贵州地区的称名。《元史》的记载，虽然"西南蕃"与"大龙蕃"有寨数没户口数，但前者1626寨有101168户，寨均人口62.2人，后者1186寨有89400人，寨均人口75.3人，二者寨均有人口68.8人。那么，"西南蕃"315寨，"大龙蕃"360寨，共675寨，以上二者的寨均人口数乘之，也可略知"西南蕃"与"大龙蕃"的人口数约为46440人。三项之和则为237008人，也就是说元朝分布于今贵州的壮群体越人的传人有23万上下。

《元史》卷63《地理志》既阙遗了广西两江道来安、镇安二路的户口数，卷61《地理志》又阙遗了云南行省广南西路宣抚司及广西路的户口数字。不过，《招捕总录》载，至元二十四年（1287年），"云南右丞爱鲁以蒙古军一千，师宗、弥勒寸白军一千，农士富民丁三千征维摩蛮者哦"。广南西路宣抚使农士富以"三千"丁壮随元军出征，其留守司境的至少也有3000人，因为左近的富州沈氏正对他虎视眈眈着呢！6000丁壮，加上老弱妇孺，也当有一二万人。富州与广南侬氏抗衡，自也有万多人。除此外，据《招捕总录》载，"延祐七年（1320年）七月，花角蛮韦郎达纠合五十三村山獠，起兵万余劫阿用村"。"起兵万人"，加上老弱妇孺，总人口会在二万人以上。至于明末清初沙人首领沙定洲起兵控制云南半壁江山，其先源于元朝的钟家部，当也有万人之众。如此，则元朝云南东南部壮群体越人的传人会有六七万人。

《元史》卷8《世祖纪五》载，至元二十年（1283年）二月乙酉，"宋福州团练使、知特磨道事农士贵率知那寡州农天或、知阿吉州农昌成、知上林州农道贤，州县三十七，户十万诣云南行中书省请降"。户10万，如以通常的户均人口4.8人计，就有48万人；如以最低的户均3人计，则有30万。宋特磨道的辖区，略与今云南广南县相当，其人口数量似也太多了，好像是为了讨封，故意夸大其数，难以依据。

这样一算下来，今广东、广西、海南、贵州及云南东南部，元朝的壮群体越人的未趋汉变化的后人约有270万人。

二 明代户口

至正二十三年（1363年）三日，元朝置广西行中书省。[①] 洪武二年（1369年）六月戊子，明朝"以广西海南海北府州隶广东省"[②]。《明史》卷45《地理志》不分州府而略以年代综合记载了广东、广西管辖的户口，今列表如下：

[①]《元史》卷46《顺帝本纪》。
[②]《明实录·太祖实录》卷43。

省别	年代	户数	口数	户均人数
广东	洪武二十六年（1393年）	675599	3007932	4.45
广东	弘治四年（1491年）	467390	1817384	3.88
广东	万历六年（1578年）	530712	5040655	9.49
广西	洪武二十六年（1393年）	211260	1482671	7.01
广西	弘治四年（1491年）	459640	1676274	3.64
广西	万历六年（1578年）	218712	1186179	5.42

在汉族文化的长期而深入的影响、熏陶下，由东而西，由北而南，由平原而山区，浅浅深深，岭南壮群体越人的传人或先或后逐渐趋同于汉族，这是岭南壮群体越人传人历史发展的主体趋势。

广东在南北朝以后壮群体越人的后人"俚獠"中，知识阶层已经形成并不断充实扩大，特别是粤语在壮群体越人语言的基础上形成，在往后的日子里，不断甩脱越语的语法框架与词语，不断向汉语靠拢，迄于宋代已经独立成为汉语的一种方言，并赢得在广州地区的主导语言地位。

语言可异，而习俗文化体现着自古传承的壮群体越人的意识、观念和价值取向，却难以完全根除或改变。比如，明末清初屈大均《广东新语》记载反映出来的以少为大，[1] 喜嚼槟榔，[2] "凡遇嘉礼必用铜鼓以节乐"，[3] 婚娶郎不亲迎女母自送，[4] 崇巫祀鬼重鸡卜等[5]，都是壮群体越人传承下来的意识、观念、习俗。又如，时至清朝末年，广东各地残存的以那、古、罗、六、打（大）、潭、思、多等起首的壮语地名，以及顺德、番禺、新会、中山、南海、广州等地存在的"婆家多病痛，新妇多嫁送"的婚"唔落家"（不落夫家）等壮群体越人的婚姻习俗，[6] 我们不能说明朝的时候广东各地的壮群体越人的传人都完全趋同于汉族了。

"自新会、香山、从化、龙门、清远迄阳山、连山，皆有之（指瑶、壮）。由今而观，山居者为瑶，峒居者为壮。"[7] 这说明广东各县偏僻山岭地区壮群体越人的传人语言依然，文化习俗依然，汉族文人的记载仍然指称其为壮。不过，他们却说壮"出湖南溪洞，后稍入广西古田（在今永福县西北）等县，佃种荒田，聚众稍多，因逼胁田主，占据乡村，遂蔓延入广东"。[8]

---

[1] （清）屈大均：《广东新语》卷9《唐氏乡约》。
[2] （清）屈大均：《广东新语》卷16《槟榔盒》。
[3] （清）屈大均：《广东新语》卷16《铜鼓》。
[4] （清）屈大均：《广东新语》卷16《笋制》。
[5] （清）屈大均：《广东新语》卷9《永安崇巫》。
[6] 胡朴安：《中华全国风俗志》下篇卷7。
[7] （清）顾炎武：《天下郡国利病书》卷98《广东二》。
[8] 《天下郡国利病书》卷103《广东七》。

壮由湖南溪峒而来，广东本地的没有完全趋汉变化的壮群体越人的传人则称为"峒獠"。明末清初，顾炎武《天下郡国利病书》卷103《广东七》所载："峒獠者，岭表溪峒之民，古称山越。""淳化中（990—994年），冯拯知端州（治今广东高要市），奏允，尽括诸路隐丁，更制版籍（户籍）。于是，岭西（广西）之獠多为良民，而广州以西皆时生乱。有司（主管官员）加意招徕（召集安抚），但终亦（终于也是）荒忽无常云。"接着，顾氏用大量的篇幅记载了明代"广州诸山"以及番禺、四会、东莞、新会、会宁、增城、连州、阳山、从化、翁源、归善、饶平、清远、阳江、阳春等县及高州府、肇庆府、廉州府等地"峒獠"与明军抗争的情况。最后，顾氏总结说："按吾广十郡，惟雷、琼距海，余皆多山，猺、獞、峒獠丛焉。"

"峒獠"犹如壮，同是壮群体越人的传人。顾炎武《天下郡国利病书》卷103《广东七》所载的"正德五年（1510年），连山贼首李公旺以獠兵攻州城"，"李公旺"这个名字，就是承传壮群体越人以少为大，只有少者有名字，老、壮都以少者的名字改名。这就是明朝桑悦《记壮俗六首》其六句说的"朝甫先加老唤公"。①

明万历间（1573—1620年）王士性《广志绎》卷4载："廉州（治今广西合浦县），中国穷处，其俗有四民：一曰客户，居城郭，解汉音，业商贾；二曰东人，杂处乡村，解闽语，业耕种；三曰俚人，深居远村，不解汉语，惟种垦为活；四曰蜑户，舟居穴处，仅同水族，亦解汉音，以采海为生。"此"俚人"，如同"峒獠"，也是壮群体越人的传人的异称。

屈大均《广东新语》卷7《采青》载："琼州风俗之敝，尤在上元（元宵节）。自初十至十五五日内，窃蔬者、行淫奔者，不问，名曰采青。此宜严禁。"壮族正月十五日夜男女老少上人家菜地里"偷青"的习俗，也见载于民国广西《龙州县志》和民国云南《广南县志稿本》。所谓正月"行淫奔者"，如同明朝嘉靖元年（1522年）王济撰的《君子堂日询手镜》说的春节期间横州（今广西横县）慕春男女歌唱相识相恋的"抛帛"活动。

基于此种情况，明朝万历六年（1578年）广东的5040655人中，除迁入的汉族、瑶族以及已经趋同于汉族的壮群体越人的传人外，当有四分之一即126万人上下为壮群体越人的传人。

粤语确立了在广东的主导地位以后，随着人群的往来，明以后逐渐向西传播。明代钱薇《铜鼓滩》诗称今桂平县"椎髻语言殊不白，花枝浓淡自含丹"。② 同时人徐勃《送人之苍梧》诗也道："一身南去入苍梧，听得蛮音处处殊。翡翠晓寒巢灌木，蚺蛇春暖晒平芜。"③ 可是明朝中后期，粤语随着人口的由东往西流，也浸润、渐渍、取代当地人传承的壮群体越人的语言。因此，明朝后期徐棻《苍梧即事十二首》其二称："山色连苍汉，江流绕郡城。往来横渡口，强半广州声。"④ 自此以后，"广州声"浸渍着广西

---

① （清）汪森：《粤西诗载》卷16。
② （清）汪森：《粤西诗载》卷17。
③ （清）汪森：《粤西诗载》卷19。
④ （清）汪森：《粤西诗载》卷21。

的居民，除桂、柳、庆远以外的梧州、浔州、郁林、南宁、太平、镇安、百色等大半个广西，成为这些地区壮、汉间交流的通用语言。而桂、柳、庆远则受湖南的影响，以西南汉语方言作为异族间交流的语言。

语言变了，并不意味着群体的民族属性也瞬即随着语言而转化。王士性《广志绎》卷4载：

> 永近粤，乡村间杂夷獠之俗。男子衣裙曳地，妇女裙裤反至膝上，露骭（gān，小腿），跣足，不避秽污，著草履者其上也。首则饰以高髻，耳垂大环，铸锡成花，满头插戴。一路铺递（驿站传送）皂快（差役）、舆夫（抬轿）、马卒（马夫），皆以妇代男为之，致男女混杂戏剧（嬉戏调笑），官不能禁。

女穿裙子，男也穿裙子；女盘高髻，满插银饰，耳垂大环，大脚，跣足；男逸女劳，女充男役；男女混杂，嬉戏调笑，不异于途，这些都是壮群体越人传承下来的习俗，显示出壮群体越人的意识、观念及价值取向。

永州，治今湖南永州市，地属岭北。其地原是壮群体越人居住地，中原汉族南迁，永州首当其冲。在汉语的冲撞后，当地的壮群体越人语言变化是比较快的。据唐朝柳宗元《永州铁炉步志》载，虽然当地人仍传承着越语谓"系船处""渡口"为"步"，但其习常用语已与汉语相近相同。① 然而，时至明代后期，壮群体越人传承下来的习俗文化仍然在永州乡间存在。相对于永州，在壮群体越人活动的腹地岭南广西，其民传承壮群体越人的意识、观念、习俗自然较岭北的永州为多了。所以，明朝前期修的《郁林志》载："郁林州僻在海隅炎陬之地，冬无霜雪，寒暑不常。其地土下湿而多瘴疠，人民不事蚕桑，性资轻悍，婚则相歌为娶，死则击鼓助哀，病不服药，惟好事鬼神，其俗大远于中土矣。"②

明朝万历间（1573—1620年）王士性《广志绎》卷5载：

> 广右（广西）异于中州（中原），而柳、庆、思三府又独异。
>
> 盖通省如桂（林）、平（乐）、梧（州）、浔（州）、南宁等处，皆民、夷杂居，如错棋然。民村则民居民种，壮则壮居壮种，州邑乡村所治犹半民也。右江三府③则纯乎夷，仅城市所居者民耳，环城以外悉皆瑶壮所居。皆依山傍谷，山衡（山岭）有田可种处则田之，坦途大陆纵沃，咸荒弃而不顾。

右江之外，还有左江的太平、思明、镇安三府州及江州、思陵、龙州、凭祥、归顺、田州、泗城等直隶州，也都如同右江柳州（治今柳州市）、庆远（治今宜州市）、思恩（治今武鸣县府城）三府一样"纯乎夷"。"夷"就是指壮族，所以王士性在记载"民、夷杂居"之后，便指出"民（汉族）村则民居民种，壮居则壮居壮种"。嘉靖二十五年

---

① 《柳河东集》卷28。
② 《永乐大典》卷2339梧字引。
③ 当时人的认知，黔江及其上流红水河和柳江称为右江，郁江及其上流左、右江称为左江，漓江则称为府江。

(1546年)六月明王朝兵部估算当时广西人口民族比例时说:"广西岭徼荒服,大率一省,狼人半之,猺獞三之,居民二之。"① 所谓"狼人",就是指广西土官治下的壮族群众。明朝在岭南实行严酷的民族歧视和民族压迫统治,引发了民族间的文化冲突。烽烟处处,越烧越旺。明王朝为阻遏两广各地的瑶、壮和"峒獠"的反明斗争,大量征调"狼兵"进行镇压并驻守各地。"狼兵"屯戍处处,抬望眼,两广各地,满目皆"狼"。其实"狼"、壮一体,都是壮族。"猺獞三之",实为瑶一壮二。按壮七、瑶一、民二的比例,万历六年(1578年)广西人口1186179人,壮族人口当有83万人上下。如此,则明代壮群体越人的传人在两广地区有209万左右。

由于《明史》卷46《地理志》只列出云南及贵州二省各自的人口总数,没有分列各州府的人口,无从具体知道壮群体越人传人的人口数字。按照社会人口随着社会发展而增多的规律,元朝贵州八蕃顺元宣慰司壮群体越人的后人为23万人,明朝200多年至少增到30万人;云南的壮群体越人的后人元代约7万人,明代至少增至10万人。这样,岭南及云贵高原上的壮群体越人的传人明代的人口,当在250万上下。

三 清代、民国户口

《嘉庆重修一统志》卷345至卷491关于壮群体越人的传人口数的府州记载,列表如下。

1. 广东省

州府名	辖属州县	人口数		
		原额	又滋生	合计
肇庆府	高要、四会、新兴、阳春、阳江、高明、思平、广宁、开平、鹤山、德庆、封川、开建	127216	3584	130800
高州府	茂名、电白、信宜、化州、吴川、石城	50997	518	51515
廉州府	合浦、灵山、钦州	23443	234	23677
雷州府	海康、遂溪、徐闻	14754	33672	48426
琼州府	琼山、澄迈、安定、文昌、会同、乐会、临高、儋州、崖州、感恩、昌化、陵水、万县	118840	3486	122326
罗定州	东安、西宁	37668	22472	60140
连 州	连山、阳山	24139	12253	36392

《太平御览》卷791《槟榔》引《南中八郡志》说:"槟榔大如枣,色青似莲子。彼人以为异,婚俗、好客,辄先进此物。若邂逅(相会)不设,用相嫌恨。""手捧槟榔染蛤灰,洞中妇女趁墟来。"② 壮人"宾至不设茶,但呼槟榔,于聘物尤所重"。③《古今图

---

① 《明实录·世宗实录》卷312。
② (元)陈孚:《思明州五首》其二,(清)汪森《粤西诗载》卷22。
③ (明)王济:《君子堂日询手镜》。

书集成·方舆汇编·职方典》卷1421《思恩府风俗考》称：思恩府（治今广西武鸣县北府城）的人，婚"以槟榔缔合，此其所以为蛮俗也"。清初，屈大均《广东新语》卷16《槟榔盒》载，"广东人喜食槟榔"，时至清末民初，广东全省各州县，民间大都是"以槟榔为聘礼"，这不是坠于"蛮俗"而不改吗？

清朝人吴震方《岭南杂记》卷上载："自肇（庆）至梧（州），路屈粤西，即有蛮彝之习，妇人四月即入水浴，至九月方止，不避客舟，男女亦时相杂，古所谓男女同浴于川也。"又载："惠州人死未殓，亲人至江浒望水号哭，投钱于水，汲而归，浴以殓。此亦蛮风也。""买水浴尸"，这是壮群体越人关于"人生于水，长于水，死归于水"的意识、观念形成的习俗的传承，因此，它泛行于两广地区。将它归于"蛮风"，广东人自当也归于"蛮类"。

西汉越人及其后人"俚獠"，"贵铜鼓，唯高大为贵，面阔丈余方以为奇"。"有鼓者，极为豪强。"①《隋书》卷31《地理志》也说，岭南"俚獠""铸铜为大鼓"。"有鼓者号为都老，群情推服。"习俗传承，迄于清朝初年，屈大均《广东新语》卷16《铜鼓》仍然记载："粤之俗，凡遇嘉礼，必用铜鼓以节乐。"铸铜为鼓，使用铜鼓，这是异于中原汉族的意识、观念和习俗，清初广东人凡是临着吉庆的礼仪必敲击铜鼓助庆，岂非"蛮越"的传人？

时至民国年间，广东顺德、番禺、新会、中山、南海、广州等地还存在"唔落家"，即女子婚后不落夫家的习俗。② 这是壮群体越人婚分"初嫁"与"落家"，即女子初嫁不落夫家、怀孕待生始落夫家的习俗传承。"初婚"即北宋乐史《太平寰宇记》卷165《郁林州风俗》所载的"夷人索妇，必令媒引，女家自送。相见后即放女归家"。民国年间，广东许多地方已经绝传了女子"唔落家"的习俗，却也传承婚娶之日婿不亲迎，女家自送的习俗。此与汉族不同的习俗传承，后人不省，于是如同民国《东莞县志》引《张志》所载："婚必亲迎，今惟用接嫁妈领鼓乐、花轿往迎，或以二鹅馈妇家，取委禽（订婚礼物）之义，与南番诸县亦同。其不亲迎，不知始于何时也？"

由于壮傣群体越人社会的原始父权制是在原始母权制还没充分发育的情况下过早成熟了，所以在婚姻方面既存在女子婚后不落夫家婚制及夫从妻居的婚制，又有抢婚制存在。唐代，《南海异事》载南海人有候于路上抢婚的"缚妇"婚。③ 此种习俗传承下来虽略有变异，却仍暗示着"抢"的性质。比如，民国《龙门县志》载："女子将嫁，姐妹匿之房中。迎亲者至，伴娘乃入房负而出。当其入也，姐妹群击之，以示不忍别之意，谓之'打阁'。"又如，光绪《吴川县志》载："亲迎不行，古礼久废，而陋俗有足哂者。贫家嫁娶惜费，托为女病，其婿延巫列炬吹角，寅夜（半夜）至女家，负女以归，名曰抢亲。"广东一些地方此类婚制遗存与广西壮族社会遗存的"抢婚"习俗，无疑是古越人"抢婚"习俗的残存形式。

唐朝刘恂《岭表录异》卷上《岭表所重之节》载："岭表所重之节，腊一，伏二，冬

---

① 《太平御览》卷785《俚》引裴渊《广州记》。
② 胡朴安：《中华全国风俗志》下篇卷7。
③ 《太平广记》卷483引。另《太平广记》卷264《南荒人娶妇》引唐朝人《投荒杂录》记载与此略同。

三,年四。"岭南人所谓的"伏节",是农历七月十四日,不是汉族七月十五日的中元节,更不是佛教的"盂兰盆会"。七月,正是岭南高温气热、瘴疠暴发的时候,也就是壮族俗谚所说的"稻田黄,睡满床"的时候。稻田黄,人为什么睡满床,就是因为此时野鬼嚣然,勾人魂命。这就是壮族俗谚说的"七月禾黄鬼上村"。在壮傣群体越人的心中,人死鬼在,鬼最为可怕。因此,古有人死了,其妻称为"鬼妻",弃而不顾,认为"鬼妻不可与居处";① 后有人死,"邻里集其家,鼓吹穷昼夜",② 相"聚搏击钲鼓作戏,叫噪逐其厉。及掩之中野,至亲不复送"。③ 傣族先人也是如此。人死,"聚少年百数人,饮酒作乐,歌舞达旦"。同时,"妇人群聚击碓杵作戏","谓之娱尸"。葬"三日之后,命女巫刹生祭送,谓遣之远去,不使复还家也"。④ 一些地方的傣族先人则在死者墓上"设一石,祝之曰:勿再返也"。⑤ 畏鬼,惧鬼,认为鬼是导致活着的人魂失生病的原因。所以,"疾病不服药,惟杀牛以祠鬼"。⑥ 野鬼既要上村索人魂命,人们自然祭献野鬼,偿其所求。后来逐渐形成了以七月十四日为节,既要送衣,祭奠家中的先人,又要在门外祭祀野鬼。由于这一天,野鬼上村活动,人们都避鬼、躲鬼,连牛也关在家里,不往野外放牧。⑦ 习俗传承下来,七月十四日,成了两广居民给先祖的"送衣节"。不过,在清代广东的诸县志中,仍然可以见到七月十四日人们祭献野鬼的记载。比如,同治《番禺县志》载,七月十四日,"祭先祠厉"。"祭先",是祭奠先祖;"祠厉",是祭祀恶鬼。

七月十四日,是壮族传统的大节,也是广东居民传统的大节。它承传于壮群体越人,节无彼此,设节的意旨相同。

康熙《重修曲江县志》载:"清明扫墓,制乌饭以祀先。"同一时期,屈大均《广东新语》卷14《诸饭》载:"西宁(治今广东郁南县东南建城镇)之俗,岁三月以青枫、乌桕嫩叶浸之信宿(连续两夜),以其胶液和糯蒸为饭,色黑而香。枫一名乌饭木,故用之以相饷。南雄(今广东南雄市)以寒食前后妇女相约上丘垄,以乌饭置牲口祭墓。""乌饭",就是壮群体越人传承下来的有色糯米饭。黑色主导,诸色纷然,糯香沁人,节庆以之祀先、馈送亲友,也是"越人"之风。"越风"传承,唯有"越人"!

民国《阳江县志》载:"村落中各建小棚,延巫女歌舞其上,名曰跳禾楼,用以祈年。俗传跳禾楼,即效刘三妈故事。闻神为牧牛女得道者(按此当即《舆地纪胜》所称春州女仙刘三妹者。三妹善唱,故俗效之),各处多有庙。今以道士饰作女巫,跣足持扇,拥神籤趋,沿乡供果酒,婆婆歌舞。"广东人建小棚延巫(或道士)用歌舞祀刘三妈以祈年,虽与壮族的"三月男女唱歌,互相答和,以兆丰年",⑧ 形式不同,但是目的都

---

① 《墨子》卷6《节葬下》。
② (宋)周去非:《岭外代答》卷7《白巾鼓乐》。
③ 《永乐大典》卷2339梧字引苍梧《旧经》。
④ (明)李思聪:《百夷传》。
⑤ (清)范承勋:康熙《云南通志》卷27。
⑥ (明)林希元:嘉靖《钦州志》卷1《风俗》。
⑦ 《古今图书集成·方舆汇编·职方典》卷1415《庆远府风俗考》。
⑧ 《古今图书集成·方舆汇编·职方典》卷1448《太平府风俗考》。

是一个：以歌唱来"助岁功"。① 这说明清末民初，广东广西土著居民其习俗，其意识、观念和价值取向，自古传承，未曾发生根本性的变化。

"往来横渡口，半是广州声。"② 在岭南，汉语方言粤语的形成、传播以及人员的流动，除桂北以外，对岭南的涵化力是很大的。在其推动下，在各地形成音声相似又略为相异的粤语方言。

粤语是在壮群体越人语言的基础上产生而后不断向汉语靠拢而形成的一种汉语方言，因为其基础是壮群体越人的语言，习惯使然，便难尽然甩脱越人语。比如，广东俗语称："蛤无公，虾无乸。"乸，读那。屈大均《广东新语》卷11《土言》说，粤语"凡雌物皆曰乸"。生物雄、雌相对，可是，粤语却谓蛙为"蛤乸"，谓虾为"虾公"，好像蛙无公（雄性）虾无乸（雌性）一般。实际上，粤语此一称谓来自壮群体越人谓蛙为"kop^7na^2"（田蛙），谓虾为"$kuŋ^5$"。"蛤乸"为原样承传，"虾公"则是在越语"$kuŋ$"之上冠了一个汉语词"虾"。耕作田里，群蛙蹦跃，既可以除去虫害，又可以获得美味佐餐，③ 所以越人谓田蛙为"kop^7na^2"便在粤语中承传下来不消失，以致让人产生粤语"蛤无公"认知的错觉。

虽然粤语中还残存"kop^7na^2"这样谓水田为"那"（na^2）的词组，但是粤语历史在靠拢汉语的过程中已经甩脱了越语谓田为"na^2"的音声，取同汉语谓田为"tian"的音声。清末广东各府州县存在的以"那"起首的越语地名，有些可能是历史上遗留下来的，有些却是当地还留有操壮群体越人语言的人群，即没有完全趋汉变化的壮群体越人的后人。比如，廉州府的灵山县，现在汉族占全县人口的98%，可清末以罗、古、六、百（北、薄、伯）、多、思、䁐、排、叫（kem^6，山坳）、板等字起首的地名，仅以那起首的地名就有40处之多，能说那个时候该县的壮族人口不是占绝大多数吗？又如防城县，除以云、古、罗、百（北、八）、扶、大、潭、峝、排、米（mai^4、树）、崇（$doŋ^1$，树林）、板等起首的地名不计外，以那起首的地名即有83处，可现在该市人口汉族却占73.2%，岂不是当时该县的主体居民壮族后来大都趋汉变化了？至于钦州，清末，甩开以古、罗、多、六（麓、渌）、咘（bo^5，泉）、大、峝、米、板等字起首的地名外，光以那起首的地名即有128处，以䁐起首的地名有9处，可该市现在壮族人口仅占26.13%，汉族却占73.7%，自然后来也有众多的壮族完全趋汉变化了。而与防城县上下相邻的上思直隶厅，据广西巡抚张联桂主持绘制的由上海香山黄楼霞石印的《广西全省舆图》记载，该厅地名，以古字起首的有3处，以渌字起首的有7处，以百（北、博、剥）起首的有4处，以驮（ta^6，河）起首的有4处，以叫起首的有10处，以崇起首的有5处，以潭起首的有2处，以淰（nam^4，水）起首的有4处，以米起首的有3处，以板起首的有4处，以那起首的仅27处，可该县壮族却占人口总数的85.6%。

---

① （宋）邹浩：《仙宫庙》，（清）汪森《粤西诗载》卷13。
② （明）徐荣：《苍梧即事二十首》其一，（清）汪森《粤西诗载》卷21。
③ 越人崇蛙，却又食蛙。除了认为食蛙可以获得蛙的神力外，还如宋朝彭乘《墨客挥犀》卷6所载："浙人喜食蛙，沈文通在钱塘日切禁之，自是池沼之蛙遂不复生。文通去，州人食蛙如故，而蛙亦盛。人因谓天生是物，将以资人食也，食蛙益甚。"

由清末广东各地富于壮群体越人及其后人地名特色的地名特别是那起首的地名的分布和数量情况，或可知那个时候粤西及粤西南的操壮群体越人语言的简略情况，以及在粤语的强力影响下该地区壮群体越人的后人趋汉变化的趋势。昔日琼州府至今还有几十万操壮群体越人传承下来的语言，称为临高话。他们现在虽归于汉族，却又不能不将他们归于壮群体越人的传人。

2. 广西省

州府名	辖属州县	人口数 原额	又滋生	合计
桂林府	临桂、兴安、录川、阳朔、永福、灌阳、全州、义宁、永宁州、龙胜厅	61186	372907	434093
柳州府	马平、雒容、罗城、柳城、怀远、来宾、融州、象州	12253	1271	13524
庆远府	宜山、天河、思恩、河池州、东兰州、南丹土州、那地土州、东兰土州、忻城土县、永定长官司、永顺正长官司、永顺副长官司	7522	155060	162582
思恩府	武缘、宾州、迁江、上林、土田州、上林土县、那马土司、白山土司、兴隆土司、定罗土司、旧城土司、都阳土司、古零土司、安定土司、下旺土司	15430	161918	177348
泗城府	凌云、西林、西隆州		125890	125890
平乐府	平乐、富川、恭城、贺县、荔浦、修仁、昭平、永安州	12600	272160	284760
梧州府	苍梧、藤县、容县、岑溪、怀集	27937	206327	234264
浔州府	桂平、平南、贵县、武宣	18256	185607	203863
南宁府	宣化、隆安、横州、永淳、新宁州、土忠州、归德土州、果化土州、上思州、土迁隆洞	25011	225978	250989
太平府	崇善、左州、养利州、永康州、宁明州、明江厅、龙州厅、龙英土州、佶伦土州、结安土州、镇安土州、都结土州、万承土州、茗盈土州、全茗土州、太平土州、安平土州、思陵土州、土江州、土思州、下石西土州、上下冻土州、罗白土州、罗阳土县、上龙土司	4725	90172	94897
镇安府	天保、奉议州、归顺州、向武土州、都康土州、上映土州、小镇安、下雷土州		105627	105627
郁林州	博白、北流、陆川、兴业	35302	186290	221592
合计		220222	2089207	3949429

表中所列广西人口，下限是嘉庆二十五年（1820 年）。当年，广西人口为 3949429 人，但是此一数字也似有失实之处。比如，柳州府是桂中泱泱大府，辖属 8 县之多，怎仅有 13524 人？怎比地处偏僻而辖地少得多的镇安府（治今德保县）的 105627 人还少 92103 人？《清史稿》卷 73《广西》载：宣统三年（1911 年），广西"编户百二十七万四千五百四十四，口八百七十四万六千七百四十七"。嘉庆二十五年（1820 年）至宣统三年

(1911年) 不足 100 年，中间又经过外国的入侵以及大规模的内乱如太平天国革命、绵延不断的天地会起义和孙中山先生领导的反清起义等，兵燹频仍，广西省人口却迅速增加了 4797318 人，此一人口数字，似也衬出了《嘉庆一统志》记载的失实。

清朝初年，桂林守钱元昌《粤西诸蛮图记》载：

> 粤西山谷，奥险阻绝，厥类（其类）尤繁，派别支分，则曰瑶，曰壮，曰俍，曰伶，曰伢，曰侬，曰侗，曰伴，曰冰，曰沙，曰疍，曰土人，曰隆人，曰阳山人。合其类而十分之，则壮居四，瑶居三，俍居二，余仅得一焉。

壮、俍一体而异称，在广西少数民族中居六，不算为多，而瑶人居三，却见其多了，原因就是当时人将许多州县的壮、俍误认为瑶了。比如，金镇雍正《广西通志》卷 93《蛮疆分隶》将新宁州（在今扶绥县中部）的壮指为苗；称归德州（在今平果县东南部）壮族为"陇版瑶"；说"果化州（治今平果县果化镇）土瑶架木为屋，曰栏房"；忠州（在今扶绥县南部）"多瑶"；"宁明州新设流官，皆土瑶"；"江州（在今崇左市南部）民瑶杂处"；向武州（治今天等县西北向都）皆瑶人；"兴隆土司（治今马山县兴隆）瑶、苗杂居"；等等。所以，清代，广西少数民族居民当是壮八瑶一，其他少数民族"仅得一焉"。

民国三十五年（1946年）由正中书局印行的中央大学教授陈正祥《广西地理》第八章《山地居民》（第 125 页）载：

> 僮人属于泰（tai）语系，为广西最重要的山地居民，人数也最多，主要分布于左右两江流域，柳江、桂江、郁江流域的一部分，以及西北部和西南部诸县，其人数大部分已受汉人同化，文化程度较高。
>
> 僮人移殖的途径系自西向东，和汉人迁入广西的路线相反，因之繁衍亦以西部为最盛，中部次之，东部则较少见。
>
> 僮人在广西且有深久的历史，古时所谓的"西原蛮"及"抚水蛮"皆其族类。而唐代之黄乾耀、黄少卿，宋代之侬智高等等，也便是僮人最著名的特殊人物。
>
> 僮人之名仅在广西东部有此称呼，西部一带则称为"土人"。倮儸等又呼之为显濮，盖因其族即为古代的百濮之故。

民国时期，学者摒弃了往日汉族沙文主义观点，以人对待少数民族，在此文中体现出来了。但是，作者又隐约地秉承了当时广西的民国政府当局将僮、瑶、侗等少数民族列作"特种民族"，称为"山地居民"。而在其书第 129—132 页的表二十八所列的"广西各县山地居民分布及人口数"中，仅列了融县、罗城、龙胜三县的"生僮"，都安县的"侬人"以及镇边县（今那坡县）的"黑衣"。另外，在三江、融县二县下注说"该县尚有"或"该县亦有""若干僮人"，至于其地各县大量的仍操着壮群体越人传承下来的语言的群体，则视为"已受汉族同化"，不再是壮族了。这是第一点。

第二，壮族是古代百濮而不是百越的传人，原不是广西的居民。他们"移殖的途径自西向东，和汉人迁入广西的路线相反，因之繁衍亦以西部为最盛，中部次之，东部则较少见"。此不仅是陈氏的认知，也代表了自明朝以来许多人的观点。所以，每每有人认为："庆远南丹溪洞之人呼为壮。初未曾至省地，元至元间，莫国麟献区纳土，命为庆远等处军民安抚使，自是壮人方入省地。今桂之荔浦、修仁、永福最多。"①"广西自秦汉以来只有土人，土人皆不为盗，为盗者壮也。壮人入粤西，自国初（明初）始，国初取贵州之地而府卫之，留南征之兵而屯田之，贵州之夷势不能敌，其大伙名壮家者，相屯二万余徒，徙于广西之西南界，此壮人入粤西之始也。"② 阳朔县"壮人有二种：来自（湖南）零陵者，曰南壮；来自永福者，曰北壮。各里所在，皆有之"。③ 永福县"南壮"，"自明正统间由（贵州）黎平、庆远入居毛峒"，"北壮者，湖北壮也，来自（湖南）靖州"。④ 壮"出湖南溪洞，后稍入广西古田（在今永福县西北）等县，佃种荒田，聚众稍多，因逼胁田主，占据乡村，遂蔓入广东。其初来，尚以听招名色，佃田纳租。……有司及管田之家颇赖其力以捍瑶人"等。⑤ 前面曾经说过，历史上湖南南部不乏壮群体越人及其传人。明朝万历年间，王士性《广志绎》卷4还说："永（今湖南永州市）近粤，乡村间杂夷獠之俗。男子衣裙曳（yè，拖）地，妇女裙裤反至膝上，露骭（gàn，小腿），跣足，不避秽污，著草履者其上也。首则饰以高髻，耳垂大环，铸锡成花，满头插戴。一路铺递、皂快、舆夫、马卒之徒，皆以妇女代男为之，致男女混杂戏剧（嬉戏玩笑），官不能禁。"男逸女劳，耕田劳作，卖力于途，尽妇女为之；男女杂沓，无男女之别，嬉戏于途；女穿裙男也穿裙，跣足、高髻，这就是明朝后期永州乡间的文化习俗。这无疑是传承于壮群体越人的文化习俗，犹如明朝林弼诗咏壮人说的"峒丁峒妇皆高髻，白纻裁衫青布裙。客至柴门共深揖，一时男女竟敢谁分？"⑥ 历史上湖南分布着壮族及其先人，元、明之际有湖南壮人迁入广西是完全可能的，但不能因此而否定壮族及其先人为岭南的土著。"土""客"对称，广西西部的壮族自称为"土人"，彰显了他们是岭南的土著人，诚如南宋周去非《岭外代答》卷3《五民》说的："土人，自昔骆越种类也！"

壮群体越人是古代百越的传人之一，是岭南土著，不是外来客。千百年来，汉族文化自东往西逐渐加深影响并在许多地方整合了壮群体越人的传人。广东是如此，广西东部也是如此。

在本编第二章第一节第一小题"秦后岭南主体居民为壮群体越人及其后人"、第五小题"壮群体越人及其后人趋同汉族的历史情结"中，已对粤省和桂东的壮群体越人传人的趋汉变化作了论述。而在清代户口中，又就清代的广东居民虽语已变，但他们仍传承壮群体越人关于遇嘉礼必敲铜鼓的节乐、日嚼槟榔、婚以槟榔为聘、婚日歌会、婚日婿不亲迎、七月十四日祀鬼、乌饭祭祖、人病祀鬼不服药等习俗，以及带壮语地名特点的地名普

---

① （明）林富：嘉靖《广西通志》卷53《外志·原夷·壮》。
② （明）张翀：《题为乞处广西地方并甄别两广人才疏》，《鹤楼集·虔台疏集》。
③ 雍正《广西通志》卷93《蛮疆分隶·阳朔》。
④ 雍正《广西通志》卷93《蛮疆分隶·永福》。
⑤ （清）顾炎武：《天下郡国利病书》卷103《广东七·瑶壮》。
⑥ 《龙州十首》其四，（清）汪森《粤西诗载》卷23。

遍存在等。桂东各州县的壮群体越人的传人一如广东的情况，不仅如此，桂东各州县清代还存在众多的壮族。比如，阳朔县"壮多民少"；① 临桂县"西南二乡界连、阳、永多有之"（指壮）；灵川县"七都多壮"；兴安县"壮人居富江"；永宁州（治今永福县西北寿城）"有俍、壮二种"；永福县"民三壮七，实录也"；平乐县壮"男女服饰，与桂林壮同"；恭城县"附县八村民壮杂处"，"壮村五，皆远乡也"；贺县"壮初亦溪洞野氓，就编户者谓之熟，性稍驯，远者谓之生，慓悍难制"；荔浦县"按县治三百村，壮瑶得之十之九焉"；修仁县（治今荔浦县西南修仁镇）"九排、八排、七排、六排则皆壮人"；昭平县"诸乡则民壮杂处，思来里北陀四十里，一峰陡立，左九冲，右盐山，至峡口而会于江，四周如列剑戟，原为壮薮，其谚曰宁食粥稀，不见官司，亦可想其淳朴也"；苍梧县壮"居外峒者与民杂居，居深山者与瑶杂"，"而北陀东岸、西岸则皆壮人"；藤县"大黎里、杨峒里、大任里皆壮人也"；"容县瑶壮椎髻短襦"；岑溪县壮人"椎髻文身"；② 桂平县"俍、瑶杂处"；平南县"乌路里瑶、俍杂处，归政里民、俍杂处"，"大同里多瑶壮"；"梧多瑶、壮，而郁之蛮曰土俍，俗颇近瑶而不出为患"等。③

桂东各州县的壮族在清朝的时候，虽然"蛮俗犹未尽变也"，④ 但是在汉族文化的浸淫之下已"渐而化之"。⑤ 进入民国，东部各县的壮族大都趋汉变化了。比如，清代永福县"民三壮七"，永宁州（后并入永福县）也仅"俍、壮二种"，可到现在，汉族却占该县总人口的89.3%，岂不是该县众多的壮群体越人的传人趋汉变化了！同样，荔浦县虽然雍正《广西通志》卷93《蛮疆分隶》说"按县治三百村，壮、瑶得十之九焉"，清初汪森《粤西丛载》卷24《壮》引知县吕文峰万历《荔浦县志》也载："县治三百村，壮得二百七十有余村，而民止得二十三村。"这就是说，明末清初荔浦县的居民，壮占90%，汉占7.6%，而瑶仅占3.4%。现在，汉族占该县总人口的86.2%，说明清末民初以后，荔浦县也有众多的壮族趋汉变化了。又如明朝嘉靖元年（1522年）王济《君子堂日询手镜》载横州（今横县）"惟城中军卫所居多江浙人"，不染壮族的婚姻习俗。然而，从思明府（今宁明县）迁至横州的驯象卫，据当时人应槚《苍梧总督军门志》卷7《兵防三》所载，仅有"官二十五员，旗军三百六十四名"。进入清朝，雍正《广西通志》卷93《蛮疆分隶》载横州"民一壮三，壮俗佃田，与民杂处，山子（瑶族）则散居震龙、六磨诸山"。此种居民民族比例，反映在地名上也很显眼。据清末光绪二十四年（1898年）广西巡抚张联桂《广西全省舆图》记载，横州以云（2处）、罗（5处）、古（7处）、六（又写作陆、鹿、绿、落等，32处）、百（又写作北、白、八等，5处）、潭（或塘，3处）、排（或作派，3处）、那（畬，84处）、咘（bo^5，泉，或作磨，3处）、谷（kok^7，源头，根，2处）、巴（pla^1，石山，2处）、甘（$ka:m^3$，岩洞，4处）等字起首

---

① 《古今图书集成·方舆汇编·职方典》卷1402《桂林风俗考·阳朔县》。
② "椎髻文身"习俗误作瑶族，因瑶无"文身"之俗，疑该人为壮。乾隆《皇清职贡图》载，岑溪县有俍人。民国《岑溪县志》亦载："壮性顽劣，言语拗僻，文身椎髻，饮食粗鲁，少肆儒业，间有识字者即为师巫。"
③ 以上俱见于雍正《广西通志》卷93《蛮疆分隶》。
④ 雍正《广西通志》卷93《蛮疆分隶·修仁县》。
⑤ 《古今图书集成·方舆汇编·职方典》卷1426《平乐府风俗考》。

的壮语地名占全县地名的80%以上，说明当时横州壮族居民的众多。可是，清末、民国以至今日，汉族却占横县总人口的63.8%，壮族仅为36.1%，道出了该县的壮群体越人的传人许多已经趋汉变化了。

桂东各州县壮族的此种趋汉变化，在汉族文化的浸淫下，势不可逆。"壮人散处乡村，衣服、饮食与齐民（汉人）无异，惟妇女服饰稍别（今皆一色矣）。其语音历世不改，人鲜能辨，然皆习官话，与汉人相通。敦诗说礼，所在皆有；身列胶庠（学校）者，后先相望；由明经、孝廉入籍（登官簿籍）者，且相接踵。其余耕凿相安，皆知教子弟读书、识字，几不辨其为壮矣。"① "按往日，邑中壮人聚妇入门，次日即还母家。" "然每闻长老言，壮女嫁与儒童秀才，则婚夕即成夫妇，无归宁不返之事。近数十年来，诸族互通婚姻，陋习已除，无论于归谁氏，皆即夕修伉俪之仪矣。"② "贺之民族以汉族为最盛，壮次之，瑶又次之。" "壮与汉族同化已久，惟瑶俗仍旧。"③

文德馨光绪《郁林州志》卷4《风俗》载："郁林向无苗、瑶、俍、壮之户，亦无来、土不和之习。各族姓隶籍者，皆自唐、宋以来久处而安，故好尚相同。"这是后来趋汉变化了的郁林人自高其身，耻与俍、壮同类，从而数典忘祖的典型例子。姑且不计民国以前该州分布着众多的以云、罗、古、六、大、排、那等起首的具有鲜明壮语地名特点的地名，也不说"西瓯驿"迄于清末仍存在于郁林州城南，且说北宋乐史《太平寰宇记》卷165《郁林州风俗》载："夷人居山谷，食用手搏；酒名都林，合槽共饮。夜泊以纵淫，死则打鼓助哀，孝子尤恐，悲泣。刻木契焉。" "古党洞（在郁林州西北）夷人索妇，必令媒人引，女家自送。相见后即复放女归家，任其野合，胎后方还。前生之子，例非己胤（yìn，后代）。女以乌色相间为裙，用绯（fēi，大红色）缀裳下或腰领处为冶艳。男椎髻，女散发，跣足吹笙，巢居夜泊。"④ "食用手搏"，搏同抟，读tuán，把散碎捏成团，道出他们以糯米为主食；"合槽共饮"，意指以管汲酒，共同鼻饮。"打鼓助哀"，就是梧州《旧经》所说的"丧则聚，搏击钲鼓作戏，叫噪逐其厉（凶恶的鬼魂）。及掩之中野，至亲不复送"，唯恐死鬼沾上身。⑤所以，"孝子尤恐"。"巢居"，住干栏式房子；"夜泊"，男女会歌择配。婚日婿不亲迎，女家自送，女子不落夫家，有结同年的自由；怀孕将产，女子方才落居夫家。这些都是自壮傣群体越人承传下来的文化习俗。迄于明初，《郁林志》仍说：

> 郁林州僻在海隅炎陬之地，冬无霜雪，寒暑不常，其地土下湿而多瘴疠，人民不事蚕桑，性资轻悍，婚则相歌为娶，死则击鼓助哀，病不服药，惟好事鬼神。其俗大

---

① 玉昆山：民国《信都县志》卷2。
② 程大璋：民国《桂平县志》卷31。
③ 民国《贺县志》卷2。
④ "夜泊"，（宋）乐史：《太平寰宇记》卷163《南仪州（岑溪县）风俗》："每月中旬，年少女儿盛服吹笙相召明月下以相调弄，号曰夜泊。"
⑤ 《永乐大典》卷2339梧字引。

远于中土矣。①

"人民不事蚕桑","婚则相歌为娶","死则击鼓助哀","病不服药,惟好事鬼神",这些习俗也是壮群体越人后人传承于壮傣群体越人而成为传统习俗的。壮群体越人的传人之一就是壮族。《郁林州志》的编者既强调郁林州"各族姓隶籍者,皆自唐、宋以来久处而安,故好尚相同",怎又不前瞻于史,极力否认郁林州历史上壮群体越人的传人存在?何况,清朝雍正《广西通志》卷93还记载"梧多瑶壮,而郁之蛮曰土俍"呢!

清朝后期,桂东各州县的壮族还没有完全趋同于汉族,只是难以统计《嘉庆一统志》记载的嘉庆二十五年(1820年)广西总人口3949429人,壮族所占的比例是多少。

民国三十六年(1947年)桂林文化供应社印行的莫一庸《广西地理》第五章《民族与人口》(第58页)载:

> (广西)各族人口,以汉族为最多,约占全省人口百分之六十以上;僮族次之,约占全省人口36%;苗傜又次之。傜族人口约二十余万,苗族人口约六万之谱,而以傈僳为最少,不过数千而已。

陈正祥《广西地理》第七章《人口与都市》也说:"广西居民种类繁多,除汉人而外,又有僮、傜、苗、傈罗混血种族。就中汉人最多,约占全省人口百分之六十,自属首要分子。"② 看来,虽然那个时候国民党政府广西当局认为壮族"大半已与汉人同化",否认其作为一个独立民族存在,而将之归于汉族,③ 但是学者们对于壮族作为一个独立的民族存在都有着共同的认知,因此他们认为汉族人口只占广西一省总人口的60%或更多一些。④ 不过,唯有书迟出一年且作者属本省籍的莫一庸始能估算出民国二十九年(1940年)时,壮族人口约占广西全省人口的36%。民国二十九年(1940年),广西总人口14254599人,壮族人当有5131655人。此与民国三十年(1941年)由桂林文化供应社印行的张先辰《广西经济地理》说的"广西僮人约五六百万……几乎遍及广西全省",基本相符。

壮人占广西总人口36%,此一数字是民国二十九年(1940年)的数字。在此之前,并不是如此。

中原汉人移居岭南,自秦迄于宋朝,近1500年过去了,时去时来,由于入迁人数有限,时间参差不一,且零散分布,岭南仍是壮群体越人的传人社会。岭南东部是如此,岭

---

① 《永乐大典》卷2339梧字引。
② 《广西地理》,上海正中书局民国三十五年版,第117页。
③ 广西统计局:《广西年鉴》第二回,民国二十四年。
④ 国民党政府广西省当局认为僮族"大多已与汉人同化",将之归于汉族,只把未"与汉族同化"的山区僮族即义宁(治今临桂县北五通)、罗城、龙胜、钟山、忻城、宜山五县的"生僮"8427人与苗、傜等族一起列作"特种民族"(《广西年鉴》第三回,民国三十七年)。

南西部更是如此。

宋朝元丰三年（1080年），王存《元丰九域志》记载广西正州客户为53010户，占当时广西正州总户数253427户的20.9%。当时，正州之外为广西西部众多的羁縻州县洞。这些羁縻州县洞，一无客户。近乎羁縻州县且辖属左右江诸羁縻州县的邕州，元丰初除三年一换或一年一替的中原驻军外，客户418户，仅占当时邕州总户数5288户的7.9%。这些客户进入壮族先人社会，如不是集群式的聚居，不得不以壮族先人的习俗为俗，以壮族先人的语言为言，从而趋同于壮族先人。即使迁入者集群式的聚居，而生活在壮族及其先人社会中，也不免受其影响。今南宁市郊区心墟讲平话的汉人，虽保住了他们原来的语言，但既进入了壮族及其先人的社会，就不得不入乡随俗。女子婚后不落夫家，是历史上壮族及其先人的传统习俗，近现代已经易俗，可是心墟讲平话的汉人随同壮族及其先人此一习俗后迄于20世纪60年代仍然未断传承。横州，据《元丰九域》记载，主户3172户，客户279户。客户占该州总户数的8%，以后随着时间的演进，自然趋同于壮族了。所以，明朝嘉靖元年（1522年）王济的《君子堂日询手镜》便说：横州"惟城中军卫所居，多江浙人，故不染此俗"（指壮族的婚姻习俗）。又如，郁林州辖南流（治今玉林市）、兴业二县，《元丰九域志》载该州客户2003户，占州总户数5545户的36.1%。然而，他们入乡随俗，趋同于壮族及其先人，因此明初的《郁林志》载，郁林州"地土下湿而多瘴疠，人民不事蚕桑，性资轻悍，婚则相歌为娶，死则击鼓助哀，病不服药，惟好事鬼神。其俗大远于中土"。①

从总体上说，汉族入籍广西进入壮族社会，没有发生俗变语变的，主要是明、清二代。明朝万历间（1573—1620年）王士性《广志绎》卷5载：

> 广右山俱无人管辖，临江山，官招商伐之；村内山，商旅募人伐之：皆任其自取。至于平原旷野，一望数十里不种颗粒。壮人所种，止山衡（山中平地）水田，十之一二耳，又多不知种麦粟，地之遗利可知也。
>
> 瑶壮之性，幸其好恋险阻，傍山而居，倚冲（有水灌溉）而种，长江大路弃而与人，故民（汉）夷得分土而居。若其稍乐平旷，则广右无民久矣。

同书同卷又载：

> 广右异于中州（中原），而柳（州）、庆（远）、思（恩）三府又独异。盖通省如桂（林）、平（乐）、梧（州）、浔（州）、南宁等处，皆民夷杂居，如错棋然。民村则民居民种，壮村则壮居壮种，州邑乡村所治，犹半民也。右江三府（即柳、庆、思三府）则纯乎夷，仅城市所居者民耳。环城以外悉皆瑶、壮所居。皆依山傍谷，山衡有田可种处则田之，坦途大陆纵沃，咸荒弃而不顾。

万历间，广西东部是汉村、壮村相杂，州县城镇也是半汉半壮，西部各府州县唯有城镇才有些许汉人居住，可知那时汉人迁入广西，大多是在东部地区。壮、汉相杂，你依冲

---

① 《永乐大典》卷2339梧字引。

而种，我开平旷之地生活，各求其便，相处而安，没有产生大的矛盾冲击，只是入迁的汉族奸猾之徒，利用壮人"宁食粥稀，不见官司"的心态，以代向官府纳粮而逐渐侵吞、剥夺壮人的田亩而已。这就是王士性《广志绎》卷5所载的"壮人虽以征附籍，而不能自至官输粮，则寄托于在邑（城里）之民（汉人）。壮借民为业主，民借壮为田丁，若中州诡寄者然。每年止收其租以代输之官，以半余入于己。故民无一亩自耕之田，皆壮种也。民既不敢居壮之村，则自不敢耕壮之田，即或一二贵富豪右有买壮田者，止买其券而令入租耳，亦不知其田在何处也"。代交田粮，掠取壮人所交田粮一倍还多归己以作代向官府缴纳田粮的报酬，这就在壮人和官府之间产生一伙入迁汉族寄食群。此一寄食群，处心积虑，在向官府交粮时以自己为缴纳田粮的田主，即所谓的"业主"；壮人让他们代向官府缴纳田粮所给的酬劳，成了壮人向汉人"业主"所交的地租。一来二去，汉人寄食者利用壮人的诚实愚戆，成了壮人历代所耕水田的田主，壮人耕着历代传承的水田却成了佃丁。延至清朝雍正时代，形成了"横州民一壮三，壮俗佃田"的社会现象。① 这是明、清二代普遍出现的壮人财产无端被剥夺的悲惨事件。

　　壮人执一端而不敢直面官府，对巧言令色的寄食群中的汉人，不知其居心的险恶叵测，以诚待之，托他们代向官府缴纳田粮，并给予报酬，结果虽省去直面官府，却"失之于己，反之于人"，有田而无端田被夺去，沦为"佃丁"，迂腐到了极致；寄食群中的汉人，乘壮人之迂，名为代劳，却食言而肥，玩弄手法，颠倒是非，依税食租，坐而成为田主，一变诚心托己代劳的"业主"成为"佃丁"，也没心没肝到了极致！

　　广西属壮族社会，明朝万历六年（1578年）广西人口1186179人，按"壮七、瑶一、民二"的比例，壮族有83万人上下。242年过去了，清朝嘉庆二十五年（1820年），广西人口总数是3949429人，增加2763250人，年均增11418人。在烟瘴地区，医药设施落后甚至没有，这个增长数字在合理的范围内。谢启昆嘉庆《广西通志》卷87《风俗一》编者开卷按语称："元、明以来，腹地数郡（指桂东地区）四方寓居者多，风气无异中土，然犹民四蛮六，习俗各殊；他郡（指桂中、桂西地区），则民居什一而已。"这说明清朝嘉庆的时候广西民族的比例基本如同明朝中后期，没有大的变化。3949429人，壮族人口有270多万人。

　　"稻田黄，睡满床。"广西既属烟瘴地区，壮人观念里又是"买田不买河边田，娶妇不娶街上女"，不喜欢、不善经商，而且在他们的传统观念认为"远行魂失"，远行归来必须"收魂"，更不敢远途经商。汉人瞅准一空档，东粤、三楚之民，多入广西经商。但是，他们"岁终则归，来春又聚"。② 屈大均也说："西粤土州，其妇人寡者曰鬼妻，土人弗娶也，粤东之估客（商贩）多往赘焉。""土州之妇，盖以得粤东夫婿为荣，故其谚曰：广西有个留人洞，广东有一望夫山"，③ 也道出明末清朝前期，入桂贸迁的粤东、三楚之民都是在原籍有了室家的人，冬去春来，熙来攘往，大多没下决心落籍广西另建家业。嘉庆以后，此种情况方才逐渐改变，所以在广西的"粤东会馆"等大都兴建于道光及其后。光绪三十二年

---

① 雍正《广西通志》卷93《蛮疆分隶》。
② 《古今图书集成·方舆汇编·职方典》卷1426《平乐府风俗考》。
③ （清）屈大均：《广东新语》卷24《蛊》。

（1906年）九月广西巡抚林绍年见广西"土旷人稀"奏说："请仿外洋商垦之法，招商垦荒，任令商人择地，报官勘丈，给照定限升科。"① 次年，清朝中央度支部和农工商部见奏报后，也认为内地各省人满为患，应照往日"湖广填四川"的办法，"广招客民开垦，以为兴利固圉之谋"。② 从此，外省汉人大量迁入入籍广西。据《清史稿》卷73《地理志》载，清朝灭亡的宣统三年（1911年），广西人口有8746747人，自嘉庆二十五年（1820年）以来91年中增加了一倍还多，年均增长52717人。此时，广西总人口中的民族比例已不是壮七民二，已是壮四民五了，全省人口8746747人中，壮族约有3498698人。

自此以后，入桂落籍于桂的汉人日渐增多。民国十五年（1926年），广西人口突破千万大关，达10633000人，到民国二十九年（1940年）已达14254599人，14年中，年均增长258685人。③ 这个时候，据莫一庸《广西地理》记载，壮族人口约占全省人口36%，④ 则壮族约有5131655人。据该记载的民国三十五年（1946年）广西各县市面积、男女人口及人口密度（每平方公里人数）移录于下：

县市名	面积（平方公里）	人口数（人） 男	人口数（人） 女	人口数（人） 合计	人口密度（人/每平方公里）
桂林市	265	69816	56910	126726	480
临桂县	2058	120391	113733	234124	112
兴安县	2955	83778	68400	152178	52
灵川县	1496	60262	56375	116637	76
阳朔县	1381	63963	60783	124746	92
永福县	1020	29856	27265	57121	56
百寿县	1573	35664	31995	67659	44
义宁县	716	23668	23110	46778	64
龙胜县	2992	36343	34288	70631	24
灌阳县	2271	72243	49139	121382	52
全　县	2655	179010	129049	308059	116
资源县	1303	36358	33127	69485	52
贺　县	3714	131488	115402	246890	68
怀集县	3106	151477	141663	293140	96
信都县	2081	30451	25949	56400	28

---

① 《清实录·德宗实录》卷564。
② 《东方杂志》第4年第2期。
③ 陈正祥：《广西地理》，正中书局1946年版，第108—109页。
④ 莫一庸：《广西地理》，桂林文化供应社1947年版，第48页。

续表

县市名	面积（平方公里）	人口数（人）			人口密度（人/每平方公里）
		男	女	合计	
昭平县	4021	80995	68418	149413	36
钟山县	1533	92868	84617	177485	116
富川县	1796	59835	51791	111626	64
恭城县	2254	71178	57937	129115	56
平乐县	1869	90457	82208	172665	92
蒙山县	2034	53430	49294	102724	50
荔浦县	1629	74753	72681	147434	92
修仁县	1322	34139	33158	67297	51
苍梧县	3165	200167	192019	392186	124
藤　县	3556	216290	185698	401988	112
岑溪县	1323	110680	99620	210300	160
容　县	2155	164454	140531	304985	140
桂平县	4537	251755	222611	474366	105
平南县	2858	217640	176561	374201	138
武宣县	1835	67843	63709	131552	72
贵　县	5586	244802	220954	465756	84
兴业县	1003	68635	57484	126119	124
郁林县	1883	207480	163522	371002	196
北流县	2794	206777	162317	369094	132
陆川县	1655	148399	109127	257526	156
博白县	3512	235387	172906	408293	116
柳江县	2586	126948	118850	245798	96
柳城县	1909	61215	60767	121982	64
中渡县	690	19252	19042	38294	56
榴江县	1023	29257	28261	57518	56
雒容县	801	21792	22594	44386	52
象　县	1904	68537	65811	134348	71
来宾县	2572	75480	73468	148948	56
迁江县	2446	57188	59079	116267	48

续表

县市名	面积（平方公里）	人口数（人） 男	人口数（人） 女	人口数（人） 合计	人口密度（人/每平方公里）
忻城县	2159	53328	52921	106249	48
宜山县	4975	144573	143949	288522	60
河池县	3498	50179	48697	98876	28
南丹县	2257	37747	36999	74746	32
天峨县	2427	22570	21802	44372	20
思恩县	1989	44826	44683	89509	44
宜北县	1599	23322	21929	45251	28
天河县	1431	37214	36475	73689	52
罗城县	2896	59202	57680	116882	40
融县	4014	92684	92809	185493	48
三江县	3024	74416	73130	147546	48
金秀设治局		12787	10710	23497	
邕宁县	4579	224618	200832	425450	93
永淳县	1876	98146	90893	189039	101
横县	2416	155500	139480	294980	122
宾阳县	2183	119251	110560	229811	105
上林县	3060	112540	112855	225395	74
武鸣县	4571	123331	125918	249249	55
隆山县	3025	69196	68048	137244	45
那马县	1320	36909	35711	72620	56
都安县	4548	138610	139511	278121	61
平治县	2804	48676	50090	98766	35
果德县	1632	31016	33807	64823	40
隆安县	1691	55947	58879	114826	68
同正县	1033	23862	25111	48973	47
扶南县	1216	39307	39746	79053	65
绥渌	888	23186	22374	45560	51
上思县	2034	50586	42127	92713	46
龙津县	1050	31972	33015	64987	62

续表

县市名	面积（平方公里）	人口数（人）			人口密度（人/每平方公里）
		男	女	合计	
上金县	1237	26576	26835	53411	43
凭祥县	391	10972	11380	22352	57
宁明县	565	13828	14249	28077	50
明江县	478	15820	16375	32195	67
思乐县	2396	26201	26108	52309	22
崇善县	1070	31989	32353	64342	60
左　县	514	14580	15729	30309	59
万承县	437	22597	23044	45641	104
养利县	728	14992	15764	30756	42
雷平县	1537	37739	37976	75715	49
百色县	3205	54087	57713	111800	35
万冈县	3988	45930	46830	92760	23
东兰县	1450	58775	57976	116751	80
凤山县	2548	36051	36548	72599	28
乐业县	3226	26158	25126	51284	16
凌云县	3648	34323	35369	69692	19
田西县	2928	23555	23923	47478	16
西林县	4836	28671	30234	58905	12
西隆县	2343	39548	39380	78928	34
田阳县	1896	66884	68555	135439	71
田东县	2693	54934	59878	114812	43
天保县	1588	71000	69903	140903	89
敬德县	951	27451	27047	54498	57
镇结县	1200	44455	44122	88577	74
向都县	895	46645	44493	91138	101
龙茗县	1140	41058	38973	80031	70
靖西县	2744	122779	121615	244394	89
镇边县	2180	42385	41026	83411	38
合计	218923	7597885	6941488	14539373	66

就上表可以知道，柳州、南宁及其以西各县的人口总和是470多万人，占全省人口的32.3%，加上分散于东部各县的壮族人口，此与莫一庸《广西地理》所估计的壮族人口占广西人口36%不相上下。此后还有汉族人口不断入迁落籍广西。比如，民国二十九年（1940年）广西人口1425万多人，次年民国三十年（1941年）即增至1467万多人，比上年增长42万多人。① 汉族人口的大量迁入，以及东部大部分壮群体越人后人的趋汉变化，本土居民壮族人口在广西总人口中所占的比例自然下滑。这是第一点。

第二，广西各县人口密度，平均每平方公里66人，较当时广东每平方公里147人，湖南每平方公里138人低多了，② 广西自然成为二省人口流向的去处。广西东南各县，地形较低，河川壮阔，雨量丰富，宜于稻子栽植，人口最为稠密，平均每平方公里100人以上。其中，郁林县平均每平方公里196人，人口密度之高，为广西各县之冠。这是明、清二代外省汉人移殖的结果。反观广西西北各县，地势较高，山峻水泻，人烟稀少，往往数十里不见村落。乐业、凌云、田西（今田林县）、西林等县，平均每平方公里不足20人。就中尤以西林县为甚，平均每平方公里仅有12人，成为广西人口密度最低的一个县。人口密度低，成为汉族等外来各族移居的地方。这些地方，本来都是壮族岑氏土官管辖的地方，民国三十五年（1946年）以后至现在，乐业县壮族仅占全县人口的50%；凌云县壮族占全县人口不到50%；田林县壮族仅占全县人口64.67%；西林县壮族也仅占该县人口的63.6%。这也是促使壮族在广西总人口中比例不断下降的一个因素。同时，随着空闲地的减少，随着当地壮族人口的增殖，壮族就逐渐由本是"倚山而居，依冲而种"，"住在水头"的稻作民族，逐渐有众多的人变成用后传进来的玉米等旱地作物为食的群体。

第三，广西人口密度以东部为最高，表明当时汉族入迁落籍较多。随着汉族入籍的众多，一方面当地壮族趋汉变化加速，另一方面儒家"不孝有三，无后为大"的意识观念也在东部地区居民中表现得特别突出。③ 比如，藤县男的比女的多30592人，容县多23923人，桂平县多29144人，平南县多41076人，郁林县多43958人，北流县多44460人，陆川县多39272人，博白县多62481人，全县（今全州县）多49961人，灌阳县多23104人，贺县多16086人等。而西部的凌云、西林、田西、田阳、田东、凤山、万冈（今巴马）、百色、养利、万承（二县在今大新县）、隆安、平治、果德（二县后并为平果县）、武鸣、迁江、雒容（今鹿寨县）等县居民则传承着壮族关于"女儿是水，无水不流"的传统意识观念，没有或少受"不孝有三，无后为大"的意识观念影响，那时这些县仍一如往日，生男生女不拘，不刻意以男为传承香火的宝贝，听任自然，女子的人数还是比男子的人数为多。

3. 云南东南部壮族

《古今图书集成·方舆汇编·职方典》卷1490《广南府风俗考》载：

---

① 陈正祥：《广西地理》，上海正中书局民国三十五年版，第109页。
② 同上书，第2页。
③ 孟子说："不孝有三，无后为大。"（《孟子·离娄章句上》）赵岐注说："阿意曲从，陷亲不义，一不孝也；家贫亲老，不为禄仕，二不孝也；不娶无子，绝先祖祀，三不孝也。"

苗猓杂居，山硗获薄，男女花布裹头，性缓力弱，病不服药，专祷鬼神，刻木为契，喜食诸虫，丧葬惟侬人、沙人用火化，余则割弃悬尸。不知礼义，时相仇杀，摽掠府州。土著无汉人，学校未兴。

云南壮族分三个支系，这就是侬人，沙人和土僚。广南府是侬人、沙人聚居的地方，《古今图书集成》的记载点明了明末清初，该地还没有汉人迁入落籍。而此后，随着时间的演进，社会的发展，封闭的渐开，汉人及苗、瑶等族陆续进入广南及其他壮族居住的地方。

汉人的大量迁入，学校的设置，汉文教育的开展，知识阶层的形成，以及壮人会说汉话，这是壮族趋同汉族变化的起点。据汤大宾乾隆《开化府志》卷1记载，康熙六年（1667年），清朝将教化三部、王弄山二长官司和安南安抚司合并设置开化府，辖开化、王弄、安南、永平、东安、乐农、江那、逢春八里，有寨1203寨，其中侬人265寨，土僚96寨，沙人47寨，共408寨，占总寨数的33.9%。单开化府治所在的开化里（今文山县）有居民51寨，土僚居住的有41寨，占总寨数的80.4%；单纯为土僚寨的有33寨，占总寨数的64.7%。民国年间，情况发生了变化，纯土僚居住的村寨只有5寨，与其他民族杂居的则由原来的8寨变成36寨，说明土僚住民正处在变动之中。清朝初年，开化府所辖的开化、乐农、王弄、安南4里，有沙人聚居的村寨11寨，沙人与其他民族杂居的3寨，民国时期文山县辖开化、乐农二里及安南、王弄二里的大部分，那时纯沙人居住的村寨已经荡然无存，仅有与其他民族杂居的6个寨子，说明许多村寨的沙人不是迁移就是趋同于汉族了。

清代，云南壮族除聚居于广南，开化二府外，也聚居于广西府，并分散居住于临安、元江、普洱、曲靖等府。清代民国年间，云南东南部的壮族人口没有具体记载，以明代十多万人为基础，繁衍生育，约有20万人。

4. 贵州壮群体越人的传人

明代，贵州省的壮群体越人的传人约有30万人，清代民国，除部分趋同于汉族外约有40多万人。

贵州省的壮群体越人的传人称为"种家"或"仲家"，自称为"布依"或"布雅依"，民国《贵州通志·土民志》又称其"侬人"。侬壮一体，所操的语言基本是壮语北部方言，所以贵州省的壮群体越人的传人应与壮族为同一民族，中华人民共和国成立后却与壮族分开，另称"布依族"。但是，不管其族称何异，他们与壮族都是壮群体越人的传人，却是毋庸置疑的。

第二篇　社会经济文化

人类要生存，要繁衍，要发展，不能像其他动物那样完全仰食于自然物，要开辟人类生存的世界，构筑自己存在以及由此形成的社会经济基础，扩大食物的来源，于是有了社会经济文化。

壮群体越人及其后人的社会经济文化，以农为主，渔猎兼之，工商较少。其特点是前期发达，创新不少，后期因循守旧，不求进取，少于创新，社会经济发展缓慢，人们仍满足于延续几千年的"饭稻羹鱼"生活。

第一章

农业经济文化发展

壮侗群体越人，在旧石器时代晚期已经掌握钻木取火方法，懂得了煨薯煮粟以维生。进入旧、新石器时代交替之际，他们走上了驯化野生稻和饲养家猪的历程，逐渐成为一个以稻作为中心、过着农耕生活的人类群体。在此后的历史发展中，壮群体越人及其后人以稻为本，兼种杂粮，优化园艺种植，推动了岭南农业经济文化的发展。

第一节　稻　作

人类文明的重要内容之一，就是野生水稻驯化栽培成功，稻作文化出现和形成及其后壮群体越人及其后人在壮侗群体越人糯米文化的基础上推陈出新，推动着农业经济文化的发展。

一　水旱兼作，栽培旱稻

普通野生稻驯化成栽培水稻后，壮傣群体越人又因地之所宜，育成旱稻品种，实行水稻陆种。

有论者认为"西盟佤族的旱稻不是从水稻发展而来的，而很可能是从野生稻发展而来的。证据之一是某些旱稻的品种可以作水稻种植，但水稻品种却不能作旱稻种植"。①今佤族的实践，是否可以律定古代发生的事情，一时也无从验证。

成书于东汉永元十二年（100年）的《说文解字》禾部收有"穊"字，解释说："稻，紫茎，不粘也。从穊声，读若靡。"段玉裁《说文解字注》引王念孙说："靡，当作䉈，字之误也，扶拂切。"② 这就是说，穊读作 fei。穊，在汉代的其他记载里，未见使用，从哪里来？很可能是近音译写的字。

《汉书》卷28下《地理志》载："江南地广，或火耕水耨，民食鱼稻。"水耨为水田的操作，火耕则既属水田又属陆地的经营。

顾炎武《音学五书·唐韵正》火部引明《广东通志》说："清琼州西乡，音谓一年为一火，火音微；东乡人谓年为喜，或谓之化，乃火之变音。""化"，古又读胡隈切，音回。③ 海南琼州（治今海南省海口市琼山区）东乡、西乡人，就是今日操壮傣语支语言的"临高人"。据清代的《琼州志》等记载，临高人不仅谓一年为一火，而且大年初一清晨，各户还派人到野外去堆草烧火以取吉利。这是远古壮侗群体越人举行刀耕火种的礼仪演变而成的习俗。时间过去大几千年了，今海南操临高话者一仍其旧，以年为火，年火不分，都谓为 vi^2。

火，壮语谓为 fei^2，布依语谓为 fi^2，傣语谓为 fai^2；年，壮语、布依语谓为 pi^1，傣语谓为 fai^2：与临高语谓火、谓年为 $vəi^2$ 音近，有语音变化规律可循，源同一语。这是怎样产生的呢？岭南是个多雷地区，"无日无雷"。④ 茫茫宇宙，有声可闻的就是雷鸣，有形可见的就是飘荡的云团。这种直觉性形成了岭南古越人的理念：云是雷，雷是天，三位一体。⑤

至今，南壮及傣人仍天、云、雷不分，三者同为一词，都谓为 fa^3 或 fa^4。电闪雷鸣，雷劈也常引发森林大火，于是岭南古越人又产生并形成了"火生于雷"的理念。⑥ 随着雷鸣雨来，放火烧地农事开始，新一年的时间也就开始了。⑦ 因此，在岭南古越人的语言里，天、云、雷、年、火五个概念，音近一词。

今临高语谓云为 ba^4，这是壮傣群体越人谓天、云、雷为 ba^4 的遗存，⑧ 现在壮傣语支各族语言谓火为 fei^2（或 fi^2 或 fai^2），谓年为 pi^1（或 pi^6 或 $vəi^2$），都是由 ba^4 发展演变而来的。年因火为起始，耕作又以放火烧地或烧山为第一道工序，所以火耕便成为岭南古代越人的习惯行为、习惯称谓。宋人吕公弼（1007—1073年）《送桂州张田经略迁祠部》中

---

① 李根蟠、卢勋：《刀耕农业和锄耕农业并存的西盟佤族农业》，《农业考古》1985年第1期。
② （清）段玉裁：《说文解字注》，上海古籍出版社1981年版，第320页。
③ （宋）吴棫：《韵补》。
④ （清）屈大均：《广东新语》卷1《冬雷》。
⑤ （宋）周去非：《岭外代答》卷10《天神》。
⑥ （清）屈大均：《广东新语》卷1《风火》。
⑦ 白耀天：《年由火来：岭南古越人对时间的知觉方式》，《思想战线》1993年第5期。
⑧ 今临高话谓天为 fa^3，与黎语相同，与南壮语、傣语谓 fa^4 相近，而北壮、布依语谓 $bɯɯ^1$，侗、仫佬等语谓 $mən^1$，则楚化了；临高人谓雷为 $lɔi^2$，又是借用于汉语。

的诗句"春满农郊劝火耕",① 说的就是此一层意思。

"火耕"产出的稻子,称为"hau⁴ fei²",译成汉语就是"火米"。唐朝大中二年(848年),丞相李德裕被贬为崖州司户参军,途经今广西北流县城西的桂门关时写了一首《鬼门关》诗:"岭外中分路转迷,桄榔树叶暗前溪。愁冲毒雾连蛇草,畏落沙虫避燕泥。五月畲田收火米,三更津吏报潮鸡。不堪肠断思乡处,红槿花中越鸟啼。"② 其中的"畲田"就是旱地,"火米"就是旱稻或陆稻。称旱稻为"火米",是壮傣群体越人因火耕而来。由此或可清楚,《说文解字》中的"穣"一字,读作 fei,乃是岭南越人谓旱稻的音译写字。此字在《说文解字》成书前不见于记载,之后也不见其形,就是因为其前"火米"没有盛输于中原,其后则中原已经种植旱稻或已经翻译定称为"火米"。明李时珍《本草纲目》卷22载"西南夷有烧山地为畲田种旱稻者,谓之火米",就是这样的说法。

汉代或其前,壮傣群体越人已经在种植水稻之余培育了旱稻。旱稻种植传到北方,或在汉代或在魏晋南北朝。北朝魏高阳太守贾思勰《齐民要术》卷2已经记载了旱稻的种植方法。宋、元之际,戴侗《六书故》载:"稻性宜水,亦有同类而陆种者,谓之陆稻。《记》曰'煎醢加于陆稻上',今谓之旱稌。南方自六月至九月获,北方地寒,十月乃获。"《记》就是《礼记》,相传为西汉人编纂。《礼记·内侧》说到了陆稻,同时,汉代人托名的《管子》,其卷19《地员》③ 也说北方种有"陵稻"。唐朝房玄龄注"陵稻,谓陆生稻",分明汉代北方已经种植了陆稻。同时,北方所种的陆稻并不是火耕,据《齐民要术》介绍,它是在"停水处"的"下田"种植的,因为这些地方干燥时土块坚硬,潮湿则黏结泥泞,雨来又积水易涝,麦、豆等作物不宜,难以经营,以致容易丢荒。这说明称陆稻为"穣"为"火米",并不是因北方种植陆稻而来。"穣"无外是中原人对壮傣群体越人"火米"的音译写字。

明嘉靖元年(1522年)王济《君子堂日询手镜》载,横州(今广西横县)"有畲禾,乃旱地可种者。彼人无田之家并瑶壮人,皆从山岭种此禾。亦不施多工,亦惟薅草而已,获亦不减水田"。"畲禾",就是壮傣人所说的"hau⁴ rei⁶",rei⁶义同汉语的畲。"瓦卜传神语,畲田费火耕。"④ "畲田,三峡中刀耕火种之地也。春初斫山,众木尽蹶。至当种时,伺有雨候,而前一夕火之,藉其灰以粪。明日雨作,乘热土下种,则苗盛倍收;无雨,则反是。"⑤ 这是湖北、湖南、四川等地区在唐、宋时期畲田的耕种方法。这种畲田,虽属刀耕火种,但所种不一定是陆稻。壮群体越人及其后人种陆稻的畲田经过了一代代人的劳作经营后,至明、清时期已经不是刀耕火种时代耕作三四年之后地力减退便转移地方的耕作制,而是同一块地年年耕种、年年施肥以保持地力,成了自家的产业之一。宋人范成大

---

① (清)汪森:《粤西诗载》卷13。

② 同上。

③ 管子,名管仲,春秋时辅佐齐桓公成就了霸业,为一代名相。《管子》却是后人托名于他的著作。《汉书》卷30《艺文志》载有《管子》一书,说明该书至少为汉时人所撰。

④ (唐)杜甫:《戏作俳谐体遣闷二首》。

⑤ (宋)范成大:《劳畲耕诗序》,《石湖集》卷16。

说：壮群体越人后人首领"其田计口给民，不得典卖，惟自开荒者由己，谓之祖业口分田"。① 百姓自家开荒可以传之子孙的"祖业口分田"，固然其中可能有水田，但更多的是山坡旱地。

壮群体越人及其后人经过长期的刀耕火种实践后，知道旱地的泥土及其上附着的草本植物经过火烧，除消灭了潜伏于杂草根部和土壤里的有害昆虫外，还可以增加土地的有机肥力，调整土壤的颗粒结构，有利于禾苗的生长，因此他们在播种前都将畲地上的表土连同其上附着的杂草锄起，晒干，然后推拢在一起，用火燃烧。到播种时则以之为肥料，伴同种子一起播撒。② 这或者就是古代越人"火耕"的遗意吧。

壮群体越人及其后人除水稻种植之外，又随地之所宜，培育、种植旱稻。壮群体越人的旱稻种植，起于汉代或其前，延至民国时期。据广西省政府统计局于民国23年（1934年）的调查，民国22年（1933年）广西旱稻的产量是838000担，③ 其中大部分出产于壮族分布的柳州、宜山、南宁等地区。这对于解决居民的食粮问题起了不少补助作用。

二　粳稻引进，凝脂馨香

新石器时代中晚期，壮傣、侗水二群体越人驯化了多年生普通野生稻为一年生人工栽培稻后，特着意于培育糯稻作为自己的日常生活主食，于是将水稻中粳、籼等品种撇弃不顾，专一植糯，形成了原始的糯米文化。壮傣、侗水二群体越人分化各自独立发展后，壮傣群体越人一仍如故，专植糯稻以为主食，并以自然树叶、草叶如枫叶等捣碎浸，以其浸渍液泡糯米蒸成黑、红、黄、蓝、紫五色喷香的糯米饭，祭神祀鬼，嬉乐饱腹。

壮、傣二群体越人分化独自发展后，汉代，壮群体越人引进了粳米品种，丰富了岭南的水稻品种。

粳稻，生长条件一如糯稻，既宜于烂泥深厚的稻田，也宜于地势较高泥土略浅的地块，不易倒伏，耐肥，不易脱粒，米粒短近乎圆形，晶莹透亮，煮熟后有如凝脂，馨香馋人，黏性虽较籼米强，但远较糯米为弱，且且饭饱腹易于消化，没有糯米饭那样食后易于产生食积的毛病，特别是酷暑时节用清凉的泉水来熬粥，更是醇和、清凉宜人。

1976年广西贵县罗泊湾汉墓一号墓出土的木简上书有"客稻米一石"五字。稻，就是籼，也就是汉朝人扬雄《方言》说的"江南呼秔（粳）为籼"，不是后来从交趾引进的籼米。客，《说文解字》释作"寄"，也就是"外来"的意思。今贵港市罗泊湾汉墓，是西汉前期的墓葬，说明西汉前期粳米才由江南传入岭南。

这时候，壮、傣二群体越人已经分化，傣群体越人南走西去，他们二者对粳稻已经没有一体的认知，因此关于粳稻的词语，壮、傣二群体越人是不相同的。比如，粳米，壮语谓 hau⁴su：n¹或 hau⁴si：n¹，西双版纳傣语谓 xǎu³ʔan¹，德宏傣语谓 xau³ʔa：n⁶，完全

---

① （宋）范成大：《桂海虞衡志·志蛮》。
② 迄于20世纪50年代，壮族农民在每年冬末或春初都到一些荒坡去"çan³ ça：u³：pi²"（锄草皮），将杂草连根与表土一起锄起，晒干，然后生火，把这些带着泥土的杂草往火上堆，让它们燃烧。待火熄灭后，覆盖保护起来，以防雨淋等。播种时，以之作为肥料与种子一起进行点播。
③ 广西省统计局：《广西年鉴》第二回，1935年版。

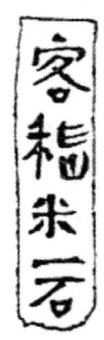 

罗泊湾汉墓出土木牍

不同。

三 踏犁拓荒，堪称能耐

壮傣群体越人分化前，有 va：i² （牛），有 lik⁷thai¹ （铁犁）的共同语，① 说明战国秦代农田耕作已经有了牛耕。

但是，在岭南除了大田耕犁外，在沿 ço：ŋ⁶（山间平地）四周有水灌溉却地块狭小、荆棘丛生的山坡上辟田造地，凭着牛、犁无从进行。因此，壮群体越人及其后人俚、"獠"一直思考着造出能够手脚并用而省力、功效可称的农用器具。

他们经过苦心钻研、实践，终于如愿以偿，制成了轻便、省力而功能堪称可以的踏犁。

踏犁

踏犁，到了南宋淳熙五年（1178年）周去非《岭外代答》卷4才见记载，但是见载并不是此时始有存在。因为一者详记岭南壮群体越人及其后人农用工具的在这之前没见过；二者踏犁手脚并用，省力、轻便、能量见大，他们造田辟地急迫需求，可能踏犁在北宋或其前就已经存在于岭南地区。

周去非说："踏犁形如匙，长六尺许，末施横木一尺余，此两手所捉处也。犁柄之中，于其左边施短柄焉，此左脚所踏处也。踏可耕三尺，则释（放开）左脚，而两手翻泥，谓之一进。迤逦而前（曲折连绵前进），泥垅可成行列，不异牛耕。""若夫无牛之

---

① 犁，北壮方言和布依语谓 çai¹，南壮方言及傣、佬、泰、掸等族语谓 thai¹，这是不送气声母与送气声母的对应变化。铁，北壮方言已经是借汉语词，南壮方言谓 lik⁷，傣、佬、泰、掸等族语谓 lek⁷，属同源词。

处，则踏犁之法，胡（怎么）可废（废弃）也！"尤为可贵的是，"广人荆棘费锄之地（荆棘根结，不易挖掘的地段），三人二踏犁夹掘一穴，方可五尺，宿根巨梗，无不翻举，甚易为功（很容易见成效）。此法不可以不存"。

由于踏犁有如此能量，所以在壮族地区千年不废，仍葆有其存在的价值，迄20世纪仍广见于桂西壮族农家中。

四　引进籼稻品种

籼稻一称，最早见于西汉末年扬雄的《方言》，书称"江南呼粳为籼"。《众经音义》卷4引三国魏人李登《声类》也说"粳，不粘稻也。江南呼粳为籼"，[1] 可见南北朝以前江南人以粳米为籼米，确凿无疑，说明当时人称粳米为籼米，籼米不是后来意义上的籼米。

我国在宋朝以前所着意培育和种植的只有粳、糯二稻，所以，晋人郭义恭《广志》列有虎掌稻、紫芒稻、赤芒稻、白米、蝉鸣稻、盖下白稻、青芋稻、累子稻、白汉稻、乌粳、黑穬、青函、白夏之名，[2] 仍只是属于糯或粳稻的品种。北宋前期李昉等于太平兴国八年（983后）编纂成书的《太平御览》卷839《稻》也只列有粳、秫（糯）两种，没有籼稻。宋太宗端拱初年（988年），"言者谓：'江北之民杂植诸谷，江南专种粳稻，虽土风各有所宜，至于参植以防水旱，亦古之制。'于是，诏江南、两浙、荆湖、岭南、福建诸州长吏劝民益种诸谷。民乏粟、麦、黍、豆种者，于淮北诸郡给之；江北诸州亦令就水广种粳稻，并免其租"[3]。宋太宗诏令南北互补，以北方的粟、麦、黍等品种推向南方，以南方的粳稻扩种于北方，并未道及于籼稻。

过了十多年，宋真宗于大中祥符四年（1011年）"以江淮、两浙稍旱，即水田不登，遣使就福建取占城稻三万斛，分给三路为种，择民田高仰者莳之，盖旱稻也。内出种法，命转运使揭榜示民。后又种于玉宸殿，帝与近臣同观毕刈，又遣内侍持于朝堂，示百官。稻比中国者穗长而无芒，粒差小，不择地而生"。[4] 从福建取占城稻，明示在此之前它已经传入福建，栽种之后显出了其优势。宋真宗即位14年后从福建取占城稻三万斛给江淮、两浙作种子推广种植。有些记载说占城稻"自占城来，作饭差硬。宋氏使占城，珍宝易之，以给于民者"。[5] "宋氏"指宋真宗。宋真宗以珍宝遣人到占城国（在今越南中南部）换取占城稻作为种子，似非真实，因为乐史于宋太宗太平兴国年间（976—984年）编纂的《太平寰宇记》卷158已称潮州（治今广东潮安县）"稻得再熟，蚕亦五收"，说明早熟的占城稻已经传入我国岭南地区。

占城稻耐旱，不择地而生长，粒比粳米小，成熟期短，《理生玉镜》称为"六旬稻"，自种至收仅60天时间，可以接济青黄不接时的饥荒，也可以在一年中适宜水稻生长的时

---

[1] 转引自（清）王念孙《广雅疏证》卷12《籼》。
[2] 转引自《齐民要术》卷2《稻》。《太平御览》卷839也引此段记载。
[3] 《宋史》卷173《食货志》。
[4] 同上。
[5] 《理生玉镜》，（清）汪灏等《广群芳谱》卷8《稻》引。

间作两次栽种，有两次收获。虽然其米质较差，但其优势是不可否认的。

占城稻，是什么品种？《广群芳谱》卷8《稻》引《本草》称"籼稻，一名占稻"。《理生玉镜》也说籼稻"自占城来"。看来，宋代从占城国传入我国的籼稻，别于汉、魏、南北朝时期我国江南人以粳稻为籼稻，它是另一种与粳稻并行异类的水稻品种。聚居于海南岛北部儋州和琼州的操壮傣语支语言的临高人谓籼米为 ŋau⁴ tsiam³，其"tsiam³"（籼）可能即源于占城的"占"。而操侗水语支语言的侗族谓籼米为 qau⁴ sa：n¹ 的"sa：n¹"，则纯然是"占"的音译。壮语谓籼米是 hau⁴ çi：m¹，无疑也是因该种稻子来自占城国而定名。汉语的籼米，则是由于"占米"与原"江南呼粳为籼"音近而套用，从而使籼由称粳米转指籼米，发生了称代上的转换。

据《理生玉镜》载，籼稻种"自占城来"，名"六旬稻"，"一名拖犁归，粒小色白，四月种，六月熟。又有八十日稻、百日赤昆陵。又有六十日籼、八十日籼、百日籼之品"。[1] 由于占城来的籼稻耐旱，不择地而生，成熟期短，就使我国南方两广和福建等地区在一年内广泛种植再熟稻、三熟稻成为可能。[2] 于此之前，东汉杨孚《异物志》载"交趾稻，夏、冬又熟，农者一岁再种"。[3] 以及郦道元《水经·温水注》说九真郡（治今越南清化省清江西北东山县）有白、赤"两熟稻"，可九真郡的居民明显不是越人，《异物志》所说的交趾，当也是指今越南红河中、下游地区，其地不是越人所住。东晋葛洪《抱朴子》所说的"南海晋安县有九熟之稻"，恐怕是与西晋左思《吴都赋》的"国税再熟之稻，乡贡八蚕之绵"一样，纯是夸张性的铺叙，没有实质性的内容。《新唐书》卷222下《南蛮传》载牂柯国"无城郭，土热多霖雨，稻、粟再熟"，这是说稻与粟复种，不是一年中水稻的再熟。应该说，自占城稻引入以后，我国方才出现一年中稻的再熟。

不包括稻孙，[4] 关于我国再熟稻也就是二季稻种植的记载，首推《太平寰宇记》卷158潮州（治今广东潮安县）的"稻得再熟"。《永乐大典》卷5343潮字《土产》引南宋《三阳志》载潮州"居东南而暖，谷尝再熟。其熟于夏五、六月者曰早禾，冬十月曰晚禾，曰稳禾"，证实了《太平寰宇记》的记载。皇甫湜《韩文公神道碑》称潮州"洞夷海獠陶然；夷獠、鳄鱼、稻蟹，不暴天物"，[5] 说明潮州原来的土著居民唐、宋时衍称为"夷獠"，还没有完全汉化。

又南宋淳熙五年（1178年）周去非《岭外代答》卷8《月禾》载，钦州"地暖，故无月不种，无月不收。正、二月种者曰早禾，至四月、五月收；三月、四月种曰晚早禾，至六月、七月收；五月六月种曰晚禾，至八月九月收。而钦阳七洞中，七、八月始种早禾，九、十月始种晚禾；十一月、十二月又种，名曰月禾。地气既暖，天时亦为之大变，以至如此"。这是同处岭南地区的钦州，一年中比潮州又多种了一季稻，成一年种三季稻

---

[1] （清）汪灏等：《广群芳谱》卷8《稻》引。
[2] 南宋《三阳志》载：若粳与秫（糯）即一熟，非膏腴之地不可种（《永乐大典》卷5343潮字《土产》引）。
[3] 《太平御览》卷839《稻》引。
[4] 稻孙就是刈稻后再长出的余穗，也就是再生稻。（宋）刘攽《彭城集》卷12《晨兴》诗："水涸看鱼族，田收长稻孙。"
[5] （宋）祝穆：《新编方舆胜览》卷36引。

了。据曾在钦州做官的周去非同书卷3《五民》载,当时钦州的居民除少部分北人和操闽语的"射耕人"外,都是当地土著的越人。而"钦阳七峒",在今广西防城市西部,其首领就是《宋史》卷488《交趾传》所说的钦州羁縻州峒如昔镇将黄令德的子孙,元时设置如昔、贴浪、博是、鉴山、时罗、渐廪、古森七峒长官司,明代一仍如此。林希元嘉靖《钦州志》卷6《溪峒》说除黄氏七峒外,还加了一个以褐氏为首领的时休峒。这些人,都是壮族先人。宋代壮族先人在占城稻传入以后因天时地利之便,开始了再熟稻或三熟稻的种植,既改变了他们往昔一年中水稻一种一收的种植习惯,也逐渐改变了他们以糯米为主食的饮食结构。

刺激着壮群体越人后人地区再熟稻甚至三熟稻种植迅速发展的,还有一个历史性的因素。这就是金人南侵,北宋覆亡,南宋建立。金人南侵,势力直达长江流域,大量北方居民南迁,其中居住在江、浙、川、湘最多:"四方之民云集二浙,百倍常时";① "平江(今江苏苏州市)、常(今江苏常州市)、润(今江苏镇江市)、越(今浙江绍兴市),号为士大夫渊薮,天下俊贤多避于此"。② 大量的北人南迁,出现的时效反应就是粮食短缺,粮价飞涨。当时平江斗米钱五百,越州糯米钱八百,粳米钱四百。其后浙江米价曾涨至1200文一斗,绍兴元年(1131年)降到600文,宋高宗高兴地说:粮价回落,"不但军不乏食,自此可免饿殍,在细民岂不小补!"相应地,北人迁居的各路米价也都有不同程度的上涨。③ 而此时蔡绦来到广西,情形就大不一样,他盛赞"岭右俗淳物贱",生态环境非常好,老虎也"未始伤人。独村落间窃羊豕,或妇人、小儿呼噪逐之,必弃置而走"。"博白有远村号录舍,皆高山大水,人迹罕至,斗米一二钱。"④ 广西俗淳物贱,斗米一二文钱,与江浙的斗米大几百乃至一千多文钱,相去何啻霄壤!因此,广南东、西二路成了兵荒马乱中立足于杭州的南宋政权调粮以求略得喘息的地方,成了江浙一带逢凶遇荒调粮济困的处所:"江、浙岁饥,有旨发二广义仓米航海诣永嘉"(今浙江温州市);⑤ 江南东路"凶荒之年,犹仰客舟兴贩二广及浙西米前来出粜"。⑥

以广南东、西二路粮运往江浙,最便捷的自然是海运。潮州位于广东东部沿海地方,南宋政权于危急中调二广粮食周济江浙,理所当然是从潮州开始。以潮州粮周济江浙,就目前所见记载,最早是建炎四年(1130年)十月的三纲(每纲一万石)。⑦ 粮的北运首先是潮州粮,以后二广粮的北运也多从潮州启运。江浙粮困缓解,居民得生铭记于心,于是将二广北运的粮食称为潮州粮。潮州又称金城,后来江浙人引种二广籼稻,于是径称其为"金城稻"。所以,南宋嘉泰(1201—1204年)《会稽志》卷17《草部》说:"凡占城(米),土人皆谓之金城(米)。"⑧

---

① 《建炎以来系年要录》卷158。
② 《建炎以来系年要录》卷20。
③ 黄桂:《潮州金城稻考》,《农业考古》1999年第1期。
④ (宋)蔡绦:《铁围山丛谈》,《说库》,浙江古籍出版社1986年版。
⑤ (宋)朱熹:《转运判黄公(洎)墓志铭》,《朱文忠公文集》卷93。
⑥ 《宋会要辑稿·食货三八之十四》。
⑦ 《宋会要辑稿·食货四七之十七》。
⑧ 黄桂:《潮州金城稻考》,《农业考古》1999年第1期。

南宋退缩江南，江南人口陡增，加大了对二广米的需求。利之所在，广南东、西二路的人因天时地利之便，除了在泥深土肥之地继续种植糯、粳二稻外，能种籼稻的地方都种了籼稻。这样，既改变了壮群体越人后人往昔纯糯米的水稻品种种植结构，改变了其单季稻的种植习惯，开创了双季稻乃至三季稻的种植先例，相应地也改变了壮群体越人后人以糯米为主食的饮食结构。

五 适时筛选，更新换代，稻品多样，八宝米一枝独秀

历史上，壮群体越人及其后人稻作传统的品种是糯稻，汉代传入粳稻，至宋代则又传入占城稻即籼稻。从此，他们改变了其糯稻单一的种植，改变了其以糯米为主食的饮食结构，泥深肥沃之地种糯、粳二稻，其他田地则种植籼稻。

唐代留传至今的两块唐碑，一为《六合坚固大宅颂碑》，刻于永淳元年（682年）；二为《智城碑》，刻于武则天万岁通天二年（697年）。二碑颂述居住于今广西上林县澄太、白墟、三里一带的壮族先人首领韦敬办、韦敬一粮储如何丰足，城池如何稳固，说他们的地方"前临沃壤，凤粟与蝉稻芬敷"；"蓍桑滋耽（相连），耕农尽力"；"黎庶甚众，粮粒丰储，从（纵）有十载无收，且从人无菜色"，① 显示出一派人口众多、丰裕自给自足而安居乐业的景象。当然，这是首领们的自诩性的溢美之词，不过从中也可看出当时社会的粮食生产情况和稻作水平。

壮群体越人后人稻作水平较高，粮食比较丰足，群众过着自给自足、安居乐业的生活，虽然汉文记载少见，但仍有汉族文人情不自禁地偶然及之。比如，北宋名臣、《资治通鉴》的主纂者司马光即说位于今天等县东北的结洞，"洞中有良田甚广，饶粳、糯及鱼，四面阻绝，唯一道可入"。② 南宋时，周去非说，"广西斗米五十钱，谷贱莫甚焉"。"田家自给之外，余悉粜去，会无久远之积。商以下价籴之，而舳舻衔尾，运之番禺以罔市利，名曰谷贱。"③ 又如明朝天启初年，云南刘文征路过归顺州（今广西靖西县），说该州石山"拔地突起，山环若城。有平畴者曰硐，路出其中；出入之所，皆有石隘。良田美地，一年耕获，尝足支二、三年。伐竹构居，织锦为布。居民有老死不逾硐，如避秦人者；见车马络绎，闻华人言，皆聚观惊诧"。④ 由此或可以知道历史上壮族稻作农业的发展，从而形成了壮族社会粮米的富足。

唐《智城碑》说"凤粟与蝉稻芬敷"，可与晋人郭义恭《广志》所说的"南方有蝉鸣稻，七月熟"⑤ 相应，说明蝉鸣稻种自晋至唐存在了400多年仍在广泛种植于农田，受人欢迎，反映该品种没有变异也没有退化，道出了壮群体越人后人对保护、更新优良水稻品种的强烈意识和行为。

明末山东人王象晋的《群芳谱》载有名为"箭子"的水稻良种，说此种水稻"粒

---

① 广西民族研究所编：《广西少数民族地区石刻碑文集》，广西人民出版社1982年版，第1—3页。
② 《涑水纪闻》卷13。
③ （宋）周去非：《岭外代答》卷4《常平》。
④ （明）刘文征：天启《滇志》卷4《旅途志》。
⑤ 《齐民要术》卷2《水稻》引。

细长而白,味甘香,九月熟,稻之上品"。箭子,就是宋代象州县出产的长腰米。《象郡志》说,象州"多膏腴之田",所产的稻子"长腰玉粒,为南方之最,旁郡亦多取给焉"。① 乾道、淳熙间(1173—1174年)曾为帅广西的范成大《劳畲耕》诗有"长腰匏犀腰"之句,原注说:"长腰米,狭长,亦名箭子。"象州壮族先人培育了优良稻种长腰米(箭子),"旁郡多取给焉",后来传入中原,自南宋至明天启年间(1621—1627年),已经400多年过去了,但它在中原仍为"稻之上品",可知其生命力何其强盛,何其倾倒一方!

1976年发掘贵港市罗泊湾汉墓,出土的一块"从志器"的木牍上书有"仓稺"二字。② 仓为粮仓,稺是种子,"仓稺"就是储藏种子的仓库。另外,出土的另一片木简上写有"客稻米一石"和"客秔"等字。③ "秔"即籼,也就是汉扬雄《方言》所载的"江南呼粳为籼"的籼米。"客",《说文解字》释作"寄",即外来的意思。这道出了壮族地区的粳米良种是汉代时从江浙等江南地区引进来的。

《东坡杂记》载:"黎子云言:海南秫稻(糯稻),率三、五岁一变。顷岁儋人最重铁脚糯,今岁乃变为马脚糯,草木性理有不可知者。"④ 宋代的儋州(治今海南省儋州市西北新洲镇)人,就是居于其地的临高人。"什么水长什么鱼,什么稻吃什么泥。"在长期的稻作实践过程中,壮群体越人后人深深懂得水稻对水土和气候的适应以及水土对水稻的反逆作用,知道在一块田里的稻种用了3—5年以后如不更新则必须及时兑换,否则就会退化,减少收成。因此,儋州的临高人不断更换稻种自在情理之中,而不是什么"草木性理有不可知者"。所以,历史上壮群体越人后人地区各地所育和使用的稻子品种名称非常多。比如明朝嘉靖年间(1522—1566年)钦州知州林希元《钦州志》卷2载的稻子品种名称就有毛禾、六禾(有红、白二种)、白禾、胜稔、八月粒、坡禾、乌独粒、七粘、油粒、畲禾、赤禾、赤阳糯(有红、白二种)、羊眼糯、虾须糯、贝糯、马蚬糯(有红、白二种)、晚秧糯、白壳糯、红须糯、斑鸠糯、花壳糯、台糯、老鸦糯、母狗糯、马鬃糯、广糯26种之多。又如,万历《宾州志》也载有黄粘、白粘、早粘、晚粘、鼠牙粘、鹧鸪翠、斑粘、赤粳、白粳、长毛粳、白糯、黄糯、红糯、壳糯、乌须糯、早糯16种。

清代,壮族地区水稻种植的品种更多。据乾隆《授时通考》记载,合浦的稻谷品种有白禾、毛禾、赤禾、坡禾、畲禾、旦禾、八月粒、赤阳糯、晚糯、老鸦糯10种;钦州有毛禾、白禾、赤禾、翼禾、畲禾、潮禾、八月粒、马蚬糯、赤阳糯、白粒、赤粒、毛粒、大糯、虾须糯、香台糯、交趾糯16种;南宁府有毛粳、六月粳、八月粳、白粘、红粘、鼠牙粘、长腰粘、六月粘、红皮糯、白皮糯、黄皮糯、黑皮糯、早糯、含香糯、黄须糯、黑须糯、六月糯、光糯、毛糯、狗眼糯、赤阳糯、黄蜡糯、斑糯、鹁鸠糯、银丝糯、泥糯、鱼包糯、饭糯、香糯等30种;新宁州(今扶绥县)有粘谷、早谷、晚谷、胜谷、渌禾谷、大苗谷、三月谷、麻蚬糯、白壳糯、花壳糯、乌壳糯、振安白糯12种;横

---

① (宋)王象之:《舆地纪胜》卷105引。
② 广西博物馆:《广西贵县罗泊湾汉墓》,文物出版社1988年版,第83页。
③ 同上书,第85页。
④ (清)汪灏等:《广群芳谱》卷8《稻》引。

州（今横县）有毛粳、六月粳、八月粳、白粘、红粘、早粘、晚粘、畲木粘、光糯、狗眼糯、黄蜡糯、斑糯、早糯、香糯等15种。

此外，清至民国年间壮族地区的方志也分别记载当地的各种水稻品种。比如：

清羊复礼、梁年等纂《镇安府志》卷12载："粤西之糯有黄皮糯、大糯、香糯、铃子糯、庸糯，谷之有芒异于粳，惟一种光头糯无芒。又种晚收者，亦曰稉禾，比糯不粘，比粳香软，统名大米，有大白禾、马皮禾、八月鲜、红棉禾、白棉禾、兰禾、蕃禾、香粳禾诸名。镇安有赤糯、白糯、大糯、小糯、粳米、旱米诸名。粳，江南呼为籼，有早、中、晚三收，粘者为糯，不粘者为籼，有早籼、挂耙籼、黄瓜籼、百日籼、六十日籼、蝉鸣稻，皆早收，长毛籼、咀粘红籼、贵有籼皆晚收。又一种旱禾，种于畲地，未出镇安者粒大而味胜于常。"

民国莫炳奎纂《邕宁县志》记载的水稻品种有：雪白粘、黄皮粘、鼠牙粘、长腰粘、晚粘、柔粘、小米、大米、红米（夏至红、晚造红）、桃花米、白米、白肚米、畲禾、白糯、红糯、黑糯、斑糯、黄皮糯、早糯、香糯、光糯、毛糯、六月糯、赤阳糯、鹁鸠糯、银系糯、黄蜡糯、泥糯、钣糯、鱼包糯、狗眼糯、小金糯、毛粳、八月粳等。

民国26年（1937年）吴龙辉纂《崇善县志》所记当地的稻种有：白花粘、早粘、晚粘、油粘、红花米、杂糯、哎糯、大糯、畲谷。

民国吴国经等修《榴江县志》记载的当地稻谷种有：早稻、晚稻、红壳粘、白壳粘、大叶粘、马尾粒、八月蓝、畲谷、粳谷、香粳、大糯、小糯。

民国魏任重修《三江县志》所记当时三江的稻谷品种有：糯米、粳米、香粳、麻谷、白谷、早谷、冷水粳、大白谷、细白谷等。

民国37年（1948年）《思乐县志》所载当时思乐的稻谷品种有：大谷、小谷、油粘谷、白花谷、四川谷、翻禾谷、夏至糯、冬糯、早稻糯、大糯、小糯、香糯、黑糯、杂糯、红坡谷、白坡谷等。

民国欧卿义修《贵县志》所记当时贵县的稻谷品种有：百日早、夏至白、花罗籼、八十早、山东早、六月糯、黄粘、鼠牙粘、油粘、霜降粘、大糯、白谷糯、白粳、红粳、香粳。

民国《合浦县志》所记当时合浦的稻谷品种有：六禾、白禾、赤禾、坡禾、毛禾、畲谷、胜稔、父粘、鸟独、油粒、早糯、晚糯、台糯、斑鸠糯、交趾糯、广糯、赤阳糯、老鸦糯、翼糯、八月粒、霜降粘、羊眼、虾须、红须、马蚬、马鬃、白谷、花谷、香粳、雪禾等。

尽管由于古代的品种分类没有统一的标准和名称，因而各地所录的品种中，名目繁多，相当混乱，有的名同实异，有的则名异实同，但自明清以来，壮族地区所培育、栽种的稻谷品种确是很多的，且其中不乏优良品种。

清代以后，壮族培育水稻品种，主要是在提高稻种的质量上下苦功夫。这其中，重点在突出稻种的"香"字。比如广西荔浦县有香籼、香粳、香糯。天保（今广西德保县）有香粳，"米质雪白油润，气味芳香"。同正县（在今广西扶绥县北部）有香糯，"气味清香，不独谷粒为然，禾苗长茂时，便已闻有香气"。思恩县（在今环江县西）、迁江县

(在今来宾市西南)香粳,"颗大而香,九、十月收获,连草逐茎摘之盈把,终岁不脱"其香。① 稻香四溢,是人们在培育稻种时利用热带、亚热带草本植物含有挥发性的有机物香豆素的特性,经过长时期的选择筛选,最后培育成功的。在壮族培育成功的众多香米之中,当推云南省广南县壮族培育的"八宝米"最为著名。

"八宝米"产于广南县八宝乡,以产地定名。八宝乡山清水秀,风光绮丽,鱼肥米好,自古有"小桂林"之称。这里,海拔1131米,年降雨量1100毫米,年平均日照1865小时,年平均气温16.5℃,全年无霜期300—340天,平均相对湿度70%—80%,冬无严寒,夏无酷暑,气候温和,雨量充沛,十分宜于作物生长。八宝乡有万亩良田栽种八宝米,其中以坡岘、坝尾、同伯、安乐等地的2000亩良田产的稻米米质最好。八宝米属籼型稻,株高120—154厘米,穗长22—24厘米,平均每穗786粒。谷粒长7厘米,宽3厘米,每千粒重25克。谷壳呈淡黄色,颗粒饱满,易于脱粒,亩产量200—400公斤。生长期为180天,惊蛰送肥,清明育秧,立夏栽种,10月成熟。八宝米,色质雪白,粒大饱满,蒸煮后饭粒软和,富于黏性,味香可口,清代被列为贡米,"每岁贡百担",从遥远的云南专运京城,供皇帝和皇家食用,可谓一枝独秀。

八宝地方水田土壤肥沃,泥土黑中略带灰色。经取土化验,田泥含有机质3.3136%,氮0.1789%,磷0.1257%,钾1.2578%,酸碱度(pH值)为7.6,速效磷0.548,速效钾0.572,碱解氮10.4881,氮碳比为10∶8。特殊的环境培育了八宝米特异的生态现象,使外地无法引种。历代以来,各方不知有多少人闻稻香而倾倒,慕名而来要引种八宝米,但辛苦汗白流,都没成功。其中的原因,迄今仍是个谜。②

六 逃进深山,辟造梯田,另开天地

人乐居于水源充足的平原地区,可是在人口陡涨如南宋初年江浙等地区那样或被迫无家可居的情况下,人们不得不向荒坡山地进发,依山形地势建造梯田以谋生。

宋人方勺《泊宅编》卷中载:"七闽地狭瘠而水源浅远,其人虽至勤俭而所以为生之具,比他处终无甚富者。垦山为田,层起如阶级然。"这种田地,即为"锐田"。③ 锐田,沿着山坡一层层而上,像阶梯一样,这就是俗话说的"梯田"。宋代,不仅福建出现梯田,江西也有梯田。

南宋乾道八年(1172年)范成大帅司广西,从吴郡(治今江苏苏州市)出发路过袁州(治今江西宜春市),见"岭阪之间皆田,层层而上至顶,名梯田"。④

当时,岭南是否已经有了梯田,没见记载。

如果从耕作工具的发展来看,宋人周去非《岭外代答》卷4《踏犁》说,壮族先人创造的踏犁利于辟荒垦田,梯田的垦辟似有可能。然而,从当时岭南地区的人口发展情况看,耕地不紧张,人们似又没有必要走山履险,胼手胝足,开山垦辟梯田。蔡绦说,南宋

---

① 李炳东、弋德华:《广西农业经济史稿》,广西民族出版社1985年版,第167页。
② 刘德荣等:《新编文山风物志》,云南人民出版社2000年版,第194—195页。
③ (清)周亮工《闽小记》卷上:"闽中壤狭田少,山麓皆治为陇亩,昔人所谓锐田也。"
④ (宋)范成大:《骖鸾录》。

初年广西"虎未始伤人,独村落间窃羊豕,或妇人、小儿呼噪逐之,必委置而走"。① 虎为什么不伤人?就是因为当时广西人烟稀少,原自然生态没有受到破坏,人没有侵犯到虎的生存领域,人与虎之间还没有发生生存的矛盾。又周去非说:"深广旷土弥望,田家所耕,百之一尔。必水泉冬、夏常注之地,然后为田;苟肤寸高仰,共弃而不顾。"② 这就说明宋时壮族先人可能还没有向深山进军,辛苦地劈山为田。

现在所看到的壮族典型的梯田,是广西龙胜县龙脊的梯田。这是明代宜山县出逃的壮族人开辟的。明朝移北方军队来广西实行军屯,引起了土地的纷争,包括壮族在内的各族群众举行了此起彼伏、长时间的规模浩大的反明斗争。宜山县(今宜州市)的一部分壮族群众可能就是因为斗争失败了,为逃脱明王朝的迫害,不得不携妻带儿遁入深山,垦山为田谋求生活。他们临山而耕,劈山为田,一层层地旋山而上。瞩目远眺,各类山体,大犹如塔,小胜似螺。春风和煦,湿雾重重,人吆牛耕,悠悠云雾之中,赛似仙境;水满田间,光照水亮,银色飘带层层而起,盘绕山冈;夏雨滋润,禾苗碧绿,一山青翠;秋风袅袅到人间,金黄禾穗逐风翻浪,稻香翼翼满山间。这是一处历史奇观,无怪乎人们认为"龙脊梯田甲天下"。

云南省文山壮族苗族自治州流传有这样一句谚语:"壮族居水头,汉家住街头,苗瑶占山头。"可笔者于1991年到麻栗坡县马街乡进行调查时,却发现壮人居住的高城子村位于丛山深处,与马街墟有几十里的距离,中隔丛山深谷。高城子村位于一座大山的山腰,山下深谷为溪流。因为人迹罕至,山上树木稠密,细流叮咚长年不歇。从高城子村往下直至深谷,人们也根据水源山势辟出了一层层的梯田,种上稻子。询问居民,怎么会到这丛山深沟里来发展?他们说是清代时先人为了避开仇家,才从广南县躲到这里辟造梯田以维生的。

高城子村的梯田,层层而上,一如架上高山顶上的梯子。夏日初秋,自谷底延至山腰,一派碧绿,生机勃勃。伏夏酷热进入其中,好似跨入一个青碧油油的世界,阵阵凉风四面袭来,令人心旷神怡,宠辱皆忘,烦扰顿消。可惜,明珠土埋,藏在丛山深沟里的高城子梯田的怡人景色,又有几人能够领略呢!

至于那些慌不择路逃入石山丛中的,可就没这么幸运。那里石山嶙峋,水源奇缺,只能在石中淘金,一勺土,一杯水,种上玉米求生活。玉米,是明代才传入中国的,传入壮族地区为时更晚了。这种情况说明原住水头的壮族,是因世乱才逃入深山丛中,方才辟造梯田,另谋生活来源的。

第二节 杂粮种植

在历史发展中,壮族以稻米为主食,以小米、薯、芋为补充食物,从历史的起始阶段,一直延续下来。

唐代韦丹为容州刺史,引进麦类,试图改变壮群体越人后人的种植结构;可是他们以

---

① (宋)蔡绦:《铁围山丛谈》。
② 《岭外代答》卷3《惰农》。

稻为主食历史悠久，俗已成习，加上气候的问题，小麦的种植一直未能在岭南地区成功推广。进入明朝，由于明王朝在岭南广泛实行屯田，因土地问题引起了以壮族为首的各族群众的强烈对抗。在明王朝的高压政策之下，许多壮族人逃入深山老林和石山丛中。因水源不足，土地紧缺，迫切要求在有限的土地上提高复种指数，小麦、荞麦以及此时从国外传入的玉米、番薯等作物在壮族地区得到了广泛的种植，并逐渐成为这些山居壮族的主要食粮。

一 薯类作物

薯，壮侗语谓为 man^2，是越人最早种植的粮食作物之一。陈祈畅《异物志》载："甘薯似芋，亦有巨魁，剥去皮，肌肉正白如脂肪。南人专食，以当米谷。蒸炙皆香美，宾客酒食亦设施，有如果实也。"[1] 晋人嵇含《南方草木状》也载，甘薯，"实如拳，有大如瓯者皮紫而肉白，蒸食之，味如薯蓣，性不甚冷。旧珠崖之地，海中之人，皆不业耕种，惟掘地种甘薯，蒸晒切如米粒，仓囤贮之，以充粮糗，是名储粮。北方人至者，或盛具牛、豚（猪肉）胾炙，而末以甘薯荐（进献）之，若粳粟然（样子）。大抵南人二毛者（头发斑白的老人）百无一二，惟海中之人百有余岁者，由不食五谷而食甘薯故耳。"[2] 二书记载不仅说到了甘薯的香美可食，是南方人招待宾客的佳品，而且说它是可以使人长寿的绝佳保健食品。李时珍说："甘薯甘，平，无毒。补虚之，益气力，健脾胃，强肾阴，功同薯蓣。"[3]《南方草木状》所载或者不是虚无之言。不过，直认海南儋州的临高人以甘薯为主食，却有失偏颇。

北宋绍圣四年（1097年）苏东坡谪居海南昌化军（治今海南省儋州市），有《和劝农》诗，序说："海南多荒田，俗以贸香为业，所产秔稌（粳稻）不足于食，乃以薯、芋杂米作粥糜以取饱。余（我）既哀之，乃和（陶）渊明劝农诗，以告其有知者。"[4] 此种甘薯，壮语谓为"$man^2\ mjən^1$"。

$man^2\ mjən^1$ 为一年生草质缠绕藤本，有红、白两种，茎右旋，红者略带紫红色。

单叶对生，叶三角状卵形。块茎球形，窝生，小者鹅卵大，大者重数斤，皮色微紫，岭南汉人因称其为"猪肝薯"；又因其大，名"牛脚薯"；而其薯上因长着许多毛状的细小根须，故又名"毛薯"。栽培时，以芦头（块茎靠茎端的头部）为种子。一般将芦头切下，切面沾上草木灰，并用手指甲在芦头上戳几戳，戳破其表皮，让其于该处冒芽。壮语谓戳为 $mjən^1$，因此壮人定其称为 $man^2\ mjən^1$。

光绪（《贵县志》卷1《土产》）说，毛薯"春间碎切而覆以土，即渐萌芽。稍长，其苗缘篱落而上，节间有根垂下，不入土，累累成小薯，名薯吊。至秋冬，其根在土之薯旁生梃出，重可数斤。若仍留土中，则递年长大。相传有一废圃，遗落薯种在旧粪池，数年间薯长与池平，斸（zhú，掘）之得数百斤，有大合抱者，有长如臂者，可供八口之家

---

[1]《太平御览》卷974。
[2]（明）陶宗仪：《说郛》卷87。
[3]（明）李时珍：《本草纲目》卷27。
[4]《苏东坡全集·续集》卷3，中国书店1986年版。

一月粮食"。

大薯,粗种丰获,能济人于饥荒之中。古代,对壮群体越人及其后人来说,是一种大有裨益的薯类作物。

明末清初,番薯自菲律宾传入两广以后,因其种植容易,根块可以切粒蒸晒储之为粮,可以酿酒,茎、叶可以作饲料喂猪,同时根块不仅可生食,而且味道又胜于毛薯,于是很快取其位而代之,并且连甘薯之名也夺过来了。民国27年(1938年)番薯的产量更已增至14600000市担,[①] 成了贫苦农民特别是山区壮族农民救苦救荒的主要补充食粮。

食用薯类中还有木薯。木薯原产于美洲热带地区,约于19世纪中叶传入两广地区。它适应力强,耐旱耐瘠,切茎繁殖,宜于山地栽种。食用根块,富含淀粉,可含氰基苷,不经处理而食用会中毒死人。收割后需将根块去皮切片浸入水中几天,然后漂洗晒干储藏冲粉食用。民国《崇善县志》说,该县濑淽、罗白等乡,"多旱田,中稔之年(中等收成之年),谷米尚有不敷之虞,荒岁则人民多赖木薯杂粮以充口腹"。民国《来宾县志》也说:"近年木薯最多,农家凶岁,多恃薯芋以为粮。"

二 芋

芋,北壮方言谓为 pi：k⁷,南壮方言及傣、佬、泰等族谓 phə：k⁷,侗语谓 ja：k⁹,水语谓 ʔɣa：k⁷,黎语谓 ge：k⁷语同一源,可知在越人时代已经种植了芋头,以芋为食。

迄今壮族地区还有野芋存在,壮语谓为 pi：k⁷tu：n⁶,谓其茎叶为 mu：n²tu：n⁶,说明越人地区为芋的原生地之一。广西贵港市罗泊湾汉墓一号墓出土遗物有"芋茎和芋头的外壳"[②]。道出了自古以来芋就是壮侗群体越人主要的补助食粮之一。

明嘉靖四十三年(1564年)方瑜(《南宁府志》卷3《土产》)载:"芋有二种,宜燥地者曰大芋,宜湿地者曰面芋。又有旱芋、狗爪芋、水芋、璞芋、韶芋。"而到清代,广西荔浦县培育槟榔芋,又名荔浦芋,体长头圆,质味松香,更为诸芋之首,名闻遐迩,定为贡品。

壮人喜欢种芋,因为芋艿与少量米粒煮熟和上米糠,是猪喜爱的饲料。家养一猪,必有一亩左右的芋地供应,方显得充裕。同时芋三月种,五六月可以挖食,成为青黄不接时的救饥食物,所以芋是壮家宝,谁家没有一亩半亩的芋艿地!

三 粟

壮族先人所驯化所栽植的粟有两种,一是小米,二是鸭脚粟。粟本为我国北方所产,可在旧石器时代晚期,早期越人已经驯化栽植了小米。这或者是因越人地区为丘陵,适宜于小米的生长。

(一)小米

小米,粒小色黄,穗如狗尾,因此又称为狗尾粟,壮语谓为 hau⁴fe：ŋ³。驯化栽培小米,在壮侗群体越人中已经有一万多年的历史。自那以后,虽然壮族及其先人农家没有大

---

① 陈正祥:《广西地理》,正中书局民国三十五年版,第67—68页。
② 广西博物馆:《广西贵县罗泊湾汉墓》,文物出版社1988年版,第87页。

田作业，大规模种植小米，但迄于民国年间，在水田以外的山坡旱地上，也不乏种植，以丰富节日筵席上的食品。

（二）鸭脚粟

鸭脚粟，形似小米，米色却呈暗红色，而且其穗分为3—5叉，曲卷成拳，因称鸭脚粟，又称为鹅掌粟，壮语谓为va：ŋ²。三月种，九月收。壮人将之磨成粉，熬煮米粥时，抓一把用冷水搅匀投入其中，米粒被扛起形成糊状，味清甜而凉爽，是壮家在炎炎夏日里的良好食品。据说，喝上此种"va：ŋ²粥"，一可以消暑充饥，二可以预防和治疗痧症。[1]

四 麦类

麦有三种，即大麦、小麦和荞麦。壮族种植麦类是引自中原地区，因此壮语中的"麦"一词，也是汉语借词，谓为"mek⁸"。

唐朝末年，刘恂（《岭表录异》卷中《广州地热》）载："广州地热，种麦则苗不实。北人将蔓菁子（即芜菁）就彼种者，出土即变为芥"，说明岭南地区的气候不适宜于种麦。加上南稻北麦，岭南人以稻为主食，佐以粟、薯、芋等杂粮，并不汲汲于以麦子果腹，所以麦子成功地引种于岭南地区，时间并不太早。

《新唐书》卷197《韦丹传》说元和中（806—820年）韦丹为容州刺史，整顿风俗，兴学校，建州城，立屯田，"教种茶、麦，仁化大行"，似有其事而无其实。一者，刘恂是唐末昭宗（889—904年在位）或其后的人，韦丹为元和（806—820年）初年任容州刺史，早于刘恂七八十年。刘恂为广州司马，亲历其地，不可能不详其事，而韦丹怎会在七八十年前就在容州"教种茶、麦"成功了？而且同时代的陆羽著《茶经》已说"容州黄家洞有竹茶，叶如嫩竹，土人作饮，甚甘美"，[2] 标示唐代容州不仅有茶的种植，而且有饮茶的风气，怎会待韦丹来到容州教种了茶，容州人方才知道有茶其物？所以韦丹在容州建州城，立学校，兴教化，有其事，教种麦或也有其事，但没有取得结果并进行推广却是可以肯定的。

《宋史》卷64《五行志》载，宋真宗大中祥符六年（1013年）三月"邕州麦秀两穗或三穗"，似乎说明此时麦子在邕州已经种植并推广了，似也不真实。《永乐大典》卷8507宁字引洪武《南宁府志》说宣化县（今南宁市）"四时郁蒸，地土不宜蚕桑、二麦"，揭示了时至明朝洪武年间（1368—1398年），邕州尚无大麦、小麦的种植，350年前的宋真宗时邕州就有"麦秀两穗或三穗"了？

进入明朝中期以后，可能麦类已经引种于桂北地区，所以林富嘉靖《广西通志》载广西物产时说："麦有大、小二种"以及荞麦。不过，此时广西各地种植麦子还并不普遍。嘉靖元年（1522年），王济到横州（今广西横县）作知州，他的《君子堂日询手镜》说："彼（指横州百姓）不知种麦之法，故膏沃之地，皆一望若芜莽不顾。余询之，云亦尝（曾经）种，遇熟时不俟晒干，则鞭净贮之器间。彼土又多湿热，皆郁为红黑色，食皆无味，或有食即呕吐成疾，遂云地不宜麦，故皆不种。殊不知收时须曝令干甚，方贮

---

[1] 民国《崇善县志》第4编《物产略》。
[2] （宋）乐史：《太平寰宇记》卷167引。

之，无不美者。余写收种之法示之，各村虚间亦有人种矣。"而嘉靖十九年（1540年）前后出任钦州（治今广西钦州市）知州的林希元在其编纂的《钦州志》卷2《物产》则说："钦民所食惟水稻一种，粟、豆、芝麻虽有而不多，二麦全无。余严令给种（子），督民耕种，民玩如故不变也。"

明中期以前，壮族地区没有麦类的种植；明朝中叶以后，由于北来官员的积极介绍、推广，并身体力行解决技术问题，壮族地区开始有了麦类的种植。因此，明朝中后期，是壮族地区麦类试种、浸润并为壮人认知的时期；进入清朝以后，则是开始扩种的时期。比如，嘉庆《广西通志》卷89引《临桂县册》载："粤土惟桂林面，各府重之。"又道光《庆远府志》卷8《食货》载，庆远府（治今广西宜州市，辖区除都安外的今河池地区及忻城县）"麦，旧无种。康熙六十一年（1722年）郡民陈庆邦买自桂林，散布始广"。光绪《归顺直隶州志》也载："嘉庆以前鲜种麦，自嘉庆二年（1797年）遍地皆种，亦大半丰熟，以后种者愈多。"迄于清朝末年，壮族地区各地都普及了麦子的种植，比如光绪《镇安府志》卷4说府属各地都种植麦子，"向武（今天等县西北向都）独多"。

在壮族地区引种麦类的过程中，由于荞麦耐寒耐瘠，适应力强，九月种十一月收，生长期短最易为群众所接受。光绪（《镇安府志》卷4）说荞麦"易长易收，谚所谓懒汉种荞麦也"，正反映了这种趋势。

五 玉米

玉米原产于美洲，明末清初传入广西，传入壮族地区。由于玉米为旱地作物，有土皆可栽种，具有耐寒耐瘠、产量高、病虫害较少、适应山区耕作等特点，所以它一传入壮族地区，就迅速得到壮族群众特别是山区壮族群众的欢迎和认同，18世纪中叶以前，广西左右江壮族地区已经普遍种植了玉米。玉米成了一些地区壮族特别是山居壮族的主要食粮之一。

乾隆《镇安府志》卷4说："天保（今广西德保县南）山野遍种，以其实磨粉，可充一、二月粮。"迄于清朝后期，光绪《镇安府志》卷4所说已比乾隆《镇安府志》所载大不相同："近时镇属种者渐广，可充半年之粮。"不仅如此，有些地区的壮族已经以玉米为主食了。比如民国《崇善县志》第4编即说："新和、通康、古坡各乡，山多田少，稻米出产寥寥，人民终岁多食包粟。"包粟，即是玉米。

第三节 经济作物种植

历史上，壮族地区种植的经济作物不多，唯甘蔗、苎麻、棉花、茶叶数种。明、清以后，花生、烟草传入壮族地区，花生很快得到认同，普遍种植，而烟草则是家里有人抽烟方才种上几分地，很少形成规模化的生产。

一 甘蔗

甘蔗，壮语谓为 ʔo：i³，与布依语、傣语一样。对甘蔗的称谓，道出了壮傣群体越人分化各自发展以前，已经有了甘蔗的种植。

壮、傣群体越人分开独自发展在西汉前期，因此他们种植甘蔗时间就很早了。1983—1988年，广西甘蔗研究所组织技术人员先后考察了钦州、百色和桂林三个地区的25个县（市），收集到野生甘蔗亚族五个属植物118份，其中野生甘蔗割手蜜分布最广，数量最多，说明远古时代，岭南地区曾是野生甘蔗盛产的地方，壮傣群体越人认知野生甘蔗，驯化并将它培育成栽培蔗是有其充足的物质基础的。梁家勉先生在《中国甘蔗栽培探源》一文中阐明甘蔗栽培源自我国华南，然后由华南逐步向北伸延发展，[①] 洞见了历史的真实，肯定了壮傣群体越人是我国最早的栽培甘蔗、利用甘蔗为人类服务的人类群体。

我国关于甘蔗的记载，最早见于战国伟大诗人屈原（约前340—约前278年）的《楚辞·招魂》："胹（ér，煮）鳖炮羔，有柘浆些。""柘浆"就是甘蔗汁。煮鳖炙羊，用甘蔗汁来调味，增加烹调品醇香美味。甘蔗最初是供人们作果品咀嚼的，屈原时代已经用来压汁作调味品了，说明甘蔗有了新的功能，并说明楚国都城郢都（今湖北江陵县）已经繁殖了甘蔗。至汉代，《汉书》卷22《礼乐志》载帝王家每年的郊祭例行歌唱的《郊祀歌》十九章中第十一章《天门》，有"百味旨酒布兰生，泰尊柘浆析朝醒"之句，则说明汉代除以甘蔗汁作食用调味品外，又用其来解除醉酒醒后所出现的困倦似病的状态。晋人嵇含《南方草木状》载"南人云甘蔗可以消酒，司马相如《乐歌》曰'大尊蔗浆析朝醒'是其义也"，[②] 道明了以甘蔗汁治酒病是由岭南传入中原的。

两汉时代，甘蔗已经扩展于我国长江以南广大地区，所以东汉杨孚《异物志》说："甘蔗远近皆有，交趾所产特醇厚，本末无薄厚，其味甘。围数寸，长丈余，颇似竹，断而食之，既甘，生取汁为饴饧益珍，煎而暴之凝如冰。"[③] 汉代，岭南属交趾刺史部，《异物志》所说的出产甘蔗最好的"交趾"，当包括岭南地区在内。托名西汉东方朔著的《神异经》载："南方有甘干甘者之林，其高百丈，围三丈八寸，促节，多汁，甜如蜜。"[④] 甘蔗"高百丈，围三丈八寸"，纯属"神异"性的"荒经"，但其说"南方有甘干甘者之林"，则反映了当时岭南越人种植甘蔗的现实。

晋朝嵇含《南方草木状》载："诸蔗，一曰甘蔗。交趾所生者，围数寸，长丈余，颇似竹，断而食之，甚甘；榨取其汁，暴数日成饴，入口消释，北人谓之石蜜。"同时代的郭义恭《广志》也说"甘蔗其饧为石蜜"，[⑤] 叙明了其时以甘蔗榨取其汁、暴数日使水分蒸发制取石蜜，其方法是由交趾人首先发明的。晋朝，今广西东南部及广东省西南部雷州半岛等地为合浦郡，仍属交州所辖，石蜜的发明并不是与壮族的先民岭南越人无关。南朝人陶弘景（456—536年）《本草经集注》说"蔗出江东为胜，庐陵亦有好者。广州一种，数年生，皆如大竹，长丈余，取汁以为沙糖，甚益人"，历叙了晋、南北朝时期，广州所属的南海、临贺、始安、始兴、苍梧、郁林、桂林、高凉、高兴、宁浦10郡已经掌握了以甘蔗榨汁提炼砂糖的方法。

---

① 《中国古代农业科技》，农业出版社1980年版。

② （明）陶宗仪：《说郛》卷87。

③ 《太平御览》卷974《甘蔗》引。

④ （明）陶宗仪：《说郛》卷87。

⑤ 《太平御览》卷974《甘蔗》引。

以甘蔗榨汁炼成砂糖，只是甘蔗加工的原始方法。唐太宗时自古印度请来了炼糖工匠，在越州（治今浙江绍兴市）用甘蔗炼糖，凝结成块的为石蜜，轻白如霜的为糖霜，坚白如冰的为冰糖，然后以此技术推广到产蔗各地，这就把我国的以蔗制糖的工艺提高到了一个新的档次。① 此法传入岭南地区，壮群体越人后人的制糖业也出现了未有的新气象。比如，王象之《舆地纪胜》卷109说：藤州（治今广西藤县）"土人沿江皆种甘蔗，弥望成林。冬初压取汁作糖，以净器密储之。经夏结霜，莹如石榴子，乃天之成也"。"莹如石榴子，乃天之成也"，道出了其制糖工艺之高，制糖成品之精。宋藤州辖镡津（今藤县）、岑溪（今岑溪市）二县，其时藤州人"俗以青石为刀剑，夷人往往化为貀；俗不知岁，惟用八月酉日为腊，长幼相慰贺以为年初。男儿以白布为头巾，女儿以布为衫"，② 说明当时藤州属内，各地的"土人"仍保持着壮群体越人的文化，没有异变。

　　蔗分为生啖的果蔗和制糖的糖蔗两种。唐以前果蔗为荻蔗，糖蔗为竹蔗，唐以后则引入了新的蔗种。武则天时举进士的孟诜《食疗本草》说："蔗有赤色者曰昆仑蔗，白色者曰荻蔗。竹蔗以蜀及岭南者为胜，江东虽有而劣于蜀产。"③ 宋王灼《糖霜谱》说："蔗有四色：曰杜蔗，即竹蔗也，绿嫩薄皮，味极醇厚，专用作霜；曰西蔗，作霜色浅，曰芳蔗，亦名腊蔗，即荻蔗也，亦可作沙糖；曰红蔗，亦名紫蔗，即昆仑蔗也，止可生啖，不堪作糖。"④ "止可生啖"的"昆仑蔗"，就是从东南亚的海岛国家传入来的。这样，在有竹蔗榨糖的同时，生啖蔗又有了紫色和白色两种。至今，壮族地区仍以这些甘蔗为当家甘蔗，虽然品种有了不断改进，但其颜色总体不变。

　　明朝，壮族地区的甘蔗生产一如往昔。嘉靖年间（1522—1566年），王济《君子堂日询手镜》说，横州（今广西横县）"果蔬之属，大率不逮吴、浙远甚。以余所见，惟莲房、西瓜、甘蔗、栗四品，与吴地仿佛"。在那里，"惟栗与甘蔗用方久耳"。林希元《钦州志》卷2《物产》也说："蔗生似竹，有青、紫二种，其味脆而甘。灵山、合浦人煎以为糖，钦产细短，盖人力之不至也。"这就是当时壮族地区甘蔗生产的缩影。钦州果蔗、糖蔗的种植，就是因为肥料欠缺，管理不到，蔗种差劲，甘蔗长得细短，糖分不足。清朝时期，据屈大均《广东新语》卷27《蔗》载，壮族地区的甘蔗种植不仅出现了新品种，甘蔗的功用有了新的发现，而且有了新的种植工艺技术："蔗之珍者曰雪蔗，大径二寸，长丈，质甚脆，必挟以木，否则摧折。……其节疏而多汁，味特醇好，食之润泽人，不可多得。今常用曰白蔗，食至十梃，隔热尽除。其紫者曰昆仑蔗，以夹折肱，骨可复接，一名药蔗。其小而燥者曰竹蔗，曰荻蔗，连冈接阜，一望丛若芦苇，然皮坚节促不可食，惟以榨糖。……凡蔗以岁二月必斜其根种之，根斜而后蔗多庶出（多冒芽）。根旧者以土培壅，新者以水久浸之，俟出萌芽乃种。种至一月，粪以麻油之麸；已成干，则日夕楷拭其蚜，剥其蔓荚，而蔗乃畅茂。"

---

① 《续高僧传》卷4《京大恩寺释玄奘传》。
② （宋）王象之：《舆地纪胜》卷109。
③ （明）李时珍：《本草纲目》卷33《甘蔗》引。
④ 同上。

二 棉花

棉花和棉布，是我国有着悠久历史的主要衣服材料。但是，在我国中原地区棉的种植和纺织，都是进入13世纪以后始遍及和盛行的，而在早期越人时代，早就已经进行棉花种植了。

《尚书》卷6《禹贡》说扬州"岛夷卉服，厥篚织贝"。《禹贡》里的扬州，是指淮河以南以致南海之间的广大地区。贝，就是吉贝、劫贝、古贝省称。这原是印度、马来半岛、中南半岛等地对棉花的称名；织贝，即用棉花做成的织品。《禹贡》是一篇后成的书，但撰成的时间总也在战国（前475—前221）末年。由此可见，我国闽、广地区越人种棉用棉织布时间之早。《新唐书》卷222下《南蛮传》称："古贝，草也。缉其花为布，粗曰贝，精曰㲲。"虽然唐朝大诗人杜甫《大云寺赞公房》诗有句赞说"光明白㲲巾"，但由于中原官方视棉为草，比不上蚕绵的珍贵高雅、滑润适身，将以棉花做成的衣服贬为"卉服"，制造所谓"奈何来瘴疠，或者畏苍旻（苍天）。……角齿不兼与，天道斯平均，所以木棉利，不畀江东人"，① 把植棉与在中原人人谈起色变的瘴疠联系起来，强调中原"风土"不宜植棉，因此谁也没有胆量和勇气变服于蛮夷，将棉花从近在咫尺的闽、广北移栽种。

迄于13世纪南宋末年，棉花始由新疆渐入陕西关中，由闽、广进入江南。② 元朝政府又大力开导植棉，于是棉花便由新疆、闽、广两个途径进入中原广植开来。后来黄道婆又从海南岛学习和改进了纺织技术和机具，提高了纺纱和织布的效率，于是大力推广种植，并形成气候，从而使棉花取代了往日以丝、麻为主要服装材料的地位。

（一）汉—南北朝：壮群体越人及其后人种棉用棉发展时期

两汉以后，是壮群体越人及其后人种植和利用灌木棉花的发展时期。

1976年，在广西贵港市罗泊湾汉墓一号墓"发现有不少纤维状物，在湿润状态下，外观呈黄褐色，颇类纸浆。后经中国科学院自然科学史研究所鉴定，不是植物纤维纸，而是一种植物性纤维。又经广西绢纺研究所鉴定，认为可能是木棉"。③ 同时，墓中出土有木质的翘刀、纬刀、吊杆、调综棍、纺锤棒、卷经板、圆棒、绕线板、锥钉等纺织工具。④ 由于该墓早年被盗，织机已经散乱，无法复原，但从其部件来看，这些部件当为斜织机的构件。"大致可以认为，罗泊湾织机是一种比较原始的斜织机。这种织机出于南越国官僚贵族墓葬中，可以代表当时岭南的织机发展的一般水平。"⑤

---

① （宋）谢枋得：《谢刘纯父惠木棉布》，（清）汪灏等《广群芳谱》卷12引。
② 有人认为北宋末南宋初史烦《通鉴释文》已有"木棉，江南多有之，以春二、三月下种"之文，其实此为宋末元初人胡三省于至元二十二年（1285年）完成的《资治通鉴音注》中的文字，其文见于胡注《资治通鉴》卷159梁武帝大同十一年（545年）"木棉皂帐"之下。南宋中后期，曾任福州长溪县令的范正敏在其《遁斋闲览》中仍说："闽、岭以南多木棉，土人竞植之，有至数千株者。采其花为布，号古贝布。"（《说郛》卷32）这说明范正敏在世时，棉花尚未越闽、广之界进入江南，南宋初年的史炤释《通鉴释文》怎能有了"木棉，江南多有之"这样的文字？
③ 广西博物馆：《广西贵县罗泊湾汉墓》，文物出版社1988年版，第87页。
④ 同上书，第65页。
⑤ 余天炽等：《古南越国史》，广西人民出版社1988年版，第152页。

虽然罗泊湾织机仍是一种比较原始的斜织机，但它比原始的踞织机却大为先进了。纺织工具的进步，使棉布无论在织成的效率、布的品质与花式方面都大有提高。贵港市罗泊湾汉墓一号墓殉葬的七个人中，"六号殉葬坑人骨鉴定为十六岁左右的女性，身着黑地桔红回纹织锦，头上有编成辫形的长发，腰侧有铜带钩"。[①] "黑地桔红回纹织锦"，就是壮锦的具体形纹。这是壮群体越人传统的极为珍贵的纺织品，直到现代，壮家姑娘出嫁嫁妆的被面、小孩满月外家所送的背笼，都需以纹彩斑斓的壮锦做成；隆重的礼尚往来，也需以一幅壮锦来提高其档次。而在古代，姑娘更以壮锦做成头巾、衣衫以显示自己的手艺。墓中殉葬的姑娘，是墓主人的奴婢，自然也是郁林郡当地的越人子女。她以"黑地桔红回纹织锦"缀缝成服，说明其时壮锦已经形成。汉以后文献记载所说的"斑布"，即是指壮锦而言的。壮锦以古贝也就是藤状灌木棉纱和丝绒织成，染料也是就地取材，以本地的有色泥土与植物搭配。由贵港市罗泊湾汉墓一号墓殉葬女子所穿的"黑地桔红回纹织锦"，可以推知西汉前期壮群体越人的棉纺织技术已经达到比较高的水平。

三国时，吴国丹阳太守万震《南州异物志》载："五色斑布，以丝布、古贝木所作。此木熟时状如鹅毳，中有核，如珠珣（公后切），细过丝棉。人将用之，则治出核，但纺不绩（义同绀，即折成缕连接起来），任意小抽相牵引，无有断绝。欲为斑布，则染以五色，织以为布，弱软厚致，上毳毛。外徼人以斑布文最烦缛，多巧者名曰□城，其次小粗者名曰文辱，又次粗者名曰乌驎。"吴国所领的"南州"，指的就是今岭南地区。"以丝布、古贝木所作"的"五色斑布"，就是时至今日壮族人民尚在普遍织造和使用的壮锦。《南史》卷78《林邑国传》载林邑国[②]出古贝。"古贝者，树名也。其华（花）盛时如鹅毳，抽其绪纺之以为布。布与苎布不殊，亦染成五色，织作斑布。……男女皆以横幅古贝绕腰以下，谓之干漫，亦曰都漫。"林邑国人以称为"干漫"或"都漫"的横幅棉布绕腰以下而形成习俗，壮群体越人没有这样的装饰习俗，所谓"斑布"似也不相同。汉、三国时代，壮群体越人的"斑布"以丝绒与棉线织成，指的是壮锦，林邑国人的"斑布"并非如此。古人没有辨明"斑布"中的区别，笼统指之，将彩色花布均名之为"斑布"，有如将竹子统类为竹，却不明白其中的楠竹与刺竹极不相同。

晋朝的时候，岭南所产的灌木棉布，多输入中原各地，显示其精巧华贵，为人所尚，引起统治者的恐慌，赶快出令规定："士卒、百工，不得服越叠。"[③] 叠是中原人对棉布的一种称谓，定其名为"越叠"，可知其产于岭南的越人。

迄于南北朝时期，关于灌木棉的种植和利用，在壮群体越人后人地区已经相当普遍。《南越志》载："桂州出古终藤，结实如鹅毳，核如珠。治出其核，纺如丝绵，染为斑布。"[④]《南越志》作者为沈怀远，南朝宋时在岭南做官。可宋时未见有桂州，只有桂林郡的设置，至梁天监六年（507年）七月始以广州所属桂林等郡分立桂州，[⑤] 治武熙县（在

---

① 广西博物馆：《广西贵县罗泊湾汉墓》，文物出版社1988年版，第96页。
② 林邑国，在不同时期又称为环王国、占城或占婆国，在今越南中南部，17世纪末叶亡国。
③ 《晋令》，《太平御览》卷820引。
④ （清）汪灏等：《广群芳谱》卷12引。
⑤ 《梁书》卷2《武帝纪》。

今柳州东南)。又过了 33 年，大同六年（540 年）十二月，桂州移治始安县（今桂林市），始安郡方由湘州（治今湖南长沙市）转属桂州。① 据《宋书》卷 82《沈怀文传》载，沈怀文之弟沈怀远因事触怒宋世祖刘骏，被流放岭南，终世祖之世未能离开岭南北返。"废帝世，流徙者并听归"，他始能离开岭南返武康县（今浙江省德清县）老家。不知距"废帝世"（465 年）42 年后梁分广州桂林等郡另立桂州，沈怀远还健在否？既然《太平寰宇记》《太平御览》《广群芳谱》诸书转引他的传世之作《南越志》均作"桂州"，似仍健在。当时，桂州治武熙县（今柳州市东南），辖桂林、马平、晋兴、岭山、岭方、乐阳、安城、简阳、南定、郁林、宁浦、齐熙、黄水等郡，其地包有今广西柳州、宜州、河池、南宁等市和地区，可谓其时古终藤已遍植于壮族先人地区了。所以，同一时期裴渊的《广州记》说："蛮夷不蚕，采木棉为絮，皮员当竹、剥古终藤，织以为布。"②

（二）隋、唐、宋朝：壮群体越人后人种棉用棉进入兴盛

历史进入隋、唐、宋朝，社会政治、经济、军事、文化高度发展，我国的封建社会步入了兴旺鼎盛时期。

棉布"洁白如雪积，丽密过锦纯。羔缝不足贵，狐腋难拟伦。绨纻皆作贡，此物不荐陈。岂非神禹意，隐匿遗小民？诗多草木名，笺疏欲淳淳。国家无楚越，欲识固无因。剪裁为大裘，穷冬胜三春"。③ 棉布的密实暖和、耐磨久穿、干爽挺括等优良品质吸引着众多的人，成为他们喜爱和追逐的物品。比如，唐朝大诗人杜甫《大云寺赞公房》一诗即有句赞说"光明白氎巾"，倾诉了他对棉布的深情。过后，大诗人白居易在其《新制布裘》诗中，也说"桂布白似雪，吴绵软如云。布重绵且厚，为裘有余温。朝拥坐至暮，夜复眠达晨。谁知严冬月，肢体暖如春"。④

朝野对棉布的倾慕，有时也不免感动了王朝的最高统治者。晚唐时，唐文宗（827—840 年）"无忌讳好文"，有一天坐朝，左拾遗夏侯孜穿着绿色的桂布衫上朝。文宗见他服异于人，大为惊奇，问道："衫何太粗涩？"夏侯孜答道：这是桂布。"此布厚，可以敌寒！"文宗听后，叫他走近来细看，见布质厚实暖和，赞叹不已，命令臣属为他张罗，自己也穿起了桂布。头儿一动，满朝文武竞相趋时，争先恐后穿起桂布衫，美其名曰"桂管布"。⑤

唐玄宗天宝十四年（755 年）"安史之乱"时，岭南"俚獠"几万人上河南，隶于南阳节度使鲁炅。⑥ 这些自带粮秣身着棉布的"俚獠"士兵，无形中做了棉布的广告，促进了中原人对岭南棉布的需求。因之，岭南棉花的种植日益扩大，岭南地区棉花的生产日臻兴旺。中晚唐诗人王建（767—830 年）《送郑权尚书之南海》诗有句说广州地区，"白叠

---

① 《梁书》卷 3《武帝纪》。
② 《太平御览》卷 820 引。原作"古缘藤"，疑讹，今正之。本采古终实絮，此误剥皮以纺织。
③ （宋）谢枋得：《谢刘纯父惠木棉布》，（清）汪灏等《广群芳谱》卷 12 引。
④ 《白氏长庆集》卷 1。
⑤ 《太平广记》卷 165《廉俭》引《芝田录》。
⑥ 《旧唐书》卷 114、《新唐书》卷 147《鲁炅传》。

家家织，红蕉处处栽"。①"白叠家家织"，明白地宣示了当时岭南地区棉纺织业的普遍性和兴旺状况。

唐后期段成式（？—863）《酉阳杂俎》续集卷1记载一则本为"邕州洞中人"后流落北方为段氏"家人"的李士元叙述的一则传说，称邕州吴洞，洞主姓吴，前妻死后留有一女名叶限，聪明伶俐，很得其父的惹爱，遭到后娘的忌恨。其父死后，后娘百般虐待。后来叶限得到了神仙的帮助，摆脱了困境，"衣翠纺上衣，蹑金履"。吴洞在今崇左市东濑湍以南、罗白以北地区。《永乐大典》卷8506宁字引《元一统志》载元初有吴洞，隶于左江古万寨，元中后期并入江州（今崇左市左江以南）。此则传说虽加进了神话的色彩，但其所反映的当为唐人及其前的社会现实。那时吴洞女子"衣翠纺上衣"，也就是精细的"斑布"一类。由此，可以略见那个时候壮群体越人后人棉纺织业的发展。

进入宋朝，壮群体越人后人种棉用棉又在唐代的基础上有所发展。元丰元年（1078年），广州经略使陈绎的独生子陈彦辅因仗父势，"役使广州军人织造木棉生活"而被人告发被惩处，可见其时岭南棉布生产销路之广，获利之丰，生产已有一定的规模。② 南宋初年人方勺《泊宅编》卷31载：

  闽、广种木棉，树高如柞，结实大如椽而色青，秋深如开露，白棉茸茸然。以铁梃赶净，小竹弓弹令纷起，然后纺织为布，名曰吉贝。蛮人上作细字小花卉，③ 即古所谓白叠。

继后，南宋中后期范正敏的《遁斋闲览》亦载：

  闽、岭南多木棉，土人竞植之，有至数千株者。采其花为布，号吉贝布。余后因读《南史》海南诸国传，言林邑等国古贝木，其花盛时如鹅毳，抽其绪纺之以为布，与苎布不异，亦染成五色织斑布，正此种也，盖俗呼古贝为吉贝耳。④

这道出了宋代时，包括壮族先人地区在内，闽、广地区是种灌木棉纺纱织布的旺盛时期。"土人竞植之"，一个"竞"字反映了当时闽、广群众争先恐后，植棉的风气很盛。单家独户种植灌木棉达"数千株者"，可谓是个小型的种植园主了。以《中国纺织科学技术史》所估算的，一株灌木棉"分枝繁密，年产籽花3000克左右"，也就是一株灌木棉年产6市斤皮棉，1000株即产籽花6000市斤，2000株就是12000市斤皮棉，3000株近乎20000市斤，在古代此数额是相当大了。无怪乎宋人谢枋得《谢刘纯父惠木棉布》一诗颂说："木棉收千株，八口不忧贫。"

---

 ① 《王建诗集》卷5，中华书局1959年版。
 ② （宋）王明清：《补辑熙丰日历》。
 ③ 原著如此，可各书所引将"蛮人"改为"海南蛮人"。比如（清）汪灏等《广群芳谱》卷12引《泊宅编》即写作"海南蛮人织为巾，上出细字杂花卉"，即如此。
 ④ （明）陶宗仪：《说郛》卷32。

淳熙初年，周去非到广南西路桂州、钦州二地做官，五年（1178年）撰成《岭外代答》10卷，其卷6《吉贝》载：

吉贝木如低小桑枝，萼类芙蓉花之心，叶皆细茸，絮长半寸许，宛如柳棉，有黑子数十。南人取其茸絮，以铁筋碾去其子，即以手握茸就纺，不烦缉绩。以之为布，最为坚善。……雷、化、廉州及南海黎峒富有，以代丝、苎。雷、化有织匹，幅长阔而洁白细密者，名曰缦吉贝；狭幅粗疏而色暗者，名曰粗吉贝。有绝细而轻软洁白，服之且耐久者，海南所织，则多（值得推重）品矣。幅极阔不成端匹，联二幅可为卧单，名曰黎单；间以五彩，异纹炳然，联四幅可为幕者，名曰黎饰；五色鲜明，可以盖文书凡案者，名曰鞍搭；其长者，人用以缭腰。

宋时，广南西路隶及今广东省西南部的高州（治今广东高州市）、化州（今广东化州市）、雷州（治今广东雷州市）和海南省全境。从周氏"其长者，黎人用以缭腰"一语可知，此"黎人"不是现在的黎族，而是雍熙三年（986年）、端拱元年（988年）、成化二十二年（1486年）分三批从占城（今越南中南部）迁居海南岛的信奉伊斯兰教的"三亚回人"。① 直到现在，三亚回人内部交往仍用自己的民族语言，对外则说汉语。他们的民族语言，属于印度尼西亚—玻利尼西亚系统的占语。② 三亚市，元、明二代是崖县管辖的地方，黄道婆在海南岛崖县学习种植棉花及纺织技术，就是从他们那里学来的而不是黎族。

宋代，广西"触处善织布，柳布、象布，商人贸迁而闻于四方也"。③ 当时，除柳州所产的柳布、象州（辖今广西象州、武宜、来宾三县）所产的象布外，广西所产的纺织品，最著名的是白缕和练子。练子为苎麻织物，白缕却是棉纺织品。

乾道末淳熙初（1173—1174年）主持广南西路帅府的范成大在《桂海虞衡志·志器》载：缕"出两江州峒，如中国线罗，上有遍地大小方胜纹"。"方胜"，是我国古代的一种装饰名称，连合两个斜方块图形的织物而成。又《岭外代答》卷6载："邕州左右江洞蛮有织白缕，白质方纹，广幅大缕，似中都之线罗，而佳丽厚重，诚南方之上服也。"白缕"广幅大缕"，犹如中原丝织的线罗，"佳丽厚重"，"遍地小方胜纹"，高雅华贵，为服饰中的"上服"。这种棉纺织品，以壮锦的几何纹饰织于其中，一以素白，没有杂色，这是因为当时广西人乡村皆戴白色头巾，穿白色衣衫，崇尚素色之故。④ 所以，周去非说：前代有人作诗有句云岭南人"箫鼓不分忧乐事，衣冠难辨吉凶人"。⑤ 由此可以清楚，时至南宋一代，壮群体越人后人的棉纺织业以及纺织技艺，已经达到了一个相当高的水平。

---

① 《宋史》卷489《占城传》；《明实录·宪宗实录》卷284。
② 倪大白：《侗台语概论》，中央民族学院出版社1990年版，第239—250页。
③ 《岭外代答》卷6。
④ （宋）乐史：《太平寰宇记》卷166、卷167。
⑤ 《岭外代答》卷7。

（三）元—民国：壮族种棉用棉停滞、衰退时期

本来唐、宋时期，壮群体越人及其后人得天独厚，种棉用棉已经走向繁荣兴旺时期，但自元朝棉花特别是效益更高、品种更为优良的一年生草棉从新疆进入陕西遍及全国以后，种棉用棉的重心已经北移。而此时，元朝实行土司制，土官世代沿袭。壮族各土官为了维护自己的利益，相互仇视，各不相能，封闭而治，断绝与外界交往，使各土官治理区内呈一潭死水，难言有什么联营、合作、交流、进步。明以后，高州、化州、钦州、廉州以及海南岛均由广西划入广东，广西成了个封闭的内陆，壮族的种棉用棉便进入了停滞时期，呈现出衰退的状态。

中原人以丝、麻及毛织品等为衣着原料，在汉唐时期全国仅有 5000 万人口的时候，尚可勉强过去，但是到了宋代，全国人口已猛增至 1 亿人时，丝、麻、毛等织品就远远不够国人的衣着需求了。加上对外的输出，以及臃肿的官僚机构所形成的众多的新贵们对丝、毛等纺织品的需求又有增无减，更造成丝、麻、毛等纺织品的短缺。供不应求，价格高昂，广大贫苦群众无力承担，许多人只能用纸来做衣冠以遮羞蔽体御寒了。"楮冠布褐皂纱巾。"① 楮就是造纸原料，"楮冠"即用纸做的帽子。"幸有藜烹粥，何惭纸为襦。"② "襦"，就是短衣。

闽、广的灌木棉，新疆的草棉，"比之桑蚕，无采养之劳，有必收之效；埒之枲苎，免缉绩之工，得御寒之益。可谓不麻而布，不茧而絮"。"其幅匹之制，特为长阔，茸密轻暖，可抵缯帛。又为毳服毡段，足代本物。""北方多寒，或茧纩不足，而裘褐之费，此最省便。"③

但是，宋朝的历代帝王没有唐文宗的"无忌讳"，敢穿棉纺的"桂管布"，他们不敢诏令引种闽、广的灌木棉，以缓民困，以解民急，所以不在宋朝管辖之下的甘肃等地已从新疆引种草本棉花。④ 接近闽、越的社区间或也有人偷偷引种，但毕竟不成规模，显不出其经济效益和社会效益。

蒙古人以"胡虏"之身入主中原，建立元朝，全无"变服蛮夷"之惧，颁布了劝农种植棉花的诏谕。⑤ 至元二十六年（1289 年）四月，元朝又在浙东、江东、江西、湖广、福建置"木棉提举司"，每年征收木棉布十万匹。⑥ 这是我国封建王朝以木棉布作赋税征收的开端。虽然当时上述诸地木棉种植尚未普遍开展，过了两年，至元二十八年（1291 年）五月不得不"罢江南六提举司岁输木棉"，⑦ 但皇帝既已诏令推广木棉种植，而且元成宗元贞二年（1296 年）制定江南夏税制，重新规定江南夏税"则输以木棉、布、绢、

---

① （宋）王禹偁：《道服诗》，《小畜集》卷 8。
② （宋）陆游：《雨寒戏作》，《剑南集》卷 48。
③ （元）王祯：《农书》卷 21《木棉序》。
④ 《宋会要辑稿·蕃夷四之八》；陈炳应：《西夏的纺织资料初辑》，《中国少数民族科技史研究》第二辑。
⑤ 《农桑辑要》卷 2。
⑥ 《元史》卷 15《世祖纪》。
⑦ 《元史》卷 16《世祖纪》。

丝棉等物"。① 户部又实行强制性措施，"赋木棉织布"。② 官员们也积极地示范、推广木棉种植，其在社会上的影响和推动力是大的。

大德四年（1300年），撰写《农书》的王祯出任江西永丰县尹，即买棉籽教当地农民种植，并向他们传授外地种植技术。③ 从而推动了江西行省（辖今江西及广东东部）的棉花种植，使之成为全国种植棉花最多的地区之一，仅至大三年（1310年）元朝就在该地买了"木棉八万匹，双线单线四万匹"。④

至治年间（1321—1323年），维吾尔族官吏燕立帖木儿在兴元路西乡县（今陕西西乡县）任职，积极推广棉花种植，"自兴元（今陕西汉中市）求（棉）子给社户，且教以种植之法。至今民得其利，而生理稍裕"。⑤

元贞年间（1295—1297年），黄道婆从海南岛崖州（今海南省崖县）的"海峤间"也就是三亚回族人那里学会了棉纺织的操作方法和制造纺织工具回到松江乌泥泾（今上海市旧城西南）。她结合自己的心得做了改进后，"传其法于乌泥泾人，人皆获其利"。⑥ "布，松江者佳"，⑦ 松江棉布质佳厚重，花样翻新，一时间迅速销行全国，从而松江地区很快成为全国的棉纺织中心。

有了榜样的作用，元朝全国大部分地区普及了棉花的种植，结束了唯闽、广及一些边疆地区始有棉花种植的历史。

棉花种植遍于全国各地，因灌木棉纤维较为粗糙，保暖性能比不上一年生草本棉花，而且不适宜于大田栽种，加上气候不适等，多年生灌木棉就不是值得维持和推广的棉花品种。至元二十二年（1285年）完成《资治通鉴音注》的胡三省在《资治通鉴》卷159大同十一年（545年）"木棉皂帐"下注说："木棉，江南多有之，以春二、三月之晦下子种之。既生，须一月三薅其四旁；失时不薅，则为草所荒秽，辄萎死。入夏渐茂，至秋生黄花结实。及熟时，其皮四裂，其中绽出如绵。"很明显，胡氏所说的元朝前期"江南多有之"的"木棉"不是多年生的藤状灌木木棉，而是一年生的草本棉花。

岭南地区，气候炎热，潮湿多雨，不是一年生草本棉花生长的理想之地，而长城以南黄河、长江流域的平原地区，气温、雨量适宜，又多冲积土，是种植一年生草本棉花最好的地区。这样，元代在全国推广种植一年生草本棉花以后，壮族地区原来得天独厚的多年生灌木木棉相形见绌，种植停滞。随着时间的推移，灌木木棉的种植日见萎缩。

明代以后，"古终"之名不复见于记载，"古终"的植株也在壮族地区逐渐销声匿迹了。相反，一年生草本棉花则由北而南移植于壮族地区，成为土司区内各家各户自种、自收、自纺、自织的满足于自家衣着被盖的原料。

---

① 《元史》卷93《食货志》。

② 《广平路总管邢公神道碑》，《元文类》卷67。

③ 光绪《江西通志》卷63引《元诗选·王祯小传》。

④ 《元典章》卷26《户部》。

⑤ （元）蒲道源：《前儒林郎西乡宣差燕立帖木儿遗爱碑》，《顺斋集闲居丛稿》卷16。

⑥ （明）陶宗仪：《辍耕录》卷24。

⑦ 《嘉禾志》卷6。

鸦片战争以后，中国社会沦为半殖民地半封建的社会，洋纱充斥市场，壮族地区的种棉用棉，已经处于奄奄一息的境地。在这种情况下，即使农民自家按家庭需要自行纺织，但其自织的原料仍以洋纱为主。因此时至民国年间，广西"全省每年输入的棉纱，常达一二千万元（民廿七年统计）的数值。在大河沿岸一带，甚至连所需的皮棉，也需从外省输入"。[①] 皮棉、洋纱输入额大，所需资金多，成为民国时期广西对外贸易入超的最重要的原因。

棉花，人衣着所据之一。由于地理和历史的关系，在中国历史上，壮群体越人及其后人的种棉用棉曾经"近水楼台先得月"，开了风气之先，独荣一时，在全国起了源导、传播和促进的作用。但是，自元代草棉在全国推广并成为气候之后，壮族的种棉用棉便因自然和历史的因素，毫无声息地退出了曾荣极一时的舞台。

三 苎麻

苎麻原产于我国南方，自古以来就是最重要的、天然性的、品质优良的衣着原料。后来，苎麻传种国外，在世界上素有"中国草"（china grass）之称。

至元癸酉岁（九年，1273年），元朝司农司颁布《农桑辑要》，其卷2《论苎麻木棉》载："苎麻本南方之物，木棉亦西域所产。近岁以来，苎麻艺起河南，木棉种于陕右，滋茂繁盛，与本土无异。二方之民，深荷其利，遂即已试之效，令所在种之。"王祯于大德年间（1297—1307年）撰成的《农书》卷10《苎麻》也载："苎麻有二种，一种紫苎，一种白苎，其旧不载所出州土，本南方之物，近河南亦多艺之，不可以风土所宜例论。"同时，元代初年还有"南人不解刈麻，北人不知治苎"的谚语，可见苎麻原为南方的物产，宋末元初方才引入长江以北黄河以南的地区栽种。

壮群体越人及其后人居于我国南方，是我国最早种植和利用苎麻的民族群体之一。

苎麻，北壮谓 da：i³，布依语谓 da：i⁴，临高语谓 kan¹，南壮及西双版纳语谓 pan⁵，德宏傣语及掸语谓 pa：n⁵ ma：n³。晋人常璩《华阳国志》卷4《南中志》载永昌郡"有阑干细布。阑干，獠言纻也。织成文，如绫锦"。永昌郡"獠"，就是德宏傣人，"獠"人谓纻为"阑干"，其音近乎大泰谓纻为 pa：n⁵ ma：n³ 之音，因为"阑"古音连，"连干"逼近"pa：n⁵ ma：n³"一音。汉、晋时期，"獠"人将苎麻布"织成文，如绫锦"，可知其水平已经非同凡响。

广西贵港市罗泊湾汉墓一号墓出土的苎麻纱衣残片，经广西绢纺工业研究所鉴定，其"支数在 200S/1 以上"。[②] 他们的初步意见认为："目前国内还无法纺出这样的细度支纱。"该鉴定意见，现存于广西文物工作队。

隋、唐时期，壮群体越人后人的苎麻种植和利用，又在原来的基础上有了发展。

据唐宰相李吉甫《元和郡县志》卷38的记载，贵州（今广西贵港市）以纻布、宾州以筒布作为贡品献给唐朝皇帝。筒布，就是将轻薄精致的苎麻布储在竹筒中。而宋朝初年乐史的《太平寰宇记》卷165、卷166、卷168、卷169诸卷根据唐人的记载，不仅说雷

---

① 莫一庸：《广西地理》，文化供应社1947年版，第32页。
② 广西博物馆：《广西贵县罗泊湾汉墓》，文物出版社1988年版，第86页。

州（治今广东省雷州市）人"惟绩葛种纻为衣"、邕州富产苎麻、宜州出"都落麻"、融州有"苎密布"、象州"有古纻，俚人绩以为布"，而且在贵州郁林县下说："藉细布，一号郁林布，比蜀黄润，古称云'筒中黄润'，一端数金。《淮南子》云'弱绤，细布也'，《汉书》云'白越'，即此也。"四川黄润丝绸布，自古誉满中原，将贵州（今广西贵港市）出产的苎麻"藉细布"与之相连，称为"筒中黄润"，可知其高贵典雅、工艺精湛、质量上乘，而且此称为"古称"，足见其驰名由来已久。因此，乐史说它就是汉代人刘安《淮南子》所载的"弱绤"，《汉书》所说的"白越"布。唐、宋时的贵州，即今广西贵港市，也就是罗泊湾汉墓一号墓所在的地方。罗泊湾汉墓一号墓所出土的苎麻纱衣残片，其纱"支数在200S/1以上"，而唐、宋时贵州的藉细布古称为"筒中黄润"，道明了壮群体越人及其后人汉至唐、宋苎麻细布的历史传承关系。

古代，社会的生产状况，与治理者的个人禀赋和所实施的治理政策有很大的关系。宋太宗后期，陈尧叟出任广南西路转运使。这是个居其位思其治、躬身为民的一路大员。他入居广西，见"岭南风俗，病者祷神不服药"，劝导居民不要一味地祷神弄鬼，有病求医吃药，并将身存的医药单方《集验方》刻上石碑，竖立在人们来往的桂州驿道上，昭示于群众；"以地气蒸暑"，路上行人艰难，发动群众在路边植树凿井，每二三十里建个草舍棚亭，放置饮水器具，使行者有个解渴歇息的地方；见到广西地土宜于苎麻种植，群众基础、传统纺织技术基础好，但销路不畅，织成品价格非常低廉，痛民所苦，以自己掌握的一路钱盐折变广为收买，提高苎麻织布的价格，并鼓励群众无所忧虑地推广苎麻种植，发展苎麻纺织；等等。咸平（998—1003年）初年，宋真宗诏令全国各路"课民种桑枣"。陈尧叟觉得人有长短，地各有宜，不能实行一刀切，于是上疏陈情：

> 臣所部诸州，土风本异，田多山石，地少桑蚕。昔云八蚕之绵，谅非五岭之俗，度其所产，恐在安南。今民除耕水田外，地利之博者，惟麻苎尔。
>
> 麻苎所种，与桑柘不殊，既成宿根，旋擢新干，俟枝叶繁茂，则割刈获之。周岁之间，三收其苎；复一固其本，十年不衰。始离田畴，即可纺绩；然布之出，每端止售百钱。盖织者众，市者少，故地有遗利，民艰资金。臣以国家军须所急，布帛为先，因劝谕部民广植麻苎，以钱盐折变收市之，未及二年，已得三十七万余匹。自朝廷克平交、广，布帛之供，岁止及万，较今所得，何止十倍！今树艺之民，相率竞劝；杼轴之功，日以滋广。
>
> 欲望自今许以所种麻苎顷亩，折桑枣之数，诸县令佐依例书历为课，民以布赴官卖者，免其算税。如此，则布帛上供，泉货下流，公私交济，其利甚博。[①]

疏言据实而言，情真意切，宋真宗感动了，同意了。广西的苎麻种植和利用得到了长足的进步，种植日广，产品日多，质量也日高。于是，壮族先人的苎麻种植和利用呈现了一片兴旺发达的局面。

---

① 《宋史》卷284《陈尧佐传》附《陈尧叟传》；（宋）江少虞《宋朝事实类苑》卷8《名臣事迹》引范蜀公《蒙求》。

宋代，"广西触处富有苎麻，触处善织布。柳布、象布，商人贸迁而闻于四方者也"。① 同时，邕州武缘县（今武鸣县）所产的"狭幅布"，也成了与交趾进行交易的抢手货。② 而此时，人们纺织的手工技艺也日益精当了。比如，"靖江古县（在今永福县西北）民间织布，系轴于腰而织之。其欲他干，则轴而行，意其必疏数不均，且甚慢矣。及买以日用，乃复甚佳，视他布最耐久，但幅狭耳。原其所以然，盖以稻穰心烧灰煮布缕，而以滑石粉膏之，行梭滑而布以紧也"。③ 在当时广西各地出产的苎麻布中，工艺最为精巧、质量最为上乘的，要数左右江地区出产的练子布。南宋淳熙五年（1178年）成书的周去非《岭外代答》卷6载：

  邕州左右江溪峒地产苎麻，洁白细薄而长。土人择其尤细长者为练子，暑衣之，轻凉离汗者也。汉高祖有天下，令贾人无得衣练，则其可贵自汉而然。有花纹者为花练一端长四丈余，而重止数十钱，卷而入之小竹筒，尚有余地。以染真红，尤易着色。厥价不廉，稍细者，一端十余缗也。

周去非依事连类，认为宋代左右江地区生产的练子在汉朝的时候即已销于中原，享誉中原，是"莫须有"的事。高祖八年（前199年）汉高祖诏令贾人无得衣"纻"而不是无得衣"练"。④ 他这是惊叹于练子的高雅上乘而无由以褒，于是凭主观印象将汉高祖禁止商人"衣纻"变成"衣练"以褒奖练子的珍稀可贵。的确，练子"一端长四丈余而重止数十钱，卷而入之小竹筒尚有余地"，可见练子轻柔滑润，其薄胜如蝉翼，其坚韧过于革舄，无怪乎人争贸而馈远。而白色练布可以随意染成各色花练，更显示了当时壮族先人的聪明才智。只是练子的制作流程和具体的技术工艺无由以传，不能不说是一件历史的遗憾。塘边地角，大田作业，处处种苎麻；家家纺车转，户户织机响，人人善纺织，在家庭手工纺织的基础上也出现了小型的手工作坊，否则像练子和白缞这样的纺织品就难以产生。同时，柳州柳布、象州象布、贵州郁林布、宾州筒布、融州苎密布、宜州狭幅布、武缘县狭幅布、左右江练子，各州县的苎麻织品都各具特色，并且形成了苎麻布的精品如柳布、象布、藸细布、练子等名贵产品，这就是壮族先人地区苎麻布业生产的兴旺状况。可谓官员保护、提倡，销路大畅，声及远近，名闻遐迩，在当时全国苎麻布业生产中，壮族先人举足轻重。

宋末元初，苎麻种植由江南北移，同时由于元朝在壮族大部分地区实行土司制，土官父子承传、世代沿袭治理其辖属区，封闭而治，土司间不可能存在交流与合作，因此从此时起，壮族地区的苎麻生产进入停滞阶段，出现了衰退状态，左右江地区棉织的精品白缞销声，苎麻纺织的精品练子也匿迹，在历史上消失了。但是，由于苎麻生长擅气候而长于天地间，广西得天独厚，遍地适宜，品种优良，生长旺盛，终年不凋，一年可收获三次，

---

① 《岭外代答》卷6《布》。
② 《岭外代答》卷5《邕州永平寨博易场》。
③ 《岭外代答》卷6《布》。
④ 《汉书》卷1下《高祖纪》。

也有一年收获四次的，所以虽然苎麻北植，可北方的苎麻却不能完全取代广西的苎麻生产。壮族群众自种自纺自织，除满足自家的蚊帐和衣服等所需外，还有部分盈余出售于市场。据资料统计，民国年间，广西全省所产的苎麻年近四万担，"除供省内织线织布外，大部分输出省外"。① 而另一统计资料则说，广西每年输出苎麻达一万担以上，价值50余万元，占广西出口总值的1%左右。② 虽然这个数字，远逊于宋朝陈尧叟出任广西路转运使时广西苎麻布"未及二年，已得三十七万匹"的数字，可是迄于民国年间，壮族地区的苎麻生产虽然萎缩于一家一户之中，却没有陷于完全停顿，仍独撑一天，在国计民生中成为传统产业之一。

四 茶叶

中国是茶树的原生地，其原产地中心分布在云南以及云南、贵州、广西的毗邻地带。其中，有一部分地区为壮群体越人后人聚居地。新中国成立后，先后进行过多次植物资源调查，在桂西北的凌云、乐业、隆林、西林、百色，桂西南的靖西、德保、上林、扶绥、龙州、上思，桂北的龙胜、兴安、临桂、灵川、永福，桂中的融安、融水、三江和桂南沿海的防城等县市相继发现野生大茶树，说明壮族及其先人地区是我国茶叶原生地之一。

茶，壮语谓为 $ça^2$，这是个借汉语词。但是，与壮族操同一语支语言的西双版纳傣语谓茶为 la^4，清朝乾隆间，赵翼《粤滇杂记》说壮傣语均谓"吃茶曰紧伽"，道出壮傣语有茶的概念和词语。赵翼近音译写作"伽"，当从傣语的"la^4"而来。南朝宋（420—477年）为官于岭南的沈怀远《南越志》说："茗，苦涩，亦谓之过罗。"③ 也就是说，南北朝的时候岭南越人谓茶叶为"过罗"。"过罗"音近乎"la^4"，说明远古时代，壮、傣二群体越人未分化各自发展以前，曾经有着"茶"的共同语，后来由于汉文化的强劲涵入，壮人于是借汉语词谓为"$ça^2$"（茶），失去了自己的民族语。

壮族先人认识茶、植茶、饮用茶，开始于汉以前。东晋裴渊《广州记》载"西平县（治今广西西林县东南西平）出皋卢，茗之别名，叶大而涩，南人以为饮"，④ 说明那个时候壮群体越人已经有了饮茶的习惯。"皋卢"一语，也近乎西双版纳傣语谓茶叶为"la^4"一词，说明当时岭南越人谓茶叶为"皋卢"。唐以后，岭南茶叶生产盛行，陆羽《茶经》开列唐朝产茶的42个州，其中就有广西壮族的象州，说明唐代壮族先人种植的茶叶在全国已经有了知名度。另外，《太平寰宇记》卷167也引《茶经》说"容州，黄家洞有竹茶，叶如嫩竹。土人作饮，甚甘美"，明示唐代岭南地区不仅产茶，有了饮茶的风气，而且生产特型类茶。因此，民国《桂平县志》说，岭南茶叶生产"盖始于汉、晋之间，至唐而大盛"，反映了历史的真实。

宋代，据《宋会要辑稿·食货》记载，绍兴三十二年（1162年），南宋产茶19039277斤，广西正州所属融水、临桂、灵川、兴安、荔浦、义宁、永福、古县、修仁、

---

① 莫一庸：《广西地理》，文化供应社1947年版，第32页。
② 张先辰：《广西经济地理》，文化供应社1947年版，第69页。
③ 《太平御览》卷867《茗》引。
④ 《太平寰宇记》卷867《茗》引。

南流、兴业、立山、平南、领方等县产茶90681斤。另外，羁縻州县所产还不计在内。可见宋代壮族先人地区产茶是普遍的，比如迁江县有"茶山"，上林县有"古禄山"，"雍熙（984—987年）中卢氏十岁上山采茶"，等等。① 南宋时，修仁县的茶品已相当有名。周去非在《岭外代答》卷6《茶》就推荐过修仁产的茶叶，说"靖江府修仁县（治今荔浦县修仁）产茶。土人制为方銙，方二寸许而差厚，有供神仙三字者，上也；方五六寸而差薄者，次之也；而粗且薄者，下矣。修仁其名乃甚彰。煮而饮之，其色惨黑，其味严重，能愈头风。古县（在今广西永福县西北）亦产茶，味与修仁不殊"。北宋邹浩（1060—1097年）《修仁茶》诗盛赞修仁茶"味如橄榄久方回，初苦终甘要得知。不但炎荒能已疾，携归北地亦相宜"。②

明清时期，广西地区茶叶种植在宋、元的基础上，有较大的发展。明代的茶叶采集加工相当精细，出现了桂平的山茶、苍梧六堡茶、横州南山白毛茶等名茶。光绪《浔州府志》记载："西山茶，产桂平西山，清明前采者为未明茶，谷雨前采者为雨前茶，色青绿而味芳烈，不减龙井。龙山茶，产贵县龙山。东乡茶、庙王茶、苦茶、瑶茶，以上皆产武宣。阿婆茶，产贵县木梓。六乘茶，产平南。山茶以此为上。"西山，原名思灵山，这是个壮语山名。

民国时期，壮族地区的茶叶年产量不足5000吨，远不如清代后期，但桂平西山茶、横县南山白毛茶等名茶名气未减。而思阳（今广西田阳县）、凤山、扶南（今扶绥县南）、同正（今扶绥县北）、镇边（今那坡县）等县的"白毛茶"亦多令人神往："白毛茶，树之大者高约二丈，小者七八尺，嫩叶如银针，老叶尖长，如龙眼树叶而薄，皆有白色茸毛，故名。概属野生，谷雨前后，采取蒸煞置釜中焙以微火，焙制得法，则气清香，水仙不逮也"。③ 民国4年（1915年），横县南山白毛茶在美国举办的庆祝巴拿马运河开船庆典的万国博览会上获二等奖。当年，又在全国农商会举办的全国商品陈列会上获二等奖。

五 烟草

烟草，原产美洲，16世纪中后期至17世纪前期，经南北两线传入我国。约在明嘉靖年间（1522—1566年）首先传入合浦等沿海地区，再传到广西内地。1980年12月合浦县在明嘉靖上窑窑址中发现三件瓷烟斗。三件烟斗形状不一、风格不尽同，估计是为了避免类同，适应不同吸烟人的需要而制造，可能这类烟斗已大量生产，广泛使用。其中一件烟斗压槌背刻有"嘉靖二十八年（1549年）四月二十四日造"。这是迄今为止，我国发现最早的烟斗实物，说明广西烟草比国内其他地方早50年种植。

由于烟草销路好，种植面积不断扩大。清代，广西壮汉各族农民几乎都在村边屋后种了烟草。《清代文字狱档》第5辑的《吴英栏舆献策案》中说，乾隆时，"平南县种烟草家十居其半，大家种植一、二万株，小家种亦不减二、三千。每万株费工人十或七、八，灰粪二、三百担，麸料粪水在外"。一些地方经长期选择、培育，形成了一些优质高产的

---

① （宋）王象之：《舆地纪胜》卷115《宾州》。
② （清）汪森：《粤西诗载》卷22。
③ 吴任尊：《广西特产物品纪略》。

地方优良品种。康熙年间编纂、道光年间重修的《博白县志》已把烟草列为该县特产。可见，清朝广西地区烟草种植已十分盛行。

民国期间，烟草已成为广西出口的传统产品，1914年修《武鸣县志》载："生烟叶，至今为出口大宗，全县以重量计，年度丰歉不等，近来大约增至六七百万左右。业农借以足日用者，颇为不少。"到20世纪三四十年代，武鸣、柳江、贵县等迅速发展成为烟草大宗生产的县份。广西全省年产烟叶超15万吨。1946年，广西烟叶税收居全国第三位。

第四节 园艺作物种植

园艺作物主要有果树、蔬菜、花卉三大类。壮群体越人及其后人地区属亚热带地区，果树、蔬菜种类繁多，一年四季均有产出。

早在汉代，岭南地区果树种植已相当兴盛。汉武帝时，曾从岭南移植荔枝、龙眼、五敛子（阳桃）、柑橘、芭蕉、橄榄等至西安种植。西晋《南方草木状》记载，壮群体越人后人地区果树共有荔枝、龙眼、五敛子、芭蕉、柑、杨梅等17种。宋代范成大《桂海虞衡志》记录壮族先人地区可食水果有55种。元、明、清以来，中西交往日频，从国外传入凤梨、番木瓜等。

一 荔枝

荔枝原产我国，誉称"岭南果王"。荔枝，壮语、布依语谓 ma：$k^7 lai^5$，傣语谓 $mak^9 kai^4$，语同一源，说明在秦、汉以前，壮傣群体越人就已经认识并栽培了荔枝，汉语的荔枝一语即源于壮傣语。《西京杂记》说，南越王尉佗献汉高祖荔枝，[1] 说明汉代岭南荔枝已成珍品。

1975年，广西合浦县堂排汉墓出土的一个铜锅内盛装有果壳、内核完好的荔枝。[2] 这是目前考古发现最早的荔枝遗物。晋张勃《吴录》载："苍梧多荔枝，生山中，人家亦种之。"[3] "荔枝树高五六丈余如桂树，核黄黑似熟莲，实白如肪，甘而多汁，似安石榴有甜味。夏至日将已时，翕然俱赤，则可食也。一树下子百斛。"[4] 荔枝，"果之美者"。宋代苏东坡被贬来到岭南，品尝了荔枝的风味，竟忘却官场上的失落，发出"日啖荔枝三百颗，不辞长作岭南人"的感叹。[5] 由于荔枝"甘而多汁"，其味无穷，让人垂涎，所以自汉武帝灭南越国后，历朝历代帝王，无不命令岭南州县进贡。南朝《广州记》说："每岁进荔枝，邮传者疲毙于道。汉朝下诏止之，今犹修事荔枝煎进焉。"[6] 至唐玄宗时，"杨贵

---

[1] 《太平御览》卷971引。
[2] 广西文物队：《广西合浦县堂排汉墓发掘简报》，《文物资料丛刊》4，文物出版社1981年版。
[3] 《太平御览》卷971引。
[4] （晋）郭义恭：《广志》，《太平御览》卷971引。
[5] 《惠州一绝》，《苏东坡全集·续集》卷3，中国书店1986年版。
[6] 《太平御览》卷971引。

妃生于蜀，好荔枝。南海荔枝胜蜀者，故每岁飞驰以进"。① "忆昔南海使，奔腾献荔枝"，② 以致"十里一置飞尘灰，五里一堠兵火催。颠坑仆谷相枕藉，知是荔枝龙眼来"。③

不过，从总体上说，壮族地区荔枝种植，历来多在村前屋后零星种植，没有形成规模，果树管理及种植技术都比较粗放，品种日见退化。

二 龙眼

龙眼，壮语谓为 ma:k⁷ŋa:n⁴。汉语龙眼一词，即因越语音译而来。壮群体越人的龙眼，汉代以前已经种植。明代张七泽《梧浔杂佩》记载："龙眼自尉陀献汉高祖，始有名。"④《三辅黄图》载：元鼎六年（前111年），汉武帝破南越，珍视岭南的荔枝、龙眼，曾将二者移植于都城长安（今西安市）的扶荔宫。

此后，关于岭南越人种植的龙眼，汉文历代不乏记载。比如，谢承《后汉书》说："交趾七郡献龙眼。"⑤ 交趾七郡就是指交趾刺史部所属的南海、苍梧、郁林、合浦、交趾、九真、日南七郡。晋嵇含《南方草木状》载："龙眼树如荔枝，但枝叶稍小，壳青黄色，形圆如弹丸，核如木梡子而不坚，肉白而带浆，其甘如蜜，一朵五六十颗，作穗如蒲萄然。"⑥ 晋左思《蜀都赋》说："傍挺龙眼，侧生荔枝。"可见，岭南壮群体越人及其后人种植的龙眼令中原文人倾倒，产生了多少遐想。

至宋代，壮族先人所种的龙眼已名著国内。宋大诗人苏东坡在合浦县饱尝当地出产的龙眼后，赞道："廉州龙眼质味殊绝，可敌荔枝。"南宋周去非《岭外代答》卷8称："广西诸郡富产龙眼，大且多肉，远胜闽中。"可见壮族地区的龙眼，随着时代的发展，其味益醇，其声传之愈远。

明清以来，龙眼在浔江、右江两岸种植更多。嘉庆《广西通志》记载：广西龙眼多于荔枝，傍水连村而种，望之金翠耀目，增添了壮族农家一笔可观的收入。

三 柑橘

壮群体越人种植柑橘历史悠久，是中国最早种植柑橘的民族群体之一。

岭南原生柑橘资源丰富。1963年，贺县（今贺州市）姑婆山发现野生柑橘类的皱皮柑和元橘。1978年和1984年，龙胜自治县山区和兴安猫儿山先后发现野生宜昌橙的分布。1976年，贵县（今贵港市）罗泊湾挖掘西汉墓，出土有碳化橘子种子。东汉杨孚《异物志》记有岭南柑橘果品的状态和食用价值，汉朝在广西设立主管御橘的官吏。

唐宋以后，壮族先人地区柑橘种植遍及各地，唐元和十年（815年）柳州刺史柳宗元

---

① 《太平御览》卷971引《唐书》。
② 杜甫诗，（清）汪灏等《广群芳谱》卷63引。
③ （清）汪灏等：《广群芳谱》卷62引《荔枝叹》。
④ （清）汪森：《粤西丛载》卷20引。
⑤ 《太平御览》卷973引。
⑥ （明）陶宗仪：《说郛》卷87。

极力推广种柑，留下"手种黄柑二百株，春来新叶遍城隅"之佳句。南宋范成大《桂海虞衡志·志果》载："馒头柑，近蒂起馒头尖者味香胜，可埒永嘉乳柑。"

西晋嵇含在《南方草木状》中说："交趾人以席囊虫鬻于市者，其巢如薄绵絮，囊皆连枝叶，蚁在其中，并巢而卖。蚁赤黄色，大于常蚁。南方柑树，若无此蚁，则其实皆为群蠹所伤，无复一完者矣。"壮群体越人及其后人利用黄蚁捕食柑橘树害虫的方法，是我国乃至世界上最早的生物防治技术创举。

四 芭蕉

汉语芭蕉，又名甘蕉，又名苞苴，又名绿天，又名扇仙。壮语只有一名，谓为 kjo：i³。对于芭蕉的称谓，布依语谓为 tçoi³，傣语谓为 koi³，与壮语为同源词，道出了秦、汉之际，壮傣群体越人在分化独自发展以前就已经认知并种植了芭蕉为人类的衣食服务了。

《三辅黄图》载："汉武帝元鼎六年（前111年）破南越，起扶荔宫，以植所得奇草异木，有甘蕉十二本。"①《晋宫阁名》也说"华林园，芭蕉二株"。② 透露了汉、晋时代帝王家对岭南芭蕉垂慕而欲拥为己有而朝夕摩挲的强烈情感。

对于岭南芭蕉的功用，最早的记载是东汉杨孚的《异物志》。该书不仅说"芭蕉叶大如筵席，其茎如芋。取镬煮之为丝，可纺绩，女工以为绨绤。今交趾葛也"，而且指出其"实成房"，"一房有数十枚"。"剥其皮食其肉，如蜜甚美。食之四五枚，而余滋味犹在齿间。"三国时吴国万震《南州异物志》对芭蕉的生态、种类、功用作了比较详细的叙述："甘蕉，草类，望之如树，株大者一围余。叶长一丈或七八尺余，广尺余二尺许。花大如酒杯形，色如芙蓉，著茎末，百余子，大名为房。根似芋，块大者如车毂。实随华（花）。每华一阖，各有六子，先后相次。子不俱生，华不俱落。此蕉有三种：一种子如大拇指，长而锐，有似羊角，名羊角蕉，味最甘好；一种子大如鸡卵，有似牛乳味，微减羊角蕉；一种大如藕，子长六七寸，形正方，少甘，味最弱。其茎如芋，取以灰炼之，可以纺绩。"此后晋人郭义恭《广志》、嵇含《南方草木状》、顾薇《广州记》，也都相继对芭蕉进行了褒奖性的记叙。③

三国时万震所说明的芭蕉三个品种，历经一两千年，一直未变。比如南宋乾道、淳熙年间（1173—1174年）为帅广南西道的范成大《桂海虞衡志·志果》载："蕉子，芭蕉极大者，凌冬不凋，中抽干长数尺，节节有花，花褪叶根有实。去皮取肉，软烂如绿柿，极甘冷，四季实。土人或以饲小儿，云性凉去客热。以梅汁渍，暴干，按令扁，味甘酸，有微霜，世所谓芭蕉干是也，又名牛蕉子。鸡蕉子，小如牛蕉子，亦四季实。芽蕉子，小如鸡蕉，尤香嫩甘美，初秋实。"又如民国《桂平县志》卷19《物产》载：桂平蕉有四种。"一实大如羊角者，不甚佳；二曰香牙蕉，亦大如羊角而气香；其三大体大如牙，蕉体短，排列如龙齿故名，味香甘可口；又有一种名大蕉，身长四、五寸，重五、六两，味亦

---

① （清）汪灏等：《广群芳谱》卷89《芭蕉》引。
② 《太平御览》卷975《甘蕉》引。
③ 同上。

甘滑，但不如龙牙之香。"再如民国《邕宁县志》卷2《物产》说：芭蕉"其类颇多，大别为小蕉、鸡蕉、香牙蕉三种。俱为肉果，生青味涩，不堪入口，熟则皮黄肉软，味甜而香。山蕉又名牛蕉，树高丈余，实大而方，其最者每个重可半斤或十二两（旧秤16两为一斤），性极寒，食之易发疟疾。鸡蕉，又名观音蕉，树高八、九尺，实小而香甜，性平，可饲小儿。香牙蕉，又名地芭蕉，树最矮，实最繁，形园而长，熟时皮不甚黄，性平，食之香齿颊"。其中，虽然《桂平县志》分为四种，但香牙蕉是按气味分，龙牙蕉是按形体分，标准不一，实可归为一类。时间过去了近两千年，壮族地区芭蕉的品种基本上没有变异，可知历史上的壮族为了使芭蕉品种不变异、不退化，保证其品质的继承性，是下过功夫的。

五 踏梯摘茄子，蕹菜和畦卖

关于壮族蔬菜的种植，汉文记载虽然少而且零散，但是毕竟有了记载。不过，作者多从猎奇涉异方面着眼。

《岭南异物志》载：

> 南土无霜雪，生物不复凋枯。种茄子，十年不死。生子，人皆攀缘摘之。树高至二丈。①

"岭南"一称，最早见于《世说新语·德行》"小吴遂大贵达"注引《晋安帝纪》的"桓玄（369—404年）欲革岭南之敝，以（吴隐之）为广州刺史"。也就是说，"岭南"一称见于东晋末年。《岭南异物志》当是东晋以后南北朝、隋、唐人之作。

唐末五代刘恂《岭表录异》载：

> 南中草菜，经冬不衰。故蔬园之中栽种茄子，宿根有二三年者，渐长枝干，乃成大树。每夏、秋熟，则梯树（架梯上树）摘之。三年后，树渐老子稀，即伐去，别栽嫩者。

岭南越人种茄，多年成树，结子架梯摘之。中原汉族来人一旦见之，自然惊诧莫名。这是当时岭南越人地区的特异的人文景观之一。

茄子，壮语谓"ke^2"，布依语谓"$k\mu\text{ə}^2$"，傣语谓"$x\text{ə}^1$"。说明壮、布依、傣语对茄子的称谓实源于一词，虽然在以后的历史发展中多有变化，但音谓仍然相近，在壮傣群体越人分化各自发展以前，已经驯化并栽培了茄子作为日用的菜蔬品种之一。

晋朝嵇含《南方草木状》载："蕹，叶如落葵而小。南人编苇（芦苇）为筏，作小孔，浮于水上，种子于水中，则如萍根浮于水面。及长，茎、叶皆出于苇筏孔上下。南方之奇蔬也。野葛有大毒，以汁滴其苗，当时萎死。"吴震方《岭南杂记》说："蕹即蕹菜，人家遍地种之，茎中空而叶尖。以滚水先灼（烧）乃炒为佳。腌为菹，亦可久藏。可解胡蔓野葛毒。"

---

① 《太平御览》卷977引。

蕹菜，现在江南普遍种植了，但它却源于岭南。蕹菜，壮语、布依语谓"plak⁷ buŋ"，傣语也如此，说明壮傣群体越人在分化之前已经驯化并栽植了蕹菜，有了共同的习用语。

蕹菜原来是水生蔬菜，而且可以截茎栽种。人们为了利用水上空间，往往以芦苇织筏将蕹菜栽于其上，让其漂浮于水面，生长于水面。所以，唐后期人段公路《北户录》卷2说："蕹菜，叶如柳，三月生，性冷味甜。土人织苇（芦苇）算（筏），长丈余，阔三四尺，植于其上。其根如萍，寄水上下，可和畦（整个菜畦）卖也。"卖菜而能"和畦卖"，而且没有涉及土地的争执，这在中原汉族人听来，似是个旷世奇闻。

蕹菜煮酸，这是壮群体越人及其后人在炎炎热夏里的一道可口的美食。

酸，壮语、布依语、傣语谓"som³"，侗水语谓"səm³"，音相近，语出一源，说明在壮侗语族群体里，自黎群体分化出去以后，已经出现了酸的共同语词。这符合生活在炎热地区的人们的生活规律。近现代，壮家一般以芥菜腌渍密封坛罐中，待几个月后开封时即可成食用的酸菜。

芥菜，《太平御览》卷980《芥》条引《岭南异物志》说："南土芥高五六尺，子如鸡卵。广州人以巨芥为咸菹（切碎的腌菜），埋地有三十年者，贵尚亲宾，以相饷遗。"看来，古代的岭南越人也是以芥菜为腌菜做酸菜的。

芥菜，壮语、布依语谓"plak⁷ kat⁹"。白菜，是后来在历史的发展中从中原传入壮族地区的，因此壮人、布依人如同汉族一样以颜色命名其菜，谓"plak⁷ ha：u¹"。"plak⁷"是谓菜的语词，单指一具体的菜，则以之作冠词，标明其为菜类，如同谓葡萄为"ma：k⁷ ʔit⁷"，以"ma：k⁷"标明其属果类一样。傣语谓白菜为"phak⁷ kat⁹"，"phak⁷"也是菜类的冠词。"kat⁹"在壮语中是对芥菜的称词，白菜是外来的蔬菜品种，傣语怎么谓其为"kat⁹"呢？其中似乎透露出一个信息，即傣语谓芥菜为"phak⁷ kat⁹"。芥菜是长得较大的菜种，白菜传入了，长得也大，傣人因此以"phak⁷ kat⁹"称之。这或者也可以说明在壮傣群体越人分化各自独立发展以前，芥菜已成为壮傣群体越人的主要的当家蔬菜品种。

岭南地热，一年之中，不论寒暑，芥菜都可以播种、栽植、收获，四季登场，是壮家先人园圃中主要的蔬菜品种：摘青烧煮可以；成兜收回洗净、晾干、撒盐装入瓮中，加入定量的香、辣味密封制成酸菜可以；洗净、切碎、晒干，加入盐粉搅匀，洒适量的香、辣使其混合，装罐密封，或摆上屋角或埋入地下制成腌菜也可以。芥菜可说是壮族及其先人佐餐一宝。

当然，壮语、傣语谓苋菜为plak⁷ ɣo：m¹（或 phak⁷ kom¹）、谓姜为hiŋ¹（或 xiŋ¹）、谓蘑菇为ɣat⁷（或 het⁷）等，这也是称谓相同或相近的，说明在战国、秦代壮傣群体越人已有了姜、苋菜等菜蔬种植，并采蘑菇以佐餐。

壮家菜蔬，春来上山采笋，夏有苦瓜，秋有茄子，冬有芥菜，可说是蔬菜四时不缺。但是，品种不多，种植面积有限，唯以自给，少有规模化的种植。

第五节　耕作习俗

耕作习俗，是人类进入农耕生活时代以后产生的文化现象。

在壮傣群体越人及其后人的意识观念里，凡物都有鬼，都有灵性，左右着人的生活、生产活动。当然，物有大有小，其鬼也有大有小，控驭主宰能力各不相同。

在生产活动中，涉及的对象广泛。这些对象的鬼神都可能涉足人类生产活动中的各个环节，影响收成的丰歉。因此，春祈秋报，祀鬼求神，构成了壮群体越人及其后人种种耕作习俗。

一 耕作时序：观禽兽之产识春秋之气，占（薯）芋之熟纪天文之岁

《汉书》卷28下《地理志》载："江南地广，或火耕水耨，民食鱼稻。""火耕水耨"是古代壮傣群体越人的稻作方式。开耕时节，他们先一把火将耕地上的杂草烧光，同时也烧掉了害虫，随之灌水牛踩，进行播种。此后，水稻与杂草丛生，待它们长到七八寸时一起割去，再将水灌入田中，将杂草踩入泥里淹死，让禾苗在水中成长。这就是"火耕水耨"。

遥远的古代，岭南壮傣群体越人没有年的观念。他们不能像汉族一样"仰观天文以察时变"，而是俯察地物而认时变。这就是清朝赵翼《镇安土风》诗以及宋朝乐史《太平寰宇记》卷169所总结的："草木订春秋"；"观禽兽之产识春秋之气，占（薯）芋之熟纪天文之岁。"

由于不是仰观天文而是俯察地物，因此对浩浩苍穹时而湛蓝蓝的背景下轻云浮荡，时而浓云密布，雷鸣其中，大雨滂沱，究竟何者为天，何者为云，何者为雷，古代岭南越人就分不清楚。他们不加区别，将天、雷、云视为一体，均谓 fa^4。南宋周去非《岭外代答》卷10《天神》载："广右敬事雷神，谓之天神，其祭曰祭天。盖雷州有雷庙，威灵甚盛，一路之民敬畏之，钦人尤畏。圃中一木枯死，野外片地草木萎死，悉曰天神降也，许祭天以禳之。苟雷震其地，则又甚也。"这就是说，宋代壮群体越人后人天与雷不分以雷代天。迄今，南部壮语、傣语仍是天、云、雷不分，共为一词，均谓 fa^3 或 fa^4。这是历史的滞存。

壮族俗语说："天上雷公大，地下舅公大。""舅公大"是母权制时代的意识观念，长期滞存于壮族社会中；"雷公大"也是壮族先人远古时代形成的意识观念一直滞存于壮族社会中。雷鸣伴同电闪，雷击之下有时也引发弥天大火，岭南古越人于是认为"火生于雷"。[①] 雷动火生，可以开始"火耕水耨"的稻作活动，一年也就开始了。因此，作为古越人组成部分的今操壮傣语支语言的壮、傣等族和临高人等，其远古时代，年与火也取同于雷的语言形式。比如《广东通志》说："今琼州（治今海南省琼山县）西乡音谓一年为一火，火音微。东乡人谓年为喜，或谓之化，乃火之变音。"[②] 迄今海南省临高人仍是火与年同为一词，谓 Vai^2。在壮群体越人及其后人的意识里，雷作为一个概念的产生，可能从其声音开始，因为雷劈时发出的" ba^3 "的声响，山摇地动，是够吓人的。它既体现了雷的威慑力量，又成为岭南古壮人认识雷、畏惧雷因而对它产生种种神幻感觉的基础。锁定雷为 ba^3，这是以声取像以名客体。

岭南古越人有以声取像以名客体的传统。11世纪以后，客家人陆续入居广西，因其

---

① （清）屈大均：《广东新语》卷1《风火》。
② （清）顾炎武：《唐韵正》卷9，载《音学五书》，中华书局1982年版，第338页。

在日常言谈中，"挨"（我）、"麻该"（什么）二词出现的频率高且与本地语大不相同，土著人便称其语为"挨话"或"麻该话"；钦州平吉、青塘二镇的人，其语处于由壮转汉的过程中，与周围居民说的不尽相同，于是人们据其比较特殊且使用率高的自称代词"$hau^2 lo^4$"（我们）名其人为"旱涝人"。这样的命名法，在表象上可谓以一概十，抓住了特征，起了区别作用。

对自然界诸物，岭南古越人也往往如此，如谓"黄牛"为"mo^1"，谓"羊"为"$bɛ^3$"，谓"鸭"为"pit^7"，谓"小青蛙"为"kje^3"，谓"大青蛙"为"kop^7"，谓"斑鸠"为"$ɣok^8 ɣau^1$"，谓"猫头鹰"为"$ɣok^8 ku^3$"，等等都是。这种以声取像名物的方式，在古人局限于直观思维阶段是普遍的，是符合于人类认识的发展规律的。

由此，我们或可作如此推论：在岭南古壮人的观念里，"雷"一概念的产生取像于雷劈时发出的吓人声响"ba^3"，之后由"雷"概念放射式地演变出"云""天""火"等概念，最后又由"火"概念绵延式地演变出"年"的概念，从而出现了诸义同一语音形态的语言现象。今临高语仍谓"云"为"ba^4"，音近乎"ba^3"，可知此说不虚。

壮傣语与汉语同属一个语系。中古以后，汉语的双唇音声母出现了两个变化，这就是一部分双唇音化为唇齿音及浊音声母清化。在壮语中，"浮"（pou^2）、"分"（pan^2）、"缝"（$poŋ^1$）、"袱"（puk^3）等是古代借汉语词，在今壮语的许多方言土语里已经分别化为"fou^2""fan^1""$foŋ^1$""fuk^3"，可见壮语中双唇声母"P"与唇齿声母"f"是相对应发展的。

不过，由于长期以来壮傣群体越人及其传人彼此隔绝，各语区间语言的发展常出现不平衡的现象，就像人走路，一些人径直地走完了一大段路程，另一些人却因种种原因停留在同一方向的不同路段上，一时无法再往前走。这种同一方向的不同停留，在语言学发展上称为不同的语言层次。观察同一语言的不同的发展层次，可以掌握一种语言的发展历程。如"棉花"一词，临高语谓"bui^3"，壮语南部方言谓"$pa:i^5$"，布依及部分壮语方言谓"$va:i^5$"，壮语北部方言谓"$fa:i^5$"，傣语谓"fai^3"，可知其为同源词，声母演化的途径是"b→p→f"或"b→v→f"。又如"翅膀"一词，临高语谓"bik^7"，砚山壮语谓"pik^3"，傣语谓"pik^9"，壮语、布依语谓"$fɯ:t^8$"，也是如此。

自然，壮傣群体越人后人的雷、天、云、火、年等词也是循着这样的语音发展规律演化的，只是具体语种、语区及具体词的发展变化的程度不一致罢了。今试将其排比如下，可见这些词语源流。

壮傣群体越人，天、云、火、年四概念取同于雷的物质表象，显示了他们原初在认识大千世界中对雷的倾向性和主导价值观念的取向。

自前214年秦朝在岭南设置南海、桂林、象郡三郡以来，岭南各地陆续出现的"以十月为岁首""用八月酉日为年""谷熟时取戍日为年""十二月祭祖祭雷""二月迎南火雷""三月三日浪花歌"等年节文化事象，说明了在中国主流文化汉文化迁入并在不同程度上为之整合以后，壮傣群体越人及其后人年节文化的板块已经分崩离析，并各地不一地构建起新的民族年节文化层面，以保留和延续自己的原有传统。但是，就文化学的意义而言，壮群体越人及其后人原有传统文化既然失去了应有的完整性，自然也就失去了独立发展的能力。而壮群体越人及其后人原来的文化传统要存在，只能依托于汉文化，不断地吸

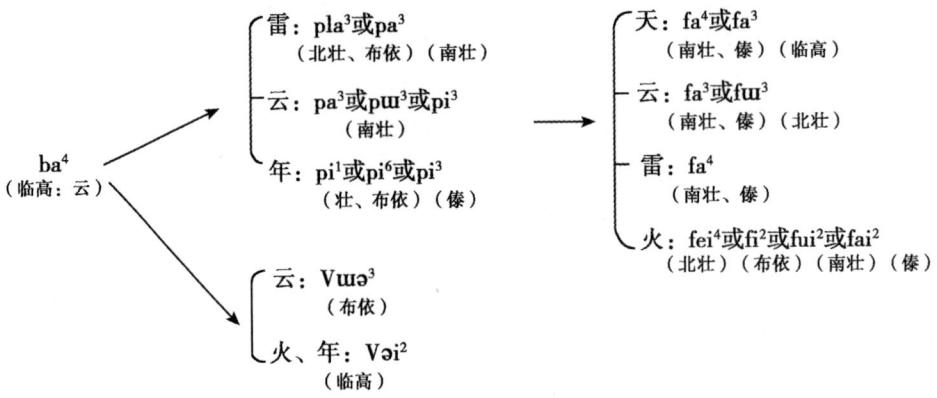

收并融合汉文化的因素以表达自己的传统,结果导致了民族传统力量日益削弱,传统特征日益模糊,自身面貌日益趋同于汉文化。比如翻开各地史志材料,19世纪末20世纪初,雷神庙、雷王庙、雷坛等遍布于岭南各地乡村,年时举族隆重祭雷;可是现在年未过百,哪里还见存雷庙,哪里还有祭雷之举![1] 自唐、宋以后,汉族一年十二个月的时序节令逐渐在壮族地区推行。"春满农郊看火耕";[2] "五月畲田收火米";[3] "冬尽水干兼送哨,春来箐密喜装捕";[4] "夜坐多蚊母,秋成半芋魁";[5] "除夜双盘贮鹧鸪,清晨蚁集看如何";[6] 等等都说明了这一点,说明以自然物的变化为时间进程的参照点依然存在。吴九龄乾隆《梧州府志》卷1《气候》所载的"梧州月令",可说是当时包括壮族地区在内的时序月令。它不仅记载了各月的物候,而且与节令结合,成了当时农事活动的指南。

  孟春之月(正月),桃李花柔桑可采,二麦黄,木叶微脱,田功既兴鹈鱼祭,苍蝇拂其羽。
  仲春之月(二月),蔗初芽,蕨拳初舒粉鱼苗生,蚬降于雾木棉吐英。是月也,农功毕作,蟋蟀鸣王瓜生。
  季春之月(三月),温风至,梅子熟,槟榔苞坼,催耕鸣,田蛙鼓吹,蒹葭飞絮鹧鸪啼。
  孟夏之月(四月),佛桑红绽,高榕荫日,树兰缀珠,白雨以时至,蛤蚧鸣,蠹化为萤。
  仲夏之月(五月),荔枝丹,菩提舒叶,椰含浆,群蚁朝其祖,钩割鸣,早禾登,元鸟再乳。

---

[1] 白耀天:《年由火来:岭南古越人对时间的知觉方式》,《思想战线》1993年第5期。
[2] (宋)吕公弼:《送桂州张田经略迁祠部》,(清)汪森《粤西诗载》卷13。
[3] (唐)李德裕:《鬼门关》,(清)汪森《粤西诗载》卷13。
[4] (明)桑悦:《记壮俗诗六首》其四,(清)汪森《粤西诗载》卷16。
[5] (明)曹学佺:《桂林风土谣》十首其八,(清)汪森《粤西诗载》卷12。
[6] (明)桑悦:《记壮俗诗六首》其五,(清)汪森《粤西诗载》卷16。

季夏之月（六月），白雨足，西潦降，芭蕉子垂，苦瓜入馔。新谷既登，亟播晚种。凉风猝至。

孟秋之月（七月），秋针重碧，菾田浮，龙眼熟。是月也，暑始酷，烁石流金，桐始黄。

仲秋之月（八月），木芙蓉花，梨栗熟，纸鸢翻风，黄柑分指，粘（倒捻子）始获，秋笋出，鱼秧化鸟。

季秋之月（九月），木樨瘴发红茹登，白榄落，嘉鱼出穴，菊有黄华木槿荣。

孟冬之月（十月），耕牛放闲，八蚕之功毕，岭梅芳橘柚锡贡，银河夜见。是月也，霜始降，气乃寒，烧薙杂草。

仲冬之月（十一月），桃始花，鹧鸪蔽叶，山花时茂，是月也，农敛谷屯穗，涸塘以渔，鸿雁来。

季冬之月（十二月），水仙来宾，蚊不绝吟，池塘竭，稚笋出，凤兰贺春，雷有声，霰时集，鲤鱼至。

壮族的一年十二个月，虽是因承中原汉族而来，但五岭界南北，岭南溪洞极南边，"鸡犬桑麻自一天"。① "元宵已似春深后，龙眼花开蛤蚧鸣。"② 岭南各月的物候与中原汉族传统的二十四节气和七十二候并不完全相同。比如，中原季秋九月霜降，"草木黄落，蛰虫咸俯"，③ 岭南则到孟冬十月"霜始降，气乃寒"。又如，中原仲春二月惊蛰"桃始华"，而岭南头年仲冬十一月桃已花。因此，梧州月令无疑凸显了岭南壮族地区的物候特性。

月份节令是按天体运行划分的，壮傣群体越人没有仰观天文、不认识上天种种组成物质，直将天、云、雷统谓 fa^4，而他们俯察地物，"观禽兽之产识春秋之气，占（薯）芋之熟纪天文之岁"，清楚了本地区的物候情况，认识了本地区物候变化的客观规律，并以之来指导农业生产，无疑具有其一定的科学意义，对岭南壮群体越人及其后人地区农耕的发展起了不可忽视的作用。

二 祭祀田神

土地是作物的承载体。田里地里作物长好长赖，古代壮群体越人及其后人认为决定者是田神。因此，祭祀田神，祈求丰收，是古往今来他们日常生活中的课题之一。

宋及宋以前，壮群体越人及其后人贵于猎头以祭祀田神。三国时，万震《南州异物志》载："奉（疑为'春'之讹）月方田，（乌浒人）尤好出索人，贪得之以祭田神也。"④ 此类记载虽早只见于汉末三国时期，但无疑是承前而来，因为此俗不会是前古没有而突兀出现在汉末三国时候。古人认为人是至灵至慧的动物，以之贡献田神，田神满

---

① （明）林弼：《龙州十首》其十，（清）汪森《粤西诗载》卷23。
② （元）陈孚：《思明州五首》其五，（清）汪森《粤西诗载》卷22。
③ 梁家勉主编：《中国农业科学技术史稿》，农业出版社1989年版，表3—6。
④ 《太平御览》卷786《乌浒》引。

意，自然会让田里作物茂盛，以丰厚的果实厚报于田主。猎头以祭田神，自远古经唐朝迄于宋代，在壮群体越人及其后人社会中一直在流行着。《太平寰宇记》卷158引唐人《郡国志》说：藤州（治今广西藤县）"方于农时，猎人以祀田神"。《宋会要辑稿·刑法二之三》载，雍熙二年（985年）闰九月二十四日，宋太宗赵光义下达的《禁邕管杀人祭鬼及僧人置妻孥诏》说岭南人"杀人以祭鬼"。

宋太宗此道诏书，点明了岭南邕州、容州、桂州、广州四都督府所属地区在宋代都还盛行着猎头以祭田神的习俗。

那个时候，不仅是壮族的先人猎头以祭田神，在今川、陕、湖北、湖南、福建、江西、浙江、江苏、安徽等地的汉族和其他少数民族中也盛行着杀人祭鬼的习俗。比如，宋太宗淳化二年（991年）荆湖路土家族富州首领"向万通杀皮师胜父子七人，取五脏及首以礼祀魔鬼"；① 康定元年（1040年）十一月四日宋仁宗诏"川、陕、广南、福建、荆湖、江淮，禁民畜蛇毒蛊药及杀人祭妖神"；② 绍兴十二年（1142年）三月二十五日，前发遣筠州（治今江西高安县）赵谥说："湖外（指今湖南、湖北、江西等地）风俗，用人祭鬼。每以小儿、妇女生剔眼目，截取耳目埋之陷阱"以祭之。③ 宋人彭乘《墨客挥犀》卷2也说："湖南之俗，好事妖神，杀人以祭之。凡得儒生为尚，祀僧次之，余人为下。"④ 此风相沿而下，迄于南宋后期仍见于记载。

当然，川、陕、荆湖、江淮、福建等地以人祭鬼与壮群体越人及其后人猎头以祭田神又有所不同。正如庆元四年（1198年）五月六日宋朝的官员们说的："楚俗淫祠，其来尚矣。唯是戕人以赛鬼，不宜有闻于圣世。俗尚师巫，能以祸福证兆簧鼓愚民，岁有输于公，曰师巫钱。（师巫们）自谓有籍于官（已在官府注册，有恃无恐）。官利其一孔之入，于是纵其所为，无复谁何（谁也奈何不了他们）。（他们）浸淫妖幻（渐渐扩散其妖魔幻术），诅厌益广（祷告神灵，以法术制服鬼神，不断勾摄人心），遂至用人以祭。每遇闰岁，此风犹炽。"⑤ 荆湖等地的以人祭鬼是禳灾，壮人猎头祭田神是祈求农作收成。虽其方式、手段一致，其目的、对象并不完全相同。

壮群体越人及其后人猎头祭田神，宋末元初已不见于记载。但是，祭祀田神以求丰收仍然相沿而下。六月六日田公田母节，对壮群体越人的后人而言仍然是一个隆重而古老的节日。

民国《始兴县志》、嘉庆《翁源县新志》、道光《遂溪县志》、光绪《吴川县志》、民国《海康县志》、民国《增城县志》、同治《苍梧县志》、民国《信都县志》、乾隆《岑溪县志》、光绪《藤县志》、民国《昭平县志》、民国《贵县志》引李彬康熙《贵县志》、康熙《上林县志》、民国《宾阳县志》、民国《同正县志》等都记载着迄于清末或民初岭南东西各地仍然残存着六月六日"田公田母节"或"田祖节"的习俗。20世

---

① 《宋会要辑稿·蕃夷五之七四》。
② 《宋会要辑稿·刑法二之二五》。
③ 《宋会要辑稿·刑法二之一二三》。
④ 《小说笔记大观》第七册。
⑤ 《宋会要辑稿·刑法二之一二九——三〇》。

纪50年代前后,武鸣、凌云等地的一些壮族以村为单位要备上"三牲"(牛、羊、猪或猪、羊、狗)到田边去拜祭田神。而在龙州县金龙的壮族,每年农历六月插完秧后要过一个节,这就是"昆那节"。"昆那"就是田神。于此之前,村人先请来道公选择六月中的吉日定为一年中的昆那节。昆那节,是一年中的大节。各家除了捣糍粑、蒸米粉、煮糯饭、杀鸡、买猪肉祭祀土地公外,还要走亲戚拜节。而村内的青年则邀请来走访亲戚的外村人唱歌。如果外村来走访的是女青年,村里的男青年则结队来对歌,说情谈爱。晌午时分,各家都派人到自己的田里去拔一蔸禾苗回来,放在一只空碗里供在神龛上祭祖,然后在一根木棒上绑上几根鸡毛和几片竹叶,将木棒插到刚拔起禾苗的地方。据说,这样可使田里禾苗繁茂,五谷丰登。① 在大新县的壮族中,有些地方在农历四月插秧前,各家各户都杀鸡煮熟了去祭祀自家的田神;② 有的地方在六月播完秧后,以村为单位备办"三牲"作为祭品到田边祭祀田神,祈求田神保佑得个好收成;有些地方,则将祭祀田神并入农历七月初七的节日活动中。③ 云南麻栗坡县马街高城子村的壮族在开始插秧的当天一大早就蒸上一笼糯米饭,将之捏成一团团的,并分成三份:一份拿去田头祭田神;一份放入一个葫芦或玻璃瓶内酿酒,挂在屋后高墙上;还有一份则送与左邻右舍以及来助工的亲友。挂在屋后墙上用以酿酒的,需待收割完毕后方才拿下来敬神。无疑,这也是一种祭祀田神祈求丰收的形式。④

壮群体越人的后人布依族,同样以六月六日这一天为祭田神的节日,杀鸡宰猪热闹地祭祀田神。⑤

三 春祈秋报

壮群体越人及其后人地区,春天来了开耕之前,向水神、雷神、树神,向社神祭祀许愿,祈求神灵保佑风调雨顺,无虫无灾,获得称心如愿的收成。待秋收完场,他们又群体性地杀牛宰猪,进行祭祀,以报水神、雷神、树神和社公的恩赐。这就是春祈秋报。

"林麓居民众,田畴稼穑丰。"⑥ 明代周孟中《登春野亭》也说:"观风五管已多年,每至南宁眼豁然。绿树万家依近郭,桑麻十里接平川。匙翻玉粒长腰米,脍切银丝缩项鳊。"⑦ 历史上,壮群体越人及其后人地区地广人稀,可耕地多,少自然灾害,食粮还是比较丰裕的。广西上林县澄太乡留存的唐朝永淳元年(682年)"岭南大首领"韦敬办镌刻的《六合坚固大宅颂碑》载该地"黎庶甚众,粮粒丰储。从(纵)有十载无收,且(还是)从(使)人无菜色"。明朝天启(1621—1627年)云南刘文征

---

① 《广西壮族社会历史调查》第七册,广西民族出版社1987年版,第131页。
② 《广西壮族社会历史调查》第四册,广西民族出版社1987年版,第185页。
③ 同上书,第11页。
④ 笔者1991年到该村调查所得。
⑤ 汛河:《布依族风俗志》,中央民族学院出版社1987年版,第46—47页。
⑥ (明)孔儒:《庆远南山》,(清)汪森《粤西诗载》卷4。
⑦ (清)汪森:《粤西诗载》卷16。

《滇志·旅途志》也说归顺州（今广西靖西县）石山"拔地突起，山环若城。有平畴者曰峒，路出其中；出入之所，皆有石隘。良田美地，一年耕获，尝足支二三年"。然而，"消长关否泰，天意匪人谋"。① 水灾、旱灾、虫灾等，自然界的种种灾害不时而至，常常害得人们胼手胝足劳苦一年却落个所收甚少或颗粒无收的结局。谁能遏制这些自然灾害的发生呢？

开始，壮群体越人及其后人认为水能生人，能予人，也能灭人。眼望苍茫大地，居于水乡的他们唯以水神为大，所以对水神恭敬唯谨，崇拜唯诚。"鸡骨占年拜水神"，② 这是唐、宋时代"文起八代之衰"的柳宗元《柳州洞氓》的诗句，点明了壮族先人供奉着水神。但是，这不是关于壮群体越人及其后人水神崇拜的最早记载，早在柳宗元之前500年，西晋大官员、大文学家张华在《博物志》卷2中已经指出壮族先人"临水而生，入水试儿"的习俗。他虽未明示壮族先人供奉水神，却清楚说明他们视水为大，视水为高。

对古代壮族先人祭祀水神的情况，唐朝著名诗人李商隐《桂林即事》诗曾略予描述："神护青枫岸，龙移白石湫。殊乡近河祷，箫鼓不曾休。"③ 龙移于白石水潭，但人们还是在河边拜祭祈祷，所祷者自然不是龙而是河中的水神。其祭也是够隆重的，箫吹鼓敲，长时间没有停歇。比李商隐早生40年的唐朝大诗人白居易在其《送客春游岭南二十韵》中也有句说岭南壮族先人"牙樯迎海舶，铜鼓赛江神"，④ 说明唐朝一代及其以前壮族先人心中唯以水神为大，祭之唯恐其后。

电闪雷鸣，大雨滂沱，山洪暴发，河水狂泻，大地漫漫；碧空万里，无云无雷，雨水全无，塘涸河干。两相比照，壮族先人直觉而感性地认为：有水无水，水大水小，决定于雷。于是，他们随之产生了雷的观念，出现了雷神崇拜，形成了对雷神的祭祀。南宋周去非《岭外代答》卷10《天神》载"广右（广西）敬事雷神，谓之天神，其祭曰祭天"。

以雷代天，天、云、雷三体一词，这是壮傣群体越人社会曾经经历过的历史过程。为风调雨顺而预祈于雷神，为避去灾难而预祀于雷神，同样是他们共同经历的历史过程。

雷，只闻其声没见其形，且远在遥遥上空，怎么知道人间事？壮族先人心想，地上必定有它的代理人。"青蛙呱呱叫，大雨要来到"；"手不抓青蛙，不怕雷公劈"；"青蛙声哑，田好稻把，青蛙声响，田好荡桨"；等等现在还流传于壮群体越人的后人口中的谚语，反映了壮族先人的思维模式：雷公固然可怕，但青蛙可以神通之；雷公所居遥远，青蛙近在眼前，可以就地祈求。于是迄今仍流传于今广西东兰、巴马、天峨等县的关于青蛙的传说，笃定的青蛙节，认为青蛙是雷神的使者或雷神的女儿。这是古代越人文化渊源于水的结果。

壮群体越人及其后人崇奉水神，又衍发了对树神的崇拜。因为在壮族的意识观念

---

① （宋）吴儆：《次韵南轩先生〈榕溪阁〉》，（清）汪森《粤西诗载》卷3。
② 《河东先生集》卷42。
③ （清）汪森：《粤西诗载》卷10。
④ 《全唐诗》卷440。

里，无林无水，有林有水，水木相生，水神是水神，木神也是水神。《太平御览》卷406引西晋周处《风土记》说，越人"有礼俗，皆当于山间大树下封土为坛"。"其坛也，人不敢犯也。"《古今图书集成·职方典》卷1415《庆远府风俗考》载："凡山中六七老树交荫之地，谓之天神庙。土人不洁不敢入。"广西平果县旧城圩为明朝正统四年（1439年）思恩州升为思恩府时府治所在地，原为思恩府土官知府后升任广西都指挥使岑瑛的规模宏大的陵墓即位于其处。1991年笔者到那里调查，进入旧城圩头局爽村，村口有棵枝叶婆娑、覆盖约一亩方园的小叶榕树（壮语谓"古离"）。树下有间独立小屋，人称是"社坛"。坛中正中，书着"古离大木神之神位"。这社坛，也就是由"天神庙"演化而来的。

唐、宋以后，壮族及其先人接受汉族"龙主水"的观念，龙神取代了树神木神，称为"龙神"。清末民初，壮族村寨周围一般有一片树林，称作"龙神林"。对龙林，不能随意砍伐，否则会受到神灵的惩罚。现在，在桂西、滇东南的部分壮族山村里，龙树林仍然郁郁葱葱，每届祭祀之日，村里人都对龙神进行祭祀。在云南文山壮族苗族自治州各县的壮族，每年三月或三月的第一个龙日，以村为单位筹资，宰猪杀羊祭祀龙神，称为"祭龙节"。"祭龙"，实际就是祭祀村边寨头的枝叶婆娑、荫覆近亩或数亩的大叶或小叶榕树。当然，没有榕树的村寨，也可选立于村边寨头的高大挺拔、枝叶繁茂、荫盖数丈或近亩的麻栗树等作龙树。所以，"祭龙节"究其实际就是"祭树节"。

祭龙分大祭小祭。小祭杀猪杀鸡，大祭杀牛。有的村寨在祭龙时还要舞龙，行串各家各户。此时，各家都要备上几盆水，待龙过家时向龙泼水。龙身上被泼的水越多，越预兆着一年的风调雨顺。因此，归根结底，祭龙节仍是开耕之前壮族群众向水神祈求一年风调雨顺、五谷丰登的祭祀活动。

"殊乡近河祷，箫鼓不曾休"，[1] 鼓就是指铜鼓。自汉代以来，铜鼓即是岭南越人的传世宝器。它既是权力的象征，也是娱神、通神的乐器，因此赛鬼酬神少不了敲击铜鼓。"铜鼓赛江神"；[2] "龙母庙灵鬼神集，……铜鼓声喧翻霹雳"；[3] "波罗蜜树满城闉，铜鼓声喧夜赛神"，[4] 就是这种情况的示现。清朝壮族诗人曾昌霆《赛鼓词》句说："千秋难脱旧积习，击鼓祈年邀神功。……同祝大王降神雨，南蛇岭头禾黍丰。……冬冬冬，冬冬冬，鼓声有尽意无穷。"[5] 这就道出了千百年来壮族以铜鼓赛神的主旨所在。

赛神酬神时，与铜鼓声喧同时而起的，还有壮族在二月、三月或四月以及八月、九月或十月的"浪花歌"。"男女歌唱互答，以兆丰年。"[6] 男女以歌相会，谈情说爱，互相结合，作为祈年酬神的风俗，由来已经久远。宋初乐史《太平寰宇记》卷163说，南仪州（今广西岑溪市）"俗不知岁，唯用八月酉日为腊（年终祭神日子），长幼相慰以为年"。

---

[1] （唐）李商隐：《桂林即事》，（清）汪森《粤西诗载》卷10。
[2] （唐）白居易：《送客春游岭南二十韵》，《全唐诗》卷440。
[3] （宋）陈执中：《题卷梧郡》，（清）汪森《粤西诗载》卷20。
[4] （明）解缙：《龙州》，（清）汪森《粤西诗载》卷23。
[5] 民国《隆山县志·艺文志》。
[6] 《古今图书集成·职方典》卷1448《太平府风俗考》。

窦州（为广东信宜市）"谷熟时，里闬（乡里）同取戊日为腊，男女盛服，椎髻徒跣，聚会作歌"。以每年八月庄稼收割完场为年，聚会作歌，祭献酬神，是壮族先人"观禽兽之产识春秋之气，占诸芋之熟纪天文之岁"传统历法的体现，说明时至唐、宋，中原汉族的天文历法还没有完全涵化、整合、取代壮族先人的传统历法。

壮傣群体越人文化，是依据岭南地域岭树千重合，江流十里斜这样特定的生态环境创造并积累起来的。他们依山傍水，"处溪谷之间，篁竹之中，习于水，便于舟"，① 开始稻作农业，以竹架房，造就干栏建筑等，形成了自己的民族文化传统。它或明或暗，或曲或直，无处不宜泄着水的味儿，无处不散发着水的淡淡清香，称得上是亚型的水文化。它既与纯然的水文化如疍家文化有区别，又不同于黄河流域的平原文化。黄河流域的古代居民创造了土地耕种，五谷栽培，以及车辆、平地打垒房子等，同时创造了与之相适应的观念如土地崇拜、风水、望族等。中原汉族的土地崇拜，表象于对社神的祝祭。社的所在，就是在大树之下建屋所立的社坛。每年立春、立秋后第五个戊日，人们备牲、醴对社神进行祭祀，然后集体欢饮饱餐一顿。王驾《社日》诗说"桑柘影斜春社散，家家扶得醉人归"，展示了此一情景。壮群体越人及其后人原无社，在汉族文化的影响下岭南方才由东往西逐渐有了"社"的概念、社祭的行为。《舆地纪胜》卷115《宾州》载春秋二社，宾州"士女毕集"罗奉岭，"男女未嫁者"倚歌择配，说明汉族"社"的概念虽然已深入民间，为当地群众所接受，但社日却是未婚男女对歌择配的日子。而且，其"社"也不同于中原汉族的社神。比如，宾州《旧径》载罗钩社山，在上林县西九里，因"山势嵯峨，俗因立为社神"。② 明朝嘉靖中谢少南《邕州道中》诗说"邕州紫燕秋无社，蛮驿秋花冬有时"，③ 道出了明朝中期邕州还没有社神崇拜。明末清初以后壮族接受了汉族关于"社"的观念，建起社坛，例行祭祀，也是欢饮而散。

广西上思县那荡乡的壮族人说：相传在很久以前，他们那里"没有土地庙"。后来，由于六浪村马家九个儿子不孝，才有了土地庙。据说马家是个富裕户，生了九个儿子。儿子长大了，成家立业，拆产异炊，过着奢侈的生活。可是，他们却忘了自己的父亲。一年除夕，村上人家家团圆吃年饭，唯有马家的老父亲，没人理还饿着。老父亲气不打一处来，立马宣言，将全部田产从儿子们手里收回来，让村里的贫穷人家耕种。村里人认为老人好，都乐意供养他。他死后，大家就立三个庙来祭祀他。这个庙，就是后来的土地庙。这样，那里才有了土地庙。④

我们在比较偏僻的云南麻栗坡县马街乡高城子进行调查时，发现该村有龙神没社神。龙神在村后的树林里，没有庙宇，仅是两三块大石头交叉互垒在那里。每年三月，村里长老率各户成年男子杀猪进行祭祀，妇女、小孩子则不能涉足其地，神秘莫测。此犹如《古今图书集成·职方典》卷1415《庆远府风俗考》所说的"凡山中六七老树交荫之地，谓之天神庙，土人不斋洁不敢入"一样。这个"龙神"实际是树神，不是社神（土地

---

① 《汉书》卷64上《严助传》。
② （宋）王象之：《舆地纪胜》卷115《宾州》。
③ （清）汪森：《粤西诗载》卷17。
④ 《广西壮族社会历史调查》第三册，广西民族出版社1985年版，第116页。

神)。平果县旧城圩局爽村村头小叶榕树下的社坛,供奉的是"古离大木神之神位",说明社房有了,但不是土地社而是木神祭坛。原下雷州(在今广西大新县西南)已经有了社神。那里,几乎每个村子都在村头盖有土地公和土地婆的小庙。可是,"人们认为,他们是本地最早的居民,死后为神,是村民的祖宗"。土地公的坐骑老虎,假若没有人控驭,老虎就会吃人伤人,弄得民不安生。1952年,硕龙乡陇孝屯土地庙被捣毁后,连续死了几头牛,村民害怕,又悄悄地把它修复起来,重新将土地公、土地婆的塑像送到社坛上。因此,土地社又叫福德祠,坛中书写着"当坊福德土地万岁大人正直尊神之位"。① 由这些情况可以清楚,壮族的木神转化为社神的历史过程。

汉族社神既然已经迁入并逐渐立足于壮族地区,逐渐成为壮族群众信奉的神灵,他们也就逐渐如同汉族群众一样建社立坛,供奉土地神,春祈秋报,唯恐有误。比如明末清初的时候,"每当春、秋仲月(二、八月)二日,里邻祀社以尽报祈之诚。其建社也,垒砖为坛,立石为柱,朝夕焚礼,绰有古风";② "春、秋二仲(二、八月),则社于各坊。至日,用牲、醴(甜酒)"祭奠社神;③ "二月上戊,乡民祭社祈谷,群饮为欢。秋社亦然"。④ 此中,虽然祀社的时间与中原汉族不完全一致,统一以农历每年的二月初二、八月初二为社日,但对社神的春祈秋报,却是与汉族一致的。

不过,自明末清初以来,500多年过去了,土地神社虽然开始并逐渐立足于壮族地区,但这个过程也相当地长。不说滇东南壮族地区大多无社神崇拜,就说在桂西的一些壮族地区,也还是有了社的崇拜观念,却没有完全在群众的头脑中取得其绝对的权威。比如,广西东兰县武篆镇在20世纪50年代,各屯都有小庙,供社神。群众正月十五和立春那天祭祀社神,祈求风调雨顺、庄稼丰收、人畜平安。到了八月十五日,如果人畜无恙,庄稼获得丰收,群众便供猪一头酬谢社神。但是,在人们的头脑中还是认为社神是小神,庙神才是大神。每年春天,他们祈求庙神保佑,收割后要杀牛上供,祭祀酬神。因此,社神每个屯都有,而庙神几个村屯才有一个。⑤

这种大庙小社之分,在明末清初即已存在。《古今图书集成·职方典》卷1402《桂林府风俗考》说义宁县(治今广西临桂县五通镇)壮人,"一遇丰年,即抬广福神像于乡落庙中祭奠。既遍,乃旋本庙"。"乡落庙",是指各村屯的土地神庙;"本庙",即指"广福神庙"。这是汉族社神还没有完全在壮人头脑中具其绝对权威而出现的一种现象。因此,他们春祈秋报,既眼盯于社神,更倾力于威灵更大的庙神。

四　驱魔禳灾

收割完毕,稻田弃置了几个月,壮群体越人及其后人认为在此期间妖魔鬼怪会到田里潜伏下来,待人们种上了稻子,它们就会出来为非作歹,祸害庄稼,减少人们应得的收

---

① 《广西壮族社会历史调查》第四册,广西民族出版社1987年版,第182页。
② 《古今图书集成·职方典》卷1410《柳州府风俗考》。
③ 《古今图书集成·职方典》卷1426《平乐府风俗考》。
④ 《古今图书集成·职方典》卷1433《梧州府风俗考》。
⑤ 《广西壮族社会历史调查》第五册,广西民族出版社1986年版,第165—166页。

成。因此，在插秧之前，壮人要请道公巫觋来驱魔。

龙州县金龙乡的壮族，插秧之前，全村各户筹集资金，请来巫公驱魔赶邪。仪式开始，先由巫公诵念经文，然后由两个小孩抬着一个内装纸钱的竹笼巡游田间，巫公跟随其后，边诵念经文边撒稻谷壳子。走到邻乡地界，一口气将小孩肩上的竹笼往外甩去，表示已经将本境田里的魔鬼驱赶出去，庄稼可以免受虫灾。①

大新县农历四月的撒秧节，各地请道公到田里去祭祀，去作法。他摇着铃铛喊道："鬼怪快出来，赶快离开！快快逃跑！"他们认为这样就可以赶走附着于田地里的鬼怪，秧苗就不受旱，不遭虫灾。②虫灾，是水稻生长的大敌，造成歉收的一个重要因素。历史上，各地壮群体越人及其后人都认为这是"天降之灾"，解救之法，唯有祈神禳灾。禳灾的仪式，各地也各异其态。广西上思县那荡乡每个村都在村子附近的山坡上竖有一块上刻着"太双皇神"的大石头。每遇虫灾，村里头人就鸣锣聚众，平均分摊，筹集资金，宰羊一只，杀猪一头和鸡若干只前去拜祭，求"太双皇神"除害。参加祭拜者自带酒米，祭完，大家就地合伙吃上一餐。吃完饭，大家就拿上一条熏染了上祭的鸡其血的草纸到田间标插，说："太双皇神到，所有灾难全除了！"祭奠"太双皇神"即告结束。③广西南丹县拉易乡的壮族则是虫灾发生，全村各户凑钱"耍黄龙"。"耍黄龙"，就是用稻秆扎成龙形，请巫师作法祈禳后，村民敲锣打鼓扛着此龙形的稻秆在田垌中游行，将害虫驱赶到"西方"去，永远不要回头。④有些地方的壮族又用五颜六色的纸做成小三角旗插在田边地头，杀鸡宰猪到田间去供祭，让巫公念经作法，请瘟神离去。而滇东南的壮族，每当虫灾出现，即请巫公到田间焚香、烧纸，敲锣打鼓，跳神跳鬼，祈神消除虫害。

五　求雨祈晴

明朝后期，《百粤风土志》载："戊午（万历四十六年，1618年）旱灾，赤地千里，流离遍野，斗米价至四钱。""戊午之大荒，己未（万历四十七年，1619年）之大疫，宾（今广西宾阳、上林二县及来宾市西部）民死者，白骨成山。"⑤《百粤风土记》或成于明天启年间或崇祯初年。因为该书记述平定宾州、迁江的"马贼"时有句说："余请于许制台，差游击王选带兵三千携粮两月而来。""许制台"，即天启元年至二年（1621—1622年）出任"总督两广都御史"的许弘纲。⑥可见，旱灾对壮族地区人民生活的影响深远而广泛。但是，岭南"风急便成雨，月无三日晴"，⑦久雨不晴的天气也经常遇上。暴雨成灾，山洪暴发，江河滔滔，淹没田地，冲刷家园。比如，明朝正德年间（1506—1521年）桑悦做柳州府司马时即遭遇"柳州大水"："十月十日雨不休，古城水欲女墙流。东市撑

---

① 《广西壮族社会历史调查》第七册，广西民族出版社1987年版，第135页。
② 《广西壮族社会历史调查》第四册，广西民族出版社1987年版，第185页。
③ 《广西壮族社会历史调查》第三册，广西民族出版社1985年版，第117页。
④ 《广西壮族社会历史调查》第一册，广西民族出版社1984年版，第175页。
⑤ （清）汪森：《粤西丛载》卷17引。
⑥ 《明实录·熹宗实录》卷5"天启元年正月庚子"条。
⑦ （明）徐问：《广西风土诗四首》其一，（清）汪森《粤西诗载》卷21。

船过西市，不知撞破几烟楼。"① 水淹家园水撑船，繁华都市瞬成废墟，满目荒凉，水灾给社会带来的祸害也不减旱灾。

天公不美，水旱相替，人们无力，唯乞灵于鬼神，或求雨，或乞晴，于是在壮族历史上形成了一道道风俗。

关于壮群体越人后人求雨祈晴的汉文记载，最早见于南北朝裴渊的《广州记》。该书说：岭南"有石牛，每旱，杀牛以血和（搅拌）泥（泥土），泥（涂抹）石牛背，既毕则雨；洗牛背泥尽，（雨）方止"。② 杀牛祭祀石牛，并以牛血搅拌泥土涂抹在石牛背上来祈雨，洗掉石牛背上泥浆祈晴的风俗，虽只见于南北朝时人裴渊的手记，但在其前的汉晋时期可能已经存在。

此一风俗，经隋、唐迄于宋朝，仍在风行。乐史《太平寰宇记》卷166贵州郁林县（今广西贵港市）"泥牛"条载：

郡有洞地，周数十丈，下有石牛，时出泥间。旱岁，杀牛祈雨，以血和泥置石牛背上，祈毕便雨；泥尽则晴。以为常。

祭祀石牛以求雨，实际就是祭石求雨。此风流传，生命力颇强。时至20世纪50年代，隆林县城所在的新州镇壮族仍是如此。在他们那里，每逢大旱之年，就到社里向神石（俗称"下雨石"）祭祀，求神赐雨。求神这一天，男人们找来水将"下雨石"冲洗干净，让它洁白流光，并将神石四周打扫清爽，然后烧香焚纸供祭，请巫公念叨，请求神石降雨，拯救禾苗。③ 这些记载可能忽略了一个关键的人物——巫婆、巫公，在其中的作用。越巫、鸡卜，在汉武帝元鼎六年（前111年）灭南越国时即传名中原，求雨这样隆重的祭祀，岂可没有巫者？"蛮巫祭鬼凭鸡卜"④，道出巫者、鸡卜在祝祭中的作用。同时，"铜鼓声喧夜赛神"⑤，"唱歌跳鬼家家重，击鼓招宾夜夜歌"⑥。祝祭中，铜鼓、歌声也是不少了的，否则就形不成气势，造不就氛围。桑悦在其《记壮俗诗六首》其一的"亲邻相助歌迎鬼"句中说：壮人"冬月歌舞迎鬼赛神，杀牛、豕数十，亲戚各携牲口来助"⑦。所以，巫觋鸡卜，明示吉凶，定其日子；然后杀牛祭祀，巫觋作法，敲击铜鼓，众人歌舞。巫、卜、牛、铜鼓、歌舞是壮族历史上祭鬼祈神所不可少的。

壮群体越人及其后人是泛神论者，除了祭祀石牛神以外，求雨祈晴还有众多可以祈祷的神灵。

《古今图书集成·职方典》卷1410《柳州府祠庙考》载："雷塘庙，在柳州府雷山两

---

① （清）汪森：《粤西诗载》卷23。
② 《太平御览》卷900《牛三》引。
③ 隆林县志编委会：《隆林县各族自治县民族志》，广西人民出版社1989年版，第176页。
④ （明）陈昌：《送吴素行之广西》，（清）汪森《粤西诗载》卷17。
⑤ （明）解缙：《龙州诗三首》其二，（清）汪森《粤西诗载》卷23。
⑥ （明）冉庸：《谪居灵川》，（清）汪森《粤西诗载》卷15。
⑦ （清）汪森：《粤西诗载》卷16。

崖，雷水出焉，能兴云气作雷雨。邑人因依塘立庙，祷之，辄应。"这是因地形而成庙，但塘以雷名，此雷自是壮族及其先人观念中操着地下水大水小的上天雷神。唐朝元和年间（806—820年）柳宗元被贬为柳州刺史，曾因群情所趋前去祝祭求雨，诵读了他所作的《雷塘祷雨文》：

> 惟神之居，为坎为雷。专此二象，宅于岩隈。风马云车，肃焉徘徊。能泽地产，以祛人灾。神惟智知，我以诚往。钦兹有灵，爰以庙飨。苟失其应，人将安仰？
> 岁既旱暵（大旱），害兹生长，敢用昭告，期于胗虩（感应）！
> 某自朝受命，临兹畲壤。莅政方初，庶无淫枉。廉洁自持，忠信是仗。苟有获戾（罪），神其可罔（惩处）！
> 攫攫嘉生（众好百姓），惟天之养。岂使粢盛（器盛祭品），夷（弃）于草莽？腾泽通气，出地奋响。钦若成功，惟神是奖。①

南宋周去非《岭外代答》卷10《天神》说，广西人"圃中一木枯死，野外片地草木萎死"，都认为是雷神降灾所致，要祭雷神禳灾。旱与涝此等大事，自然非祀雷神不可。《永乐大典》卷2339梧字引"藤县旧志"说，宋、元时，藤县人"旱则祷天祈雨"。这个"天"也当归之于"雷神"。迄于20世纪50年代，壮族群众还认为："旱是天造成的，怎么能顶得过雷公呢？"② 所以，"乡村建祀"雷庙，"旱时于此祈雨"，③ 这在壮族历史上是个普遍现象。

《岭外代答》卷10《宁谏议》载："钦州宁谏议庙，去城数十里，太守到任谒之。雨、旸（晴天）不时（不合时宜），祷之，辄应。""宁谏议"是唐朝的宁原悌。这是以死人神化，将他当作求雨祈晴的神灵，建庙祭典。

北宋乐史《太平寰宇记》卷164康州（治今广东德庆县）引南北朝宋人沈怀远《南越志》说：

> 昔有温氏媪（老妇人）者，端溪（今广东德庆县）人也。居常涧中，捕鱼以资日给。忽于水侧遇一卵，其大如斗，乃归置器中。经十许日，有一物如守官，长尺余，穿卵而出。媪因任其去留。稍长，五尺便能入水捕鱼，日得十余头。再长二尺，得鱼渐多。常游波中，潆洄媪侧。
> 媪后治鱼，误断其尾，遂逡巡去，数年乃还。媪见其辉光炳耀，谓曰："龙子，今复来也！"因得之蟠旋游戏，亲驯如初。
> 秦始皇闻之，曰："此龙子也，朕德之所致！"诏使者以赤圭礼聘媪。
> 媪恋土，不以为乐。至始安江，去端溪千余里，龙辄引船还，不逾夕，至本所。如此数四，使者惧而止，卒不能召媪。

---

① 《河东先生集》卷41《祭文》。
② 《广西壮族社会历史调查》第六册，广西民族出版社1985年版，第114页。
③ 《古今图书集成·职方典》卷1444《南宁府祠庙考》。

媼殒,葬于江阴(南面)。龙子常为大波至冢侧,萦浪转沙以成坟。
土人谓之"掘尾龙",南人谓船为"龙掘尾",即此也。

在广西上林等地的壮族中也有"特掘"的传说。该传说称,古代有个老婆婆去水边洗菜,水中游着一条小蛇。她见小蛇怪可怜的,便将它带回家里养着。小蛇在家里翻上翻下,在老婆婆身边转来转去,不时入水捕鱼带回家里,怪逗人喜爱的。有一天,老婆婆出门,关门时不小心将小蛇的尾巴夹断了。尾巴断,壮语谓"掘",因此人们便呼小蛇为"特掘",而老婆婆却昵称他为"龙儿"。后来,小蛇长大了,远出邀游。几年过去,"特掘"返来时,老婆婆已经过世了。"特掘"悲痛不已,埋葬了老婆婆。从此,每年农历三月初三,"特掘"都回来给老婆婆扫墓。他每一次回来,都是风卷层云,大雨滂沱。俗传成实,于是人们说:"特掘回来扫墓啦!大雨要来啦!"

南北朝顾微《广州记》载,广州"浦溪口有龙母养龙,裂断其尾,因呼其溪为龙窟。人时见之,则土境大丰而利涉(到)"①。顾氏记述的,同样是龙母养龙的传说。这既说明在岭南壮群体越人及其后人中关于龙母传说的广泛性和普遍性,也说明当初关于龙母只是一吉祥的象征物,"见之则土境大丰而利涉"罢了,并没有与降水联系起来。

九龙庙,"唐太宗五年(631年)苍梧令吴当以亢旱(大旱)祈祷于此,俄有黑龙升天,甘雨随注。百姓赖焉,置此庙于此以祀之"②。随着中原汉族龙主水的理念传入岭南,为壮群体越人后人接受以后,出现了"特掘回来扫墓,大雨要来"这样的附加。从此,"龙母庙"便广布于壮群体越人后人地区,成为天旱求之可能获得雨水的神灵。比如,平乐府"天妃庙,即龙池庙,在骆家桥,右祀龙母之神。祈雨,即应"。富川县"龙母庙,在柳家源。遇旱祈雨辄应,屡验"③。横县"龙母庙,旱时祈雨"④。梧州府"龙母庙,在府北境。宋建,明万历间重修"⑤。

龙既然成了主宰雨水的神灵,于是过去是祭祀山神以求雨的,此山神也逐渐转质成为龙神了。比如,郁林直隶州(治今广西玉林市)的"寒山庙,在州北三十里,山巅及麓并有庙,祀寒山神也。岁旱祷雨,辄有灵感,故乡村所在立庙祀之"。然而进入明朝以后,则说是山"有飞来石,上书'感灵龙王'四字。遇旱祈雨,应时立沛(充足的雨水)。民间报赛,甚殷(很是盛大),而数百年来不入祀典。光绪七年(1881年),经(广西)巡抚庆公(即庆裕)会同(两广)总督张公(即张树声)题请(皇上)敕赐'龙神'封号、匾额,列入祀典(国家规定祭祀的典籍里)。嗣(接着)经礼部(审核)以(认为)据(报)册开(列)龙神姓张,杂间他说,究属荒唐。至(于)见龙字灯旗挥兵驱魔,尤为附会。议驳不准"。这才终止了要将寒山神提升寒山龙神,让皇帝给予封

---

① (宋)乐史:《太平寰宇记》卷157。
② (宋)王象之:《舆地纪胜》卷108《梧州》。
③ 《古今图书集成·职方典》卷1426《平乐府祠庙考》。
④ 《古今图书集成·职方典》卷1443《南宁府祠庙考》。
⑤ 《古今图书集成·职方典》卷1433《梧州府祠庙考》。

典的喧嚷。①

　　无独有偶,庆远府（治今广西宜州市）的龙山神也是如此。南宋嘉定九年（1216年）,代理庆远府知府的张自明因九龙山神"祈雨获应,上其事,（宋宁宗）赐额'灵潜'",建起九龙庙。此后,便以为能感应的有灵者不是山神而是龙神了。②

　　龙既主宰着雨水,于是修仁县（治今广西荔浦县修仁镇）的"地松庙,在谢村山内",本是祭祀山神的,永乐四年（1406年）建庙以后,因"庙下有龙潭,遇旱祈雨,至潭取水即应",③祈雨于地松庙山神变成祈雨于地松庙龙神。龙潭深不可测,连通龙居,祭了神,取了水,龙于是下雨酬谢,这是直觉性的感性推理。

　　迄于20世纪50年代,在壮族中仍延续这样的思维。比如,广西环江壮族流行的"打龙潭"风俗。每当天旱不雨、禾苗受灾时,他们即集资购买猫、狗各二只,扔进深潭里去,认为过后三天,龙王感应就会下起雨来。④ 又如,广西都安的壮族每逢天旱,整乡的群众就组织起来拜庙,杀狗杀猫取血,涂在鲤鱼身上,然后将鲤鱼放下深潭,让它到"五海龙王"那里去,天就会降雨下来了。⑤

　　流传至近现代的求雨形式,各地壮族表现得也不完全一样。那地州（治今广西南丹县西南那地）的壮族为了求雨,群集小孩由道公导引到泉边、塘边等水源地方,祭祀作法后逗引青蛙叫。有青蛙"咯咯"地叫预示着天要下雨,否则无望。有的则是在祭神之后,抓来一条狗绑在杆上,让人抬着挨家挨户地游村。每到一家,家主就往狗身泼上潲水。游完将狗解下放掉,让它通神于龙王。⑥ 龙州县金龙的壮族则请巫公来向海龙王求雨。巫公要念上两天两夜巫经,并烧上大量的纸钱,然后用一张大树叶盛上清水拿到村外的山坡上挂起来。巫公经念祷作法后用一小木棍洞穿树叶,让里面的清水流下,如同下雨一般。⑦ 平果县的壮族天久旱不雨,就用"三牲"（一只鸡、一头羊、一个猪头）到土地庙前求雨。⑧ 武鸣县双桥乡的壮族在天干旱时到蛟龙庙中去求雨;⑨ 而邓广乡的群众则又到田头去祭旱魃,每人带上竹筒,向天射水,同时用猪、鱼祭天。⑩ 云南富宁等地的壮族天旱来时举行三天"耍龙求雨"活动。他们用柳条或松枝扎成一条青龙,由巫公领着耍龙队伍扛着抬着城隍塑像,在10名童男童女的引导下,敲锣打鼓串村走寨。一路上,童男童女齐声高喊:"青龙头,白龙尾,摇摇摆摆涨大水";"东门一条街,西门一条街,童男童女哭奶奶,观音老母问我哭哪样?我哭禾苗不得栽"。耍龙队伍所到之处,家家户户烧香焚纸,用清水向青龙撒泼。第三天,耍龙队在城隍庙杀猪杀鸡举行祭祀活动。此时,

---

① 光绪二十年重修《郁林直隶州志》卷7。
② 《古今图书集成·职方典》卷1416《庆远府祠庙考》。
③ 《古今图书集成·职方典》卷1426《平乐府祠庙考》。
④ 《广西壮族社会历史调查》第二册,广西民族出版社1985年版,第317页。
⑤ 《广西壮族社会历史调查》第六册,广西民族出版社1985年版,第114页。
⑥ 覃圣敏主编:《壮傣民族传统文化比较研究》,广西人民出版社2003年版,第1167页。
⑦ 《广西壮族社会历史调查》第七册,广西民族出版社1987年版,第135页。
⑧ 同上书,第240页。
⑨ 《广西壮族社会历史调查》第三册,广西民族出版社1985年版,第156页。
⑩ 《广西壮族社会历史调查》第六册,广西民族出版社1985年版,第39页。

各村上了年纪的人都去砍芭蕉插在干涸的河床上或池塘里,并云集于城隍庙参加求雨仪式。①

与祈求降雨相反,滇、桂边境一些地方的壮族,每逢旱时,男女老少齐上阵,到江河里大捕大捞,"大闹龙宫",让龙王不厌其烦,被迫下令降雨。② 这说明了其思维的角度、思维的形式、采取的手段,与单行祈求、唯巫是从不相同,闪现出一缕思想光芒。

六　头人开秧迎春忙

今广西靖西、那坡县以及大新县西部原属下雷州的地方,是宋朝初年广源州所属的温州和古勿洞之地。嘉祐、治平、熙宁年间(1056—1077年),北宋将雷、火、频、婆、温闷等洞组建顺安州,以侬宗旦为知州,又升古勿洞置归化州,以侬智会为知州。因此,顺安州、归化州最早的居民是侬氏族人,首领也是侬氏。南宋后期,时代变迁,形势变化,这两个州的首领已经不是侬氏。可是,1991年我们到那里调查,却发现一些地方,每当插秧时节来临,群众都是等待侬家插了秧,各家方开始插秧;侬家不插秧,各家都束手以待。如果侬家田没耙好或秧苗没长成,而村中各家的秧苗已经长成,插秧的各项准备工作已经做好,侬家人也识趣,耙平巴掌大的一方田,插上一、二蔸禾苗作为开头,示意"我已开了头,你们忙去吧"。

在壮族地区,开忙时节,先住居民或头人先插第一蔸秧,这是历史上的约定俗成。迄于清朝后期,在壮族土司地区,每当插秧时节,必请土官妻去插第一蔸秧苗,也体现了历史上壮族地区这一习俗。比如,富州(今云南富宁县)在光绪二十七年(1901年)改土归流以前,春插来临,先由人背着沈氏土官的妻子到田里插上一蔸秧苗,各家各户才能开始插秧,进入春种大忙。③

有人不知这个来历,便以为靖西县一些地方插秧时节以侬氏人插第一蔸秧苗,是因为侬姓人是神农氏的后人,人们尊重神农氏,并世代传承下来。这就是混淆是听了。在汉族历史上,神农有两个义域:一是相传第一个教民为耒耜(原始的翻土工具)以兴农业、口尝百草为医药以治疾病的"神农",见于晋朝皇甫谧《帝王世纪》;二是见于《礼记·月令篇》季夏之月主稼穑的"神农"。后来,此两个义域混淆起来,合而为一,认为神农就是古代的皇帝,就是农业神。这是中原汉族的意识观念。宋、元及其以前,壮群体越人及其后人没有崇奉神农,以神农为农业神的观念是明代以后方才逐渐植根于壮族地区的。比如,广西下雷州(在今大新西部)是清朝后期各个村子始于田地之间建起神农庙,"求它保护丰收,免遭水旱虫害侵袭"的。④ 而在滇东南的壮族地区,既无对"神农氏"的崇拜,也认为"侬人"(壮族的一个支系)"其土酋侬姓,相传为侬智高之裔"。⑤ 侬智高是宋代今广西靖西县"傥犹州人",广源州首领,属"蛮夷",曾率众举兵反宋,又何曾与

---

① 覃圣敏主编:《壮傣民族传统文化比较研究》,广西人民出版社2003年版,第1167页。
② 同上。
③ 杨宗亮:《壮族文化史》,云南民族出版社1999年版,第251页。
④ 《广西壮族社会历史调查》第四册,广西民族出版社1987年版,第182页。
⑤ (清)王崧:道光《云南志钞》卷154。

"神农氏"有什么关联!头人开秧习俗的流衍,于是形成了开秧节。开秧习俗在现代的壮族中已经大部消失,仅在一些比较偏僻的地方留存。比如,广西大新县等地农历四月插秧时节,各家杀鸡到田头祭祀,举行插秧仪式。① 又如,都安壮族每当谷雨播种之日,要举行"拜秧"。这一天,要备上酒肉,杀鸡杀鸭祭拜。插秧的头一天,也要举行祭祀,并用稻草扎成草人又插上香炷拿到田头去放。他们说,这样能保佑禾苗壮旺成长。②

七 禁忌

耕作禁忌,是限制和禁止群体成员的某些行为,以免触犯诸物神灵,从而得到诸种神灵的谅解,平和地实现禾旺粮丰的目的。它没有仪式,没有祈求,没有付出,只是群体成员的某种行为的约束,是人的主观意愿。入乡问俗,禁忌是必问的风俗之一。

壮族的耕作禁忌,由于山川阻隔,政体不一,经济发展不均衡,受汉文化影响的程度不同,各地并不完全一致。这里只约略概取,以示历史上各地壮族的行为意愿。

尽管壮族各地的禁忌不尽相同,但有几点是基本相同的。

(一) 一年中,父母忌日不下种。即如果父母忌日为二月初五日,一年中此后各月的五日、十五日、二十五日均为忌日不下种。有的地方甚至无限扩大,比如大新县原太平州(治今大新县雷平镇),播种或插秧的第一天,切忌穿白色衣饰,甚而白头发和孕妇也不许下田。如果父母亡故尚未脱孝的,非下田不可,需请巫师除邪,改穿黑头巾。③

(二) 第一声春雷轰鸣之日,不下田劳动;犯了,当年大水冲毁田塍,稻谷失收。一些地方由此又作延伸,如天峨县正月至三月雷鸣,第一次雷鸣五天不下田,第二次四天不下田,第三次三天,第四次二天,第五次一天不下田。④

(三) 中元节不下田下地,唯恐野鬼随人入田,为害作物。清朝初年,《古今图书集成·职方典》卷1415《庆远府风俗考》说:七月十五日"又谓之年节。数日前各备祭物以祀先祖,瑶壮辈皆闭门不出,路无行人,谓之躲鬼"。同书卷1410《柳州府风俗考》也说:"中元节,人们刲牛击豕,祀先三日。其报本追求远之诚,犹与良民无异。数日内,一切不入城市,不上墟场,惧为鬼所慑,使之负担也。"可见这个风俗传之已经久远。

(四) 牛魂日不使牛。壮群体越人及其后人习俗以农历四月八日为牛魂节或牛王节,蒸黑糯米饭煮乌蛋以饷牛,人、牛各休息一天。广西龙胜壮族四月八日"又叫牛魔王诞辰。相传在很久以前的某年的四月八日那天,牛魔王由天上降生了。他在凡间保护生民的牛只,不许患瘟疫疾而死。后人就建了一个庙,每于四月八日杀猪来祭奉他,希望神主保护牲畜平安,风调雨顺,五谷丰登。这一天家家都用枫木叶来浸水蒸糯米饭吃,也给牛吃一团,使避瘟。那天牛、人都停止劳动,而且还唱彩调,有歌墟会期"。⑤ 此中,既蕴有壮族传统习俗,也杂着汉族的文化因素,比如"牛魔王"的观念即来自中原汉族。

---

① 《广西壮族社会历史调查》第四册,广西民族出版社1987年版,第185页。
② 《广西壮族社会历史调查》第六册,广西民族出版社1985年版,第114页。
③ 《广西壮族社会历史调查》第四册,广西民族出版社1987年版,第16页。
④ 《广西壮族社会历史调查》第一册,广西民族出版社1987年版,第24页。
⑤ 同上书,第132页。

四月八日为壮族及其先人的牛魂节，后来一些地方的壮族其牛魂节日期也因地而略有改变。比如，大新壮族牛魂节在六月；① 南丹县拉易乡和武鸣县清江乡的壮族认为五月五日是牛的生日。②

都安壮族在"浮日"那天不耙田，认为这一天使牛，牛会疲倦。③ 这与牛魂日不使牛一样，都是壮人爱惜牛的行为。宋人周去非《岭外代答》卷4《踏犁》载："踏犁五日，可当牛犁一日，又不若牛犁之深于土。问之，乃惜牛耳。"由此可见，壮族对牛的爱惜，存风已经久远。

（五）农历正月初一日，在家里不动刀、不拿针，不将火外出，以免因此引起一年的旱情；不洗衣，以免惹发一年的水灾。有的地方又据此而衍发，由初一至十五日，不在家里晒衣服、砍柴、舂米、磨米、缝衣服、打鞋底等，认为违犯了，大风会刮倒作物。④

（六）新教牛犁田，忌碰上孕妇，使牛难教；不要碰上狗，否则牛日后劳作容易疲劳，像狗那样伸舌喘气。

（七）"三三扫墓，清明断火。"清明那天，不在外面点火，否则天旱。如果清明节恰在农历三月三日那一天，则扫墓提前一天，以免犯了清明断火之忌。

除了这些基本相同点外，各地在耕作方面还有众多的禁忌。比如，武鸣县邓广乡的壮族正月初一日不吃青菜，否则田里长满乱草；⑤ 龙州金龙壮家不吃粽粑，吃了犁头会断；⑥ 隆林的壮族妇女在正月里一个月不梳头，否则会使天下雨水从斜坡上冲下，水土流失，将稻禾冲走；⑦ 龙胜县壮族每月逢戊午、戊戌、戊申三天不下田，下田泉水不冒禾受旱；⑧ 大新县壮族下谷种后三天才能洗衣，否则谷种会被大水冲走；⑨ 龙胜壮族认为一年十二个月中每月都有个"破日"，不下田，犯会田塍坍塌；⑩ 武鸣县清江壮族立夏日白天不睡觉，睡了田埂崩倒；立秋日不耘田，犯者作物遭虫害；⑪ 田东壮族六月六日不下田，那一天神农坐田间，谁下田谁折腰而死；⑫ 凌云县壮族说农历六月八日是谷生日，种田人家不拿谷出门，不煮饭吃，饭要前一天煮好，这一天整天吃冷饭；⑬ 都安壮人大暑日不下田，认为这一天是作物杂交之日，下田不利；⑭ 南丹县拉易乡壮族甲子日不种作物，否则不长；立

---

① 《广西壮族社会历史调查》第四册，广西民族出版社1987年版，第185页。
② 《广西壮族社会历史调查》第六册，广西民族出版社1985年版，第46页。
③ 同上书，第114页。
④ 《广西壮族社会历史调查》第一册，广西民族出版社1984年版，第212页。
⑤ 《广西壮族社会历史调查》第六册，广西民族出版社1985年版，第39页。
⑥ 《广西壮族社会历史调查》第七册，广西民族出版社1987年版，第143页。
⑦ 《广西壮族社会历史调查》第一册，广西民族出版社1984年版，第48页。
⑧ 同上书，第133页。
⑨ 《广西壮族社会历史调查》第四册，广西民族出版社1987年版，第153页。
⑩ 《广西壮族社会历史调查》第一册，广西民族出版社1984年版，第133页。
⑪ 《广西壮族社会历史调查》第六册，广西民族出版社1985年版，第46页。
⑫ 《广西壮族社会历史调查》第五册，广西民族出版社1986年版，第84页。
⑬ 《广西壮族社会历史调查》第四册，广西民族出版社1987年版，第432页。
⑭ 《广西壮族社会历史调查》第六册，广西民族出版社1985年版，第114页。

秋日忌到地里劳动，否则棉桃、辣椒脱落；① 平果县壮族逢"谷日"不拿火外出，不在野外烧火，唯恐天旱；② 大新县壮族"执日"种棉种瓜，"卖居日"理垅种芋，即正月、七月的子、丑日，二月、八月的寅、卯日为最佳时日，行"乙日不栽，戌日不种"，认为"枯蕉插田不成谷，赤日结婚不得宝"，凡过"赤日""枯焦日"不插田种地，恐没收成；同时，产妇不外出串门，犯者要招来虫灾；③ 西林县壮族新媳妇在结婚三天内，在婆家不做任何食物，否则日后会常常歉收而致挨饿；④ 等等。

---

① 《广西壮族社会历史调查》第一册，广西民族出版社 1984 年版，第 212 页。
② 《广西壮族社会历史调查》第七册，广西民族出版社 1987 年版，第 234 页。
③ 《广西壮族社会历史调查》第四册，广西民族出版社 1987 年版，第 16 页。
④ 《广西壮族社会历史调查》第二册，广西民族出版社 1985 年版，第 213 页。

第二章

禽畜养殖

壮族地区位于亚热带，气温较高，雨量充沛，食物资源丰富，适宜各种动物的生存和繁衍。远古时代，壮傣群体越人就开始对捕获的野兽进行驯化、饲养、繁殖，积累了丰富的饲养家畜家禽的生产经验。

第一节　家畜的驯化养殖

据民族学的材料，畜牧业的发展可分为拘禁驯养、野牧和圈养三个阶段。拘禁驯养，是将一个野生动物，通过长期的观察、掌握一些本能及特点以后，加以专门训练，使之成为家畜被人们所利用。人类驯养动物，大概始于旧石器时代晚期。到新石器时代，由于狩猎工具的改进，狩猎经济迅速发展，人们猎获禽兽多了，一时吃不完，经过漫长的岁月，逐步知道将余留的野兽关在天然洞穴里豢养，以备捕捉不到野兽时食用。人们对那些能驯养的动物，便想法不让其逃掉，有岩洞的作门栏养之，无岩洞的便选择一个适宜的地方，采用粗大树枝或竹子将四周围起来进行圈养。桂林甑皮岩遗址发现的家猪骨骼，可能是在洞中关养的。而时间一久，偶有个别原已怀胎的母兽产下了仔，并渐渐长大。这种无意中的发现，后来便成为有意识的谋生手段，洞养或圈养的野兽也就越来越多，越来越普遍。在长期的豢养过程中，一部分野兽性情渐渐温顺起来，进而驯化成为家畜。在人类的童年时代，人们从狩猎到把野兽驯化为家畜，这是人类征服自然的一个重大胜利，给人类生活带来了很大的好处。

根据动物学家的意见，从驯化野生动物起，到它的转变成培养的畜禽品种以满足人类需求，需要经过几百上千年的历史。尤其是牛、马、羊等较大型动物，在它们身上聚集了数百代人辛勤劳动的结晶。动物驯化的过程，是人类与自然界斗争的长期过程。

一　狗

岭南越人在旧石器时代晚期已经驯养了狗，这在本编第一章第一节中已经说过，在此从略。壮群体越人及其后人不仅驯养了狗，而且在历史的发展中不断优化其品种。比如宋人范成大《桂海虞衡志·志兽》载，有"蛮犬，如猎狗，警而猘（zhì，勇猛）"。又有"郁林犬，出郁林州。极高大，垂耳拳尾，与常犬异"。二者都是非常有特色的狗。郁林州，今广西玉林市。宋朝郁林州，辖南流、兴业、博白三县。宝庆三年（1227年）王象之《舆地纪胜》卷121"郁林州风俗形势"说："郁林为郡，已并唐牢、党、白三州之境。永嘉为东瓯，郁林为西瓯。……夷人居山谷，食用手搏；酒名都林，合糟共饮；刻木契焉。古党洞夷人女以羽毛相间为裙，用绯点缀裳下或腰领处为冶艳。男椎髻女散发，徒跣吹笙，巢居夜泊。"显然，那时候郁林州的居民其越人原具的习俗文化还没有完全淡化。至明朝洪武时，《郁林志》仍然记载郁林州"人民不事蚕桑，性资轻悍，婚则相歌为娶，死则击鼓助哀，病不服药，惟好事鬼神，其俗大远于中土矣"[①]。如此则岂能否认"郁林犬"的培育是壮群体越人及其后人的劳绩。

二 猪

猪，壮傣语谓 mou^1 或 mu^1，侗水语谓 ηu^5 '或 mu^5，黎语谓 pou^1，诸语属同源词语，说明早期越人时代已经有了猪的饲养。

从广西境内发现的大批新石器时代遗址，为我们提供了丰富的畜牧史实物资料。如桂林甑皮岩洞穴遗址，是我国南方发现的一处重要洞穴遗址，距今七千至九千年，属新石器时代早期遗址。在洞内出土三十多具先民的骨骼，有部分保存完整，据科学测定，其头骨特征与"柳江人"相近，有明显继承关系。专家对甑皮岩遗址出土的大量脊椎动物遗骸的研究表明，当时住人已开始把野猪驯化饲养为家猪。遗址中发现的动物骨骼中，猪骨最多，个体数为六十七个，其中"可以进行比较准确可靠的年龄估计的个体，计有四十个。猪的个体死亡年龄统计，结果一岁以下个体八个，占总数的20%；二岁以上的个体六个，占15%；一岁至二岁之间（许多是在1.5岁以上），共有二十六个，占65%。另外，在所观察的本遗址的全部标本中，尚未见到任何一枚猪牙 M3/3 已磨蚀得很深重的标本"。鉴定者认为，猪的年龄数值，是探讨它们是否为驯养的重要依据之一。根据上述甑皮岩遗址猪的年龄情况判断，"它们只能是人类有意饲养和宰杀的自然结果"。同时指出，在甑皮岩猪的标本中，"犬齿数量不多，较为长大粗壮的犬齿更少见，犬齿槽外突的程度很差，而门齿一般都较为细弱"。这些情况，可能是人类驯养条件下猪的体质形态发生变化的结果。[②]

野猪驯化饲养为家猪以后，壮侗群体越人一直以猪的饲养作为氏族家庭的副业，成为人们渔猎、采集以及农耕生活中肉食的补充。当时的猪是怎样饲养的，是圈养还是放牧，无法搞清楚。春秋后期，江、浙越国以狗为阳畜，猪为阴畜，勾践实行"生丈夫，二壶酒，一犬；生女子，二壶酒，一豚"，[③] 鼓励人口生育。狗和猪是越国官方利用山地围起来圈养，于是有犬山、豕山的设置。[④] 不知那时的岭南越人是否也是如此？延至两千年前的秦汉时代，养猪业已经成为壮傣群体越人父系氏族家庭中的一项离不开的副业。

1974年，在广西平乐县银山岭汉代的墓葬中，出土了三件房子陶模明器，其中有上

---

① 《永乐大典》卷3339梧字引。
② 李有恒、韩德芬：《广西桂林甑皮岩遗址动物群》，《古脊椎动物与古人类》1978年第16卷第4期。
③ 《国语》卷21《越语》。
④ 《越绝书》卷8《越绝外传记地传》。

屋下圈的干栏式房子，有方形庭院式重楼，也有曲尺形的碓房和猪圈。猪圈内躺着一猪。① 1975年，广西合浦县堂排汉墓中出土一件干栏式房子陶模明器。屋后用矮墙围成畜圈，后墙左侧有圆洞，供牲畜自由出入。② 1978年，贵港市北郊汉墓出土上居人下圈畜的干栏式房子陶模明器三件。另有曲尺形、拱头式建筑陶模明器四件。其中一件顶饰瓦垄，正面开二门。门内侧有男、女两俑，男俑持杵作舂米状，女俑持簸箕站立在舂臼旁。左侧开二门，屋后为猪圈，内有一陶猪卧着。③ 同年，广西昭平县东汉墓出土曲尺形陶模明器一件，"后有矮墙围成猪圈，圈内有一陶猪作站立槽旁进食状。猪圈围墙开长方形和三角形窦洞，地角四角均抹角。正屋开大门……正门内侧有两俑站立作舂米状。右侧开两门。其中右门两侧各有一头陶猪，作内向张望状，尾巴卷曲到臀部"。④ 在此之前，1973年广西梧州市鹤头山东汉墓出土一件曲尺形陶模明器，"屋后有猪圈，圈内有一猪"；⑤ 1955年贵港市城郊汉墓出土猪圈陶模明器一件，"前、后开有门，屋后开有栏杆，栏内有一陶猪"；⑥ 1956年贵港市汶井岭东汉墓也出土一件陶屋明器。屋后为猪圈，圈内有一猪正在小盆内吃食。⑦ 这种情况说明，汉代养猪在壮群体越人中几乎是家家有之的副业，已经结束了放牧养猪，实行了圈养的方式。当然也不是圈死，所以猪圈里也开着窦洞，让猪自由出入，有些猪饿急了便闹着跑到主屋门前仰头张望着主人恩典给食。

东汉杨孚《异物志》载："郁林大猪，一蹄有四、五甲，多膏。卖者以铁锥其头，入七、八寸，得赤肉乃动。"⑧ "郁林大猪"，如何个大法，不清楚，但从宰杀时铁锥打入头七八寸方见猪有动静，可见其膘肥肉厚。汉代的郁林郡，辖布山（治今广西贵港市）、安广（在今广西横县北）、阿林（治今广西桂平市）、广郁（在今广西天峨、凤山、东兰等县地）、中溜（治今广西武宣县西南）、桂林（治今广西象州县东南）、潭中（治今广西柳州市东南）、临尘（在今广西宁明、龙州、崇左、凭祥等县市）、定周（治今广西宜州市）、增食（在今广西平果、田东、田阳、天等、大新等县市）、领方（在今广西宾阳、上林、南宁等县市）等11县，覆盖了今壮族居住的大部分地方。这说明，汉代壮群体越人已经培育出了比较有名的令当时汉族的著述人员觉得要大书一笔的猪种。

猪，无疑是壮群体越人及其先人及其后人农家一宝。在桂林市东郊南朝墓、桂林市郊尧山南齐墓、融安县安宁南朝墓等都发现了用滑石雕成的生猪明器，⑨ 反映了猪在社会、家庭生活以及人们意识中的重要位置。

---

① 广西文物队：《平乐银山岭汉墓》，《考古学报》1978年第4期。
② 广西文物队：《广西合浦县堂排汉墓发掘简报》，《文物资料丛书》4，文物出版社1981年版。
③ 广西文物队：《广西贵县北郊汉墓》，《考古》1985年第3期。
④ 广西博物馆、昭平文管所：《广西昭平东汉墓》，《考古学报》1989年第2期。
⑤ 李乃贤：《广西梧州市鹤头山东汉墓》，《文物资料丛书》4，文物出版社1981年版。
⑥ 广西文物队：《广西贵县汉墓的清理》，《考古学报》1957年第1期。
⑦ 广西文管会：《广西贵县汶井岭东汉墓》，《考古通讯》1958年第2期。
⑧ 《太平御览》卷903《猪》引。
⑨ 桂林市文物队：《桂林市东郊南朝墓清理简报》，《考古》1988年第5期；黄增庆、周安民：《桂林发现南朝墓》，《考古》1964年第6期；广西文物队：《广西融安县安宁南朝墓发掘简报》，《考古》1984年第7期；广西文物队：《广西壮族自治区融安县南朝墓》，《考古》1983年第9期。

明朝中期，王济到横州（今广西横县）任知州，其《君子堂日询手镜》载，横州"其地，猪甚肥而美。短、头小、腹大垂地，虽新生十余日，即肥圆如匏，重六、七斤，可烹，味极甘腴，人甚珍重。延客鼎俎间，无此不为敬。余初不甚信，乡士夫烹以见饷，食之果然。吴、浙人好食犬，呼为地羊，小猪之味，过于地羊远甚"。这是中原官员对元、明时期壮族养猪业的赞叹，也是对古代壮族养猪业发展的肯定。壮族素有宰杀年猪的习俗。每临春节，家家户户宰杀年猪，富家大户甚至一杀就有三五头之多，腌起腊起，形成腌肉、腊肉，供一年之食用。因此，壮族农家一年饲养一两头猪的，甚为普遍。民国年间，壮族地区年出产生猪最多的为桂平、贵县，年产各10万头以上；其次为宜山、宾阳、横县、邕宁及靖西等县，年产也各在5万头以上。① 由此可以推知，古代、近代壮群体越人及其后人生猪的发展情况。

壮族地区的环境既适宜于猪的饲养，外间对壮族地区猪的需求量也大，按理应有个发展生猪饲养的机遇，但因壮族农家对猪的选种不够重视，猪品种大多低劣，或生殖不繁，或生长迟缓，以致生猪养殖利润较少，很难刺激群众对众多生猪养殖的兴趣。加上壮族地区常年气温高，夏季雨水甚多，往往阴雨连绵，热气郁蒸，壮族农民对猪的保育，都是因陋就简，不合卫生，猪瘟常常流行，造成生猪的大量死亡。比如就广西而言，民国22年（1933年）存栏生猪3098550头，可是经过民国22年至26年猪瘟的洗荡，民国27年（1938年）存栏生猪仅有2678779头，几年间生猪不是发展而是减了近42万头。②

从汉代墓葬出土的陶模明器情况看，人们就臼舂米，猪儿就小盆而食，可知其时壮群体越人已经普遍推行煮熟、稀喂、圈养生猪的饲养方法。因为米糠固然可生食，芋及其茎叶却不能生嚼。广西贵港市罗泊湾汉墓一号墓出土遗物有"芋茎和芋头的外壳"，③ 芋茎就是专用来做饲料喂猪的，必须煮熟方能进食。而这种圈养又与让猪自由出入猪圈浪脚放养结合起来，让猪既在家里定期吃上潲水拌上煮熟的芋茎叶、米糠、碎米、薯类等饲料，又保留了猪生存的较大自然空间，使猪能自由觅食，运动，保持其一定的原始野性和生存能力，补充其圈养营养的不足，增强猪抵御疾病的能力。这种饲养方式世代沿袭，在壮群体越人及其后人地区延续了近两千年，至民国年间仍是如此。

由于猪的性腺发育较早，要肥育，就必须实行雄性和雌性猪儿的阉割。从东汉杨孚《异物志》关于"郁林大猪"的记载，可知那个时候的壮群体越人已经掌握了猪儿的阉割技术，否则不能培育出体壮膘肥的"郁林猪"来。今壮傣群体越人的后人均谓阉猪为"mu¹ to: n¹"，to: n¹是阉割，说明壮傣群体越人未分化独立发展已经掌握阉猪技术，有了阉猪存在。

壮族及其先人对公猪的培育并不怎么重视。历史上饲养公猪的人家，饲养母猪的人有请，便摸黑趁早赶着公猪跋山涉水去配种。一者，干此种行当的人艰难辛苦；二者，在人们的潜意识中认为饲养种猪去给人家配种影响家口的兴旺，在社会上是上不得台面的，唯有地位极为低贱的人方才饲养公猪靠配种赚钱。因此，饲养公猪摸黑满世界乱跑的人家多

---

① 陈正祥：《广西地理》，正中书局1946年版，第86页。

② 同上书，第88页。

③ 广西博物馆：《广西贵县罗泊湾汉墓》，文物出版社1988年版，第87页。

是单家独户孤苦的人家，或跛脚或瞎着一眼的人。他们本钱不大，为了谋生，大多对公猪的选育并不怎么注意，只要有上一头雄壮且能赶长路的公猪就行了，至于公猪的品种、体态、猪性如何就不大讲究了。不过，饲养母猪是农家一项收入可观的副业，因而壮家人很重视母猪的选择和培育，要求留作母猪的体大，身长，背腰平直，狮子头，嘴短，鼻孔宽畅，耳大下垂，尾粗大而直，四蹄匀壮，整体毛发稀疏粗壮，乳头10—12个，靠着臀部处乳路分开，乳根粗大。经过长期的选优汰劣，逐步形成具有优良性能的地方品种。如产于隆林、西林、乐业、南丹一带的隆林猪，产于德保县和毗邻的靖西、天等、百色、田阳等县部分地区的德保猪，分布于广西中部的柳州、河池、南宁、百色等交界地区的桂中花猪，这些猪种都具有体大、身长、骨骼粗壮结实、四肢强健有力、母畜保育性好、耐粗饲、适应性强、抗病力强的特性，都是广西优良的地方品种。而产于环江、巴马、田东一带石山地区的微型香猪，因其肉味鲜香，独具风味，在历史上曾饮誉港澳地区和东南亚各国，也是壮族地区的名特优产品。

从明代王济《君子堂日询手镜》记载横州猪"虽新生十余日，即肥圆如匏，重六、七斤，可烹，味极甘腴"，"延客鼎俎间，无此不为敬"，以及嘉靖《南宁府志》卷3《土产》也说"小猪，味香美"，可知壮族很重视乳猪的制作烹调。云南省广南县壮族的有名菜肴"烤乳猪"，色泽金黄，皮酥肉嫩，香味四溢，爽口可心，也名传遐迩，说明历史上壮族很讲究乳猪、香猪的培育。于此之中，尤以巴马和宜北的香猪有名。巴马香猪产于今巴马县城关乡和田东县义圩乡一带，民国时地属恩隆县七里区，因而称为"七里香猪"。环江香猪则产于环江县的明伦、乐兴、龙岩、驯乐一带，民国时因其地为宜北县，故称为"宜北香猪"。香猪体型较小，骨骼细致，背腰下凹，腹大拖地，呈矮短圆肥状，因而当地群众多称为"冬瓜猪"和"芭蕉猪"。

香猪肉质滑嫩，骨细皮薄，脂肪洁白，瘦肉鲜红，纤维细致，略带芳香，无腥异味。其传统食法，是把香猪宰杀后，裁成大块，不加任何佐料便放进锅里煮熟，然后捞出切成一两多重的长条块白切肉，沾盐水而吃，原汁原味，鲜美可口；若醮以酱油食之，又是一番风味。旧时广东商人采购香猪回去烧烤，使之名扬港澳地区及东南亚各国。

壮族香猪久负盛名，但除见于民国26年（1937年）宜北县土物图标有香猪之项为有据可查外，皆缺文字记载。但从产区年逾耄耋之老人口中，可知历代皆养有香猪。当地壮族群众既把养猪作为增加经济收入和肥料来源，也用之解决肉食问题。逢年过节，均宰香猪，或用小香猪请客送礼，以表示尊敬和亲热。这样，长期以来劳动人民选择早熟易肥、骨细皮薄作为选种的条件之一。另外，还有传奇的配种方式。这就是母猪产后40日龄，在子代中选择1头优良公猪作种用，其余公猪去势；种用母猪的交替也是在同窝中选留。遇同窝中无小公猪或发育不良，也只于同屯其他小公猪中进行配种。这种高度近亲繁殖，世代相袭，由于交通不便，外来品种亦不易进入干扰，为本品种纯化提供了良好条件，遗传性相当稳定。又由于产区气候温湿，过去以玉米、粳米、糯稻及其副产品等做主饲料喂猪，这也是形成香猪的特定因素。

三 羊

羊是世界上仅次于犬和猪而驯化的家畜。几乎在所有广西新石器时代洞穴遗址中，都发现有山羊和羚羊的骨骼。尤其在桂林甑皮岩遗址出土的数千件动物遗骨中，有猪骨骼也有羊骨骼。猪经鉴定已属饲养猪，而羊却没有什么证据可以证明其已驯化。壮，布依和傣语谓羊为 $bɛ^3$ 或 me^3，说明壮傣群体越人分化之前已经驯化山羊以为家畜之一。

壮群体越人的山羊，见于象形的最早可追溯到秦汉时代。1959年梧州市白石村东汉墓出土一对公母羊硬陶明器，作卧地状，造型优美，神态矫健。① 1972年7月，又于广西田林县普驮发现一处西汉早期的古墓葬，出土了一批珍贵文物，其中有5件鎏金的山羊纹牌饰和6件鎏金绵羊纹牌饰。山羊纹牌饰平面如鞋底形，折边，周边有细小钻眼，正面压印出突起的山羊一只，站立着举头回望，脚踏山峰，头顶云彩，栩栩如生。牌饰长13.1厘米，宽6.5厘米，出土时表面残存羽毛的印痕。绵羊头牌饰呈心形，长6.3厘米，宽5.8厘米。铜牌正中镂一长方孔，嵌入绵羊头，羊角向外弯曲，羊颈向牌饰的背面突出，形成半环钮状。另有一件较大，长15厘米，宽14厘米，嵌入三只绵羊头。羊头大小形象与前5件一样。②

从考古资料可见，壮群体越人早于秦、汉时代就已饲养山羊。宋人周去非在其《岭外代答》卷9也记叙有广西的山羊，是一种花羊，还有一种绵羊，"出邕州溪洞及诸蛮国，与朔方胡羊无异，有白黑二色，毛如茧纩，剪毛作毡，尤胜朔方所出者"。广西所产的绵羊大致生活在桂西北高寒山区，唯数量甚少。

唐末刘恂《岭表录异》卷中载："野葛，毒草也，俗呼胡蔓草。误食之，则用羊血浆解之"。人误食之，"不得药解，半日辄死。山羊食其苗，则肥而大。"从此记载可以知道，唐代或其前，壮群体越人及其后人饲养山羊，已经积累了较多的经验。

壮族及其先人经过长期的努力，培育形成了明清时期三个优良的地方品种：马关无角羊以及隆林山羊和都安山羊。

俗语话：马有鬃，羊有角。而今云南文山壮族苗族自治州马关县的山羊，没有角。这种山羊，叫无角羊。

马关县无角羊，又叫马羊，至迟形成于清朝。其主要特征，公、母羊均无角，部分有髯，颈下有二肉垂，前额呈"V"形或"U"形，颈较细长，背直，躯干较发达，四肢结实，蹄黑色，两耳向前平伸，尾短上翘，粗毛。毛色为全黑、黑白花、麻黄、全白或褐色。成年无角山羊，体高49—72厘米，重48—58公斤，性情温顺，采食快，不挑食，青草、树叶均食，喜杂食，繁殖率高，母羊8个月龄即可产崽，公羊6个月龄即可配种。母羊年产两胎，每胎2—5羔。无角羊肉，膻味小，屠宰率可达42%左右，是个好品种。③

隆林山羊，主要产于隆林县和与之毗邻的田林县和西林县。据《西隆州志》记载，清康熙年间，西隆州就有出产山羊的记录，说明明清时代，这里已普遍饲养山羊，山羊成为地方一种重要的物产。隆林县地处云贵高原边缘，层峦叠嶂，交通闭塞，外地品种不易进入。隆林山羊品种的形成，除了自然生态因素的影响外，主要是长期人工选择的结果。按当地壮族的风俗习惯，凡遇婚丧事，亲友们便牵牛、拉羊、抬猪前来贺喜或奔丧，众人

---

① 广西文管会：《广西出土文物》图版115及说明，文物出版社1978年版。
② 广西文物队：《广西西林县普驮铜鼓墓葬》，《文物》1978年第9期。
③ 刘德荣等：《新编文山风物志》，云南人民出版社2000年版，第196—197页。

还评头论足，谁家送来的牲畜个头最大，品种最好，赢得好评者听着脸上有光。为了培育好羊种，养好大羊，当地的壮族群众不辞劳苦，翻山越岭到别的山寨借回最大最好的公羊来配种，母羊也选留个体大的作种用。由于长期的选种选育，隆林山羊成了优良的地方品种。

隆林山羊体型高大，结构匀称，发育较快，产肉性能好。成年公羊体重可达40—80公斤，最高达85公斤，母羊47—67公斤，最高达97公斤；成年公羊屠宰率达53.3%，阉羊57.8%，母羊46.6%。这些指标皆高于同龄其他山羊品种。同时，隆林山羊肌肉丰满，胴体脂肪分布均匀，肉质较为细嫩，味美可口，膻味少，适合于作商品羊上市。

都安山羊，主要产于都安县。据民国《都安县志》记载："山羊，以都安为多，因该县多石山，少河流，山羊性不近水，喜登高峦，畜之甚便。"除都安县外，其毗邻的马山、大化、平果、东兰、巴马、忻城等县石山地区亦有大量分布，隆安、来宾、龙胜等县也养有一定数量。

都安山羊的产区都是大石山区，石山占总面积的70%以上，气候温和，雨量充沛，四季常青，宜农宜牧，农作物主要有玉米、水稻、旱芋、红薯、荞麦和豆类等。山上植物种类繁多，而以灌木种藤类居优势。如养羊较多的马山县，山羊喜欢采食的牧草达110种，为发展山羊提供了极为有利的条件。在这样的自然环境下，都安山羊体型较小，结构紧凑，行动敏捷，善于攀爬，耐粗饲，抗病力强，易于饲养，肉质优良，是较好的地方品种。

隆林山羊和都安山羊的毛色都较杂，有白色、黑色、黑白花、麻褐色等，由宋代花羊演变而成的遗传痕迹清晰可见。

四　牛

明代李时珍《本草纲目》卷50引唐朝陈藏器《本草拾遗》说："南人以水牛为牛，北方以黄牛、乌牛为牛。"壮傣群体越人与侗水群体越人分化后已经驯化并饲养了水牛，并创制 lik^{7}thai^7（铁犁）与之配套，用于农田耕作。

水牛，壮、布依语谓 va：i^2，西双版纳傣语谓 xvai^2，德宏傣语谓 xa：i^2，佬语谓 khva：i^1，泰语谓 khwa：i^2，为源同一词的音变。水牛一词，侗语谓 kwe^2，仫佬语谓 wi^2，水语谓 kui^2，毛南语谓 kwi^2，黎语谓 tui^3，诸族语词与壮傣语谓水牛为 va：i^2 不是同源语词，说明壮傣群体越人与侗水群体越人分化的时候还没有驯化水牛为家畜，用以役使或食用或祭鬼祀神。

水牛，在壮傣群体越人中用途多，壮傣群体越人视牛特为珍贵。后来，壮群体越人专定农历四月八日为牛王节，让牛休息，吃好的，并为其续魂，祈其康健。

有论者根据《汉书》卷95《南粤传》载汉高祖的老婆吕后当政时严令中原人卖牛给岭南的南越国时只准卖公不卖母，否认岭南有牛。这是不符合事实的。

牛有水牛、黄牛，黄牛适长于北方，岭南却是野水牛的原生地之一。割据岭南的赵佗是北方人，惯于食用黄牛，以黄牛祭祀故去的先人，需要从北方引进黄牛以满足他的需求。《汉书》卷95《南粤传》记载赵佗的话称"老夫处僻，马、牛、羊齿已长，自以祭不修"，说明他在岭南没有改变他素来以黄牛祭先祀鬼的习惯。以黄牛祭先祀鬼，赵佗的理念和行为传承下来，到明代据林希元嘉靖《钦州志》卷1《风俗》仍载钦州人"数富以牛牝（pìn，母牛），孳息有水牛、黄牛，水牛以耕，黄牛杀以祠鬼"。

岭南没有黄牛却有水牛，饲养水牛，并用它来犁田耕地。1980年苍梧倒水南朝墓出土了一件犁田陶模，中有两块耕地，各有一人在使牛犁田。① "其牛双角粗大，体型壮硕，是典型的水牛。"② 岭南水田多属酸性红壤土，黏湿性大，非壮硕力大的水牛耕作不行，黄牛个小力微难以胜其任。北方在平坦无垠的旱地上耦耕以两只黄牛并行拉犁，岭南地属丘陵，山田较多，田块小，耦耕难以推广，所以汉代及其后，岭南人耕作主要是靠水牛而不是中原输入的黄牛。

历史上壮群体越人及其后人饲养水牛，崇尚水牛，不论贫富，家家户户以水牛为大，饲养着众多的水牛，以应祭祀、婚姻、丧葬、交往以及食用、劳作等所需。需之急，用之广，因此历史上壮族人将水牛视作家中的主要财产，倍加爱护珍惜。南宋周去非《岭外代答》卷4《踏犁》条说，广西水牛不耐耕作，乃是因为广西牛多而人又"惜牛"之故，道出了历史的事实。

壮族以牛为宝，善于养牛，牛只也多，所以南宋初年，金人南侵，江、浙缺牛，耕牛大都来自广西。嘉定七年（1214年）二月二十四日，广西转运判官兼提举盐事陈孔硕上书朝廷说，广西牛多且贱，多被贩往江西及江、浙一带。所以，"二广州郡"历来都征"收贩牛税"。近来因管水道运粮的官员奏请才取消了此项税款。而赣（治今江西赣州市）、吉（治今江吉水县东北）的人每当农事完毕就成群结队进入岭南，凭着人多势众打着贩牛的旗号进行抢劫，造成"贩牛者少，因而行劫者多。近来广西多言湖南北人来广西贩牛为害有素，自奏罢收税之后，来者愈多，为患愈甚，而州县骤失此项（贩牛）税钱，力遂困乏"的局面。③ 岭北的人常年进入岭南所贩的牛，就是水牛，可知其地水牛产量之多。

到了明朝，情况仍然是这样。嘉靖元年（1522年），原横州（今广西横县）知州王济《君子堂日询手镜》说：横州"其地人家多畜牛，巨家有数百头，有至千牛者；数口之家，亦不下十数。时出野外，一望弥漫，坡岭间如蚁。故市中牛肉四时不辍（chuò，中止），一革百余斤，银五、六钱"。岭坡间牛多得就像蚂蚁，密密麻麻，到处都是，富室养几百甚至上千头牛，一般老百姓数口之家也养有十多二十头牛，由此可见当时壮家人养牛的普遍性和盛况。

黄牛，汉代已经传入岭南，但由于天气炎热，雨量充沛不大适合其生长，因此一直没有得到很好的发展。后来，在天气比较凉爽的云贵高原边缘地带，如广西的南丹、天峨、环江、隆林、西林、田林以及云南的广南等县得到发展，育成了有名的南丹黄牛、隆林黄牛和广南高峰牛等良种。广南高峰牛是肉、役两用的良种黄牛，以高大雄壮、峰高如驼、力大结实、肉质鲜嫩等特点而名扬中外。高峰公牛与一般黄牛形体基本相同，但更为高大，成年牛体重可达700公斤，刚烈性犟，好动好斗；四肢粗实，肌肉发达，毛光油滑，

---

① 广西梧州市博物馆：《广西苍梧倒水南朝墓》，《文物》1981年第11期。
② 冼剑民：《秦汉时期的岭南农业》，《中国农史》1988年3月号。
③ 《宋会要辑稿·食货一八之二六》。

头大脖子粗，尾长峰高，有"狮子头豹子尾"的美称。[1]

民国年间，战乱频仍，民生凋敝，禽畜疫病猖獗，给社会生产和壮族农民家庭带来严重的损害。民国22年（1933年），壮族聚居的广西省有牛2302180头，至民国27年（1938年），牛则仅有2030404头，减少27万多头。[2]

五 马

俗话说："黔无驴，桂无马。"这或者是真实的。因为作为岭南地区的最早的居民岭南越人，其后人除操黎语支语言的黎族由于早在旧石器时代晚期已离开大陆迁居于海南岛谓马为"ka^3"，另有来源外，不论是壮傣群体越人还是侗水群体越人的后人，都谓马为ma^4或mja^4，明显属汉语借词，没有自己的民族语言。同时，从岭南地区目前出土的新石器时代众多的动物遗骨看，犀、象、熊、鹿、猪、水牛等都有，甚至屡见"西牛"（非洲牛），但没有发现马的遗骨，可知岭南地区不是原生马的地方。

《汉书》卷95《南粤传》载，秦末汉初，赵佗割据岭南建立南越国，汉朝高后当政后命令中原人卖马给南越国，只许卖公马，不许卖母马，让赵佗的人有公无母，无法自我繁殖，解决自身对马匹的大量需求。这也说明了汉初的时候，岭南地区有了马，但其数也不多。

南宋淳熙五年（1178年）周去非《岭外代答》卷9即说"邕州溪峒七源州（治今越南谅山省七溪）有天马山，山上有野马十余匹，疾速若飞，人不能迩（近）。熙宁间（1068—1077年），七源知州纵牝（母）马于山，后生驹骏甚。此后屡纵，迄不可得矣"。又说："果下马，土产小驷也。以出德庆之泷州（治今广东省罗定市南）者为最，高不逾三尺。骏者有两脊骨，故又号双脊马，健而善行，又能辛苦，泷水人多孳牧"，不能说岭南不是马的原生地。

然而，南宋熙宁间七源州出现野马十余匹，谁能保证它们不是由云南等外地的畜群流落而来？何况它们出现了一段时间以后就悄无声息、无影无踪了，显然此十余匹马在七源州出现是流落性而不是产于或久居于其地的野生马群！

果下马产于宋的泷水县，今壮族地区的德保等县仍留有其种，即今所谓的"德保矮马"。但是，矮马多处有之，比如同在"果下马"条下，周去非还说："湖南邵阳（今湖南邵阳市）、营道（治今湖南道县东）等处，亦出一种低马，短项如猪，驽钝，不及泷水，兼亦稀有双脊者。"同时，檀萃《滇海虞衡志》卷7也说："果下马，滇（今云南省）亦有。"在此之前南朝任昉的《述异记》卷下说："日南郡（在今越南中部）出果下牛，高三尺；汉乐浪郡（治今朝鲜平壤或其附近）有果下马，并高三尺。"西晋张华《博物志》也说："秽貊国，南与辰韩，北与高丽、沃沮接，东穷大海，海中出斑鱼皮，陆出文豹，又出果下马，高三尺，汉时献之。"[3] 汉代，今朝鲜半岛出产的果下马尚以为珍贵而贡献于朝廷，可以知道汉朝的时候，岭南并没有果下马一种。

---

[1] 刘德荣等：《新编文山风物志》，云南人民出版社2000年版，第195页。
[2] 陈正祥：《广西地理》，正中书局1946年版，第88页。
[3] 《太平御览》卷897《马》引。

又今南宁市及南宁地区的群众有称果下马为"摆摆"的,可是"摆摆"不是果下马的原称。

晋人郭义恭《广志》载,"摆牛,犹痹小,今谓之稷牛,又呼果下牛,出广州高凉郡",揭示了高凉郡(治今广东恩平市北)的果下牛本谓"摆牛",今广西南宁地区的壮人谓果下马为"摆摆",是张冠李戴,错牛为马了。

这种情况,结合岭南的最早居民越人的后人壮傣、侗水二群体越人的后人关于"马"一词为借汉语词,没有本民族的词汇,很清楚壮侗群体越人不是驯野马为饲养马的族群,马的原产地也不在岭南。

马产于北方和西南,自秦以后,随着中央王朝在岭南设郡置县,派官治理,遣兵戍守,建立驿站上传下达,北方马匹不断进入岭南。唐朝在岭南的官道上每30里设一个驿站,但唐玄宗为了不误杨贵妃及时吃上新鲜的岭南荔枝,"十里一置飞尘灰,五里一堠兵火催",让着驿吏专使"奔腾献荔枝"。[①] 这样,北马进入岭南的尤其多了。不过,那时马的饲养,都实行"官牧",马流入壮群体越人后人民间的不多或者没有。

《续资治通鉴长编》卷288载,元丰元年(1078年)二月,代理邕州知州刘初奏说:"峒丁昨睹王师讨伐交人,因马取胜,愿习战马。乞选两江武勇峒丁结成马社,人自买蛮马,每匹官给钱三万,如死即买填,马主备三分之一,余令社内均出。如习阅武艺出伦优,与迁补,仍令提举教阅司遇呈试注籍;如艺疏,三次注籍,即以其马别给艺精之人。"宋神宗接到此一道奏章,大为不满,迅即下诏:"峒丁,止令习溪峒所长武艺,勿教马战!"宋神宗不给左右两江峒丁教习战马技艺,完全是出于其统治利益的考虑,而峒丁要结成马社,教习战马技艺则必须"买蛮马"。"蛮马"是指西南大理等国的马匹。此种情况,说明了当时左右江地区并没有马匹。

南宋建立,北方大片国土沦为金人所有,战马源阙,于是开辟右江地区的横山寨(在今广西田东县平马镇)作为西南大理等国良马进入南宋交易的场所。启其端的是当时任邕州左右两江提举峒丁公事的安平州(治今广西大新南雷平镇)壮族先人首领李械。

在横山寨进行马匹交易的过程中,为了引来西南大理等国的良好马匹前来交易,南宋政权不仅任命比较大的壮族首领如田州首领黄泊、黄谐、黄球,上思州黄彬等为招马官,[②] 而且任命小的首领如贡峒(今广西靖西县旧州)的张元武等为招马官,[③] 让他们深入西南诸国招引马匹前来横山寨进行交易,并按他们功劳的大小给予官衔和财物的赏赐。[④] 这些壮族先人首领人物衔命以往,从中也假公济私扣下部分好马。所以,《宋会要辑稿·兵二二之一七》载,"左右两江知州、知洞已次(以下)首领,每员有好马五匹至十匹"。据撰成于南宋宝庆三年(1227年)的王象之《舆地纪胜》卷106载,南宋时邕州左江有羁縻州峒47个,右江有羁縻州峒62个,总共109个。这些羁縻州峒首领每人有

---

① (清)汪灏等:《广群芳谱》卷63引杜甫诗。
② 《宋会要辑稿》之《兵二二之二三》《兵二三之八》。
③ 《贡峒清神景记》。该记为摩崖石刻,刻于南宋乾道戊子(四年,1168年)正月。此石刻今仍在广西靖西县旧州圩西布胲村后苍崖山神仙洞上。
④ 《宋会要辑稿·兵二三之八》。

5—10匹好马，其数量就不算少了。州峒首领们为了自己的利益，自我繁殖，左右江地区的养马业就发展起来了。

南宋在横山寨（今广西田东县平马镇）与西南诸国贸易所得的马匹，称为"广马"，实则"广马"既非广南东、西两路出产，也不是以壮族先人为首领的特磨道（今云南广南、富宁等县）所出产的马。南宋王应麟《玉海》卷149载："今之买马多出于罗殿（治今贵州省普定），自杞（治今黔西南兴义市）诸蛮，而自彼乃以锦采博于大理。世称广马，其实则多为大理马也。"同一时期的周去非也指出："南方诸蛮马，皆出于大理国，罗殿、自杞、特磨岁以马来，皆贩于大理者也。"① 宋时地处云贵高原而与大理国接壤的特磨道、罗殿、自杞等尚且无马，更何况其地又在特磨道、自杞、罗殿以东的壮族先人诸羁縻州洞呢？很明显，在横山寨马市开市之前，良好的战马不产于岭南地区。

唐代，岭南各州县向中央王朝的朝贡，除循州（治今广东惠州市东北）和潮州（治今广东潮安县）由于滨海贡"水马"外，② 其他各州县没有贡马的。宋、元二代的朝贡，也没见有贡马的记载。到了明代，明王朝对壮族的许多土司州县土官就明令他们贡马了。比如嘉靖《广西通志》卷51和卷52《外志》载，南丹州、罗阳县每三年贡中、下等马各一匹，太平州、东兰州每三年贡马二匹，恩城州、安平州、都康州、龙英州、归顺州、万承州、江州、佶伦州每三年贡下等马二匹，结安州、都结州、上下冻州、茗盈州、奉议州、思陵州每三年贡下等马一匹，龙州、思明府每三年贡马六匹，镇安府每三年贡下等马四匹，田州每三年贡下等马十匹，泗城州每三年贡上等马十六匹，等等。这种情况，说明时至明代，壮族地区群众饲养马匹已经相当普遍。不过，其中除处于云贵高原边缘的泗城州（今广西凌云、乐业等县）气候比较凉爽能贡上等马外，其他广西的壮族州县只能贡中、下等马，从而揭示了岭南壮族地区原非马的天然产地和马的原生地。历史发展到后来，马从外地传入了，壮家人在实际生活中体验到了马匹的功能，马的饲养于是首先在官家也就是首领人物家中发展，后来才在民间发展起来。然而，由于壮族地区大部分气温高，雨水充沛，潮湿郁蒸，出产的马也大都是中、下等马，上等马为数甚少。

有论者认为广西西林县普驮铜鼓墓葬和贵港市风流岭三十一号西汉墓出土的西汉前期铜马明器，其体型外貌及比例与今百色马大体一致，从而认定今百色马至少在秦汉时期已经培育形成。这是一种不切实际的推断。百色为明代田州属下的一个基层组织名称，称为"剥色城头"。③ 嘉靖六年（1527年）田州壮族首领岑猛被杀，提督两广军务王阳明将田州划为18个土巡检司，剥色城头归属于武龙土巡检司，土巡检为原田州头目黄笋。雍正七年（1729年），清朝将思恩府理苗同知由今广西武鸣县府城移驻于百色，称为百色厅，百色方才成为一个独立的政区，其名方才显于世人眼目。以西汉前期西林铜鼓墓葬和贵县风流岭汉墓出土的明器铜马比附于至少1600年以后方才形成的"百色马"，似有点不伦不类。铜铸的马明器，取其形态的概略，怎么能以它来拟真比附于1600年后的百色马？何况，南宋时田州尚无马可产呢！

---

① 《岭外代答》卷9《蛮马》。
② （唐）李吉甫：《元和郡县志》卷34。
③ （明）杨芳：《殿粤要纂》卷4《田州图》。

南宋乾道八年（1172年），进武校尉前邕州上思知州黄彬上文枢密院，说："蛮夷之地，岁有马出卖，横山寨收马不绝。如小蛮家地多有牝马（母马），若作孳生出产，一年买千匹，十年买万匹，计之十年可出孳生数万骑以应大军披带，比之战马价例至少，稍不费朝廷财赋。情愿收马一年牝马一千匹，仍令邕州于上郭地场置监收养，三年为一界，押赴行在（帝王所在地）缴纳。如有牝马孳生数多，并乞推（举荐）官。"① 这是一项买、养并举节省经费的建议，可是朝廷并不允许实施此一购买母马在左右江地区自我繁殖的举措。不过，官方不干，壮族先人各州洞首领却已在自己的治理区内开始了此项养殖业，以增强自己的实力。

嘉靖三十三年（1554年），倭寇侵扰江、浙沿海，明朝官兵屡战屡败，田州瓦氏夫人自告奋勇代重孙出征，率领"一万三千人"前往江、浙抗击倭寇。后来由于广西兵备道认为人数太多，只准瓦氏夫人带"四千一百多人"北上江、浙，其中战马即有"四百五十匹"。② 由此可知，当时田州首领岑氏养马业的发达。又万历三十年（1602年）广西巡抚杨芳《殿粤要纂》记载，当时，东兰州"额调征兵二千名，战马三百匹"；武靖州（在今广西桂平市东北），派出护卫桂平、平南、贵县三县"狼兵一千五百名，战马八十匹"；忠州（在今广西扶绥县南部）"额调征兵二千名，马五十匹"；田州"额调征兵一万名，马七百匹，戍省兵一千八百名，马一百匹"，道出了马的养殖业在桂西地区特别是田州、泗城、东兰等土司州已经规模性地发展起来。

嘉靖元年（1522年）王济《君子堂日询手镜》载：横州（今广西横县）"马亦多产，绝无大而骏者。上产一匹，价不满五金。又有海马，云雷（治今广东雷州市）、廉（治今广西浦北县南）所产，大如小驴，银七、八钱可得一匹，亦有力，载负不减常马，家畜一匹或数匹"。"家畜一匹或数匹"，说明土司地区之外的壮族州县，其养马业明代也有了较大的发展。

壮族地区养马，主要饲养百色马，是壮族人民自南宋以后经过长期培育形成的。

百色马是西南马系统中的一个优秀地方品种，主产区在桂西北即今百色地区12个县，故称"百色马"，约占全广西养马总数的三分之二。此外还分布在河池地区的东兰、巴马、凤山、天峨、南丹、都安、宜山以及天等、大新、贵县等壮族主要聚居的地方。

百色马短矮粗壮，四毛浓密，耐粗抗病，繁殖力高，适应性强，遗传性稳定，具有许多优良特性。尤其善于跋山涉水，能在崎岖小道上驮运重物。驮重一般为体重的三分之一，最高可达二分之一。

尤为可贵的是，在百色马主产区内，即于德保、靖西、田阳、那坡等县还连片分布有体高86—106厘米，且遗传性较为稳定的矮马，约占当地成年马匹总数的28%。因主产于德保县境，故称"德保矮马"。

矮马，古称"果下马"。壮族人民饲养矮马已有悠久的历史。南宋著名诗人范成大于乾道九年到淳熙二年（1173—1175年）任广南西路经略安抚使时，撰写《桂海虞衡志》中就有记载："果下马，土产小驷也，以出德庆之泷水者为最。高不逾三尺。骏者有双脊

---

① 《宋会要辑稿·兵二三之八》。
② （明）郑若曾：《江南经略》卷8下《调狼兵记》。

骨，故又号双脊马，健而喜行。"又唐元和（806—820年）宰相李吉甫《元和郡县志》卷34载，元和年间岭南道循州和潮州例贡"水马"。明人王济《君子堂日询手镜》载：横州（今广西横县）"又有海马，云雷（治今广东雷州市），廉（治今广西浦北县南）所产，大如小驴，银七、八钱可得一匹，亦有力，载负不减常马，家畜一匹或数匹。汉厩中有果下骝，高三尺，即此"。看来，唐代潮、循二州的"水马"即明代所称的"海马"，也就是果下马。由此可以清楚，唐、宋时期，果下马已经广泛地分布于岭南各州县间。

德保矮马为广西之代表，在中国矮马中被认为是标准的类型。体型结构匀称，头中等大小，颈部较粗，后躯发达，四肢肢形端正，鬃、鬣、尾、距四毛粗刚浓密。又由于体型较为矮小，给人们以矮小匀称之美感。而且，矮马食量小，健壮而温驯，敏捷灵活，深受当地壮民喜爱。山区壮家养一两匹矮马，或下田劳作，或上圩入市，或串亲访友，将所需物品往马背上一放，跋山涉水，可解许多劳顿。

第二节　家禽的驯化养殖

鸡、鸭、鹅是壮族农家的主体家禽。

岭南地区气候温热，雨量充沛，是野鸡、野鸭、野鹅生长繁殖的理想区域之一。自旧石器时代晚期起，壮侗群体越人就相继将野鸡、野鸭、野鹅逐渐驯化成人类饲养的禽类，以丰富餐桌上的食品。

一　鸡

鸡，壮侗群体越人谓鸡音都相同或相近，其间的相异在语音变化规律之内，可知都源自一语。壮侗群体越人关于鸡称谓的古老形式可能是 khai[1]，即黎族对鸡的称谓。

黎族在壮侗群体越人驯化普通野生稻为人工栽培稻之前已经离开大陆迁居于海南岛。壮侗群体越人驯化普通野生稻为栽培稻，是在距今一万年左右的新、旧石器时代交替之际或进入新石器时代以后。黎族与壮侗群体越人谓鸡的词源同一语，说明旧石器时代晚期，早期越人已经将野鸡驯化成了饲养鸡。野鸡，壮语谓 $lok^8\ kai^5$，lok^8 是鸟，$lok^8\ kai^5$，就是将其归于鸟类，还是野生的没有驯化。

广西各地汉墓出土文物中，贵县汉墓出土铜鸡铜鸭，钟山县牛庙东汉墓出土陶质鸡笼模型。鸡笼形状呈半球形，前有方门，平底，圆顶上有短柄，似用竹篾编织，它与现代壮族农家用的鸡笼基本相似。1977年又于都安县拉仁乡采集到一件东汉墓出土的陶楼模型，在屋前檐下有一鸡伏窝的塑像。据此，可以推断，秦汉时期已出现家庭饲养的家禽业，而且当时的饲养管理与现在农家惯行的无多大差别。

周去非《岭外代答》卷6《笔》说："广西多阉鸡，羽毛甚泽。人取其颈毛丝而聚之以为笔，全类兔毫，一枝直四五钱。"说明壮族先人不仅鸡多，而且知道了阉鸡以育肥。又范成大《桂海虞衡志·志禽》载："翻毛鸡，翮翎皆翻生，弯弯向外。尤驯狎，不散逸。二广皆有。""长鸣鸡，高大过常鸡，鸣声甚长，终日啼号不绝，生邕州溪洞中。"《岭外代答》卷9亦载："枕鸡，钦州有小禽一种，大如初生鸡儿。毛翎纯黑，项下有横白毛，向晨必啼，如鸡声而细，人置枕间，以之司晨，亦名曰鹑子，余命枕鸡。"

历史上壮族及其先人不仅养家禽以食，还因鸡而生"鸡卵卜""鸡骨卜"等迷信做法："邕州之南，有善行术者，取鸡卵墨画，祝而煮之，剖为二片，以验其黄，然后决嫌疑，定祸福。""南方逐除夜，及将发船，皆杀鸡择骨为卜。"① 这些材料反映了唐宋时代壮族聚居的广西饲养家禽已十分普遍，不仅饲养肉用和蛋用型常规品种，还饲养不少观赏型的名特优家禽品种。

民国年间，壮族农家养鸡极为普遍，十分之九的农户以养鸡为副业。"平均每户不过饲养十只左右，率以供年节屠食之便耳，至专以饲养鸡群为业者，尚无所闻。"②

壮族地区最著名的鸡种，当推今云南文山壮族自治州的西畴县的乌骨鸡，自古及今，久负盛名。由于水土独特，气候适宜，其鸡有白毛乌骨、黑毛乌骨、斑毛乌骨等；其肉，有肉骨俱乌、有肉白骨乌两种，其中以白毛乌骨乌肉者最佳；其味，煮者香、鲜、爽口爽心，油炸者脆、嫩、香、酥，乃佐酒佳肴。此鸡每只重3—5斤，母鸡月生蛋15—20个；喜啄食菜叶、草叶，一般以玉米饲养，药用价值极高，明代李时珍在《本草纲目》中曾极力推崇。③

二　鸭

西汉初年成书的我国第一部辞书《尔雅》载："舒凫，鹜也。"东汉成书的我国第一部字书《说文解字》载："鹜，野凫也。"三国时魏人张辑《广雅》说："凫、鹜，鸭也。"这或者在说明，汉或汉以前，汉文里虽有了"鸭"一字，中原人还不怎么习惯于"鸭"的称谓，因此指称其实体为凫或鹜，比如，《诗经·郑风·女曰鸡鸣》"将翱将翔，弋凫与雁"；《左传》"公膳日双鸡，饔人窃更之以鹜"；《楚辞·九章·怀沙》"凤皇在笯兮，鸡鹜翔舞"；等等。

鸭，壮语、布依语谓为 pit⁷，临高语谓为 bit⁷，傣语谓为 pet⁷，语音相同或相近，其古老的语音形式可能是 bit⁷，因为清音 b 浊化于是变成了 p。这种情况，说明在新石器时代晚期，也就是壮群体越人分化各自发展的时候已经将野鸭驯化成饲养鸭，因此有了"bit⁷"（鸭）这样的共同词语。野鸭，壮语谓为"lok⁸ pit⁷"，将其归于"lok⁸"（鸟）类，不是人饲养的。

北宋钱易记述唐、五代事态的《南部新书·庚集》载："陈怀卿，岭南人，养鸭百余头。后于鸭栏中除粪，有光灼灼然，试以盆水沙汰之，得金十两。乃觇所食处，于舍后山足下，因凿有麸金，销得数十斤，时人莫知。怀卿遂巨富，仕至梧州刺史。"一家而平日养鸭多至百余头，可见当时岭南越人盛于养鸭。

明、清时，壮族已培育成小麻鸭和大麻鸭等地方良种。小麻鸭体躯小巧玲珑，行动活泼，觅食力强，合群性好，最适宜于水面稻田放养。因而，产区几乎分布于各水稻区域。因其羽毛以麻色居多，体型较小而得名。

稻田中的水草、昆虫、鱼、虾、蟹、螺等都是天然饵料，收割后的稻谷遗粒，人工难

---

① （唐）段公路：《北户录》。
② 广西省统计局：《广西年鉴》第一回，民国22年（1933年）。
③ 刘德荣等：《新编文山风物志》，云南人民出版社2000年版，第197页。

以捡拾回收，放鸭采食，自是最为适宜。同时，稻田养鸭，亦有中耕、除草、治虫、施肥之功效。

壮族群众有逢端午、中元、冬至等节日宰鸭过节的习惯。康熙七年编纂的《浔江府志》有记载："七月中元节，人家便例蒸麻盠（麻鸭），祖老谓之衔衣鸭。山乡间有少长男妇率人膳一鸭，有一家多至数十鸭者。"反映了古代壮族及其先人宰鸭过节的盛况。

大麻鸭是壮族地区最大型的鸭种，中心产区是广西靖西县，邻近的德保县和那坡县也有零星分布，因之称为靖西大麻鸭。其品种的形成，虽缺可查考的文献记载，但从品种的外貌特征和蛋壳颜色看，可能是绿头野鸭和斑嘴野鸭杂交的后代，经当地群众长期的驯化、选择和培育而成的。现在在产区一带仍不时发现这两种野鸭的踪迹。

靖西大麻鸭因其羽毛颜色不同而有不同的称呼：深麻型的俗称为马鸭，浅麻型的叫凤鸭，黑白花型的称乌鸭。大麻鸭体型大，蛋较重，早期发育快，生产肥育性能好，是偏于肉用型的鸭种。由于产区系壮族聚居的山区，交通不便，村落小而分散，群众养鸭以供自食为主，往往自选自孵，自繁自养，每户养几只到一二十只不等，因而喜欢挑选生长快、个体大的留作种用，如此代代相传，封闭繁殖。这恐怕是大麻鸭优良品种得以形成存在的基础。

广西引进香鸭的历史不详，但民国时期壮族地区已有用公香鸭与母家鸭杂交配种的习惯，所产的后代生长快速，抗病力强，肌肉丰厚，肉质较好，具有明显的杂交优势。杂种鸭俗称"假西洋"，或叫"螺鸭""泥鸭""木鸭"等。日龄雏鸭售价可为家鸭的2—3倍，经济价值较高。

三 鹅

鹅，壮语，布依语，傣语谓为 ha：n⁵，侗、水、仫佬、毛南四族谓为 ŋa：n⁶，其中的声母 h 和 ŋ，一个是舌根喉音，一个是舌根牙音，读相近而且可以互相转化。这就道出了大陆越人驯化野鹅为饲养鹅，是在新石器时代晚期壮傣与侗水二群体越人还没有分开各自发展的时候。

古代，壮群体越人及其后人盛于养鹅，除肉用外，主要是以毛絮鹅毛被。唐朝刘恂《岭表录异》卷上载："南道之酋豪，多选鹅之细毛，夹以布帛，絮而为被，复纵横衲之，其温柔不下于挟纩也。俗云鹅毛暖而性冷，偏宜覆婴儿，辟惊也。"其实唐代盛行鹅毛被又何止于"南道之酋豪"，元和年间（806—820年）贬为柳州刺史的柳宗元，其《柳州峒氓》诗以"鹅毛御腊缝山罽"作为柳州峒氓的文化标志，[①] 可知当时壮群体越人后人家家养鹅，宰杀时拣取鹅绒以为被，养鹅之风很盛。

壮族养的鹅种主要是右江鹅，主产区在右江两岸。右江鹅体型如船，性温顺，耐粗饲，抗病力强，肉质较嫩。当地群众养鹅主要是为了吃肉取鹅毛，所有鹅蛋皆天然孵化，繁殖后以肉鹅饲养。仔鹅就地消费，很少外销。桂东南的玉林、博白、陆川、合浦等县一带邻近广东，与粤人有同一嗜好，过年过节喜吃鹅肉，认为"无鹅不是年"，因而历代养鹅久盛不衰，所养鹅可能是狮头鹅的杂交品种。

---

① 《柳河东集》卷42。

农家养鹅重在雏鹅喂养。雏鹅出生后，以两份粮食、一份已切成丝状的嫩草相拌开食。粮食以大米为主，磨出酱或煮成米饭。几天后，逐渐增加青草分量。1月龄后便以放牧吃草为主，视放牧采食情况，适当加喂粗糠和秕谷，一般在体重达3公斤左右便可屠宰食用。

第三节　养殖观念和习俗

历史上，壮族以狗为尚，数牛计富，因此以狗、牛为首的家禽、家畜养殖，构建了种种习俗。

一　以狗为尚

在壮侗群体越人及其后人的养殖史上，野生狗是最早驯养成功的家畜。狗灵慧、忠诚、善解人意，是洪荒时代孤寂的壮群体越人最亲密的朋友。至今，壮族仍流传有狗惠于人类的传说。

传说认定，远古壮人没有稻种，是狗上天到雷神的粮仓里打了个滚，几经周折，最后将稻谷从天上偷回人间。人们有了稻谷作了种子，才开始了人间的稻作，有了农业生产。因此，壮族不忘记狗的功劳，每当新谷就要上场，人们过尝新节尝着新谷的时候，祭完祖宗，人没吃，就先舀一勺给狗尝上。尝新，狗先于人，可见在壮人的心目中，对狗的尊崇是难以比拟的。

对狗的尊崇，在上古越人的日常生活中也表现出来。《国语》卷20《越语上》载：越国君王勾践为了鼓励生育，增强国力，曾下令："生丈夫，二壶酒一犬；生女子，二壶酒一猪。"以狗奖励生男的，以猪奖励生女的，可见狗在当时越人心目中的分量。

《太平御览》卷780《叙东夷》引《临海水土志》说，"安家之民""悉依深山，架立屋舍于栈格上，似楼状。……父母死亡，杀犬祭之"。《临海水土志》是三国时代沈莹所撰，安家之民就是当时居住于今闽、浙之界的越人。他们杀狗祭祀死去的父母，逝去的父母可以得到慰藉，灵魂可以因狗而逸升天际。

南北朝《魏书》卷101《獠传》载：儿子若错杀了父亲，"走避，求得一狗以谢其母。母得狗谢，不复嫌恨"。可知狗在当时越"獠"人心目中的位置。因此，狗在人们贸易中成为等价的比物："大狗一头，买一生口。"[①]"生口"，就是奴婢或奴隶。

狗是人生活中灵慧的助手，忠诚的伴侣，因而上升为灵祭的物品、解怨的中介物、贸易的比价。广西左江流域的崖壁画成于战国或秦、汉之际，活现了壮傣群体越人祭祀水神的歌舞场景，其间也有众多的狗，或者即因此而来。

以狗为尚，以狗灵祭，此一理念，此一风俗，在壮族中一直延续至元、明、清时代。比如，元朝陈孚《思明州》诗五首，其三即为："鹿酒香浓犬羵肥，黄茅冈上纸钱飞。一声鼓绝长枪立，又是蛮巫祭鬼归。"[②]"犬羵肥"，就是狗大猪肥。

---

① （齐）魏收：《魏书》卷101《獠传》。
② （清）汪森：《粤西诗载》卷22。

这是广西壮人以狗为祀鬼的祭品。又景泰《云南图经志书》卷3载：云南师宗州（今师宗县）"土獠"（壮族一个支系），"以犬为珍味，不得犬不敢祭"。王崧道光《云南志钞》卷154也说：侬人（壮族一个支系）"种植糯谷，好割犬祭祀"。

"好吃不过夏至狗。""以犬为珍味"，自古而至于近现代，何处壮族及其先人不是如此。所以，范承勋康熙《云南通志》卷27、鄂尔泰雍正《云南通志》卷24、李熙龄道光《普洱府志》卷18都说侬人"甘犬嗜鼠"。嘉庆年间（1796—1820年）著名学者赵翼官镇安府（治今广西德保县）太守时所写的《镇安风土诗》有句说那里的"犬肉多于豕"，并注谓镇安"墟场卖犬以千百计"。民国年间，刘锡蕃也说：壮族无论男女，"皆喜食狗肉，故婚事以狗行聘。如镇结（在今广西天等县东北）之亭侬墟，每值端午，家家屠狗过节。先期一日，市上摆卖狗肉，不可数计。又镇边（今广西那坡县）、西隆（今广西隆林），亦有此俗，惟节日则非端午，而为废历（农历）二月二十二日"。① 由此可知，历史上壮族及其先人以狗为尚、喜养狗、嗜于狗肉的风气。

时至现代，汉族文化的迁入并逐渐为壮族接受以后，一些地方的壮族逐渐将"得犬方祭"，素来视为灵祭之物的狗肉视为污秽之品，排出神台之外。据20世纪50年代调查，广西百色市等地的壮族禁止在祖宗神台上摆放狗肉，认为这是对祖宗的极度不敬，会使祖先神灵受到惊吓，从而招来祸端。②

二 以牛为富

水牛，是壮傣群体越人在新石器时代晚期即已驯化为家养的大型野生动物。黄牛则是西汉以后才由中原输入岭南地区的，因此，壮、傣二群体越人及其后人称谓黄牛各不相同。

牛，不论是水牛还是黄牛，除用于耕作，更用于其他用途，如吃食、祀鬼、婚丧和赠送等。

唐朝刘恂《岭表录异》卷上《容南土风》载："容南土风，好食水牛肉，言其脆美。或炰（烹煮）或炙（烤），尽此一牛。"壮族先人好食牛肉，也不仅见于此。《太平御览》卷785《俚》引三国万震《南州异物志》说，俚人"土俗不爱骨肉，而贪宝货及牛犊。若见贾人（商人）有财物、水牛者，便以其子易之"。又《宋史》卷495《抚水州蛮传》也说壮族先人"以财力雄强。……复仇怨，不顾死。出入腰弓矢，匿草中射人，得牛、酒、则释然"。这说明历史上他们喜食牛肉，贵重于牛，得了牛的酬谢，便可以解怨释仇。

唐朝元和十二年（817年），柳州刺史柳宗元撰的《柳州复大云寺记》及《朝野佥载》载，岭南风俗，人病杀鸡、鸭、猪、狗鬼，还不好，则"杀太牢（牛）以祷之。更不差，即是命也，不复更祈。"③ 说此种杀牲祀鬼以求病愈的习俗，亘古通今，在壮群体

---

① 刘锡蕃：《岭表纪蛮》，商务印书馆1934年版，第259页。
② 《广西壮族社会历史调查》第二册，广西民族出版社1985年版，第266页。
③ 《河东先生集》卷28；《太平广记》卷288《岭南淫祀》引。

越人及其后人中一直在流行。明末清初，桂州壮族"村落之民，恶医药而信鬼神、淫祀之术"；① 太平府壮族"尚卜重鬼神，疾病不服药饵，惟用火炙及设牲巫觋"；② 思明府壮族"病不服药，惟知祷神赛愿以求生，祭用猪、牛"等；③ 而钦州壮族尤其突出，"信鬼崇祀，疾病不服药，惟杀牛祠鬼，有一牲、三牲、七牲至二十七八牲者。不足继，以称贷。或病未愈，而家已先破。语以服药，漫焉不肯。其愚惑如此！"④

迄于20世纪四五十年代，壮族一些地方仍然如此。广西百色市西北的壮族人病了，认为是鬼神为难，就请巫师来诊病。巫师让病者家人杀上一只鸡，蒸熟后察其爪心的纹迹，看是什么鬼缠身，在什么地方被缠上，明确送鬼的办法。通常是杀鸡宰鸭祀鬼，由巫师念经作法。鸡、鸭祀鬼不见效，也有杀牛送鬼的。如1949年该地岩扛屯何大兴为病母送鬼杀了一头牛。牛刚杀掉，其母就死了。但是，何家唯觋公是信，不怨天不怨地，只怨自己给鬼送物赎母命晚了，以致母亲早早而去。⑤

壮群体越人及其后人在历史上，凡婚姻、丧葬都少不了牛。明朝永乐年间（1403—1424年）成书的《永乐大典》卷2339梧字引《旧经》载，广西梧州府所属为"古蛮夷之国，雕题之俗，婚用牛"。清朝道光年间（1821—1850年），云南沙人（壮族一个支系）"婚丧以牛为礼"；⑥ 歌墟场上，"男女不相爱仍离去，如两情合者，男女告父母，以牛、羊为聘而娶之"。⑦ 明朝嘉靖年间（1522—1566年），广西钦州壮族"人死礼佛修斋，烹牛以待宾客，有至数十头者，虽贫必举债"。⑧ 20世纪50年代，广西南丹县壮族仍然是"丧葬用砍牛为祀，如汉人之做道场"。"此项牛多由母族家送来，不过只送一条，如多砍则自备"。⑨ 这些记载都在说明，自古迄于近现代，不论是婚姻大喜还是丧葬白事，壮群体越人及其后人历传不衰都要用牛作礼聘，或以牛灵祭、杀牛款待吊客。

年头祈神，年尾赛鬼，杀牛祭祀，在壮群体越人及其后人历史上这是常例。"水牛以耕，黄牛杀以祠鬼。"⑩ 至民国年间，云南壮族仍是这样。他们"以废历（农历）六月初一为岁首，染五色饭，椎牛祀神"。⑪

大型的祭祀活动，不论是集体的还是个人的，杀牛就不是一头、几头，而是十几头甚至几十头。明朝正德年间（1506—1521年）广西柳州府通判桑悦《记壮俗诗六首》其一有"亲邻相助歌迎鬼"的句子，自注说：壮人"冬月歌舞迎鬼赛神，杀牛、豕数十，亲

---

① 《古今图书集成·职方典》卷1402《桂林府风俗考》。
② 《古今图书集成·职方典》卷1448《太平府风俗考》。
③ 《古今图书集成·职方典》卷1449《思明府风俗考》。
④ （明）林希元：嘉靖《钦州志》卷1《风俗》。
⑤ 《广西壮族社会历史调查》第二册，广西民族出版社1985年版，第213页。
⑥ （清）王崧：道光《云南志钞》卷184。
⑦ （清）王崧：道光《云南志钞》卷185。
⑧ （明）林希元：嘉靖《钦州志》卷1《风俗》。
⑨ 《广西壮族社会历史调查》第二册，广西民族出版社1985年版，第163页。
⑩ （明）林希元：嘉靖《钦州志》卷1《风俗》。
⑪ 张自明：民国《马关县志》卷2。

邻各携牲口来助"，①可以说明此种情况。

主家祭祀，亲邻相助，都要备有牛。而且，平日里还有预料不到的对牛的需要。比如，迄于20世纪50年代，龙州县金龙的壮族，女子结婚后在不落夫家期间如果与人私通孕生子女的，女家要送给丈夫一头牛；离婚时如果是男方首先提出的，除给女方500斤稻谷赔偿外，还要送给女方一头牛。②所以，"见小重多牛"，③过去壮族及其先人往往以家中有牛的多寡来估定家庭的财力。比如，明代钦州知州林希元嘉靖《钦州志》卷1《风俗》说：壮人"不务蓄积，衣食惟取时给（应时的物产），数富以牛牝（母牛）。孳息有水牛、黄牛"。《古今图书集成·职方典》卷1452《泗城府风俗考》也说：壮人"有牛为富。重财轻杀，疾病祭鬼神"。

由于"以牛为富"，历史上壮群体越人及其后人家庭很注重牛只的饲养和繁殖。那时候，岭南地区地广人稀，可以说家家养牛，户户牛夥。嘉靖元年（1522年）曾为官于横州（今广西横县）的王济，其在《君子堂日询手镜》中说："其地，人家多畜牛。巨家有数百头，有至千头者；虽数口之家，亦不下十数。时出野外，一望弥漫，坡岭间如蚁。"由此而可见一斑。

壮群体越人及其后人以牛为富，对牛也珍之惜之，一年中特定个牛王节（或称牛魂节）。但牛总是要杀的，怎么办？为了越过此两难心坎，便有所谓"数罪而杀"的举措。唐朝人撰的《南海异事》载：南海解牛，多女人，谓之屠婆、屠娘。皆缚牛于大木，执刀以数罪：某时牵若（你）耕，不得（能如人愿）前；某时乘若渡水，不时（及时）行。今何免死耶！以策（鞭子）举头，挥刀斩之。④此如同宋朝人彭乘《墨客挥犀·浙人食蛙》说越人珍蛙惜蛙却又嗜于食蛙，硬说蛙不吃不繁，越吃越多一样。

三　人畜共居，漫天放养

壮群体越人及其后人住房为干栏建筑，上居人，下放家禽家畜。这就是宋朝人周去非《岭外代答》卷4《巢居》所说的"深广之民结栅以居，上设茅屋，下豢牛豕。栅上织竹为栈，不施椅桌床榻，唯有一牛皮为裀席，寝食于斯"。

但是，壮族历来的习惯，"禾仓"却另行建筑，"多置于山隅（角落）水滨（水边）"。⑤

禽畜与人共处，粮仓却另建于他处，这是壮傣群体越人在分化各自独立发展以前就已经形成的建筑居住习惯。1992年冬，笔者前往泰国东北部乡村访问考察，放目所见，当地的佬族居民就是如此。

人居上，下放禽畜，鸡、鸭等粪便，牛、猪等屎尿卤集于下，臭秽上蒸，人居其上，确实很不卫生。此种居住习惯，壮傣群体越人及其后人自古传承，历几千年而不变，可

---

① （清）汪森：《粤西诗载》卷16。
② 《广西壮族社会历史调查》第七册，广西民族出版社1987年版，第123页。
③ （清）赵翼：《镇安风土诗》。
④ 《太平广记》卷483引。
⑤ 《古今图书集成·职方典》卷1450《镇安府风俗考》。

说是江山易改，习俗难移。明、清以后，在汉族文化的影响下，壮族地区开始逐渐改变此一建筑、居住习惯。但是，在没将干栏建筑改变为如同汉族以泥土砖石建筑屋居平房的地方，迄于20世纪上半叶仍是如此。

与此同时，除马束其前脚放牧外，历史上壮群体越人及其后人对猪、牛、羊、鸡、鸭等都是实行自由放牧。

鸡、鸭、猪晚上归巢，牛则是纵之山野岭坡，让它们自由采食，饱了睡，饿了吃，夜不归栏。主人隔三五天或十天半个月去检视巡查一趟。这就是元朝人王思勤《乳洞》一诗所说的"村野牛羊自来去"。① 牛群自由放牧，为了区别各家各户的牛只，户主们往往在牛脖上挂上多寡不等的铃铛或竹筒或木棒等。

入清以后，由于人口密度的增加，荒地的减少，户养牛只的不多，牛群漫天自由放牧的情况已经逐渐改变，出现了"牛轮"的放牧形式。"牛轮"，即同一社区各家各户的牛只集中在一起，按牛只的多寡轮流派人看管牛群，早上或中午赶出去放牧，晚上拢回来归巢。"轮"是轮流周而复始的意思。在这种情况下，即使拥有众多牛只的富户，也只能将它们分散开来让人代养。比如，清朝道咸年间（1821—1861年）被安平州（治今广西大新县安平）土官李秉圭赏识而由家奴升为总管的赵品富，一次买了130多头牛回来，就是分给那岸村的各户农民代养的。② 各家放养的牛，晚上归来还是圈在干栏下层。

四　牛魂节

壮人崇尚牛，爱惜牛，最明显的莫过于给牛立个节日，叫作"牛王节"，也叫"牛魂节"。

牛王节，壮群体越人及其后人原定农历四月八日举行，后来因为山川阻隔，交往少，各地都是因地制宜，乱了统一的时间，不过大多是在农活比较紧张时段中的农历四月初八、五月初五、六月初六三天中举行。

牛王节的来源，传说称牛王被贬下人间为人劳作，壮人为了感谢牛的功劳，特立此节以酬劳它，为它续魂，使它更为强壮。到这一天，壮族农家互相邀约，打扫牛舍，将牛牵到河边洗刷干净，不准鞭打耕牛，让牛休息一天，并宰鸡杀鸭，蒸煮五色糯米饭，慰劳牛只。有的甚至在堂屋里摆上一桌丰盛的饭菜，全家人围坐四周，由家长牵来一头最老的牛绕桌一周，边走边唱古老的牛歌，赞颂牛的丰功伟绩，祝愿逸走的牛魂归于牛身，健康长命，子孙满堂。歌完，把牛送返牛舍，每只牛都可饱尝一份用荷叶包就的五色糯米饭，再饲以鲜嫩肥美的青草。有的农家还给牛以一份腊肉或灌以甜酒、豆浆等。

下雷州（治今广西大新县下雷）的牛魂节在农历六月举行，壮语谓"昆怀"，即牛的节日。

节日是在六月中的哪一天，没个定准，当年由道公实行鸡卜选定。这一天，包粽粑，做米粉，杀2—4只鸡，备3—5斤酒祭献祖宗，包个牛角形的大肉粽喂牛。而这一天放

---

① （清）汪森：《粤西诗载》卷6。
② 《广西壮族社会历史调查》第四册，广西民族出版社1987年版，第61页。

牧，即使牛吃了作物也不能追打，由着它自动离开，因为这一天是它的节日。①

广西龙胜的壮族立有牛魔王庙，牛魂节这一天，人们杀一头猪到庙里祭祀，并自带米、酒伙吃一餐。有的人家牛死了，将牛头取下，剥去皮肉，挂在堂屋顶梁下，牛魂节时把红纸贴在上面，追思逝去的牛只。②

在广东连山壮族瑶族自治县的壮族还因牛及人，在四月初八牛王节这一天，家中如有身体孱弱的小孩，就让他穿上蓑衣，戴上竹笠，盛着一碗五色糯米饭进入牛栏伴着牛吃。据说这样，孩子就会却病，像牛一样健壮有力。③

历史上的壮族认为生物有魂，魂附于生物体上，魂离开了生物体，生物就会衰弱甚至死亡。因此，人远行归来有收魂之举，人病了老了又有续魂、添魂之行。牛王节也就是牛魂节，都是在农事紧张的四月、五月、六月举行，目的就是让牛适当休息，缓解牛的紧张度，给牛续魂，使牛强壮。这反映了壮族人在使用牛时让牛劳逸结合，张弛有度。这就是壮人养牛的经验之一。周去非在《岭外代答》卷4《踏犁》中指责壮族先人的牛"不耐苦"，或即指此而言。

五 "请六畜"

牛不食草，猪不吃潲，壮族以为是野鬼在作祟，因此都有"送客"的习俗。届时，主家备上酒、肉，剪纸成船、旗、衣服等，并请巫师来祭祷作法，送走野鬼。当诸事完毕后，巫师双手合十说道："送你到扬州，扬州大地好风流，望你万岁莫回头!"说完，将曾作过法的一碗水往门外一泼。④

同样，如果村子里牲畜遭瘟，鸡犬不安，人们也认为是村子污秽，野鬼入村，要请巫师来弄鬼作法，实行封村，不让外人入，举行扫村、洗村仪式，将入村野鬼赶走。

而到了大年初一，壮族又有"请六畜"的习俗。

"请六畜"，就是大年初一天刚蒙蒙亮，各家户主就带上牛绳、鸡鸭笼、香烛等物到河边或泉边，按当年吉利的方向点燃香烛插上，对之肃立默念，祈求神灵保佑一年风调雨顺，五谷丰登，六畜兴旺。礼毕，用绳子拴住一块较大的石头（代表马、牛、羊），并捡上几块马卵石（代表鸡、鸭、鹅）放入鸡鸭笼里，喊一句"马、牛、羊、鸡、鸭、鹅，跟我回家呵"，便往家里走。一路上不断地学着马、牛、羊、鸡、鸭、鹅的叫声，径向前走，不回头，以免禽畜魂儿走失。回到家里，将大石头放在栏房底层的中柱脚上，柱的上方则悬挂上用树皮剪成的动物形象；马卵石一些放在鸡、鸭笼里，另一些则放在水缸边和门背后。门背后的石头表示狗魂，水缸边的石头则意味着家里财源将像水那样源源进入屋里。

这一"请六畜"习俗，今仍见于广西靖西县等地住干栏房的壮族居民中。而其他存留此一习俗的壮族，则简化成大年初一大清早祭完祖宗后，主人点上香烛分别插在牛栏、

---

① 《广西壮族社会历史调查》第四册，广西民族出版社1987年版，第185页。
② 覃圣敏主编：《壮傣民族传统文化比较研究》，广西人民出版社2003年版，第1188页。
③ 陆上来、赖才清：《连山壮族风情》，1986年铅印本。
④ 《广西壮族社会历史调查》第七册，广西民族出版社1987年版，第227页。"扬州"，是野鬼集中的地方。

马厩、猪圈和鸡笼、鸭笼所在的地方,并贴上一张黄色长条形的纸钱,嘴里不断地叨念:"子孙众,魂儿壮,今年更比往年强!"

六 禁忌

新猪入门跨过火,买狗进门跳过水(用柚子叶泡过的水)。这是除邪去秽,保猪保狗入屋康健。

母猪下仔要单,母狗生仔要求双数。"双猪独狗",马上除去一只扔到野外去,否则"不死就走",家中不宁。

买牛或买猪,见拉屎的,是送财来;买猪买牛,见拉尿的,是"洗手水",不要、患瘟送财。

狗上屋顶,是"五海鬼"入屋,大凶兆,当年家中会有人病死。

祭祖,猫不靠神台;人死,猫、狗不跨尸而过。

母鸡扬脖喔喔啼,公鸡伏下屙蛋来,是大凶兆,马上拿到三岔路口挥刀斩脖,扔在那里。

公鸡夜里不按常规时间啼鸣,是凶报;母鸡下双黄蛋,是凶兆,预示当年家有祸患。

另外,云南壮族舅家不向姑家要狗,姑家不向舅家要猫。[①] 广西隆林委乐乡壮族正月初一上午至下午二时左右,人与人、人与动物,都概称为"巴"。"巴"是壮语谓鱼为"pla¹"的音译。人们认为鱼在水里是最洁净的,在一年开头的时辰里以"巴"称人和动物会带来一年的吉利。同时,他们还有很多禁忌。比如,除夕晚上杀鸡祭牛栏,鸡毛要埋在牛栏地下深处,使牛日后不远跑,否则来年不易放牧。家里杀鸡,未放下锅头蒸煮,先放几粒米入锅,然后放整好的鸡盖上盖,这样养鸡才顺当,生蛋多,否则鸡难繁殖。[②]

[①] 杨宗亮:《壮族文化史》,云南民族出版社1999年版,第254页。
[②] 《广西壮族社会历史调查》第一册,广西民族出版社1984年版,第51页。

第三章

渔 猎

在驯化野生动、植物以前及其后的相当长时间内，渔猎和采集是壮侗群体越人取食的主要方式和手段。此后，虽然稻作等农业生产成为社会成员的主导饮食来源，采集取食渐形消失，但是渔猎仍不失其为壮侗群体越人及其后人的取食方式之一。李熙龄道光云南《普洱府志》卷18说，沙支系的壮族，"以耕种、渔猎为业"，即可见一斑。

第一节 渔业捕捞

一 淡水鱼类的捕捞和养殖

淡水鱼类，是除海洋咸水鱼类以外的江河、池塘鱼类。江河，壮语谓为 ta⁶，方块壮文写作"太""沱"或"打"等。池塘，壮语谓为 tam²，方块壮文写作"替""潭""谭"或"墰"等。比如，广东南海县的谭边，花县的黄潭墟，德庆县的替眉川、替荒山，石城县的谭福村，廉州府的谭埇村，海康县的潭斗市，钦州的墰额，防城县的潭鼎村，等等，① 都是壮群体越人及其后人遗留下来的语言化石。

原始农业出现以后，渔猎和采集仍然是壮群体越人及其后人主要的获取生活资料的途径。出土陶器上的水波、网纹等纹饰，说明了水生生物在壮群体越人的感知和经济生活中的重要地位。由于岭南地区水生资源的丰富以及经营农业的艰辛，壮群体越人及其后人对水生鱼类的捕捞在两汉、魏、晋时期的经济生活中仍不可忽略。而他们在西汉时期将鸬鹚驯化为人捕鱼，在我国则是首先起步并臻至成熟的。隋、唐时期，壮群体越人的后人对鱼类的饲养开始规模性地发展起来。新垦田里先行饲养鲩鱼（草鱼）令其致熟及稻田养鱼，则显示出了他们在养殖鱼类上的创举和特色。

（一）淡水鱼类的捕捞

俗语称："壮族居水头，汉族住街头，苗瑶占山头。"这是就一些地区历史上形成的民族分布状况而言的。古代壮族不仅住水头，而且沿水而居，靠水滋养。他们认为人生于水，望水而孕，奉水为生命形成和延续的神灵。于是，他们临水而生产，入水试儿，妇人产后三日即澡身于江河以示出月，平日则男女同川而浴，死则于江河买水浴身。柳宗元说

---

① （清）张人骏：光绪《广东舆地全图》，广州石经堂印行。

壮人"鸡骨占年拜水神",① 说明了这一切。

壮族"居多近水",自然多"以渔猎为业"。②《魏书》卷101《獠传》说,"獠"人"能卧水底,持刀刺鱼"。张无咎雍正云南《临安府志》卷7说,壮族沙支系的人"居深箐有水处,善捕鱼,能投水中与波俱起,口啮手足皆巨鱼"。

入水捕鱼,也不能随心所欲,无所顾忌。

1. "文身以像鳞虫"

古代壮群体越人及其后人沿水而居,入水捕鱼,但是当时岭南地区的水泽之中却满布着伤人的鳄鱼等巨型爬行动物。这里姑不说唐代韩愈出任潮州（治今广东潮安县）刺史时鳄鱼害得潮州人惶惶不能安生,且说400年后元朝陈孚（1240—1313年）的《邕州》一诗,仍谓"右江西绕特磨来,鳄鱼夜吼声如雷",③ 可知古代岭南地区鳄鱼存在的普遍性。鳄鱼等巨型噬人动物散居江河水泽地区,严重地威胁着沿水居民特别是入水作业居民的生命安全。于是,越人"文身,以像鳞虫"。④ 这种模拟式的巫术和行为,闻名于古代的中国。此后,不仅元和十年（815年）迁为柳州刺史的柳宗元在其《登柳州城楼寄漳、汀、封、连四州》诗有"共来百粤文身地"诗句,在《柳州峒氓》诗中也说"愁向公庭问重译,欲投章甫作文身"。⑤ 而且,宋人乐史在《太平寰宇记》卷166中明确指出,邕州左右江羁縻州,"其州百姓悉是雕题凿齿,画面文身",说明唐、宋时期壮族先人仍传承着古越人的传统,雕题文身,以像鳞虫。

《古今图书集成·职方典》卷1410《柳州府风俗考》载,明朝戍守于上林县十三堡的"狼兵"后人"男妇文身跣足",也道出了文身之习,清朝初年在壮族的一些群体中仍有遗存。"文身断发,以避蛟龙之害",⑥ 活现了壮群体越人及其后人为了维持"饭稻羹鱼"⑦ 的生活而下水作业,捕捉捞取鱼虾以获取生活资料的境况。

由于一者农业的收成物毕竟有限,丰歉不保;二者江河长流,水生动物年年生长,资源丰富;三者居人不多,水生生物得之较易,因此,捕捞渔业经济一直是作为农业经济的重要的辅助性经济在壮群体越人及其后人社会中存在。比如,南宋人蔡绦在《铁围山丛谈》中即说:"博白有远村曰绿舍,皆高山大水,人迹罕及,斗米一、二钱,盖山险不可出。有小江号龙潜,鱼大者动长六、七尺,痴不识人。"又如,宜山县（今广西宜州市）壮人韦广,明朝正统年间（1436—1499年）举进士,曾在中央出任监察御史,⑧ 后来又巡按江西,为江西巡按御史。年老辞官归家,因清贫,乃筑家居于离庆远府城15里的一个村上。有一天,他听说故友巡按广西来到庆远府,猜测必来走访,而家中却没有像样的食品招待,于是拿起渔具走到近江捕鱼。韦广正在江里捕鱼,不想故友就坐着轿子来了。

---

① 《柳州峒氓》,(清)汪森《粤西诗载》卷13。
② (清)王崧:道光《云南志钞》卷184。
③ (清)汪森:《粤西诗载》卷6。
④ 《淮南子》卷1《原道训》。
⑤ (清)汪森:《粤西诗载》卷13。
⑥ 《汉书》卷28下《地理志》。
⑦ 《史记》卷129《货殖列传》。
⑧ 《明实录·英宗实录》卷76。

前导的部卒见四周无人，走到江边询问在河里打鱼的韦广："韦御史家在哪里？"韦广指着前面的村子，说："前面就是！"车马刚从身边走过，他马上离开河面，快步从后面越墙进家，整肃衣冠走出前门恭敬引进客人。客人见他大汗淋漓的样子，说："先生怎么这般热，看大汗都把你的头发浸湿了！"韦广从容地答道："刚才我在附近的村上，听说您来到，就急急地赶着回来，弄了这么一身汗水！"故人身边的人偷偷地说："他好像是在江中的打鱼人！"韦广听见了他们的话，毫无所动，依然言笑如故。[①] 此则故事，作者虽意在表达做大官多年的韦广寒素清贫，但也说明了当时壮族地区江河富于鱼类资源，否则一个素来四体不勤的退休官员怎可以瞬时入江捕鱼回来待客呢？

西汉刘安《淮南子》卷1《原道训》载："九疑（在今湖南宁远县南）之南，陆事寡而水事众，于是民人被发文身以像鳞虫，短绻不袴，短袂攘卷以便刺舟。"所谓"水事众"，除了船货运送之外，主要就是入水捕捞。"越人美蠃蛤"；[②] "东南之人食水产……食水产者，龟、蛤、螺、蚌以为殊味，不觉其腥臊也"。[③] 西汉东方朔与晋人张华的记载，道出了时至魏、晋捕捞经济在越人生活中的地位。

壮族及其先人捕捞鱼、虾、螺、蚌的手段，一是潜水捉摸；二是断流戽水，竭泽而渔；三是借助渔具进行捕捞；四是夜照；五是用辣蓼、龙骨、茶麸、栎树根、石灰等药鱼；六是挖窝聚鱼，定期戽捉。比如，明朝人林弼《龙州》诗所咏的"白沙青石小溪清，鱼入疏罾艇子轻"，[④] 以及曹学佺《桂林风谣十首》其六的"清溪弩射鱼"等。[⑤]

又如，壮族的一些地区，人们在田疃的边角或中央挖个2米见方、深2—3米的洼子，叫作 ti：η⁴，在其周围干砌上石头，让塘角、鲶鱼等藏身。待半个月或20天，观察 ti：η⁴ 里鱼情状况，然后戽水捉鱼，一次可获各类鱼虾3斤、5斤或十多斤。

壮族地区历史上有名的特种江河鱼类，一是谷鱼，二是钩鱼，三是竹鱼，四是鲂鱼，五是没六鱼。

明朝嘉靖元年（1522年），曾在横州（今广西横县）做官的王济，其《君子堂日询手镜》载：横州"江河间鱼亦不少，其品与吴、浙所产不同。一种名谷鱼，类鲶与鲍，味亦肥美，余甚爱之。又一种名钩鱼，状类鰌，身少匾，其唇甚长，垂下数寸，味皆在此。故俗有'吃着钩鱼唇，不惜老婆裈'（跟人合内裤）之语。又有一种名竹鱼，其色如竹，青翠可爱，味亦嘉。鲂鱼极多，甚美，有重十斤者"。又李时珍《本草纲目》卷44也说：竹鱼，"出桂林湘、漓诸水中，状如青鱼，大而少骨刺，色如竹色，青翠可爱，鳞下有斑点，味如鳜鱼肉，为广南珍品"。没六鱼产于果德县（今广西平果县）靠着右江的驮岭村一岩洞内。没六鱼为江河下层鱼类，性喜逆水，常逆流而上，于是人谓之"只上水，不落水"，称为"没落鱼"。此鱼三年可长6斤以上，常见者大都是6斤以下，因名为"没六鱼"。没六鱼长筒形，侧略扁，头形钝较身小，顶稍突出，口大，下唇发达，背

---

① （清）汪森：《粤西丛载》卷6引《月山丛谈》。
② （汉）东方朔：《盐铁论》卷9（讼挹）。
③ （晋）张华：《博物志》卷1《五方之民》。
④ （清）汪森：《粤西诗载》卷23。
⑤ （清）汪森：《粤西诗载》卷12。

青黑，腹白色，大部分时间居于地下河中，每年11月至次年3月由洞口出右江觅食产卵。没六鱼肉嫩味香，以肥美可口而闻名遐迩。

随着农业的发展，隋、唐之际，壮群体越人的后人对鱼的养殖也发展起来了。农业的发展，鱼类养殖业的发展，相对地降低了野生鱼虾的捕捞在他们生活中的地位。此后，入水捕捞野生鱼虾，或成为社会中少部分人的专业行为，或成为人们于工余节假捕捞以佐餐的活动，如同张自明民国云南《马关县志》卷2说的"侬人食品，好食水牛（即蜗牛）、田螺。……尤好吃虾虮虫、蝌蚪，谓其味之美，诸物莫与比。当春、夏之间，田水澄清，两种幼虫产生最多，侬妇三五成群，手网兜而腰篾篓，褰裙立水中，目注而手营，皆捞虫也"。但是，捕捞鱼虾等水生动物已不再是社会上绝大部分成员日常生活的仰给之源了。这种闯前弃后因循而进，就是社会历史的发展。

2. 鱼鹰的驯化养殖

"工欲善其事，必先利其器。"① 在滔滔江河里捕鱼捉虾，有了好的相应的工具，不仅可以省力少时，而且可以收到徒手作业无法收到的效果。这里需要一提的是壮群体越人对鱼鹰的驯化养殖。

鱼鹰，壮语谓为 $lok^8tək^7pla^1$。鱼鹰就是鸬鹚，因其形似鸦而大，毛黑，又称为水老鸦。它颔下有小喉囊，嘴长，上嘴末端稍曲，栖息水滨，善于潜水捕食鱼类。人们就是根据它的这些特点，将其驯化，为人捕鱼。

壮群体越人驯化鸬鹚为人捕鱼，不详起于何时，至秦、汉之际，已经成为习常性的行为。

1976年从广西贵港市罗泊湾汉墓一号墓中发掘出来一铜鼓，"鼓身九晕圈，饰锯齿纹、圆圈纹和龙舟竞渡、羽人舞蹈图案。第四晕圈在胸部，饰六组羽人划船纹，船头向右，每船六人，其中三船的划船者全戴羽冠，另三船各有一人裸体；船头下方有衔鱼站立的鸬鹚或花身水鸟，水中有游动的鱼"②。三只船上"各有一人裸体；船头下方有衔鱼站立的鸬鹚或花身水鸟，水中有游动的鱼"，这纯然是一幅渔人纵放鸬鹚捕鱼的画图。铜鼓，是岭南壮群体越人尊贵和权力的象征性物体，于其上模刻着渔人纵放鸬鹚捕鱼的画图，说明西汉前期于岭南壮群体越人中，驯养鸬鹚助人捕捉江河鱼类，已经成为一个有利可图的产业，从此人间又增添了一道亮丽的风景。

对于鸬鹚，我国最早的文字记载，见于西汉人纂辑的《尔雅》一书："鹚，鹅鹅。"东晋郭璞（276—324年）注说，鹚、鹅，"即鸬鹚也。嘴角曲如钩，食鱼"。最早对鸬鹚的生态进行描述的，是东汉议郎杨孚的《异物志》："鸬鹚不生卵而孕雏于池泽间，又吐生，多者八、九，少者五、六，相连而生若系绪。水鸟而巢于高树，或在石窟之间。"③而通其可以驯养为人捕鱼信息的是李延寿《北史》卷94《倭国传》：倭国（今日本国）"气候温和，草木冬青，土地膏腴，水多陆少，以小环挂鸬鹚项，令入水捕鱼，日得百余

---

① 《论语·卫灵公篇》。
② 广西博物馆：《广西贵县罗泊湾汉墓》，文物出版社1988年版，第28页。
③ 《太平御览》卷925引。

头"。① 但是，南北朝、隋唐时期，我国一无有关驯养鸬鹚以代人捕鱼的记载。迄于北宋，《夔州图经》始言"夔州人以鸬鹚捕鱼，谓之乌鬼"。② 此后，元丰年间（1078—1085年）蜀人范镇辞官返回家乡撰《东斋纪事》说："蜀之渔家养鸬鹚十数者，日得鱼可数十斤。以绳约其吭，才通小鱼，大鱼则不可食，时呼而取出之，乃复遣去，甚驯狎，指顾皆如人意；有得而不以归者，则押群者啄而使归。比之放鹰鹘，无驰走之劳，得之又差厚。"③又明末张自烈《正字通》说："鸬鹚，俗呼慈老人。畜之，以绳约其嗉，才通小鱼，其大鱼不可下，时呼而取之，复遣去。嘴曲如钩，喉热如汤，鱼入喉即烂，味不美。"这说明，中原人及四川等地驯养鸬鹚以捕鱼，是在唐末宋初，比起壮群体越人在汉代即已驯养鸬鹚为人捕鱼，晚了700—800年时间。

或者有人说《杜工部集》卷16《戏作俳谐体遣闷二首》中已有"家家养乌鬼，顿顿食黄鱼"之句，"乌鬼"即鸬鹚，说明在唐朝杜甫（712—770年）的时代四川人已经以鸬鹚捕鱼了。其说杜诗中"乌鬼"即鸬鹚见于北宋沈括《梦溪笔谈》卷16所载：

> 士人刘克博观异书。杜甫诗有"家家养乌鬼，顿顿食黄鱼"，世之说者皆谓夔峡间至今有鬼户，乃夷人也，其主谓之"鬼主"，然不闻有"乌鬼"之说。又鬼户者，夷人所称，又非人家所养。（刘）克乃按《夔州图经》，称"峡中人谓鸬鹚为'乌鬼'。蜀人临水居者，皆养鸬鹚，绳系其颈，使之捕鱼，得鱼则倒提出之，至今如此。"予在蜀中，见人家养鸬鹚使捕鱼，信然，但不知谓之"乌鬼"耳。

有了沈括这样的肯定之词，于是人们便认为唐代诗人杜甫的时代，长江三峡地区的人就已经驯养鸬鹚为人捕鱼了。可是，对于沈括的肯定，宋朝佚名的《漫叟诗话》却提出了异议：

> "家家养乌鬼，顿顿食黄鱼。"世以为"乌鬼"为鸬鹚，言川人养此取鱼。予崇宁间（1102—1106）往兴国军（治今湖北东阳新县），太守杨鼎臣字汉杰，一日约饭，乡味作蒸猪头肉，因谓予曰："川人嗜此肉，家家养猪，杜诗所谓'家家养乌鬼'是也。每呼猪则作'乌鬼'声，故号猪为乌鬼。"④

又宋人马永卿《懒真子录》卷4也载：

---

① （唐）魏征《隋书》卷81《倭国传》所说与此文字雷同。
② 图经，是除文字外附有图画的书籍。《夔州图经》，正名应为《夔州路图经》。南宋人郑樵（1104—1162年）《通志略·艺文略》第四地理类载有其书，书名正作《夔州路图经》。夔州路是北宋咸平四年（1011年）三月份川陕路设置的（《宋史》卷6《真宗纪》），其辖境相当于今四川万县、达县、垫江、壁山、合江等县以东，湖北清江上游和贵州省北部地区。此道出了《夔州路图经》成书在北宋咸平（998—1003年）以后。
③ （宋）黄朝英：《靖康缃素杂记》卷5《乌鬼》引。
④ （宋）胡仔：《苕溪渔隐丛话》前集卷21引。

老杜《遣闷》诗云"家家养乌鬼，顿顿食黄鱼"，所说不同。《笔谈》以为鸬鹚能捕黄鱼者，非也！黄鱼极大至数百斤，小者亦数十斤，故诗云："日见巴东峡，黄鱼出浪新，脂膏兼饲犬，长大不容身。"又有《小白》诗云："小白群分命，天然二寸鱼。细微占水族，风俗当园蔬。"盖言大小之不同也。仆亲见一峡中士人夏侯节立夫言："乌鬼，猪也。峡中人家多事鬼，家养一猪，非祭鬼不用，故于猪群中特呼'乌鬼'以别之。"此言良是。

这些情况说明沈括以刘克根据《夔川路图经》所载的夔州人谓驯养的鸬鹚为"乌鬼"，来解释杜诗"家家养乌鬼，顿顿食黄鱼"中的"乌鬼"，并不妥帖。《杜工部诗史补遗》十三绝句之二称"门外鸬鹚久不来，沙头忽见眼相猜"，说明当时的鸬鹚还是野生的，唐朝杜甫的时代也就是唐朝中期中原人或四川人并未驯养鸬鹚来捕鱼。

驯养了鸬鹚来为人捕鱼，人们带上几只鸬鹚，驾着一叶扁舟，就可以转悠于江河之上，指令鸬鹚为他们入水捕鱼，这就省去了往来的奔波和水下的劳辛。诚如宋人范镇《东斋纪事》所指出的，驯养了鸬鹚捕鱼，人"无驰走之劳，得之又差厚"，保证了捕鱼人的衣食之源和相对固定的经济收入。壮群体越人自秦、汉之际即已驯养鸬鹚为人捕鱼，无疑对他们的避开水里鳄鱼等巨型噬肉动物的侵害、促进捕捞经济的稳定收入是大有好处的。

（二）淡水鱼养殖

汉代人托名于春秋时期越国著名大夫范蠡所撰的《陶朱公养鱼经》，虽不足500字，却是世界上第一部养鱼论著。越国居于江南水乡，江浙越人在渔业上取得的成就是举世瞩目的。但是，岭南壮群体越人何时跨进养殖鱼类的时代，由于记载阙略，不详其情。相对来说，岭南地处偏荒，加上江河沼泽地区水生资源的丰富以及居民的稀少，相信他们挖池修塘养殖鱼类要比江浙越人为晚。不过晚至何时，却也不清楚。唐代段公路《北户录》载："南海诸郡人，至八、九月于池塘间采鱼子着草上，悬于灶烟间，旬月内如蛤蟆子状。鬻于市，号鱼种，育池塘间，一年内可供口腹也。"南海郡，在今广东省，"南海诸郡"，则不单是指南海一郡，而是泛指岭南各地。该书有"公路咸通十年（869年）往高凉（治今广东阳江市），程次青山镇"一语，可知《北户录》的作者段公路为晚唐时人。那个时候，岭南各地有池塘，人们又已经知道采集鱼卵并将之悬挂于"灶烟上"以保暖越冬，至春来打雷时节复放入池塘催熟，可知他们已经历有经验。这是非一朝一夕可以成就的，而是几代人摸索的结果。由此或可以说，隋、唐之际，岭南越人已经跨入了鱼类人工繁殖的时代。

壮群体越人的后人进行鱼类人工养殖，除鱼种等与五岭以北各族相同外，也有其特出之处。

1. 生态性养鱼

生态性养鱼是利用鱼类生活习性发挥综合效益的生态性饲养。唐人刘恂《岭表录异》卷上载：

新、泷州山田，拣荒平处，以锄锹开为町疃（埂堰）伺春雨。丘中贮水，即先买鲩鱼子撒于田内。一、二年后，鱼儿长大，食草根并尽，既为熟田，又收渔利，及种稻且无稗草，乃齐民之上术也。①

新州、泷州，都在今广东省西南部，一治今新兴县，一治今罗定市南。唐代，今广东省西部及西南部地区，为"俚獠"人所居之地。据《岭表录异》卷上"占城国进驯象"条言"乾符四年，占城国进象三头"，又"南中假僧"条说"昭宗即位，柳滔为容、广宣告使"，则明示该书作者刘恂为唐末五代人。乾符为唐僖宗的年号，"乾符四年"为877年；唐昭宗则为唐僖宗的七弟李晔，在位时间为889年至904年，此时唐朝已濒临灭亡。刘恂称"昭宗即位"，说明他撰写《岭表录异》时不是在唐昭宗还活着的时候，因为"昭宗"是李晔的谥号，也就是死了以后始获的褒奖的称号。所以，刘恂撰写《岭表录异》当是唐朝存在的最后两年即唐昭宣帝或五代的时候。刘恂在唐昭宗时曾"出为广州司马"，② 熟知岭南各地的情况。他说新、泷等州"獠"人垦荒改土，先在开垦地周围筑起田埂，储积雨水，然后将唯吃草是大的鲩鱼子放于其内。过一二年，新垦田里的草及其根被鲩鱼吃光了，鱼也长大了，鱼儿排出的粪便也将生土腌渍成熟土了。这可谓利用鲩鱼以草为食的习性发挥综合效益的生态性饲养法。

由新垦田里养殖鲩鱼后来又衍生了稻田冬闲养鱼，壮群体越人的后人近村的稻田，一般种单季稻，九月秋收冬闲以后人们便修整田埂，蓄上田水，将池塘里的部分鱼类移入其中，到年底过年前后将池塘放干，则将没有长成的鱼及部分成熟的鲤鱼放入田里。待来年四月稻田开种，又将未长成的鱼放回池塘里。鱼在田里既食尽杂草、虫子，又排出粪便肥沃田土；既解决了放塘期间未成熟鱼的安置问题，又让成熟鲤鱼自我繁殖，使鲤鱼不乏其后。同时，鱼类换了个环境，生长也较为迅速，快的近一斤，慢的也有三五两。这也是一种综合多种效益的生态性饲养鱼类的方法。这可谓壮群体越人的后人历史上在饲养鱼类上的首创之举。

2. 池塘养鱼

壮群体越人挖池修塘以养殖鱼类，当始于隋、唐时期，因记载阙如，具体情况不得而知。明朝嘉靖元年（1522年）前出任横州知州的王济，在其《君子堂日询手镜》里说：

> 横州（今广西横县）城中有鱼塘三百六十口，郭外并乡村倍之。大者种鱼四五千，小者亦不下千数，故鱼甚贱，腾贵时亦斤不满六钱。

由于交通不便，人们的商品意识观念不强，加上区域性的商品经济没有发展，鱼类的价格一直维持于低价位。不过，由于养殖成习，人们并不过于计较鱼价的高低，照样养殖不误。历史上，由于壮群体越人的后人地区居民较少，土地易得，一般中等之家都有一口或多口池塘。他们养鱼，主在佐餐，或客来之时打鱼招待，或备家有建房、红白喜事等的

---

① 《岭表录异》原本久佚，今存本为清人修《四库全书》时从《永乐大典》中录辑而成的。此条引自《太平御览》卷936《鱼》所录。

② （宋）僧赞宁：《竹谱》，《四库全书总目》引。

消费，属于自给自足的范畴。同时，壮族及其先人鱼塘，大多是围绕村居，塘基一般搭着供人们方便的茅房，有的作菜园、果园，有的用作通道；遇有紧急情况，则砍来荆棘扎于其上，阻断交通，人于其后提刀张弩保卫村居。所以，壮族及其先人凿池修塘养鱼，不仅可济家庭不时之急，取得塘泥以肥田，而且是护卫村子的一道防御工程。

鱼塘既是人泄污之所，又是积肥之区；既是饲养鱼类之地，又是卫护村子的安全措施，一事而多途，各种功能并显，人们对鱼类的养殖自然比较粗放。他们认为：鲩鱼吃水草，鲢鳙吃草胶，鲤鱼吞屎污，鲮鱼不管了。邕宁县民间流行的"养鱼诀"称"一鲩养三鳙，三鳙养四鲤，四鲤养九鲮"，① 即因此而来。所以，壮族及其先人的鱼塘，一般除搭个茅厕于其上，平时割些嫩草捞取漂类投入其中给鲩鱼喂食外，其他则不屑置顾。天长天养，鱼类养殖的单位面积产量一直不高。

二 海产珍珠的采集

古代越人，分布于我国的东南沿海地区。他们中的部分人，歌于斯，哭于斯，年年月月与海打交道，海水生物是他们重要的衣食之源。自然，海一词是他们语言中最常见最基本的用词。

西汉人收辑战国旧闻的《越绝书》卷3《越绝吴内传》载，越人"习之于夷，夷，海也；宿之于莱，莱，野地"，说明古越人谓海为夷，曾有着自己的民族语言。后来，海一词不论是壮傣群体越人后人还是侗水群体越人后人除侗语谓"həi³"音近乎"夷"外，其他各族语已经消失而借用于汉语谓为 hai³ 或 ha：i³ 等。同样，除谓鱼为 pla¹，仍有着自己的民族语言外，珍珠等也已经借用于汉语，无由追寻其原先越语的样式了。

但是，即使古越人关于海和珍珠等海水生物的民族语言已经消失，对珍珠的采集和养殖可是壮群体越人挥之先鞭以满足我国中原地区众多消费的。"世哲继轨，先德在民"，其功是不可没的。

《逸周书》卷7《王会解》载：

> 伊尹朝献《商书》。汤问伊尹曰："诸侯来献，或无牛马之所生而献远方之物，事实相反不利。今吾欲因其地势所有献之，必易得而不贵，其为四方献令。"伊尹受命，于是为《四方令》曰："臣请……正南瓯、邓、桂国、损子、产里、百濮、九菌，请令以珠玑、玳瑁、象齿、文犀、翠羽、菌鹤、短狗为献……"

伊尹是商王成汤的大臣，那时仅有寥寥可数的甲骨文，文字初创，是否会有个《四方令》，令人难信其实。而且，《逸周书》为战国时人伪托之作，就不能不怀疑其真实性了。但尽管如此，战国时人既作《逸周书》，那么位居中原地区正南的岭南水产的珠玑、玳瑁，陆产的象齿、文犀、翠羽，其时已为中原众诸侯国君王垂慕，欲得而后快，却可能是事实的。

"六王毕，四海一"秦始皇统一六国后，既为了其大一统的帝国版图，也为了占据

---

① 莫炳奎：《邕宁县志·渔业》，1937年。

"越之犀角、象齿、翡翠、珠玑,乃使尉屠睢发卒五十万为五军",部署于从今江西省到湖南西南部,"以与越人战",征服越人地区。① 这就清楚地道明了岭南越人对珍珠的开发,至少在战国时期就已经开始,并享誉中原了。

珍珠在社会上功用多种,贵者以之炫耀唯我独尊,富者以之夸示唯我有财,而平民百姓的子女又以"耳中明月珠"②"双珠玳瑁簪"③ 为美的打扮,男子则以"何以报之明月珠"④ 作为与钟情姑娘交游的信物,珍珠怎么不是何处不用,何人不求呢!

中原如此,越人也不例外。"越俗以珠为上宝,生女谓之珠娘,生男谓之珠儿。"⑤ 因之,"富者多以珠为荣,贫者以无珠为耻,致有'金子不如珠子'之语"。⑥ 南海俗谚云:蛇珠千枚,不及玫瑰,⑦ 言蛇珠贱也。越人谚云:种千亩目奴(柑橘),不如一龙珠,⑧ 道出了越人对好珠的崇尚和追求。

越人居靠海洋,对珍珠的开发也比较早,因此引逗得秦始皇嘴角流涎,眼发亮。从公元前221年至公元前214年,他不惜"伏尸流血数十万",⑨ 命令千万人开凿灵渠,用7年时间征服了瓯骆,在岭南设置了南海、象郡、桂林三郡,专注于对珍珠及犀、象等珍贵海产、陆产资源的搜求。虽然皇家对珍珠等珍贵资源恣意征取,但是用珠的人不分东西南北,买珠的人千千万万,供求相聚,自必成市。所以《述异记》卷上说:"合浦有珠市。"《汉书》卷28下《地理志》载粤地"处近海,多犀、象、毒冒、珠玑、银、铜、果、布之凑,中国(指中原)往商贾,多取富焉",说明了这种情况。

"天下熙熙,皆为利来;天下攘攘,皆为利往。"⑩ 后来凭借汉武帝的姑母馆陶公主显身的董偃,当初就是"与母以卖珠为事"以求生的。⑪ 汉成帝在位时(前32—前7年)京兆尹王章被帝舅王凤诬陷死在狱中,其妻与子因连坐被流放到合浦郡。他们在合浦绝处逢生,融入当地的社群,十多年间,"采珠致产数百万"。⑫ 由此或可约略清楚,四方的人,无贵无贱都崇尚珍珠,欲得之而后快,而当时珍珠产地不多,求之不易,市场供不应求。"玉与石其同匮兮,贯鱼眼与珠玑",⑬ 珍珠的价格自然日日看涨。

(一)合浦珍珠一还

春秋、战国时期,岭南越人地区盛产珍珠,却不知产自岭南的哪个地方。秦始皇垂涎

---

① 《淮南子》卷18《人间训》。
② (汉)乐府诗:《陌上桑》。
③ (汉)乐府诗:《有所思》。
④ (汉)张衡:《四愁诗》之三。
⑤ (南北朝)任昉:《述异记》。
⑥ (清)屈大均:《广东新语》卷15《珍珠》。
⑦ (清)屈大均:《广东新语》卷15《珍珠》:"玫瑰者,龙虷之珠也。"
⑧ 《述异记》卷上。
⑨ 《淮南子》卷18《人间训》。
⑩ 《史记》卷129《货殖列传》。
⑪ 《汉书》卷65《东方朔传》。
⑫ 《汉书》75《王章传》。
⑬ (战国)屈原:《楚辞·七谏·缪谏》。

于岭南的犀、象、珠玑，发兵征讨，设置了南海、象郡、桂林三郡，恣意调取，鉴于记载阙如，也不详出产珍珠的地方具体在哪里。元鼎六年（前111年），汉武帝平定割据的南越国，在岭南设置零陵、南海、苍梧、郁林、象郡、①合浦及交趾、九真、日南等9郡，合浦郡辖徐闻（治今广东徐闻县南）、高凉（治今广东阳江市北）、合浦（治今广西浦北县南）、临允（治今广东新兴县南）和朱卢5县，其地包括今广东省西南和广西的南部地区。西汉成帝时代王章的妻子及子女流放合浦，因采珠儿积财数百万，不言而喻，西汉采珠的地方当是因前之旧在合浦郡所属的海区。所以，三国万震《南州异物志》载："合浦民善游采珠，儿年十余岁，便教入水。官禁民采珠，巧盗者蹲水底剖蚌，得好珠，吞之而出。"② 同时，南朝梁任昉的《述异记》也明确指出："合浦有珠市。"③

"合浦"一称，不论是《汉书》《异物志》还是《述异记》，都是笼统言之，不详该为"合浦郡"还是"合浦县"。《汉书》卷28下《地理志》载合浦郡辖徐闻、高凉、合浦、临允和朱卢（在今广西玉林市南）5县，徐闻为首县，按《汉书》之例，首县即为郡治所在，汉合浦郡当治于徐闻县。黄武七年（228年），吴主孙权"改合浦为珠官郡"，④ 赤乌五年（242年）又将徐闻县改为珠官县，无疑，珠官县为珠官郡的附廓县，是珠官郡的郡治所在。虽说吴主孙亮时（250—258年）又将珠官郡复改为合浦郡，⑤ 珠官县可是延至南北朝齐时（479—502年）始复称徐闻县的。珠官县固然不是采珠的专司机构，却是采珠地方的行政机关，说明此时及其以前，采珠的主要地域是在徐闻县的南部海区，也就是今广东省雷州半岛的南部海域。

---

① 《史记》卷113《南越列传》载："南越已平，遂为九郡。"南朝裴骃《集解》引徐广说，九郡就是"儋耳、珠崖、南海、苍梧、郁林、九真、日南、合浦、交趾"。唐人司马贞《索隐》说："徐广皆据《汉书》为说。"确实，《汉书》卷95《南粤传》即认为"南粤"已平，汉武帝在南粤所置的就是这九郡。但是，一者，南越国存在的时候并未开发海南岛领有其地；二者，汉在海南岛设置儋耳、珠崖二郡不是在汉平南越置九郡的元鼎六年而是在元封元年；三者，汉武帝为防又有人绝五岭割据岭南，特将零陵（治今广西全州县西）、始安（治今桂林市）、洮阳（治今广西全州县北）等与五岭以北的营浦、冷道等县一起在元鼎六年设置零陵郡，属荆州（《汉书》卷28上《地理志》），难道此郡不是平南越后所置？四者，《史记》卷30《平准书》载："汉连兵三岁，诛羌、平南越，番禺以西至蜀南者置初郡十七。"《集解》引晋灼说："元鼎六年定越地，以为南海、苍梧、郁林、合浦、交趾、九真、日南、珠崖、儋耳郡；定西南夷，以为武都、牂柯、越嶲、沈黎、汶山郡；及《地理志》《西南夷传》所置的犍为、零陵、益州郡，凡十七也。"但《史记》卷116《西南夷列传》明载犍为郡置于建元六年（前135年），距元鼎六年（前111年）有24年，怎能说是在"汉连兵三岁"的时域内？因此，晋灼所引的十七郡中当缺一郡。此郡就是象郡。汉高祖五年（前202年）诏曰："……其以长沙、豫章、象郡、桂林、南海立番君（吴）芮为长沙王"（《汉书》卷1高祖纪）。唐颜师古注引臣瓒说："《茂陵书》：象郡治临尘。"《茂陵书》出自汉武帝的陵墓，说明汉高祖至汉武帝时，还存在着象郡，没有废省。又《汉书》卷7《昭帝纪》载，元凤五年（前76年）秋"罢象郡，分属郁林、牂柯。"这就进一步明确了汉武帝平南越国后所置的九郡中有象郡。其地在今桂西、湘西南及黔、滇东南。自唐杜佑《通典》卷184《州郡四》将今桂南的容、白、牢、粤、钦、廉等州认为是秦时象郡地，《十道志》《方舆志》等继之后，于是便成定说。此不合，唐代的粤、廉等州，秦时当为桂林郡地。

② 《太平御览》卷803《珠下》引。

③ （清）王文濡：《说库》，浙江古籍出版社1986年版。

④ 《三国志》卷47《吴主传》。

⑤ 《宋书》卷38《州郡志》。

合浦郡的居民，西汉时为越人，自不同于中原汉族。东汉时，越人衍称为"合浦蛮夷"①或"合浦乌浒蛮"。②所以，三国时万震《南州异物志》载："交、广之界，民曰乌浒，东界在广州之南、交州之北。"③乌浒，是历史上汉文记载对壮族的先称之一。

合浦地属"蛮夷"，又有"瘴气杀人"，④西汉一代，是流放犯人及犯官家属的处所。据《汉书》记载，先后有息夫躬、杜业、王章、毋将隆、郑崇、傅宴、浩商、段犹、淳于长、董贤、卫宝等官员被罢、狱死或被诛后，他们的家属全"徙合浦"。⑤东汉一仍其旧，比如大将军窦宪被削职，其亲信戚属邓叠、邓磊、郭璜、郭举皆投入监狱诛杀，"家属徙合浦"，⑥即是如此。由于合浦是产珠之地，有着一批世代相承、谙熟水性、了解珠情的从业人员。他们有着丰富的与官府的垄断采珠巧相周旋的经验，所以采到的珍珠除了给官府搜刮之外，还有许多流于市面，从而招来天下四方客，使合浦的珍珠买卖热闹成市。杨孚《异物志》关于"合浦民善游采珠，儿年十余岁使教入水。官禁民采珠，巧盗者蹲水底刮蚌，得好珠吞而出"的记载，透露了这方面的信息。

"官禁民采珠"，这是实行官府垄断采珠法。自秦始皇征服岭南越人置南海、象郡、桂林三郡以后迄于西汉、东汉，一直如此。这种"官禁民采珠"，一方面，利之所在、生之所系，固不能禁绝群众采珠。"莫向海边弄明月，夜深无数采珠人"，⑦道出了这方面的实情。另一方面，却大大地诱导和刺激了官员们的贪欲和腐败。"广州包带山海，珍异所出，一箧之宝，可资数世。然多瘴疫，人情惮焉。唯贫窭不能自立者，求补长史，故前后刺史等多贪贱货。"⑧

"隋侯之珠，和氏之璧，得之者富，失之者贫。"⑨这是西汉淮南王刘安的言论。东汉王符《浮侈篇》载："昔孝文帝（汉文帝）躬衣弋绨，革舄（xì，鞋）韦带，而今京师贵戚衣服饮食、车舆庐第奢过王制，固亦甚矣。且其徒御仆妾皆服文组彩碟、绵绣绮纨、葛子升越、筒中女布。犀、象、珠、玉、琥珀、玳瑁、石山隐饰、金银错镂，穷极丽靡，转相夸咤。"⑩京城的权贵们视珠为富，穷奢极欲，互相炫耀，观上比下，斗富成风。珠玉犀象从何而来？固然皇家有恩赐，但更多的是各地的牧守们给他们的进献赠予。因此，权贵们在日歌夜舞、欢娱奢侈之余，总引领企望进京官员的进献。

建武十六年（40年），"交趾女子征侧及女弟征贰反，攻没其郡，九真、日南、合浦蛮皆应之，寇略岭外六十余城，侧自立为王"。十八年（42年），伏波将军马援奉命率师

---

① 《后汉书》卷24《马援传》；卷5《安帝纪》。
② 《后汉书》卷8《灵帝纪》。
③ 《太平御览》卷786引。
④ 《南齐书》卷15《州郡志》。
⑤ 《汉书》卷45《息夫躬传》，卷60《杜周传》，卷76《王章传》，卷77《毋将隆传》，卷82《傅喜传》，卷84《翟方进传》，卷88《师丹传》，卷93《佞幸传》，卷97下《外戚传》。
⑥ 《后汉书》卷10上《皇后妃》；卷23《窦宪传》。
⑦ （宋）郭功甫：《寄苏子瞻自珠崖移合浦》。
⑧ 《晋书》卷90《吴隐之传》。
⑨ 《淮南子》卷6《览冥训》。
⑩ 《后汉书》卷49《王符传》。

南征。他在岭南历尽艰辛，平定了征侧为首的反叛。征战中，他为了预防瘴气，轻身省欲，常以薏苡熬粥进食。因见交趾的薏苡实大，返京时就装了一车子的薏苡回北方作种子。不想京中的权贵望着这密密实实的一车子，以为是"南土珍怪"，都眼巴巴地引领而望，心想他会送给他们一份的。谁知一个个都落空了，他们心中失望之恨真难以言说。鉴于当时马援胜军而还，很得汉光武帝的宠信，没人敢说。待到马援死了，便有人上书皇帝，说他从交趾运回京城的一车子，装的都是"明珠文犀"，一个人全吞了。一人倡首，众人附和，都数说马援独肥的罪状。皇帝听了，心中也冒起了万丈怒火。马援的妻儿吓得胆战心惊，不敢将他拉回老家归葬于祖坟，只在洛阳城西买地草草埋葬，"宾客故人莫敢吊会"。① 那个时候，岭南这个地方，诚如吴祐所指出的，虽"远在海滨，其俗诚陋，然旧多珍怪，上为国家所疑，下为权戚所望"。②

岭南盛产珍珠，在其地做官，既易为皇帝所疑，又易使京中权贵戚属心生希望，成了京城人们心驰的中心，是非丛集的所在。于是，那些想在岭南为官一任大捞一把的人就更肆无忌惮。他们利用握着的权力，变换手法，巧借名目，胁迫群众为其下海肆行搜蚌割珠。长年累月，日削月唆，东汉中期以后合浦郡的蚌珠资源已经出现枯竭的现象。

汉顺帝（126—144年）时，孟尝出任合浦郡太守。"郡不产谷实，而海出珠宝，与交趾比境，常通商贩，贸籴粮食。先时，宰守并多贪秽，诡人采求，不知纪极，珠遂渐徙于交趾郡界。于是，行旅不至，人物无资，贫者饿死于道。（孟）尝到官，革易前敝，求民病利。未曾逾岁，去珠复还。百姓皆反其业，商货流通，称为神明。"③ 这就是千古传为美谈的"合浦珠还"的故事。过度采珠，光采不护，海中珠苗遭到灭绝性的厄运，因而无珠，并不是什么"珠遂渐徙"于别处。孟尝履职，革易前面历任太守们滥采的弊端，对合浦珍珠资源采取了一些保护性措施，使珍珠资源得到保护和繁衍，因此重新有珠可采，也不是什么"徙珠复还"。

帝王求贡，官员贪赎，京中权贵又望能分得一杯羹，加上社会对珍珠的需求量大，群众恣意偷采，导致了合浦珍珠资源濒临灭绝。

（二）合浦珍珠二还

宫廷对珍珠的浩大消费，前后刺史上承权贵下贪私囊，而社会众多需求导致群众性的私自采集，特别是地方势力集团横行无忌地对珍珠恣意搜刮，使合浦郡珠官县采珠海域珍珠资源濒临灭绝。比如，三国前期，士燮归属吴王，"每遣使诣（孙）权，致杂香细葛，辄以千数。明珠、大贝、琉璃、翡翠、玳瑁、犀、象之珍，奇特异果蕉、邪、龙眼之属，无岁不至"。④ 在这种情况下，即使孟尝任官清廉，革除前弊，保护珍珠资源措施得当，使合浦珠还，但继任的未能如孟尝一贯以行，珠官县附近海域的采珠点已难一复当初，不过勉强能采之而已。

吴国孙权统有岭南，采纳了薛琮的建议，对岭南土著县官实现羁縻，"示令威服"，

---

① 《后汉书》卷24《马援传》。
② 《后汉书》卷64《吴祐传》。
③ 《后汉书》卷76《孟尝传》。
④ 《三国志》卷49《士燮传》。

不"仰其赋入以益中国"（中原），唯令"致远珍名珠、香药、象牙、犀角、玳瑁、珊瑚、琉璃、鹦鹉、翡翠、孔雀奇物，备充宝玩"。① 所以，孙权及其子孙对珍珠"所调猥多"，唯恐"百姓私散好珠，禁绝往来"，"珠禁甚严"。但由于海珠资源已大不如前，征调的额"限每不充"。②

西晋一统全国，交州刺史陶璜倡议，晋武帝司马炎同意，实行了珠采开放的政策，让民自由采珠，所得珠，"上珠三分输二，次者输一，粗者蠲除；自十月讫（次年）二月非采上珠之时，听商旅往来如旧"。③ 此类珠开放，实际上只是半开放的性质，采得上珠要交给官府三分之二，次珠也要对半分，而一年中有可能采得上等珍珠的3月至9月则不准商旅进入合浦郡地界，以确保上等珍珠的绝大部分归于王家所有而不致流入社会。

不过，鉴于数百年的对野生珍珠的毫无节制掠夺性的狂采滥刮，珠官县附近海域的珍珠资源已经黄杨厄闰，濒临枯竭。珠官之县已经名不副实，迄于5世纪后期，南朝齐时（479—502年）废省了珠官县。珠官县的废省，标志着合浦郡的珠产已不在今广东徐闻县附近的海域。

据《元和郡县志》载，"汉置左右侯官，在徐闻县南七里，积货物于此备其所求，交易有利，故谚曰：欲拔贫，诣（到）徐闻"。④ 汉代，岭南商贸的都会是番禺（今广州市），《汉书》卷28下《地理志》说得很清楚，为什么汉朝在这偏僻的徐闻县储积货物准备有所交易呢？显然徐闻县当时是珍珠的产地，人家采得珍珠来交不能不给人以酬劳。"欲拔贫，诣徐闻"的谚语，道出了汉代到徐闻县采珠和贩珠的巨额赢利，犹如王章的妻儿被流放到合浦郡，数年间因"采珠致产数百万"⑤ 一样。孙权唯恐好珠流失，加强对采珠的监管，特将合浦郡改为珠官郡，并将徐闻县改为珠官县。

汉代，合浦郡治徐闻县，其南部海域出产珍珠。《汉书》卷6《武帝纪》师古注引东汉应劭说，珠崖、儋耳"二郡在大海中。崖岸之边出真珠，故曰珠崖"。郭璞《江赋》有"琼蚌唏曜以莹珠，石砝应节而扬葩"之句，⑥ "琼"就是指琼海，即雷州半岛与海南岛之间的海峡。这印证了汉代今雷州半岛与海南岛之间的海域出产珍珠。孙权改合浦郡为珠官郡，改徐闻县为珠官县，正是加强对此一海域珍珠采集的管理。

西晋统一全国，合浦郡在原来的基础上，又设置了徐闻、荡昌、晋始三县，于是晋代合浦郡辖有珠官、合浦、南平、毒质、徐闻、荡昌、晋始七县。⑦ 齐废省珠官县，⑧ 表明雷州半岛附近海域珍珠资源枯竭，代之而起成为新的采珠热点的，就是合浦郡合浦县面临

---

① 《三国志》卷53《薛琮传》。
② 《晋书》卷57《陶璜传》。
③ 同上。
④ （宋）王象之：《舆地纪胜》卷118《雷州》引。
⑤ 《汉书》卷76《王章传》。
⑥ （南北朝）萧统：《文选》卷12。
⑦ 《晋书》卷15《地理志》合浦郡无晋始县，《宋书》卷38《州郡志》合浦郡有晋始县，说是晋武帝时立。
⑧ 《晋书》卷15《地理志》和《宋书》卷38（州郡志）均有珠官县，《南齐书》卷14《州郡志上》合浦郡下却无其县，明珠官县废省于齐。

的海域。随之，合浦郡的郡治也移至了合浦县。①

泰始中（465—471年），宋于"夷獠丛居""略无编户"的合浦郡置越州。元徽二年（474年），刺史陈伯绍"穿山为城门"，"建立州镇"，"威服俚獠"。②梁普通四年（523年），改越州为合州，③后又复为越州。隋改越州为禄州，不久复改和州，随即降为合浦郡，以"俚獠"首领宁宣为太守。武德五年（622年），唐以合浦郡西部为越州，以宁宣子宁纯为刺史；东部为和州，以宁宣族人宁道明为刺史。④贞观八年（634年），唐改越州为廉州。贞观六年（632年），唐太宗在合浦县南相近之地设置珠池县，虽然此县仅存在6年，十二年（638年）即废省了，⑤却可由此知道唐朝建立以后对合浦采珠的重视。

唐朝是我国中世纪社会的繁荣时期，随着社会经济实力越发雄厚，统治集团的奢侈腐化也跟着来了。唐玄宗李隆基登上皇位的最初几年，还表示以俭治国，鄙视珠玉服色，比如开元二年（714年）七月，他即命令将宫廷中的"珠玉锦绣等服玩"搬出来，于正殿前烧了，并"禁采珠玉及为刻镂器玩、珠绳帖绥服者，废织锦坊"。八月又"禁女乐"。⑥但是，他没有操守，时移志夺。开元二十四年（736年），他见杨太真"善歌舞，邃音律"，擅于承意让人高兴，"大悦"之，封为贵妃，形影不离，随手就赐杨贵妃及其姐妹"钱岁百万为脂粉费"，掀起历史上新一轮奢侈恣情、夸多斗靡，以生活奢侈互相竞胜的风潮。"妃每从游幸，乘马则（高）力士授辔策。凡充绣官及治郁金玉者大抵千人，奉须索奇服秘玩，变化若神。四方争为珍怪入贡，动骇耳目。于是，岭南节度使张九章、广陵长史王翼以所献最，进九章银青阶，擢（王）翼户部侍郎，天下风靡。"⑦

岭南节度使张九章所进贡的，自然就是包括合浦珍珠在内的岭南土特产。官员千方百计搜刮以供上，采无定时，穷采而不知其极，合浦珍珠资源遭到了毁灭性的破坏，至天宝年间（742—756年），合浦就无珠可采了。

广德二年（764年）任镇南（今越南北方）都护府副都护的钦州人宁龄先《合蒲珠还状》称：

> 合浦县海内珠池，自天宝元年（742年）以来，官吏无政，珠逃不见，二十年间，阙于进贡。今年二月十五日，珠还旧浦。臣按《南越志》云"国步清，合浦珠生"，此实国家之宝瑞。其地元（原）敕封禁，臣请采进。⑧

合浦珍珠是合浦县附近海中某些贝类在一定的外界环境刺激下，而分泌并形成与贝壳

---

① 《南齐书》卷14《州郡志》合浦郡辖县名列顺序虽徐闻县为首，合浦为次，但《水经注·温水》说牢水"南出交州合浦郡，治合浦县"。《水经注》作者郦道元（466年或472—527年）活当齐时，可证其时合浦郡治在合浦县。
② 《南齐书》卷14《州郡志上》。
③ 《梁书》卷2《武帝纪》。
④ 《新唐书》卷222下《南平僚传》。
⑤ 《旧唐书》卷41《地理志》。
⑥ 《新唐书》卷5《玄宗纪》。《旧唐书》卷8《玄宗纪》载唐玄宗焚珠玉一事在六月。
⑦ 《新唐书》卷76《杨贵妃传》。
⑧ 《全唐文》卷438。

珍珠层相似的固体且有明亮艳丽光泽的粒状物，无逃走之理，但是由于地方官为自己升迁的私利，开元（713—741年）末天宝（742—756年）初强迫群众掠夺性地进行狂搜滥采，致使其资源枯竭，无珠可采，"二十年间，阙于进贡"。于此之下，唐朝统治集团被迫意识到对珍珠的疯狂性掠夺带来的严重后果，对产珠海域进行"封禁"。经过20年的休养生息，到广德二年（764年）二月十五日发现"合浦珠还"有珠可采了，于是宁龄先上此《合浦珠还状》，建议开禁进行采珠。

"昔时孟太守，忠信行海隅。不贱蚌蛤胎，水底多还珠。"① 唐广德二年（764）的"合浦珠还"，可是自东汉顺帝孟尝任合浦郡太守以后的再一次合浦珠还，其教训何其深刻啊！

（三）合浦珍珠资源枯竭

帝王之家无限额的奢求，地方官员徇情的滥采，盗者或为衣食所迫或为赢利所诱，与官府巧为周旋，恣意偷采，使得珍珠资源大受破坏。"合浦珠逃"一再出现，迫得统治集团不得不实行"禁断"的措施。

明朝人彭大翼《山堂肆考》称"大历中（766—799年），容州海渚产珠，置官掌之"。容州指容州都督府，大历中治今广西北流市，管辖廉州。"置官掌之"，不见于《新唐书》《旧唐书》的记载，不详彭大翼据什么记载而言说。广德二年（764年）宁龄先有《合浦珠还状》上奏，可能唐朝即因此而为帝王家采珠，设官以加强管理。这种只许州官放火不准百姓点灯的政策，虽保证了帝王一家对珍珠的消费，饱了当管官员的私囊，却断了社会上千千万万人对珍珠的需求。

咸通四年（863年），唐懿宗提出"廉州珠池与人共利"的主张，说："近闻本道禁断，遂绝通商。宜令本州：任百姓采取，不得止约！"② 虽然，此后仍有反复，合浦等州县的官员以及恶霸势力集团也以恃权克扣或恃势而攘为己有，但是，"廉州珠池与人共利"的导向已传于社会，逐渐深入人心，廉州珠池已非帝王一家所独有，珠池所产珍珠已不是仅供帝王一家所消费。也就是从这个时候起，文献记载有关廉州珍珠采集的记述比较多了。

唐末刘恂《岭表录异》载：

> 珠池。廉州边海中有州岛，岛上有大池，谓之珠池。每年（刺史）修贡，（自监）珠户入池采珠（以充贡赋者），皆采老蚌，剖而取珠。池在海上，疑其底与海通。（又池水至深，无可测也。）
>
> 珠如豌豆大，常珠也；如弹丸者，亦时有得；径寸照室之珠，卒不可遇也。又取小蚌肉贯之以篾，曝干，谓之珠母（肉）。容、桂人率将（如）脯烧之，以荐酒也。中有细珠如粱粟，乃知珠池之蚌随其大小，悉胎中有珠矣。③

---

① （宋）陶弼：《题廉州孟太守祠堂》，（宋）王象之《舆地纪胜》卷120《廉州》引。
② 《旧唐书》卷19上《懿宗纪》。
③ 《太平御览》卷941引。括号中的文字，补自（明）陶宗仪辑《说郛》卷34所载的《岭表录异记》。《岭表录异记》即《岭表录异》。

刘恂说出了大、中、小三种规格珍珠的出产情况以及所需珠类产自何种蚌。他指出产珠的"廉州边海中有州岛",或为《太平寰宇记》卷169《太平军》引的南朝刘欣期《交州记》所载的围州:"合浦十八里有围州,周围一百里,其地产珠。"珠池,首见于唐太宗贞观六年(632年)在合浦县南设置的珠池县。以后,珠池便成为珠蚌集中的海域的称谓,比如开成三年(838年)马植所说的"陆州界废珠池复生殊",① 以及咸通四年(863年)唐懿宗所说的"廉州珠池",② 即是如此。《郡国志》载:"合浦县海曲出珠,号曰珠池。"③ 海曲,就是海里曲折隐秘的地方。刘恂未承此说,认为"岛上有大池,谓之珠池"。"池在海上,疑其底与海通。"这无疑误导了后人。

宋初乐史《太平寰宇记》卷169《太平军》载:

> 珠母海。大海在(合浦)县西南一百六十里,珠母之海去县八十里。采珠之所,即合浦也。凡珠珰,出于蚌。蚌母广数寸,长尺余。

太平军就是廉州,太平兴国八年(983年),宋以廉州改太平军,咸平元年(998年)又以太平军复为廉州。"珠母者蚌也",④ "珠母之海",就是珠池。大海在合浦县治所在西南160里,珠池距离县治所在仅80里,说明珠池是在陆地上不是在大海之中。

北宋张师正在《倦游杂录》里指出:

> 《岭南杂录》云:"海滩上,有珠池,居人采而市之。"予尝知容州,与合浦密迩,颇知其事。珠池凡有十余处,皆海也,非在滩上。自某县岸至某处,是为某池,若灵渌、囊村、旧场、条楼、断望,皆池名也,悉相连接在海中,但因地名而殊矣。断望池接交趾界,产大珠,而蛋往采之,多为交人所掠。海水深数百尺以上,方有珠,往往有大鱼护之,蛋亦不敢近。⑤

此段文字中不仅对自《岭表录异》以来关于珠池位居陆地或沙滩的误识作了纠偏,而且点出了当时合浦县附近海域上的主要珠池。其中,断望池可是自宋而降至清朝初年的著名出产好珠的珠池。所以,不论是南宋蔡绦《铁围山丛谈》、周去非《岭外代答》,还是清朝初年屈大均的《广东新语》卷15《珍珠》,都说珠"出断望者为上"。

咸通四年(863年)唐懿宗实行"廉州珠池与民共利"结束帝王垄断廉州珠池之后,廉州珠池就不能不断了蓄老蚌成好珠的机会了。原因就是各方之民为着利益的驱使,不时地纷然而出,实行掠夺式的对珍珠进行采集。

---

① 《旧唐书》卷176《马植传》。
② 《旧唐书》卷19上《懿宗纪》。
③ (宋)王象之:《舆地纪胜》卷120引。
④ (宋)蔡绦:《铁围山丛谈》,《舆地纪胜》卷120引。
⑤ 引自(宋)江少虞《宋朝事实类苑》卷61,上海古籍出版社1981年版,第804页。

"螺蚌之产珠也，一采之后数年而始生，又数年而始长，又数年而始老。"① 这是客观规律。没有约束性的相竞自由采集，蚌珠无时不受到骚扰，无法聚集，无法生长，无法成熟，无法孕珠，更无法老化而让珍珠长大。

宋朝人陶谷《清异录》载，五代后汉乾祐三年（950年），郭允明追杀汉隐帝。隐帝"手中犹持小摩尼数珠凡一百八枚，盖合浦珠也。郭允明劫去"。说明于此之前，合浦珍珠在全国各地所产的珍珠中，还是旗帜独艳，其名特响的。

可是于此之后，合浦却很难找到好的珍珠。五代时刘䶮割据岭南，建立南汉，奢侈荒淫，"置兵八千人，专以采珠，目曰'媚川都'，每以石硾其足，入海至六、七百尺，溺而死者相属也。久之，珠玑充积内库，所居殿宇、梁栋、帘箔，率以珠为饰，穷极华丽。"② 南宋宝庆三年（1227年）成书的王象之《舆地纪胜》卷120认为，媚川都在廉州，"今合浦县尚有媚川馆"。但是，在他之前50年做官于与廉州毗邻的钦州的周去非，其《岭外代答》卷7《珠池》却说"东海广中亦有珠，伪刘置军采之，名媚川都，死者甚多"，不认为刘所置的媚川都是在合浦县。合浦早产珠，珠名响，自五代以后帝王家却很少命令部属组织开发了。

南宋绍兴二十六年（1156年），宋高宗"诏廉州岁贡珠"。但由于"闻取之或伤人命，自今可罢贡"，③ 似不真实。帝王驱天下之民以满足自己的欲望，哪里会因"伤人命"而罢采珠呢！其中的根本原因，很可能是伤了人命而不能得到好珠。

元代，官府没有在廉州组织规模性的采珠活动，倒是在广州等地的海面上进行了。据《元史》卷175《张珪传》载，大德元年（1297年），官府组织700多户民在广州东莞县大步海及惠州珠池进行了一次规模性的采珠活动，结果"一采仅获小珠五两、六两，入水为虫鱼伤死者众，遂罢珠户为民"。

明朝历代皇帝，将唐懿宗"廉州珠池与民共利"的许诺置诸脑后，在合浦，珠池外设栅栏，设官监守，不得随便进入，由官家主持实行十年一采制。"天顺间（1457—1464年）尝一采之，至弘治十二年（1499年），岁久珠老，得珠最多。费银万余，获珠二万八千两，遂罢监守中官（太监）。正德九年（1514年）又采，嘉靖五年（1526年）又采，珠小而嫩，亦甚少"，仅得80两。八年（1529年），明世宗复下诏在合浦采珠。两广巡抚林富上疏乞罢采珠，明世宗置之不理，照采不误。④

频采不已，合浦珍珠日日见少。"明万历中（1572—1620年），尝遣中使采办。此时所入，尚有大小中下之分。（天）启（1621—1627年）、（崇）祯（1628—1644年）间则微矣。""明末罢采珠，锢禁不入，蚌产亦渐微。向泅者中夜窃取，尝束手还，无所得。""今禁久驰，合浦徒以产珠名，旧家即颗粒无有也。"⑤

---

① （明）林富：《乞罢采珠疏》，《合浦县志》。
② （宋）王辟之：《渑水燕谈录》卷9。
③ 《中兴小典》，（宋）王象之《舆地纪胜》卷120引。
④ 《明史》卷82《食货志》。
⑤ （清）宋启风：《稗说》卷3《合浦珠池》，中国社会科学院历史研究所明史研究室《明史资料丛刊》第二辑，江苏人民出版社1982年版。

合浦郡面着海洋，合气候的条件，得天独厚，积数百年甚至上千年的遗存，一旦开发合浦珠便名倾天下，饮誉中原，使人们奔走相告，以先得合浦珠而后快。以后帝王家凭借其权力，垄断珠池，竭其珠而为己用，导致历史上一而再，再而三地出现"合浦珠逃"，最后而至空荡大海，无珠可采。"安得珠出如往昔？"[①] 这是值得深省的。

三 渔业风俗

江海行船，入水作业，不论是捕捉鱼类还是潜入深海采珠，都是进入鱼鳖世界里作业。人是陆上动物，进入另一个非己所习的陌生环境中作业，自然危险多多。

在趋吉避凶的思想指导下，历史上壮群体越人及其后人于是有了行船入水的惯行习俗。

（一）"鸡骨占年拜水神"

远古越人住在水边，入水捕鱼，"断发文身以像鳞虫"，久而久之，形成了断发文身习俗。这是壮傣群体越人及其后人为了入水作业时趋吉避凶、确保人身安全而定型下来的心态习惯。断发文身习俗，道出了壮傣群体越人对水中湾鳄的畏惧，被迫"断发文身"以像其类，使它们错其视角、乱其认知，减少危险，并不是对水中鳄鱼的崇拜。

水中有凶恶可以致人生命危亡消失的巨型动物，如鳄鱼等，更富藏众多的鱼虾可以供人饱暖以养身续命。利弊权衡，壮傣群体越人一方面断发文身以像虫鳞，迷惑鳄鱼；另一方面祈求水神，抑制鳄鱼狂态，保护入水作业人员安全。于是，在越人中形成了水为生命之源的意识观念，成就了他们临水而居、望水而生、入水试儿、浴水出月、死告水神买水浴尸等一系列的人生习俗。"鸡骨占年拜水神"，[②] 清楚地显示了壮傣群体越人对水神的崇拜以及用卜筮来决嫌疑、定祸福的传统习俗。

五代段公路《北户录》卷 2 载："南方逐除夜（除夕）及将发船，皆杀鸡择骨为卜，传古法也。占吉，即以肉祠船神，呼为孟公孟母。"《汉书》卷 25 下《郊祀志》载汉武帝既灭了南粤，粤人勇之向他推荐粤人习用的粤祝祠和鸡卜很灵验。汉武帝"信之，粤祠、粤卜"，自此在西汉宫廷里开始使用。段公路所说的壮群体越人及其后人"传古法也"，即是就此而言。他的记载，点明了壮群体越人西汉以前即使用了鸡卜巫祝。

壮群体越人对水神十分敬奉，唯恐点照有漏而惹水神生气，予以惩戒。因此，《太平御览》卷 803《珠下》引徐衷《南方草木状》说他们入水作业，行船、捕鱼或采珠，下水之前一无例外地都要敬献水神。用象、牛、猪、狗、鸡五牲祈祷，虔诚地求护于水神。如果祠祭有漏或失去检点，礼仪不周，风便会翻腾海水或遭遇鳄鱼、鲨鱼等大型水中动物的袭扰，难以生还。这就是唐朝著名诗人王建《海人谣》所咏叹的"海人无家海上住，采珠杀象为贡赋。恶波横天山塞路，未央宫中（珍珠）常满库"。[③]

中原汉族，最隆重的祭祀礼仪，是帝王、诸侯祭祀社稷的用纯一色的牛、猪、羊三牲俱全的"太牢"。壮群体越人及其后人祭祀水神则以"五牲祈祷"，更其隆重，而且以重

---

① （明）梁佩兰：《采珠歌》，《岭南历代诗选》，广东人民出版社 1985 年版。
② 《柳州峒氓》，《柳河东集》卷 42。
③ 《全唐诗》卷 298，中华书局 1960 年版。

等数牛的大象领头作祭品,费用之巨,手续之繁,礼仪之隆,心地之诚,更不是中原帝王、诸侯以"太牢"祭祀社稷可以伦比的。

这就是柳宗元所说的唐代壮族先人的"鸡骨占年拜水神"。

(二) 祭伏波神

进入明朝,随着水神崇拜意识的淡薄、消失,壮族行船或入水捕鱼、采珠,大多是祭祀伏波神。

伏波,就是东汉初年率师进入交趾平定征侧、征贰姐妹反汉起兵的伏波将军马援。他率师返京后,得到东汉皇帝的信任。晚年,他又率兵镇压今湖南武陵地区的"蛮溪"。此次,他久战无功,卒于军中。过去的宿敌趁机诬陷,说他当年从交趾返京时拉着密密实实的一车货,声言装的是薏苡,实际是珍珠宝物。皇帝大怒,对他夺爵免职,死几无葬身之地。

伏波将军马援被历史重新挑出来,是在唐代。李观《祭伏波神文》说:

> 破斩征侧,实平交趾;来征蛮溪,未卒而死。小人赤口,曷本于理?薏苡南还,明珠谤起。乃收侯印,爵不及子。唯德不忘,爱在社里。筑庙以祭,人敬其鬼。久而若新,千载不毁。诘诘嗞嗞,易白成缁(zī 黑色)。①

此文其意就是说,贪利小人颠倒黑白,造谣中伤,虽然得逞于一时,但马援功在国,德在民,人民纪念他。

李观生于唐大历元年(766年),卒于贞元十年(794年)。贞元五年(789年),李观24岁进京应试,三年后即贞元八年(792年)与大文学家韩愈同登进士第,次年又中博学宏词,授官太子校书郎。可惜,就在任职后的第二年,即贞元十年(794年)他就死了。卒时,年仅29岁。以李观的经历可以知道,他写的《祭伏波神文》所说的东汉伏波将军马援的"爱在社里,筑庙以祭,人敬其鬼",是在中原,不是在岭南地区。

与李观同榜进士的韩愈,元和十四年(819年)即李观死后25年,因劝唐宪宗停止供佛骨被贬为潮州(治今广东潮安县)刺史。他在广东写的《南海神庙碑》说:"月光穿漏,伏波不兴",②"伏波"二字并不是指伏波将军马援,而是"波涛伏息"的意思。而且,主管"伏波不兴"的是"南海神"不是"伏波神"。这说明当时中原人筑庙祭祀伏波将军马援的风习,或者没有传至岭南,或者已传至岭南,但是,岭南人眼中主管河海狂澜的不是伏波神。

又过了近30年,著名诗人李商隐无意中卷入牛李党争,唐宣宗(847—860年在位)登基后因牛党得势遭排斥,走岭南投靠桂管观察使郑亚。他在桂州,为"中丞荣阳公"郑亚写了一系列的祭文,都刊在《全唐文》卷781中。其中,除了《赛(祭祀)桂州城隍神》《赛理定县(在今永福县)城隍神》《赛灵川县城隍神》《赛荔浦县城隍神》《赛永

---

① 《全唐文》卷535。
② 《昌黎集》卷31。

福县城隍神》和《赛越王神》等外,还有《为中丞荥阳公祭全义县(治今兴安县)伏波神文》。该文虽然说"越城旧疆,汉将遗庙";"漓湘之浒,祠宇依然",但是,他并不说明这个"伏波神"所指的是谁人。

西汉与东汉,各有一个被封为"伏波将军"的人与岭南地区发生过关系:一是西汉元鼎五年(前112年)率楼船南征灭南越国的伏波将军路博德;① 二是东汉建武十八年(42年)率军从合浦出海,缘海而进交趾郡平息征侧、征貳姐妹反汉的伏波将军马援(字文渊)。② 无疑,"越城旧疆""漓湘之浒"的"汉将遗庙"当是指西汉的伏波将军路博德,而不是东汉的伏波将军马援。因为马援驰力之处是交趾郡,无德于"越城旧疆",恩威于"越城旧疆"的是路博德。所以,南宋后期重要诗词作家刘克庄《伏波岩》诗有句说:"缅怀两伏波,往事可追忆。铜柱成浪泊,楼船下湟水。时异非一朝,地去亦万里。山头路博德,今为文渊矣。谓予诗弗信,君请订诸史。"③ 而且,李商隐的诗也没有指明伏波神是主管水中狂澜与水中生物的神灵。伏波神只是像各州县的城隍神以及越王神一样,泛泛地起着"驱除疠疫""长庇吾人,福佑柔良"作用的神灵。

在桂州期间,李商隐写了许多诗,其中有《异俗》二首,写的是壮族先人不同于中原汉族的风俗。其二句说:"户尽悬秦网,家多事越巫。未曾容獭祭,只是纵猪都。点对连鳌饵,搜求缚虎符。"④ "户尽悬秦网",道出壮族先人入水捕鱼的普遍性。"秦网",秦时的网。李商隐在桂州时,距秦朝灭亡已经1050多年,此"秦网"即是泛指旧网,落后的网。"家多事越巫"的"越巫",即越人巫觋。入水作业之前,壮群体越人的后人大都请来巫觋用"猪都"(猪头)祭祀水神,消灾祈福,保佑平安。但是仅仅如此还不够,还要带上一旦遭遇大鱼时将其引开的诱饵,带上巫觋画的降恶符咒的牌牌。这就是"点对连鳌饵,搜求缚虎符"两句的意思。如此,李商隐的《异俗诗》点明了唐代壮群体越人的后人认为平波伏魔、保佑水上作业平安的不是伏波神,而是在越巫越祝作用下的水神。

"滩神凭险成遗庙",⑤ 这是壮群体越人及其后人"万物有灵"信仰的必然。然而,唐及北宋前期从大陆渡海往海南岛,惊险万状,虽立有神庙,但大陆一方雷州只有雷公庙,海南儋州一方只有"浴泊石神",没有"伏波神"。⑥

伏波神起于北宋中期。绍圣(1094—1098年)苏东坡贬居海南,有《伏波将军庙碑》说:"海上有伏波祠,元丰年中(1078—1085年)诏封忠显王,凡济海者必卜焉,曰:'某日可济乎?'必吉而后敢济,使人信之如度量衡石,必不吾欺者。……四州之人,以徐闻为咽喉;南北之济者,以伏波为指南。事神,其敢不恭!"而此伏波神,是西汉路博德还是东汉马援,苏东坡也没弄清:"古今之传,莫能定于一",只能是"至信可恃汉

---

① 《史记》卷113《南越尉佗列传》。
② 《后汉书》卷54《马援传》。
③ (清)汪森:《粤西诗载》卷3。
④ (清)汪森:《粤西诗载》卷10。
⑤ (元)刘志行:《藤江》,(清)汪森《粤西诗载》卷14。
⑥ (宋)乐史:《太平寰宇记》卷169。

两公，寄命一叶万仞中"。①

南宋以后，"伏波神"凝于马援，并扩散开来，成了壮群体越人后人普遍信仰的"伏波保安"的神灵。他们行船过滩、入水作业，都要祭祀伏波神。

第二节 狩 猎

狩猎、下水捕鱼捉虾和采集，是人类最初的生产活动，是原始人类完全依赖于自然界赐予时代可以提供食物、存续种群的生产活动。在旧石器时代是如此，新石器时代也基本是如此。

进入农耕社会以后，采集提供食物的作用逐渐削弱，但是"春来箐密喜装搪"，"牵犬登山乐事多"，②狩猎仍是壮群体越人及其后人社会中男子的主要职业之一。

一 狩猎

《汉书》卷28下《地理志》载："江南地广，或火耕水耨，民食鱼稻，以渔猎山伐为业。"此一记载，清楚地说明了壮群体越人进入农耕生活时代以后，狩猎仍然与稻作、渔业一道，共同构成了壮群体越人社会成员的主要食物来源。当然，在此三项食物来源中，对绝大多数的社会成员来说，稻作是居于主要地位的，而渔业和狩猎则位于其次，仅仅作为补充性的食物来源，属于野味性的和菜肴性的，有它可以大享口腹，无它也无伤大雅。"春来箐密喜装搪"，"牵犬登山乐事多"，③狩猎对男子来说，也不失其为娱乐的属性。

此种情况，延续和贯穿了壮群体越人及其后人的整个古代社会。比如，清朝年间，广西阳朔县"壮多民少"，"其素业非渔则猎，非农则樵，谷蔬绨布，衣食常足"；④广西河池州（今河池市）壮人"山中多射鸟兽，江边或射鱼鳖"；⑤广西西林县壮人"遇山有水则种植于山巅，引以灌溉，闲则猎较"；广西安定土司（治今广西都安县城）壮人"垦地种稻植麻，不知治圃及一切营生事业，闲居惟尚格斗，或渔、猎于山溪"；⑥云南壮人，"以耕种、渔、猎为业"，⑦"以耕、渔、射猎为生"；⑧等等。农耕生活时代，壮人耕作之余进行渔业和狩猎，这是普遍存在的。捞虾捡螺，妇女或可参与其中；射鸟捕兽，则是成年男子的营生。

古代，壮群体越人及其后人男人热于武术，习于战斗，驰捕麋兔，仰射飞鸢，也是品题技艺高下的一种方式。南宋周去非说："尝有官员自依峒借人夫至钦（州）。所从数人，

---

① 《苏东坡全集·后集》卷15，中国书店1986年版。
② （明）桑悦：《记壮俗诗六首》，（清）汪森《粤西诗载》卷16。
③ 同上。
④ 《古今图书集成·方舆汇编·职方典》卷1402《桂林府风俗考》。
⑤ 《古今图书集成·方舆汇编·职方典》卷1415《庆远府风俗考》。
⑥ 《古今图书集成·方舆汇编·职方典》卷1421《思恩府风俗考》。
⑦ （明）李熙龄：道光《普洱府志》卷18。
⑧ （清）王崧：道光《云南志钞》卷184。

道间麋兴于前，能合而取之；鸢飞于天，能仰而落之。"①"麋兴于前能合而取之，鸢飞于天能仰而落之"，固然是对壮族先人男子技艺高超的品评赞许，也是历史上壮群体越人及其后人平日练习较斗武技的一种考评方式和追求目标。

狩猎有围猎和装搪等方法。"纵猎万人呼，尘流翳白日"，②无疑是一种围猎形式。同治年间（1862—1874年）安平州土官李超绪每年正月间都要上山打猎。去时，他都征调十个或八个佃丁跟他去当"猎狗"，这也是围猎。③装搪既是针对小兽也是搏捉猛兽的狩猎方法。明朝桑悦《记壮俗》诗中的"春来箐密喜装搪"，就是指此而咏的。清朝乾隆三十一年（1766年），赵翼任镇安府（治今广西德保县）知府。他在其《粤滇杂记》中有一则记载：

镇安多虎患，其近城者常有三虎。……余募能杀虎者，一虎许赏五十千。居人设阱弓及地弩之类，无不备，终莫能得。槛羊、豕以诱之，弗顾也。

人之为所食者，夜方甘寝，忽腹痛欲出便。其俗屋后皆菜园，甫出门至园，而虎已衔去矣……人家禾仓多在门外，以多虎，故无窃者。余尝有句云：俗有鬼神蚕放蛊，夜无盗贼虎巡街。盖事实也。

余在镇安两年，惟购得一虎、五豹。豹皆土人擒来；虎乃向武州（治今广西天等县向都镇）人钓获者。其法以木作架，悬铁钩钩肉以饵之。虎来搏肉，必触机，机动而虎已被钩悬于空中矣。

设阱弓、置地弩、槛羊笼中，悬铁钩钩肉以饵等，都是"装搪"狩猎的各种形式。明朝黄福《寓凭祥县有怀陈吏部》诗的"鱼出清溪纶，兽来旷墅陷"，④第二句即是就壮人设阱弓说的。

"吏供版籍多鱼税，民种山田见象耕"；⑤"蝮蛇挂屋晚风急"，"鳄鱼夜吼声如雷"；⑥"山禽无数不知名"，"荒草深眠十丈蛇"；⑦"百越炎蒸地，千山虎豹群"；"猿挂苍梧晓，鼍（tuó，扬子鳄）鸣白日寒"。⑧空中飞，山里叫，草中伏，穴中藏，树上挂，水中游，岭坡奔突，丛林迈步，岭南地区历史上野生动物，林林总总，目难暇及。赵翼《镇安土风》诗，是首五言古诗，其中除了"深宵蚕放蛊，白昼虎伥游"与他的另一首七言律诗《镇安土俗》诗中的"俗有鬼神蚕放蛊，夜无盗贼虎巡街"句意相同外，还有"鹧鸪羹味荐，蛤蚧药材收。獾胆从蹄剔，猪豪激矢抽。山羊因血补，水獭为皮搜"等句，历举老虎、鹧鸪、蛤蚧、獾、豪猪、山羊、水獭等，说明时至清朝中后期镇安等地的野兽还是相

---

① 《岭外代答》卷3《田子甲》。
② （宋）孙觌：《发桂林，刘师立道同诸司出饯于甘棠渡口》，（清）汪森《粤西诗载》卷3。
③ 《广西壮族社会历史调查》第四册，广西民族出版社1987年版，第350页。
④ （清）汪森：《粤西诗载》卷4。
⑤ （宋）周渭：《叠秀山》，（清）汪森《粤西诗载》卷13。
⑥ （元）陈孚：《邕江》，（清）汪森《粤西诗载》卷6。
⑦ （元）陈孚：《思明州》，（清）汪森《粤西诗载》卷22。
⑧ （明）潘恩：《昭州道中》，（清）汪森《粤西诗载》卷11。

当多的。

岭南地区的老虎，见于记载，始于唐朝李商隐《昭州》一诗的"虎当官道斗，猿上驿楼啼"；① 再见于宋朝陈藻《题融州城楼》诗的"城中昨夜亡羊豕，闻得谁家虎入篱"；② 又见于南宋绍兴年间（1131—1162年）蔡绦的《铁围山丛谈》。③ 蔡绦说，靖康元年（1126年）他逃难到广西的时候，老虎还没伤人吃人，只偶尔偷入农家扛走猪或羊。有时，被妇女或儿童发现了，吆它喝它，它也只好扔下夹着尾巴逃走了。可是自此十年之后，由于金兵南下，中原逃难的人太多，岭南人口瞬时剧增，生态失衡，食物奇缺，人与虎争食，矛盾激化，老虎也改变了原来狗样的性状，开始伤人食人了。④ 从此，岭南地区的老虎已不是如宋人陈藻说的仅是闯入篱笆偷取农家的猪羊，更不是如唐人李商隐那样以虎与猿相对，仅是在官道上相戏相斗而已，明朝蓝智《晚立怀友》诗的"草暗防蛇毒，山昏过虎群"，⑤ 直将"虎群"与"蛇毒"相对成文，可知老虎已逐渐显示了其伤人食人的本性。

南宋周去非《岭外代答》卷9《虎》载：

> 虎，广中州县多有之；而市之有虎，钦州之常也。城外水壕，往往虎穴其间，时出为人害。村落则昼夜群行，不以为异。
>
> 余始至钦，已见城北门众逐虎，颇讶之。未几，白事提学司（到提学司禀报事情），投宿宁越驿，亭中悉是虎迹。予怪而问焉，答曰：吾与妻子卧壁下，虎夜掉尾击吾壁，以鼻嗅人气，垂涎下云。比还钦时，雨潦坏城，虎入城，负大豕无虚夕，因玩狎（习见而忽视）不复惊。
>
> 忽有虎晚入安远县（在今钦州市）衙，坐戒石前。守宿吏卒（值班官兵）不以为意，直相与揶揄（戏耍玩弄）之。少焉（过了一会儿），（虎）缓步陟厅，吏卒始散，乃知虎也。

这是明示岭南地区的老虎，正由惧人、与人和平共处转向伤人食人的过程中。

"夜无盗贼虎巡街"，"镇安多虎患"。19世纪镇安如此，20世纪上半叶壮族地区其他地方仍是如此。笔者是上林巷贤人，该地地靠大明山，山岭树木葱郁茂密，笔者小时候即曾两次亲临"虎患"。据说老虎害怕铜锣声响，因此每次发现了老虎，乡亲们就拿铜锣出来，没铜锣的就拿起锅头、铜盆，猛敲猛打以驱赶老虎。1952年，还有一只成年老虎从大明山下来进入白墟越过平峒，结果被人打死了。谁知距此没几年，由于树林大量被砍伐，生态大遭破坏，人们又肆意滥杀，到20世纪50年代后期，老虎便成了濒危动物，人

---

① （清）汪森：《粤西诗载》卷10。
② （清）汪森：《粤西诗载》卷14。
③ （清）王文濡：《说库》，浙江古籍出版社1986年版。
④ 据广西民族出版社1987年出版的《广西壮族社会历史调查》第四册第342页称，迄于19世纪下半叶，安平州李氏土官仍称老虎为"官狗"。
⑤ （明）蓝智：《晚立怀友》，（清）汪森《粤西诗载》卷11。

们想在野外睹其威猛雄壮也没福分了。

20世纪50年代以前，傍山居住的壮族大多面临着鸟兽危害田地里作物的厄境。"山猪，即豪猪，身有棘刺，能振发以射人。二三百为群，以害苗稼。州峒中甚苦之。"① 据调查，南丹县拉易乡为害作物的禽鸟有野鸡、麻雀、山雀、乌鸦等，兽类则有野猪、黄麂、刺猬、獾和老鼠等。该乡桥村1953年有一块玉米地播种60斤，被野鸡啄吃了20多斤。野猪食量大又贪馋，往往拖儿带女，十只八只成群而出，凡农作物适合于它们口味的，一次两三亩旱地作物就让它们糟蹋得不成样子了。② 群众为了保护作物，除插假人、吊风铃、安放铁夹、石压板等吓、捕鸟、兽外，在作物将要成熟的时候，夜里还要带上猎枪、铺盖守候在田边地头，直到收割完毕。同时，人们还组织狩猎队对野兽进行围猎。如1954年广西马山县古寨、加芳等地组织狩猎队围猎，就捉得一只老虎、10只猴子和43只刺猬。③

二 狩猎风俗

（一）祭山神

莽莽山林，隐藏着各种各样的野兽。壮族认为，这些野兽是受山神荫庇护佑的。如果不祈请得山神的同意，人们不能对山上野兽有所侵犯。因此，上山打猎首先要祭"媒山"（统管野兽的山神）。祭祀山神，一是祈请山神同意，并护佑获得猎物；二是祈请神灵保佑所行顺利，逢凶化吉。

龙胜等地一些地方规定祭祀山神的祭品必须是一只三斤六两以上的肥大公鸡，而且此公鸡一定是偷来的。半夜里几个参猎的青年小伙潜入早就踩过路的人家的鸡笼将鸡偷来，行时故意让公鸡出声叫唤，以引来主家女主人的那不堪入耳的咒骂。据说，女主人骂得越凶、骂得越刻毒越吉利，所以常常是专挑泼妇家的偷。当然，此"偷"最后是要明朗化的，因为射猎胜利归来，平均分取猎物时，祭鸡家的主人也分得上一份。到此时，看着数倍于失鸡的报偿，女主人也只有破怒为笑的份儿了。④

明朝桑悦《记壮俗》诗中有句说"牵犬登山乐事多"，猎手们出猎前恶作剧式的偷鸡，引发主家挨刀虎拖般的咒骂，最后又让她破怒为笑，这或者也是狩猎的一种乐趣吧。

沉潜于巫术迷信的古代，上山狩猎而祭山神，觋公或者曾是一个必请的弄法以通神的关键人物。后来，时间推移，社会发展，这样的人物可能被略去了。

有些地方的壮族，以茅郎为猎神。这个茅郎，其神坛以小方桌示意，或设于屋角或置于晒台的屋檐下。猎手们出猎前敬奉茅郎，也是祈求狩猎顺当，逢凶化吉，所获丰硕。⑤

（二）吸血补身

赵翼《镇安土风》诗有"獾胆从蹄剔"，"山羊因血补"的句子，说明壮族及其先人

---

① 《岭外代答》卷9《山猪》。
② 《广西壮族社会历史调查》第一册，广西民族出版社1984年版，第174页。
③ 《广西壮族社会历史调查》第六册，广西民族出版社1985年版，第103页。
④ 陆德高：《赶山》，《龙胜风情》，漓江出版社1989年版，第173—175页。
⑤ 梁庭望：《壮族风俗志》，中央民族学院出版社1987年版，第118页。

自古以来就有猎获时当场吮吸兽血以补精气的习俗。龙胜的猎手在狩猎时，如果被打倒的是老虎、豹和野猪等大型野兽，就拔刀剖开吮吸它们热乎乎的鲜血，以滋补精血、增添气力。

兽血兽皮可以祛病，多见于古人的记载。明朝熊太古《冀越集》载："木狗，生广南左右江山中。形如黑狗，能登木，其皮为衣褥，能运动血气。元世祖有足疾，取以为裤，人遂贵重之。"[①] 魏浚《西事珥》载：山羊，出平乐深山中，其血可治扑跌伤损及诸血症。以一分许调酒饮之，神效。土人云：（山羊）见人则决骤而去，跳跃飙迅，非足力所及，须密布绳草间，网其足始能生得。刺取其血，干而藏之，亦甚贵，不易得也。[②] 赵翼《檐曝杂记》也说："山羊之血，治刀斧伤最灵。是物生山箐中，尝食三七故也。粤人馈遗，多有赝者。余在镇安，土官有馈生者，似羊而大如驴，生取其血，较可信。又一种石羊，身较小，其胆在蹄中，凡山岩陡绝处，能直奔而上，力乏，则曲蹄于口舌之，力辄复，奔而上，故其胆可止喘。"

（三）"均分示至公"

壮人打猎胜利归来，猎获物的分配，除"枪头"（即击中猎物者）多得一个头和四只脚以外，其余则实行"见者有份"的原则，不论是大人还是小孩，不论是猎狗还是在猎场上和返回路上遇到的陌生人，平均分配，都可以得到一份。这就是明代桑悦在《记壮俗》诗里说的"亦以均分示至公"。

但是，在土司治理地区，唯土官是上，农奴要是上山猎得山羊，要将一边腿（1/4）送给土官。[③]

（四）禁忌

壮族狩猎，行前那一餐饭最为紧要，一惧煮饭饭不熟；二怕吃饭时筷子掉地上；三忌碗锅底漏。凡是遇到这三种情况之一的，狩猎取消。

吃了饭，扛起猎具牵犬出门，最忌恰恰碰上挺胸凸肚的孕妇。遇上了，马上回头取消行动。

出了门要上山，先对着大树扔石占卜，看看此处宜不宜进山。面对大树，手里捏着一粒小石子，恭敬肃立，嘴喃祈神，忍住气将手中的小石子往树上扔去，如果小石子啪声落下，表明由这里进山不吉，是凶兆。假若不是另找个地方另行占卜，就了无声息地打道回府，取消此趟狩猎行动。

[①] （清）汪森：《粤西丛载》卷22《木狗》引。
[②] （清）汪森：《粤西丛载》卷22《山羊》引。
[③] 《广西壮族社会历史调查》第四册，广西民族出版社1987年版，第227页。

第四章

冶铸与陶瓷

冶铸，就是金属矿物的开采、冶炼和铸造。除了上面说及的蔗糖、纺织等手工业生产外，冶铸与陶瓷二业，是壮群体越人及其后人重要的手工产业。

第一节　社会运转所需金属开采和冶铸

社会运转所需，就是指社会生活中的物质生活和精神生活所必不可少的需要。比如，物质生活中必需的用具、货币以及精神生活所需的铜鼓等。

一　青铜钺

《晋书》卷73《庾亮传》附《庾翼传》载，"时东土多赋役，百姓乃从海上入广州，刺史邓岳大开鼓铸，诸夷因此知道（制造）兵器。（庾）翼表陈：'东境国家所资（依赖），侵扰不已，逃逸甚多，夷人常伺隙（窥测可乘的机会），若知造铸之利，将不可禁（不能控制住局势）'"。庾翼卒于永和元年（345年），其上奏东晋皇帝的话似在说明那个时候岭南"俚獠"还没有掌握冶铸兵器的技术，不知道自己制造兵器。此话说得绝了。固然，同属一个时代的郭义恭《广志》载"獠在牂柯（治今贵州凯里西北）、兴古（治今云南砚山县北）、郁林（治今广西贵港市）、交趾（治今越南河内市）、苍梧（治今广西梧州市），皆以朱漆皮为兜鍪"，[①] 没有如同中原人铸冶金属为头盔，但是，他们作战用的武器也不缺金属冶铸之物。这就是早在战国时代已经冶铸和使用了青铜钺。

1985—1986年，广西武鸣县马头乡元龙坡西周、春秋墓葬出土了用红砂岩雕凿成的6幅完整的石范。另外，能辨清石范单扇形模6件，残碎的有30多件。这些石范内雕凿有钺、斧、镞、镦等形状。其中，有些还留有烧焦痕迹，说明它们曾是冶铸器物的模子。

铸造青铜器具石范的出土，伴同出土的还有钺、斧、匕首、矛、镦等青铜器具，说明西周末春秋时期岭南越人已经掌握了金属的开采与冶铸技术。[②]

新石器时代，有段石锛和双肩石斧是先越文化的重要组成部分。进入青铜时代以后，青铜钺就是仿照有段石锛和有肩石斧的形制铸造的青铜器具。

[①]　《太平御览》卷356《兜鍪》引。
[②]　广西文物队等：《广西武鸣马头元龙坡墓葬发掘简报》，《文物》1988年第12期。

第二篇　社会经济文化

战国时期，以青铜铸造的青铜钺广见于岭南各地，成为壮傣群体越人手执的战斗武器。

今广西田东、① 宾阳、② 平乐、③ 贺州、④ 象州、⑤ 以及广东四会、⑥ 广宁、⑦ 罗定等县市⑧都出土了战国时期的青铜钺，有些甚至发展成了靴形钺，具有鲜明的越人制器特色。云南省广南县出土铜鼓的腰部上，有幅砍牛图案。图上，砍牛巫师将牛绑于大树上，然后一人手拿利器在前数其罪（列举牛的罪状），一人在后手执靴形钺砍牛，⑨ 如同孟琯在《南海异事》描述唐代壮群体越人后人"俚獠""屠婆屠娘"砍牛情状一样。⑩ 由此可知，那时的青铜钺除作战斗武器外，也是壮傣群体越人日常的用具。

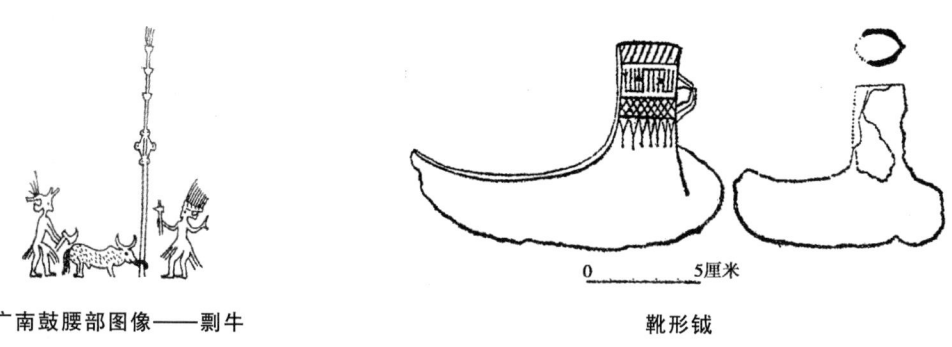

广南鼓腰部图像——剽牛　　　　　　　靴形钺

二　铜鼓

铜鼓，是壮傣群体越人及其后人眼中的重器。在他们的历史上，铜鼓关系着社会生活的运转。

铜鼓，是从实用的即炊煮用的铜釜发展而来的。1990年广西东兰县长江乡板龙村那谷桥龙山脚出土的铜釜，敞口、束肩、扁腹、小平底，倒过来就是一个原始的铜鼓。1993—1994年广西田东县春秋战国墓中也出土了一个原始形态的铜鼓。⑪

铜鼓，考古发现最早见于1975年云南楚雄市万家坝墓葬的出土。此类铜鼓，称为万家坝型铜鼓。该墓葬年代为前7—8世纪，也就是春秋的早期阶段。万家坝型铜鼓，鼓面小，显分作胸、腰、足三段，胸部十分突出，足部较宽，花纹简单、粗犷，或光素无纹，

---

① 广西文物队：《广西田东发现战国墓葬》，《考古》1979年第6期。
② 广西文物队：《广西宾阳县发现战国墓葬》，《考古》1983年第2期。
③ 广西文物队：《平乐银山岭战国墓》，《考古学报》1978年第2期。
④ 广西贺县文物队：《广西壮族自治区贺县出土一批战国铜器》，《考古》1984年第9期。
⑤ 广西文物队：《广西象州县发现一经战国文物》，《文物》1989年第6期。
⑥ 广东博物馆：《广东四会乌旦山战国墓》，《考古》1975年第2期。
⑦ 广东博物馆：《广东广宁县铜鼓岗战国墓》，《考古集刊》1981年第1期。
⑧ 广东博物馆：《广东罗定出土一批战国青铜器》，《考古》1983年第1期。
⑨ 云南省博物馆：《云南省博物馆铜鼓图录》第十三图，云南人民出版社1959年版。
⑩ 《太平广记》卷483《南海人》引。
⑪ 《壮族科学技术史》，广西科学技术出版社2003年版，第217页。

或花纹铸于内壁，鼓壁浑厚，器表粗糙，面上太阳纹只是个圆饼形外加几道光芒，没有形成晕圈，工艺水平不怎么高。

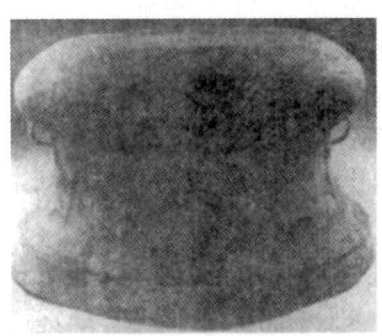

万家坝型铜鼓

1955—1960年，云南晋宁石寨山战国至汉代墓葬出土了20面铜鼓，这些铜鼓，由万家坝型铜鼓发展而来。鼓面直径大于胸部的直径，胸、腰、足部明显分作三段，腰收束度很大，足比较低矮，胸、腰部有4个窄条形的半环形耳。鼓面中心是太阳纹，芒间饰斜纹线，外面是一道道宽窄不等的晕圈，窄晕中饰有锯齿纹、圆圈纹和点纹，宽的主晕中多饰有几只飞翔的鹭鸟。鼓胸有纹带和主晕之分，主晕中常有人物和船纹。鼓腰有竖直纹带分成格，格中有牛或用羽毛作装饰的舞蹈人像。此类铜鼓造型流畅，文饰繁复、清晰，铸造工艺远较万家坝铜鼓进步。这是云南石寨山型铜鼓。

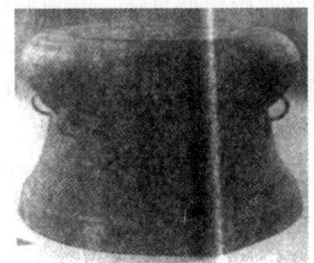

石寨山型铜鼓

云南万家坝型铜鼓和石寨山型铜鼓向外传播，壮傣群体越人接受了铜鼓。成于战国之际的广西左江祭祀水神的崖壁画中，已见铜鼓用于祭祀仪式中。

同时，1993年广西田东县祥周乡联福村南哈坡一座春秋战国墓葬出土了两面万家坝型铜鼓，1994年该县林蓬乡和同村大岭坡春秋晚期墓葬又出土了一面此类型的铜鼓。[①]

石寨山型铜鼓，战国至西汉在岭南也多有出土。比如，在广西田东县祥周乡联福村锅盖岭战国墓、隆林各族自治县扁牙乡共和村河岸和贺州市沙田镇龙中村的一处岩洞中都发

---

① 《壮族科学技术史》，广西科学技术出版社2003年版，第218页。

现有此一类型的铜鼓。① 而西汉前期的广西西林县普驮铜鼓墓葬出土的 4 面铜鼓、② 广西贵县汉木槨墓葬出土的铜鼓，③ 以及广西贵县罗泊湾汉墓一号墓出土的大小二面铜鼓，④ 也都属于石寨山型铜鼓。

贵县汉墓铜鼓

春秋战国时期，铜鼓传入岭南，为壮傣群体越人所接受，用作祭祀鬼神的宝器，驱妖锢邪的灵物。比如，广西左江崖壁画祭祀水神的场景，其铜鼓即是祭祀水神的宝器；广西西林县普驮铜鼓墓葬以多面大小铜鼓裁截相套将捡起的骨殖圈于铜鼓之内，使其鬼魂无从逸出危害于人。

左江崖壁画标示的铜鼓

据报道，铜鼓内的骨殖，是 25 岁的男子。⑤ 此夭折类人物，对人世间还有众多的留恋，其鬼对人世间的报复也厉害，因此以铜鼓将其禁锢起来，不使其作祟于世间人。

广西西林县，西汉是句町国属地，居民为壮群体越人。句町，为"古蛮夷之国，雕

---

① 《壮族科学技术史》，广西科学技术出版社 2003 年版，第 218 页。
② 广西文物队：《广西西林县普驮铜鼓墓葬》，《文物》1978 年第 9 期。
③ 黄增庆：《广西贵县汉木槨墓清理简报》，《考古通讯》1956 年第 4 期。
④ 广西博物馆：《广西贵县罗泊湾汉墓》，文物出版社 1988 年版，第 28 页。
⑤ 广西文物队：《广西西林县普驮铜鼓墓葬》，《文物》1978 年第 9 期。

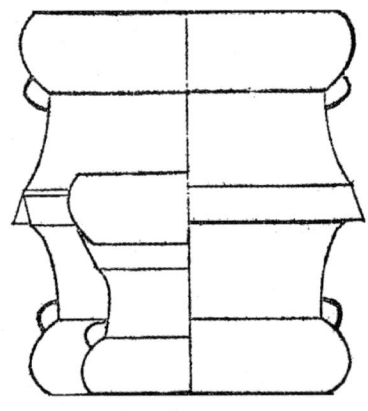

铜鼓葬式

题之俗，婚用牛，丧则聚，搏击钲鼓作戏，叫噪逐其厉（恶鬼）。及埋之中野（旷野之中），至亲不复送"。① 闹丧、娱尸，这是形成于壮傣群体越人时代的习俗。壮傣群体越人分化以后，不论壮群体越人及其后人还是傣群体越人及其后人，都传承了此一习俗。明末清初，壮族人"死亡，阖室子女以杵舂臼，闹击成声，名为化者舂行粮。葬日，鼓乐导送，颇涉于华"。② 傣族"父母亡，不用僧道，祭则用妇人祝于尸前，诸亲戚、邻人各持酒物于丧家，聚少年百数人饮酒作乐，歌舞达旦，谓之娱尸；妇人群聚，击碓杵为戏"。"死三日之后，命女巫刿生祭送，谓遣之远去，不使复还家也。"③

魏、晋以后，壮群体越人的后人，在汉族文化的影响下，由东往西、由北往南逐渐有了祖先崇拜，死丧期间不再举行闹丧、娱尸，但是"送葬皆用乐"，④ 杀鸡宰猪以宴饮吊唁者，吊者也以受丧家酒肉款待为常礼。此种情况，历史上在广东、广西、贵州、云南的壮族、布依族中存在，甚至在已经趋汉变化了的壮群体越人的后人中仍然存在。明末清初，《唐氏乡约》明白规定"父母之丧，不得饮宴。亲朋来吊，止宜待以蔬菜"，"不饮酒食肉"，⑤ 就是就此而言的。

魏、晋及其后，壮群体越人的后人"俚獠"对铜鼓的功能又赋予了新的意念和认知，这就是南朝裴渊《广州记》的记载：

  俚獠贵铜鼓，唯高大为贵，面阔丈余方以为奇。
  初成，悬于庭，克晨（约定日子）置酒招致同类。来者盈门，其中豪富子女以金银为大钗执以叩鼓，竟，留遗主人，名为铜鼓钗。
  风俗好杀，多构（结成）仇怨。欲相攻击，鸣此鼓集众，到者如云。

---

① 《永乐大典》卷2339梧字引梧州《旧经》。
② 《古今图书集成·方舆汇编·职方典》卷1452《泗城府风俗考·归顺州》。
③ （明）李思聪：《百夷传》，（明）郑颙景泰《云南图经志书》卷10。
④ 道光《永安县（今广东紫金县）三志·风俗》。
⑤ （清）屈大均：《广东新语》卷9。

有是鼓者，极为豪强。①

《隋书》卷31《地理志》有与此段文字同一内容的记载，却点明了"有鼓者号为'都老'，群情推服"。"俚人犹呼其尊为'倒老'也。言讹，故又称'都老'云。""倒老"或"都老"，比裴渊说的"有是鼓者极为豪强"表达的概念义域清楚，不失其人语言的传统习称。

"倒老"，是壮群体越人对各个群体内自然形成的首领的称谓，后来氏族或部落内部贫富分化，首领由民主推选变为世袭制，特权化，高居于众氏族部落成员之上，仍沿旧例称为"倒老"。迄于元朝，"倒老"又变称为"太獠"。比如，至元二十五六年（1288—1289年）湖广行省左丞刘国杰率兵镇压起兵反元的肇庆（今广东肇庆市）首领"邓太獠""刘太獠""闫太獠"，怀集"萧太獠""严太獠""曾太獠"等，就是如此。②

裴渊《广州记》指出的"有是鼓者，极为豪强"，只突出当时"俚獠"首领人物财粗势大、倚权仗贵霸道的一面，失却了壮群体越人及其后人"俚獠"对氏族部落首领的传统称谓。

"俚獠贵铜鼓，唯高大为贵，面阔丈余方以为奇"，说明时至魏、晋、南北朝、隋朝及唐朝中前期，以高大铜鼓为贵在"俚獠"中达成了共识。在他们的大小群体中，以铜鼓为本，至尊至贵，平时则以是否拥有铜鼓以及铜鼓的大小别尊卑之序，有变则敲击铜鼓集众，发号施令。因此，铜鼓在"俚獠"中，是首领人物身份的化身，财产的表记，更是权力的象征。

《大周正乐》载："铜鼓，铸铜为之，虚其一面，覆而击其上。南蛮、扶南、天竺，类皆如此。岭南豪家则有之，大者广尺余。"③ 岭南豪家的铜鼓，"大者广尺余"的"尺"，疑为"丈"字之讹。因为南北朝裴渊《广州记》已经明言岭南"俚獠"的铜鼓"唯高大为贵，面阔丈余方以为奇"，如其铜鼓"大者广尺余"，能摆得上台面吗！

铜鼓虽源于云南，但发扬光大者唯岭南的"俚獠"豪家。

魏、晋、南北朝、隋朝及唐朝中前期，"俚獠"豪家的铜鼓已经是铜、锡、铅合铸的三元合金鼓，其铸造的器型不仅高大、面阔，而且华藻繁缛，缛组争映，瑰丽无俦，工艺精良，技术高超。此一时期，岭南铜鼓最突出的特点是鼓面上都铸有青蛙，不论是冷水冲型铜鼓、北流型铜鼓还是灵山型铜鼓，鼓面上都程式化地铸有立体的蹲蛙；冷水冲型铜鼓偶有累蹲蛙，灵山型铜鼓则几成定制。这是越俗崇蛙敬蛙意识、观念、习俗的体现。虽然云南晋宁县石寨山墓葬出土的19面铜鼓，其中10号墓出土的铜鼓面上铸有4个立体蹲蛙，但是它们是自然形态的蛙，栩栩如生，似有一触即跳之感，没有程式化，此或是偶尔为之。

冷水冲型铜鼓，以广西藤县蒙江镇横村冷水冲出土的铜鼓为代表而定名。此类铜鼓，

---

① 《太平御览》卷785《俚》引。

② 《元史》卷162《刘国杰传》。元及其后，广东"大奴曰大獠"（《广东新语》卷11《土言》），则尊称酸化，倒垂直下，其义全变了。

③ 《太平御览》卷582《鼓》引。

体型高大轻薄，鼓面宽阔，不出沿或稍出沿，面径63.5—87.7厘米，身高43.3—66厘米。鼓面铸大蛙4只，偶有累蹲蛙，逆时针排列；蛙间饰乘骑、马、牛群、小蛙群、鸭、鸟、龟、鱼等立体装饰。鼓面中心太阳纹，基本定为12芒。胸径略大于面径或相当于面径，腰上部内收成筒形，足部高，耳宽大或间半环小耳。鼓面主纹为图案化的变形羽人纹、翔鹭纹，胸、腰则是图案化的变形船纹和变形舞人纹。

1. 翔鹭纹　2. 变形羽人纹
3. 蛙饰　4. 变形羽人纹
5. 变形船纹

蹲蛙

冷水冲型铜鼓

北流型铜鼓，以广西北流县出土的铜鼓为代表而命名。该型铜鼓体形硕大厚重，面径最大者165厘米，小的也超过50厘米，而以70厘米、100厘米者居多。鼓面伸出颈外，大于鼓腹，部分鼓的面沿下折成"垂檐"；鼓面太阳光体圆突，多为8芒，以三弦分晕，主要纹饰为云雷纹；面沿多环立小青蛙塑像4只，少数鼓6只，蛙体多无纹饰。鼓胸微突，最大径偏下；鼓腰呈反弧形收束，与胸仅以一道凹槽分界，附以环耳两对（少数附扁耳或在两对大环耳之外另附两个小环耳）；腰、足间有一道凸棱分界，鼓足外侈，与面径大小相当。

北流型铜鼓

蹲蛙

北流型铜鼓，以高大厚重著称。原存北流县六靖乡水冲庵的铜鼓面径165厘米，残重300多千克，是见存的最大铜鼓，被誉为"铜鼓之王"。《陈书》卷9《欧阳𬱖传》载梁时，欧阳𬱖助兰钦征广州俚帅陈文彻兄弟。"擒陈文彻，所获不可胜计，献大铜鼓，累代所无"，不详此累代所无的大铜鼓比今存的"铜鼓之王"又如何？

灵山型铜鼓，以广西灵山县出土铜鼓为代表而命名。该型铜鼓形制与北流型铜鼓较为接近，相异在于：鼓壁较薄；鼓面平展，稍广或等于鼓身，边缘伸出，不下折；面沿多塑6只青蛙，后足皆立拢为一的"三足蛙"；蛙数一般为6只，饰画线纹或圆涡纹，纹饰繁复华丽；有的蛙背上又有小青蛙成累蹲蛙，个别蛙背上负着田螺；面间太阳纹多为10芒至12芒，以二弦分晕；胸壁圆鼓，最大径居中；胸以下逐渐收缩成腰，胸、腰仅以细线为界；胸、腰间的鼓耳均为带状叶脉纹扁耳；部分鼓的腰、足部或内壁有马、乘骑、牛、鸟等立体装饰。在纹饰上，灵山型铜鼓较北流型铜鼓丰富多彩，面、身皆有较宽的晕，饰以变形的羽人纹、鸟纹、兽纹等，构成主体纹饰；其他晕则饰以云纹、雷纹、半圆纹、"四出"钱纹等。

灵山型铜鼓

蹲蛙

流行于岭南壮群体越人的后人"俚獠"中的冷水型、北流型、灵山三型铜鼓，是云南晋宁石寨山型铜鼓的传承和发展光大。此三型铜鼓，以高大、面阔、塑蛙和繁缛的变形纹饰为其主要特征。这是"俚獠贵铜鼓，唯高大为贵，面阔丈余方以为奇"所导致，也是"俚獠"首领以铜鼓为其首领身份的化身、财产的表记、权力的象征的必然结果。

南宋范成大《桂海虞衡志·志金石》载："铜，邕州右江州峒所出。掘地数尺即有矿，故蛮人好用铜器。"右江地区如此，岭南其他地方更难以尽论了。比如，宋神宗元丰元年（1078年），韶州（治今广东韶关市）的岑水场、中子场产铜1280万斤，占全国同年铜产量的80%强。① 当然，这些记载都是北宋、南宋时候的。不过，战国以来，岭南各地也不乏铜矿的出产。1966年，广西北流县铜石岭就发现了汉代的冶铜遗址。② 北宋乐史《太平寰宇记》卷167载容州"铜石山上有铜湖，出硃砂、水银"，疑遗阙了铜的出产。由于历史上北流县铜矿铜冶有名，武德四年（621年），唐朝统一岭南，于合州（治今广东雷州市）东北以今北流、陆川、容县三县市设置一州时，就称为"铜州"，13年后至贞观八年（634年）始将铜州改名容州。

历史上岭南各地虽多产铜，但是"俚獠"贵铜鼓，同心共饮洛阳酒可尽，众心所嗜山积易消，岭南铜也出现供不应求的情况。《晋书》卷26《食货志》载孝武太元三年

---

① 《壮族科学技术史》，广西科学技术出版社2003年版，第232页。
② 广西文物队：《广西北流铜石岭汉代冶铜遗址的试掘》，《考古》1985年第5期。

(378年）诏曰：

> 钱，国之重宝。小人贪利，销坏无已，监司当以为意。
>
> 广州夷人宝贵铜鼓，而州境素不出铜，闻官私贾人（商人）皆于此下贪比轮钱（钱币名①）斤两差重（略重）以入广州，货与夷人，铸败作鼓。其重为禁制，得者（抓获的）科（判）罪。

1992年3月，在容县城镇华侨开发区工地挖到一批唐代窖藏，其中有唐龙纹铜镜、薄胎菱形暗纹铜镜、灵山型铜鼓、中和四年（884年）铸道州（治今湖南道县西）开元寺铜钟的残片，以及铜钱和铜渣。②

中和四年（884年），是唐朝后期僖宗的年号，此时距唐朝的覆没仅23年，说明容县城镇华侨开发区工地出土的窖藏是唐末五代或北宋初的窖藏了。此窖藏显然是岭南"俚獠"利用旧铜器冶铸铜器用品，证实了晋孝武帝所言非虚。同时，该窖藏坏铜鼓以冶铜，也透露出在社会生活中铜鼓即高大面阔铜鼓已非冶铸不可了。

"俚獠"首领据有铜鼓、使用铜鼓以示权力、威势，见于记载最后是《新唐书》卷110《诸夷蕃将传·冯盎传》附《冯子猷传》。

贞观中冯子猷带着一小船黄金进京朝见，还是太子的唐高宗甚为惊异，不知他有多少家财，很想知道个究竟，做了皇帝后便派遣身边的御史大夫许瓘远赴岭南俚洞以审察其家产。冯子猷认为这是对他权力的侵犯，不仅不以宾礼迎接，反令其部属敲着铜鼓捉住来官，奏其罪状。唐高宗于是派遣另一御史杨璟驰去说项。杨璟虽然卑辞讨好，将造成如此结果的责任全推在许瓘身上，但还是免不了受到凌辱。前官被逮，后官受辱，皇帝在万里之外也不得不服软。就此一事件，可见当时岭南的"俚獠"首领们倚鼓仗势十足霸气。

铜鼓价高，冶铸工艺繁复，高大面阔的铜鼓，"俚獠"中非财大势旺的首领难以筹办冶铸事宜。可是，唐朝诗人许浑《游樵山新兴寺宿石屏村谢叟家》诗却有句称："家家扣铜鼓，欲赛鲁将军。"③许浑，虽不详其生卒年月，但元朝辛文房《唐才子传》卷7载他是唐文宗大和六年（832年）进士，唐宣宗大中三年（849年）任监察御史，则知他是后唐时人。"家家扣铜鼓"，说明此时的铜鼓在"俚獠"中已经普及，成了百姓祭神祀鬼的乐器，已非首领人物所独自享有，作为其显示身份、权力的宝器。

许浑《送客南归有怀》诗还有一句，称："瓦尊迎海客，铜鼓赛江神。"④ "铜鼓赛江神"句也见于白居易《送客春游岭南二十韵》诗中："牙樯迎海舶，铜鼓赛江神。"⑤ 白居易生于唐代宗大历七年（772年），卒于唐武宗会昌六年（846年），唐德宗贞元十六年

---

① 《晋书》卷26《食货志》载："晋自中原丧乱，元帝过江，用孙氏（三国吴主孙氏）旧钱，轻重杂行，大者谓之比轮，中者谓之四文。"
② 《壮族科学技术史》，广西科学技术出版社2003年版，第227页。
③ 《全唐诗》卷528。
④ 《全唐诗》卷530。
⑤ 《全唐诗》卷440。

(800年)举进士入仕途,早于许浑32年,未详"铜鼓赛江神"句先于何人,哪一个是后袭者。不过,"铜鼓赛江神",也是缘于柳宗元《柳州峒氓》诗中的"鸡骨占年拜水神"一句而来。

与柳宗元同个时候一同被贬的刘禹锡,王象之《舆地纪胜》卷89《广州·诗》引其诗说:

> 象筵照日会词客,铜鼓临轩舞海夷。
> 百越酋豪称故吏,十州风景助新诗。

刘禹锡诗中的铜鼓是当作乐器用的,没有什么首领权威蕴于其中。柳、刘二人,一个生于唐代宗大历八年(773年),一个生于大历七年(772年),都是中后唐时期的人。

比刘禹锡晚出生18年的李贺,有《黄家洞》一诗。诗称"雀步蹙沙声促促,四尺角弓青石镞。黑幡三点铜鼓鸣,高作猿啼摇箭服"。① 黄家洞指贞元十年(794年)至元和三年(808年)钦州守镇黄少卿率领黄家洞人反对唐朝地方不法官吏的斗争。这是以铜鼓用之于战阵。

又唐朝词人温庭筠《河渎神三》词称:"铜鼓赛神来,满庭幡盖徘徊。"② 温庭筠约生于唐宪宗元和七年(812年),卒于唐懿宗咸通七年(866年),是唐朝后期人。

至于晚唐吴中复《寄清海程谏议》诗的"鲸鱼有浪春涛阔,铜鼓无声夜柝(tuò,打更木梆)闲",③ 不仅是晚唐人的手笔,而且是夜里以铜鼓祭祀鬼神,如同明朝解缙《龙州三首》其二的"波罗蜜树满城闉,铜鼓声喧夜赛神"一样,④ 也与首领的权力无关。

刘恂《岭表录异》载:

> 咸通末(873年),幽州张直方贬龚州(治今广西平南县)刺史。到任后修葺州城,因掘得一铜鼓,满任载以归京。到襄汉(治今湖北襄樊市)以为无用之物,遂舍于延寿禅院,用代木鱼,悬于斋室,今见存焉。
>
> 僖宗朝,郑絪镇番禺(今广州市)日,有林蔼者为高州(治今广东省高州县东北)太守,有乡里小儿因牧牛,闻田有蛤(蛤,即虾蟆)鸣,牧童遂捕之。蛤跃入一穴,遂掘之深大,即蛮酋冢也。蛤乃无踪,穴中得一铜鼓,其色翠绿,土蚀数处损阙。其上隐起,多铸蛙黾(蛙)之状,疑其鸣蛤即鼓精也。遂状其缘由纳于广帅,悬于武库,今尚存焉。

咸通末张直方在龚州获得的铜鼓初以为珍异,任满带返中原,到了今湖北襄樊市觉得累赘便捐予延寿禅院,说明此鼓必与当时岭南"家家扣铜鼓,欲赛鲁将军"的铜鼓不同。

---

① 《全唐诗》卷391。
② 《温庭筠集》。
③ (宋)王象之:《舆地纪胜》卷89《广州·诗》。
④ (清)汪森:《粤西诗载》卷23。

其不同在哪里？这就是高州牧童从"蛮酋"墓中得到的铜鼓，"其上隐起，多蛙黾之状"，也就是铜鼓面上塑着蹲蛙或累蹲蛙的形象。

刘恂，《四库全书总目提要》载："宋僧赞宁《笋谱》称，'恂于唐昭宗朝出为广州司马，官满，上京（京都）扰攘，遂居南海，作《岭表录》。'马端临《文献通考》亦云：昭宗时人。"看来，刘恂为官广州司马是在唐昭宗的时候，但他撰《岭表录异》是在唐昭宗以后，因此其书中有"唐昭宗即位，柳韬为容广宣告使"之说。唐昭宗是唐帝李晔死后的谥号，他被梁太祖朱温杀于天祐元年（904年），说明其时刘恂尚未动笔撰写《岭表录异》。又《岭表录异·占城国》条载"唐乾符四年（877年），占城国进驯象三头"，① 直呼当朝为"唐"，似不近情理，说明刘恂撰《岭表录异》时已不是以唐朝人而是以五代人自居了。

同时，占城在今越南中南部，古称林邑，唐朝中前期仍是如此，所以《旧唐书》卷197有《林邑国传》，传中没及"占城"一称。中晚唐，林邑号为"环王"，于是《新唐书》卷222下《环王传》载"环王，本林邑也，一曰占不劳，亦曰占婆"，也没及"占城"一称。唐中后期虽以"环王国"代"林邑"之称，如长庆四年（824年）十一月戊申，"安南都护李元喜奏黄家贼与环王国合势陷陆州，杀刺史葛维"，② 但是也有仍称"林邑"，如"大中末（860年）安南都护李琢贪暴，侵刻獠民，群獠引林邑蛮攻安南府"。③ 至五代，环王国因其国王居于占城，始号为"占城"。"唐乾符四年占城国进驯象三头"，以"占城"代"环王国"，说明刘恂是以五代的认知来写唐朝的事了。

五代词人孙光宪《菩萨蛮》词有"木棉花映丛祠小，越禽（孔雀）声里春光晓。铜鼓杂蛮歌，南人祈赛多"的句子，④ 说明唐末、五代、宋初，在岭南壮群体越人的后人"俚獠"中以铜鼓伴奏歌声祭祀鬼神还盛行着，自然，在岭南铜鼓也是习见之物，可是同一时代的刘恂却将从墓中出土的鼓面塑着的蹲蛙目为"鼓精"，可知当时岭南社会上流行的用以赛神的乐器铜鼓鼓面没有塑着蹲蛙之类的饰物，说明魏晋以来"俚獠"首领视为可贵高大面阔、鼓面塑着蹲蛙的冷水冲型、北流型和灵山型铜鼓早已不复存在、流行，唯出土铜鼓始见其古代流行时的面貌。因此，南宋范成大说："铜鼓，古蛮人所用，南边土中时有掘得者。……其制如坐墩而空其下，满鼓皆细花纹，极工致，四角有小蟾蜍。"⑤

同为南宋人，周去非《岭外代答》卷7《铜鼓》载："广西土中铜鼓，耕者屡得之。……面有立蟾，分据其上。蟾皆类蹲，一大一小相负也。……铜鼓大者阔七尺，小者三尺，所在神祠佛寺皆有之，州县用以为更点。交趾尝私买以归，复埋于山，未知何义也。"

广西如此，广东也不例外。"大抵粤处处有铜鼓，多从掘地而得，其状各异。""粤之

---

① 《太平广记》卷441《杂说》引《岭表录异》。
② 《旧唐书》卷17上《敬宗纪》。
③ 《旧唐书》卷19上《懿宗纪》。
④ 《唐宋诸贤绝妙词选》卷1。
⑤ 《桂海虞衡志·志器》。

俗，凡遇嘉礼，必用铜鼓以节乐。"[1] 这些记载，就是此种情况的写照。

可能一是由于人们的崇古心态，二是由于物以稀为贵，所以明朝魏浚《西事珥》载："夷俗最尚铜鼓，时时击之以为乐。土人偶于土中掘得，辄称是伏波将军或诸葛丞相所藏者。土豪富室，必争重价求购，即至百牛不惜，与售赝骨董者无异。"[2] 越到后来，古代铜鼓出土越少，市价推高，甚至贵价难求。朱国祯《涌幢小品》载："蛮中诸葛铜鼓，有剥蚀而声响者为上上，易牛千头；次者，七八百头。"[3] 乾隆元年（1736年）袁枚弱冠（20岁）来到桂林，作《铜鼓赋》，援笔立就，深为广西巡抚金鉷赏识。他说："番人最重铜鼓，即剥蚀而声哄哄者，可易牛千头。"[4] 所谓"剥蚀"，就是铜鼓久埋地下受到水土等侵蚀而损坏。

岭南人以出土铜鼓为重，以铜鼓面塑着蹲蛙为贵，可并不因没铜鼓出土，找不到古代铜鼓，便弃铜鼓而不用。唐朝后期、五代和宋初，"家家扣铜鼓，欲赛鲁将军"；[5] "铜鼓杂蛮歌，南人祈赛多"；[6] 贺州（治今广西贺州市贺街）"豪渠皆钟鸣鼎食，所居谓之栅，节会则鸣铜鼓，大者广一丈，小者三四尺"；[7] 新州（治今广东新兴县）"豪渠之家，丧祭则鸣铜鼓，召众则鸣春堂"。[8] 这些记载说明铜鼓的拥有者已经散化，虽还标示着铜鼓持有者的财富，但铜鼓已失去了首领身份的化身和权力的象征，即不复《隋书》卷31《地理志》所谓"欲相攻则鸣此鼓，到者如云。有鼓者号为都老，群情推服"。此一时期，铜鼓仅充作节会、丧葬以及祭祀鬼神的乐器了。同时，这些记载也说明前鼓无多，后鼓继起了。

继起的铜鼓，一是遵义型铜鼓，二是麻江型铜鼓。

遵义型铜鼓，以贵州遵义宋代播州首领杨粲夫妇墓出土的铜鼓为代表而命名。该型铜鼓由冷水冲型铜鼓演变而来，鼓面已经没了蹲蛙塑像，只残蛙爪作装饰，纹饰少，制作比较潦草。

麻江型铜鼓，以贵州麻江县谷峒火车站古墓出土的铜鼓为代表而命名。此类铜鼓，由遵义型铜鼓发展而来，其特点就是小而偏矮，面略大于胸，面沿微突颈外，面径一般47厘米，高27厘米左右。胸、腰、足间曲弧柔和，腰中部起突棱，腰部有大跨度扁耳两对，鼓面一般有两晕乳钉（突起的半圆形小圆点）。太阳纹主要是12芒，芒间填以翎眼纹，主晕施以游旗纹或符箓纹，或配以投影式的十二生肖纹。

麻江型铜鼓始于宋而盛行于明、清的岭南及西南各地，为众多民族使用。广西博物馆从广西都安瑶族自治县征集到一面铜鼓，鼓面铸有"天元孔明福寿进宝"的铭文。有研究者认为，"天元"是"北元"称帝的脱古思帖木儿的年号，该铜鼓该铸于"天元"年

---

[1] （清）屈大均：《广东新语》卷16《铜鼓》。
[2] （清）汪森：《粤西丛载》卷19《铜鼓》引。
[3] 同上。
[4] 《随园诗话·补遗》卷4。
[5] （唐）许浑：《游樵山新兴寺宿石屏村谢叟家》，《全唐诗》卷528。
[6] （五代）孙光宪：《菩萨蛮》词。
[7] （宋）乐史：《太平寰宇记》卷161《贺州风俗》。
[8] （宋）乐史：《太平寰宇记》卷163《新州风俗》。

遵义型铜鼓

麻江型铜鼓

宋代十二生肖纹铜鼓

间。洪武元年（1368年）朱元璋攻占元朝大都（今北京），建立明朝，元朝统治结束，元顺帝北走，仍用元国号，史称为"北元"，"天元"即北元脱古思帖木儿即北元帝位后的年号。今广西都安县，宋、元时默默无闻，属偏荒之地，归于思恩州，明正统四年（1439年）后属思恩府。弘治十七年（1504年）土官知府岑浚不轨，明朝将其惩治后剖分思恩府属为九土司巡检，今都安和大化二县分属于安定土司巡检及都阳土司巡检。天元元年（1378年），已经是朱元璋建立明朝后第11年，北元有什么深恩厚惠让思恩州的土官土民刻骨铭心，在元亡后11年仍以北元的纪年铸于铜鼓面上？洪武元年（1368年）七月，抢了田州路土官总管黄志威总管印信的岑伯颜率其次子岑永泰跑到潭州（治今湖南长沙市）向明朝的湖广行省平章杨璟输诚。朱元璋很高兴，任命岑伯颜为田州府土官知府，岑永泰为思恩州土官知州。①思恩州的土目土民唯土官知州是瞻，胆敢冒天下之大不韪，背着土官知州，背着明朝去臣服于远在遥远北方的北元，从而用其年号铸于铜鼓面上？就此审察，以为思恩州土官、土目或土民铸于鼓面上的"天元孔明福寿进宝"的"天元"，是北元脱古思帖木儿的年号，无疑考虑失当。

有年号必然纪年，否则天元10年，从1378年到1387年，谁知是哪一年？比如，广西东兰县征集到的一面铜鼓其铸文作"大明成化十五学生陈金习字"，琼州（治今海南省海口市琼山区）天宁寺所藏铜鼓其铭则是"大明成化十二年广州府番禺县客人陈福通铸造"。此怎仅标"天元"而没有年份？显然，"天元"非遥遥无及的"北元"皇帝脱古思帖木儿的年号，而是"孔明"的修饰语。"元者，善之长也。""天元"就是天之圣贤。

清朝檀萃《滇海虞衡志·志器》载："铜鼓，粤人以为伏波，滇人以为诸葛，而实蛮

---

① 《明实录·太祖实录》卷33、卷43；《土官底簿·思恩军民府》。

自铸也。"明、清二代，云、贵、川、湘、桂西等地称铜鼓为诸葛所铸，因此谓"诸葛鼓"。诸葛亮字孔明，因此铜鼓又称为"孔明鼓"。诸葛鼓，孔明鼓，都是感念传说中的大恩人、大圣贤诸葛孔明。"天元孔明福寿进宝"，其义就是敲起铜鼓，天上圣贤孔明赐予福寿送上财宝。这是铸鼓者的福善嘉庆的吉祥语，"天元"并不是什么不受其辖属而逃亡万里之外的脱古思帖木儿窃踞"北元"的年号。

麻江型铜鼓虽在明、清二代兴盛起来，但是壮群体越人不论是趋汉变化了的后人还是壮族和布依族，除了部分地方的一些群体中仍热衷于铜鼓祭和举行铜鼓舞外，在汉族文化的潜移默化下，大多已逐渐改变了昔日对铜鼓的那股热衷，失去了对铜鼓使用的兴致。

三　黄金生产

南北朝，中原扰攘纷乱，通行货币信誉值下跌，失去了岭南群众的信赖，弃而不用，改用金银作通货。因此，《隋书》卷24《食货志》载："梁初，唯京师及三吴、荆、郢、江、湘、梁、益用钱，其余州郡则杂以谷、帛交易。交广之域，全以金银为货。"货就是货币，以金银作通货进行商业贸易，交换有无。

"岭南酋帅，因生口、翡翠、明珠、犀、象多饶，雄于乡曲（乡里）者"，[①] 自然拥有众多的金银。

《新唐书》卷110《冯盎传》附《冯子猷传》记载，高州（治今广东高州市）"俚獠"大首领冯盎的族弟冯子猷"贞观（627—649年）中入朝，载金一舸自随"。唐太宗的儿子李治见着眼热纳闷，登帝位后即派御史许瓘来岭南察看他的家产。冯子猷不买账，弄得几乎下不来台。

舸，既是大船也是小船。比如，扬雄《方言》卷9称"南楚、江湘，凡船大者谓之舸"，而《三国志》卷54《周瑜传》载"又豫备走舸，各系大船后"，则是指小船。即使舸是小船，冯子猷"载金一舸"从岭南到京师长安，其举动、其数量也惊人耳目、震动朝野了。而他自带的"一舸金"，自然也不及其家拥有黄金数量其半，由此可略知当时岭南"俚獠"首领各人拥有黄金数量之多。

当时，岭南各地也不乏黄金的出产。比如，《岭南异物志》载："广州浛洭县（治今广东英德市西北浛光）金池。黄家有鹅、鸭池，尝于鸭粪中见麸金片，遂多收淘之。日得一两，缘此而致富，其子孙皆为使府剧职（广州节度使府属重要官员）。"[②] 五代刘恂《岭表录异》也载："五岭内富州（治今广西昭平县）、宾州（今广西宾阳县）、澄州（今广西上林县）江溪间皆产金，侧近居人以木箕淘金为业，自旦及暮，有不获一星者。就中，澄州者最为良金。余顷年（近年）使于上国（京都），亲友（不欲书其姓名）附澄州金二十两与当时权臣，余讶其单鲜，友人曰：'金虽少，贵其夜鸣有异于常金耳。'遂留宿（过夜）验之，信然也。"[③] 托人捎黄金给京师的权贵，一次即达20两尚且嫌少，可知当时岭南黄金产量颇为可观。

[①] 《隋书》卷24《食货志》。
[②] 《太平御览》卷919《鸭》引。
[③] 《太平御览》卷811《金下》引。

记载唐朝及五代事的北宋钱易《南部新书·庚集》载,"陈怀卿,岭南人也,养鸭百余头,后于鸭栏除粪,有光灼灼然,试以盆沙汰之,得金十两。乃觇所食处,于舍后山足下,因凿有麸金,销得数十斤。时人莫知,怀卿遂巨富,仕至梧州刺史"。陈家隋、唐时是梧州等地的大家,比如《隋书》卷80《列女谯国夫人传》就记载隋朝"苍梧首领陈坦",唐时"陈家白药"就驰誉岭南并上贡皇家。陈怀卿因鸭获巨金成巨富之家,后又以手中金贿赂官员献纳皇家,取得梧州刺史之任,由此可知唐、五代岭南各地普产黄金。

北宋中期,"广源州地产金,一两直(值)一缣(匹),智高父由是富强,招诱中国及诸洞民,其徒甚盛"。① 宋仁宗曾以侬智高父侬存福为广源州知州、邕州卫职,② 后来慑于北方强敌辽、夏二国,听从对外投降派广西转运使章频的建议,对南方交趾李朝实行扔国土以求安的卖国政策,"罢遣"侬存福,割弃广源州,为交趾李朝占夺广源州荡平了道路。宝元二年(1039年),交趾李朝袭房侬存福,占领广源州,迫使其子侬智高臣服。当年五月,"广源献生金一块,重一百十二两"。③ 生金一块,重达112两,可知其地的富产黄金。广源州"有金坑,交趾赋敛无厌,州人苦之"。④ 家园被占之耻未雪,父亲被杀之仇不共戴天,侬智高就是以广源州丰富的黄金资源积蓄财富,结交有志之士,壮大力量起兵抗交趾李朝对广源州的占领从而一而再,再而三地求附于宋朝的。

到了南宋,范成大《桂海虞衡志·志金石》载:"生金,出西南州峒,生山谷田野沙土中,不由矿出也。峒民以淘沙为生,抔(póu,捧)土出之,自然融结成颗,大者如麦粒,小者如麸片,便可锻作服用,但色差耳。欲令精好,则重炼取足色,耗去十二三。既炼,即成熟金。"周去非《岭外代答》卷7《生金》也载,"广西所在产生金。融、宜、昭(今平乐县)、藤江滨与夫山谷皆有之;邕州溪峒及安南境皆有金坑,其所产多于诸郡"。"今峒官之家,以大斛(量器名,十斗为一斛)盛金镇宅;博赛(赌博)之戏,一掷以金一杓为注(赌注)。其豪侈如此,则其以金交结内外,何所不为矣。"

而这些"邕、钦二州及界外山獠"的溪峒首领"以所居之地宝产至厚,素所擅有",当熙宁九年(1076年)宋朝要反击交趾李朝对邕、钦二州的侵犯时,"深虑一旦交贼荡灭,朝廷列其土为郡县,美利悉归公上,以势异患同之故,及交相党与(结成朋党),或阴持两端(采取骑墙的态度),或未决效顺"。⑤ 由此可知,当时"邕、钦二州及界外山獠"的溪峒首领们为了握住当地富产的黄金,满足于一己之得的分立状态,满足于割据式的洞主自尊,满足于"以大斛盛金镇宅"的安全奢望,满足于"博赛之戏,一掷以金一杓为注"的纵情无度的低层次享乐。他们惑于嗜欲,昏于小利,迷于现状,浑浑噩噩,晦于自己所处地位的认知,眩于自己的归属,昧于国家的一统。

四 铁器用具

虽然岭南地区铁制用具多来自中原,但是秦及其前,壮傣群体越人已经有了铁制犁

---

① (宋)司马光:《涑水纪闻》卷13。
② (宋)沈括:《梦溪笔谈》卷25《杂志二》。
③ 越南无名氏:《越史略》。
④ 《涑水纪闻》卷13。
⑤ (宋)李焘:《续资治通鉴长编》卷277。

具，这就是他们语言中的共同词语："lik⁷ thai¹"或"lek⁷ thai¹"。

广西武鸣县马头安等崶山战国墓群出土诸物中有铁盂一件，① 广西平乐银山岭战国墓出土了鼎、矛、锄、刮刀等11件铁器用具，② 在岭南两汉的墓葬也不乏铁制兵器和农具出土，然而，铁制用具多来自中原，是由中原输入的。所以，当西汉高后掌政时，"别异蛮夷，隔绝器物"，"有司请禁南越关市铁器"，③ 就令割据于岭南的南越国主赵佗非常紧张和焦急。

铁制兵器、生产用具和生活用品多来自中原，因此即便秦及其前岭南地区已经出现了钺、铜鼓、铁犁的铸造以及用毒药"傅矢金"以取人命的利箭冶铸，④ 可是迄于东晋，江浙的居民由于忍受不了官家沉重的赋役摊派，大量从海道逃亡至岭南，其中有不少娴于冶炼的人才，广州刺史邓岳这才"大开鼓铸"。⑤

唐中宗（705—710年）时，郑惟忠擢任黄门侍郎。"时议请禁岭南首领家畜兵器"，郑惟忠首持异议，说："夫为政不可革以习俗，且（晋左思）《吴都赋》云'家有鹤膝（矛），户有犀渠（盾）'，如或禁之，岂非惊忧耶！""遂寝"（停止议论）。⑥ 这说明，由于岭南与中原同处一国，王朝中央又在岭南驻有戍兵，交流频繁，岭南壮群体越人的后人"俚獠"首领拥有当时社会流行的金属兵器已经见之不当惊异了。

当然，地域不一，交流有异，财富迥别，岭南"俚獠"各地首领是否完全拥有、使用金属即铁制器具也不纯然相同。比如，贞元十年（794年）七月起兵反唐、⑦ 元和三年（808年）六月归顺于唐的"钦州守镇""黄洞蛮"首领黄少卿，⑧ 当时的著名诗人李贺《黄家洞》即说其军"雀步蹙沙（踢沙）声促促，四尺角弓青石镞。黑幡三点铜鼓鸣，高作猿啼摇箭服"。⑨ "青石镞"，就是用青石做的箭头。

宋朝元丰年间（1078—1085年），王安石《论邕州事宜》载，邕州左右两江溪峒，"田（治今田东县祥周）、冻⑩、忠（治今扶绥县南旧城）、江（治今崇左市南江州）等州产铁；冻、安平州（治今大新县雷平镇）产滕，惟得鱼胶，以生牛皮烂蒸细捣以制造兵器，亦甚牢固。冻州所打扁刀，诸蛮尤贵之。以斩牛多寡定其价值，连斩五牛而芒刃不钝者，其值亦一牛。又作蛾眉小刀，男女老少皆佩之，以防中毒箭，则用此刀挖去肌肉，得不死也"。⑪ 这说明，当时岭南壮群体越人的后人在民族文化的交流中，其钢铁冶铸技术已经大大提升，其以钢铁冶铸的兵器逐渐精化了。

---

① 广西文物队等：《广西武鸣马头安等崶山战国墓群发掘简报》，《文物》1988年第12期。
② 广西文物队：《平乐银山岭战国墓》，《考古学报》1978年第2期。
③ 《史记》卷113《南越列传》。
④ （三国）万震：《南州异物志》，《太平御览》卷786《乌浒》引。
⑤ 《晋书》卷73《庾翼传》。
⑥ 《旧唐书》卷100《郑惟忠传》。
⑦ 《旧唐书》卷13《德宗纪》。
⑧ 《旧唐书》卷14《宪宗纪》。
⑨ 《全唐诗》卷391。
⑩ 宋代，桂西有两个"冻州"，一在今龙州县西南，治下冻，一在今德保县，不知此"冻州"，是哪个冻州？
⑪ 《王临川集》卷89。

而代表当时岭南铁器冶铸技术水平的,当推南宋时的梧州铁器:

> 梧州生铁,在熔则如流水,然以之铸器,则薄几类纸,无穿破,凡器既轻且耐久。诸郡铁工锻铜,得梧铁杂淋之,则为至刚。信天下美材也。①

梧州铁器,"信(确实)天下美材",这是当时人对壮群体越人的后人手工冶炼技术发展的肯定和赞誉。在后来的历史发展中,岭南的手工冶炼业没有超过此者。

五 通货的铸造

《管子·轻重》载:"黄金、刀布者,民之通货也。"通货,就是通用的货币。

秦始皇统一岭南,将岭南纳入秦朝的版图,未详当时岭南人交易所用的货币如何。西汉、东汉二代,岭南与全国一盘棋,通用当时使用的或半两,或刀布,或五铢钱,或大泉等货币。这在平乐银山岭汉墓、②贺州河东高寨西汉墓、③昭平东汉墓、④梧州市鹤头山东汉墓等各有出土。⑤甚至当时认为是荒僻的防城市氵万尾岛上都有东汉五铢钱出土。⑥今氵万尾岛上居民虽系京族,但该族居民是明代始由安南移居过来的,其使用东汉五铢钱者无疑是壮群体越人。

东汉后期,黄巾起义,军阀雄长混战,220年魏、蜀、吴三国分立,各行其是,货币没有统一。比如,"黄初二年(221年),魏文帝(曹丕)罢五铢钱,以谷、帛为市"。吴国孙权"嘉禾五年(236年)铸大钱,一当五百(以一当五百),赤乌元年(238年)又铸当千钱"。⑦西晋没有改制货币,继续魏国中后期铸的五铢钱。氐、羌、羯、鲜卑、匈奴首领强盛,乱了北方,建兴四年(316年)匈奴攻占长安,西晋灭亡。东晋元帝"过江(长江),用(吴)孙氏旧钱"作为通货。此时,他下了一道诏令,说"广州夷人宝贵铜鼓",需要大量铜料,江南人就以吴国的大钱"比轮"运往广州,"货与夷人,铸败作鼓。其重为禁制,得(抓获)者科罪"。⑧"广州夷人",也就是岭南壮群体越人的后人"俚僚"。他们以通货"比轮"熔化为铜铸造铜鼓,说明他们并不以吴国及两晋的五铢钱作为通货交易货物。

由于中原混乱,岭南不唯中原是瞻,继续其魏晋以来传统的交易法则,或以金银为通货,或进行物物交易。所以,《隋书》卷24《食货志》载,南朝"梁初,唯京师及三吴(吴、吴兴、会稽三郡,相当于今江苏太湖以东以南和浙江绍兴、宁波一带)、荆(治今湖北江陵县)、郢(治今湖北武汉市)、江(治今江西九江市)、梁(治今陕西南郑县)、

---

① 《岭外代答》卷6《梧州铁器》。
② 广西文物队:《平乐银山岭汉墓》,《考古学报》1978年第4期。
③ 广西文物队等:《广西贺县河东高寨西汉墓》,《文物资料丛刊》4,文物出版社1981年版。
④ 广西文物队等:《广西昭平东汉墓》,《考古学报》1989年第2期。
⑤ 李乃贤:《广西梧州市鹤头山东汉墓》,《文物资料丛刊》4,文物出版社1981年版。
⑥ 覃义生:《氵万尾岛考古调查》,《文物》1984年第9期。
⑦ 《晋书》卷26《食货志》。
⑧ 同上。

益（治今四川成都市）用钱，其余州郡则杂以谷、帛交易。交、广之域，全以金银为货"。陈时，"其岭南诸州，多以盐、米、布交易，俱不用钱"。这说明南朝诸代，岭南的居民仍然坚持以金银为通货或以物易物，拒绝以中原的通货为通货。

隋朝维持了30多年，可说是个过渡时期。唐朝一统全国，国力强盛，经济繁荣，在全国统一货币流行于各地，岭南也不异其样。虽然唐朝前期岭南东部、中部、南部的"俚獠"首领仍然以需铜料很多的高大、面阔、塑蛙铜鼓为身份的化身，但是随着中期以后他们在岭南东部、中部、南部势力的中落，"家家扣铜鼓"，铜鼓既普及化、小型化，也纯成了祭祀、丧葬、战阵敲击之物，完全失去了首领权力象征的作用。铸小铜鼓，此时已经专业化、商品化，既无须很多的铜料，专业者也已有其进料的渠道，已非必铸败铜钱不可。这样，就为铜钱在岭南的使用打开了流通之路。

唐朝武德四年（621年）七月十日，唐朝"废五铢钱，行开元通宝钱"。[①] 后世钱币用"通宝"二字，即开始于此。

五代时，南汉刘氏家族割据称霸岭南，在今广东阳春市铁屎径村设立钱监，铸造"乾亨重宝"，流通于岭南。迄今该地有"铁屎径铸钱遗址"，列为广东省文物保护单位。

一鉴于宋朝北边面临强敌辽和西夏，二鉴于宋朝经济重心的南移，三鉴于岭南富产铜、锡、铅、铁等铸钱矿源，宋朝开始在岭南设监铸钱。庆历（1041—1048年）后，因"韶州（治今广东韶关市）天兴铜大发，岁采二十五万斤，诏于其州置永通鉴"铸钱。其后，又在惠州（治今广东惠州市）置阜民监铸铜钱。[②] 元丰（1078—1085年），二监年各输纳中央政府80万贯和70万贯铜钱。[③] 元丰六年（1083年）五月，"梧州以铅、锡易得"，又于梧州置铸钱监，以年产15万缗为额。崇宁（1102—1106年），梧州元丰监年铸钱18万缗（一千文为一缗），是当时全国十大铸钱监之一。

北宋贺州（治今贺州市贺街）盛产锡矿，额定每年上贡锡品12600斤。当时，不论铸铜钱还是铸铁钱要锡作配料，锡显得贵重紧缺，贺州锡官趁机在官价之外加价卖给各路的铸钱监，至道二年（996年）宋王朝中央不得不出面干预。崇宁二年（1103年），鉴于北方金、辽二国收取宋朝铁钱熔作兵器，宋朝决定铸质脆的夹锡钱流通市场，贺州顺理成章置监铸钱，成了南方铸造夹锡钱的中心。夹锡钱流通于北宋后期，南宋初年停止使用，[④] 贺州钱监也就不存在了。当年的铸钱处在今贺州市黄田新村的里松河边，运输方便，遗址有七八千平方米，还出土了"崇宁重宝"的钱币。

宋朝在岭南还设有浔州（治今广西桂平市）铸钱监专铸铁钱。浔州位于黔江和郁江汇合处，水路交通极为方便。该州富产铅矿，宋时州西马平场，炉户采砂经过烹炼即可制成铅锭，[⑤] 单是上贡官府朝廷年22200斤。浔州南接的郁林州富产铁矿，年上贡27500斤。崇宁三年（1104年），因民间私铸铁钱泛滥，奸商又将铜钱销熔掺假铸"薄恶钱"扰乱

---

① 《唐会要》卷89《泉货》。

② 《宋史》卷180《食货志》。

③ 《文献通考》卷9《钱币二》。

④ 《宋史》卷180《食货志》。

⑤ （宋）王象之：《舆地纪胜》卷110《浔州·景物下》。

钱币市场，破坏货币流通。朝廷除取缔民间私铸铁钱，打击"薄恶钱"外，命令全国各路转运司在交通方便的地方增置铸钱监铸钱。梧州元丰监于是利用浔州的矿产和区位优势在浔州"置铸铁钱监，依陕西料例铸当二钱"。"当二钱"就是小铁钱，限于广南东西二路流通。比价是铜钱一千文可兑换一千五百文至两千五百文"当二钱"。"靖康之变"（1127 年）北宋灭亡，浔州铸钱监不复存在。①

宋朝在岭南设置的诸多铸钱监铸钱，虽然属于官营，与岭南百姓没有太大的关系，但是，一者，它们是在岭南百姓掌握的冶炼铸造技术基础上发展起来的，体现了当时壮群体越人的后人"俚獠"的冶铸技术水平；二者，显示了当时岭南地区富于矿产资源。

第二节　陶瓷手工业

陶、瓷器物，是远古人类用自然形态的资源聚合加工而成的自己生活需要的物品。这些物品创始之后，经验积累，智慧开发，物随意成，方便生活，方便交流。这是我国远古中原人的发明，也是岭南壮侗群体越人的一个伟大的创举。

随着时间的演进、历史的发展，陶瓷业与时俱进，不断发展，民国及其前在壮群体越人及其后人壮族和布依族中形成了一个手工行业。

一　陶业

1997 年，中国社会科学院考古所会同广西区文物队和南宁市博物馆对广西邕宁顶蛳山贝丘遗址进行发掘。该遗址的文化遗存可分为四期：第一期文化遗存距今约 10000 年；第二期、第三期文化遗址属贝丘遗址，距今 8000—7000 年；第四期文化遗址距今约 6000 年。

第一期文化遗存出土陶器，未见完整器。陶片数量不多，均为夹棱角分明的粗石英碎粒的灰黄陶，胎心呈黑或褐色，质地疏松，器表施宽度在 3 毫米以上的粗绳纹。陶片残破，器形难辨，带口沿的仅见一件陶釜。

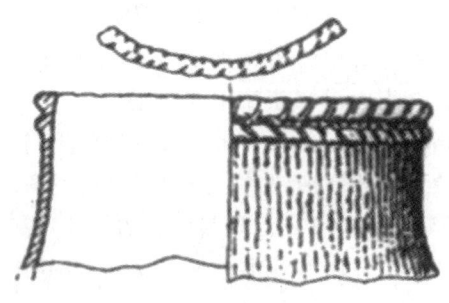

陶釜

第二期文化遗存出土的陶器以夹砂灰褐陶为主，夹砂红陶次之，器表颜色不匀，部分

---

① 《宋史》卷 180《食货志》。

为外红内黑。夹砂料粗，多为棱角分明的粗石英碎粒。器物烧制火候较低，硬度差，部分稍捏即碎。纹饰以浅篮纹为主，宽度在 2—2.5 毫米的中绳纹极少，不见宽度在 1.5 毫米以下的细绳纹。器表纹饰一般较规整，器底纹饰则较为杂乱。陶器均破碎，仅能复原一件完整的圜底罐。

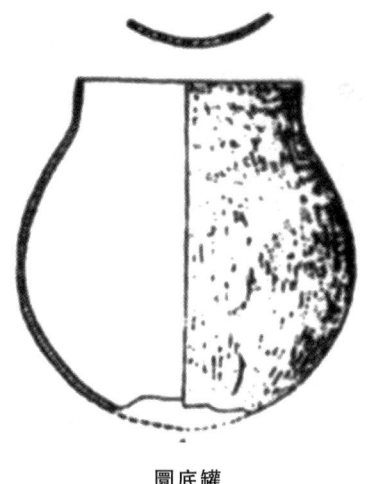

圜底罐

第三期文化遗存出土陶器以夹砂红褐陶为主，夹砂红陶次之，灰褐陶较少，黑陶略见一二，泥质陶全无。胎内夹砂较细，部分器表陶色不匀，有的外红内黑。陶器均手制，不见轮修痕迹。烧制火候不一，一般较高，也有部分较低。纹饰以中绳纹为主，细绳纹比例也不低，粗绳纹和篮纹基本不见。可辨器形有高领罐、圜底罐和釜。

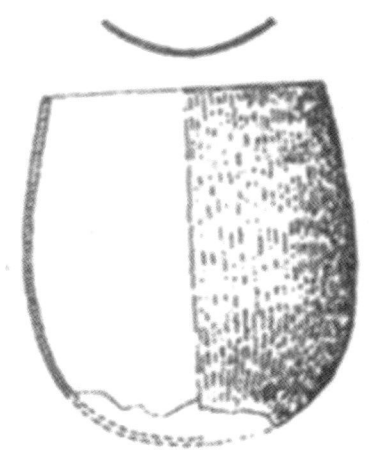

釜

第四期文化遗存出土陶器以夹植物碎末的红褐陶为主，夹砂红褐陶次之，另有较多的夹植物碎末红陶。夹植物碎末的陶片在器表和器胎留有较多的孔隙，器表纹饰模糊不清。此一时期出现了橙黄陶和泥质陶，黑陶数量较三期为多，夹砂陶所夹的砂也较细。纹饰以中绳纹为主，细绳纹也较三期为多。施纹方法除滚压外，出现了拍印绳纹。器物虽均为手制，可有了轮修技术；部分器物烧制火候较高；品种较前为多。可辨器形有高领罐、圜底罐、釜、杯等。①

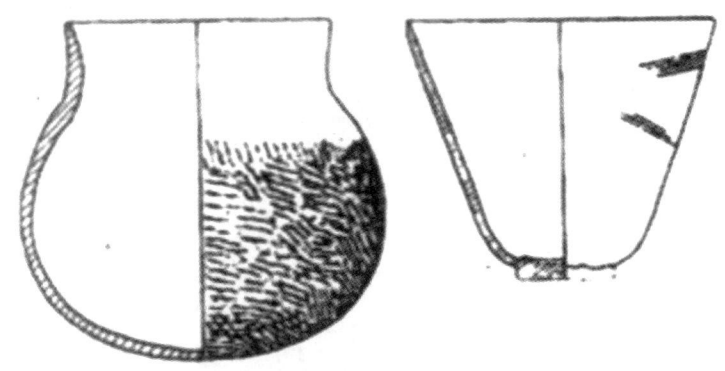

高领罐和杯

邕宁顶蛳山贝丘遗址四期文化遗存，活现了距今10000—6000年的壮侗群体先人越人陶器的从无到有，从少到多，从品种单一到品种多样，从粗夹砂陶到细夹砂陶，从夹砂陶到泥质陶，从手制陶到轮制陶，从火候低到火候高，从粗绳纹到细绳纹，从滚压绳纹到拍印绳纹的发展历程。这一历程，活现了壮侗群体越人在制陶上的伟大创造。

陶人转轮，妙成众品。从手制到轮修，这是制陶技术的一个突破。1973年，在广西大新县歌寿岩新石器时代晚期文化遗址中发现了一件完整的夹砂绳纹陶釜和一个三足陶罐，有明显的轮制旋纹，器形规整，陶胎薄而均匀，纹饰丰富，这是轮制的成就。② 与此同一时期，平南县大新石脚山、灌阳五马山等新石器时代晚期文化遗址中出土的陶器也是轮制的产物。③

不过，歌寿岩新石器时代晚期文化遗址出土的陶器，经检测其烧制温度已达1000℃以上。据考古实验，无窑烧制的陶器温度不超过900℃，超过900℃的陶器属于窑烧产品，歌寿岩文化遗址出土的陶器可能已经是窑烧制成的产品。

或地处偏僻，与外面交往不多，或执着地认为"祖宗成法不可变"，一些地方的壮傣群体越人的后人在陶器的烧制上仍然千年传统不变，往往停留于歌寿岩文化遗址出土陶器制作其前的状态：轮制陶坯，露天而不是建窑烧陶。比如，时至20世纪70年代，许多地方的傣族民间其制陶由各家各户老年妇女承担，以慢轮制坯，然后以稻草、谷糠、木材烧制，火力不够，质量不高。④ 1986年第6届中国百越民族史讨论会在云南西双版纳傣族自治州召开，傣族群众还为与会者演示了传统制陶的操作过程。同样，往日地处偏僻的广西靖西龙临镇念者屯的壮族群众也穿过时空的隧道，数千百年不变地传承着如此的制陶方式。

---

① 傅宪国等：《广西邕宁县顶蛳山遗址的发掘》，《邕州考古》，广西人民出版社2001年版，第38—39页。
② 广西文物队：《三十年来广西文物考古的主要收获》，《文物考古工作三十年》，文物出版社1979年版。
③ 蒋廷瑜：《广西新石器时代考古述略》，《中国考古学会第三次年会论文集》，文物出版社1984年版。
④ 胡绍华：《傣族风俗志》，中央民族大学出版社1995年版，第25—26页。

第二篇　社会经济文化　　637

歌寿岩绳纹陶釜

念者屯壮族传统的烧制陶器分为两步，一为制陶，二为烧陶。制陶有4道工序。

选土采泥。一般选取细腻、黏性强、杂质少的泥土，放入大缸里浸泡，使之软化。

采石舂石。火烧方解石表，用锤击打，取拳头或指头大的石块放入石臼以木杵舂捣使之细化，然后以竹筛筛过，使方解石料呈均匀细小的颗粒状。

炼泥。在一块平整的石板上，用加工过的方解石颗粒铺底，将软化了的泥团置于其上，双手不断地搓揉，使泥与石料均匀地掺和在一起。泥石比例一般是4∶1。

制坯，即将泥团以轮修制成陶坯。陶轮是在地下挖一个直径约25厘米、深19厘米的小坑，中间竖起一根圆木桩。陶轮的上面较底面的直径长，呈倒截圆锥体状，底部中间有一个小孔，上面不通，其中插入一段竹管套在木桩上，使其可以旋转，陶坯置于轮上，靠陶轮转速的力量，拉塑陶土成器坯。拉坯是用两块特制的椭圆形铁木刮板，一手持一块刮板在内壁，另一手持一块刮板在外壁，同时用力，靠转盘速度，不断往上提拉，将器坯拉到一定高度后，才开始制作口沿形成所需的器坯。

器坯制作完成，要阴干，才能进入烧制阶段。

念者屯壮族传统的烧制是明火露天烧制。在平地上挖个长1.6米、宽1.8米、深0.3米的烧火坑，上面横置一排生木条或铁条，将阴干了的器坯先大后小叠垒其上，直至高于地面1米左右，一次可烧制50多件器坯。烧窑的燃料是周围蔓生的杂草。

烧制陶坯先阴火后阳火。阴火就是细火慢火，火势不能过旺过猛，否则陶坯会爆裂。阴火持续烧约4个小时，其间要"排气"3次，即每隔1个小时在坯堆表面直接点火燃烧2分钟左右。"排气"实际是"补火"，让坯堆各处受热均匀，因为火从坑里烧起，坯堆底部火温高，表部受火不足火温低。阴火阶段结束，即停坑下火，将杂草覆盖上坯堆，点火明烧，并不断加草，持续烧上40分钟，陶器即告烧制完成。①

壮、傣二族民间残存的陶器制作技术和烧制陶器的方式，无疑是落后的，远离了时代的技术发展，但是他们认为这是先人开创而传承下来的，因而一代一代又一代，固执无违，不变其旧。

---

① 郑超雄：《广西靖西县念者屯壮族原始制陶技术考察》，《广西民族研究》1997年第3期。

洪武二十九年（1396年），钱古训、李思聪奉明太祖朱元璋之命出使缅甸和"百夷"，归来呈上《百夷传》。后来留传下来的钱、李二人《百夷传》文字虽参错互异，可内容却一。李思聪《百夷传》载，"百夷"（今傣族先称之一）"器皿丑拙（粗劣笨拙）尤甚，无水桶、木甑、水盆之类，惟陶冶之器是用。其宣抚（大土司）用金、银、玻璃等器，其下（大土司以下土司）亦以金、银为之"。[①]

又金鉷雍正《广西通志》卷92《壮》载，壮人"席地而炊，搏饭（把饭捏成团）掬水（双手捧水）"。"宴客以肉盛木具或竹箕，均人数而分置之，罢则各携所余去。"同书卷93《蛮疆分隶》也载安定土司（治今广西大化瑶族自治县安阳镇）"凡宴会，无杯、箸、盘、几，惟以大木叶铺地散半熟牛肉于上，富者以蕉叶盛椒、盐作调和，老幼席地群饮，酣则歌唱"。

这是在壮傣群体越人的后人中存在的往古先人生活的遗风。

时间是一股永不回转的洪流，人永远无法回到过去，也不可能凭思忆追回过去的岁月，然而壮傣群体越人的后人却穿过时空的隧道，摒弃周邻的变化，固守自我，不改变既往的选择，一代又一代地传承着往昔先人在日常生活方面的成果，不变地继续往昔先人的生活方式。这是历史发展的一种惰性表现。

在壮傣群体越人的后人语中，煮饭用的三脚架，谓 kji：ŋ² 或 keŋ²；锅谓 mo³；竹桌，用粗篾编织而成的筒式圆形物品，径 4 尺或 5 尺不等，高约尺半，下空，上可置食具、食物，壮、傣族家庭作餐桌用，壮语、傣语都谓之为 kiu¹。这三者壮傣群体越人的后人语同源，与汉语相异，是壮傣语支的民族语言。而碗、盘、桶、凳等，他们均没有自己的民族语，所用的都是借汉语词。比如，碗，壮语谓 va：n³，西双版纳傣语谓 van⁵，德宏傣语谓 va：n⁵；盘子，壮语谓 pu：n²，傣语谓 phan⁴；桶，壮语谓 toŋ³，傣语谓 thuŋ²；凳，壮傣语均谓 taŋ⁵。这些词语都是汉语相关词语的变音，属借汉语词。此四者，壮语、傣语二语语音相同或相近，说明在壮傣群体越人没有分化为壮群体越人和傣群体越人的时代就已经借之成为自己民族语言的一部分，故历两千年而不变或变之甚少。

壮傣群体越人的后人民间偏僻地方的一些群体穿过时空隧道固执无违地传承着往昔先人原始的烧制陶器技艺，但是水往低处流，人往高处走，在岭北不断跃前的制陶烧陶技艺的影响下，岭南大部分地区的壮群体越人及其后人也随时而进，不断地变革其制陶烧陶技术，提高成品质量。当然，流波恋旧浦，行云思故山，他们仍不忘于先人制作陶器的技艺。比如，唐五代时，"广州陶家皆作土锅镬，烧热，以土油（涂抹）之，其洁净则愈于铁器，尤宜煮药。一斗才值十钱，爱护者或得数日，若逼以巨焰洞之，则亦见破裂。斯亦济贫之物"，[②] 就是此种情况的反映。

1964 年，广西贺县（今贺州市）桂岭出土的春秋时代的云雷纹、夔纹陶釜、陶垒，敞口，圆底，肩腹部饰以云雷纹或夔纹，底部饰以方格纹，胎质坚细，呈灰色，制作规整，火候较高，扣之有声。[③]云雷纹、夔纹本是中原商周铜器的主要纹饰，方格纹则是南

---

① （明）郑颙：景泰《云南图经志书》卷10。

② 《岭表录异》。

③ 《广西出土文物》第47图，文物出版社1978年版。

方习见的主要纹饰，两种不同纹饰同在一件器物上使用，表明壮傣群体越人在吸取中原文化来丰富自己的同时，保留了本地区民族的风格。①

此一时期，在岭南出土了几何印纹陶。几何印纹陶以泥质印纹陶为多，也夹有夹砂印纹陶。几何印纹陶不论何种底质，火候较高，属硬陶系统。几何印纹陶是我国上古南方普遍使用的陶器，其特点，一是陶器表面装饰有各种各样的几何图案花纹；二是几何图案是采用拍印法拍印于器坯上。据不完全统计，岭南东部和岭南西部全州、灌阳、兴安、恭城、桂林、富川、钟山、贺州、昭平、梧州、岑溪、平南、容县、北流、浦北、合浦、东兴、钦州、武鸣等县市都有印纹陶分布。②

几何印纹陶出现在绳纹陶之后，其进步主要是拍印技术发展而进入模印技术阶段，从而使陶器纹饰丰富多彩，工整对称，规范美观，制作工艺大大提高。

几何印纹陶是硬陶，烧制火候已经很高，说明此时已有专门的窑室烧制。广东韶关市发现的1号窑址，时代属于西周前期，其结构分为火膛、窑室和烟道三部分，是圆形竖穴式陶窑，窑烧温度已可达1150—1250℃。③

始皇三十三年（前214年），秦始皇征服岭南越人，设置桂林、象郡、南海三郡，密切了岭南地区与中原的关系，中原文化源源不断输入岭南，促进了岭南地区社会的发展。

在中原汉族文化的影响下，壮群体越人的制陶技术有了大发展。陶器不仅品类众多，而且益形坚固耐用。汉代陶器品类，据考古发掘，计有碗、杯、碟、盘、大盆、瓮、罐、壶、鼎、五联罐、釜、提桶、㿻、钫等，足以满足日常生活所需。

中原汉族达官贵人厚葬之风存在已久，传入壮群体越人中以后，激发了他们中的富豪人家人死灵魂不灭、阴间鬼如同阳间人一样的需百品以生活的理念，制明器（冥器）以陪葬就形成了风气。所以，从汉代的墓葬中就出土了很多明器。出土的明器，计有陶屋、干栏陶楼、陶灶、陶井、陶田、陶仓，以及陶塑的各种人俑、马、牛、羊、鸡、鸭等。手捏成形，烧制成器，这些明器丰富了壮群体越人的陶制产品，显示了他们丰富的想象力和陶制艺术。

汉代，壮群体越人陶器的制作，其进步表现在釉陶技术的渐臻成熟和流行。

岭南陶器过釉见于平乐银山岭战国墓，比如出土的三足陶瓿、三足带盖陶盒等陶器施有青黄釉，然而技术初现，很不成熟，器物内釉层很不均匀，烧后形成一瘤瘤的，状若鼻涕，不能与器胎紧密结合，易于脱落。而西汉晚期以后，据考古资料，釉陶渐渐增多，到了东汉晚期已经流行。虽然此时的釉色还是氧化矽的青黄釉，但是器胎上的釉施基本均匀，釉和器胎紧密结合，不易分离剥落。

陶灶，是汉代岭南墓葬中常见出土的陪葬明器。这是中原汉族文化的输入品。因为壮傣群体越人唯以三脚架烧饭烤物，没有筑灶以煮饭炖汤，所以对于三脚架壮傣群体越人的后人均有其语，而灶，却是借汉语词。这说明，在壮傣群体越人还没有分化为壮、傣二群

---

① 黄增庆等：《壮族通史》，广西民族出版社1988年版，第155页。
② 广西文物队：《广西几何印纹陶的分布概况》，《文物集刊》1981年第3期。
③ 广东博物馆等：《广东曲江石峡墓葬发掘简报》，《文物》1978年第7期。

体越人的时代就已经接受了使用了中原汉族此一事物、此一概念和此一词语。

同一时期，岭南不少地区出土了砖、瓦等陶制品，比如广西兴安县大容江秦城遗址和洮阳古城遗址出土了绳纹大板瓦、筒瓦。西汉晚期的梧州富民坊窑址也出土了少量的板瓦和筒瓦。东汉时，也有大量的砖块出土。砖和瓦是建房材料，而壮傣群体越人行的是竹木搭建、苫茅覆盖的干栏建筑住房，这就是"悉以高栏为居，号曰干栏"。[①]"竹屋茅茨冷"，[②] 干栏建筑并不用砖和瓦，因此壮傣群体越人的后人没有关于砖和瓦的民族语词，用的都是借汉语词。秦城遗址出土的瓦，是中原来的汉族官兵建筑秦城烧制的，与壮群体越人及其后人"俚僚"并无多大关系。至唐朝先天年间（712—713 年），宋璟出任广州都督，要改变广州"皆以竹茅为屋"的旧俗，"教人烧瓦，改造店肆"，[③] 砖、瓦方才开始融入壮群体越人的后人中，为他们所习用。

发现的两汉陶窑，已经由平地形窑向马蹄形窑过渡，马蹄形窑成了统一的陶器窑烧型制。马蹄形窑由窑门、火膛、窑床、烟道四部分组成。窑门为喇叭形，向火膛倾斜，为装窑、出窑、投柴送草、除灰之道。火膛紧接窑门，上宽下窄，后壁伸入窑床。窑床为放置陶坯之处，约占陶窑的三分之二。前低后高，倾斜9°左右；底铺有一层细沙，用以固定器坯，传热保温；上有拱顶。烟道在窑床后端，倾斜而上直通窑外。马蹄窑比平底窑容量大，巧用自然风助燃，燃烧快，烧制温度高，受热均匀，增强了烧制陶器的刚性硬度。

魏晋以后，由于青瓷已经普遍使用，陶制生活日用品见少，但是陶器制品除日用品外，于汉族文化的影响下，其在明器的烧制上却大放其彩。1981 年，永福县寿城供销社在基建中发现一座南朝砖室墓，出土的陶制明器有陶武士俑、击鼓俑、陶鸡舍、陶怪、陶仓、陶猪、陶羊、陶鸡、陶鸭等，胎质坚硬，反映了当时陶制产品的技术水平。[④] 而同一时代的苍梧倒水南朝墓除出土牛圈、家禽舍、牛车、武士俑等陶制明器外，还出土了一块泥质灰陶耕犁模型。该模型长 18 厘米、宽 15 厘米，一角有漏斗状设施，中间纵贯田埂将水田一分为二，各有一人在扶犁吆牛犁田。[⑤] 此农田耕犁模型，实系风俗雕塑，观图而可以知道当时岭南的风俗人情，活现了岭南当时的水田耕作和技术的发展水平。

唐、宋二代，壮群体越人的后人其制陶业除缸、瓮、罐等釉陶及砖、瓦等产品外，唐代钦州刺史宁道务的陶制墓碑可说是一件令人惊叹之作。该墓碑于 1920 年在钦州平吉镇心村出土，碑高 90 厘米，宽 60 厘米。铭文 1400 多字，分 30 行书写，楷书，笔画工整流畅，烧制后的陶碑如同石碑，质地坚硬，铿锵有声。这样的陶制墓碑，国内实属罕见。

清朝咸丰年间（1851—1861 年）兴起的钦州紫砂陶，又称为钦州泥兴陶。它是以钦州当地特有的含氧化铁成分的红色黏土为原料仿江苏宜兴紫砂陶制作的。产品打磨后，不上釉而富有光泽，质地细腻，音质铿锵，古朴雅致，美观大方，吸水性能及耐酸耐碱度强，盛水保质，插花耐枯，盛食不馊，泡茶香浓，与江苏宜兴紫砂陶相较，似令人产生

---

① （宋）乐史：《太平寰宇记》卷 163《窦州风俗》。

② （明）蓝智：《柳城县》，（清）汪森《粤西诗载》卷 11。

③ 《旧唐书》卷 96《宋璟传》。

④ 广西文物队：《广西永福县寿城南朝墓》，《考古》1983 年第 7 期。

⑤ 广西梧州博物馆：《广西苍梧倒水南朝墓》，《文物》1981 年第 12 期。

贵港出土陶屋明器

"青出于蓝而胜于蓝"之慨。钦州泥兴陶品种有花瓶、食品熏鼎、文具、花盆、茶具以及仿古器皿等。清朝后期以后，钦州泥兴陶兴盛不衰，在钦州形成了一条"泥兴街"，以"聚家园""仁义斋"等店铺为著名，当时被誉为"第二陶都"。钦州泥兴陶1915年摘得"巴拿马万国博览会"第二名，1930年在比利时国家独立百年纪念的陶艺展上获一等奖，从此名传国内外。

二 瓷业

瓷器是我国古代伟大发明之一。瓷器的特点是坯体洁白，质密，较薄者呈半透明，音响清彻，断面具不吸水性。岭南壮群体越人的成形和烧制技术由中原汉族输入，这是无可置疑的。

岭南瓷器的出土最早见于平乐银山岭战国墓葬中，但是，瓷器在壮群体越人及其后人中的烧制和广泛应用是在魏、晋、南北朝时期。

1982年，贺州市两座东吴墓出土陶器、瓷器共20件，其中陶器6件、瓷器14件。出土瓷器数量远超于陶器数量，表明当时社会上瓷器的生产和使用已经普遍。这些出土青瓷器胎体灰白坚实，均匀细密，基本不吸水，已经有了较高的烧制温度和较好的烧结度。瓷器的瓷釉是青黄色，厚薄均匀，不起泡，与器胎紧密结合，少有分离剥落，脱离了东汉早期青瓷的风格。[1]

两晋、南朝，岭南的瓷器生产进一步发展，瓷器进一步普及。1972年，梧州市晋代古墓出土的日用生活用器纯为青瓷器，没有陶器。这些青瓷器包括双复耳罐1件，四耳罐2件，钵1件，碗5件，共9件，品种多样。[2] 1960年，藤县晋代墓葬出土的器物除铜钱、石猪外，都是青瓷器，计有唾壶1件，鸡头壶1件，四耳罐1件，大碗1件，小碗1件，六耳罐1件，钵1件，小碟7件，共14件。这些青瓷器胎质坚硬，釉层均匀，富有光泽，

---

[1] 广西文物队：《广西贺县两座东吴墓》，《考古与文物》1984年第4期。
[2] 梧州博物馆：《广西梧州市晋代砖墓葬》，《考古》1981年第3期。

显示了生产技术的发展。[1]

1980 年，苍梧倒水南朝墓葬出土的陶器有作坊、家禽舍、牛车、武士俑及犁田模型等，耀人眼目，可是出土的生活日用器如钵、碗等都是青瓷器，陶器退充明器。[2] 由此可知，当时青瓷器已是岭南地区人们日常生活用品的主宰品类，其势已不可逆转。

陶器烧制是马蹄窑，瓷器烧制为龙窑。龙窑体积大，烧灼温高，通风畅，保温好，造价低，品质优。随着技术的进步，窑室由马蹄形改成狭长形状，其宽度与火道、烟道相同，火焰从火膛流畅地通过火道、窑床、烟道、烟囱排出窑外。为了控制火焰流速，又将窑床分室改成阶梯结构。这样，火膛比火道低，火道比窑床第一分室低，第一分室比窑床第二分室低，第二分室又比烟道低，每一阶梯都能起控制火焰流速过快的作用，且能保持火温的持续性。同时，在窑床两侧加了双层砖墙，加固窑顶的保温层，强化瓷窑的保温设施。另外，针对窑床的斜坡式结构，稳置瓷坯，匠人们在窑床中根据置放瓷坯的大小、形状各安上支钉、垫饼、垫环、垫圈、匣钵、垫托等窑具，保持不同形状、不同大小的瓷坯在烧制过程中的垂直平衡状态。

宋代是岭南壮群体越人后人"俚獠"烧制瓷器的昌盛时期，瓷窑广布，名窑众多，不论是瓷器的造型、装饰还是烧制技术都得到了充分的发展。

宋朝，岭南各地的瓷窑众多，专业性强，而且从业的人员不少。据考古资料，不计分散于各州县的瓷窑，著名的瓷窑集中地有广州西窑、潮州笔架山瓷窑、新会官涌瓷窑、高明大岗山瓷窑、桂州窑址、藤县中和窑址、桂平西山窑址、兴安严关窑址、永福窑田岭窑址、北流岿岭窑址、柳城大埔窑址、容州城关窑址、雷州公益窑址等。

就目前的考古资料看，宋代仅广西路瓷窑遗存有 40 多处，以每处有 10 个窑炉计，每个窑炉年烧制 5000 件，一年可产 2000000 件瓷器。据《宋会要辑稿·食货六九之七一》载，绍兴三十二年（1162 年），除羁縻州县洞外，广南西路户 488655，口 1341573。瓷件年产数超于见在人口数，说明当时岭南所产的瓷器除供应本地人口所需外，也多外销。此外销，既包括国内也包括国外。

由于宋代岭南瓷器外销，激发、促进了岭南瓷器烧制技术的发展。

青白瓷，是宋朝制瓷业成功的创制，是具有独特风格的釉瓷，由景德镇首先烧制。岭南桂平西山窑、容县下沙窑、北流岭峒窑、藤县中和窑，都是步景德镇瓷窑之后以烧青白釉瓷为主的窑场，其中又以藤县中和窑和容县城关窑的烧制最具代表性。产品细腻洁白，轻薄坚硬，釉色晶莹光洁，有良好的透明度，叩之声音清脆，余音袅袅，不绝如缕。

容县、永福、藤县等地宋代窑址还出土了仿中原窑瓷烧制黑釉瓷、玳瑁釉瓷，而兴安和柳城的宋代瓷窑则出土窑变釉。窑变釉又称为钧窑，最早由钧州禹县（今河南禹州市）烧制。钧窑是宋朝五大名窑之一，其釉是一种乳浊釉，烧制后釉色在一件器物上呈现出青、蓝、紫、红、白颜色，色彩鲜艳，多姿多彩。这是釉色在烧制过程中相互融合、化解、渗透所取得的效果。釉色在烧制前难以捉摸，烧成后始现惊人的色彩，因称为窑变釉。兴安和柳城宋代窑址出土的窑变釉以月白色为多，也有在天蓝色釉中显现出茄红色或

---

[1] 黄增庆：《藤县清理一座晋代墓》，《文物》1962 年第 1 期。
[2] 梧州博物馆：《广西苍梧倒水南朝墓》，《文物》1981 年第 12 期。

菊花瓣纹白瓷碗

紫红色等品种，其神其彩，似与均窑产品不相上下。

宋朝著名诗人苏轼《试院煎茶》诗称："又不见今时潞公煎茶学西蜀，定州花瓷琢红玉；我今贫病常苦饥，分无玉盌捧娥眉。"① "红玉"花瓷具体怎么样，不见当时人的记载，也没有遗下实物可以印证。元朝人蒋祁在《陶纪略》中将"红玉"花瓷定为红瓷，却也不清楚其具体该是什么样的色泽。1970年，广西容县城关宋窑遗址出土的遗物，表明容县城关宋窑除主要烧制青白瓷外，还烧制青釉、黑釉、窑变釉和红釉等瓷器。其中，红釉瓷出土了4片拇指般大小的瓷片，就是宋代"红玉"瓷遗留的实物，可以印证苏轼"定州（在今河北曲阳县涧磁村、燕山村）花瓷琢红玉"诗句中"红玉"花瓷的具体色泽。

由上述可以清楚，宋代岭南瓷器的高品端烧制技艺虽多引自中原瓷业，但能引进，说明其瓷业有了厚实的基础；多所引进，道出了岭南瓷业海外销售的巨大需求。

岭南瓷窑所产除满足宋朝海外销售需求外，也不排除岭南老百姓对瓷器产品的需求。据考古资料，当时岭南瓷窑所产除生活日用所需瓷器外，盛产瓷腰鼓是其重要特点。

腰鼓，细长腰，两端膨胀成球形或半球形，长60—70厘米。此本西域乐器，木制，汉时从西域传入，后木制鼓腔渐改成瓷体鼓腔，唐朝有生产鼓腔的瓷窑。入宋，定窑、磁州窑也曾生产。岭南永福县窑田岭瓷窑以及藤县中和窑、容县城关窑都有出产，其中以永福县窑田岭的瓷窑出产最多。

南宋广西帅守范成大《桂海虞衡志·志器》载："花腔腰鼓，出临桂职田乡，其土特宜鼓腔，村人专作窑烧之，油画红花纹以为饰。"同一时期为官广西的周去非《岭外代答》卷7《腰鼓》也载："静江腰鼓最有声腔，出于临桂县职田乡，由其土特宜，乡人作窑烧腔。鼓面铁圈出于古县（治今永福西北山南），其地产佳铁；铁工善锻，故圈劲而不褊（狭小）；其皮以大羊之革。南多大羊，故多皮。或用蚺蛇皮鞔之。合乐之际，声响特远，一二面鼓已若十面矣。"宋朝临桂县治今桂林市区，考古资料尚未发现在临桂县有宋代瓷窑遗址，职田乡不详。

周去非说，以腰鼓"合乐之际，声响特远，一二面鼓已若十面矣"，说明腰鼓在人们合乐时，声韵隆隆，清悠悠而闲美，所以北宋官任昭州知州的梅挚《昭潭十爱》诗，其六、其八抒发了他对昭州（治今平乐县）"角""乐"的喜爱之情：

---

① 《苏东坡全集·前集》卷3，中国书店1986年版。

我爱昭州角，呜呼右郡衙。
万愁萦桂水，一曲咀梅花。
调古湘云叶，声干岭月斜。
今愁并古恨，吹起落谁家？

我爱昭州乐，供官不在多。
薰风齐乐圣，淑气且宣和。
谒庙知神格，铺筵喜客过。
声边无一事，对酒漫高歌。①

宋代，梧州"乐，音节闲美（文雅声美），有京、洛遗风"。②《苍梧志》也载："广西俗语推逊（谦逊），亦谓梧州乐昭州角云。"③ "梧州乐昭州角"，当时形成短语传颂，说明那个时候昭州"角"、梧州"乐"著称于岭南。

"广西诸郡人多能合乐，城郭村落，祭祀、婚嫁、丧葬，无一不用乐，虽耕田亦必口乐相（配）之，盖日闻鼓笛声也。"④ "角""乐"推尖，有着广泛的基础，"广西诸郡人多能合乐"就是这样的基础。宋代岭南如此厚实的基础，能够让瓷腰鼓的产出有着广阔的销售市场。这就是当时瓷腰鼓生产兴旺的原因。

元代以后，岭南瓷业生产呈现衰退的景象。其主要原因是改朝换代，政施改变。

南宋覆亡时，文天祥、张世杰、陆秀夫等率部在岭南抗击元军。最后，文天祥被俘，张世杰溺海死，陆秀夫也背着南宋小皇帝赵昺跳海自尽。元朝统治者常患因蛇怕绳的心病，视广州海面为畏途，所以至元十四年（1277年）将海外贸易中心从广州移至福建泉州，并设立庆元（今浙江宁波市）、上海、澉浦（今浙江海盐县澉浦镇）市舶司经营当时对外贸易事务，广州不能沾其边。然而广州滨海，地近东南亚，元朝统治者虽用之提心吊胆，但也觉弃之可惜，最后还是设立了广东市舶司，与泉州、澉浦、上海、庆元、温州、杭州等6处市舶司负责对外贸易事宜，不过对外贸易中心却是在泉州。⑤ 广州市舶司改为广东舶司，既迟迟未设，又失去了中心的地位，宋代岭南高尖端的瓷器产品失去了销售渠道，失去了依托，便难以振作了。

其实，元朝对高档瓷器产品实行垄断政策，成立了"浮梁瓷局"，专供皇室、内廷、宗庙、官府，器内打上"枢府"字号，于是将娴熟此业者集中于景德镇。这样，岭南的瓷业便没了宋代瓷业兴旺、高档瓷器产品层出不穷的气象，生产一落千丈，唯保存维持老百姓日常所需碗盏等品种的瓷器烧制了。

元朝统治实行严厉的民族歧视的高压政策，一等蒙古，二色目，三等汉，四为南人，

---

① （清）汪森：《粤西诗载》卷10。
② （宋）王象之：《舆地纪胜》卷108《梧州·风俗形胜》。
③ （宋）王象之：《舆地纪胜》卷107《昭州·古迹》引《苍梧志》。
④ 《岭外代答》卷7《平南乐》。
⑤ 《元史》卷94《食货志二》。

层层压制，级别森严。汉人、南人属底层人群，严禁群聚集会，自然往日热于以瓷腰鼓合乐的风气在高压之下渐行逝去，对瓷腰鼓的需求固然气还续，量已不大。

这就是元朝及其后壮群体越人的后人瓷器生产在宋朝鼎盛之后衰落的原因。元及其后，他们的瓷器生产唯维系群众的日常生活所需用品，如碗、盏之类而已，少有高档的瓷器产品。

第五章

商业文化

单纯的买和卖,是商业的原始形态。单纯的买、卖行为在壮傣群体越人社会中出现,是原始父权制社会确立、小家庭私有财产发展的必然结果。

一方此有余而彼不足,另一方此不足而彼有余,于是人们相互间互通有无,去有余而补不足,出现了买卖行为。后来发展到地区间发生买卖行为,出现周旋于其间专事负贩贸易以赚取利润的人群,也就是商人群体,此才形成了商业。以后随着社会生产的发展以及各类人群需求的增多,坐贾行商日益膨大,形成了社会的商贾行业。商贾们的活动,补不足,通有余,满足了人们生活、生产的需要,促进了社会生产的发展,成为社会发展的强劲的推力。

壮群体越人及其后人"俚獠"乃至壮族、布依族由于长时期停滞于自给自足的小农经济,"治生易足而少聚富",囿于远行魂失的理念及"鄙轻薄"商人欺诈行为的心态,"惟事耕渔,不乐工商",[①] 社会上专职从商者不多,商业经济发展有限。

第一节　商虚发展

"越之市名为虚,多在村场,先期招集各商或歌舞以来之。"南朝宋沈怀远说的是原始形态的越人商虚。清末民国同正县(在今广西扶绥县北部)的壮族,每逢歌虚之日,"各处男女服饰整洁,及商贾者、赌博者千百成群,聚于山坡旷野之地",是越人远古歌虚与商虚结合形态的存续。

社会发展,中原文化影响,商之虚与歌虚脱节,虚成了人们各携所有以贸易、互通有无的场所。

番禺,秦朝已见。番禺又写作賁隅、须陵,是壮傣群体越人语"ban³ huŋ¹"一词的近音异译写字。"ban³ huŋ¹"一词,在壮傣群体越人语里义为"大村子"。

番禺既为壮傣群体越人的"大村子",人口必多,且地处海边,犀角、象牙及珠玑等珍宝聚集。有宝自然惹人引颈而望,有货自然招人纷纷趋利,因此战国秦代,番禺已成"番禺之都"。秦始皇出兵征讨岭南越人,固然是其一统中华完成霸业的战略需求,同时

---

① 《古今图书集成·方舆汇编·职方典》卷1402《桂林府风俗考》。

也"利越之犀角、象齿、珠玑"。① 帝王家以及中原众多豪富显爵对犀角、象牙、珠玑等珍异的贪欲,造就了番禺商业的繁荣。西汉的时候,岭南"处近海,多犀、象、毒冒、珠玑、银、铜、果、布之凑,中国往商贾者多取富焉。番禺,其一都会也"。② 都会,就是都市,人众及货物汇集之地。

岭南珠玑等珍宝聚集地,不止番禺一处。汉成帝时,京兆尹王章被帝舅大将军王凤构陷杀害后,"妻、子皆徙合浦"。王凤死后,王章得到平反,其妻、子"还故郡"。在合浦(治今广西合浦县),"其家属皆完具,采珠致产数百万。时萧育为泰山太守,皆令赎还故田宅"。③ 所以,当时谚称:"欲拔贫,诣(到)徐闻。"而汉朝中央政府也"置左右候官在徐闻南七里,积货于此,备其所求",开展对外贸易。④

合浦"郡不产谷,而海出珠宝"。⑤ "百姓唯以采珠为业,商贾去来,以珠贸米。"⑥ 这是自然产生的社会现象。赵佗割据岭南,建南越国,与西汉吕后翻脸。吕后出令规定"毋予蛮夷外粤金铁田器;马、牛、羊即予,予牡(mǔ,公),毋予牝(pìn,母)"。⑦ 这反映的也是岭南岭北货通有无自然产生的社会现象。所以,"广州夷人宝贵铜鼓,而州境素不出铜,闻官、私贾人皆于此下贪比轮钱(大钱)斤两差重,以入广州,货以夷人,铸败作鼓";⑧ "谢安乡人有罢中宿县(治今广东清远市)者还诣,安问其归货,答曰:'岭南凋弊,唯有五万蒲葵扇,谓非时为滞货。'安乃取其一,中者捉之,于是京都士庶竞而慕焉,增价数倍,旬日而无所卖";⑨ 恩州(治今广东阳江市)"既当五州之要路,由是颇有广陵(治今江苏扬州市)、会稽(治今浙江绍兴市)贾人船循海东南而至,故吴、越(今江浙)所产之物,不乏于斯"。⑩

"籴米买束薪,百物资之市"。⑪ 汉、魏、晋、南朝时,岭南各地百姓也都卖有余补不足。据干宝《搜神记》记载,东汉广信县(今广西苍梧县)苏娥,早失父母,无兄无弟,嫁与同县施氏为妻。施氏死,苏娥无所依靠,难以自振,只好把先夫遗下的杂缯120匹,车载"欲之(到)旁县"出卖,途中却遭到亭长龚寿怀奸劫杀。⑫ 此事晋朝的干宝虽归入神怪,却反映了岭南各地区间人们互买互卖的存在。固然魏、晋、南北朝期间,中原扰攘,货币失信,岭南地区或"全以金银为货"币,或"多以盐、米、

---

① 《淮南子》卷18《人间训》。
② 《汉书》卷28下《地理志》。
③ 《汉书》卷76《王章传》。
④ (宋)王象之:《舆地纪胜》卷118《雷州风俗形胜》引《元和郡县志》。
⑤ 《后汉书》卷106《循吏孟尝传》。
⑥ 《晋书》卷57《陶璜传》。
⑦ 《汉书》卷95《南粤传》。
⑧ 《晋书》卷26《食货志》。
⑨ 《太平御览》卷702《扇》引《续晋阳秋》。
⑩ (宋)乐史:《太平寰宇记》卷158《恩州》。
⑪ 《苏东坡全集·续集》卷2《籴米一首》,中国书店1986年版。
⑫ (宋)乐史:《太平寰宇记》卷159《端州·鹄奔亭》引。

布交易，俱不用钱"，① 不过人们仍然以卖有余以补不足，趁虚货卖货买照常进行，社会生活一仍其旧。

进入唐朝，政治一统，局势稳定、经济繁荣，岭南及其附近各州县的"虚"已经独立存在。比如，柳宗元《童区寄传》载郴州（治今湖南郴州市）二劫贼房牧童区寄"之虚所卖之"，② 此"虚所"就是货物集散的集市"虚"。又《柳州峒氓》诗称"青箬裹盐归峒客，绿荷包饭趁虚人"，③ "趁虚"，就是赶虚，如同明朝董传策《奶头菓》诗"趁虚担却娘行瘦，好采枝头哺乳儿"句自注说的"邕人谓市为虚，诸村妇荷担入市谓之趁虚"。④ 所以，比柳宗元稍后的许浑《岁暮自广江至新兴往复中题峡山寺》诗"月在行人处，千峰复万峰。海虚争翡翠，溪逻斗芙蓉"，自注说："南方呼市为虚，呼戍为逻。新州（治今广东新兴县）有翡翠虚、芙蓉逻。"⑤

唐人《投荒杂录》载：

> 南方饮，既烧即实酒满瓮，泥其上，以火烧方熟，不然不中饮。既烧，即揭瓶趋虚，泥固犹存。
>
> 沽（买）者无能知美恶，就泥上钻小穴，可容筋，以细筒插穴中。沽者就吮筒上，以尝酒味，俗谓之滴淋。无赖小民空手入市，遍就酒家滴淋，言不中，取醉而返。⑥

这就是宋朝梅尧臣《英州别贺唐介》诗说的"万里通酿酤，抚远无禁律。醉去不须钱，醒来弄琴瑟"。⑦

岭南虚上卖酒人不斤斤计较，便宜了"无赖小民"。不过，历史上由于岭南属烟瘴地区，"缥醪（酒名）一爵举，瘴疠四时消"，所以，"千家不禁烧"。⑧ 历代王朝既不限制，也不征税，因此"岭南万户皆春色"（岭南万户酒），⑨ 饮酒是普遍的。"趁虚野妇沽（卖）甜酒"，⑩ 虚场上卖酒的多，醉的人也多。"独有秀才难免俗，墟墟醉倒酒家眠。"⑪ 此无疑是当时社会现实生活的写照。

---

① 《隋书》卷24《食货志》。
② 《柳河东集》卷17。
③ 《柳河东集》卷42。
④ （清）汪森：《粤西诗载》卷24。
⑤ 《全唐诗》卷537。
⑥ 《太平广记》卷233《南方酒》引。
⑦ （宋）王象之：《舆地纪胜》卷95《英德府·诗》引。
⑧ （宋）梅挚：《昭潭十爱》其九，（清）汪森《粤西诗载》卷10。
⑨ （宋）苏东坡：《十月二日初到惠州一首》，《苏东坡全集·后集》卷4。
⑩ （明）林弼：《龙州十首》其六，（清）汪森《粤西诗载》卷23。
⑪ （清）林园乔：《竹枝词》，《天河乡土志》。

虚的所在，或在县城，① 或在旷野之地。这就是宋朝苏东坡在广南东路惠州所见的"草市"："春江围草市，夜浪浮竹屋。"②

"草市"，就是大家约定俗成的货物交易地点。有的草市，连起码的茅茨的墟亭都没有。因此，明朝正德年间（1506—1521年）柳州府通判桑悦《抚夷至古龙江》诗句称："险山俱作寨，平地或为墟。曲折蛇行路，纵横虎斗区。"③ 万历（1573—1620年）中广西佥事魏浚说："余初行部（巡视所属各州县），自梧之（到）邕，道（路过）横（州）永（永淳县）间，墟集皆无草舍。值雨，就雨中贸易。盖所创见（实在是首次看见）。"他为此而感情兴发，"因作诗"两首，状写当时壮族趁墟的景状：

筈篮双放垄头安，却坐林边解竹箪（竹饭盒）。
棕叶结衣宜避湿，青纱裹头不忧寒。
蒌根对语时还嚼，车骑来过亦聚观。
此去茅村应未远，满蹊涩勒（勒竹）翠团团。

迂回岩径转嵯峨，笑问蛮家第几巢？
入市每衣芒木布，出门时唱浪花歌。
峒丁惯筈（kuò，箭头）歼狐矢，种女（壮女）能抛织贝梭。
墟散尽投归路去，断烟半陇冒荒萝（荒凉）。④

宋朝郭祥正《凤凰驿》诗载：

晚泊凤凰驿，得名知谓何？
凤凰不可见，篁竹空婆娑。
驿吏指英州，两舍皆平坡。
天寒无瘴疠，虚市饶鸡鹅。⑤

英州，即今广东英德市。"虚市饶鸡鹅"，似乎此英州凤凰驿虚日日为虚，至晚到达仍可以在虚市上买到鸡鹅以朵颐。但是，唐朝以降，其他地方的虚却是或三日一市，或五

---

① 县城，虽系一县的政治中心，但唐、宋、元、明，许多县城还是荒凉的。唐代昭州（治今广西平乐县）"虎当官路斗，猿上驿楼啼"（李商隐《昭州》，(清)汪森《粤西诗载》卷10）姑且不说了，南宋张孝祥《过灵川》诗即说灵川县"县只三家市"（《粤西诗载》卷10）。明朝，恭城县"十室黄茅邑，千峰红叶村"（蓝智：《恭城县》，(清)汪森《粤西诗载》卷11）；柳城县"青山入县庭，小邑但荒城"（蓝智：《柳城县》，(清)汪森《粤西诗载》卷11）；罗城县"空城围径无半里，破屋周遭有数家"（桑悦：《罗城县即事》，(清)汪森《粤西诗载》卷16）；太平府（今崇左市）"郡中编户惟三里，城内居民止一家"（田惟祐：《始至太平》，(清)汪森《粤西诗载》卷17）。
② 《江涨用过韵一首》，《苏东坡全集·后集》卷5。
③ (清)汪森：《粤西诗载》卷20。
④ (清)汪森：《粤西诗载》卷19。
⑤ (宋)王象之：《舆地纪胜》卷95《英德府·诗》引。

日一虚，或隔日一趁的定期虚。比如，唐朝刘之推《郡国志》载窦州（治今广东信宜市西南镇隆）"三日一市"；①梁载言《十道志》载容州（治今广西容县）"五日一集"；②宋朝钱易《南部新书·辛集》载"端州（治今广东高要市）已（以）南，三日一市"；《国朝宝训》载宜州"旧岭去郡一百二十里，百姓多隔日相聚交易而退，俗谓之墟市"。③不过，发展到后来，多是"三日为期又墟场"。④

虚上的货物，多是平民百姓交易的米、盐、酒、槟榔、甘蔗、香料及水果，也有来自国外的洋货。比如，元朝陈孚《宾州》诗的"野妪碧裙襦，聚虚拥野外，青箬罗（排列）米盐，飘飘双乡带"；⑤明朝袁峤《自柳至平乐所见五首》其一的"趁墟多丑女，互市半良瑶，箬里槟榔贵，花妆茉莉娇"；⑥解缙《桂林大墟》诗的"柳店积薪晨爨后，壮人冬叶裹盐归"；⑦林弼《龙州十首》其六的"趁虚野妇沽甜酒，候客溪童进辣茶"；⑧桑悦《趁虚》的"憧憧来往（来去纷纷）趁墟辰，细嚼槟榔血点红"，"束来甘蔗如修竹，老去藤香作降真"；⑨张岳《入邕州》诗的"海贾尽通身毒（今印度）布，墟亭遥拟白龙堆"；⑩等等。

明朝嘉靖元年（1522年）王济《君子堂日询手镜》载："横州（今广西横县）虽止十五里，有村八百余，虚百余。一虚每期贸易，财货不下数十万。陶虚、百合、青桐、古辣，则其尤大者。"平均十个村子有一虚，可说是村落虚市贸易，根据群众需求与方便定点设虚，定期集市，其数也众多，贸易量也不少。

广州，自汉以来就是历朝的对外贸易中心。唐朝，不仅贪婪的官员们对外贸易大抽油头、赚财物、蓄私产，⑪而且是王朝财政的主要来源之一。所以，唐朝后期黄巢起义军欲下岭南，占领广州，仆射（宰相）于琮就说："南海以宝产富天下，如与贼，国库竭矣！"⑫

北宋一仍如此。景德四年（1007年）驻广西宜州的澄海军不堪知州刘永规的虐待，以陈进为首起兵杀刘永规，并发师沿龙江东下。宋真宗急了，除调荆湖兵南下镇压外，又派兵扼守端州（治今广东高要市）峡口，以防陈进之兵东下广州，对左右近臣说："番禺宝货雄富，贼若慕骁果立谋主，沿流东下趣广州，则为患深矣！"⑬"为害深矣"，其一说

---

① 《太平御览》卷172引。
② （宋）乐史：《太平寰宇记》卷167《容州风俗》引。
③ （宋）王象之：《舆地纪胜》卷122《宜州》引。
④ （清）林园乔：《竹枝词》，《天河乡土志》。
⑤ （清）汪森：《粤西诗载》卷3。
⑥ （清）汪森：《粤西诗载》卷11。
⑦ （清）汪森：《粤西诗载》卷23。
⑧ 同上。
⑨ （清）汪森：《粤西诗载》卷16。
⑩ （清）汪森：《粤西诗载》卷17。
⑪ 《新唐书》卷158《韦皋传》附《韦正贯传》。
⑫ 《新唐书》卷185《郑畋传》。
⑬ 《宋史》卷466《张继能传》。

明如果陈进他们占领了广州，得到强大的补给，其对宋王朝危害就深远了；其二说明如此一来宋王朝的国库将失去极其重要的来源，造成国库不可弥补的空阙。

时间流逝，历史发展，北宋灭亡，南宋建立，除广州继续为南宋的对外贸易中心外，也突出了岭南壮群体越人后人地区的商业地位。

一 岭南对岭北的粮食补给

1127年"靖康之难"，北宋灭亡，南宋建立，北人大量南迁，两浙路、江南东西路、荆湖南北路及四川，是聚集之地。加上南宋定都杭州，军队集结保卫京城，可说是"四方之民，云集二浙，百倍常时"。① 人口陡增，食粮短缺，粮价飞涨。浙西平江（治今江苏苏州市）"米斗钱五百"，② 浙东越州（治今浙江绍兴市）糯米一斗为钱八百，"秔（粳）米为钱四百"。③ 其后，浙米曾涨至一斗1200文。绍兴元年（1131年）降至600文一斗，宋高宗喜溢言表："不但军不乏食，自此可免饿殍，在细民岂无小补？"④ 但是，一遇上人祸天灾，米价每斗又陡然涨至千文。⑤

在此种形势下，广南东、西二路的粮米北运接应起着很关键的作用。

即使在平常的日子，遇上水旱灾害，也少不了广南东、西二路粮米的接济。江南东西二路，"凶荒之年，犹仰客舟兴贩二广及浙西米前来出粜"。⑥ "江浙岁饥，有旨发二广义仓米航海诣永嘉（治今浙江温州市）。往时，常有此役。"⑦

除了江浙，福建也因"土地迫狭，生籍日繁"，⑧ 食粮短缺。"福（今福州市）与兴（治今福建莆田市）、泉（治今福建泉州市），土产至薄，虽当上熟，仅及半年，专仰南北之商转贩以给。"⑨ 米船一旦受阻，便出现危机："福、泉、兴化三郡，全仰广米以赡军民。贼船在海，米船不至，军民便已乏食，籴价翔贵，公私病之。"⑩

南宋，广南东、西二路，又称"二广"，又称"广南"。当时朝野公认，"广南最系米多去处，常岁商贾转贩，舶交海中"。⑪ 失去了广南米粮的接济供应，南宋政权就会转动失灵。

二 岭南对岭北的耕牛补给

自古，壮群体越人及其后人就将牛视作财富："数富，以牛牝（母牛）。孳息有水牛、

---

① 《建炎以来系年要录》卷158。

② （宋）王明清：《挥尘后录》卷10。

③ 《宋会要辑稿·食货九之十九》；《宋会要辑稿·食货七十之三一》。

④ 《宋会要辑稿·食货四十之十四》。

⑤ 《宋史》卷67《五行志》。

⑥ 《宋会要辑稿·食货四十一之九》。

⑦ 《转运判官黄公（洎）墓志铭》，《朱文忠公文集》卷93。

⑧ 《宋史》卷89《地理志》。

⑨ 《奏乞拨平江百万仓米赈粜福建四州状》，《真文忠公文集》卷15。

⑩ 《中枢密院乞修沿海军政》，《真文忠公文集》卷15，四部丛刊本。

⑪ 《与建宁诸司论赈济扎子》，《朱文忠公文集》卷25。

黄牛。水牛以耕，黄牛杀以饲鬼。"① "婚用牛"，② "疾病则求神，以巫为医，以牛为药"。③ 因此，他们不仅规定每年的农历四月八日为"牛王节"，崇牛敬牛，给牛放闲一天，煮乌饭喂牛，④ 而且大养其牛。比如，宋朝苏东坡《江涨用建韵一首》即咏叹惠州"草木生故墟，牛羊满空渎"。⑤ 明朝王济在其《君子堂日询手镜》也载，横州"其地，人家多畜牛。巨家有数百头，有至千头者；虽数口之家，亦不下十数。时出野外，一望弥漫，岭坡间如蚁"。

据《宋会要辑稿·食货六九之七一》载，南宋绍兴三十二年（1162年），广南东路户513711，口784074；广南西路户488655，口1341573；合户1002366，口2125647。此种情况说明当时岭南地旷人稀，荒坡累累，草木丰茂，适合于牛羊等畜牧业的发展。居于其地的壮群体越人及其后人以牛为宝，善于养牛，牛只也众多。因此，南宋初年金人南侵，两浙及江南东西两路缺牛之际，耕牛的补给大都来自二广。

嘉定七年（1214年）二月二十四日，广西转运判官兼提举盐事陈孔硕上书朝廷说，广西牛多且贱，多被贩往江西及江浙一带。所以，"二广州郡"历来都征"收贩牛税"。近来因管水道运粮的官员奏请才取消了此项税款。而赣（治今江西赣州市）、吉（治今江西吉水县）的人每当农事完毕就成群结队涌入岭南，凭着人多势众打着贩牛的旗号进行抢劫，导致"贩牛者少，因而行劫者多。近来广西多言湖南北人来广西贩牛为害有数，自奏罢收税之后，来者愈多，为患愈甚，而州县骤失此项（贩牛）税钱，力遂困乏"。⑥ 罢"贩牛税"，使广南各州县失去了重要的财政收入，"力遂困乏"，说明南宋的时候广南二路常年牛只的众多，解决了当时岭北各地对耕牛的需求，稳定了社会的农业生产。

三 岭南对南宋政权的战马补给

建炎元年（1127年）十月二十四日，经户部郎中叶宗谔推荐，安平州（治今广西大新县雷平镇）"獠"人李械由广西经略司干办公事转任广西左右两江提举峒丁公事。他深知北国沦丧，西北良马来不了，战马源断。为解困忧，他派人到西南特磨道、自杞、罗殿、大理等国踏勘马情，了解大理国盛产良好马匹，并劝说他们牵马到邕州横山寨来博易所需的物品。

建炎三年（1129年），宋高宗"命提举广西峒丁李械市马，邕州置牧养务"。⑦ 次年，由于李械与广南西路经略安抚使许中不和，被"罢归"安平州，买西南马匹的"事遂寝"（停止）。⑧ 然而，战马无着，总不能眼瞅着大理国有马不买。绍兴元年（1131年），宋高

---

① （明）林希元：嘉靖《钦州志》卷1《风俗》。
② 梧州《旧经》，《永乐大典》卷2339梧字引。
③ 《古今图书集成·方舆汇编·职方典》卷1380《琼州府风俗考》。
④ 民国《乐昌县志·风俗》；《古今图书集成》卷1349《肇庆府风俗考》；光绪《容县志·风俗》；民国《宾阳县志·风俗》；民国《荔浦县志·风俗》。
⑤ 《苏东坡全集·后集》卷5，中国书店1986年版。
⑥ 《宋会要辑稿·食货一八之二六》。
⑦ 《宋史》卷25《高宗纪》。
⑧ 《建炎以来系年要录》卷33。

宗诏令广西经略安抚司经办其事，后又在邕州设置买马司掌管买马事宜。为了广泛地招徕西南战马，南宋王朝给左右两江羁縻州峒首领都冠上了"招马官"的官衔，如田州知州黄谐、上思州知州黄彬、① 贡洞（今靖西县旧圩）权知洞张元武等都是。②

邕州横山寨买马，由初期的年 1500 匹，后增至 2500 匹，最多是绍兴二十七年（1157年）3500 匹，解决了金人占领黄河以北后南宋面临的战马危机。③

"蛮马之来，他货亦至。蛮之所赍，麝香、胡羊、长鸣鸡、披毡、云南刀及诸药物，吾商所赍锦、缯、豹皮、文书及诸奇巧之物。"④ 各贸所贸，互通有无。

良马产于大理国，自杞（治今贵州兴义县）、罗殿（治今贵州安顺市）、特磨道（治今云南广南县）本不产良马，可地近邕州横山寨（在今广西田东县平马镇）。他们贩马于大理国，转卖给南宋，就大赚其利。比如，"每岁横山市马二千余匹，自杞多至一千五百余匹。以是（因此），国益富，拓地数千里，雄于诸蛮"。⑤

南宋于邕州横山寨买马，以左右江羁縻州洞首领为"招马官"，他们并非尽心为官效劳。一些时候，"招马官乃私置场于家，尽揽蛮市而轻其征，其入官场者十才一二耳"；⑥一些时候，大理国的特异良马，"一匹值黄金数十两"，然"必为峒官所买，官不可得也"。⑦

由于邕州横山寨开设了以博马为中心的博易场，商通南宋与西南各国，交易额多，商业繁荣，而良马进入左右江溪峒地区，羁縻首领变闭塞为开通，眼界宽了，也富裕起来了。比如，"安平州之李械、田州之黄谐，皆有强兵"，"舆骑、居室、服用，皆拟公侯"。⑧

第二节 商者短途众远道寡

一 唯求自给，淡薄浮利

南宋的时候，由于特殊的政治形势和军事形势，岭南的商业地位上升了。然而，壮群体越人的后人除在汉族文化影响下已趋汉变化或逐渐趋汉变化的人群外，其商业意识并不浓厚，其对商业行为并不热衷，从商人员也不多。时至明末清初，在岭南中、西部仍然是这样的情况。

广东新兴县，"民皆力耕，商贾罕通，市无奇货，谷米价平"。阳江县，"器利多资他郡，地方可以自治，以故无甚贫、甚富之家"。恩平县，"务耕稼而轻末艺"。封川县"商

---

① 《宋会要辑稿·兵二三之八》。
② 乾道四年（1168年）旧圩苍崖山神仙洞摩崖石刻《贡洞清神景记》。
③ 《岭外代答》卷 5《经略司买马》。
④ 《岭外代答》卷 5《横山寨博易场》。
⑤ （宋）吴儆：《邕州化外诸国土俗记》，（清）汪森《粤西文载》卷 36。
⑥ 《岭外代答》卷 5《横山寨博易场》。
⑦ 《岭代代答》卷 9《蛮马》。
⑧ 《文献通考》卷 330《西原蛮》引《桂海虞衡志》。

贾不远行"。"乡宦不谒公门，生徒不喜奔竞，民不事诈诈。畏罪怯法，岁无逋（逃）租。"开建县，"男子喜师巫，而耻为工贾"。"多稼穑，少逐末，贫非悬罄（一无所有），富无多藏。"①

高州府所辖茂名、电白、信宜、化州、吴川、石城等州县，"地饶鱼稻，故鲜桂玉（生活费用）之忧，人惮（畏惧）商贾"。②

雷州海康、遂溪、徐闻三县，"土旷而谷贱，人窳（yǔ，懒惰）于耕作，不事蓄聚，故雷无万金之产，即称素封（富有）者不过免饥寒而已。贩易惟槟榔、鱼菜米谷食物，木石技作俱自广州，陶冶诸工艺无甚奇巧，土多布多麻，而葛布为上，服止绵葛"。③

梧州府苍梧、藤县、容县、岑溪、怀集、博白、北流等县，"啬于居财，缓于入赋。土民惟知力穑，罔事艺作。俗尚师巫，市多妇女，椎髻跣足，巢谷卖薪"。④

平乐府平乐、恭城、富川、贺县、荔浦等县，"民但务农，不事商贾，虽鲜厚积，亦无繁费，故途罕乞人"。比如，荔浦县"坊郭城厢，民戍（戍守军人）杂居，商贾皆东粤、三楚之民，岁终则归，来春又聚。本邑人民但知耕植，不识贸迁"。⑤

浔州府的桂平、贵县、平南三县，"其民惟知耕凿，不谙经营，朴实愚鲁，不事刁顽"。⑥

桂林府灵川县"人赋性朴实而浅谋，治生易足而少聚，富无千金，贫无乞丐。不健讼，不苟偷，重廉耻，鄙轻薄，惟事耕渔，不乐工商"。阳朔县，"考其素业，非渔则猎，非农则樵，谷蔬缔布，衣食常足"。永福县，"农务力穑，不为商贾，无屯积，不忧饥寒"。义宁县（治今临桂县五通）"民性质朴，多务耕种，不喜工商而好称贷，故民多贫窭"。"贫则佣工，不为乞丐，不作狗偷。"⑦

柳州府所属马平县、雒容县、罗城县、柳城县、象州、武宣、宾州、迁江县、上林县等州县，"士尚敦朴，民好逸乐"。"民俗朴拙，不谙商贩，家无积蓄，衣惟苎布，居无大室。""其民皆安土重迁，不逐末服贾。三日一趁墟，悉任妇人贸易。男子怠惰、嬉游，不勤生理，盖所习惯然也。"⑧

庆远府，"人无百亩之家，家无担石之储。终岁勤动，只完国税，家无余积不计也。饥寒死则已誓不轻去其乡，不习技艺，不务生理，故多贫"。"河池土风，耕作力田以及走墟市物，大半皆由妇人。"⑨

思恩府所属武缘县、西隆州、西林县及白山、兴隆、旧城、下旺、那马、都阳、古零、安定八土司，"居民惟知力本而性懒，不知商贾经营，故其家无积蓄。有牛为富，婚

---

① 《古今图书集成·方舆汇编·职方典》卷 1349《肇庆府风俗考》。
② 《古今图书集成·方舆汇编·职方典》卷 1357《高州府风俗考》。
③ 《古今图书集成·方舆汇编·职方典》卷 1370《雷州府风俗考》。
④ 《古今图书集成·方舆汇编·职方典》卷 1433《梧州府风俗考》。
⑤ 《古今图书集成·方舆汇编·职方典》卷 1426《平乐府风俗考》。
⑥ 《古今图书集成·方舆汇编·职方典》卷 1438《浔州府风俗考》。
⑦ 《古今图书集成·方舆汇编·职方典》卷 1402《桂林府风俗考》。
⑧ 《古今图书集成·方舆汇编·职方典》卷 1410《柳州府风俗考》。
⑨ 《古今图书集成·方舆汇编·职方典》卷 1415《庆远府风俗考》。

娶不避同姓。市廛贸易，妇女为政"。①

南宁府："呰窳（zǐ yǔ，贪懒）偷生而无积聚，裋褐（bó shì，穷困）辈耕凿外罔知他务，盐、槟、丝、枲（xǐ，麻）之利尽入游商，陶、渔、珍、错之息全归客户，无怪乎家鲜担石之储，人无百金之富也。"其中，所属的隆安县"男事务耕，不事商贾。业诗书者，仅数大家。墟市兴贩，多系妇人"。"不习浮靡，不为漫游，不事奇玩，衣服饮食，咸从俭朴。贫不雇工，饥不乞丐。"横州"贸迁不事，资异境工技以为生"。下雷州"止知耕种，不知商贾"。②

太平府（治今广西崇左市），"惟知耕凿，不事商贾"，"妇女出往墟场，贸易酒、米、蔬菜之类"。③

其他如思明府（治今广西宁明县）、镇安府（治今广西德保县）、泗城府（治今凌云县）等也都是"地僻民愚，不事商贾"，"妇女贸易廛市"。④

"夫用贫求富，农不如工，工不如商，刺绣文不如倚市门。"⑤ 以商求富，这是自西汉就形成而且流行的俗谚，壮群体越人及其后人为什么却不因此受到启迪而开窍，宁甘贫困而不从商求富？

要回答这个问题，唯从壮群体越人及其后人进行文化创造所依托的自然地理环境、人与自然地理环境的互为依存以及他们本身的历史发展来着手。

第一，安土重迁，无心离乡经商。

壮侗群体越人自从与同一语族操黎语支语言的越人群体分化后，逐渐走上了驯化普通野生稻之路，渐臻稻作民族群体。壮傣群体越人与侗水群体越人分化后，也仍是个稻作民族群体。南越国时期，壮群体越人与傣群体越人虽分化各自发展，但是由于稻作具有连续性，过程不中断，而且他们二群体安身立命的区域都适于稻作，所以稻作的民族属性没有改变。

《古今图书集成·方舆汇编·职方典》卷1349《肇庆府风俗考》载肇庆府（治今广东高要市）"务稼穑"。稼穑，意为播种和收获，泛指农业生产。但种黍和小麦，也是农业生产，"务稼穑"一语未能道明黍作还是稻作。"考其素业，非渔则猎，非农则樵，谷蔬绤布，衣食常足"。⑥ 此农业生产指水稻的谷粒。所以，壮族地区，都是"耕作力田"，⑦ 从事稻田作业。

稻作需田需水，需要安居。田满人欲，人对田有了留恋，产生了感情。这在壮群体越人及其后人表现得甚为突出。水田，壮语谓"na²"，傣语谓"na²"，也就是壮傣群体越人谓田为"na²"，壮群体越人及其后人便以"na²"（那）作地名的冠首词名地。以"那"

---

① 《古今图书集成·方舆汇编·职方典》卷1421《思恩府风俗考》。
② 《古今图书集成·方舆汇编·职方典》卷1444《南宁府风俗考》。
③ 《古今图书集成·方舆汇编·职方典》卷1448《太平府风俗考》。
④ 《古今图书集成·方舆汇编·职方典》卷1449《思明府风俗考》；卷1450《镇安府风俗考》；卷1452《泗城府风俗考》。
⑤ 《史记》卷129《货殖列传》。
⑥ 《古今图书集成·方舆汇编·职方典》卷1402《桂林府风俗考》。
⑦ 《古今图书集成·方舆汇编·职方典》卷1415《庆远府风俗考》。

(na^2）作地名冠首词的地名，历史上曾遍布于岭南东西。① 人以 na^2（那）为安身立命之所，久而久之，安于故土，不愿轻易迁于异地，浓重了凝固了安土重迁的思想，安于现状，不思进取，缺乏带冒险性的进取精神。"其民皆安土重迁，不逐末（经商）服贾（从事买卖）"，② 即使"饥寒死，则已誓不轻去（离开）其乡"，③ 就是此种思想的活现。"倾身营一饱，岂乐远服贾"，元代诗人元好问《雁门道中》诗的句子道出了安土重迁的人们的心理常态。

第二，洞自为政，狭隘封闭，自给自足，无须仰赖于外。

洞，越语谓"çoŋ⁶"，指山间平地或川谷平原。刘文征天启《滇志》卷4《旅途志·粤西路考》载："山环若城，中有平畴（田地）者曰峒。"峒，如同洞、岽，都是越的后人谓周遭环山，中展平畴、河水畅流的山间平地或川谷平原为"ço：ŋ⁶"的近音译写字。清朝湖南人李汝昭《镜山野史》将太平天国的首义地金田村写作"金田䇹"，④ 此"䇹"也是"ço：ŋ⁶"的近音异译写字。

壮群体越人及其后人以"ço：ŋ⁶"为居住地方，因此汉人也将他们的居住地意译称为洞。比如，南朝历朝在岭南的官员以征讨"獠洞""俚洞""黄洞"掠夺财物为能，此洞就是壮群体越人的后人居住的地方。《新唐书》卷110《冯盎传》附《冯子猷传》载，"俚獠"首领冯子猷带一小船黄金进京，唐高宗为了弄清他的家产，派御史许瓘到岭南"视（了解）其资。至洞，子猷不出迎"。这个"洞"，也是指冯子猷居住的地方。据郭棐万历《宾州志》卷1《山川志》记载，当时广西上林县有智城峒、巷贤峒、古来峒、古陵峒、古曹峒、古全峒、古黄峒、白云峒、镆铘峒、铁坑峒、古卯峒、覃牌峒等12峒。其中的巷贤峒，作者特注说："在县南三十五里，村居稠密。"这个巷贤峒，就是现在上林县的巷贤镇。南宋以后书载出现的"撞"字，就是"ço：ŋ⁶"的译写字。

洞作为居住地，也是行政单位。"山环若城，中有平畴者曰峒。路出其中，出入之所皆有石隘。良田美发，尝足支二三年。伐竹构居，绩绵为布，居民有老死不逾峒，如避秦人焉"。⑤ 此一关于归顺直隶州（今广西靖西县）的记载，形象了洞的自我为政，狭隘闭塞，自给自足，无须仰赖于外的社会真实情况。自给自足，无须仰赖于外，外出经商自然不会提到生活议程上来。

第三，血族复仇在社会中严重存在，对异社群高度戒备，无能离开本社群远去。

西汉"越人相攻击，固其常"；⑥ 南朝，"岭南俚獠，世相攻伐"；⑦ 唐代，"岭南酋豪，数相攻"。⑧ 此本是远去的历史，但"世相攻伐"的血亲复仇形成了传统，在壮群体越人后人中即使进入了明末清初，仍然未见绝了传承，在清初成书的《古今图书集

---

① 参见第一篇第二章第一节。
② 《古今图书集成·方舆汇编·职方典》卷1410《柳州府风俗考》。
③ 《古今图书集成·方舆汇编·职方典》卷1415《庆远府风俗考》。
④ 《太平天国》（资料集）第三册，神州国光社1954年版，第4页。
⑤ （明）刘文征：天启《滇志》卷4《旅途志·粤西路考》。
⑥ 《汉书》卷95《闽粤传》。
⑦ 《陈书》卷23《沈君高传》。
⑧ 《新唐书》卷78《王瑰传》。

成·方舆汇编·职方典》关于岭南各州县风俗的记载中屡见不鲜。比如，"稍有睚眦（yá zì，小怨小忿），即率众相斗，喜报仇"；①"本类相仇，纤介（细微）不已（停止），虽累世（历代）必复斗"；②"狡性报怨，动则集众操戈，椎牛食其片肉，即不惜一死以相从"。③

"村墟有室皆藏甲，道路无人不佩刀。"④"壮人好杀，一语不相能，辄挺刃而斗。斗或伤一其一，由此世世为仇。然伤男子，仇只二姓；若伤其妇，而妇之父母、伯叔、兄弟皆怨家矣。"⑤ 这是原始母权制习俗的遗留，也是血族复仇意识、观念延续的必然结果。与此类似而略变其形态的，是民国《东莞县志·礼仪民俗》的记载：

> 死丧之戚，生人至痛。乃有一种恶俗，为外亲者每遇姑、姐妹、女子之丧，牵率多人，名为吊哭，实肆咆哮。或由平日之不相得，外家习闻浸润之言，积嫌生怨，遂欲于其人之死一泄以为快。虽使白首安枕，亦为冤抑非命之言以诬死者，厚责款待，大索轿工（资），婢仆下人恃势凌轹（欺压），中产之家因此破败，其无力者更可悯矣。至或因一时反目，遽尔（聚然）投环，感中夜妖魔忽然陨命，乍闻信息，蜂拥而来，妇女数辈以检伤，男子串同而索贿，其情状更不堪问矣。（《香山志》）
>
> 按：莞俗亦有此弊。死者投缳，则亲族群往讹诈，曰"食腊鸭饭"。甚或拉其家姑与死者共卧，曰"并死尸"。邑令张庆荣曾出示严禁，不能尽革也。

这是原始母权制社会舅权制以及血族复仇习俗的遗存。香山县就是今广东中山市，东莞县即今广东东莞市。时至民国年间，此二地的壮群体越人的后人早已在汉族文化的影响下趋汉变化，但是壮群体越人的这些传统习俗仍然如同他们传统的聘用槟榔、婚日婿不亲迎、鼓乐送葬以及疾病信巫祀鬼、买水浴尸等习俗一样在香山、东莞顽强地传承下来，并在其居民中流行，可知二县居民原来的意识、观念、习俗未行尽变。

血族复仇习俗盛行，令人戒心戒惧，防闲若寇。唐朝韩愈《黄家贼事宜状》记载"黄家洞"的人"寻常亦各自营生，急则屯聚相保"，⑥ 反映的当是此类事。宋朝王安石《论邕州事宜》载邕州左右江溪峒人家，"其养生、丧死之具，悉穴土以藏，谓之地穴。高险崖岩之上，各安巢穴，一有寇至，举家以登，矢石所不能及，谓之山寨"，⑦ 也是此类情况的实写。

血族复仇的习俗不革除，戒备不能偏废。时及民国，刘锡蕃《岭表纪蛮》记载桂西"军营式的村舍"时还说：

---

① 《古今图书集成·方舆汇编·职方典》卷1410《柳州府风俗考》。
② 《古今图书集成·方舆汇编·职方典》卷1426《平乐府风俗考》。
③ 《古今图书集成·方舆汇编·职方典》卷1421《思恩府风俗考》。
④ （明）桑悦：《即事赠廷珍二首》其一，（清）汪森《粤西诗载》卷16。
⑤ 雍正《广西通志》卷92《诸蛮》。
⑥ 《全唐文》卷549。
⑦ 《王临川集》卷89。

  在侬、壮环居之蛮峒地方——如庆（远）、泗（城）、镇（安）、太（平）等属——所见甚夥。除各家坚壁高栅，随处开设炮眼外，村前复建石为墙，墙外环植茨竹（一名棘竹，又名芳竹，丛生多茨），兵火不能入。竹外如有溪水，又浚为池，只有一桥一门，可为通道。村后，即倚连深险之山洞。有警，丁壮御于外，老弱及妇女，悉运家私于洞中。盗即入村，除焚屋外，仍毫无所得。地方稍乱，即严扃（jiōng，关锁）村栅。

  商贾上市，农夫耕耘，亦携枪自卫。①

  血族复仇习俗存在，必履危机，人们必然不敢轻易离开所在社群远行进行商贸活动。

  第四，远行魂失，谁敢玩命远行经商？

  刘文征天启《滇志》卷4《旅途志·粤西路考》载，出富州（今云南富宁县）纳桑箐"至镇安州（今广西那坡县）四亭。民居多依峭壁构竹楼，覆以黄茅为团仓以困谷，参差茅舍间。径路仅容一人，其下皆腴田，行人野宿田中，侵晨启行，寨夷必焚其籍草（垫睡的稻草）以辟鬼"。辟鬼，就是排除滞留的鬼魂。壮傣群体越人认为，魂是独立存在的，魂依附于形体，人有生命，活蹦乱跳，魂离形体而去，人就生病死亡。壮族俗话说"此人魂去了"，也就意味着其人行将就木。因此，不论壮群体越人及其后人还是傣群体越人及其后人，都有赎魂之举。民国《长乐县志·风俗》载，今广东五华县民国年间仍然"信巫，有疾召巫子夜舞之，谓之赎魂"。此处过路人住过的田野，在当地人的观念里，唯恐他们坐卧的稻草里潜伏不怀好心的鬼魂，所以他们走后便将其籍草一把火烧掉以"辟鬼"。

  魂附于形也不附于形，魂去人病人死，此种观念是牢固的，在壮傣群体越人的后人中一直传承下来。南宋范成大《桂海虞衡志》载，邕州左右江溪洞"人远出而归者，止三十里外，家遣巫提篮迓（迎接），脱妇人帖身衣贮之篮，以前导（在前面引导）还家，言为行人收魂归也"。②人离家远出，路途遥遥，沿路所遇人事万千，魂或为沿途不可忘怀的人事景物所迷，流连忘返；或为野鬼蓄谋施招，滞留于外，因此远途归来要"收魂"，使人一如往昔，健壮有力。

  远出魂失，人们自然不情愿冒着风险离乡远出经商。

  第五，男逸女劳，女子牵家带室，难得离乡经商。

  "男逸女劳"，是壮傣群体越人在原始母权制还没有充分发育父权制就过早成熟了所形成的习俗。那时候，部落或部落联盟中的男子操戈执盾上战场为保卫部落的安全而拼命，女子则为维持家口衣食而操劳，男任女劳，职责分明，互不干扰。仗不时有，衣食薪柴却不可或缺，久而久之，在壮傣群体越人中形成了男逸女劳的习俗。这就如同元朝初年意大利人《马可·波罗行纪》记载云南西南部"金齿"（今傣族先称之一）的习俗一样："其俗男子尽武士，除战争、游猎、养鸟外不作他事，一切皆由妇女为之，辅以战争所获

---

① 刘锡蕃：《岭表纪蛮》，商务印书馆1934年版，第49页。
② 《文献通考》卷330《西原蛮》引。

之俘奴而已。"①

北宋乐史《太平寰宇记》卷159《循州风俗》载，循州（治今广东龙川县西南佗城）"织竹为布，人多蛮獠。妇人为市，男子坐家"。这既说明该地是女人趁墟，也昭示男逸女劳的习俗。又南宋周去非《岭外代答》卷10《十妻》载，南方"城郭虚市，负贩逐利，率妇人也"。"为之夫者，终日抱子而游，无子则袖于安居。"这也活现了壮群体越人的后人不改先人习俗"男逸女劳"的景况。

明朝王济《君子堂日询手镜》载："余初到横（今广西横县），入南郭门，适成市，荷担贸易，百货塞途，悉皆妇女，男子不什一。……又有乡村人负柴米入市，亦是妇女。"无疑，这也是先人之风，后人绍续。

明末清初，"河池土风，耕作力田，以及走墟市物，大半皆由妇人"。② "市廛贸易，妇女为政。"③ 上思县"男不耕、商而袖手坐食，女不纺织而日贸贾区"。④ "三日一趁墟，悉任妇人贸易。男子怠惰嬉游，不勤生理，盖所习惯然也。"⑤ 广东长乐（今五华县）、兴宁"妇不耕锄采葛，其夫在室中哺子而已。夫反为妇，妇之事夫尽任之，谓夫逸妇劳"。⑥ 这些都说明在汉族文化的熏陶下，历史发展到明、清时代，在一些壮群体越人后人的社群中，仍然顽强地传承着其先人的习俗。

"男逸女劳"，妇女们生儿育女，下田劳作，上山打柴，操持家务，应付官差，趁墟贸易，可说是农家诸般劳苦，妇女一身任之；社会顺利运转，妇女一身勉之。她们蒙受其忧患，承任其劳苦，撑起了一片天。在此情况下，她们哪敢滋生离家远出经商的念头。

壮群体越人及其后人虽然处于地广人稀之中，谋生易得，不忧饥寒，凶荒无乞丐，但是自给自足，惯于封闭，习于保守，安于现状，思维狭隘，无进取之心。"一般人稍足温饱辄不愿再事努力，俗有半年辛苦半年闲之语，足以代表其生活景况。"⑦

"治生易足而少聚，富无千金，贫无乞丐。"⑧ "民间盛行唱歌，工作稍暇，则男女互相唱歌以取乐。"⑨ 虽然乾隆（1736—1795年）后期曾在天保县（今广西德保县）作过三年知县的刘大观赞此社会景况为"桃园风景，尚在人间"，⑩ 但是"世外桃源"固让遭逢离乱的人们以遐思，在现实生活中却不能不随处碰壁。进入清朝后期，英、法等殖民主义者破关门而入，中国沦为半殖民地半封建社会，壮族地区无外受到了冲击。"百物昂贵，半年所得难以维持。每遇饥荒或丧葬及其他意外之事发生，费用增大，势必向人借贷而以田

---

① ［意］马可·波罗：《马可·波罗行纪》，冯承钧译，中华书局1957年版，第473页。
② 《古今图书集成·方舆汇编·职方典》卷1415《庆远府风俗考》。
③ 《古今图书集成·方舆汇编·职方典》卷1421《思恩府风俗考》。
④ （明）方瑜：嘉靖《南宁府志》卷1《风俗》。
⑤ 《古今图书集成·方舆汇编·职方典》卷1410《柳州府风俗考》。
⑥ （清）屈大均：《广东新语》卷8《女语》。
⑦ 谢嗣农：民国《柳城县志》卷4。
⑧ 《古今图书集成·方舆汇编·职方典》卷1402《桂林府风俗考》。
⑨ 民国《柳城县志》卷4。
⑩ （清）袁枚：《随园诗话·补遗》卷3。

地抵押，或直接变卖家产，由自由农而化为佃农，由富户而成为贫家者已数见不鲜。"[1]

壮群体越人的后人守先人之风，"务稼穑，少逐末，贫非悬磬（空无所有），富无多藏"。[2] 然而，"桃源"与世隔绝始为乐土，历史前进，社会发展，潮流浩荡，人间哪个地方能够长与世间隔绝？"番禺大府，节制五岭。秦汉以来，号为都会，俗杂五方。"[3] "番禺控制海外诸国，贾胡岁具大舶斋奇货涉巨浸以输中国。"[4] 虽然"恩平孤绝海隅"，[5] 但是其地"既当五州（勤、端、春、高、潘五州）之要，由是颇有广陵（治今江苏扬州市）、会稽（治今浙江绍兴市）贾人循海东南而至，故吴、越所产之物不乏于斯"。[6]

广西荔浦县"本邑人但知耕植，不识贸迁"，然而贸迁有利，"东粤（广东）、三楚（湘鄂）之民，岁终则归，来春又聚"，在荔浦做生意营利。[7]

"山色连苍汉，江流绕郡城。往来横渡口，强半广州音。"[8] 此诗道出了进入明朝，粤东业已趋汉变化的壮群体先人的后人逐渐向粤西进军开展商业活动。

二 黄嵩安、黄奕勋父子破桎梏，现新天

清初，屈大均《广东新语》卷24《蛊》载："土州之妇，盖以得粤东夫婿为荣，故其谚曰：广西有一留人洞，广东有一望夫云。"不仅如此，男人也不厌客商的到来。"能通官语惟村老，惯结同年是熟商。"[9] 明朝桑悦《记壮俗六首》其四的诗句，道明了这一点。"结同年"或"拜同年"，是壮族民间的交友方式。不论二人生于何年何月，只要同个年龄段，就可以结同年，以同年相称。结同年，就互相信任，互相依靠，互相帮助，福同享，难同当。壮族"男女私相结谓之拜同年"，[10] 男子与男子拜同年，以互相熟悉深知为前提。因此，"惯结同年是熟商"，熟商也提携了一些更新了观念、眼界逐渐开阔的壮族百姓，从而使一些壮族商人成长起来。比如，田阳县"黄恒栈"商号的主人黄嵩安、黄奕勋父子就是其中的杰出代表。

黄嵩安本是邕宁县马村人，因家贫，自小随父母迁居恩阳县（今田阳县）百峰乡平江村。父母过世后，夫妇俩迁居同县那坡街，做豆腐，蒸土酒，养猪，还代销南宁产的熟烟丝。

磨豆腐、蒸土酒的副产品豆渣、酒糟是养猪的优质精饲料。豆腐、土酒、养猪三者本小利大，良性循环，加上当时规模经营烟叶生意的人不多，黄嵩安的生产和商业特显兴隆，积累了不少资本。1890年他挂起了"恒茂烟铺"牌子，1915年更称"黄恒栈"商

---

[1] 民国《柳城县志》卷4。
[2] 《古今图书集成·方舆汇编·职方典》卷1349《肇庆府风俗考》。
[3] （宋）余靖：《罗汉院记》，（宋）王象之《舆地纪胜》卷89《广州风俗形胜》引。
[4] （宋）许得已：《南海庙达奚司空碑》，（宋）王象之《舆地纪胜》卷89《广州风俗形胜》引。
[5] （宋）李观：《翠严亭序》，（宋）王象之《舆地纪胜》卷98《南恩州风俗形胜》引。
[6] （宋）乐史：《太平寰宇记》卷158《恩州》。
[7] 《古今图书集成·方舆汇编·职方典》卷1426《平乐府风俗考》。
[8] （明）徐楚：《苍梧即事十二首》其一，（清）汪森《粤西诗载》卷21。
[9] （清）汪森：《粤西诗载》卷16。
[10] （清）赵翼：《粤滇杂记》，（清）王锡祺《小方壶斋舆地丛钞》第七帙。

号，是当时那坡街上有名的商业兼营手工业者。

资本有了积累，黄嵩安扩大经营业务，让其三子黄叔昭开设一爿"黄恒栈商店"，经营火油、食盐、棉纱、布匹等日用百货。他瞄准那坡街位居右江中游，上通云、贵，下通南宁、梧州、广州，辐射周围各县的区位优势，收购周邻盛产的八角、茴香、桐油、桐果等土特产，销往南宁，运回日用百货供应桂西及云、贵各地。1919 年，黄嵩安在南宁建立恒信庄口，专营货物的转运业务。此时，他和他的三个儿子已经是拥有相当资产的商人兼手工业作坊老板。

黄嵩安不是鼠目寸光、安于现状的老板，为了更大的发展，他对最小的儿子黄奕勋着力进行培养，让他考进金陵大学商学院。当他年过花甲之时，黄奕勋毕业归来，执掌起黄恒栈全面业务。

黄奕勋不愧为新式大学的毕业生，看准了地处右江中游的那坡街的区位优势，周遭土特产丰富，加工技术落后，又通连云、贵，交通闭塞的特点，采用一整套全新的经营方式，买火轮，置汽车，发展水陆交通运输；购机器，办工厂，不断扩大再生产；将商业网延伸到右江流域各县和云贵高原部分地区，跻身南宁、梧州、广州、香港等重要商埠。他经营"黄恒栈"20 多年，黄恒栈成了驰誉海内外的财团，控制着驰名海外的"天保茴油"70%以上的货源，几乎垄断了右江流域的水陆运输；兴建了那坡镇烟厂、码头、公园、街道、发电厂、碾米厂，建筑面积达 6271.91 平方米；在南宁也兴建了火柴厂、骨粉厂等，拥有资产上亿元。

日本投降后，黄奕勋在香港开设"嵩安行"商号，生意红火。1949 年，他和他的家族即迁居香港。

故人已去，可他当年显赫的业绩、精湛的生意经仍为右江一带的人们传颂。他不愧为右江地区第一位民族资产阶级实业家，也是清末至民国年间壮族有数的企业家。[①]

黄嵩安、黄奕勋父子跨出家门，远涉重洋经商，兴办近代工业，在壮族中为数不多。"民风朴古是农家，昼出耘田夜织麻。青布短衣齐腹制，云鬟不用戴山花。"[②] 旧的取生常态、生活习惯、思维方式和人生目标没有改变，也就是说旧的传统习俗仍然照旧传承不变化，商品经济不发展，人们思想狭隘封闭，虽然"市声喧闹郡城东，贩妇如花倩倚风"，[③] 但是，壮族中至民国年间为商者还是短途众远道寡。

[①] 梁耀积、凌祖壮：《右江流域第一位民族资产阶级大实业家——黄奕勋》，《广西民族研究参考资料》第七辑（1987 年）。

[②] 谢兰：《丽江竹枝词》，民国《崇善县志》第五编。

[③] 同上。

白耀天 ◎ 著

壮族社会文化发展史

下册

THE HISTORY OF SOCIAL
AND CULTURAL DEVELOPMENT
OF ZHUANG NATIONALITY

中国社会科学出版社

下册目录

第三篇　衣、食、住、行文化 ……………………………………（663）

第一章　服饰演化 …………………………………………………（663）

 第一节　汉—唐、宋：男女同服，椎结左衽，猪膏泽发 ……（664）
  一　衣装 ………………………………………………………（664）
  二　椎髻与散发 ………………………………………………（672）
  三　身饰 ………………………………………………………（676）

 第二节　元、明时期：高髻短衣，百褶裙重；地域分化，日见明显 ……（683）
  一　头饰 ………………………………………………………（684）
  二　身饰 ………………………………………………………（690）
  三　百褶裙流行 ………………………………………………（692）
  四　跣足与踏鞋并行 …………………………………………（698）

 第三节　清朝：男女异服，衣饰纷呈 …………………………（701）
  一　男剃发女戴勒子 …………………………………………（705）
  二　发式、头饰形成年龄分化 ………………………………（706）
  三　岁岁帕缠头，戴帽逐渐成为风气 ………………………（707）
  四　裤子出现，男服女服分化 ………………………………（708）
  五　男以布片缠胫，女或如之 ………………………………（710）
  六　肩挂荷包，腰悬铜盒 ……………………………………（710）
  七　腰带飘飘，裙尾翘翘 ……………………………………（712）
  八　男鞋女鞋普遍化 …………………………………………（713）
  九　女竹篮男网袋，下田趁墟便携带 ………………………（714）
  十　女子渐行缠足 ……………………………………………（715）

 第四节　民国：男髡女长发，唐装流行 ………………………（720）
  一　头装 ………………………………………………………（721）
  二　衣服款式 …………………………………………………（723）
  三　配饰 ………………………………………………………（729）

第二章　饮食文化 …………………………………………………（732）

 第一节　壮族及其后人主食的变化 ……………………………（732）

一　西汉迄于清朝前期，糯米是壮群体越人及其后人传统主食 …………… (732)
　　二　清朝中叶以后食粮 …………………………………………………… (738)
第二节　副食 ……………………………………………………………………… (749)
　　一　植物类 ………………………………………………………………… (749)
　　二　动物类 ………………………………………………………………… (752)
　　三　饮酒：习惯行为 ……………………………………………………… (761)
第三节　著名食品 ………………………………………………………………… (763)
　　一　植物类 ………………………………………………………………… (763)
　　二　动物类食品 …………………………………………………………… (770)
第四节　饮食嗜好食品 …………………………………………………………… (778)
　　一　喜生食 ………………………………………………………………… (778)
　　二　嗜酸辣 ………………………………………………………………… (779)
　　三　嚼槟榔 ………………………………………………………………… (780)
　　四　好抽烟 ………………………………………………………………… (785)
第五节　饮食方式 ………………………………………………………………… (785)
　　一　不食隔宿粮 …………………………………………………………… (786)
　　二　搏饭掬水而食 ………………………………………………………… (786)
　　三　鼻饮 …………………………………………………………………… (787)
　　四　咂酒 …………………………………………………………………… (789)
第六节　饮食礼俗 ………………………………………………………………… (790)
　　一　礼仪 …………………………………………………………………… (790)
　　二　禁忌 …………………………………………………………………… (799)

第三章　居住文化 ………………………………………………………………… (804)
　第一节　干栏：传统的居住形式 ………………………………………………… (804)
　　一　干栏的发展 …………………………………………………………… (805)
　　二　干栏优化与变异 ……………………………………………………… (835)
　第二节　异族文化交流后壮族民居建筑 ………………………………………… (845)
　第三节　居处习俗 ………………………………………………………………… (849)
　　一　古代壮族及其先人居处习俗 ………………………………………… (849)
　　二　乾隆以后壮族居处习俗 ……………………………………………… (858)

第四章　交通往来文化 …………………………………………………………… (868)
　第一节　通道旅途 ………………………………………………………………… (868)
　　一　陆路 …………………………………………………………………… (868)
　　二　水路 …………………………………………………………………… (903)
　　三　道途附属设施 ………………………………………………………… (948)
　第二节　交通工具及运载方式 …………………………………………………… (954)
　　一　旱路 …………………………………………………………………… (955)
　　二　水路 …………………………………………………………………… (961)

第三节　交通往来习俗 (966)
　　一　收魂 (966)
　　二　辟鬼 (967)
　　三　遇孕退缩 (967)
　　四　避开竖桥时，保住魂不失 (967)
　　五　鸡血镇妖邪，桥固达畅途 (967)
　　六　开船先祭神 (967)
　　七　船行遇滩祭神 (968)
　　八　采珠，五牲奉海神 (969)
　　九　禁忌 (970)

第四篇　人生旅途文化 (971)

第一章　孕育抚养 (971)

第一节　生育观念 (971)
　　一　崇尚生育 (971)
　　二　有女水流，女子珍贵 (972)
　　三　男子主宰，男尊女卑 (974)
　　四　水神：主宰生育的神灵 (975)
　　五　花神主生育，做解架桥 (978)

第二节　分娩 (980)
　　一　临水而生，入水试儿 (981)
　　二　产房禁忌男性 (982)
　　三　婴儿家房门标识 (983)
　　四　野外产房 (984)

第三节　育儿 (985)
　　一　男子坐褥育儿 (985)
　　二　产妇坐月育儿 (987)
　　三　育儿风俗 (988)
　　四　小孩喂养与护理 (990)

第二章　定姓取名 (992)

第一节　定姓前后 (992)
　　一　越人原无姓氏 (992)
　　二　秦、汉以后壮群体越人及其后人姓氏 (993)
　　三　壮群体越人及其后人姓氏来源 (994)
　　四　壮群体越人及其后人姓氏观念的演变脉络 (995)

第二节　取名变化 (997)
　　一　平民传统的命名方式 (997)
　　二　官族或首领传统的命名方式 (999)

三　学名的命名方式 …………………………………………………（1000）
　第三节　取名风俗 ……………………………………………………（1001）
第三章　教育传承 ………………………………………………………（1003）
　第一节　家庭教育 ……………………………………………………（1003）
　　　一　调适自然，遇险呈祥 …………………………………………（1003）
　　　二　习礼学艺，归于群体 …………………………………………（1005）
　第二节　社区教育 ……………………………………………………（1005）
　　　一　民族历史教育 …………………………………………………（1005）
　　　二　合群教育 ………………………………………………………（1012）
　　　三　唱歌造歌教育 …………………………………………………（1014）
　　　四　武技教育 ………………………………………………………（1014）
　第三节　学校教育 ……………………………………………………（1018）
　　　一　私学的兴起与发展 ……………………………………………（1018）
　　　二　官学的兴起和发展 ……………………………………………（1021）
第四章　成年·社交 ……………………………………………………（1030）
　第一节　成年礼仪 ……………………………………………………（1030）
　第二节　社交礼仪 ……………………………………………………（1032）
　　　一　习用的社交称谓 ………………………………………………（1032）
　　　二　结交朋友 ………………………………………………………（1033）
　　　三　日常交往 ………………………………………………………（1037）
　　　四　释怨解仇 ………………………………………………………（1041）
第五章　婚姻 ……………………………………………………………（1043）
　第一节　以夫为中心婚制 ……………………………………………（1043）
　　　一　父子情薄与舅权制共存 ………………………………………（1044）
　　　二　一夫多妻与入赘共存 …………………………………………（1046）
　　　三　入寮与不落夫家、抢婚共存 …………………………………（1047）
　第二节　凭父母之命、媒妁之言的一夫一妻婚制 …………………（1057）
　　　一　婚姻凭父母之命、媒妁之言原则确立 ………………………（1057）
　　　二　婚姻礼仪 ………………………………………………………（1060）
　第三节　离异与再嫁 …………………………………………………（1066）
　　　一　离异 ……………………………………………………………（1066）
　　　二　离婚再嫁 ………………………………………………………（1066）
　　　三　寡妇改嫁 ………………………………………………………（1067）
　第四节　性爱风俗 ……………………………………………………（1068）
　　　一　婚圈狭窄 ………………………………………………………（1068）
　　　二　舅姑表婚与姑舅表婚 …………………………………………（1069）
　　　三　转房 ……………………………………………………………（1069）
　　　四　一夫多妻 ………………………………………………………（1069）

五　夫妻例不同床 …………………………………………………………………（1070）
　　　六　自由的男女交往 ………………………………………………………………（1070）
　　　七　媚药 ……………………………………………………………………………（1071）
第六章　寿庆 …………………………………………………………………………………（1073）
　第一节　寿庆活动的出现 …………………………………………………………………（1073）
　第二节　寿庆礼仪 …………………………………………………………………………（1075）
　　　一　"打毷"祝寿 …………………………………………………………………（1075）
　　　二　四九初庆 ……………………………………………………………………（1076）
　　　三　六一寿庆 ……………………………………………………………………（1076）
　　　四　七三寿庆 ……………………………………………………………………（1076）
　　　五　"添粮"祝寿 …………………………………………………………………（1077）
　　　六　"献米"祝寿 …………………………………………………………………（1077）
　　　七　"做棺"祝寿 …………………………………………………………………（1077）
　　　八　"建亭"祝寿 …………………………………………………………………（1078）
第七章　丧葬 …………………………………………………………………………………（1079）
　第一节　壮族及其先人丧葬观念 …………………………………………………………（1079）
　　　一　死鬼与生者不相容 …………………………………………………………（1079）
　　　二　骸骨：鬼寄身存身之所 ……………………………………………………（1081）
　第二节　葬制与葬式 ………………………………………………………………………（1083）
　　　一　葬制 …………………………………………………………………………（1083）
　　　二　葬式 …………………………………………………………………………（1090）
　第三节　殡葬礼仪 …………………………………………………………………………（1092）
　　　一　近现代殡葬程式 ……………………………………………………………（1092）
　　　二　非正常死亡的殡葬 …………………………………………………………（1102）
　第四节　巫、佛、道及风水之说与壮族及其先人葬俗 …………………………………（1103）
　　　一　巫、佛、道左右着壮族及其先人葬俗 ……………………………………（1103）
　　　二　风水之说唐、宋开始流行 …………………………………………………（1104）

第五篇　壮族及其先人社会组织形态 ……………………………………………………（1107）

第一章　家庭、家庭结构形态 ………………………………………………………………（1107）
　第一节　家庭发展 …………………………………………………………………………（1107）
　　　一　汉迄唐宋时期的壮群体越人及其后人家庭 ………………………………（1108）
　　　二　元、明迄清朝前期的壮族家庭 ……………………………………………（1114）
　　　三　清朝乾隆至民国年间的壮族家庭 …………………………………………（1120）
　第二节　家族演化 …………………………………………………………………………（1126）
　　　一　汉迄唐、宋：壮群体越人及其后人唯仰承于头人、首领，没家族
　　　　　观念 ……………………………………………………………………………（1126）
　　　二　元、明、清及民国时期壮族家族结构 ……………………………………（1129）

第二章　社会组织形态 (1140)
第一节　部落社会的基层结构形态：郎火制 (1140)
第二节　社会上层，郎火衍成豪强、都老；社会下层，郎火制依然傍着行进 (1142)
第三节　土官扬威在上，郎火供输于下 (1144)
第四节　郎火制的残留形态 (1148)

第六篇　体育歌舞文化 (1151)

第一章　体育娱乐 (1151)
第一节　因酬神产生的体育活动 (1151)
　　一　龙舟竞渡传风俗 (1151)
　　二　抢花炮 (1154)
　　三　群体性游泳活动 (1158)
　　四　踩风车 (1159)
第二节　因军事需要产生的体育活动 (1160)
　　一　武术 (1160)
　　二　打石仗 (1162)
第三节　因劳动产生的体育活动 (1162)
　　一　特朗 (1162)
　　二　板凳龙 (1163)
　　三　打篷 (1164)
第四节　因男女追春产生的体育活动 (1164)
　　一　抛绣球 (1164)
　　二　投绣球 (1165)
　　三　旋磨秋 (1165)
第五节　因儿童娱乐产生的体育活动 (1166)
　　一　捉迷藏 (1166)
　　二　母鸡孵蛋 (1166)
　　三　打陀螺 (1166)
　　四　赛高跷 (1167)
　　五　高台舞狮 (1167)
　　六　下石子 (1167)

第二章　歌舞文化 (1169)
第一节　歌谣 (1169)
　　一　歌墟的追溯及歌仙刘三妹的成型 (1170)
　　二　歌谣的艺术特点 (1187)
第二节　艺术 (1219)
　　一　民间舞蹈 (1219)

二　壮剧 …………………………………………………………………（1225）

第七篇　医药保健文化 …………………………………………………（1233）

第一章　致病观念 ………………………………………………………（1233）
　第一节　鬼虐 ……………………………………………………………（1233）
　第二节　天暴 ……………………………………………………………（1239）
　第三节　物患 ……………………………………………………………（1240）

第二章　治疗方式 ………………………………………………………（1242）
　第一节　跳鬼治病 ………………………………………………………（1242）
　第二节　医药疗病 ………………………………………………………（1245）
　　一　壮傣群体越人的防治实践 ………………………………………（1245）
　　二　汉迄宋、元：壮群体越人及其后人医药发展 …………………（1249）
　　三　明、清、民国时期医药 …………………………………………（1256）

第三章　卫生习俗 ………………………………………………………（1260）
　第一节　药物保健 ………………………………………………………（1260）
　　一　熏药，除臭气恶气 ………………………………………………（1260）
　　二　药物预防 …………………………………………………………（1261）
　　三　药膳保身 …………………………………………………………（1265）
　第二节　人畜同栏，便溺无定所 ………………………………………（1266）
　　一　人畜同栏 …………………………………………………………（1266）
　　二　便溺无定所 ………………………………………………………（1266）

第八篇　信仰文化 ………………………………………………………（1268）

第一章　原始宗教信仰 …………………………………………………（1269）
　第一节　万物有灵信仰 …………………………………………………（1269）
　　一　自然宗教信仰 ……………………………………………………（1270）
　　二　家鬼崇拜 …………………………………………………………（1305）
　　三　淫祀 ………………………………………………………………（1310）
　第二节　占卜与巫术 ……………………………………………………（1319）
　　一　占卜 ………………………………………………………………（1319）
　　二　巫术 ………………………………………………………………（1322）

第二章　道、佛"共趋于巫家" …………………………………………（1326）
　第一节　道、佛二教传入岭南 …………………………………………（1326）
　　一　道教传入 …………………………………………………………（1326）
　　二　佛教传入 …………………………………………………………（1329）
　第二节　道、佛"共趋于巫家" ………………………………………（1332）
　　一　壮群体越人后人抗佛、冷道、热巫：冷热分明 ………………（1332）
　　二　道符佛咒巫喃魔：相竞相挤，各炫其长 ………………………（1336）

三　病丧斋醮：佛、道"惟共趋于巫家" …………………………………………… (1339)

第九篇　节日文化 …………………………………………………………………… (1349)

第一章　原生节庆 …………………………………………………………………… (1349)
一　年节 ………………………………………………………………………… (1349)
二　春秋歌会 …………………………………………………………………… (1351)
三　岁首测年节 ………………………………………………………………… (1354)
四　小年节 ……………………………………………………………………… (1355)
五　祭龙扫村节 ………………………………………………………………… (1355)
六　花炮节 ……………………………………………………………………… (1356)
七　开秧节 ……………………………………………………………………… (1356)
八　四月八日牛王节 …………………………………………………………… (1357)
九　狗肉节 ……………………………………………………………………… (1359)
十　"六月六"田公田母节 …………………………………………………… (1360)
十一　七月十四日鬼节 ………………………………………………………… (1362)
十二　八月十五日㮊月姑节 …………………………………………………… (1363)
十三　冬至酿老酒节 …………………………………………………………… (1366)
十四　雷王节 …………………………………………………………………… (1368)
十五　龙母诞辰节 ……………………………………………………………… (1369)
十六　班夫人诞辰节 …………………………………………………………… (1370)
十七　莫一大王节 ……………………………………………………………… (1371)
十八　花王圣母节 ……………………………………………………………… (1371)
十九　霜降节 …………………………………………………………………… (1375)

第二章　外来节庆 …………………………………………………………………… (1376)
一　春节 ………………………………………………………………………… (1376)
二　春、秋二社 ………………………………………………………………… (1377)
三　清明扫墓节 ………………………………………………………………… (1377)
四　端午节 ……………………………………………………………………… (1378)
五　中秋节 ……………………………………………………………………… (1378)
六　火把节 ……………………………………………………………………… (1378)

参考文献 ………………………………………………………………………………… (1380)
后记 ……………………………………………………………………………………… (1384)

第三篇　衣、食、住、行文化

衣、食、住、行，是人生的四大要件。

衣可以暖体，可以护身，可以遮羞，可以显身，展示出群体的时代性的审美意识、情趣和价值取向，满足人趋同于自然，达到与自然和谐相处的愿望。

食，是人生的基础。食可以饱腹，可以维生，可以调养，从而长精神去劳作去思想，去做物质性的和精神性的创新活动。

住，可以让人免遭日晒雨淋，可以护生免害，给人一个温馨的处所，增添一家人的融洽氛围，尽享天伦之乐，便于人的物质性的和精神性的文化创新活动。

行，则让人走出自我的狭窄环境，通往远处，肇开人间的互动，密切群体间的联系，繁荣彼此间政治、经济、文化活动，促进社会的发展。

人生在世，衣、食、住、行四大要件是缺一不可的。东汉唯物论者王充说："衣以温肤，食以充腹，肤温腹饱，精神明盛。如饥而不饱，寒而不温，则有冻饿之害矣。冻饿之人，安能久寿！"[1] 无疑，衣、食又是其中最为重要的。

前面已经揭示壮侗群体越人服饰的起源以及壮傣群体越人短衣长裙、断发文身，这里仅就壮群体越人及其后人的服饰演变发展进行论述。

第一章

服饰演化

衣饰文化，既体现出人类生理方面的物质性，也表现了人类群体心理方面的精神性，展示了人类自身的进步和社会的发展。

衣饰文化，可分为服装的起源、发展以及人体的装饰发展衍化两部分。衣饰文化的起源与发展演变，既受制于所居住的自然环境，又受制于群体的政治、经济、文化发展。

---

[1] 《论衡·道虚篇》。

第一节　汉—唐、宋：男女同服，椎结左衽，猪膏泽发

唐朝大文学家韩愈说，"俚獠"人"其衣服、语言，都不似人"。[①] 人，指中原汉人，"不似人"，就是指"俚獠"人的语言、衣服不同于中原的汉族。

千百年来，汉族文人、官员推行儒教，推行中央王朝的礼乐制度积极以夏化夷，但收效甚微，因此明代的谢少南便为诗感慨道："异域冠裳仍俗好，中原礼乐忝（有愧于）吾师。"[②]

"俚獠"人衣服不同于中原汉族，就在于自夏、商、周以来成型的上短衣下长裙一直沿袭下来，女衣男裙一式，没有变化。

"峒丁峒妇皆高髻，白纻裁衫青布裙。客至柴门共深揖，一时男女竟谁分！"[③] 这是明朝初年林弼奉命出使安南路过今广西龙州县时所写的诗句。

另外，"南丹溪洞之人""男服者短窄衫，细褶裙，其长过膝；女服者，青衣花纹，小帙裙，以红绿缯边，长则曳地"。[④] 广南府（治今云南广南县）的壮族依支系"男子束发于顶，多服青衣，下裙曳地，贱者掩胫而已；妇人散绾系髻，跣足，裙带垂后，皆戴光顶大笠"，[⑤] 说的也是时至明代，壮族男服女装的同一。

傣群体越人虽然早自南越国时期已经与壮群体越人分化独自发展，但是时至明朝后期，故习传承，傣族仍然如同壮族一样，"男秃头，长衣长裙；女椎髻，短衣桶裙"。[⑥]

这说明，自夏、商、周壮傣群体越人衣制成型以后，天自一方，沿着流淌的传统文化，各自传承，其后人女衣男裙一式，时至明代样式没有变化。

不过，宏观固然不变，但自汉朝迄于宋朝一千多年，时光流逝，生态变化，历史演进，文化交流，人们固有的审美观念也出现松动、断裂，微观上也略见变异。比如，壮族男子的发式由断发而变椎结，傣族男子由短衣长裙而变为长衣长裙等。

一　衣装

衣装因社会实用而定式，因自然生态而用料有异。汉代迄于宋朝，壮群体越人及其后人的衣装沿着传统的样式，纹饰则随着时代而丰富。而其用料，则尽地之所产所宜，棉布、苎麻布、谷树皮布、芒木布、葛布、竹布、蕉布、都落布等，各显其形，各施其巧，适时而衣。

（一）款式

《后汉书》卷86《南蛮传》载："交趾所统，虽置郡县，而语言各异，重译乃通。人

[①] 《黄家贼事宜状》，《全唐文》卷549。
[②] 《乌蛮滩谒马伏波祠》，（清）汪森《粤西诗载》卷17。
[③] （明）林弼：《龙州》十首其四，（清）汪森《粤西诗载》卷23。
[④] （清）汪森：《粤西丛载》卷24。
[⑤] （明）郑颙：《云南图经志书》卷3。
[⑥] （明）朱孟震：《西南夷风土记》。

如禽兽，长幼无别，项髻徒跣，以布贯头而著之。"《三国志》卷53《薛综传》载，在岭南地区做官的薛综任职期间也上书吴帝孙权说：交州所统各郡，"山川长远，习俗不齐，言语各异，重译乃通。民如禽兽，长幼无别，椎髻徒跣，贯头左衽。长吏之设，虽有若无"，就是其写照。

壮族及其先人"左衽椎髻，礼异俗殊"，一直延续到宋代，乐史《太平寰宇记》卷168《宜州风俗》还是这样记载。

上衣"左衽"，就否定了汉代迄于宋朝壮族先人社会主流服式是贯头衣。

《太平御览》卷791《朱提》引《永昌郡传》说，兴古郡（治今云南砚山县境）"九县之民皆号鸠民，言语、嗜欲不与人同。鸠民咸以三尺布角割作两襜，不复加鍼（针）缕之功也。广头着前，狭头在后，不盖其形，与裸身无异"。"鸠民"就是"僚"人，因有些历史记载也称为"鸠僚"。"鸠民"所在，就是在今云南省文山壮族苗族自治州境内。魏、晋时期壮族男子暑热时节的上衣轻便装。大小两幅布遮前挡后，中间不加缝纫，风吹飘飘，任取凉爽，就不存在"左衽"或"贯头"的问题了。

裘葛催年，手指有长有短。自汉至宋千多年间，旧的遗存，新的追求，人们适便而衣，顺宜而作，壮族先人社会各地区间以及一地区内各阶层人员的衣着，也难免参差不齐，出现与主流衣着的上短衣下桶裙样式相异的现象。

《旧唐书》卷197《南平僚传》说，"南平僚""左衽露发，徒跣；妇人横布两幅，穿中而贯其首，名为通裙"。"左衽"是指男子的上衣从左开襟而言，而妇女则穿"通裙"，类同现代女子的连衣裙。

《太平御览》卷695《袴》引《广州先贤传》说："申湖，字元游，苍梧人，为九真都尉，布襦布袴，乡邑叹慕之。"襦是中原汉族的比袍样式为短的上衣；袴就是裤子，是战国时赵武灵王实行"胡服骑射"以后流行的下身衣装样式，为壮群体越人后人社会所无。申湖为官而能着中原汉式的衫裤，乡中人垂涎赞羡，显示出一部分壮群体越人后人对异文化的"窥伺效慕，莫能如之"的心态。因此，随着时日的流逝，许多人，特别是壮群体越人后人社会中的上层人物，在一统政体之下，便多效仿于汉族的衣着样式。

1972年，广西西林县八达镇普合粮站出土的汉代用铜鼓作葬具的二次葬，是古句町国首领人物的墓葬。该墓用铜鼓作葬具，用"珠襦"裹骨。[①] 明显是慕汉式之举，仿汉式之行。南宋时，广西经略安抚使范成大说：广西左右江"僚"人"洞酋虽号知州县，多服皂白布袍，类（中原的）里正户长"。[②] 皂是黑色，白是白色；袍是上衣和下裳连成一体而内絮着绵的长衣。这是中原汉族自周代以来流行的一种服式，也是壮群体越人后人社会中首领人物或为了官场上的颜面或景行汉文化而依从于汉式衣着的一种趋势。

但是，"俚僚"社会大多数人却仍我行我素，依然沿袭先人的遗制，行上短衣下长裙的衣装款式。

《太平寰宇记》卷165载郁林州古党洞壮群体越人后人"女以乌色（黑色）相间为裙，用绯（大红色）点缀裳下或腰、领处为冶艳"。点出上衣的腰和领，说明当时他们穿

[①] 广西文物队：《广西西林县普驮铜鼓墓葬》，《文物》1978年第9期。
[②] （元）马端临：《文献通考》卷330引《桂海虞衡志》。

的不是贯头衣。而裙则"乌色相间",也清楚地显示了那时候妇女裙子的鲜丽色彩和缝制的款式。

南宋周去非《岭外代答》卷6《婆衫婆裙》载:

钦州村落土人新妇之饰,以碎杂彩合成细毯(球),文如大方帕,名衫。左右两个缝成袖口,披着以为上服。其长止及腰,婆娑然(的样子)也,谓之婆衫。

其裙四围缝制,其长丈余,穿之以足,而系于腰间。以藤束腰,抽其裙令短,聚所抽于腰,则腰特大矣,谓之婆裙。

头顶藤笠,装以百花凤。为新妇服之一月,虽出入村落墟市,亦不释之。

"钦州村落土人",就是《岭外代答》卷3《五民》所载"钦州五民"中的"土人"。"土人,自昔骆越种也,居于村落。"此时的"钦州村落土人",就是壮群体越人的后人。他们的女子出嫁时穿的"婆衫婆裙",对壮族妇女的衣裙款式来说,是个启后的鼎新,除旧的前导。

"婆衫",长止及腰,既不失传统的形制,又隐含着新的变化。"婆衫"既称"披",则是当胸开衩;既"以碎彩合成细毯,文如大方帕",则其制作竭尽巧思,纹色灿然。此类短上衣,有如清代的坎肩(背心),但它只披于外,不扣不系,敞扬受风,舒展婆娑,没有起到紧身的作用。而且,"婆衫"有袖,不像坎肩那样无袖。婆衫披于外,自然,"婆衫"之内便是紧身内衣。明末清初,壮族"妇人衣短衣,长裙,色皆青黑无文,竹笠、衣角间悉缀鹅毛为饰,敞其襟,织碎花抹胸,以障两乳",[1] 即是"婆衫"衣制的传承与流变。而李熙龄《普洱府志》卷18所载的壮族"黑土僚"支系的"女上穿短衣,用五色碎布簇成四方锦于前后,与补相似,下着青桶裙",也是承"婆衫"而来。

"婆裙""其长丈余,穿之以足,而系于腰间。以藤束腰,抽其裙令短,聚所抽于腰,则腰特大矣"。此类款式衣衫,其影响可谓尤大,几乎左右了此后壮族及其先人妇女的裙装。入民国以后,在广西大新、那坡,云南富宁、广南、麻栗坡、马关等县的壮族妇女中仍残存着此类式样的裙装。比如,迄于20世纪50年代,广西大新县板价一带的"妇女穿短衣长裙。上衣短而窄,长一尺余,仅到腰。""裙用黑土布缝制,裁为扇形,两边连有长带。系裙时由前面围到后面,再绕到前面用带打结,然后把左边裙底插到右腰间,右边裙底插到左腰间,在腰后形成交叉的裙幅。"[2] 又如,民国张自明《马关县志》卷2说:云南省马关县壮族侬支系的妇女"上衣对密纽窄腰小袖,衣长及尻(kāo,臀),袖长及肘,袖口镶三寸宽之杂色边。裙数百折,需布甚多。行路时裙幅扭结衫臀,翘摇如尾",即是此类衣裙的发展。

做工精致的紧身内衣,外穿腰紧摆宽、衣角翘起的对襟或大襟窄袖短衫,下着百褶长裙又抽其令短扭结于腰间,翘摇如尾,也自具一种袅娜多姿的美感。

明朝在横州(今广西横县)做官的王济说:广西"诸土官(地区)风俗",妇人

---

[1] 《古今图书集成·职方典》卷1410《柳州府风俗考》。
[2] 王时阶、蒙力亚:《广西少数民族服饰文化》,广西人民出版社1992年版,第40—41页。

"髻用发挽成，大与头等。上着笠，笠上饰珠翠金宝"。① 女出外即头顶斗笠，这是壮傣群体越人在春秋战国以前即形成的习俗，但斗笠上饰着珠翠金宝，无疑是南宋时新妇"头顶藤笠，装以百花凤"开启的社会风气。

（二）服装材料

广西贵港市罗泊湾汉墓虽然遭到了盗墓者的扰乱，陪葬的织机部件已经凌乱，无法复原，但从出土的木刻翘刀、纬刀、卷经板、吊杆、调综棍、纺锤棒、圆棒、绕线棍、绕线筒、滚棒、锥钉等部件②看，可知这些部件为投梭机（斜织机）和纺车的部件。投梭机比原始的腰织机先进，织出的布面要比腰织机织出的宽广。

"武帝末，珠崖（治今海南省海口市琼山区）太守会稽孙幸调广幅布献之，民不堪役，遂攻郡杀幸。"③《后汉书》卷56《西南夷传》也说，永昌郡（治今云南省保山市）的哀牢人和傣群体越人"有梧桐木华织以为布，幅广五尺，洁白不受垢污，先以覆亡人，然后服之"。汉代，广幅布一在岭南出现，一在西南出现，说明壮傣群体越人在分化各自独立发展以前，已经出现了投梭机。因为凭着原始的腰织机，无论如何是不能织出"广幅布"来的。须知，当时中原汉族地区，"布帛广二尺二寸（约合今一尺五寸）为幅"，④壮傣群体越人却能织出幅宽五尺（约合今三尺五寸）的"广幅布"来，比中原布幅广一倍还多，无怪乎中原人垂涎。珠崖郡太守孙幸恃势横征，肆意搜刮，饱充私囊巴结上司，导致民怨沸腾，断头异域。

纺织机具的进步，纺织技术的提高，使得壮群体越人及其后人的纺织品，除汉代的"广幅布"外，唐代的"桂管布"曾赢得皇帝的赏识。⑤ 宋代，他们的纺织品各呈异彩，尤其灿烂。"柳布、象布，商人贸迁而闻于四方"；邕州左右江溪洞以苎麻织就的哀牢人和"一端长四丈余，而重止只数十钱，卷而入之于小竹筒尚有余地"的"轻凉离汗"的"练子"，以及被誉为"诚南方之上服"的"白质方纹、广幅大缕"和"佳丽厚重"的"白𫄸"等，⑥ 都是当时有名的纺织品。

同时，壮群体越人后人居于气候温润、物产丰富、植被茂盛的岭南，凡是可织的纤维，他们也都将之纺织成为可供人们衣着的材料。

"入市每衣芒木布，出门时唱浪花歌。峒丁惯箐歼狐矢，种女能抛织贝梭。"⑦ 这是明朝万历年间（1573—1620年）出任广西提学佥事的魏浚巡视途经横州、永淳县时写的七言律诗中的颔、颈二联。"芒木布"是以芒木纤维纺就织成的布，"浪花歌"指壮族的情歌；颈联是说峒丁狩猎，峒女织布。"种女"与"峒丁"相对成文，"峒丁"为壮族男子，"种女"当为"壮女"的近音译写。这四句诗是明代壮族社会的一幅生活风情画。

---

① 《君子日询手镜》，《说库》本，浙江古籍出版社1986年版。
② 广西博物馆：《广西贵县罗泊湾汉墓》，文物出版社1988年版，第65—68页。
③ 《古今图书集成·职方典》卷1410《柳州府风俗考》。
④ 《汉书》卷24《食货志》。
⑤ 《太平广记》卷165《廉俭》引《芝田录》。
⑥ 《岭外代答》卷6《𫄸》《布》《练子》等条。
⑦ （清）汪森：《粤西诗载》卷19。

"入市每衣芒木布",道出了时至明朝后期壮人仍以芒木布作为靓丽的走市串亲的衣裙,可见其对以野生纤维织就而做成的衣着的喜爱。

"蛮夷取谷树皮,熟槌之以为褐(短上衣)。"① 壮群体越人后人利用野生纤维织布做衣,见于记载始于晋、南北朝时期,盛于唐、宋二代。唐代,野生植物纤维的织品还作为贡品献予朝廷。这在元和(806—820年)中曾任宰相的李吉甫的《元和郡县志》中有记载。

壮族先人利用野生植物纤维织布做衣,最具特色而名传古代的是竹布和蕉布两种。

1. 竹布

竹布,即剥取某一类竹的纤维加工缉绩后形成布匹。壮群体越人及其后人缉绩的竹布,唐、宋时曾以贡品进献皇帝,销往中原。岭南竹布生产,源远流长,迄于明、清,一些地方的群众仍在种植其竹,生产竹布。清末民初,洋布大量进入中国,人们将洋布中的亚麻布译作"竹布",即因其形其质其功能相类而定名。

东汉议郎杨孚《异物志》载:"筼筜生水边,长数丈,围一尺五六寸,一节相去六七尺或相去一丈,庐陵(治今江西吉安市西南)界有之。始兴(治今广东韶关市)以南,又多小桂,夷人绩以为布葛②。"晋朝嵇含《南方草木状》卷下载:"箪竹,叶疏而大,一节相去六七尺,出九真(治今越南清化省清化北)。彼人取嫩者,槌浸纺绩为布,谓之竹疏布。""箪竹"亦作"单竹"。晋戴凯之《竹谱》称:"单竹,大者如腓,虚细长爽。岭南人取其笋未及竹者,灰煮,绩以为布,其精者如縠焉。"③ 又宋人释赞宁《笋谱》说:"连州(治今广东连山壮族瑶族自治县)抱腹山多生白竹,茎径白节,心少许绿,彼土人出笋后落箨彻梢时,采此竹以灰煮水,浸作竹布鞋;或槌一节作扫,谓白竹指。若贡布,一匹只重数两也。"④ 这些记载,都在说明自汉以后,岭南人以竹类中某些纤维细长而柔韧的竹子经过灰煮等处理工艺,取其纤维缉绩作布。竹子,粗大笔直,耸入云天,其纤维一定粗糙,但经过岭南越人的巧手处理,缉织的竹布,"其精者如縠焉""一匹只重数两也",可见其轻巧滑润。縠,读作 hú,属绉纱一类的丝织品,竹布之精者有如縠这样的丝织品,轻软润滑,可谓质量上乘。

由于竹布缉织精品化,产品有似丝绸那样轻薄柔软,而离汗又胜于丝绸,所以唐、宋二代的皇帝也就趋美驰骛,诏令岭南壮群体越人后人进贡竹布了。据唐朝《元和郡县志》及宋朝《太平寰宇记》记载,当时岭南诸州县产竹布和进贡竹布的,有广州、循州(治今广东惠州市东北)、端州(治今广东高要市)、浈州(治今广东四会市)、南雄州(治今广东南雄市)、韶州(治今广东韶关市)、藤州(治今广西藤县)、龚州(治今广西平南县)、容州(原治今广西北流县,后徙治今容县)、邕州(治今南宁市)等。其实,可以缉绩纤维为布的竹子,岭南又何处没有?竹布的生产,可谓是壮群体越人及其后人传统的手工工艺之一。南宋王象之《舆地纪胜》卷107《昭州》载:"立山县(治今广西蒙山

---

① 《太平御览》卷693《褐》引裴渊《广州记》。
② (晋)左思:《吴都赋》"其竹则筼筜"句,(南北朝)萧统《文选》卷5。
③ (清)汪灏等:《广群芳谱》卷82《竹谱》引。
④ 同上。

县东南濛江南岸）里妇长于缕绩吉贝、蕉络一类。其细轻红边之类，谓之入筒。又能以竹作布充暑服。刘君诗云：'度暑田夫竹作衫'，即此也。"迄于清朝，《梧州府志》仍载藤县"麻竹，一说即单竹，有花穰、白穰之别。白穰篾脆，可以为纸；花穰篾韧，可织，谓之竹练布"。《嘉庆重修一统志》卷361《土产》亦载：明代"平乐、恭城出筋竹，县妇能以竹作衫，充暑服"。

2. 蕉布

蕉布，就是以蕉类中某些芭蕉的纤维经过特殊工艺处理后缉绩而成的布匹。蕉布，与竹布一样，同是壮群体越人及其后人巧手缉绩而出的传统方物，擅名一时。

唐、宋二朝，岭南所产的蕉布，也曾经成为贡品。据《元和郡县志》和《太平寰宇记》所载，当时岭南道的广州、潮州、端州、康州、春州、循州、新州、昭州、容州、宾州等，都要向朝廷贡献蕉布。而王安石（1021—1086）《论邕州事宜》也说，左右江峒民"冬被鹅毛、衣棉以为裘，夏缉蕉、竹、麻、纻以为衣"，① 说明岭南"俚僚"人因地方之产，缉绩芭蕉纤维以为布相当普遍，而且源远。

东汉人杨孚《异物志》载："芭蕉茎如芋，取镬煮之如丝，可纺织为絺（细葛布）、绤（粗葛布）。"② 三国吴丹阳太守万震《南州异物志》载："甘蕉，草类，望之如树株。大者一围（两手合抱那么大）余，叶长一丈或七八尺余，二尺许。华（花）大如酒杯，形色如芙蓉，著茎末，百余子，大名为房。根似芋块，大者如车毂。实随花长，每华一阖，各有六子，先后相次。子不俱生，华不俱落。此蕉有三种：一种子大如手拇指，长而锐，有似羊角，名羊角蕉，最甘好；一种子大如鸡卵，有似羊乳，名牛乳蕉，微减羊角；一种大如藕，长六七寸，形正方，少甘，最不好也。取其阖，以灰练之，绩以为采。"③ 晋郭义恭《广志》载："芭蕉，一曰芭苴，或曰甘蕉。茎如荷芋，重皮相裹，大如盂斗。叶广尺，长一丈，有角子，长六七寸、四五寸、二三寸，两两共对，若相抱形。剥其上皮，色黄白，不如葛赤色也。出交趾建安。"④ 同一时代的嵇含《南方草木状》卷上也载：芭蕉"其茎解散如丝，以灰练之，可纺织为絺、绤，谓之蕉葛，虽脆而好，色黄白，不如葛赤色也。交、广俱有之"。自东汉，历魏、晋、南北朝，迄于隋、唐、两宋，岭南诸州的蕉布仍是名传遐迩，兴旺不衰。南宋周去非《岭外代答》卷8《花木门》载：

> 水蕉不结实，南人取以为麻缕，片干灰煮，用以织缉。布之细者，一匹值钱数缗。

蕉布"一匹值钱数缗"，比起同一时期的苎麻练子"厥价不廉，稍细者一端十余缗"来，价钱是贱了许多。不过，在纺织品尚不充裕，技术工艺还不先进的古代，蕉布仍具有着时代性的光华。所以，晋人左思名作《吴都赋》有句颂说："蕉葛外越，弱于罗纨。"

---

① 《王临川集》卷89。
② （唐）欧阳询：《艺文类聚》卷87《芭蕉》引。
③ 同上。
④ 同上。

南北朝著名学者、《宋书》编纂人沈约也撰《甘蕉》一诗赞道：

抽叶固盈丈，擢本信兼围。
流甘掩椰实，弱缕冠绨衣。①

因此，到了明代，蕉布仍然"为绤衣南州"。② 清代，虽然许多地方已经停止了生产，但是仍有其业。吴振芳《岭南杂记》卷下载：

有蕉葛，不花不实，人家沿山溪种之，老则砍置溪中，俟烂，揉其筋，织为葛布。亦有粗细，产高要广利、宝查等村者佳；然一年即黑而脆，逊葛远矣。

蕉布生产的具体工艺流程，由于文献缺乏记载，已不详其所以。《异物志》说"取镬煮之"；《南州异物志》《南方草木状》说"以灰练之"；《岭外代答》说"片干灰煮"；《岭南杂记》说"老则砍置溪中，俟烂，揉其筋"，这是加工技术随着时代前进而进步，还是时进而技术日退，不清楚。不过，宋及其前对蕉布只有赞颂声，没有说其布"一年即黑而脆"的。也许是"黄梅雨又芭蕉晚，凤尾翠摇双叶短。旧年颜色旧年心，留到如今春不管"？③

（三）衣被絮物

秋去冬来，严冬惨切，寒气凛冽。此时，人须加厚衣装，夜晚还须盖上内夹絮物的被子，以使身体暖和，不受风寒的欺凌。

关于壮群体越人及其后人衣被之内絮物的记载，见于晋、南北朝时期。裴渊《广州记》说："蛮夷不蚕，采木绵为絮。"④《罗浮山记》也说："木绵正月开花，大如芙蓉花，结子方生绵与叶耳。子内有绵，甚白，蚕熟则成，南人以为缊絮。"⑤ 此木绵，是乔木本木棉。宋及宋以前因中原汉族地区无棉，因此"棉"写作"绵"。乔木本木棉，在岭南地区不论是古还是今，都是村旁野地，遍处皆生，高耸云天。以木棉子内的棉絮做衣服和被褥内层铺料，在严寒的冬日里可以隔寒气而保温暖，这在我国是个很有地方特色和民族特色的御寒衣物。

又《太平寰宇记》卷163载："新兴县（今广东新兴县）有多伦木。"注说："似谷皮，可以为绵，但獠缉以为絮。""但獠"犹如"鸠獠"，是"獠"人的又一种称谓，比如唐、宋时，记载即有称今越南西北部的"獠"人为"但獠"的。多伦木捣碎如绵，拿来絮被，其保暖效果可能比木棉子棉絮被稍逊，但已经显示出古代壮群体越人及其后人巧于心思调适自然的能力。

---

① 《艺文类聚》卷87《芭蕉》引。
② （明）徐茂吴：《芭蕉诗》，（清）汪灏等《广群芳谱》卷89《芭蕉》引。
③ （宋）僧仲殊：《玉楼春》，（清）汪灏等《广群芳谱》卷89《芭蕉》引。
④ 《太平御览》卷819《絮》引。
⑤ 《太平御览》卷960《木绵》引。

除了以野生纤维轧软弹柔作衣被絮物外，壮群体越人及其后人还普遍以鹅绒为被中絮物。

唐、五代之交的刘恂《岭表录异》卷上载：

> 南道之酋，多选鹅之细毛，夹以布帛，絮而为被，复纵横纳之，其温柔不下于挟纩也。俗云：鹅毛柔暖而性冷，偏宜覆婴儿，辟惊痫也。

鹅毛被，就是现在通说的鹅绒被，冬日覆盖，其轻而暖，这是众所周知的。可是，古代人并不完全懂得这个优点，因此杀鹅弃毛，成了习惯。岭南"俚獠"首领先得其要领，用鹅毛做成被褥，用作冬日御寒。这是个创举，因此《岭表录异》特辟"鹅毛被"一条以载之。

其实，唐代的时候，鹅毛被就已经是壮族先人在冬日里习用的御寒用品了。柳宗元来柳州做知州，写了一首七言律诗《柳州峒氓》：

> 郡城南下接通津，异服殊音不可亲。
> 青箬裹盐归峒客，绿荷包饭趁虚人。
> 鹅毛御腊缝山罽，鸡骨占年拜水神。
> 愁向公庭问重译，欲投章甫作文身。

其中，"鹅毛御腊缝山罽"，就是指壮族先人用鹅毛做成鹅毛被来抵御腊冬的寒冷天气。由于以鹅毛被御寒是壮族及其先人的特色之一，所以宋代的王安石在《论邕管事宜》里就说左右江的壮族人"冬被鹅毛，衣棉以为裘；夏缉蕉、竹、麻、纻以为衣"。[①]

鹅毛保暖性能的发现，在我国首以鹅毛做成被褥以御腊冬的寒冷，显示了壮族先人的慧眼和才识。

刘文征《滇志》卷30说孟艮府（治今缅甸掸都景栋）的掸人以"鹅毛为褥"。地隔遥远，而且互少交往，他们与古代壮族先人的做法不谋而合，是古俗承传还是历史的巧合，不详。不过，明代的孟艮府地处热带，掸人以柔软高热的"鹅毛为褥"，似也失却常规。就此一点观察，好像是世代传承，自然而然的习惯力量居于主要因素。

今壮侗群体越人的后人，其谓鹅都起自一词，可知在新石器时代晚期他们分化各自独立发展之前已经认知了鹅。而今壮傣群体越人的后人谓鹅仍保其音，称同一词：ha:n^{5}或han^1。这道出了鹅在他们心目中的位置。以"鹅毛为褥"，或者周、秦之际已成为壮傣群体越人的一个惯行的习俗。

《庄子·山木篇》载："命竖子杀雁而烹之。"《礼记·内则》载："舒雁翠。"东汉郑玄（127—200年）注说："翠尾舒雁，鹅，谓不利人。"说明春秋、战国的时候，中原汉族地区谓雁为鹅，以鹅归雁，鹅雁不分，鹅此一家禽尚未定称。这比起壮傣群体越人定鹅

---

① 《王临川集》卷89。

为"ha：n⁵"来，为时要晚多了。

二　椎髻与散发

汉至宋朝时期，壮群体越人及其后人的头上，男子初仅椎髻，唐、宋以后又兴头戴白巾；女子则散发婆娑，长发飘逸，猪膏泽发。

（一）椎髻·白巾

南越国以前，壮傣群体越人男子为方便而安全地入水作业，实行断发文身并形成了习俗。秦朝灭亡，赵佗割据岭南，建立南越国，"击并桂林、象郡"，① 迫使部分越人南走西徙，导致壮、傣二群体越人分化各自独立发展。傣群体越人自在我国西南及中南半岛、南亚等地外无干扰的情况下承传着越人原有习俗，迄于明初仍断发文身不变；而壮群体越人，则因受辖于赵佗的南越国，为其政令所使，不得不蓄发而椎髻，变了原先世代传承的发式。

中原汉族的价值理念，是"身体发肤，受之父母，不敢毁伤"，因为这是"孝之始也"。② 孝是历代中央王朝倡导的根本性的礼乐制度之一。

因此，断发髡头，列为历代中原王朝的刑罚之一。

《史记》卷100《季布传》载"乃髡钳季布，衣褐衣，置广柳车中"，是如此。汉高帝九年（前198年）十二月，因赵王刘敖下狱，其属"郎中田叔、孟舒等十人自髡钳为王家奴"，③ 也是如此。

东汉末年，有一次曹操率军路过麦田，下令：保护麦田，践踏麦苗者死！官兵遵令畏惮，不敢怠慢，骑马的都下马来护着麦子。没想到，倒是曹操的坐骑突受惊吓，腾地冲入麦田里去了。这下，颁令的人却犯了条令。无令军队难以约束，有了条令头领却先犯上了，按不按条令进行惩罚？面对此一现实，曹操当着众官兵的面说："制法而自犯之，何以帅下（拿什么来统率部众）？然孤（我）为军帅（军队的将帅），不可杀，请自刑！"接着，他拿起剑割掉自己的头发，扔在地上，作为警戒。④ 在那"刑不上大夫"的时代，曹操为收结军心，以割发代杀头，说明割发是一种严重的刑罚。

割据岭南的赵佗，家在今河北省真定县，是中原汉人。可他在汉朝使节陆贾到来时，"魋结箕踞"，自称"蛮夷大长老"，说"居蛮夷中久，殊失礼仪"，⑤ 显然行的不是中央王朝倡导而习行的扮相、坐相和礼节。所谓"居蛮夷中久，殊失礼义"，说明赵佗行的是"蛮夷"即岭南越人的礼仪习俗。所以，东汉王充《论衡·率性》说："南越王赵佗，化南夷之俗，背叛王制，椎髻箕坐，好之若性。"

赵佗为什么要弃其祖制而行越人的礼仪习俗？这是因为那个时候在岭南越人多，北来汉人没几个，他需要"和辑百越"，稳定岭南局势。"和辑百越"，越佗除了团结越人首

---

① 《史记》卷113《南越列传》。
② （唐）欧阳询：《艺文类聚》卷17引《东观汉记》。
③ 《汉书》卷1下《高祖纪下》。
④ 《艺文类聚》卷17《发》引《曹瞒传》。
⑤ 《汉书》卷43《陆贾传》。

领，让他们入朝为官，还归依于越人的礼仪习俗，以示其无异，才能取得广大越人的信任、拥戴，以支撑其政权。

壮群体越人及其后人"楼居无椅凳，席地而坐，脱履梯下而后登"。① 至今，操壮侗语族壮傣、侗水语支语言各族，都谓凳为 tan^5，无疑是借自汉语词。"箕踞"，指坐时两脚伸直岔开，是古代越人的习惯坐式。

"魋结"，同椎髻。师古注《汉书》卷43《陆贾传》说："椎髻者，一撮之髻，其形如椎。"椎髻，当时既不是中原汉族的习行发式，也不是壮傣群体越人习行的断发，而是赵佗在不违背汉、越的习俗的前提下折中而搞出的发式。

赵佗要割据岭南自立为王，要取得越人的认同，就需要变俗从越。但是，在发式此一问题上他却陷入两难境地：断发同越则与汉族"身体发肤受之父母，不敢毁伤"的孝道要求相悖；反之，则不能融同于越。如何平衡而择其宜？经过观察，他发现了越人妇女"一撮之髻，其形如椎"的发式，于是他折中而行，既不同于中原汉族直接用冠约发或先以巾帻包头后加冠的做法，又全发全蓄，不损一毫；既不是越人男子的断发，却又同于越人女子的一撮之髻其形如椎。这样的发式，可以说是两全而获其宜，使赵佗摆脱了面临的两难尴尬。

"魋结"是赵佗取样于越人女子发式而创的一种男子发式。它的推行，体现出了他作为一方之主的权威。傣群体越人由于赵佗的"击并桂林、象郡"而南走西迁，因此其男子不遵从赵佗倡导的发式，仍然世代传承秦及秦以前形成的"断发文身"习俗，行"髡首"的发式迄于明代一千多年不变。这是壮、傣二群体越人因政治因素而出现的习俗相异。

从此，壮群体越人及其后人就世代传承着"魋结"此一发式，从而历历见于此后人们的记载，甚至成为壮族及其先人的代称："椎髻老人难借问，黄茅深洞敢留连"；② "桂林地险通椎髻，阳朔峰奇削剑铓"；③ "握刀将帅迎牙纛，椎髻戎蛮进象犀"。④ 无怪乎《元一统志》说：壮人"椎髻箕踞，乃其习也！"⑤

这可以说是赵佗割据岭南为南越武王而开创的一代新发式！这种发式变成壮群体越人的习俗后，由发式而代人，明朝嘉靖年间（1522—1566年）钱薇的《大黄江口》诗仍说"椎髻蛮堪骇，侏离语孰传"，⑥ 可说历时两千多年。

西汉和西汉以后，中原汉族男子以布包头，然后戴上冠帽，壮群体越人及其后人头发无遮无掩，全部暴露。不过，随着文化的深入交流，特别是他们中的首领人物和富裕阶层虽然无冠即没戴上帽子，但已经逐渐以巾束首，以布包头。

---

① （清）范承勋：《云南通志》卷27。
② （唐）柳宗元：《南省转牒欲具江国图令尽通风俗故事》，《河东先生集》卷42《古今诗》。
③ （宋）梅圣俞：《送广西提刑潘比部伯恭》，（清）汪森《粤西诗载》卷13。
④ （宋）杨万里：《送赣守张子智左史进直敷文阁移帅入桂》，（清）汪森《粤西诗载》卷14。
⑤ 《永乐大典》卷8507宁字引。
⑥ （清）汪森：《粤西诗载》卷12。大黄江口在广西桂平县东北，当相思江与浔江会合处。

晋朝人郭义恭《广志》说："交趾、苍梧，俗以翡翠为帻。"① 帻，就是包头巾；"以翡翠为帻"，即以翡翠点缀巾帻，使之流耀含英，光灿闪亮。

壮群体越人及其后人社会中是否人人以翡翠点缀巾帻成为习俗，可能是个疑问。但是，此事显示出在他们社会中自晋代已经出现以巾包头的事实。从此以后，他们中的男子逐渐流行了以布巾扎头的风俗。据记载，唐、宋二代壮族先人男子戴白头巾已经是普遍的现象。比如，宋初乐史《太平寰宇记》卷163《南仪州（今广西岑溪市）风俗》说"男儿以白布为头巾，女儿以布为衫"；卷166《邕州风俗》卷167《钦州风俗》说"今乡村皆戴白头巾"；《宋会要辑稿·刑法二之六》载"广东之民多用白头巾"；明朝初年成书的《永乐大典》卷2339梧字引《藤县旧志》也说"乡民多以白布为巾"；等等。

历史上，中原汉族以红示喜，以白表哀，但是南宋周去非《岭外代答》卷7《白巾鼓乐》载南人难得乌纱，"率（通常）用白纻为巾。道路弥望（一望满眼），白巾也"。南人死亡，"邻里集其家，鼓吹穷昼夜，而制服者（穿丧服的人）反于白巾上缀红线以表之（来标识丧事）"。

这说明，壮群体越人后人并不是如同中原汉族那样以红示喜，以白表哀，而是以白示喜，以红表哀。犹如当时他们不是如同中原汉族那样大锣大鼓、唢呐齐鸣以示喜庆，婚事"女家自送，相见后即放女归家"，不搞大的喧哗。② 丧事则又不同，"皆打鼓、舂堂、吹笙"，③"豪渠之家丧则鸣铜鼓"。④ 这是观念的不同，表现的差别，形式的迥异，价值取向不是在同一水准上。

元、明以后，大部分地方的壮群体越人后人在外来文化的影响之下，旧的意识堤岸已经崩析，旧的价值观念已经消退，喜素尚白之风已经歇息，可是，一些地区的壮族因山环水隔，局促一隅，社团关闭，外风不入，波澜不惊，仍固守其旧的理念，不变其千古的传承。比如，明朝嘉靖三十三年（1554年），瓦氏夫人率田州狼兵北上江浙抗倭。"其出，军帜分五色，以别行伍。头裹方素，无他色者。或问，瓦云：身是孟获裔孙，感武侯七赦恩，诫子孙世世戴缟，以识不忘身。"⑤ "缟"，就是白巾。又如，罗阳县（在今广西扶绥县北）"朝暮不论吉凶，皆用白布包头"；⑥ 下旺土司（在今广西平果县）"男以青、白布缠头，女以竹丝为笠，吉凶不易服色"。⑦ 这说明在社会的前进中，尘渣易去，旧的意识、旧的社会行为仍难以尽除！

（二）长发飘飘，猪膏泽发

《淮南子》卷11《齐俗训》载："三苗髽（zhuā）首（以麻束首），羌人括领（束领），中国冠笄（汉族插笄戴帽），越人劗（剪）发，其于服一也。"西汉以前，我国范围

---

① 《太平御览》卷687《帻》引。
② （宋）乐史：《太平寰宇记》卷165《郁林州》。
③ （宋）乐史：《太平寰宇记》卷167《钦州风俗》。
④ （宋）乐史：《太平寰宇记》卷163《新州风俗》。新州治今广东省新兴县。
⑤ （清）汪森：《粤西丛载》卷24引董斯张《吹景集》。
⑥ 《古今图书集成·职方典》卷1448《太平府风俗考》。
⑦ 《古今图书集成·职方典》卷1421《思恩府风俗考》。

内各个群体因住地不同，自然环境不同，人文环境不同，头面的装饰及发式不完全相同。这是就男子而言的。

女子也是如此。西汉初年以前，壮傣群体越人女子的发式，是"一撮之髻，其形如椎"。就眼目所及，遗存至今的成于春秋战国之际的广西左江崖壁画中，其女子的发式正是如此。

可是，自西汉前期以后，由于赵佗割据岭南改变越人男子的发式为"魋结"，雷同于越人女子的发式，越人女子的发式则变不束不笄，流行散发。这就是宋朝初年乐史《太平寰宇记》卷165《郁林州》所说的"男椎髻，女散发"。

发披散，长长而下，不能蓬头污垢，用什么来护理？宋朝陈藻《客中书事》称："千载蛮风尚有存，此来闻见不堪论。猪膏泽发湘南妇，牛渤（牛粪）涂门岭右（广西）村。"① "湘南妇"就是广西的妇女；"猪膏"即猪油脂；"猪膏泽发"就是用猪的油脂来润泽、滋养、护理头发。这里，"千载蛮风尚有存"一句揭示了壮群体越人及其后人妇女以"猪膏泽发"是千百年传承下来的，不是在宋朝的时候方才如此。

那个时候，妇女鬓发如云，经猪脂精心护理后，黑油油，亮光光，从头上倾泻而下，黑亮修长，微风吹拂，犹如一缕轻柔晶亮的黝黑绢子缓缓飘荡，自然说其有多美就有多美，惹人喜爱。

壮群体越人及其后人女子发长发美，勾起多少北来中原汉人的眼馋。

为什么馋？因为他们认为这蕴藏着一笔可赚大钱的生意。

原来自西周以来中原汉族社会官宦之家或富裕阶层的妇女流行以他人的头发来杂于自己的头发中装饰显美的风气。比如，《诗经·鄘风·君子偕老》："鬒（zhěn，黑发）如云，不屑髢（dí，装衬假发）也。"《左传·哀公十七年》载：哀"公自城上见己氏之妻发美，使髡之，以为吕姜髢"。这种风气，相沿而下，迄于唐、宋仍盛而不衰。唐朝柳宗元于元和十二年（817年）在柳州太守任上所作的《朗州员外司户薛君妻崔氏墓志》，其颂崔氏美貌的句子是"髲髢峨峨，笾豆维嘉"。髲髢（bì dí），就是取他人的头发来作为自己的头发。由此可见，中原汉族妇女取他人之发杂于自己的头发中以增美，逾两千年而不变。此种情况说明，古代的头发买卖，有着广大的市场。

王隐《晋书》载："陶侃为吏鄱阳，孝廉与亲友过侃宿，母截发以供宾。诸客叹曰：非此母，不生此子也！"② 所谓"母截发以供宾"，就是陶侃的母亲截下头发去卖取钱来招待客人。因此，《世说新语·贤媛》说："湛（陶侃母）头发委地，下为二髲（可做两个假发），卖得数斛（hú，容量单位，古代十斗为一斛）米。"

又《太平御览》卷971《槟榔》引《宋书》载：刘穆之少时家贫，往岳家江氏，每食毕便求槟榔。"江氏兄弟戏之曰：'槟榔消食，君乃常饥，何忍须此？'妻复截发市肴馔（菜馔），为其兄弟以饷穆之。自此，不对穆之梳沐。"这也是南北朝时刘穆之少时家贫，其妻江氏不得不再次截发鬻卖给丈夫充饥。

客来陶母卖发供宾，夫饥妻子截发市肴，立竿见影，呼谷传响，立地解急，可知对头

---

① （清）汪森：《粤西诗载》卷14。
② 《艺文类聚》卷17《发》引。

发买者泄泄，市场极为活跃。岭南女子修长美发的存在，客观地为中原汉族地区此一市场提供了丰厚的货源。所以，南北朝时沈怀远《南越志》说："开安县出头髢。"①

唐朝的时候，《南海异事》比较具体地叙述了岭南人护发售发牟利的情况。当时，岭南不仅妇女鬻发，男子见利眼亮，也参与了进来："南海男子、女子皆缜（zhěn，黑发）发。每沐（mù，洗头发），以（草木）灰投水中，就水以沐，以彘（zhī，猪）膏以发（用猪的油脂涂抹头发）。至五、六月稻禾熟，民尽髢于市（百姓都将头发剪下在墟市上出售）。既髢，复取彘涂（又取猪的油脂涂在头上以养发），来岁五、六月又可鬻。"②

一些北来为事于岭南的官员，看准商机，瞄准了此一货源，仗着手中的权力，为非作歹。比如，《三国志》卷53《薛综传》载："珠崖之废，起于长吏睹其好发，髢取为髢。"《太平御览》卷373《发》引《林邑国记》也说："朱崖人多长发。汉时，郡守贪残，缚妇女割头取发，由是叛乱，不复宾伏。"这些人受着王命之托来到远方为官做吏，本来是为川者决之使导，为民造福，却仗着权势，仗着天高皇帝远，不循王化，不遵法纪，缚人割发，鱼肉百姓，胡作非为，唯利是图。

三 身饰

身饰，包括体饰和身上的饰物。西汉迄于宋朝，壮群体越人及其后人的身饰，既体现了对传统文化的传承，又有所更新、有所发展。

（一）文身

文身是越人的传统体饰。进入汉、三国、晋、南北朝、隋、唐至宋朝，壮群体越人及其后人仍是作如此的体饰，没有变更。

《汉书》卷64《严助传》载：建元三年（前138年），闽越攻击南越，汉武帝欲"遣两将军将兵诛闽越"，严助上书劝谏说："越，方外之地，翦发文身之民也，不可以冠带之国法度理也。"说的就是汉代岭南壮群体越人承传传统，以文身为体饰。

唐代，著名文学家柳宗元被贬来柳州做刺史，置身于壮群体越人后人之中。他的《登柳州城楼寄漳、汀、封、连四州》《柳州峒氓》各有诗句说："共来百越文身地"，"欲投章甫（帽子）作文身"。③说的也是在唐朝的时候，他们仍传承祖制，文身不减，以至于将"文身"代指壮群体越人后人居住的地方，以"文身"代称壮族先人。

张说《广州都督、岭南按察、五府经略使宋公（璟）遗爱碑》载，开元四年（716年），经过广州都督宋璟一年的治理，岭南东部广州都督府管下之地，"虽有文身凿齿，被发儋耳，衣卉面木，巢山馆水，种落异俗而化齐，语言不通而心喻矣"。④说明唐代不仅岭南西部，而且岭南东部的居民也还盛行着文身凿齿的习俗，传承着壮傣群体越人的习俗文化。

宋代，乐史《太平寰宇记》卷166载广西左右江的壮族先人"雕题凿齿，画面文

---

① 《太平御览》卷715《髢》引。
② 《太平广记》卷483引。
③ 《河东先生集》卷42《古今诗》。
④ 《全唐文》卷226。

身"，无疑也是就其文身等习俗而言的。

壮群体越人及其后人文身，无视社会环境的变化，无视依于身旁的汉族文化的参照，不违祖制，代代而传。明朝的桑悦《记壮俗》诗六首之二说壮人"饮食行藏总异人，衣襟刺绣作文身"，道出了当时壮族还传承着先人的文身习俗。

壮群体越人及其后人刺破肌肤以成花纹，跟断发一样，其所持的意识观念和价值取向与中原汉族关于"身体发肤，受之父母，不敢毁伤"的理念全然悖逆。

上古，越人文身的缘起，系于原始实用性的模仿巫术。此后，壮、傣二群体越人虽分化各自独立发展了，却视时间为虚无，任由历史长河的流淌，仍近两千年不变地各自承传着文身的习俗。傣族人说："蛙腿尚有花纹，男人之腿怎能没有花纹呢？"① 因此，他们以文身为男人的标志，以文身为英雄的本色。明及明以前壮族对文身是否也有这样的感受、这样的体认？事实或者就是如此。因为进入原始父系氏族社会以后，壮傣群体越人社会男主战事、主渔猎，女主家务、主农业、主经济活动，形成了产翁制和男逸女劳的习俗，奠就了社会上男尊女卑的心态习惯。这些社会行为、意识和习俗，辅车相依，唇亡齿寒，形成了共存共荣、一败俱败的关系。壮傣群体越人社会男子文身是从入水作业而来，是男子所专有，是男子社会角色地位的标志，是男子荣身而可以炫耀于女子的资本。傣族有着这样的审美观念和价值取向，壮族对文身，理所当然，也有着如同傣族这样的感受，这样的体认。

（二）凿齿与染齿

岭南越人有拔牙的现象，新石器时代晚期已经出现。在广东曲江石峡、② 佛山河岩③ 和增城金兰寺④的新石器时代遗址中出土的遗骸就多有拔牙的个体。此后，壮群体越人或者即因此一拔牙现象，形成了拔牙习俗。

西晋时，张华《博物志》卷2载："荆州极西南界至蜀郡，诸山夷名獠子。……既长，皆拔去上齿牙各一，以为身饰。"《太平御览》卷356《兜鍪》引同是晋朝人的郭义恭《广志》说："獠（音老）在牂柯、兴古、郁林、交趾、苍梧，皆以朱漆皮为兜鍪。"张华所称的"獠子"，自然包括壮族先人在内。"既长"，就是成年之谓。

壮群体越人及其后人的男子既长，"皆拔去上齿牙各一以为身饰"作为成年人标志的习俗，一直传承下来。唐朝人张说《广州都督、岭南按察、五府经略使宋公（璟）遗爱碑》载岭南人"文身凿齿"，"种落异俗"，"语言不通"，⑤ 就是这样的传承。宋朝乐史《太平寰宇记》卷166载邕州左右江的居民"悉雕题凿齿，画面文身"，卷167《钦州风俗》载广西钦州的"獠子""椎髻凿齿"。"凿齿"是汉文记载对壮群体越人及其后人拔牙行为的另一种称谓。

---

① 征鹏等：《西双版纳风情奇趣录》，云南民族出版社1986年版，第221页；胡绍华：《傣族风俗志》，中央民族大学出版社1995年版，第47页。
② 《广东曲江石峡墓葬发掘简报》，《文物》1978年第7期。
③ 杨式挺等：《谈谈佛山河岩遗址的重要发现》，《文物集刊》第3辑，文物出版社1981年版。
④ 吴新智：《广东增减金兰寺新石器人类头骨》，《古脊椎动物与古人类》1978年第3期。
⑤ 《全唐文》卷226。

壮群体越人及其后人男子的拔牙以示成年的习俗，至元代仍见于记载。成于大德年间（1297—1307年）的李京《云南志略·诸夷风俗》即说今属壮族一个支系的"土獠蛮""男子十四五，则左右击去两齿，然后婚娶"。

壮族男子"左右击去两齿"以表成年，缘于上古越人处于战争环境中的规定。《管子·小问》载："昔者，吴、干战，未龀（chèn），不得入军门。国子摘其齿，遂入，为干国多。"干国，就是干越，犹如越国又称为瓯（于）越一样，其地在今江西省东北部，唐、宋时候在今江西余干县西南还有个"干越渡"，当时的当政者还设置津吏主守于此。后来干国并入吴国，西周鼎文还将吴国称为"禺邗"或"吴干"等。"龀"，即儿童换去乳齿。一般情况下，儿童六七岁开始换乳牙。"未龀"，就是没到六七岁。没到六七岁的"国子"，能有多高的心智、多大的气魄，为了实现其进入军伍的目的干脆利索地摘去乳齿？又能有多大的力量、多高的武艺在军中左冲右突，勇敢作战，败敌立功，功劳最大？无疑，"未龀"是未实行人工拔牙、尚未成人之义。吴国、干国、瓯越国共语言同风俗，干越以拔牙作为成人的风俗，也就是吴国、瓯越国的风俗。壮群体越人及其后人以拔牙作为成人的风俗，就是上古越人此一风俗的延续。

在壮群体越人及其后人男子以拔牙表成年的同时，女子将嫁也有拔去左右前齿以免妨害夫家的习俗。《太平寰宇记》卷166《贵州风俗》载，贵州（今广西贵港市）"有俚人，皆为乌浒。……女既嫁，便缺去前齿"。

壮族先人男子以拔齿表成人的习俗，由于时间的演进，社会的发展，异文化的融入，传至元代而止。而女子将嫁缺去前齿的习俗，却传承了下来。20世纪50年代，在广西左右江壮族和云南侬支系的壮族妇女中有婚后以金或银片包住左右各一犬齿的习俗，这可能就是以前习俗传承下来的流变。

另外，傣族青年男女在十四五岁进入青春期以后有染齿的习俗。届时，他们点上松明，以瓦片或木片罩住其黑烟。在用酸果汁把上下牙齿涂抹一遍后，刮下瓦片或木片上的黑烟，涂在洁白的牙齿上，使满口牙齿都染成黑色或紫色。继后，由于不断地咀嚼槟榔，一口牙齿便成为紫黑色了。[①]

西汉迄于元朝，汉文的记载未见有关于壮群体越人染齿的习俗。但是，《战国策》卷19《赵策二》载："被发文身，错臂左衽，瓯越之民也；黑齿雕题，鳀冠秫缝，大吴之国也。"这里，"瓯越之民"与"大吴之国"相错成文，吴、越二国又同俗共语，自然，"大吴之国""黑齿雕题"，"瓯越之民"也是"黑齿雕题"。怎么才会黑齿？咀嚼槟榔固然可以使洁白的牙齿变成紫红色，但说其为"黑齿"，似总有点勉强。《古今图书集成·职方典》，其卷1452《泗城府风俗考》说归顺州（今广西靖西县）"女衣短裙长，必染涅其齿，以示厚富"。涅，矿物名，古代用作黑色染料。"染涅其齿"，就是染黑牙齿。同时，傅恒《皇清职贡图》卷4也说称为"狼人"的广西岑溪县和贵县壮族妇女"喜以茜草染齿使红以示丽"。这些记载，揭示了壮族及其先人如同傣族一样，传承着上古越人的染齿变色的习俗。

染齿习俗在壮族中的延续，经清末、民国至20世纪50年代，在一些偏僻的地区仍然

[①] 征鹏等：《西双版纳风情奇趣录》，云南民族出版社1986年版，第220页。

可以见到。据20世纪50年代调查，广西隆林各族自治区县委乐、沙黎等乡的壮族青年女子仍然承袭着"染红牙齿的习俗"。据她们说，"这是为了爱美而染的"。"染的方法，是用一种叫'粉宁'（即红粉之意）的树皮所生出的小颗粒放入白矾水内，抖匀后成为红浆，然后将红浆敷开在薄的竹纸上，临睡时将此竹纸贴在牙上。连续三个晚上，牙齿就可以变成红色了；倘若再继续贴上两三个晚上，牙齿就会变成深红色。有些染得不好，吃上一些热的东西就会褪色。姑娘没到十岁就开始染了，而老年妇女则再无染齿的兴趣。"①

明末清初归顺州的壮族妇女"染涅其齿以示厚富"，清乾隆年间岑溪县和贵县壮族女子"喜以茜草染齿使红以示丽"，20世纪50年代隆林壮族女子以"粉宁"染齿是为了满足其关于美的追求，不失其为前俗的传承，只是在传承中各地各时代的价值取向选择有了变化而已。这说明，观念不是固定在一个基点上，它会随着时代的前进、社会的发展而变化、发展。

（三）镜子、木梳及项圈、耳坠等饰物

远古越人，无物可以自照以知自己形貌状况，只好以水为鉴，临水而观。西汉以后，随着汉族文化的传入，壮群体越人及其后人已经有了镜子可以鉴己鉴物，进行梳妆打扮，美化自己，提升审美情趣。但是，如同汉族一样，那时候他们的镜子不是以玻璃为质而是以铜板磨光做成的，因称为铜镜。比如，发掘的广西贺县河东高寨西汉墓、② 广西贺县金钟一号汉墓、③ 广西柳州市九头村一号汉墓、④ 广西昭平东汉墓、⑤ 柳州市郊东汉墓⑥等，都出土了不少铜镜。

汉代铜镜

铜镜，来自中原，至今壮语、布依语谓镜一词或为 $kiŋ^5$ 或为 $tɕi:ŋ^5$，与傣语或谓为 $Vɛn^6$ 或谓为 $tsam^6$ 完全不同，壮、布依族对镜子的称谓明显是借用于汉语词。因镜子来之不易，得之有限，极为珍贵，因此，据宋朝初年《太平御览》卷717《镜》引唐或唐以前人撰的《南蛮獠人俗》一书说："獠"人"诸婚姻，以奴婢一人为聘；无奴婢，以铜镜当人婢"。这说明晋、南北朝、隋、唐时期铜镜一方与女婢一人等价，那时候铜镜价位之高从中可以一目了然。

铜镜应用于生活中，出入鉴己，修整容貌，助人梳妆打扮，满足人们的审美要求，不

---

① 《广西壮族社会历史调查》第一册，广西民族出版社1984年版，第41页。
② 广西文物队、贺县文化局：《广西贺县河东高寨西汉墓》，《文物资料丛刊》第4辑，文物出版社1981年版。
③ 广西文物队、贺县文管所：《广西贺县金钟一号汉墓》，《考古》1986年第3期。
④ 柳州博物馆：《广西柳州市九头村一号汉墓》，《文物》1984年第4期。
⑤ 广西区文物队、昭平县文管所：《广西昭平东汉墓》，《考古学报》1989年第2期。
⑥ 柳州博物馆：《柳州市郊东汉墓》，《考古》1985年第9期。

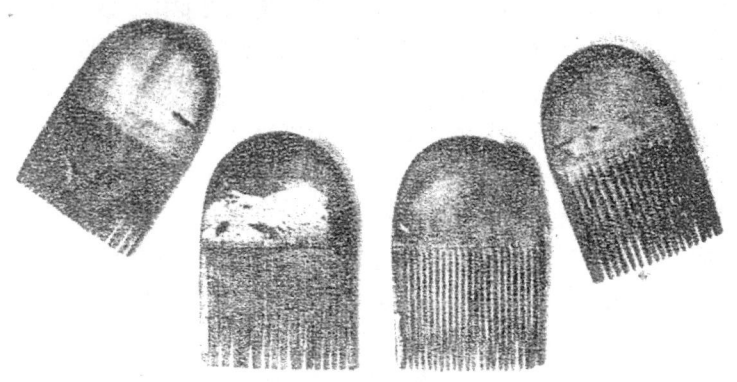

出土的梳子

致蓬头垢面，衣冠不整，失礼于人。由此而引发梳子的产生和流行。西汉时，壮群体越人社会出现了木制梳子。比如，1955年考古工作者在清理广西贵县的汉墓中，就出土了木质的梳子2件。[①] 至今，北部壮语方言谓梳子为"Ôo：i¹"，布依语谓zoi¹，而壮语南部方言及傣语则谓为vi¹，音谊虽不同，却可知壮傣群体越人时代已经存在了梳子。

秦及秦以前，壮傣群体越人已经有了关于kjop⁷（斗笠）、kon⁶ho²（项圈）、kon⁶（手镯）、taŋ⁴（耳环）的共语。入汉以后，在他们中，这些饰物一如往昔盛行不衰，而且品种、质料也越发众多，越发精美了，特别是在壮族先人社会的首领及上层人物当中。

唐朝人撰的《郡国志》说，桂州"阳朔县有夷人名乌浒，在深山洞内，能织文布，以射翠取羽、割蚌取珠为业"。[②] 深山洞，不是深深的山中洞穴，而是山环水绕的山谷平地，诚如《太平寰宇记》卷158《恩州风俗》说恩州（治今广东阳江市）"人以采甲香为业；土地多风、少旱，耕种多在洞中"的"洞"，不是山洞。阳朔县的壮族先人乌浒人织文布、射翠取羽、割蚌取珠，不完全是拿来美化自己的生活，而是大部分投诸市场，供社会上的首领等上层人物享用以及售予客商输往外地。

晋人郭义恭《广志》载："交趾、苍梧，俗以翡翠为帻（包头巾）。"[③] 一个"俗"字，说明壮群体越人后人"以翡翠为帻"的普遍性，但却不能涵盖他们所有的成员。犹如《南越志》说，南越王"尉佗卧象床锦茵（褥）"，[④] 普通的"大铬"（大骆）即老百姓只能睡在以"纪草"编织的"越席"上一样。[⑤]《旧唐书》卷197《南平獠传》说"南平獠""男子左衽露发徒跣"，女子"美发与髻鬟垂于后，以竹筒如笔长三四寸斜贯其耳，贵者亦有珠珰"，也是如此。

1972年，广西西林县普驮铜鼓墓葬出土的一件铜质耳环，椭圆形，半圆耳，平底。

---

① 广西区文管会：《广西贵县汉墓的清理》，《考古学报》1957年第1期。
② （宋）乐史：《太平寰宇记》卷162引。
③ （宋）李昉等：《太平御览》卷687《帻》引。
④ 《太平御览》卷708引。
⑤ 《太平御览》卷709引《尚书传》。

两耳及口沿周边有细小钻眼，并黏有精细布纹，长16.5厘米，高5厘米。① 西林县普驮铜鼓葬为西汉时期墓葬，以铜棺或两面铜鼓相合为葬具，规模大，陪葬器物众多而且精美，远非一般老百姓的物力和人力所能做到，显然是西汉时立国于其地及今云南文山壮族苗族自治州境内的壮群体越人部落国家句町国的王室或官僚阶层所为。此墓出土的耳环，让人可以目睹汉代社会中高层人物精美的耳环形态。

1983年，考古工作者在柳州市东南郊九头山发掘一座东汉初年墓，出土了项饰一串，质料有水晶、琉璃、松石等131粒。② 柳州市，东汉时是郁林郡潭中县的治区，隋代属始安郡（治今桂林市），唐朝武德四年（621年）始割始安郡马平县置昆州。据《新唐书》卷222下《南平獠传》载，昆州的州长官是"俚獠"首领沈逊。贞观八年（634年），昆州改名柳州。元和（806—820年）中柳宗元为柳州刺史，仍称其民为"峒民"，其地为"百越文身地"，③ 由此可以得知，东汉时今柳州市东南郊的墓葬属壮群体越人社会的上层人物的墓葬。项饰为项圈的饰物。项圈上的一串饰物有131粒水晶、琉璃、松石等，可知其为珍宝攒仄，瑰丽多彩，晶莹可人，也可知这是与异族文化交流的产物。因为水晶、松石固本地所产，琉璃却是舶来品。由此更可得知，壮群体越人社会中上层人物随着与外族文化的交流，其身上的饰品更加多样，更加丰富多彩。

唐朝张籍《蛮中》诗句说："玉环穿耳谁家女，自抱琵琶迎海神。"④ 元朝，李京《云南志略·诸夷风俗》说，作为壮族一个支系的"土獠蛮"，"妇人跣足，高髻，桦皮为冠，耳坠大双环，衣黑衣，项带锁牌以为饰"。明代，广西永福县北壮"男子亦贯耳带绵，著以为饰"，⑤ 南丹县壮人"穿耳悬环，男女如之"，⑥ 而平乐府的壮人也"以银为圈加于项"。⑦ 这些记载道明了元、明时期壮族不论男女，全都是颈戴项圈耳吊环。这是否是壮族传统习俗的传承呢？因在此之前没有这样的汉文记载，难得知悉。但是，广西西林县普驮铜鼓葬和柳州市东南郊东汉墓葬，墓主无疑是男子不是女子，由此可以得知，汉代至于元、明二代，壮族及其先人男女都一样耳坠环颈戴项圈。

（四）出门带刀，不可或缺

"俗嗜相残裸负弩，滨水而采名蜑户。"⑧ 在氏族之间、部落之间，常常发生斗争；而且地处炎荒，岭树重遮，毒蛇猛兽成群结队，临险挥刀以抵御，是古代壮群体越人及其后人习常的防卫措施之一。因此，出门带刀，不可或缺，刀成了他们的一种身饰。

这方面的情况，汉文至南宋始见记载。范成大《桂海虞衡志·志蛮》载："峒刀，两江州峒及诸外蛮无不带刀者。一鞘二刀，与云南同，但以黑漆杂皮为鞘。"而同一时期的周去非《岭外代答》卷6《蛮刀》则记载得较为具体：

---

① 广西文物队：《广西西林县普驮铜鼓墓葬》，《文物》1978年第9期。
② 柳州市博物馆：《柳州市东郊汉墓》，《考古》1985年第9期。
③ 《柳州峒氓》《登柳州城楼寄漳、汀、封、连四州》，《河东先生集》卷42《古今诗》。
④ （清）汪森：《粤西诗载》卷22。
⑤ （清）汪森：《粤西丛载》卷24引《永福县志》。
⑥ （清）汪森：《粤西丛载》卷24。
⑦ （清）汪森：《粤西丛载》卷24引《平乐府志》。
⑧ （元）丁复：《送李光大之海北宪司书吏》，（清）汪森《粤西诗载》卷6。

> 左右江峒与界外诸蛮刀相类,刃长四尺,而靶二尺。一鞘而中藏二刃,盖一大一小。靶之端为双圆而相并。
>
> 峒刀以黑皮为鞘,黑漆饰把,黑皮为带。蛮刀以褐皮为鞘,金银丝饰把,朱皮为带。
>
> 峒刀以冻州(治今广西龙州县下冻)所作为佳,蛮刀以大理(治今云南大理市)所出为佳。
>
> 瑶刀、黎刀带之于腰,峒刀、蛮刀佩之于肩。
>
> 峒之人宁以大刀赠人,其小刃必不与人,盖其日用须臾不可阙。忽遇药箭,急以刀剜去其肉,乃不死,以故不与人。

鉴于日常生活所需,"须臾不可阙",壮族先人身上的刀剑,成为时刻准备以备不虞的物件。这是实际生活的需求,可能也潜藏着一种表现勇武的心态。

此种以刀为身上饰品的习俗,自上古迄于明末清初,仍在延续着,未见有衰息的迹象。比如,庆远府(治今广西宜州市)壮人"出入带长刀",[①] 平乐府(治今广西平乐县)壮人"其出必持弩挟刃",[②] 浔州府(治今广西桂平市)壮人"出入常佩利刃",[③] 思恩府(治今广西武鸣县府城)壮人"出入以刀自卫",[④]"野阔啼莺树,山多佩犊民"等,[⑤] 即是如此。

此外,自古以来,中原汉族妇女注重使用化妆品,所谓"用脂泽粉黛,则倍其初",[⑥] 就是强调化妆品的作用。壮族及其先人妇女除了"猪膏泽发"之外,自古及于元朝,全然摒弃了化妆品。元朝陈孚《思明》诗五首之二的"手捧槟榔染蛤灰,峒中妇女趁墟来。蓬头赤足无铅粉,只有风吹锦带开",[⑦]"无铅粉",就是没有施粉黛,不用胭脂等化妆品。

不仅壮族如此,傣族也是这样。元朝李京《云南志略·诸夷风俗》说"金齿百夷"(今傣族)"妇女去眉睫,不施脂粉"。由此可知,壮傣群体越人在分化异流之前,其妇女崇尚自然美,不工于心计地追求人工的梳妆打扮。

同时,自五代以来,中原汉族男子以扭曲的"三寸金莲"审美观,逼迫女子违反自然进行缠足的丑恶现象,在壮傣群体越人及其后人中也没有市场。"妇女不缠足",[⑧] 保持着自然的天足,也是壮傣群体越人及其后人女子保持其经济上的独立性、人格的独立性,可以傲视于人的一个方面。

---

① 《古今图书集成·职方典》卷 1415《庆远府风俗考》。
② 《古今图书集成·职方典》卷 1426《平乐府风俗考》。
③ 《古今图书集成·职方典》卷 1438《浔州府风俗考》。
④ 《古今图书集成·职方典》卷 1421《思恩府风俗考》。
⑤ (明)黄佐:《兴安道中》,(清)汪森《粤西诗载》卷 11。
⑥ 《韩非子》卷 19《显学》。
⑦ (清)汪森:《粤西诗载》卷 11。
⑧ (明)王济:《君子堂日询手镜》。

第二节 元、明时期：高髻短衣，百褶裙重；
地域分化，日见明显

"鹅毛御腊缝山罽，鸡骨占年拜水神。"① 壮族及其先人，男女同川而浴，断发文身入水作业，以水中的鱼、虾、龟、蛤、螺、蚌为食物。后来种植水稻，又是"必水泉冬、夏常注之地然后为田，苟肤寸高仰，共弃而不顾"，② 形成了"傍山而居，倚冲而种，长江大路，弃而与之"的居住习惯。③ 因此，古代壮族先人就水而居，傍麓而止，以稻为主，渔猎兼之，安土重迁，其狭隘、闭塞、守旧的思维特征是很显著的。

由于壮族及其先人形成了这一类型的思维模式，他们对历代传承的传统习俗，在无外力干预和干扰的情况下，总是忠实传承，不易变革。文身椎髻是如此，白巾包头是如此，男女不分短衣长裙是如此，妇人长发飘飘、猪膏泽发等也是如此，可说是旧俗传承，千年不变。

13世纪60年代，北方游牧民族蒙古人的铁骑摧垮了宋人的城堡，入主中原，80年代建立元朝，一统中国，结束了宋朝的统治，开了中国历史的新篇章。

蒙古人，在中国的传统理念里属"北狄"，是"胡人"，与"南蛮"一起，同视为"蛮夷之人"。他们入主中原，建立王朝进行统治，虽然将全国的人分为蒙古、色目、汉人、南人四等，政治地位、经济地位和社会地位各有等差，但是，在元朝统治之下，壮族虽然也被视为"蛮夷"之人，可其社会地位却比于此之前的各个王朝要上一个台阶。

元朝改羁縻制为土司制，视往昔的"禽兽"为"吾民"，自然使壮族的土官们感觉亲近和温暖，在情感上独钟于蒙古人。他们纷纷以蒙古语为其子弟取名，以表依附，以表不二。比如，广南西路宣抚司（治今云南广南县）侬氏土官的侬不花、侬贞祐；来安路（治今广西凌云县西）岑氏土官的岑恕木罕、岑铁木儿、岑伯颜；思明路黄氏土官的黄忽都；太平路李氏土官的李郭扶、李郭佑、李赛都；龙州万户府赵氏土官的赵帖坚、赵帖从等。

壮群体越人及其后人依汉定姓，是其社会历史发展所趋，长期受着汉族文化浸渍的结果，是被动的；元代壮族首领部分人改以蒙古语取名，并不是受着蒙古文化影响的结果，表明的只是一种归依，是主动的。壮族社会中首领人物以蒙古语取名，归依于元朝最高统治者蒙古人，显示出壮族社会上层文化的虚弱性、不定性、依从性和随机性，如同在宋代，他们"多服皂白布袍"，其衣饰类同中原汉族的"里正、户长"一样。④ 自然，在元朝一代，他们的服饰习惯也是随同于元朝官服的变化而变化。

在壮族社会中，服饰方面领风气之先的，无疑是上层人物。他们老妪学步，亦步亦趋于历代中央王朝的官家服饰。宋时如此，元时如此，明时如此，清代仍然如此。1972年，

---

① （唐）柳宗元：《柳州峒氓》，《河东先生集》卷42《古今诗》。
② （宋）周去非：《岭外代答》卷3《惰农》。
③ （明）王士性：《广志绎》卷5。
④ （宋）范成大：《桂海虞衡志》，《文献通考》卷330引。

在广西横县交椅乡出土明代嘉靖年间（1522—1566年）一具没有腐朽的男性尸体，脚踏白色云头鞋，身穿白麻布长袍。1975年，在广西天等县龙茗乡出土"清朝乾隆年间未腐土官赵焜"的尸体，其人脚踏双桥龙头白鞋，头戴帽子，身穿清代知州官服，① 即显为其事。

一　头饰

蒙古人居于北方，世以游牧为业，素来全发全蓄，戴上兽皮暖帽，不兴假发。他们入主中原以后，旺族隆替，往日中原汉族妇女假发的意识和行为逐渐衰退淡然，壮族"猪膏泽发"以待售鬻的市场也就萎缩了。于是，壮族中男椎髻，女仍长发不结髻，只是从额前往后翻，随便挽起结住，不让飘散就行了。元朝前期，曾作为副使出使安南的陈孚（1240—1313年）路过思明州（今广西宁明县）时，作《思明州》诗五首，其二说："手捧槟榔染蛤灰，峒中妇女趁墟来。蓬头赤足无铅粉，只有风吹锦带开。"② "蓬头"，就是头发蓬乱，没有章式地胡乱挽成不知形状的一堆。

人是有感情的动物，所好有别，一些地方的壮人总觉得老是披散着头发，劳作不便，形态不美，于是有的地方的壮族女子便将长发挽起成髻，如同男子一样，而此时，男子头上所绾的头髻也不完全是往日的"一撮之髻，其形如椎"了。

元朝李京《云南志略·诸夷风俗》载："土獠蛮""妇人跣足，高髻，桦皮为冠。"至正八年（1348年）登进士第的林弼，元亡进入明朝以后曾出任吏部主事，后出使安南，路过龙州（今广西龙州县）时，以所闻见作《龙州》诗十首，其四说："峒丁峒妇皆高髻，白绽裁衫青布裙。客至柴门共深揖，一时男女竟谁分。"③ 这就是说，那时候龙州壮族男女裙衫一式，头都绾着高髻，客来俯首作揖，一时竟让来客分不清谁是男谁是女。"高髻"，就是将长发拢在头顶挽成高高的髻。这揭示了元、明之际壮族妇女的头发已经改其昔日的蓬乱，在头顶上绾髻了。项上毛发，盘纤挽束成高高的头髻，因名"高髻"。清朝雍正七年（1729年）汉阳人夏冶源到云南沙人聚居的"十三槽"，有《入槽杂咏》十首，其中咏妇女的衣饰句说："蛮女偷闲点素妆，顶盘高髻耳联珰。短衣细袖翩跹舞，

---

① 黄增庆等：《壮族通史》，广西民族出版社1988年版，第670页。天等龙茗乡是元、明、清三代龙英州的治所。该书认为在龙茗乡出土的是"乾隆年间土官赵焜"的尸体，似欠考虑。据《清实录·世宗实录》卷112、《清实录·高宗实录》卷352、卷608、卷1281及《清实录·仁宗实录》卷65等记载，雍正九年（1731年）十一月二十九日龙英州土官知州赵作梁承袭其兄赵作晋土官知州一职，乾隆十四年（1749年）十一月死后由其子赵璞袭职。乾隆二十五年（1760年）三月十三日赵璞因病退休，其子赵承业承袭由于年幼，暂以其曾叔祖赵燮协理州务。乾隆五十二年（1787年）赵承业死，由其子赵镕袭职。嘉庆五年（1800年）赵镕死，由其子赵奉矩袭职。此中，乾隆年间（1736—1795年）并无"赵焜"一名土官。"焜"以"火"作旁，疑为袭康熙（1662—1722年）后期的赵作晋、赵作梁的父亲赵炳，不是赵焜；而其做官年代是在康熙后期，不是在乾隆年间。康熙与乾隆之间还隔着雍正（1723—1735年）13年时间。又赵燮是赵承业的曾叔祖，也就是赵承业曾祖父赵炳的兄弟，因同取火旁字排辈。赵焜疑为赵燮之讹。

② （清）汪森：《粤西诗载》卷22。
③ （清）汪森：《粤西诗载》卷23。

百摺腰裙拖地长。"① "沙人"是壮族的一个支系,"顶盘高髻"与龙州妇女的高髻一模一样。《古今图书集成·职方典》卷1415《庆远府风俗考》说"妇女高髻跣足",说的也是该地妇女的高髻发式。《古今图书集成·职方典》卷1433《梧州府风俗考》说"妇人多岸髻",岸是高义,"岸髻"就是高髻。

明初,妇女发式如同男子"高髻"的形式,也就开始了各地壮族妇女发式的分化。

时至20世纪50年代以前,不少地区的壮族妇女,老年的"头上留长发,不结髻,翻过额头打一个旋转,扎上长40多厘米长的黑布巾。青年女子头心留发,四周剪披袵,也不结髻,翻过额头用白手巾包扎"。② 这无疑是传承前代的头发处理方式。《古今图书集成·职方典》卷1448《太平府风俗考》载明末清初都结州(治今广西隆安县都结)"男女蓬头跣足",雍正《广西通志》卷93《蛮疆分隶》载贵县(今贵港市)壮族"女不髻不履",以及明嘉靖三十七年(1558年)官广西上林县知县的王一岳《上林吏隐歌》句说"陌头春色岁华新,男女行歌两抛掷。蓬头跣足去来忙",③ 就是明代部分地区壮人仍然散发蓬头的纪实。

元后明代,壮族妇女发式不仅有结高髻和蓬头上的分化,而且出现了婚前婚后发式的不同。

清朝乾隆年间(1736—1795年)为官岭南的李调元,其《粤风》载有东楼吴代辑录的《狼歌》。④《狼歌》是"狼人"的情歌,其第八首、第九首男女对唱歌词是:

男唱:为心齐路长,常恐不礼批;
　　　刘样忍贪花,不贫琶定放。

[注音] pei⁴ sim¹ Ôo⁴ lo⁶ça：η²
　　　si：η² la：u¹ bou³ dai³ Paǐ¹
　　　ɣau² jaɯ² nan³ tam¹ va¹
　　　bou³ pan² pa² çi⁴ çoη⁵

[字义] 哥心想路途遥远　每每害怕不得去
　　　我怎样忍心贪恋情花　不成为妻子也甘愿

[直译] 哥心里想着路远迢迢,
　　　每每担忧不能按期赴约。
　　　我怎能忍心贪情(误了你),
　　　即使你不成为我的妻子也甘心情愿!

女答:[原文] 艮往各叹花,劳花台失记;
　　　　　　艮往叹有二,劳皮在临都。

[注音] ηon² nu：η⁴ kak³ dan⁵ va¹
　　　la：u¹ va¹ ta：i¹ lat⁴ ηei⁵

---

① 转引自杨宗亮《壮族文化史》,云南民族出版社1999年版,第218页。
② 《广西壮族社会历史调查》第一册,广西民族出版社1984年版,第124页。
③ (清)汪森:《粤西诗载》卷9。
④ 王云五主编《丛书集成初编》本。

　　　　　　　ŋon² nu：ŋ⁴dan⁵ jou⁴ŋei⁶
　　　　　　　la：u¹ pei⁴ ça：u³ lum² tou¹
〔字义〕日妹各自哀叹命中的花　害怕花死脱落树枝
　　　　日妹哀怨情人小　害怕哥早忘记我
〔直译〕每日妹我自己哀叹命中的情分，
　　　　担心花儿脱枝干枯了。
　　　　妹日日哀怨你啊情人，
　　　　唯恐你早将我忘了啊哥！

女唱：〔原文〕贯往苟双孟，皮定骆布区；
　　　　　　　尔恳九重楼，约区区布哩。
〔注音〕ko：n⁴ nu：ŋ⁴ kjau³ seŋ¹ mo：t⁸
　　　　pei⁴tiŋ³ ɣo⁴ bou³ au¹
　　　　nei⁴ hɯn² kju² çaŋ² lau²
　　　　jak⁷ au¹ au¹ bou³ daɪ³
〔字义〕先前妹头生蛀虫，哥听知道不娶
　　　　今起了九重楼，想娶娶不得
〔直译〕先前我头上发虫毛发少，
　　　　哥听见了就嫌弃不娶；
　　　　今日我发长盘起了九重楼，
　　　　你想娶又娶不到了。

男答：〔原文〕各想心各愁，心头如马践；
　　　　　　　在阳留过有，阴府会度区。
〔注音〕kak³ si：ŋ¹ sim¹ kak⁸ çau²
　　　　sìm¹ tau² lum³ ma⁴ça：u¹
　　　　çaɪ⁶ jì：ŋ² ɣau² ku⁶ jou⁴
　　　　jim¹ fou³ vai⁶ to⁴ au¹
〔字义〕自己想心各自忧愁　心头好像马翻滚
　　　　在阳间咱做情人　阴府再相娶
〔直译〕自己追想起来心里独自愁，
　　　　心里难受得像有匹马在翻腾；
　　　　今世在阳间咱做情人，
　　　　〔将来死了到〕阴府再结为夫妻！

《狼歌》虽见载于乾隆进士李调元的《粤风》中，但《狼歌》中的"三十六图羊，四十双图计"及"送条闲肺榕"等句已见于康熙三十九年（1700年）刊行的屈大均《广东新语》卷11《土言》，可知《狼歌》为有明一代"狼人"男女青年的情歌。明朝称今桂西土司诸州县土兵为"狼兵"，各地的"狼人"即由征调戍守于桂东、粤西的"狼兵"发展而成。他们是壮族的一部分，虽然他们奉命戍守各地，深受汉族文化的影响，但其语言、习俗仍与壮族基本保持一致。"狼人"女子少年散发，婚后结起"九重楼"，这就是壮族女子婚前婚后发式的不同。挽发结髻称为"九重楼",可说是名副其实的"高髻"了。

"峒丁峒妇皆高髻",以及"男女蓬头""蓬头跣足",这些都是就露发不同没有什么物品覆着头说的。但是,晋、南北朝时期壮族先人社会已经出现"俗以翡翠为帻"包头的记载。① 到了宋朝,则又盛行以白布包头。这就是《岭外代答》卷7《白巾鼓乐》说的"南人难得乌纱,率用(都用)白纻为巾"。走在路上,一眼望去,满目皆白,都是一个个白点在攒动,以至让初来岭南的北方人从自己传统的理念遐想而引出无端的惊讶:"南方烟瘴杀人何其厉害,造成家家死人,人人戴孝!"

以白布为巾包头作为头饰,自然承传下来。明朝董斯张《吹景集》说田州瓦氏夫人率众奔赴江浙抗倭,"其出,军帜分五色,以别行伍。头裹方素(白色方巾),无他色。或问,瓦云:身是孟获裔孙,感武侯七赦恩,诫子孙世世戴缟(白色头巾),以识不忘耳"。② 瓦氏夫人自认是西南蛮人孟获之后,故说出了明代岑氏族人对族系出自岑彭或孟获的游移不定性,也说明宋代壮人以白布包头的传承力。雍正《广西通志》卷92说"狼男女俱挽髻,前锐后广,覆以白布",更真实地道出了土司地区的此种传承力量。民国年间,一些壮族地区"青年女子头心留发,四周披衽,也不结发,翻过额头用白手巾包扎",也是宋代壮人白布包头的遗意。

据明朝嘉靖元年(1522年)为官于横州(今广西横县)的王济《君子堂日询手镜》记载,他"暇日与驯象卫殷指挥贯、左州李太守钦承、侯举人嘉祥闲谈",在道及"诸土司风俗"时说:妇人"髻用发挽成,大与头等,上着笠,笠上饰以珠翠、金宝"。这揭示明末清初,妇人此类头饰曾广泛地流行于桂西的许多壮族地区。人生头发数量有限,"髻用发挽成,大与头等",此髻无疑掺入了他人或他类之发,否则以一个人本有的头发结成髻,怎么能够其"大与头等"?明正统三年(1438年)崇善县(在今崇左市中部)即已改流,③ 仍承传了此一习俗,所以雍正《广西通志》卷32《风俗》说清朝初年,崇善县"妇女编发髲髻"。髲(bì),就是假发。"编发髲髻",就是用别人头发或其他毛发与自身的头发掺杂一起编成髻。雍正《广西通志》卷93《诸蛮》说横州(今广西横县)的"山子"妇人"大髻重数斤",这个重数斤的"大髻",明显是以别人头发或其他毛发掺杂于其中的。

"编发髲髻"的头饰,明、清二代似乎流传颇广,习之者不少。清朝人檀萃《说蛮》即载贵州省布依族中的"大头龙家,男以鬃尾杂发,盘之若盖,以尖笠覆之"。④ 鬃尾,就是马的颈上长毛和马尾毛。这或者可从某一方面说明那个时候土官官族及流官地区壮族妇女"编发髲髻"的"髻"(假发)从何而来。

"髻用发挽成,大与头等,上着笠",这是壮族贫家妇女可以做到的,但是"笠上饰以珠翠、金宝",这却大多是土官官家的女子和社会上富足人家的妇女才能做到的。诚如

---

① 《太平御览》卷687《帻》引《广志》载:"交趾、苍梧,俗以翡翠为帻。"
② (清)汪森:《粤西丛载》卷24《土官瓦氏》引。
③ 《土官底簿·崇善县知县》。
④ (清)王锡祺:《小方壶斋舆地丛钞》第八帙。

雍正《广西通志》卷93《诸蛮》载泗城军民府（治今凌云县），"酋长纬缨冬帽如时制，而服则圆领、大袖、补刺海马，自谓先祖所遗"，道出元、明、清初壮族头饰的阶层间分化。

由于山川阻隔，岭树重遮，虎豹成群，毒蛇盘路，交通不畅，壮族地区的民族政治一体化既没形成，民族经济的一体化又缥缈无影，再加上土司制的"以其故俗治"，各自形成壁垒，汉族文化和其他民族文化又施以影响，壮族各地区间的头饰分化就益形显著，表现出旧习俗的存留和新习俗形成的参差不齐，形态多样。

比如，广西岑溪县壮人"椎髻文身"；① 上林县"壮人椎髻徒跣"；② 桂平县壮人"蓬头跣足"；③ 贵县壮人"男子椎髻箕踞"，"女不髻不履"；④ 崇善县壮族"椎髻徒跣"；⑤ 左州（在今崇左市北部）"土、狼椎髻蛮音"；⑥ 容县壮族"椎髻短襦"；⑦ 柳城县壮人"椎髻卉裳"，⑧ 庆远府河池、宜山二县壮人"椎髻跣足"；⑨ 桂州、平乐二府的壮族除永福县壮族妇女"椎髻差圆，络珠为饰"外，都是"丈夫尺帛缭头，妇人髻绾木梳"；⑩ 南宁府所属州县除横州"夷獠之属"、婚姻"唯槟榔数颗为聘"的"山子"，"男子花、青布裹头"，"妇人以他发杂己发，盘髻作大堆，重可数斤，上覆青布，簪大头银剡耳至百余，耳缀数环"，⑪ 以及新宁州（在今扶绥县中部）"男括发（束发）以布，女椎髻垂额"⑫ 外，大部是"男子髡发，留大髻，以笠空其中覆顶"，女则结髻，以布蒙首，出则戴笠；⑬ 柳州府、庆远府、太平府、思恩府、泗城府、镇安府等地男子结髻，以青、花或白布缠头；女子结髻戴笠。⑭ 明代，云南广南府等地的依人，"男子束发于顶"，"妇人散绾系髻"，"皆戴光顶大笠"；沙人"戴竹箬笠"；"土獠""裹头缠腰"。⑮ 清初，他们则又都是"男子首裹青、花帨"，"妇人冠红巾"。⑯

总之，"头以布裹，或绣或素，戴笠者居半"。"蛮女发密而黑，好绾大髻，多向前，亦有横如卷轴者，有叠作三盘者。有双髻者，未嫁女也；嫁则一髻上插木梳，或银或木或牙花，簪围插多寡不同，随贫富也。髻上或覆布，或花巾，或笠。笠制极工，常以皂布

---

① 雍正《广西通志》卷93《蛮疆分隶》。
② 《古今图书集成·职方典》卷1410《柳州府风俗考》。
③ 雍正《广西通志》卷93。
④ 同上。
⑤ 同上。
⑥ 同上。
⑦ 同上。
⑧ 《古今图书集成·职方典》卷1410《柳州府风俗考》。
⑨ 《古今图书集成·职方典》卷1415《庆远府风俗考》。
⑩ 雍正《广西通志》卷93。
⑪ （明）王济：《君子堂日询手镜》，《说库》。
⑫ 雍正《广西通志》卷93。
⑬ 同上。
⑭ 同上。
⑮ （明）郑颙：景泰《云南图经志书》卷3。
⑯ （清）范承勋《云南通志》卷27。

（黑布）幕边，半露其面。"① 桂州太守钱元昌的《粤西诸蛮图记》所说的虽然是清朝初年壮族男女的头发妆式，但是妆式非一朝一夕可以成俗，此或也可以看作是其起于元、明，也曾经盛行于明朝时期。

"长插双钗双系裙，手持青伞步如云。忽然退傍芭蕉立，元是前头逢伯君。"这是北宋人邹浩（1060—1097年）的《道旁妇》诗。诗自注说："昭妇谓伯公、叔公为伯君、叔君。"②妇人的头髻插上长长的双钗，身着长短双裙，手持青伞挡日飘然而走。突然，她敛迹退缩于道旁的芭蕉树下。啊，原来前面来了家上的伯公。此诗无疑是咏叹北宋后期昭州（治今广西平乐县）一带的壮族风俗。但是，那个时候各地的壮族妇女并不完全如同此类妆式。"猪膏泽发湘南妇，牛渤（牛粪）涂门岭右村"，③ 散发飘飘，以待其自在生长，才是此一时期的壮家妇女的头发妆式。

经过元朝的变革，长发售鬏已经没有市场，壮家妇女也开始打理自己的头发了。

明朝初年，林弼《龙州》诗中的"峒丁峒妇皆高髻"，说明许多地区的壮族妇女已经如同男子一样绾起高髻来了。

明永乐五年（1407年）被贬交趾的右春坊大学士解缙《龙州》诗的"黄帽葛衣虚市客"，④ 指的是戍守当地的中原军人的装束。所以，明正德年间（1506—1521年）做官柳州府的桑悦《趁墟》诗说"花布抹头是壮老，黄巾撮髻是军人"。⑤ "花布抹头"和"黄巾撮髻"，二者是不相同的。

明代，壮族男子在结髻之后，惯以青、花或白等色布巾裹头。"肩夫花抹额，款长绣回裳"；⑥ "棕叶结衣宜避湿，青纱裹头不忧寒"；⑦ "花布抹额是壮老，黄巾撮髻是军人"。⑧ 而女子走亲趁墟，也讲究头上的装束："趁墟亦有能装束，数朵银花缀网巾"；⑨ "村女趁墟簪茉莉，市担包箸载槟榔"；⑩ "箸里槟榔贵，花妆茉莉娇"；⑪ "社鬼儿童舞，山花妇女簪"。⑫

"客久知蛮语，村遥见野妆。肩夫花抹额，款长绣回裳。"⑬ "村遥"始见"野妆"，说明居住在城镇中或市镇附近的壮族由于与汉族同处一地，衣饰已经逐渐趋同于汉族了。

"畲人催村鼓，夷歌杂暮山。中袍辞俚制，言语效华音。社鬼儿童舞，山花妇女簪。

---

① 雍正《广西通志》卷92《诸蛮》。
② （清）汪森：《粤西诗载》卷22。
③ （宋）陈藻：《客中书事》，（清）汪森《粤西诗载》卷14。
④ （清）汪森：《粤西诗载》卷23。
⑤ （清）汪森：《粤西诗载》卷16。
⑥ （明）鲁铎：《南宁道中与张时行司谏联句》，（清）汪森《粤西诗载》卷20。
⑦ （明）魏浚：《西事珥》卷2《墟上诗》。
⑧ （明）桑悦：《趁墟》，（清）汪森《粤西诗载》卷16。
⑨ （明）桑悦：《记壮俗》，（清）汪森《粤西诗载》卷16。
⑩ （明）董传策：《近戍》，（清）汪森《粤西诗载》卷18。
⑪ （明）袁襄：《自柳州至平乐书所见》，（清）汪森《粤西诗载》卷11。
⑫ （明）张岳：《四都漫兴》，嘉靖《南宁府志》卷10《艺文志》。
⑬ （明）鲁铎《南宁道中与张时行司谏联句》，（清）汪森《粤西诗载》卷20。

竞输公是税，还识长官心。"① 这也说明了那个时候城镇及城镇周围的壮族居民习染于汉族文化，逐渐向汉文化靠拢，"中袍辞俚制，言语效华音"，即其现实。可是，"畲人催村鼓，夷歌杂暮山"，"社鬼儿童舞，山花妇女簪"，在他们向汉文化靠拢的过程中，尾巴还是长长的未行消失。

二　身饰

（一）文身

壮族身饰，首先提到的就是文身。

壮傣群体越人断发文身，自渔猎时代就已经成为习俗。南越国时期，壮傣群体越人分化各自发展，傣族断发文身的习俗，历代传承下来，迄于清朝后期没有完全消失。壮族在赵佗的主导下，断发为椎髻取代，文身依然历代传承下来。明朝正德年间（1506—1521年）柳州府通判桑悦《记壮俗》诗六首，有二句说壮族"饮食行藏总异人，衣锦刺绣作文身"，② 揭示了明代壮族还传承着文身的习俗。然而，随着人们生活条件和取食方式的改变，以及汉族文化的影响，此一习俗逐渐呈现出柳败花残的景况。这就是所谓的"宪节翩翩向法台，遐荒万里瘴烟开。圣王化久文身尽，粤服人和白雉来"。③ 就可以翻检的记载，可能明朝后期，文身习俗在壮族的社会生活中已经日薄西山，光显无几了。清朝前期，见到还存在文身习俗的记载有三处：一是张邵振康熙《上林县志》；二是雍正《广西通志》卷93《蛮疆分隶》中的岑溪县连城乡上、中、下三里"瑶人"；三是康熙时汪森《粤西丛载》卷24引《永福县志》说的"北壮"。

关于上林县大明山十三堡的"狼人"，康熙《上林县志》载："狼人，楚产也。洪武年间（1368—1398年），粤西不靖，诏发狼兵以击之，遂分其地。今十三堡，俱系狼兵。男妇文身跣足，衣斑斓布褐，有户口版籍，较之瑶、壮为淳良，但有蛊能毒人，然亦不轻试也。""狼兵"原是土司州县的男性居民，征调讨伐或戍守各地则称为"狼兵"。上林"狼兵"是明初洪武年间从广西西北南丹等土司州县征调戍守于上林县大明山麓十三堡的，并非"楚产"。他们久住为民，于是成为"狼人"。明朝初年，他们奉调戍守十三堡，带着他们原有的文身习俗。后来孤守十三堡，自滋自孳，成为一个相对独立的社会群体，与外界绝少往来，故习传承，以至于清朝前期还保持着文身的习俗。

《上林县志》此段文字也见刊于雍正四年（1726年）的《古今图书集成·职方典》卷1410《柳州府风俗考》中。张邵振的《上林县志》刊行于康熙四十四年（1705年），《古今图书集成》辑于康熙年间（1662—1722年），重辑于雍正初年，疑该书之文即抄自《上林县志》。这说明，清朝前期经长时期孳滋而孤守于上林县大明山麓的十三堡"狼人"仍残存着"文身"习俗。此后，由于"狼兵"日渐失去了其"兵"的作用，混同于当地的居民，便无复"文身"。因此，黄金声嘉庆《上林县志》及周世德光绪二年（1876年）的《上林县志》都不再标识"狼兵"之名。

---

① （明）张岳：《四都漫兴》，嘉靖《南宁府志》卷10《艺文志》。
② （清）汪森：《粤西诗载》卷16。
③ （明）陈鹤：《武林送章金宪之广西》，（清）汪森《粤西诗载》卷18。

雍正《广西通志》卷93《蛮疆分隶》载:"岑溪县连城乡上里为平河等二十村,中里为大峒等四村,下里为佛子等五村。皆瑶人所居,椎髻文身,言语拗僻,嗜冷食,山栖露宿,不畏岚瘴,惟畏痘疹,中者辄徙家避去。有事则折箭为誓,斫钱以为约誓。豪氏使耕山,谓之招主。官府勾摄不听,命招主谕之,则往。"明、清人说壮,住干栏、病祀鬼,蓄蛊毒,婚不落夫家等风俗必有一二,从文中描述的风俗看,岑溪县连城乡上、中、下三里的居民明显是瑶人。瑶人素无文身的习俗,文中的"椎髻文身"显然是笔误。

上古越人,妇女采集,男子渔猎,因此在男子群中形成了文身习俗,女子无文身现象。迄于20世纪50年代仍存留文身习俗的傣族,流传着"有花纹是男人,无花纹是女人";"没本事的男人,连花纹都没有"等谚语,① 可以说明。《粤西丛载》卷24引《永福县志》说,明代自湖广靖州(治今湖南靖县)入居永福县的"北壮","女人横髻卉裳,刺手为文"。手不是身,刺手成文,并不是文身。显然"刺手为文"是永福"北壮"此一群体一时的习俗,或是原来"文身"的退化,并不是壮族自古以来传承的文身习俗。

由此观之,明末清初,壮族在壮傣群体越人分化独立发展之前就已经形成的文身习俗,除了个别地区的个别群体外已经消退,而此少数群体,于清朝中期以后也已经无残迹可寻。

(二)佩刀

元、明时期,壮族男子无人不佩刀,佩刀也是壮族男子的不可缺的身饰。"出入带长刀,持标戟,负劲弩";② "出入常佩利刃";③ "男出必悬刀","出入佩刀","出入常佩利刃";④ "刀盾枪甲,寝处不离";⑤ "出入佩刀,善弓弩";⑥ 等等,说明元、明时期壮族男子佩刀的普遍性。这是唐、宋时期壮族先人文化的延续。

壮族男子以佩刀为身饰的习俗,入清以后渐见衰落。雍正《广西通志》卷92《诸蛮》载桂林守钱元昌《粤西诸蛮图记》除说壮人"佩小刀极利,谓之左插"外,其他就很少见有记载了。少记载或没记载,并不意味着壮族男子佩刀以为身饰之风已经完全停息。据20世纪50年代田野调查记载,在一些偏僻地区,壮族男子还延续着佩刀的习俗。比如,广西天峨县下老乡壮族"男人身佩五寸刀,作防身之用";⑦ 隆林各族自治县沙梨、委乐等乡壮族"每个青年男子都随身带有一把小刀,长约七八寸,插进木制或皮制的刀鞘";⑧ 龙胜各族自治县龙脊壮族青年男子"身上还配上五寸刀来作防身之用";等等。⑨

(三)身上配饰

明代《狼歌》说:"妹要买手钏,便断待几时。得会妹相思,便出墟去打。"(可心的

---

① 胡绍华:《傣族风俗志》,中央民族大学出版社1995年版,第47页。
② 《古今图书集成·职方典》卷1415《庆远府风俗考》。
③ 《古今图书集成·职方典》卷1438《浔州府风俗考》。
④ 《古今图书集成·职方典》卷1421《思恩府风俗考》。
⑤ (清)范承勋:康熙《云南通志》卷27。
⑥ 光绪《云南通志》卷201引《弥勒州志》。
⑦ 《广西壮族社会历史调查》第一册,广西民族出版社1984年版,第17页。
⑧ 同上书,第41页。
⑨ 同上书,第124页。

人儿叫买手钏，就请担待一些时候。能获合心的妹妹相爱，立马上墟去买。）钏（chuàn），即手镯。此歌词表露了那个时候壮族青年男女交情，男子要给女子送上手钏，作为定情信物。其实，那个时代，壮族社会不论是女还是男都戴手钏，不独女子而然。有些地方，比如太平府（治今广西崇左市）壮族的妇女，"手带银钏，多者或至三四"。①

康熙三十二年（1693年）至四十一年（1702年）先后出任广西桂林、太平二府通判的汪森，其《粤西丛载》卷24引明代《平乐府志》《南宁府志》和《永福县志》的记载，说壮人的衣着和装饰也在实用的基础上形成了新的审美观念，身上饰物多样。平乐府（治今平乐县）壮人"以银为圈加于颈"；永福县壮人"男子亦贯耳带绵，著为饰"；南丹溪洞壮人"穿耳悬环，男女如之"。

清初，桂林府太守钱元昌《粤西诸蛮图记》载：壮族"耳皆带大环，环下垂小珥（ěr，珠玉耳饰），项带银圈，或挂银牌"。当然，此一群体耳戴环，那一群体却无项圈，并不是利刃剁嫩竹一般齐。总之，"耳或垂环，项或锁圈，各随其乡之所尚"。②

手有钏，耳垂环，而且环下又缀上珠玉等珥饰，元、明时期壮族男女身上这些饰品，是壮族先人上古文化传承下来的。但是，项有圈，银圈围着颈脖闪闪亮，则是在元、明时期出现的。所以，元朝李京《云南志略·诸夷风俗》说"土獠蛮"妇人"耳坠大双环，衣黑布，项带锁牌以为饰"。它的出现，既与银饰品的普遍流行有关系，也是汉族文化中的金、木、水、火、土的五行理念深入壮族社会并在人们的意识中形成"命数"观念的结果。

三　百褶裙流行

壮族及其先人是农耕民族，重视传统文化的传承，是一个重要特征。元、明时期，壮族传承上代而来的衣装裙式，没有变化。因此，男女衣裙一式，上衣短下裙长，一直流行于社会成员中，成为壮族日常的衣着样式。

汪森《粤西丛载》卷24载南丹溪洞壮人"男服者短窄衫，细褶裙，其长过膝；女服者青衣花纹，小帙裙，以红绿缯边（镶边），长则曳地"。《古今图书集成·职方典》卷1448《太平府风俗考》载太平府（治今广西崇左市）所属壮人"短衣长裙，用布包头"。郑颙景泰《云南图书书》卷3载广南府（治今云南广南县）壮人男子"多服青衣，下裙曳地，贱者掩胫而已"；女亦如之，唯"裙带垂后"。这些记载都说明，时至明末清初，除城镇及其附近居民外，壮族的着衣，男女一式，衣短裙长。无怪乎明初林弼见奇而咏叹："峒丁峒妇皆高髻，白纻裁衫青布裙。客到柴门共深揖，一时男女竟谁分！"③

林弼是从总体上而言，并非骇人听闻。明朝王济《君子堂日询手镜》载及横州（今横县）的鱼，既羡其多而贱，且慕其滋味的清甜香美。"又一种名钩鱼，状类鲥（鱼），身少扁，其唇甚长，垂下数寸，味皆在此，故俗有'吃着钩鱼唇，不惜老婆裩（kūn，合裆谓之裩，即与人做爱）'之语。"蔡迎恩万历《太平府志》卷2《食货志》载及太平府

---

① （清）傅恒：《皇清职贡图》卷4。
② 雍正《广西通志》卷92《诸蛮》引。
③ 《龙州》诗十首之四，（清）汪森《粤西诗载》卷23。

（治今崇左市）的物产钩鱼时说，"太平谚云'宁卖身上裙，且买钩鱼唇'，言其美也"。明代，壮族是父权制社会，老婆与裙子都是附属于男子之身的。横州与太平府一流贯通，自多产钩鱼，两地人贪钩鱼味美，奋不顾身，各以老婆或裙子相博，可知当时及其前壮族男子是以裙子为衣装的。

男穿裙子，女也穿裙子，抬眼望似与林弼一样有"一时男女竟谁分"的感觉。但是，细予辨认，从着衣装束上也不是分不出男女。因为那时候，女以"乌色相间为裙，用绯（大红色）点缀裳下或腰领处为冶艳"①，男则衣一色，裙一色，不以他色驳杂。

元、明时期，壮族男女仍传承着前代衣裙的式样，上衣短窄、下裙曳地。"男服者短穿衫，细褶裙，其长过膝；女服者，青衣花纹，小袂裙，以红绿缯边，其长曳地。"②"妇人不缠足，不穿底衣，裙至数十余幅，以多为礼，衫甚短。"③"妇人衣短长裙"。④"男服短穿衫，老者细葛裙……女则服青衣，花纹小袂，裙以红缯线文其中，上青下红，长则曳地。"⑤"衣短裙长"，"女短衣不掩脐，下曳长裙，每不相续，露肌肉一围，如肉带焉。"⑥"短衣长裙，用布包头。"⑦ 侬人"妇人衣短衣、长裙"。⑧ 沙人"女紧衣"，"腰围桶裙"。⑨"黑土獠""女上穿短衣"，"下穿桶裙"。⑩"花土獠""妇女花绣短褐，系桶裙"。⑪ 仲人"男女皆事犁锄，短衣长裙"。⑫ 这些记载，说明了元、明、清时期壮族依同前代，仍然是上短衣下长裙。

不过，此一时期壮族人衣着在衣短裙长的主体框架下，也出现了变化。

第一，变南宋周去非在《岭外代答》卷6《婆衫婆裙》说的"以藤束腰"为"锦带"。

元朝陈孚《思明》诗说："手捧槟榔染蛤灰，峒中妇女趁墟来。蓬头赤足无铅粉，只有风吹锦带开。"⑬《宾州》诗说："野妪碧裙襦，聚虚拥野外。青箬罗米盐，飘飘双绣带。"⑭ 这就是说，元朝初年陈孚出使安南，路过思明州（今广西宁明县）、宾州（今广西宾阳县），沿途所见的壮族妇女已不再是如南宋中期那样以藤束腰，而是以绣花锦带束腰了。宾州今多为汉族，但清雍正《广西通志》卷93《蛮疆分隶》仍说"宾州，柳属是也。柳之为郡，壮七民三。而宾州以南，厥类实夥（多），尤称犷悍"。可知元代宾州

---

① （宋）乐史：《太平寰宇记》卷165。
② （清）汪森：《粤西丛载》卷24。
③ （明）王济：《君子堂日询手镜》。
④ 《古今图书集成·职方典》卷1410《柳州府风俗考》。
⑤ 《古今图书集成·职方典》卷1415《庆远府风俗考》。
⑥ 《古今图书集成·职方典》卷1421《思恩府风俗考》。
⑦ 《古今图书集成·职方典》卷1448《太平府风俗考》。
⑧ （清）范承勋：《云南通志》卷27。
⑨ （清）罗凤章：光绪云南《罗平乡土志》卷5。
⑩ （清）李熙龄：道光云南《普洱府志》卷18。
⑪ 同上。
⑫ 雍正《云南通志》卷24。
⑬ 《思明》五首之二，（清）汪森《粤西诗载》卷22。
⑭ （清）汪森：《粤西诗载》卷3。

"飘飘双绣带"的趁墟老年妇人实属壮人。

明朝永乐五年（1407年）贬居广西的大学士解缙《龙州》诗说："波罗蜜树满城闉，铜鼓声喧夜赛神。黄帽葛衣虚市客，青裙锦带冶游人。"① 毫无疑问，有闲情逸致在墟场上的"冶游人"，自然是在"男逸女劳"习俗支配下的壮族男子，而不是负责趁墟买卖的女性。这可以说明，元、明时期，腰扎锦带的既属女性，男子也不例外。

第二，变"用绯（大红）点缀裳下或腰颈处"为缘边或底套阑干。

北宋乐史《太平寰宇记》卷165载郁林州（今广西玉林市）"女以乌色相间为裙，用绯点缀裳下或腰颈处为冶艳"。南宋周去非《岭外代答》卷6《婆衫婆裙》载钦州（今广西钦州市和防城港市）"村落土人"新妇短上衣"以碎杂彩合成细毯，文如大方帕"。这都是宋代壮族妇女追求美、实践美的意趣和行为。进入元、明时期，此种追求美、实践美的意趣和行为，逐渐发展而固化，即发展成为绣花或以杂色镶领、缘和底套阑干。

谢启昆嘉庆《广西通志》卷278引明人王士性《桂海志续》载：壮族"男女服色尚青，蜡点花斑，式颇华，但领、袖用五色绒线绣花于上"。《古今图书集成·职方典》卷1452《泗城府风俗考》载，该地妇女衣裙"必刺红、白花纹为饰"。雍正《广西通志》卷93《蛮疆分隶》载：苍梧县（今广西梧州市）壮族"男女，裙多以绒绣"；"宜山县（今广西宜州市）男衣短狭，色尚青。……妇女则小袂（袖）、长裙，绣刺花纹，其长曳地"；白山土司（在今广西马山县）"妇女衫短袖大，绣刺领、缘……拖细褶长裙"。道光《云南通志》卷184引《弥勒州志》载：沙人妇女"束发、插簪、戴帕，穿绣衣绣裙"。范承勋康熙《云南通志》卷27载"土獠""妇人冠红巾，衣花绣"。张自明民国《马关县志》卷2载侬人女"衣长及尻（kāo，臀部），袖长及肘，袖口镶三寸宽之杂色边"。所谓"必刺红、白花纹为饰"，所谓"多以绒绣"，所谓"绣衣绣裙"，所谓"衣花绣"，都是如同民国《龙胜厅志·风俗》说的壮族男女衣衫"领、袖，用五色绒线绣花于上"。所以，雍正《广西通志》卷92《诸蛮》载，壮族"女衣不掩膝，长裙细褶，缀五色绒于襟、袂（袖）、裙幅间"。桂林太守钱元昌《粤西诸蛮图记》也载：壮族女子"身着青布衣，多缘绣，亦止及腰，内络花兜，敞襟露胸以示丽；亦有聚鹅氄（rǒng，绒毛）为毯缀衣以为饰者。……裙色皆深青（深黑色），亦以绣缘"。②

由于元、明以后壮族特别是妇女的衣裙多绒绣于领、袖、襟边、裙尾，所以明朝人鲁铎《南宁道中与张时行司谏联句》说："客久知蛮语，村遥见野妆。肩夫花抹额，款长绣回裳。"③"款"，是壮族古代的一种社会组织。桑悦在《同柳州守柳廷文练民款》一诗自注说："西广呼民兵为款。"④"西广"，就是广西。"款长"，为款中的头领。"绣回裳"，是指在衣裙的领、袖、襟间绣边绣花。这里，"肩夫"与"款长"相互成文，款长既"花抹额"，肩夫也着"绣回裳"。同一时期的桑悦《记壮俗》诗六首之二句称壮族"饮食行

---

① 《龙州》四首之二，（清）汪森《粤西诗载》卷23。
② 雍正《广西通志》卷92《诸蛮》引。
③ （清）汪森：《粤西诗载》卷20。
④ （清）汪森：《粤西诗载》卷16。

藏总异人，衣襟刺绣作文身"，① 揭示了明朝壮族人衣领、袖端、襟间、裙边刺绣以求丽的事实。

入清以后，壮族弃裙着裤，改短上衣为长及膝盖的上衣，其领至脚，其边缘无不饰上杂色布或绣上绚丽的花带，其底则一无例外地套上阑干，② 就是元、明时期此一衣饰的延续和发展。

第三，将南宋周去非《岭外代答》卷6《婆衫婆裙》的"其长止及腰""披着以为上服"的婆衫发展成敞怀细花抹胸的衣着款式。

关于这方面的记载，可以见到的比较少。不过，清朝初年桂林府太守钱元昌《粤西诸蛮图记》却说，壮族女子"身着青布衣，多缘绣，亦止及腰，内络花兜，敞襟露胸以示丽"，③ 似乎在说明元、明、清初，壮族女子短上衣不结不扣，敞襟露胸，其分布有着一定的广度，覆盖的群面也有一定的数量。

张邵振康熙《上林县志》载，上林县壮族"妇人衣短衣，长裙，色皆青黑，无文，竹笠、衣角间悉缀鹅毛为饰，敞其襟，织碎花抹胸以障两乳"。傅恒乾隆《皇清职贡图》卷4说，广西灵山县"壮妇用花布兜肚，裤仅及膝"。同时，乾隆时为庆远知府的李文琰其《庆远府志·风俗志》也说，庆远府（治今广西宜州市）壮族"身着青布，衣多缘绣，亦止及腰，内络花兜，敞襟露胸以示丽。亦有聚鹅毛为珠，缀衣以为饰者。裤短裙长，不裤者半焉。裙色皆深青，亦以缘绣，襞积颇繁。行则左右于腰，腰多束花巾"。壮族此类衣衫样式相承而下，进入近、现代，龙胜县龙脊的壮族妇女衣装虽然已经改裙为裤，但其衣仍然是白色的短上衣，平领、对襟、中短袖，除袖筒中腰及袖口镶有另色的阑干外，对襟的中下部用两个布扣结住，其上部则内缩，扬露其内做工精细的花抹胸，腰身宽畅平展。显然这是自宋"其长止及腰""披着以为上服""婆娑然"的"婆衫"，经过元、明、清时期短上衣"敞其襟，织碎花抹胸""以示丽"变化以后的自然而合理的发展。

据龙胜县龙脊壮族传说，古代有一位美如出水芙蓉的壮家姑娘，人人赞美，人人爱慕。一位来自远方到龙胜任职的县官，见了姑娘一身骨头都酥了。他托人说亲，可是却被姑娘一口回绝了，因为她已经爱上了一个放牛娃。县官见软的不行就来硬的，派人将姑娘掳去，威逼成亲。强扭难甜美，力凑不成匹。姑娘心所骛，唯有放牛娃。县官以为一吓可就，然而这个蛮女不知好歹，竟敢抗拒官家，蔑视官家，县官气得不得了，让人将她打得遍体鳞伤，一刀往她胸部捅去，扔到野外，以警他人。此时，姑娘已经奄奄一息，危在旦夕。放牛娃闻讯赶来，用白布包上药敷在姑娘头上，又用一方大药膏贴在姑娘的胸口上。姑娘苏醒过来，一看躺在自己心上人的怀里，甜蜜地笑了。放牛娃见心上人死里转来，伤成这个样子，爱恨交加，冲进官府，一刀砍下县官的头颅以解心头之恨。放牛娃和姑娘知道官府不会放过，为了爱情，他们跳下深潭，双双殉情。后来妇女们敬慕姑娘和放牛娃坚贞的爱情，便头戴白底花巾，胸显碎花抹胸，以志不忘。④ 无疑，这是不清楚壮族妇女衣

---

① （清）汪森：《粤西诗载》卷16。
② 黄现璠等：《壮族通史》，广西民族出版社1988年版，第672页。
③ 雍正《广西通志》卷92《诸蛮》。
④ 黄钟警等：《龙胜风情》，漓江出版社1988年版，第160页。

着源流而因事演绎出来的，不足为信。

壮族妇女敞开短式上衣，显现碎花抹胸，有关记载初见于广西南部的钦州，后见于中偏西的上林县、北部的庆远府以及南部的灵山县，最后又见于桂北的龙胜县，前后衔接，分布地域之广，覆盖人群之众，可见一斑。无怪乎清初桂林府太守钱元昌的《粤西诸蛮图记》将之定为当时壮族社会妇女流行的一种衣装款式。此种衣装款式，有如今日一些女青年敞开上衣裸露贴身内衣一般。

漠北寒冷，夏日无多，因此妇女衣装多行严密紧裹；中原地区，封建道说盛行，妇女纯为男子的附属品、私有品，其身体只能密锁于重重衣装之中，短袖露肤被视为大逆不道，有伤风化。壮族生活于南方，寒日少，暖日多，男逸女劳的习俗盛行，妇女内得以主持家政，外则劳碌于田间、墟场，经济上可以自主。而且，社会上男女交往自主、自由，婚后不落夫家，既可自由结交同年（情人），社会舆论也有一定的容忍度。比如，清朝乾嘉年间（1736—1820年）出任镇安府（治今广西德保县）的赵翼，其《粤滇杂记》即说，镇安府人"其视野田草露之事，不过如内地人看戏、赌博之类，非异事也。当墟场唱歌时，诸妇女杂坐，凡游客素不相识者皆可以与之嘲弄，甚而相偎抱，亦所不禁。并有夫妻同在墟场，夫见其妻为人所调笑，不嗔（chēn，怒）反喜者，谓妻美能使人悦也。否则，或归而相诟（gòu，骂）焉"。① 为了在交往中引人注目，得人青睐，有人怜爱，不为丈夫所诟，在古代壮族社会中妇女显示其性感的衣着款式，就可以得到无碍的萌生、传承和发展。

宋、元以后，与上衣短且"止及腰"，或"衣不掩脐"，衣与裙间"每不相续，中露肌肤一围似肉带焉"，或"敞襟露胸"，"织碎花抹胸以障两乳""以示丽"的上装款式相应的，是壮族女子裙内"不着底衣"。因此事属于隐私，记载的人无从以及，所以难详其情。不过，就可见少得可怜的记载，或也可略得其情。

张自明民国《马关县志》卷2载，侬人妇女"服色尚青黑，有裙无裤"。土佬"大领短衣，裙而不裤，皆青色"。民国《邱北县志》载："沙人多依水居，服尚黑，女紧衣，以挑花黑布包头，腰围桶裙，跣足，不裤。"这些记载中的"有裙无裤""裙而不裤""不裤"，照字面的理解是妇女不穿裤子而穿裙子，但是，有史以来壮族妇女都是"裙而不裤"，何以至民国年间却提出这样的问题？

清朝乾嘉年间（1736—1820年）赵翼《粤滇杂记》载：

仲家苗（今布依族）已有读书发科第者，而妇女犹不着裤。某君已作（官）吏矣，致书其妻，谓到任作夫人，须裤而入。其妻以素所未服，宁不赴任。②

这就道出了"裤"的含义。裤不是露于外张扬于外的裤子，而是藏于裙子之内的小裤，即内裤，也就是底衣。因为清代满、汉妇女都是小裤之外套上裙子。某吏要其妻"须裤而入"不是要她脱去外裙穿上裤子，而是说裙子之内要穿上小裤（即内裤）才能进

---

① （清）王锡祺：《小方壶斋舆地丛钞》第七帙。
② 同上。

入官府里来。这是夫妻间的私语，不慎而传诸赵翼，从而让我们得知那个时候壮、布依二族并不穿内裤。

明朝嘉靖元年（1522年）曾在横州（今广西横县）做官的王济，其《君子堂日询手镜》说，壮族"妇人不缠足，不穿底衣，裙至十数余幅，甚长，曳地尺余"，明白地揭示了古代壮族社会妇女裙子内不穿"底裤"（即内裤）的事实。

第四，变桶裙为百褶裙。

清朝初年，汪森《粤西丛载》卷24《壮》引《荔浦县志》载：

> 壮，即旧越人，容貌、衣服、俗尚，颇与瑶同。但壮妇之裙长，有七八幅；而瑶妇之裙短，只三幅耳。
>
> 县治总有三百余村，壮得二百七十余村，而民（指汉人）只得三十三村。多寡强弱之不敌如此。

明、清之际，《荔浦县志》前后有明朝万历十二年（1584年）知县吕文锋修和康熙四十八年（1709年）许之豫修二种。汪森"广西三载"（《粤西诗载》《粤西文载》《粤西丛载》）成于康熙四十三、四十四年间（1704—1705年），他当然看不到许修的康熙《荔浦县志》了。这里所引，无疑为吕文峰修于明万历十二年（1584年）的《荔浦县志》。从吕氏此段记载，可以得到三点认识：

1. "壮即旧越人"，过去一般都认为是明末清初顾炎武（1613—1682年）的见识，其实明万历年间荔浦县知县吕文峰已经识之在前，言之在先，顾氏只是因而言之。当然，顾氏在《天下郡国利病书》卷103《广东七》提出"溪峒分瑶、壮二种。瑶乃荆蛮，壮则旧越人也"，将瑶、壮二族区分为两大不同来源的群体，对于自宋以来弄不清壮、瑶二群体的人们是一服清醒剂。

2. 荔浦县治有三百多个村子，其中二百七十多个村的居民是壮人，汉人不过占有三十三个村。可以说，明万历年间（1573—1620年），位于桂北的荔浦县是个壮族县。

3. 吕氏从服饰文化的角度即裙幅的长或短和裙幅的宽或狭上区分壮、瑶二族的不同，有其慧眼独到之处。裙长裙短、裙幅宽或狭，在当时确实是分别壮族与瑶、苗、侗、仫佬等族不同外观的关键所在。幅，是布帛的宽度，比如《左传·襄公二十八年》载："且夫富，如布帛之有幅也。"又如《汉书》卷24下《食货志》说："布帛广二尺二寸为幅，长四丈为匹。"吕文峰说壮妇之裙"七八幅"，也就是说其裙的固有宽度。裙宽七八幅，两条腿犹如二木放置于空荡荡的大厦之中，显然构裙的各幅布不是平行排缝而折叠缝纫形成褶裙的。这说明那时候荔浦县的妇女所穿的是用七八幅布做成的褶裙。

壮族与布依族、傣族一样，承传着前代的传统短衣长裙的衣裙款式。但是，进入元、明以后壮族的桶裙，也就是长裙便向着褶裙的方向发展。

《粤西丛载》卷24《壮》引《永福县志》载，广西永福县"南壮"，"其俗与湖北壮稍异"。"其衣前衿短而后衿长，裙十幅细褶，挑绣花卉异样，而颜色稍红为不同耳。"该书并载南丹州及"居宜山之边境与隶各州"的壮人，"男服短窄衫，细褶裙，其长过膝；女服者，青衣花纹，小帙裙（细褶裙），以红、绿缯边，长则曳地"。明朝人王济《君子堂日询手镜》说：壮族"妇人不缠足，不穿底衣，裙至十数余幅，甚长，拽地尺余，以多为礼。衫甚短"。这些记载道出了元、明时期，褶裙在壮族社会中已经萌生、形成，并普及开来。而且，那里许多地方的壮族男女不分，女既着褶裙，男也以"细褶裙"为美。

到了明末清初，褶裙在壮族妇女中大盛。清初，桂林府太守钱元昌《粤西诸蛮图记》载：壮族妇女"裙色皆深青，亦以绣缘，襞积（bì jí，衣服褶子）颇繁，行则扱（chā，插）左右于腰"。① 雍正《广西通志》卷92《壮》也载："女衣不掩膝，长裙细褶，缀五色绒于襟、袂（袖）、裙幅间。善涉水，手摄裙幅，视水浅深以次收展。"这就明白地显示了褶裙在广西壮族中的普遍性。

傅恒乾隆（1736—1795年）《皇清职贡图》载，云南侬人"妇束发裹头，短衣密钮，系细褶桶裙，着绣花履"。桶裙长而无褶，"细褶"就不是桶裙而是褶裙了。显然，褶裙是由广西壮人而起，后传至云南的壮族。因此，郑颙景泰《云南图经志书》、刘文征天启《滇志》、范承勋康熙《云南通志》、雍正《云南通志》等均无侬人着"褶裙"的记载。迄于清朝中后期，当广西许多地方的壮族妇女已经改裙为裤的时候，侬人妇女的褶裙之风仍方兴未艾。张自明民国《马关县志》卷2《风俗志》载侬人的服饰，"男子略似汉人"。妇女"服色尚青，有裙无裤。上衣对密钮、窄腰、小袖，衣长及尻（kǎo，臀部），袖长及肘，袖口镶三寸宽之杂色边；裙数百折，需布甚多。行路时，裙幅扭结于衫臀，翘摇如尾"。"裙数百折"，就是名副其实的"百褶裙"了。由此可说，侬人的褶裙承广西壮人之风，却有了大发展。

由于云南侬人自清中期以后受广西壮族的影响，盛起了百褶裙之风，至今仍未停息，所以我们今日仍然有幸目睹昔日壮族百褶裙的风采。

也正是由于侬人清朝中期以后方兴起百褶裙之风，因此同属壮族的云南沙人、土僚因未袭此裙式而兴此风，在服饰上就与侬人区别开来了：沙人"语言风俗，与侬人无异，不同处，惟裙不加折"。②

四 跣足与踏鞋并行

壮族男女以一双天足蹚水过河，劳动田间，汲水樵苏，一洗上楼，仍是一双天足无所遮掩。清朝雍正七年（1729）湖北汉阳人夏冶源《入槽杂咏》的诗句"一双青脚走荒烟，骏马腾骧未许先。汲水樵苏高下捷，往来疑是驾云仙"，③ 可说是赞之备至。然而，自古迄于清代，众多的汉族文人关于壮族及其先人的记载，谁不以"徒跣"（赤脚步行）而泄其蔑视之情？

春秋、战国之际，就有不少关于越人断发不冠、跣足而行的故事。《韩非子》卷7《说林上》所载的鲁国人夫妻双双走越的故事，即是如此：

> 鲁国有个人自己用葛、麻等织成屦很在行，他的妻子也擅长用丝织成白色的缟。

---

① 雍正《广西通志》卷92。
② 张自明：民国云南《马关县志》卷2《风俗》。
③ 转引自杨宗亮《壮族文化史》，云南民族出版社1999年版，第219页。

因此，他们便满怀兴奋地决定去越国谋生，发他一笔财。

还未成行，有人对他说："先生此趟去越国必定穷困潦倒，没有生路！"这犹如一盆冷水兜头而下，鲁人感到不解，问道："为什么？"那人说："屦是用来做鞋穿的，但越人赤脚走路，用不着鞋；而你妻子所擅长织的白色丝缟，是用来做帽子的，可越人都断发不戴帽子。你们此一去，就是以先生的所长放到无法施展的地方去，拿不到相应的报酬，想不穷困，难道能够吗？"

当然，《宋史》卷495《抚水州蛮传》的"椎髻跣足，走险如履平地"一语，似有褒的成分，但是，《尔雅·释言》说："履，礼也。"汉族以两脚踏鞋为礼节的要求之一，赤脚走险如履平地，似乎也不是什么值得颂扬的事。

《古今图书集成·职方典》卷1415《庆远府风俗考》的"椎髻跣足"，卷1421《思恩府风俗考》的"男女跣足不履"，卷1438《浔州府风俗考》的"跣足蓬头"，卷1448《太平府风俗考》的"男女蓬头跣足"，卷1452《泗城府风俗考》的"男女跣足缠头"，郑颙景泰《云南图经志书》卷3的侬人"系髻跣足"，作者的立足点，毫无怀疑都是以贬着眼的。

汉族位居北方，天气寒冷，须将身体的各个部位裹得严严实实的，脚也是其中的一部位。后来封建道说又施其威，人们对首对足益加严加保护，唯恐受之父母的首、足及身上的各个器官受到亏待，遭到损害。但封建的道说也畸形得可以，"惟小人与女子难养"，五代以后，男子们便造舆论，形成压力，小小年纪就将女子的两个脚板严实缠裹，压缩挤小，以形成他们称道的"三寸金莲"。在这样的情况下，他们看到岭南人特别是壮族及其先人女子天足饱满，行走于山野田间，头脑里两种文明相撞，以己之意度人之行，壮族男女这赤脚行走的"跣足"，自不随合己意，厌之、恶之犹恐不足，自然没有一丝丝的褒奖的成分。

壮族地区，热多冷少，给人们跣足的存在奠定了基础。而古代壮族先人沿水而居，依河而种，是个稻作民族，入水踏泥作业，不跣足又怎么行？当然，从泥水里出来，两脚污泥，邋邋遢遢，怎么又能够踏入屋里？怎么又能够安然睡觉？古代，壮族及其先人所住完全是上人下畜的干栏房子，在栈台上备有清水冲洗干净入屋，也有可能他们从外面返家之时在水边洗净了手脚，踏着用木板削成的木板鞋，登梯上楼时将木板鞋放在梯子下面然后登楼。壮语称木板鞋为 mai^4 kji：k^8，可能这种木板鞋在壮族先人中出现很早了。刘文征天启《滇志》卷30说侬人"楼居，无几凳，席地而坐，脱履梯下而后登"，可以印证此一情况。

最早记载壮群体越人后人穿木板鞋的是南宋为帅广西的范成大："其称大小张、大小王、龙、石、腾、谢等，谓之西南蕃，地与牂柯接。人椎髻跣足，或着木履。"[①] "西南蕃"就是今布依族的先人，"木履"即木板鞋。

与此同时，广西左右江的峒丁为了狩猎，为了作战，也穿起"皮履"来了。范成大

---

① 《桂海虞衡志》，《文献通考》卷328《西南蕃》引。

《桂海虞衡志》说："峒丁往往劲捷，能辛苦，穿皮履，上下山不顿（困顿）。"①

"木履""皮履"，就地取材，劈削和缝纳方便，起之早，用之早，一直传承下来。木履是为劳动或其他劳作后归来经清洗穿着到干栏下脱掉以干净登梯上楼；皮履则是赶山狩猎和战斗冲锋用之，所以，明朝嘉靖三十三年（1554）瓦氏夫人率田州"狼兵"与南丹、东兰二州"狼兵"上江浙前线抗倭，未见记载说他们是光着脚板去的。而平日，壮族及其先民则仍是"徒跣"（赤脚行走），"跣足"（光脚）入水下田，而且成为一种习惯性的行为，特别是妇女，田间劳作，趁墟赶场，平日跟"皮履"无缘，只能在劳作归来洗脚后登楼前拖上一阵子木板鞋了。因此，刘文征天启《滇志·旅途志》说，从云南过镇安经照阳关入归顺州（今广西靖西县）过安德以后，壮人"见车马络绎，闻华人（汉族人）言，皆聚观惊诧。男子能华言（能说汉语），巾节、短衣、皮履；妇人椎髻、跣足、长裙"。雍正《广西通志》卷93《蛮疆分隶》也说养利州（辖今大新县桃源及新振、那岭等乡镇）"男子尺帛束头，穿皮履"，妇女则不提及，明显那时她们是赤足行走的"徒跣"。

板鞋和皮履之外，元、明时期，草鞋也从汉族地区传入。雍正《广西通志》卷93《蛮疆分隶》载，庆远府天河县（治今罗城仫佬族自治县西南天河）"先时，蓬头跣足，成化间（1465—1487年）知县袁瑢禁之，始巾帻草履"。泗城军民府（治今广西凌去县城，地跨广西、贵州二省）"有酋长，每岁首以篠（xiǎo，小竹）、荷、麋、鹿、獐、狐、雉、兔之类，率所部百数十人投献官府，曰拜年。酋长纬缨冬帽（彩色的带子横束冬帽），如时制（如同流行的时装），而服则圆领大袖，补刺海马，自谓先祖所遗。又着草履，甚弗称也"。这说明以麻为纲用草织成的鞋子，即草鞋，是明朝中期以后始传入壮族地区，并为壮人仿制使用的。所以，清初钱元昌《粤西诸蛮图记》说壮族"偶着草鞋"。② 雍正《广西通志》卷93《蛮疆分隶》也说，向武州（治今广西天等县西北向都镇）"男、妇草履、竹笠、短衣长裙"。今壮语谓草鞋为"ha：i²ça：u³"，是直取汉语的音谓，只是将其语序按照壮族语言的构架略为调整而已。

自此以后，壮族妇女也开始纳鞋底，做布花鞋和穿布花鞋了。今壮语谓"纳鞋底"为"ti：ŋ³ tai³ ha：i²"，即借取于汉语的语音而在语序上略作调整。所以，清朝初年钱元昌《粤西诸蛮图记》载，壮妇"足跣（足赤，不穿鞋），与男子无异。有喜庆，亦着履"。③ 这说明喜庆走亲，壮族妇女方才穿上花布鞋以亮光，为对主人的尊重，平时对花布鞋则非常珍惜，轻易不穿，仍多是"徒跣"（赤脚走路）。因为花布鞋是农闲之余耗时耗日，费精费神，千针万缕，密扎缝纫，来之不易，所以壮女甚至整个岭南妇女都非常珍惜：妇人做客，"至人家，则袖中取出鞋穿之，出门即脱置袖中"。④

王言纪道光《白山司志》卷9《服饰》载，道光年间（1821—1850年）白山土司（治今广西马山县县城白山镇）壮族，"平日皆跣足，遇年节、宴会，男着袜，女蹑

---

① （元）马端临：《文献通考》卷300《西原蛮》引。
② 雍正《广西通志》卷92《诸蛮》引。
③ 同上。
④ （清）吴震方：《岭南杂记》。

(niè，踏）花鞋，悉以布为之。而绫、锦、绸、缎，富绅家或间用之；若僻远村民，则终其身（自生至死）未一睹者"。然而，据雍正《广西通志》卷 93《蛮疆分隶》载，雍正年间（1723—1735 年）白山土司妇女"徒跣无履，拖细褶长裙"。又郑颙景泰《云南图经志书》卷 3 载侬人"妇人散绾系髻，跣足"。至刘文征天启《滇志》卷 30 虽说侬人"脱履梯下而后登"，但却不清楚他们脱于干栏梯下的鞋是木板鞋、皮履，还是什么样的鞋。傅恒乾隆《皇清职贡图》卷 7 说侬人"妇束发裹头，短衣密钮，系细褶桶裙，着绣花履"。这样，情况就比较清楚了。壮族妇女纳千层底鞋，做花布鞋，踏花布鞋，是进入清朝以后方才开始并逐渐成习的；而在较为偏僻的山区的壮族妇女，其纳花鞋、着花鞋，则是在清朝中期以后。

第三节　清朝：男女异服，衣饰纷呈

进入清朝以后，壮族的服饰，出现了十大变化：一是男剃发女戴勒子；二是发饰、头饰形成年龄段分化；三是岁岁帕缠头，扎巾戴帽成为日常生活的需要；四是穿起裤子，男衣女服分化；五是男布片缠腿，女也如之；六是腰系香囊悬烟盒；七是腰带飘飘，左右掖起裙子尾翘翘；八是男鞋女鞋普遍化；九是男网袋女竹篮，下田趁墟便携带；十是女子小小遭厄运，壮家也见有缠足。

壮族服饰的这些变化，原因众多，主要有如下数种。

首先，缘于政府官员的强行植入满、汉二族文化。

诏令禁行岭南不符儒家礼制的风俗，明白无误地揭示了中央王朝要插手干预壮族社会的习俗文化了。果不其然，宋政和七年（1117 年）七月十七日宋徽宗下诏，认为"广东之民多用白头巾"，"有伤风化"，"令州县禁止"。① 但是，由于岭南地远中原，皇帝的命令虽言之切切，可多数的地方官员一心图着任满升迁，尽快回返中原，却听之渺渺，不当作一回事。而且，壮群体越人社会风俗之来，源远流长，也不是一下子可以革除的。所以，他们中受汉文化影响较少的地区，其社会的风俗与中原汉族风俗乖异依然原样，没有根本的改变。明、清二代，封建集权制巩固、强化，一统之内，不可能任由壮族的此种对中原汉族来说是奇风异俗的文化传承下去了。因此，中央王朝委派的地方州县官员秉承中央王朝的指令，除了发展汉文教育，实行移心易俗之外，又亲自出马强行革除壮族的风俗习惯。

明朝成化年间（1465—1487 年），天河县（治今广西罗城仫佬族自治县西南天河）知县袁瑢见天河县的壮人"蓬首跣足"，便下令禁革，亲自示范，上阵监督，使天河县的壮人改掉旧习，知道"巾帻草履"。② 清朝乾隆六年（1741 年）董天良在出任永宁州（治今广西永福寿城）知州时，除捐资修路、鼓动群众种杉种桐种荞麦外，又要求壮族妇女"入城市及家居"都不要着短衣，改变壮族妇女两千多年来传承不断的穿短衣的习俗。③

---

① 《宋会要辑稿·刑法二之六八》。
② 雍正《广西通志》卷 93《蛮疆分隶》。
③ （清）联丰续修：《永宁州志》卷 8。

清朝初年，陈光龙任广西平乐县知县，除了出令严禁壮族惯行的习俗外，还注意改造壮人传承的思想意识形态，使之趋同于汉族。诚如他说：

> 平乐自嬴秦设版（图），历汉、唐以来附内地，不为不久，然声名、文物远出吴、越、闽、蜀下，其故何居？大抵民习于蛮而不耻，其非蛮亦玩视乎民而不受其所变。
>
> 夫礼教者，国之纪（纲纪）也。道德仁义，非礼不成；教训正俗，非礼不备；父子兄弟，非礼不亲。惟兹平邑（平乐此一县），里不设党塾之师，耳不闻谦逊之训，口不诵诗书之文，五方奸宄之徒乘机播弄（造谣挑拨），计术啖之。凡可诱以非、导以争者，百孔千窦（千方万路），乃堕欺陷网，鲜廉寡耻，无所弗为也！
>
> 康熙九年（1670年）秋，郡宪杨公力图挽救，命予（我）博访年高德劭者，表为乡耆劝迪（进行说理）焉。予设席于爽垲（高朗显眼）通衢（交通要道）间，每月朔日（初一日）赴东山寺，望日（十五日）赴龙兴观，率父老子弟先设香案，置（皇上）六谕（六条教诲）于上，行九叩首毕，令耆老登高座，取铎书诠讲，一一勉之以善，示之以报（报应），惧之以法律。
>
> 初设讲之日，民视为迂阔，哄然而散。予复严诫，月旦（初一日）遂（进）户督谕，勒令赴讲。有始来中去者，蒲鞭辱之；适有出头谇詈（suì lì，责骂）者，予枷于讲堂侧，号诸众曰："汝等（你们）嗜（喜爱）此枷，可弗（不）来；若肤发是爱，而欲守身以事亲也，毋忽此讲席！"诸（众人）稍颔（点头认可）之。嗣是（此后）不期而赴者，渐多焉。①

中国自汉以来的指导思想是"以夏化夷"，所以为官于岭南的除了许多人"地远官无法，民丰橐有金"，②贪贿腐化，日求升迁外，不少都是饱读孔孟经书想有所作为的人。他们为官岭南，都希望为官一任，造福一方。唐代戎昱《桂林腊夜》诗句"政移千里俗，人戴两重天"，③哀叹的是自己力量的微弱，在移风易俗上不能有所作为。"千载蛮风尚有存，此来闻见不堪论"；④"平乐春陵地接连，岭南岭北异风烟"。⑤"异风烟"，就是风俗礼乐不同。这也是哀叹自己为官一任，不能在传播中原汉族礼乐上有所建树。元朝陈孚《度摩云岭至思陵州》一诗的"苍莽思陵州，悬崖结屋如蜃楼。寨门半掩刀槊健，隐隐云际闻鸣中。奴僚下山健如虎，口红如血面如土。手捧椰浆跪马前，山蚍水虫间殽俎。对此停鞭空自慨，吾独何为在荒烟？"⑥也是申明作为官员的责任。到了明、清以后，作为任职一方的官员，更将"以夏化夷"，移风易俗，一同文化的责任视为己任，肩于身上：

---

① （清）全文炳：光绪《平乐县志》卷1《风俗》。
② （明）王越：《送龙州樊使君》，（清）汪森《粤西诗载》卷11。
③ （清）汪森：《粤西诗载》卷10。
④ （宋）陈藻：《客中书事》，（清）汪森《粤西诗载》卷14。
⑤ （宋）邹浩：《寄葛长源》，（清）汪森《粤西诗载》卷13。
⑥ （清）汪森：《粤西诗载》卷6。

"天远三湘外，霜含八桂秋。贪渔嗟薄俗，表率在名流"；① "邕州紫燕秋无社，蛮驿秋花冬有时。异域冠裳仍俗好，中原礼乐忝（tiǎn，辱、有愧于）吾师"；② "清廉未足慰平生，化俗应将积弊更"；③ "好为宣王化，从容展壮猷"。④ 官员之间也是以此来相互勉励的。因此，地方官员在任职期间，多以化俗为己任，强行地将汉族文化植入壮族社会中，以达到"以夏化夷"的目的。

其次，发展汉文化教育，鼓励壮族知识分子热衷举业。

在壮族地区兴办汉文教育，这是历代中央王朝"以夏化夷"的重要途径和举措。汉族以衣冠为礼，壮族知识分子深受孔孟之道熏陶，又热衷于举子事业以厕身仕林；不仅改变了其思想意识与价值取向，也改变了他和他的亲属友邻的文化习俗。所以，来岭南做官的汉族官员无不热心于此，致其全力于此。"怪兹山水区，而乏弦诵声。兴起在教化，抚循亮（谅）由人。干戈岂难变，南国本文明。愿言解刀剑，无负此钟灵。"⑤ 明朝钱薇此《永福感怀》诗句，说的就是在壮族地区兴办、发展汉文化教育的重要性。"斯文（士子，知识分子）秉炉冶（依靠学校来陶冶），鼓铸西南方。会令西粤地，化为五父乡。"⑥ "五父"为道路名，在山东孔夫子的老家曲阜南。"五父乡"即是礼乐乡，文明乡。明人鲁铎此《送姚英之提学广西》诗，颂扬的就是汉文教育的功能与威力。它可以改变壮族地区的习俗文化，使其成为如同山东那样的谦谦礼义之乡。

时至明、清二朝，壮族地区各府、州、县，既设有官学的府学、州学、县学和众多的社学，书院也如雨后春笋蓬然而起。同时，科举应试之点也遍于各地。这对于壮族地区居民思想意识、价值取向以及习俗文化的趋汉变化，起了很大的作用。

明朝王清《风俗谣》说："平南虽瘴地，风俗犹可观。千家烟火合，百里封疆宽。男务耕耘女务织，弦歌巷里多儒冠。"⑦ 梁杓民国《思恩县志》指出："康熙年间（1662—1722年），旧存抄本志稿犹载有壮蛮风俗之异，似当时（汉族）文化止限于县城之附近，尚未普及于全县也。自乾隆三十八年（1773）庆远设立考棚"，举子赶考无须远涉柳州府，这就促进了举子业的发展。士子凭汉文教育以成才，凭汉族的礼乐制度以立身，从而"壮人亦归同化，至今已道一风同，无汉、壮分别矣"。"学校既开，习俗渐改"。⑧ 汉文化深入并植根于壮族地区，其作用是非常大的："士之向学，民务力田，风化既行，习俗渐改。"⑨

最后，汉族居民迁入壮族地区，毗邻而居，习俗渐染；婚姻往来，文化趋同。

中原汉族居民迁入壮族地区，自秦、汉以来，由于征调，由于贬谪，由于饥荒，由于

---

① （明）杨士奇：《送胡元节广西宪政》，（清）汪森《粤西诗载》卷11。
② （明）谢少南：《南宁道中》，（清）汪森《粤西诗载》卷17。
③ （清）赵申季诗，许之豫康熙《荔浦县志》卷4《艺文志》。
④ （明）金幼孜：《赠郁林州判》，（清）汪森《粤西诗载》卷11。
⑤ （清）汪森：《粤西诗载》卷5。
⑥ 同上。
⑦ （清）汪森：《粤西诗载》卷7。
⑧ 雍正《云南通志》卷8。
⑨ 同上。

战乱，由于避仇等，见于记载的不少。然而，中原汉族入居岭南，居于广东的多，居于广西的少；居于桂北的多，居于桂中的少；居于桂东的多，居于桂西的少。比如，宋代已经形成的居于南宁市周围及左江流域的说汉语平话方言的"蔗园人"，入居早，人数少，犹如淹没于壮族的汪洋中一样，不得不入乡随俗。现在居于南宁市郊上饶一带说平话的人，往昔壮族婚前男女自由交往，婚后不落夫家的习俗，在南宁市及其周围的壮族已经不存在，可在他们那里还比较完整地保存着。

一些人总以为汉人进入广西是北宋皇祐年间（1049—1054年）狄青平定侬智高起兵反宋后留兵戍守的，如《永乐大典》卷8507宁字引《元一统志》即说："自武襄狄青平侬智高去后，留兵千五百镇守，皆襄汉（今湖北）子弟。至今，邕人皆其种类也。"这是与史实不符的。

狄青率部征讨侬智高起兵，为什么选在冬末春初之际，就是因为他深深懂得"其地（指岭南）炎燠卑湿，瘴疠特甚。中原土卒不服水土，不待戈矛之及，矢石之交，自相疾疫而死，虽有百万之兵，亦无所施也"。[①] 他为了避开广西瘴疠爆发的时间，于是选择在岭南天气清凉，没有瘴疠的冬末春初时节出征。这也就是当时的枢密院枢密使高若讷说的"当乘瘴未发时，疾驰破之"。[②]

狄青在皇祐四年（1052年）十二月率部到桂州，翌年（1053）正月甲辰（初三日）入宾州，己未（十八日）归仁铺接战打败侬智高，二月丙子（初五日）"班师"北返，[③] 没留一个部属在广西。后来，他的部属杨文广、和斌先后出任广西钤辖和邕、宜二州知州，都是二度进入广西的。[④] 而且，《宋会要辑稿·兵五之四》载，皇祐五年（1053年）闰七月，宋仁宗诏令"广南西路戍兵及二年而未得代者，并罢归；其钤辖司所遣土兵，岁一代之。自侬智高之乱，驻泊禁军及桂州等处雄略、忠敢、澄海军凡三万四千四百四十一人分戍诸州，至是罢还戍兵，而令土兵屯戍"。[⑤] 这就清楚地点明了自侬智高乱后戍守广西各地北方戍兵34441人一个不剩地北返了，怎么能说狄青北返后"留兵千五百镇守"于邕州呢？

中原汉人开始大量进入广西是在1127年金人南下掳去宋徽宗、宋钦宗父子二人灭了北宋的"靖康之变"。据当时人蔡绦《铁围山丛谈》的记载，在今桂东博白县一带，物价低贱，老虎不食人，在人们的眼里它只是一条偷人猪、羊的大狗，人一吆喝它就跑了。可是，自"靖康之变"以后，中原人逃难涌来，人口陡增，物价高涨，食物短缺，破坏了原来的自然生态平衡，老虎也像五岭以北的老虎一样开始吃人了。由老虎的不吃人到吃人，可以略知当时从中原避难来到广西的汉人数量众多。汉人入居数量的众多，这就改变了原住民的风俗文化："容（辖容县、北流、陆川三县）介桂、广间，盖粤徼也。渡江以

---

① （宋）狄青：《论御南蛮奏》，（清）汪森《粤西文载》卷4《奏状》。
② （宋）李焘：《续资治通鉴长编》卷173。
③ （宋）余靖：《武溪集》卷19《宋故狄令公墓铭》。
④ 《宋史》卷272《杨文广传》，卷350《和斌传》。
⑤ （宋）李焘：《续资治通鉴长编》卷175的"三万四千四百四十一人"写作"二万四千四百四十一人"，疑系抄讹。因为《宋会要》成之于前，李焘是据之撰写的。

来（即'靖康之变'以来），北客避地留家者众，俗化一变。今衣冠、礼度并同中州。"①

中原汉族迁居广西的第二个浪潮是明朝在广西实行军屯、民屯制度。但是，其数量毕竟有限，所以明朝后期万历年间（1573—1620年）来广西做官的王士性其《广志绎》卷5载：

> 广右异于中州，而柳（州）、庆（远）、思（恩）三府又独异。盖通省如桂平、梧、浔、南宁等处，皆民夷杂居如错綦然。民村则民居民种，壮村则壮居壮种，州邑乡村所治犹半民也。右江三府则纯乎夷，仅城所居者民耳，环城以外悉皆瑶壮所居；皆依山傍谷，山衡（平衍）有田可种处则田之，坦途大陆纵沃，咸荒弃而不顾。

"坦途大陆纵沃，咸荒弃而不顾"，说明那个时候，柳州、庆远、思恩等府还是荒凉，可纳度还非常大。

中原汉人入居广西的第三次浪潮是满族入主中原，建立清朝以后。满、汉两种不同文化的碰撞，迫使部分汉人南逃进入广西；南明的抗清和吴三桂等"三藩之乱"，众多的汉族士人兵卒留居于广西；乾隆以后，汉人难于中原立足者，又大量迁居广西。

汉族有汉族的习俗文化，他们大量入居广西，与壮族人杂处，毗邻而居，婚姻往来，无疑会给壮族以很大的影响。同时，清朝加强了户口管理，除土官地区外，流官辖下的州县壮族，都是编户之民。"顾以入编户，即为赤子，安问壮与民也？且壮之奉贡赋，垂七十余年，夷尽变而夏矣！"②

一 男剃发女戴勒子

满族入主中原，首先以其发式强力推行于全国。他们的发式，就是男子将前额头发剃去，后脑留发梳辫垂于后背。这与汉族原来的全发全蓄不相同。于是，满、汉两族间激发了头发剃与不剃的争执。满族入主，当了皇上，权倾天下，岂能让你来争论，于是出现了"留发不留头，留头不留发"的态势，大煞了长期以来汉族一尊的局面。

广西，先是南明与清朝争夺之地，后又是"三藩之变"中吴三桂等势力集团与清朝较量的区域。康熙二十年（1681年），吴三桂兵败身亡，"三藩之变"结束，清朝方才能够控制壮族地区。由于时去势缓，在壮族中清朝的剃发之令也不能不折不扣地执行。因此，在桂林、柳州、梧州、南宁等中心地区的壮族男子剃发了，可他们剃了前额的发，后脑的剩发却不完全是结辫垂于背后。诚如桂林府太守钱元昌《粤西诸蛮图记》说的，"男子多薙发，亦有髡其四周者，发或辫或髻，或插簪或插雉尾"，③不完全相同。雍正《广西通志》卷93《蛮疆分隶》也载宣化县（今南宁市区和邕宁区）"壮俗男子髡发留大髻，以笠空其中覆顶"。至于比较偏僻的庆远、思恩、镇安、太平、广南、开化等府除了城镇以外，大部分的壮族则"椎髻"裹布戴笠，不变其旧日的发式。所以，清人吴震方《岭

---

① （宋）王象之：《舆地纪胜》卷104《容州》。
② （清）顾炎武：《天下郡国利病书》卷106《广西二》。
③ 雍正《广西通志》卷92《诸蛮》引。

南杂记》卷上说，壮族"其人不薙发，俱黑色，广西最多"。当然，吴震方说得也过于绝对了，姑且不说诸城镇及其周围的壮人，即如远在永丰（治今贵州贞丰）等州的侬人，傅恒乾隆《皇清职贡图》卷8即明言"其男子俱薙发"。

清代汉族、满族妇女在天气稍冷的季节，额间常箍上遮眉勒，绣上花卉及"吉祥如意"或"喜""福""寿"等字，并缀银饰金，或嵌上珠宝，极其奢华。它既是美的装饰，又具御寒的功能。

遮眉勒，北方叫"勒子"或"脑箍"，南方叫作兜。它是由明代妇女所用的额帕（又名头箍）演变而来的。

清朝中期以后，壮族妇女在或以黑巾或以青巾或以白巾或以花巾裹头的同时，有的也扎上了这样的"勒子"。傅恒乾隆《皇清职贡图》卷7载，云南曲靖等府的仲人（今壮族）"妇女以青布为额箍，如僧帽然，饰以海贝"。

妇女额头易于招风受凉，特别是坐月子时，于是，"勒子"便在壮族妇女中普遍流行起来。而在云南壮族侬人妇女以勒子或称额箍作为美的一种头上饰物，常精心制作，以金银珠宝镶嵌，愈益亮光。迄今她们承传下来，成为一件很精美的头上饰物，不论是青年女子还是老年妇女，节日盛装，大都以之为饰，以之为美。

二 发式、头饰形成年龄分化

在清代以前，记载没涉及未成年男女的服饰，不详其式样如何，有无饰品。唯见明代的"狼歌"说女子婚后头结"九重楼"，由此或可约略知道壮族女子婚前婚后的发式是不完全相同的。

清初，钱元昌《粤西诸蛮图记》载："蛮女发密而黑，好绾大髻，多前向，亦有横如卷轴者，有叠作三盘者。有双髻者，未嫁女也。嫁则一髻上扎大木梳，或银或木，或牙花簪围。插多寡不同，随贫富也。髻上或覆布或花巾或笠。笠制极工，常以皂布（黑布）幂边，半露其面耳。"①这就点出了出嫁的女子与未嫁女子之间发式和头饰的区别。

就田野调查的材料看，壮族未成年男女与成年男女的发式和头饰也是不相同的，这可能是清代习俗的传承。

广西天峨县白定乡的壮族，"已婚的妇女多结髻，或梳好由左到右绕头用有色头巾扎上；未婚的都是散发披头，或由右向左缠绕着头，用白色毛巾包扎"。②这是已婚女子与未婚女子发式和头饰的相异。

广西隆林各族自治县委乐乡"妇女的头部装束，从十五岁左右就梳成长辫，垂于脑后，以红绳系之，前额和耳边的发大都剃光。十五岁以上则结成发髻，垂在脑后，较汉族人为高耸，用银簪插上。有的妇女插上横簪直簪四五枝，垂有银练，并有红绒绕系。妇女很少露髻，认为这是没有礼貌，常年都包扎头巾"。③古人女子成婚早，15岁左右即是待嫁姑娘，也就是未嫁者；15岁以上是已婚者。未嫁者前额和耳边发剃光，长发结辫于后，

---

① 雍正《广西通志》卷92《诸蛮》引。
② 《广西壮族社会历史调查》第一册，广西民族出版社1984年版，第17页。
③ 同上书，第40页。

红绳系之，标明属红花姑娘。已婚者前刘海，后结髻，簪插之，簪垂银练，并扎上毛巾覆盖头髻。这也显示了已婚未婚头饰和发式的区别。

广西龙胜县龙脊壮人，"女子的装饰很复杂。据说，从古以来改变得并不多。老年人头上留长发，不结髻，翻过额头打一个旋转，扎上黑布巾（长约四尺）。青年女人（婚否不大区别）头心留发，四周剪披衽，也不结髻，翻过额头用白布巾包扎，而且还在面衽上插上一把银梳。童年的女孩剃光头，戴上外婆送的银帽，渐大则留有发，由短到长以至青年时代那样。戴首饰很普遍，壮女生下二三岁即穿耳，戴上耳环（小圈的铜环），年轻时戴上大环，出嫁的戴上二个大环，下挂有银链"。① 此中，从头饰、耳饰着眼，即将成年女子与未成年女子进行区分，又将未嫁女与已婚女，以及中老年妇女与年轻妇女区别开来，可说是几个年龄段的女性都说到了。"从古以来改变得并不多"一句，说明壮族女性在各个年龄段上的区分，都是传承先人的习俗而略有变异的。

三 岁岁帕缠头，戴帽逐渐成为风气

清朝雍正七年（1729年），夏冶源到云南省沙人聚居的师宗州十三槽。入槽一见，沙人风俗大异于中原，激情难抑，作《入槽杂咏》十首，其一称："日午炎蒸早晚寒，蒙浓山雾湿衣单。年年岁岁帕缠头，却会科头拜大官。"② "科头"，是露头不戴帽子。拜见官府的人时脱下头上所裹的手帕，显示了他们的礼节。壮族自古"傍山而居，倚冲而种"，③ 居住和生产活动的环境确实是"日午炎蒸早晚寒，蒙浓山雾湿衣单"。所以，自宋以来，他们为了保护身体就要"年年岁岁帕缠头"。帕的颜色，宋代是白色，元、明以后既有白色的，也有蓝色的、青黑色的、花格的，甚至绣上花朵或其他图案的。

明朝董斯张《吹景集》载，嘉靖三十四年（1555年）千里奔赴江浙抗倭的瓦氏夫人所率的"狼兵"，"头裹方素，无他色者"。④ "狼兵"头饰，是宋代壮族先人以白巾裹头习俗的传承，以后便成为定制。因此，雍正《广西通志》卷92《诸蛮》说："狼男女俱挽髻，前锐后广，覆以白布。"广西除"狼人"外，其他壮族，"头以布裹，或绣或素"，⑤ 就随各地的风俗和个人的爱好了。而云南的侬人，则"男子首裹青、花帨"，土佬"男子首裹青帨"，⑥ 沙人女子又"以挑花黑布包头"。⑦

壮族人"尺帛缭头"，⑧ 固可以护头保暖，束住长发不让其随风飘逸，但是没戴帽子毕竟与汉族自古讲究而且传承不误的束发戴帽相差一截。冠，在中原汉族中很受重视。男子满二十岁成人，要举行加冠仪式；入朝做官，要戴帽升冠。因此，汉文记载中原王朝的历史，每以"冠带""冠冕""冠盖""冠族"等来代称官吏，代称仕宦，代称做官人家。

---

① 《广西壮族社会历史调查》第一册，广西民族出版社1984年版，第124页。
② 转引自杨宗亮《壮族文化史》，云南民族出版社1999年版，第218页。
③ （明）王士性：《广志绎》卷5。
④ （清）汪森：《粤西丛载》卷24《土官瓦氏》引。
⑤ 雍正《广西通志》卷92引钱元昌《粤西诸蛮图记》。
⑥ （清）范承勋：康熙《云南通志》卷27。
⑦ （清）罗凤章：光绪《罗平州乡土志》卷5。
⑧ 雍正《广西通志》卷93《蛮疆分隶》。

唐朝继隋朝，实行科举考试，开科取士，岭南钦州"蛮獠"首领宁氏家族子弟宁原悌、宁龄先先后中了进士，跻身士林，一个先天元年（712年）由谏议大夫为岭南道宣劳使，一个广德二年（764年）出任镇南都护府（后改为安南都护府）副都护。① 入仕做官，必须遵从中原王朝的衣冠礼仪，按照品秩戴帽升冠，如同中央王朝规定的各级官员的装束，这是不能游移的。元、明至清朝，"按太平（府），比年（近年）应贡士，永康（永康州在今广西扶绥县北部）为最（最多）。狼人间，有习汉文书者"。② 汉文教育既然在壮族地区逐渐立足，普遍开展，入学的人以及居于城镇同时与汉族居民接触频繁的地区的壮人，必然会如同汉人，升冠踏履，穿起汉族的衣服。在此风的吹拂下，明朝后期至清朝时期，偏僻地区的壮族也开始制帽和戴帽了。

刘文征天启《滇志》卷4《旅途志》载，下雷州（治今广西大新县西下雷）"其地阳凝阳泄明发，寒气侵人，亭午（中午）即炎炎如坐炊甑，隆冬犹汗浃背。其人皮冠而绨衣（细葛布衣）。询之，云：'暖其首，则诸疾不作！'气（自然气候）使然尔"。"皮冠而绨衣"，即戴着以兽皮做成的帽子，穿的却是用葛麻做成的单薄上衣。今广西大新县下雷、靖西县及那坡县等丘陵地带，汉时为"牂柯东界"，今既是云贵高原的边缘地区，又在北回归线以南，早晚寒冷中午炎热，是该地区的气候特点。居住在那里的壮族及其先人积数百千年的经验，戴起皮帽卫护身体，是根据当地情况而行的一项创举。自此以后，随着壮族社会的发展以及汉族文化的普遍而深入的影响，踏鞋戴帽的逐渐多了起来，特别是在冰冷的寒冬时节，制冠戴帽逐渐成为壮族群众保身护体的需要。

钱元昌《粤西诸蛮图记》载，入清以后，广西"兴安壮人，亦有戴马尾帽者"。③《古今图书集成·职方典》卷1448《太平府风俗考》载养利州（治今广西大新县桃城镇）"男子冠帽，贫者尺布包头"。王崧道光《云南志钞》卷184引《弥勒州志》也说，沙人"男穿青蓝两截衣，头戴青帽"。从略近中原的广西桂林府兴安县到较为偏僻的养利、下雷和弥勒州（今云南弥勒县）的壮人都已经形成了戴帽的习惯，可以说明此一情况。

四 裤子出现，男服女服分化

商、周以降，壮傣群体先人越人及其后人都是男衣女服同一，上衣短窄，下裙曳地。南越国时期，虽然壮傣群体先人越人分化，异地而荣，独自发展，时日更替，并各自受着异族文化的影响，但是他们依然故我，世传代承，不变其上短衣下长裙的衣着式样。迄于元、明时期，壮族"峒丁峒妇皆高髻，白纻裁衫青布裙"。男女发式一样，衣裙一样，以致使人放眼迷蒙，"一时男女竟谁分"。④ 万历《太平府志》卷2《食货志》载钩鱼唇的鲜美，引"太平谚云：宁卖身上裙，且买钩鱼唇"，说的就是其时壮族男子衣装是上衣下裙。时至清初，情况似乎仍是如此不变。"男服者，短窄衫，细褶裙，其长过膝；女服

---

① 《全唐文》卷278，卷438。
② 雍正《广西通志》卷93《蛮疆分隶》。
③ 雍正《广西通志》卷92引。
④ （明）林弼：《龙州》诗十首其四，（清）汪森《粤西诗载》卷23。

者,青衣花纹,小袂褶,以红线缯缘,长则曳地"。① "男、妇草履、竹笠,短衣长裙"。"男子以布缭头,暑犹被毡,大领短裙;女则出戴箬笠,衫短齐腰,裙长曳地"。② "男巾布裸足,必洁饰其裙而后敢见长上;女衣短裙长"。③ 这些记载道出了清朝初年壮族男女的衣着式样。虽说其中有些地方的壮族,男子暑月短裙,略见变化,但仍没有改变壮族自古以来上短衣下长裙的衣着式样。

然而,宋朝初年宋太宗曾诏令岭南的地方官员注意化导以改变岭南人的习俗。自那以后,历朝统治者尤其注意在壮族地区发展汉文教育,从意识上催化、瓦解壮族固有的理念。"学校既开,习俗渐改",④ 诚如钱元昌《粤西诸蛮图记》指出的:在壮族地区"为学宫,子弟颂读之声流于山谷,渐皆耻其俗之陋而化其性之顽。更阅数年,恐并其居处、服饰、饮食、男女之间,皆与华族无异,欲识其种而不可得矣"!⑤ 在一统王朝的控驭下,明、清的汉族地方官员在壮族地区又强力推行文化植入政策,同时多方征调"狼兵"出入汉族地区戍守和征讨。这样强令禁止与潜移默化相结合,壮族中不少人经过耳濡目染,已经认识到裤子的方便,喜欢上了裤子。

裤子,对壮族人来说并不陌生。《淮南子》卷1《原道训》所说的越人"短绻不绔,以便涉游"的"短绻",似黎族的"包卵布",当为原始的短裤。《太平寰宇记》卷167《白州风俗》载:"建宁县(在今广西博白县西)有三种夷:狎、犴、台。台人稍类夏人;犴人之妇人褊襜皆露;狎人缦裆半股,并椎髻,与诸夷异焉。""缦裆半股",就是以布萦回舒卷作裆又往下伸延遮住大腿,略似今日的短裤。此类"短裤"的下装衣式,没有流行开来,成为在社会人群中占统治地位的衣着款式。

今天,壮人谓"裤子"为"Va⁵","裤裆"为"ta:η²Va⁵","ta:η²"是借于汉语的"裆"(dāng),"Va⁵"也是这样。今汉语的裤读作 kù,但汉字裤古或写作袴或写作绔,而袴或绔则源于胯。胯,即两腿之间。《史记》卷92《淮阴侯列传》"出我袴下",裴骃《集解》引徐广曰:"袴,一作胯。胯,股也,音同。"这说明汉代"袴""绔""胯"通用。《太平御览》卷695《袴》引《广州先贤传》说:"申朔,字元游,苍梧(今广西梧州市)人,为九真都尉,布襦布袴,乡邑叹羡之。"乡里人赞叹羡慕申朔,是因为他能穿上中原汉族的"布襦布袴",荣登仕途。那里的"袴"读同"胯"(kuà),不是读作"裤"(kù),可能壮族就是在汉晋时接受汉语的谓袴为"kuà"而略变其音为Va⁵的。

壮族男子弃裙着裤,见于清初。钱元昌《粤西诸蛮图记》载,壮族男子"衣及腰而止,稍长亦露膝。裤(有裆的短裤)自裆以下分裁布条,斜裹至足,亦有着裤而另束胫者"。至清朝中期,裤子已在壮族男子中普及开来,成为唯一的统治性的下身衣式。乾隆十六年(1751年),大学士傅恒辑录的《皇清职贡图》,其中既绘有广西灵山县、兴安

---

① (清)汪森:《粤西丛载》卷24《壮》。
② 雍正《广西通志》卷93《蛮疆分隶》。
③ 《古今图书集成·职方典》卷1452《泗城府风俗考》。
④ 雍正《云南通志》卷8。
⑤ 同上。

县、贺县、融县、岑溪县、贵县、思恩府、太平府、西隆州的壮人，云南广南等府的侬人、沙人、土佬的男、妇衣饰图，也绘有云南曲靖等府、贵州永丰州等处及贵阳安顺等处布依人的男、妇衣饰图。其中，除妇女绝大部分仍然是上短衣下长裙外，男子一律衣是衣，裤是裤，无复昔日的男女都是"白纻裁衫青布裙"了。

裤的广为壮人穿用，男衣女服分开，这是壮族的进步，是男子服饰的趋于性别化、简单化、方便化和实用化，也是汉族文化对壮族文化涵化、整合的结果。

五　男以布片缠胫，女或如之

钱元昌《粤西诸蛮图记》载，清朝初年，壮族"衣及腰而止，稍长亦露膝。裤自裆以下，分裁布条，斜裹至足，亦有着裤而另束胫者"。古代，汉族裈、袴不同，裈是有裆的裤子，袴则是无裆的套裤。胫，是人的小腿或动物的脚。《粤西诸蛮图记》的记载说明了壮族中以布片缠胫的出现是在壮族男子普遍着裤以后。

壮族男子之所以用布片缠着小腿，是因为以裤代裙以后，小腿裸露，为了加以保护，于是以布缠腿。在傅恒乾隆《皇清职贡图》中，广西贺县壮族男子、贵县壮族男子、云南广南等府侬人男子以白布片斜裹缠住小腿，其他地方的壮族男子则是裤脚宽大，既没缠腿，也没踏鞋。唯有云南曲靖等府壮人妇女"以青布为额箍，如僧帽，然饰以海巴（海中产品）；耳缀大环；衣花布，缘边衣裙，富者或以珠缀之；白布束胫，缠足，著履"。可是，就总体而言，云南曲靖等府的壮族妇女在保持壮族妇女服饰特点如"耳缀大环""衣花布缘边衣裙"等的同时，已逐渐趋同于汉族妇女的服饰，特别是"裹足著履"，更其明显不过。

六　肩挂荷包，腰悬铜盒

钱元昌《粤西诸蛮图记》载，壮族"腰系巾，好悬铜盒贮烟"。妇女"腰多束花巾悬荷包，性亦喜吸烟，每以烟筒插髻"，"与男子无异"。荷包，是随身佩带的小袋子，用以装贮心爱的物品。肩挂荷包，腰悬铜盒，这是清代壮族衣饰的明显特色。

现代壮族女子外出喜挂壮锦袋子，傣族女子外出也喜挂傣锦袋子。壮傣群体越人分化独自发展于汉初南越国时期，自那以后少有往来，你挂袋我也挂袋，小巧而美，制式相同，只是袋面饰花略有不同。何以如此？可能女子挂袋冶游、赶歌圩，在壮傣群体越人分化独自发展以前就已经存在了。

壮族女子肩挂小袋冶游，主要是赶歌墟。袋内所贮，无疑是将送予"同年"的心爱之物。程大璋《桂平县志》卷59《艺文志》载金虞《壮家村》诗其序言说："仆闻壮女制帨甚工，询之，谢无有。少顷，乃出其二，白质青（黑）章，制龙凤花朵，颇纤好，云是少年认同年物，不售外人也。盖壮以春时男女踏歌野次，相配偶，号为认同年云。"王济《君子堂日询手镜》也说广西横州（今横县）的壮人"每岁元旦或次日，里中少年裂帛为帕，挟往村落觅处女少妇相期答歌，允者，男子以布帕投去，女解所衣汗衫授男子归，谓之抛帛"。女拿精心手制物品赠同年，男以布帕抛与意中人，都不是举着绣品或布帕招摇过市，自然都是各自肩挂荷包以装贮。又如《粤西诗载》卷9载明人王一岳《上林吏隐歌》所咏的"陌头春色岁华新，男女行歌两抛掷"，就是宋朝周去非《岭外代答》

卷10《飞驼》说的"上巳日（三月上旬）男女聚会，各为行列，以五色结为球，歌而抛之"，"女受驼，而男婚已定"的"飞驰"的传承。"以五色结为球"，今日称为"绣球"。男女行歌抛球以定亲，此球也是各贮于男女各自肩挂的袋子中的。

男袋女袋，贮物传情赠予所爱，此袋即为荷包。所以，《天河乡土志》载咸丰年间（1851—1861年）当地的举人林园乔的《竹枝词》句说："银梳银鬓满头光，银子荷包系带旁。衫要浅蓝裙要白，风流美丽让西乡。"

明末清初，屈大均《广东新语》卷12《粤歌》载，经过倚歌择配的钟情男女，男赠女以扁担，"女赠男以绣囊、锦带"，此"绣囊"，就是小的荷包。据20世纪50年代田野调查，一些地区的壮族青年男子"还有一个荷包，像'猪腰'一样，绣有精致的图案，用前后三层布细心缝制，穿进裤带垂在脐下。这种荷包多是姑娘绣好送给情人的，表达自己最深的恋情"。① 两情恰恰，女情人送与男情人精心制作、寄予无限情意的荷包，本是两人间的隐私，而男子却以之悬于腰前，曝于众目之下，张扬其事，似不是隐私了。事实确也如此，这正是历史上壮傣群体越人及其后人之为壮傣群体越人及其后人的所在之一。历史上，不论是壮群体越人及其后人还是傣群体越人及其后人，青年男女在婚前或婚后不落夫家期间，交往是自由的，没约束的，但有情人爱，愁什么别人知道，只怕众人攘攘，没有一个人钟爱！所以，壮人有情男女大言宣称："扶买扶过寻，何行也不失。"（人慕人相爱风流，即使招来人家的怨恨也不拆开。）② 元朝李京《云南志略·诸夷风俗》也载"金齿百夷"（今傣族）的风俗说，嫁娶"不重处女"，女子"未嫁而死，所通之男人持一幡相送，幡至百者为绝美。父母哭曰：女爱者众，何期夭耶？"

壮族男女肩挂荷包可能传之久远，腰悬铜盒却是明朝中晚期以后方才形成的习俗。

种烟吸烟起于美洲，明代始由菲律宾传入我国。岭南地当东南沿海，为烟首先传入的地区之一。1980年，广西合浦上窑窑址内发现的明朝正德、嘉靖年间（1506—1566年）的烟斗三件，是我国迄今发现的最早的吸烟烟具实物。明人杨士聪《玉堂荟记》载，东北人吸烟"古不经见。辽左有事，调用广兵，乃渐有之，自天启年中（1621—1627年）始也。二十年来，北土自多种之"。由此或可知，明朝后期对我国来说，岭南两广地区，曾是吸烟的原发地之一。

《寒夜丛谈》载："烟草产自闽（福建）中。明季边地寒苦，非此不治，至有以匹马易一斤者。崇祯（1628—1644年）初重法禁之不止，末年遂遍地种矣。余（我）儿时见食此者尚少，迨（待到）二十年后，男、妇、老、少无不手一管（烟管）、腰一囊（烟袋）。"《三冈识略》也载："明季服（吃）烟有禁，惟闽（福建）人幼而习之，他处百无一二也。近日，宾主相见以此鸣敬（相见以敬献为必然的礼仪交往形式），（然而）俯仰涕唾（低头吸烟仰头呼气，又流泪又咳嗽唾沫横飞），恶（丑）态毕具（全现）。始则城市服之，已而（过了不久）沿及乡村矣；始犹男子服之，既（不久之后）则遍闺阁（女子的卧室）矣。习俗移人，真有不知其然而然者。"二书的记载虽然两眼唯认同属我国东南沿海地区之一的福建为明代我国种烟、吸烟的起始地而略了岭南两广地区，但他们所说

---

① 《广西壮族社会历史调查》第一册，广西民族出版社1984年版，第41页。
② 《狼歌》，（清）李调元《粤风》。

的"男妇老少无不手一管,腰一囊","始犹男子服之,既则遍闺阁矣",地居岭南的壮族何尝不是如此!俗话说"羊羹虽美,众口难调",可自明朝嘉靖烟草传入中国以后竟能调和众口,迅速风靡壮族地区甚至中国南方,何以如此?明末著名医家张介宾《景岳全书》卷48《烟》载:

> 此物自古未闻也。近自我朝万历时始出闽、广之间,自后吴、越皆种植之……求其习服之始,则闻以征滇之役,师旅深入瘴地,无不染病,独一营安然无恙,问其所以,则众皆服烟,由是遍传,而今则西南一方,无分老幼,朝夕不能间(间断)矣。

吸烟可以治瘴,抽烟可以去病,这就道出了医药短缺的古代,烟何以有如此的魔力。

清朝初年的《粤西诸蛮图记》既说壮族男子"腰系巾,好悬铜盒贮烟",又说壮族妇女"性亦喜吸烟,每以烟筒插髻","与男子无异"。此种情况,一直沿至民国年间。所以,黄增庆等的《壮族通史》说:"壮族中抽烟的人相当普遍。"[①] 时至20世纪50年代,龙胜龙脊青年"裤带上还经常挂上一杆竹做的烟斗及木雕的烟盒"。[②] 这或者就是历经沧桑之后壮族男子当年腰间"好悬铜盒贮烟"的遗影。

七 腰带飘飘,裙尾翘翘

南宋周去非《岭外代答》卷6《婆衫婆裙》载,壮人"其裙四周缝制,其长丈余,穿之以足,而系于腰间,以藤束腰,抽其裙令短,聚所抽于腰,则腰特大矣,谓之婆裙"。元、明以后,藤腰带改为锦腰带,即所谓"飘飘双绣带"[③] 或"只有风吹锦带开"[④] 或"青裙锦带冶游人"。[⑤]

"柳州府居粤右之中,诸蛮要害。""马平则附郭,而柳城即柳州故治也。唐柳宗元曰岭南夷落,于柳若弃壤,谪者先之。夫风俗与化移易,乌知今大异于古所云,而惜子厚(柳宗元字子厚)之不及见也。"[⑥] 入清以后,虽然壮人衣制趋简,并渐以裤代裙,不再见到有关壮人腰系锦带的记载,只见男人"腰系巾,好悬铜盒以贮烟",以及妇人"腰多束花巾悬荷包"的记录,[⑦] 但是从傅恒乾隆《皇清职贡图》卷4和卷7的图录中可见那时候的壮人男女大多仍然是腰束布带、风吹飘飘的形态。

宋代壮族女子"抽其裙令短,聚所抽于腰,则腰特大矣"的装束,至清朝初年仍然没有改变。虽然清朝初年壮族女子裙子的色调、绣花、折叠已经大有变化,不完全同于往

---

① 《壮族通史》,广西民族出版社1988年版,第669页。
② 《广西壮族社会历史调查》第一册,广西民族出版社1984年版,第124页。
③ (元)陈孚:《宾州》,(清)汪森《粤西诗载》卷3。
④ (元)陈孚:《思明》诗十首之二,(清)汪森《粤西诗载》卷22。
⑤ (明)解缙:《龙州》诗三首之二,(清)汪森《粤西诗载》卷23。
⑥ (清)钱元昌:《粤西诸蛮图记》,雍正《广西通志》卷92引。
⑦ 同上。

昔，可是她们裙着于身，"行则扱（chā，插）左右于腰"，① 可说是自宋以来一脉传承，没变其先人掖裙的其态其式。

壮族妇女"裙色皆深青，亦以绣缘，襞积颇繁，行则扱左右于腰"，② 不是左边裙尾掖在左边腰，右边裙尾掖在右边腰。据田野调查，20世纪60年代，地处偏僻的广西大新县板价一带的壮族，男子穿唐装衣裤，与汉族无异，妇女却还是传承先人的衣式，黑色短衣长裙。衣长一尺余，仅止及腰，袖长6寸，右衽，领、袖、衣缘绣着彩色花边。裙为百褶裙，裙头前面左右两带，分左右由前绕后，再由后绕前打结，然后将左边裙底抽起插到右腰间，右边裙底抽起插到左腰间，左右裙幅交叉在腰后臀处，翘摇如尾。③ 这说明将裙尾"扱左右于腰"，是左插于右，右插于左，裙幅左右交叉，方才于臀后形成翘摇如尾的形态。

张自明民国云南《马关县志》卷2《风俗志》载，侬人妇女"服色尚青（黑色），有裙无裤。上衣对密纽，窄腰、小袖，衣长及尻（kǎo，臀部），袖长及肘，袖口镶三寸宽之杂色边。裙数百折，需布甚多。行路时，裙幅扭结于衫臀，翘摇如尾"，恰恰印证了大新县板价一带壮族妇女衣裙装饰的情况。

时日更替，文化流迁，壮族中穿百褶裙的社群已经寥寥可数，今云南壮族中仍流传有关于锦侬妇女服饰的"头上两支角，屁股背包药；衣服一丁点，裙子弯马腰"的民谣，其中的"屁股背包药"就是说锦侬妇女将裙幅扭结于臀后翘摇如尾。

八　男鞋女鞋普遍化

宋朝，壮人踏鞋已见于记载，这是生产劳动、行军作战的必需，也是社会进步的结果。

明朝，刘文征天启《滇志》既记载云南侬人"脱履梯下而后登"楼，又记载广西归顺州（今靖西县）"男子能华言，巾帕、短衣、皮履"。到了清朝初年，钱元昌《粤西诸蛮图记》载，壮人"足跣，偶着草鞋"。④ 雍正《广西通志》卷93《蛮疆分隶》载，向武州（治今广西天等县向都）"男妇草履"，养利州（治今大新县桃城）"男子尺帛束头，穿革履"。此说明清朝初年以后，在壮族中制鞋踏鞋已经传播开来。不过，壮族主于稻作农业，经常进入泥水之中，而且除数九寒天的一些有限可数的日子之外，气候大都温热，平日仍多保持着跣足而行的习惯。因此，中原来的官员、文人一说起壮族都以"裹头跣足"概之，似乎壮族人都没有踏鞋的时候，这是一种偏见。

皮履、木板鞋、草鞋，虽宋以后在壮族中流行了，但踏鞋在壮族社会中流行开来，成为社会成员的习惯性行为，是在壮族社会关于赤足见客不敬理念的确立以后。而这一理念的形成，是在清朝大力宣扬孔孟之道，汉族文化深入于壮族穷乡僻壤，"弟子诵读之声流

---

① （清）钱元昌：《粤西诸蛮图记》，雍正《广西通志》卷92引。
② 同上。
③ 王时阶、蒙力亚：《广西少数民族服饰文化》，广西人民出版社1992年版，第40—41页。
④ 雍正《广西通志》卷92《诸蛮》引。

于山谷，渐耻其俗之陋而化其性之顽"① 以后。因此，到了乾隆十六年（1751年）傅恒的《皇清职贡图》所配的图录中，壮族男女图像，大多穿上了鞋子。这些鞋，不是往日的皮履、草鞋，缝纳编织就行，也不是木板鞋削削钉钉就可以了，而是百层布、千层布，百纳而成，纹路斐然，鞋面又绣上花的花鞋。

据田野调查，光绪二十年（1894年）以前，壮族男女都备有花鞋、便鞋、木板鞋。木板鞋在家里使用，草鞋走路上山少不了；便鞋是平日趁墟、串亲或寒冬穿上护脚；花鞋是礼鞋，婚姻、赴宴、会情人时方才穿上。

男花鞋，厚底，尖头，圆槽，鞋头有双桥突起，黑色布面，上绣有花，或称为龙凤鞋，或称为双桥龙头鞋。有的地方，鞋底还钉有48颗牛奶钉。清末民初，出现男子便鞋。此种便鞋，底仍是百纳底，鞋面开始有圆头圆槽，黑面，两边雌雄二襻，在中间结扣；后来如同女便鞋，一襻而过扣住。

女花鞋，一种是百纳底，尖口，翘头，浅口，鞋面红底或黄底，绣满各式各样的花色；另一种是尖口、翘头的蝴蝶鞋，鞋面也是红底或黄底，高腰，同样绣满花样。而云南土佬支系的壮族女子的花鞋的鞋底则延伸上翻近乎槽口前沿。女子的便鞋则是百纳底，鞋面或黑或花或绣上简易的花样，浅口，有襻口，如同现在的女布鞋。②

女花鞋是妇女的礼鞋，不是婚姻、做客或约会情人不穿。做一双花鞋，煮糊褙布，纳底绣花，要费上10天的时间，既耗时又花精力，得之不易。自己的劳动自己珍惜，所以往日就出现了妇女走亲"至人家，则袖中出鞋穿之，出门即脱置袖中"，③ 或"访友多脱履赤足而行，将至村，乃洗足穿履以入"④ 的情形。

九　女竹篮男网袋，下田趁墟便携带

自古以来，壮族沿水而居，依冲而种，生产劳动无须爬山越岭，在崇山中行走。因此，挑担以运重物是他们世所传习。用扁担挑东西的"挑"，壮语谓"ɣa：p⁷"，布依语谓 za：p⁷，临高语谓 hap⁷，西双版纳傣语谓 hap⁹，德宏傣语谓 ha：n⁹；扁担，壮、布依语谓 ha：n²，临高语谓 Van²，西双版纳傣语谓 kan²，德宏傣语谓 ka：n²。此种情况说明，"挑"与"扁担"，在壮傣语支语言里二词各源于一，今语仍相近。从而，道出了在壮傣群体越人未分化独自发展之前已经存在了以扁担挑物的事实。今日摄影爱好者总喜欢静拍傣族女子以扁担挑物的情影，可知其为傣族的一个突出之点。其实，壮族何尝不是如此！

挑肥走向田间，挑秧抢插，挑柴入屋，挑谷进门，挑货趁墟，挑就离不开扁担。扁担成了劳动的象征，女子主家的象征。因此，恋爱中的男子赠女以扁担，作为情爱的物品。这就是清朝初年屈大均《广东新语》卷12《粤歌》所说的："狼之俗，幼即习歌，男女皆倚歌自配。女及笄，纵之山野，少年从者且（将近）数十。依次而歌，视女歌意所答

---

① （清）钱元昌：《粤西诸蛮图记》，雍正《广西通志》卷92引。
② 《广西壮族社会历史调查》，第一册，广西民族出版社1984年版，第17、40、125、277页。
③ （清）吴震方：《岭南杂记》。
④ 道光《廉州府志》引《灵山县志》。

而一人留。彼此相遗，男遗女一扁担，上镌歌词数首，字若蝇头，间以金彩花鸟，沐以漆精使不落；女赠男以绣囊锦带，约为夫妇。"雍正《广西通志》卷93《蛮疆分隶》载，宣化县（今南宁市）壮族"婚之日，女家作汲桶、竹杖给女，往送之。既至，则其夫击女背者三，女乃出桶、杖担水供饮，旋回母家"，说的也是这种情况，只是竹杖即扁担成了女家所送的嫁妆罢了。

小小扁担挑起一个家，在昔日壮族流行"男逸女劳"习俗的时代，扁担压在女子肩上，她们对支撑家庭有多大的责任啊！

女子下田趁墟，上山砍柴，入屋操劳，可以说历史上壮族家庭的贫富决定于家中女子的劳动与操算。

恋爱中的壮族男女，可以肩挂荷包收藏心钟之物，可妇女下田趁墟，不挑担，也不宜肩挂荷包，拿什么来贮存临时获得又不可舍的物品？清朝以前，我们无从知晓她们如何携带，然而进入清朝中叶以后，据傅恒乾隆《皇清职贡图》所载，她们出外"恒携竹篮"，遇到喜爱而可用的物品，顺手拾起放入篮里。

同样，男子也是出外，"时肩丝网袋以藏什物"，"时负丝网袋，趁墟负物而归"。[①]

十 女子渐行缠足

《辍耕录》载，"扎脚（缠足），自五代以来方为之。如熙宁、元丰（1068—1085年）以前人犹为者少，近年则人相效，以不为者为耻也。"

"上有倩盼，下有金莲，乃女子之美质。"[②] 中原人以女子缠足为贵，以"三寸金莲"为美，这是我国封建社会审美心理的畸化现象。它腐蚀了人心，残害了女子，使妇女的生理形态畸形化，完全依赖于男子。明朝王济《君子堂日询手镜》说壮族"妇女不缠足，不著底衣"。至清朝，仍是如此。吴震方《岭南杂记》说壮群体越人后人"女子缠足，则皆诟厉之"。因此，在广西的壮族妇女养儿撑家，劳碌家内家外，自享其天足所带来的乐趣。

然而，随着中原汉族文化深入壮族地区，一些插花居住于汉族地区的壮族也出现了女子缠足的现象。比如，傅恒乾隆《皇清职贡图》卷7即说云南曲靖等府的壮人妇女"白布束胫，缠足著履"。

缠足，是以强力压迫足型，使其不能伸延自然。此件事，必须在女子年纪小小的时候便重布缠上。这样，无疑使部分壮族女子自小小年纪起便遭逢厄运，备受缠足带来的痛苦，肢体畸形，不能自然舒展，无从享受人类出生以后自然赋予的权利。

为了具体而形象地获知清代壮族服饰，笔者将傅恒乾隆《皇清职贡图》卷4、卷7、卷8、卷10中壮族及个别与壮族关系密切的布依族的图录并说明移录于下。

兴安壮人"其在兴安之富江诸处者，被化最早，习俗较醇，以耕种、负贩为生。席地而炊，抟饭而食。男蓝布裹头，妇椎髻银簪，悬以花胜（古代妇女的花形首饰，剪裁而成），抹额悉缀以珠。衣裳俱缘以锦绣。客至，人置一器。食余则各携去"。

---

① 《皇清职贡图》卷4。
② （清）褚人获：《坚瓠集》引《风俗记》。

贺县壮人"安耕织,慕文物(功名、文化)。男花巾缠头,项饰银圈,青衣绣缘;女环髻,遍插银簪,衣锦边,短衫,系纯锦裙,华丽自喜。能织壮锦及巾帕,其男子所携,必家自织者"。

融县"左右藤、苍树,古多猿、猱,壮人视若侪伍(同伴),结庐其中"。"男花布缠头;女项(颈)饰银圈,衣缘以锦,花褶,绣履(鞋),时携所织壮锦出售,必带竹履而行。"

灵山县壮人，"又谓之山人。戴笠跣足，衣饰亦与齐民（汉人）相仿，掬水而饮，搏饭而食"。"壮妇用花帛兜肚，裤仅蔽膝，往来墟市，必持雨伞而行。"

岑溪县"狼人""男椎髻，绩麻为衣，以耕渔为生；妇垂髻，耳环，与民人相同，喜以茜草染齿使红以示丽，贫者时戴笠携筐挑野蔬以佐食"。

贵县"狼人""世以耕猎为生，亦有粗知汉字者。男戴笠、著履，时携巾扇闲游；女青衣绣裳，系红、绿彩色带，喜簪花，亦喜以茜草染齿"。

思恩府（治今广西武鸣县府城）侬人，"所居在山顶，无族姓可考。尚鬼重财，不好田作，采薪易谷，家无宿舂。男三十以上乃婚，妇首挽双髻，短衣布裙，亦佐夫樵薪为业"。

太平府（治今广西崇左市）属"土人，多以尺布裹头，不留髭须，足著革履，出必以油伞自随，时负丝网袋趁墟负物而归。妇人手戴银钏，多者或至三四，短衣长裙，行则扱于带间，恒携竹篮挑野蔬以佐食"。

西隆州（治今广西隆林各族自治县）"土人""男以蓝布缠头，蓝衣花带，手银镯，足鸲鞋，时肩丝网袋以藏什物。土妇首裹布帻，髻插花簪，绿衣、红领、花袖，外系细褶长裙，束以飘带，能织花布巾"。

永丰州（治今贵州省黔西南布依族苗族自治州贞丰县），原为广西泗城府西隆州辖地，雍正五年（1727年）析广西泗城府西隆州红水河以北地置永丰州，隶贵州省。所以"永丰州等处的侬苗"，"盖即广西西隆州土人之类也"，今为布依族。"其男子俱剃发，衣服与汉人同。妇女短衣长裙，首蒙青花巾"。

云南广南等府侬人，"喜楼居，脱履而登，坐、卧无床榻。男子以青、蓝布缠头，衣短衣，白布缠胫；妇束发裹头，短衣密纽，系细褶桶裙，著绣花履"。"其类与沙人相似，岁纳粮赋。"

云南广南等府沙人"寝无衾、枕，坐牛皮中，拥火达旦，以耕、渔、射猎为生，出入带刀"，"男女衣饰颇类齐民（汉人）。其俗多同侬人，而慓劲过之"。

临安（治今云南省建水县）等府"土獠"，"一名土老，亦名山子"。"男子首裹青帨，著麻衣，常负竹笼盛酒食入市贸易。妇女高髻红巾，缝花布方幅于短褐。"

云南曲靖（治今曲靖市）等府壮人"男子缠头，短衣跣足。妇女以青布为额箍，如僧帽然，饰以海巴；耳缀大环；衣花布，缘边衣裙，富者或以珠缀之；白布束胫；缠足著履"。

从以上乾隆年间（1736—1795年）图录的各地壮族的服饰看，男子衣裳的款式已经逐渐改从汉、满二族的上衣下裤的衣式，衣襟中开或右衽，下着长裤。而女子，虽然仍然传承着先人们上短衣下长裙的样式，但其头饰和身饰各地已经大不相同。这种不相同，随着时间的推移，益形明显。

至于广大非土司治区的壮族男女服样式，则弃其所自，完全袭取汉、满二族的衣式，男或短衣长裤，或长袍长裤。短衣是无领的中间开襟或琵琶襟。这都是套用流行于中央的满族的中开襟或琵琶襟马褂作为衣装的。女子则是纯一式的无领右衽大襟衣，只是在领、袖、衽边和襟底镶上红、蓝、白等色缘边而已。

第四节　民国：男髡女长发，唐装流行

1911年，孙中山先生领导的辛亥革命成功，结束了两千多年的封建帝制，满族的剃

发留辫习俗和汉族妇女的缠足陋习逐渐革除，在民国政府的压力下，壮族男子开始剃去头上的长发，流行光头，有的地方则在光头上箍以或黑或白的头帕。

女子比较保守，长发依旧，一如往日。她们或结髻或不结髻，都以或黑或蓝或白或花的头帕包头。由于地域关系，各地扎发包头的方法方式也不完全相同。

一　头装

广西天峨县西北下老乡白定一带自称"布哥"的壮族女子，都留长发，不打辫，已婚的多结髻或梳好由左到右绕头用头巾扎上，未婚的都是散发披头或由右而左缠绕着头，用白色毛巾包扎。[1]

广西隆林各族自治县委乐乡壮族妇女的包头巾有蓝、白、黑三种。黑色包头巾长六尺，巾的一端织有网状的格子，末端有长约三寸的垂线，缠头时，从左向右绕两三层后绕回左耳上；蓝头巾长约二尺，两端用黄色、红色花线绳边，没有垂线，包头时是将蓝巾盖在头上，把左边的一端上翻，右边的一端同样上翻；白头巾长约二尺，巾的两头织有黑色的花纹或方格图案，宽约三分，巾末垂线约三寸长，包时与蓝头巾一样。三种颜色的头巾使用的场合不一样，一般劳动时戴白头巾，居家或趁墟包蓝头巾，出嫁、赴宴、访亲、过年则包黑巾。[2]

龙胜县龙脊壮族老年妇女头上留长发，不结髻，翻过额头打一个旋转，扎上长约四市尺的黑布巾。青年女子（婚与否区别不大）头心留发，四周剪披衽，也不结髻，翻过额头用白手巾包扎，并在面衽上插上一把银梳。童年女孩剃光头，戴上外婆送的银帽，渐大则留发，由短到长以至青年时代那样。[3]

广西西林县那劳乡年轻姑娘剪发，长至耳垂下，用褶叠宽至二寸至三寸的灰色带方格的头巾包头。中老年妇女，将发留长在脑后结盘龙髻，也用头巾包头。[4]

广西武鸣县马头乡清江一带的中老年妇女均打发髻，扎上三四根不等的银簪，少数富裕人家的妇女还扎上金簪。青年女子或出嫁后生孩子前的青年妇女都打长辫，出嫁后的女子则留有"刘海"，生孩子后则不留"刘海"，将长辫子盘起在脑后扎起发髻。与此同时，不论中年老年还是青年，头上还要包上头巾。头巾的扎法有两种：一种是将头巾折小至三四寸宽，围过头部，扎于左耳边，顶发露出；另一种扎法也大致相仿，但不露顶发。此两种扎法，在年龄上没有区别。中、青年头巾扎在左耳的一头连有同颜色的须条，以为美观。巾色有黑蓝色、深褐色、白色三种。中老年人用前两种，青年人用白色，也有少数中年人也扎白色头巾。[5]

广西平果县果化镇称为"陇人"的壮族，不论已婚未婚，到了相当年龄便在脑后结发为髻，盛装时则在髻上插上八根银或铜的发针，小木梳一把，梳上连着一条银丝织成的

---

[1]　《广西壮族社会历史调查》第一册，广西民族出版社1984年版，第17页。
[2]　同上书，第39—40页。
[3]　同上书，第124页。
[4]　《广西壮族社会历史调查》第二册，广西民族出版社1985年版，第209页。
[5]　《广西壮族社会历史调查》第六册，广西民族出版社1985年版，第69页。

银练，将髻绕紧，用自织的头巾包住。头巾有三种：第一种是白底织上青色的花纹图案，青年妇女多用；第二种是青色的方格巾，用者多属年纪较大的妇女；第三种是一条黑布在两端绣上红、绿色狗牙花，不论男女都可以用。下雨时，戴着普通的竹帽，但在结婚和不落夫家期间，女子在屋内吃饭、做工，都要戴一顶特制的小竹帽，帽带是两三串黑白玻璃珠子串成的珠链。[1]

广西龙州县金龙壮族妇女的发式，是先将头发束成条状，用绿色丝巾或花巾卷好，然后绕头一匝，俗称为"砧板髻"，发外再包上黑头巾一条。[2]

广西那坡县和云南富宁等县自称"布雄"的黑衣壮妇女都留着长发，在头顶盘髻，插上簪子，用布条裹头。其裹头布先白后黑。白布宽二三寸，长约二尺；黑布宽约六寸，长约九尺，并在边缘缝上红线以为装饰。裹头时，先将白布沿发际将头包住，然后将折叠成型的黑布覆在白布之上，盖住前额。由于黑布是用经蓝靛多次反复浆染过的土布来做，质地硬，不易变形，其形状有如飞机，因此人们戏称其为"黑飞机"。"黑衣壮"之名或者正是缘此而来。

云南文山壮族苗族自治州流传的"头上两支角，屁股背包药；衣服一丁点，裙子马弯腰"歌谣，"头上两支角"，指的就是侬支系壮族一些社团的妇女盘髻于脑后，用宽一市尺、长约六市尺的红底花格布帕沿着发际裹头，前如鸭舌帽舌，后帕两端交叉于髻下各往前伸，形如两只牛角。而露出的后发髻则罩上网巾，并在髻上缀着绚丽的银花。明朝桑悦《记壮俗》诗六首其二说壮族妇女"趁墟亦有能装束，数朵银花缀网巾"[3]，此或者就是其遗意吧。不过，在同一支系的不同社团中，妇女的头装也不完全相同。许多侬支系的壮族妇女先以银珠镶嵌在布带上箍住前额作为额饰，然后以长约六市尺、宽约一市尺、两端绣有壮锦纹饰并留有半尺来长的垂线的黑布帕裹头；而锦侬支系妇女则在黑布帕之外在前额再横陈一幅狭长的织锦，因称为"锦侬"；另一些社团的妇女则以花布裹头，然后以白头巾在花头巾的下沿沿着发际箍住，既包住额头也掩住了耳朵。至于订了婚的姑娘，她们将长发梳起，在脑后结个扁圆形的头髻，再用宽约二市寸的黑布带沿着发际在髻下绕上一匝，又在黑布帕的前额部位缀上红色花朵，同时在髻上也缀红色的花朵，前后相对，红黑相映，显露出既青春焕发又心有所鹜。

自称"布侬"的沙支系壮族，老年妇女盘髻于顶，以宽约一市寸的黑帕裹头一匝，再以上刺着精致图案的小方帕覆顶。自称"布桂"的沙支系壮族妇女，头裹多层约二寸见宽的勒子，有时则包上一块黑色的四方帕，一方有丝穗，飘在耳边。而称为"黑沙"的壮族妇女，盘髻于顶，以挑有花边、镶上银泡和三色银片的宽三四市寸的头帕箍着头的下部，然后将特制的银冠固定在发髻之上。银冠分二层或三层，周边挂着银制鱼、蝴蝶、荷花、响铃、人面和兽面等。冠顶有五彩线扎成的小彩球和数只银制的孔雀、蝴蝶等动物形状。银冠下部系有一条宽约二市寸、长约二市尺的头飘。头飘以深蓝色布做成，上缀雕着孔雀、蝴蝶、米粒纹等动植物形象的银片。银饰满头，走起路来，叮当有声，不禁让人

---

[1] 《广西壮族社会历史调查》第七册，广西民族出版社1987年版，第218页。

[2] 同上书，第118页。

[3] （清）汪森：《粤西诗载》卷16。

想起明末清初，广西壮族男女"盛服则锦兜花裙，缀以古铜线，丁当自喜"。①"山间寂寂叮当响，自是情人相会时"，头衣的佩饰是与生活习俗的节奏相互协调的。

云南自称"布傣"的土佬支系壮族，妇女头装分为三种：一是平头，二是搭头，三是尖头。"平头土佬"即因其包头平扎而得名。她们盘髻于脑后，然后用四块青色头帕平扎包头。四块头帕，共约七尺长。第一块包扎掩住发髻；第二块固定形状；第三块从头顶盖至前额，帕尾延至后颈形成尾状；第四块约二寸宽从前额往后包住第三块头帕，并在上面绣纹样及"吉祥"或其他吉利的汉字。搭头土佬则是结髻于头的前半部，以约八寸宽、一丈二尺长的蓝布帕沿着发际裹住头，然后以一端折成二寸宽的布带绕个圆形，再以另一端搭于头顶垂于脑后。这就是"搭头"之称的由来。"尖头土佬"是土佬中的一个社团。因其妇女头装与"搭头土佬"妇女一样，只是其发髻盘结于头的顶部，裹头布帕包头时就得照顾顶髻，形成一个高耸的状体。于是，当裹头帕的一端从前额的圆形中拔出后搭时，头顶上就出现一个类似尖状的耸体。头装及人，所以，自称"布傣"的这一社团的人被称为"尖头土佬"。

二 衣服款式

清代光绪（1875—1908年）以前，壮族穿衣用布大都是自种、自纺、自织，衣裙也都是妇女巧手缝制。光绪以后，洋纱涌入壮族地区，人们织布也逐渐采用洋纱。不过，衣裙的缝制仍然脱不出妇女们的头脑和双手。

清朝中后期，在地方官员强化传递汉、满二族文化的影响下，壮族男子已经逐渐放弃传统的衣服款式，改以满族的马甲式的无领右衽大襟、琵琶襟、中开襟衣作为上衣，穿上裤子。同时，在壮族社会中一些有身份的人也穿上了右开襟的长衫。此种衣装形式沿袭下来，至民国十多年以后，形成了简便的"唐装"。于是，立领中开襟一排布扣扣住的左右，靠底襟各有一个明袋的"唐装"，便成为壮族男子似乎统一的着装形式。

一提起"唐装"，人们不经意便联想起唐代人的服式，认为这是唐朝人穿的衣服款式。其实，唐朝人衣装不是圆领腰间扎带的"白布长衫紫领巾"，②就是"系红鞓（tīng，皮带）、角带（有陵角的头巾），短皂（黑色）布衫"，③既无立领也无明兜，既不开襟也无排扣，与20世纪初方才兴起流行的上衣下裤短装结构的"唐装"相差远了。

"唐装"，源于海外华侨。唐代，是中国历史上强盛的朝代，声名远播于海外，因此外国人称中国人为"唐人"。《明史》卷324《真腊传》说"唐人者，诸番呼华人之称也。凡海外诸国，皆然"。传之而下，南海诸国既称中国人为"唐人"，侨居海外的中国人也以"唐人"自称。近、现代，在外国，华侨聚居的地方称为"唐人街"。然而，在英语中并没有"唐人街"的拼写，只称为"China town"（中国城）。很明显，"唐人街"是华侨自己命名的。所谓"唐装"，也就是华侨自名所穿的服装。后来，"唐装"之称从海外经港、澳传入中国内地，广东首先接受了此一称名。于是，"唐装"之名便由广东而远播于

---

① 雍正《广西通志》卷93《蛮疆分隶》。
② （唐）韩愈：《赛神》诗。
③ （宋）沈括：《梦溪笔谈》卷24《杂志一》。

国内各地，并为大家所认同，"唐装"成了此一时期中国式服装的名称。①

唐朝人服装　　　　　　　唐装

唐装上衣，男立领或无领，中袵排扣，下袵左右各有一个长方形明兜，长及大腿上部；女无领或立领，右袵大襟，布扣，长也及大腿上部。裤子，男女可通，前后不分，两面都可穿用，平面结构，裤裆裤管肥。由于过去家织的布幅很窄，一幅布只能做一条裤管，甚至还有拼裆，穿上它，并腿而立，有如穿着裙子。裤分两截，裤管裤裆之外还有裤头。裤头用白色或蓝色的细布做成，穿时将宽阔的裤头紧贴腰部左右裹叠，并向下反折两次，或用一根绳子卷起裤头牢缚于腰间。

壮族男子的衣裤既然全部改为唐装，妇女往日的短衣长裙自然被视为奇装异服。民国25年（1936年）十二月，国民政府广西省政府颁布的《广西改良风俗规则》第六章《服装》规定："男女留发不得过颈，女子留发过颈者，须结束，不得披散，并不得奇装异服。违者，处一元以上十五元以下的罚金。"② 实际上，壮族的传统服饰被视为"奇装异服"并不是到了这个时候方才开始，早在民国初年，各地的国民政府官员就已经对所谓"奇装异服进行打击了"。比如，民国元年（1912年）八月，"龙胜县五种联合改良会"即拟出了"劝各处兴学饬妇女改装及整顿风俗"的"改良章程，分发各地"，将"改良各种异服"作为"整顿风俗"的主要内容。此后，龙胜县县长许某某、张培芬等又亲自出马规劝禁止。上司挥手，兵丁倍加用命。一次，侯家寨壮族侯金玉去趁墟，被捉来按在地上剃去头发。他即此受惊回家病了一年，迫不得已杀了一头牛来祭鬼。趁墟的妇女一听到"剃头发"的呼喊，吓得四处没命地奔逃。平安屯壮族廖海民的老妈七十二岁了，奔逃不及被按住剃发，老人伤心地哭了。可是，那些兵丁却威吓着说："你要头发还是要头？"而平安屯廖锦芳的妻子在改装令下，被抢去裙子十二件，汗衣十一件，鞋子大小十六对，银手镯二对。③ 又比如，雷平县（治今广西大新县雷平镇）国民党县政当局禁止壮族妇女传统的服饰，她们只能在乡间穿，出街不穿，所以到20世纪50年代在偏僻的村子里还保

---

① 潘坤柔：《唐装：见证汉族服装发展轨迹》，《中国民族服饰研究》，民族出版社2003年版，第341—349页。
② 《广西通志·民俗志》附录，广西人民出版社1992年版。
③ 《广西壮族社会历史调查》第一册，广西民族出版社1984年版，第125页。

存昔日的服饰。[1]

壮族妇女传承先人的服饰被国民党地方当局当作"奇装异服"进行取缔，广西大部分壮族妇女只能以立领右襟的"唐装"作为日常用服，只有在较为偏僻的地方方才残留着一些既沿袭传统又作了变更的民族服饰。

前面提到的雷平县，是民国十七年（1928年）太平、安平、下雷三土州改流后合并建置的。在雷平县即原安平土州属的板价村，由于地处偏僻，20世纪60年代以前，妇女一式短衣长裙。上衣短而窄，长一尺余，仅及于腰，袖长六寸，右衽，颈边、袖缘、衣边均绣有彩色花边。褶裙，似扇形。裙头两边有长带，系裙由前往后，再前绕作结。行走、劳作，则将裙幅左右插于腰间，左插右，右插左，在臀后形成交叉的翘摇如尾的裙幅。这是壮族传统的衣裙款样和穿着形成的传承。[2]

龙胜各族自治县龙脊和隆林各族自治区县委乐等乡的壮族妇女其穿着则是继承传统又略作变更的服饰。

龙胜龙脊壮族妇女头箍素白印花头巾，身穿平领、对襟、中袖的白色上衣，中襟下部有两个黑色布扣，敞开上胸，露出艳丽的贴身花围兜。上衣袖筒中腰及袖口缀着红、绿、蓝色彩栏杆。下穿黑色裤子，裤脚及膝处镶上蓝、红、绿三色花栏杆。这是往日壮族传统的"内络花兜，敞襟露怀以示丽"[3]的略变其态的传承。

隆林委乐乡壮族妇女上衣有黑、白、蓝三种颜色，短至腰间，仅可略略盖住裙头及裤头，右衽。在右腋下及衣襟边缝上黑、蓝、白三种颜色的系带。白色衣和蓝色衣颈后绣有花边直绕到颈前；外襟有一道白布或蓝布镶边。如系白布，还要绣上一道长约八寸、宽三分的花边；内襟也有白布镶边及有长约二寸、宽三分的花边。如果衣为蓝色衣，则袖口、襟里、衣底还有宽约一寸的红色或深蓝色或黄色的布镶边。三种颜色的上衣中，数黑色衣的缝制最为讲究。颈后、襟内、襟外的花边虽然和白色、蓝色上衣的位置相同，但蓝、白色上衣的花边只是用各种花线绣在白布上，黑色上衣的花边则是用黄色绸缎为底，用各种花线按图案绣上各种花样，袖口、襟里及衣底都用黄色或红色布镶，并用红色或黄色的线滚上花边。下身穿黑色的唐装长裤，长裤之外又套上短打的褶裙。裙头左右两端各缀有长短两根带，带上绣花，带末有垂线。系裙时，两条短带垂在身后，长带则左右缠绕在前面打结垂于两腿前。四条花带系于腰间，随风荡漾，搭配着衣裙的五颜六色，形似彩蝶飞舞，美趣无限。委乐一带的妇女之所以特别重视黑色上衣，是因为她们将之视为礼服，结婚、访亲、赴宴、喜庆活动方才穿上。[4]

而广西那坡县和云南富宁县自称"布雄"的黑衣壮，其短衣、长裤外套短褶裙，与隆林委乐一带壮族妇女所穿的衣裙款式基本相同，只是所配色略异罢了。不过，她们还将短褶裙下缘撩起插于腰间，不忘昔日壮家妇女将裙子"扱左右于腰"[5]的习惯性

---

[1]《广西壮族社会历史调查》第四册，广西民族出版社1987年版，第86页。
[2] 王时阶、蒙力亚：《广西少数民族服饰》，广西民族出版社1992年版，第40—41页。
[3]（清）钱元昌：《粤西诸蛮图记》，雍正《广西通志》卷92。
[4]《广西壮族社会历史调查》第一册，广西民族出版社1984年版，第38—39页。
[5]（清）钱元昌：《粤西诸蛮图记》，雍正《广西通志》卷92。

行为。

或许国民党执政时期，云南省的两任主席龙云和卢汉都是彝族，是少数民族，他们对汉族历来倡导的"化夷为夏"似不感兴趣，因此，壮族除男子大都以"唐装"为日常用服外，妇女的衣制款式则无碍地照样承传着昔日的传统服式，并有所发展。

云南壮族三大支系，一是侬人；二是沙人，也称仲家；三是土僚，自称布傣。因支系不同，妇女衣裙的款式多见纷呈。

侬人女子衣装　　　　塔头土僚女装　　　尖头土僚女子衣装

侬人妇女的衣服款式是上短衣下长裙。上衣是右衽或中开襟的黑色紧身短衣。衣领用红、蓝、绿等丝线绣上如意纹、波浪纹、卷草纹等花纹图案，领口则用银制蝴蝶搭扣装饰，衣扣也是用银制的各色花样如小灯笼等做成。袖长至手腕，袖衬用彩色丝线挑绣各种花纹图样，衣角成扇形向上翻翘至腰部两侧，衣襟边缘用彩色丝线挑绣上艳丽的褐条子。下身内穿黑色长裤，外罩以黑色百褶长裙。行走或劳作时，她们便将百褶裙下缘左右撩起，左插右，右插左，在臂部绾成个大结，翘摇如尾。这就是流行于云南文山壮族苗族自治州诸县的关于侬人妇女服饰的歌谣"头上两支角，屁股背包药；衣服一丁点，裙子弯马腰"中后三句的含义。其中的"裙子弯马腰"，是形容侬人妇女"裙数百折，需布甚多"①而重，也就是清代壮族妇女"长裙细褶，或蓝或红或花，更有穿夹裙者，厚三四层，重五六斤"②的夸张比喻。

黑沙支系的壮族妇女所穿衣裙都是青黑色。上衣为交领右衽紧身短衣，领沿挑绣卷云纹至腋下。袖口镶上二道至三道绣锦和织锦。襟底周遭缘上饰有植物、动物形纹银制品的布头及二三寸长的垂穗。另外，肩胛周围还披有类似披肩的银托。银托以棉布作底，上镶九片以上饰有稻穗、螺蛳等动、植物形纹的银牌。银托围于脖下肩胛前后，形似开放的莲花。银托下面还吊着三十多串由灯笼、响铃、蝴蝶、鸟等形状组成的银坠，直垂腰间。下身内穿青黑色长裤，外罩黑色褶裙。裙外右侧还在腰间系上一条宽约二寸长同裙子的裙飘，上绣花卉、喜鹊及绣球等纹饰，下垂二三寸长的饰有鱼、鸟、响铃等银制品的五色璎珞。沙人一身衣饰，黑白相衬，银光闪闪，欲飘又凝重，贞静而高雅。

---

① 张自明：民国《马关县志》卷2。
② （清）谢启昆：《广西通志》卷279。

沙人女子衣装

　　土佬支系壮族因发装及头帕的包扎形式不同，分为平头、尖头、搭头三种。他们的衣裙款式都是传承昔日壮族传统的衣装款式上短衣下长裙，基本色调为青黑色，而上衣的前后都有一块像是补上去的锦块。搭头土佬胸前后的锦块是长条形的，平头土佬和尖头土佬的锦块却是正方形的。其中，尤以平头土佬的衣裙款式最富特色。

　　平头土佬的上衣，或以青布或以蓝布或以黑布做成，方形领口右衽短衣。领头、衽缘绣着以红色为主的诸色花边，左右袖口镶配二三寸长的一圈红底花绸缎。双肩由前至后缝上以红色丝线刺绣镶配的宽约二寸的布条，状若肩章，形似挂甲。襟前背后用五色碎布簇成四方锦。前襟四方锦宽六寸左右，用红、黑、绿、蓝等小布条叠成三角形，以大套小镶成九个正方形，缝于方锦中，意为"九九归一，事事如意"。后四方锦较小，用红、黄缎子镶成宽约四寸的正方形，正中用玫瑰色丝线绣成波浪纹，又用黄色丝线将波浪纹绣成龙纹。之后，用深蓝色丝线在方锦中的空白处绣起一个个旋涡纹，再以绿、白二色丝线在方锦四角各绣上一个月牙形图案，最后在月牙形图案上缀着诸多银泡。

平头土佬女子衣装

月牙银泡下相距二三寸，又以红色丝线绣回雷纹为边做个比上稍小的正方形，中间绣着"盛世太平"或"国泰民安"四个汉字的纹样，酷似盖上一个大红的印章。下身穿桶裙，系黑色围腰，小腿有布套护着。裙幅左镶以宽二寸的白布或蓝布一条，右幅裙腿边内沿也镶上白色或蓝色布条。裙子穿上，将右裙角提起束于左腰，则正面成白色或蓝色人字形。围腰较长，无纹饰，但左右两端各有一条红色带子，系时红色的带尾垂于臀后。① 这样，平头土佬妇女衣装款式组成了上繁花似锦、下凝重而不单调的整体色调结构。小腿上的布套，下起脚踝上至膝头，套红色者为未婚，套他色者为已婚，一望便知，成了女子婚否的标识。而上衣"密缀银泡，并系响铃"，"行走如风铃声，铮铿可听"，② 实实在在也是往日壮人衣裙"缀以古铜钱，丁当自喜"③的一种传承。

土佬妇女上衣前后的四方锦，诚如明、清时代标志着官员品级符号的官服上的"补子"，做工精细而烦琐。为什么会这样？

据说清代，为了抵御外敌的入侵，朝廷下令平头土佬修建开化城墙。男子忙上忙下，奔波劳碌，妇女们看不过眼，也放下家务走上城头，同男人一起奋战。当城墙修起，她们的衣肩磨破了，上衣的前襟后背也撕烂了。朝廷感谢她们急国之难，奋不顾身，劳苦功高，奖给她们许多布匹绸缎。她们手捧着柔软鲜丽的布料，不敢贸然拿来做成衣衫，经过大家苦思冥想，最后决定在所磨破的两肩上用花绸缎补上新的垫肩，并仿朝廷官服用绸缎在前襟和后背烂了的地方拼个四方图案，并在背后的四方图案下面缀个红色的小四方图形，既像个官印，象征着为朝廷所命，内又绣上"太平盛世"或"国泰民安"的字样，抒发着土佬群众的愿望，寄托着土佬人的理想。

此一传说，距时不为太远，似真实可信。

第一，云南省文山县文化馆1985年在收集《中国民族民间舞蹈集·云南卷》的资料时，曾收集到清代曾下令土佬修建开化府（治今文山县）城墙的故事，说明清代土佬人修筑开化府城墙其事不虚。

第二，无论是明代郑颙景泰《云南图经志书》、刘文征天启《滇志》，还是清朝范承勋康熙《云南通志》，都没有关于土佬妇女上衣前补后补方锦的记载。康熙之后是雍正。雍正年间，云贵总督鄂尔泰修《云南通志》对此没一语道及，不知当时土佬妇女上衣前后是否补着"四方锦"。与此同时，张无咎修《临安府志》卷7载，"土佬以十月为岁首"，"能习汉语，治生最勤，五更即赴山取柴，白昼耕种，人多富足，渐知读书，间有游泮者"，④ 也没有说及土佬妇女上衣襟前背后颇具特色的"四方锦"。雍正之后是乾隆。此时，傅恒的《皇清职贡图》卷7始载临安（治今云南建水县）等府土佬妇女"高髻红巾，缝花布方幅于短褐"。"缝花布方幅于短褐"虽不明"方幅"位于短褐的前襟还是背后，抑或是前襟后背都有，却可以清楚此时土佬妇女上衣"缝花布方幅"已经见形。此后，王崧道光《云南通志》卷184载黑土佬"女上穿短衣，用五色碎布簇成四方锦于前

---

① 张自明：民国《马关县志》卷2。
② 同上。
③ 雍正《广西通志》卷93《蛮疆分隶》。
④ 泮，即泮宫，为古代的学宫，也就是太学。科举时代称生员（秀才）入学为入泮，即游泮。

后,与补相似,下穿桶裙"。李熙龄道光《普洱府志》卷18也载黑土佬"女上穿短衣,用五色碎布簇成四方锦于前后,与补相似,下穿青桶裙"。这就具体而明确了黑土佬妇女上衣"四方锦"的位置和形状,让人认知土佬妇女衣前衣后补四方锦是在乾隆年间方才出现的。乾隆时期(1736—1795年),距今不过两百多年,说明关于土佬妇女上衣前后四方锦的来由的传说似还不失其真实,道出了土佬人心系家国的情操。

三 配饰

清初,钱元昌《粤西诸蛮图记》载,壮女"嫁则一髻上扎大梳,或银或木或牙花簪围。插多寡不同,随贫富也。髻上或覆布,或花巾,或笠。笠制极工,常以皂布幕边,半露其面。耳皆带大环,耳下间垂小珥。项带银圈,胸或挂银牌"。"男腰系巾,好悬铜盒贮烟。佩小刀极利,谓之左插。"女"腰多束花巾,悬荷包,性亦喜吸烟,每以烟筒插髻"。到了清朝中期,壮族男腰系巾已经消失,女"髻扎大梳""每以烟筒插髻"也已经不存在,而且就总体而言,钱元昌记载的壮族身上这些配饰的流行区域也已逐渐缩小。乾隆年间,傅恒《皇清职贡图》卷4、卷7所记载的壮族风俗,仅及广西兴安县、贺县、灵山县的壮人,岑溪县和贵县的"狼人",太平府及西隆州的土人,广西思恩府及云南广南等府的侬人,广南等府的沙人,曲靖等府的仲人,临安等府的土佬,而不及于广西柳州、庆远、南宁、浔州、平乐等府的壮人,似乎反映了这样的事实。

《皇清职贡图》记载所及的壮族群体,那时候他们身上的配饰是,女头插"银簪,悬以花胜,抹额悉缀以珠""环髻遍插银簪""髻插花簪""耳缀大环""项饰银圈""手戴银钏多至三四""喜以茜草染齿使红以示丽""戴笠携筐""缘边衣裙富者或以珠缀之";男"项饰银圈"。

民国时期,由于社会的发展,国民政府地方官员的大力干预,以及汉族文化的强力影响,壮族传统习俗的流行区域益形缩小。诚如民国22年(1933年)刘锡蕃经过各地实证之后所著的《岭表纪蛮》第五章《壮装》所说的:"壮人男女,从前俱挽髻,服饰亦奇特。""又有长裙细折,绣花五彩,或以唐、宋铜线系于裙边,行时其声丁当,自以美者,其状不一。今此等衣装,除极边岩邑外,俱已陶汰,即短衣长裙之装束,唯桂西乡隅间有之,余则不可见矣。男女现皆汉装。"[①]

壮族男女衣服的"汉装",也就是"唐装"化。由于壮族男女衣装的唐装化,昔日壮族传统的身上的配饰也就逐渐简化,件数减少。一般是头上银簪一条,银质而小巧的耳环一对,银或玉的手镯一双,银戒指一枚。而富裕人家的妇女则以金换银,成为金簪、金耳环、金手镯、玉手镯和金戒指。

民国时期,壮族中全部或部分传袭往日壮族习俗,因此身上配饰纷呈的,只有在比较偏僻、交通不便而比较闭塞的地区。

广西隆林各族自治县地接贵州,在广西也属边远。该县委乐乡"青年男子都随身带有一把小刀,长约七八寸,插进木制或皮制的刀鞘"。妇女"十五岁以上则(将长发)结成发髻,垂于脑后","用银簪插上,有的妇女插上横簪、直簪四五支,上垂银链,并有

[①] (清)刘锡蕃:《岭表纪蛮》,商务印书馆1934年版,第62页。

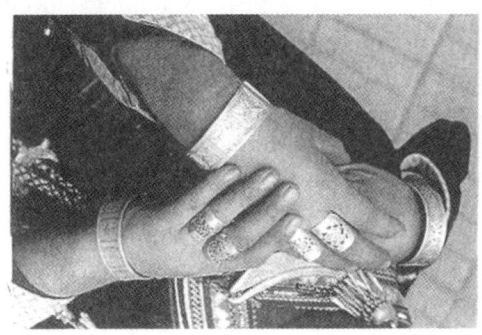

侬人女子身上配饰

红线绕系"。她们很少露髻,"认为这是没有礼貌,常年都包扎头巾"。"妇女喜戴耳环。""贫家妇女,戴上用锑镶裹石的耳环;中等人家,戴银镶裹石或玉的耳环;富裕人家的妇女,戴金镶裹玉的耳环。"另外,她们还有"染红牙齿的习俗"。①

龙胜各族自治县龙脊壮族男"青年身上配有五寸刀来护身,裤带上还经常挂上一杆竹做的烟斗及木雕的烟盒"。女子"生下二三岁即穿耳,戴上耳环(小圈铜环),年轻时戴上大环,出嫁时则戴上两个大环,下挂有银链。颈圈、手环,一般到青年时代就开始佩戴(少年则为小手环)"。"颈圈一般在节日、送亲作客时才佩戴,各人戴二三个不等,有些富家女竟戴到九个。"银耳环、手镯、项圈,还有银簪、银链、胸排等,身上所戴"重达数斤,行走起来叮当作响"。②

云南壮族居于云南省东南、东北接贵州,东靠广西,境内峰峦叠嶂,高山重重,往日交通更为不便,益形闭塞。民国25年(1936年),广南府壮族首领侬鼎和仍为广南府土官同知,其与外界的隔绝更为明显。因此,云南的壮族居住地自成区域,其受汉族文化的影响就相对较少。据说,清朝嘉庆二十年(1815年)嘉应州(治今广东梅县)的宋湘出任广南府知府,曾作过一首诗:"侬君送我一嫦娥,衣短裙长脚太多。半夜想说知心话,摇头只道姑咪噜。""侬君",是广南府土官同知侬世熙。"脚太多",指长裙褶脚太多。"姑咪噜",姑为壮语我,"咪"是壮语不,"噜"是壮语知道、晓得的音谓。此句意为"你说的我听不懂",道出了壮女不通汉语。"衣短裙长脚太多",揭示了广南壮人传承昔日壮族传统的衣饰习俗。今云南文山壮族苗族自治州流传的民谣"头上两支角,屁股背包药;衣服一丁点,裙子弯马腰",就是对广南侬人传承昔日壮族衣饰习俗并有所发展的典型概括。衣饰习俗不变,身上的配饰自然也不少。因此,张自明民国《马关县志》卷2道及侬人的衣饰时即说:"饰有簪,有环,有镯,有戒,皆以银制。富者缀银泡于领襟,几满,及项圈、锁链之类,重量有数十两者。"

同时,侬人妇女还传承着壮族昔日凿齿的习俗。虽然她们不凿齿了,但却以金或银片包住上排牙齿门牙左或右侧一齿或者左右侧各一齿,作为壮傣群体越人传统习俗承传的

---

① 《广西壮族社会历史调查》第一册,广西民族出版社1984年版,第40—41页。
② 同上书,第124—125页。

遗意。

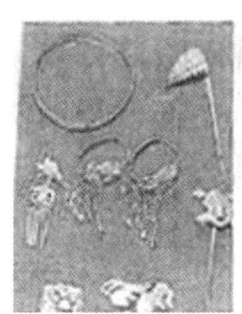 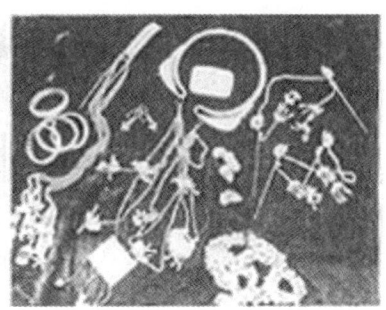

银饰

沙支系壮族妇女身上的配饰，除了银冠、银托脖及飘洒于周身的三十多串银坠外，还颈戴扁圆形凤纹银项圈，手戴扁圆形、编丝形、大浮龙等形状的银手镯，以及形状不一、做工考究的银戒指。可说是一身皑皑，一身闪亮，走起路来，少不了又是叮当作响，悦人耳目。

在云南壮族中，侬、沙二支系都以银为重，以银为贵，巧作身上的佩饰，唯有土佬支系的壮族妇女，目凝于上衣前后的"补子"的精心缝制，少移神于银饰物的选配。

第二章

饮食文化

西汉时郦食其说："王者以民为天，而民者以食为天。"① "天"，是依存或依靠的意思。这说明，人及一切生物都以食为依存；没有食，生物无复存在，人作为生物的一种自己也没有办法生存，更不能传代生生不息。由此可以清楚，"食"对生物对人类至关重要，是包括人类在内的生物存在的基础。这就是婴儿呱呱坠地、张开嘴巴就要吮乳的道理。

母乳是婴儿生命的根本，食物是人类存在之天。

任何一种自然生态环境，都会产生一种与它的存在相适应的生活方式。生活方式，就是调适和利用自然生态环境的产物。人类在能动地调适和利用自然生态环境的长时期的一代又一代的历史过程中，形成了群体的特性。

一方水土养一方人。从壮群体越人及其后人的饮食生活中，我们可以观察到壮族的民族性特质及其衍流变化。

第一节　壮族及其后人主食的变化

主食，就是人的食物主体，不可或缺。人食之可以充腹，可以维命，可以安乐，可以交际，可以创新，可以发展，造化着社会，推动着社会前进。

一　西汉迄于清朝前期，糯米是壮群体越人及其后人传统主食

南越国时期，壮傣群体越人分化独自发展，此后壮群体越人是否如同以前一样仍唯糯米是种，仍唯糯米是重，仍唯糯米作主食，迄于北宋以前史书不见有记载。但是，传统相承，不种糯米，又种什么水稻品种？不以糯米为主食，又以什么为主食？

1976年，广西贵县罗泊湾汉墓一号墓出土的木简上，书有"客稻米一石"五字。据广西博物馆专家考释，认为："第二字'稻'，即籼字。《一切经音义》四引《声类》：'秔，不粘稻也。江南呼秔为籼。'《扬子万言》：江南呼粳为籼，或秫，是早熟而不粘的稻子。客，《说文》'寄也'，外来的意思。客籼米，意即从外地引进来的水稻品种。"②

---

① 《汉书》卷43《郦食其传》。
② 广西博物馆：《广西贵县罗泊湾汉墓》，文物出版社1988年版，第85页。

粳米作为新的水稻品种传入岭南,广西贵县汉墓出土的木简说明是在西汉时期。当时,壮傣群体越人已经分化独自发展,因此壮语谓粳米为 hau⁴su：n¹或 hau⁴ Si：n¹,傣语却谓 xau³ʔan⁶,完全不同。粳米在西汉初传入岭南,自不能很快使人信而仰之,风从而种,无疑壮群体所种的仍是传承先人所种的糯米,仍以糯米为主食。汉以后三国、晋、南北朝及至隋、唐时期,似仍是如此。

北宋前期,乐史《太平寰宇记》卷165《郁林州风俗》载:"夷人居山,食用手搏。"此居于山区的"夷人",无疑是指壮群体越人的后人。"食用手搏",说明食者不用筷子而是以手代筷。"搏",是拾取的意思。比如,《文选》所载张衡《西京赋》的"攦紫贝,搏耆龟"句,薛综注即说:"搏、攦,皆拾取之名。"则此意义上的"搏",古又多与"抟"通假。例如《后汉书》卷81《庞参传》的"搏手因穷",王先谦《后汉书注》说,搏一作抟,"官本抟均作搏"。抟(tuán),就是把散碎的东西捏聚成团。"食用手搏"明白地宣示:北宋前期壮群体越人后人所食的是糯米。因为糯米煮熟以后米粒柔软黏性强,手一抓就会结成团,而粳米米粒较硬,黏性不大,捏成团不易,且容易散碎,丢满一地,造成浪费。

北宋真宗的时候,占城米传入中国。"但其米甚小,而味颇涩硬,不软美可人口",[①]因此在壮群体越人后人生活中,黏米也不能占夺糯米的位置。他们种植黏米只是为了出售,犹如南宋人周去非《岭外代答》卷4《常平》所载,"广西斗米五十钱,谷贱莫甚焉"。"田家自给之外,余悉粜去,会无久远之积。商以下价籴之,而舳舻衔尾,运之番禺以网市利。"

北宋皇祐年间(1049—1054年),广西左右江地区的结洞,"洞中有良田甚广,饶粳、糯及鱼,唯一道可入"。当初其首领黄守陵与侬智高交情甚笃,当侬智高率兵从广州退返邕州后,他曾"运糯米以饷智高"。[②] 结洞富有粳米和糯米,黄守陵为什么独"运糯米以饷智高"?一者是因为洞中所产以糯米为主,二者是因为侬智高及其部属多为岭南人,大多以糯米为主食。

黄守陵之后,熙宁年间(1068—1077年)为相的王安石,其《论邕州事宜》说及了左右江地区壮族先人的生活:

> 若夫峒民,则性气愚弱,而生事苟简,无怀土之思。冬被鹅毛衣绵以为裘,夏缉蕉、竹、麻苎以为衣,团饭掬水,终食餍饱。[③]

文中的"团饭掬水,终食餍饱"说的就是左右江地区壮族先人的吃食习惯。"团饭",就是用手将饭捏成团来吃;"掬水",是用双手捧水喝上几口。"终食餍饱",其意就是最终吃饱了就算吃上一餐饭了。饭蒸熟了,不用筷,不用碗,用手抓起捏成团张口就吃。吃着吃着,又用双手捧起水喝上几口。待饭吃足了,水也喝够了,一餐饭也就结束了,够简

---

① (明)魏浚:《西事珥》卷6《占城稻》。
② (宋)司马光:《涑水纪闻》卷13。
③ 《王临川集》卷89。

单够随便的。所以，王安石用"生事苟简"来概括。"生事"，即生计；"苟简"，就是简单随便。这里的"团饭掬水"，可以与《太平寰宇记》卷165记载的郁林州人的"食用手搏"互相补充，说明北宋时广西的左右江地区与东部的南流江流域的壮群体越人的后人主种糯米，以糯米为主食。

进入南宋以后，情况一如其旧。范成大《桂海虞衡志》载：

> 洞人生理尤苟简，冬编鹅毛、木绵，夏缉蕉、竹、麻纻为衣，搏饭掬水以食。家具藏土窖，以备寇掠。①

范成大于乾道八年（1172年）三月到桂州出任广西经略安抚使，淳熙元年（1174年）调任四川置制使，《桂海虞衡志》成于淳熙二年（1175年）。过后三年，曾"试尉桂林、分教宁越"（钦州）的周去非秩满归家后于淳熙五年（1178年）撰成的《岭外代答》卷10《蛮俗》也载"蛮人"即壮族先人"生理苟简，冬编鹅毛、木棉，夏缉蕉、竹、麻纻为衣，搏饭掬水以食。家具藏土窖，以备寇掠"。明显，周去非是一字不漏地将范成大在书中所写的抄作自己的著述了。其中不同，唯有"木绵"写作"木棉"。这说明那个时候壮族先人"搏饭掬水以食"的"苟简"生理，也就是北宋乐史和王安石笔下的壮族先人"食用手搏""团饭掬水，终食餍饱"的食物和吃食方法没有改变。关于壮族的食物和吃食方式，历元至明，一如宋时之旧，没有变化。

明朝嘉靖十六年（1537年）年底出任广西布政使司右参议的田汝成，于嘉靖三十七年（1558年）撰成的《炎徼纪闻》卷4"壮人"条载：

> 生理一切陋简：冬编鹅毛杂木叶为衣；搏饭掬水而食；居舍茅缉而不涂，衡板为阁，上以栖止，下畜牛、羊、猪、犬，谓之麻栏。

这些记载揭示了迄于明代后期，壮族人仍是"搏饭掬水而食"，以糯米为主食。此类记载，清代仍见于闵叙《粤述》②和诸匡鼎的《瑶壮传》③中。

古代壮族缘水而居，灌水而耕，"必水泉冬、夏常注之地，然后为田"。"深广旷土弥望，田家所耕，百之一耳。"④迄于明朝万历二十五年（1597年）王士性撰《广志绎》卷5仍载，壮人"傍山而居，依冲（山间平地，即洞）而种"。"至于平原旷野，一望数十里不种颗粒，壮人所种止山衡水田（山前的水田），十之一二耳。"这些洞场中的水田，水冬、夏灌注，泥烂泥深，特宜于糯、粳二稻的生长。所以，司马光《涑水纪闻》卷13载结洞"饶粳、糯及鱼"。明朝天启间（1621—1627年）云南人刘文征撰《滇志》，其卷4《旅途志》记载从云南富州（今云南富宁县）进入广西沿途所见：

---

① 《文献通考》卷330《西原蛮》引。
② （清）王锡祺：《小方壶斋舆地丛钞》第七帙。
③ （清）王锡祺：《小方壶斋舆地丛钞》第八帙。
④ （宋）周去非：《岭外代答》卷3《惰农》。

富州东南三亭（十里为一亭）至板仓，田畴广沃，人民殷富。……板仓东三亭至纳桑寨。……纳桑南入纳桑箐（jīng，竹子丛生的荒芜地带）。……至镇安州（今那坡县）四亭。民多依峭壁构竹楼，覆以黄茅，为团仓以囷（qūn，贮藏）谷，参差茅舍间。径路仅容一人，其下皆腴（yū，肥美）田。……镇安东行川原中，原穷登岭，南入勾把箐。其长三十里，林莽倍密。……出箐为箐口寨，共六亭。寨隶归顺（今靖西县）……箐口东逾岭，下至苟把寨，有照阳关。……入关至安德（今靖西县安德镇）。……安德东历打滥箐……自此多石山，拔地突起。山环若城，中有平畴（展平的田亩）者，曰硐，路出其中。出入之所，皆有石隘。良田美地，一年耕获，尝足支二三年。伐竹构居，绩绵为布。居民有老死不逾硐，如避秦人者。见车马络绎，闻华人言，皆聚观惊诧。男子能华言，巾栉短衣皮履；妇人椎髻、跣足、长裙。其硐曰打滥，曰平岩，曰细村。自安德至细村，六亭。细村东历六硐、那驮，至归顺州（治）（今靖西县城计洞）六亭。有石山三峰，奇峭如苏氏木假山。地气温暖，草木四时尝（常）青。土酋尚礼法，驭下以严，合境无盗，商贾凑集，如中州焉。

文中写沿途所见，若不是作者亲历，也是曾经游历者之所记。因为所到之处，地与地间，不仅里亭清晰，而且沿途所历，风物人情，具体而陈，没因其为"蛮"而斥之，没因其为异乡而异之。物感于外，情动于中，据实而发，不是亲历者，难得如此。历游者此一路行来，所见不是"人民殷富"，就是居民耕地都是"腴田""广沃"；不是"地气温暖，草木四时常青"，就是"合境无盗，商贾凑集如中州焉"。特别是"硐中良田美地，一年耕获，尝足支二、三年"，其情其况犹如北宋时左右江黄守陵的结洞，"洞中有良田甚广，饶粳、糯及鱼，四面阻绝，唯一道可入"。当友人需要援助时，黄守陵毫不犹豫地"运糯米以饷"。① 古代壮族地区自然生态的深厚、秀丽、平衡，古代壮族人的富足悠然，直令今人难以置信、难以想象，犹如南宋初年广西老虎不伤人、不吃人，即使同一时期的中原人也无法置信、无法想象一样。②

明末清初，桂林府阳朔县"壮多民少"。"民仆而不知法，士文而鲜考古。考其素业，非渔则猎，非农则樵，谷蔬绨衣，布衣（百姓）食常足。"永福县壮人"农务力稿，不为商贾，家无屯积，不忧饥寒"。③ "不忧饥寒""食常足"，是"一日三餐，只求饱腹"式的"足"，是自然经济状况的"足"。不过，就是此种富足的保证，古代壮人能够"半年辛苦半年闲"，④ 除了正月旦、三月三日、八月半四方青年男女云集会歌寻欢外，还能够"暇则聚歌为乐"。⑤

由于人们对"不忧饥寒"式的满足，便产生了不求进取的保守思想、知天乐命的惰

---

① （宋）司马光：《涑水纪闻》卷13。
② （宋）蔡绦：《铁围山丛谈》。
③ 《古今图书集成·职方典》卷1402《桂林府风俗考》。
④ 何其英：民国《柳城县志》；《西林县那劳区维新乡壮族社会历史调查》，《广西壮族社会历史调查》第二册，广西民族出版社1985年版。
⑤ 雍正《广西通志》卷93《蛮疆分隶》。

性行为，视以糯米为主食为正常，不想改变此种存在，使之延续了几千年而不变。

进入清朝以后，壮族仍是以糯米为主食，可是，其烹饪方式却已见变化，"搏饭掬水而食"渐行隐退、消失。

清朝初年，钱元昌《粤西诸蛮图记》关于壮族的吃食习俗载：

> 皆耕田而食，常以秥米作粥，时时歠之；取杂菜及牛、羊皮、骨沤成酱以佐餐，虽家畜鸡、豚（猪），而不轻食肉。①

"秥"，不是粘，宋陈彭年增字之本《玉篇》载："女占切，音黏，禾也，糯米也。"明朝梅膺祚《字汇》也说："秥，糯也。"乾隆二十九年（1764年）舒启修《马平县志》卷2《物产》载马平县（今柳州市）有秔、秥二稻。秔是粳，秥无疑即糯稻。所以，光绪四年（1878年）戴焕南修《新宁州志》卷3《物产》便直说该州谷属有秔、秥二稻，"秥，亦糯类"。歠（chuò），即喝。这就是说，清朝初年壮族还是以糯米为主食，只是不完全以干饭的形式出现，常常是拿糯米煮粥，也就是煮稀饭。因此，他们的吃食方式也不再完全是"搏饭掬水而食"了。

稀饭是米和水熬煮后的融溶体，米少水多，虽适合于亚热带地区炎炎夏日饮食的需要，但是经不起饿，禁不住渴，因此要"时时歠之"。壮人下田劳动或上山作业，常以竹筒装上稀饭，困顿或饥饿时，喝上几口，一可解乏，二可解饥，三可解渴。他们经过几代人或十几代人的实践摸索，终于总结出此一调适自然环境和自身需要的食物样式，比起"搏饭掬水而食"比较符合进行劳动时身体的需要和卫生要求。

有人说：壮人爱喝粥。其实，这是壮人长期调适环境的产物，是气温高热使然，是人适应于自然环境使然，并不是壮人天生就爱喝粥。

20世纪50年代，黄现璠先生说，壮族"吃的，主要是稀粥，吃（干）饭甚少"，②惹来了很多人的愤慨，认为他是无中生有，诬蔑壮族，泼脏壮族，站在反动的立场上为地主阶级对广大农民进行残酷压榨的罪行开脱。这是不顾事实的强词夺理。虽然黄先生没有能够理清壮族吃食方式演变的脉络，但由清至今，许多壮族人吃粥却是不争的事实。壮族吃食方式从"搏饭掬水而食"发展到"以秥米作粥，时时歠之"，这是历史上壮人调适自然环境的产物，是历史发展的产物，并不是因缺米或不正常的癖好。20世纪30年代刘锡蕃先生说：

> 壮人据地甚广，其大部百谷皆宜，然其人犹秉祖宗从前穷守山谷之遗训，以饭食为暴殄，朝夕餐膳，无不食粥。虽获谷盈仓，而日亦如此。《金志》（指雍正《广西通志》）所谓"日惟两粥，宴会始饭"之语，委系事实。近年交通稍便地方，此俗渐渐改变，但早粥夜饭者，所见仍复甚多。③

---

① 雍正《广西通志》卷92《诸蛮》引。
② 《广西壮族简史》（初稿），广西人民出版社1957年版，第63页。
③ （清）刘锡蕃：《岭表纪蛮》，商务印书馆1934年版，第56页。

刘氏的话语，点明了壮人煮粥、吃粥主要是承传先人的习俗，调适自然生态环境，其主因不是米多米少或有什么癖好。

固然刘氏说壮人"朝夕餐膳，无不食粥，虽获谷盈仓，而日亦如此"，未说明他们煮粥的米是糯米还是粳米或籼米，但是从与糯稻紧密关联的收获工具手镰的兴衰，或可以知道壮人用以煮粥的米是何种米。

"摘穟（穗）或将手当镰。"① 手为肉体，不能作剪取稻穗的镰刀，自在情理之中。桑悦作为封建王朝派来控驭"蛮夷"的官员，远看不知悉端详，便认为"蛮夷"有异于中原人以手当镰，自然无话可说。其实，收获糯谷时壮族劳动者手中还握着一个小农具，这就是手镰。手镰，是自壮傣群体越人分化独立发展之前就已经适时适情创造出的收获糯禾稻穗的劳动工具。千百年来，壮族及其先人传承不断，代代相因，每逢收取糯稻时都是使用此一收割工具。

《古今图书集成·方舆汇编·职方典》卷1433《梧州府风俗考》载，容县"春分方犁田，夏日方种，田少用粪土，罕种早稻。收获，群妇女而出，率（都是）以手掐掇其穟（穗）而弃其管（骨节以下的禾秆），以便束敛（收拾捆扎）"。这也是如同桑悦"摘穟或以手当镰"一样，以主观意念想当然地囫囵吞枣，以朦胧为真实，忽略了壮人劳作时手中操持着历代传承下来的剪禾工具——手镰。

手镰，或称为"禾剪"，或称为"手剪刀"，或称"摘刀"，但是不管译成汉语以后是如何个称谓，壮、傣语均谓"the：p^7"或其变音，"是专用于剪摘糯禾之穗的小农具"。②

同时，与收获糯稻的农作工具手镰相配套的是糯稻连穗贮藏、不食隔宿粮、晨舂日餐的习俗传承以及杵、臼等糯米舂捣工具的承传不废。

广西上林县白圩镇迄今遗存的唐代韦敬一书写的文采斐然的《智城碑》所在的"智城"，武则天时代是"廖州大首领""廖州刺史"韦敬办着力经营的城区。历史无情，风雨无情，该建筑群早已屋倒城圮，但从所遗残垣仍可依稀见到当日"智城"的规模。在城址废圩上残存两个用巨石开凿而成的石臼，一个斜埋土中，已有小半残缺；另一个裸露地表，完好无损。石臼是舂捣谷米用的，说明那个时候像韦敬办此类壮族先人首领人物家中也是不食隔宿之粮，晨起杵、舂通鸣，以备一日之粮的。雍正《广西通志》卷93《蛮疆分隶》载思恩府（治今广西武鸣县府城）民"家无积粮，晨兴杵声，喧里巷，止足一日之需，暇则聚歌为乐"，就是这样的承传。雍正《广西通志》卷32《风俗》引旧志载归顺州（今广西靖西县）"民淳而仆，不事营谋，缘山而种，状若旋螺，所获谷率连穗收贮，每临餐乃取而舂食"，也是这样的承传。

此类习俗及与之相辅相成的农作工具的传承不断，是建立在封闭的、与外界异文化交流不多的自给自足自然经济基础上的。它们的承传不断，它们的延续在人们的日常生活中活跃存在，说明糯米的大片种植以及人们以糯米为主食的习惯就不会消失。比如，广西环江毛南族自治县西北龙水乡壮族就是如此。

---

① （明）桑悦：《记壮俗》，（清）汪森《粤西诗载》卷16。
② 《广西壮族社会历史调查》第一册，广西民族出版社1984年版，第1、27、70、160、240页。

据 20 世纪 50 年代田野调查，龙水乡是个土山、石山耸峙，石山多于土山的地方。土山层峦起伏，迤逦绵亘；石峰平地拔起，巍然屹立，形成面积大小不一的峒场，小的纵横半里或一里，大的纵横不止二里。除个别村落外，壮族村子都位于峒场的周围。这里的农作物有稻、小麦、玉米、鸭脚粟、红薯和各种豆类。其中，以种植稻谷为主。稻谷中又以种植糯米和粳米居多，籼米数量甚少，仅在旱地上种植。玉米次于谷类，数量也不多；小麦则是民元以后方才零星种植。[①] 无疑，他们仍以糯米为主食。因此，手镰、杵、臼等工具也在他们中间存留下来，并在生产和生活中不断地使用。

此种情况，说明到了清朝中期以后，绝大多数的壮族地区已经相继逐渐改变以糯米为主食的习俗，代之以粳、籼等大米或玉米为主食，但是在一些偏僻地方的壮族，至清末民初仍代代传承着以糯米为主食，不变先人的习俗。不过，这只是个别地区而已，无改于清朝中叶以后壮族主食已经发生变化的趋势。鸿爪半趾，它说明壮族从以糯米为主食转变成以大米或玉米为主食，是嬗变式的，不是革命式的。"形气转续，变化而嬗"，[②] 总在一些偏僻地区留有昔日的遗踪或影子。

二 清朝中叶以后食粮

历史上，壮族人以糯米为主食转变为以大米或玉米为主食，诚如汉代贾谊所说"形气转续，变化而嬗"，是带着传统因素逐渐演变的。比如方瑜嘉靖《南宁府志》卷3《土产》载南宁府谷品有粳、粘、糯三种。其中，粳有毛粳、六月粳、八月粳三种；粘有白粘、红粘、鼠牙粘、长腰粘、六月粘五种；而糯"有红、白、黄、黑皮诸种，早糯、畲香糯、黄糯、红糯、黑须糯、六月糯、光糯、毛糯、狗眼糯、赤阳糯、黄口糯、口糯、鸹鸠糯、纵丝糯、口糯、鱼息糯、饭糯、香糯"等 18 种之多。300 多年后，戴焕南光绪四年（1878 年）《新宁州志》卷3《物产》载谷属有粳、糯两种。粳稻有毛粳、六月粳、八月粳三种；"糯稻视粳类更多"，有白糯、红糯、墨糯、斑糯、黄皮糯、早糯、香糯、光糯、六月糯、赤阳糯、狗眼糯等 11 种，"听农择种，俱可造酒"；粘有白粘、红粘、早粘、晚粘、鼠牙粘、长腰粘、六月粘、畲香粘等 8 种，"粘亦糯类"。光绪四年（1878 年），新宁州（在今广西扶绥县中部）居民种植的糯稻品种有 19 种之多，而粳稻仅有三种，而且糯有黑、黄、红、白、斑色之分，水、旱分栽，其培育种子何其用心。由此可以略知，他们以什么为主食。

清朝中叶以后，壮族逐渐以大米即粳、籼二稻或玉米取代糯米为主食，其原因主要是壮人居住的地方自然生态环境和社会人文环境发生了巨大的变化，已不适于像往日那样大片种植糯米从而以糯米为主食。

第一，明、清屯田，使壮人自由采耕地大量缩小，壮人已经逐渐失去了往日"傍山而居""依冲而种"的生产生活方式，同时汉文化的纵深传播，也使壮人日渐改变其"搏饭掬水而食"的吃食方式。

壮族地区是"蛮夷之邦""烟瘴之乡"，宋及宋以前中央王朝没有在广西实行屯田，

[①] 《广西壮族社会历史调查》第一册，广西民族出版社 1984 年版，第 239 页。
[②] 《汉书》卷 48《贾谊传》。

戍军三年或两年或一年轮戍，全饷供给。进入元朝，蒙古人入主中原，分全国人为蒙古人、色目人、汉人、南人四等，实行严酷的民族压迫政策。其具体表现之一就是行省间相互调拨人户屯田，以便相互监控。本来，壮人归于南人，属最末一等，更应调入其他省区的人来壮族地区进行屯田，可由于壮族地区为瘴乡，元朝统治者恐怕因此引起更大的麻烦，就以本地人进行屯田。因此，当"有旨发湖湘富民万家屯田广西，以图交阯"时，湖广行省平章政事哈剌哈孙便上奏谏阻，说"徙民瘴乡，必致怨叛"，主张调募广西"土著之民"实行屯田。① 因此，不论是南丹五千户屯田，两江道撞兵屯田，还是藤州屯田等，都是招募壮族地区的土著人实行的。

进入明朝，统治者一反其道而行之，在壮族地区大量实行军屯。光是卫级的屯田就有桂林中卫、桂林右卫、浔州卫、奉议卫、南宁卫、驯象卫、柳州卫、南丹卫等。卫之下还有如古田千户所、河池守御千户所等22个千户所屯田。② 至于巡检司及营堡，更是有隘皆设，无处不置。比如广西上林县，除永乐三年（1405年）从南丹州（治广西南丹县）将南丹卫迁至上林县城所在，后又于万历八年（1580年）移置于三里镇外，还设有三畔镇、三门滩、思陇镇三个巡检司，以及上林、巷贤、那学、通感、下畔、古零、鱼峰、三里8个营堡，设常驻兵戍守。这些守兵，都是北来的兵员。他们不像唐、宋二代的戍兵那样定期轮戍，期满即可以北返，而是带着家眷，父子传承为兵，世居戍守其地。

现在上林县三里镇有一社区的住民操着汉语西南方言，就是当年南丹卫戍军的后人。他们虽然像孤岛一样被周围的壮族包围着，出外买卖、交际用的都是壮语，但由于他们是一个群体，自视甚高，在社区内、群体内部都是用他们的母语进行交流，因此历时近四百年，其语言仍然不改。不过，由于久居壮族地区，与壮人长期交往，他们的话语中自然而然地夹杂着许多壮语词汇和一些壮语的表达方式。比如，"那只牛跑来 leŋ^{1}leŋ^1，不吃 kau^1 man^2 也吃 fi：ŋ^3"句中的 leŋ^{1}leŋ^1，是壮语"汹汹的样子"；"kau^1 man^2"为壮语对"红薯藤"的称谓；"fi：ŋ^3"系壮语称"小米"的词语。整句的意思就是："那头牛猛冲冲地跑过来，看样子不是吃红薯藤就要吃小米了。"

又如，"天下雨 çop^{7}çop^7，伞 mu^1 kjop^7，kjau^1 baɯ^1 fak^7 也去。养牛 lo^1 养 çɯ^2，去 mu^1 去，也得去 ço^2 dai^3"。"çop^7 çop^7"，是壮语对"雨点大滴小滴不停断"的称谓。"mu^1"为壮语"没有"的称词，"kjop^7"即壮语称"斗笠"之谓；"伞 mu^1 kjop^7"，是壮语"既没有雨伞又没有斗笠等防雨器具"的表达方式。"kjau^1"，壮语是"用力撕断"；"kjau^1 baɯ^1 fak^7"，是"连枝带叶撕下来挡头"的表达方式。这里，承上意省去了"挡头"之词。"lo^1"为壮语"还是"之称；"çɯ^2"是壮语谓"黄牛"之词；"mu^1"系壮语"还是不"之谓，壮语谓"才行""才可以"为"ço^2 dai^3"。"养牛 lo^1 养 çɯ^2，去 mu^1 去，也得去 ço^2 dai^3"，此句语意就是"此事不同于去养水牛还是去养黄牛那么简单，去还是不去都可以，事关紧要，非要去不可"。此说明这些操汉语的居民久居于壮人之中，虽保住了其母语，但壮语的语词及壮语的部分表达方式已经渗入其语言中了。

中原汉族居民如此纵深式地植根于壮族地区，其语言不改，其文化自然也没有改变。

---

① 《元史》卷136《哈剌哈孙传》。
② （明）应槚：《苍梧总督军门志》卷7。

汉族不改变的文化植根于壮族中，能不像个光源，耀着四邻，照着周围的壮族，使他们原有的传统文化板块略为松弛、断裂，从而略有改变，纳入汉族的文化因素？

宋朝乐史《太平寰宇记》卷163载，南仪州（今广西岑溪市）"俗不知岁，唯用八月酉日为腊，长幼相慰贺以为年"。窦州（治今广东信宜市西南镇隆）、昭州（治今广西平乐县西）等地"谷熟时里闬（hàn，巷门。里闬即乡间）同取戌日为腊，男女盛服，聚会作歌"。腊，即年节，壮语称为"ham⁶ dap⁷"。"ham⁶"为晚上，"dap⁷"是火灭，"ham⁶ dap⁷"即"火灭的夜晚"。往日壮人火耕水耨，火烧杂草开始一年的工作；稻子收割了，一年的工作也结束了，因称一年的最后一个节日即年节为"ham⁶ dap⁷"。[①] 汉族以一年的十二月为腊月，岭南"俚獠"人都以八月稻谷完场即收割完毕为年节，道出了壮群体越人其年节的观念意识与中原汉族是不同的。社会发展，历史前进，在汉族文化的影响下，后来壮族的年节逐渐趋同于中原汉族，汉族关于腊的时间规定和奉行的礼节逐渐为壮族所遵行。

洪武九年（1376年），明朝在思明府（今宁明县）设置驯象卫，二十二年（1389年）迁至横州（今广西横县）。今横县县城，是驯象卫官兵驻戍之地。正德末（1521年），王济莅横州为官，谙知该地风俗。其《君子堂日询手镜》载：

> 横州虽为殊方僻邑，华、夷杂处之地，然亦岁有一二节序可观。
>
> 遇端阳（端午节）前初一日即为竞渡之戏，至初五日方罢。……二舟相较胜负，迅疾者为胜，则以酒肉红帛赏之；其负者，披靡（沮丧）而去。远近男、妇、老、稚毕集江浒，珠翠绯紫，煌炫夺目。或就民居楼屋，或买舟维缘阴间，各设酒，歌鼓欢饮而观，至暮方散。
>
> 中秋，城中郭外之家，遇夜必设一大月饼，宰白鸡鱼肉，盛陈瓜果至十余品者。或于通衢或于院落，一家之内，无问老幼皆集。所设处，拜月欢饮，箫鼓讴歌，声闻远近，达旦方已。虽家贫亦不废。
>
> 此二节甚佳，吴、浙所不如。此地之俗多可鄙，赖有此耳。

赛龙舟本起于古代越人，沿袭不衰；八月半也是壮群体越人及其后人男女青年欢歌择配的日子。中原汉族端午和中秋二节一传入壮族地区，赛龙舟和男女歌恋便寻到了一个载体，犹如干柴碰上烈火很快燃烧而热闹起来，使该二节内容丰富多彩，因此作者感慨地说横州"此二节甚佳，吴浙（江浙）所不如"。虽然如此，但毕竟揭示了在汉族入居壮族地区纵深传播汉族文化以后，壮族也因便接受了中原汉族的端阳及中秋二节。

而更为重要的是，自唐末五代至北宋末南宋初年，中原政权更迭，战乱频仍，众多的汉族以岭南为退缩之区，迁居落籍于岭南。他们来到壮族地区，见到大片耕地未垦，于是很快地在广大地区建立了家园。这就如明朝万历二十五年（1597年）王士性《广志绎》卷5所书的"瑶壮之性，幸其好恋险阻，傍山而居，倚冲（山间平地）而种，长江大路弃而与人，故民夷得分土而居。若其稍乐平旷，则广右无民久矣"。

---

① 白耀天：《年由火来：岭南古越人对时间的知觉方式》，《思想战线》1993年第5期。

壮人往昔"傍山而居，依冲而种"，"所种止山衡水田（山前水田），十之一二耳"，保持了居住地方自然生态的平衡。现在大量汉族居民涌入，过去"旷土弥望"，① 如今居人济济，旷土已无，自然严重破坏了原来的自然生态环境，狗似的老虎变成了咧嘴猛扑而来的凶恶野兽。②

此种情况，各地似又有所不同。据明朝后期王士性《广志绎》卷5记载，"桂平、梧、浔、南宁等处，皆民、夷杂居，如错棋然。民村则民居民种，壮村则壮居壮种，州邑乡村所治犹半民也"。比如，"廉州（治今广西合浦县），中国穷处，其俗有四民：一曰客户，居城郭，解汉音，业商贾；二曰东人，杂处乡村，解闽语，业耕种；三曰俚人，深于远村，不解汉语，惟耕垦为活；四曰疍户，舟居穴处，仅同水族，亦解汉音，以采海为生"。③"而柳（州）、庆（远）、思（恩）三府，又独异"，"纯乎夷，仅城市所居者民耳。环城以外，悉皆瑶、壮所居。皆依山傍谷，山衡有田可种处则田之，坦途大陆纵沃，咸荒弃而不顾"。④ 至于更为偏僻的太平、镇安、云南广南三府及泗城直隶州，汉族的入居更其少了。所以，明末刘文征天启（1621—1627年）《滇志》卷4《旅途志》载归顺州（今广西靖西县）"居民有老死不逾峒，如避秦人者。见车马络绎，闻华人言，皆聚观惊咤"。不过，即便汉族居民没有来到，本地居民也多"老死不逾峒"，但是，在中国居于主导地位的汉族文化作为一种意识流已经不胫而走，深传于壮族各地，该地"男子能华言"，即说明此种事实存在。

广东历来流传有"广西有个留人洞，广东有朵望夫云"的谚语。此谚语的流传由来已久。广东人屈大均（1630—1696年）晚年所作的《广东新语》卷5《望夫石》载，"谚云：广西有一留人石，广东有一望夫山"。"盖广东之贾（商人），多赘于广西而不返，其怨妇皆以此石留人，西望而诅祝之"（祈鬼神加祸于其人为诅祝）。显然，广东汉人营商于广西，融入于壮人社会中，明代已经为数不少。当然，这些人的融入对壮族社会的影响其作用并不见得太大，但其对于促进汉族文化在壮族社会中的发酵作用却不可漠然视之。

1644年，满族入主中原。壮族地区先是清朝与南明双方，后是清朝与吴三桂双方拉锯之地，"蛮夷之邦"不再是畏区，"烟瘴之乡"也在中原人的脑中渐见淡薄，他们入迁定居于壮族地区的更多了。明朝后期为官于广西的王士性还说右江的柳州、庆远、思恩三府"则纯乎夷（指壮族等少数民族），仅城市所居者民（指汉族）耳。环城以外悉皆瑶、壮所居"⑤，可到了清朝雍正年间（1723—1735年），已经是"柳之为郡，壮七民三"。柳州府所属的"宾州以南，厥类（指壮族）实夥，尤称犷悍。郡守（指柳州知府）远在数百里外，

---

① （宋）周去非：《岭外代答》卷3《惰农》。
② （宋）蔡绦：《铁围山丛谈》。
③ （明）王士性：《广志绎》卷4。
④ （明）王士性：《广志绎》卷5。
⑤ 同上。

兼顾为难，故割来（宾）、迁（江）、上林等邑隶宾州，而升宾州为直隶焉，[①] 今改隶思恩。[②] 案：宾之蛮曰瑶、僚、冰、伢，好杀喜斗，俗皆相似。春、秋二社，男女毕集。未婚嫁者和歌择配，两意既洽，各以所执扇帕相博为戏，谓之博扇。归而父母即与成礼"。[③]

其实，清朝雍正年间，宾州已不完全是少数民族州。早在宋代或其前，中原汉族已经入居于宾州。北宋元丰年间（1078—1085年）吴处厚撰《青箱杂记》卷3已经记载：

> 岭南风俗，相呼不以行第，惟以各人所生男女小名呼其父母。元丰中，余任大理丞（管刑狱的大理院的次要官员），断宾州奏案。有民韦超，男名首，即呼韦超作父首；韦遨男名满，即呼韦遨作父满；韦全女名插娘，即呼韦全作父插；韦庶女名睡娘，即呼韦庶作父睡，妻作婶睡。

壮族社会以少为贵，生子即以首子之名作父名、作母名、作祖父名、作祖母名；而且，不重男不轻女，无论首子是男还是女，父祖之名都以首子首孙之名定称。这里，宾州韦家人之名如此，可知此一群体的习俗行的是壮群体越人的传统习俗。但是，以父为"父"，以母为"婶"，却是汉族的语词。迄今，宾阳县汉族人所操的"宾州客话"即"平话"，属于汉语方言，仍称母亲为"婶"。千年传承，说明北宋时代宾州已经有了汉族居民。成于南宋宝庆二年（1227年）的王象之《舆地纪胜》卷115《宾州》引《图经》载"宾（州）去天远，中州名公巨儒罕（少）有至者，唯迁谪（被流放）、入岭游宦（到岭南做官）落南（落籍南方），间（间或）有人焉"，证实了此一情况。

诚如南宁市心墟操汉语平话方言的群体至今仍然传袭壮族婚不落夫家的习俗一样，因入居宾州的汉族人数大大少于壮族先人，所以他们也因袭了壮群体越人关于命名的习俗。不过，民族间此种文化交流是相互的。《舆地纪胜》卷115《宾州》载："罗奉城去城七里，春、秋二社士女毕集。男女未婚嫁者以诗歌相应和，自择配偶。各以所执扇、帕相博，谓之博扇。归白父母，即与成礼。"这就是壮族先人传统的赶歌墟习俗。春社、秋社，是中原汉族祭报土地神的日子。"社日，四邻并结综会社牲醪，为屋于树下，先祭神，然后飨（xiǎng，享受）其胙（祭神的肉）"。[④] 人们大嚼大饮，于是王驾的《社日》诗有"桑柘影斜春社散，家家扶得醉人归"的描绘。宾州壮族先人以春社、秋社为期赶歌墟，这是将壮族先人传统的青年男女欢歌相会的内容纳入汉族春、秋二社里，把二者有机地结合起来。因为汉族春、秋二社为祭报土地神的日子，壮族歌墟既是青年男女会歌择偶，也是"男女唱歌互相答和以兆丰年"的形式。[⑤] 这说明，随着中原汉族入居于壮族地

---

① 雍正三年（1725年）八月初九日，"升宾州为直隶州，辖上林、来宾、迁江、武宣四县"（《清实录·世宗实录》卷35）。

② 雍正十二年（1734年）二月初五日，"改直隶宾州并州属之上林、迁江二县归思恩府管辖"（《清实录·世宗实录》卷140）。

③ 雍正《广西通志》卷93《蛮疆分隶》。

④ （南朝）梁宗懔：《荆楚岁时记》。

⑤ 《古今图书集成·方舆汇编·职方典》卷1448《太平府风俗考》。

区，并且立下脚跟，即便其人数不多，却已经将汉族文化传播于壮族之中，逐渐为壮族所接受。

汉语平话中的"宾州客话"土语在宾州立足，是个了不起的事情。她像一汪清凉的泉水，浸润着周围的壮族，影响着壮族的传统习俗和民族语言。随着社会的发展和汉族入迁人口的增多，不仅距宾州城七里的自宋迄于清朝前期每当春、秋二社一直是壮族青年男女歌会场所的罗奉岭早已情随事迁，无复当初的情调；而且，其周围的壮族也早已趋同于汉族。随之，"宾州客话"成了宾州居民的主导语言，并扩及上林、迁江等地。

民族的趋同，本是一个比较漫长的过程，但在特殊的情况下，在一些地区的特定时段，其趋同速度却是惊人的。比如宾阳县思陇乡，历史上属上林县巷贤乡。笔者是上林县巷贤乡人，小时候听祖母道古，说她做姑娘时曾结伙到思陇的山头上看思陇人赶歌墟。"做姑娘时"，约是 15 岁。笔者祖母生于 1885 年，卒于 1958 年，享年 73 岁。15 岁左右，当是 1900 年前后。到思陇山头上看歌墟，说明思陇居民是壮族，1900 年前后还传承着壮族传统歌墟的习俗。不过，由于该地与宾州相连，又居于宾州通南宁道上，所以与宾州息息相通。民国 26 年（1937 年）九月一日，广西省政府将思陇乡由上林县"划归宾阳县管辖"。① 在宾阳县主体人群、主导语言的调控下，思陇人因追慕、赶时尚而弃壮语操起"宾州客话"，歌墟也废弃了，从此他们便完全汉化了。当然，由于他们说话时不能完全变了壮语"ηva³"的尾音，话语间不由地露出"ηva³"音，因此人们便戏称他们是"ηva³思陇"。

同样的情况，也发生在宾阳县邹墟。邹墟历为上林县无虞乡地，民国 30 年（1941 年），广西省政府将其"划归宾阳县管辖"②以后，邹墟的壮人很快也以"宾州客话"作为自己的语言，趋同于汉族了。

风俗化人，一傅众咻，"虽日挞而求其齐也，不可得也"，③ 但是，宾州的土著壮族先人却无力以自己民族的意识、观念、习尚、语言浸润当初迁入的人数很少的汉人，使之异化而融合于自己的群体中。当初扎根于宾州的人数很少的汉人如同一束耀眼的光，不仅屹立于众多的壮人之中，而且反客为主，日就月将，不断异化着、整合着周围的土著壮族，从而不断地壮大自己的族体。所以，"宾州客话"虽为"客话"却成了宾州一州的主导语言。由此可以清楚，汉族文化在历史上对壮族具有的润泽、浸淫、沾渍、淹贯并使之异化的巨大作用。

汉族文化对壮族的影响虽各地不一，但却是大的。壮族素来"搏饭掬水而食"，不用筷子，不用杯子。又"凡宴会无杯、箸、盘、几，唯以大木叶铺地散半熟牛肉于上，富者以蕉叶盛椒、盐作调和。老幼席地群饮，饮酣则唱歌"。④可是，自汉人入迁以后，目睹其洁净、卫生，壮人也渐渐设置起箸和杯子等。箸，即筷子。明朝陆容《菽园杂记》卷 1 载，江浙人多行船，忌讳说"翻"说"住"，因此，箸称筷子，幡布称抹布。后来，

---

① 广西省政府统计处：《广西年鉴》第三回，1948 年。

② 同上。

③ 《孟子·滕文公下》。

④ 雍正《广西通志》卷 93《蛮疆分隶》。

筷子和抹布为国人所接受，成为通语。壮语谓筷子为"taɯ⁶"，即汉语箸（zhù）的变音。同样，壮语谓杯子为"boːi²"，也是源于汉语的杯（bēi）而来。

"岭南大半尚鸿荒，城壁空坚草木长。"① 可到明朝景泰（1450—1456年）进士张瑄的笔下，桂东已经是"山无豺虎道无蛇，瑶壮相参百姓家。昔日高原皆灌莽，如今多半艺桑麻"。② 由此可知，中原汉族的不断和大量入居于壮族地区，既逐渐改变了壮族居地的自然生态环境，也不断改变着壮族的社会人文环境，使他们于寂寂之中丧失了以糯米为主食所依托的自然生态环境和社会人文环境。

第二，汉人入迁，异型文化碰撞，又奸人作祟，官府偏袒，弱势壮民愤起抗争，屡遭镇压，无以立足，往深山穷处逃生，无法继续以糯米为主食的生活方式。

"平乐（治今广西平乐县）春陵（治今湖南宁远县）地接连，岭南岭北异风烟。"③ "竹屋茅檐三四家，土风渐觉异中华。碧榕枝弱还生柱，红荔春深已着花。"④ 古代，岭南地区不仅自然生态环境与岭北迥异，而且社会人文环境也与中原不同。这就是溪洞中州极南边，鸡犬桑麻自一天。中原汉族迁居岭南，不仅破坏了原来的自然生态平衡，而且引发了异型文化间的碰撞，产生了矛盾。当初，壮族地区地广人稀，可容度大，矛盾尚未严重激化，进入明朝，此种情况渐见改变。而其中起着关键作用的，是一些别有用心的汉族不良分子。诚如《清史列传》卷42《周天爵传》所载：

> 初，粤西地广人稀，客民多寄食其间，莠多良少。莠者结土匪以害土著之良民，良民不胜其愤，聚而与之为敌。黠桀者啸聚其间，千百成群，蔓延于左右江千里之间。而其原始，由州县不理其曲直。

壮人遭到入迁汉族中的不良分子即所谓"莠者"（恶人、坏人、奸人）的设谋侵吞、使计残害，为官者本应仗义执言，依法对他们惩处，为民申冤，但是，"地远官无法，民丰囊有金"。⑤ 官自中原来，莠民也从中原来，已是同族一片情，把握不住，感情已经有了偏颇，得了贿赂，更是辱没王法，儿戏王法，视蛮夷为蔑如，千方百计袒护汉族莠民，开脱其罪责，从而使浩浩苍天，壮人有冤无处诉，有理不能申。人生在世，本以忍为高，但皇天之下曲直终不能辩白，冤枉总不能申雪，而汉族莠民肆意害人却能欢欣自如潇洒地生活，谁能抑住心中的愤怒，谁不愤恨天公之不平，谁不暴然而起？从洪武二年（1369年）上思州土官黄英杰始至天启七年（1627年）浔州（治今广西桂平市）胡扶纪以鹅山反明近260年中，南宁谭布刑，宾州黄郎官，化州石龙民，平乐莫彦恭，平乐浔州府民，岑溪骆宗安，荔浦韦贵，宣化、柳州韦布党，钦州黄谷瑞，浔桂柳黄田，武缘韦香，忻城覃公旺，柳庆府民，忻城谭团，宜山苏公夏，庆远黄公帐，浔柳府民，罗城韦公振，思恩

---

① （宋）陈藻：《过桂平》，（清）汪森《粤西诗载》卷22。
② （明）张瑄：《次凯歌韵十首》诗其八，（清）汪森《粤西诗载》卷23。
③ （宋）邹浩：《寄葛长源》，（清）汪森《粤西诗载》卷13。
④ （宋）李纲：《象州道中》，（清）汪森《粤西诗载》卷13。
⑤ （明）王越：《送龙州樊使君》，（清）汪森《粤西诗载》卷11。

覃公砦，庆远韦万王，罗城韦万保，洛容古田民，浔梧柳庆民，柳州韦公烹，古丁洞蓝茄，归仁韦朝德，柳庆等府宾州上林等处民，全州兴安民，八寨韦公童，思明府黄绍，思恩府刘绍，天河富禄等峒，庆远韦七旋，马平韦金田，宜山韦公养，古田韦银豹，怀贺严秀珠，贵县王山民等，此起彼伏，壮族地区可谓是无县无之，无处无之，无年无之。明王朝惊慌失措，不断地调集重兵以镇压。看看燎原漫天，局面难以收拾，知道不行，又笼络壮族土官，以土司兵即"狼兵"来打头阵，来压住阵脚。所以一部《明实录》，从《洪武实录》到《神宗实录》，几乎页页都是血痕斑斑的记录。

"广西谣，一何悲！水泠泠，水凄凄！宁逢瑶贼过，莫逢官军来。瑶贼尚可死，官军掠我妻与子！"①贼乱民悲，官员却趁火打劫，傅若金《八十里山行》所咏："居民近山昼夜愁，四下行人皆白头。况闻良家半为贼，官府贪横仍诛求。"②这就是王朝之下众军众官的写照。而那些汉人莠者更其有恃无恐。试看明朝正德间（1506—1521年）柳州府通判桑悦的《赉榜谣》：

上司出榜安壮瑶，军民激变法不饶。
为头最禁打烟灶，狼虎身上搜脂膏。
市人得榜心独快，竹筒束缚青丝带。
昂昂意气似领敕，借马星驰下村寨。
倚官托势情万千，笼鸡沽酒相后先。
水间一棒没痛痒，户户又科赉榜钱。
夷人文字何曾识，乡老落来遮屋壁。③

朝廷出榜安民，本是好事，诗既指责官与军为非作歹逼反民众，更严禁官与军借送安民榜"打烟灶"式的敲诈勒索。但是，汉民之莠者却不管顾这些，拿榜心快，气昂昂驰马下村寨，倚官托势尽行威吓之能事，令壮人杀鸡买酒盛馔招待，科敛"赉（送）榜钱"。"兵戈剧流亡"，官压、人欺，"噬肤遂及髓"，④壮族民众"逃形竟无所"，只好往深山穷谷匿身。这就是明人陈瑷《那演村》一诗所咏的"四境无人烟，有者在岩谷"。⑤

壮人往边远的深山穷谷逃身，便失去了以糯米为主食所必须具备的自然生态环境，不得不改以他种食物品种为主食。

第三，汉族奸民利用壮族的淳厚朴实性格施计让他们失去土地，沦为佃户或逃往穷乡僻壤讨求生计，壮族不得不改变以糯米为主食的传统习俗。

壮族"贫则佣工，不为乞丐，不作狗偷"，⑥"不习浮靡，不为漫游，不事奇玩，衣服

---

① （元）傅若金：《广西谣》，（清）汪森《粤西诗载》卷6。
② （清）汪森：《粤西诗载》卷7。
③ 同上。
④ （明）顾璘：《初至全州》，（清）汪森《粤西诗载》卷4。
⑤ （明）陈瑷：《那演村》，（清）汪森《粤西诗载》卷4。
⑥ 《古今图书集成·职方典》卷1402《桂林府风俗考》。

饮食多从俭朴，贫不雇工，饥不乞丐"，①"畏官法"，②"性颇顺，不事窃掠，服役输赋"。③ 他们"喜种作，春夏男妇偶而耕，秋则半酒只鸡，亲戚相劳苦，称淳俗焉"。④ 壮族此种以农为本，勤劳俭朴，只求诸内不求于外，惟诚待人，安分守己，乐于自给自足的心态和行为，集中体现于流行在他们中间的"宁食粥稀，不见官司"的谚语中。⑤

官司高居百姓头上，是王朝权势的体现者，兴风作浪、为祸为福的肇始者，惹不起还躲得起。但是，旧社会官为民父母，你不找他，他要找你，一味地躲，是躲不开的。

壮族此种心态和行为，恰被一些流落于壮族地区的中原汉族中的不法之徒估摸准了。他们积极倡言为壮人向官府代纳田粮，以兑现壮人"不见官司"的愿望。开始，他们是收代纳之粮，以后便从中作祟，倚势作耗，作践壮人。万历二十五年（1597年）王士性《广志绎》卷5载：

> 壮人虽以征抚附籍，而不能自至官司输粮，则寄托于在邑（在城里）之民（汉民）。壮借民为业主，民借壮为细丁，若中州诡寄（将自己的田地伪报他人名下以逃赋税）者然。每年上收其租以代输之官，以半余入于己，故民无一亩自耕之田，皆壮种也。民既不敢居壮之村，则自不敢耕壮之田，即或一二贵富豪右有买壮田者，止买其券而令入租耳，亦不知其田在何处也。

所谓壮人"不能自至官输粮，则寄托在邑之民"，就是壮人不愿见官，就将每年应缴纳的粮赋委托在城里居住的汉人代为缴纳。这些受委托代为缴纳粮赋的汉人并不是白忙乎，枉为辛苦，而是"每年上收其租以代输之官，以半余入于己"。这就是说，代替缴纳田粮赋税的汉人除代壮人交上应纳的田粮数量外，不经什么磋商，还向壮人索取比应缴纳的多上一倍或更多的粮食放入自己的腰包，这就是"以半余入于己"。王士性说"壮借民为业主，民借壮为佃丁"，这是不明实情而言。代为纳粮，怎就可以与壮人的土地发生关系成为"业主"？壮人拥有自己的土地怎么又沦为代输田粮者的"佃丁"了？

壮人田主与在城里代理缴纳粮赋的汉民不存在"佃丁"与"业主"的关系，而是田主与代理向官纳粮者的关系，田主是田主，自不可动，代理田主向官纳粮者可由田主更换，另行遴选。王士性不明就里，硬说受壮人田主委托代向官府纳粮的汉民为"业主"，壮人田主所纳田粮及给代输者的报酬是"租"。可惜，壮人田主不能清醒地审度和调节自身的生存姿态，诚实有余而机敏欠缺，待人以诚，认人以诚，易为甜言蜜语所惑，不能把握所委托代输粮赋的人的生存背景，考察其可能的诚信度，不能摒弃老态龙钟的意识观念，唯人是信，为免见官，将委托代理向官府纳粮的人固定化，不作更动，以至于不法汉民为赢得潇洒而又体面的生存方式，获得欢欣自如的生活风流，居然以"业主"自居，

---

① 《古今图书集成·职方典》卷1443《南宁府风俗考》。
② 《古今图书集成·职方典》卷1448《太平府风俗考》。
③ 雍正《广西通志》卷93《蛮疆分隶》。
④ 同上。
⑤ 同上。

进而要夺取壮人世代耕种的土地。诚如黄天河《金壶墨浪》卷5所载：

> 诸蛮性虽犷悍，然不敢亲见官府，其粮辄请汉民之猾者代之输，而倍偿其数，谓代输者为田主，而代输者反谓有田者为佃丁。传及子孙，忘其原始，汉民辄索租于诸蛮。诸蛮曰："我田也，尔安得租！"代输者即执州县粮单为据，曰："我田也，尔安抗租！"于是讼不懈，官亦不能辨为谁氏之田，大都左袒汉民而抑诸蛮。

此种情况，到了乾隆年间（1736—1795年）愈演愈烈。《抗租记》载：

> 永淳（今横县西部）地方，原有本地旧住人（壮族）和外来客人（汉族）两种……大抵旧住人多淳朴，有太古遗风，平日既不交官接府，又少出门交游，见闻既狭，知识亦陋。质言之，愚而已矣。故当乾隆、嘉庆之前，客人勘透了旧住人的病根，遂诡计骗惑，每年代包纳粮，借得些须滋润。旧住人得他代纳，免得自己出入衙门，亦深以为便，虽稍繁费，亦所不惜。其后，客人妙想天开，诡骗旧住人，每年纳谷若干，其粮户则入客户，永远代纳，名旧住人为佃户，彼为业主。

韩愈有句云："淋漓身上衣，颠倒笔下字。"① 饮酒醉后神志不清，笔下字写得颠颠倒倒，酒醒后可以将它们改正过来，但是本为田主的壮人晕晕乎乎中为人诓骗坠入他人设下的陷阱，失了世代耕种的土地成了"佃户"，无田因代壮族田主向官府缴纳田粮的汉人却成了"业主"，这个颠倒由于官员的贪贿无厌，每为含糊，不穷究曲直，"左袒汉民而抑诸蛮"，壮人只能含冤吞声，徒叹奈何，无法纠正过来了。此般上裳下衣，颠倒位置，欺侮老实壮人，使广大"老死不出峒"的淳朴的壮族农民失去了世代耕种的田地，沦为"念秧"式②的贪鄙的汉民的佃户，无法挣脱。

广大有田壮族不明不白沦为佃户，这是历史的扭曲，是一些人兽心的大展露。雍正《广西通志》卷93载："横州（今横县）民一壮三。壮俗佃田，与民杂处。"落字何其轻巧！有地变无地，田主成佃户，"佃田"竟成了壮族的习俗，其中不知蕴结着多少壮人血，多少壮人泪！

壮族丧失田地沦为佃户，为"业主"做工，既要交租，又随时面临着被"解佃"的威胁；既不能自主又受窝囊气，滋味自不好受。因此，老实巴交、忍气吞声、逆来顺受甘作佃户，稍显刚气的则远走他乡，另求谋生之路。比如，今广西靖西、德保等县及云南文山壮族苗族自治州各县的"布左州（左州人）""布隆安（隆安人）"等都是这样搬迁而去的。

沦为佃户，耕作所获大部交给业主，所剩有限，为了一家人的生活只能摊稀择粗勒紧裤带过日子，哪里还能够在田地里大片种植单产不高的糯米呢？至于那些远走他乡进入山

---

① 《醉后》。
② 念秧，谓做成圈套骗取他人财物。蒲松龄《聊斋志异·念秧》："随机设阱，情状不一，俗以其辞浸润，名曰念秧。"

旮旯里讨生计的人，运气好的能够落脚于有林有水，可以开辟成一层层梯田种植稻子的山谷，比如广西龙胜县的龙脊以及云南麻栗坡县马街乡高城子等地。运气不好的却撞入石山丛中。那里丛山嶙嶙，乱石矗矗。表里穷形胜，襟带尽岩峦，在石头缝中也挖不出几把土来。东一块，西一块，一个草帽盖三块，自然不能栽秧种稻，只能勉强种植一些薯类、芋、粟或玉米来维生了。

第四，峒场面积有限，外来民及原住民人口增长，只好劈山造地，种上薯类与玉米等，以玉米为主食。

壮族地区的西部，岑崟参差、巉岩巍巍，可说是"连峰去天不盈尺"，艰险崎岖，日月蔽亏，用现在的话说就是"八山一水一分田"。过去人口少的时候，居住民住在泉水冬夏灌注的峒场，可以"老死不逾峒"，丰衣足食，犹如明朝后期天启年间（1621—1627年）云南人刘文征《滇志》卷4《旅途志》所载的，今靖西县的峒中"良田美地，一年耕获，尝足支二三年"。然而，此种富足，只能如同南宋周去非在《岭外代答》卷4《常平》所指出的："广西斗米五十钱，谷贱莫甚焉。夫其贱非诚多谷也，正以生齿不蕃，食谷不多耳。"所以，当居住人口增多时，众口嗷嗷，便出现耕地紧张、谷少难敷的局面。

广西巡抚杨芳于万历三十年（1602年）撰《殿粤要纂》载，归顺州（今广西靖西县）"额调征兵五千名"。明代，广西等地百姓群起反明，烽烟处处，战火连绵。官军兵员有限，应对乏力，于是调遣土司兵员帮助征讨。为了防止各州县土官延宕拖沓，于是订下条例，规定每次征调各州县土官应承担的兵额。当时，归顺州"额调征"的兵员是"五千名"，壮族风俗是男子婚"则别（建干）栏以居"，[①] 而且土司州县男子成丁即要服役，因此可以视一丁即组成一户，一户平均五人，其时归顺州人口当在二万五千人以上。但是，州府要卫戍，州边要隘要把守，土官不会倾家而赴征调，这也当有二千人左右。所以，当时归顺州成年丁壮当有七千人以上。这样估算，当时的归顺州可能有人口三万至四万人。

《古今图书集成·职方典》卷1451《泗城府户口考》载归顺州（今广西靖西县）"古无版籍，例不偏丁，兼遭莫夷（越南莫登庸）侵占六峒，地方人民被劫掳，今止存五百五十六户，共三千九百一十二口"。此一人口数量在以后很长一个时期不见有多大的增长。嘉庆《广西通志》载乾隆三十六年（1771年）归顺州丁口为2764口，总人数约为13820人。

又《大清一统志》卷366《镇安府》载，嘉庆二十五年（1820年），镇安府有"人丁十万零五千六百二十七丁"，当有人口528135人左右。当时，镇安府辖天保县（今德保县东南部）、小镇安（今那坡县）、奉议州（今田阳县右江以南）、归顺州、向武州（治今天等县向都镇）、上映州（治今天等县上映）、都康州（治今天等县都康）、下雷州（治今大新县西下雷）8州，其中以归顺州最大，人口也最多，当有10万人以上。这时的人口迅速增长。一百多年后，据民国《靖西县志》第二编载，民国二十七年（1938年），由归顺州改称的靖西县有人口"二十三万二千五百人"。此其中除由外地入居者外，主要是本地人口的迅猛增长。

---

① 雍正《广西通志》卷92引钱元昌《粤西诸蛮图记》。

人口增长，峒场耕地有限，需要难敷，势必向峒场周围的峻山岭坡进军。而峻山岭坡，一缺泉水灌溉，二多石山，难得修整成一块成形的稻田，所以只能以薯、粟当家，种不了稻子，诚如《古今图书集成·职方典》卷1421《思恩府风俗考》载兴隆土司（治今马山县兴隆）"丛箐垒嶂，昼多阴雾，瑶土杂居，地鲜田畴，锄畬种粟，别无治生"一样。进入清末民初，这些土地大都种上了玉米，于是玉米逐渐成为这些地方壮族的主食。

玉米，原产于美洲，明朝传入中国，但其进入广西，为时又晚了。据《广西通志》载，清朝雍正年间（1723—1735年），广西除了全州（今广西全州县）和浔州（治今桂平市）二地外，其他地方均未见有玉米，说明那时候在广西玉米的种植和食用还没有传播开来。光绪十七年（1891年）陈如金修《百色厅志》，其卷3《物产载》："上林（在今田东县思林乡）、下旺（在今平果县）各就其地所产，大概相同。自粳稻外，包粟（玉米）、山薯及芋，四月莳（shì，栽）九月获，入冬间种荞麦。"而恩阳县（今田东县西及田阳县右江以北）属所产，谷有"粳、黏、糯三种，三角麦、荞麦、黄豆、绿豆。包谷（玉米）、果属；甘蔗，亦榨汁煎炼为糖。草之时尚得值者有烟叶，颇繁夥"。由此可以清楚，清朝后期，也就是19世纪末叶20世纪初期，玉米在今平果县及田东县东部的思林乡，虽然与山薯、芋等同为可食植物，但在今田东县及田阳县一带却将之列为"果属"，种植还不多、还不普遍，远未能起主食的作用。

清朝灭亡，民国建立，在民国政府的倡导和推动下，壮族地区的山地居民方才广泛种植玉米，成为他们饮食生活的主食。这就是蒙起鹏主编的民国《广西通志稿·物产篇》所说的："玉蜀黍，边县及山乡多种以代谷。以西部天保（今德保县）、龙津（今龙州县）、百色、宜山各县为最盛。其分布约与水稻（相）反，为平民主要食粮及牲畜饲料。"

以玉米为主食，多是将玉米粒磨成粉面。煮时，先将清水煮沸，然后将玉米粉均匀地撒入锅中，并用一条削成"Y"形的小竹棒不停地搅拌，煮成糊状即可以了。或稠或稀，均由煮者掌握。

第二节　副食

历史上，壮群体越人及其后人遇水聚族，傍山而居，依冲而种。所以，壮人所居背靠青山，面临流水。这些地方，都位于亚热带区域之内，雨量充沛，四季皆热，适宜于亚热带动、植物的生长。他们"种山猎兽""暇则猎狡"，[①]"素业非渔则猎，非农则樵"[②]。他们除主食外，其副食多种多样，丰富多彩。天空飞的，地上跑的，土里长的，树上爬的，水中游的，家里养的，包罗万象，无奇不有。这里说的，是与中原相异而有特色的几种。

一　植物类

（一）桄榔面

唐朝李德裕因"牛李党争"，从相位上下来被贬到海南岛，路过"十人去九不还"的

[①] 雍正《广西通志》卷93《蛮疆分隶》。
[②] 《古今图书集成·职方典》卷1402《桂林府风俗考》。

位于今北流市的桂门关，感慨万千，悲伤至极，写下《鬼门关》一诗。诗中写道："岭外中分路转迷，桄榔树叶暗前溪。"① 本来岭外歧路已令人迷途，又加上桄榔株连株拔地顶天，树叶丛丛挡住了去路，更顿感前途渺茫，不禁令人油然而生"不堪断肠思乡处，红槿花中越鸟啼"。李德裕这是因景触情，因情涌悲。不过，由"桄榔树叶暗前溪"一句，也可以知道古代岭南桄榔的普遍而众多。

桄榔生于我国南方，大者四五围，高五六丈，开花时割花序流出的液汁，可蒸成砂糖。"叶下有须，如粗马尾。广人采之，以织巾子。其须尤宜咸水，浸渍即粗胀而韧，故人以此缚舶，不用钉线。"②"木身外坚内腐，南人剡去其腐以为盛溜（滑板），力省而功倍。溪峒取其坚以为弩箭，沾血一滴，则百裂于皮里，不可撤矣。"③ 桄榔一树都是宝，尤为可贵的是它主干中空，中藏可食粉面。《文选》载汉扬雄《蜀都赋》"布有橦华，面有桄榔"。注云："桄榔，树名也。木中有屑如面，可食，出兴古。"兴古郡，在今云南文山壮族苗族自治州一带。其实，桄榔的分布不止于兴古郡，我国南方都是它生长的地方。

明朝万历中魏浚为官于广西，体察风物民情，深知桄榔的珍贵，于其《西事珥》卷6载："土人云：高二三丈时，剜其心粉之作面，甚美。南中树此种，形之最异者。张九龄诗'里树桄榔出'，谓其特高出群木之表也。"

明代董传策《桄榔行》诗言："吾闻南中之产殊不俗，乍来此处看桄榔。孤根崛起大于抱，挺然中立摩天光。……况乃澹然无染破脂韦，黄中通理有文章。其华不露其中虚，独行虽峻无他肠。复有苍茫不饥药，④ 黄精之饭胜膏粱。曝日蒸之甘且馥，令人颜色美好寿而康。"⑤ 此可谓赞之备至。唐朝段公路《北户录》卷2也特列了"桄榔"一目，说拿桄榔面做饭做饼，烧烤之后，滋而不干，油而不腻，别具一种鲜美的滋味。"桄榔面可溲。"这是清朝镇安府知府赵翼《镇安风土》中的诗句，溲就是淘洗，说明那个时候镇安府人仍热衷于桄榔面的可食性。壮族及其先人以桄榔面为副食品，至今犹然。现在市面上出售的"靖西桄榔粉"，即是此一类制品。

"桄榔"一名，汉文记载最早见于西汉扬雄《蜀都赋》的"布有橦华，面有桄榔"。"橦华布"和"桄榔面"都不产于今四川而是生自云南。《太平御览》卷960《桄榔》引《蜀志》载"兴古南汉县有桄榔树。峰头生叶，有面，大者收面乃至百斛"。又引《魏王花木志》说"桄榔出兴古国者，树高七八丈，其大者一树出面百斛"。兴古郡，在今云南东南、广西西部及贵州东南部，古今都是壮群体越人及其后人居住之地。因此，桄榔一名当来自他们的称谓。桄榔树，"峰头生叶"，也就是清朝吴震方《岭南杂记》卷下"桄榔"条说的桄榔"高七八丈，亭亭直上，叶生顶上，大如掌，甚浓密"。一树之叶都攒在树顶，犹如人撑伞，因称为撑伞树。壮语谓"撑伞"为"ka：η¹ li：η³"，疑"桄榔"即"ka：η¹ li：η³"的近音汉译写字。

---

① （清）汪森：《粤西诗载》卷13。
② （唐）刘恂：《岭表录异》卷中《桄榔》。
③ （宋）周去非：《岭外代答》卷8《桄榔》。
④ 作者自注："中有黄粉可作饭，噉之不饥。"
⑤ （清）汪森：《粤西诗载》卷8。

（二）薏苡

薏苡，俗称"药玉米"或"回回米"，一年生或多年生草本。籽粒（薏苡仁）含淀粉，可供食用、酿酒并入药。

岭南薏苡出名，缘于伏波将军马援。《后汉书》卷54《马援传》载，东汉建武十八年（公元42年）马援率兵征讨交趾（今越南北部）征侧、征贰姐妹的反汉，因得益于薏苡，使他和他的军队能够"轻身省欲以胜瘴气"，保持了旺盛的斗志，顺利地完成了任务。他由交趾返京（今河南洛阳市）时，见到"薏苡实大"，"欲以为种"，随行带了一车子薏苡。当时，岭南的珍珠、犀、象、玳瑁等名满天下，京城的权贵们看着一车子东西，以为载的是"明珠文犀"，都延颈举踵，希望能分上一些。谁知落了空，此股因失落而烧起的怒火几乎烧破了他们的胸腔。而那时，马援远征立功归来，正获宠任，谁都识趣，怨怨也只能隐忍。后来，马援年逾花甲，又请缨征讨"五溪叛蛮"。马援此一去，不但无尺寸之功，而且把命搭上了。墙倒众人推，往日怨者恨者趁机落井下石，纷纷上书皇帝，声言当年马援带回来满满的一车子，装的都是"明珠文犀"，自己独吞了。皇帝龙颜大怒，给马援削职夺爵，使他死无葬身之地。马援是冤枉的，因此后人便以"薏苡明珠"一语比喻蒙冤被谤。

薏苡，据雍正《广西通志·物产》载，各府州县都有出产，而在镇安府（治今广西德保县），"瑶人种之以为粮"。此"瑶"，无疑是"壮"的混称，实为壮人，犹如《宋史》卷332《陆洗传》所载的"自侬瑶（瑶人侬智高）定后交人浸骄"、《元史》卷30《泰定帝纪》载泰定三年（1326年）二月壬午"广西全茗州土官许文杰率诸瑶以叛"、《明史》卷317《广西土司传》称忻城县"瑶老韦公泰等举莫保之孙敬诚为土官"、雍正《广西通志》卷93载向武州（治今广西天等县西北向都镇）"瑶人稻田无几"等一样，以壮为瑶，混淆视听。然而，明代及其前，壮人地区物产丰饶，稻米足够供给，并不怎么在乎薏苡的可食性。明朝万历年间（1573—1620年）魏浚《西事珥》卷4载："薏苡，南方在处有之。而桂、柳间觅之甚艰；度昆仑（关）而南，见有生道傍小涧边者，土人亦莫之采也。"到了清朝雍正（1723—1735年）前后壮人方才重视薏苡的充腹功能，在一些地方出现"多种之以为粮"的现象。

另外，《粤西丛载》卷19引《梧州府志》载："葛仙米，出勾漏草泽间。采得暴干，仍渍以水，如夷米状，以酒泛之，清爽袭人。此原非谷属而名为米。"此种"葛仙米"，疑也属于薏苡一类。

（三）薯

壮侗群体越人对植物根块的采集和食用，早在旧石器时代就已经开始。那时候，他们还远没有分化。这可以从操壮侗语族语言的壮、布依、傣、临高、泰、老、掸、侗、水、仫佬、毛南以及黎族等族对植物根块的认知和"man^2"（薯）共同语的出现清楚地看出来。

此后数千百年，壮傣群体越人进入农耕时代，薯在他们的食谱中仍然是辅佐主粮的主要副食品。

"甘薯似芋，亦有巨魁。剥去皮，肌肉正白如肪，南人专食以当米谷。蒸、炙皆香美，宾客酒食亦设施，有如果实也。"这是宋初李昉等《太平御览》卷974《甘薯》引陈祈畅《异物志》的记载。陈祈畅不知何时人，北魏贾思勰《齐民要术》卷 10 "薯" 引有此段文字，明示出自《异物志》。此《异物志》不书作者，当为陈祈畅的《异物志》。[①] 如此，则陈祈畅为南北朝以前的人。

陈祈畅《异物志》既介绍了壮群体越人及其后人对薯的珍视，又指明了薯已是他们生产中的栽培物。"甘薯似芋，亦有巨魁"，道出了他们的栽培薯有两种，一种是其形大的，另一种是其形略小的。其形略小的，就是甜薯。晋朝稽含《南方草木状》载："甘薯，民家常以二月种之，至十月乃成卵。大者如鹅（蛋），小者如鸭（蛋）。掘食，其味甜。"这就是甜薯。清朝吴震方《岭南杂记》卷下载，岭南的薯，除海舶来的"番薯"外，"又有甜薯，圆如鹅、鸭卵；有猪肝薯，形如猪肝，重十余斤，皮紫：皆出粤地"。此种"猪肝薯"，只是薯中"巨魁"者之一，因为除了猪肝薯，还有肉白如脂肪的同一品属的甘薯。这就是当年陈祈畅所见的"肌肉正白如肪"的"巨魁"甘薯。岭南人称此或红或白的同一品属的甘薯为"牛脚薯"或"大薯"。

大薯本是一年生草本植物，但"若不刨取则递年在土中长大，有重至十余斤者"。[②] 所以，光绪《贵县志》卷 1《土产》载，"有一废圃，遗落薯种在旧粪池。数年间长与池平，刨之得数百斤，有大合抱者，有长如臂者，可供八口之家一月粮食"。明代，广西仍然地广人稀，荒山之中，人们常常一窝掘得几十斤的大薯。比如，王圻说："岭外多薯，间有发深山邃谷而得者，枝块连续，有重数十斤者，味极甘香，名玉枕薯。"[③] 万历年间（1573—1620 年）魏浚也说："岭外薯甚美，多发深山石谷，得之根梢骈属，有重至数十觔者。味极甘馥，名玉枕薯，又曰玉延。"[④] "玉枕薯"或"玉延"，这是文人学士们对壮族地区所产大薯的美称。由此可以知道，他们对此一食物品种的推崇。

牛脚薯可以美名为"玉枕薯"，但是物比物，产于美洲明代传入中国的"番薯"，"香甜可代饭"，又可做成各种制品，比土产的牛脚薯似又胜一筹。[⑤] 所以，番薯自明末清初传入壮族地区后迅速传播开来，成了主要的副食品。

二　动物类

（一）以狗肉为尚

操壮侗语族语言的越人群体在分化独自发展的时候，就已经驯化了野生狗为家养狗。这从不论是壮傣，还是侗水，抑或是黎语，均谓狗为"ma^1"，可知虽历上万年的历史风

---

① 《隋书》卷 33《经籍志》有"后汉议郎杨孚"《异物志》，因此历史上不少人见《异物志》之书便认定是杨孚的《异物志》，比如清朝曾钊辑录杨孚的《异物志》，即将《齐民要术》卷 10 关于记载甘薯的《异物志》归于杨孚的《异物志》中。无疑，这样做考虑是不周的。古代，"异物志"三字似是个香饽饽，许多人都以之作自己的书名。仅就《太平御览》所引，除陈、杨二家外，还有不落名的《异物志》、宋膺《异物志》、曹叔雅《异物志》等。单就《太平御览》卷 974 而言，"薯"一栏引了陈祈畅的《异物志》，在"甘蔗"一栏，又引了不知作者是谁的《异物志》。所以，不能将陈祈畅的《异物志》与杨孚的《异物志》等同起来，认为是一书。

② 民国《贵县志》卷 10《物产》。

③ 《稗史类编》，（清）汪森《粤西丛载》卷 21《薯》引。

④ （明）魏浚：《西事珥》卷 6《玉枕薯》。

⑤ （清）吴震方：《岭南杂记》卷下。

雨，"ma¹"是壮侗群体先人越人及其后人的共同认知，有着共同的词语。

狗身健机灵，善解人意，不论是在家还是出外作业，都不惮辛劳，忠诚地为主人服务，是人类的好朋友。"蛮犬如猎狗，警而猘（zhì，凶猛）。玉林犬，出玉林州，极高大，垂耳拳尾，与常犬异。"① 南宋时，宋在今广西田东县开设马市，开展与西南大理、自杞、罗殿、特磨道等国和地区的贸易，设置茅寮于旷野之上让人们歇脚与周旋交易事宜，人们都携一犬以自防，"盗莫敢近"。②

然而，壮族在尊狗、视狗为友的同时，也想通过以狗祭先祀鬼、吃食狗肉，既取得狗的保护，又获得狗的机灵和忠诚，以扩充人的能力。因此，在越人中，以狗祭奠死去的亲人及祀鬼，以吃狗肉为尚，成了世代相传的习俗。

生活中以狗为尚，在上古越人中早有表现。鲁哀公元年（前494年），越王勾践惨败于吴国后，即实施"十年生聚"的复兴计划。他鼓励越国人繁衍人口的措施之一是："生丈夫（男孩），（奖）二壶酒一犬；生女子，二壶酒一豚（tún，猪）。"③ 这就道明了在越人的意识和价值观念里，生男奖狗，生女赏猪，犬不仅有着猪的地位，而且往上冒一橹头。猪为供食之牲，狗自然重在是补身之畜。

三国时，沈莹《临海水土志》载，在今浙江的"安家之民，悉依深山，架立屋舍于栈格上似楼居状。……父母死，杀犬祭之"。④南北朝时，《魏书》卷101《獠传》载，"獠性同禽兽。至于忿怒，父子不相避，唯手有兵刃者先杀之，若杀其父，求得一狗以谢其母，然后敢归。母得狗谢，不复嫌恨"。又载，在"獠"人群体社会中，"以大狗买一生口"（活人）。⑤ 父母死以狗奠祭，以狗谢罪于母亲可以消除自己误杀父亲而产生的嫌恨，挑明了狗在越系人群中的尊尚地位。而一头大狗等价于一个活生生的人，也可以知道狗在越系人群社会中的价值和衡比指数。

此种意识和价值取向，在作为越人传人之一的壮族及其先人中历代传承中，不见中断，时至明、清二代，仍是如此。由"土獠者以犬为珍味，不得不敢以祭"；⑥依人"甘犬嗜鼠"，⑦"好割犬以祭"⑧等记载，可见其一脉相传，一成不变。

由于壮族以狗为尚，甘于犬肉，"不得犬不敢以祭"，所以在壮族及其先人社会中，自上古迄于清朝中期，狗在人们的生活中都居于猪之上。乾隆三十一年（1766年）出任广西镇安府（治今德保县）知府的赵翼在任上写了一首《镇安风土》诗，其中有"犬肉多于豕（shǐ，猪）"的句子，并自注说："墟场卖犬以千百计。"无疑，诗句及其注反映了当时壮族社会的现实状况。

据刘锡蕃于民国23年（1934年）由商务印书馆出版的《岭表纪蛮》第259页载，广

---

① （宋）范成大：《桂海虞衡志·志兽》。
② （宋）周去非：《岭外代答》卷9《蛮犬》。
③ （春秋）左丘明：《国语》卷20《越语上》。
④ 《太平御览》卷780《獠》引。
⑤ 《太平御览》卷796《獠》引。
⑥ （明）郑颙：景泰《云南图经志书》卷3。
⑦ （清）范承勋：康熙《云南通志》卷27。
⑧ （清）王崧：道光《云南通志》卷154。

西西部一些地方,"无论男女,皆喜食狗肉,故婚事以狗行聘。如镇结(在今天等县东北)之亭俄墟,每值端午,家家屠狗过节。先期一日,市上摆卖狗肉,不可数计。又镇边(今那坡县)、西隆(今隆林各族自治县)亦有此俗,惟节日则非端午,而为废历(农历)二月二十二日。赵瓯北(赵翼)《镇安风土诗》有'犬肉多于豕'之句,然则土人食犬,今犹远不及古也"。

清代后期,汉族文化深入传播于壮族地区。"行若狗彘""狗尾续貂",汉族关于狗坏犬劣的意识观念逐渐在壮人脑中植根。而且,眼见狗以污物充腹、人矢为粮,狗本性不洁的认知逐渐占据并取代壮族原有对狗的认知,于是在壮族社会狗被撸下祭先圣坛,逐出家庭餐桌。

不过,两千多年的传承,狗肉还是萦回在许多壮人的头脑里。"好吃不过夏至狗","寒冬腊月吃了狗肉任随北风凛冽",男人们在馋涎欲滴之后,常常合起伙来杀只狗,或在破窑洞,或在野外的茅寮里猜拳行令,饱餐一顿,过过狗肉瘾。

(二)宁卖身上裙,且买钩鱼唇

古代,壮族傍山而居,临水而住,依冲而种。因此,在岭南地区有水有壮,无水无壮。诚如康熙云南《师宗州志》卷9所载,壮人"择危坡绝壁处,下临水,乃居,种植糯谷"。面对此一情况,无怪近现代社会流行着"壮族居水头,汉族住街头,苗瑶占山头"的谚语。

临水,一是借水以种植糯谷,二是在水中可以捕捉鱼鳖以佐餐。南宋王象之《舆地纪胜》卷105载,象州(今广西象州县)"水清鱼肥,为南方之最"。"虽地居岭表,然民富鱼、稻。"食稻又食鱼,这是古代壮族及其先人的吃食习俗。所以,北宋司马光《涑水纪闻》卷13记载左江首领黄守陵结洞的物产,也是"饶粳、糯及鱼"。

长居水边,壮人自然谙于水性,娴于捕鱼。《永昌郡传》载,"獠"人能水中潜行,"行数十里,能水底持刀刺捕取鱼。其人以口嚼食并以鼻饮水。"① 张无咎雍正云南《临安府志》卷7载,沙人"居深箐有水处,善捕鱼,能水中与波俱起,口啮、手捉巨鱼"。古往今来,由此可见其一斑。

深水蓝蓝,波光粼粼,是鱼的世界;浪涛滚滚,或潺潺小溪,也是鱼儿生长之地。桂江是鳜鱼、竹鱼的天然产地。"竹鱼状如青鱼,大而少骨刺,色如竹色,青翠可爱,鳞下间有珠点,味如鳜鱼,肉为广南珍品。"② 江河相通,鱼翔水中。桂江产竹鱼,郁江何尝少了竹鱼!

横州,郁江自西而东蜿蜒横贯。明正德间王济为官住横州,说那里"江河间鱼亦不少"。"一种名叫谷鱼,类鲇与鲍,味亦肥美。""鲂鱼极多,甚美,有重十斤者。""又一种名竹鱼,其色如竹,青翠可爱,味亦佳。"这就说明郁江也同样产有竹鱼。在郁江,"又一种鱼名钩鱼,状类鲫,身少扁,其唇甚长,垂下数寸,味皆在此。故俗有'吃着钩鱼唇,不惜老婆裈'(kūn,合裆谓之裈)之语"。③横州的郁江有钩鱼,郁江的上流水左

---

① 《太平御览》卷796《僚》引。
② (明)李时珍:《本草纲目》卷44。
③ (明)王济:《君子堂日询手镜》。

右江也有钩鱼。蔡迎春万历《太平府志》卷2《食货志》载,"太平谚云:宁卖身上裙,且买钩鱼唇。"为了吃上钩鱼唇,不论是卖去裙子光着下身还是老婆跟上人家也不在乎,都是比喻钩鱼味道极其鲜美:尝了此道味,丢丑算么事!

雍正《广西通志·物产》载,柳江出"玉钩鱼","鳟脊文理似鲤状而首独异,上唇宽三寸许,曲于钩,白于玉,因名。"疑此"玉钩鱼"即"钩鱼"的地别而异名。"上唇宽三寸许,曲于钩",是钩鱼的生态特征,也是其味的所在。这或可告知人们,此种只疑天上有,滋味无比而让人甘心丢丑的钩鱼,古代普遍生长于壮族地区。

古代,岭南地广人稀,岭树重遮,自然生态平衡。壮群体越人及其后人凭水种稻,入水捞虾捉鱼,过着一种自给自足的田园生活。南宋初年,蔡绦从中原来到广西,一叹广西老虎如同一只狗不伤人不食人;二叹广西米贱鱼多。他说:"博白有远村号录舍,皆高山大水,人迹罕及。斗米一二钱,盖山险不可出。有小江号龙潜,鱼大者动长六七尺,痴不识人。"[1]

蔡绦初次来到广西,来到博白,是在南宋"靖康丙午"元年(1126年),也就是金兵攻破北宋都城汴京(今河南开封市)、北宋政权危亡于旦夕的那一年。外敌入侵,王朝不保,人民流离,百姓失所,食品匮乏,物价飞腾,饿殍载道。当时今江浙一带斗米四百至八百文。[2]当他眼见广西老虎与人和平共处,怎不惊叹!当他耳闻斗米一二钱,怎不心驰而骛!当他目睹小江里"鱼大者动长六七尺,痴不识人",怎不诧异同是一片天之下的"蛮荒"却是天堂地!

江河鱼类之外,壮族很重视池塘养鱼。据王济《君子堂日询手镜》的粗略统计,"横州城中有鱼塘三百六十口,郭外并乡村倍之。大者种鱼四五千,小者亦不下千数,故鱼甚贱,腾贵时亦斤不满六钱"。此种情况,提供了壮族日常"食鱼、稻"习俗延续所需的物资储备。

笔者是广西上林县巷贤人。巷贤四围高山,中是20里左右方圆的平原。溪水从四周山林而下,终年叮咚,潺潺而流。因此,明代清初,巷贤称为巷贤洞。笔者生在蔡绦初来广西800年后。800年后巷贤洞的自然生态环境已经不可能同于800年前录舍的自然生态环境了。笔者可忆的童年乐趣就是上山牧牛捉野兔,下水放鸭捞鱼虾。捉鱼捞虾,大半个上午可得一二斤或三五斤,运气好时可获十来斤。秋后,禾割了,在村边的稻田里寻找气眼挖泥鳅,一个半天少的得三五斤,多的得九斤十斤。那个时候,只怕不动手,动手不愁没鱼佐餐。后来长大了,读书工作,离开了家乡,常常回忆儿时的乐趣。1966年"文化大革命"后无事可做,回家乡赋闲。百无聊赖,萌生重温儿时乐趣的念头,于是拿起渔具走往田垌。然而顾影自怜,在沟渠河道中转了大半天,竟没一条鱼上手。回来一想,河道枯竭了,水渠修整划一了,荒滩野潭没有了,何处来鱼?鱼藏哪里?稻田里一味施放化肥,又有几条鱼能够逃脱化肥的残害?何况人多了,过去围着村子的鱼塘都已填平修起房子,鱼又从哪里来?

---

[1] (宋)蔡绦:《铁围山丛谈》,《说库》,浙江古籍出版社1986年版。
[2] 黄桂:《潮州金城稻考》,《农业考古》1999年第1期。

（三）得髯蛇以为上肴

西汉淮南王刘安《淮南子》卷 7《精神训》载："越人得髯蛇以为上肴，中国得而弃之无用。"此既显示了越人的饮食习俗，又区别了越人与中原汉族文化习俗的不同。

髯蛇，就是蚺蛇，也就是蟒蛇。古代，岭南的蟒蛇庞大而普遍。晋南北朝裴渊的《广州记》载：

> 晋兴郡（治今南宁市区）蚺蛇岭，去路侧五六里，忽有一物大百围，长数十丈。行者过视，则往而不返。积年如此，失人甚多。董奉从交州出，由此峤见之，大惊云："此蛇也！"①

邕州的"蚺蛇岭"可能即因此而得名。蚺蛇凶猛庞然，对人的生命安全威胁极大。经过长时期的观察，壮群体越人后人俚人也发现了可以置之于死地的软肋。唐朝刘恂《岭表录异》载：

> 蚺蛇大者五六丈，围四五尺，以次者亦不下三四丈，围亦称是。身有斑文，如故锦缬（xié。故锦缬，即旧锦的纹饰）。俚人云：（蚺蛇）春夏多于山林中等鹿，过则衔之，自尾而吞，惟头、角碍于口，即深入林间阁其首，伺鹿坏，头、角坠地，鹿身方噀入腹。此后，蛇极羸弱。及其鹿消，壮俊悦泽，勇健于未食鹿者。②

抓住它的软肋，俚人掌握了捕获巨蟒的窍门。南宋范成大《桂海虞衡志·志虫鱼》载：

> 蚺蛇，大者如柱，长称之，其胆入药。南人腊其皮，刮去鳞以鞔鼓。蛇常出逐鹿食，寨兵善捕之。数辈（几个人）满头插花，趋赴蛇。蛇喜花，必驻视；渐近，竞拊（抚摸）其首，大呼"红娘子！"蛇头益俯不动。壮士大刀断其首，众悉奔散，远伺（从远处观察其动静）。有顷（过不了一会儿），蛇省觉，奋迅腾掷，傍小木尽拔，力竭乃毙。数十人舁（yú，抬）之，一村饱其肉。

此后不久，周去非《岭外代答》卷 10《蚺蛇》也载：

> 蚺蛇能食獐鹿，人见獐鹿惊逸，必知其为蛇，相与赴之，环而讴歌，呼之妖妖（徒架切），谓姐也。蛇闻歌即俯首，人竞采野花置蛇首。蛇愈伏，乃投以木株，蛇就枕焉。人挖坎枕侧，蛇不顾也。坎成，以利刃一挥，坠首入坎，急压以土，人乃四散。食顷（吃一顿饭时间），蛇身腾掷，一方草木为摧。
>
> 既死，则剥其皮以鞔鼓，取其胆以和药，饱其肉而弃其膏，盖膏能痿人阳道也。

---

① 《太平御览》卷 934《蛇下》引。
② 同上。

蟒蛇皮可蒙鼓，胆可和药，肉可饱腹，一身无弃物，样样都是宝。它生长活动于岭南地区，壮群体越人及其后人摸透了它的习性和爱好，投其所好，瞬间便将之擒杀。《岭外代答》中谓姐为"妖"，是壮族的语言，至今广西龙胜等地壮族仍谓姐为"ta⁶"，谓姐妹为"pi⁴ta⁶"，壮语北部方言也以"ta⁶"作年轻女性的冠词，如称"兰姐"为"ta⁶兰"等。

古代岭南地广人稀，森林密布，气候温热，动植物种类繁多，既适合于蟒蛇的生长、活动，也适合于与蟒蛇同属爬行类动物蜈蚣的生长和活动。蜈蚣个子也很大。"吴公大者百步，头如车箱可畏恶。"①"大吴公出徐闻县界。"②"绥定县多吴公，其大者能以气吸蜥蜴。"③ 这就威胁着人和牲畜的生命安全。所以，南北朝沈怀远《南越志》载蜈蚣"长数丈，能啖牛"。④ 在此种情况下，"俚人或遇之，则鸣鼓、燃火炬以驱逐之"。⑤ 壮群体越人及其后人不仅"驱逐"蜈蚣，进行消极的保护，也进行积极的攻击："猎之"。晋朝葛洪《遐观赋》载"吴公大者百步，头如车箱可畏恶。越人猎之，屠猎取肉，白如瓠，称金争买为羹炙"，反映的就是此种情况。

蜈蚣"大者其皮可以鞔鼓；其肉曝为脯（干肉），美于牛肉"。此见载于沈怀远《南越志》，⑥ 可视为当时壮群体越人及其后人的认知。

壮群体越人及其后人吃蟒蛇肉，食蜈蚣肉，也吃其他蛇类的肉。北宋张居正《倦游杂录》载："岭南人好啖蛇，易其名曰茅鳝，草虫曰茅虾，鼠曰家鹿，蛤蟆曰蛤蚧，皆常所食者。"⑦ 明朝黄福《过苍梧》诗说："一棹抵苍梧，西山日欲晡。鱼羹催仆啜，蛇酒入城沽。"⑧ 这揭示了他们由于长期与各种蛇类打交道，知道了它们各自的药用价值。将蛇浸入酒中，制成各种药酒，对症下酒，饮后使人病瘥身健。比如蜈蚣酒，身患无名肿毒，搽之即可收到毒去肿消的功效。苍梧处浔、桂二江之尾，西江之首，向称通衢，因此兴起了蛇酒行业。黄福的"蛇酒入城沽"句，其意就是到苍梧喝药酒去。

（四）以虾蟆为佳味

宋朝李昉等《太平广记》卷483《芋羹》引唐朝尉迟枢《南楚新闻》称："百越人好食虾蟆，凡有筵会，斯为上味。"虾蟆就是蛙。明代魏浚说："虾蟆之种甚多，俗概呼之蛤。水蛤不可食，会所尝食者皆田蛤。惟山蛤最美，体稍大而股长，肤白滑，类薤（xiè）子，皮黑色，多疥，亦所谓锦袄子者，盖山蛤也。蛤，一名石蛇。"⑨

越人食蛙，中原汉族视为蛮夷之俗，不屑一顾。唐朝元和十年（815年），大文人柳宗元被贬为柳州刺史。他在柳州几年，入乡随俗，炒青蛙为肴下饭，知道了蛙的美味，写

---

① （晋）葛洪：《遐观赋》。
② （南北朝）刘欣期：《交州记》，《太平御览》卷946《鲫蛆》引。
③ 《太平御览》卷946《鲫蛆》引沈怀远《南越志》。
④ 《南越志》，《岭表录异·蚺蛇》引。
⑤ 《岭表录异·蚺蛇》引《南越志》。
⑥ 《岭表录异》引。
⑦ （宋）江少虞：《宋朝事实类苑》卷62《风俗杂志》引。
⑧ （清）汪森：《粤西诗载》卷22。
⑨ （明）魏浚：《西事珥》卷6《锦袄子》。

信给已贬为潮州刺史的韩愈,说蛙肉的滋味可比于"豢豹"(豹猫,即山猫)。韩愈见信后,结合自己的实情写了一首《答柳柳州食虾蟆》诗,表达了自己的心迹:

  ……
  居然当鼎味,岂不辱钓罩?
  余初不下喉,近亦能稍稍。
  常惧染蛮夷,失平生好乐。
  而君复何为,甘食比豢豹?
  猎较务同俗,全身斯为孝。
  哀哉思虑深,未见许回棹。①

  韩愈虽然怪道柳宗元甘食虾蟆,比之味同豢豹,但身处于壮群体越人后人的乡土,日濡月染,为好奇心所驱使,也曾屡屡伸箸而试。不过,由于心理障碍,最初也咽不下,后来味美诱人,香且馋人,心理障碍渐渐消除,渐"亦能稍稍",吃上几口了。此犹如魏浚指出的:"退之(韩愈字)与子厚(柳宗元字)诗,极状虾蟆之不应食。子厚盖甚好之,故谓其甘如豢豹。然自云后亦能稍稍,则退之亦尝食而美之矣。"② 因此,韩愈便担心长此下去挡不住物欲之诱,违了汉家习俗,背了汉家孝道,习"染蛮夷",化于蛮夷,"失平生好乐"。这可谓是"蛙不可食,蛮不可近,一之谓甚,其可再乎"!韩愈这首诗,道出了他处于两难情境中的心态。

  人活动在特定的自然生态环境中,特定的自然生态环境也决定了人所属的文化类型。汉族文化和壮群体越人文化是不同类型的文化。壮群体越人后人以虾蟆为上味,于是被不同文化类型的汉族传作笑话。明朝魏浚说:

  桂人有为御史者,或谓之曰:"公所居之台(即御史台③)当曰蛙台。"盖讥其食蛙也。御史曰:"此(指代蛙)月中灵物,用以奉养,不胜(强于)黑面郎哉!"黑面郎,即谓豕(shǐ,猪)也。④

  这个笑话的产生时间当在明朝以前,因为明太祖洪武十五年(1382年)已将御史台改为都察院,清朝又因之,已经没有御史台的设置。虽然任御史的广西人将无端的恶意讥笑者说得哑口无言,但是中原汉族仍将壮群体越人后人喜好食蛙一事当作插科打诨的对象。比如,冯贽《云仙杂记》载"桂人好食虾蟆,仍重干菌为糁。赴食至者以余俎包归遗儿女,虽污衫不耻",⑤ 即属此类打趣。

---

① 《全唐诗》卷341。
② (明)魏浚:《西事珥》卷6《锦袄子》。
③ 西汉称为御史府,东汉以后改为御史台,明清改为都察院。这是负责纠察弹劾官吏违法行为的机构。
④ (明)魏浚:《西事珥》卷6《蛙台抱芋羹》。
⑤ (清)谢启昆:嘉庆《广西通志》卷87《风俗》引。

以言相迫当面讥笑也好，饭后闲谈附会打趣也好，春雷一响，川泽浩浩，鼓蛙甫甫，食源不断。自古至今，以蛙为主做的菜肴，一直是壮群体越人及其后人餐桌上一道美味的佳馔。

（五）以竹鼠为珍

"以射生食动为活，虫豸能蠕动者皆取食。"① 此指出了壮群体越人及其后人取食的广泛和取食的原则。因此，"其饮食烹饪，与华人不类，蛇、鼠、山百脚（蜈蚣）、蚯蚓、蜻蜓，皆以登馔"。②

壮群体越人及其后人虽在人类历史的早期已经进入稻作阶段，但是"民有五畜，山多麈麖"，③ 自然生态环境的容度以及素来的生活习惯，人们还是"非渔则猎，非农则樵"。④"人多骋猎，家少莠民。"⑤ 鼠常是他们骋猎的对象。所以，郑颙景泰《云南图经志书》卷3载沙人"掘鼠而食之"。范承勋康熙《云南通志》卷27也载侬人"甘犬嗜鼠"。因此，清朝林有席《咏狼》诗有"随狙（jū，猴）同角力，掘鼠独矜能"的句子。⑥

嗜鼠好猎。壮群体越人及其后人所嗜的鼠，不是窜伏于墙洞或溇水沟里的老鼠，而是经猎经掘而取得的硕鼠。清初，屈大均《广东新语》卷21《硕鼠》载："广中近多硕鼠，状如兔，色白，皆以为白兔也。嗜食芭蕉、薤菜，四十日一胎，子产一日即受孕。"硕鼠多种，以芭蕉薤菜为食的是一种，而壮群体越人及其后人所珍的是以竹笋为食的竹鼠。

壮群体越人及其后人世居于温润多雨的亚热带地方。这些地方，古代溪边、山坡处处长着竹子，风吹起伏，有如绿色的海洋。周去非《岭外代答》卷8《竹》载："岭南竹品多矣，杰异者数种，因录于后。"他录的计有斑竹、涩竹、荡竹、笋竹、人面竹、钓丝竹、箭竹7种。清初汪森《粤西丛载》卷21《竹》列有壮族地区出产的竹子，如斑竹、桃竹、猫竹、沙麻竹、雪竹、涩竹、箭竹、慈浮竹、荡竹、人面竹、棘竹、钓丝竹、青黄竹、䇞竹、油梧竹、筋竹、凤尾竹17种。壮族及其先人依竹而居，以竹为食，劈竹为器，织竹为衣，凭竹而彰。所以，明朝张七泽《梧浔杂佩》说"岭南人当有愧于竹"。⑦

竹多，成就了以竹笋为食的竹鼠。竹鼠，过去又称为竹䶉。"竹䶉，穴地食竹根，毛松，肉肥美亦松，肉一二脔可盈盘。色紫，味如甜笋，血鲜饮之益人。"⑧ 竹鼠生在竹林中，伏在竹根下，既狡猾，又蹿得快，转眼无影；既要谙熟其所挖的地道，又要拦截它可能逃窜的方向，捕捉确实不易。

王济《君子堂日询手镜》载：

---

① 《古今图书集成·职方典》卷1402《桂林府风俗考》。
② （明）王济：《君子堂日询手镜》。
③ （宋）王象之：《方舆胜览》卷105《象州》。
④ 《古今图书集成·职方典》卷1402《桂林府风俗考》。
⑤ 《方舆胜览》卷105《象州》。
⑥ 程大璋：民国《桂平县志》卷59《艺文志》。
⑦ （清）汪森：《粤西丛载》卷21《竹》引。
⑧ （清）屈大均：《广东新语》卷21《竹䶉》。

> 余初至横（州）之郊尚舍许谢村，闻挽夫哗然。顷之，一夫持一兽来献，名竹鼠，云极肥美，岭南所珍。其状绝类松鼠，大如兔，重可二三斤。余睁视良久，叱还而去。
>
> 后至州廨（即官署），与诸士大夫谈及，皆云此鼠食笋，故腴美，得之最艰。
>
> 余以为简册有载竹𪖈者，即此。杭湖（浙江）诸山亦或有之，但人未知其美，故不取耳。

据称云南西双版纳傣族有一道烤竹鼠的名菜，誉满滇南。由此或可以知道，壮傣群体越人未分化之时已经以竹鼠为佐餐的珍品，源远流长。

（六）以白大木蠹为上品

郑颙景泰《云南图经志书》卷3载云南广南府侬人"尝醢（nǎi，剁细）鼠捕虫"。鄂尔泰雍正《云南通志》卷8载广南府侬、沙支系的壮人"喜食诸虫"。光绪《云南通志》卷30载，侬人"喜食诸虫。捕飞虫而食"。张自明民国云南《马关县志》卷2《风俗志》也载："侬人之食品，好吃水牛（蜗牛）、田螺。……尤好吃虾趴虫、蝌蚪，谓其味之美，诸物莫与比。当春、夏之间，田水澄清，两种幼虫产生最多。侬妇三五成群，手网兜而腰篾篓，搴裙立水中，目注而手营，皆捞虫者也。"

壮傣群体越人吃食的对象非常广泛，地里伏的，树上爬的，空中飞的，只要是能蠕动而且无毒的，都是取食的对象。比如，晋朝郭义恭《广志》载："闽越江北山间，蛮夷啖蚯蚓脯（腊干的蚯蚓）以为馐（xiú，精美食品）"，① 即是如此。壮群体越人及其后人承传的吃食习俗，也是只要能蠕动的"虫豸"（zhī，有足谓之虫，无足谓之豸），经过适当的加工处理以后，就可以成为佐餐的一道美味佳肴。

壮族"其饮食烹饪，与华人（汉族）不类。蛇、鼠、山百脚、蚯蚓、蜻蜓，皆以登馔。更喜木蠹，白大者为上品"。蠹即蛀虫，木蠹就是树木的蛀虫。俗语说："蠹众而木析，隙大而墙坏。"木蠹确实是树木的大害虫，然而它自幼虫至长成羽毛阶段，却如同蚕蛹，一身白嫩，营养价值极高。所以，现代人说：一只蚕蛹的营养价值相当于三个鸡蛋。壮群体越人及其后人以木蠹的"白大者为上品"也有其缘由，并非王济所说的"甚为可鄙"。②

由木蠹而扩及其他昆虫，如蜂蛹、蚕蛹，自然都在壮群体越人及其后人取之为食的范围。

中原汉族面对此种情况，自然大不了然，心生障碍：

> 深广及溪洞人，不问鸟兽虫蛇，无不食之。其间异味，有好有丑。山有鳖名蛰竹，有鼠名𪖈，鸲鹆之足，腊而煮之；鲟鱼之唇，活而脔之，谓之鱼魂：此其至珍者也。至于遇蛇必捕，不问短长，遇鼠必执，不别小大；蝙蝠之可恶，蛤蚧之可畏，蝗虫之微生，悉取而燎食之；蜂房之毒，麻虫之秽，悉炒而食之；蝗虫之卵，天虾之

---

① 《太平御览》卷947《蚯蚓》引。
② 《君子堂日询手镜》。

翼，悉鲊而食之。此与甘带嗜荐何异哉？①

这种心理障碍的产生，无疑是来自文化的不同类型。从而，评议者就往往站在自己所属文化的立场上，对其他的异型文化进行评头品足，道其优劣。

三　饮酒：习惯行为

清初，钱元昌《粤西诸蛮图记》载，壮族"制酒，以米和草子酿之，味极甘。畏荈（chuǎn，晚采的茶）茗之苦，渴惟饮水而已"。② 因此，除随时可以掬水而饮之外，酒是壮家常设的饮料了。

壮家酒，以糯米和上草子酿造，家家备之，人人饮之，是一种家居饮料。有客进门，先捧上一碗家酿的甜酒，润润喉咙，暖暖肚肠。清朝金虞《壮家村诗·序》载"丁塘小泊，闲步至壮家村。村人肃客甚谨，愧无茶，请以家酿进"，③ 即是就此而言的。明朝初年，林弼《龙州十首》其三载："草阁柴扉傍竹开，峒官留客意徘徊。盘遮蕉叶携肴至，瓮贮筠笼送酒来。"④ 这是以酒设宴待客了。

"地近瘴烟人好酒，路临溪洞卒难关。"⑤ 以酒为敬，无酒不成欢。这在壮群体越人及其后人历史上是一个前承后传的古训。所以在壮族人中，年初、春秋二社、秋后或其他欢聚都少不了酒："元旦，互携酒肉至亲邻家，讴歌十日乃已。"⑥ "春、秋社祭神于庙，提筐挈筶，陈设酒醴。……一家欢喜，倾瓮交劝，酣饮竟日。"⑦ "春夏男、妇偶而耕，秋则斗酒只鸡，亲戚相劳苦。""每岁十月，屠牛置酒，召同类以降神，醉则舞刀剑为戏。"⑧ "凡宴会，无杯、箸、盘、几，惟以大木叶铺地，散半熟牛肉于上，富者以蕉叶盛椒、盐作调和，老幼席地群饮，酒酣则唱歌。"⑨

自家需酒，敬客需酒，会友需酒，祭献、婚、丧，也以酒为重。"鹿酒香浓犬氄肥，黄茅冈上纸钱飞。一声鼓绝长枪立，又是蛮巫祭鬼归。"⑩ 这是求神祭祀用酒。"婚姻嫁娶，酒肉为重，亲戚齐集，唱歌为乐。凶葬之礼，亲戚赠以酒、米，则为厚仪。"⑪ 这是婚、丧用酒。酒在壮群体越人及其后人社会中，可说是无处不洋溢着芳香。

在壮群体越人及其后人社会中，不论男女还是老少，都以酒为尚。而且，女儿出生后专酿美酒，为其长大后婚嫁添彩，或者以酿酒的成败决定男女婚姻的合与散。唐朝房千里

---

① （宋）周去非：《岭外代答》卷6《异味》。
② 雍正《广西通志》卷92。
③ （清）谢启昆：嘉庆《广西通志》卷278《横州壮》。
④ （清）汪森：《粤西诗载》卷23。
⑤ （宋）陶弼：《桂林书事》，（清）汪森《粤西诗载》卷13。
⑥ 雍正《广西通志》卷93《蛮疆分隶》。
⑦ 雍正《广西通志》卷92引《粤西诸蛮图记》。
⑧ 雍正《广西通志》卷93《蛮疆分隶》。
⑨ 同上。
⑩ （元）陈孚：《思明州五首》其三，（清）汪森《粤西诗载》卷22。
⑪ 《古今图书集成·职方典》卷1448《太平府风俗考》。

《投荒录》载:"南方人有女数多,即大酿酒,候陂(bēi,池沼)竭,置酒其中,密固其上。候女将嫁,决水取之供客,谓之女酒。味绝美,居常不可致也。"女酒,在晋朝嵇含的《南方草木状》中已见载,说明其由来已久。而清朝初年的时候,有些地方的壮家,在子女议婚的过程中,如果双方合意,已无异言,则男家"先书男女年庚置瓮中酿酒。酒好,乃娶。女家聚族吹芦笙送之,歌饮达旦"。①

壮群体越人及其后人喜酒,热衷于酒。有关他们的酒,先秦时期即见于记载。越王勾践鼓励人口生育,即实行生男孩奖二壶酒一狗,生女孩奖二壶酒一猪的政策。越国有酒,其他越人群体自然也会酿酒。汉及汉以后,"俚獠"贵铜鼓,鼓成,"悬于庭中,置酒以招同类"。由于酒的销量大,除各家自酿以外,也出现了酿酒行业。宋朝乐史《太平寰宇记》卷164载,梧州"长洲,在州西七里浔江心,对戎城县。周回六十里,有居人百余户,多以糟酒为业"。

云南广南县的壮族名酒那榔酒,即是因那榔一村办起酿酒业兴盛而声播远近的。

据传说,古代那榔村有个上了年岁的男人老婆走了,膝下唯有一个九岁的女儿相依为命。老天不护佑,一天,为父的突然起不来床,瘫了,女儿伤心得哭个不止。有天夜里,她朦胧中梦见一个白发长须的老人送给她一个葫芦,说:"别哭!葫芦里装的是用寨中大水井的井水酿出来的米酒,给你爸喝了就可起床。往后,你们父女就仿此熬酒过活吧!"女儿醒来,怀里果然抱着一个葫芦。她爸将酒喝下,病果然好了。从此,父女就以寨中大水井的水来酿酒卖。因酒既能让人解了酒瘾,又能治病防病,大家争先恐后地来购买,父女的生活也逐渐红火起来了。

那榔酒以多种草药制成多酶曲发酵,用那榔村中天然泉水在陶瓷中低温酿制而成,色泽晶莹透亮,入口醇香,劲足不上头,后劲绵绵,为人所青睐、倾慕。据称,道光皇帝的老师宋湘嗜酒,来广南府任知府,道光皇帝曾派人送御酒予他。他却上书说:"此处有那榔酒,京城名酒可免送!"迄今,那榔酒一如往日,并评上云南优质酒亚军,远销东南亚。②

酒业兴旺,壮群体越人及其后人的名酒自然先后涌现。

北宋景祐间(1034—1038年)曾知昭州(后升为平乐府,治今广西平乐县)、作过著名的《五瘴说》的梅挚,其《昭潭十爱》第九首是:"我爱昭州酒,千家不禁烧。缥醪(酒名)一爵(一盅)举,瘴疠四时消。红叶和云踏,青帘(酒旗)傍水招。化浓民自醉,鼓腹(吃饱了)日歌尧(尧舜,太平日子)。"③ 这昭州酒,就是古代闻名远近的"平乐莲花白"。因此,明朝孟洋《寄李平乐觅莲花酒二首》其一有"常闻平乐莲花白,绝胜云安(今四川云阳县)曲米春"之句。④ 孟洋以私交向平乐府李知府要莲花白,自然当时平乐知府的顶头"上司"更"恣取无度"。后来,施闰(yín)做平乐府知府,见此情况,心中愤愤,说:"虽漓江水为酒,不能给(满足)也。"他"因(之)作诗以讽。

---

① 雍正《广西通志》卷93《永宁州》。
② 刘德荣等:《新编文山风物志》,云南人民出版社2000年版,第207—208页。
③ (清)汪森:《粤西诗载》卷10。
④ (清)汪森:《粤西诗载》卷23。

自是少索莲酒"。①

南宋乾道八年（1172年）来广南西路出任经略安抚使的范成大，十分推崇广西出产的瑞露酒。他说，他"数仕于朝，游王公贵人家，未始得见名酒"。后来出使金国，"得其宫中酒号'金兰'者，乃大佳"。"及来桂林，而饮'瑞露'，乃尽酒之妙。声震湖、广，虽则'金兰'之胜，未必能颉颃（相当）也。"②周去非《岭外代答》卷6《酒》载："广右无酒禁，公私皆有美酝（酒），以帅司（广西经略安抚使司）瑞露为冠。风味蕴藉（醇和），似备道（兼备）全美之君子，声震湖、广。此酒本出贺州，今临贺酒乃远不逮（不及）。"

瑞露酒好，就因为经略安抚使公署里"有井清冽，汲以酿，遂有名"。同样，今宾阳县的古辣那时有一泉水，以其水"酿酒，既熟不煮，埋之地中，日足取出"。③

同一时期壮群体越人后人地区的名酒，还有老酒。据范成大《桂海虞衡志·志酒》载："老酒，以麦曲酿酒，密封甚藏之，可数年。士人家尤贵重。每岁腊中，家家造鲊，使可为卒岁计。有贵客则设老酒、冬鲊以示勤；婚娶亦以老酒为厚礼。"

平乐莲花白、瑞露、古辣酒以及老酒，这些宋代岭南名酒，除平乐莲花白流传后世外，瑞露、古辣及老酒，则因时势变异或泉水枯竭，已经酒尽香散了。不过，"桂江酒美独斟时"④，"趁墟野妇沽甜酒"，⑤"白苎清歌翻古调，苍梧名酒醉归迟"⑥，壮族地区仍然弥漫着酒曲的醇香。更有甚者，乡间墟场，"酒肆既多，日中以后，自衙役至市井小民，无不踉跄醉者"。⑦因此，清朝咸丰年间（1851—1861年）天河县（在今罗城仫佬族自治县西南）举人林乔的《竹枝词》说道："独有秀才难免俗，墟墟醉倒酒家眠。"⑧

第三节　著名食品

民就食于自身周围的自然界，壮群体越人及其后人以居地自然生态环境中所有可食的动物、植物为食，数百千年来，经过反复实践、筛选，世世代代的经验积累、传承，既形成了适于自己生存与发展的烹饪方法，也形成了不少名传古今的食品种类。

一　植物类

（一）五色糯米饭

五色糯米饭，就是先以具有黑、紫、红、黄、白等颜色的自然生态植物的浸渍液各自浸泡糯米，然后将染就的各种颜色的糯米蒸熟，形成的黑、紫、红、黄、白等颜色的糯米

---

① （清）汪森：《粤西丛载》卷19《酒》引李绍文《明世说新语》。
② 《桂海虞衡志·志酒》。
③ 同上。
④ （明）陈献章：《谢东山惠广西酒》，（清）汪森《粤西诗载》卷23。
⑤ （明）林弼：《龙州》十首其六，（清）汪森《粤西诗载》卷23。
⑥ （明）俞安期：《安刺史邀集带湘楼饮苍梧缥清（酒名）》，（清）汪森《粤西诗载》卷18。
⑦ （清）汪森：《粤西丛载》卷19《酒》引明朝佚名《百粤风土记》。
⑧ 杨家珍：《天河县乡土志》，台北成文出版社1967年版。

饭。五色糯米饭，是壮群体越人及其后人传统的名贵食品。

五色糯米饭，形之很早，在壮傣群体越人还没有分化独自发展之前就已经形成，并重之珍之，是祭神祀鬼的主要食品，因此传之后来，不论是壮族三月三日祭扫先祖墓以之为祭品，四月八日牛魂节、六月六日祀田神以之为酬神的食品，还是布依族逢年过节或是贵客来到，都以之作祭祀或待客的厚礼。① 即便是傣族，历史上也"以糯米蒸熟，染成五色供斋，赴缅佛寺"。② 这种情况说明，在南越国时期壮傣群体越人未分化独自发展之前，五色糯米饭就已经在他们中形成、存在，并成为贵重的祀鬼祭神的食品，可说是源远流长，历史悠久，没有哪一种食品有这么强的生命力。

五色糯米饭的来源，在壮、布依、傣等民族中，在同一民族的不同地区间，其传说都不一样。这都是后人因事而起，因情而发，穿凿出来的，都不可信。远古越人，在纺织上锦绣斑斓，传到后来，壮族壮锦，五色灿然；布依族织锦，"斑斓夺目"；③ 傣族也"以五色土锦充贡"。④ 这说明，不论是壮族、布依族，还是傣族，都是以斑斓为尚，以五色为重。可能壮傣群体越人其多彩的糯米饭，显色黑、紫、红、黄、白五种，或者就是借鉴于他们的斑斓的锦织品而来的。

现在，壮族在清明节煮五色糯米饭上山扫墓祭祀先人，但是壮族如同傣族一样其先并无祭扫先人的习俗，"清明扫墓"的意识观念习俗是从中原移入的，五色糯米饭的产生似与清明节扫墓无关。就广东、广西、贵州民国及其前各方志的记载看，乌饭也就是五色糯米饭当与壮群众体越人的养牛、珍牛、重牛而特定的"四月八牛魂节"相关。因此此日既称"乌饭节"，又是"牛魂节"。牛魂节与乌饭节二者等同，不是勾连在一起了吗？所以，宾阳县说平话方言宾阳土语的人有句话说："四月八，糯米饭黑 ma：t⁶ma：t⁶。" ma：t⁶ma：t⁶是壮语词，意为"漆黑晶亮"，这就是将乌饭即为五色糯米饭产生于四月八牛魂节点出来了。

做五色糯米饭的糯米，一般都选取颗粒大、色泽好的优质糯米。黑色是采来枫树叶，洗净、捣碎，放入干净的清水中浸泡两三天，滤去叶渣，将其水加热至 70 度左右，将糯米浸于其中。一天后捞起糯米，再将其水加热，又以捞起的糯米置于其中浸渍一个昼夜。黄色用密蒙花或栀子，红色用红花草，紫色用紫花草或紫香藤。将它们分别煮沸一个钟头左右，滤去渣，将其浸渍液倒入不同的器皿中，用来浸泡糯米约一个昼夜。白色则是糯米原色，用时将糯米浸入 70 度左右的清水中就行了。蒸时，将沥干的各色糯米分层放入蒸笼中。蒸熟后的糯米，或黑亮亮，或紫嘟嘟，或红艳艳，或黄闪闪，或白灿灿。如果把蒸熟的糯米饭从蒸笼倒入一个大簸箕内，搅拌，让各种颜色的糯米掺杂均匀，则五色灿然，晶莹闪亮，清香馋人。当然，五色是形容其多彩多样，并不一定是五个颜色，七色八色可以，一色二色也行。单黑色的称"乌饭"，单黄色的称"黄饭"。比如有些地区的二月初

---

① 汛河：《布依族风俗志》，中央民族学院出版社 1987 年版，第 40 页。
② （清）王崧：道光《云南通志》卷 183。另，（清）李煦龄道光《普洱府（治今云南普洱县）志》卷 18、张问德《顺宁县（今云南凤庆县）志初稿》记载也同。
③ 汛河：《布依族风俗志》，中央民族学院出版社 1987 年版，第 72 页。
④ （明）刘文征：天启《滇志》卷 30。

选染饭草及花、叶

五色糯米饭

二日就用密蒙花煮黄色的糯米饭,说是求得老少眼目无疾清亮。不过,所有染就糯米色彩的物品,都是来自可食的植物,否则糯米饭就难得其醇香,难保其生态性质。

清朝初年,广东著名学者屈大均《广东新语》卷14《诸饭》载:"西宁(今广东郁南县)之俗,岁三月,以青枫、乌桕嫩叶浸之信宿(两日夜),以其胶液和糯为饭,色黑而香。枫,一名乌饭木,故用之以相饷。南雄(今广东南雄市)以寒食(清明节前一天)前后,妇女相约上丘垅,以乌糯饭置牲口祭墓。"广东古与广西同为越人地区,清代广东越人虽已汉化,但一些地方的人仍然甩不脱乌饭的清香馋人,蹈袭着其先人的饮食轨辙,继续享用着越人传统的花糯饭。

用以制作五色糯米饭的植物,除以其色染就糯米特别清香外,还都具有药用价值。据李时珍《本草纲目》卷34、卷36载,枫叶浸渍液可"治痈疽,下水气";密蒙花可"消目中赤脉,小儿疳气攻眼";栀子可除"五内邪气,胃中热气,利五淋,通小便"等,对居于炎热地区的越人,确有特殊的防病治病作用。无怪乎在历史上五色糯米饭,壮傣群体越人尚之珍之,世代传承,经久不衰。

(二)糍粑

ba¹ no:ŋ¹,就是舂就的糍粑。这是壮群体越人及其后人传统的有名食品。当节庆来临或家有喜事,主家便拿来一大捆干净的禾秆草烧了,将其灰烬放入清水中浸泡半个小时左右,然后用细纱布滤去灰渣,与淘洗好的糯米放入锅中煮熟。饭熟后,趁热倒入木槽或石臼中。此时,邻舍的青年男女便纷沓而来,拿起舂杵,围着木槽或石臼舂捣着糯米饭,令其粉碎胶融。这或者就是唐朝刘恂《岭表录异》所载的"舂堂":

> 广南有舂堂,以浑木(完整的木头)刳(kū,剖开挖空)为槽(四边高中间凹下的器具)。一槽两边约十杵,男女间立以舂稻粮。敲磕槽舷,皆有遍拍(完整的节拍)。槽声若鼓,闻于数里,虽思妇(思念丈夫远出的妇人)之巧弄秋砧(秋日的捣衣石),不能比其浏亮(清朗明亮)也。

"舂堂"本是古代越人加工食粮用的，如宋朝周去非《岭外代答》卷4《桩堂》记载的"将食时，取禾桩于槽中"，也如《古今图书集成·职方典》卷1421《思恩府风俗考》所记载的，壮人"家无积粮，晨兴杵，声喧里巷，止足一日之需"。但是，它也是壮家聚众娱乐的器具："元旦，户户以舂臼覆地，用木杵敲之，交击成声，竞相为乐。"① 更有甚者，"父母死，阖室子女以杵舂臼，闹击成声，名为化者舂行粮"；② "死者多瘗于舂堂中以葬"。③ 舂堂在壮族及其先人中既具有多种用途，自然也可作"ba¹no：η¹"此一食品的制作器具。

舂 ba¹no：η¹

经舂碎舂烂了的"ba¹"，是翠绿的。主者洗净手，搽上花生油，便拿起"ba¹"，使力一压，让"ba¹"从母指与食指圈成的圆洞中蹿出，成个小碟口大小那样一坨儿，这就是壮人所称的"ba¹no：η¹"。"ba¹no：η¹"做成，用黄糖炼成糖油淋上，黄绿可爱，吃起来柔韧香甜，得一想二。由于糯米已先用禾秆灰水煮熟，可以放上一些日子不会变质。因此，历史上壮族及其先人每当有婚喜或亲友乳喜，都做上一担"ba¹no：η¹"相送，认为婚者因其黏性强而夫妻和谐；生子者吃上了易于化食来乳。

后来，此种以槽舂成的糍粑，不渍以禾秆灰水，少了翠绿颜色，让其坚硬，烤着吃，便成了年糕类的食品，流行于壮族地区乡村。

（三）粽子

粽子，北壮方言谓"hau⁴faη⁴"，与布依语无异，但南壮方言谓"khau³tum³"，泰、老语谓"khau³tom³"，傣语谓"xǎu³xum³"或"xau³xɛm¹"，显然壮傣群体越人关于粽子已有了共同的词语，说明壮傣群体越人在分化之前已有"粽子"此类食品存在。

---

① 《古今图书集成·职方曲》卷1421《思恩府风俗考》。
② 雍正《广西通志》卷93。
③ （宋）周辉：《清波杂记》卷7引唐人《南海录》。

周处《风土记》载："俗以菰叶裹黍米，以淳浓灰汁煮之，会烂熟，于五月五日及夏至啖之。一名粽，一名角黍。"① 这说明，中原的角黍或粽子是用黍米制作的，而岭南的粽子却是以糯米来包的。《续齐谐记》载："屈原以五月五日投汨罗（江）而死，楚人哀之，每至此日取竹筒贮米投水以祭之。"② 无疑，民间习俗所谓"端午包粽吊屈原"并非真实。即使"取竹筒贮米"也算作粽子的话，那也与岭南壮群体越人及其后人的以"粽叶"包上糯米为粽子大不一样。《太平御览》卷851《粽》引《续齐谐记》又载：

汉建武中（25—56年），长沙区回白日忽见士人自称三闾大夫（即屈原），谓回曰："君常见祭，甚诚。但常年所遗，俱为蛟龙所窃，今君（先生）惠（赐赠的竹筒米）可以（拿）楝树叶塞其（指竹筒）上，以彩丝缠缚之。此二物，蛟龙所惮（害怕）也。"回谨依旨（屈原的旨意）。今世人五日作粽，并带楝叶及五彩丝，皆汨罗之旧风。

此就揭示了中原的所谓祭祀屈原的粽子与岭南壮族先人的粽子完全不同。他们的粽子，即使改竹筒盛米为以树叶包裹，仍然带着楝叶和五彩丝，壮群体越人及其后人的粽子则完全不是如此。明朝李时珍《本草纲目》卷25《粽》载："古人以菰芦叶裹黍米煮成，尖角，如棕榈叶心之形，故曰粽，曰角黍，近世多用糯米矣。今俗，五月五日以为节物相馈送。或言为祭屈原，作此投江，以饲蛟龙也。"这就再明白不过地说明了中原角黍或粽子与壮群体越人及其后人的粽子在大小、外包装与内涵上的完全不同。

粽子，壮语北部方言和布依语谓 hau⁴ faŋ⁴，壮语南部方言和傣语谓 khau³ tum³，语源于一词，只是后来音声发生变化而相异。这说明在壮傣群体先人越人时代就有了粽子的存在。

自汉、晋以后，壮群体越人及其后人逢节庆或家有喜事，都包粽子。用来包粽子的糯米都是色泽晶莹的大糯，浸上一晚上，沥干，即可取用。

用来包粽子的是单叶植物中竹芋科姜目的柊叶，俗名粽叶，壮语称"loŋ² faŋ⁴"。它是多年生常绿丛生草本，叶根生，呈椭圆形，长30—60厘米，宽15—25厘米。它生于密林荫湿之处，用作包粽的多是在园林中栽培。柊叶具有特殊的清香味，并可延长粽子的保存期。所以，晋朝嵇含《南方草木状》载："冬叶，姜叶也，苞苴（包装的）物，广、交皆用之。南方地热，物易腐败，唯冬叶藏之，乃可持久。"它既说明了岭南地区此特有植物的功能，又隐约道出了汉晋时期壮群体越人后人已经广泛采用柊叶来包裹糯米而成粽子。

吴其浚《植物名实图考》卷9载："柊叶出粤东家园。草本，形如芭蕉，可裹粽。以包参茸等物，经久不坏。"柊叶，是岭南特产，也只有壮群体越人及其后人才懂得用它来包扎真正的粽子。

包粽子除糯米外，讲究粽子馅料。一般除用生五花肉拌上姜、蒜、八角粉及盐、酱等

---

① 《太平御览》卷851《粽》引。

② 同上。

家家种柊叶　　包粽子

粽子

外，还配上或板栗或花生或绿豆。每当粽熟解开粽叶，粽子外头淡绿淡绿的，剖开粽子则清香扑鼻，让人垂涎。

壮群体越人后人以粽子为重，粽子也越做越大。《古今图书集成·职方典》卷1452《泗城府风俗考》载，归顺州（今广西靖西县）的壮人，"每遇节庆，用叶裹米为粽，献上馈邻。其粽之大，至有裹数十斤（米），中藏全猪及鸡、鸭者"。

夏日炎炎，粽子难以较长时间地搁置，因此，壮家人又以禾秆草灰烬之水过滤后来浸泡糯米以包粽子。此种粽子内不放馅，却显出青绿的颜色，吃时淋上糖油，清甜可口，凉侵齿牙，也是一种别具风味的粽子。此种粽子，壮家称为"faŋ⁴daŋ⁵"。

（四）米花团子

米花团，是壮族年节食物，用颗粒均匀晶莹透亮的大糯米做原料。糯米在干净清水中浸泡几个小时后，捞起，杂上谷壳，放入蒸笼里蒸熟。倒出晒至八成干，放入舂臼或碓子臼里，将米粒舂成扁平形，然后将之晒干，簸净谷壳，留作炒米花时用。

开始炒之前，备上半碗酒，酒里加入陈皮和八角粉末，用来喷洒扁米，让干爽的扁米有二三成湿度，并放上一阵子，使酒渗入扁米里，再开锅炒扁米。开炒，每次只能放入一小把扁米，用脱了粒的禾秆梢束成的小扫子不断地搅动、翻转扁米，直至扁米完全爆花。炒完扁米，按爆花扁米的数量熬上黄糖水。黄糖水至熬成糖浆，用筷子蘸上一滴糖浆放入清水里不散开时方可用。此时，将炒好的米花倒入糖锅里，将其翻搅拌匀，并趁热用手将米花捏成2寸直径的圆团，或将其倒入簸箕内摊平压实后切成长方形的小块，放进米缸或罐内封好保存，以防湿气侵袭使其变形。

米花用开水冲着吃，清香鹊起，甜度适口。新年有客上门，即冲上一碗待客，既解渴又可暂得充饥，是壮家特有的食品。

（五）香扁糯饭

吃香扁糯米，早在壮傣、侗水二群体越人没有分化的时候，是他们"尝新"的内容。今侗族仍在流传着"占苟帽"一语，就是"ȵaːn¹（吃）qəu⁴（稻）məi⁵'（新）"，即稻谷将熟未熟时的"尝新节"。虽然迄今侗族对此的传说已经走了味，但从"占苟帽"（ȶa:n¹ qəu⁴ məi⁵'）一词不变可知其原义。

不过那个时候壮傣、侗水两群体越人专培育糯米为主食，"尝新"所尝的是糯米，传承下来，侗族与壮、傣等族就有了借吃扁糯以谈情说爱的习俗。

香扁糯饭，是桂西、云南文山壮族苗族自治州壮家一年一度的风味小吃。

每年八月，在大糯灌浆、谷粒尚未泛黄之际，壮家姑娘就走入田间，在糯米田里选取那些穗长粒大的稻穗，把它们一穗一穗地剪下带回家中。在将谷粒搓下后，先在蒸笼里蒸，后放进大镬头里用文火炒。炒到谷壳呈深黄色，米粒溢香，便倒进碓臼里舂，使其脱壳，取出扬净；如谷壳还没除尽，复炒又舂，至谷的壳扬尽为止。此时，米粒已经形成扁平的形状。

香扁糯米，色泽青绿，光滑柔润。以之煮饭，柔韧软和，清香可口，营养丰富，是壮家名闻遐迩的美味食品。

而那坡县等地的男女青年在米粒扬净谷壳后，又将白糖掺入米粒中拌匀，用洗净的莲叶包起，放在大石磨盘下压上一个小时左右，便拿出来吃。此时，米粒青绿，软熟细嫩，在嘴里越嚼越香越甜，齿缝间久久留有余香。此时节，也是壮族乡村男女青年结群欢歌的佳期。他们聚集在一起，男买糖，女舂米，忙得不亦乐乎。在舂米脱壳的过程中，他们又唱又笑，赞美扁米的青绿清甜，赞美耙田栽种的辛劳，感激姑娘们的心灵手巧。在相互恭维道谢中，有情人认识有情人，达到了传情说爱的目的。请不要见怪，这可是青年男女们明修栈道，暗度陈仓，以吃扁米为由头，行其认友说爱的终极，体现了壮族千百年来的传统习俗。

（六）豆腐圆

豆腐圆，是壮族节庆或会聚亲友宴会的食品，意味着喜庆团圆。

做时，将黄豆磨成浆制成豆腐，后放入罐中捏碎，沥干。馅则以半肥半瘦猪肉、虾米、花生或芝麻、木耳、香菇等剁碎，和上适量蒜、葱、姜泥及盐、酒、五香粉等。将沥干的豆腐作皮摊于掌上，放上馅，滚成圆形，放入油锅中或煎或炸，待表皮呈黄褐色时起锅。吃时，或放入汤中去煮，或以西红柿碎泥、酱油及生粉拌同入锅焖熟，味道颇为鲜美。

豆腐，壮语谓"tau⁶ fu⁶"，这是借汉语词，说明此道菜是在汉族文化的影响下方才出现的。

（七）生菜包饭

大叶掌形的莴苣菜叶，壮语谓"plak⁷ dip⁷"。plak⁷是菜，dip⁷是生。之所以称为生菜，就是因为壮族以其菜叶生生地拿来包饭吃。

春末夏初，大叶掌形的莴苣菜叶舒展的时候，也就是壮人特别是儿童们喜欢吃生菜包饭的时候。

如果晚餐有鱼有肉可以饱腹，人们便从地里摘回来鲜嫩的生菜叶。饭煮好了，将鱼、肉剁碎，和上葱、姜、蒜泥，放入盐、酸、酱，并将预先浸软了的做米花团的扁米也放入锅里一起煮熟，作为包饭的内馅。饭焘好了，菜也端上来了，高兴的孩子们邀来老人、大人，洗净手，大家围在一起，便左手拿起生菜叶，右手先在生菜叶上摊一层饭，铺一层菜，然后囫囵卷起往嘴里塞。这就是吃生菜包饭。

生菜包饭，有生菜的鲜，又有饭菜的香甜，风味独具，往往让孩子们手不停息地吃了一包又一包，满嘴油腻，乐得说不出话来；大人们也觉得吃了一顿可口的饭菜。

（八）竹筒饭

竹筒饭，是利用岭南多竹的特点而用竹筒烹制的饮食。因其简便，适合于野外操作，且具竹子特有的香味，一直传承下来。因此，壮族有竹筒饭，布依族、傣族也都盛烹竹筒饭。雍正《广西通志》卷93《蛮疆分隶》载柳州府象州（今广西象州县）壮族，"男女椎髻徒跣，截竹筒而炊，待雨而耕"，烧竹筒饭好像是象州壮族的习惯做法了，其实何处壮家又不如此？

竹筒饭，一般用新鲜的金竹、香竹、甜竹等，将泡好的糯米放入竹筒，夹入一块腊肉，放入适量的水，然后用柊叶或芭蕉叶将竹筒的上头包好扎紧，放入火堆中烧。待竹筒外层烧焦，米饭香溢出时，糯米就熟了。破开时，竹薄膜包着熟饭，成圆圆的一条，香、甜、脆，诸味俱全，诱人食欲。

（九）窑烧薯芋

每年九月、十月、十一月，地里薯、芋成熟了，稻子收割了，野外逐渐现出空荡荡的一片。此时，正是半大不小的小伙和未成年的儿童们忙碌于野外的时候。他们放牧牛羊，围捕鸟儿，逮蛤蟆，挖泥鳅，可说是各人各忙，各乐各事。到了十二点或下午四五点钟，肚子饿了，忙碌的儿童和小伙子们便三五成群聚集在一起。他们从自家的地里挖来薯芋，搬来干燥的泥块，平地砌起个上小下大、中空、有门的小窑儿。他们又四处拾来干燥的柴火，掀开窑顶，从窑门塞进柴火，在窑中烧起火来。柴火源源而进，直烧到砌窑泥块的内壁都红了，便从窑顶将芋头、红薯扔进窑内，扔完，又将砌窑泥块往里倒，让烧红了的泥块完全覆盖住下面的薯芋，并棒擂脚踩，将其踏实，最后盖上一层冷土。半个多小时以后，扒开上头泥土，就露出一个个排列于下的煨熟了的芋头、红薯。捡起剥开烧黄的薯皮和表毛已烧净的芋皮，纯纯的，香香的，小伙子和儿童们大口大口地咬着嚼着，难说其甜美，难说其醇香。大家吃饱了，也就尽兴地伸开四肢躺在田野上，数着天空闪过的飞鸟，说着无边的笑话。

壮家人童年的回忆，谁又少了这个时节的甜美回想？总觉得当时的甜美，当时的欢乐，余味无穷，令人难以忘怀。

二 动物类食品

（一）吃血肠

壮语"puŋ¹"，就是血肠。因为猪或狗的小肠是小的，灌入血等以后，它就往外张大，因称为puŋ¹。puŋ¹，在壮语里就是扩充、膨大的意思。南宋大诗人陆游《老学庵笔记》卷2载："《北户录》云：岭南俗，家富者妇产三日或足月，洗儿作团油饭，以煎鱼、虾、鸡、鹅、猪、羊灌肠、蕉子、姜、桂、盐、豉为之。据此，即东坡先生所记盘游饭也。二字语相近，必传者之误。"其实，"团油"还是"盘游"，都是壮语"puŋ¹"的缓读近音译写字，无所谓谁正谁误。

"puŋ¹"，是壮群体越人及其后人男女老少都习惯吃和喜欢吃的食品。每逢杀猪杀狗，人们都将其小肠冲洗干净，放在一边。煮上糯米，剁碎猪肉或狗肉，配上切碎的葱、姜、

血肠（puŋ¹）

蒜、桂、椿叶、薄荷、紫苏叶等，撒上盐，并将之炒熟，然后将之与糯饭、猪血或狗血搅和在一起，徐徐灌入猪或狗小肠中，分别用麻线扎住肠的头尾，放入盛水的大锅内，直到煮熟为止。此"puŋ¹"，嫩而清香，令人垂涎。杀猪时，主家通常是以一段"puŋ¹"及一块肉送予亲邻，共享其美。

壮群体越人及其后人吃"puŋ¹"，由来已久。唐朝段公路"所记皆粤南事"[①] 的《北户录》卷2载："广之人食品中，有团油饭。凡力足之家有产妇，三日、足月及子孩晬（zuì，周岁），为之饭，以煎虾、鱼炙、鸡、鹅、煮猪羊、鸡子羹、饼灌肠、蒸阳菜、粉糍、粔籹（以米和蜜熬煎而成的食品）、蕉子、盐、豉之属，装而食之，是也。"婴儿生三日、足月或周岁举宴，以灌肠即"团油"作为主菜，就是希冀婴儿像"团油"那样迅速长大，快快成长。

（二）炮牛肉和煲牛头

壮群体越人及其后人以牛为富，婚姻以牛为聘，罹病杀牛祠鬼，丧葬烹牛待吊客。因此，三国时万震《南州异物志》载："俚人不爱骨肉而贪宝货，见贾人（商人）财物、牛犊，便以子易之。"[②] 俚人就是壮群体越人后人的称谓。他们以牛为富、爱吃牛肉的习俗，延至明朝、清朝初年还没有改变。"不务积蓄，衣食惟取时给。数富以牛牝。孳息有水牛、黄牛。水牛以耕，黄牛杀以祠鬼。""人死礼佛修斋，烹牛以待吊客，有至数十头者。""信鬼崇祀，疾病不服药，惟杀牛祠鬼，有一牲、三牲、七牲至二十七八牲者。"[③]"家无积蓄，有牛为富。"[④]"凡喜事时节宴会，无盃、筋（箸）、盘、几之设，以大木叶铺地，散半熟牛肉于上，富者以蕉叶盛生盐、山椒调和，会老幼席地群饮。"[⑤] 此种情况显示出在壮群体越人及其后人的日常生活中，牛肉是男女老少都喜欢吃的。

历史上，壮群体越人及其后人流行男逸女劳的习俗，社会上操持杀牛的事，多属女性。因此，唐及唐以前，在他们中就出现"屠婆屠娘"之称。这就是《太平广记》卷483引《南海异事》所载的"南海解牛，多女人，谓之屠婆屠娘"。明代《峤南锁记》也载："解牛多俚妇，亦曰屠婆。"[⑥] 这说明，在他们吃食牛肉一事中，女性可是主操其

---

① （清）陆心源：《重刻〈北户录〉叙》。
② 《太平御览》卷492《贪》。
③ （明）林希元：嘉靖《钦州志》卷1《风俗》。
④ 《古今图书集成·职方典》卷1452《泗城府风俗考》。
⑤ 《古今图书集成·职方典》卷1421《思恩府风俗考》。
⑥ （清）汪森：《粤西丛载》卷18《屠婆》引。

事的。

> 容南土风,好吃水牛肉。言其诡美,则柔毛(古代称羊为柔毛)、肥彘(zhì,猪)不足比也。每军衙有局筵,进必先此物。或炮(裹起而烧曰炮)或炙(烧),尽此一牛。既炮,即以圣齑(jī)销之(圣齑,如有松云:是牛肠胃中已化草)。既至,即以盐、酪、姜、桂调而啜之,腹遂不胀。北客到彼,多赴此筵,但能食肉,罔(没)有啜(chuò,吃)齑者。①

炮或炙的水牛肉怎么个诡美,我们已经不清楚,但既然羔羊及肥猪都"不足比也",驻军的管理机关(即军衙)设宴"进必此物",北来的客人"多赴此筵",则可以知道经过"炮""炙"加工后的水牛肉吃起来的"诡美"滋味。

"容南",就是容州及其以南地区。据《太平寰宇记》卷167《容州风俗》引唐人《十道志》载,容州"夷多夏少,鼻饮",其"鼻饮"的人非壮群体越人的后人而为谁人?

所谓"圣齑",刘恂在《岭表录异》中已作了自注,说是"牛肠胃中已化草"。牛肠胃中已消化了的草,就附着牛的肠胃里大量的可助消化的黏液,人吃了可大大强化消化功能,所以吃胀了"炮"或"炙"的诡美可口的牛肉后,吃上"圣齑"即可以帮助消化,使腹不胀。

历史上,壮群体越人及其后人很重视"圣齑"此一功能。明朝王济《君子堂日询手镜》载,壮人"以牛、羊脾上黑膜焙(干),研细,杂以椒、盐食诸肉",这有如"圣齑"的做法。清朝初年,《古今图书集成·职方典》卷1421《思恩府风俗考》载壮人"每椎牛,生饮其血,取肠渣滓以为羹",也是类如"圣齑"的余风。

当然,汉夷隔膜,各有风俗,各有文化,格格不合,互不信任。汉族人认为少数民族"非我族类,其心必异",少数民族对于汉族也是疑之在前,信之在后。因此,对汉人来客,常有试之后近之法。壮群体越人及其后人试客之法,就是宋朝周去非《岭外代答》卷6《异味》所载的他们"煮羊胃,混不洁以为羹,曰青羹,以试宾客之心。客能饮食则大喜,不食则以为多猜"。继后,宋宁宗庆元元年(1195年)朱辅《溪蛮丛谈》也载,"牛、羊肠脏,略摆洗,羹以饷客,臭不可近,食之既,则大喜"。此种"以牛、羊胃混不洁以为羹"以试客心的做法,《溪蛮丛笑》定名为"不乃羹",并引唐刘恂《岭表录异》以为证,这是误引误证误名,榫合不对。《岭表录异》"交趾之人"条载:"交趾之人重不乃羹。羹以羊、鹿、鸡、猪肉和骨同一釜煮之,令极肥浓,滤去肉,进之葱、姜,调以五味",并非如《溪蛮丛笑》所载的"以脏牛、羊肠子煮羹"。

炮或炙水牛肉之外,还有《煲牛头》。唐朝段公路《北户录》载:

> 南人取嫩牛头火上燖(xún,烧)过,复以汤毛去根,再三洗了,加酒、豉、葱、姜煮之,切如手掌片大,调以苏膏(植物油)、椒、橘之类,都内(纳,即装)

---

① 《太平御览》卷855《齑》引。

于瓶瓮中，以泥泥（涂抹）过，煻火（使火燃起）重烧，其名曰煲。

愚（我）曾于衡州（今湖南衡阳市）食熊蹯（熊掌），大约滋味小异而不能及。

这是作者躬身体验的现身说法，不可谓不信。天下物品，好吃不过熊掌，连熊掌的滋味也不能及煲牛头的美味，可知壮族先人所做的煲牛头也是一道让古人吃了称心，张口誉扬的名菜。

（三）嘉鱼

"嘉鱼，形似鳟，出梧州戎城县（今苍梧县）江水口，甚肥美，众鱼莫可与比，最宜为鲝（shān，鱼酱）。每炙（烤），以芭蕉叶隔火，盖虑脂滴火灭耳。"①

嘉鱼，在壮群体越人及其后人的历史上很有名气。范成大《桂海虞衡志·志虫鱼》载："嘉鱼，状小如小鲫鱼，多脂，味极腴美，出梧州火山。人以为鲊（zhǎ，腌鱼），饷（赠送）远（远方亲友）。"周去非《岭外代答》卷10《嘉鱼》也载：

> 苍梧大江之南山曰火山，下有丙穴，嘉鱼出焉。所谓"南有嘉鱼"，诗人传之也。嘉鱼形如大（疑讹，当为小）鲫鱼，身腹多膏，土人煎食之，甚美。其煎也，徒置鱼于釜，少焉落膏（油），自然煎熬，不别用油，谓之自裹。

在梧州，嘉鱼自古迄于清朝前期，一直不断其产。所以，谢启昆嘉庆《广西通志》卷91《物产》引《梧州府志》载："今府江间有，鲜嫩肥美，作松子香，众鱼莫可与比。"

嘉鱼不仅产于梧州，其他壮族地区也有出产。嘉庆《广西通志》卷92《物产》引《南宁府志》载："嘉鱼，似鲫，小而多脂。横州（今横县）天窠山岩外潭，秋杪冬出，味尤鲜美，诸属产者不及。"时至现在，广西巴马"油鱼"仍称道于人口。该鱼放入锅里煎煮，诚如《岭外代答》所载，鱼身慢慢渗出油来，以自身的油煎自身，所以群众称其为"油鱼"，其实该鱼就是历史上所称的"嘉鱼"，其味纯正而腴美。

（四）虾生及鱼生

"虾生"及"鱼生"两道菜，自古至今，在壮群体越人及其后人中一直是流行的名菜。

《太平御览》卷943《虾》引唐朝刘恂《岭表录异》载："南人多买虾之细者，生切绰菜、兰、香蓼等，寻用浓酱、醋先泼活虾，盖以生菜，然（燃）以热饮覆其上。（虾有）就口跑之，亦有跳出醋揲（shé，边）者，谓之虾生。鄙俚（一般百姓）重之，以为异馔（zhuàn，食物）也。"

以"虾生"一词而论，名词前置，修饰形容词放在后面，可知其词形成于壮群体越人中，是他们创制的食品，最初也是在他们中间流行的食品。

"虾生"的姊妹菜是"鱼生"。此词的构成也如同"虾生"一样，来源于越语的构词模式。

---

① 《太平御览》卷937《嘉鱼》引《岭表录异》。

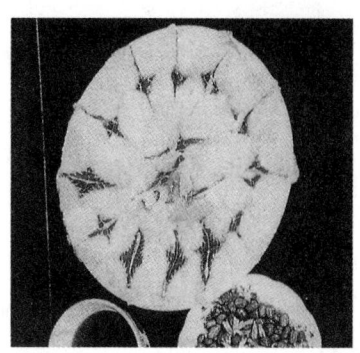
鱼生

"虾生",至今还在壮族中流行,但名不如"鱼生"的声传四方。

历史上,岭南谚语说:"冬至鱼生,夏至狗肉。"吃鱼生犹如吃狗肉,都是壮群体越人及其后人男女老少所喜欢的食品。

做"鱼生"的材料,一般都是无污染的淡水水域中出产的二三斤重的活蹦蹦的大草鱼或鲤鱼。将鱼杀了,除去内脏,洗去血迹,割取鱼脊,剔除鱼骨,切成薄片,然后消毒除菌,也就是以烈酒、强醋和花生油与鱼片拌匀,盖上。消毒除菌半个小时后,即可食用。将鱼片消毒除菌外,另以醋、盐、姜丝、葱丝、蒜丝、鱼腥草、花生油、白糖等作佐料,放在一边。食时,将鱼片蘸上佐料就行了。这样吃鱼生,脆而润滑,鲜而爽口,别具一番风味。然而,肝吸虫往往随之而来。

(五)蚁子酱

唐朝刘恂《岭表录异》载:"交、广溪峒间,酋长多收蚁卵,淘泽令净,卤以为酱。或云其味酷似肉酱,非官客、亲友,不可得也。"

段公路《北户录》卷2也将蚁子酱列作岭南的著名食品,可知蚁子酱在古代曾经是壮群体越人及其后人著名的食品。但是,此种食品传至何代已不清楚。南宋陆游《老学庵笔记》对蚁子酱曾略予评论,可是没有涉及当时是否流行的问题。明朝万历四十年(1612年)魏濬《西事珥》卷6《蚳醢》载:"粤人于山间掘出火蚁卵,用以为酱,谓之蚁子酱,甚贵之,非重客不以尝。"揭示了明末壮人中还流行蚁子酱。此后由于岭南生态环境的改变,清朝以后便断档了。

(六)蛤蟆抱芋汤

蛤蟆抱芋汤,此道菜见于记载是在唐代。但是,上古越人以蛤蟆为上味,此道菜可能在唐朝以前即已存在。

唐人尉迟枢《南楚新闻》载:

> 百越人好食蛤蟆。凡有筵会,斯为上味。先于釜中置水,次下小芋烹之。候汤沸如鱼眼,即下其蛙,乃一一捧芋而熟。如此,呼为抱芋羹。
>
> 又或先于汤内安笋杆,后投蛙,及进于筵上,皆执笋杆,瞪目张口。而座客有戏之曰"卖灯心者"。

又云：疥皮者最佳。掷于沸汤，即跃出，其皮自脱矣。皮既脱，乃可以修馔。时有一叟闻兹语，大以为不可，云："绝不得除此锦袄子，其味绝珍。"闻之者，莫不大笑。①

明朝魏濬《西事珥》卷6《蛙台抱芋羹》载："一云百越人宴会最贵蛤蟆。先于釜置水，次下小芋，候汤沸，即下蛤蟆，一一抱芋而熟，呼为抱芋羹。此说太异。食蛤蟆必杀之，去其肠胃，乃中吻焉，焉能抱芋？"这是魏氏未临实际，凭想象而出现的误解。杀蛙去其肠胃，只破其肚，并不需要动到其唇吻。而且，破其肚去了肠胃，蛙尚未死，所以急速放入近乎沸点的滚烫水中，未死的蛤蟆就会紧紧抓住碰上的芋头，从而出现了蛤蟆抱芋的状况。

（七）蜜唧

唐朝张鷟《朝野佥载》记载：

岭南獠民好为蜜唧。即鼠胎未瞬（鼠儿刚生下未曾开眼），通身赤蠕者（一身红软刚会吱吱爬行的），饲之以蜜（用蜂蜜来饲养它们）。钉之筵上（开宴时将它们摆在宴席上），啜啜而行（它们吱吱地叫着探头爬行），以筯（箸）挟取，咬之，唧唧作声，故曰蜜唧。②

蜜唧在古代，是壮群体越人及其后人的一道名菜。元祐八年（1093年），宋朝大诗人苏东坡贬居惠州（治今广东惠州市）即有"朝盘见蜜唧"之句。③

万历四十年（1612年），魏濬《西事珥》卷8《夷风纪略》载壮族中部分群体，其风俗仍然不变于久远的先人，"以射生为活，杂食虫豸（zhì，兽），取鼠胎未瞬（开眼）、未毳（cuì，生绒毛），通身赤蠕者（通身红色只会探头爬行的），腌以蜜，钉（推放）之筵上，盘内蹴蹴而行。夹取啗之，唧唧有声，谓之蜜唧，以为珍具"。此看起来似乎有点残忍，但是"獠"人却珍之不弃。他们食不拒鼠，因此将刚生下来的尚未开眼的一身通红而骨骼柔软的鼠儿当作宝贝，不仅以蜂蜜饲之作宴席上的珍品，而且以石灰粉腌渍它们用罐密封藏起来，用作治疗无名恶性肿毒的灵妙药物。

（八）纸包鸡和盐焗鸡

纸包鸡是壮家传统的著名食品。它是将项鸡（未下蛋的母鸡）和郎鸡（刚会啼一二声的公鸡）杀了除毛，去内脏、洗净、洒酒、涂盐，放姜、蒜泥入胸腔，然后用白纸层层包起，沾湿，外面还糊上一层泥，再放入炽热的炭灰中煨熟。

纸包鸡熟后，去泥去纸，屋里马上弥漫着一股令人陶醉的特有香味。鸡皮金黄金黄的，皮脆肉嫩，令人垂涎。

盐焗鸡是以刚会啼的稚公鸡作料，杀了斩去头颈、翅、脚杆，洗净，除去内脏，但不

---

① 《太平广记》卷483《芋羹》引。
② 《太平广记》卷483《蜜唧》引。
③ 《闻正辅表兄将至以诗迎之》，《苏东坡全集·后集》卷5。

要用水清洗胸腔。然后在砂锅底铺上一层盐，将鸡放入，又用盐将鸡的前后左右掩上，朝上的鸡身也用盐盖住。整置完毕，盖上锅盖，在锅下放三四把火就行了。待一个钟头后鸡熟了，就可以开锅去盐取鸡食用。此鸡肉嫩肉烂，特能补身。一般壮家有子女久病方愈，身体虚弱，便作此盐焗鸡以补身。

（九）烤香猪

烤香猪，是壮族传统的著名食品。

香猪，是十斤左右的小猪。今天，此种小猪，犹如矮马仅产于德保县一样，在壮族地区似乎只是在广西环江、巴马及云南广南县三地出产。古代，在壮族地区则是到处皆有。明朝王济《君子堂日询手镜》载：

> 其地（指横州，即今横县），猪甚肥而美。短头，小腹大垂地，虽新生十余日，即圆肥如匏，重六七斤，可烹。味极甘腴，人甚珍重。筵客鼎俎间，无此不以为敬。
>
> 余初不甚信，乡士大夫烹以见饷，食之果然。吴、浙人好食犬，呼为地羊，小猪之味，过于地羊远甚。

烤香猪，色泽金黄，皮酥肉嫩，甘甜香辣，爽口可意，是历史上壮家待客的名菜。无怪乎王济说："筵客鼎俎间，无此不以为敬。"

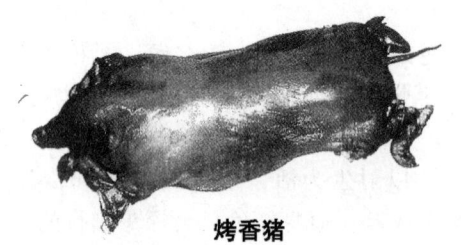

烤香猪

烤香猪，一般是用十斤左右的健壮小猪。猪杀后去毛，除内脏、洗净，挂起晾干。然后用铁条从猪臀部穿入，通过猪脊直至猪嘴，将其放在旺旺的炭火上。此时，要不断地将猪身转动，使各个部位受热均匀。当猪身冒出水汽时，便将猪身远离炭火，用干净的纱布擦抹猪身上的水汽，而后在猪皮上均匀地抹上面酱、蜂蜜、甜酒、花椒等佐料，再放上炭火烘烤。烘烤时，仍要不断地转动猪身，直至猪皮呈板栗色，发出浓烈的香气为止。如果在后期烘烤的过程中，发现猪皮下有气泡，要用竹签捅破气泡，否则会影响烘烤质量。

（十）白切鸡

白切鸡，是壮家的家常菜肴。做时，将鸡杀死，脱皮去内脏洗净后置于锅中，放入适量清水，慢火煮至八成熟，以切时鸡骨中略带血红为佳。并以葱、姜、蒜、香菜、香油、酱、盐等做成佐料蘸着吃。

白切鸡肉质鲜嫩，香甜润滑，滋味上乘。然而做好白切鸡也不容易，既要精选鸡源、鸡种、鸡龄，又要讲究火候和煮鸡汤水的多寡。笔者20世纪70年代中期路过广西大新县宝墟，在一家饮食店的师傅那里吃了一次白切鸡，鸡皮嫩黄，肉质白中略黄，吃起来香甜鲜嫩，润滑可口，可谓是平生尝过的第一味。迄今，40多年过去了，嘴角似还留有其香味。

（十一）岜夯鸡

岜夯鸡，是云南广南壮族一道独具风味的美味佳肴，被称为"云南一绝"。

"岜夯"为壮语谓"酸汤"的译写字。它是将红青菜或野菜洗净、晾干后，放入米汤内泡3—5日，其汤即变成有酸味的红色汤汁。

岜夯鸡的主料之一是鸡。鸡是用2斤或3斤重的雏鸡，公鸡尤佳。将鸡杀了脱毛去内脏洗净后，去骨切片或原骨砍为小块，用姜汁、葱汁、生粉、精盐等拌和浸透。然后再将一把青菜入锅煮一会儿捞出，切段待用。

烹制时，先将蒜苗、姜丝、胡椒、辣子、酱油等佐料放入锅中略炒一下，然后倒入酸汤。汤煮开，放入青菜，适量猪油，煮2—3分钟，再放入鸡肉片；盖起。当汤又煮开了，便可以开怀畅吃。吃时，也可以放入粉丝、慈姑、木耳、豆腐等，边汆（cuān）边吃。

岜夯鸡，以香甜、鲜美和奇特的酸味见长，油而不腻，开胃，易消化，添食欲，老少皆宜。

（十二）三七乌骨鸡

云南文山壮族苗族自治州的三七乌骨鸡，是用文山州特产的三七和西畴县著名的乌骨鸡烹煮而成。乌骨鸡，民间称为药鸡，三七根补血行气，两煮合烹，风味独特。这是道性甘而平缓，苦凉回甜，属高蛋白、低脂肪的菜肴，补血强身，滋阴壮阳，特别是对产妇、身弱体虚者，更具有滋补功效。

三七乌骨鸡可以和汤煮烂，也可以隔锅汽炖。

三七乌骨鸡

和汤煮烂是杀鸡一只约二斤，脱毛除去内脏洗净后（除内脏时只从肛门处开一洞提取），将泡开的干三七根二三两塞入鸡的胸腔，将鸡置于砂锅中，并将少许姜片、胡椒、盐放入其中，加上水，盖住，文火炖煮。当芳香的气味从锅里溢出，即可以食用。

隔锅汽炖，是将整好的乌骨鸡剁成块置于云南特有的汽锅中，并放入泡开的干三七根二三两以及适量的红枣、枸杞、盐、胡椒等。汽锅内不放水。将锅盖好后，放入一个放了水的略大的敞口锅内，猛火隔锅炖煮。

乌骨鸡色美味鲜，营养丰富。加枸杞汽炖的三七乌骨鸡，对肾衰等病有比较好的疗病作用，可说是食治食补。①

第四节　饮食嗜好食品

嗜好，是特殊的爱好。其特殊，就是"与俗殊酸咸"。②

南北朝时期刘穆之的孙子刘邕"嗜食疮痂，以为味似鳆鱼"，不仅弄得患疥疮的老友孟灵休"举体流血"，而且不问有罪无罪，责令属下二百多人相互鞭打，将鞭伤结成的痂供给他以为饭食。③ 这是个变态的癖好，与一个民族的特殊爱好完全不同。

"地近瘴烟人好酒。"④ 好酒，是一种嗜好，但是哪一个民族的人又不好酒？算不上是一个民族的"与俗殊酸咸"的特殊爱好。"手捧槟榔染蛤灰，峒中妇女趁墟来。"⑤ 日夕嚼槟榔，连趁墟路上也嚼着槟榔，这是与其他民族不同的，可说是古代壮族先人的一种嗜好。

"不住槟榔嚼，相传好辟岚。"⑥ 因居地自然生态环境、历史条件限制以及民族间的文化交流，往往成就某一民族群体的特殊爱好。

历史上，壮族的嗜好，一是喜生食，二是嗜酸辣，三是嚼槟榔，四是好抽烟。

一　喜生食

生菜包饭、蜜唧、虾生、鱼生、生喝野兽及家养牛羊血、生吞蜂蛹等都是在日常生活中壮群体越人及其后人喜欢生食的例子。"搏饭掬水而食"，糯米饭虽是熟的，水却是生冷的，说明喜生食，在他们中是一个传统。

壮族在赶山打猎时，当被打倒的是老虎、豹子、野猪，猎手们当即拔刀开腔饱吮一顿热乎乎的野兽鲜血，然后长长地舒一口气，表达他们愉快和满足的心情。他们认为，猛兽的鲜血最能滋补精血，增添气力，并立竿见影。

古代，岭南地区虎、豹虽多，却不易猎取。清朝乾隆三十一年（1766年）到广西镇安府（治今德保县）任知府的赵翼，鉴于"镇安多虎患"，常常出而伤人，所以"募能杀虎者，一虎许赏五十千"。但是，"居人设阱戄（jué，弦弓）及地弩之类，无不备，终莫能得；槛羊、豕以诱之，弗顾也"。因此，他在镇安府待了整整两年，仅购得一虎五豹。

---

① "岜夯鸡"和"三七乌骨鸡"，见刘德荣等《新编文山风物志》，云南人民出版社2000年版，第189—200页。
② （唐）韩愈：《酬卢云夫望秋》有句云："云夫吾兄有狂气，嗜好与俗殊酸咸。"
③ 《宋书》卷42《刘穆之传》。
④ （宋）陶弼：《桂林书事》，（清）汪森《粤西诗载》卷13。
⑤ （元）陈孚：《思明》五首其二，（清）汪森《粤西诗载》卷22。
⑥ （明）曹学佺：《桂林风谣》十首之六，（清）汪森《粤西诗载》卷12。

此虎还是向武州（治今天等县西北向都）的人捉得的。① 基于此，他甚为感慨，为诗道："俗有鬼神蚕放蛊，夜无盗贼虎巡街。"②

虎不易得，山羊却是满山皆有。山羊的鲜血可是人人驰骛的，凡一猎获，不论是打死的还是捉活的，都非要生喝其血或放其血保存不可。因为"其血可治扑跌损伤及诸血症，以一分许调酒饮之，神效"。③ 赵翼说："余在镇安，土官有馈生者，似羊而大如驴，生取其血，较可信。"④

羊复礼光绪《镇安府志》卷8载，壮人"种山猎兽，食生余血"。所以，历史上，壮族猎获野兽生喝其血，捕得蛇生喝其血，后来扩而大之，"食生牛血"。⑤ 这样，他们不仅宰牛生喝其血，而且杀家养山羊生喝其血，连杀鸭也生喝其血，于是形成了不论是野生的野兽还是豢养的家畜、禽类都生喝其血的习俗。迄今，还有不少地方的壮人存有吃猪、牛、羊、鸭以及蛇类生血的嗜好。

他们杀羊、杀牛时，将血倾入洗净的容器中，加盐拌匀，使血凝结，然后将凝血切割成小块，用高度酒浸泡几分钟后即食用。鸭血也是如此处理。

云南文山壮族苗族自治州的壮族土佬支系的人则喜欢吃血旺猪肉。他们将刚宰杀的瘦猪肉或五花肉四两，洗净后煮熟，待冷却后切片，放入盘内，取鲜酸柑子、香腊柳和鸡香草嫩叶洗净切碎，再加入适量的柠檬汁、蒜泥、花椒、辣椒、食盐、味精，调和后倒入肉片上。而后从猪胸腔内舀出一碗存血也倒入盘中，用竹筷将盘里的肉、佐料、生血混合搅匀，再搁置20分钟左右，即将盆上桌，就可以大快朵颐了。

二　嗜酸辣

在壮傣群体越人和侗水群体越人还没有分化独自发展的时候，已经有了谓酸为"khɣəm³"的共同语词。后来，壮傣群体越人语衍化为"som³"，侗群体越人语衍化为"səm³"。可说是他们在新石器时代晚期已经认知了酸，并有了关于酸的食品。

迄今的"酸菜"，壮语谓"plak⁷ som³"，傣语谓"phǎk⁷ sum³"或"phak⁷ som³"，说明壮傣群体越人在分化独自发展以前已经有了"酸菜"的共同语。与之相应的是"芥菜"共同语的出现：壮语谓"plak⁷ kat⁷"，傣语谓"phak⁷ kat⁷"。"芥菜"是壮傣群体越人做酸菜的原料，至今壮族平时仍然"爱以芥菜浸制酸菜"。⑥ 时间过去了2000多年，以芥菜腌制的酸菜在壮族的日常生活中仍具有强大的生命力，成为壮族人民的佐餐食品。

壮族"结茅而居，酸糟作味"。⑦ 古代壮群体越人及其后人如同傣群体越人及其后人一样，同处亚热带或热带地区，"搏饭掬水"，以糯米为主食。糯米饭富于油脂，不易消

---

① （清）赵翼：《粤滇杂记》，（清）王锡祺《小方壶斋舆地丛钞》第七帙。
② 《镇安土俗诗》。
③ （明）魏浚：《西事珥》卷6《山羊》。
④ 《檐曝杂记》。
⑤ （清）王誉命：康熙《西隆州志》。
⑥ 《隆林各族自治县民族志》，广西人民出版社1989年版，第196页。
⑦ 雍正《广西通志》卷93《蛮疆分隶》。

化，加之气候炎热、潮湿，以酸味佐食，一可促进食物消化，吸收营养；二可以消暑解热；三可以使食不寡味，刺激食欲。因此，酸菜在壮傣群体越人及其后人中能够延续2000多年而不衰。

除酸菜之外，壮族另一重要的酸的载体是酸笋。王言纪嘉庆《白山司志》卷9《风俗》载，壮人"饮食，嗜酸、辣。四五月采苦笋，去壳置瓦坛中，以清水浸之。久之，味变酸，其气臭甚，过者掩鼻，土人以为香，以小鱼煮之，为食中的美品。其笋浸至数年者，治热病如神，土人尤为珍惜。又有酸糟，乃以米汁浸熟饭为之。二者价廉工省，无论贫富，比户皆有。而辣椒，则尤每饭不离者"。

清朝诸匡鼎《瑶壮传》载，壮人"日惟淋灰汁，扫碱土及浸牛骨渍水食。又以牛肚埋地窖内，候客至食之，以为上品，谓之牛酱"①。这也是以牛骨腌酸和做酸牛肚的方法。制酸放上适量的灰碱，这是古代壮傣群体越人制酸的原料之一。比如，贵州省独山县布依族所制的酸，闻名遐迩，畅销海内外，其中即放有适量的灰碱。② 这也就是明代桑悦《壮壮俗》诗十首其三所言的"山深路远不通盐，蕉叶烧灰把菜腌"。③壮族腌制酸肉的方法一直传承下来，至今桂西、桂北的壮族仍在腌酸肉。他们将猪肉切成重0.5—1斤的条状，卤以食盐、米粉、白酒、置于坛中密封三个月就可以了。但腌酸肉不是制成就吃，有的腌制几年，遇家宴或贵客到来，方开封取肉，作为宴席上一道佳肴重菜。④

壮族嗜于酸，历代传承，自然也少不了名醋。云南富宁县"剥隘七醋"，即是其中之一。

剥隘七醋的"七"，来自其生产流程。一"七"，是指以每月农历初七日所接的水为酿醋之水，其中尤以正月初七日接的水最好。二"七"，指酿醋的糯米要浸泡七天。三"七"，指搅拌原料时，每次要左搅七下右搅七下，周而复始。四"七"，是糖化时间必须要经过三个七天，少一天也不理想。五"七"、六"七"，是每年投产都在三月初七日开始，至七月七日结束。七"七"，是生产周期为七七四十九天。

七醋的生产流程，循序而进，一丝不苟；水与原料的处理也都按章办事，严密精细。因此，七醋道正味醇，清香，绵甜爽口，营养丰富，历来行销两广及东南亚，享誉中外。⑤

三　嚼槟榔

现在，岭南大地已经不再有槟榔的植株；今日，壮族也不再是男女老少都习惯于嚼槟榔了。但是，历史上岭南大地出产槟榔，壮群体越人及其后人不论男女、不论贫富都天天在嚼槟榔。

《太平御览》卷971《槟榔》引《异物志》载：

---

① （清）王锡祺：《小方壶斋舆地丛钞》第八帙。
② 汛河：《布依族风俗志》，中央民族学院出版社1987年版，第47页。
③ （清）汪森：《粤西诗载》卷16。
④ 覃圣敏主编：《壮傣民族传统文化比较研究》，广西人民出版社2003年版，第1646页。
⑤ 刘德荣等：《新编文山风物志》，云南人民出版社2000年版，第207页。

槟榔若笋竹生竿，种之精硬，引茎直上，末五六尺间，洪洪肿起，若瘣（huì，瘰肿无枝干）木焉。因拆裂出若黍穗，无花而为实，大如桃李。又生棘针重累其下，以御卫其实。剖其上皮，空其肤，熟而贯之，硬如干枣。以扶留藤、古贲灰（牡蛎灰）并食，下气及宿食，消谷饮，设以为口实。

历史上，以"异物志"三字作为自己著作名称的人众多，此《异物志》不知是谁人的《异物志》？清朝曾钊认为《异物志》作为书名创自杨孚，"得专其名"，所以如《太平御览》《艺文类聚》《初学记》《齐民要术》等书所引《异物志》，如不书撰人名字的都可认为是杨孚的《异物志》。① 此话有其道理。如果此《异物志》为杨孚所撰，他是东汉人，说明两汉时代，岭南今两广地区出产槟榔，且居于岭南的越人即壮群体越人已经形成了"以扶留藤、古贲灰和槟榔"嚼之食之的习俗。

此后，西晋嵇含《南方草木状》、郭义恭《广志》，② 也对岭南所产的槟榔作了比较详细的介绍。南北朝《广州记》载："岭外槟榔，小如交阯而大如蒳（音纳）子，土人亦呼为槟榔。"③《罗浮山疏》也载："山槟榔，一名蒳子。"④这些都说明汉、晋、南北朝时期，岭南即今两广地区产有槟榔。

隋、唐时期，不仅《云南记》载"平琴州（在今广西玉林市西北）有槟榔，五月熟，以海螺壳烧作灰，名为奔蛤灰，共扶留藤叶和而嚼之，香美"⑤，而且刘恂《岭表录异》也载"槟榔"，"交、广生者，非舶（外来）槟榔，皆大腹也"，⑥ 道出了唐代今两广地区产有槟榔。

《粤西丛载》卷20《槟榔》引《格古要论》载："槟榔，出广西郁林州。""广西"之名，是宋朝至道三年（997年）分岭南为广南东、西二路以后始有其称，《格古要论》的记载揭示了宋朝及其后，壮族及其先人所居之地仍然不乏槟榔之产。又清朝吴震方《岭南杂记》载，"槟榔出海南，而遍于两粤"，也说明了迄于清代，两广地区仍有着槟榔的出产。

有槟榔的出产，诚如杨孚《异物志》所说，咀嚼槟榔，既可以"下气及宿食"，又可以"消谷食"，于是壮群体越人及其后人便与槟榔结下了掰不开的缘分。何况，他们所居是在亚热带地区，气温高，雨水多，而且地广人稀，山多树多，峒场低洼，周围岭树重遮，雾气难消，蚊蚋成堆，疟疾流行，严重影响着人的身体健康，加上医药不发达，往往造成人的衰亡。于是，壮群体越人及其后人便直觉这是瘴烟所致，认为辟瘴唯有槟榔。此就如同宋代人说的嚼槟榔可以"辟瘴、下气、消食。食久，顷刻不可无之，无则口舌无

---

① （清）曾钊辑：《异物志跋》，《丛书集成初编》，商务印书馆1936年版。
② 《太平御览》卷971《槟榔》引。
③ 同上。
④ 同上。
⑤ 《太平御览》卷971《槟榔》引。《云南记》即今传《蛮书》的异名。
⑥ 《太平御览》卷971《槟榔》引。

味，气乃秽浊"①。"不住槟榔嚼，相传好辟岚。"②"岚"，就是山林中的雾气，也就是烟瘴。这样，历史上他们"不以贫富、长幼、男女，自朝至暮，宁不食饭，惟嗜槟榔"③。此话，似可从元、明时期曾在广西为官的人所写的诗句中得到生动的证实。

"奴僚下山健如虎，口红如血面如土。"④这是指壮族的男子青壮年说的。

"憧憧来往趁墟辰，细嚼槟榔血点红。花布抹头是壮老，青布撮髻是军人。"⑤这是对趁墟的青、壮、老年壮族而言的。

"手捧槟榔染蛤灰，洞中妇女趁墟来"⑥；"箬里槟榔贵，花妆茉莉娇"⑦；"村女趁墟簪茉莉，市担包箬载槟榔"⑧。这是就趁墟壮族老少女子而抒的。

"驿吏煎茶茱萸浓，槟榔口吐腥红血。"⑨这是针对充任官府下级官吏的壮人而道的。

"橄榄鲜尝香溅齿，槟榔干嚼涩流涎。"⑩ "蒌根对语时还嚼，车骑往来亦聚观。"⑪"不住槟榔嚼，相传好辟岚。喉干如转磨，叶响似喂蚕。弃地皆脂泽，逢人若醉酣。生年无半百，面黄老瞿昙。"⑫这是宽泛而言，就不同年龄、不同性别、不同层次的壮人而咏的。

因此，明朝嘉靖元年（1522年）曾做官于横州（今广西横县）的王济在其《君子堂日询手镜》中说：

> 岭南好食槟榔，横人尤甚。
>
> 宾至不设茶，但呼槟榔。于聘物，尤所重。士夫、生儒衣冠俨然，谒见上官、长者，亦不辍咀嚼，舆台（奴隶）、皂隶（贱役）、囚徒、厮养（为人打工者），伺候于官府之前者，皆然。
>
> 余尝见东坡诗有云"红潮登颊醉槟榔"，并俗传有"蛮人口吐血"之语，心窃疑焉。余初至其地，见人食甚甘，余亦试嚼一口。良久，耳热面赤，头眩目花，几于颠扑。久之，方苏，遂更不复食，知其为真能醉人。又见人嚼久吐津水甚红，乃信口吐血之说。
>
> 余按《本草》（即医书）所载，槟榔性不甚益人。丹溪（元朝著名医家朱震亨别

---

① （宋）周去非：《岭外代答》卷6《食槟榔》。
② （明）曹学佺：《桂林风谣》十首其六，（清）汪森《粤西诗载》卷12。
③ 《岭外代答》卷6《食槟榔》。
④ （元）陈孚：《度摩云岭至思陵州》，（清）汪森《粤西诗载》卷6。
⑤ （明）桑悦：《趁墟》，（清）汪森《粤西诗载》卷16。
⑥ （元）陈孚：《思明州》五首其二，（清）汪森《粤西诗载》卷22。
⑦ （明）袁袠：《自柳至平乐书所见》五首其一，（清）汪森《粤西诗载》卷11。
⑧ （明）董传策：《近戍》，（清）汪森《粤西诗载》卷17。
⑨ （元）陈孚：《邕州》，（清）汪森《粤西诗载》卷6。
⑩ （明）黄福：《过梧州》，（清）汪森《粤西诗载》卷15。
⑪ （明）魏浚：《余初行部，自梧之邕道横（州）、永（淳县）间，墟集皆无草舍。值雨，就雨中贸易，盖所创见，因作诗》，（清）汪森《粤西诗载》卷19。
⑫ （明）曹学佺：《桂林风谣》十首其六，（清）汪森《粤西诗载》卷12。"瞿昙"，即释迦牟尼。

号）云：槟榔善坠，惟瘴气者可服，否则能病真气，有开门延盗之患。彼人非中瘴，食如谷粟，诚为可笑。

这不是什么可笑不可笑的问题，而是涉及一方水土养一方人的大事。一方水土有一方水土的自然生态环境，人们在其中求生存求发展，必须调适于客观的笼罩于自身四周的自然生态环境。古代，壮群体越人及其后人活动于岭南此一亚热带的方域内，创造了以糯米为主食的饮食生活方式，自然也就形成了既可消食下气又可除瘴的咀嚼槟榔的习俗。

嚼槟榔在壮群体越人及其后人中成了习俗，成了惯常行为，人们视槟榔为不可须臾而离之物，非常珍视，非常宝贵，自己用它，待客用它，婚姻用它，以它来衡量亲爱的尺度。因此，南北朝时《南中八郡志》载："槟榔大如枣，色青似莲子。彼人以为异，婚族好客辄先进此物；若邂逅（相会）不设，用相嫌恨。"《九真蛮獠俗》也载："九真蛮獠欲婚，先以槟榔子一函诣女，女食即婚。"①

由于这个缘故，壮群体越人及其后人巧制了精美而方便的"槟榔盒"。南宋广西经略安抚使范成大说："南人既喜食槟榔，其法用石灰或蚬灰并扶留藤同咀，则不涩。士人家至以银、锡作小合，如银铤样，中为三室：一贮灰，一贮藤，一贮槟榔。"② 时至清朝初年，槟榔盒益形讲究了。屈大均《广东新语》卷16《槟榔盒》载：

广人喜食槟榔。富者以金银、贫者以锡为小合，雕嵌人物、花卉，务极精丽。中分二隔，上贮灰脐、蒌须、槟榔，下贮蒌叶。食时先取槟榔，次蒌须，次蒌叶，次灰，凡四物皆有其序。蒌须或用或不用，然必以灰为主。有灰而槟榔、蒌叶乃回甘。灰之于槟榔、蒌叶，犹甘草之于百药也。灰有石灰、蚬灰，以乌爹泥制之作汁益红。灰脐状如脐有盖，以小为贵。

在合与在包，为二物之司命。包以龙须草织成，大小相函，广三寸许，四物悉贮其中，随身不离，是曰槟榔包。以富川所织为贵，金渡村织者次之，其草有精粗故也。

合用于居，包用于行。

清朝初年，广东的绝大部分壮群体越人后人已经趋同于汉族，但他们传承壮群体越人嚼槟榔的习俗年深日久，历史积淀的层面太厚重，一时也摆脱不开，因此仍然有"广人喜食槟榔"的状况。

白山土巡检司土官巡检王言纪嘉庆间（1796—1820年）撰修的《白山司志》卷9《风俗》载，白山土司（治今广西马山县城白山镇）境内"土人晓起即嚼槟榔，客至不事茗荈（míng chuǎn，茶），以槟榔为敬"。同一时期，赵荣正《龙州风土诗》十一首其八有"到处讹传瘴疠乡，相沿蒟叶裹槟榔"。

---

① 《太平御览》卷971《槟榔》引。

② 《桂海虞衡志·志器》。

食槟榔

至今有"客礼都难缺,细茗芭菰(芭蕉、交白)取次尝"的句子。① 谢兰《丽江竹枝词》二十首第四首为:"市声喧响郡城东,贩妇如花倩倚风。多嚼槟榔街上立,迎人一笑齿牙红。"② 这些诗与文都在说明,壮族传承其先人的习俗,迄于清朝后期,许多地方仍然不改嚼槟榔的习俗。

清朝结束其在中国的统治,民国政府大力改革不适应于时代发展要求的风俗习惯,壮族于是摆脱、结束了传之两千多年的嚼槟榔的惯行习俗。当然,历史的发展并不是一刀切式地均衡发展,在一些遥远的边境地区迄于20世纪50年代,仍残存有咀嚼槟榔的习俗。比如,广西那坡县靠近越南的一些地方和龙州县金龙等地,即是如此。后来由于断绝进口,槟榔没有了,他们便以谓"la:k⁷nu¹"的树根代槟榔,和上石灰、蒌叶,放在嘴里咀嚼,称"吃蒌"。③

元朝李京《云南志略·诸夷风俗》载"金齿百夷(今傣族),以'槟榔、蛤灰、茯蕾叶奉客'"。自然,他们中也有着以槟榔和上蛤灰、茯蕾叶放进嘴里进行咀嚼的习俗和行为,从而以之为重、以之为贵、以之奉客。因此,郑颙景泰《云南图经志书》卷3载"百夷"(傣族的先称)"其地多瘴疠。山谷产槟榔,男女暮以蒌叶、蛤灰纳其中而食之,谓可以化食御瘴。凡亲友及往来宾客,辄奉啗之,以礼之敬。盖其旧俗也"。咀嚼槟榔来"化食御瘴"并以之礼客,"盖其旧俗也",点明了咀嚼槟榔及由此而生的习俗在傣族及其先人中,形成已经久远。

---

① 民国《龙州县志》卷19《艺文志》。
② 民国《崇善悬志》第五编《艺文志》。
③ 《广西壮族社会历史调查》第七册,广西民族出版社1987年版,第119页;《那坡县志》,广西人民出版社2002年版,第108页。

《傣族风俗志》第57页载："嚼食槟榔是各地傣族最为普遍的嗜好。中年以上男女最为普遍，有如汉族之烟，用以敬客的普遍之物。嚼食槟榔时在槟榔中拌以草烟、芦子、石灰膏等物，装于特制的槟榔盒之中，随身携带，随时取出放于口中大嚼，终日不断。嚼至满口流涎，有如喷血，见面时互敬，有如敬烟。此嗜好在德宏潞西、陇川等地最盛行，其他各地傣族皆有此俗。这是傣族的一种传统习惯。……亲邻或贵客至家，主人首先以槟榔、石灰、草烟丝、芦子和成之物招待，一边谈话，一边嚼食。德宏芒市一带，中年以上妇女此俗尤甚，无论劳动或谈话时都嚼槟榔。"①

1992年年底，笔者与同行在泰国东北部拉加信府拉加信市属的一个称为"板康"的村寨访问一位67岁的泰族老大娘。当时，她一边跟我们交谈，一边从她的槟榔盒中拿起槟榔、灰、蒌叶放进嘴里咀嚼。据村上人说，她这是老了，没有改掉老辈子传承下来的习俗。②

云南傣族和泰国泰人属傣群体越人的后人。典籍关于傣族及其先人流行咀嚼槟榔习俗的记载以及泰人中嚼槟榔的现实存在，说明壮傣群体越人在分化各自发展之前，已经形成并流行了以槟榔和上蛤灰及蒌叶放入嘴里咀嚼以"化食御瘴"的习俗。他们因以槟榔为贵，以槟榔为重，所以亲友往来、宾客来到，先以槟榔为敬。可以说，不论是壮群体越人及其后人还是傣群体越人及其后人，嚼槟榔以化食御瘴，至少有两三千年的历史。

四　好抽烟

前面说过，在缺医少药、人们识见有限的古代，烟即被视为避瘴的药物，抽烟即被视为防瘴的行为，因此，当烟草在明朝中后期传入自古属于瘴乡的壮族地区后，迅速传播开来，并深入家家户户，为壮族男女普遍欢迎。清朝前期，壮族男女吸烟已经成风。据钱元昌《粤西诸蛮图记》载，当时的男子"腰系巾，好悬铜盒贮烟，佩小刀极利，谓之左插"。女子"腰多束花巾，悬荷包。性亦喜吸烟，每以烟筒插髻。足跣，与男子无异"。③男子腰悬铜盒贮烟以便随时取来抽吸，尚为习见，女子以烟筒高插头髻之上，显眼突出，气势张扬，其处事大胆、自安恬逸的作为，真令人大跌眼镜！

壮族女子抽烟，盛行于清代。由于汉族文化在壮族中广泛而深入的传播，女子成了儒道清规戒律框框的对象。因此，进入20世纪以后，青年女子以"吸烟好无颜面"自羞，首先停止了吸烟，以后上了年纪的妇女也大多砸烟锅，断烟杆，逐渐停止了吸烟。④

第五节　饮食方式

历史上，壮族及其先人的饮食方式，与中原汉族或其他民族群体多所相异。综览历史长河，壮族及其先人的饮食方式与其他民族群体不同的，有不食隔宿粮，有搏饭掬水而

---

① 胡绍华：《傣族风俗志》，中央民族大学出版社1995年版，第57—58页。
② 白耀天：《泰国婚姻、丧葬和宗教信仰考察》，《广西民族研究》1993年第1期。
③ 雍正《广西通志》卷92《诸蛮》引。
④ 《隆林各族自治县民族志》，广西人民出版社1989年版，第196页。

食，有鼻饮，有咂酒等。

一　不食隔宿粮

不食隔宿粮，就是稻谷变成白米当天舂捣，当天吃，不留待第二天。这就是雍正《广西通志》卷93《蛮疆分隶》所载的壮族"家无积粮。晨兴杵声，喧里巷，止足一日之需"。

此种不吃隔宿粮的习俗，在壮傣群体越人进入原始父权制社会就形成了，不论是五岭以北的还是五岭以南的壮傣群体越人都流行着此一习俗。传承下来，南宋范成大《鄱阳湖》诗有江西一带"月落村舂急"的句子，元朝陈孚出使安南，归来路过思明州，作《思明州》诗五首，其一也有句说："风吹蛮雨滴芭蕉，杵臼敲残夜寂寥。"①"月落村舂急""杵臼敲残夜寂寥"，就是夜残天将亮时，挥杵舂捣臼中谷子的声音连片起，撕破了残夜的虚无寂寞。明朝崇祯四年（1631年）广西苍梧县知县王尚贤《龙江舟中感赋》也说："石尽江流缓，舟行片月随。村舂野店急，野径竹房倚。"②"村舂野店急"，即村里拂晓舂米的声音竞相响起，一家胜似一家，道出天尚未亮，壮群体越人后人的妇女们就先先后后起来舂捣一天的食粮了。所以，雍正《广西通志》卷32《风俗》载归顺州（今广西靖西县）"所获谷，率连穗收贮，每临餐，乃取而舂食"。又明朝郑颙景泰《云南图经志书》卷4载，百夷（傣族先称）"其田皆种秫（shù，糯米）而早收。以其穗悬于横木之上，日舂造饭"。"日舂造饭"，就是每天起床后，第一件事就是舂米煮饭。收获稻谷，"连穗而贮，每临餐乃取而舂食"，说明虽然经过千百年的历史风雨，壮傣群体越人分化后异地各自发展，其后人仍然恪遵先人的习俗不变。

为什么不食隔宿粮？就因为壮傣群体越人笃信万物有灵的观念，牛有牛魂，谷有谷魂，稻子如果脱离稻秆变成白米时间太久，就会使谷魂离开米粒。谷魂离开了，人吃米粒就不能吸取稻谷的灵性。因此，在谷粒脱离稻秆变成白米，就要放入锅里煮成熟饭，不让米粒长时间地放着，由着谷魂无阻地离开。后来传说走调了，犹如清初陆次云《峒溪纤志》载："八番蛮（今布依族）每临炊始舂稻，谓不得宿（隔夜）舂，宿舂则头痛。"

"每日夜半鸡鸣时，农妇即起床舂米，不明而止，比户皆然。碓声隆隆，扰人清梦，而所舂者只足本日之食。次日复然，甚少间断。"③可谓是"隔宿有粮无作饭，凌晨百碓响登登。"④几千年的历史流程，壮族及其先人女子们一代一代又一代，以身以手以脚，不辞辛劳，驮着整个壮族社会跨坎越坡，艰难而进！

二　搏饭掬水而食

搏，古与抟通用。抟，是把散碎的东西捏聚成团。搏饭，即将饭米捏拢聚成团。掬，

---

① （清）汪森：《粤西诗载》卷22。
② （清）汪森：《粤西诗载》卷11。
③ 民国云南《广南县志稿本》。
④ （清）管轮：《彝槽竹枝词》，转引自杨宗亮《壮族文化史》，云南民族出版社1999年版，第212页。

读 jū，双手捧取。"搏饭掬水而食"，是壮傣群体越人及其后人在以糯米为主食时代的一种饮食方式。它排除了碗、筷等食具的中介，直接以手将饭团和水送进嘴里。南宋范成大说"洞人生理尤苟简，冬编鹅毛、木棉，夏缉蕉、竹、麻纻为衣，搏饭掬水以食"，① 以及明朝景泰《云南图经志书》卷4所载的"百夷"饭，"以竹器盛之，举家围坐，捻成团而食之。食毕，则饮水数口而已"，就是"搏饭掬水而食"的具体例子。

《礼记·曲礼上》载："毋团饭。"古代，傣群体越人及其后人以糯米为主食，糯米饭富于黏性，非团起来不便送进嘴里。他们所行的与儒家学说倡导的刚好相反。

吃饭不用筷子，而以手代筷，这是古代壮族、傣族的先人共同的饮食习惯。范承勋康熙《云南通志》卷27载，百夷（傣族先称）"食不用筯"。筯，就是箸，就是筷子。雍正《广西通志》卷93《蛮疆分隶》载壮族"凡宴会，无杯、箸、盘、几，惟以大木叶铺地，散半熟牛肉于上"，"老幼席地群饮"。这也是与中原汉族大不相同的。

"搏饭掬水而食"，是古代壮傣群体越人及其后人以糯米为主食的必然，表现了他们在饮食上的原始性。清朝以后，他们吃饭以筷子为中介进食，是汉族文化迁入的结果。因此，壮族、傣族谓箸即筷子为 taɯ⁶ 或 thu⁵，都是借汉语词。

三 鼻饮

鼻饮，是以本作呼吸气体之用的鼻子担当吮吸器官饮酒吸水等可食液体。这对现代人来说似不可能，但鼻饮却曾是古代壮傣群体越人及其后人的一种乐而行之的饮食方式。

关于壮群体越人及其后人的鼻饮，最早的汉文记载见于《汉书》卷64《贾捐之传》的"骆越之人，父子同川而浴，相习以鼻饮"。此后，又见于《太平寰宇记》卷166贵州（今广西贵港市）郁林县下引《异物志》载："乌浒，南蛮之别名也，巢居鼻饮。"按曾经纂辑东汉杨孚《异物志》的清朝人曾钊的说法，此《异物志》为东汉杨孚的《异物志》。"骆越"和"乌浒"，都是壮族在历史上的先称。

晋、南北朝时期，《广州记》载："晋兴（今南宁市及左右江流域地区）有乌浒人，以鼻饮水，口中进噉如故。"《广州记》有顾微《广州记》，裴渊《广州记》，刘澄之《广州记》，早的成于晋，晚的成于南北朝，都已经散佚，唯在古人所辑的类书中略见片言只语。《太平御览》卷786《乌浒》所引的《广州记》，没署作者，不知是三人中的哪一个的《广州记》。不过，此《广州记》所说的"乌浒"却是历史上壮族的先称。

同一时期，《永昌郡传》载，永昌郡（治今云南保山市）"獠民""其人以口嚼食，并以鼻饮水"。② 北齐魏收《魏书》卷101《獠传》也载，"獠"人"其口嚼食并鼻饮"。"獠"，古读老，与骆音近，疑"獠"为"骆越"的"骆"的近音异译写字。因此，凡汉代骆越所居之地，汉末以后便写作"獠"。晋朝张华《博物志》卷2载"荆州极西南界至蜀郡，诸山夷名曰獠子"，同为晋朝人的郭义恭《广志》也载"獠（音老）在牂柯、兴古、郁林、交趾、苍梧"，③ 道明了此一情况。"獠"人以鼻饮水，也就是壮傣群体越人及

---

① 《文献通考》卷330《西原蛮》引《桂海虞衡志》。
② 《太平御览》卷849《食下》引。
③ 《太平御览》卷356《兜鍪》引。

其后人以鼻饮水。

唐代，《太平寰宇记》卷167《容州风俗》引唐朝人《十道志》载："夷多夏少，鼻饮，跣足，好吹葫芦笙，击铜鼓，习射弓弩，无蚕桑，绩蕉、葛以为布，不习文学，呼市为墟，五日一集。人性刚悍，重死轻生。"唐代的容州，其地包有今容县、北流、陆川三县之地。无疑，唐代容州境内的人为"俚獠"人，他们传承着其先人鼻饮的习俗。

宋朝，鼻饮仍是壮族先人的习惯行为。《太平寰宇记》卷167《钦州风俗》载钦州"俚人不解语言，交肱椎髻，食用手搏，水从鼻饮之也"。鼻饮，要有功能合适的器具。南宋范成大《桂海虞衡志·志器》载，"南人习鼻饮，有陶器如杯碗，旁植一小管若瓶嘴，以鼻就管吸酒浆，暑月以饮水。云：水自鼻入咽，快不可言。邕州人亦如此，记之，以发览者一胡卢（大笑）也"。数年后，同样在广西做官的周去非，其《岭外代答》卷10《鼻饮》比较详细地记载了壮族先人的鼻饮：

邕州溪峒及钦州村落，俗多鼻饮。

鼻饮之法，以瓢盛少许水，置盐及山姜汁数滴于水中。

瓢则有窍，施小管如瓶嘴插诸鼻中，导水升脑，循脑而下入喉。富者以银为之，次以锡，次陶器，次瓢。饮时必口噍（jiào，嚼）鱼鲊（腌鱼）一片，然后水安流入鼻，不与气相激。既饮，必噫气（呼气）。以为凉脑快膈（认为凉快头脑和胸腔），莫若此也。

（鼻饮）止可饮水，谓饮酒者非也，谓以手掬水亦非也。

史称越人相习以鼻饮，得非此乎！

周去非不仅介绍了鼻饮之法，而且在实际中辨明了"獠"人的鼻饮是饮水而不是饮酒，纠正了范成大关于鼻饮既饮水又饮酒的误识。唐朝刘恂《岭表录异》卷上《交趾之人》载交趾以鼻吮吸不乃羹，范成大于是不分民族地将交趾以鼻饮酒饮羹与"俚獠"人以鼻饮水混为一谈了。不过，周去非所说的鼻饮是"导水入脑，循脑而下入喉"，无疑是一种误识。喉、鼻相通，吃饭时突然喷饭或打个喷嚏，米粒会从鼻腔出来，鼻饮自然是从鼻而下于喉，并不是上了脑部后再下入喉。

壮族先人的鼻饮习俗，自南宋以后甚少见于记载。明朝魏浚《西事珥》卷8《夷风纪略·獠》载："旧传其有飞头、凿齿、花面、鼻饮、赤裈、白衫之属二十一种。"虽说此类分法标准不一，不地道、不科学，比如自唐朝有所谓"飞头僚"，即有的"獠"人群体在夜里人入睡后，其颈部出现裂痕，而且渐行渐大，最终头部与身体断开飞出野外觅食，天将亮再飞回来榫合于颈，了无痕迹，属于无稽之谈外，凿齿、文面（即花面）属于身饰，红裤（即赤裈）、白衫为衣装颜色，鼻饮则又是饮食方式。但是，鼻饮既称属"旧传"说，自然明代的时候，壮族已经不存在鼻饮的习俗了。这是壮族历史发展的结果，也是汉族文化迁入的必然。这就是雍正《广西通志》卷32《风俗》所载的："川浴山沤，手搏鼻饮，出苍梧旧纪，今虽僻远乡落，久知以陋习为耻，彬彬日变矣！"

《汉书》卷64《贾捐之传》载"骆越之人，父子同川而浴，相习以鼻饮"，自那以后迄于宋、元，壮族及其先人传承鼻饮习俗，近两千年或两千年以上的时间。因为"永昌獠"是傣族的先人，说明壮傣群体越人在分化之前就已经形成了鼻饮习俗，以后便各自传承。明及其后，壮族中鼻饮习俗废止，不再传承。于是，现代的人以现代人的思维和人体的承受度，否认壮族及其先人在历史上的鼻饮习俗，认为是汉族的记载者无中生有，有心进行侮辱。但是，从西汉到南宋，记载者不止一人，他们身份不一，时代不同，方域相异，境遇也不一般，怎么都众口一词加以肯定？这就不能不令人反省！何况，今人不惯，古人并非不可能，我们不能以今人的习尚来解释忖度古人的爱好。据范宏贵先生介绍，至今在越南北部的一些少数民族群落中仍然存在鼻饮的习俗。[①] 后来他撰写的由广西民族出版社于1999年出版的《越南民族与民族问题》一书，其第三章即以"鼻饮的康族"为题，说居住在今越南西北沱江的康族"现在五六十岁上年纪的男人"还保持着鼻饮的习惯。继后，范先生又撰《华南与越南、老挝的鼻饮》一文，刊在《东南亚之窗》2005年第4期上。该文除重申越南康族鼻饮外，又援引明代郎瑛《七修类稿》卷49及周致中《异域志》的记载，揭示历史上老挝曾存在鼻饮的习俗。同时，又援引了今人田埂的《老挝历险记》，证实20世纪60年代以前，由越南迁往老挝的康族还存在着鼻饮的习俗。

一个民族历史的发展具有阶梯性，此一阶梯有此一阶梯的意识、观念、价值取向及由此表现出来的爱好、情感专注和习尚。别的民族的人关于此一民族此一方面的记载，少见多怪，或出于猎奇，或出于惊异，我们作为后人只能考而认之，不能毫无理由地轻易给予抹杀、否定。因为我们是解释历史，理解历史，不是否定历史。

四　咂酒

东汉郭宪《洞冥记》卷3载，有"升渠鸭""不食五谷，惟咂叶上垂露，因名垂露鸭"。咂，读zā，就是饮的意思。所以《风俗通》说"入口为咂"。

"地近瘴烟人好酒。"[②] 壮族人好饮酒，并形成了别具特色的饮酒方式。这就是咂酒。乾隆云南《开化府志》卷9载：

> 夷俗以杂粮酿酒。凡宴宾客，先设架，置酒坛于上，贮以凉水，插竿于内。客至，主人先咂，以示先尝之意，客次之。咂时盛水候，咂毕而注于坛。视水之盈缩以验所饮之多寡，不及，则请再行。
>
> 寒月置火于坛下，取其热也。

云南文山壮族苗族自治州清代壮族的咂酒，南宋周去非《岭外代答》卷10《打甏》已见记载：

> 溪峒及邕、钦、琼、廉村落间，不饮清酒，以小瓮干酝为浓糟而贮留之。
> 每觞（shāng，以酒敬客），先布席于地，以糟瓮置宾主间，别设一水盂副之。以

---

① 《鼻饮有当代民族学实证》，《广西民族研究》1994年第2期。
② （宋）陶弼：《桂林书事》，（清）汪森《粤西诗载》卷13。

杓开瓮，酌水入糟，插一竹管，管长二尺，中有关挟（liè，扭转机关），状如小鱼，以银为之，宾主共管吸饮。管中鱼闭则酒不升，故吸之太缓与太急，皆足以闭鱼，酒不得而饮矣。主饮鱼闭，取管埋之以授客；客复吸饮，再埋管以授主。饮将竭，再酌水搅糟更饮，至甚醨（lí，薄、淡）而止。……名曰打甏，南人谓瓮为甏。

"打甏"的饮酒方式，起源甚早。在壮傣群体先人越人还没有分化的时候已经如此。因此，当壮傣群体先人越人分化各自发展以后，其后人仍然各自传承。迄于明代，景泰《云南图经志书》卷1仍然记载澄江府（澂江府，治今云南澄江县）"僰人"（傣族先称之一）这样的饮酒方式：

俗尚咂酒。俗以米麦酿酒，既熟，凡宴待宾、亲之贵重者，具果馔，置酒樽其上，泡之于水，务令樽满为度。少顷，置中通三竹筒于内，必深其底，乃与客为揖，让礼而请咂之。别以盃酌水候客，既咂而注于樽。视水之盈缩以验所咂之多寡，若水溢而樽不能容，则复劝咂之。以此，为敬爱之重者。

遇寒月则置火于樽下，欲其热也。虽富贵之家，亦用之。

酒的饮食方式，春秋、战国时期在壮傣群体越人中已经存在。自南越国时期他们分化各自发展以后，其后人对之各自传承，在明、清二代有关壮、傣二族的记载中仍然见之，说明此种饮食方式传承了两千多年，在壮、傣二族中还具有其生命力。至清朝乾隆（1736—1795年）以后，咂酒此一饮食方式方才在壮族群体中逐渐消失。

第六节　饮食礼俗

壮族及其先人循着人的天赋本性去做，率性而居，率性而活，率性而待人，其饮食礼仪因自然生态环境、居住条件和社会的发展而产生，也随着自然生态环境的变异，随着居住条件和社会的发展而变化。

一　礼仪

（一）席地而坐饭饮开宴

壮族及其先人根据自然生态环境，创造干栏的建筑形式，住着干栏。干栏分两层，下畜牛、羊、猪、鸡，上层住人。上下横板间隔，无凳、椅、桌子，席地而坐，是他们的惯常行为。所以，雍正《广西通志》卷92《壮》载："葺茅作屋，衡板为楼，上以栖止，下顿牛畜，谓之麻栏。席地而炊，搏饭掬水。"

人居楼，横板铺陈，悬于空上，确实提供了席地而坐的方便。于是，人洗脚后登楼，在楼板上席板而坐，便成了壮族的习惯。因此，从范承勋康熙《云南通志》卷27经王崧道光《云南志钞》卷154至李熙龄道光《普洱府志》卷18都记载侬人"脱履梯下而后登楼"，"无椅、凳，席地而坐"。

既然壮族家无椅、凳、桌子等家具，自然吃饭，不论是平日家居自食还是宴客都无一例外地席地而坐。所以，明朝钦州知州林希元说，钦州壮人"坐少椅、桌，食少盘皿。乡间宴会，多以木叶盛食"。①《古今图书集成·职方典》卷1452《泗城府风俗考》载，壮人"若遇饮食，相邀集众，席地而坐"。雍正《广西通志》卷93《蛮疆分隶》也载道：

  凡宴会，无杯、箸、盘、几，惟以大木叶铺地，散半熟牛肉于上，富者以蕉叶盛椒、盐作调和，老幼席地欢饮，饮酣则唱歌。

  壮语谓几（桌子、枱）为 $ta:i^2$，椅子为 $ʔei^3$，凳为 $taŋ^5$，盘与碟都谓 tep^8，都是借汉语词，说明壮族社会以盘盛菜，坐在凳、椅之上就着桌子吃饭，是汉族文化迁入的结果。其时间是明朝及其后由东往西、由北而南、由南而北逐渐完成的。

  壮族"结草为庐，席地而坐"，② 自古已然。他们的席地而坐饭饮、开宴的习惯行为的改变，固然与汉族文化的迁入大有关系，也与自然生态环境的改变，从而促使干栏建筑衍化为平房大有关系。南宋初年蔡绦《铁围山丛谈》说及由于南宋初年大量中原汉族人口由于逃避战乱而流居壮族地区，人口剧增，居人习俗改变，老虎也由不伤人转变成伤人、食人，失去了往日"虎当官道斗，猿上驿楼啼"③ 的人虎相处的平和景象，道出了由于壮族地区人口的突然迅速增加，引起自然生态环境的变化。到了明朝，中央王朝在壮族地区实行军屯、民屯，中原汉族入居广西，更促使了这种变化。这样，往日因山多林多兽多蛇多以及避湿所建的干栏建筑逐渐不适应于生活的需要。同时，明朝无力应对蜂起的群众的反抗活动，不时征调土官辖下的"狼兵"东征西讨。他们四处征讨，目睹汉族居民平地起房居住的简便，便仿而行之，改变了昔日的居住习惯。清初钱元昌《粤西诸蛮图记》载，壮族"结茅筑垣架板成楼，上栖人下畜兽，谓之麻栏，亦称栏房，男女老幼聚处一栏，子聚则别栏以居。惟'狼人'列屋排门，人畜分左右，不喜登楼"，就是此种情况的写照。

  居住房式的改变，促使壮族改变昔日的生活习惯和生活方式，凳、椅、桌子成了壮族日常生活必需的家具，即使仍然居于干栏式的房子，坐凳以及桌子也已经成了家庭中不可或缺的物件了。张自明民国云南《马关县志》卷2载侬人"其俗男惰女勤，好居楼房"，不再说侬人没有凳子、桌子之类了。

  清朝、民国年间，壮族民间吃饭的桌子，物就其产，多是用坚硬的竹篾子编织的上平下空的像铜鼓形状的竹篾桌子，称为 an^1kiu^1。凳子除木制之外，很多是用稻草束把编成像铜鼓一样的矮矮的草墩，称为 $taŋ^5 fɯ:ŋ^2$。景泰《云南图经志书》卷3说"沙人""坐鼓墩"，即是就此而言的。

（二）媳妇不与家公同席

  南宋周去非《岭外代答》卷10《家鬼》载：

---

① （明）林希元：嘉靖《钦州志》卷1《风俗》。
② 《古今图书集成·职方典》卷1449《思明府风俗考》。
③ （唐）李商隐：《昭州》，（清）汪森《粤西诗载》卷10。

家鬼者，言祖考（已故的先人）也。钦人最畏之。

村家入门之右，必为小巷。升（进）为小巷右壁，穴隙方二三寸，名曰鬼路，言祖考自此出入也。人入其门，必戒以不宜立鬼路之侧，恐防家鬼出入。岁时祀祖先，即于鬼路之侧陈设酒肉，命巫致祭，子孙合乐以侑（yòu，报答），穷三日夜乃已。

城中居民于厅事上置香火，别自堂屋开小门以通街。

新妇升厅，一拜家鬼之后，竟不敢至厅。云："傥（同倘，倘若）至，则家鬼必击杀之"。惟其主妇无夫者，乃得至厅。

此一记载，道出了宋代壮族先人的祖先崇拜，道出了壮族社会俨然的父权制。媳妇是外来人，不属于本氏族中人，而是属于她本来的母族，犹如雍正《广西通志》卷92《诸蛮》所载，壮人相斗，"伤男子，仇只二姓，若伤其妇，而妇之父母、叔伯、兄弟皆怨家矣"。因此，壮家除了媳妇初来上堂拜见夫之父母及家鬼外，其他的时间是不能进入家鬼堂的，除非媳妇生了孩子，而且死了丈夫成了寡妇，成了家中唯一的长者，否则媳妇是不能随便踏入标志已故家中男性先人鬼魂聚集之地的。

1992年，笔者随团到泰国东北部加拉信府克茫县侬肯昌村的佬人家中访问。该村家家户户住房都是干栏式建筑，家家户户供奉着"家鬼"，其神台设在靠家长卧室右边一间房的后壁或最右边的柱子上。神台比较简单，在墙或柱子上支块一尺见方的板子，上面摆放一个小竹篮及小花环，或挂上几个摞在一起的渔具，没有香炉。此犹如刘文征天启《滇志·旅途志》所载广南府（治今云南广南县）壮族"居民皆楼居"，"编竹笼若鱼罶（liǔ，捕鱼工具），累累数十置（干栏）西南隅，以祀鬼"。对"家鬼"的供奉，该村佬人唯诚唯谨：每年秋收必将新谷奉献之后家人才能入口品尝；平日家有喜庆要贡献；家有灾难要祭祀以求解脱；男婚女嫁要预先告知；家里有人出远门或死了要禀告。而在家里，媳妇、女婿都不能迈入"家鬼"的房间；亲戚、朋友来访也要远离于"家鬼"所在的房子。① 此种情况，有如周去非所记载的宋代壮族先人的风俗。

壮傣群体越人在分化各自发展以前，已经有了女子婚后不落夫家的婚制，并且在分化各自发展以后，仍各自传承，迄于明、清不变。② 不落夫家婚制，媳妇除婚日上堂一拜舅姑及家鬼，即不再登家翁之门；待怀孕落居夫家，已经是"别栏另爨"，不与家翁见面。所以，《古今图书集成·职方典》卷1421《思恩府风俗考》有"父子各居，兄弟异室"的记载。"父子各居"，自然"妇女非岁节大事，不见家翁"。③ 由此可见，壮族传统意识和习俗的巨大惯性力量。

后来，社会发展，汉族文化迁入，居住环境变化，壮族传统习俗异衍，子媳"别栏另爨"的事日见其少，一家子多住在一个屋子。此时，媳妇虽与家公同居一个屋檐下，但是媳妇入门，承担着炊煮等烦事，服侍着一家人，还是不与家公同席吃饭。这是历史上

---

① 白耀天：《泰国婚姻、丧葬和宗教信仰考察》，《广西民族研究》1993年第1期。
② 胡绍华：《傣族风俗志》，中央民族大学出版社1995年版，第6、164—165页。
③ 《古今图书集成·职方典》卷1443《南宁府风俗考》。

壮家媳妇忌见家公的习俗的遗存。

（三）秋后亲友相贺

北宋初，乐史《太平寰宇记》卷163《窦州风俗》载："谷熟时，里闬（hàn，里闬即乡间）同取戌日为腊，男女盛服，椎髻徒跣，聚会作歌。"《南仪州风俗》也载："俗不知岁，唯用八月酉日为腊，长幼相慰贺以为年。"窦州在今广东省信宜市，南仪州就是今广西岑溪市。唐、宋时代，这些地方都是岭南壮群体越人后裔居住的地方。老历八月，是谷熟收成时节；腊即是年。以秋收之后为年节，这是壮族先人越人自古形成的习俗。明朝谢少南《永福道中》"秋日登途菊朵新，忙中岁月客中身。归来蛮鼓村村发，道迓（yà，迎接）湘南（广西）岁底春"①，说的就是壮族原先以秋为年的事实。

在汉族文化迁入以后，壮族随同汉族以老历十二月底为年终，翌年正月初一日为新年伊始，但是壮族秋后欢庆的习俗仍代代传承，迄于清朝一仍如此。

雍正《广西通志》卷93《蛮疆分隶》载，壮人"喜种作。春、夏男、妇偶而耕，秋则斗酒只鸡，亲戚相劳苦"。"每岁十月，屠牛置酒，召同类以降神，醉则舞刀剑为戏。"在岭南地区，秋成亲戚相慰相贺与十月屠牛置酒降神，时间只差前后，唯一区别是前者为单纯的活人相慰相贺，而后者则是先酬神后活人相慰相贺一醉方休。《古今图书集成·职方典》卷1415《庆远府风俗考》载，壮人"每岁收获毕，则跳鬼酬神"。春祈秋报，这是历史上壮族及其先人因稻作而形成的习俗，他们原来的年节习俗或者就是缘于此。

壮族秋后亲戚斗酒只鸡相慰相贺，迄于清末民初已经陆续消失绝了传承。不过，壮族稻作春祈秋报此一习俗，在汉族文化迁入以后，又体现于每年老历二月初二日、八月初二日杀猪屠牛，备酒祭奠社坛，祭后又群聚欢餐的春、秋二社上。其传承直至20世纪五六十年代。

（四）会饮按人等分

雍正《广西通志》卷92《壮》载：壮族"宴客以肉盛木具或竹箕，均人数而分置之。罢，则各携所余去。分肉或不均，衔（心里记恨）之，终身莫解"。会饮，食物均摊，一是体现了壮族历史上盛行的原始的平均主义思想和价值标准，这就是明朝桑悦《记壮俗》诗六首其六"亦以均分示至公"句表达的意思；二是体现了壮族以少为贵、家长与子女同享的价值取向。汪森《粤西丛载》卷18《食物》引冯贽《云仙杂记》载"桂人好食蛤蟆，仍重干菌为糁（还特别珍重以干菌与蛙肉一起烹饪）。赴食者，以余俎（吃了剩下的）包归遗儿女，虽污衫不耻"，说的就是这方面的事实。

此一习俗传承下来，在壮族中形成了会饮"挟分"的行为习惯。凡是杀猪或其他形式的会饮，来者理得一份，应来而因故不能来者，也要挟上一份，过后送给他们，否则就显出生分，从而相互间产生不应有的猜疑，以致出现嫌隙。这就是宋朝张师正《倦游杂录》所说的"若不预者，必致纷争"。②

---

① （清）汪森：《粤西诗载》卷24。
② （清）汪森：《粤西丛载》卷18《蛮俗生产》引。

（五）集众会盟：椎牛杀狗

以牛为富，以狗为大，在壮族及其先人的意识观念和价值取向中，牛、狗二畜的分量是比较重的。除大象外，五畜中牛、狗二畜在猪、羊之上。集众会盟，椎牛杀狗，足表其严肃和隆重。

汪森于康熙中辑《粤西丛载》卷18《蛮习》引《怀远县志》载，壮人"每有仇，先击牛会众。但（只要）吃牛一块者，即为其兵。卜于鸡匠（鸡卜吉凶后）而行"。《古今图书集成·职方典》卷1421《思恩府风俗考》载，壮人"性狡报怨，动即集众，操戈椎牛。食其片肉，不惜一死以相从"。至清朝前期，雍正《广西通志》卷92《壮》仍载，壮人"有所要约，必以酒肉或杀一狗。得肉少许，酒半酣，虽行劫斗狠，无不愿往也"。"有所要约"，主事者杀牛屠狗以款待入盟者，一是表现主事者的豪气；二是表现主事者与预事者的融合无间；三是表达一种信义。吃了主事者的牛肉或狗肉，赴汤蹈火为主行，显示了历史上壮族及其先人忠于事主，慷慨舍身赴难的气概。这也就是宋朝初年乐史《太平寰宇记》卷167《容州风俗》引唐朝人《十道志》所载的"人性刚悍，重死轻生"的品格。壮族此一品格，历代传承，至清朝末年已形消失。

（六）客来倾家欢饮

壮族及其先人是个开放的民族。北宋时，侬智高执掌广源州，其地盛产黄金，中原各地的汉族即奔走于其地。"有黄师宓者，广州人，以贩金常往来智高所。"① 南宋周去非《岭外代答》卷10《卷伴》载："深广俗多女，嫁娶多不以礼。商人之至南州，窃诱北归，谓之卷伴。"这也是壮族愿意、乐意与中原汉人交往的佐证。

明朝董传策《访客啜（chuò，吃）槟榔》诗谓："急脚蛮奴髻半斜，客来提榼（kē，容器）手双叉。槟榔擎（qíng，托）出斑斓片，灰白蒌青当茶献。"自注说："邕人以青蒌叶、白灰和槟榔啜之。客至，盛榼以献，谓之代茶。"② 谢启昆嘉庆《广西通志》卷278《壮》引清人金虞《壮家村诗·序》称："丁塘小泊，闲步至壮家村。村人肃客（礼延客人）甚谨（恭敬）。愧无茶，请以家酿进。"客人入门，捧上槟榔，送上家酿甜酒以代茶，热情款待，是一种人情味。别看壮家"黄茅为宇竹为门"，但是他们招待起客人来却十分盛情："盘遮蕉叶携脩至，瓮贮筠笼送酒来。"③ "斗米肩豚浊酒尊"，④ 令人盛情难却。

有客进门，历史上壮家人不问相识与否，都是倾其所有热情招待。用他们的话说，就是："谁又能顶着屋子上路？在路途上谁又不遇着犯难的时候！"因此，许多壮家有客进门，便杀鸡杀羊相待，左右邻舍见主家来客了，都主动前来陪客说话，使客人大感宾至如归的温情。《古今图书集成·职方典》卷1426《平乐府风俗考》载"大良"支系的壮族，"较之于民（汉族居民）尤淳朴，租税尤易办。其俗敦厚，人至其家，不问识否，辄具牲、醴款待，任大嚼剧饮，无吝意"。主随客便，无拘无束，历史上壮族及其先人待客的

---

① （清）汪森：《粤西诗载》卷24。
② 同上。
③ （明）林弼：《龙州》诗十首其三，（清）汪森《粤西诗载》卷24。
④ （明）吴尔施：《上石西州》，（清）汪森《粤西诗载》卷24。

热烈盛情，显示出一种异然的人情味。

当然，路不一般平，壮家也不是处处人人富裕。他们有的人，待客热情慷慨是一方面，另一方面也显出其困乏。比如，明末清初，广西永福县部分壮族"一岁所收，窖而贮之，计口授食。客至其家，既饭客，则己自忍饥，虑妨明日食也"。① 但是，即使他们怎样困顿，也是自己撑着，不让来客在欢乐餐饮之时稍觉局促而不舒展。这就是壮族，历史上壮族人的性格特征。

（七）宴胞衣，吃"盘游"

胞衣，中医药学称为"紫河车"。明朝李时珍《本草纲目》卷52载，紫河东，"昔人用者犹少，近因丹溪朱氏言其功，遂为时用"。"丹溪朱氏"，即元朝著名的中医学家朱震亨。他传世著作甚丰，有《格致余论》《局方发挥》《丹溪心法》等。李时珍之说道出了中原汉族在"丹溪朱氏"之前，即使是中医学界也还不大认识"紫河车"潜在的丰富的药用价值，以及它在"治虚劳"上的功能。但是，在汉族周边的一些少数民族群体中，却早已体认了紫河车的药用价值，以之为珍类的食品，自己食之，会客食之，并作为产儿的庆典。

比如，《隋书》卷81《流求国传》载，流求国（在今琉球群岛）人，"妇人产乳，必食子衣"。"子衣"，就是胎儿胞衣，也就是中医药学上的紫河车。

又比如，清朝康熙年间汪森辑《粤西丛载》卷18《蛮俗生产》引宋朝张师正《倦游杂录》载：

> 桂州妇人生子，辄取其胞衣净濯细切，五味煎调之，召至亲者合宴，置酒而啖。若不预（参与）者，必致忿争。

此段记载，明朝李时珍《本草纲目》卷52《人胞》引作"张师正《倦游录》云八桂獠人产男，以五味调煎胞衣，会亲啖之。"张师正，北宋元丰（1078—1085年）初年人。他所著的《倦游杂录》，记载他的平生见闻，共8卷，但原书早已散佚。遗文略见于南宋江少虞编纂的《皇宋事实类苑》（今称《宋朝事实类苑》）。该书78卷，各卷所引近百条。此后，南宋曾慥《类说》卷16，明朝陶宗仪《说郛》卷14、卷37也引数十条。疑李时珍忙中讹误，将《倦游杂录》的"杂"字夺了，误为《倦游录》。不过，他将"桂州妇人生子"定为"八桂獠人产男"，似有所本，将至亲合宴胞衣的群体挑明了，"宴胞衣"者就是"獠"人族体。

"桂州人"或"八桂獠人"家有妇人坐月生子，备酒以五味调煎胞衣以庆贺，这是壮族及其先人的一种习俗。届时，"若不预者，必致忿争"，显示了壮族及其先人对妇人生产男孩的重视，表现了在壮族社会中男子的主体性。

唐朝段公路《北户录》卷2《食目》载，广人在新生儿三日、足月或周岁的时候，主家做"团油饭"以宴友。"团油饭"，就是以灌肠为主所做的"生日饭"。此记载，揭示了当时岭南人的风俗。南宋陆游《老学庵笔记》卷2载，《北户录》的"团油饭"，北

---

① 雍正《广西通志》卷93《蛮疆分隶》。

宋苏轼来岭南，说是"盘游饭"，二者音近，疑是传误。其实，不论是"团油"还是"盘游"，都是壮语"puŋ¹"一词的音译写字。"puŋ¹"，是以猪血、糯米饭、猪骨和肉碎末以及姜、桂等灌入洗净的猪小肠中扎实煮熟而成。"puŋ¹"的特点，就是扩充、涨大。新生儿三日、满月或周岁，以"puŋ¹"为主要食物宴宾友，并命其名为"puŋ¹"宴，就是祝福新生儿像"puŋ¹"一样迅速长大，快快成长。关于此，在前面已作交代，这里从略。

壮族先人"宴胞衣"的习俗，见于北宋人张师正《倦游杂录》的记载，不清楚其变异于何时。"吃盘游"，在壮族中却世代传承，延续于清末至民国年间。

（八）月中产妇不吃青菜

壮族妇女月中不吃青菜，认为青菜施粪淋尿，不干不净，坐月子妇女吃了，奶水青青，会害了孩子。其明显的特征，是婴儿不健壮，其屎是青绿色的，如同菜叶颜色。所以，壮家产妇月中绝不能吃青菜，只能以米饭为主，吃猪肉，吃鸡蛋，补以糯米酿造的带糟甜酒。

其实，历史上壮族及其先人除种茄、种芥菜、种蕹菜之外，少种其他菜，而种的这些菜也是为酸食。

此种现象，存在已经久远，在壮傣群体先人越人没有分化各自发展以前就已经存在。他们直觉认为人或动物的屎尿脏，不卫生，所以他们种田不施粪肥。传承下来，迄于20世纪50年代，傣族种田仍然是种不施肥的"卫生田"。[①] 壮族及其先人，也是如此。南宋周去非《岭外代答》卷3《惰农》载壮族先人种田"既无粪壤，又不籽耘，一任于天"。明末清初，《古今图书集成·职方典》卷1433《梧州府风俗考》仍记载广西容县"春分方犁田，夏月方种田，少用粪土，罕种早稻"，传承着古代越人种田不施粪肥的习俗。所以，即使壮傣群体先人越人在没有分化之前已经有了园子、菜、芥菜、蕹菜、茄子以及姜、蒜等词语，但是，在他们分化各自发展以后，仍不关心除了这几样蔬菜品种以外的其他蔬菜的种植，种菜仍然不施肥或少施肥。

"岭南大半尚鸿荒，城壁空坚草木长。"[②] 古代岭南地广人稀，春笋秋蕨，可食野生植物繁多，可采的野菜品种数不胜数。因此，历史上壮族及其先人不怎么重视园子里蔬菜的种植。《古今图书集成·职方典》卷1426《平乐府风俗考》载壮族"庶民之家，妇女亲操舂杵，担汲于江，摘蔬于野，樵（打柴）苏（取草）于山"；雍正《广西通志》卷93《蛮疆分隶》载养利州（治今广西大新县桃城镇）壮人"操剪以割，载竹筒以汲水，春、夏采薇蕨野菜以作食"，说的就是此类情况。

"天时人事日相催，冬至阳生春又来。""昔日高原皆灌莽，如今多半艺桑麻。"野菜日少，壮人又不重视蔬菜种植，无形中便陷入尴尬境地，临餐没蔬菜，唯有薰点盐、薰点酸或薰辣子而食，过得极其寒碜。至民国年间，有些地方的壮族仍抱残守缺，因袭传统，不易俗蜕变，以致铸成不良的社会负面："不种菜蔬，宁食空饭，寻野菜以佐餐。汉人与之杂居者，虽欲栽而不敢。盖其俗以乞讨菜蔬为不耻。有栽种者，则人人向之乞取；乞之

[①] 王文光：《西双版纳傣族糯米文化及其变迁》，杜玉亭主编《传统与发展——云南少数民族现代化研究之二》，中国社会科学出版社1990年版，第377—393页。

[②] （宋）陈藻：《过桂平》，（清）汪森《粤西诗载》卷22。

不得，则相率盗窃。一二日内，窃之罄尽。至是，栽者亦愤而不栽。故其地之蔬菜，价格昂贵，概自他地运输而来，有时蔬价高于肉价。"①

（九）举丧杀狗屠牛，大操大办

历史上中原汉族是以"红"志喜，以"白"表哀，可壮群体越人及其后人却以白布为巾，作为日常的头饰形式。所以，南宋周去非到广西做官，不免心中一愣，大为惊讶，南人"率用白纻为巾，道路弥望，白巾也"，难道"南瘴疾杀人，殆比屋制服者钦"？这是以汉族文化为主衡量其他不同文化而出现的必然现象。于是，他不无感慨地说：

    南人死亡，邻里集其家，鼓吹穷昼夜，而制服者反于白巾上缀少红线以表之。尝闻昔人有诗云"箫鼓不分忧乐事，衣冠难辨吉凶人"，是也。②

壮群体越人及其后人丧用"鼓、吹"，除见于《岭外代答》的记载，还见于北宋乐史《太平寰宇记》卷163《新州（治今广东新兴县）风俗》记载的"豪渠之家，丧则鸣铜鼓"及卷167《钦州风俗》记载的"高凉（治今广东阳江市）以下（今广东西南沿海一带）送葬，皆打鼓、舂堂、吹笙"。此外，梧州"旧经"也载，岭南"古蛮夷之国，雕题之俗，婚用牛，丧则聚，搏击钲鼓作戏，叫噪逐其厉（鬼）。及掩之中野，至亲不复送"。③

梧州"旧经"，记载的"婚用牛，丧则聚，搏击钲鼓，叫噪逐其厉。及埋中野，至亲不复送"，参照《太平寰宇记》记载的"高凉以下送葬，皆打鼓、舂堂、吹笙"，可知壮群体越人及其后人临丧习俗就是"鼓乐娱尸"和打"舂堂送鬼"。如同明朝钦州知州林希元嘉靖《钦州志》卷1《风俗》记载钦州"贴浪之民舅姑（公婆）初丧，子妇金帛盛饰，鼓乐歌唱以娱尸"，以及《古今图书集成·职方典》卷1452《泗城府风俗考》所载的归顺州（今广西靖西县）人"死亡，阖室子女以杵舂臼，闹击成声，名为化者舂行粮"。

壮族及其先人此一丧俗，犹如明朝洪武年间（1368—1398年）李思聪奉命出使麓川（治今云南德宏傣族景颇族自治州瑞丽市）所作的《百夷传》记载傣族"父母亡，不用僧道，祭则用妇人祝于尸前，诸亲戚邻人各持酒物于丧家，聚少年百数人饮酒作乐，歌舞达旦，谓之娱尸。妇人群聚，击碓杵为戏，数日而后葬"④一样。

壮傣群体越人分化以后各处一方各自发展，而人死"娱尸""送鬼"习俗相同相似，说明在壮傣群体越人分化各自发展以前，遇丧而聚，娱尸送鬼已经形成习俗。他们分化各自发展以后，先人习俗各自承传，迄于明代，仍然保持着此一风俗原来的意旨。所以，壮、傣二族一千多年的传承，即使关于此一风俗的细枝末节上略为相异，操作过程也略见不同，可其基本的样式仍然一样："鼓吹穷昼夜"以"娱尸"，群妇女"击碓杵为戏"以"为死者舂行粮"。

---

① 民国《广南县志稿本》第五册，转引自杨宗亮《壮族文化史》，云南民族出版社1999年版，第214页。
② （宋）周去非：《岭外代答》卷7《白巾鼓乐》。
③ 《永乐大典》卷2339梧字引。
④ （明）郑颙：景泰《云南图经志书》卷10。

事死如事生，古代人类都是如此。人死了，少不了对死者进行祭奠。何况，壮族及其先人的习俗，是喜庆得槟榔而会，死丧则闻讯而聚。也就是说，婚姻喜事，人家用槟榔来请方能赴宴；死丧之事则是不请自来，相帮相助。百数十人或几百人聚集丧家，吃食需要解决，丧家的招待是少不了的。因此，《永乐大典》卷2339梧字藤县"旧志"载："有丧以鼓乐、饮酒食肉为礼。乡民多以白布为巾，故谚云：鼓乐不分哀乐事，衣冠难辨吉凶人。"

古代越人，以狗为大。风俗传承，迄于明、清二代，云南"土獠"支系壮人仍然"以犬为珍味，不得犬则不敢以祭"。侬支系壮人择地"下临水乃居，种植糯谷，好割犬祭祀"。乾隆三十年（1765年），著名诗人和史学家赵翼到镇安府（治安广西德保县）任知府，其《镇安土风》诗有句"犬肉多于豕"，自注说："墟场卖犬，以千百计。"自然，迄于清朝乾隆年间桂西地区的壮族少不了沿袭传统习俗，杀狗以祭奠死者。

杀狗祭奠，狗小肉有限，解决不了待客的问题。因此，丧事杀牛以祭奠，在壮族及其先民中曾经普遍存在。

道光《云南志钞》卷184引《罗平州志》载沙支系壮人"婚丧以牛为礼，死用薄棺葬。女媳盛装罗立，曰站场。毕舁于野，焚而掩之"。《古今图书集成·职方典》卷1449《思明府风俗考》也载壮人"祭用猪牛，殡皆火葬"。古代壮族及其先人所居地域，地广人稀，岭坮草长，山坡时有野生牛群奔驰，家养牛也众多："其地人家多畜牛，巨家有数百头，有至千头者；虽数口之家，亦不下十数。时出野外，一望弥漫，岭坡间如蚁。"① 人"以多牛为富"②，历史上壮族及其先人遇丧杀牛以奠、杀牛以待客，这是常事。明朝钦州知州林希元嘉靖《钦州志》卷1《风俗》载，壮人"人死礼佛修斋，烹牛以待吊客，有至数十头者，虽贫亦必举贷。卒哭，则焚尸而瘗（yì，埋葬），谓之火葬"，即为当时的实录。

迄于19、20世纪，在汉族文化的影响下，狗肉已经被挤出祭坛神台。但是，习俗传承，到20世纪50年代，在一些壮族地区仍存有遇丧杀牛的习俗。比如，南丹县的壮族"丧葬用砍牛为祀，如汉人之做道场"。祭祀所砍的牛，例由母家送来，但只送一头，若要多砍，则要砍丧家的牛。一般情况下，富裕家庭往往要砍上三四头牛。③ 又比如，龙胜各族自治县龙脊壮族除丧家宰牛杀猪祭奠并招待宾客外，女婿在出殡那天必须牵上牛、羊和抬猪来祭奠。④ 由此，可以略见历史上壮族及其先人逢丧宰牛屠狗、大操大办的情况。

（十）杀鸡：椎归老人腿肥儿

Kai^5（鸡）、pit^7（鸭）、$ha:n^5$（鹅），是早期越人还没有分化各自发展的时候就已经认知、驯养并有了同一词语的家禽。

节日来临时杀鸡杀鸭杀鹅，客到鸡、醴相待，这是壮族及其先人千百年来的习俗。而

---

① （明）王济：嘉靖《君子堂日询手镜》。
② 雍正《广西通志》卷93《蛮疆分隶》。
③ 《广西壮族社会历史调查》第二册，广西民族出版社1985年版，第163页。
④ 《广西壮族社会历史调查》第一册，广西民族出版社1984年版，第130页。

杀了鸡、宰了鸭、割了鹅，拜了神，祭了祖，鸡、鸭、鹅的臀部肉块，即鸡椎、鸭椎、鹅椎一定要给家中上了年纪的老人留着；如家中没有上了年纪的老人，则要送给家族中上了年纪的老人。而鸡（或鸭或鹅）的两条腿（俗称"巴腿"）则留给家中15岁以下的孩子或少年享受；如家中没有15岁以下的孩子，则送给家族中最亲近的小孩。总之，鸡或鸭或鹅的尾椎，只有上了年纪的人才能有此口福，而鸡或鸭或鹅的腿儿，唯有15岁以下的孩子才能享用。

鸡、鸭、鹅凭着两条腿支撑身躯，孩子吃了，意味着肢体有力、长精神，这是成年人对孩子的爱护和希望。而鸡椎等油结于臀，肉块柔软滑口，定位给上了年纪的人吃，无疑是对他们的尊敬。

二　禁　忌

壮族主要分布于岭南地区，地域不怎么宽阔，但由于岭南是个丘陵地区，峒地林立，山河阻隔，岭树重遮，古代相互间交往并不怎么方便，加上历史上各地的壮族及其先人首领割地自主，封闭而治，各地区间的割据、孤立、封闭状态益形严重。自然，他们的吃食禁忌常因地区的不同而相异。

（一）煮饭夹生，忌出远门

壮族奉行万物有灵论，因此无论是生物还是矿物，繁生于大地或裸露于大地之上的，都有灵有鬼。煮饭夹生，不熟透，这是与人亲近的谷魂代米鬼预告于人，警示于人：路途艰险，出门不利，忌出远门。

为什么煮饭夹生，米粒没有熟透，不宜出远门？笔者为此曾在调查中询及上了年纪的老人。他们说，先人传下，古来如此，否则就会走上不归路。他们举了30多年前他们生活中发生的一件事来证实。

20世纪70年代初，"文化大革命"时期。一个中心小学姓栗的校长，因一连下了几天雨，星期六无法回家。第二天上午九、十点钟，他和几个相知的老师一块喝酒吃饭。饭后，他说要回家看一看。那几个老师一听急了："不能回去，刚才我们吃的饭似乎是夹生的！"他没听劝，说"连下几天雨，家里不知怎样了，得回去看看。而且大路坦荡，不到十里路，会出什么问题！"他乘着酒意，踏着自行车，一路行去。中途有座100米长、宽约1米的桥梁，雨连续下了几天，流水已没过桥面。如果细心人摸着走着可以过去，栗校长凭着桥熟，飞车而过。谁知他酒意上涌，自行车也就越过了桥面，"噗"的一声，车连着人坠入汹涌翻滚的河水中，成了溺死鬼。

十酒九肇事，栗校长的归宿竟也如此。偏偏他们早上煮的饭是夹生饭，经那几个一同吃饭的老师透露出来，恰恰中了俗传的旧曰，人们更加相信其说了。

煮夹生饭，或是放水不够或是烧煮时间短欠。计划出远门的人心急火燎，有时便将饭煮成了夹生饭。过去，自然生态环境复杂，路险林密，野兽纵横，步行而过，免不了出现险情。而像栗校长这样，则完全是喝酒之后，路上酒意上涌所致，其事的发生与饭煮的是否夹生无关。

（二）小孩忌吃鸡腹中蛋黄

腹中蛋黄，指在雌鸡、雌鸭、雌鹅腹中还没成熟从而排出体外的蛋胚。杀了鸡

（或鸭或鹅），不免在成熟的雌性鸡、鸭、鹅等腹中出现此类蛋胚。此时，壮族的家长严禁未成年的男女孩子沾上那个腥，抓起煮熟了的鸡、鸭、鹅等腹腔内的初成形的蛋胚来吃。

壮族传统观念认为，未成年的男女孩子假如吃了腹中蛋，犹如暗遭刀砍斧凿，种下祸根，长大成人身不壮，腹内有仔生产难。

以此类推，凡尚在家畜肚内有未见阳的仔猪、羔羊、牛崽，未成年的男女孩子都没有资格品尝。这是壮族先人由此及彼推论出来的。牛、羊、猪未产，鸡、鸭、鹅蛋未出母体，就已经死于母体腹中，类之于人，何尝又不是！

（三）小孩吃饭，忌满地跑

古代，岭南地广人稀，自然生态环境内部自我调整良好，资源丰富。"虎当官道斗，猿上驿楼啼"，① 人虎和平共处；② "有小江者号龙潜，鱼大者动长六七尺，痴不识人"。③ 人居其中，谋食容易。所以，即使如汉族文人所描写的壮"民俗朴拙，不谙商贩，家无积蓄，衣惟苎布，居无大室，病不服药，惟事巫鬼"，④ 但他们住在洞中，"良田美地，一年耕获，尝足支二三年"。⑤ 这就是说，壮族"农务力穑，不为商贾，家无屯积，不忧饥寒"。⑥ 由于不忧饥寒，历史上的壮族及其先人耻为沿门乞讨的乞丐："人赋性朴实而谋浅，治生易足而少聚，富无千金，贫无乞丐"；"贫则佣工，不为乞丐，不作狗偷"；"贫不雇工，饥不乞丐"；"凶荒无乞丐"。⑦

乞丐，壮语谓为"kjau³va³"。在古代壮族及其先人中，不存在乞丐此一群体，壮语中之所以有此一词语，是中原汉族频遭战乱，千里奔驰，逃到岭南，没有立足之地，只好沿门乞讨。"kjau³va³"一词就是"一心于讨取""专注于讨取"的意思，后来成了专有名词。"kjau³va³"的特点，是居无定处，食无定点。壮族害怕孩子成为这样依托无门的人，于是习俗形成了忌讳，吃饭时不让孩子拿着饭团或饭碗满地奔跑。

（四）"亲死，祭肉弃之不食"

张无咎雍正《临安府志》卷7载，临安府（治今云南建水县）沙支系壮人"丧不穿孝服，着红衣，不茹荤三日，用藤席掩尸埋之。其祭肉，弃之不食"。李熙龄道光《普洱府志》卷18也载，普洱府（治今云南普洱县）沙人"亲死，则祭肉不食，或弃或馈诸同人"。

沙人的亲死，祭肉弃之不食，是壮傣群体越人关于与死者贴连的物件都弃而不取的习俗的传承。

春秋战国时代，《墨子》卷6《节葬下》载楚之南的"輆沐"国人，"其大父死，负

---

① （唐）李商隐：《昭州》，（清）汪森《粤西诗载》卷10。
② （宋）蔡绦：《铁围山丛谈》，《说库》。
③ 同上。
④ 《古今图书集成·职方典》卷1410《柳州府风俗考》。
⑤ （明）刘文征：天启《滇志》卷4《旅途志》。
⑥ 《古今图书集成·职方典》卷1402《桂林府风俗考》。
⑦ 《古今图书集成·职方典》卷1443《南宁府风俗考》。

其大母而弃之，曰鬼妻不可与居处"。楚之南的"较沐"国，毋庸置疑是指战国时代岭南越人的部落联盟。岭南壮傣群体越人分化各自发展以后，丈夫死，寡妻名曰鬼妻此一习俗，在壮、傣二族中一直传承下来。迄于清朝中前期，尚见其遗风。康熙时屈大均《广东新语》卷24《蛊》关于"西粤土州，其妇人寡者曰鬼妻，土人弗取也"的记载，以及范承勋康熙《云南通志》卷27关于"僰彝"（傣族先称）夫死，"妻不更嫁，名曰鬼妻"的记载，都道明了此一事实。

壮傣群体越人为什么不敢取"鬼妻"？为什么认为她们"不可与居处"？就是因为害怕惹上死者鬼魂的麻烦。在壮傣群体越人及其后人语言里，寡妇谓为"me⁶ ma：i⁶"，"me⁶"是做了母亲的女性冠词，"ma：i⁶"是"掉了丈夫的妇人"。它源于壮、布依、傣语谓"夫妻"为"pu⁴ mai⁴"一词。"pu⁴"是男性，"mai⁴"是女性，男性女性结合方成夫妻，现在呼剩下"mai⁴"一方，就是寡妇了。夫妻形神结合组成一个家庭，夫一死，妻成了寡妇。而在壮傣群体越人的意识观念里，人死鬼在，死人的妻子成了"me⁶ ma：i⁶"（寡妇），其鬼魂仍附于妻子身上，因称为"鬼妻"。而人死了的鬼魂，是壮傣群体越人所最为害怕的。迄于南宋，周去非《岭外代答》卷10《家鬼》仍然记载"家鬼者，言祖考也。钦人最畏之"。"鬼妻"既然可怕，不可与居，毋庸置疑，凡与死者相关的物件自然也就弃之不取了。

明朝洪武二十九年（1396年）李思聪《百夷传》载，"大百夷"（今傣族）人死，喧闹"数日而后葬。葬则亲者一人持火及刀前导，送到葬所。以板数片如马槽之状，瘗之。其人平生所用器皿、盔甲、戈盾之类，坏之以悬于墓侧而自去，后绝无祭扫之礼也。又有死三日之后，命女巫剎生祭送，谓遣之远去，不使复还家也。民家无祀先、奉佛者"。[①] 将死者"平生所用器皿、盔甲、戈盾之类，坏之以悬于墓侧"，就是要表明活着的人与死者断了瓜葛，绝了关系。至于人"死三日之后，命女巫剎生祭送，谓遣之远去，不使复还家"，就与汉代壮族先人干栏顶上所开的"歹人青云"洞及民国年间留存于靖西等县壮族习俗中人死后捅开堂屋上盖瓦开个洞，以让死者的鬼魂飘上渺渺青天，不再局促家中扰乱活人安宁一样，有异曲同工之妙。

明朝洪武年间（1368—1398年）云南傣族"民家无祀先、奉佛者"，这是傣族没有接纳佛教之前的状况。壮族在汉族文化迁入后，原来"无祀先"习俗已经有了变化，出现了地区性的差异。不过，明朝万历十三年（1585年）郭棐纂修《宾州志》卷2《风俗》仍然记载上林县人，"死丧，三日不吊，不祭先，不设主"。壮人"不祭先"却"重鬼"，所以祭肉既然是祭奠死者的鬼魂，是送死者鬼魂远去的食粮，自然其家人只能弃之而不顾。

（五）七月十四日：忌与外人共餐

张邵振康熙《上林县志》卷上载，广西上林县壮人"独中元节人人刲（kuī，割杀）牛击猪，祀先三日，其报本追远之诚，犹与民无异。数日内，一切不入城市，不上墟场，惧为鬼所摄，谓使之担负也"。《古今图书集成·职方典》卷1415《庆远府风俗考》也载："七月十五日谓之目莲节，又谓之年节，数日前各备祭物以祀先祖。瑶壮辈皆闭门不

---

① （明）郑颙：景泰《云南图经志书》卷10。

出，路无行人，谓之躲鬼。"乾隆《柳州府志·土俗》也载："七月十四日中元节，其日路无行人，名为'躲鬼'。"这些记载反映了壮人过农历七月十四日的真实，却又将核心的日子搞错了，将此节的核心的日子七月十四日后移至七月十五日，因而或将其依附于道教的中元斋醮，定名为中元节，或将其归依于佛教僧寺于此一天所作的盂兰盆斋，称为目莲节或盂兰节。这都是外族人不知壮族节日底蕴想当然地附会上去的。

七月炎热，是细菌繁殖快人易生病的月份，也是壮群体越人认为这是家鬼、野鬼活跃因得不到满足而作祟于人的月份。因此，这个月便成了壮群体越人及其后人祭祀家鬼、野鬼，给它们化衣，并给活人续魂的月份。此时，田禾已熟或渐熟，是两广人们理念中的"禾黄鬼出""稻田黄，睡满床"，野鬼活跃的时候。这就是七月化衣节，或者直称为"鬼节"。节日的时间就在农历七月中，具体时间没有硬性规定。时间一般是三天，有的地方是在七月十二、十三、十四，有的地方是在七月十三、十四、十五，有的地方则又在七月十四、十五、十六三天。这几天，特别是七月十四日这一天，因为鬼特别是野鬼分外活跃，人们恐怕受到鬼的侵害，不生产，不放牛，不趁墟，不走村，路上断绝行人避野鬼。在这种情况下，人们是不能外出与亲戚朋友会晤的，更不能共同进餐，否则引来野鬼，祸害就大了。迄今，云南的壮族仍传承着七月十四日忌与外人共餐的习俗。

（六）除夕包粽忌吃粽

《古今图书集成·职方典》卷1421《思恩府风俗考》载，壮人"除夕以叶裹米为粽，用事家神以乐岁终"。除夕，是一年的最后一个时段，壮语谓为"ham⁶ dap⁷"。古代，壮群体越人及其后人以雷鸣电闪火生，一年开始；秋天谷熟收割后，雷不再鸣电不再闪，一年也就结束了。所以，《太平寰宇记》卷163《南仪州风俗》载，南仪州（今广西岑溪市）"俗不知岁，惟用八月酉日为腊，长幼相慰贺以为年"。明朝谢少南在广西为官，咏道："秋日登途菊朵新，忙中岁月客中身。归来蛮鼓村村发，道迓湘南岁底春。"①"岁底春"，就是年。明代广西永福县壮人以秋为年，无疑是壮族先人以八月为年的传承。"ham⁶"是晚上，"dap⁷"是熄灭，"ham⁶ dap⁷"就是火灭的晚上，即一年结束。后来汉族文化迁入，壮族的年服从于汉族的年，以农历十二月最后一个晚上为"ham⁶ dap⁷"。

"ham⁶ dap⁷"，壮族家家户户采柊叶，洗糯米，调肉馅，吃完饭，主妇们便坐下来包粽子。她们施展手艺，粽或包大，或包得小巧玲珑，将一年的辛苦、一年的欢乐、一生的经验包在里面，把粽子包得香喷喷的，扎得实实的！当晚将粽子煮熟后便放上祖宗神龛上祭奠先人，敬献先人。看着香喷喷、碧绿的粽子出锅了，一些馋嘴小孩便咂着舌头，跃跃欲试，想打开粽子尝尝鲜。可是，劳苦一天的主妇们厉声喝住孩子："今晚不吃明早再吃！"这就是壮族的年节习俗之一：除夕包粽忌吃粽。他们认为，除夕吃粽，大水漭漭，田基会崩！

（七）尝新忌吃在狗前

壮族有尝新节。尝新，就是尝新成熟而割下来的稻谷经加工后煮的米饭。稻子拔地而起，结穗以滋养人，所求于人无多，古代的壮群体越人及其后人便认为稻谷有魂有灵性，吃了新米，人也具有了可以自长自茂自熟的稻谷的灵性。

---

① （明）谢少南：《永福道中》，（清）汪森《粤西丛载》卷24。

由于各片田块稻子成熟的时间有先后，所以不同的地方过尝新节的时间并不一致。不过，过去种单季稻，尝新都是在农历八月收割之前举行。

节日，各家都割鸡或杀鸭，备上新鲜猪肉，煮上新割来经加工后的稻米，装上竹筛拿到自家田边去祭田神，呼谷魂。然后从这块田又割下三蔸禾穗，放在竹筛上抬回家，并放在神龛上敬献天地祖宗。祭毕，盛上一碗新米饭，泡上鸡或鸭、肉汤，让狗先吃。过后，一家大小方能进餐。

尝新，为什么让狗先吃？这是因为根据壮族传说，人之所以能种上稻谷，是狗上天去偷下来的。让狗先人尝新，是不忘狗的恩情。如果人先尝新而后给狗吃，就是过河拆桥，忘恩负义。

实际上，这是稻子驯化之初，稻子初熟，鸟兽成群先后而来祸害作物。狗追鸟逐兽，捍卫成熟的稻子，劳苦功高。人们尝新让狗们先尝，是虔诚地对狗的感谢。传之久了，人们已经不知其初，便产生了此狗是上天偷取稻种给人类的传说。

（八）忌吃鬼沾之物

历史上，壮族有三不吃：李子入水不沉者不吃；瓜类入水不浮者不吃；猪、羊心肺有孔者不吃。

壮族认为：李子入水会沉，成熟的瓜类入水会浮，猪、羊的心肺完整无孔，只有被鬼沾了，李子入水才会浮，成熟的瓜类入水才会沉，猪、羊的心肺才会有孔。鬼沾上了，吃了，人拿来吃，就会成了鬼对头、鬼怨家。人成了鬼怨家，往后其祸就大了。

第三章

居住文化

"上古穴居而野处,"① 概括了远古人类从动物群里分化出来以后的最初居住状况。距今 7500—9000 年的桂林甑皮岩洞穴遗址证明活动于岭南的越人是栖息于喀斯特地貌形成的天然岩洞中的。②

"上古之世,人民少而禽兽众,人民不胜禽兽虫蛇。有圣人作,构木为巢以避群害,而民悦之,使王天下,号曰有巢氏。"③ 岩洞固然可以挡风避雨,遮住酷烈的阳光,给古人类一个略为舒适的日伏夜宿的生息场所,但是洞穴的阴暗、地上的潮湿,以及虫蛇猛兽等的侵害,确实也曾严重地扰乱了古人类的生活。有巢氏的构木为巢,给处于躁动不安陷入苦恼中的古人类带来了曙光。

有巢氏构木为巢是个传说故事,却浓缩了远古人类从栖息洞穴到拥有简陋住房的过程。

构木为巢,人居其上。这是远古人类最原始的住房形式。壮傣群体越人及其后人传统的居住形式干栏就是从"巢居"演化发展而来的。

第一节 干栏:传统的居住形式

壮族为古代越人的后人之一。古代越人住房的建筑形式,就是干栏建筑。

干栏建筑,最早见于浙江河姆渡文化遗址中,距今约 7000 年,也就是考古学上的新石器时代中期。

干栏建筑在越人中,因时之所需、地之所宜,从新石器时代中晚期一贯而下,形成了独特的住房建筑形式。清朝初年,广东学者屈大均(1630—1696 年)《广东新语》卷 7《峚人》载:"自荔浦至平南,壮与民(指汉人)杂居,不可辨。大抵屋居者民,栏居者壮。栏架木为之,上以栖人,下以栖群畜,名栏房,亦曰高栏,曰麻栏子"。辨居明族,说明历时大约几千年,壮人绍述先人的创造,发展先人开创的建筑形式,迄于清代,仍是比较典型的。可以说,干栏住房,是壮族及其先人传统的住房形式。

---

① 《周易·系辞下》。
② 广西文物队、桂林市文管会:《广西桂林甑皮岩洞穴遗址的试掘》,《考古》1976 年第 3 期。
③ 《韩非子》卷 19《五蠹》。

一　干栏的发展

（一）汉代干栏

越人的干栏式住房建筑自新石器时代中期形成以后，因一无文字记载，二无考古学资料可资参证，时历殷商、西周、春秋、战国近两千年，无法明了其发展情况。秦是短命王朝，往下衔接于西汉。西汉及东汉时期，虽然仍无关于岭南民居建筑的记载，却有不少关于干栏式建筑的考古学资料发现。

汉代人的丧葬习俗，就是将死者生前世间的生活用品，以及将房屋、灶台、仓储、猪圈等制成铜或陶的明器，一股脑儿地往坟墓里塞作为陪葬品，以满足人们"厚资多藏，器用如生人"的理念。

1970年，考古工作者挖掘广西合浦县城东南郊望牛岭西汉墓，出土了一件铜制的干栏式建筑房子。该铜明器长79.3厘米，宽42.7厘米，通高37.3厘米。一大间房置于平台上，高33厘米，室内面宽69.5厘米。前壁正中有门，高19厘米，宽7.8厘米。门双扇，各有门环。门下有槛，高4.5厘米，悬山顶，前后各12瓦垄，并铸出板瓦状。屋檐伸出前壁10厘米，伸出后壁4.5厘米。四壁均作"十"字纹饰。房前有走廊，走廊前缘有栏杆。栏杆作二横一竖式。平台下立柱八根，分置于前后壁下，高4.3厘米。同时，又出土干栏陶屋一件。该陶屋上房下圈，高34厘米，面阔28.5厘米，进深22厘米。屋为曲尺形，悬上顶，顶饰瓦垄，划出瓦纹。单间，四壁有仿木构划纹。门一扇向内半掩。门后地板有一小孔，为厕所。圈无猪；矮墙有瓦檐遮盖，墙根有窦，以便牧畜进出。①

广西贵港市出土汉代陶屋

1975年发掘的合浦县堂排西汉晚期墓也出土了一件干栏式的陶屋。该屋分二节烧造，

---

① 广西文物队：《广西合浦西汉木椁墓》，《考古》1972年第5期。

广州东郊龙生岗出土汉代陶屋

广州东郊麻鹰岗出土汉代陶屋

可拆卸。前屋呈长方形，架于短墙之上，悬山顶，屋后用矮墙围成畜圈，后墙左侧有圆洞，宽 34 厘米，通高 28.5 厘米，屋脊长 32.8 厘米。①

1978 发掘的广西贵港市北郊汉墓，出土三件上住人下圈畜的干栏式陶屋。上屋平面呈长方形，正门开一门。门两侧镂菱形孔，后墙开一小方形通气窗，窗半开。屋内底左侧开一个四方形孔，长 3.8 厘米，宽 2 厘米，可能是厕所坑穴或是向牲口投草料的坑口。屋顶两披式，上饰瓦垄，屋脊两头翘起，下层四方形。主屋架于前半部，后半部设矮围墙，墙头有瓦檐遮护，正面和两侧各开"十"字形窦洞，后围墙开菌状形和菱形窦洞，以利牲畜出入。墙外四周划仿木构架纹。通高 29 厘米，长 25 厘米，宽 24 厘米。②

---

① 广西文物队：《广西合浦县堂排汉墓发掘简报》，《文物资料丛刊》4，文物出版社 1981 年版。
② 广西文物队：《广西贵县北郊汉墓》，《考古》1985 年第 3 期。

另外，广西梧州市鹤山东汉墓、[①] 广西贵港市汉墓、[②] 广西贵港市汶井岭东汉墓、[③] 贵港市高中汉墓、[④] 合浦县东汉砖墓[⑤]等都出土了干栏式建筑的陶屋、陶仓明器。而在广东，广州皇帝岗木椁墓等汉墓也出土了不少铜或陶制干栏式建筑的明器。[⑥] "广州汉墓所出全部干栏陶屋，下层未见禽畜，但都辟设窦洞，应是饲养牲畜的圈栏。"[⑦]

这些墓葬的墓主不管是官吏还是富人，他们都随着时俗，以干栏式建筑的明器入土为安，说明汉代壮群体越人中上上下下所崇尚而流行的住房建筑是楼架的干栏式建筑。

1957年广西贵县粮仓出土的陶楼，高31.8厘米，长30厘米，宽23.8厘米。前屋三楹，后楼重檐三层，上下镂空窗棂。门前一人持械守卫，左墙一犬伸首洞外，在屋内一人舂米，并有一犬守门。这是一所富户庄园的模型。屋脊上刻有"歹人青口"文字。"歹"就是壮语谓"死"为"tai¹"的汉文近音译写。"歹人"就是"死人"，说明此一庄园的主人就是壮群体越人。"歹人青口"的遗阙字上头似还剩下"雨"头未磨灭，或为"雲"字。西汉司马相如《子虚赋》说"交错纠纷，上干青云"，"青云"就是高空、高高的天空。因此，"歹人青云"就是祝愿死者魂灵升入高空，不要伏下不离开为祸于活着的人。

壮群体越人及其后人对人死后的鬼魂非常害怕，因此但逢人死，活着的人对死者的鬼魂既畏惧又讨好，敬而远之，甚至通过巫祝给鬼神以迷惑、驱赶或镇压。这就是壮群体及其后人丧葬礼仪的主题所在。《永乐大典》卷2339梧字引梧州《旧经》载：苍梧郡，"古蛮夷之国，雕题之俗，婚用牛，丧则聚，搏击钲鼓作戏，叫噪逐其厉。及掩之中野，至亲不复送"。"厉"，恶鬼。"丧则聚，搏击钲鼓作戏，叫噪以逐其厉"，体现了他们丧葬的主题。

壮群体越人的丧葬习俗传承下来，一代代地，虽然形式不尽相同，却不变其宗。南宋时，《岭外代答》卷7《白巾鼓乐》载"南人死亡，邻里集其家，鼓吹穷昼夜"。明初，《郁林志》载"死则击鼓助哀"；[⑧] 林希元嘉靖《钦州志》卷1《风俗》载"舅姑（公婆）初丧，子妇金帛盛饰，鼓乐歌唱以虞尸"。清朝，张无咎雍正云南《临安府志》载土佬"丧不穿孝服，着红衣，不茹荤三日，用藤席卷尸埋之，其祭肉弃之不食"；王崧道光《云南志钞》卷184引《罗平州志》载沙人"死用薄棺葬，女媳盛装罗立，曰站场，毕舁（yú，抬）于野焚而掩之"。现代，壮族不少地方的农家人死时，便用竹竿捅去厅堂一片瓦，开个天窗，供死者的鬼魂有处升天。有的地方比如广西靖西县壮家还请来巫师，让他

[①] 李乃贤：《广西梧州鹤山东汉墓》，《文物资料丛刊》4，文物出版社1981年版。

[②] 广西文管会：《广西贵县汉墓的清理》，《考古学报》1957年第2期。

[③] 梁友仁：《广西贵县汶井岭汉墓的清理》，《考古简讯》1958年第2期。

[④] 广西文管会：《广西出土文物》图版131及说明，文物出版社1978年版。

[⑤] 杨豪：《广东合浦发现东汉砖墓》，《考古通讯》1958年第6期。

[⑥] 广州市文管会：《广州皇帝岗西汉木椁墓发掘简报》，《考古通讯》1957年第4期；广州博物馆等：《广州汉墓》，文物出版社1981年版，第246、333—335、420页；广东博物馆：《广东佛山市郊澜石东汉墓清理简报》，《文物资料丛刊》4，文物出版社1981年版。

[⑦] 广州博物馆等：《广州汉墓》，文物出版社1981年版，第333页。

[⑧] 《永乐大典》卷2339梧字引。

贵县粮仓出土陶楼　　　　　　屋脊书写文字

抱着一只公鸡爬上屋顶。鸡脚上拴着一条细小的黑色棉线，并将棉线从"天窗"上垂下绑在死者的手腕上，然后抛开公鸡，令其飞腾远去，带着死者的鬼魂远离死者的家庭。

现代壮族家庭的人死离魂仪式，与汉代南越人干栏明器屋顶上书写的"歹人青云"，透露的都是同样一个信息。

畏死人鬼魂而远离鬼魂的心理追求，在壮傣二群体先人越人还没有分化独立发展之前就已经存在。《墨子》卷6《节葬》下关于楚之南越之东的"輆沐国""其大父死，负其大母而弃之，曰鬼妻不可与居处"的记载，直述了壮傣群体越人此一心理追求。此后，"鬼妻不可与居处"的理念在壮傣群体先人越人及其后人中传承了2000年，迄于清朝前期仍迟迟没有消失。这在清初屈大均《广东新语》卷24《蛊》和范承勋康熙《云南通志》卷27都有明确的记载。同样，远离死人鬼魂，送走死人鬼魂也在壮傣群体越人的后人中以不同的丧葬形式传承下来。壮族人死举办的"离魂"仪式是如此，范承勋康熙《云南通志》卷27载"车里"（今西双版纳）傣族"葬不复顾，或焚亡者，昧爽（黎明）至冢上设一石，祝之曰：'勿再返也'！"也是如此。

西汉是壮群体越人盛行干栏式住房建筑的时期。干栏式住房建筑不仅其构造、布局已经趋向规范化和模式化，营造技术已经达到相当高的水平，而且在干栏住房建筑的基础上又出现了"曲尺式"干栏建筑和"楼阁式"干栏建筑。曲尺式由两幢单层的长方形房子组合成曲尺形，后侧相对的两面用矮墙围绕起来成为后院，故整座的平面亦是正方形。从它的平面布局和立体外观看，很明显是由"干栏"递变而来。[①] 楼阁式是指主体建筑作上

---

① 广州博物馆等：《广州汉墓》，文物出版社1981年版，第333页。

下两层的结构，其余部分是单层平房。整体布局均衡对称，平、立面都有主次变化，高低参错。它是在封闭式曲尺形住宅的基础上加以变化的。与此同时出现了瓦顶，说明这个时候中原汉族地区的"秦砖汉瓦"的新技术工艺已经引进并吸收了过来。

（二）魏、晋、南北朝干栏

就新石器时代中晚期及汉代的考古资料看，可以清楚干栏依越人而成形，越人凭着干栏以存身。古代的越人与干栏，可说是善恶浑然一体了。

三国及其后，越的后人"獠"人迁入巴、蜀、汉中地区，干栏也随之而去，成为巴、蜀、汉中地区新出现的住房建筑形式。

越的后人"獠"人何时迁入汉中、巴、蜀？

《三国志》卷43《张嶷传》南朝宋人裴松之注引《益部耆旧传》载蜀国大将张嶷将牂柯、兴古二郡的2000"獠"人迁至今陕西省南部的汉中。然而，北魏郦道元《水经注》卷27《沔水》载：

> 沔水又东，径西乐城（在今陕西省勉县东南汉水南岸）北。城在山上，周三十里，甚险固。城侧有谷，道通益州（治今四川成都市），山多群獠。诸葛武侯筑以防遏。

蜀国丞相诸葛亮受蜀主刘备临终"托孤"后，先南征云贵诸"蛮"，后六出祁山北伐魏国。他所筑的西乐城为的是防遏今川、陕交界山中的"群獠"。这"群獠"，是否就是蜀将张嶷从牂柯、兴古二郡迁至汉中的"二千""獠"人的后人？显然不是。因为张嶷征讨牂柯、兴古二郡，是在建兴十一年（233年）"南夷豪帅刘胄反，扰乱诸郡"以后。作为征南主帅马忠的部属，张嶷受马忠的派遣分兵征讨牂柯、兴古二郡的"獠"人，从而迁徙其降服的2000人于汉中。[①] 诸葛亮卒于建兴十二年（234年）。此时，即使他有幸见到张嶷迁于汉中的2000"獠"人，已不能筑"西乐城"来防遏了。而且，对新来乍到、水土未服的2000"獠"人，也没必要特为筑城以防遏。这说明三国初，"獠"人已众多地分布于汉中地区。

三国初，汉中"獠"人从哪里来？从荆楚来。

据《左传·昭公十三年》和《史记》卷40《楚世家》载，公元前528年五月子晰任令尹，在自己的驻守地鱼陂（今湖北潜江县近汉水处）的汉江上举行庆典。"越人拥楫而歌。"越人所唱的歌，就是流传至今的《越人歌》。此道出了当时该地居住众多的越人。其原因，一是越人操楫行船，固其长技，但不晓楚语，设若该地没有众多的越人居民，在纯一的楚人中怎么招揽顾客以维持生计？二是子晰在船上听不懂越语，便有如探囊取物般地立马招来翻译，说明其地能操楚、越两种语言的人不少。这是操楚、越两种语言的居民错杂而居，日常交往频繁的结果。

春秋时代，楚国中部的一些与楚人杂居的越人，或者随着日月推移，或者已经趋同于汉人，但是对于群居的越人，有文化自我传承，不会泯灭。元鼎六年（前111年）汉灭

[①] 《三国志》卷43《马忠传》《张嶷传》。

南越国，那些归顺的南越国越人首领，汉武帝都让他们带着部属迁往中原定地封侯。其中，率瓯骆40万降的居翁于南阳郡堵阳县（今河南方城县）为湘城侯，杀西于王降的黄同于南阳郡（治今河南南阳市）为下郦侯，南越将军毕取于南阳郡为膫侯，南越南海太守弃子喜于南阳郡涉都县为涉都侯，南越揭阳令定于南阳郡安道县为安道侯等。这说明西汉时，又有不少南越越人迁居于汉水以北地区。

《后汉书》卷48《臧宫传》载，建武十一年（35年），东汉将领臧宫"将兵至中庐，屯骆越"，配合征南大将军岑彭进军巴、蜀，消灭盘踞在那里的公孙述势力。

关于"中庐"与"骆越"，唐朝李贤《后汉书注》说："中庐，县名，属南郡。故城在今襄州襄阳县南。盖越人徙于此，因以为名。"这说明春秋而下至东汉，不仅今湖北西北部，而且河南省西南部南阳地区都有越人分布。这些越人，群团而居，有其文化传承，自成族群。

汉末三国，军阀混战，战乱频仍，中庐所在的南郡和南阳郡都是军阀们激烈争夺的地方，那里的"獠"人便趁魏夏侯渊等守汉中，"迁其民于关、陇"之机，① 群体性地进入汉中及巴郡等地的山谷中避难，由此而出现了三国时代诸葛亮筑西乐城以防遏"獠"人的事情。

晋代，李特之乱后，蜀流民十余万东入荆湘，② 蜀地空虚，牂柯郡及南越的"獠"人又北进巴、蜀地区。这些进入汉中、巴、蜀的"獠"人，他们是群体性地行动，有其群体组织，有其文化传承，有其价值观念。而由于他们来自不同的地域、不同的时间，所以在汉中、巴、蜀的"獠"人，又有北"獠"、南"獠"之分。

《北史》卷95《獠传》载，北魏时，"朝廷以梁、益二州控摄险远，乃立巴州（治今四川巴中市）以统诸獠。后以巴酋严始欣为刺史，又立隆城镇（在今四川阆中市），所管獠二十万户，彼谓之北獠"。有"北獠"自有"南獠"。北"獠"是以巴州及隆城镇管辖、控扼的三国时由鄂西北、豫西南进入的"獠"人，"南獠"自然是指晋代由牂柯郡和南越进入蜀地的"獠"人。

北魏时，汉中、巴、蜀的"北獠"有"二十万户"，"南獠"有多少，没见记载。不过，无论北"獠"还是南"獠"，他们的住房都是传承先人传统，"依树积木以居其上，名曰干栏。干栏大小，随其家之口数"。

魏、晋、南北朝时期，牂柯、兴古、永昌等郡及岭南诸地的俚人、"獠"人也同巴、蜀的"獠"人一样，住房都是悬空构屋、上以住人的干栏式建筑。可惜当时的南朝文人不重视、不直面、不承认"獠"人的"干栏"称谓，却蔑以为"巢"。沈约《宋书》是如此，魏征等的《隋书》仍是如此。延至北宋初年乐史《太平寰宇记》依然如此。比如，该书卷165说郁林州（今广西玉林市）人"巢居夜泊"；卷167说钦州"'獠'人巢居海曲"；卷178说"东谢蛮""西赵蛮""牂柯"等"散则山谷依树为巢居"等。

梁、益二州的"獠"人如同岭南等的"獠"人一样，鉴于社会发展所限，"忿怒，父子不相避，唯手有兵刃者先杀之。""亲戚比邻，指授相卖。亡（失）儿女，哭止，便不

---

① 《北史》卷95《獠传》。

② 《三国志》卷43《马忠传》《张嶷传》。

复追思。"同时,"好相杀害,多仇怨",① 血族复仇没完没了。"往往推一长者为王,亦不能远相统摄。"② 因此,其人数虽多,群落虽众,却不能联合起来,团结一致,共同对敌,以保障自己的存在。

《北史》卷95《獠传》载,自东晋永和三年(374年)"桓温破蜀之后,蜀人东流,山岭之地多空,獠遂狭山傍谷。与夏人参居者,颇输租赋;在深山者,不为编户。梁、益二州岁伐獠以裨润(增加收入),公私颇藉以为利"。《周书》卷49《异域獠传》也载,西魏废帝二年(553年)宇文泰:"平梁、益二州,令所在抚慰。然(獠)性暴乱,旋至扰动。每岁命随近州镇出兵讨之,获其生口以充贼隶,谓之为'压獠'焉。后有商旅往来者,亦资以为货(也买进作为商品)。公卿逮于民庶之家,有獠口者(獠人奴婢)多矣"。

梁、益二州的"獠"人是不幸的,特别是居于山谷中的所谓"生獠",往往成了官家、豪富、商家借故征讨,捕猎为奴、为商品的对象。《隋书》卷62《元岩传》载:"蜀王(杨秀)性好奢侈,尝欲取'獠'为阉人,又欲生剖死囚取胆为药……又共妃出猎,以弹弹人,多捕山獠以充宦者(太监)。"又《隋书》卷45《文四子传》载,蜀王杨秀被"废为庶人,幽内侍省,不得与妻子相见,令给獠婢二人驱使"。可见当时在全国范围内,王家阉"獠"为太监,官家以捕"獠"为乐事,商家以"獠"口作逐利的商品,富家民户役"獠"奴使"獠"婢的普遍性。

唐朝一仍如此。武德、贞观中,梁州都督庞玉破巴州"獠";益州行台郭行方镇压眉、洪、雅等州"獠",俘男女五千口;贞观十二年(638年),夔州都督齐善行征讨巫州"獠",俘男女三千余口;十三年(639年),右武侯将军上官怀仁讨巴、洋、集、壁四州山"獠",虏男女万余;贞元中(785—805年),西川节度使韦皋降嘉州"獠";大中末(860年),东川节度使柳仲郢平昌、泸三州"獠"等。③ 历次征讨所获的"獠"人男女,无疑是充王室、官府或卖与私家的奴、婢。因此,即使如平生多潦倒、家境不大宽裕的唐朝大诗人杜甫,也有女奴阿稽、童仆阿段、"獠"奴阿段役使和差遣。④ 而且,社会上潮起并板结成为一种不变的意识和观念,"獠"成为人世间最下贱而卑污的称谓。比如,唐太宗的儿子唐高宗准备以无子废后立武则天为皇后,曾受唐太宗临终遗命的褚遂良说武氏曾为太宗亲爱,皇上近之于礼已经不合,立为皇后更是不该。高宗顿时语塞,气憋于胸出不来。在幕后窃听的武则天一时火冒三丈,大声骂道:"何不扑杀此獠!""此獠"指的就是褚遂良。⑤

唐王朝如此对待"獠"人,在高压之下梁、益二州的"獠"人,不是逐渐被汉化,

---

① 《太平御览》卷796《獠》引《魏书》。
② 《北史》卷95《獠传》。
③ 《新唐书》卷222《南平獠传》。
④ (唐)杜甫:《秋行官张望督促东渚耗稻向毕清晨遣女奴阿稽、竖子阿段往问》,《全唐诗》卷221;《示獠奴阿段》,《全唐诗》卷229。《太平御览》卷796引《魏书》载獠人"略无氏族(姓氏)之别"。《北史》卷95《獠传》称"獠"人"所生男女无名字,惟以长幼次第呼之。其丈夫称阿漠、阿段,妇人阿夷、阿等之类,皆语之次第称谓也"。
⑤ 《新唐书》卷105《褚遂良传》。

就是被掠为奴婢散于京城皇室、富家大宅及全国各地官府民家。所以,《旧唐书》仅有分布于今重庆地区的《南平獠传》。而《新唐书》的《南平獠传》其作者可能认为"南平獠"与岭南的"俚獠"来源相同,文化不异,又将仅在重庆地区的"南平獠"扩大到岭南的"俚獠"地区。

宋代,重庆地区的"南平獠"渐渐烟消云散,迹无遗存。比如,北宋初年乐史《太平寰宇记》卷178《南平獠》已经模糊了"南平獠"的来源、属系,说"南平蛮"即"南诏蛮也"。至元人脱脱修《宋史》,该书卷496《谕州蛮》称:"渝州蛮者,古板楯七姓蛮,唐南平獠也。"这是以地望测定其居民的传承和发展,不看其地居民的迁入迁出。魏、晋、南北朝以来,"板楯七姓蛮"多次北迁关陇或随流东入荆湘,其地空虚,始有獠人进入巴、蜀,出现"南平獠"。"獠"人属百越系统,"南平獠"怎么是"古板楯七姓蛮"?入宋以后,"南平獠"或汉化,或被掠卖,逐渐消失。犹如《太平寰宇记》卷120《涪州新化县》引《新图经》载:"此县民并是夷獠,露顶跣足,不识州县,不会文法,与诸县户口不同,不务蚕桑,以茶蜡供输。"而至南宋末元朝初年马端临《文献通考》卷321涪州条载:"涪俗四种,曰:夏、巴、蛮、夷。夏,则中夏之人;巴,则廪君之后;蛮,则盘瓠之种;夷,则白虎之裔。夏、巴居城郭,蛮夷居山谷。"这就说明时至南宋末元朝初年,原迁入梁、益二州的越系獠人被掠卖、被同化,已经销声匿迹,不复存在。

魏、晋、南北朝时期,"獠"人进入梁、益二州,也就是现在陕西省的汉中和川蜀地区。梁、益二州的"獠"人,因得《魏书》的作者魏收的关照,记录了他们住房的建筑形式和名称。从而,一扫各类乱七八糟的关于越"獠"人住房的称谓,"干栏"一名成了经典式的千古定称。为了清楚梁、益二州"獠"人与其他地方"獠"人的关系,笔者花了不少篇幅略述梁、益二州"獠"人的源流、发展和消失过程,以明确"獠"人的悬空构屋的住房建筑形式不是凭空而来。它上承于古越人,下启于壮傣群体越人后裔,成为他们传统的住房建筑形式。

(三) 隋、唐、宋、元、明时期干栏

《隋书》卷31《地理志》载,"自(五)岭已南二十余郡,大率土地下湿,皆多瘴疠"。居民都是"俚獠","质直尚信","言誓则不改";"巢居崖处,尽力农事";"刻木,以为符契";"父子别业";"俗好相杀,多构仇怨";"椎结跣踞,乃其旧风";"铸铜为大鼓";"有鼓者号为'都老',群情推服"。

唐、宋时期,壮群体越人后人除被称为"俚獠"或分称为"俚"人或"獠"人外,也有以区域而称,谓"西原蛮"或"南丹州蛮"或"抚水州蛮"或"广源州蛮"或"宜州蛮"或"特磨道蛮"等。南宋前期,溪峒丁壮被编伍训练代替禁军、厢军轮戍地方和边防,在今桂西北宜州一带开始出现"撞丁"一称。但是,从总的情况看,汉族文人笔下还是称他们为"南獠"。比如,"文起八代之衰"的唐宋八大家之一的欧阳修其《南獠诗》句说:

……
生民三千室,聚此天一涯。
……

男夫不耕凿，刀兵动相随。
宜融两境上，杀人取其赀。
……
势亦不久住，官军来即驰。
……
外统三路进，小敌胡能为！
前驱已压境，后军犹未知。
逶迤至蛮域，但见空稻畦。
搜罗一月余，不战师自罷（疲）。
荷戈莫言苦，负粮深可悲。
哀哉都督邮，无辜遣屠糜。
咤咋计不出，还出招安辞。
半降半来拒，蛮意犹孤疑。
厚以缯锦赠，狙心诈为卑。
戎帐草草起，贼戈蹑背挥。
我聆老叟言，不觉颦双眉。
吮毫兼叠简，占作南獠诗。
愿值采诗官，一敷于丹墀。①

"男夫不耕凿，刀兵动相随"，与冯承钧译《马可·波罗游记》第119章《金齿州》所载元代傣族"其俗，男子尽武士，除战争、游猎、养鸟外，不做他事。一切工作，皆由妇女为之"一样，是壮傣群体越人在未分化独自发展以前就形成的"男逸女劳"习俗的总体表现。"宜融两境上"句，道出宜州（治今广西宜州市）、融州（治今广西融水苗族自治县县城）的居民是"獠"人。"哀哉都督邮，无辜遣屠糜"句，作者自注说"昭州都曹皇甫三人，部粮入洞，遭蛮贼掩杀，及害力夫千余人"。昭州，治今广西平乐县，说明"南獠"不仅指今广西部的居民，也指今广西东部的居民。所以，翻开北宋初年乐史《太平寰宇记》卷157的广州至卷169的雷州，何处又没有"俚獠"的影子。虽然在历代王朝的大力实行民族同化政策以及数量众多的中原人入迁后，今粤北、粤东及广东中部的一部分地区，俗迁人异，但是，在今广东西部地区以西，包括当时的广南西路及特磨道，明代及其前仍是执"獠"风行俚俗，居民还多"俚獠"人。

1. 隋、唐时期干栏遍布岭南

人类群体因所处自然和群体自身社会发展所具有的意识观念，创造了独具一格的群体文化。群体文化一旦形成，又产生了一种无形的控驭力，支配着群体的所有成员，不易变更。特别是那些群体凝固，与外族文化接触、碰撞较少的群体，更是如此。"獠"人进入汉中、巴、蜀，汉中、巴、蜀的自然环境未必需要悬空构屋式的住房建筑，但"獠"人进入该地区后聚族而居，仍然为祖先承传下来的习俗所支配，落脚定居，一仍其先人的文

---

① （清）汪森：《粤西诗载》卷2。

化样态建起悬空构屋式的干栏以居住。

隋朝"以南越边远,治从其俗,务适便宜,不依律令"。① 在这种情况下,壮群体越人土著首领们的权力没有受到任何的动摇和削弱。隋朝末年,隋炀帝被杀,中央失控,萧铣、林士弘各自称霸一方,岭南西部大首领宁长真以郁林、始安之地附于萧铣,东部大首领冯盎以苍梧、高凉、珠崖、番禺之地附于林士弘②,隋朝中央也无可奈何。首领以势自我强项,自然依其故俗而治。《隋书》卷31《地理志》说:"自岭已南二十余郡,大率土地下湿,皆多瘴疠,人多夭折。……巢居崖处,尽力农事",说明隋代"巢居崖处"也就是干栏式建筑仍然是壮群体越人后人住房主要的建筑形式。

武德四年(621),李靖率唐朝军队进入桂州,岭南"俚獠""大首领冯盎、李光度、宁长真"归顺。李靖"承制授其官爵"。"凡所怀辑九十六州,户六十余万。"③ "俚獠"首领权力依然如故,"俚獠"群体文化传承依然如旧。

《旧唐书》卷96《宋璟传》载:"广州旧俗,皆以竹茅为屋,屡有火灾。(宋)璟教人烧瓦,改造店肆,自是无复延烧之患。"张说《广州都督、岭南按察、五府经略使宋公(璟)遗爱碑》也载,唐朝开元四年(716年),宋璟出任广州都督,"率人版筑,教人陶瓦,室骘墍(yìxì,抹浆),昼游而华风可观;家撤茅茨,夜作而灾火不发,栋宇之利也自今始"。从而使广州督府管区内"虽有文身凿齿、被发儋耳、衣卉面木、巢山馆水,种落异俗而化齐,语言不通而心喻矣"。④ 宋璟在任广州都督期间,"率人版筑,教人陶瓦","改造店肆",这是历史事实,开启了新风,影响很大,既深且远,不可估量。但是,他年初赴任,年终即被调返京城长安出任宰相,⑤ 不到一年时间他又能做多少事?"昼游而华风可观",这只是个表面现象。旧俗的改易,旧思想的转变,旧文化的破除,不是一蹴而就的。由此可知,至少唐朝开元年间(713—741年),广州督府管区的人仍然是"文身凿齿""语言不通""种落异俗"。他们"巢山馆水""皆以竹茅为屋"。所以,《太平御览》卷172《窦州》引《郡国志》载:"窦州(治今广东信宜市西南镇隆),悉以高栏为居,号曰干栏。"

唐代,《十道志》载容州:"夷多夏少。鼻饮、跣足,好吹葫芦笙,击铜鼓,习射弓弩;无蚕桑,绩蕉、葛以为布;不习文学;呼市为墟,五日一集。人性刚悍,重死轻生。"⑥ 这些是"俚獠"人传统习俗的传承,自然也暗示了他们传统的悬空构屋式的干栏住房在于其中了。迄于宋朝初年,乐史《太平寰宇记》卷165《郁林州风俗》载其居民"巢居夜泊",女子"婚不落家""食用手搏"。这些就是壮群体越人传统习俗的样态。

"虎当官道斗,猿上驿楼啼。"这是唐代著名诗人李义山《昭州》一诗的句子。唐宋时期,驿舍称楼,自是有如清朝人赵翼《镇安风土诗》所说的是"栏房隔作楼",是干栏

---

① 《隋书》卷65《权武传》。
② 《旧唐书》卷59《丘和传》。
③ 《旧唐书》卷67《李靖传》。
④ 《全唐文》卷226。
⑤ (宋)司马光:《资治通鉴·开元四年》:十一月,姚崇"数请避相位,荐广州都督宋璟自代"。
⑥ (宋)乐史:《太平寰宇记》卷167《容州风俗》引。

式建筑。岭南人住房作干栏，驿舍也作干栏。由此可以略知唐、宋之际，悬空构屋式的干栏住房建筑在壮群体越人后人中的普遍性。

2."麻栏"又一称

南北朝魏收《魏书》卷101《獠传》记录了越"獠"人悬空构屋上架板以住人的住房建筑形式为干栏。同一时期的南朝沈约撰《宋书》，对于"蛮夷"住房却不能据实书事，想当然地据己意将越"獠"人的悬空构屋蔑为"巢"。此种大我蔑他的心态示现，长时期地严重影响了后来人。

悬空构屋上铺板以住人的住房建筑形式名为干栏在岭南的出现，首推唐朝人《郡国志》所说的"窦州（治今广东信宜市西南镇隆），悉以高栏为居，号曰干栏"。① 其他人则一仍南北朝沈约之旧，以"巢"称之。比如，唐代诗人张籍的《送南客》诗称：

> 天涯人去远，岭北水空流。
> 夜市连铜柱，巢居属象州。②

又其《蛮州》诗二首其二咏道：

> 漳水蛮中入洞流，人家多住竹栅头。
> 青山海上无城郭，惟见松牌记象州。③

"巢居"或者"住竹栅头"，都是指称壮群体越人及其后人的悬空构屋上铺板以住人的住房建筑形式。

进入宋朝、汉族文人大多仍然不愿接受"干栏"一称。乐史《太平寰宇记》卷161称贺州（今广西贺州市）"俗构木为巢以避瘴气"；卷165称郁林州（今广西玉林市）"巢居夜泊"；卷167称钦州"獠子巢居"；卷169称雷州（治今广东雷州市）"地滨边海，人惟夷獠，多栅居以避时郁"等是如此。《宾州图经》称宾州（辖领方、迁江、上林三县）人"巢居崖处，尽力农事"，④ 也是如此。南宋周去非《岭外代答》卷4记载广南西路壮群体越人后人的干栏，以"巢居"立题，仍然是如此。可见，沈约谓干栏为"巢"，其影响何其深远。

南宋时期，唯有一个人不将干栏视作"巢"，这就是乾道八年（1172年）出任广南西路经略安抚使的范成大。他在任职期间，"不鄙夷其民"，略能平等待人，⑤ 因而得到了如实的信息。他的《桂海虞衡志》载：

---

① 《太平御览》卷172《州郡·窦州》引。
② （清）汪森：《粤西诗载》卷10。
③ （清）汪森：《粤西诗载》卷22。
④ （宋）王象之：《舆地纪胜》卷115《宾州·风俗形势》引。
⑤ （宋）范成大：《桂海虞衡志·序》。

居民苫茅为两重棚,谓之麻栏。以上自处,下畜牛、豕。栅上编竹为栈,但有一牛皮为裀席。牛、豕之秽,升闻栈罅,习惯之。以其地多虎狼,不尔则人畜俱不安。

深广民居,亦多如此。①

"麻栏",即干栏。壮群体越人及其后人谓"棚上编竹"或架板住人为 za:n² (栈)、为 ça:n² (栅)、为 pa:m¹ (楼板)。壮族至今仍然谓"楼板"为 pa:m¹。干栏是下悬空上铺横板住人的二层结构房子,因此,有些地方的壮族谓干栏又为"pa:m¹γa:n²",《诗经·陈风·东门之池》:"东门之池,可以沤麻。彼美淑姬,可以晤歌。"歌与麻叶韵,宋朝朱熹《诗集传》说麻读"谟婆切"。这说明麻与壮群体越人及其后人的 pa:m¹ 上古同为重唇音,译写时以近音字书写,因称为"麻栏"。范成大懂得壮族先人又谓"干栏"为"麻栏",是他深入实际的结果。

3. 竹屋茅茨冷

住房建筑的发展,既受制于客观自然环境,又受制于群体自身的人文环境。距今六七千年前浙江河姆渡文化所建的干栏式住房,只能是"干栏式木构长房",因为此正与其住民所处的原始母系氏族社会相适应。距今 4000 年,壮傣群体越人已经踏入原始父系氏族社会,单家独户成为社会发展的趋势,子大父子分居是历史发展的必然。《魏书》关于"獠"人"依树积木以居其上,名曰干栏。干栏大小,随其家之口数"的记载,② 传出了这样的信息。宋朝《范太史言行录》载"宾(广西宾州,时辖领方、迁江、上林三县)人,计口筑室如巢窟",③ 说明宋代壮群体越人后人因循着魏、晋、南北朝时期干栏大小的传统。

南宋初年,抗金首领李纲被投降派排斥流居岭南。他在《象州道中》诗二首其二中咏道:

竹屋茅檐三四家,土风渐觉异中华。
碧榕枝弱还生柱,红荔春深已著花。④

从"竹屋茅檐",已经感知岭南"土风"不同于中原,可知当时壮群体越人后人干栏的显著特点是以竹为屋,以编茅作干栏的覆顶物。这就是宋人白玉蟾《初至梧州》诗"夜半江风吹竹屋,起挑寒灯怜影独"句⑤及范成大所说的"民居苫茅为两重棚"。

单家独户,父子分居,家中人口不多,修建干栏,在亲友相助之下,也并不怎么艰难。砍来几根大树,竖起几根柱子,然后砸开大竹或用竹篾编茅苫草覆顶,又剖开大竹作为衡板,房子周围则用竹篾围起。登楼的梯子也用竹子做成,俨然是一个完整的竹楼。这

---

① 《文献通考》卷330《西原蛮》引。
② 《太平御览》卷796《僚》引。
③ (宋)王象之:《舆地纪胜》卷115《宾州·风俗形势》引。
④ (清)汪森:《粤西诗载》卷13。
⑤ (清)汪森:《粤西诗载》卷6。

或者就是汉及汉以前壮傣群体越人利用客观自然的赐予做成的干栏住房。所以，壮傣群体越人分化以后，他们各自世代传承。迄于今日，云南省许多地方的傣族仍然以清朗、干爽、独具一格的竹楼为骄傲。时至明朝，壮族及其先人还是这样。

宋朝《范太史言行录》载，宾州人"屋壁以木为筐，竹织，不加涂墍（xì，涂抹修饰）"。①但是，"竹引风穿壁，苔随雨上阶"，②屋以竹篾织就墙壁，总嫌过于暴露，因此许多地方的壮群体越人后人在以竹篾织就屋壁的时候，又以牛粪拌和泥糊涂墙抹壁，使室内不致四处通风见亮。宋代陈藻《客中书事》诗载：

千载蛮风尚有存，此来闻见不堪论。
猪膏泽发湘南妇，牛渤涂门岭右村。③

"牛渤"，牛粪；"岭右"，岭南右边，为广西旧的称谓。诗中"牛渤涂门岭右村"，就是说当时广西居民的屋居情况的。

又刘文征天启五年（1625年）《滇志》卷4《旅途志》载：

广南府（治今云南文山壮族苗族自治州广南县），夷、汉杂处，可千余舍。居民皆楼居，以竹为椽柱，覆以松皮，去地三四尺。人居其上，畜溷（hūn，圈）其下。……安得（今靖西县安德乡）东历打滥箐……自此多石山。拔地突起，山环若城。中有平畴（chou，田地）者曰峒，路出其中。出入之所，皆有石隘。良田美地，一年耕获，尝足支二三年。伐竹构居，绩绵为布。

从云南昆明一路行来，进入壮族地区的云南广南、富宁和广西的那坡、靖西等县，路上所见都是竹屋茅舍，可见时至明朝后期，竹屋茅舍在壮族人中的普遍性。广南县城的"以竹为椽柱，覆以松皮"，"松皮"是"杉皮"之误。杉皮可以成片规整剥下，松皮却是鳞片脱落，难能覆屋。杉皮覆屋，虽异于苫茅覆屋，但也是以草木的木皮覆屋，不是制瓦盖屋。

明朝正德十六年（1521年）为官于今广西横县的浙江吴兴县人王济，其《君子堂日询手镜》载：

（横州竹类）一名蒲竹，取裁为屋瓦，并编屋壁，最坚美。

此中，对壮族人以竹为瓦，多所赞美，并无贬斥之意。

"屋不瓦而盖，盖以竹；不砖而墙，墙以竹；不板而门，门以竹。其余若椽（梁）、若楞（稜）、若窗牖（窗子）、若承壁（墙壁），莫非竹者。衙署（官府）上房，亦竹屋。

---

① （宋）王象之：《舆地纪胜》卷115《宾州·风俗形势》引。
② （宋）王象之：《舆地纪胜》卷115《宾州·诗》引陶弼诗。
③ （清）汪森：《粤西诗载》卷14。

庚辰（乾隆二十五年即 1760 年）春联云：'筼筜（大竹）剖作鸳鸯瓦，篾列（筷子大的竹篾）编成翡翠帘'。纪其实也。"清朝人沈日霖《粤西琐记》记载，道明至清朝乾隆年间，壮族居为竹屋的状况仍然延续着。①

"苍莽思陵州，悬崖结屋如蜃楼。"②"黄茅为宇竹为门，斗米肩豚浊酒尊。"③"竹篱茅舍千门月，石径溪桥几处亭。"④"竹屋茅茨冷，江涵石壁清。"⑤ 明及明以前的汉族官员文人，他们来到岭南，许多人都感慨于居民的竹椽茅盖的干栏住房。所以，明代按察副使张七泽《浔梧杂识》载：

> 岭南人当有愧于竹。食者竹笋，庇者竹瓦，载者竹筏，爨者竹薪，衣者竹皮，书者竹纸，履者竹鞋，真可谓一日不可无此君也。⑥

具体、形象、精辟的话语，将明及明以前岭南人得自竹子的恩惠展示无余。"萧萧篁竹丛"，⑦"危桥竹织成"。⑧"诛茅临水曲，编竹住水流。"⑨"山有留绝驿，草墅竹为扉。"⑩"千家竹屋临沙觜"，⑪"竹祠随处是湘君"⑫ 从日常物质生活而至精神生活，从临时急需而至长远，竹子在壮族及先人的历史生活中不可或缺，恩惠浩荡。

4. 有房子：标志男女结成夫妇关系

壮族亲友相问，常说："儿女 mi^2 $\gamma a：n^2$ 没有？""mi^2 $\gamma a：n^2$"，直译为"有房子"，也就是"结成夫妇"。云南德宏傣族男女结合成为夫妇，也称为"pen^6 $hən^2$"，直译为"成房子"，也就是"有房子"的意思。结婚，泰国东北部的佬人，其传统的说法是"mi^3 kha^2"，直译也就是"有房子"。当青年男女结婚了，人们便称他（或她）为"$khon^4$ mi^3 kha^2"，即"有了房子的人"。⑬

"有房子"，这就是壮傣群体越人男女正式结合成为夫妇的词语，何以如此？

原来距今 4000 年左右，壮傣群体越人在原始母系氏族社会发展尚未充分的时候，父权凸显，从原始母系氏族社会破壳而出跃入原始父系氏族社会。此时，母权制还十分强大，父权制显出了其基础的薄弱。所以，男娶女嫁，妻从夫居，男女结合成为牢固的夫妇

---

① （清）王锡祺：《小方壶斋舆地丛钞》第七帙。
② （元）陈孚：《度摩云岭至思陵州》，（清）汪森《粤西诗载》卷 6。
③ （明）吴尔施：《上石西州》，（清）汪森《粤西诗载》卷 24。
④ （明）陈崇德：《寓灌阳》，（清）汪森《粤西诗载》卷 16。
⑤ （明）蓝智：《柳城县》，（清）汪森《粤西诗载》卷 11。
⑥ （清）汪森：《粤西丛载》卷 21 引。
⑦ （明）蓝智：《河池县险路》，（清）汪森《粤西诗载》卷 4。
⑧ （宋）范成大：《珠塘》，（清）汪森《粤西诗载》卷 10。
⑨ （明）徐荣：《苍梧即事》十二首其六，（清）汪森《粤西诗载》卷 21。
⑩ （明）潘恩：《柳城道中被火作》，（清）汪森《粤西诗载》卷 5。
⑪ （明）解缙：《苍梧即事》三首其一，（清）汪森《粤西诗载》卷 15。
⑫ （明）杨基：《兴安道中》，（清）汪森《粤西诗载》卷 15。
⑬ 白耀天：《泰国婚姻、丧葬和宗教信仰考察》，《广西民族研究》1993 年第 1 期。

关系，并不能一蹴而就。于是，出现了婚前男女自由交往，婚后女子不落夫家，让女子有个"做后生"、与他人"结同年"（做情人）的时期。待女子与其情人交往怀孕之后方才告知与她结过婚的男子构屋成房，落居夫家。从此，怀孕待生的女子长落夫家，结婚男女始告成为夫妇。如果女子婚后在不落夫家期间不能与丈夫之外的其他男子相亲孕胎，即无缘落居夫家，婚姻告吹，此一对男女就不会具有共同的房子，建立起夫妻关系。此种夫妻关系的建立过程，壮族中有句谚语说得颇为具体形象，这就是"孕前放马，孕后落家"。

因此，在壮傣群体越人及其后人眼里，女子在家人同伴的护送下到男家举行婚礼，只是男女人生黄金年华欢乐的伊始，丈夫建栏作屋、怀孕女子落居夫家才是男女双方夫妻关系的确立。无怪乎壮傣群体越人谓男女结合建立夫妻关系为"$mi^2 \gamma a: n^2$"（有房子）。

5. 内有"家鬼房"，外搭着"栈台"

（1）干栏辟有单间"家鬼房"

《墨子》卷6《节葬下》载壮傣群体越人"其亲戚死，朽其肉而弃之，然后埋其骨，乃成为孝子"。此"孝子"的观念是他们固有还是汉文的记载者以自己的观点植入，不清楚。但是，壮傣群体越人及其后人在历史上长时期没有祖先崇拜，却是可以肯定的。后来随着自身的社会发展，随着与别族的文化交流，方才逐渐出现祖先崇拜。

泰国东北部沙空那空府、拉加信府、素辇府和马哈拉堪市，其居民主要是"佬人"。佬人，是壮傣群体越人后人中的一个群体。1992年11月，笔者到那几个地方进行了一个月的考察。返国后，在所作的报告中，有关佬人的"先鬼崇拜"有这样的几段话：

> "先鬼"，指已逝的先人，即佬人所说的"$pi^2\ ban^1$"（家鬼）。"先鬼"崇拜就是祖先崇拜。
>
> 沙空那空府库素曼县的"索"人和拉加信府克茫侬肯昌村一带的"布岱"人，家家户户都供奉"家鬼"；其神台则设在（干栏人住一层）卧室靠右一间的后壁或最右边的柱子上。神台比较简单，在墙或柱上支块一尺见方的木板，上面摆放个小竹篮及一些小花环就行了，没有香炉，有的倒放个佛像于其上。对"家鬼"的供奉，佬人是惟诚惟谨的，每年秋收前必行祭祀，将新谷奉献之后活着的人才能品尝；平日家有喜庆要贡献，有灾难也要贡献以祈求禳除灾难；男婚女嫁要预先告知，家里有人出远门或死了都要禀告。而在家里，媳妇、女婿都不能迈入"家鬼"所在房间里，亲戚、朋友来访也尽量不靠近"家鬼"所在的房子。在侬肯昌村"布岱"人那里，女婿登楼上屋，照例要解下身上的佩刀，不能划火抽烟，目的就是要他这个外来人知道尊敬"家鬼"。
>
> 应该说，在库素曼县的"索"人和克茫县的"布岱"这些佬人中，对"家鬼"的供奉是虔诚的，但崇拜"家鬼"在各地的佬人中并不是普遍的。我们在访问中发现，各地佬人有无"家鬼"崇拜是与婚姻关系中是否确立了从夫居制有密切的关系。"索"人和"布岱"人基本实现了从夫居制，他们供奉"家鬼"；而马哈拉堪市属的他宽多磨卡村一带的佬人因男人主要是从妻居，只有"族鬼"崇拜而无"家鬼"崇

拜。这是否说明"家鬼"崇拜的产生与父权制的确立有一定的关系？[①]

"家鬼"崇拜肯定与妻从夫居婚制的确立有着密切的关系，因为妻不从夫居而是夫居于妻子的家中，父权还不能在家庭中确立其居上的地位，即使该群体在总体上已进入父权制社会，也只能有"村鬼"崇拜，没有"家鬼"崇拜。"家鬼"崇拜，实际上也是由"村鬼"崇拜转变而来的。泰国东北部"佬人"群体称"家鬼"为"$pi^1\ ban^1$"，"pi^1"是"鬼"，"ban^1"是"村"，清楚地说明了这一点。

刘文征天启《滇志》卷4《旅途志》载：

  广南府（治今云南广南县），夷、汉杂处，可千余舍。居民皆楼居，以竹为椽、柱，覆以松皮，去地三四尺。人居其上，畜溷其下，中设地炉，悬穗其上，熏令极干，每日舂而食。编竹笼若鱼罶（liǔ，捕鱼具[②]）累累（重迭）数十，置西南隅（yú，角落）以祀鬼。甘犬（狗）、鼠，非上宾不设。

明朝后期，云南广南府府城所在夷、汉杂处约千余家。大概汉族迁入人数较少，他们入乡随俗，也仿照壮人，悬空构屋，住着干栏式住房，行着壮族人的习俗。这就如同广西南宁等地操汉语平话方言的汉族一样。他们从北方来到南宁时，人数不多，随同当地众多的壮族先人行着女子婚后不落夫家的习俗，以致现在壮族此一习俗承传早断，而南宁市心墟等社区操平话的人仍然传承着一样。

明朝后期，云南广南府壮人在干栏上"编竹笼若鱼罶，累累数十，置西南隅以祀鬼"，此如同于宋代《岭外代答》卷10记载的钦州壮群体越人后人在"鬼巷"的旁边放置酒肉祭家鬼以及明朝嘉靖初年以前广西上林县壮族的"祀先不设主"，也如同现代泰国东北部佬人群体中"家鬼屋"的设置，只是其中设置的东西不同，广南府人以累累鱼罶标示干栏上家鬼的所在。

干栏上家鬼的所在，为什么以渔具来体现？

南宋周去非《岭南代答》卷6《斋素》载："钦（州）人亲死，不食鱼肉，而食螃蟹、车螯、蚝螺之属，谓之素斋，以其无血也。……以为至孝在是。"李宗阳《黔记》载，仲家（今布依族）"丧则屠牛招亲友，以牛角欢饮。孝子不食肉，惟啖鱼虾，故祭亦必用之。葬者以伞盖墓，期年（满一年）后始焚之"。[③] 康熙《贵州通志·蛮僚》也载，贵州省贵阳、都匀、镇宁、普安（今盘县）的布依族人遇丧，"则屠牛招亲友，以大瓮贮酒，执牛角遍饮"。"主人不食肉，只食鱼、虾。"遇丧以鱼虾相祭，孝子孝女不食肉惟啖鱼虾，映示出壮傣群体越人最初以鱼虾为食的生活状态。孝子孝女们不饮酒吃肉，唯啖鱼虾，唯以鱼虾供祭，目的就是要得到逝去先人的认同，让死者顺利地回到先人那里去。诚

[①] 白耀天：《泰国婚姻、丧葬和宗教信仰考察》，《广西民族研究》1993年第1期。
[②] 鱼罶为笱筌之类的渔具，壮语谓为lep^1。用竹篾编织而成，大口长腹。大口渐收，以余篾在颈入腹处编个圆锥形的关口，伸入腹中，使鱼能入不能出。腹尾缩成个短圆筒。装鱼时，尾部用稻草团紧紧塞住。
[③] （清）王锡淇：《小方壶斋舆地丛钞》第七帙。（明）田汝成《炎徼纪闻》卷4《仲家》记载与此略同。

如黎族妇女"必须先受纹（文身）才得进夫家门户。未受纹女性死去时，必须在尸体的受纹部位用木炭划身后才能入棺下葬，违者不得在公墓埋葬"。因为"妇女生在世间不纹身，死后祖宗不认人，使死者成为无家可归的'鬼卜'（鬼妇）"。[①] 壮傣群体越人以渔作为主要的谋食手段，于是其后人以渔具标示先人神位所在。

《岭外代答》说新妇入门，进入厅堂一拜家鬼之后即不敢再入家鬼堂，唯恐被家鬼击杀。云南文山壮族苗族自治州各县许多壮族村子都有一间像亭子一样的房子位于村寨中心，称为"$po^6\ ke^4$"（波者，即老人厅），为村上男性老人议事决事的地方，妇女、小孩及外姓人不能进入其间甚至不能近其旁边。而泰国东北部佬人群体家中媳妇、女婿等外姓人，也不能进入家鬼所在的房间。这类情况说明，自壮傣群体越人进入父权制社会阶段以后，为了维护社会上、家庭中父权制的一尊，都不允许女性及外姓人参涉其中。祀鬼，就是其中的表现之一。

历史上，壮族及其先人依山傍水立村，村后都有一片树林，称为"龙林"；林中有神，称为龙神，是村子的保护神。可是社会发展、历史转折、观念被迫变化，特别是1958年全民大炼钢铁运动，大量砍伐树林以炼钢铁，以及1966年"文化大革命"破"四旧"（旧思想、旧文化、旧风俗、旧习惯）的洗劫，壮族村子的"龙林"所剩无几，祭"龙神"也只有在极为偏僻的地方才能留存下来。1991年，我们到云南文山壮族苗族自治州麻栗坡县马街乡高城子村做田野调查。该村位于一个僻远而闭塞的山谷中。村子在高山的上半部，村背后是密密实实的树林，前面是层层梯状而下的稻田。该村不失传统，每年三月在树林深处祭祀"龙神"，由村中成年男子参加，妇女和儿童不能参与。平日，村中成年男子不敢进入林中，妇女、孩子及外村人更不敢近边，恐防被神惩鬼逐，后果不堪设想。这也是历史上壮族及其先人社会排斥女性参与祭祀活动的典型例子。

一家之中，有丈夫有妻子有儿女，妻子无权参与祭祀活动，那么壮族干栏之上，家鬼所在自然如同泰国东北部佬人群体一样，单辟为一间。

鉴于西南角那间是家鬼房，则家中女儿的闺房必然是在东边，上干栏的楼梯也开于其处。如此，女儿成年，女歌男唱，外人来往就不会扰及家鬼了。

(2) 干栏延伸"栈台"

壮傣群体越人的干栏，悬空构屋，上以住人，下空旷宽阔，或堆放农具、杂物，或为舂捣谷物处，或为猪圈、牛栏、鸡埘等；居住层用木板或木条或竹篾编织围住，与外面的空间隔开，一道隔板又将其分为前后两半，前半大后半小。前半左边或左右两边各安一个火塘，上置三脚架，用以烧饭煮水，接待宾客；后半则分为几个小间，西南角一间为"家鬼房"；左邻为家主卧室，其旁依次为妻及子女卧室，人口多则另搭偏厦，客房则设在楼梯之旁。楼梯设在"家鬼房"的另一边，取单数，一般是五级或七级。楼口内接家人活动和待客间，外接露天栈台。此栈台，云南东南部壮族称为"望楼"，广西壮族称为晒排，古代则称为"栈"。

北宋乐史《太平寰宇记》卷161《贺州风俗》载，贺州（今广西贺州市）"俗多构木为巢，以避瘴气。豪渠皆鸣金鼎食，所居谓之栅"。卷169《雷州风俗》载，雷州（治今

---

① 王国全：《黎族风情》，广东民族研究所1985年版，第49页。

广东雷州市）"地滨边海，人惟夷獠，多居栅，以避时郁"。栅，本义为栅栏，如小栅、门栅之类，即用铁条、木条等材料做成类似篱笆的物件。此疑作者译错了。南宋为帅广南西路的范成大称壮族先人"苫茅为两重棚，谓之麻栏。上以自处，下畜牛、豕。棚上编竹为栈"。① 同一时期的周去非《岭外代答》卷4《巢居》"深广之民，结栅以居。上设茅屋，下豢牛豕。栅上编竹为栈"。棚是用竹、木、芦苇等材料搭成的篷架或小屋，如豆棚、凉棚等。以"棚"称干栏，不是无词状物就是含有蔑视的成分。周去非不是将范成大的"棚"讹成了栅，就是因袭前人的著述而误。不过，他们都道出了一个真实情况，即"编竹为栈"。至今，壮语仍谓干栏上用竹子架设而成的晒台为"za：n²"。

栈台，后或称为望楼或晒排，伸出干栏之外，又接在楼梯口，内通居室。它可晒粮食、衣物，是家人纺线、绣花、乘凉聊天的地方，也是男女娃子们会歌的场所。尤其不可忽略的是，古代壮傣群体越人"文身徒跣（xiǎn）"赤脚步行，劳动或远行归来两脚不净，栈台上摆有盛水瓦罐，可以先在栈台上冲洗，然后干净入屋。所以，栈台，既是风俗所需，又与壮傣群体越人此一农耕群体关系甚大。壮傣群体越人古代以糯米为主食，种植糯稻，创制了手镰，收成时节以手镰割取糯稻的最后关节禾秆，撕去稻衣，将禾秆带着稻穗束成一把把地挑回来，就是晒在栈台上的。可以说，栈台（后称望楼或晒排）虽架设在干栏之外，却是壮傣群体越人干栏住房的延伸体，是干栏住房的一个不可或缺的组成部分。

广南壮族干栏望楼

傣族干栏阳台

6. 囷仓与人居干栏分立

囷（gūn）仓，是贮藏粮食的房子。圆形的叫囷，方形的称仓。

《旧唐书》卷96《宋璟传》载："广州旧俗，皆以竹茅为屋，屡有火灾。璟教人烧瓦，改造店肆，自是无复延烧之患。人皆受惠，立颂纪其政。"宋璟在广州都督任上仅待一年，由于他一倡而广州一地的竹屋茅茨全都一改为版筑瓦盖，似多夸大之意，但竹屋茅舍易生火灾，却是不争的事实。所以，壮群体越人及其后人无力改变竹屋茅舍的时候，为免一火而倾家荡产的厄运，其贮粮的囷仓历来是与人居干栏分建的。

1956年在广西梧州市云盖山出土东汉滑石明器，通高31厘米，盖径16.3厘米，是贮存粮食的囷仓模型，用整块滑石雕凿而成。盖顶和囷身皆圆形，盖如伞顶，囷前加竖方

---

① （元）马端临：《文献通考》卷330《西原蛮》引《桂海虞衡志》。

栈台洗儿

栈台说私房话

栈台晒禾把

框，框内开一方形口，为囷门。方形座，四角下有四柱，架空囷身，干栏结构，既防潮又防鼠。[①]

东汉滑石明器

铜铸囷仓明器

1972年，广西文物考古工作者又在梧州市低山发掘一座东汉墓，出土了铜铸囷仓明器。该铜仓高35.5厘米，长31厘米，宽25厘米，形为一大间，前面中间开门，门有活

---

① 广西文管会：《广西出土文物》图版118，文物出版社1978年版。

环。悬山式屋顶，有瓦垄。下有四柱，属干栏式结构。①

明器即冥器，随葬的器物。古人事死如事生，明器虽是象征物，却是活人世界状况的反映。东汉墓出土单独的囷仓，并以悬空构仓，形如干栏，可知壮群体越人是居房、囷仓分立，各位于一处的。

自那以后，"竹屋茅舍"的状况不改，壮群体越人后人居房、囷仓分立仍然一如其旧。

刘文征天启《滇志》卷4《旅途志》载从云南昆明经广南府至广西的路上，自富州（今云南富宁县）纳桑寨入纳桑箐，出箐至镇安州（今广西那坡县）四亭（10里为一亭），但见：

民居多依峭壁构竹楼，覆以黄茅为团仓以囷谷，参差于茅舍间。

金鉷雍正《广西通志》卷93《蛮疆分隶》载：

奉议州（治今广西田阳县右江南）诸苗皆称土人，僻处林谷，种旱稻及靛，多以染为业。好畜藏，每岁终作窖于山隅或水浒，贮禾以备歉收。

"诸苗"不是苗族，而是清朝人对壮族的蔑视称谓。"作窖于山隅水浒"，"窖"是收藏物品的地下室，似与壮族传统的悬空构仓的形式不同。而且，在山隅可以窖藏粮食，在水浒（水边）怎么能挖窖贮禾以达到防潮的目的呢？成于雍正年间的《古今图书集成·方舆汇编·职方典》卷1450《镇安府风俗考》引修于明朝正统（1436—1449年）以前的《镇安府志》载：

（奉议州人）家贫无积贮，所有惟禾仓，多置于山隅水滨。所居栏房，爨寝刍畜，总在其内。岁春男女，讴歌昼夜，略无嫌禁。其余陋习，俱与各土属同。

这说明奉议州的壮族不是窖藏粮食，而是在山隅或水浒修干栏式的囷仓以贮粮。

另外，明朝洪武初年，吏部主事林弼奉命出使安南，途经龙州（今广西龙州县），作《龙州十首》诗，其七句称：

架岩凿壁作巢居，隐约晴云碧树疏。
水枧枝枝横槛似，禾囷个个小亭如。②

"禾囷个个小亭如"，即是说禾仓建在干栏居室之外，一个个像小小的亭子一样。

囷仓离开居室孤处野外，无人防守，需要有个人人思善、他人之物不当归己的居民心

---

① 广西文管会：《广西出土文物》图版119，文物出版社1978年版。
② （清）汪森：《粤西诗载》卷23。

理状态，形成夜不闭户、路不拾遗的客观环境。

壮群体越人及其后人，自古"民淳而朴，不事营谋"①。所以，他们虽然"所居尽是编茅为屋"，可是忠诺言，守信义，不委罪，敢舍身，"有被诬，则盟誓歃血，委弃牲命；私相称贷，则刻木比指信，若契书；抵冒（冒犯）、罪刑，则系草于颈，重于桎梏（zhìgù，脚镣手铐）"。②平日里，他们"非渔则猎，非农则樵，谷蔬绨布衣，食常足"。③"治生易足而少聚，富无千金，贫无乞丐，不健讼，不苟偷，重廉耻，鄙轻薄，惟奉耕渔。"④"农务力穑，不为商贾，无屯积，不忧饥寒，吉凶之礼，惟尚节俭。"⑤"贫则佣工，不为乞丐，不作狗偷。"⑥"村落多茅茨，栏屋星散而居，不联接，不习浮靡，不为漫游，不事奇巧，衣服饮食，或从俭朴。贫不佣工，饥不乞丐。"⑦《老子》载："吾有三宝，持而宝之：一曰勤；二曰俭；三曰不敢为天下先。"壮群体越人及其后人的心理追求和行为习惯似与老子《道德经》的自然无为相吻合。这就为他们离居房为囷仓提供了客观环境。

囷仓与居房分立，在壮傣群体越人分化以前就已经存在。虽然考古学和文献记载都不能提供任何资料，但是习俗传承，迄今云南的傣族除了人居干栏式竹楼之外，还有护青瞭望竹楼、谷仓等竹楼。⑧ 1992年11月，笔者在泰国东北部佬人群体考察访问时，在佬人的村子上见到的干栏式囷仓都是独立于人居干栏之外的。而在贵州省，布依族仍遗存囷仓独立于人居住房之外的习俗。远看有如环列村寨的卫士，非常壮观。⑨

7. 村寨

村子，壮侗语谓为 ba：n³，有了村子的共同词语，说明早期越人时代已经有了村落，迈进了原始氏族公社时期。

侗族称"村子"为"ça：i⁶"，明显借取汉语的"寨"。在汉语里，"寨"是防卫所用的木栅，引申为军营，如俗语所说的"安营扎寨"。《陈书》卷35《熊昙朗传》："时巴山陈定，亦拥兵立寨。"唐朝郑谷《郑守愚集》卷3《寄边上从事》诗的"高垒观诸寨，全师护大朝"句，也以寨作"军营"。"百越炎蒸地，千山虎豹群"；⑩"俗有鬼神蚕放蛊，夜无盗贼虎巡街"，⑪越人在村边围上可以拦挡虎狼的栅栏，这或者是可以理解的。何况，

---

① 《古今图书集成·方舆汇编·职方典》卷1452《泗城府风俗考·归顺州》。
② 《古今图书集成·方舆汇编·职方典》卷1452《泗城府风俗考·龙州》。
③ 《古今图书集成·方舆汇编·职方典》卷1402《桂林府风俗考·阳朔县》。
④ 《古今图书集成·方舆汇编·职方典》卷1402《桂林府风俗考·灵川县》。
⑤ 《古今图书集成·方舆汇编·职方典》卷1402《桂林府风俗考·永福县》。
⑥ 《古今图书集成·方舆汇编·职方典》卷1402《桂林府风俗考·义宁县》。
⑦ 《古今图书集成·方舆汇编·职方典》卷1443《南宁府风俗考·隆安县》。
⑧ 胡绍华：《傣族风俗志》，中央民族大学出版社1995年版，第67页。
⑨ 黄义仁：《布依族宗教信仰与文化》，中央民族大学出版社2002年版，第151页。
⑩ （明）潘恩：《昭州二首》其一，（清）汪森《粤西诗载》卷11。
⑪ （清）赵翼：《镇安土俗》。

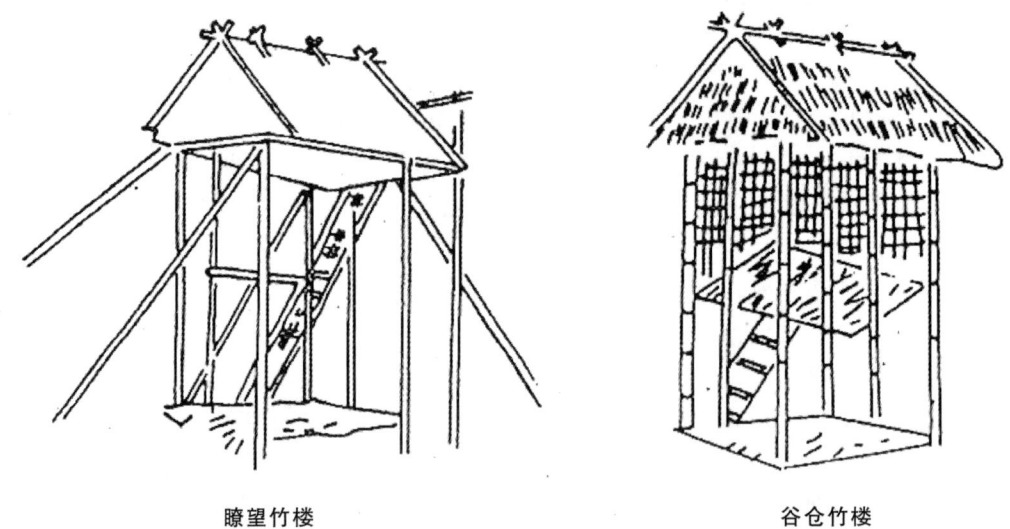

瞭望竹楼　　　　　　　谷仓竹楼

越人"惟好仇杀,睚眦（小怨小忿）必报",①"打仇常报贼杀如麻",② 这就不能不立寨以预防。因此,村子便有所延伸,称为寨子。明朝嘉靖（1522—1566年）中被谪梧州的章拯,其《伏牛岭》诗便有"村落多称寨,行人每怯蛮"句。③ 侗语谓村为寨,或即因此而来。

进入新石器时代早期,壮侗群体越人仍以洞穴为居,比如广西桂林甑皮岩遗址的住人即是如此。大概在新石器时代中期以后,壮侗群体越人开始从洞穴迁到水滨坡上或河旁台地建立村落。

水是生命之源,人求水神而孕④,临水而生,入水试儿⑤,澡身出月,⑥ 浴水而长,⑦ 买水浴身而葬。⑧ 壮傣群体越人建屯立村,必然依傍着江河溪流,这是他们崇奉水神决定的。

明代,徐棻《苍梧即事》诗十二首其六句称:"诛茅临水曲,编竹住溪流。歌舞春城暮,烟花自一州。"⑨ 林弼《龙州十首》其六也说,在壮族地区"近水刺桐知驿舍,倚山毛竹即人家"。⑩ "依山傍水",自古是壮傣群体先人越人立村首先选择的条件。所以,道光《云南志钞》卷154引《师宗州志》载,侬人"择危坡绝壁处,下临水乃居,种植糯

---

① 《古今图书集成·方舆汇编·职方典》卷1410《柳州府风俗考·迁江县》。
② （明）桑悦:《罗城县即事》,（清）汪森《粤西诗载》卷16。
③ （清）汪森:《粤西诗载》卷11。
④ （唐）柳宗元《柳州峒氓》诗"鸡骨占年拜水神",（清）汪森《粤西诗载》卷13。另《宋史》卷288《孙沔传》说杭州许明,"明父祷水仙大王庙,生明"。
⑤ （晋）张华:《博物志》卷2。迄于20世纪40—50年代,广东、广西人生孩子,俗语说是"到河里捞回来的"。
⑥ （清）汪森:《粤西丛载》卷18引《南楚新闻》。
⑦ 《汉书》卷64《贾捐之传》。
⑧ （宋）周去非:《岭外代答》卷6《买水沽水》。
⑨ （清）汪森:《粤西诗载》卷21。
⑩ （清）汪森:《粤西诗载》卷23。

谷"。同书卷185引《镇雄州志》也说，镇雄州（今云南东北镇雄县）"仲家苗"（今布依族）"依岩附谷，择沃腴之地始家焉"。

壮族立村居住，既要临水，又要靠山。从发掘出来的新石器时代晚期遗址看，壮群体越人的住地大都是在河流两岸的台地上，位置一般在一些小河或小冲沟与大江的汇合处或靠近湖泊的坡岗上，面对较为开阔的低地。这样，既有水可渔，又有田可耕，涝则淹不到，旱可引水灌田，保证"饭稻羹鱼"的生活。所以，俗话说"壮人住水头，汉人住街头，苗瑶住山头"。唐朝韩愈也说壮人"无城郭可居，依山傍险"，"寻常亦各营生，急则屯聚相保"。① 壮群体先人及其后人这种依山靠水的居住选择，至宋、元、明间一仍如此；"深广旷土弥望，田家所耕，百之一耳。必冬、夏水泉常注之地然后为田，苟肤寸高仰，共弃之而不顾"。② "平原旷野，一望数十里，不种颗粒，壮人所种止山衡（边）水田，十之一二耳。"他们"傍山而居，依冲（山间平地）而种，长江大路，弃而与人"。③

"无水不住，无田不居"，固然是壮群体越人及其后人选择村址的条件；"无山不留，无林不树村"，也是他们选定立村地方的基本条件。明朝人王士性所谓的壮人"傍山而居，依冲而种"，本是指此而言，但他却忽略了壮族"无林不树村"这个基本特点。"云开远景看林木，风带微香渡野花。山不断青连碧汉，水微拖绿护田家。"④ 过去，壮族村子的背后或左近都有十几亩或几十亩的 doŋ¹ fai⁴（树林），称为神林。此片树林，也是村子里神圣的地方，每年都要在其边上祭祀一次，村里成年男子不能无缘无故地进入林中，不能手指林地，本村儿童、妇女不能近边，外村人更须望神林而止步，否则将被认定触犯神林，交款举行祭典，亲自叩拜以求赎罪。

"蛮溪雨过叶皆流，落日猩猩啼树头。高竹乱藤茅屋小，不知村落属何州？"⑤ "千山景千变，一山诗一篇。"⑥ 在元、明诗人的笔下，壮族村子的景色是令人神往的。"苍莽思陵州，悬崖结屋如蜃楼。"⑦ "乔木尽参天，白日为之昏。上有高石崖，下有清水源。萧萧篁竹丛，落日闻猿哀。……东郊有茅屋，时稼绕衡门。"⑧ "泉声回涧底，花气露林端。"⑨ "树封村落僻，草构驿亭妍。骤雨收炎瘴，微风度晚霞。"⑩ "山迎来雨色，石过转泉声。细涧桃红香，高原稼绿平。人家多隔树，疑在武陵中。"⑪ "观风五管已多年，每到南宁眼豁然。绿树万家依近郭，桑麻十里接平川。"⑫

---

① 《黄家贼事宜状》，《全唐文》卷549。
② （宋）周去非：《岭外代答》卷3《惰农》。
③ （明）王士性：《广志绎》卷5。
④ （明）陈崇德：《夏日登宾州南楼》，（清）汪森《粤西诗载》卷17。
⑤ （明）陈赟：《蛮中》，（清）汪森《粤西诗载》卷24。
⑥ （明）祝允明：《送王先辈纳言归柳州》，（清）汪森《粤西诗载》卷11。
⑦ （元）陈孚：《度摩云岭至思陵州》，（清）汪森《粤西诗载》卷6。思陵州治今广西宁明县西南思陵。
⑧ （明）蓝智：《河池县险路》，（清）汪森《粤西诗载》卷4。
⑨ （明）潘希曾：《宿布村》，（清）汪森《粤西诗载》卷11。
⑩ （明）汪必东：《驻荒田》，（清）汪森《粤西诗载》卷11。荒田，即今广西武鸣县府城。
⑪ （明）汪必东：《灵川道中》，（清）汪森《粤西诗载》卷11。
⑫ （明）周孟中：《登春野亭》，（清）汪森《粤西诗载》卷16。

经过20世纪50年代"大炼钢铁运动"的大砍伐,壮族村寨神林厄运难逃,已经所剩无几。现在唯云南省东南部分壮族山村仍保有神林。神林下面枯枝败叶相垒,上头郁郁葱葱指天,每年三月属龙日,那里的群众仍到神林边上祭龙神,祈求一年风调雨顺[①]。由此可以清楚,壮族立村,特别讲究林木的依托。虽然人们将树林神化,但它却因此得到了有效的保护,使古代壮族的村子山清水秀,绿树成荫,郁郁葱葱,清新爽意,自然生态盎然。明朝两广总督张岳《登马退山望邕州》诗有句"村边林树郁青葱,人家多在翠微中",[②] 或者就是其对壮族村庄生态环境的写照。

壮族的村子,北壮谓为 ba：n³,南壮如钦州等一些地方则如德宏傣族谓为 ma：n³,因此汉文近音译写或作板,或作畈,或作番,或作曼,等等不一。鉴于壮语构词与汉语不一致,翻译时往往出现架床垒屋的现象,比如"ba：n³ γin¹",ba：n³ 是村子,γin¹ 是石头,这是个因村头有许多石疙瘩而得名的村子,汉文音译为"板兴",但一些人为了统一于汉文书写形式,便写作"板兴村"。"板"已是村,又加一个"村"字,明显是因不知"板"(ba：n³)的壮语意义,画蛇添足了。

"村小犬相护,沙平僧独归。"[③] "竹屋茅檐三四家,土风渐觉异中华。"[④] 而且,"四野山多少有墟,山形露骨洞岩虚。"[⑤] "险山俱作寨,平地或为墟。曲折蛇行路,纵横虎斗区。"[⑥] 地形的复杂、客观的不便、交通的梗阻,限制了各地壮族的交往,难以互通有无。而壮族素以自给自足的小农经济为主,商品经济不能发展,诚如明朝天启年间(1621—1627年)刘文征《滇志》卷4《旅途志》所载归顺州(今广西靖西县)壮族居民虽峒中拥有"良田美地,一年耕获,尝足支二三年",但"居民有老死不逾峒,如避秦人者,见车马络绎,闻华人言,皆聚观惊咤"。

所以,在壮族地区,除具有特殊的政治、军事地位因而带动经济发展的桂州、柳州、梧州、南宁等地有"千家竹屋临沙箐,万斛江船下石头";[⑦] "绿村万家依近郭,桑麻十里接平川";[⑧] "龙州百尺石为城,万户层楼树色新"[⑨] 以及"广南府,汉夷杂处可千余舍"[⑩] 外,其他地方就很少有集千家万户于一地而成为声喧喧影幢幢的繁华地方。即使是县城所在,也是"都无一物作生涯,万巷萧条有几家"![⑪]

像唐代昭州(治今广西平乐县)"虎当官道斗,猿有驿楼啼"[⑫] 那样兽声嗷嗷,人气

---

① 白耀天:《壮族传统文化本源论》,《广西大学学报》(哲学社会科学版)1992年第4期。
② (清)汪森:《粤西诗载》卷17。
③ (唐)李商隐:《桂林路中作》,(清)汪森《粤西诗载》卷13。
④ (宋)李纲:《象州道中》,(清)汪森《粤西诗载》卷13。
⑤ (明)陈崇德:《寓阳朔》,(清)汪森《粤西诗载》卷17。
⑥ (明)桑悦:《抚夷至古龙江》,(清)汪森《粤西诗载》卷20。
⑦ (明)解缙:《苍梧即事三首》其一,(清)汪森《粤西诗载》卷15。
⑧ (明)周孟中:《登春野亭》,(清)汪森《粤西诗载》卷16。
⑨ (明)解缙:《龙州三首》其一,(清)汪森《粤西诗载》卷21。
⑩ (明)刘文征:天启《滇志》卷4《旅途志》。
⑪ (宋)陈藻:《过象州》,(清)汪森《粤西诗载》卷22。
⑫ (唐)李商隐:《昭州》,(清)汪森《粤西诗载》卷10。

消沉，姑且不说了，即使历史发展到了明代，广西许多县城仍然寂寥荒凉。比如，广西恭城县，"十室黄茅邑，千峰红叶村。喧卑蛮俗异，质朴古风存。鸡犬连瑶洞，牛羊到县门"。① 柳城县，"青山入县庭，小邑但荒城。竹屋茅茨冷，江涵石壁清。草虫当户坠，水鸟上阶行"。② 迁江县（今并入来宾市），"山危开八寨，县小只三家"。③ 太平府治崇善县（今崇左市），"郡中编户惟三里，城中居民只一家"。④ 罗城县，"小小黉（hóng）宫（学校）接县衙，蛮烟瘴气日昏遮。空城围径无半里，破屋周遭有几家"。⑤

"十室黄茅邑"，"县小只三家"，隋以前及唐、宋、元、明的壮群体越人后人村子，大都是以血缘为纽带聚族而居，即宋代范成大《桂海虞衡志》所说的"举洞纯一姓者"。因受地形的局限，村子一般为几户、十几户、几十户的，也有一二百户的，常视居地的可能人口容量及可耕地的多寡而定。

由于村子多是同一血缘的聚族而居，所以"每村团又推一人为长，谓之主户，余民皆曰提陀，犹言百姓也"；⑥ 另一些地方，则是"一村中推有事力者曰郎火，余但称火"。⑦ 不管是"主户"还是"郎火"，都是村子里的头人，因此下雷州（治今广西大新县下雷）的村子里头人便称为"郎首"。郎首是一村的头人，一村的主管，对内主持祈祷、祭祀事宜，调解村民间的纠纷等；对外负责交涉、处理与外村及主管土司的关系。⑧

云南省东南文山、砚山、西畴、丘北、广南、富宁、麻栗坡、马关等县的大部分壮族村寨，村子中心都建有一间像亭子一样的房子。房子多为四分水，顶为瓦或草不一。房子只一面有墙，靠墙立有三块石碑，居中一块为神农碑，左右两块为功德碑；其余三面，全是栏杆围护。这就是"老人厅"。老人厅是专供村中老人商量全村生产、祈祷祭祀、调解邻里纠纷、处理与邻村的关系等村政大事的。凡有事情要商议，要决策，要行动，召集的伙头一敲铜锣，村中的老人就立马聚集于老人厅。老人厅是个神圣的厅堂，每年全村男性成年人都要对它进行一次隆重的祭祀，鸡、狗六畜不得入内，外村人不能近边，连本村的儿童、妇女也禁止进入厅内。⑨

8. 扩散与内缩

（1）扩散

新石器时代中晚期以后，在越人分布的地区都有干栏建筑的考古发现。夏、商、周时期，文献不足证，考古学资料也欠缺，不详越人对干栏式住房建筑的传承情况。进入汉朝以后，由于考古工作者的努力，在岭南出土了许多干栏式住房建筑的明器，可以约略知道悬空构屋的干栏式住房建筑仍盛行于壮侗群体越人的后人中。

---

① （明）蓝智：《恭城县》，（清）汪森《粤西诗载》卷11。
② 蓝智：《柳城县》，（清）汪森《粤西诗载》卷11。
③ （明）韩守益：《柳城县》，（清）汪森《粤西诗载》卷10。
④ （明）田惟祐：《始至太平》，（清）汪森《粤西诗载》卷17。
⑤ （明）桑悦：《罗城县即事》，（清）汪森《粤西诗载》卷16。
⑥ （宋）范成大：《桂海虞衡志》，《文献通考》卷330《西原蛮》引。
⑦ （宋）范成大：《桂海虞衡志》，《文献通考》卷328《獠》引。
⑧ 广西少数民族社会历史调查组：《广西壮族社会历史调查》第四册，广西民族出版社1987年版，第171页。
⑨ 刘德荣等：《新编文山风物志》，云南人民出版社2000年版，第36—37页。

悬空构屋，人居其上，是因防潮、防湿、防瘴而起，伊始之后有传承，形成了观念，形成了习俗，形成了文化。壮侗群体越人的后人传承悬空构屋、上以住人的住房是执着的，近乎倔强固执不可理喻的地步。所以，魏、晋、南北朝的时候，巴、蜀、汉中屡经战乱，人口流徙，地方空虚，壮侗群体越人的后裔"獠"人进入该地。文随人迁，越人传统的悬空构屋、上以住人的住房形式随之在巴、蜀、汉中诸地崛然而起，灿灿地耀眼于世人面前。北朝魏收在《魏书》卷101《獠传》中因此正式定称此悬空构屋、上以住人的住房建筑形式为"干栏"。干栏由此著称于史，传承于世。可以说，在当时全国的众多居民群体中，越人的干栏式住房建筑是极具特色的。魏收特标之于《魏书》中，可以明白在当时长江上下、黄河之滨，除了越人的后人"獠"人，在其他众多的民族群体中是没有此一类型的住房建筑形式的。当时居近巴地的湘西"武陵蛮"，也没见什么书标示该群体具有干栏式的住房，可知此一民族群体也没有此一形式的住房建筑。

南北朝以后，汉中、巴、蜀"獠"人屡屡遭受历代王朝统治者的诬陷、围剿、迫害和分化，加上汉文化的整合，巴、蜀、汉中"獠"人逐渐绝迹了，干栏式的住房建筑也日渐息影了。但是，在岭南和云贵高原上的越人传人中，仍然热辣辣地传承着干栏式住房，势头并没有削减，而且呈扩散之势。

"武陵蛮"，史未见称其群体有悬空构屋人住其上的住房。自隋、唐时期"武陵蛮"分化为苗、瑶两大群体并逐渐东向湘东、赣、闽，西向川、黔，南及岭南迁徙。同时，越人中的侗水群体也向北迁徙至湘、黔边界及鄂西南地区。民族的交汇杂居，文化互相影响，相互容纳，甚至发生涵化整合。于是，苗、瑶二群体便有追随越人而出现干栏化的现象。

广西民谚道："高山瑶，矮山苗，汉族住平地，壮侗住山槽（峒场）。"云南文山壮族苗族自治州民谚说："壮族居水头，汉族住街头，苗瑶占山头。"谚语表达了这些地区民族大致的分布格局。由于广西及云南东南部原为壮侗群体越人及其后人自古以来世居之地，所以他们能按照他们的传统习俗"傍山而居，依冲而种"，占据了有山有水的山冲地区，传承着干栏式的住房建筑。诚如张自明民国云南《马关县志》卷2《风俗》所说：侬人（壮族的一个支系）"水泽膏腴之地所占最多。数百年来，生殖繁衍，人口较他夷族为盛。其俗男惰女勤，好居楼房"。即使一些居住在闭塞山区的越人后裔也仍然不变其居住习俗，执着地以悬空构屋式建筑作为住房。比如，广西大瑶山金秀县的"茶山瑶"，虽然瑶化了，但是他们至今仍不变其祖传的悬空构屋式的干栏住房建筑。[①] "茶山瑶"，自称为"拉珈"（lak^8 kja^8）。他们所操的拉珈语，实际是属壮侗语族侗水语支语言。他们本是侗水群体越人的后人，因居于大瑶山中，受了瑶族文化的部分整合，基本上瑶化了。然而他们祖语不变，越人的干栏式住房建筑仍传承着。[②]

瑶族进入广西始于唐宋。南宋周去非《岭外代答》卷《瑶人》载，"静江府五县与瑶人接境：曰兴安、灵川、临桂、义宁（治今临桂县西北五通）、古县（治今永福县西北）。瑶人聚落不一。……山谷弥远，瑶人弥多，尽隶义宁县桑江寨（在今龙胜各族自治县西

---

① 《广西通志·民俗志》，广西人民出版社1992年版，第69页。
② 倪大白：《侗台语概论》，中央民族学院出版社1990年版，第141—151页。

南双江河口）。……瑶人耕山为生，以粟、豆、芋魁充粮。其稻田无几，丰年则安居巢穴。"此"巢穴"是什么形式，怎么构建法，不见交代。但是，该书卷4《巢居》和卷10《蛮俗》明示当时的壮族先人"编竹苫茅为两重棚，上以自处，下居牛、豕，谓之麻栏"，自然瑶族所居的"巢穴"不是干栏式住房。明朝嘉靖十六年（1537年）田汝成自贵州按察司金事升任广西布政使司右参议，其《炎徼纪闻》卷4《瑶人》载，瑶人自"五溪以南，穷极岭海，迤连巴蜀，皆有之"。他们"采竹木为屋，绸缪（chóu móu，紧密缠缚）而不断，绳枢筓窭，①覆以青茅"。此类型的屋子自然不是悬空构屋式的干栏建筑，而是"人字寮棚"。所谓"人字寮棚"，就是在略为平整的地面上以横木为梁，破竹篾紧绑桁条，用芭芒杆、小木条或破竹编篱围住四周，苫茅盖顶。此种屋子，屋顶形如"人"字，因称之为"人字寮棚"。20世纪50年代以前，广西忻城县的瑶族在山上就是建造这样的居室。此后，人民政府贯彻民族政策，将瑶族同胞从山上迁下平地居住。壮族群众以木以板以瓦为他们构建了标准的干栏式住房。迄今，该地的壮族已弃传统的干栏住房而构建砖瓦平房或钢筋结构楼房，瑶族同胞所住的标准式干栏住房如此引人注目，不知底细的人，或者还以为瑶族的传统是悬空构屋、上以住人的干栏建筑，而壮族传统则是平地建房而居呢。

苗族往日也多住在山上，主要居室为"杈杈房"。"杈杈房"以树干交叉搭棚，上盖茅草，或以树枝或竹编篱作墙，再涂以泥，用以挡风。明、清以后，他们或取同于汉族，平地建屋，居住平房，或还袭用"杈杈房"。而住在贵州东南的苗族随化于布依族，建造了干栏或吊脚楼住房。吊脚楼建在山坡上，屋基分上下两级。建筑时，用长柱竖在下级，以短柱竖在上级，前半间楼板与后半间地面齐平。前半间的下层作猪圈牛圈或堆放杂物。② 20世纪50年代以后，广西融水、三江、龙胜等地的苗族也抛弃"杈杈房"，取同于当地侗族的住房建筑形式建起了吊脚楼住房。③

氐羌一系的彝族，原来住房所行的也不是干栏式建筑。当他们入迁于广西西部与壮族同居一地以后，其住房也取同于壮族，依行干栏式建筑。④ 这如同刘文征天启《滇志》卷4《旅途志》所载，"广南府夷、汉杂处，可千余舍，居民皆楼居。以竹为椽、柱，覆以松皮，去地三四尺，人居其上，畜溷于下"一样，只因为汉人入居于壮族地区人口少，不能不入乡随俗，建起干栏式住房以安身。这不能不说是壮侗群体越人的干栏式住房建筑在不同的群体间的扩散。

（2）内缩

乌浒"巢居鼻饮"。⑤ 俚，"其俗栅居，实为俚之城落"。⑥ "獠"，"依树积木以居其

---

① 绳枢：用绳子绑着门的转轴。筓窭：用竹条树枝扎成门洞。
② 韦廉舟：《布依族、苗族风土志》，贵州省出版局综合服务公司1981年版，第170—172页。
③ 《广西通志·风俗志》，广西人民出版社1992年版，第70页。
④ 同上书，第72页。
⑤ （宋）乐史：《太平寰宇记》卷159引《异物志》。
⑥ 《太平御览》卷785《俚》引沈怀远《南越志》。

上，名曰干栏。干栏大小，随其家之口数"。① 无疑，干栏是壮侗群体越人住房的传统建筑形式。因此，唐人的《郡国志》载："窦州（治今广东信宜市西南镇隆）悉以高栏为居，号曰干栏。"② 唐朝著名诗人张籍《蛮州》诗二首其二句也说："瘴水蛮江入洞流，人家多住竹栅头。青山海上无城郭，惟见松牌记象州。"③ 因此，南宋初年被贬岭南的抗金首领李纲《象州道中》诗二首其二便有"竹屋茅簷三四家，土风渐觉异中华"④ 的感慨。

"广州旧俗，皆以竹茅为屋，屡有火灾。（宋）璟教人烧瓦，改造店肆（商店铺子）。自是无复延烧之患，人皆怀惠，立颂以纪其政。"⑤ 宋璟于开元四年（716年）出任广州都督、岭南五府（广管、桂管、邕管、容管、安南都护五府）经略使，年底即赴京出任宰相，在广州任职不到一年时间，说由于他在广州的作为便一改广州以竹茅为屋的旧俗，似言过其实。不过，他为政而耿耿于民众的苦难，引入先进的房建材料以改旧观，确也是个可圈可点的封疆大员。"率人版筑，教人陶瓦"，"改造店铺"，宋璟主导，开了岭南建筑材料和房屋建筑形式的新风气，这是值得大书特书的。

疾风草偃，水随所盛的容器或方或圆；习俗的产生既受居地自然生态环境制约，文化也随着主导官员的着意诱引而变化。宋璟在静寂的池塘中吹了新风，掀起了新浪，此新浪必然振荡开来。平地起房，版墙盖瓦，笃实方便，坚固耐用，"俚獠"人中，一部分人仿做了，另一部分人滋生了高山景行的念头。后来，五代动乱，又辽侵宋，夏压宋，金人复大举南下，北宋灭亡，赵家皇儿龟缩江南，兵连祸结，中原人逃难不断南下定居于岭南，便促成了"俚獠"人住房建筑形式的大变化。

"虎当官道斗，猿上驿楼啼。"⑥ 唐朝李商隐在昭州（治今广西平乐县）的诗句，固然道出了当时岭南的地广人稀，实属荒凉，但也透露出岭南自然生态环境的均衡、平和。北宋灭亡前一年，蔡绦在广西见老虎还是像只狗一样，不伤人，来居民家偷取羊、猪等家畜，被妇女、小孩发现，大声呵斥，即乖乖吞涎离去，可是十年后，虎已变性，以人为食物了。⑦ 由此可见当时北来人口入迁岭南的众多，以致造成岭南自然生态环境的逐渐失衡和恶化。

虽然宋代容州仍然"铜鼓旧俗存，瘴江春色早"，⑧ 但是流寓人家已经众多，而且他们多居于城镇及其周围和交通方便的地方，影响所及，自然容州人的"衣冠、礼度，并同中州"。流寓来自中原，他们住房建筑用材和建筑形式，自然影响着当地的土著群体，使他们逐渐改变以竹悬空构屋的干栏式，进入平地起房，版筑雏形，瓦盖落成的时期。南宋周去非《岭外代答》卷4《屋室》载：

---

① 《太平御览》卷796《獠》引《魏书》。
② 《太平御览》卷172《州郡部十八》引。
③ （清）汪森：《粤西诗载》卷22。
④ （清）汪森：《粤西诗载》卷13。
⑤ 《旧唐书》卷96《宋璟传》。
⑥ 《昭州》，（清）汪森《粤西诗载》卷10。
⑦ （宋）蔡绦：《铁围山丛谈》。
⑧ （宋）王象之：《舆地纪胜》卷104《容州·诗》引宋人姜仲谦诗。

> 广西诸郡富家大室，覆之以瓦，不施栈板，唯敷瓦于椽间。仰视其瓦，徒取其不藏鼠，日光穿漏，不以为厌也。小民垒土墼（jī，砖坯，即未烧过的泥砖）为墙，而架宇（栋梁）其上，全不施柱。或以竹仰覆为瓦，或但织竹笆两重，任其漏滴。
>
> 广中居民，四壁不加涂泥，夜间焚膏（油灯），其光四出于外，故有"一家点火十家光"之讥。原其所以然，盖其地暖，意在通风，不利堙室（堵塞）也。
>
> 未尝见有茅屋，然则广人虽于茅（即使对于割茅盖屋），亦以为劳事（也认为是件劳神事，不愿干）。

周去非从桂林至钦州，取道漓江下藤州，入容州北流江，陆行过北流县的"鬼门关"，再乘船顺南流江下合浦县至钦州。他在桂林、沿途及在钦州，"未尝见有茅屋"，说明南宋淳熙（1174—1189年）初年桂北、桂东、桂南城镇及交通发达地区已经改变了北宋初年乐史《太平寰宇记》所说的这些地区的"巢居"习俗。比如，《太平寰宇记》卷167《钦州风俗》载"獠子巢居"，而《岭外代答》卷10《家鬼》则钦州人"村家入门之右，必为小巷"。于小巷右壁开个二三寸宽的小洞通屋里，称为"鬼路"，年节在"鬼路"边设祭。至于"城中居民于厅事上置香火"，作为祭祀"家鬼"的所在，并"开小门以通街"，让"家鬼"出入，更点明了此类住房是平地起屋的建筑。房子的建筑形式变了，建房的材料也不同了，唯有"鬼路"与"厅堂"不让家中媳妇和外人进入或靠边，才让人认识到这些屋子的主人仍然承传着壮傣群体越人的传统习俗。

当然，周去非特书"未尝见茅屋，然则广人于茅，亦以为劳事"这一句，重在指斥当时普遍流行于岭南的"男逸女劳"习俗，指出那些男人极其懒惰，即使去割一些茅草来盖屋，也认为劳神，不干，宁可"终日抱子而游，无子则袖手安居"。[①]

四壁不涂泥，夜里灯光四泄于外，不是以砖坯为墙，而是织竹为墙。织竹为墙，不加涂泥或以牛粪抹墙，是壮傣群体越人自古已然的习俗。南宋时桂北、桂东、桂南的城镇居民将干栏式住房建筑形式改变为平房建筑以后，仍然传承此一传统习俗不变。这就是南宋陈藻《客中书事》诗所说的"牛渤涂门岭右村"。[②]

"牛渤涂门"是"蛮风"遗存，"以竹仰覆为瓦"，自然也是"蛮风"遗存，而中原传入的砌砖为墙，虽代表了岭南人砌砖建房的新趋势，但是此新趋势又与以竹为瓦结合起来，成为既不失传统又含新趋势的住房建筑。此后，近千年的传承，迄于20世纪五六十年代，砖坯（即"土墼"）垒墙建屋一直在广西广大农村延续着。

当然，南宋时今桂北、桂东、桂南已经改变干栏式住房建筑为平地住房建筑，也不是一刀切的。比如，在汉文化影响力弱的永安州（今广西蒙山县），迄于明末清初仍然是"瑶、壮占十分之七，民仅有三"。壮"居则架木营巢，葺茅编竹。赛歌击（抛）球，尤其遗俗"。[③]

同样，在广西的中、西部广大乡村及今云南和贵州二省的东南部地区，因受汉文化影

---

① （宋）周去非：《岭南代答》卷10《十妻》。
② （清）汪森：《粤西诗载》卷14。
③ 《古今图书集成·方舆汇编·职方典》卷1426《平乐府风俗考》。

响较少，南宋时那里的居民仍然传承着壮傣群体越人悬空构屋的干栏式住房建筑。这就是范成大在《桂海虞衡志》中所说的"深广民居""苫茅为两重棚"[①]和周去非在《岭外代答》卷4《巢居》所说的"深广之民结栅以居，上设茅屋，下蓄牛豕，栅上织竹为栈"。

社会前进，历史发展，随着汉族文化在壮族地区的深入传播，随着汉族迁入壮族地区的增多，以及壮族价值取向的变化，在桂中、桂西的城镇及其周围和冲要地方的居民已经弃干栏而建平房。此诚如雍正《广西通志》卷93《蛮疆分隶》关于柳州府其按语说的：

> 柳州府居粤右之中，故建提镇驻节于此，为能控制两江以舒南顾，厥制善矣。今考融（县）、雒（今鹿寨县）、象州以东，交错桂平，固多瑶、壮；而罗城、怀远（今三江侗族自治县）以北，界接黔中，亦杂苗、狼；马平（今柳州市区）则附郭；而柳城，则柳州故治也。唐柳宗元曰："岭南夷落，于柳若弃壤（对柳州来说像是被王朝遗弃的地方），谪者（被贬官流放的人）先之。"夫风俗与化移易，乌知（哪里知道）今大异古所云（古人所说的），而惜（只可惜）子厚（柳宗元字子厚）之不及见也（不能见到了）。

不管其他习俗的变革，只就壮傣群体越人传承下来的干栏式住房建筑而言，在广西中、西部的居民中，入迁的中原汉人固然不因袭壮族及其先人传统的干栏式住房建筑，即如壮族中在汉族文化的熏染之下，也多有变旧立新的趋势。

首先，壮族首领贪缘攀附，自高门庭。比如，壮族地区各土司都是唐、宋以来羁縻州县首领或父子或兄弟或子侄传承下来的，但是他们却厚着脸皮说他们的先人"皆是征蛮时江淮、齐鲁（山东）间从戎之士，大小各以边功受赏邑"。[②]他们为了提高自己的品位，取齐于汉族文化，弃干栏而建平房，砖砌瓦盖，自在情理之中："官族则瓦屋鳞次，墙宇修整，焕然有中州富官气象矣。"[③]明朝嘉靖四年（1525年）出任广西布政使司左参议的汪必东，其《过阳朔》诗"问民多土著，移习半酉豪"句，[④]即是就此而言的。

其次，考校于汉族的房建而从良。明代部分壮族常年被调出外征战，历阅汉族地区平地起屋的简便，砖墙盖瓦的牢固，人畜分开的卫生，旧思维意识板块断裂，思维方式发生变化，价值取向出现转型。这部分壮族就是壮族中的"狼"群体。

明朝统治者为了扑灭各地群众的反明烽火，频繁地征调"狼兵"走出家门，出界出省。他们历阅风尘，眼界渐阔，价值取向移位，便不愿一如往日建干栏，住干栏。犹如清朝初年钱元昌《粤西诸蛮图记》所载：

> 蛮多负山而居，或围竹为村，或依树为社，结茅筑垣，架板成楼，上栖人，下畜

[①]《文献通考》卷330《西原蛮》引。
[②] 雍正《广西通志》卷93《蛮疆隶》。
[③]（清）王言纪：道光《白山司志》卷9《风俗》。
[④]（清）汪森：《粤西诗载》卷11。

兽，谓之麻栏，亦曰栏房。男女老幼聚处一栏。子娶妇，则别栏以居。惟狼人列屋排门，人畜分左右，不喜登楼。耕种之暇，男或采樵，或攫兽，或市马，或售锦易布，或弹絮助编，或执篙撑舟为篙师。①

又雍正《广西通志》卷92《诸蛮·狼》载：

熟狼，居瓦屋，种稻田，尝出市山货，与民无异。

住于城镇及其周围和冲要地区的壮族舍弃干栏住砖瓦平房，壮族社会上层人物和富家大户以砖瓦平房炫耀，而壮族中的"狼"群体也"列屋排门，人畜分左右，不喜登楼"，说明从唐朝的干栏式住房遍布于岭南，历经五代、宋、元，迄于明朝后期，悬空构屋式的壮傣群体越人传统住房建筑由东往西渐渐内缩，大非昔日盛况可比了。

二 干栏优化与变异

进入清朝以后，传统的悬空构屋式干栏建筑，在壮族分布区继续萎缩的同时，也出现了优化与变异。干栏的优化，主要表现在建筑材料使用的变更上；干栏的变异，则是干栏在发展中，结构和设置与前不同，原来的功能或失落或增添了。

（一）优化

壮族干栏建筑的优化，标志了新建筑材料的使用，从而使建成的干栏住房更加结实，更加牢固，更加美观。

1. 纯木结构，顶上瓦盖

"竹屋茅茨冷"的状况，在壮傣群体越人的后人社会中延续的时间特长。竹子，质薄、虫蛀易腐；茅草衰弱，在阳光雨露之下也易化。所以，"竹屋茅茨"，不几年就需要易材翻修。但是"竹屋茅茨"，为什么在壮傣群体越人及其后人史上却世代传承，延续了几千年时间？

此中原因，固然是由于壮傣群体越人及其后人居于热带、亚热带地方，竹类众多，茅草易长易旺，就地取材，取之容易，用之不竭，但是更重要的是他们认为"用陶瓦"盖屋，"辄有火灾"，并形成意识观念，世代传承下来，在头脑中凝成"紧箍咒"般的威慑力，不愿变更，害怕变更。所以，在云南傣族中，即使是官居从三品的宣慰使司宣慰使，其官署也与平民百姓的住房一样，以木立柱，以竹为架，上覆以茅，只不过"竹楼数十间"，间数比平民百姓住房间数多而已。②

然而，民族间文化的交流，文化的碰撞，文化的互鉴，却可以化刚为柔，化硬为软，使瘀血化解，让死水掀波，促人择善而从，据喜而施。康熙《师宗州志》载，云南师宗州（今师宗县）"沙人有黑、白二种。所居架木为楼，四垂檐瓦，男妇共处一室，祖堂、厨灶、卧处备焉，牛牢、豕栅、鸡埘、羊圈、马厩俱列楼下，臭秽自若也"。这是云南省

---

① 雍正《广西通志》卷92《诸蛮》引。
② （清）范承勋：康熙《云南通志》卷27。

师宗州沙支系壮族在与明代大量进入云南屯田的汉族杂居后，清初便开了壮族干栏住房建筑优化风气之先，以树材代竹，以瓦盖代茅，建起了新型的结实、牢固而美观的干栏式住房。至清朝中期乾隆时（1736—1795年），与汉族杂居的开化府（治今云南文山壮族苗族自治州文山县）壮族所住的干栏，"覆屋，旧用苦片，多致火灾，近则易以瓦者，十五六矣"。①

此类"架木为楼，四垂檐瓦"的干栏建筑形式，后来仿取滇西白族住房的重檐式楼房，形成了颇具特色的重檐式纯木结构干栏建筑。

此类干栏，其外观近似楼房，底屋架空，并设围板，呈封闭状。二层外四角有斗拱伸出，架上檀木，安上椽木，盖上瓦片，形成一道环绕干栏四周的披檐，与屋顶之檐上下映衬，形成重檐。二层是干栏的主体所在，由堂屋、卧室、前廊组成。堂屋是家人聚会和待客处，右边设火塘，上置三脚架（有的在旁边另置炉灶），以便炊煮。堂屋用木板与后面的主卧室隔开，正面设置神龛。主卧室与厅堂同宽，为家中长者起居室。其他人的卧房，则设在进入厢房门的左右两侧。子女多的家庭，在伸出的厢房内设卧室，供未出阁的女孩居住。前廊是从楼梯至堂屋通道的两侧，光线明亮，通风好，是乘凉、进餐、纺织及家人活动的又一场所。楼梯为木质，安在与屋门正对处，一般为7级。底层，由数十根木柱支撑，四周用木板围成墙体与外界隔离，开一门，用于存放杂物、木柴，关养牲畜。仓房设在二层顶上与屋顶之间的阁楼上，位置一般设在堂屋顶上左侧，用木板制成箱状，以防鼠害。②

云南者兔重檐式干栏

广西壮族的全木结构干栏，以龙胜各族自治县龙脊十三寨的干栏式住房为典型。据说，清朝乾隆（1736—1795年）以前，他们的住房还是低矮的干栏式竹木茅房，在此之后，方才陆续兴建起高大宽阔的纯木结构的瓦盖干栏住房。进入20世纪20年代以后，住

---

① （清）汤大宾：乾隆《开化府志》卷9。
② 杨宗亮：《壮族文化史》，云南民族出版社1999年版，第310—311页。

在同一地区的汉族和瑶族感到壮族的住房建筑稳固牢实，朴素大方，清爽干净，笃实可用，也仿照壮人来建造房子。高山仰止，人气趋同，体现先进文化的榜样作用。

龙脊干栏，规模大小并不同一。一般来说，有大的、小的两种类型。小型的以宽12尺、长24尺、高16尺为度；大型的宽16尺、长32尺、高24尺。有的干栏住房还在左右两侧另搭偏厦，既扩大了居住空间，又高矮组合，形体起伏变化，大大增强了干栏外观的美感。

龙脊纯木结构干栏式住房建筑，以粗大杉木立柱，柱下以石柱或石板垫起，以防虫蛀。上面柱枋结合，梁椽横架，合板为墙，铺板为楼，纵横交错，粗细横陈，板板块块，都是榫卯契合，结构紧密，规整对称，稳固牢实。

从房屋结构来说是很复杂的，但是既没有雕梁画栋，也没有什么纹画装饰，显得凝重稳固，古朴大方。眉黛不画益庄重，一身素色尤清雅，于此或可以体会。

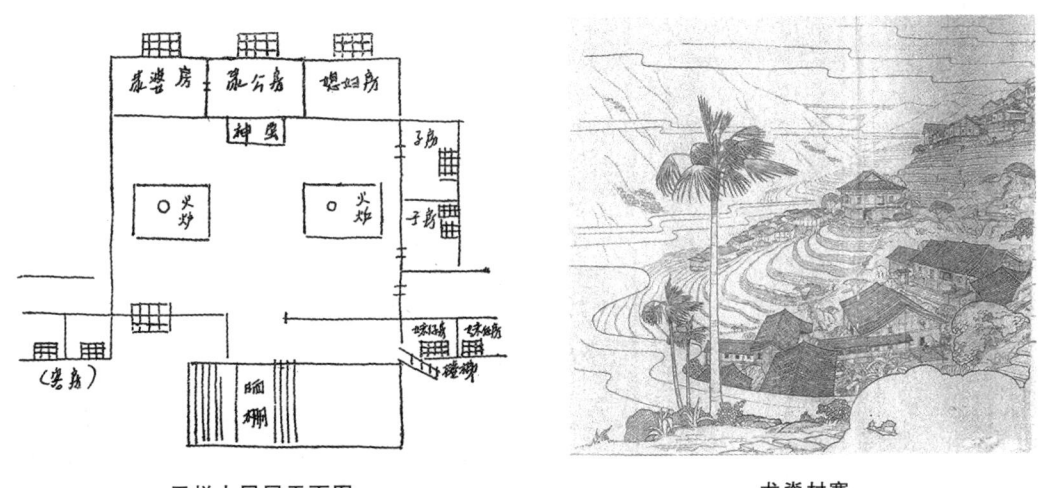

干栏人居屋平面图　　　　　　　　　龙脊村寨

干栏悬空构屋，上以住人，下畜牛豕。底层不完全封闭，除了猪圈、牛栏、鸡埘等外，也是堆放杂物和碓、磨的所在。房侧架有楼梯进入人居一层。沿梯而上是回廊，前设栏杆，既是通道，也是晾台和望楼。大门开在左侧，没开正门。他们认为大门开在正面，是"开门见山，祖宗不安，丁口不繁"；而开左侧，则可以"横财到手"。入门是个宽阔的空间，合板隔开为前后二半，前大后小。前间正中板壁上安置神龛，其前左右两侧各安一个火炉。后半间一隔为三，对着神龛的是家公卧室，左为家婆卧室，右为媳妇卧室。媳妇卧室再作90度弯曲就是子房，姑娘房则在正门右侧厢房处，靠路口。相应的另一端则为客房，供待客之用。客房和厢房各有二三间不等。看需要，每间卧室都有一个小窗口。厨灶火炉在家婆卧室正对前方的厅堂火炉，上安三脚架。火炉下铺有一方一米厚的泥地，四周围以石块。火炉旁边有一碗柜挟在板壁上，向外突出，而禾炕则常年挂在火炉上方，使禾把干燥，随时取来春捣。同时屋前檐外或干栏旁侧用竹木搭起晒排与人居层齐平，从屋里可以一脚踏上晒排。晒排既可晒谷物和衣裤杂件，也是纺线、针织、闲聊和唱歌的地方。人居层上还建有阁楼，用以贮存粮食。

龙脊壮族纯木结构的干栏住房高大宽敞，居住功能齐备，保证了家中成年人包括未行婚嫁的小伙子和姑娘们都拥有自己独立的居室，保证了家中来客也能独室安寝鼾睡。当有什么喜事时，不怕雷鸣雨洒和暴阳照射，都可以在家里欢快地举宴庆贺。而家中用水，则是用竹笕前后相接引来山泉清水。泉水叮咚，流而不竭，灌于屋后一个凿就的大石坛内，清澈明净，足供家里大小所需的用水。

　　壮族自古以来都是依山而居，依冲而种，竹笕引泉入屋自是个传统。《古今图书集成·方舆汇编·职方典》卷 1415《庆远府风俗考·河池州》载："竹筒分泉，最是佳事，土人往往能此，而南丹州锡厂统用此法。以竹空其中，百十相接，蓦（mò，超越）溪越涧，虽三四十里，皆可引流。""土人往往能此"，点出了古代广西土人谙熟于以竹筒引水入屋，习惯于以竹筒引水入屋。明朝初年林弼《龙州十首》诗其七句称"水枧枝枝横槛似"，[①] 以及明朝后期徐霞客说广西西北部"众木合翳，水自崖石坠流不绝。昔人凿痕接竹，引之以通流供酌"。"若余所见，引泉露之上"，[②] 也都是写广西各地壮族架设水笕接引山泉入屋使用的。

　　龙脊十三寨壮族纯木结构房子，几乎都是瓦盖的干栏房子。虽然有些住户在房子的某一部分盖以杉木皮，但终究是极少数。干栏高大宽敞，工程颇为浩大，建筑起来，却意顺神畅，无碍无滞。其中原因，一是往昔该处山的上部杉树密集，粗大挺拔，不乏其材。二是他们每个成年男子对木工和瓦工不是能够露上一手，至少也是粗通其活。三是壮族自古以来即有相助成事的习俗。凡村上有人建起新房的，村中每户除各自带来三五斤酒和三五斤米外，在砍木、扛木、上桁条、盖瓦等工作上都各派一个人帮忙。同时对主家请来的木匠师傅都视为己事，每家轮流分担一餐饭以款待。所以，凡起新房子的人家，村上众人分流，相助成屋，所遇的困难并不是什么迈不过的坎儿。[③]

　　　　隆林干栏住房　　　　　　　　　　　凹型干栏

　　全木结构的干栏住房建筑，除了在龙脊壮族中存在之外，在三江侗族自治县的壮族和西林县马蚌、浪吉一带的壮族中也有存在。而隆林各族自治县的壮族干栏住房，虽可称全木结构，但楼梯与墙基以石块砌就，一求稳固大方，二防木为虫蛀。沿梯而上，为横贯于屋前的前廊，也就是晒台。屋为三间，人居层中为堂屋，神龛安在厅堂后壁上，左右二房

---

① （清）汪森：《粤西诗载》卷 23。
② 丁文江编：《徐霞客游记》卷 7，商务印书馆 1986 年版。
③ 《广西壮族社会历史调查》第一册，广西民族出版社 1984 年版，第 127—129 页。

为卧室，视家中人口多寡，前后可隔开分为四间。厨房、碓房在屋后另搭小房，织机则放在厅堂一侧。底层为猪、牛、羊等六畜所在。此类干栏虽不宽阔高大，却也整齐划一。

另外，在红水河中下游一带流行的三开间凹型石木结构干栏，则是在原来竹屋茅茨的基础上略予变化，即顶上茅茨变成瓦盖，主屋盖面前伸，把原来的露天栈台遮盖，周遭用板木封闭，变成仓房，使其正面外观呈凹字形。同时，前面中间二木柱，其底以长条形石柱为础石，干栏底层以高度不一的或石块或土坯砌为墙体，使木柱或木板不致没于泥土之中。

此类干栏式住房，下层较矮，仅高140厘米左右；人住层也不怎么高，上下间距只有180厘米左右，究其实，仍属矮型木结构干栏。

2. 砖木结构，顶上瓦盖

所谓"砖木结构"中的"砖"，当指火烧砖，但也包括土坯砖。除砖之外，还有夯实版筑之墙和以石砌就的墙体。而一些地方则又是下部石砌，上部版筑或以土坯立墙的构建形式。这些干栏式住房的人居层多为三间二进式的建筑构局，也有为二间三进式的。

此类砖木结构、上以瓦盖的干栏住房建筑，明末清初已经在壮族地区出现。《古今图书集成·方舆汇编·职方典》卷1443《南宁府风俗考·永淳县》载，永淳县（今广西横县西部）"住屋似楼非楼，瓦盖作两层，内架以板。人居其上，则猪栅、牛栏，皆在卧榻之下矣"。同书同卷隆安县也载："土民之家不侈，即用砖石，栋宇亦不甚奢华。村落多茅茨栏房，星散而居，不相联接。"自那以后至民国年间，大部分壮族地区的干栏住房逐渐改变了竹屋茅茨的建筑形式，实现了以砖木结构、上以瓦盖的干栏住房建筑，即山墙以砖砌或以石垒或夯土版筑而成，上盖以陶瓦。按其结构和人住层的布局组合，可粗分为以下几个类型。

（1）全楼居式干栏

全楼居式干栏，其特点，一是分上下两层，横板隔开，上高下矮，下豢畜上居人，保持着传统的干栏样式。二是三间二进式，屋前后左右以火砖或砌石为基，二三尺高，上砌土坯或版筑为墙，中以木板隔为前后二进。前一进中为厅堂，左右为卧室；后进则为卧室或厨、碓等房。人居层门开在中堂左侧，卧室则前面开窗透亮。三是楼梯设在左侧，登梯而上则为一檐前露天栈台。栈台前边和右边竖起栏杆，作为一家的望楼，既是闲聊之所，也是晾晒稻谷和衣物的场地。

此类干栏，以龙州县城郊和凭祥市那艾村为代表。不过，凭祥市那艾村全楼居式干栏，人居层门在右边一间，梯设在右侧，登梯上楼，先是一竹木搭成的晒排，然后踏上檐前栈台，跨步入屋。

（2）多家连排的两间二进式干栏

多家连成一排的两间二进式干栏，见于广西靖西县和钦州大寺乡等地。其特点，一是悬空构屋，上人下畜，中隔横板，保持传统干栏的建筑风格。二是多个家庭连着山墙组成一排，各户各开其门，各架其梯。三是外露墙体，以火烧砖或砌石为基，上续以火烧砖或土坯或夯土版筑到顶，上盖瓦。四是每户二开间两进间，中以木板隔开。人居层开门处为堂屋，后壁设置神龛，另一间为卧室。后进以板分隔，为卧室为厨房。不过，靖西县干栏沿梯而上是一竹木搭就的露天栈台，而钦州大寺乡干栏则是用火烧砖或土坯在屋前砌二石

龙州郊县干栏

凭祥那艾干栏

靖西干栏

钦州大寺干栏

柱，上架椽木，与主屋盖面连接，并延伸人居层横板，形成一宽1.2米左右的檐廊，没有露天栈台。

（3）干栏主房围以平房组成四合院

以干栏为主房，与平房组成四合院，是壮族干栏住房建筑向以平房组成四合院过渡的一种住房形式。

此类住房建筑，都是以火烧砖或土坯或夯土版筑为墙体，上顶覆盖陶瓦。主屋，上住人，下豢畜，上架横板以隔开，保留着壮族传统干栏建筑的风格。但是，干栏住房之后或其前都有一个较为宽大的平整的院子，既是四合院的天井，也是晒谷晾物的所在。院子周围除干栏主房外，其他三方不是版筑或砖砌围墙，就是砖砌或夯土版筑而起上盖瓦的平房。

干栏主房与平房组成四合院的住宅形式，见于20世纪50年代以前广西武鸣县罗墟乡和宜州德胜镇等地。

武鸣县罗墟乡的以干栏为主的四合院，干栏主房放置于四合院的前头，三开间一进间，内架木板，上住人，下豢畜和安放碓、磨等。人住层中为厅堂，后壁设备神龛，左右两间为卧室。楼梯突出，设在主间之前，与主间同大，砖砌而成。登梯而上，是一露天栈台，由栈台进入中堂。中堂为一家祭祀、接待宾客所在。干栏之后是个院落，其后及其右

第三篇　衣、食、住、行文化

武鸣罗墟干栏四合院

宜州德胜干栏四合院

是两排土坯砌起的平房，左边以夯土版筑墙体围起，并开个侧门通着外头。而右边平房也开个侧门，进入自家的"su：n¹"（园子）。

宜州德胜镇以干栏为主的四合院，则是先进大门，走入院子，然后才能登梯而上干栏房子。这是将干栏住房藏于大门之内，而不是像武鸣县罗墟乡那样将干栏住房陈于其外作一家的门面，显然此以干栏为主的四合院又与汉族传统的四合院接近了一步。如果此类四合院将干栏主房改为平房，显然与汉族的四合院没有什么差异了。同时，宜州德庆镇的以干栏为主的四合院各自两面排行，一院接着一院，中间留着行走的空间便成"巷子"了。壮族原来的干栏"星散而居，不相联接"，① 没有"巷子"的认知，没有形成"巷子"的概念，也没有"巷子"其词。今壮语称"巷子"为"ho：ŋ⁴si¹"，明示是个借汉语词。

宜州德庆镇位于宜州西北，古代是北进思恩县和安化州，西入河池州和南丹州的战略要地。北宋时已经设置"德胜堡"驻兵防守，② 明、清二朝也都视德胜为军事重镇，特设巡检司驻兵戍守。③ 自北宋以来中原的汉族士兵长期轮流戍守德胜镇，当地壮族受着汉族文化的影响自然比武鸣县罗墟乡为大，因此其人的住房建筑比起武鸣县罗墟乡的住房建筑来自然与汉族又近了一步。

（二）变异

干栏起于江南水乡，成于江南水乡，传承于江南水乡，既是人为的产物，也是客观生态环境的赋予；既是人文发展的需要，也是人观与客观生态环境调适的结果。但是，随着汉文化的影响和干栏建筑的优化，进入清朝以后，干栏的传承却出现了变异。

此种变异，表现为：（1）露天栈台消失，干栏成了单一的居住建筑；（2）本是父母与未成家子女单居的干栏，成了几代同堂相处一室的住房；（3）"家鬼房"本是媳妇和外人不可近的地方，成了接宾待客的厅堂；（4）干栏原有方便于姑娘活动的房间消失了；（5）仓居归一，仓囷不再单建于野外。

1. 露天栈台消失，干栏成了单一的居住建筑

壮侗群体先人越人悬空构屋式干栏的形成和发展，是与农耕文化的发展同步而进的。他们以糯米为主食，创造了调适于客观自然生态环境的糯米文化，也创造了"the：p⁷"

---

① 《古今图书集成·方舆汇编·职方典》卷1443《南宁府风俗考·隆安县》。
② 《宋会要辑稿·方域一九之二九》。
③ 《明史》卷45《地理志·庆远府》；《清史稿》卷73《地理志·庆远府》。

这样的收割工具。"摘穟或将手当镰。"① 他们收获时，"群妇女而出，率以手掐掇（qiā chuō，切断拾取）其穗而弃其管，以便束敛"。② 一束束糯谷稻把晒于栈台上，挂于屋檐下，既不用人驱赶鸡狗牛猪的偷吃践踏，四下透空，也容易晾干晒燥。栈台对于农耕的壮侗群体先人越人，可说是极其重要，是干栏建筑的一个不可分割的组成部分。

栈台一般都是耸立于住屋之前或其侧，悬空于上，突出显眼，其功能多种多样，既可晒稻谷，又可晾衣物；既可在入屋之前冲洗干净手脚，又可乘凉闲聊；既是针刺手工作业的所在，又是青年男女会歌娱乐的场所。唐、宋之时，汉族文人见壮群体越人后人悬空屋式的干栏，便以栈台而概干栏之称，谓"栈"为"栅"，可见栈台于干栏建筑中的重要性。对壮群体越人及其后人来说，有干栏必有露天栈台，有了露天栈台干栏功能大大增益。

然而，在汉族文化的影响下，壮族农作和文化习俗发生变化，如日常不再以糯米为主食，耕作不再唯糯稻是种，收割不再唯手镰是用；同时会歌欢娱不再在家里栈台进行；有鞋可以先于他处净脚，然后脱鞋登梯入屋等，露天栈台便逐渐失去了其功能。而且，随着居住人口的增多，空地的减少，居屋之外，也不容许用偌大的空地在屋前或侧屋营造露天栈台来附丽于干栏建筑。露天栈台的功能已经不复存在，露天栈台既失，干栏就剩下单一居住的性质了。

2. 干栏本为夫妻与未婚嫁子女住房却成了多代同堂的居室

对古代壮族及其先人来说，人生在世，夫妻拥有自己的干栏住房，是在男女婚后数年女子怀孕之后。诚如上林县令张邵振康熙《上林县志》卷上所载，壮族"居室茅缉而不涂，横板为阁。上以栖息，下畜牛、羊、猪、犬，谓之麻栏，即栏房也。子壮娶妇，别栏另爨。娶日，妻即还父母家，或与邻女作处数年。回时，间与夫野合；觉有娠，乃密告其夫作栏；生子后，乃居夫家"。也就是清朝人诸匡鼎《瑶壮传》所载的"子大娶妇，别栏另爨"。③

之所以如此，主要是在当初母系氏族社会时期实行外婚制，此一氏族的男子是另一氏族女子的共同丈夫；反过来，此一氏族的女子是另一氏族男子的共同妻子。壮傣群体越人进入父系氏族社会以后，形成了媳妇不能与家公同处的习俗，以严格上下辈间的关系。习俗传承，迄于清朝初年仍然是如此。《古今图书集成·方舆汇编·职方典》卷1443《南宁府风俗考·横州》载，横州（今广西横县）"妇女非岁节大事，不见家翁"，就是这种情况。因此，壮族传统习俗，子婚别栏另爨，夫妻只与其未行婚嫁的子女共居一屋，不与翁婆同住一栏。

在汉族文化的影响下，随着干栏建筑的优化，子女孝道意识观念的增强，进入清代，特别是清代中期以后，壮族家庭中，家公家婆、夫妻、子妇三代同堂，同居于一座干栏之中已经逐渐增多，屡见不鲜了。

---

① （明）桑悦：《记壮俗六首》其三，（清）汪森《粤西诗载》卷16。
② 《古今图书集成·方舆汇编·职方典》卷1433《梧州府风俗考·容县》。
③ （清）王锡祺：《小方壶斋舆地丛钞》第八帙。

3. 媳妇难近的"家鬼堂"成为迎宾接客的厅堂

在近代壮族社会中，一家的厅堂，既是祭祀先人的处所，又是接宾待客的地方。宾朋来客属于家外人，他们可以在祭祀"家鬼"的地方聊天吃饭，这在壮族古代社会中是不可想象的。

南宋周去非《岭外代答》卷10《家鬼》载，"家鬼者"，就是家里逝去的先人。广西钦州，不论是城中的还是乡村的居民，对"家鬼"惟恭惟谨，心里有说不尽的害怕。城中居民，深受汉族文化的影响，干栏建筑已改为平房建筑，有了厅堂的设置，安上"家鬼"神龛，可是厅堂除了大门之外，还必须在厅堂的后面开个小门通到街上以让"家鬼"出入。厅堂是家中一个神圣之地，外人不能接近，新媳妇入门走进厅堂一拜"家鬼"之后，终生不敢再涉足于厅堂。说："傥至，则家鬼必击杀之！""惟其主妇无夫者，乃得至厅。"

至于受汉族文化影响浅的壮族及其先人，家里死了人，唯恐其鬼魂滞留家里，便"聚众搏击钲鼓作戏，叫噪逐其厉。及掩之中野，至亲不复送"①。"厉"，即鬼、恶鬼。"叫噪逐其厉"，就是以众人的叫噪声将死者的鬼魂赶走。时至现代，桂西一些壮族在人死之后还有"离魂"的习俗。这就是当感觉人已经死亡，马上用竹竿捅开厅堂一片瓦，开个小洞，并请来巫师爬上屋顶，从上垂下一条黑棉线缚在死者的右手腕上，黑线的另一头缚在一只小公鸡的脚上，在巫师捧着公鸡作法后将其抛去，以鸡引走死者的鬼魂。

死者鬼魂易于为祸，加害于活着的人。从战国时代《墨子》卷6《节葬下》到清朝初年屈大均《广东新语》卷24《蛊》以及范承勋康熙《云南通志》卷27，记载着壮傣群体越人及其后人都认为夫死妻为"鬼妻"，人们避之唯恐不及。因此，同为壮傣群体越人的傣族人死，"葬不复顾，或焚亡者，昧爽（黎明）至家上设一石，祝之曰：勿再返也！"② 他们中只有村鬼崇拜而没有家鬼崇拜，家中也没有家鬼堂。

在汉族文化的影响下，古代壮族先人知道人死了鬼魂无所不在，赶是赶不走的。"祭如在，祭神如神在。"③ 祭鬼既可以祈福，又可以护佑活着的人，自然大操大办。在家里还没有设置家鬼房的时候，人们岁时"即于鬼路之侧陈设酒肉，命巫致祭，子孙合乐以侑（yòu，报答）之。穷三日夜乃已"。④ "子孙合乐以侑之"的"合乐"，就是从中原汉族祭祀所行"佾"（yì，乐舞行列）演化而来的。后来人们在干栏中独辟一间家鬼房，以渔具累累标其所在，进行祭祀。"家鬼房"是家中的圣地，外人不能涉足，媳妇也被视为外姓人，不能接近和进入家鬼房。再后来，家鬼房成了厅堂，情况照样是如此。入清以后，在汉族文化的重度影响下，随着干栏建筑的优化，厅堂既是祭祀家鬼的场所，也是接待宾客的地方。此时，壮族人的意识观念和价值取向，已经与先前承袭的传统的意识观念和价值取向大相径庭了。

---

① 《永乐大典》卷2339梧字《梧州府风俗形势》引梧州《旧经》。

② （清）范承勋：康熙《云南通志》卷27。

③ 《论语·入佾》。孔子此句话的译意为：祭祀祖先的时候，就好像祖先真在那里；祭神的时候，便好像神真在那里。

④ （宋）周去非：《岭外代答》卷10《家鬼》。

当然，旧思想、旧意识、旧观念、旧习俗传承了几千几百年，也不容易消失。比如，20世纪50年代在广西隆林各族自治县委乐一带的壮族，"新娶未曾生过儿子的媳妇，不准在祖宗神位前走过，或在男长辈前脱头巾及梳头"，① 就是这样的一种情况。

4. 干栏中特定的姑娘房消失

"元宵数日，男女游戏唱歌，互相酬和，同志者，以槟榔缔合。此其所以为蛮俗也。"② 以"男女皆倚歌自配"③，界定壮族所行的与汉族不同的习俗为"蛮俗"，自也点出了壮族在男女婚姻恋爱一事上的特点。所以，"婚姻以歌唱私合，始通父母议财礼"④，对壮族及其先人来说，是一条自古乃至近代传承不变的原则。壮家儿女，成年以后，以歌会友、以歌传情、以歌相恋、以歌结合，就是他们会友、相知、相恋、结同年、缔结夫妻关系的一条必经之道。相知、相恋、结同年、婚姻缔合，无疑是男子四处游动，寻觅可意伴侣；女子则坐在干栏之上，等待着如意郎君的出现。怎么给女儿们开辟、构筑此一通道，给她们提供方便，让她们赢得先机，就是父母们考虑的问题了。

乡间寻侣男子游往各村，"觅处女少妇相期答歌"。钟情之后男约伴同往女家，"男左女右，班坐一室，各与所期，互相答歌"。⑤ 此歌唱爱恋情剧的开展和延续都是在女子家里进行的。这就需要女子家里有个适当的空间，而且不妨碍家中他人的正常活动。广西龙胜各族自治县龙脊十三寨近代兴建起来的全木结构干栏，在靠近楼梯口和露天栈台的近旁辟有"妹仔房"，就是满足此种需要的。

龙脊地居大山之中，与外面大千世界交往，山道重重，谷断溪阻，交通不畅，虽然得天地之独厚，人事的和谐，幢幢全木结构干栏连地起，但他们仍因袭着往日壮族传统干栏建筑中房间设置的格局，在干栏人居层靠近楼梯和露天栈台一侧设置妹仔房，以方便届入成年行列的姑娘学歌、交友、恋爱等活动。然而，在进入清朝以后壮族各地干栏优化的过程中，却撤掉了露天栈台，撤去了原位于楼梯之旁的姑娘房。此种现象强烈地反映了壮族传统习俗的变化，道出了壮族男女对歌活动由家内转向家外，唯有在家外原野中的山椒水湄间进行了。

5. 仓居归一

明朝中后期，社会动乱，财产难保。同时，随着干栏建筑的优化，过去瞬间令人倾家荡产的火灾已经不如往日那样发生。进入清朝以后，随着入迁人口的增多，乡里昔日的领头人物（即乡老、村老）权威弱化，村规民约控驭、管束日渐失力，人心松散，偷摸出现，盗窃发生。比如，雍正二年（1724年）署广西巡抚、广西提督韩良辅在给雍正皇帝的奏章即说：广西"田距村远，谷熟虑盗割"。田地"良懦垦熟，豪滑势占"。⑥ 在此种形势之下，壮族干栏建筑在优化的同时，便逐渐将原来兴建于野外的囷仓裁撤，在屋内建

---

① 《广西壮族社会历史调查》第一册，广西民族出版社1984年版，第43页。
② 《古今图书集成·方舆汇编·职方典》卷1421《思恩府风俗考》。
③ （清）屈大均：《广东新语》卷12《粤歌》。
④ （清）李熙龄：道光云南《普洱府志》卷18。
⑤ 《君子堂日询手镜》。
⑥ 《清史稿》卷299《韩良辅传》。

立粮仓，收藏粮食。云南东南全木结构重檐式干栏和龙脊十三寨全木结构干栏都在人居层之上让干栏略予升高，建起阁楼，用以贮藏粮食。红水河中下游的凹字形干栏之所以形成凹型，就是将原人居层的露天栈台，延伸主房瓦盖将其盖起，并在周围钉上木板，使其密封，用作仓房。这样，壮族优化了的干栏建筑便将原来人居干栏和在野外悬空构建的囷仓分立状况，归为一体了。

第二节 异族文化交流后壮族民居建筑

干栏建筑，悬空构屋是一种离开地面，构建于木柱之上的住房，其屋脊长于屋檐，正脊略向上翘起。商周以后，已发展成高、低干栏两类。高干栏分两层，上人下畜；低干栏是把住居房支离地面，也分上下两层，其功能是防水防潮。这是古代越人为调适南方气候仿于鸟巢的发明创造。

春秋战国时期，在今江浙于越人建立的越国，干栏建筑技术得到了充分的发展，在城堡、宫殿、台榭、楼阁、亭苑、厩房、墩台等大型建筑中，都有它用武的地方。在浙江绍兴306号战国墓出土的铜屋模型中，[①] 不仅形成了纵向轴的建筑概念，而且在主次关系、通风采光、受力分布、图案装饰等方面，都给予一定的注意。这是古代越人干栏建筑的鼎盛时期。岭南壮傣群体越人则没有发展到这个高度。不过，干栏式建筑作为民居建筑在壮傣群体越人中得以长期地保留，原因是它具有通风、防潮、防兽、防盗的功能，对气候炎热、潮湿多雨的亚热带地区非常适用，而且民居建筑技术比较保守，就地取材，建筑成本低，经济实用。

干栏式建筑不理想的地方是过于依赖竹木，以竹或木结构为体，茅草覆盖，容易着火，引起火灾；再就是上人下畜，人畜共居，中间以板木相隔，卫生条件差。这就是历来汉族文人共同指责和面临改革的焦点问题。

入鲍鱼之肆，久而不闻其臭。壮傣群体越人及其后人承上古越人的遗绪，悬空构屋，竹屋茅茨，上人下畜，情怀自封，自甘自怡，曾不觉其有什么要更革之处。但是，旁观者清，当唐代开元四年（716年）宋璟就任广州都督、岭南五府经略使时，见到"广州旧俗，皆以竹茅为屋，屡有火灾"，便"教人陶瓦，改造店肆"。[②] 张说《广州都督、岭南按察、五府经略使宋公遗爱碑颂》除了说宋璟"教人陶瓦"之外，还"率人版筑"。[③] 经过宋璟一番努力之后，当时的广州，"昼游则华风可观；家撤茅茨，夜作而灾火不发"。[④] 正身令行，身教者从，这是宋璟居位思谋，身体力行，将中原汉族文化施行岭南，改良岭南越人居住条件的闪光尝试。

宋璟在广州都督任上不及一年，年底即升调京城出任宰相。他当政四年，政绩斐然，奠定了唐朝"开元之治"的基础。旧史称，"开元之治，姚（崇）宋（璟）之功为多"，

---

① 浙江省文管会等：《绍兴306号战国墓发掘简报》，《文物》1984年第4期。
② 《旧唐书》卷96《宋璟传》。
③ 《全唐文》卷226。
④ （唐）张说：《广州都督、岭南按察、五府经略使宋公遗爱碑颂》，《全唐文》卷226。

或者不假。从他在广州不到一年的作为可见其一斑。居位思职，亲民虑民，一力为之，他走了之后，"人皆怀惠，立颂以纪其政"。①

"纸上得来终觉浅，绝知此事要躬行。"② 宋璟在广州"率人版筑""教人陶瓦""改造店肆"，躬身力行，开创了岭南越人住房建筑的新纪元。

唐中宗时，"时议请禁岭南首领家畜兵器"。黄门侍郎郑惟忠说："夫为政不可革以习俗。且《吴都赋》云'家有鹤膝，户有犀渠'，如或禁之，岂无惊扰耶?"③ 宋璟行政没有什么禁令，而是忧民亲民，躬身力行，以身示范，手把手地教。榜样带路，民见实惠，自然从善如流，在社会上不引起什么"惊扰"。忧民以显其亲，身教以显其诚，人自景仰而影从，这是妥善的行教方法。这就是《诗经·小雅·节南山》说的"弗躬弗身，庶民弗信"。宋璟在广州的举措，使先进的中原汉族文化如临春风般地深入岭南壮群体越人后人中，使汉族儒家文化在岭南壮群体越人后人中大得其道，深入传播。

"物我虽殊理本同，算来自教易为功。"④ 宋璟在广州任职未及一年，其影响却极其深远。民相授受，陶瓦版筑，相互影从，开始了一代新风，形成了一股新的不可遏止的意识和价值取向潜流。唐代开元四年（716年）在广州改革岭南越人原住房的建筑形式和材料的举动，显示了宋璟作为唐朝一代有为宰相的风范和预期。

宋璟之后70多年，贞元（785—805年）前期，先后出任容州刺史和广州刺史、岭南节度使的李复，"又劝导百姓，令变茅舍为瓦屋"。⑤ 这说明固然"地远官无法"，⑥ 除了那些"晚以母老家贫，求岭南小县"，⑦ 希望捞上一些以养家糊口或"广州刺史但经城门一过，便得三千万"，以贪为职的官员以外，⑧ 在儒家学说熏陶下的官员，有一些还是以"政移千里俗"为己任的。⑨ 他们常以"异俗冠裳仍俗好，中原礼乐忝（tiǎn，有愧于）吾师"自责，⑩ 希望改变"千载蛮风尚有存，此来闻见不堪论。猪膏泽发湘南妇，牛渤涂门岭右村"的状况。⑪

由于官员们的化导以及中原先经五代梁、唐、晋、汉、周的纷乱后又经金人大肆南侵，汉人大量南迁，因此唐人的《十道志》还说容州（辖今容县、北流、陆川三县）"夷多夏少，鼻饮跣足，好吹葫芦笙，击铜鼓，无蚕桑，缉蕉、葛以为布，不习文学，呼市为墟"。⑫《郡国志》也说容州"多瘴气，春为春草瘴，秋为黄茅瘴。瘴江水，即马援云

---

① 《旧唐书》卷96《宋璟传》。
② （宋）陆游：《剑南诗稿》卷42《冬夜读书示子聿之三》。
③ 《旧唐书》卷100《郑惟忠传》。
④ （宋）李吕：《澹轩集》卷2《师正堂》诗。
⑤ 《旧唐书》卷112《李复传》。
⑥ （明）王越：《送龙州樊使君》，（清）汪森《粤西诗载》卷11。
⑦ （南齐书）卷54《臧荣绪传》。
⑧ （南齐书）卷32《王绪传》。
⑨ （唐）戎昱：《赠宜阳张使君》，（清）汪森《粤西诗载》卷10。
⑩ （明）谢少南：《南宁道中》，（清）汪森《粤西诗载》卷17。
⑪ （宋）陈藻：《客中书事》，（清）汪森《粤西诗载》卷14。
⑫ （宋）乐史：《太平寰宇记》卷167引。

'仰视飞鸢，趷趷（diédié，咕噜咕噜地跌下）坠水中'，即此地也"。① 至南宋，《容州志》已说"容介桂、广间，盖粤徼也。渡江（指赵宋王朝逃过长江到杭州建南宋）以来，北客避地留家者众，俗化一变，今衣冠、礼度并同中州"。② 由此可知，自唐朝以后，岭南壮群体越人后人住房的干栏式建筑形式和用材开始有了大规模的变化。

据南宋淳熙（1174—1189 年）周去非从桂州（今桂林市）沿漓江而下梧州，然后循北流江入容州，过桂门关，下南流江到钦州，沿途所见"未尝见有茅屋"，③ 可以知道当时广西的东北部、东部和东南部城镇的民居建筑已经少有"竹屋茅茨"的现象。建筑材料仿汉族而来，随着住房建筑材料的改变，无疑汉族地居式的住房也普遍了。当然，这样的地居式住房建筑也不尽相同。比如，南宋时周去非《岭外代答》卷 4《屋室》的记载就是如此。

历史发展到明末清初，随着汉族文化的深入而广泛地在壮族地区传播，特别是在壮族土官的夤缘攀附于中原汉裔、壮族中业举应试知识阶层的自高心理以及汉族商人的入居，广西中、东部地区以及西部的城镇及城镇周围已经改干栏建筑为平地起房的四合院建筑。比如，宋代"巢居属象州"，④"宾人计口筑室如巢居"，⑤ 但到了清朝初年，象州和宾州已经没有了干栏的记载。据清朝初年《古今图书集成·方舆汇编·职方典》卷 1402—1452 中关于广西各地风俗的记载，广西西部的庆远、思恩、镇安、太平、思明、泗城等府除城镇为平地起房仿汉式四合院建筑外，所属各县大都是"悉择山坡，用竹木结盖茅屋，架竹铺簟，人居其中，下养牲畜等类"。东部只有平乐府的永安州（今蒙山县）壮人仍"居则架木营巢，葺茅编竹"，梧州部分山区"寝处架木聚而成村曰峒"；中部柳州府的武宣、迁江、上林等县的部分地方"架板为楼以居，下顿牲畜"；中南部南宁府的新宁州（今扶绥县中部）、隆安县、永淳县（今横县西部）部分山区"编竹架栏，上人下畜"；其他地方则已经没有了关于干栏的记载，不是"宫室类多筑土剪茅，俭陋自固"，就是"秦砖汉瓦"，仿汉族平地起房建设四合院。今广西南部自明朝洪武二年（1369 年）六月"以广西海南（今海南省）、海北（今广东雷州半岛和广西北海和钦州二市）府州隶广东省"以后，⑥ 据林希元嘉靖《钦州志》卷 1《风俗》载，除钦州乡村"民居无屋室，结木为栅，覆以茅，中半架阁，人居其上，牛处其下，谓之高栏"外，城中及其附近的民居建筑已经是汉式的四合院房子。而云南东南部的壮族，由于地处较为偏僻，当地的壮族居民仍然大多是以干栏为居。

时至清朝乾隆（1736—1795 年）以后，由于汉文化教育在壮族地区普遍开展，壮族知识阶层日益扩大，汉式平地起房建筑以迅猛之势磅礴地在壮族地区各地兴起，取代壮族"竹屋茅茨"的传统干栏建筑。有财富支撑的人群，建起了高大宽敞的砖瓦四合院；欠缺

---

① （宋）乐史：《太平寰宇记》卷 167 引。
② （宋）王象之：《舆地纪胜》卷 104 引。
③ （宋）周去非：《岭外代答》卷 4《屋室》。
④ （宋）王象之：《舆地纪胜》卷 105《象州》。
⑤ （宋）王象之：《舆地纪胜》卷 115《宾州》。
⑥ 《明实录·太祖实录》卷 43。

财力支撑的人群，或建起砖瓦三合院，或土坯或夯土版筑起墙，建起瓦盖或茅草覆顶的平房。

唐朝大诗人杜甫《泥功山》诗虽有"泥泞非一时，版筑劳人功"之句，但版筑毕竟土头土脑，没有什么华丽可言；而且以茅草覆顶，更显出其朴实的原始性。因此，此类房子少有四合院或三合院，多是一排三间，中为厅堂，两旁厢房为卧房，屋后搭厨房，左右两边厢各搭上一间小房，作为猪圈牛栏或堆放杂物。这就是清朝初年钱元昌《粤西诸蛮图记》所说的"狼人列屋排门，人畜分左右，不喜登楼"。①

下面三式住房建筑，就是壮族在汉族文化影响下的三种基本房式的外观。

武鸣县四合院外观

武鸣县三合院外观

夯土版筑茅盖平房外观

"竹屋茅茨"，悬空而起，"一家点火十家光"，固然显示出其简陋，然攀梯而上，有其干爽、透风的特点，可以调适壮族分布地区温热多雨的亚热带气候。在汉族文化的影响下，随着壮族社会的发展，许多壮族地区接受了中原汉族文化，改干栏建筑为平地起墙或版筑建筑。而散居于云南高山深箐与彝族为邻的一些壮族，因气候寒冷，住干栏不能避寒，多仿彝族的房式建"掌房"居住。

掌房，以石头垒基，基上版筑成墙，墙内立柱。墙上平行搭上木头、柴块，柴块与木头之间的空隙以竹子和蕨草等填实，然后在上面糊一层稀泥。稀泥之上均匀地铺上一层黄土，用木槌夯实压紧，使之不透水，最后将其平面抿滑，掌房即可告成。

---

① 雍正《广西通志》卷92《诸蛮》引。

掌房分单体式和组合式两种类型。

单体式掌房三间二层建筑，中为堂屋，设置神龛、火塘，灶即建在火塘上。中堂两边为卧室。楼上堆放粮食和杂物。平面泥屋顶可作晒台。

组合式掌房为多间组合，又可分为内院式和无内院式两种。内院式为主楼、耳房、厅房三列房屋围成四合院，主楼和耳房之间以木梯沟通。无内院式为正楼前的左侧或右侧，盖有一间或两间无楼的掌房，作牛栏马厩或他用。[①]

第三节　居处习俗

居处习俗，就是遴选宅地、筹材建房、房成入居及其后形成的诸多惯例。

一　古代壮族及其先人居处习俗

古代壮族及其先人在选择居址、房成入居的过程中，背山临水诸事先，驱鬼祈神是中心，引火安"kji：ŋ²"（三脚架）方入屋，因而形成了居处的诸多习俗。

（一）村居选择

南宋周去非《岭外代答》卷3《惰农》载：

> 深广旷土弥望，田家所耕，百之一尔。必求水泉冬夏常注之地，然后为田。苟肤寸高仰，[②] 共弃而不顾。

明朝万历中（1573—1620年）王士性《广志绎》卷5载：

> 右江（柳州、庆远、思恩）三府则纯乎夷，仅城市所居者民（汉族）耳。环城以外，悉皆瑶、壮所居。皆依山傍谷，山衡有田可种处则田之，坦途大陆纵沃，咸弃而不顾。
>
> ……
>
> 壮人所种止山衡水田，十之一二耳。
>
> ……
>
> 瑶、壮之性，幸其好恶险阻，傍山而居，倚冲（山间平地）而种，长江大路，弃而与人，故民得分土而居。若其稍乐平旷，则广右（广西）无民久矣。

进入清朝，雍正二年（1724年）广西提督兼署（代理）广西巡抚韩良辅上奏分析"广西土旷人稀、多弃地"的原因时说：

[①] 刘德荣等：《新编文山风物志》，云南人民出版社2000年版，第176—177页。

[②] 肤寸，古代的长度单位，一指为寸，一肤等于四寸。比喻极小的空间。"肤寸高仰"，就是略为高出水流可灌的地面。

山溪险峻,瑶、壮杂处,田虑村远,谷熟虑盗。一也。

民朴愚,但(只)取滨江及山川自然之利,不知陂、渠、塘、堰可资蓄泄。二也。

不得高、卑(低地)宜植粮种。三也。

不知耕耨。四也。

所出只米谷,纳粮必用银,且徭(役)随粮起,恐遗后果。五也。

良懦(忠实懦弱而清白良善百姓)垦熟(开垦耕种成为塾田),豪强(强横狡猾而不守法纪的人)势占(凭借权势占夺)。六也。①

从周去非的深广之民"必求水泉冬夏常注之地然后为田",经王士性的"傍山而居,倚冲而种",到韩良辅的"但取滨江及山川自然之利"耕种,可以知道,背山滨水是壮族及其先人择居的最佳地处。有山有水,竹子婆娑、林木青葱的居处生态环境自然随之而来。唐朝宋之问《过蛮洞》诗称:

越岭千重合,蛮溪十里斜。
竹迷樵子径,萍匝钓人家。
林暗交枫叶,园香覆橘花。
谁怜在岭外,孤赏足云霞。②

宋之问为唐朝知名诗人,与沈佺期齐名,史称"沈宋",对唐朝五言律诗的定型和发展有较大的贡献。此诗是唐睿宗时他被流放广西时所作。诗虽哀叹自己孤处岭南的寂寞无告的情感,但也描绘了岭南壮族先人村居的山、水与林木、竹子环合,馨香四溢的生态环境。

又明朝陈贽《蛮中》诗说:

蛮溪雨过叶皆流,落日猩猩啼树头,
高竹乱藤茅屋小,不知村落属何州?③

诗虽仅有四句,却点明了时节、村落的环境以及雨后的清新。动静契合,生态益然,扑面而来,让人产生无限感怀的情丝。

"近水刺桐知驿舍,倚山毛竹即人家。"④ 古代壮族及其先人"傍山而居,倚冲而种",讲究富贵的依托,也就是讲究居处环境的优美以及生产、生活的方便。房子构建于山水之间郁郁葱葱的大自然中,涵养水源,调节气候,保证风调雨顺。而傍水而居,居近

---

① 赵尔巽:《清史稿》卷299《韩良辅传》。
② (清)汪森:《粤西诗载》卷10。
③ (清)汪森:《粤西诗载》卷24。
④ (明)林弼:《龙州十首》其六,(清)汪森《粤西诗载》卷23。

乎水，其一成就了信仰，其二便于农耕作业，其三便于生活。"鸡骨占年拜水神"，① 水是古代壮族及其先人信仰的神体。有了水，古代壮族及其先人就有了信仰的依托，生活就会光鲜，滋生生活的乐趣和生活的期待。所以，在古代有壮族及其先人的村子就有水流，古代壮族及其先人与水结下了不解情缘。

"南越盛暑，男女同川泽。""越地多妇女，男女同川。"② "男女同川泽""男女同川"，就是男女同川而浴。这是壮傣群体越人生活的特点之一，延至明末清初仍然不变。因此，陈宗海光绪云南《腾越厅志》卷 15 载，傣族"民喜近水，男女皆裸浴于河"。清人吴震方《岭南杂记》卷 5 也载："自肇（今广东肇庆市）至梧（今广西梧州市），路届粤西，即有蛮彝之习。妇人四月即入水浴，至九月方止。不避客舟，男女时亦相杂，古所谓男女同川而浴也。"今壮族男女同川而浴的习俗已经绝了传承，而云南傣族却依然故我，世代传承，许多地方仍盛而不衰。③

虽然，壮族及其先人分布区为丘陵地带，且多喀斯特地貌，有时"青山高与白云齐"④；但是，山与山间，众水贯流，多有山间平地。这就是历史上汉族文人所称的"溪洞"。溪洞中竹木青葱，流水潺潺，有田可耕，正是古代壮族及其先人村居选择的理想地方。所以，明朝成化年间（1465—1487 年）庆远府（治今广西宜州市）知府孔镛《庆远南山》诗称：

> 古粤宜山郡，孤城豁（宽敞）洞中。
> ……
> 水出千蟠（盘曲潜伏）洞，山罗万叠峰。
> ……
> 林麓民居众，田畴稼穑丰。⑤

"林麓民居众，田畴稼穑丰"，生动地表现了壮族及其先人"傍山而居，依林而往，倚冲而宅"的择居特点。据此，或可以清楚，古代"岭南大半尚鸿荒，城壁空坚草莽长"，⑥ 壮族及其先人村居选择绰有余裕，建屋容身基本要求是倚山面水，有田可耕。

（二）建屋习俗

1. 鸡卜择居地

鸡卜，包括鸡骨卜和鸡卵卜。

唐朝柳宗元《柳州峒氓》诗载，壮族先人"鸡骨占年拜水神"⑦。"鸡骨占年"，就是

---

① （唐）柳宗元：《柳州峒氓》，《柳河东集》卷 42《古今诗》。
② 《汉书》卷 25 下《郊祀志》。
③ 胡绍华：《傣族风俗志》，中央民族大学出版社 1995 年版，第 75 页。
④ （宋）王子宣：《凤巢山二首》其一，（清）汪森《粤西诗载》卷 22。
⑤ （清）汪森：《粤西诗载》卷 4。
⑥ （宋）陈藻：《过桂平》，（清）汪森《粤西诗载》卷 22。
⑦ （唐）柳宗元：《柳河东集》卷 42《古今诗》。

以鸡骨来卜问预测年成的丰歉。壮族先人凡事以鸡骨或鸡卵来占卜预测吉凶，决嫌疑定祸福，汉朝以前即已盛行。《史记》卷 28《封禅书》载汉武帝听信越人勇之的话，"乃命越巫立越祝祠，安台无坛，亦祠天神、上帝、祭百鬼，而以鸡卜"。唐末五代初段公路《北户录》卷 2《鸡卵卜》《鸡骨卜》载：

> 邕州之南，有善行禁咒者，取鸡卵墨画，祝而煮之，剖为二片以验其黄，然后决嫌疑定祸福。
>
> 南方逐（每当）除夜（除夕）及将发船，皆杀鸡择骨为卜，传古法也。

对壮族先人的鸡卜，南宋周去非《岭外代答》卷 10《鸡卜》说得较为详细：

> 南人以鸡卜，其法以小雄鸡未孳尾者，执其两足，焚香，祷所占而朴杀之。取腿骨洗净，以麻线束两骨之中，以竹梃插所束之处，俾两腿骨相背于竹梃之端，执梃再祷。左骨为侬，侬者我也；右骨为人，人者所占之事也。乃视两骨之侧所有细窍，以细竹梃长寸余者偏插之，或斜或直，或正或偏，各随其斜、直、正、偏而定吉凶。其法有一十八变，大抵直而正或附骨（近骨）者多吉，曲而斜或远骨者多凶。
>
> 亦有用鸡卵卜者。焚香祷祝，书墨于卵，记其四维（指东南、西南、东北、西北四隅）而煮之。熟乃横截，视为墨之处，辨其白之厚薄而定侬人（主卜者）吉凶焉。
>
> 昔汉武（帝）奉越祠鸡卜，其法无传，今姑记之。

采用鸡卜来选择福泽之地建房造屋居住，必须请来巫公作为媒介。鸡卜时，由巫公操作，念词作法，以判明该地点是否可用来建屋居住；当知道其地不宜造屋，则另行选择地方。

至今，广西红水河流域的部分壮族仍然以鸡卜择地建屋，广西武鸣、马山等地偏僻山区的壮族则用蚌壳来卜地测吉。[①] 这些都是古代壮族及其先人以鸡卜或其类似方法来择地建屋习俗的传承。

获得心中理想的建屋福地，古代壮族及其先人还讲究屋子的朝向。一般情况下，他们都是选择居于向阳的山坡。屋子坐西向东，太阳升起红彤彤，一屋金光亮堂堂。这样的房子，才是古代壮族及其先人理想的朝向。

2. 祈地鬼赶野鬼

在古代壮族及其先人的意识观念里，有物必有鬼，有体必有魂，物体转换易形，鬼魂不灭。父去鬼在，母死鬼存，累累众鬼，无人祠奉，成了野鬼孤魂。面对着活人，它们怀着仇冤。这些孤魂野鬼，布于苍茫宇宙之间，藏在阴暗的角落里，伺机祸害于人。每年七月半，野鬼狂虐，专袭于人。此时，"瑶壮辈皆闭门不出，路无行人，谓之躲鬼"。[②] "数

[①] 王时阶：《壮族民间宗教文化》，民族出版社 2004 年版，第 143 页。
[②] 《古今图书集成·方舆汇编·职方典》卷 1413《庆远府风俗考》。

日之内，一切不入城市，不上墟场，惧为鬼所摄，使之负担也。"① 时至20世纪70年代，笔者老家所在的广西上林县巷贤一方，中元节人们不放牛，不下地，不赶墟，不走亲访友，害怕的就是遭到野鬼的祸害。所以，占地建房，不仅驱赶房子所在地域内暗藏着不怀善心的野鬼孤魂，还要祈求土地鬼魂，允许主人占地建屋。因此，以鸡卜择了房地，还要备上祭品，请巫公诵念作法，祈地鬼谢地鬼驱赶野鬼，以求房地的福泽，没有潜伏野鬼，确保房主对即将兴建房子的所在空间的占有。

近现代，广西大新等地的壮族在破土建房前，请来道公或师公，备上鸡、猪肉等祭品，祭祀鬼神，举行"安宅"仪式，申明建房所在地属房主，祈求土地鬼神护佑，驱赶野鬼远离。广西西林一带的壮族破土动工建房，主家先点上三炷香插在屋子将要兴建的地上，再烧上三张纸钱，意为向土地公公买地，求得日后的平安。广西天等、上林等的壮族，建房动土，先由师公诵念作法，并杀上一只公鸡，将其鲜血洒在划定的屋基上，一是祭土地公公，二是镇住藏在地下的野鬼孤魂，然后由主家动第一锄土，方才开工。这些也是各地壮族传承先人祈地鬼赶野鬼习俗的各种表现形式。

3. 伐材备料

"竹屋茅檐三四家，土风渐觉异中华。"② 竹屋茅舍，是历史上壮族及其先人传统住房建筑的特色。但是，竹子中空，难以承负重压，而且易为虫蛀，不能延久。所以，历史上壮族及其先人住房以竹子为椽为桁，支起房子，以竹子横作衡板，隔开人居层与禽畜居层，并以竹篾编织作墙体外，一般都以大木为柱。大木作为屋居的柱子，显出房子的稳固牢实。

大树长在山上，山有山鬼，树有树魂。古代壮族及其先人上山伐树建房不能随便胡来，有个讲究，既要占卜取个吉时，又要祈告山神，允许进山伐树；见了合适可用的树木，还要占卜，祷祭树魂，祈求树魂允许砍伐，不要惊扰，迁怒于人。

时至现代，广西靖西等地的壮族建房上山伐树，头一天主家要带上酒肉祭祀村头的土地庙，祈求土地神转告山神，允许进山砍伐树木作建屋材料。祭毕，主家还点燃三炷香插于庙前进行占卜，兆其吉凶：若三炷香顺利烧尽为吉，否则为凶。凶则不能进山，需另择日子祭神占卜。当日上山，主家和伐木队中的长者在山口选一棵老树再次占卜。此次占卜，是在老树前插上一炷点燃的香，由长者叩拜诵念祷辞："×村×姓人×××要上山砍伐，已由土地神转告山神，请山神给我们指引。"祷毕，主家拾起一颗小石子往老树树叶丛集之处抛去。若石子无碍直上直下为大吉，可以上山砍伐树木；如被树枝卡住没有下落则为凶兆，不宜进山，需另往他山转移，另行占卜，获其吉兆上山。广西东兰、资源等县的壮族或汉族居民新建房子上山砍伐大树作梁时，既要祭神择吉，又要在天未放亮大地沉寂时就出发上山，以免路上碰见行人。在山上选好合适可用的树木后，就杀一只鸡，焚纸烧香供祭树神，方能开斧砍树。开砍前，先用多股大绳绑住树干上部，树将倒时，多人握住大绳使劲往后拉，让树缓慢倒下，以免惊吓了树神。③ 此一习俗，也是古代壮族及其先人关

---

① 《古今图书集成·方舆汇编·职方典》卷1410《柳州府风俗考》。
② （宋）李纲：《象州道中二首》其二，（清）汪森《粤西诗载》卷13。
③ 王时阶：《壮族民间宗教文化》，民族出版社2004年版，第144—145页。

于建房伐树先行祭鬼占卜，获吉方能上山伐树，并对树神进行供祭的习俗在后人中的传承。

4. 竖立男柱女柱

古代壮族及其先人建房，首先是立石脚。石脚即房子的基石，但基石不是埋在地里，而是安在地面上。柱下垫上石脚，目的是隔开木柱与地面接触，以防水蚀虫蛀。下了石脚，便要立柱、架梁、扎椽子，犹如现代云南傣族兴建竹楼一样。① 因此，古代壮族及其先人动工建房之日也就是垫石竖立房柱之时，需要请来巫公进行鸡卜选择吉日吉时才能启动的。

古代壮族及其先人婚姻，实行女子婚后不落夫家婚制。婚日，新娘在众多伴娘的陪同下自上新郎家。当天或婚后次日，结婚女子又在众伴娘的簇拥下返回娘家，不与丈夫同房，履行夫妇义务，给予女子以婚后与丈夫之外的有情男子结交同年的机会。数年或十年八年之后，女子与男子同年结交怀孕后便密告丈夫，让他建屋落居夫家待产。这也就是历史记载累累提及的关于壮族"子娶，则别栏以居"的习俗。

夫妇结合，新建干栏住房，为夫妇偕老的起始，自然特为讲究支撑此一干栏住房的男柱和女柱。诚如云南傣族建房时最讲究竖立最挺直最粗壮的"梢岩"（王子柱）和"梢郎"（公主柱）二柱一样。②

壮傣群体越人由于特殊的社会原因，在母权制社会发育还未充分的时候，父权制就过早地成熟了，以致在父权制社会的早期形成了"男逸女劳"和"产翁制"的习俗。在他们那里，男子固然可以在社会上和家庭中呼风唤雨，居于主导地位，但是，家务、田间耕作、趁墟交易均由妇女承担，家庭中少了妇女，男子衣着、饭食等基本所需都会困顿不堪，诚如南宋时范成大《次韵陈季陵求砚》诗说的"宝玩何曾救枵（xiāo）腹（饥饿）"。③ 因此，傣族建房，有"梢岩"（王子柱）和"梢郎"（公主柱），壮族及其先人建房时无疑也竖男柱、女柱，以相并而行，相映成趣。这是社会相同，其行必然，因承于壮傣群体越人未分化之时的习俗。

男柱、女柱，竖立在主房中间的两边，粗壮挺直，支撑着干栏的前廊后厦，非同等闲。傣族建筑房子立众柱之时，妇女们挑来桶桶清水冲洗柱子，头一碗和第二碗清水就是先冲洗"梢岩"和"梢郎"二柱，嘴里并喃着"洗去灰，洗去汗，洗去凶恶与灾难，柱坚胜山岩"。④ 古代壮族及其先人是否也是如此，没有记载，无由得知。不过，他们建房时也必然十分注重男柱和女柱的竖立，寄予无限的期望，却是毋庸置疑的。

（三）入屋居住

诸柱竖立，前后左右串上檩子，梁子升起，架桁子，安椽子，干栏规模已现。后苫茅覆顶，以竹以板架设人居层，垫土围火炉，织竹作壁，间开诸房，清理并夯平底层，干栏

---

① 胡绍华：《傣族风俗志》，中央民族大学出版社1995年版，第66页。
② 同上书，第66页。
③ （清）吴之振、吕留良辑：《诗歌总集丛刊·宋诗卷》，上海三联书店1988年版，第713页。
④ 胡绍华：《傣族风俗志》，中央民族大学出版社1995年版，第66页。

住房即已建成，可以入屋居住。

古代壮族及其先人行的是"子娶，乃别栏另爨"的习俗。所谓"娶"，不纯然是指儿子结婚一事。因为儿子结婚只是完成约婚的手续，婚后儿子与之结婚的女子并不落居夫家履行夫妻义务，而是返回娘家与儿子之外的有情人结同年过后生的生活，直至怀孕，方才密告儿子筑建新房落居夫家，与儿子缔结夫妻关系。从此，儿子才有妻、媳妇始有夫的实际名分，成为真正的夫妻，开始利益相关、夫唱妇随的生活。因此，结婚之日，结婚女子只在媒人的带领和众伴娘的陪同下不携带任何嫁妆上男家，直至女子怀孕男子新屋建成，"女父母牵牛羊，备家具，持以送女"，来到男家。①

在作为妻子的怀孕女子入居作为丈夫的男子新落成的新屋之前，丈夫已经按照传统惯例完成了鸡卜择时入屋、树家鬼、接祖宗、置火炉安 kji：ŋ² （三脚架）等必须完成的习俗。

1. 鸡卜择时入屋居住

新房落成，何时可以入屋居住，古代壮族及其先人很是讲究，一定要请来巫公作法，鸡卜测吉，选定日子时辰，以求入屋居住后主人一家平顺安康，父壮子强，谷丰粮足，六畜兴旺，诸事遂心。

2. 驱赶孤魂野鬼

开工之前，虽然已经请巫公来祈地鬼驱赶房子地面上的孤魂野鬼，但是在建房的过程中，时间长，人员杂沓，孤魂野鬼不免趁机窜入屋中，伏匿窝藏于房子的各个角落里，日后再出来祸害人。因此，为了消灾，主人在进入新房居住之前，必先净屋，使房子成为主人一家可以信赖、可以托靠的安居之处。

至今，广西天等一带的壮族，在入居新房之前先请道公或师公诵经作法，手持火把先进屋，照亮新居，将隐藏在房中黑暗角落里的外鬼全部驱赶出去。② 上林、宾阳等地，则请来道公过油净屋，主人方才进入新屋居住。所谓"过油"，就是在道公的主持下，把半斤或一斤的花生油放入一只小锅内，并将油烧开。道公手持一把剑，口中念念有词作法之后，嘴里含一口酒，"啵"地喷向油锅。油锅霎时爆起一屋的火影。他们说，经过"过油"，藏在屋里的野鬼孤魂不是被烧死，就是被吓得跑个没影，不敢再来了。古代壮族及其先人住的"竹屋茅茨"干栏，自然不敢一试"过油"除鬼法，但它也是古代巫公净屋方法的一种演变。

3. 树家鬼

在壮傣群体越人的意识观念里，凡物皆有鬼，家作为一个完整的形体也有家鬼。鬼有善鬼和恶鬼之分，人居家中，近之亲之，家鬼属善鬼一列。因此，壮傣群体越人视家鬼为保护家宅安泰的鬼，入居新房之前必须请巫公或巫婆树家鬼、慰家鬼。至今，在壮族道公或师公给人家新房念经作法安祖宗神坛时，总不忘在祖宗神龛下面的墙根上插上三炷香。此三炷香就是祭祀屋神即原来的"家鬼"的。

---

① （清）刘锡蕃：《岭表纪蛮》，商务印书馆1934年版，第74页。
② 王时阶：《壮族民间宗教文化》，民族出版社2004年版，第147页。

江应樑先生说：傣族民间家中"祭祀一个屋子的屋神，傣语称为'丢拉很'"。①"屋神"，也就是"家鬼"。20世纪及其前，习俗传承，傣族民间大多数家庭都供奉家鬼。供祭家鬼所在，有的设在家主卧室的上方，有的设在火塘上面放置烘干待舂稻子的篾架。他们对家鬼的供奉惟恭惟谨，每天早晨都献上一团米饭，一杯清水；家中有事，如有人生病、出远门或妇女生产等都要祭祀家鬼，乞求福佑，让生病的康复，出远门的平安，生产的顺利。②

有人认为20世纪及其前傣族民间供祭在家主卧室上方或挂在火塘上面用以干燥食物的竹篾架上的不是家鬼而"是个体家庭去世的长辈"即祖宗神，③似是误认。因为作为一家的守护神祖宗神的神龛，不当设在家主的卧室里或火塘上。而且此无主的神龛，又怎知其为供奉"个体家庭去世的长辈"?

在壮傣群体越人的意识观念里，祖宗神是男性家族的鬼神，媳妇、女婿与外人不能接触和见到的："家鬼者，言祖考也。钦（州）人最畏之。""城中居民于厅事上置香火（祀家鬼），别自堂屋开小门以通街。新妇升厅，一拜家鬼之后，竟不敢至厅，云：'傥至，则家鬼必击杀之。'惟其主妇无夫者，乃得至厅。"④古代壮族如此，今泰国的佬人也是如此。⑤傣族也不是没有祖先崇拜，即如元初意大利马可·波罗（Marco PoLo）说的，傣族的先人"其人无偶像，亦无庙宇，惟崇拜其族之元祖，而云：'吾辈皆彼所出。'"⑥"元祖"，就是家族的第一个祖先。奉家族中第一个祖先为族神，这就是祖先崇拜。傣语称为"丢拉哈滚"，供奉在家族成员共同建造的小茅屋"披斗乃"里。祭祀时，由族长主持，媳妇、女婿不能参加。⑦由此看来，傣族家庭在家主卧室上方或火塘上面吊着的竹篾架上供祭的鬼无疑是"家鬼"而不是"祖先鬼"。明朝初年李思聪《百夷传》载傣族"民家无祀先、奉佛者"，即是指傣族民间家庭中没有祖先神坛、不祭祀祖宗而言的。

4. 接祖宗鬼

壮傣群体越人最害怕死人的鬼魂，最害怕死人的鬼魂局促在其故居中。因此，人死了，他们便想尽办法将死人的鬼魂引开，驱赶让其离开家门，唯恐死去先人的鬼魂窝在家中影响和祸害活着的人。1957年广西贵县出土的干栏明器的屋脊上刻有"歹人（死人）青云"与今壮族民间残存的人死马上捅开堂屋顶瓦开个天窗，并请巫公作法以鸡引导死者鬼魂升天一样，都是避免死者鬼魂局促家中扰得生人不宁。

战国时，《墨子》卷6《节葬下》有关于岭南壮傣群体越人"其人父死，负其大母而弃之，曰鬼妻不可与居处"的记载，说的就是死人的妻子与死人朝夕相处沾尽了鬼气，不可近，可不同居。此俗承传，迄于明、清在壮傣群体越人的传人中仍见表现。

---

① 江应樑：《傣族史》，四川民族出版社1983年版，第548页。
② 胡绍华：《傣族风俗志》，中央民族大学出版社1995年版，第180页。
③ 同上。
④ （宋）周去非：《岭外代答》卷10《家鬼》。
⑤ 白耀天：《傣国婚姻、丧葬和宗教信仰考察》，《广西民族研究》1993年第1期。
⑥ ［意］马可·波罗：《马可·波罗行纪》，冯承钧译，中华书局1957年版，第473页。
⑦ 胡绍华：《傣族风俗志》，中央民族大学出版社1995年版，第180页。

由于害怕死人的鬼魂窝在家中不离开，所以壮傣群体越人及其后人在丧葬礼仪中，离魂逐鬼一直是个不变的主题。

既然壮傣群体越人及其传人自上古至明末清初都是人死以离魂驱鬼作为举行丧葬礼仪的主题，他们自然不像中原汉族那样把祖先神当作家庭守护神，设坛祭祀。

在家中祭祀祖先鬼，以祖先鬼为家庭的守护神，是壮族在汉文化影响下仿族鬼或村鬼崇拜而来的。

宋及宋代以后，各地的壮族及其先人随着历史的前进、社会的发展，逐渐接受汉族以亡故先辈的鬼魂为家中的保护神的理念，有先有后，或"祀先不设主"，或以鱼罾显示家鬼的所在，或主屋之外另设家鬼房，或在堂屋置香火祀祖先。新屋落成之后，家主都要请巫公或巫婆来主持接祖宗安家鬼的仪式。

5. 安灶三脚架

灶三脚架，壮傣群体越人及其后人谓 kji：ŋ²，或其近音，源同一语。灶三脚架，轻便规整。干栏人居层上，用木板合上一个约三尺见方的木框框，钉在巫公鸡卜择吉后决定的地方，里面填上一层厚土，冲压结实，将三脚架置于其上，支起锅头，便可以蒸煮食物了。因此，壮傣群体越人及其后人甚为珍视，类同圣物，对它不能跨越，不能脚踏，不能往里吐痰，不能置脏东西于其上，也不能烤鞋烘衣物。傣族人认为，三脚架的三只脚分别代表红宝石、金宝石和吉祥宝石。三种宝石结合在一起，可以确保主人家里的平安。做饭煮菜时，按照习俗，只能从三脚架的一角送柴草。煮完了，不能将火熄灭，要将燃着的柴杆用火灰盖起，以保留火种。[①]

灶三脚架所在是蒸煮的地方，也是保留火种的处所，系于人生命的维持和延续。丈夫奉妻子之命建成房子之后，特别重视灶三脚的安置，特请来巫公念诵作法以进行。安了三脚架，便从老屋即父母家引来火种，用草灰盖好，等待妻子入屋进行蒸煮，既表示了前衍后续，又表示了新一代夫妇生活的开始。

6. 入屋居住

入屋居住，必须请来巫公鸡卜择吉，选定日子。这在前面已经说过。

壮族社会有句俗语："男建干栏，女子兴家。"所谓"兴家"，就是女子婚后怀了孕方才落居夫家；进入夫家居住之时，"女父母牵牛羊，备家具，持以送女"入屋，[②] 带来起动夫妻生产、生活的基本需要。以后，家是否兴旺，全凭女子的劳作、勤谨、智慧和肚福。这是由壮傣群体先人越人传统的"男逸女劳"习俗以及婚姻观念和社会伦理决定的。

（四）屋被烧后重建必"大""又大"

古代，壮傣群体越人悬空构屋兴建竹屋茅茨式的干栏，所用材料都是易燃之物。所以，他们备尝火带来的苦头。《旧唐书》卷96《宋璟传》载："广州旧俗，皆以竹茅为屋，屡有火灾。"就是此种情况的反映。

古代壮傣群体越人知道火的无情，居于竹茅建成的干栏之上，稍有不慎，即会招来弥天大火，顷刻间住房化为灰烬，屋中日用杂物毁于一旦。因此，他们处之谨慎。"禾囷个

[①] 胡绍华：《傣族风俗志》，中央民族大学出版社1995年版，第65页。

[②] （清）刘锡蕃：《岭表纪蛮》，商务印书馆1934年版，第74页。

个小亭如"，① 另建囷仓于人居干栏之外，"山隅水滨"之间。②

火带来灾害是痛苦的，损失也是巨大的。但是，壮傣群体越人似乎等闲视之，并不屈从于火，不作顺向思维，以火为神而祀之。汉武帝时，越人勇之说："越俗有火灾，复起屋，必以大，用胜服之。"③ 20 世纪 80 年代初，湖南考古工作者发掘湖南省资兴县所属的东汉墓时，M285 墓出土的陶屋屋壁上刻有"大""又大"等字样。④ 此墓为越人墓，墓中出土印证了汉代越人勇之所说的越人习俗。此种情况说明越人祀水为神，对火则蔑如，即使干栏由于不慎被火烧了，重建干栏时又以"大"或"又大"来压之。反正古代竹木遍地，取之容易，亲戚邻里相帮，悬空构屋，兴建一幢"竹屋茅茨"式的干栏住房也不怎么费劲。

壮傣群体越人将火视为常物，房子被火烧了，重建一幢比原房子"大"或"又大"的干栏将火鬼压服。他们认为以这样的方法镇住火鬼很灵验，因此世代传承，历史上在壮傣群体越人中，没有哪一个分支群体奉火鬼为祭祀对象的。

上古，虽然壮傣群体越人"年从火来"：雷鸣火起开耕，一年开始；雷停火熄，一年结束。但是，火在社会生产、生活中只是一种媒介，他们并不将火超自然而视之，将它神化。原因是岭南越人包括壮傣、侗水和黎三个群体尚没有分化的时候已经有了火的共同词语，即"fei^2"，并且掌握了取火和留火的方法，认为火在人的掌握之中。一时不慎，固然可以引火烧身，一旦间令干栏成为灰烬，损失惨重，可那是个人行为的失误，并不是火的威力无边，从而令人将它作为祭祀祈求的对象。因此，壮族及其先人不慎干栏被火烧了，重建时干栏的规模比原来的还大，以显示人力强于火鬼。

二 乾隆以后壮族居处习俗

十里不同风，百里不同俗。风俗常因时空的不同，人们认知的相异而发生变化。

历史进入清朝乾隆以后，中央封建王朝加大了"化夷"策略，汉族文化在壮族地区普遍而深入地传播，汉文以及风水堪舆之说逐渐为广大壮族群众所接纳，随着壮族传统的悬空构屋式干栏建筑用材变化和改型，壮族的居处习俗又与古代纯行竹屋茅茨式干栏住房所奉行的习俗不完全相同了。

（一）请地理先生选择居地，规定屋向

前面说过，背山面水是壮族及其先人择居的最佳地处。有山有水，竹子婆娑，林木青葱的居处生态环境自然随之而来。唐朝诗人宋之问《过蛮洞》一诗描绘了岭南壮族先人村居的山、水与林木、竹子环合、馨香四溢的生态环境。⑤ 这样的居住环境，有山有水，有水有林，面对开阔平洋，既成就了壮族及其先人对水与林木的供奉，又便于生活和农耕作业。

---

① （明）林弼：《龙州十首》其七，（清）汪森《粤西诗载》卷 23。
② 《古今图书集成·方舆汇编·职方典》卷 1450《镇安府风俗考》。
③ 《史记》卷 28《封禅书》。
④ 湖南博物馆：《湖南资兴东汉墓》，《考古学报》1984 年第 1 期。
⑤ （清）汪森：《粤西诗载》卷 10。

20世纪50年代，广西西林县那劳乡的村落沿着驮娘江夹谷而建，背山面水，青山环抱，绿树葱葱，山溪蜿蜒，流水潺潺，是典型的秀丽幽静的山村。① 这是往日壮族传统村子的缩影。

壮族传统习居、村子都依山傍水。然而，广西天峨县白定乡的壮族，自清朝中叶乾隆年间（1736—1795年）以来，本地区有了认字的人，对风水便特别讲究起来。村寨的坐落和门口的方位和开向都得按地理先生的指点来做。人们流传着这样的口头禅："青龙（左山）抱（高出）白虎（右山），人人大财主；白虎抱青龙，代代人都穷。"② 这是从中原汉族风水学说中的"青龙抱白虎，代代出官府；白虎抱青龙，代代都贫穷"演化出来的。

广西上思县思阳镇在上思县北部，为上思县县城所在。明江贯于全境，由东往西蜿蜒。人们在沿河两岸开村立寨，耕锄为业。近代以来，人们有了迷信风水的习俗，所谓"明江河水向东流，世代英雄不回头"，反映了此一情况。尽管各村寨的方向向东、向西、向南或向北，没有统一，但普遍以"平洋开阔"为定向。房屋的建筑，也多是在地理先生的点导下择吉定向。③

壮族有竖立泰山石敢当石碑或雕石质蹲狗于家门口或入村路口或村周围其他地方以辟邪镇鬼的习俗。这也是出自地理先生的主意，目的是辟邪镇鬼，护宅保村。

在家门口或街衢巷口立上刻"石敢当"三字的石碑，唐、宋以来在中原汉族就已经成为习俗。在汉元帝时任黄门令的史游作的童蒙识字课本《急就篇》有"石敢当"三字，唐朝颜师古注说："首字为姓，下二字为虚构之名，言所当无敌也。"南宋王象之《舆地纪胜》卷135载，宋仁宗庆历四年（1044年）于兴化军（治今福建莆田市）发现唐代宗大历五年（770年）"石敢当"石碑，其作用诚如清朝翟灏《通俗编·居处》引《继古丛编》所载："吴民庐舍，遇街衢直冲（家门），必设石人或植片石镌'石敢当'以镇之。"而"泰山"是"泰山府君"的省称，"泰山府君"即"泰山神"。道家认为，泰山神是死人鬼魂的总管。竖上"泰山石敢当"，既辟邪又镇住了野鬼孤魂，就可以保住家庭或村子的没有野鬼没有邪气，平静安宁。

狗是岭南越人最早驯化的野生动物。关于它，壮族中流传有不少优美的传说。

狗勇敢坚毅，聪明机警，忠诚殷勤，善解人意，看护门庭，协从主人狩猎。壮族及其先人将狗视为朋友，重它，珍它，认为它既可给主人以帮助，又疾恶如仇、勇猛搏击以卫护主人的利益。于是将其超自然化，认为它既可以镇鬼辟邪，又可以给人以力量。

广西雷州半岛及其附近各县，往日是岭南越人的住地。随着历史的发展，那里越人的后裔趋同于汉族了，但他们仍然传承着原来越人重狗珍狗的习俗。家门前或村口都竖立雕着高约一米的石质蹲狗。有的家庭甚至还雕着一个小型的石质蹲狗安放在主屋的屋脊上，以求辟邪。

---

① 《广西壮族社会历史调查》第二册，广西民族出版社1985年版，第210页。
② 《广西壮族社会历史调查》第一册，广西民族出版社1984年版，第18页。
③ 《广西壮族社会历史调查》第三册，广西民族出版社1985年版，第77页。

石质蹲狗

壮族地区也大都如此，在村子的外面竖立石质蹲狗雕像，高约一米，眼盯前方，像守家护院的样子。立石狗，主在镇鬼辟邪。广西上思县板细村的东南500米处有一山如剑直指村子，村民唯恐因此给村子带来不幸，集资请匠人雕一蹲着的石狗放置在村子的东南方，让其两眼盯着山的方向以遏住剑锋，镇住它可能给村子带来的恶邪。①

随着壮族社会的进步，汉族科举时代主宰文运的"魁星神"也传入了壮族地区，为壮人所接纳。广西上林县巷贤镇苏桥村位于池塘环绕的绿竹丛中，村前是一片开阔的农田。村人期望村里人才辈出，文运昌盛，就在距村500米的东北角建起了一座魁星楼。时变气迁，科举废了，民国21年（1932年）前后，虽将该楼拆下以砖瓦兴建村里小学，但至今人们仍然以原魁星楼所在的地段名为"魁星"。至今，壮族地区尚存的魁星楼已经寥寥无几，广西东兰县武篆村前的魁星楼是其中之一。与建魁星楼目的类同，广西靖西旧圩前还有一座"文昌阁"，云南广南县也有文笔塔。

（二）请木匠，祭鲁班

壮族及其先人在竹屋茅茨式干栏住房时代，榫头卯眼，此类工作谁能承担就承担，并没有什么大的讲究。进入清朝乾隆以后，由于汉族文化的传入，建房请木匠，必须祭祀鲁班。

鲁班，又称鲁般、公输班，春秋时鲁国人，精于木工作业，《孟子·离娄上》开章即誉其木工技巧。后来干木匠技业的人，推崇他为木工祖师。因此，壮族木匠师傅画线动斧，也必须先祭祀鲁班。

壮族建房请木匠，忌讳也多。比如去请时路上碰到扛着锄头的人，就意味着挖掘，建起的房子容易坍塌，会出现死人。所以，广西天峨县的壮族建房请木匠，要赶夜路，绕着

---

① 郑超雄：《石狗》，《壮族百科辞典》，广西人民出版社1993年版，第391页。

东兰魁星楼

广南文笔塔

小道走。①

广西隆林各族自治县的壮族请来木匠师傅，主人要向他的工具箱进行供祭，房子竣工时又祭祀一次，酬报木匠祖师。②

广西龙胜各族自治县龙脊壮族，所请的木匠师傅初次来到，只带斧、墨斗等工具，在宅基一旁设"鲁班圣师之位"。主家要点上香，献肉献酒进行祭祀。祭祀完毕，木匠师傅用墨斗在主柱木上拉墨线，让家主用手弹一次墨线。如弹出的墨线昭明清晰，意味着建房过程一路顺利；如弹出的墨线不清晰或出现间断现象，就意味着在建房过程中诸多艰难，要处处小心。仪式结束，主家要送给木匠师傅围裙、手巾各一条，并附上一双新鞋。当日木匠师傅重返其家，翌日带齐工具再来投入建房工作。③

云南师宗县壮族称画线为"迈俏"。划画之前，先祭鲁班。祭时用米斗一只，装满粮食，内插"敕赐封鲁国公输班之神位"，左书"尺寸童子"，右书"墨斗郎君"。用红布将米斗围起来，内点油灯，插三炷香，将礼钱置于斗内（钱数过去是6.6元，现在是16元、26元或36元不等）。木匠师傅用一只大红公鸡主祭，并用鸡脖子上的几根毛沾上鸡血贴在米斗上，供奉在主家老屋楼顶人字木上面。祭毕，木匠师傅先给左边中柱弹墨斗画线，然后再画其他木料的线。④

---

① 王时阶：《夜请木匠》，《壮族百科辞典》，广西人民出版社1993年版，第390页。
② 隆林各族自治县县志编委会：《隆林各族自治县民族志》，广西人民出版社1989年版，第206页。
③ 覃彩銮：《壮族干栏文化》，广西民族出版社1998年版，第127页。
④ 杨宗亮：《壮族文化史》，云南民族出版社1999年版，第223页。

（三）破土动工

鸟要有巢，人要有窝。兴建房子，在壮族中是人生的一件大事。积粮，[①] 备料，请上木匠，这只是建房的预备。破土动工，才是兴建房子的真正开始。破土动工的时日，必须请地理先生或道公斟酌选择，云南壮族许多仍一如往日请布摩（巫公）选择日子。

广西龙胜各族自治县龙脊壮族兴建房子开地基的时候请地理先生选择"人和""财合""丁旺"这样的"三合"日子，如果逢上犯有"倒马杀"（怕房子倒塌）或犯着邻家的日子则弃之不取。[②] 而广西隆林各族自治县委乐一带的壮族在请地理先生选好吉日时，先在选好的房地上烧上炷香，动手挖上几锄象征开始破土动工，之后便停下来三天，待到第四天方才全面开工。破土之后三天内，严禁人走入房基所在的范围内，以防在房子兴建的过程中出现对房主、对参建人员不利的事情。全面动工那天，房主要举行杀鸡烧香供祭土地神的仪式，并尽量丰盛地请参加兴建房子的成员吃一顿饭。[③]

（四）祭糍粑以版筑

壮族仿汉族以砖以版筑作建房材料，是改革建房用材的良好举措。但是，火砖专人烧制，技术难度较大，成本高，价格贵，清贫百姓大多承担不了，所以他们的房子不论是干栏还是平房的山墙不是用土坯就是夯土版筑而成。房子高高，泥土松松，黏附力弱，他们唯恐山墙不结实牢靠，因此除用石头砌基或以"三合土"（黄泥、石灰、沙子按比例混合而成）夯筑基础外，对基础之上的泥土版筑心里总盼望着能筑得牢实。于是，壮族中产生了在版筑开始之际，首先杀鸡烧香用糍粑供祭墙基然后开始版筑的习俗。比如，隆林各族自治县委乐一带的壮族即是如此。他们认为糍粑是用煮熟的糯米做成的，黏结力强，可以将松散的泥土胶合起来，经过夯舂，版筑成形的土墙就会结实牢靠。[④]

（五）开宅门

壮族及其先人住竹屋茅茨式干栏时代，干栏下层或敞开无栏，或以竹木围起，门口设置的方位、大小没有定式。人居层楼梯安置在干栏前半部的左边或右边，或两边都设置。上梯入屋，是一个宽阔敞开的空间，犹如现在傣族的竹楼一样，没有宅门。进入以砖或以土坯或以版筑作为房子的山墙以后，平房或干栏人居层中间一室既是祖先神龛的所在，也是主人延宾待客的处所。门口既是人们出入之所，又是祖先鬼神升堂入室护家的通道；既是家庭财物进退的坎子，又是野鬼孤魂入屋为祸的关口。因此，壮族建房很重视宅门的设置，把它看成拒祸纳福的关口。

过去，桂西北壮族民间建房时，在大门门槛的中央置埋上一个犁头，犁头冒土一寸抵住木门槛，也可以铁器尖棒代犁头。他们认为"门下埋尖铁，可阻遏饕餮"。而广西宁明、忻城、南丹等地的壮族，在砖砌或夯土版筑平了宅门上限时，要请来道公或师公诵经

[①] 往日壮族人建房除木工外，都是互相帮工，由主人供饭，不要工资。所以，在壮族中流传有"建房要有粮，娶媳要有钱"的俗语。

[②] 《广西壮族社会历史调查》第一册，广西民族出版社 1984 年版，第 127 页。

[③] 同上书，第 43 页。

[④] 同上。

文，燃放鞭炮，同时在门框顶上挂起写着"姜太公在此"或"安门大吉"字样的红布或红纸，才能继续作业。将砖砌过门头或在门头上筑墙。

门头上砌砖也有个讲究。家主最不放心的是砖泥匠居心不良。有的匠人受人之托，与家主为难，在砖头上用血画个戽斗，其口向外，将之砌在门框上方，意即将该家的财产往外戽出，让其发达不起来。笔者少年时代在广西上林巷贤老家曾遇见此一情况。当时有一老屋，门口上托住砖头的门楣年久朽烂，砖头坍塌下来，这些砖头中就有一块上头鲜明地画个戽斗，其口向外。该家历代苦挣苦拚，总是只能勉强糊口，富不起来。他们见了砖上的画，愤恨不已，哀叹不已。

（六）抛梁

壮族房子的梁，不是汉族房子的梁柱，而是厅堂上脊檀下约有半尺到两市尺而与脊檀平行横于厅堂上两面山墙间的大木。

清朝民国年间，傣族的住房仍然保存传统的竹屋茅茨式的干栏建筑，房子没安大梁。而壮族和布依族接受了汉族以砖或以土坯或以版筑为山墙建以平房式的房子，房子都有大梁。因此，在他们那里，形成了抛梁习俗。

梁木要选笔直粗壮的古栋、古恩、古椿或杉木等作用材，不能用松柏，因为它木质不坚不韧，容易招虫。树砍下后，要妥善保管，不能让人或狗等家禽家畜跨过或撒尿。上梁那天，木匠师傅量好尺寸，削去多余，并在梁木中间挂上一匹红布，内装稻穗、银圆、茶叶等。此时，主家则以鸡、肉、酒、糍粑、米饼等供祭梁木；而主其事的道公边手敲小铜铙边口诵经文，继而以口咬破一只公鸡的鸡冠，以其血滴在梁上，复又敲铙诵念经文，祝贺主家顺利安吉，子孙发达，并给梁木及梁上布贴上驱鬼招神的符箓。上梁吉时一到，道公高喊"上梁大吉"，主家点燃鞭炮，众人从两边山墙上用绳索将梁徐徐升起。待到安好大梁，主家便将装着糍粑、米饼、糖果等物的竹篮吊给送屋顶上的众人。他们在享受的同时，又将糍粑、米饼等从梁上扔下来，而家中主妇则用衣襟或围裙来兜接，聚集一旁的邻家小孩也一拥而上，争抢不断从梁上落下的食品，场面极其热闹。这就是遍行于广西壮族中的建房"抛梁"习俗。

云南各支系壮族认为上梁时间是在吉日的头遍鸡鸣时，最迟也不要超过午时（12点钟）。挂在梁上的红布里面除银圆等外，有的还包着一支笔，意在盼望主家人才辈出。上了梁，由掌墨师傅高唱赞词。广南县者兔一带掌墨师傅的赞词是：

> 头顶一根梁，树在龙窝之箐。某家某时起盖新房，一保老少平安，二保猪鸡羊牛满厩，三保粮食钱财满仓。一撒东方甲乙木，东方送福禄；二撒南方丙丁火，儿孙继满堂；三撒西方庚辛金，送子孙雄英；四撒北方壬癸水，儿孙结成蕊；五撒中央戊巳土，猪鸡牛羊厩。……撒一十来一百，撒一百来一千，撒一千来一万，千千来，万万来，金银财宝滚进来，望子孙成龙，登府登县。

上梁仪式完毕，主人摆酒席款待帮忙者和前来祝贺的亲朋好友。[①]

[①] 杨宗亮：《壮族文化史》，云南民族出版社1999年版，第223—224页。

（七）安置祖宗神龛

壮族及其先人有"家鬼"崇拜，即祖先崇拜。最早的记载见于南宋周去非《岭外代答》卷10《家鬼》。他们的有"家鬼"崇拜及在家中设置祖先神龛，是汉族文化影响的结果。壮族及其先人接受汉族文化的影响因地区的不同也是参差不齐的。比如，宋代钦州的城中居民已在"厅事上设置香火"供祭先人。而乡村则还是在"村家入门之右"为"小巷"，在小巷右壁开个二三寸的小洞让家鬼入屋，称为"鬼路"。"岁时祀祖先，即于鬼路之侧陈设酒肉，命巫致祭，子孙合乐以侑之"，[1] 没有设置祭祀祖先的香火堂。此种情况，明末清初一些地方的壮族仍是如此。比如，广西上林壮人"祀先不设主"，[2] 云南广南的壮族也只以累累数十鱼罾标识灵位的所在。[3] 而个别地方的壮族则仍一如往昔，"不祀先祖"。[4]

历史进入清朝乾隆年间以后，壮族民间已经将祖考作为家庭的保护神，在厅堂中设置祖先神龛。所以，新房落成，必先请道公念经安置祖先神龛，并在老屋点上香供祭，然后以点燃的香为导将先人的鬼魂引到新屋的祖先神龛，进行供祭。

家中神龛是供祭祖先的地方，其神定位清楚明白。比如：

燧人氏教人取火，燧人氏代称灶神。虽然灶神与花王圣母二神列于左右，神龛却仍以祖先神为主神。而有些地方如广西平果县的壮族家庭却崇尚天地神灵，将祖考与灶神分置两旁，等列齐观，道出其祖先崇拜的原初性。

而比较偏僻的广西平果县乐尧山区和那坡县龙合乡等地的壮族，其家庭神龛上所奉祀的神灵则驳杂众多，将他们认为可以护佑子孙、使家庭康泰的神灵都定位上去了。比如广西平果县乐尧山区陇感屯卢姓家内神龛上是这样写的：

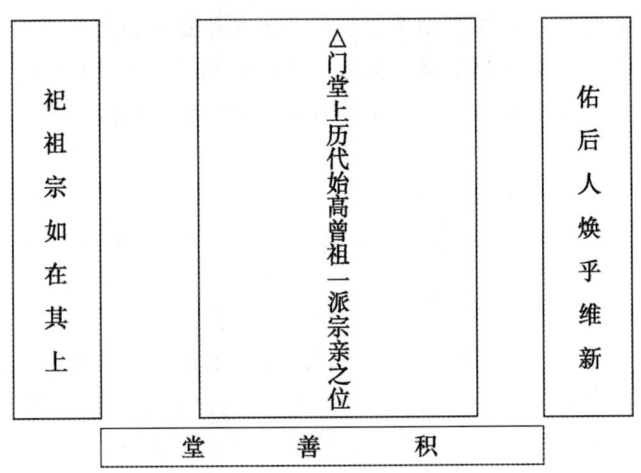

---

① （宋）周去非：《岭外代答》卷10《家鬼》。
② （明）郭棐：万历《宾州志》卷2《风俗》。
③ （明）刘文征：天启《滇志》卷4《旅途志》。
④ 《古今图书集成·方舆汇编·职方典》卷1415《庆远府风俗考》。

第三篇 衣、食、住、行文化

```
┌─────────────────────────────┐
│  △门堂上历代始高曾祖一派宗亲之神位  │
│    燧人氏之神                 │
│    花王圣母之神               │
└─────────────────────────────┘

┌──────────┐                    ┌──────────┐
│ 宗德衍家声 │                    │ 祖功垂福泽 │
└──────────┘                    └──────────┘

┌─────────  积 善 堂  ─────────┐
│  本音通天五祀司命定福灶君位     │
│  天 地 亲 师                  │
│  农门堂上历代一派远近宗亲位     │
└─────────────────────────────┘

        ┌─ 馀 庆 堂 ─┐

┌─────────────────────────────┐
│  本家福德土地旺相财神位         │
│  正一邓赵马关四大元帅位         │
│  北极镇天真武玄天上帝位         │
│  南无大慈大悲观世菩萨位         │
│  万天星北极紫微大帝位           │
│  主坛三元三官三品大帝位         │
│  本事高山×道朝列××位          │
│  家奉香火列位群真之位           │
│  卢门堂上历代一派宗亲位         │
└─────────────────────────────┘

┌──────────┐                    ┌──────────┐
│ 祥光时发烛生子 │                │ 瑞气日腾香结紫 │
└──────────┘                    └──────────┘
```

* 原注：×为字体不清。①

---

① 《广西壮族社会历史调查》第七册，广西民族出版社 1987 年版，第 229 页。

本来家中所设的神龛为祖先神龛，这里却是诸教诸神一锅烩，既有祖先之神，又有自然物的鬼魅；既有佛教的菩萨，又有道教的神灵；既有可以指名的，又有无端捏来不可名状的。比如，"三元""三官"指道家信奉的天官、地官和水官，宣扬的所谓"天官赐福""地官赦罪"和"水官解厄"。将"三官"拔为"大帝"已经无状，越出了道家信奉的范畴，而将内涵外延同一的异名一体的对象人为地劈作"三元""三官"二帝，更属无知攀缘，自我造神了。至于"三品"，本为中国历史上王朝中央设定的官员九品官阶中的一阶，即三品官，以其充作"三品大帝"，可说是因"三元""三官"为帝，见"三品"有"三"便也可以为帝。由此，既可以窥见他们信仰的庞杂和虚无，又可以知道他们家中的保护神不单单是祖先神。众神济济，云集一堂，就失却了家中祖先崇拜的鼎甲之尊。

同时，壮族在汉族文化的影响下奉祀祖先神为家庭保护神以后，家中神龛上的祖考也可能不是一代接着一代成系列、一环不缺而完整的。因为在他们的理念中，自然界众鬼有善鬼恶鬼之分，祖先鬼也有善恶之别。他们认为，先人只有在家中病故，其鬼才是善鬼，才可以进入祖宗神龛；由于意外事故或跌崖、落水、雷击或被刀砍枪击殒命于野外的人，生未了愿，死有怨恨，其鬼却是凶鬼。因此，他们的尸体不能运回家里，也不能进入祖宗坟场埋葬，只能埋于荒野或暴于高山之巅；他们的鬼不能进入家中列位于祖宗神龛，只能安一个神位在家门外进行供祭。[①]

壮族在汉族文化影响下有了"家鬼"崇拜，同样，在汉族文化的影响下也改变了他们供祭先人的物品。"土僚（壮族一个支系）以犬为珍味，不得犬不敢以祭。"[②] 侬人"种植糯稻，好割犬祭祀"。[③] 乾隆三十一年（1766年）出任镇安府（治今广西德保县）知府的赵翼，其《镇安风土诗》有"犬肉多于豕"句，自注说："墟场卖犬以千百计。"可见古代壮族以狗肉为珍品，重以狗肉为祭品，人食狗肉也极为普遍。但是此后，"走狗""貂不足，狗尾续"等，汉族以狗为坏、为丑、为卑劣的代称，也影响、干扰、决定了壮族对狗的认知，逐渐地狗肉被排挤于祭坛之外，排挤于家门之外。不仅如此，他们还约定俗成地规定，谁在家外吃了狗肉回来不能给祖先上香，至少隔了三天，待狗肉气味消失之后方才具有上香供祭祖先的资格。

（八）择吉入新房

乔迁，各地习俗不同，但必须请道公或师公选择吉日吉时，这却是壮族恪遵不悖，异地同俗的。

乔迁，云南师宗县沙人称"摆染迈"。时届吉日，房主先将老屋的火灰放到新房的火塘和灶膛里，当晚睡在新房里。次日，鸡鸣即起，把火塘、灶膛里的火烧旺，点亮神龛上的油灯，然后用东边沟旁的柳条枝，沾上从三岔沟挑来的水，洒向东、南、西、北、中五方，把剩下的水向西方泼去以驱邪。随后，家人搬来锅、盘、碗、盏，杀鸡备肉祭天地、

[①] 杨宗亮：《壮族文化史》，云南民族出版社1999年版，第118页；《广西壮族社会历史调查》第七册，广西民族出版社1987年版，第229页。

[②] （明）郑颙：景泰《云南图经志书》卷3。

[③] （清）王菘：道光《云南通志》卷154。

祖宗。①

广西隆林各族自治县委乐一带的壮族入新屋居住时,家人先挑一担谷、一挑水,点上一把火,扛织布机进屋。随着屋主在屋里呼猪叫鸡唤狗,大家才一拥而入。他们这样做,目的是求得此后一家粮食丰足,水火得宜,有纺有织,六畜兴旺,一家生活顺遂。②

广西天等一带壮族乔迁,先由道公诵经文手持火把进屋,照亮新居,将隐藏在屋里的野鬼赶走。随之,捧香炉的户主、挑水的主妇、抬家具的亲友走入新屋。户主接过道公的火把,点燃灶中火,蒸一桶糯米饭招待到场的道公和亲友,供祭祖宗。

广西南丹等地壮族,入屋时房主先放一串鞭炮,将屋中邪气赶走,然后主家人挑柴、米、油、盐入屋,接着再生一堆火,以示此后生活宽裕,日子红火。

广西环江的壮族先在新房中烧一堆火,吉时一到,房主举着两个空箩进门,大声吆喝:"这是我的家,凡留居在里面的都走开,我进来啦!"这是驱鬼赶邪,保家中人畜平安。广西那坡等地壮族,入屋前先以红纸书写"迁居大吉"或"迁祥纳福"等吉语,然后请师公在其上画符张贴于大门上框以镇宅;中堂放置一根带青叶的甘蔗,预示家庭此后生活甜美;神龛下的祭桌上摆柚木树叶一枝,用以驱邪除晦。③

---

① 杨宗亮:《壮族文化史》,云南民族出版社1999年版,第224页。
② 《广西壮族社会历史调查》第一册,广西民族出版社1984年版,第43页。
③ 王时阶:《壮族民间宗教文化》,民族出版社2004年版,第147—148页。

第四章

交通往来文化

"行行复行行,与君生别离。"① "行行复行行",是走着不停,指远行。但是,壮族及其先人,素有远走魂失、要收魂的习俗,"行不得也哥哥",即是以远行为忌。不过,社会中人,社团部族利益要维护,攻城野战,身不由己,能不远行?勤王卫国,举兵讨伐,能不远行?俯有拾,仰有取,为了自身族体的随流而进,也只能远涉异地他乡作文化交流。何况头儿徭役,令行禁止,"行不得也哥哥",哥哥也只得远行了。

飞蓬征客,千里长驱。远行,要有路途可行,有交通工具可凭,有习俗可依。这就是壮族及其先人千百年来的"行行"往来生活。

第一节 通道旅途

交通旅途,可分为陆路和水路。水路,天然自成,人们凭借它,靠竹筏、舟子可以交通往来。陆路,本无所谓路,走的人多了,也便成了路,后来加以人工修整,于是坦荡大道也就展现在人们面前。

一 陆路

秦朝以前,由于南岭横贯于北,将岭南地区与中原地区横隔开来,自成区域。那时候,岭南的居民越人氏族部落林立,各部落自固疆土,甚少相互往来。数家临水自成村,陆路交通往往限于氏族部落间的交往。所谓的陆路,仍然停留在"地上本没有路,走的人多了,也便成了路"的阶段。②

《逸周书》卷7《王会解》载,伊尹受商汤之命,作《四方献令》,规定"正南瓯、邓、桂国、损子、产里、百濮、九菌"等部落国"以珠玑、玳瑁、象齿、文犀、翠羽、菌鹤、短狗为献"。珠玑、玳瑁、象齿、文犀、翠羽等海陆产品出产于边海的岭南诸部落国家,瓯、邓、桂国、损子、产里等部落国其地或者是在商朝正南的岭南地区。

1958年以来广西武鸣马头乡出地的铜卣、铜戈,特别是广西兴安县出土的兽面纹铜卣,通高22.8厘米,腹径横15.3厘米,纵11.8厘米,足高2.5厘米,重1.6公斤。提

---

① 《古诗十九首》。

② 鲁迅:《故乡》。

梁作绳索形，颈饰夔龙纹，腹饰兽面纹，器内底有铭文"天乙父"三字，应为商代晚期遗物。[1] 而1985年发掘的广西武鸣县马头乡元龙坡墓葬，不仅出土了众多的铜矛以及铜钺、铜斧、铜匕首、铜镦、铜镞、铜卣、铜盘、铜刀、铜凿、铜针、铜铃、铜钟、铜链环，而且出土了6件铸造青铜器具的石范，说明由于与中原文化的频繁交流，在中原文化的影响下，西周至迟至春秋时期，岭南越人已经进入了青铜器时代。[2]

春秋、战国时期，岭南已经形成了独具特色的青铜器文化。广西武鸣、灌阳、靖西、柳江、贺县、兴安、德保、荔浦、宾阳、北流、横县、容县、象州等地相继出土了不少青铜器具。这些青铜器具，从器物形制和纹饰等主要方面看，和邻近广东同期青铜器特别相像，有的甚至一模一样，说明了岭南地区东西居民都是越人，青铜文化同属一个类型的文化。[3]

春秋战国时期，岭南越人独具一格的青铜文化的形成，是岭南越人社会进步以及与异族异地文化交流的结果。它不仅体现了中原青铜器文化影响的痕迹，而且显示着云南晋宁石寨山、江川李家山滇文化的影响。[4] 战国以后，楚悼王以吴起为相，振兴国力，"南平百越"，将岭南越人各部落基本置于楚国的势力范围之内，[5] 楚、越间的文化交流更为频繁。但是，即使如此，岭南各部落之间，岭南与中原之间并没有什么宽畅的大道可以通行，路仍然是山间小道，有如曲折蛇行路，百步九折萦岩峦，行人还是一步一个脚印地负重迈行。

劈开南岭通道，使中原人可以略为顺畅地进入岭南地区的，是进攻岭南越人的秦朝军队。

（一）岭路开辟

"六国毕，四海一。"秦始皇统一了中原六国，目光落在了没有降服的越人地区。汉朝人刘安《淮南子》卷18《人间训》载，在秦始皇派遣征讨越人的五军中，前三军是针对岭南越人的；"结余干之水"一军集结于今江西余干信江水头，是准备进讨今赣东福建越人的；而"守南野之界"一军，则是驻军于南野（今江西南康市西南章江南岸），既可以从南部牵制并进攻今赣东福建的越人，又可以声援进取岭南东部越人的秦军。"一军""处番禺之都"，控制番禺的门户，沿今北江而下，征讨、占领岭南东部；"塞镡城之岭"一军，越过南岭，西沿今清水江西而去，东沿今融江南下占领诸地；"守九疑之塞"一军，溯湘江而上，跨入漓江而下。据史载，此路军遭到西呕越人的猛烈抗击，"三年不解甲弛弩，使监禄无以转饷"，陷入进退两难的境地。

古代，大流滔滔，人们以水道交通为便，认为占住了水道，便可求得进兵和运粮的顺

---

[1] 梁景津：《广西出土青铜器》，《文物》1978年第10期。
[2] 广西文物队、南宁市文管会、武鸣文管所：《广西武鸣马头元龙坡墓葬发掘简报》，《文物》1988年第12期。
[3] 广西博物馆：《近年来广西出土的先秦青铜器》，《考古》1984年第9期。
[4] 广西文物队、南宁市文管会、武鸣县文管所：《广西武鸣马头安等秧战国墓群发掘简报》，《文物》1988年第12期；广西博物馆：《广西恭城县出土的青铜器》，《考古》1973年第1期；广西文物队：《平乐银山岭战国墓》，《考古学报》1978年第2期；广西文物队：《广西田东发现战国墓葬》，《考古》1979年第6期；广西文物队：《广西宾阳县发现战国墓葬》，《考古》1983年第2期。
[5] 《史记》卷65《吴起列传》。

利。所以，秦朝派遣攻击越人的诸军，都争夺水道。镡成，秦置，属黔中郡，其地在今湖南省西南靖县南，越过南岭，其下即今融江。九疑，即九疑山，之所以又称为苍梧山，就是因为九疑山是在苍梧部落国的地域内。①《史记》卷1《五帝本纪·舜》载，舜"践帝位三十九年，南巡狩，崩于苍梧之野，葬于江南九疑，是为零陵"。又《礼记·檀弓上》载"舜葬苍梧之野。"九疑、苍梧、零陵错位互称，同指一地，可知上古苍梧部落国包含今湘南、桂北和粤西北地区。其"守九疑之塞"一军，就是溯今湘江而上，跨入漓江的。所以，当"监禄无以转饷"时，便"以卒凿渠而通粮道，以与越人战"。监禄所凿的渠，就是至今仍然呈现于人们眼前的广西兴安县秦灵渠。

后人以后世的见识取代古人的认知，往往将"南岭"具体化为"五岭"。比如，司马迁《史记》卷89《张耳陈余列传》载，秦末陈涉亲信武臣对赵地的豪杰说：

> 秦乱政虐刑以残贼天下数十年矣。北有长城之役，南有五岭之戍，内外骚动，百姓罢（疲）敝。

又卷118《淮南衡山列传》载西汉时，伍被对淮南王刘安说：

> （秦始皇）又使尉佗逾五岭攻百越。尉佗知中国劳极，止王不来，使人上书求女无夫家者三万人以为士卒衣补。秦始皇可其万五千人。于是，百姓离心瓦解。

其实，派兵戍守地点与出兵攻打的路线并不一致。戍守是选择重点地方派兵驻守，以防不测；出兵攻讨则是取其易而能够迅速控制全局战事的路线。所以，秦"南有五岭之戍"或者可以说得通，但是如果说秦始皇"使尉佗逾五岭攻百越"，则是影似而实非了。一者，秦始皇先派尉屠睢率一军南征，后以监禄凿渠运粮草。尉屠睢被岭南西呕越人打死后，又是谁人续领此路秦军？总之，军无头不行，自有其人继尉屠睢续为此路秦军统帅，只是史载略失其名而已。秦军三路战胜岭南越人之后，分其地为桂林、象郡、南海三郡，南海郡尉是任嚣，尉佗只是南海郡属下的龙川县令，算不得是个什么拿得起的人物，秦始皇怎么又会"使尉佗逾五岭攻百越"？二者，"五岭"，不论是《史记》卷89《张耳陈余列传》司马贞《索隐》引裴渊《广州记》，还是《史记》卷6《秦始皇本纪》张守节《正义》引《广州记》和《舆地志》，抑或是《太平御览》卷54《岭》引《南康记》，指的都是从汉始安郡的始安岭（越城岭）经江华的都庞岭、临贺的萌诸岭、桂阳的骑田岭到南野的大庾岭，并没有涉及"塞镡成之岭"那一军。"五岭之戍"怎么能与秦军进讨岭南越人的三支军队所处相吻合？由此可知，当初秦军攻越略地的进军路线与事后巩固占领岭南地方的戍守地点是不同的。

"元鼎五年（前112年）秋，卫尉路博德为伏波将军，出桂阳（郡治今湖南郴州市），

---

① 《说苑》卷3《建本》载孔子说："苍梧之弟，娶妻而美好，请与兄易。忠则志矣，然非礼也。"孔子的话道出苍梧人的风俗。另《逸周书》第4《王会解》也载"苍梧翡翠"，说明了苍梧特有的物产，可知上古苍梧为一个部落国家。

下汇水（今广东连江）；主爵都尉杨仆为楼船将军，出豫章（今江西），下横浦（今广东北江东源浈水）；故归义越侯二人为戈船、下厉将军，出零陵（郡治今广西全州西南），或下漓水，或抵苍梧；使驰义侯因巴、蜀罪人发夜郎兵下牂柯（今贵州的北盘江及其下游广西的红水河）：咸会番禺（今广州市）。"① 这是汉武帝攻灭南越国时所派遣的四路军。汉灭南越国，以"出桂阳、下汇水"的伏波将军路博德一军及"出豫章、下横浦"的楼船将军杨仆一军直取南越国的都城番禺，与秦征讨岭南越人时已能"一军处番禺之都"形势大不相同。西汉以两军对南越国实行斩首行动，秦以一军便解决了问题。西汉灭南越国的另两军直指象郡和桂林二郡，然后与取番禺的二军会合，与秦的"一军塞镡成之岭"和"一军守九疑之塞"的进军趣旨不谋而合。这就与伍被所说的秦始皇"使尉佗逾五岭攻百越"不符，因为"五岭"不是"南岭"。

秦兵征讨岭南越人的三军都各为其用："处番禺之都"一军，扩及其余，建立南海郡；"守九疑之塞"一军，下漓水，流郁水，自北而南略地，设置桂林郡；"塞镡成"一军，入都柳江，流融江，下柳江，占领今广西中西部和黔东南地区，创设象郡。三郡自上而下平行分割岭南，控制岭南越人，这是很明显的。所以，成于秦汉之际的《山海经》卷13《海内东经》载：

> 沅水出象郡镡城西，东（北）注江，入下隽（治今湖北通城县西北），合洞庭中。
> ……
> 郁水出象郡，而西南（东南）注南海，入须陵（番禺②）东南。

文中虽然"东北"夺了"北"字，"东南"讹为"西南"，但沅水东北流，郁水东南流，这却是不争的事实。而且，古代即有"书三写，鲁成鱼，帝成虎"的谚语，在没有发明印刷术的时候，书的传播靠传抄。在传抄的过程中，鲁鱼亥豕，讹夺难免，不能因一讹一夺就否认该书的真实性。《山海经》卷13《海内东经》关于沅水和郁水的记载，道出了象郡的北界在镡城，其地在今桂西及黔、滇东南地区，南至今广西与越南交界地区。

东汉班固（32—92年）《汉书》卷28下《地理志》载，"日南郡，故秦象郡，武帝元鼎六年（前111年）开，更名"，"属交州"。自此，框定了魏、晋、南北朝及唐初的学者，不论是三国的韦昭、晋朝的司马彪、南北朝的刘昭和沈约，还是初唐的房玄龄等人，都不敢越雷池一步，直认秦象郡在汉的日南郡，其地在今越南中部。

然而，事情却不可以如此认知。

第一，《汉书》卷28下《地理志》的此则记载，是后来的有心人鱼目混珠掺杂进去

---

① 《史记》卷113《南越列传》。
② 须，《周礼·玉藻注》："古音班。"陵，上古属蒸部韵，读如雄。《左传·襄公十年》"北在山陵，有夫出征，而丧其雄"，即是如此。《正义》云："古人读雄与陵为韵。《诗经》《正月》《无羊》皆以雄韵陵，是也。"这就是说，"须陵"二字，古读同"班雄"。清初广东学者屈大均《广东新语》卷3《三山》载，"番禺旧读翻容"。"故谚有云：北人不识番禺。"因此，"须陵"乃是古人关于"番禺"的另一同音异泽写字。

的。它如属《汉书》作者班固所撰，绝不会是这个样子。

第二，行文不一，章法不同。

元鼎六年，西汉在今越南境内设置交趾、九真、日南三郡，是开地设置，并没有说将秦朝设置的象郡"更名"为日南郡。而且，《汉书》卷28下《地理志》于岭南诸郡（如苍梧、合浦、交趾等郡）下除日南郡注明"秦故象郡"外，其他各郡都没有标识各属"故秦"的哪一郡。同为一书，同说一个方域内的诸郡，何其行文如此不一？

此外，日南属交州不当是班固之语。

《汉书》卷28下《地理志》载元鼎六年汉武帝设置的日南郡"属交州"，然而西汉元封五年（前106年）置"十三刺史部"刺史分区监察全国各郡，① 因其中的朔方、交趾是"攘却胡、越，开地斥境"置的，② 不能以"州"称，以"别于诸州"。③ 这个区别对待由西汉开始，历300年不变，迄于东汉末年建安二年（197年）因苍梧人交趾太守士燮上表陈情，汉献帝方才下令将"交趾刺史"改为"交州牧"，使之"与中州方伯齐同"。④ 此时，距《汉书》的作者班固逝世的永元四年（92年）已整整有100年，日南郡"属故秦象郡"一语，显然是后人"渍墨窜旧史"，不是班固原有之文。

第三，秦、汉象郡在今广西及云贵高原东侧不在今越南。

《汉书》卷1《高祖纪》载，汉高祖五年（前202年）刘邦的诏书中说："其以长沙、豫章、象郡、桂林、南海，立番君（吴）芮为长沙王。"这说明秦灭汉初，桂林、象郡、南海三郡作为政区单位仍因秦制。《史记》卷113《南越列传》载，元鼎六年（前111年）汉武帝在发兵讨灭南越国的过程中，"越桂林监居翁谕瓯骆属汉"，道出了赵佗以南海郡为点进而向西击并象郡、桂林二郡割据岭南建立南越国时，仍然是占其地而存其名，象郡、桂林二郡一如南海郡一样没有废置。又《汉书》卷7《昭帝纪》载，元凤五年（前76年）"罢象郡，分属郁林、牂柯"，示明了汉初至汉昭帝100多年间南越国及西汉王朝因袭秦制，象郡此一政区建置仍然存在。其地望恰如《山海经》卷13《海内东经》所言是在今桂西、黔东南及滇东南、湘西南，即汉昭帝元凤五年（前76年）以后郁林、牂柯二郡居间之地。

清朝人齐召南《汉书考证》以《汉书》卷28下《地理志》关于"日南郡，故秦象郡"的记载论证《汉书》卷7《昭帝纪》此条记载的可疑，不足信，说："秦置象郡，后属南越；汉破南越，即故象郡置日南郡。以《地理志》证之，此时无象郡名，且日南郡固始终未罢也。"但是，他在评述《汉书》卷28下关于"武帝太初四年（前101年）开"武威郡时却说："《武纪》（指《汉书》卷6《武帝本纪》）：元狩二年（前121年）匈奴昆邪王杀休屠王，并将其众来降，置五属国以处之，以其地为武威、酒泉郡。岂迟至太初

---

① 《汉书》卷6《武帝纪》。
② 《汉书》卷28上《地理志》。
③ （唐）颜师古注《汉书》卷28上《地理志》引《胡广记》。
④ 《艺文类聚》卷631引苗恭《交广记》载："建安二年（197年）交趾太守士燮言：'伏见十二州皆称曰州，而独交趾为交趾刺史，何天恩之不平乎？若普天之下可为十二州者，独不可为十三州？'诏报听许，拜张津为交州牧。自此，交州牧守方与中原方伯齐同。"

四年（前101年）乎？《志》（指《地理志》）与《纪》（指《本纪》）自相矛盾，自当以《纪》为实。"① 齐召南出尔反尔，这不是自打嘴巴吗！清末民初著名学者王国维著文专力辩明《汉书》卷28《地理志》记载的不足信，告诫世人不要"眩（迷惑）于《汉志》之说"，"或反据《汉志》以订正《史记》及《汉书》之《纪》（本纪）、《传》（列传）"。② 王氏的言语可以说思深虑全，说得恳切。

唐朝颜师古注《汉书》卷1《高帝纪》据臣瓒记《茂陵书》载："象郡治临尘，去长安万七千五百里。"据《汉书》卷28下《地理志》载，汉郁林郡临尘县有朱涯水（今左江上游）、斤员水（今左江下游）、侵离水（今明江），其地在今广西崇左、宁明、龙州一带。"去长安万七千五百里"的"万"，疑为是《汉书》传抄过程中出现的衍字。法国人鄂卢梭《秦代初平南越考》③ 在"万"字上大做文章，说象郡始治临尘，临尘在今广西西南部，不合里数，临尘当为"林邑"之讹。但是，东汉王充《论衡·谈天》载"日南之郡去洛（阳）且万里"，"且"是"将近"的意思，即不到一万里。洛阳与长安（今西安市）几在同一水平线上，东西相距不足500里，怎么又可以认定"去长安万七千里"的"临尘"一定是"林邑"呢？再者，"临""林"可能出现同音相混，可"尘"字繁体为"塵"，与"邑"字音不近形不混，在传抄中不当出现"邑"讹为"塵"的事故。何况，东汉末年以前在中国史籍上不见有"林邑"的记载，东汉末年以后，"象林蛮夷"摆脱了中国中央王朝的控驭始建"林邑国"，西汉时又怎么有个"林邑"讹成"林尘"？此种情况说明不论是秦朝还是汉昭帝元凤五年（前76年）的西汉王朝，其象郡都是在今桂西、滇黔东南地区。

《史记》卷113《南越列传》载："秦已破灭，（赵）佗即击并桂林、象郡，自立为南越武王。"汉高祖十一年（前196年），陆贾出使南越国。据《史记》卷97《陆贾列传》载，会见中，陆贾在历数赵佗的狂妄后说："今王众不过数十万，皆蛮夷，崎岖山海间，譬若汉一郡，王何乃比于汉尉！""今王众不过数十万"，这数十万就是当时南海、象郡、桂林三郡的人口总数。

南越国亡后，汉武帝在原南海、桂林二郡除设置南海、苍梧、合浦、郁林4郡外，还割桂林郡的零陵、洮阳、始安三县合岭北的泉陵等7县置零陵郡，割南海郡的桂阳、阳山、曲江、含洭、浈阳、阴山6县合岭北的郴县等5县置桂阳郡。据《汉书》卷28《地理志》记载，西汉时南海郡有94253人；苍梧郡有146160人；合浦郡有78980人；郁林郡有71162人；桂阳郡有156488人；零陵郡有139378人。其中，零陵郡10县，原桂林郡属仅3县，计其人口约4万人；桂阳郡11县，原南海郡属县占6县，计其人口占一半，约7.5万人。如此，西汉时，南海、桂林二郡其人口总计约505555人。

鉴于汉昭帝元凤五年（前76年）"罢象郡，分属郁林、牂柯"二郡，说明《汉书》所载的郁林郡人口，有部分是原象郡人口，而并入牂柯郡的原象郡部分地方，可能是宛温（治今云南砚山县）、句町（治今云南广南县）、镡封（治今云南文山西）、都梦（治今云

---

① 转引自（清）王先谦《汉书补注》。
② 《秦郡考》《汉郡考》，《观堂集林》卷12，中华书局1959年版。
③ 《西域南海史地考证译丛九编》，冯承钧译，中华书局1958年版。

南文山北）、谈指（治今贵州晴隆县）、毋敛（治今贵州独山）等6县。牂柯郡辖17县，153360人，此6县人口占1/3，即5万人左右。这样，赵佗自立为南越武王时统辖的南海、象郡、桂林三郡，西汉时其人口总数约55万。此一数字，恰与陆贾说的基本一致。

如果日南郡为"秦故象郡"，则其北的交趾、九真二郡也当包括于其中。据《汉书·地理志》记载，汉时交趾郡有746237人，九真郡有166013人，日南郡有69485人，三郡总计981735人。如是，秦及赵佗时期南海、象郡、桂林三郡人口就该有1537290人，大大超过了陆贾和赵佗的认知。"数十万"成了"百数十万"，其不当之处是非常清楚的，说明秦象郡在今黔桂、滇桂地区，不远落于汉日南郡之地。

其实，赵佗自名为南越武王，是在击并桂林、象郡之后，《史记》之文说得很明白。而他进一步扩大其疆域则是在吕后封锁欲图其国之后，《史记》之文也说得很清楚："高后崩，佗因此以兵威边，财物赂遗，闽越、西瓯骆役属焉。东西万余里，乃乘黄屋、左纛、称制，与中国侔。"从而汉朝不得不令陆贾二度出使南国，逼赵佗去黄屋、帝制，"长为藩臣，奉贡职"。这说明赵佗扩其疆域至安阳王国境，是在吕后之后，其前他击并的象郡不当在安阳王的疆域上。

或者有人说，这是以汉平帝元始二年（公元2年）的人口数来估定距汉高祖十一年（前196年）有近200年的三郡人口数量，似与社会没有发生兵连祸结和大的天灾，时进人繁的规律不符。然而，元鼎五年（前112年）汉兵南下，次年南越国亡，战争近一年，死伤自然多。南越国灭，居翁、黄同、毕取、孙都、史定等越人首领因功而封侯于今河南南阳等地，他们赴任自带其所属部落而往，合起来也当有几万甚至10多万众。如此一来，西汉后期约计的三郡人口数量与西汉前期三郡人口就差之无几了。

第四，秦朝的疆域未及于今越南境土。

秦始皇二十五年（前222年），秦将王翦"平定荆江南，降越君，置会稽郡（治今浙江绍兴市）"①后，翌年（前221年）即调兵略取闽越、南越之地。闽越易下，第二年秦便在闽越地设置闽中郡，然而在南越却遭到了越人的坚决抗击。秦兵"三年不解甲弛弩"，"又以卒凿渠以通粮道，以与越人战"。虽然秦兵杀了西呕君译吁宋，但越人却"莫肯为秦虏"，另设将帅，"夜袭秦人，大破之，杀尉屠睢，伏尸流血数十万"。②此后秦不断增兵，秦始皇三十二年（前214年）越人降服，秦于其地置桂林、象郡、南海三郡。《史记》卷6《秦始皇本纪》载秦始皇二十六年（前221年）秦朝的疆域"东至海及朝鲜，西至临洮、羌中，南至北向户，北据河为塞兼阴山至辽东"。二十八年（前219年），秦始皇登泰山，作琅琊台石刻"颂秦德"，也说"六合之内，皇帝之土，西涉流沙，南尽北户，东有东海，北过大夏"。所谓"北向户""北户"，就是户在日之南，人需朝北看太阳。这就是晋朝左思《吴都赋》所咏的"开北户以向日"。由于地球公转和自转的关系，每年冬至后太阳于南回归线北移，夏至日正午，太阳垂直照射在北回归线上，然后再往南移，周而复始。因此，北回归线以南的地方，每年都有一定的时间太阳是悬在偏北上的，人需抬头北望才能见到太阳。此种现象，在北回归线以北的中原地区是不能见到的。秦始

---

① 《史记》卷6《秦始皇本纪》。
② 《淮南子》卷18《人间训》。

皇以"北向日"或"北户"炫其武功伟业，表示控驭的地方"遥远"，犹如他在琅琊石刻所自诩的"人迹之所至，无不臣者"一样，只是一种笼统的虚张的"调门"，旨在显示秦朝疆域的广大辽阔，"北户"并不是指某一个地域，因为秦始皇二十六年（前221年）或者二十八年（前219年）秦始皇张口炫耀之时，秦兵与岭南越人的兵戈相见正胶着呢，距秦兵于秦始皇三十三年（前214年）征服岭南越人设置三郡还有五六年呢！

西汉灭了南越国后在今越南设置了一个日南郡，人们顾名思义，往往指认秦始皇所说的"南至北户"的"北户"就是日南郡。常人如此，皇帝也不例外。比如，东汉时汉明帝（58—75年在位）知张重从日南郡来，便说："日南郡，人应北向看日！"张重觉得这是传言所误，答道："臣闻雁门（治今山西朔县东南夏关城）不见垒雁为门，金城郡（治今甘肃永靖县）不见积金为城，臣虽居日南，未尝向北看日。"① 这可说是回答巧妙，澄清了中原人的因名推义式的误解。

《汉书》卷64下《贾捐之传》载，贾捐之在纵论珠崖郡（治今海南省海口市琼山区南东）应当废置时说：秦始皇"贪外虚内，务求广地，不虑其害。然地南不过闽、越，北不过太原，而天下溃叛，祸卒在于（秦）二世之末"。贾捐之的话是对汉元帝说的，俗话说："伴君如伴虎"，在君主面前臣子唯有据实而言，否则便有"欺君之罪"，死有余辜。无疑，贾捐之的话是西汉时人们所认同的。秦朝的疆土没有达到珠崖郡，而日南郡又在珠崖之南，自然也不在秦朝的疆域之内。

《史记》卷113《南越列传》司马贞《索隐》引晋南北朝人的《广州记》载：

> 交趾有骆田，仰潮水上下，人垦食其田，名为骆侯。诸县自为骆将，铜印青绶，即今之令。后蜀王子将兵讨骆侯，自称为安阳王，治封溪县。后南越王尉佗攻破安阳王，令二使典主交趾、九真二郡，即骆越也。

秦及其前，今越南中北部为安阳国地，秦没有兵涉其地设置郡县，至南越国时期，赵佗向西击拼西瓯骆，方才乘势由象郡南进攻灭安阳国，在其地设置交趾、九真二郡。晋、南北朝时期的著作不仅《广州记》有这样的记载，《日南传》、②《交州外域记》、③ 沈怀远《南越志》④ 等书也有这样的记载，虽然文字繁简略异，但事实基本相同。《交州外域记》还说：

> 越王令二使者典主交趾、九真二郡民。后汉遣伏波将军路博德讨越王。路将军到合浦，越王令二使者斋牛百头、酒千钟及二郡民户口簿诣路将军，乃拜二使者为交

---

① 《太平御览》卷4引《后汉书》。另郦道元《水经注·温水》引范泰《古今善言》载："张重举计入洛，正旦大会，明帝问：'日南郡，北向视日邪？'重曰：'今郡有云中、金城者，不必皆有其实。（日南郡）日亦俱出于东耳。至于风气暄暖，日影仰当，官民居止，随情面向，东西南北，回背无定。'"文字虽然略异，旨意相同。

② 《太平御览》卷348《弩》引。

③ （南北朝）郦道元：《水经注·叶榆河》引。

④ （宋）乐史：《太平寰宇记》卷170引。

趾、九真太守，诸雒将主民如故。

此种情况，同样揭示了秦始皇用兵岭南，但并没有进兵今越南中北部地区，更没有在其地设置郡县，哪来的汉日南郡即是秦的象郡？

第五，在"汉连兵三年"所置的"初郡十七"中有象郡。

《史记》卷30《平准书》载："汉连兵三年，诛羌、灭南越，番禺以西至蜀南者置初郡十七。且以其故俗治，无赋税。"此"十七"个初郡，《集解》引晋灼说："元鼎六年（前111年）定越地，以为南海、苍梧、郁林、合浦、交趾、九真、日南、珠崖、儋耳郡；定西南夷，以为武都、牂柯、越嶲、沈黎、汶山郡；及《地理志》《西南夷传》所置犍为、零陵、益州郡；凡十七也。"犍为郡（治今四川宜宾市）虽在"番禺以西至蜀南者"此一地域内，但据《史记》卷116《西南夷列传》载，它却是汉武帝元光年间（前134—前129年）设置的，与"汉连兵三年"即汉武帝元鼎五年至元封元年（前112—前110年）这个时段不符，不当在"汉连兵三年，诛羌、灭南越，番禺以西至蜀南者置初郡十七"这个范围内。"十七"郡除了犍为郡，当缺一郡，此一郡就是象郡。

西汉司马迁《史记》卷113《南越列传》载："南越已平矣，遂为九郡。"具体是哪"九郡"，司马迁没有说。东汉班固在《汉书》卷95《南粤传》载："南粤已平，遂以其地为儋耳、珠崖、南海、苍梧、郁林、合浦、交趾、九真、日南九郡。"然而，九郡中却没有汉平南越后于元鼎六年（前111年）设置的零陵郡，令人大感不解。零陵郡的设置，汉武帝是有深谋远虑的，目的就是汲取赵佗割据岭南的教训，使南岭不成为割据闹独立的天然屏障。零陵郡是由原南越桂林郡的一部分地方设置零陵（治今广西全州县西南湘江西岸）、始安（治今广西桂林市）、洮阳（治今全州县北）三县，与位于今湖南南部的营道、夫夷、营浦、都梁、冷道、朱陵、钟武等县组成，治于零陵县。这样，零陵郡地跨南岭南北，扼住岭脊，消除了封岭割据的危险。由此看来，零陵郡是汉平南越后所置的重要一郡，《汉书》卷95《南粤传》所列的"九郡"略去如此重要的一郡，显然大为不妥。同时，《汉书》卷95《南粤传》记载"南粤既平，遂以其地"所置的"九郡"中有儋耳、珠崖二郡，亦属不妥。此二郡位于海南岛，南越国没能辖有其地，汉武帝是在元鼎六年（前111年）平定南越国并在其地设郡始于次年即元封元年（前110年）发兵渡海占地设郡的，① 怎么会是"南粤既平"遂以其地为儋耳、珠崖郡呢？自然，"南越已平矣，遂为九郡"，此"九郡"应当是南海、苍梧、郁林、象郡、零陵、合浦、交趾、九真、日南九郡。这益证了汉因秦制，在平定南越国后仍保有象郡的建置，直至汉昭帝元凤五年（前76年）秋始行罢置，以其地分属于郁林、牂柯二郡。

秦、汉象郡的设置及其地望，以及"南岭"与"五岭"的不同，在历史上曾长期存在认识上的纷乱，因而笔者花费许多笔墨以作辨正，目的是明确秦辟南岭通道，荡开了岭南与中原地区的交通，汉继之，进一步促进和密切了岭南越人与中原与西南的交往。"蜀

---

① 《汉书》卷64下《贾捐之传》。

蒟成酱香流番禺之都",① "零陵、桂阳峤道平夷通畅成为常路",② 不能不说是秦辟南岭通道、汉进而拓之的丰功伟绩。

军队的推进,往往是抄近披荆棘,踏草莱,逢山开路,遇水架桥,开前人未开之路。军队一过,道路于是展现。东汉建武十六年（40年）,交趾郡征则、征贰姐妹起兵反汉,声势浩大,波及周围合浦诸郡。汉光武帝为了维护东汉政权的一统局面,"乃诏长沙、合浦、交趾具车船,修道桥,通障溪,储粮谷",并于十八年（42年）任命伏波将军马援、楼船将军段志率万余人南征。马援和段志率师溯湘江,入漓水,顺流而至苍梧猛陵,转北流江,进合浦地界,过桂门关,下南流江,涉合浦边海,然后沿着海岸线"随山刊道千余里"到达交趾。此水陆交替相接的路线,成为汉、晋、南北朝、唐、宋时期从中原进入岭南合浦的一条便捷通道,也是中原人叨念着"欲除贫,走徐闻",梦想求富的冒险者的唯一通途。

但是,一过桂门关,关外林木茫茫,瀚海浩浩,地热气湿,瘴疠深重。与马援一道南征的楼船将军段志挡不住瘴疠的侵袭,一到合浦便罹病死了,马援的部队"经瘴疠,死者十四五"。③ 桂门关,在古代岭南地区似又是一道判生死的关隘。因此,那时候,桂门关,俗名又称为"鬼门关"。

桂门关,在北流县城西,高崖深谷,路经其中,关势险要。因"桂""鬼"近音而混,元朝廉访使月鲁改名"魁星关",喻为主宰文运的神关,以改关的历史形象。明朝洪武年间复称桂门关,宣德间又改为天门关。迄今,"鬼门""魁星""天门"已随时流而逝,关口两边高耸的山崖已经推平,高速公路展延南去,已无昔日关口的点滴痕迹,徒存其名任人凭吊而已。然而,宋朝以前出了此关,瘴疠深重,"去者罕得生还",人们传称"鬼门关,十人去九不还"。唐朝宰相李德裕被流放海南岛崖州,过关时曾赋诗示哀:"一去一万里,千去千不还。崖州在何处,生度鬼门关。"④ 不料想,一代名相竟也因党争属列"千去千不还"中的一分子。往昔萦怀,却也令人感伤。

合浦郡,对中原人来说远在万里之外,乍然蹴居,必然水土不服。不习水土,必生疾病。因此,汉代的人视合浦犹如蛮荒之地,成了朝廷流放罪人及其家属的地方。就《汉书》记载所见,卷45《息夫躬传》、卷70《杜周传》、卷76《王章传》、卷77《毋将隆传》、卷82《傅喜传》、卷84《翟方进传》、卷86《师丹传》等传的传主获罪以后,本人或其家属都被流放到合浦郡。而卷93《佞幸传》中,淳于长和董贤等因善于谄媚得宠,失宠后,除本人被皇帝处死外,他们的妻、子及父、弟等家属也都被流放于合浦郡。甚而皇亲国戚,也免不了遭受流放合浦的命运。比如,据《汉书》卷18《外戚恩泽侯表》及卷27下之上《五行志》载,孔乡侯博晏和方阳侯孙宠都因获罪而"徙合浦"。至西汉末王莽专权时,废汉成帝赵皇后、汉哀帝傅皇后,皇后外家丁、傅的人也都被免去官爵,有的被遣返回老家,有的则"徙合浦"。这些人被流放合浦,出了桂门关,"十人去九不

---

① 《史记》卷116《西南夷列传》。
② 《后汉书》卷63《郑弘传》。
③ 《后汉书》卷54《马援传》。
④ 《旧唐书》卷41《地理志》；（宋）乐史：《太平寰宇记》卷167。

还"，还有一人侥幸存活下来。比如，王章获罪死于狱中，"妻、子皆徙合浦"。他们适应力强，融入了当时的土著人社会，久而久之，"采珠致产数百万"。最后王章罪除，他们便挟富归于乡里，重振家业。① 此种侥幸于万一的意外，却也激起了中原许多人的贪欲。特别是那些处于霜露凄凄交下而在原地难见希望、难以有所发展的人，往往怀着"幸承天光转运"的心理，置身一搏，远投合浦。唐朝李吉甫《元和郡县志》载："汉置左右侯官，在（合浦郡徐闻）县南七里，积货物于此，备有所求，与交易有利，故谚曰：欲拔贫，诣徐闻。"② "欲拔贫，诣徐闻"，此一谚语反映了当时中原一些人甘愿抛尸荒滩越险冒瘴奔赴合浦的狂热追求。

从有关"鬼门关"和当时"欲拔贫，诣徐闻"谚语的流传乃至《后汉书》卷63《郑弘传》记载的"旧交趾七郡③贡献转运，皆从东治（治今福建福州市）泛海而至，风波艰险，沉溺相系"，可知汉代岭南交通的艰难险阻，道行不畅。东汉建初八年（83年）大司农郑弘"奏开零陵（治今广西全州县）、桂阳（治今湖南彬县）峤道"，从中原进入岭道的两条山道方才比较平夷通畅的情况看，岭南与中原的岭路交通仍然艰难。但是，在岭南地区内部由于中原官员的来到，人员往来的频繁，各地区之间的交通还是比较通畅的。这表现在当时牛车、马车的出现。比如，广西贵县罗泊湾汉墓一号墓、二号墓，广西合浦西汉木椁墓，贵县风流岭三十一号西汉墓，都出土衡木、轭勾、踵饰、盖弓帽、车辖、马衔、镳、当卢、兽面铜饰等车架部件，④ 说明西汉前期，马拉车已经在岭南的原野上奔驰。而尤为令人惊异的是在今广西西北角极为偏僻的西林县普驮一座铜鼓墓葬也出土了鎏金盖弓帽、车饰、辖、当卢、衔、带扣、铃以及盖面牌饰、山羊纹牌饰、绵羊头牌饰等马车部件，⑤ 道出了汉代在今桂西北和云南东南部的丛山峻岭中，也已经有了马车道通行。此种情况，印证了《史记》卷30《平准书》关于汉武帝所建的"十七初郡"，其官员的"奉食、币物、传车马、被具"等，都由"南阳、汉中以往"各郡按比例供给的记载。

（二）唐朝官道遍于岭南地区

岭南位于南海之边，是汉朝与海外诸国贸易的前沿阵地，因此当时除流行"欲拔贫，诣徐闻"的谚语外，《汉书》卷28下《地理志》也载，粤地"处近海，多犀、象、毒冒、珠玑、银、铜、果、布之凑，中国往商贾者多取富焉。番禺（今广州市），其一都会也"。三国、晋、南北朝时期，在地方割据、朝政纷乱的情况下，任职于岭南的官员大多是居位不思职，专以捞财中饱私囊为务。"广州包带山海，珍异所出，一箧之宝，可资数世，然多瘴役，人情惮焉。惟贪婪不能自立者求补长史，故前后刺史皆多贪黩。"⑥ "南土沃实，

---

① 《汉书》卷76《王章传》。
② （宋）王象之：《舆地纪胜》卷118《雷州·风俗形势》引。
③ 指南海、苍梧、郁林、合浦、交趾、九真、日南七郡。
④ 广西博物馆：《广西贵县罗泊湾汉墓》，文物出版社1988年版，第51、109页；广西文物队：《广西合浦西汉木椁墓》，《考古》1972年第5期；广西文物队：《广西贵县风流岭三十一号西汉墓清理简报》，《考古》1984年第1期。
⑤ 广西文物队：《广西西林县普驮铜鼓墓葬》，《文物》1978年第9期。
⑥ 《晋书》卷90《吴隐之传》。

在任者常致巨富，世云'广州刺史但经城门一过，便得三千万'也。"① 这些官员除了"侵虐百姓，强赋于民，黄鱼一枚收稻一斛"，② 明目张胆地掠夺外，还利用职权强买强卖，牟取暴利：南海"郡常有高凉生口及海舶每岁数至，外国贾人以通货易。旧时州郡（官员）以半价就市，又买即卖，其利数倍。历政为常"。③ 甚至，许多官员还借征讨岭南土著"俚""獠"为名，专主掠夺，"所得皆入己"。④ 自然，此类官员只考虑个人私囊的鼓与不鼓，与民为敌，与地方为敌，全失了民本思想，哪里还去考虑民生？哪里还考虑道路的修理和建筑？所以，三国、晋、南北朝时期岭南的交通状况一如汉代之旧，甚至每况愈下。

隋朝，持续时间不过30年，国力不振，在岭南除弃西部不取外，中、东部地区也只是依靠土著的"俚""獠"首领维持统治局面而已，在交通方面更没有可值一书的。

唐朝，经济繁荣，国力张扬。那时候，唐朝不仅逐渐改变了岭南中、东部地区土著首领盘踞地方的政治局面，让冯氏、冼氏、谈氏、陈氏、宁氏、李氏、庞氏、欧阳氏、沈氏、周氏、秦氏等土著首领逐渐淡出历史舞台，⑤ 完成了概以流官治理的一统式格局，而且在隋朝所弃的今桂西地方建立了众多的羁縻州县，集群式地进行比较完整的以当地首领"依故俗治"的羁縻统治。

与此同时，唐朝在岭南除广州、桂州两个中心外，又提升邕州、容州、交州为经略府，并提升广州经略使为岭南五府经略使或节度使，统理岭南政治、军事、民政等事宜。

相应地，经略府与经略府间，各经略府与岭南五府经略使间都辟了官道，设了驿舍，备有马匹、粮草，保证路途的运行和通畅。时人李商隐《昭州》诗所咏的"桂水春犹早，昭州日正西。虎当官路斗，猿上驿楼啼"，⑥ 虽极尽荒凉，行人不多，但也反映了这方面的情况。

权德舆《容州经略、招讨、制置等使戴公（叔伦）墓志铭并序》载："维贞元五年（789年）夏四月，容州刺史、经略使、侍御史、谯国男戴公至部之三日，以疾受代，回车瓯骆。六月甲申次于清远峡而薨，春秋五十八。"⑦ 清远峡在今广东清远县东北。戴叔伦在容州经略使任上病了，卸任由容州上梧州，转广东，北返中原。虽然他病体奄奄，不及治疗，到今广东清远县便与世长辞了，但也说明唐代岭南各地的交通、岭南与中原的交通还是通畅无阻的。

"驿路南随桂水流，猿声不绝到蛮州。"⑧ 自然，异族他乡，人烟稀少，蛮岭众多，

---

① 《南齐书》卷32《王琨传》。
② 《三国志》卷53《薛综传》。
③ 《梁书》卷33《王僧儒传》。
④ 《陈书》卷36《始兴王叔陵传》。
⑤ 《旧唐书》卷67《李靖传》；《新唐书》卷120《薛季昶传》；《新唐书》卷195《陈集原传》；《新唐书》卷184《宦官杨思勖传》；《新唐书》卷222下《南平獠传》。
⑥ （清）汪森：《粤西诗载》卷10。
⑦ 《全唐文》卷502。
⑧ （唐）刘长卿：《江楼送太康郭主簿赴岭南》，（清）汪森《粤西诗载》卷6。

"道里屡纡直",①"云里峰峦千万重,中间一路与天通"②;"虎当官路斗,猿上驿楼啼";③"阴森野葛交蔽日,悬蛇结虺如蒲萄",④中原人初履其地时免不了心里惊悚害怕。犹如元结《越亭二十韵》诗中咏的"怅望麋鹿心,低回车马路",⑤即便如此。在岭南地区东西有路可行,南北直贯而通,四野交驰,道路荡荡,途中又有驿舍可以驻足,添粮补草,不误行程,也可以聊胜于无了。

货通有无。富于物产的地方,必然会千方百计寻找出路。川蜀盛产绢绸产品,非常受交趾及海外诸国的宠爱;而交趾及海外诸国所产的犀、象、玳瑁、珠玑等珍贵物品也是川蜀及中原、西北各地所迫切需求的。唐太宗贞观十三年(639年)六月,"渝州(治今重庆市)人侯弘仁自牂柯开道,经西赵出邕州以通交、桂。蛮、俚降者二万八千户"。⑥侯弘仁开辟此路的目的主要是寻找通交州出海口的途径,以行销其物产,所以所谓"通交、桂"主在经"桂"通"交"。此路的开辟,并不如同宋末人胡三省注《资治通鉴》所说的那样:"今广西买马路自桂州至邕州横山寨二十余程,自横山至(自)杞国二十二程,又至罗殿十程。此侯弘仁所通者也。"因为唐初侯弘仁开路既主在为川蜀的物产寻找出海的便捷通道,那么他从渝州取道牂柯(治今贵州黄平县西北)、西赵(贵州黔南布依族苗族自治州)进入岭南西部邕管地界后,必然是折而南下直入交州,不必再到邕州或桂州。而南宋时兴盛的广西通西南自杞、大理、罗殿等国的买马路,则是南宋失去了北方领土,战马源缺,为补充战马来源而开辟的,邕州和桂州是其必经之地,无须从横山寨通往另外一国的交趾。

侯弘仁所开通交桂的道路在邕管区内什么地方转折南下交州?

在今广西德保县城,有一条由一块块石级铺就随山起伏的古道,直向靖西县东部伸延而去。时日流逝,繁华不再,古道早已荒废,唯因铺路石块有的浅白,仍然可于荒草丛中就石块映现的光斑而认路的去向。细辨石上,一路而去,大都残留着马蹄凹印。这是由于马帮的马匹驮着重货长年累月往复践踏出来的。另外,在德保县城附近的一个坡道上,路边有块巨石,上刻有"百粤坡"三个苍劲大字。巨大的石块上,苍苔重重,几将三字掩没,不留心观察还看不出来。不知此"百粤坡"三字又是何时所刻。

今广西靖西县,北宋初年分属三个州,东为傥犹州,西为安德州,南属广源州。广源州,唐为平原州,是唐文宗李昂开成四年(839年)析安南都护府所属羁縻都金州的平原馆设置的。⑦平原州没有从都金州分割出来以前为什么称为"平原馆"?馆,是行旅商贾止步食宿休息的馆驿所在,必然是因为平原这个地方介于交通路上,便建立馆驿以方便行旅商贾止息,故称为"平原馆"。平原馆,在今越南高平省广渊。唐开成四年(839年)

---

① (唐)韩愈:《赠别元十八协律》,(清)汪森《粤西诗载》卷2。
② (宋)邹浩:《阳朔路》,(清)汪森《粤西诗载》卷22。
③ (唐)李商隐:《昭州》,(清)汪森《粤西诗载》卷10。
④ (唐)柳宗元:《寄韦珩》,《柳河东集》卷42《古今诗》。
⑤ (清)汪森:《粤西诗载》卷2。
⑥ (宋)司马光:《资治通鉴》卷195。
⑦ 《新唐书》卷43下《羁縻州》。

平原馆从都金州分割出来设置平原州，五代时平原州又改为广源州，是"獠"人侬氏首领的领地。北宋初，广源州首领侬民富归附宋朝。宝元二年（1039 年），宋仁宗弃广源州，被交趾李朝长期侵蚀占领。庆历八年（1048 年），侬智高以广源州反抗交趾的占领求附于宋。由于求附于宋不能如愿，皇祐四年（1052 年）侬智高迫于无奈只得以起兵求附，举兵东下占领邕州，进兵广州。在此以前，"广源地产金，一两值一缣，智高由是富强，招诱中国及诸洞民，其徒甚盛"。"有黄师宓者，广州人，以贩金常往来智高所，因为之画取广州之计。智高悦之，以为谋主。"① 可以说，从唐迄于北宋，广源州都是一个商业通道的经由地，并由此发展成为一个四方客商凑集略为热闹的市镇。侯弘仁从渝州取道牂柯、西赵进入岭南西部，然后由田州曲折南下冻州（今德保县）入平原馆，再下交州，显然是一条川蜀货物南销交州并贩回犀、象、珠玑以及沉香等珍品的便捷通道。宋代，"富商自蜀贩锦至钦州（州），自钦易香至蜀，岁一往返，每博易动数千缗"。② 肇其端者，无疑是唐代披荆斩棘劈道南下的侯弘仁，宋人踏其旧迹而已。

（三）宋朝岭南陆路交通

"毒草生春瘴，蛮江晚上潮。"③ "水毒人多病，烟昏马易惊。"④ 这是宋元时期岭南"黄茅青草瘴，黑质白章蛇，橄榄高悬子，芭蕉倒吐花"⑤ 等因与中原不同的自然生态环境产生的必然感受。所以，当时人有了诸如"绝壁三千丈，荒烟八九家"；⑥ "林茂鸟乌急，坡长驴驮鸣"；"庙废藤遮合，危桥竹织成。路旁行役苦，随处有柴荆"⑦ 这样的抒写。

然而，水随山转，景随情迁，猿声本娟娟，顿成猿哀鸣。虽然唐代李商隐《昭州》诗中"虎当官路斗，猿上驿楼啼"的句子，尽绘了昭州（治今广西平乐县）的荒凉，可是宋朝人梅挚的《昭潭十爱》诗其五称：

　　我爱昭州路，优游不险奇。
　　九疑通舜野，八桂绕秦祠。
　　亭候相望处，酒樵有让时。
　　政无牙虎斗，莫信义山诗。⑧

南宋初年被投降派排斥贬居岭南的李纲，心系国家的兴亡，珍惜每一寸国土，其《容南道中》一诗也客观地展现了所面对的景象：

---

① （宋）司马光：《涑水纪闻》卷 13。
② （宋）周去非：《岭外代答》卷 5《钦州博易场》。
③ （宋）易谦：《过梧州》，（清）汪森《粤西诗载》卷 10。
④ （元）陈孚：《柳州道中》，（清）汪森《粤西诗载》卷 10。
⑤ （元）陈孚：《度三花岭》，（清）汪森《粤西诗载》卷 10。
⑥ 同上。
⑦ （宋）范成大：《珠塘》，（清）汪森《粤西诗载》卷 10。
⑧ （清）汪森：《粤西诗载》卷 10。

> 路入容南境，风烟自一方。
> 山空云冉冉，春动水茫茫。
> 紫府丹砂秘，幽村碧树芳。
> 萧然有佳政，作（啥）个是炎荒。①

当然，"阴森野葛交蔽日，悬蛇结虺如蒲萄"；② "虎当官路斗，猿上驿楼啼"；③ "炎方景象异中原，海气昏昏杂瘴烟"④ 等景况，也是当时岭南自然生态环境特征的具体凸显。不过，陶弼《再至阳朔》诗道：

> 五管新多事，轻车屡往还。
> 勤劳成白发，故旧是青山。
> 树色才分楚，江声未出蛮。
> 自惭迎候少，无惠及孤鳏。⑤

陶弼，宋朝荆湖南路永州（今湖南零陵县）人，自庆历中（1041—1048年）出任广南西路阳朔县主簿（掌管文书、簿籍、印鉴，为知县以下众官佐之首），后调升知县、知州等，留任于广西近30年。熙宁十年（1077年）宋对交趾李朝自卫反击，夺回谅州、门州、苏茂、思琅、广源五州之地，改广源州为顺州，设顺州安抚都监司。元丰元年（1078年），宋进陶弼为东上阁门使，任其为顺州知州及安抚都监。未及一年，陶弼劳累过度，瘴死任上。⑥ 由他所咏的"五管新多事，轻车屡往还"句可知，那个时候在岭南五管各地间，路途通畅，随来随往，并没有什么碍阻。

宋代，最值得称颂的，是以邕州横山寨为中心开通了与西南自杞、罗殿等国的贸易通道。

此事的倡首者，是邕管左江道羁縻安平州人李械。李械为羁縻安平州"獠"人李氏首领的胞弟，因其兄已经袭父职为羁縻安平州知州，没有名分，只好通过科场应试寻求出路。李械见于记载时，已经官任朝请郎广西经略司干办公事。宋时人李心传《建炎以来系年要录》卷10建炎元年（1127年）十月二十四日记载，宋朝尚书省户部侍郎叶宗谔奏请任命"獠"人李械出任提举左右两江峒丁公事，说他"智谋深远，才术优长"，不是对他这个"溪峒蛮人"情有独钟，或得了什么好处故为拔高溢美，而是据实的客观评价。

李械出任提举左右两江峒丁公事后，居位思谋，尽其职责。同时，他审时度势，眼观六路，敏锐地觉察到北宋灭亡，宋高宗仓皇南逃在杭州建立南宋政权，北方广大国土沦于

---

① （清）汪森：《粤西诗载》卷10。
② （唐）柳宗元：《寄韦珩》，《柳河东集》卷42《古今诗》。
③ （唐）李商隐：《昭州》，（清）汪森《粤西诗载》卷10。
④ （宋）张方平：《送沈生昆弟随侍之博白》其一，（清）汪森《粤西诗载》卷22。
⑤ （清）汪森：《粤西诗载》卷10。
⑥ （宋）李焘：《续资治通鉴长编》卷291。

金人之手，宋军战马源断，必须找寻战马的来源渠道。于是，他上书宋高宗，奏请在邕州置使购买大理国的战马，拓开新的战马来源。建炎三年（1129年）冬十月十八日，宋高宗接纳了其奏请，"命提举广西峒丁李棫市马，邕州置牧养务"。①

李棫受命，马上派出知情人出使大理，交结大理国的热心人，让他们向大理国王陈说利弊，优与价格，求市战马。而那个时候，由广西经江西到杭州的道路不通，他又上书乞请由广西改行福建将战马送到杭州。这就是《建炎以来系年要录》卷33所记载的"李棫募人入大理国。得效用（愿意效力用命的）董文等十二人，厚赉之盐采，使至其国善阐府（今云南昆明市）求市。至是，（李）棫奏江西道不通，乞自广西入闽中（今福建省）赴行在（帝王所在地）。许之"。由此可以略见李棫的智深谋远、胆识才术和办事魄力。

经过一年多的努力，大理国王同意了李棫关于宋与大理在横山寨（今广西田东县平马镇）市马的请求。为了试探宋朝方面的诚意，大理国王"遣其臣张罗贤以千骑至横山寨"进行交易。② 谁知在这个紧要的关口上，由于李棫不谙智圆行方的道理，与广西经略府经略使许中意见不合，竟与许顶撞，"互讼其过"，给免了官。③ 于是，南宋与大理的马匹交易好不容易接上茬，通上路，"会棫罢归，事遂寝"，④ 告吹了。

李棫是"獠"人，是蛮夷，族不同，但其心不异。他竭尽心思、费尽气力开辟通西南商道，购买大理国战马，振兴南宋兵力、国力，功在地区经济的发展，功在国家的富强，没存什么私人之念、异帜之想，却被弃之不用。当绍兴三年（1133年）宋高宗重新认识到购买大理国马匹、开辟南宋与西南诸国的贸易通道对局促于江南半壁的赵宋王朝的重要性和必要性，在邕州重新设置提举买马司甚至命令广西经略安抚司直接经管其事时，为了重树信誉，不知又花了多少盐、财，费了多少气力方才将大理国拉转来，同意将马匹、货物拿到邕州横山寨来相互交易。《宋会要辑稿·兵二二之一八》载邕州进士昌懋的奏言虽只略及其事，却可窥见其中的艰难曲折。

景祐四年（1037年），北宋在广西左右江地区设立横山、古万、迁隆、太平、永平五寨，控驭左右江地区羁縻诸州洞以及西南边防。寨设知寨、主簿各一员，处理日常事务，并以提举官一员率兵驻守。五寨的军政、行政，均向邕州知州兼安抚都监负责，是邕州知州兼安抚都监的派出机构。其中，横山寨设在羁縻田州（治今田东县西祥周）横山县的治所横山（今田东县平马镇），⑤ 其他四寨则分设于左江地区。

横山寨控扼右江上游，为邕州（治今南宁市）的西北门户。皇祐四年（1052年）侬智高起兵反宋，就是从田州攻破横山寨，除去邕州的西北屏障，然后顺右江而下直取邕州的。南宋邕州别驾吴儆《邕州化外诸国土俗记》称：

> 自邕北出功饶州（宋以后改为上林县，治在今田东思林）、梵凤州（治今田东县

---

① 《宋史》卷25《高宗纪》。
② （宋）李心传：《建炎以来系年要录》卷33。
③ 《建炎以来系年要录》卷36；《宋史》卷26《高宗纪》
④ 《建炎以来系年要录》卷33。
⑤ 白耀天：《侬智高：历史的幸运儿与弃儿》，民族出版社2006年版，第156—159页。

林逢）至横山寨，四百里。①

罗殿、自杞二国和特磨道与宋朝广南西路毗连，大理国又在特磨道之西，罗殿、自杞二国的西南。同时，南宋开辟西南商道的出发点是求得大理马匹，而"马贩子"却是自杞和罗殿二国，因此，南宋要取得大理国的马匹，不得不首先依从于自杞和罗殿二国。待到横山寨至二国的商道开通，大理的马匹也取道于特磨道来到横山寨了。

1. 横山寨取道自杞国通大理国贸易通道（兼论自杞国人族属）

南宋周去非《岭外代答》卷3《通道外夷》载：

> 自横山寨一程②至古天县（在今田东县东北）③，一程至归乐州（治今百色市永乐），④一程至唐兴州（治今百色市北唐兴），一程至往殿州（治今百色市西北汪甸），一程至七源州（治今凌云县县城），⑤一程至泗城州（在今凌云县西北和乐业县中南部），一程至古那洞（在今乐业县西），⑥一程至龙安州（在今广西乐业县西、田林县东北），一程至凤村（今广西田林东北百乐）山獠渡江（南盘江），一程至上展（今贵州册亨县），一程至博文岭，一程至罗扶州（今贵州安龙县），一程至自杞之境名磨巨，又三程至自杞国（今贵州兴义）。⑦
>
> 自杞四程至古城郡（治今云南曲靖），又三程至大理国之境名曰善阐府（今昆明市），六程至大理国矣。

---

① （清）汪森：《粤西文载》卷36。
② 《宋会要辑稿·蕃夷五之一二》载：西南龙蕃（在今贵州省）"地去宜州陆行四十五程。程无里堠，但晨发至夜谓之一程"。西南山岭丛丛，路陡途弯，人走一天，也只能走五六十里。
③ （宋）吴儆：《邕州化外诸国土俗记》载："自横山北出田州古天县。"（清）汪森：《粤西文载》卷36。
④ 吴儆：《邕州化外诸国土俗记》载"田州古天县"与"归乐州"之间还有一个"归仁州"。归仁州在今田阳县西百色市东。
⑤ 此七源州系北七源州，另有南七源州。南七源见载于《新唐书》卷43下《羁縻州》，属邕州都督府，治今越南高平省七溪，明代其州还在（《明实录·宣德实录》卷109）。北七源州与泗城州出现于北宋后期，见载于《宋会要辑稿·蕃夷五之九四》。北七源州和泗城州是广西壮族岑氏扎根和发展之地。北七源州治古勘洞，即今凌云县泗城镇。元朝，此为来安路治所。明朝改为府，来安仍治于此。洪武二年（1369年），泗城土官知州岑善忠其兄岑汉忠任来安府土官知府。五年（1372年），岑汉忠死，子岑郎广袭职。其堂叔田州府土官知府岑伯颜利用郎广稚嫩无知，诬告他造反，被送上断头台，岑伯颜因兼来安府守御事。泗城土官知州岑善忠见岑伯颜不仅要吞并来安府，而且要吃掉泗城州，于是快刀斩乱麻，洪武六年（1372年）一方面将泗城州治所迁到原七源州治所所在的古勘洞，另一方面奏请将泗城州升为直隶州。明王朝怕岑伯颜的势力坐大，同意了岑善忠的请求。
⑥ 吴儆：《邕州化外诸国土俗记》载，从往殿州先到"古那县"再到"七源州"，疑误。古那县在泗城州的西北。据《明实录·英宗实录》卷79载，正统六年（1441年）广西总兵官柳溥以利州（治今田林县利周）的利甲与泗城的古那洞对换，让利州土官知州岑伯颜到北边的古那去另建衙门，说明从往殿州到七源州、到泗城才到古那县。
⑦ 《邕州化外诸国土俗记》载："自泗城州稍北出古宜县、古那县、龙唐山、安龙县、安龙州，渡都泥江，斗折而西，历上、中、下展州山獠、罗福州、雷闻岭、罗扶州至毗那、自杞国"，与《岭外代答》所载不同。毗那在今黔西，先到罗殿国后到毗那，所以《岭外代答》卷1《宜州兼广西路兵马都监》载"生蛮""其外又有罗殿、毗那"。

自杞，唐、五代未见记载，据《宋会要辑稿》第 198 册《番夷五之九三—九四》记载，北宋后期政和三年（1113）三月二十九日"武经大夫新差权发遣广南西路都监、权发遣宾州黄远奏状"称，"自杞"还是"邕州管下右江化外"黄远属下的一个州，人口不多，地域不大，局促于今贵州省黔西南布依族苗族自治州兴义县境内，由于恰巧碰上南宋在横山寨设置博易场购买大理国产战马此一机遇，自大理国贩来马匹到横山寨与宋朝交易，居间获了厚利，成了富强之国。当时人吴儆《邕州化外诸国土俗记》载："每岁横山所市马二千余匹，自杞多至一千五百余匹。以是国益富，拓地数千里，雄于诸蛮。近岁稍稍侵夺大理盐池，及臣属化外诸蛮獠至羁縻州洞境上。""自杞地广大，可敌广西一路胜兵十余万之国"。其疆域，"南与化外州山獠，北与大理，东与西南夷为邻，西至海亦与占城（在今越南南方）为邻"。

乾道八年至淳熙元年（1172—1174 年）官居广南西路经略安抚使的范成大以官职所及，于其《桂海虞衡志》中记载了自杞国人的形貌、性气特征和风俗习惯等：

> 自杞本小蛮，尤凶狡嗜利。其卖马于横山，少拂意即拔刀向人，亦尝为所杀伤，邕管亦杀数蛮以相当，事乃已。
>
> 今其国主曰阿巳，生三岁而立。其臣阿谢柄国，善抚其众，诸蛮比多附之，至有精骑万计。阿巳年十七，阿谢乃归国政，阿巳犹举国以听之。
>
> 诸蛮之至邕管卖马者，风声气习，大抵略同。
>
> 其人多深目长身，黑面白牙，以锦缠椎髻，短褐徒跣，戴笠荷毡，珥刷牙，金环约臂，背长刀，腰弩箭箙，腋下佩皮箧，胸至腰骈束麻索，以便乘马。取马于群，但持长绳走前，掷马首络之，一投必中。刀长三尺，甚利，出自大理者尤奇。
>
> 性好洁。数人共饭，一盘中植一匕，置杯水其旁。少长共匕而食，探匕于水，钞饭一哺许，搏之拌令圆净，始加之匕上，跃以入口，盖不欲污匕妨他人。每饭极少，饮酒亦只一杯，数咽始能尽，盖腰腹束于绳故也。食盐、矾、胡椒，不食羲肉。食已必刷齿，故常皓然。甚恶秽气，野次有秽，必坎而覆之。邕人每以此制其忿戾，投以秽器，辄跃马惊走。[①]

文中点明了自杞人的形貌特征是"深目长身""黑面白牙"。"长身"自是个子高；"深目"就是眼眶深凹。这似乎是欧罗巴人种地中海类型阿拉伯人。"腋下佩皮箧"（qiè，小箱子），似乎是古代阿拉伯人男子惯行的习俗。"取马于群，但持长绳走前，掷马首络之，一投必中"，是游牧民族的长技，一般的农业民族或狩猎民族没有这样的高超技艺。以绳索在奔驰的马群中套取马匹，这也是阿拉伯人的习惯行为。

盐是食物调味品，世界上各人类群体大都在使用，不足为奇，但在中国人的视角里，白矾或是媒染剂，或是净水剂，或是药物，并不是食物的调料。胡椒，在中国人的生活中是烹煮食物的调味品，但古代产于亚洲热带地方，在中国南方移植之前，它是昂贵的调味品，一般人家是不用或不常用的。自杞人"食盐、矾、胡椒"，道出他们不同于中国人的

---

① （元）马端临：《文献通考》卷 328 引。

食物嗜好。"不食彘（zhì，猪）肉"，这是信教使然。很明显，他们信奉的是伊斯兰教，是西亚伊斯兰教的教徒。

不用箸而用"匕"，即汤匙之类的小勺子吃饭，不同于中国人传统使用的吃食工具。数人共饭仅用一匕，吃时搏饭捏置于匕上抛而入口，不让匕接触嘴唇，虽然强调他们讲究洁净，却也相异于中国人传统的吃食方式。

"食已必刷齿"，在古代，即使中国的皇家贵族也没有走到此一步。虽然元代郭钰《静思集》中的《郭恒惠牙刷得雪字》诗有"南州牙刷寄来日，去腻涤烦一金直"的句子，"牙刷"已成为中国社会的一个专有名词，然而"牙刷"被誉为可值"一金"，可知那个时候其极为难得，极为可贵，是自海外传入的。明代，朝鲜人崔溥历游中国南北，其《漂海录》卷3载：

> 江南好冶容，男女皆带以镜奁、梳篦、刷牙等物。江北亦然，但不见带之者。①

"所谓'刷牙'，在明代又称'刷牙筲子'，简称'牙子'，其实就是'牙刷'。这是明人用来洁净、保护牙齿的一种工具。有些刷牙筲子，甚至还灌了香。所谓'筲'，俗称'筲子'，原本是一种用来刷头发使之光滑的毛刷。'刷牙筲子'就是从筲子变化而来，只是功能发生了变化，成为一种刷牙的工具。"② 这说明，"牙刷"在中国作为社会人群的习常用品、习常用语，每天刷牙成为社会上某些阶层人们的习惯行为，始于元代，不过，"牙刷"一名迄于明代还没见定称。

牙是齿，齿是牙，本为一物，而且牙位于齿前，可是宋元及其前的人却以齿代牙，像马齿徒长、齐齿并列、令人不齿、教人齿冷、唇亡齿寒、齿亡舌存、齿剑膏镬、腐肉之齿利剑等。虽然"牙后慧"一词见于南朝刘义庆《世说新语·文学》，但"牙后慧"成为"拾人牙慧"成语，却是在明朝以后。比如，南宋严羽《沧浪诗话·答吴景先书》说："仆之诗辨……即非傍人篱壁、拾人涕唾得来者。"又如，明朝胡震亨《唐音癸签》32《集录》3载："刘贡父滑稽渠率，王直方拾人唾涕。"清朝江藩《汉学师承记·江永》也说："贴括之士窃其唾余，取高第掇巍科者数百人。"这样一来，"拾人涕唾""拾人唾涕""拾人余唾"三个成语就与"拾人牙慧"一个意思，即蹈袭人家的言论和认知，没有自己的独立见解。可以说，"拾人牙慧"此一成语形成于后而后来者居上，在人们的言语和文章里基本取代了前三者。

明及明以前，汉文汉语涉于"牙齿"，多以"齿"代"牙"。无怪乎南宋时作为广南西路帅守的范成大谈到自杞人习俗时也不能免俗，说他们"食已必刷齿"。宋代，有着"食已必刷齿"此一追求洁净的习惯性行为的自杞人，显然不是传统的中国人（包括传统的中国各土著群体），而是海外入居的外域人。

自杞人突出的性气特征是"尤凶狡嗜利"以及"少拂意，即拔刀向人"的粗暴横霸性格。"狡"是"狡诈奸滑"；"嗜"是"嗜好"。"尤凶狡嗜利"如同"逐什一之

---

① 葛振家点注：《漂海录》，社会科学文献出版社1992年版，第195页。
② 陈宝良：《明代社会生活史》，中国社会科学出版社2004年版，第238页。

利""利市三倍"等,是历史上中国形容特会做生意、特会贸易经营的人的用语;是在西南诸国与宋的马匹交易中,"每岁横山所市马二千匹,自杞多至一千五百匹,以是国益富,拓地数千里"① 的概括和脚注。"嗜好与俗殊酸咸",② 自杞人的"尤凶狡嗜利",道出了他们在中国在周围各人类群体中的特殊性。此在当时居于中国西南的各土著群体中是不能比拟的。显然,自杞人是自海外的别的群体而来的。因为在他们立足之地的今贵州省兴义那地方,深居内地,丛山阻隔,既非贸易必通之道,在古代也没有什么物资可作受欢迎的商品通流各地,从而形成他们那异于周围各土著群体的"尤凶狡嗜利"的性气特征。

由于自杞国人是南北宋交替之际或其后陆续自海外入居于今贵州兴义的群体,不熟习汉语汉文,因此,吴儆《邕州化外诸国土俗记》载:"自杞今王名阿谢,年十八,知书能华言,以淳熙三年(1176年)立,国事听于叔父阿巳允是。阿谢父死当立,生甫余岁,阿巳摄国政。自罗殿致书生,教之华言,教之字画。尝贻书田州黄谐,候问寒温之式,与中国不异。"这里,"阿巳"是国王、是侄?或阿谢是摄政、是叔?同是在南宋淳熙(1174—1189年)初年为官于广西的范成大和吴儆,他们认知的并不同。吴儆在《邕州化外诸国土俗记》中说:"某淳熙四年(1177年)春以邕州别驾被旨出塞市马",直面自杞人,其言或者较为可信。而范成大作为广西帅守则是听人报告、阅人书启,述说者或范氏自己将阿巳、阿谢谁王谁摄政、谁侄谁叔弄混了。不过,教授自杞小国王汉语汉文的必须向罗殿国聘请,让罗殿国书生来做教师,说明自杞人初于今贵州兴义立国,国人上上下下对汉语汉文素不相识,既生疏又感陌生。这在西南传统的各土著群体是不可能存在此种状况的。因为一国之中,自汉武帝设郡置县以后即逐渐濡染于中央王朝推行的"王化",如同开元二十三年(735年)或其前后唐朝中书令张九龄代唐玄宗拟就的给今川、黔、滇各地首领的信即《敕安南首领爨仁哲书》说的"卿等虽在僻远,各有部落,俱属国家,并识王化"。③ "识王化",自然包括汉语汉文在内。"耳濡目染,不学以能。"④ 比如,罗殿国见于唐、五代,他们国中就有许多谙熟于汉语汉文的"书生",可资自杞的王室遴选。自杞人既然"尤凶狡嗜利",长于商贾,流于四方,自然不会对汉语汉文如此生疏而陌生,不通于世务。他们既然对汉语汉文反常态地感到生疏和陌生,由此或可以粗略知道,是北宋后期方才从南方海外辗转进入今贵州兴义一地立足的。

元朝李京《云南志略·诸夷风俗·罗罗》载:

> 罗罗,即乌蛮也。男子椎髻,摘去颔髯,或髡其发。左右佩双刀,喜斗好杀,父子昆弟之间,一言不相下,则兵刃相接,以轻死为勇。马贵折尾,鞍无鞯,剜木为蹬,状如鱼口,微容足指。妇女披发,衣布衣,贵者锦缘,贱者披羊皮。乘马则并足

---

① 吴儆:《邕州化外诸国土俗记》,(清)汪森《粤西文载》卷36。
② (唐)韩愈:《酬卢云夫望秋》。
③ (唐)张九龄:《曲江集》卷12。
④ (唐)韩愈:《清河郡公房公墓碣铭》。

横坐。室女耳穿大环,剪发齐眉,裙不过膝。男女无贵贱皆披毡,跣足,手面经年不洗。

有论者以此与范成大记载的自杞人风俗文化比较,认为其基本相同,因而认定自杞国为历史上彝族先人所建的国家,并引明朝田汝成在《炎徼纪闻》卷4中的言论以证其事。① 此有点令人摸不着头脑,觉得如此似乎太不合理。

李京《云南志略》所城的"罗罗风俗",除了"椎髻""徒跣""荷毡""带刀""少拂意即拔刀向人"相类似外,还有什么相同之处?而"椎髻",一是"以锦缠椎髻",一是"男子椎髻,摘去须髯或髡其发";"荷毡",一是"戴笠荷毡",一是"男女无贵贱皆披毡";"带刀",一是"背长刀","少拂意即拔刀向人",一是"左右佩双刀,喜斗好杀,父子昆弟间,一言不相下则兵刃相接,以轻死为勇":怎么可以不究其底蕴而估定二者间相似相类呢?自杞人"性好洁","食已必刷齿","甚恶秽气,野次有秽,必坎而覆之。邕人每以此制其忿戾,投以秽气,辄跃马惊走",怎么样可以跟"罗罗"人"手面经年不洗"放置于同一个层面上视为相类相同呢?就风俗而言,很明显自杞人与宋的罗殿、元的罗罗根本不属同一人类群体。何况,自杞人"深目长身""黑面白牙"的形貌也与彝族先人的形体特征大不相符。

可怪的是明代田汝成《炎徼纪闻》卷4载"罗罗"的风俗,将范成大关于自杞人的记载与他自己或其他人的文字糅合在一起,分不清他所记的哪些是"罗罗"明代时候的习俗。

首先,范成大《桂海虞衡志》载:"南江之外稍有名称者,罗殿、自杞以国名,罗孔、特磨、白衣九道以道名。此皆成聚落,地皆近南诏。"而田汝成袭而不忠于原文却缀以己意,说道:"自罗殿东西,若自杞,若夜郎、牂柯,则以国名;若特磨、白衣九道则以道名,皆罗罗之种也。"夜郎是汉代的国名,牂柯是汉代和隋朝的郡名,罗殿国是唐以后始出现,怎么可以齿齐平列?特磨道宋代在自杞之南,是以"獠"人侬氏为首领,②哪里又是"罗罗之种"了?白衣九道也称为"九道白衣",在特磨道的西南。李焘《续资治通鉴长编》卷297载:元丰二年(1079年)三月,"延众镇右千牛卫将军张智常诱致九道白衣富雅州李聚明等内附"。延众镇,元丰七年(1084年)五月丁卯改为富州,归特磨道管辖。③ 而宋代的"白衣九道"或"九道白衣"是指称傣群体越人后人的,又怎么可以将特磨道和白衣九道的人通指为"皆罗罗之种"?

其次,田氏所载的"罗罗风俗",是以范成大记载的自杞国风俗为主,不求甚解地辑合明代一些关于"罗罗风俗"的记载,体现出来的并不完全是明、清时期彝族人的风俗:

---

① 尤中:《中国西南民族史》,云南人民出版社1985年版,第203—206页;侯绍庄、史继忠、翁家烈:《贵州古代民族关系史》,贵州民族出版社1991年版,第191—198页;刘复生:《自杞国考略》,《民族研究》1993年第5期;《民族词典》,上海辞书出版社1987年版,第432页。

② (宋)司马光:《涑水纪闻》卷13;《招捕总录·云南》;《元史》卷8《世祖纪》。

③ 《宋会要辑稿》第198册《蕃夷九之九四》:"特磨道富州。"

其人深目长身，黑面白齿；椎结跣跷，荷毡戴笠而行；腰束苇索，左肩拖羊皮一方；佩长刀箭箙；富者以金钏约臂；悍而喜斗，修习攻击，雄尚气力；宽则以渔猎伐木为业，急则屠戮相寻，故其兵常为诸苗冠。谚云："水西罗鬼，断头掉尾。"言其相应若率然也。

亦有文字，类蒙古书者。

坐无几席。与人食，饭一盘，水一盂，匕一枚。抄饭哺客，搏之若丸，以匕跃口。食已，必涤嚛（jué，口腔）刷齿以为结。作酒盎而不缩（滤去酒渣），以芦管啐饮之。

男子则剃发而留髻；妇人束发，缠以青带。烝报（与母辈及嫂等通奸）旁通，腼而不恧（nù，惭愧）。

此中，范成大所记的"性好洁。数人共饭（几个人一同吃饭），一盘中置一匕，置杯水其旁。少长共匕而食，探匕于水，抄饭一哺许（用匙舀起一口大小的饭），搏之拌令圆净，始加匕上，跃以入口，盖不欲污匕妨他人"，变成了"坐无几席。与人食（招待客人吃饭），饭一盘，水一盂，匕一枚。抄饭哺客（用匙舀饭款待客人），搏之若丸，以匕跃口"，就有点牛头不对马嘴的味儿，似乎像杜甫《彭衙门》一诗说的"小儿强解事，故索苦李餐"了。而将自杞人"性好洁"随意变换成"坐无几席"，更是没有来由了。

至于能够显示出南宋时自杞人特殊的饮食习俗，如"食盐、矾、胡椒，不食羲肉"；特殊的"好洁"文化如"食已必刷齿，故常皓然。野次有秽，必坎而覆之。邕人每以此制其忿戾，投以秽气，辄跃马惊走"；以及他们"胸至腰骈束麻索，以便乘马"的装束习俗和"取马于群，但持长绳走前，掷马首络之，一投必中"的高超的技能等，田氏则视之若无，一概不顾。自杞人这些优秀的文化，后来不详是随着自杞国亡而湮灭，还是自杞国灭人走他乡而远去，因史无记载而无从考索。不过，这些材料却揭示出了南宋时期的"自杞国"人不是明代的"罗罗"人。范成大作为南宋淳熙初年广西一路的帅守，总管与自杞国人的买马事宜，记载如是，诚难置信。

清朝人檀萃钞旧书形成的《滇海虞衡志》卷 13《志蛮》载，"于夷为贱种"的"白罗罗""以革带系腰"。人死，"焚之于山，鸣金执旗招其魂，以竹裹絮置小篾笼悬床间如神主。五月二十三日列笼地上，割豚（杀猪）侑以酒食，诵夷经，罗拜以祭之"。"其难治者为黑罗罗。其俗男子挽发，以布带束之；耳圈双环，披毡佩刀。……在夷为贵种。凡土官、营长，皆黑罗罗也。……其富者，辄推为土司，雄制一方，耕其地者直呼为百姓。土司过必谒，奉茶烟必跪进，或献鸡、酒，或炮豚（烧猪），虽不食必供之；其极重，则具马、镯。不然，即逐之。每曰：汝烧山吃水在我家，何敢抗我！……所居多为楼，楼下煤薰，黑逾黝漆，其光可鉴。扫地必择吉日，粪秽丛积，不俟日不敢拚除。"又"干罗罗"，"每食托箸（筷子）饭中，仰天而祝，以为报本"。这些记载都在说明，历史上在彝族中不论是"贵种"的黑彝还是列为"贱种"的白彝，一吃猪肉；二居室"黑逾黝漆"，"粪秽丛积，不俟日不敢拚除"；三用筷子吃饭，绝不类似于南宋时代自杞人以匕为食具。自杞"食盐、矾、胡粉，不食羲肉"；"性好洁"，"食已必刷齿"，"甚恶秽气，野次（野外）有秽，必坎（挖洞）而覆之"：传承有自，绝不类同于罗罗人。如果说南宋的自杞是彝族的先人，是说不过去的。

《汉书》说："以贸求富，农不如工，工不如商，刺绣不如倚市门。"① 自杞人"尤凶狡嗜利"，在与南宋的博马中大赢其利，强盛起来。继后打压罗殿，断绝特磨道的马源，垄断横山寨的博马市场。疆域"南与化外州山獠，北与大理，东与西南夷为邻，西至海，亦与占城（在今越南南部）为邻"，成为"地广大，可敌广西一路胜兵十余万之国"。②从而，自杞国王就不安分起来，派使者必程到横山寨，"请以乾贞为年号"，另立正朔，妄图脱离与南宋的藩属关系。邕州别驾吴儆在斥责其无知，犯了宋仁宗赵祯"庙讳"的同时，威胁必程说：

> 汝国本一小聚落，只因朝廷许汝岁来市马，今三十余年，每年所得银、锦二十余万，汝国以此致富。若忘朝廷厚恩，辄敢妄有需求，定当申奏朝廷，绝汝来年卖马之路。③

此可击中了以商立国的自杞国的痛处。断了"卖马之路"，咽喉被卡住了，自杞国还能有什么作为？所以，其使者必程不得不唯唯而退，放弃其不安分的痴想，从此仍作为南宋的藩属国存在。

宝祐元年（蒙古宪宗三年，1253年），蒙古兵从川西二进云南，灭了大理国。六年（1258年），蒙古兵占了自杞国城，在自杞国建造粮仓"一百八十七座"。同时，罗殿国也"拜降"了蒙古人。④但是，以商立国、以精骑示强的自杞人没有因国城被占而屈服。他们迂回辗转，仍然保有实力，仍然对南宋存着希望。南宋广西前线统帅李曾伯于开庆元年（1259）七月三日奏称："及缴到自杞国王郍句并岑邈公状。此则不过欲坚来春市马之约。臣已许而报之。"⑤郍句，是自杞国的最后一个国王。"欲坚来春市马之约"，道出了自杞国想通过与南宋市马来重振国威。为了使南宋政权持续下去，他们尽其职责，随时向南宋广西当局报知云贵高原上蒙古兵的动态信息。比如，李曾伯于同年七月二十一日《奏边事已动》说：七月"初四日得自杞蛮主传来报：敌兵于今月初九日缚牌渡都泥江"。⑥

自杞国破而没有降服于蒙古人。他们有"精兵万骑"，纵横驰骋，不知又往何处去。因史无记载，无从稽验，徒令后人扼腕叹息。

2. 横山寨取途特磨道通大理国商道

《岭外代答》卷3《通道外夷》载：

---

① 《太平御览》卷829《商贾》引。
② 吴儆：《邕州化外诸国土俗记》，（清）汪森《粤西文载》卷36。
③ 吴儆：《论邕州化外诸状》，《竹洲集》卷1。转引自刘复生《自杞国考略》，《民族研究》1993年第5期。
④ （宋）李曾伯：《奏边事及催调军马》，《可斋杂稿续稿后》卷9。
⑤ （宋）李曾伯：《奏调军马及辞免观文殿学士》，《可斋杂稿续稿后》卷9。
⑥ （宋）李曾伯：《奏边事已动》，《可斋杂稿续稿后》卷9。

第三篇 衣、食、住、行文化

若欲至特磨道（治今云南广南县），亦自横山，一程至上安县（在今田阳县南），一程至安德州（治今靖西县西安德），一程至罗博州（在今百色市南部），一程至阳县（今百色市阳圩），一程至隘岸（今云南富宁县剥隘镇），一程至那郎（今云南富宁县那能），一程至西宁州（今云南富宁县洞波），一程至富州（今云南富宁县城关），一程至罗拱县（在今云南广南县八宝），一程至历水铺（在今云南广南县杨柳井），一程至特磨道矣。

特磨一程至结也蛮，一程至大理界虚，一程至最宁府（治今云南开远市），六程而至大理国矣。凡二十程。

特磨道，唐代包括在阿迪所统率的"獠子部"内。开元二十三年（735 年）前后，张九龄代唐玄宗拟的《敕安南首领爨仁哲书》中慰问安抚的安南、姚州、戎州、南宁等州 12 首领，"獠子部首领阿迪"是其中之一。① 其地在今云南东南部、广西西南部、越南西北部和老挝的北部。那个时候，"獠"人还是如同南北朝时魏收《魏书》所载的"略无氏族之别"一样。② "所生男女无名字，唯以长幼次第呼之。其丈夫称阿谟、阿段，妇女阿夷、阿等之类，皆语之次第称谓也。"③ 唐朝后期"獠子部"裂化，部分"獠"人在汉族文化的影响下有了姓氏，如广源州的"獠"人以侬为姓，特磨道的"獠"人以侬为姓，延众寨的"獠"人以张为姓，白衣九道的"獠"人也以李为姓。④

北宋庆历、皇祐年间（1041—1054 年），特磨道主侬夏诚称"布燮"。⑤ "布燮"是大理国的官称，说明其时特磨道主受着大理国的官封。宋仁宗嘉祐七年（1062 年），特磨道首领侬平、侬亮及其叔侬夏卿归附宋朝，朝廷授侬平"忠武将军"，照旧领有其地。⑥ 从此，特磨道成为宋朝广南西路邕管属下羁縻地方。所以，南宋李焘《续资治南鉴长编》卷 345 元丰七年（1084 年）五月丁卯条载："以邕州延众寨为富州。"富州，在今云南富宁县境内。

"夷治落中，父亡子继，朝廷旧制，盖杜其侥幸，使知定分。"⑦ 作为羁縻地方的特磨道，侬氏父子兄弟，无疑是世代传承，主掌着特磨道。宋朝后期元朝初年，特磨道首领先后为农士贵和农士富。⑧ "侬"易写为"农"，或是因皇祐年间广源州的侬智高曾率众反宋，在宋朝的压力下易"侬"为"农"以示区别。此后朝换代更，政治压力消失，侬氏族姓意识复原增强，比如都结州（治今广西隆安县都结）土官知州农得安即"自称侬智

---

① （唐）张九龄：《曲江集》卷 12。
② 《太平御览》卷 796《獠》引。
③ 《太平御览》卷 796《獠》引《北史》。
④ （宋）李焘：《续资治通鉴长编》卷 297 "元丰二年三月戊子"条。
⑤ （宋）司马光：《涑水纪闻》卷 13。
⑥ 《宋会要辑稿》第 198 册《蕃夷五之五六》载嘉祐七年"十二月，广西经略司言广源州蛮侬平、侬亮、侬夏卿自特磨道来归"。"广源州蛮"当为"特磨道蛮"之讹。司马光《涑水纪闻》卷 13 载侬夏诚为特磨道主，侬夏卿为其弟，侬平、侬亮当为侬夏诚之子。
⑦ 《宋会要辑稿》第 198 册《蕃夷五之一四》。
⑧ （宋）李曾伯：《奏边事及催调军马》，《可斋杂稿续稿后》卷 9；《元史》卷 8《世祖纪》；《招捕总录》。

高之后"。① 于此情势下，特磨道"农"自然返本归"侬"，以侬为姓氏。侬氏是唐、宋时代"獠"人大姓之一，元明以后则又为壮族大姓之一。

对于大理马匹的购买和探寻，初由邕管左右两江峒丁公事"獠"人李棫倡导并主持。李棫"募人入大理国，得效用董文等十二人，厚畀之盐采，使至其国善阐府（治今昆明市）"。后来，"大理遣其臣张贤罗以千骑至横山寨"。② 李棫所派的人是由同是"獠"人沿特磨道摸索着前去大理的，所以由横山寨取途特磨道前去大理国的贸易商道的开通，先于其他通畅于西南各国而至于大理的贸易商道。

3. 横山寨达罗殿国的贸易通道

南宋黄震《黄氏日钞》卷 67 载："广中原无战马，罗殿、自杞蛮以锦彩博之于大理。大理，即南诏也。诸蛮驱马至横山寨互市。"此揭示了罗殿、自杞国内不产好马，好马贩自大理国。此二国都是居于宋与大理间位于今贵州境内的小国。同样，他们也以居间者而贩马谋利于宋朝与大理二国。

关于罗殿国与宋朝邕州横山寨间的贸易通道，据《岭外代答》卷 3《通道外夷》载：

> 若欲至罗殿国，亦自横山寨如初行程，至七源州（今凌云县）而分道，一程至马乐县，一程至恩化县（二县在今乐业县北），一程至罗夯州，一程至围幕州，一程至阿姝蛮，一程至殊砂蛮，一程至顺唐府，二程至罗殿矣。凡十九程。

此中疑出现了误差，因为罗殿国治今贵州省安顺市，从今广西凌云县进入贵州必须渡过都泥江（红水河）。吴儆《邕州化外诸国土俗记》载：

> （自横山寨去罗殿国，到了泗城州）稍折而东，历上、中、下思画山獠，渡都泥江，沿江而北历罗幕州及诸山獠至顺唐府西南蕃。罗殿国（在今贵州安顺）、阿者国（在今贵州威宁等地），皆汉西南夷故地，西与大理、自杞，东与黔南为邻。

文中所说的"山獠"，就是今黔、桂边界地区的布依族或壮族先人。

明代，这些地方都是泗城州岑氏土官的辖地。后来，该地分属于泗城和西隆二州。到了清朝雍正五年（1727 年）云贵广西的总督鄂尔泰上书说："广西、贵州交界地方犬牙交错，惟红水一江，天之所以限黔、粤也。议以红水河为界，江以南属之广西，江以北属之贵州。凡广西西隆州（今隆林各族自治县）所属罗烦、册亨等四甲及泗城所属上江、长坝、桑郎、罗斛等六甲，俱在江北，应请割隶贵州，其地南北约三百里，东西径六七百里。"后经吏部议复呈上，雍正皇帝就批准了。③ 此道出了南宋时代今贵州西南的"山獠"即布依族先人和桂西北的"山獠"即壮族先人本为同一个民族群体的，时去而境迁，后来化为两个民族群体。《岭外代答》记载"渡都泥江，沿江而北历罗幕州及诸山獠至顺唐

---

① 《明实录·宪宗实录》卷 31 "成化二年六月辛酉"条。
② （宋）李心传：《建炎以来系年要录》卷 33 "建炎四年五月二十七日"条。
③ 《清实录·世宗实录》卷 60 "雍正五年八月二十日"条。

府西南蕃"，变成"一程至罗夺州，一程至围幕州，一程至阿姝蛮，一程至殊砂蛮，一程至顺唐府"，虽里程清楚，但既没有点明居住在此一带的人类群体，更失了山川界限，即"惟红水一江，天所以限黔、粤也"此一关键性的字眼。可以说，周去非的《岭外代答》和吴儆的《邕州化外诸国土俗记》各有失落，比照参稽，或者更清楚南宋时横山寨通达罗殿国贸易通道的路途情况。

另外，《邕州化外诸国土俗记》载渡都泥江后，只见"罗幕州"一州，《岭外代答》却是"一程至罗夺州，一程至围幕州"。此"罗夺州"与"围幕州"疑是"罗幕州"之误。元代的"新添葛蛮安抚司"治今贵州贵定，所辖的正是此一片地区，唯见"落暮寨"，不见"罗夺"与"围幕"之名。① "落暮"即"罗幕"的汉字译写的近音异体，没有"罗夺"与"围幕"之分，或当以吴儆的《邕州化外诸国土俗记》所载为是。

"罗殿"一名首见于《新唐书》卷222下《南蛮传》的记载："开成元年（836年），鬼主阿珮内属。会昌中（841—846年），封其别帅为罗殿王，世袭爵。其后，又封其别帅为滇王，皆牂柯蛮也。""鬼主"，就是世俗和精神信仰的领袖，这就是《新唐书》同传所说的"夷人尚鬼，谓主祭者为鬼主"。奉首领为"鬼主"，是彝族先人的习俗。所以，不论是"鬼主阿珮"，还是"别帅罗殿王"或又一"别帅滇王"，都是今彝族的先人。

唐灭进入五代，后唐天成二年（927年）八月乙酉，"昆明大鬼主罗殿王、普露静王九部落各差使随牂柯清州八郡刺史宋朝化等一百五十三人来朝、贡方物"。"使者号若土。"② 至北宋后朝，宣和六年（1116年）十一月二十六日，宋徽宗诏："罗殿国王罗唯礼等入贡，并依五姓蕃例。"③ 南宋绍兴二十五年（1155年）四月二十七日知静江府吕愿忠言："罗殿国王罗部贡及西南蕃知矩州（治今贵阳市）忠燕节度使赵以盛入贡，进贡土产、名马、方物。"④

这些记载，揭示了罗殿国是彝族先人众多部落中的一个"鬼主"强大起来以后所建的一个国家；揭示了罗殿国存国的绵远，自唐历五代、北宋、南宋，一直屹立于我国的西南地区，与历代中央王朝保持着往来，维持着臣贡关系。

罗殿国是仅次于特磨道从大理国贩马来到横山寨交易的国家。绍兴三年（1133年）八月二十七日，进义副尉前权广西路靖远寨知寨黄逈言："朝廷旧法于本路邕州横山寨招买特磨道等蕃马"之外，为了扩大战马来源，优选战马，邕州买马司官"应差招马官前去罗殿国等处蕃蛮，别行招诱赴官收买"。⑤ 绍兴（1131—1162年）中后期以后，自杞人加入大理国贩马来到邕州横山寨博买的行列，并且发挥其"尤凶狡嗜利"的品性，迅速在横山寨博马市场上与特磨道、罗殿国并驾齐驱。所以，隆兴元年（1163年）六月二十

---

① 《元史》卷63《新添葛蛮安抚司》。
② 《旧五代史》卷34《明宗纪四》；《新五代史》卷74《四夷附录第三》。
③ 《宋会要辑稿》第199册《蕃夷七之四五》。
④ 《宋会要辑稿》第199册《蕃夷七之四六》。
⑤ 《宋会要辑稿》第183册《兵二二之一九》。

四日，知静江府方滋奏说："广西买发纲马，多是西南诸蕃罗殿、自杞诸国蛮将马前来邕州横山寨，两平等量，议定价值，从蛮人所愿，或用彩帛，或用盐银等物于彼处市价博易。"① 待到乾道（1165—1173年）末淳熙（1174—1189年）初，自杞国因贩马博易，厚享其利，势力伸张，打压罗殿，断绝特磨道马路，垄断了横山寨的战马博易市场："每岁横山所市马二千余匹，自杞多至一千五百余匹。"②

自杞国虽然垄断了横山寨博马市场，但是由于罗殿国不是以商贸立国，横山寨博马数量的减少，并不影响罗殿国的存在。宝祐元年（蒙古宪宗三年，1253年），蒙古兵从川西再次进攻云南灭掉大理国。继后，罗殿国在蒙古军队的进攻下"拜降"了蒙古人。③《元史》卷61《地理志》载普定路，"今云南行省言：罗甸即普里也，归附后改普定府，印信俱存。"元普定路治今贵州省安顺市，说明此前的罗殿国是以今贵州省安顺市为中心立国的。

南宋横山寨与特磨道及自杞、罗殿、大理诸国的贸易商道开通了，大理国马来了，和缓了危机中的南宋政权对战马的渴求，稳定了南宋政权的军事形势，以及随之而来的政治形势。同时，货畅其流，既促进了西南诸国的经济活跃和国力的增长，也使中原各地能在互通有无中解决了自己的需求，从而促进了南宋与西南诸地区间的彼此了解和经济、文化交流。范成大《桂海虞衡志》载：

> 乾道癸巳（九年，1173年）冬，忽有大理人李观音得、董六斤黑、张般若师等，率以三字为名，凡二十三人至横山议市马。出一文书，字画略有法。大略所须《文选五臣注》《五经广注》《春秋后语》《三史》加注、都大《本草广注》《五藏论》《大般若十六会序》及《初学记》《张孟押韵》《切韵》《玉篇》《集圣历百家书》之类；及须浮量钢器④并碗、玻璃碗壶；及紫檀、沉水香、甘草、石决明、蜜佗僧、香蛤、海蛤等药。称"利正二年十二月"。其后云："古人有云，'察实者不留声，观行者不讥词'。知己之人，幸逢相谒，言音未同，情虑相契。吾闻夫子云：'君子和而不同，小人同而不和。'今两国之人，不期而会者，岂不习夫子之言哉？续继短章，伏乞斧伐。"
>
> 短章有"言音未会意相和，远隔江山万里多"之语。其人皆有礼仪，擎诵佛书，碧纸金银字相间。邕人得其《大悲经》，称为坦绰赵般若宗祈攘目疾而书。坦绰、酋望、清平官，皆其官名也。
>
> 邕守犒（以牛酒宴饷）来者，厚以遣归。⑤

此种情况，道明了横山寨与西南诸国间马道开通后的巨大社会作用。

---

① 《宋会要辑稿》第183册《兵二二之二九》。
② （宋）吴儆：《邕州化外诸国土俗记》，（清）汪森《粤西文载》卷36。
③ （宋）李曾伯：《奏边事及催调军马》，《可斋杂稿续稿后》卷9。
④ 作者自注：疑即饶州浮梁瓷器，书"梁"作"量"。
⑤ （元）马端临：《文献通考》卷329《南诏》引。

4. 宋与交趾的边贸市场

宋代除开通与西南诸国的以马匹为主的贸易通道外，还辟道到边境与交趾开展边贸活动。其边贸地点主要设在邕州永平寨和钦州江东驿两地。

邕州永平寨博易场设在邕州辖下永平寨（今越南谅山省禄平）。永平寨是宋在左右江地区设置的四寨之一，与交趾只隔一条溪涧，北面是宋朝的交趾驿，南边是交趾的宣和亭，两两相对。永平寨博易场，主要是两国民间的交易。交趾人主要是以名香、犀、象、金、银、盐、钱与宋朝人交易绫、锦、罗、布等货物。一般来说，交趾人带来博易的货物都是贵细物品，唯有盐是粗重货物。在交易中，盐不能与绫、罗、锦等贵重物品进行博易，只能交易布匹，也就是当时广西武缘县（今武鸣县）出产的窄幅布。两等博易，秩序井然。① 这样，从武缘，从邕州，从桂州，当时已经有了大道可通于邕州永平寨，以便于人们车载马驮，熙来攘往。

钦州是宋代继廉州之后广南西路的第二个对外贸易港口。交趾人来与宋人博易多是乘着小船沿着海岸而来，到了钦州自然不愿又冒着海上风涛的险恶远航廉州。宋朝在钦州江东驿设置博易场，符合交趾人的心愿。从而，钦州成了宋朝与交趾进行货物交易的主要通商口岸。在钦州博易场，除了民间鱼虾半船与斗米尺布的交易外，主要是两国间富商大贾以及政府间的货物博易。宋朝的商贾们自四川贩锦来到钦州等待博易；而交趾的商贾带着金、银、铜钱、沉香、光香、熟香、生香、珍珠、象齿、犀角等来到永安州（今越南广宁省）后，便先递送公文给钦州长官，道明带来的货物种类、品格和数量。得到宋方允诺后，其货物便可进入钦州。两国商人的货物齐集于博易场，市侩们则周旋于其间，进行撮合，最后成交。两国富商间的博易一年一次，每一次的博易都是大宗的，多达数千缗之数，称为"小纲"。称为"大纲"的，是两国使臣代表两国政府进行的货物博易。先是交趾派遣使臣到钦州与宋方官员商谈，各提出两国宫廷和官家所需和所可能提供的货物种类、品种、品质、数额，并议定对价，然后双方回去准备需要博易的货物，并发运来到钦州博易场进行交易。② "小纲""大纲"的货物博易，宋朝方面除了取道海上船运外，也有取道陆上车载马驮而来。所以，宋代由岭北到桂州经藤州转容州到钦州，或从桂州经柳州下邕州到钦州的陆上通道，也是畅达无阻的。

（四）元、明、清时期驿站遍地设置

历史上，汉代已经有了驿站的设置，但是在岭南却未见有此类记载。唐朝凡三十里设置驿站。那时候，官道遍于岭南地区，各地也设了驿站，供来往官员途中歇息食宿。"驿路南随桂水流，猿声不绝到蛮州。青山落日那堪望，谁见思君江上楼。"③ "桂林春犹早，昭州日正西。虎当官路斗，猿上驿楼啼。"④ 所谓"驿路""驿楼"，就是在官道上所设的驿站，只是不知当时在壮族先民居住区究竟设了多少官道驿站而已。

进入宋朝，在文人笔下，咏叹壮族先人居住区的驿站就屡见不鲜了。"故人犹在驿亭

---

① （宋）周去非：《岭外代答》卷5《邕州永平寨博易场》。
② （宋）周去非：《岭外代答》卷5《钦州博易场》。
③ （唐）刘长卿：《江楼送太康郭主簿赴岭南》，（清）汪森《粤西诗载》卷6。
④ （唐）李商隐：《昭州》，（清）汪森《粤西诗载》卷10。

边，暂向云房借榻眠。漏泄祖师多少意，松声都到小窗前。"[1] "北户书频到，南云雁不飞。试评骑马路，何食钓鱼矶。击拆黄茅店，篝火白竹扉。故园桑柘暖，亦有稻粱肥。"[2] 除此之外，范成大还有《清湘驿送王柳州南归》《甘棠驿》《大通界首驿》三诗，《灵泉》一诗其题也自注说："驿后有龙惠泉。"[3] 同时，两度出任邕州知州的陶弼有《霞溪驿》一诗，[4] 朱子恭也有《昭义驿》一诗。[5] 另外，在邕州永平寨管下有"交趾驿"，[6] 钦州博易场则设在钦州"江东驿"。[7] 此种情况，说明在壮族先人居住区，许多地方的官道上已经普遍设置了驿站。

驿站既是官员们往返途中食宿的场站、投递公文、运转官物的处所，又是官员们施政告示的地方。比如，《宋史》卷284《陈尧叟传》载，广西转运使陈尧叟莅政为民，除因地制宜在广西大力倡导和实地发展苎麻种植大获成绩外，"以地气蒸暑，为植树凿井，每三二十里置亭舍，具饮器，人免渴死"。又根据"岭南风俗，病者祷神不服药"，将《集验方》刻在竖石上，展示于"桂州驿"，以供过往人们参照吃药治病，以求改变壮族先人惯行的患病唯祀鬼不服药的习俗。

由于宋代在岭南壮族先人地区普设了驿站，所以在岭南驿站随处可见。比如，在昆仑关有个金城驿（今南宁市九塘），近乎邕州又有个归仁铺（今南宁市三塘）。归仁铺就是归仁驿，因此《宋史》卷290《张玉传》说张玉"从征侬智高，抵归仁驿"。另外，范成大有《宿深溪驿》一诗，[8] 又有《深溪铺中二绝》，[9] 说明宋代驿、铺互通，驿也称为铺。宋人在岭南驿站普设，当时便以驿作为距离的单位。熙宁（1068—1077年）初，陆诜出任广南西路经略安抚使奏称："邕（州）去桂（州）十八驿"，[10] 即是如此。

"岭外小郡，合四五州不及中州一大县，无城池甲兵之备。"[11] 因此，"古郡荒芜驿舍卑，岁华羁思两依依"。[12] 而在壮族先人分布的边远地区即羁縻诸州县，由于宋朝势力未能深入，驿站仍然少有设置。宋初乐史《太平寰宇记》卷166载：

> （广西左右江地区）并是羁縻卓牌州，承前先无朝贡，州县城隍不置立。司马吕仁高唐先天二年（713年）奏，奉敕差副使韦道桢、滕崇、黄居左等巡谕，劝筑城隍。其州百姓悉是雕题凿齿，画面文身，并有赤裈生獠、提笼相杂，承其劝谕，应时

---

[1] （宋）邹浩：《假寐灵川报恩寺》，（清）汪森《粤西诗载》卷22。
[2] （宋）范成大：《宿深溪驿》，（清）汪森《粤西诗载》卷10。
[3] （清）汪森：《粤西诗载》卷22。
[4] （清）汪森：《粤西诗载》卷10。
[5] （清）汪森：《粤西诗载》卷22。
[6] （宋）周去非：《岭外代答》卷5《邕州永平寨博易场》。
[7] （宋）周去非：《岭外代答》卷《钦州博易场》。
[8] （清）汪森：《粤西诗载》卷10。
[9] （清）汪森：《粤西诗载》卷22。
[10] 《宋史》卷332《陆诜传》。
[11] 《宋史》卷331《卢革传》。
[12] （宋）王象之：《舆地纪胜》卷105《象州·诗》引李邦彦诗。

修筑。自后毁坏，不复重修。

卓是直立的意思。"卓牌州"，是指州没城池，仅仅竖个木牌，写上州名，以表示其存在。这就是唐朝著名诗人张籍《蛮州》诗二首其二所咏的"瘴水蛮中入洞流，人家多住竹棚头。青山海上无城部，惟见松牌写象州"。[1]"城隍"，是道教所传的守护城池的神。唐朝皇家姓李，与道教祖师李耳同姓，因而唐朝开国后笃信道教、崇奉道教，将城隍庙遍设于全国各地。唐代著名文人张说、张九龄、韩愈、李商隐等人都撰有祭城隍文。久而久之，唐朝皇家便将城隍庙的建置视为唐朝势力所达的标志。吕仁高遣使到左右江诸羁縻州县劝谕首领们筑城隍庙，就是要达到此一目的。可是，如同左右江诸羁縻州县在唐朝使者的劝谕之下修起了城隍庙，却也不能长久一样，唐、宋时期也终究不能在这些羁縻州县普遍设置驿站。

蒙古人入主中原，一统全国，建立了空前庞大的帝国。虽然为了自家的统治安全，元朝皇家将全国居民分成蒙古、色目、汉人、南人四等，一等压着一等，唯视皇家为高，进行残酷的民族牢笼统治；但是，传统被视为"夷狄"的蒙古人对边疆少数民族的统治却惠厚于前，将唐、宋时期"以禽兽畜之，务在羁縻，不深治也"的羁縻制改为土司制，整齐地方建置，使之与传统的地方政区建置接轨、同步；土官既可辖土司州县，也可辖流官州县；[2] 土官治下之民即成了王朝中央治下之民，输赋纳税，进入王朝人口统计名册，皇帝也将往日视为"禽兽"的羁縻州县之民视作"阅籍户数"的"吾民"。[3]

"元制'站赤'者，驿传之译名也，盖以通达边情，布宣号令。古人所谓置邮而传命，未能重于此者焉。凡站，陆则以马、以牛，或以驴或以舟。"[4] 元朝，壮族地区分属于江西等处行中书省、湖广等处行中书省和云南诸路行中书省。皇道四达，壮族腹心地区的左右江地区、桂西北地区和广南西道宣抚司都建立了"站赤"，也就是驿站。至元二十四年（1287年）元朝镇南王托欢率军从思明路出讨安南，不仅自静江经柳州，下南宁，至太平，又至思明路，沿途设置了驿站，以便人员往来以及诏令和谍报的传递；而且，元军"开道自永平（今越南谅山省禄平）入安南，每三十里立一寨，六十里置一驿"。[5]

在元朝文人的诗咏中，关于"站赤"即驿站也多见于记载。"远辞京阙碧云端，沂尽夷江未到官。回雁峰南更千里，是行谁为报平安"一诗，就是范椁在今广西北流县东宝圭驿触景生情，感念路途的遥远、前途之未卜而抒怀的。[6] 此外，陈孚《宾州》一诗的

---

[1] 清朝康熙间汪森辑《粤西诗载》卷22载《蛮州》诗，其"惟见松牌写象州"句的"写"作"出"，疑讹。南宋王象之《舆地纪胜》卷105，《象州·诗》引作"写"，疑是。

[2] 《元史》卷63《地理志》载，元朝广西道庆远南丹溪洞等处军民安抚司莫氏土官即辖属宜山、忻城、天河、思恩、河池五个流官县。

[3] 至元二十八年（1291年）元世祖的"诏谕"，《元史》卷63《地理志·播州》。

[4] 《元史》卷101《兵志四·站赤》。

[5] 《元史》卷209《外夷安南国传》。

[6] 《正月二十四日至宝圭驿是北流县，自此遵陆指郁林矣》，（清）汪森《粤西诗载》卷22。诗中的"回雁峰"，是湖南衡山七十二峰之一。

"日晚投古驿，酸风不可奈"；①《邕州》一诗的"驿吏煎茶茱萸浓，槟榔口吐猩血红"；② 傅若金《别静江文学诸公》一诗的"驿树过春雨，江船隔夜云"；③《梧州嘉鱼亭》一诗的"舟楫回沙驿，旌旗驻郡亭"；④《兴安县》一诗的"乱峰如剑不知名，篁竹萧萧送驿程"；⑤ 萧秦《桂林马上》一诗的"桂林自昔宜人处，梅驿如今过客稀"；⑥ 以及黎崱《安南进奉使题桂林驿五首》⑦ 等，这些诗句道出元时壮族地区驿站的普遍设置。驿马飞驰，东西南北，南北东西，各州县间，道路四通八达，畅通无阻。

"驱逐胡虏，还我河山。"明朝是在元朝的废墟上建立起来的，元朝驿站旧址固在，人员、设备必须更张。因此，洪武二十七年（1394年）九月庚申，"修《寰宇通衢》书成"。书中所载，"其方偶之目有八"。"广西水驿五十三，为里四千四百六十；水马驿六十四，为里四千二百六十五。……此其大略也，四夷之驿不与焉。"⑧

永乐六年（1408年）六月戊子，新城侯张辅奏说：

> 交趾平定，开设诸衙门。朝廷遣使及诸司奏报，皆需驿传。宜于广西桂林、柳州、南宁、太平等府增设水马驿一十九；自桂林东江驿至思明府凭祥县，新旧马驿共三十一。其驿道远者，宜设中站。南宁府至龙州等驿，水道差远，宜增驿舟，并置递运所。⑨

于是，永乐六年（1408年）八月丙申，明朝"设广西临桂县山枣驿，永福县兰麻驿，容县（今寨鹿县）洛容驿，柳城县东泉、磨石二驿，马平县（今柳州市区）穿山驿，来宾县迎恩、梁八二驿，宾州李依驿，上林县思陇驿（今宾阳县思陇）⑩，宣化县长山、施泥、大滩三驿，罗阳县（在今扶绥县东北）陇茗驿，陀陵县（在今扶绥县西北）驮紫驿，左州（在今崇左市北部）陇步、叫垒二驿，思明府凭祥驿"。⑪ 永乐七年（1409年）十二月甲寅，又"设广西太平、龙州二递运所。每所流官大使一员，土官副大使一员"。⑫

继后，永乐九年（1411年）四月癸卯，明朝又"设广西泗城州（治今凌云县泗城

---

① 《宾州》，（清）汪森《粤西诗载》卷2。
② 《邕州》，（清）汪森《粤西诗载》卷6。
③ （清）汪森：《粤西诗载》卷10。
④ 同上。
⑤ 同上。
⑥ （清）汪森：《粤西诗载》卷14。
⑦ 同上。
⑧ 《明实录·太祖实录》卷234。
⑨ 《明实录·太宗实录》卷80。
⑩ 民国26年（1937年）九月一日，广西省政府将上林县思陇乡划归宾阳县管辖（广西省政府统计处编：《广西年鉴》第三回，1948年）。
⑪ 《明实录·太宗实录》卷82。
⑫ 《明实录·太宗实录》卷99。

镇）之罗博、木沙、板驮、上林、博赛、泗城、往甸、归乐八驿"。①

这样，在壮族地区各地，驿站又普遍地被建立起来了。

据清朝康熙陈梦雷等原辑、雍正年间蒋廷锡等重为编校刊行的《古今图书集成·方舆汇编·职方典》关于各府的"驿递考"记载，明末清初，广西的驿站有近 70 个。其中，桂林府临桂县有东江驿、苏桥驿、南亭驿，灵川县有大龙驿，阳朔县有古祚驿，全州有城南驿、山角驿、柳浦驿、建安驿、山枣驿共 10 驿。②

柳州府马平县（今柳州市区）有雷塘驿、穿山驿，雒容县（今赛鹿县）有雒容驿、旧街驿，柳城县有马头驿、东江驿、东泉驿，武宣县有仙山驿，宾州有清水驿，上林县有思龙驿共 10 驿。③

庆远府宜山县有宜阳驿、怀远驿、大曹驿 3 驿。④

思恩军民府武缘县有黄桐驿、硃沙驿、白石驿以及府城所在的荒田驿共 4 驿。⑤

平乐府平乐县有昭潭驿、广运驿，荔浦县有横塘驿，昭平县有龙门驿、昭平驿共 5 驿。⑥

梧州府苍梧县有府门驿、龙江驿，藤县有藤江驿、黄丹驿、金鸡驿、双竞驿，容县有绣江驿、自良驿，郁林州有西瓯驿，北流县有宝圭驿，陆川县有永宁驿，兴业县有富阳驿、高桥驿共 13 驿。⑦

浔州府桂平县有府门驿，平南县有乌江驿，贵县有怀泽驿、香江驿、东津驿共 5 驿。⑧

南宁府宣化县有建武驿、施泥驿、长山驿、大滩驿、凌山驿、那龙驿、黄范驿，新宁州（在今扶绥县中部）有凌江驿，隆安县有那造驿，横州有州门驿、乌蛮驿，永淳县有县门驿、火烟驿共 13 驿。⑨

太平府有左江驿一驿。⑩

泗城府有泗城驿、邻站、皈乐站、唐兴站、往甸站、百细站共 6 驿。⑪

明、清时代除了驿站之外，各府、州、县还设有众多的铺舍。宋代铺舍同于驿站，所以"归仁驿"（今南宁市三塘）可称为"归仁铺"。但是，诚如顾炎武《日知录·驿传》所言："今时十里一铺，设卒以递公文。"明代的铺已经不能与驿同日而语了。犹如广西灌阳县没有驿站的设置，但却铺舍林立道上："马头铺去县北一十里，板头铺去县北二十

---

① 《明实录·太宗实录》卷 115。
② 《古今图书集成·方舆汇编·职方典》卷 1403《桂州府驿递考》。
③ 《古今图书集成·方舆汇编·职方典》卷 1410《柳州府驿递考》。
④ 《古今图书集成·方舆汇编·职方典》卷 1416《庆远府驿递考》。
⑤ 《古今图书集成·方舆汇编·职方典》卷 1421《思恩军民府驿递考》。
⑥ 《古今图书集成·方舆汇编·职方典》卷 1426《平乐府驿递考》。
⑦ 《古今图书集成·方舆汇编·职方典》卷 1434《梧州府驿递考》。
⑧ 《古今图书集成·方舆汇编·职方典》卷 1438《浔州府驿递考》。
⑨ 《古今图书集成·方舆汇编·职方典》卷 1444《南宁府驿递考》。
⑩ 《古今图书集成·方舆汇编·职方典》卷 1446《太平府驿递考》。
⑪ 《古今图书集成·方舆汇编·职方典》卷 1452《泗城府驿递考》。

里，新墟铺去县北三十里，马梯铺去县北四十里，小富水铺去县北五十里，昭义铺去县北六十里；老婢塘铺去县西六十里；巨岩铺去县东南七十里；陈伯铺去县南八十里。"① 明朝10里设一铺，入清因之，同时铺也称为塘。因此，《古今图书集成·方舆汇编·职方典》卷1444《南宁府驿递考》说："本府各铺，前朝（指明朝）俱设有铺兵递送公文，今易铺为塘，民间止称塘而不称铺。"

明、清时期，边远地区虽设有驿站或塘铺，但山重水复，既跋山又涉水，行走运物还是很艰难。比如，明朝前期镇安府（治今德保县）虽隶属于广西布政使司，却要将贡赋翻山越岭背着走去普安卫（治今贵州省盘县）缴纳。民疲于途，苦不堪言。群众无奈，只好赶着耕牛或其他物品到云南普安卫，卖牛买米缴纳。可是，普安卫产米不多，平添了群众的苦恼和负担。因此，洪武二十七年（1394年）三月甲寅镇安府土官知府岑天保上言：

> 往者，征虏将军傅友德令郡民岁输米三千石，运云南普安卫。本府僻处溪洞，南接交趾，孤立一方。且所属无县，人民寡少，舟车不通，陆行二十五日始到普安。道远而险，一夫负米仅可三斗。给食之余，所剩无几，往往以耕牛及他物至其地输纳。而普安荒远，米不易得，民甚病（患苦）之。
>
> 又（镇安府）输本卫米四百名，尤极艰难。旧以白金一两折纳一石，今民愿依前例纳白金。
>
> 如准臣所言，庶宽民病（困乏）。②

又永乐十年（1412年）正月癸巳，广西太平府都结州（治今隆安县西都结）土官知州农威烈也奏说："本州岁运纳太平守御千户所，陆行四百余里，山溪险阻，运载甚难。南宁卫至本州，可通舟楫。乞运纳南宁。"③ 由此或可知当时省与省间以及州府之间交通的大概路况。

《古今图书集成·方舆汇编·职方典》卷1452《泗城府驿递考》称："百细站在百细甲，府治西。站路距往甸一百里，距府四百四十里。此站路入西林县路程站（今田林县潞城）通贵州、云南等处。"明、清时此路就是南宋时自杞国以自己的都城今贵州兴义县为中心，向东向南通横山寨，向西向北通大理国善阐府（今云南昆明市）的博马贸易通道。明代，虽然自杞国已经成为历史的陈迹，但他们开辟的自云南府治（今昆明市）经贵州通横山寨之道，即便沿途经过的地点也略有不同，其基本框架一如往昔，没有太大的变化。刘文征天启《滇志》卷4《旅途志·粤西路考》载：

> 由云南（府治即今昆明市）东至宜良县十二亭。途经汤池，有老大坡。宜良东至天生关七亭。关右有天生桥，路出夷寨中，时有标夺之患。天生关东至赵夸四亭。

---

① 《古今图书集成·方舆汇编·职方典》卷1403《桂林府驿递考》。
② 《明实录·太祖实录》卷232。
③ 《明实录·太宗实录》卷124。

赵夸东至师宗州九亭。师宗东至罗平州九亭。罗平东至三板桥六亭。三板桥东至江头七亭。江头东至黄草坝（今贵州省兴义县）八亭。

（黄草坝）"地实黔壤。昔普安（今贵州省盘县）陷于贼，州民聚于此，庐焉。"黄草坝东至郑屯八亭。有江（今马别河），褰裳可涉。郑屯东至栖革四亭。栖革东至安笼所四亭。安笼地隶粤西，粤西援黔道出此。①辟路宽衍，止宿之所有公署。今俱废。安笼所东至板屯六亭。板屯东至坝楼四亭。过江有舟可渡。自安笼至此，沿江多瘴，峻岭隘道，夷寇出没无时。

又三日，至安隆司（治今广西田林县旧州）。安隆司东至芭蕉关四亭。芭蕉关东至潞程（今田林县潞城）九亭，险峻，扼诸夷之吭。自此至田州，道俱坦夷。潞程东至王店九亭，界泗城、田州，有夷患。王店东至归乐九亭。归乐东至荣庄九亭。荣庄东至田州九亭。州临右江，舟行八日而至南宁。田州东至旧州（今田林县祥周）九亭。旧州东至上林县（治今田东县思林）五亭。上林县东至果化县（县讹，当为州）五亭。果化县东至隆安县五亭。隆安县东至大滩驿十二亭。大滩驿东至南宁府六亭。

从昆明到南宁共179亭。10里一亭，共1790里。外加渡红水河后"又三日至安隆司"，此三天一天走60里，共180里。如此，则从昆明到南宁的路程是1970里。这与《永乐大典》卷8506宁字引《元一统志》所载的横山寨到大理国界善阐府（治今昆明市）一千八百里，再加上横山寨至邕州（今南宁市）七程420里，共2220里，少了250里。怎么会这样？原来南宋时去自杞国的国都所在地今贵州省兴义是由往殿（今百色市汪甸）先上七源州（治今凌云县泗城镇）、泗城州（在今凌云县北、乐业县南），后稍北进，渡江后再"斗折而西"，走了迂回路。而明时则是由距汪甸一百里的百细站抄近道经潞城至旧州过江到安笼所，这就便捷多了。

刘文征天启《滇志》卷4《旅途志》"粤西路"还记载了一条从云南省治（今昆明市）经广南府入镇安，经归顺，过下雷，达南宁府的通道。该书除记载沿途里程之外，还简略地记述了沿途的自然生态和民情风俗。因节其要，以博历史见闻：

由云南治城（今昆明市）金马之南达晋宁州可九亭而夷（平坦）。晋宁东南达江川县九亭。江川至通海县号七亭实六亭而夷。通海南至曲江驿号八亭实九亭而畸（有余）。曲江南至临安府（治今云南建水县）可九亭。临安东南至阿迷州（治今云南开远市）可十二亭。阿迷东至马者哨可四亭而畸。马者东历至多虎铺六亭。多虎铺东南至罗台驿四亭。罗台驿逾山而南共六亭至弥勒湾。

（罗台驿至弥勒湾）其地隶（哈尼族）普氏，而沙、侬混处。夷患时有，普氏设哨守之。夹中多松，土人劈为木片以代瓦，大风雨则不能御。（其中的）新哨，侬、

---

① 明代，泗城州跨过红水河隶今贵州省罗烦、册亨、长江、长坝、桑郎、罗斛等地。清雍正五年（1727年）始以红水河为界，江北归贵州、江南属广西（《清实录·世宗实录》卷60）。"粤师援黔"，指明朝天启初（1621年）泗城州土官岑云汉等率土兵入贵州镇压当地人的反明斗争（《明实录·熹宗实录》卷29）。

普二氏分疆之所，尝为牳仆所焚，有旁径滋寇，共六亭。

弥勒湾山稍平夷，一望沙碛，皆战场。疆理隶弥勒州。以汉官久不至，侬氏斥境至此又远不能制，水下陆诏，沙、普诸酋互争之，戎马纷沓，居民望风逃匿，无宁日焉。

弥勒湾东逾山至俺排寨公署共计八亭而遥。

（途中）山有竹子箐，荆棘丛生，莽有伏戎。过杨屋、戈勒、袜舍三寨，临俺排江。循西岸而进。江出两山中，瘴毒不可迩。清明后为酷，触之无治者。江东有大八百、小八百（傣族）二寨，皆侬氏属夷。至俺排寨有公署，建于寨之下，诛茅为屋，六楹，环以木栅，共计八亭而遥。

自（俺排寨）公署至者豹公署，号八亭实六亭。者豹东南至速为寨六亭。（者豹）南历者芽、者兔、罗干、速征，有溪流沃田，耕省而获多，路出田中。

速为东南历母忙寨至木铁，路坦夷，可四亭。"木铁下有公署，上有侬夷寨，数十余家。"木铁历那毫、那堵、者图、大者马，有高山深林，四亭至广南府。

（广南府治）夷、汉杂处，可千余舍。居民皆楼居，以竹为椽、柱，覆以松皮，去地三四尺。人居其上，畜溷于下。中设地炉，悬稻穗其上，薰令极干，每日舂而食。编竹笼若鱼罶，累累数十，置西南隅以祀鬼。甘犬鼠，非上宾不设。

万历末年，侬氏兄弟争立，纠交趾入犯，兵燹之余，民居皆草创，田野蓁芜，未复业焉。

有杨广庙。昔狄青部将杨文广追侬智高至此，土人立庙祀之。在（府）治西三里许。

广南南至宝月关公署，可五亭。宝月关连山皆峭壁，不可通，惟此凿石通道。侬氏设关其上，严启闭。

宝月关公署南经可王寨至西洋江五亭。有崇山峙江岸。江之浅者可揭而涉，为广南、富州界。广南之夷曰侬人，富州之夷曰沙人。气类略同，而沙视侬为劲。渡西洋江有崇坡，跻坡至罗贡箐，寇盗丛箐林中。南往者必索西洋兵，北来者必索富州兵为导。富酋李氏与侬氏构隙，兵不越境，或伐巨木横箐中以绝往来。两氏祸未豸（zhì，解），则罗贡道断，或取道归朝焉。

从西洋江出罗贡箐至罗贡寨共四亭。罗贡南历沙斗、位来，逾山，上下可十里，至布戛寨，共四亭。布戛南五亭至富州。居民千余家，习气类广南。酋沈明通孱弱不振，州治为其下李天保所据。明通出奔归朝。天保内修兵甲，外结交趾，傲睨归朝。广南、归顺间称劲敌焉。

富州东南三亭至板仑。田畴广沃，人民殷富，实荒徼奥区。有公署，灾于火。

板仑东三亭至纳桑寨公署，去寨三里许。纳桑南入纳桑箐，地隶广西镇安州（今那坡县），实滇、粤瓯脱地。箐林类罗贡，而险巇过之。崔符（寇盗）取人多扼于险。出箐至镇安州四亭。（镇安州）居民多依峭壁构竹楼，覆以黄茅为团仓以囷谷，参差茅舍间。径路仅容一人，其下皆腴田。行人野宿田中。侵晨起行，寨夷必焚其籍草以辟鬼。州南有交趾寨，莫氏以官监之。镇安酋长半服役焉。每年纳毡毲数十领，以当赋税。

镇安东行川原中，原穷登岭，南入勾把箐，其长三十里。林莽倍密，实交、粤弃地。夷寇之来，莫知其踪。行者以土兵夹卫。出箐为箐口寨，共六亭。寨隶归顺，居民稍就平原。

箐口东逾岭，下至苟把寨，有照阳关。石壁峭立，半壁有石洞，穴山而过，路出其中，可十亩。关西望朝曦，出自洞中，故曰照阳。上下有石隘，磴石崚崒碍车马，税路费，解鞍鞯乃跻，入关至安德寨，共四亭。

安得东历打滥箐，草棘乱生，木多桂竹，多棕，有山呼鸟鸣林中，谷响相答。自此多石山，拔地突起，山环若城。中有平畴者曰峒，路出其中，出入之所，皆有石隘。良田美地，一年耕获，尝足支二三年。伐竹构居，绩绵为布。居民有老死不逾峒，如避秦人者。见车马络绎，闻华人言，皆聚观惊咤。男子能华言，巾帨短衣，皮履；妇人椎结跣足，长裙。其峒曰打滥、曰平岩、曰细村。自安德至细村六亭。

细村东至归顺六亭。细村东历六峒、那驮峰，奇峭如苏氏木假山。地气温暖，草木四时常青。土酋尚礼法，驭下以严，合境无盗，商贾凑集如中州焉。州治北有险岩，下有径，一日而达交趾高平府。归顺东有河，渡舆梁一，徒杠二。

归顺历花峒（化峒）至霸龙墟六亭而遥，有石隘三。霸龙东至下雷州六亭。霸龙东历湖运关（疑为湖润关之讹），有河出交趾达左江。湍泻石中，不可以舟。遁河行，有上雷州在河之右，下雷州在河之左。厉揭而涉者一，徒杠而度者二。其地阳凝阳泄，明发，寒气侵人。亭午即炎炎如坐炊甑，隆冬犹汗浃背。其人皮冠而绨衣。询之，云：暖其首，则诸疾不作。气使然尔。稻田两熟。竹有刺，可作篱落。

下雷州六亭至三脚村。三脚村，茅屋数家，皆凶狠，不能华言。

三脚村东历石隘四五处，倍高险，六亭而达龙英州。环州石峰，削而锐，如笋刺地而出。酋所居，背负一峰，高出诸峰之上。

龙英东有关，为太平州界。其地去交趾仅二亭。渐上高冈，下至耸峒六亭。耸峒东过养利州（治今大新县桃城镇），尽日行峒中。平衍可方轨，树在石上，根蜿蜒入于石。四亭而遥至七村。七村至左州（在今崇左市北）三亭，始有城郭，民始平居，华言。州枕左江，舟行十日而达南宁。左州东达驮芦四亭。驮芦东乱（横渡为乱）左江至新宁州（在今扶绥县中部）四亭。新宁州至牛冈六亭。牛冈至南宁府再乱左江五亭而遥。

由云南省治取道广南府入归顺来到南宁府，共213亭，亭10里，共2130里。此与《滇志》卷4《旅途志》所载的"自云南由临安、弥勒湾、广南、富州、归顺至南宁府二千一百二十里"，基本吻符。

二 水路

水道是天之所赐，自然形成的。

岭南的江河溪流，除少部分自北而南流或自南而北流外，大部分是由西北向东南流。众水汇合，形成了西江，形成了珠江，最后注入南海。古代，岭南岭树重遮，竹影婆娑，森林密布，泉水叮咚，大流滔滔，江河溪流交织于岭南大地。而陆地之外，面临的是碧波万顷、浩瀚宽阔的南海。沿江边海,给壮族及其先人造就了极为方便的水上交通条件。

壮族及其先人,原初以水生动物为食,沿水而居,男女同川而浴,"鸡骨占年拜水神"。他们结筏渡水,撑舟江河之中,充分利用着沿江边海的水上交通条件。

(一)"步"考

"步"是个汉文,却也是古越人谓"竹筏"、谓"渡口"、谓"竹筏泊处"的汉译写字。

"步",古代作为地名曾广布于越人存在过的地区。《吕氏春秋·贵因》载:"如秦者,立而至,有车也;适越者,坐而至,有舟也。""步"又在舟之前,道出了古越人制作水上器具之早及娴于水上作业。

越"步"从哪里来?又如何演化?这是需要解开的议题。

1. 历史上汉语传统对"渡口""泊船处"的称名

我国历史悠远,汉语、汉文源久,有着丰富的表达能力。但是,它的发展,也是在不断地汲取了境内各个不同族落群体以及境外许多民族的优秀文化方才臻就的。

《尚书·泰誓》载,周武王伐纣之兵"大会于孟津"。《正义》:"孟是地名,津是渡处。"在汉语、汉文的历史上,渡口最早称为"津",并且传承下来。汉朝贾谊《过秦论下》的"缮津关,据险塞",以"关""塞"相对,"津""险"互衬,"津"即为水边的渡口。《三国志》卷9《曹爽传》裴松之注引《世语》说:"初爽出,司马鲁芝留在府,闻有事,将营骑斫津门出,赴爽。""津门",就是渡口的关门。所以,《庄子·达生》载:"吾尝济乎觞深之渊,津人操舟若神。"此中的"津人",就是渡船的船夫。唐朝"诗家天子"王昌龄《沙苑南渡头》诗"津人空守缆,村馆复临川",句中的"津人"就是承传战国时《庄子》而来的。

大业元年(605年),隋炀帝迁都洛阳,看着洛水横贯洛阳城,认为有天汉(银河)之象:"招摇西北指,天汉东南倾。"① 于是,在洛水的渡口处大船维舟,以铁锁勾连南北,建起了一座桥梁,并在桥南北对起四楼,名曰天津桥,作为都城的胜景。天津桥的"津"字,点明了该桥是在洛水的渡口处。唐朝李白《扶风豪士歌》"天津流水波赤血,白骨相撑如乱麻"的诗句,就是控诉统治者酷用民工、不管百姓死活兴建天津桥的行为。

明末清初,名学者顾炎武《天津》诗说:"文皇都北平,始建天津卫。"明朝永乐间在位的明成祖于出渤海海口的元朝静海县海滨镇设置天津卫,护卫京畿。后来卫名相沿成为地名,今天津市,即缘明朝的天津卫一称而来。

在上古汉语、汉文里,除了以"津"表示渡口以外,还有"济"一词一字。比如,《诗经·邶风·匏有苦叶》的"济有深涉"句。"济"有"渡"的含义,也隐含有"渡头"的意思。因为在古汉语、汉文里,"涉"为徒步渡水,于是出现"跋山涉水""远涉重洋"等成语,表示乘船渡水。以"登山涉水"观照"济有深涉","济"自然是指"渡头"。

随着时间的演进,历史的发展,"济"一词一字除了"同舟共济""济河焚舟"(破

---

① (晋)陆机:《拟明月皎夜光》。

釜沉舟）两语随时而进不废外，多向救助、接济，有益、有利，成功、发扬光大以及众多等方面转化发展，形成"济困扶危""相济相成""无济于事""业笑□成""世济其美""济济一堂"等成语。继而，又出现了"渡"一词一字。

"渡"，表示"渡过"江河水道，既有徒步渡水之意，也有以船渡过江河之意。比如，"褰裳而渡"就是挽起裤子过河。又比如，《史记》卷7《项羽本纪》载，"项王欲东渡乌江（今安徽和县东北乌江）。乌江亭长舣船待，谓项王曰：'江东虽小，地方千里，众数十万人，足王也。愿大王急渡。今独臣有船，汉军至，无以渡。'"《汉书》卷48《贾谊传》载贾谊上疏说："若夫经制不定，是犹度江无维楫，中流而遇风波，船必覆矣！"度与渡，古为通假字。所以，东汉许慎《说文》载：渡，"济也"。此后，渡又具有渡口、摆渡处的意义。唐朝王维《归嵩山作》"荒城临古渡，落日满秋山"诗句[①]以及韦应物《滁州西涧》"春潮带雨晚来急，野渡无人舟自横"诗句[②]中，"渡"都是指"渡口"。所以，同为唐朝人的刘长卿其《余干旅舍》[③]和罗隐《忆夏口》[④]两诗中便有了"渡口月初上，邻家渔未归"；"汉阳渡口兰为舟，汉阳城下多酒楼"。同时，由渡口及于摆渡人，出现了"渡子"一词："洛水渡口船三艘，渡子皆取侧近残疾中男解水者充。"[⑤]迄于明代，高启的《待渡》诗仍有句说："渡子未回舟，立傍沙树头。"[⑥]

汉文还有一个"港"字，今有港湾、港口等词语。廖廷海《转语》载："《新附》出港字。钮树玉考之曰：'港古通巷。'引晋惠帝《造石梁文》'改治石巷水门'为证。"[⑦]所谓《新附》，就是北宋徐铉于《说文》各部后新附的字。"港"字是其中之一。徐铉等《进说文表》说："复有经典相承传写及时俗要用而《说文》不载者，承诏附益之。"[⑧]当然，汉代也有"港"字，但它却没有能力独立成词，而是与"洞"连作"港洞"一词，表示相通。而且，"港"不读 gǎng 而读 hōng。比如，《文选》马融《长笛赋》"港洞坑谷"。唐、宋时的"港"字读 gǎng，由沟转化而来，指江河分流或与江河湖泊相通的小河。韩愈《昌黎集》卷20《送王秀才序》的"道杨、墨、老庄、佛之学，而欲之圣人之道，犹断港绝潢以望于海也"，此"港"是指江河分流。《宋史》卷97《河渠志七》的鄞县（治今浙江宁波市）"其县东管有道土堰至白鹤桥一带，河港堙塞"，以及浙西运河"沿河下岸，泾港极多"，此二"港"字就是指与江河湖泊相通的小河。同时，宋代杨万里《诚斋集》卷33《舟中买双鳜鱼》诗中的"小港阻风泊乌舫，舫前鱼艇晨收网"句，"港"就是指人们利用风小浪小的江湾或海湾停靠船只。现在的港湾、海港等词即缘此而来。

古代汉语汉文以渡口为"津"、为"济"、为"渡口"，以水边停靠船舶之处为

---

① 《王右丞集》卷4。
② 《韦江州集》卷8。
③ 《极玄集》。
④ 《甲乙集》卷1。
⑤ 《唐六典·工部·水部郎中》。
⑥ 《高太史集》卷16。
⑦ 广西人民出版社1991年版，第131页。
⑧ 《宋史》卷441《徐铉传》。

"港"。然而，上古越人却以"步"作为"渡口"和"水边泊船处"的称谓。后来汉语汉文接纳了越人此一称谓，明及其后更将"步"变"埠"，从而出现了"埠头""商埠""本埠"等词语及其书写形式。

2. 古代越人"步"的分布

北宋吴处厚《青箱杂记》卷 3 除了记载岭南风俗"相呼不以行第，唯以各人所生男女小名呼其父母"以及"谓村市为墟"外，又载：

> 韩退之《罗池庙碑》言："步有新船。"或以"步"为"涉"，讹也。盖岭南以水津为步，言步之所及。故有罾步，即渔者施罾者；有船步，即人渡船处。
>
> 然今亦谓之步，故扬州有瓜步，洪州（治今江西南昌市）有观步，闽中谓水涯为溪步。

吴处厚纠正了唐、宋人对韩愈《柳州罗池庙碑》"步有新船"句中的"步"为"涉"，认为"误也"，无疑是正确的，从而揭示出了一个真实存在，即"岭南谓水津为步"。但是，他依文生义，说岭南人谓水津为步，是因"步之所及"。同时，将岭南越人谓水津为步移就汉语，说"然今（汉人）亦谓之步"，却忽略了江、浙、赣、闽等地昔为越人的居住之地。宋代，这些地方的越人虽然已经基本趋同于中原汉族，不再被汉族文人称为"蛮夷"了，但昔日语言、习俗与中原汉族相异的越人，以其语言名地的地名仍然残留于他们曾经真实存在过的地方。这就是所谓的"语言化石"。

在江、浙、闽、赣及湖湘等曾是越人居住的地方，迄于南北朝甚至隋唐以后，一些地方仍残留越人关于"步"的语言化石。北魏郦道元《水经注》卷 39《赣水》载：

> 赣水北去，际西北历"度支步"，是晋度支校尉立府处，"步"即水渚也。赣水又径郡北"津步"，"步"有故守贾萌庙。萌与安侯张普争地，为普所害，即日灵见津渚，故民为立庙焉。水之西岸有盘石，谓之"石头津步"之处也。……赣水又东北径"王步"。"步"侧有城，云是孙奋为齐王，镇此城之，今谓之"王步"，盖齐王之渚步也。

文中记叙了南北朝时赣水（今江西赣江）流域存在的度支步、津步、石头津步以及王步等。郦氏笔下所谓的"步即水渚"解释似欠妥。"渚"是水边，"步"是渡口，显然是不同的概念。而"今谓之王步，盖齐王之渚步也"，"渚步"究竟是"水边渡口"还是"齐王在水边闲步之地"，令人难以揣度。这都是郦氏对越语"步"的含义不了解却侃侃而谈、依文生义的结果。

至于太守贾萌与安侯张普互争地盘，张普杀了贾萌，贾萌其"灵见于津渚，故民为立庙焉"。贾萌的庙必然是建在赣水渡口，因此其地名按照原来的越语当为"贾步"或"萌步"或"庙步"，然而却称为"津步"。"津"在汉语里是渡口，"步"在越语里也是渡口，二字连垒作为地名，明显是床上铺床，屋下架屋。不过，从此也可以看出由于时间的推移，汉文化的入迁，越语地名逐渐为汉语地名所取代的趋势。诚如今黔、桂边界的红水河一样。红水河,壮语、布依语本称为"ta⁶ diŋ¹",ta⁶是江河,diŋ¹是红色,"ta⁶ diŋ¹"为水红色的河流,汉字近音译写应为"都泥",然而宋朝已经规范于汉语的构词模式写作"都泥江"。① 这是屋下架屋式的译写。清朝以后将"都泥江"改作"红水河",则全失了壮人和布依人的语味了。

《述异记》卷下载:

> 上虞县(今浙江上虞县)有石驼步。水际谓之步。
> 瓜步(在今江苏六合县东南)在吴中。吴人卖瓜于江畔,用以名焉。
> 吴江中(指今太湖流域一带)又有鱼步、龟步;湘中(今湖南)有灵妃步。昉按:吴楚间谓浦为步,语之讹耳。

这也是伪作者不明越语"步"的含义而为的主观随意解释。作为"渡口"的"步"与"水际"(水边)是两个不同的概念,怎么可以将步与水际混同,说"水际谓之步"?"瓜步"得名于"吴人卖瓜于江畔",则是望文生义,编生故事,与"步"的含义风马牛不相及。至于说"步"是"浦"之讹,"浦"汉语其义,一是水滨;二是河流注入江海的地方,与"步"为渡口或水边停靠舟船处的含义也完全不同,怎能说"步"是"浦"的语讹呢?

"步"在汉语里,其语义,一是行走,步行;二是"不积跬步,无以至千里",即跨出一足,再跨出一足为步;三是"易迹更步",也就是步伐、步骤;四是跟随,所谓的"步人后尘""步韵",就是这个意思;五是"推步",古人推算历法称为推步;六是长度单位,旧时营造尺以五尺为步;七是进度、境地,如进步、地步等。这七个意义均与渡口或水边停船处无关,因为在汉语里渡口或水边停船处有"津"一词来承担显示其意义。唐朝王昌龄《沙苑南渡头》诗的"津人空守缆,村馆复临川"句,其中"津人"的"津"字,说明的是此一情况;明代顾炎武《天津》诗的"文皇都北平,始建天津卫"句的"天津"的"津",说明的也是此一情况。

犹如"岭南谓村市为墟",吴处厚说出了社会真实存在的同时,又望文生义,强以解释,说"盖市之所在,有人则满,无人则虚。而岭南村市,满时少,虚时多,谓之为虚,不亦宜乎",不知"虚"在越人中另有其义一样,他道出"岭南谓水津为步"此一真实存在,并正确地指出有人以为韩愈《柳州罗池庙碑》的"步有新船"句的"步"字当为"涉"字这种认识的错误,说他们不知"岭南谓水津为步",以己意乱行窜改。其实,他说"闽中谓水涯为溪步",又何尝不是以我为主的强行解释!因为"水涯"是水边,并不与"水津"同义。

由于"岭南谓水津为步",因此在当时岭南各地,凡是渡口或水边停靠船筏之处都称为"步"。韩退之《柳州罗池庙碑》载"宅有新屋,步有新船",② 以"宅"与"步"以

---

① (宋)吴儆:《邕州化外诸国土俗记》,(清)汪森《粤西文载》卷36;(宋)王象之:《舆地纪胜》卷105《象州·景物》。

② 《全唐文》卷561。

及"屋"与"船"相对成文，真实地道出唐代岭南人谓渡口、谓水边停靠船筏之处为"步"的普遍性。当然，我们生在吴处厚千年之后，一方面是原来岭南的土著居民越人在汉族和汉族文化大量迁入之后，在汉文化的强力浸渍下，广东、桂北、桂南、桂中的壮族先人越人全部或大部分已经趋同于汉族，越语已失；另一方面，聚居于今桂西及滇东南的越人后裔即今壮族，由于一统之下汉族文化强力影响，以自己民族语言名地给阻断了，如同"都泥"改为"红水河"一般。因此，以"步"名地也仅是昔日的残存了。

韩愈《柳州罗池庙碑》的"宅有新屋，步有新船"，[①] 既点明了谓渡口、谓停靠船只的地方为"步"，在岭南是普遍存在的，又是泛指，不具体"步"名。不过，他的《正议大夫尚书左丞孔公（戣）墓志铭》有"蕃舶之至泊步，有下碇之税"，[②] "泊步"却是个真实而具体的"步"名。在北宋人吴处厚《青箱杂记》卷3的记载中，岭南还有"罾步""船步"。此外，广东省高要县有"禄步"，[③] 广西宜州有"浪步"，[④] 灵山县有"水步"[⑤]，广西南部有"神步"，[⑥] 今广西贺州市有"八步"，武宣县有鱼步、马步，云南元江流域有"步头"，[⑦] "古勇步"，[⑧] 红河流域有"下步"和"金华步"，[⑨] 桄榔县（在今越南谅山省境）有"花步"等。[⑩]

今日翻检能见到的文献记载而知道的岭南"步"地名已经不多。此种情况与北宋元丰、元祐间（1078—1094年）吴处厚《青箱杂记》卷3所载的"岭南谓水津为步"相差已太远，令人无从窥见当时及其前壮傣群体越人传承古越人以"步"名地的盛况。这或者就像元和八年（812年）唐朝著名思想家、"文起八代之衰"的唐宋八大家之一的柳宗元"悯时俗之未革，故以子孙冒昧于铁炉步之失实，诚有功于名教"[⑪] 而撰的《永州铁炉步志》说的："江之浒，凡舟可縻而上下者曰步。永州（治今湖南省零陵县）北郭有步曰铁炉步。余乘舟来居九年，往来求其所以为炉者无有，问之人，曰：'盖尝有锻者居，其人去而炉毁者，不知年矣，独有其号冒而存。'"[⑫] 一千多年前，唐代的柳宗元对湖南永州"铁炉步"的"铁炉"已经索之无影，而失去依存的"铁炉步"在历史潮流无情的不断冲荡下，唐、宋以后又被汉人理解的同音字"埠"所取代，也无影无踪了。

因不时上书朝廷议论时政得失招致保守派忌恨的苏舜钦，北宋庆历中（1044年）被革职为民退居苏州（今属江苏），其《寄王几道同年》诗的"步头浴凫暖出没，石侧老松

---

① 《全唐文》卷561。
② 《全唐文》卷563。
③ （明）应槚：《苍梧总督军门志》卷8《兵防五》。
④ （宋）王象之：《舆地纪胜》卷122《宜州》。
⑤ （唐）李吉甫：《元和郡县志》卷38。
⑥ 《新唐书》卷8《穆宗纪》。
⑦ 《南诏德化碑》。
⑧ （唐）樊绰：《蛮书》卷1《云南界内途程》。
⑨ 《蛮书》卷1《云南界内途程》；《新唐书》卷161《王式传》。
⑩ 《文献通考》卷330《西原蛮》引范成大《桂海虞衡志》。
⑪ （唐）柳宗元：《柳河东集》卷28《永州铁炉步志》注。
⑫ （唐）柳宗元：《柳河东集》卷28《永州铁炉步志》。

寒交加"句,① 其中的"步头"就是渡口、泊舟处。这明示北宋后期在今江、浙一带,原越人义为渡口、舟船停靠处的"步"依然存在,以至于诗人不经意就以之入诗抒发情怀。

江、浙、赣、闽、湘、滇、两广及越南北部等处越人谓"渡口"谓"泊船处"为"步"为"步头",被汉族群众接纳后,又何时被"埠""埠头"取代从而消失了呢?

《康熙字典》是汉文字典编纂的集大成者,由张玉书等编纂,成于清朝康熙五十五年(1716年)。它释字的体例,是先音后义,在每个字下面先列《唐韵》《广韵》《韵会》《正韵》等书的反切,然后解说字的本义,随着再列这个字的别音、别义和古音,一般的都引古书来证释,有所考辨,即附于注末,通常也加"按"字来标明。

《唐韵》是唐朝人所撰;《大宋重修广韵》简称《广韵》,是北宋陈彭年等于宋真宗景德四年(1007年)奉诏修订而成;《集韵》则为北宋宋仁宗在位年间(1023—1063年)命丁度等对《广韵》重加修订成书的;《古今韵会举要》简称《韵会》,是元朝初年熊忠所撰;《正韵》是《洪武正韵》的省称,明太祖洪武八年(1375年)乐韶凤、宋濂等奉命修纂。《唐韵》《广韵》《集韵》《韵会》《正韵》五书可以说是代表了我国历史上明朝初年及其前关于汉字音读、释义的代表作。但是,在这五部字典里,并没有关于"埠"的音读与释义的记载,说明此字不见于宋、元之际。

"埠",《通雅·地舆》载:"埠头,水濒也。"《通雅》是方以智所撰。方氏生于明朝万历三十九年(1611年),卒于清朝康熙十年(1671年)。他以"埠头"一词入书,进行释义,不涉"埠"字的音、义,是因为其书是仿汉朝人的《尔雅》而来,为体例所限。不过,也说明了"埠"字为明代初成的字,"埠头"当源于"步头"而来。

明末张自烈撰《正字通》,未及刊行就离开人世,其稿为廖文英购得,掩为己有,②刻行于康熙十年(1671年)。该字典称:"任昉曰'吴楚间谓浦为步',俗遂作埠字。今笼货物积贩商舶之所曰埠头。"这道出了明代以同音字"埠"来取代"步",以便于理解,并得到了社会大众的理解和认同。也就是说,"埠"因"步"而来,音同于"步",义同于"步",而不是因"埠"而生"步"。"步"作为"渡口""船泊处",其音出现于古越人中,"步""埠"只能论其音不能论其字。

张自烈的《正字通》是在约成于明朝万历四十三年(1615年)的梅膺祚《字汇》的基础上成书的,对《字汇》的漏误作了补充和修正。《康熙字典》就是以《字汇》和《正字通》二书为蓝本修纂的。《康熙字典》土部"埠"字引《正字通》载:埠,"同步,舶船埠头"。止部"步"字,在引了韩愈《孔戣墓志》"蕃船至泊步,有下碇之税"后说:"今人呼船侩曰埠头。埠,音如步。""船侩"是历史上称自备船只往来于各埠头介绍买卖的人。《儒林外史》第23回载:"牛玉圃在米店内问王汉策老爷家。米店人说道:'是做埠头的王汉家?他在法云街朝东的一个新门楼子里面住。'""做埠头"就是"船侩"。

明朝何良俊《四友斋丛说》卷18称:"后升庵谪戍,住扎泸州,是云南、四川交界处,乃水次埠头也。"升庵是明朝著名文人杨慎。他11岁能诗,24岁中状元进翰林院。嘉靖三年(1524年)因哭谏触怒明世宗,被谪戍云南永昌(今保山市)。他在赴永昌途

---

① 《苏学士集》卷5。

② (清)钮琇:《觚剩》卷8《粤觚》。

中逆着长江水而上停留于泸州（今四川泸州市）"埠头"。这说明在明朝中前期，"埠头"一称已经取代"步头"，在社会中为大众所广泛使用，明朝后期张自烈的《正字通》只是作总结罢了。也就是说，明朝中前期，越语谓"渡口"及"泊船处"为"步"就逐渐远离了社会人群，永远消失于历史舞台。

上古越人以汉文近"步"之音表示"渡口"或"泊船处"，汉文音译书写作"步"。这是越人有其言没有其文造成的，也是中国文化以汉文化为主体文化的必然结果。

3. "步"源追索

越人为什么以近汉文"步"之音指称"渡口"或"泊船处"？这要追溯他们当初与水的缘分了。

上古，越人分布在我国东南丘陵地区，外濒海，内河湖溪流密布。他们居近乎水，取食于水，在江河中洗浴嬉戏；他们为了水中作业安全，剪发文身"以像鳞虫"；他们"短绻不绔，以便涉游"；他们"短袂攘卷，以便刺舟"。[①]

上古，越人在江河中的刺舟是很有名的。"如秦者，立而至，有车也；适越者，坐而至，有舟也。"[②]"胡人便于马，越人便于舟。"[③] 这是战国、秦、汉时代，中原汉人以行文化来说明中原汉人、北方胡人和东南越人的不同。"汤、武，圣王也，而不能与越人乘干舟而浮于江湖。越人习水故能乘之，故汤、武不能也。"[④] 上古越人驾舟行水，在中原汉人的眼里确实是个很明显的文化特征。此一文化特征的形成，是越人习居水乡的自然环境决定的。

舟，是独木舟。1958年在江苏武进淹城发现了春秋战国时期的独木舟三只，其中最大的一只，长达11米左右。[⑤] 1973年在福建连江也发现了一只属于汉初的独木舟。[⑥] 独木舟需要开凿掏空大木的中心部分，费工费力，而且需要具有坚利的金属工具，在新石器时代的人类很难做到。好在上古越人所在地区都长着各种各类的竹子，可以将它们砍下来编排约束成筏子。竹子空心，浮力大，可以坐在筏子上转游于江河之中，干他们要干的事情。

历史悠远，当初各地的越人对竹筏是如何称谓，已经无从考索。不过可以告慰于人的是，迄今，越人中的壮傣群体虽然分化为壮、布依、临高、傣等民族群体已经有两千多年，[⑦] 但他们对竹筏的称谓仍然基本保持一致。比如，壮语、布依语、德宏傣语谓 pe^2，临高语谓 be^2，西双版纳傣语谓 $p\varepsilon^2$。P、b，上古都属重唇音，其原初音当是 be^2。因越人没有文字，有称无从记录，于是借助于汉文，以"步"称之。汉文的"步"，上古也属重唇音，与越语 be^2 属近音字，越语的 be^2 因此变成了汉文的"步"。

越人既然谓竹筏为 be^2，因事连类，人们便将停靠筏子的地方和往来摆渡的地方即渡

---

① 《淮南子》卷1《原道训》。
② 《吕氏春秋·贵因》。
③ 《淮南子》卷11《齐俗训》。
④ 《淮南子》卷9《主术训》。
⑤ 谢春祝：《淹城发现战国时期的独木舟》，《文物参考资料》1958年第11期。
⑥ 福建博物馆：《福建连江发掘西汉独木舟》，《文物》1979年第2期。
⑦ 白耀天：《壮、傣二群体越人分化于南越国时期索隐》，《贵州民族研究》2007年第1期。

口直称为 be²。

此种因事连类称名的事例，在越人中是普遍存在的。

上古越人直觉以致思，直观而称名。比如，越人见到鸭，最引起他们感知的是小鸭"pit⁷pit⁷"的叫声，于是将鸭定名为"pet⁷"。鸭嘴长，舌也长，于是作为古越人传人之一的壮族将爱搬弄是非的妇人戏称为"pa：k⁷bet⁷"（鸭嘴）。这是因事连类而定称。

雷鸣电闪，"剥"的一声，劈空而下，因此越人便以"fa⁴"称雷。上空浩浩，蔚蓝蔚蓝的，宽广无边，一无所见，唯有雷鸣轰轰，于是越人便以雷代天、代云。所以，南宋周去非《岭外代答》卷10《天神》载："广右敬事雷神，谓之天神，其祭曰祭天。"时至今日，越人后裔之一广西龙州等地壮族及傣群体越人的后人仍是天、云、雷不分，统谓为"fa⁴"。

在古越人传人壮傣群体越人的理念里，天、云二体因雷而连类，其语自然同为一词，都称为 fa⁴。

古越人的"渡口"及"竹筏停靠处"的称谓缘"竹筏"称名而来，属因事连类的称名，同为一词。越人竹筏谓"步"，渡口及竹筏泊处也是"步"。这就是宋人吴处厚《青箱杂记》所说的"岭南谓水津为步"。

吴处厚说："岭南谓村市为虚。"不仅岭南越人如此，古代越人分布区的苏南、浙江、安徽、福建、江西、湖南，哪里又不是如此？① 同样，吴处厚揭示"岭南谓水津为步"，往日古越人曾经分布的今江、浙、赣、湘、福建，又何尝不是如此？昔日曾是古越人分布区的安徽省，在该省凤阳县西北50里有个地方，是淮水入县境之处。相传古时人们乘船采珠于此，称为蚌步。谈形势者，认为临淮地利，蚌步无不与共；蚌步地利，非临淮所能兼。后形成集市，称蚌步集。再后来，步为埠所代，始称蚌埠集。② 1947年蚌埠集升为蚌埠市。

因此可以说，古代凡曾是越人分布的地方，何处无"墟"，又何处没有"步"！

远古越人，不管是江浙越人、赣闽越人、皖湘越人，还是岭南越人，都以"竹筏"、以"渡口"、以"泊船处"为"步"，说明越人在新石器时代或旧石器时代末期，就已经有了水上的交通工具"竹筏"，盛行于水上作业了。

（二）秦汉对岭南水道的利用和开发

秦、汉二代，是官方对岭南水道开始利用并进行开发的时代。由于记载阙略，又由于南北朝时期北魏地理学家郦道元站在遥远的北方，对岭南的水道实际不了解，根据记载乱行缀合，遂使汉代岭南的水道乱了谱系，所以不能不作必要的论述。

1. 秦朝利用水道取得岭南的控驭权

秦始皇在统一魏、韩、赵、燕、齐和楚国后，随即筹集兵力，点行将校，准备攻取福建及岭南越人之地了。《淮南子》卷18《人间训》载，进攻越人的五军中，"结余干之水"一军，即在今江西省的信江。此军是从今武夷山进入今福建，从北而南讨伐闽越的军队。

"守南野之界"一军的"南野"即南埜县，治今江西南部南康市西南章水南岸。此一路军是以静制动，静观东边进攻闽越之军以及南边"处番禺之都"一军的动态，以便临

---

① 白耀天：《"墟"考》，《广西民族研究》1987年第4期。
② 臧励和：《中国古今地名大辞典》，商务印书馆1931年版，第753页。

时部署，及时支援。

而另外的三军，则是专事征讨岭南越人的。

"塞镡城之岭"一军，镡城在今湖南省西南靖县以南。此一路军越过镡城之岭即可到达今广西三江侗族自治县，进入今都柳江、融江直下柳江。

"守九疑之塞"一军，"九疑山"或称"九嶷山"，在湖南省宁远县南。此一路军是企图越过五岭之后由湘江下漓江进入梧州控制岭南中部。

"处番禺之都"一军，则是越岭而下北江控制岭南的东部地区。

三军南下，秦始皇没有想到，他的进军遭到了岭南越人特别是中路越人的坚决抵抗。他们清野敛迹，遁逃丛林，秦军被晾在川原空旷之中，不时遭到袭击。"三年不解甲弛弩"，处于非常紧张的戒备之中。① "旷日持久，粮食乏绝。"② 而此时，负责粮饷转运补充军需的监禄因道路梗阻人挑肩扛无法从岭北及时转来粮饷，使秦军陷入困顿的境地。无奈，监禄只得奏请秦始皇，调来民工，在今广西兴安县开凿灵渠，沟通长江水系的湘江和珠江水系的漓江，通过水路人拉船载从岭北运来粮饷接济在岭南困顿中的秦军。

秦军获得了粮饷补给，吃饱了，喝足了，顿时长了精神。他们一战而大败岭南越人。"杀西呕君译吁宋"，取得了一次大胜利。③

然而，首领死了，越人并没有因此而告败。他们"皆入丛薄中，与禽兽处，莫肯为秦虏，相置桀骏以为将"。他们在丛林中利用熟悉的地形地物，与秦军周旋；他们以逸待劳，寻找秦军的软肋，趁夜袭击，"大破"秦军；他们以牙还牙，杀死秦军统帅尉屠睢，把秦军杀得"伏死流血数十万"。秦军损军折将，大败亏输，秦始皇不得不临急"发谪戍以备之"。④ 秦朝的"谪戍"，就是获罪的官吏以及逃亡被捉到的人和赘婿（到女家上门的人）、贾人（做生意的人）而被送到边远地方担任守卫的人。这些人三教九流，临时凑合，没经过什么军事训练，而且心中各有疙瘩，对秦不满，能够与越人作战并取得胜利吗？好在秦朝进入岭南的东路军和西路军没有受到太大的创伤，西路军沿着柳江而下郁江，东路军溯珠江而上西江，经过艰苦的战斗，终于在秦始皇三十三年（前214年）征服了岭南越人，以岭南之地设置南海、桂林、象郡三郡。

这里有一个问题需要弄清楚的，这就是秦军何时开进岭南。

《淮南子》卷18《人间训》载，秦兵进入岭南以后，"三年不解甲弛弩，使监禄无以转饷。又以卒凿渠以通粮道，以与越人战，杀西呕君译吁宋"。"三年不解甲弛弩"在先，"又以卒凿渠以通粮道"在后，继而始"杀西呕君译吁宋"。"以卒凿渠以通粮道"，轻描淡写，看似简单，实际上勘测、设计、形成方案、调民工动工兴建，起码也得一年时间。这一年连同原来的"三年不解甲弛弩"，已经是四年。四年之后"西呕君译吁宋"被杀，越人另行推举首领在山林中与秦军周旋，然后利用熟悉的地形地物，觑准时机乘夜袭击秦兵，至少也有半年时间。待到秦军援兵来到，重整旗鼓征服越人，也要半年时间。这样，

---

① 《淮南子》卷18《人间训》。
② 《汉书》卷64下《严安传》。
③ 《淮南子》卷18《人间训》。
④ 同上。

第三篇　衣、食、住、行文化　　913

秦兵进军征服岭南越人需要五年时间。

秦始皇二十六年（前 221 年）统一六国，称始皇帝。二十八年（前 219 年），"始皇东行郡县……西南渡淮水，之衡山、南郡，浮江至湘山祠"。① 秦始皇此趟巡视，最南到达今湖南岳阳市君山上的湘山祠。他登山入祠，张眼南望，发现那富产"犀角、象齿、翡翠、珠玑"的苍茫的岭南却没在自己的控驭之下，于是调集重兵，令尉屠睢等率部进攻岭南。可能后一年即秦始皇二十九年（前 218 年），秦兵进入岭南。经过五年的苦战，于秦始皇三十三年（前 214 年）最终征服了岭南越人。好大喜功的秦始皇兑现了自己的所愿，在岭南设置郡县，将岭南归于自己控驭的版图之内。

2. 开凿灵渠

如果我们上面的假设与实际没多大出入，那么秦始皇二十九年（前 218 年）秦兵南下进攻岭南越人，第四年监禄"又以卒凿渠而通粮道"，灵渠的开凿，当在秦始皇三十二年（前 215 年）。

源于今广西兴安县有两条江，一条是湘江，另一条是漓江。湘江主源海洋江，发源于兴安县海洋山的西坡，北流至兴安县碑底附近汇漠川江，称湘江。湘江东北流经全州县入湖南继续北流注入洞庭湖。漓江主源水六洞河发源于兴安和资源二县交界的猫儿山，在榕江镇汇合灵河称漓江。漓江南流至梧州与浔江合流形成西江。西江流入广东，又汇众水称珠江，注入南海。源于兴安县的两条江，一北流，一东南流，一属长江水系，一属珠江水系。

漓江支流灵河，其支流始安水源出富贵岭和点灯山的山谷中，流至铁炉村折向西流注入灵河。始安水在铁炉村的一段距湘江不足 1.5 公里，而且二水水位差仅 6 米左右，加上两水间的分水岭也不大，在这里开岭凿渠，引湘入漓，沟通南、北二水系，最为理想。监禄经过勘测评估后便于此动用民工开凿灵渠，引湘水入漓水，沟通长江和珠江二水系。

灵渠工程包括分水铧嘴、大小天平、秦堤、南渠、北渠、陡门等一整套工程。灵渠开通后，分湘水入漓水，使北水南合，北舟由湘水进入漓江，通行无阻，这就解决了困扰监禄"无以转饷"的大问题，保证了秦军在岭南作战的粮饷充足，保证了秦军对岭南越人征讨的最后胜利。

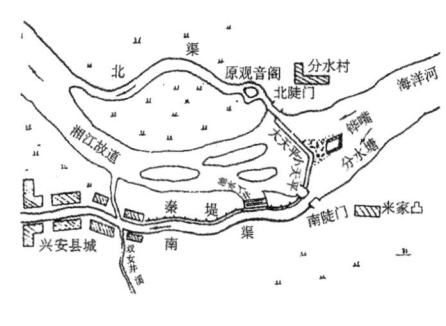

示意图

铧嘴与大、小天平

灵渠的开凿，工程设计缜密灵巧，合理而实用，既解决了当时北粮南运的问题，又成

---

① 《史记》卷 6《秦始皇本纪》。

南渠星桥陡

南渠陡门

南渠泄水天平

为日后岭南、岭北交往的通途，是秦代继李冰都江堰之后的又一开创性的伟大水利工程。南宋周去非《岭外代答》卷1《灵渠》对灵渠的开凿作了翔实的评述：

> 湘水之源，本北出湖南，融江本南入广西，其间地势高者，静江府之兴安县也。
> 昔秦始皇帝南戍五岭，史禄于湘源上流漓水一派（近漓水的一条支流）凿渠，逾兴安而南注于融，以便运饷。盖北水南流，北舟逾岭，可以为难矣。
> 禄之凿渠也，于上流砂碛中垒石作铧嘴，锐其前，逆分湘水为两，依山筑堤为溜巧激，十里而至平陆，遂凿渠绕山曲，凡行六十里乃到融江而俱南。今桂水名漓者，言离湘之一派（一条支流）而来也。曰湘曰漓，往往行人于此销魂。
> 自铧嘴分水入渠，循堤而行二里许，有泄水滩。苟无此滩，则春水怒生，势能害

堤，而水不南。以有滩杀水猛势，故堤不坏，而渠得以溜湘余水缓达于融，可以为巧矣。

渠水绕迤兴安县，民田赖之。深不数尺，广可二丈，足泛千斛（十斗为一斛）之舟。渠内置斗门三十有六，每舟入一斗门，则复闸之，俟水积而舟以渐进，故能循崖而上，建瓴而下，以通南北之舟楫。

尝观（史）禄之遗迹，窃叹始皇之猜忍（猜忌残忍），其余威能罔（无）水行舟，万世之下乃赖之。岂唯始皇，禄亦人杰矣！因名曰灵渠。

3.《汉书·地理志》所载岭南水道

《汉书·地理志》所载岭南水道虽阙略欠全，也存纰漏，但诚如南北朝人裴骃《史记集解序》所说："虽时有纰漏，实勒成一家。"《水经》及《水经注》成书在后，本应斟酌《汉书·地理志》关于水道记载的正否以说水道，但却不理会《汉书·地理志》叙说的准则、脉络，随意牵合，以致所述多背离岭南水道实际。犹如中华书局1987年出版的方国瑜《中国西南历史地理考释》第163页所说："《水注》及《注》采《汉志》之说，而不知两郁有分别，所说有与《汉志》合者，有与《汉志》不合者，故多牴牾而凌乱不堪。后人考释不辨其误，多与地理实际不符，而曲说之，以陈澧《汉书地理志水道图说》为最甚。其卷6载郁水，不依《汉志》所说，只取《水经》及《注》所说而任意解释者，故混乱特甚，其郁水上游诸水，几无一与《汉志》相合也。"

（1）《汉书·地理志》所载岭南水道

司马迁《史记》卷6《秦始皇本纪》秦始皇二十六年（前221年）载，秦始皇"分天下以为三十六郡"。由于岭南的南海、象郡、桂林三郡是在秦始皇三十三年（前214年）秦兵征服越人后始行设置的，不包括在三十六郡之内。《汉书》为东汉班固所撰，但其功未毕，永元四年（92年）因大将军窦宪之狱牵连死于狱中，于是由其妹班昭与马续一同续修，始行告成。不过，《汉书》不仅含有班昭和马续的笔墨，也杂有后人的文字。比如，东汉建安二年（197年），应交趾太守今梧州人士燮的奏请，汉献帝方才将交趾刺史部升格为交州，[①] 可该书却出现了南海、郁林、苍梧、合浦、交趾等岭南诸郡"属交州"字样。然而即便如此，《汉书》卷28下《地理志》对岭南川流的记载还是比较清楚的。

对于岭南的川流，明朝万历间王士性的《广志绎》卷5评述说："广右山川之奇，以鉴赏家则海上三山（指蓬莱、方丈、瀛洲三仙山）不过；若以堪舆家，则乱山离立，气脉不结。""山牵群引队向东而行，并无开洋（宽阔的平原），亦无闭水（大湖停蓄诸水）。龙行不住，群邑皆立于山椒水渍，止是南龙过路之场，尚无驻跸之地。"江河由西往东，诸流奔竞，一泻千里，入海了结，途中既没有宽广而开阔的平原，也没有可以蓄水的碧波万顷的湖泊，点出了岭南川流的特点。

除了湘江北流入洞庭湖以及一些自流入南海如南流江、钦江等外，岭南川流，都是诸流毕集，汇成一江，这就是西江及其下游的珠江。

西江的主源，自西北而东南，一是漓江，二是柳江，三是红水河，四是郁江；而各主

[①] 《艺文类聚》卷631引苗恭《交广记》。

源河又各自有其源流。这些源流大都源于云贵高原。因此，西江的上源及其下游珠江，在汉代成了岭南与云贵高原上诸部落国以及川蜀平原的人们交往的渠道。

《史记》卷116《西南夷列传》载：

> 建元六年（前135年），大行王恢击东越，东越杀王郢以报。恢因兵威使番阳令唐蒙风指晓南越。南越食蒙蜀枸酱。蒙问所从来，曰："道西北牂柯。牂柯江广数里，出番禺城下。"
>
> 蒙归至长安，问蜀贾人。贾人曰："独蜀出枸酱，多持窃出市夜郎。夜郎者，临牂柯江。江广百余步，足以行船。"

夜郎国因属于牂柯郡，其面临的江流及其下游直至番禺即今广州市也统称为牂柯江。《史记》的记载，道出了汉代牂柯江是岭南地区与云贵高原上的夜郎国进行物资交流的渠道。元鼎五年（前112年），汉武帝出兵攻讨割据岭南地区的南越国，除令伏波将军路博德率军出桂阳下湟水（一名洭水，即今广东连江），楼船将军杨仆率军出豫章下横浦（北江东源水浈水），故归义越侯二人为戈船、下厉将军率军出零陵（今广西灌阳县）下漓水外，又令驰义侯越人"因（率领）巴蜀罪人，发夜郎兵下牂柯江"，①共讨南越国。

牂柯江，其上源在哪里，又是哪一条江？

《史记》卷113《南越列传》载汉武帝令驰义侯越人"因巴蜀罪人，发夜郎兵下牂柯江"，该江源于当时的夜郎国。而且，唐蒙在查询独产于蜀地的枸酱怎么会出现在番禺（今广州市）越人的餐桌上时，人们也说蜀产的枸酱"多持窃出市夜郎"，然后由夜郎道牂柯江运至南越国。汉初，夜郎国治今贵州省关岭县，其国所面临的"牂柯江，江广百余步，足以行船"，道出了牂柯江就是《汉书》卷25上记载的牂柯郡夜郎县的"豚水"。"豚水东至广郁"。而《汉书》卷28下《地理志》载，郁林郡广郁县"郁水首受夜郎豚水，东至四会（今广东四会市）入海，过郡四，行四千三十里"。夜郎豚水流至郁林郡所属的广郁县注入郁水，此郁水自是因郁林郡而得名，并以郁水之名统称其下游之名。"过郡四"，就是牂柯、郁林、苍梧、南海四郡。豚水注入郁水，郁水浩荡往东南奔泻至广东四会县。此广郁郁林，自是今江水河，而夜郎豚水即为郁水今红水河的上源北盘江。

《汉书·地理志》②以与河水流向基本相同的上源水为主源水，因此，夜郎豚水（今北盘江）为郁水（今红水河）的主源水。

郁水的另一上源水是"温水"。《汉书》卷28上《地理志》牂柯郡镡封县（治今云南丘北县）载，镡封县有"温水东至（郁林郡）广郁入郁，过郡二，行五百六十里"。镡封温水与夜郎豚水同流至广郁县汇合形成郁水，也就是红水河。夜郎豚水既是红水河的主源水北盘江，那么镡封温水就是红水河的另一上源水南盘江。它流过的二郡就是牂柯郡和郁林郡。

然而，温水不源自牂柯郡镡封县，这在《汉书·地理志》的记载中也有反映。《汉

---

① 《史记》卷113《南越列传》。

② 此后简称《汉志》。

书》卷 28 上《地理志》益州郡铜濑县（今云南马龙县）载："谈虏山，迷水所出，东至谈藁（在今云南陆良县境）入温。"温，就是温水，这说明温水是发源于益州郡而不是牂柯郡。不过，《汉书》关于南盘江的记载也有让人生惑的地方。这就是卷 28 上《地理志》益州郡毋掇县（今云南华宁县）的"桥水，首受桥山，东至中留入潭，过郡四，行二千一百二十里"。桥水即流经毋掇县的今云南华宁县的曲江。该河既已经注入流经该县的温水，现在却以桥水为主流水，不仅有弃大就小之嫌，不合情理，而且不说桥水注于温水，却自己直奔郁林郡的中留县（治今广西武宣县西南）注入潭水（今柳江），似乎是桥水单独而泻，既不注入温水，也没有与夜郎豚水相汇，另为一水直奔中留县注入潭水，这就出格、不着边际了。同时，桥水自益州郡毋掇县流至郁林郡中留县，中间只经过牂柯郡一郡，又哪里是"过郡四"？所以，《汉书》关于毋掇县"桥水，首受桥山，东至中留入潭，过郡四，行二千一百二十里"，无疑是其小疵。

虽有小疵，但《汉书·地理志》对岭南水道记载的源起、流程、注入，却基本是清楚的。

自元凤五年（前 76 年）秋，汉昭帝"罢象郡分属郁林、牂柯"以后，[1] 郁林郡地域广大，几乎占了今大半个广西。在郁林郡地域内，除了"广郁郁水"外，还有"增食郁水"。

《汉书》卷 28 上《地理志》牂柯郡句町县载，"文象水，东至增食入郁。又有卢唯水、来细水、伐水"。汉代句町县包有今云南广南、富宁及广西西林、田林、乐业、凌云、百色、德保、那坡、靖西等县市，地域是比较广大的。比如，《汉书》卷 28 下《地理志》载郁林郡增食县"骊水，首受牂柯东界入朱涯水"。骊水为今黑水河，所入的朱涯水，即今左江中游。"首受"是发源于的意思。黑水河发源于今靖西县东南，该处称为"牂柯东界"，说明当时属于牂柯郡句町县。而按《汉书·地理志》的叙例，上源支流与主流水流向基本一致的为主源水，则句町县的文象水为今日的驮娘江，卢唯水、来细水、伐水则分别为从广南县流来的西洋江、从富宁县流来的谷拉河以及从田林县流来的乐里河，先后注入于文象水。

有人认为卢唯、来细、伐水三水中有一条是源于今广西德保县流至田东县注入右江的龙须河，但今田东县汉代不属牂柯郡句町县而属于郁林郡的增食县。

"增食郁水"就是今广西右江。由于其流向与岭方县以下的郁水流向基本一致，所以，《汉书》便以右江为郁水的主源水，左江便退居一旁，成为不是主源的上源水了。

汉代，左江有上游、下游之分。上游称朱涯水，下游称斤员水。《汉书》卷 28 下《地理志》郁林郡临尘县（今崇左、宁明、龙州等县市）载："朱涯水入领方。又有斤员水，又有侵离水。"而领方县（治今宾阳县，包有今南宁市、邕宁、上林等县市）则载："斤员水入郁。"方国瑜先生说："盖《汉志》之文，当作'朱涯水入领方斤员水'，衍'又有'二字。"[2] 此说入理。因为该文其后"又有侵离水"，显出重复。而且，朱涯水流至岭方县始称斤员水，在临尘县怎会"又有斤员水"？

朱涯水由越南流来，侵离水是它的上源水之一。《太平寰宇记》卷 166《邕州》载：

---

[1] 《汉书》卷 7《昭帝纪》。

[2] 《中国西南历史地理考释》，中华书局 1987 年版，第 175 页。

"武离水，水在府西，源出上思州五百八十里，西流入左江。"北宋初年的武离水，就是汉代的侵离水。

另外，左江上游朱涯水还有一条上源水。这就是《汉书》卷28下《地理志》郁林郡增食县载的"骊水，首受牂柯东界，入朱涯，行五百七十里"。汉代的骊水，明、清时称逻水，今称黑水河。该河有二源，皆发源于今靖西县东南，一为龙潭水，另一为流珠水。龙潭水从靖西县岳圩流出越南后又转流入广西大新县，在中越边界中国一侧形成著名的德天瀑布；流珠水流入大新县下雷后称下雷河。二水在今大新县那岸合流后称黑水河。黑水河后流入崇左市注左江。骊水"首受牂柯东界"，经今大新县流入临尘县注于朱涯水，说明汉代的增食县，其南包有今广西大新县，循此而北，今天等、隆安、平果、田东、田阳等县，都在增食县的范围内。

增食郁水（今右江）流入岭方县，斤员水（今左江）入注，继续东流，在今广西桂平市注入黔江。而黔江则是广郁郁水（今红水河）与潭水（今柳江）汇合而成的。潭水则有三源。

一是刚水。《汉书》卷28上《地理志》牂柯郡毋敛县（包有今贵州省都匀、独山、三都、榕江、荔波、从江等县市）载："刚水东至潭中（治今广西柳州市）入潭。"刚水就是现在源于贵州独山县的都柳江。都柳江流经榕江、从江二县流入广西三江侗族自治县注入潭水（今融江）。汉代的潭水其称指今融江、柳江和黔江。

二是周水。《汉书》卷28下《地理志》郁林郡定周县（治今广西宜州市）载："（周）水首受毋敛，东入潭，行七百九十里。"周水就是今天的龙江。龙江的主源水打狗河发源于今贵州荔波县，因此《汉志》称周水"首受毋敛"。

三是康谷水。《汉书》卷28上《地理志》武陵郡镡成县（治今湖南靖县）载："康谷水南入海。玉山，潭水所出，东至阿林入郁，过郡二，行七百二十里。"康谷水即今洛清江。洛清江源于龙胜、临桂、融安和永福四县间的天平山，经永福流入鹿寨，在鹿寨县西南江口附近注入柳江。《汉志》说的"玉山，潭水所出"是正确的，但洛清江由此而南一流直下，不是"东"流，而且该河在鹿寨县西南江口附近注入柳江，怎么又远至阿林县（治今桂平县东南油麻）方才注入郁水呢？《汉志》如此书写，无疑欠妥。不过，由此或者可知，汉代，今广西龙胜是在荆州武陵郡镡成县的辖属区内。

潭水浩荡东下，在中留县（包有今象州、来宾、武宣等县）与西来的广郁郁水（今红水河）汇合，仍称广郁郁水，今称黔江。

广郁郁水往东南奔泻，又在阿林县（今桂平、平南等县）汇合增食郁水。南北二郁水汇合，称郁水，今称浔江。浔江东流，合水来注。《汉书》卷28下《地理志》苍梧郡猛陵县（在今蒙山、藤县及苍梧县西部等地）载："龙山，合水所出，南至布山入海。"合水，就是今从蒙山县南流在藤县注于浔江的蒙江。蒙江怎么又会绕至"布山"县（治今贵港市贵城镇）入海呢？此显然与实情不符。

郁水东流，在苍梧郡郡治广信县（今梧州市）与西北流来的漓水（今称桂江）相汇，称郁水，今称西江。《汉书》卷28上《地理志》零陵郡零陵县（在今灌阳、兴安等县地）载，"阳海山，湘水所出，北至酃（今湖南衡阳）……又有漓水，东南至广信入郁林，行九百八十里"，说的就是如此。其中"郁林"的"林"，疑衍。

郁水东南流，牢水（今新兴江）北流来注。这就是《汉书》卷28下《地理志》合浦郡临允县（治今广东阳春市）所出的"牢水北入高要（今肇庆市）入郁，过郡三，行五百三十里"。"过郡三"，就是合浦、南海、苍梧三郡。当时高要县属于苍梧郡。

郁水继续东流，在四会县（今广东四会市）汇水（也称湟水，今北江）北来注入。《汉书》卷28上《地理志》桂阳郡桂阳县（治今广东连州市）载："汇水南至四会入郁林，过郡二，行九百里。""郁林"的"林"疑衍。所过的二郡，一是桂阳郡，二是南海郡。桂阳县即今广东省连州市，本是岭南地区，怎么会错杂于主要是岭北地区的桂阳郡中？这是因为汉武帝灭南越国以后，为防止后来者仿赵佗依五岭为天然屏障割据岭南，变更传统的以地区立郡的规矩，将岭南北部的主要县份割属岭北诸郡，从而使岭北各郡共同拥有五岭，如今广西龙胜、三江诸地属于武陵郡镡成县；始安（今桂林）、零陵（今灌阳、兴安）属于零陵郡；桂阳（今广东省连州市）等属于桂阳郡；等等。

北江自北而南，有两条上源水，一是汇水，二是秦水。《汉书》卷28上《地理志》桂阳郡临武县（治今湖南临武县东）载："秦水，东南入浈阳（治今广东英德市东）入汇，行七百里。"二水穿山而来，比较而言，秦水及其下游浈水容纳沿途众水，由北而南，浩浩荡荡，流水量要比汇水大得多了，但是《汉志》却以汇水为主源水。这可能是汇水（连江）自西北往东南流，与主流水郁水流向一致的缘故。汇水（今北江）注入郁水（今西江），汉代的称谓不变，但今却称为珠江。

汉代在岭南东部地区，除牢水（今新兴江）南来，汇水（今北江）北来，先后注入郁水外，《汉志》再没见有什么川流的记载。唯唐朝师古注《汉书》卷28下《地理志》南海郡龙川县引裴渊《广州记》说，龙川县"本博罗县之东乡也。有龙穿地而出，即穴流泉，因以为号"。今流经龙川县的东江，又称为"龙江"，[①] 是否是因为此而来？因《汉志》没见记载，无从断定。

（2）《水经注》关于岭南水道记述的失误

《汉书》关于岭南水道的记载虽有缺略，一些记载也出现失误，但是对岭南的主河道郁水即牂柯江的出处、流程和归宿以及郁水在其上游分为"广郁郁水"和"增食郁水"的记载却是清清楚楚的。后来人为什么对什么江是牂柯江，在上游广郁郁水与增食郁水是否通流等问题却争讼而莫衷一是呢？此中的关键是人们没有以《汉书》的记载为依据作认知的门径，而是依傍于南北朝北魏人郦道元《水经注》对岭南水道的阐释，以致仁者见仁，智者见智，各依他们的理解进行述说，从而出现聚讼纷纭的局面。

《水经》，旧题为汉桑钦撰，但就书中的记载，书可能是三国时人所作。《水经》作者不明岭南水道情况，取班固《汉志》之说又不辨班氏关于岭南水道的记述有"广郁"和"增食"二郁的分别，见"郁"而认同一水，于是产生偏差："温水出牂柯夜郎县，又东至郁林广郁县为郁水。又东至领方县东，与斥南水（即《汉志》的斥员水）合，东北入于郁。"[②]《汉志》"广郁"郁水（今红水河）以夜郎豚水（今北盘江）为主源水，《水经》以镡封温水（今南盘江）为主源水，本无可厚非，可《水经》却将"镡封温水"写

[①]《嘉庆重修一统志》卷441《广州府山川·东江》。

[②]《水经·温水》。

成"夜郎温水",致使温、豚相混,夜郎与镡封错位,此其一。《汉志》以"广郁郁水"为岭南川流主道,诸水注之,同时并存"增食郁水";而《水经》却以"广郁郁水"(今红水河)作上游水,以"增食郁水"(今右江)作下游水,将各有源头、流向、流域、流程和归宿的岭南西部南北二郁水榫接串通起来,此其二。这样,岭南西部的古代水系便暧而错乱了。

《水经注》是我国古代地理名著,可作者郦道元是北魏人,不谙岭南地理实际和河川情况,而时当南北朝时期,南北分立,又不允许他到岭南实地考察,对岭南地区的川流状况,他只能以《水经》为经,纬以有关诸书记载和传闻。清人纪晓岚说:"塞外群流,南北诸派,道元足迹皆所未至,故于滦河之正源,三藏水之次序,白檀、要阳之建置,俱不免附会乖错,甚至以浙江妄合姚江,尤为传闻失实。"① 这话可谓是切中了《水经注》要害。郦氏关于岭南川流叙述的失误,主要有以下10个方面。

第一,"温"无定位,南北西东,随处乱流。

《水经·温水注》载:

  温水自(夜郎)县(治今贵州省关岭县)西北流,经谈藁(治今云南陆良县)……温水又西径昆泽县(治今云南宜良县东北)南,又径味县(治今云南曲靖市西)……温水又西南径滇池城(在今云南昆明市晋宁区)……温水又西会大泽(今滇池),与叶榆仆水(今云南礼社江)合。温水又东南径牂柯之毋单县(今云南宜良县)……温水又东南径兴古郡之毋掇县(今云南玉溪市江川区华宁)东……温水又东南径律高县(今云南弥勒市)南……温水又东南径梁水郡(治今云南开远市)南……温水东南径镡封县(今云南丘北县)北……温水又东径增食县(今广西田东、田阳、天等、大新等县),有文象水(今广西驮娘江)注之……

《汉志》夜郎只有豚水,温水却是自镡封流来,二水相汇而为"广郁郁水"。郦氏的"夜郎温水"无疑是"夜郎豚水"之讹。这是不辨《水经》之讹而讹。然而,郦氏之讹比起《水经》来讹得更大。《水经》的记载是"夜郎温水""又东至郁林广郁县为郁水",郦氏的"夜郎温水"却"自(夜郎)县西北流径谈藁与迷水合",从今贵州倒流到今云南去,先转个大弯,流淌了半个云南后,方才"从梁水郡径镡封县北"成为《汉志》的"镡封温水"。这可谓奇之又奇了。而其中,又将温水"西会大泽",毫无理由地让温水去与"叶榆仆水(今礼社江)合"。这都是郦氏不明南方川流实际,见记载附近有水流,便不管相互间距离的远近,硬是将它们牵合一块,成为有关系的川流。

本来,郦氏已经正确说出了"郁水即夜郎豚水也",但是,在他笔下的夜郎豚水却不是由西北而东南流至郁林郡广郁县(在今广西乐业、天峨、凤山、巴马等县地)与镡封温水汇合成为广郁郁水,而是绕个大弯,说:"豚水东北流径谈藁县(今云南陆良县),东径牂柯郡且兰县(治今贵州黄平县西),谓牂柯水,水广数里,县临江上……牂柯水又东南径毋敛县(治今贵州独山县)西",方才让豚水(今北盘江)流"径郁林广郁为郁

---

① 《校〈水经注〉疏》,《水经注》,商务印书馆《万有文库》本1933年版,第5页。

水"。而此后，郁水"又东北径领方县（今宾阳、邕宁、上林及南宁等县市）北，又东径布山县（治今贵港市贵城镇）"，流到"中留县（治今广西武宣县西南）南与温水合"，再"东入阿林县（今广西桂平县），潭水（今黔江）注之"。这里"夜郎豚水"东北流经谈藁县，又东径且兰县，再东径毋敛县西，越流越远，方才猛抬头往西南而去到"郁林广郁县为郁水"，已经够荒诞的了，怎又从广郁县"东北"流入"领方县北"？郁水从岭方县流入布山县后，怎又可以往西北流至中留县南去与温水合？这些都是郦氏不明岭南川流情况，随意牵合的结果。《汉志》既以广郁与增食二郁水为岭南西部川流的主流水，二郁水各有源头、流程和归宿，郦氏将二郁水串为一水，又不能自圆其说，于是乱说一气，此后只能无奈地说：

  余诊其川流，更无殊津。正是桥、温乱流，故兼通称。作者咸言至中留入潭，潭水又得郁之兼称，而字当为温，盖书字误矣！

郦氏依从于《水经》，强解《水经》，又不辨《汉志》的一些误笔，以致江河恣意越山倒流，让温水肆流于今云、贵及广西各地，自己糊涂，也让后人跟着糊涂了。

第二，"㤦""桥"混同，不别源流，强"㤦"为"温"。

《汉志》益州郡毋掇县（在今云南华宁县境）说："桥水首受桥山，[①] 东至中留入潭，过郡四，行三千一百二十里。"前面说过，桥水就是今云南华宁县注入南盘江的曲江。它只是温水（今南盘江）的上源水之一。由于《汉志》避开温水，直以桥水为言，让它作为郁水的主源水直泻到郁林郡中留县（治今广西武宣县西）然后注入潭水（今黔江），这样就出现了一温一桥相并而流的现象。温水于郁林郡广郁县（今广西乐业、天峨、凤山、巴马等地）注入郁水，桥水又避开广郁郁水直奔到中留县（治今广西武宣县西）方才注入潭水（今黔江），既失了广郁郁水为岭南主流水的地位，又让上源水之一的小支流无端成为岭南西部的主流水。以小支流作为主源水，这是罕见的，无疑是《汉志》的不足之处。

郦氏不辨《汉志》之误，又将它与领方县（治今广西宾阳县）的"㤦水"等同起来："《地理志》曰，桥水东至中留入潭。又云，领方县又有桥水。"其实，领方县的水是"㤦水"不是"桥水"。师古注《汉书》说"㤦，音桥"，只是音同而已，不是桥水。王先谦《汉书补注》说：

  以地望推之，领方地广，当以宾州（今宾阳县）为治所。其所云㤦水，即思榄江，下通迁江（今来宾市迁江镇）之清水江，入乌泥江（红水河），《九域志》云"宾州有宾水者"也。

郦道元因"㤦"音同形近乎"桥"，便将二水不加分别地混同起来，说道："《地理

[①] 王先谦：《汉书补注》："首受"二字，依志例当作"出"。《续志》刘注引《地道记》云"有桥水出桥山"，即本志文。

志》曰'桥水东流入潭',又云'领方县又有桥水'。余诊其川流,更无殊津,正是桥、温乱流,故兼通称。作者咸言至中留入潭,潭水又得郁之兼称。而字当为温,非桥水也,盖字书误矣。"这是郦道元的一个认识误区。事实上,班固并不因为桥水注入潭水便兼称潭水为桥水,倒是郦道元由于"峤"改为"温"。这种以温水为广西川流主导水便以"温"蒙广西各水道之名的做法,徒使广西诸水道源混流淆,区划不明,惑乱后人。

第三,郁水乱流,已经违反地理实际,忽地从广东入海处蹿到越南,更是误上加误。

《水经注·温水》说:

>　郁水即夜郎豚水也。……豚水东北流径谈藁县(今云南省陆凉等县),东径牂柯且兰县(今贵州省都匀、黄平等县市),谓之牂柯水。……牂柯水又东南径毋敛县(治今贵州独山县)西。……又径郁林广郁县(今广西乐业、巴马等地)为郁水,又东北径领方县(今广西南宁、宾阳等县市)北,又东径布山县(治今广西贵港市)北……又径中留县(治今广西宣武县南)南与温水合;又东入阿林县(今广西桂平市),潭水注之。……又东径猛陵县(治今广西藤县)。……又东径苍梧广信县(今广西梧州市),漓水注之。……郁水又东径高要县(今广东省高要市)……郁水南径广州南海郡西,浪水出焉。又南右纳西随(在今云南省屏边、金平等县地)三水;又南径四会浦,水上承日南郡卢容县(在今越南承天省广田县)西……郁水又南自寿冷县(治今越南广治省广治河东)注于海。

这些文字说明,在郦道元笔下,郁水及其上源水犹如一匹未上络头的野马,忽而从黔西南跃下滇东北,忽而从滇省蹿上黔南,又从黔南跳到黔东南;流入桂北以后,忽而是融江,忽而是红水河,忽而是右江;从桂东流入广东快要入海,猛地又蹿将起来蹿到越南北部;在越南,从北部到中部,野马奔腾,直泻而下,最后才在"寿冷县注于海"。郁水乱流,没有固定河道、流向和流域,天马行空,哪里是叙述河道水系?方国瑜先生说:"大抵,郦氏采《汉志》之文而缀之,有不见于《汉志》加说者,则多不可信。"① 可谓是警世之言。

第四,消了广郁郁水,丢了红水河。

就《汉志》而言,岭南水道是以"夜郎豚水——广郁郁水"为主水道的,因此班氏在牂柯郡夜郎县下既说"豚水东至广郁入郁",又在广郁县下写其上源、流程和入海归宿,因此它与沿流各水的关系均以"入郁"或"注之"做标识。以今地理按之,广郁郁水由广郁至阿林县潭水"入郁"② 此一水道区间今称为红水河。

红水河是广郁郁水的主要河段。《水经》以温水取代豚水,又不辨《汉志》记述广西水道有广郁郁水和增食郁水的区分,将它们作为一水的上下游关系贯穿起来,说温水"又东至郁林广郁县为郁水,又东至领方县东与斤员水(今左江)合,东北入于郁"。这样一来,增食郁水的上源水文象水及岭方县上至增食的郁水河段不存在了,广郁郁水的广

---

① 方国瑜:《中国西南历史地理考释》上册,中华书局1987年版,第165页。
② 《汉书》卷28上《地理志》武陵郡镡成县。

郁至中留县间的河段也不存在了。

郦氏依《水经》之说,肆加阐释,越说越远,更不留存红水河存在的余地。其《温水注》说,"郁水即夜郎豚水也"。豚水从夜郎"东北流,经谈藁",上且兰,"谓之牂柯水";"牂柯水又东南经毋敛县西,毋敛水出焉;又东,骊水出焉;又经郁林广郁县为郁水,又东北经领方县北,又东经布山县北"。这里,郦氏是先让豚水由南而北与且兰沉水通流成"牂柯水",后让"牂柯水"由北而南流经毋敛直下广郁县成为郁水,继而南下抵达领方县。夜郎(贵州关岭等县)—且兰(治今贵州黄平等县)—毋敛(治今贵州独山县)—广郁(今乐业、天峨、巴马等县)—领方(今广西宾阳、南宁等县市),豚水—牂柯水—郁水,这样垂直式地南北流泻,已经完全不容留红水河存在了。

《汉志》郁水由西向东而流,郦氏忽发奇想,穿凿求通,让郁水南北直淌,与地理实际离谱太远,近似于不经了。

第五,骊水本为汉时今桂西南一水,却莫名其妙地出现于南北两地。

《水经注·温水》:"牂柯水又东南经毋敛县,毋敛水出焉;又东,骊水出焉;又经郁林广郁为郁水。"这是北骊水。《水经注·温水》又说:"(领方)县有朱涯水(今左江)出临尘县,东北流,骊水注之;水源上承牂柯水,东经增食县而下注朱涯水。"这是南骊水。

《汉志》无北骊水,而于增食县下说:"骊水,首受牂柯东界,入朱涯水,行五百七十里。"骊水是增食县的主要水道之一,《汉志》因此按例详写其出处、流程和归宿。骊水出处为"牂柯东界",流入增食县注于临尘县的朱涯水。汉时,今广西靖西、那坡等县为牂柯郡句町县属。"牂柯东界"当指今广西靖西县境。骊水入增食而注于临尘县的朱涯水,结合《汉志》句町县下所说的"文象水东至增食入郁",可知汉代增食县兼有今左江以北,右江流域的大部分地方,其西与牂柯郡句町县相邻,西南与临尘县接,北与广郁县相错,东与领方县交互。由此观之,在临尘县注入朱涯水的骊水,非今源出靖西流经大新县而在崇左县注入左江的黑水河莫属。此骊水与"牂柯水"毫不相干。郦道元将"牂柯东界"理解成"牂柯水",于是在他幻影出来的"牂柯水"流经毋敛县时也有一条"骊水出焉",事实上毋敛骊水并不存在。

第六,不辨《水经》关于泿水记叙之误,博引群书以附益,误上加误。

泿水,前不见于《汉书》记述,后不见于魏晋以来南方人的著作,唯"古之巫书"《山海经·南山经》[①] 有"祷过之山⋯⋯泿水出焉,而南流于海,其中多虎蛟,其状鱼身或蛇尾"的述说。《水经》的作者是未到过南方的北方人,其泿水之名或源于此。

《汉志》武陵郡镡成县下有二水:"康谷水,南入于海";"玉山,潭水所出,东至阿林入郁,过郡二,行七百里"。汉武陵郡镡成县,治今湖南省靖县南,镡成县兼有今龙胜、三江二县部分地方。今融江汉时既可说源于牂柯郡毋敛县,因为其主源水都柳江源于毋敛,也可说源于武陵郡镡成县,原因就是其另一上源水寻江出于镡成。镡成潭水即今寻江及其下游融江和柳江。康谷水,即今洛清江。洛清江发源于今天平山,其地汉时隶属镡成县,所以《汉志》书"康谷水"出于武陵镡成县。

---

① 参见鲁迅《中国小说史略》,《鲁迅全集》第9卷,人民文学出版社1987年版。

《水经·浪水》说"浪水出武陵镡成县北界沅水谷,南至郁林郡潭中县与邻水合,又东至苍梧猛陵为郁溪",无疑此浪水为今寻江、融江及其下游柳江,在潭中县(在今柳州、柳城等县市地)与浪水合流的邻水当为今之洛清江。《水经》鉴于已经以出于"牂柯夜郎县"的温水作郁水通流到桂西南的"领方县东与斤南水(今左江)合"去了,于是柳江作为一流独泻,与西南流来的增食郁水相并东行。为区别起见,特以"郁溪"别之。但是,江流实际是"广郁郁水"与"增食郁水"已在郁林郡阿林县(今广西桂平市)交汇,何以舍此不说?"东至苍梧猛陵(今广西藤县)",凭什么又称"为郁溪"?这是《水经》在浪水上的第一个失误。

《水经》又说,郁溪"又东至高要为大水,又东至南海番禺县西分为二,其一南入于海;其余又东至龙川(今广东省龙川县)为涅水"。郁水流至广东省三水县分两支入海,《水经》所说与实际情况相吻合,然而该书却画蛇添足说郁水未尽入海的"余水""又东至龙川为涅水",无疑又说糊涂了。流经今广东省龙川县的"涅水"当为东江。东江在广东省自为水系,虽然它西南流至番禺县东注于珠江,可它不是浪水未尽入海的"余水"倒流而成。这是《水经》在浪水问题上的第二个失误。

依《水经》的思路,涅水由未尽入海的"余水"东北倒流而成,其归于何处?《水经》说它"屈北入员水。员水又东南一千五百里入南海"。员水东南流一千五百里才入海,此员水不知当为何水?综察今广东南部水道,员水或当为今的韩江,因为已无他水可稍具资格了;可是东江水道与韩江水道并不通流。或者《水经》的作者误认韩江主要支流之一的梅江由西南往东北"倒流"与汀江相汇形成韩江,于是产生了东江由南往东北倒流注入韩江然后南流入海的错觉。这是《水经》在浪水问题上的第三个失误。

郦道元注《水经》不辨其误,望文联缀,博引群书,益增其误。主要表现为:

其一,误认邻水(洛清江)"出无阳县","俗谓之移溪。溪水南历潭中,注于浪水"。汉武陵郡无阳县在今湖南省芷江县,该县在沅水流域区内,没有南流潭中县,说邻水从无阳县南流潭中县注入浪水,完全是郦氏穿凿出来的。

其二,误认浪水又为今广西藤县的蒙江:郁水东经猛陵县,"浪水于左合郁溪,乱流经广信县"。丁谦说:"郦氏通例,凡在本水东者皆曰左,在本水西者皆曰右,与寻常所言左右不同。"则"于左合郁溪",即从东边流来注于郁溪。

其三,误认郁水(今珠江)在广东三水分流入海时,经今江门市入海的是郁水:"郁水分浪南注";由番禺县东经虎门入海的是浪水:"浪水东别经番禺","又东经怀化县入于海"。这是在郁水分流入海时,无端地定一股水作浪水。

其四,误认流经广东省增城市的东江支流增江为浪水:"浪水枝津衍注,自番禺东历增城。"

其五,附益《水经》的东江为浪水的失误,浪水"又东经博罗县西龙川"。

其六,坐实《水经》关于"涅水"(指今东江)"屈北入员水"南流入海的失误:员水"东历揭阳县""而注于海"。因为流经今广东省揭阳县的水道就是韩江,如果说《水经》所言是笼统的,那《水经注》则将其落于实处了。

总之,《水经》关于浪水的叙说固多荒诞不经,而郦注《水经》中的浪水,源无由出,流无定道,走无定向,中多游移,时而指柳江,时而指蒙江,时而指珠江,时而指东江，时而指增江，让人莫名其妙。

至于《水经注·叶榆河》中说的"北二水，左水北径望海县（在今越南北宁省）南……又东径龙渊县（治今广西合浦县北）北，又东合南水。水自麋冷县东径封溪县（治今越南永福省朗东）北……其水又径曲易县（在今越南南海兴省），东流注于浪、郁。《经》（指《水经》）言于郡东界复合为三水，此其二也"，尤令人丈二和尚摸不着头脑。怎么前面说浪水属珠江水系，这里又变成了红河水系？怎么广西合浦县的水道又与越南的水道凑合在一起了？

第七，毫无理由地将存水与周水贯串起来，乱了水系。

《水经》说："存水出犍为存䣕县，东南至郁林定周县为周水，又东北至潭中县注于潭。"汉存䣕县具体在何处，近现代诸家说法不一：王先谦《汉书补注》中说在今四川省宜宾至贵州省威宁一带；方国瑜《中国西南历史地理考释》认为在今云南省宣威市地；任乃强《华阳国志校补图注》定为四川省雷波县。他们所说或多歧异，但其基本方位却是一致的，即其地在今川、滇、黔三省交会地区。汉定周县治今广西宜州市，周水即今之龙江。龙江上源为打狗河，该河源于今贵州省荔波县，可以说周水源于毋敛县。

云贵高原，山高谷深，水道不易移位。观今日川、滇、黔三省交邻地区没一条水道通流于毋敛县今打狗河的，唯一属于郁水系的是源于今贵州省威宁彝族回族县的可渡河及源于云南省宣威市的革香河。二水在今贵州省六盘水市合流后称北盘江。北盘江流经古夜郎县地，《汉志》称为夜郎豚水。豚水流至广郁县后与南盘江合流，称为广郁郁水。《汉书》所记脉络清楚，流域分明。《水经》一意要取消豚水代以温水，说温水入广郁县为郁水，东流入领方县，却又觉得夜郎豚水的影儿消不了，于是穿凿了存水与周水相通。这是无中生有，实无其事。

《水经注》不辨《水经》此一失误，既以讹传讹，附益存水通流于周水之说，进而又穿凿出夜郎豚水通流毋敛水，将夜郎豚水改道去通毋敛县的都柳江："豚水东北流经谈藁县，东经牂柯郡且兰县，谓之牂柯水。……牂柯水又东南经毋敛县西，毋敛水出焉。"但是，其一，按今地理实际，汉夜郎县水属北盘江水系，且兰县水属沅水系，毋敛县水属柳江水系，三个水系一个东行，一个北去，一个南走，各有源头、流程和归宿，相互间不通流；其二，郦氏前既已附会《水经》关于"温水出牂柯夜郎县""经广郁为郁水"的说法，后又重谈《汉志》关于"郁水即夜郎豚水也"的观点，自造矛盾，难以自圆其说；其三，豚水与温水、存水流程交互，凿痕累累，是郦氏凿出的"人工河"。①

第八，疏于地理却强改史文，牵合求通，使牂柯江成了千古疑案。

牂柯江，首见于《史记》卷116《西南夷传》。

建元六年（前136年），唐蒙出使南越，侍者以蜀枸酱相待。唐蒙很是诧异，问起该物的由来。侍者漫不经心地指着番禺城外足有数里宽阔的牂柯江告诉他：由西北顺牂柯江

---

① 据《水经注》三水流经的地方如下：温水：夜郎→谈藁→昆泽→味县→毋单→毋掇→胜休→律高→梁水→镡封→广郁→增食→领方→布山；存水：存䣕→牧靡→且兰→毋敛→定周；豚水：夜郎→谈藁→且兰→毋敛→广郁→领方→布山。豚水流程头尾与温水头尾相同，中间则与存水相同，说明郦氏不仅穿凿存水，温水和豚水也是穿凿出来的。

来。可能蜀枸酱当时列为禁输南越之物，唐蒙返长安后便招来蜀地商人查询。蜀贾人害怕承担"奸出物"的责任，将之推在夜郎人身上："独蜀出枸酱，多持窃出市夜郎。夜郎者，临牂柯江，江广百余步，足以行船。"唐蒙据商人所言，证以所见，满以为浮船牂柯从夜郎直趋南越，弹指可到，便上书献策："窃闻夜郎所有精兵，可得十余万；浮船牂柯，出其不意，此制越一奇也。"汉武帝欣赏唐蒙的主意，任命他为中郎将，"发巴蜀卒治道，自僰道指牂柯江"。谁知事未如此简单，建元六年（前135年）至元鼎五年（前112年），唐蒙花了23年的时间经营也未能如愿。元鼎五年南越反，汉欲分兵五路从豫章、桂阳、零陵、夜郎进讨；第二年，其他几路大军已经平定了南越，驰义侯所率的夜郎兵仍在原地兜圈圈，干着急。

这种情况说明：一是牂柯江上游未如传闻那样"足可行船"，更未如《水经·温水注》说的牂柯江上游"水广数里"。郦氏可能是以牂柯江入海处的河面宽度来框定其上游河宽的。二是夜郎临牂柯江，而不是《水经·温水注》说的且兰县"临牂柯江上"。明白了这两点，就可以理解《汉书·地理志》标注岭南诸水为什么仅在广郁下写明"夜郎豚水—郁水—入海"，为什么写镡封温水的归宿就是"至广郁入郁"。

汪士铎《汉书地理志疑》说"牂柯江，即豚水"，即北盘江，明白地表述了班固的意思。但是，由于《水经·温水注》一改《史记》"夜郎者临牂柯"为"且兰县临牂柯江上"，二改《史记》的夜郎牂柯"江广百余步"为"水广数里"，三穿凿夜郎豚水通流毋敛刚水，强今都柳江为牂柯江，从而使本来很清楚的汉牂柯江复杂了：有说今南盘江为牂柯江的①；有说今乌江为牂柯江的②；有说沅江为牂柯江的③；有说蒙江为牂柯江的④；有说大苎江（惠江）为牂柯江的⑤；有说金城江为牂柯江的⑥；有说綦江为牂柯江的⑦；有说牂柯江为云南喜旧溪的⑧；等等。这些歧说的产生，就是因为各人认《水经》对《史记》《汉书》的窜改以及蜀贾人的传闻为死理，循着"江广数里""临牂柯江上""豚水经且兰通毋敛水"和"足以行船"这样的线索进行揣度的缘故。郦道元本对西南地理实际心里无谱，注《水经》时不能辨《水经》的失误，博引群书乱作缀连，便把西南的水道叙述得乱糟糟的了。这就是所取不精，复加演绎，是非颠倒得更不堪入目了。

第九，强温水与增食郁水结合，乱了广西水系。

《汉志》临尘县下说："朱涯水入领方，又有斤员水，又有侵离水，行七百里。"方国瑜先生说："当作'朱涯水入领方斤员水'，衍'又有'二字。"⑨ 此言有理，因为《汉

---

① 童振藻：《牂柯江考》，《岭南学报》1卷4期；任乃强：《蜀枸酱入番禺考》，《华阳国志校补图注》，上海古籍出版社1987年版。

② （清）田雯：《黔书》。

③ （清）王孚镛：《牂柯江辨》。

④ （清）郭子章：《黔记》。

⑤ （清）黄宗羲：《今水经》。

⑥ 《都匀府志》。

⑦ 《遵义府志》。

⑧ （清）程封：《牂柯江考》。

⑨ 方国瑜：《中国西南历史地理考释》，中华书局1987年版，第175页。

志》行文，一县之下虽有支流多条，无重出"又有"之例；且每县主水道必明其归宿，如镡封下"温水东至广郁入郁"之类，此处"朱涯水入领方斤员水"是交代朱涯水的归宿，不当以"又有"间隔；何况《汉志》领方县下有"斤员水入郁"，呼应临尘县下的"朱涯水入领方斤员水"，可见斤员水在领方县，不在临尘县，其临尘县下"领方"与"斤员水"之间不当拦入"又有"二字是相当明白的。

侵离水，王先谦《汉书补注》说即今源于上思、流经宁明县的明江。明江，宋时称武离水，《太平寰宇记》卷166邕州府下言："武离水，水在府西，源上思州，五百八十里西流入左江。"明江于今龙州县上金注入左江，是知今广西龙州县东部为汉临尘县地。

据《汉志》临尘县下记载，今左江汉时上游称为朱涯水，入领方县后称斤员水，其归宿是"入郁"。此郁水是增食郁水。《汉志》牂柯郡句町县下说："文象水，东至增食入郁。又有卢唯水、来细水、伐水。"说明句町文象水为增食郁水的主源水。按今日地图，广西西林县驮娘江与右江流向一致，当为汉代的文象水，犹如夜郎豚水与镡封温水同为广郁郁水的上源水，因而豚水与广郁郁水流向一致，《汉志》便以豚水为广郁郁水的主源水一样，《水经》不知而以温水为主源水，大失《汉志》趣旨。广郁郁水（今红水河）与增食郁水（今右江）各有来源，《汉志》写得明白，今仍如此。

《水经》说："温水出牂柯夜郎县，又东至郁林广郁县为郁水，又东与领方县斤南水（即《汉志》斤员水）合，东北入郁。"这分明是将广郁郁水与增食郁水通流起来，不仅将增食郁水的上源水文象等水给扔了，而且也乱了广西的水系。

《水经注》附益于《水经》之误，其误尤重："温水（自广郁）又东经增食县，有文象水注之。……文象水、蒙水与卢唯水、来细水、伐水，并自（广郁）县东历广郁至增食，注于郁水也"。这里郦氏不仅把温水当作增食郁水的上源水，将广郁郁水作增食郁水的上游处理，而且将句町县的文象水、卢唯水、来细水、伐水先提拉出来放到广郁县的东边去，后再由广郁县流入增食县注于郁水（今右江）。郦氏这么一摆弄，虽然拾回了《水经》扔去的增食郁水的上源水文象等水，却乱了诸水的方位、源头和流向，误导了后人，以致一千多年后清道咸年间著名的地理学家李兆洛在其《水道提纲》中仍说"西洋江（今右江上源水之一）亦曰南盘江，古夜郎豚水也"。这是前人歪一步，误蒙后人于千载而不止的典型例子。

第十，将临尘县侵离水改属，乱了左江水系的上下承续关系。

《汉志》临尘县："朱涯水入领方斤员水，又有侵离水。"增食县："骊水首受牂柯东界，入朱涯水。"领方县："斤员水入郁。"班固关于三县属水的记述是相互衔接、相互补充的，将之综合可以条贯今左江的源流与归宿：源于临尘的侵离水注入流经县境的朱涯水；朱涯水东北流，接纳从西北增食县流来的源于牂柯郡东界的骊水；朱涯水进入领方县后称为斤员水，并在县境注入西北流来的郁水。其中，斤员等水的上下承续关系及领方、增食、临尘三县间的东西位置关系很清楚。

《水经·温水》载：温水"又东至郁林广郁县为郁水。又东至岭方县东，与斤南水合"。郦氏《水经注·温水》称：领方"县有朱涯水，出临尘县；东北流，骊水注之。水上源承牂柯水，东经增食县而下注朱涯水。朱涯水又东北经临尘县，王莽之监尘也。县有斤南水、侵离水，并径临尘东入领方县，流注郁水"。《水经》及《水经注》的"斤南水"，就是《汉志》的"斤员水"。不知《水经》何以将《汉志》的"斤员水"改作"斤南水"？郦氏注《水经》未复《汉志》之称却又以《汉志》之文为进退，让人难明其中原因。

据《汉志》记载，领方县没有"朱涯水"，临尘县的朱涯水流入领方县后即称为"斤员水"，然后注入从西北增食县流来的"增食郁水"。所以，郦氏的领方县"有朱涯水，出临尘县"此一认知走入了误区。而将"骢水首受（即'出'）牂柯东界"认作骢水"水源上承牂柯水"，同样是步入了认识的误区。临尘县有朱涯水，又有侵离水。侵离水源于本县东南部而西流在县境注于朱涯水，郦氏却说临尘"县有斤南水、侵离水，并经临尘东入领方县，流注郁水"，依然是错误的。因为临尘县没有"斤员水"。侵离水（今明江）源于本县而西流已经注入于朱涯水，所以临尘一县只有朱涯水一水流入领方县，而不是朱涯、侵离二水相并而行进入岭方县流注郁水（今右江）。

又郦氏《水经注》卷40说："侵离水，出广州晋兴郡，郡以太康中分郁林置，东至临尘入郁。"晋兴郡，是西晋武帝太康中（280—289年）分郁林郡设置的。该郡既包含晋兴郡郡治所在的晋兴县（今南宁市区和邕宁、隆安、扶绥等），也有广郁、增翊（旧增食县）、晋城（旧临尘县）等县。侵离水即《太平寰宇记》卷166记载的"武离水"，也就是今日的明江。明江发源于今广西上思县十万大山，西流经宁明县，进入龙州县后在上金注入丽江（即汉时的朱涯水）。郦氏《水经注》所谓的侵离水"东至临尘入郁"，说明侵离水是由"西"往"东"流至临尘县，那么侵离水当源于临尘县之"西"的什么地方？而且，侵离水是在临尘县注入朱涯水（今左江上游）的，怎么在临尘县就可以流注郁水（今右江）了？此类川流源头、流向和归宿不明的情况，反映了郦氏《水经注》由于人远在北方，唯据书载说水道，不察其地的川流实际，越说越糊涂，越说距离实际越远。

以上之所以不厌其烦地条析《水经》及郦注《水经》关于广西水道叙述的失误，是因为《水经》是我国一部记述河道水系的专著，《水经注》也是我国古代的地理名著，于文学上有很高的成就，在学术界有权威性的影响，后之治岭南史地者往往不辨其误而奉之为经典，以为有了《水经》及《水经注》作依据可振振有词。其实，《水经》或《水经注》在关于岭南水道的叙述上，多不足证。宋人叶梦得指出：《水经》作者"桑钦，北人，未尝至东南，但取《山海经》为证耳"。①《四库全书总目提要》说，《山海经》"书中序述山水，多参神怪，故《道藏》收入太元部竟字中。究其本旨，实非黄老之言，然其道里山川，卒难考据；案以耳目所据，百不一真"。所以鲁迅先生说《山海经》是一部"巫以记神事"②的"古之巫书"。③《水经》的作者是北方人，未能实地踏勘岭南水道，多所谬误，自然不足为怪。郦道元也是北方人，不幸又生在南北分立的朝代，天未暇其便，不能亲履岭南一地，注《水经》时"徒博取众书，望文联缀"，自然也是"多所谬乱"。④这是我们读《水经注》时所应存之于心的。

---

① 《乙卯避暑录》，《说苑》卷8。
② 《文学史纲要》，《鲁迅全集》第9卷，人民文学出版社1987年版。
③ 《中国小说史略》，《鲁迅全集》第9卷，人民文学出版社1987年版。
④ 任乃强：《华阳国志校补图注》，上海古籍出版社1987年版，第365页。

4. 东汉伏波将军马援借助广西水道出兵交趾

秦始皇三十三年（前214年），秦兵征服岭南越人，在岭南设置了桂林、象郡、南海三郡。当时，今越南北部在安阳王的治理之下。秦始皇威猛一世，却没有余力来征服今越南的北部，使其归于一统。没有四年，秦始皇三十七年（前210年），辞不掉新陈代谢的规律，一生梦求长生不老的他就死了。

"秦已破灭，（赵）佗即击并桂林、象郡，自立为南越武王。"[①] 吕后一改汉高祖的策略，与赵佗为敌。她死后，赵佗便一力扩疆土，计取安阳王国，在今越南北部设立交趾、九真二郡。

南北朝时期北魏郦道元《水经注·叶榆河》引晋南北朝人《交州外域记》载：

> 交趾昔未有郡县之时，土地有雒田。其田随潮水上下，民垦食其田，因名为雒民。设雒王雒将，主诸郡县。县多为雒将，雒将铜印青绶。后蜀王子将兵三万来讨雒王、雒侯，服诸雒将。蜀王子因称安阳王。
>
> 后南越王尉佗举众攻安阳王。安阳王有神人名皋通下辅佐，为安阳王治神弩一张，一发杀三百人。南越王知不可战，却军住武宁县……越遣太子始降服安阳王，称臣事之。安阳王不知（皋）通神人，遇之无道，通便去，语王曰："能持此弩王天下，不能持此弩者失天下。"
>
> 通去，安阳王有女曰眉珠，见始端正，珠与始交通。始问珠，令取父弩视之。始见弩，便盗以锯截弩讫，便逃归报越王。南越王进兵讨之。安阳王发弩，弩折，遂败。安阳王下船径出于海。
>
> 越王令二使者典主交趾、九真二郡民。
>
> 后，汉遣伏波将军路博德讨越王。路将军到合浦，越王令二使者赍牛百头、酒千锺及二郡民户簿诣路将军，乃拜二使者为交趾、九真太守，诸雒将主民如故。

《交州外域记》的记载也见于晋南北朝时期的《日南传》[②]《广州记》[③] 以及沈怀远的《南越志》[④]。诸书的文字虽略有不同，故事情节也繁简不一，但秦始皇时代交趾一地为安阳王所有，秦亡始为南越王赵佗以兵攻取其地设置交趾、九真二郡却是可以肯定的。

法国人鄂卢梭（L. AurouSeau）在20世纪20年代作《秦代初平南越考》时，为了笃定秦代在岭南所设的象郡不是在今湖南西南部、广西西部和贵州东南部此一区域，而是在今越南的中北部地区，他引证了《交州外域记》和《广州记》。鄂卢梭在引证二书之后，给交趾此一区域在公元前221—前207年划了三个阶段及其时间定量：前214—前210年秦朝占有交趾一地，设象郡进行治理；前210—前207年三年为蜀王子服诸骆将，建立瓯骆国，称安阳王时期；前207年及其后为南越王赵佗击并象郡，灭安阳王国，将交趾置于

---

① 《史记》卷113《南越列传》。
② 《太平御览》卷348《弩》引。
③ 《史记》卷113《南越列传·索隐》引。
④ 《旧唐书》卷41《地理志·安南都督府·平道县》引。

其统治下的时期。时也巧兮事也凑，这几年交趾一地竟也巧合分成三个阶段，前一阶段为三年，后一阶段也为三年，前207年及其后则为另一阶段，真可说是巧不可阶了。

《交州外域记》和《广州记》只是略略记述有关交趾传说中的古代历史，并不标明也不可能标明蜀王子何时征服交趾，更不涉及秦于其地设置象郡的事，鄂氏生编硬造，可谓是空前绝后了。

《交州外域记》《广州记》甚至沈怀远的《南越志》，都是我国晋南北朝时期的述作，其中关于交趾古代历史的传说，三书传述大同小异，是辗转抄袭还是各自有着不同的来源，因这些书都已失传，无从加以评述，但其以后人追述遥远的历史传说，特点是朦胧、游移的，其可塑性兼容性非常大，往往因传述者的不同而变异，且常有以以后出现的事情去框套前事的现象，如前述"未有郡县"又有"骆侯主诸郡县"就是这种情况。鄂卢梭氏援引《交州外域记》"雒将铜印青绶"、《广州记》骆将"铜印青绶，即今之令"时，推论说"足证赵佗侵并此地（指交趾）以前，已设郡县。而设置郡县之时期，不应在秦以前，由铜印青绶一语可以知之（参考《汉书》卷19同《后汉书》卷40）；然亦不得在秦以后，盖此文前言蜀王子，后言赵佗之侵略东京（指今越南北部），则其时代应在前214—前210年之间"。①

可是，第一，印绶不符。《汉书》卷19上《百官公卿表上》《后汉书》卷40《舆服志下》的官制及服饰规定主要是说汉朝的而不是秦朝的，即便汉朝官制及其服饰规定因袭秦制而来，其制：相国"金印紫绶"；太尉"金印紫绶"；御史大夫"银印青绶"；郡守、郡尉秩二千石，"青绶"；郡丞、长史秩六百石，万户以上的县令秩千石至六百石，均"黑绶"；万户以下的县令秩四百至三百石，"黄绶"；没见有以"铜印青绶"作郡守县令标志的。按汉制，"铜印青绶"者是为"尚书仆射"。②汉时，尚书仆射掌宫中文书，由宦官担任，地位很低，不能与郡守县令同日而语。如果按鄂卢梭氏的意度，汉因秦制，那《交州外域记》与《广州记》追叙的"铜印青绶"的时代不能作交趾秦时已设郡县的表征。

第二，服饰有违。《后汉书》卷40《舆服志下》刘昭注引《汉旧仪》："秦以前民皆佩绶，金、玉、银、铜、犀、象为方寸玺，各服所好。"这是说中国秦以前社会中人的服饰等级并不怎么森严，各人可根据自己的爱好择取各种颜色、各种质料的印绶佩挂，哪能因人有佩"铜印青绶"者便作为交趾已设郡县的凭证？而且《交州外域记》等书是追记交趾传说中的难以确定其时间量的历史时代，有什么理由将传说中的交趾人的"铜印青绶"框定在鄂卢梭氏臆想的秦统治交趾的时代为"前214年至前210年之间"？

第三，时间不合。蜀王子原王蜀地，前316年秦南下灭蜀国，对蜀王采取羁縻的形式，仍立蜀王王蜀地。这是个权宜之计，因而三十年间，秦三立蜀王子又三杀之，秦昭王二十二年（前295年）以后秦于蜀地设郡县直接治理。原地待不了了，蜀王后人不得不仓皇南逃进入交趾，求得新的立足地。鄂氏据《史记·秦本纪》考订蜀国于"公元前316

---

① 《西域南海史地考证译丛九编》，中华书局1958年版，第78—79页。

② 《后汉书》卷40《舆服志下》刘昭注。

年为秦将司马错所灭",却又说"前247年始皇即位时,秦已并巴蜀设郡县",① 实际上前256—前251年著名治水专家李冰已为蜀郡太守治理"都江堰"了。② 这样,蜀王后人于前285年秦昭王杀蜀王子绾后李冰做蜀守前已经离蜀南下交趾。设若以鄂氏框定的秦始皇死的那一年即前210年其人进入交趾建瓯骆国称安阳王,那蜀人从今四川进入越南,怎会花了五六十年甚至七八十年的时间?

第四,三年治越,与古安南人崇拜蜀王子实情不相符。据鄂卢梭氏的框定,蜀王子在交趾统治三年后便于前207年被赵佗灭了,何以有关安阳王的传说在今越南北部流传得这么广泛而持久?甚至以之作为偶像崇拜?

越南民间传说安阳王传二世后为赵佗所灭,③ 看来是比较切合实情的,鄂卢梭氏为了枘凿蜀王子在交趾建瓯骆国称安阳王前秦已在其地设置象郡,便不惜曲解传说,以己意框定历史,显得太武断了。

赵佗是在前203年左右击并桂林、象郡的,鄂卢梭氏说一经赵佗击并,秦桂林、象郡便行废置不复存在了,④ 可是汉高祖五年(前202年)刘邦还诏令以象郡、桂林、南海、长沙、豫章五郡作为长沙王吴芮的封国,⑤ 怎能说因赵佗击并桂林、象郡,象郡便废了?而《史记》卷20《建元以来侯者年表》载元鼎五年汉武帝平南越时,越桂林监居翁因"谕瓯骆兵四十余万降"的功劳被册封为湘成侯,尤足说明桂林、象郡不因赵佗的击并而废名:赵佗是袭取其他,仍存其名。

鄂卢梭身为法国人,未能直读(或全面地读过)《史记》《汉书》,知得一点便以点为面强为引申作论,确实挂一漏万,其言难以成理。比如他说文帝时"陆贾使越固不能确知为何年",⑥ 可《史记·陆贾传》明说文帝即位,遴选赴越使者,"陈丞相等乃言陆生为太中大夫,往使尉佗"。据《汉书》卷4《文帝记》,陈平死于文帝前元二年,则陆贾出使南越在文帝前元元年至二年间;而《史记》卷113《南越列传》又有"及孝文帝元年","诏丞相陈平等举可使南越者"之语,可以肯定陆贾再度出使南越是在汉文帝前元元年(前179年)。又如他大言不惭地宣称"服虔因注《左传》而著名,我还不知道他注《汉书》"。⑦ 其实服虔注过《汉书》,而有《汉书音义》传世,唐颜师古注《汉书》时多所征引,并于《前汉书叙例》中明说"唯服虔、应劭等,各为音义,自别施行"。这是翻开颜注《汉书》就能读到的。鄂氏在考证象郡时,是有大胆的设想,却无力作小心求证,致使其论空阔而不实。

汉武帝时司马迁说:元鼎六年(前111年),"南越已平矣,遂为九郡"。⑧ 这九郡就是南海、苍梧、郁林、象郡、合浦、零陵、交趾、九真、日南。《汉书》的作者班固硬是

---

① 《西域南海史地考证译丛九编》,中华书局1958年版,第75页注150。
② 任乃强:《华阳国志校注图补》,上海古籍出版社1987年版,第132页。
③ 《岭南摭怪·金龟传》,转引自越南陶维英《越南古代史》,科学出版社1958年版。
④ 《西域南海史地考证译丛九编》,中华书局1958年版,第37页。
⑤ 《汉书》卷1《高帝纪》。
⑥ 《西域南海史地考证译丛九编》,中华书局1958年版,第65页。
⑦ 冯承钧译:《西域南海史地考证译丛九编》,中华书局1958年版,第9页。
⑧ 《史记》卷113《南越列传》。

将元封元年（前110年）始在海南岛设置的珠崖、儋耳二郡①插进来而除去象郡、零陵二郡，②是看错时间和地域了。汉武帝平南越国于元鼎六年（前111年），于其地设置的九郡也是在元鼎六年，元封元年（前110年）设置的珠崖、儋耳二郡是在今海南岛，南越国并没掌有其地。而且，零陵郡虽跨有岭北的一部分县，但郡治在岭南的零陵县（治今广西全州县），怎可在"南越已平矣，遂为九郡"的九郡中弃零陵郡而不顾？

又《汉书》卷1《高帝纪》载，汉高祖元年（前206年）汉高祖刘邦在封诸王的诏令中"以长沙、豫章、象郡、桂林、南海立番君芮为长沙王"，而师古注《汉书》也引臣瓒说"茂陵书"：象郡治临尘，去长安万七千五百里。《茂陵书》是从汉武帝的陵墓里出土的文书，说明汉武帝时代象郡还在建置，怎么又可以将象郡摒出"南越已平矣，遂为九郡"的"九郡"之外？虽然《茂陵书》中说的临尘县"去长安万七千五百里"的距离里数不对，但是汉代没发明印刷术，书籍凭借手写传抄流传，自然如同古代谚语所说，"书三写，鱼成鲁，帝成虎"。③书在传抄中，增削衍失，鲁鱼帝虎，讹误难免，疑临尘县"去长安万七千五百里"的"万"为衍文。由于象郡没有随着南越王赵佗的击并而废去，汉武帝平南越置九郡象郡仍在其中，所以就有了元凤五年（前76年）秋汉昭帝"罢象郡，分属郁林、牂柯"一事。④

《史记》卷30《平准书》载："汉连兵三岁，诛羌、灭南越，番禺以西至蜀南者置初郡十七。且以其故俗治，毋赋税。"《汉书》卷6《武帝纪》载，元鼎六年（前111年）汉武帝"定越地，以为南海、苍梧、郁林、合浦、交趾、九真、日南、珠崖、儋耳郡；定西南夷，以为武都、牂柯、越巂、沈黎、文山郡"。"文山郡"即"汶山郡"。这里只有14郡没有17郡，不符合《史记》所载。显然，班固没记上汉武帝平南越后所置象郡和零陵二郡，又失落了平西南夷后于元封二年（前109年）所置的益州郡。《史记》卷30《平准书》裴骃《集解》引晋灼说：

> 元鼎六年（前111年）定越地，以为南海、苍梧、郁林、合浦、交趾、九真、日南、珠崖、儋耳郡；定西南夷，以为武都、牂柯、越巂、沈黎、汶山郡；及《地理志》《西南夷传》所置犍为、零陵、益州郡：凡十七也。

然而，据《史记》卷116《西夷列传》记载，犍为郡是建元六年（前135年）中郎将唐蒙开西南夷时所置，不在司马迁所说的"汉连兵三岁"即汉武帝元鼎六年（前111年）至元封二年（前109年）的时域内。显然，晋灼所说的17郡中犍为郡应为象郡。象郡在今广西西部以及湖南西南部、贵州东南部、云南东南部的部分地方，秦如此，汉也如此，不在今越南的中北部地区。

汉武帝平南越国后，在原南越国的交趾、九真二郡设置交趾、九真、日南三郡。因三

---

① 《汉书》卷28下《地理志》。
② 《汉书》卷95《南粤传》。
③ （唐）马总：《意林》卷4引《抱朴子》。
④ 《汉书》卷7《昭帝纪》。

郡属初郡，"以其故俗治，毋赋税"，中央王朝所派的郡太守虽为一郡长官，原来郡内的诸骆将仍主民如故。

据唐朝李贤《后汉书》卷54《马援传注》记载，"征侧者……甚雄勇。交趾太守苏定以法绳之，侧怒，反之"。既然交趾为初郡，"以其故俗治"，而交趾太守苏定却以不适实施于初郡的"汉法"来约束征侧，无疑是荒谬的。

姐妹同心，姐姐受辱，妹妹征贰自然并肩而起。建武十六年（40年）春二月，征侧、征贰率部起兵反汉，拔交趾郡，九真、日南、合浦诸郡等纷纷起而响应，攻占了岭南六十余城，征侧自立为王。① 十八年（公元42年），汉光武帝为了维护一统的东汉江山，派"遣伏波将军马援率楼船将军段志"出兵征讨征侧、征贰姐妹的反汉行动。②

《汉书》卷1《光武帝纪》载，伏波将军马援奉命后，即率师进入岭南，从合浦郡"缘海而进，随山刊道千余里"，水陆并进入交趾郡。从十八年（42年）"浪泊一战"大败征侧、征贰军到十九年（43年）春征侧授首，击溃交趾郡内反汉军，后又乘着军威进入九真郡击降其余党，平定了征侧、征贰的反汉起兵，凯旋而返。

马援由岭南西部率师往返于交趾，其在岭南西部的进军路线，始于零陵郡，终于合浦郡，中间都经过了哪些地方？

北宋李昉等辑《太平御览》卷963《笋》载：

《东观汉记》曰：马援至荔浦，见冬笋如苞笋，上言："《禹贡》'厥苞橘柚'，疑谓是也，其味美于春、夏笋。"

笋就是竹笋。竹鞭节上生的芽，冬季在土中已经肥大而可以采掘的称为冬笋；春季芽向上生长、突出地面的称为春笋；夏秋间芽横向生长成为新鞭，切取其尖端的幼嫩部分称为"鞭笋"。

行军途中，见荔浦的冬笋如苞笋，马援便想起《尚书·禹贡》的记载，似找到实证，立马上书皇上以言说，可说他是戎马倥偬，不忘于经书的解释。

《东观汉记》为东汉官修本朝纪传体史书。汉明帝时创修，至汉灵帝熹平中，成书143卷。班固、刘珍、卢植、蔡邕等人都先后参与编纂。初无书名，后称《汉记》，《隋书》卷33《经籍志二》著录时始题为《东观汉记》。魏、晋时，《汉记》与《史记》《汉书》并称为"三史"。自南朝宋人范晔《后汉书》成流行以后，《东观汉记》渐受冷落而致佚失。不过，《太平御览》《艺文类聚》《永乐大典》等大型类书多有引用。

东汉时，荔浦县属苍梧郡，包有今平乐、荔浦等县，是漓水即桂江流经之地。马援驻足于荔浦县，无疑是从岭北溯湘江而上，越始安岭（今越城岭）进入零陵县（治今广西全州县），依秦人故事渡灵渠进入漓水，然后顺流直下而达荔浦县的。

《明实录·太祖实录》卷60洪武四年（1371年）正月甲辰载：

> 修治广西兴安县灵渠三十六陡。兴安属桂林府，其水出海洋山。自秦开桂林、象郡，凿渠兴安，分为湘漓二水，建三十六陡，甃石为闸，以防水泄。汉马援尝修筑

---

① 《后汉书》卷54《马援传》。
② 《后汉书》卷1《光武帝纪》。

之,故世传为援所立。

此一记载证实了当年马援率师南下交趾,是溯湘水过灵渠下漓水的。

如此,说明了马援统楼船将军段志所率楼船大小二千余艘、战士二万余人征交趾,是由长江溯湘江过始安岭,然后在零陵县(治今广西全州县)过灵渠进入零陵郡始安县(治今广西桂林市),沿着漓水而抵苍梧郡的。

又乐史《太平寰宇记》卷167《容州风俗》引唐朝《郡国志》载:"此地多瘴气,春为青草瘴,秋为黄茅瘴。瘴江水即马援云'仰视飞鸢,跕跕(tiētiē,吐噜吐噜往下)堕水中',此地也。"

唐代前期,容州治所是在北流县。北流县,汉合浦县地,隋置北流县,近廉州界。县有桂门关,俗称"鬼门关"。《太平御览》卷172《州郡部十八》引《十道志》载:

> 鬼门关,在北流县南三十里,两石相对,状若关形,阔三十余步。昔马援讨林邑,经此立碑,石碣尚存。昔时趋交趾,皆由此关。已南尤多瘴疠,去者罕得生还,故谚曰:"鬼门关,十人去,九不还。"[①]

马援路经容州,特别是容州的"鬼门关",并留下遗迹,迄于唐代他在"鬼门关"所立的石碑,"石碣尚存"。古代交通艰难,特别重视天成水路的轻便快速,珍惜天成水路价值。见迹如见行,马援在鬼门关所立的碑碣,昭示了他率师沿漓水而下至苍梧郡,经荔浦县达广信县(治今广西梧州市),然后由广信县溯郁水而上经猛陵县即今藤县下北流江,再走陆路过鬼门关,再沿南流江而下进抵合浦县。

北流江与南流江相距不过20多里,人抬肩扛,在陆地上迈开两腿比较吃力,但吃力总有个限度。明朝洪武二十七年(1394年)十一月辛未,郁林州民李友松上言:"本州北流、南流二江,其间相去二十余里。乞凿河通舟楫,以便行旅,仍乞蠲其所侵田税及设石徒诸牌。"[②] 明太祖朱元璋也同意了,不详是什么拦阻冲不破,北流与南流二江间的运河没有兴工开凿。

清朝乾隆年中(1736—1795年)郁林直隶州知州商盘《马伏波铜船歌》诗咏道:

> 伏波南征立铜柱,四会风云常拥护。
> 复有铜船在尹州,沧渊入土无寻处。
> 剡木为舟江海通,未闻采用藏山铜。
> 飞凫彩鹢出炉冶,宛然十道开艨艟。

[①] 《太平御览》引文作"鬼门关,十人去九人还",但《十道志》上文已说过了鬼门关,"去者罕得生还",与"十人去九人还"对不上口径。《后汉书》卷54《马援传》载马援南征,"军吏经瘴疫者十四五",说明出关后不是十人去只死一人。另外,《太平寰宇记》卷167载鬼门关以南尤多瘴疠,去者罕得生还,谚曰:"鬼门关,十人去九不还。"疑以"十人去,九不还"为是,因正之。

[②] 《明实录·太祖实录》卷235。

想见当时临敌寨，征侧成擒征贰败。
班师奏凯弃船归，后车可有明珠载？①

此诗咏怀马援在史上的功绩，却也排解在郁林州民间传说中不着边际的附会，还他一个平常廉洁、智勇带兵的身份。虽然民间关于崇敬、挚爱人物的传说，多加附会，如同马援在郁林州的土地上打造铜船即属此类；②但是，伏波将军马援南征交趾曾经取路于清朝郁林州地方，则是毋庸置疑的。

伏波将军马援率领几万大军南征，由湘水而漓水，由漓水而郁水而北流江而南流江，沿途修复原有设施，疏通航道，加上古代地广人稀，岭树重遮，"岭外中分路转迷，桄榔树叶暗前溪"，③水源充沛，河水奔泻，远非今日诸水的流水量所能比拟。从而，诸水道水源充沛，河水奔泻，使漓水下郁水，郁水下北流江，北流江移位于南流江，流水奔腾，畅通无碍，成为古代一道从岭北出南海的比较便捷的交通线路，成为魏、晋以来从中原经岭南到交趾的交通线路。这就是唐朝许浑《送杜秀才往桂林》一诗所咏的"桂州南去与谁同？处处山连水自通。两岸晓烟千里草，半帆斜日一江风"。④

迄于唐、宋，情况基本仍然是如此。元和二年（807年）、六年（811年），李吉甫两度出任宰相；会昌中（841—846年），儿子李德裕也荣登相位，削平群雄割据，名重一时。大中元年（847年）唐宣宗即位，因"牛李党争"，牛党得势，李德裕被贬为崖州（治今海南省海口市琼山区）司马。从中原下岭南，他在岭南也是走此一线路出南海到海南岛的。在经过"鬼门关"时，他赋诗宣泄心中的悲愤："一去一万里，千去千不还。崖州在何处，生度鬼门关。"⑤

几百上千年，湘水→漓水→郁水→北流江→"鬼门关"→南流江→合浦的航线，由于东汉初伏波将军马援率领几万大军浩荡而过熠熠生辉，成为后人遵行的便利通道。

（三）唐、宋、元继续开发岭南水道

1. 对灵渠的疏浚重修

秦朝为了战争的转运需要，凿40里灵渠以通湘、漓二水，将岭南珠江水系与岭北长江水系贯通起来，征服了岭南越人，设象郡、桂林、南海三郡，使岭南归于秦朝一统，满足了秦始皇对于犀角、象牙、珠玑等稀有品的追求，可说是凿一渠而政治、经济两利。东汉初，马援重修灵渠，率师南征交趾，使岭南西部水道线路畅通无阻，既密切了岭南岭北的关系，也辟开了岭南西部的出海通道，方便了岭南西部南北的水路交通，增益了历代中央王朝"以夏化夷"政策的实施。这就是唐朝鱼孟威《灵渠记》所说的"导三江，贯五岭，济师徒，引馈运，推俎豆（礼乐）以化猿饮，演坟典（道义）以移鴃舌（不同语音

---

① （清）冯德材：光绪《郁林直隶州志》卷20《艺文志》。
② （宋）乐史：《太平寰宇记》卷169《太平军》载"铜船湖，马援铸铜船五只，一只留此湖中，四只将过海征林邑"。
③ （唐）李德裕：《鬼门关》，（清）汪森《粤西诗载》卷13。
④ （清）汪森：《粤西诗载》卷13。
⑤ （宋）乐史：《太平寰宇记》卷167《容州·北流县》。

的人群）、蕃（繁荣）禹贡（国家），荡（疏通扩大）尧化（尧舜的风化），所系实大矣"。①

然而，东汉以后魏、晋、南北朝及隋、唐，摄权者忙于逐鹿，忙于争权扩权，不管百姓生计，无暇顾及灵渠的通与不通。而且世态不宁，人心涣散，无从招集人力与财力以修复。所以，《新唐书》卷118《李渤传》载："桂有漓水，出海洋山。世言秦命史禄伐粤，凿为漕。马援讨征侧，复治以通馈。后以江水溃毁，渠道廞（xīn，淤塞）浅，每转饷，役数十户济一艘。"唐朝鱼孟威《灵渠记》也说："年代寖远，陡防尽坏，江流沮溃，渠道遂浅，潺潺然不绝如带，以致舳舻经过，皆同翯（ào）荡（浅荡于水面没浮力），虽篙工楫师骈臂束立，登眺（脚蹬两手用力不能济事干瞪眼）而已，何能为焉！惟仰索挽肩排，以图寸进。或王命急宣，军储速赴，必征十数户乃能济一艘。因使樵苏不暇采，农圃不暇耰（yōu，耕耘），靡间昼夜，必遭罹捕，鲜不胥怨，冒险遁索矣。是则古因斯渠以安蛮夷，今因斯渠翻劳华夏，识者莫不痛之。"②

（1）唐朝李渤整修灵渠

宝历初年（825年），桂州观察使李渤看见情况不妙，组织人力、财力，"酾（shāi）滩（疏导）旧道"，对灵渠进行修整。由于"郭泄有宜，舟楫利焉"。③

但《新唐书》在记载灵渠的所在上却出现了差错：理定县"西十里有灵渠，引漓水，故秦史禄所凿。宝历初（825年），观察使李渤立斗门十八以通漕，俄又废。咸通九年（868年），刺史鱼孟威以石为铧堤，亘四十里，植大木为斗门，至十八重，乃通巨舟"。④

名同实异，《新唐书》往往因名同不辨而记载失误。比如，将卷41《地理志》江南西道的牢州（今贵州东北凤冈县）指同于卷43上《地理志》岭南道的牢州（今广西玉林市），既无端地指认岭南道的牢州为"巴蜀徼外蛮夷地"，又因两个牢州在贞观五年至十一二年间都曾称"智州"，《新唐书》卷222下《南平獠传》便将"部落有四千余户"的"南平獠"，其界域"东距智州"的智州，本是江南西道的智州（今贵州东北凤冈县），却跨州越道，恣意扩大，延伸到岭南道的智州（今广西玉林市）。从而，使钦州"俚獠"首领"宁氏"既"世为南平渠帅"，又在"西原蛮"中"相承为豪"，分属两个地区的两个社会群体，尴尬难言。⑤

《新唐书》将灵渠错放于理定县也是如此。历史上在桂州始安郡范围内曾在两个地方出现"兴安"一名。一是隋朝仁寿初（601年）分始安县地置兴安县，唐朝至德二年（757年）改为理定县（治今鹿寨寨沙镇）；⑥ 二是唐朝武德四年（621年）分始安县置临源县，大历三年（768年）改称全义县，⑦ 宋朝太平兴国二年（976年）改为兴安县。⑧

---

① （清）汪森：《粤西文载》卷19。
② 同上。
③ 《新唐书》卷118《李渤传》。
④ 《新唐书》卷43上《地理志·桂州》。
⑤ 白耀天：《侬智高：历史的幸运儿与弃儿》，民族出版社2006年版，第8—9页。
⑥ 《旧唐书》卷41《地理志·桂州》。
⑦ 《新唐书》卷43《地理志·桂州》。
⑧ 《宋史》卷90《地理志·静江府》。

《新唐书》的主撰者为北宋的欧阳修，他唯"兴安"是认，不区分时域和地域，将隋、唐的兴安县和宋以后出现的兴安县等同起来，将本在宋朝兴安县的灵渠错入隋、唐时期的兴安县即理定县去了。《新唐书》的失误，导致了宋朝人欧阳忞《舆地广记》卷 36 及王象之《舆地纪胜》卷 103 关于灵渠所在记载的失误。

（2）唐朝鱼孟威复修灵渠

宝历初（825 年），桂州观察使李渤对灵渠"重为疏引，仍增旧迹，以利舟行。遂使铧其堤以扼旁流，陡其门以级其直注，且候溯沿不复稽涩"。① 李渤的整治修复，确使灵渠运行状况善化几年，但由于他所察不细，所督不严，所托非人，主管官吏怀着二心，偷工减料，以次充好，做表面文章，"尚或杂束筱（小竹）为堰，间散木（不成材的树木）为门，不历多年，又闻湮圮。于今亦二纪余焉。桂人复苦，已恨中无可奈何矣"。②

咸通元年（860 年）唐懿宗即位，岭南进入多灾多难、战火频仍的年代。四年（863 年），南诏攻陷安南；五年（864 年）四月，南诏兵占邕州；九年（868 年）七月，戍守桂林的徐州籍戍兵因超期服役推庞勋为首起来闹事。唐王朝"大征兵赴援，天下骚动"。③ 在这种形势下，唐懿宗为确保岭南，"或宣谕旁午（纷繁），晦瞑不辍；或屯戍交迁，星火为期。役夫牵制之劳，行者稽留之困，又积倍于李公（指李渤）前时。转使桂人肤革羸腊（肌体羸弱），指足胼胝（长期拉牵手足都起了老茧），且逃且死，无所怨诉"。④

咸通九年（868 年），鱼孟威由黔南调镇桂州，见灵渠淤塞，转运窘迫，百姓煎熬，或逃或苦苦挣扎，便启动了重新整修灵渠的工程，交由"末校"刘君素主持其事。据他说：

（修渠）凡用五万余工，费钱五百三千余万，固不敢侵正赋以竭府库也，不敢役穷人以伤和气也，皆捐求羡财（有余的财产），标示善价以佣愿者（公开招标寻求愿意承包者）。自九年九月兴工，至十年十月告毕。其铧堤悉用钜石堆积，延至四十里，窃禁其杂束筱也；其斗门悉用坚木排竖，增至十八重，窃禁其间散材也。

浚决碛砾，控引汪洋，防范既定，渠遂汹涌，虽百斛大舸，一夫可涉（拉牵）。由是科徭顿息，来往无滞，不使复有胥怨（相互怨恨）者。⑤

（3）北宋李师中重修灵渠

《宋史》卷 334《陶弼传》载，陶弼代理兴安县令时，曾上书知桂州兼广西经略使萧固，建议疏"浚灵渠以通漕"运，不见反馈。"至李师中，率浚之。师征安南，馈饷于是乎出，大为民利。"《宋史》卷 332《李师中传》也载：李师中"提点广西刑狱。桂州灵

---

① （唐）鱼孟威：《灵渠记》，（清）汪森《粤西文载》卷 19。
② 同上。
③ 《旧唐书》卷 19 上《懿宗纪》。
④ （唐）鱼孟威：《灵渠记》，（清）汪森《粤西文载》卷 19。
⑤ 同上。

渠，故通漕（运），岁月石窒舟滞。师中即焚石，凿而通之"。李师中重修灵渠的具体情状，其《重修灵渠记》记载得略为详细：

> 嘉祐三年（1058年），诏置都水监。明年，以诸道提点刑狱兼理河渠事。既被命，图所以称明诏。
> 按广西、湖南旧阻岭弗接，秦史禄导海洋山水，逆为石矶以激水，分岭而下，会湘、桂二水合为一。北通京师，南入于海，厥功弗究（穷尽）。石亘，数十里不绝。
> 自秦迄今千余年，强民力为堤、为陡门，以制水于石上，水渐而至，号曰渠。是渠也，寖以堙废，公私患之。至是，定计以闻。
> 遂发遣县夫千四百人授张就，曰："往营之！动而免险，斯功济矣。"就与石怀玉、孙约等亲率其徒，燎石以攻，既导既辟，作三十四日，乃成废陡门三十六，舟楫以通。
> 李师中、马仲芳，实领其事。①

灵渠建立陡门蓄水以行船，是秦代先人在水利建设上的一个伟大创举。李师中在修渠时实行"燎石以攻"，将渠底的岩石爆去，深化河床的同时，又说道："作三十四日，乃成废陡门三十六，舟楫以通。"此无疑是一句欠妥的句子。"废"了可以蓄水以提高水位的陡门，怎么能够在狭窄而水流量少的灵渠中行船？而且，根据鱼孟威《灵渠记》的记载，不论是李渤还是鱼孟威整修灵渠都特别注意灵渠蓄水陡门的构建，这里怎么又相反地出现"成废陡门"的事来？陡门坏了，失去了蓄水提高水位以行船的功能，就是"废陡门"了，又何必再去"成废陡门"呢？"成"与"废"间的不协调，道出了"废"字当为衍文。这或者不是李师中写错，而是转抄者抄讹了。由于"废"字为衍，所以雍正《广西通志》和黄海乾隆《兴安县志》所载的李师中《重修灵渠记》都削去了其字。

（4）南宋李浩疏灵渠

张栻《吏部侍郎李公墓铭》载：

> 公讳浩……以直宝文阁知静江府，至管广南西路经略安抚司公事。……公至镇，勤于民事。郡旧有灵渠通漕运，且溉田甚广，近岁颇堙塞。公命疏治之，民赖其利，立石以纪。②

又《宋史》卷388《李浩传》载，李浩知静江府兼广西经略安抚使。"浩至郡，旧有灵渠，通漕运及灌溉，岁久不治，命疏而通之，民赖其利。"李浩知静江府是在乾道六年至八年间（1170—1172年）。他疏通灵渠，当是在他任职的这两年中。

（5）元朝阿里海牙修灵渠三十六陡门

阿里海牙修灵渠三十六陡门一事，未见于《元史》卷128本传，却见于元人苏天爵

---

① （清）林富：嘉靖《广西通志》卷16《沟洫志》。
② 《永乐大典》卷10421李字引。

《国朝名臣事略》卷二之三《丞相楚国武定公传》。该传载阿里海涯作为湖广行省平章政事率军从潭州（治今湖南长沙市）南下一统广西后，"乃闸全之湘水三十六所，以通递舟"。"闸全之湘水三十六所"，就是整修从北宋李师中经南宋李浩以来修整以保证在灵渠上行船的三十六个陡门（闸）。这里苏天爵将灵渠误为湘水，又将兴安县的灵渠误放全州（今广西全州县），是闻说而未历其地出现的讹误。

"阿里海涯"就是《元史》记载的阿里海牙。他是维吾尔族人，在出任湖广行省参知政事后，一直以和取胜，先劝降了率领宋军坚守襄阳五年的吕文焕，后逼降潭州守将，然后率师南下，先后降服了除静江府之外的广西及贵州东部、广东西部、海南岛等地。对于静江府，阿里海牙本也存着和平解决的希望，先后派总管俞全和湘山寺和尚宗勉奉着宋朝已降皇帝的手令去劝降，但都被守将马墍杀了。两国交兵，不斩来使，马墍已逾常规，可阿里海牙仍未改其和平解决战事之心，又亲自写了一封千多字的信开导马墍，马仍然一无所动。阿里海牙心想这可能是自己权威不足，又上京讨来元世祖的诏书；但是马墍宁做断头将不做两朝臣，断然拒绝，并在严关下大败元军。阿里海牙见不是事，只好以武力破静江府，杀了马墍，坑了被俘的马墍手下不降的将士。交战双方，各为其主，固然马墍不为个人名利而随波逐流，表现了高尚的民族气节，而阿里海牙站在结束国家长期分裂的潮流的前头，横扫一切阻碍国家一统的力量，并没有什么过错。不能厚此薄彼，在赞誉马墍的同时，又贬低阿里海牙，否定广西诸州县军民识大体求一统的心向。阿里海牙一统广西后，"乃闸全之湘水三十六所以通递舟"一事，示现了他体国艰、恤民苦的心态。

（6）元朝也儿吉尼修复灵渠

也儿吉尼，《元史》没传，唯《元史》卷92《百官志八》载，至正"二十三年（1363年）三月置广西行中书省，以廉访使也儿吉尼为平章政事"。据元朝黄裳《灵济庙记》载，至正十三年（1353年）夏天，山洪突发，汹涌而下，灵渠堤圮陡隤（tuí，倒塌），湖广行中书省广西道廉访副使也儿吉尼集资募才，修复灵渠。

黄裳《灵济庙记》今已不存，但20世纪50年代以前"古碣凭人拓"，1947年广西省文献委员会即曾印有拓本，林富嘉靖《广西通志》卷33《坛庙》及汪森《粤西文载》卷38也录有其文。今移录于此，既可面视也儿吉尼修复灵渠时的盼睐动容，也可观当时官民偃卧振动、筋脉相连及其意识心态：

> 兴安灵渠，自史禄始作以通漕；既而，汉伏波将军马援继疏之；唐观察使李渤始为铧以固渠，作陡门以蓄水；而防御使鱼孟威复增修之。更四贤之勤，历秦、汉暨唐而后其制大备，以迄于今，公私蒙其利。盖千五百有余岁，其致之者渐也。
>
> 皇元至正十三年之夏，山水暴至，一旦而堤者圮，陡者隤，渠以大涸，壅漕绝溉。而向者四贤之勤，千五百余岁之大利，荡然矣。有或兴役而塞，踰二年辄复坏。于是，岭南广西道肃政廉访副使唐兀公悼功之未成，悯民之重困，悉发近岁给禄秩钱五千缗，付有司具木竹、金石、土谷，募工佣力，而命静江路判官王君惟让莅其役，宪使张君文显专督之。
>
> 群材委积，庶民子来。时维秋冬之间，积雨汀溢，畚锸难施。二君承命督范惧弗克称，周询有众，得四贤旧祠于西山之地，则相与奁芗（盒装五谷）筐币（筐盛纸

币）而请祷焉。燔祼（烧祭）未终，而云日开朗。役者、筑者、斫者、硙者、砌者，手足便利，无有所苦，并力丕（大）作。于是，铧堤之制加于初，漕溉之利咸复其旧矣。

比竣事，二君图所以答灵贶（kuàng，赐予）者。顾（回望）庙貌寙（yǔ，粗劣）陋，不称（相称于）神栖。既归复命，具以故告。公曰："神昔勤渠利，兹复相（辅佐）予，克（能够）缵（继续）旧绩，休嘉骈应（美好吉庆事儿相应和），宜有隆报。惟增饰祠像，肇置土田，庶几神民永久有赖。惟二人其卒图（谋划）事。"二君诺，请则（准则）经营：撤敝为新，易卑以崇；庑陛有严，门堂有秩；像设如在，精灵炳然。民吏具瞻，网不祗肃（庄严肃穆），命之曰："灵济之庙"。

乃计财用，得羡（剩余）钱二百七十五缗，买民田十有八坵，岁收米若干石。举祝史粟康叔掌之，以奉晨夕膏芗之费。

府僚合议，辱征裒文，将刻于石庙门，以著不朽。

切惟岭南之民，好祥瑞，侈祠宇，其俗固矣。惟兹四贤，其生也，于灵渠之兴能合智以创物；其没也，于灵渠之坏能攘患以庇民。是在祭法所当祀者，岂与他祀比哉？

庙作于至正十五年（1355年）正月甲子，成于六月甲子。

公之爵里、名氏，已见《修渠记》。其供亿（供给）、受事之人，与夫食货（食用）、财力、田亩之数，则记于碑之阴云。[①]

史禄、马援、李渤、鱼孟威，是历史上实实在在存在过的人物。他们根据当时的政治需要，开凿灵渠，修复灵渠，发展灵渠；但是，灵渠的开凿、灵渠的修复、灵渠的发展，却惠于历朝的百姓。他们为官一任，造福一方。百姓敬仰他们，崇拜他们，怀念他们，纪念他们。崇奉、怀念、纪念，其表现出来的行为就是建祠祭奠。久之，他们便由人而神，超自然化，成为一方的保护神，护佑着一方的百姓。

2. 相思埭、天威遥二运河的开凿

（1）相思埭运河的开凿

相思埭运河是继灵渠之后广西地区开凿的第二条运河。运河的开凿，把漓江水系与柳江水系串通起来，从漓江到柳江无须再经历平乐、昭平等县到梧州，然后再溯浔江、黔江再到柳江，缩短了500多公里的路程，方便了广西东西部地区的水路交通。

《新唐书》卷43上《地理志·桂州》载，临桂县"有相思埭，长寿元年（692年）筑，分相思水使东西流"。埭，读dài，堵水的土堤。

临桂县相思水（今良丰河）源于辨塘山，流出狮子岩后，拦河筑起堤坝，将水汇集于分水塘。在分水塘东西各建一个闸门，以控驭塘中东西二向的流水。东流水曲折15里至太平脚陡经蒋家坝达相思江口注入漓江；西流水湾折15里至鲤鱼陡下大湾达苏桥合柳江支流永福江（今洛清江）。

一江而二水分流，东西各注一江，依靠所建陡门的起动，航船可以从东边的漓江而达

---

① （清）林富：嘉靖《广西通志》卷33《坛庙》。

西边的柳江支流洛清江，将漓江水系和柳江水系贯通起来，大大缩短了东西的航程。

唐代开凿相思埭运河，西流水只建鲤鱼一个陡门，高低落差大，湍濑之流，奔腾激荡。经过1000多年后，沿河石墙大多已经倒塌毁坏。雍正七年（1729年），清朝根据地方的奏议，拨专款修理灵渠和陡河。广西巡抚金鉷将鲤鱼陡改建成20座陡门，并凿去阻碍舟船航行的石头286处，使流水就在石槽中流荡而去，哗哗不竭，保证了舟船航行的顺利。①

唐代，因记载简略，已不详相思埭运河的开凿和航行情况。清朝雍正年间（1723—1735年）广西巡抚金鉷奉命修复相思埭运河，撰有《临桂陡河碑记》，从中或可略知其中一二：

> 粤（语首助词）自遂人、稻人制于周官，良以浚川距浍（开挖小沟）。不特旱干为备以资农也，王家军需，运刍挽粟，胥（皆）是赖焉。
>
> 桂林，禹贡荆州之域，襟五岭，控南越，山突而水峻。临桂又复披山带江，为西南都会。
>
> 陡河发源于辨塘山，一东流以入漓江；一西流以至柳州，旧时所建鲤鱼陡是也。年代久远，垒石俱颓圮。夫水母不蓄，则江脉不通，而民之田亩，国之饷运，曷以取资焉？因具题请旨。皇上谨念（殷勤叨念），特发帑金（专项经费），共兴安灵渠河咸加修筑。乃亲加审视。
>
> 其间，石梁石砢、潆洄曲折之势，较灵渠为特甚，故费资、人力亦倍之。为凿石，为开河，为建闸，为修桥驿，为置神庙，为设陡夫岁时修辑，虽不能秉锄锸作工者先，而一时相形度势，经营区画，目眚神疲，惴惴兢兢，恐不能仰体圣天子尽力沟洫之至意，迄今犹未敢以忘也。
>
> 亡（无）何，灵渠告竣，而兹河亦成。水既归流，因时蓄泄，农民灌溉之余，又设鱼梁（在水中筑堰捕鱼的装置），会获汙池（鱼塘）之利，民咸便之。乙卯岁（雍正十三年，1735年），王师赴黔征苗，粮饷戈甲飞输挽运，起桂州经柳州者，胥是河通焉。夫自雷塘兴驲则费而劳，自分水塘则捷而逸。昔人有言曰："治水而不通军，则濡足（湿足干事）何益？通军而不溉田，则耒耜（操弄农具）何功？"今幸军农两便，耕民喁喁北向望甘雨而歌，且得扬天威于万里，龙州、都康之外悉载声灵，则皆兹河告成之效也。
>
> 夫若巴蜀兴谣，海堤姓范，未敢遥附先贤，但窃喜圣朝神禹之化，又念斯国斯民百世之利，则曩者之是营是度，凡心所深思而目所亲历者，其忍弃诸怀耶？辑而记之，俾告后来者当与所心期尔。②

拦河筑坝而令相思水东、西分流，凿渠设立陡门而航道自通，在古代科技不发达的情况下，于石梁石砢盘错的地方开渠通航，也难为古人的大胆设想和艰苦劳作了。一水分东

---

① （清）蔡呈韶：嘉庆《临桂县志》卷11《沟洫》。

② 同上。

西流,将漓江与柳江二水系贯通起来,方便了沿途百姓,灌溉了干旱的农田,粮丰而鱼跃;大大缩短了航运距离,沟通了黔桂航线,便于官方调兵运粮,便于民方货物畅流,方便经济文化交流和民族群体间的相互了解;而东水西调,又可以丰补歉,调节东西水量,平衡地区间的河水流量,可以说是一举而三得。

(2) 潭蓬运河的开凿

潭蓬运河俗称天威遥,位于防城港市江山半岛的河蓬和横嵩两村之间。

《旧唐书》卷182《高骈传》载,咸通五年(864年),唐朝以高骈为安南都护。"至则匡合五管(广管、桂管、邕管、容管和安南都护)之兵,期年之内,招怀溪洞,诛其首恶,一战而蛮(指南诏)兵遁去,收复交州郡邑。又以广州馈运艰涩,骈观其水路,自交至广,多有巨石梗途,乃购募工徒,作法去之。由是舟楫无滞,安南储备不乏。"《新唐书》卷224年《叛臣高骈传》载,高骈在开凿潭蓬运河的过程中,遇"其径青石者,或传为马援所不能治。既攻之,有震(雷震)碎其石,乃得通,因名'天威'云"。

今防城港市的江山半岛,东临防城港,西靠珍珠港。由合浦船航安南,必绕江山半岛而过,路程既远,途中礁石又多,风浪又大,若遇台风,更难免事出意外。高骈率军进入安南与南诏作战,急需军需物资。他考察后,在半岛上最短间距的潭蓬村到横嵩间凿渠开河。二村间横亘着一座仙人坳,虽长仅200余米,石质却极其坚硬。传说当年马援率兵南征交趾,凿山开道,就因为此山难啃而放弃了原议。高骈手下的技术人员凿通了仙人坳,让海水贯流于劈为两半的石山中,于是人们生造了雷劈石裂、助开运河的传说,以就西汉儒学大师董仲舒关于"天人感应"的学说,道明高骈出兵安南逐走南诏兵的正义性,甚至天神也出力相助以兑现其功成名就的夙愿。

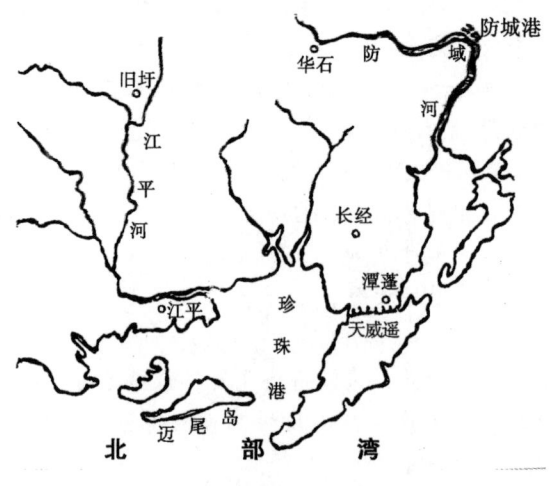

潭蓬运河方位

运河开在江山半岛的腰部,把东边的防城港和西边的珍珠港贯通起来。航船穿半岛中腰而过,不必绕至半岛顶端的龙尾,既避开了那里不时出现的风浪袭击,又缩短了40公里的航程,大大方便了从中国到安南的海上交通。

运河全长4公里,底宽4米,顶宽24米,深9米,破山而过,是古代水利工程史上的又一杰作。不过,由于该运河的航运远涉海外,自宋代安南独立建国之后,问津者少,运河也逐渐荒芜弃置了。

潭蓬运河旧址

3. 壮群体越人及其后人语名河载入史册

江河流淌于壮群体越人及其后人地区，他们自然以自己的民族语言称名这些河流。但壮群体越人及其后人史属"蛮夷"，以汉族文化为主体文化的中国文化必然以汉语更称其河而载入史册。不过，众行成习，约定俗成言滔滔，撰史者固然如同"寒禽冬饥啄地食"，可是拾掇犹不得不顺舆情，从而偶尔也有壮群体越人及其先人以其语言命河之称见于史载。

壮群体越人及其先人以其语言命河之称见于史载。

（1）郁水

《汉书》卷28上《地理志》载，武陵郡镡成县（治今湖南靖南县南）"玉山，潭水所出，东至阿林（治今广西桂平市）入郁，过郡二，行七百二十里"；零陵郡零陵县（治今广西全州县西南）"离水，东南至广信（今广西梧州市）入郁林，行九百八十里"；桂阳郡桂阳县（治今广东连州市）"汇水南至四会入郁林过郡二，行九百里"；牂牁郡镡封县（治今云南文山西北）"温水东至广郁（今广西百色、河池二市交汇地区）入郁"；句町县（治今云南广南县）"文象水东至增食（今田东、田阳、大新、天等等地）入郁"。同书卷28下《地理志》载，郁林郡广郁县"郁水首受夜郎豚水，东至四会入海，过郡四，行四千三十里"；领方县（治今广西宾阳县，包有今南宁市）"斤员水入郁"；合浦郡临允县（治今广东新兴县）"牢水北入高要入郁，过郡三，行五百三十里"。这些记载明白地揭示，第一，汉代，不论今黔江的上源水红水河还是今邕江的上源水右江，不论是北郁水和南郁水合流后还是漓江注入后，不论是东流广东后汇合牢水后还是北江注入后，都以郁水称之。第二，今广西，汉代郁水有南郁水和北郁水之分。从而，清楚地道出了汉代岭南的水道主流为什么称为郁水。

《素问·至真要大论》的"诸气喷郁"句，以"郁"为"越"的假借字；《管子·君臣》的"郁令而不出者，幽其君者也"句及《左传·昭公二十九年》的"郁湮不育"句，以"郁"为"淤"的通假字。这说明古代"郁"字读同或读近"越"或"淤"字，近"于"之音。

上古，郁既读同或读近"于"音，前面说过，壮傣群体越人及其后人自称近"于"音，拟读为"ʔjai⁴"或"ʔjoi⁴"，那么"郁水"之称，明示近音译写壮群体越人语"ʔjai⁴ nam⁴"（"于"人水）。因此，在《汉书》卷 28 上《地理志》记载零陵离水和桂阳汇水的归宿时都说"入郁林"。"郁林"就是"ʔjai⁴ nam⁴"的近音译写字。

（2）瀼水

五代张昭远等撰修的《旧唐书》卷 41《地理志·邕州》载：

> 宣化县，州所治。汉领方县地，属郁林郡，秦为象郡县地。骊水在县北，本牂柯河，俗呼郁状江，即骆越水也，亦名温水。古骆越地也。

《汉书》卷 28 下《地理志》载，郁林郡增食县"骊水首受牂柯东界，入朱涯水，行五百七十里"。朱涯水即今左江中下游的名称，流入岭方县后称斤员水，注入朱涯水的骊水就是现在的黑水河。"骊水首受牂柯东界"是说骊水源于牂柯郡东部边界即今广西的靖西县，但是它不是"本牂柯河"。牂柯河，据《史记》卷 116《西南夷列传》是指源于夜郎的豚水（今北盘江）与温水（今南盘江）汇合后向东南奔泻而于番禺注入南海的河流。认为骊水"本牂柯河"，是《水经》及《水经注》的作者没有认清"牂柯河东界"与"牂柯河"的区别，并将于夜郎豚水汇合后往东南倾泻入海的温水在今黔、桂边界蹦跳起踵到"领方县东与斤员水合"，让南、北二郁水串通误导的结果。

骊水涵盖今左江甚至右江，未见于记载。《旧唐书》作者不知据何而说。唐代，今左江不称骊水而称瀼水。《新唐书》卷 222 下《西原蛮传》载，员州首领侬金勒、侬金澄、仲武袭太州首领黄伯善。"伯善伏兵瀼水，鸡鸣，候其半济，击杀金澄、仲武，唯金勒遁免。"太州就是今崇左市江州区左江之南原来的江州，员州是今崇左市江州区左江之北员州，即元朝及其后的崇善县，无疑瀼水就是今左江当时的称名。今左江唐朝称为瀼水，因何而来？

《旧唐书》卷 41《地理志》载："贞观十二年（638 年），清平公李弘节遣钦州首领宁师京寻刘方故道行达交趾，开拓夷獠，置瀼州。"唐朝瀼州，在今广西上思县西南。《太平御览》卷 172《州郡部》引唐朝梁载言《十道志》载，瀼州"在瀼水之东，故以为名。瀼音而章反。"瀼字在汉文史上出现较早，《诗经·小雅·蓼萧》即有"蓼彼萧斯，零露瀼瀼"（高大的蒿儿，上面沾着众多的露水）句，朱熹《诗集传》说："瀼，如羊反。""如羊反"与"而章反"是不同的，否则梁载言不另标注了。"而章反"，音近乎ço:ŋ⁶，即壮群体越人及其后人关于山间平地的音谓。瀼水就是"ço:ŋ⁶里流来的水"。ço:ŋ⁶，上古近音译写作"泷"，秦代译写作"陆梁"，西汉译写作"骆"，东汉及其后或译写作"俚"或译写作"獠"。瀼读"而章反"，汉人难以准确地拼读，《旧唐书》便说其江"俗呼郁状江"，"郁状"就是"而章"的近音译写；又恐人家不懂，特标明该江为"骆越水也"。然而，左江、右江或二江合流后哪个历史时期称"骆越水"，没见过记载。而且，岭南本是骆越地，哪条水又不可称骆越水！显然，唐代左江称瀼水，是以壮群体越人及其后人语命江河之名载之于史册的。

（3）都泥江

广郁郁水，自汉迄宋，都称为郁水。北宋末欧阳忞《舆地广记》卷 36 象州武仙县载，武仙县（今武宣县）有"郁水"。此郁水就是广郁郁水，即今红水河。但是，在其他著作里，却不是这样称谓了。唐元和中（806—820 年）曾两度出任宰相的李吉甫，其《元和郡县志》卷 37 严州即记载流经该州的川河为"都泥江"。比如，"都泥江，南去州一里"；来宾县，在"都泥江北，来宾水东，故以为名"。

南宋淳熙四年（1177 年）任邕州别驾的吴儆，他的《邕州化诸国土俗记》载，自邕州横山寨到罗殿国（治今贵州安顺市）和自杞国（治今贵州兴义县），都必须渡过都泥江。[①] 同时，南宋王象之《舆地纪胜》卷 105《象州·景物下》载："都泥水，在武仙县西南七十里。《旧经》云：有泉水流出，通牂柯勋训州；一源通述州。沿流经来宾县，合于浔江。"象州的方志除宋朝人撰的《象州图经》《象州风土记》《象郡志》《象州志》外，象州《旧经》当撰于宋代或其前。《舆地纪胜》引象州《旧经》所涉的两处时间，都说"唐乾封元年（666 年）"，或者此书为五代时人所撰，否则不当加"唐"字。这或者可以说明，五代时人已经认知从牂柯流经来宾县的江河名为"都泥江"。

《大清一统志》卷 358《庆远府·山川》载：

乌泥江，在那地州（治今广西南丹县西南那地），自泗城府（治今广西凌云县）流入。东南经东兰州（今东兰县）东北界。又东南经思恩府（治今武鸣县府城）都阳（治今都安县都阳）、安定（治今都安安县镇）诸土司，入忻城县南。又东入迁江县界。

一名都泥江，又名隘洞江，今俗名红水河。水势汹涌昏黑，直等黄河。

又《大清一统志》卷 359《思恩府·山川》载：

（红水河）夏、秋水红黄而难饮，春、冬水清浅而难行。中有险滩十五处，皆极高险，大小舟无进者，名曰消魂滩。

这些记载，既表明了都泥江的流程，又道出了河身的特点。川流因其"夏、秋水红黄而难饮"，说明了江之所以称为都泥江的由来。壮群体越人后人壮族和布依族其语谓江河川流为"ta⁶"，谓红色为"diŋ¹"，因称该河为"ta⁶diŋ¹"，意为红的川流。"ta⁶diŋ¹"的汉近音译写字为"都泥"或"乌泥"。译者或不知壮、布依语"ta⁶"已为"河"义，在译取时又以汉语构词模式规范，于是成为"都泥江"或"乌泥江"，出现了架床叠屋的现象。然而，不管怎样，"都泥江"或"乌泥江"此译取于操壮群体越人及其后人语的川河名称，毕竟见载于历史文献了。

当然，今将"都泥江"或"乌泥江"改成"红水河"，取其意而弃其音，无疑大失壮族、布依族及其先人以自己的民族语言命名川流的韵味了。

（4）牢水

《汉书》卷 28 下《地理志》载，合浦郡临允县"牢水北入高要入郁，过郡三，行五百三十里"。牢水流经的三郡，就是合浦、苍梧、南海三郡，该水就是现在的罗定江。

[①] （清）汪森：《粤西文载》卷 36。

牢，古与骆、老、潦、里、劳等同属来母字，读音相近。骆，就是汉代称壮群体越人为"瓯骆"的骆。瓯读近"于"音，是壮群体越人及其后人的自称音谓，骆则是他们住于ço：ŋ⁶中，因称"骆"人，也就是骆越。前面说过，骆古读近雄、双、泷等字音，所以南朝隋、唐时期，今罗定江又为双水、泷水。南朝梁在今广东罗定市设置的双州以及唐朝初年在今罗定市设置的泷州、泷水县，都以该水为名。泷不读 lóng，而是宋人叶梦得在《乙卯避暑录》所说的"泷本音闾江反"，读同双。这是壮群体越人谓 ço：ŋ⁶ 的近音译写字。

泷读双，千百年来罗定江由牢水而泷水而双水载于历代史书，不失壮群体越人原初以其语命名的江河之称。

（5）打狗河

顾祖禹《读史方舆纪要》卷109载，荔波县"劳村江，县东南百二十里，或曰全城江之别名"。劳村江即今河池市龙江的主源水打狗河。打狗河源于贵州荔波县，流经南丹县，进入河池市金城江区称为金城江。"打狗"是当地居民壮族、布依族对该江河的称谓，后成正式见于书载的江河名称。

"打"是壮语、布依语谓江河为 ta⁶ 的汉近音译写字，"狗"是他们谓弯曲为 ko² 的汉近音译写字。该水流淌于丛山中，弯来曲去，因此沿河居民便称其为"ta⁶ko²"，意为弯弯的河，汉人近音译写为"打狗"，因他们又不知"打"正是江河，便于以汉语的构词格式加上"河"，于是成了叠床架屋的名称："打狗河"。

荔波县，宋时为荔波洞，元为荔波州，明降荔波县，原隶广西庆远府，清雍正十年（1732年）改隶贵州。该县现已少见壮族和布依族了，但在清初，据雍正《广西通志》卷93载，荔浦县县官素"畏不敢入，都侨寓于府城遥领县事而已。康熙八年（1669年）典史余子位竟抵其任，苗皆诧异云：'蒙夜结勒刀？蒙刀过客麻？利料！利料！'译其意盖言：'汝从何而来，汝来做何事？好笑！好笑！'"此"苗"不是苗族而是壮族或布依族，所说的就是壮语北部方言："mu ŋ²（你）z i：ŋ²（从）ki³lau¹（哪里）tau³（来）？mu ŋ²（你）t au³（来）t u⁶（做）k a：i⁵ m a²（什么）？d ei¹ɣiu¹（好笑）！d ei1 ɣi u¹！"荔波县的壮族或布依族，可能随着历史的发展趋汉变化了。

（四）明、清水路交通

1. 继续整治维修灵渠和相思埭运河

明太祖朱元璋统一全国，洪武四年（1371年）正月甲辰便着眼于整修灵渠以通舟船，灌溉沿渠万顷（100亩为一顷）良田，下令修治灵渠。①

洪武二十九年（1396年）九月丙辰，朱元璋又下令"修广西兴安县灵渠三十六陡。其渠可溉田万顷，亦可通小舟。国初尝修浚之"。当时在广西的兵部尚书唐铎便画图奏闻明太祖，并说将渠"修治深广，可通官舟，给（供给）粮饷"。于是，朝廷命令监察御史严震直总理其事。严震直单从"通官舟给粮饷"着眼，"浚渠五千余丈，筑溪潭及龙舟祠土堤百五十余丈。又增高中江石堤，改作滑石陡。凡陡间之石碍舟行者，悉以火煅去（锤击除去）之"以通官船。②

---

① 《明实录·太祖实录》卷60。
② 《明实录·太祖实录》卷247。

严震直只顾扩河通船，却忘了灵渠灌溉周近民田的整体设计，为了疏通渠道，毁去了原渠中鱼鳞石设置，并随意加高石堤，这就坏事了。本来"旧于堤上垒石（如）鱼鳞，以防涨溢冲击之患。或有损坏，随意修葺，民不为劳"，撤去了鱼鳞石，加高了石堤，遇了洪水没法泄洪，即冲缺塘岸，让水尽往"北渠"即湘江方向冲去，使"南渠"（即往漓江方向）无法通行，又使周围农田失去了灌溉之利，贻害无穷。

永乐二年（1404年）二月己丑，明太宗下令"改筑广西兴安县分水塘"，重修灵渠。① 此次重修灵渠，恢复旧貌，工程浩大，加上官员有意无意拖延，费了近20年时间，直到永乐二十一年（1423年）十二月癸丑方才完成。②

之后，据孔镛碑刻《重修灵渠记》记载，成化二十三年（1487年），桂林府知府罗珦、全州知州卓清对灵渠和相思埭运河进行了重大修复，使"三十六陡延袤五十里，凡有缺壤，葺理无遗。得两渠舟舸交通，田畴均溉，复旧为新"。此次修复，灵渠发挥其往日的功能，相思埭运河也焕发了光彩。据明万历间广东人邝露《赤雅》卷中说："由漓（江）通铜鼓水，自东徂（往）西入永福六陡，冬月涸绝不行。予过陡时，水长月明，如层台叠壁，从天而下。"

清朝以后，康熙年间为军事运饷需要，曾对灵渠旧日规模略作修复。雍正七年（1729年），在云贵广西总督鄂尔泰和广西巡抚金鉷具题奏报后，雍正皇帝特拨专款由金鉷负责，对灵渠和相思埭运河作了治理。据鄂尔泰《重修桂林府东西二陡河记》载，经过修整，"兴安之河（即灵渠）为陡门者十有八，为堰蓄水者三十有七……其滩心危石比栉共鉴。去碍船者，两河（指灵渠和相思埭）各百有数十处。于是，近渠之田资灌溉者不下数百顷，水旱无虞；前此荒塍（chéng，田畦）悉登膏沃（都变成肥沃的水田）。若乃舟楫之便利，惠贾通商，则自灵渠而北曲赴湖南，自鲢鱼陡而西直至黔省之古州（古今贵州榕江县）。粤土虽瘠薄，得二渠以储民，福泽可俯视秦关郑、白矣！"（其给社会给百姓带来的福祥恩惠可以与古代关中郑渠、白渠的开凿不相上下啊！）③

水行泥淤，坝久倾颓；河不浚难通，坝不补报废。这是常理。乾隆十九年十一月二十九日（1754年1月11日），两广总督杨应琚奏："粤西兴安县陡河，俗名'北陡'，为转运楚米、流通商货之要津。久未修浚，坝身坍损，河流渐致浅涸，舟楫难通。临桂县陡河，俗名'南陡'，下达柳庄，溉田运铅，亦关紧要。近日陡坝倾颓，且有陡门相离太远并需酌添闸坝之处，均请动项兴修。"乾隆皇帝看了奏章，马上提笔御批："如所议行。但期帑归实用，永资保障可耳。"④ 他希望杨应琚"帑归实用"，不贪污不浪费不挪作他用，显示出皇帝的聪明才智。但是，他希望灵渠和相思埭运河经过这么一次切实认真的修理，便"永资保障"，却也是痴心可爱，违反物理，难能如愿。

2. 广设水驿

历史上，道路设有驿站。驿站不仅设置官吏、士卒住宿的房舍，还有可以更换的马

---

① 《明实录·太宗实录》卷28。
② 《明实录·太宗实录》卷266。
③ （清）蔡呈韶：嘉庆《临桂县志》卷11《沟洫》。
④ 《清实录·高宗实录》卷477。

匹，以便官员士卒往来特别是报急军士往来饭食、歇息和换车换马。水路航行，途中也有驿站，称为水驿。

"驿路南随桂水流，猿声不绝到南州。"① "岭头分界堠，一半属湘潭。水驿门旗出，山蛮洞主参。"② "北户书频到，南云雁不飞，试评骑马路，何似钓鱼矶？"③ "舟楫回沙驿，旌旗驻郡亭。"④ 这些唐人、宋人、元人的诗句，道出了自唐以后岭南交通主要是水道，航行途中官家都设有水驿，让途经者可以饭食、歇息。进入明朝、清朝，王朝中央更加重视水驿的设置。

洪武二十七年（1394年）九月庚申，"修《寰宇通衢》书成。时上（皇上）以舆地之广，不可无书以纪之，乃命翰林儒臣以天下道里之数，编类为书。其方隅之目有八：……广西水驿五十三，为里四千四百六十；水马驿六十四，为里四千二百六十五。……此其大略也，四夷之驿不与焉"⑤。虽然，其中水驿数为53站，水马驿为64站，水驿站数为少，但是水马驿既设有马匹，也设有船只，是靠近江边的地方，水陆两栖，也可算是水驿。比如，南宁府在府城西门外的建武驿，"明洪武三年（1370年）设。原额站船六只，桨夫六十名；马六匹，夫十八名；驴四头，夫十名。上、中、下铺陈十五副"⑥。建武驿既纳水上来客，负责水上传递，也容旱驿来客，负责旱路传递，就是名副其实的水马驿。

明洪武时设置如此，以后也有更置的。如永乐十四年（1416年）五月庚戌，增设"钦州之防城、佛陶二水驿"，改"钦州天涯马驿为水马驿。"⑦ 万历十六年（1588年）三月癸卯又改梧州"府门等五驿为水马驿"。⑧

清因明制。可以说，明、清二代，在广西广设水驿，船只往来，甚而通于偏僻的城镇。

三　道途附属设施

路途漫漫，途中或设置馆驿让途经者饮食、歇息、更换马匹重上征途，或遇川流溪阻设船摆渡、架桥通行。这些驿站、渡口和桥梁，就是道途的附属设施。

（一）驿站

驿站，在唐、宋、元时代已经在广西在壮族地区水路、陆路中设置，只是到了明代清代，更为重视更为普遍而已。它既可为官家通报信息、传递文书和为官员提供往来饭食、歇息、换马提供场所，又可为行人、商贾的往来提供方便。《宋史》卷284《陈尧叟传》载的"岭南风俗，病者祷神不服药。尧叟有《集念方》，刻石桂州驿。又以地气蒸暑，为植树、凿井，每三二十里置亭舍，具饮器，人免渴死"，或者就是其说明。

---

① （唐）刘长卿：《江楼送太康郭主簿赴岭南》，（清）汪森《粤西诗载》卷6。
② （唐）王建：《桂岭》，（清）汪森《粤西诗载》卷10。
③ （宋）范成大：《宿深溪驿》，（清）汪森《粤西诗载》卷10。
④ （元）傅若金：《梧州嘉鱼亭》，（清）汪森《粤西诗载》卷10。
⑤ 《明实录·太祖实录》卷234。
⑥ （清）何鲲：道光《南宁府志》卷9《驿站》。
⑦ 《明实录·太宗实录》卷176。
⑧ 《明实录·神宗实录》卷196。

明代的驿站，陆路的称驿站，水路的称水驿，水陆兼备的称水马驿。当时，陆路每60里至80里设马驿一所。在冲要地方，每所备马30匹、60匹、80匹不等。一般的马驿，每所备马5匹、10匹至20匹。每匹马领上悬挂小牌，分别写明上、中、下等级，以备选用。水驿在冲要地方每所备船10只、15只、20只不等；在偏僻的地方，每所各备船5—7只，每船有船夫10名。①

壮族地区的驿站不论是马驿还是水驿，就全国形势来说，都不处于冲要之地。所以，驿站所设的马匹或船只都不多。前引南宁府建武驿是如此，处于相思埭运河西端又接洛清江河口这样紧要地方的苏桥驿也是如此。据明朝邵汉仁《苏桥公馆记》载，"临桂距永福县治120里，（苏桥）驿处其中，往来使客无尊卑"。驿有上、中马各一匹，夫二名；驴二头，夫二名；船三只，桨夫30名；馆夫10名。

清朝沿袭明朝的制度，虽康熙年间壮族地区以"塘"代"铺"，其塘也不完全是每隔10里为一塘。比如，南宁府到思恩府宾州的陆路交通共有10塘，此10塘是：起点南宁府城北门外六公祠为头塘；距头塘20里的高井为二塘；二塘又10里到马茶为三塘；从三塘走15里至朝天为四塘；四塘走15里到苏平为五塘；五塘10里至林村为六塘；距六塘10里的马岭为七塘；七塘10里至山心腰塘，又10里至长山为八塘；八塘15里至里段为九塘；九塘10里至昆仑关为十塘。十塘与宾州交界。"以上旱塘，每塘拨兵四五六名不等，防守铺司、传递公文。"②

（二）桥梁

遇水架桥，逢坎吊渡，以免负载及冬日涉水带来的不便，除却逾越深沟穷谷带来的费时和可能出现的危险。壮族人认为架桥铺路是积阴功福佑子孙的好事，因此，一般的坎沟，架起的桥梁费时费工费资不算很大的，常是人们趁黑而建不为人所知；而工程比较大、费资较多的桥梁，则由族中、村中头人或一方的诸多头人联合起来共同发起集资修建，或官修，或富裕人家出资修建，以便人们利索行走。如横州（今横县）海棠桥，在"城西一里，宋时建，知州刘受祖记。明重建，后圮。嘉靖十五年（1536年）同知余元募民李尚秀等修之"。武缘县距县城西10里的乔邓桥，"邑人龚瑛修"。县北门外的北桥，"邑人萧茂妻虞氏修"等。③

壮族地区的桥梁，分为竹桥或木桥、吊桥、石桥、风雨桥几种。

1. 竹桥

壮族地区盛产各种类型的竹子，人们也以竹子为衣、食、住、行的基本资料。所以，明朝张七泽《梧浔杂佩》说："岭南人当有愧于竹。食者竹笋，庇者竹瓦，载者竹筏，爨者竹薪，衣者竹皮，书者竹纸，履者竹鞋，真可谓一日不可无此君也。"④ 此中，虽然没有点出"行者竹桥"，但以竹为桥，自古迄于近现代，在壮族及其先人的社会生活中却有着大量的存在。

---

① 杨金鼎主编：《中国文化史词典》，浙江古籍出版社1987年版，第199页。
② （清）何鲲：道光《南宁府志》卷9《驿站》。
③ 方瑜：嘉庆《南宁府志》卷1《山川》。
④ （清）汪森：《粤西丛载》卷21引。

唐朝柳州刺史柳宗元《苦竹桥》诗说：

> 危桥属幽径，缭绕穿疏林。
> 迸箨分苦节，轻筠抱虚心。
> 俯瞰涓涓流，仰聆萧萧吟。
> 差池下烟日，嘲哳鸣山禽。
> 谅无要津用，栖息有余阴。①

南宋广西经略安抚使范成大《珠塘》诗也说：

> 林茂鸟乌急，坡长驴駃鸣。
> 坐舆犹足痹，负笈想肩赪。
> 废庙藤遮合，危桥竹织成。
> 路傍行役苦，随处有柴荆。②

柳宗元的"危桥"是竹桥，范成大的"危桥"也是竹织成，可见竹桥的普遍存在于乡村中。竹子搭桥，因竹子本身具有的韧性和弹性，走在桥上，随着步态晃晃悠悠的，局外人便看成危桥了。

简易竹桥

危桥不危，但竹桥也不十分坚固牢靠，年日一久，它会腐朽；而且遇上洪水，也容易被冲垮。然而，古代竹子婆娑，随处可采，架设桥梁也容易，好像竹屋茅茨一样，众人聚力，不费多长时间，一座新的竹桥也就呈现在人们的眼前了。因此，在壮族及其先人的乡村，竹桥举目可见，极为普遍。

后来，随着时间的演进。人们不再以竹子作支架，而是垒石作桥墩，上面架上竹子或更为结实的巨木，于是出现了木桥。比如，横州（今横县）在州北 10 里的翔云桥，"宋

---

① 《柳河东集》卷 43。
② （清）汪森：《粤西诗载》卷 10。

时建。旧曰方水，曰永通津、永乐津。永乐十八年（1420年）徐知州、张指挥重建，举人邬昭有记。正德中（1506—1521年）民叶昌炽移上源岸夹水缓处，架木二条为之"。[①] 木桥较为牢靠，行走起来，也不会出现晃晃悠悠的现象，平稳牢实多了。

2. 吊桥

吊桥是架设在河面比较宽阔而河谷又较深难以跨越的河面上。古代，壮族地区的吊桥多有设置。宋朝蔡襄《吴容州仲—挽词》诗的"竹屋绳桥自有村，半山箫笛不堪闻"句，[②] 其"绳桥"，就是指吊桥。吊桥原是用竹子绞成索子，多根索子连用，捆绑在两岸牢固的石墩或石柱上，中间则横排绑上竹片或木片作踏脚；后来用藤条绞成粗绳或用铁索做成桥架设吊桥。至今，桂西及云南一些壮族地区吊桥仍然是跨沟越涧的往来桥梁。

简易木桥　　　　　　　　　　那坡县吊桥

3. 石桥

石桥，可分为石墩过渡桥、石板桥和石拱桥三种。

（1）石墩过渡桥

石墩过渡桥，是在水面上以人步为限等距离地安上一个个稳固的石墩。石墩高于水面，不铺设桥面，人们可以从石墩上跨越渡过水流。此种石墩过渡桥，不挡水，水可没过石墩，没有被冲垮的危险，只是洪水时不能跨墩渡河而已。

（2）石板桥

这是在河床较深而河面较窄的川流上所架设的石质桥梁。此种桥梁面上铺设条状石板，两端则坚实河岸，以保桥的稳固。桥宽视需要确定，有铺一块至四块条状石板不等。此类桥梁，一般以铺设一条形石板的长度为多见，也有中砌桥墩，多条条形石板组合而成的较长的条形石板平面桥。

（3）石拱桥

石拱桥都是砖石结构。这是在汉文化影响下出现的桥梁建筑形式。唐代兴安万里桥和

---

① （清）方瑜：嘉靖《南宁府志》卷1《山川》。
② （清）汪森：《粤西诗载》卷22。

宋代的桂林花桥,是其著名的代表。民间的石拱桥都是单孔的石拱桥。道光十八年(1838年),任千总的武骑尉李翘然出资在其家乡修建而成的邕宁新江石拱桥(旧名"皇赐桥"),为5孔6墩石拱桥,桥长64.8米,桥高15米,桥面宽4米,桥身灰浆石条结构,是壮族地区近代修筑的比较著名的石拱桥。

石板桥

石拱桥

4. 风雨桥

近现代以后,在今云南文山壮族苗族自治州所属各县、桂北、桂西的壮族中有行修建风雨桥的习俗。风雨桥,就是在木石结构的桥梁上盖上茅草或瓦,形成长廊式的覆盖,目的就是让过桥者在桥上有个能避风雨、暂以歇息的地方。

迄今,在云南文山、桂西、桂北等地的壮族中仍然有风雨桥的建筑。现代,侗族的风雨桥颇有名气。比如,民国5年(1916年)修建的广西三江侗族自治县程阳桥,五墩四孔,用八根连排杉木分上下两层重叠于桥墩之上,铺以木板,然后起柱立架覆盖青瓦,形成长廊建筑,又在桥墩之上竖起五座亭阁,形成侗族村中特有的鼓楼建筑,四层或五层,重瓴联阁,错落对称,建筑华丽,雄伟壮观。而壮族的风雨桥,主在遮风避雨,朴素实用,不求华饰。

当然,各民族群体同居一地,免不了相互交流,相互影响。比如,桂北地区壮族修建的风雨桥,就体现了侗族风雨桥亭楼建筑的影响。

(三)渡口

道路延伸,保不住突然间一水横来,河宽水深,无桥可渡,又难以涉水而过,就不能不在河的左右两岸设置渡口,摆船以渡。

远古越人对渡口已很重视。他们以竹筏摆渡,因谓筏为"步",因事连类,渡口也称为"步"。"步"作为渡口的名称,在古越人中可说来之久远。后来,随着人口的增殖,分布的广阔,渡口也广布于壮族地区了。

"西堤杨柳酒帘风,来者纷纷去莫穷。记得南河归路晚,水边停骑落霞红。"[①] "扰扰红尘行役子,长途日暮犹未止。沙头独立唤船来,两岸青山暝烟起。"[②] 这二诗是描述渡

---

① (明)李瀚:《南溪古渡》,(清)汪森《粤西诗载》卷24。
② (明)杨凤:《南津晚渡》,(清)汪森《粤西诗载》卷24。

第三篇 衣、食、住、行文化

云南文山各地风雨桥

桂北壮族风雨桥

口人来人往，一派繁忙景象的。"东门东渡柳青青，雨后晴澜春水生。月影流来波影碧，浪花飞起雪花轻。涟漪忽动鱼翻藻，浩荡初平凫啸萍。终日静观还有得，层层天色一舟横。"① 雨后，柳青、天嫩、潮起、月影、浪花、鱼跃、凫啸、云彩、舟横，渡口天造地设般的美景，令人流连忘返啊！"鳌头浪涌金沙碧，江国飞虹瑞气摇。发洩地灵知有待，使君题作状元桥。"② 这是抒发在汉文化影响下人心的趋向。"绿珠今去几千载，此地犹存井渡名"，③ 则是感慨人生薄命，社会无情。而"山色连苍汉，江流绕郡城。往来横渡口，

---

① （元）吕思诚：《东渡春澜》，（清）汪森《粤西诗载》卷14。
② （明）邝元乐：《龙桥古渡》，（清）汪森《粤西诗载》卷24。
③ （明）何挺之：《题绿珠渡》，（清）汪森《粤西诗载》卷19。

强半广州音"，①又是感慨客籍人口的陡增。这些诗句，都是历史上诗人们在壮族地区渡口上所抒发的感慨和赞美的情怀。

历史上壮族及其先人地区的渡口，分为官渡、义渡、付资渡和野渡四种。官渡，就是明代壮族太平府诗人岑芳《南津晚渡》诗所说的"南津官渡迥（远），天晚起苍烟"。②官渡，一般设在府、州、县城附近或官道上，由官府出资聘人摆渡，过渡者无须交费。义渡，是在村镇近处来往人多而水深流急的地方设置，由族中或村中或一方的头人发起筹款支付撑渡人的报酬。后来一些官宦或慈善的富裕人家出资设置渡产赡养摆渡人和修理渡船。比如，宾州（今宾阳县）离县城远而民途经急需渡河所设的李依渡，"用小木槽船（即独木舟）以渡"，③就是义渡。付资渡，是由私人承办以赡家糊口，过渡人须交适量的渡资给摆渡人。野渡，"野渡无人舟自横"，在一些偏僻而流水不急的渡口设有竹筏，由来往行人自找摆渡，无须付费。这就是明代刘长吾《浔江》诗说的："秋风黄叶树，夜月白蘋花。古渡经行少，平郊入望赊。"④

"夕阳芳树外，一叶泊清湾。争渡村夫健，欢呼土语蛮。未闻供役去，尽道趁墟还。"⑤ 这就是明代壮族百姓晚渡的情景。

付资渡

第二节　交通工具及运载方式

古代甚至近代，如果略去 20 世纪以后的变化，壮族民间的交通工具简单，运载方式

---

① （明）徐棻：《苍梧即事十二首》其一，（清）汪森《粤西诗载》卷 21。
② （明）岑芳：《南津晚渡》，（清）汪森《粤西诗载》卷 11。
③ （明）郭棐：万历《宾州志》卷 3《桥渡》。
④ （清）汪森：《粤西诗载》卷 21。
⑤ （明）董应珍：《南津晚渡》，（清）汪森《粤西诗载》卷 11。

也不繁复。

一　旱路

（一）肩挑

由于传统的"男逸女劳"习俗传承，壮族主家的是女子。因此，婚恋阶段，钟情男女，男赠女的就是一条扁挑。此扁挑，从此伴随女子一生，由她挑起家庭重担，家庭的兴衰，均落在她一个人肩上。

壮族肩挑

傣族肩挑

乾隆年间（1736—1795年）李调元为官广东，辑成《粤风》，内收有吴代原辑的《狼人担歌》二首：

  杜少陵曰："夔俗坐男使女。"今粤俗亦然。故峒人多用木担聘女，或以赠所私者。式如常，以五彩斛（xiè，不整齐的分界）作方段，斛处文如鼎彝（青铜器上的纹饰）。然歌与花鸟相间，字亦如蝇头。文多，姑存其一，以备一体云。

[原文]　送条闲肺榕，许明同过照；
雷眉么好炒，送年少便依。

[注音]　soŋ⁵ tiː u² haː n² fai⁴ jiuŋ²
　　　　huɯ³ nuŋ² toŋ² kvaˈ çiu⁶
　　　　ʔdɯiˈ mei² ma² haː u³ miu⁴
　　　　Soŋ⁶ lɯkˢ saː u¹ çi⁴ dei¹

[字义]　赠送条扁担树木榕　给你同年过一辈子
　　　　没有什么好看　送给姑娘就好

[直译]　赠一条榕木扁担
　　　　伴着同年你过一世人
　　　　[扁担] 没有什么可看的
　　　　能送给可心的姑娘就满心喜欢

[原文]　正江花厘陋，双苟又眉龙；

　　　　　　送许同立价，定旧话百春。
　［注音］ɕiŋ¹ kja：ŋ¹ va¹ dei¹ ȵau⁴
　　　　　So：ŋ¹ kjau³ jou⁶ mei² lu：ŋ²
　　　　　Soŋ⁵ haɯ³ toŋ² ɣa：p⁷ ba⁵
　　　　　tiŋ⁵ ŋou⁴ va⁶ pa：k⁷ ɕan⁵
　［字义］中间花好非常　两头又有龙
　　　　　赠送给同年挑肩膀　听情人话儿百年
　［直译］［扁担］中间画的花好极了
　　　　　两头还画着彩龙
　　　　　送给同年你挑在肩上
　　　　　犹如听见情人的痴情话儿千年百载

送扁担给女同年，是要她"听情人痴情话儿百年千载"。这虽是热恋中男子心之所言，却也是美化现实生活之语。清人诸匡鼎《瑶壮传》载：

　　（壮）女及笄（成年），于春时三五为伴于山椒水湄歌唱为乐。少男群歌和之竟日，视女歌意所答而一人留，彼此相赠遗。
　　男遗女以扁担一条，镌歌数首，仅如蝇（大），间以金彩作鸟卉于上，沐以漆，使不落。盖妇人女子力作所必需也。女赠郎以绣囊锦带诸物，女所自制者。约为夫妇，各告其父母。乃倩媒，以槟榔定之。
　　婚日，迎亲送女，络绎于道，歌声震林木。至夫家合卺（jǐn，结婚），丈夫用拳击女背者三，女乃用所赠扁担即汲水至瓮中，旋回母家。①

雍正《广西通志》卷93《蛮疆分隶》宣化县（今南宁市区和邕宁区）也有这样的记载。由此可知，恋爱中的男子对钟情女子赠予扁担，并不是什么借扁担来"听情人痴情话儿百年千载"，而是用扁担预告女子要承载起一家子生活的重担。

《狼人担歌》虽见于清朝人的书载，但生于明末清初以"反清复明"为己任的广东学者屈大均（1630—1696年）在其《广东新语》卷12《粤歌》中引明朝修和说的"狼人"婚恋习俗，完全如同清朝人诸匡鼎在《瑶壮传》中的记载，而且《广东新语》的行文一如吴代《狼人担歌序》所言，可知"狼人"婚恋中的男子以扁担作礼物赠予钟情女子，在明朝及其前就已经存在。

宋朝周去非《岭外代答》卷10《十妻》载：广西"城郭虚市，负贩逐利，率妇人也。而钦之小民，皆一夫而数妻。妻各自负贩逐市以赡一夫，徒得有夫之名，则人不谓之无所归耳。为之夫者，终日抱子而游，无子则袖手安居"。明朝正德间（1506—1521年），王济到横州（今横县）做官，他说："余初入南郭门，适成市。荷担贸易，百货塞途，悉

---

①　（清）王锡祺：《小方壶斋舆丛钞》第八帙。

皆妇女，男子不十一。""又有乡村人，负柴、米入市，亦是妇人。"① 明朝嘉靖（1522—1566年）后期谪居邕州的董传策《奶头菓》一诗也说："流水辉辉树欲垂，青林披落绛囊奇。趁虚担却娘行瘦，好采枝头哺乳儿。"自注说："邕人谓市为虚，诸村妇荷担入市谓之趁虚。"② 这说明扁担摇摇，压弯女子腰，就是历史上壮族社会女子命运的真实写照。

壮族女子以一肩挑起一家子的生活，男子要运送物品，自然也是一条竹扁担两头悬着重物，晃悠晃悠地压在肩膀上。明朝洪武二十七年（1394年）以前，镇安府（治今广西德保县）每年将三千石大米送到云南普安卫（今贵州盘县）缴纳，就是镇安府的男丁们肩挑着跋山涉水艰难送去的。③

明代壮族诗人岑芳《南津晚渡》诗说："负担争客路，立沙人待船。风波无定日，衣食足何年？"④ 壮族以肩担挣生活，年来日往，一代又一代，为的是赢得丰衣足食，但是，"风波无定日，衣食足何年？"岑芳的诗可说一语揭底，反映了历史上壮家人盼望着和谐而丰衣足食的社会生活环境。

以肩挑生活，是壮家人的习惯性行为，迄今仍然举目可见。

（二）马驮

广西马不足奇，但自南宋在邕州横山寨（今广西田东县平马镇）公开招买自特磨道、自杞、罗殿等国甚至大理国自送而来的大理马以后，因地理关系，广西左右江诸羁縻州洞首领可就热闹起来了。他们不论领地大小，都充任招马官，深入西南诸国招徕大理国马。比如，田州知州黄彬等是招马官，⑤ 连小小的贡洞（今靖西县旧州墟）首领张元武也"充提干招马官"。⑥

招马官负责招徕大理国马，但好马却先落在他们手里。宋周去非《岭外代答》卷9《蛮马》载：

> 南方诸蛮马，皆出自大理国。罗殿、自杞、特磨道岁以马来，皆贩之大理者也。龙、罗、张、石、方五部蕃族，谓之浅蛮，亦产马。马乃大口，顶软趾高，真驽骀（nuú tái，劣马）尔。唯地愈西北，则马愈良。南马狂逸奔突，难于驾驭，军中谓之"拼命抬"。一再驰逐，则流汗被体，不如北马之耐。然忽得一良者，则北马虽壮，不可及也。此岂西域之遗种也耶？
>
> 是马也，一匹直（值）黄金数十两。苟有，必为峒官所买，官不可得也。
>
> 蛮人所自乘，谓之座马，往返万里，跂步必骑，驮负且重，未尝困乏。蛮人宁死不以此予人，盖一无此马则不可返国。所谓真堪托死生者。
>
> 闻南诏越睒之西产马，日驰数百里，世称"越睒"。骏者，蛮人座马之类也。

---

① 《君子堂日询手镜》，《说库》。
② （清）汪森：《粤西诗载》卷24。
③ 《明实录·太祖实录》卷232"洪武二十七年夏四月甲寅"条。
④ （清）汪森：《粤西诗载》卷11。
⑤ 《宋会要辑稿》第183册《兵二三之八》。
⑥ 靖西县旧州墟西布胲村后苍崖山神仙洞南宋乾道戊子（四年，1168年）摩崖石刻《贡洞清神景记》。

闻今溪峒有一淡黄色马，高止四尺余，其耳如人指之小，其目如垂铃之大。鞍辔将来，体起拳筋。一动其缰，倏然若飞；跳墙越堑，在乎一喝。此马本蛮王骑来，偶病黄，峒官以黄金百两买而医之。后蛮王再来，见之叹息，欲以金二百买去，勿予之矣。尝有一势力者（权势者）欲强取之，峒官凿裂其蹄，然不害于行也。此马希世之遇，何止来十一于千万哉！谓可必得，害事多矣。

近水楼台先得月，羁縻"左右两江知州、知洞已次首领"身充招马官，却先落下好马。他们"每员有好马五匹至十匹"。① 因此，乘马驰骋逐渐成了他们的习惯性行为。

羁縻上思州知州黄彬曾上札子给南宋王朝中央的枢密院，建议买母马在邕州设场自繁："一年买千匹，十年买万匹，计之十年可出孳生数万骑，以应大军披带，比之战马价例至少，稍不费朝廷财赋。"② 宋王朝不采纳黄彬的意见，即使照准，一方水土养一方人，一域地土调适出一定的物种，广西水土也不能养育出堪于披带堪于持久战斗的良马。当然，岭南不是没有马，而是岭南所产属劣等马。周去非《岭外代答》卷9《果下马》载：

果下马，土产小驷也，以德庆之泷水（今广东罗定市）者为最。高不逾三尺，骏者有两脊骨，故又号双脊马。健而善行，又能辛苦，泷水人多孳牧。岁七月十五日，则尽出其所蓄，会江上驰骋角逐，买者悉来聚观。会毕则议价交易，它日则难得矣。

湖南邵阳、营道等处，亦出一种低马，短项如猪，驽钝不及泷水，兼亦稀有双脊者。

果下马，就是俗话所说的"矮马"，古代遍布于我国许多地方，岭南也随处有之。明朝王济《君子堂日询手镜》载横州（今广西横县）"马亦多产，绝无大而骏者。上产一匹，价不过五金。又有海马，云雷（治今广西合浦）所产，大小如小驴。银七八钱可得一匹，亦有力，负载不减常马，家畜一匹或数匹。汉厩中有果下骝，即此。至如驴、骡，素不产，人皆不识"。迄今，许多地方的矮马已被时间淘汰，唯壮族地区的广西德保县仍保有其种。它小如驴，而负重及脚力远胜于驴，也是历史遗下的一宝。

不问驽骏，唯看能否载重。既然历史上壮族地区不乏其马，那么以马驮重，省人体力，自然是历史上壮族人的最佳选择。过去，交通梗阻，壮族中稍为富裕的人家，常以马代步；平民商家，远途运输也多以马负重。壮族以马负重远途趁墟，往往结伴而行，成为"马帮"，或一人主之，或多人结帮。每帮马有十几匹、几十匹，甚至百多匹。据莫炳奎民国《邕宁县志》记载，民国年间邕宁县长途运输主要靠马驮，在那楼、百济等地有数百上千匹马用作负重运输。后来汽车运输发展，马驮淘汰。不过，至今，在桂西和云南山区群众，还有娘子马帮趁墟赶集，爬山越岭而辗转于山间的羊肠小道中。

---

① 《宋会要辑稿》第183册《兵二二之一七》。
② 《宋会要辑稿》第183册《兵二三之八》。

德保矮马

（三）车载

车，是陆上用轮子转动的交通工具。车载，就是以车子载重运输。

壮语谓车为"$çi^1$"或"$çie^1$"，是个借汉语词，无疑车在壮族地区的出现，是汉族文化传入的结果。

东汉岭南牛车　　　　　铜鼓牛牵耧塑像　　　　　铜鼓牛拉橇塑像

牛车，在岭南地区出现比较早。1965年广西梧州市云盖山东汉墓出土了一辆陶牛车明器。车高11.5厘米，长16厘米，牛高9.4厘米，长17.3厘米。牛车硬陶质，卷篷车盖。车厢长方形。两轮，一牛驾车。车厢前坐着一人，做赶牛驾车的动作。[1] 另外，在出土的冷水冲型铜鼓鼓面上青蛙塑像之间以及灵山型铜鼓的内腹也出现牛拉橇和牵耧的塑像，[2] 说明汉以后，牛车在壮族先人地区已经得到比较广泛的使用。

南宋广南西路经略安抚使范成大《严关》诗说：

　　回看瘴岭已无忧，尚有严关限北州。
　　裹饭长歌关外去，车如飞电马如流。[3]

---

[1] 广西文管会：《广西出土文物》，文物出版社1978年版，第13页。
[2] 广西博物馆：《广西铜鼓图录》，文物出版社1991年版，第149页。
[3] （清）汪森：《粤西诗载》卷22。

严关在今广西兴安县西 20 里左右,介于狮、凤两山之间。关隘严紧,素有"北雪南雨飞不过"之谚,人以为此关为"南北之限"。范成大作为广西一路的长官,得以解任北返,似脱桎梏,心中欢快,情绪激越,豪情北返,尽表于诗的字里行间。"车如飞电马如流",描绘的是马车飞驰北返的情景。

马车是官家的备用车,民间只有富裕家庭方才备有。除了马车外,壮族民间还常人力车和牛车。

高轮牛车

人力车有单轮人力车和双轮人力车之分。单轮人力车双车手,单轮,行走起来所占面积小,较为灵活轻便,可走田间小路和山间羊肠小道,载重一二百斤。过去平地的小商小贩成群结队进入山区趁墟,清晨起行,咿咿呀呀作声,惊人春梦,因此人们又称此单轮人力车为公鸡车。

后来的牛车与汉代的牛车相比,没有什么异样。不过,在今南宁市郊乡的壮族民间,其牛车却颇具特色。高高的两轮,直径都在 1.6 米以上,往往比人还高,可载千余斤。此类车用一牛或两牛拉,遇到 20—30 厘米宽的小沟,车轮一滚而过,不愁其陷坑不能自拔。

(四) 坐轿

宋朝范成大《珠塘》诗说:

> 林茂鸟乌急,坡长驴驮鸣。
> 坐舆犹足痹,负笈想肩赪。①

坐舆为轿子。赪,读 chēng,义为劳累。肩膀劳累,自然是坐舆压在肩膀上。同是宋朝人的孙覿,其《饮修仁茶》诗"竹舆赪两肩,弛担息微倦"句,②"竹舆"无疑也是前后要人扛起的竹轿子。

历代王朝的一品大员,坐要坐八抬大轿,也就是前四人后四人共同抬的轿子。壮族子

---

① (清) 汪森:《粤西诗载》卷 10。
② (清) 汪森:《粤西诗载》卷 3。

弟西林岑毓英、岑春煊父子先后出任云贵总督、两广总督，曾经有权坐八抬大轿不说了，壮族民间没什么坐八抬大轿的习俗。自元代以来，据地为王、自我托大的壮族诸多土官所坐也不过是四人大轿或二人抬的轿子。明朝中叶以后，壮族由城镇而至乡村渐有新娘坐轿子去新郎家的新鲜事儿，但这是在汉族文化影响下出现的。

壮族社会自父权制确立以来，婚姻实行不落夫家制。婚日，新娘在众伴娘的陪同下进入夫家，当晚或次晚，新娘又在众伴娘的陪同下返回娘家去了。婚行之时，新郎并无迎亲之举。这就是宋初乐史《太平寰宇记》卷165《郁林州》记载的"夷人索妇必令媒引，女家自送，相见后即复放女归家"。此种习俗传承，至清朝初年，贺县（今广西贺州市）结婚新郎"亲迎，惟士大夫家行之"。乡村仍然是"男子不亲迎"。届时，"女家妯娌诸姻相率送至夫家门首而返。旧时，合伴答歌，有《水东歌》《梧州歌》《九都歌》《信都歌》"。① 郎不亲迎，娘自行去，自然没有什么"花轿"可坐。

壮族婚姻，新郎自至女家迎亲，新娘坐着花轿上夫家，肇于明代，始于靠近汉族居住的城镇地区，以后渐向广大的乡村拓展。嘉靖元年（1522年），王济《君子堂日询手镜》载：

> 土俗婚嫁有期，女家于近村倩能歌男妇一二十人，或三四十人，至期同男异轿至，众集女门。女登轿，夹而歌之，互相应答，欢笑而行，声闻数里。望及男家室庐，皆各散去。男家挑酒肉道饲之。
>
> 此附郭（靠近州城）之俗，虽衣冠家（有名望的士绅家）不废。惟城中军卫所居，多江渐人，故不染此俗。
>
> 若僻远村落，则新妇徒行（步行），歌者如附郭，其俗尤不可观。

记载历述了明朝中期横州地面的三种婚姻习俗。城内是洪武（1368—1398年）后期从思明府迁来的驯象卫汉族戍军的后代。他们的婚姻是新郎亲迎，新娘坐着轿上新郎家，行的中原汉族的婚娶习俗。附郭之民自洪武以来的百多年中，他们在驯象卫汉族戍军的影响下，逐渐趋同于汉族文化。但是，他们同化的过程是缓慢的。婚日，新郎亲迎了，新娘上轿至男家了，送婚歌者也望新郎家而止步了，可壮族昔日伴娘相送，一路欢歌而去的习俗，仍然像长长的尾巴不易褪去，以至"衣冠之家"也不得不随俗，行之不废。乡村则新郎不亲迎，新娘一如往昔在众伴娘的陪同下一路欢歌徒步走进新郎家。由此可见，居近城镇壮族居民传统习俗在汉族文化的强力碰撞之下，开始断裂、瓦解、异化，唯汉文化是崇，逐渐趋同于汉文化。只是在趋同的过程中，旧习传承，还不能同化于一。婚时虽然新郎亲迎了，新娘轿子坐了，歌送者也不入新郎家了，但是一路欢歌，仍然不失壮族原有的众人围着新娘"夹而歌之，互相应答，欢笑而行"往夫家的习俗。

二　水路

水路的交通工具，一是筏；二是独木舟；三是木兰舟。

---

① 《古今图书集成·方舆汇编·职方典》卷1426《平乐府风俗考·贺县》。

（一）筏

筏有竹筏和木筏之分。筏制作简单，只要把四五根等长、粗细略同的大竹子或干透能浮于水面的杉木组合在一起，不让其轻易散开就行了。

江南包括岭南地区，都是气候温和、各类竹子茂盛生长的地方。由于越人临水而居，生活需要，他们以竹子扎成竹筏在人类的童年时代就开始了。筏，越语谓为"步"，在前面的《"步"考》一节中已经阐述。现在要注意的是，经过几千百年的社会发展，在民间，竹筏仍然在傍水而居的壮族日常生活中发挥着不可或缺的作用。

筏渡

放筏捕鱼

（二）独木舟

壮傣群体越人，其谓船之语，壮语北部方言为 γu^2，布依为 $zu\mathrm{\partial}^2$，壮语南部方言为 lw^2，老语为 $bw:\mathrm{\partial}^2$，西双版纳傣语为 $h\gamma^2$，德宏傣语为 $h\mathrm{\partial}^2$，可以清楚他们各自谓船之语缘自一词，后来分化后长期隔阂从而出现各自的变化，但其音声仍然相近。由此可知，在壮傣群体先人越人分化之前，他们已经有了船的认知，有了船的概念，有了船的词语。

船与筏不同，筏诸木平列平铺水面，船则中凹四边高，成织梭形状，既可避水湿，又可避水害。

壮傣群体越人最早的船，当是独木舟。

越人"以船为车，以楫为马，往若飘风，去则难从"，[①] 说明越人久习水上作业，驭船的技术堪称娴熟。所以，《淮南子》卷9《主术训》赞扬越人，说即使像汤武那样的"圣主"也"不能与越人乘舲舟而浮于江湖"。舲是小船，属于独木舟一类。

1976年广西贵县西汉一号墓出土大小二面铜鼓，其上刻有羽划船图像的纹饰。这无疑是当时现实生活的写照，道出了岭南越人在制作铜鼓的同时，社会上已存在驾船江湖的事实。铜鼓纹饰上的船两头翘起，上坐诸人分前分后，没有左右并坐的，说明船体宽阔有限，这无疑是独木舟。

独木舟于汉、晋、南北朝、隋、唐时期，在壮族先人中是盛行的。他们为生计水上作业，为祭奠娱乐年年岁岁竞渡，无不使用独木舟。那个时候，人口不多，自然生态环境没

[①] （汉）袁康：《越绝书》卷8《越绝外传记地传》。

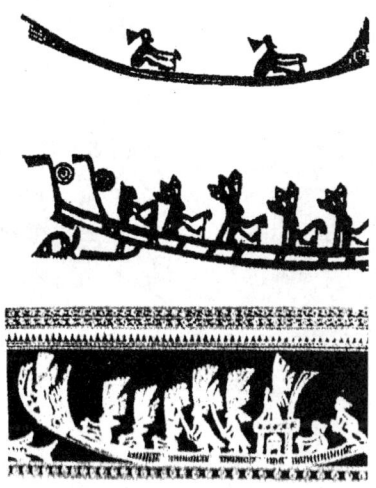

贵县西汉墓出土铜鼓纹饰

有受到破坏，参天合抱大树无处不有。以大木修凿独木舟，除了伐木、剖开、修凿之功，并没有做什么投资，数人合力花上一段时间就可以完成了。

由于独木舟的建造主要是将木剖开、修凿挖空，因此古代的汉族文人都称壮族先人修造独木舟为"刳（kū，剖开而挖空）木为舟"，甚至以"刳木"代称独木舟。比如，"刳木为舟郁水滨，武陵清唱四时春"；①"编竹环作屋，刳木即为舟"；②"野桡浮刳木，崖拆响茸营"。③"刳木为舟郁水滨，武陵清唱四时春"句，道出古代壮族的欢快生活。他们亦劳亦乐，群劳群乐，生活飘逸歌声，并不枯燥无味。而"编竹环作屋，刳木即为舟"句，也说明了建屋修船，群团合力，不是艰难事，透露出了古代壮家独木舟逢家即有的普遍性。

宋人周去非《岭外代答》卷6《刳木舟》载：

> 广西江行小舟，皆刳木为之。有面阔六七尺者，虽全成无罅（xià，缝隙），免缡衻（棉絮堵塞）之劳，钉灰之费，然质厚迟钝，忽遇大风浪，则不能翔，多至沉溺。……钦州竞渡兽舟（船头刻龙刻鸟的舟子），亦刳全木为之，则其地之所产可知矣。

这说明了壮族地区可用来造作独木舟资源的丰富，独木舟的广泛用途以及优缺点。为了克服独木舟易于沉没的缺点，人们将两只独木舟拼成"双体船"，以增加航行的稳定性和载重量。双体船后来发展成为舫舟或方舟，古代壮族先人称之为海船。在贵县罗泊湾汉墓出土的铜鼓上有舫舟的纹饰，说明壮族先人已经如此制作和运用。

---

① （明）龙国禄：《南津古渡》，（清）汪森《粤西诗载》卷19。
② （明）管大勋：《平乐广运堡谣》，（清）汪森《粤西诗载》卷11。
③ （明）何乔远：《府江》，（清）汪森《粤西诗载》卷20。

"明江一曲抱城流，无底深渊独木舟。薄暮归人相竞渡，不知身事是浮沤。"① 历史发展，时间演进，造作独木舟的资源罄尽，独木舟无复可见了，而可能见到的小船都是诸木拼合而成的。

形似而不是独木舟

（三）木兰舟

"破额山前碧玉流，骚人遥住木兰舟。"② 唐朝柳宗元诗中的"木兰舟"，不是"用木兰造的船"，而是泛指大或比较大的船只，以区别于"刳木舟"即独木舟而言的。宋周去非《岭外代答》卷6《木兰舟》载：

> 浮南海而南，舟如巨室，帆若垂天之云，柂长数丈。一舟数百人，中积一年粮，豢豕酿酒其中，置生死于度外，径入阻碧（滔天碧浪），非复人世（不当还是世上人）。人在其中，日击牲酣饮，迭为宾主，以忘其危。
>
> 舟师以海上隐隐有山，辨诸蕃皆在空端。若曰往某国，顺风几日，望某山，舟当转行某方；或遇急风，虽未足日，已见某山，亦当改方（方向）。苟舟行太过，无方可返，飘至浅处而遇暗石，则当瓦解矣。盖其舟大载重，不忧巨浪而忧浅水也。
>
> 又大食国更越西海至木兰皮国，其舟又加大矣。一舟容千人，舟上有机杼市井，或不遇便风，则数年而后达，非甚巨舟不可至也。今世所谓木兰州，未必不以至大言也。

"木兰舟"是航海大船的称谓。周去非的记载道出了木兰舟一名的来源，海外航行的艰辛、风险以及航海者的胆识、勇猛和敢于牺牲的探索精神。

历史上，岭南东部的番禺（今广州市）是国内制造木兰舟的所在地。在广东的汉墓中多次出土木制和陶制船只的明器。"西汉木船中有较大的舱房。盖顶为四回式，前有四

---

① （明）蔡迎恩：万历《太平府志》卷1《山川》引周璞《南津晚渡》诗。"浮沤"，比喻人生的短暂。
② （唐）柳宗元：《曹侍御过象县见寄》，（清）汪森《粤西诗载》卷22。

人划桨，后有一人以桨作舵掌握方向。"① 1974 年，在广州发现秦汉时建船工场遗址，规模巨大，船台结构采用船台与滑道下水相结合的原理，可建造载重量五六十吨的木船。②

广州汉墓出土木船

广州汉墓出土陶船

唐朝，岭南商人载货贸易的大船，其特点就是不用铁钉造就。所以，唐末刘恂《岭表录异》卷上《贾人船》载："贾人船不用铁钉，只使桄榔须系缚，以橄榄糖泥（黏糊）之。糖干甚坚，入水如漆也。"将橄榄树干流出的带有芳香气味的黏性树脂与橄榄叶、树皮同熬至膏状，即成橄榄糖。以橄榄糖作船只的黏结剂，使船板结合牢固，不漏水，这可是壮群体越人的一个创举。到了宋代，壮族先人的制船技术在经验积累的基础上又迈上了一个新的台阶，这就是藤船的出现。藤船，周去非称为"藤舟"。"造舟皆空板穿藤约束而成。于藤缝中以海上所生茜草干而窒之。（干茜草）遇水则涨，舟为之不漏矣。其舟甚大，越大海商贩皆用之。"③

壮族先人所在钦州，宋代还出产一种造船的特殊材料，这就是乌婪木。乌婪木"用以为大船之卢拖，极天下之妙也。蕃舶大如广厦，深涉南海，径数万里。千百人之命，直寄于一舵。他产之舵，长不过三丈，以之持万斛（10 斗为一斛）之舟，犹可胜其任；以之持数万斛之蕃船，卒遇大风于深海，未有不中折者。惟钦产缜理坚密，长几五丈，虽有恶风怒涛，截然不动，如以一丝引千钧于山岳震颓之地，真凌波之至宝也。此舵一双在钦直（值）数百缗，至番禺（今广州市）温陵，价十倍矣。"④ 乌婪木为万斛数万斛大船的船舵，独秀于其他地方的所产，此一自然生态环境所赐予的优惠，给古代壮族先人开展航海事业助了一臂之力。

"鸡犬图书同一舸，老夫荡桨儿扶柁"，⑤ 大船的应用使江河的航运畅通了；而"千家竹屋临沙觜，万斛江船下石头"，⑥ 也开辟了壮族先人的远洋航行的事业。

---

① 广东文管会：《广东考古结硕果，岭南历史开新篇》，《文物考古工作三十年》，文物出版社 1979 年版。
② 广州市文管处、中山大学：《广州秦汉造船工场遗址试掘》，《文物》1977 年第 4 期。
③ （宋）周去非：《岭外代答》卷 6《拖》。
④ （宋）周去非：《岭外代答》卷 6《藤舟》。
⑤ （宋）曾几：《辟地浔州》，（清）汪森《粤西诗载》卷 22。
⑥ （明）解缙：《苍梧即事三首》其一，（清）汪森《粤西诗载》卷 15。

第三节　交通往来习俗

壮族在交通往来方面的习俗多而杂,而且十里不同风,古今习殊,难以一一详记。这里唯记其大端而适用于各地的风俗习惯。

一　收魂

壮族认为,魂灵是生物生命的所系。因此,当某人病入膏肓、无力回天之时,人们都说:"他魂走了!"魂附于人身上,附于生物身上,保证了人和生物的存在和旺盛。但是,在人和生物生命的运行过程中,有时会盲失或减弱,这就是人或生物精神欠缺和病弱的原因。此时,就必须收魂或续魂。收魂是将盲失的灵魂招回来附于人身上;续魂是将减弱的魂灵增强起来。壮族盛行的老人体弱要及时"添粮",就是根据此一道理进行的。

这是壮傣群体越人还没有分化以前就已经形成的鬼魂崇拜。

1992年年底,我们一行人到泰国东北部进行了为期一个月的考察。在拉加信府克茫县依肯昌村访问时,我们与该村佬人交谈起来,壮傣通语不少,似乎乡音袅袅不绝如缕,顿时觉得身在异乡不为异客;"卑侬"(兄弟)一声拉近了相互间的距离。村民们非常高兴,特地为我们举行了一次"续魂"仪式。"续魂"就是"添魂",本是为病弱者举行的祝福仪式,后来演变泛化,接待至亲宾客和接待未来的媳妇也举行"续魂"仪式,寄托一种美好的愿望。泰国依肯昌村的头人为我们举行"续魂"仪式,是把我们当作至亲宾客给予祝福,祝愿我们在泰国一切顺利。[①] 他们殷情可感,其寄望尤令人铭刻于心。

壮傣群体越人离家远行,一是要禀告"族鬼"或"村鬼",以求护佑;二是返来时一定要举行收魂仪式。群体分化以后,壮族先人承传了此一传统习俗。宋代范成大《桂海虞衡志》载:

> 人远出而归者,止于三十里外,家遣巫提竹篮迓(迎接),脱妇人帖身衣贮篮以(为)前导还家,言为行人收魂也。[②]

人远行,其人跨涧越岭,穿州过县,见美景,睹艳丽,其魂灵常为妖魔鬼怪诱引飘逸而留恋他处不返,同时他身上也可能还藏着妖鬼。于是,当他返来时便让他停在距家30里外,由家里请来巫婆或觋公提着内盛其妻子贴身内衣的竹篮去迎接,让他见妻物而思归,招回其盲失的魂灵,并为其辟邪。然后,巫婆或觋公提着竹篮前导,带领远出家门的旅行者返回家里。否则,人虽回来,空壳徒存,魂灵不在,其人命也不长。出远门者回到家里,还必须祝祭"族鬼"或"村鬼",告诉他们远行人已经平安归来。

[①] 白耀天:《秦国婚姻、丧葬和宗教信仰考察》,《广西民族研究》1993年第1期。
[②] (元)马端临:《文献通考》卷330《西原蛮》引。

二 辟鬼

人远行在外,恶邪的妖魔鬼怪往往盯着他,引诱他的魂灵离开其躯体走。因此,远行在外的人身边可能附有妖鬼,不能让他或他们入屋住宿,只能拿着禾秆草让他们在野外住宿。他们离开后,要将他们寄宿的禾秆草一股脑儿地烧掉,以防野鬼依附禾秆草中贻害村人。这就是明朝天启年间(1621—1627年)云南人刘文征《滇志》卷4《旅途志·粤西路考》所说的,由富州(今云南富宁县)纳桑寨"至镇安州(今广西那坡县)四亭(一亭10里)。民居多依峭壁构竹楼,覆黄茅为团仓以囷谷,参差茅舍间。径路仅容一人,其下皆腴田。行人野宿田中,浸晨起行。寨夷必焚其籍草,以辟鬼"。籍通藉,籍草就是藉草,即坐卧于其上的禾秆草。辟,屏除、排除的意思,"辟鬼"就是屏除过路人走后可能遗留下来的妖鬼。

三 遇孕退缩

壮族认为,妇女怀胎,身负双重生命,可以破除事情,使人原来的愿望改变,让其适得其反。因此,古今来壮人赴集趁墟买卖,离家远行,道路修建,桥梁兴造,都要避开孕妇。如不慎遇上了,不是退缩,就是更期,以防不测。

四 避开竖桥时,保住魂不失

桥梁修建,竖墩是个关键。壮人认为桥梁建造竖桥墩要选吉时,请觋公来举行仪式以安墩。"蛮巫祭鬼凭鸡卜。"[①] 鸡卜就是用来择时定向的。如果此时第一个行人来碰上,将被觋公摄去其魂灵以撑桥。因此,不仅是大人,就是小孩,家长也一再谆谆告诫,修桥竖墩的时候,千万不要第一个跑去观看,去凑热闹,以防不测。

五 鸡血镇妖邪,桥固达畅途

一桥飞架水上,保不准有妖魔鬼怪来作祟,所以壮人架桥好了,必选准时辰,锥破大雄鸡冠,将其血淋洒在桥面上以镇鬼保平安。

雄鸡报晓,蜈蚣遁逃。公鸡既让黑夜退尽,迎来新的一天,又让恶虫畏惧潜逃,于是壮族及其先人认为公鸡可以驱赶黑暗,对妖魔有着无形的威慑力量,以公鸡血滴桥可保无虞。

六 开船先祭神

"鸡骨占年拜水神",[②] 壮族及其先人虔诚地信奉水神。唐朝诗人李商隐《桂林即事》诗"神护青枫岸,龙移白石湫。殊乡近河祷,箫鼓不曾休",[③] 就是壮族先人祭祀水神。

滔滔河水是水神的所在。人入水作业,水神可以护佑人在水中航行的安全;触犯了水

[①] (明)陈昌:《送吴素行之广西》,(清)汪森《粤西诗载》卷17。

[②] (唐)柳宗元:《柳州峒氓》,《柳河东集》卷42。

[③] (清)汪森:《粤西诗载》卷10。

神，可能受到报复，造成船覆人亡的惨剧。因此，古代壮族及其先人在水上航行或进行其他作业，在开船之前，必须祭水神以求保护。

唐朝段公路《北户录》卷2载："南方逐除夜（除夕）及将发船，皆杀鸡择骨为卜，传古法也。占吉，即以肉祠船神，呼为孟公孟母。"据段公路的记述，此"孟公孟母"也是船神，然而水可以载舟也可以覆舟是常识，壮族及其先人怎可以弃水神单祀船神？无疑，此"孟公孟母"为水神的代称。

南宋刘克庄《清惠庙》诗说："来访古祠宫，迢迢过水东。一条溪不断，数里竹方通。巫拜分余胙（zuò，祭祀用肉），商行祷顺风。"① 此清惠庙在溪水源头，显然是水神庙。"商行祷顺风"，就是说商人们在航行之前请巫婆觋公来占卜拜祭水神庙以求水神福佑，保佑一路顺风。

宋朝，官员们惧怕于琼州海峡的惊涛骇浪，为了平伏波涛，安全渡过海峡，他们便取意于东汉率军跨海进入交趾讨平征侧、征贰反汉起兵的伏波将军马援其人其衔，制造个"伏波神"。宋神宗依从官员们的心愿，元丰中（1078—1085年）诏封伏波神为忠显王。于是，琼州海峡南北各建了一座伏波庙，供人们祭奠渡海。从此，"伏波神"成了平波伏浪、保证渡海安全的神灵。② 后来，伏波神传入内地，渐在岭南各地拓展。横州的乌蛮滩，滩险30多里，早就立有一座威武庙，人们于是将威武庙依附伏波神。所以，南宋王象之《舆地纪胜》卷113《横州》载，乌蛮滩上威武庙，奉祀伏波将军马援。"威武"一名与马援无涉，只是后来人们以平波伏浪为伏波神，于是牵附于马援而已。明朝以后，横州的威武庙一改而为伏波庙。

明朝以后，壮族唯伏波神是奉，不仅开船之前在江边鸣放鞭炮，烧香献牲祭拜，而且在船上也供有伏波神位，以便随时祭奠乞求。

开船先祭神，壮族及其先人如此，汉族也是如此。元朝杨显之杂剧第一折载："不曾祭献神道，便开了船"，是不允许的，说的就是此事。只是信仰不同，壮族和汉族，各自所祀的神相异罢了。

七　船行遇滩祭神

元朝刘志行《藤江》诗说："驿使何曾寄岭梅，古藤荫下小徘徊。无名异果自成树，没字残碑半是苔。木杪山鸡知旦昼，江心仙岛欠楼台。滩神凭险成遗庙，等我何因到此来？"③ 诗虽是作者哀叹自己倒霉，被放到岭南来做官，以致备尝旅途的艰险和思念亲朋的苦恼；但是，诗中"滩神凭险成遗庙"句，却也透露了壮族及其先人在航船途中遭遇险滩必祭神的习俗。

"昔闻岭外遍江滩，今日方知行路难。越鸟啼时红槿发，潭蛟潜处碧波寒。"④ 岭南川江滩多滩险自古传扬，因此航船者为求安全，途中遇上险滩，都要祭祀"滩神"，以求船

---

① （清）汪森：《粤西诗载》卷10。
② （宋）苏轼：《伏波将军庙碑》，《苏东坡全集·后集》卷15，中国书店1896年版。
③ （清）汪森：《粤西诗载》卷14。
④ （明）冉庸：《谪居灵川》，（清）汪森《粤西诗载》卷15。

只能安全越过险滩。

在壮族地区，最险的江滩当推横州（今横县）的乌蛮滩，其险"又甚于闽之黯淡滩"。"过此，未有不心骇魄夺者。其滩有六，延亘三十余里，曰鬼挂舵、马槽、疑壁、龙门、雷霹、三鬼马槽，又险之尤者，泻声如雷彻数十里。滩之上有马伏波庙，门右以铁索锁木虎，势甚狞恶。云不锁，则夜出伤人。过滩者，必牲醴告庙下，以生鸡血滴虎头。"①

马伏波庙耸峙滩头，庙门之右还以铁索锁着木虎，过滩的人除以牲醴祭献伏波神外，还要以生公鸡血滴上虎头，这是对伏波神作祭拜，还需以生鸡血作传统的镇恶辟邪，唯恐伏波神力未够，又以传统作法补足。现在，伏波神庙仍屹立于昔日的乌蛮滩头，而铁索锁住木虎却已了无踪迹。

八 采珠，五牲奉海神

唐朝诗人李商隐《异俗二首》其二说："户尽悬秦网，家多事越巫。未曾容獭祭，只是从猪都。点对连鳌饵，搜求缚虎符。"② 壮族先人入水作业，除了请来巫觋以"猪都"（猪头）祝祭水神外，还要请他们画符绑在身上以辟鬼邪，带上可以引开巨鳌的食物。而入海采珠，则不仅如此而已。徐衷《南方草木状》载："凡采珠，常三月用五牲祈祷。若祠祭有失，则风搅海水，或有大鱼在蚌左右。"③ 五牲祭海神，唯恭唯谨，若祠祭失当或不周，入海之后便会灾连祸结，不是风搅海水无从寻觅蚌珠，就是巨鳌、鲨鱼之类等食人凶恶鱼鳄巡视在蚌珠周围，让人干瞪眼而不能有所作为。

供祭海神的"牲"就是"牲口"，即为人服役的家畜。牛、猪、羊、狗是家畜，还有一畜是什么？唐朝诗人王建《海人谣》说："海人无家海上住，采珠杀象为贡赋。恶波横天山塞路，未央宫中（珍珠）常满库。"④ 显然，祭祀海神的五畜除牛、猪、羊、狗之外的家畜当是大象。因为唐朝诗人项斯《蛮家》诗说："领得卖珠钱，还归铜柱边。看儿调小象，打鼓试新船。"⑤ 明朝陈昌《送吴素行之广西》诗也说："蛮巫祭鬼凭鸡卜，岛寇编氓事象耕。"⑥ 大象也可视为家畜之列的。

《南方草木状》成于晋朝。晋、南北朝，大象遍于岭南。唐、宋二朝，仍多有之。唐朝刘恂《岭表录异》卷上列有"象肉""象鼻"二条，说岭南人捕获大象，众吃其肉，"争食其鼻，云：肥脆，尤堪作炙"。南宋周去非《岭外代答》卷9《象》也载：象，"钦州境内亦有之"。"人杀一象，众饱食其肉，惟象鼻最美，烂而纳诸糟邱，片腐之，食物这一隽也。"时至明代，明太祖还在广西思明府（治今宁明县）设立驯象卫，负责"于广

---

① （清）汪森：《粤西诗载》卷10。

② 同上。

③ 《太平御览》卷803《珠下》引。

④ 《全唐诗》卷298，中华书局1960年版。

⑤ （清）汪森：《粤西诗载》卷10。

⑥ （清）汪森：《粤西诗载》卷17。

西左江之十万大山"捕象、训象事宜。① 此后，由于气候的变化、人口的增多、森林面积的萎缩以及人们的滥捕滥杀，广西大象便南走或灭绝了。

中原汉族最隆重的祭祀礼仪，是帝王、诸侯祭祀社稷用的清一色的牛、猪、羊三牲俱全的"太牢"。壮族先人祭祀海神则"五牲祈祷"，更是隆重。而且，以重等数牛的大象领头作祭品，费用之巨，手续之繁，礼仪之隆，心地之诚，更不是中原帝王、诸侯以"太牢"祭祀社稷可以伦比的。

九 禁忌

（一）忌言

船航江上或海上，切忌说"下"，以"上"等代之："下船"称"上船"；"下滩"称"上滩"；"下锚"称"抛锚"；"下网"说"撒网"；"下棋"说"看棋"等。

（二）忌行

煮饭不熟忌上路；赶马忌吃鸡蛋免翻驮；吃饭切忌动菜碗和饭桌免马跛脚；放马忌吹口哨免虎来吃马；马帮歇宿忌用旧灶免鬼缠身；等等。

---

① 《明实录·太祖实录》卷179 "洪武十九年八月丙戌"。

第四篇　人生旅途文化

壮族成年男女，溪边林下，生情结交，女子受孕，诞生了一个新的生命。十月怀胎，瓜熟蒂落，呱呱落地，开始了他（或她）自己的社会人生旅程。除了物质生产及日常衣、食、住、行、信仰、节庆等借以维持生计及个人融合于社会群体的活动外，生、老、病、死，组成了他（或她）在人生旅途上的主旋律。

第一章

孕育抚养

孕育抚养，既包括生育观念，又包括生产和对婴儿的育养。这是人生的起始和奠基阶段，部分地决定了人一生的趣向。

第一节　生育观念

历史上，壮族及其先人的生育观念，形成了一个根本和两个变化。根本，就是崇尚生育。两个变化，一是由生男生女不论，无女水不流，女儿是可贵的，转而成为社会中男子主宰，男尊女卑；二是无生求嗣，乞主转变，由水神而为花神。

一　崇尚生育

繁衍子系，是人的动物生理本能，也是人类社会发展的需要。壮傣群体越人上古就有包括生殖器官崇拜和生殖神的生殖崇拜。生殖崇拜，表现了壮人及其先人希望多生子女，繁盛后代。因此，骂人绝后，这是对人的绝大侮辱。

公元前494年，越人中的一支独自建立的越国被吴国征服了。越王勾践受尽屈辱，决心复国图存，报仇雪恨。他振兴计划的第一项，就是奖励生育，号召国民多多生育以壮大国力。勾践奖励生育的内容，主要有五点：①禁止青壮年男子（或女子）与过了生育龄期的女子（或男子）结婚；②女子年满17岁、男子年满20岁还没结婚的，追究其父母的责任;③临产的妇女,社区要派遣懂得医护知识的人员看护;④凡是生育男孩或女孩的,国家分别给予其父母两壶酒、一只狗或两壶酒、一头猪以示奖励;⑤生三胎的国家专派乳母抚育,生二胎的国家拨予食粮、肉类给予帮助。① 勾践此一奖励生育以增强国力的举措,既体现了壮傣群体越人崇尚生育的观念,又表明了男女结合旨在生儿育女,不仅是个人的事,而且是关乎家族兴旺、国家繁荣、民族昌盛的事。

鉴于壮群体越人社会发展的特殊性,形成了女子不落夫家的婚制。这本是女子在社会转型之际凭借母权制还十分强大时赢得的权利,可也成了对已婚男子设置的一道坎儿:与丈夫以外的情人交往有孕的女子可密告其夫做栏落夫家,否则就只能孤居独处无缘落居夫家。不落夫家婚制实际成了丈夫试婚制,即男子察看女子有无生育能力的一道坎儿,显示壮群体越人认识到了女子有无法怀胎受孕的可能,道出了他们的成年男子汲汲于后嗣的衷情。

崇尚生育,自古及于近、现代,一代又一代,一直是壮群体越人及其后人的意识存在。许多壮族妇女从愿意生育时起,不断生育,直到40多岁绝经时乃止,一辈子生育七八个甚至十多个儿女。当然,鉴于医药条件太差,存活的也没几个。比如,康熙年间(1662—1722年)思陵州(治今广西宁明县西南思陵)土官知州韦世华三妻四妾,生育近20个儿女,其中儿子就有12个,可生后夭亡的就有9人,只有3个长大成人。②

二 有女水流,女子珍贵

壮傣群体越人社会,在原始母权制还没有充分发育父权制就过早成熟、父权制确立后母权制势力还十分强大的背景下,既遗留着强大的舅权制,也续存男逸女劳的习俗;既形成倚歌择配的婚恋形式,也容忍女子婚不落夫家、待与情人交孕后始落夫家的婚制;既容留入赘的长期存在,又成就了夫代妇劳的产翁习俗。这样,在壮傣群体越人社会中父权制确立了,男子除临战搏斗及育儿外,婚姻、家庭以及家务、农事、樵苏、趁虚贸易全委诸女子,甚至官家的"铺递、皂快、舆夫、马卒之徒,皆以妇女代之"。③ 因此,家庭中的话语权主要还是操于女子手中,以女子的意志为准,由女子掌着一家衣食之所由,撑起家庭的兴衰,犹如广西田林县浪平乡壮族谚语说的:"家衰只缘女子弱,妻贤何愁家不富。"

"天上雷公大,地上舅公大。"这是壮族及其先人传承下来的谚语,显示了壮群人越人及其后人社会生活中舅父对外甥家中主要事务处置所拥有的绝对权威。时至清末民初,不仅壮族社会如此,就是已经趋汉变化的壮群体越人的后人仍然旧俗遗存,在一定范围内和一定程度上左右着人们的思维和处事。民国《东莞县志·礼仪民俗》载:

> 死丧之戚,生人至痛。乃有一种恶俗,为外亲者每遇姑姐妹女子之丧,牵率多人,名为吊哭,实肆咆哮。或由平日之不相得,外家习闻浸润之言(谗言),积嫌生怨,遂欲其人之死一泄以为快。虽使白首安枕,亦为冤抑非命之言以诬死者,厚责款

---

① 《国语·越语上》。
② 光绪《思陵州志》所载思陵州韦氏土官《亲供世系宗支图本》。
③ (明)王士性:《广志绎》卷4。

待，大索轿工（资），俾仆下人恃势凌轹，中产之家因此破败，其无力者更可悯矣。至或因一时反目遽尔投环、感中夜妖魔忽然殒命，乍闻信息，蜂拥而来，妇女数辈以检伤，男子串同而索贿，其情况更不堪问矣。（《香山志》）

按：莞俗亦有此弊。死者投环，则亲族群往讹诈，曰"食腊鸭饭"；甚或拉其家姑与死者共卧，曰"并死尸"。邑令张庆荣曾出示严禁，不能尽革也。

娘家借口护着逝去的女儿，编着名目敲诈婿家，虽然随着历史的发展味儿已多变化，可是其根却源于舅权制的存在。"壮人好杀，一语不相能，辄挺刃而斗，斗或伤其一，由此而世世为仇。然伤男子，仇只二姓，若伤其妇，而妇之父母、叔伯、兄弟皆怨家矣。"① 背靠娘家，为娘家关注、保护，女子自然在社会上显得金贵。

舅权制是原始母权制的残余存在之一。同样，男逸女劳也是壮傣群体越人母权制社会残余存在之一。

由于"越人相攻击，固其常"，② 各氏族、部落为了维护其存在，把男子推上御外、卫护氏族、部落的第一线，男子唯战斗是务，从而促使父权制的早熟，女子便负起了家务、农事、樵苏、趁虚贸易的责任。久而久之，在壮傣群体越人中形成了男逸女劳的习俗。"其俗男子尽武士，除战斗、游猎、养鸟之外，一切工作皆由妇女为之，辅以战争所获之俘奴而已。"③ 元代"金齿州"傣群体越人后人的社会生活写照就是壮群体越人后人之社会生活写照。明末清初壮群体越人的后人不论是壮族、布依族还是已经趋汉变化的，基本都是如此。"八番"（今布依族）"其俗女劳男逸"；④ 河池州壮族"其力作及走墟市，大半皆由妇人，谓之坐男使女"；⑤ 上林县"男子怠惰，嬉游不勤生理，盖所习惯然也"。⑥ 而广东长乐（今五华县）、兴宁、增城等地"厥夫菑（zī，耕犁），厥妇播而获之。农之隙，昼则薪烝（砍柴烧煮），夜则纺绩，竭筋力以穷其年。盖有余粟，则其夫辄求之酤家（卖酒家）矣。增城绥福都亦然。妇不耕锄即采葛，其夫在室中哺子而已。夫反为妇，妇之事夫尽任之，谓夫逸妇劳，乃风俗之善云"。⑦ 此中，屈大均所谓"夫逸妇劳，乃风俗之善"，是封建道学的观点，不过，"夫在室中哺（哺育）子而已"一语，不仅使人想起南宋周去非《岭外代答》卷10《十妻》所载"城郭虚市负贩逐利率妇人也"，"为之夫者，终日抱子而游"的男逸女劳习俗，而且也透露出壮傣群体越人后人的部分人虽已趋汉变化了，但在他们中夫代妻劳的产翁制习俗仍然有形迹可寻。

男逸女劳，男子日常生活所需亦仰于女子；女子一举一动，关乎家庭的兴衰，关乎社会的安危，因此社会珍惜女子，生女特酿"女儿酒"埋起待嫁取出待客，⑧ 显其宝贵。家

---

① 雍正《广西通志》卷92《诸蛮》。
② 《史记》卷114《东越列传》。
③ ［意］马可·波罗：《马可·波罗行纪》，冯承钧译，中华书局1957年版，第473页。
④ （清）陆次云：《峒溪纤志》。
⑤ 雍正《广西通志》卷93《蛮疆分隶》。
⑥ （清）张邵振：康熙《上林县志》。
⑦ （清）屈大均：《广东新语》卷8《长乐兴宁妇女》。
⑧ （晋）嵇含：《南方草森状》卷上《草曲》；（清）梁绍壬：《两般秋雨庵随笔》卷2《品酒》。

中有子有女,"男多出赘",女却招婿上门,婿"更姓以从女,或于男姓复加女姓,永不归宗"。① 由此可以清楚了解到,在壮群体越人及其后人社会历史中曾经长期存在着有女永流、女子珍贵的意识、观念和事实。

三 男子主宰,男尊女卑

壮傣群体越人在原始母权制没有充分发育父权制就过早成熟了,当父权制确立,母权制势力还十分强大,二者一直在较劲儿,闹别扭,互不相让,对着干。母权制与父权制二势力较着劲对着干,在壮群体越人及其后人社会中经历了很长的历史时期。

在距今 4000 年前的广东增城金兰寺、广西钦州独料、邕宁坛楼等地的新石器时代晚期遗址都出土了陶祖、石祖,也就是男子生殖器崇拜,标志着壮群体越人进入了原始父权制社会。而在今广西靖西县县城附近有块岩石,其一面比较平整光滑,不知何时有人在上面刻上类似女阴的符号,于是成了千百年来人们崇拜的对象,未曾生育的妇女既膜拜又摩挲那女阴。此类女阴崇拜,在广东博罗县罗浮山中阴阳谷至今仍存遗迹。② 崇拜的较劲,道出了在壮傣群体越人及其后人的社会中,随着历史的发展,虽然原始母权制退出了历史舞台,但其灵魂仍在社会上空盘旋回荡,显其后劲。

男子坐褥"产翁制"的产生,是原始社会父权制确立之际母权制势力还十分强大,男子为了迅速获得对子女的控制权所做的努力,久而久之形成习俗。产翁制自形成习俗后,在壮傣群体越人及其后人中持续时间很长。唐代尉迟枢《南楚新闻》比较详细地记载了"越人""獠人"的产翁制习俗。清初林有席《咏壮》诗中的"饷婿炊糜饭,生雏抱产翁"句说的也是壮族中的产翁制。而在已经趋汉变化的广东增城,屈大均《广东新语》也说"妇不耕锄即采葛,其夫在室中哺子而已"。产翁制在壮傣群体越人及其后人中流行了几千年迟迟没有移易,可见母权制与父权制较劲何其厉害。

父权制社会基本点之一,是一夫一妻或一夫多妻以及妻从夫居制,然而在壮群体越人及其后人中,从夫居制实行起来何其艰难。比如,时至南宋,部分"俚獠"上层还有"入寮"仪式,女家距其家五里外结草寮,新婚夫妇在里面住上半年,女子方才落居夫家。而一般百姓则行不落夫家婚制,直至女方与他人交孕始落夫家,此期间或三年、五年、七年不等。许多地方则来个干脆,实行抢婚夺女以落居夫家。唐代,不论是《南海异事》还是《投荒杂录》都记载岭南有所谓"缚妇"之俗,说"南荒(岭南)之人娶妇,或有喜他室女者,率少年持刀梃往趋墟路以侦之,候其过,即擒缚拥归为妻,间(间隔)一二月,复与妻偕(一同)首罪(自首服罪)于妻之父兄"。③ 抢婚,唐盛后衰,到了清朝,光绪《吴川县志·礼仪民俗》仍载该县遗有"抢亲"陋习存在。

不过,自距今 4000 年左右壮傣群体越人跨入原始父权制社会以后,男子与女子各自充当着不同的社会角色,孰轻孰重,名分已经确定。一般家庭视媳妇如同外人,不仅不能参拜家鬼、族鬼,连接近家鬼房也不能。《岭外代答》卷 10《家鬼》所说的"新妇升厅

---

① (清)汪森:《粤西丛载》卷 18 引《梧州府志》。
② 丘振声:《壮族图腾考》,广西教育出版社 1996 年版,第 399—400 页。
③ 《太平广记》卷 264、卷 483 引。

一拜家鬼之后，竟不敢至厅",反映的就是此一社会现实。所以男贵女贱，虽平民百姓，视其妻如婢仆。耕织贸易、徭役，都是女子担任，除非罹病，虽老不得休息。这就是壮傣群体越人及其后人的社会实况。

而更为不可忽略的是历代中央王朝积极奉行"以夏变夷"的有力措施，在岭南大兴汉文学校，推行儒家文化教育，使壮群体越人后人既识汉字，又懂汉语；既接受了儒家的思想观念，又激发了他们的竞举意识，造就了一个唯儒家礼制是遵、引领社会变革的"士"知识阶层，从而促使了壮群体越人及其后人传统文化的变易更新。"每闻长老言，壮女嫁儒童秀才，则婚夕即成夫妇，无归宁不返（也就是不落夫家）之事。近数十年来，诸族互通婚姻。陋习已除，无论于归谁氏，皆即夕修伉俪之仪矣。"① 明末，昭平县文宁二里、王姜里"民少壮多"，"迨黄世禄、黄钟游庠序（学校）后，文风渐起，相继释褐。岁荐有人，仕宦有人，地以人灵，时因事起"。② "壮人散处乡村"，"其语音历世不改，人鲜能辩，然皆能官语，与汉人相通。敦诗说礼，所在皆有；身列胶庠，后先相望；由明经孝廉入籍者，且相接踵。其余耕凿相安，皆知教子弟读书、识字，几不辨其为壮矣"。③当然，汉文化的深入传播及其促变壮群体越人及其后人社会，在岭南是由东往西、自北而南呈阶梯式发展的。

随着汉族儒家文化的深入传播，孟子"不孝有三，无后为大"也逐渐为壮人所接受，④ 从而提高了男子在社会中的地位。男子主宰，男尊女卑成了明、清壮族社会的主流观念。

四　水神：主宰生育的神灵

壮傣群体越人居于东南水乡，自古傍水而居，喜居近水。他们最早的食物来源之一，也是入水摸捉所得的鱼虾。

宋人周去非《岭外代答》卷6《斋菜》载："钦（州）人亲死，不食鱼肉，而食螃蟹、车螯、蚝螺之属，谓之斋菜，以其素无血也。"又郭子章《黔记·仲家》和康熙《贵州通志·蛮獠》载，明代清初，布依人死了，"祭以枯鱼"，丧家虽然"屠牛招亲友，以大瓮贮酒，执牛角遍饮"，自己却"不食肉，只食鱼虾"。为什么人死"祭以枯鱼"，为什么客人大碗吃酒、大块吃肉，孝子孝女们却不能享此口福，只能以鱼虾佐餐？这是他们的世代传承，认为其先人最初的生活资料是鱼虾，人死了以干鱼供祭，子孙唯食鱼虾，取同于先人的生活，方能取得已故先人的认同，从而使新死者无碍而顺利地见到先人，加入先人鬼魂的群体里。这种做法，有如操同一语族语言的黎族，"亲死，不食粥饭，唯饮酒，食生牛肉，以为至孝"一样。⑤

布依族与壮族同一来源，操同一语支的语言，文化习俗相类相似甚至相同，自我称谓

---

① 王占梅：民国《桂平县志》卷31。
② 李树扬：民国《昭平县志》卷7。
③ 玉昆山：民国《信都县志》卷2。
④ 《孟子·离娄章句上》。
⑤ 《岭外代答》卷6《斋菜》。

也一样，或可视为同一族系。该族祭新死者以干鱼，丧家"不食肉，只食鱼虾"的习惯，传自上代。壮族历史上自然也曾传承过此一习俗，只是汉族文人关于壮族的习俗传述不全，遗漏了有关此类习俗的记载，后来时过代迁，俗更习改，便无从追索而已。从宋代钦州人的习俗，也可以知道壮族往昔有着同于布依族亲死不食肉、唯食鱼虾的习俗，只是钦州人滨居海边，习俗内容又有新的变化罢了。

这样的殡葬习俗，反映了壮族先人最初是滨水而居、以水生动物为主要生活来源的事实。要获得水生动物，必须入水作业。所以，"文身断发，以避蛟龙之害"，① 成了壮傣群体越人最早的习俗之一。蛟龙，就是生活在江河中凶恶的庞然大物鳄鱼。古代，岭南是鳄鱼主要栖居地之一。唐朝韩愈为潮州刺史，曾投文恶溪，据说鳄鱼因此远徙，但宋咸平中（998—1003年），潮人张氏子在江边洗身，仍为鳄鱼吞食。② 元代，邕水滔滔，"鳄鱼夜吼声如雷"，③ 仍是一道风景。由此可见，鳄鱼在越人区域江河中的横行无忌。入水摸鱼捉虾的越人备受鳄鱼的侵害，在古代模仿巫术的作用下，断发文身以像其类，惑其知觉，错其认知，于冥冥中欲求少受侵扰和伤害。这是壮傣群体越人因水中鳄鱼而形成的习俗。

"江南地广，或火耕水耨。民食鱼、稻，以渔猎伐山为业。"④ 随着普通野生稻的驯化为人工栽培稻，越人进入了农耕生活。人们赖以为生的稻子，还是跟鱼虾一样，以水为其生存条件。水流平缓，塘水映花，滋养万物，让人得以生存繁衍；急流滔滔，旋涡回荡，霎时吞没航行江河的船只货物；洪流暴来，汹涌澎湃，瞬间冲刷一切，毁灭生命。水，在壮傣群体越人的头脑里，逐渐成为一种超自然的力量，认为它主宰着人的毁灭与生存，主宰着世上一切的毁灭与生存。"鸡骨占年拜水神"，⑤ 唐人柳宗元（773—819年）的诗句，说的就是壮傣群体越人的水神崇拜。李商隐（约813—858年）《桂林即事》中"殊乡近河祷，箫鼓不曾休"的诗句，咏叹的也是壮傣群体越人在河边祭祀水神的场面热烈而经久不息。

水仙庙、雷王庙和伏波庙，就是现今见于记载的历史上壮群体越人对水神崇拜的庙宇。

雷王庙，是祈求雨水的庙宇。壮傣语言原来没有"天"一词，只有"雷"一语，所以迄今南壮与傣、佬等族的语词只有"fa⁴"一语。雷轰上空，水流地表，关系着壮傣群体先人越人及其后人的安危存亡，他们直觉形成了 fa⁴（雷）此一概念，后来将存在于空际之上的天、云等天际事象也以 fa⁴ 一词进行统括，于是出现天、云、雷同为一词的现象。宋人周去非说："广右（广西）敬事雷神，谓之天神，其祭曰祭天。盖雷州有雷庙，威灵甚盛。一路（指广南西路）之民敬畏之，钦人尤畏。圃中一木枯死，野外片地草木萎死，悉曰天神降也，许祭天以禳之。"⑥ 其中，既点明了宋朝时广西人以雷代天，雷、天不分，又说明了雷神法力无边，管辖无限。后来，雷神的权限缩小，只将它作为控水的神灵。比

---

① 《汉书》卷28下《地理志》。
② （宋）江少虞：《宋朝事实类苑》卷60《鳄鱼》。
③ （元）陈孚：《邕州》，（清）汪森《粤西诗载》卷6。
④ 《汉书》卷28下《地理志》。
⑤ （唐）柳宗元：《柳州峒氓》，《河东先生集》卷42。
⑥ 《岭外代答》卷10《天神》。

如，《古今图书集成·职方典》卷1444《南宁祠庙考》载："乡村建祀"雷神庙，"旱时于此祈雨"。

伏波庙，大多建在江河附近的地方，其神灵是管辖江河航行或入水作业安全的水神。例如，横县伏波庙在"乌岩山之麓，当乌蛮滩之险"。乌蛮滩"水道有龙门、三鬼、马槽、犁劈、锁匙、挂柁等名，延亘三十余里"，水下坻伏嶙峋，崎岖艰险，船行其中，一不小心，就有船覆人亡之虞。所以，"凡船往来，必虔祷之"。[①]

水仙庙，是求子的庙宇。比如，北宋中期，杭州人许明就是其父"祷水仙大王庙生"的。[②] 又如，屈大均《广东新语》卷6《金华夫人》载："广州多有金华夫人祠。夫人字金华，少为女巫不嫁，善能调媚鬼神。其后溺死湖中，数月不坏，有异香，即有一黄沉女像容貌绝类夫人者浮出。人以为水仙，取祠之，因名其地曰仙湖。祈子往往有验。妇女有谣云：'祈子金华，多得白花，三年两朵，离离成果。'"金华夫人庙，实际就是水仙庙。杭州、广州，往日是越人的居留地。该地人婚后无嗣，乞子于水神庙，无疑是壮傣群体越人信仰观念世代传承下来的习得。

水神法力无边，至高无上，越人无嗣，祈求于水神。于是，他们认为人的生命是水神赐予的，通过男女交媾而实现，借助于女性身体培育而成功。胎儿足月了，要临水而生。孩子生出来了，能养不能养，还要让水神来检验。

晋张华《博物志》载，"獠子""妇人妊身，七月生。时必须临水。儿生便置水中，浮即养之，沉便遂弃之也。"[③]《蜀郡志》载："诸山夷僚子，任（孕）七月生。生时必临水。儿出便投水中，浮则取养，沉乃弃之。"[④] 宋乐史《太平寰宇记》卷77载："獠妇人娠七月而产。产毕，置儿于水中，浮者取养，沉者弃之。千百无一沉者。""蜀本无獠。"[⑤] "獠"本处岭南及永昌（治今云南保山市东北）、兴古（治今云南文山州砚山县北）、牂柯（治今贵州凯里市）等郡。三国时，蜀将张嶷讨兴古僚，将其二千人迁至汉中。[⑥] 晋末李势时，又"有群僚十余万从南越入蜀汉间，散居山谷"。[⑦] 可说蜀"獠"与岭南及永昌、兴古、牂柯等郡"獠"，都是壮傣群体越人后人"獠"人。清朝康熙年间（1662—1722年）陆次云《峒溪纤志》也载："獠妇人孕七月生，置之水中，浮则养之，沉则弃之。""妇人娠七月生"，似不确切。因为第一，十月怀胎是人类的孕育规律，"獠"人作为人类一员，不会有异于此。第二，《太平御览》卷361《产》引晋人郭义恭《广志》说："獠民皆七月生。"唐段成式《酉阳杂俎》卷4载："獠在牂柯，其妇人七月生子。"疑乐史将《广志》及《酉阳杂俎》的"七月生子"误成"娠七月生子"了。"獠"人产子后要入水试儿，非在酷暑七月不可，因此郭义恭和段成式都说"獠人皆七月生子"及

---

① 《古今图书集成·典方职》卷1444《南宁祠庙考》引《南宁府志》。
② 《宋史》卷288《孙沔传》。
③ 《太平御览》卷361《产》引。
④ 《太平御览》卷360《孕》引。
⑤ （宋）郭允蹈：《蜀鉴》引李膺《益州记》。
⑥ 《三国志》卷43《张嶷传》注引《益州耆旧传》。
⑦ （唐）贾耽：《郡国县道记》。

"七月生子"。往昔，壮傣群体越后人"獠"人婚不讲处女，婚前交往自由，而女子又特别重视婚后不落夫家期间可以自由结交的"做后生"时期。① 交而不孕，往往到了二十五六岁方才怀孕落居夫家。她们中还有一些行之有效的避孕药物和手段，只是时过代迁，我们无从获知而已。这些记载，反映了由晋而南北朝、唐、宋，由元而明、清，"獠"人临水而生、入水试儿的信念及由此形成的习俗。"今天，桂西地区的一些壮人经常说自己的孩子是挑水时在水里捡到的。"② 印证了越人临水而生、入水试儿此一千古传承的信仰和习俗。

临水而生，入水试儿的习俗，进一步明验了历史上越人无嗣而祈求于水神的真实。因此，历史上壮傣群体越人及其后人有"鸡骨占年拜水神"的习俗。

五 花神主生育，做解架桥

清代，壮族地区各地出现了"花王庙"。康熙、雍正年间（1662—1735年），清朝政府编辑刊行的大型类书《古今图书集成》，其《职方典》关于广西各府祠庙考，汇辑了当时所见的各府、州、县志的记载，除有官办的"山川坛""社稷坛""城隍庙""厉坛""关帝祠""真武庙"等外，也有"三界庙""龙庙""雷王庙""伏波庙"等民间祭祀的祠庙以及佛寺等，而且各府、州、县还建有"花王庙"。可知明或清朝前期广西各地还设立有"花王庙"。嘉庆元年（1796年）归顺直隶州知州李宪乔《花王庙碑记》说："如泰山之天齐碧霞元君、吴之五通、百粤之三界，皆甚荒诞，而其礼不废，以民威信之也。近世边州郡又有所崇花王者，略如元君。有能虔祀之，同宜子嗣，除疠免夭折，并为祀典所无。"③ "近世"，也是指清朝雍正以后。现在一些地区的壮人家里，神龛上祖宗神位的左边书有"九天玄女花王花婆之神位"或"花王圣母之神位"；年节既供奉先人，也一同供奉"花王花婆"。

"花王花婆"或"花王圣母"，壮族又称为送子娘娘。在近现代壮人的观念里，"花王花婆"是生育之神。因此，民国23年（1934年）由商务印书馆出版发行的刘介（刘锡蕃）《岭表纪蛮》第189页载，壮人"凡生子女，皆花婆所赐，故信奉甚虔"。

"花王花婆"冠称"九天玄女"。"九天玄女"是道教的神仙名，也称"玄女"。但是，据《史记》卷1《五帝本纪·黄帝》张守节《正义》载，玄女为传说中的黄帝时人，而九天玄女作为道教中的一仙，似另为一人。因为道教的始祖为老子，活在春秋时代，远在传说中的黄帝之后。宋真宗在位时（998—1022年），张君房撰《云笈七签》卷114有《九天玄女传》，疑九天玄女作为道教中一仙道人物，塑型于唐代。唐朝末年诗人罗隐（883—909年）《甲乙集》卷2《后土庙诗》有"九天玄女犹无圣，后土夫人岂有灵"之句，说明当时人对于她的仙灵道术，还持着怀疑的态度。

岭南花王崇拜是水神崇拜的转化，糅杂了道家的意识理念。

广东"金华夫人祠"，即"水仙祠"。"祈子金华，多得白花"，"白花"代表男孩，

---

① （清）赵翼：《粤滇杂记》。
② 丘振声：《壮族图腾考》，广西教育出版社1996年版，第388页。
③ （清）颜嗣徽：光绪《归顺直隶州志》。

并不是如同屈大均胡乱攀附胡乱演义的那样："越人祈子，必于花王父母。有祝辞曰'白花男，红花女'，故婚夕亲戚皆往送花，盖取《诗》华如桃李之义。《诗》以桃、李二物兴男女，故桃花言女，摽梅言男也，女桃而男梅也。"①《诗经·国风·周南》和《诗经·国风·召南》的《桃夭》和《摽有梅》二诗，一是祝愿女子嫁后能夫妻和睦、家庭和顺，二是描写女子感于青春易逝而急于求夫的心理；"桃夭"是形容桃花的繁盛和艳丽，"摽梅"是比喻女子已到结婚年龄，"桃夭""摽梅"与生女生男没什么关系！

佩花取男，虽不科学，却是壮群体越人后人"俚獠"人的普遍认知。西晋嵇含《南方草木状》载："水葱花，叶皆如鹿葱花，色有红、黄、紫三种，出始兴（今广东始兴县）。妇人怀妊，佩其花生男即此花，非鹿葱花也。交、广人佩之极有验，然其土多男不厌女子，故不常佩也。"后来社会发展，"俚獠"及其后人接受了孟子关于"不孝有三，无后为大"的意识、观念，生男、生女成了他们的念想，于是"花"在心中衍化出"白花""红花"，以其预兆着生男、生女。从而，在壮群体越人后人中，祈子神灵，便逐渐由"水仙"演变为"花王父母"。

两广一体，利害一致，居民又同为壮群体越人的后人，广东人无嗣，祈子于"花王父母"，广西人包括壮族在内，渐渐地无嗣者自然也祈子于"花王父母"。不过，往昔水神赐子，久久还没完全被壮人所遗忘。"家里仔，水捞来"，仍久久萦绕在壮人的脑海里。在广东连山壮族瑶族自治县永丰乡白庙壮族中还遗存有一座专供水神的水口庙。②

壮人祈子于"花王父母"，信仰移位。可能他们又嫌"花王父母"于道教中无名无位，于是在道公的努力下在"花王父母"之上又冠以道教一仙"九天玄女"，成了"九天玄女花王圣母"，此一亦道亦巫的主司生育之神。

在近、现代壮人的观念里，"花神"却是司生育之神。男女婚后迟迟不能生养，壮人认为不是送子娘娘"误会"了，不及时送"花"，就是送了"花"，"花路不通"给耽搁了。欲得子嗣，及时生育，要举行相应的仪式，解除花神的"误会"，使"花路畅通"。这样的仪式，分别称为"做解"和"架桥"。

"做解"，也称为"打解"或"安花"。这是解除花神"误会"，求得生育的仪式。一些婚后迟迟没有生育的妇女，经巫婆求神占卜后，知道她之所以不生育，其根源在于她结婚那天有孕妇出现在观婚的人群里，冲了夫家，致使送子娘娘误以为他们夫妻已经有了孩子，便不再送"花"了。如果想有孩子，要举行"做解"仪式，以消除花神的误会。

"做解"的时间是在该妇女的结婚纪念日。届时，主家杀鸡煮肉，安放在箩筐里，点上灯，插上香炷，摆在自家的大门口，请道公（或巫婆）来主持。道公（或巫婆）站在箩筐后面，背靠大门，面向野外，嘴里念念有声，望空遥祈"花神"解除"误会"，及早"送花"。

道公（或巫婆）祈祷完毕，将一根上缠几朵红色和白色纸花的"花柱"放在箩筐里。仪式完了，主家请一位多子且夫妻双健的壮年或老年男子将箩筐捧入屋放在"做解"妇

---

① （清）屈大均：《广东新语》卷6《花王父母》。
② 陆上来：《连山壮族的信仰与禁忌》，清远市政协文史资料七《连山壮族史料专辑》，广东清远市政协编印，1994年。

女的卧床下面（或卧室门口），求"花"妇人则将"花柱"上的花佩戴在身上。这个"捧花"男子，以后就是来日将要出生的孩子的"义父"。

"架桥"，是畅通"花"路的一种祈子仪式。壮人认为，妇女婚后不育或育而不活，是不修阴功的结果。要想生育或生后能保成活，就必须请来道公（或巫婆）举行"架桥"仪式，修补阴功，架通"花"路，不让各路神灵中途将"花蕾"掐掉了。

"架桥"的那天清早，主家请来道公（或巫婆），在人们经常来往的桥上或田野、河沟，用两根小竹片架起象征性的桥梁，然后摆上鸡、肉、酒、糍粑等供品，燃香点烛，插上用红色、白色纸剪成的小人儿扎成的"花柱"，由道公（或巫婆）为主家念经求神，补做功德，乞神宽恕，让花路畅通，赐予子嗣。

在仪式进行中，第一个恰巧路过的成年男子被认为是受花神派遣送来"花息"的人，主家就请他捧着"花柱"进入主家，放在求子妇人的卧床下面。如果"架桥接花"后，求"花"妇人有了子嗣，这个捧送"花柱"的男子，就是孩子当然的"义父"，成了孩子当然的监护人之一。

除了单个家庭的解花、架桥之外，还有花婆诞辰会的抢花炮活动。

花婆，又叫"圣母"。其祠庙，有的地方叫"花王庙"，有的地方叫"娘娘庙"① 或"婆庙"。② 天河县在今广西罗城仫佬族自治县西南。壮人认为农历二月初二日，是花婆的诞辰日。那天，人们搭花（彩）楼，延请师巫喙诵，设醮祀圣母。届时，演戏唱歌，与会男女老少成千上万，一连热闹两三天。最后一天，还燃放花炮。"求子者，竞抢炮头，以为吉利。"③ 花炮，"大者丈余，小者尺许，以竹为炮架，糊以花纸，有头、二、三炮诸名目。中藏彩环，炮轰环腾"，"直冲云际。及落，能攫得者为得采"。④ 庙会的主持人于当晚以锣鼓唢呐护送花环至抢得花炮之家。"相传攫得者是年必有添丁、发财之庆。"⑤ 所以，无嗣望子之家，为了在花婆诞辰花炮会上如愿以偿，都组织年富力壮的十人团伙入场抓抢。花炮会上，场面热烈，竞争力强，但因为唯准抓抢，不能斗殴，也很少出现伤人现象。

抢花炮，实际就是抢花种，抢夺花婆赐花机会。

花婆诞辰抢花炮的习俗，盛行于清朝年间，民国元年（1912年）以后，壮族地区花王庙圮了，抢花炮的习俗也渐渐消失了。但是，这并不意味着壮族花王花婆赐子的观念淡化，因为个人做解、架桥的仪式行为历经多少历史风雨，至今仍在流行。

第二节 分娩

分娩，就是生孩子。生孩子，对壮人来说，社会添了一个新成员，为父为母的有了亲

---

① 民国《桂平县志》卷15。
② （清）杨家珍：《天河乡土志》。
③ 光绪《上林县志》。
④ 民国《贵县志》。
⑤ 民国《龙州县志》。

近的人，增加了自己的责任感；对孩子本人来说，则开始了他（或她）的人生旅程。

一 临水而生，入水试儿

壮傣群体越人，以水为生，视水为超自然的力量，敬之，畏之，近之，喜之。他们找食水中，临水而居，航行于江，浴身于河，水是须臾离不开的，认为人从水中生，水中长，没有水就没有人的一切。

壮傣群体越人"男女同川而浴"，汉族文人甚不理解。有的人站在儒家"男女授受不亲"的立场上大发议论，引申诬蔑，说什么"恶臭"的虫子就是越人"男女同川泽淫风所生"。① 而"越地多妇人，男女同川，淫女为主，乱气所生"的蜮虫，害人尤为巨大。② 于是，他们将人们厌恶的东西，都归附于壮傣群体越人"男女同川而浴"此一习俗之上。

异样的习俗，产生居于其间异样的自然环境。后来随着生活领域的扩大，思维能力的提升，直觉水的存人毁人的无边威力，壮傣群体越人于是将水超自然化，形成了水神崇拜。他们认为人的受孕怀胎，得之于水神的恩赐。

胎动是吉兆。有经验的妇女一般都告诫初次怀上孩子的女子祭祀水神，以确保孩子在母体内健康成长顺利出生。

临产，壮傣群体越人都在水边搭个茅棚安置产妇，让她临水而生。这就是晋代张华《博物志》所说的"獠"人妇女产时"必须临水"。③

如果生产不顺利，逢临难产，越人认为是野鬼缠身，于是请来巫公，杀猪在河边拜祭，祈求水神保佑，让孩子能像淙淙流水一样顺利地生产出来。如果拜祭祈求无效，便认为是命该如此，连威力无边的水神也徒叹奈何，无力挽救。④

婴儿出了娘胎，在丈夫、家婆或左邻右舍一两个有过生育经验的中老年妇女的帮助下，产妇用竹片自己割下婴儿的脐带，上床休息。⑤ 时至20世纪50年代，壮族产妇仍自己动手割除孩子的脐带，可知远古当是如此。随之，丈夫将婴儿放入河水中，看他（或她）是沉是浮。如果婴儿沉入水中，没有挣扎，即认为是水神不答应抚养这孩子，便让他（或她）随流水而去；如果婴儿挣扎着往上浮不下沉，便将婴儿捞起洗净，用布包裹，放入母怀。这就是晋朝张华《博物志》《蜀郡记》《太平寰宇记》卷77以及清朝初年陆次云《峒溪纤志》所记载的"獠"人妇女生产，"儿出便置水中，浮则收养之，沉便弃之。然千百多浮"。习俗凝化，虽然明、清以后壮人的分娩方式已经改变，但他们说起生孩子，还说是挑水时从水里捞回来的。

岭南气候，虽说是一年四季皆夏，一雨成秋，但冬、春二季毕竟风冷天寒，河水冰冷，入水试儿对初生婴儿极为不适，因此"獠"人的孩子一般都是暑月出生。所以，晋

---

① 《汉书》卷27中之下《五行志》。
② 《汉书》卷27下之上《五行志》。
③ 《太平御览》卷361《产》引。
④ 《广西壮族社会历史调查》第一册，广西民族出版社1984年版，第21页。
⑤ 《广西壮族社会历史调查》第七册，广西民族出版社1987年版，第126、223页。

朝人郭义恭《广志》和张华《博物志》都说"獠民皆七月生"。① 唐代，段成式《酉阳杂俎》卷4也说："獠在牂柯，其妇人七月生子。"一些人，如撰《太平寰宇记》的乐史、撰《峒溪纤志》的陆次云等，或未弄明前人记载的含义又不勘实情，或意在搜异猎奇，说"獠"妇"孕七月生子"。人类十月怀胎，瓜熟蒂落，怎么会孕七月就生子了？当然，孕七月也生子，但那是早产儿，百不见一，"獠"人不会个个是早产儿。

临水而生，入水试儿，壮傣群体越人后人"獠"人此一产子方式起源很早了。原始社会时期，人们入水摸鱼捉虾，认识了水；以后种植水稻，认识了水的生人善人；暑热难耐，入水清凉，除去污垢，给人神爽，进一步认识了水予人舒适的生活；雷雨交加，洪水暴来，将人及财物毁于一旦，更认识了水的暴虐力量。于是，壮傣群体越人将水超自然化，"鸡骨占年拜水神"。他们认为人是水神的赐予，产时必然要面临江河中的水神，以便随时祈祷；孩子生出来了，也必须让水神验看，是否能养。

"獠"人此一产儿方式，自原始社会迄于明朝清初，可说是绵绵悠悠，行之时间很长。

二 产房禁忌男性

壮族及其先人妇女怀孕，视同人的生理变化，没予理会，照样下田劳作，入水捞鱼，没什么照顾，只是在壮族及其先人的观念里，认为孕妇是"重命人"（具有双重生命的人），易为鬼缠，易于惹祸，对人对物冲克比常人大。因此，凡遇婚、丧、建房、祭神和插秧等事，都不让孕妇近边，以妨有所冲犯，使新房倒塌，死人不安，神灵不护佑，新妇有失去生养孩子的可能。有的地方甚至扩而大之，有人外出买卖或打猎什么的，出门不远就碰上一个腆着大肚子的妇女，便认为是触了大霉头，迅速转身回家，以免碰上什么不吉利的事情。

但是，对丈夫而言，妻子的怀孕却是喜庆而不带煞气，更不认为妇女生小孩是不洁。所以，妻子分娩，都是由丈夫忙前忙后，准备一切；妻子自己动手用竹片割断婴儿的脐带，也由丈夫从旁帮忙；入水试儿，也由丈夫操劳。这种原始的分娩方式，至20世纪50年代在居于偏僻的平果县壮族和龙州县的壮族中仍然有其遗存。②

产妇割下婴儿的脐带后便上床休息，婴儿的胎衣，有的是用竹筒装贮或埋在牛栏地下或挂在树梢上，有的是用稻草或芭蕉叶包好，深埋于野外或放在不易为人觉察的石缝里。宋朝人张师正《倦游杂识》载："桂州妇人生子，辄取其胞衣净濯细切，五味煎调之，召至亲友合宴，置酒而若不预者，必致忿争。"③ 十里不同风，这又是一种特殊的处理胎衣的办法或俗随时化的结果。

南宋以后，由于汉族文化的纵深植入以及大量汉族群众的迁居岭南，"老虎类犬不食人"。④ 荒野状况逐渐改变，壮群体越人及其后人临水而生的生育方式也日逐更革，人们

---

① 《太平御览》卷361《产》引。
② 《广西壮族社会历史调查》第七册，广西民族出版社1981年版，第126、223页。
③ （清）汪森：《粤西丛载》卷18引。
④ （宋）蔡绦：《铁围山丛谈》，《说库》。

渐以居家为产房。随之，汉族人认为生育出血、产妇不洁的理念逐渐在壮族中形成主宰理念。于是，男人包括产妇的丈夫在内，在妇人生产期间，被拒于产房之外，不得进入产房。而产妇则在家婆和妯娌的帮助、照看下完成生产事宜。

进入近、现代，农村壮族又出现了专司生育事项的产婆，也就是接生婆，由她来帮助产妇产出并洗涤婴儿。而对婴儿的洗涤，已经不是到河边而是用柚子叶和黄皮树叶煮水，放入盆中，在水温热适度时进行清洗。

不过，这种情况在岭南是由东渐西、由北渐南渐次形成的。因此，迄于20世纪50年代居住在桂西的一些偏僻而交通闭塞地区的壮族，虽然以居家为产房，但产妇仍是让丈夫在一旁照护，帮助完成生产事宜的。

三　婴儿家房门标识

桂西有些地方的壮家，做丈夫的在妻子怀孕五六个月后，即选个日子让媒人通知岳家，请他们过来吃喜酒，并请本家族的父老来共餐。岳家来人，或二或四或八（双数表吉利），带来姑娘未嫁时穿的衣服一件，鸡一只，织布梭子一个，织筘一个，小竹子四根，糯米饭一包（约三斤），染黑糯米饭用的枫叶水"淋沉"一壶。

婿家将岳家带来的鸡杀了，用带来的那件姑娘衣衫将鸡、梭、筘及四根竹子包起来。巫公经作法后将那一壶"淋沉"往包上倒，并拎起包往鸡笼下面甩去。随后，家婆从鸡笼下面拿出包，在众目之下将包打开，察看包里织布梭子的朝向。设若梭子的口子朝上，预示着媳妇将生女孩子；梭口朝下的，预示着媳妇所孕的是男孩。验看完毕，取出鸡，将包扔了。主家将鸡褪毛后放在屋子外面，不能放在家里，否则会引来日后孕妇的难产。做完了这些，大家就桌吃饭。吃时一改平时的习惯称谓，将酒叫作"浇花水"，肉称"施花肥"，吃饭说是"喂孙"。吃罢，岳家来人悄没声息地拿着婿家送的一斤猪肉及放在屋外退了毛的鸡，不打招呼就走了。如打招呼，认为会招来日后产妇的难产。

岳家来"吃喜酒"所费，是嫁女时从女婿所送的聘金中预留下来的，所以岳家来"吃喜酒"，又称为"清旧数"。[①]

产妇生产时，出现难产，壮家人认为是恶鬼作祟。有的请道公来作法。届时，道公吊起一个秤锤，看它往哪个方向摆动，便说是哪一种恶鬼作祟。接着，主家便杀鸡供祭，由道公经作法送鬼。[②] 有的是请"密公"（巫觋）来驱鬼。密公在床边设置香案，点上香烛，双手各持符纸和一杯清水，念诵有声，作法驱鬼。然后，密公将符纸焚化，放其灰烬入杯水中，搅匀，让产妇喝下，称为"喝密水"。有的则请来道公，用笼子装一头猪放在地上。道公面对着笼中猪在纸上画两道符，一道给产妇带在身上，另一道符则烧化将其灰烬放入一个盛着开水的杯里，给产妇喝下去。如果产妇因此顺产，便将猪杀了敬献神灵。[③]

生孩子，对壮族妇女来说是一道关口，心理极度恐惧不安。如遇难产，她们在辗转反

[①]《广西壮族社会历史调查》第一册，广西民族出版社1984年版，第44页。
[②]《广西壮族社会历史调查》第七册，广西民族出版社1987年版，第223页。
[③] 同上书，第126页。

侧之余也不忘敬神恨鬼，眼巴巴地盼着道公作法灵验，招来能冲克恶鬼的神灵，驱走作祟的魔鬼，顺产平安。

家里新生婴儿，中原汉族在家门上男左女右或挂上一张木弓或挂上一条佩巾作为标识。① 明、清以后，壮族似也袭此风俗。比如，一些地方的壮族人家虽无男左女右的分别，但在门口挂上青草，表示主家已生了男孩，以后可以为父亲看牛犁田；生女孩的挂上禾秆，大了可以帮母亲插秧、割禾和春米。② 不过，大部分地区的壮家门口挂标，只是告诉左邻右舍家中已有新生儿，望标止步，不要进入家里。这些房标，有的是一小束柚子枝叶，有的挂上一个瓦罐，内装清水及尺来长的几许柚子枝叶。他们标门的目的，一是用柚子枝叶来辟邪；二是告诫外人家有新生儿，不要进屋，以免带来鬼邪伤及新生儿。假如有家外的人不注意或不知道这个规矩贸然闯入屋内，家主就让他喝上一口清水或一口茶水或一些米酒以辟邪，并迅速退出。这就是流传于壮族民间"见死不见生"（意思是说家有死人可以进去吊问，家有新生儿谢绝探询）此一谚语的由来。③

虽说壮族有新生儿挂门标的习俗来自中原汉族，但其意义却不完全相同。汉族生男孩在大门左侧挂上木弓，是用象征物寄寓对新生儿深厚的祝福和殷切的期望。"故男子生，桑弧蓬矢，以射天地四方。天地四方者，男子之所有事也。"④ 而壮族生孩子在门口挂门标，没有男左女右之别，说明壮族并不怎么在意生男还是生女，不像中原汉族"产男则相贺，产女则杀之"。⑤ 壮族挂门标，旨在辟邪，防止外人进入不经意带来邪鬼伤害新生儿，预期目标与中原汉族完全不一样。

产妇分娩，丈夫被拒于产房门外，待婴儿顺利降生，清洗、包裹完毕，作为父亲的才能走进产房观看自己的孩子。清楚了孩子是男是女，他便根据孩子的性别送一只鸡（男雄女雌）和一壶酒到外家报喜，称为"报姜酒"。外家看到讯鸡，根据外孙性别赶制衣服，并在族中奔走相告，传达喜讯。亲族中各家各户闻讯即筹办活鸡、猪肉、鸡蛋，由外婆和她的妯娌们挑到产妇家。这叫作"送月粥"。据说，产妇吃了娘家的"月粥"，奶水来得快，来得多。⑥

四　野外产房

怀孕，在一般情况下不妨碍壮家妇女的日常活动。当阵痛来临时，产妇方才觉得不行了，需要停下待产。因此，一些孕妇常因趁圩或走亲戚，当然也有遇难的时候，因阵痛来临而不得不在夫家之外临产。

在野外临产，一般是就近找个岩洞或茅棚。这就是所谓的野外产房。待孩子生下三天（有的是足月）才由家婆（或夫家其他的人）点上一炷香在前引路抱着孩子回夫家。其用

---

① 《礼记·内则》。
② 《广西壮族社会历史调查》第一册，广西民族出版社1984年版，第129页。
③ 同上书，第21页。
④ 《礼记·射义》。
⑤ 《韩非子》第18卷《六反》。
⑥ 《广西壮族社会历史调查》第一册，广西民族出版社1984年版，第44页。

意,是将婴儿的魂儿导引回家。

如果孕妇走的是娘家,在娘家分娩,夫家要用鸭子一只、猪头一个、肉二三斤、酒二三斤,来供祭娘家的祖宗神位。因为女儿已经出嫁,她和她所生的孩子已经是别家的人,让别家的孩子在自己家里出生,会冲犯本家的祖宗,必须用酒肉来供祭,使被冲犯的祖宗得到温暖。这叫作"柳(lau³,温暖)公婆"。[1]

私生子,一律不能在家里分娩。如果来不及送到野外,在村里生了孩子,产妇的娘家要备上足量的酒和肉,请来道公主持,给村子举行"洗村"仪式。而所生的孩子则由女家抚养,女家父母无话可说,认为这是"命带""天送来"。[2]

招婿上门女是本家子女,一般都是在自己的家里临产。可是,据20世纪50年代调查资料,广西龙胜龙脊乡的壮人认为上门郎是外人,其女人在家中临产会污秽家门祖宗,日后会有不吉利的事情发生,因此招婿女临产需离开自家住房,挪到野外田边的茅草棚里去,满三天以后才能带着婴儿返回自己的家里,休养生息。[3]

第三节 育儿

婴儿出生后,如何将婴儿鞠育长大,在壮族中存在着父与母、人与自然的激烈斗争。

一 男子坐褥育儿

孩子生下来了,由谁上床坐褥育儿,在壮族历史上曾经历过长时期的较量。

丈夫坐床育儿,这是壮傣群体越人及其后人比较特殊的育儿方式。

记载壮傣群体越人及其后人丈夫上床育儿方式的,最早见于宋代李昉《太平广记》卷483引唐朝尉迟枢《南楚新闻》,以及南宋周去非《岭外代答》卷10《獠俗》引唐人房千里《异物志》:

> 越俗,其妻或诞子,经三日便澡身于溪河,返具糜以饷婿。婿拥衾抱雏,坐于寝榻,称为产翁。其颠倒有如此。
>
> 南方有獠,妇生子便起,其夫卧床褥,饮食皆如乳妇;稍不卫护,生疾亦如孕妇,妻反无所苦。
>
> 獠妇生子即出,夫惫卧如孕妇;不谨则病,妻反无所苦。

继后,此种育儿方式广见于有关傣族的记载中。冯承钧译《马可·波罗行纪》第119《金齿州》载:傣族"妇女产子,洗后裹以襁褓,产妇立起工作,产妇之夫则抱子卧床四十日。卧床期间,受诸亲友贺。其行为如此者,据云妻任大劳,夫当代其苦也"。意大利人马可·波罗(Marco Polo)于至元十二年(1275年)来到中国,至元二十九年(1292

---

[1] 《广西壮族社会历史调查》第一册,广西民族出版社1984年版,第44页。

[2] 同上书,第129页。

[3] 同上。

年）离开，由他所叙形成的《马可·波罗行纪》上述记载的是宋末元初泰群体越人后人的情况。元朝中期，李京《云南志略·诸夷风俗》也载"金齿百夷"（傣族）妇女，"尽力农事，勤苦不辍。及产，方得小暇。既产，则抱子浴于江，归付其夫，动作如故"。至范承勋清朝康熙《云南通志》卷27仍载，"百夷"（傣族）"凡妻生子，贵者以水浴于家，贱者浴于河。三日后，以子授其夫，耕织自若"。从这些记载中，可以知道云南傣族妇女产子三日后便澡身于江河，离开产房，其丈夫则上床抱子像产妇一样鞠育婴儿，接受亲友的慰问和祝贺。丈夫在床上伏衾抱子，一共待四十天，方才出月，完成其坐床育儿的责任。在此期间，产妇下田劳作，入水捕鱼，一如其旧，而且给婴儿哺奶，熬粥煮汤侍候其在床上的丈夫。这就是所谓的"男子坐褥"或"产翁制"。

壮群体越人的后人"男子坐褥"育儿方式，除见于上引的唐人尉迟枢和房千里的记载外，于文人笔记及历朝的地方志中少见记载，不知是观察不细还是壮人隐讳不言，但壮族流行此一育儿方式却是无疑的。

程大璋民国9年《桂平县志》卷59《艺文志》所载林有席《咏诸蛮风土诗》12首中的《咏壮》有"饷婿炊糜饭，生雏抱产翁"句，就是指壮族流行的"男子坐褥"的育儿方式而言的。清人袁枚（1716—1798年）《子不语》卷21据查俭堂的见闻而书的"产公"条载："广西太平府（辖区相当今广西崇左市）獠妇生子，经三日便澡身于溪河，其夫乃拥衾抱子坐于寝榻，卧起饮食，皆须其妇扶持之；稍不卫护生疾，一如孕妇，名曰产公。而其妻，反无所苦。"这清楚地点明了清朝中前期壮族民间流行的产翁育儿方式的普遍性。它的变化，当在清朝乾隆、嘉庆年间或其后。

20世纪50年代，有些居住在偏僻地区的壮族，小孩生下"四十天后，用柠檬煮水给母子洗身，择吉日给小孩剃发，产妇可以带娃仔回娘家探外婆，并开始下地参加劳动"。[①]这就是说，壮族原来产子坐褥期不是如汉族及后来壮族地区惯行的"月子"30天，而是40天，犹如元朝初年意大利人马可·波罗所记述的云南傣族丈夫坐褥40天一样。看来，40天为坐褥期如同产翁制一般，是壮傣群体越人及其后人从上古世代传承下来的育儿方式。

男子坐褥的育儿方式，在世界许多民族中曾经存在。它是在原始父系氏族制确立之际、母权制还十分强大的情况下，男子为了迅速夺取对子女的控制权力而形成的一种育儿方式。所以，壮傣群体越人及其后人男子坐褥的育儿方式，虽然早的只见于唐代人的记载，但在壮傣群体越人时代应该早就存在了。

距今4000年左右的新石器时代晚期，在原始母权制还没有充分发育的情况下，由于频频征斗，突出了男子在社会中的角色地位，加上群体内少男多女，越发显出男子的可贵与尊荣，于是父权制过早地成熟了。父权制的过早成熟，是社会发展的一种畸形症状，表明社会发育既不均衡也不正常。比如，就中原汉族而言，男子意味着能在田中出力劳动，[②]而壮傣群体越人及其后人社会则颠而倒之，能在田中出力劳动的是女子，不是男

---

① 《广西壮族社会历史调查》第七册，广西民族出版社1987年版，第223页。
② 《礼记·内则》："三十而有室，始理男事。"郑玄注："男事，受田给政役也。"

人。男子"不事稼穑,唯护小儿";① "男子尽武士,除战争、游猎、养鸟外,不作他事。一切工作,皆由妇女为之";② "耕田力作,以及走圩市物,大率皆由妇人";③ "男子怠惰,不勤生理。盖所习惯然也"。④ 又比如,父权制是在婚姻从夫居制的基础上建立起来的,但婚姻从夫居还是从妻居,也就是男娶女嫁还是男嫁女娶,在壮傣群体越人及其后人社会一直是个没有解决的问题。20世纪50年代,清末云贵总督岑毓英、两广总督岑春煊的家乡今广西西林县那劳乡,其婚姻仍是从夫居者和从妻居者各占婚姻总数的50%。由于壮傣群体越人及其后人社会形成男逸女劳,婚姻从夫居制没有形成程式化,所以在壮傣群体越人及其后人社会中丈夫坐褥作为一种育儿方式从原始父权制确立形成时起,延续了几千年,至清朝中期还没有完全消失。

二 产妇坐月育儿

随着社会前进、生活经验的积累,壮人认识到了溪河生水、冷水对产后妇人和婴儿的伤害,认识到了妇女产儿做出重大付出之后迫切需要休息和调养,认识到男子必须改变其怠惰习性,在妇女产期中负起家庭和田间劳动的重任,给产妇以适当的照顾,于是产妇坐月育儿便悄然兴起了。

壮族,甚至整个岭南地区,男逸女劳的习俗在历史上曾经是相当普遍的。北宋乐史《太平寰宇记》卷159《循州风俗》载:循州(治今广东龙川县西南佗城)人"织竹为布。人多蛮獠,妇人为市,男子坐家。"南宋周去非说:广西"城郭圩市,负贩逐利,率皆妇人也。……为之夫者,终日抱子而游,无子则袖手安居。"⑤ 明朝王济也说:"余初到横(州),入南郭门,适成市,荷担贸易,百货塞途,悉皆妇女,男子不十一。""有司民间,亦染此俗,诚可鄙也。又有乡村人负柴米入市,亦是妇人,尤为可笑。"⑥ 壮群体越人及其后人妇人承担主要的劳动,因与中原汉族大相径庭,汉族官员不可理解,以汉族的理念观照,觉得可笑、可鄙,认为不近人情。这无疑是正确的。男逸女劳在壮族及其先人历史上于原始父权制确立逐渐形成习俗以后,已经延续了几千年。随着社会的进步,它的不合理性及对广大壮族妇女的严重伤害益形显出,其运行也该终止了。

历史上,壮傣群体越人崇尚狗肉,以狗肉致祭,以狗肉赏人,视狗肉为宝贝。时至明代,景泰《云南图经志书》卷3仍载:师宗州(今云南省师宗县)的壮人"得犬方祭。州之夷民有曰土獠者,以犬为珍味,不得犬不敢以祭"。乾隆年间,据知府赵翼记载,镇安府市面上的狗肉摊比猪肉摊还多,说明壮群体越人及其后人重狗、珍狗,喜吃狗肉,以狗肉供奉神灵先人。但是,到了近、现代,在汉族文化植入后,壮群体越人后人逐渐以狗肉为"不洁"。在此一理念的主导下,壮人虽然还喜欢吃狗肉,然而却不能在家杀狗,不

---

① (元)李京:《云南志略·诸夷风俗》。
② 《马可·波罗行纪》第119章《金齿州》。
③ 《古今图书集成·职方典》卷1415引《庆远府志》。
④ 《古今图书集成·职方典》卷1410引《上林县志》。
⑤ 《岭外代答》卷10《十妻》。
⑥ 《君子堂日询手镜》。

能用狗肉祭祖，不能用狗肉来招待亲朋，孕妇也不能吃狗肉，等等。

壮人由崇尚狗肉一转而视狗肉为不洁，这是观念的转变。产妇坐月育儿替代男子坐褥育儿，也是壮人观念的转变。

妇女临产及产后一个月内休息调养，汉族自西周以来即是如此。壮族产妇坐床一个月，称为"坐月"，无疑是汉族文化的植入。

产妇坐月，家务劳动、服侍产妇、下田劳作、樵苏、趁圩交易等事，毫无疑问皆由丈夫负责。这就逐渐改变了壮族历史上长期存在的男逸女劳的状况。丈夫从此不再沿前之旧，"终日抱子而游，无子则袖手安居"了。产妇坐月，改变了壮族历史上几千年的积弊，其功甚大。

三　育儿风俗

（一）吃"puŋ¹"

壮群体越人及其后人妇女生下孩子，三天就浴身江河，算是结束产期，重新下田劳作，趁圩贸易，并担起家务劳动、服侍丈夫的责任。因此，他们有吃"三朝酒"的习俗。或者后来汉族"满月酒""百日酒""对岁酒"移入了，有了"满月酒""百日酒"等，可是他们还是依其原旧，不论"三朝酒"，还是"满月酒""百日酒"等，统谓之"三朝酒"。比如，广西龙胜的壮族至今犹称满月酒为三朝酒。

三朝酒，过去叫作吃"puŋ¹"。"puŋ¹"，就是灌肠。生儿灌肠以庆贺，这种风俗起源很早了。唐末段公路《北户录》卷2《食目》载："广之人食品中，有团油饭。凡力足之家有产妇，三日、足月及子晬（满百日或一岁）为之饭，以煎虾、鱼炙、鸡、鹅、煮猪、羊、鸡子羹、饼灌肠、蒸肠菜、粉糍、粔籹蕉子、姜、桂、盐豉之属装而食之，是也。"这是婴儿家或三朝或满月或百日或足岁的待客食品。灌肠填料众多而精致。南宋陆游《老学庵笔记》载："《北户录》云：'岭南俗，家富者妇产三日或匝月，作团油饭，以煎鱼、虾、鸡、鹅、猪、羊灌肠，蕉子、姜、桂、盐豉为之。'据此，即东坡先生（苏轼）所记盘游饭也。二字语相近，必转者之误。"实际上，"团油"与"盘游"，二者都是越语"puŋ¹"的汉字近音译写，没谁正谁讹。

现在，各地壮语方言对灌肠的称谓不一。广西钦州壮语谓为"jiu²"，而北部壮族则谓为"puŋ¹"。灌肠，一般是以剁碎的猪、狗、鱼、虾等肉及姜、桂、蒜、盐豉、酒等调料，和上煮熟的糯米饭、生猪（或狗）血，灌入猪肠后煮熟。填入猪肠内的充料越多，肠子胀得越大。壮群体越人及其后人在婴儿三朝或满月时为他举行"吃puŋ¹"仪式，就是祝福他（或她）快吃快长。"puŋ¹"在壮人中，可说是对婴儿的祝福物品。

如今，广西大新县安平一带的壮人为新生儿举办三朝酒时，新生儿的外婆要送来一担糯米饭和一二十个熟鸡蛋。外婆到来后，左邻右舍的小孩便围着新生儿的房子反复喊："sa：u¹"（或"ba：u¹"），"来啊！耕田啊！种地啊！打柴啊！"喊毕，小孩们每人可以得到一个熟鸡蛋和一团糯米饭感谢。"sa：u¹"即姑娘，"ba：u¹"为小伙子。以姑娘或小伙子来指称新生儿，就是祝福她（或他）健康成长，快快长大。这也是与三朝日以"puŋ¹"待客一样的对婴儿的祝福形式。

（二）外婆背带

女儿生小孩，做娘的必须给闺女送上鸡、猪肉、鸡蛋、糯米饭一担以及背带。鸡、鸡蛋是给女儿补身用的；猪肉用来祭祀女儿家的先人；糯米饭送予左邻右舍；背带是用来背外孙的。背带壮锦花纹，精致而耐用，有的还配上银铃。

如果是生第一胎的，外婆送来鸡、蛋、猪肉、糯米饭以及背带等物，还带上房族若干人一起来。主家略为小康的还要杀猪请来邻里欢饮一顿；有姑娘来的，村中小伙子还来逗唱山歌两三个晚上。过了第二天，邻里又得轮流请外婆去吃，一家一餐，轮完为止，[1] 体现了古壮群体越人一家有喜众人乐的传统观念。

广西北部壮族在吃"满月酒"时，主家要请道公在新生儿卧房门口为新生儿举行"安花"仪式。此时，外婆要送来一对鸡、两坛酒、一担糯米饭和以壮锦精心做成的背带。过去，外婆赠送外孙背带还要举行背带赠送仪式。七八十年前，广西柳城县穿山一带的壮族仍存留这种仪式。满月那天，外婆亲自押送礼担来给外孙祝福。她一路走，一路抛撒米花，直到外孙的家门。走进厅堂，亲家婆笑脸相迎，双手捧上一碗里面放块熟猪肝的糯米酒。外婆喝完米酒，双手送上带来的背带，并与亲家婆对起歌来：

……

外婆：荞花菜花遍地开，蜜蜂上下共徘徊。金路银路米花路，外婆织就背带来。

亲家婆：金线银线五彩线，凤凰展翅逗人爱。四月芙蓉刚出水，看着背带乐开怀。

……

这是借物抒情的祝福歌，主题是祝愿新生儿像木棉树那样红花灿烂，像云杉那样笔直挺拔。赠送背带仪式，实际上是对新生儿祝福的仪式。

（三）安花与解关

新生儿满月，壮家做父母的一般都请道公来给孩子"安花"。"安花"也叫"培花"，目的就是祈求诸花王花婆给孩子添料助神，让孩子健康成长。

有些地方的壮族在请道公来给孩子"安花"时，外婆家需送来一座木制的小桥，猪一只，方桌一张，竹制的花王神案一块，糯饭一篮，篮用大的树叶盖着，不能裸露见阳。道公作法要作一个晚上。作法时，木桥盖上黑布，孩子的母亲要穿上丈夫的裤子跨过娘家送来的小木桥。作完法事，道公将花王神位捧入婴儿房里，安上神案。案上挂一条红布，布的两端各插有一朵纸制的红花。而木桥，则安放在厅堂的屋梁上。

新生儿在月中或满月后，壮家做父母的要请巫公或巫婆求神占卜，询问命根。如果占卜结果说小孩命带"关杀"，要请道公来"解关"。"关杀"分几种，不同的"关杀"，"解关"的方法也不同。如属"金锁关"，要给小孩戴上脚环（有的是象征性地以白棉线绑在小腿上）；如属"回马关杀"，就要寄命于大石或大树，甚至寄命于棺材，认它为"寄娘"，每月朔望给它烧香，祈求保佑，直到七岁上学时为止；如属魂关杀，也就是失

---

[1] 《广西壮族社会历史调查》第一册，广西民族出版社1984年版，第21页。

魂，要举行"招魂"，让逸失的灵魂重附于小孩身上。当然，这些所谓的"上脚环"、以树等为"寄娘"以及"招魂"仪式，都要杀鸡煮肉，请来道公念诵作法，有的还贴上符纸。

（四）拜认寄父和结同年

小孩在未成年以前死亡，壮族认为是孩子的父亲力不胜邪，或者认为是兄弟姐妹单薄，容易受到野鬼的侵凌。于是，周岁以后至六七岁的小孩子有认"寄父"和结"同年"的，并在壮族中形成了风俗。

遴选"寄父"，一要看对象是否子女多而且健壮；二看他的八字是否与自己孩子的八字相合。被选定的对象，习惯上不管相识与否，不能拒绝，只能乐从。认寄的日子，须选吉日良辰。认寄日到，认者的父亲领着儿子或女儿带上鸡、肉、酒、衣服、鞋、帽和米到寄父家里，先祭寄父家祖，通报自己家祖的姓名及来的缘由，然后与寄父及其家人一同进餐。饭后，有的是马上返回自己的家，有的则待在寄父家里一个晚上。临走时，寄父送一把米、一个碗和一双筷子给新认的儿女，让他（或她）回家把米煮了，用碗盛着吃掉。经过这样的仪式，寄父与寄儿女的关系就确立了。

关系一旦确立，两家就建立起了亲密关系，平日两家相互往来，有事共同商量，相互接济，相互帮助；寄父将寄儿女视同己出，与自己的子女姐弟相称，有什么好吃的都不忘送给寄儿女一份；寄儿女长大结婚，都要参与其事，送上一份厚礼。逢年过节，寄儿寄女要带上鸡（或鸭）、肉、酒等礼物拜见寄父母；寄父母生病或去世时，寄儿女有责任护理和送终。

一些地方的壮族，选寄父是选一个命好的长者。初时，即将认的寄父将寄儿女的帽子拿回家，晚上睡觉拿来垫头。若夜里梦见石山崩塌，脏水上涌，认为"兆头"不好，便退回帽子，拒绝相认；相反，若夜里梦见清泉上涌，则认为是"好兆头"，便接受孩子相寄。此后，主家便以鸡、猪肉、酒、糯饭等祭品去寄父家祭祖拜神，双方结认亲戚。日后逢有红、白大事，相互邀约，共同商量解决。寄儿女长大结婚，寄父要杀一百多斤重的大猪，缝一套新衣服，做一双鞋，又买上帽子、雨伞各一顶，作为礼物送给寄儿或寄女。[①]

结"同年"，一是讲究相互间的生辰八字是否相合，即使年龄相差一二岁也没有关系；二是讲究对方现在的兄弟姐妹较多，不是单丁；三是主动一方的父母选定对象后，要征得对方父母的同意。结"同年"的仪式也与认寄父的仪式一样，主动的一方在择定的吉日良辰里带上鸡、猪肉、酒等礼品到对方家里祭祖拜神，与同年的父母兄姐共同进餐，并送给同年一套衣服。"一饭定老庚，终身共衰荣"，人生中关系密切的"同年"关系就这么确定下来了。

四 小孩喂养与护理

壮家小孩出月以后，就开始喂给一些米浆、芽蕉（或鸡蕉）以及肉末等易于消化的食物。芽蕉或鸡蕉，产于岭南，壮人以蕉喂养小孩子，历时久远。南宋范成大《桂海虞衡志·志果》载：蕉子，"去皮取肉，软烂如绿柿，极甘冷，四季实。土人或以饲小儿，

[①] 《广西壮族社会历史调查》第七册，广西民族出版社1987年版，第138页。

云性凉去客热"。民国《邕宁县志》卷2《物产》说："鸡蕉，又名观音蕉，树高八九尺，实小而香甜，性平，可饲小儿。"

不过，婴儿食物，仍以母乳为主。母奶，是婴儿成长的主要营养来源，半岁以后便喂以一般的食物。

小孩子的哺乳期长短不一，短的一年，长的三四年，视母亲和家庭的情况而异。如果母亲生育的间隔期短，在第二个小孩子出生前三四个月即已断奶。断奶的方法一般有三种：一是强迫法，即在母亲的奶头上涂抹辣椒粉或墨黑的东西；二是类比劝导法，引发孩子的羞耻心理，比如对孩子说"人家年龄比你还小，都不吃奶了，你还整天地叼着妈妈的奶头，也不嫌丢人现眼"之类，启发孩子的自尊心，自觉断奶；三是自然断奶法，即一些家庭或贫困，或妈妈身患重病，或妈妈又怀了弟妹，奶源减少或断绝，孩子久咂乳头，没得什么，反复次数多了，觉得无味，也就对吸吮妈妈的乳头失去了兴趣。

男子坐褥时代，在家中孩子一般都是由丈夫护理，这就是宋人周去非说的"为之夫者，终日抱子而游"。社会发展，观念改变，壮族实行产妇坐月，而妇女传统的勤劳习性不变。她们上山入水，负贩买卖，终年劳作，除了坐月期间能比较精心地护理婴儿外，出了月子，有老人或大一点孩子的，就将新生儿扔给他们照管；如膝下没有大一点的小孩又没有老人，就用背带背在后背谋食去了。婴儿五六个月，会坐会爬了，一般就在地上拉开一张席子，将孩子放在上面，任他满地乱爬；有些父母害怕一时管顾不到，便用一根绳子拦腰将孩子捆住，绳子的另一端则绑在石头或一条固定的木桩上。这样粗放的育养方法，固然可以锻炼小孩子的艰苦自立，使他们在周岁左右就能独立行走，但代价确实太大，许多小孩子往往在未成年时就因为营养不良或疾病缠身而夭折了，出现小孩子高出生率和高死亡率的"双高"现象。据广西靖西县一位壮族古稀老年妇人的回忆，20世纪三四十年代，她连生了12个小孩，最后只剩下一个女儿；她的弟妇生了8个小孩，最后存活3个；她的姑姑生了9个小孩，最后是抱了人家一个孩子来做养子，才算没有绝嗣。据1948年编纂的《靖西县志》统计，1938—1947年10年中，靖西县壮族人口年平均死亡率高达30.8‰，其中1942—1944年全县人口甚至连续三年出现负增长。

当然，这种情况的产生，也与壮族居地的生态环境的恶劣和医疗事业的不发达以及人们的思想观念大有关系。比如，清代思陵州土官韦荣耀生了12个儿子，有5个未成年就死了。他的儿子韦世华三妻四妾，也生了12个儿子，最后也只有4个长大成人。[①]

---

① 光绪《思陵州志》。

第二章

定姓取名

姓，是标示宗族的称号；名，是自我区别于他人的语言代号。单个的人凭借他独具的姓名组合将他与历时的和共时的同一群体的其他人联系起来和区别开来。姓名的特点，一是排他性；二是体现着特定民族群体的文化内涵。壮群体越人及其后人的姓名分为姓氏和名字两部分。它们的序列是姓氏在前名字在后。

但是，壮群体越人原无姓氏，取名也随意。

第一节 定姓前后

姓氏是历史发展的产物。汉族姓氏的产生历史较早。公元前3世纪末叶以前，汉族的姓氏是两个不同的概念，有着不同的功能："姓"标示母系血缘关系，同母才能同姓，父同母不同也不能同姓；"氏"标示男子的社会地位，妇女和下层百姓不能参政，自然无氏可说。姓氏合流，表示父系、母系血缘关系为同一概念，是在战国以后。壮族，由于社会发展的滞后性，直到汉族文化植入以后才出现姓氏。在壮傣语里没有姓氏这个词语，现在流行的关于姓氏的词语是从汉语借来的。由于汉文化植入壮群体越人及其后人地区各地的时间不一，同一地区接受汉文化的时间也因阶层相异而有先有后。比如，明万历年间（1573—1620年），轮戍梧州的归顺州（今广西靖西县）和都康州（治今广西天等县都康）的"土兵"，大多还是"无姓有名"。①

一 越人原无姓氏

"越人"出现在历史上的时间，各书记载不一，但可以肯定，公元前7世纪，越人已经分布于长江中下游以南地区了。在众多的越人部落中，最早与中原汉人接触并最早建立国家的，是位于长江下游今浙江省北部的越国。越国人没有姓氏，历代越王的称名都是以表示"父亲"（po）的近音汉译字"无""夫""元""莽"作为开头音节，如"无余""无壬""无铎""夫镡""元常""莽安"等。夫谭的"夫"，上古属重唇音鱼部韵，与"无"同部，为近音字。元常的"元"，《说文》说"奇字无也，通于元者"。则"元"上古与"无"通，且二字形近，易混淆。又顾炎武《音学五书》说：莽，古音

---

① （明）顾炎武：《天下郡国利病书》卷105《目兵》。

"莫补反"等。① 就像今日壮族民间称呼德高望重的长辈为"po⁶ ke⁵"（父老）一样。所以，徐旭生先生说越国越人"尚未有姓氏"。②

公元前473年，越国灭掉了相邻强大的吴国，接着北上中原，成为春秋（前770—前476年）时中原五个霸主之一。一些文人觉得越人没有姓氏并不光彩，于是攀附汉族传说中的治水英雄夏禹，说越人是夏禹之子少康之后，姓"姒"；③ 另一些人又觉得将越人与夏禹搭靠不妥，说越人是黄帝的儿子祝融之后，为"芈"（mi³）姓。④ 这些都不足为凭。长江下游的越人有姓氏是秦汉以后的事，他们有的是以族称为姓氏，如越姓、欧姓等；有的是以王名为姓，如闽越王徭治下的福建越人迁到淮河流域居住以后以"徭"为姓等。⑤ 这是越人文化受到汉族文化整合的结果。

壮族的直系先人是居住在南岭山脉以南的越人。公元前219年，秦始皇用兵岭南，在今广西地区受到了瓯骆部落的顽强抵抗，其人首领是"译吁宋"，"译"，在古代汉语里与"败"通用。上古译与择通假，如汉修《尧庙碑》的"各相土译居"的"译"实为"择"字。《尚书·吕刑》中的"无有择言在身"及《孝经》中的"口无择言身无择行"，"择"为"败"字的假借，"译""择"可读同"败"，音读近"po"，意思是"父亲"，是越人对长辈、对首领人物的尊称，不是姓氏。"吁"是越人的自称词的近音译字；"宋"是 lu: ŋ¹或"nɔ²"（越语义为"大"）的近音译字。"译吁宋"其相应音读是"po⁶ ʔjo: i⁴ nɔ²"），越语意思就是"大越首领"。从这个称谓看，秦时瓯骆越人尚无姓氏。

明朝沈德符《万历野获编》卷30《夷姓》载，传闻明初云南傣族没有姓氏，其首领请求官府给定个姓。当时出镇云南的黔宁王沐英说："汝辈无他，但怕刀剁耳！"后"即以三字分作三姓，不知果否？今夷姓，刀者最多，怕者惟孟艮御夷府土官一家，其剁姓则未之见也。《滇载》又云：'云南夷酋姓，曰刀曰罕曰曩者甚多。相传国初定诸夷时，高皇帝（指明太祖朱元璋）恶其反复，赐以刀、曩、斧、砍四姓。'其砍氏今作罕，亦作坎，但无斧姓者，意其已灭绝耶？"此虽属侮辱性的戏谑，却也反映了一定程度的历史真实。泰国泰人在拉玛六世（1910—1925年在位）以前是没有姓氏的，傣人在20世纪50年代以前除首领有刀、刁、曩、罕、陶、奉、那等姓氏以外普通老百姓并未普具姓氏。傣、泰与壮族泰，都是壮傣群体越人的后人，他们的情况恰好说明了壮傣群体越人原无姓氏。

周去非《岭外代答》卷10《獠俗》说："獠在左右江溪峒之外，俗谓之山獠。依山林而居，无酋长版籍，蛮之荒忽无常者也。以射生食动而活，虫豸能蠕动者皆取食之，无年甲姓名。""獠"是壮群体越人后人，"无年甲姓名"，也证明了壮群体越人原无姓氏。

二 秦、汉以后壮群体越人及其后人姓氏

自秦朝以后，由于汉族文化的强劲植入及汉族迁入杂居，壮群体越人及其后人模仿、

---

① 《音学五书》，中华书局1982年版，第338页。
② 《中国古代的传说时代》（增订本），文物出版社1985年版，第64页。
③ 《史记》卷41《越世家》："越王勾践，其先禹之苗裔。"
④ 《国语·吴语》韦昭注："勾践，祝融之后，允常之子，芈姓也。"
⑤ 《后汉书》卷47《岑彭传》李贤注："《风俗通》曰：东越王徭，勾践之后，其后以徭为姓。"

袭用了汉族的姓氏。其间，壮群体越人及其后人中的领袖人物充当了重要的角色。他们与汉族官员打交道，受着汉族文化的教育熏陶，不仅接受了汉姓，而且为了提高他们的社会地位，还处心积虑地想法儿攀附汉族的名姓大族、功臣显宦作为自己的护身符。比如，南宋嘉定年间（1208—1224年）才在广西西北一个山角落里崛起的壮族岑氏家族，就说他们的祖先是东汉王朝（25—220年）的开国功臣岑彭。唐朝（618—907年）初年称雄广西上林县的"岭南大首领"韦敬办，声言祖籍京兆（今陕西省西安市）。而明代（1368—1644年）的壮族、布依族韦氏土官又说他们韦家是西汉王朝（公元前206—公元8年）的开国功臣韩信的后代子孙，因怕遭受迫害，才将"韩"姓的左半边去掉变成韦姓的。据他们说，公元前197年汉高祖的皇后与丞相萧何合谋杀害韩信后，萧何可怜一代功臣无后，暗地里指派人将韩信未满周岁的儿子送给几千里之外的南越王赵佗帮助抚养。实际上，这些都是凭空编造出来的，不足为信。壮族上层人物这种攀附中原汉族名姓大族的行为，是自被秦始皇征服后所产生的自我族体卑劣观念的一种反映，也是经汉族文化不断强劲植入和整合后的结果。

壮族的姓氏，就历史记载所见，最早是西汉元鼎年间（前116—前111年）的南越国丞相吕氏，瓯骆左将黄氏，其次是东汉延康元年（220年）的钱姓、晋义熙十三年（417年）的徐姓。

南北朝至隋朝时期（420—618年）有冼、王、邓、杜、冯、李、庞、陈、宁、莫等姓。唐、宋二代（618—1278年），有关壮族的姓氏的记载逐渐增多，计有黄、侬、韦、周、梁、潘、莫、岑、宁、多、吴、李、真、武、廖、相、罗、方、甘、张、宋、覃、赵、区、蒙、何、滕、陆、胡等。

明、清时，壮族姓氏基本定型，见于记载的有黄、岑、莫、韦、梁、周、赵、何、许、李、冯、农、闭、覃、陈、潘、廖、胡、蒙、区、陆、成、白、蓝、谭、朱、龙、隆、门、童、谢、王、徐、黎、林、马、吴、欧、杰、杨、雷、唐、袁、沈、肖、邓、吕、钟、樊、石、罗、荣、于、陶、朗、张、严、郑、刘、卢、满、欧阳、秦、苏、侯、甘、高、方、贺、戴、邢、宾、督、经、斐、广、土、陀、权、昝、居、绪、柏、葵、油、坦、顿、盛、植、家、羽、婆、既、沙、少、尧、严、零、凌、畅、能、亦、朝、钮、裔、典、登、鎏、脱、养、贤、党、禹、央、鄱、银等100多个姓。

另外，还有"土婆""养贤""韦王""鄱党""韦宋""韦陈""罗黄""朝宾"等二重姓，那是赘婿的产物。凡赘婿所生子女，壮族习惯是取母亲和父亲的姓氏连在一起作为其子女的姓，标示这是父方上门合婚后所生。二姓连叠，并不是中原汉族的复姓如诸葛、欧阳等，因为赘婿所生子女的子女（即第三代），如果不再是赘婿所生，则仅取祖母的姓氏而舍弃了祖父的姓氏。

三　壮群体越人及其后人姓氏来源

追溯壮族姓氏的来源，一是壮族首领人物主动攀附，取汉族的姓氏为姓氏。例如壮族的大姓黄、莫、岑、李、周、梁、宁等就是这样来的。二是王朝赐姓。如宋朝皇祐五年（1053年）"獠"人人物侬智高起兵反宋失败后，皇帝对未附从侬智高起兵的侬氏族人很赞赏，便将帝王家的姓氏赐给他们，这样，侬姓就变成赵姓了。三是自取姓氏。壮人自取姓氏，或者是以民族首领的称名的开头音节"po"（父辈）和"ke"（长老）为姓，如婆、柏、甫、能、鄱、居、既、计等；或者以民族名称为姓，如闾、吕、裔、于、禹、羽、区、沙（壮族沙支系）等；或者以地名为姓，如郎、朗（va：ŋ²，湖）、磨（bo⁵，泉）、隆、龙（lu：ŋ¹，石山中平地）、童（tuŋ⁴，平坝）、陀、脱、土、督（ta⁶，江河）、蓝（lam⁴，水）、潘、班（ba：n³，村子）、盛、眚、洗（sa：ŋ¹，高地）等；或者以心中的崇拜物为姓，如马（ma¹，狗）、凌、零（liŋ²，猴子）、骆（lok⁸，鸟）、侬（doŋ¹，森林）、麻（mai⁴，树）等；或以官名为姓，如少、多、陶（tau³）等。从总体上看，壮人自取姓氏除了冼姓外，其他姓氏人数都很少。它们只是壮群体越人及其后人中特定地区的姓氏而且与汉族不同，所以《西珥事》的作者认为这些姓氏是存在于广西的"异姓""怪姓"。

在壮群体越人及其后人历史上，黄氏、莫氏、韦氏、宁氏、冼氏、岑氏、李氏、覃氏、梁氏、侬氏，几乎是分区霸住了壮群体越人及其后人地区的统治权力，百姓随同首领人物姓氏，出现了"举洞一姓"的历史现象。所以这几个姓，从隋唐（581—907年）时起，就是他们中的大姓，现在仍是如此。

四 壮群体越人及其后人姓氏观念的演变脉络

历史上，百姓随同首领姓氏，因此在壮群体越人及其后人百姓中并不十分看重姓氏关系。比如，有人互赌对预料某事对错的输赢，往往出语就说："我输了，把我姓改随你姓！"姓标志着家族系统的称号，可以将之随意改变，说明在他们中姓氏观念还是比较淡薄的。

（一）姓氏不拘，可以互换

19世纪以前，这种换姓情况是普遍存在的，如广西东兰县韦姓人多势众，郁、华两姓鉴于某种利害关系，改同韦姓；而廖姓人世为邓家佃户，后来便易本姓归同于邓姓等。那坡县龙合乡弄布村，过去是壮族岑氏土官治下的百姓。该村现有卢、凌二姓。他们的先辈虽不是同胞兄弟，却是共过患难的朋友，用壮人的话说就是"互换过肠子的人"。尽管后来他们的子孙各分属卢、凌两姓，仍然一如既往同舟共济、患难与共，你卢家没有子女，我凌家有的，你抱过去起个卢姓的名字就可以了。因此，他们中历来传有"卢骨凌肉"的谚语，比喻他们卢、凌二姓关系的密切，你姓我姓，可以互换，并不计较。

明万历二十一年（1593年），广西巡抚陈大科上书明朝皇帝时说"蛮人""易姓如弈棋"，即是当时壮族社会姓氏不拘情况的说明。这与汉族视姓为根本、宁死不改的观念大不一样。

（二）有女可招婿，有儿未必当家

20世纪50年代以前，许多壮族地区仍是"从夫居制"和"从妻居制"并行，男子出嫁并不像汉族那样认为是违反伦理的丢脸事。女子招郎上门，其后代的姓氏，有三种处理方法：一是所生子女归女家，子女的姓氏是以母姓居首，父姓居后，而第三代人则单取女家的姓氏为姓氏了。如母姓覃，父姓韦，子女姓则为"覃韦"，第三代则以覃为姓。二是第一、第二个子女归女家，第三、第四个子女归男家，称为"归宗"（归宗子女仍住母亲家中）。归女家的子女的姓氏处理如同前一种情况，以母姓居首；"归宗"子女的姓氏则以父姓居首，母姓居后，变成"韦覃"了。他们的第三代，归女家的也如第一种情况，单取女家姓氏；"归宗"子女所生的子女则单取父姓为姓氏。与此相适应的，有人上门之家，他们所供奉的祖先是男家女家一视同仁，女家的祖宗神龛上供着两家祖先的神位。三是男子上门，三代归宗。这就是说，男子上门后所生的子女，姓氏以女家的姓氏为准，但到了第三代，他们的姓氏就要跟从祖父的姓氏而不是祖母的姓氏了。这样，一族之中，一个家庭之中，姓氏驳杂，很难根据姓氏来辨别血缘的亲疏关系。

（三）婚姻盛行不落夫家，同一姓氏的兄弟不一定存在同一父系血缘

历史上，壮族婚姻长期盛行不落夫家的制度（20世纪50年代以前，部分壮族地区仍盛行此一制度）。男女成婚后，女子一般不与丈夫同房就返回娘家，待与丈夫之外的另一男子私情受孕将要临产时，方才告知丈夫建房生子落居夫家。这就是壮族谚语所说的女子"婚后放马，生子落家"。在这种情况下，夫妻所生的第一个子女虽然取同父姓，但并非同一父系血缘。这样，壮族的姓氏观念与汉族的以姓氏辨血缘关系的观念不是同一个范畴。

（四）家中香火以媳妇为准，夫妇所生子女可随父姓也可取同母姓

那坡县平孟乡淋井村是个比较偏僻的山村。那里的壮族家中，神龛上的香炉数量，多寡不同，多的八九个，少的只一个。原来，神龛上的香炉是属于女性的；生一个女孩安一个香炉；媳妇入门了，随同嫁妆也带来了属于媳妇本人所有的香炉。香炉供在神龛上，代表着一家子的香火；女子死了走了，她的香炉也随她而去。从表面看，在淋井村的壮族家庭中，男娶女嫁，男主女从，可是女性不管是家生的还是从外面嫁来的，只有她们才有资格供奉祖先神灵，实际上是女主男从。调查中，我们发现他们中有的一家三代不同姓，兄弟间姓氏也不同。原因是他们中，子女可随父姓也可取母姓，没有固定规律，似乎是各随所兴。这样，一个三代同堂的家庭，就可能同时存在三四个不同的姓氏了。

从以上的情况看，在壮群体越人及其后人中，同姓并不一定属于同一血缘关系，异姓也不一定为非同一血缘关系。汉人以他们传统的"同姓不婚"的观念来框套壮族社会的情况，往往斥责壮族"婚姻不避同姓"。这是一种偏见。无可怀疑，由于壮族婚姻关系发展的滞后性，姓氏观念由汉族文化植入了，可是它并未成为辨别血缘亲疏关系的尺度，因此，自然不能以姓氏作为发生婚姻关系的取舍标准。成书于宋朝太平兴国年间（976—984年）的《太平寰宇记》卷166说，9、10世纪时贵州（今广西贵港市）的壮人都是同一个姓氏，居住邻近的人死了，大家合葬在一起，大的墓有几百人之多，相互间并不一定存在血缘亲属关系。这种合葬称为"合骨"。凡是葬在同一个"合骨"墓里的人，他们的子女不能发生婚姻关系，不"合骨"的人，他们的子女相互间才允许有婚姻往来。壮群体越人后人的"以合骨辨婚姻"与汉族的"以姓氏辨婚姻"，是不同的概念，这可能也是壮族历史上姓氏观念淡薄的一个原因。

尽管如此，到15、16世纪时，在汉族文化的不断整合下，大部分壮族地区的姓氏功能基本上已经与汉族同步，起到了辨别血缘亲疏关系和区别婚姻关系的作用。

现在，随着壮族与汉族及其他少数民族接触和交流的增多，壮族的姓氏与一二百年前相比，已经发生了一些变化。这里试将广西那坡县的姓氏情况排列如下：

丁、王、于、玉、乃、方、文、毛、丘、叶、本、古、石、左、朱、吕、龙、勾、

卢、冉、兵、吴、刘、余、俞、甘、易、谷、区、匡、巫、毕、牟、田、孔、宁、肖、乔、宋、关、廖、唐、应、麻、高、康、章、蒙、蔺、花、范、劳、杜、林、李、梁、杨、岑、崔、汪、江、梅、潘、洪、汤、沈、满、冷、冯、凌、班、陈、陆、阴、阮、邓、邱、郑、陶、郭、郎、邬、邹、赵、盘、曾、罗、钟、张、段、黎、韩、夏、赖、颜、路、骆、孙、鲍、姚、周、闭、阙、简、庞、彭、时、严、袁、戴、党、常、聂、程、熊、鲁、麦、真、施、秦、耿、殷、税、瞿、霍、雷、零、胡、樊、伦、龚、刁、贺、欧阳、教、申、祝、湛、穆、甫、科。

　　那坡县1990年人口普查有19万多人，其中90%以上是壮族，其他汉、苗、彝等4族人中所占比例不到10%，可以说该县是个壮族聚居的小天地。该县的姓氏，除苗、盘、梅、蔺等几个姓氏不是壮族外，其他都是壮族或与其他民族共有的姓氏。这些姓氏，既保持了明清时期壮族姓氏的面貌，又增加了新的姓氏，如阮氏来自越南阮氏族人的上门，税、穆等来自汉族的赘婿或汉族的壮族化。

　　明朝正德年间（1506—1521年）在广西柳州做官的桑悦说，壮族称同姓的叫"华宗"（华，指汉族），道出了壮人的趋汉心态。近年，在汉族中掀起了一股寻根认亲、联宗祭祖的风潮。在它的影响下，壮族的姓氏观念大有增强之势。许多贫困山区的壮族群众，不惜节衣缩食，筹措重金，派人上山东、下江苏、跑浙江、赶江西、走湖南，到汉族地区寻根认宗，千方百计地与汉族网起八竿子打不着的宗亲关系。这样，可以预见，壮族的姓氏观念强化了，壮族作为一个民族的自我民族意识将会一天天地淡化。

第二节　取名变化

　　"名字"是个汉语词，由"名"和"字"组合而成。按中国汉族的传统礼制，婴儿生下来3个月起"名"，20岁成人举行"弱冠"礼后取"字"；二者组合起来就是一个人的名字。壮族有名无字，壮语称"名"为"ço²"。"ço²"一词在壮语里有三个含义：1. 人名；2. 年幼，没经过世面；3. 未成年的母畜、母兽。这三个含义相互间有着内在联系：年幼无知者是"ço²"；"ço²"是与雌性联系在一起的，只有年少幼稚未经过世面的人才有资格拥有自己的"ço²"（名）。这是壮人及其先人取名的独特之处。

一　平民传统的命名方式

　　宋神宗元丰年间（1078—1085年），吴处厚在大理寺（相当现在的最高法院）办案碰到一件怪事。据他在《青箱杂记》里透露，这件事就是发现宾州（今广西宾阳县）人的诉讼书上署名，都是在姓氏之下缀以"父（或母）＋子（或女）名"。比如，韦超的儿子名叫韦首，署名是"韦父首"；韦遨的儿子名叫韦满，署名是"韦父满"；韦全的女儿名插娘，署名是"韦父插"；韦庶的女儿名睡娘，署名是"韦父睡"，其妻则叫"姉睡"。吴处厚经过调查后，说这种变名是"岭南风俗"，普遍存在，不单是宾州一个地方。今宾阳县的主要语言为汉语方言"客话"。"客话"称母亲为"姉"（çə：m¹），至今仍是如此。从吴处厚的记载可以约略知道，北宋元丰年间宾阳县"客话"这个汉语方言已经形成。这是个介于平话（邕方言）与白话（粤方言）之间并保留有不少壮语底层语的汉语方言（如宾阳县"客话"谓胸部为"ʔak⁷"，胳肢窝为"la³ʔi⁵"，睾丸为"lam¹"，女性生殖器为"hai⁵"，外祖父为"ta¹"，外祖母为"ta：i¹"，秃头为"do⁴"，寡妇为"ma：i⁵"，傻子"ŋaɯ²"，小气为"ʔi¹tsi⁴"等，都是壮语词语）。壮语作为底层语存在，说明"客话"是汉语征服壮语后形成的方言。操"客话"的宾阳人通行的称名方式令北方汉人感到陌生，不理解，无疑是袭自壮人的称名方式的。

关于壮族的命名方式，明正德间（1506—1521年）官柳州府通判的桑悦在《记壮俗诗》中作了概括："朝甫先加老唤公。"在诗中他还作了解释：壮人一生有三个名字，未成年时名叫"朝某"，结婚生子后叫"甫某"，有了孙子叫"公某"。① 比如有人未成年时叫"韦朝贵"；生的儿子叫韦朝义，韦朝贵变名为"韦甫义"；韦甫义结婚生子了，孙子名为韦朝龙，他又得变名为"韦公龙"。"朝"是壮语称未成年男子为"ha：u⁶"的近音译写汉字，又译作"潮""召"等字，如韦潮贵、覃召管、韦召海等。"甫"是壮语称父为"po⁶"的近音译写字，又写作"布""福""伏""付""傅""扶""万"②等字，如韦布党、黎福庄、莫福猷、黄伏田、农付摇、何傅陵、黄傅陆、陆扶哉、岑扶良、韦万秀、黄万日、陆万金等。雷公奉、胡公旺、苏公韦等的"公"是祖父，是个借汉语词；有的地方的壮族仍沿用壮语的称谓，如《清实录·高宗实录》卷766和《清实录·仁宗实录》卷22记载的杨抱好、王抱羊以及韦保逢等的"抱"和"保"，是壮语谓祖父为"pau⁵"的近音译写字。

以上所列的名字都见于《明史》卷317《广西土司传》和《清实录·高宗实录》卷766中，它们的作者都是与桑悦同一时代或稍后的人。20世纪50年代以前，壮族民间仍然保持着同一命名方式，如广西天峨县壮族韦保尚立，小时名叫"韦志昌"，婚后生子名"韦甫海"（海为子名），有了孙子改名为"韦保尚立"（尚立是其孙名）。③ 这里韦志昌的"志"读同"期"，④ 是壮语不同方言对未成年男子称谓的译写。方言不同，称谓也略有变异，如云南省壮族沙支系人的命名方式是小时名"矣×"，成年生子名"布×"，有孙子后称"光×"。罗凤章光绪《罗平乡土志》卷5载沙人"幼名矣某，壮名布某，老名光某"。"矣"读同"依"音，"布"即"甫"，光为"公"的变音。又如《清实录·高宗实录》卷766所记乾隆三十一年（1766年）时壮人名"张几良""黄几贵""李几全""谭几杨""温几里""赖几保""沈几周""陆以而""陆以匿"等，其中的"以"和"几"就是"矣"或"期"的变音译写字。

明清以前，壮族妇女进入政治圈子的不少，但是她们的称名见于汉文记载的已经是袭用汉族的称谓习惯。比如，隋朝（581—618年）时雄踞岭南一方的"冼氏夫人"和"钟士雄母"，明朝宣德年间（1426—1453年）的泗城州土官"卢氏"、上隆州土官"陈氏"以及嘉靖三十四年（1555年）率师千里抗倭的壮族女英雄"瓦氏夫人"等。根据这种称名，我们无法知道古代壮族未成年女子的命名情况。明朝景泰年间（1450—1456年）恩

---

① （清）汪森：《粤西诗载》卷16。
② 《集韵》："莫北切。"读近甫。
③ 《广西壮族社会历史调查》第一册，广西民族出版社1984年版，第22页。
④ 《集韵》：昌志切，通旗。《史记》卷96《周昌列传》："沛公以周昌为职志"。

城州（治今广西大新县恩城）土官赵福惠的妻妾"黄妙珠"和"许善景"，① 以及成化年间（1465—1487年）宁明州土舍黄泰的妹子"黄孟"。② 与宁明府土官黄朝女黄亚兴。③ 虽然姓名俱全，可一个是个佛教信女的通名，另一个是单体，无同辈者的名字相观照，也说明不了问题。18世纪以前，壮族未成年女子的命名方式怎样，不清楚，只知道她们结婚生子后如同男子一样，称名依从子名，称"蔑某"（"蔑"是壮语谓母亲为"me⁴"的近音译字）；有了孙子，称名又依从孙子的名字变为"×婆"（"婆"是祖母的借汉语词）或"稚×"（"稚"是壮语谓祖母为"ja⁶"的近音译字），如"婆睡""婆金""雅寿""雅孟"等。

18世纪，有资料说明壮族未成年女子的命名方式是"氏×"（"氏"是壮语南部方言"ti¹"的近音译字）或"达×"（"达"是壮语北部方言）。《岭外代答》卷10《蚰蛇》谓宋时"獠"人呼姐为"妖"（徒架反）。迄今，桂北部分壮人仍谓姐为 ta⁴。如岑氏多、黄氏花、韦达梅、卢达来等。与女子命名方式相应的，未成年男子的命名方式是"特×"（"特"是"tak⁸"的近音译写），如清乾隆三十八年（1773年）的陆特添，④ 同治六年（1867年）的陆特囊、覃特学、黄特发等。⑤ "特"是个借汉词语。古汉语用"特"指称未成年的公畜公兽，壮语却用来指称未婚的男子。壮族对未成年男子的称名怎样由"朝"转变为"特"的，原因和过程都不清楚。这里需要说明的，壮族人生子后依从子名变名，不一定是儿子，也可以是女儿。以谁为准，就看第一胎是男是女。头胎是男的，父母依从儿子的名字变称；头胎是女儿的，父母依从女儿的名字变名。

道光《云南志钞》卷183载，傣族"多姓刀，又以儿女名字作姓名者。夷人呼父为爸，呼母为哔，如生长男则名喇艾，遂呼父曰爸艾，呼母曰哔艾；生长女则名喇叶，遂呼父曰爸叶，呼母曰哔叶"。看来，子名为贵，唯幼者之名是从，这在壮、傣二族中是个传统，在他们没有分化以前已经形成，在历史上各自传承了几千年。

二　官族或首领传统的命名方式

公元13、14世纪时，在汉文化植入较少的偏僻的壮族地区，民族的首领人物及其家族名字的取向不同于平民百姓。见于记载的，元代有桂西、滇东南的韦郎达、韦郎动（郎达弟）、韦郎应（郎动儿子）、郎满（郎达婿）、郎状（郎满弟）、郎甚、郎勤、侬郎恐、侬郎金（郎恐孙子）、侬郎举（郎金弟）、沈郎先；明代有佶伦州（在今广西天等县境）土官冯郎黄，来安府（在今广西百色西北）土官岑郎广，湖润寨土官岑郎利，忠州（今广西扶绥县西南）官族黄郎道，宾州首领黄郎官以及古田县（在今广西永福县西北）壮族首领韦狼化、韦狼要、韦狼金，永宁州（1571年由原古田县改为州）首领韦狼花、韦狼相、韦狼印和洛容县（在今广西鹿寨县境）首领陶狼金、陶狼汉等。"郎"和"狼"

---

① 《广西少数民族地区石刻碑文集》，广西人民出版社1982年版，第5页。

② （明）应槚：《苍梧总督军门志》卷20。

③ 同上。

④ 《清实录·高宗实录》卷149。

⑤ 《清实录·穆宗实录》卷194。

都是壮语"leŋ⁴"的近音译字,是首领或官族的意思。据《管子·小匡篇》记载,古越人崇尚武力,其中尤以"国子姓"(首领亲兵)最能作战。他们从近成年时起就进入"军门"(军营)集中训练。由于越人重视小孩的作用,所以在壮族社会传统中便只有他们才具有独立的名字,其他人不管老的壮的,称名都得以他们的名字为依准。"leŋ⁴"这个词在壮语中可能出现比较早。它原为"拴住""管束"的意思,如"leŋ⁴va:i²"(拴住牛,不让它乱跑);后来用在社会管理事务中,成为负责约束、管理青少年训练事务的专有名词"郎火"(leŋ⁴ço²)。这就是周去非《岭外代答》卷10《獠俗》所称的"一村中推有事力者曰郎火,余但称火"。"火"就是壮语"ço²"(少年)的汉音译写字。这样,"郎"也就由"管束"变成治人的官称了。明代土官的兵卒称为"狼兵",即因此而来。壮族首领人物及其家族的名字以"郎"作为起首音,表明他们是壮族社会中的上层人物。

不过,壮族首领虽以"郎"命名,也不是铁板钉钉,他们常望风而变。元代,蒙古人秉政中国,他们为迎合最高统治者,表明他们的忠心,也以蒙古语定名。比如,当时广南西道(今云南广南、富宁县)的宣抚使侬郎恐的儿子,一个叫侬不花,另一个叫侬贞祐。来安路(治今广西凌云县)总管岑世兴也不甘落后,他的两个儿子,一个叫岑恕木罕,另一个叫岑铁木儿,铁木儿的儿子又叫岑伯颜。随之,思明路总管黄武宗的儿子叫黄忽都,龙州万户赵清任的儿子叫赵帖坚、赵帖从、赵帖顺、赵帖宽,太平路总管李兴隆的儿子,一为李郭扶,一为李郭佑,李郭佑的儿子再定名为李赛都,等等。

此股以蒙古语定名的风,自元朝中期吹起,至元末便告终了。明代,广南西道宣抚司改为广南府,其首领又复以"郎"字称名,如侬不花的儿子称侬郎金,侬贞祐的儿子称侬郎举。随着汉族文化植入的增强,以及壮族首领们的慕汉心炽,他们以"郎"定名即此而止,此后就不再存在了。

壮族上层人物祖名"郎",父名"郎",子孙还是名"郎"。下层平民百姓是父随子名,母随子名,祖父一代还是跟从孙子的名。这与汉族传统封建礼教规定的父名子避、夫名妻忌、祖名孙讳的规定是相抵触的,因此遭汉族权贵人物斥责为不懂礼节,不知规矩,违反人伦关系。不同的文化有不同的依准,哪能以汉族的礼乐来律同于壮族及其文化?

三 学名的命名方式

按照壮族的传统惯例,男女孩生下来满月便要起名,最多不能超过周岁。这个名字,后来被贬为不书写的专供口头称呼的乳名。

近代以来,各地普遍设立了汉文学校,壮族下层平民百姓的子女也可以入学读书了,因此还要起一个能书写的名字,叫作"学名"(也称官名)。

有了学名,到成年后,一般不能再叫乳名。这些都是依照汉族的规矩并从首领人物和官族开始的,但也并非完全按照汉人的规矩行事。

汉族起名,取字讲究"五名"(信、义、象、假、类)、"六不"(不用国名、官名、山川名、病名、畜名、尊长名)。[①] 用出生的情况来命名是"信",用祥瑞吉利的字眼命名是"义",用相类似的字眼来命名是"象",用万物的名称来命名是"假",用和父亲有

---

① 《左传·桓公六年》(前706年)。

关系的字眼来命名是"类"。要求长幼有序，辈分分明。可是 18 世纪以前，壮族及其先人（包括官族在内）所取的学名，大都为单名，而且往往是兴之所至，随手拈来，没有一定的规矩，看不出宗族之内辈分的顺序排列。比如，据《粤西金石略》卷 11 记载，元朝至正十一年（1351 年）参加修建桂林城池的 39 个"土人头目"中，全是单名，其中以"富"为名的 4 人（黄富、骆富、董富、唐富），以"贵"为名的 8 人（李贵、刘贵、龚贵、阳贵、陈贵、骆贵、秦贵、唐贵），以"福"为名的 3 人（熊福、阳福、秦福），以"兴"为名的 4 人（黄兴、粟兴、董兴、秦兴），以"荣"为名的 2 人（周荣、莫荣）。又如清朝乾隆五十二年（1787 年）全茗州（即今广西大新县全茗）土官辖下的 72 个土官头目的姓名，其中单名 49 人，占 68%。[①] 单名是体现不出宗族内部的辈分关系的，而且从名字上看，如劳耷、赵耷、农耷、覃耷、黄马（同时有 3 人名黄马）、农马、董马、童暂、赵暂、黄暂、胡采、覃炉等，取字也粗俗不典雅，看不出猜不透为父为母的对儿子有什么样的期望与寄托。

18 世纪以后，在汉文化的不断整合下，壮人取名已经基本按照汉族的规矩，排出族内的辈分序列。这样，一个人的姓名通常为三个字。第一字为姓氏，是同宗族的人共同的；第二字为辈分，是宗族同辈的人共同的；第三字才是本人特有的。

如何选择辈分的字，各个姓氏不一样。广西那坡县古桃村梁氏的辈分序列是：庆、福、喜、文、章、朝、廷、禄、绍、武、进、国、家。在他们那里，如果父名为梁庆油，则子名为梁福清或梁福发，孙名为梁喜昌，或梁喜规和梁喜照等，依次类推，周而复始。有的地方把排辈的字编成一首五言或七言诗，让后代依此排列。例如云南省马关县马洒村王姓壮族的排辈字即为一首五言诗："庆敕臣国钟，秉德恩世龙。家敦怀体治，立学永昌从。进行建立曲，天理应锡彤。士子开支化，富贵荣祖宗。"他们现在正排行到"家"字辈。马西村的田氏壮族在排辈时，还将男女分开，各有一首诗。男子为："连光稳现有嘉云，蓝种春生永应文。世治昌明升学正，国朝选建庆言熏。"女子为："朝采浮菱根本清，凤金桂玉艳常新。珍珠美丽多果秀，幽静贤淑良好音。"现在，在他们那里，男的排到"生"字辈，女的正排到"玉"字辈。从这些诗文看，他们是上怀国事祖恩，下盼家族兴旺，有福有禄，男的文武辈出，女的贤淑妍丽。可以说，他们已逐渐趋同于汉族的意识观念和价值取向。

近年来，壮族年轻一代的宗族辈分观念日渐淡薄，他们嫌繁崇简，给子女命名多取单名。不过，他们的单名，已经不是历史上的"董马""胡采"一类了，他们讲究字音的响亮，汉义的隽永，追求音韵和谐，不落俗套，如覃斌、黄菱之类即是。

第三节　取名风俗

一般情况下，壮族孩子在周岁之内由祖父或父母给安个名字，不举行安名礼。

后来，一些地方的壮人有了吃满月酒时给孩子命名的习俗。届时，主家请来舅舅，请来道公，杀一只鸡，割一二斤肉，煮熟后祭祀祖先，由道公作法护儿，祈祷平安后，祖父

---

① 《广西少数民族地区石刻碑文集》，广西人民出版社 1982 年版，第 28—30 页。

母（或父母）、舅舅、道公三方对面，共同协商，斟酌着给新生儿一个适当的名字。取了名，将它写在一张红纸上，折好放在祖宗神龛上的香炉下面。从此，新生儿就有姓有名地成为家庭中核心的一员，其父、其母、其祖父、其祖母即依其名在前头分别加上 po^6（即甫、扶、万父等汉字）、me^4（即咩、妈等汉字）、pau^5（即保、抱、公等汉字）、ja^6（即牙、婆、奶等汉字）而变称。如果有了子女，有了孙辈，人家如称呼他（或她）仍谓其本名，会被认为是一个恶意的侮辱，变相地诅咒他断子绝孙。①

有些地方的壮族，则是在孩子出生后的第三个年头的十二月除夕，请舅舅来家为他取名。那一天，主家杀一只鸡，割一斤肉，煮熟后连同香、烛、纸钱以及酒等祭品，供祭村里的社神和本家的祖先。事后，便由舅舅给孩子起个名字。这个名字，与舅家和本族的前辈不能相同。这样，孩子就由无名变为有名，其父、其母、其祖父、其祖母就得依据这个名字而改名。②

张自明民国云南《马关县志》卷2说："土佬"（壮族的一个支系）"妻以子名加'老不'二字呼其夫。如子名云，则呼夫为'老不云'；名南，则呼为'老不南'。土佬人命名，或缘此耶？""老不"是壮语谓父为"po^6"的缓读，"老不云"就是云的父亲。这也就是壮族生小孩取名后，其父的名字即根据孩子的名字在其前面加上"po^6"的命名格式。

近、现代，又有一些地方的壮族为了让自己的孩子茁壮成长，往往给孩子起个狗、牛、猪（朱）的贱名。孩子多的家庭，既有"水牛"又有"黄牛"，既有"狗"又有"猪"（朱），甚至"六畜"齐全。还有的根据五行所缺，安上"水生""石养""火妹""水莲""金成"等名字。有的家庭孩子自小多病，则又起"佛生""仙宝"这类名字，祈求佛祖、道仙保佑。更有甚者，孩子多病，请道公算八字，认为父子八字相克，不宜以父子相称的，便令儿子称父为哥，叫母为嫂。③

汉族文化传入壮族地区比较早，因读汉文识汉族孔孟之道的壮人出现也比较早。因此，一些壮族的上层人物除了上面说的壮族名字以外，入学开蒙还起了个学名。18世纪以后，汉文教育逐渐在壮族平民中开展，壮人便将按壮族传统所起的名字改称乳名，另起学名。但起学名，或请族中识文断理者拟议定格，或入学时请教书先生起个名，并没有举行什么礼仪活动。

---

① 《广西壮族社会历史调查》第一册，广西民族出版社1984年版，第22页。
② 同上书，第280页。
③ 陆上来：《连山壮族的婚姻生育习俗》，《连山壮族史料专辑》，1994年，第68页。

第三章

教育传承

人是社会动物，又是自然界的宠儿。所以，一个人作为个体，既要归群，尽其所能负起社会赋予他的责任，捍卫群体的利益，又要学会一些本事与自然环境调适，学会在茫茫自然界中谋食，掌握一定的自我及其家庭求得生存的能力。

落下娘胎，哇哇求食，人无知无识，一切都要从头适应，从头学起。

壮群体越人及其后人教育孩子，一是家庭教育，二是社区教育，三是汉文学校教育。但在古代，壮群体越人及其后人的教育，主要是家庭教育和社区教育。

第一节 家庭教育

人来到世间，开眼接触陌生的世界，赢得的温暖爱护，第一个人源自妈妈。三日后，妈妈离开产床，上床坐褥的是爸爸。爸爸又是壮群体越人及其后人孩子直接获益的人。因此，无论是母亲还是父亲，在壮群体越人及其后人社会中都是婴儿的第一个至亲至密的老师。孩子咿呀学语，是父母教之导之；孩子撒欢爬行，站起迈步，四处奔走，是父母扶之将之；孩子懂尊老爱幼，知信义结交，也是父母点之训之。父母身正影不歪，常是孩子高山仰止、景行行止的对象；父母的言行，对孩子能潜移默化，久而自然似之。

一 调适自然，遇险呈祥

孩子三四岁以后，是认识自然界事物和学习本事的时候，父母到田里劳作、上山打猎或入水捕鱼，常带着孩子在身边，让他（或她）认识田里、山上、河里的景物，并且让他（或她）入水游泳，练习摸鱼捉虾的功夫。因此，壮群体越人及其后人男女孩子在四五岁的时候，大人男女同川而浴，他们也能随之沉浮于绿波之中，逐渐成为水中好手，也就是所谓的"水鬼"。

岭南山岳绵延，古代树木参天，荒草没胫，荆棘遍野。"虎当官道斗，猿上骚楼啼"，[①] "蝮蛇挂屋晚来急"，[②] 毒蛇猛兽纵横于道途之间。同时，广西天热雨多，腐草烂叶，气郁熏蒸，岚烟加上蚊蚋群涌，导致瘴疠时发。唐朝柳宗元在柳州为诗说："瘴江南

---

① （唐）李商隐：《昭州》，（清）汪森《粤西诗载》卷10。
② （元）陈孚：《邕州》，（清）汪森《粤西诗载》卷6。

去入云烟,望尽黄茆是海边。山腹雨晴添象迹,潭心日暖长蛟涎。射工巧伺游人影,飓风偏惊旅客船。从此忧来非一事,岂容华发待流年。"① 柳宗元是在元和十年(815年)任柳州刺史的,由于"桂岭瘴来云似墨",② 水土不服,羁旅心瘦,竟如他所说的"岂容华发待流年",在柳州只待了四年,元和十四年(819年)年仅47岁他便溘逝于任上了。③

"不习水土,必生疾病。"④ 比如唐人韩愈即说:"不谙山川,不伏水土,远乡羁旅,疾疫杀伤。臣自南来,见说江西所发兵共四百人,曾未一战,其所存者,数不满百;岳鄂所发都三百人,其所存者,四分才一。续添续死,每发倍难。"⑤ 所以,同是唐代人的诗人宋之问在其《桂州三月三日》一诗中,指称岭南为"魑魅乡"。⑥ 南宋时,周去非也说:"岭南毒瘴,不必深广之地。""昭州与湖南、静江(桂州)接境,士夫指以为大法场,言杀人之多也。若深广之地,如横、邕、钦、贵,其瘴殆与昭等。""广东以新州(今广东新兴县)为大法场,英州(今广东英德市)为小法场","独不知(广西)小法场之名在何州"?⑦

这样的居住环境,虽然壮群体越人及其后人历世历代久居其中,习惯自然,但婴儿一旦降临,父母没有基因遗传,也要随着年月的增长而在父母的教导之下从头步步调适。比如,岭南气热,壮傣群体越人及其后人又以糯米为主食,食积难消,为"下气及宿食,消谷饮",⑧ 他们每日除糯饭以配酸性食品外都以蛤灰、扶留藤叶和槟榔放在嘴里咀嚼。这就是壮傣群体越人及其后人传统的"细嚼槟榔血点红",⑨ 或"槟榔口吐猩血红"。⑩ 对这样的事情,小儿无知,不能不由父母手把手地进行教导,并让他们形成习惯,以调适严酷的自然环境。

"左江南下一千里,中有交州坠鸢水。右江西绕特磨来,鳄鱼夜吼声如雷。两江合流抱邕管,莫(暮)冬气候三春暖。家家榕树青不凋,桃李乱开野花满。蝮蛇挂屋晚风急,热雾如汤溅衣湿。"⑪ 这是元代邕州即今南宁市的景象。虽说是暮冬天气,中原冰冻三尺,邕州却是春光明媚,红花,李花,无名野花,山涧红碧纷烂漫,令人赞羡不已,但是,"鳄鱼夜吼声如雷","蝮蛇挂屋晚风急",毕竟可怖而凶险得很,谁能知道不经意之中不会发生事故?处在如此容易危人生命安全的环境中,孩子要安然健康地成长,做父母的在其独立行动以后,不能不时时给他们以点化,让他(或她)认识自然界的动、植物,认识它们的形状特征,认识它们的用途和性情,懂得处置和简单的应对办法,使他们心有所

---

① 《岭南江行》,《柳河东集》卷42。
② (唐)柳宗元:《别舍弟宗一》,《河东先生集》卷42。
③ 《新唐书》卷168《柳宗元传》。
④ 《三国志》卷54《周瑜传》。
⑤ 《黄家贼事宜状》,《全唐文》卷549。
⑥ (清)汪森:《粤西诗载》卷6。
⑦ 《岭外代答》卷4《瘴地》。
⑧ 《太平御览》卷971《槟榔》引汉杨孚《异物志》。
⑨ (明)桑悦:《趁墟》,(清)汪森《粤西诗载》卷16。
⑩ (元)陈孚:《邕州》,(清)汪森《粤西诗载》卷6。
⑪ 同上。

识，即使在凶险的自然环境面前也能保持平常心态，冷静应付，化险为夷，保全自己。

二 习礼学艺，归于群体

壮傣群体越人断发文身，便于行舟，崇水为生命的主神，尚竞渡为礼敬，称集市为墟，以渡口为步，谓山间平地为泷（音双）等，标志着越文化与汉文化是不同类型的文化。虽然历代王朝着力于"以夏变夷"，在壮群体越人及其后人中开办汉文学校，推行儒家文化教育，力图以汉文化整合越文化，但是统治者的"以夏变夷"是渐进式的，只能是由东往西、自北而南渐进而行。时至唐、宋二代，在壮群体越人后人中还存留着众多的壮傣群体越人的传统文化，特别是在岭南西部和云贵高原东侧，壮群体越人后人传承的壮傣群体越人的文化体系基本还没有断裂，远没被整合。所以，南宋曾任广南西路经略安抚使的范成大，于淳熙二年（1175年）撰成的《桂海虞衡志·志蛮》说，由于壮族先人"人物犷悍，风俗荒怪，不可尽以中国教法绳治，姑羁縻之而已"。这道出了当时壮族先人存在的传统文化与汉族承传的文化大相径庭，不能完全以当时中原惯行的规矩法度来进行治理。对他们的治理，不得不权宜办法，建立羁縻州县，实行间接统治。

"饮食行藏总异人，衣襟刺绣作文身。"[①] 壮族及其先人不同于汉族文化的民族传统文化，都是父子相承，世代传袭的。这些历史上曾经传承的文化，成为当时壮傣群体越人及其后人的社会行为规范。

人创造文化，文化一旦形成，为众所认同，也就约束着人，从而使整体协调，增强群体或族体的凝聚力量。孩子在群体之中，只有在父母的点导之下学习、实践族体传承的文化，并且潜移默化，自然似之，才能够融于群体之中，真正成为群体中的一个成员。

第二节 社区教育

家庭教育是父母主唱，祖父母及伯叔兄弟助唱，多是起始阶段的教育。有些有专长之家，遵守着祖传技艺不外传的祖训，则是专业化的教育。而社区教育是家庭教育的泛化和深化。其中，特别注重于族体历史、合团、歌艺和武技方面的教育。

一 民族历史教育

对历史的教育，壮族人很重视。上了年纪的壮族及其先人很乐意将自己懂得的历史知识传授后人，使他们不至于忘了己所从来，忘了自己的民族，忘了自己的先人，忘了先人中的英烈人物，忘了自己所属的群体。

炎炎夏日，在阔大榕树的荫庇下；寒月腊月，在熊熊的火塘边，孩子们常常围着谙熟典故的老人，听他叙说民族的历史，叙说历史上的英雄人物，叙说家族的来源、经历以及谱系的传承，叙说从前人传承下来的故事和神话传说。一些道公、巫婆在他们为死人祈祷诵念的时候，也常以有关的民族历史为内容。可以说，对孩子进行历史知识的教育，在壮族及其先人中无处不有，上了年纪的无人不在进行。

[①] （明）桑悦：《记壮俗六首》，（清）汪森《粤西诗载》卷16。

壮族对前事的传述，没有文字可依，都是凭着前人的传授而言，有时也即兴发挥，随行添附，往往是似有其影而失其真，如同和尚念经，有口无心，往往念歪了经书。

比如，莫一大王的传说，流传于桂北地区。据传说，莫一大王就是壮族的先人，就是壮族先人中的英雄人物。其实，莫氏只是古代壮族的一个首领。宋代，南丹州（今广西南丹县）知州莫氏曾自称为"莫大王"。这在宋人范成大的《桂海虞衡志》、周去非《岭外代答》和李曾伯的《可斋杂稿续后》均有记载。所谓的"莫一大王"，无疑是由此而端源。可是，自那以来，人们随兴而发，因情而添，以"莫大王"为本演以意象，将真实的莫大王罩在神衣里，变成了神话传说。

《五色糯米的来历》是壮族关于事物起源的传说。本来"五色糯米饭"，是用植物如枫树等的枝叶或果实捣碎熬煮后所得的液体来分别浸渍糯米，蒸熟后形成的黑、黄、红、蓝、紫等颜色的糯米饭。此种五色糯米饭，热腾腾，香气扑鼻，诱人食欲，且有一定的药物疗效，是壮、布依、傣等族还没有分化各自发展的时候就已经形成的食品种类，视为珍贵的食品。所以，李煦龄道光云南《普洱府志》卷18载，"摆夷"（傣族）"以糯米蒸熟，染成五色饭供斋"。道光《云南志钞》卷183以及张问德云南《顺宁县志初稿》也有类似的记载。可见，五色糯米饭在壮傣群体越人时代已经存在。在他们分化独自发展以后，其后人仍然在做五色糯米饭，以之祀鬼送亲友，享受着五色糯米饭的淳美清香。

追溯壮群体越人及其后人的历史，他们是将五色糯米饭与"四月八"牛王节结合起来的。比如，民国广西《宜北县志》称四月八为"乌饭节"；民国广东《乐昌县志》载"四月八谓牛王节，家煮乌饭、乌蛋以祭"；《古今图书集成·方舆汇编·职方典》卷1439载广东高明县"四月八日农家祭牛王神"；民国广西《荔浦县志》载四月八日"俗称牛王诞"，"造乌饭以祀牛神"；民国广西《宾阳县志》载四月八日"农家并以此饭（指五色糯米饭）饲牛"。四月八日牛王节，"布依族也是煮五色糯米饭祝祭牛神并饲牛"。此种情况说明，壮群体越人及其后人以农历四月八日为牛王节，煮乌饭祭牛神并饲牛，习定俗成，行之久远。

《五色糯米饭的来历》传说壮人韦达桂考中状元为官后退出官场，同情穷人，资助他们惹恼了财主们，遭到他们的迫害，不得不躲进枫树林里。三月三日那天，财主们搜寻韦达桂，用火烧了枫树林，把他害死了。群众叨念韦达桂，在他殉难周年的时候，纷纷上山到他殉难的地点送上一份糯米饭祭奠他。此时，在风的吹拂之下各色花瓣或树叶纷纷落在糯米饭上，将米饭染成了黑、红、黄、蓝、紫五色。自那以后，每年三月三日，壮家人便特地摘叶取实，捣碎熬水，蒸取五色糯米饭来祭奠韦达桂、祭奠自家的先人。此传说流行于桂西北隆林等地。隆林，原为土司治区，康熙五年（1666年）改流，说明其地开办汉文学校，有士子竞举是在此之后，韦达桂中状元的传说方才可能出现，远离于已经有五色糯米饭存在的壮傣群体越人时代。《五色糯米饭的来历》的传说因人而起，因情而兴，因事而成，大走其样了。

盘古，是汉族神话传说中开天辟地首出创世的人物。这就是《太平御览》卷2《天部二》及《文苑英华》等类书引三国吴人徐整《三五历纪》所载的盘古神话传说。"盘古开天辟地，三皇五帝到如今"，是汉族中流传的俗语，也是他们的意识和观念，各地的后人并纷纷建祠立庙进行祝祭。比如，宋朝的王十朋在今重庆奉节县参拜盘古庙，即赋诗以抒发其触感。迄于清朝，王则参拜今湖南邵阳市的盘古庙，也留诗以纪其事。

然而，旧题南朝梁任昉撰的《述异记》却说："今南海有盘古氏墓，亘三百里，俗云后人追葬盘古之魂也。桂林有盘古氏庙，今人祝祀。南海中有盘古国，今人皆以盘古为姓。"任昉，南朝人，历官宋、齐、梁三朝，擅长表、奏等各体散文，与沈约齐名，时誉为"任笔沈诗"。《梁书》卷14及《南史》卷59任昉本传，说他著有《杂传》247卷、《地记》252卷、《文章》33卷传世。《隋书》卷33、卷35《经籍志》载有其《地记》252卷、《梁太常卿任昉集》34卷，《文章始》1卷，未见任昉撰有《述异记》一书。《述异记》2卷，最早见载于宋景祐元年（1034年）王尧臣等撰的《崇文总目》，后见于南宋晁公武《郡斋读书志》。前而未见，后始见载，其本传也没提及此书，任昉当无其书之作。该书虽只2卷，但内容冗杂，间或载有任昉卒后之事，无疑任昉不作有此书，书的出现是多事后人依托伪作以欺世。

即使不看其书，唯观其文，也可知不是出于被誉为"任笔"之手。"南海"盘古墓与"南海"盘古国，岂非同在一地，怎盘古墓与盘古国分写，显其重复？国大于墓，为什么先墓后国，难道国不能容下一墓？二"南海"之间插入"桂林有盘古氏庙，今人祝祀"一句，既割断了叙事的连贯性，又突兀地将二"南海"分离开来，似二"南海"不是同一概念范畴，难道文妙如任昉能这样叙事？南朝时，南海郡属广州，郡中有国，既不伦类，也不符当时南海的实情。

南海的盘古氏墓，亘带即周绕绵延300里，何其庞大，历史上南海一地又何曾有如许大墓存在？南朝前，万震《南州异物志》、郭义恭《广志》；南朝时，《南中八郡志》、裴渊《广州记》、顾微《广州记》、沈怀远《南越志》；南朝后，尉迟枢《南楚新闻》、孟琯《南海异事》、张鷟《朝野佥载》、段成式《酉阳杂俎》、房千里《异物志》、梁载言《十道志》、刘之推《郡国志》、刘恂《岭表录异》、段公路《北户录》以及不知作者的《投荒杂录》《岭南异物志》等记载或专纪岭南风土人情及物产、异事的书，均无一语道及南海有所谓周绕绵延300里"盘古氏墓""盘古国"取姓"盘古"的人，以及桂林有所谓"盘古神祠"。难道古代众人都瞎了眼，唯《述异记》的作者眼明见到了"亘三百里"的"盘古墓"，可信吗？

"桂林有盘古氏庙，今人祝祭。"桂林指桂林县还是指桂林郡，无由揣测。但是，不管桂林指的是县还是指郡，其地是在宋朝的象州而兼及今柳州市和桂林市永福县西北的百寿镇、龙江乡之地。据南宋王象之《舆地纪胜》卷105和卷112载，往日桂林郡所辖，除了众多的佛寺道观外，只有龙母庙、甘将军正庙、仙女庙、雷神龛、圣鼓庙、雷塘庙等，唯没见所谓的"盘古氏庙"。《舆地纪胜》除上述庙和神的记载外，象山、鹿池、瑞象、寺岩、双髻山、六祖岩、白牛洞、甘视山、铜鼓山、夏凉冬温的双泉岩、羽驾时见的仙人山都记载了，怎又遗落了"盘古氏庙"？雷神、甘将军或甘王崇拜自宋迄于民国盛于象州、来宾、武宣三县，至20世纪50年代，单象州县还遗有36座甘王庙，香火旺盛，每至元宵节前两天，赛会游神，盛况空前；来宾的雷王庙，居民也于农历六月初二日椎牛热热闹闹地祀雷神。而雷塘庙，自柳宗元撰文致祭以后，更是名震遐迩，传承不衰。这都是当地居民传统的神体理念和意识传承。如果南朝桂林郡已有"盘古氏庙，今人祝祭"，唐、宋二代怎没人记及其事其庙？显然这是虚言。

以"盘古"为姓，在南海甚至在岭南，除了《述异记》外没见有什么记载。汉及其后，岭南是壮群体越人及其后人所居。越本无姓，后来社会发展，在汉族文化的影响下，在岭南由东往西、自北而南人们方才依汉取姓，具有姓氏。南海的盘古国，其后人皆以盘古为姓，可是在岭南历史上可曾有谁姓"盘古"的？无稽之谈，难稽其实；稽了实，即明其虚妄无谱。

在岭南，没见姓"盘古"的，姓"盘"的倒有。这是今瑶族畲族的姓氏。瑶畲自认"槃瓠"之后，有盘、蓝、雷、钟等姓。① 比如，李焘《续资治通鉴长编》卷160记载庆历七年（1047年）的瑶族首领唐和尚、盘知琼等人。《隋书》卷31《地理志》载，"莫瑶"分布于今湖南境及熙平郡（治今广东连州市）。据《续资治通鉴长编》卷153载，由于宋荆湖南路兵马钤辖杨畋"尽底驱逐"，今湖南境的莫瑶"散入广南东、西路"。

明及其后，"瑶壮"连称，壮人也习染瑶俗。比如，《古今图书集成·方舆汇编·职方典》卷1410《柳州府祠庙考》载，柳城县"槃瓠庙，在西一、西九、平西等里。瑶壮建祠，岁时祭祀，讹传为盘古"。而当时柳城县"壮八民二"，② 基本上是壮族人口占绝大多数的县份，其建盘瓠庙祝祭，无疑是承瑶族习俗而来。同一时期，在广西修仁县（今荔浦县西）"盘古庙，在古峒后，成化二十年（1484年）建，今废"。③ 灵川县"显震威德王庙，在县西峰山中，其神有三：中曰雷祖，左曰盘古，右曰广福王。岁四月初三、八月十三日，乡民作佛事以祭之"。④ 另外，《古今图书集成·方舆汇编·职方典》卷1350《肇庆府祠庙考》也说广东广宁县森峒也有一座"盘古庙"。

柳城县"槃瓠庙"，往往"讹传为盘古"一语，揭示明、清之际壮染俗于瑶，建"盘瓠庙"祝祀，但瑶畲传说"槃瓠"属狗，瑶畲忌吃狗肉，忌以狗肉致祭，而壮族为越人之一，"甘犬嗜鼠"，"好割犬祭祀"，⑤ 这是与瑶、畲的"槃瓠"崇拜相违背抵触的，于是他们引龙攀凤，将汉族神话传说中的盘古拉来，称"盘古庙"，以解脱困厄。从此，盘古一概念始立足于广西。流传既久，盘古即槃瓠，槃瓠即盘古，盘古与槃瓠纠葛不清了。而汉文记载者的认知因此也坠入误区，直将壮族视同于瑶族。比如，张邵振康熙《上林县志》载："诸蛮种落不一，皆古槃瓠之种也。"陆祚蕃《粤西偶记》也说"狼人者，亦盘瓠之苗裔，粤西诸郡处处有之"。康熙《上林县志》又载，"瑶人多槃姓，嫌犬父不雅，改为盘，且谓称盘古"。这说明瑶族也接受了盘古一称，比如部分瑶族称为"盘古瑶"，"盘瓠王歌"也称为"盘古王歌"等。

《古今图书集成·方舆汇编·职方典》卷1443《南宁府风俗考》载，永淳县（治今横县峦城镇）"山谷远村则为壮人，传言系盘瓠之苗裔，故盘瓠王庙，今各郡山谷处处之"。这点明了"盘瓠王庙"或"盘古王庙"是明朝后期清朝初年方才由于瑶族的迁徙散居而广布于广西各地的。

---

① （清）汪森：《粤西丛载》卷24《瑶》引《南宁府志》。
② 《古今图书集成·方舆汇编·职方典》卷1410《柳州府风俗考》。
③ 《古今图书集成·方舆汇编·职方典》卷1426《平乐府祠考》。
④ 《古今图书集成·方舆汇编·职方典》卷1402《桂林府祠庙考》。
⑤ 道光《云南通志》卷154。

壮族的盘古传说，如同梁祝传说故事一样。梁山伯、祝英台的传说故事是源于江浙的汉族传说，明朝以后却在壮、布依族中广泛传播，为人所热衷，传说、山歌、道公说唱都有其词，不能说梁祝故事发生于壮族中。

　　"瑶乃荆蛮，壮则旧越人。"① 瑶、壮来源不同，渊源有别，明及其后"瑶、壮"连称，却不可将瑶族的"盘瓠"崇拜放诸壮族头上。《述异记》的记载分明是假，却以之为真，吵吵嚷嚷，实乃否定壮族的先人。

　　固然"汤、禹久远矣，藐而不可慕"，② 但是"有爹有妈锦上花，无爹无妈贱冬瓜"。后人昧了自己的族体源流，杜撰传说，自造历史，不知己所从来，这样的历史教育，往往将自己异化了。

　　又比如，壮傣群体越人没有姓氏，有村鬼或族鬼崇拜，没有家鬼（祖先）崇拜。后来社会发展，在汉族文化的影响下，秦以后在岭南由东往西、自北而南始逐渐具有姓氏，逐渐出现家鬼崇拜。又由于本身没有文字，族谱不修，家庙不具，壮群体越人及其后人三代以上的先人就不清楚了。如同傣族一样，"没有祖宗崇拜习俗，家庭中不供奉祖宗神主，对祖宗坟墓无祭扫礼仪。在此种习俗下，休说旁系宗亲，就是直系本支祖父以上宗亲，也少有能记忆者"。③ 所以，曾总督两广军务兼理巡抚刘大夏弘治十八年（1505年）三月甲辰在朝廷上说："臣大夏先在两广，见泗城州《岑氏谱系》，云始祖木纳罕于元至正年间（1341—1368年）与田州知府之祖伯颜一时授官。""木纳罕"当是"恕木罕"之误。此《岑氏谱系》当撰于成化（1465—1487年）以前，从元至正迄成化，不及百年，泗城州岑氏土官便不能远溯其祖，直认岑恕木罕为可考的最早祖先即"始祖"，说明他们族谱不修对本支祖父以上的宗亲也很少有能记忆的，更不要说更远的先人了。

　　壮群体越人及其后人依汉取姓，已奠下慕汉、仰汉、趋汉的心理定式。延至明朝，中央王朝规定土官承袭，要上京朝贡，要上交旧印换新印。洪武十二年（1379年）东兰州土官知州韦富挠"遣家人韦钱保诣阙，上故元所授印，贡方物。钱保匿富挠名，以为己物。朝廷初不之知，因以钱保为东兰知州"。韦钱保瞒过朝廷，冒袭了，便放着胆大肆敛财。东兰"民不堪命，偕富挠作乱"。明朝派兵镇压，方知其中的是非曲直，将钱保抓起来，重以韦富挠子孙世袭东兰州土官知州。④ 为防冒袭，此后的土官承袭，明朝规定必须上交本人的宗支图本，附州中头目具结认可，并经由布政使司、都指挥使司和监察使司三司具文呈报方可。这样，桂西壮族各土官逐渐形成了宗支图谱。

　　随着封建中央集权制的巩固，明王朝的民族歧视、民族压迫进一步加强。洪武后期，撞改为獞，是其强化的标志。经过官场的历练，在备受鄙视的官场和社会生活中，土官们深切体验到否去"蛮夷"先人，攀附历代汉族名人作为自己先人，改变"蛮夷"身份的必要性。这样一来，还可以摆脱自己与治下"土民"同一族属的关系，使自己纯然汉裔，从而能够异于愚昧的"土民"而高居于"蛮夷"之上。他们认准宋皇祐年间狄青率军南

---

① （清）顾炎武：《下郡国利病书》卷103《瑶壮》。
② （战国）屈原：《楚辞·九章·怀沙》。
③ 江应樑：《傣族史》，四川民族出版社1983年版，第504页。
④ 《明实录·太祖实录》卷170。

征侬智高一事，于是纷纷无赖造端，说他们的先人本居中原，因随狄青南征有功落居广西负责治理"蛮夷"而成为土官的。从此，壮族历史出现了拐点，呈露着异化。

起其端的，是岑氏土官和东兰韦氏土官。

明成化五年（1469年），"中慎大夫思恩军民府知府舞阴岑鎕"在今平果县旧城圩遗有一块《崇真观碑记》，篆额是"中顺大夫田州知府兼来安守御事舞阴岑镛"，撰文是"登仕佐郎思恩军民府儒学教授香山卢瑞"。[1] 田州府土官知府岑镛与思恩府土官知府岑鎕都以"舞阴"冠于名上，犹如儒学教授卢瑞名上冠"香山"一样。"香山"即香山县，今广东中山市。古代，有名位的知识分子或官员，都在名上冠以祖籍，以标其人的籍贯，比如撰修万历《宾州志》的郭棐，其名上除冠上官称外还书作"番禺郭棐"。"舞阴"，如果一如人例，该是什么地方？舞阴县，汉置，治今河南泌阳县西北，隋开皇初已改称显冈县，明朝已无舞阴县，岑氏土官的"舞阴"当另有来头。《明实录·孝宗实录》卷222载，弘治十八年（1505年）三月甲辰，"广西泗城州土官族人岑九仙奏：'自始祖岑彭以来，世袭土官'"。岑彭，东汉南阳郡棘阳县人，《后汉书》卷47有其传，详叙他助汉光武帝建立东汉王朝，因功封舞阴侯。岑彭死后，嗣子岑遵封细阳侯，二子岑淮封谷阳侯；孙岑伉、玄孙岑杞皆封侯；杞子岑熙尚公主，孙岑福为黄门侍郎。岑彭祖孙6代炎炎赫赫，都仕于东汉王朝，何曾来到偏荒之地泗城州做土官！岑九仙的话，当即遭到兵部尚书刘大夏的批驳，说他"妄援岑彭世次，尘渎（沾污）圣听"，结果被"押回镇巡官处发落"。岑镛、岑鎕标示的"舞阴"无疑是"妄援岑彭世次"，剥取岑彭的侯封"舞阴"之称而来。本标籍贯却以"舞阴"来搪塞，这是欲附斯文又不明其底蕴，唯求形似，弄得不伦不类。

成化以后，壮族各姓土官率领"狼兵"听调随征，逐渐醒悟，知道要脱去"蛮夷"，必须否去"蛮夷"先人，附从于历代中原汉族名人，编排谱系。比如，东兰州韦氏土官"自唐、宋以来据有（东、西）兰州"，"富挠之父晏勇仍据东兰"。[2] 自韦祖宏成化十一年（1475年）袭职后，本人勇猛，率领东兰"狼兵"东征西讨，颇具声威，得到了明孝宗的赞誉："世守本土，克笃忠诚"，"皆土官中素有材力，为本类所信服者"。[3] 韦祖宏东征西讨，饮食四方，眼界渐宽。至其孙韦虎林，"颇知文墨，由是官族兵目皆汉衣服"。[4] 于是，韦氏土官便否去其所自来，攀附于汉代名相韦贤，编造谱系，以汉裔自居："本州叙其家世引《邹县志》，自谓汉丞相贤之后"。[5] 同样，田州"土官岑姓，自谓汉征南将军舞阴侯岑彭之后，元以来有岑翔、岑瑛、岑雄、岑也兴、岑世先、岑伯颜者继为田州及来安路总管"。[6] 然而，岑雄见载于《元史》卷21《成宗本纪》大德十年（1306年）。该记载称"来安路总管岑雄叛"，他又哪来的"田州路总管"？元朝在左右江"溪

---

[1] 白耀天：《壮族土官族谱集成》，广西民族出版社1998年版，第21页。
[2] 《明实录·太祖实录》卷170。
[3] 《敕谕土官镇安知府岑已东兰州知州韦祖宏》，（清）汪森《粤西文载》卷2。
[4] （明）苏浚：《土司志·东兰州》，（清）汪森《粤西文载》卷12。
[5] 嘉靖《广西通志》卷51《土官沿革》。
[6] 嘉靖《广西通志》卷52《土官沿革》。

洞蛮獠"设置包括来安路在内的 4 路总管府是在至元二十五年（1288 年），① 此时距岑雄叛不过 18 年，来安首领授总管职的当是岑雄。这个时候距元朝一统广西的至元十四年（1277 年）仅 11 年，岑氏首领怎么这样短命，连有两人更替？岑雄之父为岑从进，② 从进之父为岑邈公，③ 邈公之父为岑汝弼，④ 这都是有史载可查的，不知是什么来路的岑翔、岑瑛又怎能来充数？这说明岑氏土官为了攀附中原汉族名人，蓄意否去"蛮夷"先人，弗顾王朝指称的"蛮獠"属性，恣意编造谱系。不过，那时候韦、岑首领虽挂了中原汉族名人，但他们还找不到由"蛮"而"夏"的契机即关节点：中原汉族先人怎么来到广西、落籍广西？嘉靖以后，岑氏土官从嘉靖六、七年（1527—1528 年）总督两广军务一代宗师余姚人王守仁和平解决"思田之乱"中得到启发。王守仁为"一代宗师"，与其同乡可以增添家门光彩，因此岑氏土官便认准了余姚县为其祖籍，然后安上一个"岑仲淑"从余姚县跟随狄青南征侬智高，有功而落籍于广西，至于岑彭的后人怎么从南阳棘阳县跑到浙江余姚县来就不管不顾了。天启年间（1621—1627 年）泗城州土官岑兆禧在泗城州治磨崖所刻的《岑氏宗支世系》说，"岑仲淑派自余姚，善于医道，立武功于宋高宗朝，授麒麟武卫怀远将军。随狄襄公征侬智高"，因功留居广西。侬智高以武力求附，于皇祐四年（1052 年）起兵反宋，是在宋仁宗朝，宋高宗登基是建炎元年（1127 年），相距 75 年，岑仲淑怎么能在未出生就魂随 75 年前的狄青南征了？这说明岑氏土官追述"先人"功绩荒诞不经，也说明他们不学无术，谙事理。迄于清初，在他们伪造的王守仁《泗城土府世系考》里方才根据史书理顺了此中关系：皇祐四年岑仲淑从狄青"大破侬智高于邕州"。"仲淑，系出汉舞阴侯岑彭后裔，原籍浙江绍兴府之余姚县人。"⑤ 但是，这里他们又犯了一个原则性的错误。王守仁死于明嘉靖七年（1528 年），泗城州升府是在清顺治十五年（1658 年），王守仁死后 130 年才有泗城府，说他撰了《泗城土府世系考》，这不是瞎掰吗！

瞎掰归瞎掰，岑氏土官自谓的族谱源流已经是典籍有载，余姚名人认可，能说得过去了。于是壮族诸姓土官竞相效尤。从此，壮族历史出现拐点，壮族不再是越人的后人而是汉裔了。

"先人因随狄青南征侬智高而落籍于广西"，这似乎是近、现代大多数壮族人的说法。试翻开广西人民出版社 1982 年出版的《广西少数民族地区石刻碑文录》，随处可见。甚至如南丹州"酋帅"自莫洪䁅于北宋开宝七年（974 年）归附宋朝封为南丹州刺史。⑥ 以后，作为南丹州土官，世代传承，迄于光绪三十一年（1905 年）莫浦被指定为土官继承人止，931 年中传了 34 代 50 任土官，父死子袭，或兄传弟承，一贯而下，没缺谁人谁代，可该土官仍然不重其源不计其害，声称其始祖系山东青州府益都县人氏，元丰年间

---

① 《元史》卷 15《世祖本纪》。
② （宋）李曾伯：《可斋杂稿续稿后》卷 9《奏边事及催调军马》。
③ （宋）李曾伯：《可斋杂稿续稿后》卷 9《回奏庚递宣谕》。
④ 《范克信传》，（清）汪森《粤西文载》卷 63。
⑤ 《古今图书集成·方舆汇编·职方典》卷 1452《泗城府艺文考》。
⑥ （宋）李焘：《续资治通鉴长编》卷 15。

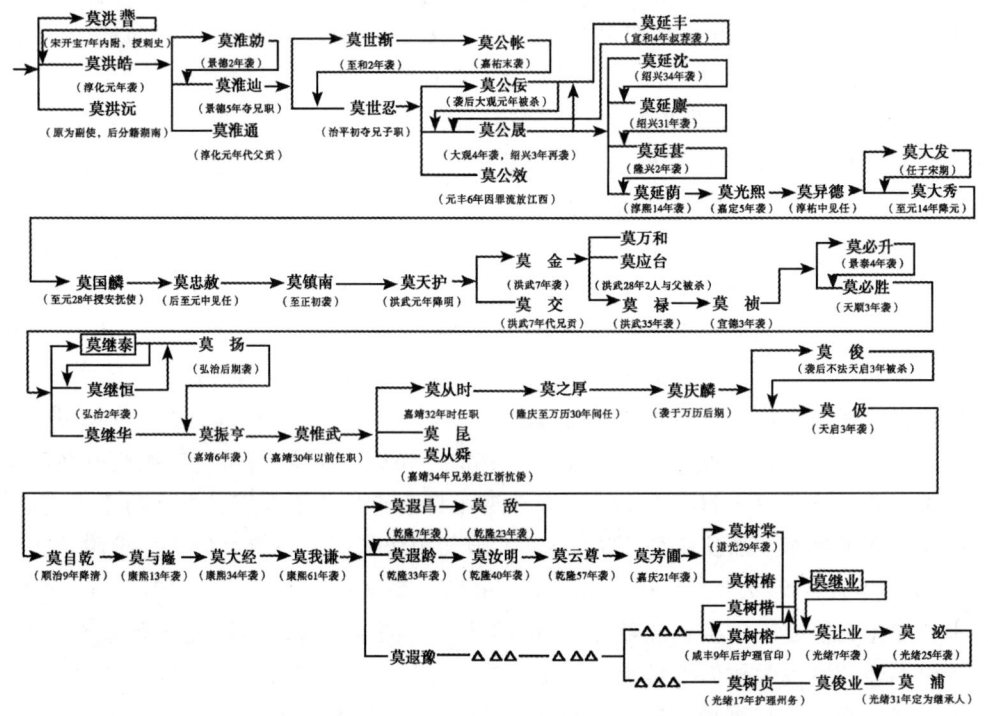

南丹莫氏土官世系

（1078—1085年）奉命征剿南丹州"蛮瑶有功"，"即以军功授为世袭刺史"。

贪缘攀附，以讹为珍，先人隐曜，山岳潜形，虽然传述人言之谆谆，实具苦心，孩子们闻说之后也不觉渺渺，但源流已乱，上视既然溟蒙，下瞻自然也是"人面不知何处去"了。这样一来，固然强化了中华民族大一统的观念，可也淡化了自己民族的族体意识，甚至发生异化。

二 合群教育

常言说："规则使我们生活得更好。"此话不错。人在社会中生活，如果没有众人认可、共同遵守的行为规则，各唱各调，各行其是，社会就会杂乱纷纷的，没个头绪，家庭无法安宁，人也无法有个良好的生活环境，得到安全的保证。

合群教育，就是使人知道群体或群体中各个阶层必须遵守的规则，遵守群体的规则，融于群体之中。

合群教育的内容，主要是教育孩子谙熟群体的风俗习惯和习惯法规。

风俗习惯，是群体祖辈流传下来且为众所认同的爱好并形成的行为规范。比如，历史上壮族及其先人爱好糯米，崇尚五色糯米饭以及口嚼槟榔等，假若违反了，虽不造成群体中社会治安的无序，危及群体中人的生命和财产安全，殃及群体中人的健康，但它们体现了群体乃至族体的特色、标识和文化，孩子不能不学习，实践，乃至谙熟，否则就不能融于群体之中。

习惯法，则含有强制性惩处于其中，既有群体祖辈流传下来的，也有后人为了协调和约束群体成员的行为而在协商并取得众所认同的基础上制定的，如乡约、族规，如土民对土官的礼仪和贡纳等。

壮族的习惯法，早就存在。只是壮族没有自己的文字，无从记载，汉族文人也未及涉足，无从获悉而已。

《墨子》卷6《节葬下篇》载，"昔日，越之东有輆沐之国者，其大父死，负其大母而弃之，曰：'鬼妻不可与居处。'""輆沐之国"，据同书卷13《鲁问篇》记载的"楚之南"的"啖人国"，其风俗与之相同，或是同一种人所建的部落群体。《后汉书》卷116《南蛮传》则又将风俗相同的部落群体写作"啖人国"，说其国在交趾"其西""今乌浒人是也"。汉代，岭南地区为交趾刺史部，交趾"其西"即今广西等地。"乌浒"的传人，其发展今为壮族。清初，屈大均《广东新语》卷24《盅》载："西粤土州，其妇人寡者曰鬼妻，土人弗娶也。"清朝的"粤西土州"在今广西西部，其居民即今天的壮族。范承勋康熙《云南通志》卷27载，"摆夷"（今傣族）夫死，"妻不更嫁，名曰鬼妻"。康熙云南《永昌府志》卷24载：傣族"夫死则弃之，无娶者，曰鬼妻"。又汤大宾乾隆云南《开化府志》卷9也载："摆夷""夫死名为鬼妻，无复可嫁"。这些记载，既说明"鬼妻独守"此一习俗在壮族、傣族中从战国时代一直承传下来，至清朝前期或中期还没有变化，也说明在西汉前期壮傣群体越人还没有分化各自发展的时代，他们中就已经存在了习惯法。因为"鬼妻不可与居处""无复可嫁"，"土人弗娶"，一旦群体中有人不顾此一惯例，挺然娶之，不是神惩就是人罚，终会受到一定的惩处。

成书于南北朝北齐天保五年（554年）的魏收《魏书》卷101《獠传》载"獠"人父子意见不合，争执起来无以抑制，以"至于忿怒，父子不相避，惟手有兵刃者先杀之。若杀其父，走避，求得一狗以谢其母。母得狗谢，不复嫌恨"。此种因争执而误伤害其父以狗向母亲赎罪的办法，至明朝时仍见于桑悦的《记壮俗诗》六首中的"杀人每讲陪头物"句，① 可见其承古而来，世代传承，当初的精神并没有完全变化。

此后，唐朝后期段公路《北户录》卷2《鸡卵卜》记载壮人"善行禁咒者"以鸡卵卜嫌疑、定祸福的方法，说"邕州之南有善行禁咒者，取鸡卵墨画，祝而煮之，剖为二片，以验其黄，然后决嫌疑、定祸福。言如响答。据此乃古法也"。王锦乾隆《柳州府志》卷30引北宋吴处厚《青箱杂记》记载壮人失牛求偿法：壮人失牛，追蹑牛迹所至，遇村落则责村之甲老曰："牛至尔村，请为代缉。"甲老更蹑牛迹，又至一村，责亦如之。迭更数村而牛迹漫灭不可寻，则曰："匿此所矣。"返报失牛之家，纠众往而大噪，必令最后所至之村赔偿乃已。此习至今犹然。明代桑悦《记壮俗诗》六首中"动讲襄公九世仇，通情洗面只偿牛，亲邻相助歌迎鬼，男女成行戏打球"，"清歌互答自成亲"，"亦以均分示至公"。② 清人闵叙《粤叙》记载壮人在寨老面前置草判是非曲直的办法。"寨老者，即本地年高有行之人。凡里中是非曲直，俱向此老论说。此老一一评之。如甲、乙俱服，即如决断；不服，然后讼之于官。当其论寨之时，其法颇古（即刻契、结绳遗意）。甲指乙云，某事如何，寨老

---

① （清）汪森：《粤西诗载》卷16。

② 同上。

则置一草于乙前；乙指甲云，某种如何，寨老又置一草于甲前。论说即毕，寨老乃计草而分胜负。"如此等等，都是关于壮人自古流传而为众人认同的习惯法。

这些见于汉文记载的壮族及其先人习惯法规，不过是全豹一斑，不及壮族及其先人必须遵行的习惯法中的十百其一。而且，它们只是凭着故老口耳相传，没有文字记载。孩子学习、实践，既要接受父母不断教诲，跟群体中老辈学习，十百次地诵说，还要在实践中不断反复、不断体验，才能烂熟于心，遵之思维和行动。这样，孩子才真正成为群体中的一员。

三　唱歌造歌教育

壮族是一个歌唱的民族。歌是人们日常展示生活和交流情感的主要形式。

平时，人们闲聊抒情，大都是以歌唱来代替说话，甚至以歌来作为与敌对垒战斗的武器。比如，在壮族中村与村、群体与群体间结下仇怨，没有办法解决，除武力械斗之外，一些地方也以歌相战。届时，怨仇双方的男女各结垒对阵，以歌叙说因由，揭示利害，指责谩骂，侮辱诅咒，交相迭唱，像刀矛一样向对方砍杀，像枪弹一样无情地射向对方，尖锐刻薄，语出无情，直要将对方推坠万丈深渊。如果输赢难分，一些与双方都有渊源的村子出面和解，也是以歌相劝。

因此，唱歌是壮人交往、结识朋友、寻觅情人、发表意见、抒发情感的一种非常重要的方式。也就是说，壮家孩子要在社会上立足，认识情人，结婚，结交朋友，拜寿，丧葬，甚至打怨家，都要学会唱歌，掌握编歌、造歌的方法。

壮人爱唱歌，善唱歌，逢事必歌，给孩子们出娘胎以后的成长造就了一个唱歌的氛围，受到了山歌的着意熏陶。以后，随着他们话声鹊起，视野扩大，阅历增加，知识丰富，便逐渐学会了山歌的语言，熟悉群体流行的山歌曲调，能够开口哼歌了。十岁以后，他们随着大人们赶歌墟，凑热闹，进入历练唱歌阶段。

壮族歌墟，春有正月歌墟、三月歌墟，秋有中秋歌墟，冬有十月歌墟等。歌场上，有卖吃食的，有兜售玩具、物品的，有从百里八方来寻找可意情人的青年男女，万头攒动，人山人海，热闹非凡。歌墟的主角，是歌场上怀春的男女。他们男男女女，各以群分，亮开歌喉，相互对歌，寻找情人。歌要悦耳动听，俏丽引人；词要含蓄隽永，耐人寻味。歌墟，是怀春男女们大展歌喉、大展才华的场所。寻情男女，张口成歌，千伶百俐，应变随时。歌逐空散，人随歌聚，怀春的男女经过努力，常常可以得心遂愿，寻找到自己可心的情人。歌墟对望春男女是个考场，是个炼狱，也是个乐场，对十岁左右的孩子也是一个刺激，使他们懂得，唯有练好歌唱，谙熟编歌造歌技巧，成人后才能在歌场上立足，在社会上立足。朱红墨黑，未长成的孩子们随着大人们进入歌墟场地，听着钟情男女的对歌，思考他们编歌的技巧，模仿他们的对歌，诚如雏鸡学啼，随着年岁的增长，他们的唱歌技艺也逐渐成熟起来。

四　武技教育

"村墟有室都藏甲，道路无人不佩刀。"[①] 这是明代正德年间（1506—1521年）桑悦

---

① （清）汪森：《粤西诗载》卷16。

在广西柳州府任通判时同把总指挥苗廷珍夜宿壮人头目家,"即事赠廷珍二首"中的诗句。桑悦对古代壮族人人佩刀很表示惊奇、诧异,在自己的诗中对此一再书写,什么"毒箭煎成封弩箭,纯钢炼就作干戈",① 什么"夷俗不知文化近,何时弓弩暂离身",② 等等,就是对此而言的。

壮人"出入身带长刀,持标戟,负劲弩",③ "土人质朴而悍,出入以刀自卫",④ "其人以强弩药矢耕作","出入常佩利刃",⑤ 等等。"溪人重武轻文艺",⑥ 出入身佩利刃弓弩,在清朝乾隆(1736—1795年)以前,是壮族的风俗习惯之一。为什么会这样,原因不外有二。

第一,由壮族所处的自然环境决定。古代,岭南人丁不旺,满目荒凉,丛草没胫,树木参天,所以唐代柳宗元说:"岭树重遮千里目。"⑦ 岭树重遮,随之而来的是"虎当官道斗,猿上驿楼啼",⑧ 毒蛇蜈蚣傍人行,"多毒草虫蛇之害"。⑨ 所以,出入、耕作身佩弓弩刀剑,加强自卫力量,以备不虞之需。

第二,由壮族发展所具备的人文因素决定。一者,自原始社会以来,壮族及其先人中血亲复仇的习俗一直流行,没有停断。二者,岭南气候炎热,人的性格气质比较浮躁,而且地区内部山岭相隔,人以岭分,历史上各个群体间甚至村与村间由于利害及发展所及出现不均衡,引起争执,又没有权威者可以仲裁,常常发生冲突。冲突,除了恶语相向,还有刀弩相对。

关于这方面的记载,泛见于关于壮族的各类记载。比如,壮"民性悍,气不相下。一有小忿,辄至争讼";⑩ "倘与人仇隙,虽睚眦必报,不惜身命";⑪ "土人质朴而悍,出入以刀自卫,重财轻杀。稍有不平,虽骨肉相仇敌";⑫ "又善为毒矢,为蛊毒。本类相仇,纤介不已,虽累世必复斗。或误杀人者,以牛畜为偿,或数十,或至百头,名曰人头钱";"性多刚愎,稍有龃龉,没齿不忘,恒(经常)刻木、锯石、削铁,以识(标识)诸间(家门)党传之,子孙必图报复而后快心。同类相残,其视附近居民,不啻异域";⑬ "男皆科头(不戴帽)服苎,出入常佩利刃,偶有不合,父子操戈";⑭ 等等。

---

① 《记壮俗六首》,(清)汪森《粤西诗载》卷16。
② 《趁墟》,(清)汪森《粤西诗载》卷16。
③ 《古今图书集成·职方典》卷1415《庆远府风俗考》。
④ 《古今图书集成·职方典》卷1421《思恩府风俗考》。
⑤ 《古今图书集成·职方典》卷1438《浔州府风俗考》。
⑥ (宋)陶弼:《寄桂州张田经略》,(清)汪森《粤西诗载》卷13。
⑦ 《登柳州城楼寄漳汀封连四州》,《柳河东集》卷42。
⑧ (唐)李商隐:《昭州》,(清)汪森《粤西诗载》卷10。
⑨ 《汉书》卷64下《贾捐之传》。
⑩ 《古今图书集成·职方典》卷1443《南宁府风俗考》引《南宁府志》。
⑪ 《古今图书集成·职方典》卷1440《柳州府风俗考》引《上林县志》。
⑫ 《古今图书集成·职方典》卷1421《思恩远府风俗考》引《思恩府志》。
⑬ 《古今图书集成·职方典》卷1426《平乐府风俗考》引《平乐府志》。
⑭ 《古今图书集成·职方典》卷1438《浔州府风俗考》引《浔州府志》。

事预则立，不预则废。南宋人周去非说："左右江峒刀与界外蛮刀相类。刃长四尺，而靶二尺，一鞘而中藏二刃，盖一大一小焉。靶之端，为双圆而相并。峒刀以黑皮为鞘，黑漆锦靶，黑皮为带。……峒刀以冻州（治今广西龙州县下冻）所作为佳，蛮刀以大理（治今云南大理市）所出为佳。瑶刀、黎刀带之于腰，峒刀、蛮刀佩之于肩。峒人、蛮人宁以大刀赠人，其小刀必不与人。盖其日用须臾不可阙：忽遇药箭，急以刀剜去其肉，乃不死。以故，不以与人。"① 这就从某一侧面点明了壮人佩刀带弓，目的是应对日常生活中随时的需要。

"自古农夫皆战卒。"② 古代的"战卒"，必须具有一定的武术修养。《岭外代答》卷3《田子甲》载："邕州溪峒之民，无不习战，刀弩枪牌，用之颇精。峒民事仇杀，是以人习于战斗，谓之田子甲。言耕其田而为之甲士也。""尝（曾经）有官员自侬峒借人夫至钦（州），所从数人，道间（路上）麋（麋鹿）兴（跃起）于前，能合（协同）而取（捕获）之；鸢（鹰）飞于天，能仰而落（射落）之。一夕，逆旅（旅店）（遇上）劫盗，人有惧色，唯峒人整暇以待（全无惧色，肃穆悠闲地等待他们来到）。盗不敢前（上前）。"南宋的时候，侬峒所在，即员州（治今广西崇左市太平镇）、恩城州（治今广西大新县恩城）、养利州（治今广西大新县桃城镇）、龙州（治今广西龙州县城）、冻州（治今广西龙州县下冻）、龙英洞（治今广西天等县龙茗镇）及特磨道（治今云南广南县）等地。当时，这些州都是羁縻州，州县长官为侬氏首领，因称为侬峒地。这些羁縻州，元朝改为土司州。侬峒的人，俯能擒鹿，仰能射鹰，武术怎么这样高强？其因盖在训练有素。

《岭外代答》卷10《獠俗》载："獠左右溪峒之外，俗谓之山僚，依山林而居，无酋长版籍"，"无年甲姓名，一村中推有事力者曰郎火，余但称火"。自三国以来，壮族先人既称为"蛮""乌浒"，又称为"獠"或"俚獠"。唐代，因"邕管经略使多不得人，德既不能绥怀，威又不能临制，侵欺掳缚，以致怨恨"，左右江黄峒首领屡屡率众反唐，当时的官员便称其为"黄家贼"。韩愈《黄家贼事宜状》说"其贼并是夷獠"。③ 道出了左右江的"峒人"属于"獠"人。不过，周去非笔下的"獠"人，其社会发展似又比左右江峒人后进一步。"无酋长版籍""无年甲姓名"，即是其表现。正因为其后进，所保留的社会状况，恰是壮族社会比较原始的状况。

"一村中推有事力者曰郎火，余但（只）称火。""郎"在壮、傣语里是拴住、管束的意思。比如，壮族、傣族农村放牛在野外吃草，无暇在旁照管，便将牛绳穿过一根长长的竹竿拴在固定的木桩上，让牛兜着木桩恣意啃草，称为"$leŋ^4 vaː^2$"。"$leŋ^4$"（拴）用于社会政治生活中，将在村中有本事负责管束、训练"$ço^2$"（少年）的人称为"$leŋ^4 ço^2$"。"郎火"，即是"$leŋ^4 ço^2$"的汉语近音译写字。这样，"郎"就由拴住、管束衍成官称。土司时代，村是土官治下的基层单位，"郎"也就成为土官治下的基层官员，如傣族社会中的"波郎"和广西下雷州壮族的"郎首"。

宋、元时期，壮族中的首领或头目盛行在姓和名中间插个"郎"字，"郎"字在名中

---

① （宋）周去非：《岭外代答》卷6《蛮刀》。
② （明）桑悦：《同柳州守柳廷父练民款》，（清）汪森《粤西诗载》卷16。
③ 《全唐文》卷549。

不是表示辈分。此种以"郎"表示身份的习俗，在壮族中迄于明朝前期仍有残存。此种情况映现了在壮族社会中，作为基层组织单位的村其"郎火"的重大社会作用和顽强的生命力。

"一村中推有事力者曰郎火，余但称火"，说明小孩长成少年，按照壮族历传的习惯，村中的"郎火"便将他们集中起来，进行管理，教以武技以及其他群体认为人生起步需知的事情。到了明代，壮族土司地方仍然是如此。因此，当官军困于各地反抗烈火、明王朝大量而频繁地征调土官治下的武力帮助扑灭时，"狼人""狼兵"这样的称谓便出现了。

一些人于是误认"狼人"为区别于壮族的另一个民族。比如，清朝陆祚蕃《粤西偶记》说："狼人者，亦古槃瓠之苗裔。粤西诸郡，处处有之。浔州诸狼，自明弘治间因大藤诸峡乱，从黔中调来征剿，峡平遂成焉。其人散居而各有长，旧隶武靖州。""瑶乃荆蛮，壮则旧越人也。"① 陆氏一错在以"狼人"为"槃瓠之苗裔"，将"狼人"归于与瑶族同源；二错在以"浔州诸狼"于"明弘治间"（1488—1505年）调自"黔中"（今贵州省），不知浔州府（治今广西桂平市）武靖州是成化三年（1467年），由提督广西军务韩雍奏请设置并调田州府土官知府岑镛之弟、上隆州（治今广西巴马燕峒）土官知州岑铎率所部"狼兵"出任知州的。②

明人王士性《桂海志续》说："狼则土府州县百姓，皆曰狼民。"③《百粤风土记》也说："诸土司兵曰狼兵，皆骁勇善战。"④ 土府州县百姓都是以村为单位，受"郎火"管束，因此又称为"郎民"；土司的兵，都是郎火训练出来的，因此又叫作"狼兵"。"狼"音同"郎"，"狼"是"郎"的音译异写字，而这又与明朝统治者鄙视少数民族，将其"犬"化有关，犹如明朝时期将宋、元出现的"撞"写作"獞"一样。由此可以清楚，以村为单位，将少年集中管理，教习武技，是古代壮族及其先人社会一项非常重要的社区教育。

在冷兵器时代，壮族有"狼家兵法"可以跟敌人摆开阵仗战斗；士兵个体也练就一套拳术、刀法以自卫搏敌。但是，如同宋代俍峒人在"道间麋兴于前能合而取之，鸢飞于天能仰而落之"一样，其精湛的武技是怎样的套路，如何称名，因不见于记载，无从知道了。现在能知道的，仅是明代嘉靖年间（1522—1566年）田州的"瓦氏双刀"。

瓦氏，即瓦氏夫人，生于归顺州（今广西靖西县）岑家，小名氏瓦，后嫁田州府土官岑猛，因未曾生育，岑猛死后曾扶掖孙子、曾孙主政于田州，因称为瓦氏夫人。

瓦氏夫人自小习武，武艺超群。她善使双刀，舞动起来不见人影，只见"成团雪片"如"初圆月"。嘉靖三十三年（1554年），她率所部奔赴江浙抗击倭寇时，虽"年逾六十"，仍驰骋沙场，斩杀倭寇；即使误中倭寇诡计，陷于不利，也能凭借精湛的武艺杀出一条血路，转危为安。所以，在倭寇对瓦氏夫人恨之入骨的同时，也引来众多武林人士，拜她为师习武。

---

① （清）顾炎武：《天下郡国利病书》卷130《广东七》。
② 《土官底簿·上隆州知州》；（明）应槚：《苍梧总督军门志》卷18、卷23。
③ （清）汪森：《粤西丛载》卷18引。
④ 同上。

1989年6月18日,《中国体育报》发表马明达《瓦氏夫人》一文,介绍"瓦氏双刀法"在浙江流传的情况。这或可说是壮族古代拳术、刀剑技艺流传至今的一种了。其他的则湮没无闻,令人扼腕叹息。

第三节 学校教育

岭南自古为夷越之地,自秦始皇兵占岭南,岭南地区归于秦王朝一统以后,不仅有中原汉人移居于岭南,与越杂处,而且汉文化也进入岭南,成为岭南地区的主导文化。

历史上,壮群体越人及其后人有语无文,所以壮群体越人及其后人的学校教育,主要是汉语汉文以及汉族历史上主导思想儒家思想的教育。而且,建置学校进行教育的是历代的统治者,他们在岭南地区设置学校的目的,就是"用夏变夷"。① 也就是说,通过设立学校,进行汉语、汉文和儒道教育,其最终目的即是将壮群体越人及其后人同化于汉族。

而壮人进入学校学习汉语、汉文的目的,一是掌握汉语、汉文,便于交往,便于施展自己的能耐;二是通过察孝廉、举茂才或科举之路,厕身于仕宦之途,以脱却蓝衫换红衫。

岭南地区的学校,主要是两种类型:私人兴办的学校,官府举办的学校。

一 私学的兴起与发展

虽然《后汉书》卷106《卫飒传》载东汉建武二年(26年)卫飒出任桂阳郡(治今湖南彬县)太守,"下东修庠序之教,设婚姻之礼",但同一时期为官于交趾郡和九真郡的锡光和任延,固然也大力推行儒家礼教,有"岭南华风始于二守"的美誉,却没有记载他们在交趾、九真二郡"修庠序之教"的举措,② 说明官府那时没有在岭南设立学校。

汉武帝灭南越,在岭南设置诸郡,但这些郡都是"初郡"。所谓"初郡",就是"以其故俗治,毋赋税"。③ 既然允许首领"以其故俗治",自然不在岭南地区设置汉文学校。自汉迄隋,经历三国、晋、南北朝,岭南地区诸郡大都是官浮其面,经治的权力,基本上还是各地的酋豪渠首。

元封五年(前105年),汉武帝将全国各郡分为十三个辖区,长官称"刺史",因称"十三刺史部"。④ 鉴于朔方、交趾二部是"攘胡、越,开地斥境"新置的,⑤ 所领的州又都是"初郡",不能如其他"刺史部"一样称为"州刺史"。⑥ 东汉建武十一年(公元35年),朔方归入并州刺史部,唯剩交趾刺史部。这在当时出任该职的官员和岭南土著首领的心中,很觉不是味儿。顺帝永和年间(136—141年),交趾刺史周敞要求改为"交州刺

---

① 《明实录·神宗实录》卷25。
② 《后汉书》卷106《任延传》。
③ 《史记》卷30《平准书》。
④ 《汉书》卷6《武帝纪》。
⑤ 《汉书》卷28上《地理志》。
⑥ 《汉书》卷28上《地理志》颜师古注引《胡广记》。

史"，"朝议不许"。建安二年（197年），刺史张津与土著头面人物苍梧人士燮联合上书："伏见十二州皆称曰州，而独交趾刺史为'交趾刺史'，何天恩之不平乎？若天下可为十二州者，独不可为十三州？"此书感动了皇帝和朝臣，"诏报听许"。从此，"交趾刺史"始称为"交州刺史"，"交趾牧"方才能够"与中州方伯齐同"，[①] 享受同一等级、同一待遇。两汉，交趾刺史与其他州刺史区别对待，低于其他州一等，说明其他州可以有官办学校，交趾各郡却不能享此待遇。

汉后三国、晋、南北朝，情况仍然是这样。开皇十七年（597年），"岭南人李世贤据州反"，隋文帝命武侯大将军虞庆则与行军总管权武率兵征讨。虞庆则被他的小舅子赵什柱诬告被杀后，权武独主其事。他改变征剿策略，"多造金带，遗岭南首领"，绥靖了李世贤之乱。以后，权武"常以南越边远，治从其俗，务适便宜，不依律令"。[②] "治从其俗"，谁的俗，就是岭南各地首领惯行的习俗。当时，岭南各地的首领即"俚帅"，桂州先为李世贤后为李光仕，象州为杜条辽，钦州为宁猛力，贺州为钟士雄，藤州为李光略，苍梧为陈坦，罗州为庞靖，广州为王仲宣、陈拂智，冈州为冯岑翁，梁化为邓马头，交趾为李拂子，而罗州、春州以下至海南岛则为以冼氏夫人为首的冯、冼集团的势力范围。[③] 此种情况，说明当时岭南各地土著首领势力的强大，王朝的势力无法进入其辖属范围。自然，官府办的学校也没有办法在这些地区建立起来。

当然，时至隋朝，情况逐渐改变。仁寿中（601—604年），令狐熙任桂州总管十七州军事，鉴于岭南"州县生梗"，各州县长官很多不能去到他们任职的地方履职，只能缩在桂州总管府挨日子。令狐熙便在一些邻近州县为他们"建城池，开设学校"，[④] 让他们官应所任，到其地履其职。这就开了岭南地区官办学校的先河。在官府开办学校之前，岭南不是没有学校，但它们是私人筹资聘师开办的，这就是所谓的"私学"。

中原私学兴起于春秋，鲁国的少正卯即曾开办私学，儒家鼻祖孔老夫子既就学于私学，也讲学于私学。岭南私学的兴起始于汉代。据《后汉书》卷66《陈元传》载，西汉末年，苍梧广信（今广西梧州市）人陈钦，在私学开蒙、知识增长之后，负笈从师北上中原师事黎阳（治今河南浚县东北）贾护，学习《左氏春秋》。他刻苦钻研，融会贯通，匠心独运，对《春秋》的见解自成一家，声靡学界，与同时的大学者刘歆名重于当时。那个时候，王莽权重当朝，也师从于陈钦，"受左氏之学"，并封他为"厌难将军"。陈钦之子陈元，少传父业，比其父更有成就。东汉初年，在今文《尚书》与古文《尚书》的争论中，陈元高举古文《尚书》的旗帜，与桓谭、杜林、郑兴齐名，为学界推崇的学者。建武四年（公元28年），朝廷议论在五经博士中设立《左氏春秋》博士，博士范升反对，陈元与他驳辩，很得汉光武帝的赞赏。太常（官名，九卿之一）遴选四名候选，陈元排在第一。汉光武帝认为陈元刚刚与范升争论，心态可能不平静，以第二名为《左氏春秋》博士。此后，陈元"以才高著名"，任职于司空李通府衙。李通死，又转入司徒欧阳歙府

---

① （汉）苗恭：《交广记》，《艺文类聚》卷631引。
② 《隋书》卷65《权武传》。
③ 《隋书》卷67《斐矩传》、卷68《何稠传》、卷80《谯国夫人传》、卷80《钟士雄母传》。
④ 《隋书》卷56《令狐熙传》。

衙。他曾多次向皇帝陈奏当世利弊，皇帝却不采纳。于是，他便以病辞官返回老家，以著述度日。其子陈坚卿也学有所成，有文章见于当时。陈家祖孙父子三人，学术耀于西汉末东汉初，称为"三陈"。他们独善于《左氏春秋》的精辟阐述，有"左氏元在苍梧"的赞语。

陈家是岭南土著。至唐代，泷州开阳（今广东罗定市）人陈集原，史载其家世代为"岭表酋长"，其父陈龙树，曾出任钦州刺史。[①] 陈钦虽受业于中原学术大家，但咿呀学语、启蒙受学自在苍梧，说明当时岭南豪富之家已经兴起了私学。

兴办私学教授子弟，在苍梧豪富家庭似乎成了传统。东汉末三国初年，苍梧士氏家族也涌现了一批人。士氏不是岭南土著，却在岭南发萌。王莽时，士氏人从鲁国汶阳（治今山东宁阳县东北）逃难来到苍梧。居住六世传到士赐，东汉桓帝时出任日南郡太守。士赐之子士燮，少年游学京师洛阳，师从颍川（治今河南禹县）刘子奇《左氏春秋》。其父死后，举茂才，任巫县（治今四川巫山县北）令，后升交趾郡太守。接着，其弟士壹为合浦郡太守，士䵋有为九真郡太守，士武为南海郡太守。当时，岭南七郡，士氏兄弟掌有四郡，可说是威尊无上了。[②] 而他们学有所长，也完全受惠于那个时候苍梧私人设立的学校。

继后，吴国的虞翻，因得罪孙权，流放交州。他在岭南，"虽处罪放，而讲学不倦，门徒常数百人"。[③] 这是规模比较大的私立学校。

从此，私学在岭南地区许多地方广泛地开办起来了。

澄州是个比较偏僻的地方。其地原属郁林郡岭方县，唐代始以其地立南方州；贞观五年（631年），分南方州立宾州；八年（634年），南方州改为澄州，辖上林、无虞、止戈、贺水四县，其地大部分属今广西上林县。其中，无虞县辖今上林县三里、澄泰、白墟三乡镇及宾阳县的邹墟乡。那时，此一方域为韦氏首领的势力范围。他们留下两块碑，至今仍清晰可辨。一块为"岭南大首领"韦敬办于永淳元年（682年）撰的《六合坚固大宅颂》；一块为无虞县令韦敬一于大周万岁通天二年（697年）撰的颂扬"廖州大首领"韦敬辨的《智城碑》。《六合坚固大宅颂》书写率直粗犷，承袭南北朝时期北魏碑文的书法风格，言简意赅，叙事简练，意尽句止，事了文终，没有事外的敷陈，体现了初唐文章的简洁。《智城碑》书写则纤细恭整，体现着柳体的风范，文则骈四俪六，天上地下，着意敷陈；山岩涧流，朝霞暮霭，气象万千；仙境实景，真幻兼呈，浑然一体；兄弟情笃，昆季义重，花香酒醉，令人神往。碑文可说是词正文雅，曲尽其妙。清朝著名的学者陈寿祺赞道："敬一文词尔雅，讵独与并韶之词藻、韦白云之淹通并耀于南徼与？抑以济四杰、十八学士之伦，奚多让焉！"[④] 陈氏将韦敬一的文字与唐初"四杰"（王勃、杨炯、卢照邻、骆宾王）同日而语。与唐太宗时代的"十八学士"，指杜如晦、房玄龄、于志宁、苏世长、薛收、褚亮、姚思廉、陆德明、孔颖达、李玄道、李守素、虞世南、蔡允

---

① 《旧唐书》卷188《孝友陈集原传》。
② 《三国志》卷49《士燮传》。
③ 《三国志》卷57《虞翻传》。
④ 陈寿祺：《唐韦敬辨〈智城碑〉考》，《左海全集》10种16册卷3。

恭、颜相时、许敬宗、薛元敬、盖文达、苏勖等18人的文章相提并论，可见其汉语文水平之高、造诣之深。

壮群体越人及其后人富家大户的子弟可以到外地求学深造，但他们的启蒙开智，又非本地的私学莫属。从偏僻的上林县留存下来的唐朝前期碑文或可以窥见，隋、唐以后，专授汉语汉文的私学在岭南已经较为普遍地兴办起来。这些私学，叫作书馆，也叫私塾，教习学童识字、习字。私塾有塾师自设的，有富家大户设立的，也有以庙宇地租收入或私人捐款兴办的。每个私塾，一般只有一个塾师，采用对着汉字教汉音、讲越义的教授方法。教材与学习年限没有一定，由浅入深，以学生能接受为限度。汉代，一般以《仓颉》《凡将》《急就》《元尚》诸篇为教材，南北朝以后增加《千字文》。宋朝以来，则大都以《千字文》《百家姓》《三字经》为教材，到了清朝，又增加《朱子家训》《故事琼林》等。

出资聘师，只有富家大户才能办到，一般家庭很难有这样的选择，到了清朝中期以后，私学也就是私塾方才在壮族广大农村比较普遍地发展起来。

土司州县，土官所属的农奴，完全被剥夺了受教育识文字的权利。因此，土司州县的自由民，也就是不是属于土官的农奴，他们的子弟要参加科举考试，必须有三人具保，写明祖宗三代，由土官呈报，方能参加应试，否则就不能参考。

现据光绪《思陵土州志》所载，录其结保样式如下：

光绪△年△月△日结

具保结，廪生△△，挨保△△，今与于△△岁

科考△△事，依律结得文章。△△委系△甲△乡△村籍。现有田塘、庐墓，确据。并非外来冒籍以及倡优（戏曲演员和娼妓）、肆卒（商店里杂役）、抗粮、绿事、违碍等弊中间。不敢扶同捏饬，如虚，甘罪。所结是实。

认保△△△

挨保△△△

互结△△△

二 官学的兴起和发展

官学，指历史上各级官府所办的学校。在岭南地区，指府、州、县学，元代以后的社学，也属于官学。

官学的建立，都要呈报中央王朝，得到批准以后由朝廷派来教授、训导。宣德三年（1428年）忻城县始有土官治理，① 明朝初年忻城属流官正县，例设县学，派有训导。永乐元年（1403年），"广西忻城县儒学训导到官。岁余，邑中皆蛮獠，有司招其子弟入学，卒无至者。训导自念虚縻廪禄，无益于国，诣阙（朝廷）白其事。礼部尚书李至刚等言：'不当擅离其职。请罪（惩处）之。'上（帝）曰：'委其职而去之，可罪以离职；无事

---

① 《明实录·英宗实录》卷76。

可治而赴阙自陈，非苟禄偷安者，其吏部调用。'"① 所以，宣德元年（1426年）九月，明王朝便以"县民稀少，多是瑶壮，非但言语不通，不堪教诲，抑且不愿入学，徒存学官，无所施教"，将忻城和思恩（今广西环江西和南部）二县县学撤销了。②

社学的社师也是如此。比如，万历二年（1574年）八月，广西怀远县（今三江侗族自治县）的三名社师，就是根据明神宗的诏令设置的。③

根据《隋书》卷56《令狐熙传》的记载，隋文帝开皇十七年（597年），令狐熙出任桂州总管领岭南十七州军事，在一些州县"建城邑，开设学校"。这是关于岭南地区官学开办的最早记载。当时，开设的学校，是哪一州哪一所学校，后世无传，已经不知道。据清雍正四年（1726年）刊行的《古今图书集成·职方典》卷1401《桂林府学校考》引《桂林府志》载，灌阳县学建于隋大业十二年（616年），这或者是广西可见的地方府、州、县学中最早兴办的学校了。

因此，可以说广西官办学校始于隋，兴于唐、宋，发展于明、清。

唐代，广西兴办的学校逐渐增多，但其分布主要在桂东、桂北地区。见于记载的，有桂州州学、柳州州学、容州州学、白州州学、廉州州学，以及岑溪县学、武鸣县学。

唐代官办学校的发展，既与当局重视以文化教育的导入有关，也与一些文化名人的入桂为官大有关系。比如，"文起八代之衰"的唐宋八大家之一的柳宗元为柳州刺史，"南方为进士者，走数千里从宗元游，经指授，为文辞皆有法度，世号柳柳州"。④ 文化教育的导入，引领广西这块"百越之地"一代新人的成长。自南北朝以来称雄于广西南部钦、廉一带的"俚獠首领"宁氏家族，唐朝中期相继出现了两个进士。一个是唐睿宗（710—712年在位）时任太子洗马，先天元年（712年）由谏议大夫为岭南道宣劳使的宁原悌；另一个是广德二年（764年）出任镇南副都护的宁龄先。他们不仅名响当时，还有文字遗于后世。清人董浩等编的《全唐文》，卷278和卷438收有他们二人的文章。

宋朝，府、州、县学的设立，在广西中、东部地区较为普遍了。同时，在西部的许多地方也兴办起来了。比如，庆远府学、融州学、宜山县学、天河县学等，都是这个时候建立起来的。

书院，出现于唐代，本是藏书、校书或私人读书治学的地方。宋代，书院成为学者研究学术和聚徒教授的场所。南宋，书院大兴，几遍全国。当时，由有专长学者主持的书院在广西各地也建立起来了。比如，容州的勾漏书院、桂州的宣城书院、全州的清湘书院、昭州的江东书院、邕州的乌石书院、庆远府的龙溪书院等。

书院，本是著名学者在名川大山便于潜心学习钻研之所兴办，属私学性质，但经朝廷赐额、奖书、委官、赐田，遂成为半官半民办的教育中心。壮族地区建立的书院，多由现职的地方官员仰慕前人的道德学问而呈报上司设置的，属官办性质。比如，桂州的宣城书院，是南宋景定年间（1260—1264年）广西经略安抚使朱禩孙"以张栻、吕祖谦俱尝

---

① 《明实录·太宗实录》卷36。
② 《明实录·宣宗实录》卷21。
③ 《明实录·神宗实录》卷28。
④ 《新唐书》卷168《柳宗元传》。

游此，因请于朝祀之，宋理宗书额赐焉。盖合二公之谥（宣公、成公）以为名"。① 庆远府的龙溪书院则是南宋嘉定间（1208—1224年）代理宜州知州的张自明慕客死于宜州的宋朝大诗人黄庭坚的高风亮节拓地以建书院，并"请于台臣"（广西经略安抚使），并获"助盐抵等钱"。张自明便用此钱项购买一千六百亩田来维持书院的开支。②

宋代，尤其值得一提的是，统治者为了提高左右江羁縻诸州县的汉文水平，加速汉文化在左右江羁縻诸州县"俚獠"首领中的传播，宋朝特在邕州大办官学，专门招收左右江诸羁縻州县首领的子弟入学。北宋时，邕州人昌协中了进士，在朝廷做"殿中丞"；③邕州石鉴和广源州侬智高都曾赴礼部进士试，虽名落孙山，却说明了邕州和左右江羁縻州的知识分子读了书识了字，广博了知识，都有通过科举考试进入仕途的欲望。而宜州人冯京，为了方便通过科举进入仕途，"皇祐初，随父寓居武昌，登解省、廷试，皆居第一"，④后官居参知政事，位同丞相。宜州管下羁縻州思恩县区希范，也曾赴礼部试，中了进士。他以为从此可以厕身仕途，谁知由于宜州知州冯伸已作梗，并不能遂心如愿。愿灭怨生，庆历四年（1044年），区希范联合安化州（今广西环江县北）"獠"人首领蒙赶建"大唐国"，起兵反宋。⑤

北宋末南宋初年，左江羁縻安平州（在今广西大新县中南部）李氏首领，其弟李械也是在邕州的官办学校里接受教育后进入广南西道帅府任职为"朝请郎"（正七品）的。建炎元年（1127年）十月二十四日，尚书户部郎中叶宗谔认为李械"智谋深远，才术优良，备知峒丁情伪"，推荐他出任"提举广南西路左右两江峒丁公事"。⑥

元朝，官办学校保持宋代的现状，见于记载，只增设了临桂县学。当然，他们也不忘了在桂州设了"蒙古字学"。

明代至清代，是广西也是壮族地区官办教育的兴盛时期。此一时期，除土司地方外，府有府学，州有州学，县有县学，乡有社学。而一些改土归流了的地方，统治者也不失时机地设立了官学。比如，太平府自土官知府黄英衍犯事被流放泰州（今江苏泰州市）改流以后，即设立太平府儒学。永乐六年（1408年）正月，明王朝又设立了"太平府医学"。⑦ 这是医学专科学校，对推动壮族地区中医药学的发展，有着积极的导向作用。

永乐六年（1408年）十二月辛丑，广西按察司佥事杨廉奏说："田州等府土人，罔知礼法，请依太平府立学校，育其子弟，俾（使）讲读经书，俟有成材，依例选贡。"明成祖认为他这个主意很好，同意了。⑧ 从此，桂西地方，凡条件成熟的，都相继设置了学校。正统十二年（1447年）二月，设思恩军民府儒学，"置教授一员，训导四员"；⑨ 成

---

① 《古今图书集成·职方典》卷1403《桂林府古迹考》。
② （明）杨梁：《重修龙溪书院记》，《古今图书集成·职方典》卷1418《庆远府艺文考一》。
③ （宋）沈括：《梦溪笔谈》卷25《杂志二》。
④ （明）陈文：《庆远府学记》，《古今图书集成·职方典》卷1418《庆远府部艺文二》。
⑤ 《宋会要辑稿·蕃夷五之八二—八三》；（宋）李焘：《续资治通鉴长编》卷146、卷155。
⑥ （宋）李心传：《建炎以来系年要录》卷10。
⑦ 《明实录·太宗实录》卷75。
⑧ 《明实录·太宗实录》卷86。
⑨ 《明实录·英宗实录》卷150。

化十七年（1481年）十一月，"开设广西田州府儒学"；① 十八年（1482年）十二月设庆远府河池县儒学；② 正德十一年（1516年）八月，"设上思州儒学"；③ 嘉靖十九年（1540年）十一月，"设广西南宁府隆安县儒学"；④ 万历二年（1574年）五月，"建左州（在今崇左市北）、新宁州（在今扶绥县中部）儒学，各设学正一员"；⑤ 三十三年（1605年）立思明府学；⑥ 三十九年（1611年）又建思恩县（在今环江毛南族自治县南）、永康州（在今扶绥县北）儒学等。⑦

官府兴办学校的目的，最明显的，一如明朝两广督抚殷正茂报请"建左州、新宁州儒学"时说的，"二州改土为流，正'用夏变夷'之机也"。⑧ 广西抚按提请设立广西怀远县社师三名时也说："本县久沦夷貊，新复生理，正与礼施教之日也。"⑨ 明朝统治者就是要通过在壮族地区兴办学校，对壮族进行汉文化教育，以汉族的语言、文字、礼乐、意识、价值观念导入，以改变壮族的传统文化习俗、意识观念和价值取向。

明代，崇善县（在今崇左市中部）知县何道临曾感慨道：

> 崇善，极边小邑，山石亘延，巉岩险窍，梗隘回旋；人物星稀，烟火不接；棘木茂密，茅草蔓芜；恶兽怪鸟，盘巢钻穴，与民为伴；走山径为康衢，骋林蹊为通道；结架绹索为室而居，引耕牛而畜其下，风雨淖汀，气息闷腾，蚊虫交发，鼠窃狗偷者，乘其空而曳之。据山麓平旷之土，辟而耕治为田，犁锄布种以食；夫妻竭作以耕，蓬头跣足，兽走禽奔。上论诗书，下谈礼节，则如夏虫疑冰，井蛙骇日，乃尧舜未传之俗，唐虞尚顽之民。
>
> 自汉武颈系百粤，伏波始事南交，制焦齿骁足之人，驱蛮髦鬼蜮之众归我中国。山川险阻，人马可通，而夷性野习，至今未醇。

为什么中华一统近两千年，太平府治下之民其"夷性野习"没有改变？就是因为"立其酋长以驭之，而以褒衣博带缙绅临焉，夷性骄骞鸷悍率其顽梗"，不能"以用夏变夷为意"，建立学校，施以儒学之教。广西提学使黎澄的话，可说是一语道出了人之所慕。⑩ 所以，"苟欲安民，莫先于厚风俗；欲厚风俗，莫先于重学校；欲求治平之策，而不先教化，是犹涉江河亡（无）舟楫，其何能济，况欲用夏变夷者乎！"⑪ 所谓"厚风

---

① 《明实录·宪宗实录》卷221。
② 《明实录·宪宗实录》卷235。
③ 《明实录·武宗实录》卷140。
④ 《明实录·世宗实录》卷243。
⑤ 《明实录·神宗实录》卷25。
⑥ 《明史》卷318《广西土司传》。
⑦ 《明实录·神宗实录》卷480。
⑧ 《明实录·神宗实录》卷25。
⑨ 《明实录·神宗实录》卷28。
⑩ 《崇善县论》，万历《太平府志》卷2《文艺》。
⑪ （明）黎澄：《儒学宫记》，万历《太平府志》卷2《文艺》。

俗"，就是要壮人变其传统的文化习俗。当其"民风土俗，一旦与中土（中原）等（相同）"，那么"生其地者，忘其身之为夷，变其心之为夷"。①

孔子说："学而优则仕。"官府在壮族地区兴办学校，不仅可以儒道化民，而且可以造就一批可以进入官宦之途的人才。这就是所谓的"彼固未终以蛮夷自甘，不欲一进吾中国之贵者？"② 广西提学使黎澄的话可谓一语道中。

太平府自明朝初年建立学校以后，壮族的许多知识分子慕荣华求富贵，走上了科举之路，以学识才干进于仕途。据太平府知府蔡迎恩万历《太平府志》卷2《人物志》的记载，经过近两百年的积累，至嘉靖四十一年（1562年），太平府终于出了一个进士。他叫邓宗孔，官都察院都事（正七品）。言为心声，名显追求，单从此位中进士的太平府壮族子弟的名字可以知道，他对汉族文化、对儒家鼻祖孔老夫子的崇仰和延承。又据万历《太平府志》卷2《人物志》记载，明初设学至万历三年（1575年）两百多年中，太平府共有宋平、龙蟠等195人省试中举，成为举人。他们中的许多人也以此厕身于仕途。比如，宋平即曾官历浙江金华县知县。

据《古今图书集成·职方典》卷1362、卷1401、卷1409、卷1414、卷1420、卷1425、卷1438、卷1443、卷1447等卷记载，明代③壮族地区兴办的府学有桂林府学、柳州府学、廉州府学、庆远府学、思恩府学、平乐府学、梧州府学、浔州府学、南宁府学、太平府学10所。州县学有钦州儒学、灵山县儒学、临桂县学、兴安县学、灵川县学、阳朔县学、永宁州学、永福县学、义宁县学、全州县学、灌阳县学、马平县学、雒容县学、罗城县学、柳城县学、怀远县学、融县县学、象州县学、武宣县学、宾州学、迁江县学、上林县学、宜山县学、天河县学、河池县学、思恩县学、荔波县学、武缘县学、平乐县儒学、恭城县儒学、富川县学、贺县儒学、修仁县学、荔甫县学、永安州学、苍梧县学、藤县学、容县学、岑溪县学、郁林州学、博白县学、北流县学、陆川县学、兴业县学、平南县学、贵县学、宣化县学、新宁州学、隆安县学、横州学、永淳县学、上思州学、养利州学、左州学、永康州学等55所州县学。

元朝以50家为一社，社建学校，称为社学。社学是地方小学，择"文理通晓、行谊谨厚"的人为师，15岁以下的少年可入学就读，学习冠、婚、丧、祭的礼节及经史、历算，并读"御制大诰"（皇帝亲笔的劝勉）和"本朝律令"。明代壮族地区的社学，廉州府有府社学等9所社学，钦州有中和、如洪等18所社学，灵山县有养正、有造2所社学，

---

① （明）丘浚：《太平府儒学记》，万历《太平府志》卷2《文艺》。
② （明）黎澄：《儒学宫记》，万历《太平府志》卷2《文艺》。
③ 《古今图书集成》是康熙时由陈梦雷等编辑，雍正时复由蒋锡等编校，雍正四年（1726年）刊印。该书是据收集到的明朝编纂的地方志成文的。无疑，所载为明朝事。清雍正三年（1725年），宾州升直隶州，辖迁江、上林、来宾、武宣四县，十二年（1734年）取消宾州直隶，宾州、迁江、上林隶于思恩府，但该书所载，宾州及迁江、上林二县仍为柳州府辖属，可知其书所载为明朝事。镇安府学建于康熙七年（1668年），广南府学建于康熙四十八年（1709年），该书均不记及，明白说明《古今图书集成》载的是明朝事。

桂林府灵川县有社学一所，思恩府武缘县有南庠、葛圩2所社学，①平乐府平乐县有社学2所，富川县有社学1所，贺县有社学2所，荔浦县有社学1所，梧州府有养正、思化等17所社学，藤县有2所社学，容县有西关、兴化等12所社学，岑溪县有登龙、辅仁等5所社学，郁林州有玉堂、聚奎等6所社学，博白县有城隆、文星2所社学，北流县有学前、那留2所社学，陆川县有兴贤等3所社学，兴业县有养正、龙江等8所社学，南宁府有上郭、凌铁等5所社学，横州有中城等3所社学，永淳县有东隅、西隅2所社学，太平府养利州有东社、西社2所社学，共107所社学。

书院，各地也普遍设立。计廉州府有了斋、尚志、和融3所书院及海天书局和文会所，灵山县有海北书院，桂林府有宣城、桂林、新华3所书院；灵川县有海北书院，义宁县有连城、南宫、觐日3所书院，全州有清湘、璜溪、湘山3所书院，庆远府有龙溪、香林、四贤3所书院，思恩府有阳明书院，武缘县有修文书院，平乐府有明贤、道乡2所书院，富川县有江东书院，贺县有鸣阳书院，梧州府有梧山、岭表、梧扬、东湖、颟漪、龙泉6所书院，藤县有三元、解元、友仁、南鹿、凤山5所书院，容县有勾漏、思贤（万历改为南山）2所书院，岑溪县有文昌、文公2所书院，郁林州有兴文书院，博白县有养正书院，北流县有起潜、养正、天一3所书院，浔州府有浔阳书院，南宁府有敷文、东泉、东郭、西郭、中郭5所书院，横州有淮海、悟斋2所书院，永淳县有腾蛟、大同2所书院，共55所书院。

从府学、州县学、社学以及书院的分布看，东西极其不均。壮族集中分布的广西庆远、太平、思明、思恩、镇安、云南广南6府以及龙州、田州、泗城3直隶州，仅有3所府学和屈指可数的州县学及书院，社学与普及于民间的小学则更是寥寥。

明人刘岑在《全州学记》中说："习文诵学，而民知孝悌，忠信、礼乐、廉耻，以成其俗者，犹其效也。……全之为州，南接百粤，风声气俗，皆近乎粤，其君子皆齐、鲁之风，不由立学而何！"②此可说是中肯之言。古语云："习俗移人，贤者不免，久而与之俱化矣。"儒家的孝悌、忠信、礼乐、廉耻经过学校教育为群众所悉知，遵之而行，形成风俗，所谓俗殊习异的壮群体越人后人也就逐渐趋同于汉族了。

粤地如此，桂北如此，桂东也是如此。

容州，据北宋太平兴国年间（976—984年）乐史《太平寰宇记》卷167引唐朝《十道志》载，容州"夷多夏少，鼻饮跣足，好吹葫芦笙，击铜鼓，习射弓弩，无蚕桑，缉蕉、葛以为布，不习文学，呼市为墟，五日一集。人性刚悍，重死轻生"。当时，容州辖北流、普宁（今容县）、陆川三县，既"有犷、犸、台三种语言不同，偶月为婚，不知礼节"，又是"俚人"腹地，为"三梁乌浒所巢"，有"三梁乌浒之民"。无怪乎，《新唐书》卷143《王翃》载，容管经略使王翃派遣其部将李实等"分讨西原，平郁林等诸州"，指明容州、郁林州等地为"西原蛮"之地。同时，《新唐书》卷156《阳旻传》也

---

① 明隆庆间（1567—1572年），武缘县知县杨大韶奉文修建南庠、东庠、罗谱、依岭、葛圩、林里、陆方、赤旗、林圩、平丰、潭湾、甘村、邓柳、下沙、欧村、韦桐、韦阳、高丽、罗圩等19所社学，但明末仅剩下2所，其他全都圮坏了。

② 《古今图书集成·职方典》卷1404《桂林府部艺文一》。

说：元和（806—820年）末年，"容州西原蛮反"。此进一步明确了唐代容州是壮群体越人后人居住。

自唐朝人在容州设学校以后，汉文化深入其地，加上中原事多变故，人民大量流徙岭南，入居于容州，容州原居民的风习、语言也开始变化了。南宋王象之《舆地纪胜》卷104《容州》载："容，介桂、广间，盖蛮徼也。渡江以来，北客避地留家者众，俗化一变。今衣冠、礼度，并同中州。"

南宋人蔡绦说他靖康（1126年）来博白，时虎未伤人，十年之后，流寓者日众，风声日变，百物涌贵，而虎浸伤人，与内地弗殊。岭南老虎由不伤人到食人，其过程或十多二十年就能完成，越人风习的改变，却不可能在短时间内突变。它是日积月累，循次渐进的。

时至明代，据《古今图书集成·职方典》卷1432《梧州府学校考》记载，北流县的社学，还有名称"那留"的社学。以"那"开首名地，显示了壮傣语地名的特点。而《古今图书集成·职方典》卷1433《梧州府风俗考》记载容县"妆获，群妇女而出，率以手指掇其穗以便束敛"，无疑此种收获方式是壮群体越人以手镰剪取糯禾上部收获式的传承。同时，清朝康熙间（1662—1722年）汪森《粤西丛载》卷18《蛮习》引明人《梧州府志》也说："梧州土民，惟知力稼，罔知艺作。俗尚师、巫。市多妇女，椎髻跣足，粜谷卖薪。婚娶多用槟榔，男女不行醮礼。兄弟反称姐妹，叔侄每唤公孙。男多出赘，称曰嫁，而有其妇翁之产；女招婿称曰娶，而以己产与之。甚至男更姓以从女，或于男姓复加女姓，永不归宗。女既受聘，改而他适，亦恬不为意。性顽悍而轻生，凡逋粮避差与睚眦小怨，即投山服毒。"这些都是越人原有风俗的遗留，说明自唐朝迄于明代，六七百年过去了，梧州府所属地区汉文化对越文化的整合还没有最后完成。

清代，壮族地区的官办教育在明朝的基础上有了进一步的发展。这是由于府级、直隶州级土司已经全部改流，兴办官立学校已经无碍，而残存的土州县土官既要其子弟入学赴试赢取功名，同时其力已是强弩之末，形势的发展迫使他们不得不略作开放，以示其不落伍，给治下土民、自由民在本地享受教育的权利，请求开办学校。比如，下雷州学、上映州社学，都是土知州"延师，捐给修脯"（薪水）开办的。① 在此一情况下，官办学校在壮族地区普遍地建立起来了。

据《大清一统志》卷359、卷360、卷365、卷482以及乾隆《镇安府志》卷3和光绪《百色厅志》记载，泗城府学、镇安府学、广南府学、百色厅学以及迁江县学、西隆州学、西林县学、东兰州学、崇善县学、太平土州学、土思州学、奉议州学、归顺州学、下雷土州学等，在清代都建立起来了，上映土州也设立了社学。同时，各地书院也增多了。庆远府新增了龙江、李公、屏峰3书院，泗城府有了云峰书院，西林县有了毓秀书院，西隆州有了三台书院，镇安府有了青阳书院，广南有了莲峰书院，连没有开设州学的龙州，乾隆三年（1738年）通判杨仲兴也联络当地士绅办起了暨南书院。②

---

① 《大清一统志》从康熙至道光二十二年（1842年），前后三次编辑始成书。载事下限为嘉庆二十五年（1820年）。

② （清）黄誉：嘉庆《龙州纪略》。

学校的增多，教育的西向，激发了壮族子弟凭借入学赴试赢取功名进入仕途的欲望，但没有改土归流的地方，百姓生杀予夺之权仍操于土官手中，因此"所有土民虽读书"，却"不许应试。恐其出仕而脱籍也"。清朝嘉庆年间（1796—1820年），秀才考棚设在奉议州（今广西田阳县右江南岸），因田州（在今田东、田阳右江北、百色）仍属土官治理区，土民子弟无法越江而赴试。可谓是区区右江，隔不半里，却如天崭长江，判个两重天。赵翼说："田州与镇安之奉议州，一江相对。每奉议州试日，田民闻（开考）炮声，但遥望叹息而已。"① 这话，道出了土州士子的苦衷和怨愤。

　　不许土民应试的田州土官岑宜栋，却日梦夜梦，热盼着儿子能够一试中式。他的儿子岑照庸碌无成，难于在考场中逞雄，只好以一千两银子贿赂现场监考的永安州（今蒙山县）知州叶道和。叶道和令他的幕友湖北举人曹文藻代劳，使岑照在乾隆四十八年（1783年）广西乡试中获得解元（第一名举人）。②

　　不过，清朝260多年，壮族地区官办学校发展了，却仍然存在许多空白地区。比如，那地、南丹、东兰土州判、恩隆、恩阳土州判、小镇安、向武州、都康州、镇远州、都结州、佶伦州、结安州、宁明州、思陵州、凭祥州、上下冻州、龙州和云南富州等地，都没有县学或州学。而且，各府、州、县学校收录的学生，人数非常有限，像柳州府学，其入学诸生也不过20名；③ 庆远府的天河县学和河池县学入学者只有2名或3名；④ 归顺是直隶州，其在学诸生仅仅4名。⑤

　　进入府学、州学、县学学习的生员都是有了功名的秀才一类的学生。他们埋头经书，为应试科举而努力。而各地的书院，也是为准备科举而设的。这些有了功名的壮家秀才，习了汉语，识了汉字，领会了儒家"人有三不孝，无后为大"等礼乐、伦理之后，很多人已经视壮族为敝屣，弃之唯恐不及。比如，太平土州（治今广西大新县雷平镇）清朝道光至光绪年间（1821—1907年）科举中试的共25人，其中廪生1人、庠生9人、贡生15人，有谁承认自己是壮族？⑥ 自然，由他们主持编修的各姓族谱，夤缘攀附，其先人都是中原来人。

　　千年浸渍，不变也变，教化的力量是巨大的。20世纪50年代，广西东部、北部、南部且不说了，而广西中部地区的壮族，习俗已经基本化同汉族，所剩的唯有语言。广西上林县巷贤镇某村，居民七个姓氏，有两个姓氏的人操汉语平话方言宾阳土语，其他姓氏操壮语。1951年确定民族成分时，大家都报说自家是汉族，没谁个说是壮族的。主持人无奈，只好宣告："说宾阳话的站一边，说壮话的站一边。"待等大家站靠完毕，他即宣布："讲宾阳话的是汉族，说壮话的是壮族！"此确实简单明了，抓住了要害。许多地区的壮族，旧风已去，习同汉族，身上所存的唯有操说的壮语了。

---

① （清）赵翼：《粤滇杂记》，（清）王锡祺《小方壶斋舆地丛钞》第七帙。
② 《清实录·高宗实录》卷1189—1194。
③ 《大清一统志》卷357。
④ 《大清一统志》卷358。
⑤ 《大清一统志》卷366。
⑥ 黄现璠等：《壮族通史》，广西民族出版社1988年版，第542页。

今宾阳县思陇乡，自可溯的唐代，都属于上林县巷贤乡。其居民为壮族，20 世纪初那里的歌墟还很盛行。自民国 26 年（1937 年）思陇由上林划属宾阳县后，因宾阳县以汉语平话方言为主语，出乡入市、亲友往来，思陇的居民逐渐以宾阳平话为相互交流沟通的语言，从而其语言也以汉语宾阳平话方言为主语了。由于思陇人原为壮族，壮语的语尾一时难变，说话总带着一个"$ŋa^3$"的尾音，因此人们戏称他们是"$ŋa^3$思陇"。

清朝光绪三十一年（1905 年），废除以科举选士的制度，壮族地区行政当局以兴办学堂为急务，在各地建立初小学堂、两等小学堂和各类职业学堂（包括师范学堂），逐步实行新式教育。光绪三十二年（1906 年），时任两广总督的西林县那劳壮人岑春煊指令百色直隶厅当局在百色成立"泗色中学堂"。之后，各地中学堂不管公立、私立也纷纷开办起来。到 1911 年辛亥革命前夕，广西全省共开办了 16 所中学堂。

民元以后，初等小学堂改为初级小学，两等小学改为中心小学，中学堂则改为完全中学或初级中学或高级中学。

中学的设立，是为学生的继续升学做准备。为了解决地方建设的需要，1936 年时任教育厅长的雷沛鸿先生提出"提高民族文化水平，准备基础建设干部"，倡议开设国民中学。它分两个阶段，学制各为两年。一时，广西开办了 67 所国民中学，在校学生最高时达 16600 人，毕业将近 4500 人。

同时，为了扫除青壮年文盲，1927 年广西教育厅通令各县开办平民学校，规定 16—40 岁的失学青年及成人在农闲时节入学读书、习字。

另外，国民党政府广西当局还在边远或偏僻的少数民族地区实施特殊教育。当然，其效并不怎样显著，但对壮族地区往日"能通官语惟村老"[①] 现状的改变，确实起了一定的作用。

在此期间，云南文山壮族地区小学、完全小学普遍地建立了。为了师资培养，各地也开办了师范学校。中学虽属多县合办，毕竟已出现了新学的曙光。

广西新桂系李、白、黄当局为了实现其"建设广西，振兴中国"的宏愿，很重视教育，重视教育的投入。1928 年，广西教育投资占当年全省收入的 10%。这个数字，比当时全国的 1.70%高出 8.3 个百分点；较之当时日本（占 8.20%）、英国（占 7.00%）、意大利（占 6.66%）、法国（占 5.49%）还要高。肯于投入，办学资金较为充裕，因此，广西当局在普遍兴办小学、中学、职业和业余教育的同时，1928 年及其后，又创办了广西大学、广西师范专科学校、广西医学院、艺术专科学校、西江学院等高等院校。在此基础上，又选送了许多有志青年出国留学深造。

广西大学于 1928 年在梧州成立，内设理、工、农三个学院，由知名学者马君武先生出任校长。马校长曾留学德国，获博士学位，学有专长，懂教育，延名师，严弟子，学校办得很有名气，当时即有"北蔡（北京大学校长蔡元培先生）南马"的称誉。广西高等学校的创设与发展，实现了众多壮族有志青年"优学救国"的愿望。

---

① （明）桑悦：《记壮俗六首》，（清）汪森《粤西诗载》卷 16。

第四章

成年·社交

成年，标志着一个人结束少年阶段步入成年时期，可以开展群体习俗允许成年人开展的活动，并承担起相应的社会职责，如交往、恋爱、结婚、组织家庭、生儿育女，承担支撑家庭、支撑群体社会的责任，随时准备着为保卫家庭、家族或社区或群体的利益而赴汤蹈火，甚至牺牲自身。

第一节　成年礼仪

壮群体越人及其后人认为，一个人走过少年时代步入成年时期，在人的一生中是个转折，既要请觋公祝神告鬼，又要有个标志，取得特定的信物，向别人向社会宣告自己的成人。

这个标志，这个信物，就是拔去上颌左右的犬齿。

据西晋张华（232—300年）《博物志》卷2载，"獠"人既长，"皆拔上齿牙各一，以为身饰"。

拔牙，又称为"凿齿"。10世纪末宋朝人乐史《太平寰宇记》卷167记载广西钦州风俗即说，钦州"獠子""椎髻凿齿"。同书卷166也说，邕州左右江羁縻州洞"其百姓悉是雕题凿齿，画面文身"。

《太平寰宇记》卷166说广西贵州（今贵港市）俚人"女既嫁，便缺去前一齿"。这就是说，壮族的先人俚人敲牙与婚姻有关，是姑娘成为媳妇的标识。14世纪初，元朝人李京《云南志略·诸夷风俗》说壮族的一个支系"土獠蛮""男子及十四五，则左右击去两齿，然后婚娶"。前人传风，后人袭俗，至清朝光绪七年（1881年），刘慰三《滇南志略》卷4仍说昭通府的布依族"居多木栅，击齿乃娶"。由此可以清楚，拔牙凿齿，是古代壮傣群体先人越人及其后人曾经流行的一种成人仪式。

或战国或秦、汉时人撰写的《管子·小问篇》载：往日，吴国与干国开仗。干越国有一群"国子"参战心切，邀约而去。由于他们"未龀"（还没换过乳牙），被拒绝了。为了取得入伍资格，他们情急之下拔掉了应拔的牙齿，参战去了。在此场战斗，"国子们"左冲右突，勇猛直前，所立的战功最大。按照人的生理变化规律，六七岁时开始换乳牙，可是六七岁的孩童凭着气力能在刀光剑影的战阵中直往无前地打败敌人吗？《管子·小问篇》所说的"国士未龀"（没换乳牙）可能是没"拔牙"的讹传。没"拔牙"，就是没有举行成年礼仪。写《管子》一书的人是北方汉人，他对吴人的习俗不了解，以讹传讹，就容易搞错了。"拔牙"是人为的，"龀齿"是人体变化的自然更换，二者性质不同，局外人不明内情道听途说就容易搞错。"拔牙"标志成年，没"拔牙"是未成年，没有资格入伍参战。这说明公元前6世纪的干越国人的成年礼是"凿齿拔牙"。那时候，吴国人与瓯越国人同风俗共语言，这是《吴越春秋》和《越绝书》明白记载着的。干越，在今江西省北部。干越国人的成年礼，也就是吴国人、瓯越国人的成年礼。这正与后来的汉文记载说壮傣群体越人及其后人以拔牙为成年标志可以婚娶相吻合。

拔牙凿齿，在世界各地曾是许多人类群体流行过的风格。澳大利亚某些群体，往往把拔牙作为入社仪式的一个组成部分。入社标志着一个人步入成年合入群体，拔牙就是成年必须举行的一种礼仪。越人的拔牙习俗行之久远，福建闽侯县石山遗址和广东佛山河宕遗址出土的人骨都凿齿。[①] 无疑，吴国人和越国人的凿齿习俗承古越人而来，壮群体越人后人"俚獠"人的以凿齿为成年人标志也是传自其先人越人而来。

《新唐书》卷222下《南平獠传》说："乌武獠，地多瘴毒，中者不能饮药，故自凿齿。有宁氏者，世为南平渠帅。"《册府元龟·外臣部·土风二》也说："獠"人"其地多毒物，饶瘴疠。其中毒者，皆口噤不得饵药，故多自凿去其齿，亦称凿齿之民焉"。宁氏世长今广西南部的钦州地区，《新唐书》和《册府元龟》成于宋人之手，反映的是唐代的事情。该二书认为"獠"人凿齿，是便于饮药御瘴的需要，但是作者忘了越"獠"人的传统是"崇尚淫祀，病不服药"，"恶医药而信鬼神淫祀之术"，何况中瘴者不可能一开始就"口噤不能饵药"，所谓越"獠"人凿齿是为了吃药的需要，完全是作者以自我为主的臆测之词，不足为信。

古越人为什么要拔牙凿齿？这可能与原始社会人类的狩猎活动有关。那时候，狩猎是人们最重要的谋食方式之一。自然苍茫，动物遍地，而威胁众兽的是食肉动物。食肉动物为了撕裂食物，犬牙特别发达。长江以南地区，食肉动物主要是虎、豹、熊等。其中，特别是老虎，孔武有力，犬牙张扬，锋利无阻，不愧为兽中之王。谚云："猪鼻子插葱，装象。"古人幼稚，以为狩猎人拔掉上颌左右犬齿，另装上张扬的假牙，施行模仿巫术，即能够像兽中之王老虎那样威胁百兽，提高狩猎效率，轻易而顺利地获得理想的猎物。这种狩猎时模拟猛兽的伪装，后来逐渐定格下来，成为群体成员可以参加狩猎队伍的标志。当时，狩猎是保证群体生存、繁荣的一种重要的谋食活动，参与的人既要有一定的胆识，又要有充沛的气力，这就非成年人不可。因此，拔牙凿齿便成了越人群体成年的礼仪。只有凿掉了上颌两颗犬齿，方才可以参加狩猎，迈入成年人的行列。

男人狩猎，凿齿拔牙也只是男子的成人礼仪。沈莹《临海水土志》所载的夷州（今台湾）人俗，[②] 以及乐史《太平寰宇记》卷166所载的广西贵州（今贵港市）俚人"女既嫁，便缺去前一齿"，可以说是越人女子的成人礼仪，其目的是避免女子嫁入男家后有害于夫家。

---

① 韩信康等：《闽侯县石山的人骨》，《考古学报》1956年第1期；文物编辑委员会：《文物考古工作三十年》，文物出版社1979年版，第328页。

② （三国）沈莹：《临海水土志》，《太平御览》卷780引。

壮族的成年，在十四五岁间。据可见记载，凿齿其俗或流行至明朝年间。成年要拔牙凿齿，扯牙连筋，冲入脑际，痛苦异常，特别是在古代，麻醉药缺，消毒欠妥，常常引发难以预知的后果。因此，一些越人群体便以权宜的办法来取代拔牙。比如，唐代云南傣族的一些群体出现"金齿""银齿"，他们以金或银为"镂片裹其齿"。[①] 明以后，一些地区的壮族以金或银片包裹上颌犬齿，有些富裕人家的子弟则镶上银牙或金牙，这或者是古代壮族人成年凿齿的遗意。

　　近现代，壮族社会已经不存在拔牙凿齿的成年礼仪了。明清两朝，皇家规定土官子弟年满15岁可以正式承袭土官职位，因此15岁便成了壮族成年的标准年龄。虽然旧组织的解体，社区或群体不再要求成年男子参与什么群体性的行为，不再举行任何成年仪式，但一些地区的壮族，似还变相地承袭古代壮族成年的礼仪。比如，他们认为花神主生育，孩子的孕育、出生、成长，都是花神的功劳。因此，结婚几年没见生育，要请道公巫婆来"求花"；生了孩子，要请道公巫婆来"安花"；安花以后，孩子从1岁到15岁，还要请道公巫婆来做7次"护花"或"培花"。最后一次"培花"仪式是在孩子结婚前14岁或15岁的时候。做完了此次"培花"仪式之后，表明孩子脱却了花神的卫护，进入成年期，可以结婚生子了。因此，民国2年（1912年）刊行的《隆安县志》说："习俗相沿，男子至十六岁时，或延道士，陈设香花、果品，拜斗祈年，名曰'还花堂'，即加冠。"而那坡县的姑娘，到十四五岁时要举行"穿裙礼"。在此之前，姑娘唯穿裤子不穿裙。举行"穿裙礼"，表明她告别了姑娘时代已经成人，可以或婚娶或嫁人了。

第二节　社交礼仪

　　在日常生活中，人除了同家庭成员密切相处，相互交往外，还要同群体中的其他成员或自己所属群体以外的群体或个人发生横向的关系、横向的交往。这就是社交。

　　人是社会动物，爱群护群既是天性，也是后天生活环境涵育内化的结果。壮族及其先人历史上的社交礼仪，是以个人、家庭或自己所属群体的利益为中心展开，从而形成或变更的。

一　习用的社交称谓

　　古往今来，壮族对相识或不相识的人，都拉近距离，以血亲的称谓呼之。比如，公元前219年前后在秦与瓯骆的对抗中，被秦兵杀害的"西瓯君译吁宋"，"译吁宋"就是"$po^6ʔjo:i^4loŋ^1$"的译写，其义为"大越首领"。[②] 其中的"po^6"，就是壮语对"父亲"的称谓。

　　一般来说，壮族对相识或不相识的长辈，男以"po^6"（父亲）称之，女以"me^6"（母亲）称之。如果比父亲或母亲年纪更大或威高德隆的，则男尊"po^6ke^5"，女尊为"me^6ke^5"。后来，由于汉语的影响，一些地方的壮语则将"po^6ke^5"改为"$koŋ^1$"（公）

[①] （唐）樊绰：《蛮书》卷4。
[②] 白耀天：《壮族土官族谱集成》，广西民族出版社1998年版，第12—13页。

或"koŋ¹ke⁵",将"me⁶ke⁵"改为"pu²"(婆)或"pu²ke⁵"。据明正德年间(1506—1521年)出任柳州府通判的桑悦《记壮俗诗》中的"姓同处处是华宗,朝甫先加老唤公"句,可知明代壮族一些地区已完成了此一转换。

如果相对的人与父亲同辈而年纪又稍大的男性,称为"luŋ²"(伯父),年纪比父亲略小的,称为"ʔa：u¹"(叔父);女性与母亲同辈年纪的又稍大的称为"me⁶pa³"(伯母),年纪比母亲略小的称为"me⁶nai⁶"或"me⁶sim³"(叔母)。如果属平辈的,不论男女,年纪大于自己的称为"pi⁶"(兄姐),年纪比自己小的称为"nu：ŋ⁴"(弟妹),有时又连称为"pi⁶nu：ŋ⁴"(兄弟或姐妹),自身则谦称为"hoi⁵"。

壮族对相识或不相识的不同年龄段的人都视为血亲,以血亲称谓为轴进行称呼,使对方倍感亲切,消除了陌生,拉近了相互距离,融洽了相互间的关系,便于进一步地交流。

壮族淳朴,对异乡的陌生人,不管是哪一个民族,只要不存歹意,都是当作家人一般亲切相待的。假如你远路而来,路过壮家,想喝一口水,迈进家门,主人必将你当作家里人,热情招呼,盛情款待,拿出家里最好的食物给你享用。你如果过意不去,表示不安,主人便说:"出门在外,路上颠簸,风风雨雨,谁也不能托着个家走远路,哪能方便呢!"

明代著名地理学家徐霞客,历游全国,足迹遍及广西桂林、柳州、思恩、南宁、太平、庆远等府。他跋山涉水,攀峒探幽,认真考察了各地的山川地貌。所到之处,他得到了壮族人民的大力协助和热情接待。崇祯丁丑年(十年,1637年)十月三十日,徐霞客一行来到归顺州(今靖西县)湖润寨南陇村。时已薄暮,村里一位老人见他们远路而来,热情地请他们入屋歇脚住宿,并招呼家人打水盥洗,煮饭炒菜设酒盛情款待。他大为感动,大为感叹:想不到"荒徼绝域,有此人端,奇矣!奇矣!"又过四个多月,翌年(1638年)三月十六日,他到达河池州(今河池市)鬼岩村。他路途劳顿,人困马乏,进入一户民家求宿。"主人韦姓,其老者已醉,少者颇贤,出醇醪醉客,以槽芹为案。山家清供,不意在诸蛮中得之,亦一奇也!"从徐霞客在其《徐霞客游记》中记载的对南、北壮家的三个"奇"字的赞叹中,可以略见壮族对外来客人,不管哪个民族,不管相识与否,都是倾其所有,给予热情的令人感动的款待。

在壮族中,热情好客,尽自己所能帮助别人,是个传统。清朝檀萃《说蛮》载:壮族,"人至其家,不问识否,就具牲(禽兽)醴(甜酒)饮啖",久经不衰。同类(同一族体的人)有无相资(相互资助),一无所吝(吝惜)。①

二 结交朋友

在家靠父母,出门靠朋友。这是汉族流行性的俗语。壮族也是如此认识,很重视朋友的结交。

(一)以歌代言结交朋友

"色丝腰带衬围裙,油笠蛮音唱古温。""古温",就是壮语称"唱欢"为"ku⁶vɯ：n¹"的汉译写字。又清朝朱彝尊《明诗综》说壮人称"唱歌"为"唱欢"。"欢"是壮族谓"歌"为"fɯ：n¹"的汉译写字。"vɯ：n¹"和"fɯ：n¹"不同,是壮语不同方言的

---

① (清)王锡祺:《小方壶斋舆地丛钞》第八帙。

区别。在中国历史上，壮族及其先民善于唱歌，这是有明文记载的。壮族人不仅青年男女以歌择配，而且中老年人也以山歌代替言辞，抒发情怀，选择结交朋友。公元前1世纪刘向在《说苑·善说》中记载有公元前528年长江中游地区越人以歌抒发情怀打动楚王子晰的"越人歌"。据17世纪屈大均《广东新语》卷12记载，壮人寻偶唱歌，劳动唱歌，路上邂逅也以歌声相互邀约。在壮人群中，是无歌不成欢，无歌难交友的。壮族山歌发展到16世纪以后，引物连类，委曲譬喻，可歌可颂，可劝可诫，寓贬褒于其中，"前后起止，皆有章法"，如汉族的格律诗，"少一句不得"，形成了格律化。

17世纪朱彝尊编的《明诗综》所收的《壮女相思曲》："妹相思，不作风流待几时？只见风吹花落地，不见风吹花上枝。妹相思，蜘蛛结网恨无丝。花不年年常在树，娘不年年伴女儿。"这样的诗歌在对歌中唱出来是一气呵成的；能够随口唱出这样的诗歌来，却不是一朝一夕所能成就的，需要经验积累，需要长时间的锻炼。所以壮族无论男女，从小就得学习唱歌。做父母的，也时时以儿女是否能唱歌挂在心上，不断地请人教授、从众学歌；如果自己的儿女成年了，每每与人比歌，总不见赢，也觉得脸上抹不开，比人矮了半截。这种民族心理积淀，使壮族的以歌代言结交朋友传统得以代代传承。

（二）送上槟榔笃友情

"未省谗言遭薏（苡），直将空腹傲槟榔"；① "驿吏煎茶荚萸浓，槟榔口吐猩血红"；② "细嚼槟榔血点红，花布抹头是壮老"。③ 这都是说宋、元、明间的壮人，喜欢咀嚼槟榔。

虽然，明朝人曹学佺《桂林风谣》说"不住槟榔嚼，相传好避岚。喉干如转磨，叶响似喂蚕。弃地皆脂泽，逢人若醉酣"，④ 从外来汉人的视角力斥嚼槟榔的自苦、不雅和丑态，但是历史上壮人及其先人却视槟榔为不可须臾或离的宝物。"宾至不设茶，但呼槟榔。"⑤ 壮人平日交往，固然以槟榔待客，表示礼敬，如果路上相逢，交谈契合，依依难舍，也以槟榔相赠以志不忘。

壮人嚼槟榔，以槟榔待客、相赠，历史久远。元朝李京《云南志略·诸夷风俗》说："金齿百夷"（今傣族）"以槟榔、蛤灰、茯留叶奉宾客"。明朝景泰《云南图经志书》卷3也说："百夷"（今傣族），"以槟榔致礼。其地多瘴疠，山谷产槟榔，男女暮以蒌叶、蛤灰纳其中而食之，谓可化食御瘴。凡亲友或往来宾客，辄奉啖之，以礼之敬。盖其旧俗也。"壮、傣二族虽同一来源，同操一个语支语言，但汉朝初年已经分化各自发展。他们的喜嚼槟榔、以槟榔待客为风气习俗，当源自壮傣群体先人越人时代。

《宋书》卷42《刘穆之传》载，东晋（318—420年）末年，京口（今江苏南京市）人刘穆之家贫，常乞食于岳家。岳家人很瞧不起他。一天饭后，刘穆之请求妻兄弟给他一点槟榔。妻兄弟奚落说："槟榔是消食的，你肚里经常空空如也，怎么也需要这个东西？"这是对刘穆之人格极大侮辱的一件事。他牢记在心，成了激励他前进的动力。后来，刘穆

---

① （宋）孙觌：《到象州寓行衙太守陈容德携酒见过二首》其一，（清）汪森《粤西诗载》卷14。
② （元）陈孚：《邕江》，（清）汪森《粤西诗载》卷6。
③ （明）桑悦：《趁墟》，（清）汪森《粤西诗载》卷16。
④ （清）汪森：《粤西诗载》卷12。
⑤ （明）王济：《君子堂日询手镜》，《说库》，浙江古籍出版社1986年版。

之做了丹阳太守，热情地请他的妻兄弟来吃了餐饭，饭后叫人用饰金盒子分装一斛（约合50公斤）槟榔给他们。这说明4、5世纪的时候，江、浙一带的人仍然喜食槟榔，并以之送礼。今江、浙地区，秦、汉及其前，是越人分布的地方。东晋时当地人喜食槟榔，并以之送礼，是越人固有习俗的传承。

晋朝嵇含《南方草木状》说，壮群体越人后人以槟榔"为贵，结婚会客必先进。若邂逅不设，用（因）相嫌恨。"南北朝《南中八郡志》载："槟榔大如枣，色青似莲子。彼人以为异，婚族好客，辄先进此物。若邂逅（相遇）不设，用（因）相嫌恨。"[1]《九真蛮獠俗》说："九真獠，欲婚先以槟榔子一函诣女（送给女方），女食即婚。"这些记载，道明了自晋、南北朝以下，壮群体越人及其后人自己既以蛤灰、蒌叶纳入槟榔中咀嚼，又将槟榔作为待客交易的物品，并介入婚姻中，成为聘礼的至关重要的礼物。"一颗槟榔红又红，恭喜新娘胜蛟龙。"壮族待客上槟榔，交谊奉槟榔，议婚献槟榔，聘定送槟榔，婚宴请客凭槟榔，恭祝姻缘用槟榔，整个社会生活中，无处不洋溢着槟榔的芳香。

壮族怎么会将槟榔作为友谊的象征、婚姻的信物？民间有个这样的传说：古时候，一家兄弟俩，父母早亡，因为家贫，弟弟远走他乡谋生。后来，弟弟在他乡勤奋劳作，生活安定，聘定结婚。他不忘记在家乡的哥哥，约他前来参加婚礼。哥哥知悉消息，兴奋莫名，带上礼物，迅即起身。他跋山涉水，穿林越嶂，足量行程，紧赶慢赶。由于路途遥远，在途中哥哥染瘴病死了。弟弟闻讯，前去哭坟。他与哥哥一母同胞，长年相违，相会梦绕，今却人鬼两途，哭得好不悲伤。晚上，哥哥托梦给他说："今后请人赴约，应先送上槟榔，消食辟瘴，免得以后又有人像我一样猝死路途。"从那以后，人们凡请人庆吊，都以槟榔为礼；没有槟榔，便不赴会。

自遥远的古代，迄于20世纪50年代初，几千年中，以槟榔为友谊的象征，婚姻的信物，在壮族及其先民生活中一直盛行不衰。即使后来汉族人居大多数的桂州（今广西桂林市），明末清初，其"婚姻吊祭"，仍然是"以槟榔为礼"。兴安县人，"凡馈（赠），以槟榔为先"。

（三）结同年，共祸福

结同年，壮族原称为 ku^6hom^4，后称为"做同"。"同"是借汉语词。这是壮族的一种社交方式，是人们寻找帮助，觅求依靠的办法。

壮族的结同年，有少年时期和成年时期的结同年也有青年时期结的异性同年。

少年时期的结同年，一是权在家长，由父母择定，不是结同年人的主意；二是使少兄弟姐妹或病弱者能有别人帮衬做伴避鬼驱邪，健康成长；三是结同年的双方，虽不论其是否同月同日生，却要论其是为同年人。这在前面已经说过。

青年时期男女间的结同年，这个同年虽系自己选择，但只存在于男女间的同龄人中，其实际就是情人，保持一个时段，并不是结了同年以后至死不变。

张邵振康熙《上林县志》载："少妇于春时三五为伴，采芳拾翠于山椒水湄，歌唱为乐。少男亦三五为群，歌以和之。相得者，男即备纺车、彩扇、画伞及簪珥、环钏以赠，妇人亦视其厚薄，答以衣、冠、巾带、草履之类，谓之拜同年。复另择吉期，传之各壮。

---

[1] （宋）李昉：《太平御览》卷971《槟榔》引。

至日，妇家设馔具，携酒榼（盛酒器具），齐集通墟，与相得少年大嚼剧饮。薄暮，挽手邀入其家，留宿三夕。然后，牵别士女狂走，如云震动，以千百计，谓之会同年。"此类同年，无疑是壮族古代实行婚后不落夫家，已婚女子即"妇人"在娘家的时候所寻找的情人。所谓"会同年"，就是情人相聚。

又清朝嘉庆间赵翼《粤滇杂记》说，壮族"男女相结，谓之拜同年，又谓之做后生。多在未嫁娶以前，谓嫁娶生子，则须作苦成家，不得复为此游戏。是以其俗成婚虽早，然初婚时夫妻例不同宿。婚夕，其女即拜一邻妪为干娘，与之同寝。三日内，为翁姑挑水数担，即归母家。其后，虽亦时至夫家，仍不同宿，恐生子即不能做后生也。大抵廿四五岁以前皆系做后生之时，女既出拜男同年，男亦出拜女同年。至廿四五岁以后，则嬉游之性已退，愿成家室，于是夫妻始同处"。① 郑湘畴民国《平南县志》也说："每年正月内，（壮人）必往各村之庙宇附近空阔处所，男女聚会，攒族成堆，唱歌互答。或以环钏、巾帨、槟榔等物相遗赠，谓之契同年。"这说明壮族男女间的结同年，是女子结婚以后不落夫家期间所结交的情人。女子怀孕落夫家以后，此种"同年"关系即告结束。这就是壮族女子结婚未落夫家时，"当其与野郎（男同年）共室也，本夫至家，反以奸论；及其于归夫家也，野郎（原来的男同年）至，亦以奸论"。②

作为社交方式之一的"做同"，是壮人成年以后男女同性间的结同年。结同年，是在日常生活中相交契合、情感至深的相合，是当事者双方志愿的，不是出于哪一方逼迫。他们双方不论各自的生年生月生日，一般年龄相仿即可结成老同。同年一结，除非特殊情况，关系维持至死不变，即使有一方生命终结，活着的一方对死的一方的家属仍有照护的责任。所以，民国时魏任重修《三江县志》说："打同年，亦曰走同年。壮、侗、苗之男女皆喜就其同庚者，男与男、女与女相契结，故亦称结老庚。皆密逾亲谊，互相走往。壮人则年节以猪肉、糯米粑粑为礼相赠答，能久远而不渝。"

历史上壮族人淳良，交友诚实，一诺千金，信守诺言。所以，外地商人一入壮族地区，便根据壮族淳朴、重然诺、愿牺牲、忠诚可靠的性格，与当地相知的壮人结拜同年，以便行商方便，在当地有个照应。明朝正德年间（1506—1521年）在柳州府做通判的江苏人桑悦，其《记壮俗诗》将"惯结同年是熟商"作为壮族的特殊风俗之一，③ 可见其事的典型。

壮族情投而合，率性而交，这是个传统。早在西晋时，周处《风土记》即说："越俗性率朴，意亲好合，即脱头上手巾、解腰间五尺刀以与之。为交拜，亲跪妻定交。有礼俗，皆当于山间大树下封土为坛，祭以白犬一、丹鸡一、鸡子三，名曰木下鸡犬五。其坛地，人畏不敢也。祝曰：卿虽乘车我戴笠，后日相逢车下揖；我虽步行卿乘马，日后相逢卿当下。"④ 脱头巾，赠腰刀，跪妻定交，拜树神盟誓，富贵不忘，贫贱不易，这就是壮族古代拜同年的仪式。

---

① （清）王锡祺：《小方壶斋舆地丛钞》第七帙。
② （清）诸匡鼎：《瑶壮传》，（清）王锡祺《小方壶斋舆地丛钞》第八帙。
③ （清）汪森：《粤西诗载》卷16。
④ 《太平御览》卷406《叙交友》引。

三　日常交往

在日常生活中，人们相互交往，也有个约定俗成的惯例。大家不约而同各自遵守，才能使社区或群体平静均衡。

（一）结草标

在壮族地区行走，路途中常常在路口、田间、地角看到一些用茅草或芒草结成牛角形的草标。这是一种标志，标志此地已做什么处理或物已有归属。

1. 粪标

牛粪是壮族农家非常珍贵的肥料，一旦在路上遇到，必然随手将它铲起放入近处自家田里或随身带上。但是，由于手不带工具或因他事急着赶去办理，不便拾起，便在牛粪上插上草标或一丛树枝叶，标明此粪已有所属，别人不宜再动。

2. 田标

田里种上了作物或水田播下了种子，人们便在田头显眼处插上草标，告诉他人，不要让鸡、鸭、牛、羊入田践踏，否则造成损失，由禽畜主人负责赔偿。

田标的设置，由来已久。《太平御览》卷900《牛下》引《广州先贤传》说，邻家的牛常常进入罗威的田里吃食禾苗，既不能打，又伤了自家的禾苗。罗威无法，只好偷偷地将牛牵上来拴在牛主家的门上。拴了几次，牛主感到奇怪，不知是谁搞的。经过广泛打听，才知道缘由。于是，他向罗威赔礼道歉，"自后更相约"，注意牛犊的放养，"不敢复侵"罗威田里的禾苗。《广州先贤传》为唐以前人的著作，"自后更相约"，不让牛犊践踏伤害人家田里的禾苗，当是壮族先人社会中田标设置的由来。

3. 山标

秋高气爽，田禾收割完毕之后，壮族家家上山割草砍柴，以备下一年的烧煮。当山地上一片柴草割了砍了，但没有割完或砍完，还要再割再砍，就在该片山地的入口处结个草标，说明该片柴草已属他人。别人看到草标，也只好另觅他处。有时割下的柴草多了，一时也搬运不了，便堆积起来，插上草标，标明该柴草堆不是无主柴草。

4. 鱼标

霜冻时节，或炎炎热夏，人们在河边上堆砌石头，上铺以树枝、稻草。鱼避寒冷或毒热太阳，常蹿入草堆中藏匿。于是，渔人据此趁机轻易捉获鱼类。渔者在稻草堆上打个草结，别人也心知肚明，不去触动。

（二）亲邻相助歌迎鬼

这是明代桑悦《记壮俗诗》中的句子。这一诗句道出了壮族中如有哪一家迎神祭鬼的时候，亲戚比邻闻风而动，纷纷送来禽畜等礼物相助，并到场中且歌且舞共相娱鬼。

亲戚比邻，有事大家相帮相助，这是壮族传之久远的传统。清朝人檀萃《说蛮》道壮人"同类有无相资，一无所吝"，[①] 由此可见一斑。清嘉庆年间（1796—1820年）赵翼任镇安知府，他的《粤滇杂记》说镇安府壮"民最淳"。"此中民风比江、浙诸省，直有

[①] （清）王锡祺：《小方壶斋舆地丛钞》第八帙。

三四千年之别。余甚乐之，愿终身不迁。"① 他所说的"最淳"的民风，就是壮族"村民互助互力"。"春耕通力合作，田亩多寡勿较也。秋收亦然。"② 大家"互助互力"，"有无相资，一无所吝"，所以壮家虽"富无千金"，却"贫无乞丐"，"不苟偷"。③《古今图书集成·职方典》卷1443《南宁府风俗考》说壮民："不习浮靡，不为漫游，不事奇玩，衣服饮食，咸从俭朴。贫不雇工，饥不乞丐。"这五个"不"字，形象地描述了历史上壮族俭朴善良，古风淳厚、相互帮助、相互接济、各安其生的社会状态。

（三）猎物"均分示至公"

壮族以农为本，但自古及于20世纪前期，渔猎也是家庭经济的补充成分。"牵犬登山乐事多"，④ 壮家在农闲时节相互邀约上山打猎，既有猎物可得，享上口福，也不失其为一种乐趣。

壮人狩猎，出发前先祭茅郎。据说，茅郎是猎神。茅郎，无所谓神台，其位置或在屋角，或在栅栈下面。猎手们敬祭茅郎，是祈求他保佑狩猎能有所获，狩猎者平安归来。狩猎所得猎物，除射中者多得一个头之外，其他是见者有份，平均分配，即使是小孩或猎狗也不例外。

除了打猎，凡是从外面得来的财物，分配也都是持着见者有份、平均分配的原则。明朝桑悦《记壮俗诗》中"只将劫夺为生理，亦以均分示至公"的句子，即表现了这样的分配原则。

这是从原始社会传承下来的平均分配的习俗，壮族中迄于20世纪初仍是如此。

（四）交易重神誓

古代壮族，认为没有什么东西可以离开神秘性质和神秘属性而被感知的。因此，壮人凡遇到争论或疑猜时，都要对神发誓，才能取信于人。直到现在，壮族农村中仍然见到争论双方互质对方所言是否诚实可信，常说："你敢不敢对神发誓？"19世纪以前，壮族人交易做买卖，也普遍实行神誓以取信。

据明朝人魏濬《西事珥》卷3《木刻》的记载，壮族人买卖交易，唯恐被人诳骗了，交易之前，双方必须对着神灵举行信誓仪式。壮人诚实淳朴，一经神誓之后，交易双方都信守誓言，不敢稍有违背："夷人交易无文券，止用木刻。此意殊古，然夷人信誓信神，交易必就神誓，故无爽易者。"

（五）焚"借草以避鬼"

云南人刘文征天启（1621—1627年）《滇志》卷4《旅途志》载，镇安州纳桑箐（在今那坡县）"径路仅容一人，其上皆腴田。行人野宿田中，侵晨起行。寨夷必焚其借草，以避鬼"。"寨夷"，指居于其地的壮族；"借草"，指过路客人晚上用来铺垫睡觉的稻草。为什么要将路过客人睡过的借草烧去？其目的就是辟除客人留附于借草上的鬼邪。

客人离开焚其借草以避鬼，看起来似与壮人好客的习俗相悖。其实，这是两码事，犹

---

① （清）王锡祺：《小方壶斋舆地丛钞》第七帙。
② 光绪《镇安府志》卷4。
③ 《古今图书集成·职方典》卷1402《桂林府风俗考》。
④ （明）桑悦：《记壮俗诗》，（清）汪森《粤西诗载》卷16。

如今天我们的海关，不让附着恶性病菌的货物进入，并没有损害我们的进口贸易及我们与各国的友好关系一样。

古代壮族的观念认为，人分为灵魂和具体形骸两个部分，灵魂可以依附于形骸，也可以游离于形体之外。出远门的人，因为路途遥远，经过的地方，各地景致不一，山河重阻，人的灵魂或贪恋别地景致，或为其他鬼魅所迷惑勾摄，人走了，其灵魂或还逗留于原地，成为孤魂野鬼，为害于当地，因此要焚其借草以避鬼。

人出远门，灵魂可能会离开形骸，因此对远行归来的人，壮族又有"收魂"仪式。据南宋范成大《桂海虞衡志》记载，"收魂"仪式就是家里人请来一位巫师，让他提着一个篮子去到离家30里外的地方迎接远方归来的人。篮子里盛着归来男人妻子的内衣。两方相遇，巫师一阵喃诵后，由巫师在前引导远方归人返家。

"收魂"看似是个人的事，实际上又不单单是个人的事。如果不将逸走的灵魂收回来着于其形骸，不仅魂不附身难健，而且逸走的灵魂无处着落，成为孤魂野鬼，四处乱窜，为害他人，为害家乡。

（六）"断肠"舍身

不可讳言，历史上，壮群体越人及其后人的社交有一点是不可忽略的，这就是遇事轻生，舍身以诬人。三国时万震《南州异物志》说，俚人"若邻里有负其家债不时还者，其子弟中愚者谓其曰：'我为汝取钱，汝但当善殡葬我耳！'其处多野葛，为钩挽数寸，径到债家门下，谓曰：'汝负我钱不肯还，我今当自杀！'因食野葛而死于债家门下。其家便称宛（冤），宗族人众往债家曰：'汝不还我钱而杀我子弟，今当击汝！'债家惭惧，因以牛犊、财物谢之数十倍。死家乃自收死者罢去，不以为恨"。

又明朝李时珍《本草纲目》卷17《钩吻》载："李石《续博物志》云：胡萝草，出二广。广人负债急，每食此草而死以诬人。"李石是宋人。胡萝草，就是断肠草。清初屈大均《广东新语》卷27《毒草》所载的"高（治今广东高州市东北）、雷（治今广东雷州市）间人，有仇怨者辄茹之（指胡蔓草）。……讼于官，以人头钱偿，则不终讼。人头钱者，被诬之人以钱抵命也"，或可作《续博物志》所说的"广人负债急，每食此草而死以诬人"一句的注释。

借债还钱，这是古今不改的成例，但壮族中一些负债人赖着不还，债主无奈，其兄弟顿冒轻生之念，到负债者家门吞食断肠草以自尽，迫令负债者不仅偿还所欠的钱，还需给死者赔上人头钱，落个有苦无处申。

南宋，周去非《岭外代答》卷8《胡蔓草》载："有藤生者曰胡蔓。叶如茶，开小红花，一花一叶，揉其叶渍之水，涓滴入口，百窍溃血而死矣。愚民私怨，茹以自毙。"

元代《郁林州图经》载："愚民喜斗轻生，一语不平则服毒草而死。盖以一死而诬斗者。世所谓胡蔓藤，亦呼断肠单，岭南皆有之。官府禁之，其在令甲、监司、守长。非不告诫，奈冥顽难化，忿而食之，有如舐蜜。此，俗之大不淑也。"[①]

明代，《梧州府志》载：梧人"性顽悍而轻生，凡遭粮避差与睚眦小怨，即投山服毒。妖草名胡蔓，一名断肠。羊血、熊胆急灌之或苏，迟则无幸矣。讼师搬弄，破家产，

[①] 《永乐大典》卷2339梧字引。

寻相累毙。"迄于清朝前期，许多地方的壮人遇事服毒轻生以诬人之风，仍然没有改变。上林县知县张邵振康熙《上林县志》载：壮人"倘与人仇隙，虽睚眦必报，不惜身命。或先服断肠草或蓝靛草根，急奔仇家，取水立饮，顷刻毒发而死"。《古今图书集成·职方典》卷1443《南宁府风俗考》也载，永淳县（治今横县东峦城镇）人"一有收租取债及夫妇争论口角，忿激辄服毒图赖，沿而成风，无能禁也"。

从可见记载的三国至清朝前期，时间跨度近1400多年，壮族中流行以取债、舍身捐身消债、因仇而舍生诬陷对方的风习，导致心胸狭窄、目拓不宽以及暴躁性气的形成，无疑会增加社会的不安定。

（七）洗面

由于壮族社会发育不充分，而且新的来了旧的未去，往往会沉积下来成为一种顽固的习俗。比如各群体间甚至家族与家族间，恩怨仇恨，血亲复仇此了彼结，绵绵延延，即是如此。

康熙《荔浦县志》卷3载：壮人"出入必执弩刀，虽睚眦必相击以为快。稍冤抑，则植树于家，以誓必报。彼此相寻，数年不解。"清人闵叙《粤述》载："本类相仇，纤芥不已，虽屡世必复。误杀者，以牛畜为偿，数十头乃至百头，曰人头钱。"王锦乾隆《柳州府志》卷11仍说："各乡狼土，户多勤俭。然尚鬼信卜，好杀易仇，则结习未除。"由此可知，自原始社会后期以来至清朝中期，血亲复仇，相互械斗，在壮族历史中是一个影响社会进步、人民安宁的因素。

壮族"有不平则椎牛纠众仇杀，数年不解"。① "每有仇，先击牛会众。但吃牛一块者，即为其兵。卜于鸡匠而行。"② 这说明，壮族的复仇，不完全是单个人或单个家庭的行动，甚至也不完全是单个家族在行动，而是邀来朋友或别的群体相助举行，以壮行伍，以保胜利。

战斗结束，主事者必须对邀来的朋友或别的群体以几头或几十头牛和一定数量的酒送上，以表示感谢，祭奠他们崇奉的鬼神。这叫作"洗面"。明朝桑悦《记壮俗诗》中的"通情洗面只偿牛"，即是就此而言的。

（八）"刻木传村"

壮族有语言没文字，通常以汉语为交际语言，以汉字为交流思想、沟通情感的工具。但是，"能通官语惟壮老"，③ 广大壮族群众能通晓汉语的就很少了。至于汉字，作为另一种民族文字，既不晓其语，要识得其字并进行应用就更加难了。有些壮人，"少肆儒业，间有识字者即为师巫"，④ 以识汉字为谋职求食的一种取食手段。由他们以汉字或根据壮语的特殊音读用汉字的偏旁组成一些方块字，编撰巫经、道经和山歌以应对不识汉字的壮人。因此，在一些偏僻的壮族地区，时至20世纪初期，壮人"不识汉字，生人登记年岁之法，每人备一竹筒，每年至十二月三十日夜，捡一小石块投入筒内以纪年岁，名曰筒。

---

① 民国《永福县志》卷3。
② （清）汪森：《粤西丛载》卷18引《怀远县志》。
③ （明）桑悦：《记壮俗六首》，（清）汪森《粤西诗载》卷16。
④ 民国《岑溪县志》。

欲知年龄，将筒倒出数之。儿小由父母登记，长大自身管理。自与汉族杂处后，请汉人代登记，始有日时。"①

由于广大壮族群众不识汉字，有事无从以文字传递消息，因此，在19世纪及其以前，壮族中有款约（区域性协约）关系的村庄之间，如有事需要互相通报，都是用木制或竹制的片条刻上相应的符号；如果事情紧急，则在其上烙上火印，派专人传递。明朝人桑悦《记壮俗诗》中的"木刻传村别有谋"诗句，反映的就是这方面的情况；清朝康熙年间（1662—1722年），汪森《粤西丛载》卷24《壮》引《永福县志》载壮人"不识文字，有事刻木通信；事迫，用火灼之以示急"，说的也是这方面的情况。

明人魏浚《西事珥》卷3《木刻》载："夷人有仇欲复及掠其村，约某日集众举事，先期誓众，刻木于山之高处，谓之插牌。侦知者，亦得预为之备。"这道出了壮人的坦荡，在己方誓众复仇的同时，也插牌于高山，预警对方，标示其明人不做暗事。

四 释怨解仇

《隋书》卷31《地理志》载，壮族的先人"巢居崖处，尽力农事，刻木为符契，言誓则至死不改。"但是，他们"每忿怒则推刃，同气加兵"，② 相互间往往结成仇怨。因此，如何释解已经形成的仇怨，也是壮族社会交往方面的一个重要内容。

（一）槟榔释怨

在壮族中，槟榔不仅是友谊的象征，致信的礼物，也是怨恨的冰释物品。凡平日意气用事，争一时之胜，恶言相争，拳脚相向结下怨仇的，只要事后心平省悟，无理的一方捧着槟榔上门道歉，就可以使已经形成的怨仇冰释，相互间和好如初。所以，壮族民间流传有"千仇万恨，槟榔解怨恨"的俗语。

（二）山歌解仇

在壮族中，唱歌既是结识朋友、寻觅情人，对朋友发表意见、抒发感情的工具，也是解仇的武器。

民国年间刘介（刘锡蕃）《岭表纪蛮》载："桂西北一带之土人，如有两村以上发生重大之隙怨，亦尝以歌战代械斗。斯时，两寨男女排列战场，交迭唱歌，互相谩骂，其点揭透辟，尖锐苛刻，有非语言所能形容者。如胜负不分，傍村出而和解，亦以唱歌相劝。以歌代斗，亦趣闻矣。"③

20世纪20年代末，共产党人韦拔群为了发动东、巴、凤的壮、瑶、汉等民族起来进行土地革命，推翻国民党的统治，即充分发挥了唱歌的解仇消怨的作用。多民族共处一地，文化的不同，风俗的相异，少不了发生碰撞，产生矛盾，出现裂痕，存在仇恨。韦拔群和他的同志们为了消除各民族间往昔存在的隔阂，走出仇怨的阴影，团结一致跟共产党走，就深入民众中，利用歌谣，劝说群众，消除矛盾。从此，也可以知道唱歌对解仇消怨的巨大效用。

---

① 黄文观：民国《凤山县志》上册。
② 《宋史》卷495《抚水州蛮传》。
③ （清）刘锡蕃：《岭表纪蛮》，商务印书馆1934年版，第156页。

(三) 对刀终恨

据明朝邝露《赤雅》记载，17 世纪以前，壮族民间个人与个人间如果情感破裂，矛盾加剧以致势不两立，解决的办法之一就是"对刀"。"对刀"，就是决斗。决斗开始之前，双方对鬼神盟誓，保证光明正大，不暗地里搞诡计，然后进行决斗。决斗先是相互远投标枪。各人背负盾牌保护，按双方协议各投多少枪。标枪投完，双方都没有损伤，是没有分出输赢，便各自挺刀上前以刀决斗，这叫"对刀"。"对刀"要决个输赢，否则不罢休。经过决斗之后，输者定为理屈，从此在社会上的地位比胜者矮半截，凡事都要让赢者一步，不能再在赢者面前逞强。

(四) 陪头了冤

《魏书》卷 101《獠传》载："獠"人"至于忿怒，父子不相避，惟手有兵刃者先杀之。若杀其父，求得一狗以谢其母。母得狗谢，不复嫌恨。"这是史书关于"獠"人杀人以陪头物谢罪见之最早的记载。

壮群体越人及其后人，父子何以如此情薄？原因就是其母系社会发育不充分，人的观念意识还停滞于原始社会母系氏族阶段上所致。《古今图书集成·职方典》卷 1415《庆远府风俗考》载"其伦，则父子无亲，姑媳两别，形同冰炭，触之便讧（相斗）"，就是此种情况的说明。因此，关于壮族先人父子间缺少亲情的记载历代屡屡见之："父子别业，父贫，乃有质身于子"；①"父子别业，父贫则质身于子，去禽兽无几"。②

错杀其父，以狗谢母，这就是明人桑悦《记壮俗诗》所说的"杀人每讲陪头物"。

壮人"稍冤抑，则植树于家，以誓必报"。③"报怨，则集众，操戈椎牛。食其片肉，即不惜一死以相从"，④拼命前行，"至死不改"。⑤ 但人多自有眼花者，看不准真正的冤家而误杀了人。错杀了人，这是不能原谅的。为了避免招来新的仇家，"误杀者，以牛畜为偿，数十头乃至百头，曰人头钱"。⑥ 当然，如讲定赔偿十头牛，不一定是十头牛，凡是羊、猪等家畜也可以算作牛。所以，桑悦《记壮俗六首》其五句说："杀人每讲陪头物，有数从来实不孚。"

---

① 《隋书》卷 31《地理志》。
② 《宋史》卷 495《抚水州蛮传》。
③ 《古今图书集成·职方典》卷 1426《平乐府风俗考》。
④ 《古今图书集成·职方典》卷 1421《思恩府风俗考》。
⑤ 《隋书》卷 31《地理志》。
⑥ 《古今图书集成·职方典》卷 1426《平乐府风俗考》。

第五章

婚　　姻

在壮族婚姻发展史上，根据记载和民族学资料追溯，经过了群婚，以丈夫为中心的家庭为主流与从妻居家庭共存的夫妻婚姻，最后发展成为凭父母之命，媒妁之言的一夫一妻制婚姻。

第一节　以夫为中心婚制

《墨子》卷6《节葬下》载："昔日，越之东有輆沐之国者，其长子生，则解而食之，谓之宜弟。其大父死，负其大母而弃之，曰鬼妻不可与居处。"墨翟，又称为墨子，约生于公元前473年，死于公元前392年，为春秋、战国之际的思想家。《墨子》成书较晚，为墨子的弟子或再传弟子辑录墨子的言行而成。该书所记的"越之东"的"輆沐国"解首子而食及夫死妻为鬼妻的习俗，当为春秋、战国及其前的事实。"輆沐国"位于越之东，当为壮傣群体越人的部落。后来的记载，"解首子而食之"的风俗，见于《后汉书》卷116《南蛮传》乌浒人的"啖人国"；而夫死为鬼妻，无以为嫁的风俗，明末清初壮族、傣族都有承传。这在前面的教育部分中已经说过。

"解首子而食之"以及"夫死妻为鬼妻，不可与居处"二事，揭示了当时壮傣群体越人在没有分化各自独立发展以前，其群体社会中已经出现了男娶女嫁、妻从夫居、以男子为主体的家庭。

考古学资料也说明《墨子》记载的真实无伪。距今4000年前的增城县金兰寺新时代晚期遗址、广西钦州独料新石器时代晚期遗址发现以手捏制的陶祖，[①] 邕宁坛楼新石器时代晚期遗址中也发现了石祖。陶祖、石祖，是人为的男根。人们特意制作男根，道出了那个时候壮傣群体越人社会中已经出现了男性崇拜。这是社会以男子为中心以后方才形成的。男性崇拜的形成，说明在中原殷、周时代，壮傣群体越人社会已经超越母系氏族社会步入父系氏族社会。

男娶女嫁，妻从夫居，家庭以男性为中心，这是对普那路亚婚制的超越，代表了壮傣群体越人社会婚姻制度发展的主流趋势。那时候，有"鬼妻不可与居处"的观念和行为，却没有死了妻子的丈夫的"鬼夫不可与居处"的存在，说明在壮傣群体越人社会中男子、

---

① 广西文物队、钦州县文化馆：《广西钦州独料新石器时代遗址》，《考古》1982年第1期。

女子的地位已经大为不平等。

但是，壮傣群体越人社会父权制超越于原始母权制，不是在母系氏族婚制得到充分发育之后父系氏族婚制方才孕育瓜熟蒂落而完成。先天的不足，虽然在壮傣群体越人社会里出现了代表历史发展方向的男娶女嫁、以男子为中心的家庭，由于母权制势力还十分强大，在婚姻、家庭方面男子不得不对女子作诸多的让步，比如青年女子可与男子一样平等地选择配偶，实行倚歌择配，实行不落夫家婚制，可以在不落夫家期间有与丈夫之外的情人结合的后生期，可以女娶男嫁、夫从妻居等。

这样，由于母系氏族婚制没有得到充分发育和父系氏族婚制的先天不足，在壮傣群体越人社会父权婚制超越原始母权婚制以后，壮群体越人及其后人社会在长时期的发展过程中，其婚姻一直存在三种共存的现象。

一 父子情薄与舅权制共存

东汉杨孚《异物志》载：乌浒"无亲戚，重宝货，卖子以接衣食。若有宾客，易子而烹之"。[①] 三国万震《南州异物志》载：俚人，"俗蠢愚，惟知贪利，无仁义道理，土俗不爱骨肉而贪宝货及牛犊。若见贾人（商人）有财物、水牛者，便以其子易之"。[②]《魏书》卷101《獠传》载："獠"人"性同禽兽，至于忿怒，父子不相避，惟手有兵刃者先杀之。若杀其父，走避，求得一狗以谢其母。母得狗谢，不复嫌恨。……亲戚比邻，指授相卖。……亡失儿女，一哭便止，不复追思"。《隋书》卷31《地理志》载："父子别业，父贫，乃有质身于子。诸獠皆然。"《册府元龟·外臣部·土风二》载："獠"人"迭相掠卖，不避亲戚"。《太平广记》卷483引唐朝孟琯《南海异事》载："南海贫民妻方孕，则诣富室指腹以卖之，俗谓之指腹卖。或己之子未胜衣，邻之子稍可卖，往贷取以鬻。折杖以识其短长，俟己子长与杖等，即偿贷者。鬻男女如粪壤，父子两不戚戚。"《宋史》卷495《抚水州蛮传》载：蛮人"每忿怒则推刃，同气加兵父子间。复仇怨不顾死。……亲戚比邻，指授相卖。父子别业，父贫则质身于子，去禽兽无几"。这些记载，都是见于汉、三国至唐、宋时期人们关于壮群体越人及其后人父子情薄、似无骨肉相连、胜如外人的记载。

父子情薄，这是母系氏族婚制所成就的。在壮群体越人及其后人社会自汉、三国迄于唐、宋一千多年的发展中，由于它又有男子入赘这样的土壤以及"父子无亲、姑媳两别"这样久久不行消失的意识观念和价值取向在背后支撑，父子情薄这种伦理状态和道德观念便一直延续下来。

千百万人形成的习惯势力，是可怕的。这表明在壮群体越人及其后人社会中，父权制虽然已经确立，但母权制势力仍十分强大。在这种情况下，男子为了从女子那里夺取对子女拥有至高无上的权力，强化父子情结，加深父子间的依赖亲和，改变父子间业已存在的情感危机，实行了产翁制：妻子分娩后三天，丈夫便让她洁身下地干活，服侍自己；自己则按产妇模样上床坐褥，接受饮食等方面的照顾。

---

① （宋）乐史：《太平寰宇记》卷164引。
② 《太平御览》卷785《俚》引。

此种产翁习俗，在壮群体越人及其后人社会虽始见于唐朝人尉迟枢《南楚新闻》[①]和房千里《异物志》[②]的记载，但从与壮族同源异流的傣族迄于清朝乾隆年间（1736—1795年）仍保留有产翁习俗，[③]而壮、傣二族分化各自发展是在西汉初年，说明在西汉初年之前，即距今4000年前的壮傣群体越人社会父权制确立之际已经存在产翁的习俗。

壮族丈夫坐褥最晚的记载，见于清朝乾隆年间袁枚《子不语》卷21《产公》条，说那时广西太平府（治今广西崇左市太平镇）"獠"人仍实行产翁习俗。壮族社会的男子为了加深父子间的亲和情感，强化父子间的情结，可说花了几千年的时间。此中的改变，可能始于元朝。《永乐大典》卷8507宁字引《元一统志》说：《太平寰宇记》及邕州《图经》载壮人"虽父子兄弟之间，言稍不顺，递相仇杀。归附以来，德化所被，稍改旧习"。这也许是真实的。因为进入明朝以后，关于壮族父子情薄的记载已经少见或不见。《永乐大典》卷8507宁字引洪武《南宁府志》载武缘县（今广西武鸣县）的风俗，只是说："父子多不同居"，不再说父子间动刀或相互货卖、典质之类。民国6年（1917年），刘兴增修《永福县志》卷3说：壮人"父子异居，衰老始收养"。这说明，壮族社会父子间的隔阂已经消除，亲情已经建立，儿子已经承担起抚养老父的责任，尽了为儿的义务。

《元一统志》成于大德七年（1303年）三月，如果以距今4000年前的新石器时代晚期文化遗址出现的石祖、陶祖为父权制社会确立的标志，那么，壮傣群体越人及其后人社会存在父子情薄的历史有了3000多年，其延读时间确实是太长了。

在壮群体越人及其后人社会中，父子情薄延续的时间固然很长，但由于夫从妻居的土壤没有清除，母权制的意识观念和价值取向仍淀积于人们的头脑中。此中，母权制社会舅权制在壮群体越人及其后人社会中的长期留存，像个紧箍咒，影响尤大。虽然为父的男子实行产翁制，欲强化父子亲情，其效果却不怎么显著。所以，自远古迄于明、清，几千年过去了，产翁制仍见残存于一些壮族地区。明末清初，一些地方的壮群体越人后人，不论是壮族还是已经趋汉变化了的仍然"兄弟异居，父子割户"；[④]"父子无亲，姑媳两别，形同冰炭，触之便哄"。[⑤]

所谓舅权制，就是舅父对外甥家的婚、丧、纠纷、建房、分家、继承等主要事务的处置拥有权威。母权制时代，儿子是属于母亲氏族的，父亲从另一氏族行嫁而来，儿女不属于他们，二者不属于同一个氏族。而舅舅，即母亲的兄弟，虽外嫁为另一氏族女子的丈夫，但他们仍然是属于母亲此一氏族的成员，对他们的姐妹拥有保护权，对他们姐妹的子女拥有比其父亲还大得多的保护责任或其他权利和义务。

历史上，壮族社会的舅权制可说是盛行不衰。至今，壮族民间还流传着"天上雷公猛，地下舅公大"的俗语。20世纪50年代以前，在壮族的社会实践中，外甥们的婚嫁、建房、分家、继承、纠纷等大事，都需请来舅舅裁决定盘；母亲逝世，也必须请来舅父或

[①]《太平广记》卷483引。
[②]（宋）周去非：《岭外代答》卷10《獠俗》引。
[③]（清）吴兰孙：乾隆云南《景东直隶厅志》卷35。
[④]《古今图书集成·方舆汇编·职方典》卷1349《肇庆府风俗考》。
[⑤]《古今图书集成·方舆汇编·职方典》卷1415《庆远府风俗考》。

舅家人临场验尸，否则不能入殓。殡葬之后，儿孙们还需在舅父或舅家人面前跪拜请罪。如果舅父或舅家人对殡葬不满意，则长由其跪而不予理会。此时，需有儿孙家族的长辈出面说项，冰释疑点，进行补救。否则，舅父或舅家人拂袖而去，两家的怨仇就积结下来了。雍正《广西通志》卷92说：壮人"一语不相能，辄挺刃而斗。斗或伤其人，由是世世为仇。然伤男子，仇只二姓，若伤其妇，而妇之父母、伯叔、兄弟，皆冤家矣"。这可说是壮族社会舅权制的一个生动说明。而且，这也不单残存于壮族社会中，在广东已经趋汉变化了的壮群体越人的后人中，也残存这样的意识、观念和习俗。比如，民国《东莞县志·礼仪民俗》载，中山（今中山市）、东莞等地即残存着姑姐妹死了，娘家大兴挞伐的事儿。东莞有"死者投环，则亲族群往讹诈，曰'食腊鸭饭'。甚或拉其家姑与死者共卧，曰'并死尸'"。

二　一夫多妻与入赘共存

壮傣群体越人社会父权制确立以后，男娶女嫁，建立了以男子为中心的家庭。但是，以男子为中心的家庭，可以是一夫一妻制，也可以是一夫多妻制。如果男女比例失调，女子数量大大超过男子，则多出现一夫多妻制家庭。

历史上，不仅壮族，傣族也是如此。那个时候男女比例严重失衡，女子数远胜于男子。《汉书》卷27之上《五行志》载"越地多妇人，男女同川，淫女为主"，这谕示越人女子的众多。《旧唐书》卷197《南平獠传》载："土多女少男，为婚之法，女氏必先货求男族；贫人无以嫁女，多卖与妇人为婢。俗皆妇人执役。"[①] 男待价而沽，女贿男求配，壮群体越人及其后人地区男女婚姻是女方主动。如果女方相中了男方，有意与男方结合，女方父母先以财物贿赂男方亲属为之说项，然后才能进一步商谈婚姻的有关问题。唐朝（618—970年）房千里《投荒录》记载了一则岭南"蛮女"争夺婚配的情况。关键时刻，待嫁姑娘的母亲站出来了，大大地称赞自己女儿的优势：我的女儿，是天生的烹饪能手，经她整治烧煮的水蛇、黄鳝，味道鲜美，一条更比一条强。如能娶得我女为妻，可享上一辈子的口福了。[②] 这无疑是做女儿的广告，抬高她的家庭使用价值。由于婚姻以女求男，自然结婚的一切费用都是由女方承担，男方不花或很少花费。当时结婚费用（包括嫁妆）一般是以牛作抵算，少的女家要陪上四五头牛，多的则有二十头左右。为了筹措这么多的嫁妆，稍微富裕的家庭或没多大困难，贫寒的人家可就犯难了。没有财物贿赂男家的亲族，没有嫁妆，就没有资格嫁人。贫寒之家的女儿从十四五岁起为了筹措足够的成婚费用，往往披星戴月、胼手胝足拼命地干；如果她们的努力不能如愿，也只有落个给人家当使女的份儿了。为什么会如此？原因就是当时的壮族社会男女比例失调，"土多女少男"。

壮族及其先人社会男女比例失调的情况，一直持续到14世纪方才略有改变。其结果造成了一夫多妻、婚姻不重男家财礼和夫妻易于离异。眼见着这样的社会情况，12世纪下半叶在广西做官的周去非大为感慨：广西的女人怎么这样多而壮健？而男人却又那么瘦弱矮小？洞官头人，照例有10个以上的老婆，平民百姓也都是一个人拥有好几个妻子。

---

① 《太平御览》卷788《南平蛮》引作"贫人无嫁资，女卖与富人为婢"，文理较为通顺。

② 《太平广记》卷483引。

几个老婆各人分住各处，她们下田耕作，上市负贩，共同来赡养她们共同的丈夫。而丈夫呢，有子女的终日抱子悠游，无子女的也是终日袖手安居，无所作为。这些妇女共有一个丈夫，只不过贪图着"已有丈夫"这个名分罢了。①

《岭外代答》所载，犹如历史上泰族八百媳妇国世传其酋"有妻八百，各领一寨，因名八百媳妇"一样。② 历史上，傣族一夫多妻也曾是较为普遍的。罗伦康熙《永昌府志》说，傣族"人娶四五妇，谓之不妒，供作皆妻妾"，即其说明。

历史上，壮族社会与一夫多妻制并行的是女娶男嫁的赘婿婚。《永乐大典》卷8507宁字引（洪武）《南宁府志》说，明朝初年，武缘县（今武鸣县）"民间但婚妻室，父子多不同居"。"但婚妻室"即完全实行夫从妻居的入婿婚制。这无疑是承传上古的婚俗而来。清初，汪森《粤西丛载》卷18《蛮俗》引明《梧州府志》载："男多出赘，称曰嫁，而有其妇之产；女招婿称曰娶，而以己产与之。甚至男更姓以从女，或于男姓复加女姓，永不归宗。"梧州府治梧州市，地当岭南中心地区，西江的运输枢纽，汉时曾是交趾刺史部的治所，明代又是两广督府所在，也算是岭南地区的一个政治中心，汉族文化移入较多的地区，而其时当地"男子多出赘"，可见那个时候，壮群体越人及其后人地区女娶男嫁的赘婿之风还是比较盛行的。所以，《古今图书集成·方舆汇编·职方典》卷1349《肇庆府风俗考》载阳春县"无子则迎婿于家"。

赘婿，壮族称为"kɯːt⁸lai¹"（肩扛梯子）。20世纪50年代以前，赘婿婚在壮族边远山区，如广西田林、隆林、西林、凌云、乐业、东兰、凤山、巴马等县还比较盛行。那里的壮族人家，即便家里儿女皆全，也甘心情愿地把儿子嫁出去，将女婿招上门来。据1958年的调查，广西西林县维新乡招婿上门的婚姻，占该乡婚姻总数的50%，招郎入婿是比较普遍的现象。③ 那劳区维新乡是清末云贵总督岑毓英、两广总督岑春煊的家乡，面对这样的现实，即便他们儒家之调高唱遏云，也难奈其何啊！

三 入寮与不落夫家、抢婚共存

所谓入寮，就是男女双方婚姻生活伊始，女方于家外建些临时房子供新婚夫妇居住一段时间，然后新娘随同新郎到夫家生活。它是原始母权制向父权制过渡时期在首领人物中所行的一种结婚礼仪，后来形成习俗流传下来。

距今4000年前新石器时代晚期石祖、陶祖等男根崇拜的出现，已经标志了壮傣群体越人社会原始父权制的确立，说明作为原始母权制向父权制过渡时期产生的婚姻仪式"入寮"早已存在。可惜，无人注目于此，没见于记载。"入寮"的最早记载，见于南宋乾道八年（1172年）为帅广西的范成大的《桂海虞衡志》。④ 不久，为官广西的周去非于淳熙五年（1178年）在其所撰的《岭外代答》卷10中专立"入寮"一款，也详叙其事。

当时的壮群体越人及其后人上层人物举行婚礼，讲究排场，尽情挥霍，虽然他们不以

---

① （宋）周去非：《岭外代答》卷10《十妻》。
② 《明史》卷315《云南土司传》。
③ 《广西壮族社会历史调查》第二册，广西民族出版社1985年版，第211页。
④ （元）马端临：《文献通考》卷330《西原蛮》引。

金银珠宝、钱币布匹等作为聘礼，却以大量的酒、肉、糕、饼等食物送给女家。送礼之日，挑的、扛的、捧的、牵的，送礼队伍浩浩荡荡，多的达千担，少的也有500担。成亲时，新郎来接新娘，但不入新娘家。新娘父母在离其家5里外的地方临时搭起一百多间寮房（干栏式的茅草棚），让新郎新娘居住。结婚之日，新郎在鼓乐声中由几百个男仆簇拥着进入寮房；同时，新娘也在鼓乐声里，由一百多个丫鬟、男仆蜂拥着走进寮房，称为"入寮"。晚上男女两家各陈兵对峙，稍有忤逆，双方就刀兵相见。成婚之后，新郎常袖着刀子，新娘带来的丫鬟略有忤逆，便将她杀掉。杀得越多，新娘方面的人才觉得新郎勇武有胆，觉得害怕。否则，习俗就认为他是个懦弱没有出息的人。新娘、新郎要在寮里整整住上半年，才能转到男家去，从夫而居，长住下来。

壮群体越人及其后人上层人物婚姻举行"入寮"礼仪，明显含有几个内容：①它是壮群体越人及其后人婚姻居住方式从女方居转变为从男方居过程中的一个过渡式的仪式。②它自始至终，表现着武力的炫耀，蕴含着强迫、征服、掠夺的性质。③夫家送礼千担，场面大，花费多，虽都是吃用之物，但已经作为聘金把新娘当作动产买下来了。④壮群体越人及其后人上层人物看不起他们治下的百姓，婚姻讲究门户相当，所以他们择婚都是跑到其他州县去。由于路途遥远，出手的聘礼多，已非新郎个人所能筹措，无疑，这样的婚姻已经不是婚姻当事者所能做主，而是转由双方父母承揽包办了。

这样的"入寮"婚式，肯定随着历史的演变已经大有变化，与初时的"入寮"婚式大不相同。此时的"入寮"期间，也就是女子不落夫家期间，刀光剑影，充满了丈夫的杀气、霸气，显示它的结束为期已经不远。

范成大为南宋名臣，为帅广西，没"鄙夷"之情，对人民"信其诚，相戒毋欺侮"，留心广西山川风情，首次发现壮族先人上层"入寮"婚俗，并客观平实地进行记述。其后，周去非虽在《岭外代答》中将其独自立条记述，突出其事，但还是据范氏的记述行文，许多句子原封不动地照抄，而就己意所作的改动，有的还失了原意，如将"婚嫁以粗豪汰侈相高"改为"唯以粗豪痛扰为尚"，"聘送礼仪多至千担，少亦半之"改为"送定礼仪多至千人"等。近400年后的明朝嘉靖三十七年（1558年）田汝成作《炎徼纪闻》，其卷4也有关于壮人"入寮"婚俗的记载。可是，该文"自峒官之家"至"半年而后归夫家"，完全是抄自范书，只是中间省略了一些字词而已。近400年过去了，难道田汝成的时代壮族还存在"入寮"之俗？

"入寮"婚仪，是原始社会夫从妻居制向妻从夫居制以及母系继承制向父系继承制过渡的一种婚姻仪式。宋末元初以后，壮族上层社会的父权制已经牢牢确立，嫡长子继承制也已经形成，在他们的婚姻上哪还会存在"入寮"仪式？比如，南丹州首领自宋开宝七年（974年）莫洪䓗内附授为南丹州刺史以后即是如此。莫洪䓗有两个弟弟，大弟莫洪皓，二弟莫洪沆。莫洪䓗无后，死后兄终弟及，由莫洪皓出任南丹州刺史。此后，不是嫡长子继职，就是嫡长子无后兄终弟及或侄无后由叔继职。由莫洪皓相继而下，经莫淮勋—莫淮汕—莫世渐—莫公帐—莫世忍—莫公佞—莫延丰—莫公晟—莫延沈—莫延廪—莫延甚—莫延荫—莫光熙—莫异德—莫大发—莫大秀—莫国麟，此时已经是元朝中期。

又如，宋后期七源州首领为岑汝粥，有了岑藐公继之；藐公有岑从进、岑从毅二子，嫡长子岑从进继职，次子岑从毅只好去夺侬氏的归化州另行发展。宋理宗命改归化州为来安州。然而父在长兄在，岑从毅所得例归于父于兄，因此父、兄所在的七源州改为来安州，岑从毅的来安州只得改为镇安州。入元，来安州升为来安路，镇安州升为镇安路。岑从进有岑雄、岑聪二子，死后由岑雄任来安路总管。岑雄有岑世兴、岑世坚、岑世忠、岑世元、岑兴元五子，死后由嫡长子岑世兴袭其职。岑世兴有岑恕木罕、岑铁木儿二子，死后由嫡长子岑恕木罕继职；岑恕木罕死，由其长子岑汉忠任来安府知府，次子岑善忠只能出任来安府属下的泗城州知州。而岑世兴的第二个儿子岑铁木儿无缘因袭来安路的官职，其子岑伯颜无官可居，只好去夺黄氏的田州路，另行发展。此时，也已经是元末明初了。这说明宋朝时，"獠"中已经实行长子继承制。

或者有人会说，泗城州土官知州岑瑄卒，无子有女，其妻卢氏于是承袭土官知州。天顺六年（1462年）曾以征贵州苗功封贞寿夫人。卢氏故，其女岑妙定又承袭为泗城州土官知州，天顺八年（1464年）亦征贵州苗，功封镇国夫人。此说明在壮族中女子也可以承袭土官，所谓在壮族上层嫡长子继承制至明朝前期还是不确定的。其实，史无其事，这是泗城州岑氏土官谱系捏造出来的，《嘉庆重修一统志》卷466据之抄入官修的书中而将其事坐实了。

据《土官底簿·泗城州知州》载，元末明初，泗城州土官知州岑善忠有岑振、岑得、岑成三子；岑善忠死，嫡长子岑振袭职。岑振有岑瑄、岑琮二子；他死后由长子岑瑄于永乐元年（1403年）袭职。岑瑄无男孩，唯有一女岑定（不是岑妙定），以弟岑琮之子岑豹承继。永乐二十二年（1424年）岑瑄死，岑豹年纪还小，不能马上承袭，众头目具保岑瑄之妻卢氏"借职"。永乐二十二年（1424年）七月，明成祖批准卢氏借职，出任泗城州土官知州。

"借职"，就是代行职务，最后还是要将其职归还理应承袭的人的。岑瑄之妻卢氏做了近八年的土官知州，岑豹已经长大，要求承袭。广西镇巡三司会奏："岑豹告系岑瑄亲侄，比先曾立为嗣，因年幼，伯母卢氏借职。今豹长大，会议令豹承袭，令卢氏在闲，量拨附近田庄养赡终身。"吏部"依拟具题"奏请后，宣德七年（1432年）五月明宣宗批示："是。钦此。"①卢氏借职没有做满八年土官，正在兴头上就被迫闲居了，心中有所不满。所以，下台后第二年即宣德八年（1433年）她就狠狠地参了岑豹一状，说岑豹亲率1500多名土兵要谋害她，又捣毁了已故土官岑瑄的塑像。像他这种目无尊长、不忠不孝、不仁不义的人，实难让他继续承袭下去。见了她这个奏言，广西总兵官山云也上奏说："豹实故官岑瑄侄，人所信服，应袭职。"②此说明，卢氏不能以女人之身承袭泗城州土官之职。

至于说，卢氏天顺六年（1462年）带兵出征贵州，完全是无中生有。宣德七年（1432年）卢氏被迫闲居，迄于天顺六年（1462年）30年过去了，如果她还活着也已经是步履维艰的垂垂老妪，不可能率兵远征驰骋于疆场之上。何况，其时岑豹正在泗城土官知州任上，卢氏未曾任职，有什么资格率兵远征，功封"贞寿夫人"？

卢氏其女岑定，无权无职，由岑豹于卢氏被迫闲居后即出任泗城州土官知州可以清

---

① 《土官底簿·泗城州知州》。
② 《明实录·宣宗实录》卷104宣德八年八月丁未条。

楚。正统五年（1440年），她上书控告岑豹"占夺土地人民，囚其母卢氏"，[①] 可见她不在泗城州土官知州任上。距此时24年后的天顺八年（1464年），岑豹还在土官知州任上，她又怎能率兵远征贵州，因功"奉诰命封镇国夫人"？

私谱的撰写，常常是毫无来由地给先人穿戴上一套套闪着金光的衣帽，以炫于人，不足为信。而官修的书籍如《嘉庆重修一统志》等，如果不慎于选择，良莠不辨，将胡编乱凑的私谱记载移于书中，就容易以讹传讹了。

在明代壮族土官中女性出任土官的还有洪熙、宣德年间的上林长官司土官长官岑志威之母黄娘召和宣德年间上隆州土官知州岑琼之母陈氏。她们或是夫死子死孙幼，或是子死无后而任土官之职的。黄娘召是借职，孙儿长大可以任职后便还职于其孙子；陈氏因子死无后袭职，她死了，岑琼此一系的上隆州土官也就绝传了。她们在壮族上层社会中的出面掌权，犹如汉朝的吕后和唐代的武则天，不能因她们的一时掌权便否认了当时汉族的嫡长子继承制一样，也不能因卢氏、黄娘召、陈氏她们而否认当时壮族上层社会嫡长子继承制的事实。

由此看来，元、明之际，壮族上层社会"入寮"婚仪依存的土壤已经崩坏，依存的意识观念已经烟散，自然不存在了。因此，万历年间（1573—1620年）为官于广西的王士性撰《广志绎》，详记广西的风土人情，揭示土官的劣迹，不见有关于"入寮"婚俗的记载。田汝成撰《炎徼纪闻》不辨现实之有无，唯书是抄，以致让人以为明代在壮族上层社会仍存留"入寮"这样的婚俗。田汝成之后，明崇祯年间（1628—1644年）邝露作《赤雅》一书，其卷上还有"壮官婚嫁"一目，内容就是记述壮族上层社会的"入寮"婚俗。这可令人大为费解了。来桂稍前的王士性，其《广志绎》历陈土官劣迹、土民苦难，无一语道及"入寮"婚俗，生于其后的邝露在其"壮官婚嫁"中不仅有入寮之仪，还有出寮之舞，比起范成大的记述来，入寮出寮，场面更为宏大，气氛更为热烈；刀光剑影，两相鏖兵，战斗更为残酷。但是，邝露所述，纯属文字游戏，没有什么事实根据。姑且不说此一时期广西众多的方志没有此类记载，邝露抄人之书，也是随意篡改，失了"入寮"的面目。

第一，无礼担怎成婚礼？范成大之文本为"婚嫁以粗豪汰侈相高，聘送礼仪多至千担，少亦半之"，《炎徼纪闻》省了"聘送礼仪多至千担，少亦半之。"《赤雅》也是如此。这就失去了"入寮"作为婚仪的趣旨。没有礼担相随，新郎怎么"入寮"？"入寮"怎么成为婚仪？

第二，"香草花萼怎结'庐'，没'与居'怎'入寮'？"原文"婿来就亲，女家于五里外结草屋与居，谓之入寮"，邝文将"结草屋与居，谓之入寮"改为"采香草花萼结为庐，号曰入寮"。本来，田汝成将范书的"结草屋百余间与居"省成"结草屋与居"，已经不明草屋之多寡了，邝文将其改成"采香草花萼结为庐"就失原文主旨了。"采香草花萼"可以"结为庐"舍？省了"与居"二字，怎又能"号曰入寮"？

第三，草房寸地尺天，怎摆开战阵"肃兵相鏖"？原文"两家各以鼓乐迎男女至寮，盛兵为备，小有言，则兵刃相接"，邝文改为"锦茵绮筵，鼓乐导男女而入，盛兵为备，

[①] 《明实录·英宗实录》卷70正统五年八月甲午条。

小有言，则肃兵相鏖"，则既无其设置，也夸大其词。所谓"锦茵绮筵"，就是华美的垫子，斑斓的竹席，在草草搭起的茅屋里能有如此堂皇的设备？省去"两家各以"四字，就不明此鼓乐是谁家的鼓乐了。而将"兵刃相接"改成"肃兵相鏖"，则将双方偶尔的刀兵相交扩大成大规模的激烈战斗，因为"兵刃相接"只是偶尔的兵器交接，"肃兵相鏖"的"肃兵"是"整肃军队"，"鏖"是激烈战斗。在房里举行的婚礼上，能容纳双方"肃兵相鏖"吗？

第四，省不当省的主语。原文"成婚后，妻之婢媵忤婿意，婿即手杀之"，邝文将"成婚"改为"成亲"，"妻"改成"妇"，无关大碍，但省去"婿即手杀之"的"婿"字，即成了无头之句，不知是夫方所杀还是妻方所杀了。

第五，胡改原文，婿怎可"易"？原文"能多杀媵婢，则妻党畏之，否则谓之懦"，邝文前句略作调整，书成"能杀婢媵多者，妻方畏惮"，无关文旨，唯将下句改成"否则懦而易之"，就违背原意了。"易之"，谁来"易"？以谁"易"？能"易"吗？

第六，恣意胡添"出寮舞"。成婚时，"盛兵"是显示男女两方各自的威势，入寮结束，妻要随夫归夫家落居，就无须"盛兵"了。所以邝文最后添加的"盛兵陈乐，马上飞枪走球，鸣铙角伎，名曰出寮舞"，完全是节外生枝，徒此一举，根本没有其事。

元朝实行土司制，土司区比较大的州洞已经升为州县，比如在今大新县北部的全茗和茗盈二州，其大不过略为今日几个行政村的规模。更小的洞的洞主，他们已经沦为土官知州、知县的属官，不仅没有那么大的财力来承办"入寮"仪式，而且自范书至明朝末年450多年过去了，社会的发展，特别是汉文化的深入传播，明末壮族上层人物的父权制已经牢牢确立，没有必要举行"入寮"仪式了。此时邝露承田汝成之抄范书又无理地删削增补，骗人入瓮，太无谓了。

邝露《赤雅》无事生非，不知者或信其有，就失了历史的真实。清朝康熙三十九年（1700年）印行的屈大均《广东新语》卷7《瑶人》条载：

（邝露）又谓：壮人当娶日，其女即还母家，与邻女作处，间与其夫时野合。既有身，乃潜告其夫，作栏以待。生子后始称为妇。妇曰丁妇，男则曰壮丁，官曰峒官。

峒官之家，婚姻以豪侈相尚。婿来就亲，女家于五里以外以香草花枝结为庐，号曰入寮。

鼓乐导男女入寮，盛兵为备。小有言，则肃兵相鏖。成亲后，妇之婢媵稍忤意，即手刃之。能杀婢媵多者，妻方畏惮。半年始与婿归。盛兵陈乐，马上飞枪走球，鸣铙角伎，名曰出寮舞。婿归则止三十里外，遣徭耄持篮迎之，脱妇中衵（nì，内衣）贮篮中，曰收魂。盖欲其季悸畏无他念也。徭耄者，巫也。

大均尝至西粤，宿壮人高栏之中，颇知壮习俗。其人名曰"壮牯老"，与瑶不同。东粤有瑶而无壮，吾故详言瑶而略言壮。

屈大均除将邝露《赤雅·壮官·婚嫁》中的"否则，懦而易之"一句舍去不取外，录述了原文，而且将《赤雅》中不属于此一条的"收魂"一条的文字也拼入来合成"壮官婚嫁"一条，可说是画蛇添足。见于宋人记载以来，壮族中"入寮"自是头人的婚嫁习俗，"收魂"却是在壮族中普遍流行的习俗，将二者拼合为一，显如城外摆摊，外行。

"壮牯老"，是"ço: ŋ⁶du²lau²"的音译写字。"ço: ŋ⁶"是壮人的自称词；"du²lau²"是今广西东部和中部一些壮语方言关于"我们"一词的音谓。屈大均唯壮族中的"壮牯老"是知，说明他到广西一地宿于壮人高栏中，只是在广西东部，并未深入于壮族腹地。广西东部和中部地区，唐、宋不是羁縻州县，元、明、清时期也不为壮族土官所辖，基本是由流官控制。那里，既无官势显赫的壮族首领，也没有财雄势大的壮族头人。那里的壮族头人，自唐、宋以来都已经实行妻从夫居和父子承袭的制度。比如，明初位于今广西藤县北部的五屯千户所土官覃福，其后承袭土官之职的是其孙覃仲莫、曾孙覃志显、玄孙覃铎、来孙覃漳、七世孙覃一元。此时，已是明朝隆庆年间（1567—1572年）了。这哪里还存在什么自夫从妻居制向妻从夫居制过渡的"入寮"婚仪！

屈大均推崇邝露，推崇《赤雅》，自己以其言为是，固然是以讹传讹，而自己又讹中生讹，竟是故意捏造事故令后人眩惑了。

壮群体越人及其后人下层社会在争取妻从夫居的过程中，其婚姻形式与上层社会不同，行的是"不落夫家"婚制。

壮群体越人及其后人的"不落夫家"婚制见于记载，最早是宋朝初年乐史《太平寰宇记》卷165《废党州风俗》的"古党洞夷人索妇，必令媒人引女家自送。相后即放女归家，任其野合，胎后方还。前生之子，例非己胤（血亲）。"党州，在今广西玉林市西北部，开宝七年（974年）废入郁林州（治今广西玉林市）。明、清以后，关于壮族的"不落夫家"婚制广见于文人的笔记和地方志书。

"不落夫家"婚制就是男女成婚后，新娘并未尽夫妇的基本义务，当天就名正言顺地转返娘家持续居住三五年甚至十几年不等，直到女方与丈夫以外的其他男人谈情说爱，怀孕时，方才告知丈夫建房造屋等待临产。从此她收心敛性，长住夫家，为夫家生儿育女，繁衍后代。"不落夫家"行于壮群体越人及其后人下层群众，与上层人物的"入寮"婚制相适应，同是壮群体越人及其后人社会夫妇婚后居住方式由女方居制转变为男方居制过程中的过渡性产物，只是时间的长短和具体的内容、表现形式不尽相同罢了。概括起来，"不落夫家"有如下几个特征：

第一，倚歌择配，自寻自主。男女间的婚姻虽然有时有媒人居间疏通搭桥，父母意见也要尊重，但主要是以当事人的相识、相爱、相恋为主。相恋男女是在定期性的"歌墟"场上以集体对歌的形式相识生情的。他们以眼传情，悄悄离开欢腾的集体隐在沟边林下，窃窃私语，互诉衷肠，互送信物，这就是汉文记载所说的"倚歌择配"。[①] "倚歌择配"是明清时的说法，宋时称为"博扇"。《宾州图经》说，"广西宾阳县的壮族，每年二月和八月社日聚集在罗奉岭上，未婚男女以歌相对，自己选择配偶。相中了，男的赠女扇子，女的赠男手帕，称为'博扇'。经过'博扇'的男女，父母就选择日子给他们举行婚礼。"[②] 看来，男女成婚，最初是连媒人也不用的。以歌为媒，男女自主恋爱，又何须用

---

① （清）屈大均：《广东新语》卷12《粤歌》。

② （宋）祝穆：《方舆胜览》卷41引。

媒！道光《云南通志》卷185引《镇雄州志》说布依族"婚姻不用媒妁，彼此寨中男女互相窥阚，农隙去寨一二里，吹笙引女。（初时）隔地兀坐，长歌婉转更相迭和；（后来）愈歌愈近"。"男女不相爱仍离去；如两情相合者，男女告父母以牛羊为聘而娶之。"因镇雄州地居偏僻，远古习俗得以无碍地传承。他们男女"婚姻不用媒妁"，表现了壮、布依、傣族原初的婚姻状况。

第二，婚后有个"做后生"期。"不落夫家"这段时间，叫"作挽"（或叫"做后生"）。"作挽"是壮群体越人语"ku⁶va：n¹"的近音译写字。Ku⁶，汉语义是做是结；va：n¹是甜、甜蜜的意思。"作挽"其义，就是结甜蜜期。作挽时，夫妻双方都有与他人自由社交和发生性交往的权利，这就是赵翼《粤滇杂记》说的："做后生"的时候，妻子在娘家既可出去拜男同年，丈夫也可以出去拜女同年。谢启昆嘉庆《广西通志》卷278《横州壮》载金虞《壮家村诗》说："乌浒滩边熟壮家，也知留客叹无茶。山棚岂乏槟榔树，酒户难胜浪荡花。挏布（飘动的腰带）垂腰觍俗陋，绣巾搓手向人夸。春江跳月浑闲事，认得同年鬓已华。"诗前有小序说："丁塘小泊，闲步至壮家村。村人肃客甚谨，愧无茶，请以家酿进，弗敢饮也。仆闻壮女制巾帨甚工，询之，谢无有。少顷，乃出其二，白质青章，刺龙凤花朵，颇纤好，云是少年认同年物，不售外人也。盖壮以春时男女踏歌野次，相配偶，号为认同年云。"这里所说的"绣巾"或"绣花腰带"，就是女子嫁后在不落夫家期间认同年结情人时送给男子的纪念物品。

第三，婚后放马，孕身落家。在成婚之后妻子落家之前这段时间里，夫妻之间不能有任何性交往；落家之后，妻子除厮守丈夫之外，不能再跟其他男人有任何性的交往。《瑶壮传》说："壮族成婚那天，新娘到夫家挑一担水放入水缸里就在同伴的陪同下返回娘家，另外招引男人与她同居。这个男人称为'苦郎'。待她觉得已经怀孕，便告诉丈夫修建房子，并扔下'苦郎'长住丈夫家里。当她与'苦郎'同居时，她的丈夫来与妻子温存，习俗认为是犯奸；当她已经落居夫家了，'苦郎'再来纠缠，是要遭到乱棍打死的严重惩处的。"[①] 这就是壮族俗语所说的"女子婚后放马，生子坐家"。

第四，为"me⁶"夫唱妇随，弗"me⁶"独身孤住。已婚女子落家的前提是已经怀孕将要临产，所以女子怀孕临产，是夫妻间婚姻最后完成的保证。有些女子已为人妻，为了拖延落居夫家的时间，尽量不让怀上孩子；有些又是因为不能怀上孩子，一辈子不能闯过婚姻的最后一道关口，没资格落居夫家而被丈夫遗弃。因此，不落夫家婚制固然是女性对落居夫家、从夫而居的一种抗争，是丈夫对妻子沿原始群婚而来的随意与他人性恋的一种容忍，也是一种试婚形式。女子结婚后不落夫家，做后生，与婚外他人广作性交往，如果"漫劳车马驻江干"，仅是生花不结果，就无缘落居夫家了。这是一种只试女性不试男性的试婚，由此而看出社会的天秤已倾斜于男性而鄙视女性了。

第五，妻首子谓之"宜弟"。风行"不落夫家"婚制的壮族，妻子所生的第一个孩子，与其丈夫没有任何血缘上的关系。因此，《墨子》卷6《节葬下》《汉书》卷116《南蛮传》及宋乐史《太平寰宇记》卷166《贵州风俗》有"解首子而食之，谓之宜弟"的记载。此后，壮族中人道意识蒙生，"解首子而食之"的习俗渐行消失，首子保留下来

[①] （清）王锡祺：《小方壶斋舆地丛钞》第八帙。

了，其夫却也不能推卸他作为父亲应尽的义务和对孩子的监护权利。

历史上，壮傣群体越人及其后人"不落夫家婚制"持续了几千年。时间长，其内部机制也不断地发生异变。早期的"不落夫家"，成婚之日，新娘有的挑一担水给夫家后返回娘家，有的走到门口就转身返回娘家了。在不落夫家期间，逢插秧和夫家有婚丧事时虽也回去一两天，但不住在夫家，不与丈夫说话，直到与人同居怀孕临产落了夫家，才开始与丈夫过夫妻生活。中期以后，成婚那天晚上，夫妻或同宿或不同宿，第二天新娘给夫家挑满一缸水以后才转回娘家。虽然在怀孕生子之前她长住娘家，但不与丈夫以外的任何男人发生暧昧关系。长住娘家期间，每逢节日、农忙、疾病、婚丧，夫家的母亲或小姑或娣嫂都要去请她回来。她回到夫家帮活、拜祖、孝敬长辈，开始与丈夫同宿；但她并不留恋，不敢留恋温馨的夫妻生活，一般住上两三天就赶忙转回娘家去了，因为过去认为生子后长住夫家是"作苦"的观念未变。19世纪流行的诗句"相约嫁郎休久住，恐防儿女早成群"，反映的就是这样的观念。"不落夫家"期间，因每次与丈夫相处时间短暂或相处不合时宜，身孕没有，孩子没生，自然就没有理由长住夫家。媳妇不落夫家，一年往返十几次甚至几十次地去接媳妇回来，做家婆的可苦了，因此她们不无感慨地称这种形式的"不落夫家"为"绕媳妇路"（路上媳妇）。19世纪以后，壮族主要地区的"不落夫家"已经往象征性方面演化，即成婚后新娘在夫家住一或二三个晚上，以后回娘家住上一年半载，不管怀孕与否，就转到夫家长住了。流行于广东番禺、顺德、中山、南海等地已经趋汉变化的壮群体越人后人的"婆家多病痛，新妇多嫁送"谚语，反映的也是此类社会情况。这期间，新娘是很讲究自己的贞操的，不与丈夫以外的任何男人交往。

"不落夫家"婚制虽然只是自从女居制向从男居制转变过程中的一个过渡形式，但它的发展最后就是从男居。这在壮群体越人及其后人婚姻家庭发展史上是个重大的变革，男女双方各自的社会角色、责任和权利也因此与前不同。习惯的恋旧，于新的不满，必然产生了来自女方的抗争。这种抗争表现在此一时期产生的新的婚姻仪式"送老——啐兄弟"上。据宋时《岭外代答》和《武鸣图经》的记载，壮族及其先人姑娘临出嫁前一两个晚上，女伴就聚集在她的闺房里相互对歌，慨叹命运，既怨恨自己生为女儿身，被迫外嫁，不能报答父母养育之恩，也数落兄弟们为谋占家财将自己嫁给他人。歌声含情凄婉，让人伤心落泪。这叫作"送老"，意思就是告别少年女伴，走上老年作苦的路。成婚那天临离开娘家时，新娘的母亲、兄弟站在门口相送，照例先由母亲给出嫁的女儿喂一口饭，表示母亲抚养到此为止。新娘含饭在口，没往下咽，突然"噗"的一声将饭喷在旁边的兄弟身上，扭转身便不回头地哭着向男家走去。

女子不乐意离开娘家，婚不落家又需三五年或六七年不等，急着建家立业、梦着生儿育女的年轻人等不了了，于是出现"抢婚"的行为。"抢婚"绕过了婚不落家阶段，直接实现夫妻和合、妻从夫居制。

随着时光流逝，历史发展，对一些年轻人来说，无家，飘蓬无依，乐尽生苦，殷切地希望着夫妻圆梦，建栏立户，生儿育女，共建家业。特别是心地相知却遭棒喝拆开的痴情年轻人，更不容忍花好月圆遥遥无期，于是两好相约，实行"抢婚"。隋唐时，《太平广记》卷264《南荒人娶妇》引《投荒杂录》以及《太平广记》卷483引《南海异事》说："缚妇民喜他室女者，率少年持白梃，往趋墟路值之。俟过，即共擒缚归。一、二月，与其妻首罪，俗谓之缚妇也。""墟"，是越人特具的词语。"缚妇民"其事，无疑是说唐代岭南壮群体越人及其后人地区抢婚制的存在。另外，中国人民解放军总司令朱德在云南讲武堂的同学，民国初年曾先后出任贵州省军总司令和贵州省长的广西环江县壮人卢焘，据他自述，年轻时曾"遵命抢婚"娶回妻子。① 当然，这种"抢"是"佯抢"，但它却是古代壮族抢婚形式的留存。

南宋范成大《桂海虞衡志·杂志》"卷伴"条载："南州法度疏略，婚姻多不正，村落强暴窃人妻女以逃，转移他所，安居自若，谓之卷伴，言卷以为伴侣也。已而复为后人卷去，至有历数卷未已者。其舅姑若前夫访知所在，诣官自陈，官为追究。往往所谓前夫，亦是卷伴得之，复为后人所卷。惟其亲父母兄弟及初娶所诉，即归始初被卷之家。"这种窃人妻或女以为伴侣的人，这种反复卷人妻以为伴侣的人，是真正的"强暴"，无法无天，让人难得有个稳定的伴侣、稳定的家庭。但是，社会众人对其视若无睹，允许其存在，对窃人妻或女以为伴的人并不给予惩戒，以致许多人效而仿之，说明此种抢人妻抢人女作为自己老婆有其社会存在的基础。这种社会基础就是社会上存在抢婚习俗。卷伴是抢婚习俗的衍化和变形。

又同时期的周去非《岭外代答》卷10《卷伴》载："始也，既有桑中之约，即暗置礼聘书于父母床中，乃相与宵遁。父母乍失女，必知有书也；索之衽席间，果得之。乃声言讼之，而迄不发也。岁月之后，女既生子，乃与婿备礼归宁；预知父母必不纳，先以醑酒入门。父母佯怒，击碎之。婿因请托邻里祈恳。父母始需索聘财，而后讲翁婿之礼。凡此皆大姓之家然也。若乃小民有女，惟恐人不诱去耳。往诱而不去，其父母必勒女归夫家。且其俗如此，不以为异也。""小民有女，惟恐人不诱去耳。往诱而不去，其父母必勒女归夫家"，与该书同卷《十妻》条的"余观深广之女，何其多且盛也"。"而钦之小民，皆一夫而数妻"相互映衬，彼此关联，说明自南北朝、隋、唐有记载以来关于壮群体越人及其后人地区多女少男、女子出嫁自备嫁妆，否则被卖为奴婢的状况还没有改变。不过，与此同时，却存在诱女出逃以成夫妇的习俗。《投荒杂录》和《南海异事》记载的就是此类情况。

1992年，笔者在泰国东北部佬支系群体聚居之地进行考察，发现佬人中仍流行如此的习俗。只是他们不是姑娘出走时"暗置礼聘书于父母床中"，而是"走时，在姑娘的卧室门前放置一把刀，刀口向外，刀上摆着一串项链，以此向姑娘父母宣告：姑娘已经被男人抢走了"。刀子是武器，象征着暴力。此无疑是往日流行的暴力抢亲习俗在演化过程中遗留下来的一个标志。佬人与壮群体越人及其后人都是同源异流、亲缘相近的民族，是在父权制确立以后方才分化各自独立发展的。佬人的诱奔习俗与记载中壮群体越人及其后人的习俗基本相同，只是走时留与父母的物件不同，可知他们曾有同一起源，其后的变化又有不同罢了。如此，也可以观照壮族、佬族的诱奔习俗是由原来的抢婚习俗衍化发展而来的。

除了上面提到的民国年间家居桂北的卢焘自己叙述的"遵命抢婚"娶回妻子外，在桂西的一些壮族地区，仍可见到"抢婚"的影子。吉日良辰，男家派上10多个小伙子做

---

① 卢焘：《卢焘简历》，《卢焘烈士一生》，广西环江政协印1988年版。

伴郎与新郎上女家接亲。此时，女家一方面将新娘藏起来，另一方面派一群姑娘在大门外以歌拦截迎亲队伍。女唱摆出疑难，男唱释解问题。男声女音，歌声嘹亮，一阵高于一阵，不觉夜幕降临，姑娘们这才故意输掉，让迎亲队伍进入女方家里。此时，女方家里灯火通明，宾客盈堂。迎亲队伍的小伙子们一入屋便分头寻找新娘。他们蹿高伏低，开箱探柜，经过一番折腾始行找到新娘。夜里，男一边，女一边，通宵对歌直至黎明，新娘才在迎亲队伍的引导下由伴娘簇拥着走出娘家门。一路上他们边走边歌，热热闹闹地到男家拜堂成亲。拦歌、藏新娘、找新娘，组成系列，似也影影绰绰地告人：该婚姻形式大有"抢"字埋于其中。你说不信，怎么拦着对歌，迟迟不让迎亲队伍进入女家？怎么无缘无故地又将新娘藏起来，让迎亲者费一番折腾才能见到新娘？当然，这又与明目张胆地"抢"不完全相同了。不过，它却是由"抢"衍化而来的。

在今广东吴川市，据光绪《吴川县志·礼仪民俗》载，"贫家嫁娶惜费，托为女病，其婿延巫列炬吹角寅夜至女家，负女以归，名曰抢亲"。这也是已经趋汉变化了的壮群体越人的后人传承其先人"抢亲"习俗的一种流变。

壮族社会的婚姻状况，自古以来，除上述三类并行外，由于土司制长期盛行，土官对属下土民（农奴）握有生杀予夺之权，所以他们对土民的女儿不仅拥有最先的交配权，而且随兴给予安排配对。

最先交配权，不是如同欧洲中世纪的克尔特人所行的"初夜权"，即封建领主与农奴新娘同宿第一夜的特权，而是土民"生女有姿色，本官唤入（招入同宿），不听嫁（土官不发话让她出嫁），不敢字（嫁）人也"。① 这就比"初夜权"有选择，宽泛多了。同宿时间可以是一夜、数夜甚至一月或数月。既然已招入土官家门，土官未尽兴，没玩够，不发话，你就不能走出土官家门另行嫁人。

至于土官对土民子女婚姻的随兴揉捏安排，俗话说的"鲜花插牛粪，蹩脚老头配少女"，就是他们根据自己的利益所作的调配。而有的土官兴之所至，又大搞花样，比如元代南丹州土官莫氏就对属下土民的子女搞什么"听气"配对婚。据周密《癸辛杂识》引周子功的话说，广西南丹州莫氏土官对在他统治下的未婚男女实行"听气"配对婚。其办法是每年七月，将全州未婚男女集中起来，然后在州官的大厅里铺上一张大的毯子，让男的一律散开头髻障面，黑衣黑帽站在毯子的一边；女的都穿起青花大袖长衣，黑布蒙头，手里拿着黑色小竹笠盖住脸部站在另一边，使双方互相不能辨识；最后由各边的负责头目同时将男女各一人推倒在毯子上，令他们互相拥抱，面对着面张口呵气。这叫作"听气"。如果他们认为相互间"气息相容"，即让他们配为夫妻；如果认为二人的气息不能相容，就另外推倒一个人与他（或她）"听气"相配。宋代南丹州的未婚男女都必须经过"听气"这一关才能相互婚配，否则便以"犯奸"罪处置。② 南丹州莫氏土官实行"听气"婚配，纯粹是将未婚男女当作玩具、牛马任意配对，目的就是以这样的方式来表现他对治下土民的主宰权力。不过，他的"听气婚"比其他壮族土官任意将男女家奴配对，又表现出某种程度的宽容性。

---

① （清）赵翼：《粤滇杂记》，（清）王锡祺《小方壶斋舆地丛钞》第七帙。
② （清）汪森：《粤西丛载》卷18《蛮俗择配》引。

第二节　凭父母之命、媒妁之言的一夫一妻婚制

西周以后，中原汉族的婚嫁，严格遵循"父母之命、媒妁之言"的原则，按照纳采、问名、纳吉、纳征、请期、亲迎即所谓的婚姻六礼进行，男女双方的婚姻始告完成。而壮群体越人及其后人社会父子情薄，婚后父子异居，婚姻既无父母之命，也不需媒妁之言，经过自由对歌相识相恋，婚后又不落夫家。其婚姻习俗自然大异于中原汉族奉行的婚姻礼仪制度。

在中国一统的疆域内，汉族文化是居于统治地位的主流文化，而儒教则是汉族文化的精髓所在。"蛮夷滑夏"，这是儒家鼻祖孔子所深恶痛绝的；儒家亚圣孟子于是倡导"用夏变夷"的策略。① 因此，壮群体越人及其后人的婚姻文化就是汉族文化视为必须改造、整合的对象。经过漫长的历史过程，在唐、宋以后在岭南壮群体越人及其后人中由东往西、自北而南逐渐形成了凭父母之命、媒妁之言的一夫一妻（或一妻一夫）婚制。

一　婚姻凭父母之命、媒妁之言原则确立

汉代、卫飒、任延、锡光、许荆等人在岭南或交接岭南的地区做官，以中原汉族的意识观念和价值取向为准，都深恨当地越人"无嫁娶礼法，各因淫好，无适匹对，不识父子之性、夫妇之道"，大举整顿，"设婚姻之礼"，以求有所改观。②

但是，一者，婚姻制度的变化发展，不是独立于民族社会的总体变化发展之外的；二者，文化的植入必须根据当地群众的容纳程度。因此，他们的整顿、改革或见效于一时，不久便又反复，越人又重沿其旧制，照旧而行了。

《隋书》卷31《地理志》载，"自岭南二十余郡""俚獠"葆其先人的文化习俗，根节未动，虽枝节略有变化，大观一仍其旧。自隋历唐、五代至宋朝初年，雍熙二年（985年）闰九月二十四日诏指出"邕、容、桂、广诸州"的居民，"饮食、男女之仪，婚姻、丧葬之制，不循教义，有亏礼法"。③ 这点明了宋初岭南4州辖属诸州县居民文化习俗的概略。"男女之仪""婚姻之制"的不符合于儒家的"教义"（信奉的道理）、"礼法"（仪礼规定），说明当时岭南"俚獠"自有其遵循的原则和规定，与中原汉族所行大不相同。

"邦人不复知端的，但说常能助岁功"。北宋昭州太守邹浩《仙宫庙》诗咏叹壮群体越人后人青年男女在月下山上汇集竞歌择爱，道出了他们交往、竞歌、婚恋已经信条化，成为信奉不易的准则。因此，除了在儒家文化融合下变易者外，壮群体越人及其后人对此恪遵不易，至民国年间，龙州县等地仍是相传男女竞歌择爱的歌墟一禁，"则风雨不调，年谷不登，人畜瘟疫"。④

---

① 《孟子·滕文公章句上》。
② 《后汉书》卷106《卫飒传》《任延传》《许荆传》。
③ 《宋会要辑稿·刑法二之三》。
④ 陈必明：民国《龙津县志》第四编《风俗》。

宋初，乐史《太平寰宇记》卷163南仪州（今广西岑溪市）风俗载："初，每月中旬，年少女儿盛服吹笙，相召明月下以相调弄，号曰夜泊，以为娱。二更后，匹耦两两相携，随处相合，至晓则散。"这是道其恋爱方式及性爱的自由。同卷的窦州（治今广东信宜市西南镇隆）风俗的"男女盛服，椎髻徒跣，聚会作歌"及卷165郁林州（今广西玉林市）风俗的"夜泊以纵淫"，也是如此。

不过，汉族封建文化在中国一统的疆域之内，是主流文化。它潭潭滂沛，汪洋鸿溶。在它的浸润之下，壮人日濡月染，也自然而然地被其潜移默化。从而，汉族封建文化成为一种促令壮族文化浸淫衍变的媒蘖，使壮族群体撕裂破碎，渐失其族体文化的完整划一，不同地区之间，不同程度地发生了断裂异化。比如，汉族婚姻遵循着"父母之命、媒妁之言"的原则进行，经过"六礼"之后，婚姻始告完成。壮人婚姻对歌相合，既无父母之命，媒妁之言，也没有什么"六礼"的程式可言，可说完全与汉文化的婚姻内涵相反相悖。但是，在儒家文化不同程度的影响下，不同地区的壮族婚姻便有了不同的异化。即以婚姻中是否有媒人中介来说吧，宋朝初年位于今广西玉林市北部的"古党洞夷人"，恋情男女"跣足吹笙，巢居夜泊"。结婚时"女家自送"，不落夫家，可"必令媒引"，[①]说明那时该地已经存在媒人，媒人已经介入婚姻的过程中。

此后500多年，在今广西中南部的横州（今横县），据嘉靖元年（1522年）王济《君子堂日询手镜》记载，虽然该地已经没有了不落夫家之俗，迎亲日婿伴媒人往女家附近等着，新娘"随媒氏往婿所"，"有子方偕婿归宁"，但是媒人却是个受气的包儿：男家决定成亲了，委托媒人去女家通知具体日子。媒人走到女家，站在门口等着女家父母出来。好不容易等着女家家主出来了，媒人将男家的决定告诉他（或她）；如果家主不作声，媒人也不敢吭声了，因为他没有再问的资格，只有迅速离开的份儿。第二天，媒人仍要像第一天一样到女方家门等着，假若女家家主搭话了，他才可以进入女家接受对方的接待；如果这一天或以后几天女家家主仍如第一天的态度，媒人还得忍气吞声多跑几趟。

过后又300年，云南广南府（治今广南县）因地处偏僻，该地壮族接触汉文化较少，"婚姻以歌私合，始通父母议财礼"，新娘由女伴送至男家，仍实行不落夫家婚制，[②]媒妁在婚姻中并不起什么作用。

而地处更为偏僻的云南镇雄州（治今镇雄县）布依族，由于汉族封建文化植入势弱，至清朝道光年间（1821—1850年）其文化仍保持着越人文化的原态："婚姻不用媒妁"。青年男女以歌相会，"男女不相爱乃离去。如两情相合者，男女告父母以牛羊为聘而娶之"。[③]

这些不同时间、不同地区的情况，有力地说明了汉族封建文化在壮族文化发展中的导异作用。

雍正《云南通志》卷8说：开化府（治今云南文山县）"设流之后，学校既开，习俗渐改，汉人稍寄居焉"。汉人的流迁壮族地区，带来了汉族的文化；学校的开设，汉文的教授，儒道的设教，使汉族封建文化深入于壮人的心中，起到了潜移默化的作用。明、清

---

① （宋）乐史：《太平寰宇记》卷165《郁林州》。
② （清）王崧：道光《云南通志》卷154引《广南府志》。
③ （清）王崧：道光《云南通志》卷185引《镇雄州志》。

两代，是中国历史上封建中央集权制高度发展的时期，封建王朝对壮族地区的文化植入，就是这样双管齐下以汉族封建文化的机制来整合壮族文化的。

《古今图书集成·职方典》卷1402《桂林府风俗考》引《桂林府志》说："士尚经术而礼让兴，民安常业而狙诈（狡猾奸诈）鲜（少）。婚姻、丧葬是训是式（以儒家的教化为法则制度），衣冠文物蔚为可观。"这就是说，汉族封建文化在桂林地区扎下了根子，从根本上改变了原来壮群体越人后人的婚姻、丧葬习俗。

然而，汉族封建文化有其导人向善的一面，也有促人趋恶的一面。"人有三不孝，无后为大。"儒家文化笃定"小人与女子难养"，认准男子为后，这就衍生了种种祸端。丈夫为了取得个男孩以传宗接代，或不辞辛劳，认真地生；或三妻四妾，相竞着生。生来生去，抬眼望，女子多多，家居困顿，生活无着，难以将所生的男孩女孩都养活成人，于是便出现了"溺女婴"的现象，形成了"溺女婴"的习俗。瞿宣颖《中国社会史料丛钞》甲集二十《杂风俗例》"赣南异俗"条列举了自宋朝以来流行于江西、福建、安徽、湖北、湖南等省区"溺女婴"的恶俗，[①] 可见其在我国历史上流行地区之广、时间之长。

本来壮族社会男少女多，婚姻是女货求于男，贫人没有嫁资多卖女与富人奴婢，形成了有如现代印度社会中流行的特殊嫁妆制度。女孩结婚陪上嫁妆，成为父母的沉重负担，男孩结婚则成为父母的摇钱树，已经使父母们感觉到生育女孩是宜少不宜多。接受、认同"人有三不孝，无后为大"的儒家观念以后，一些壮群体越人及其后人地区开始视男孩为肩负传宗接代的重任，认为男孩能使父母死后的坟茔有人祭扫，不致没于荒草丛莽之中，沦为孤魂野鬼，逐渐形成贵生男贱生女的意识观念和价值取向。据记载可知，唐、宋二代，壮族先人集中分布的广西地区已经出现了"溺婴"的现象。清朝初年，汪森《粤西丛载》卷17综合唐人《岭南异录》和宋人张南轩《静江谕俗文》说"广西风俗，自唐、宋时多不美"，"生子不举，溺之于水，名曰'淹儿'"，即是其中之一。此"淹儿"，没点明性别关系，不详"淹女"还是"淹儿"。《宋会要辑稿·刑法二之五八》载：北宋政和二年（1112年）七三日，"宣州布衣吕堂上书：东南数州之地，有安于夷风狃于故习，忮害不悛，公然杀人，贼父子之仁，伤父子之爱，男多则杀其男，女多则杀其女。习俗相传，谓之薅子，即其土风。宣（治今安徽宣城市）、歙（治今安徽歙县）为甚，江宁（苏南浙江）次之，饶（治今江西鄱阳县）、信（治今江西上饶市）又次之。"不论男孩女孩，男孩多杀男，女孩多杀女，这是受生活负担的承受度左右的，没有重男轻女的思想介于其中。唐、宋时广西的"溺儿"，鉴于女儿本多，所溺的可能就多女儿了。

"虎狼性至恶，犹知有父子。""溺女婴"习俗的产生和蔓延，可说是既残且酷。它在壮族地区的流行，不仅突出了汉族封建文化在壮族地区扎了根，改变了人的意识观念和价值取向，而且改变了壮族地区历来男少女多的性别比例，改变了此前壮族一夫多妻的婚姻状况。于是，人们产生了唯恐儿子长大娶不到老婆的心理，形成了给儿子"自小合婚"的习俗，出现"子女数岁即为婚配"，或"七八岁即有结婚者"，或"子女甫离襁褓辄为毕婚者"的早婚现象。[②] 虽然"以槟榔缔合"，迎亲时婿"步行亲迎"，"歌唱为乐"这些

[①] 上海书店1985年11月根据商务印书馆1937年版影印出版。
[②] 《古今图书集成·职方典》卷1421《思恩府风俗考》引《思恩府志》；张自明：民国《马关县志》卷2。

壮族婚姻所具的特征仍然照旧不同程度地延续下来，但是明、清两代男女"订婚多在幼时"，① 在壮群体越人后人地区已经普遍存在。"凡男女在未成年时（订婚），只凭媒妁之介绍"，② 说明在明、清两代壮族社会的婚姻交往中，媒妁之言不可或缺，作用巨大。"天下有雨先打雷，男女婚姻先订媒"这样的谚语，在壮族社会中便流行开来了。

媒妁之言，自有父母之命。这样，在壮族的不同地区、不同群体中，自宋朝特别是明朝以后，凭父母之命，媒妁之言的一夫一妻制度便先后逐渐形成、确立起来，成为主流的婚姻制度。

二　婚姻礼仪

据资料记载，汉族封建文化在对壮族地区的长时期植入之后，至迟至 20 世纪初年，各个地区、各个群体的壮族婚姻文化先后基本被整合，确立了凭父母之命、媒妁之言的一夫一妻制婚姻。相应地，其婚姻程式也以汉族的婚姻"六礼"即"纳采"（择配）、"问名"（合八字）、"纳吉"（提亲）、"纳征"（送彩礼）、"请期"（通报迎亲日子）、"亲迎"（娶亲）作为婚姻礼仪的基本框架。民国《三江县志》记载的"壮人婚姻，先'插标'，次'过定'，再'报日礼'而后'过门'"，似是"四礼"而没"六礼"。其实，"插标"包括"六礼"中的"纳采""问名"和"纳吉"三项内容，总其数也是"六礼"了。

（一）择偶

近现代壮族择偶有两方面的主动：一是奉父母之命、凭媒妁之言的包办婚姻是以男方为主动，以男方的父母为主动；二是男女自择，双方互动，由男方托媒往女家说项。

包办择偶。包办择偶有两种情况，一是择偶者考虑对方家庭的政治地位、经济状况和人品。有些有见识的父母则重于女婿的人品学问、志向追求，而少考虑其家庭的社会地位和经济状况，这就是俗语所说的"不看田庄看令郎"。二是盲婚，即家境贫寒的人家，从小就将媳妇议定下来（或娶童养媳），铁板钉钉，借助社会舆论的压力迫使女方父母不敢随便终止婚约，并不怎么讲究女子的品行才貌，也不考虑女方的家境如何。

自主择配。自主择配主要是通过对歌的形式进行。"对歌择偶"，在壮族及其先人历史上形成时间久远，是壮族未婚男女择偶的一个传统形式。对歌可以在一月、三月、五月、八月中秋等固定的歌墟日进行，可以在每月的三五墟日进行，可以在插秧时节与过路的男女以烂泥逗趣时进行，也可以在奔丧时距举丧地点不远的山边林下进行。对歌择偶的标准主要有三条：一是"不必与侬是中表，但看郎面似桃花"，观察形体相貌；二是男歌女歌，"对答相当"，"则男女相挽而去"，讲究才思敏捷，歌才相当；三是"两黑一花哥喜爱，妹妹手巧胜佛来"，着重的是勤劳手巧（"两黑一花"即黑衣、黑手、绣花鞋；黑衣表示勤劳，黑手表示会制作蓝靛；花鞋体现女子心灵手巧）。

屈大均《广东新语》卷 12《粤歌》载："修和云：之俗，幼即习歌，男女皆倚歌自配。女及笄，纵之山野，少年从者且数十。以次而歌，视女歌意所答，而一人留。彼此相

---

① 光绪二十年（1894 年）《郁林州志》卷 4《舆地风俗》。
② 民国《钟山县志》卷 16。

遗，男遗女以一扁担，上镌歌词数首，字若蝇头，间以金彩花鸟，沐以漆精使不落；女赠男以绣囊锦带，约为夫妇，乃倩媒以苏木染槟榔定之。""壮歌与歌颇相类，可长可短，或织歌于巾以赠男，或书歌于扇以赠女。"这就是自古以来，壮群体越人及其后人男女以歌择配的礼仪。

除此之外，还有"抛球定偶""对望寻偶"和"问神择偶"三种形式。前两种形式属于"自主择偶"范畴，后一种形式既有"不由自主"也有"自己做主"，是二者的合一。

"抛球定偶"，据《岭外代答》卷10的记载，宋时已有三月"男女聚会，各为行列，各以五色结为球，男女双方目成则歌而抛之"的说法，明朝桑悦《记壮俗诗》中也有"男女分行戏打球"的诗句。① 这是壮族"抛球定偶"的形式。

在广西靖西、那坡等县有些地方的壮族则又是通过"对望"来找意中人。在那里，每逢墟日，街头巷尾男一堆，女一堆，或坐或站，不招呼，不对歌，静静地隔街凝望，各自寻找意中人。如果霎时间两人四目相对，聚焦一点，都觉得心头一震，便相互眉目传情，悄悄地退出所在的集体，双双溜到僻静之处交谈。设若二人觉得话语投机，情也融洽，就可以相识在此时，一个眼波定终身了。

"问神择偶"，是一种较为古老的择偶形式。三四十年前，在桂西、滇东南一些偏僻的壮族地区仍有流行。其内容有二：一是选定择偶方向；二是寻求解脱婚后克夫的办法。"选定择偶方向"是未婚女子不知道在哪个方向选择配偶方才在吉利时举行。其法是放一个水瓢在桌上，里面放点水，经巫婆念咒降神后，旋转水瓢，瓢柄所指的方向，就是该女子寻求配偶的最佳方向。吉向既定，她就可以循向而去，或"对歌"，或"对望"，或"抛球"以寻找合心的伴侣了。如果一个未婚女子经过道公推算，认定她的"生辰八字"是"克夫"的，她为了婚后幸福必须问神寻求解脱办法。仪式也是请巫降神，由"神"指明她命中"克死"男人的数量和解脱办法。设若"神"指明她"命克二夫，可在东方脱难"，那么，她就必须在婚前去"东方"，预事未萌，先寻找两个男人与她做爱，以摆脱婚后"克夫"的厄运。

（二）讨"八字"，合"八字"

讨"八字"也叫"问庚""开庚"。不论是父母包办的还是自己择偶的，都通过父母派人到女家"问庚"。

到女家问庚的人，一般是男家的姑母或伯母、婶娘。她带着用红纸包裹的两颗槟榔，走进女家放在供祖的神台上。主人一见就知道客人的来意，如果同意收起槟榔，不同意就让客人带走。不过，主人一般也不是头趟就点头的，说情人往往是登门几次后才答应，目的一是试男方的诚意，二是表明主家的女子也不是轻易就给人的。女家父母既已同意谈婚就将女儿的"八字"（出生年月日时辰）告诉"问庚人"，这叫"开庚"。问庚人将女子的"八字"写在一张红纸上，让来人转交给男家父母。男家父母将"八字"供在祖宗神台上，然后开始"合八字"。

"合八字"有三种方法：一是请算命先生推算男女二人的"八字"是否相克。相克就

---

① （清）汪森：《粤西诗载》卷16。

是男女二人的命合不来，不能作为夫妇（相克的，问庚人要将女子"八字"退回女家）；如果不相克，说明男女二人可结为夫妻，家主便将女子的"八字"压在神龛上的香炉下面。二是以鸡卜吉。三是酿酒验吉。男家父母接到女子"八字"后，祭告家鬼，蒸糯米酿甜酒，如果经十天八天酿成的酒香甜，说明二命可以相合；反之，如果酒溢出酸味，则是二命不合的象征，赶快将女子的"八字"退回女家。

（三）提亲

提亲也叫定庚，这是在双方"八字"已经相合后进行。这次男方父母正式委托媒人通情说亲。媒人带上槟榔、相当数量的酒和肉作为求亲彩礼。女家父母以男家带来的彩礼供祖，宴请家族老人，以宣告婚事的成立。如果男女双方年龄已长，不久就要办亲事的，这次提亲也就顺便议定聘礼的数量了。

定亲礼仪，各地的壮族也不尽相同。清末民初，据杨家珍《天河乡土志》载，天河县（治今广西罗城仫佬族自族自治县南天河镇）的壮族在婚姻议定后，"男家先是担酒至路旁，女族少长经过，截留饮之，以所余者携归。卜日（择好日子），女孩亦荷酒置前路所答复，名曰会亲。娶，则以牛为聘。"云南省文山的壮族称定亲为"传小槟榔"，选在农历双日进行，取"成双"的吉利。届时男方的母亲或姐姐偕同媒人，带上槟榔、几斤猪肉、米酒、白菜、豆芽、豆腐以及30—50元礼金到女方家做客。吃完主家的招待饭后，媒人送上礼金、槟榔，表示愿意定下这门亲事。广西龙胜的壮族则是择吉日（由道公选定），由媒人陪同男家的父亲带上一只雄鸡和三四斤酒走去女家"认亲"。女家除杀公鸡祭祖外，自家也杀一只项鸡（未下蛋的母鸡）相配，宴请来客，并请族上老人来作陪。这叫"吃鸡"。饭后，女家送两把糯谷稻禾给男家，意思是祝男女像糯稻成双作对甜美香醇。马山、忻城、都安三县交界的壮族定亲则要吃定亲饭。定亲那天，待嫁姑娘打扮一新，由女伴陪同到男家拜见未来的公婆、兄嫂，给每人送上一双手做的布鞋，然后当着全家人的面把一双精心缝制的、鞋底纳有一颗心形的布鞋送给未婚夫。吃完饭，未来的新郎陪同未来妻子来到岳父家，拜见岳父岳母，并当众给姑娘戴上手镯，表示定亲。而广西大新县安平的壮族则是实行"豆粒定亲"。定亲之日，由男家族长和媒人带着槟榔和酒肉到女家定亲；女家父母炒上半斤黄豆，由双方代表先吃豆定下亲事，然后才设宴招待男方来客。

（四）送彩礼

订了婚至迎亲前，如果女子未长成，间隔时间长的，男家每逢年过节必须给女家送一二斤猪肉，以示关系未断；男家中断送礼，就意味着这门婚事吹了。男家无意中断婚事，欲要继续婚事，还需要得到女家的"准婚"。"准婚"仪式是男家派媒人通话，带上一担酒（三十斤）、十多斤猪肉和一个封包（10元左右）到女家商量婚事。如果男家人返去时，女家回赠礼物，表明女家同意男家的决定，叫"准婚"。假若女家不回送礼物，表示女家对婚事有异议；再经过媒人从中斡旋，女家父母仍无所动，双方婚事即告终止。在实际生活中订了婚的男女，一般都终成眷属，临事吹婚只是偶尔发生。

送彩礼一般是成亲前半年或一年进行，目的是让女家有比较充裕的时间进行准备。

彩礼，又叫聘礼。乾嘉（18世纪末19世纪初）以前，壮族社会都是以牛为彩礼。牛之下还有羊、猪、鸡等，统称为"水礼"。富者送双份，称为"双礼"；贫者送一份，称为"单礼"。19世纪中期以后，以银代牛，名叫"折干礼"（当时一头牛值10两银子，约等于现在1000元人民币)。20世纪以后,聘金略少,乡村的聘金一般是150元、100斤猪肉、100斤酒和一副银手镯(约重8两)。

送彩礼,云南壮族又称为"传大槟榔"。"传大槟榔"要选吉日,男家母亲、未来新郎的姐妹和有血缘关系的女眷共8人(取"8"因其音与"发达"的"发"同音),带上100斤猪肉、50斤酒、200斤干米粉、3只鸡和礼金(约相当于现在1000元人民币)到女家。女家设宴招待男家来人,并请四位上有公婆、下有儿女、丈夫健在的年长妇女来作陪。饭后,男方母亲将内装礼金的红包压在空碗之下,由女家请来的陪客中年纪最大的代为收下,并送上未来新娘的"八字"单。

彩礼重,往往陷男家于困境之中。在这个时候,亲朋都会拿着钱粮来相帮,并且形成了一种习俗:一人有婚,兄弟帮衬。嫁女,在女家也不是轻松的,除了母亲和兄弟姐妹全力投入准备嫁妆的工作以外,"儿吃田底,女吃田面",女家还得拿出当年田地收入的一半多贴补给女儿,使嫁妆的实际价值比男家的聘礼多出一半甚至一两倍,因为壮族人认为女儿不能带走田产,所得的就这一次了,不能亏待了她。有些比较宽裕的家庭,还专门割一块田出来,称为"养姑田"。这块田每年所收就归出嫁女儿所有。

(五)报日子

"报日子"就是男家向女家通报择定的迎亲日子。送了彩礼,女家要准备嫁妆,男家也要养猪,筹措婚礼费用。诸事眼看就绪,男家请来算命先生根据男女二人的"八字"推算迎亲的具体日子时辰。男家确定了迎亲日子,男家父亲就得带上一只鸡、几斤猪肉和几斤酒与媒人一起到女家通报,并具体商量迎亲时男家送给女家的酒肉数量。

(六)娶亲

壮族迎亲日子,一般选在秋谷登场以后到来年的正月。迎亲的日子,男女两家都要办酒席,但女家办的酒席规模小,时间也只是半天,所花费的酒肉均由男家供给。男家送给女家备办酒席所需的鸡、肉、酒、米,是在迎亲日的头一天中午送到的。男家在送来酒肉的同时还要送一份特定的礼品,这就是一头猪的每个部位要一小块,象征着的"全猪"。因此,头、舌、尾、脚、肚、肺、肝、肾、肠,心等缺一不可,因为它象征着婚姻的十全十美,十中缺一就意味着婚姻不是十全十美。如缺了猪舌,表示不会说话或说而不灵;缺了猪脚,难于行走;缺了心和肺,就是没心没肺;等等。男家与礼品同来的还有两名厨师,目的就是帮助女家备办酒席,招待新娘的外公外婆、舅父舅母、家族公婆叔伯以及新娘的伴娘们。吃完饭,新娘的伴娘们就集中在新娘的闺房里唱哭嫁歌,一直唱到天亮。哭嫁歌的内容,大致就是叹天地不公平,怨祖宗让自己成个女孩,赞颂父母的养育之恩,咒骂兄弟无情逼着自己往外嫁等。

第二天早上,男家的迎亲队伍就择吉时出发了。有些地方是新郎亲自到女家迎接,有些地方沿袭旧习不去,有些地方则又是新郎停在半路上等待新娘来到。迎亲队伍人数的多少,主要视新娘的嫁妆多寡而定。但是,不管如何,迎亲队伍里是少不得几个唱歌能手的,否则到了女家就展不开手脚了。

迎亲队伍走到女家门口,只见前面横着一张矮桌,上面整齐地摆着24碗酒。这是"拦门酒",是拦住迎亲队对歌的。对赢了,请入屋;对不赢的,请喝酒。24碗酒,喝完还不是烂醉如泥了,还办什么事!不过,大家都明白,哪能24碗都喝呢,只是一者习俗如此，二者大家也想在喜庆的日子里凑个热闹，因此也不怎么难为迎亲人，大家将就将就便过去了。比如女家人唱："竹叶落来竹叶飞，做女好比竹叶飞。撑伞出门人叫嫂，作苦无如做女时。"（壮女出嫁一定撑伞，落夫家叫"作苦"。）男家人唱："花不年年在树上，娘不年年做女儿。十月禾谷不结米，问娘浪花到几时？"（"浪花"是双关语：壮族称开花叫"浪花"，串姑姑对歌也叫"浪花"。）针锋相对，对答合理，男家来人唱赢了，娘家不再为难。有的地方是迎亲队伍来到女家，女家人走下楼来迎接，斟上酒，为媒人"洗尘"。媒人作为男家的代表，连饮四杯，取出"头彩"封包放入托盘中表示感谢。上了楼梯，新娘的姐妹又将一杯酒呈递给媒人，媒人喝后又放一个封包，称为"二彩"。送出"二彩"，媒人招呼迎亲队伍登上女家楼。这时，女家又斟上酒，让迎亲队伍每人喝上一杯。喝完，媒人又放下第三个封包，称为"三彩"。送完"三彩"，迎亲的人就在女家堂屋里坐着等待新娘出来。

迎亲这天一早，新娘家专门请来一位有儿有女、丈夫健在的中年妇女给新娘梳妆打扮。这位中年妇女，叫"梳妆娘"。男家的迎亲队伍来了，新娘也梳妆好了。媒人作为男家代表，三次进入新娘房里催行以后，新娘由"梳妆娘"扶着走进厅堂，跪拜祖宗，跪拜父母，然后由新娘的哥哥（或姐姐）端上一碗饭菜让新娘吃。新娘象征性地扒了一口，然后吐在一条新毛巾上连同手中的筷子一起包起来交给哥哥（或姐姐），意思就是表示我要走了，不能同家人一起吃饭了，特地留下这些象征着我仍然与你们同在。饭毕，新娘由兄弟背着走出堂屋走下楼梯［因此壮族谓"出嫁"为"下梯子"（$lo^2 lai^2$）］，并脱下鞋子直到走出大门再穿上，表示已经出嫁，不留脚印，不再留恋娘家了。

新娘走到夫家，有的坐轿，有的步行，但不管哪种形式，一要手里拿一把纸伞，撑着遮住面孔；二要哭，不哭就认为是不懂事理；三要有十几二十个同辈姐妹相送，不能回顾。有些地方，父母还要跟着送亲队伍一起送到男家。有的地方新娘的陪嫁中要有雄雌一对鸭子，称为"伴脚鸭"，由新娘的妹子用竹笼装着提着送到男家。据说这是父母送给女儿的立业基础。伴脚鸭不杀吃，养着由它们自然死亡。

送亲队伍在鼓乐队的伴送下由女家走到男家。入男家要讲究时辰，时辰未到，送亲队伍就得在男家外面干等着。时辰到了，男家在门口摆上一盆水，里面放上几枝橘树枝叶。送亲队和新娘都要一一地从水盆上跨过，以除去从外面带来的邪气。

"拜堂"是婚礼中的盛典。先由两个福禄双全的男子在新郎祖宗神台的两侧分别点上两支大红蜡烛。他们边点边交口念着"发蜡发蜡""子孙发达""发烛发烛""满福满禄"，"五男二女""七子团圆"，"百年偕老""五世其昌"等祝福词语。新娘入屋，蒙上红色的盖头巾，由两个有儿有女、丈夫健在的"福禄"婶娘扶着进入堂屋。这时新郎已经在那里等着，新娘新郎跪在草席上，拜祖宗，拜父母，然后夫妻对拜。拜堂过后，新娘要将贴身用的手帕交给主婚人拿到"社王"那里"过号"，表示新娘从此加入本地社籍，受本地社王管理，日后生男生女，由着社王安排。拜堂完毕，"福禄"婶娘引着新娘走向洞房。新娘在进入洞房之前，还得过"双关"：一关是新郎等在洞房前面，用折扇轻轻地在新娘后背敲打三下；二关是家婆站在洞房门口，叉开双腿，让新娘从胯下钻进洞房（有些地方是从新郎胯下钻过，另一些地方的壮族只是在洞房门口象征性挂着新郎的一条裤子，让新娘从下面穿过）。新娘进入洞房，被安置在凳子上。这时新郎走过来揭去新娘的盖头巾，并在上面连踏三脚，以显示其今后统治其妻子的意志。新娘揭去盖头巾，亲友们即可以进入洞房观看新娘的风采了。拜完堂，送亲的娘家来人在男家被丰盛地招待一餐饭后就返转回去。如果是实行"不落夫家"礼制的，则要伴新娘住一个晚上，第二天才与新娘一道回去。

广西龙胜壮族迎亲那天，新郎家用竹片扎成一副三级梯子，搭在上干栏的梯子上，这叫作"架梯"；从干栏梯子至洞房门口，又用木板架起一条"桥"。新娘来到，踏着"架梯"走上干栏，踩着"桥"进入洞房。新娘进了洞房，将"梯"砍了，把"桥"拆了，表示从此新娘再也没有回头路，只有跟着新郎，百年偕老。

壮族古今都有新婚之夜闹洞房的仪式。实行"不落夫家"（此婚制在五六十年前不少地区还盛行）的称为"坐夜"。新婚晚上，与新娘一道来的伴娘们陪着新娘一道坐夜，而新郎一方的男女便用歌来挑逗新娘和伴娘。伴娘们也不示弱，踊跃地以歌还击。他们唱古人，唱时事，探情，恋情，一对一答，一唱一和，热热闹闹，直唱个通宵达旦方休；一些男女青年也因此结下了情缘。落夫家的叫"打洞房"。壮族，有"三夜洞房无老少"的俗语，壮族闹洞房，一连三夜不停歇，而且是不论男女老少，谁都可以来闹洞房。现在闹洞房的是青年男女和小孩。先是由"福禄娘"在洞房里撒糖果、花生、橘子之类，让人们争着捡，然后是男女对歌，欢欢乐乐，直闹到半夜三更。

新娘出嫁的头天晚上，她的母亲特地准备了几筒爆米花和五个染红的熟鸡蛋。出嫁那天，新娘的妹妹就跟着送亲队伍提着这些东西来交给新郎的母亲。这些东西是特地为新婚夜架帐铺床准备的。架帐铺床是在人们闹房结束之后举行。执仪的是新郎的一个有儿有女的房族嫂子，她先架蚊帐，后铺被褥。铺好后，她将四个鸡蛋分别放在蚊帐的四角，一个放在铺开的被子中间，然后钻入被中，学着婴儿啼哭；接着又学鸡啼，一遍、二遍、三遍，象征天要亮了，便一跃而起，将爆米花和鸡蛋一把撒去，让人们争着去捡。抢完，大家便笑着纷纷散去，房里只留下新婚夫妇。

新娘在夫家住三个晚上后，要与新郎回娘家省亲，叫作"转三朝"。"转三朝"要带一只鸡和几斤猪肉，以便拜祭新娘的祖宗神灵。"转三朝"，有的是当天夫妇就转回去；有的是夫走妇不走，有的是夫妇在岳家住上一晚，第二天夫妇才一同回去（不论何时，习俗不允许女婿夫妇在岳家同房）。

据张自明民国云南《马关县志》卷2记载，马关县布依支系的壮人，女子嫁后三日同新郎回门。届时，女家在门口摆上盛着清水的水缸和水桶。新郎官一到，水纷纷地朝着他泼来。面对水阵，新郎官毫不犹疑和身冲上，将水缸和水桶一个个掀翻进入女家门。这当儿，新郎官已是一身淋漓。湿漉漉的新郎官，赢得了女家人的满堂喝彩，因为这是岳家人洗涤新郎身上秽物、检示新郎官聪慧敏捷的形式。

"转三朝"过后，整个婚姻的仪礼程序也结束了。

如果是入赘的就不需要这么多繁文缛节，只需要行三件事：第一，请媒人说合；第二，男女双方亲属签订入赘协议，规定入赘后男女的权利和义务，如夫的改从妻姓、子女的承嗣和女方财产的分配、父母的抚养等；第三，入赘男子必须在鸡鸣三遍天将破晓时来到女家门口，届时女家奏乐鸣放鞭炮欢迎其入屋拜见女家的祖宗神灵和女家的父母，婚礼所费均由女家承担。

第三节 离异与再嫁

一 离异

古往今来，壮族及其先人夫妇间以感情笃厚而结合，以感情不和而分手。

历史上，壮族及其先人社会男女之防，向来随便。女子结婚后，只要没有怀孕、生子、落居夫家，她是可以与人自由交往的，父母与夫家均不得干预。由于不落夫家是个固定婚制，女子人人都经过结婚→不落夫家→怀孕坐家这样的阶段，并没有什么离婚的现象发生，除非与情笃者相约，由情笃者实行"伴"而逃往其他地方生活。到了凭父母之命、媒妁之言的一夫一妻制婚姻阶段，女子婚后没有经过不落夫家或不落夫家只徒具形式，没有了与丈夫之外的其他男人自由交往的机会，方才出现夫妻情感破裂，以致离异的现象。

历史上，壮族及其先人"婚娶不分亲疏，惟随所欲，稍忤其意，砍木，刻为离书，各自改配"。"离书"，就是离婚书。此种离婚书，砍木为断，木条刻痕作标志，无文字示意，是婚姻男女双方在家族长老和舅父的主持下形成的决裂，是原始的离婚书。[①]

夫妇离异，俗传的仪式多是请家族中的老人来，请他们吃一餐，在他们的主持下，欲离异的夫妇先同拜家鬼祖宗，后拿起一条棉线，各拉一头，主持仪式的老人用剪刀将线从中间剪断，这表示二人的夫妻关系从此完全断绝，今后各走各的路，互不相涉了。

鉴于家庭中夫权至上，妇女降为终年劳作的奴婢，纯然的泄欲工具和生育机器，许多地区的壮族妇女已经失去了离异的主动权，离婚女成了社会鄙视的对象，做丈夫的动不动就威胁妻子"heu⁶po⁶ba:n⁴"。"po⁶ba:n⁴"即"村头人"或"族长"。"heu⁶"是"叫"是"喊"。丈夫威胁妻子"叫族中老人"来就是用"离婚"威胁妻子。"叫老"判离婚，并请家族中一个老年妇女将女方送回娘家，就是丈夫将妻子离异了。这时，按照习俗，夫妻所生子女全归男方，但由于男方主动，结婚时的聘礼他无权向女方索取。如果离异者首先由女方提出，则她除退还男方的全部聘礼外，还要给男家放一串鞭炮，用红纸包着三元六角或七元二角钱交给男家，给男家"挂红"。

龙州金龙的壮族，如果离婚由男方提出，则男方要送给女方一头牛和500斤稻谷作为养老费。离婚时，双方要请一个没妻没儿女的独身男子代写一张离婚书，男女双方同在离婚书上画押，各收执一份作为离婚凭证。书写离婚书时，不能在家里写，只能在山脚林中写。这就是俗语说的"家写离婚书，神不佑，雷公劈屋"。[②]

二 离婚再嫁

壮族有"头嫁由父母，再嫁由本身"的说法。离婚再嫁一凭媒，从中说合；二说明聘金多少就行了。离婚妇可在娘家或别人的家出嫁，但只能从侧门出来。离婚妇出嫁是在天未亮时进行。届时，她挑着一对空桶向井边或溪边走去，然后将空桶扔在汲水的地方由

[①] 《古今图书集成·职方典》卷1450《镇安府风俗考》。
[②] 《广西社会历史调查》第七册，广西民族出版社1987年版，第123页。

后夫派人接去。离婚妇再嫁扔空桶在汲水处,意在表明前嫁挂空,所以另找水去。

三 寡妇改嫁

据春秋战国《墨子》卷6《节葬下》、元朝欧阳玄《睽车志》、[①] 清初屈大均（1630—1695年）《广东新语》卷24《蛊》的记载,从公元前4世纪至17世纪这两千多年中,壮傣群体越人及其后人都有"寡妇为鬼妻""鬼妻不可与居处"的观念。这一观念将寡妇禁锢住了,完全剥夺了她们重过夫妻生活、享受天伦之乐的权利。17世纪以后,许多汉族商人进入壮族地区经商。他们不以寡妇为嫌,与她们结合,照样生育儿女,照样生财发达,照样健康活着,而且活得比当地人要好。这给壮族传统观念冲击很大,人们不再那么害怕与寡妇结合了,但是传统观念仍在潜意识地起着作用。援旧求新,人们采取了一些变通的办法,区分了"伞下寡""鸳鸯寡"和"断桥寡"三种情况,并规定了相应的礼仪,使寡妇重新享有改嫁过家庭生活的权利。

"伞下寡"是蜜月期中丈夫死了的妇女。"伞下寡"的妇女要改嫁,不梳妆不打扮,半夜悄悄从夫家（或别的家）后门出来,男家派一名中年妇女来村头迎接。她们走到半路,突然从草丛中跳出几个彪形大汉来,拦住去路,朝着她们身后乒乒乓乓地打一阵枪,并狂呼怒斥:"不准跟她来! 打死他,打死他!"这是驱除该妇女前夫鬼魂的仪式。做完了这一仪式,几个人便簇拥着这个改嫁的妇女走进新夫家;一进夫家,砰地把门关上,表示将前夫鬼魂关在门外,从此与其前夫断缘。

生育子女后守寡的叫"鸳鸯寡"。属"鸳鸯寡"的妇女改嫁,也是半夜出门。她出门时要身挂柴刀,头戴竹笠,脚穿烂草鞋,不惊鸡,不惊狗,悄悄地走出村外。男家派一名中年妇女在村头接住,带她到一个偏僻的弄场,住进一个预先搭好的茅棚里。在那里,寡妇要住上七七四十九天,躲过前夫的鬼魂,然后再到新夫家。

丈夫属于诸如跌崖等凶死而寡的妇女,称为"断桥寡"。"断桥寡"妇女改嫁时也半夜出门,在野外待三个晚上,每晚并要搂抱几次大树,意谓她已与大树"成亲"。这样,三天过后她才能进入新夫家里。"搂树成亲"是个过渡,即便前夫的鬼魂恨其妻改嫁,要报复也是报复树,与后夫无涉。这就是俗语说的"克夫先克树,克树不克夫"。

夫夫妇妇,如果夫死妇存,妇因子女多且幼,或因夫家家底较为厚实,或因妇姑感情笃厚,而不愿离开夫家的,在征得族中长老同意后可以招婿上门,婿随原夫家姓氏,所生子女也随原夫家姓氏,成为原夫家的成员。此种情况,也见于已趋汉变化的壮群体越人后人中。比如,岑溪县"婚嫁不择贫富,但无子者多赘婿,改姓为子,授其田宅,如嫡子同。如子死,间以媳招夫入门为继子,亦授田宅,乡曲习以为常"。[②]

入赘之家,夫死妻可再娶,妻死夫也可在原妻家另行寻觅伴侣,在原妻家居住,但所生子女要随原妻家的姓氏,成为原妻家的成员。

[①] （清）汪森:《粤西丛载》卷18《上鬼》引。
[②] 《古今图书集成·职方典》卷1433《梧州府风俗考》。

第四节　性爱风俗

历史上，关于男女之防，在壮傣群体越人及其后人社会中是比较宽松的。因此，遗存至近现代的性爱风俗，也显示出其与汉族不同的异样风貌。

一　婚圈狭窄

南宋范成大《桂海虞衡志》说：左右江溪洞，"举洞纯一姓，婚姻自若"。① 这就是说，壮人婚姻不避同姓。这与汉族的同姓不婚完全不同。所以，明、清时期的文人笔记和壮族地区的地方志书都不厌其烦地重弹此一议题。壮族同姓可婚，这是事实。此与古代山川阻隔，交通不便，壮族居民又性质朴，多务农耕，不喜商贾，很少外出大有关系。加上壮族地区土官林立，他们划疆而治，居民难以流动。所以，在"举洞纯一姓"的情况下，婚姻不避同姓，婚圈狭窄，并没有什么可奇怪的。但是，婚姻不避同姓，并不是说同姓中人不论亲疏关系谁都可以谈婚论嫁。《太平寰宇记》卷166《贵州风俗》说：贵州（今广西贵港市）"郡连山数百里，有俚人，皆为乌浒诸夷，率同一姓。……居止接近，葬同一坟，谓之合骨，非有戚属，大墓至百余棺。凡合骨者则去婚，异穴则聘。"这说明壮族先人虽属同姓，但不一定可以相互婚配。其中，同姓"合骨"者相互不能婚配，只有"异穴"即"不合骨"的居民，相互间才能发生婚姻关系。合骨与不合骨的事实后来不存在了，但却有同姓同宗者不可婚与同姓不同宗者可以发生婚姻关系的规定。

壮族聚族居中峒中，山川阻隔，岭树重遮，与外边的交往甚是不易，男女婚姻往往是在一峒的居民中发生。古代，一峒的居民多为一个姓氏，同姓而婚固然可以，但同姓同宗而婚却是犯忌。有些地方如东兰县等，谭姓一部分改为覃，韩姓一部分改为姓韦或姓牙，目的就是便于通婚。

> 在沙梨区的壮族中，有同宗不婚的习俗。青年男女谈爱、结婚，可以在同屯同村中进行，亦可以在同姓中进行。如黄姓有吃荤的和吃素的，他们称之为枉奴和枉斋。以前"枉奴"和"枉斋"的内部不能通婚，但近两三代来也改变了，"枉奴"的黄姓可以互相通婚，"枉斋"的黄姓可以互相通婚。这种例子在沙梨区中很多，但同一宗族（即五服内）就不能通婚。罗姓、韦姓也是如此，同姓同屯可以谈爱、通婚，但同宗不能。②

20世纪50年代的沙梨区，即今广西隆林各族自治县的沙梨乡。那里的壮族实行同姓不同宗婚制，谓五服以内为同宗，五服以外为不同宗。而云南土支系壮族中，则以同一祖宗下来，4代以内的是同宗，4代以外即不同宗，可以发生婚姻关系了。③ 如此说来，历史上壮族的婚圈范围是非常狭窄的。

---

① 《文献通考》卷330《西原蛮》引。
② 《广西壮族社会历史调查》第一册，广西民族出版社1984年版，第62页。
③ 杨宗亮：《壮族文化史》，云南民族出版社1999年版，第183页。

二 舅姑表婚与姑舅表婚

姜玉笙民国《三江县志》说,壮人婚姻,"惟在昔,姑之女必嫁舅之子,谓之'养女还舅'"。这说明古代社会,壮族曾流行"一女来一女往"的舅姑表婚。

云南省文山壮族苗族自治州的"土僚"支系壮族,"舅表、姨表可以通婚,姑表不能通婚"。而侬支系壮族,则"多行单线姑舅表婚,即姑母的儿子与舅父的女儿通婚,严禁舅父儿子与姑母女儿通婚"。① 这一风俗,一直延续至现代始逐渐消失。

三 转房

壮傣群体越人及其后人"鬼妻不可与居处"、寡妇无可再嫁的观念牢固不破,但在汉族文化的影响下,南朝以后已逐渐松动,逐渐崩坏。从南朝冼氏夫人夫死掌政及《岭外代答》卷 10《家鬼》记载寡妇可以做家主可知其况。到了近现代,由于外地人的入迁,在桂西的山区,于是出现了"转房"的习俗。诚如王文观民国《凤山县志·礼仪民俗》说的"客人尚有一种特殊陋习,兄死,弟僭兄嫂;弟死,则兄占弟媳,名曰'转房'(俗称藤断藤接)。但须双方同意,乃能行之。本地人绝无此举。""本地人绝无此举",道明了凤山县本地的壮族还是坚守着传统的"鬼妻"理念,不为外方迁入的人群其"转房"习俗所化。"绝",就是绝对、完全的意思。

据 20 世纪 50 年代调查,广西天峨县白定乡"历来都有'兄娶弟妇,小叔填房'的习惯,称为转房或称为'藤断藤接'。远的已不可查,近的如在 1936 年本乡白定屯岑树列讨他哥哥岑树森之妻为妻(长兄刚去世),后来生了两个儿子(现仍活着,岑夫妇已亡),但已引起社会上的恶感,如他们的谚语说'兄娶弟媳,摆饭在地下吃'(低下之意)。因而,在近几十年来已经不是普遍的现象了。"②

在广西隆林各族自治县委乐乡,"妇女死了丈夫,如果夫弟还未结婚或已婚妻死的,经家长征求男女双方同意,可以作'兄终弟及'转房。这种现象是相当普遍的,少数也是弟死兄及的。习俗上认为兄终弟及是正当的,但弟妻兄及则认为是乱伦,受人讪笑,称为牲畜,说是'只有栏下的牛才这样乱来'。"因为"习俗认为,夫兄是长辈,是父辈,父辈与弟妇子媳结婚是乱伦的"。③

四 一夫多妻

历史上,由于壮族社会男女比例失调,男少女多,曾经在比较长的时期内盛行过一夫多妻的婚制。明、清以后,随着凭父母之命、媒妁之言的一夫一妻婚制在壮族地区确立、普遍,此种婚制除少数官僚、富裕人家之外,已经逐渐销声匿迹。但是,传统观念未消,土壤还存,它还没有完全绝迹。

在隆林各族自治县"委乐、岩晚、岩尝、委哉、管消等较后进的壮族地区中,纳妾

---

① 《壮族文化史》,云南民族出版社 1999 年版,第 183 页。
② 《广西壮族社会历史调查》第一册,广西民族出版社 1984 年版,第 20 页。
③ 同上书,第 59—60 页。

是很普遍的。委乐乡三来屯六户人，就有五人纳妾，仅有一个因贫穷而不纳。纳妾的原因：一缺乏劳动力；二发妻没有子嗣；三喜新厌旧，男子婚后与别人恋爱，讨厌发妻，但又没有理由离异，和情人难舍难分，就进行纳妾"。

"纳妾是为乡里所允许的，是为父母所同意的。一般都经过父母之命、媒妁之言。"

"纳妾的仪式和费用，是看不同的对象决定的。如果女方是寡妇，就照寡妇再嫁的费用和仪式；如果是未婚的女子，就照初婚的仪式和费用迎娶。纳妾有个规定的仪式是遍行的，那就是妾将入门时，发妻站在门槛内，手持短棍等着。妾一跨进门槛，她就用棍或拳打其身，并用双手推拥。这是表示把妾的威风打煞，以后好服服帖帖地听从使唤。"①

五　夫妻例不同床

明朝王济《君子堂日询手镜》说，15世纪时，广西横县的部分壮族，夫妇不在家里行房，一般是选择晴好天气的日子，夫妇互相邀约到山里去，在比较僻静的去处的路口上，插着松叶竹枝之类作为标识，叫作"插青"，警告行人不要进入；然后在那里尽情地享受夫妻的欢乐。如果有人不知误闯入去，即以刀弓相见，即使因此打死了人，也是习俗所允许的。现在这种夫妻在野外交合的规矩没有了，但在100多年前，桂西北和桂西南的许多壮族地区仍"惯于野合"。20世纪上半叶，云南文山州一些壮族仍传袭着"夫妻例不同床"的惯例。夫妇分床，各居一室，这可能是古代礼制变异后承传。

为什么会如此，可能是"性交不洁"观念所导致。比如12世纪《岭外代答》卷10《挂剑》说"邕州溪峒之外，西南有蛮"人夫妇交合不是在家里，而是夜里相互邀约走到野外僻静的地方进行。他们认为，如果不是这样，就会受到家鬼的惩罚。"邕州溪峒之外"的"蛮人"，当指今云南文山州的壮族。五六十年前，壮族地区还流行有这样的习俗：如果不慎碰见男女正在交媾，认为是惹祸上身，非要走上前去向他们讨取一件东西以消灾不可；如果遇见雄雌蛇互相缠绕交配，不管要冒多大的危险，将付多大的代价，也要将它们打死，否则就会大祸临头。这是古代壮人在野外见到男女做爱所积淀的心理的变异承传结果。

六　自由的男女交往

自古以来，壮族及其先人男女之间的交往，相对来说是比较自由的。

宋代以前，由于文献记载阙如，无从佐证。但是到了宋代，记载就显示了这方面的情况。比如，乐史《太平寰宇记》卷163载，南仪州（今广西岑溪市）"初每月中旬，年少女儿盛服吹笙，相召于明月下以相调弄，号曰夜泊，以为娱。二更后，匹耦两两相携，随处相合，至晓则散"。又卷165载，郁林州（治今广西兴业县）人"夜泊以纵淫"等，即是如此。

据清康熙八年（1669年）《上林县志》记载，当时广西上林县的壮族未婚男女对歌投机、互送信物"拜同年"后，还要选择吉日在女家举行"会同年"的仪式。那天，女家杀猪宰羊，设酒招待周围谈得来的未婚男女。大家在门外空地痛饮大吃一顿后，傍晚时分，手拉着手走进女家集体住宿三个晚上。在这三个晚上里，男男女女，喝酒对歌，无拘无束地尽情欢乐。三天过了，大家又你拉着我我拉着你奔出野外。路上，又有许多青年男

---

① 《广西壮族社会历史调查》第一册，广西民族出版社1984年版，第60页。

女参加进来，人数多的时候，有成百上千人。他们边歌边笑，狂奔乱走，有如风卷的云团，直到晚上才各自散去。

"士女如云要岁新，路旁山畔任逡巡。公然调笑公然唱，不计生人与熟人。……女男月下共徘徊，摄魂勾魄压襟开。夜半歌声犹未歇，又言明晚早些来。"《天河乡土志》记载的此首咸丰年间的林园乔《竹枝词》记录了当时壮族社会的现实。所以，王言纪道光《白山司志》卷9《风俗》说："若夫男之歌女唱，赠带投巾，多野合之羞，荡妇有淫奔之丑，则习俗之恶者，然粤西各郡县土人，此风皆在所不免，不必憾于一隅也。"

乾嘉学者赵翼到广西镇安府（治今德保县）做知府。他感慨于壮族的风俗，说："粤西土民"，"每春月趁墟唱歌。男女各坐一边，其歌皆男女相悦之词。其不合者，亦有歌拒之，如你爱我我不爱你之类；若两相悦，则歌毕辄携手就酒棚并坐而饮，彼此各赠物以定情，期相会，甚有酒后即潜入山洞中相昵者。其视野田草露之事，不过如内地人看戏赌博之类，非异事也。当墟场唱歌时，诸妇女杂坐，凡游客素不相识者皆可与之嘲弄（调情），甚而相偎抱，亦所不禁。并有夫妻同在墟场，夫见其妻为人所调笑，不嗔反喜者，谓'妻美能使人悦也'！否则，或归而相诟焉"。①

"其视野田草露之事，不过如内地人看戏赌博之类，非异事也"，说明古代壮族青年男女性交往的自由。而"夫见其妻为人所调笑，不嗔反喜"，则是此类男女交往的心理基础。因此，原镇安府所属诸地，不论婚否，男女都有"交情意"的私事。"交情意"是在插秧、歌墟或其他歌会场上男女通过对歌，情意相投，男悄悄将礼物赠予女方，女方收下后而形成的私下情人。"交情意"后，每月两人都相约在偏僻的地方秘密相会一两次，互赠礼物，谈心说情。待到双方各自有了子女，往来才不那么密切。此一习俗，流行久远，直至20世纪60年代的"文化大革命"方才自行消失。②

《天峨县白定乡壮族政治及生活习俗的调查》说："性的杂乱是本地一个现象，解放以前叫'搞风流'，解放后仍有余风存在。一般女子或男子年在十六七岁就开始有情人，婚前婚后都有，以年轻一代未生仔的岁月里搞得最厉害。有部分在生仔后停下来，有部分直延长到老年。……社会舆论对男女关系中的杂乱现象一般是不干预的，只要不闹事人们总很少理会，因为这些事在旧社会太多了。"③

七　媚药

媚药，壮群体越人及其后人中早已流行。西晋嵇含《南方草木状》已见记载："鹤草，蔓生，其花麹尘色，浅紫蒂，叶如柳而短，当厦开花，形如飞鹤，嘴、翅、尾、足，无所不备，出南海，云是媚药。上有虫老蜕为蝶，赤黄色。女子藏之，谓媚蝶，能致其夫怜爱。"

唐代，壮群体越人后人"俚獠"地区"俗女多男少，妇人任役。婚法，女先以货求易；贫者无以嫁，则卖为婢"。④ 女子花了钱好容易嫁了个男人，但女子花容易褪，男子

---

① （清）赵翼：《粤滇杂记》，（清）王锡祺《小方壶斋舆地丛钞》第七帙。
② 《德保县志》，广西人民出版社1998年版，第658页。
③ 《广西壮族社会历史调查》第一册，广西民族出版社1984年版，第21页。
④ 《新唐书》卷222下《南平獠传》。

花心易滋，为了拴住不易得到的男人，媚药于是广泛得到认可、推崇、流行。

《太平广记》卷483《番禺》引唐人《投荒录》说："有在番禺逢端午，闻街中喧然卖相思药声，讶笑观之，乃老妪荷揭山中异草鬻于富妇人，为媚男药，用此日采取为神。又云：采鹊巢中，获两小石，号鹊枕，此日得之者佳。妇人遇之，有抽金簪解耳当而偿其值者。"唐代刘恂《岭表录异》卷中所记的庞降、"鹤子草"和"红飞鼠"（红蝙蝠）都是当时壮群体越人后人"俚獠"女子习惯使用的"媚药"之一。

"俚獠"妇女精心研制使用"媚药"，一是保住自己的青春魅力，二是给丈夫吃了产生潜附力，离也离不开。此后由于许多汉族商旅进入壮族地区，壮族女子与他们结合后，唯恐他们"重利轻离别"，大大发展了此类媚药，以致时到近代，有人谈起某些壮族妇女的媚药，仍不免胆寒。

清初汪森《粤西丛载》卷22引南宋周密《齐东野语》载：

> 世传补助奇僻之品，有所谓山獭者，不知出于何时，谓以少许磨酒饮之，立验。然本草医方，皆所不载。止见《桂海虞衡志》云出宜州溪峒。峒人云：獭性淫毒，山中有此物，凡牝兽悉避去，獭无偶，抱木而枯。峒獠尤贵重之。能解箭毒。中箭者，研其骨少许傅之，立消。一枚值金百两。忽得杀死者，功力劣；抱木枯死者，土人自稀得之。然今方术之士，售伪以愚世者，类以鼠璞猴胎为之，虽杀死者亦未之见也。
>
> 周子幼尝使于大理，经南丹州，即此物所产之地，其土人号曰插翘，极为贵重，一枚值黄金百两，私货出界者，罪至死。
>
> 方春，瑶女（当时南丹无瑶）数十，歌啸山谷，以寻药挑菜为事。獭性淫，或闻妇人气必升跃其身，次骨而入。牢不可脱，因扼杀而藏之。
>
> 土人验之法，每令妇人摩人极热，取置掌心，以气呵之，即趯然而动，益为阴气所感故耳。然其地亦不常有，或累数岁得其一，则其人立可致富，宜中州之多伪也。

明代，谢肇淛《五杂俎》也载：

> 山獭淫毒异常，诸牝避之，无与为偶，往往抱树枯死，其势入木数寸，破而取之，能壮阳道，视海狗肾功力倍常也。

又明朝嘉靖元年（1522年）王济《君子堂日询手镜》载：

> 医家有名蛤蚧者，乃一甲虫，其地（指横州）甚多，状类蜥蜴、守宫（壁虎）之属，多生城垣串楼及人家墙壁间。其物二者上下相呼，牡声蛤，牝声蚧，累日情洽甚，乃交。两相抱负，日坠于地，人往捕亦不之觉。人以手不擘，虽死不开。人得之，以搞熟草细缠定，锅中蒸过爆干，售人炼为房中之药，甚取效。寻常捕者，不论牝牡，皆可为医兽方中之剂也。

第六章

寿　　庆

　　甘蔗根甜，辣椒老辣，老马也识途，"老凤池边蹲下去，饥鸟台上噤无声"。[①] 人"春秋高，阅天下之义理多矣"。[②] 由于老年人在经验、知识等方面的优势，子女们愿他继续活下去，给予生活和事业的指导。于是，在家庭和亲戚朋友中形成了尊老敬老的风尚，生活上加倍给予照顾，愿他长寿。

　　人生无几，结婚生子之后进入壮年。"老当益壮"，这个"壮"虽是指"壮盛"不是指壮年，但壮盛多蕴崇于壮年。壮年之后，便要衰老。衰老，就是进入老年期。古代壮群体越人及其后人，居于烟瘴之地，生活艰辛，人的寿命往往很短，因此壮年无几，49岁便要进行寿庆了。

　　"49"，未满50年而庆寿，实属罕闻罕见。然而，这却是壮群体越人及其后人习与性成，特有的惯例。屈大均说："世之称寿者率以十为数，岭南及江西宁都则以十之一为数。魏禧谓前十之年，必加一而后成；后之十年，必从一而生。"[③] 这就是说，岭南及江西宁都人祝寿，50岁及其前减去一年，所以"50寿庆"不是50岁而是减去一年，即49岁时庆贺；50岁以后，寿庆则是61岁、71岁、81岁、91岁等。现代壮族，则又是60+1，70+3，80+4。

第一节　寿庆活动的出现

　　唐代，大诗人白居易《送客春游岭南二十韵》有句说"瘴地难为老"，"土民稀白首"。[④] 这是个真实的情况。现在壮族骂人流行句口头禅，这就是"$la^6kip^8 la^6 tɯ^2$"。Kip^8意为收拾，$tɯ^2$意为捉拿，la^6则是瘟疫、疫鬼。骂人而咒以被疫鬼收拾捉拿，可知历史上壮族及其先人对瘟疫的频繁、惨烈，印象深刻，对其流行提心吊胆，极度恐惧。由于壮群体越人及其后人地区地广人稀、岭树重遮，藤多草长，兽纵蛇横，蚊蚋成堆，高温多雨，

[①] 《三朝名臣言行录》卷6。
[②] 《汉书》卷4《文帝纪》。
[③] （清）屈大均：《广东新语》卷9《称寿》。魏禧，字叔子，又字永叔，学者称勺庭先生。宁都人，清初隐居不仕，工古文，有《魏叔子文集》。
[④] 《全唐诗》卷440。

瘴疠时发，疟疾流行，加上灾作战害，人的寿命往往很短，很少有长寿的人在世。

然而，世事不一，难以尽料。唐朝张籍《送郑尚书》诗称"此处莫言多瘴疠，天边看取老人星"，道的是并非岭南地属瘴疠之乡，就没有闲于调适长寿的人。南宋初蔡绦《铁围山丛谈》载："博白城下有新村，吾曳杖其间，至一村舍，有二老人坐饮，乃昆弟也。大者年九十四，谓客曰：'此吾幼弟，才七十八矣。'从旁环拱而待之，皆两老人之曾孙。是殆堪入画图也"。二老耄耋清健，曾孙环拱，四世同堂，父义子孝，兄友弟恭，祖慈孙乐，也是一幅人伦和谐的画图。至于《清实录·仁宗实录》卷237记载的嘉庆十五年二月十六日（1810年1月10日）得到嘉庆皇帝官赏的宜州寿达142岁的蓝祥，更是全国寿星之冠了。

壮傣群体越人社会发展，在原始社会母权制还没有充分发育父权制就过早成熟了。父权制社会确立以后舅权制长期滞留，令父子生分。"兄弟异居，父子割产"，[①]似乎父子情淡，兄弟亲情冷漠得可以，但是在壮傣群体越人及其后人中，"敬老得福，敬田得谷"的理念却源之久远。他们聚族而居，喜有庆，凶有吊，疾病相扶，出入相友，凡事"均分示至公"，"亲邻相助歌迎鬼"，是传统，久传不衰，不走其样。

壮群体越人及其后人唯少者有名，以少为贵。因此，迄于明朝初年，已经趋汉变化了的南海壮群体越人后人唐豫立的《唐氏乡约》仍然映现出他们往日以少为大的惯行习俗。然而以少为贵并不碍于少对老的尊对老的敬。乌浒人得"珍异"之物便"贻长老"，这是他们对年长有威望者的尊崇敬奉。而且，为弟的能牺牲自己为兄长作福。"苍梧之弟娶妻而美好，请与兄易"，"若邻里有负其家债不时还者，其子弟中愚者谓其兄曰：'吾为汝取钱，汝但善殡葬我耳。'其处多野葛，为钩挽（斟酌带上）数寸径到债家门下，谓曰：'汝负我钱，不肯还，我今当自杀！'因食野葛而死债家门下。其家便称冤，宗族人众往债家，曰：'汝不还我钱而杀我子弟，今当击汝！'债家惭惧，因以牛犊财物谢之数十倍，死家乃自罢去，不以为恨"。

《南州异物志》所说的"宗族人众"，何谓"宗族"？《尔雅·释亲》说"父之党为宗族"，宗族就是同宗同族的人。既然利害相同，又有血缘联系着，宗族中人自然少不了亲和协力、敬老慈幼的情感，不完全如同《南州异物志》描绘的"俚獠""以子易物"，"夫或鬻妇，亦卖弟"那样冷酷、残忍、恐怖的惨状。当然，人多面，心诡谲，社会森罗万象、千奇百怪，也不能否认此种情况存在，但社会的主流却是宗族人等的亲和协力，和衷共济。

越文化与汉文化，属不同类型的文化。当初壮傣群体越人及其后人没有"家鬼"（祖先）崇拜，却有族鬼、村鬼崇拜，说明它们对有着英雄业绩、捍卫宗族乃至群体利益献力的先人的尊奉崇拜。

壮傣群体越人在生活实践中知悉田亩对群体的至关重要，他们对水田唯恭唯谨，唯恐维护不周。传承下来，壮群体越人及其后人尊水田为田公田母，以农历六月六日为田公田母节。"敬田得谷"这是他们生活实践的总结。自然，"敬老得福"，也是他们社会生活经验的总结。"敬老得福"，少不了对长者、对长老的敬奉祝福。于是，尊老敬老的风俗在

---

① 《古今图书集成·方舆汇编·职方典》卷1349《肇庆府风俗考》。

他们中便早早形成了。壮群体越人后人尊老敬老之风见于记载,最早当推南宋淳熙五年(1178年)周去非撰成的《岭外代答》卷10《打甏》条记载的"打甏"祝寿仪式。

人们总结历史经验,知道在当时的社会和自然生态条件下,人生下来活得不容易,长寿更难,认为人生能到36岁,就阿弥陀佛,托庇上苍,进入长寿之年了。比如,广西大新县安平等地的壮族男女年至36岁,就举办祝寿。祝寿,一般比较简单,届时家里只杀只公鸡祭祖敬神,祈求保佑;有的则较为隆重,要请巫公来家举办一天一夜法事,出嫁的女儿和女婿,专门送来一小筒白米、寿衣一件、寿帽一顶和寿鞋一双的"培根"(寿仪),表示对父母的感恩和祝贺,① 上林县等地区壮族虽不举行什么祝寿仪式,可是乡俗却在埋葬式上予以区别:36岁以前故去的,第一次葬其墓只能是按棺材的形态堆成长条形;36岁及36岁以后逝世的人,第一次葬其墓的上头则可推理个窝头式的圆锥形状。由此可见,壮族人观念里最初入寿的年限。

时间推移,社会发展,到了现代,壮族意识观念里的人活到36岁入寿的年限也改变了。他们认为人活到48岁,才是人生的一个坎儿,跨过这个坎儿便是福了。于是人们相约定下,人到49岁进入了福年,虽非长寿,可要举行祝福活动,以求长寿。此后在汉族文化的影响下按十二生肖,每隔12年(61岁、73岁)举行祝寿活动。唐朝大诗人杜甫说"人生七十古来稀",汉族在古代活到70岁已经屈指可数,壮族更其少了,因此85岁以上进行祝寿活动则较少了。云南壮族虽然同样以61岁的祝寿活动为重,85岁的寿庆也从简,但却将49岁、61岁、73岁、85岁分别用福、寿、康、宁来表示其祝福祈寿活动。

第二节　寿庆礼仪

壮族的寿庆活动,宋有"打甏"祝寿,后来又规整为四九初庆、六一寿庆、七三祝寿。除此之外,临急还有"添粮""献米""做棺""建亭"等祈寿仪式。

一　"打甏"祝寿

据周去非《岭外代答》卷10《打甏》的记载,当时"俚僚"民间盛行给老人祝寿的仪式。这种仪式叫"打甏"。"打甏"就是吸饮水酒祝寿星。其具体做法是寿家事先用罐子酿就香甜醇美的糯米酒。客人来时,寿者的妻子出来拜见,感谢他们的光临,然后抬出酒坛,启开盖子,用勺子舀水灌入坛内,将酒糟、酒液和水三者搅匀,用一段二尺来长的竹管插入坛内。坛内竹管的一头,尾端安上一个银做的形似小鱼的机关。人吮吸竹管的上面一头,水酒就从"小鱼"口沿着竹管上来;"小鱼"口闭了,水酒就升上来。人吸管饮酒,吸得太猛或太慢,都可以使"小鱼"的口闭上;所以吸管饮酒讲究快慢适中,节奏明显。当坛内水酒吸得差不多了,主人重新酌量将水加入坛内,搅匀,埋管让客人轮流吸吮。如此再三重复,直到大家满足为止。祝寿不杀鸡、不煮肉,来客唯是"打甏",喝寿酒。喝的寿酒越多,也就是吸进肚里的水越多,主人越高兴,因为当时的"俚僚"观念认为人是从水里捞回来的,水是人生命的精灵所在,别人在他寿诞时喝的水越多,说明他

---

① 《广西壮族社会历史调查》第四册,广西民族出版社1987年版,第14页。

的生命力越旺盛。

二 四九初庆

四九初庆，也叫五旬寿辰、祝福寿。一个人活到49岁，已经有了福气，可未够得上长寿，故不叫"祝寿"，而称"祝福"。"祝福"由长辈提示，弟妹子女操办。届时，子女送来猪蹄、米、酒，请来道公念经，用红纸写上"福"字贴在神龛边，并在三岔路口铺上三片竹木，表示为来往行人修桥补路，广积阴德以延寿。然后，亲友同桌欢饮，共祝福者福至长寿。

三 六一寿庆

20世纪50年代以前，年逾花甲的人，已是长寿。此时，其人已是子孙满堂，福寿之后享寿，人人都为他高兴。因此，寿年的寿庆，最为隆重。儿女多、亲朋多的，大家都怀着幸逢烟云供养，熙春照临，齐奉寿星，更为热闹。

贺寿之庆，由儿女们合力主办。届时，做女婿的要送上一席寿筵、一个猪头，以及"魂米"（大米）、寿服、寿帽、寿鞋等。各亲友也送来寿幛、"魂米"、仪银等礼物。请来道公念经鸣锣开道，为寿者祈求长寿。

开道之后，道公在一块石板中间凿上一道凹痕，将之埋在岔路上，意谓修路搭桥，积阴功获长寿。

念经开始，祝寿的儿孙排于道公之后，各人双手合十捧着一炷香。道公念完一段经文，大家向祖宗神龛鞠一次躬。共鞠三次躬，称为"拿香礼"。礼毕，举行搭寿桥"送魂米"仪式。

寿桥以祖宗神台为起点，以寿星卧榻为终点，中间拉上一长条黑布为桥。桥头放着一箩筐盛着儿孙与亲友们送来的"魂米"，桥尾一个空箩筐。参加祝寿的人每人手里拿着一只空碗，排坐（或跪）于"桥"的两边，然后从桥头左边的人开始舀起一碗"魂米"，倒入对面右边人的碗里；右边人又将"魂米"倒入位于其后的左边人的碗里。这样左右依次重复，直将"魂米"送到寿星卧榻旁的空箩筐里。你来我往，反复进行，送完"魂米"为止。

有些地方，除送"魂米"，还要送"魂钱"。送"魂钱"与送"魂米"间隔进行，送一次"魂米"送一次"魂钱"。"魂钱"不求其多，一次一枚银币，但求次数超过6次以上，祝颂寿星熙养天年，多福多寿。

运完"魂米""魂钱"，道公将卷好的一束粽子叶插入"魂米"中，过两个小时再抽出来，观看粽子的隙缝中夹起"魂米"的数量，占卜寿星此后寿命的长短。如果粽子叶上一粒米也没粘起，那就预示着寿星凶多吉少，来日无多。

送"魂米"仪式完毕，众人便拥着寿星坐在首席，坐下来开宴，举杯祝寿欢饮。

四 七三寿庆

七十三岁的寿庆，仪式与六三寿庆略同，只是比较简单，来人较少，也不作铺路仪式了。

五 "添粮"祝寿

壮族寿庆只在49岁、61岁、73岁三个年龄上的诞日举行。49岁以后，人精力不继，体魄渐衰，王小二过年，一年不如一年。壮族巫婆道公认为，这是人"粮少"造成的。于是，有"添粮"望寿之举。"添粮"是让儿女们请来道公或巫婆念经作法，安置粮缸，添上米粮。

20世纪50年代以前，不少壮族地区，年过50岁的老人都有个"寿米缸"，缸是特制的，鼓腰小口，两尺来高，缸盖下压着红纸或红布，安放在神龛上或老人卧床的床脚边。平日里缸里盛着几斤米，不能断，不能少，也不能随便拿来煮吃。每年的尝新节（吃新米的节日），儿女总是选上颗粒圆满、米色洁白的新米放入缸中"添粮"，叫作"养缸"。届临老人的生日，则掏出一些来给老人煮干饭，祝愿他健康长寿。

六 "献米"祝寿

人上了年纪，风烛残年，自然体弱多病，身体每况愈下，壮族人认为这是老人"粮少魂不守舍"造成的，所以桂西、滇东南的壮族每当老人罹病时，常临时请道公或巫婆来为老人举行"叫魂添粮"仪式，吃"百家米"以实粮聚魂。这也是一种祝寿仪式，但它是临事而定，不一定是在老人诞日举行。

"叫魂添粮"仪式由老人的子女筹办，请道公或巫婆选择日子并主持其事。其规模，视各人的家境而定，原则是请来的客人越多越好，家境略为富裕的人家，往往办上二三十桌酒菜，请来二三百人，热热闹闹，比婚姻喜庆犹有过之，因为来客都得带有几斤米，客多米多，老人吃了"百家米"有助于老人的康复增寿。

壮族居住在云贵高原东缘的丛山地区，山川梗阻，交通不便，往还较少，所以各地壮族虽都有"叫魂添粮"的仪式，其主旨也一致，但仪式进行的具体程序并不完全相同。云南省东南部的壮族，在"添粮"时辰来临时，要"添粮"的老人，男的长袍马褂，女的头扎蓝靛黑巾，上穿蓝靛圆领右襟上衣，下身长裙曳地，踏着船形绣花鞋，端坐在家鬼神龛供桌之旁。庭院中间安放一张高脚方桌，方桌四角各绑着一根长约6尺的竹竿；桌上，点着灯，摆着蒸糕、一只鸡蛋和三个酒杯。仪式开始，巫婆先往酒杯里斟酒，点上香烛，向天、向地、向祖宗作揖，然后一手提着一只公鸡，一手摇着铃铛，站在供桌前面仰天高叫作法，乞求天地神灵收聚老人的灵魂。祷告完毕，她拿起鸡蛋往蒸糕上放；如果鸡蛋竖立其上，表明老人的魂儿已经收聚回来。这时，巫婆挥刀斩杀手中的公鸡，并命主家迅速除毛煮熟，用簸箕盛着摆在供桌上酬谢鬼神。巫婆又念了一回咒后，按男左女右用黑线在老人的手腕绕上一圈并打个结，意思是将收拢来的灵魂捆住。捆住了魂，主家将摆在庭院中的供桌抬进厅堂，来客便将带来的米倒在上面。主家收起，每天给老人煮着吃，这叫"吃百家米"。据说，吃了"百家米"，老人有病便于康复，无病利于延年。赠了米，来客便坐上酒席，共祝老人康健添寿。

七 "做棺"祝寿

壮族如果人病了，如果"添粮"了，又"吃了百家米"，还是气息奄奄，病不见好，于是又举行一种特殊的祝寿方式，这就是做好棺材冲掉灾难，除去疾病延年岁。这种祝寿的方式，是根据相反相成的思维模式结构的。

老人疾病缠身、百方无效时，老人的子女往往乞请巫婆推算，采取以棺材冲掉灾病的方式。事有凑巧，这种棺材冲掉灾病的方式，也偶有"奏效见功"的时候，于是此类祝寿方式便在巫婆的鼓吹下在部分壮族民间流行起来，形成了风俗。

做棺材之时，先请巫师来念咒语动第一斧；做好以后竖摆在厅堂的一侧作长凳使用。用红纸写上"长生保命"贴于棺侧，男用的棺头雕一"寿"字，女用的刻一"福"字。棺内放置五谷和钱币作为养命。有些外地人初到这些地区的壮家，不了解此中奥秘，见棺材而想到死尸，心里顿时罩上乌云，其实那只是一副空棺罢了。

八 "建亭"祝寿

广西东兰县，过去家有年过60岁老人的壮族，有在路口建"福寿亭"给老人祝寿的习俗。亭子规制不大，仅能容得三四个人临时荫蔽而已。亭子的横梁中间，雕刻着由两条鱼构成的圆形图案，两边写上老人的姓名和建亭时间；前边柱子上写着"福如东海""寿比南山"的对联。鱼在水中，是水中的生物，雕鱼在梁意是说明人建了亭子如鱼得水，会健康长寿。亭子建成，主人备上糯米甜酒和香茶，敬献过路行人，希望过路行人能在亭中歇息和躲避风雨，念叨建亭人，为他祝福。

第七章

丧　葬

　　人老而死，或人未老因病因伤有时也死。人有生必有死，是新陈代谢，是客观规律，不可逆转。死，是一个人人生旅途的终结和解脱。对于死者的态度、处理的方式方法，以及因此形成的习俗，是活着的壮族及其先人的意识观念和价值取向的一个活脱脱的示现。

第一节　壮族及其先人丧葬观念

　　生而壮，壮而老，老而死，这是客观生物的自然过程。有生有死，自然渐进，作为客观生物之一的人，也逃脱不了自然新陈代谢此一客观规律。
　　人老病亡，世上还有其血亲存在。他们如何对待、处理死了的人，不同的民族群体有不同的理念，从而有不同的对待和处理方式。壮傣群体越人及其后人因其理念与其他民族群体相异，对待死者的态度和处理方式也不同。

一　死鬼与生者不相容

　　壮傣群体越人原无"灵魂""神"等词语，唯有"鬼"一词。鬼，壮语北部方言和布依语谓"fa：ŋ²"，壮语南部方言和傣语谓"phi¹"。壮傣语中二词的相异，是缘于壮傣语原谓鬼为"hi²haŋ¹"，今临高语仍谓鬼为 hi²haŋ¹。随着社会发展，北壮方言和布依语保留了 haŋ¹ 此一音节，形为 faŋ² 此一词语；南壮方言和傣、佬、泰、掸等族语则保留 hi² 此一音节，形成 phi¹ 此一词语。
　　壮傣群体越人认为生物的组成，包括形体和鬼两部分。形体是鬼之所寄，是鬼的托身之所。鬼存形体，形体生气蓬勃；鬼离形体，形体委顿；鬼脱却形体，形体失去生命力，死亡腐化。人死鬼在，鬼无形而变幻，生人稍不如其意，则布祸于生人，让生人罹难无穷。因此，壮傣群体越人及其后人对人死后的鬼无限恐惧，一提起先人鬼，无不毛骨悚然，难以自安。
　　活人死鬼，阴阳异天，行藏乖违。鬼抱深怨，唯窥人弛，施以祸害；人畏鬼虐，视为祸胎，驱赶为先。于是，在壮傣群体越人及其后人中有歌舞娱尸、击鼓鸣锣以驱鬼的举措。

（一）惧鬼

　　人死生鬼。鬼无形无状，唯感觉而知道它的存在。鬼抱深怨，妒忌活人，因常为祸害于活着的人。壮傣群体越人及其后人唯鬼是怕，唯鬼是惧，远远躲避。桂林甑皮岩、邕宁顶狮山等新石器时代遗址中都发现屈肢捆扎葬，捆扎尸体就是不让鬼逸出体外祸害人。《墨子·节葬下》载："其大父死，负其大母而弃之，曰鬼妻不可与居处。"这就是畏鬼、惧鬼、避鬼的行为。"鬼妻不可与居处"的理念，在壮傣群体越人后人中世代传承，迄于清朝前期，不少社区群体仍然奉行不改。

（二）驱鬼

鬼既可畏可惧，又可恐可怖，不可迩近，自然要远离。人死之后，鬼脱离了已无知觉的形骸，但是还在家屋之内。于是，壮傣群体先人越人及其后人在人死之后，请来巫师，在他主导下，邻里戚友齐集有驱鬼的习俗。《梧州旧经》记载的"丧则聚，搏击钲鼓作戏，叫噪逐其厉（厉鬼、恶鬼）"，①《岭外代答》卷7《白巾鼓乐》记载的"南人死亡，邻里集其家，鼓乐穷昼夜"以及明洪武李思聪《百夷传》记载的傣族先人的鼓乐和击碓杵"娱尸"，②就是这样的作为。

此一集众呼嚷驱鬼仪式后来演变为丧事杀猪宰牛盛宴款待吊客。高州（治今广东高州市）"生时布衣不充，死则尽财殡送"；③钦州"人死则礼佛修斋，烹牛以待宾客，有至数十头者，虽贫亦举贷"；④贵州布依族"丧，则屠牛招待新友，以大瓮贮酒，执牛角遍饮"。⑤这是与儒家礼仪相违的。所以，南宋隆兴二年（1164年）九月十九日权发遣昌化军（治今海南省儋州市）李康上奏，说"二广""丧葬习为华侈，夸竞相胜，有害风俗"。⑥明朝初年，已经趋汉变化了的南海唐豫立《唐氏乡约》特别规定"父母之丧，不得饮宴。亲朋来吊，止宜待以蔬菜"，⑦力革往日从壮傣群体越人传承下来的丧葬华侈相竞，不合儒家礼制习俗。然而，乡约虽定，旧俗照行："有吊唁者必盛筵款饮，谓之'食炊饭'。送葬辄至数百人，澄海尤甚。葬所鼓乐优觞，通宵聚乐，谓之'闹夜'，至旦复设酒肴。丧家力不给，则亲友代设。凡遇父母丧无不罄囊鬻产，仿效成风"。⑧

（三）躲鬼

鬼，特别是无人祭祀的野鬼，在壮群体越人及其后人意识观念中，伺候活人，戏弄活人，残害活人，尤为严厉。"稻田黄，睡满床"，这是流行于壮族中的谚语；"七月禾黄鬼上村"，这是广东已趋汉变化的壮群体越人后人流行的谚语。禾黄鬼跃，人在不经意中便撞鬼犯病。于是，壮群体越人及其后人便定农历七月十四日为祭野鬼的躲鬼节。番禺"七月十四"，"祭先祠厉（恶鬼）"。⑨"夜向门前致祭，曰：'烧街衣'，家家无敢阙者，

---

① 《永乐大典》卷2339梧字引。
② （明）郑顒：景泰《云南图经志书》卷10。
③ （宋）乐史：《太平寰宇记》卷161。
④ （明）林希元：嘉靖《钦州志》卷1。
⑤ 康熙《贵州通志·蛮獠》。
⑥ 《宋会要辑稿·刑法二之一五七》。
⑦ （清）屈大均：《广东新语》卷9《唐氏乡约》。
⑧ 乾隆《潮州府志·礼仪民俗》。
⑨ 同治《番禺县志·节庆民俗》。

谓此节最重也。"其目的，就是让野鬼得所慰藉，"使不为厉（恶）"。① 这一天，"皆闭门不出，路无行人，谓之躲鬼"。② "多杀鸭祭先，烧化冥财。其日路无行人，名曰躲鬼"。③ 躲鬼不是闭门不出，而是不出村外。所以七月十四日那一天，不趁墟，不走村，不务工，不放牛，晚上在村边烧冥财祭野鬼。

（四）祈鬼

鬼无形无状，变幻莫测，四周游荡，人不小心就撞上了。撞鬼，用壮族巫道的话说就是犯鬼，要倒霉运，不是罹病就是要死了。际此霉运，必须请来巫师或道公，卜看撞上什么鬼，如何排难解忧。这就如同道光《永安县（今广东紫金县）三志·礼仪民俗》说的"有病，将自己的庚甲（年庚）就巫论之。巫曰：'此乃某神某鬼为祟'。轻则用酒食禳门外，是曰'设鬼'；重则挂神于屋，巫作女人妆扮，鸣锣吹角而舞，有赎鬼、破胎、显阳、暖花、唱鸡歌诸术，是回'做觋'"。

罹病源于鬼。人患病，请巫祀鬼祈鬼的习俗由壮傣群体越人传承而来。唐朝张鷟《朝野佥载》、④ 柳宗元《柳州复大云寺记》、⑤ 冯承钧译元代《马可·波罗行纪》卷119《金齿洲》等，⑥ 都有这方面的记载。⑦

二 骸骨：鬼寄身存身之所

壮群体越人的意识观念认为，骨骼起架，树为人形；人之所以为人，盖因骨骼而来。骨骼是人灵气的所在，是人身灵物鬼寄身存身之所。所以，他们在人死后珍骸骨而弃其肉身。

《列子·汤问》载："楚之南有炎人国，其亲戚死，朽其肉而弃之，然后埋其骨，乃成为孝子。"《墨子·节葬下》也有同样的记载。肉朽需经时日，或一两年不能奏功，朽或为剞之讹。西晋张华《博物志》关于此事引自《列子》或《墨子》的记载，《太平御览》卷790及《太平广记》卷480《炎人国》引《博物志》均作"剞"。剞义为清除、除去，似较适宜、合理、顺意。《博物志》记载的桂林、晋兴、宁浦数郡及裴渊《广州记》记载的广州林任县曾经存在的"食尸虫"在人弥留之际闻气蜂拥飞来，候人气绝便食之，肉尽便去，④ 可证此说。这说明，去肉埋骨而成为孝子，这就是壮群体越人遵循的理念。

（一）捡骨葬

骸骨既是鬼存身寄身之所，死者的亲属必然小心谨慎地对待骸骨，赢得鬼的好感，使其无所嫌怨而祸害活人，因而捡骨葬在壮群体越人及其后人中形成习俗。后来剞肉留骨之俗停息，食尸虫也已灭绝，人们便将尸骸浅埋，待三五年或八九年肉腐罄尽，择日开棺捡

---

① 民国《四会县志·节日民俗》。
② 《古今图书集成·方舆汇编·职方曲》卷1415《庆远府风俗考》。
③ 乾隆《柳州府志·岁时民俗》。
④ 《太平广记》卷288《岭南淫祀》引。
⑤ 《柳河东集》卷28。
⑥ 中华书局1957年版。
⑦ 《太平御览》卷951《食尸》引。

骨，顺序码入特定的陶罐中重新安葬。这就是捡骨葬，或称为二次葬。

不论是原先人死剔其肉而埋其骨还是后来的二次葬，人们注重的只是骸骨得到妥善安葬，让鬼心有所安，不因心生怨恨而祸害活人。在壮群体越人及其后人的意识观念中，无所谓初葬是人的初死，二次葬方才是人的最终死亡，没形成什么宗教意义。

在儒家文化的影响下，岭南由东往西，自北而南，壮群体越人后人在南北朝以后逐渐产生家鬼崇拜以后，人死先浅埋，三五年或十年八年捡骨重葬，成为定制传承下来了。

（二）火葬

火葬作为一种葬制，远古就存在了。《列子·汤问》和《墨子·节葬下》就记载了秦国之西的"仪渠国"有了火葬的习俗。"聚柴薪而焚之，熏上，谓之登遐"，"登遐"就是鬼魂远升高空。

西汉哀帝元寿元年（公元前2年）佛教传入我国，火葬随之传入。唐代，我国佛教兴盛，火葬也在我国传播开来。建隆三年（962年）三月丁亥，刚立国不久的宋太祖赵匡胤《禁火葬诏》指出"近代以来，率多火葬"，① 道出了火葬在全国范围内的普遍存在。

晋、南北朝，佛教传入岭南。唐朝佛教盛行，虽然壮群体越人后人"俚獠"接受了佛教，撷其合乎自己民族群体习俗容忍的意念和行为，却不是真正的佛教信徒，所以为僧者照样大块吃肉，大碗喝酒，娶妻生子，于是有所谓的"火宅僧"。② 火葬随佛教传来，投合于"俚獠"的某种心理欲望，此后火葬便在他们中流行开来。不过，他们火葬的动机却也与佛道倡导的火葬不完全相同。

壮群体越人及其后人剔肉捡骨埋葬后，"民之贫者归罪于坟墓不吉，掘棺栖寄他处，名曰出祖"。③ 骨存鬼在，"子孙有疾厄，则曰葬地独不利于我，清明、岁暮发出之，甚而剖棺火尸"。④ 骸骨火后为烬，虽复敛于瓦罐中，但骨已化，鬼已"登遐"，无须再惴惴于其鬼了。唐、宋及其后迄于清初，"俚獠"及其后人"葬亲三年，例投其骨火中，拾烬于瓮而穴之土，名曰火葬，以故平坟暴尸者十室而九"。⑤ 光绪《花县志·礼仪民俗》载"有家贫而以火葬者"，这就是在儒家文化不断改造、整合下于岭南东部仍然残存的火葬遗俗。

火葬既已流行，在"俚獠"后人中往日的习俗也略有变易。云南罗平县沙人"死用薄棺葬，女媳盛妆罗立，曰'站场'。毕，舁（抬）于野，焚而掩之"。⑥ 维摩州（治今云南丘北县）"土獠""人死，掘窖，置棺于上乱击之，名曰'击土鼓'二日舁出焚之"。⑦ 这是将"娱尸""驱鬼"与"焚尸"让鬼升天两道殡葬程序结合在一起进行了。

从儒家文化的立场审视，壮群体越人及其后人的火葬还是二次葬，都是逆伦之举，

---

① （宋）李焘：《续资治通鉴长编》卷3。
② （唐）郑熊：《番禺杂记》："僧之有家室，谓之火宅僧。"（《类说》卷4引）。
③ （清）汪森：《粤西丛载》卷17综引《岭南异录》及张栻《静江谕俗文》。
④ 乾隆《归善县志·礼仪民俗》。
⑤ 程大璋：民国《桂平县志·礼仪民俗》。
⑥ 黄德巽：民国《罗平县志》卷4。
⑦ （明）郑颙：景泰《云南图经志书》卷3。

"皆非孝子仁人所忍为"。① 因此，光绪《花县志》说火葬为"习俗相沿之弊，不可不急为救正也"。经过儒家文化的整合，民国《花县志》特别指出，"火葬之说，属内今尽革"，但是"葬亲至数年后发棺捡骨，贮以瓦瓮"，"惨同拆骸"，仍然旧习照行，令人惨伤。这是不同文化的不同认知。

第二节　葬制与葬式

壮群体越人及其后人，非常重视自己死后是否能够按照遵行习俗殡葬。《太平御览》卷785《俚》引三国万震《南州异物志》载，弟决心以死为兄追债，诀别时特叮嘱其兄："汝但善殡葬我耳！"此类情况下延明末清初，汪森《粤西丛载》卷18引《梧州府志》以及《古今图书集成·方舆汇编·职方典》卷1410《柳州府风俗考》、同书卷1443《南宁府风俗考》还有这样的记载。人不怕死，唯怕自己死后没有得到按照遵行习俗的殡葬，可见他们对自己死后殡葬的严重关注。

人死后殡葬，就是对尸体的处理办法，也就是用什么方法安葬死者。其具体内容，一是对尸体处理的原则和安葬办法，这就是葬制；二是葬时摆放尸体的姿势，这就是葬式。

民族群体相异，意识观念有别，葬制和葬式也各不相同。

一　葬制

壮群体越人及其后人认为骨为鬼所存为鬼所寄，珍骨弃肉，一贯实行捡骨土葬制。人死肉未消，如何捡骨土葬？

随时而进，他们的捡骨土葬便有种种类型。

（一）剐肉捡骨土葬

《列子·汤问》和《墨子·节葬下》载："楚之南有炎人国，其亲戚（父母兄弟等）死，朽其肉而弃之，然后埋其骨，乃成为孝子。"战国（公元前475—前222年）时候楚国的南方就是岭南，可知"楚之南"的炎人国就是壮傣群体越人的部落国。"朽"当为"剐"之讹。因为第一，尸身的肉腐消失需经年累月，不是一蹴而就，短时而能奏功；第二，人死马上弃肉取骨，唯剐才能成就，"朽"当为"剐"。《太平御览》卷790及《太平广记》卷480《炎人国》引《博物志》均作剐，可以为证。剐是挖去、剔除的意思。这说明战国、秦、汉时期，壮群体越人的葬制，是人死后将尸体的筋肉挖去扔了，捡拾骸骨进行土葬。至于骸骨是裸葬还是以什么容器贮骨安葬，就不能一概而论了。

1. 裸骨而葬

战国、秦、汉之际，在壮群体越人中剐肉捡骨之后多是裸骨而葬，没有棺木或陶制容器之类盛放骨殖入土埋葬。在广西来宾市良江乡白面村南山坡上发现的战国墓中，当时人是用多副牛骨垒在一起作底，置骨骸其上，并在牛骨周围撒着很多稻谷。这是视死如生，让死者的鬼魂在阴间有粮可用。②

---

① 民国《桂平县志·礼仪民俗》。
② 郑超雄：《牛骨稻谷垫尸葬》，《壮族百科全书》，广西人民出版社1993年版，第378页。

汉代，岭南地区出现了棺椁葬、砖室葬和石室葬，这是南来的汉族官员殁于此地以及在汉文化影响下壮群体越人的上层人物、富人的墓葬。它们的存在无撼于壮群体越人的传统葬法。

2. 铜鼓捡骨葬

1972年7月，在广西西林县普驮粮站发现一处墓葬，用两大两小4面铜鼓套合为容器贮骨的捡骨葬。西林县普驮，汉代是句町国的属地，以铜鼓为贮器捡骨葬，当是句町国国王或王族的作为。

铜鼓，是壮群体越人权力的象征，祭祀鬼神的宝物，驱妖锢邪的重器。据报道，经专家鉴定，铜鼓内的骨殖是个25岁男子。① 25岁而逝，是个夭折类人物，对人世间还有众多留恋，其鬼对人世间的报复也厉害，汉代句町国以铜鼓为器贮骨埋葬，无疑是以铜鼓禁锢其鬼，使其不能逸出而作祟于活人。

在铜鼓捡骨墓葬的同一地方，还发现一处以铜为棺殓尸的墓葬。铜棺长约2米，棺体鎏金，上镶龙、鸟、猫等花纹图案；棺两侧各悬挂三面狰狞的铜面具；两端也各挂有铜面具；棺前还有铜铸狮子、狗、乌龟等动物塑像。从棺的形制看，可知是殓尸入棺的一次葬。这是句町国王家受汉族文化影响仿中原汉族上层的棺葬，是取同于汉族文化的殡葬形式。

3. 捡骨悬函葬

捡骨悬函葬，就是将捡起的骨殖装入无盖木函中置于悬崖绝壁的木桩上，或半悬于天然洞穴之上，或利用岩壁间的裂隙置函于上的安葬方法。

北宋乐史《太平寰宇记》卷165《象州》引《岭表录》载："象州武仙县，旧有神仙集众高山，羽驾（仙人车马）时见，如建州（治今福建建瓯市）武夷山，皆有仙人换骨函在。"此《岭表录》不知何人所作，《舆地纪胜》卷105《象州·仙人山》引作《江岭表记》，文字基本相同，不知二书是否一书的异写。不过，书为唐朝人所撰却是可以肯定的。就此可以清楚，唐代在岭南地区今武宣县仍然可以见到如同福建武夷山那样的"仙人换骨函"，也就是捡骨悬函葬的残存。

清朝袁枚《随园诗话·补遗》卷1载："余丙辰年（乾隆元年，1736年）过全州，见山上凹有匣，非石非木，颇类棺状。甲辰（乾隆四十五年，1780年）再过观之，其匣如故，丝毫无损，相传武侯藏兵书处。或用千里镜睨之，的系是木匣，非石也；但其上似无盖耳。""武侯"，即诸葛亮。他任蜀国丞相，缩在西南，活着时没到过广西。广西有关他的传说，都是后人因其声望，凭空塑造的。此"类棺状"半置于距江面10米高的崖洞上，经踏勘，为一圆木剖开挖空而成的凹槽，长约1米，无盖，似棺非棺，内有乱骨，属捡骨葬。②

《说文》："棺，关也，所以掩尸。"木槽无盖，关不了，因此不是棺。北宋钱易《南部新书·庚集》载："卫中行自福察有脏，流于播州。会赦北还，死于播之馆（旅店），置于曰塘中。南人送死无棺椁之具，稻熟时理米，凿木若小舟以为曰，土人呼为曰塘。"

---

① 广西文物队：《广西西林县普驮铜鼓墓葬》，《文物》1978年第9期。
② 张世铨：《广西岩洞葬和几个有关问题的商讨》，《民族学研究》第四辑，民族出版社1982年版。

南宋周辉《清波杂志》卷 7 也载，吉阳军（治今海南三亚市崖城）前太守在职疫死无棺埋葬，后太守甚为惊恐，染疾后赶快上书请辞。然而，他获准离职返到今琼山县就死了。死了，要棺入殓，方能运回老家，可岭南素无棺，用什么入殓？作者引《南海录》载："南人送死者无棺椁之具，稻熟时理米，凿大木若小舟以为臼，土人名春堂，死者多殓于春堂以葬。"在岭南，北来官员死无棺入殓，周辉甚为感慨："士夫落南，不幸而死，曾不得六尺之棺以殓手足形骸，诚重不幸也！"这种情况说明，壮群体越人及其后人"俚獠"迄于宋朝没中原汉族的棺椁之具，素以春堂殓尸而葬。广西贵县（今贵港市）罗泊湾汉墓以全木剖开挖空类春堂殓葬奴婢，就是以春堂殓尸。

壮群体越人及其后人谓棺材为"Siu⁵fai⁴"或"Siu⁵ mai⁴"。壮语北部方言和布依语谓树木为 fai⁴，壮语南部方言和傣语谓 mai⁴；Siu⁵，为壮傣语谓凿子或凿的词语。"Siu⁵fai⁴"或"Siu⁵ mai⁴"，就是凿空的树木。凿空的树木，当初是用来脱粒或加工食粮的器具，用来殓尸就成了棺材。此棺本无盖，后来受汉文化影响，加了盖成了棺材，但至今壮语仍谓为"Siu⁵fai⁴"。

唐朝刘恂《岭表录异》卷上《春堂》载："广南有春堂，以浑（全）木刳为槽。一槽两边约十杵，男女间立，以春稻粮。"春堂本是粮食加工器具，以它殓尸，意谓死者在阴间粮源不断。所以，清朝初年《古今图书集成·方舆汇编·职方典》卷 1452《泗城州风俗考》载归顺州（今广西靖西县）"死亡，阖室子女以杵春臼，闹击成声，名为化者春行粮"。壮群体越人及其后人以春堂殓尸，其意蕴深远，北来的汉人不知，哀叹为"重不幸也"，实在不知道他们的衷曲所在。这也是越文化与汉文化相异处之一。

元朝李京《云南志略·诸夷风俗》载，"土獠蛮""人死，则以棺木盛之，置于千仞颠崖之上，以先堕为吉"。此棺可能是棺材，是在汉文化影响下出现的葬具。刘锡蕃《岭表纪蛮》第 304—305 页载："凌云有岑氏祖墓一丘，亦在半山石穴间。每逢清明，其子孙必祭于塔下。……棺悬山半，事已罕闻，意者当日土酋威尊无上，殚民之力，筑土架台，运棺其中；事后台卸土撤，而棺乃独立岩际。"[①] 凌云县乃是宋代"俚獠"岑氏首领的起始地。岑氏首领先人的悬棺葬，说明"俚獠"首领传承着悬棺葬的习俗。

又《大明一统志》卷 83《柳州府山川》载，"铁船山""在融县西三十里，遥望仿佛一船，尾插绝顶岩间"。这正是以船为棺载骨悬于崖壁间的葬法。

悬棺葬起源于距今 4000 年左右的福建崇安县武夷山越人。壮群体越人及其后人为古越人传人之一，行悬棺葬并非怪事；其目的，就是便于死者鬼魂远升高空。

4. 捡骨岩洞葬

岩洞葬，是以天然石山洞穴为捡骨后的葬地。

岭南地区，天然岩洞众多，远古是居民的住所，也是人死后捡骨存放之地。比如，20 世纪后半叶发现的武鸣县陆斡镇覃塘村的岜马岩洞葬以及武鸣县两江乡三联村独山岩洞葬，说明春秋、战国之际，壮傣群体越人已出现岩洞葬。《古今图书集成·方舆汇编·职方典》卷 1444《南宁府古迹考》附《陵墓》载，横州长寨"平地突起，石山壁立，千仞环绕，而上悬崖斗峻，绝顶处仍平坦，结窝口天穴，藏聚奇巧，非仙师道眼，未易辨

---

① 商务印书馆 1935 年。

此"。该书认为这是明朝田州世袭土官岑猛"祖墓",其实是横州当地人岩洞葬的遗迹。

刘锡蕃说:"东兰县都彝区坡豪乡有名苏仙村者,在江河之左岸。村畔一山高耸,山半悬岩间,离地约五十丈,有岩洞一穴,人迹所不能到,而有两棺平置洞口,望之严然。"①

梁岵庐说:"平果县曾发现大规模的岩墓,在距城约八十里的古城地方,岩洞敞而不封,面向西南。各棺从岩口分为两行排列,直入岩内,都互相叠成梯形,约七、八十具之多。棺用土产的'杭木'制成,甚坚实……系用巨木用斧凿成槽状以贮尸体。"又说:"今以田阳韦氏为证。韦氏当时用绳曳棺而上,置于岩中,不封口,子孙今拜扫不绝。"②20世纪后半期经众多学者调查,广西左右江流域的田东、平果、隆安、大新、龙州、崇左、扶绥等县的临河石灰岩洞内都有岩洞葬。根据隆安、平果、大新等县岩洞葬随葬物有唐朝乾元(758—760年)、明(1368—1644年)、清康熙(1662—1722年)铸造的铜线。这些岩洞葬,最早或可溯至唐、宋时期。

清朝中叶以后,壮族地区的岩洞葬仍然是捡骨二次葬。葬具有的是陶罐,有的是棺木。专用来盛放骨骸的陶器,壮语称为"金钟"或"金罐"。这是个借汉语词,"金"表示尊贵或贵重。金钟是个高为60—70厘米、径为30—40厘米的圆柱形陶器。用棺木作葬具的,或合板做成或刳木而就,都很小,内空长为80—120厘米,宽为50—60厘米;内多是放一个人的骨骸,个别的是2—4个人的骨骸杂乱放在一起。内放有100多具棺木的平果县坡造乡感香洞口书有"雍正十二年(1734年)三月初六日""正墓"(重葬)的文字,可知其为清朝前期的岩洞葬。

5. 捡骨合骨葬

合骨,就是血缘亲近的戚属同挖个大坑,人死捡骨置于臼塘内放入坑中,多少不论。

《太平寰宇记》卷166《贵州风俗》载,贵州(治今贵港市)"郡连山数百里,有俚人皆为乌浒诸夷,率同一姓。……居止接近,葬同一坟,谓之合骨,非ುੀ戚属,大墓至百余棺。凡合骨者则去婚(失去联姻资格),异穴则聘女(婚姻往来)。"这是以先人骨骸葬同一坑即"合骨"与葬非同一坑即"异穴"来区分可否发生婚姻往来的范围,说明他们虽属同姓不同宗者可以发生婚姻往来。《太平寰宇记》的"合墓"者"非有戚属"显非真实,"合骨"者当为居相近而有戚属的关系。

(二)虫消尸肉捡骨葬

长时期人死剔肉弃之埋其骨,必然养就自然界专吃尸肉的昆虫。

西晋张华《博物志》卷2载:"景初(237—239年)中,苍梧刺史到京师,云广州西南接交州数郡,桂林、晋兴、宁浦间,人有病将死,便有飞虫,大如小麦,或云有甲,常伺病者,在舍上候人气绝来食亡者。虽复仆杀有斗斛,而来者如风雨,前后相寻续,不可断截。肌肉都尽,唯余骨在便去尽。"这段记载,并非虚中生有。苍梧刺史虽逸名,年代却是清楚的,即三国时期魏明帝景初年中。当时苍梧郡虽在吴国的范围内,但三国时魏国以国主自居,在大局纷乱之际派出刺史往苍梧郡,这是在情理之中的。而且,不仅桂

---

① 刘锡蕃:《岭表纪蛮》,商务印书馆1935年版,第304页。
② 《广西壮族的岩墓》,《广西日报》1957年6月21日。

林、晋兴、宁浦数郡间是如此，《太平御览》卷951《食尸》引裴渊《广州记》也载广州辖下同样有此种食尸虫，专食死人肉。这说明，魏、晋、南北朝的时候，壮群体越人后人"俚獠"弃肉存骨的葬制养就了食尸虫，人死蜂拥飞来食尸，存骨让人捡埋。

（三）浅埋破墓捡骨二次土葬

人死剖肉埋骨似太残忍，人不忍为；食尸虫当年有如风雨蜂拥而来，时日过去，也已经不复存在。人死如何除去尸肉，能够顺利地捡骨埋葬？人们于是念起自然风化，人死后或以草席卷起或殓入春堂放置于荒坡之上。20世纪前半叶，武鸣县和平果县的一些地方仍有一种停棺葬，即此类型。那里人死后以棺殓尸，或裸置于荒坡上让其日晒雨淋，或在棺木上草盖简陋的茅棚，任其四周通畅风吹热熏。一两年后开棺捡骨作二次葬，茅棚、棺木、寿衣及未化的筋肉皆弃于地表，不作掩埋。① 这或系当年暴尸荒坡让其自然风化然后捡骨葬的存遗。

与此类停棺相类的是庆远府（治今广西宜州市）属一些地方实行的五块葬。所谓五块葬，就是人死后棺殓浅埋，经一两年不管尸体的软组织化与未化，即请巫师破墓开棺砍取头颅及四肢共5块放入坛罐内择地埋葬，其余的筋肉骨骸则弃于原地随棺木掩埋，再不管顾了。

五块葬不知起于何时，清朝光绪（1875—1908年）初仍在流行。19世纪70年代任庆远府知府的董传策为了禁止此一葬制，出了严令：所属州县土官、参加府学考试的童生，各人都要具结保证自己所治理、所居住地方一律革除五块葬，如有违反，土官就地免职，考生永远取消参考资格。② 自此以后，庆远府所属州县的二次葬始与壮族其他地方的二次葬同步。

暴尸荒坡，斩尸重葬，迹近野蛮，于是人们将棺木浅埋，待三五年或八九年尸体软组织完全腐化，然后请来巫师择吉破墓开棺检取骨殖，或以小棺盛放，或按顺序将骨骸码入陶制容器入土埋葬。这就是二次葬。由于尸骸埋在土中，与泥土混合，因此人们在进行二次葬前视骸骨的情况，或将骸骨洗净、烘干，或将骨骸用砂纸一一擦抹干净、烘干，又称此种葬法为捡骨葬或洗骨葬。

浅埋破墓捡骨二次葬，从隋、唐以来在岭南地区一直存在，成为壮群体越人后人的主流葬制。

（四）破墓捡骨火葬

岭南，地当南北之冲，佛教既自北来，又自南上，南北朝已有盃渡禅师、达摩禅师、景泰禅师等僧人入住广州罗浮等山，见载于《舆地纪胜》卷89《广州》中。唐代佛教盛行，岭南自也不免。唐高宗龙朔元年（661年）新州（治今广东新兴县）"葛獠"惠能北上黄梅参见禅宗五祖弘忍，得到赏识，密授法衣，后来成为禅宗六祖。圆寂后，唐宪宗追谥为"大鉴禅师"，很得柳州太守柳宗元的崇拜，曾为其撰写碑铭。③ 柳宗元认为壮群体越人后人"俚獠""董之礼（以儒家礼制化导）则顽（不容易开导），束之刑（以刑罚来

---

① 郑超雄：《停棺葬》，《壮族百科辞典》，广西人民出版社1993年版，第380页。
② 民国《凤山县志·丧礼沿革》。
③ 《曹溪第六祖赐谥大鉴禅师碑》，《柳河东集》卷6。

约束）则逃，唯浮图（佛教）事神而语大（含蓄广大），可因而入焉，有以佐（帮助）教化（教育感化）。"① 官员们遵之，利用佛教与"俚獠"的"事神"此一认同点，将佛教注入"俚獠"中，作为化导、整合其传统观念传统习俗的工具。虽然他们"率不信释氏（佛教）"，做了和尚，连佛教在家信徒（居士）须终身遵循的"五戒"（不杀生、不偷盗、不邪淫、不妄语、不饮酒）也不遵守，大块吃肉，大碗喝酒，贪恋女色，结婚生子，于是唐朝郑熊《番禺杂记》便有"火宅僧"之号。但是他们"或有疾，以纸为圆钱，置佛像旁，或请僧设食。翌日，宰羊、豕以啖之，目为除灾"，② 就是"俚獠"的传统观念传统习俗融于佛中，假佛显世了。

"俚獠"的传统观念传统习俗融于佛中，"丧事皆用浮屠"，③ 随着时间的流逝，佛教的理念就无形中掺入、取代、植根于"俚獠"及其后人中了。因果报应，生死轮回理念不说了，四月八日牛王诞成了浴佛节，七月十四日祀鬼成了目连节等，都是如此。丧事"七七"之制本是佛教传入我国后产生的一种风俗，"世俗信浮屠诳诱"后流布全国。④ 明、清以来，岭南各地也风行死有"应七"之举，"七日一奠，至四十九日止"。⑤ "俚獠"及其后人破墓起骨焚化装罐而埋，就是礼从于佛教倡导的火葬而来。

壮群体越人及其后人观念认为骸骨是鬼魂存身寄身之所，焚化了骨骸，鬼魂无从托身，必然升天远去。这也就是明朝洪武后期李思聪《百夷传》说的傣人在人"死后三日，命巫剎生祭送，谓遣之远去，不使复还家也"的意思。⑥ 建隆三年（962 年）三月丁亥，宋太祖赵匡胤《禁火葬诏》说："近代以来，遵用火葬，甚愆典礼，自今宜禁之。"⑦ 这说明火葬虽属夷法，但随着佛教盛行，唐、五代、宋初火葬已在我国盛行，以致"率多火葬"了。唐朝的官员们利用佛教与"俚獠"习俗"事神"的认同将佛教注入"俚獠"中并为其所接受以后，火葬此一葬制也就在"俚獠"及其后人中流行开来了。

程大璋民国《桂平县志·礼仪民俗》载："葬法，自清雍正（1723—1735 年）以前有火葬者。《府志》载，张体义以雍正丁未（五年，1727 年）出守浔州，至则锄奸猾，举优行，民知劝惩。浔俗葬亲三年，例投其骨火中，拾烬于罋而穴之，名曰火葬，以故平坟暴尸者十室而九，体义深痛之云云。见《纪官张体义传》，并见《体义莅浔四十日记》，皆可为证也。"又王文现民国《凤山县志·丧礼沿革》载："明以前未明礼制，人死有火葬，有五块葬，以小坛罐葬以为坟。"至于岭南东部，屈大均的《广东新语》以儒道相标榜，但在该书卷 19《山场》仍透露出贫者"或以无地而葬以水火者"这样的句子。这说明"俚獠"及其后人不论是已趋汉变化的还是未趋汉变化的，唐、宋以来至明朝甚至清初，人死浅葬三五年或八九年都请巫破墓捡骨火葬，然后收拾骨烬装小罐小坛土葬。由于

---

① 《柳州复大云寺记》，《柳河东集》卷 28。
② 《太平广记》卷 483《南中僧》引《投荒杂录》。
③ 《古今图书集成·方舆汇编·聪方典》卷 1426《平东府风俗考》。
④ 司马光：《书仪·斋僧》。
⑤ 民国《清远县志·礼俗民俗》。
⑥ （明）郑颙：景泰《云南图经志书》卷 10。
⑦ 《续资治通鉴长编》卷 3。

他们认为骨已不存，鬼已远去，便不大注重于火葬后的坟墓了，于是让人有上述"平坟暴户者十室而九"的感慨。

在云南广南县小广南那鹿坡，有一处火葬墓群。墓地高出地面20米，面积1462平方米，是个斜坡。1986年广南县文化馆对该墓群进行挖掘，在深0.8米、宽8米的坑内发现17个墓坑，出土葬具有罐有坛，内有少许骨灰，没随葬品。墓群之上有清代墓，说明火葬墓群出现在清代以前。① 火葬墓群上复埋有清人墓，说明对此火葬墓群，当时人们埋后便不管顾了。

镇安府（治今广西德保县）"葬则火化，不知祭扫"；② 云南师宗州沙人"死用火化，不葬不祭"；③ 贵州罗甸县布依族聚居的高栏，中华人民共和国成立后群众掘地撞上一处火葬墓群，堆在一起的火葬罐竟有七八百具之多。④ 这也说明在壮族、布依族人的心中，骨殖火化后已不在关注的范围了。

程大璋说清雍正后无火葬，王文观说清无火葬之举，然而犹如五块葬至清光绪初年仍有存留，火葬迄于清朝中后期在壮群体越人的后人中不论是已趋汉变化的还是未趋汉变化的壮族、布依族仍未根绝。比如，乾隆《归善县志》的"剖棺火尸"；光绪《上林县志》的"明末国初邑中往往有火化之举"；"自乾隆以来已无此种恶俗"；民国《龙州县志》的罗因峒"其亲死则举而火之"；民国《罗平县志》的沙人亲死抬于野"焚而掩之"；乾隆《黔南识略》的安顺府布依族"葬不用棺"，"等三年之后""举火焚之，以瓦缸捡灰埋窖"；等等。

当然，原来的火葬是一葬之后破墓拾骨焚化，收拾骨烬重葬，后来的火葬就简化了，人死娱尸之后便抬出焚化，然后拾烬入罐埋葬。比如，黄德巽民国《罗平县志》卷4载，沙人"婚丧以牛为礼，死用薄棺葬。女媳盛装罗立，曰站场。毕，舁于野，焚而化之"。

火葬历时既久，形成的心态习惯自然也根深蒂固，不易褪去。比如，广西大新县下雷地方的壮族已于20世纪初期将火葬改为捡骨二次葬，可是时至20世纪四五十年代，每当村上有人死亡，各家各户都习惯地给丧家挑去一担干柴，象征着全村各户共同给死者略尽送葬的义务。这是过去火葬习俗的遗存。因为原来盛行火葬时，村中有人亡故，村上各户都责无旁贷地送给丧家一挑干柴，堆在平坦之处将尸体焚化。⑤

（五）风葬

光绪《云南通志》卷30《广南府风俗》载："土人或遭横死，如雷击、虎伤之类，则不殓不理，将尸坐于椅上，送往高山，以伞笠覆之，听其消化，人不敢近。男、妇为巫者，死亦如是。"遭自然不可知力量如雷击、虎、狼等袭击而猝然死亡，这是非正常死亡，人们认为他们还非常留恋人生，死不甘心，其鬼魂出奇凶恶，因此将其遗体放置于远离人群的高山顶上，不殓不埋，自然风化，让风将其鬼魂吹得远远的，难于在本地作祟于

---

① 杨宗亮：《壮族文化史》，云南民族出版社1999年版，第228页。
② 《古今图书集成·方舆汇编·职方典》卷1450《镇安府风俗考》。
③ 康熙《师宗州志》。
④ 《布依族简史》，贵州人民出版社1985年版，第167页。
⑤ 《广西壮族社会历史调查》第四册，广西民族出版社1987年版，第191页。

人。至于活着时作法弄鬼的巫婆巫觋，死后其鬼魂自然也不会安分，于是将其视同横死的人，实行高山风化葬法。

有些地方的壮族，有婴儿未满周岁便死了，也将其尸体装入麻袋中挂在树上风化。目的是让他幼稚的鬼魂上不着天下不着地，无法危害他人。这也是风葬的一种形式。

（六）水葬

20世纪三四十年代及其以前，广西东兰县壮族有人死后实行水葬的习俗。人死了，亲属为死者梳整完毕，用布条将死者捆在木梯上，盖上白布，旁边绑上一只鸡或一只小狗，然后敲锣打鼓将尸体投入江河或深水潭中，任其沉没或随水漂去。送葬的亲友待尸体从眼中消失后便陆续散去。这种葬式是壮族古代"人生于水死归于水"的观念所导致还是其他什么原因，因没有充分的理据，说不清楚。

二 葬式

葬式，指入殓时尸体放置的姿势。历史上壮群体越人及其后人的葬式有屈肢葬、仰身直肢葬、割肢葬、俯身葬、侧身葬和椅坐葬等。其中，以仰身直肢葬最为普遍。

（一）屈肢葬

屈肢葬，又称为屈肢土蹲葬或蹲踞土葬，属于一次葬式。广西地区的桂林甑皮岩、柳州大龙潭、扶绥的敢造、横县的西津、邕宁长塘邕宁顶蛳山等新石器时代遗址中都发现有这种葬式的骨架。桂林、柳州、横县、邕宁、扶绥等地几乎覆盖了今日桂中壮族地区，可以说新石器时代屈肢葬是壮族先人一种比较普遍的安葬方式。

屈肢葬的特点是在人死后未僵硬之时将尸体用绳索捆扎起来，双手拳缩，股、胫骨紧靠，臀部不着地，像活体蹲坐的姿势。

其葬式，以邕宁顶蛳山遗址为例，有仰身屈肢、俯身屈肢、侧身屈肢、蹲踞等。[①] 为什么实行这种安葬方式，有的学者从广西的自然地理环境着眼进行解释，认为广西土多瘴疠，山有毒草及沙虱、蝮蛇。在尚未有桌椅的远古时代，人们皆行蹲踞，以避免地面的潮气对人体的侵害和各种虫蛇的叮咬，天长日久，蹲踞成俗，以致以此种养身安息的方式来处理死者。但是，这种解释不能说明屈肢葬在世界范围内存在的普遍性。而在中国历史上，不仅在"瘴疠之地"的广西有这种葬式，西周时期也曾一度在中原地区、关中地区流行。而且据《北史》卷98《高车传》记载，位居于中国北部风沙干燥地区的突厥人中也存在这种葬式。因此，这类以地理环境来解释屈肢葬成因的论点就显得乏力，不足以说明问题的实质。屈肢葬之所以遍及世界各地处于不同生态环境的不同人类群体中，其原因就是原始人类思维方式的同一性，即都害怕死者的鬼魂。死者是自己的亲人戚属，不能避开，怎样才能逃脱他的鬼魂的纠缠为祸呢，人们以想当然的思维方式是在死者尸体尚未僵硬之时，也就是死者的灵魂还未完全逸出体外之前把他的四肢紧缚起来，然后入土埋葬，推起土丘，层层锁住，使他的灵魂无法逃脱出来。

在壮族先人地区，屈肢葬只盛行于新石器时代，此后便很少承传下来。

---

① 傅宪国等：《广西邕宁县顶蛳山遗址的发掘》，《邕州考古》，广西人民出版社2001年版，第55页。

（二）仰身直肢葬

仰身直肢的殓尸方法，自新石器时代以来是壮群体越人及其后人历史上最为普遍的处理尸体的葬式。不论是火化葬、水葬，还是捡骨葬的第一次葬，都是如此。

老人死了，晚辈进进出出，大为忙碌，未谙世事的孩子见了问个为什么，父母唯恐引起孩子的害怕，总是说"爷爷睡着了"。于是，"睡着了"在壮语里成了表述"死亡"的婉约的词语。睡觉除了侧身之外，大都是仰身直肢睡。所以，仰身四肢伸展或仰身直肢双手掩在胸口，成了壮族丧葬的正常姿势，普遍流行。

在西周，壮族先人曾有过一种船形墓坑，广西武鸣县马头乡元龙坡西周墓地中即有发现。这种墓坑呈狭长形，中部修成方井式，墓坑两端各有三角形的生土二层台，整个墓坑的长轴剖面恰如一个两端翘起的船体。到春秋战国时期，壮族先人的墓葬又流行腰坑，即于长方形墓坑底部的中间挖一小坑（大致位于尸体的腰部，故称"腰坑"）。腰坑形状或长或方或圆，以长方形居多。坑内通常放置陶器一件，常见者有盒、杯、罐、瓮、瓿等。腰坑大小视所置陶器的大小而定，大腰坑放瓮、罐、瓿，小腰坑放盒、杯等。

仰身直身葬一般都有陪葬品，其品各随历史发展而不同。历史上曾有一些比较独特的陪葬品，例如在广西扶绥县敢造、横县西津、邕宁顶蛳山等地的新石器时代墓葬中，均发现有红色的赤铁矿粉，或撒在人骨架的四周，或撒在头骨和骨盆上，或在人头骨附近置放两块赤铁矿。以红色的赤铁矿陪葬，在世界许多地方都有发现，可能与原始人的某种观念有关。不仅如此，在放置随葬品的方法上也有一些特殊之处，如武鸣县马头乡元龙坡的西周墓地中，特意将完整器物打碎以陪葬的现象很普遍，有的将本来完好的石范打碎成数小块，分别葬在墓底和填土中；有的将玉镯打碎成三五节，分别葬在墓底的不同位置。这种有意打碎器物以陪葬的习俗，在现代壮族中仍很流行。如武鸣县某些地区，人死后，其后人将玉手镯打碎成三节，两节置于棺内陪葬，一节丢弃他处。人们认为：人死即是"身坏"，以碎物陪葬可使尸肉早日离开尸骨，以便灵魂"洁身"，早日与祖宗团聚。

（三）割肢葬

割肢葬，是将尸体分解后埋葬。分解时，有的将头、四肢、躯体分开，有的仅将上身和下身分开。埋葬时，有的几截共穴，有的异穴。这种葬式，最早发现于邕宁顶蛳山新石器时代遗址。

邕宁顶蛳山遗址出土的割肢葬，有自颈部、腰部及膝部将人体分为四截的；有将头与肢体割为两截的；有割下头颅置于胸腔之内，又割下两臂、骨盆和股骨的；有自腰部斩下，将人体分为两截的。[①] 近、现代，有些地方的壮族家里有未成年的小孩死了，害怕他的鬼魂返家作祟于弟妹们，埋葬时故意将他的手脚弄折了，使其魂不能寄存于不完整的尸体之中。比如，广西平果县凤梧乡一岩洞葬有一棺盛着的尸骸（该尸骸已风干），头与尸身分离，两只手腕被割弃，下半身也不见，无疑是割肢葬。细数其牙，上下仅25颗，不及成人的恒齿数，明显是个未成年人。不详新石器时代的壮族先民实行割肢葬，是否有同如此的目的？

[①] 傅宪国等：《广西邕宁县顶蛳山遗址的发掘》，《邕州考古》，广西人民出版社2001年版，第56—58页。

（四）捆脚葬

近现代有些地方的壮族，对跌崖、溺水、雷劈、车祸、枪伤、刀砍致死的人，认为是"凶死"，埋葬时都将死者的双脚用绳索捆起，并在脸上盖着一块瓦，使死者的鬼魂被缚住，黑暗不见光亮，无法出来作祟。

（五）俯身葬和侧身葬

有些地方的壮人，慑于诸如跌崖、雷劈、溺水、枪伤、刀砍而死的"凶死者"的鬼魂，入殓时，多将他们俯身向下，使他们没有朝天之日。

壮族对巫婆、巫觋、师公和道公等神职人员，过去入殓时，不是仰身直肢葬，而是侧身葬。在一些特殊的情况下，行侧身葬则是表明死者之间的关系。比如匪乱或瘟疫流行，一家人同时死了，同穴而葬，则父亲仰身直肢，母子则各自侧身朝向父亲。

（六）和身椅坐葬

清代，云南府的壮族，遇上遭雷击、虎伤而死的人，不殓不埋，将尸体安坐在椅子上，直抬上高山顶端，裸露着，让其自然风化。

第三节 殡葬礼仪

丧葬礼仪，是一个人人生旅途由他人所作的最后一道礼仪，也是人生的解脱礼仪。壮群体越人及其后人的丧葬礼仪多有讲究，在一定程度上表现了壮族及其先人的文化特色，同时其中也多掺杂着众多的汉族文化的元素。

一 近现代殡葬程式

壮群体越人及其后人古代社会的殡葬程式，由于记载阙略，难以知道它的具体情况。近现代壮族社会的殡葬程式，是在汉族文化的整合下形成的，显得层次整然，意向明确。整个殡葬过程分为离魂、报丧、买水、入殓、举哀、殡葬、守孝和捡骨重葬8个程序。

（一）离魂

离魂就是让死者鬼魂离开家里的仪式。

壮群体越人及其后人的传统习俗是信鬼重巫，人病了认为是野外屈死鬼、饿鬼勾魂摄魄所致。壮族俗语说"鬼叫你半夜走，你不能待到天亮"，没有汉族"不可救药"这样的意识，因此人病了少服药或不服药，大都是请巫师椎牛祈求鬼们不要纠缠，放开一码。过去，有的人病了，杀牛祭祀野鬼，有的一头二头，五头六头甚至二十七八头的，不够的还要高息借贷，往往是人病未好，家财已经破败净尽了。[①]

现代人病了椎牛祭鬼求鬼的事少了，但是观念没有完全改变，人病了，请医生诊治吃药了，不见好的还是回过头来请巫师作法，半夜里用芋头叶子或莲叶包着食物到野外去求野鬼放开病人，让他康复。这种做法，壮语称为"kveŋ¹ro:k⁸"或"ɕi:t⁷ro:k⁸"，意思是"扔外面"，求大吉。

不幸，人意苦难全。在病人一缕气息若断若续之时，要迅速将他从卧榻上移到堂屋一

---

① （明）林希元：嘉靖《钦州志》卷1《风俗》。

侧的铺地席上,头朝神龛脚朝门口地躺着,以免死在床上。因为人死在榻,鬼魂绕床,留恋不去,这将给死者亲属带来不宁。

如果死者是父辈,弥留之际,做儿子的还恭敬地跪在父亲的身旁,作三次深呼吸后,哀声地说:"爸,我接您的气来了!"这是"接气"仪式,目的是让将死者明白家中后继有人,可以放心死去。

死者咽了气,亲属迅速用一块布或纸蒙住家里神龛,免得死者的秽气冲犯了祖宗;同时,开一个天窗,供死者的鬼魂有处升天,免得局促在家里,扰得家里不宁。有的地方还请来巫师,让他拿着一只公鸡,爬上屋顶。鸡脚上拴着一条细小的黑色棉线,并将棉线从"天窗"上垂下绑在死者的手腕上,然后抛开公鸡,令其飞腾而去,带着死者的鬼魂远离死者家庭。这叫"离魂"。

离魂的习俗,在壮族先民中早就存在。1957 年广西贵县(今贵港市)粮仓出土的汉代陶楼,"高 318 厘米,长 30 厘米,宽 238 厘米。前屋 3 槛,后楼重檐 3 层,上下镂空窗棂。门前 1 人持械守卫,左墙一犬伸首洞外,在屋内有 1 人舂米,并有一犬守门。这是一所地方庄园的模型。屋脊上刻有'歹人青□'文字"。① "歹"就是壮语谓"死"为"ta: i¹"的汉文译写。"歹人"就是"死人",说明此庄园的主人就是壮族先人。"歹人青□"的缺字上头还剩下个"雨"头,或为"云"(雲)字。西汉司马相如《子虚赋》说:"交错纠纷,上干青云。""青云"就是高空。很明显,"歹人青云"乃是祝愿死者灵魂升入高空,不要下沉为祸生人。

(二)报丧

家里有人死了,一要通知左邻右舍和家族中兄弟,二要告知村外亲友。过去壮族有句俗语叫"婚姻槟榔,死丧咚锵",意思是说结婚喜事请客是有选择性的,主家有槟榔请你,你才能前去祝贺;死丧事情只要主家击鼓敲锣,闻者必须不请自来,前去相助。进入 19 世纪以来,在村里的报丧方式,前七八十年是连放地炮三声(地炮用熟铁铸成,高 10 厘米左右。下有径约 6 厘米厚约 3 厘米的圆形地座。地座上耸着一径约 4 厘米的圆柱,中通一个约 5 毫米的小孔,并在底部有个侧口。用时将黑色火药填充孔内,夯实,在下面侧口上接引信。点燃引信时,可发出巨大的响声)或者鸣枪三声,近二三十年来是燃放鞭炮,亲属号啕大哭。亲族闻知噩耗,各户便派代表前来相慰,筹办丧事。

丧事一般由近亲中见识较广、谙熟礼仪规则、年岁较死者为小又有一定组织能力的男人负责策划、安排。筹划者首先考虑的是派人到外村通知亲戚朋友和请来巫师。亲戚中舅父最为重要。壮族及其先人有谚语说"天上雷公大,地下舅公大";"娘亲舅大"。舅家人不来,不得舅家的认可,入殓就难以进行。

告知舅家噩耗,由家族中一晚辈负责其事。报丧人进入舅家,将一段白布系在舅家神台腿上,并禀报死者去世的经过和拟议中的殡葬计划,请求舅家的意见,并恭请舅父或家人前去督殓治丧。有的地方给舅家报丧是由死者的长子亲自去的。孝子走到舅家门口,不能径直入屋,必须大声发问,得到答复后方能进去。孝子进到堂屋,点上自己带来的 3 炷香插在神龛上,拜过舅家祖宗神灵,然后跪在舅父面前,哭诉父(母)去世的经过和哀

---

① 广西文管会:《广西出土文物》图版说明,文物出版社 1978 年版,第 15 页。

伤，请舅父亲去主持入殓仪式。舅父觉得没什么可疑处，扶起外甥，报丧仪式方告完毕。外甥走出舅家时，必须拿走自己原插在神龛上的3炷香杆，这是其一。其二，给舅家报丧的人，要将事情一次说清，退出来后就不能再进去补说了，否则就预示着丧家将有二重丧，不久会再死一个人。

云南邱北沙人是由丧家请"跑脚"报丧。"跑脚"每到一家，只能先在大门外边跪拜陈报说："某某人已经于某月某日某时逝世了。"主人听后，立即把一根烧着火的柴块横放在大门槛上，才让来人跨过进屋把死者的死因和出丧时间等叙述清楚。无论来人远近，都必须在主人家吃上一顿便饭或吃点东西，才能离去。如果是近处的来不及煮饭，就要拿酒瓶给报丧者摸一下；远处的就留宿，以示慰劳。

（三）买水

买水就是人刚死时投钱水中，汲水回来浴尸。买水为了浴尸，更是为了告诉水神，因为壮群体越人及其后人的原始观念认为人是"水生"的。据说是明朝（1368—1644年）从平地迁居于崇山之巅的云南麻栗坡县马街乡高城子村的壮族，虽然住地离河流有10多里之远，迄今人死葬后仍要烧掉死者的灵牌，用树叶包起其灰烬，由死者的女儿背负着翻山越岭放置河水之中，就是取人死归于水之意。10世纪以后，壮族及其先人亲死而哭，但其哭是在孝子背着死者到江中洗浴干净，死者的亲属男女也同浴于江水之中以后才号哭而归治理丧事的。此事后来简化成到水滨号哭，买水回来浴尸治丧。

买水时，孝子及几个亲属在巫师的引导下提着小瓮，带上三穗谷子、纸钱和几枚铜钱（或镍币）到河边（或水井边）去，将稻穗和纸钱绑在一根小棍子上插在水边，点上香炷，由巫师诵念，告诉水神某人已经死去，烧化纸钱，并投几枚铜钱入水中。在巫师诵念时，孝子跪在水边，巫师投钱入水，他便将盛水器没入水中汲水而归。

南宋周去非《岭外代答》卷6《买水沽水》说："钦人始死，孝子披发顶竹笠，携瓶瓿，持纸钱往水滨号恸，掷钱于水而汲归浴尸，谓之买水。否则，邻里以为不孝。""邕州溪峒，则男女群浴于川，号泣而归。"这是关于壮族先人买水浴尸的比较早的记载。但是，此一习俗，该久已流行。王崧道光《云南志钞》卷183说傣族"丧葬如亲没，以击铜鼓为号"。孝子"为尸浴于河岸两次"，说明傣族也有人死浴尸于河的习俗，壮傣群体越人时代已经有了此一习俗。

买水浴尸，犹如婚姻以礼帖宴请宾客一样，20世纪初不仅壮族有此一习俗，岭南各地已趋汉变化的壮群体越人的后人大都仍然保有此一习俗。据民国广东《阳江县志》卷7载清代的一个评论说："买水的习俗，广东各地都盛行。有的去汲水时甚至用鼓乐作为前导，背着尸体到河边去。一行人浩浩荡荡，热热闹闹，以炫耀于世人。""人死如何措置，自有礼教根据。父母刚死，悲痛欲绝，哭都哭不出来"，"岂是人子背尸出户之时"！广东古时是壮越人分布的区域，那里的越人在历史的发展中虽然融合于汉族之中了，但他们承传着壮群体古越人的习俗，并非罪过，哪能完全站在汉族礼教的立场上说是论非呢？

人死"浴尸于河"或其变通办法"买水浴尸"，是壮傣群体越人的习俗，壮族、傣族传承不误，广东、广西及浙江杭州市富阳区的趋汉变化了的壮傣群体越人的后人照样传承着此习俗，说明此一意识、观念、习俗在他们中的根深蒂固。

（四）入殓

入殓就是给死者穿衣服抬入棺材里。入棺前，先将"买"回来的水泡着传统观念认为可以除去秽气的野姜叶或橘子叶煮热，由死者的子女（父用子，母用女）或亲属中的其他人给尸体洗浴（浴尸水不能乱倒，要拿到野外倒入田沟里），然后修发整容。修发是男剃头女盘髻；整容男剃去胡须，男女除去包在牙齿上的金（或银）片。修整过了，给死者穿上新衣、新帽和新鞋。衣服件数在10以内，多少都行，但讲究上奇下偶，比如上衣穿3件，裤子就穿2件。穿戴完毕，孝子及亲属将死者扶在椅子上，使他像平日坐着的样子，接受子女们的跪拜，并由孝子灌上一杯酒，作最后的诀别。这时做好的棺材（棺材有早做好了的，也有临时做的。由于三五年后要破棺捡骨重葬，壮族一般不讲究板材的质料，可是云南省文山的壮族，棺木要杉木不要松木，认为"松木为棺，断子绝孙"）已经摆在一旁（这时如果棺材没做好，或舅父未到，或等待入殓时辰，就将尸体平放于两条长凳支起的板床上。板上要垫一张白布，再盖上一张布，不许露脸，等待入殓）。棺材的缝隙已经用石灰、黄糖、松香和桐油混合填塞好，底部铺上一层干燥草木灰和细碎木炭，又铺上一层吸水性好的通纸，纸上又铺上子女送给的白布（长子送的白布最长最宽，可以翻起来包裹尸体，其他依次序递小）。

尸体入棺，由巫师选定时辰。时辰到了，抬尸体入棺，使之手脚伸直平卧在棺中。这时，孝子将两枚铜钱（或镍币）压住死者的眼睛，说："你闭着眼睛安心去吧，不要记挂身后的事，我们会安排的。"接着将棉花塞住死者的耳朵，说道："你好好地捂住耳朵去吧，不要再听人间的流言蜚语了。"然后又在死者嘴里放着一枚铜钱（或镍币），以纸钱蒙住面部，左手掌里放着一条手巾，右手掌里放着一个小布袋（内装用3斤6两纸钱烧成的灰烬及少许糯饭、米、糖果和茶叶等日用品，有的还放入金银首饰之类）。有的地方，两手也是放铜钱，并在颈、肩、腰、膝、脚等部位也放数枚钱币；有的地方，死者头前放块新瓦，脚下放块新砖，取"头顶瓦，脚踩砖"之意，到了阴间不至于没房子可住。整治完毕，再盖上一张白布，四周用死者生前穿过的旧衣服塞住，免得中间空当抬出去时尸体移位，就可盖棺钉棺。盖了棺，巫师作法并喷一口水在棺材四周，禁住棺里有水流出。

壮族民间入殓过程都是在舅父或舅家人监督下进行的，有些地方盖棺时还是舅父或舅家人钉第一口钉才算数的。如果舅父或舅家人未到就已经入殓钉棺，舅家人心有存疑，是可以开棺验看的。因此，舅父或舅家人来到，迎接的礼仪特别看重。届时，丧家孝男孝女要到大门之外跪着静候，各人身披重孝，头戴竹笠，表示照顾不周以致亲死无脸见天。舅父来到，孝子要跪着给他敬三杯酒：第一杯酒，舅父泼地祭神；第二杯酒，舅父满饮；第三杯酒，舅父接后递还外甥，作为还礼。敬酒完毕，舅父（或舅家人）将外甥们一一扶起，然后大家跟在舅父之后进家。

入殓完毕，舅家没有争议，将两条高脚长凳一前一后横摆在堂屋中间（以门口为中线，男略偏左，女略偏右），把棺材头对门口脚对神龛竖放在条凳上面，并用一张新毡子（被子也可以）盖在棺材上，又在棺材四角下面和上面中间点上五盏油灯。同时，在棺材头拉开一张白色布幔，使人入门见不着棺材。在布幔外面紧靠棺材头的地方摆上一张桌子，由巫师在上面为死者设起灵位，点灯烧香，供上一碗冒尖的糯米饭、一只鸡（由巫师杀，煮得半生半熟）和三杯酒。死者的灵位设起，连放三声地炮（后多改为放鞭炮）。

孝男孝女及死者的其他亲属穿起白色的孝服，戴上孝帽，扎起孝带，分男左女右坐在布幔后面的棺材两边（不能坐凳，只能铺上稻草席地而坐），开始集体放声哭丧。桂西及滇东南的一些地区的壮族，此时孝子孝女披麻戴孝，媳妇辈却反而佩金戴银，穿花着绿，打扮一新，罗列在棺边哭丧，叫作"站场"，否则认为不尽孝道。这是古代壮族丧礼的残留。比如16世纪成书的林希元《钦州志》卷1即记载那时的壮族妇女公婆去世时，都是"金银盛饰"。

入殓时，如果死者子女的出生时辰经巫师推算恰与死者入殓时辰相克，他们就应回避，不许目睹死者入棺，待盖棺后才能回到棺边，否则会祸及自身。

壮族对于丧事，一般是对中年死的人哭得多哭得哀，因为他们子女还未成人；对能享寿到七八十岁寿终正寝的人哭得少哭得不尽悲怆，因为他们认为人能寿到七八十岁才死也没有多大遗憾了。有些地方如桂西北等地，年过古稀的老人去世，亲属不但不举哀，反而当作喜事来庆贺。届时，丧家张灯结彩，大宴宾客，欢送逝者上升仙界。他们认为，该生的生，该死的死，生老病死乃自然规律，人生阳寿能超过七十，寿也够，苦也够，福也够，已经是人生的大幸运了，谁能永留人世，怎不值得喜庆！诚如民国《同正县志·礼仪民俗》说的："病革（垂危）不起，其后生三四十岁则哭之哀，谓其子女之留遗人世尚长也；其老而七八十岁则多不哭，谓其寿至此亦可以无遗恨矣。"

（五）举哀

举哀，指停棺在家期间包括亲友吊唁等丧事活动。停棺在家时间的长短，一看死者的年龄段；二看巫师推定的理想殡葬日子；三看丧家财力的容受度。五六十年前有停棺在家一月、半年、一年甚至两年的，通常停棺在家三四天，夭亡的青少年只是一两天；现在长的是三五天，短的一天至两天。

停棺在家期间，孝子孝女素食，整天守在灵柩两旁，不梳不洗，称为"守丧"。每天天将放亮的时候，守在棺边的孝子孝女们都要哭一次，这叫"醒丧"，希望死者知道新的一天又要来临了。过去停棺在家时，丧家在大门口设一接客处，安放着一张桌子，摆上一张条凳，吊着一面铜锣，空着几个箩筐。其任务一是接纳、登记吊唁者送来的大米和钱等物品，回赠给他们每人一条孝带；二是敲锣警孝子孝女。孝子孝女们日夜地蹲在布幔后面的棺材边，整天都哭号不可能，可又恐怕吊唁者突然来到灵前却见丧家沉寂一片毫无哀恸的景象不像话，于是设此接客处。当客到锣声响起，他们便号声哭声连成一片。吊唁者来到灵前，点了炷香，斟上酒，摆上祭品，拜上三拜，放了一串鞭炮，孝子或孝女便从布幔后面匍匐出来向吊唁者叩谢，吊唁者也说了一些节哀顺变的宽慰话，就有人将吊唁者引到其他地方休息，等待出殡时辰的到来。

有些地方，如广西南丹等地的壮族，五六十年前吊唁者来到村边，丧家接待处的人就点响三声地炮。炮声过后，来客和丧家接待处的人就各自准备牛屎、猪屎、烂泥巴；来客走到门前，主客双方就互相投掷屎泥，弄得双方头脸衣服一塌糊涂，笑话百出。有的头脸乌黑，实在太难堪，又要到水边去洗一洗，才入屋吊唁。他们认为只有这样才"热闹"。吊唁过后，死者家族中的一些年轻小伙还趁机邀约来客中的年轻姑娘到村边溪旁去对唱山歌。

停丧守灵期间，死者的儿女要给死者扎（糊）上一座棺罩。棺罩是印有龙、凤、鸟、兽和牛、马、猪、羊以及家禽等动物交织在一起的图案纸围成房屋形状，用闪光的金纸条做瓦片和镶嵌在"门""窗"边，门两边书写着"长夜鸣咽河水悲，家属儿女泪纷飞"；"万重云天归落日，一门雨泪洒麻衣"等对联，横批写"星坠平野""德范堪钦"等词语。棺罩的四角吊着灯笼，周围挂着金纸条。孝杆是一棵高约十米留有尖枝的松树，由死者的大女婿或小女婿邀约伙伴到山上砍伐。如果没有亲女婿，由死者哥哥或弟弟的女婿或家族中最亲的同辈大女婿或小女婿承担。孝杆上写着"司帛之神位、布帛之神位"等字样。顶端悬挂着一根约两米长的横档，横档两头挂着罗帛或走马龙灯。罗帛或走马龙灯下沿挂着近百条白、黄、紫、蓝、绿等彩带，彩带上面画有山川湖泊和各种花草树木，看起来非常壮观。其中长约两米、宽约六寸的那条最长的彩带上写着"引大德望尊×父（×公）×××老大人英灵天修行成神"或"引大懿德×祖母（×母）×××太老孺人英灵上天修行成仙"等字样，意思是让死者沿着孝杆爬上天去修行，以便成为人们信奉的"神仙"和进入乐园，享受幸福。同时在孝杆下和灵柩前夜敲锣打鼓，以表示为死者鸣锣开道。

同时，大多数的壮族地区还要给死者举行赎魂和超度仪式。

历史上，壮族社会丧葬以砍牛祭祀为大，有如作道场。时至现代，许多地方还不同程度地遗留此一习俗。比如南丹县即是如此。

砍牛时，先在地上安上木桩。木桩露出地面七八尺，套上竹篾圈，然后将牛拴在木桩上，牛可围绕木桩奔驰旋转。砍牛人手拿着一把专作砍牛用的四尺来长的大刀，在一旁等着。待巫师念完咒，砍牛人即挥起大刀出力往牛颈上砍。顺手时，三四刀牛头即脱离牛身了，可不顺手时也有砍上三四十刀牛头方才与牛身分离的。牛倒下后，视其倒下方向以定吉凶：向外者为吉，向内者为凶。

丧葬砍牛，一般是砍一头，富家也有砍三四头的。

丧葬砍的牛，由舅家送来，"不过只送一头，多砍自备"。砍牛一般由舅父执刀，力弱不胜可请人代劳。所砍的牛都是大牯牛。牛头祭死者，牛肉则大部由舅家带回去。

砍牛时，四方亲友来观看的络绎不绝，远至一二百里。慕春男女靓妆而至，溪边林下，结队唱歌，也有因丧事而谐其婚姻的。①

老年死者停棺在家要举行三大祭（一般在停柩的最后一天举行）；一是家祭，由丧家子女筹祭；二是女婿祭；三是舅家祭。五六十年前，祭必牛、羊、猪三牲，但是云南的"布侬"支系，因为祭品一般扔掉，往往是砍牛待客，祭死者的供品却不多。

家祭由死者长子主祭，由族中长辈司仪。供品是一只大猪。若死者子女已经成家的，要搞"歌喊礼"，除大猪供祭外，还要供上"五生"（猪心、肝、肺、肠和肾）、"五熟"（烧肉、白斩肉、鸡肉、鸭肉、蛋卷）、"五荤"（姜公钓鱼、飞龙、飞凤、金龟、玉兔）和"五素"（五种青菜）及果品等共四十大碗。祭时，主祭者跪在灵前，其他孝子孝女按男左女右跪在其后，人人穿孝衣、麻鞋、孝冠、竹笠；孝男持哭丧棒（一根长约1米的小竹棒，外缠白纸）。孝男先轮流上香敬酒，后由孝女上香敬酒。上完香，由司仪主持宣读祭文，读毕烧去祭文，行三叩头礼。接着是喊礼，由司仪带领孝男孝女向四方"神灵"跪拜。拜完四方神灵，回过头来又向死者上香敬酒，叩首。整个家祭经历一两个小时，孝

---

① 《广西壮族社会历史调查》第二册，广西民族出版社1985年版，第163—164页。

子孝女先后轮流三次给死者上香敬酒，共叩九次头。

婿祭岳父，19世纪以前，女婿祭要牛、猪、羊三牲俱全；19世纪以后仅供上一只中猪就可以了。祭时，女婿家亲属都来，多的二十多人；另外还要请来一个唢呐队助祭。设祭由死者亲属中的长辈司仪，祭仪开始，抬上供品，女婿跪在灵前。在司仪的指挥下，女婿点香敬酒，行三叩头礼，然后读祭文，烧祭文；又两次点香敬酒，行三叩头礼。女婿叩了九次头，站起来。这时孝子从布幔后匍匐出来向祭者跪拜答谢。随之，布幔后边男女哭声大作，祭礼方告完毕，撤下祭品。如果死者有几个女婿，按长幼次序轮流设祭。有一些地方的壮族，当女婿吊祭完毕，丧家亲族的青年小伙一拥而前，往女婿脸上抹锅底灰，俗称"抹黑脸"，认为这是死者的赏赐。

舅家祭也称为外家祭，供品和仪式与女婿祭相同，只是所供的猪要比女婿大。舅家参祭的人，务求阵容庞大，往往有几十人甚至百多人；本家人不足，往往请本村外姓人甚至其他村子的亲友参加，目的是显其舅家的声势，否则就被死者家族的人瞧不起。

停棺在家期间，要请道公来念一夜或三五天经，称为"开路"。道公念经期间，每天举行"三朝"（早、中、晚），孝男孝女各持一炷香随道公转灵棺，直到道公念完工本经时方才归复原位。

停棺在家时间较长的，还要竖孝幡。孝幡是一条长约3米的竹竿，顶端挂上一条长约1米、宽约0.3米的白布条，上印有巫师的道符。在云南省东南部的壮族，树孝幡还举行祭幡仪式。仪式由巫婆主持。仪式开始，巫婆在灵前念叨一阵后，将一根小棉线拴在棺材头，然后往外拉。这时，孝男孝女把祭献的猪、牛、羊三牲牵到孝幡下面，巫婆将棉线拴在这些猪、牛、羊腿上，并在它们身边放上纸钱。巫婆对着孝幡念祷完毕，宰杀猪、牛、羊，并在其处放上一些纸线。沾了畜血的纸钱，拿来供祭死者。这些地方的壮人认为，生血供献亡灵，他在阴间才能享受。祭了孝幡的猪、牛、羊肉，煮熟后拿来招待吊唁的客人。

另外，在停柩最后一天晚上，桂西和滇东南的壮族还有唱"送魂歌"的仪式，以示诀别。歌者颂死者，道苦情，祈神灵，祝平安，求保佑，声情并茂，听后使人凄怆欲绝。

（六）殡葬

吊祭完毕，即择吉时殡葬。壮族很重视出殡时辰。时辰由道公根据死者的属相选定。出殡时间，有的是在上午，有的是在下午，一般不在入黑至鸡啼之间，因为他们认为那是野鬼孤魂活动的黄金时段。如果出殡时辰恰恰定在鸡啼时分，那就得由道公求神乞鬼，在头天晚上将灵柩抬出门外停放。这是由壮族观念决定的。壮族的观念认为，"鬼千魂万，鸡鸣打顿"，鸡鸣时分鬼魂是不能出门的；同时，抬棺出门，一不准碰门撞壁，二不能将棺材停顿在门槛上，否则死者子孙容易"衰败"。鸡鸣时分黑灯瞎火，众人从家里抬出棺材，动作不一，免不了有闪脚的，保不准会有碰撞和顿在门槛上的事情发生，所以预先将棺柩抬出门外，以防万一。

出殡时辰既经定了下来，在出殡的头一天，就由道公带领死者近亲的三五个青年小伙去选择墓地，挖好墓坑。道公勘定墓地的方法，往往因时空因道公本人的不同而异。明代，据《赤雅》的记载，当时行的是卵卜法。当巫师看中了一块地，不知能不能葬人，他便手中拿着一个鸡蛋向着神灵祷告，之后将鸡蛋扔在那块地上。假若鸡蛋完好无损，那块地即是吉地。现在卵卜有两种方法，一是如上面的做法，但是以蛋破为吉，以不破为不吉；二是先在要卜的那块地上钉一根筷子大小长短、上端平整的竹棍，然后在上面放置一个鸡蛋。鸡蛋如不掉下来的，那块地就是吉地。墓地选好，就可以开挖墓穴。设若没挖多深就碰上了无法搬动的大块石头，必须想法将它凿开或炸掉，不能此地不行再挖一个，因为这意味着丧家还会再死一个人。

出殡时辰到了，道公先在死者灵前念动咒语，在棺材的一端画了"禁符"（空手画，不着墨），撤去灵位，撤掉棺上棺下的油灯，就可以抬棺出门。抬棺由家族中的青年男子担任，每次8人，途中可以轮换。

棺材抬出时，孝男孝女匍匐在门前迎灵柩出门，让棺材从头上抬过；接着，又重复一次；第三次则转向顺路跪送，灵棺仍从头上抬过，这叫作"垫丧"。"垫丧"完了，用两张条凳支起棺材，让抬棺人准备绳索（用白布拧扭而成）和杠木。这时，由两个中年妇女各拿刺竹做成的扫把从两边清扫棺材一次，这叫"扫魂"，即扫掉附着死者棺材离去的生人的灵魂。一切准备就绪，就可以起棺上路。

送葬路上，首先是亲属一人先走，他肩上挑着两个小篮，篮里盛放着墓祭供品；一手拿着一个火把，给死者照路；一手拿着一炷点燃的线香导引死者。他一路走一路时放鞭炮，时撒纸钱。据说这是撒给沿路的孤魂野鬼的，免得它们向死者讨取买路钱。其次是道公，由他给死者开道。最后是唢呐队，他们吹吹奏奏，用哀音送死者上山。唢呐队后面是灵柩（云南省有些壮族地区灵柩前面还有背着死者灵牌的孝女，灵棺上面还放着一只活公鸡）。死者的长子重孝在身，扶着前面右侧的抬杆随棺走。其他孝男按顺序排列。孝男后是孝女和孝媳，他们重孝在身还头戴竹笠。其他奔丧者跟在孝女身后。一般，舅家人送出村子外面就停住了；其他奔丧者只送到小半路就停住观望或先回去。

灵柩送到墓地，媳妇揭起盖在棺材上的毡子（或被子）抱着另走一条路急赶回家，以防死者的鬼魂跟着重回家里。桂西、滇东南的许多壮族地区置棺入坑之前，先将原摆在棺上的公鸡放入墓坑里，让它在里边转上一周，将伏在坑中的野鬼孤魂驱赶掉，然后抱起鸡（此鸡拿回到村边就扔了，谁拿去杀吃都可以，唯丧家人不能吃）。又在里面放上一轮鞭炮以暖房才放入棺柩并填上土。填土时先由孝子扔第一把土，然后其他送葬人也每人铲上一铲土，剩下的就由专人完成。填满了土，垒上了坟，即摆上供品祭奠，烧冥衣冥屋，酹酒告别。众孝子孝女进家时，先于烧在家门外的火堆上脱下头上的孝物绕3圈，然后从火堆上跨过去进入家里，以脱灾消难。孝子进家，就连同孝妇一起分别到舅父（或舅家人）、舅母面前跪下请罪。舅父、舅母宽慰他们几句，扶着他们起来；如果舅父母对丧事有意见不伸手相扶，他们就得长跪着。如果长时间跪着，孝子家族的长辈就要出面说情调解。

出殡那天，丧家一大早就杀猪椎牛招待来奔丧的人。出殡回来，他们吃了饭就各自回去了。

云南的一些壮族地区，当孝女背着死者的灵位回家里，就在当院烧掉，然后用树叶包其灰烬又由她背起放到江河里随水漂流而去。

一些偏僻的壮族地区，父或母死了，备棺收殓请师道超度，设坛诵经，但是停柩在家只一两天或两三天就要抬出去埋葬了。在他们那里，丧家亲族负责接受亲友来吊唁时馈送的物品及支出的款项，舅家则负责舂米、挑水、砍柴、采买以及烧煮和设宴款待来吊唁的亲朋。

当舅家得到报丧后，舅父即挑选族中青壮年男女组成"黑衣队"来丧家筹办丧事期间的伙食事宜。出殡的前一天晚上，各亲友都来吊唁和赠送助丧物品：亲戚和各家各户馈赠米、酒各一担，女婿、侄女婿及丧家亲族中的子侄各具猪羊祭奠。出殡那一天，孝男孝女将灵柩送到半路以后，即绕道转回家。据他们说是因为"送亲至墓，终身生活无着落"。

广西宁明县一些地区的壮族，他们是在晚上才将灵柩抬出去埋葬，认为大白天把棺材抬出去既容易冲犯活着的人，也容易冲犯各方神灵。出殡那天晚上，亲友们高举火炬，一路照耀胜如火龙欢舞。殡埋了，大家就各自散了，第二天再来吊唁死者。翌日，丧家杀猪宰羊，款待来奔丧的人，欢快地痛饮一天。

广西上思县那荡等地区的壮族，他们在出丧后，必请道公点燃一盏油灯置于犁嘴上，摆在堂屋里原来停柩的地方，并覆上一只碗，过几天才请道公来画符开碗，将灯移在灵台上，继续日夜亮着一个月，以求得家里的安宁。

殡葬结束，死者家属可以破斋茹荤，但要继续守孝。孝期长短，各地不一。一般是从殁时算起。有些是父孝90天，母孝120天；有些是父孝30天，母孝40天（现在已缩减到三五天了）。守孝期间，孝男孝女要席地而卧，不得上床睡觉，不得男女做爱，不得婚嫁，不得浴身。孝期满，孝子孝女方能脱去孝服，按照往日一样进行活动。

葬后第三天要请道公来举行"回家"仪式。那一天，丧家要备上"三牲"（牛、羊、猪）祭坟。祭后，道公在坟前或附近折一根树丫回来，表示迎死者鬼魂回家，朝夕供奉香火（现在只杀一只公鸡，一斤重的猪肉上坟拜墓）。回到家里，由道公主持给死者在堂屋一侧安上"灵牌"。那一天晚上，孝子及亲族中的男子一起睡在堂屋里，并在大门口撒上一层灰，察看死者变成什么鬼魂回家。从此一日三餐，朝夕供奉。满了三年，请道公择日供祭烧去"灵牌"，做"升灵"仪式，把死者的神位写在一小张红纸上贴于祖宗神位的旁边。从此，不再单独给死者上供。

云南和广西一些偏僻的壮族地区，葬后头三天有给死者"送火"的习俗。第一天在薄暮朦胧的时候孝子点上一个用禾秆草扎成的火把送到墓上，并祝祭，告诉死者"送火"来了。第二天也在同一时间点着火把送到半路，第三天只放在门口。"送火"目的是照着死者鬼魂在死后头三天步步近家，然后举行"回家"仪式。

壮族地区有殡葬四五天后孝妇孝女到舅家"ka：i¹kja⁴"（卖掉孤苦伶仃）的礼仪。去时，穿上孝服，戴上竹笠，捎上一只鸡、几斤肉，并手持一支点燃的炷香。一行人临近舅家便放声痛哭。舅母闻见哭声出门迎接。孝妇孝女们一见到舅母，一齐跪下来。舅母将她们一一扶起，劝慰她们节哀止哭，引进家里（在舅家不能哭丧），将香炷插在门框上。舅家将外甥媳妇外甥女带来的鸡杀了，肉煮了，祭过祖宗神灵，招待一餐饭后便送她们返家。孝妇孝女们离开舅家时又点燃一炷香，祈请父（母）的鬼魂一起回家。到舅家"卖孤"（"ka：i¹kja⁴"）有两个目的，一是祈请舅家祖神保护活着的父（母）亲，不要让他们全孤了；二是祈请舅家祖神允许他们活着的父（母）亲续弦再娶。

不少壮族地区盛行父母死后36天拜舅剃发的习俗。届时，死者长子在设供祭祀亡灵、祈请死者鬼魂与他同去舅家后戴上竹笠，捧起死者灵牌放进米箩里，又点燃一炷香插上，挑着前往舅家（担子的另一头是装着酒肉的箩筐）。到了舅家门前，孝子放下担子跪着哭喊三声父（母）亲。舅父闻声出来，并按照死者的辈分行迎接礼（是姐或姐夫的，跪着上前扶起外甥；是妹或妹夫的，径走上前扶起外甥），捧出死者灵牌放在特设于门后背的凳子上。外甥进入堂屋，拿出带来的酒肉摆在神龛上，燃香点烛进行祭祀，并同时给摆在门后的自己父（母）亲灵牌上香。当外甥向舅家祖宗神灵跪拜时，舅父打来一盆水给外甥洗头，然后将他扶起在神龛前给他剃发。剃完发，吃完饭，死者长子又挑着死者的灵牌离开舅家。这时，舅家也派一个人挑着一担粽子送外甥返家，将粽子分送给外甥家的左邻右舍，祝贺外甥剃发脱孝。

历史上，壮群体越人及其后人往往"生时布衣不充，死则尽财殡送"。[①] "丧葬必盛肴馔，名开斋以待宾客。官司禁戢，不能止。"[②] 据20世纪50年代调查，隆林县委乐乡梁公全死时，开斋4天4夜，每天摆二三十桌宴席招待来奔丧的人；出殡那天单是大猪就杀了3头。这一趟丧事，粮食花了1000多斤，钱640元。那时的物价，一头毛重170斤左右的大猪值30多元，折合下来，丧事花费约等于今日的八九千元，数额是相当大的。对此，前人曾感慨地说，丧时无论停柩、开吊、送葬之日，亲友大小毕集赴宴，"势将富者使贫，贫者使之停不能葬。盖人不幸而遭丧，殡葬所需已难为力，况更加一层之累乎？此风宜革！"[③]

不过，在丧葬问题上花费虽然大，但是壮族间也能互急所难，发扬互助互帮的精神。《古今图书集成·职方典》卷1415《庆远府风俗考》说："中有贫民，亲死无以为礼，恒相结。而甲、乙之甲有亲丧，凡吊丧、埋葬之费，于乙为备，惟礼是修，无阙而后安。乙有亲丧亦然，名曰结孝。"乾隆云南《开化府志》卷9载："丧礼，吊者各具奠仪，厚薄不等。……吊者合寨相为款待，名曰当客。"张自明民国云南《马关县志》卷2也载："侬人之丧葬，棺椁殓葬无甚异，其宴宾之俗则大有互助精神。远地来宾，由全村各家分款之，无须主人负责。未可以其夷而少之也！"

（七）捡骨二次葬

死者埋葬三五年后要破墓拾骨。骨头用布包着背回家，以柚子叶泡水煮沸逐一清洗干净，烘干，然后用铜线按头、躯干、四肢顺序排列串起来装入"金钟"里，撒上朱砂，密封起来，迁到由地理先生选择的"风水宝地"开穴立墓重葬。在开棺捡骨、背骨的过程中，要有一个人在旁边撑伞，不让尸骨见天日。有的地方开墓破棺捡骨，只是用砂纸刷抹干净，放在火上烘干就行了；有的泥土混杂，便需洗骨、烘干。捡骨重葬时间一般是在十月冬干时节择吉日进行（有些地方忌于闰年检葬）。有些地方把骸骨装入"金钟"后并不立即进行土葬，先放在附近的岩洞里，待找到好墓地再土葬；有的干脆不再移动；有的地方重葬后家里连连发生灾祸，以为墓地不好，又开墓取出"金钟"，另行择地安葬。

捡骨重葬之后，道公撕下原贴在祖宗神位旁的死者神位，这意味着死者已经进入祖宗

---

① （宋）乐史：《太平寰宇记》卷161《高州风俗》。
② 《永乐大典》卷2907引《番禺志》。
③ 民国《上思县志》卷3。

群中,不再是孤魂了。

二 非正常死亡的殡葬

壮群体越人及其后人最忌讳死时不落家,因为他们认为不在家死的人就不是家里的鬼,只能在野外游荡,成为孤魂饿鬼。

不在家死的人不能将尸体运回家中,举丧时只能在野外临时搭个茅棚,草草殡葬。比如,民国《清远县志·礼仪民俗》载:"邑俗多禁忌。凡死于外者不许归殡于家,必要于村外盖棚办殡。"他们中如果是属于跌崖、溺水、雷劈、车祸、枪伤、刀砍等"凶死"的,被认为是最凶恶的鬼魂,入殓时要将手脚捆起,脸上盖着一块瓦,使死者的鬼魂被捆住,黑暗不见光亮,无法出来作祟。有些地方还请巫师在死者墓前活生生地将狗或鸡的头砍下来,举行"砍伤"仪式以"隔伤",以保证后代的安宁。

凶死者入葬后,设若经巫师指点,知道这类死者的鬼魂还会出来祸害人,就用桃木桩钉在凶死者的墓上。桃木镇鬼,用桃木钉墓,就是将墓中的鬼魂钉住。

这类死者,一般不捡骨重葬,但如果他们已经结婚生子,可以在道公的指导下捡骨重葬,然后由道公设道场打醮,做"上刀山""过火海"的仪式,将其鬼魂引渡入屋,让他们加入祖先鬼的行列里去。不过,在一些偏僻的壮族地区,凡是在住家之外死亡的,不论是何种人,何种死法,一律不加区别地草草掩埋,不捡骨重葬,不请道公引渡;年节祭祀,子孙只在屋门之外供祭。

云南有些地方的壮族,则实行风葬,放在高山顶上让其身消自化。

在家死的人,有两种人的死与一般人的殡葬方法不同,一是11岁以下的小孩,二是孕妇难产。

11岁以下的小孩,壮族认为他们还不完全是家里的人,所以他们死时只用烂草卷起放在畚箕里,趁着黑夜拿到荒坡上去埋葬。埋时,用一碗饭和一个熟鸡蛋与尸体放在一起,使他有饭可吃,不致到处乞讨。埋好后,在上面盖着畚箕或筛箕,称为用"天罗地网"罩住,不让他的鬼魂出来祸害弟妹们。为了防止这些小鬼魂出来作祟,有些地方的壮族还故意弄折尸体的手或脚;有些地方未满周岁的婴儿死了,用麻袋装着尸体挂在树上,使他幼稚的鬼魂上不巴天下不着地,无法出来为害。又壮族俗语有"生时别欺人,小心死后埋在芭蕉根"和"芭蕉根下无活鬼"的说法,所以有些地方又将死孩埋在芭蕉根下。

11岁以下小孩死了,不捡骨重葬,都是实行"一次葬",也不请道公做什么仪式,如果有的人家小孩死了以后,家里的弟妹不是多病,就是屡生屡死,那要请道公来打醮,目的一是禁死孩的鬼魂入屋,二是镇住死孩的鬼魂不让他随处飘荡。

孕妇难产死者,称为"$tai^1da:\eta^1tum^2$"(身湿死者)。壮族认为她们是有所望而无所得,赍志没地,长怀不已,留恋儿女,嫉妒活人,而且她们因水湿身而死,陷于水中不能自拔,艰难困苦,对于活着的人的报复心尤其强烈。所以,人们对她们的鬼魂深怀其惧,惊恐殊常。

按照壮族习俗,扛抬灵柩出去埋葬的一般都是比死者小一辈的青壮年人,可是有些地方的青壮年刚一听说要抬难产死者出去埋葬已经出气不匀嘴皮哆嗦了,只好破例由五十岁以上的人来承担其事。

为了防止此类死者的鬼魂出来祸害他人，人们除请道公做各种法事外，还使用种种方法来禁锢死者的鬼魂。有的地方入殓时，人们将烘熟了的黄豆或芝麻种子放入棺材，请道公作法禁住死者的鬼魂，许诺她们若是能够将黄豆（或芝麻）种子培育出新芽来，就可以解禁。这样，难产死者的鬼魂希冀"解禁"，就一心忙于育种，无心出来作祟了。有的地方特地在墓地笼放一只鸭子，用鸭将死者的鬼魂渡到其他地方去，不在本地作祟；有的地方针对妇女勤洗涤勤纺勤种的特点，在死者墓地架起晾衣架，摆上纺车，撒下菜种，让死者的鬼魂忙于家务事，无暇去作祟他人；有的地方入殓时以瓦罩住脸部，抬去埋时在村边东转西绕，让死者鬼魂辨不清返家之路；有的地方，干脆在死者的墓顶种上芭蕉，镇住其鬼魂；等等。防范措施是否生效？许多地方又在死者坟前举行"砍蕉"仪式以验证：安葬完毕，道公在死者墓前种下一根芭蕉，摆上一只小狗（或小猪）。道公口念咒语，先挥刀砍下小狗（或小猪）的头供祭死者，又挥刀将芭蕉树拦腰砍断，过三天后去验看芭蕉断干的情况。假如芭蕉刀切面没有抽心冒芽，说明死者鬼魂无心与活着的人纠缠，预后良好；否则就意味着死者报复之心未泯，种种预防措施并不奏效，以后家族中还不断有孕中死难的人，必须请道公采取新的预防措施。

孕中死者，过去是没有留子女的不捡骨重葬，有儿女的要捡骨重葬，但需请道公来给死者做"过火炼"的仪式，否则死者的鬼魂就不能成为家鬼中的一员。

壮族地区，一般一个家庭有一个公墓地，埋葬本家族历代捡骨重葬后的祖先骨骸；但是在"风水"观念的驱动下，人们为了选个"牛眠宝地"，并不一定葬在家族的公共墓地里。那些因犯偷盗等家法而被打死的人，即使请道公做了"上刀山""过火海"等法事，也不能葬在家族的公共墓地里。

第四节 巫、佛、道及风水之说与壮族及其先人葬俗

在壮族的丧葬问题上，巫、佛、道三位一体，左右着风俗的走向。而汉族的风水之说，虽位于其后，却也显出其强劲的干预势头。

一 巫、佛、道左右着壮族及其先人葬俗

壮族人认为，人活着有灵魂，因此远行归来要"收魂"；人不健壮，是灵魂虚弱，要赎魂。人死了，灵魂仍在，它进入阴司，成为鬼魂。阴阳两个世界，形成对立的两个世界。壮人以为人间的一切不幸，都是因鬼而来。

古代壮族，以"七月十四"为"年节"。"一年大节无以过此，元旦除夕不能及也。"可是，这个节日，却是一个在家娱鬼、媚鬼、闭门不出，"惧为鬼所摄"的节日。[1] 平日，碰到灾难，生了疾病，也是唯鬼是祈是祷。鬼，在壮族及其先人的心灵里，其分量何其重啊！

人死了，灵魂还在，还关心着曾寄身于其中的遗体。如何处理遗体，才能达到人们预

---

[1] 《古今图书集成·职方典》卷1410《柳州府风俗考》；卷1415《庆远府风俗考》。

期的娱鬼、媚鬼或吓鬼、困鬼、驱鬼、镇鬼的目的？

鬼策之占，巫觋之言。在泛灵论的远古时代，这是圣灵之谕。巫觋可以招鬼，可以驱鬼，甚至可以镇鬼，这是给活着的人带来希望的群体。

新石器时代的屈肢或割肢下葬，无疑是在巫觋的指导下实施的。到了春秋战国时代，人们认为死人的鬼魂不能老蹲屈于葬穴之内，于是便实行天葬和悬棺葬，让死者的鬼魂能自由地离开遗体之外，逸上高空，远距人间，得其所安。

汉代，人们认为人死之后应该尽快地让其灵魂离开住家，于是有了"歹人青云"的离魂仪式。后来作此仪式时，人们用竹竿捅去屋顶一片瓦，露出个天窗，请来道公抓着一只公鸡爬上屋顶，鸡脚上拴着一根黑色的棉线，并将棉线垂下绑住死者的手腕，然后抛开公鸡，令其飞腾而去，带着死者的灵魂远离住家。无疑，这也是巫觋的主意，并在他们的指导下进行的。

广东连山壮族在钉棺时，由师公用三枚三四寸长的铁钉（俗称天、地、人"三才钉"）钉棺盖，边锤边念："一钉天开于子，二钉地开于丑，三钉人开于寅，庇护子孙，代代昌荣。"这就是由师公主持钉棺，请逝者灵魂安息，在阴间庇护子孙。

这些都说明在人死后的殡葬过程中巫觋解释一切，主持一切，并使之形成习俗，让人们遵守，从而使人们在心里觉得没有巫觋的指导、主持、帮助，妥善地进行殡葬活动是不可能的。从春秋战国之际实行的捡骨葬，可知壮族先人重视的是捡骨葬，对腐肉去筋一事并不看重。唐朝佛教传入壮族地区，佛教的火葬迅速将筋肉化掉，简省利索，壮族先人"俚僚"很快就普遍接受了。佛教对壮族先人殡葬礼仪的影响，莫大于火葬的流行。

继之，道教传入壮族地区，巫觋于是与佛僧、道士结为一体，形成所谓的"师道"。这"师道"就是巫觋、佛、道三流一体。因此，《古今图书集成·职方典》卷1402说阳朔县"庶民丧尚斋醮"；卷1421《思恩府风俗考》说思恩府境"丧事用浮屠"；卷1443《南宁府风俗考》说南宁府辖"丧礼崇尚僧道"；卷1452《泗城府风俗考》说泗城府管区"葬用浮屠"等。"浮屠"，指佛教僧尼；"斋醮"，既有佛，也有巫觋、道。比如，许多壮族地区在殡葬的过程中，大都请师公或道公来做赎魂和超度仪式，即体现了巫觋、佛、道三者从形式到内容的结合。

赎魂，从巫觋而来，既念佛家报应之说，又有道家符签的印迹，可说是三家融于一体，兼采三家之中符合于壮族及其先人能接受的东西汇成一炉而成。

超度，是由师公或道公诵经祈祷，给亡人开路升天入于仙境的斋醮。这种斋醮，类似于佛教的水陆道场，可超度亡灵不是升天进入西方极乐世界，便是道家主张的升天进入仙境。同时，主持道场的是巫觋、佛、道一体的师公、道公，超度又何曾纯是佛家的超度？话虽说巫觋、佛、道三者一体，左右着壮族的葬俗，但其中仍是以巫觋的作用为大。

二　风水之说唐、宋开始流行

在壮群体越人后人地区，凡一个人或一个家灾祸连连，穷于应付，旁人看着，都说：这个家水入金罐了！

金罐，是壮族捡骨二次葬后盛着先人骸骨的竖形陶器。水入金罐，说明其家埋葬先人的地方不是吉壤良地。这说明在壮族人的观念里，埋葬先人骸骨的地方是不是吉壤可以左右其后人的祸福。坟在吉壤，也就是俗话所说的"牛眠地"，人无疾患，家必兴旺发达；反之，坟处恶劣之地，先人骸骨不安，人逢灾祸，家必衰败。

丧葬讲究风水，埋穴务求吉壤，这是汉族的信仰和追求。自汉代起，汉族中风水之说开始流行。到晋朝郭璞著《葬经》行世，形成了牢固的观念。《晋书》卷58《周光传》说陶侃（其曾孙是大诗人陶渊明）和周光的高祖周访得吉壤葬其先人，各自家道兴旺发达，接连几代人位居高官。此种情况，既令人羡慕，又令人向往追求。从此，请堪舆家踏遍青山寻找牛眠地以葬先人，成了人们普遍的心理需求和实际行动。

汉族风水之说传入壮族地区，是在唐、宋之际。清朝初年汪森《粤西丛载》卷17《粤俗》综合《岭南异录》及张南轩《静江谕俗文》说："广西风俗，自唐、宋时多不美。如民之贫者，归罪坟墓不吉，掘棺栖寄他处，名曰出祖。""民之贫者，归罪于坟墓不吉，掘棺栖寄他处"，这就是风水之说在壮族中植根的一个表现。

据传说，清康熙年间（1662—1722年）有一天，广西大新县堪圩有个村子七头母牛同时产仔。传说开来，人们都说那个村子地处龙脉，风水好，那里的人将来要兴旺发达。当时的安平州土官李长亨听到后，心热眼红，忙请地理先生前去察看。地理先生认为确是"龙公"所在，风水无限好。于是，李土官便借着拥有堪圩土地的所有权，强迫全村的人搬走，圈作坟山，将新故的官眷埋葬其处，称为"弄坟"，禁止百姓进入砍柴和开荒。

过后，土官又听信地理先生的占卜，认为"弄坟"对面山脚下岩铭屯旁胡姓的坟山居住着"龙母"。因"龙公"要与"龙母"相聚，势必要到对面山去。"龙公"若是走了，好风水自然也就不存在了。如果胡姓因此发达起来，肯定于土官不利。为防患于未然，土官当即督令四城五处的家奴和农奴，带着工具赶来，限他们在一个白天一个黑夜之内将胡姓的坟山挖成深一丈、宽五亩的池塘，以破坏胡家的风水，赶走"龙母"。据说，当时土官限时紧，派来挖塘的人又多，挤在一起，劳动效率很低。土官急不可耐，强令做工的百姓各自用衣襟装土运走。池塘挖成了，养起了鱼，属于官塘，土官占了好风水，农民却平白无故地失去了土地，难以维生。①

下雷州的硕龙（今广西大新县硕龙圩）之所以得名，据说是因为过去曾有一条硕大的蛇在那里居住。于是，后人便竞相传言，说硕州是龙脉所在，如果找到龙脉以为坟地，葬上已故先人，便会"人丁兴旺，金银满柜，谷米实仓，官禄久长"。从此，下雷州的许氏土官以及附近的富裕人家，都不惜重金礼聘地理先生踏勘硕龙及硕龙附近的山山水水、坑坑洼洼，欲寻龙脉所在以安葬先人。②

土官随时代已去，古今风水轮流转。悬心龙脉妥先灵，徒劳叨念废荒园。

随着风水之说的流行，后来又出现了相互破坏坟山、侮辱先人骸骨的行为。比如，"有怨争，不知讼状，大则掘冢抛骸，操戈对垒"。③ 又有的人为了惩治仇家，"甚至挖（他人）坟盗骨，立木于冢前，诡书名姓，凭空嫁祸于人"。④ 这是壮族信仰奉行风水之说

---

① 《广西壮族社会历史调查》第四册，广西民族出版社1987年版，第34页。
② 同上书，第181—182页。
③ 《古今图书集成·职方典》卷1415《庆远府风俗考》。
④ 《古今图书集成·职方典》卷1410《柳州府风俗考》。

后衍化而成的陋习。

当然，由于时空不一，各地接受汉文化多寡不同，时至清朝乾隆年间（1736—1795年），开化府（治今云南省文山县）的壮人仍然"俗不尚风水"。但是，这只是偏僻地区存在的现象。壮族坟山的选择，多着眼于背靠青山，面临流水，前面一带空阔，面对着的渺渺远山，其状似龙似笔更佳，至少有个缺口不挡去路。

在请地理先生（即堪舆家）选择理想的吉壤良穴安葬先人的心理导向下，有的人将先人骨骸捡起放入陶罐后，一直寄放在岩洞或其他地方，八年、十年，也不能将先人的骸骨入土为安。

第五篇　壮族及其先人社会组织形态

社会组织既包括家庭、宗族的亲属群体，也包括能将各个亲属群体联系在一起并使社会有序化的所有社会群体组织形式。

自秦朝及其后，壮群体越人及其后人就在中国一统的历代王朝的统治之下生息繁衍，所以其社会组织存在两种类型，一是民族自身传统的社会组织，二是历代王朝加于壮群体越人及其后人住区的行政组织。

历代王朝中央在壮群体越人及其后人居地设府置县强行管理，虽可起到驾驭和协调的作用，但是，壮群体越人及其后人因历代发展的特殊性而形成的传统的社会组织，在其族体历史的运行中，在特殊的环境下，保证了族人求得温饱，避免危险，孳育繁衍，世代存续。在此篇中，主要论述壮群体越人及其后人的传统社会组织。

第一章

家庭、家庭结构形态

一夫一妻制单个家庭，是原始父系氏族社会及其后构成壮群体越人及其后人社会的细胞。

血系繁衍，与时俱进，同宗同族人口增多，宗族形成，这就是《尔雅·释亲》所说的"父之党为宗族"。父系大家族，就是由父系血缘关系结成的亲属群体。

第一节　家庭发展

家庭以婚姻为前提，一男一女通过社会认定的婚姻程序结成夫妇关系，孕育生养子女，产生了家庭。家庭在壮傣群体越人时代就已经是社会的真实存在。

壮、傣二群体越人分化独自发展后，壮群体越人及其后人的家庭随时而进，随着历史前进的步伐也不断发展。

一 汉迄唐宋时期的壮群体越人及其后人家庭

西汉初期，秦朝余孽赵佗割据岭南，又迫令壮傣群体越人易先人传承的"断发"习俗，引起傣群体越人反感，无奈只得西移南去，赵佗治下的主体居民为壮群体越人。

赵佗为了稳固其在岭南的割据政权，和辑百越，买好头人，易俗从越。但是，他既害怕"断发"从越，违背了深植于他脑中的"身体发肤等受之父母，不敢毁伤，孝之始也"的礼教，① 又决意异于西汉王朝居民的头饰，遂实行"椎髻"。② 从此，壮群体越人易先人的"短发"为"椎髻"，并且传承下来，成为壮群体越人及其后人在历史上的指称："椎髻老人难借问，黄茆深峒敢留连"；③ "椎髻蛮堪骇，侏离语孰传"。④ 同时，由于汉族文化的影响，赵佗的推动，壮傣群体越人时期处于原始社会末期的军事民主制社会解体，壮傣群体越人社会进入首领世袭的部落社会。

然而即使如此，壮群体越人及其后人与傣群体越人及其后人同源于壮傣群体越人，他们虽分化以后各自发展，却万变难离其宗。在他们的发展过程中，仍然长时期地传承着壮傣群体越人的语言、意识、观念、习俗和文化。

唐代新罗人崔致远《被安南录异图记》载，安南西北"邻诸蕃二十一区，管生獠二十一辈"。"管内生獠，多号山蹄，或被发镂身，或穿胸凿齿。诡音嘲哳（奇异的语调，繁杂细碎的声音），奸态睢盱（取巧而朴实）。其中尤异者，卧使头飞，饮于鼻受（鼻饮）；豹皮裹体，龟壳蔽形；捣木絮而为裘（棉衣），编竹苦而作翅；生养则夫妻代患（产翁制），长成则父子争雄；纵时有传译（翻译）可通，亦俗无桑蚕之业，唯织杂彩挟布，多披短襟交衫；或有不缝而衣，不粒而食；死丧无服，嫁娶不媒（婚没媒人）；战有排刀，病无药饵；固恃险阻，各称酋豪。"⑤ 这虽然是说今越南西北及老挝、泰国北部的"獠"人，但是却与壮群体越人后人"俚獠"语言、文化基本一致，说明了这一点。

《新唐书》卷152《李绛传》载："岭南之俗，鬻子为业。"自秦朝以降，断断续续有许多的中原汉族迁居岭南，"鬻子为业"怎么会涵盖整个岭南的习俗呢？其实，这也不足为怪。

第一，岭南自古被视为"瘴乡"，中原人谈瘴色变，唐及唐以前真正入迁落籍于岭南的人数量有限。

《新唐书》卷184《杨收传》载，南诏寇邕、掠交趾，"调华人往屯，涉氛瘴死者十七，战无功"。在自然条件和气候上，岭南和中原地区差别很大。"阴森野葛交蔽日，悬蛇结虺如葡萄。"⑥ "炎昏多疾，气力益劣，昧然人事。"⑦ 中原人涉足岭南，很难调适其

---

① 《东观汉记》卷6。
② 《汉书》卷43《陆贾传》。
③ （唐）柳宗元：《南省转牒欲具江国图令尽通风俗故事》，《柳河东集》卷42《古今诗》。
④ （明）钱薇：《大黄江口》，（清）汪森《粤西诗载》卷12。
⑤ 《桂苑笔耕集》卷16，四部丛刊本。
⑥ （唐）柳宗元：《寄韦珩》，《柳河东集》卷42。
⑦ （唐）柳宗元：《与斐埙书》，《柳河东集》卷30。

自然气候，疾疫丛生，往往死亡。唐代著名文学家柳宗元被流放到柳州，虽然他说"居蛮夷中久，惯习炎毒"，但是却成了个"昏昏（昏花眼蒙）重腿（脚跟难移）"，"杖而后兴"（凭借拐杖才能抬脚走路）的人，于是不觉自叹："自料居此，尚复几何！"① 果然，他在柳州不及四年，元和十四年（819年）便病卒于柳州刺史任上了。那一年，他年仅47岁。

那时候，岭南居者"蛮"，有者"瘴"，中原人遭"蛮"色变，遇"瘴"魂失。宋代著名将领狄青深明此中玄妙，说："岭南外区，瘴疠熏蒸，北方戍人，往者九死一生。"② 所以皇祐四年（1052年）他率西北蕃落骑兵南征侬智高，特抓住岭南冬冷春凉瘴少之时此一时段，十二月到达桂林，次年正月中旬在邕州打败侬智高，二月丙子（初五日）即班师北返，唯恐遇上那暴取人命的瘴疠。③

成书于南宋的江少虞《宋朝事实类苑》卷61《仕宦岭南》引杨文公《谈苑》载："岭南诸州多瘴毒，岁闰尤甚。近年多选京朝官知州及吏部选授三班选臣，生还者十无二三；虽幸而免死，亦多中岚气，容色变黑，数岁发作，颇难治疗。旧日小郡及州县官率用土人，摄官莅之，习其水土。后言事者以为轻远任，朝廷重违（难违）其言，稍益俸入，加以赐赉，贪冒之徒，多亦愿往，虽丧躯不悔也。"

岭南"山岚水毒与草莽诊气，郁勃蒸薰"，处处有瘴疠。④ 当时的汉族官员将瘴疠的地方指称为大小"法场"。法场是执行死刑的场所，这里所谓的"法场"，是比喻瘴毒最甚，使中原人去无生还的地方。据南宋周去非《岭外代答》卷4《瘴地》记载，在广南东路，新州（治今广东新兴县）为"大法场"，英州（治今广东英德县）为"小法场"；在广南西路，昭州（治今平乐县）为"大法场"，"小法场"则不知道是在什么地方。因此，周去非说："若深广之地，如横（治今广西横县）、邕（今广西南宁市）、钦（治今广西钦州市）、贵（今广西贵港市），其瘴殆（几乎）与昭等（等同），独不知小法场之名在何州？"

清朝乾隆十一年（1746年）闰三月二十九日，两广总督策楞奏称：

> 右江镇总兵驻扎百色，向因该处水土恶劣，三年俸满⑤即调回内地。现任总兵毕映阅俸（视职）已满三年，例应撤回。查该处此时正值草深雾毒之际，若令俟（等到）部复到日再行离任，恐有不测之虞。⑥

时迨18世纪40年代，总兵毕映在广西百色戍守了三年没事，再待几个月就"恐有不测之虞"（恐怕有不可揣度的贻误），虽是故为夸大，危言耸听，但也反映了历来中原人

---

① （唐）柳宗元：《与萧翰林俛书》，《柳河东集》卷30。
② 《御南蛮奏》，（清）汪森《粤西文载》卷4。
③ （宋）余靖：《宋狄令公墓铭并序》，《武溪集》卷19。
④ （宋）范成大：《桂海虞衡志·杂志》。
⑤ 明、清官员任职满一定年限，即可以酌情升调，叫"俸满"。
⑥ 《清实录·高宗实录》卷263。

对岭南瘴疠的极度恐惧心理。所以，不论唐、宋其前还是其后，莅任岭南官职的汉族官员每当瘴疠爆发的季节，不是寄居省城就是托故他出，不在任官所在地履职视事。① 即便是驻守边防的官兵，在宋朝的时候也是如此。比如，庆历六年（1046年）正月，宋仁宗就诏令广南东西路运钤辖司："方春瘴起，戍兵在边者，权（暂且）徙善地以处之。"②

由于中原人存有对岭南烟瘴的极度恐惧心理，除非在特殊的情况下，不敢轻易入迁落籍岭南，而为官者更是为官一任，任满便脚底抹油走人。至于被贬被流放于岭南的官员，大多也都是流放期满即行北返。没有能力北返的，其他官员也想方设法援手。《新唐书》卷182《卢钧传》载，"贞元（785—805年）后流放衣冠（世族、士绅），其子姓穷弱不能自还者，（卢钧）为营官槥还葬；有疾、若丧，则经给医药、殡殓；孤女稚儿，为立夫家：以奉禀（薪水）资助，凡数百家"，就是此一类事情。

同样，犯罪的吏民，宋太宗淳化三年（992年）四月十四日《江西等处吏民配岭南者还本郡禁锢诏》说："江南、两浙、荆湖等处吏民先犯罪配岭南诸禁锢者，并还本郡，仍禁锢（限制不准做官）之。"③ 至天圣七年（1029年），广南西路转运钤辖司又题奏"住（停止）配罪人往邕、钦、廉州"说："近者诸路以杂犯军人配当州（本州，指邕、钦、廉州）本城者甚多，并是累犯凶恶，与民为害。当州地连交址，窃恐别结徒党，难以钤束（管束），望自今后住（停止）配罪人往邕、钦、廉州。"④ 犯罪吏民流放岭南编入军籍，以戍守为业，与南迁落籍无涉，即使有人侥幸逃脱潜藏民间，其人毕竟也属少数。

《汉书》卷28下《地理志》载，粤地"处近海，多犀、象、毒冒、珠玑、银、铜、果、布之凑，中国往商贾者多取焉。番禺，其一都会也"。岭南是一富于宝产之区，又是外国人与中国的交易场所，汉代就已经"置左右侯官在徐闻县南七里，积货物于此，备其所求。交易有利，故谚曰：欲拔贫，诣（到）徐闻"。⑤ 所以，岭南是中原商人心仪和奔赴的地方。但是，他们熙熙攘攘，皆为利来，赢了利便走人。宋周去非《岭外代答》卷10《卷伴》载"深广俗多女，嫁娶多不以礼，商人之至南州，窃诱北归，谓之卷伴"，反映的就是这样的事实；《古今图书集成·方舆汇编·职方典》卷1426《平乐府风俗考》载外来商人"岁终则归，来春又聚"，反映的也是这样的事实。中原商人为求利而来，冒烟瘴，恐烟瘴，九死一生，并不恋恋于岭南此一充斥着烟瘴的地区，即使有人立家入籍于岭南，其人数也是有限。

历史上岭南的瘴疠是个屏障，多少阻隔了中原汉人的入籍于岭南。迄于唐、宋时期，岭南的主体居民还是壮群体越人的传人。

第二，唐宋及其前，入迁落籍于岭南的中原汉族，大都本土化。

唐、宋时期，在壮群体越人语言的基础上产生而在发展中不断向汉语靠拢的汉语粤方

---

① 景德四年（1007年）四月癸酉《广南官并春夏定差，许秋冬到任诏》（《宋大诏令集》卷161）；"若炎瘴之地，许（广南提点刑狱）至秋乃出巡"[（宋）李焘：《续资治通鉴长编》卷263]；《清实录·高宗实录》卷263。

② 《宋会要辑稿·兵五之三》。

③ 《宋会要辑稿·刑法四之二》。

④ 《宋会要辑稿·刑法四之一五》。

⑤ （宋）王象之：《舆地纪胜》卷118《雷州风俗形势》。

言已经形成，但是，作为南方大都市之一的番禺，迄于明朝前期仍然传承着壮傣群体先人越人的称谓，或可见入迁落籍岭南的中原汉族本土化的一些迹象。

清初，广东学者屈大均《广东新语》卷3《三山》载，"秦汉时，以广州之地总称番禺"。"而说者谓番禺旧读翻容，故谚有云：'北人不识番禺，南人不识鳌厔。'① 然不知又何以读番禺也。"看来，渊博如屈翁竟然也不知道他的家乡"番禺"原来怎么称作"翻容"。

前面说过，"番禺"一名，古代书写不一，或写作"番禺"，或写作"贲隅"，或写作"须陵"。为什么同一个地名，却书写异样？原来不论是"番禺"，还是"贲隅""须陵"，都是"ba：n³loŋ¹"的近音译写字证，说明元、明二朝的人还多谓"番禺"为"翻容"。这也是传承壮傣群体越人对"番禺"此一地方的音谓，由于壮傣群体越人时代尚无城镇的称谓，而该处人口多，故称为"ba：n³loŋ¹"（大村子）。译谁人之音？自然是当时当地的土著居民壮傣群体越人的语音。"ba：n³loŋ¹"，越语义即为"大村子"的意思。

屈翁虽不明白番禺为什么旧读"翻容"，但他记载了番禺的"旧读"，其功非浅，否则我们现在就不可能知道"番禺"的本来读音，无从追溯求证"番禺"一名的来源了。

据北宋王存《元丰九域志》卷9的记载，当时广州主户64796户，客户78465户，合计143261户，客户占54.7%。如此，则当时广州应该是外客入籍多，土著人略少了。然而，这么多的外客入迁落籍于广州，他们却依从于广州本地人谓"番禺"为"班隆"，不能不说是外客入迁落籍后而本土化的一种表现。

据胡朴安《中华全国风俗志》下篇卷7等资料的记载，番禺、顺德及其邻近的新会、中山、南海、广州等地20世纪50年代以前还存在女子婚后"不落夫家"的习俗，称为"唔落家"。"唔落家"虽已多变化，但是它传承于壮群体越人的习俗，却是毋庸置疑的。

《广东新语》卷9《唐氏乡约》载明初南海唐豫立乡约禁束乡人的时候，反映当时南海县乡里还是传承着壮群体越人的习俗，以少为大，儿子结婚先一夕婚宴，"子必据尊席而坐"而撇其父于一边；父母之丧，杀猪宰羊，击鼓吹笙，大会宾客。传至民国年间，《乐昌县志》载，该县丧葬"大会宾客"。出殡之时，"笙箫前导，道路哄传，故昔人咏俗诗云：箫鼓不知哀乐事，衣冠难辨吉凶人"。一方水土，养育一方人。入迁落籍于岭南的中原人却如同壮群体越人的传人一样，接受了壮群体越人的习俗，本土化了。

民国《龙门县志》载："女子将嫁，姐妹匿之房中。迎亲者至，伴娘乃入户负而出。当其入也，姐妹群击之，以示不忍别之意，谓之'打阁'。"这实际就是唐人《南海异事》记载的南海人"抢婚"习俗的变异传承。②

唐、宋时期，壮群体越人的后人传承着壮群体越人的意识、观念、习俗和文化。此一时期及其前入迁落籍岭南的中原汉族也基本取同于土著壮群体越人后人的意识、观念、习俗和文化，本土化了："如闻岭外诸州居人，与夷獠同俗，火耕水耨，昼乏暮饥，迫于征税，则货卖男女。"③

---

① 鳌厔，音周至，陕西省有鳌厔县。
② 《太平广记》卷483《缚妇民》引。
③ （唐）宣宗：《禁岭南货卖男女敕》，《全唐文》卷81。

又比如，《元丰九域志》卷9载郁林州有户5545户，其中客户2003户，占全州总户数的36.1%。由于这些客户落籍以后本土化，所以明朝洪武《郁林志》载："郁林州僻在海隅炎陬之地，冬无霜雪，寒暑不常，其地下湿而多瘴，人民不事蚕桑，性资轻悍；婚则相歌为娶，死则击鼓助哀；病不服药，惟好事鬼神。其俗，大远于中土矣。"①

由于唐、宋及其前入迁落籍于岭南的外来客户本土化，俗同壮群体越人传人，因此唐宋王朝的统治者便将岭南的居民不论主客户作一体观："南方风俗右（崇尚）鬼。正贯毁其淫祠，教民无妄祈。"②岭峤之外，"饮食、男女之仪，婚姻、丧葬之制，不循教义，有亏礼法"③。

不过，此一时期在汉族文化的影响下，岭南许多地方特别是中东部地区已经出现了"家鬼崇拜"即祖先崇拜。南宋周去非《岭外代答》卷10《家鬼》载：

家鬼者，言祖考也。钦人最畏之。

村家入门之右，必为小巷，升当小巷右壁，穴隙方二三寸，名曰鬼路，言祖考自此出入也。人入其门，必戒以不宜立鬼路之侧，恐防家鬼出入。岁时祀祖先，即于鬼路之侧陈设酒肉，命巫致祭，子孙合乐以侑（报答）之，穷三日夜乃已。

城中居民于厅事上置香火，别自堂屋开小门以通街。新妇升厅，一拜家鬼之后竟不敢至厅，云：傥至，则家鬼必击杀之。惟其主妇无夫者，乃得至厅。

"家鬼崇拜"，在壮群体越人的后人中，从无到有，发展并不平衡。在其发展过程中，历"鬼巷""鬼屋""厅堂设香火"至"厅堂神龛"四个阶段。前一阶段，家鬼虽自由出入家里，但其祭只能在屋房的巷子设祭，第二个阶段，其祭是在家里了。壮群体越人后人历史上存在过的"家鬼巷"祀鬼，似也牢牢地印痕于人们的脑中不易消退，时至民国年间，《清远县志·礼仪民俗》还记载《鳌山访册》说，清远县（今广东清远市）鳌山乡"寿终之父母亦不在堂殓殡，而必抬尸出巷，乃殓于棺"。这无疑是历史上流行的家鬼宽巷祀鬼习俗的残留。开初在家里祀鬼，人们"祀先不设主"。④ 主，就是逝去先人的牌位，或称神主。刘文征天启《滇志》卷4《旅途志》记载广南府（治今云南广南县）壮族居民"编竹笼若鱼罾，累累数十，置（干栏）西南隅以祀鬼"，这也是"祀先不设主"阶段。在我们考察过的泰国东北部佬人中，他们的"祀鬼"也是如此。泰国佬人规定干栏上西南端的房间称为"家鬼屋"，供奉"家鬼"。屋子里空荡荡的，唯后壁右边的柱子上支个一尺见方的木板，上面摆放个小竹篮及一些花以示家鬼之所在，没有香炉，没有神主，下端开个小洞通往屋外，让家鬼出入。"家鬼屋"比"家鬼巷"又进了一步，迈入一个新的阶段。

在活人的意识观念中，认识到家中逝去先人的鬼魂赶是赶不去的，于是辟了道"家

---

① 《永乐大典》卷2339梧字引。
② 《新唐书》卷185《韦正贯传》。
③ （宋）太宗：《雍熙二年闰九月二十四日诏》，《宋会要辑稿·刑法二之三》。
④ （明）郭棐：万历《宾州志》卷2《上林县风俗》。

鬼巷"让其自由出入，在"家鬼巷"唯诚唯恐地进行供奉。此种供奉，唯诚唯谨，是讨好式的，目的是祈求家鬼不要降祸生灾于家人。此时，受旧的对鬼的恐惧心理影响，在人们的观念中，家人与家鬼还处于对立的情态中，还没有认知故去的先人亡灵对儿孙有保佑赐福的能力，因此，对逝去先人亡灵的供奉，还算不上是祖先崇拜。

周去非说，钦州人"最畏""家鬼"（祖考）。乡村人于入门之右开有"鬼路"。"岁时祀祖先"，"命（委托）巫致祭（主持祭典）"。巫是能与鬼神交往，并能对鬼施加影响或控制的人。此彰显了宋代钦州乡间人对"家鬼"（祖先）的恐惧心理。因恐惧、畏惧而供奉，自然与因尊崇、推重而供奉不是同一车辙儿。

泰国东北部佬人对"家鬼"的供奉，比宋代钦州乡间"岁时祀祖先"要多得多了。每年秋收前必先行祭祀，将新谷奉献家鬼之后家人才能品尝；平日家有喜庆要告知，有灾难也要供祭以祈求禳除灾难；男婚女嫁要预先告知，家里有人出远门或死了也要禀告。而在家里，媳妇、女婿不能进入"家鬼房"，亲戚、朋友来访也不能靠近"家鬼房"①。泰国佬人在家鬼房中虽没有立"家鬼"牌位，但已经将"家鬼"作为赐福禳灾的对象而加以崇拜，把"家鬼"当作一家的守护神了。不过，家鬼作为一家的守护神，只是男系的守护神，不是女系的守护神，因此媳妇、女婿作为外来人，不是家鬼的守护之列。此与周去非笔下钦州"城居之民"于厅堂设置香火同一阶段，即进入了祖先崇拜的阶段。

新妇一拜家鬼之后，终生不敢再走进厅堂，但是"其主妇无夫者，乃得至厅"②。周去非此一记载，说明时至宋朝传自壮傣群体先人越人的"鬼妻不可与居"的观念、行为，已经在广南东路及广南西路东部的壮群体越人的传人中逐渐绝了传承。因为死了丈夫的寡妇竟可以成为一家的"主妇"，彰示死了丈夫的寡妇，过去被视为"不可与居"的"鬼妻"，既可以与子女同居，又可以率领子女建家立业，成为一家之主，成为"家鬼"也认可的在家庭中主持事务、说话算数的"主妇"。

虽然清朝初年屈大均《广东新语》卷24《蛊》仍然记载"西粤土州，其妇人寡者曰鬼妻，土人弗娶也"，但是，宋仁宗时代羁縻广源州阿侬助子侬智高抗击交趾为夫报仇以及归宋遭拒而反宋求附；③ 羁縻田州知州黄光倩的母亲阿侬协助儿子主持州务，"料籍丁壮，劳勤显闻"，演绎了她的"才智"，宋仁宗册封为"宣化郡君"：④ 道出了宋代在羁縻州洞壮族先人上层人物中已经不受自壮傣群体越人传承下来的"鬼妻不可与居"的观念与取向的约束，开始变化了。

其实，这也不是始于宋代，自南北朝而后，在汉族文化的影响和壮群体越人社会的发展，在壮群体越人的传人中，"鬼妻不可与居"的观念就逐渐解冻、离析。不少地方甚至绝了承传。这使得多少壮群体越人传人的寡妇获得了应有的人权，赢得了显示自己价值的机会。侬智高的母亲阿侬、田州知州黄光倩的母亲阿侬是如此，南朝陈及隋朝的冼氏夫人是如此，年近花甲的瓦氏夫人抱着年幼的重孙率领"狼兵"千里奔赴江浙抗击倭寇也是

---

① 白耀天：《泰国婚姻、丧葬和宗教信仰考察》，《广西民族研究》1993年第1期。
② 《岭外代答》卷10《家鬼》。
③ （宋）余靖：《贺生擒侬智高母表》，《武溪集》卷16。
④ （宋）胡宿：《右江田州知州黄光倩母阿侬可封宣化郡君制》，《文恭集》卷19《外制》。

如此。她们为祖国的统一大业实现了一个寡妇自身存在的价值。

二 元、明迄清朝前期的壮族家庭

岭南富于宝产，虽弥漫烟瘴，却是中原汉人驰慕之地。汉代谚语"欲拔贫，诣（到）徐闻"①，南朝流传的"广州刺史但经城门一过，便得三千万"②，更是吊人胃口。唐代，广州已是繁荣的对外贸易港口，成了国家财政的主要来源。所以，唐朝后期黄巢起义军欲下岭南，占领广州，仆射（宰相）于琮奏说："南海以宝产富天下，如与贼，国库竭矣！"③宋代仍是如此。景德四年（1007年），戍守宜州的士兵陈进等反叛，沿西江东下广州，宋真宗急了，除调荆湖兵下岭南镇压外，又增兵扼守端州（今广东肇庆市）峡口，阻断陈进们东下，对左右亲信说："番禺宝货雄富，贼若募骁果（勇猛果敢的人）立谋主，沿流东下趣（通趋，奔赴）广州，则为患深矣！"④"为患深矣"一语，既揭示陈进们占领广州，得到充足的补给，其对宋王朝危害就大了，又说明陈进们占领了广州，宋王朝财政就失去了重要来源，国库枯竭。

对这样得失有关国运的地方，宋王朝可不马虎，不仅加大"以夏变夷"的力度，大力开展汉文教育，培育雄厚儒化了的孜孜于竞逐举业的"士"阶层，带动促使其居民的趋汉变化，而且帝王及其州县官员也站出来以强力干预、阻止他们原有的传承于他们先人的传统习俗的传承。

天圣八年（1030年）出任韶州（今韶关市）知州的王益，见到"越无男女之别"，便"一切穷治。未几，男女之行别于途"。⑤所谓"越无男女之别"，就是指越人从壮傣群体越人承传下来的男女婚姻倚歌择配以致男女混杂嬉戏调笑于途的传统习俗。王益在韶州大刀阔斧"一切穷治"，可说是毫不留情地推行以汉文化整合越文化。

政和七年（1117年）七月十七日。宋徽宗下诏令说："广东之民多用白头布，习夷风，有伤风化，令州县禁止。"⑥扎戴白头巾，这是传承自壮群体越人的习俗，犹如南宋周去非《岭外代答》卷7《白巾鼓乐》所载，"南人""率用白纻为巾，道路弥望，白巾也"！"南人"，即指广西人，也指广东人。宋徽宗将广东人扎戴白巾说成"习夷风"，就是不将广东人视作"夷人"，而是"习染夷风"的汉人了。

诚如《岭外代答》卷7《白巾鼓乐》所载，"俚獠"人以白志喜以红表哀，这是壮傣群体越人传承下来的观念和习俗。他们日常喜戴白头巾，承传先人的观念和习俗，本无可厚非，但是站在汉文化的立场上，到岭南"道路弥望，白巾也"，便惊诧得不得了，惊呼道："南瘴（瘴疠）疾（急速）杀人（伤害人），殆（差不多）比屋（家家户户）制服者（穿丧服的人）欤（啊）！"这说明广东人戴白头巾与儒家礼制背道而驰，不阻断他们

---

① （宋）王象之：《舆地纪胜》卷118《雷州》引。
② 《南齐书》卷32《王琨传》。
③ （新唐书）卷185《郑畋传》。
④ 《宋史》卷466《张继能传》。
⑤ 《舆地纪胜》卷90《韶州》。
⑥ 《宋会要辑稿·刑法二之六八》。

这种行为方式怎行？不阻断，壮傣群体越人的有悖于汉文化的观念、习俗照样蔓延，"以夏变夷"怎能实现？广东此要区怎能成为宋王朝的忠顺之地？于是，宋徽宗不得不站出来，下诏禁止。

随着宋王朝不断强势干预，中原汉族入迁落籍的增多、粤语的形成和影响力的伸张，以及汉文教育的纵深普及、知识阶层也就是"士"阶层的扩大、出相入仕的蔚为风气，虽然壮群体越人的传统习俗许多还在他们中传承着，但在总体上他们大部分已经趋同于汉族。

元朝初年，广东有"萧太獠""阎太獠""严太獠""曾太獠"等率众反元。① "太獠"，即是《隋书》卷31《地理志》见载的"俚獠"人的"都老"或"倒老"的异译写字。"有鼓者号为都老，群情推服"，"都老"本是壮群体越人及其后人对"头人""首领"的称谓，可是此后，据屈大均《广东新语》卷11《土语》记载，"广州谓平人曰佬，亦曰獠，贱称也"。"大奴曰大獠，岭北人曰外江獠。"此彰显了随着社会的发展，广东人意识观念的变化，"太獠"也就是"倒老"或"都老"，已由尊而卑，贵而贱，概念的内涵与外延均倒了个儿。由此可以知道，广东的原壮群体越人的传人大都已经趋同汉族变化了。

在广西可就不同了。比如容州，唐代"夷多夏少，鼻饮跣足，好吹葫芦笙，击铜鼓"，"不习文学"。② 南宋以后，"北客避地留家者众，俗化一变，今衣冠礼度并同中州"。然而，迄于明末清初，《古今图书集成·方舆汇编·职方典》卷1433《梧州府风俗考》却载容州"疾病不知医，惟祷于神。春分方犁田，夏月方种田，少用粪，罕种早稻。收获，群妇女而出，率以手掐掇其穗而弃其管，以便束敛"，不仅承传了壮群体越人诸如男逸女劳、吃乌饭（五色糯米饭）、槟榔为聘、七月十四祈鬼、病不医药唯祷鬼神等的意识、观念和价值取向，而且传承了先人唯植一糙，糯稻是种，③ 不施粪肥的耕作方式，以及用手镰剪取稻禾最后一个骨节，禾秆连着稻穗，撕去禾衣，束成把的收割、收藏方式。明朝桑悦"摘穗或将手当镰"的诗句，④"以握手镰"误为"以手"，或觉粗略可笑，以手镰剪取糯稻却是承自壮傣群体越人自古以来的收割方式。

与容州地土相连的郁林州，宋朝元丰年间客户已占该州总户数的36.1%，随着时日的流逝，这些客户也本土化了。所以，明朝初年修的《郁林志》载，该州"人民不事蚕桑，性资轻悍；婚则相歌为娶（倚歌择配），死则击鼓助哀（击鼓戏闹逐厉）；病不服药，惟好事鬼神。其俗大远于中土矣"⑤。

康熙年间（1662—1722年）汪森《粤西丛载》卷18《蛮习》引《梧州府志》载：

> 梧州士民，惟知力穑，罔事艺作。俗尚师巫，市多妇女，椎髻跣足，粜谷卖薪。

---

① 《元史》卷162《刘国杰传》。
② （宋）乐史：《太平寰宇记》卷167《容州风俗》引唐朝梁载言《十道志》。
③ 壮群体越人及其后人习俗是糯稻用手镰剪取，籼稻收割则是用镰刀依稻根之上连禾秆割下，然后打谷。
④ 《记壮俗六首》其二，（清）汪森《粤西诗载》卷16。
⑤ 《永乐大典》卷2339梧字引。

婚聘多用槟榔，男女不行醮礼。兄弟反称姐妹，叔侄每唤公孙。男多出赘，称曰嫁，而有其妇翁之产；女招婿，称曰娶，而以己产与之。甚至男更姓以从女，或于男姓复加女姓，永不归宗。女既受聘，改而他适，亦恬不为意。凡逋粮避差，与睚眦小怨，即投山服毒。

壮族朴实，艺农求饱；俗尚师巫，唯鬼是祷；男逸女劳，市多妇女；聘用槟榔，女家自送；兄姐谓 pi^4，弟妹谓 $nu:ŋ^4$，兄弟如同姐妹，都谓"$pi^4nu:ŋ^4$"；孙儿、侄儿谓 $la:n^1$，叔为 $po^6ʔa:u^1$，叔对侄儿来说是父辈，而对孙子来说是祖辈，因此俗话"叔侄"不称"$po^6la:n^1$"（父侄），而称为"$koŋla:n^1$"（公孙）。"凡逋粮避差，与睚眦小怨，即投山服毒"，这是"性资轻悍"的外现形式之一，犹如《古今图书集成·方舆汇编·职方典》卷1440《南宁府风俗考》记载永淳县（后并入横州）壮族"其性尤犷悍。一有收租取债，及夫妇争论口角，忿激辄服毒图赖。沿而成风，无能禁也"一样。"女既受聘，改而他适，亦恬不为意"，体现了壮族不是如同汉族实行买卖婚姻，婚男婚女互不相识、互不了解，他们遵行的是倚歌择配、自由自主的婚姻。至于"男多出赘，称曰嫁，而有其妇翁之产；女招婿，曰娶，而以己产与之"，则在壮族及其先人社会是个普遍现象，自古已然。由于壮傣群体越人社会由原始母权制转变为原始父权制的时候，母权制发育还不充分，父权制因早熟而软弱，婚后在妻从夫居制存在的同时，也存在夫从妻居制。这就是俗话所说的"男固可以娶妻，女亦可以娶夫"。女娶夫称为"入赘"或"上门"，壮语谓为"$kɯ:t^8lai^1$"（扛梯子），西双版纳傣语谓为"上楼"。① "招婿之风，壮族盛行，或将独子入赘他人，而留女在家招婿。"② 迄于20世纪50年代，清朝后期云贵总督岑毓英的家乡广西西林县那劳，"上门的婚姻，占总婚姻数的百分之五十，招郎入赘是个普遍现象"③。

《古今图书集成·方舆汇编·职方典》卷1421《思恩府风俗考》载："男女游戏唱歌，互相酬和，同志者以槟榔缔合，此其所以为蛮俗也。"明代有关桂东地区风俗的记载，道出了当时桂东地区的居民，在汉族文化的浸润下，特别是汉文教育的发展，入学人数的众多，士阶层的形成并扩大，意识、观念渐行改变，说明其正在趋同汉族变化的途中，但"赘子易姓，永弃其宗，婿居翁产，恬不为异，则中州所无"④；"相歌为娶，击鼓助哀"，"田少粪土，手捐其穗"，也是南徼所仅见，不能说他们已经完全趋同于中原汉族了。

那时候，"兄弟异室，父子割户"⑤，壮族的家庭组织是比较简单的。在倚歌择配的自由自主婚姻制度下，婚后即建立起单纯的小家庭。子女未成年时，依父母居住，成年结婚，妻子怀孕即离开父母家，另建房子另立门户。这些家庭，大都是核心家庭。

---

① （清）罗伦：康熙云南《永昌府志》卷24。
② 谢嗣农：民国广西《柳城县志》。
③ 《广西壮族社会历史调查》第二册，广西民族出版社1985年版，第211页。
④ （清）史明皋：同治《梧州府志》。
⑤ 《古今图书集成·方舆汇编·职方典》卷1349《肇庆府风俗考》、卷1421《思恩府风俗考》。

在核心家庭中，由于汉族文化的长期浸润，丈夫坐褥的产翁制已渐形消失，可是男逸女劳的旧意识和行为却顽强存在。在家务劳动、农田生产以及趁墟赶集，虽然已经不纯由妇女专行其事，但是农忙时节，男子除了犁耙田地外，播种、耘田、收获，一由妇女承担。所以时至民国时期，烈日之下，群妇女都回旋起舞于田垌上，面对着滚烫田水播种、拔秧、插秧、耘田，秋收也都是由妇女们操劳其事。而此时候，男人们不是在社坛旁的遮天榕树下或抱着孩子转悠，或懒散地坐在石板上下棋、聊天，就是呼众唤狗上山打猎。

在传统的"男逸女劳"意识的氛围下，家庭中，"女人是男人的拐杖"，也就是说，男人是靠着女人支撑才能行步走路的。俗有"男无女，有田不得谷；女无男，有米实三库"之语，具体反映了此种社会情况。

女人没有男子可以富实地过日子，男人缺了女人难以过活，所以，即使壮族社会是以男子为中心的父权制社会，一般情况下，妇女在家庭中的地位还是与男子对等的。不仅壮族土官家的女子有"养姑田""女儿田"等名目，一般家庭，原则上是长子分得财产多一些，次子以下顺序递减，老年父母有"养老田"，不落夫家的女儿同样享有分得财产的权利，只是落居夫家了，所分得的田地不能带走而已。① 不落夫家女子在娘家劳动几年，有了一份数目不菲的积累作私房钱，待她落居夫家后，就可以在一定程度上应付自如，不受丈夫在花销上的挟制了。而在社会上，妇女受雇于人也颇受欢迎，精明强干者更受雇主的青睐：横州富户雇女做仆役，"大家巨族有至一二十人，有善经纪者，值银二十两"②。

由于汉族文化的导向以及本身社会的发展，壮族中"鬼妻不可与居"的意识、观念日渐淡化、消失，寡妇可以成为家主，独掌门户，不仅可以在家中说一不二，而且没有汉族"三从四德"的儒家礼教约束，可以厕身于社会。在壮族上层社会中，尤其是如此。泗城州（治今广西凌云县）土官知州岑瑄无子，唯有女儿岑定，以弟岑琮子岑豹过继。永乐二十二年（1424年）初，岑瑄死，岑豹未及15岁，不能承袭，由岑瑄寡妻卢氏借职，出任泗城州土官知州近8年。③ 永乐后期，上林长官司（治今广西田林县定安）土官长官岑志威死了，其子岑世海未及15岁，不能承袭，洪熙元年（1425年），由其祖母即岑志威之母黄娘召出任上林长官司土官长官。④ 洪熙元年（1425年），上隆州（治今广西巴马瑶族自治县燕峒）土官知州岑琼死了，无后，由其寡母陈氏护印。宣德四年（1429年）年老病死，做了20多年土官知州。⑤

广西"平原旷野，一望数十里不种颗粒，壮人所种止山衡水田，十之一二耳"⑥。庆远府（治今广西宜州市）"其平旷处，土膏中时杂石碛，宿莽与芊草相乱。田塍中，往往牡牸（公母牛）散牧，而芜秽（荒废）不治，讫（竟）少（耕种）者，良（实在）以汉

---

① 《广西壮族社会历史调查》第二册，广西民族出版社1985年版，第262页。
② （明）王济：《君子堂日询手镜》。
③ 《土官底簿·泗城州知州》。
④ 《明实录·宣宗实录》卷11。
⑤ 《明实录·宣宗实录》卷61；《土官底簿·田州府上隆州》。
⑥ （明）王士性：《广志绎》卷5。

壮相杂,以致旷土弥望如此"①。"广西土旷人稀,多弃地"②,衣食易足,犹如刘文征天启《滇志》卷4《旅途志》所载的富州(今云南富宁县)板仑"田畴广沃,人民殷富",归顺州(今广西靖西县)"良田美地,一年耕获,尝足支二三年",以及《古今图书集成·方舆汇编·职方典》卷1402《桂林府风俗考》记载永福县"家无屯积,不忧饥寒"一样。"一般人稍足温饱,辄不愿再事努力,俗有'半年辛苦半年闲'之语,足以代表其生活实况"③。

壮族"民间盛行唱欢(fɯ:t⁸,山歌),工作稍暇,则男女互相唱和以取乐。遇有婚嫁,亲友亦尝登门聚歌通宵"④。万历三十九年(1611年),岳和声奉命出守庆远府(治今广西宜州市)。次年三月十七日,他由柳州赴途时,"遥望松下,搭歌成群,数十人一聚。其俗女歌与男歌相答,男歌胜而女歌不胜,则父母以为耻,又必使女先而男后。其答相当,则男女相挽而去,遁走山隩中相合,或信宿,或浃旬,而后各归其家,责取牛酒财物,满志而后为之室(妻);不则,宁需异时再行搭歌耳"⑤。倚歌择配、婚前性自由,这是自壮傣群体越人传承下来的习俗,此处女家"责取牛酒财物,满意而后为之室(妻);不则,宁需异时再行搭歌耳",则是在唐、宋以后方才产生的意识、观念和价值取向,并形成风俗。

《太平广记》卷483《岭南女工》引唐朝人《投荒录》载:

> 岭南无问贫富之家,教女不以针缕织纺为功,但躬庖厨,勤刀机而已。善醯、醢、菹、鲊者,得为大好女矣。斯岂遐裔之天性欤?故俚民争婚聘者,相与语曰:"我女裁袍补袄即灼然不会,若修治水蛇、黄鳝,即一条必胜一条!"

此如同为女儿打广告,丈母娘公开为女儿招引夫婿。为什么会这样?《旧唐书》卷197《南平獠传》载,"獠"人"土多女少男,为婚之法,女氏必先货求男族;贫人无以嫁女,多卖与妇人为婢"。历史上的女多男少男女比例失衡,在壮群体越人及其后人社会中,既形成了女族以货求男族的婚姻模式,使众多的贫家女沦为奴婢的境地,也使一夫多妻制得以盛行。南宋周去非《岭外代答》卷10《十妻》载:

> 余观深广之女,何其多且盛也!……城廓虚市,负贩逐利,率妇人也。而钦(州)之小民,皆一夫而数妻。妻各负贩逐市以赡一夫,徒得有夫之名,则人不谓之无所归耳。为之夫者,终日抱子而游,无子则袖手安居。群妇各结茅散处,任夫往来,曾不之较。至于溪峒之首,例有十妻。

---

① (明)岳和声:《后骖鸾录》,(清)汪森《粤西丛载》卷4。
② 《清史稿》卷299《韩良辅传》。
③ 谢嗣农:民国《柳城县志》。
④ 同上。
⑤ (明)岳和声:《后骖鸾录》,(清)汪森《粤西丛载》卷4。

此段文字，既记载了壮群体越人及其后人的"男逸女劳"习俗，又记载了其历史上存在的一夫多妻制婚俗。众妻"各结茅散处"，"各负贩逐市以赡一夫"；丈夫悠闲自在，袖手安居，养尊处优于众妻之中。这多个女子围着一个不作为的丈夫转，图的是什么，无外是能出嫁而有个丈夫当家长的家，即"人不谓之无所归耳"。也就是说，人家无法说她不能出嫁有个家罢了。

女多男少，男女比例失衡，在壮群体越人及其后人社会中既形成了女族以货求男族、女家自送、胎后始能落居夫家，以及一夫多妻的婚俗，又"内积怨女"，使许多贫家女子与"洞房花烛生无缘"。这就是南宋王象之《舆地纪胜》卷115记载的宾州（在今广西宾阳、上林、合山三县市及来宾市的迁江地区）"男女无婚嫁者以歌诗相和，自择配偶，各以所执扇帕相博，谓之博扇，归白父母，即与成礼。宾之细民（底层百姓），生计颇艰，有终不能嫁者"。

贫家女"生计颇艰，有终不能嫁者"与女方"责取牛酒财物，满意而后为之室，不则宁需异时再行搭歌耳"，二者悖逆反犯，意识不同，观念不同，价值取向不同，婚前女子的地位也不同。这是元、明壮族与唐、宋及其先人的相异。此种意识、观念和行为的变化，固然是壮族本身社会发展的结果，更是汉族文化浸润的结果。"不孝有三，无后为大。"① 这个"后"，就是指男性后嗣。在趋汉变化较深的地区如桂林等地出现的"溺婴"行为，即和盘托出了随着儒家文化的主导，人们追求男性后嗣的强烈欲望。此种趋势发展，颠倒了原男少女多的社会状况，社会出现了男多女少的比例失衡。

现将能寻觅所得的明代记载，列表于下。其中，藤县、岑溪二县的数字来自《永乐大典》卷2339梧字引《古藤志》。《古藤志》又名《古藤郡志》，金仲文修于洪武七年（1374年），惜已佚。横州、隆安县的数字来自方瑜嘉靖《南宁府志》卷3《户口》。这些州县的人口统计虽略有误差，但关系不大。

州县名	户数	口数	男口数			女口数		
			成丁数	未成丁数	合计	妇	女	合计
藤　县	7475	38635	12715	7358	20073	13057	5509	18566
岑溪县	1663	7152	2903	1227	4130	2623	357	2980
横　州	2279	12006			6120			5800
隆安县	1478	8985			4848			4137

就上表可见，不论桂东还是桂西，明代人口中男性人口人数都比女性人口为多，其中，藤县男性占全县人口总数的51.9%，女性占48%；岑溪县男性占全县人口总数的57.7%，女性为42.3%；隆安县男性占县人口总数的53.95%，女性占46.05%。而其中最为令人揪心是岑溪县，其未成丁男性是1227人，占县人口总数的17.15%，而未成年女子仅357人，约占县总人口数的0.499%。这样的同龄男女比例严重失衡，大大影响了当地

---

① 《孟子》卷7《离娄章句上》。

的结婚率和人口的稳居率。

三 清朝乾隆至民国年间的壮族家庭

"一身南去入苍梧，听得蛮音处处殊。"① 可是，明代梧州"山色连苍汉，江流绕郡城。往来横渡口，强半广州音"②。"广州音"，就是汉语粤方言。随着操广州话的人大量往来、东移及影响扩大，"郁白方言似"③，明朝后半期及清朝前期，桂东、桂南、桂中等地区逐渐形成了郁白、浔梧、钦廉、邕横等粤语方言，而桂北、桂中因受到三楚移民的影响，也形成了汉语桂柳方言。

壮族地区形成了汉语两大方言区，对壮族的趋同汉族促进很大。与此同时，随着汉文教育在壮族中的深入开展，壮族中士知识阶层的形成和发展，对壮族的趋同汉族化变化有着不可估量的作用。这就是："平南虽瘴地，风俗可尤可观"，"男务耕耘女务织，绞歌巷里多儒冠"。④ 所以，鄂尔泰雍正《云南通志》卷8载广西府（治今云南泸西县）沙人"士知向学，民务力田，风化既开，习俗渐改"。

不过，欲使壮族传统观念和习俗改弦更调，移风易俗，一变而如同汉族的"彬彬尔雅为学宫，子弟诵读之声流于山谷，渐耻其俗之陋而化其性之顽"，"并其居处、服饰、饮食、男女之间皆与华俗无异"，⑤ 也不是一蹴而就的。

清朝乾隆及其前，壮族的趋汉变化还不怎么显著。乾隆五年（1740年）刊行的黄海《兴安县志》载：

> 田种晚稻，不用牛犁，用锄以挖。
> 男人炊爨，女人耕种。
> 诵读无四书（四书五经），惟杂字、状式田契、戏书、鬼书。
> 婚娶新妇，赤脚前行，后有媒婆挑被襦（褰衣）、斗笠、锄、箕以为嫁妆，与丈夫相忤便即别嫁，名曰嘈嫁。
> 丧事则父母死后，安置堂中，子女哭三日即行安葬，无亲朋吊祭。
> 衣穿短衣、大裤、包头，男女一式。凡蛇、鼠、虫臭之物，无不以食。
> 每年七月半，男人演戏，妇人唱歌。打秋千，或下河淋浴相扑，胜者得手巾一条。稚子放牛相斗，牛胜者得酒肉。巫人入庙吹唱供神。
> 春月男女上山采笋，或二三夜方回，率以为常。丈夫若有惩责，女人即日嘈嫁。
> 乾隆四年（1739年）始设义学，延师教诲，朔、望与之宣讲。

为了促使壮族传统观念和习俗的迅速改变，除了兴办汉文学校外，官员也采取了蛮横

---

① （明）徐燉：《送人之苍梧》，（清）汪森《粤西诗载》卷19。
② （明）徐荣：《苍梧即事十二首》其一，（清）汪森《粤西诗载》卷21。
③ （明）袁帙：《自柳至平乐书所见五首》其四，（清）汪森《粤西诗载》卷11。
④ （明）王倩：《广西谣》，（清）汪森《粤西诗载》卷7。
⑤ （清）钱元昌：《粤西诸蛮图记》，雍正《广西通志》卷92。

的输入式手法。比如，康熙九年（1670年）平乐知县陈光龙实行每月朔望（初一、十五日）请年高德劭的"乡耆"设席讲经，诠释儒家的经典礼乐，强迫户户派人来听，遵照执行。谁不来听，谁有怨言，轻则"蒲鞭辱之"，重则枷于讲堂之侧示众。① 又如，董天良乾隆六年（1741年）出任永宁州（治今广西永福县西北寿城）知州，不仅"禁妇女入城市"，而且率队拿着剪刀拦路剪短壮族妇女的百褶裙，并明令禁止"家居毋着短衣"。② 这样，势必在壮族的不同地区会发生不同程度的变化。玉昆山民国《信都县志》载：

> 壮人散处乡村，衣服饮食与齐民无异，惟妇女服饰稍别（今皆一色矣）。其语言历世不改，人鲜能辨，然皆习官语，与汉人相通。敦诗说礼，所在皆有；身列胶庠者，后先相望；由明经、孝廉入籍者，且相接踵。其余耕凿相安，皆知教子弟读书、识字，几不辨其为壮矣。至于妇女，从未有负载入城市者，即各乡圩集亦罕见。

此虽是就信都（在今广西贺州市）一县而言，但其在壮族地区却是普遍现象。也就是说，在汉族文化长时期的浸润之下，在壮族社会的发展中，明末清初，整个壮族都在趋汉变化的途中，只是有深度、次深度、浅深度等分别而已。已经有了深度变化的壮族，在完全趋同汉族变化之路上也走得差不多了。比如，民国《信都县志》记载的壮族，意识、观念习俗以及价值取向都已与汉族无异，只是他们在外操汉语在家仍说着壮话；而浅度变化的壮族，操着壮语，仍或多或少地传承着壮群体越人的意识、观念、习俗及价值取向。但此时的壮族，较往昔的壮族，其家庭已发生了四大变化。

（一）三代四代同堂的根干家庭出现

"父子别业，兄弟异财"③，或"兄弟异居，父子割户"④，是历史上关于壮群体越人及其后人的家庭形态的记载。此种家庭形态，是与壮傣群体越人在原始母权制还没有充分发育的时候父权制就过早成熟关联着的，其表现形式就是父子情薄。壮族传承着其先人的意识、观念、习俗，儿女长大成人婚配之后都另行起屋单立门户，父母与子女间、兄弟与兄弟间，都没有同住一个屋檐之下的。

《古今图书集成·方舆汇编·职方典》卷1421《思恩府风俗考》载：西林县壮族"父子各居，兄弟异室，此皆囿于土习，五教（五常之教，即父义、母慈、兄友、弟恭、子孝的儒家伦理道德）未敷（没有施行）。知县唐如则捐资延师（聘请老师），各里劝谕，至今风俗稍易，有知礼义之渐矣"。在各州县官员的推动下，随着汉文教育的普遍开展，父严子孝、兄友弟恭的儒家伦理道德逐渐取代了"兄弟异居，父子割户"的旧意识、旧观念、旧习俗、旧行为。到了近代，壮族子女对待父母已由过去的"父子异居，衰老始

---

① （清）金炳文：光绪《平乐县志》卷1《风俗》。
② （清）联丰：光绪续修《永宁州志》卷8。
③ （宋）乐史：《太平寰宇记》卷161《高州风俗》。
④ 《古今图书集成·方舆汇编·职方典》卷1349《肇庆府风俗考》。

收养之"①，一变而为"供养父母"②，尽子女赡养父母的责任。于是，在壮族家庭结构中相应地出现了父母与子或女及其儿女共同居住在一个屋子里的三代同堂或四代同堂的根干家庭。据调查，壮族中父母同未成年子女同住在一个屋檐下的核心家庭已经降至50%—80%，祖、父母、子女三代同堂或曾祖、祖、父母、子女四代同堂的根干家庭已经占10%—40%。

与供养老辈以尽晚辈责任此一观念相应的，是子女以老人高寿为荣、为福。所以，河池等地的壮族，高寿的父母死丧，披红挂彩，当作喜事来办，亲友同来欢贺。

（二）"月无三日在夫家"，"首子例非己胤"绝承

壮群体越人盛行如同宋朝乐史《太平寰宇记》卷165《郁林州风俗》记载的女子婚后不落夫家制。女子婚后不落夫家期间，"任其野合，胎后方还。前生之子，例非己胤"。此种习俗传承下来，迄于清朝仍是如此。所以，诸匡鼎《瑶壮传》载：壮族"婚之日，迎亲送女，络绎于道，歌声振林木。女至夫家合卺，丈夫用拳击女背者三，乃用（男）所赠扁担即汲水至瓮中，旋回母家。不与丈夫相见，另招男子曰野郎，即与父同居。觉有妊，乃密告其夫作栏，遂弃野郎而居夫家偕老焉。故野郎亦曰苦郎。当其与野郎共室也，本夫至家，反以奸论；及其归夫家也，野郎至亦以奸论"③。

壮族男女"婚姻以唱歌、踏青为媒约"④。"嫁者以歌诗相应和，自择配偶"⑤，基本上是自主的，也就是说夫妻关系的建立是男女双方爱情火花迸发的结果。孩子本是夫妻爱情火花的结晶，而夫妻"首子例非己胤"，即不是丈夫的血亲子女，既亵渎了爱情，也亵渎了婚姻，长让男女婚姻缔结之后被冻住，有个夫妻不能见面的空置阶段。这是为什么？原来此婚姻缔结之后夫妻关系空置，是原始父权制确立之际女权制还十分强大，女子在将尽妻子义务之时从男子手中赢得的权利。因此，在婚姻的空置阶段，女子可以如同母权制时代那样，一无拘束地选择可心的异性自由交往，并不负自由交往的后果，而推由婚定男子来承担。而男子呢，既是社会的主角，自也不甘吃亏，也利用此婚姻的空置阶段，既与其他慕春女子自由交往，又满足其对缔婚女子招引他人能耐及生育能力进行考验的心理。

"民少壮多，男耕而食，女织而衣，殊俗也。迨黄世禄、黄钟游庠序后，文风渐起，相继释褐。岁荐有人，乡荐有人，仕宦有人，地以人灵，时因事起，知非偶然。"⑥ "按往日，邑中壮人娶妇入门，次日即返母家……惟朔望、节期必归而与婿相见……乃行略与广东顺德女子'不乐家'之俗相似，所谓'相约嫁郎休久住，恐防儿女早成群'，亦纪实也。然每闻长老言：壮女嫁与儒童秀才，则昏夕即成夫妇，无归宁不返之事。近数十余年来，诸族互通婚姻，陋习已除，无论归于谁氏，皆即夕修伉俪之仪矣。"⑦ 这是趋汉变化

---

① （清）汪森：《粤西丛载》卷24《壮》引《永福县志》。
② 同上。
③ （清）王锡祺：《小方壶斋舆地丛钞》第八帙。
④ （明）蔡迎春：万历《太平府志》卷2。
⑤ （宋）王象之：《舆地纪胜》卷115《宾州》。
⑥ 吴寿松：民国《昭平县志》卷7。
⑦ 程大璋：民国《桂平县志》卷31。

较深的壮族地区情况。就中可知，随着汉文教育的普及，壮族中士知识阶层的形成及拓展，壮族旧意识、旧观念、旧习俗、旧行为也逐渐改变。相随聘礼的刻意苛求、妇女社会地位的日益低落，① 以及男子血统意识的觉醒，壮族不落夫家的传统习俗在许多地方渐行淡化、消失，而仍传承此一传统习俗的地方，在婚后的空置阶段，女子也失去了自由结交"男同年"的权利。比如宜北县（在广西环江毛南族自治县东部），覃玉成民国《宜北县志》载：

> 婚日，送婚女子数十成群，拥满新房，唱歌两夜，新郎新妇未得见面；至第三日随送嫁女子回母家住。后男家又派人往接，（女）来住一二晚，多则五六晚。如此屡屡，名为"走媳归路"。即至身孕生子之后，方安于室，永住夫家。

又黄文观民国《凤山县志》载：

> 本地人女子出嫁之前之数月，必潜来夫家邻舍，觅一家作女方寄宿。出嫁之日，使同班亲友数人偕送。一到男家行拜堂礼毕，新妇即遄返寄宿之家，与亲友同住，新郎无洞房花烛之良宵。住亲友家三日，偕友人返母家。嗣后每逢节季只来夫家一二日。约一年半载，自身怀孕，始长住夫家。昔人有句云："妆罢言归宁父母，月无三日在夫家。"盖纪实也。

叶茂茎民国《龙州县志》也载：

> 婚日，女家不备妆奁，惟着姑娘数人随新人步行至男家。登堂拜祖讫，伴姑陪新人留宿一宵，天明即同新人回女家。自此以后，每年四五月间田里工作忙，则回夫家三五天，名曰"帮功"。如是者三五年，俟身有喜，女之父母始制帐、被送回。

同样的记载，也见于云南沙支系和侬支系的壮族中。比如，罗凤章光绪《罗平州乡土志》卷 5 载：

> （沙人）既婚之夕，女伴随，多男女不同室，次日即回母家。值农忙，亦来婿家相助，仍自回去。必待长娠生子方归。

又如，张自明民国《马关县志》卷 2 载：

> （侬人）婚日，男往女家亲迎，无彩舆仪仗等排场，多数送亲女伴送女，至男家住二三日，夜间女伴同新娘共枕，新婿鲜能问津者。三日后新娘偕婿归……婿归女不

---

① 曾瓶山民国《同正县志》载，同正县（在今广西扶绥县北）壮族婚日："男家于新妇到时，令新郎暗立重门内，俟谒祖毕，以折扇三拍其背，旋又使匍匐从胯下过，俗谓如此即能降伏。"

归,已成惯例。遇农忙时节,女始一至夫家稍助工作,工未完而复归母家矣。……妊而遂归夫家同居,俗谓坐家。

这些壮族地区的记载,说明清朝乾隆以后,仍传承着不落夫家传统习俗的壮族,女子在不落夫家期间,除了年节、农忙住夫家,与丈夫有性接触外,已经不能与丈夫以外的其他男子自由交往,从而保证了妻生的首子是丈夫的血亲后嗣。

(三) 与"小桃无主自开花,春风吹泪吊晚霞"理念悖逆

清初屈大均《广东新语》卷7《瑶人》载:

> 瑶贞而壮淫。瑶之妇不可犯,壮妇女无人与狎(亲热),则其夫必怒而去之。

清乾隆间,广西镇安知府赵翼《粤滇杂记》载:

> 每春月趁墟唱歌,男女各坐一边,其歌皆男女相悦之词。其不合者,亦有歌拒之,如你爱我我不爱你之类。若两相悦,则歌毕辄携手就酒棚并坐而饮,彼此各赠以定情,订期相会,甚有酒后即潜入山洞中相昵(亲近)者,其视田野草露之事,不过如内地人看戏、赌博之类,非异事也。当歌场唱歌时,诸妇女杂坐,凡游客素不相识者,皆可与之嘲弄,甚而相偎抱,亦所不禁。并有夫妻同在墟场,夫见其妻为人所调笑,不嗔(chēn,怒)而反喜者,谓妻美能使人悦也;否则,或归相诟(gòu,骂)焉。①

夫妻一同趁墟唱歌,丈夫以妻子能否招引男人与她亲热来衡准妻子的美丑,讨人喜欢或不讨人喜欢,这是清朝乾隆及其前壮族及其先人青年男子的意识、观念、习俗和行为。

女子的性魅力要在男子圈子里辐射,除了通过容貌、形体、辞令和表情等魅力手段对男人进行性调情、性挑逗之外,还要有适度的肉体性感部分隐约显露的挑逗。壮族女子传统服饰是"衣短裙长",这就是记载所说的"短衣长裙,包头跣足"②;"衣短狭色尚青,老人细褐,妇女则小袂长裙,绣刺花纹,其长曳(yè,拖)地"③;"妇人衣短衣长裙,色皆青黑……衣角间悉缀鹅毛为饰,敞其襟,织碎花抹胸以障两乳"④;"女衣短,不掩饰,下曳长裙,每不相续,中露肌肤一围如肉带焉"⑤。这些服饰虽不是袒胸露肚,却让性感部位隐约展露,是可能让男人遐思而跃跃欲试的。

进入清朝乾隆以后,在汉族儒家文化"从一而终"的意识、观念浸淫后化成习俗,妻子是丈夫的私有财产,不可让人触动的意识、观念也在增强,所以女子与丈夫之外的其

---

① (清)王锡祺:《小方壶斋舆地丛钞》第七帙。
② 《古今图书集成·方舆汇编·职方典》卷1148《太平府风俗考》。
③ 雍正《广西通志》卷93。
④ 《古今图书集成·方舆汇编·职方典》卷1410《柳州府风俗考》。
⑤ 《古今图书集成·方舆汇编·职方典》卷1421《思恩府风俗考》。

他男人调情、通奸被视为有悖于社会伦理。这样，壮族社会对妇女与丈夫之外的男人行为不端都很鄙视，有的甚至做出严厉的惩戒，如毒打、罚款、游街示众等。①

（四）厅堂设置祖先神龛

汪森《粤西丛载》卷24《蛮习》载，南丹溪洞壮族"不祀先祖"。《古今图书集成·方舆汇编·职方典》卷1415《庆远府风俗考》也载：庆远府（治今宜州市）壮族"不祀先祖，病不服药，惟祀鬼神"。可是，到了清朝雍正年间（1723—1735年）金洪雍正《广西通志》卷93却载宜山县壮族"岁首祭先祖，击铜鼓，跳跃为乐"。由此可知，到了康熙（1662—1722年）以后，壮族已经视逝去的先人为一家的守护神而祭祀崇拜。

傣族"父母亡，不用僧道，祭则用妇人祝于尸前，诸亲戚邻人各持酒物于丧家，聚少年百数人饮酒作乐，歌舞达旦，谓之娱尸。妇人群聚击碓杵为戏，数日而后葬。……其人生平所用器皿、盔甲、戈盾之类，坏之以悬于墓侧而自去，后绝无祭扫之礼也。又有死三日之后，命巫刹生祭送，谓遣之远去，不使复还家也"。因此，傣族"民家无祀先奉佛者"②。《永乐大典》卷2339梧字引梧州《旧经》载，梧州属"古蛮夷之国，雕题之俗，婚用牛，丧则聚，搏击钲鼓作戏，叫噪逐其厉。及埋之中野，至亲不复送"。这说明壮傣二族及其先人明及其前都视逝去的先人的鬼魂是"厉鬼"，以巫以众人叫噪之声将其驱走逐去，自然他们都不祀先，在他们的信仰中没有祖先崇拜。

壮傣群体越人分化为壮、傣二群体越人以后，在汉族文化的浸润下，随着本身社会的发展，岭南壮群体越人的后人，南朝及其后从东到西渐渐有了祖先崇拜的信仰。当明末清初，广西庆远府的壮族还没有信仰祖先崇拜的时候，广西上林县的壮族虽然在家里"祀先不设主"（牌位），却已经在"祀先"；③云南广南府（治今广南县）的壮族已经"编竹笼若鱼罶，累累数十置（干栏上）西南隅以祀鬼"④，而南宋时广西东南部的钦州"城中居民"又进一步，在"厅事上置香火"以"祀先"⑤，真正地将祖先当作家庭守护神对待了。

既然将祖先当作一家的守护神，自然非家里的人就不保护，其也不能进入家鬼所在的地方。比如家里的媳妇是外姓人，就不是家鬼保护的对象。所以，周去非《岭外代答》卷10《家鬼》载："新妇升厅，一拜家鬼之后竟不至厅，云：'傥至厅，家鬼必击杀之！'惟其主妇无夫者，乃得至厅。"

在壮族的理念里，在有"家鬼"崇拜以前，先人的鬼魂对家里人不论男女老幼都存在威胁；有了"家鬼"崇拜以后，先人的鬼魂唯对家主无害，供祭祈求均由家主担承。家主死了，其妻成为家主，也可以直面家鬼，祭祀祈求。这就意味着，"家鬼"即祖考只是家主一人的守护神。只有待到包括媳妇、儿女以及女婿在内的所有家庭成员主观认识与

---

① 《广西壮族社会历史调查》第一册，广西民族出版社1984年版，第61页。
② （明）李思聪：《百夷传》，（明）郑颙景泰《云南图经志书》卷10。
③ （明）郭棐：万历《宾州志》卷2《风俗》。
④ （明）刘文征：天启《滇志》卷4《旅途志》。
⑤ （宋）周去非：《岭外代答》卷10《家鬼》。现在广西大新县的壮族民间仍在墙壁中留有祖先神灵出入的通道，从门直通神龛。

"家鬼"没有了敌对关系,可以自由进入安置"家鬼"所在的厅堂,并对"家鬼"进行祭祀的时候,"家鬼"即祖考方才全方位地成为一个家庭的守护神。此一过程的最后走完,是在清朝前期以后。相应地,这个时候的壮族家庭都在厅堂正中的屋后壁上设置了祖宗神龛,书上"×门历代宗亲考妣之神位"。

然而,由于地区不同,接受汉族文化的影响有异,迄于眼下,有些山区的壮族家庭虽在厅堂屋后壁上设置了祖先神龛,但是神龛上的神主除了本家祖考外,还有众多的与本家没有血缘关系的神主。比如,广西平果县果化镇陇感村卢姓人家内神龛上是这样书写的(内打"×"的是字迹模糊难辨):[①]

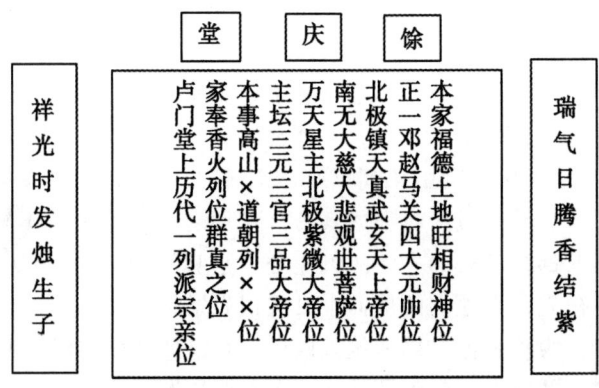

这是将佛教崇奉的观世音,道教崇奉的土地、赵、邓、马、关、玄武、三官(天官、地官、水官)诸神,以及紫微星、山神等神灵,与自家有血缘关系的祖考视同一体,都搬到家里来了,从而把固定、长期崇拜的血缘祖宗神与对象不固定的、遇到不幸方才一时性地进行祭祀的佛、道二教等崇奉的神灵混同起来了。这不是纯粹的祖先崇拜,而是杂糅的神灵崇拜。

第二节 家族演化

汉族以姓氏代表血缘关系,用以识别宗族。壮傣群体越人没有姓氏,无从识别宗族。南越国时,壮傣群体越人分化为壮、傣二群体越人,在汉族文化的影响下,自西汉起,壮群体越人及其后人逐渐具有姓氏。至元、明时,没趋同汉族变化的壮群体越人的后人壮族始形成家族。此时,土官成了大宗主,建立了宗祠,编纂了族谱,并制定族规以约束族人。

一 汉迄唐、宋:壮群体越人及其后人唯仰承于头人、首领,没家族观念

壮群体越人及其后人的姓氏观念和姓氏的产生,是从汉族移植过来的。这个移植过程,自西汉迄于清朝前期方才渐臻完成。因此,壮群体越人及其传人长时期只有亲属意

---

① 《广西壮族社会历史调查》第七册,广西民族出版社1987年版,第229页。

识，没有宗族观念。姓氏的存在，既不能代表血族关系，用以识别宗族，也不能识别婚姻。

南宋范成大《桂海虞衡志》载，广西左右江溪洞，"举洞纯一姓，婚姻自若"①。这是从汉族"姓以别婚姻"的视角来看待壮群体越人及其后人的姓氏的。应该说，壮群体越人及其后人是仿汉才拥有姓氏的，拥有之初，徒有其姓，并不具有汉族姓氏的实质性内容，姓氏并不成为人们相互间婚姻来往的障碍。在壮群体越人及其后人中成为婚姻来往障碍的是实际血缘的远近，即是不是本支的直系亲属及旁系亲属。北宋乐史《太平寰宇记》卷166《贵州风俗》载，俚人"居止接近，葬同一坟，谓之合骨，非有戚属，大墓至百余棺。凡合骨者则去婚，异穴则聘女"。其中的"非有戚属"一句显系误笔。"戚属"就是血缘相近的亲属，合骨者"非有戚属"，根据什么合骨？这个合骨，无疑是血缘相近的家族墓葬。"合骨"是"居止接近"的人家，其血缘相近，因为"俚獠"其人"多构仇怨，不敢远行"，②如血缘相近的人不聚族而居，怎能确保自家的安全？当然，如此一来，其婚圈是比较小的。比如，隋代冼夫人其子为冯仆，仆之妾即为冼氏。③又如，明代田州府岑猛娶归顺知州岑璋之女为妻，此女即后来近花甲之年仍率师千里远赴江浙抗击倭寇的瓦氏夫人。他们二人一祖而下相隔不过8代。

壮群体越人及其后人因没祖宗崇拜，虽具有姓氏，却并无关系；虽有亲属意识，却没家族观念。因此，他们的社会组织单位就是氏族、部落或部落联盟；他们的意识唯氏族、部落的头人、首领是从。

《三国志》卷61《陆胤传》载，吴国赤乌十一年（248年），陆胤为交州刺史。"胤入南界，喻以恩信，务崇招纳，高梁（治今广东恩平市北）渠帅黄吴等支党三千余家皆出降。"被指为"渠帅"的黄吴，无疑是一个部落的首领，而这个部落称为"支党"，说明以黄吴为首领的部落只是大部落或部落联盟中的一个小部落。

以氏族、部落或部落联盟作为社会组织单位，在壮群体越人及其后人社会中延续时间很长。开皇十年（590年），冼氏夫人配合隋朝军队打败了番禺俚帅王仲宣和陈佛智的起兵后，护卫隋朝的特命大使裴矩"巡抚诸州"，以稳定岭南局势。"其苍梧（治今广西梧州市）首领陈坦、冈州（治今广东新会县北）冯岑翁、梁化（治今广东惠东县西北梁化）邓马头、藤州（治今广西藤县）、罗州（治今广东化州市）庞靖等皆来参谒。还令统其部落，岭表遂定。"④贞观十四年（640年），"罗（治今广东化州市）、窦（治今广东信宜市西南镇隆）诸獠叛"。唐太宗"诏令"冼氏夫人的孙子冯盎"率部落二万为诸军先锋"。⑤以首领见部落，以部落见首领，这就是唐、宋及其前岭南壮群体越人及其后人的社会情况。

大历四年（769年），李勉出任广州刺史兼岭南节度使。"番禺贼帅冯崇道、桂州叛将

---

① 《文献通考》卷330《西原蛮》引。
② 《太平御览》卷796《獠》引《魏书》。
③ 《隋书》卷80《谯国夫人传》。
④ 同上。
⑤ 《旧唐书》卷109《冯盎传》。

朱济时阻洞为乱,前后累岁,陷没十余州。"① "阻洞为乱",说明"洞"是壮群体越人及其后人依以组建氏族或部落的自然地理实体,在其语言里谓山中谷地或山谷平原为"ço：ŋ⁶"。"洞"在古代即是"ço：ŋ⁶"的意译写字。南朝宋、齐、梁、陈在岭南的官员甚热衷于征"俚洞"以夺财富。比如,胡颖"出番禺,征讨俚洞"②;沈恪"常领兵讨伐俚洞"③;欧阳頠随梁左卫将军兰钦南征广州"俚帅"陈文彻兄弟,"所获不可胜计,献大铜鼓,累世所无"④。

武德五年(622年),李靖率领唐朝军队度岭至桂州,"遣人分道招抚,大首领冯盎、李光度、宁长真皆遣子弟来谒。靖承制授其官爵",岭南于是归属于唐朝。⑤ 由此可见,岭南壮群体越人及其后人,其部落民完全仰承于部落首领,随从于部落首领。范成大说左右江溪洞的"举洞纯一姓",活活托出了部落民的慑从于首领的权威。《梁书》卷25《孙瑒传》载衡州(治今广东英德市西北浛洸)平南府司马孙瑒"破黄洞蛮贼",此"黄洞",可能也是举洞纯一的黄姓而定称。

部落的头人、首领如何产生?

裴渊《广州记》载:

> 俚獠贵铜鼓,唯高大为贵,面阔丈余方以不奇。初成悬于庭,克辰(约定时辰),置酒招致同类,来者盈门。其中,富豪子女以金银为大钗,执以叩鼓,竟,留遗主人,名为铜鼓钗。
>
> 风俗好杀,多构仇怨。欲相攻击,鸣此鼓集众,到者如云。有是鼓者,极为豪强。

此则记载说拥"是鼓(即大铜鼓)者极为豪强",显然"极为豪强"者是大首领。《太平寰宇记》卷161《贺州风俗》载:"豪渠皆钟鸣鼎食,节会则鸣铜鼓,大者广一丈,小者三四尺。"铜鼓有大有小,象征其权力大小不同。拥有小铜鼓者为头人或小首领,拥有大铜鼓者为大首领。《隋书》卷引《地理志》载,首领鸣铜鼓,"到者如云。有鼓者,号为'都老',群情推服"。自然,"都老"也有"大都老"和"小都老"之分。

《宋史》卷495《抚水州蛮传》载,抚水州(治今广西环江毛南族自治县东北)"其族铸铜鼓为大鼓。初成,悬庭中,置酒以招同类,争以金、银为大钗叩鼓,去则以钗遗主人。相攻击,鸣鼓以集众。号有鼓者为都老,众推服之"。这说明推戴有财力能够铸造铜鼓的人为"都老",迄于宋朝仍然是如此。不过,在壮傣群体越人及其后人中,能够凭借财力铸造铜鼓的人家,除了历任部落酋长的人家以外,还能有谁?

《新唐书》卷110《冯盎传附冯子猷传》载,贞观(627—649年)中,冯盎"族人"

---

① 《旧唐书》卷131《李勉传》。
② 《陈书》卷12《胡颖传》。
③ 《陈书》卷12《沈恪传》。
④ 《陈书》卷9《欧阳頠传》。
⑤ 《旧唐书》卷67《李靖传》。

冯子猷随身带了"一舸（小船）金"上京城长安。见他如此张扬，事后唐高宗（650—683年在位）特地派御史许瓘到高州良德县（在今广东高州市东北）实地察看他的家财情况。许瓘来到"洞中"，冯子猷不迎不接，却带着数十"子弟"敲着铜鼓出来，将他捉起，要送上京城奏其擅自"入洞"之罪。唐高宗闻讯马上派御史杨璟飞骑前来"验讯"（查问）。杨璟不敢查问，却软语巴结，将责任全推到许瓘身上。冯子猷很高兴，拿"二百两金子、五百两银子"送给他。他感到为难，不愿收受，冯子猷虎着脸说："君不取此，且留，不得归！"杨璟只好拿了，回到长安一五一十地奏报。唐高宗无可奈何，当真拿"俚獠"首领冯子猷的胡闹没办法，叫杨璟将金银收了。

如此以富为雄、大胆妄为的人，《新唐书》以为是冯盎的"族人"，其实错了。因为梁大同（535—546年）初，北来汉人冯宝与高凉郡良德县（治今广东高州市东北）土著越人部落首领冼氏女结缡，从妻居住，入籍于良德县冼氏部落群中。因此，汉人冯宝的子女也被视同"蛮夷"。比如，隋文帝时，在仆射杨素与冯盎讨论岭南军事形势，即折服于冯盎的见识，感慨地说："不意蛮夷中有此人，大可奇也！"① 冯冼结合，生有一子冯仆；冯仆生有二子，即冯暄、冯盎。这就是南朝梁、陈及隋、唐的高州良德县冯氏家族，可谓是户单影只。所以，北宋乐史《太平寰宇记》卷161载高州良德县"冯家村，冯盎即此界人也"。如此，唐朝前期，冯盎又怎会有个"族人"冯子猷来？显然，这冯子猷是良德县当地首领依冯盎之势，以冯为姓。《新唐书》所说的冯子猷为冯盎"族人"，实际冯子猷与冯盎并不是同一宗族的人。《隋书》卷80《谯国夫人传》载冼夫人安抚岭南立大功，隋文帝诏令嘉奖，"独孤皇后以首饰及宴服一袭赐之。夫人并盛于金箧，并梁、陈赐物各藏一库。每岁时大会，皆陈于庭以示子孙，曰：'汝等宜尽赤心向天子。我事三代主，唯用一好心，今赐物俱存，此忠孝之报也，愿汝皆思念之！'""每岁时大会"，是氏族、部落性的会议，并不是拜谒祖考、祭祀祖考的集会，说明那时候的"俚獠"并没有什么祖宗崇拜、祖宗祭祀的迹象，自然也没有什么宗族的意识和观念了。所以，北宋乐史《太平寰宇记》卷161《高州风俗》载："其俗生时布衣不充，死则尽财殡送。父子别业，兄弟异财，无故带刀，持矛执剑，相侵则鸣春堂集子弟，和则杀牛。""父子别业，兄弟异财"，说明"父子两不戚戚"，缺少亲情。"死则尽财殡送"，如同宋朝或其前的梧州《旧经》所载："丧则聚，搏击钲鼓作戏，叫噪逐其厉。及掩之中野，至亲不复送。"② 如此，哪里会产生祖考崇拜？哪来的宗族意识和观念？

二 元、明、清及民国时期壮族家族结构

元朝，在壮群体越人的后人历史上是个转变时期。

元初，据《元史》卷162《刘国杰传》载，广东地区还有"萧太獠""曾太獠""严太獠"等率众起来反元的记载。"太獠"，壮群体越人及其后人谓头人谓首领为"都老"的近音异译写字。可是此后，"广州谓平人曰佬，亦曰獠，贱称也"。"大奴曰大獠，岭北

---

① 《旧唐书》卷109《冯盎传》。
② 《永乐大典》卷2339梧字引。

人曰外江獠。"① "都老"由"尊称"异化为"贱称",说明广东地区壮群体越人的后人逐渐趋汉变化了。

桂东地区的壮族,迄于清朝中前期虽然没有全部趋同于汉族,但是由于盛行了祖先崇拜,逐渐仿照汉族先后修了族谱,并先后建起了宗祠,宗族意识、宗族观念凸显出来,联宗祭祖活动也逐渐彰显于社会层面。

桂西及云南东南部的羁縻州,元代改为土司制,土官世居其地,世领其民,成了大宗主。明朝有个规定,老土官死了,新土官袭职,必须上交土官本人的宗支图本作为承袭的首要材料。此种宗支图本,虽只是土官家的承袭记录,并非宗族谱系,其所记只限于历代承袭土官职位此一支,此外的族属无法考知。不过,到了清朝中后期,随着改土归流的施行,不仅土官家、目家,甚至原系受压土民,其姓氏意识觉醒,渐渐有了立谱、建立宗祠的意识和行为。

(一)壮族族谱的撰修与普及

江应樑先生说,傣族"没有祖先崇拜习俗,家庭中不供奉祖宗神主,对祖宗坟墓无祭扫礼仪。在此种习俗下,休说旁系宗亲,就是直系本支祖父以上的宗亲,也少有记忆者"②。此类情况,如同弘治十八年(1505年)三月甲辰曾总督两广军务兼理广西巡抚的兵部尚书刘大夏见到洪武后期承袭泗城州土官知州岑振所在的《岑氏谱系》,直以其祖父岑木纳罕为"始祖",③ 明示其既对旁系宗支懵然无知,对本支祖父以上的宗亲也蒙昧不明,直认祖父为可考的最早祖先。

其实,据《宋史》卷45《理宗记》、李曾伯《可斋杂稿续稿后》卷9及《元史》卷21《成宗记》、卷26《仁宗记》、卷30《泰定帝纪》等的记载,元代岑木纳罕有弟铁木儿,岑伯颜即是岑铁木儿的儿子;兄弟二人其父为岑世兴;其祖为岑雄;其曾祖为岑从进,曾叔祖为岑从毅;高祖为岑邈公。这都是有记载可查的,然而泗城州岑氏土官原来既无祖先崇拜,又无文字记录,只能誉可记忆的岑木纳罕为"始祖"了。

元代土司制唯认王朝中央发给土官的印信,验印袭职。也就是说,老土官死了,新土官交上老土官所掌的印信,验明无假,即可承袭土官。

元末纷乱,"至正十九年(1359年)上思州酋黄英衍作逆,夺(太平路土官总管李以忠)路印,迁路治于驮卢"④。洪武元年(1368年)七月,当明兵尚未占领广西之际,黄英衍抱着太平路土官印跑到长沙向明朝湖广行省平章杨璟投诚。⑤洪武二年(1369年),路改为府,黄英衍名正言顺地成了太平府土官知府。同样,来安路土官总管岑世兴既有嫡长子岑木纳罕承继土官总管的职位,其次子岑铁木儿的儿子岑伯颜自然无权承袭,仅得了一个"安抚总管"的虚衔。⑥ 于心不足,岑伯颜也乘元末之乱,袭击田州路土官总

---

① (清)屈大均:《广东新语》卷11《土言》。
② 《傣族史》,四川民族出版社1983年版,第504页。
③ 《明实录·孝宗实录》卷222。
④ (明)甘东阳:万历《太平府志》卷1《沿革》。
⑤ 《明实录·太祖实录》卷32。
⑥ (明)高岱:《鸿猷录》卷15。

管黄志威，① 取地夺印，带着次子岑永泰与黄英衍一起上湖南向湖广行省平章杨璟投诚。于是，洪武二年（1369年）岑伯颜与其堂兄岑木纳罕的嫡长子岑汉忠一起得到明王朝的任命，一个为田州府知府，一个为来安府知府，② 而岑汉忠是袭父职，岑伯颜却是凭借夺来的田州路土官总管印信得到任命的。

元朝唯凭土官印信承袭，明朝初年也不得不沿着此一轨迹行事。然而这样做就难以确保州县土官的承袭者与原土官的血亲关系，出现了该承袭的不得承袭，不该承袭的又得到承袭。比如，元末明初东兰州土官韦晏勇死了，洪武十二年（1379年）其子韦富挠要承袭，自己不上京，却派"遣其家人（家奴）韦钱保"赴京"上故元印信、贡方物"。韦钱保"匿富挠名"，说印信和进贡的土产都是自己的。明王朝便以为韦钱保是东兰州原土官的血亲，"以钱保为东兰州知州"。韦钱保本是土官韦晏勇的家奴，即所谓的"家人"，一旦任了知州，大权在手，贪婪之心勃发，便不安分了，"征敛暴急。山民不服，遂从富挠作乱"。明王朝派兵镇压，擒得韦富挠的部属韦公唤，方才知道韦钱保冒袭一事。于是，明朝将韦钱保逮捕，以韦富挠之子韦万目护理州政，二十八年（1395年）批准他承袭东兰州土官知州。③

又比如，原思明府属思陵州（治今广西宁明西南思陵）土官知州韦弥坚于洪武元年（1368年）将元时的土官印信交与思明府土官知府黄忽都上缴。黄忽都有心吞灭思陵州，将思陵州土官印信藏匿起来不予申报。思陵州土官无印信可凭，思陵州作为州级建置便无形被吊销了。思陵州虽在唐朝就已经设置，宋、元二代继续运行，但是新朝替旧朝，唯凭印信，没有印信，谁肯为你张罗？所以，思陵州土官韦弥坚奔走呼告，只能无效而殁。洪武二十一年（1388年），韦弥坚的弟弟韦延寿借着思陵州地方交接安南，应"立州以捍边境"为由呈文，而明太祖也鉴于东兰州韦钱保冒袭引起动乱的教训，认真查处，方才恢复了思陵州的建置，重新发给新的土官印信。同时为防思明府土官知府故技重演，明朝又将思陵州升为直隶州。④

前车覆，后车诚。明太祖朱元璋为防止在土官承袭中作假冒袭，"洪武二十六年（1393年）定：湖广、四川、云南、广西土官承袭，务要验封司（管理土官承袭的机构，属吏部）委官体勘，别无争袭之人，明白取具宗支图本，并官吏人等结状（具结担保），呈部具奏，照例承袭"⑤。土官的"宗支图本"，就是土官本人历代的任官世系记录，显然不是家谱或族谱。本来，"宗支"二字意味着同宗的子孙，可是土官向中央王朝提供的土官宗支图本，只是记载本家历代承袭土官的记录，最多是带上历代土官本人的兄弟，其他人则略而不载了。

洪武（1368—1398年）后期由于明太祖的规定，壮族的土官们不得不修起自己的"宗支图本"。但是，由于壮族往日既无祖宗崇拜，没有宗族观念，又无文字可记载，宗

---

① 《明实录·太祖实录》卷87。
② 《明实录·太祖实录》卷43。
③ 《明实录·太祖实录》卷170；《土官底簿·东兰州知州》。
④ 《土官底簿·思陵州知州》。
⑤ 《明会典》卷6《土官承袭》。

支图本初立，他们追溯先人起来只能及近不能及远，有的甚至自己的曾祖父是谁，也似扑朔迷离，说不清楚了。比如，兵部尚书刘大夏弘治十三、十四年（1500—1501年）在广西见到泗城州《岑氏谱系》记载的"始祖"就是元朝后期的来安路土官总管"岑木纳罕"。① 岑木纳罕以上的元代及南宋时期可考见的岑世兴、岑雄、岑从进、岑邈公、岑汝弼等高祖、远祖便茫然无知了。

后来，在王朝中央深入推行民族歧视和民族压迫的大环境下，随着汉族文化影响的深入以及官场的历练，壮族土官们心理渐渐扭曲，一心要否定自己的"蛮夷"属性，使自己跃出"蛮夷"群中，以与他们治下的"蛮夷"区分开来。于是，他们贪缘攀附，说自己的先人为中原来人，宋朝皇祐四年（1052年）随狄青南征侬智高，因功封官，方才落居于广西而成为"蛮夷之长"的。因此，他们或横空拉来一个"先人△△△"以炫耀；或将元朝或明初的先人跨越时空提拉到宋朝皇祐年间去随狄青南征。比如，谢启昆嘉庆《广西通志》卷60载："茗盈州（治今大新县全茗灵崁）李氏，其先李德卿，山东青州人，宋皇祐五年（1053年）从狄青征侬智高有功，置州，世袭知州事。明初，李铁钉归附，予旧职。""全茗州（治今大新县全茗）许氏，其先许文杰，山东青州人，宋皇祐间从狄青征侬智高有功，置州治，世袭知州事。明洪武初，许添庆归附，予旧职。"嘉庆《广西通志》是根据茗盈、全茗二州的土官宗支世系转述的。《元史》卷30《泰定帝纪》载，泰定三年（1326年）二月壬午，"广西全茗州土官许文杰率诸瑶以叛，寇茗盈州，杀知州李德卿"。又明朝《土官底簿》载："茗盈知州李玉英，本州世袭土官。洪武二年（1369年）归附，授知州"；"全茗州知州许武兴，本州世袭土官籍，洪武二年（1369年）开设衙门管事；故，弟许武明承袭；故，无子，许添庆系许武明亲叔，奏准承袭"。这些记载揭示了茗盈州土官李氏及全茗州土官许氏，不仅将元朝后期的"蛮夷"先人跨越时空提拉到270多年前的宋朝去跟随狄青南征侬智高，而且连明初他们的先人是谁也不清楚。类似此种情况，在壮族土官世系中非仅此一见。

其横空拉来一个"先人△△△"，犹如民国《雷平县志》载《太平州历任袭职名衔》：

> 第一任李茂，原籍山东青州府益都县白马街人。当皇祐五年（1053年）侬智高僭于邕州，随狄青南征有功，加银青光禄大夫上柱国、同知枢密院事、进安侯，授世袭知州职，食邑于太平。
> 第二任李兴隆，于元朝初奉讨交趾有功，加宣慰司轻车都尉。至大德六年（1302年）又奉湖广行省右丞征上思蛮贼黄圣许，有功升太平路总管职。
> 第三任李维屏，继兴隆之任，尤多善政……
> 第四任李郭辅……

侬智高称帝于邕州不是在皇祐五年（1053年），狄青在皇祐五年正月十七日败侬智高

---

① 《明实录·孝宗实录》卷222。

后即于当年二月五日率师北返。① 此一年七月,宋将在侬智高起兵期间在广西的成兵44441人全部更戍返回中原,不留一兵一卒。② 而且,宋朝禁止外人"侵扰"羁縻地方,认为以羁縻州洞本土之法治理本州洞的事务,这才符合于"羁縻之道"。③ 同时,宋仁宗也于天圣八年(1030年)"诏邕州",对属下羁縻溪洞州县人户,令各守地分居,不得互相劫掠,不得差人入洞。④ 如此的时代,如此的施政,李茂为何许人,能够进入羁縻地方,能够居留、世袭于羁縻安平州?

安平州,是宋朝邕州左江道羁縻州。南宋广西经略安抚使范成大《桂海虞衡志》载,左右江羁縻州洞"凡五十余所。推其长雄者为首领,籍其民为壮丁。……其酋长皆世袭,今隶于诸寨,总隶于提举"⑤。显然,作为中原来人的李茂进入羁縻安平州,"食邑太平",成为安平州世袭知州,完全是杜撰出来的。而且,"第二任李兴隆"见于《元史》卷26《仁宗本纪》记载的延祐五年(1318年)。从皇祐五年(1053年)到延祐五年(1318年)有265年的间距,"第一任"的李茂怎么创纪录地活了200多年,才将权力棒交给"第二任"的李兴隆?

唐朝羁縻波州,宋皇祐元年(1049年)改为安平州。安平州首领见于记载的,先是南宋初年曾任左右两江提举峒丁公事并负责邕州买马事宜后返安平州任知州的李械,⑥ 后是嘉定三年(1210年)的李密,⑦ 再后则是宋末元初的李维屏。⑧ 李维屏之后是《元史》卷26《仁宗本纪》记载的延祐五年(1318年)九月丙寅进贡的"太平路总管李兴隆",以及《元史》卷30《泰定帝纪》记载的于泰定三年(1326年)九月进贡的"太平路总管(李)郭扶"。如此说来,元朝于至元二十五年(1288年)在广西左右江设置太平、田州、来安、镇安四路,安平州李氏土官升为太平路土官总管。以元代而言,太平路李氏土官总管,李维屏为祖,李兴隆为子,李郭扶为孙,辈分整然。但是,《太平州历任袭职名衔》却是父做子来子做父,将先人的辈分颠了个儿。

由于壮族各土官的承袭世系是明朝洪武二十六年(1393年)以后才由各姓氏土官奉命书写的,他们既懵于自己的高祖、远祖是谁,又要在民族沙文主义思潮泛滥的背景下在官场上混,于是,在他们中逐渐形成了这样的认识:否去自己的"蛮夷"先人,因姓而自黉缘攀附于历史上的中原名门望族,堂而皇之地南来征讨"蛮夷"因功而官于广西"蛮夷"地方。此"犹百川之归于巨海,鳞介之宗龟龙也"⑨,时势所使然。所以,乾隆十九年(1754年)十二月三十日两广总督奏说:广西"各属土司等官,籍隶江、浙、山

---

① (宋)余靖:《宋狄令公墓铭并序》,《武溪集》卷19。
② 《宋会要辑稿·兵五之四》。
③ 《宋会要辑稿·蕃夷五之四三》。
④ 《宋会要辑稿·蕃夷五之八二》。
⑤ 《文献通考》卷330《西原蛮》引。
⑥ (宋)李心传:《建炎以来系年要录》卷10、卷33、卷36;《宋史》卷26《高宗记》。
⑦ 《宋史》卷495《抚水州蛮传》。
⑧ 《元史》卷9《世祖纪》。
⑨ (汉)蔡邕:《郭泰碑》。

东者居多，本籍次之"①。

岑氏，在壮族历史上是最具有权势的姓氏，是如此；南丹州莫氏，是在汉文记载中可见的先人袭职名衔中自宋而下不间断的姓氏，是如此；思明府黄氏，是如此；其他姓氏，也都是如此。

民国《同正县志》卷1载有由罗阳县官族修的《罗阳黄氏袭官世系》，其开卷就说：

> 始祖黄东堂，原籍山东省青州府溢都县人，于宋朝皇祐四年（1052年）从狄武襄公征侬智高有功，授土宵岭峒，世代承袭峒职。自明朝洪武元年（1368年）征交趾有功，改峒为罗阳土县，颁发印札，世授土知县职。历代相传，年远族繁，不及细载。

修撰此份《罗阳黄氏袭官世系》的罗阳县黄氏土官族人，既懵懂于罗阳县情，也糊涂于其先人。

羁縻罗阳县见载于《新唐书》卷222下《西原蛮传》中，其首领是黄少度。长庆二年（822年），邕管经略使李元宗受不了容管经略使严公素的诬陷，曾"引兵一百持印章依黄少度"。自黄少度以下，黄氏子孙沿袭为首领为土官，罗阳县作为一个县级建制也相沿而下，历宋、元、明、清，迄民国16年（1927年）改土归流并入同正县，怎么能说到了洪武元年（1368年）始改"土宵岭峒"为罗阳县？修《罗阳黄氏袭官世系》的人对罗阳县的建制沿革一窍不通，胡编乱造，所谓的"始祖黄东堂"也自是随意捏来充作先人的。试想，自宋朝皇祐四年（1052年）随狄青南征的"始祖黄东堂"迄于宣德五年（1430年）承袭罗阳县土官知县的"十世祖黄广通"，历时378年，九任土官，平均每人任职42年，这可能吗？

据《土官底簿·太平府罗阳县知县》载：元末，罗阳县土官是黄得全，因年老退休，由其长子黄谷保归降明朝，洪武二年（1369年）获授土官知县。四年（1371年）因黄谷保窝藏逃犯，被追查，逃入岩洞自杀。洪武七年（1374年）由其弟黄用隆"管办县事"。黄用隆故，洪武十八年（1385年）其子黄宣奉旨袭职；故，男黄广通于宣德五年（1430年）袭职；故，无后，弟黄广海宣德八年（1433年）袭职；故，男黄宗愈天顺三年（1459年）袭。黄得全、黄谷保、黄用隆、黄宣、黄广通、黄广海，是元末及明朝前期的人，《罗阳黄氏袭官世系》的撰修人除了将黄广通列为"十世祖"之外，其他人一无所知。而且，黄广通死了，绝了，由其弟黄广海来承袭。黄广海就是他们列为"十一世祖黄宗愈"的父亲。连明代自己的直系先人都不知道，遑论及什么宋朝"始祖黄东堂"随狄青南征侬智高！

唐代，羁縻思陵州已见载于《新唐书》卷43下《羁縻州》，韦氏原为首领后为土官，相沿而下迄于元末。光绪《思陵土州志》见载的土官知州韦一彪所呈的《亲供世系宗支图本》说："上始祖韦延寿，原籍山东青州府白马县人士。自宋朝皇祐五年（1053年）随狄青平侬智高，授土开基，分立州治，职守边土，控制交夷王。"据《土官底簿·思陵

---

① 《清实录·高宗实录》卷479。

州知州》记载，洪武元年（1368年），元末思陵州土官知州韦弥坚款附，将元代发给的土官印信托付思明府土官知府黄忽都上交。黄忽都有心吞并其州，将思陵州土官印信隐瞒不申报，结果思陵作为州级建制给吊销了。韦弥坚奔走呼号，没回应，死了。其弟韦延寿以思陵地方界交趾，设州以保边防为由呈文，洪武二十一年（1388年）明太祖知了底情，承认思陵州的存在，重发土官印信给韦延寿，以他为思陵州世袭土官知州。韦延寿明明白白是明朝洪武年间（1368—1398年）人，怎么无端地将他生活的年代往前移位300多年，毫无理由地让他去随宋朝的狄青南征侬智高？这是失了主体意识而专注于移我就人而生的不计屈辱先人的移情于汉、趋同于汉的现象。

洪武二十六年（1393年）明太祖朱元璋明令土官承袭必须呈上土官本人的《宗支图本》，从那以后，壮族各土官家就逐渐有了《世袭宗支图本》。然而，此土官《世袭宗支图本》并非宗族谱系，因为它记载的仅限于历代承袭土官的这一支，最多连及土官的兄弟，此外的族属便无从考知了。

就现在所见，壮族土官承袭系谱，最早起于明朝成化八年（1472年）三月三十日的《恩城州土官承袭世系》，其次是天启（1621—1627年）年间的泗城州《岑氏宗支世系》。

二谱都是摩崖石刻。《恩城州土官承袭世系》原无题，是据其意加上去的。该世系的开创者为"致仕知州赵福惠"。福惠之后留有41厘米的空栏，让后来者将传袭的土官名字刻上。赵福惠其文是：

　　赵仁寿，本贯系山东青州府益都县人氏，跟随总兵官狄青来征邕南蛮侬智高，获功绩，得水土一方归附。祖赵仁寿特令恩城州世袭土官知州职事，子孙相继，承授祖业，传之后嗣，耿耿不灭。故此刻石以为记。
　　祖知州赵仁寿；生子任知州赵国安；生子任知州赵胜保，绝；孙任知州赵斗清；生子任知州赵雄威，绝；弟任知州赵雄杰；生子任知州赵智晖；生子任知州致仕（辞官）赵福惠；生子任知州赵存宣；
　　时成化八年岁次壬辰三月三十日致仕知州赵福惠立。

恩城州唐代已是羁縻州，却是个小州，今广西大新县恩城镇即是其地。赵仁寿、赵国安不见记载，今恩城墟岩壁上遗刻于元朝至正九年（1349年）的土官赵圣保的一首诗：

　　戈甲相持对垒围，旗开金鼓震如雷。
　　城池坚闭关难破，山寨高悬峰未摧。
　　心上文韬论军政，眉中武略使兵回。
　　从今州治平安在，将业中兴民物归。①

赵圣保就是赵胜保。"圣"与"胜"为同音字，所以上思州土官知州黄胜许，《元史》卷17《世祖纪》写作"黄胜许"，《古今图书集成·方舆汇编·职方典》卷1444

---

① 《广西壮族社会历史调查》第四册，广西民族出版社1987年版，第125页。

《南宁府瑶壮峒蛮考》作"上思州土酋黄圣许"。赵胜保为元朝后期的恩城州土官知州,自然其父赵国安、其祖赵仁寿也是元朝人。赵福惠凭空地提着其远祖赵仁寿去榫接200多年前的宋朝皇祐四年(1052年)狄青南征侬智高,完全是不顾事实的恶作剧。

天启泗城州《岑氏宗支世系》,是泗城州土官知州岑兆禧撰写的。其文否去自己的"蛮夷"先人,无味地捏了岑仲淑、岑自亭、岑翔、岑英来充作自己的先人。前面已经说过,于此不赘了。总之,对壮族土官们编撰的承袭世系,一言以蔽之,就是唯憎夤缘壮土官,乱篡世系尽添乱!

据民国增补的《宜山县志》卷1载,雍正、乾隆间任职的忻城土官知县莫景隆是个颇具汉文学修养的土官。他的"《翠屏山赋》状写山景,笔气豪放;《黄山岩记》笔意峭劲,出入柳子厚《訾家洲》《石城山》诸记"。他文笔生花,在壮族诸土官中可谓荦然卓异,为数不多。正是由于莫景隆习染汉族儒家文化甚深,皈依于汉族的意识观念,便仿汉族建宗祠以祀先人,立族谱以明系属,首撰《忻城莫氏族谱》。不过,虽称"族谱",实际仍以莫氏土官的先后承袭为主干,所附的也只是承袭土官的兄弟而已。

清末民初,壮族各姓土官大都修了家谱,诸如《钜鹿宗支南丹知州官谱》、那地《罗氏宗谱》《续修忻城莫氏族谱》《田州岑氏源流谱》《西林岑氏族谱》、宁明县《黄家族谱》《下雷州许氏族谱》等,有的定了族规和惩奖条例,有的规定了族中字辈,有的也笼统地列出了分出各地的支派,但总还是以土官的一脉传承条贯于始终,基本上仍然是各姓土官的承袭记录。不过,自清朝乾隆而下,壮族中的宗族意识已经存在,宗族观念已经形成。比如,道光二十一年(1841年)安平州李氏修建宗祠,就有129人捐资助建;[①] 万承州冯氏土目《创建宗祠碑》的撰文人冯氏二十代孙庠生冯采即说"承族长命按家谱敬撰"[②]。因此,随着汉文教育的普及,壮族中士知识阶层的形成,姓氏意识彰显,姓氏观念增强,清末民初,壮族各姓氏普遍地撰修了族谱,结束了往日"有老人去世酬客之日,向请房族老人高声唱述我祖源流"的状况。[③]

(二)壮族宗祠的创建与普及

宗祠,就是祠堂、家庙。古代,天子、诸侯可以立家庙以祭祀先人,士庶社会地位卑微不得立家庙祀先。至明代,允许士庶立始迁祖庙,称为宗祠,成为同一宗族子孙供奉并祭祀始祖的处所。

壮族的宗祠创建于何时?

南宋王象之《舆地纪胜》卷115《宾州人物》载:

> 韦厥,汉韦元成之裔,唐武德七年(624年)持节压服生蛮,开拓化外,诏领澄州刺史,后隐于智城洞。公与诸子皆封侯庙食,为庙者九。

"庙食",就是指封建时代人生前有大作为,死后得到皇帝的恩准为其立庙,享受祭

[①] 《广西少数民族地区石刻碑文集》,广西人民出版社1982年版,第52—57页。
[②] 同上书,第112页。
[③] 《南丹县六寨哨莫姓哨目族谱碑》,《广西少数民族地区石刻碑文集》,广西人民出版社1982年版,第183页。

祀。这就是东汉时梁竦说的："大丈夫居世，生当封侯，死当庙食。"① 所以，"庙食"并非宗祠。

同时，《舆地纪胜》提供的关于汉韦元成之裔的"韦厥"，唐武德七年持节压服生蛮，开拓"化外"，而"诏领"10多年后始置的"澄州"刺史，后隐居于"智城洞"。"公与诸子皆封侯庙食"，是个虚假的议题。因为书中其他地方已有论述，于此不赘。

壮族地区宗祠的兴建，最早当属忻城县莫氏宗祠。该宗祠至今仍见完好保存，没有损毁。莫氏宗祠为雍正、乾隆间在位的土官知县莫景隆所筹划兴建。现在该宗祠正厅的横梁上，明白地书写着"乾隆四年"（1739年）。莫景隆受到较好的汉文教育，练得一手好文笔，汉族文学造诣较深，汉族儒家意识比较深厚，所以他在任职期间，立族谱以明系属，建宗祠以祀先人。

忻城莫氏宗祠兴建之后，许多壮族土官也仿而行之。比如，道光二十年（1840年）安平州土官知州李秉圭也兴建宗祠，其《建宗祠碑记》载：

宗祠之建，何昉（fǎng，开始）也？古者自天子以至士，皆有庙制，后世庙制之典不行。宗祠，即庙也。盖物本乎天，人本乎祖，建宗祠所以上妥先灵，下敦（增厚）族谊。

恭维我太始祖李茂，原籍山东之益都人也，自宋仁宗皇祐五年随狄武襄公青平侬智高之乱于邕州。时太郡尚属蛮荒，无所谓的州治，我祖身辟草莱，披荆棘，抚流亡，而太平始开。朝廷论功，俾守世上，三代而分安平。

支祖讳国祐，分立州治理人民。明代以来，咸著勋劳甚夥，载在家乘，世职相承，不能悉数，然皆外御蛮夷，泯其觊觎之心；内安兆姓，救其倒悬之苦。以故，本朝定鼎，仍授斯职，宠命频加。统计受封迄今，在国而论，历年七百余矣；在家而言，世袭廿余代矣。支庶繁衍，子孙延绵，诚祖宗功德之垂（流传），所宜永念勿忘也。前代未尝修祠，凡春秋报赛，无所享祀，似非妥（安）先灵之至。惟在先府之命，圭忝属大宗，于嘉庆二十年（1815年）十月初十日值合族买就老二房廷枚之子秉仪、侄缉喜瓦房二座，并堪旧界前后，价铜钱一百八十文，归众，议制其祖庙，实报本追远之孝思，又光大其仪制，以恢张先绪。闷宫有侐，实实枚枚，此史克所以颂鲁僖也，凡我宗盟，谁不愿捐资以成美举哉！于是，庀材鸠工，照旧定方位，更其垩壁，增厥檐楹，饰其堂宇，鳌夫阶梯，得族户长廷懋、元清、成林、元瑭、李宗督理其间，而屋宇焕然聿新！继自今以往，陈设骏走有其所，合族燕饮有其居，美哉轮焉，美哉奂焉！我祖宗在天之灵，庶几罔时怨而罔时恫矣！由是源远流长，世袭兄弟永承勿替，分枝者亦寝炽寝昌，并受无疆之休（福禄），岂非妥先灵、敦族谊之盛事也哉！遂而为之记。

奉直大夫掌安平州国祐，职故，生赛都；职故，生文贵；职故，生华；职故，生森；职故，生璘；职故，生祯；职故，生源；职故，生樽；职故，生天横；职故，生承宗；职故，生明峦；职故，生长亨；职故，生子定；职故，生犨，奉旨卓异；职

---

① 《后汉书》卷64《梁统传附梁竦传》。

故，生廷栏；职故，生缉祐；职故，迫至序者。

宗子秉圭手撰。

道光二十一年（1841年）岁在庚子仲春月十二日享祭阁。

元瑛 开新 舒炳 景馥

福荣 金开 常金 恒财 秉荣

兴杰 李光 金光 诗正 李经 同敬立[①]

李定 永纯 元杰 元成 兴中

李条 有富 金贵 元魁

"闷宫有侐，实实枚枚"，这是《诗经·鲁颂·闷宫》中的诗句，李秉圭在碑文中引作起兴的句子，说明他的汉文学的功底略见厚实，说明他对儒家文化的皈依。到了此一地步，他自然以其为中原汉族一员而自居。然而，安平州其先，见于记载的，南宋时是"蛮夷"李械、[②] 李密，[③] 宋末元朝前期是李维屏，[④] 延祐年间是李兴隆，[⑤] 泰定年间是李郭扶。[⑥] 李郭扶与李郭佑也就是李秉圭碑文中的李"国祐"是兄弟，兄李郭扶任太平路土官总管，以其弟李郭佑领安平州土官知州，犹如来安路土官总管岑汉忠以其弟岑善忠领来安路属下的泗城州土官知州一样。太平路治安平州的太平（今大新县雷平镇），因此，《永乐大典》卷8506宁字引《元一统志》说"安平州，即太平府"。李郭扶死，其子李以忠继为太平路土官总管，黄英衍趁元末大乱袭击李以忠，夺取土官印信，迁路治于驮卢（今崇左市东北驮卢）。[⑦] 所以，《土官底簿·太平州知州》载："李以忠，本州土官籍，前太平府知府。""前太平府知府"，就是元朝太平路土官总管。太平府知府既被黄英衍夺去了，李以忠只能缩在安平州。然而其堂兄弟即李郭佑之子李赛都也不愿退出已占有的权力圈，于是两人只好协商，将原安平州分为太平、安平二州。这就是李秉圭碑文说的"三代而分安平"。"分安平"，就是分安平州为太平、安平二州。"三代而分安平"，三代指"太始祖李茂"及《元史》记载的李兴隆和李郭扶。从皇祐五年（1053年）李茂自山东随狄青南征依智高到泰定（1324—1328年）年间的李郭扶、李郭佑兄弟有270年之距，岂可"三代"而分安平？

李秉圭对邈远的元朝及其前代的先人渺茫模糊，或还可说，可是对明朝前期的先人也是说一讹二，难明其真实。比如，据《土官底簿·安平州知州》记载，李赛都之子为"李贵"，应樨嘉靖《苍梧总督军门志》卷4《安平州》及甘东阳万历《太平府志》卷3《安平州》也都写作"李贵"，可李秉圭却写作"李文贵"。名非其人，人似非其祖。又

---

① 《广西少数民族地区石刻碑文集》，广西人民出版社1982年版，第49—50页。
② 《建炎以来系年要录》卷10、卷36；《文献通考》卷330《西原蛮》引《桂海虞衡志》。
③ 《宋史》卷495《抚水州蛮传》。
④ 《元史》卷9《世祖纪》。
⑤ 《元史》卷26《仁宗纪》。
⑥ 《元史》卷30《泰定帝纪》。
⑦ （明）甘东阳：万历《太平府志》卷1《沿革》。

《土官底簿》载李森故,"长孙李璘承袭",显然不是如同李秉圭说的"森职故,生璘",因为李璘是李森的孙辈,不是子辈。李森之子、李璘之父是谁?《明实录·英宗实录》卷45载,正统四年(1439年)安南下琅州土官农原洪"攻杀安平州",掳人劫畜。后来,"安平州土官李鹤"、龙英州土官赵仁政进行报复,"攻占思琅州境土,杀掠人畜"。李鹤为正统(1436—1449年)、景泰(1450—1456年)、天顺(1457—1464年)间人,其子李璘为成化(1465—1487年)、弘治(1488—1505年)初人。李璘死后,其子李祯于弘治十年(1497年)承袭。这就是说,李秉圭的碑文说李森"职故,生璘;职故,生祯",明显是安平州李氏官族连明朝中前期自己的先人中谁为父、谁为子、谁为孙都不清楚,还奢谈什么自己的先人是中原来客而不是本地的"蛮夷"!

否去自己宋、元时期的"蛮夷"先人,而捏来个什么随狄青南征侬智高的中原先人,以标榜自己非"蛮夷"的后人,这是壮族土官们的惯常做法,也是在社会上略有地位的土目们的做法。比如,民国2年《万承土州冯氏土目创建宗祠碑》、清末《万承浓内张氏土目宗祠碑》《万承土州冯氏土目创建宗祠碑》等都是如此。尽管有此不足,但是壮族中宗祠的创建,说明壮族中宗族观念的增强、祖先崇拜的张扬和凝固。忻城县土官知县莫景隆在乾隆四年(1739年)仿汉族创建宗祠,在壮族中开了风气之先。此后壮族各姓氏土官、土目也随风而上修建宗祠。至民国初年,在壮族中各姓氏都建了宗祠,借宗祠祭祀先人、团结族人,这就是所谓的"上妥先灵,下敦族谊"。

第二章

社会组织形态

在壮傣群体越人及其后人社会中，一个显著的特点就是不管其社会上层结构如何变化，其基层结构则始终普遍存在以村寨为单位的"郎火制"结构，也就是用后来话说的"郎首制"或"寨老制"结构。

第一节 部落社会的基层结构形态：郎火制

壮傣群体越人进入原始父权制社会以后，ɕo:ŋ⁶ɕo:ŋ⁶（意译为洞洞）分立，首领们"固恃险阻，各称酋豪"，社会进入了部落社会。

魏晋时代，万震《南州异物志》载，俚人"在广州之南，苍梧、郁林、合浦、宁浦、高凉五郡中央，地方数千里，往往别村，各有长帅，无君主，恃在山险，不用王。自古及今，弥历年纪"[①]。显然，春秋战国，"楚之南"的炎人国，"其国之长子生则鲜而食之，谓之宜弟，美则遗其君，君喜则赏其父"；[②] 秦代起兵抗秦的"西呕君"译吁宋；[③] 瓯骆左将黄同为降汉而杀的"西于王"[④] 等关于壮傣群体越人及其后人这些"君""王"之类的字眼，不等同于中原汉族关于"君""王"的概念。这是汉文化记载者在意念上见其类似而强加于他们的。汉族文人赋予的"君""王"，在壮傣群体越人及其后人中，只不过是村落头人或氏族或部落联盟的酋长罢了。此犹如北齐魏收《魏书》揭示的："獠"，"往往推一长者为王，父死则子继，若中国之族党也"。[⑤] "族党"，即聚族而居的村落。"若中国之族党"，就是"獠"人的"王"，如同中原汉族聚族而居的村落的头人。

《太平御览》卷786《乌浒》引万震《南州异物志》载，乌浒"尤以人手足掌跖为珍异，以饴（呈送给）长老"。"长老"，就是村寨氏族或部落的头人，也就是上面说的俚人"往往别村，各有长帅"的"长帅"。"长帅"，就是村寨头人。

南宋广南西路经略安抚使范成大《桂海虞衡志·志蛮》载，"獠"，"无年甲姓名，一

---

① 《太平御览》卷785《俚》引。
② 《墨子》卷13《鲁问》。
③ 《淮南子》卷18《人间训》。
④ 《史记》卷20《建元以来侯者年表》。
⑤ 《太平御览》卷796《獠》引。

村中惟有事力者曰郎火，余但称火"。宋末元初马端临《文献通考》卷330《西原蛮》引《桂海虞衡志》，"惟有事力者"的"惟"作"推"。与范成大同一时期为官广西的周去非，其《岭外代答》卷10《獠俗》之文基本上是袭自《桂海虞衡志》，也作"推有事力者"，疑范成大之文原为"推"字，后因字形相近，"推"讹为"惟"。"无年甲（没有出生年月）姓名"，是壮群体越人后人中发展较为后进的部分"獠"人情况。正因为其社会发展较为后进，诚如"今人不见古时人，依旧青山路如故"的诗句阐示，[①] 可明白他们中还存在流行的"郎火制度"，在往日壮群体越人社会基层中曾经存在并流行过的组织结构。

"一村中推有事力者曰郎火，余但称火。""事力"一词，历来指"从事体力劳动"或"从事体力劳动的人"或僮仆。比如，《韩非子》卷19《五蠹》"不事力而衣食"，此"事力"指从事体力劳动；《宋书》卷87《萧惠开传》"有舫十余，事力二三百人"，此"事力"指从事体力劳动的人；北魏杨衒之《洛阳伽蓝记》卷3《城南景明寺》说国子监祭酒邢邵"以母老辞"，"诏以光禄大夫归养私庭，所在之处，给事力五人"，此"事力"就是指僮仆了。"獠"人"一村推有事力者曰郎火"句中的"事力"不是上面三种含义，而是"任于力""胜于力"即孔武有力的意思。这样，才能与《桂海虞衡志·志蛮》关于左右江羁縻州洞"推其雄长者为首领"相呼应。明朝田汝成《炎徼纪闻》卷4"獠"人袭范成大之文却不明"事力"一词的意义。妄改为"无版籍部勒，每村推其长有智者，役属之，号曰郎火，父死子继"，将"有事力者"变成"其长有智者"，也就是武变成文了。"吾能斗智，不能斗力"，汉高祖刘邦的话道明了文武两厢，互不重合，田汝成所言完全背驰了范文的旨趣。

在村中的"獠"人及其先人越人为什么要推"有事力者"为"郎火"呢？这主要是由于"越人相攻，固其常"。[②]"常"即常态。此种习俗传承下来，千百年不变其样。所以，《隋书》卷31《地理志》说"俚獠""俗好相杀，多构仇怨"。迄于明末清初，《古今图书集成·方舆汇编·职方典》卷1426《平乐府风俗考》仍载壮人"稍有龃龉，没齿不忘，恒刻木锯石削铁以识诸间党，传之子孙，必图报复而后快心"。要仇杀，就必须有武备。南宋周去非《岭外代答》卷3《田子甲》载"邕州溪峒之民无不习战，刀、弩、铳、牌，用之颇精，峒民事仇杀，是以人人习于战斗"，反映的就是这样的社会状况。

南宋时，"尝有官员自依峒借人夫至钦（州），所从数人，道间麜兴于前，能合而取之；鸢（yuān，鹰）飞于天，能仰而落之。一夕，逆旅（旅店）劫盗，人有惧色，惟峒人整暇（从容不迫）以待，盗不敢前"[③]。"麜兴于前，能合而取之；鸢飞于天，能仰而落之"，道出了邕州左右江羁縻州峒"獠"人武艺的精强、娴熟、高超。艺高人胆大，突遇盗贼，能处之不惊，从容不迫地应对。

武艺精强，从何而来？来自从小的习俗。这就是"郎火"要"推有事力者"来担当的原因。

---

① （宋）徐瑁：《绿珠渡》，（清）汪森《粤西诗载》卷6。
② 《史记》卷114《东越列传》。
③ 《岭外代答》卷3《田子甲》。

"儿能骑犬，引弓射雉兔、掘鼠，少长习甲骑。"① 这就是壮群体越人及其后人"俚獠"自小习武的概略，也就是壮傣群体越人及其后人"男逸女劳"习俗的由来："金齿"（今傣族先称）"其俗男子尽武士，除战争、游猎、养鸟之外不作也事，一切工作皆由妇女为之"②，广西"河池土风，耕作力田以及走墟市物，大半皆由妇人"③。

壮群体越人及其后人"俚獠"的意识和取向以少年即未成年人为重为贵，因为他们是社会未来的希望所在。所以，自壮傣群体越人以来，人的一生有三个名字，都是围绕着儿子、孙子的名字定名。明朝桑悦《记壮俗六首》其六句称："朝甫先老唤公。"作者自注说："初名朝某，长名甫某，老名公某。"④ 名，壮语、布依语谓为"$ço^2$"。壮群体越人及其后人唯未成年人有名，"$ço^2$"（名）之为词即缘壮群体越人谓未成年人为"$ço^2$"而来。

壮群体越人谓未成年人为"$ço^2$"；谓"系住""管束"为"$leŋ^4$"。这个词可能是由拴着、系住水牛的"$leŋ^4va:i^2$"而来，将之用于社会生活中，就引申为"管束""训练"的意思。所以，"$leŋ^4ço^2$"其原始意义就是管束、训练未成年人。

"$leŋ^4ço^2$"，何以近音译写为"郎火"？原因就是"火"读作"虎何切"。比如，《庄子·外物篇》："利害相摩，生火实多；众人焚和，月固不胜火"，火与多叶韵，多读"当何切"，火即读"虎何切"。因此，《韵会·小补》载："今人谓兔歧唇曰火（读虎何切），盖古音也。"

壮群体越人及其后人社会以未成年为重为贵，自然管束、训练未成年的"有事力者"在村中的地位也最高。他既负责管束、训练未成年人，也是村里世俗头人以及群体信仰祭祀的主持人："獠"人"岁首以土杯十二贮水，随辰位布列，郎火祷焉。经夕，集众往观。若寅有水而卯涸，则知正月雨二月旱，自以不差"⑤。

第二节 社会上层，郎火衍成豪强、都老；
社会下层，郎火制依然傍着行进

壮群体越人及其后人"俚獠"，"往往别村，各有长帅，无君主，恃在山险，不用王"⑥。一些"长帅"富了，势力大了，自我雄长，"在一个村落里就设起州和郡县，刺史、太守、县令及僚属，都用非汉族的本地土豪"⑦。比如，唐高宗永淳元年（682年）十二月及武则天万岁通天二年（697年）四月遗留到现在的韦敬办《六合坚固大宅颂碑》和韦敬辨《智城碑》，反映的是澄州（治今上林县）无虞县两个韦姓首领，一个据今上林

---

① 雍正《广西通志》卷92《狼》。
② ［意］马可·波罗：《马可·波罗行纪》，冯承钧译，中华书局1957年版，第473页。
③ 《古今图书集成·方舆汇编·职方典》卷1415《庆远府风俗考》。
④ （清）汪森：《粤西诗载》卷16。
⑤ 《岭外代答》卷10《獠俗》。
⑥ 《太平御览》卷785《俚》引《南州异物志》。
⑦ 范文澜：《中国通史》第二册，人民出版社1978年版，第476页。

县澄泰乡建"六合坚固大宅",一个在距六合坚固大宅10多里地的"智城"(今上林覃排乡爱长村)经营城池,对峙称霸。又如,隋朝临贺(今广西贺州市)之地,既有钟士雄割据一方,又有虞子茂、钟文华等称雄,试与隋王朝分庭抗礼。① 当然,首领势力也有跨州连县的。比如,南朝梁时,冼氏"世为南越首领,跨据山洞,部落十余万家"②。此后,冯、冼联姻,冼氏夫人的孙子冯盎率众归附,唐高宗析其地为高、罗、春、白、崖、儋、林、振八州,"授盎上柱国、高州总管,封越国公"。③

"唯富为雄",这是岭南"俚獠"的意识和取向。④ 裴渊《广州记》载:"俚獠贵铜鼓……有是鼓者,极为豪强。"⑤ "豪强",既指其豪富、豪杰,也指其强横,指其依仗权势横行不法。裴渊笔下"俚獠"的头人、首领,不知是他不深入实际,走马观花,还是"俚獠"首领尚无切实的称谓。到了隋代,《隋书》卷31《地理志》载"俚獠""有鼓者号为'都老',群情推服。……俚人呼其尊为'倒老'也,言讹,故又称'都老'云。"

"俚獠"村寨"郎火",其富而强拥有铜鼓者,谓为"都老",这是"俚獠"首领称谓的递升。

贞观中,高州首领冯子猷随带一小船黄金进京朝觐,惊动天下。唐高宗不知其家资如何,派御史许瓘去高州摸其家底。京官来到,冯子猷不出迎,却"率子弟数十人击铜鼓蒙排"捉起许瓘,为文上奏其擅入山洞之罪。⑥ 冯子猷富有而拥有铜鼓,此铜鼓是他权力的象征。由于他拥有铜鼓,所以他能拥兵自重。垂拱三年(687年),安南都护刘延祐不自量力杀了俚人首领李嗣仙。嗣仙的部属丁建、李思慎率众围安南府。刘延祐关闭城门自守,等待援兵。"广州大族冯子猷幸灾乐祸,欲因危立功,遂按兵纵敌,使其为害滋甚。延祐遂为思慎所害。"⑦

铜鼓既是权力的象征,又是"都老"们显富显威显排场的宝器。窦州(治今广东封开县)"豪渠之家,丧祭则鸣铜鼓"⑧;贺州(治今广西贺州市贺街镇)"豪渠皆鸣铜鼓,大者广一丈,小者三四尺"⑨。

由"郎火"递升为"都老",也有迹象可寻。南宋绍兴六年(1136年)五月二十三日,"提举广南西路买马司言:富州侬内州(在今云南富宁县境)侬郎宏报大理国有马一千匹、随马六千人、象三头,见在侬内州内,欲进发前来"⑩。侬郎宏的"郎",就是由"郎火"而来。以"郎"嵌入名中,显示其首领的身份。

进入元朝,壮族首领以"郎"嵌入名中显示其身份,见于记载的更多了。比如,安

---

① 《隋书》卷80《钟士雄毋传》。
② 《隋书》卷80《谯国夫人传》。
③ 《新唐书》卷110《冯盎传》。
④ 《隋书》卷31《地理志》。
⑤ 《太平御览》卷785《俚》引。
⑥ 《新唐书》卷110《冯盎传》附《冯子猷传》。
⑦ 《旧唐书》卷190上《刘胤之传》附《刘延祐传》。
⑧ (宋)乐史:《太平寰宇记》卷163。
⑨ (宋)乐史:《太平寰宇记》卷161。
⑩ 《宋会要辑稿·兵二二之二三》。

宁州（在今云南富宁县内）知州沈郎先，[①] 罗佐州（在今云南富宁县东北）官侬郎生，花角蛮等寨酋长韦郎达，郎达婿哥雅寨火头郎满及其弟郎状，撒都寨火头郎图及郎甚，韦郎达弟韦郎动，郎动子韦郎应，把事不弄寨火头郎勤，[②] 广南西道（治今云南省广南县）宣抚使侬郎恐等。[③]

明朝前半期，壮人以"郎"嵌入名中表其首领或社会上层身份而见于记载的还有不少。比如，广南府土官同知侬郎金，[④] 其堂弟土官同知侬郎举，[⑤] 来安府（治今广西壮族自治区凌云县）土官知府岑汉忠之子岑郎广，[⑥] 佶伦州（在今天等县东部）土官冯郎黄（后改冯武辉）、冯郎高，[⑦] 湖润寨土官巡检岑郎利，[⑧] 安隆长官司头目郎瑛，[⑨] 富州土官舍人沈郎安，[⑩] 富州头目韦郎罗，[⑪] 忠州（在今扶水县南）官族黄郎道，[⑫] 宾州（今广西宾阳县）首领黄郎观等。[⑬]

"郎火"富了，势大了，又可铸造铜鼓作为拥有权力的象征，变成了"都老"，而广大的村上"郎火"，仍然是社会基层组织的头人，继续秉承"都老"之命，行使他们管束、训练村中未成年人的责任。

第三节 土官扬威在上，郎火供输于下

南宋范成大《桂海虞衡志》载邕州左右江羁縻州洞是：

> 参唐制，分析其种落，大者为州，小者为县，又小者为洞。凡五十余，推其雄长者为首领，籍其民为壮丁……其酋皆世袭……有知州、权州、监州、知县、知洞，皆命于（邕州）安抚都监司，给文帖朱记。其次有同发遣、权发遣之属，谓之官典（官属），各命于其州。每村团又推一人为长，谓之主户，余民皆曰提陀，犹言百姓也。……民田计口给民，不得典卖；惟自开荒者由己，谓之祖业口份田。知州别得养印田，犹圭田也。权州以下无印记者，得荫免田。既各服属其民，又以攻剽山獠及博买、嫁娶所得生口，男女相配，给田使耕，教以武伎，世世隶属，谓之家奴，亦曰家

---

① （明）刘文征：天启《滇志》卷30《土司官志》。
② 元无名氏：《招捕总录·云南》。
③ （清）王崧：道光《云南通志》卷7。
④ 《明实录·太祖实录》卷150。
⑤ 《土官底簿·广南府同知》。
⑥ （明）苏浚：《土司志·向武州》，（清）汪森《粤西文载》卷12。
⑦ 《土官底簿·佶伦州知州》。
⑧ 《明实录·太宗实录》卷164。
⑨ 《明实录·宣宗实录》卷87。
⑩ 《明实录·太宗实录》卷71。
⑪ 《明实录·英宗实录》卷87。
⑫ 《土官底簿·太平府罗阳县知县》。
⑬ 《明实录·太祖实录》卷50。

丁。强壮可教勒者谓之田子甲，亦曰马前牌。①

王安石《论邕州事宜》载，邕州左右江羁縻州县洞，"其酋首之家最得力者，惟家奴及田子甲也，有因攻打山獠，以半布博买，有因嫁娶所得生口，以男女相配，给田与耕，专习武艺，世为贱隶，谓之家奴；其选择管内丁壮事艺精强之人，与免诸般科率（捐税）、工役，则谓之田子甲，又谓之马前牌"。范成大的文字除了混淆"家奴"和"田子甲"的分别外，基本反映了当时邕州左右江羁縻州县洞的社会实况。

"民田计口给民，不得典卖。""授田"，必随有税捐、工役，所以"事艺精强"而能充任"田子甲"的部落中人，可"免诸般科率、工役"；其他人无缘充任田子甲的照样负担规定的"诸般科率、工役"。除了可以享受计口授田的权利外，还可享受自我扩大家庭财产的权利："自开荒者由己，谓之祖业口份田"。这既体现出壮群体越人及其后人"俚獠"部落社会土地公有制的性质，又体现了壮群体越人及其后人"俚獠"社会"农战"结合的社会特点。也就是说，保障部落内成员有了自己的经济地位，他们必然安土重迁，能为保卫自己的家园而努力作战。当时，羁縻州县洞的首领们虽然高居一州一县一洞之上，但是他们除握有水田的分配权，享有"养印田"或"荫免田"，并畜养家奴、征取税捐、工役等权外，他们还是所在部落的一分子，为保卫州县洞群体的安全而操劳。这就是唐朝韩愈《黄家贼事宜状》说的羁縻地方黄氏"并是夷獠，亦无城郭可居，依山傍险，自称洞主"。"寻常亦各自营生，急则屯聚相保。"②

范成大著述中特别提到邕州左右江羁縻州洞"每村团又推一人为长，谓之主户，余民皆曰提陀，犹言百姓也"。这是记载者的理解，实际上"提陀"二字连读，近乎古代"郎火"的"火"的读音"虎何切"。以"提陀"一词而论，宋代壮群体越人的传人社会其基层组织仍然是实行"郎火制"。"郎火制"是村团"推有事力者为郎火"，保持着原先民主推选的原则，郎火也必须民主办事，在村团中没有太大的特权。村团之中，"郎火"与"提陀"利益一致，没有形成对立，即所谓的"主户"和"百姓"间的主从关系。

南宋周去非《岭外代答》卷3《田子甲》载："邕州溪峒之民无不习战，刀弩枪牌，用之颇精。峒民事仇杀，是以人人习于战斗，谓之田子甲，言耕其田而为之甲士也。""峒之民无不习战"，"人人习于战斗"，按照传统习俗，洞民高强的武技是由村团的郎火对村团中的成员自小约束训练形成的。

元朝建立，变唐、宋以来的羁縻制为土司制。土司制时期，虽然土官声称土司管区"尺寸之土悉属官基"③，但是土官不能弃了原承担兵役的部落民。因为无人为兵，土官难以立足。康熙二十五年（1686年）《万承州土官家族头目等分占官田碑》载：

惟州田著之有四：曰民田，曰坊民田，曰目田，曰官田。历来官田□分给兄弟子

---

① 《文献通考》卷330《西原蛮》引。
② 《全唐文》卷549。
③ 道光《白山司志》卷17《诏令》。

佺以至族人、立甲头目、四番番人，其余归入（官）衙中所需。①

民田、坊民田，就是羁縻制时代部落民耕种的农田。耕田服兵役，这是沿着旧制。所以乾隆四十九年（1784年）十月立的《太平州五哨新旧蠲免条例碑记》载的"五哨军户，原系民间本户粮田，动则为兵，静则为农"②，明白道出壮族土司地方仍然传承着昔日耕战结合的原则。原则未改，壮族土司地方社会的基层组织结构也一如原样："一村中推有事力者曰郎火，余但称火"。金鉷雍正《广西通志》卷92《狼》载："狼""儿能骑犬，引弓射雉、兔，掘鼠，少长习甲骑，应募为狼兵。"这是壮族土司地方的未成年人在村团中受"郎火"的管束、训练情况的写照。

"狼兵"本为"郎兵"，即从小在"郎火"管教下训练出来的兵。然而明朝统治者实行民族沙文主义的政策，硬生生地依声相同将"郎兵"强扭作"狼兵"。人而狼之，暴出了明朝统治者歪曲、鄙视壮族土司地方居民的恶毒用心。

"狼兵"一名见于记载，先称为"狼家军士"或"狼家兵"。比如，《明实录·英宗实录》卷228记载景泰四年（1453年）四月庚子，明代宗命都察院右副都御史马昂总督两广军务，其诏令则说："凡遇地方有警，即相机抚捕。若果官军调用不敷（足够），广西则拘（约束）各该土官，宣明朝廷优款，授以爵位之意，量加奖劳，令起'狼家军士'，相继官军调用；广东则将土兵并各卫所舍人余丁，尽数选拣，协助官军守战。其广西'狼家兵'，须许以有功之日，重加升赏，必不吝惜。"这是称广西各土官拥的战斗人员为"狼家军士"或"狼家兵"。六年后，天顺二年（1458年）八月丙子，"贵州总兵等官南和侯方瑛等又移文广西，起调泗城等州狼兵"③。这就是"狼家军士"或"狼家兵"转换或简化为"狼兵"的过程。广西土司地方，旧习传承，其社会的基层组织仍然继行"郎火制"，所谓的"狼家军士"或"狼家兵"指的就是由"郎火"训练出来的兵。

因土司兵源于土司州县基层组织的"郎火制"，称为"狼家军士"或"狼家兵"，简称为"狼兵"。"狼兵"一旦成称，流行开来，其所来自的土司州县百姓也就被指称为"狼民"。所以，万历（1573—1620年）间王士性《桂海志续》称"土府州县百姓，皆狼兵"④。明末清初，顾炎武《天下郡国利病书》卷105《目兵》也称：广西土司各州县兵，"以其出自土司，故曰土兵；以其有头目司管之，故曰目兵；又以其多狼人，亦曰狼兵"。明代，广西土司地方的壮族怎么又变成"狼民"了？此岂不是咄咄怪事！然而，明王朝却非按照广西土司地方的百姓作"狼人"不可。嘉靖二十五年（1546年）六月，兵部说，广西一省，大率"狼人半之，猺獞三之，居民（汉人）二之"⑤，即为其例。

此一认知，转相因仍，莫正其本，所以及于清代，金鉷雍正《广西通志》卷93《蛮疆分隶》仍然记载：归德州（在今平果县东南）"明正德间募狼人杀贼，以贼田给之，世

---

① 《广西少数民族地区石刻碑文集》，广西人民出版社1982年版，第12页。
② 同上书，第32页。
③ 《明实录·英宗实录》卷294。
④ （清）汪森：《粤西丛载》卷18《蛮习》引。
⑤ 《明实录·世宗实录》卷312。

世为业，设狼目总焉"；"崇善县（今崇左市北部）土狼，椎髻蛮音"；"养利州（治今大新县桃城）土狼，架屋两层"；"永康州（在今扶绥县西北）狼俗与左、养二州同"；"太平土州（治今大新县雷平镇）分三街七甲，皆土狼也"；安平州（治今大新县安平）"四十四村皆狼人"；"恩城土州（治今大新县恩城）治有二厢，亦狼人"；万承土州（治今大新县龙门）"狼人僇力（lù，尽力）田作"，"茗盈土州与全茗土州（二州在今大新县北）相距二里许，皆狼人"；龙英土州（治今天等县龙茗）"皆狼人，设狼目统焉"；"结安土州（在今天等县东南）亦狼人"；"下石西土州（治今凭祥市夏石）与上石西州（治今凭祥市上石）相距不数里，户皆狼人"；"凭祥土州（治今凭祥市）所统皆狼兵也"；"罗阳土县（在今扶绥县北罗阳河中下游）多狼人"；"上映土州（治今天等县西上映）多狼人"；"雒容县（今鹿寨县西南部），獞人与狑、狼杂居"；罗城县"郡那等四堡咸狼种"，天河县（今罗城西南）"东则姆佬，南则狼种"；"那地土州（今南丹县南部）亦狼人"；"南丹土州土狼，设狼目总之"；"迁江县（治今来宾市迁江镇）编户上下三里，悉系狼、瑶、獞三种"；上林县一二三图"狼、獠凭依"；"古零土司（治今马山县古零）多狼苗，谓之土人"；等等。

明代，广西非土司地方，壮族社会基层组织的头人，或称"寨老"或称"款头"等等不一。比如，河池州（今河池市）村团首领即称为寨老，而宜山县（今宜州市）洛东地区村团首领又称为款头。

"寨老者，即本村年高有行（xíng，德行）之人。凡里中是非曲直，俱向此老论说。其论说之时，甲指乙云某事如何，寨老则置一草于乙前；乙指甲云某事如何，寨老又置一草于甲前。论说既毕，寨老乃计草而分胜负，听此老一一评之。如甲、乙俱服，即如决断；不服，然后讼之于官。按此'寨老'，即《广州记》所称'倒老'、'都老'者是也。"① "款头"，可能源于南宋后期广西帅守李曾伯《可斋杂稿》卷17《帅广陈五事奏》存在于融州的"款丁"。宋朝融州辖今融安、融水二县。那时，苗、瑶未迁入，侗居怀远（今三江侗族自治县），似与侗族先人无涉。"款头"之称，在明代可能曾在广西普遍存在。所以，正德（1506—1521年）间柳州府通判桑悦的《同柳州守柳廷文练民款》诗自注说："西广呼民兵为款。"② 此或不假，正统十年（1445年）五月庚辰广西总兵官安远侯柳溥奏："庆远等处蛮寇，亦肆攻劫，署都指挥佥事范信等率领官军、民款剿杀。"后来克捷，兵部请加升赏。"上命升赏如例，其官军杀贼首三级以上者，加赏一倍。"③ "民款"，就是民兵。万历《庆远府志》载，述昆乡壮族首领韦七璇起兵反明，被杀后，七璇的三个妻子皆勇悍，族众又多，于弘治六年（1493年）四月十六日她们起兵为夫报仇，每人率领一支部众攻打庆远府城。当时庆远府知府"姜瑄号召矮寨山、充南山、思览民款声金击鼓，从贼背杀来"④。这是广西西部称民兵为"民款"。明代，岑溪县"守城民款七十八名"。"宣德五年（1430年）以伍籍空虚，用民兵编保甲，有民款、土丁、民壮

---

① 《古今图书集成·方舆汇编·职方典》卷1415《庆远府风俗考》。
② （清）汪森：《粤西诗载》卷16。
③ 《明实录·英宗实录》卷129。
④ （清）汪森：《粤西丛载》卷6《姜瑄》引。

之名，鞍马、器械官给之，而免其丁役。"① 这是广西东部称民兵为"民款"。东西一致，道破了明朝广西非土司地方从西到东称民兵为民款。

"款者，誓也。"结款者必立有村规（或乡规）民约。所以，"款头"不仅如"寨老"那样判断村团中居民间纠纷的是非曲直，而且要维护村规民约的完整执行。另外桑悦《壮俗诗六首》其四有"能通官语惟村老"句，说明村团头人是代表村团利益与包括官府在内的外部世界作交涉的人。

第四节　郎火制的残留形态

郎火本主在管束、训练村团中未成年人的军事技能，但入清以后，随着王朝中央对"狼兵"不征或征调渐行减少，"郎火"此一角色也渐渐淡化为一般的为土官征收赋税、工役的村团一级的头人——郎首。"郎火"成了"郎首"，一字之差，意味着村团中头人军事功能的消失。

"郎首"又称为"布郎"。每屯一人，负责催收本屯各户钱粮、夫役，也在本屯承担各项事务，为民调解纠纷等。每人得耕种水田五六亩为薪俸。②

"郎首一般每隔三年一换，然后报请土官、知峒立案。每当郎首新任时，便备办酒、米各十斤，黄豆四十斤，并提出糯米、黏米各十斤买办供品，请每户家长前来拜祭土地公，共同议事后饮宴，称之为'考郎'（郎酒），要求各户予以支持。"

"郎首既当公务，又属一村之长，决定了他在本村中的重要地位和作用。村民遇事苦于见官受罚，一般都请郎首按传统的习惯法，调解了结。如儿子长大，弟兄分家，请村中长者主持分配。倘若发生纠纷，便请郎首来审决，只要备办酒肉酬劳即可。""至于全屯每年春秋大祭，以及遭逢天灾人祸，也要由他发起向各户收粮收钱，备办祭品祭祀土地公。"

"在一些较大的村屯中，应付不了各种杂事的郎首，再由农户推出一个称为'户头'的人，协助郎首催办夫役、赋税、传令递信等杂务。户头不得任何报酬，但该户的劳役负担以此抵消。"③

清朝中后期，在壮族众多的山村中，荒地、牧场、坟场、河流、水源、山林等还属于村团公有，残留着原始农村公社土地公有制的痕迹，所以村团中还保留着民主推选的头人，或称为"po⁶baːn³"（村父辈，即村头人）或"pou⁴ke⁵"（德高望重上年纪的头人）。头人领导制定村规民约并维护其权威性；兴修集体公益事项；掌管公共财产；掌执集体祭祀大事；负责与外部交涉和对抗等。此种情况，在云南文山壮族苗族自治州各县则体现于本寨中所建的"老人厅"上。

"老人厅"，定名于供予村子耆老履行集议制度的房子建筑。

据说，清朝初年，文山县老君山下是侬人聚居区。侬人有个首领叫布者，既是个庄稼

---

① 梁景熙：民国《岑溪县志·兵防志·民兵》。

② 《广西壮族社会历史调查》第四册，广西民族出版社1987年版，第171页。

③ 同上书，第32页。

好把式，又能体惜下属的困难疾苦，很受群众拥戴。他有一个鲜明的特点，既有决断，又不独断独行，凡事都要请教耆老，统一了认识，方才付诸行动。在他担任首领期间，村际和谐，路不拾遗，家家丰衣足食，村团兵强马壮，相邻的交趾也畏惧三分。布者年满花甲，请来村团中的耆老来欢饮。席间，布者说："花甲，如同死鸭，单凭嘴硬，气力不在了，要推选个办事公道、精力旺盛的年轻人来领着大家往前走吧！"大家觉得此话在理，经过再三协商，推举布者的儿子布曼为新首领。布者说："我儿布曼，样样过得去，就是少与众谋，过于武断，请大家帮忙。"有一年，交趾入侵，布曼不听布者劝告，自作主张，与交趾硬碰硬拉开阵仗，结果大败亏输，损失惨重，走投无路，布曼只好向父亲求教。布者召来村寨耆老商量，制定出可行的败敌计策。布曼依计，利用地形地物，隐蔽运兵，诱敌深入，火烧交趾兵，赢得了胜利，保卫了家园。覆车令人心酸，布者当着耆老们的面痛斥布曼刚愎自用、布曼不听老人言的恶果。布曼刚愎自用，教训深刻，此后举凡有事，都召来耆老共同商讨，不再一意孤行。岁月流逝，布曼益得人心，到他家来议事的老人更多了。布曼家坐不下，于是在村寨中心盖了一间房子，取名"老人厅"。各地的壮族村寨首领见布曼治理有方，村寨兴旺，兵强马壮，也都学他的样先后建起了老人厅。为了纪念布者的功德，壮族的老人厅也叫"布者"。

　　清末民初，云南文山壮族苗族自治州各县地面上的壮族村寨中心，都耸峙着一间像亭子一样的房子。房子的屋面多为四分水，顶盖为瓦或草不一。房子只有一面墙，其余三面全是栏杆围护。屋内设有长条坐凳。这就是"老人厅"。

　　老人厅是村寨耆老们议事的处所，既无神主，也没有神像。后来随着汉族文化的传入，偶像崇拜流行，老人厅内开始陈设神主牌位或塑上神像。不过，这些神主或神像，都是因地设神、因情立像的。比如，富宁县皈朝、洞波、者桑、剥隘、那能、板仓等地大部分村寨的老人厅供奉的是富州土官沈大老爷；城关、花甲、阿用、郎恒等地各村寨的老人厅供奉的是普厅土目李大爷李天保；谷拉一带和里色、弄歪、江叭等寨供奉当地土目夫妇，因夫是申年死，妻是未年卒，故立"本境恩主官员申未化老大人之神位"；马关县马洒村的老人厅则供奉神农，另一些壮族村寨则供奉本村始祖等。此种情况说明，随着时日流逝，老人厅除了是村中老人商议本村生产，调解邻里、婚姻以及与村外的纠纷，善化村规民约的处所外，已经成了本村本境保护神的寄身之所，从而成为本村祭祀的殿堂。

　　云南壮族各村寨祭祀老人厅，每年一次，日子各地区不同。有的在腊月三十，有的在正月初二或三日，有的则在农历二月头一个属兔日或属虎日。云南曲靖师宗县沙支系壮族祭祀老人厅活动很隆重，祭期三天，村民休息四天，不做农活。

　　老人厅既变为神厅，自然是村人算卦求吉的所在：与外村人因山界出现纠纷，去处理该事之前，先到老人厅敬香、占卜，看看神是否同意去；出远门，也要上老人厅敬香，求神护佑；男孩弥月，上老人厅敬香，并请村中60岁以上老人到此欢餐。

　　老人厅既视为村中神圣殿堂，不仅禁防牛、马、猪、狗闯入其内，而且妇人、孩子也忌涉足其中。

　　"老人厅"重在村中耆老的"集议制"，不似"郎火制"那样重在约束、培养、训练村中青少年的群团意识、群团精神以及武技上。这是与时俱进而出现的部分职权淡化和失落。

与"老人厅"相仿的还有残存于广西上思县凤凰山下三科村壮族的"都老制"。三科村的"都老"又谓"都给"（pou⁴ke⁵）。pou⁴ke⁵，壮语义是上年纪的头人、首领。"都老"，也就是《隋书》卷31《地理志》关于"俚獠""有（大铜）鼓者号为都老（倒老）"的"都老""倒老"一称的传承。"都老"或"倒老"二字的合音近乎壮傣语谓头人、谓首领、谓官、谓王子为"tsau³"一音，汉近音译写为"昭""多""朱""刀"等字。

三科村的"都老"又称"都给"（pou⁴ke⁵），pou⁴ke⁵在壮傣语里就是"村寨头人"。pou⁴ke⁵由村民民主推选，主持村民会议，制定村规民约，维护村中社会秩序，掌管公产，执掌祭祀事宜，主导公益事业建设，负责对外联络、对话、交涉甚至带领村民对外抗衡等。[①] 这都是一个小小村子里pou⁴ke⁵的职责范围，是壮傣语"tsau³"一称的原初职权范围。

[①] 黎国轴：《都老制——父权制和农村公社的残余》，《广西壮族社会历史调查》第三册，广西民族出版社1985年版，第123—129页。

第六篇　体育歌舞文化

人生在世，在谋生的同时，也求精神的寄托和心理的平衡。平衡的心态，既求于食物的可以度日，也求于时间的消磨。消磨时间，要有质量，此质量就依赖于文体娱乐的产生、精化。于是在壮群体越人及其后人中产生了健身娱心的体育活动，产生了撩人、娱人的歌唱和迷人的舞蹈。近代以来，在汉族文化的影响下，更形成了能够引动人心、万人攒仄的壮剧。

第一章

体育娱乐

体育旨在娱心健体。它的产生，既与劳动、客观环境、历史发展以及群体爱好有着密切的关系，也与群体性的信仰、心态密不可分。此中，有因祈神、酬神而生的体育项目，如龙舟竞渡、抢花炮等；有因军事活动而生的体育项目，如武术等；有因劳动而生的体育项目，如打春堂等；有因男女追春而生的体育项目，如抛绣球等；也有纯系儿童娱乐而生的体育项目，如捉迷藏、母鸡孵蛋、下石子等。

第一节　因酬神产生的体育活动

一　龙舟竞渡传风俗

20世纪上半叶，闻一多先生有《端午考》《端节的历史教育》二文，对端阳节龙舟竞渡作了一番考证，认为端节是断发文身的越人为祈求生命得到安全保障而举行图腾祭的节日，龙舟竞渡便是这种祭仪中的娱乐节目。同时，他还推断民间以彩丝系臂的风俗，是文身此一风俗的遗留。[1] 不论是从文献记载来观察，还是从信仰理念的起源及发展来审

---

[1] 《闻一多全集·神话与诗》，生活·读书·新知三联书店1982年版。

视，闻先生的分析、理据和论断，无疑是值得重视的。

古代越人，分布于我国东南沿海一带，近水而居，自古以捞取、捕捉水中生物为生，稻作以后又以水多水少决定收成，是个"善于造舟"①，"习于水斗，便于用舟"的民族群体。②他们"以船为车，以楫为马，往若飘风，去则难从"③。所以，古人感慨地说："汤武，圣主也，而不能与越人乘舲舟而浮于江湖。"④《说苑》卷12《奉使》载，出使梁国的越国使者诸发说："越亦天子之封也，不得冀、兖之州，乃处海陲之际，屏外藩以为居，而蛟龙又与我争焉，是以剪发文身，烂然成章以像龙子者。"同样，《淮南子》卷1《原道训》载："九疑之南，陆事寡而水事众，于是民人被发文身以像鳞虫。"《汉书》卷28下《地理志》也载，粤人"断发文身以避蛟龙之害"。颜师古注《汉书》引东汉应劭说："常在水中，故断其发文其身以像龙子，故不见伤害也。""龙子"，也就是"鳞虫"，指潜伏水中害人的"蛟龙"，即古代广布于我国东南的既适应咸海水也适应淡水的伤人、吃人的马来鳄，即湾鳄。古越人以水为衣食父母，"蛟龙又与我争焉"，深受其害。显然，在壮傣群体越人的心目中，蛟龙是敌不是友，无尊崇之意，断发文身入水只是求像其形，扮其同类，乱其视觉，错其认知，避其灾害。"鸡骨占年拜水神"，唐朝柳宗元《柳州峒氓》诗中的诗句，才揭示了古越人及其后人崇拜的是水的神灵。

《太平御览》卷919《鹥》引《越地传》载："越人为竞渡，有轻薄少年各尚其勇为鹥没之戏，有至水底，然后鱼跃而出。"越人举行竞渡，少年们借机尽显其水性的娴熟：一闪而入水底，一跃而出水面，沉浮自然，如鱼得水。由此可知，竞渡在越人中的普遍和起源的久远。它是随着越人崇拜水神而来，是越人祭祀水神时举行的娱神项目之一，犹如越人的传人祭祀真武帝君而举行抢花炮的礼仪一样。然而，自汉以后越人的龙舟竞渡却怡然别嫁，榫接到大诗人屈原投汨罗江而死一事上了，说一年一度的端午龙舟竞渡是为楚国三闾大夫屈原而举行的。此一说法，明显是移花接木、错将壮傣群体越人的祀典放诸楚人的祀典上。

越人沿水而居，得水恩惠多多，认为人源于水，将水超自然化，信仰水神，因祭祀水神，出现了竞渡之戏，犹如柬埔寨一年一度"蒙奥姆水祭"举行独木舟竞赛一样。⑤

1976年，广西博物馆发掘贵县（今贵港市）西汉前期墓罗泊湾一号墓，出土了大小铜鼓二面。其大铜鼓上，"鼓身九晕圈，饰锯齿纹、圆圈纹和龙舟竞渡、羽人舞蹈图案"。第四晕圈在鼓胸，"饰六组羽人划船纹，船头向右，每船六人，其中三船的划船者全戴羽冠，另三船各有一人裸体；船头下方有衔鱼站立的鹭鸶或花身水鸟，水中有游动的鱼"。小铜鼓"胸部下方是两组羽人划船纹，每船两人，皆裸体"⑥。此反映的无疑是壮群体越

---

① （唐）欧阳询：《艺文类聚》卷77。
② 《汉书》卷64上《严助传》。
③ （汉）袁康：《越绝书·越绝外传记地传》。
④ 《淮南子》卷9《主术训》。
⑤ 容观琼：《竞渡传风俗：古代越族文化史片断》，《文化人类学与南方少数民族》，广西人民出版社1990年版，第94—99页。
⑥ 广西博物馆：《广西贵县罗泊湾汉墓》，文物出版社1988年版，第28—29页。

人祭水神时所进行的舟子竞渡。

铜鼓上越人水祭竞渡纹饰

《旧唐书》卷146《杜亚传》载："江南风俗，春中有竞渡之戏，方舟并进，以急趋疾进者为胜。"《文丞相全集·指南后录·元夕诗》说，竞渡"在南方，有在元夕（农历正月十五日）举行"。他的《元夕》诗，描写了当时南海县在正月十五日进行龙舟竞渡的情景："南海观元夕，兹游古未曾。人间大竞渡，水上小红灯。"后来习俗移人，广东竞渡移至5月，但也不一定是五月五日端午节。"自五月朔（初一日）至晦（月终），乡乡有之。"海南"琼（治今海南省海口市琼山区）人重龙船"。"未斗龙船，先斗龙歌"。"四月八日，雕木为龙置于庙，唱龙歌以迎之，而投白鸡水中以洗龙。五月之朔（初一日）至四日，乃以次第迎龙"，先斗歌后竞渡。①

明朝天启年间（1621—1627年）官广西右参议的福建人曹学佺，其《桂林风谣十首》其一句称："素节龙舟竞，冥搜鼠穴熏。"②"掘鼠"佐食，是壮群体越人及其后人的习俗，而"素节龙舟竞"，也是壮群体越人及其后人的习惯行为。"素节"，就是秋令时节，有时特指重阳节。《文选》载晋朝张景阳《杂诗》之三句称："金风扇素节，丹霞启阴期。"金风就是秋风，素节就是秋天的节日。所以，南朝梁元帝《纂要》明白地说："秋曰白藏……节曰素节、商节。"③ 唐初诗人王绩《九月九日赠崔使君善为》诗句说："忽见黄花吐，方知素节回。"黄花即菊花，菊花在秋天开放，因此"素节"乃是秋天的节日。

为什么明代桂林人在秋天进行竞渡？这是因为他们还保留着壮群体越人秋天过年的意识和习俗。《太平寰宇记》卷163《南仪州风俗》载南仪州（今广西岑溪市）"俗不知岁，唯用八月酉日为腊，长幼相慰贺以为年"。明朝谢少南《永福道中》诗说："秋日登途菊朵新，忙中岁月客中身。归来蛮鼓村村发，道迓湘南岁底春。"④ "湘南"，指广西；"岁底春"，就是过年。"秋日登途菊朵新"，说明当时桂林人过年是在秋天。过年进行龙舟竞渡，是为了祭祀水神，与五月五日以龙舟竞渡凭吊屈原不沾边。

---

① （清）屈大均：《广东新语》卷18《龙船》。
② （清）汪森：《粤西诗载》卷12。
③ （唐）徐坚：《初学记》卷3。
④ （清）汪森：《粤西诗载》卷24。

据《古今图书集成·方舆汇编·职方典》卷1402、卷1410、卷1426、卷1433、卷1443等卷记载，桂林、柳州、平乐、梧州、南宁各府每年都举行龙舟竞渡，即使如偏僻的上林县，张邵振康熙《上林县志》也载："五日虽泛龙舟，然亦折艾泛蒲以佐角黍。"云南西双版纳傣族在傣历六、七月即农历清明节后10日左右的泼水节举行竞渡角逐。

由上述可知，壮傣群体越人及其后人"鸡骨占年拜水神"①，举行竞渡，因祭水神的需要也不一定在五月五日举行。

竞渡传风俗。竞渡是上古越人为"拜水神"而举行的娱神形式之一。后来世代沿袭，娱神成分日少，娱人成分日多，于是形成了后来的龙舟竞渡体育项目。

二 抢花炮

抢花炮是壮群体越人的后人在汉族文化的影响下，祭祀道家"真武帝君"而形成的民族民间体育项目。

屈大均《广东新语》卷16《佛山大爆》载："佛山有真武庙，岁三月上巳（上旬巳日），举镇数十万人，竞为醮会（集会祭祀），又多为大爆以享神。""大爆"，就是花炮。放花炮、抢花炮以祭祀"真武帝君"，如同祭祀水神而有竞渡一样。

真武，原为玄武，本与青龙、白虎、朱雀（朱鸟）一起，是中原汉族古代神话的四方之神，玄武为北方之神。后来道教以四者作护卫神，以壮威仪。于是又予附会，说黄帝的时候，玄武托胎净乐国善胜皇后，从皇后胁下生出来，长大了勇猛异常，不看重王位，得到玉清圣祖紫元君传授无极上道，命赴太和山修炼，久而得道飞升，玉帝册封为玄武。太和山因此更名为武当山，取不是玄武不足以当之之意。② 太中祥符（1008—1016年）间，宋真宗避其祖赵玄朗的名讳，改玄武为真武，并尊为"镇天真武灵应祐圣帝君"，简称"真武帝君"。③

桂林市出土的南朝宋时"地券"，其文称："泰始六年（470年）十一月九日，始安郡（治今桂林市）都唐里治下欧阳景熙今归蒿里，亡人以钱一万九千九百文买冢地，东至清龙，南至朱雀，西至白虎，北至玄武，上至黄天，下至黄泉，四域之内，尽属死人，即日毕了。时王侨、赤松子、李定、张故分券为明，如律令。"④ 这说明南朝时中原汉族传说中的四方之神的意识理念以及道家传说中的人物如王侨、赤松子等已经传入岭南，并已为壮群体越人的后人所接纳，左右着他们的日常生活。但是，玄武成为道家的护卫神灵，并且"玄武"改为"真武"，被尊为"真武帝君"，迄于南宋后期未见渗入岭南百姓的理念中。南宋后期王象之于宝庆三年（1227年）成书的《舆地纪胜》，其卷89至卷127记载岭南各州军，列了"景物""仙释""碑记"等目，却只见列了得道升天者等仙道人物以及玉清观、天庆观等道观名称，没见以"真武"立庙的。今广西靖西县旧州墟

---

① （唐）柳宗元：《柳州峒氓》，《柳河东集》卷42。
② 《道藏》第606册《玄天上帝启圣录》。
③ 《宗教辞典》，上海辞书出版社1981年版，第330—331页。
④ 张桂益、张家璠：《桂林史话》，上海人民出版社1979年版，第27页。

西布胘村后苍崖山神仙洞有块南宋乾道戊子（四年，1168年）的摩崖石刻《贡洞清神景记》，① 乃是记载原权知贡洞（今靖西县旧州墟）张元武卸任后，历游邕、横等地，"传紫姑之咒，请三岛之仙"，以"纯阳吕真人"之徒自居。"纯阳吕真人"，就是吕洞宾。这道出了南宋时道家"真武帝君"尚未成为岭南人心目中的偶像。岭南地区何时建立"真武庙"加以崇拜进行祭祀？

《古今图书集成·方舆汇编·职方典》卷1364《廉州府祠庙考》载："真武庙在元妙观后，明嘉靖十九年（1540年）知府陈健即旧启圣公祠改为之，今废。"又《古今图书集成·方舆汇编·职方典》卷1350《肇庆府祠庙考》载，新兴县真武庙"明万历十五年（1587年）邑人募缘（广求众力募化钱物）鼎建。庙前为大坊，人为来青阁，右为正冠亭，有碑记"。这些记载道说岭南存在真武庙是在明朝的时候。所以，即便《古今图书集成·方舆汇编·职方典》卷1350《肇庆府祠庙考》载广东阳江县在濂溪坊的"真武庙"，是"顺治十八年（1661年）知县杨泽培重修"，其原修也自是在明朝的时候。

因"真武"为北方之神，有些地方的真武庙又称为"北帝庙"。民国《赤溪县（今台山市）志》说：三月"初三日为北帝诞。县属北帝庙最多，其报赛之盛，比其他庙尤甚"。

修建真武庙或北帝庙，立像祭祀，其娱神项目就是放花炮和抢花炮。这就是屈大均所说的"为大爆以享神"。"大爆"的放、抢情形，明末清初的屈大均在其《广东新语》卷16《佛山大爆》有叙述：

> 其纸爆，大者径三四尺，高八尺，以锦绮多罗洋绒为饰，又以金缕珠珀堆花垒子及人物，使童子年八九岁者百人，倭衣倭帽牵之。药引长二丈余，人立高架，遥以庙中神火掷之，声如丛雷，震惊远迩。……拾得炮首，则其人生理饶裕，明岁复以一大爆酬神。……观者骈阗（丛集）塞路。或行或坐，目乱烟花，鼻厌沉水（污浊水气），簪珥碍足，箫鼓喧耳，为淫荡心志之娱，凡三四昼夜而后已。此诚南蛮之陋俗，为有识之所笑者也。

烧爆、抢炮，在广东不单佛山有之。民国《赤溪县志》信仰民俗引金武祥《赤溪杂志》载："粤东敬神烧爆，谓拾得爆首，则其人生理饶裕，明岁复以一大爆酬神。省城以二月，佛山则三月，赤溪（今广东台山市）则元宵前后数日，特无其繁盛耳。今年正月畅晴，海月皎洁如画，连夕先放花筒，继以烧爆。观者骈阗塞路，得爆欢呼而归。"

赶庙会，放花炮，抢花炮的酬神活动，诚如清初广东学者屈大均指出的："此诚南蛮之陋俗，为有识之所笑者也。"广西居民犹如广东居民一样，基本是壮群体越人的后人，"陋俗"传承，自然也不异其样。

张邵振康熙《上林县志》卷上载，在上林县各地，"三月三日，真武诞辰，建斋设醮，或俳优歌舞、乐工鼓吹三日夜，谓之三三胜会。至期送圣，群放炮酬神，观者竞得炮头，以为吉利，且主来岁之缘首焉"。上林县的"三三胜会"活动如同广东佛山一样，兴

---

① 白耀天：《切勿以假充真，伪造历史愚弄人："南宋义士张天宗"辩》，《广西民族研究》1996年第2期。

起于明代。此一活动自明朝迄于民国35年（1946年），在上林县群众中一直传承着。笔者家在上林县巷贤，少年时曾躬逢其盛。虽然往日的"真武庙"已易名为"三仙庙"，可庙会期间以演戏、放花炮、抢花炮的酬神项目一如往昔。

张智林民国《平乐县志》载，平乐县农历三月二十二日"三年一举"的"天后诞"酬神活动之一的放、抢花炮，气氛最为热烈：

> 放爆，以纸扎花鸟、人物，如塔如屏，高三四尺，披彩绸，中嵌玻璃镜，配以自鸣钟，名曰炮屏，每座一二人舁（yú，抬）之。炮屏有以数目分次第者，如头炮、二炮、三炮等；有以吉语定名称者，如添丁炮、发财炮、福禄炮等。多或二十座，少以十座，于各处堂号还（环）炮列齐，乃于庙外广场搭台放炮。在庙值（主持）者，先以铁作圈如杯大，缠以红布，放时或置于铁炮上（俗呼"㪟（dǔn）地雷"），或置于大竹爆上。先燃纸炮数万响毕，值事者（主持人）于台上高呼放第几炮，或放某某炮，轰然一声，铁圈飞出，纠纠壮者多人互相争夺。得者报请值事（管事人）登记，迎炮屏回家供奉，是为炮主。

> 炮主迎屏回家后邀集千百人醵（jù，集资）酒以作炮份。俟下届神诞期，凡有炮份者各出资还炮于庙。

原来真武帝君诞辰，广西各州县迎神赛会普遍有以放花炮、抢花炮为酬神项目，后来有的州县"真武帝君"诞辰变成了"元帝诞辰"，比如横州；[1] 有的州县变成"城隍诞期"，比如新宁州；[2] 有的州县变成"雷神"及其他的神，比如融县；[3] 有的州县变成"社神"，比如贺县和贵县；[4] 有的州县则是凡醮会迎神，重在放炮，比如榴江县（治今鹿寨县东寨沙）、来宾县、三江县、陆川县、桂平县、平南县等。[5] 同治《浔州府志》载：浔州府（治今桂平市）所属，"每遇迎神，庆诞及醮会，俗重放炮，有抢拾得放过大炮（落）回者，会主用鼓吹送玻璃佛镜一座至其家，以香花、酒、烛供奉中堂。是日，必招邀贺客燕饮以酬神贶（kuàng，赐予）。次年及期，亦即照样另备画像佛镜，鼓吹肩舆同送庙中，仰答神庥（xiū，荫庇），谓之还愿炮"，即属此类。

放花炮、抢花炮的时间，因酬赛的神主不同而出现差异。比如，通常祀"真武诞辰""三仙诞辰""天后诞辰"，仍然沿着旧的习惯在三月三日举行。不过，有些神跨界大，举行的时间就大为差异了。比如，新宁州（在今扶绥县中部）所祀的是"城隍诞辰"，时间就定于农历"五月十八日"："城隍诞期，连日建醮演戏，争为大爆以享神。其爆径一二尺，高四五尺，饰以彩物置架上，用神火（神坛上之火）燃之，声响如雷。拾得爆首获

---

[1] 光绪《横州志》。
[2] 光绪《新宁州志》。
[3] 民国《融县志》。
[4] 民国《贺县志》；民国《贵县志》。
[5] 民国《榴江县志》；民国《来宾县志》；民国《三江县志》；民国《陆川县志》；民国《桂平县志》；民国《平南县志》。

吉，明岁复以大爆酬神。"① 而贵县（今贵港市）则祀社神，在农历二月初二举行。民国《贵县志》载，二月"初二日，城厢人民群集坊社放花炮。大者丈余，小者尺许，以竹为炮架，糊以花纸，有头、二、三炮诸名目。中藏彩环，炮轰环腾，得者谓之'得炮头'，会主以鼓吹仪仗送镜至其家。翌年及期，别备屏炮，以金猪、鼓乐送至社前，谓之'还炮'。近年社坛大都毁除，已无此举"。

进入民国以后，破除迷信，兴利除弊，毁偶像，建学校，如同民国《贵县志》所说，崇祀的祠庙或偶像毁除，以及民国各级政府的干预，依存于对各类神主建斋设醮的放、抢花炮，在岭南许多地方的壮、汉二族群众中便逐渐销声匿迹。但是，放花炮、抢花炮此一祀神活动形式既然曾经寄托着历史上壮群体越人的后人们对美好生活的追求，引发了他们心中的火花，激起了他们无限的热情，也曾经给他们很大的欢乐享受，可说源远流长，淀积深厚，结挂人心，让人憧憬，自然也不能一压而熄，一扑而灭。随着人们意识的觉醒，放花炮、抢花炮娱神成分逐渐消失，它就作为一种娱人的体育项目存留下来，成为一项健体、竞上、合力、机巧的民族民间传统体育项目。

抢花炮的习俗，屈大均及两广各府、州、县志记载都轻描淡写，一语带过，或用"拾得"，或用"竞得"，或用"抢拾"等字样，最多也不过是"纠纠壮者多人互相争夺"等字样，显得落寞，没有什么波澜，激动人处。其实，这是多个群团间对着唯一彩环的集群式竞抢。你抢我夺，追截围堵，此起彼伏，彩环多次易手，场面极为壮观热烈。要赢得彩环，此一群团必须自彩环从空中落下那一刻起，或合力竞争，巧妙配合，恰到围护，或在拥挤的人群中隐然伏匿，聒聒移目，然后保护身持彩环者机灵地逸出重围，跑到戏台会主那里认证登记。正如光绪《归顺直隶州志》所说："凡欲得炮者，类皆广托亲友三四十人，翘首攘臂以代抢取。"

各群团在竞抢中，只能挤、扳、钻、护、传、拦，不准击、打、踢、使拳术，更不准使用利器或硬物。这些都已经成为参加竞抢者的潜意识，不会出现越轨行为，因此整个竞抢过程是热烈而文明的，没有出现伤人事件。

姜玉笙民国《三江县志》载：

> 花炮会，多在上巳（上旬巳日）举行，亦有就筹办公益事件之集会时举行的。六甲人、壮人皆盛行，而全县人率多参加。每年头家备镜屏诸物为奖品，分头、二、三等，其数量无定，于集会地点演剧、舞狮及各种游艺助兴。届期，男女咸集，其以山歌唱答亦集于此。
>
> 其竞赛时以冲天铁炮（即旧时之地炮）内装小铁环，若实弹然，燃炮后铁环直冲霄汉，观众闻炮声即以铁环为目标蜂拥争取，以夺得铁环者，按头、二、三炮依次领奖。其友好皆簇拥庆贺，欢声若雷，故常有雇请健者代为抢拾，极见热烈。
>
> 得奖者于来岁会期须备镜屏、礼品到会，曰"酬神"。盖原起，则赛神之集会也。

---

① 光绪《新宁州志》。

放花炮、抢花炮，"此诚南蛮之陋俗"①。从广东到广西，"南蛮"即指壮群体越人的后人，不管他们已经趋汉变化还是没有完全趋汉变化的壮族，因酬神而大几百年地传承着放花炮、抢花炮此一习俗。民国《三江县志》记载花炮会在三江县的"六甲人、壮人皆盛行"，说明主办者六甲人和壮人，虽然"全县人率多参加"，但是除六甲人和壮人外，县中其他各族只是看热闹而已，他们中没有此因酬神而来的活动。

三江县自古就是多民族杂居之地，因此姜玉笙修的《三江县志》在记载三江县的衣、食、住、婚、丧、歌会、乐器及信仰等时，都是分民族叙写。其中因信仰而来的"花炮会"也只说"六甲人、壮人皆盛行"而不涉及侗族，民国及其前侗族无花炮会是明显的。可是，现在在一些人的认识里，却认为抢花炮是侗族"盛大的传统节日"。何谓"传统"？未得其源，不知其承，现代始慕他族而仿之，纪年有限，虽说"盛大"却不是"传统"。

三 群体性游泳活动

"鸡骨占年拜水神。"古代越人沿水而居，入水作业，凭水种稻，人唯水才能生存，于是壮群体越人逐渐形成了人来之于水的意识与理念。《蜀郡记》载："诸山夷獠子，任（妊）七月生。生时必临水，儿出便投水中，浮则取养之，沉则弃之。"②晋张华《博物志》卷2也载："荆州极西南界至蜀郡，诸山夷名曰獠子，妇人妊娠七月而产。临水生儿，便置水中，浮则收养之，沉便弃，然千百多浮。"此种意识、理念传承下来，时至民国年间桂西一带的壮族，"经常说自己的孩子是挑水时在水里捡到的"③。壮群体越人生育实行丈夫坐褥制，妻子产后三天即下溪河澡洗出月，操持家务、护理上床坐褥的丈夫。孩子长大了，便让他入水洗浴，促其壮健，促其长大。在江河中，小孩洗浴，大人洗浴，男人洗浴，女人洗浴，因此在壮群体越人及其后人中便形成了父子同川而浴，④男女同川而浴的习俗。⑤

人老了死了，子女要在巫觋的导引下到河边买水浴尸，使其与水连上关系。这就是南宋范成大《桂海虞衡志》载的壮群体越人的后人"亲始死，被发持瓶瓮恸哭水滨，掷铜钱、纸钱于水，汲归浴尸，谓之买水"⑥。

人死买水浴尸，在壮群体越人的后人中，不论是广西还是广东都普遍存在着：人死，"始招师巫开路，安魂灵，投金钱于江，买水以浴"⑦。吴震方《岭南杂记》上卷载："惠州人死未殓，亲人至江浒，望水号哭，投钱于水汲而归，浴以殓。亦蛮风也。"人死买水以浴，深层次地揭示了壮群体越人及其后人关于人死重归于水乘水远去的理念。1991年，我们到麻栗坡县马街乡高城子调查，发现那里的壮族在安葬完毕后由女儿背着死者的灵牌

---

① （清）屈大均：《广东新语》卷16《佛山大爆》。
② 《太平御览》卷360《孕》引。
③ 丘振声：《壮族图腾考》，广西教育出版社1996年版，第388页。
④ 《汉书》卷64《贾捐之传》。
⑤ 《汉书》卷27中之上《五行志》。
⑥ 《文献通考》卷330《西原蛮》引。
⑦ 同治《番禺县志》。

回到家里,即在院子里烧了,然后用树叶包着其灰烬,又由女儿背着放到江河里让它随水漂流而去。这也就是表明人死归于水的礼仪。

望水而生,入水试儿,浴水长大,水泡白首,死归于水,这是壮群体越人及其后人关于以水为中心的生命循环。其中人长于水,壮于水,老于水,就是史书记载的越人"父子同川而浴""男女同川而浴"。男、女、老、少"同川而浴",就是壮群体越人及其后人群体性的游泳活动。

明末清初,顾炎武《天下郡国利病书》卷104《广东八》载,海南"熟黎"(即今操壮傣语支语言的临高人)"妇人高髻,钗上皆铜环,耳坠垂肩,衣裙皆五色吉贝,无裤襦,但系裙数重,制四围合缝,以足穿而系之,群浴于川。先去上衣,自濯足,渐升其裙至顶以串入水;浴已则复自顶而下,身亦出水"。此犹如今日云南西双版纳傣族妇女在江河里游泳时入水出水的江边倩影。

壮群体越人的后人由于意识理念的改易、居地环境的变化以及记载的阙略,父子同川而浴、男女同川而浴的群体性游泳活动,不知终于何时。

康熙年间(1662—1722年)吴震方《岭南杂记》上卷载:"自肇(广东肇庆)至梧(广西梧州),路届粤西,即有蛮彝之习,妇人四月即入水浴,至九月方止,不避客舟,男女时亦相杂,古所谓男女同浴于川也。……浴时或触其私,不忌;唯触其乳,则怒相击杀,以为此乃妇道所分,故极重之。"此后即不见有类似的记载了。然而,近200年后云南一些地方的傣族却依然有如往昔:"大伯夷(今傣族一支的先称)在陇川(今云南德宏傣族景颇族自治州陇川县)以西。男子断发文身,妇人跣足染齿,布裹其首。居喜近水,男女皆袒浴于河。妇人谨护两乳,谓此非父母所生,乃天地所赐,不宜人见也。"[①] 一个为"妇乳""乃妇道之所分,故极重之";一个为"妇乳""非父母所生,乃天地所赐,不宜人见也":语虽有异,但其趣旨一致,即旨同语异。为什么有此共识?因为他们源同一体,在壮傣群体越人时代就已经有了此一认知。此后壮傣群体越人分化为壮群体越人和傣群体越人,虽然各自经历了时代风云的淘洗,但是旧习传承,千年不变。这也道出了壮傣群体越人及其后人社会历史上曾普遍地存在群体性的游泳活动。他们不论男女老少,日求饱腹,夜求一觉,劳动之余沉浮江河不可少,养成了嗜好游泳的天性。

四 踩风车

踩风车,是隆林各族自治县等地壮族的一项传统体育活动。

风车的形状和大小与架设在河边的自转水车基本相同。直径一丈左右,全为木制,轴条架在距地两公尺高的支架上,使风车悬离地面。风车圆周内吊着4—6个坐板,犹如秋千。活动时,先坐上一人,然后用人助转,再一个个坐上,就形成转动惯性。在转动过程中,谁转近地面,双脚一蹬,加快风车旋转的速度,这样风车越转越快,要是一组人协作得好,转速可达每周只需二三秒钟。身体不好的人坐上风车容易头晕目眩,胸闷欲呕,但对人身体平衡、耐高及空转灵巧的锻炼大有好处。在踩风车时,青年男女可以显示自己的踩车技艺,逞其能耐。他们常耍的技艺动作有单手吊圈,双手吊圈、360°翻杠等。

---

① (清)陈宗海:光绪《腾越厅志稿》卷15。

此项活动的产生,据说道光初年一对夫妇结婚多年不育,农历三月初三他们制起风车,祭拜天地,邀集左右村邻的青年男女来坐车玩耍,以"修阴功"。多年之后,他们如愿生儿育女,解了乏嗣之忧。此后,踩风车久传成俗,咸丰(1851—1861年)时期鼎盛。主办踩风车者,都是婚后多年念嗣艰难的人。一般一对夫妇主办踩风车此一运动,至少连办三年,多年更好,这样才"功高德厚",才能"多子多福"。于是,主办者在每年农历三月初三上午立车完毕,杀鸡焚香供祭天地,然后摇动风车空转三圈,以示神灵保佑参与踩风车的青年男女,使大家高兴而来,安全而归。

在隆林各地壮族聚居地,一年一度的踩风车活动,召来了四方八面的群众,少则几百人,多则千余人。他们穿着民族盛装,有的踩上风车显其技艺,有的呐喊助威,有的则对歌寻找心上人,等等不一。现在踩风车会已经成为男女青年交谊的场所,没了求子求福的意义。①

第二节 因军事需要产生的体育活动

因军事需要产生的体育活动,旨在练胆识,练武艺,增强本身的身体素质和抗御、攻击技能。

一 武术

西汉太尉田蚡说:"越人相攻击,固其常。"② 越人各氏族、部落间相互攻击,是其常态,传承下来,不见改变。晋南北朝"俚獠贵铜鼓"。"风俗好杀,多构仇怨。欲相攻则鸣此鼓,到者如云。有是鼓者,极为豪强"③,反映了此种历史事实;隋朝"俚獠""并铸铜为大鼓,到者如云。有鼓者为都老,群情推服"④,反映了此种历史事实;刘文征天启《滇志》卷4《旅图志》载"富(富州今云南富宁县)酋李氏与(广南府)侬氏构隙,兵不越境,或伐巨木横箐中以绝往来",同样反映此一历史事实。

壮群体越人及其后人各势力集团之间的互不相让,互相攻击,自然激励他们各自的军事训练,强壮自己,防御或攻击别人。南宋周去非《岭外代答》卷3《田子甲》载:"邕州溪峒之民无不习战,刀、弩、枪、牌用之颇精。峒民事仇杀,是以人习于战斗。"而此种"习于战斗"的训练,在壮群体越人的后人中自孩提时代就开始了:"一村中推有事力者曰郎火,余但称火。"⑤ "火"古读"虎何切",为壮群体越人语"ço²"(未成年人)的

---

① 《隆林各族自治县民族志》,广西人民出版社1989年版,第231—233页。
② 《史记》卷114《东越列传》。
③ 《太平御览》卷785《俚》引裴渊《广州记》。
④ 《隋书》卷31《地理志》。
⑤ (宋)范成大:《桂海虞衡志·志蛮》。《文献通考》卷330《西原蛮》引《桂海虞衡志》载,羁縻溪洞"每村团又推一人为长,谓之主户,余民皆称提陀,犹言百姓也"。此与"山獠"的"一村中推有事力者曰郎火,余但称火"是相同的。"提陀"的合音就是"火"的古音,只是"郎火"改称"主户"而已。一村中唯一人称主户,显然是"郎火"。这说明"一村中推有事力者曰郎火,余但称火",不仅在"山獠"中存在,在壮群体越人的后人社会中也普遍存在。

近音译写字。"郎火",就是在村中管理、训练未成年人的人。"儿难骑犬,引弓射雉、兔,掘鼠,少长习甲骑,应募为狼兵。"① "狼兵"是明朝统治者"犬"化的结果,实际是"郎兵",即由村一级"郎火"训练出来的兵。

由于各势力集团的战斗人员自小训练,武力精强,技艺娴熟,所以《岭外代答》卷3《田子甲》载:"尝有官员自俍峒借人至钦(州),所从数人,道间麋兴于前,能合而取之;鸟飞于天,能仰而落之。一夕,逆旅(旅店)劫盗,人有惧色,惟峒人整暇(从容不迫)以待,盗不敢前。"到了明代,魏浚《峤南琐记》卷下称"粤右狼兵,鸷悍天下称最"。《百粤风土记》也载:"诸土司兵曰狼兵,皆骁勇善战。"② 显示"狼兵"辉煌业绩的当推千里奔赴江浙的抗倭斗争。

倭寇扰乱东南沿海,明朝官军见倭披靡,江浙危急。浙福总督张经奏说:"寇强民弱,非借狼兵不可!"③ 田州、南丹、那地、东兰等州"狼兵"千里赴援,一改抗倭战场见败不见胜的纪录。"狼兵……每与贼遇,贼辄披靡。(在松江一带)偶以二十人当贼二百人,为贼所困,力战得出,杀贼五十余人,狼兵死六人。其间二人尤骁勇,贼至刘家行,单骑追之。"④ 松江流贼数百进犯嘉兴,"适狼兵至郡,郡侯令赍饷犒兵。狼兵即出击。一兵甫弱冠(20岁),独奋身冲锋,连杀七贼。兵众乘胜追击,斩获数十,贼皆披靡,弃舟自走官塘"⑤。这些壮族青年在疆场上何以如此英勇,无疑他们不同程度地身怀出神入化的武功。但是,这些武功名甚,有什么套路,特点怎样,却完全失传了。

瓦氏夫人年近花甲率4100多田州"狼兵"奔赴江浙,严军纪,英勇击贼,显示了她为将帅的英明以及作为战将的临危不惧、勇敢非凡。她"驭众有法度,约所部不犯民间一粒。军门下檄,辄亲视居亭民诉,部属夺酒脯者,立捕杀之,食尚在咽下"⑥。嘉靖三十四年(1555年)五月十日在金山,瓦氏所部突遇8000多柘林贼。贼众瓦氏兵少,"群倭围瓦氏数匝,杀其家丁数人及头目钟富。瓦氏披发舞刀,往来冲突阵中,所乘马尾鬃,为倭拔几尽,浴血夺关而出"⑦。明朝官军都司白泫在金山卫被倭寇"围数重。瓦氏奋身独援,纵马冲击,破重围",将白泫救出来。⑧ 瓦氏夫人之所以能够在花甲之年纵横敌阵如入无人之境,是因为她武艺高强。"瓦氏双刀"在吴殳《手臂录》卷4《双刀歌》中誉为"成团雪片初圆月",所向无敌。在江浙,她收安徽歙县项元池为徒,授予双刀法。吴殳是项元池的再传弟子。他既在《手臂录》作了《双刀歌》,又作了《短降长说》论述瓦氏双刀的特点及应用,称为"瓦氏双刀降枪法"。于是,"瓦氏双刀法"便在江浙传播开来,流传至今。马明达在1989年6月18日《中国体育报》上刊登《瓦氏夫人》一文,介绍了瓦氏双刀法在江浙的流传情况。然而,在瓦氏夫人家乡,在瓦氏夫人所属的民族群

---

① (清)金𨱳:雍正《广西通志》卷92《狼》。
② (清)汪森:《粤西丛载》卷24《土兵》引。
③ (明)郑若曾:《江南经略》卷8下《调狼兵记》。
④ (明)郑若曾:《江南经略》卷3上。
⑤ (明)采九德:《倭变事略》卷2。
⑥ (明)董斯张:《吹景集》,(清)汪森《粤西丛载》卷24《土官瓦氏》引。
⑦ (明)张鼐:《吴淞甲乙倭变志》。
⑧ (明)采九德:《倭变事略》卷3。

体,"瓦氏双刀法"却早已湮没无闻。

旧的武术套路、刀法精华虽然失传,但是20世纪50年代以前,各地壮族练武仍然成风,也出了不少人才。太平天国时期,韦昌辉等太平天国政权中的壮族头面人物,也是以其个人高超的武艺和谋略赢得其地位的。咸丰至光绪年间,县丞岑毓英在云南苦战18年,东征西讨,力平群雄,统一云南,晋升为云南巡抚,后来又做云贵总督,除了他本人外,他的团队即有不少壮族武林高手。流传到现在,壮族的拳术,各地虽然师授不同,传习有异,但是拳势刚劲,多短打,擅标掌,少跳跃,行拳借声、气催力,采用"站桩""打沙袋""打树桩""抓石抹手""走梅花桩""七步铁线基本桩功"等功法练功。现存拳术套路有擒功大王拳、霸王锤、梅花桩拳、踢打四门、三桥手、三打罗汉拳等35套。器械套路有雪花盖顶刀、八卦、榔棍、白鹤棍、铁线棍、九子连环棍、九下手(棍术)、三叉、春秋大刀、三指铗钯、鱼尾叉、标、长板护身凳、飞砣、竹篱枪术等14套件。对练套路有八挂榔棍对练、三叉耙头对棍两套。①

二 打石仗

顾英明民初《荔浦县志》载:"五寨之间,社日分胙(zuò,祭祀肉)后,青山与弓背人掷石头争胜为戏,谓之'打石古仗'。相传胜者种植可获丰收。"其实打石子仗,在广西是普遍存在的。刘介(刘锡蕃)《岭表纪蛮》载:"打石子之俗,汉、土民族皆有之,名虽娱乐,而实际则为一种军事训练。吾人于此,藉可想见当年民族竞争激烈之情形。其时期多在三、四、八、九各月。战时,甲方若干村为一组,乙方若干村为一组,其数常达千余人。双方各拣大如鸽卵之石子,于郊外排列阵式,互相投掷。风声虎虎,纷如雨雹;追亡逐北,吆喝呐喊,如与大敌决战者然。事后,和好如故,虽负伤,弗怨也。前清之季,钟山、武鸣等县,此俗犹存,近则无闻矣。"②

打石子仗,后来衍化为打泥块仗,是少年们玩的游戏。笔者读小学的时候,每当放学回家,相约的两个村子的孩子就拉开架式,拿起土块,群相追逐,直分出输赢为止,虽然打得灰头土脸,却乐在其中。此种两边对仗,既可娱乐,又能见识阵仗、锻炼胆量、准头和身体,培养集体精神。

第三节 因劳动产生的体育活动

因劳动产生的体育活动,指模仿劳动而形成的体育活动。

一 特朗

"特朗",是壮语 tup^{8}ha:ŋ^2 的近音译写,意为"打扁担"。

壮僚群体越人及其后人生产方面有两个习俗:一是收割禾稻是以手镰切割禾茎最后一个骨节的禾秆,撕去禾衣,连同稻穗一起束成把。这就是南宋周去非《岭外代答》卷4

---

① 《岭南文化百科全书》,中国大百科全书出版社2006年版,第569页。
② 刘锡蕃:《岭表纪蛮》,商务印书馆1934年版,第180页。

《椿堂》所载的"静江（桂州）民间获禾，取禾心一茎藁，连穗收之，谓之清冷禾"，也就是《古今图书集成·方舆汇编·职方典》卷1433《梧州风俗考》载容县"收获，群妇女而出，率以手掐掇其穗而弃其管以便束敛"。二是不食隔宿粮，必须是当日舂捣当日煮，不留待翌日。这就是《古今图书集成·方舆汇编·职方典》卷1421《思恩风俗考》所载的"家无积粮，晨兴杵声喧里巷，止足一日之需"，也就是民国《广南县志稿本》第五册所载的"每日夜半鸡鸣时，农妇即起床舂米，不明而止，比户（每户）皆然。碓声隆隆，扰人清梦，而所舂止足本日之食。次日复然，甚少间断"。由于这两个习俗所导向，所以壮群体越人及其后人"将食时，取禾椿于槽中"。此槽，就是"舂堂"。唐末刘恂《岭表录异》载，"广南有舂堂，以浑木（全木）刳（kū，剖开挖空）为槽"以舂米。

既以舂堂舂米，壮群体越人及其后人便不忘于此中取乐，使单调的舂米劳动充满乐趣。所以，刘恂《岭表录异》载："一槽两边约十余忤（棒槌），男女间立，以舂稻粮。敲击槽舷（两侧及边沿），皆有遍拍（节拍）。槽声若鼓，闻于数里，虽思妇之巧弄秋砧（捣衣石），不能比其流亮也。"南宋周去非也说："将食时，取禾椿于槽中，其声如僧寺之木鱼，女伴以意运忤成音韵，名曰椿堂。每旦及日仄，则椿堂之声四闻可听。"①

历史发展，口齿增多，大的全木难得，人们多以石臼取代椿堂。但是，人们没有忘记击打椿堂之乐。陆庆祥民国《隆山县志》载，隆山县（在今马山县东部）"但浑木返颇难得，妇女每用木板以代其法，以一长方坚硬之板，两边垫以长凳，两旁排列妇女二三，手持扁担上下对击，或和以锣鼓逼迫轰冬，高下疾徐自成声调"。沿袭下来，现在也不用长方坚木板而使用长条凳了。

活动时间在每年春节初一至十六日，参与活动者主要是妇女，人数可以是4人，也可以是6人、8人、10人，以双数为准，一般以4人最为适宜。活动的方法，每人双手握住扁担的中部，用扁担的两头按传统规定的点子节奏，面对面地互相敲打。时而扁担打扁担，时而扁担打凳子，忽上忽下，时轻时重，点子复杂，动作变化多样，灵巧健美，朴实大方，形象生动地表现出打谷、车水、插秧、舂米、织布、赶牛下地等各种各样劳动动作过程。

此项活动品评高下，是看其象征性花样多寡、节奏是否整齐、动作技巧是否熟练、配合是否默契。

二　板凳龙

在防城市洞中、板八等地的壮族，每当丰收时节，待谷子入仓后，兴奋的人们便在晒谷场上拿起板凳作龙，禾叉作龙珠，欢舞起来。随着时日的推移，后来人们把长条凳饰成美丽的龙，把禾叉装上火球绕明珠，由男女嬉戏对舞，成为融技巧、武术、杂技、体操等运动为一体的综合性运动。舞者动作矫健、敏捷、刚柔结合，看起来有如双龙抢珠、倒海翻江之势。

---

① 《岭外代答》卷4《椿堂》。

三 打䭔

打䭔，又叫打榔。是桂西南壮族的传统体育活动，广泛流行于百色、平果、天等、隆安等地。每年春节，人们喜庆丰收的年成，欢度佳节，村村寨寨都打起䭔来。䭔声洪亮浑厚，节奏优美，充分表达了人们的喜悦心情。

䭔，是用一节粗大硬木做成，直径约40厘米，长160厘米，用斧头削成长方形，中间凿个槽，槽里槽外涂上颜色，槽边槽头均画有龙、凤等图案。打䭔人数不限，以双数为宜，一般都是五男五女为一䭔。打䭔时，每人手握一根约3厘米粗、150厘米长的木棍，围着䭔槽面对面地交叉捶击。棍起棍落，节奏明快，形式多样，变化有序，将播种耕耘、打谷舂米，磨粉做糍等春种秋收的重要过程活现出来，渲染年节的欢乐气氛。

打䭔既耗费力气，又要求动作协调，讲究节奏，注重变化；不仅可以锻炼体力，调节情感，而且可以活跃气氛，振奋精神。

第四节 因男女追春产生的体育活动

壮傣群体越人社会由于母权制尚未充分发育，父权制就过早成熟了，因此在父权制社会确立以后，母权制还十分强大，从而使女性保存有较多的追求自身利益的权利。比如，女子可以倚歌择配、保存着女子在婚后孕子之前有结异性"同年"的权利等。

壮群体越人及其后人男女自幼习歌，长大倚歌择配，并有个媒介。此一媒介，就是绣球。于是，在壮群体越人的后人中自然而然地产生"抛绣球""投绣球"等活动。

一 抛绣球

宋代，宾州"罗奉岭去城七里，春、秋二社士女毕集。男女未婚嫁者以歌诗相应和，自择配偶，各以所执扇、帕相博（相互交换），谓之博扇。归白父母，即与成礼"。[①] "博扇"，横州（今横县）则称为"抛帕"："每岁元旦或次日，里中少年裂布为帕，挟往村落，觅处女少妇相期答歌，允者，男子以布帕投女，女解所衣汗衫投男子归，谓之抛帕。"[②] 而更多的壮群体越人的后人则是"抛绣球"。这就是明朝桑悦《记壮俗六首》其一所说的"亲邻相助歌迎鬼，男女分行戏打球"。[③] "男女分行戏打球"就是男女各站一方，互抛绣球，以传情爱。

"抛绣球"的产生，已经久远。南宋周去非《岭外代答》卷10《飞驰》载："上巳日，男女聚会，各为行列，以五色结为球而抛之，谓之飞驰。男女目成，则女受驰，而男婚已定。"现在在壮族中，"抛绣球"活动大多则已逸出了男女授受相爱的圈子，成为一项群众性的体育活动。每届大年初一至元宵节，兴致勃勃的青年男女们便各分为两个队，由甲方将绣球抛向乙方，乙方接球后反抛给甲方。如任何一方接不住球就算失败，败方就

[①] （宋）王象之：《舆地纪胜》卷115《宾州》。

[②] （明）王济：《君子堂日询手镜》。

[③] （清）汪森：《粤西诗载》卷16。

须派一个往胜方去。如此反复抛球，一直到其中一方剩下最后一人时，还接不住对方抛来的绣球，即被胜方抬着走（意为卖猪崽）。

这项活动，既练臂力，也练技巧，令人兴趣盎然，增加了节日的欢乐气氛。

二 投绣球

投绣球，是从抛绣球活动衍生出来的体育活动。据说该活动在广西靖西县已有100多年的历史。

活动开始之前，先在一块空地上竖起一根约三丈高的竹竿（或木杆），顶上镶着一块一米左右的四方木板，中间挖有一个直径10厘米的圆洞，洞的两边贴上红纸。投的绣球直径约6厘米，重量为3—5两。比赛时，参赛人员分为若干队，男女分开，人数相等。每次一男一女，相向做对手赛。投者手持绣球的飘带，旋转绣球，当摇到作用力均衡时，对准竿顶木板上的圆洞投去，谁能将球破纸穿过圆洞，谁就是胜利者。

此项活动，既锻炼臂力，又锻炼耐力和腰肌力，提高击中目标的本领。

三 旋磨秋

明朝田汝成嘉靖《炎徼纪闻》卷4载"龙（máng）家""春时立木于野，谓之鬼竿，男女好旋跃而择对"。胡朴安《中华全国风俗志》下编载："竖一直木于地，以一横木凿其中，合于直木头上，二人一左一右，扑于横木两梢头为戏。此落彼起，腾于半空，名曰磨秋。"

旋磨秋，是彝族首创的。元代，李京《云南志略·诸夷风俗》已经记载"罗罗"（今彝族先称之一）"每岁以腊月春节竖长竿横设一木，左右各坐一人，以互相起落为戏"。后来部分彝族迁入云南开化（治今文山市）、广南（治今广南县）二府及广西西隆州（今隆林各族自治县）等地，壮族也随同彝族旋起磨秋来了，从而成为流行于与彝族杂居的云南文山壮族苗族自治州以及广西隆林各族自治县等地壮族于大年初一至元宵节举行的一项传统体育活动。

磨秋，由立轴和横杆组成。立轴由一根3米长，直径20厘米的硬木做成，一端埋入地里，露出地表1.2—1.5米，轴顶削成磨轴。横杆由长3—4米的两根木头组成，在木头的根部各凿两眼，眼距30—60厘米，两两上下相对，用木钉钉紧，将两木固定成6—9米的木头横杆，再在两木对接正中凿一个孔套在磨轴上。距杆头两边各一米处，缠着红、黄、绿各色纸并绑上几朵大红花，使磨秋运转起来五彩缤纷，光彩夺目。

横杆两头围轴而转，两头人数要相等，可以2人，也可以4人，一般以2人为宜。活动开始，两人各在横杆的一端，手扶腹贴横杆，然后使劲用脚蹬地，人便依横杆一起一落地旋转起来。每当旋转的横杆有一端的人降至地面，继续用脚蹬地，旋木转速便越来越快，不停地飞转。此起彼落，此落彼起，形如传磨，胜似秋千，展腾于半空。两人在依杆旋转的过程中，不仅可以对抛绣球、捡花，而且可以在旋转到至高点处以腹为支附力点进行"飞燕式"的平旋（360度）或两腿叉坐、手扶旋杆凭着旋木做360度的"风车式"的竖旋。

此项运动，以一方感觉头晕而停止。运动过程，时似抛向高空，时似跃入谷底；时而展翅高空，时而脚蹬实地；旋转如磨，目不暇接，给勇者以一展长技的机会。它既考验胆力，又锻炼臂力、腿力、腰力和人的平衡力。

第五节　因儿童娱乐产生的体育活动

捉迷藏、母鸡孵蛋、下石子等本是未成年人的娱乐性体育活动，但少年有兴，青年有趣，少年有的许多娱乐性体育活动也吊起了青、壮年等类人群的胃口，成了他们中的体育项目。比如，舞狮、踩高跷、下石子等。

一　捉迷藏

捉迷藏，壮语称 "ku：k^8：kəm^{5}no^1"。这似是孩童的天性，三四岁的孩童动不动就两手遮眼，要跟人 "ku：k^8：kəm^{5}no^1"。捉迷藏，主要是参加者都聚集在一个大房间或划定的区域之内，先拈阄，拈着的便被用布条蒙上眼睛做猎者，然后由他在房间内或限定的区域内追逐他人。追逐中，凡被蒙眼者手触到或抓到的就成倒霉蛋，替换原蒙眼者蒙上眼去追逐他人。以此类推，反复进行。引诱声，侥幸逃脱声，抓住人的呼喊声，此起彼落，不需多长时间，大家就大汗淋漓了。

此项活动，既能锻炼体力，又能锻炼其巧变灵活。

二　母鸡孵蛋

孵蛋母鸡凶猛无情，唯恐谁将它孵的蛋偷走。孩子们选择母鸡护蛋心切此一特性，演绎成母鸡孵蛋此一游戏。

游戏开始之前，先在场地上画一个径一米左右的圈圈作为鸡窝，里面放上 5 个小圆石作为鸡蛋。开始后，先拈阄，谁拈着当母鸡。"母鸡"四肢撑地，俯伏在"鸡蛋"上，圆睁双眼睇着圈外的动静。圈外的 5 个人围着"鸡窝"转，瞅着"母鸡"的疏忽，一脚踏进，盗取"鸡蛋"。"母鸡"也非等闲之辈，一眼瞅准，一脚就将偷蛋人踢上了。谁被踢着了，谁就得做孵蛋的母鸡，替换原扮母鸡的人。如果母鸡所孵蛋被偷光了，重来一趟，他仍然脱不了做母鸡的分儿。

此项活动，将儿童的娱乐以及机智、灵巧的锻炼结合在一起。

三　打陀螺

这是壮族乡村少年儿童在秋、冬时节自发兴起的赛手巧、赛臂力、赛灵活的一项娱乐性的体育活动。

陀螺多是自制的，用坚硬的圆木头削成圆锥形，略似海螺，头部大，尾部小，末端钉上铁尖，能平衡地旋转。

陀螺大小不一，有拳头大的，也有鸭蛋大的。玩时用一条长约 1 米头大尾小的绳子，从陀螺尾部往头部一箍箍地紧紧缠绕，用右手指挟住绳子，绳子较粗的一头，用力拽绳，将陀螺甩出去，让它在地平面上不停地直立旋转。谁放的陀螺旋转得最久，谁就获得打别人陀螺的权利；谁放的陀螺先倒下，则被罚放陀螺给别人打。打者若能将对方的陀螺打翻不转了，就算赢了，并获得继续往下打的权利；若打不中或不能将对方陀螺打翻，便是输了，有责任放陀螺给赢家打。如此反复地轮流打，直闹得大家汗流浃背，手臂酸痛，身体极度困乏时为止。

四　赛高跷

踩高跷，本是少年儿童用一对相同的竹竿及其节杈做成的戏耍工具。踩上高跷，可以赛跑，可以互相攻击，看谁有能耐，是少年儿童一项可以锻炼身体、充满乐趣的体育活动。

壮族地区高温多雨，雨一来，道路泥泞，满地泥浆，人们走村串户，带着一脚烂泥进入人家屋里做客，弄脏了人家的屋面不说，自己也觉得拖泥带水，不干净不利索，大失礼貌。于是，大人们便仿孩童的踩高跷，用长 1.5 米的两条略粗的木棍，在距地约 25 厘米的地方钉上踏板，做成高跷，每逢道路泥泞之时出门访问亲友，就踩高跷前去。到亲友家门前，将高跷一靠，就可以脚板或鞋子不沾泥浆，干净利索地入屋做客。

众趣所归，此后在壮人中不论少年还是青壮年，踩高跷成了一项大家热衷的体育竞赛活动：或赛跑步，看谁跑得稳，跑得快，跑得远；或独脚竞技，看谁独脚踩高跷延续时间长；或赛捡路物，看谁踩在高跷上能又快又多地捡到行程路上摆放的实物；或赛撞力，看谁在踩着高跷能撞倒相与竞赛的人最多。

五　高台舞狮

舞狮是春节时青少年游街串巷的贺年活动。田阳县的壮族转接过来，演义成了高台舞狮活动，很具地方性的民族特色。

他们将"八仙桌"脚朝上叠成方形，共 8 层约 9 米多高。活动开始时，由一少年手持彩球，引诱由 2 人舞动的狮子沿着"八仙桌"攀缘登顶，然后在 4 条桌脚上表演，时而高台换脚，时而"公鸡独立"，动作惊险，引人入胜。

经过长期历练，他们技艺娴熟，在高台上节目繁多，或"狮子上金山"，或"童狮上金山"，或"女子单狮上金山"，或"男子双狮上金山"，或"狮子上金桥"，或"双狮戏球"，或"刀尖狮技"等。在 9 米高台的有限面积上，一耸一落，一串一跳，跳跳跃跃，让人既惊且喜，久久不能忘怀。

六　下石子

下石子，就是下棋。20 世纪 50 年代以前，壮族广大农村文化娱乐活动匮乏，人们在树荫下聊天时有兴趣便在石板上画棋盘，顺手捡些小石或瓦片当作棋子，因此下棋就叫"下石子"。

壮族地区棋类很多，通行的主要有"虎棋""三子棋""铳棋"等。

（一）虎棋

虎棋，取意于围猎。它的流行，不知始于何时何代。

虎棋，棋盘如图。图中心"·"子代表老虎，周围 16 个"△"子代表猎人。猎人必须将老虎逼至 A 点无路可走才能取胜。对弈时，"·"先行，可以在直线上前走一步，如见到所偎近的"△"前有空步，即可跨过"△"前跳，将所跨过的"△"吃掉。如果老虎能将"△"吃光，或"△"已丧失将"·"驱入菱形圈内并困死于 A 点，则宣告猎人"△"一方输了，虎方操了胜券。

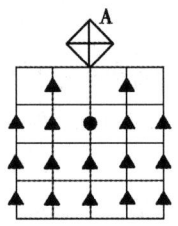

（二）三子棋

三子棋的棋盘如图所示。

下三子棋，分黑、白双方，各持棋子若干。

对弈时，一方先下一子，另一方另下一子，并依此类推。如果一方在同一直线上已有二子，再下一子，就可以叫"三"。一叫了"三"，就可以另下一子将对方在棋盘上可以形成"三"的任何一子压住，使其失去功能。对方也可以如此努力。待双方将棋盘上可以落子的地方占满了，便将双方被压住的棋子除去，留下弈棋的位置。

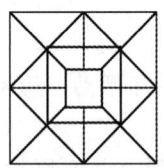

再弈时，先放子的后走，后放子的先走。此后不论何方，只要已方的棋子在一条直线上已有二子，就可以再下一子叫"三"，然后除去对方可能形成"三"的棋子。在弈棋的过程中，谁能够多叫"三"，谁就能够多除去对方的棋子，谁就能够削弱对方叫"三"的能力。最后，满棋盘差不多都是己方的棋子，对方已经没有叫"三"重振的能力，就算输了。

（三）铳棋

铳棋，壮语称"$kei^2 \varsigma u\eta^5$"，分黑、白双方，各有6子。棋盘及双方摆子如图所示。

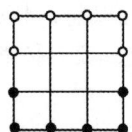

此棋棋子横走直走均可。谁方先动棋子，没规定，由双方协商。在弈的过程中，如一方能凑着两子，就形成了铳，可以将对方同在一条直线上不隔位的一子打死，除去。弈来弈去，如有一方只剩下一子，无法形成"铳"，就输了。

第二章

歌舞文化

除了西汉刘向《说苑》卷11《善说》记载公元前528年鄂君子晳泛舟新波之中听到越人操舟者拥楫而歌的《越人歌》外，《史记》卷70《张仪列传》附《陈轸列传》也记载越人庄舄（xì）在楚国官至执珪（春秋时爵名），富贵不忘桑梓，吟唱越歌寄托乡思。"钟仪幽而楚奏兮，庄舄显而越吟。"后来人们便以"越吟"比喻乡思之歌。这显扬了越人善于唱歌，善于造歌，以歌代言，以歌抒情，是个传统。壮群体越人及其后人是越的传人，自然薪尽火传，在他们中，家屋、田峒、山间、墟市，无不荡漾着歌声的韵味。

南朝宋沈怀远《南越志》载："越之市名曰墟，多在村场，先期召集各商或歌舞以来之。荆南、岭表皆然。"① 此后，"唱歌跳舞家家重"；②"夷歌蛮舞谁能解"；③"歌舞春城暮，烟花自一州"；④"桃叶舞成莺睆睍（huǎnxiàn），竹枝歌就燕呢喃"⑤ 等诗句不断出现于明、清诗人的诗歌中，说明壮群体越人及其后人在历史上是个既能歌又善于舞的民族群体。

第一节 歌谣

"歌声野色中，人乐岁时丰"；⑥"山花纷欲然，村童歌且止"；⑦"入市每衣芒木布，出门时唱浪花歌"；⑧"夷歌起樵牧，几度隔墟闻"；⑨"壮女歌刈（yì，割）稻"，⑩"歌声

---

① （清）李调元：《南越笔记》卷1《赶墟》引。
② （明）冉庸：《谪居灵川》，（清）汪森《粤西诗载》卷15。
③ （明）王偁：《凭祥道中遇元夕有怀》，（清）汪森《粤西诗载》卷15。
④ （明）徐荣：《苍梧即事十二首》其六，（清）汪森《粤西诗载》卷21。
⑤ （清）屈大均：《广东新语》卷12《粤歌》。
⑥ （宋）陶弼：《霞溪驿》，（清）汪森《粤西诗载》卷10。
⑦ （明）苏浚：《游风洞》，（清）汪森《粤西诗载》卷5。
⑧ （明）魏浚：《自梧之邕道横、永间见墟集》，（清）汪森《粤西诗载》卷19。
⑨ （明）王问：《郁林州》，（清）汪森《粤西诗载》卷12。
⑩ （明）方弘静：《兴安道中》，（清）汪森《粤西诗载》卷12。

喧闹夕阳天;①"男女歌谣成聘礼",②"清歌互答自成亲";③"日落夷歌几处听",④"随处夷歌汉网宽"。⑤

历代古人遗下的诗句,映现了在漫漫的历史长河中壮群体越人及其后人的社会生活弥漫着歌声:儿童歌唱,成人歌唱;樵牧歌唱,稻作歌唱;行路歌唱,会集歌唱;觅友歌唱,恋爱歌唱;结婚歌唱,丧礼歌唱。欢乐时唱,愁苦时也唱,唱歌无时无地,无所不有,贯穿于人生活的每一个节序,贯穿于人社会生活的始终。

一 歌墟的追溯及歌仙刘三妹的成型

(一)歌墟溯源

越人的歌,犹如布依族古歌说的:

> 从老辈人啊,
> 唱歌的事早就兴起来了。
> 象山里的古松,
> 象枯泉的青苔,
> 从父传到子,
> 从子传到孙,
> 子子孙孙代传代。⑥

越人的歌,最早见于西汉刘向《说苑》卷11《善说》记载的楚平王元年(前528年)的《榜枻越人歌》:

> 滥兮抃草滥予,
> 昌桓泽予;
> 昌州州,
> 𩜄州焉乎!
> 秦胥胥缦予乎昭!
> 澶秦踰渗惿,
> 随河湖?

此诗《说苑》的汉译文为:

---

① (清)林园乔:《竹枝词》,《天河乡土志》。
② (明)刘大夏:《闻从者谈土俗写怀柬王宪金》,(清)汪森《粤西诗载》卷15。
③ (明)桑悦:《记壮俗六首》其二,(清)汪森《粤西诗载》卷16。
④ (明)徐中行:《送陈督学之广右》,(清)汪森《粤西诗载》卷18。
⑤ (明)钱薇:《铜鼓滩》,(清)汪森《粤西诗载》卷17。
⑥ 韦廉舟:《布依族苗族风土志稿》,贵州省出版局综合服务公司1981年版,第30页。

今夕何夕兮搴舟中流，

今日何日兮得与王子同舟。

蒙羞被好兮不訾诟耻，

心几顽而不绝兮得知王子！

山有木兮木有枝，

心悦君兮君不知。

战国、秦汉，越人还在；汉以后，越人的后人还在延续。然而，除了《说苑》此一记载外，越人庄舄在楚国坐居富贵而思乡的《越吟》虽见载于《史记》却不载其音声词语，难明《越吟》的其情其貌。西晋周处《风土记》记录越人《交友歌》："卿虽乘车我戴笠，后日相逢下车揖；我虽步行卿乘马，后日相逢卿当下。"[1] 歌活现了越人交友的纯真、质朴、笃诚、贫贱不弃、言誓不改的性格特征，可其语已经是汉语，不详其越语原音如何，抑或是结交者已经趋同于汉，失了其祖传的语言？

自西晋以后迄于明代 1000 多年中，在汉文记载里就不再见到上古越人后人歌谣的记载了。但是，他们开口歌来、喜爱唱歌却是不见书载犹涌动于社会，成为越人后人社会既是人们叙事、抒情的重要交流工具，也是青年男女认知、交往、恋爱、契合的唯一手段。北宋乐史《太平寰宇记》卷 163 载窦州（治今广东省信宜市西南镇隆）、昭州（治今广西壮族自治区平乐县）"谷熟时，里闬同取戌日为腊，男女盛服，椎髻徒跣，聚会作歌"，说明了此一情况。

男女"聚会作歌"，就是后来人们所说的"各地赛歌为戏，名曰歌墟"。[2] "歌墟"，就是上古越人后人壮族、布依族说的"naŋ⁶sa：u¹"（浪俏）。naŋ⁶，即坐、结交；[3] sa：u¹，姑娘之谓。naŋ⁶sa：u¹（浪俏），就是结识、结交姑娘。这就是屈大均《广东新语》卷 12《粤歌》记载的壮族女子"三五采芳于山椒（山顶）水湄（水边）歌唱为乐，男子相与（共同）蹋歌（蹋即踏。踏歌是以足踏地为节的歌唱）赴之。相得（中意）则唱酬终日，解衣结襟带相（赠）遗以去。春歌正月初一，三月三；秋歌八月十五。其三月之歌，曰浪花歌"。

naŋ⁶sa：u¹（浪俏），以什么来结交？这就是"浪花歌"。男唱浪花歌，女回浪花歌，相互窥意窥情，若情趣盎然，相互间觉得"知我意，感君怜"，心曲相通，心心相印，情怀欣欣，堕入情网，便成了情妹情郎，结下百年好合。所以，男女 naŋ⁶sa：u¹（浪俏），便是倚歌择配。诚如《广东新语》卷 12《粤歌》记载："狼（明、清统治者对壮族的蔑称）之俗，幼即习歌，男女皆倚歌自配。女及笄（成年），纵之山野，少年从者且数十，以次（依照次序）而歌，视女歌意所答，而一人留，彼此相遗"，"约为夫妇"。

倚歌择配，倚，即倚仗、凭借。男女双方凭借山歌选择配偶，就是说男女双方各以独立之身、自由之体，既无父母之命、媒妁之言，通过对歌来相识、相与、相信、相亲、相

---

[1] 《太平御览》卷 406《叙交友》引。

[2] 叶茂荃：民国《龙州县志·岁时民俗》。

[3] 坐有结、结交的意思，如坐瓜、坐果、坐胎等。

契,最后在没有什么外力干预下自主自愿缔结婚约,成其百年好合。这就是如同南宋王象之《舆地纪胜》卷115《宾州·博扇》记载宾州(今广西宾阳县)离州城七里的罗奉岭,每届二月初二及八月初二春、秋二社"士女毕集,男女未婚嫁者以歌诗相应和,自择配偶,各以所执扇、帕相赠遗,谓之博(交换)扇。归白(告诉)父母,即与成礼"。其中没有什么外力干预,完全由男女双方独立自主地以对歌相识,以对歌相通,以对歌知意,以对歌而相互爱怜,成为伴侣。这就是壮群体越人及其后人的倚歌择配。

壮群体越人及其后人的倚歌择配习俗是个传统习俗,承传自壮傣群体越人时代的习俗而来。

在广东增城金兰寺新石器时代晚期文化层中出土了一件用粗砂红陶制成的"陶祖",[①] 1977年在广西钦州那丽独料新石器时代晚期遗址文化层中出土了一件距今约4000年前以手捏制已残的"陶祖"。[②] 无独有偶,在广西邕宁县坛楼新石器时代晚期文化遗存中也出土了一件同一时期以砂岩凿磨而成的"石祖"。[③] "陶祖""石祖",就是以泥捏石凿的男性生殖器。它的出现在岭南地区,说明距今约4000年前其居民即壮傣群体越人已经形成了男性生殖器崇拜,道出了那一时期他们已经从原始母权制社会脱颖而出进入了原始父权制时代。

壮侗群体越人分化为壮傣群体越人和侗水群体越人时期,也就是壮傣群体越人从原始母权制社会脱颖而出进入原始父权制社会时期。此前,壮侗群体越人虽然进入农耕时代,有了田(壮傣语谓 na^2,侗水语谓 ja^5),沟(壮傣语谓 $mi:ŋ^1$,侗水语谓 $mjiŋ^1$),稻(壮傣语谓 $khau^4$,侗水语谓 qau^4),秧(kja^3 或 ka^3)等与农耕相关的共同词语,但是今人每餐不可或缺的蔬菜,却未形成概念,产生词语。蔬菜,壮傣语谓 $plak^7$(或 $phak^7$),侗水语谓 ma^1,二者相异,说明蔬菜一词在壮傣语支语言和侗水语支语言里,其出现不存在共时性关系,道出壮傣群体越人从壮侗群体越人分化出来,也就是壮傣群体越人从原始母权制社会脱颖而出进入原始父权制社会时社会生产力的低下,母权制还没有得到充分发育,父权制就过早成熟了。

当壮傣群体越人从原始母权制脱颖而出跨入原始父权制社会时,侗水群体越人还踯躅于原始母权制社会阶段。

由于壮傣群体越人的原始父权制是在社会生产力还十分低下、原始母权制还没有充分发育的时候就过早成熟了,而不是在社会生产力相应发展、母权制充分发育推动着父权制的发展,使其水到渠成、瓜熟蒂落最后取代母权制,所以壮傣群体越人原始父权制确立之后母权制势力还十分强大,而父权制势力却相对软弱。面对着强大的母权制势力,男子要实现改变母权制社会的群婚制为一夫一妻制、改变夫从妻居制为妻从夫居制的总目标,除在一夫一妻制的前提下忍痛许可部分夫从妻居存在外,对女子的强烈要求也不得不略作伸缩、略有割舍、略行忍让,承诺女子可以独立之身、自由之体在没有外力干预之下倚歌遴选可意男子作配偶;承诺女子成婚有个缓冲期,暂时不落夫家,在娘家可与丈夫之外的可

---

① 莫稚:《广东考古调查发掘的新获》,《考古》1961年第2期。
② 广西文物队等:《广西钦州独料新石器时代遗址》,《考古》1982年第1期。
③ 广西文物队等:《广西南部地区的新石器时代晚期遗存》,《文物》1978年第9期。

意男人结情欢娱,待怀胎后方才落居夫家,如同北宋乐史《太平寰宇记》卷 165《郁林州》记载的婚女在夫家与丈夫"相见后,复即放女归家,任其野合,胎后方还。前生之子,例非己胤(后代)"。

女既可以自由倚歌择配,自然不讲究什么"贞女"。所以,《太平寰宇记》卷 163 载南仪州(今广西岑溪市)"初,每月中旬,年少女儿盛服吹笙,相召明月下以相调弄,号夜泊以为娱。二更后匹耦两两相携,随处相合,至晓则散"。清朝乾隆时镇安府(治今广西德保县)知府赵翼《粤滇杂记》同样记载,该地壮族"每春月趁墟唱歌,男女各坐一边,其歌皆男女相悦之词。其不合者,亦有歌拒之,如你爱我我不爱你之类。若两相悦,则歌毕辄携手就酒棚并坐而饮,彼此各赠物以定情,订期相会。甚有酒后即潜入洞中相昵者,其视田野草露之事,不过如内地人看戏、赌博之类,非异事也"。① 因此,同为壮傣群体越人后人的"金齿百夷"(今傣族先称),元朝李京《云南志略·诸夷风俗》载其人"不重处女"。

北宋徽宗的时候被贬知昭州(治今广西平乐县)的邹浩,在昭州一待就是 5 年。他写的《仙宫庙》诗,第一次抒写了壮群体越人后人在朦胧月下仙宫庙上青年男女聚会作歌、倚歌择配的令人心驰场景:"千仞巉岩一径通,可扪天处是仙宫。婵娟并席谁家子,缥缈吹衣万窍风。初月淡笼眉拂拂,晚云低绕鬓松松。邦人不复知端的,但说常能助岁功。"② 高山顶上,仙宫庙前,初月朦胧之下人影幢幢,歌也袅袅。那与靓女并坐的是谁家的少年?若有若无的风儿吹拂,衣衫隐约,体态纤巧,楚楚可人。月也淡淡,云也淡淡,恬淡光下,女郎眼睫毛一眨一眨,两眼清莹,澈若两汪清泉;鬓蓬蓬,发松松,胜若娇娘初浴之后惹人神驰!试问州人,为什么慕春男女要举行这样的歌会?他们也不知道究竟,只笼统地说可以帮助一年农事的收成。邈远难稽,于是"不复知端的"(究竟,底细),说明慕春男女在山椒水湄聚会作歌、倚歌择配已经行之久远,文字无载,已经无从追溯,难以详明其源起的底细了。不过,慕者男女聚会作歌、倚歌择配在人们的理念里认为"能助岁功",与一年农事的收成结合起来,无疑是将男女会歌、倚歌择配跟壮傣群体越人及其后人如此的农耕民族群体其心结、企盼、愿景、利权、祈向结合起来,将之宗教化了。

前引南宋王象之《舆地纪胜》记载宾州"春、秋二社",在离州城七里的罗奉岭上,男女未婚嫁者会歌博扇择偶。春、秋二社是中原汉族祭祀土地神的日子。"桑柘影斜春社散,家家扶得醉人归。"③ 这活现了中原汉族在社日集资杀猪宰羊祭祀社神会餐后的情景。壮群体越人后人虽接纳了汉族"春秋二社"的观念,却不是集资祭神后饱餐而是践行慕春男女会歌择配以助年成的礼仪,可知邹浩说的并不是虚言。

此一习俗不仅承之于前,也启之于后。清朝初年《古今图书集成·方舆汇编·职方典》卷 1448《太平府风俗考》载,太平府(今广西崇左市)"三月男女唱歌,互相答和,以兆丰年"。时至民国年间,叶茂荃民国《龙州县志·岁时民俗》还载:"四月间,乡村

---

① (清)王锡祺:《小方壶斋舆地丛钞》第七帙。
② (清)汪森:《粤西诗载》卷 13。
③ (唐)王驾:《社日》,《千家诗》,上海古籍出版社 2012 年版,第 21 页。

男女指地为场,赛歌为戏,名曰'歌墟'。甚且邻县附近,亦有裹粮而来趁墟助兴。每场聚集人众不下千人,一似溱洧之有遗风。相传此墟一禁,即年谷不登,人畜瘟疫云"。

在心理生物性压力和社会性压力之下,壮傣群体越人及其后人慕春男女聚会作歌、倚歌择配本已不催自行,又加以信念性的压力,聚会作歌、倚歌择配既祈神、娱神,了却人们的心愿,又可以满足人们的娱乐愿望,满足慕春男女的人性所需,可以说是聚会作歌、倚歌择配,人望与神祭神奇结合,既祭了神,保了年成,免了瘟疫,又歌欢人乐,慕春男女遂其所欲。因此,慕春男女聚会作歌、倚歌择配自壮傣群体越人时代传承下来,在壮群体越人及其后人历史上神圣不容亵渎,滔滔而流,畅通无阻。这就是聚会作歌、倚歌择配在壮傣群体越人及其后人中数千年薪尽火传,长盛不衰的原因。

壮傣群体越人在原始父权制社会确立之际男子慨然承诺慕春男女各以独立之身、自由之体倚歌择配,于是社会上人人竞逐学会造歌、唱好山歌,山歌成了社会崇尚的对象;人不会唱山歌,就会被晾在社会的边缘上。因此,在壮傣群体越人及其后人社会,会歌、尚歌成了社会风气,交往以歌,会客以歌,说事以歌,抒情以歌,整个社会弥漫着令人心驰欲跃的歌声。但是,此种社会风气不符合于儒家礼教,而无媒妁中介、联络、沟通的慕春男女自我倚歌择配成婚更是大于于汉族的传统习俗。这就是宋太宗雍熙二年(985年)九月二十四日诏令的"岭峤之外""饮食、男女之仪,婚姻、丧葬之制,不循(遵循)教义,有亏(败坏)礼法"。① 于是,历代统治者无不以壮群体越人及其后人的男女倚歌择配为心矢之的,着力要以汉文化对其改造整合。宋仁宗天圣八年(1030年)王益知韶州(今广东韶关市),见到当地"夷越无男女之别",便"一切穷治",坚定蛮横,强行改造整合。② 所谓"夷越无男女之别",指的就是壮群体越人后人聚会作歌,男子与女子唱歌互答,嬉笑怒骂,男女混杂。

"圣王化久文身尽,粤服人和白雉来。"③ 经过历代王朝以汉文化为主导对越文化的改造整合,虽然明初郁林等州还是"相歌为娶"④,但是宋元以后,在岭南由东往西,倚歌择配渐行淡化,除了桂西及云贵高原东侧的壮群体越人后人壮族、布依族不改旧日传承,照样聚会作歌、倚歌择配外,桂东、粤省已经趋汉变化的壮群体越人后人在元朝以后倚歌择配之风逐渐淡化,绝了传承。不过,喜于歌唱,乐于歌唱,不论是粤省还是桂东却一如往昔。比如,清朝初年屈大均说,"东西两粤皆尚歌,而西粤土司中尤盛"。广东"风俗好歌,儿女子天机所触,虽未尝目接诗书,亦解白口唱和,自然合韵"。"粤俗好歌,凡有喜庆必唱歌以为欢乐。……其娶妇而亲迎者,婿必求数人,与己年相若而才思敏给者使为伴郎。女家索栏门诗歌……总以信口而成……至女家不能酬和,女乃出阁。""农者每春时,妇子以数十计往田播秧。一老挝大鼓,鼓声一通,群歌竞作,弥日不绝,是曰秧歌。""南雄之俗,岁正月","令未嫁幼女,且唱且拜","谓之踏月姐"。"长乐妇女,中

---

① 《宋会要辑稿·刑法二之三》。
② 《舆地纪胜》卷90《韶州》。
③ (明)陈鹤:《武林送章金宪之广西》,(清)汪森《粤西诗载》卷18。
④ 《永乐大典》卷2339梧字引洪武《郁林志》。

秋夕拜月，曰椓月姑，其歌曰月歌。"① 而桂东，张心泰于光绪庚子（二十六年，1900年）写的《粤游小识》载，（桂）平、梧（州）等地，城外数里，"男女于夜半对歌，歌词则野（鄙野），不然（不过）怨旷（怨恨无偶）然（形成这样）也。往往夫妇一室，月白风清，启户而歌，歌已各尽其乐"。这就有点像往昔对歌诉情、寻觅知音的余韵了。

（二）歌仙成型

人有求于唱歌，社会上唱歌有相竞之心，自有善歌的"歌伯"或"歌姐"出现，成为群众所向往、群众所追逐、众誉所归的对象。

"江山代有才人出，长江后浪推前浪。"这些"歌伯""歌姐"也是一代传一代，相沿而下的。他们得到前代"歌伯""歌姐"传授的唱歌、造歌的心法。心法，就是唱歌、造歌的诀窍。由于他们掌握了唱歌、造歌的心法，因此受到人们的尊敬，成了人们心中的偶像。然而，壮群体越人及其后人歌唱了2000多年，歌传了2000多年，加上岭南辽阔，地域有异，同一时代的传歌者各有其人，掌握唱歌、造歌心法的岂止一人？

世间三百六十行，行行有祖师；祖师各传心法，成就了各行各业。比如，战国时善于木工的公输班，此后历代的木工便尊他为祖师。祖师鲁班也巩固了木工此一行业，使其在社会上合法立足。在汉族行业祖师思想的影响下，壮群体越人的后人也凝聚了一个"刘三妹"作为"歌祖"，"相传为始造歌之人"。② 由于她善唱歌，也称为"歌仙"："有三妹者善歌，称为歌仙。"③

其实，刘三妹只是壮群体越人后人中一个凝聚泛指的人物，即一个象征化的人物，并不是真有一个姓"刘"名"三妹"善于唱歌、造歌的人。

元朝刘质《刘仙岩》诗称："峭壁玲珑崚碧穹，白云仙去石岩空。刘郎今日重来此，一笑青山万壑风。"这说明在桂林的民间传说中，有姓刘的人仙化而去，但有其姓无其名，也不能确指为姓刘的谁人，道出仙去的人的不可捉摸性。

清朝初年，在岭南泛起了一个"刘三妹的文化现象"。这个文化现象的源头是康熙（1662—1722年）年间吴淇任广西浔州府推官，组织人力搜集岭南民歌，辑成《粤风续九》4卷，其中既有当地的汉族民歌，也有壮、瑶等少数民族民歌。清朝《四库全书总目提要》卷200《词曲类存目》载有其书目。该书后佚失，乾隆（1736—1820年）后期李调元辑录的《粤风》，就是以《粤风续九》为蓝本删节而成的。吴淇他们在搜集民歌的过程中，根据群众的述说，特别推重"刘三妹"此一会唱歌、造歌且已仙化去的人物，称为"歌仙"。刘三妹本是戴誉民间传说中的人物，经他们一揭示，一倡导，便从隐藏于民间传说中的人物成为官面台上的人物。刘三妹作为民间传说中的"歌祖""歌仙"，在壮群体越人的后人中有着广泛而深厚的群众基础，忽然扬声于官面台上，刘三妹便成了各地群众争着抢着，将其认为本乡本土人的先人。

清朝康熙（1662—1722年）年间受命于吴淇撰写《刘三妹歌仙传》的张尔翮说，刘

---

① （清）屈大均：《广东新语》卷12《粤歌》。
② （清）屈大均：《广东新语》卷8《刘三妹》。
③ （清）屈大均：《广东新语》卷8《卢眉娘》。

三妹是浔州（治今广西桂平市）贵县西山仙女寨人。① "三妹系汉刘晨之裔，其父尚义流寓斯土。""三妹生于唐中宗神龙元年（705年）。"少时"通经传，善讴歌"，指物成歌，不失音律。"爰是数百里之能歌者，莫不闻风而来迭为唱和。或一日，或二日，即罄腹结舌而走。而歌仙之名，遂由此盛也。"17岁那年，"朗陵白鹤乡一少年秀才"张伟望慕名而来，与刘三妹对唱三日，废寝忘食，歌声不歇，未分胜负，复登山顶对歌七日，一同化石。"众皆惊骇，莫不亲诣，钦慕罗拜而庇焉。"②

随后，王士祯《池北偶谈》卷16《粤风续九》载："相传唐神龙（705—707年）中，有刘三妹者居贵县之水南村，善歌，与邕州白鹤秀才登西山高台，为三日歌……观者皆觑欷（感动流泪）。复和歌，竟七日夜，两人皆化为石，在七星岩上。"

同一时期，屈大均《广东新语》卷8《刘三妹》除记述刘三妹"生于唐中宗（705—710年在位）年间，年十二，淹通（知识广博而能融会贯通）经史，善为歌"，无人能对，"尝与白鹤乡一少年登山而歌"。"七日夜歌声不绝，俱化石"外还将刘三妹籍贯定格于广东"新兴县"。

而同属同一时代的陆次云《峒溪纤志志余》则载："刘三妹者，不知何时人，通晓诸溪峒方言，皆依声就韵，作歌与之，以为'谐婚跳月'之词。后人奉以为式（格式），蛮人之善歌者始此。相传同时有白鹤秀才，与三妹在粤西七星岩绝顶酬唱，听者数千人，歌已，两人俱化为石，诸苗遂祀奉于峒中。"这是将刘三妹化石的地点放在桂林七星岩了。此是否将王士祯的贵县西山的"七星岩"，讹为桂林的"七星岩"了？而且，刘三妹为壮群体越人后人的歌仙，与苗族无涉。陆次云在此巧弄手法，既将壮群体越人的"歌墟"混同于苗族的"谐婚跳月"，又将壮族泛化为"诸苗"，从而将苗族划入崇拜刘三妹的圈子里来了。即便"七星岩"是桂林的"七星岩"，桂林是壮群体越人及其后人的传统居住地，何曾有苗族来到七星岩上"谐婚跳月"！

无独有偶，湖南、河南、两广《辞源》修订组暨商务印书馆编辑部联合对旧《辞海》作了修订，1979年以新版刊出发行，其"刘三妹"一条说"刘三妹，一名刘三姐，苗族歌手"，标明根据是"清屈大均《广东新语》八《刘三妹》"。这可说是言之有据，非为臆说。然而，翻开屈氏之书，说"粤民"，说"齐民"，说"瑶"，说"壮"，说"狼"，说"山子"，哪里有"苗"一称？两广自可见记载以来是壮群体越人及其后人所居。据李焘《续资治通鉴长编》卷153记载北宋庆历四年（1044年）"杨畋将（桂阳监）不曾作蛮贼人户尽底驱逐，散入广南东、西路"，瑶族方才从桂阳监（治今湖南省郴州市）迁居岭南，道出了瑶族并非两广土著，怎么又能从《广东新语》文中得出刘三妹是"苗族歌手"来？执笔论说，有时而谬，可如此凭空穿凿，却也不多。《辞源》自1979年修订以来，一印再印，至2011年已经17次印刷，可见其畅销，但"刘三妹"一条之误却泥封不动，岂不是诚心引人误识，企图以自己之误取代正确的认知？

刘三妹为壮群体越人的后人操盘唱歌、造歌心法的象征性人物，她又何止为籍居广西贵县、桂林、广东新兴县等地的人物？清朝中叶以后，在岭南各地壮群体越人的后人中，

---

① 文后称"贵虽僻壤"，也点明了刘三妹籍属贵县。
② 《古今图书集成·方舆汇编·职方典》卷1440《浔州府部艺文二》。

不管其为壮族、布依族还是趋汉变化了的，他们口耳相传又尊刘三妹为刘三姐、刘三太、刘三娘或刘三妈。比如，民国《阳江县志》载，六月跳禾楼，"用以祈年。俗传跳禾楼，即效刘三妈故事。闻神为牧牛女得道者。按：此当即《舆地纪胜》所称春州女仙刘三妹者。三妹善唱，故俗效之"。

唐仁等道光《庆远府志》载：

> 刘三娣（妹），相传唐时下梘村壮女，性爱唱歌，其兄恶之。与登近河悬崖砍柴，三娣身在崖外，手攀一藤，其兄长将藤砍断，流至梧州。州民捞起之，号为龙母。

又同治《苍梧县志》载：

> 刘三娘，须罗乡人，生于明季……出入必歌，使纺织而棼（fēn，纷乱）其缘（边缘），随歌随理，即有绪（头绪）；使治田，歌如故，须臾终亩。

在民间传说中，刘三妹或是广东吴川县，① 或是翁源县，② 或是梅县，③ 或是广西忻城县，④ 或是柳州，⑤ 或是邕宁县，⑥ 或是扶绥县，⑦ 或是恭城县，⑧ 或是容县人，⑨ 或是出入于廉浦间的"歌圣"。⑩

岭南东西各地的居民都以刘三妹或刘三姐或刘三妈或刘三太为本地人为荣，道出了刘三妹的凝聚泛指性特征，道出了她源起早、籍不定性，属空灵宽泛的象征性人物，也道出了她既是岭南西部又是岭南东部历史上开发民众歌唱智慧的偶像。因为不论岭东还是岭西，其主体居民不是壮群体越人的后人，就是主体为趋汉变化了的壮群体越人的后人，原来习俗相同，喜歌爱歌，以歌代言，以歌传情，以能造歌为灵慧，以能唱歌为巧舌。他们放开喉咙，唱起歌来，烦忧全消；唱起歌来，神情欢畅，劲头十足；唱起歌来，农事再苦，"须臾终亩"，不觉其累。

清朝前期，广西学政闵叙《粤述》载："白石山，即道书所谓二十一洞天也。唐景龙（707—710年）中贵县西山刘三妹者，与朗宁白鹤书生张伟望歌酣（酣战，久战不歇），化石于山巅，遗迹宛然（仿佛如真一样）。今瑶俗尚歌，因立祠于此，祀为歌仙。"此一

---

① 光绪《浔州府志》。
② 谭达先：《民间文学随笔》，广西人民出版社1983年版，第143页。
③ 《自古山歌从口出》，《中国妇女传说故事》，新华出版社1984年版，第217页。
④ 壮族文学史编辑室：《忻城有关刘三姐的传说故事》，《广西壮族文学资料》，1960年。
⑤ 邓凡平选编：《刘三姐传说集》，广西民族出版社1995年版，第6页。
⑥ 黄达武：《三姐化石的原始意义》，《广西民族研究》1990年第1期。
⑦ 《歌仙刘三姐》，《广西民间文学作品精选·扶绥县卷》，广西民族出版社1997年版，第354—357页。
⑧ 《恭城县有关刘三姐传说故事》，《广西壮族文学资料》，1960年。
⑨ 陈志良：《广西特种部族歌谣集·唱歌的鼻祖——刘三妹》，中央银行经济研究处，1942年。
⑩ 冯道先：《合浦民间恋歌撷拾》，《民间文艺周刊》1928年第11、12期合刊。

记载，将张尔翮《刘三妹歌仙传》关于刘三妹与张伟望对歌化石的地点由贵县西山改为浔州府（治今桂平市）的"白石山"，因为"白石山，在浔州府城南六十里，其峰曰鹅颈，道书目为第二十一洞天，岩洞窅（yǎo，深）远无际"。① 同时，张尔翮《刘三妹歌仙传》说刘三妹"生于神龙元年"（705 年），此处则易为"景龙（707—710 年）中"。无独有偶，其他人或改为"神龙（705—707 年）中"，或改为"唐中宗（705—710 年）年间"，或改"唐（618—707 年）时"，有的更改朝换代，说"生于明季"，或干脆说"不知何时人"。

与三妹对歌并一同化石的"朗陵白鹤乡一少年秀才"张伟望，《粤述》既将"朗陵"改为"朗宁"，把张伟望的籍贯定格化，又模糊"秀才"与"书生"二者概念的区别。"书生"是一般的读书人，"秀才"则是有了"功名"的读书人。隋代举行科举考试，最重"秀才"一科；唐朝，"秀才"则与"明经进士"并立，考上了就具备了做官的资格。看来，张尔翮虽定刘三妹为中唐时人，但他写的"秀才"却是明、清时考入了县学的生员，并没有取得出官入仕的资格。

此种情况说明关于刘三妹的诸传说，其内容可塑性大，随地之宜，随人所传，各有不同，"似亦真时真亦假"。张尔翮《刘三妹歌仙传》说："曰其（指刘三妹传说故事）真耶？其非真耶？谓其真也，而书志灰烬，不足征信；谓其非真也，而石像犹存，遗响跃跃。即以此观，则知武昌之望夫石、宜都之攘袂峰皆此类也，余于斯益信！""望夫石"，全国各地多有，均属民间传说，出于一源，大同小异，诉说怨妇们圆梦难复的哀思，凝聚泛指，犹如屈大均《广东新语》卷 24《蛊》所载，"西粤土州，其妇人寡者曰鬼妻，土人弗娶也。……土州之妇，盖以得粤东夫婿为荣，故其谚云：广西有一留人洞，广东有一望夫山"一样，不可否认"望夫山"代表着一群群"怨妇"，但你又能说"望夫石"具体指谁呢？关于歌仙刘三妹的传说，也是如此，有其事，不必实有其人。

关于刘三妹的记载，首先风起南宋广南东路。此可能与北方汉族文人首先深入该地有关，如同壮群体越人及其后人信仰"龙母"，首先见载于岭南东部而不及于岭南西部一样，不可谓岭南东部有龙母崇拜岭南西部居民没有龙母信仰一样。

王象之《舆地纪胜》卷 98《南恩州·景物》载："三妹山。刘三妹，春州人，坐于岩石之上，因名。"刘三妹化石，与对歌有关，因此宋代惠州（今广东惠州市）有"抛毯峰"②，这是男女欢歌互抛绣球的地方。迄今，广东阳春县春湾铜石岩内有一石刻，横书"刘三姐歌台"，右款直书"乾化乙亥重阳日"。③"乾化乙亥"，即五代梁乾化五年（915 年）。《广东新语》卷 8《刘三妹》载，刘三妹仙化后，"土人因祀之于阳春锦石岩。岩高三十丈许，林木丛蔚，老樟千章蔽其半。岩口有石磴，苔花绣蚀岩鸟迹书。一石状如曲几，可容卧一人，黑润有光，三妹之遗迹也。月夕辄闻笙鹤之音；岁半熟，则仿佛有人登岩顶而歌"。于是，民国《阳江县志·岁时民俗》载，广东阳江县人六月有"跳禾楼"之俗。"俗传跳禾楼即效刘三妈故事。""此当即《舆地纪胜》所称春州女仙刘三妹者。三妹

---

① （清）闵叙：《粤述》；《古今图书集成·方舆汇编·职方典》卷 1437《浔州府山川考》。
② 《舆地纪胜》卷 99《惠州·景物》。
③ 广东阳春县政府编印：《阳春春色》，1985 年，第 14 页。

善唱，故俗效之。"

　　传说与刘三妹对歌而同时化石仙去的少年人，不管他有名无名，是什么地方人，也不管他是什么身份，从各人的记载中，都一无例外地有"白鹤"二字冠于其上，或称为"白鹤乡少年"，或称为"白鹤乡一少年秀才"，或称"白鹤秀才"，或称"白鹤书生"，似乎与"白鹤"二字贴上甩不开了。怎么其人又与"白鹤"二字结下了缘分？这就不能不提及壮群体越人及其后人信佛学道总是将自己族体固有的意念和行为掺于信仰的宗教中。比如，壮群体越人的后人接受了佛教，做了僧人，照样娶妻生子建立家庭，照样喝酒食肉、积累家财，大犯佛教的戒律。所以，宋人蔡绦《铁围山丛谈》载："岭南僧婚嫁一同常俗。铁城（广西兴业县）去容州之陆川甚迩（近），一日令尹者入寺，见数泥像，乃生、亡僧也。令尹问之，有一僧对曰：'此数僧今已无子孙矣。'闻者笑之。"① 无怪乎宋真宗雍熙二年（985年）闰九月二十四日诏令在岭南的官员要对岭南人"杀人祭鬼、病不求医药及僧置妻孥等事"多方化导，渐以整肃。② "白鹤"并不是指什么道教的仙乡，而是来源于越语"pa：k^{7}hap^8"一词。

　　唐、宋时期，唐高宗李治奉老子李聃为李氏祖先，崇尚道教，进入宋朝，宋真宗大倡道教，编辑道书，众建宫观，宋徽宗又自称"教主道君皇帝"，道教一时大盛。但是，岭南远离中原，其居民的主体是壮群体越人的后人，深信万物有灵论，崇尚巫术，大行淫祠，如龙母庙、铁马庙、青龙乌龙庙等，道教并不能顺利地盛行于岭南。就南宋王象之《舆地纪胜》卷97至卷127记载广南东、西二路的风物土宜看，除了广州有玉清观，韶州有天庆观，昭州有玉虚观、开元观、崇元观，容州被道家看好，道书称为二十洞天，聚集了韬真观、栖真观、灵宝观，而贺州除玉虚观外，又标榜为道祖张天师修道升天之地，因而有白云观、天师观、南岳观、丹霞观，其他州有观则统统以"白鹤"名，称为"白鹤观"。比如，封州、英德府、肇庆府、桂州、昭州、梧州、高州、廉州、宾州等都立有"白鹤观"。而宾州的"白鹤观"，据《古今图书集成·方舆汇编·职方典》卷1410《柳州府祠庙考》载，明末清初还是宾州"八景之一"。

　　除了"白鹤观"外，还有峰、山、洞，也以"白鹤"为名。比如，惠州的"白鹤峰"，桂州的"白鹤山""白鹤洞"。"白鹤洞在阳朔县东，父老传云：昔有仙人于此乘白鹤而去。""白鹤山"则说："在阳朔县东南，其山有小峰。昔有白鹤翔集顶上，因名，今有白鹤观。"另外，高州"白鹤观"也载："在电白县北三十里，旧有仙人乘鹤止此，因名。"

　　此似乎解释了岭南道观定名"白鹤"的原因。然而，岭南从东到西，从北到南，这么多州的"白鹤观"都是因此而得名？

　　明朝李时珍说，"鹤乃羽族之宗，仙人之骥"（千里马），因以"鹤驭"称仙人或得道之士。③ 然而，鹤有玄（黑色）有黄，有白有苍（青色，又指灰白色），岭南道观普遍以"白鹤"为名，没有《三辅黄图》记载的汉武帝茂陵园中单以"鹤"称的"鹤观"，

---

① 《永乐大典》卷2339梧字引。

② 《宋会要辑稿·刑法二之三》。

③ 《本草纲目》卷47《鹤》。

显出岭南各州县的"白鹤观"其名称另有来源。

《古今图书集成·方舆汇编·职方典》卷1350《肇庆府祠庙考·寺观附》载,肇庆府(今广东省肇庆市)"白鹤观,在新江都,宋景祐(1034—1038年)建",没有说此观的兴建是因为该地有白鹤翔集或仙人乘鹤来去,明显与"白鹤"的存在与否没有关系。

王象之《舆地纪胜》卷107《昭州·景物》载:"白鹤观,在恭城县东口里,有圣母像与侍童三躯像。本出南番,唐开元(713—714年)中蕃舶归番禺,卜留不吉,以舟载像至漓口,舟挽不动,遂归是观。""南番",指南方海外。宗教的最大特点是自认掌握真理,排斥异端,诋毁异教,不能二教共融,这是人所共识的。海外的"圣母像"会在8世纪前半叶来到中国并放置于中国方兴未艾的道教宫观中,道教也欣然接受,无疑是空穴来风。此"圣母像"实为壮群体越人的后人崇拜的"歌仙"偶像,后来的道学先生觉得以歌唱女子为偶像崇拜并放置于道观中似不合于他们心目中的道统,于是制造了一个谎言,说庙中的"石圣母像"是海外舶来的,不是本地土产。

"白鹤"一语的音声与壮傣群体越人及其后人语言"pa：k⁷hap⁸"一词音读相近,疑是汉文"白鹤"为壮傣群体越人及其后人"pa：k⁷hap⁸"一词的近音译写字。"pa：k⁷",壮傣语义为口、嘴巴的意思;"hap⁸",壮语义为"咬",傣语为你扔我接的"接"。现在,你扔我接的"接",壮语、布依语都已经是借汉语词,谓为"çip⁷"或"çu⁴",唯独傣语词还保留原态。当然,今壮语的"pa：k⁷hap⁸"(咬嘴巴)也可译为"你吐我接",互为"对歌",如同北方汉语将"亲一口"说成"咬一口"一样。但是,壮语的"pa：k⁷hap⁸"毕竟不如傣语"pa：k⁷hap⁸",即"你嘴扔我嘴接",互为"对歌",那么形象了。

在道教的传说中,"白云乡"可以是仙人所居之地;白鹤称为仙鹤,也可以将其名定作道教宫观之称,如安徽天柱山白鹤观,江西龙虎山白鹤观,庐山五老峰下白鹤观,河南嵩山白鹤观,重庆武信县白鹤观等。但是,这些"白鹤观",各自形成孤岛,所在地域并不相连,可以是传说中的仙鹤翔集之地,也可以是有仙人乘着仙鹤来去,因而定名。而岭南作为一个地域,唐代宋初还是同一个政区,即唐称岭南,宋初称广南,各州县互相毗邻,众多的道观都以"白鹤"为名,在道教宫观建筑中无疑是个特异现象。此一现象的产生,不在于有无白鹤翔集或仙人有无乘着仙鹤来去,而是壮群体越人的后人以自己的意念、信仰、语言介入其中,作为道观的名称。"pa：k⁷hap⁸"的近音译字就是"白鹤",就是壮群体越人的后人"对歌"的场所,奉祠歌仙的地方。

如同壮群体越人的后人以"pa：k⁷hap⁸"即"白鹤"作为道观的名称一样,王象之《舆地纪胜》也记载了壮群体越人及其后人以自己的语言来名人名地。比如,汉文记载者不经意间便将之记录下来了。比如,《汉书》卷28上《地理志》载桂阳县(今广东省连州市)"汇水南至四会入郁林","郁林"即郁水,是西汉时对今珠江的称谓,"林"是越语谓水为"nam⁴"的近音译写字。《太平寰宇记》卷157南海县有"古斗村",《舆地纪胜》卷96肇庆府有古建水、古武水、古婪水、古凿山,卷97新州有古岱岭,卷98南恩州(治今广东省阳江市)有罗黄山、罗凤山等,这是壮群体越人以及其语名地的特点,所以民国《桂平县志》卷31载:"十罗九古之名,皆壮村也。"又比如,《舆地纪胜》卷108《梧州·人物·潘崟》中,说其人不理家业,手握仪仗中的"翣"(shà,大掌扇),行坐独语。"南越谓愚为崟",因称其人不"潘崟"。"南越",指岭南壮群体越人及其后人。今壮语仍谓"蠢"为"ŋoŋ⁵",与"盎"音近,"盎"无疑是"ŋoŋ⁵"的近音译写字。又同书卷115《宾州·景物》"扶岚山"称:"在上林县之北六里,山峭峻,下有暴风穴。蛮夷呼风为岚。""蛮夷",指唐、宋时期居住于广西上林县的壮群体越人的后人。今上林县壮语谓"风"为"lum²","岚"无疑也是"lum²"的近音译写字。这说明唐、宋时期壮群体越人的后人以自己的意念、信仰、语言介入道教,以之名观,并非特例。

宫、观等祠庙,是唐、宋时代壮群体越人的后人所建,对宫观奉祠的内容和形式,也多由壮群体越人的后人心裁,如同"岭南僧,婚姻一同常俗",带着老婆、孩子进佛堂一样,他们对上头压下来修建而不感兴趣的道教宫观也冷漠处之。比如,宋朝被贬知昭州的邹浩,其《玉虚观》诗即叹道:"山腰制作迩来新,斧凿才终便掩门。独殿纷纷罗杞棘(摆着荆棘),老君(太上老君)寂寂看鸡豚(猪鸡在屋里抓掘磨蹭)。烟凝叠嶂为香火,风韵疏松作道言。借问羽衣(道士)何处去,一齐归屋抱儿孙。"①"玉虚"是道家传说中神仙所居之境。《宋史》卷140《乐志十五》载:"玉虚圣境绝纤尘,欢忭(biàn,喜乐)洽(协和)群伦(众兄弟)",将玉虚观推崇备至。而昭州的玉虚观却是无人打理,寂寞荒凉,不堪入目。而前引邹浩的《仙宫庙》诗却是抒写壮群体越人后人慕春男女在仙宫庙上聚会作歌、倚歌择配令人心驰场景的。庙,是中原汉族奉祀祖宗、神灵或前代贤哲的地方,如宗庙、土地庙、孔庙、关帝庙等,"仙宫庙"是奉祀神仙的处所。诗的最后一名说慕春男女聚会作歌、倚歌择配来参拜神仙"常能助岁功",点出了他们在仙宫庙前活动的宗教功能。仙宫岭上的神仙是谁呢?

邹浩另有一首《仙宫岭》诗咏道:

> 仙宫尘表里,高高千百寻。石路上曲折,健足犹难任。
> 绰约两仙子,双鬟坐沉吟。巫觋意何处,门窗藤蔓深。
> 樵叟向我言,自古传到今。去州五十里,有洞郁森森。
> 陶家李家女,年各胜巾衿。恍惚若逢遇,相与登崎岖。
> 一朝作蝉蜕,英魂坠不沉。乡人共祠之,仿佛来顾歆。
> 水旱祷辄应,民吏同所钦。此宫乃行宫,春秋荐诚谌。
> 言已叟仙去,四望祛烦襟。②

诗除描写仙宫岭山高路陡难走外,叙写了仙宫岭上竖着两个姿态柔和的石人,似在相对沉思。面对着石人,巫觋们有什么期望,由于他们心里深幽,猜也猜不着。不过,樵叟(打柴老人)告诉我,传说"陶家李家女"成年了,隐隐约约好像遇上了,两人携手共登崎岖高山。一日他们解脱了,可她们的英魂却没有湮没无闻,乡里人立庙供奉,每遇水旱灾害,人们都能兑现他们的诉求,从而备受人们崇敬。其中,邹浩故意设置了一个虚幻的氛围,既说"樵叟向我言",又说"言已叟仙去",将人扔入朦胧之中。"樵叟"所说的"去州五十里,有洞郁森森",此洞好像是个阴沉而寒气逼人的山洞,其实洞非山洞而是

---

① (清)汪森:《粤西诗载》卷13。
② (清)汪森:《粤西诗载》卷2。

壮群体越人语所指的山中谷地。《舆地纪胜》卷 107《昭州》载："陶李洞，在平乐县南，有二仙庙，又有陶、李二姓人，世为婚姻。唐陶英太尉谪居，与李氏婚姻。此洞千数百家，二姓独存。"陶、李二姓世为婚姻，说明仙宫岭上二石所指不是"陶家李家女"，而是陶家、李家一男一女，相遇相知同登高山仙去。此又牵及上一句的"双鬟坐沉吟"。鬟，指古代妇女环形的发髻，"双鬟"应为二女子。但是，壮群体越人及其后人自赵佗令变"短发"为"椎髻"后，男女发式都一样。所以，明朝林弼《龙州十首》其四句说"峒丁峒妇皆高髻"，"一时男女竟谁分"。① 因此，这里的"双鬟"并不是实指为两个女子。这就说明，唐朝、北宋时代壮群体越人的后人中已经形成了男女对歌相爱相恋仙去而魂灵惠民，只是此仙化的主角不是刘三妹及白鹤少年，而是陶家、李家男女。

人们奉祠心目中仙去的相恋男女，以歌墟的形式进行祭祀，如同过年时"男女盛服""聚会作歌"以酬神一样。

所以，不论是"仙宫"还是"白鹤观"等道教宫观，如奉祠的不是仙去的相恋男女，在岭南就如同昭州宋代的玉虚观那样，在漫漫中荒废，在寂寞中泯灭。

邹浩被贬为昭州刺史，在昭州待了 5 年，其时段是宋徽宗（1101—1125 年在位）初期。那时候，他询及州人为什么要举行歌墟，为什么要在仙宫附近举行歌墟，州人已经不明究竟，"但说常能助岁功"，说明此事的存在在壮群体越人的后人中，历史已经久远。而善歌者羽化，则是在唐代道家思想传入岭南以后。唐代，道家羽化仙去思想传入岭南，可以从存留至今立于武则天万岁通天二年（697 年）四月七日的上林县《智城碑》看得清楚。可是，它为广大群众所接受当又推后，应是唐朝中后期。因此，《舆地纪胜》卷 107《昭州》说昭州白鹤观"圣母像"是在开元（713—742 年）中安置于其中的。而梧州白鹤观，据北宋初乐史《太平寰宇记》卷 164 也说是唐开元二十七年（739 年）置。壮群体越人后人中传说的对歌男女仙去化石留在人间，后来凝聚为刘三妹一人，则是在南宋的时候。

清初，给张尔翮提供材料以撰写《刘三妹歌仙传》的人，显然是受了当时广泛流传的梁山伯与祝英台故事的潜移默化。据清朝吴骞《桃溪客语》卷1《梁祝同学》引《宁波府志》载，梁山伯，晋朝会稽人，字处仁，相传曾与上虞县女扮男装的祝英台同学三年。后来梁山伯走访上虞县，方才知道英台是个姑娘身。于是，向她家求婚，遭拒，从此忧郁成疾而亡，葬于路边。后来人们将之神话化，说英台嫁马氏时途经山伯墓，下轿叩拜。见墓思旧，她大为感伤。哭着哭着，墓忽地裂而为二，英台随身扑入墓穴，同化为蝴蝶。马氏赶来，也化为蝶，在后面忽悠忽悠地跟着。于是，刘三妹化石也来个"梁祝化"：刘三妹与朗陵白鹤乡一少年秀才张伟望在高山顶上对歌七日夜，双双化石仙去，其许字未婚的丈夫林氏上去验看了，"旁立长笑，亦化为石。今山巅之石偶三人者，即当时升仙之遗迹也"。②

（三）由东往西，歌仙淡化，歌墟退缩

历史上，善于造歌、善于唱歌，是壮群体越人及其后人灵慧、巧舌的化身。道光

---

① （清）汪森：《粤西诗载》卷 22。
② 《古今图书集成·方舆汇编·职方典》卷 1340《浔州府部艺文二》。

《庆远府志》记载刘三妹"性喜唱歌，其兄恶之"，乘隙将她推入江中淹死，展示了人们意识、观念以及习俗等"时风"的转变。在桂东地区的贵县，此种意识、观念以及习俗的转变，在清朝初年就已经出现。比如，《古今图书集成·方舆汇编·职方典》卷1437《浔州府山川考·贵县》载：

> 西山在县西二十里，峰峦奇特，石笋插天，有七星山，多踯躅花、方节竹。仙女寨有白鹤张秀才石、歌仙刘三妹石，其形俨如二人相对而坐。值风清月白，每闻答歌声，其地妇人好游歌。有术家（指擅长天文历算的人）云："风水所钟（汇集），宜琢（雕凿）去石人嘴！"土人琢去之，遗响遂止。

"妇人好游歌"，就是男女随地对歌、热趁歌墟。唱歌、对歌，这对脑子里充斥着儒家意识、观念的人来说是犯忌的，因为妇人游歌导淫，男女对歌大伤风化，不合乎儒家礼仪。随着汉文学校的广泛开设，士知识阶层形成和扩大，汉文化逐渐整合越文化，岭南由东往西，逐渐出现歌仙淡化、歌墟退缩的现象。

经过了唐朝，演至宋朝，宋王朝还是将岭南不管是广南东路还是广南西路，都是作整体观的。因此，雍熙二年（985年）闰九月二十四日宋太宗说岭南"饮食男女之仪，婚姻丧葬之制，不循教义，有亏礼法"，令岭南诸州长吏多方化导，以改变"邕、容、桂、广诸州婚姻、丧葬、衣服制度，并杀人以祭鬼、病不求医药及僧置妻孥等事"，促进社会风俗文化向儒家礼仪典制方面转化。①

为了用汉族儒家文化整合越文化，在岭南做官的中原官员许多都尽其力而为之。天圣八年（1030年）王益出任韶州（治今广东韶关市）知州，见到当州的"夷越无男女之别"，"一切穷治"，严厉禁止。② 政和七年（1117年）七月十七日，宋徽宗又下令禁止"广东之民"如同岭南西部居民一样"多用白头巾"，认为"有伤风化"。③ 隆兴二年（1164年）九月十九日，宋孝宗又接受权发遣昌化军李康臣的提议，严禁二广"婚姻、丧葬，习为华侈，夸竟相胜"，认为"有害风俗"。④

由于宋王朝的一系列措施，广东与广西的人文风俗面貌逐渐异样。随之，伴随着壮群体越人及其后人的人文风俗而生的歌墟在广东便不断萎缩而消失；被誉为歌祖、歌仙的刘三妹也渐失光彩，淡出了广东的地面。

明末清初，屈大均《广东新语》卷8《刘三妹》称"始造歌"的刘三妹是广东"新兴女子"。乾隆《新兴县志·仙释》说"刘三妹不知何时人"，这是有道理的。明末清初新兴县的舆情虽说刘三妹是新兴县人，但她毕竟是传说性的人物，谁又知道她是历史上哪个时候的人！南宋王象之《舆地纪胜》卷98《南恩州·景物·三妹山》载："刘三妹，春州人，坐于岩石之上，故名。"可是，道光《阳春县志·艺文》载阳春县嘉庆进士谭敬

---

① 《宋会要辑稿·刑法二之三》。
② 《舆地纪胜》卷90《韶州·官吏》。
③ 《宋会要辑稿·刑法二之六八》。
④ 《宋会要辑稿·刑法二之一五七》。

绍《游通春岩并序》则说:"刘仙不产于阳春,仙经所称白石山女仙刘三妹者是为西粤贵县人,以善歌化粤,瑶人至今祀之,以为歌仙。"

南宋宝庆三年(1227年)王象之《舆地纪胜》成书,至清朝嘉庆(1796—1820年)有近600年的时距。南宋时春州舆情均谓刘三妹是春州人,近600年后的阳春县进士谭敬绍却一推了之,说她是广西人不是广东人。由此,或可以清楚在汉族儒家文化整合岭南越文化后,广东本地人已经不以歌仙刘三妹为荣,却以为耻了。

此种变化,犹如明末清初的学者屈大均、吴淇、张尔翮、王士祯、闵叙等,纷纷将刘三妹拔高身份,说她是中原人,是汉代刘晨的后裔,"年十二"便"淹通经史",[①] 或"甫七岁即好笔墨","年十二能通经传而善讴歌",[②] 把她中原化、汉化、儒家化一样。所谓"经史""经传",都是儒家的经典。这是将刘三妹儒家化的一种企图。然而,这是难能成功的,因为有刘三妹,必有男女对歌,必有歌墟,如同刘三妹所在的贵县西山,"其地妇人好游歌"一样。[③]

刘三妹,在岭南壮群体越人后人的传说中,既是"始造歌之人",又是"善唱歌的人",是歌祖,是歌仙,人们引之为荣,以之为豪,可是宋朝以后,广东地面没有了野外规模性的男女对歌,没有了歌墟,还要"歌祖""歌仙"干吗,这不是将自己"蛮夷"化了吗?这就如同政和七年(1117年)宋徽宗禁止广东之民传承传统,"多用白头巾",认为是"习夷风,有伤风化"一样。[④] 而且,随着汉族儒家义化不断地继续对壮群体越人的后人文化进行整合,刘三妹失彩,歌墟萎缩,其趋势继续向西拓展,以至于在宜州的刘三妹,由于喜唱歌,也遭到了其兄的杀害。骨肉之情,无可逾越,却因唱歌而反眼而受害,可见越文化与儒家文化斗争的剧烈。

当然,在实施以儒家文化整合越文化中,入清以后任职于广西的官员也极尽其暴力行为。比如,康熙九年(1670年),陈光龙在平乐设席通道宣讲儒家礼仪,不听者以蒲鞭敲打或着枷示众;[⑤] 乾隆六年(1741年)董天良在永宁州(治今永福县西北寿城)知州任上,严禁壮族妇女穿着短衣长裙的传统服饰,拿着剪刀设卡开剪。[⑥] 道光年间(1821—1850年),李彦章(字兰卿)知思恩府,下令禁止府中流行歌墟。武鸣壮族诗人韦华丰于是写了《廖江竹枝词》,抒写了歌墟的景况,嘲讽了知府禁歌的无谓:

> 春风酿暖雨初过,春满平畴绿满坡。
> 试向黄林林外望,二三佳日好花多。
>
> 胙颁真武喜分将,食罢青精糯饭香。

---

① (清)屈大均:《广东新语》卷8《刘三妹》。
② 《古今图书集成·方舆汇编·职方典》卷1440《浔州府部·艺文二》。
③ 《古今图书集成·方舆汇编·职方典》卷1437《浔州府山川考》。
④ 《宋会要辑稿·刑法二之六八》。
⑤ (清)全文炳:光绪《平乐县志》卷1《风俗》。
⑥ (清)联丰:光绪《永宁州志》卷8。

忽漫歌声风外起，家家儿女靓新妆。

柔荑斜眼竹篮携，簇立瓜田青草畦。
贯耳花歌行要答，莺喉试转笑声低。

相牵相挽笑眉开，小步寻芳往复回。
特地勾留岔路侧，待看如玉少年来。

綦巾分队路纵横，衬贴春光是冶容。
秾李夭桃相依处，有谁经过不停踪。

每因倾吐爱花情，抱颈连肩巧比声。
唱到风流欢喜曲，娇娃春意一齐生。

人逢故识注表眸，不觉流连古渡头。
绮语飞来心更醉，情深脉脉短衣讴。

钟情人立少年中，眉语斜转一笑通。
待观花容邀眷盼，娉婷半匿老娘丛。

士也耽兮女也耽，行歌互答当心欢。
欢场易散愁同结，恼煞西山落日衔。

平林忽暮噪归鸦，蜂尚迷香蝶恋花。
高曲唱来心绪乱，行行还止路三忿。

浓香惯引得芳魂，爱我哥哥送到村。
春庆未阑重订约，姣音遥递约黄昏。

姐妹花开簇锦围，一年一度赏芳菲。
相须领队还教曲，累得娘行也暮归。

白首农夫总在田，经眸也共羡花妍。
皤然人老春心在，故引儿童话少年。

儿童本未解风流，此日春情也并忧。
超距兴阑清唱起，草坡围坐习歌讴。

> 传言娱系兆丰年，台喜登春不约同。
> 及乐行时须尽兴，过兹十日又田功。
>
> 红粉平看一任人，江干分外有阳春。
> 兰卿太守真多事，示禁花歌浪费神。①

歌墟，是壮族、布依族青年男女以歌言事、以歌传情、以歌择配的主要场所之一。春来，是群蝶恋花众蜂纷飞的日子，也是壮家慕春男女会歌择配的时节，这是壮群体越人及其后人千百年来传承的习俗文化。今人有首《壮乡的风流街》的散文诗，抒写了壮族青年男女趁歌墟的风情：

> 壮乡的风流街是对歌的海。
> 嫩绿的木叶贴在嘴唇，将爱引出来。在赶街的路上对，在街头街尾对，在芊芊的河边对，在弯弯的龙竹下对，在初绽的野花丛里对……
> 逗得春燕唱，惹得彩蝶飞。
> 洛少（lɯk⁸sa：u¹，姑娘）的手绢，半遮着羞赧的容颜；洛包（lɯk⁸ba：u⁵，小伙子）的手，攀在槐树枝上边。开始一段漫长而深情的对歌，一次大胆而机智的历险！甜蜜的倾吐，难舍的相见，似一曲和谐的音乐，绘出一幅艳丽的画卷。姑娘像张蛛网，小伙像只蜜蜂，一碰，便粘在蛛网上，挣不脱，情缠绵。
> 啊，没有什么表达这样完美！对歌是相爱的宣言，赛过笔写的一万封信件。难怪这么迷人，流传这般久远。
> 月亮升起来，读着黄昏，读着山歌的韵味，读着有情人难舍的细语……
> 壮乡的风流街，是歌的海，爱的海。②

歌墟，是歌的海，爱的海，勇泅者可以寻觅到可心人的海。但是，此种存在是壮傣群体越人原始父权制社会发展先天不足的结果，传承下来，成为壮群体越人及其后人传统的文化习俗。历代统治者从所恃的儒家文化的立场来看，"男女聚集，相对行歌，名曰歌墟，不思男女有别、圣贤垂训，岂宜赠芍报桃，以桑中濮上俾以私期相约，致隳（huī，毁坏）闺阁之玷（污损），差恶廉耻置心不顾"，③ 是不能存留，是要着力禁革、整合的。所以，时至清朝末年，广西太平府（治今崇左市）知府仍有《严禁歌墟以正风俗特示》的布告：

> 为禁男女互歌诲淫，以正风俗事。

---

① 《今是山房吟草》。
② 刘德荣等：《新编文山风物志》，云南人民出版社2000年版，第68页。
③ 龙英土州（在今广西天等县西南）赵姓土官：《禁陋习歌墟告示》，《广西少数民族地区碑文、契约资料集》，广西民族出版社1987年版，第131页。

照得夫妇关乎人伦,① 婚姻贵乎为正。始古以来,男女婚娶纳采合卺,各有正礼以成配偶,诚无可疑也。至采兰赠芍,淫风滋起,在昔见刺于诗人,至今大于律法。本府下车之初,探风问俗,知土民有互歌定配之习尚,不遽(马上)信,访知每年三春时候,或穿红拖绿,三五成群;或携肴羞,百十成队:平原席地而饮,高坡联坐而讴,彼唱此和,歌同下里(卑俗的词曲)者,不愿分袂,或携手相随,而并不见有父母之命、媒妁之言。此等无廉耻,行同禽兽,本府不胜骇异。借此为名,男女混杂,淫欲苟行,伤风败俗,莫此为甚。合行出示严禁,特为此示。

仰府属各州县知悉,嗣后(自此以后)婚姻,务通媒妁,以正男女婚姻之伦(人与人间的道德关系),而归礼义之邦,毋得仍蹈前辙。倘有怙恶不悛,法难轻恕,律不能容,毋违!

特示。②

历代王朝的统治者以儒家礼制治国,看着壮群体越人及其后人男女混杂,竞趁歌墟,联坐而讴,彼唱此和,一墟上下,充斥"下里"词曲,互相挑逗,成双结对,自成配偶,无视父母之命,不用媒妁之言,完全不循儒家"教义",大亏儒家"礼法",③ 非严禁不可,非整合不可!经过历史上长时期的不断禁革、不断整合,时至清末民初,除地处偏僻,汉族文化影响较弱,难以根动的桂西、滇东南壮族地区以及贵州布依族地区还程度参差不齐地传承着壮群体越人固有的歌墟文化外,桂中、桂东及广东的歌墟文化已经完全绝迹或基本绝迹。

歌墟,在尚流行的地区,各地的称谓不完全相同,但是就地区而言,桂西壮族称为"歌墟",滇东南壮族称为"花街",贵州布依族则称为"浪俏"。"浪俏",就是壮傣语"naŋ⁶sa:u¹"的近音译写字。④ 看来,"naŋ⁶ sa:u¹"可能是"歌墟"原初的称谓。历史上,人们就称壮族三月歌为"浪花歌"。⑤

二 歌谣的艺术特点

广东"风俗好歌,儿女子天机所触,虽未尝目接诗书,亦解白口唱和,自然合韵"。⑥ 广西与广东一样,其主体居民都是壮群体越人的传人。习俗传承,同样"风俗好歌",同样"儿女子天机所触,虽未尝目接诗书,亦解白口唱和,自然合韵"。所以,"妹相思,不作风流到几时?只见风吹花落地,不见风吹花上枝";"妹相思,蜘蛛结网恨无丝。花

---

① "父子有亲,君臣有义,夫妇有别,长幼有序,朋友有信",是儒家关于人与人间关系的准则(《孟子·滕文公上》)。
② 《广西少数民族地区碑文、契约资料集》,广西民族出版社1987年版,第132页。
③ 《宋会要辑稿·刑法二之三》。
④ 壮、布依、小泰语的声母 n,大泰语对应地变为 l,比如 nam⁴(水)、no:η¹(脓)、na¹(厚)、na²(水田)等,大泰则谓 lam⁴、loη¹、la¹、la²等。壮、布依、小泰语谓坐为 naη⁶,大泰语则谓为 laη⁶,音近"浪俏"的"浪"。
⑤ (清)屈大均:《广东新语》卷12《粤歌》。
⑥ 同上。

不年年在树上，娘不年年伴女儿"。此两首山歌，既收在屈大均《广东新语》卷12《粤歌》中，作为广东人传承的文化，也收在朱彝尊编的《明诗综》中，称作"壮女相思曲"，作为广西壮族传承的文化。

宋以后，由于汉族儒家文化的整合，广东的主体居民壮群体越人的后人趋汉变化了，继此之后，桂东的主体居民壮群体越人的后人也趋汉变化了，唯有桂西、滇东南的壮族以及贵州的布依族仍然传承着壮群体越人传统的歌墟文化。

"三月三日天气新，连村放浪少年人。同心带结花荫下，蝴蝶采花香一身。"① 这就是壮群体越人传承下来的一束花香。

（一）歌谣的体裁与韵律

屈大均《广东新语》卷12《粤歌》载：

> 壮歌与狼（歌）相类，可长可短，或织歌于巾以赠男，或书歌于扇以赠女。其歌亦有竹枝歌。

"竹枝歌"，又称为"竹枝词"，为唐代刘禹锡于元贞（785—805年）被流放于朗州（治今湖南武陵）司马及连州（治今广东连州市）刺史时，学习当地民歌创作的新的诗歌形式。诗式为七言绝句，词浅意深，清新流畅，音调和美，在晚唐诗歌中是别开生面之作，多描写儿女柔情，离情别绪及风土人情。屈翁关于"竹枝歌"一语，揭示了壮族歌谣有竹枝词一类的类同唐诗七言绝句的歌式。

又民国刘锡蕃《岭表纪蛮》载：

> 蛮歌有五言、七言、多言之别，又有单唱、合唱、男女对唱之分；有门类（如喜事唱喜歌，丧事唱孝歌），有体裁（长歌体、短歌体、连珠体、单一体）；亦娱乐，亦教育；或庄或谐，或俗或雅，比、兴、赋三体皆备；其押韵不限在韵脚，凡语中之任何一字，俱无不可，但必须上下和谐，跌宕有势。
>
> 壮歌犹悦耳。唱时一呼疾起，曳声入云，在余音袅袅中急转直下，再跌再起，长声绕天，回旋不散。若联合多人，同声齐唱，抑扬振落，四山回声相应，虽远隔数里，而声彻耳鼓，使人怦然动怀。
>
> 壮人群体农作，尤喜合唱，谓之"唱朗"。"唱朗"乐乃无穷，虽疲，勿觉也。朗，读若滚舌音。蛮女至朗场工作，靓装华服，如赴盛会，男女常达百数十人，称曰赶朗。
>
> 大抵蛮人歌谣，一以"平民化""两性化""团体化"为其基本原则，而艺术又臻于善美，故能左右心灵，使人甜醉。壮歌尤擅此道，其在平民社会，势力伟大，良有以也。②

---

① 褚兴周：光绪《浔州府志》卷50。
② （清）刘锡蕃：《岭表纪蛮》，商务印书馆1934年版，第157页。

这是对壮族歌谣聚唱、社会功能、制唱精妙以及魅力的评价，其中也说到了壮族歌谣的句式、韵律，读之既可知历史上壮族歌谣在壮族社会中引人的地位，又可约略知道壮族歌谣精妙的造作、迷人的歌唱以及其句式、韵律。

壮族称歌谣为"温"或"欢"。"色丝腰带衬围裙，油笠蛮音唱古温。相约嫁郎休久住，恐防儿女早成群。"① "古温"即唱歌，《明诗综》作"唱欢"。"温""欢"声近，所以壮语谓歌谣为"fɯ：n¹"，部分地方的壮语与布依语谓歌谣为"vɯ：n¹"。

壮族歌谣有短式歌谣、勒脚歌谣、排歌歌谣，以及长篇的创世歌谣和叙事歌谣等。壮族歌谣，主要指短式歌谣、勒脚歌谣和排歌歌谣。创世或叙事的长篇歌谣唱上三五夜不完，属长诗的形式了。

1. 腰脚韵体的短式歌谣

押腰脚韵的短式歌谣，是壮族歌谣特有的歌谣艺术形式，不详形成于历史上哪个时代。此种歌谣，句数有四句、六句、八句、不定式句；每句字数有五言、七言等。此类歌谣，最大最显著的特点就是押腰脚韵，与汉族或其他民族诗歌的押韵形式纯然不同。

五言、七言四句的腰脚韵体歌谣，是壮族歌谣的基本形式。

  mu：ŋ⁶dɯ：n¹çi⁴tok⁷，
  mu：ŋ¹rok⁸çi⁴pi⁵。
  dɯ：n¹tok⁷li³da：u¹di⁵，
  rok⁸pi⁵li³an¹kjoŋ²。
  望月月沉落，
  望鸟鸟飞脱。
  月落星子在，
  鸟飞笼空着。

这是一首妻思夫归之苦的五言四句歌谣。歌第一行尾字"tok⁷"与第二行的腰字（即2—4字，以第2第3字为常见）"rok⁸"押腰脚韵；第二行的尾字"pi⁵"与第三行的尾字"di⁵"同韵，为押句尾韵。第三行的尾字"di⁵"与第四行的第二字（即腰韵）"pi⁵"为同韵字，属押腰脚韵。一二句尾腰押韵，二三句尾韵相押，三四句腰尾相押，这样在一首歌谣中就形成了两种不同的韵律：既押尾韵（即脚韵），又押腰脚韵。在押韵的同时还要讲究平仄，平声对平声，仄声对仄声（其他的字不要求，这又不同于汉族古体诗的五言绝句）；而且，整首歌谣要求平起平收，仄起仄收，如上面的此首歌谣第一句的末字"tok⁷"与第四句的末字"kjoŋ²"都是仄声，叫仄起仄收。这样，此四行歌谣的节调和韵律，行行相扣，连成一体，歌唱起来，节奏感强，悠扬动听，感人肺腑。

七言四句歌谣，其押腰脚韵一如五言四句歌谣，只是它押的韵部更为严格一些，一般是在该句的第二字或第四字押韵。例如：

---

① 程大璋：民国《桂平县志》卷31引桂平贡生温葆和《桂平竹枝词》。

çaɯ²çin¹fai⁴la：u⁴te¹ro⁴na³,
di¹taŋ²lap⁸ha⁶çaŋ²tit⁸baɯ¹。
pei⁴nji：n⁶pu：k⁷miŋ⁶la³fai⁴taɯ²,
te¹bou³tit⁸baⅢ¹pei⁴bou³ta：u⁵。
春来老树自明白,
不到立夏不发芽。
哥愿拼命树下等,
树不发芽不回家。

除了五、七言四句短歌外,上林、忻城、宾阳、来宾等桂中地区,还流行有在五言或七言的句子间嵌入三个字的句子,形成过渡的形态,其押韵一如五言或七言四句歌谣的形式,只是嵌入的三字句其句尾韵与前一句句尾韵同,然后过渡到下一句的腰韵。如：

çi：n⁵re：k⁷ram⁴çin⁴kuŋ³,
çi⁵di¹naŋ³,
ma¹taŋ²naŋ⁶ka：k⁸ŋai²。
re：k⁸jou⁵kɯn²fei²,
hau⁴di¹mei²（mi²）,
ma¹mo：n¹fei²jou⁶dai³。
烧锅水滚开,
去借债,
空手来发痴。
无杂粮白米,
灭火去,
空叹气又哭。

这是流行于上林县的一首生活苦歌。歌中"去借债"和"灭火去"两个短句,不是可有可无,它对上下句的歌意起到解释、引申或补充的作用,歌唱时可收到跌宕起伏的效果。

taŋ¹ŋon²roŋ²po¹pei⁴ti：m³taŋ¹,
ba：t⁷bit⁷laŋ¹,
ran¹ŋau²nu：ŋ⁴ŋan²jou⁵to：i⁵na³。
me：t⁷pei⁴dap⁷taŋ¹pai¹ka：ŋ⁴kva⁵,
bou³ran¹na³,
tai⁶lei⁴ŋau²kva⁵çi：ŋ²。
日落西山哥点灯,
一转身,

看见妹你在跟前。
哥忙起步把手牵，
没见脸，
原是妹影现墙边。

显然，"七三七"歌式也是从七言四句歌谣衍生出来的，其格式和押韵方法与"五三五"的嵌句歌谣相同。

2. 五言头脚韵体歌谣

此类歌谣以五言四句为主，它与五言四句腰韵体不同的是易腰韵为头字韵。

mi²tu²rok⁸ri：ŋ¹hen³，
hat⁷ham⁶tou⁶kɯn²toŋ⁶。
sei²çin¹bou³ça：u⁴ro：ŋ²，
taŋ²toŋ¹ji：ŋ⁶laɯ²kva⁵。
有只黄尾鸟，
早晚站树梢；
春天不筑巢，
到冬怎么过？

押头脚韵的歌谣形式，在壮群体越人及其后人中似曾很流行。在现代壮族保存的古代谣谚中，很多都是押头脚韵的：

kɯn¹la：i¹ a：i¹ te：k⁷
吃多，嗦裂。（喻物极必反）
la：u¹pan²tu²lin⁶，lin³pan²tu²nan²
胆悼穿山甲，惊心若黄猄（喻胆小如鼠）
pja¹bou³li³va ŋ²，ha ŋ¹ bou³li²no⁶
鱼不离潭，皮不离肉。（喻互为依存，谁也离不开谁）

此类谣谚不是"欢"（歌谣），但在原初的状态下，它们都是歌谣。比如，在靖西、德保、那坡、天等、田东、田阳等地仍流行上下句连成一首的短式歌谣：

vun²hap⁷ta⁶çi：ŋ⁴pja¹，
rau²hap⁷na²çi：ŋ⁴kve³。
人拦河养鱼，
我俩拦田养蛙儿。
van²ki dai³ to⁴ju：ŋ²，
sam¹ nu：ŋ⁴ si：n²fa：i⁵。

今日得相逢，妹心乱如棉。

此类押"腰脚韵"的短式歌谣，犹如上面提到的押"头脚韵"的谣谚一样，也深化成为谣谚：

dam¹ko：n⁵ pan² va ŋ¹,
dam¹ko：n⁵ pan² vaŋ¹。
种先成稗，种后成稻（喻种合时宜）。
kva ŋ²li： ŋ³tok⁷,
kva ŋ²lok⁷re： ŋ⁴。
（月亮）撑伞有雨，围个水车要旱。（气象谚语）

此类情况说明，壮群体越人及其后人的五言押"头脚韵"四句歌谣及五、七言押"腰脚韵"四句歌谣，原初是由押"头脚韵"或押"腰脚韵"的上下句连成一首的短式歌谣发展而来的。清初吴代和黄道搜集的《狼歌》《壮歌》，见于李调元辑的《粤风》，大部是五言四句式的押"腰脚韵"壮族歌谣，可知由上下句连成一体的押"腰脚韵"或押"头脚韵"的短式歌谣，在明末清初的许多壮族中，已经成为遥远的过去。

不过，如同"吃多，嗉裂"作为谚语残存于壮族中一样，在广东一些已经趋汉变化的壮群体越人后人中，押"头脚韵"的短式歌谣仍然淀积在流行的童谣中。比如，《蟾蜍婆一》：

蟾蜍婆，高过高（状蟾蜍婆叫声）。
亲妇（音 pei）转外家，家公担茶箩。

句头句尾以"家"为韵，而谓媳妇为"pei"，疑系壮傣语谓媳妇为"paê⁴"或"pai⁴"的音变。又童谣《缺牙扒》：

缺牙扒，扒猪屎，种金瓜。
金瓜拇曾大，拿来卖，卖到三百钱。
学打拳，拳棍断（段，平声）；
学打砖、砖又缺；
学打铁，铁生卤（平声）；
学杀猪，杀猪又蚀本；
学卖粉，粉臭馊；
学卖蒟，蒟叶短；
学卖碗，碗底深；
学卖针，针会屈（音同窟）。

阿米托佛！①

句头句尾押韵成排比式一列而下，活脱出业不专者不能成事的道理。童谣中的"学卖针，针会屈"的"屈"，注谓音同"窟"。这是壮群体越人及其后人谓"断尾"为"kvut⁷"的近音译写字。北宋乐史《太平寰宇记》卷157广州程溪引顾微《广州志》载"龙母养龙，裂断其尾，因呼其溪（龙）为龙窟"，卷164康州程溪水引南朝宋沈怀远《南越志》载温氏婆养龙误断其尾，"土人谓之掘尾龙"，即是如此。今壮语一仍如此。比如，"断尾狗"，壮人谓为"ma¹ri：ŋ¹kvut⁷"，"kvut⁷"的汉近音译写就是"窟"或"掘"。

3. 押脚韵体歌谣

押脚韵体歌谣，是壮族的一种比较年轻的歌谣。它的基本形式是七言四句，也有头一句是三言短句的，其韵律方面则是押脚韵。这可能是仿唐朝刘禹锡居湖南广东时所创的新歌体"竹枝词"而来，后来成为壮群体越人的后人及其趋汉变化的后人共同拥有的歌体形式。《明诗综》所载的《壮女相思曲》如《妹相思》《藤缠树》等，明末清初的广东学者屈大均也将之认作广东人的"粤歌"，其来不是无因。

此类歌式定型以后，就成了样板，歌手们可以依样根据自己的实际变意变韵，编成新的随口而出的山歌。比如，传统的山歌为：

  山歌好唱难起头，
  木匠难起八角楼，
  瓦匠难烧琉璃瓦，
  铁匠难打钓鱼钩。

此首山歌立意在句首，以下三个排比句旨在衬托、深化主题思想。有歌学样，人们就可以根据歌唱时环境的不同、事物的有异、氛围的相别以及本人历事的经验，变意变韵，随时可以开口成歌：

  山歌好唱口难开，
  樱桃好吃树难栽，
  糯米好吃田难种，
  鲤鱼好吃网难抬。
  山歌好唱起头难，
  雕工难雕百花山，
  织女难织龙凤锦，
  画师难画妹心肝。

又如《明诗综》记载的《壮女相思曲》：

---

① 民国《新修大埔县志》。

入山忽见藤缠树，
出山又见树缠藤。
树死藤生缠到死，
树生藤死死也缠。

民国《新修大埔县志》所录的山歌，有流行于大埔县（今广东大埔县）的《藤缠树》歌谣，即是据《壮女相思曲》中的《藤缠树》演变的：

入山已见藤缠树，
出山又见树缠藤。
一刀斩断藤缠树，
生也缠来死也缠。
树死藤生缠到死，
藤死树生死也缠。

此种情况说明，清朝初年朱彝尊的《明诗综》关于《壮女相思曲》的记载，不仅是"壮女"相思曲，也是趋汉变化了的广东主体居民的相思曲，此曲产生于壮群休越人及其后人"俚僚"时代，传承而下，薪尽火传，属不论是后来的壮族还是已经趋汉变化了的桂东及粤省的壮群体越人后人共同拥有的精神遗产。

4. 勒脚体歌谣

勒脚体歌谣，在壮族歌谣中是一种很重要的歌谣形式。壮语称此类歌谣为"马蹄勒"，意即歌句的伸展如同马匹行走，后蹄总踏着前蹄的脚印走。

勒脚体歌谣，有8句、12句、18句等，以12句勒脚歌为常见。

（1）8句勒脚歌

8句勒脚歌实际只有6句，头一二句又作七八句以勒脚，也就是开头两句就是歌的结尾二句。这样，8句勒脚歌的开头二句一定要概括一首歌的主题，接着四句是头二句的形象化和深化，唱完第6句，必然水到渠成地回到开头两句。如此，开头两句和结尾两句虽然重复了，但又不是多余的，因为此种重复使歌谣的主题思想得到了突出的表达，加深听者的印象，产生应有的共鸣。比如：

天上断星斗，我俩不断情。
高山断云雾，林中断鸟音，
猴子断山果，水獭断鱼腥，
天上断星斗，我俩不断情。

（2）12句勒脚歌

一首12句的勒脚歌，分为三节，每节4句。第一节4句分两联，每联两句，分别

"勒"于第二节及第三节的后两句,即第一二句与第七八句重复,第三四句与第十一、十二句重复。比如:

> 妹是一棵槟榔树,长在县官厅堂前。
> 槟榔我想吃半颗,恨手太短实难攀。
>
> 假如早上嘴能尝,到夜槟榔味还甜。
> 妹是一棵槟榔树,长在县官厅堂前。
>
> 脚踩青草枯萎了,槟榔树下团团转。
> 槟榔我想吃半颗,恨手太短实难攀。

12句勒脚歌如同8句勒脚歌要求头两句是整首歌主题所在一样,要求第一小节的4句是整首歌的主题所在。在整首歌中,第二小节的前两句是第一小节前两句内容的引申和发挥,第三小节的前两句是第一小节后两句内容的引申和发挥。

12句勒脚韵歌谣,具有反复回唱的特点,韵律又迂回缠绵,适于抒发情怀,歌唱起来,曲折回荡,委婉动听。

(3) 18句勒脚歌

18句勒脚歌,有五言、七言、长短句三种。一首18句勒脚歌分为三节,每节6句。开头一节6句,一分为二,前3句和后3句,分别"勒"第二小节和第三小节的4、5、6句,形成三个脚韵。其具体要求和唱法,与12句勒脚歌相同:

> 写呵写呵又写了一张,
> 心里气得像皮鼓一样,
> 泪水滴滴湿透衣裳。
> 像这样活着能有多长?
> 唉,说不定,说不定,
> 尸骸会散落在外乡的道路旁!
>
> 苦命的弟兄呵苦命的朋友,
> 认真地探求吧仔细地想,
> 是谁造成这无穷尽的仇恨和悲伤?
> 写呵写呵又写了一张,
> 心里气得像皮鼓一样,
> 泪水滴滴湿透了衣裳。
>
> 不管风吹日晒雨淋去挑货,

我每天墟上墟下奔波忙，
苛刻的老板常把我打伤。
像这样活着能有多长？
唉，说不定，说不定，
尸骸会散落在外乡的道路旁！

从歌的复唱，可以清楚所谓"勒脚"，其含义就是拿来做脚的。在壮族歌谣语言的构成上，特别讲究韵律节奏，或者押腰脚韵，或者押头脚韵，不是如同汉译文那样只求押脚韵就了事。18句勒脚歌比8句、12句勒脚歌要求更为严格，不是老歌手是难做的。因此，它流行的地区不广，影响比不上8句、12句勒脚歌深远。

5. 自由体歌谣

壮族的"欢排"，也就是壮族的排歌。它每句的字数虽以五言或七言为主，但灵活性大，也有的句子是二三言或八九言的。每首歌谣多少句没限制，可多可少，以表达完一个完整的思想为止。韵律上要求不太严格，基本是腰脚韵互押，也有押脚韵的。由于形式自由，讲内容，重意境，属自由体歌谣。比如《哥名瓜姓苦》：

妹问哥姓名，
一言讲难尽。
哥哥从小死父母，
外父外母少过问。
哥姓叫姓苦，
哥名叫瓜名；
白天叫阿酸，
晚上叫阿辛。
苦瓜辛酸命，
孤单苦透心。

又如《哪时妹才有笑颜》：

同住一个天，
背时莫过妹孤单。
隔夜馊米饭，
不吃说起也吐痰。
妹命是羊命，
为张树叶山过山；
油星一滴未见过，
吃一餐来哭十餐。
走路身摇晃，

手脚软绵绵；
好像鲤鱼中了药，
好像棉花漂流水中间。
不知哪时蜜蜂飞进花园里？
不知哪时妹才有笑颜？①

（二）歌谣的表现方法

刘锡蕃说，壮族歌谣"比、兴、赋三体皆备"②。赋、比、兴，是自《诗经》传承下来的汉族诗歌的表现方法，也是壮族歌谣的表现方法。

1. 壮族歌谣的"赋"

赋，就是白描手法。壮族歌谣里许多歌谣使用白描手法，直陈其事，形象鲜明，感情丰富，朴素而自然。比如："妹在家中把布织，三天三夜不满尺。不是妹手不灵巧，乃是想哥手无力。""妹在河边洗手巾，我拿黄泥洒妹身。沾衣黄泥妹莫洗，黄泥就是哥媒人。""五更鸡仔叫连连，我俩话头说不完。世上三年逢一闰，为何不闰五更天！"这都是从直实说，自然流露，感情笃厚，形象活现。

有位93岁的风趣老人，要和姑娘们对歌。姑娘们取笑他："你老了，还对什么歌？"老头子随即放开喉咙唱道："未曾老，今年才是九十三。阎王批我一百岁，还有七年同妹玩。"姑娘们也毫不客气地唱起来："老发癫，七老八癫喊妹连。胡子生在马屁股，留给后生扯二胡！"老头子只好认输，溜了。生在马屁股上的胡子能有什么用，这白描的手法是多么生动，多么形象，多么有性格的挖苦！

2. 壮族歌谣的"比"

比，就是比喻，以彼物比此物。

见你生得实在乖，蓝衬白衣红花鞋。
两眼好比青铜镜，仰头照亮九条街。

"两眼好比青铜镜"，是个比喻。青铜镜，我国明代还在普遍使用。虽然那时玻璃镜已经传入我国，但其取代青铜镜是在清朝。用青铜镜比喻姑娘双眼的明亮，恰到好处。此种明比手法，在壮族歌谣里普遍见到。比如，"吃完了早餐，又怕找晚餐。水车一样转，谁知穷人难"一歌，就以"水车一样传"来比喻穷人年复一年的穷困生活。又如，"你讲你苦不为苦，你讲你穷不算穷。你穷还有茅房住，我苦住在苦瓜棚。""你讲你苦不为苦，未曾讲苦给你听。你是黄瓜苦到尾，我是黄连苦到心。""苦瓜棚""黄连苦到心"，这些比喻道尽了穷人的困苦境况。

取譬设喻，能将人心中难以启齿的情怀和盘托出：

---

① 何承文、李少庆：《壮族排歌选》，广西人民出版社1982年版，第32、69—70页。

② （清）刘锡蕃：《岭表纪蛮》，商务印书馆1934年版，第157页。

男：朵朵莲花塘中开，
　　又红又白惹人爱。
　　心想伸手摘一朵，
　　塘水深深难去采。
女：朵朵莲花塘中开，
　　有心要摘摘得来。
　　只要看的有心意，
　　撑船搭桥塘中采。

歌中有暗喻，有借喻，以塘中莲托心中慕，以敢不敢摘抒心中情。挑逗、鼓动，歌传其音，令人如同身临其境。

"冬瓜茄瓜做一堆，葫芦牵藤去做媒。豆角出来成双对，唯有苦瓜最倒霉。"此首歌借冬瓜、茄瓜来比喻那些择对的男女青年，借葫芦来比喻引线穿针的媒人，借豆角来比喻那些找到意中人的双双对对，借苦瓜来比喻情场失落者。这些都是暗比法。

在歌谣中，能使歌意表达得充分、更强烈、更富于气势的，当推排比法。"山歌好唱难起头，木匠难起八角楼，瓦匠难烧琉璃瓦，铁匠难打钓鱼钩"，就是以三个排比句来道说"山歌好唱难起头"的。"无火难烧这袋烟，无牛难耕这垌田，无针难引这条线，无歌难到妹身边"，也是以三个排比句来述说"无歌难到妹身边"的。"要断哥，除非做房不用柱，除非泥坡不长草，除非麻雀不吃谷，除非锅头离火灶，除非山泉水干涸，除非饿鬼不吃糯米饭，妹才断走相思路。"① 此6句"除非"式的排比句，其凝结点就是"妹不断哥"，彰显姑娘处事的果决，富于气势，情感强烈。

3. 壮族歌谣的"兴"

兴，就是兴起，也就是"先言他物以引起所咏之词"。"河水平又平，蚂蚁难渡江心。妹鞋新又新，哥哥难得穿到身。"② 这是由蚂蚁兴起难得手中物、心中情。触景生情，借物发端，常因人而异，因情而分。比如同一场景，同一兴起之物，因人不同，所念常常迥异：

夜了天，
夜了霜水下连连。
夜了霜水连连下，
夜了我郎在路边。

夜了天，
夜了蚊虫叫连连。
财主有钱买蚊帐，

---

① 何承文、李少庆翻译整理：《壮族排歌选》，广西人民出版社1982年版，第127页。
② 《壮族排歌选》，广西人民出版社1982年版，第94页。

我今无钱买蚊烟。

夜了天,
家家户户冒火烟。
有双的人吃过饭,
无双的人火才燃。

夜了天,
夜了筑坝人万千,
夜了松明千万盏,
夜了夜战当白天。

临着"夜了天",景同人不同,四个人心里有四种不同的感触,歌唱出来也是四种不同的心态,但是,歌谣的句子却相差无几,而且都用一个韵,明是套句套韵。不过,此种情况在壮歌里是允许的:"编歌好比绞麻绳,头尾翻接绞不停,遇着有意就用意,遇着无意就用音。"壮族古老传承下来的歌谣,道出了这样一个道理。[①]

(三) 歌谣

吴远《安城志》载,宾州人"病不医药,吉凶服色欠辨,乡落唱和成风"。[②] "疾病不服药,惟祀鬼神";以白志喜,以红表哀,"箫鼓不分忧乐事,衣冠难辨吉凶人";"无男女之别","唱和成风",是壮群体越人及其后人异于中原汉族的文化特征。文化异同,点出了居民的民族归属。《安城志》的记载,指出了宋代宾州的主体居民为壮群体越人后人的属性。因此,《舆地纪胜》卷115《宾州风俗形势》载南宋后期距宾州州城仅七里的罗奉岭,每年春、秋二社"男女未婚嫁者"聚集其地,"以歌诗相应和,自择配偶",进行"博扇"的歌墟活动。

"圣王久化文身尽,粤服人和白雉来。"[③] 但是,汉族文化的浸渍、甚而整合越文化,是由东往西、由北往南渐臻完成的。比如,南宋汉族"春、秋二社"的概念虽然植根于宾州居民脑中,但是他们不是如同中原汉族那样杀猪宰牛祭祀土地神后饱餐,而是践行传统的聚会作歌、倚歌择配以助年成的礼仪。

在历史的发展中,汉族儒家文化虽然基本整合了广东及桂北、桂东甚至桂中的壮群体越人传承下来的文化习俗,但是,并不能完全根除岭南居民壮群体越人传承下来的文化习

[①] 壮族歌谣的句式、韵律及表现方法,参考欧阳若修等《壮族文学史》(广西人民出版社1986年版)及黄勇刹《壮族歌谣概论》(广西人民出版社1983年版)、《歌海漫记》(广西人民出版社1981年版)以成文。

[②] (明) 郭棐:万历《宾州志》卷2《风俗》引。宾州,宋朝又称为"安城郡"。(宋) 王象之《舆地纪胜》卷115《宾州·碑记》载有吴远《安城志》。同书卷103《静江府·碑记》载:"《桂颂》,范成大所作也。桂林以桂名,顾(却)弗植桂,成大始收之宾,植之正夏堂。已而去,为之词,几(jī,希望)后之人勿剪伐。见宾州《安城志》。"范成大于乾道九年至淳熙元年(1173—1174年)任桂州知州,可知吴远修《安城志》乃是在范成大为官广西之后,王象之于宝庆三年(1227年)完成《舆地纪胜》之前。

[③] (明) 陈鹤:《武林送章金宪之广西》,(清) 汪森《粤西诗载》卷18。

俗。男逸女劳，女婚不落夫家，婚不亲迎，请客、婚聘以槟榔为重，病不医药，人死买水浴尸等不说了，唯说歌唱一事。

今宾阳县居民77.5万人，其中汉族占83.6%，壮族占16.1%。宾阳县居民，南宋的时候，"乡落唱和成风"，"春、秋二社"赶歌圩，"倚歌择配"；现在歌圩、倚歌择配等在汉族文化的整合下，随着岁月的流逝，已成过去，可是"唱和成风"，仍然是乡村间一道文化景观。

被誉为"宾州刘三姐"的黄美秀，是宾阳县高田乡马村人，自小随父学歌，十七八岁已能出场与男歌手对阵。她能歌善唱，对答如流，反应敏捷，声音清甜，妙趣横生，出奇制胜。她生于光绪四年（1878年），卒于1960年，享年82岁。她在世时，经常到高田、陈平、思陇、太守、河田、新桥、卢圩、四镇、新宾、武陵、大桥、和吉等地唱歌，而且一唱一个通宵，有时竟连唱三四日不停。每到一处唱歌，美秀都是自顶一边，力战群雄，从无败绩。有一年八月十五日，六塘、太守各路歌手云集河田圩，要和美秀对阵。对方全是男的，人多势众，一开始就以比大称强来压她：

　　　　大地做床合哥挨，两脚一伸天就歪；
　　　　鼻孔轻轻抽口气，万里浮云转回来。

美秀随口答道：

　　　　那座山高是妹髻，那只船大是妹鞋；
　　　　走去南宁吐口水，冲崩贵县梧州街。

每对一首，不待美秀歌声停止，听众就"哗"地欢笑起来，热烈鼓掌，弄得对方面红耳赤，溃不成军。

有一天傍晚，年轻的美秀从外地返家，路走石牛岗，发现前面桥上有一伙人拦路抢劫，过客乖乖交出身上财物。她年轻美貌，岂能逃脱？但后退不得，无奈，便壮胆前行，边走边唱：

　　　　焦了焦，我夫共你架条桥。
　　　　绵羊山羊桥上过，大众同行路一条！

劫贼一听，以为美秀认得他们。她明说她老公也是"同行"，"同行不吃同行"，于是劫贼一文不取地乖乖让美秀过桥。这是黄美秀智过石牛岗的故事，人们传为美谈。

有伙屠夫，闲着没事，有意撩逗美秀。说也凑巧，她进猪肉行来了，有人割下一块肉和猪鞭，说："美秀姐，今天你就这两块肉唱首歌，我白送你。这猪鞭可是补药呵！"事生人拥，看热闹的人越来越多。美秀知道此伙人旨在奚落、侮辱她，便毫不客气地唱道：

　　　　只有卖肉搭猪肝，哪有卖肉配猪鞭！

若是猪鞭真补药，拿去敬拜你祖先。

她唱完，说道："猪肉我取，猪鞭留给你老弥（me², 妻子）！"并随手扔给杀猪佬。在场的人，见此情景，笑得前俯后仰；传扬开去，乐了一个墟场。

美秀的丈夫积劳成疾，百药无效，她悲痛欲绝，以歌悼夫："亏了亏，丈夫冇在受人欺。谁人识得黄泉路，写封书信喊夫归！"亲友吊唁，询及医治情况，她泪如涌泉，以歌答道：

药草吃去两三担，恶病冇除怎奈天。
若是拿钱买得命，当初皇帝寿千年。

知道"钱不能买命"，生老病死，乃是自然规律，不可抗拒，一个农妇有这样的认识，难能可贵。[1]

黄美秀是汉族，用的是宾阳客话即汉语平话方言所唱。她生在宾阳，长在宾阳，成为歌手，一是她个人的天赋，二是宾阳有个"唱和成风"的传统，三是有个唱歌、比歌的环境。这不是汉族从中原带来的，而是居于该地的壮群体越人后人们"乡落唱和成风"传承下来的。这就是人趋汉变化了而其风不变的缘故。

同是壮群体越人的后人，广东趋汉变化了的居民，也还传承着壮群体越人承传下来的爱唱歌、热比歌的文化习俗。如明末清初屈大均《广东新语》卷12《粤歌》载："东、西两粤皆尚歌，而西粤土司中尤盛。"所谓"尤盛"，指承传于壮群体越人以倚歌择配为中心内容的歌墟文化习俗还在盛行。广东壮群体越人的传人虽趋汉变化了，歌墟匿迹了，倚歌择配不存在了，但犹如广西宾阳县的趋汉变化了的壮群体越人的后人一样，旧习难改，风俗仍然"好歌。凡有吉庆，必唱歌以欢乐"。"其娶妇而亲迎者，婿必多求数人，与己年相若而才思敏捷者，使为伴郎。女家索拦门诗歌，婿或捉笔为之，或使伴郎代草，或文或不文，总以信口而成，才华斐美者为贵。至女家不能酬和，女乃出阁。"这实际就是壮群体越人后人传承下来的婚嫁"拦门歌"。"先一夕，男女家行醮，亲友与席者或皆唱歌，名曰坐歌堂。酒罢，则亲戚之尊贵者亲送新郎入房，名曰送花。花必以多子者，亦复唱歌。自后连夕亲友来索糖梅啖食者，名曰打糖梅，一皆唱歌。"此"坐歌堂"，唱歌以"打糖梅"的风俗，在广东各地，一直延续留存至清末民初。

由于壮群体越人形成了以歌言事，以歌传情，以歌择配的习俗，歌谣在人的一生中至珍至重，在社会中不可或缺。歌谣于是成为壮群体越人及其后人社会人们调节劳动，交流经验，求得和谐，讲述历史，丰富知识，教育子弟，遴选对象，互诉衷情，相互娱乐的一种技能。在此种形势下，社会就是歌的海洋，处处澎湃着歌的浪花，处处洋溢着歌的花香。

社会发展到壮群体越人的后人壮族，其歌谣内容丰富，类型众多，既有劳动歌、生活歌，又有礼俗歌、情歌、盘歌、儿歌等。

---

[1] 《宾阳县志》，广西人民出版社1987年版，第619—623页。

1. 劳动歌

历史上，壮族地区地广人稀，可选定居的地方众多。云南师宗县沙人的《刮肖》（pai¹heu¹去青色的荒原）一歌表现了古人选地择居的情况：

……
清清的河水中间流，
肥沃的大田两边摆。
……
那地方哟实在好，
棉花如树高如竹，
雪白花团大如伞，
伸手能抓一碗花，
一次能摘几挑棉。
……

壮族是农耕民族，农业生产解决的是人的吃、穿问题。除了《织布歌》《建桥歌》《造船歌》《煮饭歌》等外，劳动歌谣主要是农业劳动歌。

正月进立春，耙田闹纷纷。
雨水一过去，忙把谷种浸。

二月进惊蛰，地田两头牵。
春分耕畲禾，完畲再种田。

三月进清明，割麦又撒秧。
谷雨一过去，田垌水茫茫。

四月立夏来，种田进小满。
农家从此后，要护好禾苗。

五月到芒种，人人赶耘田。
夏至一过去，耘过四五遍。

六月进小暑，农活更忙碌。
赶收又赶种，不能过大暑。
……

此首《农事季节歌》从正月唱到十二月，将各季的农事活动都凸显出来，提醒人们不要误了农时：人误农一时，农误人一年。

同治《苍梧县志》载，刘三娘"出入必歌，使纺织而棼其缘，随歌随理即有绪；使治田，歌如故，须臾终亩"。刘三妹或刘三娘等是实而无的人物，凝聚泛指，是壮群体越人后人善歌者的人物形象。壮族为其传人，坐也歌，动也歌，纺织歌，插田歌，耘田歌，收割歌，何处不歌，何事不歌？在劳动中，歌给人以灵感，歌让人来力气，在不知不觉中，纺织"线乱而理"，农工"艰难而易""须臾终亩"。因此，歌总给劳苦中的大众以力量，觉得亦苦亦谐，在苦中谑谑然喜乐。

水过水来山过山，日日抬轿找两餐。
头壳被人做凳坐，膊头被人做路行。

这是《抬轿歌》：

撑船之人实开心，船头船尾走纷纷，
食饭好似龙取水，拉缆犹如放风筝。

这是《撑船歌》：

看好牛，看牛好比人做官，
独脚板凳是官印，深山大麓是衙门。
看牛难，一年四季没时间，
日晒雨淋无躲处，犹如孤雀在深山。
看牛游耍山过山，食完稔子食油甘，
行看雀仔把歌唱，睡听流水把琴弹。①

这是《牧歌》。给人抬轿，跋山涉水，低贱下力，字里行间却似无苦可言。至于撑船、替人放牧，更似一种欢乐的别样的享受。这就是壮人所歌的"穷人有何穷开心，夜夜歌唱到夜深"的原因。

2. 礼俗歌

壮族是个歌唱的民族，来客不管认识与否，都欢歌款待；男婚女嫁，祝寿贺喜，祭祀丧葬，也都要唱歌，久而久之，形成了礼俗歌。

（1）敬酒十二杯

家有来客，壮人高兴，热情款待，宾主欢歌，其乐融融。来客即使是素昧平生的过路客，主人也是祖开胸怀予以欢迎。

"丁塘小泊，闲步至壮家村。村人肃客甚谨，愧无茶，请以家酿进。"② "以家酿"招

---

① 钦州市民族事务委员会编：《钦州市民族志》，南宁市源流印刷厂2000年版，第72页。
② （清）金虞：《壮家村》，嘉庆《广西通志》卷278《横州壮》。

待客人，这是壮家待客的心意所在。在云南，壮家待客以一敬十二杯为欢。他们给客人敬上一杯酒，唱上一首歌，十二杯酒，唱十二首歌。歌声婉转，歌词优美，情意恳切，让人无从回拒。主人的敬酒歌词根据对方的不同身份和不同需求而不同。如姑娘敬客人小伙，则唱道：

> 敬哥一杯酒，有缘一口干，无缘抿一口。
> 敬哥二杯酒，种田需谷种，敬酒妹先干。
> 敬哥三杯酒，鲜花不常开，酒干花才艳。
> 敬哥四杯酒，野猫偷鸡不怕死，有心举杯还怕醉？
> 敬哥五杯酒，要玩要耍妹搭桥，哥是酒仙桥上走。
> 敬哥六杯酒，痴心小妹找酒友，问哥敢陪不敢陪？
> 敬哥七杯酒，知心情话且慢讲，话在酒中一口干。
> 敬哥八杯酒，八八同发庆阿哥，妹端酒杯同庆贺。
> 敬哥九杯酒，相交要学长流水，莫学有酒抬空杯。
> 敬哥十杯酒，鸟儿离树会难过，有酒不饮愁更多。
> 敬哥十一杯酒，潇洒阿哥是海量，双手端酒再敬哥。
> 敬哥十二杯酒，妹喝此杯心已醉，问哥酒醉想何人？

热情，优雅，真挚，风趣，令人欲拒无力，只好一醉方休。

壮家敬酒之所以要敬12杯，与壮人观念中的"12"有关。在壮族的神话里，天上原有12个太阳，制作铜鼓的太阳芒纹有12道，活着的人有12个魂，敬神要供12碗酒等，似乎以"12"为最高境界，以"12"为吉祥，向客人敬酒也需敬上"12"杯。壮语称为"更楼西双盏"（kɯn^1 lau^3 sip^7 son^1 ça：n^3），寓意祝君终日愉快，万事如意。[①]

（2）庆贺歌

"粤俗好歌，凡有吉庆，必唱歌以为欢乐。"[②] 在广西、云南的壮族也是如此。比如，新屋落成，乔迁志喜，有《贺新居歌》；小孩周岁，外婆送背篼，有《送背篼歌》；男婚女嫁，有《贺新婚歌》；老人庆寿，有《祝寿歌》。总之，凡有喜庆，必有相应内容的歌唱。石兆棠先生于20世纪20年代录存了当时象州等地的七言《壮人结婚仪式歌》，长达600多行，发表在1928年12月5日出版的《国立中山大学语言历史研究所周刊》第五集第57、58期合刊上。此歌是主人将来宾迎入厅堂后边接待边唱的。歌里，主人向来宾敬槟榔、敬茶到敬酒，谢媒人，谢亲友，情意深切，真挚感人：

> 一进头门二进厅，查问哪个是媒人。
> 今日成双多谢你，不知费去几多心。
> ……

---

① 刘德荣等：《新编文山风物志》，云南人民出版社2000年版，第78—79页。
② （清）屈大均：《广东新语》卷12《粤歌》。

食茶先，　　　　慢食槟榔慢食烟。
今日成双多谢你，犹如十五月团圆。

主人斡旋于宾客间，手送茶水槟榔，口唱暖人心窝的歌，谢了媒人，谢了宾朋，送亲客人又入门，主人立马迎上，送上热茶送上歌：

初来到，奉请送亲食杯茶。
千条路远走辛苦，喉不渴来眼也花。
……
明火烧茶出清烟，茶到面前你莫嫌。
今日好事成双对，好事成双结团圆。

茶敬完，槟榔嚼了，敬上醇酒：

敬了茶完把酒来，筛杯淡酒上高台。
今日食杯成双酒，早种桃花夜望开。
……
谢你媒人酒一坛，还有封包日后还。
口水讲干话讲尽，草鞋走烂几多双。
……
众位送亲把酒嫌，哪点招待不周全？
酒到面前不肯饮，个个低头过一边。
……

《结婚仪式歌》的最后，主人恭送亲朋出门，甚为招待不周、礼数不全向宾朋致以歉意："送亲亲，回家莫传姑爹名。姑爹手长衣袖短，人情想做叹家贫。"此歌声，此歌意，此歉情，活现了壮族人的谨厚，性也歉然，不求闻达的性格特征。

小孩满月，有《满月酒歌》：

正月春节好风光，孙仔满月喜洋洋。
两边亲家齐来贺，鸡鸭猪肉满箩筐。

送娃送花给女儿，娘娘神位安高墙。
男亲女友齐恭喜，保佑小孙得安康。

嘱咐外公与外婆，有空常来看小孙。
众人浇水花才茂，多方养育仔才俊。

园里有花喜在心，早晚挑水更殷勤。
岁岁造得好年景，留下福梯给儿孙。

"众人浇水花才茂，多方养育仔才俊"，这是壮族的育子经验；"留下福梯给儿孙"，也一反历史上壮群体越人及其后人社会"父子情薄"的状况。

新屋落成，有《贺新屋歌》："阿公屋建中间村，梁高屋宽盖四邻……阿公开口忙相告，全靠大家来帮忙，有累他们筋和骨……亲朋好友齐来贺，新居落成喜连连……"老人做寿也有《祝寿歌》："阿公生日来祝寿，家中儿孙乐陶陶。祝福阿公身体好，鹤发红颜捧仙桃。事事如心额不皱，索命鬼见亦忙逃。膝下儿孙常欢笑，生活就像吃蜜桃。"

壮族的庆贺歌，反映了壮族在人与人间的礼节习俗以及对美好生活的祝愿。

（3）祭祀歌

祭祀歌，也称为许愿、还愿歌。这是一年起始或一事开头的许愿歌及年尾或事了的还愿歌。

乐史《太平寰宇记》卷163《窦州风俗》载："谷熟时，里闬同取戌日为腊，男女盛服，椎髻徒跣，聚会作歌。"秋后"聚会作歌"，举行歌墟，这是酬神活动，犹如《古今图书集成·方舆汇编·职方典》卷1415《庆远府风俗考》所载的庆远府（治今广西宜州市）"每岁收获毕，则跳鬼酬赛"一样。秋后"跳鬼酬赛"，自然年初有许以斋醮。许愿还愿，这是前后呼应，二环紧紧相扣的。《古今图书集成·方舆汇编·职方典》卷1448《太平府风俗考》载，太平府（治今广西崇左市）壮人"三月男女歌唱，互相答和以兆丰年"。这就是在一年耕种之前对鬼神许下斋醮，而秋后"聚会作歌"就是"赛愿"。

壮群体越人及其后人春、秋二季举行歌墟，就是祈愿、赛愿的礼仪之一。除了歌墟，还有设斋醮祭祀鬼神的许愿和还愿。壮族的《祭稻歌》《祭山神调》《祭祖辞》等都是许愿或还愿时唱的。比如，龙州的《新年拜神歌》即是如此：

点起灯来过新年，光亮好比日初升。
这回烧香连点烛，神明保佑常安宁。
灯油满来灯芯长，光亮照耀像黄金。
香烛插正莫插歪，心诚年年长太平。

这是许愿歌，钦州跳岭头的《唱丰年》则是还愿歌：

喜唱正月庆丰年，好丰年，家家门前贴对联。
喜唱二月庆丰年，好丰年，谷种落塘万万年。
喜唱三月庆丰年，好丰年，挑秧担粪到田边。
喜唱四月庆丰年，好丰年，家家户户插完田。
喜唱五月庆丰年，好丰年，江边锣鼓闹龙船。
喜唱六月庆丰年，好丰年，垌中禾熟等开镰。
喜唱七月庆丰年，好丰年，洒扫设坛祭祖先。

喜唱八月庆丰年，好丰年，中秋月饼送同年。
喜唱九月庆丰年，好丰年，重阳登高上山巅。
喜唱十月庆丰年，好丰年，谷满仓来果满园。
喜唱十一月庆丰年，好丰年，糯米包粽过冬天。
喜唱十二月庆丰年，好丰年，生活一年胜一年。

为了获个"好丰年"，壮人除辛勤劳作外，还将满腹的希望寄托于鬼神上，年初许愿，秋后还需请巫、道、师公之流来"跳鬼赛神"。"唱歌跳鬼家家重，击鼓招宾夜夜欢。"[1] 历史上，壮族可谓活得不易啊！

（4）情歌

情歌是壮族民歌中其数最多的一类，赋、比、兴贴切，价值也高。

一对素昧平生的男女要成为朋友，成为伴侣，要有初识、考量、向往、相知、深交等一系列程序的对歌，因此情歌的内容虽也反映了壮族男女青年对爱情、对美好生活的追求，却在相互考量中也有相当多的关于自然、历史、生产、生活、娱乐、社交等方面内容的对歌。无疑，情歌虽为情而歌，却也容含着众多的关于自然，人文、地理知识等内容的歌。

唱情歌对未婚者来说，固然是他们恋爱、结婚的一个途径，而对已婚的人来说，"行歌互答当心欢"，也是他们结交朋友，相互娱乐的一种方式。比如，"八十公公到花园，手攀花枝泪涟涟"；"皤然老人春心在，故引儿童话少年"，就是一种忆旧而慰平生的歌句。

天上的星星亮了，
月亮挂上了村头。
听说有好客人来到了村子，
害得我连饭也不吃，
连忙跑到客人投宿的屋里，
看看客人是男或是女的。
要是男的呵，
我叫我妹妹来和他对歌；
要是女的呵，
头一个约定和她唱歌的就是我。

男女对歌，可以由此成朋友或结同年，也可以由此而婚恋而结成终身伴侣，对壮族来说，是公开的，并不是什么隐讳的事情。所以，唱情歌并不一定就是谈恋爱、找对象，也可以是一种正当的结友、娱乐的方式。

两个陌生男女对唱情歌，步步进逼，一步比一步深，分催唱、赞美、追求、挑逗、初

---

[1] （明）冉庸：《谪居灵川》，（清）汪森《粤西诗载》卷15。

交、深交、分别，最后成功或失恋等步骤。比如，广西隆林壮族的《妹过青山百鸟啼》歌：

①催唱（促对方开口对唱）：

  蚂蟥肚里无肠子，蜘蛛肚里万条丝。
  妹有好歌不舍唱，沤在肚里怕人知。

  明知情妹已成双，唱支山歌又何妨？
  蚂蟥走水无脚印，水面抛刀无损伤。

  妹嘴贵，妹嘴高贵似含金，
  开口又怕金落地，唱歌又怕结成亲。

②赞美（赞美对方，表示爱慕之情）：

  日头无火那正光，游水无风最清凉。
  妹娘生妹生得好，头上无花也是香。

  远远见妹白飘飘，银链围裙围半腰。
  画妹容颜街上卖，十人争看九人瞧。

  远远见妹白皙皙，好比春来花上枝。
  妹走沙洲鱼摆尾，妹过青山百鸟啼。

③追求（向对方倾吐求爱的心情）：

  真难变呀真难变，难变日头难变天。
  怎样变成小燕子，时时飞到妹廊檐？

  油菜开花头带金，韭菜开花一条心。
  盘龙游海当腰带，生死要连妹一人。

  日出东升云散开，歌行千里为妹来。
  哥是藤枝攀大树，生同叶绿死为柴。

④挑逗（探对方对爱情的表露）：

  今早骑马过塘边，风吹藕叶动连连。

手攀龙头低声问,晓得真连是假连?

想妹多来想妹多,铜盆装水养天鹅。
天鹅不吃铜盆水,晓得情妹想哪个?

挑起水担上高岭,汗水滴下像雨淋。
得到情妹一句话,千斤重担哥嫌轻。

⑤初交(第一次交接时所唱):

见妹唱歌哥心开,鲤鱼见水尾摇摆。
蜜蜂见花团团转,恋恋不舍把花采。

天高落雨像银纱,落进铜盆像朵花。
妹是天上及时雨,哥捧铜盆来接它。

想妹一天又一天,总怕别人连在先。
明珠装在人手上,有力难耕掌上田。

⑥深交(爱情发展到深度,不可分离了):

三天吃餐哥也来,四天吃餐哥也爱,
屋矮哥也低头进,屋贫人好不贪财。

难得舍呀难得丢,蚂蟥难舍这一丘。
情妹好比石崖水,六月天旱水长流。

眼看日头要落山,我俩情意诉不完。
妹拿钥匙哥拿锁,锁紧日头在半山。

⑦分别(离别时难分难舍的心情):

眼看日头要落西,黄茅岭上鹧鸪啼。
鹧鸪边啼边下岭,我俩边讲边分离。

柑子好吃莫丢皮,结双正好难分离。
结双正好分离去,好比铜锁断钥匙。

同妹排坐哥心欢,提到分离断肝肠。
来时好比龙上殿,去时好比虎离山。

⑧失恋(感情破裂后痛苦的心情):

墙头画龙龙化凤,用手摇扇扇摇风。
竹筒拿来做枕头,梦里还是两头空。

妹子口甜心不甜,心中好比苦黄连。
石灰抹墙光外表,里头尽是烂泥填。

假鸳鸯,枉哥相思断肝肠。
如今妹已跟人了,好比烧了断头香。

云南文山州壮族的《串寨调》① 以及广西田东、田阳等地的《排歌》,② 也都是情歌。《串寨调》叙写一群姑娘不惜翻山越岭串寨唱歌找心上人,从会面到送行的全过程。歌分会面、挑兴、试探、赞美、定情、相好、告别、送行 8 部分,五言四句,近 1000 行。歌者大胆追求,情真意笃,倾情而歌,朴实无华,感情洋溢,欢乐祥和,难分难舍。歌者无拘无束,直率地表达了男女间的情爱追求。这与流行于广西左右江等地的《排歌》比较起来,就显得少了儒家礼仪的束缚、社会的不容以及家长的权力,表现出以心之所求为准,依心之所想而言,直抒胸臆。而《排歌》呢,"分水容易分情难",依依惜别之后,尽可相思,却不能见面,逼于父命另嫁他人,只好一同私奔,另走他乡安个窝以度自己的日子。因此,《排歌》在"告别"一节之后,便多了"相思""诉苦""出走""安家"4 节,令人感慨社会的冷酷以及父母的不近人情。无疑,云南东南部壮族的《串寨调》是在儒家文化浸渍、整合越文化之前比较真实地反映壮族在恋爱婚姻上的早期形态。

不过,《串寨调》也是清朝形成的歌,因为据《串寨调》"定情"那一节,双方边唱边轮流吸烟取乐:"我们几个已经轮流吸过烟,那火绳已把爱情的火点燃。"烟草传入壮族地区是在明朝嘉靖二十八年(1549 年)前夕。③ 钱元昌《粤西诸蛮图记》载,壮族妇女"腰多束花巾,悬荷包。性喜吸烟,每以烟筒插髻,足跣,与男子无异"。④ 罗凤章光绪《罗平州乡土志》卷 5 也载,沙人"遇佳节或走街,男女各携烟品,约会野田草露间,携手并肩歌唱舞蹈以为乐,名曰吃烟草"。

云南东南壮族唱情歌,有两个地方:一个是在屋里唱,叫"唱夜",也叫"串寨对歌";一个是在村外唱,叫"唱山歌"。

---

① 《山花》1982 年第 3 期。
② 《壮族排歌选》,广西人民出版社 1982 年版。
③ 广西文物队:《广西合浦上窑窑址发掘简报》,《考古》1986 年第 12 期。
④ 雍正《广西通志》卷 92《诸蛮》引。

唱夜的歌，是壮族青年男女利用农闲做客、起房盖屋、男婚女嫁，甚至吊唁等机会走村串寨，在屋里唱的歌。

要是村里来了姑娘或小伙子，本村的小伙子或姑娘便邀约伙伴去跟客人对歌。

对歌可在屋里举行，也可以在屋外唱歌。在屋内唱歌，男在一屋，女在另一屋，一首接一首，一调又一调，一直唱到天亮。听歌听音，答歌就调，如有男女唱答对调合音，识了对方的歌才、人品，天亮以后相见，可以相约对唱情歌，同时约好下一次对歌的时间和地点。

有时，唱夜歌的姑娘或小伙也不进村，就在村外邀请村子里的小伙或姑娘出来对歌。这些傍晚走村唱歌的小伙或姑娘做工回来吃完晚饭，梳洗一新，就三五成群地你推我拥朝另一个村子走去。

姑娘们来到邻近或远处的村子，不进村，躲在村旁的林子里，朝着村里的小伙唱起来：

你们可吃过晚饭？
你们可关好鸭圈？
趁着十五月儿圆，
赶忙出来玩。
出来款一款，
出来串一串。
……

听到外村姑娘们悠扬歌声主动相邀，村里的小伙赶快停下手中的活儿，赶快梳洗，不约而同地集拢来，站在离姑娘们不远的村边，欢声地唱起来：

今晚寨子有歌声，
是因为喜鹊从天边飞过来；
今晚寨子很热闹，
是因为姑娘们来串寨。
今晚姑娘来串寨，
我们寨子就有红芋长出来；
今晚姑娘来串寨，
我们寨子就有桂花开出来。
……

开始，总是男为男伙，女为女伙，一问一答地对唱。不过，双方一边唱，各个人却在寻觅各自的有缘人。有缘的人心有灵犀一点通，唱起歌来对上调儿。经过会面、挑逗、试探，就两两隐入大树下或竹丛后，一男一女进行对唱。此时，姑娘以歌热情地赞美小伙的村子：

我们路过田垌，
　　一眼望不到边。
　　你们的田垌真宽呵，
　　看见此田垌我就愿回转。
　　我们路过稻田，
　　满眼是金黄一片。
　　你们的谷子长得多好呵，
　　看见谷子我就觉得又香又甜。

　　我们路过河边，
　　鲤鱼成群成串。
　　可爱的鱼儿把我们迷住了，
　　我们的心已留在河沿。

　　我们路过红芋园，
　　红芋叶子像把伞。
　　人人都说红芋好吃，
　　最好吃的红芋就出在你们的芋园。

　　姑娘赞美小伙村子的山川、物产，甚至住房，目的是赞物及人："不是我们会说话，你们的地方确实令人爱恋。一草一木都牵动我们的情感，就连乌鸦也讨我们喜欢。"一方已经表态，此时如果另一方觉得"此非有缘人"，就分开，各自另寻相好；如果双方合意，就热情地唱下去，让双方情感发展，进入"定情"：

　　男：吸过烟来款白话，
　　　　屋里的浓烟已疏淡。
　　　　但愿我们的情缘，莫像烟子那样随风飘散。
　　女：烟子缕缕轻飘飘，
　　　　情缘重得像座山。
　　　　青山座座屹然特立，
　　　　情缘结下一辈无憾。

　　男女"定情"，"心已找到了归巢"，轻歌软语，互诉衷情，共同憧憬着经媒人的穿梭成夫妇之后的恩爱生活。

　　"我们没有话说了，就等你们的媒人了。只要媒人去说一声，我们爹妈就答应了。"媒人穿梭于当婚男女之间，这是儒家文化传入以后方才出现的。壮群体越人及其后人倚歌择配，并不需要媒人牵线搭桥。这是与战国时儒家亚圣孟子所说的"不待父母之命、媒妁之言，钻穴隙相窥，逾墙相从，则父母、国人皆贱之"相悖的。① 在儒家文化的影响下，宋代，在壮群体越人的后人中，既婚经父母，比如宾州人男女"博扇"后，"归白父母，即与成礼"②，也出现了媒人，比如郁林州"夷人索妇必令媒人引，女家自送，相见后即放女归家"③。然而，汉族文化的影响，是由东往西、由北往南渐次扩展的，岭南各地接受汉族文化先后不一，社会发展也不平衡。比如岭南西部时至清朝，太平府知府在其《严禁歌墟以正风俗特示》中特别谴责歌墟上男女"彼此唱和"，"不愿分袂，或手相随，而并不见有父母之命、媒妁之言。此等无廉耻，行同禽兽"。"倘有怙恶不悛，法难轻恕，律不能容。"④ 此处，婚姻要告知父母，也要媒人做中介，可婚姻还是以男女双方倚歌择配为主，父母、媒人也以男女双方的选择为准，做不得主，充其量只是个配角而已。此道出了他们虽受了汉族文化的影响，却远未被整合。

两情相好，轻歌互诉，深情寄望，独乐融融，兀不知鸡鸣天晓。天亮了，姑娘们要返回家乡了。春恰恰，柳疏疏，有情人别情依依，难分难舍：

  男：老天呀，不要忙着亮；
    雄鸡呀，不要忙着叫！
    让我们再玩一夜，让我们再唱一宵。

  ……

    正好唱到开心处，
    再唱百夜也嫌少。
    天不会亮就好了，
    鸡不会叫就好了！

  女：不想天亮天还亮，
    不让鸡叫鸡还叫。
    耳听雄鸡叫三遍，
    叫得阿妹好心焦。

  ……

    小妹的话阿哥要记住，
    六天一街一定要去走走。

---

① 《孟子·滕文公下》。
② 《舆地纪胜》卷115《宾州风俗形势》。
③ （宋）乐史：《太平寰宇记》卷165《郁林州风俗》。
④ 《广西少数民族地区碑文、契约资料集》，广西民族出版社1987年版，第132页。

去赶鸡街和者兔街哟,
小妹一定会在那里等候。

唱罢,姑娘回眸深情一望,踮脚走了。小伙们送了一程又一程。他们边走边唱:

男:送妹送到大水头,
河水汩汩向东流。
阿妹呵,请你伸出手,
让阿哥再瞧瞧你的银镯头!

女:阿哥要瞧银镯头,
小妹已经伸出手。
阿哥呀,
左手右手都瞧个够!

……

男:送妹送到金竹林,
蓬蓬竹子绿茵茵。
阿妹呵,请你笑一声,
让阿哥再听你的好嗓音。

女:阿哥要听妹嗓音,
小妹已经笑出声。
阿哥呵,妹的嗓音有点颤,
离别阿哥太伤情。

……

大胆爽朗,无拘无束,走村串寨,大唱情歌,互相唱和,倚歌择配,这是壮傣群体越人及其后人比较原态的男女恋爱的对歌形式。其后人壮族如此,傣族也是如此。比如,泰国东北部拉加信府拉加信市板康村一带的泰人,少男少女相识,有的通过放牧的邂逅,有的通过参加共同的节庆(如六月求雨节、十月的祭佛节等),有的则是通过秋后农闲姑娘们聚集在一起纺纱,男子群串村走寨的形式实现的。

据老人回忆,四五十年前,该地男女结交还是以"loŋ¹pi:ŋ³"(唱歌)开路,以"loŋ¹pi:ŋ³"传情,以"loŋ¹pi:ŋ³"定情的(现在这种情况则不多见了)。秋后农闲,姑娘们做堆纺纱,外村的少男们便不邀而至。他们吹着芦笙,弹着琵琶,哼着山歌靠近姑娘堆,开始与姑娘们以歌打情骂俏。如男的称赞姑娘生得漂亮,姑娘们便唱道:

不要这样假惺惺地称赞，
槟榔树可跟甘蔗不一般，
凭你怎样品尝，
槟榔树也没甘蔗甜朗。

又如小伙以歌挑情，姑娘们便反唇相讥：

十个捞篓比不上一个鱼筌，
十个远村人比不上一个眼前人。
远村的人哟如菜中的佐料，
近地的人哟像姜汁一样浓情。

  男以歌挑情，女以歌难人，歌声嘹亮，你来我往，男情女意，个中人自然心领神会，许多人就是这样肇下了情根；如果有姑娘送给小伙子自己的内衣，则表明二人已经私许了终身。①

  男女夜晚走村串寨，唱歌寻觅有缘人，元以前多是女串男村。因为那时候在壮群体越人及其后人社会中，女比男多，男女比例严重失调。所以，《旧唐书》卷197《南平獠传》载："土多女少男，为婚之法，女氏必先货求男族。贫人无以嫁女，多卖与妇人为婢。"唐朝人《投荒录》载，岭南"俚民争婚聘者，相与语曰：'我女裁袍补袄，即灼然不会，若修治水蛇、黄鳝，即一条必胜一条矣！'"②此诚如母亲在给女儿做招亲广告，说明那个时候在岭南壮群体越人的后人社会中，女性多，男性少，男女比例严重失调。南宋周去非《岭外代答》卷10《十妻》载，"南方盛热，不宜男子，特宜妇人"。"而钦（州）之小民，皆一夫而数妻。妻各自负贩逐市以赡一夫，徒得有夫之名，则人不谓之无所归耳。"一夫多妻，固然可以解决不少女子"人不谓之无所归耳"的社会问题，但是仍有众多的女子找不到"所归"。比如，王象之《舆地纪胜》卷115《博扇》即说："宾（州）之细民，生计颇艰，有终不能嫁者！"元朝以后，由于社会男女比例失调发生了有利于女性的变化，男子追求女子的主动性方才逐渐调动起来，多数的女串男村，成了男串女村。

  社会多女少男，性别比例严重失调，从而出现一夫多妻的现象，明末清初在傣族社会中仍见记载。明朝万历《西南风土记》载，傣族社会"女多男少"。"贫者亦数妻，富者亦数十，官舍、目把动以百计。"罗伦康熙《永昌府志》卷24载其时的傣族"人娶四五妇谓不妒，供作皆妻妾"。吴兰孙乾隆《景东直隶厅志》卷35也载，"僰彝"（傣族先称）"头目之妻数十，婢亦百十人，少者十数；庶民亦有数妻，无妒忌之嫌"。此种情况说明自壮傣群体越人时代，社会上已经出现男少女多，性别比例严重失调的现象。《旧唐书》卷197《南平獠传》记载的"獠"人"土多女少男"，此"獠"人既包含壮群体越人

---

① 白耀天：《泰国婚姻、丧葬和宗教信仰考察》，《广西民族研究》1993年第1期。
② 《太平广记》卷483《岭南女工》引。

的后人，也包含傣群体越人的后人。

云南东南部壮族的唱山歌，就是广西壮族的"趁墟"唱歌。"年年三月三，山歌处处传。绣球满坡见，人人碰彩蛋。"唱山歌的日子到了，"lɯk⁸sa：u¹"（勒少，姑娘）、"lɯk⁸ba：u⁵"（勒包，小伙）按照传统各自打扮一新，带上食品、礼仪，打着花伞，三五结伴，从十里百里外赶来相会。男女以歌相识，以歌考校，以歌传情，以歌结缘。人们在田埂边，小河旁，树荫下，街道上，哪里汇集哪里唱。他们敞开胸怀，心自度曲，口唱山歌，委婉柔美的歌儿遍地起，沸天歌吹情意绵绵，一时间，四周成了歌的海，情的海。歌声此伏彼起，彼伏此起，太阳落，月亮出，情歌醉人，可梦难圆。如果"lɯk⁸ba：u⁵"找到了心上人，"lɯk⁸sa：u¹"也找到了合心郎，"lɯk⁸sa：u¹"就露出手中的彩蛋让"lɯk⁸ba：u⁵"来碰。红蛋碰破，二人情缘也就定下来了。有的不碰蛋，则互相交换信物。此后经过多次相会，多次对歌，觉得互对心坎儿，也就订下了终身。

（5）哭丧歌

哭丧歌，是父母死后停柩期间，亲友在守灵哭唱的歌。内容主要是诉说子女的悲伤，悼念死者，感谢死者生前养育之恩，祝愿死者灵魂平安，早登仙界，庇护后人。比如广西凭祥市的《哭灵歌》：

>唱第一首哀歌，
>拿灵牌安在桌上。
>可怜孤男孤女，
>今日来念父母情。
>
>唱第二首哀歌，
>儿女来敬父母。
>父母死下阴间，
>守孝来报父母恩。
>
>唱第三首哀歌，
>杀鸡祭灵前。
>儿女泪淋淋，
>念父母心切。
>
>唱第四首哀歌，
>父母下了阴间。
>丢下我们孤儿孤女，
>何时再能相见？
>
>唱第五首哀歌，
>灵前酒肉齐备。

孝男孝女呵，
痛心来悼念。

唱第六首哀歌，
儿女的心似刀割。
道公在棺边来回转，
儿女在棺旁放声哭。

唱第七首哀歌，
亲朋来烧香烛，
道公念经来引路，
愿我父母早登仙界。①

祝愿死者灵魂平安，早登仙界，这是道教观念为壮群体越人的后人逐渐接受以后方才出现的。同样，壮群体越人的后人本无单个家庭的祖先崇拜，在汉族文化的影响下，家庭中方才供奉祖先神主。此种变化趋势，是由东往西、由北往南逐渐扩展的。

壮群体越人及其后人非常害怕死人的鬼魂。据梧州《旧经》记载，他们"丧则聚，搏击钲鼓做戏，叫噪逐其厉。及掩之中野，至亲不复送"。② 北宋乐史《太平寰宇记》卷165《郁林州风俗》也载，"死则打鼓助哀，孝子尤恐，悲泣"。关于广东地区唐宋时期的丧葬情况，没见具体的记载，《太平寰宇记》卷161《高州风俗》记载的"其俗生时布衣不充，死则尽财殡送"，可视同金仲文洪武七年（1374年）藤县《旧志》所载的"有丧，以鼓乐、饮酒、食肉为礼"。③ 因此，宋太宗雍熙二年（985年）闰九月二十四日的诏令中将岭南不论是岭东地区还是岭西地区都作一体观，认为"其土风，饮食、男女之仪，婚姻、丧葬之制，不循教义，有亏礼法"。④ 此后，在儒家文化的大力传播和影响下，岭南由东往西、由北往南、丧葬文化和信仰习俗产生了不同的变化。

据周去非《岭外代答》卷10《家鬼》记载，南宋广西钦州壮族先人家庭中已经有了"家鬼"（祖考）崇拜。不过，由于地域不同，受汉族文化影响深浅有异，"家鬼堂"在家中设置的地点又见差别。比如，钦州城中各家户的厅堂上设了"家鬼"神龛，乡村则在屋侧设"家鬼巷"。而广东，据民国《清远县志·礼仪民俗》记载时至民国年间在该县鳌山乡还残存"家鬼巷"的现象。在今云南东南部的广南府，壮人则在干栏上辟间家鬼房，"编竹笼若鱼罾，累累数十，置西南隅以祀鬼"，⑤ 明朝云南广南府居民干栏上"家鬼

---

① 《广西民间文学作品精选·凭祥市卷》，广西民族出版社1996年版，第280页。
② 《永乐大典》卷2339梧字引。
③ 同上。
④ 《宋会要辑稿·刑法二之三》。
⑤ （明）刘文征：天启《滇志》卷4《旅途志·粤西路考》。

房"的陈设情况，基本同于泰国东北部拉加信府克茫县"布岱人"的"家鬼房"。①

明初，据李思聪《百夷传》记载，"百夷"（傣族先称）"民家无祀先奉佛者"。迄于近现代，傣族仍然"没有祖宗崇拜习俗，家庭中不供奉祖宗神主，对祖宗坟墓无祭扫礼仪"。② 此种情况道明了在壮傣越人的时代没有家庭的祖先崇拜。因为他们都非常惧怕死去的先人的鬼魂，举行丧葬仪式时，都是以"驱鬼""赶鬼"为主旨。

以此观之，壮群体越人的后人与傣群体越人的后人源同于一，原来的丧葬习俗也源同于一。作为壮群体越人的后人壮族，上面列举的哭丧歌，当形成于明、清时期。至于其前的"驱鬼""赶鬼"歌，究竟怎样，则不得而知了。

(6) 盘歌

盘歌，即是问答歌，考问歌，也就是猜歌，以对唱的形式互相盘问，凡天上地下，古往今来，历史自然，都可以包容于其中。互对盘歌，既可考量对歌者的知识量，又可考量对歌者的机敏度。唱盘歌，知在其中，敏在其中，乐也在其中。因此，无情者可以借之以逗乐、斗智；有情者也可以在对唱的过程中插入盘歌考对方、逗对方，使情歌更为诙谐有趣。比如：

  问：什么有针没有线？
    什么有线没有针？
    什么点灯不做工？
    什么做工不点灯？

  答：蜜蜂有针没有线，
    蜘蛛有线没有针，
    黄萤点灯不做工，
    蝙蝠做工不点灯。

随问随答，显示一个人的见多识广，联想丰富，头脑灵活，应对自如。觅情人在对歌中也常以盘歌来考察对方：

  问：阿哥读书看得透，
    听说古人样样忧。
    谁人造屋连马厩，
    寒暑风雨有处投？
    谁人造得名和姓，
    同姓亲族不婚媾？
    若哥不会答这话，

---

① 白耀天：《泰国婚姻·丧葬和宗教信仰考察》，《广西民族研究》1993年第1期。
② 江应樑：《傣族史》，四川民族出版社1983年版，第504页。

不要和妹来唱酬!

答：古人生活样样忧，
　　人无房屋畜无厩，
　　虽然盘古分天地，
　　未同如今样样有。
　　有巢造得屋边厩，
　　寒暑风雨有处投；
　　周公造得娶嫁礼，
　　同姓亲族不婚媾。

壮族的歌谣除了上例以外，还有儿童歌谣等。儿歌童谣，语言浅白，形象逼真，朗朗上口，给儿童带来了生活的乐趣和丰富的想象力。如《结网网》：

拉丝丝，
细又长，
蜘蛛姑娘结网网。
东张网，
西张网，
屋檐底下挂罗帐。
除虫虫，
保安康，
苍蝇、蚊子全落网，
一群蜘蛛来会餐。①

第二节　艺术

壮族是个能歌善舞的民族，清朝初年屈大均说"桃叶舞成鸢睆睨（huǎn xiàn，专注），竹枝歌就燕呢喃"，就是对壮族能歌善舞的称誉。然而，桃叶舞"则以被覆首"，显为祭鬼祈神的巫舞，停滞于原始的状态。② 戏剧无外，也是在汉族文化影响下，因祈神而产生。不过，定期演戏祈神，也带来人间的欢乐，带来人们心中的寄望。

一　民间舞蹈

舞蹈，是壮族及其古老的艺术形式之一。春秋战国时期的广西左江崖壁画上就绘有壮傣群体先人越人的祭祀水神舞蹈场景。汉代，广西贵县罗泊湾一号汉墓及西林汉墓出土的

---

① 《广西民间文学作品精选·武宣卷》，广西民族出版社1991年版，第342页。
② （清）屈大均：《广东新语》卷12《粤歌》。

铜鼓上也绘有乐舞的文饰。这些舞蹈形象地反映了壮傣群体越人的舞蹈依祭神祀鬼而存在，依巫而流行。往后，歌舞有的逐渐从巫祭独立出来，成为单纯的歌舞。比如，南北朝宋沈怀远《南越志》载："越之野市为墟，多在村场，先期召集各商或歌舞以来之。荆南、岭表皆然。"① 歌舞与商人结合而成墟，于是有了歌墟。后来在汉族文化的影响下，许多地方商家与歌舞相脱离，墟成了纯商品集散的"墟"。而汉族文化影响力小的地方，只是歌与舞相脱离，歌仍与商相结合，这就是"歌墟"："各处男女服饰整洁，及商贾、赌博者千百成群，聚于山坡旷野之地。女则携篮持伞，或五六人或六七人不等，有一老妇为之媒介蹲作一堆；男则游行掀看，有合意或旧好者则歌唱挑之，彼此互答。若相悦意，如女投饼而男赠糕以为定情。"②

歌与舞脱离，慕春男女倚歌择配，社会上各类人群以歌言事，以歌抒怀，纺织时歌，治田时歌，樵牧时歌，夫妇一室月白风清启户也歌，歌声洋溢于壮人社会各个层面各个角落，而舞呢，大多仍局限于巫道的祭神活动，脱却神祭与供人娱乐的歌舞还不多。

（一）捞虾舞

捞虾舞是起于生产活动的儿童舞蹈，歌舞结合，以歌伴舞，歌即称为《捞虾谣》：

> 美丽的小金虾，
> 没有爹娘没有家。
> 十冬腊月寒霜降，
> 冷峭峭地敲打牙。
> 世上嫌你太细小，
> 任你漂流在河汊。
> 美丽的小金虾，
> 我们冒着风寒把河下。
> 请你靠近我们，请你快到我们家。
> 弟弟给你送温暖，
> 妹妹给你送鲜花。
> 来，来，来，
> 快进捞篼随我转回家。
> 见到我爹妈，
> 他们一定笑哈哈。

《捞虾舞》在壮群体越人及其后人的历史上形成较早，是个生产性的舞蹈。流传在广西德保县城区的《捞虾歌》有两百多行，头两句是"开口唇红显黑牙，好像新开黄瓜花"。"黑齿雕题"是古越人的身饰，至唐及其后，在汉族文化的影响下，岭南由东往西、由北往南，壮群体越人的后人渐渐淡化了此类身饰。据《古今图书集成·方舆汇编·职

---

① （清）李调元：《南越笔记》卷1引。
② 民国《同正县志·礼俗》。

方典》卷1452《泗城府风俗考》记载,清朝初年归顺州(治今广西省靖西县)的壮族仍然"必染涅(染黑)其齿,以示富厚",说明《捞虾舞》至迟形成于清朝前期。《捞虾舞》又称为《太平舞》,这是因为此舞是在吉日良辰,特别是在春节,用来祝贺新年,祈年太平的。这就不能不说,《捞虾舞》是一年之始或吉日良辰祈求太平的舞蹈。

(二) 舂堂舞和扁担舞

壮群体人越人及其后人除了巫公巫婆祝神祀鬼的歌舞之外,集体性质的歌舞娱乐活动,见于记载的最早当推"舂堂舞":

> 广南有舂堂,以浑木刳为槽,一槽两边约十杵。男女间立,以舂稻粮。敲磕槽舷,皆有遍拍。槽声若鼓,闻于数里,虽思妇之巧弄秋砧,不能比其流亮也。①

南宋周去非《岭外代答》卷4《桩堂》也载:

> 静江(治今桂林市)民间获禾,取禾心一茎藁,连穗收之,谓之清泠禾。屋角为大木槽,将食时,取禾桩(chōng)于槽中,其声如僧寺之木鱼,女伴以意运杵成音韵,名曰桩堂,每旦及日仄,则桩堂之声,四闻可听。

"桩堂",就是脱谷、舂米及捣糍粑的木槽。壮群体越人及其后人收割禾谷,是以手镰切割禾稻最后一个骨节上的禾秆连同稻穗一起,撕去禾衣,缚成把,垒成束,挑回晒在干栏的栈台上。由于传承不食隔宿粮的理念,照例是每天傍晚或早晨都要将要吃的禾把放入木槽中脱谷、舂米。此时,恰巧男女青年凑趣来了。他们相竞以杵舂槽,疾徐轻重,叮咚有声,节奏感强,音韵铿锵。那些男女青年便围着舂米槽,伴着节拍,边舂边弹腿踢脚,翩跹起舞。这就是"舂堂舞"。

自唐迄今,一千多年过去了,在壮族民间还传承着此一类型的舞蹈。其中,尤以云南富宁县皈朝镇百油地区的"舂堂舞"为突出。

百油地区跳舂堂舞,在每年正月举行。届时,百油周围村寨的壮族男女青年,不管路有多远,都赶来参加。

舞前,先将蒸得半熟的热糯米饭倒入槽内或石臼中,青年男女数人手持舂杵上场,团团围着木槽或石臼,随着伴奏鼓点,边舂糯米边起舞。他们时而顺时针方向,时而又逆时针方向舞动。鼓声,杵槽相击声,粗犷的舞步声,笑声,叫声,时起时落,时缓时急,弥漫于欢乐于舞场。此欢乐的舞蹈,直到槽中或臼中的糯米饭舂成胶泥,方才停息。

舞毕,男女青年一齐动手将舂就的饭泥捏成汤圆般大小的丸,抬到村边的田垌,尽兴地向空中抛撒,待丸子坠落田间,众人这才笑着喊着争先恐后地捡拾起来。此时,田垌上的欢腾,久久不息。

人们说,农历正月跳舂堂舞,可以求得一年的风调雨顺,五谷丰登。

扁担舞,又叫"谷榔"。"谷"是壮语"做"的近音译写字;"榔"是壮语"舂槽"

---

① (唐)刘恂:《岭表录异》,《太平御览》卷829《舂》引。

的音译写字。后来人们认为舂杵太重，木槽太沉，既不易移动，也碍于灵活地自由挥舞，便改用木扁担来打长凳，易名为"打戽烈"。"戽烈"是扁担击打长凳的响声，因此又叫"扁担舞"。"扁担舞"将壮人的分秧、车水、收割打谷及舂米等农作过程融于舞中。表演时，几个人握着扁担上下左右、轻敲重打长凳，强弱长短，节奏感强，配以和谐婉转的歌声，使人兴奋和愉快。每逢春节，群众多以"打谷榔"为乐。然而，他们一个不变的思想就是："谷榔"举行了，今年可以风调雨顺，丰收了！

（三）草人舞

> 开年节一年跳一回，
> 是老人传下来的。
> 祖先兴在前，
> 我们后面跟。
> 香谷串地谷，
> 连在一起了。
> 我们学着祖先做，
> 就像香谷串地谷。

这是云南东南部壮族土支系群众在每年农历正月举行的"草人舞"表演时伴唱的《考喔眉》（开年歌）歌词的开头部分。

"草人舞"由两个上年纪的人分别操小胡琴和小三弦伴奏。表演开始，16名浑身上下裹着稻草的小伙，分两批先后扛着犁耙进场。他们在乐曲的伴奏下，时而作犁地状，时而猜拳行令，边舞边吆喝，稻草则在舞动中沙沙作响。此时，场内舞者情感激越，观者欢笑声、喝彩声、鼓掌声四起，气氛热烈。在舞者、观者情感交融之时，10多个身穿民族服装的大姑娘，由一个右手拿着以围腰裹着的木棒、左手拿着鲜艳绣花头巾掩面的男歌手唱着《考喔眉》（开年歌）领着缓缓舞动入场。她们时而顺时针转动，时而逆时针移步，从容率情，舒展轻盈。与此同时，一妇人手持捞兜入场表演捞虾，两人扮成父子入场表演乞讨，又一个小伙背着用稻草扎成的两个婴儿入场。这背着婴儿的小伙边逗背上的婴儿，边去掏取捞虾人捞兜里的虾子，二人争斗起来……

"草人舞"，壮语谓为"古独木"，伴着《考喔眉》（开年歌）的歌声结束，是由最初的娱乐性舞蹈向祈年性舞蹈发展的。每年农历正月，人们笑吟吟地从各地来，欢乐地跳"草人舞"，旨在祈求世道平安、年成好以及六畜兴旺。

（四）碗舞

云南东南沙支系壮族，春节及二月过小年时跳碗舞。广场上，一人领头，人数不限，以男女成双为准，用碗、筷作道具。是时，人们打扮一新，各人一手持碗，一手拿筷，男女对立，以筷击碗发出的声响作伴奏节拍。舞者随着击碗声起舞，时而转身，时而伸屈，时而换位。旁观者也不时参与进来，鲜艳的民族服装花团锦簇，随着领舞者翻转起浪，随着击碗声垂彩腾辉，可说虽无丝竹管弦之盛，却可以在蜂簇野花中吟细韵。

（五）手巾舞

手巾舞在云南东南部壮族很有名气，壮语谓为"陇阿拉"。道具简单，舞者手执一条毛巾足矣。参舞人数不限，舞者越多，气氛越为欢快热烈。

据传说，过去老人厅都悬挂有一面铜鼓，作为联络信号。后来，敲起铜鼓，人们来后便围圈挥巾起舞，形成了手巾舞。

随着时间的流逝，手巾舞内容越来越丰富。人们将壮族农家的插秧、打谷、纺织、扯线、做鞋等劳作过程也包容在舞中。人们以鼓点起舞，以歌唱表情感。舞时，男女老少围成圈，既顺时针方向又逆时针方向往复转动。舞步以单腿踮脚跟为特点，跳时又多以向斜前方踩步为其特点，给人以蹦跳向上的感觉；手部动作多为顺向甩动及作各式模拟两种，节奏鲜明，动作流畅、诙谐、活泼。

手巾舞在婚嫁喜庆中也时兴举行，目的是祝贺新嫁娘和新婚郎夫妻和谐，多子多福，家业兴旺，也离不开祝贺祈盼的趣旨。

（六）铜鼓舞

铜鼓，在壮傣群体越人的心目中，占着很重的分量。在春秋战国时期的广西左右江崖壁画中，已经有了铜鼓的图像出现，是作为镇邪的宝器存在的。随着社会的发展，部落首领权力的扩大，威霸一方，铜鼓渐渐成为权威的象征。所以，晋南北朝时裴渊《广州记》载："俚獠贵铜鼓，唯广大为贵，面阔丈余方以为奇。""风俗好杀，多构仇怨，欲相攻击，鸣此鼓集众，到者如云。有是鼓者，极为豪强。"[①]《隋书》卷31《地理志》则载，"俚獠""俗好相杀，多构仇怨，欲相攻则鸣此鼓（指铜鼓），到者如云。有（铜）鼓者号为'都老'，群情推服"。"俚人呼其尊者为'倒老'也，言讹，故又称为'都老'云。"豪强借铜鼓成为首领，首领凭借敲击手中的铜鼓可以召集部众。唐朝中期以后，社会发展，首领消失，鼓面塑娃、文饰繁缛而大型的冷水冲型、北流型、灵山型铜鼓失传，铜鼓普及化，小型的遵义型、麻江型铜鼓流行，铜鼓成了壮群体越人的后人祭神的乐器："瓦尊迎海客，铜鼓赛江神"；[②]"铜鼓与蛮歌，南人祈赛多"。[③]

"家家叩铜鼓，欲赛鲁将军，"[④]说明唐朝后期，铜鼓已经散布于民家，成为壮群体越人的后人辟邪镇宅镇村之物，祀鬼赛神之器。

"铜鼓声喧夜赛神"，[⑤]铜鼓在壮群体越人后人的心灵里，地位崇高，无以置代，因此年中大节，特别是一年之初，都跳铜鼓舞以祈太平、安康。这就如同李煕龄道光《普洱府志》卷18所载，"花土獠"（壮族先称之一）"自正月至二月，击铜鼓跳舞为乐，谓之过小年"。

私人家里有铜鼓，铜鼓放在家里尊贵的地方。新年第一件事就是洗铜鼓、祭铜鼓。主人在祭铜鼓时，一边叩头一边祷告：

---

① 《太平御览》卷785《俚》引。
② （唐）许浑：《送南客归有怀》，《全唐诗》卷530。
③ （五代）孙光宪：《菩萨蛮》，《唐宋诸贤绝妙词选》卷1。
④ 许浑：《游维山新兴寺宿石屏村谢叟家》，《全唐诗》卷528。
⑤ （明）解缙：《龙州三首》其二，（清）汪森《粤西诗载》卷23。

>铜鼓神，铜鼓神，
>今天新年，恭请临门。
>四荤两素都办到，
>请您保佑降吉祥。

祭毕，敲响铜鼓，家人和左邻右舍，聚拢来跳起铜鼓舞，壮语称为"龙呢冬"。

铜鼓舞为群体舞，参舞人数不限。队形多为圆圈，也有呈八字形的。舞者手握毛巾，甩手挥巾，碰着旁观者谁，谁就得入群起舞。舞者讲究双手部位的变化，或双手交叉，或甩手，或抬手等；脚则以提步、跳步为主。舞圈中间或八字前头，则是敲鼓和扑鼓者。敲鼓者为男，左丁字步站立，双膝弯曲，身子前倾，双手各持木棒，不断地敲击鼓面；扑鼓者为女性，右前弓步站住，双手持着一铜盆，俯身就鼓，不断地向鼓底扑压，让鼓发出雄浑的共振轰鸣。群舞者则踩着有节奏的铜鼓声翩翩起舞。

"象筵照日会词客，铜鼓临轩舞海夷。"[①] 铜鼓先是壮傣群体越人辟邪、镇邪的宝器，后是壮群体越人及其后人权威的象征、心中的圣物，击铜鼓，闻鼓点而翩跹起舞，自古已然。两千多年来，铜鼓舞在壮群体越人及其后人中常态延续，传承不息，迄于今日，尽管各地铜鼓舞的舞步不尽相同，举行的时间也不一致，但是以铜鼓辟邪、镇邪，以铜鼓声祈年，以铜鼓声祈福，以铜鼓声赛神，却是万变不离其宗的。

（七）师公舞和跳岭头

祈鬼赛神的舞蹈，在岭南壮群体越人的后人中，集大成者为"师公舞"，在桂南则异为"跳岭头"。

壮群体越人及其后人意识、观念里有了消释不去的痼癖，这就是病不求医药，专信巫道，唯祀鬼神。由此，形成了祈鬼赛神的"设鬼""跳鬼"的巫术活动。他们"设鬼""跳鬼"，必戴假面具以肖似想象中的鬼，才能在巫人的招徕、祈求或驱赶中起作用。

假面具，中原汉族称为"戏面"，岭南汉族称为"鬼脸壳"，壮语谓为"木额"。巫人戴假面具以祈鬼，在成于春秋战国的广西左江崖壁画中已经出现。迄于宋代，桂州的木刻面具在全国已经一枝独秀："穷极工巧，一枚或值万钱。"[②] "盖桂人善制戏面，佳者一，值万钱。他州贵之如此，宜其闻也。"[③] 南宋大诗人陆游《老学庵笔记》卷1载："政和（1111—1118年）中，大傩下桂府进面具，比（及）进到，称一副（声称只进一副）。初讶（惊奇）其少，乃是（然而这却是）以八百枚为一副，（八百枚中）老少妍（美）陋（丑）无一相似者，乃大惊。至今，桂府作此者，皆致富，天下及外夷皆不能及。"此进一步证实了桂林制作的面具，其技艺的精致在当时是独一无二的。

"桂林傩"后来朝着舞台艺术方向发展，比如"桂林傩，自承平时名闻京师，曰静江诸军傩。而所在坊巷村落，又自有百姓傩，严身之具甚饰，进退言语，咸有可观，视中州

---

① （宋）王象之：《舆地纪胜》卷89《广州·诗》引唐朝刘禹锡诗。
② （宋）范成大：《桂海虞衡志·志器》。
③ （宋）周去非：《岭外代答》卷7《桂林傩》。

（中原）装，队仗似优也"。① 而岭南大部分地区则仍保持着传统的习俗，主持"跳鬼"仪式的巫人以各类型的"鬼脸壳"进行"跳鬼"的舞蹈。这就是张智林民国《平乐县志·风俗》所记载的"跳庙（即跳鬼）为古乡傩之变相……鸣铃鼓，巫舞，进牲祭，三日乃毕，谓之'跳神'。延道士戴假面具以肖神，冠其冠，服其服，歌唱舞蹈，如癫如痴。多操土音相问答，诙谐百出，不习其语者，听之茫然也"。

元朝以后，"师公帮"在壮族地区逐渐形成，逐渐成为"跳鬼"的主力军。"师"介于巫、道、佛间，因此人们常误称"师公"为"巫人"或"道士"。

明代，冉庸被流放到广西灵川县，写了一首《谪灵川》诗，诗说灵川"唱歌跳鬼家家重，击鼓招宾夜夜欢"，可见那时候跳鬼赛神在桂州各地的普遍性。因此，景泰元年（1450年）吴惠重刻增补陈琏洪武《桂林郡志·风俗》载：

> 凡有疾病，少吃药，专事跳鬼。命巫数十人，谓之"鬼师"，杀牲酬酒，击鼓吹笛，以假面具扮演诸神歌舞，每岁冬杪（末尾）特盛。近年官府亦尝严禁，未能递革（顺次革除），盖其风俗信巫鬼，重淫祀，从古皆然也。

既然传统意识、传统理念没有变化，"跳鬼"之风自然不息。迄于清朝，胡虔嘉庆《临桂县志·风俗》仍然记载桂州的"跳鬼"习俗旺行不衰："率于十月用巫者为之跳神。其神数十辈，以令公为贵。戴面具，着衣甲，婆娑起舞，伧儜（声音粗重）而歌，为迎送神词。"

桂州壮群体越人的后人在汉族文化的影响下大部趋汉变化了，但是因其传统意识、传统理念没有变化，即使历代官府"严禁"，也"未能递革"。岭南东部也是一样，比如清末民初，嘉庆《新安县志》、道光《永安县三志》、光绪《茂名县志》、民国《兴宁县志》、民国《长乐县志》等都记载有请巫人或道士在家通宵达旦歌舞"跳鬼"的事。

"跳鬼"时，或巫公巫婆，或道士，或师公，"必戴面具以肖（像）神，冠其冠，服其服，歌唱舞蹈"，② 所以岭南世间有"跟着渔翁跳龙门，跟着师公跳鬼神"的俗语。

桂南的"跳岭头"，在八月中秋举行，同样属于赛神而举行的歌舞形式。林希元嘉靖《钦州志》卷1《风俗》载："八月中秋，假名祭报，装扮鬼像于岭头跳舞，谓之跳岭头。男女聚观，唱歌互答。"跳岭头，在村外空旷的小山坡设坛进行。舞者14—20人，戴面具，按《三师舞》《四师舞》《五雷舞》《十帅舞》《千岁舞》《收精》等固定程式进行。道光《钦州志·岁时民俗》载，八月中秋，"各乡村宰牲祭太仓神于岭冈，延巫者着花衣裙，戴鬼脸壳，击两头鼓，狂歌跳跃于神前。村男妇于坛旁戏歌，互相唱和，名曰'跳岭头'，曰不如此则年不丰稔"。

二 壮剧

壮剧，因"跳鬼"而形成，因"祈年"而发展，元、明时已经在社坛前演义故事，

---

① 《岭外代答》卷7《桂林傩》。
② 张智林：民国《平乐县志·风俗》。

出现了"师公戏"。这就是康熙《西宁县志》记载的西宁县（治今广东省郁南县东南建城镇）"春祈秋报，皆有祭赛，或优人演院本，或乐户办杂剧"。

随着社会的发展，在汉族文化的影响下，入清以后，在广西西部，又先后出现了北路壮剧和南路壮剧；在云南东南部壮族中，也先后出现了沙戏和土戏。

老人厅畔筑高台，勒少（壮语"lɯk⁸ sa：u¹"音译，姑娘）勒帽（壮语"lɯk⁸ ma：u⁵"音译，小伙子）得来。笙箫鼓乐齐杂奏，咙哑一声戏场开。① 光绪《贵县志·艺文志》也载道光二十六年（1846年）丙午科副贡杨廉夫《城厢竹枝词》："遥闻瓦鼓响坛场，知是良辰九九期。三五成群携手往，都言大社看跳筛。""跳筛"，就是举行"跳鬼"或祈年禳灾活动时，"延巫人""用三牲"祭祀。祭品"以米筛盛而送之"，②"跳鬼"或祈年禳灾因此也称为"跳筛"。跳鬼或祈年禳灾，广东吴川县称为"拜斋"。该县最敬重的神是"康王神"。"病者祷康王神，酬之设康王厂（棚舍）于野。""复有金轮神，亦拜斋。虽十余年一举，几于无岁不拜斋也。其最盛者，拜童（以儿童扮装）千人，来观者数万人。裙屐喧阗，笙歌杂逯"，其热闹景象不想可知。③ 由此可见，历史上的师公戏还是其他壮剧，都曾给壮群体越人的后人带来生活的追求、慰藉和娱乐。

然而，"放下腰镰力未疲，喜邀同伴看跳师。归来姜豆未忘买，留待明朝逐疫时"，④ 说明时至清末民初，壮戏的演出还没有跳出祈年禳灾的框框。

（一）师公戏

唐朝房千里《投荒杂录》载：

> 南人率不信释氏（释迦牟尼的简称，泛指佛教），虽有一二佛寺，吏课（征）其为僧，以督责释之土田及施财。

> 间有一二僧，喜拥妇食肉，但（只）居其家，不能少解佛事。土人以女配僧，呼之为师郎。或有疾，以纸为圆钱，置佛像旁。或请僧设食（吃饭），翌日（次日）宰羊豕以噉之，目曰除斋。⑤

《新唐书》卷58《艺文志》载，房千里，"字鹄举，大中初进士，高州（治今广东高州市）刺史"。无疑，房千里亲履岭南，所著的《投荒杂录》自不是凿壁虚构。不过，他大中初（847年）方才中了进士进入仕途，较他早170多年的新州（治今广东省新兴县）"獦獠"惠能已经成为佛教禅宗六祖，⑥ 所说的"南人率不信释氏"，似不完全符合实情。不过，惠能荣冠禅宗六祖，仅为少数几人，众多的岭南土著居民不信佛，也是无疑的。

---

① 广南县同治庚午举人陆贷秋：《竹枝词》，转引自杨宗亮《壮族文化史》，云南民族出版社1999年版，第299页。
② 道光《开平县志》。
③ 光绪《吴川县志》。
④ （清）梁廉夫：《贵邑竹枝词》，民国《贵县志·艺文志》。
⑤ 《太平广记》卷483《南中僧》引。
⑥ （唐）法海：《六祖宝坛经·自序品第一》。

由于官方的倡导,大势所趋,岭南民间也有了佛寺。比如,天授元年(690年)东魏寺僧法明等10人逢迎武则天,说她是应代唐朝李家皇帝的"弥勒下生",于是在全国各州广置大云寺,单在柳州就设置4座。100多年后,元和十年(815年)柳宗元任柳州刺史,寺已经倒塌,土著人又在寺址上建起了各类神庙。他反复寻思,见到佛教"事神而语大",与壮群体越人后人多神信仰有种契合,于是将佛教切入他们的信仰中,认为这样"有佐教化","庶乎教夷之宜也"。① 从此,岭南各地民间佛寺又复兴起。

佛寺兴,岭南本地人也就入寺为僧。这些僧人对佛的教义懵懵懂懂,既不省也不遵佛家的十大禁戒,一同寻常百姓,娶妻生子,杀生吃肉,坐家饮酒,称不上是佛家的信徒。尽管如此,他们顶着佛僧的秃头,披着佛家的袈裟,岭南百姓们还是将他们当作佛家的弟子对待了。比如,"土人以女配僧,呼之为师郎"。"师"一称,就是缘佛僧来的,诸如"法师""禅师"等,就是对僧侣的尊称。"师郎",自然也是百姓对做新郎官的僧侣的一种尊称。

岭南民间僧似僧非僧,百姓唯鬼是畏,唯灾是禳,相信多神,因此也就将这些貌似佛家的僧侣当作可以祝福禳灾的通言人。所以,百姓或染病,也就"以纸为圆钱,置佛像旁",求僧通佛,求佛护佑,求佛赐福解困。此犹如民国《来宾县志·神道》指出的:"乡俗于释、老二氏教旨、教规异同出入不甚明辨,大都拜其为神焉耳。所拜在神,不问佛与非佛,直不过多神教之迷信。"

《舆地纪胜》卷107引昭州(治今广西平乐县)《旧经》载:

> 灵秀亭,在恭城护国寺之山麓。山有古松一株,上乔(上高冲天)下樛(jiū,向下弯曲),中贯连理(异根草木枝干连生),晦榛莽中(隐于芜杂丛生草木中)。熙宁(1068—1077年)间,寺僧夜梦神人,自称大夫。迟明(天将亮时)焚山松,屹然独见(独见其高大身影)。乡人神之,因作亭其上。

这说明唐、宋时期岭南民间寺僧,也就是"师公",虽不解佛事,无视佛家的禁戒,我行我素,自专自用,似僧而实非僧,但他们既于百姓无害,又可解百姓心中的焦虑,跳鬼解厄,祈福禳灾,地位崇尚,成了社会的精神中坚。所以,他们的心指意行,左右着壮群体越人的后人其意识、理念和行为。

大德八年(1304年),元成宗封张陵三十八代后裔张与材为"正一教主",总领龙虎、阁皂、茅山三山符箓(道士用来驱鬼招神、治病延年的秘密文书,如符咒、护身符等)。此后,凡是道教的符箓各派统称为"正一道",与北方的"全真道"相并而行。"正一道"主要奉持《正一经》,崇拜鬼神,画符念咒,驱鬼降妖,祈福禳灾等。同时,道士可以居家,可以娶妻生子。"正一道"的教旨和行为准则,与岭南民间寺僧历来所行的不谋而合。于是,壮群体越人后人的民间寺僧们,也就是"师公"们便将之拿过来,熔铸于佛教因果报应、生死轮回观念以及越巫占卜、鬼魂崇拜、跳鬼禳灾的行为中,从而形成了岭南壮群体越人后人的"师公"此一行业。

---

① 《柳州复大云寺记》,《柳河东集》卷28。

师公缘起于佛寺，自然以佛教的释迦牟尼、观世音、"罗汉"等为祖神；又因结缘于道教和越巫，所以，既将玉皇大帝、太上老君、真武等道教神祇作自己的神祇，又将莫一大王、甘王、康王、花王圣母（花婆）等所谓"淫祀"的鬼神作为自己的神道。

岭南壮群体越人后人佛、道、巫三教合流，在"师公"此一专门为人跳鬼禳灾的行业中，表现得尤为突出。因此，人们记载时往往师、道、巫互混。比如，《古今图书集成·方舆汇编·职方典》卷1426《平乐府风俗考》载，壮人"错居村落，多系愚狡，生子概习巫道"。同书卷1433《梧州府风俗考》载，岑溪县"治儒业者皆绅士家子弟，乡民俊秀亦有习之者，如有不成，则为僧道、书篆之流"。而刘梦瑶乾隆《岑溪县志》则说其民"少肄儒业，间有识字者，即为师巫"。"巫道""僧道""师巫"混称，可见师公的底蕴。

"师公"此一专门给人祈福禳灾的行业，在元代"正一道"形成之后逐渐具备了行业的形态。师公既以古代越巫的功能、技法为根底，又融合了佛、道二教的意念或行为，自成一种行业。此一行业，俯从于壮群体越人后人畏鬼、祈鬼的习惯心理，以他们传统的"跳鬼"为营运作业的主要手段。所谓"跳鬼"，就是壮群体越人的后人"有病"，"延巫过火坑，烧油锅，连宵跳唱"；[①] 或"疾病延巫师，鸣锣击鼓祈祷"。[②] 这也就是黄诚源民国广西《上林县志》所载的"或遇疾病，不服医药，辄延鬼师歌舞祈祷，谓之跳鬼"。然而，光是戴着鬼脸壳"跳鬼"也不尽能满足广大群众表现日益强烈的娱乐要求。为了社会效应，师公们除习练唱歌、跳舞、杂技等技能之外，又以壮群体越人及其后人的民间传说如《盘古》《莫一大王》《甘王》《康王》《花王张达环》《独齿王》等编成剧目表演，以吸引观众。所以，康熙《西宁县志》载，西宁县（治今广东省郁南县东南建城镇）"春祈秋报，皆有祭赛，或优人演院本（戏剧），或乐户办杂剧"。这是师公们一种自我伸张的手段，保证了像记载所见的广东吴川县在给康王神"拜斋"即对康王神祭祷时"裙屐喧阗，笙歌杂踏"，观者竟达"数万"之众。[③]

景泰元年（1450年）吴惠重刻增补陈琏洪武《桂林郡志·风俗》载，桂州"凡有疾病，少吃药，专事跳鬼。命巫数十，谓之'鬼师'，杀牲酬酒，击鼓吹笙，以假面具扮演诸神歌舞。每岁秒冬特盛"。"鬼师"数十，"击鼓吹笙，以假面具扮演诸神歌舞"，既要有较为宽阔的场地，又要具有较多的演技进行戏曲表演，才能通宵达旦，而且连续数天，"击鼓招宾夜夜欢"。[④] 这说明"鬼师"也就是师公们为了迎合群众的趣味，在跳鬼禳灾时，"演院本""办杂剧"，在明代已经很普遍。即便像广西上林县这样偏僻的地方，明、清之际"三月三日真武诞辰，建斋设醮，或俳优歌舞，乐工鼓吹三日夜，谓'三三胜会'。至期送圣，群放花炮，观者竟得炮头以为吉，且主来岁之缘首焉"。[⑤]

"俳优"，就是以舞谐戏。师公戏因缘跳鬼禳灾而来，在20世纪50年代以前，也离

---

① 民国广东《乐昌县志》。
② 光绪广东《茂名县志》。
③ 光绪《吴川县志·拜斋》。
④ （明）冉庸《谪灵川》，（清）汪森《粤西诗载》卷13。
⑤ 《古今图书集成·方舆汇编·职方典》卷1410《柳州府风俗考·上林县》。

不开跳鬼禳灾此一主旨，所以，师公戏在开戏之前有安师、开台仪式，后有闭台仪式。戏的音乐也主要以师公跳神的联曲体为主，表演一如传统戴着木面具。戏的语言，则依所在地区居民所操的语言为准，比如，贵县的师公剧，因其地居民大多已改操汉语广州方言，用广州话；在上林县等地，居民一如往日操着壮语，用壮语；而在宾阳县，居民说的是汉语宾阳话方言，则用宾阳客话，也就是汉语宾阳平话方言。

（二）北路壮剧

北路壮剧，旧称"土戏"，主要流行于操壮语北部方言的广西田林、西林、隆林、凌云、乐业、百色及云南广南、富宁等地，而起源于田林县旧州。

西隆州原为安隆长官司，安隆长官司治地在旧州。旧州邻近乎滇、黔二省，南宋以来一直是滇、桂、黔三省的商业通道，清朝初年又是清兵进入黔、滇二省消灭南明政权所经之地，商旅、官兵往来不绝，促成了该地文化的繁荣，促成了该地壮族八音乐队向戏剧转化。

活跃于壮族民间的"八音"乐队，一般由唢呐（长短各一）、笛子（横直各一）、二胡（大小各一）、拨琴（月琴、三弦）、小鼓、小锣、小钹及一对铜铃等组成。八音只奏不唱，于是与西隆州（治今田林县旧州）壮族民歌结合，形成了有拉有唱、唱奏结合的"八音坐唱"。后来，"八音坐唱"演唱长篇故事，并手足舞蹈演示故事人物、情节，成了受人欢迎的"板凳戏"。"板凳戏"的代表剧目是康熙二十年（1681年）西隆州旧州岑黄班编写的央白平调《太平春》。

《太平春》唱部有《开台歌》《唱喜事》《唱新屋》《唱村寨》《唱包公》《唱神农》《唱观音》《唱唐王》《唱清皇》《唱新年》10段。唱词一律是五言四句，有严格的腰脚韵。

北路壮剧，就是在"板凳戏"的基础上发展起来的，由"板凳戏"而"场院戏"而"搭台戏"。乾隆十一年（1746年）西隆州扁牙艺人韦应昌组建"同盟班"，专职演唱，孕育着北路壮剧将要诞生。

乾隆二十五年（1760年），入居西隆州旧州那度而趋壮变化了的杨六练到老家四川做生意，蚀了本，便在川蜀改行学艺。经两年多的学习，他回到那度，组班演戏，成了壮戏的第一艺师。经过杨六练的组班改革，搭台演戏，旧州有了专业戏班。戏台的演出人员生、旦、净、丑齐全，每个行当都有其表演程式，唱念均是当地壮语。专业戏班的出现，演出脚色行当不同，表演程式多样，标志着壮剧的诞生。此后，北路壮剧各个戏班一代代传接，唱法、舞台技艺均有发展，一有演出，群众趋之若鹜，受到热烈欢迎。

道光年间（1821—1850年），旧州"兴隆班"班主黄从善将一曲四句，音色单调，曲调平缓，不大适合于舞台表演的"平调"，改为一曲上下两句的"正调"，并将流行于桂西北的壮族古山歌唱腔改编为"卜蚜调"，丰富了北路壮剧的唱腔，使其唱法多样，交错变化，活泼引人。黄从善不仅在桂西北传戏，也到云南广南、富宁及贵州等地的壮族、布依族群众中传戏，使北路壮剧扩大了影响。

光绪三十年（1904年）仲春，云贵总督岑毓英的弟弟、两广总督岑春煊的四叔补用道花翎盐运使衔岑毓琦给其外公祝寿，请了13个戏班在家乡那劳轮流演唱。各戏班会集一处，互相观摩、交流，促发了北路壮剧的发展。

岑毓琦历战云南,多立战功,但不忘家乡的"土戏",尤为可贵。在他的奖励下,不仅北路壮剧在整体上得到发展,其家乡那劳的戏班"维新班"也空前发展,成为北路壮剧"盟主",鼎盛一时。

北路壮剧的音乐唱腔,一以"正调"为主,辅以"卜呀调"。各种板类曲调柔和、优美,既有联曲体的结构,又有板式变化的雏形。全部唱腔,分慢板类唱腔(正调、平调、卜呀调等)、中板类唱腔(沙梨调、武公调、老汉调等)、快板类唱腔(骂板、恨板)及散板类唱腔(哭调、哀调)四类。演出伴奏乐器有壮族乐器马骨胡、葫芦胡、月琴、竹笛、木叶等。角色分一丑、二旦、三生、四官,利于演员在演出中塑造人物性格。演员则依赖于唱、做、念、打"四功"及手、眼、身、步、扇"五法"来创造角色形象,突出自己的表演艺术手段。

北路壮剧唱腔在汉族戏剧的影响下形成、发展,基本上具备了戏曲音乐的各种板式,在结构上逐渐倾向于板式变化,但还保留着较多的民歌色彩,有较明显的个性和独立性。

(三) 南路壮剧

南路壮剧流行于操壮语南部方言的德保、靖西、那坡、天等、大新等地,是在壮族民间说唱艺术"末伦"和提线木偶戏的基础上形成的。形成时间较晚,约在清朝后期,盛于民国年间。

"末伦"的"末",是壮语谓"巫"为"mot^8"的音译写字;"伦"是壮语"$lɯn^6$"(告诉、叙说)的音译写字。"末伦",就是巫婆祈鬼说事的说唱调。

"巫觋偏能济病身,降坛班氏[①]语频频。可嫌风俗流传惯,不问医生问鬼神。"[②] 巫人"跳鬼",就是黄誉嘉庆《龙州纪略》卷上所载的"龙州遇有疾病者,延巫婆至家永夜弹唱"。巫婆一面唱,一面"手拿三弦,脚抖铁链,琅珰之声,以云锁鬼"。巫婆跳鬼口唱的就是"末伦"。

道光年间(1821—1850年),在靖西县魁墟出现了提线木偶戏。戏将提线木偶与巫婆跳鬼唱的"末伦"腔调结合起来,前有提线木偶,幕后有人唱末伦,木偶依着末伦唱腔而运作。因末伦的唱腔主要为"呀海腔",所以称为"呀海木偶戏"。"呀海木偶戏",孕育着南路壮剧的诞生。

道光年间,天保人黄现炯在广东当兵退伍学戏,回到南宁投班演技,返天保后随妻移居马隘。马隘土肥水足,生计易得,民歌悠扬,悦人耳目,而流行于当地的斗鸡舞、藤甲舞、采茶舞等,道场音乐也很动听。目睹这一切,黄现炯不禁技痒,于是组班模仿"呀海木偶戏",结合当地民歌和道场音乐的腔调来演唱。当时,师傅坐在幕后,边唱边打木鱼,演员则如同木偶一样在前台按师傅演唱的内容表演各种动作。这就是马隘"双簧戏"。光绪十一年(1885年),靖西县足院木偶戏班师傅韦公现等组建土戏班,也学马隘双簧戏,以人代木偶,做唱分离,形成靖西足院双簧戏。宣统三年(1911年),足院土戏第二代师傅农寿山等将原来做、唱分离结合起来,做、唱均由前台演员完成,将土戏推上一个新平台。此后,天保马隘土戏与靖西足院土戏互相交流,融为一体,形成了南路

[①] 班氏,就是"班氏夫人庙",20世纪50年代以前,崇善、凭祥、龙州等地崇仰班氏夫人。

[②] (清)谢兰:《太平竹枝词十首》其七,民国《崇善县志·艺文志》。

壮剧。

南路壮剧的唱腔曲体是以平板为基础的多种板腔体，分慢板类唱腔（平板、平高、马隘平板、双句叹调、单句叹调）、中板类唱腔（喜调、采花调）、快板类唱腔（高调、快喜调、快采花调等），散板类唱腔则有哭调、寒调、诗调、古诗调、扫板、思感调等。曲调粗犷、雄劲、高亢；行腔时还采用众人帮腔的形式，以渲染舞台气氛。在清胡、厚胡、小三弦、笛子、二胡等的伴奏下，更增强了艺术效果。当然，时至民国年间，南路壮剧的表演技艺还是比较粗糙的，尚处于完善之中。[①]

（四）富宁土戏

在云南富宁县皈朝、剥隘、谷拉、者桑、洞波、那能、板仑等壮族居住区，每逢节庆，都要演大戏。所谓"大戏"，就是富宁土戏。鼎盛时，业余戏班有100多个。

富宁土戏是在当地壮族歌舞的基础上约于清朝中后期形成，唱腔有"哎依呀""哎的奴""乖海咧""侬嗬嗨"4种腔调。各种腔调独立成戏，即一个戏班只演唱一种腔调，互不混用。

一般情况下，"哎依呀""哎的奴""乖海咧"以五字句为主，以壮语唱。而"侬嗬嗨"有60多首不同腔调的曲子，以七字句为主，用汉语唱。唱时，小生用本嗓，小旦多用小嗓，老生老旦多用本嗓，官员则多用粗嗓。土戏以唱为主，民乐托腔。乐器有三角鼓、正反弦琴、四弦琴、锣、钹等。

早期的土戏表演，没有固定程式，不分行当角色，只分男唱、女唱、众唱。随着土戏的发展，有了生、旦、净、丑的区分。当初演出，戏班师傅站在舞台一角，给演员提示台词，演示动作。演员为领会师傅的指点，总退三步前三步地移步，后来形成了退三步进三步的基本动作程式。

土戏有文戏、武戏。"文不离扇，武不离刀"，文戏以扇子、手巾为道具，武戏则有"十大武打套子"，刀、枪、棍、棒全用上。演员的基本台步是"八字步"，因行当不同又分"大八步""中八步""小八步"等台步。演员上场，一个人走三角形，两个人走对穿花，三个人走三穿花。若有一人起唱，其他台上演员就走八字步配合做戏。演员上场、下场、坐、站等身段、步伐，不同行当也不相同。比如，以"侬嗬嗨"表演，演员在台上就要载歌载舞。

土戏演出有一套完整的仪式，有开始、踩台、出八仙、跳加官、扫台五个程序。演出前还要择吉搭台，供戏神牌位，既求演出顺利，也求欢欢助岁功。

云南壮族土戏，还有流行于文山县德厚乡乐西村一带的"乐西土戏"。乐西土戏有"催场调""阿西调""喜调""老祖公调"4个曲调。旦角表演，有三步侧身下蹲而后起唱的套子。戏期为大年初一至元宵节。传统剧目有《蟒蛇记》《梁山伯与祝英台》等。演出前要进行开台仪式、设牌主、班主祭祷等。开演以《香山记》为开场，以《关公过五关斩六将》扫台。演出结束先拜本村观音庙，然后沿着村子主干道或寨心到武庙拜关公后卸装。

[①] 以上参见韦苇、向凡《壮剧艺术研究》，广西人民出版社1990年版。

（五）沙戏

沙戏是云南广南县壮族沙支系的民间戏剧，形成于清朝中后期。广南同治庚午九年（1870年），举人陆贷秋观沙戏后作的《竹枝词》句称"笙箫鼓乐相杂奏，咙哑一声戏扬开"，说明沙戏已经成熟，且遍地开花了。

沙戏的武打，与壮族民间武打套路基本相同；唱词的句子，与壮族民歌句子的字数一样，曲调虽不一，但具有壮族民间歌谣的风格。由此看来，沙戏可能是在汉族文化影响下壮族巫师跳鬼及婚、丧、吉庆时载歌载舞与民间武打逐渐结合形成的戏种。

沙戏，原有北路底圩、坡俑、弄追、西松及东路里叩、乐贡共6个沙戏班子，民国以后又有普卡、者卡两个北路沙戏班子及板蚌、老寨两个东路沙戏班子，共10个业余沙戏班子。

早期的沙戏与民间信仰关系密切，素有"布摩不开腔，戏班不开箱"之说，10个业余沙戏班子有7个是由"布摩"担任班主。"布摩"，是壮语北部方言谓"巫师"为"$pu^4 mo^1$"的近音译写字。班主不是"布摩"的戏班，与以"布摩"为班主的戏班一样，供奉"祖师万法教主""玄天仁威上帝""鬼谷先师"等。每临演出之前，班主要进行开台仪式。开台仪式，就是在戏台幕后设香案，供祖师，由班主祭祷，祈求祖师保佑演出顺利，保佑村寨人畜平安、五谷丰登。因此，沙戏的演出时间，不是在农历正月初二或元宵节，就是在二月初一，每次演3—5天。

沙戏剧目多取材于历史上汉族的演义小说及本地壮族民间传说故事，道白全用壮语。传统的剧目有《侬智高》《神纱帕》《望春鸟》《沙登秀》《薛仁贵征东》《薛丁山领兵救父》《五虎平西》《五虎平南》等。沙戏剧目多是师傅口授心传，有剧本的不多，因此有的剧本往往随艺人的逝去而绝传。现在整理出来的《三堂官》，是光绪二年（1876年）的刻本，由原普卡班主潘志学珍藏的。

沙戏的特点是舞蹈性强，文戏以扇子为主要道具，生用团扇，旦用折扇；武戏则以刀、枪、棍、棒为道具。北路沙戏有"正调""侬阿妮""乖歌吧"等几个曲调，东路沙戏也有"哎依呀""侬嗬嗨"等几个曲调。这些曲调优美，富于民族特色，大多为四二拍子，个别也有四三拍子，速度皆为中速。

沙戏只有生、旦、净三种唱腔。旦角走路时作舞蹈身法，用扇子遮脸，走一步要半蹲一步；武生的动作则刚劲有力，节奏性强。伴奏乐器有二胡、三弦、用牛骨制作的胡琴，以及鼓、锣、铓等。

沙戏原没有服装道具，光绪年间到广西演出带回一批服装道具。此后，根据角色需要，不断增添而日见丰富。不过，沙戏演出的服装多用黄褐色以显其特色。

第七篇　医药保健文化

　　人是个整体，各部器官完好无损，均衡运转，维系了生命的康健，走完人生旅程。而自然与环境不断作用于人，稍不适应，稍为疏忽，稍不防备，就会使人身的部分器官受到损害，发生障碍，运转失灵，人就会生病甚至死亡。壮群体越人及其后人为了保护自己，延续自己，发展自己，在与自然、与环境、与疾病的斗争中，产生、形成、发展了自己的医药保健事业。

第一章

致病观念

　　病有病因，人怎会致病，这就形成了致病观念。古代，壮群体越人及其后人的致病观念，一是鬼虐，虐就是侵害、损害；二是天暴，暴就是损害、糟蹋；三是物患，患就是祸害、灾害。

第一节　鬼虐

　　在壮傣群体越人时代，处于万物有灵信仰时代。在他们的观念里，不论何种显有形态的物件，其体内都具有一种非物质的东西，使之具有生命。当此种东西离开物体或不复返时，物体便失去活动能力和生长能力，呼吸也随之停止。即使此种显见形态的物体，一旦停止了呼吸，其体内非物质的东西仍然不灭。它会逸出显见的形体，游离于世间，这就是该物体的鬼魂。因此，凡物皆有鬼魂，鬼魂是长存不灭的。于是，树有树鬼，石有石鬼，扫帚也有扫帚鬼。人，作为客观自然界中一种有着固定形态的生命，身上照样附着鬼魂。鬼魂的存在与不存在，决定着人的生与死；鬼魂的强壮与衰弱，决定着人生命的旺盛与委顿；如果人停止了呼吸，死了，鬼魂就逸出人的形体之外，成了无所依傍的鬼魂。此死人的鬼魂，是活着的人最为惧怕的。

　　《史记》卷28《封禅书》载，西汉"既灭两越（闽越、南越），越人勇之乃言：'越人俗鬼（越俗崇尚万物的鬼魂精怪），而其祠皆见鬼，数有效。昔东瓯王敬鬼寿百六十岁，后世怠慢（忽略冷淡），故衰耗（衰减）。'乃令越巫立越祝祠，安台无坛，而祠天神、上帝、百鬼，而为鸡卜"。此显示了越人俗尚鬼魂的心态与习俗。越人将对鬼祭祷的冷热与人寿命的长短挂起钩来，突出了越人观念中鬼对人健康、长寿与不适、短寿的作用。祈鬼、敬鬼或病可以康复可以长寿；慢鬼、忽鬼则必然不适必然短寿。而其中能通达鬼世界、为人祈福的则是具有"超自然力"、能与鬼交往并能驱鬼的"越巫"。越巫以鸡骨占卜，为人祈福禳灾。

"佞（nìng，一边厢地迷信）佛堕痴相，明（愚昧地一心祭祷）鬼趋陋习。"① 南宋刘克庄的诗句，揭示了越人致病观念形成习俗的流弊。

唐朝柳州刺史柳宗元《柳州峒氓》关于"鸡骨占年"的诗句，道出了壮傣群体越人的后人传承着其先人的观念、心态和习俗。人生病了，也是请巫占卜跳鬼，隆重祭祷，祈福禳灾。柳宗元于元和十二年（817年）撰的《柳州复大云寺记》载：

> 越人信祥而易杀，傲化而俪（miǎn，违反）仁。病且忧，则聚巫师用鸡卜。始则杀小牲；不可，则杀中牲；又不可，则杀大牲；而又不可，则诀（诀别）亲戚饬（打理）死事，曰："神不置我已矣！"因不食，蔽面死。②

这不仅是柳州等地的人是如此，岭南各地壮群体越人的后人何尝又不是如此！死于开元年间（713—741年）、比柳宗元任柳州刺史早近百年的张鷟，其《朝野佥载》载"岭南风俗，家有人病，先杀鸡、鹅等以祀之，将为修（祈）福。若不差（chài，愈），即刺杀猪、狗以祈之；不差，则次杀太牢（牛）以祷之；更不差，即是命也（就是命中注定了），不复更祈"，③ 说明的就是此种情况。

元朝初年，《马可·波罗行纪》第119章《金齿州》比较详细地记载了关于"金齿"（傣族先称）人生疾病请来巫师占鬼祈鬼的事，④ 这无疑是壮傣群体越人传承下来的观念、心态和习俗。

迄于明朝中期，虽然佛教已经为傣族群众所接受，在傣族地区佛教无所不在，但是百中也常遗一。比如，镇源府（治今云南镇沅县）"信巫祀鬼。郡中多百夷（傣族先称），有疾不用医药，惟信巫祀鬼以祈福而已"。⑤ 镇康州（治今云南永德县）"百夷"，"遇有事，签鸡骨卜吉凶，病不服药，专祭鬼"。⑥

在壮群体越人后人分布的岭南地区，虽然岭南中、东部的众多壮群体越人后人在汉族文化的长时期影响之下趋汉变化了，但是在他们中古代越人关于"鬼暴"致人生病的传

---

① 《佛子岩》，（清）汪森《粤西诗载》卷3。
② 《柳河东集》卷28。
③ 《太平广记》卷288《淫记》引。
④ [意]马可·波罗：《马可·波罗行纪》，冯承钧译，中华书局1957年版，第474—475页。
⑤ （明）郑颙：景泰《云南图经志书》卷3。
⑥ （明）刘文征：天启《滇志》卷30。

统观念一直在传承。人生了病，请巫师占卜、跳鬼祭祷祈福的事照样盛行不衰：

普宁县，"遇疾病不专于请医服药，兼用巫觋禳祷及神庙许愿"①。

澄海县，"邑俗尚鬼喜淫祀。《旧志》云：疾病不迎医，托命巫觋，昼夜铃鼓无间"②。

惠来县，"妇女祀鬼奉神，疾病不迎医，惟降箕取药，或托命巫觋符咒祈禳"③。

永安县（今广东紫金县），"俗信巫，有疾病即将自己庚甲（年岁）就巫论之。巫曰：'此乃某神某鬼为祟。'轻则用酒食禳送门外，是曰'设鬼'；重则挂神于屋，巫作女人装扮，鸣锣吹角而舞，有续魂、破胎、行罡、显扬、暖花、唱鸡歌诸术，是曰'做觋'"④。

兴宁县，"跳茅山。病鲜服药，信巫觋，鸣锣吹角，咒鬼令他适，名曰'跳茅山'"⑤。

长乐县（今广东五华县），"《旧志》云：乐俗人少服药，轻生喜斗，食钩吻图赖，谓之断肠草也。若有病，多采草药服之。……信巫，有巫召巫子夜舞之，谓之'赎魂'，或结肠度水，至今犹然，惟少服药为已变矣"⑥。

新安县（治今广东深圳市西南头镇），"俗尚巫鬼。凡有病，或使妪持衣燎火而招于门，或延道家逐鬼，角声鸣鸣然，至宵达旦"⑦。

乐昌县，"邑属子女有病，生母向门外叫之，曰'喊同年'；延巫过火坑、烧油锅，连宵跳唱，曰'跳鬼'"⑧。

新宁县（今广东台山县），"粤俗尚鬼，十家之里必有淫祠庙观。每有事，辄求珓（也称杯珓，旧时迷信用以卜吉凶的器具）求签，以卜休咎（吉凶），信之惟谨。寻常有病，则以酒食置竹箕上当门巷而祭，曰'设鬼'，亦曰'抛撒'，师巫咒水书符，刻无暇晷（刻不容缓）"⑨。

开平县，"疾病不愈者，延巫用三牲祭于门，以米筛盛而送之，谓之'设鬼'"⑩。

四会县，"女巫降神，问家宅事者，谓之'问米婆'，俗颇尚之，凡病久不愈者，则'问米'。先于家堂香火前致告，谓之'安米盆'。无道士，若有事于祈祷，则以火居道士（指有家室的道士）为之。地方官祷雨祈晴等，亦火居道士充役，故城乡间道馆甚多，俗谓之'男巫先生公'，或曰'喃魔'，意即'南无'之讹。然习俗相沿，不求甚解，即道士诵经毕，亦曰'喃一趟魔矣！'"⑪。

---

① 乾隆《普宁县志》。
② 嘉庆《澄海县志》。
③ 雍正《惠来县志》。
④ 道光《永安县三志》。
⑤ 民国《兴宁县志》。
⑥ 民国《长乐县志》。
⑦ 嘉庆《新安县志》。
⑧ 民国《乐昌县志》。
⑨ 道光《新宁县志》。
⑩ 道光《开平县志》。
⑪ 民国《四会县志》。

西宁县（治今广东郁南县东南建城镇），"春祈秋报，皆有祭赛，或优人演院本，或乐户办杂剧，专祀龙神。三家村必有龙庙，庙前必有戏台。边地皆然，而西邑尤甚。更可异者，俗信巫，下车严禁，尤有犯者。村落收成后，多降巫为常。或病人在床，巫觋击鼓摇铃，拨发裸体，自呼其神"①。

茂名县，"疾病延巫师，鸣锣击鼓祈祷，谓之'跳鬼'，夜达晨而毕，标青于门。是日，外人不得入，谓之'禁屋'，诘朝（早晨）献茶于祖，然后去青，谓之'开禁'"②。

遂溪县，"遂习巫鬼，家有病者延医少，而延巫多。城市巫祝之声，连夜不歇。不如此则病者所亲，心即有不安"③。

全州县，"病则延巫至家作法，以禳解之。轻者延巫一人至野外吹角招魂而归，谓之'小祭解'；重者延巫二三人，挂神像于中堂，锣鼓喧阗，手舞足蹈，谓之'大祭解'"④。

桂林，"凡有疾病，少吃药，专事跳鬼。命巫数十，谓之鬼师，杀牲酬酒，击鼓吹笛，以假面具扮演诸神歌舞"⑤。

信都县（在今广西贺州市），"贺邑好赛神，或庙或社"。"四乡人疾病罕用医药，惟巫觋鸣锣击鼓为祈禳遣送之举。城厢医与巫并用，而信医不及信巫，若生死实主，则惑甚矣"⑥。

藤县，"病则惟祀鬼神，不用医药，或以针刺舌出血，或服草药，弗治，则听天命，盖山川瘴毒所致也"⑦。

容州（今广西容县），"地多瘴气，春月青草，秋月黄茅。昔汉马援所谓仰飞鸢踏踏堕水中，为瘴之极也。虽燠春气候差异，若能调护，瘴毒亦稀。独可恨者，乡落小民，病不事医"⑧。

郁林州（今广西玉林市），"婚则相歌为娶，死则击鼓助哀，病不服药，惟好鬼神，其俗大远于中州矣"⑨。

陆川县，"每年冬月，各乡捐钱建平安醮会，遇人、畜有瘟疫者，往往延巫道建醮以驱邪引福。……疾病多用艾灸，亦用药剂，并有信巫觋祈祷者"⑩。

合浦、灵山县，"廉（指廉州府，辖合浦、灵山二县）最喜赛神，漫云可邀福禳祸。染寒暑疾，延巫师跳鬼。鸣锣轾达旦，烹庖宰鲜，亲朋杂坐而大嚼，必醉饱而始罢，曰'做平安'。谚有'十医不如一巫'，谓巫可疗病，而医药无灵，故巫师常醉饱，而医人常

---

① 康熙《西宁县志》。
② 光绪《茂名县志》。
③ 道光《遂溪县志》。
④ 民国《全州县志》。
⑤ 景泰元年（1450年）吴惠重刻增补洪武陈琏《桂林郡志》。
⑥ 民国《信都县志》。
⑦ 洪武《藤县志》，《永乐大典》卷2339梧字引。
⑧ 洪武《容州志》，《永乐大典》卷2339梧字引。
⑨ 洪武《郁林志》，《永乐大典》卷2339梧字引。
⑩ 民国《陆川县》。

馁腹（旧志）"①。

浔州府（辖桂平、平南、贵县、武宣等县），"疾病多延请道士许福，或禳星拜斗。又有所谓茅山教者，装扮女人插花舞剑，名为跳鬼"②。

来宾县，"疾病罕求医药，就巫问吉凶。巫言某遇祟，当以某日禳解，必如言具牲酒延巫作法，以绛色（大红色）抹首。巫有印，有剑，有杯珓，有符咒。为巫者，其始谓有神降之状。若病狂，则延老巫就家作法受戒，谓之戒师"③。

迁江县（今部分并来宾市，部分为合山市），"若染疾病，少用医药，惯请巫师作法咒符，名曰'调鬼'，或曰'破胎'，或曰'招魂'"④。

庆远府（治今广西宜州市），"病不服药，惟祈鬼神。每岁收获毕，则跳鬼酬赛"⑤。

思恩府（治今广西武鸣县府城），"疾病惟事巫觋，祷鬼神，不尚医药"⑥。

新宁州（在今广西扶绥县中部），"疾病歌舞禳鬼，屠狗罄食而散。所祀鬼，或曰即婆婆乐神也"⑦。

上思州（今广西上思县），"佞神尚鬼，疾不用医饵而崇惑淫祀，则亦土俗之未尽化者"⑧。

太平府（治今广西崇左市），"病鲜求医，专信巫觋"⑨。

泗城府（治今广西凌云县），"疾病用巫人系鸡取翼两骨束作一对，分别记号，卜之以占吉凶，并验鬼祟，小则用羊、豕、鸡、犬，大则用牛，或一二以十数祭之。竟有为一病而破家者，其愚如此"⑩。

云南侬人，"疾病不服药，惟务祭鬼而祀"⑪。

云南沙人，"病不医药，惟事卜鬼占吉凶"⑫。

贵州布依族，在《宋史》卷493记载的"黔南溪峒夷獠疾病，击铜鼓、沙锣以祀鬼神"中，已明确点出了其先人的疾病跳鬼习俗。清朝郭子章《黔记》以及民国《册亨乡土志略·风俗》记载"仲家"（布依族先称）传承了先人人病了请巫占卜，进行"解邪"或"叫魂"的做法。

以上罗列了史书及地方志书记载的关于岭南东西及云贵高原东缘的居民生病请巫占卜及跳鬼以祈福禳灾的习俗，意在说明上述地区的主体居民是壮群体越人的后人，即使他们

---

① 道光《廉州志》。
② 同治《浔州府志》。
③ 民国《来宾县志》。
④ 民国《迁江县志》。
⑤ 《古今图书集成·方舆汇编·职方典》卷1415《庆远府风俗考》。
⑥ 《古今图书集成·方舆汇编·职方典》卷1421《思恩府风俗考》。
⑦ 嘉庆《广西通志》卷279《诸蛮》引《新宁州志》。
⑧ 《古今图书集成·方舆汇编·职方典》卷1440《南宁府风俗考》。
⑨ 《古今图书集成·方舆汇编·职方典》卷1448《太平府风俗考》。
⑩ 《古今图书集成·方舆汇编·职方典》卷1452《泗城府风俗考》。
⑪ （明）郑颙：景泰《云南图经志书》卷3。
⑫ （清）王崧：道光《云南通志》卷184。

中的众多人在汉族文化的长时期影响下，语言变了，衣饰变了，谋生方式变了，核心的意识观念变了，完全趋汉变化了，但是因为他们是壮群体越人的后人，壮群体越人传承下来的部分意识、观念、心态、习俗却顽固地牢牢地淀积于他们的生活中，成为左右、制约着他们社会生活的观念、心态和习俗。其中，"致病观念"就是如此。病因鬼虐，所以人病了，要请巫师占卜，请巫师跳鬼，祈福禳灾。这就如同日嚼槟榔、婚以槟榔为聘、待客以槟榔为重、婚日郎不亲迎、人死后子女要买水浴尸等是壮群体越人传统习俗淀积于已经趋汉变化的壮群体越人的后人中一样。

当然，一同居住在一个地区的居民，致病观念的同一，是不是岭南东、西各地因为文化传播从而导致同一的社会现象？这显然是不可能的。

岭南不论东西，原土著居民是壮群体越人。越文化与中原汉族文化，是迥然不同的文化。自秦朝一统岭南，在岭南设置桂林、象郡、南海三郡以后，就立意以中原汉族文化改造、整合岭南越文化。汉武帝独尊儒术，汉家文化在汉族文化中成为正统文化，历代王朝便以儒家文化着意改造、整合不同类型的越文化。比如，唐朝开元（713—741年）初，宋璟为广州刺史，率人版筑，教人陶瓦，改造越人"竹茅茨屋"的居住状况。① 宋朝天圣八年（1030年）王益出任韶州（治今广东韶关市）知州，见当地"夷越无男女之别"，便"一切穷治"，改变越人中"无男女之别"的不符合儒家关于男女授受不亲的礼仪规定。② 越人病以巫祀鬼，自西汉③迄于唐朝、④ 宋朝，⑤ 记载所见虽一直传承下来，却始终是历代汉族官员要以儒家文化改造、整合的对象，岂能是岭南中东部的居民原为汉族因受壮族及其先人关于"鬼虐致病，请巫跳鬼"的观念和行为影响而取同于壮族及其先人的习俗！

鬼虐致病，请巫占卜跳鬼，祈福禳灾，在持汉族儒家文化观的人眼中是陋习，因此视为要改变革除的对象。据道光《遂溪县志》记载，对广东遂溪县"家有病者延医少而延巫多"的情况，"邑先正（前代贤人）曾力辟（指示，屏除）之，而其俗至今未改"。道光《永安县三志》也载，鬼虐致病，延巫跳鬼，"此皆惑世干（冒犯）法（法律），知县张进篆奉文严禁，近稍止"。"稍止"，只是不像以前那样遇疾招巫，奔走若狂，并未能使百姓知其是非而自我起来革除陋习。

所以，民国《乐昌县志》对广东乐昌县存在的人病延巫"叫魂""跳鬼"，认为是当地自古传承的传统习俗，虽然"民国取缔巫觋"，可"未见实行，其风尚不见息"。

民国《赤溪县志》记载赤溪县（后并入广东台山县）巫"自言神降其身，人就占休咎（吉凶）、决从违，一国若狂，奔角恐后"，而执迷不悟，只好感慨地写道："《汉书·郊祀志》谓粤人信鬼，不其然哉！"这就明确地揭示了壮群体越人及其后人前传后承一脉而下的文化传承关系，并不是岭南中东部的居民是在岭南西部壮族及其先民文化传播下始

---

① 《旧唐书》卷96《宋璟传》。
② （宋）王象之：《舆地纪胜》卷90《韶州·官吏》。
③ 《史记》卷28《封禅书》。
④ 《朝野佥载》，《太平广记》卷288《淫祀》引。
⑤ （宋）太宗：《禁邕管杀人祭鬼及僧置妻孥诏》，《宋会要辑稿·刑法二之三》。

具"病由鬼虐"的致病观念以及"延巫跳鬼"的习俗。

病由鬼来，因此请能通鬼世界的巫师来跳鬼祈福禳灾。不过，巫师也不是纯然的愚昧无知，仅以跳鬼而结。他在跳鬼的过程中，也给病人以适当的调理，或以针刺放血，或以碗沿刮痧，或让病人服一两味草药。于是，巫、医便结合在一起了。

第二节 天暴

遥遥广阔而蔚蓝的天空，壮傣群体越人有了太阳、月亮、星星的认知，对它们唯敬唯谨。在成于春秋战国之际的广西左江崖壁画人们祭祀水神的仪式上，就画着太阳鲜明的形象。在壮傣群体先人越人视为神物的铜鼓上，鼓面也刻着太阳光芒四射的纹芒，将之视为赋予人间权力，护着人间一切至高无上的神灵。迄今，壮族许多地区的居民如广西十万大山周围的壮族、云南文山壮族苗族自治州的壮族，还在正月或二月祭祀太阳神，祈太阳神赐福，护佑着人世间的一切。在广西十万大山南麓的壮族，家有久病不愈者，还要祈求太阳神。每当此时，他们择吉日请来师公祭祷，祈求道："太阳神啊太阳神，你是万能的神，你高于一切，你主宰万物。我求你开恩，求你大发慈悲，求你救我家××。我家××病魔缠身，久治不好，求你高抬贵手，帮他除去病魔，使他恢复健康，使他长命百岁。你的大恩大德，到某月某日，定当报答道谢。供你茶酒，供你米饭，供你三牲。"[①]

壮傣语有"鬼"的概念、"鬼"的词语，没有"神"的概念、"神"的词语，壮语"神"的词语是借取汉语来的，其时间在唐代或其前了。唐代韩愈任潮州刺史，撰有《南海神庙碑》，即是顺着民意，说明"神"的观念已在壮傣群体越人的后人中存在。"鬼"是地上、水里万物之"魂灵"；"神"则是能主宰物质世界的一部分或全部的威力无边的"超自然体"。比如，人魂、物灵是"鬼"，太阳、大海、水等的"超自然体"就是"神"。

南宋周去非《岭外代答》卷10《天神》载：

> 广右（广西）敬事雷神，谓之天神。其祭曰祭天。盖雷州有雷庙，威灵甚盛，一路（指广南西路）之民敬畏之，钦人尤畏。
>
> 圃中一木枯死，野外片地草木萎死，悉曰天神降也，许祭天以禳之；苟雷震其地，则又甚也。其祭之也，六畜必具，多至百牲。祭之必三年。初年薄祭，中年稍丰，末年盛祭。每祭则养牲三年而后克（胜任）盛祭，其祭也极谨，虽同里巷亦有惧心。一或不祭，而家偶有疾病、官司，则邻里、亲戚众尤（归罪、怨恨）之，以为天神实为之灾。

以雷代天，这是壮傣群体越人以感性认知的结果。上空浩瀚，无边无沿，无声无息，唯雷雨天气，雷叭轰然，声震有如天崩天裂，壮傣群体越人便认茫茫上空唯雷，于是以雷代天代云，三物一体，都谓为"fa⁴"。至今，不论是云南西双版纳傣语，还是广西西南、

---

① 覃圣敏主编：《壮傣民族传统文化比较研究》，广西人民出版社2003年版，第1983—1984页。

云南东南的壮语,还谓"天""云""雷"为"fa^4"。以雷代天,雷神于是成为"天神"。天神不顺意,也怨怪地上人类,降灾于人世间,制造人世间的麻烦,小的是个人生病,吃官司,大的是社会动乱。为免除天暴,于是就有了祈福禳灾的祭天之举。

祭天不同于跳鬼,其凶已有预兆,不需请巫占卜,而且其祭之郑重与隆盛大大超过跳鬼。鬼使人致病,让人遭受厄运,其害局限于个人与家庭的范围内,而神不仅可以让人生病遭困,而且监管着官司和导致社会动乱,其权力是无可比拟的。这就是壮傣群体越人及其后人关于天暴使人致病的观念。

第三节 物患

北回归线破中而过,横贯东西,岭南处于北半球亚热带的范围内。"南人有言曰:'雨下便寒晴便热,不论春夏与秋冬。'此语尽南方之风气矣。""阴雨则寒气渐渐袭人,晴则温气勃勃蒸人。阴湿晦冥,一日数变,复顷刻明快,又复阴合。冬月久晴,不离葛衣纨扇;夏月苦雨,急需袭被重裘。大抵早温昼热,晚凉夜寒,一日而四时之气备:九月梅花盛开;初春百卉荫密;枫、槐、榆、柳,四时常青。"[①] 古代,岭南"生齿不繁,土旷人稀",森林密布,茅草漫漫,雨多气热,郁蒸不散,空气浑浊,"草木水泉,皆禀恶气。人生其间,日受其毒,元气不固,发为瘴疾。轻者寒热往来,正类痁疟,谓之冷瘴;重者纯热无寒,更重者温热沈沈,无昼无夜,如卧灰火,谓之热瘴;最重者,一病则失音,莫知所以然,谓之哑瘴。冷瘴未必死,热瘴久必死,哑瘴治得其道间亦可生"。[②] 这是人们不能调适于岭南潮湿、热熏、郁蒸、冷热无常的自然气候环境而产生的疾病。

"郁蒸草气龙蛇舞,昏黑空山鬼鸟啼。十八人中存者六,孰为霄汉孰为泥?"[③] 唐、宋二代,中原汉族官员仕于岭南,谈瘴色变。在岭南东部,他们传称新州(治今广东新兴县)为"大法场",英州(治今广东英德市)为"小法场";在岭南西部,则又传称昭州(治今广西平乐县)为"大法场","小法场"虽没有具指其地,但"横(治今广西横县)、邕(治今南宁市)、钦(治今广西钦州市)、贵(治今广西贵港市)"等地,"其瘴殆(几乎)与昭等(相同)"。"法场","言杀人多也"。[④] 这概略地道出了人因不能调适于岭南自然生态及客观气候环境而生病的指数很高。

岭南自然生态环境除了有毒或无毒的草木、花卉等植物性生物外,还有大量的或大或中或小的其种不一的动物性生物。这众多的大大小小的动物性生物,有畏惧于人人可驾驭的,更有其数可观的足以致人生命受到损伤的大小生物。比如,"晋兴郡(治今南宁市)蚺蛇岭,去路侧五六公里,忽有一物大百围,长数十丈,行者过视,则往而不返。积年如此,失人甚多。董奉徙交州,由此峤视之,大惊云:此蛇也!"[⑤] "绥定县(在广东省)

---

① (宋)周去非:《岭外代答》卷4《广右风气》。
② 《岭外代答》卷4《瘴》。
③ (宋)陶弼:《寄荔浦林术明府》,(清)汪森《粤西诗载》卷13。
④ 《岭外代答》卷4《瘴地》。
⑤ 《太平御览》卷934《蛇》引裴渊《广州记》。

多蜈蚣，其大者能以气吸蜥蜴。"① 蜈蚣"长数丈，能啖牛。俚人或遇之，则鸣鼓、燃火炬以驱逐之"②。"鳄鱼状如鼍，有四足，长者二丈，皮如鲺鱼鳞，南方谓之鳄鱼，亦以为酢，口长七寸，两边生齿如锯，恒在山间伺鹿，亦能啖人，故谷汲者往往遇害焉。"③ 大者吃人、伤人，小的生物也是如此。

岭南气温高，水道纵横，青草覆盖，为蚊蚋滋生之地，因此古往今来岭南蚊蚋成堆，一抓一大把。而小者又有更小的，"南方蚊翼下有小蚩虫焉，目明者见之"，"亦食人及百兽"。④ 一种能适时变色的"十二时虫"，"伤人立死。即潜噬人，急走于藩篱上，望其死者亲属之哭"⑤。这就将"十二时虫"有点人格化了，好像它们就乐于欣赏人们的痛哭之状似的。

《广志》载"南平獠部落，土气多瘴疠，山有毒草及沙虱、蝮蛇"⑥，壮群体越人及其后人居地自然生态环境是非常恶劣的。生活在这样恶劣的自然生态环境中，虽然人们绞尽脑汁去调适，历史上还不免有众多的人不断受到伤害。受毒、损伤，这就是物患的症结所在。

在日常生活中，受毒生疾，意外殃祸，是物患的结果。认毒、排毒、疗疟、御瘴、摔伤骨折、虫害蛇咬等，自然成了壮群体越人及其后人在生活中面临的严重挑战。因此，在此诸方面，壮群体越人及其后人的医药治疗，成绩就表现得比较突出。

---

① 《太平御览》卷946《蜘蛆》引沈怀远《南越志》。
② 《太平御览》卷946《蜘蛆》引刘恂《岭表录异》。
③ （宋）乐史：《太平寰宇记》卷164《梧州》。
④ 《太平广记》卷478引《神异经》。
⑤ 《太平广记》卷478引房千里《投荒杂录》。
⑥ 《太平御览》卷950《沙虱》引。

第二章

治疗方式

李时珍《本草纲目》卷8《宝石》引三国张勃《吴录》载："越巂、云南河中出碧珠，须祭而取之，有缥碧、绿碧。"又同书卷13《白狮子石》下附"白虎病"，引唐朝开元（713—741年）间陈藏器《本草拾遗》载："疗法，以鸡子揩病人痛处，咒愿，送于粪堆之上，勿反顾。"古代，在人们崇信鬼神的时代，中原汉族也与壮群体越人及其后人一样，都认为神鬼与人世间的一切有着一定的关系，所以采药要设祭，治病要许愿下咒符，只是延巫与不延巫有别而已。

张鷟《朝野佥载》说岭南人病了延巫跳鬼，杀鸡、杀犬、杀牛虔祭闹鬼，"更不差，即是命也，不复更祈"。[①] 此与古代中原汉族医家的口头禅"医病不能医命"，如出一辙，都是"富贵有命，生死在天"的宿命论观念所导致。

民国刘锡蕃《岭表纪蛮》载："蛮人以草药治跌打损伤及痈疽疮毒外科一切杂症，每有奇效，然亦迷信出之。予尝见一患痈者，延壮老治疾。其人至，病家以雄鸡、毫银、米诸事陈于堂。术者先收银纳袋中，脱草履于地，取火念咒，喷患处，操刀割之，脓血迸流，而病者毫无痛苦。脓尽，敷以药，即愈。"[②] 由此可以清楚，壮群体越人及其后人的医疗技术是在与自然生态及气候环境的斗争中，在弥漫于鬼神观念的笼罩下又与之斗争中产生、形成、发展的。同时，也是在汉族文化的影响下发扬光大的。

第一节 跳鬼治病

"白烟和月藏蛮峒，明月随潮入瘴村。"[③]"右江西绕特磨来，鳄鱼夜吼声如雷。两江合流抱邕管，暮冬气候三春暖。家家榕树青不凋，桃李乱开野花满。蝮蛇挂屋晚风急，热雾如汤溅衣湿。"[④]"乔木尽参天，白日为之昏。上有高石崖，下有清水泉。"[⑤]"登途畏虎

---

① 《太平广记》卷288《岭南淫祀》引。
② （清）刘锡蕃：《岭表纪蛮》，商务印书馆1934年版，第196页。
③ （唐）沈彬：《送人游南海》，《舆地纪胜》卷89《广州》引。
④ （元）陈孚：《邕州》，（清）汪森《粤西诗载》卷6。
⑤ （明）蓝智：《河池县险路》，（清）汪森《粤西诗载》卷4。

迹，突濑逢鳄怒"。① 在岭南恶劣的自然生态和气候环境下，人们由于模糊事物原理以及不能顺利而及时地调适，人体器官因失衡运转不畅产生不适，这是可以理解的。在人们危急时刻，巫师的祭祷和咒语往往是染病民众化解危机的药方，"唯灵是信"的信仰心态在壮傣群体越人中是非常突出的。因此，人病了，是鬼所祟，延巫跳鬼以解除病患。在南越国以前壮、傣二群体越人还没有分化各自发展的时候，其观念已形成，其习俗已经产生。

此种观念导引，对巫虔诚信奉，竟然也颇有效验，倍增了人们对延巫跳鬼治病的信仰，更坚定了人们关于鬼祟致人生病的观念。对于这方面，"信则灵"的心理趋向在壮群体越人及其后人中树起了一道道网。此道网，历史上没有被质疑，更没有被冲破，因此自西汉前后，在他们的社会生活中历时几千年而不变。

西汉，《史记》卷28《封禅书》记载了越人尚巫祀鬼以治病延寿的习俗。传承下来，唐代张鷟《朝野佥载》以及柳宗元《柳州复大云寺记》概略记载了壮群体越人的后人病延巫祀鬼的情况。13世纪90年代，意大利马可·波罗来到中国，并奉元朝之命到达云南，所撰的《马可·波罗行纪》第119章《金齿州》比较具体地记载了"金齿"（今傣族先称之一）生病延巫跳鬼一事：

> 如有人患病，则召看守偶像之巫师至。病者告以所苦，诸巫师立响其乐器，而为歌舞，迨其中一人昏蹶如死始止。此事表示鬼降其人之身，同伴巫师与之语，问病者所患何疾，其人答曰："某神罚其病卧，盖其侮此神，而神不欢也。"其他诸巫遂祝神曰："请汝宥其过，而愈其疾，任汝取其血或他物以为报。"祝毕，静听卧地人附身之神作答，如答者语为"此病者对于某神犯有某种恶行，神怒，不许宥之"，则犹言病者应死。
>
> 然若病者应愈，则答诸人，命献羊两三头，作饮料十种或十二种。其价甚贵，味甚佳，而置香料亦甚众；并限此种羊应有黑首或神所欲之其他颜色。如是诸物应献某神，并应有巫师若干、妇女若干与俱。献诸物时，应为赞词歌颂，大燃灯、焚香。病者若应愈，神之答复如此。病者亲属闻言，立奉命而行，其倒地之巫师遂起。
>
> 诸人立时献所索某色之羊，杀而洒其血于所指之处，然后在病人家熟其肉，延巫师、妇女如指定之数祭祀此神。诸人齐至，预备已毕，遂开始歌舞，作乐器而祝神，取食物、饮料、肉、沉香及香灯甚众，并敬饮食及肉于各处。如是历若干时，复见巫师中之一人倒地，口喷涎沫。诸巫师询此人曰："神是否已宥病者？"有时答曰"宥"，有时答曰"否"。若答曰否，则应献神复欲之物，俾病者获宥。重献既毕，其人乃云："病者获宥，其病将愈。"诸人得此答复，乃言神怒已息，如是欣然聚食；其昏蹶于地者亦起与诸人同食。诸人饮食毕，各归其家。至是，病者立起，其病若失。②

《马可·波罗行纪》关于宋、元时期傣族先人延巫跳鬼治病一事，虽与远在其后的道

---

① （明）王偶：《宿乌岩滩》，（清）汪森《粤西诗载》卷4。
② ［意］马可·波罗：《马可·波罗行纪》，冯承钧译，中华书局1957年版，第474—475页。

光《永安县三志》所载的今广东紫金县在清代"俗信鬼,有疾病即将自己庚甲(年岁)就巫论之。巫曰:'此乃某神某鬼所祟!'轻则用酒食禳送门外,是曰'设鬼';重则挂神于屋,巫作女人装扮,鸣锣吹角而舞,有续魂、破胎、行罡、显阳、暖花、唱鸡歌诸术,是曰'做觋'",其过程、操作方式等经过历史的演绎、时日的淘汰、人群的选择等而不尽相同,但其观念、问巫、延巫跳鬼禳灾的目的、手段、预期效果则一。明朝及其后,云南傣族接受了佛教,皈依了佛教,人病延巫跳鬼的传统习俗渐行销声匿迹,但在壮群体越人的后人中,不论是岭南东部的、岭南西部的,还是云贵高原东缘的,迄于民国时期仍未能完全绝迹。通宵达旦地跳鬼,诵念声、唱歌声、锣声、鼓声,扰了古往今来多少人的清梦!

林希元嘉靖《钦州志》卷1《风俗》载,钦州壮群体越人的后人"信巫崇祀,疾病不服药,惟杀牛祠鬼,有一牲、三牲、七牲至二十七八牲者,不足继以称贷。或民病未愈,而家已先破。语以服药,漫焉不省(毫不在乎,不知省悟),其愚如此!"此与清朝初年《古今图书集成·方舆汇编·职方典》卷1452《泗城府风俗考》记载的泗城府(治今广西凌云县)"至于疾病,用巫人系鸡取翼两骨束作一对,分别记号,卜之以占吉凶并验(被什么)鬼祟,小则用羊、豕、鸡、犬,大则用牛,或一二以十数祭之,竟有为一病而至破家者,其愚如此"一样。病而以为是因鬼所致,便以请巫跳鬼治病为尚,这确实是"愚不可及"。然而,壮群体越人的后人怎么会长时期地不省悟、不悔改呢?

第一,岭南"稻田黄,睡满床"的现状没有改变。这如同民国广东《乐昌县志·风俗》所记载:"粤俗信鬼而邑属有之。有病则燎火,使妪持衣于门外延巫逐鬼,咒水书符,夜则角声呜呜达旦。谚曰:'十月禾黄鬼上村。'鬼犹求食,可笑也。其降乩者、放阴者、问仙娘者,妇女奔走若狂,所在皆有。"

第二,人们畏鬼、祈鬼的观念没有改变,鬼神的魔力仍在社会生活中笼罩着,左右着人们的行为。"正月,各庙开灯后即择吉调神。夜迎神巡行本境,谓之'游乐';人家迎神入香火堂,谓之'过门';道士随行晋祝,谓之'唱贺歌'。此亦乡傩之遗意欤?若跳禾楼,则乡间始有之,且举于获稻后,所以报赛田事也。"①

第三,长时期的历史造就,使壮群体越人的后人传统淀积,铸就了顽固的心态。"家有病者延医少而延巫多,城市巫祝之声连宵不竭。不如此,则病者所亲之心即有未安!"②

第四,中原来的地方汉族官员虽视壮群体越人的后人病延巫跳鬼为不端,却又在积极地以迷信的形式祈祷天神降雨或放晴,无形中容忍、热炽了此种延巫跳鬼的氛围。"夏秋时遇大旱,乡民祷雨,辄数千人遍祷神庙,日行数十里,科头(光头)跣足,伏地曝烈日中,呼声震天,无男妇老幼皆持斋戒。长官亦禁屠祈祷,雨降乃复常。"③

---

① 民国广东《四会县志》。
② 道光广东《遂溪县志·风俗》。
③ 民国广东《阳江县志·风俗》。

第二节　医药疗病

宋朝初年，范旻知邕州。鉴于该处"俗好淫祀，轻医药，重鬼神"，范旻"下令禁之，且割己俸市药以给病者，愈者千数，复以方书（医药处方）刻石置厅壁"，让人参考。①《宋史》卷284《陈尧叟传》也载，宋太宗时，陈尧叟出任广南西路转运使，见到"岭南风俗，病者祷神不服药"，便将自己存有的《集验方》"刻石桂州驿"，劝导人们生病参照服药。同时，雍熙二年（985年）闰九月二十四日宋太宗在其诏令中也指出岭南"邕、容、桂、广诸州""疾病不求医药"，要求官员们注意化导。② 这些都说明，历史上在壮群体越人的后人中，"疾病不求医药"，延巫祀鬼祈福禳灾的情况是相当普遍的。但是，唐朝张籍《送侯判官至广州》诗句称："此处莫言多瘴疠，天边看取老人星。"③ 南宋初年，蔡绦来到广西博白县，所撰写的《铁围山丛谈》载，博白"城下有新村，吾曳杖其间，至一村舍，有二老人坐饮，乃昆弟（兄和弟）也。大者年九十四，谓客曰'此吾幼弟，才七十八矣！'从旁环拱而待之，皆两老人之曾孙者。是（这是）殆（几乎）冶（艳丽）堪（可以）入画图也！"④

瘴疠弥漫，水土恶劣，又"病不服药，惟知祷神赛愿以求生"，⑤ 怎么能够长寿？这就是因为壮群体越人的后人虽普遍信奉鬼神、跳鬼治病，但负责进行跳鬼的巫师、道士们也非等闲之辈，他们在给病人跳鬼时，也以所谓的"鬼神赐物"让病人吃下。此"鬼神赐物"就是巫师、道士根据自己经验配制的药物。所以，巫者、道者即社会的医生。由于人们对巫师、道士深信不疑，有了信赖基础，巫师、道士们便能大行其道。这就是壮群体越人及其后人的医药能够产生、形成、发展的原因。

一　壮傣群体越人的防治实践

壮傣群体越人要在包罗万象又瞬息万变的大自然界中生存、发展，既要保护自己的生命安全，又要繁衍生息，保证他们无灾无难，健康成长。

（一）干栏避郁

壮傣群体越人所处地域是亚热带，高温多雨，丘陵地貌，岭树重遮，浓烟阴雾，凝聚不散，郁蒸气闷，容易生病导致生命危殆。壮傣群体越人传承先人的传统，构建了干栏式建筑的房子以居住。人居干栏之上，既可避去日晒雨淋，避去毒蛇猛兽的侵袭，又干爽清凉，能"避时郁"。⑥"郁"是郁积、郁结，"时郁"就是瘴疟及痹症等。因此，住上干栏式建筑的房子，可以起到卫生保健作用。

---

① 《宋史》卷249《范旻传》。
② 《宋会要辑稿·刑法二之三》。
③ 《舆地纪胜》卷89《广州诗上》引。
④ 《永乐大典》卷2339梧字引。
⑤ 《古今图书集成·方舆汇编·职方典》卷1449《思明府风俗志》。
⑥ （宋）乐史：《太平寰宇记》卷169《雷州风俗》。

岭南中东部地区的干栏住房的改变，始于开元（713—741年）年间岭南五府经略使宋璟教人陶瓦，实行版筑以改变广州人"竹茅茨屋"的旧俗。① 此后，又经过岭南节度使杨于陵部属李翱、② 容州刺史李复等人的劝导，"令变茅屋为瓦舍"，③ 岭南中东部方才逐渐改变竹屋茅茨的干栏式住房建筑。不过，就北宋乐史《太平寰宇记》卷161《贺州风俗》及卷163《窦州风俗》《昭州风俗》记载，这些地方的人仍"以高栏为居，号曰干栏"。

（二）槟榔御瘴、下气消食

人活在弥漫瘴疠的氛围中，怎样才能顺利调适，愉快地生存生活？壮傣群体越人经过多少代的苦闷、牺牲、实践，终于找到了槟榔此一可食又可防病的食物。

东汉杨孚《异物志》载，槟榔"以扶留藤、古贲灰（牡蛎灰）并食，下气及宿食消谷饮"。三国张勃《吴录·地理志》载，槟榔"实房得古贲灰、扶留藤食之，则柔而美"。④ 晋朝嵇含《南方草木状》载，槟榔"味苦涩，剖其皮，鬻其肤，熟如贯珠，（晒之）坚如干枣，以扶留藤、古贲灰并食则滑美，下气、消谷。出林邑。彼人以为贵，结婚、会客必先进，若邂逅（偶然）不设，用相嫌恨。一名宾门药饯也"。其实，婚用槟榔，待客用槟榔，又何止是林邑（在今越南南部）人？《南中八郡志》载："槟榔大如枣，色青似莲子，彼人以为异，婚族、好客辄先进此物，若邂逅不设，用相嫌恨。"⑤ "南中"，古代指川、黔、滇及岭南。比如，白居易《长庆集》卷4《秦吉了》诗句称："秦吉了，出南中，彩色青黑花颈红。"此"南中"，即指岭南，因唯岭南产秦吉了一鸟。另外，《九真蛮獠俗》也载："九真獠，欲婚先以槟榔一函诣（送到）女，女食即婚。"⑥ 这说明，壮傣群体越人的后人"俚獠"日常咀嚼槟榔，待客用槟榔，婚以槟榔为重。

晋朝郭义恭《广志》载，槟榔"剥其皮，煮其肉，实而贯之，坚如干枣，食后啖之，滑美，消谷下气。彼方珍之，以为口实。亦出交趾"。⑦ "亦出交趾"一语，道出了我国南方内地诸郡县也出产槟榔。比如，《太平御览》卷971《槟榔》引《云南记》，既载"云南有槟榔"，又载"平琴州有槟榔，五月熟，以海螺壳烧作灰，名为奔蛤灰，共扶留藤叶和而嚼之，香美"。⑧ 平琴州，唐朝永淳二年（683年）置，建中二年（781年）废，其地在今广西玉林市西北。

"南海地气暑湿，人多患胸中痞滞，故常啖槟榔，日数十口，以拔楼藤泪（浸润）蚬灰同咀之，液如朱色。程师孟知番禺，凡左右侍吏啖槟榔者，悉杖之。"⑨ 食槟榔，"唯广

---

① 《旧唐书》卷96《宋璟传》。
② （宋）王象之：《舆地纪胜》卷89《广州·官吏》。
③ 《旧唐书》卷112《李复传》。
④ 《太平御览》卷971《槟榔》引。
⑤ 同上。
⑥ 同上。
⑦ 同上。
⑧ 同上。
⑨ （宋）江少虞：《宋朝事实类苑》卷60《风俗杂志》引《倦游杂录》。

州为甚，不以贫富长幼男女，自朝至暮，宁不食饭，唯嗜槟榔"。① 所谓"为甚"，是撰者夸张的手笔，事实并非一定如此。比如，明朝王济《君子堂日询手镜》载："岭南好食槟榔，横（今广西横县）人尤甚。"显然，此所谓"尤甚""为甚"，反映的是岭南人中嚼槟榔、用槟榔的普遍性。

"手捧槟榔染蛤灰，峒中妇女趁墟来。"② "萎根对语时还嚼，车骑来过亦聚观。"③ "邕人以青蒌叶、白灰和槟榔啜之，客至盛梌以献，谓之代茶。"④ 直至清朝后期，谢兰《丽江（今广西崇左市）竹枝词二十首》其四仍称："市声喧响郡城东，贩女如花静倚风。多嚼槟榔街上立，迎人一笑齿牙红。"⑤

广东壮群体越人的后人虽然趋汉变化了，但是旧观念未变，旧习照样承传，自明朝迄于清朝，他们仍然热衷于咀嚼槟榔、用槟榔，此在屈大均《广东新语》卷16《槟榔盒》、卷25《槟榔》中说得很清楚。屈大均说："粤人最重槟榔，以为礼果，款客必先擎进。聘妇者施金染绛以充筐实。女子既受槟榔，则终身弗贰。"⑥ 此与古代关于岭南壮群体越人及其后人食、用槟榔的记载，不异其样。习风流传，迄于民国年间，广东各地婚仍以槟榔为聘。比如，民国《花县志》载婚姻"聘用槟榔、茶果"，即是如此。《古今图书集成·方舆汇编·职方典》卷1421广西《思恩府（治今武鸣县府城）风俗考》载："元宵节数日，男女游戏，唱歌互相酬和，同志者以槟榔缔合，此其所以为蛮俗也。"广东壮群体越人的后人虽然趋汉变化了，却还在使用槟榔上坚持保留所谓的"蛮俗"。

自南越国时期壮傣群体越人分化为壮、傣二群体越人各自发展以后，傣群体越人及其后人如同壮群体越人及其后人一样，承传着先人日嚼槟榔、待客以槟榔、婚聘以槟榔为重的习俗。比如，元朝李京《云南志略·诸夷风俗》记载"金齿百夷"（傣族先称）以"槟榔、蛤灰、茯苗叶奉宾客"。明朝洪武（1368—1398年）后期李思聪《百夷传》载"百夷"宴会，"先以枯茶、蒌叶、槟榔啖之"。郑颙景泰《云南国经志书》卷3载"百夷"以"槟榔致礼"。"其地多瘴疠，山谷产槟榔，男女暮以蒌叶、蛤灰纳其中而食之，谓之可以化食御瘴。凡遇亲友及往来宾客，辄奉啖之，以礼之敬。盖共旧俗也。""盖其旧俗也"，言下之意其俗似已变化，实际上此一习俗的传承，迄于民国年间还没有完全消失。胡绍华《傣族风俗志》第58页载傣族男女喜嚼槟榔，"嚼至满口流涎，有如喷血，见面时互敬，有如敬烟"。第151页又载青年男女订婚，也以槟榔为聘。⑦

壮傣群体越人的后人分化各自发展时逾2000年以上，东西界隔，各自受着不同文化类型的影响和冲击，仍然我行我素，保持着其先人的习俗不变，可说是既坚且韧。

关于槟榔的药用价值，我国历代医学家对它的消谷逐水、宣利五脏六腑雍滞、破胸中

---

① （宋）周去非：《岭外代答》卷6《食槟榔》。
② （元）陈孚：《思明五首》其二，（清）汪森《粤西诗载》卷22。
③ （明）魏浚：《道横永间》，（清）汪森《粤西诗载》卷19。
④ （明）董传策：《访客啜槟榔》诗注，（清）汪森《粤西诗载》卷24。
⑤ 吴龙辉：民国《崇善县志·艺文志》。
⑥ （清）屈大均：《广东新语》卷25《槟榔》。
⑦ 胡绍华：《傣族风俗志》，中央民族大学出版社1995年版，第58页。

气等有很高的评价。明代著名医药学家李时珍《本草纲目》卷31《槟榔》说，槟榔治泻利后重、心腹诸痛、大小便气秘、痰气喘急，疗诸疟、御瘴疠等，是一味药用多种、功能广泛、防治兼备的劲药，因此，槟榔又名"洗瘴丹"。① 南宋理学大家朱熹的《槟榔》诗虽不满壮群体越人及其后人以槟榔代茶款客的习俗，但也盛赞了槟榔治疾杀虫之功："忆昔南游日，初尝面发红。药囊知有用，茗碗讵能同？蠲疾收殊效，修真（治理身病）录异功。三彭②如不避，糜烂七非（七窍）中。"③ 由于槟榔具有这样大的防病治病功能，所以壮傣群体越人的后人在时逾二三千年以上的历史时段里对槟榔喜而不舍、爱而不弃。

（三）不食隔宿粮，酸菜佐餐

壮傣群体越人以糯米为主食，煮好了，不用筷子，不用碗，洗净手抓上一把，捏作一团，吃一二口饭，拌上一口酸菜。吃完，喝上几口水，一餐饭就吃完了。传承下来，这就是北宋王安石《论邕州事宜》记载的"团饭掬（jǔ，双手捧取）水，终食餍饱（吃饱）"，④ 也就是南宋范成大《桂海虞衡志》所说的"搏（即抟，tuán，把散碎的捏成团）饭掬水以食"。⑤ 以糯米为主食，在傣群体越人的后人中为时更为长久，迄于民国年间仍是如此。⑥

对糯稻的收割，壮傣群体越人的后人不是用镰刀将稻株近根割断然后拢来将谷粒脱却出来，而是用手镰将禾秆最后一节连穗一起剪取，撕去禾衣，束作一把把的，拿回家晒在干栏上。这就是明朝广西柳州府通判桑悦说的壮人"摘穗或将手当镰"，⑦ 以及《古今图书集成·方舆汇编·职方典》卷1443《梧州府风俗考》记载容州（今广西容县）"收获，群妇女而出，率以手掐掇其穗而弃其管，以便束敛"。云南傣族也是如此："夏种则冬收，止刈其穗，以竹竿悬之。"⑧ 他们煮时则临煮临春，不食隔宿粮。此种情况下，延至明、清在受汉族文化等外文化影响较少地区的壮傣群体越人的后人中仍然是这样。比如，云南元江军民府的"百夷""逐日取穗舂之为米，炊以自给"。⑨ 云南景东府"百夷""其田皆种秋（糯稻）而早收，以其穗悬于横木之上，日舂造饭，以竹器盛之，举家围坐，捻成团而食之，食毕则饮水数口而已"。⑩ 广西思恩府壮人"家无积粮，晨兴杵声喧里巷，止足一日之需"。⑪ 云南广南壮人"每日夜半鸡鸣时农妇即起来舂米，不明而止，比户皆然。碓声隆隆，扰人清梦，而所舂止足本日之食，次日复然，甚少间断"。⑫ 贵州"八蕃之蛮"

---

① 《本草纲目》卷31《槟榔》。
② "三彭"，道家用语，即三尸。传说三尸姓彭，常居于人身中，伺察功罪。
③ 《本草纲目》卷31《槟榔》引。
④ 《王临川集》卷89。
⑤ 《文献通考》卷330《西原蛮》引。
⑥ 胡绍华：《傣族风俗志》，中央民族大学出版社1995年版，第53页。
⑦ 《记壮俗六首》其三，（清）汪森《粤西诗载》卷16。
⑧ （明）郑颙：景泰《云南图经志书》卷3。
⑨ 同上。
⑩ （明）郑颙：景泰《云南图经志书》卷4。
⑪ 《古今图书集成·方舆汇编·职方典》卷1421《思恩府风俗考》。
⑫ 民国《广南县志稿本》。

（布依族先族）"每临炊始舂稻，谓不得宿舂，宿舂则头痛"。① "宿舂则头痛"，实际是在此种迷信传说的掩盖下维护先人的吃新舂糯米饭的传统习俗。米新、饭新，食后气新，既保持了神情的愉快，又可以避去旧米可能沾上的病菌，也不失为壮傣群体越人的一种保健防病的举措。

酸（som³）及酸菜（plak⁷som³或 phak⁷som³），是壮傣语支语言里保持同一的词语，与侗水语支语言不同，说明在壮傣群体越人时代，som³、phak⁷som³在人们的摸索中已经成为食用的食品。承传下来，壮傣群体越人的后人"喜酸畏冷"，② "多以酸糟调煮各味"，③ 迄至于今。

酸及酸性食品，在日常生活中既利于刺激食欲，又利于糯米食品的消化吸收以及消暑解热。李时珍《本草纲目》卷25《醋》记载了醋及酸性食物有消食、消毒、破结气、下气除烦、消痈肿、散水气、杀邪毒的功能，无疑，壮傣群体越人及其后人制酸并以酸性食品为主菜佐食，可以收到防病和治病的保健作用。

（四）针刺出血，病者神清

《素问·异法方宜论》载："南方者，天地所长养，阳之所盛处也。其地下（低洼），水土薄（贫瘠），雾露之所聚也，其民嗜（爱好）酸而食胕（同腐，发酵腐熟的酸菜之类），故其民皆致理而赤色，其病挛（抽筋）痹（麻木不仁），其治宜微针。故九针者，亦从南方来。"此一段话，简要地叙述了南方的气候特点、居民的嗜好、容易感生的疾病以及治疗的方法。据《灵枢·九针十二原》载，"九针"，即镵针、员针、鍉针、锋针、铍针、圆利针、毫针、长针及大针等。针刺治病，是壮傣群体先人越人根据自身易犯而进行疗治的方法，针即为其医具。此一疗治方法，在西周至春秋时期已经在应用。比如，广西文物队1958年在广西武鸣县马头乡元龙坡墓葬群即挖出了两枚形制相同的铜针，扁方柄，圆条尖针，无针眼。④ 经过学者的论证，此铜针即为针刺疗病的医具。⑤

在壮群体越人的后人中，至今一些地方群体仍然流行简易的针刺疗法，如治疗瘴疟疾病，即俗称的痧气，他们除采取针灸治疗或刮痧疗法外，重症者尚需放血治疗，即取针刺入人体相应部位，放出紫黑血液，使所出的血颜色变成红色为止。

《素问》《灵枢》即《黄帝内经》，是我国最早的中医理论著述，当为秦、汉间人总结旧说而作。针刺疗病，产生于壮傣群体在南越国分化为壮、傣二群体越人各自发展之前。

二 汉迄宋、元：壮群体越人及其后人医药发展

西汉，为壮群体越人时代。东汉开始，俚人、乌浒之称相继出现，三国时则出现"獠"一称。乌浒、俚、"獠"，是壮群体越人的后人。

---

① （清）陆次云：《峒溪纤志》。
② 吴兰孙：乾隆《景东直隶厅志》卷35。
③ 《古今图书集成·方舆汇编·职方典》卷1444《南宁府风俗考》。
④ 广西文物队等：《广西武鸣马头元坡墓葬发掘简报》，《文物》1988年第12期。
⑤ 叶浓新：《马头古墓出土铜针为医具试证》，《广西民族研究》1986年第3期。

刘恂《岭表录异》载:"陈家白药(一名吉利),本梧州陈氏有此药,善解蛊毒,有中者即求之,前后救人多矣,遂以为名。今封(治今广东封开县东南贺江口)、康(治今广东德庆县)有得其种者,广府(广州都督府)每岁常为土贡焉。诸解毒药功力,皆不及陈家白药。"① 但是,比刘恂早100多年的开元年间(713—741年)陈藏器,其《本草拾遗》既载梧州陈家白药,又载药效与陈家白药相似的龚州(治今广西平南县)的"甘家白药"以及出产于南恩州(治今广东阳江市)的"冲洞根"。所以,陈藏器不免感慨系之:"岭南多毒物,亦多有解毒物,岂天资之乎?"②

瘴、毒对人是个严重的挑战,但是生活在天资丰富药源环境中的壮群体越人及其后人确没有辜负老天的恩赐。他们在自己生活的环境中挖掘蕴藏,发展了医药事业。

(一) 对瘴疠的认识及治疗

晋朝平越中郎将、广州刺史嵇含《南方草木状》载:"芒草枯时,瘴疫大作,交、广皆尔。土人呼为黄茅瘴,又曰黄芒瘴。"隋朝巢元方《诸病源候论》卷10《疫疠病诸候·瘴气候》载:"夫岭南青草、黄芒瘴,犹如岭北伤寒也。南地暖,故太阴之时,草木不落黄,伏蛰不闭藏,杂毒因暖而生,故岭南从仲春迄仲夏,行青草瘴;季夏迄孟冬,行黄芒瘴。"唐朝刘恂《岭表录异》载:"岭表山川,盘郁结聚,不易疏泄,故多岚雾作瘴。人感之多病,腹胀成蛊。俗传有萃百虫为蛊以毒人,蓄湿热之地,毒虫生之,非第(只是)岭表(岭外)之家性惨害也。"南宋范成大《桂海虞衡志·杂志》也载,"瘴者,山岚水毒,与草莽沴(lì)气(有毒的气体)郁勃蒸熏之所为也,其中人为疟状"。"邕州两江,水土尤恶,一岁无时无瘴,春曰青草瘴,夏曰黄梅瘴,六七月曰新禾瘴,八九月曰黄茅瘴。土人以黄茅瘴为尤毒。"这就是壮群体越人的后人之一的壮族俗语所称的"青草黄茅瘴,不死成和尚"。瘴疠疟疾病,俗称痧气,是南方地区在夏季常见病之一。病因主要由暑热或暑湿秽浊疠气乘虚侵入肌体,使肌体气血阻滞,运动失常而引起。所谓暑湿秽浊疠气,即古代通称的"瘴气"。

虽然到了元朝,危亦林《世医得效方》才有关于痧气的记述,但壮群体越人的后人早已对此有了认识,称为"草子",并作了治疗。南宋广西经略安抚使范成大《桂海虞衡志·杂志》载:"草子,即寒热时疫。南中吏卒小民,不问病源,但头痛体不佳,便谓之草子。不服药,使人以小锥刺唇及舌尖出血,谓之挑草子。实无加损于病,必服药乃愈。"这是一种官僚式的观察而生的误识。同一时期,同在广西做官而职位较低的周去非,其《岭外代答》卷4《瘴》载:"间有南人热瘴,挑草子而愈者。南人热瘴发一二日,以针刺其上下唇。其法:卷唇之里,刺其正中,以手捻去唇血,又以楮叶擦舌,又令病人并足而立,刺其两足后腕纵横缝中青脉,血出如注,仍以青蒿和水服之,应手而愈。冷瘴与杂病,不可刺矣。"这说明壮群体越人的后人由于长期经验和教训的积累,既明白了治痧的针刺部位,也清楚了针刺配合药物治疗所起的医疗效果。

壮群体越人及其后人除了承传壮傣群体越人日嚼槟榔以防瘴治瘴外,凡是冷瘴,有寒热往来、头痛身疼、呕痰或自汗引饮,或自利烦躁等症状的"瘴疟寒热",李时珍《本草

---

① 《太平御览》卷984《药》引。
② (明)李时珍:《本草纲目》卷18《白药子》附录引。

纲目》卷17《附子》引《岭南卫生方》载，"宜姜附汤主之：大附子一枚，四破；每以一片，水一盏，生姜十片，煎七分，温服。李侍制云：'此妙方也！'章杰云：'岭南以哑瘴为危急，不过一二日而死。医谓极热感寒也，用生附子一味治之，多愈，得非（岂不是）以热攻热而发散寒邪乎？真起死回生之药也！'"《岭南卫生方》为元朝释继洪的著述。章杰不明何时人，李侍制即李侍中的尊称，因侍中位同宰相，"承旨宣制，告命成礼"，于是尊为"侍制"。此官制南宋时已废，"李侍制"当为唐、北宋时人。而且，南宋范成大《桂海虞衡志·杂志》载，瘴"治法虽多，常以附子为急须，不换金正气散为通用"，说明治瘴常以附子为主药，唐以来即是如此。参照《岭南卫生方》记载"李侍制"及"章杰"二人对附子治瘴的赞许，可知附子对治瘴功效之大。章杰对热附子攻热瘴，初不理解，见效而服，说明以附子治热瘴，原为岭南人的传统的治疗方法。

（二）对毒物的认知、应用及治疗

自然生态，包罗万象，并不以人为中心。因此，在古代的岭南，人活在其中，对人体的康健、生长有益的动、植物众多，而对于人体造成伤害的动、植物也同样众多。如何以人为中心辨别有益的或有毒的，如何变有毒的为可用，又如何使毒物不致对人造成致命的伤害，这是对生活在岭南的壮群体越人及其后人的又一个严峻考验。他们历经长时期的摸索不知付出了多少代价，经过了多少代人的努力，方才逐渐掌握了认毒、辨毒、用毒、解毒的本事。

岭南瘴气弥漫，行人裹足，记载岭南的人情物产的尤属寥寥。东汉杨孚《异物志》载："高鱼与鳟相似，与蜥蜴于水上相合常以二三月。中有雌而无雄，食其胎杀人。"[①] 这是可见的关于壮群体越人及其后人认毒的最早记载。

记载壮群体越人的后人知毒、用毒，是三国吴国万震《南州异物志》：

（俚人）若邻里有负其家债不时还者，其子弟中愚者谓其兄曰："我为汝取钱，汝但当善殡葬我耳。"其处多野葛，为钩挽（估摸拉上）数寸，径到债家门下，谓曰："汝负我钱，不肯还，我今当自杀！"因食野葛而死债家门下。其家便称冤，宗族人众往债家曰："汝还我钱而杀我子弟，今当杀汝！"债家惭惧，因以牛犊、财物谢之数十倍，死家乃自收死者罢去，不以为恨。[②]

交、广之界民曰乌浒……削竹为矢，以铜为镞。地有毒药，以傅矢金，入则挞皮，视未见疮，顾眄之间肌肉便皆坏烂，须臾而死。寻问此药，云："取虫诸有毒螫者合着管中曝之，既烂，因取其汁煎之。"[③]

野葛，又称为胡蔓草或断肠或钩吻。俚人的食野葛以索债，传承下来，在壮群体越人的后人中成为一种习俗。宋朝李石《续博物志》载，"胡蔓草出二广。广人负债急，每食

---

① 《太平御览》卷940《高鱼》引。
② 《太平御览》卷785《俚》引。
③ 《太平御览》卷786《乌浒》引。

此草而死以诬人"。① 明末清初，永淳县（今并入广西横县）"一有收租、取债及夫妇争论口争，忿激辄服毒图赖。沿而成风，无能禁也"。② 时至清朝后期，长乐县（今广东五华县）"旧志"云："乐俗人少服药，轻生喜斗，动食钩吻图赖，谓之断肠草。"③

断肠草是毒物，中毒后并不是不可治。西晋稽含《南方草木状》载，蕹菜，"南方之奇蔬也。冶葛有大毒，以蕹汁滴其苗，当时萎死。世传魏武（曹操）能啖冶葛至一尺，云先食此菜"。④ 唐朝陈藏器《本草拾遗》载："蕹菜捣汁，治野葛毒，取汁滴野葛草即萎死。南人先食蕹菜，后食野葛，二物相伏，自然无苦。"⑤ 此既说明近两千年前壮群体越人的后人已经知道毒物毒药，懂得了解毒的方法，又说明此一见识已传入中原，为帝王家所用。

大千世界，毒物众多。这些毒物，既有天生的，也有人们培育为己所用的。比如，乌浒人聚毒是如此；"取毒蛇杀之，覆以此草（指胡蔓草），浇水生菌，为毒药害人"也是如此。⑥ 为了保卫家乡，保证自己的生存，制毒箭以消灭敌人，在壮群体越人的后人中形成了传统。比如，西晋张华《博物志》卷9载："交州夷名曰俚子，弓长数尺，以燋铜为镝，涂毒药于镝锋，中人即死。"南宋时，"溪峒弩箭皆有药，唯南丹为最酷"。⑦ 建炎年间（1127—1130年），广西有凌、罗二将，"尝率峒兵出勤王。贼曹成入广西，建大旗，购二人。二人遣健兵侏儒者（身材矮小的人）数十辈，截发为牧童，候成兵过，自牛背彏弩以毒矢射之，中者立死，成惊惧遁去。时盗满四方，广西独晏然（平静）者，二将之力也。至今南人称之"。⑧ 迄于明朝，《明史》卷317《广西土司传》仍记载浔州（治今广西桂平市）的壮人"善傅毒药弩矢，中人无不立毙"。

古人见三国时万震记载乌浒人"取虫诸有毒螫者合着管中曝之，既烂，因取其汁日煎之"制作毒药涂箭，便大造壮群体越人的后人以蛊毒人的舆论，使中原人进入岭南，谈蛊色变，说蛊胆寒。这是古代一些人鉴于岭南气候恶劣，自然界毒物丛生，其居人又善于制毒使毒而引起的心理误导所产生的种种认识怪圈。比如，唐朝张鷟《朝野佥载》载："飞蛊，其来也有声，不见形，如鸟兽啾啾唧唧然，中人即为痢便血，医药多不差，旬日间必不可救。"⑨ 此纯然是凭着听来之语胡乱猜测雕琢成形，让人闻之徒然产生恐惧罢了。当然，有人既然掌握了制毒的方法，其中自有不法之徒以之害命谋财。所以，唐朝陈藏器《本草拾遗》载："古人愚质，造蛊图富。"⑩

---

① 《本草纲目》卷17《钩吻》引。
② 《古今图书集成·方舆汇编·职方典》卷1444《南宁府风俗考》。
③ 民国广东《长乐县志》。
④ （明）陶宗仪：《说郛》卷87。
⑤ 《本草纲目》卷17《钩吻》引。
⑥ （宋）李石：《续博物志》，《本草纲目》卷17《钩吻》引。
⑦ 《岭外代答》卷6《药箭》。
⑧ 《文献通考》卷331《抚水蛮》引范成大《桂海虞衡志》。
⑨ （清）江淼：《粤西丛载》卷18引。
⑩ 《本草纲目》卷42《蛊虫》引。

什么是蛊？"取百虫入瓮中，经年开之，必有一虫尽食诸虫，即此名为蛊。"① 这就如同宋朝李石《续博物志》记载的二广"或取毒蛇杀之"。上面覆盖着断肠草，"浇水生菌，为毒药杀人"一样，② 显然，蛊是一种人工培育的毒虫毒药。陈藏器说，蛊"能隐形似鬼神，与人作祸"，这就存在想象空间了。③ "江南数郡有畜蛊者，主人行之以杀人，行饮食中，人不觉也。其家绝灭者，则飞游妄走，中人则毙。"④ 前一句可能是真实的，后一句则幻然神鬼化了。

岭南地区，地属丘陵，古代高温多雨，岭树重遮，毒草竞生，虫兽驰能，败草腐尸，熏蒸于中，"盘郁结聚，不易疏泄，故多岚雾作瘴。人感之多病，腹胀成蛊"。"俗传有萃百虫为蛊以毒人"，无疑是离谱了。因为"蓄湿热之地，毒虫生之，非第（只是）岭表之家性（生性）惨害也！"⑤ 刘恂为唐朝后期人，曾出任广州司马，实知其情，算是讲了句公道话。

"岭南多毒物，亦多解毒物，岂天资之乎！"⑥ 确实，一方水土养一方生物，岭南生物万类，在自然生态中相竞相长，然而也是一物降一物。因此，岭南毒物多，解毒之物也多。

李时珍《本草纲目》卷12《甘草》集解引晋朝葛洪《肘后备急方》载：

> 席辩刺史尝言：岭南俚人解蛊毒药，并是常用之物，畏人得其法，乃言"三百头牛药"，或言"三百两银药"。久与亲狎，乃得其详。凡饮食时，先取炙熟甘草一寸，嚼咽汁，若中毒随即吐出。仍以炙甘草三两，生姜四两，水六升，煮二升，日三服。或用都淋藤、黄藤二物酒煎，温常服，则毒随大小溲出。又常带甘草数寸，随身备急。若经含甘草而食物不吐者，非毒物也。

"三百头牛药"，即土常山也；"三百两银药"，即马兜铃藤也。

又《本草纲目》卷18《马兜铃》引葛洪《肘后方》载：

> 席辩刺史言：岭南俚人多于食中毒，人渐不能食，胸背渐胀，先寒似瘴。用都淋藤十两，水一斗，酒二升，煮三升，分三服，毒逐小便出，十日慎食毒物。不瘥更服。土人呼为三百两银药。

壮群体越人及其后人处于众多毒物的包围之中，他们总结了不知多少代付出的代价，认识毒物，辨识毒物，化解毒物比较早，只是他们没有文字，无法见之于记载。就汉文记载而言，西晋的嵇含和葛洪的记载是这方面最早的记录者。比如，嵇含《南方草木状》载，"吉利草，其茎似金钗股，形类石斛，根类芍药。交、广俚俗多畜蛊毒，惟此草解之

---

① 《本草纲目》卷42《蛊虫》引。
② 《本草纲目》卷17《钩吻》引。
③ 《本草纲目》卷42《蛊虫》引。
④ 《文选》宋鲍照《苦热行》"今沙射流影，吹蛊痛行晖"句注引顾野王《舆地志》。
⑤ 《岭表录异》。
⑥ 《本草纲目》卷18《白药子》附录引《本草拾遗》。

极验。吴黄武（222—229年）中，江夏李俣以罪徙合浦，始入境，遇毒，其奴吉利者偶得是草，与俣服遂解"，因"以吉利为名"。又"良耀草，枝叶如麻黄，秋结子如小粟，食之解毒，功用亚于吉利"。

"《岭表录》云：广中多蛊毒，彼人以草药金钗股治之，十救八九，其状如石斛也。"① 不知李时珍所引的《岭表录》，是不是唐朝刘恂的《岭表录异》？不过，钗子股化解蛊毒，功效显著，却是无疑的。《岭表录异》载："广之属郡及乡里之间，多蓄蛊。彼之人，悉能验之。以草药治之，十得其七八。药则金钗股，形如石斛；古漏子；人肝藤；陈家白药子。"② 其中即说到"金钗股"一药。唐朝李珣《海草拾遗》也载，金钗股，"缘岭多毒，故家家贮之"，③ 则点明了金钗股在当时俚"獠"生活中的显要位置。古漏子此味草药，未见于诸药书的记载，不明其具体。人肝藤，在《本草纲目》卷18的记载中与"伏鸡子根"同名"承露仙"，对解蛊毒有同等功效。而陈藏器《本草拾遗》载，伏鸡子根，解百药毒，"与陈家白药同功"。④

陈家白药，解蛊疗毒，功效显著，众心所慕，连唐朝皇家也要广州都督府每岁以陈家白药充"土贡"，可见该药名扬九州。陈藏器《本草拾遗》载，陈家白药，"味苦，寒，无毒，主解诸药毒，水研服之。入腹与毒相攻，必吐出。未尽，更服。亦去心中烦热、天行瘟瘴。出苍梧（今广西梧州市）陈家，故有陈家之号。明山有之，蔓及根并似土瓜，叶如钱，根似防己，紧小者良，人采食之"。⑤

与陈家白药有着同样疗治功效的，还有"甘家白药"和"冲洞根"。

"甘家白药"，陈藏器《本草拾遗》载："味苦，大寒，有小毒，解诸药毒，水研服，即吐出。未尽，再吐。与陈家白药相似。二物性冷，与霍乱下痢人相反。出龚州（治今广西平南县）以南，生阴处，叶似车前，根如半夏，其汁饮之如蜜。甘家亦因人而名。"⑥

"冲洞根"，陈藏器《本草拾遗》载："味苦，平，无毒，主热毒、蛇犬虫痈疮等毒。出岭南恩州（治今广东恩平市北）。取根阴干，功用同陈家白药，而苗蔓不相似。"⑦

唐朝李珣《海药本草》载，冲洞根"苗蔓如土瓜，根亦相似，味辛温，主一切毒气及蛇伤，取根磨水服之，诸毒悉皆吐出也"。⑧ 此一记载，说明冲洞根比陈家白药又多了一种功能，即可治蛇伤。

说起蛇伤，自然要提及隋朝巢元方《诸病源候论》卷26《蛊毒病诸候·解诸毒候》载的"岭南俚人别有不强药，有蓝药，有焦铜药、金药、菌药。此五种药中人者，亦能杀人"。"菌药"，可能就是宋朝李石《续博物志》卷6载的二广之人"取毒蛇杀之，以此草（指胡蔓草）覆之，洒水，菌生其上，末为毒药杀人"。"焦铜药"，即西晋张华《博

---

① 《本草纲目》卷13《钗子股》引。
② 《太平御览》卷984《药》引。
③ 《本草纲目》卷13〈钗子股〉引。
④ 《本草纲目》卷18《伏鸡子根》引。
⑤ 《本草纲目》卷18《白药子》附录引。
⑥ 同上。
⑦ 同上。
⑧ 同上。

物志》卷9载的交州俚人以燋铜为箭镞涂上毒药射人。"不强药""金药"二物，不见于记载，无从考知。至于"蓝药"，《本草纲目》卷43《蓝蛇》引唐朝陈藏器《本草拾遗》载："出苍梧（今梧州市）诸县，状如蝮有约（身上有道斑纹环绕），从约断之，头毒尾良，岭南呼为蓝蛇。用头合毒药，毒人致死；以尾作脯（干肉），食之即解。"

蓝蛇头毒尾良，以蓝蛇尾化解蓝蛇头部的剧毒，这是多么重大的发现，中间又经过了多少代人付出代价方才获得此宝贵经验。除毒、治伤、化解箭毒，岭南各地的"俚獠"人的治疗也各得其妙。

《本草纲目》卷18《黄药子》引宋朝苏颂《图经本草》载，"黄药原出岭南"，今夔、峡州郡等也有。"藤生，高三四尺，根及茎似小桑，十月采根。""主治诸恶肿疮瘘喉痹，蛇犬蛟毒，研水服之，亦含亦涂。"唐朝孙思邈《千金方》很推崇此一味药，说"疗忽生瘿疾一二年者"，以黄药半斤，取无灰酒一斗，投药其中，扎紧瓶口，以糠火烧个对时，待酒冷乃开，时时饮上一杯，保持酒气。服后三五日即见效。"刘禹锡《传信方》亦著其效，云得之邕州从事张岩。岩目击有效，复试其验（效果）如神。其方并同，惟小有异处，是烧酒候香出外，瓶头有津出（水珠渗出）即止，不待（等到）一宿（隔夜），火不可过猛耳。"唐朝邕州从事张岩获得此治疗肿毒神效的药方及其制作方法，并亲自试验察看其疗效，此方自然是来自邕州（治今广西南宁市）的"俚獠"人。"俚獠"人一味药而治顽疾如神，可说是得之当地的资源和他们的勇于实践、善于实践。

《本草纲目》卷1《硇（náo）沙》附录"石药"，引唐朝陈藏器《本草拾遗》载，石药，"味苦，寒，无毒，主折伤内损瘀血烦闷欲死者，酒消服之。南人毒箭伤人及深山大蝮伤人，速将病者顶上十字厘（剃去）之，出血水，药末傅之，并傅伤处，当上下出黄水数升，则闷解。俚人重之，以竹筒盛带于腰，以防箭毒。亦主（治）恶疮、热毒痈肿、赤白游风、瘘蚀等疮，并水和傅之。出贺州（今广西贺州市）山内石上，似碎石、硇砂之类"。

古代岭南，生物扶疏纷敷，资源林林总总，各地不一，任由选取。因此，肿毒、驳骨、箭伤等，各地壮群体越人的后人也因地制宜，依其所有进行疗治。比如，南宋范成大《桂海虞衡志·志兽》载："山獭，出宜州（治今广西宜州市）溪洞，俗传为补助要药。洞人云：'獭性淫毒，山有此物，凡牝（pìn，雌）兽皆避去。獭无偶，抱木而枯。'洞獠尤贵重，云能解药箭毒，中箭者研骨少许傅治，立消。一枚值金一两。人或求买，但（只）得杀死者，功力甚劣。"而广西南丹州，"地产毒虺，其种不一，人乃合集醖酿以成药，以之傅矢，藏之竹筒，矢镞皆重缩（严严地捆束起来）。是矢也，度必中而后发。苟中，血缕（见了血）必死。惟其土人，自有解药。南丹之战也，人以甘蔗一节自随，忽尔中矢，即啖蔗，则毒气为之少缓，急归，系身于木株而服解药。少焉毒作，身将奋掷。于木株系身，得不掷死；否则，药作而自跃于虚空，陨地（摔跌在地）扑杀耳（死了）"。① 南丹人中箭毒，危急中啖蔗，然后归家将自己捆在大木上服解药。而左右江洞人则身佩一大一小二刀。他们要送刀给人，"宁以大刀赠人，其小刀必不与人，盖其日月

---

① 《岭外代答》卷6《药箭》。

须臾不可阙。忽遇药箭，急以刀剜去其肉乃不死，以故不与人"。①

从宋代南丹人参加战斗随身带着一节甘蔗，中毒箭便唊之以缓解毒药攻心，以及左右江洞人中了毒箭马上以锋利的匕首剜去受毒部位的肌肉，可知壮群体越人的后人已深知毒药在肌体中所起的恶性循环作用及临急应采取的应对措施。

《本草纲目》卷12《茅苣》引西晋葛洪《肘后方》载："一药而兼解众毒者，惟茅苣汁浓饮一升，或煮嚼之，亦可作散服。此药在诸药中，毒皆自解也。"葛洪《肘后方》，详名《肘后备急方》，主采于岭南的民间疗疾方子。茅苣一药可解诸毒，说明壮群体越人及其后人贵于一药疗病，奇药制胜。比如，"石鼠，专食山豆根，宾州人以其腹干之，治咽喉疾，其效如神，谓之石鼠肚"。② 其实，化解蛊毒的特效药陈家白药、甘家白药及冲洞根等，也都是以一药而制胜，令人赞叹不已。不过，一药治疗疾患，也说明迄于唐、宋二代，壮群体越人及其后人的治病方剂还处于萌芽阶段。

唐朝张鷟《朝野佥载》称："各医言虎中药箭，食清泥而解；野猪中箭毒，豗（huí，嘴拱）茅苣而食。物犹知解毒，何况人乎！"③ 向动物学习，向动物取经，这是壮族及其先人擅长的。壮族民间传说，有人想学驳骨，便摸进鹧鸪巢，将其幼仔腿骨折断了。母鹧鸪将幼仔的断腿接上了，治好了，其人便将其药偷回来，经过反复摸索试验，掌握了此一技能，后来成了驳骨能手。此一传说，似也得到了记载的印证。南宋周去非《岭外代答》卷9《骨噪》载："邕州有禽曰骨噪，似竹鸡，生茅茨中。人即其巢，（捉其子）折其骨。母乃（以）药如马脑，大方寸许（敷之），（子）之骨复能步。人逐其母，夺其药。"只是周去非说此人得了药却不知用来做什么，这可奇了。因为此人折鸟仔之骨，目的非常明确，取得了接骨的药，怎么归来便懵懂，不知做什么用，岂不令人叹其愚蒙如此出格！

壮群体越人的后人在方剂药学雏形阶段，对使用动、植物治疗积累了经验。他们认为，虫类药祛风止痛镇惊；鱼鳞之品化瘀通络，软坚散结；介甲之属滋补潜阳，安神定魂；飞禽走兽滋养气血，燮理阴阳；藤木通心者大都有祛风的作用；枝叶带刺者多能消肿；叶里藏浆者可拔毒；圆梗白花者祛寒定痛，酸涩能收敛涤浓；花黄根能退黄疸；节大之药可驳骨等。④ 他们并将这些经验编成歌诀，传予后人。

三 明、清、民国时期医药

南越国国主赵佗是秦朝派驻南海郡的将领，是中原汉族人氏。他们入驻岭南，自带来中原的医药甚至医务人员。此后，南来的中原汉族官员也承先启后，为了自身的安全，为了推己及人，有效地抗毒、防病、治病，也不断地搜拾、整理岭南壮群体越人及其后人的识病治病经验，著书立说。比如，西晋稽含《南方草木状》、葛洪《肘后方》，隋朝巢元方《论病源候论》，唐朝陈藏器《本草拾遗》、柳宗元《柳州救三死方》、王方庆《岭南方》、杨炎《南行方》、郑景岫《南中四时摄生论》、李暄《岭南脚气论》、李珣《海药本

---

① 《岭外代答》卷6《蛮刀》。
② 《桂海虞衡志·志兽》。
③ 《本草纲目》卷12《茅苣》引。
④ 覃尚文等主编：《壮族科学技术史》，广西科学技术出版社2003年版，第350页。

草》、陶隐《南海药谱》等，以及宋朝苏颂《图经本草》、王焘《外台秘要方》、范成大《桂海虞衡志》、周去非《岭外代答》等。唐朝柳州刺史柳宗元《柳州救三死方》以亲身经历遗下方剂，惠及后人。可惜该书已佚，唯《本草纲目》卷11《食盐》、卷34《杉》及卷41《蜣螂》引有宋朝苏颂《图经本草》所载其方，使我们得一睹前人辛苦用心、德惠后人的高风亮节：

> 元和十一年（816年）十月得霍乱，上不可吐，下不可利，出冷汗三大斗许，气即绝。河南房伟传此方，入口即吐，绝气复通。其法：用盐一大匙，熬令黄，童子小便一升，合和温服，少顷吐下，即愈也。
>
> 元和十二年（817年）二月得脚气，夜半痞绝，胁有块，大如石，且死，困（昏）不知人，搐搦（痉挛疼痛）上视，三日。家人号哭。荥阳郑洵美传杉木汤，服半食顷大下，三行气通块散。方用杉木节一大升，橘叶（切）一大升（无叶则以皮代之），大腹槟榔七枚（连子碎之），童子小便三大升，共煮取一大升半，分两服。若一服得块，即停后服。此乃死病，会有教者，乃得不死。恐人不幸病此，故传之云。
>
> 元和十一年（816年）得疔疮，凡十四日益笃，善药傅之莫效。长乐贾方伯教用蜣螂心，一夕百苦皆已。明年正月食羊肉，又大作，再用亦如神验。其法：用蜣螂心，在腹下度取之，其肉稍白是也。贴疮半日许，再易，血尽根出即愈。蜣螂畏羊肉，故食之即发。其法盖出于葛洪《肘后方》。

中原汉族官员的推动及其总结之作，无疑促进了岭南壮群体越人后人经脉理论和方剂学的发展。

在此种情况下，壮群体越人的后人其医药学形成了两条道路向前发展。一是向汉医靠拢，直接传承汉族中医药学的衣钵；二是民间医学的继续寻道发展，继续其药、鬼同炉，药以鬼表的势态，即人患病后一方面请巫或道士或师公跳鬼治病，另一方面也以药治病。跳鬼以传承传统的治病观念，给病者以精神支柱，树立战胜病魔的勇气和信心；药物则是治病的手段。明朝洪武藤县《旧志》记载的"病则为祀鬼神，不用医药，或以针刺舌出血，或服草药，弗治则听天命"，[①] 活脱了此事。同样，刘锡蕃《岭表纪蛮》第21章《迷信》记载的"蛮人以草药医治跌打损伤及痈疽疮毒外科一切杂症，每有奇效，然亦以迷信出之。予尝见一患痈者，延壮老治疾。其人至，病家以雄鸡、毫银、水、米诸事陈于堂，术者先取银纳袋中，脱草履于地，取火念咒，喷患处，操刀割之。脓血迸流，而病者毫无痛苦。脓尽，敷以药，即愈"，[②] 也活脱了此事。

壮群体越人的后人靠拢汉族中医学，传承汉族中医药学，随着汉族文化教育在岭南地区的开展即已出现。北宋开宝元年（968年）被引荐入京的南海陈昭遇，宋王朝授予翰林医官，后官至光禄寺丞。六年（973年），他与刘翰、马志等人奉诏审订《唐本草》，编

[①] 《永乐大典1》卷2339梧字。
[②] （清）刘锡蕃：《岭表纪蛮》，商务印书馆1934年版，第196页。

成《开宝重定本草》一书。太平兴国三年（978年），他又奉诏与王怀隐、王佑、郑奇等人，历14年编成《太平圣惠方》，明确指出"岭南土地卑湿，气候不同，夏则炎热郁蒸，冬则温暖无雪，风湿之气易于伤人"。而且，岭南地理条件、饮食习惯及人的体质与中原有异，因而病因、病理、病变等也有差异。书中还记载不少防治温病的方法，对岭南温病防治体系的建立做出重大贡献。①

北宋皇祐（1049—1054年）间，广源州"獠"人首领侬智高起兵反宋，军势席卷两广，负责其医疗事务的就是唐朝诗人白居易的堂弟白敏中的后人白和原。白敏中是太原（治今山西太原市）人，其后人怎样到岭南助侬智高起兵反宋，无从追考。不过，白和原在侬智高的军队中负责医疗事务，后来又随侬智高入居大理国为"医长"，②说明宋代汉族中医药在岭南医药的发展中，已居于主导地位。

明、清二代，随着汉族儒家文化教育在岭南各地的深入开展，中医药已随王朝中央的统治步子深入各府州县，而改土归流了的府州县也相继设置中医药机构。比如，永乐六年（1408年）春正月，明朝就在改流后的太平府（治今广西崇左市）"设广西太平府医学"。③这样，随着中医药学的逐渐普及，在岭南壮群体越人的后人中也出现了许多中医药名医，并先后形成了许多著作。据壮族地区各地方志记载，明、清二代有著名医生33人，民国年间更有38人之多。

王维相，清朝乾隆、嘉庆间（1736—1820年）白山土司（在今广西马山县中北部）土官巡检王氏族人，自小受到很好的汉文教育。他喜读古代医书，参以壮族民间秘方，掌握一套有效的医疗技术。有一次，他路过田间，见一群男女围着一个躺在地上的少年痛哭。维相把脉审视之后，说："此少年未死，可救也！"于是从袋中拿出一药丸，撬开少年嘴巴，以水灌喂；又拿出一些药末，吹入少年的鼻孔里，同时令一个人按其腹。过了一会儿，少年腹中汩汩作响声，下部泄气如连珠，眼开嘴也可说话了。死而复生，人人惊喜，齐齐跪下，说道："人死已二时许，公能生之，殆仙乎！"维相说道："此受暑，饮冷将阳气遏钦所致，通其气则生。何仙之有？"维相医术高明，惜没留下一方半纸，难说其遗憾。④

壮族名医，有的行医乡间，有的被招至督府，有的足迹甚至涉于京师。他们为人治病，不分贫富贵贱，一视同仁，以其高超的医技享誉远近。

药市，在中原地区早就普遍形成。比如，宋朝江少虞《宋朝事实类苑》卷59《百药枕》载："益州（治今四川成都市）有药市，期以七月七日。四远皆集，其药物多，品甚众，凡三日而罢，好事者多市取之。"在汉族医药文化的影响下，自明代起，各地略识一药之长或以草药治病为生的壮族人便在农历五月初五日运药群集于墟市，四方群众也成群结队地去趁药市。墟上，买药的、看药的、品药的、闻药的，熙熙攘攘，有大宗交易的，也有小批量买卖的，热闹非凡。其中，药市规模大、声名响的，是广西靖西、隆林、忻

---

① 《岭南文化百科全书》，中国大百科全书出版社2006年版，第465页。
② 方龄贵：《考碑辨史》，《广西民族研究》1986年第1期。
③ 《明实录·太宗实录》卷75。
④ （清）王言纪：道光《白山司志》。

城、贵县等地的药市。药市的形成，促进了药物的交流，促进了医药知识的交流，普遍提高了壮群众对药物治病的认知。

明代以后，壮族民间"笃信阴阳"，这是汉族文化影响的结果。在汉族医学文化的影响下，壮族的医学理论也以阴阳来解释人体的生理现象和疾病的机因。广西德保县著名的壮族民间医生罗家安《痧症针方图解》，明确地以阴盛阳衰，或阳盛阴衰对各种痧症进行分类，作为辨症论治的大纲。

《本草纲目》卷42《沙虱》引晋葛洪《肘后方》载：

> 山水间多沙虱，甚细，略不可见。人入水中，及阴雨日行草中，此虫多着人，钻入皮里，令人皮上如芒针刺，赤如黍豆。刺三日之后，寒热发疮；虫渐入骨，则杀人。岭南人初有此，以茅叶或竹叶挑刮去之，仍涂苦苣汁；已深者，针挑取虫子，正如疥虫也。

《汉书》卷27下之上《五行志》载："刘向以为蜮生南越。越地多妇人，男女同川，淫女为主，乱气所生，故圣人名之曰蜮。蜮犹惑也，在水旁，能射人。射人有处，甚者至死。南方谓之短孤。……刘歆以为蜮，盛暑所生，非自越来也。"李时珍《本草纲目》卷42《沙虱》认为古人所谓射人、射影、含沙、短孤、蜮等，都是"溪鬼虫"，都是"溪毒"，并不是如同刘向以意度之，认为蜮之类是什么因越人"男女同川而浴"产生。他说："愚按：溪虫、射工毒、沙虱毒，三者相近，俱似伤寒，故有挑沙、刮沙之法。"这就点出了壮群体越人的后人传承的挑痧、刮痧的疗病方法源之甚早，至少是西汉壮群体越人时代了。

痧症疾病，是指瘴疟疾病。壮群体越人及其后人生活在瘴乡，备受瘴疟疾病的侵暴欺凌，苦不堪言，于是将瘴疟归结为痧症。对痧症的临床表现及类型，他们可说是妇孺皆知。壮族民间对痧症的分类众多，主要有痧气、红毛痧（又名羊毛痧）、标蛇痧、绞肠痧、夹色痧、黑舌痧等，并针对主症和病因进行不同的治疗方法。壮族传统传承，父传子、母传女，兄弟也相互切磋，这些挑、刮、针刺的治疗方法简单易行，在民间普及率很高。

这里值得一提的是广西柳江县龙氏家族的壮医药点灸疗法。此壮医药点灸疗法不知起于何时，清末民初龙覃氏是其法的主要传人。该法以经壮医秘方炮制的药液浸泡过的苎麻线，点燃后直接灸于患者体表的相应穴位或部位，疏调龙路、火路、气机而达到治疗疾病的目的。现在龙覃氏之孙龙玉乾将此法整理成《壮医药线点灸疗法》一书，颇受欢迎。现此疗法不仅在国内众多医院推广使用，而且为英、美等国所接受。

第三章

卫生习俗

汉朝有句谚语："虽有神农，不如少年。"① 这说明神医虽然可贵，却比不上少年人。因为少年人既秉承父母的免疫力，又气血旺盛，处于人生的上升时期，疾病难侵，侵也易消。所以稳住自身，保持青春活力，就能保证疾病少生或不生。自古以来，壮群体越人及其后人很讲究住房环境的保洁及自身的康健。

第一节 药物保健

晋朝葛洪行医岭南，其《肘后救卒方》所列诸方，"率多易得之药""田舍试验方法"。他特别强调，"诸药，因以大要岭南人使用。贮此之备，最先于衣食耳"。这说明在岭南备药避瘴、除瘴、化解毒物的重要性。

岭南炎热多雨，郁积熏蒸，氛围不佳，容易染病。壮群体越人及其后人除建干栏式住房"以避时郁"外，也以土产的药物，熏除臭气恶气，药物预防，药膳保身，保证了在恶劣环境中自己的生存及生息繁衍。

一 薰药，除臭气恶气

（一）薰草

薰草，就是零陵香。南朝宋沈怀远《南越志》载："土人名燕单，又名薰草，即番草也。"② 之所以称为薰草，是因为西汉王朝令零陵郡进贡此草以薰香。宋朝范成大《桂海虞衡志·志香》载："零陵香，宜、融等州多有之，土人编以为席，荐坐褥，性温宜人。零陵，今永州（今湖南永州市），实无此香。"零陵香不产于永州的零陵县。永州的零陵县隋以前称为泉陵县，而秦至隋，零陵县在今广西全州县，西汉时，零陵郡的郡治也是在广西全州县的零陵县。所以，零陵香的产地是在岭南不在岭北，范成大所说无疑是正确的。

宋朝苏颂《图经本草》载："零陵香，今湖岭诸州皆有之，多生下湿地，叶如麻，两两相对，茎方，常以七月中旬开花，至香，古云薰草是也。岭南人皆作窑灶，以炭焙干，

---

① （南北朝）任昉：《述异记》。
② 《本草纲目》卷14《薰草》集解引。

令黄色乃佳。江、淮亦有土生者,亦可作香,但不及湖岭者,至枯槁香尤芬薰耳。"① 零陵香可以去臭恶气,薰其草可以净化空气,这是壮群体越人最先使用以净化环境的植物,《山海经》即已见有"薰草"的记载。

(二) 耕香

唐朝陈藏器《本草拾遗》载,耕香,"生乌浒国,茎生细叶,味温、无毒,主鬼气,调中去臭。"② 所谓"乌浒国",当指今粤西及广西地区,柳宗元《唐故邕州刺史李公墓铭并序》即说邕州的住民为"乌浒夷"。③ 这明示壮群体越人的后人种植耕香"主鬼气,调中去臭",旨在净化环境,扶植人气。

(三) 瓶香

唐朝李珣《海药本草》载,瓶香"案陈藏器云:生南海山谷,草之状也。其味寒、无毒,主魅邪精,天时行气,并宜烧之。水煮,洗水肿浮气。与生姜、芥子煎汤,浴风痖甚效"。④ "天时行气",就是按时发作流行的瘴毒,如春有青草瘴,夏有黄梅瘴,六七月有新禾瘴,八九月有黄茅瘴等。瘴来时在人住区烧了瓶香,可以排解瘴毒,可说是轻而易举,益人匪浅。

(四) 钗子股

钗子股,又叫金钗股。陈藏器《本草拾遗》载:"金钗股生岭南及南海山谷,根如细辛,每茎三四十根。"李珣《海药本草》载:"缘岭海多毒,家家贮之。"⑤ 金钗股味苦、平、无毒,解毒痈疽神验,瘴疟天行,蛊毒喉痹都可以化解,可说是"家有金钗股,不怕蛊毒顾",所以当时的岭南人家家贮之。

(五) 都管草

苏颂《图经本草》载:"都管草生宜州田野,根似羌活头,岁长一节,苗高一尺许,叶似土当归,有重台,二月、八月采根阴干……淋洗风毒疮肿。"⑥《桂海虞衡志·志草木》载:"都管草,一茎六叶,辟蜈蚣、蛇。"辟,就是辟除、摒除,所以周去非《岭外代答》卷8也载,都管草"置室中,辟蜈蚣,蛇不敢入"。

二 药物预防

(一) 日嚼槟榔

"不住槟榔嚼,相传好辟岚。喉干如转磨,叶响似喂蚕。弃地皆脂泽,逢人若醉酣。生年无半百,黄面老瞿昙(和尚)。"⑦ 从壮傣群体越人时代起,日嚼槟榔,成为生活习俗。

---

① 《本草纲目》卷14《薰草》引。
② 《本草纲目》卷14《排香草》附录引。
③ 《柳河东集》卷10。
④ 《本草纲目》卷14《排香草》附录引。
⑤ 《本草纲目》卷13《钗子股》引。
⑥ 《本草纲目》卷13《都管草》引。
⑦ (明)曹学佺:《桂林风谣十首》其六,(清)汪森《粤西诗载》卷12。

槟榔辟瘴，消谷逐水，杀三虫。"岭南人咳之以当水果，言南方地湿，不食此无以祛瘴疠也。"① 由此可见，壮群体越人及其后人日嚼槟榔，"蠲疾收殊效"，② 其预防疾病之功不可小视，无怪乎壮群体越人后人不论是广东的、广西的，还是其他地方的，其传承先人的习俗迄于明、清还没完全改变。

（二）"地近瘴乡人好酒"

酒能温肠胃，通血脉，行药势，辟疫疠，杀邪恶毒气，消宿食，御风寒，所以宋朝长期在岭南做官的陶弼说："地近瘴乡人好酒。"③

古代，酒在岭南是普遍存在的。唐、宋及其前岭南无酒禁，好酒不少。所以，《投荒杂录》载"新州（治今广东新兴县）多美酒"。④ 南宋广西帅守范成大自称"知酒者莫余若也"。他出使金国，尝过金国皇宫佳酿"金兰酒"，觉得味冠当时，但到了桂林，"而饮瑞露，乃尽酒之妙"。桂州瑞露酒，即使如金兰酒的佳妙，也难与之抗衡。⑤

岭南酒好，尤贵于其普及。"老酒，以麦曲酒，密封藏之，可数年。士人家尤贵重。每岁腊中，家家造酢，使可为卒岁计。有贵客，则设老酒、冬酢以示勤（殷勤）。"⑥ 宋朝王象之《舆地纪胜》卷91《循州·景物上》载，循州（治今广东惠州市东北）"老酒，市酤（卖）也。腊月酝之，用罂热，历夏、秋味全，呼为老酒。子由（苏东坡）在循诗云：老酒仍为频开瓮"。这说明老酒并非只是在家待客而已，也在市墟上出售。

"南方饮，既烧即实酒满瓮，泥其上，以火烧方熟，不然不中饮。既烧，即揭（担）瓶趁墟，泥固（闭住瓶口的泥封）犹存。沽（买）者无能知其美恶，就泥上钻小穴，可容筯，以细筒插穴中，沽者就吮（吸）筒上，以尝酒味，俗谓之滴淋。无赖小民空手入市，偏就酒家滴淋，皆言不中（合意），取醉而返。"⑦ 由此可见，唐、宋或其前，岭南各地酿酒、卖酒、饮酒的普遍。这犹如南宋周去非说的"诸处道旁率沽白酒，在静江（桂州）尤盛"。⑧ 李时珍在《本草纲目》卷25《酒》说，"酒，天之美禄也（天赐的福泽）"。邹尧夫有"美酒饮教微醉后"的诗句，"此得饮酒之妙，所谓醉中有趣、壶中天者也"。因此，酒少饮不致酩酊无知，则和血行气，壮神御寒，饮酒不失为一防疾的方法。

壮群体越人的后人还有一种习俗，即酿女酒："南人有女数岁，即大酿酒。既漉（滤过），候冬陂池（池沼）水竭时置酒瓮，密封其上，瘗（yì，埋）陂中，至春涨水满，不复发矣。候其女将嫁，因决陂水，取供贺客。南人谓之女酒，味绝美，居常不可致也。"⑨ 女酒埋在水土下面十多年，酒质淳厚，浓郁芬香，味绝美，饮之适量，和

---

① （宋）苏颂：《图经本草》，《本草纲目》卷31《槟榔》引。
② （宋）朱熹：《槟榔》，《本草纲目》卷31《槟榔》引。
③ 《桂林书事》，（清）汪森《粤西诗载》卷13。
④ 《太平广记》卷233《酒》引。
⑤ 《桂海虞衡志·志酒序》。
⑥ 《桂海虞衡志·志酒》。
⑦ 《投荒杂录》，《太平广记》卷233《酒》引。
⑧ 《岭外代答》卷6《酒》。
⑨ 《朝野佥载》，《太平广记》卷233《酒》引。

血养气,暖胃辟寒,无可伦比。酿女儿酒,在西晋嵇含《南方草木状》已见记载,说明其历史已经久远。

酒能行药势,壮群体越人的后人经过反复实践,逐渐了然于胸。所以,他们在治风热上壅、咽喉肿痛及解箭毒时,将唯岭南产的鹅抱一药捣末酒服;在疗风热结毒赤肿时,以酒摩鹅抱涂之。① 而据李珣《海药本草》载,陈思芨,"味苦,平,浸酒服,治风,补益,轻身",② 则说明远在唐代,壮群体越人的后人已经懂得浸泡药酒,用以疗病,并时时适酌之以健身。这个传统一直承传下来,迄于明朝汪颖《食物本草》载"广西药酒,坛上安蛇数寸,其曲则采山中草药,不能无毒也",③ 即其明证。

(三)吃"五敛",饮"都咸"

西晋嵇含《南方草木状》载:"五敛,子大如木瓜,黄色,皮脆软,味极酸。上有五棱,如刻出,南人呼棱为敛,故以为名。以蜜渍之,甘酢而美。出南海。"谓"棱"为"lem³",近音译写作"敛",现壮群体越人其后人之一的壮族仍谓"棱"为"lem³"。这道出了古代岭南的主体居民,为壮群体越人的后人。"lem³"(敛),古代用得很广泛。1987年上海古籍出版社出版的任乃强《华阳国志校补图注》,即说西汉牂柯郡毋敛县之名缘于越人谓棱为敛而来。五敛子就是羊挑。自晋而下,五敛子在岭南一直受到居民的重视,为什么?清朝康熙(1662—1722年)间吴震方《岭南杂记》卷下载:

> 羊挑,一名三敛子,一名五敛子,以其觚棱而分也。角青,味甘酸,肉内有小核,能解肉食之毒。有人食猪肉,咽喉肿病欲死,仆饮肉汁亦然。人教其取羊挑食之,须臾皆起。又能解蛊毒岚瘴。土人蜜渍、盐腌以致远。

五敛子有解毒辟瘴化蛊的功能,近两千年来,自然为壮群体越人及其后人喜食不厌。据《顺德县志》《花县志》《开平县志》等记载,清末民初,广东顺德、花县、开平等县的居民还流行农历十月十五日以五敛子和芥菜食之的风俗,说可以祛病。

《太平御览》卷960《都咸》引徐衷《南州记》载:"都咸树,子大如指,取子及树皮曝干,作饮,芳香。"

陈藏器《本草拾遗》载,都咸子"火干作饮,止渴润肺,去烦除痰"。而李珣《海药本草》则说:"去伤寒清涕,咳逆止气,宜煎服之。"陈藏器和李珣都是唐朝人,他们的记述,说明当时壮群体越人的后人以都咸子作饮料,既能止渴,又能祛病壮身。

(四)喝修仁茶

宋代,修仁茶很有名气。孙觌《饮修仁茶》诗道:

> 烟云吐长崖,风雨暗古县。
> 竹舆赪两肩,弛担息微倦。

---

① 《本草纲目》卷18《鹅抱》引苏颂《图经本草》。
② 《本草纲目》卷18《伏鸡子根》附录引。
③ 《本草纲目》卷25《附诸药酒方》。

> 茗饮初一尝，老父有芹献。
> 幽姿绝媚妩，著齿得瞑眩。
> 昏昏嗜睡翁，唤起风洒面。
> 亦有不平心，尽从毛孔散。①

"瞑眩"，《孟子·滕文公上》载："若药不瞑眩，厥疾不瘳。"赵岐注："瞑眩，药攻入疾，先使瞑眩愦乱，乃得瘳愈也。"诗中的瞑眩，就是说旅途中喝了修仁茶，入口就提神醒脑，一身轻松，疲劳全消。然而，修仁茶岂仅止此一作用？前后两次被放逐岭南，一在新州（治今广东新兴县）、一出任昭州（治今广西平乐县）知州的邹浩，对修仁茶的疗病作用深有体会。他前后写了四首诗颂扬修仁茶，其《修仁茶三首》其一其二称：

> 味如橄榄久方回，初苦终甘要得知。
> 不但炎荒能已疾，携归北地亦相宜。

> 岭南州县接湖南，处处烹煎极口淡。
> 北苑春芽虽绝品，不能消禺御烟岚。②

"已疾"，已为停止，疾病停止作恶，就是治好病。什么病？就是"消禺御烟岚"，也就是疏通腑脏，帮助消化，治理烟瘴毒害。

另外，周去非《岭外代答》卷6《茶》也载，静江府（治今广西桂林市）产茶。"煮而饮之，其色惨黑，其味严重（浓），能愈头风。古县（在今广西永福县西北）亦产茶，味与修仁不殊。"

修仁茶，不只产于修仁县（治今广西荔浦县西南修仁），一域之内，其他地方同样出产。它作为饮料，可以防病治病，可以健身，壮群体越人的后人怎不可以在恶劣的环境中保住自身的康健！

（五）生喝蛇血、野山羊等血

壮群体越人及其后人，喜欢鲜喝各类蛇血、野兽的血，特别是野山羊的血。各类蛇、兽鲜血，对人的滋补作用特大。1955年，饥饿笼罩着广西一些地区，一个50多岁的壮男子由于粒米不进，奄奄一息了，有人捉得一条二指粗的眼镜蛇，马上断尾，让蛇血滴入该男子的口中。过了两个时辰，其人渐渐回颜，能够站起来了。

清朝陆祚蕃《粤西偶记》载："山羊，出左江，大者百余斤，小者六七十斤，跳越山头如飞鸟，非千百人不得一，须逐入弄中，张网捕之。生得剖者，心血为上，余血亦佳。"其实，在古代岭南，野山羊不单出产于左江地区，凡石山地区都活跃着此类动物，比如昭州即不乏此产。光绪《新宁州志》载，山羊"其心血可治扑跌损伤及诸血症，以

---

① （清）汪森：《粤西诗载》卷3。
② （清）汪森：《粤西诗载》卷22。

一分许酒调,饮之神效"。喝鲜山羊血,自然助人康健。

三 药膳保身

药膳,是指既是人的日常食品,又是防病治病的食品。比如,蕹菜可以解毒,又是壮群体越人及其后人夏天日常必备的菜疏。又如,古今岭南蚺蛇众多,人们猎取蚺蛇取蚺蛇胆作药外,也以蚺蛇肉作脯(干肉)食用。另外,"鼠脯,(广东)顺德县佳品也。鼠生田野中,大者重一二斤,断其穴,累累数十,小者纵之,大者炙为脯以待客,筵中无此,以为不敬"。① "甘犬嗜鼠",是壮群体越人的后人之一的壮族的传统嗜好食品,清代广东顺德县已经趋汉变化的壮群体越人的后人同样保持着此一传统的嗜好。

鼠,李时珍说:"岭南人食而讳(忌讳)之,谓为家鹿。"② 古代,壮群体越人的后人以鼠为食品,其最出名的是蜜唧。"岭南獠民好为蜜唧,即鼠胎未瞬(开眼),通身赤蠕(红色)者,饲之以蜜。钉之筵上,嗫嗫(缓慢)而行,以筯挟取,咬之,唧唧作声,故曰蜜唧。"③ 宋朝苏东坡在惠州(治今广东惠州市)写的《闻正辅表兄将至以诗迎之》即有"朝盘见蜜唧"之句,④ 说明宋朝时广东人还兴蜜唧一味。蜜唧及大鼠肉都具有滋补、去毒的功效,所以壮族至今还有"一鼠当三鸡"的俗语。

鼠类中,有专食竹子的,名为竹鼠。李时珍说,竹鼠,"出南方,居土穴中,大如兔,人多食之"。⑤ 其医药功效为"补中益气,解毒"。

王言纪道光《白山司志》卷9《风俗》载白山土司(在今广西马山县东北部)饮食:

土人晓起即嚼槟榔,客至不事茗荈(míng chuǎn,茶),以槟榔为敬。饮食嗜酸辣。

四五月采苦笋,去壳置瓦坛中,以清水浸之。久之,味变酸甚,气臭甚,过者掩鼻,土人以为香。以小鱼煮之,为食中美品。其笋至数年者,治热病如神,土人犹为珍惜。又有酸糟,乃以米汁浸熟饭为之。二者价廉工省,无论贫富,比户皆有。而辣椒,则尤每饭不离者。年节宴客,惟用鸡鸭鱼肉,而不知海味为何物,富绅、官族间用之,然珍馐罗列中,亦必佐以辣椒,固其性之所癖,而司地山水极寒,非辛辣之味济之不可也。

夫椒以祛寒,笋以治热,二物备而水土不为灾,加以槟榔除瘴气,土人所以处于万山中无夭札(遭疫疠而夭死)之悲者,其赖此乎!

这是壮群体越人其后人日常饮食的纪实,也是他们实行饮食与食防食疗相结合的纪

---

① (清)吴震方:《岭南杂记》卷下。
② 《本草纲目》卷51《鼠》。
③ 《太平广记》卷483《蜜唧》引《朝野佥载》。
④ 《苏东坡全集·后集》卷5,中国书店1986年版。
⑤ 《本草纲目》卷51《竹鼠》。

实。近海捕捞，近山猎获，灵龟的血固可以"疗俚人毒箭伤，解药毒"①，住在山里的"俚獠"人虽不识海味，却可以喝鲜山羊血以消病健身，与近海者同赢山川之产。

第二节　人畜同栏，便溺无定所

一　人畜同栏

壮傣群体越人时代，传承越人根据江南水乡地理特点而创制的可以"避时郁"的竹木作架苦茅盖顶的干栏式竹屋茅茨住房。壮、傣二群越人分化各自发展以后，其后人一仍前人的住房建筑。

人住干栏之上，牲畜围在干栏之下，形成了上人下畜的居住格局。"民居苦茅为两重楼，谓之麻栏。以上自处，下畜牛豕。棚上编竹为栈，但（只）有一牛皮为裀席，牛豕之秽，升闻栈罅（xià，缝隙），习惯之。亦以其居多虎、狼，不尔则人畜俱不安。深广之民，亦多如此。"② 这里，范成大对上人下畜的干栏式住房提出了一个严重的卫生问题："牛羊之秽，升闻罅间"。于是，人畜分开，就成了壮群体越人的后人面临的必须解决的问题。

"广州旧俗，皆以竹茅为屋，屡有火灾。"开元（713—741年）初，宋璟为广州刺史、岭南五府经略使，"教人烧瓦，改造店肆"。③ 以后李复任广州刺史、岭南节度使，"又劝导百姓，令变茅屋为瓦舍"。④ 经过自中唐以后历代汉族官员的劝导以及住民的觉悟，或改竹屋茅茨为墙瓦之屋，或实行人畜分居，不过至民国时期，原有的居住习惯仍然没有完全改变。

二　便溺无定所

至民国时期，除了城镇，广大乡村的居民仍然不讲究拉撒的事情。尿欲出，偏到隐蔽处拉下裤子便撒开了；家里虽有茅房，池塘边也搭有厕所，可人们拉了之后，拿个扁圆的石子或扭把茅草一揩便完事。女子月水来了，很多地方的女子往往是粗麻烂布或者是用布包上一把草木灰来淹住，说不上什么卫生要求。所以，民国广西《柳城县志》载，壮人"对于卫生之道，尚无讲究。房屋湫隘（低下狭小）污秽，便溺无定所。牲畜除耕牛外，多不加关槛，畜类随地皆是"。

虽然如此，但是历史上在壮族及其先人地区，抬望眼却未见遗矢累累，黄金堆堆，满眼污秽不可堪言的景况。其原因就是壮族及其先人尚犬，家家养狗，而狗喜食人遗。

历史上，壮族及其先人打猎需犬，护家以犬，祭先推犬，跳鬼唯犬，食用嗜犬，乾隆

---

① 《本草纲目》卷45《灵龟》。
② 《文献通考》卷330《西原蛮》引《桂海虞衡志》。
③ 《旧唐书》卷96《宋璟传》。
④ 《旧唐书》卷112《李复传》。

（1736—1795年）时，镇安府（治今广西德保县）"墟场卖犬以千百计"，狗肉多于猪肉。①"好食不过夏至狗"，这是岭南人的俗语，夏至实是狗肉节。可以说，历史上他们家家养狗，养众多的狗，以备不时之需。所以，在壮族及其先人地区，成年人屎遗屎尽，即使家中小儿遗矢，狗也蹲于一旁，两眼鼓鼓地盯着，不仅遗屎无存，连小儿便后其屁眼也给舔干净了。

---

① （清）赵翼：《镇安土俗》。

第八篇　信仰文化

　　战国时，大思想家列子和墨子有关于壮傣群体越人"鬼妻"的记载。这就是《列子·汤问》和《墨子》卷6《节葬下》记载的"其大父死，负其大母而弃之，曰鬼妻不可与居处"。大父，祖父；大母，祖母。祖父的丧事由隔了一代的孙子来操持似违情理，"大"字疑衍。父死，母成了"鬼妻"，也就是说，人死了，成了鬼，其配偶也脱不了干系，成了"鬼妻"。弃"鬼妻"，不理睬"鬼妻"，就是力图与鬼脱却关系，不让先人鬼与活着的子孙沾上任何关系。

　　"鬼妻不可与居处"，作为一种社会意识、观念和行为，相沿成俗，传承下来，几千年过去了，迄于清朝初年，还见载传承于壮傣群体越人的后人壮族和傣族中。比如，"西粤土州，其妇人寡者曰鬼妻，土人弗娶也"。① 车里宣慰司（治今云南西双版纳傣族自治州景洪市）"夫死则弃之无娶者，曰鬼妻"。②

　　"鬼妻"为什么"不可与居"？这是因为在壮傣群体越人的观念里，人死鬼在，鬼与活着的人，各自生活在"阴""阳"两个世界里；二者是对立的，鬼有可能会虐害于活着的人，使活着人患病、残伤，甚至死亡，或者发生其他意外。因此，当"禾黄鬼出"的时候，③ 农历七月十四日鬼节来到，他们都"闭门不出，路无行人，谓之躲鬼"。④ 原因就是"惧为鬼所摄，使之负担也"。⑤ "惧为鬼所摄，使之负担也"，也就是说，人死鬼在，灵魂不灭，活在另一个世界里，且具有超人的能力，能施祸于人，使活着的人患病，造成伤害，需要延请巫师占卜，宰鸡杀狗，献上牛羊，调鬼祈福。

　　人死形体腐朽而灵魂不灭，鬼魂既具有超自然的能力，又根据自己的需求及满意度或施祸或施福于活着的人们。人们并把人世社会生活的关系附加给鬼魂世界，进而产生种种崇拜的仪式。这就是鬼灵崇拜，这就是壮傣群体越人中产生的原始宗教。

　　战国时《列子·说符》载："楚人鬼而越人𥛤。"张湛注："𥛤，祥也，信鬼与𥛤祥。"这就是说，越人迷信鬼灵和好事鬼灵祈求福佑。此也证实了在壮傣群体越人时代，就已经出现了原始的宗教信仰。

---

① （清）屈大均：《广东新语》卷24《蛊》。
② （清）罗伦：康熙《永昌府志》卷24。
③ 嘉庆广东《新安县志》。
④ 《古今图书集成·方舆汇编·职方典》卷1415《庆远府风俗考》。
⑤ 《古今图书集成·方舆汇编·职方典》卷1410《柳州府风俗考》。

第一章

原始宗教信仰

在原始宗教出现之前，曾出现一种准宗教现象。这就是在原始社会初期阶段，远古的人们幻想依靠特定的主观行动来影响或支配客观事物的现象。这是现今所知的人类意识活动的最早形态之一。它在一定程度上已具有宗教的因素，但还没有明确的超自然体的观念；对于客体，既没有加以神化，也没有敬拜、求告的念头。远古人们所行的法术、巫术等，就是属于此一类的主观行动。当宗教和鬼魂观念出现以后，法术、巫术等也成为各种宗教附属行为。然而，就其本身来说，法术及巫术仍然保持准宗教现象的特征，坚持按照固定程式做出动作，以其预期目的影响或控制客体，并不将客体当作崇拜对象或靠"超自然力"来行事。比如，用针尖截刺剪纸或木刻人形以图加害于所指的对象，或佩戴玉石以图延年益寿等，即是如此。

宗教是原始社会发展到一定阶段的产物，最初是作为远古人群的自发信仰产生的。原始社会生产力极端低下，人们在自然力面前无能为力，其生存主要依赖于大自然的赐予。一者他们智力朦胧未开，既不能掌握也不能理解包罗万象、瞬息万变的大自然；二者大自然变幻莫测，既予恩赐，又瞬间带来无穷的灾难，于是人们把既依赖又畏惧、支配着自己生活的自然物或自然力人格化，变成超自然而有意志的神灵。因而，对之敬畏和崇拜，以表示感谢或求告。

随着时间的演进、社会的变化和历史的发展，壮群体越人的宗教不断演变，由原初的自然崇拜发展出精灵崇拜、祖先崇拜和神灵崇拜。

第一节 万物有灵信仰

万物有灵观念，是远古人类的世界观。在远古人类的观念里，客观自然界的一切事物，不论是能随日生长变化的动物、植物，还是眼见无生命迹象的物体，都有其精灵，都有其意志，都具有超自然的力量。这些具有意志、具有超自然力的精灵，都是万劫不灭的。人生活于客观自然界中，既依赖于各种精灵的恩赐，维持其生存及续后，又畏惧于各种精灵的喜怒无常，给人的生存及续后带来灾难。因此，壮傣群体越人在生产力低下，对自然现象不理解，又对客观自然界许多事物和自然力既有所依赖又有所畏惧的形势下，将客观自然界万物诸灵分为善良的和邪恶的两类，认为对善者则膜拜以感谢和求告；对恶者或假扮其同类，乱其视觉，错其认知，避其灾难，或施以巫术，幻想依靠巫师的"超自然力"，对客体强加影响或控制。比如，《淮南子》卷1《原道训》记载的"九疑之南，陆事寡而水事众，于是民人被（披）发文身，以像虫鳞"，即是其中的做法之一。

一　自然宗教信仰

"最初的宗教表现是反映自然现象、季节更换等的庆祝活动。一个部落或民族生活于其中的特定自然条件和自然产物，都搬进它的宗教里。"① 一方水土养一方人，远古人类生长、生活在一个相对宽阔的地域，人所仰赖所依存的并非宽阔无边、包罗万象、瞬息万变的客观自然界，而是局限于所活动地区的"特定自然条件和自然产物"。

壮傣群体越人居住、活动在岭南地区。岭南"特定的自然条件和自然产物"被壮傣群体越人以自己的生产方式和生活方式感知搬进宗教里，形成了信仰，世代传承，成了传统信仰。这就是壮傣群体越人及其后人的自然宗教信仰。

壮傣群体越人的自然宗教信仰，可以从壮、傣二群体越人分化各自发展以后至清朝前期仍然传承着相同或相似的传统习俗中寻其脉络。

在南越国时期，壮傣群体越人分化为壮群体越人和傣群体越人两个群体。傣群体越人从岭南南下西去，迄于清朝前期，两个群体的越人及其后人已有两千多年的分化历史，相互交往不多，更无整体性的接触，但岁月无情，历史有情，二群体的后人传统习俗传承，仍然有众多的重合，相同或相似近几十种。这无疑是壮群休越人的后人及傣群体越人的后人传承着壮傣群体越人的传统习俗，又在历史的风雨中岿然独存恪遵于先人传承下来的传统习俗的结果。这些传统习俗，有的起于其社会历史的发展，有的源于其生产及生活，有的则肇基于其宗教信仰，等等不一。壮、傣二群体越人的后人相同或相似的传统习俗，其中不少是与原始宗教信仰密切相联系的，从中可以约略见到壮傣群体越人原初的自然宗教信仰。

（一）青蛙崇拜

越人分布于江南水乡，是个稻作民族群体。稻作，一靠适宜的水量。这就是常说的"风调雨顺"，因为水多水少，都影响着稻谷的收成。二怕虫。虫多害稼，作物失收，生计没有保障。青蛙既是陆居动物，也是水栖动物，与人为伴，居于水田之中，伏于稻根之间。青蛙，除咽咽声外就是一张阔嘴巴，虽无凶狠硕大的外表和利器，但是，第一，它钟天地之灵气，声唤为雷雨之先兆，即俗谚所谓的"青蛙咽咽叫，大雨要来到"；第二，以稻禾虫害为食，成为稻田卫士；第三，繁殖力强，家族兴旺，种类众多。这是越人感佩、钦服、垂慕而引以为榜样的。所以，春秋时代"越王勾践谋报吴，欲人之勇，路逢怒蛙而轼（礼敬）之。比及数年，民无长幼，临敌虽汤火不避"。② 这就是《韩非子》卷9《内储说上》记载的勾践"式（礼敬）怒蛙"以求勇。怒蛙"有气"，意味着勇，勾践"式"怒蛙，表达了他对勇士的欣羡和追求。同时，壮群体越人以喉为思维器官，定思考为"nam³"，则是缘蛙蹲着下巴连喉部总是在不停断地颤动以及"扼亢拊背"以喉为要害而来。而在古代人口不繁的情况下，蛙族的繁殖力强和家族兴旺是颇引人垂慕的，其铜鼓

---

① 《马克思恩格斯全集》第27卷，人民出版社1972年版，第63页。

② 《尹文子·大道上》。

上铸着累蹲蛙，也就是蛙类交配的图像，正是表达壮群体越人对蛙族繁殖能力的钦佩和景仰的心态，并寄托着他们心中的向往。

春日来临，和风拂面，万物更生，壮群体越人及其后人慕春男女，热趁歌墟，倚歌择配，是否因感知而取向于雄蛙在春日里咽咽叫唤招来雌蛙的择配方式？

其实，凡是越人，哪里的越人当初又不是如此？

《易·恒》载："妇人贞洁，从一而终也。"疏曰："从一而终者，谓用心贞一，从其贞一而自终也。"这说明妇人从一而终，本是指用情始终如一。后来经儒家的倡导、鼓吹，"妇人贞洁，从一而终"，成了一女不事二夫、夫死不得再嫁的中原汉族的传统习俗。然而，迄于开皇十八年（598年）春正月辛丑，隋文帝杨坚下诏，仍然说："吴越之人，往承敝俗。"①"敝俗"，就是不好的习俗，指不符合于儒家礼教的习俗，也就是往昔越人传承下来的习俗。"吴"与"越"，也就是今江浙地区，往昔是越人分布地区。越人传统习俗，根深蒂固，即使始皇帝三十七年（前210年）秦始皇"上会稽，祭大禹，望于南海而立石刻"，对吴越流行的不符合于中原汉族的婚姻习俗，如"有子而嫁，倍死不贞；防隔内外，禁止淫泆；男女絜（jié，考量）诚（心志专一），夫为寄豭（公猪，由性奸淫），杀之无罪；男秉（执持）义（同仪，礼节）程（规章），妻为逃嫁，子不得母"等进行整饬，②还是不能根本变革越人的传统习俗。所以，宋朝庄季裕《鸡肋篇》载：

> 两浙（今江浙）妇人皆事服饰、口腹，而耻为营生，故小民之家不能供其费者，皆纵其私通，谓之贴夫。公然出入，不以为怪。如近寺居人，其所贴者皆僧行也，多至四五焉。
>
> 浙人以鸭儿为大讳，北人但知鸭作羹，虽甚热亦无气，后至南方，乃知鸭若止一雄，则虽合而无卵，须二三始有子。以其讳者，盖为是耳，不在于无气也。③

此显然是与中原汉族关于女子从一而终的观念和习俗是不相符的。越俗传承，壮傣群体越人及其后人自然也以其为传统习俗。比如，"金齿百夷"（傣族先称）女子"未嫁而死，所通之男人，持一幡相送。幡至百者为绝美，父母哭曰：'女爱者众，何期夭耶！'"④广西壮族，"每岁元旦或次日，里中少年裂帛为帕，挟往村落觅处女少妇，相期答歌。允者，男子以布帕投女，女解所衣汗衫授男子归，谓之抛帛"。"至十三日，男子衣其衫而往，父母欣然迎款。""欢歌至十六日，乃罢归。归时，女以前帕巧刺文绣还男子，男子亦以汗衫归之女。妇之父并夫有别往赴期者。一州之民皆然，虽千指之家亦有此。"⑤

---

① 《隋书》卷2《高祖纪下》。
② 《史记》卷6《秦始皇本纪》。
③ （明）陶宗仪：《说郛》卷6。
④ （元）李京：《云南志略·诸夷风俗》。
⑤ （明）王济：《君子堂日询手镜》。

明、清时代，广东俗谚称："田鸡声哑，田好稻把；田鸡声响，田好荡浆。"① 田鸡，即青蛙。青蛙凭着天赋的生理机能，咽咽声叫为雷雨的先兆，为壮群体越人所感知，得到他们的认同，于是将青蛙人格化，认为青蛙能通情上天，诉语雷王，是上天操持着人间雨水多寡大权的雷王派往人间的使者，如同今日壮族民间仍然流传的"青蛙是雷王的女儿""青蛙是雷王的使者"等神话故事一样。为了风调雨顺，为了一年的好年成，为了群体的兴旺，为了心想事成，他们如同越王勾践"式（礼敬）怒蛙"以求勇一样，依样学样，也以青蛙为样，一如青蛙，春日来临，青年男女热趁歌墟，敞开歌喉，倚歌择配，认为这样与青蛙同流，可以感应雷王，获得风调雨顺，雨水均匀，取得好年成。这就是宋朝邹浩《仙宫庙》诗所说的歌墟上，月朦胧，男女青年倚歌择配，成双捉对。询问他们为什么要这样，"邦人不复知端的，但说常能助岁功"。② "邦人不复知端的"，端的是底细，说明歌墟行之已经久远；"但（只）说常能助岁功"，岁功是一年农事的收获，道出了壮群体越人及其后人举行歌墟的功能，这就活生生地衬托出作为稻作民族群体的壮群体越人以青蛙为样举行歌墟的目的。

旧俗传承，目的依旧。清初，"三月男女唱歌，互相答和，以兆丰年"，③ 是如此；进入民国，"四月间，乡村男女指地为场，讴歌互答，俗名歌墟，邻村多趁墟助兴，每场聚集人众不下千人，一似溱（zhēn）洧（wěi）遗风。相传此墟一禁，则风雨不调，年谷不登，人畜瘟疫云"，④ 也是如此。

越人以蛙为样，自然是将蛙拟人化。今日壮族民间传说《青蛙姑娘》⑤《蛤蟆皇帝》等，⑥ 即是这样。往日是越人分布区的江浙、安徽等地，也是这样。比如，宋朝洪迈《夷坚乙志》卷3记载的绍兴二十九年（1159年）为"蛙乞命"所动的"浙西兵马都监康湑"，以及明朝陶宗仪《南村辍耕录》卷16《蛙狱》记载的元朝至正（1341—1368年）初荆山（治今安徽怀远县）尹（县令）卢文璧因巨蛙所报而破一命案，都是将青蛙人格化，超自然化。而其他地区分布的越人，其后人则将青蛙精灵化，立庙祀之，顶礼膜拜。清朝初年，著名文学家蒲松龄小说集《聊斋志异》中的《青蛙神》，开篇即说古代越人分布区的"江汉之间，俗事青蛙神最虔"，每年都举行"赛蛙神"的仪式。同一时期，东轩主人《述异记》载：

平湖进士陆讳瑶林，令江西金溪。邑有青蛙神，令初至，必虔祀之。陆不为礼，吏人苦谏（恳切规劝），不听。未几，青蛙无数，至碍出入；渐至厅事，跳踯满案，犹不介意。俄而，粥饭方熟，青蛙出入汤镬，合署不得举箸。陆怒甚，欲焚其庙，忽两眼肿痛，突如蛙目，惨楚不胜，然后往躬祀之，遂安。

---

① （清）屈大均：《广东新语》卷23《蛤》。
② （清）汪森：《粤西诗载》卷13。
③ 《古今图书集成·方舆汇编·职方典》卷1448《太平府风俗考》。
④ 陈必明：民国《龙津县志》第四编《风俗》。
⑤ 曹廷伟：《广西民间故事辞典》，广西教育出版社1993年版，第133页。
⑥ 《广西民间故事辞典》，广西教育出版社1993年版，第152页。

> 其蛙，相传为晋（朝）物，有一匣贮之。祀者至庙，蛙或坐匣上，或据案头，或在梁间，或一或二或三，变化无定。土人水旱疾疫，祷之辄应。①

又张心泰《粤游小识》载：

> 家大人守潮（州）时，有一金蟾来库书房内，书吏奉承畏慑，罔敢越思，一时演剧供奉，不能禁止。
>
> ……
>
> 每年正月二十四日，神出游，士庶男妇无不手香一束，环跪门外。②

岭南壮群体越人及其后人礼蛙、敬蛙、慕蛙，其最典型的例子，是汉魏、晋至唐朝中前期作为首领人物身份化身、财产表记及权力象征的冷水冲型、北流型和灵山型铜鼓鼓面上所塑的蹲蛙、累蹲蛙。

越人及其后人礼蛙，敬蛙，祀蛙，感谢和求告青蛙，青蛙在越人及其后人的心目中只是学样的客体，如同越王勾践"式怒蛙"以求勇，如同傣族流传的古话："蛙腿尚有花纹，男人之腿怎能没有花纹呢？"③ 历史上，壮傣群体越人及其后人始终没有与青蛙搭上一定的血缘关系，虽然壮族民间传说的神话故事里，偶有个人与蛙成亲，生有儿女，可是这些传说只是类同龟兔赛跑一样的寓言，并不能因此而认为青蛙与越人及其后人的某个群体发生了血缘关系。

同时，青蛙也是越人及其后人餐桌上的美味佳肴。唐朝尉迟枢《南楚新闻》载：

> 百越人好食蛤蟆，凡有宴会，斯为上味。先于釜中置水，次下小芋烹之，候汤沸如鱼眼，即下其蛙，乃一一捧芋而熟，如此呼为抱芋羹。④

越人及其后人以蛙为上味，世代嗜食，未形稍减。明朝魏浚《西事珥》卷6《蛙台抱芋羹》载："桂人有为御史者，或谓之曰：'公之所居之台，当曰蛙台。'盖讥其食蛙也。御史曰：'此月中灵物，用以奉养，不胜黑面郎哉！'黑面郎，谓豕（猪）也。"奉青蛙为"月中灵物"，食之心中没一丝一毫的愧疚，可说是甘毳养口，嗜之若饴。

为什么会这样？宋朝彭乘《墨客挥犀》卷6载："浙人喜食蛙，沈文通在钱塘（今杭州市）日，切禁之，自是池沼之蛙，遂不复生。文通去，州人食蛙如故，而蛙亦盛。人因谓天生是物，将以资人也，食蛙益甚。"这也许是一种遁词。不过，除有害于人或社会间有什么认同而不逾越的禁忌外，一方生物，滋养着一方人，却也不失其理。

食蛙无罪，吃蛙有理，而且吃蛙可以秉承蛙的灵性，所以越人及其后人在崇拜青蛙的同时，也以青蛙为食品上味，大吃其蛙了。

今广西东兰、天峨、南丹等县的壮族，在大年正月有埋青蛙以测年成的习俗。埋青

---

① 《古今说部丛书》第一册。
② 光绪庚子（二十六年，1900年）九月开雕，梦梅仙馆藏板。
③ 征鹏等：《西双版纳风情奇趣录》，云南民族出版社1986年版，第221页。
④ 《太平广记》卷483《芋羹》引。

蛙，就要找青蛙、祭青蛙、游青蛙，因此，其程序，一是找青蛙；二是祭青蛙；三是游青蛙；四是葬青蛙；五是挖出上年埋下的青蛙，察看其骨骼的颜色以测年成。整个埋青蛙的过程，其主要点和归结点就是第五点，并没有出现什么青蛙是壮族的图腾崇拜问题。有学者认为东兰、天峨等县举行的青蛙节是壮族蛙图腾的祭祀仪式，这是有待商榷的。

壮语谓小青蛙为 kje^3，大青蛙为 kop^7。东兰、天峨、南丹等地的青蛙节，当地人谓为"蚂蚜节"。谓青蛙为"蚂蚜"，并不是壮族的语言，而是湘西南和黔东的汉语方言。壮人弃本民族语言而依汉语方言，谓"青蛙节"为"蚂蚜节"，直让人产生"蚂蚜节"非壮族本有节日之想。

从严格的意义上说，自然宗教是将自然物和自然力本身直接视作有意志、具超自然力的对象而加以崇拜，越人及其后人崇拜青蛙，是将青蛙视作有意志具有超自然力的客体，并未产生独立于具体特定的自然物青蛙的神灵观念，其崇拜仍属自然崇拜而非图腾崇拜。

（二）"鸡骨占年拜水神"

上古，越人沿水而居，入水捕鱼捉虾，捞取螺蚌，生活资源主要取自水中生物。至今，广东、广西各地发现众多的新石器时代贝丘遗址。贝壳堆积如山，表明螺蚌是新石器时代越人的主要食物来源。稻作农业出现以后，人靠水，禾靠水，水是越人不可须臾或缺的。习俗相沿，越的后人不论是壮群体越人及其后人还是泰群体先人越人及其后人，"居多近水"，"泽居水耕"，①"多起竹楼，居濒江，一日十浴"，②"近水为居"，③仍然是傍水而居，资（凭借，依赖）水而生产生活。

水，是自然物，本无生命，水多水少，全视气候的变化，降雨的多寡。上古越人凭借于水而生产而生活，得益于水的恩惠，然而一旦大雨滂沱，倾盆而下，连日不止，又大水澎湃，洪峰潮涌，前后追逐，奔腾倾泻，冲毁禾稼，泯灭村庄，严重危及于人的安全，危及于人的生存，带来无尽的灾难。可以说，水对于人，恩惠多多，灾难难计。原始社会极端低下的生产力使越人既不能理解自然力的变幻莫测，又无能为力，于是便把支配自己生产生活的自然水人格化，变成具有意志和超自然力的客体，对之敬拜以表感谢或求告。

在上古越人眼里，水的胸怀是宽阔博大的，意志是坚定不移的，超自然力是巨大无拟的。它滋养着万物，不管是植物还是动物，不管是水中生的还是陆地生的，供人以生活，保证人的存续；它滔滔流淌，让人坐在舟筏之上漂浮往来；它滋润作物，使人心想事成，劳动得到报偿。他们于是崇拜水、感谢水和求告水。

越人及其后人眼见水无时无刻不在，徐流潺潺，浪放滔滔，无停无息，长生不老，具有超绝凡尘的力量，于是誉为"水神"。

西汉刘向《说苑》卷12《奉使》载，春秋时，越国使者诸发对梁国人说："彼越亦天子之封也，不得冀、兖之州，乃处海垂之际（近海低洼的边地），屏（避开）外藩（分封的藩臣如齐、晋、梁等国）以为居，而蛟龙又与我争焉。是以剪发文身，烂然成章（文采鲜亮）以像龙子，将避水神也。"此"蛟龙"，就是古代遍布于我国东南江河湖海的

---

① （清）李熙龄：道光《普洱府志》卷18。
② （元）李京：《云南志略·诸夷风俗》。
③ （清）张嘉颖：康熙《楚雄府志》卷1。

吃人的湾鳄。湾鳄也称马来鳄，是凶猛的爬行动物，对入水作业的人生命威胁很大。越人视之为邪恶的动物，所以进行消极防御，剪发文身以像其类，目的是纷乱蛟龙的视觉，错其认知，避其危害。所以，"蛟龙又与我争焉，是以剪发文身，烂然成章以像龙子，将避水神也"，无疑是误将"蛟龙"作"水神"了。水唯徐流潺潺，浪放滔滔，既无色，也无形，怎样可以"剪发文身，烂然成章以像龙子"，就能"避水神"？

西汉刘安《淮南子》卷1《原道训》载："九疑（至今湖南宁远县南）之南，陆事寡而水事众，于是民人被发文身，以像鳞虫；短绻不绔，以便涉游；短袂攘卷，以便刺舟（撑船）：因（随顺）之也。"这里列出了壮群体越人为"避害""便涉游""便刺舟"，在水中形成了三种身饰、衣饰。"被发文身以像鳞虫"，并未将鳞虫（蛟龙）当作"水神"，只是蛟龙潜伏水中为害入水捕鱼捉虾的，越人为了避害"因"（根据）蛟龙的形状"被发文身"类似其形态，混淆其眼目而已。

《汉书》卷28下《地理志》载越人"文身断发，以避蛟龙之害"。颜师古注引应劭说："常在水中，故断其发文其身以像龙子，故不见伤害也。"这就点明了越人常在"水中"，剪发文身以像龙子所要防备的是活动在水中的"蛟龙"的侵害，不是在"避水神"。

"蛟龙"，即湾鳄，古代横行于我国南方江湖河海中，壮傣语谓为"厄"（è）。宋朝乐史《太平寰宇记》卷164载，梧州北20里的思良江，有大虫，"壮如鼍"（tuó，扬子鳄），"南方谓之为鳄鱼"。"恒在山涧伺鹿，亦能啖人，故谷汲者往往遇害焉。"岭南越人捉到"亦以为鲊"（腌鱼、糟鱼等鱼类食品），这就说明鳄鱼吃人、害人，越人对邪恶类的自然客体"图厄"（tu² ŋak⁷，鳄）避之唯恐不及，哪来的崇拜？

前面已经论述了越人在春秋时代即早在屈原跳汨罗江之前就已经出现龙舟竞渡。众舟齐发，万夫争棹，唯恐其后，是古越人祭祀水仙的仪式之一。战国时成形的广西左江崖壁画，无外也是壮傣群体越人祭祀求告于水仙的场景。巫师、头人、男女老少齐舞蹈，甚至身怀六甲的孕妇也临场祈求，狗、铜鼓、刀等也都用上了，场面壮阔，气氛热烈，显出他们对水神的虔诚求告。

水神，虽也给人带来灾难，但更多的是慈祥爱人，洒福人间。越人认为水仙宽阔博大的胸怀，既包容自然万物，也包容人类：赐人生命，选优汰劣，涤除污秽，浴洗长大，死浴去垢，干净仙去。

在古越人及其后人的观念里，人婚而无子，祈求于水神，可以凤愿以偿，生子生女。比如，宋代杭州的许明，其"父祷水仙大王庙生明"。① 屈大均《广东新语》卷6《金华夫人》也载：金华"少为女巫不嫁，善能调媚鬼神，其后溺死湖中，数日不坏，有异香，即有一黄沉女像容貌绝类夫人者浮出，人以为水仙，取祠之，因名其地曰仙湖，祈子往往有验。妇女有谣云：'祈子金华，多得白花，三年两朵，离离成果。'"人误"金华夫人"为"水仙"，因立庙祠之，祈子祈女，确实也能兑其所愿，生子生女。岭南"水仙"，一如江浙的"水仙"，都是水神。祈水神而生子生女，后来人们以"白花""红花"喻示男孩、女孩，便有"花王父母"出现，取代了原来赐子的"水仙"。所以，《广东新语》卷6《花王父母》载："越人祈子，必于花王父母。有祝辞曰：'白花男，红花女。'"过

---

① 《宋史》卷288《孙沔传》。

后，广东的"花王父母"信念传入广西壮族中，去"父"而成"花王圣母"，成了既是赐子的神灵，也是护子卫女健康成长的神灵，从而忘却了"花王圣母"源于"花王父母"，更忘却了"花王父母"源于"水仙"而来。

祈水生子，临水生儿，也是上古越人一种习惯行为。因为他们生了儿女，要经水选优汰劣。这就是《蜀郡记》记载的"诸山夷曰獠子，任（妊）七月生。生时必临水，儿出便投水中，浮则取养之，沉乃弃之"。① 也就是西晋张华《博物志》卷2的记载："荆州极西南界至蜀郡，诸山夷名曰獠子。妇人妊娠七月而产。临水生儿，便置水中，浮则收养之，沉便弃之，然千百多浮。"上古越人临水而生，入水试儿，记载阙如，他们的后人"獠"人晋、南北朝时葆有此一习俗，不是空穴来风，凭空而来。今桂西的壮族说起刚降生的儿女，也说是挑水时从水里捡回来的。② 此不能不说是有其缘由。

壮傣群体越人在母权制尚未充分发育的时候，父权制就过早成熟了。在母权制势力还十分强大的情况下，男子为了夺得子女的控驭权，实行产翁制。产翁制流行之时，产妇产后三天就须出月，下地操持家内家外劳动，服侍在床上护理婴儿的丈夫。此时，她就得入水浴身。所以，不论是"越妇"还是"獠妇"，不论是傣妇还是壮妇，产后"经三日，必澡身于溪河"。③ 溪河水，清澈宜人，涤去产妇身上的污秽，结束了坐月的日子，爽然地重新步入劳作的人世间。

岭南越人，男女、父子同川而浴，一直为《汉书》及其后的汉族文人津津乐道。④ 时至清朝，虽然在汉族儒家文化长时期的潜移默化下，岭南越人后人风俗已经非复旧观，但是在偏僻地区的越人后人仍然多存遗迹。顾炎武《天下郡国利病书》卷104《广东八》载琼、儋诸州的"熟黎"即今俗称的"临高人"妇人浴于江河时，"无裤襦（短裤），但（只）系裙数重，制四围合缝，以足穿而系之。群浴于川，先去上衣自濯（zhuó，洗涤），乃濯足，渐升其裙至顶，以身串入水。浴已，则复自顶而下，身亦出水"。吴震方康熙《岭南杂记》卷上也载："自肇（庆）至梧（州），路属粤西，即有蛮彝之习。妇人四月即入水浴，至九月方止。不避客舟，男女时亦相杂，古所谓男女同浴于川也。""浴时或触其私，不忌，惟触其乳，则怒相击杀，以为此乃妇道所分，故极重之"。云南傣族也是如此："男女皆浴于河"；⑤ "居喜近水，男女皆祖浴于河。妇人谨护两乳，谓此非父母所生，乃天地所赐，不宜人见也"。⑥ 一些壮群体越人的后人如同傣群体越人的后人，迄于清朝不改壮傣群体越人男女、父子同川而浴的习俗，说明历史上他们甚为重视浴水长大、浴水壮老的信条。其中，不论是岭南壮群体越人的后人还是西南边疆傣群体越人的后人，浴时，妇女特别注意保护其胸部，认为这是"妇道所分"或"乃天地所赐"，可知这是源

---

① 《太平御览》卷360《孕》引。
② 丘振声：《壮族图腾考》，广西教育出版社1996年版，第388页。
③ 《太平广记》卷483《獠妇》引《南楚新闻》；《云南志略·诸夷风俗》；（清）郑颙：景泰《云南图经志书》卷3；《子不语》卷21《产公》。
④ 《汉书》卷27中之下《五行志》；卷64《贾捐之传》。
⑤ （清）李熙龄：道光《普洱府志》卷18。
⑥ （清）陈宗海：光绪《腾越厅志稿》卷15。

起于壮傣群体越人时代的观念，历经数千年的历史沧桑，仍然不变。

至于人死后，买水浴尸让死者洁身仙去，壮傣群体越人的后人更是恪遵而不改。清朝，傣族人死了，"为尸浴于河岸两次"①，而壮群体越人的后人不论是广东的还是广西的，在清末至民国年间都普遍葆有人死买水浴尸的习俗。吴震方《岭南杂记》卷上载："惠州人死未殓，亲人至江浒望水号哭，投钱于水，汲而归，浴以殓。此亦蛮风。"所谓"蛮风"，就是壮群体越人传承下来的习俗。

民国广东《清远县志·风俗》载："粤俗亲死，子孙结队出户至滨河所，投钱水中，跪取盆水为死者浣濯，谓之买水，非是则群以为不孝。亲丧之初，停尸在堂，弃而不顾，鼓乐前导，忍乎哉！宋周去非《岭外代答》已讥买水浴尸之非，此风由来已久。""谨按：宋范成大《桂海虞衡志》云：蛮俗亲死，披发持缶哭水滨，掷铜钱于水，汲归浴尸，谓之买水。知此为蛮夷陋俗。故《番禺续志》谓买水而省（省去），洵（实在）为正论（正确的行为准则），但习俗相沿，难于遽（jù，就）革（革除）矣。"

不仅如此，浙江富阳市董仁清先生告知，他今年70岁，他的祖父、父亲去世时，还是习俗相沿"买水浴尸"。富阳市今属杭州市，往昔是越国立根之址，虽然其居民早已趋汉变化，但是他们中一些地方的一些社群仍然如同广东等地的已经趋汉变化了的越人后人一样，先人越人习俗薪尽火传，时至20世纪50年代仍一代代地传承着，说明越人故俗的凝固性。

临水而生，入水试儿，澡身出月，浴水长大，沐水老去，买水浴尸，而且扁舟竞渡祭水神，说明自古越人即以水神为崇拜的主神。唐朝著名词人温庭筠《河渎神三》词称："铜鼓赛神来，满庭幡盖徘徊。水村江浦过风雷，楚山如画烟开。"这道出了无论岭南岭北，赛起水神来，头人巫师各显能，男女老幼齐上阵，扁舟竞渡行礼仪，场面何共壮阔、盛大、热烈，笼罩着恳挚、虔诚的氛围。

唐朝白居易《送客春游岭南二十韵》句说"牙樯迎海舶，铜鼓赛江神"②，稍后的许浑《送客南归有怀》诗也称"瓦尊迎海客，铜鼓赛江神"③，似乎"铜鼓赛江神"成了唐代岭南壮群体越人的后人时兴的通语。"赛江神"，就是同一时期柳州刺史柳宗元《柳州峒氓》诗说的壮群体越人其后人的"鸡骨占年拜水神"④。祭水神，除了越巫、铜鼓、蛮歌外，还要香酒、肥猪、壮犬，甚至"獭祭"⑤，极其严肃而隆重。此一传统习俗由于儒家文化的影响、整合，岭南地区各地残存已经不多，在西南边疆的傣族，20世纪50年代以前在修理水沟完工之后，"开水"必须杀鸡宰猪举行祭水神仪式，诵念祷词，求告水神风调雨顺，在沟渠里均匀流淌，使庄稼繁茂苗壮，有个好年成。⑥

---

① （清）王崧：道光《云南通志》卷183。
② 《全唐诗》卷440。
③ 《全唐诗》卷530。
④ 《柳河东集》卷42。
⑤ （唐）李商隐："户尽悬秦网，家多事越巫。未曾容獭祭，只是从猪都"［《异俗二首》其二，（清）汪森《粤西诗载》卷10］；（五代）孙光宪："铜鼓杂蛮歌，南人祈赛多"（《菩萨蛮》，《唐宋诸贤绝妙词选》卷1）；（元）陈孚："鹿酒香浓犬彘肥，黄茅冈上纸钱飞。一声鼓绝长枪立，又是蛮巫祭鬼归"［《思明州五首》其三，（清）汪森《粤西诗载》卷22］。
⑥ 胡绍华：《傣族风俗志》，中央民族大学出版社1995年版，第176页。

（三）大树崇拜

"老龙昔未蜕，尝蛰此山中。霖雨（连绵大雨）春畴足，风云夜壑空。两崖高下倚，一径往来通。不愿千金剂（千金的贵药），惟祈百谷丰。"①"不愿千金剂，惟祈百谷丰"，这是壮傣群体越人进入农耕社会以后的焦点所在。所以，雨多雨少，是否风调雨顺，牵动着壮傣群体越人的心。"雷塘庙，在柳州府雷山两崖，雷水出焉。能兴云气作雷雨，邑人因依塘立庙，祷之辄应。唐柳宗元有祷雨文。"② 屈大均《广东新语》卷6《龙母》也载，龙母"墓之南有山，天将雨，云气必先群山而出。树木阴翳，有数百年古木，人不敢伐，以夫人有神灵其间"。"古木参天不知数，但见白云终日护苍萝。"③ "能兴云气作雷雨"指的是茂密的森林，不是"塘"或"墓"。古代，岭南地区"下马度嵌嵌（yīn yín，高山），千溪复万林"④。"阴森野葛交蔽日"⑤，"岭树重遮千里目"⑥。"一条溪不断，数里竹方通。"⑦ "幽村碧树芳"⑧，"乔木尽参天"⑨。"林幽巧近城"，"烟容随雨住"⑩。林木众多，而且林木与"烟容"与"雨"结下了不解的姻缘，这就是林木能"兴云气作雷雨"，雨止林中"烟容"消失。壮傣群体越人目睹其事，认知其事。何况，林木丰茂之处，地上湿润，溪水常流，潺潺不息，善能蓄水，保住水源。这就让他们滋生、铸就了雨水因树林而来、神异因树林而就的意识、观念，从而将树林人格化、超自然化，形成了对之虔诚崇拜、恳切祷告的习俗。

对越人崇拜树林，崇拜大树，汉文记载最早见于西晋周处的《风土记》：

越俗性率朴，意亲好合，即脱头上巾，解要（腰）五尺刀以与之，为交拜，亲跪定交。

有礼俗，皆于山间大树下封土为坛，祭以白犬一，丹鸡一，鸡子（鸡蛋）三，名曰木下鸡犬五。其坛地，人畏不敢犯也。祝曰："卿乘车我戴笠，日后相逢下车揖；我虽步行卿乘马，后日相逢卿当下。"⑪

"有礼俗，皆于山间大树下封土为坛"，以及"其坛地，人畏不敢犯也"二句，道出了越人对树林、对大树的敬畏和崇拜，有事即以大树做证，向之祷告。《古今图书集成·方舆汇编·职方典》卷1415《庆远府风俗考》载"凡山中六七老树交阴之地，谓之天神

---

① （宋）李曾伯：《淳祐庚戌（1250年）因劝农来白龙洞得四十字》，（清）汪森《粤西诗载》卷10。
② 《古今图书集成·方舆汇编·职方典》卷1410《柳州府祠庙考》。
③ （明）关与张：《题上林春色卷》，（清）汪森《粤西诗载》卷9。
④ （明）刘嵩：《下马》，（清）汪森《粤西诗载》卷11。
⑤ （唐）柳宗元：《寄韦珩》，《柳河东集》卷42。
⑥ （唐）柳宗元：《登柳州城楼寄漳汀封连四州》，《柳河东集》卷42。
⑦ （宋）刘克庄：《清惠庙》，（清）汪森《粤西诗载》卷10。
⑧ （宋）李纲：《容南道中》，（清）汪森《粤西诗载》卷10。
⑨ （明）蓝智：《河池县险路》，（清）汪森《粤西诗载》卷4。
⑩ （宋）张栻：《桂林路中作》，（清）汪森《粤西诗载》卷10。
⑪ 《太平御览》卷406《叙交友》引。

庙，土人不斋洁不敢入"，不仅与周处《风土记》的记载接上茬，而且表明在一千多年历史风雨无情的冲击下，虽时去势迁，但壮傣群体越人的后人们对先人传承下来的意识、观念、习俗信之犹笃，仍然恪遵不易。

柳州的"雷塘庙"建于何时，不清楚，反正唐代已经存在。"龙母"原称"温媪"，即温婆，见于南朝宋沈怀远《南越志》的记载。① 据说，她是秦始皇时代的人，养了一只像壁虎一样的动物。她死了，那动物在河里掀起波浪，推来泥沙，给立了个墓。本来，"温媪墓"所在，雨来是凭借墓的南山"树木阴翳，有数百年古木"，但是，时去日来，随着汉族"龙主水"观念的传入并为壮群体越人的后人所接受。"温媪"成了"龙母"，也成了主水的神灵。这就是唐朝李绅诗句说的："风水多虞祝媪龙。"② "虞祝"，就是祭祀祷告。此后，岭南各地都纷纷建起"龙母庙"，即便像宜州（治今广西宜州市）那样偏僻的地方，据南宋王象之《舆地纪胜》卷122《宜州》载，在城南5里及城东15里的地方都各建了一个"龙母庙"，可见"温媪"转为"龙母"后，壮族及其先人对她的降水、抑水能力的崇仰和信赖。时光流逝，习俗传承，在壮群体越人的后人中，"龙母热"不仅依然如故，而且信之益笃，敬之益虔。光绪《德庆州志》载，德庆州（治今广东德庆县）以五月八日为"龙母诞"，"帆樯、舸舰往来于悦城水口者鳞集，赛祝，醵金演戏，岁以为常"。民国《顺德县志》也载，该县的"龙母庙，尤著灵应。乡人往祷者刑（杀）牲献醴，焚燎如云"。

"温媪"变"龙母"，"龙母"主水，其实是源自壮傣群体越人观念里的"树木"主水而来。祀"龙母"，实际就是祀"树木"。

历史上，岭南有两种特殊的树种，一是木棉，二是大叶小叶榕树。明末清初广东学者屈大均说，木棉，"其树易长，故多合抱之干；其材不可用，故少斧斤之伤；而又鬼神之所栖，风水之所藉，以故维乔最多，与榕等"。③ "榕，叶甚茂，柯条节节如藤垂，其干及三人围抱，则枝上生根，连绵拂地。得土石之力，根又生枝，如此数四，枝干互相联属，无上下皆成连理。其始也，根之所生如千百垂丝，久则千百者合而为一，或二或三，一一至地，如栋柱互相撑抵，望之有若大厦，直者为门，曲者为窗牖，玲珑四达，人因目之曰榕厦。其根下蟠（盘曲）者，剔去土石，又往往若岩洞，容十许人。其树可以倒插，以枝为根，复以根为枝，故一名倒生树。"④ "兰根出土常斜挂，榕树成门却倒生"。⑤ "榕，容也，常为大厦以容人，能庇风雨。"⑥ 在壮群体越人心目中，榕，不论是大叶榕树还是小叶榕树，占据很重要的位置。此后，他们眼见树林"能兴云气作雷雨"，又意想认为大树为"鬼神所栖，风水所藉"，树林或大树便渐渐成为一个村子或一个地方的守护神，成

---

① （宋）乐史：《太平寰宇记》卷164《康州》引。

② （清）屈大均：《广东新语》卷6《龙母》引。

③ （清）屈大均：《广东新语》卷25《木棉》。

④ （清）屈大均：《广东新语》卷25《榕》。

⑤ （明）杨基：《桂林即兴》，（清）汪森《粤西诗载》卷15。往日，桂林榕湖北岸有古城门，相传为唐代李靖所建。城上原有古榕一株，元明之交，榕树根跨门，盘错至地，来往行人车马，如从榕根进出，故称"榕树门"。桂林城，因之另称为"榕城"。

⑥ （清）屈大均：《广东新语》卷25《榕》。

了他们安身立命、社会繁荣的所在。唐朝项斯《蛮家》诗称"醉后眠神树,耕时语瘴烟",① 此"神树",就是壮群体越人的后人所住地方的守护神。

据记载,清朝至民国初年,"僰彝"(傣族先称),"每村置树以为神"。② 壮族及其先人的观念由树木主水变成龙主水以后,传统的大树如榕树等也"龙"化了。比如,刘德新等《新编文山风物志》载:

> 文山的榕树很多,仅百年以上者就有百余株。其中,300 年以上者仍存活 30 余株。西畴县鸡街乡摩所村有一株大榕树,树冠覆盖土地面为 3 亩。……一树之下,可容千人。干上生气根,下垂入地,粗者数百,细者数千。壮族将榕树视为"神树",称"龙树"。③

当然质本系木,谓"龙"谓"木",都无碍于其作为村子守护神的实质。1991 年,我们到广西平果县旧城镇做田野调查。旧城墟,明代中期是壮族著名土官思恩府知府、广西都指挥使岑瑛初期府治所在,死后其规模宏大的陵墓也落于该地。进入旧城墟墟尾的局爽村,顶头就是一株树叶婆娑、荫覆一亩多的小叶榕树(壮语谓为"古离")。树根处是座小庙,神台上写明供奉神主:古离大木神之位。显然,此株大树是局爽村的守护神。

屹立村头的大树成了村子的守护神,每年村里的群体在农历二月或三月都要集资杀鸡宰猪进行祭祀以感谢和求告。云南东南部壮族的祭龙,还分大祭和小祭。小祭杀鸡杀猪,大祭要宰牛。④

古代及近代,壮群体越人及其后人的村寨,村后或其旁都有一片树林,称为"神林"或"龙林"。林内高竹乱藤,树木参天,被村人视为神圣,奉为村子的守护神。平日,村上男人不得随便入林,小孩、女婿、媳妇及外村人更不能靠近林边。林中,在几株大树交荫的地方支上三块石板,即为林中神灵所在。此犹如《古今图书集成·方舆汇编·职方典》卷 1415《庆远府风俗考》记载的"凡山中六七老树交荫之地,谓之天神庙,土人不斋洁不敢入"一样。每年春天农历二、三月,在村寨首领的召集下,各户集资,并户出一个男人到林神所在进行祭祀、祷告,保佑村子平安兴旺。此片林子,既忌外村人,也忌已为村寨成员的入赘女婿、媳妇,显然是源生于原始社会父权制确立之后。南宋周去非《岭外代答》卷 10《家鬼》记载的"家鬼香火堂","新妇升厅,一拜家鬼之后,竟不敢至厅,云:傥至,则家鬼必击杀之!"这就是没把女婿、媳妇当作家中的成员,没将从外村嫁来的女婿、媳妇视为村寨守护神保护的对象。

到了近现代,由于壮群体越人的后人其意识观念的变化,广东、广西的"神林"大都已经损毁迹灭,可在桂西及滇东南的偏僻壮族山村,仍依稀可见村后或其旁树林的存在。1991 年,我们到云南麻栗坡县马街乡高城子做田野调查。该村坐落在一个峡谷的半

---

① (清)汪森:《粤西诗载》卷 10。
② (清)范承勋:康熙《云南通志》卷 27。
③ 刘德荣等:《新编文山风物志》,云南人民出版社 2000 年版,第 227 页。
④ 同上书,第 91 页。

山腰上，村后及左旁有一大片树林。我们询及神林，村人顿时神情凝重，不愿多说；请求入林看看，却因我们是外来人，遭到好言婉拒。

（四）水田崇拜

壮傣群体越人是个稻作民族群体，水稻的收成是赖以生活、生存的基本条件。人们一年辛勤劳作，"不愿千金剂，惟祈百谷丰"，① 田不承水，说不上年成；水旱水涝，也说不上年成；田多害虫，更说不上好年成。在壮傣群体越人的观念里，驱旱魔、赶涝鬼、撵虫怪，只要水田的神灵能体恤人之所需，人之所望，其力量是能办到的，从而将水田人格化，超自然化，对之崇拜，感谢和求告。这就是壮傣群体越人对水田的崇拜。

道光《云南通志》卷183引《临安府志》载，"梗夷"（傣族先称）"以六月属蛇日为节，十月属蛇日为年。至期搭棚以敬天祭祖，长幼皆严肃，无敢哗者"。六月属蛇日是什么节日？张自明民国云南《马关县志》卷2载，侬人（壮族一个支系）"以废历（农历）六月初一日为岁首，染五色饭，椎牛祀神"。壮族要么以正月为岁首，要么袭原秦历以十月为岁首，六月时届年中，怎会是岁首？无疑是撰者记误了。

张邵振康熙广西《上林县志》卷上载："六月六日，为青苗会，祀田公田母，以祈年。"六月，正是稻禾栽下迅速成长的时候，"祈有年"，就是祭祀田公田母祈求稻禾苗壮成长，溉水常有，旱涝无缘，虫类无害，保得好年成。"祈有年"，这是专一稻作的壮傣群体越人及其后人一切活动的归结点。所以，宋朝邹浩《仙宫庙》诗有壮群体越人的后人举行歌墟男女月夜互诉衷肠"常能助岁功"的咏叹；②《古今图书集成·方舆汇编·职方典》卷1448《太平府风俗考》也有"三月男女唱歌，互相答和，以兆丰年"的记载。六月六日祀田公田母，就是祭祀水田。水田，是壮群体越人的后人唯一的业种的土地，唯一的可以企盼的生活物资之源，或称为田公田母，或称为田公田婆，或称为田祖。祭祀水田，就是感谢水田神往年的施恩，求告水田神，保佑青苗旺盛成长，无灾无难，结上硕果，让人有个好年成。因此，不论傣族的以六月蛇日为节，还是依人在六月初一日以五色糯米饭及杀牛祀神，都是祭祀田神的节日。

壮群体越人及其后人"只看山花为岁历"，③ "观禽兽之产识春秋之气，占薯芋之熟纪天文之岁"，④ 以稻熟完场为年，这就是北宋初年乐史《太平寰宇记》卷163《窦州风俗》记载的"谷熟时里闬同取戌日为腊"。六月，稻禾还处于青苗阶段，自然不是"年"，不是下一年的"岁首"。

六月六日，是田公田母节，也称为田祖节或田魂节，这是源于壮傣群体越人时代而后传承下来的隆重而古老的祭祀水田的节日。

周世德光绪《上林县志·风俗》载："六月六日为青苗会，各乡延巫诣管苗庙祀田公、田母，以祈有年，谓之调庙。"朱昌奎民国《宾阳县志·风俗》载："六月六日为'天贶节'，各家祀先祖以前，各乡村有祀田祖之举，现犹未尽革。""田祖"，也就是田公

---

① （宋）李曾伯：《淳祐庚戌，因劝农来白龙洞得四十字》，（清）汪森《粤西诗载》卷10。
② （清）汪森：《粤西诗载》卷13。
③ （明）王一岳：《上林吏隐歌》，（清）汪森《粤西诗载》卷9。
④ （宋）乐史：《太平寰宇记》卷169《儋州风俗》。

田母的异称。"天贶节"，是宋真宗规定的节日。《宋史》卷 8《真宗纪三》载，大中祥符四年（1011 年），宋真宗"诏以六月六日天书再降日为天贶节"。宋以后没有此一节日了。"天贶节"就是感谢老天爷恩赐的节日，当是祀天，但是民国之前宾阳县群众却是祀田祖，上苍下地，互不搭边，六月六日显然不是什么"天贶节"。又曾瓶山等民国《同正县志·风俗》载："六月六日为农家节，业农者多做米粉，染黄姜，煮熟鸡、豚（tún，猪）以供田神，又砍取芦苇插于田禾中，意取高与之齐。"广西大新县壮族谓"六月六"为"莫那"（田魂）节，凭祥市等地谓为"昆那"（水田生日）节，都要宰猪杀鸡祀田神。武鸣等地则谓六月六为"礼田节"，农家要到田头去祭土地神以报"土德"。桂西北各地，六月六日各家各户到田头杀鸡，烧纸钱，插小白旗祭拜田神。广东连山壮族六月六日以酒、糍粑"bai² kjau³ na²"（拜田头），祈求田祖保佑禾苗健壮，不着虫害，稻谷丰登。贵州布依族在六月六日这一天要祭田神。大清早，家家户户就忙着打糍粑，杀鸡并加上一二斤猪肉拿到自家耕种的一块最大的田头去祭祀。有的村寨还要举行"扫田坝"仪式。所谓"扫田坝"，就是各家各户用白纸做成三角旗扎在细竹竿上插在自家田块的边上，有多少块田做多少白纸三角旗。同时，大伙集资买一头猪杀了祭祀村寨中央的土地神庙。祭祀时，请来的巫师穿上道袍，后面跟着四个举大黄幡、敲锣的中年男子走向田坝。巫师边走边摇手中的铃铛，口中念念有词，驱旱魔、赶涝鬼、吓虫怪，以保证谷物无灾无难，取得好年成。巡完田坝，祭祀结束，大家进行欢饔。[①]

六月六日，正是禾苗盛长的时候，人们祭田祖，实际就是祈求田祖保佑禾苗能够风雨顺节，不缺水，不受涝，不遭虫，苗壮成长，结硕果，谷丰登。同正县（在今广西扶绥县北部）壮族在祭祀田祖时，"又砍取芦苇插于田禾中，意取（苗）高与之齐"，活现了此一企盼。所以，六月六日，又称为"青苗会"。

六月六日，祀田祖，是壮傣群体越人心力专注所在，因此秦始皇时代是十月岁首，六月大节。感谢田祖，祈求田祖，是壮傣群体越人的心理需求。传承下来，其后人绍述祖志，不改祖风。即便是已经趋汉变化了的粤省桂东的壮群体越人的后人，虽然在汉族文化的整合下意识观念有所改变，但是许多地方的人们仍存留着对土地神的敬奉崇仰。比如，民国《始兴县志》载："六月六日，乡曲迎土神，俗名扛亚公。""扛亚公"，就是抬着土地公巡行。嘉庆《翁源县新志》载："六月六日，迎詹（占卜）神报赛。比户（户户）联社分羹劝酒，醉后送神，金鼓喧闻（阗），递相接祀。""递相接祀"，就是你祭了我来祭，送土地神巡行。道光《遂溪县志》、光绪《吴川县志》、民国《海康县志》等记载"六月六日祀社"。汉族的社坛，春、秋二祭，哪来的"六月六日"祭社，此"社"舍土地神、"田神"，尚有其谁？所以民国《增城县志》载："六月新谷既登，必预筮（占卦）日，宰牲炊黍，以祀祖先、田祖。"

广东曲江县"六月六日，乡民宰牲、榨粉，迎神作乐，以庆禾嫁初登"，[②] 这是早稻收割时庆年成而祀田神。"阴历六月六日为天贶节，俗名'禾斋'。（县内）扶溪、长江、

[①] 汎河：《布依族风俗志》，中央民族学院出版社 1987 年版，第 81—82 页。

[②] 康熙《重修曲江县志》。

城口、县均迎神赛会，演戏出游。"① "天贶节"行于宋朝，与民国时期仁化县的居民无涉。因此，仁化县的群众称六月六日为"禾斋"，"禾斋"就是敬献、供奉"禾神"。这就如同康熙《上林县志》所说的六月六日田公田母节也谓为"青苗会"一样，禾长在田里，供祠禾神也就是供祠田神。

历史发展，根源于一的习俗，各地也多变化。道光广东《广宁县志》及民国《阳江县志》载："六月，村落建小棚，延巫者歌舞其上，名曰跳禾楼，用以祈年。"所谓"六月跳禾楼"，也是六月祀田神的一种形式。

南越国时期，傣群体越人分化南走西去，沧海桑田，自多变化，南宋以后又有了自己的历法，进入明朝中期又接受了佛教，但是沧海虽已变，祀田仍可见祖风。比如，西双版纳傣族谓祭田祖为"祭水田鬼"，每年要举行两次。第一次在插秧前，在田间临时搭一个窝棚，供上4对蜡条、几片槟榔叶和一团糯米饭。祭后，便可以犁田、撒秧、插秧。第二次在收割时节。收割开始，先将割下的第一把稻谷供在窝棚内，并供上糯米饭，鸡蛋、鱼各一及一壶酒。收割完毕，将供品拿回家放在谷仓里三天，祭祀方告结束。②

祭礼不丰，祭田的旨趣还在。而在宋朝及其前，壮傣群体越人及其后人对田祖的祭祀却是非常隆重的。《太平御览》卷786《乌浒》引三国万震《南州异物志》载："奉（春）月方（祭）田，尤好出索人，贪得之以祭田神也。"南北朝时，北齐魏收《魏书》载，"獠"人，"其俗畏鬼神，尤尚淫祀。所杀之人，美须髯者，剥其面皮，笼之于竹，及燥号曰鬼鼓，舞祀之，以求福也"。③ 其中虽没有提及"猎人"以祀田神一事，但"舞祀之以求福也"，似也包括祀田神一事在内了。又《太平寰宇记》卷158《藤州》引唐朝刘之推《郡国志》载："方于农时，猎人以祀田神。"这些记载都说明壮傣群体越人及其后人极为重视对田神的祭祀，宋朝及其前每届祭祀田祖的时候，往往猎人以祭。因此，雍熙二年（985年）闰九月二十四日，宋太宗即下诏禁止岭南邕、容、桂、广诸州"杀人以祭鬼"。④ 自此以后，壮群体越人的后人以人祭鬼渐行渐少以至消失。不过，广西德保县等地壮族在接受中原汉族社神即土地神的观念以后，建了土地庙，以农历二月初二日春社为"土地公诞日"，八月初二日秋社为"土地婆诞日"，祭要杀猪，即先将猪以木架挟成直立人字形，再杀于土地庙前。此种情况不由人不想起历史上以人祀田祖的情景。⑤

中原有社，社神就是土地神。社、祀社，传入岭南地区或在唐宋及其后。南宋王象之《舆地纪胜》卷115《宾州》载："罗奉岭去城七里，春、秋二社士女毕集，男女未婚嫁者以诗歌相应和，自择配偶。"这说明，中原汉族春、秋二社的概念已经为宾州壮群体越人后人所接受，可是他们却不是如同中原汉族那样在社日集资市酒杀猪宰羊祭祀社神然后饱餐让"家家扶得醉人归"，⑥ 而是践行聚会作歌遴选情侣以助年成的礼仪。400多年后

---

① 民国《仁化县志》。
② 胡绍华：《傣族风俗志》，中央民族大学出版社1995年版，第178—179页。
③ 《太平御览》卷796《獠》引。
④ 《宋会要辑稿·刑法二之三》。
⑤ 王时阶：《壮族民间宗教文化》，民族出版社2004年版，第57—58页。
⑥ （唐）王驾：《社日》诗。

的清朝初年，桂西及云南东南、贵州南部的壮族、布依族有些社区还没有春、秋二社的概念，而许多社区则仍如宋朝的时候宾州的情况，在春、秋二社聚会作歌、倚歌择配。比如《古今图书集成·方舆汇编·职方典》卷1415《庆远府风俗考》载"时节社日，男女答歌苟合"，即是如此。同时，各地在接其形时，其质又多异样。比如，下雷州（治今广西大新县下雷）"土地公又称福德祠，几乎每个村在村头都盖有土地公和土地婆小庙。人们认为，他们是本地最早的居民，死后为神，是村民的祖宗"。同时，"每屯又于田地之中"建神农庙。"村民求它保护丰收，免遭水旱虫灾的侵袭。"① 显然，"神农庙"是土地庙，名为土地公、土地婆的小庙却是"村鬼庙"或"族鬼庙"。又如，平果县旧城墟墟尾局爽村的"土地庙"，供奉的神灵是"古离大木神之位"，也是将大树崇拜乖错为土地崇拜了。广西来宾县水落村的"社公"，是长80厘米、直径30厘米、顶部呈龟背形似男性生殖器的条状石块。每年农历二月初二社日，村民杀猪杀鸡祭祀，这也似是冬烘先生，错认颜标作鲁公。②

（五）谷神崇拜

傣族有"叫谷魂""祭谷神"的习俗，每年都要对谷神举行庄重的供祭，进行感谢和求告。比如，云南德宏地区的傣族对"谷神"供祭时，由上年纪的老人诵读的《祭谷神祠》称："我双手举竹碟，我低头顶供品，要献给人类的依存者，献给伟大的谷神。谷神啊，你创造了幸福的种子。……你的恩情胜过顶天柱……人类生灵有了依靠。因为有了你，我们才有了吃的；因为有了你，我们才有供品。请记上，我们每天的虔诚祈祷；请记上，我们的真心拜祭。"③"谷神啊，你创造了幸福的种子"，"人类生灵有了依靠"，"我们才有了吃的"。这是肺腑之言，心声的直白，质朴无华而情真意切。同时，傣族中流传的古代歌谣也赞颂谷神说："你是主，你是王，生命靠着你，人类靠着你。"④ 这同样是心声形成的歌谣，洋溢着古今傣族人民对谷神感恩的情怀。

壮群体越人及其后人的意识、观念和习俗，一如傣群体越人的后人傣族，以稻谷为贵，以稻谷为尊，崇拜谷神。此种雷同，说明对稻谷的崇拜，早在壮傣群体越人时代就已经形成意识，形成观念，成为习俗。习俗传承，不论是在壮群体越人及其后人中，还是在傣群体越人及其后人中，都以稻谷为王，崇拜稻谷。此可从流传于壮群体越人的后人及傣群体越人的后人与其生产和生活的两种惯行习俗中得到说明。

此两种惯行习俗，一是生产上稻作不施肥，二是生活上不食隔宿粮。

稻作，有收无收在于水，收多收少在于肥。施肥是稻作农业中一项重要措施，可西双版纳的傣族在20世纪50年代以前种田却不施放肥料。原因就是他们认为谷神圣洁，粪尿等是人及牛、猪等动物排泄的污秽之物，用粪尿来施肥，会污染稻谷，触犯神灵。而在20世纪50年代以前，西双版纳气温高，自然条件优越，可供垦为水田的土地多，而且人口少，一年收成常可供两三年食用，不需为亩产发愁。同时，傣族的稻作习惯是割取禾穗

---

① 《广西壮族社会历史调查》第四册，广西民族出版社1987年版，第182页。
② 郑超雄：《壮族审美意识探源》，广西人民出版社1991年版，第149—150页。
③ 胡绍华：《傣族风俗志》，中央民族大学出版社1995年版，第177页。
④ 岩温扁译：《论傣族诗歌》，《论寨神勐神的由来》，中国民间文艺出版社1981年版，第113页。

留着禾秆在田里，这就是郑颙景泰《云南图经志书》卷3记载的收割时"止刈其穗，以长竿悬之"。禾秆沤烂在田里，也肥了田。何况，他们种的是单季稻，谷种不耐肥，也无须担心稻田肥料的不足。此就如同岭南壮群体越人的后人与其古代的情况一样。

南宋周去非《岭外代答》卷3《惰农》载："深广旷土弥望，田家所耕，百之一尔。必水泉冬夏常注之地然后为田，苟肤寸（略为）高仰，共弃而不顾。其耕也，仅取破块，不复深易，乃就田点种，更不移秧。既种之后，旱不求水，涝不疏决，既无粪壤，又不耔耘（耘田除草），一任于天。"时至明代，情况一仍如此。王士性《广志绎》卷5载，"平原旷野，一望数十里不种颗粒。壮人所种，止山衡水田，十之一二耳。"到了清朝，雍正二年（1724年）署理广西巡抚的韩良辅仍奏言，"广西土旷人稀，多弃地"。民"但取滨江及山水自然之利"。① 而其耕作，仍是不施粪肥。所以，《古今图书集成·方舆汇编·职方典》卷1433《梧州府风俗考》载容县，"春分方犁田，夏月方种，田少用粪土，罕种早稻。收获，群妇女而出，率以手掐掇其穗而弃其管，以便束敛"。种田不用或少用粪土，这是壮群体越人及其后人古代传承的稻作方式，也是傣群体越人及其后人古代传承的稻作方式，共同传承于壮傣群体越人时代的意识、观念和习俗，可说是千年不变，一仍其旧，其根源就是视稻谷为圣洁，不愿以粪土污秽圣洁的谷神。

同样，壮群体越人的后人在古代如同傣群体越人的后人傣族一样生活上传承的"不食隔宿粮"习俗，也可说明壮傣群体越人的后人古代有着崇拜谷神的信仰。

"西双版纳傣族有不食隔夜米的习俗，故每天凌晨家庭主妇便要早早起来，在竹楼底层用脚踏木碓舂米。每天舂米一次，仅够全家当天食用。"② 行"不食隔宿粮"习俗，在傣族这是自古有之的。郑颙景泰《云南图经志书》卷3载，"百夷"（傣族先称）收割时"止刈其穗，以长竿悬之，逐日取穗舂之为米，炊以自给"。景泰《云南图经志书》卷4也载，景东府（治今云南景东县）"白夷"（傣族先称）"以其（指收割的稻）穗悬于（干栏）横木之上，日舂造饭，以竹盛之"。

壮群体越人的后人，也传承着"不食隔宿粮"的习俗。南宋周去非《岭外代答》卷4《桩堂》载：

> 静江（治今广西桂林市）民间获禾，取禾心一茎藁，连穗收之，谓之清冷禾。屋角为大木槽，将食时，取禾桩于槽中，其声如僧寺之木鱼，女伴以意运杵成音韵，名曰桩堂。每旦及日仄，则桩堂之声四闻可听。

由"每旦及日仄，则桩堂之声四闻可听"一语，可知壮群体越人的后人其舂谷成米的时间。而"将食时，取禾桩于槽中"，则清楚他们是现舂现煮，不食隔宿粮。《古今图书集成·方舆汇编·职方典》卷1421《思恩府风俗考》载，壮族"家无积粮，晨兴杵声喧里巷，止足一日之需"，挑明了时至清初，壮族仍传承着不食隔宿粮的习俗。不仅如此，雍正七年（1729年）夏冶源到师宗州（治今云南师宗县）十三槽沙人（壮族一支

---

① 赵尔巽：《清史稿》卷299《韩良辅传》。
② 胡绍华：《傣族风俗志》，中央民族大学出版社1995年版，第53页。

系）地区，所写的《入槽杂咏》10首中称："铁谷唇宽肚最长，分蒸不用隔宿粮。五更鸡鸣邻舂动，处处家家为口忙。"① 民国《广南县志》也载，广南县侬人（壮族一支系）"每日夜半鸡鸣时，农妇即起床舂米，不明而止，比户（家家户户）皆然。碓声隆隆，扰人清梦，而所舂者只是本日之食，次日复然，甚少间断"。这些记载，说明壮群体越人的后人壮族迄于清朝雍正至民国年间仍然传承着"不食隔宿粮"此一习俗，即便黎明清冷，为了一家一日之食，主妇们半夜爬起，也在所不辞。

壮族如此，同为壮群体越人后人的布依族也是如此。清朝康熙时入仕的陆次云，其《峒溪纤志》载"八番（布依族先称之一）之蛮，每临炊始舂稻，谓不得宿舂，宿舂则头痛"，② 明白地写明了布依族此一传承于先人的习俗。

壮傣群体越人为什么在收割时"取禾心一茎藁，连穗收之"？为什么"不食隔宿粮"？这就是因为在他们观念里认为稻穗以稻禾养之，舂了稻穗成了白米，谷魂或谷神就不存在了，为了持续保存谷魂、谷神，不让白米因无谷魂、谷神保护易于腐烂，就要临炊而舂。这是因尊谷魂、崇拜谷神而形成的习俗。

谷以魂为重，谷以神为王，壮傣群体越人崇尚谷魂，认为它是稻谷的保护神，因而崇拜谷神。习俗传承，迄于清末民初，不论是壮族、布依族还是傣族，许多社区仍然在生产上保留稻作不施肥和在生活上不食隔宿粮，可知他们崇拜谷神信仰的虔诚。

（六）石崇拜

"蛮人迷信最深，凡天然可惊可怖之物，无不信以为神，竞相膜拜，即平常如桥梁、道路、大树、河流、石头种种，亦时见香烟缭绕，相率跪祷。"③ 河流不是神，水流成河，神者为水神；桥梁、道路也不是神，只是人犯鬼了，要祈鬼，巫师指定在某座桥或道路的某个地方进行供祭而已。而大树和石头，却是壮群体越人的后人崇拜的自然物。

道光广东《新宁县志》载：

> 粤俗尚鬼，十家之里必有淫祠庙观。每有事，辄求珓求签，以卜休咎（吉凶），信之惟谨。寻常有病，则以酒食置竹箕上，当门巷而祭，曰"设鬼"，亦曰"抛撒"。师巫咒水书符，刻无暇晷（没稍闲之时）。甚至遇一顽石，辄指为神灵，乞呵护者日不绝。至奏乐娱神，烧爆酬神，观者骈阗（众多）塞路，亦可粲（可笑）也。

又民国广东《乐昌县志》载：

> 百里之家，必有淫祠庵观，偶然有事，辄求珓以休咎，愚民信之。
>
> 或遇一顽石即立社，或老松古柏下辄指为土地，无所谓神像。向木石祭赛，乞阿护者不绝，且书其子女名祝于神托寄之，谓之契男契女，亦可粲也。

"或老松古柏下辄指为土地，无所谓神像"，此犹如西晋周处《风土记》记载的越俗

---

① 转引自杨宗亮《壮族文化史》，云南民族出版社1999年版，第212页。
② （清）王锡祺：《小方壶斋舆地丛钞》第八帙。
③ （清）刘锡蕃：《岭表纪蛮》，商务印书馆1934年版，第86页。

"皆当于山间大树下封土为坛"。"其坛地，人畏不敢犯也"一样；[①] 也如同《古今图书集成·方舆汇编·职方典》卷1415《庆远府风俗考》记载的庆远府（治今广西宜州市）壮族"凡山中六七老树交荫之地谓之天神庙"一样；说明清朝乃至民国年间已经趋汉变化了的壮群体越人的后人仍然传承着其先人的习俗。他们在对大树崇拜的同时，也虔诚地崇拜巨大的石头。孩子身体单薄，不强壮，而且兄弟姐妹少，清朝乃至民国年间，趋汉变化了的广东壮群体越人的后人，为了使孩子能像石头那样健康成长，也如同壮群体越人的后人壮族那样，请来巫师占卜，将孩子的名字及出生年月时刻笔书于纸贴在寄拜的巨石上，认巨石为父母，进行供祭，感谢并求告，孩子于是称为巨石的"契男"或"契女"。"契"，就是投靠巨石，以巨石作后盾的意思。

社，是中原汉族的土地祠。社神就是社公，是土地。社神，是一个地方的守护神。社，汉朝及其后有春、秋二祭。"社日，四邻并结综会社牲醪，为屋树下，先祭神，然后分享其胙。"[②] 社传入岭南并为壮群体越人的后人接受以后，虽然春、秋二祭一同于汉族，祭后分享其祭品，"桑柘影斜春社散，家家扶得醉人归"，[③] 也一同于汉族，但是社坛的主人并不一定是土地神，而是"祖先神"，[④] 或是大树神，[⑤] 或是男性生殖器形条状石。[⑥] 民国广东《乐昌县志》记载人们"或遇一顽石即立社，或老松古柏下辄为土地，无所谓神像，向木石祭赛，乞阿护者不绝"，如实地反映了民国及其以前岭南壮群体越人的后人不论是已经趋汉变化了的还是壮族的宗教信仰情况。

时至民国年间，壮族以石头为社公，抬眼张目，尚多可见。这些石头，或踞于村头的大树下，或置于小屋里，或挟在榕树的根干中。除了春、秋二祭外，人们逢年过节，或临时遇事，也杀鸡煮肉去拜祭，感谢或求告。在壮人的心目中，作为社公的石头，有生命，有灵性，祭拜祈求之后，可以给人解灾脱难，可以风雨顺节，得到好年成，是村子的守护神。

壮群体越人赋巨石以生命，超自然化，崇拜信仰，传承下来，其后人一仍如此。遇难遭困，求于石神；镇邪去灾，求于石神。有的地方，特别是雷州半岛，塑石成狗，置于村头；有的地方，则置一块一米多高的长方石块，上书"石敢当"或"泰山石敢当"，竖埋在入村路口，以挡邪去恶，保护村子的安宁。"石敢当"，见载于西汉元帝时黄门令史游作的《急就篇》。无疑，"石敢当"或"泰山石敢当"信仰是自中原汉族传播而来的。

壮傣群体越人进入原始父权制社会以后，有着石祖、陶祖崇拜，[⑦] 传承下来，壮群体越人及其后人一以继之，不仅以树形以男性生殖器的条状石为社公进行膜拜，而且在知道

---

① 《太平御览》卷406《叙交友》引。
② （南北朝）宗懔：《荆楚岁时记》。
③ （唐）王驾：《社日》，《全唐诗》卷690。
④ 《广西壮族社会历史调查》第四册，广西民族出版社1987年版，第182页。
⑤ 白耀天：《壮族传统文化本原论》，《广西大学学报》（哲学社会科学版）1992年第4期。
⑥ 郑超雄：《壮族审美意识探源》，广西人民出版社1991年版，第14—150页。
⑦ 莫稚：《广东考古调查发掘的新收获》，《考古》1961年第2期；广西文物队等：《广西钦州独料新石器时代遗址》，《考古》1982年第1期；广西考古训练班等：《广西南部地区的新石器时代晚期文化遗存》，《文物》1975年第9期。

只有男女交媾方能孕子育女之后，有些人因婚姻不和谐或生理缺陷，婚后久久不育，还将希望寄托于冥冥的鬼神世界，除乞求于花王父母、金华夫人、花王圣母等外，也以形之所似，拜祈石神求子求女。

广东博罗县罗浮山中，有一称"阴阳谷"的石崖。"阴谷"，是状若女阴的石头；"阳谷"则是一形似男性生殖器的石头，顶端有裂缝，泉水从中沥沥而出。此"阴阳谷"成了妇女们的圣地，她们前来参拜，将"阳谷"流出的水舀起浇到"阴谷"上，以求子求女。

广东肇庆的七星岩口，有两块巨石，各有一丈多长，一大一小，一俯一仰，犹如一男一女，人们谓为"鸳鸯石"，历史上也曾是求子求女的妇女们膜拜的对象。

广西靖西县城附近，有一岩石，一面平整光滑，古人在上面刻着女阴的符号。不育的壮族妇女也常到那里膜拜，抚摸刻画的女阴，求神赐予子女。①

壮群体越人的后人，其对石的崇拜，一是多取其形似；二是以人世间的事态赋予之；三是将实用性价值摆在第一位。上面说的，无一不是如此。而稻作农业缺水不行，久旱不雨，就要求雨水，崇拜求告于石，也是如此。屈大均《广东新语》卷5《雨之石》记载的广东人崇拜的两块"雨石"，一是封川县的圣石，二是揭阳县的峙石，求雨时都是以水洗浇"圣石""峙石"，石天感应，天上雨水便降下来了。又同书同卷《洗头盘》载："永安苦竹孤梅花岩畔有一石坎，名仙女洗头盘。相传女子就盘沐发，能使发鬒（zhěn，黑）美而长。""相传"二字，说明事情发生远在记载之前了。历史上，壮群体越人的后人有"秋收稻，夏收发"的习俗。唐朝孟琯《南海异事》载，"南海男子、女人皆缜（黑）发"。"至五六月，稻禾熟，民尽髡（kūn，剃）鬻（yù，卖）于市。既髡，复取彘膏（猪油）涂，来岁五六月，又可鬻。"② 这就说明，人们崇拜"石坎"，美其名曰"仙女洗发盘"，与自己生活的实际需求密切相关。

（七）竹崇拜

"越岭千重合，蛮溪十里斜。竹迷樵子径，萍匝钓人家。"③ "一条溪不断，数里竹方通。"④ "高竹乱藤茅屋小，不知村落属何州？"⑤ 岭南是亚热带地方，适宜各类竹子生长。古代，多竹，多异竹，各类竹子遍于山山岭岭，沟沟壑壑。人们居近竹，风吹竹鸣，"如箫管之音"。⑥ 竹，既使得居住环境幽雅，又提供众多而丰厚的生产、生活资源。"南方食竹又衣竹"，⑦ 所以，明朝张七泽《梧浔杂佩》载："岭南人当有愧于竹。食者竹笋，庇者竹瓦，载者竹筏，爨者竹薪，衣者竹皮，书者竹纸，履者竹鞋，真可谓一日不可无此君也。"⑧

---

① 丘振声：《壮族图腾考》，广西教育出版社1996年版，第399—400页。
② 《太平广记》卷483《南海人》引。
③ （唐）宋之问：《过蛮洞》，（清）汪森《粤西诗载》卷10。
④ （宋）刘克庄：《清惠庙》，（清）汪森《粤西诗载》卷10。
⑤ （明）陈赞：《蛮中》，（清）汪森《粤西诗载》卷24。
⑥ （南北朝）盛弘之：《荆州记》，（清）汪森《粤西丛载》卷21引。
⑦ （清）屈大均：《广东新语》卷27《竹》。
⑧ （清）汪森：《粤西丛载》卷21引。

人以竹为居，人以竹为用，人以竹为食，壮群体越人自然感念竹子的恩惠，竹在他们心目中有着崇高的位置，因此油然而生念竹崇竹之情，将其拟人化，超自然化。范晔《后汉书》卷116《西南夷传》载：

  夜郎者，初有女子浣于遁水，有三节大竹流入足间，闻其中有号声，剖竹视之，得一男儿，归而养之。及长，有才武，自立为夜郎侯，以竹为姓。武帝元鼎六年，平南夷为牂牁郡，夜郎侯迎降，天子赐其王印绶，后遂杀之。夷獠咸以竹王非血气所生，甚重之，求为立后，牂牁太守吴霸以闻，天子乃封其三子为侯。死，配食其父，今夜郎有竹王三郎神是也。

又常璩《华阳国志》卷4《南中志》载：

  有竹王者，兴于遁水。有一女子浣于水滨，有三节大竹流入女子足间，推之不肯去，闻有儿声，取持归，破之，得一男儿。长，养有才武，遂雄夷狄，氏以竹为姓，捐所破竹于野，成竹林，今竹王祠竹林是也。王与从人尝止于大石上，命作羹，从者曰无水。王以剑击石，水出，今竹王水是也，破石存焉。后渐骄恣……武帝转拜唐蒙为都尉，开牂牁，以重币喻告诸种侯王。侯王服从，因斩竹王，开牂牁郡，以吴霸为太守，及置越嶲、朱提、益州四郡。后夷濮阻城，咸怨诉竹王非血气所生，求立后嗣。霸表封其三子列侯，死配食父祠，今竹王三郎神是也。

  二则故事，本事一样，记述却有三点不同。第一，竹王被杀的时间相异，一说是元光五年（前130年）汉武帝派唐蒙开"西南夷"时，一说是元鼎六年（前111年）汉武帝设置牂牁郡以后。第二，竹王祠的配景有无相乖，一是有竹林有水，并述及来源，一却不及此。第三，"怨诉竹王非血气所生"的群体舛互，一称"夷濮"，一说"夷獠"。二者不同，显然是采集于不同的传说版本所致。
  关于竹王的传说，其版本除以上二说外，还有《蜀记》的记载："昔有女人于溪浣纱，有大竹流水面而触之，因有孕，后生一子，自立为王，因以竹为姓。汉武使唐蒙伐牂牁，轩（xiàn，片切）竹王，因有此地。人不忘其本，立竹王庙祀之。"① 显然，此错乱了竹王谁孕谁生，将竹的孕而生类同于传说中的商王，即所谓的"天命玄鸟，降而生商"，② 从而使竹王生于浮在水中的竹管变味，失去了其应有特色。
  《史记》卷116《西南夷列传》载，永光五年（前130年），唐蒙受汉武帝之命开"西南夷"，"遂见夜郎侯多同。蒙厚赐，谕以威德，约为置吏，使其子为令"，没见杀了夜郎侯多同。"及至南越反，上使驰义侯因犍为发南夷兵"。此行，驰义侯所率之兵击杀的是不听从调遣进行叛逆的"且兰""头兰"首领。"已平头兰，遂平南夷为牂牁郡。夜郎侯始倚南越，南越已灭，会还诛反者，夜郎遂入朝，上以为夜郎王。""西南君长以百

---

① 《太平御览》卷166《荣州》引。
② 《诗经·商颂·玄鸟》。

数，独夜郎、滇受王印。"这也没有见到夜郎侯因汉武帝设置牂柯郡而被杀一事。在汉武帝时代，夜郎侯不仅没有被杀，反而因他"入朝"，主动归顺，爵进一级，成了"夜郎王"。

当然，后来的夜郎王也有被杀的，那是在距牂柯郡设置80多年以后的汉成帝时代。《汉书》卷95《西南夷传》，河平（前28—前25年）中，"夜郎王兴与句町王禹、漏卧侯俞更举兵相攻"，"汉使蜀郡张匡和解。兴不从命，刻木像汉吏，立道旁射之"。牂柯郡太守陈立"谕告夜郎王兴，兴不从命"，方才将他杀了。

于史乖误，《后汉书》和《华阳国志》记载的夜郎竹王故事，无疑属民间传说，其起源早在汉武帝之前了。后来的传述人为了套取真实，因托迹于汉武帝时代。《华阳国志》卷4《南中志》夜郎郡夜郎县下载："有遁水，通郁林，有竹王三郎祠，甚有灵响也。"遁水即今北盘江，该水汇合南盘江后流入郁林郡名郁水。郁水浩荡东下，直至番禺入海。一水相通，流水上下，人属同一群体，自然夜郎有竹王三郎祠，郁水以下各地同样有竹王三郎祠。所以，北宋乐史《太平寰宇记》卷162《桂州》载："竹皇祠。（唐朝刘之推）《郡国志》云：竹王者，女子浣衣水次（中间），有三节竹缠足间，推之不去，中有声，破得一男儿，养之有材武，遂雄诸夷地。今宁州（治今云南曲靖）、始兴（治今广东韶关市）三狼乌浒，即竹王之遗裔，故有竹王三郎祠于此地。"

另外，见于《太平寰宇记》记载的还有卷166说横州（治今广西横县）是"三梁故县，乌浒所巢"；卷167称容州（治今广西容县）是"三梁故县，乌浒所巢，俗云'三梁乌浒'即此也"。而北宋开宝五年（972年）废入容州的禹州（治今广西北流县东南），"其州有三梁乌浒之民"。"三狼""三梁"，都是从"竹王郎祠"的"三郎"衍化而来。乌浒，东汉、魏、晋、南北朝、隋唐时期也就是"俚"或"獠"或"俚獠"的异名。所以，建宁三年（170年）"郁林太守谷永以恩信招降乌浒人十余万内附"；[1] 光和元年（178年）"合浦、交趾乌浒蛮叛"，[2]《南齐书》卷14《州郡志》便说，广州"俚獠猥杂"，建立越州（治今广西合浦县）以"威服俚獠"。张融去交州（治今越南北宁省仙游东），途经"广越嶂险，獠贼执融"。[3] 于是，《太平寰宇记》卷166直说贵州（治今广西贵港市）"有俚人，皆为乌浒"。

竹王传说，竹王三郎祠的屹立，祠旁竹林婆娑，水流潺潺，表达了壮群体越人及其后人对竹子、对水的崇拜意识。竹离不开水，人既育于竹，又在水中沉浮炼了刚勇，此种意识，此种观念，形成了古代习俗。因此，西晋张华《博物志》卷2载，"獠子"妇人"临水生儿，便置水中，浮则收养之，沉便弃之"。而至今仍然流传于桂西北的《莫一大王》神话即有"竹子育人"的行为。

莫一大王为父报仇，败了，便在屋后种上竹子，这些竹子，一天抽笋，二天长叶，三天就成了竹林。他割来茅草扎成纸人纸马，放进竹子里。这些纸人纸马，对之作法之后，经过36天，如果不熏上生人气味，就可以变成真人真马，英勇地上阵打仗了。竹子成林，

---

[1]《后汉书》卷116《南蛮传》。

[2]《后汉书》卷8《孝灵帝纪》。

[3]《南齐书》卷41《张融传》。

碧绿可爱，没满 36 天，莫一寡母就将竹林卖了，竹林也全给砍了。那时，竹子里面的人和马还没开眼，也给砍了。血流成河。莫一大王一腔热望顿成泡影，惨死于皇帝刀下。①

另外，流传于广西马山县的《白马英雄》，② 以及流传于广西桂平县的《白马状元》等神话故事，③ 也活现了壮群体越人的后人关于"竹子育人"的意识、理念。

屈大均《广东新语》卷 4《赌妇潭》载：

> 赌妇潭，在龙门（今广东龙门县）蓼溪水口。相传有二童男女戏赌，各持竹一边，从上流掷下，云两个相合即为夫妇。至下流观之，竹果相合如生，遂成夫妇，故名潭曰赌妇，潭上竹林名媒竹。予有谚云："两边生竹合无痕，生竹能成夫妇恩。潭上至今媒竹美，枝叶慈孝更多孙。"
>
> 又博罗（今广东博罗县）有合竹村，其事亦相类。

竹为媒，结连理，孕新儿，这是连锁而成的，因此，作为壮群体越人后人之一的壮族便流行"种竹定情"的习俗：

> 两人高山种竹根，竹根扎得牢又紧。
> 哥妹姻缘天作福，哥妹永世不离分。④

此外，一些地方的壮族还流行"蕉竹祭"的习俗。所谓"蕉竹祭"，就是青年男女燕尔新婚后不久，丈夫故去，妻子就要在夫坟上种一蔸竹子或芭蕉。待其转活，妻子就可以另择偶他嫁。人们认为，坟上竹子活了，死者鬼魂就有了归宿，不缠旧妻了。

"种竹定情"及"蕉竹祭"，是壮群体越人竹崇拜的意识、观念、习俗传承下来积淀而形成的。

（八）水牛崇拜

壮傣群体越人时代已经驯化了水牛，壮语、布依语谓水牛为"va：i²"，傣语谓水牛为"xvai²"或"xa：i²"，源同一词。黄牛是汉代方才从中原引进岭南的，其称谓，壮语、布依语及傣语各不相同。

由于黄牛是后来引进的，因此，在古代壮群体越人及其后人中，水牛和黄牛的处境并不一样。林希元嘉靖《钦州志》卷 1《风俗》载："数富，以牛牝（pìn，母牛）。孳息有水牛、黄牛，水牛以耕，黄牛杀以祠鬼。"这就是俗语说的"肥肉好送饭，水牛好耕田"。⑤

壮群体越人及其后人"人死"，"烹牛以待吊客，有至数十头者"；"信鬼崇巫，疾病

---

① 欧阳若修等：《壮族文学史》第一册，广西人民出版社 1986 年版，第 114—127 页。
② 广西马山县三套集成办公室编辑：《白马故事集》（资料本）。
③ 广西桂平县民间文学三套集成领导小组编印：《桂平县民间故事集》（资料本）。
④ 黄全安：《壮族风情录》，广西人民出版社 1991 年版，第 181—182 页。
⑤ 民国《罗城县志·民间语言》。

不服药，惟杀牛祠鬼，有一牲、三牲、七牲至二十七、八牲者"。① 社会对牛的需求量很大。不过，古代岭南地广人稀，荒坡累累，人家也多养牛。据明代王济《君子堂日询手镜》记载，横州（今广西横县）"其地人多畜牛，巨家有数百头，有至于千头者；虽数口之家，亦不下十数。时出野外，一望弥漫，坡岭间如蚁"。所以，自古以来岭南就是多牛地区。南宋初年，金兵南侵，江南物价飞涨，耕牛奇缺，其供应主要来自岭南。嘉定七年（1214年）二月十四日广西转运判官兼提举盐事陈孔硕上奏说，广西牛多且贱，多被贩往江西及江、浙一带。② 由此可见古代广西的多牛。

"有牛为富。"③ 壮群体越人及其后人对牛自然倍加爱惜。周去非《岭外代答》卷4《踏犁》载，"予尝料之，踏犁五日，可当牛犁一日，又不若牛之深于土，问之，乃惜牛耳"，由点及面，可见一斑。由于惜牛、崇牛，因此，他们自古就定每年农历四月八日为"牛王节"。

《古今图书集成·方舆汇编·职方典》卷1349《肇庆府风俗考》载，高明县"四月八日，农家祀牛王神"。光绪《容县志·岁时民俗》载，四月八日"或于村墟古树下叠石以祀，谓之牛社。是日，俗呼牛王诞"。民国《乐昌县志·岁时民俗》载："四月八日谓牛王生日，家煮乌饭、乌蛋以祭。"民国《荔浦县志·岁时民俗》也载："四月八日，俗呼牛王诞。乡村畜家多造黑饭以祀牛神。"

农历四月八日，汉族佛教徒定为释迦牟尼生日并举行浴礼，以水灌佛，谓为浴佛节，并成为全民性的节日。其俗南传，随着部分地区壮群体越人的后人在中原汉族文化的影响下对尊牛意识的趋淡趋薄变化，四月八日牛王节在许多地方便逐渐被"四月八日浴佛节"所取代。比如，光绪《藤县志·岁时民俗》载，"四月八日为三宝佛诞，土民用黄花渍米炊饭或乌米饭，备香楮（纸）、酒醴作佛诞会"，即是如此。

不过，浴佛节无须"乌米饭"。"乌米饭"是壮群体越人及其后人的崇贵食品，所以不论是壮群体越人的后人壮族、布依族还是趋汉变化了的广东及桂东的壮群体越人的后人，古代都以乌饭为祀神的必备食品。上面提到的广东乐昌县及广西荔浦县四月八日家煮乌饭以祀牛王或牛神，就是此一类型。

翟富文民国《来宾县志·岁时民俗》载："四月八日，释家故有浴佛会，供盂兰盆，俗亦莫之知，惟必作五色饭，多有盛以小曲薄（俗名簸箕）供案上以供先人，老幼分食之，乡间并以饲牛。相传是日为'牛魔王生日'，农家是日多不使牛。"朱昌奎民国《宾阳县志·岁时民俗》也载："四月八日，炊黑米饭食，俗以食之可以辟疫。按：黑米饭，以枫叶渍糯米炊之，或用红、蓝等树叶，其饭红、黄、蓝、黑、白，各色俱备，色既可爱，气亦香馥，用以酿酒尤佳。是日，农家并以此饭饲牛，盖农事方殷，为牛加料以增其力，是亦农家习俗中之别饶风味者。"从广东北部的乐昌县到广西的来宾、宾阳等县，四月八日牛王节，当日都是以煮乌饭，也就是以煮五色糯米饭祭祀牛神、喂饲牛只为重。

岁月流逝，对牛的崇拜趋于淡薄，有许多地方的壮群体越人的后人却不明白四月八日

---

① （明）林希元：嘉靖《钦州志》卷1《风俗》。
② 《宋会要辑稿·食货一八之二六》。
③ 《古今图书集成·方舆汇编·职方典》卷1452《泗城府风俗考》。

炊乌饭的原义了。比如，乾隆《柳州府志·岁时民俗》"四月八日，煮乌米饭，耙田插秧"；嘉庆《全州志·岁时民俗》"四月八日以南天烛（即杨桐叶）煮汁，溲（淘）秫米（糯米）蒸之，色如鹥（青黑色），曰乌饭……亲友相馈遗"；民国《武宣县志·岁时民俗》"四月八日为浴佛节，取枫叶插门，捣枫叶汁渍米炊乌饭"等。

操广西汉语平话方言的宾阳人有句俗语，称"四月八，糯米饭黑 ma：t¹ ma：t¹"。"ma：t¹ ma：t¹"，是壮语词语，意为"晶亮"。"黑 ma：t¹ ma：t¹"，就是"黑得晶亮"。这说明"黑糯米饭"与"四月八"贴上了，分不开了。这是壮群体越人及其后人习俗的传承：四月八日，一定煮黑糯米饭。所以，覃玉成民国《宜北县志·岁时民俗》载："四月初八日为乌饭节，家家采取枫叶，捣烂，酝酿一二日，使之发酵，煮出乌水，以之染米，尽变乌色，蒸熟以供家神，并备猪仔祭三界公爷，以望禾苗丰熟。家家户户，遍插枫枝于门。此系地方习惯使然，殊莫明其究竟。"蒸黑米饭来祭祀"家神"和"三界公爷"，显然是错了。因为不论是"家神"还是"三界公爷"作为祭祀的神主，在壮群体越人其后人的历史上，是在南北朝以后方才陆续出现的。不过，此段记载却点出了"四月八日"为"乌饭节"此一实质。四月八日，在古代壮群体越人及其后人中，是"牛王节"。牛王节，必炊乌饭以祀牛王及喂牛，所以"四月八日"又称为"乌饭节"。

对牛的崇拜，尊牛为牛王，牛王节那天，牛不穿绳，放闲一天，除了煮乌饭祭祀牛神外，还以乌饭喂饲牛只。这是源自壮群体越人时代而传承下来的习俗，凡是壮群体越人的后人，无不遵循着此一习俗。

在汉族文化的影响下，岭南许多地方的壮群体越人的后人忘了"四月八日牛王节"，以释家的"浴佛节"取代了"牛王节"。一些地方又变煮乌饭以祀神以喂牛，改为做糍代乌饭。比如，民国《高要县志·岁时民俗》载广东高要县"四月八日采香藤之叶，杂糖舂粉作糕糍，祀牛王及田神"。另一些地方，由于气候略异，耕作时间变更或耕作方式的改变，又将四月八日牛王节改到六月或十月。比如，民国《东莞县志·岁时民俗》载："十月晚禾收，农事将毕，蒸饭裹菜以饲牛，且悬之牛角，曰牛年。"同样的记载，在广东各县方志的记载中，还有康熙《乳源县志》、乾隆《博罗县志》、嘉庆《翁源县新志》、道光《恩平县志》、光绪《香山县志》、光绪《曲江县志》以及民国《长乐（今五华县）县志》等。而桂西的部分地方，则将牛王节移至农历六月初。比如羊复礼光绪《镇安府志·岁时民俗》载，镇安府（治今广西德保县）"六月初旬，染五色饭，宰豚（猪）分烹，祭牛栏；用鸡、鸭馈姻亲以酬劳。小男女用小鸡、五色饭诣（到）田野牛寮内团坐而食，曰收牛魂"。然而，壮群体越人后人之一贵州省布依族，照样传承着农历四月八日牛王节，煮乌饭敬"牛王"，恪遵祖风不改。

> 九名九姓独山州，南郊紫泉北石牛。
> 年年四八牛王节，家家花饭摆门楼。

这是一首流传于贵州省独山一带布依族中的歌谣。他们认为石牛有灵，下通于人，上达于天，人有诉求，祭祀石牛，石牛常能将人间的愿望上告天神，以偿人们的夙愿。① 这也是古代壮群体越人及其后人的认知。所以，北宋乐史《太平寰宇记》卷166《贵州》载，贵州（治今广西贵港市）"郡有洞池，周十数丈，下有石牛，时出泥间。旱岁，杀牛祈雨，以血和泥置石牛背上，祈毕便雨，泥尽则晴，以为常"。

牛为人造福，壮群体越人及其后人也尊敬牛、崇拜牛。但是，人养牛，主在用牛、吃牛，这就逼得他们走上两难境地。为了解脱困境，于是古代负责杀牛的"屠婆屠娘"们便有"数（列举罪状）牛"然后杀牛之举。②

（九）三界神崇拜

明、清时期，对"三界神"的崇拜，遍于岭南各地。万历间（1573—1620年）王士性《广志绎》卷4载：

> 粤西之梧（州）、浔（州）、南宁三府，有三界庙最灵。……后人遂立庙曰三界，亦曰青蛇庙。
>
> 人或飨（xiǎng，酒肉祭祀）神，则蛇出饮食。倘有许愿不偿者，虽数百里，蛇必来索，人呼为青蛇使者云。

对"三界神"的崇祀，又何止于广西的梧州（治今梧州市）、浔州（治今桂平市）、南宁（治今南宁市），明末清初屈大均《广东新语》卷6《二司》载：

> 广有三界神者，人有争斗，多向三界神乞蛇以决曲直。蛇所向作咬人势则曲，背则直。或以香花钱米迎神至家，囊蛇而探之，曲则蛇咬其指，直则已。
>
> 有许愿者不还，则蛇腾至人家索饮食。
>
> 又或有仇怨，于神前书其人年生八字，以碗覆之。神前碗大小纷离，无有敢动其一者。

康熙二十六年（1687年）提调广西学政的陆祚蕃著《粤西偶记》载：

> 冯真君庙，灵爽颇著，小青蛇十余，金色烂然，长尺许，盘结栋宇及侍从腰领间，竟日不动，去来莫知其踪。士夫（官员）经此，必祷祠下。或云：神能遣神相护，遇险滩疾风可无恙。此余所目睹者。"齐谐"所志，曷足云怪哉！

"齐谐"，《庄子·逍遥游》载："齐谐者，志怪者也！""志怪"，就是记载怪异的风土人情。南朝宋东阳无疑有《齐谐记》七卷，吴均有《续齐谐记》一卷，都是猎奇志怪的记载，不过从中也可见当时各地相异的风俗人情。比如，《太平御览》卷31《五月五日》即引《续齐谐记》的记载，说"屈原五月五日投汨罗而死，楚人哀之，每至此日以

---

① 氾河：《布依族风俗志》，中央民族学院出版社1987年版，第88页。
② 《太平广记》卷483《南海人》引唐朝孟琯《南海异事》。

竹筒贮米投水祭之"。之后便转入屈原托梦于人,称这样做都被蛟龙抢去了,必须以楝叶塞其上,用五色丝扎住,他才能得到。以后竹筒贮米改为粽子,"今人五日作粽子带五色丝及楝叶,皆是汨罗之遗风也",记载了五月五日包粽子带五色丝及楝叶吊屈原的由来。"齐谐"记载的固然怪异,但相比岭南"冯真君庙"的怪异来,"曷足云怪哉"(哪里够得上说是怪异呢)!

"冯真君庙",就是"三界庙"。怎么来的?这就不能不提及明末清初的记载。《古今图书集成·方舆汇编·职方典》卷1440《浔州府部外编》载:

贵县东溥村,昔传有冯三界者尝往北山采香,遇八仙对弈,分得仙衣一袭,无缝线痕。及回,则子孙易世矣。闻之官,赴省勘问,将三界及仆冯远覆洪钟内,绕以薪焚之。及启,惟三界端坐,而冯远则灰化矣,遂信为仙。表闻(上书奏报朝廷),封游天得道三界真人。比(及)回至苍梧江口,遂羽化(道教称成仙为羽化)。

所谓"表闻",皇帝封"冯三界"为"游天得道三界真人",是虚拟的。所以,同一时期,相邻梧州府另一"许"姓的同一遭遇的"许三界",便没有什么省府"表闻"、皇帝"赐封":

许三界,在弘治间(1488—1505年)采樵自给,登山得一衣,非布非褐(麻),浑身上下皆无缝。衣之归,众凡骇曰:"必仙衣也!"已而,能言人未来事,祷晴、雨辄应,奉之者甚众。制府(总督)闻之,以为妖,惧其惑众,使人逮至,覆之钟下,厚环以薪,举火锻之彻夜。次晨发之,无有也。三界夕已抵家,谓其人曰:"我去也,无为若曹累(带累你们受伤害没意思)!"遂不知所往。

一个"许三界",一个"冯三界",所以得道成仙,都是因为各自得了一袭仙衣。"山中一日,世间百年",冯三界得了仙衣从山中回来,"子孙易世矣"。许三界却没有这样的遭遇,不过他一个打柴人穿上仙衣,陡然间有了法力,"能言人未来事,祷晴、雨辄应"。不过,他遭到官府迫害后,为了不连累家人,就离家出走,不知所终。虽然后人为他立庙,但是人在何方,生死不明,为人为鬼不知,其庙神从哪里来?而贵县的冯三界既已仙去,畅游仙界,"或竦入云,无翅而飞;或驾龙乘云,上造天梯;或化为鸟兽,游浮青云;或潜行江海,翱翔名山;或食元气;或菇芝草;或出入人间而人不识;或隐其身而莫之见。面生异骨,体有奇毛,率好深僻,不交流俗",[①] 怎又会驻足于人们所建的庙中?

梧州、浔州二地比邻,相同一事却因地不同,随地变形,凸显出其属传说的性质。传说不经,即不合常理,近乎荒诞,没有根据,道出了梧州、浔州二地各自传承的"三界"故事为有心人穿凿而成。实际也是如此。《古今图书集成·方舆汇编·职方典》卷1438《浔州府祠庙考》载贵县"三界庙在县东门外流水桥边。神姓冯,讳克利,子讳敕、讳远,皆缘仙表之传,故冯氏代产异人,列籍鬼仙。有冯羽、冯谷及羽子都长并九代孙讳吉

---

① (晋)葛洪:《神仙传·彭祖传》。

者，皆得道。吉于皇清康熙庚子岁（五十九岁，1720年）仙去，邑人为其祖立三界祠，因并其都长及孙吉塑像祀之"。"都长"（zhǎng），就是头目、首领，说明冯氏一家在贵县是一方父子相传的世俗首领和宗教信仰领袖。人们为他们逝去的祖孙立三界祠，并不是因为他们中的一人入山得什么"仙衣"，受到什么焚烧酷刑，得道升天，"羽化"而去，而是因为他们一家世代相传，历为巫师，能驱鬼役厉，具有超自然力，为人所崇仰。

贵县冯氏的神异传奇，明朝任官于横州（治今广西横县）的王济在其于嘉靖元年（1522年）成书的《君子堂日询手镜》中已见记载：

邻壤贵县有冯姓之家，世以神异显。有称都长者，乃横州侯兴国举人姑之夫，故余得之颇详。

其家神异者，世有一人，立召风雨、鬼神、虎豹，言人祸福，无不验。自苍梧上至南宁，皆敬信不可言；两广瑶贼，事之尤谨，皆以"祖公"呼之。山洞间有跋扈者，总帅委之抚安，其魁率徒众顶香盆、牛酒拜迎于道，云："吾祖公来矣！"即听约束，帖然而还。

冯氏之居，去大龙山不远，其中皆熟瑶所居，每月朔望（初一十五）各赍（带着）香钱至其家纳焉，甚有牛、羊、猪畜者，故累年不敢为乱，盖冯氏力也。

由贵（县）陆行往宾州，必经大龙山，非冯氏之车则不敢行，车上有小旗为物色（标识）。

其神异者，率（大都）无永年（长寿），至四十上下，非缢即溺而死。死后，远近遂事（供奉）之以为神，塑像于庙。庙在贵县北门外，与家相邻。庙已有十五六像，皆其元（先人）也。余尝一往观，中有宋、元碑石纪神异，悉如今日都长之神，比之他世尤异。

王济之文，还具体描述了冯都长慑服群叛、驱虎豹、役鬼神、道人祸福、预言未来几件事，可说出人意表，神乎其神。所以，作者感慨地说："神异若此，不可枚举，姑以其一二纪焉。"

王济的记载，既不将"三界神"与贵县神异的冯氏巫师连起来，又说"自苍梧上至南宁皆敬信不可言"，此恰与万历间王士性《广志绎》卷4记载的"梧、浔、南宁三府有三界庙最灵"榫接上了，道出了明朝嘉靖（1522—1566年）及其前，苍梧、浔州以至南宁所信奉的都是冯都长，并没有什么贵县信奉"冯三界"，梧州却信奉"许三界"。所谓"冯三界""许三界"，是后人捏造出来的。

明朝后期，广东浪荡文人邝露逃避广西，写了一本关于广西风土人情的《赤雅》，不分时段不计存之与否，将各个时期的不同记载拉扯在一起，一律视之为明朝末年的现实存在，并加之曲解，力以炫耀，混人耳目，乱人视听。比如，什么"壮官婚嫁"、什么"飞头獠"、什么"鼻夷"、什么"乌蛮国"、什么"祭枭"等。试想，范成大《桂海虞衡志》记载的壮群体越人的后人其首领婚嫁实行"入寮"婚制，即男女结婚先在距女家5里处搭茅寮举行婚礼，住上半年，然后女子方才随同男子落居于夫家，这是其社会原始母权制发育不充分、父权制早熟情势下形成的由夫从妻居制向妻从夫居制过渡的一种残存的婚姻形式。宋末元初以后，壮族上层社会的父权制已经牢牢确立，嫡长子继承制已经形成，时至明朝末年，壮族上层社会中还存在夫从妻居制向妻从夫居制过渡的"入寮"婚制！这不是无视历史的真实、开历史的玩笑吗？又如所谓的"乌蛮国"，史上本无其国，邝露抄袭前人有关乌浒人"生首子解而食之"及"娶妻美则让其兄"的记载，虚拟其国，而且依地名之相近，定其国位于今广西横县云表乡站圩村东南郁江乌蛮滩附近，说该国灭后，"蛮处山谷"，时至明末，"其风不改"。这也是捏造历史，引人误识。该书的"青蛇使者"条也是一样：

  三界庙，一名青蛇庙。庙有小蛇，背绿腹赤，穴神衣袖，飨神饮食。或以手接，玩之甚驯。倘有虚誓愆期，家数百里，蛇辄至索愿。其家为蛇挂红，刻日（定下日期）赛之，呼为青蛇使者云。
  按：三界姓许，平南人，采樵得一衣轻如一叶，上下无缝，带有回字，能召风雨，知来物，播术聚众。弘治中，制府逮至，覆以洪钟，环以积薪，晨夜煅之，发之无有也。仙衣所披，乃得免也。

  人被官府逮了，用洪钟罩住，然后环钟积薪焚烧一日夜，还会让他穿上仙衣保护自己不被烧死？此不可信者一。二，浔州府辖桂平、平南、贵县三县，浔州府所属各县"三界"姓冯不姓许，而且《古今图书集成·方舆汇编·职方典》卷1438《浔州府祠庙考》载平南县除建有"三界祠"外，还建有冯三界的仆人冯远的"冯远祠"，梧州府的"许三界"是个打柴人，哪来的仆人？其实，所谓的"三界神"是由贵县神异的"冯都长"升级而来的。嘉靖（1522—1566年）以前，冯都长只是冯都长，无"三界"之称，此在王济《君子堂日询手镜》中有清楚记载。嘉靖及其后，有心人给他披上"仙衣"，又杜撰了遭官府焚烧的酷刑不死，让他"羽化"，目的是使他这个民间巫师与道教拉上关系，成为道教中的神仙，成为"冯三界"，也就是"三界神"。王济说，贵县历代冯氏都长神通广大，"立召风雨、鬼神、虎豹，言人祸福，无不验。自苍梧上至南宁，皆敬信不可言"，[①]显然，不论是梧州府还是浔州府，抑或是南宁府所属各县，敬信的都是历代的冯都长。冯都长"羽化"之后成"三界神"，自然只姓"冯"不姓"许"。梧州的"许三界"自标其异，或是传闻之误，如同邝露《赤雅》记载平南县三界姓许一样；或是梧州府属下的人欲分一杯羹，不让浔州府的人独享"三界神"的荣光。

  明、清二代，在壮群体越人的后人中，"三界"的观念是他们的世界观。上界，为天堂世界，是天帝及诸神诸仙生活的地方；中界，即阳间世界，是人与动、植物生活的领域；下界，即阴间，是妖、魔、鬼、怪聚集的处所。"三界神"，上通于天堂，中盘活阳间世界，下驱役阴间鬼怪。历代冯都长，召风雨、鬼神、虎豹，道祸福、断吉凶，知未来，正符合人们对"三界神"的期望和要求，于是具有超自然力的冯都长自然而然地成为"三界神"。

  《太平广记》458《苏闻》引《岭南异物志》记载，唐朝大和末（835年）康州（治

[①] 《君子堂日询手镜》，《说库》，浙江古籍出版社1986年版。

今广东德庆县）龙母庙的管庙人以及开成初（836年）刺史苏闻"欲神其事以惑人"，即饲养了"群小蛇"惑众骗财。至明朝时，两广的巫师们更利用壮群体越人的后人"崇巫信鬼"心理，专门培养出尺来长、指头粗的小青蛇。这些小青蛇，青翠碧绿，温驯可爱，神异骇人。比如，清朝康熙间吴震方《岭南杂记》卷上载："潮州有蛇神，其像冠冕南面（辉煌南向），尊曰游天大帝。龛中皆蛇也，欲见之，庙祝必致辞而后出，盘旋鼎俎间，或倒悬梁椽上，或以木竿承之，蜿蜒纠结，不怖人，亦不螫人，长一尺许，①苍翠可爱。闻此自梧州而来，长年三老（船老大）尤敬之。凡祀神者，蛇常游憩其家。"这是"游天大帝庙"里的小蛇。而东莞"双忠庙"里的小蛇，"双忠神之使也。凌空而飞，忽然而至，所至之家，必虔祀之。蛇忽然去，则撤所祀而归于庙。如是（如此）获福，不且（将要）有大咎（灾祸）"。②虽然小青蛇或盘桓于"游天大帝庙"，或蜿蜒于"双忠庙"，庙主不同，作为"神的使者"即泛见于明朝后期、清朝初年岭南各地。这都是因为那时候的岭南人"崇巫信鬼，故妖惑之物得以祸福人"。③而邝露明朝后期的《赤雅·青蛇使者》伪托传说中的唐末宋初人道家尊为八仙之一的吕洞宾写的诗句"朝游北海暮苍梧，袖有青蛇胆气粗"，就将小青蛇与道家的"三界神"并做一炉，合法化了。这就是《古今图书集成·方舆汇编·职方典》卷1433《梧州府祠庙考》记载的梧州府"三界神"，"万历初年（1573年）建，皇清康熙元年（1662年）重修。中多小蛇，绿色，出没几筵或神座左右，与人狎（亲近），相传为神所凭依"。这样，温驯可爱、神异骇人的小青蛇，便与神通广大的"三界神"结合起来，使三界庙成为神力无边、神秘莫测的殿堂。

"三界神"信仰，清代扩及岭南角角落落。许多地方随着牛王崇拜的淡化，四月八日本为"牛王节"却成了"三界公节"。比如，乾隆《苍梧县志》载，四月八日做乌饭"祀三界神"。民国《宜北县志·岁时民俗》载，宜北县（治今广西环江东北明伦）"四月初八日为乌饭节"，"备猪仔祭三界公爷，以望禾苗丰熟"。

不过，三界神承原贵县历代冯都长而来，力能召风雨，驱鬼神，言祸福，断吉凶，知未来，以神通广大而称，后来却逐渐变味，变成了一个只在某个方面造福于人的神。比如，广西河池地区壮族传说谓三界是能起死回生的"神医"。④环江下南的毛南族则传说三界教会人们饲养膘肥肉嫩的菜牛，所以每年五月庙节，毛南族人都要"杀菜牛祭奠三界公"。⑤而"长年三老"（船老大）则弃"三界神"而唯以"小青蛇"为崇，敬之唯恭唯谨。20世纪50年代初，南宁大坑口一艘船仍存有一"龙宫"，供桌上有两个大花盆，盆内各栽两苑小叶榕树，小榕上各盘着一条小青蛇，长年三老们洞开生鸡蛋进行供祭，祈求航行安全。⑥

---

① 原文作"长三尺许"，疑讹。同书所载陆乂山《蛇神说》、陆祚蕃《粤西偶记》皆作小青蛇"长尺许"，据以证之。因小青蛇"长三尺许"，既失"小"意，也转动不灵，欠可爱了。

② （清）陆乂山：《蛇神说》，《岭南杂记》卷上。

③ （清）吴震方：《岭南杂记》卷上。

④ 曹廷伟：《广西民间故事辞典》，广西教育出版社1993年版，第139页。

⑤ 《广西民间故事辞典》，广西教育出版社1993年版，第125—126页。

⑥ 丘振声：《壮族图腾考》，广西教育出版社1996年版，第273页。

由于"长年三老"脱落了"三界神"唯祀"小青蛇",有人认为这是壮群体越人及其后人蛇崇拜的遗俗。这是以一斑而概一豹,有失偏颇。壮群体越人的后人壮族有句俗语称:"见蛇不打三分罪,打蛇不死七分刑。"这说明壮群体越人及其后人生活于蛇类易长易繁的岭南地区,没有尊蛇崇蛇的意识、观念和习俗。

犹如唐代梧州陈家洞出产的"蓝蛇",以其头部合药,谓之蓝药,是出名的毒药,"药人立死";但是以其"尾脂反解毒药"一样,① 毒蛇、无毒蛇,大蛇小蛇,各种各类的蛇,既有伤人害人的一面,深谙其性也有利人的一面。所以,早在西汉,《淮南子》卷7《精神训》已经明确记载:"越人得髯蛇以为上肴(yáo,荤菜),中国得而弃之无用。"越人以髯蛇为上等的荤菜,心间自然没有尊蛇的意识、观念和习俗。宋朝江少虞《宋朝事实类苑》卷62《风俗杂志》引《倦游杂记》载:"岭南人好啖蛇,其名曰茅鳝;草虫曰茅虾;鼠曰家鹿;虾蟆曰蛤蚧:皆常所食也。"清初,吴震方《岭南杂记》卷下也载:"岭南人喜食蛇,易其名曰茅鳝;食草蝗,易其名曰茅虾;鼠曰家鹿;鳝曰土笋。"以蛇与蝗虫、老鼠、黄鳝并列,作为常食的食品资源,当然没什么慑于其神敬其类的了。1971年在广西恭城县出土的秦汉以前的铜尊上,肩、腹浮雕四组蛇蛙纹饰,每一组都是二蛇夹一蛙。② 蛙位于二蛇中间,有人认为这是二蛇斗蛙,是岭南越人蛇崇拜的具体表现。实际上,这是蛇崇拜还是蛙崇拜,很难揣摩,因为如果二者是相斗的话,一蛙而斗二蛇,似蛙悍于蛇,又怎能说是蛇崇拜而不是蛙崇拜?而就岭南越人传统而言,唯见有蛙崇拜没见有蛇崇拜,又怎能说出土铜尊上所雕的二蛇斗蛙为蛇崇拜呢?

又南宋王象之《舆地纪胜》卷106《邕州·古迹》载邕州有"青龙乌龙庙":"相传筑城之初,随筑随坏,筑者苦之。后梦有蛇环地而行,若(宛如)示其址,遂即其地筑,后立青龙乌龙庙"。这或可是蛇崇拜了。然而,主持筑邕州城者是南来的汉族官员。汉族官员苦于修筑城池久久不就,因感蛇托梦示意,终于成功地筑了城,完成了任务,于是事后在邕州修建"青龙乌龙庙",虔诚祭祀进行感谢。这表现了汉族官员对蛇的折服,表现了汉族官员对蛇崇拜的意识、观念和行为。这是一种因遇合而感恩,与壮群体越人的后人没什么关联,痛痒无涉,也没在他们中形成习俗。

(十)雷崇拜

北宋末(1126年)到广西梧州、郁林州等地的蔡绦其《铁围山丛谈》载:"今南人喜祀雷神者,谓之天神。"过后50年,淳熙五年(1178年)周去非的《岭外代答》卷10《天神》也载:"广右(广南西路)敬事雷神,其祭曰祭天。盖雷州有雷庙,威灵甚盛,一路之民敬畏之,钦人尤畏之。圃中一木枯死,野外片地草木萎死,悉曰天神降也,许祭天禳之。""南人",既指广南西路的居民,也指广南东路的居民。这些居民,大都是壮群体越人的后人。他们"祀雷神",说明对雷神的崇拜。

他们"祀雷神",怎又称为"祭天"呢?这就不能不追溯到壮傣群体及其后人对天体的认知和反映在他们语言中的词语。

明朝,广西上林县知县王一岳《上林吏隐歌》称"五岭由来炎瘴方,上林之地更幽

---

① (唐)段成式:《酉阳杂俎》,《太平广记》卷456《蓝蛇》引。
② 广西博物馆:《广西恭城县出土的青铜器》,《考古》1973年第1期。

僻"。那里，"参天老树虬龙蟠，涧里玄猿悲夕月。山中野老不纪年，只看山花为岁历"。①"山中野老不纪年，只看山花为岁历"，并不只是偏僻的上林县壮族如此，宋朝见于《太平寰宇记》卷169《儋州风俗》关于壮群体越人后人的记载也是如此："观禽兽之产，识春秋之气；占薯芋之熟，纪天文之岁。"这就说明，壮傣群体越人及其后人不是如同汉族那样"仰观天文而知时变"，而是"俯察地物而知时变"，以直觉感知来致思。春、夏时节，轰轰的雷声自上空而来，其他日子，上空不是唯见白云悠悠就是乌云满眼，于是他们便以雷代天，将天、云、雷视同一体，谓为"fa⁴"。所以，时至于今，广西、云南等地壮语南部方言以及泰语，天、云、雷不分，均谓为"fa⁴"。这样，宋代壮群体越人的后人便谓"祀雷神"为"祭天"了。

壮群体越人及其后人崇拜雷公，尊之为雷王，一是岭南属多雷地区，每当乌云翻滚，电闪雷鸣，噼啪轰然，地裂山崩，威力无穷，瞬时而发，无防无备，摄人心魄；二是雨从上空而来，雨多雨少，是否适时，是否适宜，决定着人间是否风雨顺节，决定着作物的收成，支配着、决定着人们的生计。人们既认为上空唯雷存在，自然认定雷王掌握着雨情，决定着降雨的时间和多寡，因此唯雷王是敬，唯雷王是祈。

《太平广记》卷394《陈义》引唐朝《投荒杂录》载：

（雷州）盖因多雷而名焉，其声恒如在檐宇上。雷之北，高（州）亦多雷，声如在寻常之外。其事雷畏敬甚谨（慎重小心），每具酒殽奠焉……

牙门将《陈义传》云：义即雷之诸孙。昔陈氏因雷雨昼冥，庭中得大卵，覆之数月，卵破有婴儿出焉。自后，日有雷扣击户庭，入其室中就于儿，所似若乳哺者。岁余，儿能食，乃不复至。（陈氏）遂以为己子，义即卵中儿也。

又云：尝有雷民畜畋（tián，猎）犬，其耳十二。每将猎，必筶犬，以耳动为获数，未尝全动。一日，诸耳毕动，既猎，不复逐兽，至海傍测中（四足直立）噪鸣。郡人视之，得十二大卵，以归置于室中。后忽风雨若出自室，既霁（jì，雨停），就视卵，破而遗甲存焉。后郡人分其卵甲，岁时祀奠。至今，以获得遗甲为豪族。

为什么祭祀雷王，《投荒杂录》记载了两个传说。后来人据此而拼凑而演义，就与原来的传说趣旨大相径庭了。比如，屈大均《广东新语》卷6《雷神》载：

《志》称：陈时雷州人陈铫无子，其业捕猎，家有九耳犬甚灵，凡将猎，卜诸（之于）犬耳。一耳动，则获一兽，动多则三四耳，少则一二耳。一日出猎，而九耳俱动。铫大喜，以为必多得兽矣。既之野，有丛棘一区，九耳犬围绕不去，异之，得一巨卵径尺，携以归。雷雨大作，卵开，乃一男子，其手有文，左曰雷，右曰州。有神人尝入室中哺乳，乡人以为雷种也，神之。天建三年，②果为雷州刺史，名曰文玉。既殁，神化大显，民因祀以为雷神。

---

① （清）汪森：《粤西诗载》卷9。
② 南朝陈无"天建"年号，唯陈宣帝有"太建"年号。太建三年，即公元571年。

方志是根据前人的传说拼凑演义的，为使其具有真实性，将卵生的"雷子"定名为"陈文玉"，并履任雷州刺史，而其养父则定名为"陈鉷"。然而，第一，南北朝陈无"天建"年号。第二，雷州是距陈太建三年（571年）60年后的唐朝贞观八年（634年）始以合州改名，此前无所谓雷州，生活于南朝陈的雷子陈文玉怎么可以"果为雷州刺史"？第三，在前人的传说中，卵生男儿陈义是一个传说，"十二耳犬"引得"十二卵"是另一传说，二者得卵的地点、数量以及孵化的结果并不一样，方志的编撰人员将二者糅杂凑合成为一个传说，随意改篡猎犬"耳十二"为"九耳犬"，猎犬引得"十二卵"又随意改为"一巨卵径尺"，等等。传说本十分中已有八分不可信，再加以将前人的传说改造得面目全非，其可信度即宣告罄尽了。

"雷祠，祀雷之神。"①"雷神祠，本邑各乡俱有，每三年用特牲祭。"② 习俗传承，祭雷王的仪式，因时代不同，地域不同，在壮群体越人及其后人中也不尽相同。

《太平广记》卷394《陈义》引《投荒杂录》记载唐朝及其前，是"每具酒殽"祭奠，"岁时祀奠"。南宋初年，据蔡绦《铁围山丛谈》记载，"祭天神必养大豕（猪），目曰神牲。人见神牲则莫敢犯伤，养之率百日外，成矣始见而祀之。独神牲如此，他牲则但取具而已。大凡祭祀之礼，既降神，而后始呈牲。于是，主人者同巫觋而共杀之，乃畀（bì，交给）诸庖（厨师）烹（pēng，烧煮）而荐（祭献）之焉"。淳熙五年（1178年）周去非《岭外代答》卷10《天神》记载广南西路钦州祭雷活动，祭品更为丰厚，礼仪更为讲究："其祭之也，六畜必具，多至百牲。祭之必三年，初年薄祭，中年稍丰，末年盛祭。每祭则养牲三年，而后克（胜任）盛祭。"延续下来，三年一祭雷神，或者成为传统。《古今图书集成·方舆汇编·职方典》卷1433《梧州府祠庙考》载岑溪县"各乡俱有"雷神祠，"每三年用特牲祭"。"特牲"，就是一头牛或一头猪。而在雷州，则仍依其旧俗，定六月二十四日为雷王诞辰日子，除杀猪或宰牛供祭外，还"必供雷鼓以酬雷"。③

由于汉族文化影响，在壮群体越人的后人中，龙主水的意识、观念渐兴，雷主水的观念渐趋淡薄，特别是清朝中后期以后。但是，迄于民国时期，祀雷求雨的习俗在壮族中并未绝承。比如，翟文富民国《来宾县志·信仰民俗》载："雷王，乡间多以夏历六月初二日椎牛祀雷神，称之为雷王，其祠谓之庙。祭拜醵饮，一如春、秋祀社时，牲大肉多，亦有分胙。若岁旱无雨，乡众亦于是（在此）就祷焉。"曾瓶山民国《同正县志·信仰民俗》也载，广西扶绥县北部"坡只村浔挞岭有大树一株，相传雷神寄此。遇旱，村庙首事（管事头头）捐钱备七牲，延巫设祭祈雨。五官肢体不全者、妻孕者、鳏者禁入百步内。事毕，祭物分三，其二归首事，其一用荷叶分裹，鸣锣散叶广野。故老谓，此习自立村时已然（这样）矣"。

雷神居于浩浩上空，是最大的神，既主雨水，也是消弭灾祸以及判定人间是非、惩罚有罪的人。比如，汪森康熙《粤西丛载》卷14《雷神庙》引《庆远府志》载，元朝皇庆元年（1312年）庆远府城火灾连连，久灭不息。庆远路总管王世宁修葺雷庙一新，止息

---

① 《古今图书集成·方舆汇编·职方典》卷1433《梧州府祠庙考·藤州》。
② 《古今图书集成·方舆汇编·职方典》卷1433《梧州府祠庙考·岑溪县》。
③ （清）屈大均：《广东新语》卷6《雷神》。

了火灾。又如，明朝魏浚《西事珥》卷7有"雷诛不孝"的条目，记载广西宜州鲁蛮夫妇虐待其母，受到雷王惩罚的事情。因此，受雷王轰击者，在壮人的心目中就认为其人行为不端，从而形成了这样的意识、观念和行为：

> 凡被雷殛（jí，诛杀）者，蛮人以为天诛，必罪大恶极，相戒不往吊；虽至戚亦远之。若雷击其屋顶则蛮人呼群啸类，拥入被灾者之家，席卷其所有以去，谓："天既罚之，所以顺天意行天道也！"蛮民虽受巨大损失，双目睁睁，坐视其物之为他人所掠，不敢怨叹。①

惨遭雷击，壮族谓为"天诛"，是壮群体越人及其后人历史上以"雷"代"天"意识、观念的传承。

壮族民间俗语称："天上雷公大，地上舅公大"，"手不抓青蛙，哪怕雷公伐"，"敬父母，雷公睦，恶邻里，雷公厉"等等，都是壮群体越人及其后人以雷为天、敬奉雷王并千百年传承在壮族中的积淀。

（十一）日崇拜

壮群体越人的后人壮族、布依族谓太阳为"taŋ¹ ŋon²"，与傣群体越人的后人傣族谓太阳为"von²"属同源语。这说明，在壮傣群体越人时代就已经认知太阳的存在，有了太阳的概念，形成了太阳的词语。

壮群体越人虽然以雷为天，祀雷谓祭天，但是太阳悬在上空，光灿灿，亮堂堂，谁能否认上天太阳的存在？特别是炎夏到来，毒阳高照，岭南热浪滚滚，更不能否认上天太阳的存在。日悬中天，威力四射，人们感知万物见阳者生命勃发，无日者生命衰萎，认知太阳无穷神力的存在。当然，阳光酷照，烈日当空的时间太长，物极必反，也将带来无穷的祸害。比如，阳光长照，乌云不见，雷王不鸣，雨水不来，也造成作物无收，人、畜饮水困难。因此，壮群体越人及其后人视日头和雷王二神为相干、相克之神，雨水不来，祭祀雷王；雨水来得太多，洪水泛滥，就在太阳的照射下祭祀水神，就如同成于战国之际的广西左江崖壁画虽系人们沿江祭祀水神的场面，却在上部绘有一轮光芒四射的太阳一样。屈大均《广东新语》卷1《戴日》载"南人最事日，以日为天神"，说到点上了。

"因想苍梧郡，兹日祀东君"，是南北朝北齐《魏书》的作者魏收《五日》诗的句子。"东君"，也就是屈原《九歌·东君》里的"东君"。《九歌·东君》是祭日神的歌，东君就是"太阳神"。苍梧郡治今广西梧州市，"兹日祀东君"，就是苍梧郡的壮群体越人的后人在"五日"这一天祭祀太阳神。

日崇拜，在壮群体越人历史上由来已久。在战国及秦汉的铜鼓上，其鼓面上无不铸着光芒四射的太阳图纹。这是物化的太阳崇拜。

裴渊《广州记》载："俚獠贵铜鼓，唯高大为贵，面阔丈余方以为奇。初成悬于庭，克晨（约定日子）置酒招致同类。来者盈门，其中豪富子女以金银为大钗执叩鼓，竟（叩完），留遗主人，名为铜鼓钗。风俗好杀，多构仇怨，欲相攻击，鸣此鼓集众，到者

---

① （清）刘锡蕃：《岭表纪蛮》，商务印书馆1934年版，第196页。

如云。有是鼓者，极为豪强。"①《隋书》卷31《地理志》则载："有是鼓（指铜鼓）者，号为都老。""都老"，即部落的"尊"者，也就是头头、首领。所以，在壮群体越人及其后人中，铜鼓是部落首领的权力和财富的象征器物。在此象征着首领权力和财富的器物上铸着太阳图纹，无疑是崇拜太阳的物化形式。

铜鼓既是首领的权力和财富的象征性器物，首领死了，自然也随之而埋入泥土中。所以，唐末五代刘恂《岭表录异》卷上《铜鼓》载，唐朝后期咸通末（874年）、僖宗朝（874—888年）在今广东各地开始出土铜鼓。南宋周去非《岭外代答》卷7《铜鼓》也载："广西土中铜鼓，耕者屡得之。"

南宋范成大《桂海虞衡志·志器》载："铜鼓，古蛮人所用，南边土中时有掘得者。""古蛮人"的"古"，对岭南的"蛮人"来说，其时限是什么？就是唐朝中前期。《新唐书》卷110《冯盎传》附《冯子猷传》载，冯盎的族人冯子猷"贞观（627—649年）中入朝，戴金一舸（小船）自随"。唐高宗（650—683年在位）派遣御史许瓘到岭南查询其家产。他"至洞，子猷不出迎，后率子弟数十人击铜鼓、蒙排执瓘而奏其罪"。这就是唐朝前期岭南的"蛮人"首领还以铜鼓以炫耀其权力和财富的例子。

《宋史》卷495《抚水州蛮传》载："其族铸铜为大鼓，初成悬庭中，置酒召同类，争以金银为大钗叩鼓，去则以钗遗主人。相攻击，鸣鼓以集众。号有鼓者为都老，众推服之。"此段文字，抄袭于《隋书》卷31《地理志》的记载，无一句具有创意。是不是那个时候抚水州（在今广西环江东北）地处偏僻，"唐末诸酋分据其地，自为刺史，宋兴始通中国，奉正朔，修职贡"，②还保有昔日的习俗未改？然而，范成大于乾道八年（1172年）出任广南西路最高长官，淳熙二年（1175年）撰成《桂海虞衡志》，抚水州在其辖属区内，怎么会说"铜鼓，古蛮人所用，南边土中时有掘得者"？显然，在岭南壮群体越人的后人中，唐朝中后期以后铜鼓已经不再象征着首领的权力和财富，逐渐演化成一种打击乐器。不过，铜鼓新的用法热乎，旧日它象征首领权力和财富的记忆犹存，于是铜鼓逐渐神化，成为祭祀及战阵必须敲击的乐器。比如，"黑幡三点铜鼓鸣，高作猿啼摇箭服"；③"牙樯迎海客，铜鼓赛江神"；④"瓦尊迎海客，铜鼓赛江神"；⑤"家家扣铜鼓，欲赛鲁将军"；⑥"铜鼓夜敲溪上月，布帆晴照海边霞"⑦ 等。这些诗的作者李贺、白居易、许浑、皮日休等都是唐朝大历七年（772年）及其后出生的唐朝中后期的著名诗人。

"波罗蜜树满城闉，铜鼓声喧夜赛神。"⑧ "夷俗最尚铜鼓，时时击之以为乐。土人偶于土中掘得，辄称是伏波将军或诸葛丞相所藏者，土豪富室必争重价求购，即至百牛不

---

① 《太平御览》卷785《俚》引。
② 《宋史》卷495《抚水州蛮传》。
③ （唐）李贺：《黄家洞》，《全唐诗》卷391。
④ （唐）白居易：《送客春游岭南二十韵》，《全唐诗》卷440。
⑤ （唐）许浑：《送客南归有怀》，《全唐诗》530。
⑥ （唐）许浑：《游樵山新兴寺宿石屏村谢叟家》，《全唐诗》卷528。
⑦ （唐）皮日休：《送南海二同年》，《舆地纪胜》卷89《广州》引。
⑧ （明）解缙：《龙州三首》其二，（清）汪森《粤西诗载》卷23。

惜，与售赝（yàn，假）骨董（古器物）亡（无）异。"① "后人仿式而造，其精巧反而过之者。"② "节会必鸣铜鼓"，③ 赛神必敲铜鼓，继而将铜鼓视作神物。出土铜鼓不易得，"仿式而造"的铜鼓也成为人们心目中的神物。于是，铜鼓面上铸的太阳纹芒，也就是壮群体越人的后人日神崇拜的物化象征。

迟至20世纪50年代，云南西畴县的壮族在每年二月的第一个龙日，由族长率领备办祭品进行祭太阳活动。广西防城市十万大山南麓的壮族，在春节过后也要举行祭日仪式，祈求太阳福。这些都是往日壮群体越人传承下来的日崇拜的残存形态。

（十二）月亮崇拜

八月中秋，皓月当空，大地一抹柔光，洁净沉静，壮群体越人仰望高空，俯瞰大地，断不了遐思，少不了联想，凝成了一定的意识和观念，于是有了对月亮的祝祭之仪。月光浅白柔和，犹如女子性情，而且月亮高悬上空，东出西沉，来回穿梭，自然察知人间祸福，于是成为壮群体越人及其后人女性崇拜的客体。她们以热情的歌唱请来月亮姐姐，卜吉凶，问来事，指点迷津。这就是乾隆《归善县志·岁时民俗》记载的八月中秋，"妇女则拜月，卜祥兆"，以及民国《长乐县志·岁时民俗》记载的长乐县（今广东五华县）"妇女拜月，谓之椓（zhuó，诉请）月姑"。

光绪《曲江县志·岁时民俗》载，八月中秋那天，广东曲江县"夜半，女子扫地焚香，以箕蒙帕，唱歌接月姐。问来事，似有验者"。至今，中秋"月姐歌堂"仍流行于粤北的妇女中。④ 时间从八月初一至十五日。届时各村寨的妇女分别聚集于本村最有名望的几个歌手家里，摆起供品，唱起接月姐的歌。她们边唱边舞，请月姐说来事，卜吉凶。初五日以后，各村寨、各歌堂互相邀约，相互对歌，一直对歌斗歌到中秋之夜。最后，各歌堂一同唱起"送月姐歌"，始宣告"月姐歌堂会"结束。

八月中秋，粤北妇女的"月姐歌堂会"，一如今日广西西南靖西县等地壮族妇女八月中秋"拜请月娘下凡"问来事、卜祸福一事。⑤ 粤北、桂西南，相隔遥远，粤北居人已经趋汉变化，而桂西南却仍为壮群体越人后人之一的壮族，其八月中秋习俗的基本同一，不能不说是各自传承于壮群体越人，说明壮群体越人及其后人昔日都曾有着对月亮崇拜的意识、观念和习俗。

基于一源的习俗的传承，随着岁月的流逝，外族文化的影响，各地多有变异，甚至淡化消失或者异化。比如，民国《宜北县志·岁时民俗》载，宜北县（在今环江东北）八月十五日，"夜间皓月当空，用柚子插竿尖向空高举，名为望月。男女歌唱，欢乐一场，鸡鸣方罢。或请法童做夜禁，众人环围法童于中间，齐声咀咒，使之降阴间神，唱歌互答，将曙方休"。又如乾隆《柳州府志·岁时民俗》载："八月中秋，不供月，惟以被覆妇女，用土音咒诵，妇女晕去，他人生魂即附其身，能歌能唱，名曰压禁。"这是徒存对

---

① （明）魏浚：《西事珥》卷4。
② （明）朱国祯：《涌幢小品》，（清）汪森《粤西丛载》卷19《铜鼓》引。
③ （宋）乐史：《太平寰宇记》卷161《贺州风俗》。
④ 《岭南文化百科全书》，中国大百科全书出版社2006年版，第635页。
⑤ 详见本书第九篇第一章"八月十五日椓月姑"一节。

歌及卜吉凶、问来事，没有请来月神此一主角了。而石崇先乾隆《陆川县志》则载，"县城南北街皆搭棚，于（八月）十五、十六夜请歌娘在棚上唱歌，男子在棚下环听，或唱歌以和之，谓之赏月"，仅存对歌此一内容，却失了请月姐以卜吉凶、问来事此一主题。同治《乐昌县志·岁时民俗》载，"八月中秋，是夕，乡间妇女有迎紫姑神以卜者"，则卜吉凶的主体月姐已经变成了由中原汉族移入的"坑三姑娘"紫姑神了。乾隆《南澳志》载广东南澳县在八月中秋夜里，"山桥野店，歌吹相闻，谓之社戏"，无疑是异变了。

二 家鬼崇拜

随着社会和历史的发展，自然崇拜进一步发展，出现了图腾崇拜、祖先崇拜和神灵崇拜。

"图腾"是印第安语"totem"的译词，意即"亲属"和"标记"。也就是说，原始民族群体对所崇拜的动物、植物或无生物，认为其中有一种崇拜物和自己的氏族、部落有"亲族"血缘关系，并作为自己氏族、部落的"标记"（标志）。这就是图腾崇拜的实质。考察壮群体越人及其后人的历史，似乎没有出现过图腾崇拜。

第一，壮群体越人及其后人的自然崇拜，是不分氏族或部落，一体性地进行崇拜。比如，对青蛙的崇拜，自壮傣群体越人乃至壮群体越人及其后人，都一体性地毫无例外地崇拜，并不分什么氏族或部落。

第二，他们与崇拜客体间没"亲属"性的血缘关系，即使在传说中群体的某一人或某一家偶尔与崇拜客体发生孕嗣关系或婚配关系，但那只是传说性的限于一人或一家的事儿，与整个群体或某个小群体没有发生关系，整个群体或群体中某个小群体并未因此而发生性质的改变。比如，对竹的崇拜，起于夜郎竹王传说。如果说，竹王生于竹，与竹子有"亲族"血缘关系，且"氏竹为姓"作标记，那只是竹王一家的事，众多的"咸怨以竹王非血气所生求为立嗣""夷獠"，① 并不与竹子发生"亲族"血缘关系。"夷獠"后来祭祀竹王三郎祠，类似于一种英雄崇拜，并不是什么图腾崇拜。

第三，壮傣群体越人原无姓氏，壮群体越人及其后人具有姓氏，是在社会发展及汉族文化影响下依汉定姓的，比如吕、黄、陈、李、庞、梁、王、宁、冯、莫、邓等姓。当然，不可否认，唐代出现的"獠"人侬姓，取自于壮群体越人语谓"森林""树林"为"doŋ¹"一词。此可从"麻""侬"二姓的互转中得到证明。

森林、树林，其组成者是树。壮群体越人语谓森林、树林为doŋ¹，谓树为mai⁴。doŋ¹的近音汉译写字为"侬"，mai⁴的近音汉译写字为"麻"。侬、麻二者虽异其本却同，所以北宋熙宁间（1068—1077年）恩州知州"麻泰益"，有时又称作"侬善美"。② 这说明"獠"人的麻、侬二姓本源于一，取姓之初，二者是可以互转的。同时也说明，壮群体越人的后人侬、麻二姓群体是依据他们所崇拜的客体树林、树木而取其姓，并作为其小群体标记的。

然而，树林、树木，不仅是壮群体越人后人中"侬""麻"二姓小群体崇拜的客体，

---

① （南北朝）郦道元：《水经·温水注》。
② （宋）李焘：《续资治通鉴长编》卷259。

也是整个壮群体越人及其后人虔诚崇拜的客体。比如，西晋时，越人"于山间大树下封土为坛"。"其坛地，人畏不敢犯也。"① 明末清初，壮人"凡山中六七老树交荫之地谓之天神庙，土人不斋洁不敢入"。② 时至民国年间，广东乐昌县趋汉变化了的壮群体越人的后人，"或遇一顽石即立社，或老松古柏之下辄指为土地（管理一方地面的神），无所谓神像。向木、石祭赛，乞阿护者不绝"。③ 如此，怎么可以说树林、树木仅是壮群体越人后人中"侬"姓或"麻"姓小群体的"标记"？何况，树林、树只是"侬""麻"两姓群体的崇拜客体，他们并不认为自己与崇拜客体间有什么"亲族"血缘关系，哪能说"树林""树"是"侬""麻"二姓群体的图腾崇拜！

唐朝前期，"獠子部"的首领还称为"阿迪"，④ 无所谓姓氏。中唐以后，"獠"人侬、麻二姓开始出现。⑤ 也就是说，在众多的壮群体越人的后人于社会发展以及汉族文化影响下大都已具姓氏的情况下，"麻""侬"二姓群体的头人首领们见势不可缓方才根据他们所稔熟的"doŋ¹"（树林）、"mai⁴"（树）来定姓。"doŋ¹""mai⁴"二者其近音汉译写就是"侬""麻"。

在壮群体越人及其后人历史上不存在图腾崇拜，在壮群体越人及其后人的前期阶段也不存在"家鬼崇拜"。

"家鬼"，如同南宋周去非《岭外代答》卷10《家鬼》所载，即"祖考"，也就是"祖先"。"家鬼崇拜"即祖先崇拜。

壮傣群体越人及其后人因对人魂的理念与中原汉族关于人的魂魄理念不同，各自对人的生魂与逝去先人灵魂的态度与形成的习俗不一样。应该说，壮群体越人及其后人原无祖先崇拜，在汉族文化的影响下，随着历史的发展，由东往西，在南北朝及其后方渐臻形成的。而傣群体越人后人之一的傣族，迄20世纪50年代"他们没有祖宗崇拜习俗，家庭中不供奉祖宗神主，对祖宗坟墓无祭扫礼仪"。⑥

《左传·昭公七年》载："人生始化曰魄，既生魄，阳曰魂。"《疏》："附形之灵为魄，附气之神为魂。"因此，《礼记·郊特性》载："魂气归于天，形魄归于地。"这就是说，古代汉族的理念，精神能离开形体而存在者为魂，依形体而存在的为魄。人魄无害，而魂却是逝去者的魂灵，儿孙尊崇，是儿孙一家的保护神，对儿孙保佑赐福。而在壮傣群体越人及其后人理念中，人无魂、魄之分，认为魂依附于形体，形体倚仗着魂而有生命，但是魂于形体，是寄存式的，随时可以离开，一离开，人就会精神委顿或生病；人死了，则人魂变成鬼魂，眼红于活着的人，跟活人作对，往往危害于包括其儿孙在内的活人。所以，历史上壮傣群体越人及其后人日常生活中有收魂、续魂、驱鬼、望鬼远去之举。比如，南宋范成大《桂海虞衡志》载："人远出而归者，止于三十里外，家遣巫提竹篮迓，

---

① 《太平御览》卷406《叙交友》引周处《风土记》。
② 《古今图书集成·方舆汇编·职方典》卷1415《庆远府风俗考·河池州》。
③ 民国《乐昌县志·信仰民俗》。
④ （唐）张九龄：《敕安南首领爨仁哲书》，《曲江集》卷12。
⑤ 《新唐书》卷222下《西原蛮传》；《旧唐书》卷176《马植传》；《册府元龟》卷977《外臣部》。
⑥ 江应樑：《傣族史》，四川民族出版社1983年版，第504页。

脱妇人帖身衣贮之篮,以前导还家,言为行人收归魂也。"① 这就是因为人远出,其魂或贪花恋草,或为恶鬼引诱,逸离形体,于是请巫觋来作法,将其逸出的魂灵请回来归附于其身。

既然活人的灵魂可以自由离开其形体,陌生人坐卧的地方就当留心。刘文征天启《滇志》卷4《旅途志·粤西路考》载富州(今云南富宁县)纳桑箐"出箐至镇安州(今广西那坡县)四亭。民居多依峭壁构竹楼,覆以黄茅为团仓以囷(qūn,贮藏)谷,参差茅舍间,径路仅容一人。其下皆腴田,行人野宿田中,侵晨(破晓)启行,寨夷必焚其籍(狼籍垫睡)草,以辟鬼",就是以此而言的。

而人精力不足或病了,则是魂弱或魂失了。1992年,我们一行到泰国东北部拉加信府克茫县侬昌乡侬肯村访问,村头头热情地给我们举行了一次续魂仪式,目的是让我们强魂力壮,顺利工作。② 民国《长乐县志·信仰 民俗》也载,广东长乐县(今五华县)"信巫,有疾召巫子夜(半夜)舞之,谓之赎魂"。

明朝洪武(1368—1398年)后期,李思聪《百夷传》载"百夷"(傣族先称之一)"父母亡,不用僧道,祭则用妇人祝于尸前,诸亲戚邻人各持酒、物于丧家,聚少年百数人饮酒作乐,歌舞达旦,谓之娱尸。妇人群聚击碓杵为戏,数日而后葬。葬则亲者一人持火及刀前导,送至葬所,以板数片如马槽之状瘗之,其人生平所用器皿、盔甲、戈盾之类,坏之以悬于墓侧而自去,后绝无祭扫之礼也。又有死三日之后,命女巫刹生祭送,谓遣之远去,不使复还家也。民家无祀先奉佛者"。③ 而清朝初年,"车里"(今云南西双版纳)的"僰彝"(今傣族先称之一)对待死者做得更为明显:"葬不复顾,或焚亡者,昧爽(天将亮时)至冢上设一石,祝之曰:勿再返也!"④

在壮群体越人及其后的早期历史上,也是如此:

> 古蛮夷之国,雕题之俗,婚用牛,丧则聚,搏击钲鼓作戏,叫噪逐其厉(厉鬼)。及掩之中野(旷野之中),至亲不复送。⑤

梧州《旧经》,见引于南宋王象之《舆地纪胜》卷108《梧州·景物》,说明此书为宋朝或宋朝以前人所撰。宋朝及其前,壮群体越人及其后人有人死了,便聚众鼓乐歌舞娱尸,"叫噪逐其厉",出殡时"至亲不复送",此昭示了壮群体越人及其后人对逝去的先人无所谓尊崇之态,没什么"家鬼崇拜"。此种习俗传承,在汉族文化的影响下,后虽多见变化,但娱尸闹尸仍然见在。比如,宋朝郁林州"死则打鼓助哀,孝子尤恐,悲泣";⑥

---

① 《文献通考》卷330《西原蛮》引。
② 白耀天:《泰国婚姻、丧葬和宗教信仰考察》,《广西民族研究》1993年第1期。
③ (明)郑颙:景泰《云南图经志书》卷10。
④ (清)范承勋:康熙《云南通志》卷27。
⑤ 《永乐大典》卷2339梧字引梧州《旧经》。
⑥ (宋)乐史:《太平寰宇记》卷165《郁林州风俗》。

元、明藤县"有丧以鼓乐、饮酒为礼";① 钦州"贴浪之民，舅姑（父母）初丧，子妇金帛盛饰，鼓乐歌唱以虞（娱）尸";② 归顺州（今广西靖西县）"父母死，阖室子女以杵舂臼，闹击成声，名为化者舂行粮"等。③

傣群体越人与壮群体越人自南越国时期分化各自发展以后，壮群体越人的后人在汉族文化的影响下自南北朝及其后始由东往西逐渐有了家鬼崇拜，而傣群体越人的后人，由于地处偏远，受汉族文化影响力度不大，至 20 世纪 50 年代，仍有众多的群体没行家鬼崇拜。这说明在壮傣群体越人时代，没有家鬼崇拜存在。此在战国时期的作品中，也可以得到印证。《墨子》卷 6《节葬下》载，"昔者越之东有輆沐之国者"，"其大父死，负其大母而弃之，曰鬼妻不可与居"。文中"大"字疑衍，因为"大父""大母"不是祖父、祖母就是外祖父、外祖母。西晋张华《博物志》卷 5 引《墨子》的记载仅作"父""母"，没"大"字。此在"越之东"的"輆沐国"位于什么地方，难说清楚。不过，夫死妻为"鬼妻"，"鬼妻不可与居"的认知，却曾在壮、傣二族及其先人的历史上长期存在。比如，"僰彝"（今傣族先称之一）夫死，"妻不更嫁，名曰鬼妻";④ "车里宣慰司（今云南西双版纳傣族自治州）……夫死则弃之无娶者，曰鬼妻";⑤ "水摆夷"（今傣族先称之一）"夫死名为鬼妻，无复可嫁";⑥ "西粤土州，其妇人寡者曰鬼妻，土人弗娶也"。⑦ "鬼妻"及"鬼妻不可与居"的意识、观念传承在壮傣群体越人的后人中，说明此"輆沐国"就是岭南壮傣群体越人的部落国。他们以死了丈夫的妇女为"鬼妻"，"弃之"，对一个大活人尚且如此冷酷地对待，对死去的人其鬼魂更无所谓尊崇了！

他们对逝去先人的鬼魂不尊崇，却对其产生极度的恐惧心理，这就是人"死则打鼓助哀，孝子尤恐"。⑧ 他们认为，逝去先人的鬼魂是子孙可能出现不测的祸源，不可向迩，采取敬而远之的态度，实行驱之远去的办法。家有人死，辄离其故宅，是个应对措施；娱尸闹尸，聚众"搏击钲鼓作戏，叫噪逐其厉"，⑨ 是个应对措施；出殡，"至亲不复送"，⑩ 是个应对措施；"鬼妻不可与居"，也是个应对措施。1957 年，广西贵县（今贵港市）粮仓出土的陶楼"高 31.8 厘米，长 30 厘米，宽 23.8 厘米。前屋 3 楹，后楼重檐 3 层，上下镂空窗棂。门前 1 人持械守卫，左墙 1 犬伸首洞外，屋内有 1 人舂米，并有 1 犬守门。这是一所汉代庄园的模型。屋脊上刻有'歹人青□'文字"。⑪ "歹"是壮傣群体先人越人语谓"死"为"ta：i¹"的汉近音译写字。"歹人"就是"死人"，说明此庄园的

---

① 《永乐大典》卷 2339 梧字引洪武《藤县旧志》。
② （明）林希元：嘉靖《钦州志》卷 1《风俗》。
③ （清）金鉷：雍正《广西通志》卷 93。
④ （清）范承勋：康熙《云南通志》卷 27。
⑤ （清）罗伦：康熙《永昌府志》卷 24。
⑥ （清）汤大宾：乾隆《开化府志》卷 9。
⑦ （清）屈大均：《广东新语》卷 24《蛊》。
⑧ （宋）乐史：《太平寰宇记》卷 165《郁林州风俗》。
⑨ 《永乐大典》卷 2339 梧字引梧州《旧经》。
⑩ 同上。
⑪ 《广西出土文物》图版说明第 132 图，文物出版社 1978 年版。

主人是壮群体越人。"歺人青□"的遗字上头还剩下"雨"头未磨灭，或为"雲"（云）字。西汉司马相如《子虚赋》句称"交错纠纷，上干青云"，"青云"就是高高的天空。显然，"歺人青云"，乃是祝愿死者灵魂升上高空，不要留在地上危害生人。这是与残存于今日广西靖西县等地壮族中人咽气马上以竹竿捅开堂屋顶盖，开个天窗，让死者灵魂升天，免得局促家中，扰得生者不宁的习俗相一致的。开天窗，引死者鬼魂升天，同样是个应对措施。

广西贵港市粮仓出土的汉陶楼明器及屋脊文字

壮群体越人后人的家鬼崇拜，是在社会前进、历史发展以及汉族文化的影响下方才由东往西逐步形成，并普及开来的。

西汉、东汉之交，苍梧郡出了陈家祖孙三个名人，不知其家中是否有了祖先崇拜？苍梧士燮一家王莽时由鲁国（在今山东）迁来，不是岭南土著，是否入乡随俗，变了汉族的祖先崇拜，也不清楚。不过，魏、晋、南北朝以门第取士，实行九品中正制度选任官员，在其影响下，岭南东部萌生了祖先崇拜。梁武帝太清三年（549年）侯景之乱，岭南东部壮群体越人后人中有势力的首领开始北上进入朝廷任官，因袭了中原汉族习俗，开始立谱牒、讲门第、祭先人的工作。比如，南朝陈司空始兴曲江（今广东韶关市）人侯安都"世为郡著姓"，[①] 即是如此。陈、隋之际的冼夫人，家中每岁时大会，都将陈、隋二朝皇家的赐物陈列于庭，教育子孙，也说明隋朝时冼夫人的越化了的冯氏家族也已经形成了家鬼崇拜。[②]

南宋周去非于淳熙五年（1178年）成书的《岭外代答》卷10《家鬼》载：

---

① 《陈书》卷8《侯安都传》。
② 《隋书》卷80《列女谯国夫人传》。

> 家鬼者，言祖考（祖先）也，钦（州）人最畏之。
>
> 村家入门之右，必为小巷，升当小巷右壁，穴隙方二三寸，名曰鬼路，言祖考自此出入也。人入其门，必戒以不宜立鬼路之侧，恐防家鬼出入。岁时祀祖先，即于鬼路之侧陈设酒肉，命（受命）巫致祭，子孙合乐以侑（报答）之，穷三日夜乃已。
>
> 城中居民于厅事上置香火，别自堂屋开小门以通街。新妇升厅，一拜家鬼之后，竟不敢至厅，云："傥至，则家鬼必击杀之！"惟其主妇无夫者，乃得至厅。

此段文字记载了时至南宋，钦州的壮群体越人后人已经产生了和逐渐产生了家鬼崇拜，可是因城乡界域的不同，又形成了相异的形式。城里居民家中厅堂已成了家鬼的享堂，家鬼成了一家男子一系的守护神；乡村显然已经认识到家鬼赶是赶不走的，特辟"家鬼巷"，穴孔入屋，让家鬼自由出入家中，岁时则在家鬼巷设祭。这既有讨好、原情之意，又有感谢、求告之情在内，但还没将家鬼即故去的先人当作其一家子的守护神。这是个过渡期，家鬼崇拜的形式、内容仍待发展完善。

"家鬼巷""家鬼巷设祭"也曾在广东壮群体越人后人中存在过。民国《清远县志·礼仪民俗》载该县鳌山乡"寿终之父母亦不在堂殓殡，必抬尸出巷，乃殓于棺。"这显然是在家鬼巷设祭的残迹。

迄于明末清初，在广西的中西部及云南东南部的壮族地区，家鬼崇拜仍然停留在有或无，有又分为家设祖宗神主或不设祖宗神主两个阶段。比如，庆远府（治今广西宜州市）"不祀先祖，病不服药，惟祀鬼神。每岁收获毕，则跳鬼酬赛"；[1] 广西上林县"死丧三日不吊不祭，祀先不设主（神主牌位），疾病跳鬼不服药"；[2] 广南府（治今云南广南县）"居民皆楼居"，"编竹笼若鱼罾（捕鱼器具），累累数十（数十个重叠），置（干栏上）西南隅（角落）以祀鬼"。[3] 这就显示出明末清初在岭南西部及云贵高原东部壮族地区，有无家鬼崇拜并未完全相同，而已有家鬼崇拜的地方，其所处的阶段也不完全相同。随着历史的发展，以及汉族文化影响力的加大，清朝初年还"不祀先祖"的庆远府壮族，至雍正（1723—1735年）年间，据金鉷雍正《广西通志》卷93载，"岁首祭先祖，击铜鼓，跳跃为乐"。到了此时，各地壮族已经完全如同中原汉族，在家屋的厅堂设置祖宗神龛，每逢年节，都对逝去的先人进行隆重祭祀，以先人为家庭的守护神了。

三　淫祀

淫祀，就是滥设祠庙，不合礼制规定地进行祭祀。所以，《礼记·典礼下》载："非其所祭而祭之，名曰淫祀。"

《汉书》卷25上《郊祀志上》载："各有典礼，而淫祠有禁。"《三国志》卷1《武帝纪》载，光和（178—184年）末，曹操在济南国（治今山东章丘市西北）见祭祀曾立功于济南郡的景王刘章其祠庙有"六百余间"，认为这是"长吏受贪饕（tāo，贪），倚依贵

---

[1]《古今图书集成·方舆汇编·职方典》卷1415《庆远府风俗考》。
[2]（明）郭棐：万历《宾州志》卷2《风俗》。
[3]（明）刘文征：天启《滇志》卷4《旅途志·粤西路考》。

势"形成的,于是"禁断淫祀,奸宄逃窜,郡界肃然"。到了唐代,《旧唐书》卷89《狄仁杰传》载:"吴、楚之俗多淫祠,仁杰奏毁一千七百所,唯留夏禹、吴太伯、季札、伍员四祠。"由此可见,中原汉族的淫祀经史上历代统治者的扫荡,到后来越少存在了。

岭南壮群体越人及其后人,与中原汉族文化本异,其信仰崇拜也自不同,直至清朝光绪(1875—1908年)中,广西郁林州"神庙佛寺,弗在祀典者,四乡村堡各自建立,合州千百数之多,载不胜载,且其中或有称神、称圣,村民崇祀类有不经"。比如,丰庐庙,在郁林州"北门外十里上谷山村西"。庙的兴建,是因为"土人相传,村农夜起,屡见白马于此,因而神之,立庙祀焉。神称'押戮大王','丰庐'地名也"。①

据光绪《郁林州志》卷3《户口》载,光绪十九年(1893年),郁林州有41180户,男女大小338048口。以州的"神庙佛寺,弗在祀典者,四乡村堡各自建立,合州千百数之多",而以1000座计,平均每41户就有一座"四乡村堡"群众各自建立的"弗在祀典"的"神庙佛寺"。这就是滥设祠庙,这就是遍行淫祀。

来宾县,"乡俗于释(佛)、老(道)二氏教旨、教规异同、出入不甚明辨,大都拜其为神焉。所拜之神,不问佛与非佛,只不过是多神教之迷信"。

县中,"最崇拜者为玄武神,号曰北极玄天上帝,省曰北帝。县城北楼及良江、寺脚、大湾、三墟皆立庙专祀,岁值夏历三月三日辄赛会游神。次则花林圣母,省称曰花婆,嗣艰者祈祷尤虔。县城东楼及厢里格兰村、南一里永平团羊腿村皆立专祠奉祀,其赛会游神在每年夏历六月六日。龙洞、鳌山亦各祀花林圣母,鳌山最盛,其赛会游神,远乡毕至。其神三像并坐,中一像貌最老,左右者次之。左右者类中年妇女,锦袍玉带,凤冠珠履,俨然妃嫔宫妆。旁座别有七子、九子两娘娘,韶秀(美丽)如三十许人,华裙霞袂,群儿攀附胸腹肩膝。一七、一九,隐寓多男之意"。

"他神则有甘王、甘公、冯圣、冯煦、曹官,而汉之马伏波、关壮缪(关云长),清之陈文恭公(陈宏谋),亦各有血食。""曹官不知何神。""所述曹官事荒诞不经。又传其神极灵,有侮者必受重谴;骑过庙门不下,往往蹶坠。盖畏敬之心所感也。"

"南二里和平团古登村旁一庙,所祀不知何神,即以村名为庙名。或云神姓何氏,讳海鸣,南二里清平团良头村人,其父法传,其子金保,皆为神。法传庙在良头村,金保庙在武宣县属之甘丈村。""海鸣庙食于古登村,相传灵显异常,乡人事神惟谨。又谓能预知来岁丰歉,奇中不爽(不差)。每届除夕,令司祝洒扫殿庑庭阶,涓洁无纤尘,近村居民斋宿庙中,鸡鸣咸(都)起焚香拜祷。今岁某谷当大稔(丰收),神必赐示一粒,爇(ruò,点燃)火遍觅庙中地上或神台案上,必得之。识(记号)以朱、墨或石灰杂他谷散地上饲鸡,他谷啄尽,此谷独存。有某年觅谷不得,得一钱,则赤地荒饥。又,某年得草履,竟阖境流亡。"②

此中,活生生地显示了"人造神,人拜神,神左右人,神支配人,人脱不了神"的信仰特点。

来宾县的"甘王""甘公"崇拜,来源于宋代象州的"甘将军"崇拜。南宋王象之

---

① 光绪《郁林州志》卷7《寺观》。
② 民国《来宾县志·信仰民俗》。

《舆地纪胜》卷 105《象州·古迹》载：

> 甘将军正庙，在阳寿县（今象州县）北七十里。公家富饶，务赈济。一夕，梦一神人告之曰："汝处心（存心）公平，幽冥（阴间）已录姓名。"公自是（从此）不治产业（生产事业）。公兄弟诮（责备）之，分其已分之田，责（责罚）其自耕。公乃缚数茅人立于田旁，次日视之，插莳（栽插）已毕，众皆神（神奇莫测）之。一日，聚诸邻里，曰："吾已厌于世矣！"即瞑目（闭上眼睛）而去。

王象之记载的传说中的"厌世人"有姓无名，生前因乐于周济困厄，显出神异，死之后乡人思之、念之，尊为将军，立庙祭祀。他生前，兄弟无情，却有神人相助，因而得到人们的敬仰。然而，对甘将军的崇拜，后来却略见变形。比如，同治《象州志·风俗》载，甘王是象州人，兄弟二人。哥甘陆，征伐有功，不愿在朝廷做官；弟弟甘佃，有施济乡人之德；死后，乡人敬之立庙。"甘将军"与其兄弟本无兄肥弟瘦相代之义，又没让枣推梨欢愉之礼，其兄弟还想办法挤对他，哥哥怎又忽地成了有功的将军，与"甘将军"同享荣耀？

甘将军是个好人，阎王爷怎不体恤偏要他死？他心灰意冷，抱着活一天算一天的想法，不再治理产业，可神却又来帮助他。这种帮助，是对他善心以及被兄弟责备挤对的补偿，但毕竟显示了天道的不公。最后，他还是死了。他的死，是因厌世而死，难道助人不光彩？难道有神助大道顺畅不值得留恋？宋代有关甘将军的传说纰漏、矛盾，附会易见。不过，历史上象州所属的阳寿县（今象州县）、来宾县、武仙县（今武宣县）三县对"甘将军"的崇拜却是非常虔诚的。流传到后来，甘公祠或甘王庙广布于象州、来宾、武宣三县各地；单是象州一县，20 世纪 50 年代，还遗存 36 座甘王祠，香火旺盛。每年元宵节前二天，人们赛会游神，熙熙攘攘，热闹非凡。

清朝道光末咸丰初年（1850—1851 年），洪秀全创拜上帝会在象州一带活动，群众不拜上帝而拜甘王。拜上帝会为了争取群众，指甘王庙为淫祠，曾大行捣毁。

淫祀，是以万物有灵的认知为基础的。万物有灵的观念，在壮群体越人及其后人中是主流意识、主流观念。因此，岭南各地，淫祠丛峙，淫祀不绝。这就是五代孙光宪《菩萨蛮》词写的"木棉花映丛祠小，越禽声里春光晓。铜鼓与蛮歌，南人祈赛多"。[①]

人们崇奉淫祠，主在功利，即认为其神能助人或御病祛害，或除毒排险，或惩贼卫民，或保水去涝、护年成、捍太平等。淫祠中供奉的神灵，有些是当初有益于乡土，后来将之神化；有些本无益于乡间，偶有巧合，人们衍散思维，将之神化；有些则是众心扰扰，无所依托，将善念附益于某体从而将之神化，等等不一。

南宋王象之《舆地纪胜》卷 95《英德府·古迹》载，"寨将夫人庙，在府西十三里麻寨冈。夫人姓虞氏，银城乡人。故传，唐末黄巢之乱，攻破西衡州（治今广东英德市西北浛洸），虞氏与兄弟谋捍御计。夫人躬被甲胄，率兄弟领乡兵御寇，遇贼接战，亡于阵间。后乡人即麻寨冈立庙，号寨将夫人庙。绍兴三十二年（1162 年）湖寇入州，谒庙

[①] 俞平伯：《唐宋词选释》上卷，人民文学出版社 1979 年版。

祈祷，神勿许，欲焚其庙，火自扑灭。"

与此类似的，雷州（治今广东雷州市）有"宁国夫人庙"。"庙在镇远门外。五代时有一女子，失其姓，勇敢强力，众皆信伏，相与筑城以御寇，而女子为之帅。伪汉（南汉）归顺，余党尚行剽掠，皆为女帅所败，一方赖之。死，众私谥（称号）宁国夫人，立庙祀之。"①

这是其人生前表现特异，有益于乡间，死后乡人立庙祀之，成为一方的护佑神灵。

"陶家李家女，年各胜巾衿（成年）。恍惚若逢遇，相与（一起）登崎嵚（高耸山巅）。一朝作蝉蜕（解脱，仙去），英魂坠不沉。乡人共祠之，仿佛来顾歆（享受祭品）。水旱祷辄应（遇水旱祈祷就得到保佑），民吏同所钦（敬仰）。"② 这是其人生前本无益于乡间，可两人偶登山巅却羽化仙去，留下"绰约（姿态柔美）两仙子"的影痕。③ 其事奇，其迹让人遐思，于是人们散发推衍，赋予无边威力，将之神化，每遇水涝或干旱，凭之祈祷，以求解除，从而使之成为一方的护佑神灵。

《古今图书集成·方舆汇编·职方典》卷1402《桂林府祠庙考·灵川县》载："广福王名当，里人，从诸葛武侯征牂柯蛮，溺水死，浮智慧江西出，乡人立庙祀之。常著屐坐石矶钓鱼，有屐迹。五代，马启南节度杜州，时神昼见，振（严整）金甲、兜鍪，挥石大呼，声若雷，又为新其祠庙。宋崇宁（1102—1106年）间赐额'会宁'，绍兴（1131—1162年）间赐爵'义宁侯'，屡加英济广福王。"这是对流行于广西桂林地区"广福王"信仰起源、发展的概述。无疑，这是虚拟出来的。

诸葛武侯，就是三国时蜀国的丞相诸葛亮。魏、蜀、吴三国分立，建兴三年（225年）诸葛亮率师南征，擒纵孟获，南中平定，其地在今四川、云南、贵州，而广西桂林市所辖为荆州零陵郡的零陵、洮阳、始安三县地，属吴国，远在诸葛亮南征的范围外，始安县名为"当"的人怎会"从诸葛武侯征牂柯蛮"？诸葛南征怎又会来到地属吴国的荆州零陵郡始安县来？另外，所谓五代马启南节度杜州见到"广福王神"出现，宋徽宗赐神庙额"会宁"，宋高宗赐"广福王神"爵"义宁侯"，不见于史载，都是明朝人们徒加溢美附会来的。马启南该是五代楚国人，但他节度的"杜州"又在哪里？在中国历史上，有杜曲、杜邑、杜陂、杜国等地名，却没有"杜州"。显然，历史上流行于桂林地区的"广福王"信仰是众心扰扰，无所依托，将善念附益于虚拟的某体并将之神化，作为信仰对象的。

壮群体越人及其后人的淫祠、淫祀是以万物有灵观认知的，所以，他们见物寓神，神无所不在。这就是道光《新宁县志·风俗》记载"粤俗尚巫鬼，十家之里，必有淫祠庙观。每有事，辄求珓求签，以卜休咎（吉凶），信之惟谨"。"甚至遇一顽石，辄指为神灵，乞呵护者日不绝。"④ 民国《乐昌县志·风俗》也载，"百家之里，必有淫祠庵观，偶然有事，辄求珓祈签，以卜休咎，愚氓信之。或遇一顽石即立社，或老柏古松之下辄指

---

① 《舆地纪胜》卷118《雷州·古迹》。
② （宋）邹浩：《仙宫岭》，（清）汪森《粤西诗载》卷2。
③ 同上。
④ 新宁县，今广东台山县。

为土地（土地神），无所谓神像。向木石祭赛，乞阿护者日不绝，且书其子女名祝于神，托寄之，谓之契男契女"，也属此类情形。

民国《清远县志·风俗》载："各处神庙逢诞日搭棚演戏，如洪圣、城隍、康公、晏公、天后、北帝、华光等，年年必然。而二月之洪圣诞、九月之华光诞，尤必烧爆。"其中除城隍、北帝二祠二神外，其他洪圣、康公、晏公、天后、华光等都是不符合我国封建时代礼制规定而设的祠庙，属于淫祠、淫祀。

在中国历史上的封建时代，淫祠淫祀是遭禁的，但是岭南的淫祠淫祀存在于民间，民甘众好，禁也禁不了。王朝中央为了推行其心中偏向的祠庙，以确立其礼制教化，往往命令各州县建祠庙，强迫人们祭祀。比如，唐朝天授元年（690年），东魏国寺僧法明等10人伪撰《大云经》4卷讨好武则天，说太后"乃弥勒下生，当代唐为阎浮提主"。制颁于天下，令诸州各置大云寺。① 结果根据朝廷的命令，在柳州就建置了4座"大云寺"。但是，百姓自有百姓心中的信仰，朝廷命令修建的祠庙开始并不能取代他们心中的神灵。比如，武则天时代在柳州所建的"大云寺"倒塌之后，群众就于其地"复立神"即重建列为淫祠的祠庙。直至100多年后，元和十年（815年）柳宗元到柳州做刺史，才"逐神于隐远而取其地"复修大云寺。② 同样，唐朝先天二年（713年）邕州司马吕仁高派遣专使赴左右江羁縻州洞"劝立城隍"庙，"自后毁坏不复重修"。③

北宋后期，邹浩贬居昭州（治今广西平乐县），见新建的道教玉虚观，"斧凿才终便掩门""老君（太上老君）寂寂看鸡豚"。"烟凝迭嶂为香火，风韵疏松作道言。借问羽衣（道士）何处去，一齐归屋抱儿孙"，④ 其香火无着，寂寞荒凉，也是此一情况。

虽然柳宗元认为，复立大云寺，"而人始复去鬼息杀，而务趣于仁爱。病且忧，其有告焉而顺（调和）之，庶乎教夷之宜也（这或者是教化夷人的一种合适的办法）"，但是当初朝廷批准在岭南修建的如同城隍、北帝、大云等祠庙寺观，其神灵难以在壮群体越人及其后人心目中树起信仰权威，朝廷派驻岭南的官员不得不服从民意。比如，"钦州宁谏议庙，去城数十里，太守到任谒（拜见）之；雨旸（晴）不时，祷之辄应"等。⑤

因此，朝廷虽反对，禁止淫祠、淫祀，但在岭南的官员对朝廷除"等因奉此"外，对岭南民间的淫祠、淫祀，既听之任之，又不时宣扬并参与其事。比如，南宋王象之《舆地纪胜》卷107《昭州·景物下》载，骆越水，在立山县（今广西蒙山县）南二十里。（昭州）《旧经》云："其泉有灵，若相争，是非不决，酌而饮之，非者必致疾。"这是信之又为之做了宣传。又如，明朝于广西贵县兴起的对冯姓都长的"冯三界"崇拜，任职于横州（今横县）的吴兴（今浙江湖州市）人王济，嘉靖元年（1522年）在他的《君子堂日询手镜》中就有一节文字专门渲染冯三界的神异："立召风雨鬼神虎豹，言人祸福无不验。"而雍正十二年（1734年）十一月十七日清朝"封广西郁林州富民乡泉源

---

① 《柳河东集》卷28《柳州复大云寺记》注。
② （唐）柳宗元：《柳州复大云寺记》，《柳州东集》卷28。
③ （宋）乐史：《太平寰宇记》卷166《邕州》。
④ 《玉虚观》，（清）汪森《粤西诗载》卷13。
⑤ （宋）周去非：《岭外代答》卷10《宁谏议》。

之神曰昭德沛泽泉源之神",①则又是朝廷服从民意,变淫祀入于清王朝的祀典了。

向武州(治今广西天等县向都镇)都军村有座庙,称为"都军神庙"。清朝康熙四十五年(1706年)春,向武州土官知州黄道远率土州内"乡老""镇兵""掌案"等吏、目及黄姓、林姓、许姓、赵姓头人重修庙宇,并勒了块碑:

重修都军神庙碑记

尝谓古之钦设,遗无置于十方,今之重修,盖永昭(显扬)于万代。

故惟伏蛮义勇侬大灵神殿下,名为地主,职冠将军,乃以粤西之钟灵(天地间灵秀之气所聚),系吾向中之神明。□兵足饷,救患恤人,动则暗里风雷,万夫□□;静则阴中庇祐,千户沾恩。

是以,偕众重修,勒碑□□□□。

  本州正堂黄道远字任孔……

  州老黄国俊……

  林家总祖□□……国统……

  许家上祖 洞兵许□□……

  赵家上祖 洞兵赵□□……

 书吏目男 房黄启瑞

时康熙肆拾伍年岁次丙戌季春月谷旦同立

  湖广石匠 李运生②

自宋朝迄于清朝光绪三十三年(1907年)九月土官黄承业"因案撤任"改为汉员弹压,③向武州州主都是黄姓。州主虽是黄姓,州民却有赵氏。赵氏,就是宋朝皇祐(1049—1054年)间受广西经略安抚使余靖"縻以职,使听节制"以反对侬智高的左右江"侬、黄诸姓酋长"的"侬"姓。④侬智高起兵反宋失败后,宋仁宗给听宋朝节制的左右江羁縻州洞侬氏族人赐以"国姓",改为赵姓。⑤

被誉为"伏蛮义勇侬大神灵"的人,"名为地主","地主"就是本地的主人,说明"侬大神灵"为向武州人。其人为侬姓,而且为"伏蛮义勇侬大神灵",伏什么"蛮",此"蛮"自然是指侬智高。侬智高兵败西走特磨道,又走大理,留其母阿侬及弟、二子于特磨道,邕州落第进士石鉴"募洞丁得五六千人"入特磨道擒侬智高的母亲阿侬及其弟与二子。⑥此中最得力者无疑是田州知州黄光僐其母阿侬。因此事平之后,由于黄光僐的母亲阿侬"克有材智,料籍丁壮,劳勤显闻",带领田州丁壮进入特磨道,于宋朝有

---

① 《清实录·世宗实录》卷149。
② 《广西少数民族地区石刻碑文集》,广西人民出版社1982年版,第113—114页。
③ 唐兆民:《关于土官的两份材料》,《广西民族研究参考资料》第二辑。
④ (宋)李焘:《续资治通鉴长编》卷173。
⑤ (宋)范成大:《桂海虞衡志·志蛮》。
⑥ (宋)司马光:《涑水纪闻》卷13。

功，宋仁宗赐封她为"宣化郡君"。① 侬智高母"阿侬"与田州知州黄光倩母"阿侬"，势不两立，道出了二人虽同为"阿侬"，却站在不同的政治立场上，互为敌对。

田州知州黄光倩母"阿侬"不详是来自哪个地方的女子，疑她就是被誉为"伏蛮义勇侬太神灵"的人，来自向武州地方的侬家，因为不论是"伏蛮"还是"义勇"都与她的身份相符。向武州地方的侬氏族人以她为英雄，为她立庙，崇敬她，祭祀她，将她尊为惩恶彰善的地方保护神。

向武州以及其北的奉议州（治今广西田阳县右江以南）一带，自有史可考的宋代至元朝，都属于田州或田州路黄氏土官。元末大乱，田州路（治今田阳县田州镇）为从来安路（治今广西凌云县）来的岑伯颜所占夺，并乘明朝军队未入广西时父子到湖南向明朝湖广平章杨璟纳款输诚。② 明太祖朱元璋正担心着广西岑、黄的动向，见岑伯颜来投降，高兴之下，任命岑伯颜为田州府知府，其子岑永泰为思恩州（治今平果县旧城）知州。③ 原田州路土官总管黄志威无奈只好退缩于奉议、向武二州之地。在查清事实真相后，洪武七年（1374年）二月，明朝才"以田州土官总管黄志威为奉议州知州兼守御事，直隶广西行省"。④ 此后，向武州则由其子孙执掌，迄于清朝光绪三十三年（1907年）九月土官黄承业被撤任。侬智高起兵反宋前占领田州，曾娶田州知州黄光祚之母为妻。⑤ 后来侬智高率兵东下邕州、广州，左右江为广西经略安抚使余靖所控制，惩处黄光祚，并以其同父异母弟黄光倩为田州知州。可能黄光倩未成年或年轻历练不足，由其母阿侬辅佐。这样，阿侬自为偏房，不是正室，其来自田州属内向武地方侬氏家庭的可能性就非常大了。

黄道远康熙《重修都军神庙碑记》载："故惟伏蛮义勇侬大神灵殿下，名为地主，职冠将军，乃以粤西之钟灵，系吾向（乡）中之神明。""钟灵"，就是俗语所说的"钟灵毓秀"。这是指"侬大神灵"是"粤西"即广西天地间灵秀之气凝聚而产生的。"系吾向中之神明"，即"侬大神灵"是我向武州无所不知的神明。田州知州黄光倩之母阿侬"伏蛮义勇"而获宋仁宗赐封"宣化郡君"，这是此前广西历史所无，是广西历史女界获得朝廷显爵赐封的第一人，自然是向武州地灵而人杰。这又从另一侧面说明田州知州黄光倩之母阿侬原是向武州地方的侬家女子。

宋朝皇祐（1049—1054年）及其后，左右江诸羁縻州洞侬氏大部分已经接受朝廷的赐姓改为赵姓，说明田州知州黄光倩之母"宣化郡君"阿侬成为向武州地方的保护神，成为"伏蛮义勇侬大神灵"，在宋仁宗时代就已开始形成。

光绪十八年（1892年）印行的镇安府知府羊复礼光绪《镇安府志》卷21《胜迹志》，载有羊复礼撰的《都将军庙碑》一文：

---

① （宋）胡宿：《右江田州知州黄光倩母阿侬可封宣化郡君》，《文恭集》卷19。
② 《明实录·太祖实录》卷32。
③ 《明实录·太祖实录》卷43；《土官底簿·思恩军民府知府》。
④ 《明实录·太祖实录》卷87。
⑤ （宋）滕元发：《孙威敏南征录》。

俗言侬大将军讳四位，智高之第四弟也。随智高转战邕广，威镇南夷。自昆仑败北，身受炮伤，奔回家，指其痕询妻曰："是何伤？"妻不解，直言炮伤，遂大叫三声而逝，墓在庙内。自宋迄今，英灵不昧，凡州有患难，必为捍御，祷求亦必应，阖州士庶立庙祀之。

咸丰三年（1853年）二月，飞蝗遍地，伤禾稼。州人祷之，蝗即灭。咸丰十一年（1861年）十月，土匪陆为金、曾大率千余人焚掠镇洞一带，至庙前忽纷纷败窜。是时，村民见贼败，只二十余人追逐十数里，杀死百有余人，生擒数贼，询其故，贼言："鼓角齐鸣，旌旗遍野，是以大败。"州人益神将军之能护佑一方也，春祈秋报，供奉益虔。

考《宋史·交趾传》，元丰六年（1083年）交趾以追捕侬智会为辞犯归化州。又《熊本传》，熙宁（1068—1077年）间，既以顺州赐李乾德，疆划未正，交人缘是辄暴勿阳地而逐侬智会。智会来乞师，本檄问状，乾德敛兵谢，南荒遂安。是宋平侬智高后，分析其种落，大者为州，小者为县，又小者为洞，凡五十余所，推其雄长者为首领。且以侬氏世处广源，智会率众来归，朝廷宥其既往，不绝其祀，当亦在首领之列，故交人屡以为辞。况侬氏食采于斯数百年矣，一旦倾败，保无有思念旧主，依其部落作从亡之臣仆者，其庙食于斯土也固宜。是四位或即智会之伪，抑别有其人欤？年湮代远，纪载无闻，未能肊断。总之，能捍大灾，御大害，有功德于民者则祀之。将军之神威，盖亦副其实矣。

因为之纪其事，并考之史传，以告其民。复为神弦以祀之曰：雄盖宇庙兮将军之灵，束身归朝兮将军之诚，捍灾御患兮实溥佑乎边民。风车云马兮，群骇将军之神；永万祀之馨香兮，蘋藻于秋春。

向武州土官知州黄道远的康熙《重修都军神庙碑记》，虽称该庙为"古之钦（帝命）设"，实为向武州百姓推许的淫祠。光绪时镇安府（治今广西德保县）知府羊复礼为"都军神庙"题写碑文，既标示官府认可向武州民间的淫祠、淫祀，又大力张扬淫祠的能"捍大灾、御大害"，可说是完全慑服于民间淫祠的神力了。

羊复礼"纪其事"以张扬向武州"都军神庙"的神力，又强作斯文，将其事"考之史传，以告其民"，可说是自己一知半解，又俨然以博雅自居，训诲于人，使谬种流传。

侬智会及其子侬进安的事迹，见载于《宋会要辑稿·蕃夷五之六六—六七》。熙宁二年（1069年）九月古勿洞首领侬智会父子内附，宋朝授予侬智会右千牛卫将军，依旧知古勿洞；侬进安与保顺郎，依旧同知古勿洞。六年（1073年），古勿洞升格为归化州，以侬智会为归化州知州。此时距侬智高兵败邕州的皇祐五年（1053年）已有20年，侬智会会是侬智高的四弟吗？

《宋会要辑稿·蕃夷五之六七》载，元丰"三年（1080年）正月二十九日诏：'给归明人宫苑副使侬智会全俸（全薪）。'以智会年老有功也"。人的什么年龄段称为"老"？《礼记·曲礼上》载："大老七十而致仕（退休）……自称老夫。"又《晋书》卷26《食货志》载："十二以下、六十六以上为老小。"这说明，古人一生，60花甲以上始称为老。元丰三年（1080年）侬智会已经"年老"，当是六七十岁的人了。此时距侬智高的弟弟28岁的侬智光于至和二年（1055年）在东京（全河南开封市）被杀时仅25年，①假如侬智光还活着也不过53岁。我们姑且以南宋李焘《续资治通鉴长编》卷167杜撰的侬存福的儿子侬智聪为长子，那么侬智聪、侬智高、侬智光、侬智会四兄弟，侬智光当为老三。老三仅53岁，作为其弟的老四侬智会怎又因为"年老"而得到宋神宗的礼遇了？何况，元丰三年（1080年）侬智会还活着，他不可能在皇祐五年（1053年）侬智高军败邕州后不久死于田州的向武地方而成神。无疑，所谓的侬智会是侬智高的四弟以及死于向武地方成为一方的保护神，完全是后人胡乱揣摩而附会的。

侬智会是古勿洞的首领，古勿洞又称勿阳洞，②熙宁六年（1073年）宋朝升为归化州，③其地就在今广西那坡县。宋朝前期，古勿洞是广源州所属的10州洞之一。古勿洞以东是黄氏的安德州（治今广西靖西县西安德），④东北分别是黄氏的冻州（治今广西德保县）、⑤田州，向武州则在黄氏田州的辖属区内。在侬智高起兵反宋期间，左右江"侬、黄诸姓酋长"受广西经略安抚使余靖节制，与广源州的侬氏首领是互为仇敌的，而且田州知州黄光倩之母阿侬是因"料籍丁壮"入特磨道捕捉侬智高之母阿侬立功而封为"宣化郡君"的，作为广源州10州洞之一的古勿洞首领侬智会不可能进入黄氏田州领地的范围内被树为神护民。

交趾李朝一直以侵吞广源州及其所属州洞为其北扩张领土的目标，侬智高率广源州侬氏子弟及"中国亡命者"5000人东下邕州，交趾就以刘纪为广源州观察使，⑥如果侬智会、侬进安父子不守古勿洞，侬宗旦、侬日新父子不守火洞等洞，侬盛德不守下雷洞，⑦这些地方不是被交趾李朝占领了？因此，说什么侬智会、侬进安、侬宗旦、侬日新、侬盛德等随侬智高东下转战邕广，也是全无其事。

至于羊复礼说《宋史》卷334《熊本传》载："熙宁（1068—1077年）间既以顺州赐李乾德，疆画未正，交人缘是暴勿阳地而逐侬智会。智会来乞师。本问状，乾德敛兵谢，南荒遂安。"这其中既漏了熊"本因请以宿桑八洞不毛之地赐之"此割地求和的勾当，又将元丰六年至八年（1083—1085年）始出任广南西路经略安抚使的熊本错认为熙宁年间了，致使人误认熙宁间已有顺州（宋以广源州设置）的建置，并将之割给了交趾，发生了宋与交趾两国间的边界划分。这都是羊复礼不求甚解，自己不明而贻误于人的。

"牙樯迎海舶，铜鼓赛江神。"⑧"鹅毛御腊缝山罽，鸡骨占年拜水神。"⑨"家家扣铜

---

① 《涑水纪闻》卷13；（宋）李焘：《续资治通鉴长编》卷180。
② （宋）李焘：《续资治通鉴长编》卷349。
③ 《宋会要辑稿·蕃夷五之六六》。
④ （宋）李曾伯：《奏为边事》，《可斋杂稿续稿后》卷7。
⑤ 《宋会要辑稿·蕃夷五之六七》。
⑥ （宋）李焘：《续资治通鉴长编》卷279。
⑦ （宋）李焘：《续资治通鉴长编》卷275。
⑧ （唐）白居易：《送客春游岭南二十韵》，《全唐诗》卷440。
⑨ （唐）柳宗元：《柳州峒氓》，《柳河东集》卷42。

鼓，欲赛鲁将军。"① "铜鼓杂蛮歌，南人祈赛多。"② "波罗蜜树满城闉，铜鼓声喧夜赛神。"③ "唱歌跳鬼家家重，击鼓招宾夜夜欢。"④ "高州府，春时民间建太平醮，多设蔗酒于门，巫者拥土神疾趋，以次祷祝，掷珓悬朱符而去。神号康王，不知所出。"⑤ "不知所出"，说明民间的"康王"崇拜属淫祠、淫祀。淫祀盛行，淫祠遍布城乡，这是岭南壮群体越人及其后人信仰文化的特点。即使那些在汉族文化影响、涵化、整合下已经趋汉变化了的壮群体越人的后人，也大多如此。

在壮群本越人后人壮人的"观念中，认为神庙是大神，比社王的地位高。社王只管小事，庙神掌握着大灾大难，如大旱、虫灾、人畜闹传染病等。每年春天祈求庙神保佑，秋收后酬神，比酬社王隆重，费用也大，要杀牛上供。社王每屯都有，而庙神每乡只有一个"⑥。这就是壮群体越人其"俚獠"后人"木棉花映丛祠小，越禽声里春光晓。铜鼓杂蛮歌，南人祈赛多"的信仰习俗传承与延伸。

第二节 占卜与巫术

占卜与巫术，起源于早期的原始社会。历史上，壮群体越人及其后人承传其先人的信仰传统，迄于20世纪50年代。

占卜是早期原始社会人类对自然界和社会界因果关系的认知，巫术则是认知自然界和社会界的因果关系以后，人们幻想依靠"超自然力"对客体强加影响或控制。行巫术者的巫师则被认为具有此"超自然力"。

占卜先行于巫术。比如，柳宗元《柳州峒氓》诗的"鸡骨占年拜水神"句，"鸡骨占年"必先行于"拜水神"此一巫术活动的前面，否则就难以把握住进行巫术活动的准确性。

一 占卜

卜卦兆吉凶。《左传》桓公十一年（公元前701年）载："卜以决疑，不疑何卜？"占是卜问、预测。《说文》载："占，视兆问也。"占卜二字组成词，其义就是预测吉凶。

占卜，中原汉族行之已久。不过，他们用的卜具是龟甲，所以又称龟卜。岭南壮群体越人的卜具是鸡骨，因此称为"鸡骨卜"，简称为"鸡卜"。形成于战国之际的广西左江崖壁画是大型祭祀水神的场景，他们也一定有如唐朝柳宗元所说的"鸡骨占年拜水神"，先行鸡卜，然后"拜水神"。

关于壮群体越人"鸡卜"的记载，最早见于《史记》卷12《孝武纪》："是时既灭南

---

① （唐）许浑：《游樵山新兴寺宿石屏村谢叟家》，《全唐诗》卷528。
② （五代）孙光宪：《菩萨蛮》词，《唐宋诸贤绝妙词选》卷1。
③ （明）解缙：《龙州三首》其二，（清）汪森《粤西诗载》卷23。
④ （明）冉庸：《谪居灵川》，（清）汪森《粤西诗载》卷15。
⑤ （清）吴震方：《岭南杂记》卷上。
⑥ 《广西壮族社会历史调查》第五册，广西民族出版社1986年版，第165页。

越，越人勇之乃言：'越人俗鬼（俗尚鬼神），而其祠皆见鬼，数有效。昔东瓯王敬鬼，寿至百六十岁，后世谩怠，故衰耗。'乃令越巫立越祝祠，安台无坛，亦祠天神、上帝、百鬼，而以鸡卜。上信之，越祠、鸡卜始用焉。"

所谓"鸡卜"，裴骃《史记集解》引《汉书音义》载："持鸡用卜，如鼠卜。"张守节《史记正义》载："鸡卜法，用鸡一、狗一生祝，愿讫即杀鸡、狗，煮熟又祭，独取鸡两眼骨，上自有孔裂，似人物形则吉，不足则凶。今岭南犹行此法。"张守节是唐朝人，他说"今岭南犹行此法"，实非夸大其词。唐末五代段公路《北户录》卷2《鸡骨卜》载："南方逐除夜及将发船，皆杀鸡择骨为卜，传古法也。"

南宋周去非《岭外代答》卷10《鸡卜》载：

> 南人以鸡卜，其法以小雄鸡未孽尾者，执其两足，焚香祷所占而扑杀之，取腿骨洗净，以麻线束两骨之中，以竹梃（杆）插所束处，俾（bǐ，使）两腿骨相背于竹梃之端，执梃再祷。左骨为侬，侬者我也；右骨为人，人者所占之事也。乃视两骨之侧所有细窍（孔），以细竹梃长寸余遍插之，或斜或直，或正或偏，各随其斜、直、正、偏而定吉凶。
>
> 其法有一十八度，大抵直而正或附骨者多吉，曲而斜或远骨者多凶。

这说明壮群体越人及其后人行鸡卜，是取鸡的两眼骨察其裂纹形状的肖似人与否定吉凶，或取鸡两腿骨将竹签插入其孔洞看其斜、直、正、偏定吉凶。然而，崔龟图注《北户录》的"鸡骨卜"却另有说法：

> 《汉书·郊祀志》云："越祠鸡卜，如鼠也。"今南人凭之，颇有神验。每取雄鸡一只，以香火祝之后即生析其腹，削去皮肉，或烹取之。卜男左，卜女右，看之其骨有二窍或七八窍，左为人右为鬼，取阴阳之理也。乃以竹簪刺于窍中，而审其兆。如人在上、鬼在下为吉；人在下、鬼在上为凶；如人、鬼相背，事迟缓；相就，事疾速。

崔龟图关于"鸡骨卜"的注释，疑不地道。第一，唐朝颜师古注《汉书》引李奇说："持鸡骨卜，如鼠卜。"所以"越祠鸡卜如鼠也"并非《汉书·郊祀志》之文。而鸡卜"如鼠也"疑落了个"卜"字，因此词不达意。第二，"以香米祝鸡"，似也鲜闻其说。第三，析鸡腹取骨，取的是什么骨？腹骨除肋骨及脊骨之外没其他骨，可肋骨无窍，脊骨上孔窍无数，怎么示吉凶？第四，肋骨固有左右二副，却无窍；脊骨上窍虽众多，却是一副直上贯下，没有左右之分的骨骼。注文说"卜男左，卜女右"，已经令人茫然，又以左人右鬼标示，更令人摸不着头脑。第五，鸡骨"左为人右为鬼"，以"人""鬼"的位置固可以识别吉凶，但人、鬼之"头"相就相背又从哪里来？这些阴阳变幻如入迷宫，来龙去脉不清不楚，怎么个卜法？

注《北户录》的崔龟图结衔称"登仕郎前京兆府参军"，不详他是否有可称人的著述，注《北户录》篡改人作，东拉西扯，似冠冕堂皇，实非注家所当为。比如，他注

《北户录》卷2《鸡卵卜》引西晋周处《风土记》说:"越俗性率朴淳而未散,至于有疾,不卜问所请,言天生天杀归自然。及其意亲如合,即脱头上巾帻,解腰间赤玉刀以厚结之,为交拜,亲跪妻定交。有礼俗,皆当于山间大树下封土坛,祭以白犬一、丹鸡一、鸡子三,名曰木下墅鸡犬。在其坛地,民人畏之,不敢犯也。祝曰:天地父母,某月某日,甲与乙为友善,上下四旁,莫不并见。卿乘车,我戴笠,后日相逢下车揖;我步行,卿乘马,后日相逢卿当下。如此者,数千言。盖南人重鸡卵也。"这就是乱行篡改人家的著述以凑合自己观点的典型例子。

周处的《风土记》已佚,《太平御览》卷406《叙交友》引有《风土记》关于越人结交的这一段记载:

> 越俗性率朴,意亲好合,即脱头上手巾,解腰间五尺刀以与之,为交拜,亲跪妻定交。有礼俗,皆当于山间大树下封土为坛,祭以白犬一、丹鸡一、鸡子三,名曰木下鸡犬五。其坛地,人畏不敢犯也。祝曰:"卿虽乘车我戴笠,日后相逢下车揖;我虽步行卿乘马,日后相逢卿当下。"

"意亲好合"变成"其意亲如合",可能是后人抄讹,但是,"越俗性率朴"变成"越俗性率朴淳而未散","五尺刀"变成"赤玉刀","以与之"变成"以厚结之","名曰木下鸡犬五"变成"名曰木下墅鸡犬",则是将原著述篡改得不伦不类。祝词横加"天地父母,某月某日,甲与乙为善,上下四旁,莫不并见"等"如此者数千言",即是以中原汉人的盟誓加诸越人之上了。而无故添加的"至于有疾,不卜问所请,言天生天杀归自然",纯然没个来由。柳宗元《柳州复大云寺记》载越人"病且忧,则聚巫师用鸡卜,始则杀小牲;不可,则杀中牲;又不可,则杀大牲"以祈鬼,[1] 怎么是"不卜问所请"!

雏凤清于老凤声,古代壮群体越人及其后人鸡卜用的未老成的公鸡,取其眼骨或股骨。到了近现代,壮群体越人后人的巫师鸡卜则是取健壮雄鸡的胯骨。

巫师执着雄鸡,祷告天地,然后将鸡杀死。煮鸡时,将鸡脚向后岔开,头抬起,作欲飞状,并用两根筷子插在鸡背上以定型,搬上祭台。巫师经念咒后,抽出鸡胯骨,除去附于其上的筋膜,露出血窍,再用小竹签插入窍中,接着用食指和拇指卡住胯骨的两头,使胯骨内弧处紧靠,胯骨及窍中的竹签就形成了一个卦象。巫师仔细审视后,便做出吉凶、趋向的结论。[2]

除了鸡骨卜之外,壮群体越人的后人也行"鸡蛋卜"。段公路《北户录》卷2《鸡卵卜》载:"邕州之南有善行禁咒者,取鸡卵墨画,祝而煮之,剖为二片,以验其黄,然后决嫌疑、定祸福。言如响答,据此乃古法也。"

又南宋周去非《岭外代答》卷10《鸡卜》载,鸡卜之外,南人"亦有用鸡卵卜者。焚香祷祝,书墨于卵,记其四维(指东南、东北、西南、西北)而煮之,熟乃横截,视当墨之处,辨其白之厚薄,而定侬(我)、人(所占之事)吉凶焉"。

---

[1] 《柳河东集》卷28。

[2] 杨宗亮:《壮族文化史》,云南民族出版社1999年版,第131—132页。

其实，壮群体越人及其后人的卜，也不仅仅是鸡卜和鸡卵卜。陈继儒《珍珠船》载："岭表（岭南）占卜甚多，鼠卜、米卜、箸卜、牛卜、骨卜、田螺卜、鸡卵卜、竹箓卜，俗尚鬼故也。"①

陈继儒所载唯举其大凡，在壮群体越人及其后人的生活中，只要简便可以操作，其卜又何止这么几类！比如，南宋周去非《岭外代答》卷10就列有"茅卜"一种：

> 南人茅卜法，卜人信手摘茅，取占者左手自肘量至中指尖而断之，以授占者，使祷所求，即中折之，祝曰奉请茅将军、茅小娘，上知天文，下知地理云云，遂祷所卜之事。口且祷，手且掐，自茅之中掐至尾，又自茅中掐至首，乃各以四数之，余一为料，余二为伤，余三为疾，余四为厚。
>
> 料者雀也，谓如占行人，早占遇料，行人当在路。此时，雀已出巢故也。日中占遇料，则行人当晚至，时雀至暮当归尔。晚占遇料，则雀已入巢，不归矣。
>
> 伤者声也，谓之笑面猫，其卦甚吉，百事欢欣和合。
>
> 疾者黑面猫也，其卦不吉，所在不和合。
>
> 厚者滞也，凡事迟滞。
>
> 茅首余二，名曰料贯伤首；余三名曰料贯疾。余皆仿此。
>
> 南人卜此最验，精者能以时辰与茅折之，委曲分别五行而详说之，大抵不越上四余。而四余之中，各有吉凶。又系乎所占之事，当卜之时或遇人来则必别卜，曰："外人踏断卦矣！"

在广东永安县（今紫金县）又有灶卜之举："永安岁除夕，妇人置盐、米灶上，以碗覆之，视盐米之聚散，以卜丰歉，名曰祝灶。男子则置水釜（锅）旁，粘东、西、南、北字，中浮小木，视木端所向，以适（归）其方，又审何声气，以卜休咎（吉凶），名曰灶卦。"②

"蛮巫祭鬼凭鸡卜"，③"占疑随手掷鸡头"。④ 壮群体越人及其后人卜休咎，断吉凶，决嫌疑，安祸福，其卜岂止鸡骨卜、鸡卵卜、茅卜、灶卜，连杀鸡掷出鸡头，鸡嘴所向，也可以给人指示某事是否可行，是吉是凶。这是因其"俗言鬼"观念千数百年不变的结果。

二 巫术

巫术是巫师取悦神灵，求其赐助，为个人或群体消灾弭难的仪式和符法。

《史记》卷12《孝武纪》载，越人勇之说："越俗有火灾，复起屋，必以大，用胜服

---

① （清）汪森：《粤西丛载》卷18引。
② （清）屈大均：《广东新语》卷9《祝灶》。
③ （明）陈昌：《送吴素行之广西》，（清）汪森《粤西诗载》卷17。
④ （明）桑悦：《记壮俗诗六首》其一，（清）汪森《粤西诗载》卷16。

之。"火灾之后，重新建房，必以"大""又大"来胜服谁？① 就是引起烧房灾难的火。火，只是自然现象中的火，不是火神。这说明巫术产生于原始社会早期，那时尚不涉及神灵崇拜，且不是将客体加以神化，向其敬拜求告，而是幻想以特定的动作来影响或控制客观对象，以取得所欲达到的效果，是准宗教现象之一。此种巫术形成流传下来，汉代仍然保持着其初期的形态。

随着"超自然力"观念的形成，巫师则被认为具有"超自然力"，并以此而行巫术。鬼魂和精灵观念出现以后，巫师更被认为能与鬼神交往并驱使为其服役。具有"超自然力"的人，成为个人或群体不受恶鬼加害、驱赶致病作祟妖邪的保护者。

遗存至今的成于战国时期的广西左江崖壁画，是古代壮群体越人祈祷水神的场景。巫能通神，于是巫师率领众人以歌舞娱乐水神，求其赐福，排除洪水，给人平安康乐。

《岭外代答》卷10《南法》载：

> 尝闻巫觋以禹步（跛行）咒诀，鞭笞鬼神，破庙殒灶。余尝察之，南方则果有源流。盖南方之生物也，自然禀禁忌之性。在物且然，况于人乎？
>
> 邕州溪洞有禽曰灵鹊，善禹步以去窒塞；又有鸠鸟，亦善禹步以破山石；有蜮曰十二时，能含毒射人影以致病。以是观之，南人之有法，气类实然。然今巫者画符，必为鸠顶之形，亦可见其源流矣。

壮群体越人及其后人巫师祝告施法、鞭笞鬼神，多行禹步，画符而作鸠头的形状。"童子烧香禹步时"，② 这些巫师为人举行巫术时，也多带有童子：

> 横（今广西横县）人专信巫鬼，有一等称为鬼童。
>
> 其地家无大小，岁七八月间，量力厚薄，具牛、马、羊、猪诸牲物，罗于室中，召所谓鬼童者五六人，携楮（纸）造绘画面具，上各画鬼神名号，以次列桌上，用陶器、杖鼓、大小皮鼓、铜锣击之，杂以土歌，远闻可听。一人或二三人各戴鬼面具，衣短红衫，执小旗或兵杖，周旋跳舞。有时奋身踊跃至屋梁；或仆于地；或忽据中坐，自称某神，言人祸福。主人跪拜于下，谓之过神。少憩（qì，休息），复如之。如此一日夜，方罢。
>
> 人有疾者，亦以此术所祷。不即愈，至再至三至四五不已，甚至破家者有之，不复更问医药。城治间人，日中虽一二委医，亦未始不兼此者，虽士大夫家亦然。③

关于尚巫治病，明朝后期《百粤风土记》载："粤人淫祀而上（崇尚）鬼。病不服药，日事祈祷，视贫富为丰杀（增减），延巫鸣神铙，跃跃歌舞，结幡（旗幡）焚楮

---

① 1984年第1期《考古学报》载湖南博物馆《湖南资兴东汉墓》一文，说湖南资兴县发掘的东汉越人墓，出土陶屋墙上书有"大""又大"字样，可与《史记》此一记载互相印证。

② （唐）王昌龄：《武陵开元观黄炼师院》诗。

③ （明）王济：《君子堂日询手镜》，《说库》本。

（纸），酾（shī，斟酒）酒椎牛，日夕不休。事毕插柳枝户外，以禁往来。"① 光绪《茂名县志·信仰民俗》所载的广东茂名县百姓"疾疫，延巫师鸣锣击鼓祈祷，谓之跳鬼。夜达晨而毕，标青于门。是日，外人不得入，谓之'禁屋'。诘朝（翌日早上）献茶于祖，然后去青，谓之'开禁'"，就是岭南越人的后人其民间信仰的写实。

壮傣群体越人畏鬼、尚鬼，有人染病便认为是鬼们作祟，于是延巫祀鬼祈鬼以去病。因此，不论是壮群体越人的后人还是傣群体越人的后人，历史上都传承着先人的此一意识、习俗和行为。元初《马可·波罗行纪》第119章《金齿州》略为详细地记载了"金齿"（今傣族先称之一）关于延巫祀鬼祈鬼去病的过程。② 而唐朝张鷟《朝野佥载》③ 及柳宗元《柳州复大云寺记》④ 则记载了壮群体越人的后人延巫祀鬼祈鬼去病的情况，可知其源于一，在壮傣群体越人时代延巫祀鬼祈鬼以去病的意识、习俗和行为已经铸就，并传承于后人。

壮群体越人的后人，对先人传承下来的延巫祀鬼祈鬼以去病的意识、观念、习俗和行为恪遵不易。迄于20世纪50年代，贵州布依族家中有人病了，就忙不迭地请魔公、迷纳（巫婆）来"解邪""叫魂""打迷纳"等。⑤ 民国《广南县志稿本·信仰民俗》载："夷农（侬）不信医药，病则以为鬼祟。祈祷之外，别无他法。其以祈祷鬼神为业者，男曰魔公，女曰囊妹。病则请求魔公、囊妹考察为何种鬼作祟，则先装模作样，请师调查，谓之打卦。打卦之后，则断定鬼为何种而定禳（ráng，祭祷消灾）之法，谓之解邦。其法，以病者之贫富而定。病者若为贫而无告之农民，则雏鸡一头，或鸡蛋数枚，即可了事；病者为富农，最低限度即须一鸡一鸭一猪头，甚则一猪一羊一牛，以病之轻重及鬼之善恶而定牲畜大小。若一次不愈则又二次三次，至病者痊愈或死亡不止。北乡底圩一带，无一肥壮之鸡；其所以无壮鸡，即不待鸡肥壮，早已作解邦用矣。"

具有"超自然力"的巫师，作法解难，给人们带来宽慰和寄想。各地的巫师解难祛病，也是各师各法，不尽相同。其具体如何，灵应怎样，难以详知。不过，有一点可以肯定的，他们的思维方式就是直觉思维。20世纪50年代，广西武鸣县宁武镇雄孟村侬某家生有二女，长女嫁在村上，次女也与同村陆姓青年谈婚论嫁。二女同嫁一村，次女的婚事遭到了家人的同声坚决反对。该女忿激，投井自尽。壮族观念认为，非正常死亡的人，其鬼特凶。侬女投井而亡，这可给村人心头上压了一块大石头。入葬前，巫师作法之后，叫人砍来竹子，削成篾条，将自尽女的尸体四脚屈起，全身用竹篾密密实实地捆绑起来。巫师说："四肢屈起，形作一踞；竹篾捆起，鬼魂难逸。"入葬之后，村人如释千斤重负，又开始了一如既往的生活。

---

① （清）汪森：《粤西丛载》卷18引。
② ［意］马可·波罗：《马可·波罗行纪》，冯承钧译，中华书局1975年版，第474—475页。
③ 《太平广记》卷288《岭南淫祀》引。
④ 《柳河东集》卷28。
⑤ 汎河：《布依族风俗志》，中央民族学院出版社1987年版，第102—106页。

这不由人不想起桂林甑皮岩洞穴遗址及邕宁顶狮山遗址中盛行的"屈肢葬"。① 不过，二者前后相隔几千年，其功能是否一致？

壮群体越人及其后人信巫祀鬼，巫被赋予具有"超自然力"的人，能与鬼神交往，成为沟通活人世界与鬼神世界的媒介。巫如何产生？在壮群体越人的后人壮族中，巫大多是女性。女巫，没有师承，往往无师自通。个别平时痴迷鬼神、能说会道、擅长唱歌、感情丰富而意志脆弱的妇女，偶因害病昏迷，醒来似乎神经错乱，做出一些非常人的动作，说唱一些从未与闻、半昏半醒、似人似鬼的话语和歌谣。病好之后，她认为自己鬼神已经附身，能够说出一些所在地区同辈人不知的遥远往事以惊人，她所在地区的人们也就将她视为鬼神的代言人，将她奉为巫婆或禁婆或仙婆了。

这是壮族社会近、现代巫婆产生的情况，古代壮群体越人及其后人巫婆的产生是否这样，因文献不足征，就不详了。

壮群体越人及其后人信巫祀鬼，唯巫是上，此种信仰是在"信则灵""诚则灵"的意识左右下延续了几千年的。但是，巫本不具"超自然力"；神鬼虚幻，巫也不能通情于所谓的鬼神世界。因此，在人类进入文明社会以后，巫们经常利用巫术来装神弄鬼进行欺骗进行揽财。比如，康州悦城县（今广东德庆县）的"龙母庙"，至唐朝"千余年，大和末（835年）有职祠者（管祠庙的人）欲神其事（欲使龙母神异）惑（骗）人，取群小蛇，术禁之藏祠下，目为龙子，遂令饮酒，置巾箱中，持诣（到）城市。越人好鬼怪，争遗之（争送钱物给他），职祠者辄收其半。开成初（836年），沧州（治今河北沧州市）故将苏闻为刺史，心知其非，但利（贪求）其财，益神之（更使其神奇莫测），得金帛用修佛寺、官舍。他日，军吏为蛇啮，（苏）闻不使治，乃整簪笏走语妪，所啮者俄顷（不久）死，乃云：'慢（不敬）神，罚也！'愚民遂唱（传扬）其事，信之益坚（牢固）。……已而，祠中蛇愈多，迄今犹然"。②

又南宋周去非《岭外代答》卷10《新圣》载：

广西凌铁为变，邓运使擒之，盖杀降也。未几，邓卒，若有所睹（人们似乎看见有些异样）。广西群巫乃相造妖，且明言曰："有二新圣，曰邓运使、凌太保，必速祭，不然疠疫起矣！"里巷大喧，结竹粘纸为轿马、旗帜、器械，祭之于郊，家出一鸡。既祭，人惧而散，巫独携数百鸡以归，因岁岁祠之。

巫定例云："与祭者，不得罪胙（侵犯祭祀用肉）！"故巫者有大获，在钦（州）为尤甚。

遍撒谎言，制造紧张，乘机掠财，唐、宋二代巫们已经如此作为，自那以后，在上千年的历史上，巫们又利用百姓给予的信任掠走多少无知百姓的人命和财物！

---

① 广西文物队等：《广西桂林甑皮岩洞穴遗址的试掘》，《考古》1976年第3期；李文：《邕宁顶蛳山遗址中的屈肢葬探因》，《邕州考古》，广西人民出版社2001年版，第80页。

② 《太平广记》卷458《苏闻》引孟琯《岭南异物志》。

第二章

道、佛"共趋于巫家"

巫师在民众神鬼信仰的基础上祷神求福，解灾除邪，沟通亡灵，服务民众。道教是中国土生土长的渊源于古代流行的巫术和求仙方术，自然可以与巫师沟通。佛教虽生长于印度，但自西汉传入我国以后，经本土化，世俗化，有些方面也向巫、道靠拢。据《宋高僧传》的记载，唐代的僧人们也有祈雨、预言、影响天气的神通。《传奇》载："唐开成（836—840年）中，有僧金刚仙者，西域人也，居于清远峡山寺，能梵音（诵佛经），弹舌摇锡而咒物，物无不应（反应）。善囚拘鬼魅，束缚蛟螭（蛟龙），动锡杖一声，召雷立震。"[①] 这说明，佛教咒语也可以解鬼祛灾，驱除妖邪，为民赐福。

这样，巫、道、佛虽属不同的信仰，不同的宗教，有低层次和高层次之分，却都"事神"，都用咒语驱鬼除妖，欺愚民众。当道、佛二教先后传入岭南，为赢得壮群体越人的后人接受，尽泄其"事神"的功能，扬其咒念驱鬼除妖的伎俩，从而风行云转，与时俱进，在壮群体越人后人中巫、道、佛三者结合在一起，熔于一炉了。

第一节　道、佛二教传入岭南

道教、佛教，各为其教，其传入岭南地区，也分先后。

一　道教传入

道教传入岭南较早，汉末"道士康容"已"于曲江（今广东韶关市）芙蓉山之石室，烧丹升仙"。[②]

东晋道士葛洪闻交趾（岭南）出丹砂，求为勾漏令（勾漏山在今广西北流市），携子侄到广州，止于罗浮山炼丹，并逝于岭南。他所著的《肘后备急方》（简称《肘后方》）记载有壮群体越人的后人"俚獠"遇毒解毒、治疾疗病的药方。[③] 人到道至，无疑他的修道成仙的观念已经广播岭南。比如，南雄州"州北天封寺有仙女岩，有二仙象，谓秦时

[①] 《太平广记》卷96《金刚仙》引。
[②] 《舆地纪胜》卷90《韶州》。
[③] 《本草纲目》卷12《甘草》、卷18《马兜铃》、卷42《沙虱》等引。

二女避地于此，得道飞仙"；①"四会县三足山，有人姓苏入此山，遂仙去"等。②

东晋元兴三年（404年），奉道教"五斗米教"的卢循南下占领广州，义熙七年（411年）失败，在广州待了七八年，戎马倥偬之余，是否宣道吸收徒众，扩大道教影响，因文献无证，就不得而知了。不过，道教的思想、道教的观念、道教仪礼，在南朝的时候似乎已经深入壮群体越人的后人"俚獠"中。

1938年修建湘桂铁路，于桂林市北郊观音阁出土了一块长方形的滑石地券：

> 宋泰始六年（470年）十一月九日，始安郡始安县都乡都唐里没故道民欧阳景熙，今归蒿里。亡人以钱万万九千九百文买冢地，东至青龙，南至朱雀，西至白虎，北至玄武，上至黄天，下至黄泉，四域之内，尽属死人，即日毕了。时王侨、赤松子、李定、张故分券为明，如律令。③

1962年，桂林市东郊尧山南齐墓也出土了一块长方形滑石地券：

> 齐永明五年（487年）太岁丁卯十二月壬子朔九日庚申，湘州始安郡始安县都乡都唐里男民秦僧猛薄命归蒙（蒿）里。今买得本郡县乡里福乐坑口口，纵广五亩地，立冢一丘，顾钱万万九千九百九十文。四域之内，生根之（当佚一"物"字），尽属死人，即日毕了。时证知李定度、张坚固，以钱半百分券为明，如律令。④

1980年，融安县大巷乡安宁村南朝墓又出土一块长方形滑石地券：

> 太岁已亥十二月四日齐熙郡罩（潭）中县都乡治下里罩（覃）华薄命，没归蒿里。今买宅在本郡骑店里，纵广五亩，立冢一丘自葬，雇钱万万九千九百九十九文。四域之内，生根之物，尽属死人，即日毕了。时任知李定度、张坚固，以钱半百分券为明，如律令。⑤

《南齐书》卷14《州郡志上》有齐熙郡，《宋书》卷38《州郡志》未见，说明该郡设置于南朝齐时。然其郡无领县，地券说覃华是齐熙郡潭中县人，而潭中县南朝齐时属桂林郡，则潭中县改隶于齐熙郡当发生于南朝梁时。又南朝齐存在23年，中无己亥之年，此己亥年当为南朝梁天监十八年（519年）。

青龙、朱雀、白虎、玄武，是我国古代传说中的四方之神，道教以它们作护卫神，以壮威仪。这就是行前朱雀而后玄武，左青龙而右白虎。王侨、赤松子，是传说中道教的仙

---

① 《舆地纪胜》卷93《南雄州》。
② 《舆地纪胜》卷96《肇庆府》。
③ 张益桂、张家璠：《桂林史话》，上海人民出版社1979年版，第27页。
④ 黄增庆、周安民：《桂林发现南齐墓》，《考古》1964年第6期。
⑤ 广西文物队：《广西壮族自治区融安南朝墓》，《考古》1983年第9期。

人。李定、张固或李定度、张坚固，视地券不同而异，是在民间耳传的神仙人物，但因闻者有别，所以书写就不同。"如律令"，意为按法律执行。两汉皇帝的诏书和官府文告中结尾多用此语。比如，陈琳为袁绍写的《檄豫州》："布告天下，咸使知圣朝有拘迫之难，如律令。"后来道士等画符念咒，仿官文书末尾多用"如律令""急急如律令"。这里三块死人地券都用"如律令"，可知其时道教的符咒已经格式化，为岭南壮群体越人的后人"俚獠"所认同、接受并遵行。

道教奉老子为教主，老子姓李名耳。唐高宗李治以老子为李氏祖先，上"太上玄元皇帝"尊号，命令各州建立道院宫观，道教盛行。万岁通天二年（697年）四月七日，壮族先人澄州（治今上林县）无虞县令韦敬一撰的《智城碑》，大颂位今广西上林县覃排乡高长村智城洞旖旎的风光、宜人的环境、丰富的物产、坚固的城池，"实乃灵仙之窟宅，贤哲之攸居"（实在是神仙的老窝，聪明有德之士的居所），营造了道家的氛围，宣泄着仙人的幽香。

宋代一如唐朝，尊儒重道。宋真宗命王钦若等编辑道藏（道教经书总集），大建宫观；宋徽宗自称"教主道君皇帝"，一时道教大为兴盛。岭南壮群体越人后人的社会上层也修身养性，热衷道教。今广西靖西县旧州墟西布胲村后苍崖山神仙洞里有块南宋乾道四年（1168年）由权知贡洞（今靖西县旧州）张元武立的摩崖石刻《贡洞精神景记》：

> 尝闻：山川之秀丽则生英贤，家世之庆善则降祯祥。夫贡阳之奇斋，乃武卫之割宗，可谓山川之秀丽者也；张提干，可谓家世之庆善者也。是以提干居士隆兴甲申之岁（二年，1164年）出于蛇城（邕州），舍资轮藏；复至婪江而遇横州区文达，字升之，传紫姑之咒，请三岛之仙，日缀词章，夜联诗曲。是以居士积功浩大，期道行之潜高，更佳景神。清湟湟，池远楼阁亭台，思缘无量，不亦宜乎？
>
> 命樵客张刚为记，仍立碑撰传万代不朽，喻子孙之祖宗。一方肃静，万物煦和，功行圆成，同登道岸，可不羡诸太岁。
>
> 乾道戊子（四年，1168年）正月朔旦记。
>
> 权发遣贡洞公事黄充书。
>
> 权知贡洞事提举隘栅沿边管界巡检张刚撰。
>
> 前权知贡洞事兼提举沿边伍隘道路巡检充提干招马官张元武立。
>
> 纯阳吕真人记：余久辞烟地，显迹尘寰，伏教清河居士，修无量之福果，建广大之恩缘。今喜而不寐，辄以成诗一篇，记于崖石，传今古世世子孙，效此庆善也。
>
> 纯阳吕真人作：造化曾经几万年，长长石穴涌清泉。昔闻驾鹤游三岛，今日沂风谒九仙。洛洛云涯排圣象，攸攸岩洞隐真贤。骖鸾政迹知何在，留许人间遍代传。[①]

吕纯阳，也就是吕洞宾，传说中的道教八仙之一，据说是唐朝人。"狗咬吕洞宾，不识好人心"，此歇后语的流行，表明了我国人民对吕洞宾的熟悉程度。石刻中所载"纯阳吕真人"的"记"和"作"，都是立碑人张元武的冒作。偏僻地方一个小小羁縻贡洞权知

---

① 白耀天：《切勿以假充真，伪造历史愚弄人》，《广西民族研究》1996年第2期。

洞张元武能写出这么流利的汉文文字，而"权发遣贡洞公事黄充"的书写也苍劲典雅，说明近千年前今广西靖西县旧州人的汉语水平已经不低了。

隐在贡洞神仙洞里学道修仙的"提干"，就是"提干招马官张元武"。张元武是南宋高宗、孝宗（1127—1189年）时人，将权力交与其子张刚卸肩后开始学道于隆兴二年（1164年），由邕州到横州，最后再回贡峒的神仙洞继续潜修。横州（今横县）的区文达能给张元武"传紫姑之咒，请三岛之仙"，可知当时岭南各地道教深深扎下了根子。

张提干在横州得区文达"传紫姑之咒，请三岛之仙"。三岛，就是蓬莱、方丈、瀛洲三神山，是传说中仙人所居之地。"请三岛之仙"是徒有其名，实在的是"传紫姑之咒"。壮群体越人的后人学道所重的是"修道升仙"和学习召唤鬼神、驱妖赶邪的"咒语"。所以，王朝官员为推动道教的发展，虽在各州修建道院宫观，但这些宫观并没有起到应有的作用。北宋末邹浩在昭州（治今平乐县）写《玉虚观》一诗活现了此一情况：

> 山腰制作迩来新，斧凿才终便掩门。
> 独殿纷纷罗杞棘，老君（太上老君）寂寂看鸡豚。
> 烟凝迭嶂为香火，风韵疏松作道言。
> 借问羽衣（道士）何处去？一齐归屋抱儿孙。[①]

"迩来新""便掩门""罗杞棘"，道出了一座道院刚落成便落寞无人，没香火，没道士，更无信徒，道教的太上老君只好伴着钻进道院里来的鸡及猪们打发日子了。这是一幅多么荒凉的景象。

二 佛教传入

佛教是世界性宗教，公元前6世纪至公元前5世纪创立于印度，随着历史的发展，不断传播于世界各地，与基督教、伊斯兰教并称为世界三大宗教。

西汉哀帝元寿元年（公元前2年），佛教由西域传入我国中原地区。岭南地区的佛教，既由中原传入，也由南海海路传入。比如，"景泰禅师，梁大同（535—546年）中驻锡罗浮山，结庵小石楼下。广州刺史萧誉召与语，甚异之。朝游南海，夕返罗浮，时谓之圣僧"。景泰禅师系华人，无疑是从中原入居于岭南的。而广州，"世传盃渡禅师渡海来居盃渡山"，以及"梁普通（520—527年）中达磨航海至其地（指广州），指示人曰：'下有黄金万余两。'食者力凿，今汲者不绝，号为达磨井。今大通正觉院存达磨禅师化身在焉"。[②] 明显，此二人则是从南海进入岭南弘扬佛法的。

但是，佛教传入岭南，并不是始于南朝。早在东汉末年，苍梧郡学者牟子（一名牟子博，讹传牟融）即潜心研究佛学，撰《理惑论》37篇。[③] 这是我国第一部论证佛教原理的著作，也是研究佛教传入我国初期历史有参考价值的重要资料之一。

---

① （清）汪森：《粤西诗载》卷13。
② 《舆地纪胜》卷89《广州·仙释》。
③ （南北朝）僧佑：《弘明集》。

隋唐五代，岭南佛教达到鼎盛。广州、桂林、韶州，是当时佛教的研究和传播中心。桂林市西山，现在还存留有当时一些摩崖佛像，可以想象当时桂州佛寺多，佛徒众，香火鼎盛，是禅林之地。那时，岭南各州县，也多建有佛寺。

唐高宗李治视老子为李氏先人，尊为"太上玄元皇帝"。他的老婆武则天要以"武周"代"李唐"，崇好佛教。恰在那个时候，东魏国寺僧沙明等10人伪撰《大云经》4卷，说武则天乃弥勒下凡，当取代"李唐"。这说出了武则天的心意，天授元年（690年）"制颁于天下，令诸州各置大云寺"。① 那时，"柳州始以邦命（州牧的命令）置四寺，其三在水北，而大云寺在水南"。② 在岭南各地，奉州郡刺史们的命令，不知又建了多少"大云寺"？

佞臣起哄，事过迹消。而代表唐代岭南佛教发展的是能开宗立派的本地高僧。

新州（治今广东新兴县）卢惠能，三岁失父，家境贫寒，以卖柴为生，斗大的字不识一箩，24岁时因听《金刚经》有所悟，唐高宗龙朔元年（661年）北上湖北黄梅县东山寺谒见禅宗五祖弘忍。

> 祖问曰："汝何方人？欲求何物？"
> 惠能曰："弟子岭南新州百姓，远来礼（礼敬）师，惟求作佛，不求余物。"
> 祖曰："汝是岭南人，又是葛獠，若为堪（胜任）作佛？"
> 惠能曰："人虽有南北，佛性本无南北；葛獠身与和尚不同，佛性有何差别？"③

弘忍见惠能具学佛根性，遂留他在佛寺干劈柴、舂米等杂活。8个月后，弘忍知道自己年事已高，欲传付衣钵，命众弟子作偈以呈，大弟子神秀呈偈云："身是菩提树，心如明镜台。时时勤拂拭，莫使惹尘埃。"惠能要人代笔，也呈偈："菩提本无树，明镜亦非台。本来无一物，何处惹尘埃。"弘忍见其偈，大喜过望，密授《金刚经》，传以禅宗法衣，命其迅即南归。

惠能在岭南，混迹于猎人中16年。仪凤元年（676年），他在南海法圣寺遇印宗法师，得以落发。次年，住持韶州曹溪宝林寺，弘扬"直指人心，见性成佛"的顿悟法门。他传教30多年，弟子千余，得法者43人，成为禅宗南宗的创始人，佛教史上称为禅宗六祖。开元元年（713年），圆寂于新州国恩寺。

唐朝崇尚道教，也没有压抑佛教。元和十四年（819年），唐宪宗迎佛骨，刑部侍郎韩愈上书谏阻，触怒龙颜，几乎被杀，后贬为潮州刺史。④ 这样一来，佛教空前鼎盛，"天下僧尼不可胜数，皆待农而食，待蚕而衣"，"天下之财而佛有七八"，僧尼成了耗费天下的蠹虫。于是，会昌五年（845年），唐武宗实行"灭佛"措施，下令毁寺4600座，招提、若兰等小寺院40000余座，征籍僧尼、奴婢归官府或还俗总数超过410500人，没

---

① 《旧唐书》卷6《则天皇后纪》。
② （唐）柳宗元：《柳州复大云寺记》，《柳河东集》卷28。
③ （唐）法海：《六祖法宝坛经·自序品第一》。
④ 《旧唐书》卷160《韩愈传》。

收寺院良田数千万顷。①

经过唐武宗的"灭佛",佛教在我国各地呈现了一片肃杀景象,岭南也不异样:

> 偃蹇苍松锁翠岩,邦人云是古湘山。
> 云穿石磴高低处,塔耸云烟吞吐间。
> 物外岂知人世事,个中只许老僧闲。
> 我来策杖登临罢,落日归鸦自往还。②

> 丹级才升四望赊,香消无复梦豪华。
> 向来马氏殚禅力,要拟龙宫作佛家。
> 树老烟霜台殿古,石封苔藓井栏斜。
> 上人不用莲花漏,自有林梢报晓鸦。③

前诗写全州湘山寺,后诗写桂州的寿宁寺,二寺都建于隋、唐朝时候。前诗"个中只许老僧闲","落日归鸦自往还"句,后诗"石封苔藓井栏斜","自有林梢报晓鸦"句,状描的都是佛寺的破败、冷落、寂寞的景象。鸦声悲落月,寥戾人惊矍,不是什么兴旺氛围,所以"香消无复梦豪华"。

不过,佛寺寂寞归寂寞,佛寺在佛道行。广西忻城县西山摩崖《西山功德记》载:"时绍圣丙子岁(三年,1096 年),募莫诱众缘,各施一缗,省命工匠于此岩镌石佛像一尊……信善弟子徐多、欧阳留、廖诚、吴天锡、韦肯、莫全整、莫休、徐晟、蒙想、蒙靖、吴黄、莫佛丑、葛语、莫拗。"④ 这说明,北宋后期在广西忻城县这样偏僻的地方,佛教也拥有不少的信徒。

随着佛教在岭南的广泛传播,不管是不是佛教的"信善弟子",在壮群体越人后人中,佛教的轮回转生、因果报应和修行解脱的观念、行为已经落下根子,如同道教的修行升仙深入他们意识里,抹也抹不掉了。

明朝魏浚《西事珥》卷 7《雷诛不孝》载:

> 鲁蛮,宜山人,事母不孝,每食母惟少与之,母尝不得饱。岁时祭享,肉虽多,皆不与母。日与其妻骂詈,甚至笞之数十。母溺爱,忍受之。
> 一日风雨骤至,雷火焚蛮居室,左右邻俱无恙。母髻挂一笆壁,笆尽灰,髻独无恙。蛮夫妇悬半空中,髻直上。所居地裂一缝,雷似猪形钻入裂中者不可胜数。须臾雨止,蛮夫妇陨坠昏倒,本府以其事闻,禁数日方死。

---

① 《旧唐书》卷 18 上《武宗纪》。
② (元)郝显:《湘山寺》,(清)汪森《粤西诗载》卷 14。
③ (宋)张湖山:《桂林寿宁寺》,(清)汪森《粤西诗载》卷 14。
④ 蓝承恩:《忻城莫氏土司五百年》,《中央民族学院学报》1990 年第 5 期。

汪森康熙《粤西丛载》卷14《雷诛不孝》引《庆远府志》所载，文字相同，唯其时间定于"嘉靖间，一日风雨骤至"，这就将《西事珥》不知为何时的"一日"框于明朝"嘉靖间"。嘉靖是明世宗的年号，时间是公元1522年至1566年。明朝修《庆远府志》可考的，早为《永乐大典》卷7326引的《庆远府志》。该书既为《永乐大典》所引，当修于永乐（1403—1424年）以前，不当及于嘉靖年间事。其次是汪森康熙《粤西文载》卷53收录的王文炳万历辛巳（九年，1581年）《庆远府志序》。此序是自序，此《庆远府志》为庆远府知府王文炳所修。

王文炳自序《庆远府志》于万历九年（1581年），而魏浚《西事珥》则自序于万历四十年（1612年），显然，《西事珥》之文抄自万历《庆远府志》而来。

"雷诛不孝"一事，反映了佛教"因果报应"观念已经深植于壮民族的心中，成为他们行事处物的准则。

第二节　道、佛"共趋于巫家"

佛、道、巫三者，产生的时代背景不同，信仰相异，有低层次和高层次之分。

道教源于古代巫术，与巫密不可分。佛教为外国宗教，传入岭南，由于传播受阻，不得不苟同于壮群体越人后人的信仰，本土化，世俗化。从而，三者从相斥到相容，相互渗透，汇于一炉，最后，道、佛二教"共趋于巫家"。

一　壮群体越人后人抗佛、冷道、热巫：冷热分明

《汉书》卷25下《郊祀志》载："粤人勇之乃言：粤人俗鬼。"唐朝颜师古注说："俗鬼，言其土俗尚鬼神之事。"越人信仰万物有灵，生活在一个无所不在的鬼神世界里。在这样的社会生活环境里，具有"超自然力"的巫能通鬼神，影响、控制或驱赶鬼邪。这就是民国《乐昌县志·信仰民俗》记载的"粤俗信鬼，而邑属有之。有病则燎火，使妪持衣招于门，延巫逐鬼，咒水书符，夜则角声呜呜达旦"，以及民国《兴宁县志·信仰民俗》记载的"病鲜服药，信巫觋，鸣锣吹角，咒鬼他适（往），名曰'跳茅山'"。

元朝初年，《马可·波罗行纪》第119章《金齿州》载：

（傣族先人之一的金齿）无一医师，如有人患病，则召守偶之巫师至。病者告以所苦，诸巫师立响其乐器而为歌舞，迨（dài，及）其中一人昏厥如死始止。此事表示鬼降其人之身，同伴巫师与之语，问病者所患何疾，其人答曰："某神罚其病卧，盖其侮此神，而神不欢也。"其他诸巫遂祝神曰："请汝宥（宽恕）其过而愈其疾，任汝取其血或他物以为报。"祝毕，静听卧地人附身之神作答，如答语为"此病者对于某神犯有某种恶行，神怒，不许宥之"，则犹言病者应死。

然若病者应愈，则答诸人，命献羊两三头，作饮料十种或十二种，其价甚贵，味甚佳，而置饮料亦甚众；并限此种羊应有黑首，或神所欲之其他颜色。如是诸物应献某神，并应有巫师若干、妇女若干与俱。献诸物时，应为赞词歌颂，大燃灯焚香。病者若应愈，神之答复如此。病者亲属闻言，立奉命而行，其倒地之巫师遂起。

诸人立时献所索某色之羊，杀而洒其血于所指之处，然后在病人家熟其肉，延巫师、妇女如指定之数，祭祀此神。诸人齐至，预备已毕，遂开始歌舞，作乐器而祝神，取食物、饮料、肉、沉香及香灯甚众，并散饮食及肉于各处。如是历若干时，复见巫师中之一人倒地，口喷涎沫，诸巫师询此人曰："神是否已宥病者？"有时答曰"宥"，有时答曰"否"。若答曰否，则尚应献神复欲之物，俾（bǐ，使）病者获宥。重献既毕，其人乃云："病者获宥，其病将愈。"诸人得此答复，乃言神怒已息，如是欣然聚食；其昏厥于地者亦起，与诸人同食。诸人饮食毕，各归其家，至是病者立起，其病若失。①

此一记述"金齿"（傣族先称之一）患病延巫寻求病源、祀鬼祈宥求愈的过程，如同唐朝柳宗元《柳州复大云寺记》记载的越人"病且忧，则聚巫师用鸡卜，始则杀小牲；不可，则杀中牲；又不可，则杀大牲；而又不可，则决亲戚，饬（整理）死事，曰：'神不置（免罪）我已矣！'因不食，蔽面而死"② 以及唐朝张鷟《朝野佥载》记载的"岭南风俗，家有人病，先杀鸡、鹅等以祀之，将为修福。若不差（chài，病愈），即杀猪、狗以祈之；不差，即杀大牢（牛）以祷之；更不差，即是命也，不复更祈"，③ 其信仰及延巫祈鬼求愈基本相同，只是用鸡卜与不用鸡卜及所杀的牲口步步升级等细节有别，且意大利人马可·波罗（Marco Polo）记叙的过程更为详细而已。这说明，壮傣群体先人越人还没有分化为壮群体越人和傣群体越人时代，延巫通鬼，影响、控制及驱赶鬼邪就已经铸于意识，成为观念，形成习俗，以致延至元代仍然是如此。

壮群体越人及其后人，一脉传承先人的意识、观念、习俗，延于清末、民国年间没多改变。汉朝以后有记载可资证明的，唐代，"户户悬秦网，家多事越巫"，④"家家扣铜鼓，欲赛鲁将军"；⑤ 五代，"木棉花映丛祠小，越禽声里春光晓。铜鼓与蛮歌，南人祈赛多"；⑥ 宋朝，"人远出而归者，止三十里外，家遣巫提竹篮迓，脱妇人贴身衣贮之篮，以前导还家，言为行人收魂归也"；⑦ 元朝，"鹿酒香浓犬彘（zhì，猪）肥，黄茅冈上纸钱飞。一声鼓绝长枪立，又是蛮巫祭鬼归"；⑧ 明朝，"风俗传鸡卜，春秋祀马人"，⑨ "波罗蜜树满城闉，铜鼓声喧夜赛神"，⑩ "唱歌跳鬼家家重，击鼓招宾夜夜欢"；⑪ 清代，"村落

---

① ［意］马可·波罗：《马可·波罗行纪》，冯承钧译，中华书局1957年版，第474—475页。
② 《柳河东集》卷28。
③ 《太平广记》卷288《岭南淫祀》引。
④ （唐）李商隐：《异俗二首》其二，（清）汪森《粤西诗载》卷10。
⑤ （唐）许浑：《游樵山新兴寺宿石屏村谢叟家》，《全唐诗》卷528。
⑥ （五代）孙光宪：《菩萨蛮》，《唐宗诸贤绝妙词选》卷1。
⑦ 《文献通考》卷330《西原蛮》引《桂海虞衡志》。
⑧ （元）陈孚：《思明五首》其三，（清）汪森《粤西诗载》卷22。
⑨ （明）曹学佺：《桂林风谣十首》其九，（清）汪森《粤西诗载》卷12。
⑩ （明）解缙：《龙州三首》其二，（清）汪森《粤西诗载》卷23。
⑪ （明）冉庸：《谪居灵川》，（清）汪森《粤西诗载》卷15。

收成后，多降巫为常。或病人在床，巫觋击鼓摇铃，披发裸体，自呼其神";① 民国年间，"女巫降神，问家宅事者，谓之'问米婆'，俗颇尚之"。②

此种种情况说明，壮群体越人及其后人一成不变地传承着先人的意识、观念和习俗。万物有灵，唯鬼是惧，唯神是求，在他们的社会和家庭生活中，存在着一个无所不在的鬼神世界。巫作为身具"超自然力"的人，以祝和咒与鬼神交往，祷神求福，除妖祛病，服务群众，在社会上其威信至高无上，其地位无可置替。在壮群体越人及其后人这样的社会氛围里，道教和佛教插足进来，自然会较量短长，衡量优劣，产生怨尤，出现龃龉。

广西贵县有冯氏之家，世为"都长"，身具法术，"立召风雨、鬼神、虎豹，言人祸福无不验"。"其神异者，率无永年，至四十岁上下，非缢即溺死。死后远近皆事之以为神，塑像于庙。庙在贵县北门外，与家相邻。庙已有十五六像，皆其元（始祖）也。"因我与冯家内侄"横州侯兴国举人"相熟，"尝一往观。中有宋、元碑石纪神异，悉如今日都长之神"。冯氏威望信力，非寻常可比，"自苍梧上至南宁，皆敬信不可言"。这是嘉靖元年（1522年）曾在横州（今广西横县）做官的吴兴（今浙江湖州市）人王济在其《君子常日询手镜》里记述的。

宋、元以来，历代的"冯都长"虽是"都长"（乡之上为都），却同样是巫师。他们身具"超自然力"，招风雨，预祸福，言未来，解人危难，深受拥戴。在明朝嘉靖元年（1522年）王济的记载里，没见冯家巫师与道教、佛教发生什么关系。但是，明末清初，由于元代以后正一道成为道教的正宗，崇拜鬼神，画符念咒，驱鬼降妖，祈福禳灾，贴近壮群体越人后人的思维趋向和追求，不仅将原为巫师的冯都长道化，让其入山取得仙衣，而且通过官府对其进行迫害，以钟罩住，环以重重薪火煅烧一夜，以显仙衣的无穷威力，让他依从于道教，成为"冯三界"。③

"蛮水似鲜血，瘴天如死灰。更忧民置毒，巫幸鬼为灾。"④ 巫作为一种原始信仰，流行于壮群体越人的后人中，一直没有得到官家的认可。巫师"冯都长"变为道家的"冯三界"，曲折地反映了巫与官府支持的道、佛二教的斗争。

"道士与道人（和尚）战儒、墨，道人（和尚）与道士辨是非。"⑤ 异教间的争长论短和相互挤对是不可避免的。

道教在中国土生长，源于巫，与巫密不可分。但是，道教作为人为宗教，有其基本信仰"道"，有其崇拜的最高尊神即由"道"人格化的"三清尊神"（元始天尊、灵宝天尊、道德天尊即太上老君），有其具体的修炼方法以及道经，与巫有着本质的区别。

佛教产生于印度，传入我国，宣扬世界虚幻不实，四大皆空，人生充满苦难，要摆脱苦难，只有依经、律、论三藏，修持戒、定、慧三学，改变世俗欲望和认知，超脱生死轮回，以达到对生死诸苦及其根源"烦恼"的彻底断灭的涅槃境界。显然，佛教的主张不

---

① 康熙《西宁县志·信仰民俗》。西宁县，今广东封开县。
② 民国《四会县志·信仰民俗》。
③ 《古今图书集成·方舆汇编·职方典》卷1436《梧州府部杂谈》；卷1440《浔州府部外编》。
④ （宋）陶弼：《怀智隶宜州》，《舆地纪胜》卷122《宜州·诗》引。
⑤ 《南齐书》卷54《顾欢传》。

仅与岭南"越人好鬼怪"、一尊巫师相抵牾,而且与壮群体越人及其后人正视现实、安于现实、享乐现实的世界观相冲突。

佛、道二教得到历代王朝的倡导,畅行无阻,可是在传入岭南以后,其正途传播和民间传播却又开了道。

在官府支撑的正途传播上,佛、道二教传承于其正统,在岭南的宫观佛寺中,仙人高僧众多,而在佛教中,也出现了禅宗六祖惠这样能开宗立派的大师,出现了得到宋仁宗赐号为"明教大师"的藤州人僧契嵩等一大批本地高僧。①

在民间的传播上,却多阻碍。虽然州郡刺史奉朝廷之命在各州建立宫观寺庵,比如柳州在武则天时代"始以邦命(州郡的命令)置四寺"等,② 可是时至唐代后期,岭南不少小的州郡还没有缁黄(僧道)。③ 因此,刘恂《岭表录异》载:"南中小郡,多无缁(zī)流(僧众),每宣德音(皇上的诏书),须假作僧道陪位。唐昭宗即位(889年),柳韬为容广宣告使,赦文(大赦的诏令)到,下属州(下达隶属的州)。崖州(治今海南省海口市琼山区)自来无僧,皆临事差摄(差派代理)。宣(宣读)时,有一假僧不服排位,太守王弘夫怪而问之,僧曰:'役次未当差遣编并(次序),去岁已曾摄(拉去恭颂)文宣王(孔子),今年又差作和尚!'见者莫不绝倒(大笑不能自持)。"④

比较大的州郡,虽建有道观佛寺,也有了道士、和尚,却不是佛、道二教传统意义上的和尚、道士。比如,唐朝《投荒杂录》载:"南人率(通常)不信释氏(佛教),虽有一二佛寺,吏(官吏)课(科派徭役令)其为僧,以督责释(佛寺)之土田及施财。间(间或)有一二僧,喜拥妇食肉,但(只)居其家,不能少解(略为知道)佛事。土人以女配僧,呼之为师郎。或有疾,以纸为圆钱置佛像旁,或请设食。翌日(第二天),宰羊豕以啖之,目曰除斋。"⑤ 南宋蔡绦《铁围山丛谈》也载:"岭南僧婚嫁,悉同常俗。铁城(今广西兴业县)去容州之陆川县甚迩(近)。一日令尹者入寺,见数泥像,乃生亡僧也。令尹问之,有一僧对曰:'此数僧今已无子孙矣。'闻者笑之。"⑥ 和尚是人,娶妻生子,人们听说为什么觉得好笑?原因是佛教为出家的和在家的信徒(居士)制定有最基本的"五戒",即不杀生、不偷盗、不邪淫、不妄语、不喝酒为终身遵守的戒条。娶妻生子,喝酒吃肉,严重违纪了戒条,说者犹大言不惭,岂不令人发笑!

道教也一样,有其教规,即一传受,二赏善罚恶,三斋戒,四诵持。壮群体越人的后人蔑视其教规,这就是北宋昭州(治今广西平乐县)太守邹浩《玉虚观》一诗的咏叹:"山腰制作迩来新,斧凿才终便掩门。独殿纷纷罗杞棘,老君(太上老君)寂寂看鸡豚。烟凝迭嶂为香火,风韵疏松作道言。借问羽衣(道士)何处去?一齐归屋抱儿孙。"⑦

---

① 《舆地纪胜》卷109《藤州·仙释》。
② (唐)柳宗元:《柳州复大云寺记》,《柳河东集》卷28。
③ 旧时我国僧徒多穿缁(黑色)服,道士戴黄冠,故僧道又称缁黄。
④ 《太平广记》卷483《南中僧》引。
⑤ 同上。
⑥ 《永乐大典》卷2339梧字引。
⑦ (清)汪森:《粤西诗载》卷13。

和尚、道士不知道佛旨道意，不遵守佛、道戒律，唯家是居，唯酒肉是求，娶妻生子，这就是唐、宋时代佛、道二教在岭南民间的信徒。唐朝郑熊《番禺杂记》载"僧之有室家，谓之火宅僧"，① 就是此一情况的反映。

"老君寂寂看鸡豚""岭南民间少缁流"，道出了时至唐、宋二代，佛、道二教在壮群体越人的后人中仍大受冷落。他们"家多事越巫"，遇疾逢灾，多向巫师求救。

二 道符佛咒巫喃魔：相竞相挤，各炫其长

唐、宋二朝，既是道、佛二教鼎盛的时期，也是道、佛二教在岭南炫其长技的时期。

"家家事越巫"，唐朝诗人李商隐在桂州写的《异俗》此一诗句，活生生地道出了巫觋在壮群体越人及其后人鬼神信仰基础上其强大的生命力。

在这样的氛围下，佛、道二教要在壮群体越人中立足，必须正视他们的信仰，趋向于他们的信仰，贴近他们的信仰，融入他们的信仰，满足他们的诉求。

"觉化大师，名文偃，伪刘（南汉）乾和间（943—958年）住云门寺，坐化。庆历七年（1047年）有叛寇唐和过其寺，欲为害，觉化大师现身在空，唐和感悟，本寺首僧霸因而招降。元祐八年（1093年），赐号觉化大师。"② "邓仙，桂岭（在今广西贺州市）人奔溃，邓至县越王渡大石上书字数行，明日贼遁。入趋视之，字若道家符箓。今萝薜缠络，惟三数字尔。"③ 为盗为贼，常恨人心不如水。能却盗贼，保平安，这是人心所向，人心所归。佛、道二教的僧侣、道士们也具有这样的感召力，其法术、符箓也具镇乱的功效，这可是壮群体越人的后人望眼欲穿、梦寐以求的。

"寂通证誓大师，彬州人，姓朱名道广，驻锡韶州（今广东韶关市）仁寿台"。"唐天宝元载（742年），此地大旱，沿流至官滩，溯回于岸，谓人曰：'雨将至矣！'须臾，阴云满空，雨露霈下。今光运寺住持处也，元丰（1078—1085年）赐寂通证誓大师。"④ "西竺寺圣佛"，"凡遇祷祈雨泽，随时响应。寺有记存，时乃庆历壬午（二年，1042年）也"。⑤ "许毛，自幼至老，两颊如丹，风雨未作，水旱将至，岁时丰歉，预以语人，无一不验，一旦隐迹，莫知所之，人以为仙。"⑥ "风雨飘摇久，柴门挂薜萝"；"天雨粟，鬼夜哭"。雨多雨大，洪水暴发，冲荡禾苗，淹没原野，毁坏房舍，危人生命；久旱不雨，万物枯烧，人畜难以为生。所以，"雨顺风调百谷登"，这才是以稻作为生的壮群体越人的后人所需求的。佛僧、道士们能够预言风雨将作，水旱将至，岁时丰歉，并能够祷雨雨来，祈晴晴至，具有影响天气的神通，这将使他们愁肠百结顿时解，无忧无虑地享受生活。

"《南海志》云：唐开成（836—840年）中，有西域僧号金刚仙，居于清远（今广东清远县）峡山寺，能梵音（佛语），弹舌振锡而咒，物无不应；善囚鬼魅，束缚蛟螭；动

---

① （宋）曾慥：《类说》卷4引。
② 《舆地纪胜》卷90《韶州·仙释》。
③ 《舆地纪胜》卷123《贺州·仙释》。
④ 《舆地纪胜》卷90《韶州·仙释》。
⑤ 《舆地纪胜》卷122《宜州·仙释》。
⑥ 《舆地纪胜》卷117《高州·仙释》。

锡杖一声，召雷立震。"① "惠悫圣师，原河北道人也，姓陈，咸通（860—874年）中乘虎至韶州仁化县潼阳乡，即今大云寺。咸通十三年（872年）坐化，立塔。"② "宝历（825—827年）中，邓甲者事茅山道士峭岩。峭岩者，真有道之士，药变瓦砾，符召鬼神。"③ "卢道者，隐居于阳寿（今广西象州县）之青金山，去城八十里，其山深广，虎狼甚多。卢在山贞庵修行甚苦，虎常蹲伏庵下；每出入，虎为守庵。"④ "距（梧）州东五十里有伏虎岩。昔李上座修行之所，道成骇伏猛兽，俗呼为伏虎岩。"⑤ 这说明佛僧、道士能使猛兽驯服，鬼魅受制，有着驱鬼祛邪的本领。这是生活在猛兽纵横、鬼神环伺境况中的壮群体越人的后人们所喜闻乐见和觉得宽慰的。

同时，佛、道二教还号准了群众生活的脉搏，俯就他们的生活追求，指示生活的前景："李绘，上林人，幼事渔钓，遇一异僧问津（渡口）于绘，以舟载之同归，宿其家。时绘母未葬，僧遂为卜一地而葬焉。二年后，绘累取乡荐（中乡试），庆历（1041—1048年）中历任至浙西发运使。""刘彰宿于寿宁寺，夜梦白衣人云：'三年当有应！'视堂上有木观音丹粉雕落，命工新之。次年，二子登甲（进士）乙（举人）科。"⑥ 又"吴时有道士牵牛渡水，因语舟人曰：'船内牛粪，聊以为酬。'舟人视之，皆金也"。⑦

道人能化粪为金，术高法强，令人景仰。但是，唐、宋时期佛、道二教的咒语、符箓并未完全见灵而服人心。比如，《太平广记》卷362《燕凤祥》引《广异记》载：

（燕凤祥在家中为群鬼所扰）请巫祝祠祷之，终不能去，乃避于精舍（佛寺）中。见佛榻有大面，瞠目视之，又将逃于他所。出门复见群鬼悉戏巷中，直赴凤祥，不得去。既无所出，而病转笃（重），乃多请僧设斋，结坛持咒，亦迎六丁道士（阴神道士）作符禁咒，鬼乃稍去。

"稍去"，就是"稍微离开"。这说明佛咒道符对于驱鬼祛邪并不怎么灵应，显示特异的功效。又《太平广记》卷367《东柯院》引《玉堂闲话》载：

陇城县有东柯僧院，甚有幽致。高槛可以眺远，虚窗可以来风，游人如市。忽一日，有妖异起，空中掷下瓦砾，扇扬灰尘，人莫敢正立，居僧晚夕不安，衣装道具，有时失之复得。有道士者闻之曰："妖精安敢如是？余能去之！"院僧甚喜，促召至。
道士入门，于殿上禹步，诵天蓬咒，其声甚厉。良久，失其冠，人见其空中掷过垣墙矣。复取之，结缨而冠，诵咒不已。逡巡（顷刻），衣褫带解，袴（裤）并失。

---

① 《舆地纪胜》卷124《琼州·仙释》。
② 《舆地纪胜》卷90《韶州·仙释》。
③ 《太平广记》卷458《邓甲》引《传奇》。
④ 《舆地纪胜》卷105《象州·仙释》。
⑤ 《舆地纪胜》卷108《梧州·仙释》。
⑥ 《舆地纪胜》卷115《宾州·仙释》。
⑦ 《舆地纪胜》卷108《梧州·仙释》引梧州《图经》。

随身有小襆贮符书法要，顷时又失之，道士遂狼狈而窜。

天蓬将军是北帝上将，道家称念天蓬咒可以制服一切鬼神。道书《云笈七签》卷119《灵验部三王道珂诵天蓬咒验》吹奉天蓬咒驱鬼祛邪的神效。然而，在对待妖怪扰乱佛寺一事上，佛僧束手，道士高声诵念天蓬咒奈何不了妖怪。道士受尽了妖怪的戏耍嘲弄，最后连装着符箓法要的小包袱也给夺走了。困顿窘迫，无法可施，他只好"狼狈而窜"。"狼狈而窜"，画龙点睛，将道士灰溜溜的丑态活现于人们的眼前。

柳宗元《柳州复大云寺记》载唐朝武则天为帝的时候，"柳州始以邦命（州郡长官的命令）"置大云等四寺，后来倒了，柳州人便在其旧址"复立（巫）神"。元和十年（815年）柳宗元就任柳州刺史，又复建大云寺，认为"人始去（巫）鬼息杀，而务处于仁爱"。此"庶乎教夷之宜也"。为了保证大云寺的长远运作，柳宗元在寺中设治事僧3人，增田亩、园圃、竹木，扩大寺产，确保佛寺的经济收入和正常开支。然而，柳宗元的筹划，并不能使大云寺兴盛多长时间。《古今图书集成·方舆汇编·职方典》卷1410《柳州府祠庙考·寺观附》载"大云寺在府城南仙山下，唐建，废"，反映的就是此种情况。

佛、道二教的信仰要在岭南壮群体越人的后人中传播，为他们所接受，必须渗透到以万物有灵为准的巫的信仰中去。佛、道二教由于没有做到这一点，所以唐、宋乃至元、明，巫基本仍然一统着岭南人的信仰。

> 予至东莞，每夜闻逐鬼者，合吹牛角，鸣鸣达旦作鬼声。师巫咒水书符，刻无暇晷（没片刻空闲）。其降生神者、迷仙童者、问觋者，妇女奔走以钱米交错于道，所在皆然。而诸县，寻常有病，则以酒食置竹箕上，当门巷而祭，曰设鬼，亦曰抛撒。……博罗之俗，正月二十日以桃枝插门，童稚则以桃叶为佩，曰禁鬼也。广州妇女患病者，使一妪左持雄鸡，右持米及箸，于间巷间皋（háo，呼）曰某归，则一妪应之曰某归矣，其病旋愈。此亦招魂之礼，是名鸡招。人知越有鸡卜，不知复有鸡招，亦曰鸡米云。至始死，则招师巫开路安魂灵，投金钱于江，买水以浴。①
>
> 永安（今广东紫金县）俗尚师巫，人有病，辄以八字问巫。巫始至，破一鸡卵，视其中黄白若何，以知其病之轻重，轻则以酒馔禳之；重则画神像于堂，巫作姣好女子，吹牛角鸣锣而舞，以花竿荷一鸡而歌。其舞曰赎魂之舞，曰破胎之舞；歌曰鸡歌，曰煨花歌。煨花者，凡男婴儿有病，巫则以五采团结群花环之，使亲串各指一花以祝，祝已而歌，是曰煨花。巫自刳其臂血以涂符，是曰显阳。七月七夕，则童子过关。十四日，则近先祖，男子或结肠度水，受白牒黄诰。②

广西钦州，"信鬼崇祀，疾病不服药，惟杀牛祠鬼。有一牲、三牲、七牲，至二十七八牲者；不足，继以称贷。或民病未愈，而家已先破。语以服药，漫焉不省，其愚惑如

---

① （清）屈大均：《广东新语》卷6《祭厉》。
② （清）屈大均：《广东新语》卷9《永安崇巫》。

此"。① 泗城府（治今广西凌云县）"疾病，用巫人系鸡取翼两骨束作一对，分别记号，卜之以占吉凶，并验鬼祟。小则用羊、豕、鸡、犬；大则用牛，或一二，以十数祭之。竟有为一病而至破家者，其愚如是"。②

贵县冯家也是如此。"其家神异者，世有一人，立召风雨鬼神虎豹，言人祸福，无不验。自苍梧上至南宁，皆敬信不可言"。③

信仰冯家巫公神异者，又何止"自苍梧上至南宁"。屈大均《广东新语》卷6《二司》载："广有三界神者，人有争斗，多向三界神乞蛇以决曲直。""三界神"，即明朝后期以来"冯都长"的代称。

又明朝嘉靖元年（1522年），曾官于横州（今广西横县）的王济其《君子堂日询手镜》载：

> 横人专信巫鬼，有一等称为鬼童。
>
> 其地家无大小，岁七八月间，量力厚薄，具牛、马、羊、豕诸牲物，罗于室中，召所谓鬼童者五六人，携楮（纸）造绘画面具，上各书鬼神名号，以次列桌上，用陶器、杖鼓、大小皮鼓、铜锣击之，杂以土歌，远闻可听。一人或三二人各带神面具，衣短红衫，执小旗或兵杖，周旋跳舞。有时奋身踊跃至屋梁，或仆于地，或忽据中坐，自称为某神，言人祸福。主人跪拜于下，谓为过神。少憩，复如之。如此一日夜，方罢。
>
> 人有疾者，亦以此术所祷。不即愈，至再至三至四五不已，甚至破家者有之，不复更问医药。
>
> 城治间人，日中虽有一二委医，亦未始不兼于此者，虽士大夫家亦然。此俗又甚可鄙。

过神，类似明朝后期以来岭南人请道士设坛祭鬼祷神以求福消灾的活动，是壮群体越人及其后人社会生活和日常生活中的大事。其事由巫来主持来兴办，可知巫师在百姓心目中以及社会上的地位。至于疾病信巫祀鬼，祈福祛病，更是壮群体越人及其后人中的巫师当仁不让的事。以巫过神，病以巫祀鬼，在横州，在岭南，不仅乡村如此，城镇如此，百姓如此，士大夫也基本如此，可说明朝嘉靖及其前，壮群体越人及其后人基本是如此。佛、道二教虽已经在社会上炫耀了其长技，但由于没有能够完全移位于万物有灵的信仰中，基本上仍然没有能够在岭南的祭鬼祷神的活动中分一杯羹。

三 病丧斋醮：佛、道"惟共趋于巫家"

元朝，正一道与全真道同为道教的两大派。

大德八年（1304年），元成宗封东汉"五斗米道"创始人张陵三十八代后裔张与财

---

① （明）林希元：嘉靖《钦州志》卷1《风俗》。
② 《古今图书集成·方舆汇编·职方典》卷1452《泗城府风俗考》。
③ （明）王济：《君子堂日询手镜》。

为"正一教主",总领龙虎山、阁皂山、茅山等三山符箓,此后凡是道教的符箓各派统称为"正一道"。正一道奉持《正一经》,崇拜鬼神,画符念咒,驱鬼降妖,祈福禳灾等。信奉正一道的道士,可以居家结婚,不避荤腥,称俗家道士或火居道士。

火居道士或俗家道士崇拜鬼神,这就将道教的信仰移位于巫的信仰中了。他们画符念咒,驱鬼降妖,祈福禳灾,其功能也就如同巫的功能。

在岭南,能够广泛传播的,是正一道中的茅山道。嘉庆《新安县志·信仰民俗》载新安县(今广东深圳市)"凡有病,或使妪持衣燎火而招于门,或延道家逐鬼。角声呜呜然,至宵达旦"。此道就是茅山道,所以民国《兴宁县志·信仰民俗》载:"病鲜服药,信巫觋,鸣锣吹角,咒鬼令他适(往),名曰跳茅山。"

民国《乐昌县志·信仰民俗》载:"邑属子女有病,生母向人门外叫之,曰'喊同年'。延巫过火坑、烧油锅,连宵跳唱,曰'跳鬼'。"跳鬼可以由巫主持,过火坑、烧油锅,却是茅山道习用的驱鬼法术之一。

> 年丰人乐,每秋冬间咸就乡中神祠建醮赛会。大都用土巫,资力稍厚乃延聘法术高者,俗号为茅山教。设坛植幡,主办执事诸人皆斋戒,择吉入坛,随术士朝夕讽咒朝拜,或三日,或五、七日,乃至九日,至简者一昼夜。事毕,杀牲祭神,谓之"散醮"。亦有饮宴分胙,间有盛举则作刀山、火炼诸法术。
>
> 刀山,以巨木径七八寸,长三丈余,横凿扁孔,长刀磨利贯之(俗用长刀,称为马刀),刀柄一左一右,以次相间,彻首尾凡刀三十有六,或三十有二,刀皆向上,卧置广场中,首尾承以小几。作法者朱书黄纸符,分粘首尾两刀上,复一向刀上讽咒,戟指书空作符,噀以法水。别置方案一,案上一盆贮米,乃举木植盆上矗立。木根别凿孔,贯以小木,左右出案外尺余,两端各缀一筐,筐中米数斗。麻索从木顶分等边三角绷地,上系以小杙(yì,木桩)。又于方案旁植一竹,径二寸许,长将与木齐,竹末赤帛为长幡,牵于木顶斜下。群巫钲鼓笛钹讽咒,环拜于案前。作法者赤足登案,攀刀拾级而升,手向刀握空拳,指端掌心与刀相切,足下踏钱纸十余层,按刃上悉断,纷纷飞下。且升且咒,至顶乃坐木上,宣读告神表章毕,乃反身以次手攀足踏而下。观客好事者或相效攀踏而升,以为获吉利,然不慎手足往往为伤。
>
> 火炼,亦在广场中积薪(柴火),广八九尺,厚五六尺,以来作法者自其一端戟指书符讽咒,燃小竹二,焚朱书黄纸符及纸钱数张,顺风纵火,俄顷(不一会儿),薪尽扑成炭。群巫环拜,一如在刀山案前。作法者赤足四处绕行,且行且咒。最后,炭外之一端架小釜(锅)煎沸油,焚纸钱釜中,令油尽燃。戟指书符,噀酒釜中,火冒起,大呼从釜上火中超越,踏炭疾趋过之。好事者,亦相率随过焉。
>
> 凡刀山、火炼,作法者有木刻小神像虔奉为师,将作法则负之于背,事率乃已,殆亦护身之符欤?①

茅山道不仅有上刀山、过火炼等驱鬼降邪之法,也念咒语、粘符箓。他们除了参与建

---

① 民国《来宾县志·信仰民俗》。

醮赛会、禳灾保境，也超度亡灵，祭鬼招魂、驱鬼祛邪、谢土安龙等。他们做的都是以前巫师做的事。归纳起来，一方面是给群众求福，让群众生活顺遂；另一方面给群众祈求免灾，祛疾脱困。

茅山道公作法时，头戴方士帽，身穿长衫道袍。道具有皮鼓、锣、钹、铃、震木、戒尺、剑、印等。他们忌食狗肉、牛肉，平时在家务农，有人延请即邀伙去给人作法事。

茅山道奉三清即元始天尊天宝君、灵宝天尊太上道君、道德天尊太上老君为主神。经书有从汉文译来的《上清经》《灵宝经》《三皇经》等。其前后传承，则是遴选弟子，师傅授业，弟子承戒。

巫觋召唤神灵，所凭依的主要是万物有灵人鬼交感之类的观念，而道教是人为宗教，有自己的主神，魏晋以来形成了以三清为主神的谱系、法术，祝、咒规范化，不再是"巫觋杂语"随意召请神灵，因此清朝以降，岭南群众意识中有茅山道"法术高"于巫师的认知了。

然而，岭南茅山道既然已经以万物有灵立基，与巫就没多大的区分了。所以，民国《清远县志·信仰民俗》载："古者丧事，设斋打醮，俱延僧侣，惟迩（近）则因各寺久废，故打斋打醮皆只火居道士为之，俗曰'喃巫佬'。""喃巫佬"一称，将火居道士与巫师等同起来了。

火居道士与巫师等同，就职业而言，巫也不异于火居道士。民国《四会县志·信仰民俗》载，邑中"无道士，若有事于祈祷，则以火居道士为之。地方官祷雨祈晴等，亦火居道士充役。故城乡间道馆甚多，俗谓之'男巫先生公'，或曰'喃魔'，意即'南无'之误。然习俗相沿，不求甚解，即道士诵经毕亦曰'喃一趟魔'矣。道士中必有一人充道纪司道会者，则各道馆及女巫皆归其管辖"。

刘锡蕃说："蛮人谓释道为文教，谓北壮之教为武教，南壮之教为巫教，实则道教杂教，已侵入蛮教壁垒而与之糅和。"[①]"糅和"，就是混同。"糅和"一词用得颇为妥帖，说明此时的火居道士徒有茅山道士之形，而实已经和同于以信仰万物有灵论为基础的巫师。

文教如此，武教也不另样。

武教指流行于岭南北壮以及趋汉变化了的壮群体越人后人的群体中，如贵县及宾阳县操汉语平话方言的人群中，称为"师公"。

师公源于佛教。唐朝《投荒杂录》载："南人率（通常）不信释民（佛教），虽有一二佛寺，吏课其为僧，以督责释之土田及施财。间有一二僧，喜拥妇食肉，但居其家，不能少（稍）解佛事。土人以女配僧，呼之为师郎。或有疾，以纸为圆钱置佛像旁，或请僧设食。翌日，宰羊、豕以淡之，目曰'除斋'。"[②]这说明唐代岭南人谓"佛"为"师"。此"师"，就是唐朝郑熊《番禺杂记》说的"火宅僧"："僧之有室家，谓之火宅僧。"[③]

明朝万历《百粤风土记》载："僧多不削发，娶妻生子，谓之在家僧。巫尤无他术。

[①] （清）刘锡蕃：《岭表纪蛮》，商务印书馆1934年版，第191页。

[②] 《太平广记》卷483《南中僧》引。

[③] （宋）曾慥：《类说》卷4引。

叶继熙《临桂杂识》谓以几（矮桌）数重，自投而下者为得道，众始宗之。"① 至今广西上林县的师公在接受弟子时，实行9天的度戒仪式，最后弟子的"脱胎换骨"，就是从师傅营造的象征性高台上滚下。此一"滚"，标志这个弟子修业完满，成为具有通神能力的师公。② 时距500年，"师"的传承仍然保存"以几数重，自投而下者为得道"的此一仪式，可知现今壮族的"师公"传承自明代的"在家僧"。

由于"师公"是在"少解佛事"而且破戒叛佛的"火宅僧"或"在家僧"基础上随着历史的发展逐渐形成的，其奉持的神灵，上下攀附，随时随地添加，不仅有岭南本地人信仰的鬼神，也少不了佛教的菩萨、道家的神仙。师公师傅度戒，授予"唐、葛、周灵符"印鉴，弟子方能出师，说明唐、葛、周三真君是师公所奉的三主神。

据说，往昔孙公侃生有一女，16岁时嫁予唐巫，生一子名唐道扬；唐巫亡，孙女改嫁葛文扬，生一子葛定应；文扬卒，孙女又转嫁周远方，又生一子名周护正。不久，周氏夫妻双双去世，唐、葛、周三个同母异父兄弟伶仃无依，为梅山寺僧收养，长大教与经书和法术。三人后来创立"师公"，因此，"师公"也称为"梅山道"。

实际上，师公所尊的唐、葛、周三大主神不是岭南本土的神祇，而是自中原传来。所以，所谓的唐、葛、周三异父同母兄弟沦为孤儿得梅山寺院收养、教育、授道，似不合于事实。"师公"之所以称为"梅山道"，或是与吸取了湖南"梅山瑶"崇拜的神灵"瑶王"有关？然而，决疑无据，难详其中玄奥。

中原的唐、葛、周三真君从何而来？《绘图三教源流搜神大全·吴客三真君》载，唐、葛、周三人本是西周三谏官，因周厉王暴虐，三人屡谏不听，弃官南走于吴，解了楚侵吴的困境，吴王大悦，要给封赏。三人辞说："我等客官，不敢受赐！"后厉王死，宣王立，三人归复西周，得宣王厚赐，仍其爵位。后来有功于国，分封为孚灵侯、威灵侯、浃灵侯。这就开了历史的一个玩笑。周厉王是公元前879—843年在位，因暴虐引起国人暴动。公元前841年，国人把周厉王放逐到彘，实行"共和行政"。此一年，中国历史开始有了确定纪年。西周共和了10多年，到公元前827年，周宣王方才登位莅政。而此时距周平王迁都洛邑，东周也就是春秋开始的公元前770前已经有57年。吴国和楚国，便是春秋时候出现的诸侯国。楚国攻打吴国而吃败仗发生于公元前508年，此时距周宣王死的公元前782年已经有274年。唐、葛、周三人为谏官、为侯，还没成仙，凡夫俗胎怎能活得这么久？而且，将春秋时出现的吴、楚二国放诸西周宣王之上，也是大违历史发展顺序的。

宋真宗于大中祥符元年（1008年）封泰山，见于《宋史》卷7《真宗纪二》。"五色云起岳顶"；"法驾临山门，黄云覆辇"；"庆云绕坛，月有黄光"；"日有冠戴，黄气纷郁"；等等，这些认为是紫气祥云都写了，怎不见有唐、葛、周三仙"奉天命护卫圣驾"的记载？《绘图三教源流搜神大全》记载宋真宗分别封三仙为上元道化真君、中元护正真君、下元定志真君又从哪里来？至于"岱岳冥司赞"三仙，冥司是管阴界即死人的，仙既是从上天而来，怎又会由"岱岳冥司"来管来赞？

以上说明，唐、葛、周三人或三仙泰山护驾宋真宗而受封，都是有心人于虚无缥缈中

---

① （清）汪森：《粤西丛载》卷18《僧巫》引。
② 杨树喆：《师公·仪式·信仰——壮族民间师公教研究》，广西人民出版社2007年版，第52页。

谣诼、穿凿出来的，实无其人其事。

师公有祝有咒，也有自己的神鬼谱系。其神鬼谱系，虽随时随地而稍相异，但其主神鬼却是相同的，说明师公创立是源于一的。对其鬼神谱系，师公行话说是"三十六神七十二相"。

传下"三十六神七十二相"比较完整的，是象州县中平乡梧桐村师公陈廷善保存的其祖传抄于光绪二年（1876年）三月十五日《众神本命》的记载：

三元：唐道扬、葛定应、周护正。
九官：土地、灶王、社王、雷王、赵帅、马帅、邓帅、辛帅、中央关元帅。
二十四相（多一相）：甘王公侯（扶应）、甘陆将军、甘七部圣官、甘八部篆官、甘五娘、侍郎、梁侯、吴侯、韦察院、司徒公、巡河公、三界公、冯泗公、北府将军、白马姑娘、通天圣地、莫一大王、三祖家仙、五谷灵娘、鲁班先师、五海（龙神）、农婆（歌仙）、上楼（花婆）、中楼（花婆）、下楼（花婆）。
七十二相（少了二相）：张天师、李天师、左真人、右真人、狱主、灵王、都督、陈六、陈养、九吾（鬼王）、五通王官、五道、当年（功曹）、何雷明保、泗州、通保、雷电、雨师、雷声、引光、南方天真、西方天季、北方天楼、中央天录、黑帝、天成、花林、洪州、观音、孤独、威德、上元天官、中元地官、下元水官、五官、冯远、冯雨、冯咬、冯累、都长、老奶、韦明大、甘奏、金轮、银轮、南极仙翁、日官、月官、神宵、地藏王、伏羲、孙千岁、律令、九天应元、五皇、蛮皇、大王、录神、监厨、东王、小帝、猛将、释加佛、牟尼文佛、玉清、上清、太清、星主、雷公、雷母。①

师公将自己的神鬼谱系称为"三十六神七十二相"，此"相"即是佛教名词，与"性"相对。"性"指事物内在的和不可改变的本质，"相"则指事物外现的形象状态。"七十二相"，就是指"七十二神鬼"谱系。师公以佛教的"相"作自己神谱的名称，道出了它与佛教存在某种渊源关系。

然而，师公是在岭南百姓信仰中成长起来的信仰体系，又与佛、道二教不同。比如，他拉来虚无缥缈的唐、葛、周做主神，却将道教最尊的天尊天神玉清元始天尊、上清灵宝天尊、太清道德天尊变成"七十二相"中"玉清、上清、太清"三个普通的神灵；而释迦牟尼是创立佛教的佛祖，在"七十二相"中却裂成"释迦佛"和"牟尼文佛"。一人而裂为二，这是有意还是无知，便难判定了。

不过，"三界公"是承原贵县"能立召风雨鬼神虎豹，言人祸福无不验"的巫师都长冯氏而来，"三十六神七十二相"中不仅有"三界公"，而且衍发出"冯泗公""冯远""冯雨""冯咬""冯累"等一大批冯姓神鬼，甚至连冯氏的官名"都长"也作为一神列上了。又如，南宋王象之《舆地纪胜》卷105《象州·古迹》载，甘某家富饶，乐于助

---

① 朱碧光、孙亦华：《壮族师公舞中的"三十六神七十二相"考》，《广西傩艺术论文集》，文化艺术出版社1990年版。

人，知道命已登鬼簿，便不治产业，其弟兄不但不理解，还千方百计孤立、刁难他，而神却来助他。一日，他聚来众邻里说："吾已厌于世矣！"即瞑目而去。乡人立"甘将军正庙"对他进行祭祀。明朝的《广西通志》既定其名为甘佃，并将其无情无义的兄长得南汉封为护国将军，说他"祸福先知如神"，定其名姓为"甘陆"。① 师公"三十六神七十二相"有"甘王公侯"，又添了"甘陆将军""甘七部圣官""甘八部篆官"及"甘五娘""甘奏"等甘家神鬼。这可能是由于无知，随加衍发拼凑鬼神之数。

师公"三十六神七十二相"的神鬼谱系十分庞杂，神鬼众多，天神、地神、人神，无所不包；有实无实，有名无名，累累拥推：其中，尤以广西的土俗神为多。此体现了师公是在岭南百姓信仰中形成的信仰体系。

总督陈宏谋，临桂人，雍正元年（1723年）进士，乾隆（1736—1795年）历任巡抚、总督，政声卓著。师公将深受群众爱戴的"都督"陈宏谋及"陈六""陈养"列作其"三十六神七十二相"之一，可以清楚师公的最后形成不当早于乾隆时代。

南宋的时候，桂林"所在坊巷村落，又自有百姓傩。严身之具甚至饰（整齐），进退言语，咸有可观"。② 此"百姓傩"或"乡傩"，是否就是越巫祀鬼的形式？景泰元年（1450年）吴惠重刻增补宣德本《桂林郡志·信仰民俗》载："凡有疾病，少吃药，专事跳鬼，命巫数十，谓之鬼师，杀牲酬酒，击鼓吹笛，以假面具扮演诸神歌舞。"这说明桂州巫师祀鬼是戴着假面具的。又明朝王济《君子堂日询手镜》载"横（横州）人专信巫鬼"。巫人祀鬼，"携楮（纸）造绘画面具，上各书鬼神名号"。跳鬼时，"一人，或二三人，各带神鬼面具，衣短红衫，执小旗或兵杖，周旋跳舞。有时奋身踊跃至屋梁，或仆于地，或忽据中座，自称为某神，言人祸福"，也是此种情况。所以，民国年间人们就说岭南人的"调神"是"乡傩之遗意"，③ "跳庙为古乡傩之变相"。④ 师公以巫为底，也传承着岭南巫祀鬼调神此一传统，戴着假面具跳鬼作法。

师公有经书，用汉语方言书写，更多的是以汉字及表壮音的土俗字书写，即用可以表达壮语意思的汉字及用汉字偏旁组合成能表壮音壮义的字，如"孤那"（$ku^6\ na^2$，做田工），"巾厚"（$jɯn^1\ kau^4$，吃饭），妈兰（$ma^1\ la:n^2$，回家），"庐狁留圾锡"（$lum^3\ ma^4\ lau^2\ kip^7\ kik^7$，好像猴子拾得锡块那样快乐）等，称为师经。壮师经一般以五言欢（壮山歌）为主，押腰、脚韵，也有七言欢或混合体，押脚韵。师经的分类，各地略有差异。马山一带的师经以"科"分类，有发鼓科、请圣科、符理科、功曹科、土地科、夫子科、五龙科、接符科、出庙科、破狱科、四帅护坛科、蓝陆科、岑王科、阴科、度戒科、行孝科、奠别科、升度科、出殡科、送师科、隔伤科、度毒科、送答社科等。每科由一个或若干个条目组成，如破狱科有破狱社、破狱祖、破狱伤等；功曹科有年值功曹、月值功曹、日时功曹等。⑤ 师经内容，既有来自汉族的材料，如行孝科及伏羲等传说，也有岭南本地

---

① （清）汪森：《粤西丛载》卷11引。
② （宋）周去非：《岭外代答》卷7《桂林傩》。
③ 民国《四会县志·信仰民俗》。
④ 民国《平乐县志·信仰民俗》。
⑤ 范宏贵、顾有识：《壮族历史与文化》，广西民族出版社1997年版，第29页。

特别是关于壮族历史文化的材料。

师公有师公伙,一师带众徒。他们平日在家劳动,有人邀约,师傅便带上徒弟,带着经书符箓,穿起红衣红裤、腿裹纸带、足蹬草鞋、戴起木面具给人家作法事。师公所揽的法事众多,凡超生度亡、驱鬼消灾、镇邪降魔、喊魂赎魂、禳灾保境、斋醮报赛、游神跳鬼、立祠安社、祈福还愿、接花架桥、乔迁妥龙、求雨求晴等,可说是与鬼神世界、与超自然力客体打交道,他们无所不染。

小的法事一昼夜,大的法事四五天甚至六七天。请师公来作法事,在农村是件大事,称为"调师"。一村一社调师,十里八村有亲无戚都蜂拥而来凑热闹,诚如光绪《吴川县志·信仰民俗》记载,"康王庙,邑中多有,复有金轮神,亦拜斋。虽十余年一举,几于无岁不拜斋也。其最盛者,拜童千人,来观者数万人,裙屐喧阗(声大而杂),笙歌杂沓"。师公们演义故事,跳唱结合,或庄重严肃,或轻盈从容,或诙谐轻佻,或快拍粗犷,等等不一。每唱到婆王、十八姨妹、土地公等神时,男欢女爱之词溢于言表,秽亵词语冲口而出,饮食男女之事一无掩饰,配以放浪粗俗的动作,让人大跌眼镜。所以,壮族有句俗语说:"na² na¹ lum³ tan³ mok⁸ʔek⁷",其意就是脸皮厚得像戴木面具的师公,什么丑话都说得出。

这又何尝怪得了师公们呢?"千仞巉岩一径通,可扪天处是仙宫。婵娟并席谁家子?缥缈吹衣万窍风。初月淡笼眉拂拂,晚云低绕鬓松松。邦人不复知端的,但说常能助岁功。"① 北宋邹浩在昭州(治今广西平乐县)写的此首歌墟诗,问当地人为什么举行歌墟,长让山野间男欢女爱,因歌墟行之久远,当地人已经不知道其究竟了,只笼统地说可以"助岁功"。"岁功",指一年农业的收成。以歌"助岁功",壮群体越人及其后人"以人为而感天",传之古代,传之未来,形成了一种固态不变的意识、观念、习俗。所以近千年后,民国《龙州县志·岁时民俗》仍然记载道:"四月间,乡村男女指地为场,赛歌为戏,名曰歌墟。甚者邻县附近亦有裹粮而来,趁墟助兴,每场聚集人众不下千人,一似溱洧遗风。相传此墟一禁,即年谷不登,人畜瘟疫云。"巫师们在调师时的唱词和做工,反映的只是壮族的固有意识、观念,并非什么越轨行为。

1992年11月,我们一行在泰国东北素辇府参加该府举行的大象节。广场上,成百头大象做各种表演,包括大象致敬行礼、搬运重物、象阵、足球赛等。大象过后,是群体性的歌舞表演,反映泰群体越人的后人佬人往昔的"饭稻羹鱼"生活情景。队伍中有一男扮女装的人敞着怀,露出鼓鼓的粉色的胸罩。紧跟其后,有一男性装束的人手持圆形木具,随着歌舞节拍对着男扮女装者的下部做一推一退的猥亵动作。随着歌舞队伍行进,又出现了一组木制的模具:主体结构是一个脚踏舂米碓子,碓头不远是靠得很近的一男一女木雕裸身人形,女的胸部鼓鼓,男的阳具昂然;碓头与木形男女间用机关联着。当人踏着碓尾时,碓头扬起,男女木形人分开;捣碓者放开碓尾,碓头下砸,男女木形人二者合一,做性交的态势。② 此意味着什么?英国著名文化人类学家弗雷泽说,古希腊人每逢节日,妇女们拿着生育繁殖之神奥锡利斯的形象,"用线牵动做出各种猥亵的动作,一面唱

---

① 《仙宫庙》,(清)汪森《粤西诗载》卷13。
② 白耀天:《泰国婚姻、丧葬和宗教信仰考察》,《广西民族研究》1993年第1期。

着他的赞歌。这种习俗可能为了庄稼成长而进行的一种巫术"。① 泰国素辇府的佬人在大庭广众之中做此猥亵的表演，除了再现先人的生活之外，重要的就是以其作为一种巫术形式，乞求人畜兴旺、谷物丰收。

这不是佬人的自我作兴，这是传统的传承。当壮傣群体越人还没有分化为壮群体越人和傣群体越人的时候，成于战国之际的广西左江崖壁画就已经存在其事。广西左江崖壁画是当年人们祭祀水神的画面。画面上的人，有男有女，有头人，有巫师，有狗，有铜鼓，有竞渡，甚至有男女交媾的形影，这无疑是以此感动水神，祈求水神护佑人类，风调雨顺，年成丰硕，子孙绵延。

左江崖壁画交媾图

阴阳调和，万物化育。师公们作法事时的言语和做工，正是求得善果的一种感应巫术行为。

清朝道光十年（1830 年）举进士的壮族大学者郑献甫说，岭南"近世无仙家，近世亦无佛家，惟共趋于巫家而已"。② 此话可说打蛇拣七寸，说到点上了。

"共趋于巫家"，佛、道二教方才能够在壮群体越人的后人中立下脚跟，为其所传扬所信仰。因此，翟文富说，岭南"乡俗于释（佛）、老（道）二氏教旨、教规异同、出入（彼此不符合）不甚明辨，大都拜其为神焉。所拜在神，不问佛与非佛，直不过多神教之迷信"。③

广西武宣县三里乡勒马村盘古庙，清代已经存在，后塌毁。1984 年，当地群众集资重建一开间瓦房，内塑众神偶像。神台上方悬挂着一狭长横幅，上书"盘古爷、甘王爷、北帝爷、观音菩萨暨众神佑我平安"。落款者是众多"信男信女"的名字。甘王是巫家神灵；北帝即真武帝，是道家的护卫神；观音菩萨则是佛教大慈大悲、普度众生的菩萨；盘古既是道家开天辟地之神，也是巫家神灵。盘古庙诸神既然佛、道、巫一锅烩，信之者唯礼敬虔诚地祭祀以求福。这些信奉者又自称为"信男信女"，似又是在开玩笑。"信男信女"，指信奉佛教的在家男女信徒。他们信仰巫、道神灵，却不以为忤，说明道、佛二教在岭南民间已经"共趋于巫家"了。

---

① 《金枝》，中国民间文艺出版社 1987 年版，第 557 页。
② 《二教论》，《补学轩文集·散体文》。
③ 民国《来宾县志·信仰民俗》。

相类的情况，不论是在壮族还是已经趋汉变化了的壮群体越人的后人，大都是如此。比如，南宁市邕江边为汉族的小藤龙盘村的村民，在清朝前期兴建了一座北府庙，"奉北府、雷帝、花王诸神"。据现在庙中留存的《重修祖祠碑记》，庙立于乾隆三十二年丁亥岁次（1767年）五月十三日。为什么"奉北府、雷帝、花王诸神"的祠庙称为"祖祠"，一时难以追索。

庙堂除厨房外，有三间神殿。大神殿有三个神台。中间神台，其泥塑神像，中为北府帅王，左为十三灵太保，右为关公大帝；左神台塑像左为雷王大帝，右为花王圣母；右神台塑像左为北帝，右为观音。大神殿之右偏殿，有二神像，左为韦陀，右为孔夫子。偏殿之右又一偏殿，则仅地母娘娘一塑像。综观庙中所塑神像，有三个特点：第一，佛、道、儒、巫诸神烩一锅，既有道教北府帅王、北帝、关公，又有佛教的观音、韦陀；既有巫的雷王大帝、花王圣母、地母娘娘，又有儒教的鼻祖孔夫子。诸教诸神烩于一锅，礼敬时上香点烛，杀猪宰羊祭祀，而佛教的观音、韦陀却忌以牲口供奉的，此岂不是将他们世俗化了吗？第二，诸神界域模糊。比如，北府帅王指的是道教北帝，也就是真武帝，北府帅王之外又有一个北帝，这不知从何说起？第三，十三灵太保，未见记载，不详是什么神灵，依托什么立此神名，从什么地方拉来，具有什么"超自然力"？神名无谱，随意而名，这是巫家的特点。北府庙诸神，一言以蔽之，佛、道、巫汇于一炉，"惟共趋于巫家而已"矣！

北府庙及塑诸神像

"信男信女"酬谢神旗

第九篇　节日文化

节日，是人们祭祀的日子，庆贺的日子，献艺的日子，耍乐的日子，交往的日子，欢聚的日子，休息的日子。

节日有礼仪，寓着人们的指望，既给人们以休息，也给人们以欢乐，往往能团结一方的人群，增强人们的凝聚力。

壮群体越人及其后人，其本有的节日，大都是因祀神而来的。后来由于长期地受着汉族文化的影响以及与外族的文化交流，也接受了其他民族特别是汉族的节日，作为自己的节日。

第一章

原生节庆

越人作为一个独立的人类群体，其文化与中原汉族相异。节日，作为越文化的一部分，自然也与中原汉族不同。

壮群体越人传承越人文化，也有自己的节日，自己的庆典。这就是壮群体越人及其后人的原生节日。

一　年节

秦始皇统一岭南，颁行秦历，以十月为岁首，闰在岁末后九月。壮傣群体越人奉行秦历。虽然西汉王朝另行新历，即"太初历"，但是有部分偏僻的壮傣群体越人的后人，仍然奉行着以十月为岁首的秦历，迄于清朝不变。比如，临安府（治今云南建水县）"僰夷"（今傣族先称）"以六月属蛇日为节，十月属蛇日为年。至期，搭棚以敬天祭祖，长幼皆严肃，无有哗者"。[①] "八番"（今贵州布依族先称）"以十月望日（十五日）为岁

---

① （清）王崧：道光《云南通志》卷183引《临安府志》。

首"。① 云南壮族佬支系中的"白土僚","以十月朔（初一日）为岁首"。② 即便是地处交通热中地区的壮群体越人的后人,也有如此的。南宋王象之《舆地纪胜》卷118《雷州风俗形势》载："州人循习以立冬后巳酉日为腊。"注说："先祭其先,然后集亲故而共饮焉。或云：路伏波之辟九郡也,徐闻之人以冬巳酉日遇害,故州腊祭必祭其先。颖滨先生和陶渊明《停云》诗有曰'人饮嘉平（腊月）,浆洒如江'。注云：雷人以十月腊祭,盖其年巳酉日在十月耳。"

雷州,在今广东雷州半岛。雷州人,对在冬十月巳酉日过年还是比较执着的。北宋后期,大诗人苏东坡被贬海南,路经雷州,惊其风物人情相异,作了《雷州八首》诗,其七句称：

> 海康腊巳酉,不论冬孟仲。
> 杀牛挝鼓祭,城郭为倾动。
> 虽非尧颁历,自我先人用。
> 苦笑荆楚人,嘉平腊云梦。③

以十月己酉为年,杀牛擂鼓祭祖,声势浩大,震天动地,城郭为之倾动,热热闹闹,然后欢餐,尽其所欢,傍晚,可说是"家家扶得醉人归"了。

汉武帝太初元年（前104年）颁"太初历"。太初历一年十二个月,并将二十四个节气订入历法。这是中国历史上第一部比较完整的历法,也是历法史上的一次重大改革。太初历,覆盖了中国,覆盖了岭南,为大部分的壮群体越人所接受。十二月尾为除夕,除夕过后是新年。但是,"山中野老不纪年,只看山花为岁历",④ 壮群体越人素常不仰观天文只俯察地理,"观禽兽之产识春秋之气,占暮芋之熟纪天文之岁",⑤ 以实用和经验为主,春种秋收,一年一稻,稻熟割了,收了,一年也就结束了。这样的理念传承下来,使他们的后人在接受新历的同时,又遗存着旧的思恋。

《古今图书集成·方舆汇编·职方典》卷1415《庆远府风俗考》载："每岁收获毕,则跳鬼酬赛。"春祈秋报,报神的日子,也就是壮群体越人及其部分后人腊祭的日子。所以,北宋乐史《太平寰宇记》卷163载,窦州（治今广东信宜市西南镇隆）及昭州（治今广西平乐县）,"谷熟时,里闬同取戌日为腊,男女盛服,椎髻徒跣,聚会作歌"。南仪州（今广西岑溪市）"俗不知岁,唯用八月酉日为腊,长幼相慰贺以为年"。北宋时今广东西部及广西东部地区的壮群体越人的后人以获稻后腊祭,除了宰猪杀牛祭祀鬼神、感谢神灵之外,大家还衣裤焕然一新,聚会作歌以庆贺,搞得热热闹闹、欢欢乐乐的。不知他们传承先人的习俗,还能维持多久？而在广西中北部,以秋为年的习俗迄于明朝后期仍然

---

① （清）田雯：《黔书》卷1。
② （清）王崧：道光《云南通志》卷184引《广南府志》《开化府志》。
③ 《苏东坡全集·续集》卷1,中国书店1986年版。
④ （明）王一岳：《上林吏隐歌》,（清）汪森《粤西诗载》卷9。
⑤ （宋）乐史：《太平寰宇记》卷169《儋州风俗》。

存在。

明朝嘉靖（1522—1566年）间曾任广西学政的谢少南《永福道中》诗称：

秋日登途菊朵新，忙中岁月客中身。
归来蛮鼓村村发，道迓湘南岁底春。①

"湘南"，指广西，"岁底春"，就是过年。《永福道中》诗点出了广西人过年时节，就是在"菊朵新"（菊花怒放）的"秋日"。宰猪杀羊，擂鼓祭神，这是壮群体越人传承下来的过年习俗。而过年时，竞渡也是越人传承下来的习俗。所以，《旧唐书》卷146《杜亚传》载："江南风俗，春中有竞渡之戏，方舟并进，以急趋疾进者为胜。"宋末文天祥的《元夕》诗也说："南海观元夕，兹游古未曾。人间大竞渡，水上小红灯。"这说明不论是越人后人所在的江南还是壮群体越人其后人所在的南海，龙舟竞渡都是在新年期间举行。

明朝天启（1621—1627年）间任广西右参议的曹学佺，其《桂林风谣十首》其一句说："素节龙舟竞，冥搜鼠穴熏。"② 食鼠，这是壮群体越人传承下来的食品嗜好。"素节龙舟竞"，是在"素节"举行龙舟竞渡。《文选》张景阳《杂诗》其三谓"金风扇素节，丹霞启阴期"。"金风"是秋风，"金风扇素节"，说明"素节"是秋令时节。因此，《初学记》卷3梁元帝《纂要》载："秋曰白藏……节曰素节、商节。"明朝后期桂林人在秋令时节素节举行龙舟竞渡，也是显露了该地区仍存在年在秋获之后的印迹。

民国《高要县志》载，广东高要县"每岁冬月，盛为法事，谓之禳灾，又谓之保境，作纸船，鼓送之江"。又民国《始兴县志》载，广东始兴县十月"请道流羽士在荒郊建厂（棚舍）演法事，酬神保境，预祈来岁丰稔"。这自然也是春祈秋报的"秋报"的遗迹，折射出在岭南壮群体越人历史上曾经盛行以秋末冬初为年节的习俗。

二　春秋歌会

壮傣群体越人的社会发展，由于原始母权制社会尚未充分发育，父权制就过早成熟了，因此在原始父权制社会里，母权制势力还显得十分强大，父权制表现显得软弱。壮傣群体越人部分后人社会中迄于明朝仍然传承的舅权制、男女倚歌择配、婚不落家，产翁制等方面表现得尤为突出。岭南东部受汉族文化影响早，壮群体越人的后人时至元、明，早已趋汉变化，什么倚歌择配、什么不落夫家、什么产翁制、什么大舅权的观念、意识和行为已不复完整存在。不过，壮群体越人的习俗在历史上长期传承下，也依然在民间多多少少有片断遗留。比如，民国广东《东莞县志·风俗》载：

死丧之戚，生人至痛，乃有一种恶俗，为外亲者每遇姑、姐妹、女子之丧，牵率多人，名为吊哭，实肆咆哮。或由平日之不相得，外家习闻浸润之言，积嫌生怨，遂

---

① （清）汪森：《粤西诗载》卷24。
② （清）汪森：《粤西诗载》卷12。

欲于其人之死一泄为快。虽使白首安枕，亦为冤抑非命之言以诬死者，厚责款待，大索轿工（资），婢仆下人恃势凌轹（欺压），中产之家因此破败，其无力者更可悯矣。至或因一时反目，遽尔投缳；感中夜妖魔，忽然陨命。乍闻信息，蜂拥而来。妇女数辈以捡伤，男子串同而索贿，其情状更不堪问矣。（《香山志》）

  按：莞俗亦有此弊。死者投缳，则亲族群往讹诈，曰"食蜡鸭饭"。甚或拉其家姑与死者共卧，曰"并死尸"。邑令张庆荣曾出示严禁，不能尽革也。

  在壮傣群体越人父权制社会，由于母权制势力强大，父权制势力软弱，出嫁依着旧制例归娘家所管。出嫁女在夫家的生活、安危、死亡系于娘家，不是如同中原汉族俗语说的"嫁出去的女儿，泼出去的水"一样不闻不问。壮群体越人传承了此一习俗，出嫁女死了，娘家的舅们要查问；出嫁女所生子女的婚嫁、分家、纠纷等事也要临场做主，体现出舅舅权力强大。所以，民国《柳城县志·风俗》载壮族"父丧恒由族长主持，母丧恒由舅父主持，俗有'父死怕叔公，母死怕舅公'之谚"。清朝金鉷雍正《广西通志》卷92《诸蛮》所载的"壮人好杀，一语不相能，辄挺刃而斗。斗或伤其一，由此世世为仇。然伤男子，仇只二姓，若伤其妇，而女之父母、伯叔、兄弟皆仇家矣"，也是此意。民国《东莞县志》所载的"外亲者每遇姑、姐妹、女子之丧"都来问责，不能不说是往日壮群体越人习俗的遗存。

  民国《东莞县志》引《香山县志》载："粤俗好歌，凡有吉庆必唱歌为乐。词不必全雅，平仄不必全叶，以俚语土音衬贴之。故尝有歌试以第高下，高者受上赏，号为'歌伯'。……莞俗亦然。近日歌试不复举行，然故老常能道之。妇女闺中无事，亦喜诗歌，有通行本，如《花笺》《二荷》之类。"迄于20世纪50年代，广东五华县每年农历七月十一日开始的"山歌醮"，歌手们敞开歌喉，应和对歌，高潮迭起，通宵达旦，至十六日始行结束。而历史上粤北妇女在八月初一日聚会唱歌接月姑，初五日以后各歌堂、各村寨互邀竞歌，直竞到中秋之夜大家齐唱《送月姑歌》，半月的歌会才告结。这说明岭东趋汉变化了的壮群体越人的后人倚歌择配盛会不再，可群相对歌的遗迹累累。男女喜歌爱唱歌，这也是壮群体越人传承下来的意识、观念和习俗。

  壮群体越人及其后人为什么喜歌爱唱歌，而且人人必能唱歌？这是因为他们以歌代言，以歌传情，以歌择配。无歌、不能唱歌，人与人间难以交流，不能互通情感，慕春男女难以寻觅合心人，社会生活枯枯寂寂，索然无味。

  倚歌择配，不会唱歌，在社会中就会被边缘化，不能享受情爱带来的乐趣。唐宋时，今粤西、桂东等地的壮群体越人的后人"徒跣吹笙，巢居夜泊"。[1]"夜泊"，就是"倚歌择配"。所以，时至洪武（1368—1398年）年间，《郁林志》仍记载郁林州"婚则相歌为娶"。[2]"相歌"就是对歌，相歌方才知道对方的才艺，方才知道对方的性格、情调、爱好，才能走上婚姻之路。

  原先，男女会歌的时间，一般是在腊祭年节。比如，《太平寰宇记》卷163载窦州

---

[1] （宋）乐史：《太平寰宇记》卷165《郁林州风俗》。
[2] 《永乐大典》卷2339梧字引。

（治今广东封开县），昭州（治今广西平乐县）"谷熟时，里闬同取戌日为腊，男女盛服，椎髻徒跣，聚会作歌"。此会既是庆贺腊祭，也是男女会歌结缘的歌会。

又《太平寰宇记》卷163《南仪州风俗》载南仪州（治今广西岑溪市），"初每月中旬，年少女儿盛服吹笙，相召明月下以相调弄，号曰夜泊以为娱。二更后匹耦两两相携，随处相合，至晓则散"。这又在说明壮群体越人其后人"倚歌择配"的时间是在每个月的中旬。

壮群体越人的后人在接受汉族年分12个月的年历以后，歌墟大多仍然是在大年期间举行。比如，明朝王济《君子堂日询手镜》载：

> 每岁元旦（正月初一日）或次日，里中少年裂布为帕，挟往村落，觅处女少妇，相期答歌。允者，男子以布投女，女解所衣汗衫授男子归，谓之抛帛。至十三日，男子衣其衫而往，父母欣然迎款。男左女右，班坐一室，各与所期，互相答歌，亲邻老稚毕集观之。人家多女者，各期一男，是日皆至。欢歌至十六日，乃罢归。归时，女以前帕巧刺文绣还男子，男子亦以汗衫归之女。

以新年正月举行歌墟，明末清初在壮群体越人的后人之一壮族中是普遍存在的。思恩府（治今广西武鸣县府城）"元宵节数日，男女游戏唱歌，互相酬和，同志者以槟榔缔合"。① 永淳县（后分并入横县、宾阳、邕宁三县）"正月初三至十五日，男女连裙踏歌为乐，父母弗禁"。② 镇安府（治今广西德保县）"正月男女抛球，答歌渫戏（轻佻地互相戏弄）。婚嫁还避亲疏，惟随所欲"。③

然而，既然春祈是在水稻种植之前，作为祭祀礼仪之一的歌墟举办的目的是"助岁功""兆丰年"，歌墟又何尝不可以在春天的任何一个月举行？所以，太平府（治今广西崇左市）每年"三月男女唱歌，互相答和，以兆丰年"。④ 宜山县（今广西宜州市）"仲春（二月）男女成列，入山谷中，相悦者负之而去，遂婚媾焉"。⑤ "男女成列入山谷中"，就是去对歌，遴选合心者。明朝万历壬午（四十年，1612年），岳和声就任庆远府太守，三月十七日路过柳州郊外，见到当地人在松下"搭歌成群，数十人一聚"。"其答相当，则男女相挽而去，遁走山隩中相合，或信宿或浃旬，而后各归其家，责取牛、酒、财物，满志而后为之室。"⑥ 而在云南的壮族，也是在三月的第一个龙日男女青年"赶花街"。"赶花街"，就是"赶歌墟"。贵州壮群体越人后人之一的布依族则定三月三日为"歌仙节"。

三月鹤鸣猿啼花满山，正是慕春男女讴歌时。所以，三月是壮群体越人的后人青年男

---

① 《古今图书集成·方舆汇编·职方典》卷1421《思恩府风俗考》。
② 《古今图书集成·方舆汇编·职方典》卷1443《南宁府风俗考》。
③ 《古今图书集成·方舆汇编·职方典》卷1450《镇安府风俗考》。
④ 《古今图书集成·方舆汇编·职方典》卷1448《太平府风俗考》。
⑤ 雍正《广西通志》卷93《蛮疆分隶》。
⑥ 《后骖鸾录》，（清）汪森《粤西丛载》卷4。

女赶歌墟放喉歌唱的时候，不一定是三月初三日。比如，今广西天等县的土官其《禁陋习歌墟告示》即声言"村民旧习，每于季春（三月）初四、十四、二十四三日为期，男女聚集，相对行歌，名曰歌墟"。①

"歌墟"是大型的男女青年歌会，一个地方举行歌墟，不单是当地的青年男女参加，四面八方，甚至是百里外的人也赶来参加一试其歌喉、展其才智，所以一个歌墟的参加者，几百人的很少，往往是几千人甚至上万人。比如，广西德保县的启立、燕峒、兴旺、多敬、都安等地的歌墟，参加者几达万人。②而贵州省安龙县德卧三月三歌仙节，成千上万来自册亨、望漠、贞丰、兴仁、兴义等县，以及广西隆林县、云南罗平县的布依族、壮族青年男女会聚一起，欢乐对歌。③鉴于此种情况，各歌墟的举办时间，往往隔三岔五地岔开，以便青年男女们一墟会歌找不到意中人又可赶去另一个墟场去对歌。

歌墟，是壮群体越人后人的青年男女会歌，畅放歌喉，抒放情感，寻觅意中人的盛大欢乐的节日，也是以歌墟祈神的节日。随着春季三月歌墟的彰显，大年正月的歌会淡化了，而壮群体越人后人中腊在秋末冬初的消失，秋天的歌会也渐渐淡化了。不过，春祈秋报，其形式仍然存在，诚如民国《凌云县志·风俗》载："耕作开始前，各乡于例，墟外开特别墟，演唱戏剧以乐。农功九月收获，田郊刈禾，男女两性作歌互答，以乐秋成。"

三　岁首测年节

南宋周去非《岭外代答》卷10《獠俗》载，"獠"人"岁首以土杯十二贮水，随辰位（从子时到亥时12时辰）布列，郎火祷焉。经夕，集众往观，若寅时有水而卯涸，则知正月雨二月旱，自以不差"。

"獠"人此一测年法，起源早，久已成习，不自宋时始有。北魏郦道元《水经·沔水注》载："汉水右合池水，水出旱山，山下有祠，列石十二，不辨其由，盖社主（社神）之流，百姓四时祷焉。俗谓之獠子水，夹溉诸田，散流左注汉水。"疑祠中所列、百姓四时祈祷的十二石，即是"獠"人传承的以"十二"为数的测年技法。因为社无"十二神"之理，只不过后来"獠"人已经不知道"十二石"本为测年技法，转而以之为神祷之而已。

在"獠"人的后人中，以"十二杯水"或"十二石"来测年的办法，后来演变成以"青蛙骨"来测年。比如，至今流传于广西东兰、巴马、天峨、南丹等县壮族中的"青蛙节"（蚂蚜节），即是如此。

东兰、天峨等地的"獠"人后人壮族，从正月初一到正月下旬或二月上旬的青蛙节，分"找青蛙""孝青蛙"和"葬青蛙"三个阶段。经过长时期的历史发展，各个时代的人们根据各自时代的理念不断增添节日的内容和礼仪，并与歌墟等结合起来，礼节繁缛，仪式众多，讲究严格，但其最终结局是葬青蛙，疑结点是挖开上一年葬下的青蛙坟，验看青蛙遗骨的颜色，以推测当年的年景。

---

① 《广西少数民族地区碑文、契约资料集》，广西民族出版社1987年版，第131页。
② 《德保县志》，广西人民出版社1998年版，第662页。
③ 汛河：《布依族风俗志》，中央民族学院出版社1987年版，第75页。

根据青蛙遗骨的颜色，如何测定年景，各地不尽相同。较为普遍的说法，认为青蛙遗骨是黑色的，预兆当年的雨水多，要注意防涝抗涝，种植生长期短的作物，以减少损失；遗骨是灰色的，表示当年年成平常；遗骨是白色的，预兆当年棉花大丰收，可有意识地多种；遗骨是黄色的，则预示着当年风调雨顺，五谷丰登。

验完上年所葬青蛙的遗骨，人们心里有了谱，趋利避害，知道了一年努力的方向，喜不自胜，盼望今年葬下的青蛙，明年遗骨黄灿灿，一年耕获之后，谷堆成山。

四 小年节

农历正月三十日，桂西南的壮族称为"小年"，有过小年的习俗，壮语谓为"tap^4 çi^2 ma^3"。节日那天，家家户户不杀鸡煮肉，唯采来艾叶洗净捣碎和着糯米粉，做成糍粑蒸熟祭祖，馈送亲友，人、神共享同尝其味。据传说，此节起源于侬智高起兵的宋代。那时，侬智高戎马倥偬，误了过年，于是大家议定以正月末尾那天补过。可是，兵败遭困，鸡、肉全无，存粮无几，只好找来野菜掺和着所剩不多的糯米粉做成糍粑，众人伙着吃，表示个意思。此后年复一年相沿成俗，形成了过小年的节日。这个传说，真与假姑且不论，却凝结了往日广西靖西等县的"侬峒人"情感上的历史积淀，反映了他们作为一个地区性群体在历史上的特殊遭遇。

在云南东南部的壮族，也有过小年的习俗。他们说，据老辈相传，老百姓跟随侬智高征讨，未能过上大年，正月二十八日回到家里，大家议定补过年，这就是小年。由于"小年"是给男人补的，因此小年也叫作"男人节"，又叫作"喊魂节"。节日那天，每户用两只喊魂鸡，并把全家老少的衣帽放在簸箕内，尽着嗓子呼喊"魂子回来"，其意就是将在外征战赶不回的男子的灵魂招回来。

五 祭龙扫村节

祭龙扫村节，是壮族隆重、严肃而盛大的传统节日，在农历二月或三月的第一个龙日举行。

祭龙扫村节，以一村一寨为单位，主祭者为龙头，祭祀的对象是村头的大叶榕树。没有大叶榕树的村寨，可选定小叶榕树、黑皮树、椰树等高大如轮、枝叶纷披、荫覆广阔的位于村头的大树。祭龙，就是祭祀大树。龙树神圣，牛、马、猪、狗不能靠近，大人小孩不能攀爬。

祭龙日，大家将村寨打扫干净，在龙头的主持下集资宰猪杀鸡。祭时，由巫公念诵祈祷，进行祭祀。仪式庄严，氛围肃穆。祭后，巫公手持钵盂穿走村巷，口中念念有词，右手不时从左手钵盂中蘸些水洒向左右前方，以扫妖赶魔。

祭事完毕，村中户出一人聚集一堆分食祭品，有的村子则是平均分配，拿回家阖家食用。从此，村子封村三天，不春碓推磨，不出门做活，外村人也不能入村造访。

祭龙，分大祭和小祭。小祭宰猪杀鸡，大祭则大宰其牛，比小祭更为隆重。有的村寨在祭龙期间还要舞龙。龙行村巷，经过哪家门口，哪家就倾盆对龙泼水，谓为消灾弥难，盼来风调雨顺、家道平安。

祭龙、扫村以祈平安，这是壮群体越人传承下来的节日。因为在他们的意识观念里，作祟为祸者是蹿入村子里捣乱的野鬼，所以他们除在村头有大树荫庇村子外，每年或大灾难来临的时候要扫村净寨，请巫公或师道来扫妖赶魔。即便是已经趋汉变化了的桂东、粤省的壮群体越人的传人，也仍然是如此。比如，康熙《西宁县志》载，西宁县（治今广东郁南县东南建城镇）"专祀龙神。三家村必有龙庙，庙前必有戏台。边地皆然，而西邑尤甚"。民国《四会县志·风俗》载："正月，各庙开灯后择吉调神，夜迎神巡本境，谓之'游乐'；人家迎神入香火堂，谓之'过门'；道士随行晋祝，谓之'唱贺歌'。"光绪《香山县志·风俗》载："四月八日，诸神庙雕饰木龙，细民金鼓旗帜，醉舞中衢逐疫，曰'转龙'。"又道光《肇庆府志·风俗》载："十一、二月举法事，曰禳灾，又曰保境，作纸船鼓乐送江上。"所谓"专祀龙神"，所谓"游乐""转龙""禳灾""保境"，都是往昔壮群体越人传承下来的驱鬼净村、保境平安习俗的存留，只是其举行的时间有差异而已。

六 花炮节

《古今图书集成·方舆汇编·职方典》卷1410《柳州府风俗考》载上林县"三月三真武诞辰，建斋设醮，或俳优歌舞，乐工鼓吹三日夜，谓之'三三胜会'。至期送圣，群放花炮酬神。观者得炮头以为吉利，且主来岁之缘首（沿着举办此事的头头）焉"。"三三胜会"，是见于记载的元代以后盛行于岭南各地的壮群体越人的传人一个竞求吉利的节日。放花炮、抢花炮，是此一节日里的竞技活动。节日举行时间，各地不一，或在正月十九日，或在二月初三日，或在三月初三日，或在三月二十三日，或在四月二十六日，或在六月初六日等。此在前面体育一节中已经叙论，不再赘述。颜嗣徽光绪《归顺直隶州志·风俗》载：

> 西北二乡各墟，半系隆安、左州寄籍。当三月三日酬神时，有放大炮之举。先用纸扎香亭三座，分成一、二、三号，皆饰以人物、花草，施以丹铅、金箔，务令光怪陆离。再作纸炮三个，大几如臂，以篾圈安置炮上。点放其炮，则火气冲起，篾圈飞入宵汉。及落地时，抢得圈者则随所得之圈以香亭及钱赏之，头号五六千，二号三四千，三号二三千。
>
> 得者供奉香亭若神明，旦暮焚香，以此钱作本，生意畅旺，买卖均有进益，家口平安。至次年放炮时，仍将本钱奉还庙上。
>
> 凡欲得炮者，类皆广托亲友三、四十人，翘首攘臂以代抢取。故放炮之日，远近毕至，少长咸集，凡二三千人。

此道明了明、清二代，从岭南东部到岭南西部，不论是已经趋汉变化了的壮群体越人的后人还是壮族，都热衷于放花炮、抢花炮，表现出他们竞求吉利，过上欢乐美好生活的强烈愿望。

七 开秧节

在广西靖西县鹅泉一带，至今还流传着这样的俗语："农家插了秧，四月农事忙。"

其含义就是每年春插时节，由农姓族人先插上第一蔸秧苗，其他姓氏的人才能跟着开秧插田；如果农家人的田没整好或秧苗还没有长足，也要农家人先把上一小块田，插上一二蔸禾秧作为仪式各家才能开插，否则年成就会受到影响。据说这是因为农家人先在其地居住，是最早的土地主人，耙田开秧由他们先来。这种特殊习俗及特殊传说，反映了其地居民的心理积淀，曲折地反映了历史的真实：农家人是今广西靖西、那坡一带的开拓者、居住者和垦殖者，并自古以种植水稻为业。[①] 由于玉米是清初以后方才传入桂西地区，所以种玉米就没有此一规矩。

一个地方的稻作，以其最早居住的居民群体的头头主持开秧门，疑是自壮傣群体越人时代就已经成为习俗。因此，壮族有开秧门的节日，傣族也有"牙欢毫"即"头田"的种植习俗。他们每年栽种时，都要在头田里种上十余蔸秧苗，而且边种边说："请你们好好生长，也保护其他谷子长得好。"种好头田"牙欢毫"后，才开始大面积栽秧。"牙欢毫"种下，还要在田头插上一根几尺长或一丈不等的苦竹或树枝，上挂个小竹笋，笋内放上糯米饭、香蕉、腊肉，供奉"牙欢毫"。此外，还挂着竹编的鱼和两串蛋壳，目的是祈求"牙欢毫"保护谷子好好成长，年年有鱼（余），颗颗米粒有如鸡蛋那么大。[②]

四月，和风拂面，秧苗青青，块块田里，白水汪汪，整好的水田要开插了。开插之前，桂西南各地壮族都是村头人主持祭祀，插上第一把秧。安平州（治今广西大新县安平）等土司州县，则由土官主持开秧插田仪式，由他先插下第一把秧苗，然后土民方才下田插秧。而云南富州（今富宁县）皈朝一带为沈氏土官辖地，那时每年拔秧开插，则由人背着沈氏土官妻到田里主持仪式插上第一把秧苗后，其他人才能陆续下田开秧，掀起春插高潮。土司时代结束了，开插仪式则由村老主持。开插那天凌晨，村老装饰一新，趁黎明前的宁静径向田间，碰上人也不招呼不搭话，自个儿祈祷在田边插上几蔸秧苗。天亮了，村上人方才吆牛整田开始插秧。

八　四月八日牛王节

牛呀牛，到了春天你发愁。
又要犁田下谷种，又要犁坡种山芋。[③]

世人听我讲缘由，畜中最苦是耕牛。

[①]　侬智高起兵失败后，宋时今靖西地方的居民有了变动。比如，熙宁二年（1069年），宋朝以"置在沿边不便"为由，将侬宗旦及其属部迁往洪州（今江西南昌市）；元祐二年（1087年），又将任峒首领侬顺清及其家属迁往道州（今湖南道县），"给赐田土羁縻，无令出入"，由梁贤峒父子率部占领任峒。又如，熙宁三年（1070年），广源州的卢豹、黎顺、黄仲卿等率众归附，宋朝又将他们安插在顺安州各峒居住（宋会要辑稿·蕃夷五之六六—六七）。元朝初年，顺安州土官知州已经是姓李名显祖的人，虽说被岑从毅逼死了，但一说明李氏当时掌握着今靖西这块地方的权力，二说明该地侬姓族人已少，他姓人已经增多。

[②]　王文光：《西双版纳傣族糯米文化及其变迁》，杜玉亭主编《传统与发展》，中国社会科学出版社1990年版，第382页。

[③]　民国《平乐县志》。

自在山中吃百草，种了五谷主人收。①

  这两首山歌，是流传到现在的广西壮、汉二族赞叹牛精神的山歌。为了敬牛、壮牛，壮群体越人的后人定于每年四月八日为"牛王节"。牛以魂为重，因此牛王节也谓为"牛魂节"。这一天，牛不穿牛鼻绳，放闲一天，吃上精饲料，群众还杀鸡宰鸡进行祭祀活动。

  壮傣群体越人时代，牛已驯化，作为家畜饲养。所以，壮傣语中，水牛谓为"vaːi²"（或 xaːi²），词语相同。

  壮群体越人的后人，"数富，以牛牝（母牛）。孳息有水牛、黄牛。水牛以耕，黄牛杀以饲鬼"。②因此，对牛的饲养、护理，他们倍加珍惜："静江（桂州）民颇力于田，其耕也，先施人工踏犁，乃以牛平之"。"问之，乃惜牛耳。"③

  牛王节，在壮群体越人及其后人中起于什么时候，因记载阙如，无从考知。不过，粤省、桂东、桂北已经趋汉变化的壮群体越人的传人，时至清末民初，仍然取同于同是壮群体越人传人的壮族、布依族，以农历四月初八日为"牛王节"，可知其风俗相同，源之久远。④比如，广东乐昌县"四月八日，谓之牛王生日，家煮乌饭、乌蛋以祭，以祈丰年"。⑤广东高要县"四月八日，采香藤之叶，杂糖、米舂粉作糕糍，祀牛王及田神"。⑥广东高明县"四月八日，农家祀牛王及田神，采香藤，取叶杂糖、米舂粉作糕饼，以藤挂门楣，以辟邪气"。⑦广西容县四月八日，"或于村墟古树下叠石以祀，谓之牛社。是日，呼为牛王诞"。⑧广西荔浦县"四月八日，俗称牛王诞，乡村畜牛家多造黑饭，以祀牛神"。⑨

  四月八日，牛王节，糯米饭黑 maːt¹⁰ maːt¹⁰，以黑糯米饭祭祀、喂牛，牛放闲一天，并在门楣上插枫叶枝，这是壮群体越人的后人在牛王节里的活动。在后来的历史发展中，各地对牛王节的礼仪或者传承下来，或者改变他种形式，或者移花接木改祀他神，情况就大不相同了。在桂西，牛王节杀鸡，煮五色糯米饭祭牛栏很盛行。红水河流域有些县壮族在牛王节吃晚饭时，在堂屋正中摆上一桌丰盛的酒菜，家人团团而坐，家长则牵来老牛围着桌子转，唱起牛歌："几多吆喝，吓了你的胆；多少鞭子，惊了你的魂。今天脱下轭，让你把腰伸，让你胆镇定，让你魂还身。"在龙胜脊壮族地区，20 世纪 50 年代以前，还建有"牛魔王庙"，每年四月八日，大家聚会杀猪祭庙，唱歌甚至演戏。至于布依族，

---

 ①《广西民间文学作品精选·扶绥卷》，广西民族出版社 1997 年版，第 285 页。
 ②（明）林希元：《钦州志》卷 1《风俗》。
 ③（宋）周去非：《岭外代答》卷 4《踏犁》。
 ④《广西通志·民族志》，广西人民出版社 1992 年版，第 347 页；韦廉舟：黔南州《布依族、苗族风土民》，贵州省出版局综合服务公司 1981 年版，第 39 页。
 ⑤ 民国《乐昌县志·风俗》。
 ⑥ 民国《高要县志·风俗》。
 ⑦ 光绪《高明县志·风俗》。
 ⑧ 光绪《容县志·岁时民俗》。
 ⑨ 民国《荔浦县志·风俗》。

其四月八日牛王节，杀猪蒸五色糯米饭，更加隆重了。

牛与农事有关，农事又与各地的气候和耕作习惯有关。广东各地耕作早已经是一年两季稻，而广西，甚至地连广东的容县，明末清初仍然是"春分方犁田，夏月方种田，田少用粪土，罕种早稻"。① 所以，广东各地的牛王节，不少地方又移至晚稻收割完毕以后。比如，光绪《曲江县志·风俗》载："十月晚稻登场。一日，各乡大铺以米糍犒牛。是日，牛不绳穿，谓之放闲。"康熙《重修曲江县志·风俗》记载得又较为详细："十月朔日（初一日），各乡大铺制米糍相馈，粘大糍于耕牛角上，牛照水见糍影即喜跃，用为西成之犒。谣云：十月朝，放牛满山标。此日，牛不穿绳，谓之放闲。"据可查见的各县方志记载，与曲江县同样于十月过牛王节的还有从化、龙门、番禺、翁源、清远、乳源、博罗、东莞、长乐（今广东五华县）、香山等县，诚如民国《东莞县志·风俗》记载的："十月晚禾收，农事将毕，蒸饼裹菜以祠牛，且悬之牛角，曰牛年。"

时日演进，历史发展，牛王节的风俗，在岭南各地也不尽相同。地处岭南西南的广西靖西县，"每年至五月二十内耕耘已毕，选取吉日共作'牛魂节'。假如一家有四人，即杀四鸡，蒸糯米，糯米仍染五色。以五色（糯米）蒸熟合鸡用大叶子包，各人自带到平时看牛处，至午刻各人相食。仍另以糯米饭包一大包灌牛食，以酬其耕作之劳，因名'牛魂节'。"②

牛是壮群体越人及其后人的家中宝，尊之为"牛王"，给它过节，给它收魂，但是既以"有牛为富"，③ 自然要摆阔气，讲排场，丧葬宰牛，祭祀割牛，跳鬼也要大杀其牛，这就使他们陷入进退两难的境地。怎么办？唐朝孟琯《南海异事》载："南海解牛，多女人，谓之屠婆屠娘。皆缚之大木，执刀以数罪（列举罪状）：'某时牵若（你）耕，不得前；某时乘若渡水，不时（不按时）行：今何免死耶！'以策（马鞭）举颈，挥刀斩之。"④ 牛有罪，难以宽恕，杀了还有什么舍不得！这就轻易地跳出了"二难"境地，可以让壮群体越人及其后人在尊牛为王的同时，又可心安理得地大嚼其牛肉。

九　狗肉节

刘锡蕃《岭表纪蛮》载：

> 侬、僳两族人，无男女，皆喜食狗肉，故婚事中以狗行聘，如镇结（治今广西天等县东北进结）之亭侬墟，每值端午，家家屠狗过节。先期一日，市上摆卖狗肉，不可数计。又镇边（今广西那坡县）、西隆（今广西隆林及田林县一部分）亦有此俗，惟节日则非端午，而为废历（农历）二月二十二日。赵瓯北《镇安土风》诗有"犬肉多于豕"之句，然则土人食犬，今犹远不及古也。⑤

---

① 《古今图书集成·方舆汇编·职方典》卷1433《梧州府风俗考》。
② 光绪《归顺直隶州志》。
③ 《古今图书集成·方舆汇编·职方典》卷1452《泗城府风俗考》。
④ 《太平广记》卷483《南海人》引。
⑤ （清）刘锡蕃：《岭表纪蛮》，商务印书馆1934年版，第259页。

狗肉节期固多迥异，但以狗肉祀鬼祀神、喜食狗肉，则是壮群体越人及其后人的习俗和嗜好。

汉朝赵晔《吴越春秋》卷10《勾践伐吴外传》载越王勾践为奖励生育，凡生二男者奖一壶酒、一条狗；生二女者奖一壶酒、一头猪，姑且不说了。唐朝张鷟《朝野佥载》载："岭南风俗，家有人病，先杀鸡、鹅等祀之，将为修福。若不差，即杀猪、狗以祈之；不差，即次杀太牢（即牛）以祷之；更不差，即是命也，不复更祈。"南宋初年到过博白县的蔡绦，其《铁围山丛谈》也载，南人"遇逐恶气，禳疾病，必磔犬"。以犬祀鬼祀神，这是壮群体越人的后人盛行的习俗。时至明代，郑颙景泰《云南图经志书》卷3仍然记载，师宗州（今云南师宗县）"州之夷民有曰土獠者，以犬为珍味，不得犬不敢以祭"。既为珍味，自然嗜之，所以范承勋康熙《云南通志》卷27载广南府（治今云南广南县）的侬人"甘犬嗜鼠"。乾隆三十一年（1766年）冬出任广西镇安府（治今广西德保县）知府的赵翼，作《镇安土风》诗，句称"犬肉多于豕"。自注说："墟场卖犬以百计。"豕，即猪。又谢启昆嘉庆《广西通志》卷279《诸蛮二》引《新宁州志》载，新宁州（在今广西扶绥县中部）"疾病歌舞禳鬼，屠狗罄食而散。所祀鬼或即婆娑乐神也"。这些情况说明，时至19世纪上半叶，以狗肉供祭，人嗜于狗肉，仍然盛行于桂西地区和云南东南部的壮族中。

其实，嗜于狗肉，又何止壮族？贵州省的壮群体越人的后人之一布依族，狗肉是他们的珍品。"贵客来到，尤其是舅父母、姑父母来时，总要想方设法去弄一条狗来杀给客人吃，以表示对客人的敬意。"① 他们中流行有"肥羊抵不得瘦狗"的俗谚，每当"贵客来到，或是'三月三'、'六月六'等节日，必须杀狗"。② 岭南中东部的壮群体越人的后人趋汉变化了，随着其意识、观念及价值的改变，狗肉已经不能上祭祀的桌面，但其先人传承下来的习俗惯性却也驱使他们对狗肉情有独钟。"险似夏至狗"，说明夏至日对狗是个险关；"好吃不过夏至狗"，透出了岭南人对夏至日狗肉的向往和钟情。乾隆《顺德县志》、道光《新宁县志》、道光《肇庆府志》、道光《恩平县志》、道光《西宁县志》、道光《新会县志》、道光《开平县志》、同治《韶州府志》、光绪《高明县志》、民国《东莞县志》、民国《高要县志》、民国《罗定县志》等都记载夏至吃狗肉的事，或称"夏至日，磔狗食，以辟阴气，云可解疟"；或道夏至日，"屠狗以食，谓之解疟"。夏至，时近五月初五日，在岭南东中部地区的居民中往昔是否也曾流行过一个狗肉节？

十 "六月六"田公田母节

张邵振康熙《上林县志》卷上载："六月六日，为青苗会，祀田公田母，以祈有年。"六月六田公田母节，是壮群体越人的后人壮族和布依族遍行的一个节日。

周世德光绪《上林县志·风俗》载："六月六日为青苗会，各乡延巫诣管苗庙祀田公、田母，以祈有年，谓之调庙。"朱昌奎民国《宾阳县志·风俗》载："六月六日为'天贶节'，各家祀先祖以前，各乡村有祀田祖之举，现犹未尽革。""田祖"，也就是田公

---

① 韦廉舟：《布依族苗族风土志稿》，贵州省出版局综合服务公司1981年版，第13页。
② 汎河：《布依族风俗志》，中央民族学院出版社1987年版，第46—47页。

田母的异称。"天贶节",是宋真宗规定的节日。《宋史》卷8《真宗纪三》载,大中祥符四年(1011年),宋真宗"诏以六月六日天书再降日为天贶节"。宋以后就没有此一节日了。"天贶节"就是感谢老天爷恩赐的节日,当是祀天,但是民国及其前宾阳县群众却是祀田祖,上苍下地,互不搭边,六月六日显然不是什么"天贶节"。又曾瓶山等民国《同正县志·风俗》载:"六月六日为农家节,业农者多做米粉,染黄姜,煮熟鸡、豚(tún,猪)以供田神,又砍取芦苇插于田禾中,意取高与之齐。"广西大新县壮族谓"六月六"为"莫那"(田魂)节,凭祥市等地谓为"昆那"(水田生日)节,都要宰猪杀鸭祀田神。武鸣等地则谓六月六日为"礼田节",农家要到田头去祭土地神以报"土德"。贵州布依族在六月六日这一天要祭田神。大清早,家家户户就忙着打糍粑,杀鸡并加上一二斤猪肉拿到自家耕种的一块最大的田头去祭祀。有的村寨还要举行"扫田坝"仪式。所谓"扫田坝",就是各家各户用白纸做成三角旗扎在细竹竿上插在自家田块的边上,有多少块田做多少白纸三角旗。同时,大伙集资买一头猪杀了祭祀村寨中央的土地神庙。祭祀时,请来的巫师穿上道袍,后面跟着四个举大黄幡、敲锣的中年男子走向田坝。巫师边走边摇手中的铃铛,口中念念有词,驱旱魔、赶涝鬼、吓虫怪,以保证谷物无灾无难,取得好年成。巡完田坝,祭祀结束,大家进行欢餐。①

六月六日田公田母节,在壮群体越人中是个隆重而古老的节日。

壮群体越人是个稻作民族群体,一年的辛勤劳作就盼有个好的年成。传承下来,即使是举行歌墟,也盼"以兆丰年",②"能助岁功"。③ 水田载水,水田载稻禾,自然要讨好、祈求于田神。所以,即便是已经趋汉变化了的粤省桂东的壮群体越人的后人,虽然在汉族文化的整合下意识观念有所改变,但是许多地方的人们仍存留着对土地神的敬奉崇仰。比如,民国《始兴县志》载:"六月六日,乡曲多迎土神,俗名扛亚公。""扛亚公",就是抬着土地公巡行。嘉庆《翁源县新志》载:"六月六日,迎詹(占卜)神报赛。比户(户户)联社分羹劝酒,醉后送神,金鼓喧闻(阗),递相接祀。""递相接祀",就是你祭了我来祭,送土地神巡行。道光《遂溪县志》、光绪《吴川县志》、民国《海康县志》等记载"六月六日祀社"。汉族的社坛,春、秋二祭,哪来的"六月六日"祭社,此"社"舍土地神、"田神",尚有其谁?所以民国《增城县志》载:"六月新谷既登,必预筮(占卦)日,宰牲炊黍,以祀祖先、田祖。"

广东曲江县"六月六日,乡民宰牲、搾粉,迎神作乐,以庆禾稼初登",④ 这是早稻收割时庆年成而祀田神。"阴历六月六日为天贶节,俗名'禾斋'。(县内)扶溪、长江、城口、县均迎神赛会,演戏出游。"⑤ "天贶节"行于宋朝,与民国时期仁化县的居民无涉。因此,仁化县的群众称六月六日为"禾斋","禾斋"就是敬献、供奉"禾神"。这就如同康熙《上林县志》所说的六月六日田公田母节也谓为"青苗会"一样,禾长在田

---

① 汛河:《布依族风俗志》,中央民族学院出版社1987年版,第81—82页。
② 《古今图书集成·方舆汇编·职方典》卷1448《太平府风俗考》。
③ (宋)邹浩:《仙宫庙》,(清)汪森《粤西诗载》卷13。
④ 康熙《重修曲江县志》。
⑤ 民国《仁化县志》。

里，供祠禾神也就是供祠田神。

历史发展，根源于一的习俗，各地也多变化。道光广东《广宁县志》及民国《阳江县志》载："六月，村落建小棚，延巫者歌舞其上，名曰跳禾楼，用以祈年。"所谓"六月跳禾楼"，也是六月祀田神的一种形式。

十一 七月十四日鬼节

农历七月十四日，岭南人为什么谓为"鬼节"？此缘壮群体越人而来。

20世纪50年代及之前，壮族流行着一句俗谚："稻田黄，睡满床。""睡满床"，比喻患病者之多。稻黄时节，正是蚊子忽发狂热人困苦、疟疾突发的时节。这本是岭南的自然现象，注意预防，注意治疗，注意调养，不足为患，然而壮群体越人及其后人其理念却是人生疾病主因是鬼虐，与蚊蚋的肆虐没多大关系，所以清末民初，岭南东部流行的谚语仍然是"禾黄鬼出"，[①] 以及"十月禾黄鬼上村"。[②] 鬼出、鬼为什么会活跃，这是因为它们饿了，衣敝了，便上村来寻吃找穿。它们作祟于人，便出现了"稻田黄，睡满床"的景况。为免除灾难，壮群体越人于是以七月十四日为鬼节，给饿鬼、野鬼们祭祀、化衣，满足它们的要求，祈求它们不要伤害阳间的人群，送它们离开村子，并停止人的一切外出和生产活动，以"躲鬼"。

这是传承于壮傣群体越人的意识、观念和习俗。"丧则聚，搏击钲鼓作戏，叫噪逐其厉。及掩之中野，至亲不复送"，[③] 显示了壮群体越人及其后人本没有家鬼崇拜。此犹如明朝洪武后期李思聪《百夷传》记载"百夷"（今傣族先称）"父母亡"，"聚少年百数人饮酒作乐，歌舞达旦"，"妇人群聚击碓杵为戏，娱尸赶鬼"，"其俗不祀先"一样。

没有家鬼崇拜，逝去的先人有的鬼魂登遐远去，有的则沉浮尘间，沦落为孤魂野鬼。这些野鬼，人不慎撞上了，惹鬼怒，受到惩罚，从而疾病缠身。

隋、唐以后，壮群体越人接受了佛教倡导的火化，许多不再捡骨重葬，而是捡骨火化，以后甚至简而行之，人死殡殓之后更积薪火化，收拾灰烬装入瓦罐埋土。由于壮群体越人后人认为骨存鬼在，骨化鬼无存身之处不得不远去。所以，火化之后他们便不再重视骨灰罐的存放了，往往是众多的骨灰罐累堆在一起不再省问。比如，云南广南县小广南的火葬墓群就是众多的骨灰罐群堆在一起；贵州罗甸县布依族高栏一处骨灰罐就累堆有七八百个之多。因此，康熙云南《师宗州志》说沙人"死用火化，不葬不祭"。《古今图书集成·方舆汇编·职方典》卷1443《南宁府风俗考》载新宁州（在今扶绥县中部）"葬皆火尸，不知封树"。封树就是起坟种树作标记，不封树就是葬不复顾。这样，这些逝去的先人鬼魂登遐远去固好，不愿远去的便游荡尘间，窥便而加害于人，成为活人的祸患。于是，到了禾黄鬼上村之时，人们便立节祭祀这些鬼魂，让他们得所慰藉，不致加害于人。这个节，就是七月十四日鬼节。

后来，在汉族文化的改造、整合下，壮群体越人的后人由东往西、由北而南逐渐有了

[①] 嘉庆《新安县志·风俗》。

[②] 民国《乐昌县志·风俗》。

[③] 《永乐大典》卷2339梧字引。

家鬼崇拜,"七月十四日鬼节"于是既祭野鬼,也祭家鬼。这就是民国广西《凤山县志》载"七月十四日中元节,具牲醴祭祖先,并烧寄冥衣、封包,于户外烧香化冥,名为施幽",以及民国广东《阳江县志》载"以十四日为节","俗谓之鬼节"。"无论贫富,皆荐楮衣以祀先。街市、里巷并焚楮衣、香烛,以祭厉鬼",此显然是以后生者祀先为主,将七月十四日本为"祠厉",也就是祭祀"厉鬼"置于其次了。

由于七月十四日这一天,饿鬼、野鬼窜村入市,非常活跃,因此这一天人们便停止一切作业,不走村入市,蹲在家里,连牛也关在家里不放养,唯恐撞上鬼。这就是《古今图书集成·方舆汇编·职方典》卷1410《柳州府风俗考》载上林县中元节"数日内,一切不入城市,不上墟场,惧为鬼所摄,使之负担也",以及同书卷1415《庆远府风俗考》载河池县以中元节为年,"瑶壮皆闭门不出,路无行人,谓之躲鬼"。又乾隆《柳州府志·风俗》载:"七月十四日,谓之目连节,多杀鸭祭先,烧化冥财。其日,路无行人,名为躲鬼。"此无疑是壮群体越人及其后人七月十四日节习俗的残存。虽说时久习异,遗迹断片,但也可以由此而窥见壮群体越人及其后人当初此一节日的习俗概貌和趣旨。

节日,洋溢着热烈,洋溢着欢快,洋溢着享受,洋溢着希望,而壮群体越人及其后人过七月十四日节却徘徊在村里,局促在家里,不外出以"躲鬼",点出了此节为"鬼节",而不是"人节"。

同治《番禺县志·风俗》载,七月"十四,祭先祠厉"。祭先,不是"鬼节"得名的由来,"祠厉",厉为恶鬼,这才是七月十四日节为"鬼节"的由来,这才是人们在节日里局促在村里"躲鬼"的原因。

光绪《石城县志》载,石城县(今广东廉江市)七月"十四日,剪彩楮为衣,设酒醴以祀其先,间有以楮衣、馒头祭厉鬼于路者。又土俗,以十四为中元节"。习俗流变,本为祭祀主体的"厉鬼"变成了无足轻重的"间有(间或有些人)以楮衣、馒头祭"于路者。同时,又误以七月十四日节为"中元节"。光绪《石城县志》是如此,前面提及的民国《凤山县志》也是如此。道家以农历七月十五日为中元节,在道观里作斋醮,与壮群体越人及其后人的"七月十四日节"无涉。因中元节,人们又往往误"七月十四日节"为目连节。比如,同治《番禺县志》载七月"十四,祭先祠厉,为盂兰会"。其他如道光《恩平县志》、民国《花县志》、民国《新会县志》、民国《迁江县志》、道光《修仁县志》、光绪《藤县志》等也都是如此。"盂兰会"就是七月十五日中元节延僧尼结盂兰盆会。此缘于目连救母故事而来。目连是佛祖释迦牟尼十大弟子之一,其母死,堕饿鬼道中,目连以十方威神之力脱母难于饿鬼中。以佛教"七月十五日目连节"无端扯连壮群体越人及其后人的"七月十四日鬼节",不仅时间不对,而且一方是仰佛教僧尼的恩光以解脱饿鬼之苦,另一方却是躲鬼、媚鬼、祀鬼、祈鬼,道不同,趣旨也迥异。

十二 八月十五日椓月姑节

八月中秋月正圆,面对圆月多遐想。壮群体越人的女子们备受世事纷扰、世间灾变难形所苦,认为圆月之神月亮姑娘高高在上,洞明世事,徒生邀请月亮姑娘下凡给人占卜吉凶的事儿。一人倡起,万人和,扩而大之,相沿成俗,于是形成了八月十五日椓(zhuó,诉请)月姑节。

壮群体越人时代过去2000多年了，岁月流逝，世事更迭，往事淡淡却也有形，在八月十五日月光皎洁之夜，不少地方壮群体越人后人的大妇小妇们仍不忘情于邀请洞明世事的月亮姑娘降下凡间给她们预言吉凶。

时至清末民初，岭南各地壮群体越人的传人在中秋之夜普遍还有拜月亮的习俗。比如，广东四会县，"中秋夜祀月，谓之拜月光"①。始兴县，"八月中秋，妇女对月剖柚，谓食之目明"②。曲江县，"八月十五日中秋夜半，女子扫地焚香，以箕蒙帕，唱歌接月姐，问来事似有验者"③。阳山县，"八月十五夜，男女祀月"④。归善县（今广东惠阳）中秋，"荐新芋，妇女则拜月，卜祥兆"⑤。长乐县（今广东五华县），"八月中秋，荐新芋而去皮，曰剥鬼皮。妇女拜月，谓之椓月姑"⑥。桂西的壮族妇女则普遍唱歌请月神以卜吉凶，壮语谓为"请囊亥"。

请月神的活动，多以村屯为单位，在露天旷地上举行。最早可从八月初十晚上开始，最迟要在二十日晚结束，较多的是八月十二日至十六日五个晚上。由于参加的人数较多，通常由当地年纪较大而有威望的老妇人主持活动，并公推二三人为司仪。主持者负责召集二组以上（每组三五人）女歌手，以山歌形式来转达月神的话和把人间的话告诉月神。据说月神听不懂凡间的壮话，要编成山歌唱出才能听懂。这一活动，以妇女为主，男人也可以参加，但只能作为陪衬。活动场地选在村中的平旷之地，中央摆一张供桌，方向朝东或由道公仙姑占卜选定的当年吉方。桌上置月饼、果品、香案（或用装满白米的一个碗来代替）；还有浸泡发芽约寸许的稻、麦、玉米、谷、稗等，分别装在五个碟内，象征"五谷丰登"；还有一双绣花鞋、一双绣花袜子、一条毛巾、一把花扇（花扇上不能有龙、虎、狗等动物图像和男人图像）、两束鲜花；还有鱼、肉等通常祭神供品，但不能有酒类，代之以茶水或白开水。所供之物和上香炷数，要单数而忌双数。在供桌左侧，竖起一根木桩，桩顶插上一个柚果，柚子上插满香火，称为"朝天香"。在供桌右侧，竖起一棵高丈余的带叶竹子或树丫，称为"果龙"或"果花"，代表社树，也是月神来往于天地之间的阶梯。竹、树的枝丫上扎有以各种彩纸、彩绸制作的花朵，并挂上一套用纸剪裁的冥衣。在供桌的后面，设有一座席，以供月神就位。在摆供桌之前，由司仪用一小枝柚树枝叶蘸上少许清水，绕场扬洒，称为"解毒"，为清理场地，驱邪避恶之意。活动以每晚为一单元，内容、程式相同，但头、尾两晚较完整，中间各晚可简略。时间在每晚月升之后开始，月落之前结束。每晚的活动大致分为五个阶段：

第一阶段是人间姐妹到天上去邀请月神下凡。这一过程是通过事先组织的几组女歌手轮番唱"请歌"来表现。"请歌"的歌词是代代相传下来，相当长，中心意思是人间的壮族姐妹忙完了农活，备下供品、摆好供桌和席位，到天上去欢迎月神姑娘下凡来相会。歌

---

① 民国《四会县志·风俗》。
② 民国《始兴县志·风俗》。
③ 光绪《曲江县志》。
④ 民国《阳山县志》。
⑤ 乾隆《归善县志》。
⑥ 民国《长乐县志·风俗》。

词从人间的家中唱起，从床前到厅堂，走出家门，经过街头巷尾，出到村头，穿过田野、山川，上到天宫，经过天上的田野、山川、街头等，最后抵达月宫，与月神姑娘的父母行礼、请安，催促月神姑娘梳妆打扮，然后一同下凡，再从天上唱到人间。一般情况下，当"请歌"唱过大半之后，就有月神降临，即月神的替身自己跑到歌场上来。如果"请歌"唱了两晚，还不见月神的替身出现，那就说明尚未请到月神，还要继续唱"请歌"。

第二阶段是月神降临后的场面。当月神降临人间时，就附到某人的身上，她就成了月神的替身。当月神的替身高声呼啸，狂奔乱跳，或指手画脚地进入歌场时，司仪即上香，并用小枝柚叶蘸水在场地四周扬洒。歌手们需加快速度，尽快唱念"请歌"。月神替身在歌声中绕着供桌、花树观赏。待到"请歌"唱完时，即到设在供桌后面的月神位就座，脱掉自己的鞋子，用力往后面甩；然后盘腿成打坐式，并用双手遮面，身体按顺时针方向大幅度地旋摆起来。这时，歌队在司仪的指示下，唱起"旋摆歌"。其歌词也是从地上唱到天上，再从天上唱到地上，内容与"请歌"类似，但比较简略。"旋摆歌"只唱一遍，唱完之后月神替身旋摆幅度逐渐变小，速度也越来越慢，最后"入定"，不再旋摆。

第三阶段是月神与众人对歌斗歌。月神替身"入定"后放下蒙脸的双手，睁开眼睛，开始用山歌唱"吟歌"，大体是感叹天上仙境的孤寂，羡慕人间的热闹。"吟歌"，一般不长，唱完就转入与凡间姐妹对答的阶段。对歌的内容有三部分：一是"盘歌"，众人盘问月神姓名、身世和家中情况；二是猜谜歌，众人与月神用山歌互问互答，通常是月神都能解答众人的提问（奇怪的是，有的替身平时并不会唱山歌），而众人不一定能解答月神的提问；三是逗情歌，是临时组合的男歌手与月神替身对唱情歌。整个对歌斗歌阶段，一般进行到夜间12时左右。如到这时双方还要对唱下去，司仪则提请歌队注意，以便尽快转入下一阶段活动。

第四阶段为"请月神"活动中最重要的阶段，即求卦和请月神占卜。求卦者需将自己的姓名、年龄等告诉司仪，而不能直接告诉月神（因为月神听不懂人间的话），司仪即通知歌队唱"求卦歌"。月神应允后，再由歌队将求卦者的姓名、年龄等编成山歌唱出。如求卦者很多，则由司仪按顺序排队。求卦者求占的问题，五花八门，千奇百怪，一般是有关各人的身世、前途、命运等。月神将占卜的结果用山歌唱出，叫作"判词"。有的"判词"相当准确，有的则含糊其辞。月神唱"判词"时，非要唱完不可。曾有这样的情况，月神把求卦者的隐私唱了出来，求卦者一再叩头求止，月神仍不停唱。月神每唱完一个求卦者的"判词"后，歌队都要唱一首"酬谢歌"，然后再转到下一个求卦者。如此循环数小时，通常要在凌晨四五时结束。

第五阶段是送月神回天宫。在再无人求卦时，司仪即提出送月神回宫；或虽然还有许多人求卦，而天又快亮时，月神则主动提出要离去的要求，即止口不唱，并用双手蒙住面孔，开始旋摆。这时，歌队开始唱"送歌"。"送歌"的内容与"请歌"相同，但顺序正好相反。如果次日晚上还要继续请月神下凡，"送歌"可以简略。如果当晚是请月神的最后一晚，则歌队边唱"送歌"，边把台前的"花树"放倒，并将树上的冥衣连同纸钱一同焚化。当晚的"送歌"要同头一天晚上的"请歌"一样详细，不能简略但顺序也要倒过来。当唱到月神回到月宫之后，歌队还要唱一段表白人间姐妹不留恋天宫，并从天宫回到人间，直至家里的歌词。据说这样可防止月神勾魂，避免把姐妹留在天上的危险。如不唱这一段,月神会把姐妹们留在天宫不给回来,她们就会发病或发疯。①

十三 冬至酿老酒节

宋朝景祐(1034—1038年)间,出任昭州(治今广西平乐县)知州的梅挚,见到当时许多被派到广西的官员谈瘴色变,迟迟不赴任,曾作《五瘴说》,提出气候既然能生育岭南的万物,郁郁葱葱,自成景观,自然有规律可循,为害可防可治,实际上为害于人的却是官员人为的"租赋瘴"(横征暴敛,剥下媚上)、"刑狱瘴"(好坏不分,陷民于罪)、"饮食瘴"(花尽民膏,荒宴无艺)、"货财瘴"(贪赃枉法,充储私囊)、"帷薄瘴"(追求声色,荒淫无度)等"五瘴",② 可说是鞭辟入里,令人叹绝。他在知州任上,作了《昭潭十爱》诗,其九称:"我爱昭州酒,千家不禁烧。缥醪(酒名)一爵(盛酒器)举,瘴雾四时消。"③

由于酒有抵御瘴的功效,所以岭南人"地近瘴烟人好酒"。④ 唐朝刘恂《岭表录异》载"大抵广州人多好酒,晚市散,男人、女儿倒载者日有三二十辈",⑤ 可说是当时情况的写照。

不仅男人喝酒,女子也饮酒,在市面上倒载的有男人,同样有女子。由于壮群体越人及其后人社会是"男逸女劳","女人为市,男子坐家",⑥ "三日一墟,悉任妇人贸易,男子怠惰嬉游,盖素所习惯然也",⑦ 因此,广州"生酒行,即两面罗列,皆是女人招呼"。⑧ 女子操着酿酒、卖酒生意,墟日女子饮酒多了,醉倒街市也不为怪了。

壮群体越人酿酒、饮酒以御瘴,如同和着蒌叶、蛤灰口嚼槟榔一样从壮傣群体越人时代就已经开始,有着悠久的历史。"南人云,甘蔗可消酒。"⑨ 说明魏、晋时期他们积累了饮酒、消酒的丰富经验。西晋嵇含《南方草木状》载:

> 草曲。南海多美酒,不用曲蘖,但杵米粉,杂以众草叶、冶葛叶淋溲之,大如卵,置蓬蒿中,荫蔽之,经月而成。用此合糯为酒,故剧饮之后,既醒,犹头热涔涔,以其有毒草故也。

> 南人有女数岁,即大酿酒。既漉,俟冬陂池竭时,置酒罂中,密固其上,瘗陂中,至春潴水满,亦不复发(拿出来)矣。女将嫁,乃发陂取酒以供贺客,谓之女酒,其味绝美。

---

① 覃圣敏主编:《壮傣民族传统文化比较研究》,广西人民出版社2003年版,第1698—1701页。
② (清)汪森:《粤西文载》卷58。
③ (清)汪森:《粤西诗载》卷10。
④ (宋)陶弼:《桂林书事》,(清)汪森《粤西诗载》卷13。
⑤ 《太平御览》卷845《酒下》引。
⑥ (宋)乐史:《太平寰宇记》卷159《循州风俗》。
⑦ 《古今图书集成·方舆汇编·职方典》卷1410《柳州府风俗考》。
⑧ (唐)刘恂:《岭表录异》,《太平御览》卷845《酒下》引。
⑨ 《南方草木状》。

此一制酒曲法和酿女儿酒不知起于何时，成了传统，自然传承下来，绍续不绝。所以，四五百年后，唐朝人撰《投荒杂录》记载岭南酒，既一如稽含魏、晋时代的制曲酿酒法，也说明了唐代的岭南人一如魏、晋时代热衷于酿造"女儿酒"。①

"南方饮，既烧即实酒满瓮，泥其上，以火烧方熟，不然不中饮。既烧，即揭（担）瓶趋墟，泥固犹存。沽者（买者）无能知美恶，就泥上钻小穴，可容筯，以细筒插穴中，沽者就吮筒上，以尝酒味，俗谓之滴淋。无赖小民空手入市，遍就酒家滴淋，皆言不中，取醉而返。"② 难道就让这些人逍遥取利，撒手不管吗？刘恂《岭表录异》载，广州"生酒即两面罗列，皆是女人招呼。鄙夫先令尝酒。盏上白瓷瓯谓之摄刮，一摄三文。不持一钱，来去尝酒致醉者，当炉妪但笑弄（戏耍）而已，盖酒贱之故"。③ 酒贱说明其多，多而不斤斤计较，于是明知这些人钻了空子，也只一笑置之，不予追究。

唐、宋时期，岭南众多的酒，除了瑞露、古辣、女儿酒等佳酿外，当推"老酒"。"老酒，以曲酿酒，密封藏之，可数年，士人家尤贵重。每岁腊中，家家造鲊（腌鱼之类），使可为卒岁计。有贵客，则设老酒、冬鲊以示勤。婚娶，亦以老酒为厚礼。"④ 周去非《岭外代答》卷6《酒》也载："诸郡富民多酝老酒，可经十年，其色深沉赤黑，而味不坏。"老酒不仅是广西人的珍馐，也是广东人钟情之物，热衷于酿造。王象之《舆地纪胜》卷91《循州景物》特标出"老酒"，说"老酒，市酤（卖）也。腊月酝之，用罂煨热，历夏、秋味全，呼为老酒。子由（苏辙字）在循（治今广东省惠州市东北）诗云：'老酒仍为频开瓮'"。因此，南宋范成大《石湖集》卷14《食罢书字》诗句说"扪腹蛮茶快，扶头喜老酒"。自注说："老酒，数年酒，南人珍之。"此"南人"，既指广西人也指广东人，可以说，老酒是岭南具以自尊的有着悠久历史传统的名酒。传承下来，人们便习惯地以冬日冬至节为酿造老酒节："十一月冬至，家家酿酒，谓之冬至老酒。"⑤ 当然，由于历史久远，人事更迭，往事如烟，许多地方淡忘了，一些地方又是存其事而失其名。比如，嘉庆《龙川县志》载，冬至节，"是日造米酿酒"，是存其事而失其名；民国《新修大埔县志》载，"冬至不贺，人家多酿酒，可久藏"，则是事实俱丰，落失了"老酒"之名。

唐朝"岭南所重之节，腊一、伏二、冬三、年四"。⑥ "冬三年四"，传承下来，迄今岭南东、西许多地方还流行着"冬至大过年"的俗谚。冬至怎么还会比过大年隆重、热闹？这主要是壮群体越人的后人既要酿造老酒，为一年之计，又要为"冬至鱼生"巧思、筹划、奔忙。民国《东莞县志·风俗》载，"冬至，是日食鱼生。谚云：冬至鱼生，夏至狗肉。"这就是岭南人在冬至日奔忙的缩影。

"鱼生"一词，中心词在前，修饰语在后，是壮群体越人语"pa¹dip⁷"一词以汉字套

---

① 《太平广记》卷233《酒》引。
② 《投荒杂录》，《太平广记》卷233《酒》引。
③ 《太平御览》卷845《酒下》引。
④ （宋）范成大：《桂海虞衡志·志酒》。
⑤ 民国《仁化县志·风俗》。
⑥ （唐）刘恂：《岭表录异》。

译而生的汉语词。"鱼生",是壮群体越人传承下来的食物珍品。广东著名学者屈大均诗说:"鱼脍宜生酒,餐来最益人。临溪亲举网,乃此一阳生。"[1]"鱼脍",即鱼生,有鳞之鱼方可做鱼生。《广东新语》卷22《鱼生》载,"粤俗嗜鱼生"。做鱼生的鱼类,"以鲩(草鱼)为上;鲩又以白鲩为上。以初出水泼刺者,去其皮剑,洗其血腥,细剑为之片。红肌白理,轻可吹起,薄如蝉翼。两两相比,沃(浸)以老醪(酒糟),和(拌)以椒(辣椒)芷(香菜),入口冰融,至甘旨(臻至美好食品的佳境)矣。而鲫与嘉鱼尤美"。这可是屈翁对鱼生此道食品的赞誉。

传统观念认为,及于冬至一阳生,所以民国《四会县志》载,"食鱼生,以助阴气",促使人体生理阴阳平衡。

因此,在岭南冬至是酿造老酒节,其节仪则是就着老酒食鱼生。

十四 雷王节

壮群体越人及其后人居于多雷地区。开春电闪雷鸣,乌云翻滚,大雨滂沱而下。他们感性地认为,上天的统治者是轰鸣的雷神。雷神心平气和,雨水均匀,人间风调雨顺,五谷丰登;雷神心有不舒,发了脾气,倾倒雨水,地上洪水滔滔,淹没村庄,淹没田野,人类陷入困顿。所以,在壮傣语支语言里,原初天、云、雷不分,都谓为"fa^4",说明在他们的意识观念里,天上以雷为大,主管着人间的雨水,操持着人间的生存及喜乐和灾祸,从而产生了对雷神的崇拜。

南宋周去非《岭外代答》卷10《天神》载:

广右(宋代,广右领今广西及广东高州以下粤西南和海南岛)敬事雷神,谓之天神,其祭曰祭天。盖雷州(治今广东雷州市)有雷庙,威灵甚盛,一路(指广南西路,即广右)之民敬畏之,钦人尤畏。

囷中一木枯死,野外片地草木萎死,悉曰天神降也,许祭天以禳之。苟雷震其地,则又甚也。

某祭之也,六畜必具,多至百牲,祭必三年。初年薄祭,中年稍丰,末年盛祭。每祭必养牲三年而后克(胜任)盛祭。

其祭也极谨(谨惧小心),虽同里巷亦有惧心。一或不祭,而家偶有疾病、官司,则邻里亲戚共尤(责怪)之,以为天神实为之灾。

南宋初年,来到广南西路郁林州的蔡绦,其《铁围山丛谈》也载:"今南人喜祀雷神者,谓之天神。祀天神,必养大豕(猪),目曰神牲。人见神牲则莫敢伤,养之率百日外,成矣始见而祀之。独天牲如此,他牲则但取具(完备)而已。大凡祭祀之礼,既降神,然后始呈牲。于是,主人者同巫觋而共杀之,乃畀诸庖(负责烹煮的人)烹(烧煮)而荐(献)之焉。"

对雷神的顶礼膜拜,在宋朝的时候,似是广南西路人们的地区性行为。宋朝广南西

---

[1] (清)屈大均:《广东新语》卷22《鱼生》。

路，包括今广西、广东高州县以南的粤西南及海南省。在这些地区内，壮群体越人的后人广建雷庙或雷王庙。比如，《古今图书集成·方舆汇编·职方典》卷1433《梧州府祠庙考》载："雷神祠，本邑各乡俱有，每三年用特牲祭。"唐朝柳宗元到柳州任刺史，雷塘庙开祭之日，也到庙中读祷雨文，祈求雷神叨念民艰，降下雨水急民之急。①

在壮群体越人及其后人的观念里，雷神不仅能操持着人世间雨水的多寡，操持着人们的祸福，而且主持着社会善恶的分界，起到奖善惩恶的作用。比如，明朝魏浚《西事珥》卷7《雷诛不孝》即是如此。

电闪雷鸣，威力无边，壮群体越人的后人唯有虔诚祭祀，不敢越雷池一步。他们祭雷的时间，是他们认为的雷王诞辰日。只是雷王的诞辰日，有的认为是六月二十四日，有的则认为是六月初二日，略有区别而已。比如，广东雷州，"六月二十四日，雷州人必供雷鼓以酬雷"；②而广西来宾县，"乡间多以夏历六月初二日椎牛祀雷，称之曰'雷王'，其祠谓之'庙'。祭拜醵饮，一如春、秋祀社时。牲大肉多，亦有分胙（祭祀用的肉）。若岁旱无雨，乡众亦于是就祷焉"。③

壮群体越人的后人对雷王的信仰，对雷王的供奉，到了20世纪初以后方才渐渐止息。

春来，天上雷声轰隆，地下蛙声咽咽，上下呼应，似有缘连。"三月三日，农以（蛙）声卜水旱，声小水小，声大水大，谚云：田鸡声哑，田好稻把；田鸡声响，田好荡浆。"④所以，在越人的心目中，蛙占有很重的分量。春秋时代，越王勾践"式怒蛙以求勇"，一气灭了吴国，⑤迄今，壮群体越人之一的壮族仍流传着这样的俗谚："手不捏青蛙，不怕雷公砸。"从而把青蛙与雷公勾连起来，说青蛙是雷公的女儿，是雷公派在地上的使者。有一些地方的壮族春日捉青蛙、祭青蛙、葬青蛙，目的就是一年之后看看埋下的青蛙其骨骼颜色如何，以测定一年的年成。这也是看准了青蛙神能通雷神此一点上。

十五　龙母诞辰节

农历五月初八日，是龙母诞辰节。人们迎神建醮，热闹非凡。清末民初，来梧州参拜龙母庙的港澳船只，达数百艘之多。⑥

龙母崇拜，源于岭南壮群体越人的温媪（温老太婆）的传说。南朝宋沈怀远《南越志》载，端溪县（今广东德庆县）有个姓温的老婆婆以捕鱼为业，有一天在水边拾到一个大卵，放在家里的一个容器中。十多天后，从卵里爬出一个尺来长得像壁虎一样的动物。它长到五尺来长，便能入水捕鱼，省了老婆婆许多辛苦。这是个淘气的家伙，整天追波逐浪，也不时地依偎在老婆婆的身边。后来老婆婆整鱼，不慎割断了它的尾巴。它一蹿便远离而去，过了好几年才返来。回来时，鳞光闪闪，一身光鲜。老婆婆高兴地说："龙

---

① 《古今图书集成·方舆汇编·职方典》卷1410《柳州府祠庙考》。
② （清）屈大均：《广东新语》卷6《雷神》。
③ 民国《来宾县志》。
④ （清）屈大均：《广东新语》卷23《蛤》。
⑤ 《韩非子》卷9《内储说上》。
⑥ 郑建庐：《桂游一月记》，中华书局1935年版。

子，你又回来了！"人们因龙子没有尾巴，便称它为"掘尾龙"。秦始皇听闻此事，以重礼欲聘老婆婆到皇宫里去，终因温媪恋土、龙子再三阻拦，不了而了之。后来老婆婆死了，埋在江南岸。龙子每每掀起大浪，将沙子拥来推成一个坟墓。①

此一传说，广泛地流传于岭南壮群体越人及其后人中。北宋乐史《太平寰宇记》卷157《南海县》载："程浦溪，顾微《广州记》云：浦溪口，有龙母养龙，裂断其尾，因呼为龙窟。人时见之，则土境大丰而利涉（到）。"明朝魏浚《西事珥》卷7《龙母坟》载，"龙母坟在容县南二百里白花村"。至今，广西上林县等地的壮族还传说着"特掘"的故事，其内容如同《南越志》记载的"温媪传说"。

壮群体越人及其后人原以雷神主水，南北朝以后逐渐接受了中原汉族龙主水的理念，温媪于是成了"温龙"，成了主水的神灵。唐朝李绅"风水多虞祝媪龙"诗句，② 就是依此说的。"温媪"既成了"温龙"，成了"龙母"，也就成了壮群体越人的后人崇拜的对象。于是，龙母庙在岭南各地纷纷兴建起来。就清朝而言，据《古今图书集成·方舆汇编·职方典》记载，岭南各地，哪个地方没有"龙母庙"？

据记载所见，壮群体越人的后人，在唐代就已经有了对"龙母庙"的祭祀。宋真宗时梧州知府陈执中诗称"龙母庙灵鬼神集"，③ 可见当时龙母庙祭祀的盛况。迄于民国初年，广东顺德县"龙潭之龙母庙，尤著灵应，乡人往祷者刑（杀）牲献醴，焚燎如云"。④

岭南的龙母崇拜早已衰落，遗留下来的梧州市"龙母太庙"以及广东德庆县悦城镇的"龙母祖庙"，既是后人按照自己的理念整修，也存有壮群体越人的后人往日龙母崇拜的印迹。

十六 班夫人诞辰节

明、清、民国年间，每年十月初四，是崇左、龙州、凭祥等地群众赶班夫人诞辰庙会的日子。祭祀、跳鬼、唱戏，大商小贩也相竞云集，人山人海，着实地热闹了三四天。

崇左、凭祥、龙州等地的壮族群众建庙祈神消灾，视班夫人为地方的保护神。

班夫人庙，见载于蔡迎恩万历《太平府志》卷1及《古今图书集成·方舆汇编·职方典》卷1448《太平府祠庙考》和卷1449《思明府祠庙考》。据回忆，凭祥市"班夫人庙"其庙联为："积粟助将军，慈闻北阙；承恩封太尉，云护南关。"其庙由正殿、东西厢房和后殿四部分组成，有一定的规模。

万历《太平府志》卷1载："俗传（班夫人）神乃溪峒世家女，常出兵助马伏波将军平二贼。""二贼"，指东汉建武十六年（公元40年）起兵反汉的"交趾女子"征侧、征贰姐妹。而黄誉嘉庆《龙州纪略》、光绪《凭祥乡土志》及民国《龙州县志》则将班夫人打造成一个贤淑，幼具道术，一生不嫁，积粮援助马援而被东汉王朝褒封为太尉一品夫

---

① （宋）乐史：《太平寰宇记》卷164《端溪县》引。
② 转引自（清）屈大均《广东新语》卷6《龙母》。
③ （宋）陈执中：《题苍梧部》，（清）汪森《粤西诗载》卷20。
④ 民国《顺德县志》。

人的女子。"太尉",在东汉时是掌握军事的最高长官;她一生不嫁,又哪来"夫人"之称?而且,班夫人为"太尉"、为"一品夫人"也没见于什么记载。马援征交趾,从湖南入桂州,下漓江,转北流江,沿南流江到合浦,然后缘海岸行船进军交趾。回来,也是依原道而返,没有经过左江流域地区。而当时左江的起点邕州还没独立的建置,江又滩多险众,无法行船,尚属"蛮荒",生在左江溪峒的班氏夫人不可能出兵帮助或积粮援助伏波将军平二征。显然,班氏夫人此座神是明代由巫婆道公们处心积虑塑造并吹捧起来的。班氏夫人出兵或助饷征讨交趾的马援,正合乎明代紧张的边防形势,于是为人们所欢迎、所接受。

班氏夫人作为一方的地方保护神,热炽了几百年,迄于20世纪50年代始见衰落。

十七 莫一大王节

莫一大王节,又称"莫一大王诞"或"八庙神节"或"五谷庙节",以农历六月初二为节日,流行于桂西北壮族地区。

此节所祀的对象莫一大王,当为部落神。莫姓壮族分布在桂西北地区比较多,其最大的首领是南丹州莫氏。宋开宝七年(974年)以前,莫氏崛起于南丹州,自诩为"西南诸道武盛军德政官家明天国主"。① 元丰(1078—1085年)中,宋王朝收缴了南丹州莫氏首领原有印信,发给他"南丹州刺史印"。② 然而,迄于南宋,周去非《岭外代答》卷1《并边》仍称:"南丹者,所谓莫大王者也。"可见,南丹州莫氏首领到南宋时期仍以"莫大王"自称,"莫一大王"作为英雄神祀的对象,当形成于元朝或其后。

据传说,莫一大王为桂西北宜州或南丹州人,幼时,皇帝逼壮族人为其修建宫殿,民疲民穷。莫一大王之父率众反抗,遭皇帝斩杀,将尸首扔入深潭里。大王成年后,入潭寻父,碰上了一头神牛。神牛送给他一粒珠子,叫他服下。大王吞下珠子,气力勃勃,三四百斤重的大刀轻轻举起,且能呼风唤雨,驱鬼逐盗。大王率众为父报仇,大战之时因寡不敌众,躲入云层藏身。官军借助天将,砍下了大王的头颅。大王尸身不倒,大笑三声,提着头颅飞天而去。于是,群众将莫一大王当作英雄来崇拜。迄于20世纪50年代,桂西北乡村大都建有"莫一大王庙",六月初二日进行祭祀。

对莫一大王的祭祀,一年一小祭,三年一中祭,六年一大祭。小祭是各家各户杀鸡杀鸭家祭,中祭和大祭进行庙祭。大祭除杀牛祭祀外,还请师公诵经,少则一夜,多则三五夜,所用衣物全新。祭时,由师公将所杀的鸡、鸭、猪、牛内脏等分12碗,每隔一会儿供上一碗。待上齐12碗内脏,众人供上香烛行礼。祭毕,每户一人欢聚共餐。

祭了莫一大王神,禾苗燊燊五谷丰。其祭还是体现了农耕民族心系年成的宗旨。

十八 花王圣母节

农历二月初二或二月十九日,是壮族花王圣母节。

在桂西壮族地区,各家各户厅堂神龛上,常见用红纸书写这样的神位,将"花王圣

---

① 《宋史》卷494《南丹蛮传》。
② (宋)李曾伯:《可斋杂稿·续稿后》卷7《条具边事奏》。

母"与火神燧人氏同登家庭神龛。由此可知,花王圣母在人们心目中的重要位置。

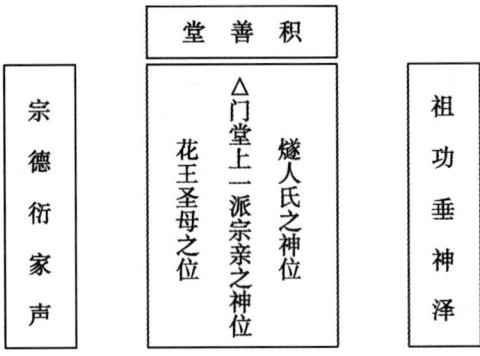

靖西县壮家厅堂神龛题联

花王圣母是主管子嗣之神,所以人们不能等闲视之。逢年过节,都与历代祖宗同享香火祭祀。同时,地方上还建有"花婆庙"或"花王庙",定期祭祀,开展活动。个别人由于婚后久久不育或育后子女多病不壮,也要请师巫来举行"求花""安花""架桥""护花"等仪式,对"花王圣母"可说是虔诚祈求,诸礼备至。

然而,在岭南壮群体越人的后人中,花王圣母作为主管子嗣之神,是元以后方才出现的,在此之前并不存在什么"花王圣母",或"花王父母"这样的神祇。

"壮俗祀'圣母',亦曰'花婆'。阴历二月初二日为花婆诞期,搭彩楼,建斋醮,延师巫啴诵,男女娶者千数百人,歌饮叫号,二三日乃散,谓之;'作星'。又壮人乏子嗣或子女多病,则延师巫'架红桥'、'剪纸花',乞灵于'花婆'。斯时,亲朋皆贺。为其父母者,并牵牛、担米赠之。"①

同时,程大璋民国《桂平县志》卷31引夏敬熙光绪《浔州府志》也载:"壮俗每数年延师巫、结花楼祀圣母,亲族男女数百千人,歌饮号叫,剧戏三四日夜乃毕,谓之作星。"

这是清末至民国年间壮族花王圣母节及其活动情况。花王圣母节,其活动则是缘壮族女子婚后落居夫家后举行的"作星"仪式而来。《古今图书集成·方舆汇编·职方典》卷1426《平乐府风俗考》载:

(壮族)子大娶妇,别栏另爨。娶日,妻即返父母家,夜与邻女作处数年。回时,间与夫野合,二三觉娠,乃密告其夫作栏。又数年,延师巫结花楼祀圣母,亲族少男少妇数千人,歌饮号叫,剧戏三四日夜乃毕,谓之"作星"。

又清朝诸匡鼎《瑶壮传》载:

(壮婚日)女乃用(郎)所赠扁担即汲水至瓮中,旋返母家,不与丈夫相见,另

---

① 刘锡蕃:《岭表纪蛮》,商务印书馆1934年版,第196页。

招男子曰野郎，即与父母同居，觉有妊，乃密告其夫作栏，遂弃野郎而归夫家偕老焉。故野郎亦曰苦郎。当其与野郎共室也，本夫至家，反以奸论；及其于归夫家也，野郎至亦以奸论。又数年，延师巫结花楼祀圣母，亲族男妇数百千人，歌饮号叫，剧戏三四日夜乃毕，谓之"作星"。①

此是两份关于壮族男女婚后情况的记载。虽然女子婚后落居夫家数年后都"作星"，但是前一份记载，女子婚后不落夫家居母家期间所怀孕的子女是丈夫自己的血脉，后一份记载则明示女子婚后在不落夫家期间所怀孕的不是自己丈夫的血亲子女。二者显为壮族女子在婚后不落夫家期间的前后两个不同的阶段。

壮傣群体越人及其后人实行女子婚后不落夫家制，既是原始父权制社会确立之时母权制发育还不充分、父权制过早成熟显得软弱而给女子所做的一个让步，给她们在婚后有个另寻相好结"同年"（情人）的机会，也是男子因势利导给女子设下的一道坎儿，进行试婚：在不落夫家期间与他人交往有孕即可落夫家，不能与他人交往而有孕的，即没有资格落居夫家。《瑶壮传》所载无疑是此种情况，而《古今图书集成》所载则进了一步，发展到了女子婚后不落夫家只是因前而存在个形式，女子婚后在不落夫家期间已经不能另与其他男子自由交往结"同年"，因此所孕即为自己丈夫的血统。

壮群体越人的后人女子婚后不落夫家婚制由前一阶段进入后一阶段，以及女子婚后不落夫家婚制的消失，是本身父权制社会发展变化的结果。而此种发展变化，与汉族文化的影响关系密切。汉族文化的影响，无疑是促其发展变化的催化剂。

由于汉族文化影响大小在岭南各地的力度不同，以及当地本土文化抗衡力相异，因此在岭南各地女子婚后不落夫家婚制的存在与否及其发展变化的程度并不均衡：北部、东部许多地方女子婚后不落夫家婚制已经荡然无存，广州中心地区的番禺、南海、顺德、新会等地迄于民国年间仍然犹如俗谚所称"婆家多病痛，新妇多嫁送"，顽强残存；②中、东部地区女子婚后不落夫家婚制已经进入后一阶段，西部地区女子婚后不落夫家仍然可以自由结同年，③等等不一。

在女子婚后不落夫家期间，壮群体越人的后人既不重男也不轻女，男女交孕，生男生女，顺其自然，并不计较。所以，西晋嵇含《南方草木状》载："水葱，花、叶皆如鹿葱花，有红、黄、紫三种，出始兴（治今广东韶关市）。妇女怀妊，佩其花生男者，即此花，非鹿葱花也。交、广人佩之极有验，然其土多男不厌女子，故不常佩也。"④

此中的关键，是壮群体及其后人"鸡骨占年拜水神"，⑤以水为心中的神灵。神居胸

---

① （清）王锡祺：《小方壶斋舆地丛钞》第八帙。
② 胡朴安：《中华全国风俗考》下简卷7。
③ （清）赵翼：《粤滇杂记》，（清）王锡祺《小方壶斋舆地丛钞》第七帙。
④ 《说郛》卷87。
⑤ （唐）柳宗元：《柳州峒氓》，《柳河东集》卷42。

臆，他们认为水是生命之根、生命之源，形成了临水而生，入水试儿，① 澡身出月，② 浴水长大，③ 买水浴尸的习俗，④ 无须祈子于"圣母"，没有"花王圣母"或"花王父母"的意识、理念。

中原汉族社会发展，父权制发达，社会以男子为轴转动，血缘以男子为承嗣，习俗以男子为重，女子婚后以生男孩为荣。此种意识，此种理念，形成伦理，于是孟子提出了"不孝有三，无后为大"的儒家伦理观念。⑤ 在此一观点的左右下，形成了中原汉族女子婚后追求生育男孩的倾向。嵇含《南方草本状》透露了中原汉族妇女祈子于花的习俗。她们希望怀孕时佩上水葱花，能生个男孩，兑现心里的欲求。在汉族文化的影响下，不论是已趋汉变化了的越人后人还是未趋汉变化的越人后人其观念也逐渐向这方面转化。比如，浙江越人的后人许明之父"祷水仙大王庙生明"，⑥ 就是如此。

"水仙大王"，在越人的观念中水神似属女性，又似属男性。然而水有形，神无形，属男属女，均由崇拜的人的观念赋予。唐、宋时代，钱塘江、西湖一带多有"水仙王庙"，宋朝李觏《忆钱塘江》一诗"好在满江涵返照，水仙齐着淡红衫"句，意拟的水仙是女不是男。岭南壮傣群体越人的后人也是如此。

《广东新语》卷6《金华夫人》载：

> 广州多有金华夫人祠。夫人字金华，少为女巫不嫁，善能调媚鬼神，其后溺死湖中，数日不坏，有异香，即有一黄沉女像容貌绝类夫人者浮出，人以为水仙，取祠之，因名其地曰仙湖，祈子往往有验。妇女有谣云："祈子金华，多得白花，三年两朵，离离（壮实）成果。"

这就凝定了水神为女神。水是生命之源，求水仙可以获得子女。

两广一体，岭南东部趋汉变化了的越人后人祈子于"花王父母"，岭西未趋汉变化的越人后人壮族照样以水仙为赐子赐女的神灵，称为"花王圣母""圣母""花婆"等，后来道士们又依附于道教中九天玄女仙子，称为"九宫玄女花王圣母"等。婚后不落夫家的女子怀孕落居夫家后，生儿或育女，两三年后既要与丈夫育子衍后，又要孩子们长得壮健，所以就结花楼、延师巫、请亲友来热热闹闹地"作星"，祀圣母。"花王圣母节"，就是在女子婚后落居夫家数年后举行的"作星"基础上形成的。

---

① 《太平御览》卷360《孕》引《蜀郡志》载"獠子""生时必临水，儿出便投水中，浮则取养，沉乃弃之"。同书卷361《产》引西晋张华《博物志》，也有如此记载。
② 《太平广记》卷483《南楚新闻》称，越、獠实行产翁制，其妻生子三日，"便澡身于溪河"，表示出月，下地干活，子由其夫上床护理。
③ 《汉书》卷27下之上《五行志》及卷64《贾捐之传》载岭南越人父子、男女"同川而浴"。
④ 《文献通考》卷330《西原蛮》引《桂海虞衡志》；民国《阳江县志》。
⑤ 《孟子·离娄章句上》。
⑥ 《宋史》卷288《孙沔传》。

十九　霜降节

霜降节来临，桂西南的壮族特别是原下雷州（治今广西大新县下雷）的群众，过得热闹，过得快乐，过得津津有味。

下雷霜降节，以霜降日为中心，分为头降、正降、后降三天。

头降为霜降日的前一天。头降敬牛，给牛"开降餐"，好料待牛，禁使牛、鞭牛。若三天中有牛不慎跌山而死，只能掩埋，不能食用。

正降日来临，各家各户一早拿着礼品供祭"莫槐将军庙"。"莫槐"是壮语"黄牛"的音译写字。庙内供着相传为明朝的壮族女将官岑玉音塑像。相传她武艺超群，一射害人恶禽"牙鹰"，二骑着"莫槐"大败入犯边境的"莫王"，卫护州内安全，有功于民，死后，群众以她及其"莫槐"为霜降神，立庙祭祀。每到霜降节，群众争先恐后捧着丰盛的礼品入庙供祭，各以所求许愿，共祝人畜平安，来年风调雨顺，有个好年成。供祭完毕，欢乐的人群驱牛抬神巡游，锣鼓咚锵，狮跃龙舞，鞭炮齐鸣，极尽热闹。

正降游神之后，活动便进入"后降"阶段，这是霜降节的高潮阶段。巫师唱"末伦"，群众放花炮，男女青年敞怀热情对歌，等等不一。

霜降节虽举行于一隅，却吸引着十里、百里外的男女青年蜂拥而来。商家熙熙攘攘，也皆为利来，万众攒集，人山人海。同样，下雷街墟村民也敞开门庭，热情地迎接远方来客，尽其所能提供方便，给予上宾礼遇。情殷殷，意恰恰，令人难忘下雷人。

第二章

外来节庆

各民族群体，不限于中土或遐裔，皆得天之钟秀，毓灵纷呈。相聚一天之下，他们间必然互相接触、互相交流，互相影响。接触、交流、影响，自然相互鉴别，相互吸引，发生取长补短、互相吸纳的现象。而在中国，在以汉族文化为主体文化的框架下，其影响自然在各民族群体间的文化交流中起着主导的作用。

在以汉族文化为主体文化的框架下，壮群体越人及其后人即使有着众多的本民族群体的节日，但是不能不随众而流，接受众多的汉族的节日，使之成为自己节日的一部分。因为节随时历而变，壮群体越人及其后人既以汉族的时历为自己群体遵行的历法，自然在过自己民族群体节日的同时，逐渐地依时历而过节。

除汉族之外，壮群体越人的后人在与其他民族的交流中，个别地区也接受了其他民族的节日，作为一个地区群体的节日。比如，云南、桂西部分壮族地区的火把节，即是从彝族接纳过来的。

一　春节

唐朝刘恂《岭表录异》卷上载："岭表所重之节，腊一，伏二，冬三，年四。"腊，古代是岁终祭祀众神之日；伏，指七月十四日节；冬，即冬至；年，新年伊始的春节。这说明，迄于唐、宋之际，汉族热闹而令人憧憬的春节，在岭南壮群体越人的后人其主要节日中，仍次于腊、七月十四日及冬至之后。

腊，即壮群体越人及其后人的春祈秋报的秋报。所以，即使汉族历法已通行于岭南，其居民仍然是"谷熟时，里闬同取戌日为腊，男女盛服，椎髻徒跣，聚会作歌"。这也就是《古今图书集成·方舆汇编·职方典》卷1415《庆远府风俗考》记载的"每岁收获毕，则跳鬼酬赛"。

七月十四日节，"禾黄鬼出"。这个节日，是躲鬼节、祀鬼节、祈鬼节、给鬼化衣节、求家户人畜平安节，是岁中的大节。所以，《古今图书集成·方舆汇编·职方典》卷1415《庆远府风俗考》载，此节人们"皆闭门不出，路无行人""谓之躲鬼""谓之年节"。

冬至，家家户户既要酿"老酒"，有小女儿的人家还要酿"女儿酒"，又要邀亲约友，就着老酒，同享"鱼生"的美味。

自然，从汉族接受过来的"年"，其氛围、内容丰富的程度，就次于这三个节日了。

因此，迄今不论是广西还是广东，都还流传着"冬至大过年"的俗谚。

随着历史的发展，在汉族文化的主导下，虽然一些地方的壮群体越人的后人除以自己的文化习俗如"请牛""请六畜""偷葱蒜""汲新水""打春堂""打铜鼓""坐廊""葬青蛙"及献祭老人厅等穿插于节中，增加了节日本土、本民族的文化色彩，但是，"元旦设香烛，盛服拜天地、君亲及尊长，乡党交贺三五日而止。春日，惟郡城竞看土牛、啖春饼，外乡则否。元夜自初十至十六，各门悬一灯，嬉游以为乐"，① 则是依中原汉族关于春节的礼仪而行的。

二 春、秋二社

春、秋二社，是中原汉族祭祀土地神的日子。岭南人在汉族文化的影响下先后接受了此一祭祀。在广西，接受汉族春、秋二社的祭祀其时间很不一致。比如，南宋的时候，据《舆地纪胜》卷115《宾州》载，宾州（今广西宾阳县）"春秋二社士女毕集"于离州城七里的罗奉岭举行歌墟，男女对歌，倚歌择配。虽然以春、秋二社为期聚会作歌、倚歌择配，并不是宰猪杀羊祭祀社神即土地公，但是汉族"春、秋二社"作为认知的概念已为宋代的宾州人所接受。而桂西的土司州县，时至明朝方才陆续接纳春秋二社的概念。云南的壮族甚至到了20世纪50年代还没有接受春秋二社的概念。他们在二月二日或举行陇端节（下田坝赶街的节日，即歌节），或举行祭龙节。

后来，桂西的一些地方虽然立有土地社，但却与汉族的社不是同一概念。比如，下雷州（治今广西大新县下雷）的"土地公又称为福德祠，几乎每个村头都盖有土地公和土地婆小庙。人们认为，他们是本地最早的居民，死后为神，是村民的祖宗"。② 此所谓的"土地公"和"土地婆"，名不副实。他们其实是"村鬼"，属村人的祖先崇拜，不是"土地公"。

桂西一些壮族地区祭社时有"立猪而屠"的习俗。其法是将猪绑了，挟于木架使之直立似人形，并杀于社前。这似是宋朝及其前壮群体越人及其后人"方于农时，猎人以祀田神"的习俗的变形遗存。③"立猪而祭"，是往日"人祭"之后形成的习俗。

三 清明扫墓节

三月，"清明扫墓，制乌饭以祀先"。④ "清明，插柳于门。其前五日始，一月中，扫墓郊行，谓之'踏青'，亦曰'铲草'，俗曰'压钱'，以楮（纸钱）置坟上也。"⑤ 岭南壮群体越人的后人接受了中原汉族清明扫墓节，但也有其特点：①煮乌饭（即有色糯米饭）祭扫。②压纸于墓示扫。所以清朝康熙时吴震方《岭南杂记》卷上载："粤俗，民家拜扫后，墓上俱覆白纸。宗孙盛者，堆如积雪，清明尤盛。"③祭扫时间长。岭南人对同

---

① 《古今图书集成·方舆汇编·职方典》卷1402《桂林府风俗考》。
② 《广西壮族社会历史调查》第四册，广西民族出版社1987年版，第182页。
③ （宋）乐史：《太平寰宇记》卷158《藤州》引《郡国志》。
④ 康熙《重修曲江县志》。
⑤ 同治《韶州府志》。

宗同族的先人墓,一个一个地轮着扫祭,自清明节前五日开始,至谷雨节前结束,将近一个月。

四 端午节

农历五月初五日端午节,为岭南居民接受后,其原在年节即春季或秋季举行的龙舟竞渡也遵从中原汉族习俗移至端午节举行。明朝王济《君子堂日询手镜》载:

> 横州(治今广西横县)虽为殊方僻邑,华邑(夷)杂处之地,然亦岁有一二节序可观。遇端阳前初一日即竞渡之戏,至初五日方罢。
>
> 舟有十五数只,甚狭长,可七八丈,头尾皆刻龙形。每舟有五六十人,皆红衣绿衫短裳。鸣钲鼓数人,骞旗一人,余各一桨擢水,其行如飞。二舟相较胜负,迅者为胜,则以酒肉、红帛赏之;其负者,披靡而去。
>
> 远近男妇老稚毕集江浒,珠翠绯紫,燻炫夺目。或就民居楼屋,或舟维绿阴间,各设酒,歌鼓欢饮而观,至暮方散。

端午节的其他习俗,基本取同于中原汉族,唯"是日午时,各家以菖蒲、雄黄等冲酒,遍洒居室内外,谓足以驱除蛇、鼠、蚊、蝇。晚饭后,并以各种香草煮水洗浴"。①

五 中秋节

中秋节为岭南壮群体越人的后人接受以后,其拜月邀请月姑降下凡尘给人预言吉凶之事在明月下照常进行,其他则依中原汉族的中秋节习俗。王济《君子堂日询手镜》叙写中秋节横州人过节的场景:

> 中秋,城中郭外之家,遇夜必设一大月饼,宰白鸡、鱼肉,盛陈瓜果,至十余品者。或于院落间,一家之内无问老幼皆集。所设处拜月欢饮,箫鼓讴歌,声闻远近,达旦方已。虽家贫,亦不废此。

据家在吴兴(治今浙江湖州市)的王济说,横州的端午、中秋"二节甚佳,吴浙(今江浙)所不如"。

岭南中秋节,祭月必有芋头、柚子,所以林葆莹《竹枝词》称"芋魁柚子贱如泥,争赏中秋月下携"。②

六 火把节

火把节,是云南彝、白族人民的传统节日,自彝族东移迁至滇、桂边界以后,壮族人民也接受了此一节日。

---

① 民国《宾阳县志》。
② 民国《阳江县志·风俗》引。

民国《邱北县志》卷3载："六月二十四星回节，用松柯剖束为火炬，大小不等，燃之以吊汉阿南夫人与唐之慈善夫人。……此节惟滇省通行，他省则无闻。邱邑城乡无汉夷之分，均于是日宰牲祭田，燃炬以熏田园，驱螟螣，亲眷往来款洽甚欢。""邱邑城乡无汉夷之分"，自然也包括滇东南的壮族。

参 考 文 献

二十五史
《初学记》
《太平御览》
《太平广记》
《太平寰宇记》
《艺文类聚》
《永乐大典》
《古书图书集成》
《淮南子》
《说苑》
《全上古三代秦汉三国六朝文》
《建炎以来系年要录》
李时珍：《本草纲目》
《说库》
《说郛》
《古今小说笔记大观》
《左传》
《国语》
《吴越春秋》
《越绝书》
《墨子》
《韩非子》
《荀子》
《论语》
《孟子》
樊绰：《蛮书》
《岭表录异》
《北户录》

《唐大诏令集》
《元丰九域志》
《舆地广记》
《方舆胜览》
《舆地纪胜》
《宋朝事实类苑》
《苏东坡全集》
《全唐诗》
《全唐文》
《元和郡县志》
《文献通考》
《通典》
《通志》
《桂海虞衡志》
《岭外代答》
《宋会要辑稿》
《资治通鉴》
《续资治通鉴长编》
《续资治通鉴》
《南方草木状》
《天下郡国利病书》
《读史方舆纪要》
《齐民要术》
司马光：《涑水纪闻》
李京：《云南志略》
《农桑辑要》
《王祯农书》
张华：《博物志》
李石：《续博物志》
萧统：《文选》
李曾伯：《可斋杂稿》《可斋杂稿续稿后》
《招捕总录》
《徐霞客游记》
李调元：《南越笔记》
屈大均：《广东新语》
田汝成：《炎徼纪闻》
吴震方：《岭南杂记》
闵叙：《粤述》

陆祚蕃：《粤西偶记》
张祥河：《粤西笔述》
杨芳：《殿粤要纂》
《明实录》
《清实录》
《土官底簿》
汪森：《粤西文载》
汪森：《粤西诗载》
汪森：《粤西丛载》
刘文征：《滇志》
沈德符：《万历野获编》
王宗羲：《四夷馆考》
李思聪：《百夷传》
朱孟震：《西南夷风土记》
檀萃：《滇海虞衡志》
查继佐：《罪惟录》
嘉靖《广西通志》
万历《广西通志》
雍正《广西通志》
嘉庆《广西通志》
光绪《广西通志辑要》
民国《广西通志稿》
郑颙：景泰《云南图经志书》
康熙《云南通志》
雍正《云南通志》
道光《云南通志》
清朝、民国、广东、广西、云南、贵州各州县志
陈国强等：《百越民族史》，中国社会科学出版社1988年版。
蒋炳钊等：《百越民族文化》，学林出版社1988年版。
倪太白：《侗台语概论》，中央民族学院出版社1990年版。
《壮侗语族语言词汇集》，中央民族学院出版社1985年版。
［意］马可·波罗：《马可·波罗行纪》，冯承钧译，中华书局1957年版。
韩民青：《文化论》，广西人民出版社1989年版。
《百越民族史论集》，中国社会科学出版社1982年版。
江应樑：《傣族史》，四川民族出版社1983年版。
黄现璠等：《壮族通史》，广西民族出版社1988年版。
张声震主编：《壮族通史》，民族出版社1997年版。
郑超雄：《壮族审美意识探源》，广西人民出版社1991年版。

白先经等：《广西近八十年行政区划大事记》，广西人民出版社1991年版。
梁庭望：《壮族风俗志》，中央民族学院出版社1987年版。
汛河：《布依族风俗志》，中央民族学院出版社1987年版。
胡绍华：《傣族风俗志》，中央民族大学出版社1995年版。
韦廉丹：《布依族、苗族风俗志稿》，贵州省出版局服务公司1981年版。
《隆林各族自治县民族志》，广西人民出版社1989年版。
征鹏：《西双版纳风情奇趣录》，云南民族出版社1986年版。
黄勇刹：《壮族歌谣概论》，广西民族出版社1983年版。
黄勇刹：《歌海漫记》，广西人民出版社1981年版。
欧阳若修等：《壮族文学史》，广西人民出版社1986年版。
何承文等：《壮族排歌选》，广西人民出版社1982年版。
中南民族学院：《黎族社会调查》，广西民族出版社1992年版。
王国全：《黎族风情》，广东民族研究所，1985年。
覃圣敏主编：《壮傣民族传统文化比较研究》，广西人民出版社2003年版。
范宏贵等：《壮族历史与文化》，广西民族出版社1997年版。
杨宗亮：《壮族文化史》，云南民族出版社1999年版。
南宁师院：《广西少数民族风情录》，广西民族出版社1984年版。
曹廷伟：《广西民间故事辞典》，广西教育出版社1993年版。
黄能馥等：《中国服饰史》，上海人民出版社2004年版。
中国民族博物馆：《中国民族服饰研究》，民族出版社2003年版。
王时阶等：《广西少数民族服饰文化》，广西人民出版社1992年版。
王时阶：《壮族民间宗教文化》，民族出版社2004年版。
黄义仁：《布依族宗教信仰与文化》，中央民族大学出版社2002年版。
覃尚文等主编：《壮族科学技术史》，广西科技出版社2003年版。
刘德荣等：《新编文山风物志》，云南人民出版社2000年版。
丘振声：《壮族图腾考》，广西教育出版社1996年版。
范宏贵：《越南民族与民族问题》，广西民族出版社1999年版。
《范宏贵集》，线装书局2010年版。
方国瑜：《中国西南历史地理考释》，中华书局1987年版。
《广西少数民族地区石刻碑文集》，广西人民出版社1982年版。
《广西少数民族地区碑文、契约资料集》，广西民族出版社1987年版。
《广西壮族社会历史调查》第1—7册，广西民族出版社1984—1987年版。

后　　记

《壮族社会文化发展史》完稿了，可以见诸世人，我心中久久凝下的情结也解开了。在此，谨以此书献给我的民族。

我出生在广西偏僻的上林县壮家。祖父、父亲为着"稻粱谋"长年奔波在外。我三四岁时，他们先后辞世了。父面不清，这是伤心事。凭着孤婆、寡母的卖柴卖草，苦心抚育，我孤草得以单蓬。国民党倒了，共产党来了，我能进京就学。

高中毕业时，我的老师赵封帝先生发表了一篇论述壮族历史的文章，对我鼓舞很大。在他的鼓励下，我进入了历史系，第一学年便撰写并发表了《壮族源流试探》一文。然而，时值"反右"，又逢"大跃进"，哪里有平静的书桌？政治运动不断，加上"文科以社会为工厂"，又到云南大理奔走了两年。5年大学，坐在教室里不过一年多的时间。

毕业后返老家教中、小学，一教就是23年。1985年，在昔日老师石钟健先生的斡旋、同学白先经的帮助下，我来到广西民族研究所。此时，已近知天命之年。俯旧拾新，想有所作为，已来不及。退休后，略有余闲，起意梳理壮族历史。

2004年，我曾以《壮族社会生活史》向广西民族学院壮学研究中心申报研究课题，未承想竟为有心人所利用，五六年的辛劳几于付空，亦可悲矣！

此后，我只好变更思路，另行构架，自远古而下，将壮族及其先人的社会文化发展脉络进行梳理，撰就此一《壮族社会文化发展史》。

在我撰写的过程中，我昔日的学子、遗恨已去的覃圣敏给予无私帮助，远在浙江富阳市的董仁清先生也热情地予以声援。"感佩恩私，不知所喻。"

回顾我的一生，不幸也多，幸运也多。当1957年秋入学身体复检，说我肺有阴影，周士俊大夫多方周旋，又复检，始化疑影。此后，周大夫像慈祥的母亲般关照着我。在云南大理，我又得到了云南民族研究所国学深厚的王叔武先生的点导。我一路走来，总有人铺路助力，此书撰就出版可说是众人拾柴的结果。

我妻谭月仙，默默地搜集资料，于是书成。

此书之能公之于世，多亏了中国社会科学出版社的担当，任明先生的辛劳，谨衷心致谢。

白耀天
2017年2月20日